Annales Ecclesiastici

ANNALES
ECCLESIASTICI
AUCTORE
CÆSARE BARONIO
SORANO,
EX CONGREGATIONE ORATORII,
S.R.E. PRESBYTERO CARDINALI
Tit. SS. Nerei, & Achillei, & S. Apostolicæ Sedis
BIBLIOTHECARIO.
TOMUS SEPTIMUS.

VENETIIS, MDCCX.
Sumptibus Laurentii Basilii,
Et Antonii Tivani.

SANCTISSIMO
AC BEATISSIMO
PATRI
ET D. N. CLEMENTI VIII.

PONTIFICI MAXIMO

CÆSAR BARONIVS S. R. E. CARDINALIS TIT. SS.
Martyrum Nerei & Achillei sempiternam felicitatem.

PERSOLVO & ad pedes Sanctitatis tuæ, Beatissime Pater,
septimum Annalium nostrorum
tomum defero, sed tardiùs quàm
solebam: vix enim tandem aliquandò emergere licuit ex multarum difficultatum veluti spinetis, quibus explicandis diù multùmque laboravi. His accessit, quòd hoc tomo potissimùm narrentur multiplices Romanæ Ecclesiæ ærumnæ, nimirùm exilia &
neces indignissimæ Summorum Pontificum à seditiosis hominibus profectæ, qui sicut impiè, ita & ambitiosè in Sedem se
Pontificiam intruserunt, nec minùs, sed
multò etiam magis ab illorum Principum
temeritate & audacia, qui suos limites tran-
silire, & ad ea quæ ipsis concessa non essent,
manus admovere non dubitarunt: quibus
incommodis accesserunt hæreticorum &

a 2   schis-

fchifmaticorum adversùs Ecclefiam Catholicam machinationes & doli ac vexationes
affiduæ. His igitur luctuofis narrationibus
pertexendis ftylus nofter etiam retardatus
atque defatigatus eft.

Sed quoniam in illis quoquè voluminibus, quæ hactenùs à nobis funt edita, complura ejufdem generis argumenta, aut certè non valdè diffimilia acciderunt: vereor
ne parùm idonea hujus dilatæ editionis excufatio à me afferri videatur. Quare ut verè
& liberè dicam, honores & dignitates coa-
cervatæ, quibus brevi tempore immeritum
me & nihil tale cogitantem cumulafti, ac-
cincto & expeditè currenti, tamquàm la-
xæ nimis & laciniofæ veftes, impedimento
fuere partim ipfa rei natura, partim novitate.

Primùm enim me Notarium tuum &
fanctæ Sedis Apoftolicæ creafti ex primo
ordine eorum qui Numerarii dicuntur: cujus fanè dignitatis indumenta etfi inftituto
noftro non planè aliena viderentur, quòd
tamen effent incongrua voluntati, impedimento potiùs, quàm tegumento fuere
& oneri, quàm honori. Vbi verò ampliffi-
fimæ dignitatis laxiora fufioraque ornamenta purpuræ addidifti, curfus nofter novæ vitæ nexibus implicatus, jam multò magis

gis est retardatus: adeò ut mihi non secùs
ac David(*a*) acciderit, dum regiis indutus a 1.*Reg.*
armis incedere non valeret, eò quòd(ut ip- 17.
se dicebat) consuetudinem non haberet,
qua eò magis ipse carebam, quò longiùs
aberam à proposito: statueram enim, votis-
que nuncupatis & iteratis sæpè firmaveram
(testis est Deus) in privato illo simplicique
vitæ genere optimè instituto & hactenùs feliciter ducto benè præcinctum mundi contemptu & expeditum usque ad obitum permanere, unà cum Job illa decantans(*b*) In b *Iob* 29
nidulo meo moriar, & sicut palma multi-
plicabo dies.] Quæ diminutione eorum quæ
deorsùm sunt foliorum, procera extollitur
cælum versùs dulcibus fœcunda fructibus.

Illud insuper Sapientis(*c*) assiduò mente c *Sap.*6.
volvens: Exiguo conceditur misericordia,
potentes autem potenter tormenta patientur:] & quod Dominus comminatus est (*d*), d *Marc.*
judicium subituros fore gravius atque du- 12.
Luc. 20.
rius, majoremque condemnationem accepturos, qui primas indignè cathedras occupant; libentiùs me, sicut & tutiùs, intra
domesticos parietes continebam: perterre-
bat namque me multò magis illa, quam
videre meditabar, manus(*e*) hominis con- e *Dan.*5
tra candelabrum in pariete publico, in ipso Ecclesiæ albo scribentis, stateram & pon-

dera

dera præferentis , quibus expendendi effent omnes ad Cardinalatus dignitatem af-
fumendi : altam illam , inquam , S. Bernar-
a Ber-
nard. ad
Eugen.
lib. 4. di (a) ad Eugenium Papam fcriptam confi-
derationem ob oculos omnium pofitam
una cum recti judicii ftatera & ponderibus
Sanctuarii : quibus fi quis appenfus inveniatur minus habens, ut adulterinus procul
eiiciatur ac reprobetur.

Ea quidem tam multa dum quis prudens perlegit, atque adeo magna , miraque
& difficilia , arduaque confiderat , eademque plurima numero & diverfa recenfet, ac
mente fcrutatur eminentem fublimemque
omnibus abfolutam numeris fanctitudinem vitæ , quam exigit durus exactor ab
eo qui eligendus eft Cardinalis ; necefse
eft , ut timore perterritus , propriæ con-
fcius imbecillitatis , defpondens animum
(quod nonnifi cum fummo falutis æternæ
difcrimine adeo celfa petantur) omnino
refiliat, penitufque refugiat , atque etiam
precibus periculum redimat , illaque Loth
b Genef.
19. verba proferat (b:) Non pofsum in monte falvari : ne forte apprehendat me malum , & moriar. Eft civitas hæc juxta , ad
quam pofsum fugere, parva , & falvabor in
ea :] quam jure dixerim privatæ vitæ confugium. Ifta quidem prudens: fed vir infipiens
non

(*a*) non cognoſcet, & ſtultus non intelliget, ₐ Pſ. 9ɪ.
hæc: jure enim congemuit Gregorius Theo-
logus (*b*), quorumdam hominum inſipien- b *Greg.*
tium ignorantia factum eſſe, ut quæ ardua *Naziaz.*
& ærumnoſa, vallata periculis atque mole- *orat ad patr.*
ſtiis Eccleſiaſtica dignitas ſit, eadem lata,
ampla, ac planè regia & ſingularis, plenaque voluptatibus judicetur. At non ita ſa-
piens cuncta dijudicans; addenſque ſcientiam, addit dolorem : cùm pluribus cernit
exemplis, iſtiuſmodi faſce omnes ſanctiſſimos viros nimiùm prægravatos & curva-
tos eſſe pondere, quo portant (*c*) Orbem; c *Iob* 9.
atque robuſtiſſimos licèt (*d*.) gemuiſſe gi- d *Iob* 26
gantes ſub aquis.

Iſta, inquam, conſiderans, non eſt quòd
queri poſſis, Pater ſanctiſſime, quòd Sanctitati tuæ ipſe adeò videar reluctatus : ſed ſi
liceret, eſſet mihi jure expoſtulandum, quòd
cum à prædeceſſoribus tuis, qui me à privatæ vitæ portu abſtrahere non ſemèl voluerunt, tamen quam deprecatus eſsem ob-
tinuerim honorum immunitatem; à te verò, à quò magis amari ſcirem, nequaquàm
potuerim impetrare: ſed quò mei amantio-
rem (venia petita dixerim) eò violentiorem
expertus ſim, cum per tuos ſeorsùm abreptus, cubiculo clauſus, vixque tandem ut
audirer, multùm rogans, admiſsus ante con-

spectum tuum Angelis reverendum, post meam defensionem, abs te responsum illud unum tantùm acceperim, quo robusta voce diram anathematis protulisti sententiam, si ampliùs resisterem, & nisi penitùs acquiescerem. Quem non terruisset, ac non penitus dejecisset atque prostrasset talis erumpens è cœlo repentè tanto fragore tonitrus, fulmen æternæ damnationis explodens?

Ita subactus, etsi manus dedi, non æquè animum: si enim licuisset, retraxissem illas, sicuti Zara (a) olim, dùm è materno utero progressurus, ubi se altera manu vinctum coccino sensit, primigenia non curans, eam retrahens, eundem repetiit uterum, malle se non nasci significans, quàm vinctum purpura progredi. Sed sicut naturæ tandem ille cessit imperio, qui suprà naturam quiddam admiratione dignum visus fuerat operatus; ita & ego legibus Christi obtemperare coactus, tamquàm abortivus sum projectus (b) ex utero, illo videlicèt, in quo semel conceptus spiritu, cupiebam formari in virum perfectum, nec exire donec transferrer ad tumulum (c), ne oculus me videret. Maternum jure dixerim uterum domum illam, in qua post conceptionem illam meam coalescere cum fratribus

meis,

a Genes. 31.

b Psal.

c Iob. 10.

meis, diemque extremum claudere absque aliqua lucis usura, fulgore videlicèt cujuslibet dignitatis, in mentis firmo proposito erat, ne illud audirem infaustum (*a*): Quare misero data est lux? Lux enim (inquit S. Gregorius (*b*)) miseris datur, cùm & tolerare honoris munera compelluntur. Cum ergò tanti etiam Patris sententia nonnisi miser homo ex collatis honoribus censeatur, pro hujusmodi minimè gloriabor.

Quod si gloriari licet (dicam cum Apostolo (*c*)) libenter gloriabor in infirmatibus meis, ut inhabitet in me virtus Christi: propter quod placeo mihi in infirmitatibus meis:] Utpotè quæ sint vera signa divinæ vocationis, ejusdem Pauli ita stylo formata (*d*): Videte vocationem vestram, fratres, quia non multi sapientes secundùm carnem, non multi potentes, non multi nobiles: sed quæ stulta sunt mundi elegit Deus, ut confundat sapientes; & infirma mundi elegit Deus, ut confundat fortia; & ignobilia mundi & contemptibilia elegit Deus & ea quæ non sunt, ut ea quæ sunt destrueret, ut non glorietur omnis caro in conspectu ejus. Quæ omnia humanæ imbecillitatis signa notis amplissimis in me expressa cognoscens, si voluero pro hujusmodi gloriari, non ero insipiens. Quo etiam sensu li-

a *Iob* 3.

b *Greg. Moral. lib.* 5. *c.* 2

c 2. *Cor.* 12.

d 1. *Cor.* 1.

fu licebit & illud ejufdem Apoftoli appofitè ufurpare (*a*): De cætero nemo mihi moleftus fit : ftigmata enim Domini mei Jefu Chrifti in corpore meo porto , illa inquam à Paulo eo modo imbecillitatis notis defcripta, veluti indices divinæ vocationis characteribus Apoftolicis exarata : quibus impreffus & infignitus magis exulto , Deo gratias agens, quòd nihil in his fit quod humana induftria fibi tribuat , fed totum fibi vendicet divina providentia , ad hoc monenstuę,Clemens,clementiæ abundantiam.

a Gal. 6.

Cujus rei gratia, magna eft mihi parta de patrocinio divino fiducia, eòque major, quò fidejuſsores videar nactus Apoftolos fuis fcriptis id ipfum pollicitos: nàm Paulus (*b*) : Qui cœpit (inquit) in vobis opus bonum , perficiet ufque in diem Chrifti Jefu.] Ac rursùm (*c*): Fidelis eft qui vocavit vos, qui etiam faciet.] Addidit verò & Petrus (*d*): Qui vocavit nos, ipfe perficiet , confirmabit, folidabitque.] Quod non pro me tantùm , fed æquum eft id ipfum fentire pro omnibus aliis , quos unà fimùl ampliffima dignitate donans in facrum Cardinalium collegium cooptafti.

b Philip. 1.

c 1.Teſſal. 5.
d 1.Petr. 5.

Tu enim eofdem quos conceperas divino fpiritu , diù mentis utero continens, fimùl ipfos pariter peperifti: Tu , inquam, qui

qui nihil inconfulto numine àggredi, & annuente profequi atque perficere confueveris: Tu ipfe, à quo nulla actio præcox, fed affiduitate precum & confiderationis maturitate decocta procedat, ut fapiens architectus, videris fuper illas fexdecim bafes argenteas, quas Befeleel (a) divino fpiritu plenus ftatuit ad tabernaculi angulos muniendos & exornandos, totidem modò defuper erigere voluiffe columnas. Quo nomine cum ex toto Orbe Catholico gratiarum tibi infonent actiones : quas ego dignè rependam ; quòd me longè immeritum unà cum eis ad tantam fublimaveris dignitatem ; & ad tàm fublime faftigium honoris licèt indignum evexeris? infimum afsumpferis in eminens illud collegium Apoftolicum ; infirmum verò ftatueris in templo columnam ; obfcurum licèt ; lucens tamen & ardens erexeris fuprà facrofanctum altare candelabrum ; vilem' rudemque lapidem in Rationali collocaveris cum expolitis lapidibus pretiofis ; annexuerifque debilem Ecclefiæ fanctæ cardinibus illis, fuper quos quæ funt in terra cæloque vertuntur ? Ifta tanta confiderans, longè me imparem efse fentio, ut dignè pro collato munere fatisfaciam.

Augendæ vero & ea quoque ex parte mul-

a Exod.
26.& 36

multiplicandæ sunt magis gratiarum actiones, quòd ad mensuram bonam & confertam, coagitatam etiam & superffluentem adjeceris: bis enim me, cùm alterum me, meum unanimem ad eumdem ampliffimi honoris gradum extulifti, quodammodò provexiffe videris; dùm scilicèt Archiepiscopum Avenionenfem allegeris Cardinalem, Apoftolicum virum, formam antiquæ probitatis, cui à fpiritualibus incunabulis fuiffe nexibus individuæ charitatis obftrictum glorior, fratremque meum verè effe germanum exulto, ambos nimirùm eodem parente, viro illo planè divino Philippo Nerio fecundùm fpiritum generatos, ejufdemque fuxiffe ubera matris, licèt ipfe primogeniti prærogativa præcedat, atque multò magis meritis antecellat, cum in ipfo virtutum progreffu ejus refpectu ego quafi pedes (ut vetus proverbium habet) ad Lydium currum extiterim: adeò ut vix licuerit oculis confequi ipfum ardua, altaque virtutum petentem, nedùm æquis paffibus afsectari: ut folatium fit, ejus faltèm impreffa relicta veftigia fequi, eifque infiftere in reliquo qui fupereft vitæ curfu jàm ad terminum prolabente.

Ad multiplicem rursùs gratiarum actionem ex tanta beneficiorum redundantia

in char-

in chartis noſtris veluti in alveo jugiter fluxuram, illam haùd mediocrem adiicimus ex eo beneficio ſimùl addito, quo voluiſti eſſe benè conſultum futuræ Annalium ſcriptioni : adeò ut quem ad dignitatem promoveris, non amoveris ab inſtituto; neque cum vocaveris, revocaveris à cæpto ſcribendi munere, ſed opus urgeas, quod exoptes ad finem perduci; cui ut ſolicitiùs vacem, vacare me velis ab ingruentibus negotiis meliori parte diei, quam ab interuentoribus liberam eſſe jubeas, & Annalibus integrè cuſtoditam.

. Cujus rei gratia & hic ipſe tomus, qui ſeptimus mihi naſcitur partus, & poſtremus timebat fœcundæ claudere matris uterum, tibi lætus accurrit oblatus, ita jàm de fratrum futura propagatiône ſecurus (quantùm tamen in humanis rebus ſecurita eſſe poſſit) exultans pariter, quòd & tua benignitate progreditur ſanctorum Martyrum titulo glorioſus, incedens ſtipatus tantis cæleſtis curiæ Senatoribus, ſeptus nempè altero latere Nereo, altero Achilleo Petri diſcipulis, decoris triumphalibus palmis atque coronis, quos datos in itinere comites, ſuos etiam cupit eſſe patronos, atque perpetuò apud Deum intECeſſores.

        Finem

Finem verò dicendi facturus, Pater fanctiffime, audi, rogo, quæ adhùc maximè cu-
perem fuperadijci. Ad tantum honoris verticem fublimatus, tibique ipfi ut magnæ
aquilæ luftranti Orbem pullus inexpertus
inhærens, abs te peto duci, doceri, atque
juvari. Tu rectà ducas cęlum versùs, ne
declinans ad dexteram five finiftram, vel
profperis ventis allever, vel deprimar adverfis: Doceas pariter quę fursùm funt fapere, non quę fuper terram, oculofque ad
Solem illum juftitię fixos tenere, neque
deorsùm ad ea quę funt mundi habere refpectum: Juvefque adminiculo alarum tua-
rum, imponens debilem fuper humeros fortitudinis tuę, quibus Orbem quoquè fuften-
tas: ut ita à terra fublimes divina petentes
(fecundùm quod ait Apoftolus(a) revelatâ
facie gloriam Domini fpeculantes, in eamdem imaginem transformemur à claritate
in claritatem, tamquàm à Domini fpiritu;
è prefenti videlicet claritudine purpurę ad
ftolas illas càndentes, dealbatas(b) in fanguine Agni: ficque per afcenfum purpu-
reum iftum perveniamus ad reclinatorium
(c) aureum, beatam illam requiem, ubi
Deus cum Sanctis fuis in ęternum regnat.
Demùm verò, Summe Sacerdos, oblatum feptimum hunc Annalium tomum,

a 1. Cor.
3.
b. Apoc.
7.
c Cant.
3.

novę

novæ primitias dignitatis , veteris verò
agriculturæ fructus , tua benedictione dignum redde divino conspectu : ut cùm
per eam Deo ipsi , cui in primis offertur,
sit gratus , gratia divina concilietur auctori. Vale, Beatissime Pater, teque mente recta gradientem in omnibus viis tuis
Deus custodiat semper.

Præsens Annalium tomus incipiens ab anno Domini quingentesimo decimooctavo perducitur usque ad annum quingen-
tesimum nonagesimum , nempè ab anno primo Justini Senioris usque ad quintum Mauritii Augusti. Complectitur annos septuagintatres.

Accesserunt ad finem tomi parerga de conversione Ruthenorum ad Christianam religionem , &
eorumdem ad Romanæ Catholicæ Ecclesiæ communionem reversione sub Clemente VIII. Pont.
Max.

ANNALES
ECCLESIASTICI.

A D ardua miro quodam tùnc assurgit animus impetu, cùm de divino auxilio spem concipit haud dubiam; qua roboratus Apostolus: *Omnia possum*, inquit *(a), in eo qui me confortat.* Ideòque ne gracilis natura hominis sub oneroso fasce succumberet, & labores, quos præsertim supergredi vires sentit, consternata pavesceret atque refugeret; magnum illud olim Patriarchæ Jacob *(b)* ascensum est signum de sublimis atque laboriosæ scalæ conscensû, cùm ad scandentium auxilium missas cælestis militiæ copias, ipsos administratoriæ *(c)* spiritus, Angelos descendentes, ascendentesque conspexit, pariterque ipsum Dominum super scalam innixum, vigilem inspectorem, auxiliatorem fortem, remuneratoremque fidelem: quo de supernâ providentiâ certi, de divino auxilio minimè dubitantes, at-

e Philip. 4.
Præfatio
Auctoris
cum numinis imploratione.
b Genes. 36.
c Hebr. 1.

B

C quo de perenni retributione securi mortales omnes difficile licèt immortalitatis iter per ardua virtutum, alta petentes, arriperent, atque obvios quosque labores facilè superarent.

Quòd igitur nostra ista Annalium scriptio scalæ ascensionis similitudinem referat, dùm per annos singulos, singulis veluti distinctâ gradibus res gestas enarrans attollitur; par est, ut in ea positi, sursùm ad Deum, unicum propositum nobis scopum, mentis oculos fixos habentes, precibus ab eo divinum auxilium imploremus, Angelorumque occursum cum accursu sanctissimæ Dei Matris. Adsit ergo ipsa, quam interpellare consuevimus, unà cum obviis Angelis Dei genitrix Virgo MARIA: descendat, ut sublevet; ascendat, ut elevet; manuque prehensans ducat, atque perducat tandem ad eum, quem fide cernimus super scalæ verticem præstolantem Dominum, laborum nostrorum finem, requiem, atque coronam.

JESU CHRISTI ANNUS 518. | **HORMISDÆ PAP. ANNUS 5.** | **JUSTINI IMP. 1. THEODOR. REG. 26.**

I.
Justinus
Imperat.

D ECURSIS rebus gestis anni quingentesimi decimioctavi Redemptoris nostri usque ad septimum Idus Julii, quo contigit obitus impii Anastasii Imperatoris; quæ sunt reliqua anni ejusdem sub Consulatu Magni atque Florentii, prosequamur: atque novo, ejusdemque maximè pii Imperatoris auspiciis novum hunc septimum ordine Annalium tomum feliciter inchoemus; cum pulsis tenebris atræ noctis impietatis, tandem fidei Catholicæ radii Orientali Ecclesiæ illuxerunt. Sed quomodo id factum sit, videamus.

II.
d Luc. 1.
e Psal. 112.
1. Reg. 2.
f Zonar. Annal. l. 3. in fin.

Qui deposuit potentem *(d)* de sede, idem exaltavit humilem, & de stercore *(e)* erexit pauperem, collocavitque cum principibus populi, ut solium gloriæ teneat. Etenim Justinum *(f)* post Anastasiam ex stabulo (si primordia ejus repetas) ad imperii sublime fastigium evexit; cùm primùm videlicet ex porcario sive armentario gregarius miles: & indè ubi in militiæ virtutum meritis, fide Catholicâ prævia, quâ pollebat, primos duxisset ordines; Prætorianorum præfecturam accepit, atque demùm Imperator effici meruit. De quo præterea Evagrius *(g)* ex

g Evagr. l. 4. c. 1. 2.

E

Zachariâ Eutychiano ista depromit: Postquàm Anastasius ex corporis ergastulo ad præclarius domicilium (in dixi) demigravit, Justinus genere Thrax, nono mensis Pavemi, qui à Latinis Julius nominatur, anno autem quingentesimo sexagesimo sexto ex eo tempore quo urbs Antiochia primùm illud nomen accepit, purpura vestitur Imperatoria; & à militibus Prætorianis quibus ante cùm esset Præfectus ordinum Aulicorum præfuerat, Imperator declaratur. Qui quidem ad istam Imperatoris dignitatem præter omnem spem propterea ascendit, quòd multi & præstantes viri cum Anastasio cognatione conjuncti adhuc superfuerant; qui cùm omnibus rebus, quas prosper & beatus vitæ status postulat, abundare videbantur, tùm, eam consecuti potentiam, quæ homines in tàm amplo honoris gradu locaret possit. Cæterùm invitum ac renitentem Justinum ipsum creatum fuisse Imperatorem, ipsius litteræ ad Hormisdam Romanum Pontificem, & aliæ hujus ad eum redditæ attestantur, quæ suo loco ponentur: ex quibus omninò redarguas quæ ex Zachariâ Eutychiano Evagrius recitat, nempe eumdem Justinum studia Amasii Præfecti cubicu-

Justinus ex humili loco surgit in Imperiû.

A Ii Ana-

li Anastasii Imperatoris constantis creare
Theodoritum amicum suum Imperatorem
animadvertisse, atque utrumque è medio sustulisse; hæc enim Evagrius ita narrat (*a*) :

Per idem tempus Amantius vir potens
in primis cubiculo Imperatoris præfuit:
qui ; quoniam non licebat eunucho Imperio Romano potiri , cupiebat Theochrito, homini secum fide & benevolentia
conjuncto, coronam donare Imperatoriam:
Itaque Justino accersito , magnam pecuniæ vim ei dat : quam jubet illis distribui,
qui possent purpuram Imperatoriam Theochrito impertiri , & ad id præstandum maxime viderentur idonei . Justinus autem ,
sive quòd populum largitione suum plane
reddidit , sive quòd Excubitorum benevolentiam pecunia sibi conciliavit (utrumque enim memoratur) Imperio ipse potitus est, ac statim post, Amantium & Theochritum cum aliis nonnullis è medio sustulit .] Dedit meritas impius eunuchus pœnas de perfidia , qua per plura annorum
curricula contra Catholicam fidem patrocinatus est hæresi Eutychianæ , ejusque
sectatoribus favit, deprimens Orthodoxos.
Tali namque ministro per omnia suæ impiæ voluntati accommodato usus Anastasius
Imperator , quod damnum intulerit Ecclesiis Orientalibus, vidimus . At Deus
vindex eodem tempore, diverso licèt interitu , utrumque sustulit , Anastasium videlicet , & Amantium eunuchum potentissimum Eutychianorum patronum: in cujus
nece imitatus plane est Justinus Marcianum Augustum , qui (ut vidimus)
Chrysaphium eunuchum ejusdem hæresis & hæreticorum promotorem & defensorem , mox ut creatus est Imperator , necandum curavit . At hæc de Amantio post
aliquot dies contigerunt .

Edidit tunc & non mediocre pietatis specimen Justinus Imperator , dùm conjugem
suam , Lupicinam dictam, nomine Euphemiæ illustris martyris , pietatis ergò , appellari voluit, antequàm eam Augustæ titulo decoraret (*b*) . Quæ autem consecuta

tunc sint, cùm Joannes Constantinopolitanus Episcopus unà cum populo in Ecclesiam perrexit, Acta publica ad verbum
excepta indicant ; quæ recitata in Synodo
Constantinopolitana contra Anthimum sub
Menna hîc oportunè suo loco describenda
putavimus, imitati Flavium Vopiscum, dùm
pro magno historiæ ornamento Acta publica de Consulatu Aureliani in ejus Vitam
intulit: secuti pariter Ælium Lampridium,
qui in Commodo ex Mario Maximo multiplices congessit acclamationes à Senatu
proditas. Se habent enim ista, veluti ovatio quædam de expugnata perfidia , & de
impietate compressa ac fide Catholica liberata triumphus , cùm videlicet in ipsa magna Constantinopolitana Ecclesia trophæa
victoriæ eriguntur : dùm expunctum è sacris tabulis nomen sacrosancti Concilii
Chalcedonensis , & abrasa deletaque penitùs nomina S. Leonis Papæ, necnon Euphemii & Macedonii Constantinopolitanæ

Ecclesiæ Orthodoxorum Antistitum , expospone populo , in eadem sacra Diptycha revocantur. Accipe ergò quæ tunc feliciter in Ecclesia eorum Episcopo & Imperatore die decimaquinta ejusdem mensis Julii & sequenti acta sunt (*c*) :

Introitu facto secundùm consuetudinem
in sanctissima magna Ecclesia nostra , die
Dominica instantis mensis Julii , Indictione undecima à domino nostro Archiepiscopo œcumenico Patriarcha Joanne (sicut
non ignorat vestra ergà Deum dilectio)
dùm ipse unà cum venerabili clero esset circa ambonem , voces istæ sunt à populo,
dicentes : Multi anni Patriarchæ , multi
anni Imperatori ; multi anni Augustæ :
Anni plurimi Patriarchæ . Quid manemus
incommunicati ? Per tot annos quare non
communicamus ? Ex cujus manibus communicare volumus ? Ascende ad ambonem . Heus persuade populo . Post multos
annos communicare volumus . Orthodoxus es : quem times , digne Trinitate?] Idcirco illi ; quòd à tempore ejecti Macedonii Orthodoxi ipsorum Episcopi , populus Orthodoxus se à communione impii Timothei subrogati successoris subduxerat . At
prosequamur Acta , cùm rursùs acclamat
populus , & fidem Catholicam sartam tectam conservatam exposcit :

Multi sint anni Imperatoris , multi anni Augustæ . Severum Manichæum ejice.
Qui non loquitur, Manichæus est. Effodiantur ossa Manichæorum . Sanctam Synodum
modò prædica. Multi sint anni Imperatoris :
Multi sint anni Patriarchæ digni Trinitate . Sancta Synodus modò prædicetur
digna Trinitate . Maria θεοτόκος , id est ,
Dei genitrix , est digna throno . Sancta
Maria Dei genitrix est.] Idcirco inculcat
hæc de genitrice Dei Maria populus acclamando , quòd ab Eutychianis calumniam pateretur hæresis Nestoriana. Sed pergunt : Sancta Synodus hoc dixit . Qui non
loquitur , Manichæus est . Vincit fides Trinitatis . Vincit fides Orthodoxorum. Sanctam Synodum modò prædica . Orthodoxus regnat : quem times ? Vincit fides Imperatoris . Vincit fides Augustæ . Novi
Constantini multi sint anni .] Nescit (ut
vides) frena gaudii : exuberans lætitia facit eadem sæpe repetere : quæ cum
audies toties repetita , non erunt tibi
fastidio , si in memoriam revoces eorumdem longissimi temporis suspiria , gemitus,
luctum, ejulatum, exiccantemque eorum
corda mœrorem . Sed magis admirari non
desines eorumdem æstuantes ardore fidei
Catholicæ animos , cùm audies quibus rursùm eundem suum ipsorum Episcopum
compellant , exagitant, urgentque clamoribus ; Vel exeas (clamant) vel prædicabis.
Multi anni Imperatoris. Justine Auguste tu
vincis . Synodum Chalcedonensem modò
prædica , quia Justinus regnat. Quem times ?] His plane vocibus compellat populus Patriarcham, quem scirent semper fuisse
Catholicum, verùm sub Anastasio persecutore timore correptum ad tempus silentio
obri-

guiſſe. Sed rursùm in hæreticos ita exclamat populus:

VII.
Contrà Eutychianos conclamat populus.

Severum Manichæum foràs eiice. Synodum Chalcedonenſem modò prædica. Qui non anathematizat Severum, Manichæus eſt. Eiice foràs Severum: Novum Judam eiice foràs. Inſidiatorem Trinitatis eiice foràs. Sanctam Synodum modò prædica. Heus, obteſtor, vel prædicabis, vel exibis. Fides eſt, non ἐπιθυμία. Fratres Chriſtiani, una anima. Juſtine tu vincis. Si fidem amas, Severum anathematiza. Heus, heus, obteſtor: Multi anni Imperatoris. Heus, trahe te. Heus, portas claude. Qui non loquitur, Manichæus eſt.] Sed cur, dices, Manichæos appellant Eutychianos hæreticos? Duplici ſanè ex cauſa. Primùm quidem, quòd Anaſtaſius Imperator Eutychianorum patronus, Manichæorum hæreſis (ut dictum eſt) infamia laborabat: ob idque & qui cum eodem adversùs Catholicam fidem conſpirabant, Manichæi pariter dicebantur: deinde verò, quòd cum veram naturam carnis poſt adunationem in Chriſto Eutychiani negaſſent, quamdam cum Manichæis negantibus pariter Chriſti carnis veritatem, affinitatem contraxerant. Sed rursùs populi. Orthodoxi conclamationes & compellationes in Patriarcham audi, cùm ſimul addunt:

VIII.

Heus congregationi, Synodo heus. Modò prædica, per Evangelium nihil præter te Heus obteſtor. Multi anni Imperatoris. Novi Conſtantini multi anni. Orthodoxi Imperatoris multi anni. Novæ Helenæ multi anni. Severum eiice foràs: Novum Judam eiice: inſidiatorem Trinitatis eiice foràs. Multi anni Imperatoris Fratres Chriſtiani, una anima fides eſt, non eſt ſimpliciter * Sancta Mariæ Dei genitrix eſt. Hæc & Synodus dixit.]

*ſingulariter.

IX.
Acclamationes quàles eſſe ſolerent.

a Caſſiodor. l. 1. ep. 31.

Has dum audis, lector, frequentes populi acclamationes, ne putes improviſos, incompoſitoſve ac diſſonos fuiſſe clamores tumultuantis ac perſtrepentis in Eccleſia multitudinis, ſed potiùs ſonoras ad rhythmum & modos muſicos voces compoſitas, longè ſuaviores quàm in Circo eſſe ſolerent; de quibus accipe quid Caſſiodorus (a) dicat, cùm de Circenſibus acclamationibus agit: Soletis enim aera ipſa melliſtuis implere clamoribus, & uno ſono dicere, quod ipſas belluas delectet audire: profertis voces organo dulciores, & ita ſub quadam harmonia cithara concavam theatrum per vos reſonat, ut tonos poſſit quilibet credere, quàm clamores. Numquid inter iſta rixæ decent, aut inflammata contentio? &c.] Si ergò acclamationes in theatro tales eſſe ſolerent; qualeſnam, quàmque modeſtiores & magis harmonicæ eſſe in Eccleſia debuerunt? Sed proſequamur Acta.

X.
Quid Patriarcha ad populum.

Hæc cum exclamaſſent, data eſt eis reſponſio à ſanctiſſimo & beatiſſimo Archiepiſcopo & Patriarcha œcumenico Joanne: Hæc patienter ſuſtinete, fratres, ut priùs adoremus ſanctum altare; & poſt hoc do vobis reſponſionem. Et cum intraſſent in

Annal. Eccl. Tom. VII.

A ſanctum altare, monſerant clamantes: Multi anni Imperatoris: Multi anni Auguſtæ. Heus obteſtor, non exibis, niſi anathematizes Severum. Anathema Severo apertè dic: Heus * reſera, Heus obteſtor. Multi anni Imperatoris. Et demùm aſcendens ſuper ambonem ſanctiſſimus Archiepiſcopus & Patriarcha noſter œcumenicus Joannes, acclamavit hæc: Scitis labores meos, dilectiſſimi, quos & in antiquitate exiſtens ſubivi, & nunc ſuſtinui pro fide, & ſuſtineo uſque ad mortem. Non ergò opus eſt turbatione, aut tumultu. Neque enim aliquid prætergreſſum eſt de recta fide ſtatuendum: neque ſanctam Synodum quis anathematizare audet; ſed omnes ſanctas Synodos, quæ confirmaverunt trecentorum decem & octo Patrum in Nicæa congregatorum, Orthodoxas cognoſcimus, & maximè ipſas tres ſanctas Synodos, hoc eſt, Conſtantinopolitanam, Epheſinam, & Magnam Chalcedonenſem: nàm ſpecialiter Symbolum trecentorum decem & octo Patrum, in quo baptizamur, ipſæ ſanctæ tres Synodi conſonanter confirmaverunt.

* os.

Poſt acclamationes verò, inſiſtentibus ipſis per plures horas in ipſis vocibus, addebant: Non diſcede, niſi anathematizes.

XI.

C Multi anni Patriarchæ digni Trinitatis: Multi anni Imperatoris: Multi anni Auguſtæ. Congregationem Synodi Chalcedonenſis modò prædica. Commemorationem Patrum ad craſtinum prædica. Niſi responſionem accepero, uſque ſerò hic ſum. Congregationem Patrum Chalcedonenſium craſtina die prædica: Hodiè ſi prædicaveris, cràs perficietur. Non recedimus, niſi prædicaveris. Eos qui Neſtorium & Eutichetem anathematizaverunt, ad craſtinum prædica. Niſi responſionem accepero, uſque ſerò hic ſum:] Hæc quidem totiès inculcata, ac totiès repetita, ingeminata ſæpiùs, ex induſtria facta eſſe videntur & ex compoſito prodita, quò univerſi populi perſeverantia & ardor ergà fidem Catholicam magis ac magis totius Orientalis Imperii oris innotesceret: non quidem ut iſta cunctatio Joannis Epiſcopi ſincera fides, quam ſemper coluiſſet, in ſuſpicionem adduci poſſet, quem probè noverant etiam ſub hæretico Imperatore perſeveraſſe Catholicum; ſed magis ut ſub uno conventu, tùm populi, tùm Epiſcopi, tùm deniquè Imperatoris fides Catholica probaretur, aſprobata omnibus nota fieret. Subdunt verò Acta de ipſo Joanne:

E Et acclamavit ſanctiſſimus ac beatiſſimus Epiſcopus noſter Patriarcha œcumenicus Joannes ſic: Quoniam perfici petiiſtis congregationem ſanctorum Patrum Chalcedonenſium: cognoſcentes ſcietis, quòd & hoc faciemus conſilio piiſſimi & Chriſto amantiſſimi Imperatoris noſtri. Perſeverantibus autem ipſis, & eaſdem voces exclamantibus, & addentibus: Non recedimus, per ſanctum Evangelium: Congregationem Patrum Chalcedonenſium in craſtinum prædica. Prædicata fuit congregatio per Samuelem diaconum ſic: Notificamus

XII.
Conclamata approbatio quatuor Synodorum.

A 2 mus

mus veſtræ charitati , quòd craſtina die A perficiemus memoriam ſanctorum Patrum noſtrorum Epiſcoporum in Chalcedonenſi metropoli congregatorum , qui unà cum ſanctis Patribus Conſtantinopoli & in Epheſo congregatis confirmaverunt Symbolum trecentorum decem & octo Patrum in Nicea congregatorum . Congregabimur autem hùc .

XIII. Etpoſt acclamationem congregationis
Severus iterùm permanſit populus , & una voce
publicè quàm plurimùm clamavit : Severus nùnc
condemna- anathematizatus eſt . Non exeo , niſi mo-
tus. dò reſponſionem accipio : Obteſtor : Orthodoxus es : Modò anathematiza . Aut anathematiza , aut nihil . Et inſiſtentibus ipſis plurimùm in iiſdem , præſentibus Theophilo Deo amantiſſimo Epiſcopo Heracleano , Theodoto Epiſcopo Gangrenorum , Hypatio Epiſcopo Claudiopolitano , Joanne Epiſcopo Boſphorio , Pythagora Epiſcopo Synopeno, Iſacio Epiſcopo Quinquepolitano Græciæ , Joanne Epiſcopo Commanorum regionis Pamphiliorum , Amantio Epiſcopo Nicopolitano , Ammonio Epiſcopo Abydano , Platone Epiſco-
Cratiano. po Gratianopolitano . ✝ Euſtathio Epiſcopo Philadelphiæ , & Pelagio Epiſcopo Azanitano , & aliis amantiſſimis Deo Epiſcopis conſentientibus ſanctiſſimo ac beatiſſimo Archiepiſcopo Patriarchæ œcumenico Joanni , acclamata fuerunt hæc : Quòd Severus , qui ſe ipſum ab hac Eccleſia ſeparavit , judicio ſe ipſum ſubmiſerit , omnibus manifeſtum eſt . Sequentes itaque & nos canones & ſanctos Patres , alienum ipſum putamus , & à divinis canonibus per ſuam blaſphemiam condemnatum anathematizamus & nos .] Hactenùs hujus diei Acta Severi anathemate clauſa .

XIV. Sed antequam ad diei ſequentis res ge-
De nomi- ſtas progrediamur , admonendum putamus D
nis œcu- lectorem , ut inter læta hæc poſterorum
menici im- Græcorum caveant impoſturam . Cum enim
poſtura re- ipſa Acta vera omninò atque legitima ſint ;
centiorum haud tamen dubium putamus , ipſa quidem
Græcorū . in eo eſſe falſata , dùm quotiès nominatus reperitur ipſe Joannes Conſtantinopolitanæ Eccleſiæ Epiſcopus , totiès ferinè additus eſt titulus *Patriarchæ œcumenici* . Haud enim recepiſſet Romana Eccleſia ejuſmodi Acta , in quibus adeò frequens titulus ejuſmodi legeretur , quo Epiſcopus Conſtantinopolitanus , *Patriarcha œcumenicus* diceretur . Etenim Pelagius Papa ſancti Gregorii prædeceſſor , ad Joannem Conſtantinopolitanum Antiſtitem ejus nominis ter-
a ***Pelag.*** tium , qui ſibi hujuſcemodi titulum uſur-
epiſt. 1. paverat , impugnator inſurgens , cùm ad univerſos Epiſcopos ſcribit (*a*) , inter alia plurima in deteſtationem novæ præſumptionis hæc habet ; State fortes , ſtate ſecuri : ſcripta , quæ univerſalis nominis falſitate condemnata ſunt , nec dare umquàm , nec accipere præſumatis .] Idemque ſuperiùs tradit nihil ejuſmodi ab ejuſdem Joannis prædeceſſoribus Conſtantinopolitanis Epiſcopis aliquandò tentatum

fuiſſe in quam ſententiam ſanctus etiam Gregorius Papa ad eumdem epiſtolam dedit (*b*) . Cum igitur adeò graves extent **b** *Greg. l. 4.* teſtificationes Romanorum Pontificum de **epiſt. 38.** ejuſdem tituli deteſtatione atque abrogatione ; quonam pacto inter publica Acta Concilii illa reperiuntur eſſe deſcripta atque recepta Acta , in quibus idem damnatus rejectuſque titulus totiès legitur repetitus ? Præterea ſi in eadem Synodo idem ſæpè titulus lectus , nec rejectus ab aliquo fuit ; cur hæc non citata fuerunt contra eoſdem Romanos Pontifices Pela- **c** *Apud* gium atque Gregorium . Sed quæ ſequen- *eamdē Sy-* ti die itidem in eccleſia tranſacta ſint , vi- *nod. Act. 1.* deamus . Hæc enim eadem quæ ſuperiùs *to. 2. Concil.* Acta publica habent (*c*) : *vet. edit.*

XV.
His ſecutis , ſequenti Dominica (*immò* **Petitiones**
ſequenti die poſt Dominicam , ut infra in **populi in**
Actis Concilii Conſtantinopolitani) quæ eſt **acclama-**
decimaſexta menſis Julii , Indictione un- **tionibus.**
decima , finita memoria prædictorum ſanctorum Patrum , rurſùmque facto introitu à ſanctiſſimo & beatiſſimo Archiepiſcopo Patriarcha œcumenico Joanne , ſtatim dùm ipſe appropinquaret amboni , voces à toto populo venerunt ſic : Multi anni Patriarchæ : Multi anni Imperatori : Multi anni Auguſtæ : Novi Conſtantini multi anni : Novæ Helenæ multi ſint anni . Reliquias Macedonii Eccleſiæ reſtitue . Juſtine Auguſte tu vincis : Eos qui ſunt in exilio propter fidem , revoca . Exhumentur oſſa Eutychianorum . Quis eſt Neſtorius , ego neſcio : Anathema ſit ipſe à Trinitate . Quis eſt Neſtorianus , ego neſcio : Anathema ſit ipſe cum Eutychete . Exhumentur oſſa Neſtorianorum : Exhumentur oſſa Eutychianorum . Manichæos eiice foras. Juſtine Auguſte tu vincis . Severum Judam eiice foras : Manichæos de eccleſia eiice . Duos Stephanos eiice foras . Reliquias Macedonii modò fer . Nomen Macedonii modò ordinetur ; totis vocibus Imperatori ſupplicamus . Novum Eximam eiice foras , Novus Eximas Amantius eſt . Maledicum eiice de Palatio . Euphemium & Macedonium Eccleſiæ ſcilicet ceſtitue , Synodica Romana modò valeant .] Ambo hi Conſtantinopolitani Epiſcopi , quòd Catholicæ fidei profeſſores eſſent , ejecti ab hæreticis Imperatoribus fuerant . Sed rurſùm Acta :

XVI.
Multi anni Patriarchæ novi Joannis ; **Perſiſtit**
multi anni, digni Trinitatis. Juſtine Augu- **populus**
ſte vincas. Multi anni Auguſto . Reliquias **acclaman-**
Macedonii Eccleſiæ reſtitue . In iis ſemper **do.**
vinces . Euphemii & Macedonii nomina modò ordinentur ad perfectam ordinationem Eccleſiæ . Falſos teſtes Macedonii eiice foras . Quatuor Synodos Diptychis . Leonem Epiſcopum Romanum Diptychis . Sancta Maria Dei genitrix eſt : hoc Synodus dixit . Diptycha amboni . Qui non loquitur, Manichæus eſt . Diptycha amboni . Modò Deum tibi . Juſtine Auguſte tu vincas: curatorem non habes . Diptycha modò porta . Orthodoxi Imperatoris multi ſint anni: Novæ Helenæ multi anni . Si habes domi-

dominium *, modò porta Diptycha . Si habes Augustum, Diptycha modò porta. Canones non rejecerunt istos. Heus ordina ? Heus ordina ?] Quæ autem Joannes Constantinopolitanus Episcopus ad ista responderit, eadem habent Acta his verbis :

XVII.
Quæ Patriarcha ad populum.
Et acclamata sunt hæc: Helterna dies sufficienter satisfecimus vestræ charitati . Nunc verò zelum vestrum apertè cognoscentes, illa festinavimus & festinamus facere, quæ & Deum colunt, & vobis per omnia & in omnibus satisfaciunt. Quòd autem debeat nihil nobis removeri de recta fide , arbitror vestram dilectionem diversis temporibus & modis experientiam accepisse. At idcircò fundamentum fidei sanctum, sanctorum Patrum traditione firmum permanere , gratia Domini nostri & Salvatoris Jesu Christi studuimus , sperantes & per ipsum dissidentes Ecclesias unire, & undiquè ordinationem divinorum canonum inviolabiliter tenere . Neque enim conceditur aliquid removeri , & de novitate vocis & *aucupare* tilitate sermonis occupare * Fideles ; sed adhæreve sancto Symbolo, in quo omnes baptizati sumus ; & cum sancto Spiritu Nicæna Synodus exclamavit; & sanctorum Patrum Constantinopoli congregatio confirmavit ; & sancta Synodus Ephesina confirmavit ; & sancta Magna Synodus Chalcedonensis similiter sigillavit , quam nullo modo aut ratione amovere quis poterit ; cum omnem malè opinantibus tollat occasionem. Hanc itaque fidem immobilem tenentes ad invicem , non dubitemus ; sed omnem vocis novitatem , ac omnem nominis subtilitatem abiicientes , uno ore sanctam & consubstantialem Trinitatem glorificemus , quæ custodiat in pace vitam piissimi & Christianissimi Imperatoris nostri ac omnium nostrum. Patri autem & Filio ac Spiritui sancto gloria nùnc & semper & in sæcula sæculorum. Amen .

XVIII.
Hac autem acclamatione facta , permanserunt ita clamantes : Sed nullus modò egrediatur: Obtestor te, portas claude . Fratres Orthodoxi una anima: Fratres per fidem una anima .] Ita planè mutua charitate juncti erant: quod quidem specimen unitatis Catholicæ egregium iidem ante ediderant sub Anastasio, cum (ut diximus) sæpè sepiùs ejusmodi acclamationibus & conciationibus & Imperii statum & vitam ipsius in discrimen adduxerint . Sed audi reliqua, cum rursus acclamant : Justino Augusto tu vincas. Qui non loquitur, Manichæus est. Sanctus, Sanctus, Sanctus, Trinitas vincit. Et **De non jurando Amantio** nùnc non timeas Amantium, nèc Manichæi. Justinus regnat : quid times Amantium ?] Erat Amantius, de quo dictum est, terror Orthodoxorum , eunuchus Præfectus cubiculi Anastasii Imperatoris , per quem idem Augustus hæreticus adversus Catholicæ fidei defensores tyrannicè agere consuevit. Sed iidem rursus suum ipsorum Episcopum hisce compellant vocibus : Digne Trinitatis , & hoc bonum tibi reservatum est. Qui Synodum amat, ita honoratur. Multi anni Imperatoris : Multi anni Augustæ :

Annal. Eccl. Tom. VII.

Multi anni Patriarchæ . Vincit fides Orthodoxorum . Et rursùs perseverantibus ipsis in eisdem vocibus acclamantibus , sunt eis hæc dicta à Patriarcha :

Quòd omne studium posuerimus complacere vobis , & inscandalizatos vos conservare, clarè cognoscitis. Sed quoniam omnia canonicè & bono ordine fieri oportet , permittite nos congregare Deo amantissimos Episcopos, ut secundùm divinos canones omnia proveniant, consilioque & jussu piissimi Imperatoris nostri : Omnes enim acclamationes vestras suæ serenitati aperiemus. Et cum ipsi clausissent portas, in iisdem acclamationibus permanentibus, accipiens Diptycha sanctissimi & beatissimi Archiepiscopus & Patriarcha œcumenicus Joannes, jussit ordinari sanctas quatuor Synodos, sanctorum Patrum videlicèt in Nicæa congregatorum, & in Constantinopoli similiter convenientium sub Nectario sanctæ memoriæ, & in Epheso congregatorum super depositione Nestorii, necnon illorum de Chalcedone super dejectione Eutychetis & ejusdem impii Nestorii. Ordinarique jussit nomina in sancta memoria defunctorum Archiepiscoporum hujus regiæ urbis Euphemii & Macedonii, ac etiam Leonis Romani Pontificis.

Tùnc voce magna omnes è populo tamquàm uno ore clamarunt (a) : Benedictus Dominus Deus Israel, quia visitavit & fecit redemptionem populo suo . Magna autem hora ex utràque parte consistentibus , & psallentibus hanc psalmodiam, cantores supervenientes converterunt se dicere Trisagium. Et cum ipsi incepissent , totus populus quievit, & audiebat attentis auribus Trisagium. Et post lectionem sancti Evangelii ex more sancta Missa finita, *catechumenorum videlicet, & januis clausis,* ac sancta lectione juxtà consuetudinem lecta, tempore Diptychorum, *cum scilicet publicè recitarentur nomina defunctorum Episcoporum,* cucurrit omnis multitudo cum magno silentio circumcircà altare . Et cum solùm lecta fuissent à diacono appellationes prædictarum, sanctarum quatuor Synodorum, & sanctæ memoriæ Archiepiscoporum Euphemii & Macedonii & Leonis, voce magna universi clamaverunt : Gloria tibi Domine. Et post hæc cum omni modestia completa fuit cum Deo divina Missa .] Hæc idus Acta, tanquam fraudulenta manus, quæ Constantinopolitano Episcopo, titulum addidit Patriarchæ œcumenici, nomen S. Leonis Papæ post Constantinopolitanos Episcopos ultimo loco ponit: nàm & sui ipsorum veteres libri rituales ejusmodi redarguunt imposturam , in quibus primo loco descripta leguntur nomina Romanorum Pontificum, indè verò ejus Ecclesiæ Antistitum . Certè quidem in ordine precum ante omnes Romanus Pontifex , ac deindè civitatis Antistes poni solitus erat: Sunt de his plura exempla in liturgia S. Marci, quæ usui erat primariæ totius Orientis Ecclesiæ Alexandrinæ, & inter alia cùm illic dicitur (b) : *Sanctissimum & beatissimum Pa-*

Marginal notes (left column):

* *Sic habes Dominicum.*

* *aucupare*

De non jurando Amantio

Marginal notes (right column):

XIX. De cogendo Concilio agit Patriarcha

Restituta nomina Episcoporum Diptychis.

XX. a Luc. ?

b Extat tom. 6. Bibliothecae Alexandrinae, sanctorum Patrum.

A 3 Pa-

Papam N. quem præscrivisti fore ut sibi sancta tua Catholica & Apostolica Ecclesia omnium suffragiis eligeret, necnon sanctissimum Episcopum N. conservans, &c. Ita vetus usus, quem recentiores schismatici perverterunt.

XXI.
Restituta in Diptychis nomina expunctorum Episcoporū.

Quòd autem quæ in magna ecclesia exposcente populo, tumultuariè facta essent, minùs legitimè ex forma à sacris legibus præscripta gesta esse viderentur ; ut eadem ritè, more majorum, in conventu Patrum agerentur, Joannes Constantinopolitanus Episcopus procuravit. Sic igitur post dies quatuor à dictis publicis Actis in ecclesia habitis dicta decima sexta Julii, ejusdem mensis die vigesima collecta est Synodus Constantinopoli eorum, quos ibi reperiri contigit, Episcoporum, vel qui proxime degentes citò vocari potuerunt, numero quadraginta. Cui primùm oblatus est à monachis Orthodoxis libellus quinque continens petitiones, quæ cognitæ examinatæ æque in Synodo sunt, & ab eadem quinque pariter edita decreta, quæ simul juncta tua relatione Synodus universo Christiano orbi nota fieri voluit, publicis litteris ad ipsum Joannem Episcopum datis, quæ sic se habent (*a*) :

Apud eadem Synodū Act. n. tom. 2. Concil.
XXII.
Synodus Constantinopolitana.

Cùm Deus omnium Dominus pro commodo Orthodoxæ fidei & stabilitate Catholicæ Ecclesiæ, præterita Dominica feria secunda, expleta Missa in sancta Dei ecclesia hujus regiæ urbis, una voce movit innumerabilem & infinitum populum, & ad hoc divino zelo accendit plurimùm, & sedulò petere vestram beatitudinem ascendere ambonem, & exclamare pro recta fide, pro qua semper agonizastis & agonizatis : Et cùm hæc fecistis, factæ fuerunt (ut dictum est) exclamationes plurimæ & continuæ populi vos laudantis pro Orthodoxa fide, & Patres prædecessores nostros expulsos restitui expetentis. Cum autem vester nuncius totum nostræ examinationi tradiderit, & opportuna considerare mandaverit ; necessarium putavimus, quæ secuta sunt & à nobis formata, per relationem primùm vestræ beatitudini annunciare. Sunt enim hæc :

XXIII.

Vigesima instantis mensis Julii, Indictione undecima, Consulatu Magni clarissimi viri, universus monachicus ordo hujus à Christo amatæ Imperialis civitatis, qui ex diversis monasteriis convenit, hic quidem Archimandritarum, alius verò reliquorum libellos porrexit huic omni congregatæ nostræ Synodo : petierumque ipsos legi, & capitula in eis contenta examinata à nobis sibi tradere, immò verò sub forma Synodali ponere. Cum itaque ipsos libellos legeremus, quos & subordinavimus forma prædictam hæc continere : in ipsis legimus primam petitionem libelli habentis, ut sanctæ memoriæ Euphemius & Macedonius expulsi, & in exilio mortui, justè & canonicè revocentur, & tradantur catalogo prædecessorum Archiepiscoporum in Domino ibidem quiescentium, omnibus vacuis manentibus, quæ contra ipsos quandocumque facta sunt,

De restituendis nominibus Orthodoxorum in Diptychis.

rint : ponanturque in sacris Diptychis ipsorum vocabula, secundùm quod omnis populus & monachicus ordo sedulò & multùm exclamavit.

Nos autem ordinem optatum petitioni imponere studentes, quæsivimus facta in ipsis. Et cùm cognovimus per lectionem, quamplurima horum neque cum diligentia provenerunt, neque fideliter, neque per justitiam memorati Patres ejectionem sustinuerunt, neque tamquam aliquid amoverint de his quæ in recta fide servabantur ; necessarium putavimus, petitioni totius populi simul cum mulieribus & pueris, ac totius dignitatis ac militiæ, atque etiam monachici ordinis sedulò clamantium secundùm exhibitos libellos cum omni veritate satisfacere ; ut secundùm quod sanctæ memoriæ Paulus, & Joannes, nempe Chrysostomus, & Flavianus Patres hujus regiæ urbis revocati fuerunt, sic & ipsi hujusmodi honoris in sacris libris memoria digni facti sint. Quæ ergò consideravimus & reformavimus, honestum existimavimus ad vestram beatitudinem deducere, & per ipsam piissimum Imperatorem nostrum.

XXIV.

Secundum capitulum in libellis continebatur, ut qui propter causam prædictorum Patrum (Euphemii dicimus & Macedonii) banniti fuerunt & fugati, reversi restituantur propriis gradibus. Quoniam igitur justa petitio est, & prime consequens, deliberavimus, ut prædicti adjuventur, & adducantur ad piissimum & serenissimum Imperatorem nostrum.

XXV.
De restituendis filiis Orthodoxis exulib.

Tertium capitulum, in petitione continebatur, ut pro majori scripturarum auctoramento sanctæ & Magna Synodus trecentorum decem & octo Patrum congregatorum in Nicæa, qui sanctum fidei Symbolum definierunt & acclamarunt, in quo baptizati sumus & baptizamus, & quæ Constantinopoli sub Nectario sanctæ memoriæ congregata est, & prædictum sanctum Symbolum trecentorum decem & octo Patrum confirmavit, ponatur in sacris Diptychis.) Desideratur corroboratio duorum reliquorum Conciliorum Ephesini & Chalcedonensis, quæ pariter ab ipsis probata constat ex iis quæ inferius & in eadem epistola leguntur, in quam ista sequuntur : Quoniam igitur honesta petitio est (quod enim pro utilitate Ecclesiastici status factum sit) dignum judicavimus juxta acclamationes populi, & acclamationem vestræ beatitudinis, & secundùm porrectum libellum à venerabilibus Archimandritis & monachis, ipsas sanctas Synodus in Diptychis prædicari.

XXVI.

Quartum capitulum, in petitione venerabilium monachorum continebatur, ut nomen sanctæ memoriæ Præsulis Romanorum Leonis in sacris libris similiter prædicetur, in justa quod exclamationes populi suprà & sedulò factæ sunt. Quoniam igitur Chalcedonensis Synodus non solùm Leonis sanctæ memoriæ, verùm etiam & Cyrilli Alexandrinorum à Deo amati pastoris memoriam in Orthodoxa fide fecit ; & Cyrillus

XXVII.
De nomine S. Leonis in Diptycha restituendo.

ius quidem Alexandrinus in Diptychis prædicatur, Leo autem sanctæ memoriæ non
prædicetur ; justum putavimus , ut, quod
deficit, suppleatur. Et quia æqualiter ab
hac sancta Synodo pro statu Orthodoxæ fidei honorati sunt , similiter & in sacris Diptychis pró utilitate & pace Ecclesiæ prædicentur .] Quod autem iisdem in Synodo
sacerdotes tradant æqualiter prædicatos esse Leonem in Concilio Chalcedonensi , atque Cyrillum in Ephesino, sic intelligas,
quòd Cyrillus ei præfuit, vices (ut suo loco dictum est) gerens Romani Pontificis ,
cum tamen magna sit differentia inter primarios magistratus , & delegatos ab eis.

XXVIII.

Quintum capitulum, in ipsis petitionibus
continebatur, ut attentata contra sanctam
Chalcedonensem Synodum removerentur ,
& blasphema verba contra ipsam auferan-
tur *, per Severum dico, qui est in Antiochia, indispositè & perperam prolata anathemati subiiciantur, sicut sedulæ acclamationes populi factæ sunt. Quoniam igitur
oportebat de isto formam convenientem
Ecclesiastico statui proferre ; necessarium
judicavimus, primùm blasphema ipsius verba in medio totius Synodi legi ad redargutionem eorum quæ ab ipso præscripta fuerunt. Habent itaque sic de verbo ad verbum attentata & blasphemata ab ipso adversùs sanctam Synodum: Quæ à Synodo eo
tempore in Chalcedone congregata formata
fuerunt ac stabilita , & eos qui pro ipsa pugnant, anathematizamus . Hæc est illius
sceleratæ vocis blasphemiæ ; sed non solùm
humanis hæc , verùm etiam aliæ plurimæ
blasphemiæ in libris ipsius proclamantur in
hac regia urbe ; quibus orthodoxæ amatores insidentes, derident ipsius phrenesim,
qui spurcè furrit.

*effundan-
tur
De damna-
tione Se-
veri Epi-
scopi An-
tiocheni.

XXIX.

Quoniam igitur hoc accusatum , habet
redargutionem non solùm ex prædicta voce ,
sed ex eo quod scriptum est , & ex aliis
pluribus blasphemiis turpissimæ ejus linguæ contra hanc sanctam Synodum ; idcirco
hunc justè perpetuo anathemati & nos sub-
mittimus, omni honore , nomine , dignitate , & operatione , Christiano , aut sacerdoti convenienti, vel convenire valente
privantes , & nudum divinæ communionis
secundùm Ecclesiasticos canones statuentes ;
contra quos & blasphemare , & calumniari
sanctam Chalcedonensem Synodum conatus est , quæ specialiter signavit Symbolum
trecentorum decem & octo sanctorum Patrum qui in Nicæa convenerunt, & quæ immotum ac inmutilatum ipsum existere prædicavit ; sicut & sancti Patres, qui Constantinopoli, & qui in Ephefo convenerunt,
similiter confirmaverunt , cum quibus &
sancta Chalcedonensis Synodus similia defendit, & resplendere ubique hoc jussit.

XXX.

Quapropter non solùm tamquam blasphemum sed , & tamquam calumniatorem,&
omnibus sanctis Synodis per istam Synodum
injuriantem, prædictum Severum omni honore destitutum esse statuentes, anathemati
subiicimus . Hæc à nobis examinata & formata , ad sanctum nuncium tuæ beatitu-

A   dinis festinanter exaravimus , & propria
manu subscripsimus, & afferri subordinavimus exhibitos nobis libellos ad agnitionem veritatis : ut & hæc per vestram beatitudinem veniant ad potentissimum & serenissimum Imperatorem nostrum, & ad
piissimam ac Deo amantissimam Augustam;
& ad gloriosum ipsorum ac magnum Senatum .] Hactenus Synodalis relatio, cui
post subscriptionem quadraginta Episcoporum adnexus legitur monachorum libellus .

Fuerunt hi primi flores , quos post diuturnam hiemalem brumam Orientalis terra produxit , quæ hactenus sub maledictione divina normisi tribulos atque spinas
generat. Ut meritò tunc Fidelibus illud
Canticorum (a) occinere licuerit : Flores apparuerunt in terra nostra : ficus protulit grossos . Vineæ florentes dederunt odorem suum . Verùm flores & non fructus,
grossi & non ficus, odor & non sapor ista
fuerunt, quousque sapientis manu agricolæ
infructuosi palmites non fuerunt excisi . In-
tellexisti enim uná cum fidei Catholicæ
professione ; approbationeque sacrosancti
Chalcedonensis Concilii, simulque restitutione nominis S. Leonis Papæ in sacras
tabulas , atque conclamata & in Synodo &
in ecclesia damnatione Severi & aliorum
hæreticorum, his omnibus sicie probéque
transactis , admista zizania esse critico, cum
ab eisdem reddita sunt nomina Euphemii
& Macedonii Constantinopolitanorum Antistitum propter fidem exulum , pariterque
in sacra Diptycha revocata ; quos constat
in schismate tanta passos, neque fuisse receptos in communionem ab Apostolica sede
ob retentam ab ipsis pertinaciter nimis nomen Acacii schismatici & hæreticorum communione polluti. Hi, inquam, infructuosi
palmites Apostolica priùs fuerunt præci-
dendi falce , ut culta vinea dignos fructus
afferret.

Quamvis enim alia cuncta cum a populo
rectè in ecclesia petita , etiam ab Episcopis
in Synodo sancte piéque definita videri
possint; utpote quæ pro defensione Catholicæ fidei , & allevatione oppressorum ab
hæreticis, & condemnatione hæreticorum
statuta essent ; illud tamen constat perperam à populo flagitatum , & à Synodo
turpius concessum ac decreto sancito firmatum , ut nomina eorundem Episcoporum ,
quæ jam antea licèt ab hæreticis è sacris
Diptychis deleta fuerant , in easdem Ecclesiasticas tabulas inferrentur . Quamobrem
cum postea hæc rescisset Hormisda Pontifex (b) per legatos quos Constantinopolim misit (ut suo loco dicemus) egit Apostolica auctoritate , ut restituta in Diptycha eorumdem nomina Euphemii & Macedonii uná cum nomine Acacii ejusdem civitatis Episcopi iterùm è sacris tabulis expun-
gerentur.

Est profectò magna admiratione dignum, quæ tanta civitatis istæ frequens
populus uná cum monachis atque clericis
tanta instantia petiisset, & congregati in
Synodis

XXXI.

a Cant. 2.
In quibus
Orientales
ista sancie-
tes defece-
runt.

XXXII.
Euphemii
& Mace-
donii no-
mina per-
peram red-
dita Dip-
tychis .

b Ex sug-
gestu Gen-
mani , &
Pullion.ex-
tat inter
Hormisdæ
epist. tom.
1. epistol.
Rom. Pon-
tif.

XXXIII.

Quæ ab Apostolica sede ejus Synodi sint abolita.

Synodis sive Constantinopoli, sive in Syria, & ubique locorum in Oriente Orthodoxi Episcopi stabiliissent, in unam eamdemque sententiam conspirantibus omnibus Orientalibus Orthodoxis Episcopis, consentiente præsertim Imperatore; cùm unus tantùm dissentire invenitur Romanus Episcopus, omnia mòx labefactata, sua spontè nullo negotio corruere. Unius itaque dumtaxàt facultas fuit Hormisdæ Romani Pontificis, ut quæ ab omnibus probata essent, irrita prorsùs redderentur; qui potuit eosdem ad ea omnia abroganda atque penitùs delenda compellere. Eluxit planè & ea in re, quantus esset in universa Ecclesia moderanda vigor Apostolicæ sedis. Sed de his pluribus suo loco inferiùs agendum erit. Reliqua verò, quæ in eadem Constantinopolitana Synodo tùm pro firmitate Chalcedonensis Concilii, tùm etiam contrà Severum & alios Eutychianos hæreticos decreta fuere, ab eodem Romano Pontifice rata habita sunt, & novis accedentibus scriptis firmata, atque fortiùs roborata.

XXXIV. His igitur in Synodo Constantinopolitana decretis, curæ fuit Joannis Constantinopolitani Episcopi de omnibus certiores reddere omnes Orientis Episcopos, ad quos etiam unà cum Synodalibus litteris Actorum publicorum exemplaria, tùm rerum gestarum in magna ecclesia, tùm quæ in Synodo definita fuissent, misit. Qualesnam autem ejusmodi litteræ fuerint, ex iis quas dedit ad Joannem Hierosolymorum Episcopum, reliquas intelligere satis valeas. Extant ipsæ quidem perbreves recitatæ in eadem Synodo verbis istis (a):

a *Ead. Synodo Act.* 1.

XXXV. Epist. Joan. ad Episcopum Hierosolymitanum.

Christus Deus noster, qui ejusdem animæ & fidei hominibus vinculum charitatis in pace dedit, quæ ab ipsis gesta sunt, communia esse, justum ducit. Quoniam igitur divinus quidam cælitùs motus fuit Christianissimi populi hujus regiæ civitatis; ac omnia ab ipso exclamata, & à me pronunciata, mundo manifesta sunt: necessarium putavi tuæ significare charitati; ut cùm hæc Spiritus sancti operatione cognoveris, verbo veritatis confirmeris: maximè quæ sancta Synodus congregata petitione totius monastici ordinis definivit in scripturis, & quæ definivit, tuæ sanctitati quàm celeriter mittere studuimus.] Hactenùs Joannes ad Joannem. Ejusdem planè sunt argumenti, quæ eodem tempore scripsit idem Constantinopolitanus Episcopus ad Epiphanium Archiepiscopum Tyri, quarum est exordium: Deus qui omnia ad utilitatem desuper dispensat, &c.]

XXXVI. Cum igitur istiusmodi adeò læta per litteras Joannis universo orbi Orientali innotuissent: atque ex missis Actorum exemplaribus pariter certum exploratumque in omnibus redditum esset, Justinum novum Augustum esse Catholicum, atque fidei Orthodoxæ patrocinari; mòx erectus est animus Orthodoxorum Episcoporum, illorumque potissimùm, qui timore persecutionis sub Anastasio Imperatore vel latebras captassent, vel communicationi hæreticorum se turpiter miscuissent. Illo itaque mortuo, ut cessavit exactor (sicut est sermo (b) propheticus) quievit tributum: ad impertitam ex insperato pacem Ecclesiæ respirare cœperunt, & sub Orthodoxi Imperatoris patrocinio sumere ingentes spiritus Episcopi omnes, quibus vel exiguus saltèm vitalis calor Catholicæ fidei reliquus adhùc erat. Excitati verò hujuscemodi Constantinopolitani Antistitis litteris, veluti milites classico, exurgunt omnes, & in ultionem impietatis armantur, coeunt simul jungentes spirituales copias: in diversis enim provinciis delectum habentes, Orthodoxos convocant ad Synodos celebrandas Episcopos; in quibus adversùs impietatem & impios ardentioribus animis concertantes, hos & illam cum ejus sectatoribus sternunt: sicque stratam atque protritam fidem Catholicam erigunt, & in pristino majestatis suæ throno honorificè collocant: similique Synodales reddunt ad Synodum Constantinopolitanam epistolas, quibus tùm se confirmare cuncta quæ essent acta significant; tùm etiam ipsam veluti aculeatis stimulis ad perfectam destructionem hæreticorum, Severi potissimùm ac sociorum, impellunt.

b *Isai.* 14.

Frequētes Synodi in Oriente pro fide Catholica.

XXXVII. Quot autem ea de causa hoc anno coiverint Orthodoxorum Synodi in Oriente, nescitur quidem: sed in singulis provinciis eas celebratas esse, collectus simùl Episcoporum numerus, qui rebus gestis pro fide Catholica, ipsique veræ fidei subscripsere, facilè persuadet. Etenim Rusticus Romanæ Ecclesiæ diaconus Cardinalis hujus sæculi scriptor luculentissimus, dùm contrà Acephalos per dialogismum disputat (c), testatur duo mille & quingentos sacerdotes sub hoc eodem Justino Imperatore probasse Catholicam fidem; nam ait: Sufficeret tibi unica auctoritas Synodi universalis, quæ totiès cunctarum Ecclesiarum consona sententia confirmata est tàm per encyclicas epistolas, regnante Leone, quàm per libellos sacerdotum forsàn duorum millium & quingentorum, imperante Justino, post schisma Petri Alexandrini, & Acacii Constantinopolitani.] Hæc ipse. Sed ut tantæ messis paucas saltem spicas, quæ superfuerunt, in aream inferamus; hic duarum tantummodò Synodorum, quæ extant, Hierosolymitanæ videlicèt atque Tyriæ, Synodales epistolas describemus, necnon litterarum clericorum & monachorum Apameorum & Antiochenorum fragmenta scitu dignissima ad horum temporum res ab hæreticis gestas pernoscendas, cùm ex iisdem nefanda hæreticorum opera tenebrarum prodantur in lucem. Atque primùm quæ à Hierosolymorum Synodo, cui interfuerunt Episcopi triginta tres, & à Joanne Hierosolymitano scripta est, hìc recitetur; quæ sic se habet (d):

c *Extat to.* 4. *Biblio. sanct. nov. edit. col.* 1174.

Ingens numerus Orthodoxorum fidē Catholicam probantium.

Domino meo, Deo amantissimo & sanctissimo comministro Joanni, & sanctæ Synodo in Constantinopoli congregatæ, Joan-

d *Eadem Synod. contra Antimū Act.* 1.

nes XXXVIII.

Synodalis
epist. Con-
cilii Hier.

nes Dei miseratione Episcopus Hierosolymorum, & sancta Synodus trium Palæsti-
narum existens sub sanctis locis Christi Dei
omnium in Domino salutem.

Quoniam duplex est lacrymarum motus,
alter quidem qui in dolorem fert, alter
verò qui in lætitiam (nàm Joseph Patriar-

a Genes.45.

cha (a) cum recognosceretur à fratribus,
magno & intimo desiderio lacrymatus est;

b 2. Cor. 7.

& Paulus vas electionis dicit(b), quòd tristitia mundi mortem operatur; quæ autem
secundùm Deum est, salutem) incidentes
nos illacrymabiliter in his quæ à vestra sanctitate gesta ac scripta sunt, repleti lætitia
sumus, ita ut nos magno cum Propheta

c Psal.121.

David (c) dicamus: Lætati sumus in his
quæ dicta sunt nobis, in domum Domini

d Psal. 76.

ibimus. Et hoc (d): Hæc est mutatio

e Psal.135.

dexteræ Excelsi. Et illud (e): Confitemini Deo deorum, qui facit mirabilia magna solus, quoniam in sæculum misericor-

f Psal.105.

dia ejus. Et illud (f): Quis loquetur
potentias Domini, auditas faciet omnes
laudationes ejus? Ecce enim Deus dicit

g 1. Reg. 3.

per Samuelem (g): Facio opera mea in
Israel, ut omnis qui audit, crepitent ambæ aures ejus. Hæc & temporibus nostris
opere provenerunt.

XXXIX.
De impie-
tate Severi.

Nàm abominationem illam desolationis,
monstrum pestiferum, Severum dicimus,
qui iniquitatem in altum locutus est per
sua blasphema verba contra sanctam Magnam & oecumenicam Chalcedonensem Synodum dicta; cujus neque principium cognitum est nobis, neque quis sit; qui Antiochenam sedem iniquè ac tyrannicè ac
contra Ecclesiasticos canones subripuit; &

h Act. 21.

qui secundùm illum Ægyptium (h) in
Actibus, concitavit & induxit in eremum
sicarios: anathemati subjecit, & alienum
fecit ab omni sacerdotali collegio & dignitate & honore per vestram sanctitatem, quæ
malum odit. Qui enim dedit Hieremæ

i Hier. 1.

(i) Prophetæ superædificare & demoliri,
eradicare & plantare; & Petro Apostolo-

k Matt.16.

rum (k) principi solvere & ligare, hic
communiter donavit sacerdotio. Sanctissimos itaque & Deo dilectos monachos, qui
sub magna illa & regia civitate habitant,
atque etiam ipsius Deo dilectum populum
propter Dei zelum laudamus; quoniam &
usque ad mortem perstiterunt, ut lupum
Antiochenæ civitatis de pascuis ovium ex-
pellerent; qui se ipsum occultabat quidem,
sed magis nocere conabatur, quàm ipse

l Num. 22.
23.

posset. Qui secundùm illud Balac (l),
maledicere conabatur, quem Dominus
non maledixit; in caput ipsius omnes maledictiones evenerunt; & benedictus est
Israel, qui intelligit. Et periit quidem
Balac, simili modo & Balaam vates, qui
opera actuum suorum suscepit, & anathematizatus est, & ille cum servo otioso &
malo poenam sustinet.] His adjicit plura,
quibus se confirmare, rataque habere demonstrat cuncta quæ pro confirmatione
Concilii Chalcedonensis, & pro restituendis nominibus Orthodoxorum, & damnatione hæreticorum ab ipsa Synodo Constan-

A

tinopolitana acta essent. Ad finem verò ejusdem Synodalis epistolæ, symbola communicationis adjungens, hæc ait: Congratulantes itaque in his vestræ sanctitati, & consentientibus his quæ à vobis facta & scripta
sunt, & vobis communicativi existentes,
propheticum (m) illud eloquium dicimus: m Num. 1.
Celebra Juda festivitates tuas, redde Domino vota tua: ideò non apposuisti ut ires
in vetustatem. Nobiscum ergò eadem orate, sanctissimi: communia enim sacerdotum sunt. Et sanctam & glorificatam Virginem Dei genitricem Mariam unà nobiscum supplicate intercedere pro pace sanctarum Ecclesiarum, & victoria & perpetuitate piissimi & serenissimi Imperatoris.]
Hucusque Synodalis epistola Hierosolymitani Concilii.

Quam autem Tyri convenisse hoc anno XL.
Synodum diximus, habent Acta publica De Synodo
recitata in dicta Synodo, celebratam esse Tyri col-
decima sexta die mensis Septembris, hoc vi- lecta.
delicèt anno, inchoante Indictione duodecima. A qua itidem nomine Epiphanii Tyri Episcopi & collegarum ipsi subjectorum
Antistitum missæ sunt litteræ Synodales ad
Joannem Constantinopolitanum Episcopum, à quo idem Epiphanius alias (ut
diximus) anteà acceperat. Est harum
exordium: Benedictus Deus pacis Dominus, &c.] Quibus ea quæ benè gesta essent
in Constantinopolitana Synodo compro-
bant, præsertim verò quæ adversùs im- n Extant in
pium Severum decreta essent; de quo ne- eadem Syn-
fario pseudoepiscopo ista subjiciunt (n): to.2.Concil.

Quisnam sermo sufficiat ad enumera- XLI.
tionem eorum, quibus ille, Severus scili- Quæ Seve-
cet, peccavit contra divinos canones & rus contrà
Ecclesiasticum ordinem? Erexit superci- Canones
lium in arrogantiam, & fastuosus in ana- præsum-
thematizationibus videtur, in homiliis & pserit.
impiis conscriptionibus adversùs sanctos
Patres, & quod verius est, adversùs spi-
ritualem doctrinam divinorum Apostolorum ipse se ipsum in redargutionem disponit in universis vanis sermonibus, quos
scripsit. Etenim convenit in impia hæresi
positos & mentem perturbare, & non sufficere usque ad finem cooperire morbum
quem habent, & qui ipsorum corrodit intellectum. Sed non fuit ita audax, ut imponeret vinculum ex auctoritate, quo separaret clericos aliarum civitatum a communione divina neq; consilio, neq; consensu suo-
rū Episcoporum?Quid autem quòd præsumpsit alienos clericos canonicè ligatos à propriis Episcopis ac ipsum confluentes, per
prædicationem animæ corruptivam ab ipso
subornatos, & ad suam communionem
assumptos, sine permissione ejus qui ligaverat, permittere in Ecclesiasticis ministeriis ministrare? & utrumque horum peregit in Tyriis. Sed & eos qui dignitatem
presbyteralem acceperant, & in principio
se opponebant ipsi vanè vociferanti impiam
doctrinam, posteà verò secum concordan-
tes, paravit in habitu diaconatus ministrare, injustè ipsos honore presbyteratus pri-
vans. Cum enim qui ipsos ordinaverat,
non

non potuerit supplantare , ut suæ doctrinæ condescenderet ; hujus occasione ordinationem ab ipso impositam exuit : quod
jam ab ipso in civitate Arcenensi factum
fuerat.

Insuper autem nonne fuit extendens temeritatem suam, qui adulterando divinos
canones, in alienis diœcesibus ordinat suffraganeos, alibi autem paramonarios , credens sufficienter habere ? Hac via intendit
impugnare & dissolvere jura ab Episcopis
& sacris canonibus definita. Ad testimonium autem horum est accipere Tripoli-
tanam , item & ipsam Arcenensem Ecclesiam. Apparet etiam quòd fuit ausus permittere Episcopos ordinare in diœcesi alterius civitatis, cujus Episcopus adhuc supererat. Minister autem fuit Stephanus
Episcopus Orthosiensis , qui ausus fuit
manum ponere in diœcesi Antaradensi ,
superstite adhuc Theodosio bonæ memoriæ
Episcopo prædictæ civitatis . Quid autem
dicemus & ad id quod per totum Orbem
(ut ita dicamus) divulgatum est? si verum
est quòd accepit ordinationem presbyteri
sibi à schismaticis datam, & aliis rursùm
ipsam ordinationem communicat : quod
cum studio fecit , festinans nancisci ratio-
nalium ovium ovile Antiochenum & omnis alterius Orthodoxæ Ecclesiæ , & in
perditionem traducere sua abominabili &
fœda ista voce, qua vermes portat, ex quibus ipse sibi thesaurizavit , nihil sanum aut
rectum ergà Orthodoxam fidem loquens :
sed est ei turpissimarum actionum ambitio
ergà eos qui ab ipso provisionati sunt , duplici exinde apparente peccato quod ad majorem damnationem ipsum repræsentat.

Primum quidem collectio auri Ecclesiasticarum rerum Antiochenæ Ecclesiæ, quæ
dissipantur & disperguntur , & ad incura-
bilem restaurationem constitutæ sunt . Secundum , quòd iis qui ab ipso provisionibus
aluntur, mandavit omnem concitare turbationem, & omnem tumultum in Ecclesiis civitatis dispergere ; ac etiam in claustris monasteriorum & semina schismaticorum ab
ipso sparsa sunt. Ad quod est accipere ipsum
aperte repugnare divinis doctrinis in sacris
Evangeliis proclamatis magni (*a*) Dei &
Salvatoris nostri Jesu Christi, ipso quidem
pacem prædicante, & ipsam inquirere, &
scandala abominari , & ipsis qui ipsorum
causa sunt ligare ad collum lapidem mola-
rem, & ipsum mergere in profundum , sicut scriptum est (*b*) At hæc quidem deside-
rabilia sunt Severo impio. Pacis auctorem omninò refugit. Quod quidem si per
quodlibet percurrere conaremur, infinita
nobis esset oratio. Veruntamen hæc edixi-
mus , & multitudinem pretermissorum aliis
enarrare concessimus.] Ita sanè : etenim
videtur ista levissima respectu aliorum quæ
à clero narrantur , & ab Episcopis Secundæ Syriæ dicta reperiuntur , de quibus
inferiùs erit sermo.

Adjicit his Epiphanius quæ Joannes
clericus paramonarius Tyriæ Ecclesiæ Severo addictus nefanda patrarit : hic enim

A   Tyro recedens , eidemque Severo Antiochiam proficiscens inhærens , rursùm Tyrum rediens more latronis in eam Ecclesiam grassatus est ; de quo hæc præter cætera in eadem epistola habet : Inter alia &
venerabilis Crux lapidata est ab his qui cum
ipso nidificant in prædicto oratorio Dei
genitricis. Et quidam de multitudine Christianorum & venerabilium clericorum fla-
gellati fuerunt. Contigit autem & me Ty-
rorum Episcopum usque ad mortem periclitari , proptereà quòd ipse cum iis qui
sibi assentiuntur, insidias parabant.] Vidisti qualia esse soleant opera hæreticorum
B   Crucis Christi inimicorum . Habent planè
quibus manus exosculentur recentiores he-
retici ; dum Crucis signum gravioribus
afficiunt ignominiis ; utpotè qui ex adverso contra Christum bellantes , contraria à
principe tenebrarum , sub quo militant,
accepta tessera , adversùs Christi signum &
eo signatos insaniunt . Hæc & alia Epiphanius cum suis Coepiscopis , professus se
cuncta rata habere quæ in Synodo Constantinopolitana facta essent. Addit verò ad
postremùm se perfecisse quod ab eis decretum est , nempe ut nomina Euphemii &
Macedonii exulum pro fide Episcoporum
C   defunctorum in sacras tabulas restituerun-
tur: sed rogat ita pariter agere , ut & S.
Flavianus Orthodoxus Antiochenus Episcopus in exilio mortuus sacris Diptychis
redderetur . Hæc Tyri.

Sed & Episcopi Secundæ Syriæ probantes
eam Constantinopoli adversùs hæreticos
gesta essent , reddiderunt pariter litteras
Constantinopolim ad Joannem ejus civitatis Episcopum. Est ipsarum exordium (*c*) :
Cum aspeximus ad futuram, &c.] Quibus
scelera Severi & Petri Apameæ invasoris
D   Ecclesiæ summatim perstricta paucis his
narrant : Qualia enim sunt , in libellis
nobis oblatis à venerabili clero Apamea-
rum, & ab ordine venerabilium monachorum, peræquè percurri, homicidia , ebrie-
tates , actus præsumptuosos, obsidiones
monasteriorum venerabilium , impudica-
rum mulierum introductiones in sacris &
intemeratis templis , perjuria, blasphemias, ordinationes cum datione pecuniarum, & his horridiora & majora, quàm
secundùm naturam humanarum rerum dici
possint.] Hæc & alia ipsi , quibus junxe-
runt libellos oblatos à clero Apameæ & à
monachis Syriæ.

E   Clericorum Apameæ libellus sic incipit:
Proprium sacerdotii & honestæ pollicitationis, &c.] Quo quidem horrenda nefan-
daque perpetrata à Petro scelera enarrant:
atque primùm sunt questi, sacrosancta Ecclesiastica dogmata , quæ à sancta Romana
sede in alias derivata sunt Ecclesias, opera
nefandorum hæreticorum esse labefactata,
penitùsque corrupta per impium Severum
Antiochenæ sedis invasorem, & Petrum,
qui se intrusit in Ecclesiam Apameæ ; quo
auctore sicut fidei Catholicæ, ita & sacrorum canonum profligatio facta esset, atque
destructio paradisi, cum videlicet sanctos,
qui ex

Marginal notes (left column):

XLII.
Alia ejus-
dem Severi
impia fa-
cta.

XLIII.

a *Tit.* 3.

b *Matt.* 18.

XLIV.

Marginal notes (right column):

Sacrilega
facta here-
ticorum .
Cruce in-
sanientiũ .

XLV.
De litteris
Episcopo-
rum secun-
dæ Syriæ
c Extant in
dicta Syno-
do contra
Antimum
Acta.

XLVI.
Ex libello
clericorum
Apameæ
Petri scele-
ra.

qui ex hac vita migraffent, anathematiza-
rit Epifcopos, deleveritque eorum nomina
ex facro Ecclefiæ Albo, eorundemque
imagines aboleverit, pingique fecerit loco ipforum Diofcorum & alios hæreticos
condemnatos : Infuper quòd irâ percitus,
comminatus in lectores, ejufmodi proru-
perit in blafphemiam homo nefandus, dicens : Nifiitacebitis, in fubdiaconos vos
redigam : & ipfe qui crucifixus eft, defcendens non liberabit vos de manibus
meis.] Et alia occafione illud etiam aliquandò putidum os evomuit: Anathema
fit factis transactionibus¹, etiam fi Paulus
Apoftolus refufcitatus poft me fedebit in
fede ifta, qui quæreret & peteret rationes
iftas, aut diceret ei quicquam.] Ita teftes
deposuere: dictumque infuper illud:Omnia
altaria & ecclefias comburet * Deus , &
faciet * vallem * unam.]

*comburet.
* faciat.
* collem.
XLVII.
Turpitu-
dines Petri
Apameæ.

Quàm prætereà monftram iftud impuris
effet moribus, totumque refperfum cœno
libidinum, iidem fubdentes oftendunt am-
pliffimis notis: nempè ipfum cum infami-
bus mulieribus fermones mifcuiffe in ecclefia impudicis : Et quòd in baptifterio ecclefiæ fanctæ Mariæ, pofita illic quadam
fœmina Maria ad baptifmum nudata , ipfe
nefarius intrans in baptifterium folus,
ejectis omnibus, cum illa permanferit:
Habuiffeque etiam in deliciis fubintrodu-
ctam fœminam Stephanam cognomentò
Pterovolam degentem in monafterio, ad
eamque introire pro animi voluntate, teftati funt : Quòdque celebrans incruentum facrificium, oculos ad mulieres con-
verfos haberet, excreationibufque eas ad
reciprocum excitaret intuitum, fputis intereà libidinis nunciis inquinans facrum
altaris tegumentum: Sed & quòd armatis
fceleratorum turmis impetum fecerit in
monafterium S. Dorothei ; in quod intro-
duxerit , pulfis & flagellatis monachis,
meretrices, illic faltantes , & obfcœna
quæque nefanda patrantes . Addiderunt &
ab eodem corruptam uxorem militis , eamdemque fuga lapfam haud ferre fuftinentem
turpiffimi hominis fœditatem . De ordinationibus infuper adjecerunt ab eodem ve-
nundari folitis, & aliis nefariis ejus operibus, quæ quidem textui corrupto menda
inhærentia reddunt obfcura . At non prætereundum illud inter alia ipfi Petro crimini datum, quòd candida indutus vefte fpectatus incederet præter facerdotum morem .
Vides quales effe foleant, quos ad deftructionem Catholicæ fidei antiquus hoftis
immittit . Subfcripferunt epiftolæ clerici
omnes ejufdem Ecclefiæ Apameæ profeffi
fidem Catholicam. Addiderunt autem his
litteris poft fubfcriptionem iidem clerici ad
eofdem Orthodoxos Epifcopos Syriæ in
Synodo congregatos conteftationem, qua
petierunt à fe fcriptam epiftolam mitti Conftantinopolim , atque operam dare , ut
eadem ab ipfis fcripta nota fierent Imperatori ac magiftratibus : quod diligenter præftitum eft : infuper & acclamationes ab
eifdem Apameæ Ecclefiæ clericis factas

itidem fubiici voluerunt, quibus & declamata fuere ejufdem Petri fcelera, eademque omnia poftea in Synodo contrà Antimum habita recitata . Hactenùs de his quæ
à clericis funt miffæ querelæ .

Sed & à monachis ejufdem Ecclefiæ Apameæ oblatæ funt (ut dictum eft) litteræ,
five libellus iifdem Syriæ Epifcopis : eft
autem ejus exordium (a) : Docuerunt
nos divinæ Scripturæ .] Qui & inferiùs de
his quæ paffi effent ab hæreticis fanctiffimi
monachi fidei Orthodoxæ cultores , hiftoriam recitant memoria planè dignam ; cum
eadem quæ narrant fceleratorum hominum
impia facta, fint fanctorum tropliæa
atque coronæ . Sed eos audi : Alios quidem (inquiunt) corripuerunt , alios verò in captivitatem traxerunt , nonnullos
nudos veftibus conftituerunt , & alios de-
tritis corruptifque veftibus , tamquam in-
ignominiofa vita fecundùm illorum opinionem triumpharunt . Nos quidem in his quæ
facta funt , meritò gloriabamur , paffiones
& fanctas plagas pro Chrifto Deo noftro-
cum omni bona fpe fuftinentes . Verùm
cum tàm magnas offenfiones parvas puta-
verint , immittunt ad eremum exercitum
rufticorum majorem ifto ; & fecundum impetum faciendo contrà prædictum monafterium , partem muri diruunt , & noctis
tempore fubintrant , & quofdam interfi-
ciunt , plurimos verò verberant , & mediocrem fubftantiam monafterii fubripiunt , &
pro magnis lamentationibus tropliæa in-
qua contrà fidem faciebant .] Et inferiùs :
Iterùm & Petrus contrà civitatem Apa-
mearum excitatur .] Et paulò poft : Irrationabilem audaciam juventutis immittit fæpiùs venerabili monafterio fancti Dorothei , protrahens multitudinem publicarum fœminarum huic accommodatam ; in
quo illud dedecoris commifcuit in eis : nàm
meretrices erant & nullatenus nobiles : &
percutiens illic venerabiles monachos , trahit ad civitatem , & in carcerem detrudit,
& hoc fæpiùs facere non ceffavit .] Ac rurfùm : Si autem & homicidia dicere aude-
bimus , in quibus fæpiùs manus tinxit ; quis
Chriftianorum Orthodoxorum videns fan-
guinem altaribus refperfum , non compun-
getur dicere , immò & filentio deligeret
talia occultare ?

Verùm fi rurfus renovaremus præcedentia facta & perpetrata in Oragorum monafterio ; quæ charta fufficeret ad enumera-
tionem tantorum delictorum ? Non enim
pigritaverunt, ficut in obfidione , deftruere monafterium , & accipere caufam capti-
vandi monachos ibidem pfallentes : qui
quamquam ad modicum lapfi fint , demùm
tamen veritatis verbum dilexerunt , & conjunctionem communionis noftræ amplexati funt . Pugnam in Lariffa faciam, & ne-
fandam furiam Faufti, & quos inhumaniter
fagittis dejecit, habet & quorumdam geftorum fides : ficuti enim & in invafione
incertorum factum eft, actus neminem habitantium provinciam perlatuit . Quanta
verò & qualia differenter in venerabili domo vi-

XLVIII.

a Apud
eamdê Sy-
nod. Act. ī.
Quanta
monachi
paffi fint
ab hæreti-
cis.

XLIX.
Quæ in
Monafteria
Petrus hæ-
reticus per-
petrarit.

mo victoriosi martyris Antonini perpetrata sunt, quæ natura rationem habens sine lacrymis enarrabit? Ita enim in consuetudinem venerat interficiendi monachos; magnum lucrum putans, quod cunctis hominibus abominandum est; quòd per sequaces suos, quos iniquè conducebat, interfecit venerabiles ac Orthodoxos monachos, qui ibidem in honorem peragendæ celebritatis congregabantur; sicque cruentis manibus astabat altari.] Hæc & alia de sceleribus Petri Archimandritarum litteræ, quibus Archimandritæ numero decem & octo subscripti habentur, atque inter eos primo loco Alexander Archimandrita monasterii S. Maronis, cujus monasterii monachi Maronitæ dicebantur, sicut & Studitæ à monasterio Studii Constantinopoli, omnes professores & defensores Catholicæ veritatis. Porrò iidem scripserunt epistolam ad Synodum Constantinopolitanam, quæ sic incipit: Curam quidem gessit vestra sanctitas rectæ fidei, &c.] Extat eadem in dicta Synodo contra Antimum congregata in prima ejus Actione descripta, quâ se confirmare atque recipere profitentur, quæ ab eis Constantinopoli gesta essent.

L.

Sed quæ clerici miserandæ Ecclesiæ Antiochenæ sub exescrando Severo ejus sedis invasore laborantis scripserint hoc eodem tempore ad Joannem Constantinopolitanum Antistitem & Synodum ibi coactam, videamus: intueberis sanè madidas lacrymis litteras commiseratione dignissimas non sine lacrymis scriptas, neque sine suspiriis tectas, nec sine immenso dolore posteà in Synodo adversùs Antimum recitatas (a); quæ quidem sic à lætis incipiunt, ut majorem excitent dolorem legentibus; ita enim se habent:

a Eadem Synod. Act. I. tom. 2. Conc.

LI.

Nùnc est, si quandò fuit, tempus, beatissimi Patres, omnes Orbis sanctas Dei Ecclesias, tamquàm ex uno ore, propheticum illud clamare (b): Lætentur cæli, & exultet terra, & omnia quæ in eis sunt; quoniam misertus est Deus populi sui. Quòd enim sceptra Romanorum piis & à Christo amatis Imperatoribus sint commissa, sic & libertas ac fiducia Orthodoxam religionem colentibus donata sit; quomodò non debeat persuadere Fidelibus hanc vocem clamare? At in tam communi festivitate Orbis, una ex omnibus, vel admodùm cum paucis Ecclesia mæstitia & luctu impleta est. Lupum enim pro pastore (nescimus quomodò) suscepit, & affligitur. Quam enim tragœdiam non excesserunt ac superarunt mala attentata à Severo? Qui primùm quidem (ut quomodò vixerit prætereamus, vestris auribus parcentes) nulli omquàm Ecclesiæ communicasse videtur: deindè cum calumniæ sagittis sagittavit & præparavit exagitare justissimum pastorem Flavianum, beatissimique illius sedem violenter & contra canones subripuit: & indè ad instar mercenarii non solùm non pavit ovile Christi, neque fugit (quod amandum erat) sed ipse operabatur ea quæ ferarum sunt, oves jugulando & dispergendo. Novitates enim & blasphemias adversùs Deum lingens, nulli sanctorum Patrum pepercit: perseverat enim tota die sic dicendo, ablegans Synodos pro pietate congregatas.] Et inferius:

Quot quidem homicidia sanctorum monachorum fecerit, & cum manibus Judaicis ejusmodi jugulationem injunxerit, neque vos, sanctissimi, neque aliorum aliquem latuit. Dirum enim spectaculum fecerunt jacentes viri, qui religiosis certaminibus usque ad radicium certaverunt, nudi & insepulti jactati, ultrà trecentos existentes ex Secundâ Syrorum provincia nati, canibus & avibus lacerandi projecti. Similia autem & similiter miseranda sunt quæ in xenodochiis, id est, hospitalibus ab ipso facta sunt. Vincula enim ædificat aliæ, & ita multos pro fide incarcerando in tenebris & flagellando interficit.

Talia, sanctissimi, & circa Fontes in Lauro facere præsumpsit; & veneficiis ibidem utens, cœlestia sacrificiis dæmones colit; & hoc tota illâ magnâ civitas cantat. Neque utique ipsis sanctis altaribus pepercit, neque sacris vasis partem; alia autem constans, similibus sui erogat. Præsumptum est autem ab ipso & hoc, ò beatissimi; nàm columbas aureas & argenteas, in formam Spiritus sancti super divina lavacra & altaria appensas, unà cum aliis sibi appropriavit, dicens, non oportere in specie columbæ Spiritum sanctum nominare, Pecunias quidem & domos, & quæcumque in optimis fundis erant, exportavit & expendit, & gravissimis usuris Ecclesiam obruit.

At, beatissimi Patres, non est possibile omnia percurrere, quæ ab illo præsumpta fuerunt. Ideo his paucis ex magnis contenti, deprecamur vestram sanctam Synodum; etsi serò quasi, sedare mala, quæ nostram Ecclesiam occupant & totum fere Orientem; & ab isto nequissimo viro nos liberare, exactâ ab ipso eorum, quæ contrà divinos canones & politicas leges fecit, providentiamque facere de his rebus quæ relictæ sunt; si quid remansit & persuadentes piissimo Principi, ut mittat aliquos bonis moribus comprobatos, aliquos ex nostris simul venientes qui rebus supersint; ut teneant, & rationem exigant de his quæ à principio usque nunc fecerunt, & ad ea quæ ipsi furati sunt, & custodiant quæ invenderit, ne totaliter omnia exporientur. Non enim cessat bonus homo adversùs ea quæ sunt Ecclesiæ Dei, & ea quæ ipsi Ecclesiæ conferunt, dissipando. Cum enim meritò ab omni spe Dei ceciderit, ad viros iniquos, à quibus nutritur, spem habet.

Rogamus etiam oratores mittere, & pro fratribus nostris, sive Episcopi sint, sive clerici, sive monachi, aut laici, qui relegati restituantur propriis civitatibus & ordinibus. Insuper in his omnibus veniam petentes propter dolorem nos occupantem, adjura-

:mo victoriosi martyris Antonini perpetrata sunt, quæ natura rationem habens fine lacrymis enarrabit? Ita enim in consuetudinem venerat interficiendi monachos: magnum lucrum putans, quod cunctis hominibus abominandum est, quòd per sequaces suos, quos inique conducebat, interfecit venerabiles ac Orthodoxos monachos, qui ibidem in honorem peragendæ celebritatis congregabantur; sicque cruentis manibus astabat altari.] Hæc & alia de sceleribus Petri Archimandritarum litteræ, quibus Archimandritæ numero decem & octo subscripti habentur, atque inter eos primo loco Alexander Archimandrita monasterii S. Maronis, cujus monasterii Monachi Maronitæ dicebantur, sicut & Studitæ à monasterio Studii Constantinopoli, omnes professores & defensores Catholicæ veritatis. Porrò iidem scripserunt epistolam ad Synodum Constantinopolitanam, quæ sic incipit: Curam quidem gessit vestra sanctitas rectæ fidei, &c.] Extat eadem in dicta Synodo contra Antimum congregata in prima ejus Actione descripta, qua se confitmare atque recipere profitentur, quæ ab eis Constantinopoli gesta essent.

L.

Sed quæ clerici miserandæ Ecclesiæ Antiochenæ sub execrando Severo ejus sedis invasore laborantis scripserint hoc eodem tempore ad Joannem Constantinopolitanum Antistitem & Synodum ibi coactam, videamus: intueberis sanè madidas lacrymis litteras commiseratione dignissimas, non sine lacrymis scriptas, neque sine suspiriis lectas, nec sine immenso dolore postea in Synodo adversus Antimum recitatas

u Eadem Synod. Act. 1. tom. 2. Conc.

(a): quæ quidem sic à lætis incipiunt, ut majorem excitent dolorem legentibus; ita enim se habent:

LI.

Nùnc est, si quando fuit, tempus, beatissimi Patres, omnes Orbis sanctas Dei Ecclesias. tamquam ex uno ore, propheticum illud clamare (b): Lætentur cæli,

b Psal. 95.
De clade Ecclesiæ Antiochenæ epistola.

& exultet terra & omnia quæ in eis sunt: quoniam misertus est Deus populi sui, Quòd enim sceptra Romanorum piis & à Christo amatis Imperatoribus commissa, sic & libertas ac fiducia Orthodoxam religionem colentibus donata sit; quomodò non meritò persuadet Fidelibus hanc vocem clamare? At in tàm communi festivitate Orbis, una ex omnibus, etsi admodùm cum paucis Ecclesia Antiochena mæstitia & luctu impleta est. Lupum enim pro pastore (nescimus quomodò) suscepit, & affligitur. Quam enim tragœdiam non excesserunt ac superarunt mala attentata à Severo? Qui primùm quomodò (ut quomodò vixerit prætereamus, vestris auribus parcentes) nulli umquam Ecclesiæ communicasse videtur: deindè cum calumniæ sagittis sagittavit & præparavit exagitare justissimum pastorem Flavianum, beatissimique illius sedem violenter & contrà canones subripuit: & indè ad instar mercenarii non solùm non pavit ovile Christi, neque fugit (quod amandum

Annal. Eccl. Tom. VII.

A erat) sed ipse operabatur ea quæ ferarum sunt, oves jugulando & dispergendo: Novitates enim & blasphemias adversùs Deum lingens, nulli sanctorum Patrum pepercit: perseverat enim tota die sic dicendo, ablegans Synodos pro pietate congregatas.] Et inferiùs:

Quotquidem homicidia sanctorum monachorum fecerit, & cum manibus Judaicis ejusmodi jugulationem injunxerit, neque vos, sanctissimi, neque aliorum aliquem latuit. Dirum enim spectaculum fecerunt jacentes viri, qui religiosis certaminibus usque ad caniciem certaverunt,

B nudi & insepulti jactati, ultrà trecentos existentes ex Secunda Syriorum provincia nati, canibus & avibus lacerandi projecti. Similia autem & similiter miseranda sunt & quæ in xenodochiis, id est, hospitalibus ab ipso facta sunt. Vincula enim ædificat nùnc, & ita multos pro fide incarcerando in tenebris & flagellando interficit.

Talia, sanctissimi, & circà Fontes in Lauro facere præsumpsit; & veneficiis ibidem utens, scelestis sacrificiis dæmones colit: & hoc tota illa magna civitas cantat. Neque utique ipsis sanctis altaribus pepercit, neque sacris vasis parcens: alia autem

C conflans, similibus sui erogat. Præsumptum est autem ab ipso & hoc, ò beatissimi; nàm columbas aureas & argenteas, in formam Spiritus sancti super divina lavacra & altaria appensas, unà cum aliis sibi appropriavit, dicens, non oportere in specie columbæ Spiritum sanctum nominare. Pecunias quidem & domos, & quæcumque in optimis fundis erant, exportavit & expendit, & gravissimis usuris Ecclesiam obruit.

At, beatissimi Patres, non est possibile omnia percurrere, quæ ab illo præsumpta fuerunt. Ideò his paucis ex magnis contenti,

D deprecamur vestram sanctam Synodum, etsi serò quasi, sedare mala, quæ nostram Ecclesiam occupant & totum ferè Orientem; & ab isto nequissimo viro nos liberare, exacta ab eo pœna eorum, quæ contrà divinos canones & politicas leges fecit; providentiamque facere de his rebus quæ relictæ sunt, si quid remansit: persuadentes piissimo Principi, ut mittat aliquos bonis moribus comprobatos, aliquo ex nostris simul veniente qui rebus supersit; ut teneant, & rationem exigant de his quæ à principio usque nùnc fecerunt, & ad *★

E multa quæ ipsi furati sunt, & custodiant quæ invenientur, ne totaliter omnia exportentur. Non enim cessat bonus homo adversùs ea quæ sunt Ecclesiæ Dei, & ea quæ ipsi Ecclesiæ conferunt, dissipando. Cum enim meritò ab omni spe Dei ceciderit, ad viros iniquos, à quibus nutritur, spem habet.

Rogamus etiam oratores mittere, & pro fratribus nostris, sive Episcopi sint, sive clerici, sive monachi, aut laici, ut relegati restituantur propriis civitatibus & ordinibus. Insuper in his omnibus veniam pro concedi, petentes propter dolorem nos occupantem, di.

B   adju-

LII.
Monachi Martyres à Severo necati.

LIII.

Severi immensa sacrilegia.

LIV.

★ adhuc

LV.
Quæ sibi velint ab Imperatore concedi.

adjuramus vestram beatitudinem per sanctam & consubstantialem Trinitatem, ac victoriam & perseverantiam dominorum totius Orbis Justini & Euphemiæ semper Augustorum, moveri, & nobis opportune succurrere, & non despicere supplicationes nostras: Adducere autem & hæc omnia ad pios & Christianos Imperatores nostros, & persuadere ipsorum serenitati, ut omnia bona sanctissimæ Ecclesiæ nostræ per ipsorum ac vestram consequamur providentiam.] Hactenus epistola clericorum Orthodoxorum Ecclesiæ Antiochenæ.

LVI.
Exploratur fides Syrorum.

Accidit autem, ut cum hæc perferrentur ad Justinum Imperatorem, calumniati sint apud eum proceres Eutychiani, hos omnes, quorum querelæ perlatæ essent Constantinopolim, esse Nestorianos hæreticos, obidque dignos qui pœnis subircerentur. Quamobrem Imperator hæc audiens, scribens ad Syros ac Palæstinos, cujus essent fidei ut scriptis docerent, admonuit. Præstiterunt id illi abundè satis: & Antiocheni ac Hierosolymitani tàm clerici, quàm monachi, unà simul convenientes, libellum scripserunt ad ipsum Justinum Imperatorem, quo se esse verè Catholicos, absque ulla ambiguitate perspicuè declararunt. Est ejus exordium (a): Haurite

a Extat to. 1. Conc. vet. edit in ias
Hormisda
b Isai. 12.

aquas de fontibus salutis, vociferator Isaias (b) Propheta exclamat, &c.] Et post exactam fidei doctrinam eorumdem professio hæc adversùs calumniantes habet in fine: Ita ergò cum Dei nomine semper sentimus: quapropter hanc satisfactionem vestræ obtulimus pietati. Jubere enim dignata est, nos proprium intellectum, & quemadmodum de sana fide sentimus, exponere: quia quidam hæretici, dùm suam malam doctrinam occultare festinant, nostram in Christo libertatem, & nostrorum fidem detrectare conantur. Supplicamus igitur clementiam vestram, solicitudinem de perfecta Ecclesiarum unitione sanctarum habere debere, &c.] Hæc ipsi.

LVII.
Edictum promulgat Justinus Imper. de restituendis exulibus.

His acceptis, Justinus Imperator pro ipsorum voto primùm promulgavit edictum, quo juberentur exules omnes fidei causa ab Anastasio condemnati ad propria postliminiò redire debere, pristinosque gradus atque honores recipere; subrogati verò in ipsorum locum hæretici procul pelli, aliisque pœnis exagitari. Insuper addidit, ut lege pariter confirmaret sacrosanctum Chalcedonense Concilium, juberetque ipsum in sacras inferri tabulas; & ab omnibus observari, utque pax tutissima omnibus Ecclesiis redderetur: At licèt non extet ipsum quidem edictum, mentio tamen ejus habetur in Actis magni Sabæ.

LVIII.

Ut enim ejusmodi Imperatoris rescriptum promulgatum est, vix credi potest quibus gaudiis affecti sint Orthodoxi omnes. Qui enim sub Zenonis & Anastasii Imperio plurimis annis jugiter laboraverant sub gladio hæreticorum; sub Justino Augusto respirantes, ad novi edicti promulgationem exultarunt. Tùnc verò qui exi-

mia fulgebat in Palæstina sanctitate divina Sabas, exiliens ex abditis eremi & penetralibus solitudinis, ipse effici voluit præco divinitùs concessæ gratiæ, & Imperatorii promulgator edicti. Audi autem quæ ejusdem Acta prodant his verbis (c):

c Extant apud Sur. to. 6. die 5. Decembr.

Cum enim post Anastasium Justinus piè assumpsisset Imperium, & per universum orbem terræ misisset edictum, ut Orthodoxi quidem remitterentur ab exilio, Chalcedonensis autem Synodus scriberetur in sacris tabulis, & veteres honores redderentur Orthodoxis, & rursùm tranquilla pace frueretur Ecclesia; hìs sic factis; &, Justino Imperatore, reversa rursùm fide Orthodoxa; erat quidem beatus Sabas natus plusquam octoginta annos ætatis, &

LIX.
S. Sabas ex abditis progrediens, prædicat edictum Imp.

corporis imbecillis, & senectute & longa istâ & intensa virtutum exercitatione afflictus & maceratus: verumtamen etsi ita se haberet, prompto tamen & alacri animi studio florebat ac vigebat, & quos propter Christum labores præferebat omni quieti & animi relaxationi, Undè etiam omnia postponens zelo, quo ducebatur pro fide Orthodoxa, statim profectus est per Cæsaream & Scythopolim, ubique prædicans pium illud edictum Imperatoris, & in tabulis Ecclesiarum inscribens quatuor Synodos; & alios quidem ex eis suasionibus & admonitionibus, alios etiam reprehensionibus revocans, & omnes perfundens suavi melle suæ doctrinæ, & optimè inducens ad fidem Orthodoxam.] Sed quid contigerit cum esset idem Sabas Scythopoli, paucis audi;

LX.

Erat autem Scythopoli vir scholasticus nomine Joannes, bonus animo, & vitam suam virtute exornans, qui è quodam Silvano, genere quidem Samaritano, auctoritate autem insigni, & multam aliam narrabat improbitatem & animi vitium, & dicebat etiam eum maximè infestari Christianos. Hæc cum magnus ille audivisset, quædam prædixit de Silvano, quæ non multò ità post effectum sunt consecuta: quomodo etiam, paulò post ostendet oratio: nempe igne in media urbe accenso malum malè esse periturum.] Ita planè periit ex S. Sabæ prædictione igne combustus impius, ut decebat, cùm Justinianus imperans cœpit exagitare eosdem impios Samaritanos, ut suo loco dicetur.

LXI.
Solvitur exilio Sanctus Theodosius Archimandrita.

Inter alios autem exules, solutus liber dimissus est edicto Imperatoris ille sanctitate mirificus, de quo superiori tomo plura sunt dicta, Theodosius Archimandrita, & Theoreditque ad suos monachos in Palæstinam: cui quidem magnus cum sancto Saba familiaritatis usus intercessit: ambo enim æquis passibus, junctisque manibus ad fidei Catholicæ defensionem gradiebantur. At quid tunc acciderit, cùm utrumque Joannes Hierosolymorum Antistes hoc lætitiæ tempore excepit mensa, quidve lepidum inter eos jactatum, quibus item convivium illud salibus fuerit conditum, accipe à Cyrillo res Sabæ accuratè scribente, cùm tamen de mira ejus abstinentia ista præmittit:

Solebat

LXII.
Epifcop.
Hierofol.
excipit mé-
fa SS. Sa-
bam , &
Theodo-
fium.

Solebat autem femel tantùm in hebdomada vefci. Si verò aliquandò ab aliquo
vocatus effet ad cœnam, aut ipfe rursùs aliquos convivio excipeiet ; bis fæpè vefcens
in die , nihil damni aut detrimenti fentie-
bat ftomachus. Denique poftquàm rediif-
fet Scythopoli , admodùm jucundus , fed
& optatus apparens Joanni Hierofolymitano Pontifici (quod intercefferat enim
tempus , auxerat defiderium , ut folet ,
amicorum) cum ab ipfo vocatus effet ad
convivium ; aderat Antonius Epifc. Afca-
lonitanus, qui erat frater Archiep. Cum illi
Sabam medium intercepiffet, illi amicè pro-
pinabant , & pro viribus eum invitabant &
accipiebant. Sed neque rursùs Sancto manus erant otiofæ : fed (ut par erat) remota omni fictione & fimulatione, vefcebatur appofitis. Aderat autem divinus quoquè Theodofius, qui erat ei valdè amicus
& familiaris, ut jàm à me fæpè dictum eft ;
qui veluti quoddam condimentum vellet
menfæ fpeciofam aliquam & gratam injicere orationem, urbanè autem & lepidè inferens, dixit divinum Sabam ita efurire, ut
ne vos quidem ambo, ajebat, qui fuffici-
tis ad totam fimul alendam Palæftinam,
poffitis ejus ventrem alere ad fatietatem ;
tale & tàm validum ac robuftum corpus beati Sabæ generofæ contigerat animæ. Cibum efuriebat ille quidem, perindè ac Petrus (a), cui ad comedendum, fub fpecie lintei pleni cunctis animalibus, ipfum
univerfum genus humanum cælitùs propofita fuit menfa convivii. Vidiftine fanctas
propinationes, fuaves lepores, urbanos
jocos, jucunda fcommata lætitiæ tempore
verfata ore fanctorum ? ne quis tetricus putet, fervo Dei neque refpirare licere. Similes habes jocos in S. Bafilium à Gregorio
Nazianzeno (b) ad Amphilochium fcribente jactatos, cum fancti viri voracitatem
fugillat. Sed fubdit auctor :

a Act. 10.

b Gregor.
Naz. ep.
46.

LXIII.

Diverfa
ftudia Sa-
bæ , &
Theodo-
fii.

* præfecto-
vum.

Erat Sabas fumma modeftia præditus, &
moribus lenis & facilis ; & ad eum quidem
conveniendum facilis patebat aditus : erat
verò in fermone jucundus, & moribus quidem fimpliciffimus , prudentia autem con-
ftantiffimus ; charitatem non fictam , fed
finceram apud omnes confervans. Erat verò valdè affectus ergà Theodofium : adeò
ut quotidiè ad fe invicèm ventitarent , &
inter fe de virtute conferrent ; & effent
ambo inftar luminarium omnibus qui vitam
amplectabantur monafticam : fed ille quidem eorum qui vitam exercebant communem ; hic autem, Sabas inquam, eorum
qui à cong effione feparatam & quietam,
fufceperat præfecturam. Dicitur certè,
beatum Sabam urbanè fæpè dixiffe divino
Theodofio, illum quidem puerorum , fe
autem effe præfectum perfectorum *.]
At de jocis hactenùs. Audi modò
quæ ferio ideu Theodofius de Severianis monachis propheticè prænunciavit.
Cyrillus enim in rebus ab eo geftis, poftquam egit de ejus ab exilio reditu , & laboribus pluribus pro reftituenda fide Catho-

Annal. Eccl. Tom. VII.

A lica exantlatis , ifta poft nonnulla fubie-
cit (c) :

Is ergo, *nempe Julianus Boftrenfis Epifcopus* , de ipfo quoquè Theodofio hæc
narrabat , quòd cum fuiffent in civitate
Boftrenorum , femper magnus Theodofius
eum habebat focium vitæ ex Chrifto agendæ, volebatque cum eo philofophari & effe
focius folitudinis.] Et inferiùs : Monachi. autem quidam ex monafterio Propinquorum, qui morbo Severi laborabant,
cum nos vidiffent accedentes, lignum quod
convocat ad ecclefiam , pulfabant ante ho-
B ram confuetam , & fynaxim fignificabant
fratribus, quò eos colligerent. Magnus
autem Theodofius, intellectis infidiis, cum
divino zelo accenfus effet ejus animus, verbis Domini (d) opportunè eft ufus ; &
eos qui ipfi infultabant, juftè eft ultus ; lapidem non effe remanfurum fuprà lapidem
in eo loco, ipfe quoquè minatus. Porrò
autem minas comminatus eft effectus. Breve
tempus interceffit , & quædam Agarenorum multitudo, nocturna facta incurfione,
illud quidem igni mandant monafterium,
& diripiunt etiam quæcumque illic erant,
& abducunt captivos monachos : Et nùc
proponitur locus , acerbum oculis fpecta-
C culum, qui non magis meretur videri, quàm
defleri.] Hæc Cyrillus de Severianis hæreticis, in quos Catholicæ communionis
hoftes Deus Agarenos immifit, & jure quidem : cum enim non audiffent Catholicum
Imperatorem edicto monentem , experiri
barbaros fævientes meruerunt.

Inter hæc autem idem qui zelo Catholicæ fidei æftuabat Catholicus Imperator, poft
promulgatum primum edictum pro fide Catholica ejufque cultoribus, fecundum adjecit, quo exagitavit Severianos hæreticos,
vel alios Ecclefiæ Catholicæ perduelles ;
D dùm vetuit, ne hæretici fungi publicis muneribus poffent, ab omnique effent militia alieni . Non extat ipfum quidem , verùm ejus meminit Juftinianus Imperator in
conftitutione, à fe fancita adversùs omnes
hæreticos, ubi cavit, ne dotalia privilegia hæreticis mulieribus profeffent.

Quoniam verò ut fubfiftere poffet quod
cum Imperatore Orientales Epifcopi fidei
Catholicæ erigerent ædificium , fuper firmam petram fcirent ipfum, monitione Domini, imponendum ; etfi ad ftatuendam
firmandamque fidem Catholicam , poft
communia totius populi vota acclamationi-
E bus patefacta acceffiffent quoque frequentes
ubique Synodi, atque ut eamdem corroborandam addita etiam effent Imperatoris
edicta ; tamen quòd omnia fulcienda effent,
communione Romani Pontificis , primus
omnium Juftinus Auguftus has de fua creatione, ut Ecclefiæ filius, dedit litteras ad
Hormifdam (e) :

Juftinus Auguftus, Hormifdæ Papæ.

Dei beneficia , licèt multis, maximè
tamen Summis Pontificibus convenit indi-
cari. Proinde fanctitati veftræ per has facras declaramus epiftolas, quòd primum
B 2   qui-

c Cyril. in
vita Theo-
dof. apud
Sur. die 11.
Januar.

LXIV.

d Luc. 21.
De Seve-
rianis Mo-
nachis à
Sarracenis
deletis.

LXV.
Secundum
edictum
Juft. Imp.

LXVI.

e Extat to.
1. ep. Rom.
Pont. in
Hormifda.
LXVII.
Juft. Imp.
fcribit ad
Hormid.
Papam.

A

quidem inseparabilis Trinitatis favore, deinde amplissimorum procerum sacri nostri Palatii & sanctissimi Senatus, necnon electione firmissimi exercitus ad Imperium nos licèt nolentes & recusantes electos fuisse atque firmatos. Precamur proinde, ut sanctis orationibus vestris divinæ potentiæ supplicetis, quatenus initia nostri roborentur Imperii. Hoc enim & nos sperare, & vos decet implere, Data Kal. Augusti, Constantinopoli, Magno V. C. Consule.] Vides veterem morem Orthodoxorum Imperatorum, qui simulac essent creati Augusti, ad Romanum Pontificem, quem ut parentem venerarentur, litteras darent: nulla enim fortiori potentia, quàm communione cum Catholicæ totius Ecclesiæ primario Antistite, conciliari sibi populorum fidelium voluntatem posse sciebant. Porrò id ex debito præstare debere Orthodoxos Imperatores, ut eo modo primitias Imperii Petro Apostolo consecrarent, quæ sequitur ad eum reddita epistola Hormisdæ Papæ declarat, quæ sic se habet (a):

a Hormisd. epist. 22. to. 1. ep. Rom. Pontif.

LXVIII.

Hormisdæ Papæ ep. ad Justinum.

Hormisda Episcopus Justino Augusto.

Venerabilis regni vestri primitiis, fili gloriosissime, loco muneris, gratulationem suam Catholica transmittit Ecclesia; per quas se post tantam discordiæ fatigationem requiem pacis invenire confidit. Nec est dubium ideò ad rerum summam cœlesti vos providentia pervenisse, ut vestris temporibus impacta religioni in Orientis partibus aboleatur injuria. Debitas beato Petro Apostolo Imperii vestri primitias reddidisti, quas hac ratione devoti suscepimus, quia Ecclesiarum per vos proximè futuram credidimus sine dubitatione concordiam. Deus, qui pietatis vestræ sensibus alloquendo vota concessit, ipse circa sincerum religionis suæ cultum præstabit (sicut optamus) effectum.

LXIX.

Significastis, nolentibus & recusantibus vobis Imperii pondus impositum: qua ratione electos vos cœlesti constat esse judicio, secundùm Apostolum dicentem (b): Non est potestas nisi à Deo: quæ autem sunt à Deo, ordinata sunt. Superest ut à Deo electi (sicut & credimus) Ecclesiæ, quam laborare cernitis, manus vestræ solatia porrigatis. Cessent qui paci ejus obsistunt; obmutescant qui in forma pastorum conantur gregem Christi disperdere. Istorum correctio vires vestri firmat Imperii: quia ubi Deus rectè colitur, adversitas non habet effectum. Hanc gratulationis paginam per Alexandrum V. C. non omisimus destinare; sperantes cum Dei nostri adjutorio, per Gratum V. C. filium nostrum, de singulis quæ ad unitatem Ecclesiæ pertinent, nos clementiæ vestræ præbituros esse responsum.] Hactenus Hormisda Papa ad Justinum Imperatorem: quibus etiam declarare videtur, ex verbis ad finem positis, præter dictam epistolam, alias ab eodem Imperatore additas litteras de unitate Ecclesiæ concinnanda; de quibus paulò pòst sermo erit. Dedit eas Grato V. C. cujus hic mentionem in sua epistola Hormisda habet.

b Rom. 13.

B

Inter hæc autem Orientales Episcopi, à quibus Constantinopoli Synodus celebrata est, probè scientes, quæ in ea decreta essent, nullarum esse virium, nisi Romani Pontificis consensus accederet: & frustrà pro Catholica fide instauranda laborare, nisi Catholica per eumdem communione impartirentur; hanc ut ab Hormisda Papa consequi possent, Justini Imperatoris primùm litteris agunt: insuper & iidem ipsi ea de re scribunt litteras Synodales ad eumdem Pontificem: id enim ipse Imperator suis litteris testatur. Non extant illæ quidem Synodales, sed tantùm litteræ Joannis Constantinopolitani Episcopi: quibus omnibus iidem illud experientur, ut legati ab ipso Romano Pontifice mitterentur Constantinopolim, qui Apostolica auctoritate conciliarent Ecclesiæ pacem, & lapsos in Ecclesiam restituerent. Sed quæ hac de re ab ipso Imperatore ad Hormisdam scriptæ sunt litteræ, videamus. Ipse igitur Justinus Augustus ad eumdem Hormisdam scribens, rogat nomine totius Synodi de pace in Ecclesia concilianda; mittitque ad eam rem legatum, quem diximus, Gratum V.

c Extant to. 1. epist. Rom. Pontif. in Hormisda.

LXX.

Episcopi Orientales agunt de pace Ecclesiæ cum Hormisda Pap.

C

Litteræ autem ipsius sic se habent (c):

Justinus Augustus Hormisdæ Papæ.

Joannes vir beatissimus hujus regiæ sedis Antistes, & cæteri viri religiosi Episcopi de diversis locis & civitatibus hic reperti nostram serenitatem docuerunt pro concordia veram & Orthodoxam fidem colentium, proque universitate venerabilium ejus Ecclesiarum, litteras tuæ sanctitati offerendas confecisse; ac magnopere postularunt nostras etiam epistolares paginas super hoc ad eam emanare. Quorum petitiones, utpotè semper unitatis amatore, libenter amplexi, hos divinos apices ad tuam beatitudinem censuimus prorogandos. Quibus scriptis, desideriis supradictorum reverendissimorum Antistitum subvenire, proque nobis & reipublicæ, cujus gubernatio nostræ pietati cœlitus credita est, supernam majestatem suis orationibus placare dignetur. Ut autem tuæ sanctitati pacis & unitatis atque concordiæ jura plenius patefiant; quosdam religiosissimos sacerdotes pacem amplectentes & desiderantes ad sacratissimum nostrum pervenire disponat Comitatum: ob hanc etenim causam Gratum V. C. sacri nostri Consistorii Comitem & Magistrum scrinii & memoriæ direximus, cujus præclaram opinionem multis anteà notam habemus temporibus. Data VII. Idus Septembris, Constantinopoli, Magno V. C. Consule.] Jungendæ his Imperatoris litteræ fuissent, quas datas à Synodo ipse testatur; sed non extant. Subticiemus tamen epistolam Joannis Constantinopolitani Episcopi, qua suæ fidei Catholicæ professionem retexuit; quòd probè sciret, aliter se minimè recipiendum fore in Catholicam communionem ab ipso Romano Pontifice atque universa Ecclesia. Epistola autem ipsa sic se habet, ejusmodi inscripta titulo (d):

c Extant to. 1. epist. Rom. Pontif. in Hormisda.

d Justini Imp. epist. ad Hormisd. de pace Ecclesiis concilianda.

D

E

d Extat inter epist. Hormisdæ Papæ tom. 1. ep. Rom. Pontif.

Domino meo & per omnia Dei amatori
sanctis-

LXXII.

fanctiffimo fratri & comminiftro Hormifdæ Joannes Epifcopus in Domino falutem.] Ex hujufmodi planè infcriptione redarguas impofturam illapfam in Acta publica fuperius recitata, in quibus femper ferè ipfe Joannes infcriptus reperitur, *Patriarcha œcumenicus*, cum in litteris ad Hormifdam neque Archiepifcopum fe nominet. Sed attende ipfam epiftolam:

Joannis Epifc. Conftantinop. ad Horm. Pap. epift. Saluto veftram fanctitatem, chariffime in Chrifto frater, & falutans prædico, quoniam recta fides falva eft, & charitas fraternitatis firmata eft. Hoc Deus folus potens per ftudium Chriftianorum & piiffimorum Imperatorum fieri voluit. Scribens igitur Apoftolicè, & fcripta fufcipere fraternè, Dei amore dignemini. Ego enim inquifibili ratione doctrinam fanctiffimorum Apoftolorum fecundùm traditionem fanctorum Patrum tenens, fimiliter honorem confubftantiali & per omnia fanctæ Trinitati offero, ficut in Nicæa trecentorum decem & octo cœtus promulgavit, & in Conftantinopoli centum quinquaginta conventus firmavit, & in Ephefina ducentorum firmavit, & in Chalcedone conventus fexcentorum triginta Patrum firmavit. Hanc ergo fidem ufque ad ultimum anhelitum per gratiam Dei cuftodiens, fpiritalibus amplexibus tàm veftram fanctitatem, quàm etiam Orthodoxas Ecclefias ex animo amplector, unà tecum in veritate fentiens, & unà tecum fperans in illo die per hanc fidem falvari bona voluntate Patris & Filii & Spiritus fancti. Confubftantiali enim Trinitati omnis gloria debetur nunc & in fæcula fæculorum. Omnem in Chrifto fraternitatem, quæ cum veftra eft fanctitate, ego & qui mecum, plurimùm in Domino falutamus. Tantùm ad fatisfaciendum fcripfimus, ut & venerabile nomen fanctæ recordationis Leonis quondam urbis Romæ Archiepifcopi in facris Diptychis tempore confecrationis propter concordiam affigeretur, & veftrum benedictum nomen fimiliter in Diptychis prædicetur. Ut de omnibus autem fatisfiat veftræ fanctitati (quoniam pacem veftram amplectimur, & de unitate fanctarum Dei Ecclefiarum curamus) rogamus vos pacificos viros deftinare, & veftra dignos Apoftolica fede, qui debeant fatisfacere, & fatisfactionem noftram fufcipere: ut & in hac parte Chriftus Deus nofter glorificetur, qui per vos pacem hanc mundo fervavit. Accepta XIII.

Aftutè tacet de reftitutis in Diptycha fchifmaticis. Kal. Jan. poft Confulatum Agapiti V. C.] Hactenùs litteræ: in quibus illud obferva in fumma induftria eamdem tacuiffe Joannem, reftituta fuiffe in facras tabulas nomina Macedonii & Euphemii Epifcoporum, qui extiterant Catholicæ Romanæ Ecclefiæ communionis expertes; ne videlicèt de pace acturus, à difcordiæ feminariis aufpicaretur.

LXXIII. Præter hæc etiam, quòd res maximi ponderis tractaretur, nempe unio Orientalis Ecclefiæ cum Occidentali, à qua defecerat: ad rem tantam peragendam, Juftinianus, qui poft Juftinum imperavit,

Annal. Eccl. Tom. VII.

---

quique tempore Anaftafii Imperatoris unà cum Juftino (ut vidimus) fteterat pro fide Catholica, atque ob eam caufam in non leve vitæ difcrimen adductus fuerat; bene modò ufus occafione Catholici Principis, omnem curam adhibet ut fciffæ unirentur Ecclefiæ: quamobrem & ipfe fumma qua apud Imperatorem polleret auctoritate, ad ipfum Hormifdam Romanum Pontificem de his fcribit. Extant ipfius litteræ, quibus hujufmodi in fcripto Vaticano codice præfixus eft titulus (a):

Per eamdem Gratum etiam Juftinianus Comes ad eumdem Hormifdam Papam has litteras dedit his verbis:

Juftinianus Comes Hormifdæ Papæ.

Defiderabile tempus, quod fummis votis optavimus, divina clementia dolores generis humani refpiciens, largiri dignata eft; quo omnes Catholici & Deo perfecti Fideles majeftati ejus fe valeant commendare. Idcircò has ad Apoftolatum veftrum libera licentia, jam mihi beneficio cælefti indulta, direxi. Dominus etenim nofter invictiffimus Imperator Orthodoxam religionem femper amplectens ardentiffima fide, cupiens facrofanctas Ecclefias ad concordiam revocare; mox ut adeptus eft cælefti judicio infulas principales, facerdotibus hic pofitis denunciavit, ut pro regulis Apoftolicis unirentur Ecclefiæ: & magna quidem pars eft compofita, Deo auctore.] His præmiffis, quòd probè fciret idem Juftinianus nomen Acacii impedimento fuiffe, quò minùs exul concordia fæpè per alios prædeceffores Romanos Pontifices tentata, revocari aliquandò potuiffet: ne id ad fanciendam modò pacem impedimento effet, de ejufdem Acacii nomine ingerit mentionem; certumque reddit ipfum Pontificem, fore ut ex ipfius fententia illud exploderetur: ait enim:

De nomine tantummodò Acacii veftræ beatitudinis convenit audire confenfum. Quam ob caufam dominus nofter fereniffimus Princeps Gratum virum fublimem unanimem mihi amicum cum paginis Auguftis ad fanctitatem tuam tranfmifit, ut modis omnibus dignetur Conftantinopolim ad reliqua concordiæ componenda venire. Sed abfque quaque dilatione veftrum expectamus adventum: quem fi qua tarditas (quod fieri non debet) forfitàn retinuerit, interim vel facerdotes idoneos deftinare feftinet: quia totus mundus partium noftrarum converfus ad unitatem moras non patitur. Accelerate ergò, domine fanctiffime, ne vobis abfentibus, quæ debet præfentibus ordinari . . . . . Scimus enim litteras veftræ beatitudinis & antecefforum veftrorum ad Orientem directas, quid fuper hanc eamdem caufam contineant. Ut autem nihil prætermittatur, propter caufam fæpius memoratam ab invictiffimo Rege religionis quoque negotium filio veftro viro fublimi Grato eft injunctum, favente Domino noftro Jefu Chrifto.] Hæc Juftinianus de pace Ecclefiarum admodùm folicitus ad Hormifdam Papam

Marginal notes right column:
a *Inter ep. Hormifdæ poft 24 to. 1. ep. Rom. Pontif.* LXXIV. Juftiniani ep. ad Hor. mifd. Pap.

LXXV. De nomine Acacii.

aliquid deeft

B 3 per

per eumdem legatum conscripsit.

LXXVI. Ista quidem hoc anno sunt gesta, ubi Justinus habenas moderari cœpit Imperii, cum de pace Ecclesiæ concilianda Romam misit ad Hormisdam Pontificem Imperatoriam legationem, opratam quidem illam, gratamque per Gratum. Quid enim gratius atque jucundius potuit accidisse, quàm intelligere, Christianam religionem scissam dispersamque ab hærpticis, Imperatorem nactam esse Catholicum; eumdemque pacis sequestrem, jam solidandæ concordiæ fundamenta jecisse? Actis igitur Deo gratiis, participataque cum fratribus lætitia, & cum eisdem de rebus agendis consultatione ex more adhibita, idem Hormisda Papa eo ordine, quo acceperas, litteras reddidit ad Justinum Imperatorem: ad secundas enim per Gratum missas ita rescripsit (a):

a Hormisd. epist. 23. to. 1. ep. Rom. Pont.

Hormisda Episcopus Justino Augusto.

LXXVII. Sumptam de Imperii vestri ortu lætitiam, quamvis apud nos pollentem merito præcedenti, quoque geminastis alloquio, reciproca devotione testati. Jam tunc secutura prævidimus, quæ nunc de Ecclesiastica unitatis affectu cælestis gratiæ inspiratione significastis. Habes ergò, clementissime Imperator, præsentem de tali voto jam gloriam: sed expectatur de perfectione perpetua. Hæc sunt validissima Imperii vestri fundamenta, quæ in ipso nascentis regni vestri principio divinam universis præferunt sancta dispositione culturam. Tenete itaque hanc piæ solicitudinis curam; & pro Catholicorum pace, sicut cœpistis, insistite; quia Deus noster, qui vobis hunc tribuit animum, elegit etiam per quos præstet effectum. Nam & Episcoporum vota, precesque nobis effusas gratanter amplectimur: qui tamen loci sui consideratione commoniti, ea desiderant, quæ dudùm ut sequi vellent, sedis Apostolicæ exhortatio crebra non defuit. Et quoniam clementiam vestram id cupere, illos etiam hæc didicimus postulare; quæ res hactenùs Ecclesiarum pacem sub contentiosa obstinatione diviserit, nec pietatis vestræ, nec illorum refugit, velut latenti causa, notitiam.

LXXVIII. Quid igitur facere debeant, & litteris nostris, & libelli, quem direximus, serie continetur. Hæc si Deo nostro & clementia vestra adjuvante, suscipiunt & sequuntur; poterit ad eam, quam maximo desideramus ardore, perveniri concordiam. Filius præterea noster V. C. Gratus sacri Consistorii Comes & Magister scrinii memoriæ ostendit in se veltrum allegationis suæ maturitate judicium: cujus mora sensibus vestris, eo referente, meliùs asseretur.] Hæc ad Justinum Hormisda, inconcussè custodita volens, quæ à prædecessoribus suis justè Orientalibus præscripta fuerant de Acacii nomine abolendo, deque pace ea conditione inter Ecclesias sancienda. Quamobrem & ad Joannem Episcopum Constantinopolitanum, quæ agenda sint pro eadem concordia ineunda, idem

Hormisda Papa scribit his verbis (*b*): Hormisda Episcopus Joanni Episcopo Constantinopolitano.

b Hormis. epist. 24.

LXXIX. Spirituale gaudium directis charitas tua significavit affatibus, docendo, ut Catholicæ religionis disciplina ordinem suum vestris pastoribus, Deo nostro juvante, receperit. Hæc esse beneficia misericordiæ supernæ, quis dubitet? Hæc quis dubitet venerabilis Principis trophæis adjungi? Quis ambigat, quia major ei de hac parte quibuslibet prœliis triumphus acquiritur? Istius laboris gloria nescit occasum; quia ubi Deus colitur, nunquàm adversariorum crescit iniquitas. Dilectionis tuæ confessionem gratanter accepimus, per quam sanctæ Synodi comprobantur, inter quas instauratione constitutorum omnium Chalcedonense Concilium prædicastis; & Catholicorum numero adjungi desiderans, sancti Papæ Leonis in Diptychis nomen asseveras scriptum;] An licet sic ejus fidem Catholicam commendet Hormisda, minimè tamen adhùc Catholicam communionem quidem impertiendam esse putavit, nisi hæreticorum communione pollutum nomen Acacii è catalogo Orthodoxorum Antistitum omninò deleat: quamobrem mox subdit:

Epist. Hormisdæ ad Joa. Episc. Constantinopolit.

LXXX. Ista laudanda sunt, si perfectionis subsequatur effectus. Quia recipere Chalcedonense Concilium, & se qui sancti Leonis epistolas, & adhùc nomen Acacii defendere; hoc est inter se discrepantia vindicare. Quis Dioscorum, & Eutychetem condemnans innocentem ostendere possit Acacium? Quis Timotheum & Petrum Alexandrinum, & alium Petrum Antiochenum, & sequaces eorum declinans (sicut diximus) non abominatur Acacium, qui eorum communionem secutus est? De civitate * siquidem tua meliora Dei omnipotentis expectamus auxilio, habentes optimæ promissionis spem (sicut ad nos quæ direxisti tua scripta ostendunt) tecum in veritate sentiens, & ipsa desidens, sperans in illo judicio per ipsa te posse salvari.] Ita planè Hormisda, cum quid agendum sit docens, ut Catholicam Romanæ sedis communionem demerere possit, ad id ipsum præstandum erigit & hortatur; quæ si perficiat, mox sit consecuturus quod erat in optatis, ut communionem Romanæ Ecclesiæ consequeretur. Undè ad finem hæc habet:

De Acacii nomine abolendo.

* *charitas*

LXXXI. Post hæc quod restat, nisi ut sedis Apostolicæ, cujus fidem te dicis amplecti, sequaris etiam sine trepidatione judicia? Igitur partibus Orientalibus ostende per te quod sequentur exemplum: ut omnium laus, qui correcti fuerint, tuis laboribus applicetur. Ergò cum magna denuncies, & fidem beati Petri Apostoli te amplecti significes, quòd credibus in ea salutem nostram posse subsistere; libellum, cujus continentia subter annexa est à charitate tua subscriptum ad nos dirige: ut in conscientiæ formidine unam communionem, sicut oramus, habere possimus. Pro persona quoque

Quid agendum præscribat Hormisda Joanni.

quòd si nostri Grati. V. C. Dea nostro gratias sine cessatione persolvimus , cujus fidei
& recta credulitas nostrum circa se excitavit
affectum : dignus re vera , qui tantæ cæ-
mus susciperet actionis , & maximi Principi ad nos mandata perferret .] Hæc Hormisda ad Joannem Constantinopolitanum
Episcopum .

LXXXII. Interea verò ad cuncta faciliùs disponen-
Romana da idem Romanus Pontifex retinuit ipsum
Synodus in Gratum eo munere legationis fungentem
causa Ori- Romæ usque ad sequentem annum , quo
rictalium . legatos misit Constantinopolim . Totum
autem illud paucorum mensium spatium ,
quod intercessit , in tractandis iis , quæ ad
universalis Ecclesiæ pacem spectarent , in-
sumptum est . Cùm more majorum idem
Hormisda Papa , collecto Episcoporum
conventu , quid in ardua atque difficillima
causa decernendum esset , cum eisdem accuratè tractavit : nam videlicet ob bonum
pacis concedendum Orientalibus esset , ut
nomen Acacii retineretur in Diptychis ; eò
quòd jam experientia fuerit demonstratum ,
id impedimento fuisse majoribus , ne sui
universalis Ecclesiæ sanciretur : quòd si
concederetur , nequaquàm expungenda
fore eisdem Ecclesiasticis tabulis nomina
Euphemii ac Macedonii Constantinopolitanæ sedis Episcoporum , qui ob exilium
& obitum in exilio videri poterant satis esse
confessionis gloria illustrati .

LXXXIII. In his autem in Synodo decernendi opus
Quid fue- fuit prædecessorum Romanorum Pontifi-
rit decretum cum Simplicii , Felicis , Gelasii , & Sym-
in Synodo. machi eo argumento scriptas epistolas legere : quibus ex Ecclesiæ archivo depromptis,
cognitum fuit omnes semper in unam eandemque sententiam conspirasse , non recipiendam Orientalem Ecclesiam ad communionem Apostolicæ sedis , nisi Acacio schif-
matico condemnato . Quamobrem prædecessorum insistens vestigiis , immò & sui
ipsius , quæ jam satis pressa reliquerat , inhærens unà cum aliis collegis in Synodo
considentibus Hormisda Papa decernit , ita
oblatam pacem ab Orientali Ecclesia suscipiendam , si Acacii nomen penitùs aboli-
rent , & delerent quos apposuerant sacris
tabulis , Euphemium & Macedonium eadem labe respersos . Hæc sunt decreta in
Romana Synodo , quæ per legatos ad hæc
delectos voluit idem Pontifex innotescere
Orientalibus ; sed anno sequenti , quo sunt
Roma dimissi , id fieri contigit , ut suo loco dicturi sumus . Hic autem finem accipiant præsentis anni res transactæ inter O-
rientales atque Occidentales .

LXXXIV. Perlata ista omnia fuisse Romam ante decimumtertium Kaledas Januarii , superiùs
vidimus : Ante autem quàm hæc deferren-
tur in Occidentem , pervenerunt ad Catholicæ Ecclesiæ communionem Episcopi Dardaniæ & Illyrici , qui ab ea haud sponte ,
sed inviti tyrannide Anastasii acerbè nimis
exagitati desciverant . Hi ergo ubi audierunt septimo Idus Julii ipsum ex hac vita
dire sublatum , subrogatumque in locum
ejus Orthodoxum Imperatorem ; statim de-

A testati impietatem , scribentes ad Hormisdam Romanum Pontificem , in Ecclesiam
Catholicam recipi flagitarunt , legatos ad
eum eadem ex causa mittentes . Annuit
Pontifex , communionemque eisdem impertitus est . Quæ quidem adeò læta significare litteris voluit Ecclesiis Occidentalibus : interque alios ex his scripsit ad S. Cæsarium Arelatensem Episcopum vicaria
præfectura Apostolicæ sedis in Gallia tunc
fungentem : quem enim habuerat doloris
participem , eumdem voluit tanti gaudii
esse consortem . Litteræ autem ipsius Hormisdæ ad eum hoc anno mense Septembri

B scriptæ sic se habent :
    Dilectissimo fratri Cæsario , vel his qui
sub dilectionis tuæ ordinatione consistunt ,
Hormisda .
    Justum est , ut qui Catholica communio- **LXXXV.**
ne lætamini , nobiscum , de Ecclesiæ , si Epist.Hor-
qua provenit , concordia gaudeatis : ut misdæ Par-
quemadmodum unus nobis consensus est fi- pæ ad S.
dei , ita sit individua gratulatio prospero- Cæsar A-
rum . Nôstis qualiter detestabilis Euty- relat. Epi-
chiana hæresis per Orientales serpat Ec- scop. de
clesias , & quoties præsitas superstitionis pœnitentia
virus Synodus generalis extinxerit , vel quo- Episcopor.
C ties ejus sequaces salubria monita Aposto- & Illyrici.
licæ sedis spreverint : & quasi erubescentes
manus dare veritati , aut Apostolicæ sedis * tamen
prædicationibus obedire , in hac tanta
obstinatione perstiterunt . Elatio enim semper affert saluti periculum , per quam ipsius
inventor diabolus angelica potestate privatus est . Pro his nobiscum sæpissimè fraternitas vestra condoluit , Apostolicæ non im- 1.Cor.6.
memor lectionis , qua monstratur (a) : Si a
patitur unum membrum , compatiuntur
omnia membra . Sed Dominus , qui (b) b 1.Tim.1.
vult omnes homines salvos fieri , & ad cognitionem veritatis venire , nunc multorum sensus illuminans , eis desiderium Apo-
D stolicæ communionis infundit , ut quod * mani-
dudum intentione * prædicabant , hoc fes
nunc correctionis professione condemnent. tiose
Quorum reditum ideò absque suspicionis
morsu recipiemus , quia dùm peccatum sine
aliquo excusationis velamine confitentur ,
manifestum desiderium correctionis ostendunt . Ergò Episcopi tàm Dardani , quàm
Illyrici penè omnes ne sint errore condem-
nandi præterito , petentes B. Petri Apostolorum principis communionem , & scriptis
& legationibus destinatis , se Apostolicæ
sedis regulis obedire confirmant . Pro quibus quantùm nos oportet gratulari , soli
E quorum fides fervet intelligunt .
    Sciendum vobis est igitur , anathemati- **LXXXVI.**
zari nunc ab ipsis quoque Nestorium , qui
dividit incarnationem Domini Jesu Christi , & per hoc duos Filios conatur asere-
re . Eutyches carnis negans veritatem , &
duas naturas in una persona non prædicans,
ut Manichæam phantasiam Ecclesiæ Christi (quemadmodum putavit) insereret , simili ratione damnatur . His adjungitur Dioscorus Alexandrinus , qui malitiæ præfatæ
consentiens , in sancto Chalcedonensi Concilio particeps damnationis effectus est ; &
                                              malo-

A

malorum seminum æquales fructus inveniens, in eam cecidit foveam, quam Fidelibus parabat. Facti sunt istorum successores Timotheus Ælurus & Petrus, quorum sibi ubique consentit iniquitas; & mentientes, magistros in nullo deserunt, sed in omnibus pravitatibus antecedunt. Hi approbati sunt generalis materia læsionis, quorum & manus sacerdotalis sanguinis maculavit effusio, & vitam innocentium peremit interius. Habent per universum mundum à Catholicis infixa æternæ damnationis stigmata: quos Orthodoxi non solùm fecerunt communionis expertes, verùm etiam eos Christianorum spoliavere vocabulo.

LXXXVII Petrum Antiochenum cum suis (sicuti ab his, de quibus loquimur, factum est) præfatis adjungite. De quibus, ne sermonum prolixitas nasceretur, hoc tantùm dixisse sufficiat, Petrum & ejus socios in nullo ab eorum qui damnati sunt dogmate discrepare. Quos Acacius aliquando condemnans, in laudes suas omnium Christianorum ora converterat; & eos impugnans qui Eutychianam hæresim vindicabant, fidem colentibus gratissimus apparueret. Sed huic solitis insidiator fraudibus, quod fraudabatur invidit: nam posteà hos suos complices habere desiderans, in Catholicos arma convertens, cum ipsis invenit fortem, quos optavit habere participes. Longum est epistolæ brevitate per universa discurrere. Undè ex totius summa negotii partem aliquam pro instructione direximus; judi-

B

C

A

cantes, quòd tanta res vestram non possit latere notitiam: præcipuè cum hoc prædecessorum nostrorum litteris, vestris fuerit regionibus nunciatum: Quod & nos pro his quæ nuper acciderunt, fraternitatem vestram curavimus instruendam, ne alicubi per ignorantiam Fidelium locum invenire possit subreptio prædictorum; sed qui nituntur talia vindicare, sacræ consortio communionis arcendi, evidentiùs innotescant.

Igitur ubi interest fidei, quicquid ad gratiam hujus pertinet sæculi respuatur, cum nec naturalis affectio rebus debeat cælestibus anteponi; ut illud præceptum Domini compleatur (a): Qui amat patrem aut matrem plusquàm me, non est me dignus. De cæteris quæ in religionis causa confidentes divinis beneficiis præsenti tempore iterúmde Orientis partibus speramus, & legatos direximus, Domino Jesu Christo supplicato, ut ipse, qui pro pietate sua prosperum donavit initium, similem concedere dignetur effectum. Urbanum sedis Apostolicæ Defensorem etiam huic aptum negotio ad charitatem tuam direximus, per quem de universarum effectu causarum responso congruo cupimus quæ sunt votiva cognoscere. Dominus vos incolumes custodiat, fratres charissimi. Dat. IIII. Id. Septemb. Florentio Conf.] Hactenùs litteræ Hormisdæ Papæ ad S. Cæsarium. Quæ autem post hæc acciderint, dicemus anno sequenti.

LXXXVIII?

a Matt. 10.

I.
De Consulatu Justini & Eutharici.

JAM verò ad sequentis anni res gestas transeamus: Notatus hic reperitur annus Consulatu ipsius Justini Imperatoris, qui collegam Eutharicum cognomento Cillicam sibi ascivit: gener hic fuit Theodorici Regis, nupta ipsi Amalasuenta (dicta vulgò Amalasunta) filia ipsius Regis. Pax firma erat inter Justinum atque Theodoricum Italiæ Regem; cujus rei gratia mutuis iidem Principes inter se certabant officiis. De Consulatu autem Eutharici generi Theodorici collato ipsi à Justino Imp. est perspicua testificatio Athalarici Regis, filii ejusdem Eutharici, dùm inter alia scribens ad imperatorem, hæc ait: Vos genitorem meum palmatæ claritate decorastis.] Fuisse palmatam vestem Consularem, habes apud Cassiodorum (b). Sed & adoptionis gratia impertitum à Justino Imperatore Eutharicum, idem Athalaricus in dicta epistola inferiùs subdit.

II.
Legatio missa ab Hormisda Constantinopolim.

Quod autem ad anni hujus res gestas pertinet: plane memorabilis ex eo redditur, quòd post plurimorum annorum acerbissimam dissensionem Ecclesia Orientalis (schismate scissa ab Ecclesia Romana, pace composita, eidem parens, communione Catholica conjungitur. Quomodo autem ista

b Apud Cassiod. lib. 6. epist. 2.

D

se habuerint, ordine rerum gestarum sunt pro temporis ratione pandenda: atque primùm de missa legatione ab Hormisda Pontifice agendum erit. Licèt autem (ut vidimus) ipsius Hormisdæ præsentia ad rem tantam ab Orientalibus quæreretur; tamen more majorum per legatos rem agere, consultiús visum est. Delegit itaque ad munus obeundum Germanum Episcopum; quem non alium putamus, quàm mirificum illum S. Germanum Episcopum Capuanum, qui ad Anastasium Imp. eodem munere functus est, ut sexto Annalium tomo diximus. Missus cum eo est Joannes Episcopus; sed cujus Ecclesiæ Antistes fuerit, hactenùs mihi incompertum est. His adjunxit Blandum presbyterum, & Felicem atque Dioscorum diaconos: quibus ejusmodi dedit admonitionem, quæ continetur Indiculo ex eodem codice hic descripto, ne vel transversùm unguem à mandatis recederent: ipse autem sic se habet (c):

Indiculus quem acceperunt legati Apostolicæ sedis qui supra.

Cum, Deo propitio, partes Orientales fueritis ingressi; si qui Episcopi vobis occurrerint, & libellum, cujus continentiam percepistis, à se subscriptum offerre voluerint,

c Extat. inter Hormisdæ ep. to. 1. epist. Rom. Pont.

III.
Commonitio scripta Legatis.

E

rint,

rint, suscipite, eisque præbete sanctæ communionis consortium.] Acceperunt enim iidem legati ab Hormisda libellum professionis Catholicæ fidei, quo probarentur qui verè se esse Catholicos dicerent, nimirùm ut secundùm formam illam ederent fidei confessionem. Unde subdit: Si verò occurrentes Episcopi, eo quo superiùs diximus ordine profiteri noluerint; à vobis equidem sub sacerdotali affectione tractentur: sed neque vobis sit cum his mensa communis, neque ab his vel victualia præsumatis accipere, nisi tantùm subvectionem, si causa poposcerit, & hospitalitatem: ne credant omninò fastidiosè despectos.] Habes, lector, quod observes, ad quos usque terminos se extendat prohibita cum hæreticis conversatio. Hæc sunt quæ in via eisdem servanda præscribit. Quæ verò, cum pervenissent Constantinopolim, custodire deberent, admonuit, accipe:

IV.
Quomodo se gerere Constantinopoli legati deberent.

Cum autem Constantinopolim, Deo adjuvante, veneritis; in eam accedite, quam Imperator præbuerit, mansionem; & nullam ad salutationem vestram priùs permittatis accedere, exceptis his, quos ipse miserit Imperator, aut nostræ communionis esse cognoscitis, donec ipsum Principem videatis: cui præsentati, salutantes, litteras nostras offerte; suggerentes magnum nos de ejus Imperio gaudium percepisse, & nimiùm gratulari, quòd eum Deus omnipotens ad hoc evexit, juxta ejus sacras litteras, ut secundùm ea quæ sunt ab Apostolicæ sedis constituta Præsulibus, Deo auctore, & regno ejus adnitente, Ecclesiarum & pax & unitas his temporibus desiderata proveniat. Qui si vos hortatus fuerit, ut Constantinopolitanum videatis Episcopum: intimate, vos præfinita habere, quæ etiam ab eis sæpè sunt cognita, quæ ab universis Episcopis Catholicam communionem amplectentibus professio debeat celebrari. Hæc si Episcopus Constantinopolitanus implere paratus est, ei gratulanter occurrimus: si verò sedis Apostolicæ adhortationem sequi contempserit; quid necesse est, ut ad occasionem contentionis salutatio nostra proficiat, quibus non est disputationis aut certaminis causa mandata?] Vidisti quàm prudenter cautum fuerit, vitare de fide vel communicatione disputationem & controversias in iis quæ jam ante fuerant decreto sedis Apostolicæ definita: unde & intelligas, quanta insederit auctoritas Romano Pontifici, nimirùm ipsum, quibusvis decretis Synodalibus antea ab ipsis Orientalibus editis (ut vidimus) non obstantibus, præscribere certam formam, quam iî, qui verè Catholici dici vellent, sequi deberent. Sed audi, quæ rursùm eosdem Hormisda monuerit.

V.
Quid de Acacii nomine, & successorū agere debeant.

Si verò Imperator sibi aperiri voluerit, quid sit, quod ab Episcopo fieri postuletis: formam libelli, quam portatis, ostendite. Quòd si de anathemate Acacii consentiat, successores ejus dixerit recitandos, ob hoc quòd propter defensionem Chalcedonensis Synodi aliqui eorum, nempe Euphemius

---

& Macedonius, fuerint ultrò deportati: insinuabitis, nihil vos de libelli posse forma decerpere, in qua sequaces damnatorum pariter continentur. Sed si eos ab hac non potueritis intentione deflectere, saltem hoc acquiescite, ut anathematizato specialiter per libellum, quem vobis dedimus, Acacio, de prædecessorum ejus nominibus taceatur, abrasis de Diptychorum inscriptione vocabulis.

Quo facto, Episcopum Constantinopolitanum in vestram communionem accipite. Libellus verò vel Episcopi Constantinopolitani, vel aliorum, quos vos suscipere, Deo volente, contigerit; primò agite, ut præsente populo recitetur. Quòd si hoc fieri non potuerit, saltem in Secretario, præsentibus clericis & Archimandritis, relegatur.] Probè, puto, intelligis, lector, quomodo uno resistente Romano Pontifice, in ventum penitùs evanescant importunæ acclamationes illæ populi, & Joannis Episcopi Constantinopolitani decretum, & Synodalis pariter constitutio, quibus nomina Euphemii atque Macedonii in sacras inferri tabulas jussa sunt: ut perspicuè videas totius Ecclesiæ orbem in uno verti cardine, nempe Romani Pontificis auctoritate. Sed quæ his addat Hormisda, videamus.

VI.

Hæc omnia si Deo fuerint volente completa, Imperatorem rogate, ut destinatis Sacris per Metropolitanos Episcopos, adjunctis ipsius Episcopi Constantinopolitani litteris, innotescat, Episcopum Constantinopolitanum, suo quoque consensu celebrata professione, quam sedes Apostolica destinavit, in unitatem communionis fuisse susceptum: quibus litteris etiam ipsos hortetur similia profiteri. Quòd si in hac parte Imperator aliquid difficultatis attulerit; Episcopus Constantinopolitanus, directis præceptionibus suis parochialibus, vel cæteris Metropolitanis, iisdem præsidentibus, qui à vobis pariter directi fuerint, quid ipse fecerit innotescat: quod ab eo modis omnibus vos oportet exigere; ut facti hujus testimonio peragrante, etiam universos, vel qui longè sunt positi, latere non possit.] Hucusque legatis missis impertita admonitio ab Hormisda Pontifice.

VII.
De fidei professione Catholica promulganda.

VIII.

In qua observa, quàm amplè fidei professionem præstari velit Romanus Antistes ab Episcopo Constantinopolitano licet semper Orthodoxo, inquinato tamen communicatione prædecessorum Acacii nomini faventium: nempe ut palàm coràm populo, vel saltem coràm Episcopis & Archimandritis illam ex scripto recitatam exhibeat; atque etiam publicis ad omnes sibi subditas Orientis Ecclesias litteris datis, id ipsum cunctis faciat innotescere. Sed videamus quas per eosdem legatos dederit Hormisda Papa ad Justinum Imperatorem litteras dedit: de tanti enim momenti legatione nihil planè prætermittendum putamus; summas Deo gratias referentes, qui adeò nobilia monumenta, licèt nonnihil obducta rubi-

rubigine obprimiam vetuftatem, adhuc integra confervavit. Litteræ igitur Romani Pontificis ad Imperatorem fic fe habent ex eodem codice Vaticano depromptæ (*a*) :

a Extant to. 1. epiſt. Rom. Pont. ep. 26. Hormiſda. IX. Hormiſdæ Papæ ep. ad Juſtin. Imp.

Hormifda Juftino Augufto.

In tantùm, pro gratia Divinitatis, gloriæ veftræ famam conftat extenfam, & ita vos, fuffragante vitæ merito, laudabiliter mundò contigit innotefcere, probatiffimorum hominum opinione vulgante, ut fuper vos potiùs credatur dilatatum culmen Imperii, quàm per Imperium vos aliquis dicat agnofci. Certum eft quidem hujufmodi provectione veftra priftino fplendori accefliffe decoris cumulum : fed ficut tenuiftis olim moribus principatum ; fic cum vos per ora gentium impatiens fecreti magnitudo detulerit *, ad nos quoque (ficut myfticæ loquuntur Scripturæ) teftimoniis fuavitatis veftræ odor advenit. Et certè cum latè prudentium hominum fententia religiofæ vitæ veftræ fuerit inftituta difperfa, habere non potuimus incognitum, quicquid de vobis fuerat mundi atteftatione vulgatum. Quia ficut mediocri laude digna in immenfum fibi nequeunt vindicare præconia ; ita fine fine prædicandum rapitur in populum, quicquid bono fuerit admirationis ornatum. Vindicat enim fibi quantitatis fuæ jure magnitudo tanæ teftimonia; quia nefciunt latete miranda. Hinc eft, quòd principatus vobis ac honores publica jura commiferunt. Nàm quòd meritorum infignia generalitatis facta funt vota ; nemo ita rerum arbiter iniquus extitit, qui paffim vos æftimet Arches inclytæ accepifle titulos ; cum negari nequeant, dignè vos meruiffe culmen, quorum probitatem mundus agnovit.

* defuerit

X.

Sed parùm eft, quamvis judicio univerfitatis, fufcipere loco præmii jura regnandi. Illud magis eft admirabile, quòd ita vos hominum laudabilitate fimatos fufcipiunt Imperia, ut judicia fint divina. Non eft dubium, electos fuos venerabili prædeftinatione Divinitatis ad tantæ poteftatis ornamenta venire, quos finceræ fidei documenta circumvallant. Verè vobis prophetici fpiritus convenire verba diximus (*b*): Priufquàm te formarem in utero, novi te.] Ne putes, lector, adulatum Juftino Hormifdam, tantis illum præconiis efferentem. Juftorum namque eft (fecundùm Prophetæ fententiam dicentis (*c*) : Ad nihilum deductus eſt in confpectu ejus malignus, timentes autem Dominum glorificat) pios viros laudum efferre fermone, cum Deus in his honoretur. Admiranda planè dona eidem Juftino Imperatori divinitùs impertita fulfere; cum (ut quæ fuperiùs dicta funt in ejufdem Juftini primordiis, perfpicuè manifeftant) fecundùm illud propheticum (*d*) evenerit : De ftercore erigit pauperem, ut collocet eum non folùm cum principibus populi ſui, ſed fuper omnes folium gloriæ teneat. Sed quod magis præftat, ad hoc (ut idem Pontifex ait) à Deo prædeftinatus fuiffe videretur, ut fidem & pacem exules fanctæ Ecclefiæ

b Hier. 1.

c Pſal. 14.

d Pſal. 112.

A reftitueret. Sic more fuo Deus infima mundi elegit, ut fortia quæque confundat. Sed audi dignum Juftini laudum præconem :

Ad hanc vos gloriam, incomprehenfibilif upernæ majeftatis difpofitione procurante, obfequium naturæ mundo protulit, fub cuftodia fidei tranfacta vitæ præbita inftituit, atque ad Imperia, clementia divina provexit : ob hoc fcilicèt, ut tandem aliquando divifores Dominici corporis fidei veftræ executione compreffi, Ecclefiarum concordia diabolica impedimenta fuccideret, & univerfitas de adunatione gauderet. Hoc religioni, hoc fidei, hoc ferenitati veftræ fpecialiter cælitùs mandatum officium, quibus & poffe omnia & perficere videmus **B** indultum. Itaque ficut inftituiftis facere, navate fufcepti operis munus, quod fuperna vobis providentia videtis injunctum. Et verè fic decuit, ut per Principem pax debeat fieri, quam reverentia Divinitatis expofcit. Date has affumpti Deo noftro veftri oblationes Imperii, ut per vos poffit pacis fructus impleri. Sine dubio quidquid tali facto animæ veftræ fuerit præftitum, à vobis mundo judicatur impenfum. Magnum & inæftimabile eft, venerabilis Imperator, propter quod afciti eftis judicio Divinitatis : extenduntur ecce vota pacem defiderantium : diuturni temporis tractu mæret Ecclefiarum indivifibilis difcilla communio : eft in gemitu difcerpta fraternitas, cum circa Patrum dogmata varia fit voluntas.

C Accingite ergò lumbos viribus fidei: videte cui vos Regi Divinitas velit obfequi : quantum fit, quod per vos procuratur impleri : Ecclefiæ venerandæ corpus, quod propria Chriftus nofter paffione fundavit, gloriæ veftræ adunare factis inftituat. Non eft quo magis circà vos gratia fupernæ majeftatis eluceat, quàm fi Ecclefiæ corpus per veftrum reparetur officium, fanguinis Dominici redemptione formatum. Eft quidem caufæ hujus vetuftiffima calamitas, fed pro immanitate fui recentiffimus dolor ; & **D** tantò Chriftianis animis fortior gemitus, quantò temporibus eft dilatus. Videndum vobis eft, in quantum quotidiè antiqui hoftis fervefcat infania, cum olim caufa fit decifa fine fententiæ, pacis faciat tarditatem : & cum Chalcedonenfis Synodus, & beati Papæ Leonis conftituta placeant, quo ad charitatem reverti volumus, à certamine non defiftas. Sequuntur quæ dogmatibus prædictis adfcripta funt ; & ab eorum fequacibus quos prædicta auctoritate damnatos intelligunt, non recedunt. Tenent **E** adhuc in complexibus nomen Acacii, quem vident judicio fedis Apoftolicæ meritò pœnam fubiiffe damnati. Quis non intelligat, fimulatè dici : Sanctorum Patrum fequimur dogmata, fed non diligimus facta? Quæ à fancta Synodo Chalcedonenfi conftituta funt, & quæ beati Leonis epiftola continet, fovemus, veneramur, amplectimur ; fed Acacio, qui damnatorum communionem fecutus eft, impendimus vota.

Sed quid opus eft de judicatis rebus verbis

XI.

XII.

XIII.

ba facere , cum nos hortari tantummodò deceat , ut expressa superiùs simulatione summota , sub omni puritate pacem debeant , à quibus hæc dicuntur optare ? Apud vos mihi est omnis deprecationis causa , Imperator egregie : Vos his ac talibus religiosi operis resistite vivâ charitate ; Vobis imminet , ut qui Ecclesiasticæ concordiæ habuistis sub privata vita desiderium , sub principatu detis effectum . Non fuit quo magis gratiæ vestræ cumulus accederet , quàm quod vobis divinitùs delatum est , ut quod semper voluistis fieri , per vos ad terminum possit adduci . Nec breve specimen circa vos gratiæ Divinitatis effulsit , quibus datur posse facere quod semper optastis . Quapropter quoniam vobis tantæ causæ titulum videtis esse servatum : removete quicquid ambiguum remansisse creditur ad plenitudinem gaudiorum . Nos enim qua decuit affectione per Gratum V.C. cui pro moderatione sui congruè sensimus officium legationis injunctum , litteris vestri principatus acceptis , causæ magnitudini convenientes destinavimus viros , Germanum & Joannem Episcopos , & Blandum presbyterum , necnon & Felicem diaconum ; per quos , si (quemadmodùm præsumimus) serenitatis vestræ favor arriserit , secundùm quæ mandata sunt , Ecclesiarum adunatione generalitatis possint vota firmari .] Hactenùs Hormisda ad Justinum Imper. epistola , in qua tamen desideratur Dioscori diaconi legati nomen , quod in reliquis ejusdem Pontificis datis ea de causa litteris atque ab aliis redditis expressum habetur , licèt non hoc ordine , quo hic recensita eorumdem nomina reperiuntur ; nam in ipsis post nomina Episcoporum legatorum , mox nominati reperiuntur ambo legati diaconi , & novißimè Blandus presbyter ; sed hujus epistolæ auctoritate dici potest , errore librariorum factum , ut series nominum sit inversa , & diaconi ante presbyterum positi . Quæ quidem præmonuisse lectorem oportuit , ne adeò miretur , cum legerit diaconos ante presbyterum nominatos , & novißimo loco presbyterum collocatum ; id enim errore factum esse , ex hac Hormisdæ Papæ ad Justinum Imperatorem data epistola redarguitur . Sed cæptam delegationis decreta historiam prosequamur.

XIV. Non satis id est visum Hormisdæ , qui nihil penitùs voluit prætermissum officii , quo tanta legatio felicem consequeretur effectum ; ut qui optimè mente retineret , complures ante missas à prædecessoribus , Romanis Pontificibus legationes vel inanes rediisse effectuque vacuas , vel ignominiis sugillatas . Quamobrem præter eas quas vidimus ad Justinum Imperatorem litteras datas , addidit alias ad Euphemiam Augustam insignem pietate fœminam , quæ accedebat Justino viro suo adiutorium simile ipsi , utpotè quæ eidem fuerat omnium bonorum sua pietate conciliatrix : quæ & (ut dictum est) cum Imperio mutans pristinum nomen , in memoriam illustris martyris Euphemiæ , in cujus basilica fuerat celebratum sacrosanctum Chalcedonense Concilium , Euphemia dici voluit , ut & eo pariter nomine declararet se esse ejusdem Magnæ Synodi studiosißimam . Epistola autem ipsa sic se habet (a) :

Hormisda Episcopus Euphemiæ
Augustæ.

Ecclesiarum pax jam cælesti ordinatione componitur , cùm vos ad Imperium Deus elegit , apud quos esse integrum semper religionis suæ cognovit affectum . Nam sicut in privata vita Deum semper recto dogmate coluistis ut de religionis concordia cogitaretis , & multa quidem inter ipsa imperii vestri primordia facta sunt , quæ spem nobis correctionis integræ pollicentur . Undè quia in vobis , amorem fervere fidei gratulamur : agentes Deo gratias , quotidiè pro vobis B. Petro Apostolo supplicamus , ut votis vestris apud Dominum suffragetur , & cursum bonæ voluntatis adimpleat . Nec dubium est , divinis vos auxiliis adjuvari , quia tanto religionis studio mandatis cælestibus obeditis . Hinc est , quòd quia sanctum conjugii vestri constat esse propositum , has fiducialiter ad vestram clementiam litteras destinamus , ut per vos ad perficiendam Ecclesiæ pacem mariti vestri pietas ampliùs incitetur .

Magnum opus arripuistis , magna vobis causa commissa est : per vos etiam populos Christus vult ad Ecclesiæ fœdera revocare , quos per se voluit à morte redimere . Magna etiam vestro sexui parata est laudis occasio , si vobis instantibus , Ecclesiæ suæ Christus , quæ divisa fuerant , membra conjungat . Nec ejus , nempe sanctæ Helenæ , major est gloria , quæ humanæ salutis lignum scrutata est , & sola Crucem , quam omnis veneratur mundus , invenit . Superabitis quinimmò illius merita : quia Ecclesiæ unitas per illam suum invenit signum , per vos est habitura remedium . Agat igitur jugalis vestri religiosa clementia , ut fratres & coepiscopi nostri sub eo libelli tenore , quem dudum misimus , fidem suam dignentur asserere ; quatenùs perfecta possit esse , quæ est inchoata confectio ; quia irrita est quælibet in cultura Dei confessio , cui deest fidei plenitudo . Hoc enim quod à reliquis fieri poposcimus , à multis jam sacerdotibus constat effectum ; & unitas esse justa in communione non poterit , nisi non fuerit in reversione servata .] Hæc ad Augustam Hormisda Papa.

XVII. Sed attende quæ scribat ad ipsum Constantinopolitanum Episcopum Joannem , penès quem optimè sciret residere totius pacis conciliandæ facultatem ; ut si ipse resiliret , ut fecerant prædecessores , omnem operam & impensam periisse non dubitaret . Quamobrèm demulcere hominem lenitate , & resilientem veritatis urgere stimulis ad cursum , dubiumque efficacioribus suadere & certum reddere argumentis , atque labantem animo rationibus stabilire non prætermisit . Accipe igitur ipsas dignas tanto Pontifice litteras, quæ sic se habent (b):

Hor-

a Hormisf. epist. 27.

b Hormisf. epist. 28.

I

XV.
Hormisdæ epistola ad Euphemiã Aug.

XVI.
Comparatio Euphemiæ cum Helena.

XVII.

Hormifda Epifcopus Joanni Epifcopo
Conftantinopolitano.

XVIII.
Epift.Hor-
mifdæ ad
Joannem
Conftanti-
a op.

Reddidimus quidem, frater, congruum
litteris tuis fub Ecclefiaftica libertate refponfum : & quid in his congratulati fuerimus infertum, quid taciturnitate præteritum, evidenter expreffimus. Ac licèt
cuncta fenfibus tuis nunc crebra legatio,
nunc ufu in Ecclefia diuturnæ converfatio-
nis tuæ vetuftas infuderit; juvat tamen adhuc latiùs aperire noftrum repetita ratione
confilium : quia tunc benè de fidei firmitate differitur, quando fimplicibus verbis
conciliandæ pacis cupiditas explicatur. Defideria quippè tua, quibus te ad Ecclefiafticam teftaris feftinare concordiam, ut haberent partes illæ, femper optavimus : nec
fola votorum ambitione contenti, ufi etiam
precibus fumus. Veftro funt hæc & mundi
teftimonio roborata, quæ loquimur : quia
ut Catholicæ unitatis reparatio fiat, auctoritatem noftram intemeratæ fidei integritate fubmittimus. Inclinet orationibus
noftris aurem fuam divina miferatio, ut
quod creditis poftulandum, fequamini &
ametis oblatum. Nobis una caufæ folicitudo, una cuftodia eft; ita pacem cupere, ut fic
religionis, fic venerabilium Patrum conftituta ferventur : quoniam quæ inter fe con-
fona credulitate non difcrepant, æquum eft
ut fimili obfervatione fubfiftant *.

*fuftineant
XIX.

Sed cur diutiùs immoramur ? Scis ipfe,
unitatis caufa quid exigat : fcis ipfe, qua
via ad beatiffimi Petri Apoftoli debeas venire confortium. Habes itineris tui ducem,
quem te jàm fequi afferis, Chalcedone habitum pro religione conventum. Jàm te
quoque, quòd idem ampletti teftatus es,
beati Leonis redeuntem dogma comitatur.
Hæc fi placent, Acacii defenfio damnati non placeat ; hoc eft, quod boni
ftudii à perfectione vota fufpendit. Si funt
enim illa adverfus Dei & legis amicos inimicos venerabilium Patrum côgregatione difpofita, ut quifquis eos in cômunione fequeretur, jàm tunc latam fubiret in fua damnatione fententiam; non funt igitur nova, quæ
conftanter exequimur, fed temporibus illis
facta judicia jufta Patrum conftitutione fer-
vamus. Hortamur, itaque frater, & mentem tuam, Dei noftri mifericordia adjuvante, pulfamus, ut ab omni te hæreticorum contagione, Acacium cum fuis fequacibus condemnando, difiungens, unà
nobifcum Dominici corporis participatione pafcaris. Si nobifcum univerfa prædicas, cur nobifcum non univerfa condem-
nas? Tunc enim nobifcum quæ veneramur
amplecteris, & nobifcum quæ deteftamur
horrueris. Pax integra nefcit aliquam habere diftantiam; & unius Dei vera effe non
poteft, nifi in confeffionis unitate, cultura.

XX.

Quapropter falutantes te fraternæ charitatis affectu, petitionem tuam, miffis (ficut fperafti) religiofiffimis viris Germano
& Joanne Epifcopis, Felice diacono,
Diofcoro diacono, atque Blando presbytero, fignificamus effe completam. Hi ve-

A

rò quibus fuerint mandatis inftructi, ante
allegationes eorum, fi cogites, evuiden-
ter agnofces. Hi pacem tuam fub ea qua
fæpe fcripfimus profeffione fufcipient. Im-
ple ergo, frater chariffime, gaudium noftrum, & tuum ad nos per eos rectæ fidei
tuæ remitte præconium, ut per te univerfis
detur exemplum.] Hæc per legatos ad Joannem Patriarcham Hormifda. Quòd autem dùm Romæ ifta tractarentur, contigerat alias ab eodem ipfum Hormifdam litteras accepiffe, ad eundem has reddidit
breviores, quæ fic fe habent (a):

a Hormifd.
epift.29.

Hormifda Epifcopus Joanni Epifcopo
Conftantinopolitano.

B

Ea quæ charitas tua deftinatis litteris fignificavit, agnovimus, & gratulamur ad
confcientiam noftram fidei tuæ indicia perveniffe : optantes, ut intentioni tuæ, quam
rectam effe cupimus, plenum Deus nofter
circa Ecclefiafticam pacem concedere dignetur effectum, cujus fpem animo fupernæ majeftatis affumpfimus : quia Imperatorem fereniffimum ad hoc providentia divina judicamus electum, ut per eum Ecclefiarum reintegratio tantis temporibus
defiderata proveniat. Quapropter licèt
quæ pro fidei unitate facienda funt, tuæ
charitatis notitiam latere non poffint ; legatos tamen direximus, quos ratio caufæ
pofcebat : quibus hortantibus, & quæ jam-
pridèm à nobis fignificata, & quæ nuper
iterata funt, ad effectum, Domino noftro
auctore, perveniant.] Hæc ad Joannem.

XXI.

Hormifdæ
litteræ ad
Joann. E-
pifc. Con-
ftantinop.

Quòd verò idem Hormifda Papa optimè
fciret, plurimùn conferre ad pacis conci-
liationem, Conftantinopolitanum demerere clerum, quem non ignoraret pro arbitrio univerfum movere populum poffe,
tantafque uno momento conflare difcordias,
ut etiam ftatum ipfius Imperatoris (quod
pluribus exemplis vidimus) in difcrimen
adduceret; hos quoque amantiffimis prævenire litteris non prætermifit. Extant ipfæ quidem æquè perbreves ad Archidiaconum & reliquos ejufdem Ecclefiæ clericos
fcriptæ verbis iftis (b):

XXII.

D

b Hormif:
epift. 30.

Hormifda Epifcopus Theodofio Archidiacono Conftantinopolitano & univerfis
Catholicis à pari.

Gratias mifericordiæ divinæ competenter exolvimus, quæ fidem veftram diù laborare non paffa eft : nàm tempus oblatum
eft, quo fidos milites fuos Catholica recuperare poffit Ecclefia. Quæ enim major
animo veftrum poteft obtinere jucundi-
tas, quàm malorum commemorata depul-
fio? Gaudiis præfentibus compenfare affli-
ctionis incommoda : quia Deus nofter, qui
remedio fuit, adverfis opprimi charitatem
veftram noluit, fed probaii. Nam fi tran-
facti temporis mala cum præfenti, quæ divina effe non ambigitur, retributione com-
penfetis ; quis dubitat ampliora vos præmia
confecutos, quàm nocere potuiffet adver-
fitas? Et quanvis pro ftatu fidei Catholicæ numquam folicitudo noftra ceffaverit,
tamen fereniffimi Principis facris affatibus
inci-

XXIII.

Ad Archi-
diac Conf-
tantinop.
& alios Or-
thodoxos
epift. Hor-
mifdæ.

E

incitati, legatos deftinare curavimus, quorum officio, Deo auctore, in his, quæ fæpè mandavimus, fubfequi non dubitamus
effectum. Et ideò competenter enitere, ut
Ecclefiæ Catholicæ hoc præcipuum veftræ
liberationis munus poffitis offerre : quatenùs repulfis omnibus quæ hactenùs nocuerunt, in una, quam femper optavimus,
communione gratulantes, Deo noftro laudes referre fine ceffatione poffimus.] Hactenùs ad Theodofium Archidiaconum &
reliquum clerum Ecclefiæ Conftantinopolitanæ Hormifda.

XXIV.
Juftiniani
pietas cõ-
mendata.
Quòd verò qui pietate fulgebat, & auctoritate in aula regia præftabat Juftinianus hoc tempore Comes Domefticorum,
poftea verò fucceffor Juftini in Imperium,
pacis cupidiffimus effet, & poft primas ad
Hormifdam Papam datas eodem argumento
litteras, alias quoque poftea addidiffet,
mififetq; Romam oblationes Apoftolorum
Principi offerendas per ipfum Rom. Pontif.
magnam ex his fumpfit Hormifda de pace concilianda fiduciam. Quamobrem qui
binas ab eo acceperat litteras, totidem,
diverfis tamen diebus, epiftolas reddidit,
quarum prioris eft exordium (a): Litterarum veftrarum ferie religionis, &c.] Sed
a Hormifd.
epift. 25.
b Hormifd.
epift. 31.
fatis nobis fit hìc defcribere, pofteriorem,
quæ fic fe habet (b):

XXV.
Epift. Hor-
mifdæ ad
Juftinianũ
V.C.
Hormifda Epifcopus Juftiniano V. I.
Magnitudinis veftræ litteras fanctæ fidei
plenas amore fufcepimus, quibus ad exer-
cendam apud vos prædicationis Apoftolicæ
firmitatem, opportunitatem nobis prove-
niffe divinitùs nunciaftis. Unde indefinenter Deo noftro agimus gratias, qui ad tam
præclara remedia & tempus vobis & animum
dedit. Et nos quidem defuper ifta agnovimus ordinari, poftquàm ei detulit divina
majeftas Imperium, qui fe ad componen-
dam Ecclefiarum pacem indicat ordinatum.
Ergò reftat, ut univerfi Epifcopi partis O-
rientalis, juxtà libelli feriem, ad correctionis perveniffe fe teftentur effectum. Patet venerandæ viæ concordiæ : nota * funt
* notata
optatæ remedia fanitatis. Sacerdotes qui
Catholicam pacem defiderant, profeffionem Catholicam non recufent. Non enim
opus eft partibus errorem corrigi, fed radicitùs amputari. Infiftite igitur, ficut
cœpiftis : ut merces apud Deum veftra, quæ
de boni operis inchoatione habet initium,
de perfectione confequatur effectum.

XXVI.
Animum quidem veftrum talem miffa ad
nos teftantur alloquia, ut ad plenitudinem
boni propofiti non multùm indigeatis hortatu : noftri tamen defiderii, ea quæ fpem
dedit oratio, amplius accendit ardorem;
& avidius gaudia impleri cupimus, quæ
inftare jam divinitùs arbitramur. Hinc eft
quòd beatum Petrum Apoftolum quotidiè
fuppliciter obfecramus, ut vobis, per quos
integrari membra fua, fancta jàm fperat
Ecclefia, & effectum Deus celerem, & falutem tribuat longiorem. Nos quidem veftris animis obfequentes, viros direximus
ad folidandam fub Apoftolicæ difpofitionis
ordinatione concordiam. Veftrum eft, ut
* ratio
De fufce-
ptis obla-
tionibus
Juftiniani.

ficut nos bonæ intentioni deeffe noluimus,
ita eos apud nos optatam referre faciatis effectum. Munus veftrum veneranda facra-
ria fufceperunt; quod amplius beato Petro
Apoftolo facietis acceptius, fi per vos optatam Ecclefiæ receperint unitatem.] Hæc
Hormifda ad Juftinianum.

Magno quidem Dei beneficio (ut diximus aliàs) factum fentio, ut tantæ legationis tantorum virorum in caufa tanti ponderis miffæ vetera in hunc diem fervata fint
monumenta, ut nihil fermè perierit : ut
XXVII.
planè contingat, ejufmodi frequentia epiftolarum, quemlibet ipfas legentem, perfectius fcire cuncta quæ in eadem caufa contigerunt, quàm qui eodem tempore vixere, fed has epiftolas minimè confpexerunt:
ex quibus haud mediocris omni ex parte legenti utilitas comparatur, fi eas cunctas
prudens lector accuratè & non ofcitanter,
curfimve perlegat. Intueri porrò in eis licet fummam Hormifdæ in rebus agendis fo-
lertiam, cum nihil omni ex parte intentatum reliquerit, quo miffa legatio optatam
referret concordiam. Nam præter illa quæ
dicta funt; quòd idem fciret Hormifda, &
pluribus effet doctus exemplis; aulicorum
arbitrio res profperè progredi, vel inverti
folere : ut iis effent apud Juftinum Auguftum potentiores fibi litterarum commercio
conjungeret, ad eofdem epiftolas dedit:
nam non ad Juftinianum tantùm quas vidimus litteras fcripfit, fed & ad alios item
aulicos clariffimos viros de eadem legatione
fcripfit, ut ad Celerem atque Patricium in
hunc modum (c):
c Hormifd.
ep. 32.
Hormifda Epifcopus Celeri & Patricio
VV. CC. à pari.

Quamvis pro loci noftri confideratione
XXVIII.
Aulicos
de caufa fidei Catholicæ minimè tacere pof-
Imp. litte-
fimus; tamen ad hanc partem fereniffimus
ris Hor-
Princeps magnopere directis affatibus no-
mifda præ-
ftrum incitavit ftudium, pro cujus legatos
venit.
voluntate direximus. Et quia hujufmodi
caufa filiorum Ecclefiæ fublevari debet auxilio; falutantes vos cultu atque honorificentia competenti, pofcimus, ut pro Ecclefiaftica pace allegationes eorum, qui directi funt, apud animos fereniffimi Principis adjuvetis : fiquidem veftræ celfitudinis
laborem non parva retributio fubfequitur,
cum omnipotenti Deo nos gratias perfolvere de veftris operibus feceritis.] Hæc
Hormifda. Extant & aliæ ad eumdem Celerem litteræ in commendatione legatorum,
quæ incipiunt: Cum neceffe fuerit, &c.]

At non fatis ipfi fuit, eos qui erant Conftantinopoli apud Imperatorem magiftratus
XXIX.
Ad civita-
tum Præ-
admonuiffe; fed voluit eos etiam, qui de-
fectos Hor-
gerent in provinciis, per quas legati tran-
fituri erant, ad opus hortari. Quòd enim
mifda fcri-
bit.
fciret Theffalonica eofdem tranfituros fore
legatos; ad eum qui ibi gerebat præfecturam, & alios, litteras dedit. Satis quippe
memor erat, illic degere Dorotheum ejufdem civitatis Epifcopum, qui non à communione tantùm Romani Pontificis, ut
Anaftafio morem gereret, fe fubduxerat;
fed & alios ad id ipfum præftandum indu-
C
xerat,

A

xerat, immò & minis atque persecutione compulerat , ut quæ dicta sunt superiori tomo significant : ne igitur per eum turbæ aliquæ Thessalonicæ concitarentur , perbreves has ad ejus civitatis Præfectum litteras dedit (a) :

a Hormis.
epist. 33.

Hormisda Episcopus Præfecto Prætorio Thessalonicensi & ceteris
VV. II. à pari.

XXX.
Epist. Hormisdæ ad Præf. Prætorii Thessal.

Licèt pro causa Ecclesiastica nunquàm sollicitudo nostra cessaverit; tamen Imperatoris serenissimi sacris affatibus promptiùs incitati, legatos cum cælesti misericordiæ favore direximus , quorum officio bona , quæ de Principis mente præsumimus, impleantur. Et ideò salutantes amplitudinem vestram cultu & honore quo dignum est , poscimus , ut pro reintegratione fidei vestrum commodetis studium, nec tantis Fidelium tardari vota temporibus permittatis: quia non est dubium , celsitudinem vestram fructum tantæ laudis acquirere , si per eam , quæ ab omnibus bonis optantur, Dei nostri misericordia operante, proveniant .] Hactenùs epistola , & quidem opportunè scripta : etenim contigit eosdem legatos Thessalonicæ contradicentium & altercantium turbis plurimùm agitari, ut inferiùs suo loco dicetur.

XXXI.
Fœminarū studium pro fide Catholica.

Ad postremùm verò clarissimarum quoque fœminarum Hormisda Papa, datis ad eas litteris , ad rem bene conficiendam imploravit auxilium: non enim despiciendas eas esse putavit, quæ tempore persecutionis Anastasii Imperatoris , pro Catholica fide non solùm steterant inconcussæ , sed & virorum animos perstare in sententia suaserant, atque in pietatis officio continuerant : ut planè acciderit , sicut tempore Dominicæ passionis, cùm , Apostolis fugientibus, mulieres Dominum Jesum nunquàm usque ad obitum deseruerunt ; ita in tanto fidei naufragio, quamplurimis Episcopis fugam arripientibus , immò & ad hostium castra se conferentibus, fœminæ fidem Catholicam profitentes invicto steterint animo. Eminebant inter eas Anastasia atque Palmatia Senatoriæ ac Patriciæ clarissimæ fœminæ, ad quas perbrevem hanc Hormisda Papa dedit epistolam (b):

b Hormis.
epist. 34.

Hormisda Episcopus Anastasiæ & Palmatiæ à pari.

XXXII.
Epist. Hormis. ad Anastasiam & Palmatiam.

Bonæ voluntatis studium divinæ semper comitatur prosperitatis effectus. Dei nostri providentia temporis facultas oblata est, in qua pro fidei vestræ præmio de beatis adniti . De superna primitùs misericordia , deinceps de conscientia clementissimi Principis præsumentes , legatos pro religionis Catholicæ causa direximus, per quos amplitudinem vestram debitæ venerationis salutamus officio, postulantes , ut pro Ecclesiasticæ reintegrationis concordiæ vestrum laborem atque operam non negetis: quatenus cum repulsis remotisque iis , quos Apostolicæ sedis damnavit auctoritas, ad unam, quæ recta est, communionem plebs Christiana redierit; beatum Petrum Apostolum, pro cujus fide nitimur, in vestris

B

C

D

E

habere possitis actibus adjutorem.] Hucusque ad eas Hormisda, qui his omnibus datis litteris legatos ita munitos quàm citò dimisit: non enim expectato tranquilliori tempore navigandi, ante Quadragesimæ tempus hoc anno eos esse profectos , quamvis litteræ incuria librariorum habeantur sine die & Consule datæ ; ex relationibus tamen à legatis missis ad Hormisdam Pontificem, satis potest intelligi.

Quòd igitur , ex Prophetæ (c) sententia , valdè speciosi sunt pedes evangelizantium pacem , annunciantium bona : perjucundum erit eorumdem legatorum assectari vestigia , & quæ in via positis iisdem acciderint , certa testificatione narrare. Dei quidem beneficio factum est , ut aliquæ relationes legatorum in archivis asservatæ, custoditæ remanserint ad hæc tempora , licèt (ut accidia) mendis nonnihil labefactatæ , sed collatione duorum exemplarium facta , aliquantulùm emendatæ. Est autem secundæ relationis (prima enim excidit) ejusmodi scriptus titulus (d):

XXXIII.
c Isai. 52.
De rebus legatorum in itinere gestis;

d Inter ep. Hormisdæ post 34. to. 1. ep Rom. Pontif.

Exemplum suggestionis Germani & Joannis Episcoporum, Felicis & Dioscori diaconorum, & Blandi presbyteri.

In civitate Aulonitana quo ordine cum Dei adjutorio pervenimus , & quomodò sumus suscepti ab Episcopo civitatis ipsius , & quid est actum, vel quale responsum dederunt, & quia hæc promisit, ut cum Metropolitano suo faceret libellum , in alia epistola beatitudini vestræ significavimus.] At prima illa (ut diximus) desideratur à legatis facta relatio, secunda autem ita subicitur : Quod in Scampina civitate factum est vestris orationibus, tacere non permisimus. Antequam nos ingrederemur in civitatem ipsam , venerabilis Troius * Episcopus cum suo clero vel plebe in occursum nobis egressus est. Et quomodò Deus in ipsa die benedictus est , & quæ festivitas per ipsius pietatem est subsecuta, ad notitiam Apostolatus vestri referimus. Nobis præsentibus , vel suo clero & nobilibus viris ipsius civitatis, libellum subscripsit, porrexit : suscepimus , & præsente omni clero vel plebe , in gradu suo à servo vestro Petro Notario sanctæ Ecclesiæ Romanæ est relectus. Erat conventus in basilica S. Petri.

XXXV.
Relatio legatorum ad Hormisdam.

* *Troilus*

Confitemur beatitudini vestræ, tantam devotionem, tantas Deo laudes, lacrymas, tanta gaudia difficilè in alio populo vidimus. Propè omnes cum cereis viri cum mulieribus, milites cum crucibus in civitate nos susceperunt.] Exprimitur hic aliqua ex parte religiosè procedentium Christianorum forma, nimirùm cereos atque cruces ferre solitos esse, & in fine processionis Missas agere : unde & mox subdunt: Celebratæ sunt Missæ, nullus nomen obnoxium religionis est reci atum, nisi tantùm beatitudinis vestræ.] Ex his considera , lector, miserrimum statum Orientalis Ecclesiæ , in qua nullus fuerit , qui non pollutus saltem communicatione hæreticorum, tutò verè Catholicus dici, & ejus nomen

XXXV.
Occursus Scampini Episcopi Legatis.

men in sacris publicè recitari potuisset. Sed pergunt : Noster Episcopus venerabilis Germanus Missam celebravit. Et promiserunt nec postea recitari , nisi quos sedes Apostolica suscepit . Quanta à nobis operata sunt , Deus propitius in vobis conservet . Istam epistolam ante triginta miliaria a Lignido fecimus , sperantes ipsa die in eadem civitate cum Dei adjutorio pervenire . Et quomodò ad nos pervenit Scampinus Episcopus , speramus & ipsius civitatis Lignidi Episcopum similia facere. Quod si factum fuerit , data occasione , rescribemus .

XXXVI. Obsequia Catholicorū Principum ergâ Rom. Pont.

Scampis nobis positis , post Missas, hora cœnatoria , Stephanus & Leontius viri clarissimi ab Imperatore missi in occursum venerunt, adhuc nescientes, nos in partibus Græciarum positos : quia talia mandata fuerunt Comiti Stephano data , ut ad partes Italiæ transirent in occursum nostrum.] Vides, lector, qualia esse consueverint obsequia Orthodoxorum Imperatorum ergâ Romanum Pontificem, ut missæ ab legationi per viros clarissimos occurri voluerint , antequàm legati ex Italia egrederentur , licèt interiacens, transmittendum esset Hadriæ fretum eo potissimùm tempore ad navigationem minimè opportuno. Sed pergunt de Stephano dicere:

XXXVII. De rebus gestis Constantinop.

Est Stephanus iste , qui modò dicitur, de parentela filii vestri Magistri militum Vigiliani. Hi nobis nunciarunt , Patricium Senatorem proscriptum & in exilium missum: pro qua tamen causa , quomodò ad nos pervenerit , non possumus dicere : quia non est de talibus rebus facilè deliberare . Dicitur tamen & Apocrisiarius Thessalonicensis Ecclesiæ teneri , apud quos dicunt epistolas inventas : pro qua causa, nescimus: cum ipsis & Philumenum , Demetrium Magistrianum , & alias personas, quarum nomina ignoramus . Ista sunt (quomodò prædiximus) quæ audivimus . De causa tamen Ecclesiastica cum Dei misericordia prospera nunciantur . Cosinatem tamen medicum , pro qua causa in Italiam venit , penitùs intelligere non potuimus , nisi hoc , quia fortiter quæritur , de quo debetis esse soliciti ut sciatis, pro qua causa ibidem venit .] Hactenùs secunda relatio scripta initio mensis Martii , ut ex sequenti tertia relatione possumus intelligere , quæ sic se habet (a).

a Extat inter epist. Hormisdæ Papæ to. 1. epist. Rom. Pontif.

XXXVIII. Tertia relatio Legatorum Apostol. Sed.

In alia epistola significavimus beatitudini vestræ de Scampia civitate , de venerabili Troio Episcopo , quo ordine libellum dedit , & qualis festivitas est celebrata in ipsa civitate. Cum Dei misericordia venimus Lignidum , Theodoritus Episcopus venerabilis vir ipsius civitatis similiter libellum dedit : qui libellus in ecclesia est redactus , & omnia secundùm constitutionem vestram sunt facta. Rogate Deum : speramte ab Apostolis ejus beatissimo Petro & Paulo , ut Deus , qui initia talia donavit orationibus vestris, similiter sequantur & prospera : ut tempora coronæ vestræ in correctione Ecclesiarum semper prædicentur.

Annal. Eccl. Tom. VII.

A　Quam epistolam ad Apostolatum vestrum direximus die Non. Martiarum .] Hucusquè tertia perbrevis legatorum relatio .

Sed his jungenda est epistola ejusdem civitatis Episcopi Theodoriti ad Hormisdam Papam postea data: ex qua intelligas , quanta solerent reverentia prosequi externi Episcopi ipsum Romanum Pontif. Accepto hic ab Apostolica sede beneficio gratus existens, litteras ad ipsum Romanum Pontif. dedit : ex quarum inscriptione cognoscas pariter , quo cultu Orthodoxi Antistites venerarentur Romanum Episcopum . Est autem ejusdem epistolæ iste titulus (b):

b Extat inter ejusdem Hormisd. ep. cum duobus extemplaribus vol. lata.

B　Domino sancto , beato , prædicabili , & adorando Apostolico Patri Hormisdæ Papæ urbis Romæ , humilis famulus tuus Theodoritus .

Meæ quidem exiguitatis non esset , tàm magna præsumere , & ad vestrum pium sanctum Apostolatum pusilli sermone præsentes parvulas destinare paginas . Sed quia pro insita vobis humanitate , pio propitiationis animo omni nutu Divinitatis protegere consuevistis : lucidum diem & totius festivitatis repletum omni reddidistis mundo , & omnia vestris prædicandis precibus ad pristinum veritatis revocastis statum , & in unum concordare vel subjugare vestris prædicabilibus & adorandis meritis annuistis . Ideoque etsi meis obrutus iniquitatibus & ab eis undique oppressus, ex ipsis

XL. Theodoriti Episcopi epist. ad Hormisdam.

C　secretatis infernis , recurrente ad religiosa vestigia vestra famulo tuo viro religioso Pollione * , usurpavi me tàm per eum , quàm etiam his parvulis & exiguis chartis , vestris prædicandis & adorandis me præsentare vestigiis , divinum omnibus viribus exorans favorem , & clara voce cum omnibus omninò canens: Gloria in excelsis Deo, & in terra pax hominibus bonæ voluntatis:

Pollione

D　qui pro sua incomprehensibili pietate vesteis mirificis operibus omnia illuminavit & liberavit , & lucidum & totius festivitatis repletum diem in toto Orbe vestris dignis precibus præstitit , & ab omni iniquitate eripuit , & omnem nodum colligationis absolvit , & omnem semitam aperuit . Hanc itaque gratulationis repletam pio vestro pronus offerens Apostolatui , deprecor , uti pro meæ flebilitatis exiguitate vestris piis precibus memores esse dignemini , domine sancte beate Apostolice Pater .] Hactenùs Theodoriti Episcopi epistola , cui mox ista in codice subscripta erant :

E　Accepta XIII. Kalendas Julias , domino Eutharico V. C. Consule .] Quòd enim hæc Pollioni data dicatur ; scire debes hunc missum post Pascha cum litteris legatorum de pace cum Orientalibus stabilita . Testantur id quidem iidem legati in alia relatione ad Hormisdam Pontificem missa , cujus est exordium: Cum Dei misericordia , &c.] Porrò hanc Theodoriti epistolam hic descripsisse voluimus , quòd ejusdem cum superioribus sit argumento . Sed ut cœptum iter legatorum Apostolicæ sedis prosequamur: quænam eisdem, cum Thessalonicam pervenissent , accidisset , scripta tum à Dioscoro

XLI.

XXXIX.

a *Extat in* *eodem co-* *dice inter* *epist Hor-* *misdæ.*

XLII.
Relatio de reb. Thef- falonicæ geſtis.

* *intentio-* *nes pro cō-* *tentionibus* *uſurpat* *frequenter*
XLIII.

XLIV.
Relatio de rebus ge- ſtis Conſ- ſtantinop.

* *multiſq;*

XLV.
Quæ co- ram Imp. ſint geſta.

ſcoro diacono uno ex miſſis legatis relatio notum facit, quæ ſic ſe habet (a):

Ineffabilis Dei omnipotentis miſericor- dia, & pietas ejus, quam ſuper humanum genus clementer effundit, humanis viribus æſtimari non poteſt, nec ſermonibus expli- cari ; ſed ſufficit ejus tantùm conſilia de- votis ſenſibus & admirari , & ſcire omnia bona de ejus tantùm gratiæ pendere reme- diis . Eſt iſta quotidiana probatio : auda- cter tamen præſumo dicere, domine meus beatiſſime Papa , quia præſens cauſa præ- terita cuncta tranſcendit, quam Deus ve- ſtris temporibus & meritis reſervavit . Quid in Aulone ſit actum, quid Scampis , quid Lignidi fuerit ſubſecutum, anteriore ſi- gnificatione ſuggeſſi . Ad Theſſalonicam pervenimus : quas intentiones * habueri- mus cum Epiſcopo Theſſalonicenſi, & quæ dicta fuerint, vel etiam conſtituta, harum por titoris viva inſinuatione diſcetis .

Quod tamen non oportet præterire ſilen- tio , inſinuare non differo. Poſt multa cer- tamina præfatus Epiſcopus (erat iſte Do- rotheus ſchiſmaticus , de quo plura ſupe- riori tomo) ratione convictus , libellum ſubſcribere voluit : ſed quia Epiſcopi, qui ſub ejus ſunt ordinatione conſtituti , omnes non aderant ; in præſenti hoc convenit, hoc promiſit, ut poſt dies ſanctos *Quadrageſimæ ſcilicet,* uno ex nobis à ſede Conſtantino- politanæ urbis directo, Epiſcopis congre- gatis, qui in ejus ſunt diœceſi conſtituti, libellum ſubſcriberent ; quod cum Dei ad- jutorio credimus eſſe complendum . Hæc ſunt Theſſalonicæ conſtituta .] Subjicit autem his idem Dioſcorus legatus quæ poſt hæc cum Conſtantinopolin pervenifſent, ibidem fieri contigerint : ait enim :

Veſtris orationibus commendati ad Con- ſtantinopolitanam pervenimus civitatem fe- ria ſecunda hebdomadis authenticæ , *quam* *Majorem hebdomadam Latini dicunt* . De- cimo ab urbe prædicta milliario Sublimes & Magnifici viri nobis occurrerunt , inter quos ſunt Magiſter militum Vitalianus, Pompejus, & Juſtinianus, & alii Senato- res : cunctiſque * Catholicæ fidei ardore ac deſiderio redintegrandæ pacis ardebant . Quid plura ? cum ſummis penè omnium gaudiis ingredimur civitatem.

Alia die , quæ eſt tertia feria, piiſſimi Principis præſentamur aſpectibus : cunctus illic aderat Senatus , in quo conventu erant & Epiſcopi quatuor, quos Epiſcopus Conſ- ſtantinopolitanus pro ſua perſona direxe- rat. Obtulimus beatitudinis veſtræ litte- ras , quas clementiſſimus Princeps cum grandi reverentia ſuſcepit. Dicta ſunt quæ ante examinationem cauſæ oportuit intima- re : mòx cauſa cœpta eſt. Hortabatur nos clementiſſimus Imperator , hoc dicens : Videte civitatis hujus Epiſcopum, & in- vicèm vobis pacifico ordine reddite ratio- nem . Nos è contra reſpondimus : Quid imus ad Epiſcopum certamina facere ? Do- minus noſter beatiſſimi Papa Hormiſda, qui nos direxit, non nobis præcepit certare : ſed præ manibus habemus libellum, quem

omnes Epiſcopi volentes ſedi Apoſtolicæ reconciliari , facient * . Si præcipit pietas veſtra legatur ;& ſi eſt in ipſo quod ignore- tur , aut verum eſſe non credatur, dicant : & tunc oſtendemus , nihil extrà judicium Eccleſiaſticum in eodem libello eſſe con- ſcriptum . Quòd ſi illi poſſunt docere quia non convenit religioni Catholicæ ; tunc nobis in cumbit proba e.

Relectus eſt libellus ſub conſpectu Prin- cipis & Senatus . Nos ſtatim ſubjunximus : Dicant præſentes quatuor Epiſcopi , qui ad ſunt pro perſona Conſtantinopolitani Epiſcopi , ſi hæc quæ in libello leguntur , geſtis Eccleſiaſticis minimè continentur ? Reſponderunt , omnia vera eſſe. Poſtque vos ſubjunximus : Domine Imperator , & nobis grandem laborem Epiſcopi abſtule- runt , & ſibi convenientem rem fecerunt, dicere veritatem. Mox clementiſſimus Im- perator his qui aderant dixit Epiſcopis : Et ſi vera funt , quare non facitis ? Similiter & aliquanti de ordine Senitorio dixerunt : Nos laici ſumus : Dicitis hæc vera eſſe? Fa- cite, & nos ſequemur . Jam hactenus res ge- ſtæ ejus diei , relatione Dioſcori ſignifica- tæ , qui & de reliquis mòx ſubdit ?

Intermiſſa feria quarta , Epiſcopus Con- ſtantinopolitanus in Palatio ſuſcepit à no- bis libellum. Et in primis quaſi tentavit epiſtolam potiùs facere , quàm libellum (quod quidem majoribus id ſibi videretur eſſe digniatis ; nam libelli ut plurimùm offe- runtur à lapſis .) Sed non poſt multa certa- mina hoc convenit, procæmium modicum facere, & ſubjungere mòx libellum, quem- admodùm veſtra beatitudo dictavit .] Li- bellus auctus procæmio ſic ſe habet (b) :

Domino meo per omnia ſanctiſſimo & beatiſſimo fratri & comminiſtro Hormiſdæ Joannes Epiſcopus in Domino ſalutem.

Redditis mihi litteris veſtræ ſanctitatis, in Chriſto frater chariſſime, per Gratum clariſſimum Comitem, & nunc per Germa- num & Joannem reverendiſſimos Epiſco- pos , Felicem & Dioſcorum ſanctiſſimos diaconos, & Blandum presbyterum ; læ- tatus ſum de ſpirituali charitate veſtræ ſan- ctitatis , quòd unitatem ſanctiſſimarum Dei Eccleſiarum ſecundùm veterem Patrum re- quiris traditionem, & lacerationes rationa- bilis gregis Chriſti animo repulſæ feſti- nas. Certus igitur ſcito , per omnia ſan- ctiſſime, quia ſecundùm quod vobis ſcripſi, unà tecum cum veritate ſentiens, omnes à te repudiatos hæreticos renuo & ego, pacem di- ligens . Sanctiſſimas enim Dei Eccleſias, id eſt , ſuperiores veſtræ , & novellæ iſtius Romæ unam eſſe accipio, illam ſedem A- poſtoli Petri , & iſtius Auguſtæ civitatis unam eſſe definio .

Omnibus actis à ſanctis illis quatuor Sy- nodis, id eſt , Nicæna , Conſtantinopo- litana , Epheſina , & Chalcedonenſi, de confirmatione fidei & ſtatu Eccleſiæ aſsen- tior, & nihil titubare de benè judicatis pa- tior : ſed & conantes aut enixos uſque ad unum apicem placitorum perturbare, lapſos eſſe à ſancta Dei generali & Apoſtolica Ec- cleſia

* *fecerunt*

XLVI.
Recitatur coram Im- per. libel- lus qui ex- cipiendus eſſet.

XLVII.

b *Extat in-* *ter ep. Hor-* *miſd.*

XLVIII.
Libello af- fixû proœ- mium.

XLIX.

eleſia ſcio; & tuis verbis rectè dictis evidenter utens, per præſentia ſcripta hæc dico.] Hactenùs ad libellum fidei appoſitum à Joanne proœmium. Libellus autem profeſſionis à legatis oblatus, Roma ab Hormiſda Pontifice miſſus, ita ſe habet:

L.
Fidei libellus oblatus ab Hormiſd. ſchiſmaticis.
a Matt. 16.

Prima ſalus eſt, rectæ fidei regulam cuſtodire, & à Patrum traditione nullatenùs deviare: quia non poteſt Domini noſtri Jeſu Chriſti prætermitti ſententia dicentis *(a):* Tu es Petrus, & ſuper hanc petram ædificabo Eccleſiam meam. Hæc quæ dicta ſunt, rerum probantur effectibus: quia in ſede Apoſtolica inviolabilis ſemper Catholica cuſtoditur religio. De hac igitur fide non cadere cupientes, & Patrum ſequentes in omnibus conſtituta: anathematizamus omnes hæreſes, præcipuè verò Neſtorium hæreticum, qui quondàm Conſtantinopolitanæ urbis Epiſcopus damnatus in Concilio Epheſino à beato Cæleſtino Papa urbis Romæ, & à venerabili viro Cyrillo Epiſcopo Alexandrinæ civitatis: & una cum illo anathematizamus Eutychetem & Dioſcorum Alexandrinæ civitatis Epiſcopos, damnatos in ſancta Synodo Chalcedonenſi, quam venerantes ſequimur & amplectimur, quæ ſequens S. Synodum Nicænam, Apoſtolicam fidem prædicavit. His conjungentes Timotheum parricidam, Ælurum cognominatum, anathematizamus, & hujus diſcipulum & ſequacem in omnibus Petrū Alexandrinum ſimiliter condemnantes.

LI.
Anathematizamus ſimiliter Acacium quondàm Conſtantinopolitanæ urbis Epiſcopum complicem eorum & ſequacem factum, necnon & perſeverantes eorum communioni & participationi. Quorum enim quis communionem complectitur, eorum & ſimilem adjudicationi ſe condemnatione conſequitur.] Hac enim clauſula includitur Macedonius & Euphemius, ut ex his quæ dicentur, manifeſtiùs declaratur. Atque ſubdit: Simili modo & Petrum Antiochenum condemnantes, anathematizamus cum ſequacibus ſuis, & in omnibus ſuis.

LII.
Unde probamus & amplectimur epiſtolas omnes beati Leonis Papæ urbis Romæ, quas conſcripſit de recta fide. Quapropter, ſicut prædiximus, ſequentes in omnibus ſedem Apoſtolicam, & prædicamus omnia quæ ab ipſa decreta ſunt; & propterea ſpero in una communione vobiſcum, quam Apoſtolica ſedes prædicat, eſſe futurum, in qua eſt integra Chriſtianæ religionis & perfecta ſoliditas. Promittentes in ſequenti tempore ſequeſtratos à communione Eccleſiæ Catholicæ, id eſt, in omnibus non conſentientes ſedi Apoſtolicæ, eorum nomina inter ſacra non recitanda eſſe myſteria. Quòd ſi in aliquo à profeſſione mea dubitare tentavero; his, quos condemnavi, per condemnationem propriam conſortem me eſſe profiteor. Huic profeſſioni verò ſubſcripſi mea manu, & direxi per ſcripta tibi Hormiſdæ ſancto & beatiſſimo fratri & Papæ magnæ Romæ per ſupraſcriptos Germanûm & Joannem venerabiles Epiſcopos, & Felicem & Dioſcorum diaconos, & Blandum.

Annal. Eccl. Tom. VII.

A dum presbyterum, *& alia manu.* Joannes miſericordia Dei Epiſcopus Conſtantinopolitanæ novellæ Romæ, hac mea profeſſione conſentiens omnibus ſupradictis, ſubſcripſi ſanus in Domino. Data menſe Martio die vigeſima ſeptima, Indictione duodecima, conſenſu domini Juſtini Imp. Auguſti, Eutcharico V. C. Conſule.] Hactenùs ſubſcriptus à Joanne libellus, ab Hormiſda (ut dictum eſt) miſſus tamquàm forma præfixa non ipſi tantùm, ſed omnibus qui conjungi vellent Catholicæ Eccleſiæ per Apoſtolicam ſedem, ejuſdemque Pontificem, cujus (auctoritate Domini dicentis ad Petrum *(b): Confirma fratres tuos*) fuit ſemper rectè credendi præſcribere formam, & rectè credentibus Eccleſiæ Catholicæ oſtium reſerare. Pergit verò Dioſcori legati relatio verbis iſtis:

b Luc. 22.

Subſcriptio ab eo facta eſt libello conveniens, ſimiliter & Datarium, cujus exemplaria & Græcè & Latinè Apoſtolatui veſtro direximus. Poſt factum libellum, nomen Acacii de Diptychis eſt deletum, ſimiliter & Phravitæ, Euphemii, Macedonii, & Timothei *Conſtantinopolitanorum Epiſcoporum,* quorum primus fuit hæreticus, reliqui verò ſchiſmatici: & non ſolùm hoc in ipſa ſola Eccleſia in qua Epiſcopus, manet, verùm etiam per omnes Eccleſias cum grandi diligentia, Deo adjutore, ſuggeſſimus fuiſſe factum. Similiter & deleta ſunt de Diptychis Zenonis & Anaſtaſii *Auguſtorum* nomina.]

LIII.
Damnatur memoria hæreticorum Imperatorum & Patriarcharum.

Hìc, amabo te, ſiſte, lector, gradum, atque mente repete, quomodò Deo rebellium eſt obliterata memoria, ſucceſſique ſunt atque avulſi radicitùs cedri Libani & quercus Baſan altis firmatæ radicibus impietatis. Sed à quo iſta tàm grandia; & cujus in terra tanta vis atque facultas? non alterius quidem, quàm vigentis in Petri ſede poteſtati, & inde auctoritate Apoſtolica fulminantis Romani Pontificis, ſagittas accipientis è manu potentis *ad faciendam (c) vindictam in nationibus & increpationes in populis, ad alligandos Reges eorum in compedibus, & nobiles eorum in manicis ferreis, ut faciat in eis judicium conſcriptum,* & diſſipet funditùs adverſarias poteſtates, quæ adeò ſunt ab irruente deſuper Petra proſtratæ, ut nec nominum memoria recolenda cum benedictione remanſerit. Ubi modò Zenonis ſubdolæ artes, & Anaſtaſii ad decipiendum conquiſita commenta ? Ubi nunc ſatanica Acacii arrogantia, & ſucceſſorum obſtinata durities? Quot bellæ iſtæ fatigarunt Romanos Pontifices, qui eaſce feras reddere manſuetas, ex lupis oves, & in ovile è ferarum latibulis reducere fruſtra conati ſunt? Stat immobilis Petra, fremant licet & turgeant, urgeantque undique. Si vi fluctus, neceſſe tandem eſt, ut iidem rumpantur ad Petram illiſi, & in ſpuman gracilem penitùs diſſolvantur. Sed cœptam à Dioſcoro ſcriptam relationem proſequamur:

LIV.

c Pſ. 149.

Epiſcopi (inquit) diverſarum civitatum,

LV.

tum, quanti inventi funt, *Conftantinopoli fcilicet*, libellum fimiliter obtulerunt: & cum grandi cautela fuggerimus cuftoditum, ne quis nobifcum communicaret Epifcopus, qui libellum primitùs non dediffet. Pari modo & omnes Archimandritæ fecerunt: apud quos Archimandritas & certamina nos habuiffe, fuggerimus, dicentibus illis: Sufficit quia Archiepifcopus nofter fecit: nos factum ejus fequimur. Quid amplius? poft multa certamina, ipfi quoque ratione convicti, libellos modis omnibus obtulerunt.

LVI. Schifmatici ad communicationem recepti.

Poft hæc omnia, Deo adjuvante, in ecclefiam proceffimus: & qualia gaudia facta funt unitatis, & quemadmodùm Deus benedictus fit; quæ laudes quoque beato Petro Apoftolo & vobis relatæ funt, ipfius actionis confideratione perfpicitis, quod mea lingua non valet explicare. Nihil eft fubfecutum fecundùm vota inimicorum, non feditio, non effufio fanguinis, non tumultus, quod veluti terrentes inimici antea prædicebant. Ipfi quoque Ecclefiaftici Conftantinopolitani admirantes, & Deo gratias referentes, dicunt, nunquàm fe meminiffe ullis temporibus tantam populi multitudinem communicaffe.] In ipfo namque facrofancto die Pafchatis factam effe coitionem, celebratamque communionem, & unitatem Orientalis Ecclefiæ cum Occidentali contractam, teftantur epiftolæ Andreæ Epifcopi & Julianæ Aniciæ ad Hormifdam, quæ inferiùs fuo loco ponentur. Subdit verò ad poftremùm hæc in fua relatione Diofcorus.

LVII.

His adimpletis, etiam clementiffimus Imperator ad beatitudinem veftram fua fcripta fubjunxit, ordinem rei geftæ fignificans: fimiliter & vir reverendiffimus Joannes Conftantinopolitanæ civitatis Antiftes. Noveris etiam & Sacra generalia effe edita *; atque credimus, Deo propitio, & veftris fanctis orationibus per univerfas provincias quantocyùs deftinari. Hæc Conftantinopoli gefta funt. Et nunc de Antiochena Ecclefia tractatur; & ideò adhùc laboratur, quia nondùm perfona congrua eft electa. Oret ergò beatitudo veftra intentiùs, ut Deus, qui veftris precibus exoratus Conftantinopolitanam Ecclefiam Apoftolicæ fedi reftituit, ipfe & dignam perfonam donet in Antiochia ordinandam, & affiduas adunet Ecclefias. Refcribite Epifcopo Conftantinopolitano. Si videtur beatitudini veftræ, facite mentionem damnationum Severi & illorum, quos nominaftis in epiftola illa, quam fcripfiftis ad Secundam Syriam per Joannem & Sergium monachos, hoc ipfum det ad Imperatorem refcribentes. Si feceritis, videtur mihi neceffarium effe.] Hactenùs relatio Diofcori ad Hormifdam Pontificem miffa Romam per Pollionem fubdiaconum, ut alia relatione poftea legati fignantur. Nos verò eodem ordine, quo idem Diofcorus recenfet, miffas Conftantinopoli litteras ad Hormifdam referamus. Fuerunt tanta hæc Dei beneficia quot litteris confignata, tot nobilibus te-

*margin: * dicta*

margin: De caufa Ecclefiæ Antiochenæ.

ftata monumentis; quæ voluit Deus pofteris cuftodita, veluti de hæreticorum atque fchifmaticorum Imperatorum & Patriarcharum expugnata perfidia fornicem triumphalem vivis ex lapidibus ftructum, atque præclaris fculptum victoriis, infcriptumque tot titulis, quot reperiuntur tunc datæ à diverfis epiftolæ: quarum primum locum obtinet illa, quæ à Juftino Imperatore ad Romanum Pontificem fcripta reperitur, eftque hujufmodi (*a*):

margin: a Extat inter Hormif. ep to.1. ep. Rom. Pont.

margin: LVIII. Juftini epiftola ad Hormifdæ

Victor Juftinus, pius, felix, inclytus, triumphator femper Auguftus, Hormifdæ fanctiffimo ac beatiffimo Archiepifcopo & Patriarchæ.

Scias effectum nobis, Pater religiofiffime, & quod diù fummis ftudiis quærebatur, noveris patefactum; & antequàm advenerint qui à vobis deftinati funt, quòd Joannes vir beatiffimus Antiftes novæ noftræ * Romæ unà cum clero ejus vobifcum fentiunt, nullis variantes ambiguitatibus, nullis divifi difcordiis; fcias libellum ab eo fubfcriptum, quem offerendum indicaveras, fanctiffimorum Patrum Concilio congruentem. Omnes concurrunt alacri opere ad fufcipienda vota tàm veftra, quàm Conftantinopolitanæ fedis, quos veritatis corufcus fulgor illuminat; omnes accelerant libentiffimè, quos oblectat via dilucida; fequuntur fcita Patrum fanctiffima, leges probatiffimas: & confiliis quorumdam firmatis qui rectum tenebant tramitem, aliorum correctis qui vagabantur incerti, in eo res colligitur, ut unitatem individuæ Trinitatis ipfi quoque unitate colans mentium. Negatum eft inter divina myfteria memoriam ejus pofterùm fieri (pro tenore libelli, quem diximus) Acacii prævaricatoris quondàm hujus urbis Epifcopi, necnon aliorum facerdotum, qui vel primi contra conftituta venerunt Apoftolica, vel fucceffores erroris facti funt, nulla ufque ad ultimum diem fuum pœnitentia correcti.

*margin: * veftræ*

Et quoniam omnes noftræ regiones admonendæ funt, ut exemplum imitentur civitatis regiæ; deftinanda ubique Principalia præcepta duximus, Tanto flagramus religionis officio, tanto affectuum ftudio pacem Catholicæ fidei pro remuneranda cælitùs pace noftræ fubjectis, pro conciliando fubjectis meis fuperno præfidio. Quid autem gratius reperiri poteft? quid juftius? quid illuftrius? quàm quos idem regnum continet, ejufdemque fidei cultus irradiat, eos non diverfa contendere, fed collectis in eodem fenfibus, inftituta venerari, non humana mente lata, fed divini prudentia Spiritus? Oret igitur veftræ religionis fanctitas, ut quod pervigili ftudio pro concordia Ecclefiarum Catholicæ fidei procuratur divini muneris opitulatio, jugi perpetuitate fervari annuat.] Hactenùs Juftini Augufti epiftola ad Hormifdam Papam. Quam verò ipfe Conftantinopolitanus Antiftes ad eundem Pontificem tunc fcripfit, accipe (*b*):

margin: LIX. De promulgandis unionis factæ decretis.

Domino meo per omnia fancto & Deo amabili fratri & comminiftro Hormifdæ Joannes

margin: b Eodem tom. 1. ep. Rom. Pont. in Hormif. LX.

Joannes in Domino salutem .

Quando Deus propria mirabilia in suis operatur , tunc oportet ea quæ divini-litteris continentur , ipsius Scripturæ vocibus fiducialiter exclamare (a) : Quis loquetur potentias Domini , aut auditas faciet omnes laudes ejus in omni tempore ? Ecce enim talem pium Principem Romanæ Reipublicæ suscitavit , quali multo ante & Catholica indigebat Ecclesia , & omne genus hominum videre cupiebat . Ideòque ita etiam coronam * gratiæ super eum cælitùs declinavit , ut affluenter in sacrum ejus caput misericordia funderetur : omnique annunciationis ejus tempore cum magna voce Deum omnium principem glorificaverunt , quoniam talem verticem meis manibus tali corona decoravit .] Fuisse in more vides , ut Orientalis Imperii electi Imperatores ab Episcopo Constantinopolitano coronarentur . Sed pergit :

Is verò maximus Imperator primam suorum certaminum palmam , devicto inimico , evidenter oftendit : secundùm virtutis ejus meritum adunationis sanctissimis Ecclesiis sapientissimè comparavit regnum ejus : tertium bonum , dissipata conjunxit ; & pacem mundi sapientissimè procuravit . Jacircò in omnibus Deo magno gratias referens cuncta sapientissimè gubernanti , annunciare tibi pacem pacis filio nunciavi , in omnibus Deo amantissime , ut illud gaudium salias , quo David (b) quidem secundùm legem in Arca Dei revocatione figuraliter exultabat , Apostolicò verò per gratiam veraciter lætabantur . Gaude itaque in Domino gaudium tuæ conveniens sanctitati , & scribe ea quæ vestium benignum animam decent , homo Dei . Nam quæ fuerant divisa , conjuncta sunt , & disperfa collecta sunt ; & quæ longè erant , sibi invicem adunata sunt ; & sicut oportet dicere & olim scripsi , utrasque Ecclesias tàm senioris , quàm novæ Romæ unam esse , evidenter intelligens , & utriusque earum unam sedem rectè esse definiens , indivisibilem adunationem , & utriusque nostrum consonam confirmationem cum judicii integritate cognosco .

Unde rogo Deum semper eam inseparabilem perunare orationibus sanctorum Apostolorum & tuæ precibus sanctitatis , per quas donari nobis & universo mundo clementissimum & Christianissimum Principem Justinum , & piissimam ejus conjugem , nostram autem filiam Euphemiam in pace multis temporibus comprecabar , per omnia beatissime & charissime frater . Gavisi igitur de præsentia reverendissimorum Episcoporum , necnon & clericorum vestrorum , gratias agimus : quoniam secundùm petitionem nostram tam pacificos viros & dignos vestræ sedis Apostolicæ destinastis , regulam Patrum sine confusione servantes , fidemque indivisam custoditatis . Quorum amplectentes in omnibus mentem , cuncta per eam ad satisfactionem vestræ egimus sanctitatis . Omnem in Christo fraternitatem , quæ cum vestra est sanctitate , ego quoque & mei plurimùm salutamus .] Hactenùs Episcopus Constantinopolitanus Joannes ad Hormisdam Pontificem .

Sed ut mærere solent dolore capitis cætera membra , ita & ejus pariter felicitate congaudent : quamobrèm eidem universalis Ecclesiæ capiti , primarioque Antistiti rutilati Episcopi congratulati sunt alii Catholici Episcopi . scopi Orthodoxi . Accipe igitur quæ hoc eodem tempore unus ex eis Orthodoxæ fidei cultor eidem Hormisdæ Papæ breviter scripserit (c) Andreas Prævalitanus Episcopus in Epiro , statum præteriti atque præsentis temporis simul jungens , quo gaudendi causa appareat manifestior , his verbis titulum inscribens :

Domino semper meo beatissimo , & Apostolica sede intima veneratione præferendo , atque Angelicis meritis coæquando , Patri Patrum Papæ Hormisdæ , Andreas .

Commendans me humillimè vestigiis vestris piissimis , indico propter Synodum Epiri Novi , quoniam finxerunt anathematizare intra semetipsos aliquas personas , hoc tantummodò ingenio usi sunt , ut nos in sua malitia caperent : quibus restitit divina Trinitas per vestras sanctas preces : cum deprehensi fuissent in sua malitia , numquàm potuimus Archiepiscopo suadere , ut ad viam veritatis & ad vestra præcepta verteretur . Sed modò cum advenerunt beatissimi atque sanctissimi domini Episcopi vel diaconi directi à sancta corona vestra ; occurrerunt illis Scampinus Episcopus vir beatissimus Troius cum omni gaudio & luminaribus ; & porrecto libello secundùm vestram præceptionem , statim recepti sunt in pace Christi , & Missas celebravere cum Episcopo in Scampina civitate . Et evidentes Ligonidonenses quod fecit Scampinus , simili modo & ipsi secuti sunt . Nunc dùm istas litteras ordinaremus , supervenit Magistrianus de urbe Constantinopolitana ; qui nunciavit , quia Deo propitio precibus sanctis vestris , & Constantinopolitani miserunt * anathema Acacio , & cum pace Pascha celebrarunt . Jàm quod sequatur , vestra intercessio apud Deum laboret , ut ad perfectum servi sedis Apostolicæ inveniamur . Epistolas verò , quas destinaverunt ad meam humilitatem supra memorati viri beatissimi Episcopi , pietati vestræ junctas transmisi . Accepta die quo supra .]

Ex magistratibus autem qui primum locum apud Imperatorem obtinebat Justinianus & ipse Hormisdæ Papæ congratulatus , ista perbreviter scripsit (d) :

Domino meo sanctissimo Hormisdæ primo Archipontifici & Papæ urbis Romæ , Justinianus Comes salutem .

Venerandæ sanctitatis vestræ prædicatio regularum , quæ Christo Deo pro Ecclesiarum pace & plebis concordia jugiter supplicat ; quicquid nunc per beatissimos suos sacerdotes annuit peragendum , propitia Divinitate cuncta effectui sociata sunt , nulla prorsùs quorumdam valente discordia .

Igitur

Margin notes (left column)

a Psal.105.

Joannis Episcopi Constantinop. ep. ad Hormisd.

* coruu

LXI.

De inita pace gaudium.

b 2.Reg.6.

LXII.

Margin notes (right column)

LXIII.

Rom Pontif. cograti Epi. scopi Orthodoxi .

c Extat in tom. 1. ep. Rom. Pont. in Hormisd.

LXIV. Andreas Episcop.ad Hormisd.

* dixerunt

d Extat inter epist. Hormisdæ.

LXV. Justinianus ad Hormisd.

Igitur veſtris ſacris orationibus ac præceptionibus Orthodoxorum fide muniti, ſupplices petimus, ut pro ſanctiſſimo Auguſto noſtro totius fidei fautore, proque ejus Republica, pro nobis quoque mandatorum veſtrorum cuſtodibus æterno Regi conſueti impetrabiles preces offerre dignemini, noſque vobis fideliter ſupplices veſtris ſalutiferis reſcriptionibus viſitare.] Hactenùs ad Hormiſdam Juſtinianus. Pompejus itidem, de quo ſupra, ad eumdem ſcripſit epiſtolam, cui ejuſmodi præficitur titulus:

XVI. Domino meo beatiſſimo & Apoſtolico Patri Hormiſdæ Archiepiſcopo univerſalis Eccleſiæ, Pompejus.] Ex quo vides Romanum Pontificem univerſalis Eccleſiæ Epiſcopum ſemper cognitum atque vocatum. Epiſtola autem ſic ſe habet:

Pompeii Sanctis beatitudinis veſtræ precibus om
V. C. ep. nipotentis Dei pietas exorata, tantæ nobis
ad Hormiſ. fidei Principem condonare dignata eſt, ut religioſis clementiæ ejus meritis reintegratio pacis Eccleſiaſticæ, quæ votis Fidelium omnium poſcebatur, jure videatur eſſe collata: in cujus Regis proventu ſolidiſſima principatus ſui fundamenta ſancti Spiritus operatione conſtituit, quæ tantum roboris obtinent ſtabilitatis invicta, quantum actionis excellentia unica & admirabilis æſtimatur. Et ideò reverendam Pontificatus veſtri beatitudinem cultu reciprocantis alloquii ſalutantes, quæſumus, ut magis magiſque pro clementiſſimi atque invictiſſimi domini noſtri Principis proſperitate orare dignemini: quatenus omnipotentis Dei pietas ſua dona, in quibus etiam fructus veſtræ agricolationi exuberat, juſtis gratiæ opitulatione cuſtodiat: nobis quoquè filiis veſtris, ſpirituali vobis conglutinatis affectu, quos hujus operis maximè ſemper ſolicitudo perſtrinxit, ſuffragatrix interceſſio ſanctimonie Pontificalis aſſiſtat.] Hæc Pomperus præcipuæ apud Imperatorem auctoritatis vir.

LXVII. Scripſiſſe quoque ad eumdem Hormiſdam reperitur clariſſima fœmina Juliana Anicia, ex nobiliſſimo illo ſtemmate Aniciorum familiæ propagata, ex quo præter Probas etiam Julianæ plures claruere, de quibus ſuis locis mentio facta eſt, quando eodem ipſæ litterarum officio & pio obſequio proſecutæ ſunt alios prædeceſſores Romanos Pontifices. Iſta igitur prudentiſſima fœmina, probè conſiderans quanta eſſet inſita Catholicis omnibus ergà ſedem Apoſtolicam reverentia, quantuique hæreticis ab ea timor illatus; cum neceſſariam judicaret longiorem Conſtantinopoli moram legatorum, breviter ſcribens ad eumdem Pontificem, ipſum rogat, ne eoſdem legatos revocet, donec cuncta ſtabilita relinquant. Epiſtola autem paucis concepta verbis eſt hujuſmodi:

Domino beatiſſimo Patri Hormiſdæ
Juliana Anicia.

LXVIII. Precibus veſtræ beatitudinis, adventu legatorum principalis ſedis Apoſtolicæ, elitis erroribus hæreticorum, in unitatem fidei Catholicæ convenimus congregati ſimul ad ubera materna Eccleſiæ in die ſanctæ Reſurrectionis. Quapropter ſtylo venerationis alloquentes ſanctita em veſtram, admonemus, ut intimetis deſtinatis a vobis reverendiſſimis viris, nullo modo abſcedere, antequam ſicut prævideritis, ut oportet, firmentur ea quæ benè diſpoſita ſunt ab eis: ut amputatis omnibus reliquiis tranſacti erroris, impendiis veſtræ beatitudinis roborata unitas ad effectum perpetuum deducatur.] Hactenùs Juliana, utpotè quæ Græcorum levitatem pluribus demonſtratam noſſet exemplis. Sed quid Anaſtaſia itidem clariſſima fœmina, ad quam Hormiſda litteras dederat, ad eumdem Pontificem ſcripſerit, accipe (a):

Juliana
Anicia ad
Hormiſd.
Papam.

Domino ſancto & beatiſſimo Patri Patrum Hormiſdæ Archiepiſcopo univerſalis Eccleſiæ Anaſtaſia.

a Extant
inter Hor
miſdæ ep.
to. 1. epiſt.

Divini luminis illuxiſſe nobis gratiam meritò profitemur, Apoſtolatus veſtri reverentiam in ſancto corde noſtri tenere memoriam, paginali aſſertione noſcentes: epiſt. ad r veraci namque ſpe confidimus ſupernæ miſericordiæ propitiationem de Pontificali interceſſione ſubſiſtere, domine beatiſſime & Apoſtolico honore ſuſcipiende Pater. Pervigiles veſtrarum orationum excubiæ, & miranda victorioſiſſimi Principis fides ſplendore Catholico ſemper irradians, diù expectatam ſacroſanctis Eccleſiis concordiam pacis reſtituit, quam omnibus triumphis ſuis ſolidiſſimè firmatis invictum jure exultat præcoluiſſe vexillum. Ideòque illibata veſtræ paternitatis ſanctimonia pro incolumitate atque proſperitate prædicti domini noſtri Auguſti votis præcipue omnipotenti Deo offerre indeſinenti continuatione perſiſtat; ut ineffabilem tantorum bonorum gratiam, quam piis ejus ſenſibus inſpiravit, ad futuræ quoque beatitudinis profectum conſervare dignetur. Domino etiam jugali filio veſtro, & mihi peculiari cultrici veſtræ, cum ſobole quam nobis Dominus donare dignata eſt, à veſtro Pontificatu oratio benigniter impendatur, cujus ſuffragio divini favoris protectio nobis clementer aſpiret.] Hic finis epiſtolæ Anaſtaſiæ.

Rom Pont.
LXIX.
Anaſtaſiæ
Hormiſd.

Inter hæc autem cum tardiùs perferrentur Conſtantinopoli Romani epiſtolæ, minimè prætermiſit litteris admonere legatos Hormiſda de tanta cauſa ſolicitus: extant namque ejus epiſtolæ (b) ad eos datæ: Cum enim nequaquàm certior redderetur de rebus Conſtantinopoli geſtis, & jam elapſa eſſet ſacra dies Aſcenſionis Domini, Paulinum Eccleſiæ Defenſorem mittit Conſtantinopolim, cui præter eas quas ad Imperatorem litteras ſcripſit, hanc ad legatos epiſtolam dedit (c):

LXX.

b Hormiſd.
ep. 35. 36.
37.

Animus noſter diuturna redditur expectatione ſolicitus. Præcipuè ad tantum Principem deſtinati, ſub celeritate non certiores debuiſſetis efficere. Nàm ante diem Aſcenſionis Domini litteras veſtras credebamus nos poſſe ſuſcipere. Idcircò tàm veſtræ trepitatis indicia, quàm profectû cauſæ, quam pera

c Hormiſd.
epiſt. 36.
LXXI.

Paulinus mittitur Constantinopolim.

peragendam cum Dei nostri juvamine suscepistis, desideramus agnoscere. Paulinum Ecclesiæ Romanæ Defensorem cum scriptis præsentibus destinare curavimus, tàm Principi litteras, quàm singulis, quibus oportuit, dirigentes. Quapropter Deum nostrum congruis precibus oramus, ut ipse salutem vestram sua propitiatione custodiat, & causæ qualem desideramus concedere dignetur effectum. Quia nihil majus inter titulos optimi Imperatoris ascribitur, quàm si eum Ecclesiæ Græcæ præsens & futura prædicare mereatur pacis auctorem. Data III. Kal. Majas, Eutharico V. C. Cons.]

a Hormisd. epist. 35.

Ad eosdem item legatos septima Kal. ejusdem mensis alias eodem argumento litteras dederat, quarum est exordium (a): Opinionum diversitas, &c.] Alias postea addidit per Magistrianum dicta die, III. Kal. Majas. Extant ipsæ quidem : verùm illæ datæ per Paulinum ab Hormisda ad Justinum Augustum & aliæ aliæ scriptæ desiderantur. Quòd enim inter hæc litteræ tàm à legatis, tùm ab Imperatore & aliis Romanis ad Hormisdam perlatæ sunt ; eas, quarum nulla esset usura, minimè redditas fuisse putamus, ac proindè nec inter alias asservatas, neque in archivo cum reliquis custoditas.

LXXII. Publica urbis lætitia.

Cum igitur his diebus tandem diutiùs expectatæ Pontifici redditæ essent Orientales litteræ pacis nuncia, ingenti cum Hormisda Urbs tota gaudio perfusa est: recitatisque iisdem ex more publicè in ecclesia, ipsa nimirùm Sacra Imperatoris, Joannisque litteria fidei professionem continentibus, atque relatione legatorum ; crebra acclamatæ sunt Deo laudes, simulque Hormisdæ atque Catholico Imperatori præconia faustis sunt vocibus frequentata. Perjucundè in primis auditum, damnatum esse nomen Acacii, cujus causa omnes scirent tot prædecessores Romanos Pontifices desudasse. Pro votis publicis publicè redditæ sunt Deo gratiarum actiones. Visa est tunc Roma de superata Orientalium perfidia triumphasse, & cum premeretur à Gothis, duobus tamen impiis Imperatoribus, Zenone videlicet & Anastasio penitùs debellatis, & extinctis atque cum execratione ignominiosè sepultis, gloriosa erexisse trophæa. Sensit nova tunc Roma miracula, majora videlicet sine armis se præstare potentia, & posse imperare gentibus, & sub hostium jugo positam leges præscribere Imperatoribus, atque licet subjectam, exigere ab Orbe tributum, longè præstantius auro, nempe fidem, rebellesque ducere captivos hominum animos in obsequium veritatis. Sed novit totum, id se debere Christo, qui suas Petro vices legans, easdem propagavit in successores : experimentoque didicit, feliciter impletum mysterium

b Dan. 2.

petræ (b) è monte sine manibus scissæ, percutientisque pedes ferreos mystici simulacri, atque crescentis in montem, universamque terram implentis : gavisaque est, dispendia idololatriæ & dejectione humanæ superbiæ, longè ampliorem atque firmiorem se esse potentiam consecutam. Rependit pro tanto munere gratias, & unà cum suo pastore exultans laudes dignas Christo persolvit.

His verò impletis ex more solemnibus, Hormisda Pontifex, sui memor officii, ad Justinum Imperatorem ista rescripsit (c):

Hormisda Episcopus Justino Augusto,

c Hormisd. epist. 38.

LXXIII. Hormisd. Papæ ep. ad Justin. Imp.

Lectis clementiæ vestræ paginis, quæ restitutam fidei concordiam nunciabant ; in divinæ laudis canticum mens totius Ecclesiæ prorupit, quo canitur (d): Gloria in excelsis Deo, & in terra pax hominibus bonæ voluntatis. Hujus igitur fiducia hymni dignam fidelibus meritis gloriam felicitatemque præsumite. Nequeenim ita Deo placitum Principem ad Imperii verticem humanus tantùm consensus evexit : te sibi divinus favor antè formaverat. Tradidit enim tibi Orientis Imperium, ut ejus operum fieres instrumentum ; atque ideò ut hoc in te propheticum dictum jure conveniat efficacitas (e): Constitues eos principes super omnem terram memores erunt nominis tui, Domine, in progenie & generatione. Etenim cum tibi sit Christianam pacem servare propositum, quis te dubitet à Christo esse dilectum *?

d Luc. 2.

e Ps. 44.

* delectum

Hæc prima sunt vestri fundamenta principatus, Deum placasse justitia, & ascivisse vobis excellentissimæ majestatis auxilia, dùm adversarios vos velut proprios comprimitis inimicos. Hæc nimirùm maxima Reipublicæ fundamenta sunt, hoc solidum invictamque robur. Neque enim humanis ictibus potest esse pervium, quod est divinæ gratiæ firmitate vallatum. Testis est huic prophetica scriptura ; ait enim (f): Elegi David servum meum, oleo sancto meo unxi eum : manus enim mea auxiliabitur ei, & brachium meum confortabit eum. Contra autem stulta arma, frustrà sibi copias quærit, quem gratia superna destituit. Etenim veraciter scriptum est (g): Nisi Dominus custodierit civitatem, in vanum vigilant qui custodiunt eam. Bellabis tu quidem divino tutus auxilio, excellentissime Princeps, & tuæ Reipublicæ, jugo ferocissimarum gentium colla submittes : sed nulla victoria potest esse præstantior, quàm quòd humani generis hostem post quæ sita tàm longi temporis firmamenta subvertis.

LXXIV. Quæ sunt firma Imperii munimenta.

f Ps. 88.

g Ps. 126.

LXXV.

Enim verò cæterorum natura præliorum distincta gentibus, regionibus terminata, cruore polluta : hæc omne genus humanum palma complectitur, hunc omnibus regionibus importabis. * triumphum ; & quod divinæ proximum pietati est, qui paulò ante ductu diaboli grassabantur, nunc ad propria salutis effectum sine sanguine vincuntur. Durabit igitur hujus Christianæ victoriæ per ævum triumphus. Nequeenim poterunt labe temporis aboleri, quæ in sempiterna fidei stabilitate fundata sunt. Permanebit longè latèque vestrorum fama factorum, & sicut divinis designatur eloquiis (g): In omnem terram exivit sonus eorum,

* importabis

Quæ sit præstantior victoria.

g Ps. 18.

eorum, & in fines orbis terræ verba eorum.
Et cæteris quidem bellis agros, urbes, oppida,
& quod supremum est, subiectorum
libertatem tueris, quæ mortalium usibus
comparata, simili quadam mortalitate solvenda
sunt : In hoc certamine vita ipsa impenditur
& quodammodò pro sempiternæ
beatitudinis arce pugnatur.

LXXVI. Hæreses & schismata penitùs extirpanda.

Quocircà continuam tanti operis apparatus
clementiæ vestræ intentionem requirit.
Facite, ut nullum prorsùs receptaculum,
ex quo rursùm immanissimus hostis
emergat, inveniat : cunctis eum nudate
præsidiis ; & si quid usquàm vestigiorum
ejus reliquum est, id omne clementi remedio
purgate ; omne nequitiæ germen funditùs
eruatur : adversa Deo stirps ad
vivum usque resecetur, ne minùs compressa
(quod absit) iniquitatis radix venenata
latiùs iterum virgulta diffundat. Quorsùm
hæc ? Quia superest adhùc vobis Alexandrinæ
atque Antiochenæ & aliarum Ecclesiarum
nullo modo negligenda correctio :
in qua si suam curam clementia vestra immiserit ;
spes est, quo auctore bona cuncta
credimus incipi, eodem celeriter auxiliatore
compleri.

LXXVII. Legatos à mißos commendat.

Commendamus præterea legatos ab Apostolica
sede directos, & apud vestram fidem
religionemque deponimus ; quos ita perfectis
omnibus pietas vestra dimittat, ut divinis,
vestrisque beneficiis ad Apostolicam
sedem plenam referant de Ecclesia: um omnium
pace lætitiam. Quæ scripta per Paulinum
Romanæ Ecclesiæ Defensorem famulum
vestræ pietatis ingerenda transmisimus.
Data septimo Idus Julii, Eutharico
V. C. Consule.] Hactenus ad Justinum
Augustum Hormisda, qui his similes scripsit
litteras ad Joannem Constantinopolitanum
Episcopum, quarum est exordium

a Hormis. cp. 39.
b Hormis. ep. 40. 41. 42. 43.

(a): Consideranti mihi tuæ scripta charitatis, &c.] Alias itidem reddidit ad Justinianum
(b), itemque alias ad Pompejum,
necnon alias ad singulas clarissimas Fœminas
Julianam & Anastasiam, datas omnes
eadem die, nempe septimo Idus Julias.
Præter has omnes reddidit post pacem nunciatam
ad Orientales litteras, adiecit alias

c Hormis. epist. 46.

ad legatos, quæ incipiunt (c): De his quæ
charitatis vestræ relatio comprehendit.]
Monens eos laborare de pace Ecclesiarum
Alexandrinæ & Antiochenæ.

LXXVIII.

d Extat inter epist. Hormisdæ Papæ to. 1. epist. Rom. Pontif.

Sed quæ post hæc consecuta sunt litteræ
legatorum ad eumdem Hormisdam Pontificem,
ut singulas hujus anni res gestas singulis
reddamus mensibus, hic describamus,
complectitur enim rerum Ephesinæ, Thessalonicensis,
atque Antiochenæ Ecclesiarum,
necnon tumultuantium monachorum
historiam exactè descriptam. In primis igitur
ita se habet relatio Dioscori diaconi
unius ex Apostolicæ sedis legatis, cujus iste
est in codice titulus (d).

LXXIX.
Relatio Dioscori ad Hormis.

Suggestio Dioscori diaconi.] Quæ est
Relatio hujusmodi : Verum est, nulla esse gaudia
magnopere spiritualia, à quibus ex toto tribulatio
possit esse separata. Gaudemus de
unitate Constantinopolitanæ Ecclesiæ, quæ

facta est cum sede Apostolica : lætamur
quotidiè diversorum Episcoporum libellos
nobis satisfactionis offerri. Modicum in
Ephesina civitate contigit scandalum, ubi
contempta est & injuriata Synodus Chalcedonensis.
Est invocatus clementissimus Imperator
hoc corrigere, quod & sperat cum
Dei adiutorio fieri.

Nunc etsi post labores, etsi post intentiones
plures, Antiochena Ecclesia ordinata
est, electus est quidam Paulus nomine
presbyter Constantinopolitanæ Ecclesiæ,
quem huic honori aptissimum Imperatoris
testimonio comprobatum voluerunt & tentaverunt
hic ordinare. Ego justionis vestræ
non immemor, contradixi, dicens: Jussit
dominus noster beatissimus Papa secundùm
antiquam consuetudinem, ibi eum Episcopum
ordinari. Hoc obtinuit, quod præcepistis.
Orat ut Deus precibus Apostoli
Petri & ipsam civitatem cum pace faciat electum
suscipere sacerdotem.] Sed unde,
dices, altercatio ista? Hic meminisse debes
quæ superiori tomo dicta sæpiùs sunt de
injustis conatibus Acacii & successorum
Constantinop Pontificum, qui bus nisi sunt
usurpare sibi electionem Antiochenorum
Antistitum: ut non mireris, si de ordinatione
Pauli novi Episcopi fuerit altercatum.
Verùm prævaluit auctoritas Romani Pontificis
temerarios ausus prohibentis.

LXXX.

Antiochenus Antiochiæ ordinandus Antistes.

Sed quòd inter hæc, vigilantibus licèt
agricolis, venisset tamen inimicus homo,
& superseminasset zizania (Leontius enim
cum collegis professor, ut videbatur, Catholicæ
fidei & defensor Chalcedonensis
Concilii, sub specie quadam pietatis, qua
si niteretur ipsa in roborare Concilium, hæresim
Eutychianam validare studebat) audiquæ
reliqua sunt relationis Dioscori ad
Hormisdam: Et quia (inquit) ista aguntur,
& in hi quotidiè proficit Ecclesia:
insidiator antiquus suscitavit monachos de
Scythia, qui de domo Magistri militum
Vitaliani sunt unde *Christianorum
votis adversari : quorum inquietudo non
parvas moras generavi unitati Ecclesiarum,
& magnopere de prædicta Ecclesiæ
Antiochenæ ordinatione. Isti monachi,
inter quos est Leontius, qui se dicit esse
parentem Magistri militum, Vitaliani scilicet,
Romam festinant, sperantes aliqua
capitula à beatitudine vestra confirmari.
Est in ipsis inter cætera, ubi volunt dicere,
unum de Trinitate crucifixum, quod est
nec in sanctis Synodis dictum, nec in epistolis
S. Papæ Leonis, nec in consuetudine
Ecclesiastica. Quod si permittitur fieri,
mihi videtur dissentiones & scandala non
mediocria nasci inter Ecclesias. Illud Anastasius
Imp magnopere Catholicis imponere
festinavit : illud & Eutychetis discipuli
in Synodo Chalcedonensi proposuerunt.
Quia quotiescumque Patres de Dei Filio
Domino nostro Jesu Christo disputaverunt,
Filium Dei Verbum, consubstantialem Patri,
homousion Patri dixerunt. Iste autem
sermo ideo numquam est in Synodis à
Patribus introductus, quòd proculdubiò
Catho-

LXXXI.
De Monachoru nocho vo errore pullulante.

* omnium

Novam locutionê jure reddi suspectam.

Catholicæ fidei minimè poterat convenire.

LXXXII. Cujus sermonis, si subtiliter attendatur, intentio ad quantas hæreses pateat, & quæ mala per eum possint disputationibus Ecclesiasticis introduci, quoniam longum est per præsentes insinuare, præterimus. Undè sanum mihi videtur & utile, & ad pacem Ecclesiarum conveniens, nihil aliud responsum dari, nisi : Sufficit sanctum Chalcedonense Concilium, in quo & aliæ Synodi continentur : Sufficiunt epistolæ B. Papæ Leonis, quas Synodus confirmavit. Novitatem in Ecclesia introducere nec volumus, nec debemus.] Nova enim vox ab Ecclesia, quantumlibet pia, nonnisi ex Patrum consulto in rebus fidei utenda proponi consuevit. Sed pergit :

LXXXIII. Est in propositione eorum callida & hæc dicere : Nos Synodum Chalcedonensem suscepimus: hoc speramus, ut jubeatis nobis eam exponere, quia non sufficit sic quomodò est exposita contra hæresim Nestorianam, non quasi non intelligentes ; nisi conantes per subtilitatem ad hoc nos adducere, ut disputetur de Synodo Chalcedonensi. Quod si actum fuerit, dubia & infirma ostenditur, & hæreticorum omnium patuit errori. Inter alia, si post Synodum Chalcedonensem, si post epistolas Papæ Leonis, si post libellos quos dederunt & dant Episcopi, & per ipsos satisfecerunt sedi Apostolicæ, iterum aliquid novum addatur ; sic mihi videtur, quia quicquid factum est, destruitur. Data tertio Kal. Junias, Constantinopoli.] Hæc sunt quæ in hanc usque diem Constantinopoli contigerunt, de quibus Dioscorus legatus Hormisdam reddidisse voluit certiorem. Digna quidem Apostolico legato monitio, ne audiantur hæretici, vel quicumque alii ad rectè sancita in Oecumenicis Synodis quibusvis prætextibus, novi aliquid addi petentes.

LXXXIV. Sed qua occasione ejusmodi sit oborta contentio, antequàm rem gestam ulteriùs prosequamur, quò fiant cuncta perspicua, hìc principium repetamus. Priusquàm Apostolicæ sedis legati Constantinopolim pervenissent, quæstio oborta est inter eosdem Scythiæ monachos atque Victorem diaconum professorem Synodi Chalcedonensis. Cum verò Scythiæ monachi eumdem Victorem accusarent hæresis Nestorianæ, dedissentque adversus eum libellum sedis Apostolicæ legatis cum Constantinopolim pervenissent, necnon Joanni Constantinopolitano Episcopo : apud eosdem cum adversùs Victorem acturi convenissent, ipse Victor quò se, omninò Catholicù esse monstraret, coràm ipsis judicibus professus est se credere quæ continet Chalced. Concilium, quæque habet epistola S. Leonis ad Flavianum, reciperèque pariter Cyrilli scripta adversùs Nestorium. Sed cum ex adversò Scythiæ monachi reclamarent, hæc non sufficere, ut quis evacuetur ab omni suspicione hæresis Nestorianæ, sed addendum esse, unum de Trinitate esse Chri-

A stum crucifixum ; displicuit legatis monachorum cavillosa suggestio, quam negaverunt admitti debere, asserentes satis esse profiteri Chalcedonense Concilium, ut quis Catholicus demonstretur, absque aliqua additione verborum. Illi verò ejusmodi à legatis passi repulsam, indignati, appellandum putarunt à sententia legatorum ad ipsum Romanum Pontificem, apud eumdem accusaturi Victorem ut Nestorianum, & conquesturi de ipsis Apostolicæ sedis legatis, quòd eumdem Victorem ut Catholicum recepissent: Sicque hi furore perciti, B Constantinopoli recedentes, Romam se contulere ad Hormisdam Pontificem. Hæc quidem omnia accepta sunt ex relatione Dioscori legati ad eumdem Hormisdam, quam inferiùs suo loco ponemus, ubi de ejusdem Victoris causa sermo erit: cœpta enim modò prosequenda est causa Scytharum.

Verùm antequàm ulteriùs progrediamur, LXXXV. undè iisdem Scythis monachis manarit occasio, ut minimè satis esse putarent ad fidem Catholicam astruendam adversùs Nestorianum errorem profiteri Chalcedonense Concilium, nisi apposito additamento, quo quis expressè assereret, unum de Trinitate crucifixum ; ex Dionysio Exiguo in C præfatione ad epistolam Procli Constantinopolitani ad Armenos, quam rogante Feliciano Pastore in Latinum vertit, possumus intelligere : ait enim : Temporibus Antistitis memorati, Procli videlicèt, Theodosio Imp. regente Rempublicam, per Syriam atque Armeniam discipuli Theodori Mopsvesteni civitatis Episcopi pravam fidem, corrupto Symbolo, rudibus populis exorti sunt intimare, callidissima subtilitate beatam Trinitatem sic unius essentiæ prædicantes, ut Christum Dominum nostrum conditorem universitatis, unum D ex Trinitate nullatenùs faterentur ; undè sequebatur hæc inepta suæ temeritatis absurditas, ut quia Christum constat verum esse Deum ac Dominum, quatuor personas in tribus astruerent, duosque Dei Filios proculdubiò prædicarent. Sed huic impietati mirè Pontifex antefatus obsistens, docuit Christum Dominum nostrum & à principio Verbum apud Deum, unum de Trinitate esse, &c.] Actum de his est superiùs quinto Annalium tomo. Porrò cum ista acciderint ante Chalcedonense Concilium, quo plenissimè satisfactum Catholicæ veritati adversùs hæreses Nestorii & Eutychetis absque ejusmodi assertione sententiæ : eam addi velle eidem sacrosancto E Concilio, nec alicujus esse recipiendam Catholicæ fidei professionem absque ejus assertione, nimis durum visum est legatis Apostolicæ sedis, valdèque periculosum, ignominiosùm verò ipsi Oecumenicæ Synodo. Undè eadem iterum significare Romano Pontifici, necessarium putavere : sic igitur à priori relatione mense elapso, tertio Kal. Julias eodem argumento ipsi legati ad Hormisdam Papam litteras conscripsere, quibus primùm de causa Ecclesiæ

Antio-

Antiochenæ , indè de reliquis eum redderent certiorem. Fuisse autem tertiam vel quartam hanc epistolam à legatis sedis Apostolicæ scriptam post initam cum Ecclesia Constantinopolitana concordiam , ipsi in ea legati testantur, quæ instar relationis ita se habet (a):

a Extant inter Hormisd. epist. post. 62. secunda. LXXXVI.

Cum Dei misericordia , quo ordine & qua cautela communicavimus in Ecclesia Constantinopolitana, jàm aliis litteris per se. uum vestrum Pullionem directis vestra beatitudo cognovit. Et similiter in aliis litteris non semel , sed secundò , qualia æmuli homines religioni tentarunt , significare curavimus : ut nihil sit actum , aut cogitatum faciendum , quod lateat beatitudinem vestram. Stat nobiscum cum Dei adjutorio , quicquid in Constantinopolitana Ecclesia est ordinatum. Non titubant gaudia spiritualia , quæ celebrarunt & celebrant Catholici .] Ista præfati, mòx hæc de Ecclesia Antiochena :

LXXXVII De causa Ecclesiæ Antioche-næ .

Causa Antiochenæ Ecclesiæ ordinationis non solùm nobis labores fecit, sed grandes tribulationes : quia homines festinantes impedimentum facere generali unitati, diversis modis diversa impedimenta fecerunt. Nostra erat propositio de his qui se suspenderant de anathemate in prædicta Ecclesia ordinare sacerdotem . Non proposuerunt ante oculos suos futurum judicium , palam dicentes ; Omnes qui sedi Apostolicæ communicabant , Nestoriani sunt : & magis illis non debere credere , qui modò videntur ad communionem sedis Apostolicæ revocati .] Eutychianorum hæreticorum ejusmodi erat assertio , & in ore eorum solita versari calumnia , Orthodoxos omnes , qui sacrosanctum Chalcedonense Concilium profiterentur , vocare Nestorianos , multò magis autem ipsum Romanum Pontificem , qui in hoc præ cæteris laborabat, nec quemquam in communionem recipiebat , nisi fidem Catholicam ab eodem Concilio comprobatam profiteretur . Erant, inquam , hujusmodi Eutychianorum falsi prætextus , ut se ab eorum communione segregarent . Sed pergunt : Post multas afflictiones , & penè in tres menses à Patribus protracta certamina , piissimus Imperator

De electione Pauli Constant. presbyt. in Antiochenum Episcop.

sua auctoritate Paulum nomine presbyterum de Ecclesia Constantinopolitana elegit Episcopum fieri in Ecclesia Antiochena , dicens interalia & hoc testimonium de ipso , quia duobus annis in Antiochia politus , non mediocriter resistebat Severo hæretico: similia & omnes Catholici consonabant . Et omnia ista de persona prædicti Imperator se promisit ad vestram beatitudinem relaturum .] Hactenùs de causa Antiochena: mòx verò subdunt de monachis Scythiæ malorum omnium architectis his verbis:

*LXXXVIII. De Mona-chis Scy-thiæ tu-multuanti-bus. * hic defe-cerunt*

Harum tamen tribulationum provisores & socii , & unitati Ecclesiarum impedimento monachi de Scythia fuerunt, qui postea hinc * discesserunt , assignati ab omnibus nihil pacificum cogitare , ab beatitudinem vestram cucurrerunt, sperantes surrepere,

A & per litteras vestræ sedis suas intentiones confirmare . Isti de sua provincia Episcopos accusant , inter quos est Paternus Tomitanæ civitatis Antistes . Petitiones obtulerunt ; & coacti piissimi Principis & domini Vitaliani Magistri militum jussione , frequenter ad audientiam causæ convenimus ; non quasi volentes nos in his negotiis occupare , quia nobis sunt ante oculos beatitudinis vestræ præcepta , quibus præcepistis , ut causæ tantùm , cui veneramus intenti , nullis aliis negotiis misceremur ; sed sperantes posse intentionem eorum pacari , ad hoc descendimus .

B Et quia nobis diù laborantibus , illis nullam suscipientibus rationem , nihil proficiebat in eo , quò tendebamus : clementissimus Imperator in conventu publico , ubi & nos interfuimus , Paternum prædictum Episcopum & magnificum virum Vitalianum reduxit ad gratiam : accusatores quoque ejus suo præcepit Episcopo supplicare . Monachi verò cum similiter ad concordiam quærerentur , fuga lapsi, maluerunt de civitate discedere , quàm ad concordiam pervenire .] At quanto in discrimine ob eosdem tumultuantes monachos constituta esset Catholica fides , si audirentur ab ipso Rom. Pontifice , iidem legati ista subdentes declarant : Prædicti monachi ad Italiam venientes aliquanta capitula proponere habent , inter quæ & unum de Trinitate crucifixum continetur , sperantes ita confirmari ex auctoritate beatitudinis vestræ: sicut & in aliis litteris significavimus , & modò hoc dicimus, ut nulla novitas à sede Apostolica scribatur ; quia & nos ante Imperatorem & ante Senatum hæc indicavimus , dicentes : Extra Synodos quatuor , extra epistolas Papæ Leonis nec dicimus , nec admittimus , quicquid non continetur in prædictis Synodis . Aut :

D Quod non est scriptum à Papa Leone , non suscipimus .

LXXXIX. Perfidi Munachi fugæ se de-dunt.

Quia si voluerit dominus noster qualemvis novitatem scribere , pejus erit istud initium * quàm illud quod factum est per Eutychetem . Sufficere debet Ecclesiæ , quod per sexaginta annos ab Eutychete usque modò sustinuit . Nobis quod visum est , scripsimus , in vestra potestate est , deliberare quod vobis Deus imperaverit : quoniam hæc illi nituntur asserere , eo modo ut satisfacere speramus , ut ita profiteamur , & dicamus unum de Trinitate passum esse ; quod nec Patres , nec Synodi dixerunt .] Hæc legati , non negantes penitùs dici non posse , sed cavendam in verborum novitate fraudem latentem , explodendamque temeritatem ad sanctum Concilium addere aliquid præsumentem. Sed pergunt :

*XC. * vitium Explodenda novitas.*

Ista ideò per singula exposuimus , ne illorum subtilitas glorietur in nostra simplicitate propter istas novas suas intentiones . Vitaliano magnifico viro subteperunt , ut & talia vindicare pro talibus rebus , & contra nos quæcumque potuit impedimenta afferret ; cujus immutationis omnis nobiscum dolet Ecclesia . Quapropter

XCI. Vitalianus deficit ad hæreticos .

ṕter rogamus, ut confueta cautela, & qua
folet Dominus nofter vigilantia cogitetis,
& quomodò fufpendendi fint, qui à nobis
taliter recefserunt, & à noftra communione fuerunt fejunĉti; & quid eis refpondea-
tur, vel quomodò eorum capitula repellantur: quia eos omnes Conftantinopolitana Catholica exhorret Ecclefia. Data tertio Kalend. Julias, Conftantinopoli.

XCII.
Artes Vi-
taliani de
invadendo
Imperio.

Quod verò ad Vitalianum fpeĉtat: me-
morne es (leĉtor, compello te) quæ ad
finem fuperioris tomi pluribus diĉta funt de
tàm præclaro viro Magiftro militum? cùm
inhærens adversùs Anaftafium Imperatorem hæreticum Catholico populo, eum in
anguftiam haud mediocrem conjecit. Sed
qua illa ipfe egerit mente, poftrema hæc
ipfius aĉtio declaravit: nempè cupiditate
invadendi Imperii flagraſſe hominem, eaque femel amentia captum, cunĉta quæ
ageret, in eumdem finem duĉto funiculo
direxiſse. Hinc vides, mutatis poftea rebus, cum regnaret Catholicus Imperator,
in adverfam ipfum tranfire partem, feque
jungere cum hæreticis Eutychianis, quos
antea videri voluit impugnaſſe; eifdemque
pro poſſe favere, quorum ipfe favore adversùs Juftinum erigeretur. Sic planè licèt
prætenderetur de religione contentio, re
vera tamen de regno adipifcendo, vel potiùs aſumenda tyrannide intùs ardens occultabatur intentio.

XCIII.
a Evagr.
lib. 4. c. 3.
Juſtinus
dolo agit
contra do-
lofum Vi-
talianum.

Verùm intelligens ifta Juftinus, Vitalianum è medio fuftulit: qua aptem arte
artem deluferit, accipe ex Evagrio, qui
ait (a): Vitalianum verò vitam in Thracia degentem, qui Anaftafium Imperio ex-
turbare moliebatur, Juftinus Conftantinopolim accerfit: nàm & potentiam ejus
extimuit, & ancipitem fortunam quæ in
bellis cerni folet, & nominis ejus celebritatem, quæ in omnium ore fuit, & imperii qua flagrabat cupiditatem. At cum con-
jeĉtura confpiceret, idque fanè veriſſimè,
fe non alia ratione eum poſſe vincere, nifi
amicitiam ergà eum fimularet; vultu merè
ad fraudem compofito, quæ facilè deprehendi non poſſet, unum ex Ducum numero, qui Præfentes vocantur, eum defignat;
at quò magis perfuaderetur Vitaliano, &
facilior aditus ad fraudem pateret, ad Confulatus quoque honorem extert.] Hæc Evagrius, fed procul dubio ex Zacharia Eutychiano ipfi Vitaliano favente, & ejus necis caufam Juftini iniquè afcribente tyran-
nidi. Sed hæc faĉta funt anno fequenti.
Qnomodò enim, qui hoc anno Conful eft
deſignatus Vitalianus, fequenti in ejus muneris funĉtione occifus eft, fuo loco diĉtu-
ri fumus. Qui verò potiſſimum caufam necis Vitaliani ignorarunt, vel diſſimularunt
(quæ ex litteris legatorum fatis poteſt eſſe
comperta) calumniofè Juftinum doli &
crudelitatis infimulant. Sed ad legatos Conftantinopoli commorantes redeamus.

XCIV.
Dederunt iidem legati Apoftolicæ fedis
eidem nuncio, cui & relationem rerum
geftarum commiferunt, alias litteras ad
Hormifdam eodem die confcriptas de reli-

Annal. Eccl. Tom. VII.

gofa petitione Juſtiniani Comitis Domeſticorum viri clariſſimi. At quænam illa
fuerit, ipfæ litteræ legatorum declarant,
quæ fic fe habent (b):

b Extant
to. 2. epift.
Rom. Pont.
in Hormif.

Filius veſter magnificus vir Juſtinianus
res convenientes fidei fuæ faciens, bafilicam fanĉtorum Apoftolorum, in qua defiderat & beati Laurentii martyris reliquias
eſſe, conſtituit. Sperat per parvitatèm noftram, ut prædiĉtorum fanĉtorum reliquias
celeriter concedatis. Habuit quidem petitio prædiĉti viri fecundùm morem Græcorum, & nos contra confuetudinem fedis
Apoſtolicæ expofuimus. Accepit rationem. Et quia talis eft fervor fidei ejus, qui
mere tur quicquid de Apoſtolica fede depo-
pofcerit, & talis eft, qui fperat unde &
falus animæ & fidei effeĉtus accrefcat, talibus defideriis poftulata competit non negare. Unde fi & beatitudini veſtræ videtur,
fanĉtuaria beatorum Apoftolorum Petri &
Pauli, fecundùm morem, ei largiri præ-
cipite: & fi fieri poteſt, ad fecundam cataraĉtam ipfa fanĉtuaria deponere, veſtrum
eft deliberare.] Quid autem intelligant
legati per fanĉtuaria, atque per primam &
fecundam cataraĉtam, deque more iſto Ecclefiæ Romanæ, confule quæ ex Gregorio
Turonenſi & aliis diĉta funt fuperiori tomo.
Sed pergunt:

Sanĉtuaria
petenti Ju-
ſtiniano
concedenda:

XCV.

Petit & de catenis fanĉtorum Apoſtolorum (fi poſſibile eft) & de craticula beati
Laurentii martyris. Ifta funt defideria prædiĉti viri: in hoc fides ipfius eſt incitata.
Propter hoc in urbem veſtram virum fpe-
ĉtabilem Eulogium Magiſtrianum direxit,
hoc fibi fatisfacere judicans, fi de ipfo fonte, de quo per omnem terram fanĉtuaria
Apoſtolorum funt data, indè & ipfe reliquias fufcipere mereatur. Et bene facitis
caufam Ecclefiafticam magnoperè in conte-
ftatione Dei tali homini commendare, cujus finceritas & integritas circa religionem
Catholicam nota eſt omnibus hominibus.
Hic voluerunt capfellas argenteas facere &
dirigere: fed poftea cogitaverunt, ut &
hoc quoque à veſtra fede pro benediĉtione
fufcipiat. Singulas tamen capfellas per fingulorum Apoſtolorum reliquias fieri debere fuggerimus. Data tertio Kal. Julias,
Conſtantinopoli:]

XCVI.

Intelligi, lector, quàm præftaret hoc
fæculo cultus facrarum reliquiarum, cum
pro magno munere maximi Principes peterent & acciperent non ex carne, vel oſſibus, aut altis; fed velum, quod ad fecundùm foramen demiſſum in fepulchrum A-
poftolorum, virtutem inde contraheret haud
exiguam. Audis, inquam, quis eſſet Fidelium ardor ex univerfo Chriſtiano orbe
legationes Romam mittentium, ut vela appoſita Apoſtolorum fepulchris (quæ fanĉtuaria dici confueverunt) acciperent, ex
quibus eorumdem Apoftolorum virtutem
in fignis edendis haurirent. Neget infanus
quifque Novator Apoſtolos eſſe Romæ fe-
pultos; & facrarum reliquiarum cultum,
dæmonis inftar, horrefcat. Sed præſtat
jàm de his tantum audire virum, Juſtinianum

D

num ipfum eadem fuis litteris ab Hormifda ita petentem , cum in primis de vanis difceptationibus monachorum ingerit narrationem (a):

Domino fancto meritis beatiffimo & Apoftolico domno Patri Papæ Hormifdæ Juftinianus V. C.

Propitia Divinitate , quæ femper Ecclefiam Catholicam per incrementa fidei inftituit , unitas fanctarum Ecclefiarum per doctrinam & auctoritatem Apoftolatus veftri provenit . Sed quoniam comperimus quofdam nomine monachos, quibus magis difcordia in ftudio eft , quàm charitas & pax Dei , cupientes quædam perturbare , ad Angelum veftrum hinc difcedentes iter arripuiffe : quos beatitudo veftra , præfentibus fcriptis caufas livoris eorum cognofcens, ita ut merentur , fufcipere & à fe longè pellere dignetur ; quoniam vaniloquia ipforum feftinantium novitates introducere in Ecclefia , quod neque quatuor Synodi venerabiles , neque S. Leonis Papæ epiftolæ continere nofcuntur , in omni loco turbas excitare videntur . Quamobrem etiam-& à viris reverendiffimis Epifcopis & diaconibus directis ab Apoftolatu veftro ad nos Angelus vefter deftinare dignetur , & ipfos digna correctione parculfos (ut fuperiùs dictum eft) pellere jubeat . Ergò hæc petimus, ut (ficut fupra dictum eft) ipfas hujufmodi litteras per eumdem portitorem ad nos dirigere magnopere feftinet . Sunt autem nomina eorum, Achilles, Joannes, Leontius , & Maxentius * . Hæc noftra eft maxima folicitudinis caufa , ut unitas , quam vefter labor oratioque perfecit , per inquietos homines diffipetur: fperantes in Domino Deo , quia fi quid eft quod adhuc à totius Orbis pace diffentiat , hoc quoque orationibus veftris Apoftolicæ fedis communioni focietur .] Hæc quidem de novantibus monachis piè fanctèque Juftinianus Hormifdam Papam admonuit : verùm quomodò immutatus , eorumdem poftea cœperit favere fententiæ , fuo loco dicendum ; modò ipfius ad eumdem Pontificem epiftolæ reliqua profequamur ; nàm fubdit :

Præfumentes autem de beatitudinis veftræ benevolentia , paternam dilectionem nimiùm petimus , quatenus reliquiis fanctorum Apoftolorum tàm nos , quàm bafilicam eorum hic in domo noftra fub nomine prædictorum venerabilium conftructam illuftrare & illuminare largè dignemini : cognofcentes , quòd nullum nobis majus beneficium , nec munus præftare poteftis, domine beatiffime Pater , quàm fi hanc noftram petitionem adimpleveritis . Subitò autem iter arripiente prædicto Agente in rebus , etiam duo pallia ferica ad ornamentum altaris fanctorum Apoftolorum direximus : quæ fufcipientes , efficaciffimis precibus veftris , noftri jubete jugiter facere memoriam .] Hactenùs Juftinianus ad Hormifdam . Scias autem , tefte Procopio (b), ecclefiam illam titulo Hormifdæ fuiffe nominatam ; nàm ipfe ait : Principiò Jufti-

nianus fanctis Petro & Paulo templum extruxit juxta regiam aulam , ab Hormifda olim denominatum ; ubi , priufquàm imperaret, domicilium fovebat .] Hæc Procopius , qui prætermifit à Juftiniano templum extructum illud fuiffe , antequàm Imperator creatus effet . Quòd verò ad titulum Hormifdæ fpectat , par eft credere ab eo denominari voluiffe ecclefiam Apoftolorum , à quo ipforum acceperat (ut dictum eft) fanctuaria expetita .

Quod autem ad monachos pertinet ; duas alias eodem argumento , nempe de controverfia excitata per eofdem Scythiæ monachos idem Juftinianus ad eumdem Romanum Pontificem epiftolas dedit : in quarum pofteriori per eumdem qui fupra Eulogium mifla , inter dignas alias fententias , hæc habet de auctoritate atque majeftate Apoftolicæ fedis , cujus fit probare vera atque Catholica dogmata , & in ambiguis ferre fententiam ; cum ait (c):

Poft femel enim divina mifericordia donatam Ecclefiæ Catholicæ unitatem , quidam afferunt , Chriftum filium Dei Dominum noftrum pro noftra falute carne crucifixum , unum de Trinitate debere prædicari : quod fi fufcipiendum fit , paterna provifione reverentia veftra cautiffimo fuo refcripto , quid fequi , quidve fuper hoc vitare debeamus , nos certiores dignetur , quoniam verba videntur facere diffenfionem : nàm fenfus inter Catholicos omnes unus effe probatur . Imponite igitur vobis femel fufceptum laborem , fancte ac venerabilis Pater , etiam in hoc prædeceffores veftros fequentes , quorum memoriam & amplectimini , & confortio Pontificatus ornatis ; & de hac intentione liberos nos properate reddere & fecuros . HOC ENIM CREDIMUS ESSE CATHOLCUM , QUOD VESTRO RELIGIOSO RESPONSO NOBIS FUERIT INTIMATUM , &c.] Intelligis quidem , lector , Juftiniano dignam , cum fuæ effet mentis compos , atque præftaret pietate , fententiam : ex qua perfpicuè fatis quifque percipere , manuque tangere poffit , quanta effe foleret in Theologicis controverfiis definiendis Apoftolicæ Sedis auctoritas : ut quod ab illa effet definitum , illud apud omnes Catholicum haberetur .

De ipfis nos acturi Scythiæ monachis Conftantinopoli Romam confugientibus ad Hormifdam Pontificem , antequàm res ibi ab eis geftas attingamus , nariationis ordo poftulat , ut quæ ab ipfis acta funt antequàm Conftantinopoli recefferint , eadem accuratiùs recenfeamus . In primis autem ex his quæ dicta funt & inferiùs dicentur , planè compertur fignis haud obfcuris , & argumentis minimè dubiis , eofdem ipfos Eutychianos fuiffe hæreticos ; ita tamen , ut qui fpeciem præferrent Orthodoxorum , ipfum Eutychetem cum fuis fectatoribus oppugnare videri voluerint . Sic planè ipfis vifum hoc tempore negotium agendum effe , cum ubique de proftrata Eutychiana herefi Catholici triumpharent . Verfutum

futum fanè callidumque commentum , ut
dùm videntur in hærefim Eutychianam in-
furgere, veluti manu porrecta eamdem erigerent; labefactareque tentarent facrofanctum Chalcedonenfe Concilium, dùm nova adiectione verborum roborare illud velle, callidè fimularent : cujus rei caufa &
fcripferunt libellum fidei , quem legatis
Conftantinopoli agentibus obtulerunt :
extat ipfe quidem , eftque ipfius hujufmodi infcriptio (*a*):

*a Editus
à Cochleo
poft Ful-
gentii ope-
ra.*

CI.
*Libellus
Monacho-
rum Scy-
tharû Le-
gatis obla-
tus.*

Dominis viris beatiffimis Germano , &
Joanni Epifcopis, Felici & Diofcoro diaconis, Blando presbytero, & univerfæ legationi fedis Apoftolicæ , libellus ab exiguo Maxentio & omnibus qui mecum funt.]
Ita titulus : ipfe autem libellus fic incipit :
Quoniam nonnulli videntes nos contra eos
qui inimico propofito venerabilis Chalcedonenfis Concilii fidem nituntur evertere ,
Patrum proferre fententias , &c.] Verùm
dùm fimulant pro Synodo Chalcedonenfi
inire certamen, eam conantur prorfus e-
vertere . Ejufmodi planè effe nofcuntur
mores hæreticorum , ut omnia proditoriè
agant, & accepta teffera Catholicorum,
inter ipfos Catholicos militare videri velint, ut contra fidem Catholicam aliquid
proditoriè tutiùs machinari poffint. Miraberis tunc magis , lector , cum videris dolos & fraudes ipforum jam perfpicuè pate-
factas; quas haud facilè quis ex eorum fcriptis deprehendat , nifi priùs totius rei geftæ hiftoriam accuratè perdifcat. Intelliges
itaque ex promenda hiftorica veritate, ex
ipfa inquam continuata rerum geftarum ferie ex Hormifdæ & aliorum epiftolis con-
texenda, horum impofturas, dolos, atqz
fallacias : quæ fi prudentem virum prætereant, mòx deceptus, eofdem ipfos verè
effe Catholicos, immò & acerrimos fidei
Catholicæ defenfores facilè judicabit ; ut
pluribus evenit , quos quæ de his dicta
funt à nobis atque dicenda latuerunt.

CII.
*Cochlæus
edidit li-
bellû Ma-
xentii atqz
laudavit.*

Sic planè accidit , ut cum adeò dolofa
arte fucata extent ipforum fcripta, haud fatis fuerit Lynceos habenti oculos Cochlæo
viro diferto & Catholica fide pollénti, qui
eorumdem fcripta , unius ex ipfis titulo infcripta Maxentii nactus, eadem primus poft
Fulgentii opera edens & laudans , effe hæreticorum hominum partum minimè intellexit ; cum infignitum opus nomine Orthodoxo , ejufque auctorem plenè laudavit
in præfatione , quam in operis fronte per-
fpicuam cunctis affixit . Ita quidem ipfe
candido atque fincero animo , hæreticorum
omnium alioqui valentiffimus oppugnator ,
quòd minimè compertas haberet omnes epiftolas de eadem controverfia ultrò citròque
datas ; cum præfertim ex ipforum affertione fictam crediderit Hormifdæ datam ad
Poffefforem epiftolam . Quòd enim videret hominem graviffimis fententiis perftrin-
gere Eutychetem atque Neftorium , & veluti exurgere defenforem pro Synodo Chalcedonenfi , nullum putavit latere dolum
fub fymbolo pacis ; proculque abeffe exiftimavit, ut propugnator illius , dici pof-

Annal. Eccl. Tom. VII.

A fet ejufdem facri Concilii demolitor.

Irepere tentavit vafer impoftor (ut dictum eft) vano quodam prætextu declarandæ fententiæ Concilii Chalcedonenfis, quædam adiiciendo , ut ex hoc poffet ipfum funditùs perdere, & damnatam hærefim reftituere ; religionifque fimulans donum,
alterum equum Trojanum ad Catholicam
fidem expugnandam admovit, cùm pro defenfione Orthodoxæ fidei , Orthodoxa fi-
mulavit compingere fcripta, quæ intùs occultos clauderent hoftium cuneos armato-
B rum : fic fimulans ad robur & firmitatem
Chalcedonenfis Concilii ejufque declarationem illa effe adiicienda verba, quibus
diceretur, Unus de Trinitate effe crucifixus : quam fententiam (ut vidimus) legati ipfi Apoftolicæ fedis agentes Conftantinopoli , prorfùs reiiciendam effe putarunt, utpotè qua numquàm Patres in Synodalibus fententiis ufi fuiffent : latere enim
fciebant fub melle venenum , & errorem
occultum fub priorum involucro verborum
fententiarumque celari, atque foveri afpi-
dum ova affertione Catholicæ fidei . Sic illi
quidem fumma arte doloque fecundùm
Chalcedonenfis Concilii definitionem profiteri videri voluerunt duas effe in Chrifto
naturas indivifè & inconfufè conjunctas in
C una eademque perfona : atque ad omnem
etiam fufpicionem tollendam Patripaffianæ
five Theopafchitarum hærefis , non fimpliciter unum de Trinitate paffum , fed addiderunt effe paffum in carne .

Quæ quidem nova & hactenùs poft Chalcedonenfe Concilium inufitata penitùs, ac
proindè fufpecta, ab ipfis afferta verborum
fententia , licèt in aliis benè cognita Orthodoxis, à quibus omnis impofturæ fufpicio procùl abeffet, tolerabilis videri potuerit , in iftis tamen jure fuit penitùs condemnanda : dùm ea ad impugnandum Chal-
D cedonenfe Concilium cognofceretur callidè
ab ipfis inferri, cum eo additamento fupplendum contenderent ipfum facrofanctum
Concilium ; quafi carens ipfo , effe dicerent imperfectum , ac proindè cui haud tutò credi poffet : cum infuper (ut ex ipforum
verborum fenfu patebit inferiùs) abhorrerent dicere, unam Trinitatis perfonam effe
paffam in carne , explode receptum in
Ecclefia perfonæ perfonam nomen dolosè conantes ;
necnon etiam (quòd deterius videri poteft)
fic unum de Trinitate in carne natum &
paffum dicerent , ut nulla habita proprie-
E tatis vocum diftinctione, ficuti Deum, ita
divinitatem natam & paffam dicerent : prout
ut quæ paulò poft dicenda erunt , palàm
oftendent. His igitur & aliis pluribus ex
caufis, quæ dicentur, etfi ifta in aliis Catholica benè perfpectis (ut diximus) toleranda videri poterant, in his tamen fuerunt omnino cavenda.

Sunt quidem (ut dictum eft) & aliæ caufæ, quibus cùm legati , tùm ipfe in primis
Romanus Pontifex Hormida (ut fuo loco
patebit) & alii infignis nominis Orthodoxi permoti , eam fententiam de paffo uno
ex Trinitate minimè recipiendam effe puta-
D 2 runt :

CIII.

CIV.

CV.
*Caufæ cur
vitarent di-
cere unum
de Trin.
paffum.*

runt: quas, de his fusiùs disputans, recitat Ferrandus diaconus Carthaginensi in
epistola ad Anatolium Ecclesiæ Romanæ
diaconum, verbis istis: Recordor aliquando triplicem me intellexisse causam, quæ
dubitare quosdam de hac sententia cogeret.
Prima scilicet, ne quadam separatione intercedente, alia esset Trinitas, & alius qui
unus esset de Trinitate: sicut alius est Pater, alius est Filius, quando de Patre Filius esse dicitur & alia civitas, aliusque
homo qui de civitate esse narratur.] Et
paulò post: Secunda verò causa dubitationis videtur, nolentes dicere unum de Trinitate passum, ne divina substantia fieri
passibilis videatur.] Et inferiùs: Tertia
dubitationis causa est, ne dicentibus, Unus
de Trinitate passus, inquisitor acerrimus
dicat: Quis unus? Et respondentibus, Filius; dicat iterùm: Ergo si unus est Filius
de Trinitate, vel unus est Trinitatis, Filiorum est Trinitas, aut Trinitatis est Filius? Respondentibus, Deus; dicat; Quomodò est quispiam unus Deus de Trinitate,
cum non sit unus Deus nisi Trinitas?] Hæc
quidem Ferrandus hujus temporis doctor
Africanus tantæ æstimationis, ut & Romanæ Ecclesiæ diaconus ipsum de eadem quæstione consulendum putarit; necnon etiam
ex Oriente Severus Scholasticus Constantinopolitanus tanti viri famâ permotus id ipsum egerit. Tu verò his adde & quartam
causam, quam superiùs idem auctor ingerit
his verbis: A quibusdam dicitur: Euthi-
chetis protulit Aporesiarius in Chalcedonensi Concilio.] Eam nimirùm sententiam,
qua asseret unum de Trinitate esse passum; obidque respuendam, quasi panem
veneno corruptum. Certè quidem neque
Eutychiani, neque Eutychianorum patronus perfidus Anastasius Imperator (ut
dictum est) eam sententiam recipiendam ab
Orthodoxis adeò vehementi studio ingessis-
sent, nisi aliquod in ea latere scissent occultum malum, quo damnata eadem & extincta Eutychiana hæresis revivisceret: dictu n est namque superiùs ex epistola Dioscori ad Hormisdam, non Eutychetis tantùm & ipsius discipulorum eam esse sententiam; sed & Anastasium Imperatorem id
ipsum conatum esse, ut diceretur ab omnibus unus de Trinitate passus.

CVI.
Sed cur, dices, in id ipse adeò impenso
studio Anastasius incumbebat? Ex illa quidem etiam scias causâ, quòd cum semper
ipsi ab Orthodoxo populo fuerit contradictum, ne crucem Trisagio adderet præter
Ecclesiæ morem (ut superiori tomo frequenter factum vidimus) ipse indè repulsus aliundè & blasphemiam sibi aditum pa-
randum putavit: nempe si nollent accipere
Orthodoxi, ut eo modo Trisagium caneretur, Sanctus Deus, Sanctus fortis, Sanctus immortalis, qui crucifixus es pro nobis,
aliis verbis, quod id ipsum ex eorum sententia significare posset, dicendum proponeret, nimirùm unum de Trinitate passum:
cum tamen Eutychiani per unitatem, vel
singularitatem, substantiam acciperent, &

non personam; vel si personam divinam,
certè humanæ naturæ expertem, quam ne-
gabant post adunationem duarum naturarum in Christo, dicentes ex duabus naturis, & non in duabus naturis Christum
constare.

Eadem ergò rationé, qua Orthodoxi
contradixerunt, ne crux Trisagio ascribe-
retur, restiterunt etiam, ne unus de Trinitate passus simpliciter diceretur. Nam
cum Trisagio adjicerent: Qui crucifixus es
pro nobis, æquè unitas exprimebatur: ut
idem esse ipsis Eutychianis videretur dicere: Unus de Trinitate crucifixus, & in Trisagio addere: Qui crucifixus es pro nobis.
Trisagium enim non ad unam personam,
sed ad ipsam integram personarum Trinitatem referri fuisse omnium Orthodoxorum sententiam, testatur sanctus Joannes Damascenus in tractatione, quam de
Trisagio scripsit. Hæ sunt igitur causæ,
quibus ab his potissimùm Scythis monachis
Eutychianæ hæresis infamatis ea minimè
esse accipienda; legati dicerent. Ita quidem cum istis agere, quæ Chalcedonensi
Concilio additamento apposito minere
vellent, necessitas persuasit. Cùm verò
res postea inter Catholicos transacta esset,
Catholicum sensum ex verbis elicere, ad-
ditis aliquibus, quæ omnem possent obstruere adversariis aditum, ratio temporis
postulavit, ut suo loco dicturi sumus.

CVIII.
Sic igitur eadem ipsorum sententia omninò repellenda atque refellenda tunc sue-
rat, cum impii absque illa verbis Chalcedonense Concilium non posse subsistere,
calumniosè jactarent. At quæ ista tanta
arrogantia? quæ tanta procacia, auctarium
apponere audere ad sacrosanctum Concilium Oecumenicum sexcentorum triginta
Patrum? Si verè ex animo fidem Catholicam (ut gloriabantur libellis oblatis) profiteri cupiebant, ut verè crederent divinam
naturam humanæ naturæ conjunctam esse
indivisè, inconfusè, & inconvertibiliter;
cur non more sanctorum Patrum dicebant,
unam personam Trinitatis, Verbum ipsum
esse passum in carne, in uno supposito duas
naturas indivisè conjunctas declarantes: magis quàm (quod nemo aliquandò dixit) Concilium Chalcedonense dixisset) unum de
Trinitate in carne passionem subiisse? Cur,
inquam, unum simpliciter dicere mallent,
quàm unam personam in duabus naturis,
rem ipsam dilucidè ac sincerè demonstran-
tes? Sed audi inanes illorum prætextus:
in responsione enim ad epistolam ad Possessorem Maxentius illorum coryphæus ita
habet, dùm invehitur in auctorem ipsius
epistolæ verbis istis:

CIX.
Nomine personæ quomodò abutuntur hæretici.
An forte illos rationi cædere, non imperare judicat, qui Christum unam personam quidem ex Trinitate, non autem unum
ex Trinitate esse fatentur? Sed hi qui hoc
dicunt, potiùs rationi velle imperare non
cedere penitùs convincuntur. Qui enim
tàm stultus & vecors sit, qui dicere audeat
Paulum ex Apostolis unam esse personam,
non autem unum esse ex Apostolis Paulum?]

Vidisti

Vidisti infusam & dissimilem penitus similitudinem atque diversam illationem? Sed
audi quæ post subjiciat: Loci (*inquit*) opportunitas exigit à nobis, qualiter & cur
hæretici, in quibus unus Dioscorus *Apostolicæ sedis legatus*, unam personam prædicantes Christum ex Trinitate, unum ex Trinitate Christum confiteri, nullatenùs ac-
quiescant.] Sed cum hæc ipse dicat, attende calumniam gravissimam Catholicis
impingentem : Personam igitur (*inquis*)
Dei Verbi habere asserunt Christum, non
autem quòd ipse Deus Verbum sit Christus
sicut personam Dei videbatur habere Pro-

a *Psal. 49.*

pheta, qui dicebat ad Israel (*a*): Audi
populus meus, & loquar; Israel, & testi-
ficabor tibi: Deus Deus tuus ego sum, &c.
Secundùm hunc ergò modum Christum
unam personam asserunt hæretici esse ex
Trinitate, non quòd hic Christus unus sit
ex Trinitate, sed quia Verbi Dei in se ha-
bitantis personam habet, quæ una est ex
Trinitate: ut sic vicarius quodammodò sive
minister sit Verbi Dei Christus, non autem ipse Deus Verbum sit Christus.] Hæc
adeò probrosa impudentissimam Maxentium non puduit tribuere sub nomine hæreticorum calumniosè Catholicis, quæ sunt
propria Nestorianorum : dùm enim laborat omnes efficere Eutychianos, vult Orthodoxos omnes fuisse Nestorianos.

CX.
b *Extat
inter epist.
Hormisda
Papæ to. 1.
epist. Rom.
Pontif.*

Sed considera sub involucro verborum cap-
tiosè laqueos occultantes, callidèque nomina confundentes, dùm idem qui supra
Dioscorus Apostolicæ sedis legatus in epistola ad Hormisdam (*b*) ex eorum fidei
professione hæc verba recitat: Credimus,
quia unitas divinitatis & humanitatis, quæ
fieri cœpta est, non tantùm in utero non
est divisa, sed nec in partu, nec in nutri-
mentis, nec in passione separata est.] In
quibus verbis observa, cum unitam dicit
unitatem divinitatis, nempe substantiam,
non personam : & ex adverso audi quid dicat sanctus Joannes Damascenus: At quòd
divinitas homo facta, aut incarnata sit
aut humanitate se induerit, nusquàm audivimus. Illud certè didicimus, divinitatem humanitati in una suarum personarum
unitam esse.]

CXI.
c *Extat
inter epist.
Hormisda*

Quinto autem hæc effuti tentur præjudicio Catholicæ veritatis, benè illis verbis
Dioscorus legatus significavit, scribens ad
Hormisdam (*c*): Cujus (*inquit*) sermonis, si subtiliter attendatur, intentio, ad
quantas hæreses pateat, & quæ mala possint disputationibus Ecclesiasticis introduci,
quoniam longum est, &c.] At quæ inter
alia? audi ipsum Hormisdam Pontificem,
cum hæc ait post multa, scribens ad Justinum Imperatorem (*d*): Qui aliter habet,
necesse est aut divinitatem in multa dividat,

d *Hormis.
epist. 76.*

Deus, non *tempe ut tres substantias dicat, siaque tres
Divinitas   Deos*, aut specialiter passionem ipsi essen-
nata atque   tiæ Trinitatis impingat.] Hæc Hormisda
passa .   ex ipsorum novitate verborum dervat. Intelligis, lector, quomodò versipelles sub
prætextu quodam impugnandi Nestorianos,
Eutychianam hæresim auctam blasphemiis

Theopaschitarum invexerint, & calice aureo Babylonis impii blasphemias propina-
rint: quamvis ne detegerentur hæretici,
tàm in libello quem legatis dederunt, quàm
in aliis suis scriptis, verbis Catholicis videantur Chalcedonense Concilium velle erigere potiùs, quàm deprimere.

CXII.
Legatio
Scytharum
monacho-
rum ad A-
fricanos E-
piscopos.

At quantùm studuerint impii isti videri
pii, atque curarint, quòd non essent, prædicari Catholici ; ex eo quoque intelliges,
quòd cum Romæ intereà degerent, atque
viderent periclitari deductam in judicium,
ad lapidem Lydium, quòm hactenus aluis-
sent suam ipsorum Orthodoxi nominis æstimationem ; quò alibi, ubi minimè cogni-
ti essent, eamdem excitarent ; illud iniere
consilium, ut ad Africanos Episcopos, inter quos magni nominis hujus temporis
confessor, eximiusque Ecclesiæ Africanæ
doctor sanctus Fulgentius eminebat, legationem mitterent, darentque à se missio legato fidei Catholicæ per capita distincta
professionem ipsis probandam; cùm & in
ea quam ad eosdem dederunt epistola usur-
parunt dolosè nomen totius Orientalis, immò
universalis ecclesiæ, quò illos faciliùs
ad ea quæ scriberent, confirmanda perducerent: ipsorum autem epistolæ exordium
sic se habet:

CXIII.

Dominis sanctissimis & cum omni veneratione nominandis Diacono, Fortunato,
Albano, Orontio, Boetho, Fulgentio,
& ceteris Episcopis & in Christi confessione decoratis; exigui Petrus diaconus, Joannes *cognomento Maxentius*, Leontius,
Joannes, & cæteri fratres in causa fidei Romam directi.

Scytharum
monacho-
rum ad A-
fricanos e-
pistola .

Utile & pernecessarium, sanctisque Dei
Ecclesiis specialiter credimus profuturum,
ea quæ de incarnatione & dispositione divina nobiscum universæ sanctæ Ecclesiæ
Orientalium contra hæreticos defendunt,
qui pravis & iniquis argumentis antiquam
Ecclesiæ fidem inquietare non cessant, sanctitati vestræ suggerere, atque de his consessum vestræ beatitudinis suppliciter promereri. Quia in nullo sanctam gloriosam-
que confessionem vestram credimus dissentire, præsertim cum uno ubique spiritu
sanctam Dei Ecclesiam vegetari minimè dubitemus. Non enim parva, immò potiùs
magna lætitia universi complebuntur Orientales, si sanctitatem vestram suis, immò
magis Catholicis noverint in omnibus consentire dogmatibus. Unde suppliciter petimus & obsecramus beatitudinem vestram,
quatenùs diligenti examinatione, ut ea quæ
inferiùs continentur, discutientes, ut decet verissimos & intrepidos Christi prædi-
catores, scriptis sententiam vestram nobis
patefacere jubeatis: ut si, Deo præstante,
Catholicæ fidei conveniens & Apostolicis
traditionibus nostra apud vos (sicut nos
confidimus) fuerit expositio comprobata :
& facilè tantorum virorum, probatissimo-
rumque sacerdotum auctoritate muniti, iniqua loquentium ora obstruere valebimus ;
& in fide sanctorum Patrum perseverante,
Deo, qui nos sanctimonii sui confessione

glorificavit, gratias referamus, domini
sanctissimi, & Deo dignissimi. Nunc ea
quæ sequuntur, diligentius petimus ex-
ploretis.] Hactenùs ipsorum epistola ad
Episcopos Africanos, quæ & apposita est
præfatio septem, quæ subiiciuntur, de fidei ipsorum confessione capitibus.

CXIV. Puto quidem in ipso ingressu te considerasse consuetam hæreticorum arrogantiam,
dùm pauci Scythiæ monachi (si tamen monachi, potiùs verò circulatores dicendi &
impostores) totius Orientalis Ecclesiæ præ-
seserunt esse legatos, secumque omnes Ecclesias eadem sentire, ac præsertim populos Orientis. Sed qui ita dilatant fimbrias,
ne quovis modo deprehendi possent quòd
ipsi essent hæretici, illud quidem astutè ex-
cogitarunt, ut non eam proferrent, quam
Constantinopoli legatis dedissent, vel Romæ Hormisdæ Papæ fidei confessionem edi-
dissent, qua dicendum contendebant, non
unam personam de Trinitate, sed simpliciter unum de Trinitate esse passum in carne:
sed Verbi nomen apposuere ; nàm ita in capite quarto : Trinitas etiam post incarnationis mysterium Trinitas mansit : quia
idem Deus Verbum etiam cum propria carne unus est ex Trinitate, non quòd caro
ejus sit de substantia Trinitatis, sed quia
caro Dei Verbi est, qui est unus ex Trinitate.]

CXV.
Fulgentius
pro omni-
bus Afri-
canis Epis-
copis re-
scribit.

Non potuerunt Episcopi Africani ipsorum ita proditam confessionem non probare, ignari motæ in Oriente & Romam delatæ controversiæ, cujus nulla prorsus est
mentio apud Fulgentium, qui omnium nomine collegarum ad ipsos rescripsit, nullam
suspicans sub verborum involucro occulta-
tam fuisse blasphemiam, intactamque penitùs quæstionem reliquit : vitavit tamen
ipse verborum ambiguitatem, voce personæ usus, cum ut verè Catholicus dixit capite decimo : Una ex Trinitate persona
Christus Dei Filius unicus, ut nos salvaret
carne conceptus, & natus, &c.] Hæcque
& alia à se posita esse Ecclesiæ Catholicæ
præscripto & Apostolicæ Romanæ consensu, ingenuè profitetur, ut planè à recta
credendi linea vel latum (quod ajunt)
unguem destiterit, inveniri non possit.

CXVI.
De prima-
tu Eccle-
siæ Rom.
Fulgentius

Hoc quidem bonum saltem peperit nobis
Scytharum perfidia, ut eorum interpellatione sanctus Fulgentius scripserit egregium
illum de incarnatione Verbi & gratia libero arbitrio commentarium planè aureum,
in quo inter alias gemmas nitet de primatu
Romanæ Ecclesiæ ista sententia tanto digna
doctore : Duorum, inquit, magnorum luminarium, Petri scilicet, Paulique verbis
tanquàm splendentibus radiis illustrata,
eorumque decorata corporibus Romana,
quæ mundi caput est, tenet & docet Ecclesia, totiúsque cum ea Christianus orbis &
ad justitiam nihil hæsitans credit, & ad salutem non dubitat confiteri.] Hæc Fulgentius : qua una sententia, velut cælitùs
vibrato fulmine, conatus omnes Novantium confringantur.

CXVII. Sed quid intereà, cum Romæ monachi

iidem morarentur ? Primùm omnium, antequam ipsorum impietas penitùs patefacta
fuisset, ut vindices Catholicæ fidei progrediuntur accusatores Victoris diaconi, necnon Dioscori, à quo ipsi Constantinopoli
rei criminis hæresis constituti fuissent :
quamobrèm placuit Hormisdæ Pontifici
eosdem monachos Scythas diutiùs Romæ
detinere usque ad reditum legatorum, prout idem Pontifex redditis à se his ad Justinianum litteris docet (a) :

Hormisda Justiniano. Illustri.

CXVIII.
Hormisd.
Epist. de re-
tentis mo-
nachis Ro-
mæ.

Eulogio viro clarissimo filio nostro deferente, litteras celsitudinis vestræ suscepimus : eoque remeante, debitum persol-
ventes salutationis officium, significamus,
Scythas monachos allegasse plurima, quæ
nos relinquere indiscussa non possumus : sed
legatorum nostrorum, Deo juvante, festinemus adventum : proinqua eos in Urbe
credimus retinendos, à qua nec ipsi ordinatione dissentiunt. Amplitudinem vestram
tamen retinere confidimus, quod de ipsis nobis præterito tempore litteris destinatis scripserit : in quorum allegationibus, cum,
legatis remeantibus, competenter fuerimus
instructi ; si quid reprehensione dignum
cognitio nostra reperient, necesse est, ut
circa eos teneamus Ecclesiasticam disciplinam.] Subiicit his Hormisda de Victore
diacono, quem iidem monachi apud ipsum Romanum Pontificem accusarunt,
cùm ait :

Victorem præterea, qui diaconi perhibetur habere officium, cujus fidem hi ipsi
monachi vehementer accusant, vel alios
qui perversas fortitan obiiciunt quæstiones,
ordinatione domini filii nostri clementissimi Imperatoris, ad Urbem, vobis sugge-
rentibus, dirigantur : ut universas allegationes, de quibus contendunt, possumus
plenius agnoscere.] Hæc ad Justinianum Hormisda : ex quibus intelligis, ad Romanæ
Ecclesiæ tribunal omnes accessum habuisse,
ipsum verò Urbis Episcopum sedisse judicem universarum controversiarum, ad quem
concurrant ex Scythia monachi causam
acturi, iidemque aliis Constantinopoli degentibus diem dicturi. Sed de quæstione
Victoris inferiùs. Extant aliæ litteræ ejusdem Hormisdæ ad eumdem Justinianum datæ hoc anno, mense Septembris, in quibus de retentione monachorum aliam affert
rationem his verbis (b) : Præterea monachos, quos venisse Romam significastis litteris vestris, ad propria mòx volumus reverti. Sed quia sub testificatione potentiæ
divinæ dicebant, per insidias in itinere paratas, vitæ sustinere se posse discrimen, volentes redire Constantinopolim ; passi non
sumus violenter expelli. Quapropter necesse habuimus, venientibus legatis nostris
inquirere, qua revera faciente causa, inter eos fuerit commota discordia.] Ita
quidem usque ad quatuordecim menses eosdem retentos fuisse Romæ, defensio Maxentii, de qua agemus anno sequenti, demonstrat.

Significat autem iisdem ad Justinianum
litteris

Mittit reliquias Hormisd. ad Justinianum.

litteris Hormisda, se petitas ab eo reliquias (ut vidimus) mittere: nàm hæc habet ad finem epistolæ : Beatissimorum verò Apostolorum Petri & Pauli sanctuaria, fideſ religioſiſſimo vota affecti, per hanc portitorem ſub omni veneratione tranſmiſimus : optantes orationibus eorum, ut mentis veſtræ oblationi & deſideria gratia ſiſt Divinitatis accepta.] Ex duplici namque pietatis officio commendari ab ipſo Pontifice debuit Juſtinianus, nempe quòd ad S. Petrum miſiſſet oblationes, quòdque impenſè coleret memoriam Apoſtolorum, quorum ſacras reliquias à nobis petiſſet. Ad poſtremum hæc ad eum Hormiſda : Petimus itaque, ut cum de his quæ geruntur pro concordia, quàm etiam de incolumitatis veſtræ bono nancieris ſollicitudini noſtræ gaudium, currente pagina litterarum. Data quarto Nonas Septembris, Eutharico V. C. Conſ.]

CXXI.

Scythiæ monachi dùm fugam tentarent, prohibentur cuſtodiri.

a Hormiſ. epiſt. 55.

Quòd verò ad ipſos Scythas monachos ſpectat: cum juſſi eſſent expectare reditum legatorum, ipſi majam cauſam fovere directi, fugam arripere tentarunt : ſed eos Hormiſda voluit cuſtodiri uſque ad reditum legatorum. Teſtatur id quidem ipſe Pontifex in litteris datis ad finem anni hujus, nempe tertio Non. Decembris, ad ipſos legatos, in quibus hæc habet in fine (a) : De perſonis Scytharum monachorum Juſtinianus vir illuſtris nobis ſcripſit ; quarum exemplaria litterarum fraternitati veſtræ direximus. Quicum noſſent ſuſtinere veſtræ dilectionis adventum, & obſervationum moras ſe dicerent ferre non poſſe, tentaverunt etiam de Urbe diſcedere : quos tamen nos faciemus ſollicitius cuſtodiri, & quæ de vobis contraria dixerunt, volentes agnoſcere : ut cum reverſi, Deo propitio, fueritis, eorum error rationabilibus adhortationibus corrigatur.] Hæc Hormiſda. At quænam fuerint à monachis contra legatos aſſerta, ex litteris Dioſcori legati intelliguntur. Scripſerat autem idem Pontifex, eodem nuncio ad Dioſcorum (b) de iiſdem Scythis monachis, qui adverſus eum potiſſimùm detulerant conteſtationem ; quòd conſuetudinem habuerit hæreticorum, eò quòd recepiſſet Victorem diaconum ; quem idem monachi apud Hormiſdam reum fecerant Neſtorianæ hæreſis.

CXXII.

b Extat tom. 1. ep. Rom. Pont. in Hormiſ.

Cum igitur litteris Hormiſdæ Papæ & falſa relatione Scythiarum monachorum Dioſcorus nonnihil ſe perſtringi ſenſiſſet ad eum reſcribens, quomodò ſe habuerit cauſa Victoris, in primis enarrat ; ſed & ne vel levi aliqua ſuſpicione apud eumdem Pontificem laboraret, exactam Orthodoxæ fidei confeſſionem iiſdem ſuis appoſuit litteris. Audi igitur hiſtoriam epiſtolærem de rebus geſtis cum Victore Conſtantinopoli, quæ ſuperius attigimus. Ipſa enim epiſtola Dioſcori legati ſic incipit (c) :

c Extat tom. 1. epiſt. Rom. Pont. poſt epiſt. Hormiſ. 64.

CXXIII.

Dioſcori relatio de rebus geſtis cum Victore.

Per Eulogium virum ſublimem.] Et inferius : Significaſtis mihi ab illis Monachis ſcilicet, conteſtationem datam, ut non mihi hæretici jungerentur. Quos dicunt hæreticos, ego ignoro, niſi illos forſan

---

tè, qui Synodum Chalcedonenſem ſuſcipiunt, quos ego Catholicos dico. Victor diaconus dicitur, hæreticus ſcilicet : quſdam cum iſto, antequàm nos Conſtantinopolin ingrederemur, habuerunt intentionem * de uno de Trinitate cruxifixo, & de Chriſto compoſito, & de aliis capitulis à nobis hic poſitis : obtulerunt contra ipſum libellum tàm nobis, quàm Epiſcopo Conſtantinopolitano . Convenimus in domum Epiſcopi, ut inter eos intentionem, quæ vertebatur, agnoſceremus : Prædictus Epiſcopus Synodum Chalcedonenſem protulit : legit iſta omnes omnia quæ ſunt in eodem Concilio conſtituta, dicens : Præter iſta nihil mihi aliud dicatur. Qui ſequitur iſta ; poteſt inter Catholicos eſſe : Victor reſpondit : Suſcipio ſimiliter & epiſtolas Papæ Leonis, & ſancti Cyrilli epiſtolas Synodalem, quæ ſunt in Chalcedonenſi Concilio allegatæ ; & manu mea ſubſcribo, & ſacramentis confirmo iſta me ſuſcipere ; & præter iſta nihil aliud prædicare : Et ſi inventus fuero aliquando extra iſta aliud prædicans, nullam circa me peto miſericordiam.

*conteſtionem

Scytha è contra inchoaverunt dicere : Addatur & unus de Trinitate. Nos è contra diximus : Quod non eſt in quatuor Conciliis definitum, nec in epiſtolis beati Papæ Leonis, nos nec dicere poſſumus, nec addere. Diſplicuit hoc dictum. Victor autem utrum ſincero animo hæc diceret, an doloſè, quis noſſe poteſt, niſi qui corda cognoſcit? Verba iſta nos audivimus ; Deſt animum judicare. Poſtea ſine nobis magnificus vir Vitalianus Magiſter militum inter ſe & Epiſcopum Conſtantinopolitanum vocaverunt prædictum Victorem, locuti fuerint inter ſe ; quid definierint inter ſe, neſcimus.] Et inferius poſt pleniſſimam fidei Orthodoxæ teſtationem, hæc de iiſdem Scythis monachis Maxentius tamen, qui ſub Abbatis vocabulo dixit ſe congregationem habere ; ſi interrogetur, aut cum quibus monachis vixit, aut in quo monaſterio, aut ſub quo Abbate monachus factus eſt ; dicere non poteſt. Similiter & ſi de Achille dicere voluero, rem facio ſupervacuam : cui ſufficit ſemper latere propter conſcientiam ſuam ab omnibus Catholicis damnatam. Dat. Idibus Octobris, Eutharico Conſule.] Hic finis epiſtolæ.

CXXIV.

Scythæ pſeudomonachi.

Vidiſti igitur, quales fuerint pſeudomonachi, qui novis quæſtionibus uno ſimul tempore Orientem Occidentemque perturbabant. Hæc attende, nec cum ipſorum ſcripta legeris, eorumdem verborum lenocinio capiaris. Sed & vidiſti nebulonum artem, qui ſub ſanctitate monaſtici habitus latentes hæretici, eouſque progreſſi ſunt, ut Hormiſdam concitaverint in Dioſcorum unum ex Apoſtolicæ ſedis legatis è ſe miſſis. Hæc quidem hæretici dolo atque callida fraudulentia. Quæ autem alii Eutychiani hæretici hoc tempore vi graſſantes egerint Theſſalonicæ, ab omni prorſus abhorrent humanitate, & vincunt immanitatem. Sed quænam iſta fuerint, ſcripſerunt

CXXV.

Hæretici fraude, & vi agunt.

pserunt legati Apostolici ad Hormisdam: A dicinam. Præterea mox, ut præsentia vos
verùm quòd tardius eorum perlatæ sint Ro- contigerit scripta suscipere, debebitis ad nos
mam literæ eadem antea idem Pontifex de vestris aliquem destinare cum relatio-
sona percepit, ob eamque causam ad eof- ne, quæ universa contineat; unde his quæ
dem legatos litteras dedit, quæ sic se ha- gesta sunt vel geruntur, sollicitudinem no-
bent (a) : stram relevare debeatis. Datarum quoq;

a Hormisd.
epist. 56.

CXXVI.
Quæ nefa-
ria, in Joa-
nem, & a-
lios admis-
sa fiat.

Cum nos Ecclesiasticæ prosperitatis gau- litteris vestris adiungite, ne vobis portito-
dia sublevarent, & prope plenum laboris ris tarditas possit ascribi. Data tertio Idus
vestri fructum quotidie caperemus; repen- Octobris, Eutharico V. C. Consule.] Ut
tè nos inimica universi, quæ repentè suc- autem rem magis perspectam habeas, Jo-
cesserat, fama confundit: cujus opinionis annem istum, quem Thessalonicenses igno-
ordinem, etsi vobis necdum referentibus, minia atque vulneribus appetivere, fuisse
suspicamur incertum; pro ipsius rei tamen B unum ex Apostolicæ sedis legatis Episco-
magnitudine credimus non tacendum. Ita- pum, ex reliquorum legatorum relatio-
que perlatum est, fratrem & coepiscopum ne intelliges. Quò enim à pacis auctoribus
nostrum Joannem, dùm ad Thessalonicam sensit se diabolus è regno suo, cui domi-
pro suscipiendis tantùm libellis, qui pro- nabatur perfidus, spoliari, eò vehemen-
mittebantur, accederet, ita plebis irra- tiùs in ipsos per suos ministros insaniit. At
tionabili seditione concussam, ut extin- quomodò re vera ipsa facta gravatio se ha-
cto primùm eo, qui hospitium venienti buerit, qui remanserunt reliqui Constan-
præbuerat, ipse quoque non dissimili cæ- tinopoli legati Apostolicæ sedis, ne dees-
de mactandus, & vis sacrosancti fontis re- sent officio, nunciavere Romano Pontifi-
verentia vindicatus evaserit: cujus seditio- ci, licet tarde eorum Romam perlata
nis initium sub interrogationis dolose com- epistola fuerit, nempe quarto Kalendas
mento ab Aristide presbytero narratum Decembris: quæ cum exactè omnia conti-
exortum. Verùm nos, si hæc manife- neat, necessariò hic describenda est; cu-

b Extat
to. 1. epist.
Rom Pont.
in Hormis.

sta sunt adeò de plebe non querimur. C jus sic se habet titulus (b):
Erit in potestate venerandi Principis, Suggestio Germani Episcopi, Felicis &
temporis sui, & Catholici sacerdotis Dioscori diaconorum, & Blandi presby-
iniuriam qua jubeat resecare censura. teri.] Ipsa verò relatio est hujusmo-
Sed quod ad nos attinet, cura pervigili di:
per vos, Deo propitio, desideramus im- Magna misericordia Dei est, & inæsti-
pleri: quia nullum volumus aut non red- mabilia ejus judicia, qui nihil occultum
dita ratione converti, aut sic rectam viam dimittit, ut probetur uniuscujusque con-
fidei profiteri, ut sibi à Principe aliquid scientia. Dorotheus Thessalonicensis E-
sine doctrinæ remedio censetur imponi. piscopus non novus apparuit, nec ad præ-

CXXIX.

Relatio
legatorum
de rebus
Thessalon.

CXXVII.
De mitten-
do Romam
Dorotheo
Episcop.
Thessal.

Hæc igitur suggestione vestra suppli- sens factus, sed se demonstravit quem olim
cationis peragite, ut Thessalonicensis E- vera prædicabat opinio. Iste semper in
piscopus, qui sub interrogationis obtentu malis desideriis suis involutus, data occa-
Ecclesiasticam pacem protracto in longum sione exercuit, quod contra fidem Catho-
nititur dissipare negotio, quoniam à vo- licam semper parturiebat scelus. In aliis
bis suscipere noluit, à Principe ad Urbem D literis significavimus beatitudini vestræ,
directus, ab Apostolica percipiat sede do- quo ordine transeuntes Thessalonica, li-
ctrinam; & quicquid sibi dubium putet, bellos non potuimus suscipere. Erat ta-
huc veniens, præsenti à nobis inquisitione men constitutum, post ordinationem san-
condiscat: sic enim probare potest, se Ca- ctæ Ecclesiæ Constantinopolitanæ, unum
tholicæ professionis servare cautelam, non ex nobis ad ipsum dirigere: quia hoc spe-
malitiose concepta vindicare certamina: rabat prædictus, ut unus ex nobis post fu-
sciat nos paratos esse, & bene inquirentes sceptos libellos cum ipso Missas celebra-
instruere, & errantes ad fidei rectum tra- ret, quasi testimonio habens in generali-
mitem scientia duce revocare: quia si du- tate se ad unitatem sedis Apostolicæ esse
bitans paratam non vult experiri doctri- conjunctum. Etsi tarde, factum est tamen:
nam, nec rursus in simplicitate cordis, & venerabilem Joannem Episcopum ad ip-

De Joanne
Legato.

quæ pacis & religionis causa jubentur, ad- sum dirigentes, directus est cum ipso &
mittere; in aperto est, qua mente vel Dei communi electione Epiphanius presbyter;
nostri præceptis obsistat, vel Orthodoxi E Germanus venerabilis & illustris Episco-
Principis exempla contemnat. pus erat cum eis, & Licinius Comes Scholæ ex ordinatione clementissimi Imperato-
ris.

CXXVIII.
Hormisda
jubet cura-
ri ut Ari-
stides Ro-
mâ veniat.

In hac ergo parte totus suggestionis ve- Qui Licinius tamen cum prius pro alia
stræ actus immineat: quia nec illi alia pos- causa esset Thessalonicam directus, con-
sunt ratione salvari, & incitatæ plebis sub gregata Synodo de parecia Ecclesiæ Thes-
hac melius moderatione causa sedatur. salonicensis, ibi est inventus, expectans
Cum quo etiam Aristidem presbyterum secundùm promissionem unum ex nobis.
clementissimus Princeps ad nos venire Voluerunt, ipso præsente, libellos face-
præcipiat: quia (sicut præfati sumus) re & subscribere; quod factum est: si-
omnes, quorum pax Ecclesiastica ambigui- gnavit ipsos libellos prædictus vir, & ve-
tate dividitur, simul ad communionem niens Constantinopolim factum nunciavit.
nostram, depulsa mali erroris ægritudine,
Catholica scientia cupimus sentire medi- **Dico,**

CXXX.

Dicebatur nobis ab Apocriſario Dorothei:
Jubete dirigere qui libellos ſuſcipiat. De-
liberatum eſt (ſicut prædiximus) venerabilem Joannem Epiſcop. ambulare , ut haberet teſtimonium ſubſcriptionis illorum.
Rogavimus piiſſimum Imperatorem , ut
Comes Licinius ambularet cum eo: quod
& factum eſt.

CXXXI.
Primus
congreſſus
haud paci-
ficus.

Et quia pervenerunt in civitatem , nunciatum eſt Dorotheo per Comitem Lici-
nium , præſentiam adeſſe noſtrorum. Qui
direxit Ariſtidem presbyterum cum aliis
duobus Epiſcopis (quos ſolos ſciebat adverſarios eſſe negotii) ut noſtros videret:
cum quibus voluerunt facere primum certamen de libellis , dicentes: Sunt capitula quæ debent emendari. Dixerunt noſtri , non eſſe in poteſtate ipſorum hoc facere; Si vultis facere , Deo gratias; ſi
non vultis facere , venimus , ſalutavimus
vos, perambulabimus. Diſceſſerunt poſt
iſta verba.

CXXXII.
Quæ in
iſta loquentes
legatos po-
pulus The-
ſalonic.

Ad aliam diem convenerunt , iterum
iſta loquentes : & antequam propoſitio-
nem verborum feciſſent , ibi non eſt intentio generata , non injuria ſecuta eſt :
ſubitò populus inſanus irruit ſuper ipſum,
& duos pueros occiderunt Epiſcopi ; caput etiam fregerunt Epiſcopo in duabus
partibus , & reuet ejus diſſipaverunt : & ſi
niſi miſericordia Dei & defenſio S. Marci baſilicæ eruiſſet eos de manibus eorum,
ibi perierant : liberati ſunt tamen (quomodò dicitur) quia manus publica ſuper-
venit , quæ eos eruere potuit. Iſta & iſtorum concinnatorem Dorothei malitia fabricavit ; qui ante biduum quàm pervenirent noſtri Theſſalonicam , ſuper duo
millia baptizavit : Sacramenta tanta erogavit in populo , quæ poſſint ipſis ad tempora ſufficere ; ſignificans plebi , quia ſi-
des recta mutatur. Sic illos præmuniens,
ne communionem acciperent ab externis ,
ac baptizarentur in alia fide. Unde jam
ſubjicitur:

CXXXIII.
De populo
à Doroth.
concitato.
* **Joannem**

Iſta quomodò non habuerant excitata
populum ? Iſta quem non invitabunt ad ſeditionem ? Poſt hoc ipſum libellum, quem
fecerat cum Epiſcopis, ante populum ſci-
dit , dicens : Ego iſtud uſque ad mortem
meam numquam facio , nec faciemibus
conſentio. Occiderunt & hominem * venerabilem Catholicum , qui nos venientes
ſuſceperat in domo ſua , qui ſemper ſepa-
ratus fuit à communione Dorothei propter Synodum Chalcedonenſem : in quo
talem mortem exercuerunt , qualem illi,
qui ſanctum Proterium occiderunt. Iſta
ad clementiſſimum Imperatorem pervenerunt , & propè in tota civitate Catholicus
luctus eſt propter talia quæ contigerunt
ſcelera. Promittit ſancta clementia vindicare , & citare Dorotheum : quia nos con-
teſtati ſumus pietatem ejus, dicentes: Nulla ratione Dorotheum inter Epiſcopos, aut
in communione ſedis Apoſtolicæ poteſt
beatiſſimus Papa recipere: & contra qui
voluerint eum in ſua communione recipere , ſcire ſe eſſe reos auctoritate Eccleſi-

A ſtica. Iſta ad notitiam beatitudinis veſtræ
feſtinavimus referre , ut nihil vos lateat ,
quod in iſtis partibus agitur. Accepta
quarto Kalendas Decembris , Eutharico
Conſule.)

Poſt has autem alias ab iiſdem legatis **CXXXIV.**
redditæ ſunt de rebus item Theſſalonicen-
ſibus ad Hormiſdam litteræ, quibus ſigni-
ficabatur , juſſu Imperatoris Dorotheum
ejus civitatis Epiſcopum , malorum omnium inſtigatorem & auctorem , ductum
Conſtantinopolim. Quibus acceptis Hormiſda litteris ; de ordinando alio Theſſa-
loniceñſis Eccleſiæ Epiſcopo , ad eos reſcribens dat in mandatis. Epiſtola autem
quæ ab eo data eſt hoc anno III. Non. De- a **Hormiſd.**
cemb. ita ſe habet (a) :   **epiſt. 57.**

Graviter nos Joannis Catholici afflixit **CXXXV.**
interitus , quem hæretici Dorothei veſa- **De Joanne**
nia perhibetis extinctum.] Joannes qui- **ab hæreti-**
dem vocabatur Catholicus Noſpes , qui le- **cis necato.**
gatos receperat ; ne putes Joannem Epi- **Quæ de-**
ſcopum extinctum , quem ſupervixiſſe ex **cernat**
multis conſtat. Sed pergit Hormiſda: Nam **Hormiſda**
eumdem Dorotheum Conſtantinopolim juſ- **in cauſa**
ſu Principis didicimus evocatum. Adver- **Theſſal.**
ſus quem dominum & filio noſtro clementiſſimo Principi debetis inſiſtere , ne in eamdem civitatem denuò revertatur : ſed Epiſcopatus , quem nunquam bene geſſit , honore depoſito , ab eodem loco ad Eccleſiæ
longius relegetur , vel certè huc ad Urbem
ſub proſecutione congrua dirigatur. Ad
hanc etiam partem evigilare debetis , ne in
locum ejus Ariſtides totius mali inventor &
conſcius quibuslibet ſubreptionibus ordinetur. Nam nulli prodeſt mutari perſonam , ſi ejuſdem forma nequitia perſeveret:
ſed talem virum debetis eligere , ut de judicio veſtro cuncta Catholicorum congregatio gratuletur.] Hæc de his Hormiſda.
Subiicit autem iiſdem litteris cauſam Thomæ & Nicoſtrati Epiſcoporum , qui petebant in ſedes ſuas , è quibus ejecti fuerant,
reſtitui. Pro Elia etiam Epiſcopo Cæſa-
ræam Cappadociæ æquè ſede pulſo idem
Pontifex ad diverſos litteras (b) dedit , b **Hormiſd.**
nempè ad Joannem Conſtantinopolitanum **ep. 47. 48.**
Epiſcopum , ad Juſtinum Auguſtum , & **49. 50. 51.**
Euphemiam Auguſtam , ad Juſtinianum, **52. 53. 54**
atque Germanum viros clariſſimos , in pri- **55.**
mis verò ad ipſos Apoſtolicæ ſedis legatos.

At quomodò tantum nefas in legatum **CXXXVI.**
Apoſtolicæ ſedis, eumdemque Epiſcopum
perpetratum , corrumpendo Judice auro,
Epiſcopi qui vocati ſunt Conſtantinopolim,
excuſare conati ſunt Dorotheus atque collegæ ; audi ex indiculo ſcripto à Joanne
Apoſtolicæ ſedis legato , vel (ut præſefert
titulus) ab Epiphanio presbytero , qui
cum eodem Joanne Epiſcopo Theſſalonicam miſſus fuit ; eſt enim ejuſmodi ipſius
inſcriptio (c) :

Indiculus qui directus eſt à Joanne Epi- c **Extat**
ſcopo , vel ab Epiphanio presbytero de **to. 1. epiſt.**
Theſſalonica.] Vel , pro , Et , ſæpè in his **Rom. Pont.**
epiſtolis uſurpatum invenies ; ut ſcias ab **in Hormiſ-**
utroque indiculum datum , qui ſic ſe ha- **da.**
bet :

Si pro

CXXXVII
Relatio E-
piphanii
vel Joan-
nis de fce-
lere Thef-
falonic.

Si pro peccatis noſtris iſti, qui hinc abducti ſunt Epiſcopi, Conſtantinopolim
fuerint ingreſſi: non dicamus quòd Imperatorem viſuri ſunt modis omnibus, ſed
quòd & ſuis locis reſtituentur. Tantas
enim pecunias ſecum detulerunt, ut non
homines, ſed poſſint Angelos excœcare.
Si ergò (quod abſit) ingreſſi fuerint: tanta falſa per noſtram abſentiam dicturi ſunt,
quanta poteſt diabolus invenire. Nam ſi
hic in conſpectu noſtro plura tentaverunt,
& Domino nobiſcum ſtante confuſi ſunt:
quanta facient per abſentiam noſtri? Ut
ergo eorum poſſit diſſipari malignitas, jubete nobis præſentibus, ſi ad audientiam
pro peccatis ventum fuerit, ut conſtet apud
homines nos immeritò mortuos eſſe, & illos patrocinio pecuniæ laborare. Nos enim
eos in omnibus in conſpectu Senatus convincere poſſumus, quòd hæretici perfecti
ſunt: tunc demùm eorum poteſt monſtrari
fallacia.

CXXXVIII
Excuſatio-
ne, carere
ſcelus per-
petratum
ab hæreti-
cis.

Item dicendum: Si hæretici non ſunt,
quomodò ante duas hebdomadas quàm nos
veniſſemus, ſtatuerunt omnes in unum E-
piſcopi, ne quis Miſſas foràs civitatem teneret? ſed hinc omnes, ut & multitudo
eſſet futuræ ſeditioni congregata, & doceri poſſet ſecundùm errores eorum. Qui poſtquàm ſenſerunt nos veniſſe, publicè prædicaverunt, feſtinandum eſſe cum parvulis
ne perſecutione veniente, Pagani morerentur infantes: & tunc velut ad alterum
Paſcha tantos baptizaverunt, ut conſue-
tam feſtivitatem ſuperarent.

CXXXIX.

Item dicendum: Si hæretici non ſunt,
quomodò tanta ſacramenta conſecerunt,
ut caniſtra plena omnibus erogarent; non
imminente (ſicut dicebant) perſecutione,
communicare non poſſent? Fecerunt iſti,
quod ſciebant à majoribus factum perſecu-
tionum temporibus quando accepta ſacramenta domum ferebant, quòd ad eccleſiam
pergere non liceret; ſumentes eadem domi. Sed ſubdunt: Item ſi hæretici non ſunt,
poſteà quare accuſati ſunt Geſtis à Candido
viro ſublimi Vicario Magiſtri militum præ-
toriarum in judicio Præfectorum? Et ſi
maturum periculum cognoſcerent affuturum, quare denuò tamquam damnandi,
velint ſubvenire iterum parvulis cupientes,
tanta rursùm & confutati exercuerunt ba-
ptiſmata, ut verè cunctis ſe hæreticos oſten-
diſſent: ad quam rem ſatis & magnifica
poteſtas Præfectorum graviſſimè indignata eſt.

CXL.

Item ſi hæretici non ſunt: quomodò cum
in baptiſterio abſconditi eſſemus, conſilium
inter ſe habitum per noctem, veluti de pericula liberare nos volentes, in navi mittere voluerunt, ut hac occaſione mari præcipites darent? Cumque nos reſpondiſſe-
mus per Demetrium & Andreæam diaconos:
Omnes, nos apud vos eſſe, cognoſcunt;
quomodò per noctem navigare poſſumus?
Sed ſi vos verè pro noſtra ſalute conſuluiſtis,
craſtina die ſecretè quinque vel ſex Senatores, qui periculum ſubſtantiæ vel ſalutis
ſuæ metuunt, unà cum Magiſtri militum

A Vicario Candido Comite jubete advocare;
cognoſcant & ipſi ubi transferimur, & facimus quod jubent. Sin autem ſoli, ſecre-
tim; hoc non facimus. Tunc illi non invenientes effectum, ad horam tacuerunt;
& alia die iterùm ſeditionem populi commoverunt; unde vix, Deo volente, eva-
ſimus.] Hactenùs quæ ſuperſunt libelli,
qui mutilus videri poteſt; cum in eo nihil
de perpetratis cædibus habeatur. Miſſus
autem eſt ipſe libellus ab ipſis legatis Joanne & Epiphanio adhuc Theſſalonicæ
commorantibus, cum Epiſcopus Theſſalonicenſis cum collegis ſibi ſubditis proficiſci
B Conſtantinopolim juſſi ſunt, & confari-
nati (ut audiſti) auro expugnaturi juſtitiam perrexerunt.

At quidnam? potuitne ſub clementiſſimi & veri amantiſſimi Principis miniſtris,
in re adeò nefaria, cunctis nota, ab omnibus deplorata Catholicis & declamata Fidelibus locum invenire ſubreptio, & ad
Judicum corruptelam viam facere ſibi aurum? Hic planè, hic illud opportunè ex-
clamandum: Quid non mortalia pectora cogis: auri ſacra fames? Proh pudor! ſub
eo qui à juſtitia nomen accipit, Juſtino
Imperatore, & rerum ſummam adminiſ-
C ſtrante illo, qui itidem à juſtitia nomen
deducit, Juſtiniano, potuit juſtitia obrui
auro, aureiſque compedibus vincta detru-
di in barathrum veritas? Proh ſcelus! inultum reliqui valuit horrendum facinus, in
Epiſcopum, eumdemque Apoſtolicæ ſedis
legatum, atque in Joannem legatorum ho-
ſpitem perpetratum, clamante præſertim
Hormiſda ab Occidente, & collegis legatis proximè lacrymis interpellantibus Imperatorem? At quid actum? languens pedibus, manibuſque infirma, auro corrupta
progreſſa vindicta, compoſito ad ſeverita-
tem vultu, Dorotheum Theſſalonicenſem
D Epiſcopum, qui amandandus erat in Oaſin,
in proximam civitatem relegat Heracleam,
ubi paucis diebus detentum abſque alia pœna carnificum ad ſuam Eccleſiam redire con-
ceſſit. Habes hæc quidem ex relatione reliquorum legatorum Conſtantinopoli commorantium ad Hormiſdam Pontificem verbis iſtis conſcripta (a), cum Joannes E-
piſcopus legatus Theſſalonicæ detineretur
infirmus:

Suggeſtio Germani Epiſcopi, Felicis
& Dioſcori diaconorum, & Blandi presbyteri.

Reverenda veſtri Apoſtolatus alloquia
E per filios veſtros Leonem atque Eulogium
deſiderabili hilaritate ſuſcepimus; quorum
prius præceptum, cur quæ Theſſalonicæ
contigerunt, non inſinuavimus, arguebat.
Sed longè ante ejus adventum, occaſione
comparata, curavimus ſignificare quæcumque hic rumore venientium, vel eorum
qui pertulerant ſcriptis, quorum exempla
ſubter adjunximus, vel piiſſimi Principis
narratione comperimus. Secuta eſt vindicta promiſſio: adeò ut Dorotheus Theſſalonicenſis Epiſcopus ad Heracleam dedu-
ceretur civitatem, donec cauſa terminum
repe-

CXLI.
Deteſtatio
oppreſſæ
juſtitiæ.

a Extant
tom. 1 epiſt.
Rom. Pont.
inter epiſt.
Hormiſd.

CXLII.
Relatio
legatorum
de rebus
Dorothei
Theſſalon;
Epiſc.

reperiret : Inter hæc , secundùm ea quæ præcepistis , auctoritatem Apostolatus restri Principi insinuare curavimus , ut ad percipiendam doctrinam Catholicæ puritatis , Romam præfatus Dorotheus unà cum Aristide mitteretur . Qui respondit , causam non esse , pro qua Romam delegarentur audiendi , ubi sine accusatorum controversia sese possent liberiùs excusare . Sed repentè , dùm hæc geruntur , ab Heracliensi (quantum agnovimus) in qua tenebatur , dimissus est civitate : quam ob causam vel qua ratione , aut conditione , vel quibus agentibus , ignoramus .] Hæc de Dorotheo : pergunt legati de anni sequentis Paschali calculo ; dicentes :

CXLIII.
De Paschali Die idem omnium consensus.

De Paschali die , vestra beatitudo cognoscat , concordare Orientalium cum Apostolica sede sententiam , ut decimotertio Kalendarum Majarum die festivitas celebranda speretur , sicut Joannis quoque Constantinopolitani Antistitis relatione clarebit . Superest , ut orationis beatitudinis vestræ adminiculo celeriter (sicut cupimus) vestris mereamur præsentari vestigiis .] Hactenus legatorum relatio . Quæ autem secuta sint in causa ejusdem Thessalonicensis Episcopi , sequenti anno (ut tempus postulat) referemus .

CXLIV.
Severus pulsus Antiochia.

At quæ sunt anni hujus reliqua , his conjungamus . Hoc namque anno (ut ex supputatione Evagrii satis perspicuè colligitur) in impium illum atque nefarium Severum Antiochenum pseudoepiscopum totius Orientis depopulatorem lata est ab Imperatore sententia , ut damnaei in Synodis sæpè hominis lingua , qua Deum jugiter blasphemabat , præcideretur . At nefarius impostor meritas pœnas fugæ vitavit : licet aliter Evagrii sonent verba , dùm ait (*a*) :

a Evagr. hist. lib. 4 c. 4.

Severus mandato Justini , primo regni sui anno , prehensus pœnas dat , lingua (ut nonnulli prædicant) abscissa .] Dicendum potiùs , ipsum accepisse de abscindenda lingua sententiam : quod irrogatum sententiæ supplicium fuga vitavit , ut ex ejusdem Evagrii verbis , quæ mox subdit , apparet ; necnon ex Liberato Diacono : pergit enim ita Evagrius : Quod negotium datum fuit Irenæo , qui magistratum quendam Antiochiæ in Oriente id temporis administravit . Confirmat quoque Severus ipse , supplicii ei irrogandi negotium Irenæo commissum , in litteris , quas scripsit ad Antiochenos ; modumque fugæ suæ exponit : in quibus quoque Irenæum gravissimis vexat conviciis , eumque diligentissimè observasse ait , ne Antiochia evolaret .

CXLV.

Sunt qui dicunt , Vitalianum *Magistrum militum* , de quo sæpè superius (ad id enim temporis videbatur maximè auctoritate & gratia apud Justinum valere) linguam Severi ideò postulasse , quòd Severus in suis concionibus probra & contumelias in eum jecerat . Ex sua verò Episcopali sede fugit Gorpiæo mense , quem Latini Septembrem vocant , anno quingentesimo sexagesimo septimo post nomen urbi Antiochiæ impositum .] Est hic præsens annus ex ejusdem

auctoris sententia , dùm agens de Justini Imperatoris ingressu , numerat (*b*) quingentesimum sexagesimumsextum Antiochiæ nominis annum , ac proindè ubi dicit id primo Justini anno factum , constat ipsum quidem exactum numerasse annum , cum ipsius sententia liqueat id accidisse secundo ipsius Principis inchoato . Subdit verò idem Evagrius : In ejus sedem successit Paulus : cui dabatur mandatum , ut Concilium Chalcedonense palàm prædicaret . Qui suâ spontè decedens Antiochia , certo jam vitæ cursu confecto , commune universæ carnis iter ingreditur .] Hæc Evagrius , ex quo alii eadem acceperunt .

b Evagr. lib. 4. c. 1

Mandatum erat Imperatoris , ut qui prædicare renuerent Chalcedonense Concilium à suis sedibus pellerentur . Ante Severum autem ejusdem jussu Imperatoris damnatum , eadem ex causa ejectum fuisse Julianum Episcopum Alicarnasseum , Liberatus (*c*) Diaconus agens , & de Severi fuga narrat his verbis : Jàm enim ab ipso Imperatore Julianus Alicarnasseus Episcopus pro eadem sanctâ Synodo , eò quòd eam non reciperet , pulsus fuerat sede . Quod sciens Severus , & prævidens quid sibi immineret , clàm nocte descendit Seleuciam , & navem conscendens , fugit Alexandriam , ad quam civitatem & Julianus fugerat .] Hæc Liberatus .

c Liberat. in Breviar. c. 19. to.2. Concil.

Julianus & Severus fugiunt Alexandriam.

Porrò iidem nefandissimi hæretici Alexandriam fugientes , invenerunt sibi defunctum suum ipsorum collegam impietatis Dioscorum Juniorem , cum jam annos tres sedem illam occupasset ; subrogatumque in locum ejus ab hæreticis Timotheum æquè hæreticum , à quo ambo suscepti sunt . Haud enim eo status res erant Alexandriæ , ut eis sicut aliis Justinus Imperator facilè mederi potuisset , populo ipso pariter cum suis Episcopis in hæresim captivo deducto , cui patrocinari etiam magno cum vitæ discrimine parati essent . Illud namque civium animis infixerant seductores , Chalcedonense concilium fuisse Nestorianorum conventum , ab eoque destrui quæcumq ; ipsorum Pater sanctus Cyrillus contra Nestorianam hæresim conscripsisset : sed & Seniorem Dioscorum ipsorum Antistitem , non alium quàm Cyrilli scriptorum defensorem se exhibuisse . His igitur & aliis hujuscemodi dolosis artibus , calumniis , atque mendaciis execrandi impostores illi populum adeò dementarant , ut planè se obsequium præstare Deo putarent , si adversùs fidem Catholicam fortes immobilesque consisterent , & eam etiam vitæ dispendio oppugnarent . Sic itaque defensione tumultuantis populi , qui illùc confugiebant hæretici , securi degere videbantur : magno namque periculo ab Imperatoribus perturbari Alexandrinos , exempla plurima docuere .

CXLVI.

CXLVII.
Miserandus status Ecclesiæ Alexand.

Sed quodnam novum portentum his diebus talium commercio Ægypti prodidit , audi à Liberato Diacono (*d*) : Sub isto , inquit , Timotheo de corruptibili & incorruptibili apud ipsam Ecclesiam quæstio mota est hoc modo : Requisivit quidam monа-

d Liber. in Breviar. c. 19.

CXLVIII.

Novæ hæreſes ortæ in Ægypto.

A

monachus Sæverum, quid oportet dicere, Corpus Domini noſtri Jeſu Chriſti corruptibile, an incorruptibile. Ille reſpondit, ſanctos Patres corruptibile illud dixiſſe. Hæc audientes quidam Alexandrinorum, cum requiſiſſent Julianum in alio loco ſedentem, quid ipſe diceret de eadem quæſtione: ille dixit, ſanctos Patres contraria dicere. Horum itaque ſinguli ſtatuere proprium reſponſum volentes, ſcripſerunt libros adversùs alterutrum: qui venientes in multitudine civitatis, Eccleſiam illam diviſerunt, & alios quidem feeerunt Corrupticolas appellari, verùm incorruptibilitatis aſſertores Phantaſiaſtas. Timotheus verò magìs ſententiam Severi ſecutus eſt. Cui cum diceret Themiſtius diaconus ejus: Si corpus Chriſti corruptibile eſt, debemus eum dicere, & aliqua

B

ignoraſſe, ſicut de Lázaro. Hoc Timotheus regnavit dicendum: à cujus communione Themiſtius diſcedens, ſchiſma fecit, & ab ipſo dicti ſunt in Ægypto Themiſtiani·] Hucuſque Liberatus. Ita planè accidere conſuevit, ut deviantes ſemel à recto tramite fidei Orthodoxæ, per errorum abrupta ferantur infelices hæretici inter ſe ipſos ſententiarum contrarietate diſciſſi, cum cuique liberum eſſe vident quicquid velit aſtruere; quî & prurigine gloriæ jugiter exagitati, novum ſemper quid excogitare laborant, ex quo nomen nanciſci queant de ſecta primarium, dedignantes hæretici ſimpliciter nominari & veluti gregales milites dici, appetentes nomen hæreſiarchæ. Agit de iiſdem Leontius Scholaſticus (a): reliqua autem, quæ ad hæc ſpectant, ſuis dicentur locis.

Hæretici Themiſtiani.

a Leont. de ſect. Act. ς.

JESU CHRISTI ANNUS 520.

HORMISDÆ PAP. ANNUS 7.

JUSTINI IMP. 3. THEODOR. REG. 28.

I.
Vitaliani Conſuli obitus.

b Evagr. lib. 4. c. 3.

II.
Juſtinus Imp. quæſtiones de fide refert ad Hormiſd.

Q Vingenteſimus atque vigeſimus Chriſti annus Ruſtico & Vitaliano Conſulibus ſignatus habetur, quorum Ruſticus in Occidente, Vitalianus verò in Oriente creatus eſt, ſed infelici exitu: ſuo enim Conſulatu ſuum confignavit interitum; de quo ita Marcellinus Comes in Chronico: Vitalianus menſe Conſulatus ſui ſeptimo, decem ſeptem vulneribus confoſſus in Palatio, cum Cleriano & Paulo ſatellitibus interemptus eſt. Luit pœnas de patrocinio Eutychianis monachis præſtito adversùs Apoſtolicæ ſedis legatos, ut anno ſuperiori fuſiùs dictum eſt. Quòd enim & ipſe genere Scytha eſſet atque affinis Leontio Scythæ monacho, favit iiſdem Scythæ monachis adversùs ipſos Apoſtolicæ ſedis legatos. De ejuſdem interitu agens Evagrius, ſic ait (b): Conſul factus, cum in Palatio verſaretur in porta quadam poſt aulam poſita, per dolum cæſus occubuit: haſque pœnas pro ſceleribus quæ tàm inconſideratè contra Imperium Romanum conſciverat, perſolvit.] Hæc ipſe planè alludens ad res ab eo geſtas contra Anaſtaſium Imperatorem; pro quibus ſanè ſumma laude dignus habendus erat, ſi quæ fecit, non regnandi animo, ſed rectæ religionis intuitu præſtitiſſet, ut ſuperiùs demonſtratum eſt; ut planè ſatis fuerit patefactum, rectè facta ſi recta careant intentione, minimè ſolere conſequi rectum finem. Sed de his ſatis.

Quod ad res Eccleſiaſticas ſpectat: eamdem ipſa quæ ante annum à Juſtino Imperatore cœpta ſunt Conſtantinopoli de reſtituenda pace atque concordia Orientalis Eccleſiæ, ab eodem, ut ad optatum finem ubique perducerentur, infatigabili ſtudio laboratum eſt, prout ſcripta ab eo hoc anno ad Hormiſdam Romanum Pontificem epiſtolæ docent, de quibus ſingulis ordine temporis agendum. Cum igitur qui extra Eccleſiam hactenus in caſtris hoſtilibus mi-

C

D

E

litarant Epiſcopi, ad unitatem Catholicæ Eccleſiæ ſe velle redire ſignificarent, libellos obtulerunt ipſi Juſtino Imperatori, petentes, ut de his quæ ad fidem ſpectant, quæſtiones aliquæ ſolverentur, ne quis dubitationis ſcrupulus eorum mentibus inſideret. His acceptis Imperator, probè ſciens non eſſe ſæcularium Principum de fide ſolvere quæſtiones, ſed primarii qui Eccleſiæ Catholicæ præſideret Antiſtitis; eaſdem ad Hormiſdam Papam ſolvendas miſit, has ad eum litteras ſcribens menſe Januario (c):

Juſtinus Auguſtus Hormiſdæ Papæ.

Quanto flagramus ſtudio pro colligendis concordia ſacratiſſimis Eccleſiis, jamdùm nos palàm feciſſe dignoſcitur: qui & ab ineunte noſtro Imperio ſanctitudinem veſtram admonendam duximus, quò certos ſub dirigeret, ut interventu eorum, remedium aliquod his rebus inveniri poſſit. Et antequam advenerint qui deſtinati ſunt, cuncta præparavimus; quò facilius transfigerentur, quæ per hanc florentiſſimam urbem diſponenda fuerant. Verùm quoniam preces noſtro numini porrectæ ſunt ex diverſis Eois provinciis, certa quædam diſſerentibus pro fide Catholica, ſecretaque ſuæ mentis declarantibus, quæ apud ſe pro individua Trinitate conſtituta teſtantur, quæque firmiter ſeſe recepturus oſtenditur *: hiſque relictis, Dioſcorus aliqua aſſeruit mendòritò duximus aperienda vobis ea, quæ ſumus edocti. Non multò ante poſt à nobis quidam deſtinabitur ad certiorem faciendam beatitudinem tuam ſuper omnibus, & inſinuandas vobis ſupplicationes, quæ à nobis oblatæ ſunt, & reſponſum pietatis veſtræ referendum, quo poſſint reſecari tandem dubitationes incongruæ. Securi igitur de noſtro conſilio, ſolicitis orationibus placare nobis Divinitatem ſummam dignemini. Data, decimoquarto Kal. Februarii,

Con-

c Extant inter litteras Hormiſ. Pap. tom.2. epiſt. Rom. Pont.

III.
Juſtinus ad Hormiſd. de Epiſcopor. quæſtionibus.

* oſtendunt

Constantinopoli , Vitaliano & Rustico A
Coss.] Qua die etiam datæ extant novissi-
mæ Joannis Constantinopolitani litteræ
de Paschali solemnitate hoc anno celebranda decimotertio Kalendas Maii . Quænam
autem essent quæstiones illæ, de quibus Justinus Imp. Hormisdam consuluit , ex aliis
ejusdem Augusti litteris ad eumdem Pontificem datis in fine hujus anni patebunt : ad
illud enim usque tempus dilata est Imperatoris legatio , quam se in recitatis litteris ad
ipsum fore missurum pollicetur .

IV.

Ad Extans inter Hor-misdæ episł.

At non Imperator tantùm , sed & Justinianus vir clarissimus Comes Domestico- B
rum eodem argumento ad ipsum Hormisdam litteras (*a*) dedit , ab eodem propo-
starum quæstionum expetens Apostolicam
definitionem . Quibus acceptis Summus
Pontifex , in his quas ad ipsum litteras reddidit , rem breviter attingens , pollicetur
pleniùs se ipsi eo tempore satisfacturum ,
cum per legatum ab Imperatore Romam
mittendum res omnes magis accuratè expressas acceperit : interim verò has breves ad
ipsum litteras rescripsit , quas hic tibi legendas proponimus (*b*):

b Hormis. ep. 74.

V.

Hormisdæ ad Justinia-num epist.

Hormisda Justiniano viro Illustri.

Quòd celsitudo vestra animi circa me sui
benevolentiam dignatur ostendere , facitis C
rem Deo placitam & rectæ conscientiæ congruentem . Sed si non parva sunt nobis hujus emolumenta propositi ; major in vos
fructus de tali bonitate revertitur . Neque
enim vacua honorificentia est , quæ defertur Antistiti . Indubitatum siquidem est ,
quia honor ministri , cultus est domini ; &
qui personam sacerdotis , magni habet , majorem remunerationem & ei , cui sacerdos
famulatur , accipiet : dicente Domino Jesu , iis qui Prophetas in honore suscipiunt

c Matt.10

(*c*), suam mercedem esse reddendam . Et
apud me quidem magni est gratia vestra momenti , eò tamen pretiosior , quia quicquid
mihi gratiæ dignanter impenditis , in Ecclesiarum defensione monstratis . D

VI.

Sed ut ad id quod celsitudo vestra desiderat , noster sermo dirigatur : quamquàm &
clementissimus Imperator & vos promittatis legationem esse venturam : & id cum ratione convenerit , ut eorum qui dirigendi
sunt , super omnibus nos decuerit expectare præsentiam ; tamen quia gratum nobis
est studium , quod circa religionem vos habere declarastis , non gravat prælibare , dicendo : Non opus , ut stabilitatem fidei vestræ intentionis potiùs quàm rationis sequaces procaci verborum novitate confundant .
Sancta Trinitas Pater & Filius & Spiritus sanctus unus est Deus : hanc Israel
justus adorare : cujus inseparabilis , &
indiscreta substantia non potest dividi ,

*distinctio-ne .

non potest sacrilega divisione * separari , servata tamen proprietate sua unicuique personæ .] Hæc ad explodendam
Scytharum monachorum arrogantiam ,
afferentium non dicendum unam personam de Trinitate in carne crucifixam ,
sed unum de Trinitate id præstitisse , ut
superiùs visum est . Sed ad postremum his

Annal. Eccl. Tom.VII.

verbis epistolam claudit Hormisda : Hæc
interim commendanda fidei vestræ , epistolaris styli terminum cogitantes , congrua
credimus brevitate sufficere , pleniùs diffe-
renda , cum florente Imperio clementissimi
Principis promissam legationem & nos suscipere , Deo propitiante , contigerit ; &
cognitis omnibus , cum adjutorio Dei nostri responso reddito pro universitatis infor-
matione remittere .] Hactenùs ad Justinianum Hormisdæ epistola , quam cum
constet ante missos Romam legatos scriptam
esse , utique hic suo loco posita est .

Paulò post autem mori contigit ipsum
Joannem Constantinopolitanum Episco- **VII.**
pum , ut litteræ Dioscori legati Apostolici
ad Hormisdam Pontificem datæ significant,
quibus inest ejusmodi titulus (*d*): *d Extat inter Hormisd. epist. to. 1. epist. Rom. Pont.*

Suggestio Dioscori diaconi ad Hormisdam Papam.

Erat optabile & voto nostro conveniens ,
consonantia præteritis annunciare , scilicet *Dioscori relatio de obitu Jo-bium Deo placere , qui inter Catholicos & annis , & Epiphanii.*
Pontificem Constantinopolitanæ Ecclesiæ
Joannem esse superstitem , & confessionem
libello editam : cujus merita non est dubium Deo placere , qui inter Catholicos &
communicatores sedis Apostolicæ meruit *creatione*
ad aliam ex hac vita discedere . In cujus locum Epiphanius quidam presbyter Syncel-
lus ejus successit , cujus initia bona videntur : nàm rationabilia loquitur , & promittit Patrum se regulas servaturum ; pacem
unitatemque ordinatam non dissipare , sed
magis augere . Ista sunt quæ promittit: quid
tamen opere possit implere , adhùc ignoramus . Has siquidem litteras , quarta post
ordinationem ejusdem die , reperta occasione , transmisimus . Necdùm cum eo communicavimus , non quasi resistentes , sed
quia adhùc ab eo non sumus invitati . Superest , ut beatitudinis vestræ insistat oratio , quatenùs divinæ gratiæ adjutorio talis erumpat , per quem de perfecta possimus unitate gaudere . Accepta septimo Idus
Aprilis , Rustico V. C. Consule .] Numerantur sedis Joannis Episcopi Constantinopolitani defuncti anni tres tantùm : qui
quidem Orthodoxi semper nomen obtinuit
licet Anastasii Augusti tempore ob ingentem persecutionem siluerit .

Cum electus novus Constantino-
politanus Episcopus Epiphanius moram fa- **VIII.**
ceret mittendi ex more legationem ad Romanum Pontificem ; exegit ab eo debitum
Hormisdam Papa , has ad eumdem litteras
scribens : quibus intelligas pristinam consuetudinem , qua solerent electi Episcopi legationem Romam mittere , petentes
Apostolicæ sedis communicationem , ad
hoc , ut nomen Catholicum consequi possent , & sic totius Ecclesiæ Catholicæ E-
piscopi sibi communicarent . Sed accipe *e Hormis. ep. 68.*
Hormisdæ litteras ob jura sua dilata Epi-
phanium interpellantis (*e*): **IX.**

Hormisda Epiphanio Constantino- *Exigit le-gationem Hormisda ab Epipha-nio .*
politano Episcopo.

Diù nos non nunciata tuæ primordia dignitatis tenuere suspensos , & in ipsa communis gratulatione lætitiæ mirari admodùm

E sumus

sumus morem priſtinum fuiſſe neglectum;
quia reparata Eccleſiarum, Deo annuente, concordia, plenum fraternæ pacis id
flagitabat officium : præſertim quod illud
ſibi non arogantia perſonalis , ſed regularum obſervantia vindicabat. Decuerat
ſiquidem , frater chariſſime, te legatos ad
Apoſtolicam ſedem inter ipſa tui Pontificatus inuia deſtinaſſe ; ut & quem tibi debeamus affectum, bene cognoſceres, & vetuſtæ conſuetudinis formam rite compleres.
Sed licet, his omiſſa , paginalia tantum
ſuffıcere judicaſſes ex occaſione colloquiı;
* ſtipulan-   nos tamen gratia ſtimulante * compulſi,
te.   interim juſte conſtantiam expectationis ab-
              rupimus, reciproca mutuæ charitatis ver-
              ba reddentes : quia & noſter animus amoris
              impatiens , & legatorum noſtrorum votiva
              rela:io excluſum quod imperabat cauſa ſi-
              lentium ad officia benigna traxerunt , qui-
              bus ad præſens gaudii noſtri ſigna monſtra-
              mus, & privatæ quodammodo amicitiæ vo-
              tiva perſolvimus.] Vides quàm cautè agat
              Hormiſda, nempe , cum docet ſe iſta ſcri-
              bere veluti privatæ amicitiæ debito , non
              ut Antiſtitem univerſalis Eccleſiæ , ne vi-
              delicet non petentem videri poſſet Catho-
              lica & Apoſtolica communione impertiiſſe,
              quam & legatione ſolemni & litteris ,
              more majorum, Epiphanius tenebatur ex-
X.   petere. Sed pergit :
              Legationem autem tuam & ea qua dudum
              gratia ſuſtinemus , & fulti veteribus con-
              ſtitutis exigimus : ut quantum gaudii fru-
              ctum vel de tui Pontificatus honore capia-
              mus , vel quas tibi gratias referri conveniat
              pro impenſis in negotio propagandæ unita-
              tis officiis (ſicut noſtrorum multipliciter
              aſtruxit legatorum narratio) evidentiùs ex-
              primamus.] Hæc Hormiſda ad Epipha-
              nium.
XI.   Qui quidem , ut par erat , non defuit
Quæ præ-   officio, immò menſuram appoſuit confer-
ſtitit Epi-   tam, coagitatam, & ſuperefluentem, dùm
phanius   videlicet primum litteras ad Romanum Pon-
erga Hor-   tificem qua cum fidei ſuæ profeſſione miſit ;
miſdam.   atque poſt hæc tres legatos , quibus non
              alias ſuas poſteriores litteras tantùm addi-
✓   dit , ſed & à Synodo collecta Conſtantino-
              poli Synodalem epiſtolam per eoſdem lega-
              tos dari voluit , quibus etiam & munera
              junxit ad eumdem Hormiſdam Pontificem
              perferenda. Sed antequàm de his agamus ,
              quæ tardius datæ , nonniſi menſe Septem-
              bri ab Hormiſda ſunt acceptæ ; de rebus ge-
              ſtis à Poſſeſſore Africano Epiſcopo Con-
              ſtantinopoli degente. (de quo ſuperiori to-
              mo mentio facta eſt) deque oborta Con-
              ſtantinopoli controverſia, quæ ad Roma-
              num Pontificem ab ipſo Poſſeſſore ſcripta
              ſunt per Juſtinum diaconum ad hoc miſſum
              videamus. Ex more enim , de quæſtionibus
              ad Catholicam fidem ſpectantibus , non
* Extat   alium quemquam, niſi quem præſidere ſci-
inter epiſt. ret in Eccleſia Catholica magiſtrum, Poſ-
Hormiſda   ſeſſor conſulendum putavit : quod & ipſe
Papæ to.1.   ſuis litteris profitetur, quarum ita ſe habet
epiſt. Rom. inſcriptio. (a):
Pontif.   Domino beatiſſimo & ineffabiliter mira-

brili & in Chriſti gratia præferendo Papæ
Hormiſdæ Poſſeſſor Epiſcopus in Domino
æternam ſalutem.
    Decet & expedit ad capitis recurrere me-   XII.
dicamentum , quoties agitur de ſanitate Poſſeſſoris
membrorum . Quis enim majorem circà Epiſc. ep.
ſubjectos ſolicitudinem gerit , aut à quo ad Hormiſ.
magis nutantis fidei ſtabilitas expectanda ,
quàm ab ejus ſedis Præſide, cujus primus à
Chriſto rector audivit (b) : Tu es Petrus , b Matt.16
& ſuper hanc petram ædificabo Eccleſiam
meam ? Arbitror veſtram beatitudinem non
latere quantis in Conſtantinopolitana urbe
Eccleſia laboret inſidiis , & ad morem veteris morbi in ſaniem vultus iterùm queat
erumpere, quod obductum creditur cica-
trice.] Quænam iſta fuerint, ſatis eſt demonſtratum , nempe complures illic extæ-
re , qui faventes Scythis monachis , per cuniculos la:enter reſtituere conabantur Eutychianam hæreſim auctam Theopaſchita-
rum blaſphemia , qua crucem divinitati co-
parentur inferre. Sed præter hæc , quænam recens ibidem contentio eſſet oborta,
idem Poſſeſſor verbis iſtis ſignificat, cùm
pergit :
    Unde cum quorumdam fratrum animus   XIII.
de codice Fauſti cujuſdam natione Galli   De Fauſti
Reginæ civitatis Epiſcopi, qui de diverſis Regien. li-
rebus & frequentius de gratia Dei diſertè bris con-
viſus eſt diſputare , in ſcandalum movere- ſultatio
tur, aliis (ut ſe habent humana ſtudia) in
contrarium renitentibus ; me crediderunt
de hoc ambiguo conſulendum . Dixi quip-
dem , ea quæ à tractatoribus pro captu proprii ingenii diſputantur , non ut canonica
recipi , aut ad Synodalium vicem pro lege
ſervari ; ſed habere nos certa ſcilicet , quæ
veteri lege vel nova conſcripta , & genera-
libus Patrum ſunt decreta judiciis ad fundamentum fidei , ac religionis integram firmitatem : hæc autem quæ Antiſtites diverſi
conſcripſerunt , pro qualitate ſui , ſine præjudicio fidei ſolere cenſeri.
    Sed cum hæc (quantùm in eorum fre-   XIV.
quenti poſtulatione perſenſimus) magis eis
excuſari videretur ; vel pro eorum pace,
vel pro obſequii occaſione reddendi Apoſtolatui veſtro , per Juſtinam diaconum
meum præſumpſi apices parvitatis meæ ingerere : quibus principaliter orationum veſtrarum munimen expoſcens , quæſo , ut
conſulentes quid de præfati auctoris dictis
videatur , auctoritate Apoſtolicæ reſpon-
ſionis agnoſcant : maximè quòd filii quoque veſtri Magiſtri militum Vitalianus &
Juſtinianus præcipuè ſuper hac re reſcripti
beatitudinis veſtræ ſimiliter informari deſiderant.] Hæc de oborta de libris Fauſti
quæſtione Poſſeſſor. Ad hæc inſuper cum Probandæ
jàm probandum miſiſſet ad eumdem Ponti- miſſæ Ro-
ficem ſcriptum commentarium in epiſtolas mam ex-
Pauli Apoſtoli, quod ſciret eas tantùm re- planatio-
cipi ab Eccleſia Catholica interpretatione nes epiſt.
divinæ Scripturæ , quas Apoſtolicæ ſedis Pauli.
judicium comprobaſſet; idem Poſſeſſor ad
finem epiſtolæ iſta habet: Codicem quo-
que tractatuum * antehàc direxiſſe memi- * tractan-
ni, continentem beati Pauli Apoſtoli epi- dum
                                            ſtola-

ſtolarum explanationes ; pro quo reſcripto
gratulari pon merui : unde ſimili prece de-
poſco , ut prærogativam benedictionis veſtræ competenti reſponſione merear adipi-
ſci . Accepta decimoquinto Kalendas Auguſti , Ruſtico V. C. Conſule .] Quando
autem data fuerit , non apparet : quam ex
mentione, quæ in ea fit Vitaliani , ſcriptam eſſe putamus hoc anno , ante tamen
quàm ille per internecionem de medio tolleretur , quem in fine menſis Julii , vel
Auguſti initio cæſum eſſe , quæ dicta ſunt
ſuperiùs docent.

XV. Has accipiens à Poſſeſſore Epiſcopo litteras per Juſtinum diaconum Hormiſda Papa , quòd novæ quæſtionis occaſione videret alterius ſciſſionis in Oriente imminere
periculum , reſpondere minimè prætermiſit,
Idibus Auguſti reſcribens ad Poſſeſſorem
epiſtolam : qua etiam , quòd ſatis ſciret
ob Scythas Romam profectos monachos re-
pulſos à legatis , novæ controverſiæ cauſa
Conſtantinopolitanam Eccleſiam (quod &
Poſſeſſor ipſe ſcriptis docuerat) hæreticorum inſidiis laborare ; primùm omnium poſt
deplorata præſentia mala , idem Hormiſda
de his , quæ cum illis transacta erant , vo-

*a Extat emendatior inter ſcri-
pta Joan-
nis Maxen-
ſii mendo-
ſior verò
inter Hor-
miſda ep.*

luit per eumdem Poſſeſſorem Orientalibus
innoteſcere . Porrò de hujuſcerta fide epiſtolæ , quam ab ipſis adverſariis monachis
Scythis in controverſiam deductam & ne-
gatam Hormiſdæ eſſe ſcimus , quòd valdè
per eam perſtringerentur , agemus in fine
ipſius : modò ipſa hic integra reddenda erit,
quæ ſic ſe habet (a) :

XVI.
*Ad Poſſeſ-
ſorem Hor-
miſdæ Pa-
pæ epiſt.*

· Hormiſda Poſſeſſori Epiſcopo.

Sicut rationi congruit , ut conſulant am-
bigentes ; ita par eſt , reſpondere conſul-
tos ; quia ipſe impellit in errorem , qui
non inſtruit ignorantem : nec quicquam
aptius eſt ſtudioſo religionis , quàm inqui-
ſitio veritatis ; quandò facilius devium vitat , qui iter, per quod graditur , rogat . Sed
priuſquàm reſpondendi curam de his quæ
dilectio tua percunctatur, aggredior ; libeter
in litteris tuis fidei tuæ me fateor inveniſſe
ſervorem,cujus calore ſuccenſus , redivivam
in illis partibus infidelium perverſitatem vigere ſuſpiras. Digniſſimus dolor,qui dedita
Deo corda contriſtet : nec enim eſt apud
eos lapſus inlamentabilis , quibus eſt igni-
culus charitatis : quia unum ſpiritualium
votum eſt ſalus inconcuſſa cunctorum : Sed
non eſt ignota Eccleſiæ de hujuſmodi procellis aut inſueta tempeſtas : & quamviſre-
ctoris ſui gubernaculo inconcuſſa perſiſtat,
variis tamen inſurgentium fluctuum laborat vexata turbinibus . Nàm undè eſt Pſal-
midici vox Prophetæ , qui ipſius Eccleſiæ
perſonam , Spiritu quo impellebatur , aſ-

b Pſ. 118.

ſumens (b): Sæpe , inquit , expugna-
verunt me à juventute mea : etenim non
potuerunt mihi ? Concutiunt , ſed in nihilo prævalebunt . Adhùc in area ſumus,
mixta ſunt frumenta cum paleis : gemunt
boni conſortia malorum , ſed ſuper. ſt flamma non neceſſariis , & parata ſunt horrea

*jam probata. Ubi terrarum non eſt iſta
* inſiſtere permixtio ? Nos fixis decet inſtare * veſti-*

Annal. Eccl. Tom. VII.

giis; proficiemus inter adverſantes propriis
bonis , ſi erroribus non involvamur alienis.
Probat enim virtutis ſuæ validum robur,
qui cum impellitur , non movetur .

Ubi non variæ tentationis aculei? Quales per hunc ferè jugem annum quorumdam
Scytharum, qui monachos præſeferebant
ſpecie , non veritate , profeſſione , non
opere , ſubtili tectas calliditate verſutias ,
& ſub religionis obtentu ſamulantia odiis
ſuis venena pertulimus , ſtudentes eos ab
interno vulnere medicabilis patientiæ moderamine ſanare , B. Pauli (c) monita
non tacentes : Noli verbis contendere : ad
nihil enim utile eſt , niſi ad ſubverſionem
audientium . Sed quandò virus , quod viſcera penetravit , evellitur ? Quandò corda malè ſibi credula veritatis obtemperant
inſtitutis ? Quandò induit obedientiæ humilitatem opinionibus ſuis vallata ſuperbia ? Quandò acquieſcunt paci contentio-
num ſtudiis aſſueti , ſola certamina amantes de religione captare , & mandata negligere ? Numquàm apud eos charitas novo
commendata præcepto, numquàm pax Dominico relicta diſceſſu : una pertinacis cura propoſiti, rationi velle imperare , non
cedere ; contemptores auctoritatum veterum , novarum cupidi quæſtionum ; ſolam
putantes ſcientiæ rectam viam , qualibet
concepta facilitate ſententiam : eoiſque tu-
moris elati , ut ad arbitrium ſuum utriuſque Orbis putent inclinandum eſſe judicium;
nec in numero Fidelium deputantes ſequa-
ces traditionis paternæ , ſi ſuæ viderint cedere nolle ſententiæ : docti crimina ſerete ,
obtrectationum venena componere , integrum Eccleſiæ corpus odiſſe , ſeditiones in-
ſtruere , invidiam concitare , & pro obedientia , quæ in cœnobiis principatum regularis obtinet diſciplinæ , obſtinationem
pertinacis amare ſuperbiæ.

Non illos potuimus monitis , non manſuetudine , non auctoritate comprimere . In
publicum uſque prodire conventum , ad
concurſionem quietis circa Regum etiam
ſtatuas inclamantes : & niſi fidelis populi
conſtantia reſtitiſſet , per diabolicæ ſemina
nefanda zizania apud illos diſſenſionem &
diſcordiam commoviſſent , per quos adjutorio Dei de religione eorum eſt pulſa diſ-
ſenſio. De eis Ierò probavimus prophetica
Apoſtolum (d) voce dixiſſe : In noviſſimis diebus inſtare tempora periculoſa , &
fore homines ſui tantùm amatores , habentes formam pietatis , virtutem autem ejus
abnegantes; itaque eſſe vitandos . Hæc ideo
dilectioni veſtræ indicanda ſub occaſione
credidimus , ne ſi illùc fuerint fortè delati,
ignorantes quemadmodùm ſe in urbe Romana tractaverint , ſub aliqua verborum
ſimulatione deciperent .] Hæc de Scythis
Hormiſda , quos in epiſtola (e) ſuperiori
anno data ad legatos Conſtantinopoli commorantes , fugam tentaſſe , ſed cuſtodiri
juſſos fuiſſe (ut vidimus) tradidit . At quæ
ſequuntur, reſponſionem continent de libris
Fauſti Regienſis Epiſcopi iſtis verbis :

Hi verò , quos vos de Fauſti cujuſdam
E 2 Galli

c 2. Tim. 2.

XVII.
Scythę Mo
nachi qua-
les.

XVIII.
Turbas
concitarũt
Romæ Scy-
thæ mona-
chi.

d 1. Tim. 3.

*e Hormiſ.
ep. 56. in
fin.*

XIX.
De libris
Fauſti ſen-
tentia Hor-
miſ. Papæ.

Galli Antistitis dictis consuluisse, litteris A indicastis; id tibi responsum habeant: Neque illum recipi, neque quemquam, quos in auctoritate Patrum non recipit examen Catholicæ fidei, aut Ecclesiasticæ disciplinæ ambiguitatem posse gignere, aut religiosis præjudicium comparare. Fixa sunt à Patribus, quæ Fideles sectari debeant instituta. Sive interpretatio, sive prædicatio, seu verbum populi ædificatione compositum, si cum fide recta & doctrina sana concordat, admittitur; si discordat, aboletur.

XX.
Quomodo legendi libri improbati.
Unum est fundamentum, extra quod quælibet fabrica si consurgit, infirma est: B super illud quisquis ædificat, sive vilia, sive pretiosa, consideret. Errat autem à via, qui ab eo quod Patrum electio monstravit, exorbitat: nec tamen improbatur diligentia per multa discurrens, sed animus à veritate declinans. Sæpè de his necessaria providetur, de quibus ipsi æmuli convincuntur, instructio. Nec vitio dari potest, nosse quod fugias; atque ideò non legentes incongrua in culpam veniunt, sed sequentes. Quòd si ita non esset, numquam doctor ille Gentium acquievisset enunciare Fidelibus (*a*): Omnia probate; quod bonum est, tenete. Non abre est, etsi mundanum, non tamen à ratione discretum miscere sermonem. Fertur quidam nobilis arte pingendi, cum equum penicillo vellet explicare, perfectum asellum sibi proposuisse pingenti, asserens, non ut jumentum imitaretur informe, sed ne in alicujus informis lineamenti similitudinem lapsus incideret.

a 1. Thess. 5.

XXI.
Non improvidè veneranda Patrum sapientia fideli posteritati, quæ essent Catholica dogmata, definiit; certa librorum etiam veterum in auctoritatem recipienda, sancto Spiritu instruente, præfigens: ne opinioni suæ lector indulgens, non quod ædificationi Ecclesiasticæ conveniret, sed quod voluptas sua concepisset, assereret. Quid ergò calumniantibus opus erat, extra constitutos Ecclesiæ terminos porrigere quæstiones, & de his quæ habentur dicta, quasi dicta non sint, movere certamina; cum Christiana fides canonicis libris, & Synodalibus præceptis, & Patrum regularibus constitutis stabili & inconcusso termi- *tramite no * limitetur?] Inculbat hæc magnâ energia Hormisda, alludens ipse quidem ad censuram Gelasii Papæ atque Romanæ Synodi, quorum decreto scripta ipsius Fausti rejecta sunt inter apocrypha. Sed subdit: De arbitrio tamen libero & gratia Dei, quod Romana (hoc est Catholica) sequatur & E asseveret Ecclesia, licet in variis libri beati Augustini, & maximè ad Hilarium & Prosperum, possit cognosci; tamen in scriniis Ecclesiasticis expressa capitula continentur: quæ si tibi desunt, & necessaria creditis, destinabimus: quamquam qui diligenter Apostoli dicta consideret, quid sequi debeat, evidenter cognoscat. Data Idibus Augusti.] Hactenùs Hormisdæ Papæ ad Possessorem Episcopum missa episto-

la, licèt (ut adversarii quæsti sunt) eadem facta Encyclica longè latèque per provincias fuerit divulgata.

Cum verò his se litteris perurgeri vehementer sensissent Scythæ monachi, ex XXII.
Verè esse Hormisd. eis qui videbatur esse disertior, Joannes cognomento Maxentio adversùs eamdem ep. ad Possessorem epistolam scripsit apologiam: in qua ut liberam dicendi sibi compararet facultatem, Hormisdæ esse negavit epistolam, ab adversariis ejus nomine scriptam affirmans. Non enim eò proterviæ atque procaciæ pervenerant isti, ut contra epistolam Romani Pontificis auderent contentiosum funem trahere, & refractarium stylum exerere. Ex quibus intelligas, in quam profundiorem foveam prolapsi sepulti jaceant infelices hæretici nostri temporis, qui pallàm publicèque clamorosa contradictione, & obstinata aversione exagitare studentes Romanos Pontifices, peccatum (*b*) suum b Isai. 3. ut Sodoma prædicant. Cæterùm quod ad præsentium monachorum negationem spectat; etsi modestiæ velamentum quoddam habuisse videri possint, mendaces tamen penitùs cognoscuntur. Intelliget hæc perspicuè, qui reliquas omnes Hormisdæ Papæ epistolas ea in causa, eodemque argumento datas perlegerit; & quæ ab eodem sequenti anno scriptæ reperiuntur: ut planè nulla sit ratio negandi hanc epistolam esse Hormisdæ, alias verò eodem argumento ab ipso conscriptas esse ipsius asserere; cum sicut illis, ita & istis litteris iidem monachi perstringuntur. Ex connexione igitur, & compaginatione rerum gestarum, sententiarum atque verborum proprietate, ex stylo & aliis pluribus signis, esse Hormisdæ, unusquisque expendens cuncta, probè cognoscet: Illi tantùm id negaverunt qui scripta Maxentii dumtaxat legentes, & judicantes secundùm illa ipsum esse Catholicum, veluti pretio redimunt ad excusandum Hormisdam, ne Orthodoxorum insecutor argui possit, Verùm cum ludificationem detegent impostorum, in contrariam sententiam citato cursu eosdem pedibus ituros non dubitamus.

Sed æquè dolandum patienter, qui legens ejusdem Maxentii pro monachis Scythiæ XXIII.
De respon-
sione Ma-
xentii mé-
daciis re-
ferta. responsionem, omnibus quæ ab eo dicuntur, certam fidem adhibendam esse putarit. At quis in his existimet vel ex hoc ipsis esse credendum, qui (ut anno superiori vidimus) cum non essent, se monachos, monachorumque patres esse profiterentur? quique etiam ut persuaderent Catholicis se esse Catholicos, pro ratione temporis & personarum, fidei formulas haberent diversas? qui insuper mendacia apertè esse locuti, ex aliis Hormisdæ epistolis convincuntur? Cujus esse fidei eos putas, qui iisdem suis scriptis calumniati sunt Dioscorum Apostolicæ sedis legatum esse Nestorianum? qui & eumdem Possessorem con- Calumniæ
monstruo-
sæ Maxen-
tii. sulentem Apostolicam sedem pariter hæreticum nominant in eadem responsione Maxentii? Quàm etiam turpiter idem Maxentius

tius

tius auctorem epistolæ ad Possessorem hæreticum fuisse mentitat? At quàm manifesta illa calumnia est, qua notam eidem inurit Hormisdæ, quasi depravatus à Dioscoro, negarit Christum unum de sancta Trinitate; cum scripta ipsius extent Hormisdæ, in quibus legitur expressè hujus mendacii confutatio?

XXIV.   Sed & quàm monstruosum mendacium, quòd eadem responsione Maxentius testetur, eumdem Dioscorum Apostolicæ sedis legatum & alios eadem cum eo sentientes sic dicere Christum unam esse personam in Trinitate, ut non fateri velint ipsum Christum esse Deum Verbum, sed æquivocè intelligere eos vocem personæ non pro supposito, sive substantia, sed quempiam alterum repræsentantem appellare personam? Quàm enim id longè longiùs, atque longissimè dicam, abhorreat à Dioscori legati scriptis, & Hormisdæ, cujus ille loquebatur ore, omnes, quæ ipsorum reperiuntur epistolæ clamant. Demùm verò quàm patens illud esse mendacium dicas, dùm idem Maxentius in eadem responsione sugillat Hormisdam Pontificem, dicens aliquid humani ipsum esse passum, cùm antequàm Dioscorus legatus Romam rediret, ne argui posset à monachi, eos expulerit per Defensores ab Urbe; id notam inurens Hormisdæ conniventiæ hæreticæ cum Dioscoro pravitatis, quem proclamat apertè esse Nestorianum hæreticum: quàm, inquam, patens, patens, impudensque mendacium id sit, litteræ *(a)* Hormisdæ datæ anno superiori significant, quibus tradit eos abire jussos, statim ut Romam venerant; sed ipsos recusantes ob viæ periculum, noluisse Hormisdam eos violenter expelli, sed retinuisse: immò ipsis tentantibus posteà fugam arripere, eisdem monachis impedimento fuisse, ne fugerent; & reditum legatorum ut expectarent, custodiri eos jussisse. Quàm longè igitur procùlque abest, ut ipsi (ut dicebant) expulsi fuerint, qui ne fugerent, ab Hormisda jussi sunt custodiri? Sed fugerunt utique posteà, cùm liberiores dimissi, ea abusi licentia, publicas in publicis locis scripta contestationes affixere.

a Hormisd. epist.63.

XXV.   Sed audi iterùm hæc omnia verbis Hormisdæ testata: atque primum repetam quæ ad Justinianum anno superiori scripserit idem Hormisda Papa, cujus hæc sunt verba *(b)*: Significantes Scythas monachos allegasse plurima, quæ nos relinquere indiscussa non possumus; sed legatorum nostrorum, Deo juvante festinemus adventum: pro qua re eosdem monachos in Urbe credimus retinendos, &c.] Et ad legatos Apostolicos Constantinopoli commorantes quæ idem scripserit, licèt recitata superiùs, hìc repetenda necessariò ducimus ad convincendam balatronum impudentiam solis ficus turpem nuditatem obtegere frustra conantium, dùm ait *(c)*: Cum nollent sustinere vestræ dilectionis adventum, & observationum moras se dicerent ferre non posse; tentaverunt clàm de Urbe discedere:

b Hormisd. ep. 64. Deteguntur imposturæ Maxentii.

c Hormisd. ep.56.

Annal. Eccl. Tom. VII.

---

quos nos faciemus solicitiùs custodiri: ut cum reversi, Deo propitio, fueritis, eorum error rationabilibus adhortationibus corrigatur.] Hæc Hormisda: quibus perspicuè vides, quantùm à vero absit, ut (quod Maxentius jactat) pulsi fuerint; cum ne fugam captarent, eos Pontifex solicitiùs custodiri præceperit. Factum verò posteà est, ut jam propinquante legatorum Roman reditu, causæ diffisi homines isti, haud læturi ipsorum aspectum, quos Nestorianæ hæresis accusarant, opportunitatem temporis nacti, contestationibus publicè affixis, aufugerent. Contestationes autem illas, quæ ab ipsis Scythis monachis in publicis locis affixæ fuerunt, haud alias ab iis fuisse putamus duodecim anathematismis; quæ in ipsius omnium ore loquentis Maxentii scriptis adhuc extant.

At quæ tanta temeritas atque procacia & prorsus effrænis audacia (rogo, hæc diligenter expende) pseudomonachorum istorum fuit, ut cum à sacrosancto Concilio Chalcedonensi vetiti sint monachi de fide differere; isti ejusdem Concilii in omnibus hostes & refractarii non solùm de fide ausi fuerint disputare, sed & de his quæ ad eam pertinent sententiam ferre, inferreque contradicentibus anathema? Vidisses promonstro Maxentium monachum se fingentem, atque præseferentem Catholicam fidem hæreticum, perinde ac in Pontificia sede locatum, Orbi universo de fide sancire leges, & in adversantes quosque anathematis sententias ferre.

XXVI.

Si hæc igitur paulò accuratiùs à doctissimo atque maximè pio viro Joanne Cochlæo pervestigata cognitaque fuissent, nequaquàm Maxentium inter Catholicos & defensores Catholicæ veritatis connumerasset: nec improbasset ex ejus sententia epistolam ad Possessorem tamquàm ab aliquo hæretico Hormisdæ nomine scriptam, quæ verè pia & ab eodem Pontifice scripta monstratur. Sed excusandus vir fama celebris, quòd carens citatis Hormisdæ epistolis, & aliorum ad ipsum datis, quæ ad præsens usque tempus latuerunt in bibliothecis obductæ situ, & obsitæ vetustate, haud facultatem habere potuit cuncta exactiùs disquirendi.

XXVII. *Excusator Cochlæus.*

Interea temporis, cum hanc ad Possesforem Hormisda Papa epistolam scriberet, cum monachi Scythæ jàm (ut dictum est) fugam arripuissent; Apostolicæ sedis legati Constantinopoli Romam reversi sunt: extant enim ipsius Hormisdæ litteræ *(d)* accelerantis ipsorum reditum. Porrò discessisse eos mense Julii, litteræ Justini Imperatoris ad Hormisdam datæ ipsis legatis discedentibus, satis indicant, in quibus idem Imperator in ipsorum commendatione hæc in fine habet *(e)*: In præsenti verò redeuntibus viris religiosissimis, tàm appellandam vestram reverentiam credimus, quàm commonendam, ut suis orationibus pro nostro utatur Imperio, proque incolumi statu Reipublicæ. Data septimo Idus Julii, Constantinopoli, Vitaliano & Rustico VV. CC. Consulibus.

XXVIII. *De reditu legatorum.*

d Hormisd. ep.64.

e Extant inter Hormisd. ep.

E 3   Inte-

XXIX. Interea autem dùm Romæ hæc agerentur, Epiphanius Constantinopolitanus Episcopus memor officii, quod jure debitum ab eo (ut vidimus) suis litteris Hormisda Papæ exigebat, nimiùm ut litteris & legatione ex more de sua ordinatione certiorem redderet ipsum Romanum Pontificem; utrumque (ut dictum est superiùs) diligenter implevit: atque primum omnium has officii plenas litteras dedit ad ipsum Hormisdam Papam , quibus se docuit esse Catholicum (a):

a Extant inter epist. Hormisd.

XXX. *Epiphanii ep. ad Hormisdam .* Sanctissimo ac beatissimo domino fratri & comministratori Hormisdæ Epiphanius Episcopus in Domino salutem.

Deus, qui in alto habitat, & humilia respicit, & omnia pro salute hominum affluenter providet , pro sua bonitate & misericordia meam respexit parvitatem , & post obitum sanctæ memoriæ quondam Archiepiscopi & Patriarchæ Joannis sedem sacerdotalem sanctæ Ecclesiæ Catholicæ regiæ urbis mihi conferre dignatus est , sententia & electione Christianissimi & justissimi Principis nostri Justini , & piissimæ Reginæ , quæ ei ad omne studium communicat divinum , sequentiumque eorum : his, quibus est bona conversatio , & qui regis honoribus sunt sublimiores , simul & sacerdotum & monachorum & fidelissimæ plebis consensus accessit . Quapropter necessarium duxi , hoc primum indicium meis inferre litteris, ut ostendam , quam circa vestram Apostolicam sedem habeo voluntatem .

XXXI. *oratio* Est mihi ratio * magnoperè , beatissime , uniri me vobis, & divina amplecti dogmata , quæ ex beatis & sanctis discipulis & Apostolis Dei præcipue summi Petri Apostolorum sanctæ sedi vestræ sunt tradita , & nihil eis pretiosius existimare . Neque enim extra aliundè veniens sanctæ Ecclesiæ constituta ignoro ; sed nutritus per Dei voluntatem ex teneris unguibus in sancta Catholica Ecclesia , pasui per tempora sanctissimis sacerdotibus & Patriarchis. Nàm sæpius præpositus his qui per sacratissimum & ineffabile baptisma sua exuunt peccata, & veram unius essentiæ Trinitatis docui fidem , quam (sicut præfatus sum) ex discipulis Dei magni & Salvatoris nostri Jesu Christi procedentem , omnium sacerdotum & omnium laicorum amplectitur cœtus.

XXXII. *Epiphanii Episcop. Constant. fidei professio.* Divinum enim re vera sanctum & à Deo datum Symbolum trecentorum decem & octo sanctorum Patrum in Nicæa congregatorum adoro & prædico, & Christiani splendoris manifestum indicium esse annuncio: Et quinquaginta & centum sanctorum sacerdotum in hac, urbe regia factam venerabilem Synodum: Similiter & ducentorum Dei amatorum Patrum conventum in Ephesina factum: Triginta & sexcentorum reverendissimorum Patrum & sacerdotum Synodum factam Chalcedone veram * esse & convenientem & compaginatam prædictis sanctis Conciliis, ipse ego didici , aliisque docere cognovi . In his ergo quatuor

unam

A Synodis sanctis & sacris magnum pietatis prædicatum mysterium , & omnium hominum est reposita salus. Eos enim qui fuerunt vel sunt ejusdem sententia & suscipio & amplector , & uniri me eis diligo. **B** contra autem eos qui præter istas quid sentiunt , aut prædicant, vel præterito tempore aliquid conati sunt , à cœtu Orthodoxorum extortos esse existimo. Similiter relictas & re vera religiosissimas epistolas venerabilis Papæ Leonis pro recta fide conceptas circumamplector & suscipio .

XXXIII. Habeat igitur hanc sententiam circa me vestræ beatitudinis sancta fraternitas . Vobis enim manifestum feci , & sub me Ecclesiis hæc prædico, festinans per omnia eas mihique & vestræ beatitudini vinculo charitatis adunari , quas omninò oportet esse unitas & inviolabiles , & corpus unum communis Apostolicæ Ecclesiæ eamdemque perpetuò custodire . Quantus enim circa venerabilem vestram fraternitatem in omnibus sit amor, jubete perpendere : quia quos vestra Apostolica sedes condemnans in sacris Diptychis recitare non jussit , eos nec ego inter sacra facto nominari mysteria . Hoc autem & his notum est, quià vobis **C** sunt directi viri reverendissimi, id est, Germano sanctissimo & Joanni Episcopis , Felici & Dioscoro diaconibus , & Blando presbytero, qui efficaciter secuti sunt ea , quæ eis sunt à vobis injuncta.

XXXIV. Oret igitur vestra sanctitas tàm pro me, quàm pro subjectis meis sacerdotibus , ut perpetuè custodiamur, rectam Dei tenentes confessionem : similiter & pro Serenissimo Principe nostro, & pro Christianissima Augusta ; quia eorum salus communis sanctarum ubique est Ecclesiarum profuturum firmamentum . Istam igitur vobis **D** absentibus intentionem nullo modo jam licebit sanctam Dei dilacerari Ecclesiam, per gratiam sancti Spiritus , & intercessiones sanctæ & gloriosæ Dei genitricis Virginis Mariæ. Omnem quamcumque vestram fraternitatem ego quoque , & mei plurimùm salutamus. *Alia manu*. Incolumis in Domino ora pro nobis, Dei amator , sanctissime frater. Accepta decimoquinto Kalend. Octobris , Rustico V. C. Consule. J Hactenùs de Epiphanii priore epistola ad Hormisdam . Quòd verò eadem die accepta habeatur epistola Justiniani, quæ huic subjecta in codice legitur ; argumento planè est , eamdem per eumdem nuncium missam esse : de iisdem planè rebus scripta esse videntur , quo & alia duæ ipsius , quibus de duabus quæstionibus in controversiam deductis se expetere , & expectare ab Apostolica sede responsum , Hormisdæ significat : quarum prior est de asserendo unum ex Trinitate Christum natum , & passum ; posterior de tolerandis in Diptychis Episcoporum Orthodoxorum defunctorum nominibus , qui sub schismate Acacii mortui essent . Sed præstat ipsam audire epistolam , quæ est hujusmodi:

XXXV. Domino nostro Jesu Christo favente , regnat in sæculo, qui sacra religione suum fundat

Justiniani fundat Imperium: quoniam benè gubernat
ep. ad Hor. humana, cui priùs divina placuerint; quod
misdam. præfentibus eveniffe temporibus gratulamur. Filius etenim vefter clementiffimus
Imperator æternitatis beneficio fceptra fortitus, fidei caufas arripuit explicandas, &
ad fuam fanctitatem miffa legatione, fædis
Apoftolicæ promeruimus facerdotes, quorum adventu non mediocriter adolevit Ecclefiarum concordia facrofanctarum, vobis
inftantibus, ut decebat, Acacii nàmque,
quod diffidium generabat, nomine ftirpitùs amputato pro tenore libellorum quos
direxiftis, in hac urbe regia multifque civitatibus unitas optata provenit, quam
fummonis inventam laboribus venerari con-
venit, in perpetuùmque cuftodiri neceffe
eft.

XXXVI. Hæc quibuslibet argumentis retractari
Quorum quifpiam patietur, quæ fempiterna majeftas
tantùm no- citè compofuit? Sed quia profperos curminacætæfus frequenter impedire feftinat humani
da effent, generis inimicus; pars Orientalium non
in facris. exilits, nec ferro, flammifque compelli
poteft, ut Epifcoporum nomina poft Acacium defunctorum condemnet: quæ difficultas generali concordiæ moras nectit.
Sanctitas itaque veftra cælitùs infpirata,
temporum rerumque qualitatem confideret, & condemnatis hujus erroris auctoribus, id eft, Acacio Conftantinopolitano, Petro & Timotheo Æluro & Diof-
coro Alexandrinis, Petroque Antiocheno,
finire dignetur inveteratum certamen; de
cæterorum nominibus quæftione fopita; ut
redimatis plebem de fanguine, quam Deus
nofter regendam commifit, ac non perfe-
cutionibus ac cruore, fed patientia facerdotali populum Domino noftro concilie-
tis; ne dùm volumus animas lucrari, &
corpora multorum perdamus & animas. Errores etenim diuturnos lenitate clementia-
que convenit emendari; præcipuè quia veftræ beatitudinis prædeceffores fæpiffimè
voluerunt Reipublicæ noftræ Antiftites ad
fuam revocare communionem, fi tantummodò taceretur Acacius, cæterique prædicti.

XXXVII. Non eft ergò grave, quod fuafit veftra
fedes: ut præftet illud etiam, magìs magìf-
que depofcimus, ut tua fanctitas concepta
gratia cælefti, quæ prætendunt Orientales Epifcopi, tractare dignetur, eorumque fidei competentem præbere confenfum.
Nobis etenim videtur, quoniam Filius
Dei vivi Dominus nofter Jefus Chriftus ex
Virgine Maria natus, quem prædicat fum-
mus Apoftolorum, carne paffum, rectè dicitur unus in Trinitate cum Patre Spirituque fancto regnare: ficut unus videtur ambiguum dicere fimpliciter unum de Trinitate, non præmiffo nomine Domini noftri
Jefu Chrifti: fic ejus perfonam in Trinitate cum Patris Spirituque fancti perfonis
non dubitamus effe. Sine Chrifti nàmque
perfona nec credi Trinitas religiofè poteft, nec adorari fideliter, quemadmodum
S. Auguftinus ait: An aliqua ex Trinitate
perfona? & alio loco: Solus in Trinitate

A corpus accepit: & iterùm: Unus trium.
Rogamus igitur, reverendiffimè falutantes, ut futuri judicii memores, gau- XXXVIII.
fam taliter ordinetis, ne quid dubitationis Duo capi-
relinquatur in pofterùm: quatenùs omni ta contro-
fcrupulo difcordiarum fublato, pacis defi- verfiæ.
deratæ per Orbem totum vincula renovan-
tur, & venerandarum floreat Ecclefiarum
concordia, corporifque unius in priftinum
ftatum membra recolligantur. Ille nàmque
medicus jure laudatur, qui veteres ægri-
tudines ita fanare deproperat, ut ex eis
nova vulnera non nafcantur. Specialiter
ergò cognofcat vefter Apoftolatus, compo-
B fitis eifdem duobus capitulis, univerfos
facerdotes iftius Reipublicæ libenter amplecti veftram communionem. (Accepta
decimoquinto Kal. Octobris, Ruftico V.
C. Confule.) Difficuliffe de his dare refponfum Hormifdam ufque ad adventum legationis, quam ea de caufa pollicitus fuerat
mittere Imperator, ex ipfius recitatis fuperiùs litteris vidimus; quæ autem refcripferit, fuo loco dicemus.

Epiphanius verò poft hæc collegit Syno- XXXIX.
dum Conftantinopoli, ex qua legatio de- Synodus
creta eft ad eumdem Hormifdam Pontificem, Conftanti-
Synodicæque fimul ad illum datæ, quibus nopolita-
& idem Epiphanius pofteriorem fuam epi- na.
ftolam ad eumdem Hormifdam junxit: ita
C planè explens abundè quæ fui muneris præ-
termififfe videri poterat. Sed quid intereà
accidit, quod decretam moraretur legationem? Contigit ipfum Joannem Epifcopum
ejufdem legationis primarium ægra valetudine laborare; quam, donec convalefce-
ret, expectari opportuit. Cùm intereà
tantæ moræ impatiens Juftinianus Comes
Domefticorum præveniendum putavit Hormifdam, miffo ad eum Eulogio Tribuno
atque Notario, cui has breviores litteras
D dedit:

Domino beatiffimo atque Apoftolico XL.
Patri Hormifdæ Papæ urbis
Romæ, Juftinianus.

Quanta reverentia veftram beatitudinem
veneremur, multis epiftolis, ex quo fereniffimus Imperator filius vefter regnavit,
cognofcitis. In præfenti quoque debita
pudore falutantes tuam fanctitatem, po-
ftulamus enixiùs, ut affiduis precibus &
frequentiffimis orationibus pro concordia
laboretis Ecclefiarum veftrarum; nobifque
(ficut per legatos etiam veftros poft omnia
fcripfimus) tàm de fermone de quo vertitur controverfia, quàm de nominibus Epi-
E fcoporum fub Acacio defunctorum per Eulogium virum fublimem Tribunum & Notarium dignetur Apoftolatus vefter integrum indubitatumque; deftinare refponfum:
omnibus videlicet, quæ præfentibus legatis veftris ordinata funt, in perpetuò firmiter duraturis. Vir nàmque religiofus Joannes Epifcopus, qui venturus eft Romam,
detinetur ægritudine corporali. Nihil enim
prohibet ante eius quoque adventum concordiam prævenire fublata dubitatione religionis: & eum tamen mòx dimittemus,
favente Divinitate, quia jàm melius habet;

bet : quoniam nec difficilia funt, quæ cc-
ciderunt in ambiguitatem , nec expedit
diutius caufam vitæ protrahi fempiternæ;
ne dilatis temporibus, aliquid nafcatur in-
certius. Æternitatis igitur fuperos, tremendique judicii non immemor fanctitas
veftra ; quæ fibi commiffa funt , efficaciæ
tradi deproperet ; ut intelligant cuncti, ré-
cte vos Apoftolicæ fedis effe primatum for-
titos. Hæc igitur, quæ à nobis fcribuntur,
affectu paterno jubete quantocyùs adimple-
ri : fcitis nàmque , quàm fit admirabilis
gloriæ, tantorum errores annorum veftri
Pontificatus tempore ftirpitùs aboleri .]
Hactenùs Juftiniani epiftola ad Hormifdam .

XLI. Poft hæc autem cum Joannes Epifcopus
legatus penitùs convaluiffet , unà cum collegis profectus Romam venit ; litterafque
à Sinodo datas Hormifdæ Pontifici reddidit,
atque alias ab Epiphanio Conftantinopolitano Epifcopo acceptas . Reddamus verò
hic primùm Synodalem epiftolam ad ipfum
Romanum Pontificem datam , adiecturi
deindè illam quam Epiphanius unà cum
muneribus Romam mifit . Sed attende in
primis in Synodalibus litteris titulum ho-
norificum :

a Extat
inter epift.
Hormifd.
tom.1.epift.
Rom. Pont.

Domino (a) noftro fancto ac beatiffimo Patri Patrum Archiepifcopo & Patriarchæ Hormifdæ Theophilus , Bafi-
lifcus , Anaftafius , Paternus , Martianus , & cætera fancta Synodus, quæ in
Conftantinopolitana eft civitate congregata .

XLII. Innumerabilem & inveftigatam magni
Dei & Salvatoris noftri Jefu Chrifti fapientiam , quantùm hominibus datur intelligi ,
confiderantes, charitatem ejus immenfam
jufte miramur , & cum magna clamamus vo-
b Pfal.105. ce (b) : Quis loquatur potentias Domini,
auditas faciet omnes laudes ejus? Ecce enim
per bonam voluntatem fanctæ & unius effentiæ Trinitatis , & interceffionis gloriofæ Mariæ Virginis , ftudio quoque & vigilantia Chriftianiffimi & fideliffimi Imperatoris & piiffimæ Reginæ , olìm quæ fuerant membra divifa , per Spiritus fancti gratiam ad unitatem & perfectam charitatem
funt redacta : & ficut Moyfes & Aaron Duces Dei veræ culturæ Ifraeliticæ nominati,
c Exod.15 nunc ita & nos gaudentes clamamus (c) :
Cantemus Domino : gloriofe enim hono-
rificatus eft : Adiutor & protector factus eft
mihi in falutem . Et hæc fentire & prædicare cum fiducia fumus edocti .

XLIII. Confiderantes autem charitatem , & Deo
Laudes amabilem veftræ beatitudinis vitam etiam
Epiphanii ex iis qui à vobis funt deftinati reverendif-
Epifcopi fimi legati , fimiliter & pacem fanctarum
Conftanti- Dei Ecclefiarum tàm fenioris quàm novellæ
nopolitani Romæ, cui nos ipfi participes fuiffe mon-
ftramur, bono paftori & Principi omnium
Chrifto Deo noftro confuetè gratias referimus. Nàm poft obitum fanctæ recordationis
quondàm Archiepifcopi & Patriarchæ Joannis Conftantinopolitanæ civitatis, Deus,
qui propriam fanctam Ecclefiam in Petra
recta fidei incorrupta fundavit , & portas

A inferi non prævalere ei decrevit , dedit nobis fanctum paftorem & Patriarcham Epiphanium virtutibus & creationibus & me-
ditatione divinarum florentem Scripturarum , rectam quoque tenentem fidem , &
orbatorum paternam regentem folicitudinem : & quid amplius dicam? omnem præ-
coniorum fontem tranfcendentem . His ergo virtutibus pollens , non immeritò proprias & creditas fibi nec maximas Ecclefiæ
curas fapienter & honorifice geffiffe dignofcitur, habens in mente illud , quod à facri cantici auctore relatum eft (d) : Os d Pfal. 48.
meum loquetur fapientiam , & meditatio
cordis mei prudentiam . Unde fecundùm

B rectam & probabilem fideliffimi & Chriftianiffimi noftri Principis & piiffimæ Reginæ & gloriofiffimorum communis Reipublicæ procerum fententiam , noftra quoque etiam omnium in hac urbe habitantium
teftificatione ; judicium Pauli mirabilis
communis Ecclefiæ doctoris non eft in eo
fraudatum, qui (e) irreprehenfibilem de- e 1.Tim.3.
bere effe Epifcopum denunciat : ita & noftrum Pontificem virtutibus undique coronatum effe videmus .

C Igitur Ecclefiafticam legem implentes,
Apoftolatui veftro debitum perfolventes
officium fperamus , ut amplius charitatis
vinculum & paternum affectum circa nos
charitas veftra cuftodire dignetur , & fa-
pienti gubernatione & humilitate , quæ
Chriftianum decet , & manfuetudine , quæ
ad rationabilis traditi vobis ovilis falutem
pertinet , peragatis, commune lucrum exiftimantes , quod per vos & veftrum germanum & comminiftratorem , noftrum autem
dominum & Patriarcham pacem totius Orbis Ecclefiarum effe provifam. Præter enim
à fratre adjuvari fpiritualiter , murus eft
inexpugnabilis , & civitas munita , ex divinis eft accipere Scripturis (f). Nàm fi f Prov.18.

D interceffionibus veftræ beatitudinis generalis tranquillitas Ecclefiis Orthodoxorum
fuerit redonata , gloria quidem in excelfis
Deo omnium Salvatori per Angelos cum
lætitia referetur; pax verò in terra confir-
mabitur , bona autem voluntas fidelibus
communis Domini & Salvatoris noftri Jefu Chrifti fervis fundetur .] His fcriptis,
quofnam delegerint legatos Romam ad Hormifdam Papam mittendos , nominant , ifta
fubdentes :

E Adiicient igitur noftris fupplicationibus,
quod minùs dictum eft , Joannes fanctiffimus Epifcopus Claudiopolitanæ civitatis
nofter comminiftrator , & Heraclianus reverendiffimus presbyter fanctæ majoris ecclefiæ & cohabitator prædicti fanctiffimi
Archiepifcopi & Patriarchæ Epiphanii , &
Conftantinus vir reverendiffimus diaconus
ejufdem fanctæ ecclefiæ , qui probationem
fuæ rectæ fidei & bonæ voluntatis olìm iis,
qui à veftra Apoftolica fede fuerant directi , dediffe cognofcuntur : digni autem &
veftræ fanctitatis , & adminiftratione pacis,
& gratiæ Domini noftri Jefu Chrifti Dei
noftri , & unitionis fanctarum Ecclefiarum
monftrabuntur . Quos fperamus lætantes
in Do-

XLIV.
Lex Eccle-
fiaftica ut
Rom.Pon-
tifici om-
nes defe-
rant .

XLV.
Legati à
Synodo
Conftanti-
nop. Ro-
mam mif-
fi .

in Domino & pacem defideratam nuncia-
tes , ad nos cititùs veftris Deo amabilibus
correctionibus edoctos remeare dignemini .
Omnem in Chrifto fraternitatem nos quoquè & qui nobifcum funt plurimùm falutamus .

Subfcriptiones .
Theophilus mifericordia Dei Epifcopus
Heraclienfis civitatis Metropolitanus fub-
feribens in Synodalibus , faluto vos in Domino .] Et reliqui omnes numero viginti
ibi fubfcripti leguntur .

XLVI.
Sed accipe quas iifdem legatis cum muneribus Epiphanius Conftantin. ad Rom.
Pontificem litteras dedit dignas ipfo quidem qui mifit ; & cui funt redditæ : fic
enim fe habent (*a*) :

a *Extat*
inter epift.
Hormifd.
tom.1.epift.
Rom. Pont.
Epiphanii
epiftola ad
Hormifd.
Papam .

Domino per omnia fancto ac beatiffimo
fratri , & comminiftratori Hormifdæ Epiphanius Epifcopus in Domino falutem .

Quantam habuimus alacritatem nos
quoque & piiffimus & Chrifto amantiffi-
mus Imperator unà cum fideliffima , & in
omnibus bonis florente conjuge fua circà
rectam & puram fanctarum Ecclefiarum unitionem : & quemadmodùm cum charitate
Dei , quæ nos decebat , deftinatos à vobis
fanctos Epifcopos & religiofos fufcepimus
& venerandos habuimus clericos ; exifti-
mamus quidem & ante , ex his quæ facta
funt , fatisfactum veftræ beatitudini : credidimus tamen , quòd fi Dominus Salvator Jefus Chriftus Deus nofter idem ipfos
reverendiffimos comminiftratores noftros
incolumes veftris obtutibus præfentavit ;
omnia quæ excitata funt , vobis fanctiffimis manifefta fieri ; & laborem , quem potuimus fuftinere , per hos ipfos manifeftiùs
cognofcetis . Quemadmodùm per Dei gratiam , & fideliffimorum Principum noftrorum , Conftantinopolitanæ civitatis noftra
Ecclefia pacificè eft gubernata ; & nomina
eorum inter facra non funt recitata myfteria , quæ fedi veftræ profana cognovimus;
fed quatuor Conciliorum pro recta fide con-
fonantia prædicatur , & hoc ipfum omnibus facrorum Diptychorum recitatione manifeftum eft .

XLVII.
Annuncient igitur vobis , quia non pauci fubiecti nobis facerdotes , nec rursùs fub-
eorum ordinatione Epifcoporum parva eft
fubdita multitudo , quæ bonum hujus corpore unitionis amplectitur : veftra etiam
fanctitas cognofcat , iftius fe generalis boni & principem & inceptorem nihilominùs conftituram . Undè fortiter ad vigilan-
dam beatitudo veftra laudum eft ftimulis
excitanda , ne id quod divina in honorem
veftri cœperat ordinare mifericordia , non
ad plenum , ita ut condecet , communis
unitus pervenire videatur . Diligentiùs autem de his fideliffimi , & piiffimi noftri
Principes de fanctarum Ecclefiarum
unitate & concordia gaudentes , ad veftram
mandaverunt beatitudinem fupplicationes
à plurimis fanctis facerdotibus fufcipientis
tàm Ponti , quàm Afiæ provinciæ , & maximè Orientis , apud quos nomina quondàm facerdotum fuorum tacere difficile &

De nomi-
nibus de-
functorum
Epifc. non
delendis .

A impoffibile effe videtur : tantaque eorum
obftinatio eft , ut omne periculum pro tali facto parati fint fuftinere .

XLVIII.
Igitur præcedentes omnes circa pacis ftudium , neceffarium caufas confiderantes ,
quia per folam iftam humilitatis viam communem omnibus unitionem & falutem invenimus , interrogantes (ficut dictum eft)
& fatisfacientes vobis ab illis qui à nobis
in hoc negotio funt deftinati , caufam cum
pacifica , quàm vos decet , gubernatione
difpenfetis : nàm dùm una utraque fit Ecclefia , proculdubiò & bona , quæ per vi-
gilantiam eveniunt , communis exindè lau-
B dis gloria utrifque Patriarchalibus fedibus rimatur , ut confuetè omnium Dominus & conditor Chriftus verus Deus nofter
magnificetur .

XLIX.
De his autem omnibus fummo vobis fup-
plicentur affectu *miffi legati*. Joannes fanctiffimus Epifcopus multos nobifcum fu-
dores in præfenti deponens certamine , &
Heraclianus reverendiffimus presbyter fanctæ noftræ majoris ecclefiæ & cohabitator
nofter , & Conftantinus reverendiffimus
diaconus ejufdem majoris ecclefiæ , per
C quos & noftra Synodalia fecundùm Ecclefiafticas veftras beatitudinis deftinavimus
leges . Nunc igitur piiffimi noftri Imperatoris ftudium circà fanctarum Ecclefiarum unitionem oftendentes , pacificis ad
veftram beatitudinem de his caufis uten-
do litteris , & oblatas fibimet ab Hiero-
folymitanis & Orientalibus petitiones de-
ftinavit .

L.
Nos ergò occafionem falutationis invenire volentes , hanc ad vos fecimus epiftolam , per quam fupplicamus , proponentes vobis fanctiffimis hanc vocem divi-
b 2.Cor 6.
nam (*b*) : Ecce tempus acceptabile , ecce
nùnc dies falutis . Ecce credidit nobis omnium Dominus talentum , quòd augmen-
D tum poffit reftitui boni operis fructu , &
falvari per laudabilem veftram difpenfatio-
nem tantas quidem fanctas Ecclefias , tan-
tofque earum facerdotes & multitudinem
innumerabilem nunc quidem unitam fanctæ Ecclefiæ , periclitantem autem & errantem , fi veftræ beatitudinis gubernaculum commoretur ": & maximè hi qui in
commo-
moretur
fanctis locis habitant Chrifti Dei noftri ,
ita ubique fanctis adhærentes Ecclefiis , ut
eorum refpui non debeat multitudo . Nàm
omnes per fuggeftionem eorum ita in obfti-
nationis fuæ malo perdurant , ut velint an-
E te à vita recedere , quàm excogitata relinquere : Ut fi Deus hos per veftram beatitudinem adunari præceperit , veftræ laudis meritum & præfentibus & futuris afcri-
batur temporibus .

LI.
Oret igitur veftra fanctitas tàm pro piif-
fimis & Chriftianiffimis Principibus , quàm
pro noftra parvitate & univerfali unione ,
ut gratia fanctæ & unius effentiæ Trinitatis , & interceffionibus Dominæ noftræ fanctæ gloriofæ Virginis & Dei genitricis Mariæ , omnia ad unitatem indivifam conveniant , & fundamentum inconcuffum Catholicæ fidei confirmetur , per omnia fanctiffime

Munera missa ad Hormisdã Pap. ab Episc. Constantinop.

&ctissime frater . Indicia autem nostrę secundùm Christum Dominum nostrum charitatis per viros reverendissimos destinavimus , ad administrationem divinę culturę & sanctę Apostolicę vestrę Ecclesię, calicem aureum gemmis circumdatum , patenam auream , & alium calicem argenteum, vela serica duo : quę suscipere vestram beatitudinem supplicamus cum illa charitate , quam vos habere secundùm Deum non dubitamus . Omnem in Christo fraternitatem , quę cum vestra est sanctitate , nos quoquè & qui nobiscum sunt , plurimùm salutamus . Accepta pridie Kalendas Decembris , Rustico V. C. Consule .] Ha-&tenùs ea quę hoc anno transacta sunt inter Epiphanium Constantinopolitanum Episcopum & Hormisdam Romanum Pontificem .

LII.

Habes igitur , quàm explorantissimè , lector , cuncta quę ad hanc legationem spectant , & magìs certa tibi facta ex recitatis singulis litteris ultrò citròque datis , quàm si eisdem carens , illis vixisses temporibus: etenim nonnisi paucis ipsę innotescere potuerunt . Hanc tu consequeris ex epistolari historia utilitatem , ut gloriari jure valeas, res gestas magìs te habere compertas , quàm ipsos historicos illorum temporum , quos cum datę epistolę pręterierint , res maximi momenti alto sepultas silentio reliquerunt . Sed & alia complura (si sapis) ex ipsis epistolarum verbis colliges emolumenta: ut planè optandum tibi esset , in via ista, quàm terimus antiquorum Annalium , nullius hactenùs calcata vestigiis , ad passus singulos (si fieri posset) ejusmodi illucescere tibi faces, ipso hac ex parte Sole lucidiores. Quę autem ad hæc rescripserit Hormisda Papa, disces anno sequenti, quo ad ipsũ Epiphanium ab Hormisda redditę litterę fuerunt: detentos enim legatos tota hieme Romę , non ante mensem Martium indè proficisci contigisse , certum est: quo mense per eosdem idem Hormisda (ut diximus) ad Epiphanium litteras reddidit .

LIII.
Legatio Justini Imperat. ad Hormisdã Pap.

Verùm non solùm ab Episcopo Constantinopolitano atque Synodo ibi habita Romam ad Hormisdam sunt missi legati ; sed unà cum eis Justinus Imperator quoque ad eumdem suam legationem direxit , misso ad ejus muneris functionem Grato viro illustri, qui & ab eodem aliàs ante profectus fuerat: cum enim magni momenti res tractanda esset , specialem ad quae voluit Imperator legationem ad Romanum Pontificem mittere: quid autem per eam contenderet , cùm litterę Justiniani recitatę superiùs docent,

a Extant inter epist. Hormisd. n. L epist. Rom. Pont.

tùm etiam ipse Justinus Augustus litteris ad Romanum Pontificem datis indicat , quæ sic se habent (a):

Justinus Augustus Hormisdæ Papæ.

LIV.
Epist. Justini Imp. ad Hormis. Pap.
* lumen

Quo fuimus semper , & quo sumus studio pro conciliandis sententiis Catholicam fidem colentium , ut eodem animo cuncti venerentur numen * individuum Trinitatis , palàm fecisse dignoscimur : nùnc legatum ad vestram beatitudinem ultrò ob hoc ipsum dirigentes Gratum virum subli-

A mem Magistrum scrinii , quò remedium tandem reperiatur discordiis varia cunctantium , nunc prono libentique suscipientes affectu viros religiosissimos , quos interventores unitatis vestra sedes Apostolicę credidit destinandos . Profectò enim tamquàm ipsam pacem & jucundis oculis eos aspeximus , & extensis manibus duximus amplectendos : quinetiam omni intentione ordinavimus , ut venerabilis Ecclesia Constantinopolitana , necnon complures aliæ vota suscipiant vestra non solùm in cæteris , sed in auferendis etiam nominibus ex sacris Diptychis , quæ removenda maximè postulastis . Verùm nonnullæ fuerunt urbes & Ecclesiæ tùm Ponticæ , tùm Asianæ , & pręcipuè Orientalęs , quarum clerici vel populi omnibus pertentati minis & persuationibus , tamen nequaquàm flexi sunt , ut tollant Antistitum & repellant nomina , quorum apud eos opinio floruit ; sed morte vitam duriorem æstimant , si mortuos condemnaverint , quorum gloriabantur vita superstitum .

B

Quid igitur faciamus hujusmodi pertinaciæ , quæ nec dicto audiens existit , & tormenta in tantùm despicit , ut amplum sibi ac festivum judicet , si corpore priùs quàm religioso desistat consilio ? Nobis quidem videtur opus esse mollius agendi & clementiùs , quæ si non in tua sanctitate , jam nec in alio poterunt inveniri . Nàm neque sanguinis & suppliciorum cupidi (quod dictu etiam grave est) libellum suscepimus , neque ut parvo discrimine remaneant imperfecta concordiæ desideria , sed ad propagandam quo possumus ordine conjunctionem membrorum Ecclesiæ . Utrum itaque præstantius erit , minorum gratia in totum esse nobis adiectas tantas multitudines , an concessis exiguis & remissis , majora & omni ratione quærenda corrigi , ut quæ non licuit per omnia , saltèm ex necessariis partibus allegentur ?

C

D

LV.

Veniam itaque nominum postulamus , non Acacii , non utriusque Petri , non Dioscori , vel Timothei , quorum nondum ad nos datæ tuæ sanctitatis epistolæ continebant , sed quos in aliis celebravit civitatibus Episcopalis reverentia : & hoc exceptis urbibus , ubi vestræ beatitudinis libellus jam in plenum admissa est ; nisi hanc quoque partem benevolentia statueris vestra mitius corrigendam . Verùm nec judicio caret sedis Apostolicæ , ut non magìs venia dicenda sit , quàm deliberata jam ac perspecta definitio . Anastasius quidem religiosissimæ memoriæ , vestræ culmen Ecclesiæ , palàm apertèque constituit , cum hoc idem scriberet negotium prædecessori nostro , satìs esse pacem affectantibus si nomen tantùm reticeatur Acacii . Ergò priora vestræ sedis constituta sequitur , qui non omnes memorias mortuorum judicat contemnendas : ut indignum habeatur & incongruum , si non placidior omnibus non solùm defunctis , sed etiam superstitibus vestra divulgetur in omni sine terrarum lęnitas . Et hoc quidem non dubitaverimus

LVI.
Quid ab Anastasio ĩ causa jàm definitum fuisset .

E

ita

Sta pretiofum vobis futurum, ut profecto
maxim refponfo letior mundus reddatur.

Retinet autem veftra fanctitas, quod
duxtem fcripfimus, ut Oriente fupplicationes nobis eflo deftinatæ, voluntatem ipforum continentes & arbitrium, in quo fefe
duraturos oftendunt firmiter, & quo nofta
ratione defiftendum exiftimant. Hanc itaque chartulam fecundum noftra promiffa per
Joannem virum reverendiffimum Epifcopum dirigendam vobis in præfenti merito
credidimus, ut a veftra fede etiam tenor
ejus admiffus ad colligendas proficiat &
adunandas ubique venerabiles Ecclefias,
& Hierofolymitanam præcipuè; cui tamen
omnes favorem impendunt, quafi matri
Chriftiani nominis, ut nemo audeat ab ea
fefe difcernere.]

LVIII.
De caufa
Hierofoly-
mitani E-
pifcopi.

Quòd audis, cùm his litteris, tùm aliis
fuperiùs recitatis inculcari caufam Ecclefiæ
Hierofolymitanæ; meminiffe debes, quæ
dicta funt fuperiori tomo de Joanne ejufdem Ecclefiæ Epifcopo, qui, pulfo fancto
Elia, ab Eutychianis intrufus eft in iftam
Ecclefiam, ipfo adhuc Elia vivente, & poftea non folùm converfus eft in Catholicum, verùm etiam in Catholicæ fidei defenforem populo gratum: fed cum ex mala
inftitutione ejus periclitaretur caufa, pro
ipfo Juftinus & alii preces obtulerunt Hormifdæ. Ad poftremùm autem hæc habet in
fua epiftola Imperator: Confenfum itaque
proprium tuam fanctitudinem epiftolari
quoque pagina convenit declarare; ut cognito omnibus atque patefacto, tenorem
ejufdem chartulæ à vobis etiam laudari &
tenaciter cuftodiri, lætior mundus exiftat.
Data Idibus Septembris, Chalcedone, Ruftico V. C. Confule. Accepta pridie Kalendas Decembris, Confule fuprafcripto.]

LIX.

Vidifti quanta id inftantia à Rom. Pontifice Juftinus expofcat, quod Synodus
Conftantinopolitana, & Juftinianus, atque in
in primis Epiphanius ejus civitatis Epifcopus experierant? Duplicis id actum intelli-
gie vehementiffimo ftudio legationis, ut
id præftandum Hormifdam Orientales im-
pellerent. Quæ autem ad ifta Hormifda
refcripferit, anno fequenti ex iis quæ ab
eo datæ habentur litteræ, apparebit. A-
diecit & Juftinianus, more fuo curans, quæ
effent Ecclefiarum pacis atque concordiæ,
alias per eofdem legatos litteras ad Hormifdam, quarum eft exordium (a): Quantam venerationem religionis, &c.] Quibus eadem inculcat, adjiciens inuper, rectè dici Jefum Chriftum in Trinitate effe:
quod licèt verùm effet, minùs tamen ipfe
explorata habuit, quæ his verbis contra
Catholicam veritatem Scytha monachi Eutychiani molirentur. Subjicit & de reti-
nendis nominibus defunctorum Epifcoporum. In fine autem hæc habet: Oftendat ergò tuus Apoftolatus, quòd Petro
fucceffit Apoftolo: quoniam Dominus à
vobis, utpotè fummis paftoribus, exacta-
rus eft univerforum falutem, qui poterunt
effe falvi, firmata concordia. Nos etenim,

Juftinia-
nus, alias
de iifdem
litteras de-
dit.

a Extant
inter epift.
Hormifd.

A finitis capitulis, de quibus fcripta fufcepi-
ftis, ultrà non patiemur à quoquam con-
troverfiam religionis in Republica noftra
moveri, nec fanctitatem veftram convenit
audire fuperflua concertantes.] Hæc ipfo
per eofdem legatos (ut diximus) à Synodo miffos, quibus addita eft legatio Imperatoris.

Præter duas has reconfitas legationes,
alteram à Synodo & Epiphanio Epifcopo
Conftantinopolitano, alteram verò à Juftino Imperatore ad Romanum Pontificem
miffas, tertia acceffit ab Ecclefia Theffa-
lonicenfi Romam deftinata legatio, qua
Dorotheum ejus civitatis Epifcopum apud
Romanum Pontificem de nefandis fceleri-
bus fuperiori anno perpetratis adverfus legatos Apoftolicos excufaret. Eft mentio
ejus legationis in epiftola Hormifdæ (b)
ad Epiphanium Conftantinopolitanum E-
pifcopum; cum ait, cam decretam effe ordinatione Juftini Imperatoris. Quòd enim
juftiffimam expoftulationem audiffet Romani Pontificis & legatorum de malis perpetratis contra Joannem legatum Apoftolicæ fedis & alios, per eandem legationem publicam voluit ab eadem Ecclefia
Hormifdæ Pontifici fatisfieri. Sed & ipfe
Dorotheus Theffalonicenfis, tanquam im-
munis à nefario facrilegio perpetrato, has
excufationis plenas non erubuit fcribere
litteras ad ipfum Hormifdam Papam, quem
decuiffet magis innocenti iifdem precari: quæ
fic fe habent, perindè ac effent innocen-
tiffimi hominis (c).

Sanctiffimo ac beatiffimo Patri ac comminiftratori Hormifdæ Dorotheus in Domino falutem.

Propofiti noftri & orationis eft fummum
ftudium, per omnia beatiffime & ter beate Pater, & fcribere frequenter ad vos fanctiffimos, & mutua mereri colloquia; &
nullo tempore exortem me ab hujufmodi
lætitia alio condecet. Quoniam igitur manifeftè cognovi quofdam fanctas aures veftras perturbare, & fcio proculdubiò vos
in omnibus effe perfectos, & quia nihil
fine judicio audire poffitis, nec uti penitùs veftrum animum accomodare ; & ut
non ampliùs per taciturnitatem largiri tempus videar iftis, qui nihil quidem à nobis
iafi funt, fed fine caufa & fuperflue adversùm nos armati funt; Deo tamen & veftræ
fatisfacio fanctitati, quia pro Joanne viro
reverendiffimo Epifcopo, qui paulò ante
à veftra venerabili corona directus eft, præ-
deftinavi me periculis, & mortem fuftinui,
& meam pro ejus fcio me objeciffe animam;
& hoc oftenditur geftis, & ex his, qui
quamquam per meam abfentiam acerrimè
videantur effe difcuffi.

Et quid longo fermone opus eft utii cum
vobis, omnia Dominus Deus nofter Jefus
Chriftus patefacere & fatisfacere poffit;
quia & quandocognovi vos ad Apoftolicæ
fedis præfulatum advocari, commune gaudium totius mundi effe judicavi. Ab illo
enim tempore hoc ipfum fcribere ad vos :
quantum ad me, quicquid ad honorem &
fatis-

LX.
Legatio ab
Ecclefia
Theffal. ad
Rom. Pont.

b Hormifd.
epift. 77. in
fin.

c Extant
inter Hor-
mifd. epift.
tom. 1. epift.
Rom. Pont.

LXI.
Dorothei
Epifcopi
Theffalon.
epiftol. ad
Hormifd.

LXII.

satisfactionem vobis & Apostolicæ sedi pertinet, nihil prætermisi, sed nec prætermitto. Paulò post autem scietis per venerabiles, annuente Domino Jesu Christo, quia hæc ab exordio mihi sunt excogitata, & quando Dominus Deus tempus dedit, ad effectum hæc jam perducta. Omnem cum vestra sanctitate in Christo fraternitatem ego quoque & mei plurimùm salutamus.] Quid autem Hormisda Papa rescripserit, accipe (a.):

a Hormis. epist. 70.

Hormisda Dorotheo Episcopo Thessalonicensi.

LXIII.
Quid Hormisda ad Dorotheū.

Considerantes tuæ fraternitatis Ecclesiam antè prætereuntis mala discordiæ olim cum sede Apostolica præcipua fuisse charitate conjunctam, te nuper pacis redditæ esse credebamus auctorem. Sed quia quos prævenire debueras, sequi etiam remoraris; non leviter pro fraternitatis tuæ dilatæ correctionis ingemiscimus tarditate. Scribis enim aures nostras cujusdam sceleris atrocitate turbatas. Utinam usque ad nos tantùm tàm detestabilis fama percurreret, & non toto Orbe Christianis mentibus tàm dolendum, tàm execrabile facinus nunciaret; ut quæ te innocentem nesciunt, à Christianitatis simul credant tramite deviasse. In qua enim mundi parte immanitatis hujus invidia non & Catholicas contristat Ecclesias, & hæreticorum prava vota irritat? Quæ nos à dilectionis tuæ conscientia (sicut litteris intimas) ostendi cupimus aliena. Quid enim votis nostris magis convenit, nisi ut redire ad pacem Catholicam volentes Episcopos, à crudelitate & criminibus contingat semper innoxios comprobari? Expectamus igitur, si non desunt fraternitati tuæ veritatis Deo nota præsidia, ut & tanti sceleris à te repellas invidiam, & in reconciliatione fidei tandem eorum, qui reversi sunt; sequaris exempla. Data quarto Kal. Novembris, Rustico V. C. Consule.] Hæc ad Dorotheum Hormisda: qua etiam die extat ejusdem epistola ad Justinum reddita de legatione ab eo decretæ tarditatis est ejus exordium (b): Benedicta Trinitas Deus noster, &c.]

b Extant inter epist. Hormisda.

LXIV.

Quid verò prætereà decreverit idem Pontifex de eadem Thessalonicensium causa, non apparet, nisi quòd de eà meminit in epistola ad Epiphanium Constantinopolitanum Episcopum verbis istis (c): De Thessalonicensibus, quorum ad nos legati sub clementissimi & fidelissimi Principis filii nostri ordinatione venerunt, ne quid omisisse credamur; nosse vos volumus, secundùm hoc quod Domino nostro Jesu Christo inspirante placuerit, causam omnem nostri dispositionis tractandam.] Hæc de his Hormisda: qui præsidens Apostolico throno, jus reddens universis Episcopis, ad eum undique confluentibus legationibus judicium exposcentium, & auxilium adversùs oppressores implorantium, hoc eodem anno eumdem Epiphanium Constantinopolitanum litteris compellat ob Episcopos Orthodoxos suis sedibus ab hæreticis spoliatos; ne reddita jam Ecclesiæ pace, ipsi adhùc ab

c Hormis. epist. 77.

Ecclesiis vagarentur extorres, occupatis illis ab Episcopis, qui in loca eorum suffecti erant. Illi igitur quoniam professi essent Catholicam fidem, ne ab Ecclesiis quas obtinuerant, expellerentur favore potentium, ad defensorem omnium accurrerunt: qui pro iisdem cum plures in hanc diem ea de causa litteras conscripsisset, nec quicquam profecisset; haud patiens miseros sedibus suis abire vacuos, quos rectè fidei confessio fecisset Apostolicæ sedis communione Catholicos, pro iisdem paulo acriores scripsit (ut dictum est) ad ipsum Epiphanium Constantinopolitanum Episcopum hujusmodi litteras (d):

d Hormis. epist. 69.

Hormisda Epiphanio Episcopo Constantinopolitano.

Oportuerat quidem fraternitatem tuam, divini contemplatione judicii atque charitatis nostræ respectu, Eliam, Thomam, & Nicostratum fratres & coepiscopos nostros, postquam in consortium communionis nostræ recepimus, ad divina tecum mysteria incunctanter admittere, atque ad Ecclesias suas, à quibus eos discordiæ error excluserat, pro pacis nostræ plenitudine revocare; ut unitas, quam post annorum multa curricula per totum Orbem suis Deus restauravit Ecclesiis, nulla voluntatum nostrarum distantia læderetur. Sed quia rem tàm gratam & Patrum statutis venerabilibus congruentem quibusdam tarditatibus contigit nunc usque differri, undè etiam ad decessorem fraternitatis tuæ nos scripsisse meminimus; hortamur, ut lætitiam, quàm de damnato præteritis dissensionis errore percipimus, in nullo iterùm discrepantium animorum causa contristet.

LXV.
Hormisda laborat pro restituendis Episcopis.

Etenim hoc videtur vos nobiscum pleno communicare mentis affectu, si eos qui nobiscum communicant, à vestro consortio segregatis. Incassùm certè videntur pacem recipere, qui pacis differunt præcepta complere. Quicquid enim in illorum suscipienda communione moramini, quodammodo de nostra reconciliatione detrahitis. Et providendum est, frater charissime, ne, si Ecclesiarum nostrarum tandem desuper indulta concordia ab his exordium sumat exemplis, & religioni veneranda regula, & Apostolicæ sedis auctoritas imminuta, (quod absit) per Orientem potiùs divulgata, quàm restituta videatur.] Hæc Hormisda. Erat Elias Episcopus Cæsareæ Cappadociæ, cujus sedem alius occupaverat, ut ex litteris (e) Justiniani apparet.

LXVI.

e Extant inter epist. Hormisda.

Hoc item anno, cum ubique Eutychiana hæresis damnaretur, pœnitentesque Eutychiani hæretici ad Ecclesiam Catholicam passim revocarentur; relatum est ad Justinum Imp. accidisse quid in Syria, quod Orthodoxos haud mediocrem conflavit invidiam. Quòd enim tanta fidei Orthodoxæ adversùs Eutychianos victoria non solùm Catholici, sed & Nestoriani hæretici è diverso pugnantes gavisi essent; iidem Nestoriani contra Eutychianos erexere trophæa, & duxere triumphum: cum videlicet solemni ritu Theodoreti Cyri Episcopi, qui aliquan-

LXVII.
Nestoriani exultarunt de damnatione Eutychianæ hæresis.

aliquando Neftorio faviffet, fuper currum
ponentes imaginem, eamdem pfalmorum
canticis introduxerunt Cyrum civitatem, ubi
a Quint. & memoriam celebrarunt Neftorii, ejuf-
Synod. Ad. quemagiftrorum Diodori Tarfenfis, atque
7. in fin. to. Theodori Mopfvefteni, necnon Neftorii
2. Concil. martyris titulo decorati. Quod ubi perla-
LXVIII. tum eft ad Juftinum Imperatorem, adversùs
Quid Cy- eos ejufmodi refcriptum dedit, quod reci-
ri, Nefto- tatum extat in Quinta Synodo, cui hæc
riani ege- præmittuntur (a):
rint.
　　Lecta funt nobis Gefta confecta apud Antiochenæ civitatis Defenforem, quibus in-
ferebantur teftimonia militum fignifican-
tium (ut compendiosè dicamus) quòd priufquàm Sergius reverendiffimus Cyreftenam
civitatem accederet; quidam, id eft, An-
dronicus presbyter & Defenfor & Georgius diaconus accipientes imaginem Theodoreti, qui undiquè inculpatur propter fidei errorem, in currum eam impofuerunt,
& in Cyreftenam civitatem Introduxerunt,
pfallentes, & oftendentes, quòd ejufdem
illi fectæ fint.] Haud improbandus videri poterat ejufmodi cultus, fi Orthodoxo
doctori fuiffet ab Orthodoxis impenfus, cum
Theodoreti imago eo folemni ritu in ecclefiam delata eft: nàm licèt vifus fuiffet aliquandò hæreticus, tamen Cotholicus cognitus probatufque eft à Romanæ Ecclefiæ
Antiftite: conftat enim ipfum fubfcripfiffe
Chalcedonenfi Concilio, damnaffeque ibi
Neftorium, atque demùm bona confeffio-
ne receptum jàm ante in communicationem
Apoftolicæ fedis à Leone Magno Romano
Pontifice in pace quieviffe, ut fatis fuperiùs demonftratum eft. Verùm quòd (ut
diximus) Neftoriani id feciffe dicantur,
haud potuit factum non reprehendi ab Orthodoxis, cum præfertim tantorum deho-
neftata eadem fuiffet imago confortio hæreticorum. Porrò facinus majorem Theodoreto conflavit invidiam, quam & auxit
quod fubditur: Sergius autem poftea cum
in civitatem acceffiffet, collectam celebravit ipfis Theodoreti, & Diodori, &
Theodori, necnon Neftorii cujufdam,
quem martyrem effe dixit, cum provincia
nullum habeat martyrem huic nomini convenientem.] His autem fubiiciuntur hæc
ex Juftini Imperatoris refcripto:
LXIX. 　　Evidenter igitur mirati fumus, primùm
Ex refcri- quidem, fi latuerunt tuam eminentiam ta-
pto Imper. lia Gefta in civitate confecta: deinde fi co-
contra Ne- gnoviffes quod factum eft, non fine dila-
ftorianos. tione quæftionem fecifti negotii, maximè
cum degere Sergius diceretur & cum Paulo
reverendiffimo effe. Verùm etiam lecta
funt nobis paulò poft Gefta confecta apud
Cyreftenæ civitatis Defenforem: quæ reverendiffimi refponfales Sergii reverendiffimi dixerunt multorum voces continentia,
quòd nulla umquàm nèc prædicata eft, nec
facta collectio in Neftorii cujufdam nomine.
Super hæc autem Gefta preces audivimus
tàm ipfius Sergii, quàm reliquorum Epifcoporum Euphratenfis provinciæ, qui re-
pellunt ubique Neftorii nomen, & decli-
nare quidem ejus fectam confitentur, con-

Annal. Eccl. Tom. VII.

fentire autem fanctis quatuor Conciliis.
　　Sancimus igitur, nihil fubtilitatis vel LXX.
ftudii eminentiam tuam relinquere, fed
convocare quidem fine dilatione Cyreftenæ
civitatis Epifcopum ibi degentem (ficut
audivimus) trahere autem ad fe milites
etiam, qui teftimonia in Geftis Antiochiæ
confectis præftitiffe inveniuntur de numero
tertio Stabilifianorum, necnon etiam An-
dronicum & Georgium, qui ea quæ de imagine dicta funt, feciffe dicuntur; & fingula cum fubtilitate requirere: Hoc eft,
fi quod dicitur de imagine, factum eft; &
fi pfalmum, cujus mentio geftis Antiochiæ
confectis inferta eft, pfallentes ad imaginis honorem procedebant; & fi Sergius
reverendiffimus (cum hæc poft Antiochiæ
confectis Geftis inferta funt) pfallentes ad
imaginis honorem ea cognoviffet, & clericos admifit, & divinis eis communicavit
myfteriis; & fi collectionem Theodoreti
& Theodori & Diodori prædicari fecit, aut
celebrari conceffit; & fi hoc idem factum
eft in Neftorii nomine. Et omnem circumire viam tua magnitudo feftinet, ut
nihil fubtilitatis poffit latere.
　　Ne autem eminentia tua noftram tan- LXXI.
tummodò timeret indignationem, fed etiâ
iram Dei; non piget nos,& juramentum tibi imponere in nomine Domini,& Salvatoris Chrifti Dei noftri, ad quem talia pertinent, ut ipfam veritatem undique requiras. Etfi quidem inveniantur milites per
omnia falfa dixiffe, non tantùm & quæ in
Neftorium referuntur, fed etiam illa quæ
ad Theodoretum & Theodorum & Diodorum; mox è fortiffimo numero eiiciantur,
in quo militare nofcuntur, & omnibus tormentis eorum corpora crucientur. Si autem veritatem in fuis depofitionibus dixerunt, five pro imagine, five pro collectione vel Neftorii, vel aliorum trium; de
omnibus nobis fuggerere, ut cognofcere
poffimus eos, qui in veram & immaculatam quam & nos colimus fidem peccaverunt. Ne quid autem ex his quæ nobis lecta funt, tuam magnitudinem lateat; juffimus eadem Gefta, quæ Cyri confecta funt,
& ad nos relata, necnon refcripta eorum
quæ Antiochiæ confecta funt, tibi tranf-
mitti: ut poft confecta omnia quæ juffimus,
iterùm nobis remittantur ipfa quæ in Cyro confecta funt. Pro hac etenim caufa deftinavimus Thomam devotiffimum Agentem in rebus & Subadiuvam Legi. Data
tertio Idus Augufti, Conftantinopoli, Ruftico V. C. Confule.] His in Synodo recitatis, commendata eft Juftini Augufti
pietas, quòd ad fidem Catholicam con-
fervandam ejufmodi perquifita vetera monumenta Synodo cognofcenda mififfet.
Quæ autem poft hæc fecuta fint, nihil
prætereà in Synodi Actis habetur.
　　Jàm cum ad calcem pervenerimus anni LXXII.
hujus, quo diximus legatos à latere ab
Hormifda Pontifice miffos Conftantinopolim, conciliatâ pace, Romam reverfos effe; ratio perfuadet, ut quorum fumus
profecuti labores, affequamur quoque eo-
F rumdem

De Joan-
ne & Germa-
no Le-
gatis Epis-
cop.

a Gregor.
dialog. lib.
2. c. 35.
L.XXIII.

rumq́; de exantlato certamine & pace parta triumphum . Quorum quidem primo
loco ponendus Joannes Episcopus, qui de
susceptis pro fidei defensione vulneribus,
insignibus meruit decorari martyrii ; & licèt cujus fuerit civitatis Episcopus, obscurum sit, satis tamen in Ecclesia fulget sacrorum claritudine stigmatum , illustratuś-
que nitet purpura sui sanguinis . Sancto
vero ejus collegæ Germano, quem fuisse diximus Capuanum Episcopum, duplicis legationis benè perfuncto munere celebri , quali quantave pompa fuerit illi
in cælestem patriam redeunti paratus à Deo
triumphus, fuit S. Benedictus inspector &
testis. Sed præstat audire S. Gregorium,
qui dùm ejusdem S. Benedicti res gestas persequitur, ista quàm fidelissimè narrat his
verbis (a) :

Alio quoque tempore Servandus diaconus & Abbas ejus monasterii , quod in Campaniæ partibus à Liberio quodam Patricio
fuerat constructum , ad eum visitationis
gratia, ex more, venire consueverat ; ejus
quoque monasterium frequentabat ; ut quia
idem quoque vir doctrinæ gratiæ cælestis
influebat , dulcia sibi invicem vitæ verba
transfunderent, & suavem cibum cælestis
patriæ, quam adhuc perfectè gaudendo non
poterant, saltem suspirando gustarent. Cumque hora quietis exigeret ; in cujusdam turris superioribus venerabilis Benedictus, in
ejus quoque inferioribus se Servandus diaconus collocavit ; quo videlicet in loco inferiora ad superiora pervius continuabat
ascensus: ante eamdem verò turrim largius
erat habitaculum , in quo utriusque discipuli quiescebant . Cumque vir Dei Benedictus , quiescentibus adhuc fratribus , instans vigiliis , nocturnæ orationis tempora
prævenisset , ad fenestram stans, & omni-

potentem Deum deprecans ; subitò , intempesta noctis hora respicens , vidit fusam lucem desuper cunctas noctis tenebras effu-
gasse , tantoque splendore claruisse , ut
diem vinceret lux illa , quæ in tenebris ra-
diasset . Mira autem res valdè in hac specu-
latione secuta est : quia (sicut post ipse
narravit) omnis etiam mundus, velut sub
uno Solis radio collectus, ante oculos ejus
adductus est .

Qui venerabilis Pater dùm intentam oculorum aciem in hoc splendore coruscæ lucis
infigeret , vidit Germani Capuani Episcopi animam in sphæra ignea ab Angelis in
cælum ferri. Tùnc tanti sibi testem volens
adhibere miraculi , Serrandum diaconum,
iterato bis terque ejus nomine , cum clamo-
ris magnitudine vocavit . Cumque ille fuisset insolito tanti viri clamore turbatus,
ascendit , aspexit , respexit , partemque
jam lucis exiguam vidit . Cui tantum hoc
obstupescenti miraculum , vir Dei per ordinem quæ fuerant gesta narravit : statimque in Cassinum castrum viro religioso
Theoprobo mandavit , ut ad Capuanam
urbem sub eadem nocte transmitteret , &
quid de Germano Episcopo ageretur, agnosceret & indicaret. Factumque est : & reverendissimum virum Germanum Episcopum, is qui missus fuerat, jam defunctum
reperit. Et requirens subtiliter, cognovit
eodem momento fuisse illius obitum , quo
vir Domini ejus cognovit ascensum .] Hactenùs de S. Germani triumpho Gregorius.
Contigit autem ejus ad Deum transitus tertio Kalendas Novembris, qua die annua
celebritate in Ecclesia ejusdem memoria colitur . Porrò hæc longè posteà contigerunt :
nàm (ut suo loco ostendetur) nondum hoc
tempore S. Benedictus in Cassinum montem migrarat .

LXXIV.

JESU CHRISTI
ANNUS
521.

HORMISDÆ PAP.
ANNUS
8.

JUSTINI IMP. 4.
THEODOR. REG. 29.

I.
Justiniani
Consulatus
cum editio-
ne mune-
rum.

QUi sequitur quingentesimus vigesimusprimus Christi annus Fastis redditur Consulatu Valerii , quem dedit Occidens , & Justiniani in Oriente à Justino
Imperatore creati , Roma altero , altero
Constantinopoli gaudente . Celebratur in
sui editione Consulatus Justiniani munificentia, de quo Marcellinus ista habet in
Chronico : Famosissimum hunc Consulatum Justinianus præ Consulibus omnium
Orientalium utilitatibus edidit : nàm ducenta octogintaocto solidorum sestertia liberalitate Consulari profecta munificentia
in populum , inque spectacula , sive spectaculorum machinam distributa sunt : viginti leones, triginta pardos, exceptis aliis
feris , in amphitheatro simul exhibuit : nu-
merosos præterea , phaleratosque in Circo
caballos jam donatis quoque impertivit au-
rigis. Una dumtaxat ultimóque mappa in-
sanienti populo, denegata .] Hæc Marcellinus . Licèt autem gladiatorum dempta

fuerint cruenta spectacula , retenta tamen
ea fuere in venatione ferarum & pugna cum
bestiis ab humanitate penitùs aliena, multò magis verò à Christiana religione abhor-
rentia ; dùm discerpi à bestiis homines, &
redempta Christi sanguine corpora sanguinem fundere cernerentur, atque in populi
ederetur insanum oblectamentum , quod
ad movendum luctum accommodatum potiùs videbatur . In detestationem verò hujuscemodi cruentorum spectaculorum extat
Theodorici Italiæ Regis epistola ad Maximum , qui post annum sequentem Consul
creatus est: dicemus de ea suo loco . Sed
jam signato Consulibus anno , Ecclesiasticarum rerum eodem anno gestarum narrationem aggrediamur.

Qui anno superiori ab Epiphanio , atque Synodo habita Constantinopoli , necnon ab ipso Justino Imperatore missi sunt
(ut vidimus) Romam legati, diutiùs ab
Hormisda retenti sunt, nempe integra hieme,

II.
Retenti
Legati hic
me Romæ.

me, fæpe auditi, & de petitionibus quas A
unâ cum litteris ingefferunt differentes, omni probationum genere convicti, atque
etiam perfuafi, haud indignè de illis ab eodem Pontifice tulere repulfam, quam non
ab infenfo viderent prodire animo, vel à
fuperba mente manare, fed potiùs è puro
fluere doctrinæ fonte per majorum traditionum irrigua, ipfo Hormifda fæpius illud
22.Cor.13. Apoftolicum inculcante (a): Non poffumus adverfus veritatem, fed pro veritate;
Oftendente planè, tantùm Pontificiam poteftatem non ad deftructionem, fed ad ædificationem datam: nihilque præter fas ufur-
b 1.Cor.4. pandum Ecclefiæ univerfalis Antiftiti, eidemque præfecto difpenfatori myfteriorum
Dei; cum ex fententia ejufdem Apoftoli (b),
inter difpenfatores illud potiffimum requi-
ratur, ut fidelis quis inveniatur. Sed tantæ moræ, penès quam erat fumma totius
Imperii, Juftinianus Conful impatiens,
c Extant has intereà ad Hormifdam perbreves litte-
inter epift. ras dedit (c), quibus eorum reditum ac-
Hormifd. celerandum effe rogavit:
III.
Diligenter Apoftolatus vefter cognovit,
quanto fidei calore filius vefter fereniffimus
Imperator, nofque fuimus ab initio. Numquàm ceffavimus agere quæ pertinebant ad
firmamentum religionis divinæ. Pro qua
re nuper etiam reverendiffimos facerdotes C
Romam direximus, ut integrum compo-
neretur de capitalis, quibus ad ea dubietas vertebatur. Sed ignoramus, quæ difficultas provenerit, ut minimè fopirentur
hactenùs ea, quæ videntur effe leviffima.
Salutantes ergò veftram reverentiam, po-
timus, ut nulla præbeatur occafio, qua
de tua quifquam poffit ambigere voluntate;
fed habentes præ oculis judicium majeftatis
fupernæ, modis omnibus feftinare dignemini.] Hactenùs Juftinianus.
IV.
Qui licèt ex fidei Catholicæ ardore fit D
jure laudandus: dùm tamen plufquàm par
eft homini laico, à fe propofita, ex fua
ipfius fententia optat fibi cuncta quàm celerrimè à Romano Pontifice definiri, parat fibi infcius ad lapfum foveam, in quam
mifer, eam vitare negligens, ad vitæ finem, dùm fine confilio currit, præceps
demùm incurrit. Religio ne licentiùs currat, ex Gregorii Theologi fententia
infrænanda. Hæc igitur tantùm hic tibi
confideranda proponimus, lector, ut primos greffus infpicias, quibus pedetentim
itur in mortem, cùm videlicèt quis novitati aditum facilem parans, à vetuftate recedit. Immemor enim fui propofiti Juftinianus, cùm adverfùs monachos Scythas ad E
Hormifdam Pontificem fcribens, nihil novitati concedendum effe, fuerat (ut vidimus) conteftatus; mutatus fententia, novum
quippiam cupit, auctoritate tamen Apoftolicæ fedis, inferri. Sit Principibus omnibus in ore cordeque Prophetæ Principis
d Pfal.9. illa fententia (d): Pes meus ftetit in directo, in ecclefiis benedicam te Domine: ne
vel pedem unicum à linea recta quovis
prætextu deflectant; fed jugiter (quod
e Hier.6. monet Propheta (e) de femitis antiquis
Annal.Eccl.Tom.VII.

interrogent, & intelligant fe Dei effe fubditos facerdoti. Sed jàm rerum geftarum
feriem profequamur.
Abfolutis igitur legatorum negotiis, ad V.
quæ tractanda venerant; hieme tranfacta, Recedunt
jàm placido vere appropinquante, cum na- Legati O-
vigationis tempus redditum videretur; rientales
iidem qui miffi fuerant Romam legati, ab ab urbe.
Hormifda Papa dimiffi, difcefferunt ab
Urbe reverfuri Conftantinopolim: iis ad
eos à quibus acceperat idem Pontifex litteras reddidit. At quænam illæ, qualesve,
cujus etiam effent argumenti, quæ anno
fuperiori ad Hormifdam Papam miffæ funt
ab Oriente: eorum quæ fuo loco fuperiùs
dicta funt, meminiffe debes: nempe petitum illis, ut præter nomen Acacii & præ-
cipuorum nominatorum hæreticorum, quæ
omninò fuerunt è Diptychis abradenda, reliquorum, qui communicatione ipforum
polluti effent, permanere finerentur, id
præfertim fumma importunitate expofcen-
tibus populis. Infuper & ingeftum fuiffe
diximus, ut dici omninò deberet Jefum
Chriftum crucifixum unum de Trinitate.
Sed & in memoriam revoca, quanta ifta
fuerint petita & expetita diligentia atque
licentia, quotque litteris iifdemque graviffimis inculcata, tot arietibus Romani
Pontificis tentata conftantia: ut impoffibile potuiffet videri, non flecti, & cuncta
petentibus non indulgere. Hæc, inquam
omnia tibi funt memoria recolenda, quò
ea quæ dicenda erunt, cum fueris affecutus,
magis magifque mireris.
Hormifda igitur cùm ad Synodum, tùm VI.
ad Epiphanium Conftantinopolitanum E-
pifcopum, necnon etiam ad Imperatorem f Hormifd.
epiftolas (f) hoc anno reddidit feptimo ep. 72. 73.
Kal. Aprilis: extant quidem ipfæ: non 74. 75. 76.
verò ex eis tres tantùm reddimus, quarum
duæ funt ad Juftinum datæ, una verò eademque notiffima ad Epiphanium, In duarum autem illarum altera, quam ad Juftinum dedit Hormifda, in ea verfatur primùm, ut commendet pietatem Imperatoris ob munus legationis impenfum; mòx
verò refponfionem ad ea quæ petierat Imperator, utrecipperentur ad communionem
illi, qui damnato Acacii nomine, reliquorum qui ei communicaverant Epifcoporum nomina in Diptychis retinerent,
fubiicit: & de illa adeò ventilata quæftione pertractat, nùm unus de Trinitate in
carne paffus fuit deberet. Sed ipfam ad g Hormifd.
Juftinum epiftolam audiamus, quæ fic fe epift.75.
habet (g). Hormifd.
Scio quidem, venerabilis Imperator, epiftol. ad
clementiam tuam confcientia boni operis Juftinum
tantùm effe contentam; nec in his, quæ Imp.
pro Catholicæ Ecclefiæ unitate difponitis,
humanis laudibus indigere, & magni ftudii gloria non dignari remuneratione vilef-
cat. Quanta eft enim circa eum humani
fumma præconii, cui contigit terrarum regna committi? Cum eo noxia fint blandimenta adulationis fufpicioni, quæ humilitas detulerit imperanti. Et aliàs fecundùm Evangelicam traditionem neceffe eft,
F 2   ut

ut fructu supernæ remunerationis careat, qui retributionis laudem expectat. Hinc mansuetudinem vestram, omni bonitatis perfectione pollentem, ad Deum universi, quæ memorabiliter facitis, referre non ambiguo: nec caduca cogitantes, ab illo expectatis pro actuum vestrorum retributione mercedem, quem bonorum omnium constat auctorem.

VIII. Et tamen ego divinis, quibus obsecundo, convenio institutis, ne religiosæ conscientiæ vestræ beneficia conferta dissimulem; ne taciturnitas mea, quæ vobis crescit ad gloriam, mihi (quod absit) vertatur in culpam. Novi enim de illis decem Domini, & Salvatoris nostri pietate mundatis, quia & novem sunt nota ingratitudinis improbati, & unus testimonium fidei & merita receptæ salutis retulit, quia gratiarum actionem sanatus exsolvit. Exequor exempla quæ didici; & quod per officii mihi crediti materiam prædico, sub occasione litterarii sermonis exhibeo. Ago gratias quantò ampliùs possum, etsi quantas debeo non possum: sed solatium mihi est, quòd de beneficiis mecum vestris mundus exultat, & laceratæ hactenùs Ecclesiæ membra ad compagem suam revocata gloriantur. Reduxisti populis fidem, persecutus errorem: inclinata est superbia inimicorum Ecclesiæ Dei, & humilitas erecta Fidelium. Magna res tibi contigit, Imperator: magna in te emolumenta cum potestate cojerunt. Quæ merearis, intellige: Non exiguam in te partem boni operis illius, quod vadens ad cælum Dominus noster Jesus Christus contulit, transtulisti: nàm pacem, quam ille discipulis dedit, per te mundus invenit. Non est dubium congratulari tibi Angelos cæli: nàm si juxtà assertionem Evangelicam (a), lætitia est eis super uno peccatore salvato; quæ potest esse, populo s

a Luc.15.

IX. Salve Ezechias præsentis ætatis; nàm etsi fuerunt ante eum Reges Juda qui facerent bonum, nullus tamen eorum dissipavit Excelsa. Tu quoque schismatum & superbiæ dissipator, & cultus veteris restitutor, præsume tibi similitudinem illius annorum (b) augenda curricula, qui operum ejus imitaris exempla. Hæc omnia, quæ ad majus gloriæ tuæ expectant augmentum, non stimulo adhortationis alienæ, non ullis precibus excitatus aggrederis;solus tibi in consilio Deus: non est qui se ad participationem tanti operis tentet inserere; tibi debes actionis hujus studium, tibi bonæ actionis effectum.

b 4.Reg.20.

X. Tu me, venerabilis Imperator, Ecclesiæ vulnera tàm longa mærentem, ad spem reddendæ salutis animasti. Tu me post tàm continuos turbines jàm penè desperatione cessantem, ad novam tranquillitatem, directis ultrò piis litteris,excitasti: hoc quoquè proculdubiò divina intelligentia conferente, ut inter ipsa tui principatus exordia fidei ejus dicares obsequium, cui acceptum debebas Imperium. Sed qui te ad incipienda hæc non potui primus impelle-

re, nunc majore fiducia tantis beneficiis compellor provocatus orare, ne patiaris in re tàm bonis operis esse defectum: ne manus, quas ad Deum erigis, à cepti operis perfectione suspendas. Negare non possum pro Domini nostri hæc me affectu, & unitatis expóscere; sed fateor, & saluti tuæ pro tanta mansuetudinis gratia hæc studia me debere. Scriptum est enim (c), quia qui perseveraverit usque ad finem, salvus erit. Nec vos aliquorum obstinatio reddat à proposito pigriores. Durum est, ut efficacior sit eorum pertinacia qui dividunt pacem, quàm eorum qui asserunt unitatem. Amentur vulnera, cum providentur pro salute remedia, & peroptabile *... putetur ... mortuis, quàm inhærere cum vivis.

c Matt.16.

* Desunt aliqua in scripto codice.

An non æquum est, ut religiosi Principis subdantur imperio, qui non moventur exemplo? Non omnis æger remediis salubribus acquiescit; & medendi studium sæpè ipsis, quibus adhibetur, ingratum est: & tamen grata est pro salute necessitas, nec ipsi post respirationem non sunt beneficiis obnoxii, qui curantur inviti.] Ista præfatus Hormisda, mòx ad ea quæ petierat Imperator, ut ad communionem reciperentur Episcopi, sinerenturque eorum nomina in Diptychis remanere, qui, damnatis hæresibus, recepissent Chalcedonense Concilium; professique Catholicam fidem, fuissent tamen Acacii communione polluti; respondet id minimè concedi posse, cum talium communione universa simul inficeretur Ecclesia; atque ait:

Cavenda est subtilium magna circumspectione calliditas, qui ingerunt difficilia, dùm nituntur labefactare composita. Et quis hoc possit admittere, ut ad illa per pacem credamur adduci, ad juxtà non potuimus discordiæ necessitate compelli? Et putetur æquiùs, ut contra salutem Princeps subjectorum voluntatem sequatur, quàm pro sua salute subjecti Principis non famulentur imperio? Ipsam tibi mecum, venerabilis fili, crede Ecclesiam Dei supplicare, ut eam sine macula & ruga (sicut Deo placere) custodias: nec in eam oculus ille, qui pervigilat, nævum aliquem, quem aversetur, aspiciat. Ama quod à Deo compunctus elegisti, & intemeratum serva illud, cujus pars esse voluisti. Fuerit ante solicitudo tantùm mea, nunc unam nobis causam tua fecit esse clementia. Nec austeriorem me quisquam dicat esse prioribus: nec adhortatio alicujus pro sententiæ auctoritate teneatur. Diligentiorem me non pertinaciæ studium, sed scandala secuta fecerunt. Fortè inter initia locus esse potuit lenitati: malè (sicut notum est) per accessus præcedentium temporum errorum augmenta creverunt.

Non parvi habeas, fili sanctissime, quod curasti. Ubi sancta Chalcedonensis Synodus, & inter sanctos venerandi Papæ Leonis religiosissima constituta locum alicujus honoris habuerunt? Ubi non adversùm tanta fidei fundamenta quasi quoddam bellicum

XI. Cogendi subditi errantes,non sequendi.

XII. Justè negat Hormisda injusta petita.

XIII.

eum hoftium Dei infonuit exercitus? Quantò acrioribus hæc impetita funt jaculis,
tantò validioribus funt munienda fubfidiis.
Rogo, clementiffime Imperator, ne me
aut ad deferenda hæc quæ dudùm benepla-
cita funt, aut mutanda compellas. Vox
enim illa auribus meis indefinenter immurmurat (a): Quia nemo ad aratrum manum mittens, & poft fe refpiciens, aptus
eft regno Dei: cum in evidenti fit, quia
pœnitentia malorum, eft operum, non bonorum.

i Luc. 9.

XIV. Sed quamquàm his urgemur anguftiis,
tamen propter manfuetudinis tuæ confide-
rationem, & venerabilium legatorum Joannis Epifcopi, Heracliani presbyteri, &
Conftantini diaconi allegatio nos non in-
humana permovit, qui innocentibus aut
ignaris caufæ remedia credidit effe pofcenda: ad fratrem & coepifcopum noftrum
Epiphanium fcripta tranfmifimus, ut memor fidei, memor religionis, quos dignos
fufceptione effe crediderit, & alienos à
communione quam refpuimus (ficut afferitur) innocentes eos ad focietatem fuæ
communionis admittat: libelli tamen, qui
à nobis interpofitus eft, tenore fervato.
Meliùs eft enim & magis Deo placitum, fi
falva fide Ecclefiaftico corpori jungantur
abfciffi, quàm in abfciffos tranfeant qui in
beati Petri immaculata communione man-
ferunt. Data feptimo Kalendas Aprilis,
Valerio V. C. Confule.] Hactenùs epiftola Hormifdæ ad Juftinum Auguftum: ex
qua planè intelligis, quod & aliàs fæpiùs
demonftratum eft, quanta videlicèt Romani Pontifices cuftodierint diligentia, quan-
toque ftudio procurarint, ne polluereretur
hæreticorum quavis macula Ecclefia fancta,
fed confervata femper illibata communione
Apoftolicæ fedis, in fuo candore integra
permaneret.

XV. Quid verò idem Hormifda Papa eidem
Imperatori refponderit ad agitatam illam,
tàm in Oriente quàm in Occidente quæftionem de uno ex Trinitate paffo in carne, pofterior ejufdem epiftola eo argumento confcripta docet: cujus ut fingula verba poffint
expendi, hic verbatim ipfa reddenda erit.
Accipe igitur ex ea, quid confulrus inter-
pellatufque magifter Ecclefiæ è cathedra
Petri refpondeat, & quomodò omni purgatum fcoria aurum obrizum è divinæ fapientiæ conflatorio depromptum petentibus eroget. Potuiffet quidem falli quivis
homo ingenii perfpicacis (ut verè aliquos
deceptos vidimus) ad impoftorum fubdo-
lam artem: fed qui clavem habebat fcientiæ, minimè circumveniri potuit; & ne
alii fallerentur, eam ad Imperatorem epiftolam fcripfit, quam voluit (ut ipfe teftatus eft in litteris ad Juftinianum (b))
publicam effe omnibus inftructionem. Ita
quidem qui doctoris officio univerfæ præ-
eft Ecclefiæ, non Imperatorem duntaxat,
ad quem fcripfit, erudiendum fufcepit;
fed omnes agentes ubique Fideles, pendentes ab ipfius ore Pontificis, expectan-
tefque quæ ejus effet de re tanta fenten-

b Hormifd.
ep. 44.

i Annal. Eccl. Tom. VII.

tia, voluit erudiri. Porrò ea epiftola Orbi nota, non fiat nobis incognita, fed hîc
ipfam reddamus (c).

c Hormifd.
ep. 76.

Hormifda Juftino Augufto.
Inter ea quæ ad unitatem Ecclefiæ pertinentia, propter quam Deus clementiæ
veftræ elegit Imperium, in litteras contu-
liftis: hæc quoque, venerabilis Imperator, cura fidei, cui multipliciter vos ftudere declaratis, adiecit, ut aliquorum preces perferendæ ad humilitatis meæ notiti-
jungerentur; quibus vel quid quæftionis
oriretur, agnofcerem, vel ad fummoven-
dum propofitæ confultationis ambiguum
refponfum à me religiofæ fcientiæ conveniens redderetur. Legi omnia folicitudi-
ne qua decebat: & licèt ad refponfi plenitudinem fuffcere potuiffet, fi illa tantùm quæ à veteribus funt definita referi-
berem; tamen ut religiofi propofiti veftri
remunerarem affectum, non fubtrahendum
credidi mei quoque fermonis obfequium.
Quid enim ad emergentibus Neftorii & Eutychetis venenis, paterna omi-
fit inftructio? penè omnes impietates cum à majorib.
inventoribus tam nefandorum dogmatum elucidata.
convenientia in unum Synodica decreta
præferunt: nec ulteriùs remanfit locus ullius, tàm diris peftidiæ feminibus amputatis, aut Chriftum Dominum noftrum credere fine carnis fuiffe veritate, aut eumdem
non Deum & hominem de materni uteri
intemerata fœcunditate prodiiffe; cum alter eorum difpenfatione qua falvati fumus, negando, quantùm in fe eft, irritam faceret; alter opinione contraria, fed
impietate confimili, in eodem Domino
noftro Jefu Chrifto poteftatem divinam à
vera humanitate fecluderet: neque ille recordatus, quia palpandam carnem fuam
Chriftus oftendit; nec ille Evangelii memor, Verbum carnem factum effe dicentis, cui vox Domini indeficienter infonare
debuerat, qua dixit & docuit (d); Nemo
afcendit in cælum, nifi qui de cælo defcendit Filius hominis, qui eft in cælo.

c Doctrinæ
fidei fatis

d Joan. 31.

XVI.
Hormifda
ad Juftinū
Imper.

Sæpè hæc & multis præcedentium funt
comprehenfa fententiis: fed nec clementia
veftra, licèt jàm dicta fint, faftidiofe poterit repetita cognofcere; nec nobis pudor eft, ea quæ funt à prædecefforibus
noftris prædicta, revolvere. Neque enim
poffibile eft ut fit diverfitas prædicationis,
ubi una eft forma veritatis; nec ab re judi-
cabitur alienum, fi cum his, cum quibus
convenimus fide, congruamus & dogmate. Revolvantur piis manfuetudinis veftræ auribus decreta Synodica, & beati Papæ Leonis convenientia facræ fidei conftituta: quam invenietis in illis, quæ recen-
fueritis in noftris. Quid ergò eft poft illum fontem fidelium ftatutorum? quid ampliùs (fi tamen fidei terminum fervat)
quamlibèt curiofus fcrutator inquirat, aut
opere, aut inftitutione perfectius? nifi
forte mavult quifquam dubitare, quàm
credere, certare, quàm noffe; fequi dubia,
quàm fervare decreta.

XVII.

Nam fi Trinitas Deus, hoc eft, Pater
& Filius

XVIII.

F 3

& Filius & Spiritus sanctus, Deus autem
a *Deut.* 6. unus, specialiter legislatore dicente (a):
Divina audi Israel, Dominus Deus tuus, Deus
substantia unus est; qui aliter habet, necesse est aut
sine nume. divinitatem in multa dividens, aut specia-
ro indivi- liter passionem ipsi essentiæ Trinitatis im-
sa. pingat, & (quod absit à Fidelium mentibus) hoc est aut plures deos more profano
Gentilitatis inducere, aut sensibilem pœnam ad eam naturam, quæ aliena est ab
omni passione, transferre. Unum est, sancta Trinitas non multiplicatur numero,
non crescit augmento: nec potest aut intelligentia comprehendi, aut hoc quod Deus
est, discretione sejungi. Quis ergo illi secreto æternæ impenetrabilique substantiæ,
quod nulla vel invisibilium naturarum potuit investigare natura, profanam diviso-
nem tentet ingerere, & divini arcana my-
sterii revocare ad calculum moris humani?

XIX. Adoremus Patrem & Filium & Spiritum
* *indivi-* sanctum, indistinctam * distinctè, incom-
sam prehensibilem & inenarrabilem substantiam Trinitatis, ubi etsi admittit numerum
ratio personarum, unitas tamen non admittit essentiæ separationem: ita tamen
ut servemus divinæ propria naturæ, servemus propria unicuique personæ, nec
personis divinitatis singularitas denegetur,
nec ad essentiam hoc quod est proprium nominum transferatur. Magnum est sanctæ &
incomprehensibile mysterium Trinitatis;
Deus Pater, Deus Filius, Deus Spiritus
sanctus, Trinitas indivisa: & tamen notum est, quia proprium est Patris, ut ge-
neraret Filium, proprium Filii Dei ut ex
Patre Patri nasceretur æqualis, proprium
Spiritus sancti ut de Patre & Filio procederet sub una substantia Deitatis.

XX. Proprium quoque Filii Dei, ut juxta id
b 1.*Petr.*1. quod scriptum est (b), in novissimis tem-
Joan. 5. poribus Verbum caro fieret, & habitaret
De Verbi in nobis: ita intrà viscera sanctæ Mariæ
incarnatio- Virginis genitricis Dei unitis utrique sine. ne aliqua confusione naturis, ut qui ante
tempora erat Filius Dei, fieret Filius hominis; & nasceretur in tempore hominis
more, matris vulvam natus non aperiens,
& virginitatem matris Deitatis virtute non
solvens. Dignum planè Deo nascente mysterium, ut servaret partum sine corruptio-
ne, qui conceptum fecit esse sine semine,
servans quod ex Patre erat, & repræsentans
quod ex matre suscepit: nam jacens in præ-
sepio, videbatur in cœlo; involutus pannis, adoratur à Magis; inter animalia e-
ditus, ab Angelis nunciatur; vix egressus
infantiam, & annuncians mysticam sine
instituente doctrinam, inter rudimenta annorum puerilium edens cælestia signa virtutum.

XXI. Idem enim Deus & homo, non (ut ab
infidelibus dicitur) sub quartæ introdu-
ctione personæ, sed ipse Dei Filius Deus
& homo, id est, virtus & infirmitas; humilitas & majestas; redimens & venditus;
in cruce positus & cæli regna largitus; ita,
nostræ infirmitatis particeps, ut posset in-
terimi; ita ingenitæ potentiæ Dominus,

A ne posset morte consumi; sepultus est juxtà id quod homo voluit nasci, & juxta id
quod Patri erat similis resurrexit; patiens
vulnerum & salvator ægrorum; unus defunctorum & vivificator obeuntium; ad
inferna descendens & à Patris gremio non
recedens: Unde & animam, quam pro communi conditione posuit, pro singulari
virtute & admirabili patientia, mox resumpsit.

Hæc ita esse, nec ullam dubitationem XXII.
oportere recipere, idem Dominus noster
B Jesus Christus ne inter corporis passiones
Deus non esse crederetur, aut ne Deus tantùm & non homo inter opera mirabilium
stupenda virtutum; proposito nos duorum
Apostolorum informavit exemplo, Deum
esse Christum Dominum nostrum Petri fide, hominem Thomæ dubitatione declarans. Quid enim intererat, ut quem se
homines dicerent, discipulos suos vellet
inquirere (c), nisi ut respondente Petro, c *Matt.* 16.
Tu es Christus Filius Dei vivi, notum fa-
ceret, hoc non de carne & sanguine proditum, sed à Patre inspirante revelatum, &
per testimonium laudatæ responsionis fides
patefacta fieret veritatis? Quid intererat,
ut apparente post resurrectionem Domino,
C Thomas (d) tamen aut deesset cæteris, aut d *Joan.* 10.
solus ambigeret, nisi ut mundus crederet
quod ambigens discipulus exploraret; ut
dum unius manibus se pateretur tangi, ad
universitatem Fidelium quid esset, posset
agnosci? Non ergò ad improbandum discipulum interposita est dubitatio, sed quæsita posteritatis instructio. Anne ad aliud
spectat, quod se idem Dominus Cleophæ
cùm alio discipulo, cum ad Emaus tenden-
tes (e) de se loquerentur, inseruit: & e *Luc.* 14.
quamquàm de resurrectione Domini per
mulieres, quæ primæ ad monumentum
convenerunt, agnovisset; tamen ut per
eorum dubitationem daret credendi futuris
sæculis firmitatem, incipiens à Moyse &
D omnibus Prophetis, oportuisse pati Christum, & ita intrare in gloriam suam, in-
terpretatus Scripturas ostendit, & per passionem humanam naturam, & divinam in
eo esse per gloriam, multipliciter hæc sanctarum Scripturarum testificatus exemplis.

Hæc apud religiosam conscientiam tuam, XXIII.
venerabilis Imperator, non tamquàm ignota dicuntur. Fides enim ipsa, quæ à te
constanter asseritur, tibi reddit hoc mu-
E neris, ut sensibus tuis, & affectum sui in-
serat, & scientiam, per quam diligentiùs
asseratur, infundat. Et tamen interest dispensationis mihi creditæ, ut ego quoque
vel apud scientes nota non taceam; ut succedente sibi per vices temporum Catholicorum prædicatione sensuum, quod indeficienter asseritur, sine fine credatur.

Latius hæc quæ ad Deitatem humanita- XXIV.
temque Domini nostri Jesu Christi pertinent, & in eo unitas duas sine confusione
naturas, potui secundùm veterum definita.
disserere, si esset adversùm eos, qui his
dissentiunt, disputandum: sed cum in manibus omnium sint & Synodica constituta,
& beati

& beati Papæ Leonis dogmata ; perſtrinxiſſe potiùs pauca, quàm evolvere credidi convenientiùs univerſa. Nunc verò agnoſcere ſatis eſt, & cavere ita proprietatem & eſſentiam cogitandam, ut ſciatur quid perſonæ, quid nos oporteat deſerre ſubſtantiæ : quæ qui indecenter ignorant, aut callida impietate diſſimulant, dùm omittunt quid ſit proprium Filii, trinæ intendunt inſidias unitati. Sed ſi quæ prædicta ſunt, validis teneantur ſua radicibus ; nec à paterna traditione receditur, & conſtanter quæſtionibus obviatur. Data ſeptimo Kalendas Aprilis, Valerio viro clariſſimo Conſule.]

XXV.

Sic igitur hæc de myſterio ſanctiſſimæ Trinitatis & divina Verbi incarnatione Hormiſda Pontifex ſcripſit (ut dictum eſt) Imperatori, quò omnibus Fidelib. profutura promulgarentur ubique.; & ſic fixa ſacra anchora fidei, haud ventorum impulſibus ipſa Chriſtiana religio pateret expoſita, arbitrioque novantium impelleretur in ſyrtes Eutychianæ blaſphemiæ ; ita planè oportune monente, prædicante, atque importunè obſervans, quod maximum rei pondus clamante, qui Petro clavum tenenti aſſidet, Paulo, (a) *Profanas vocum novitates devita*. Explodendaq; tunc penitùs novitas fuit, quantumlibet præſeferret ſpeciem pietatis & veritatis, cum capioſè ab Eutychianis diceretur unus ex Trinitate paſſus. Latro planè atque fur quiſque aliundè aſcendens, & non per patens oſtium intrans, verbis (b) Domini eſſe convincitur. Etenim ſi cor eorum rectum cum Deo fuiſſet : utique per viam à Patribus omnibus cæteriſque Fidelibus calcatam perambulaſſent ; atque ſanctè pièque abſque ambiguitate hujuſmodi dictum ab ipſis fuiſſet, more majorum, Deus Filius in carne paſſus ; aut Verbum eare factum paſſum ; ſive ſecunda Trinitatis perſona aut ſuppoſitum, ſive ſubſiſtentia in carne paſſa. Cum igitur tot uſurpatis à Patribus nomenclaturæ veritas Catholica adeò copioſè pandaturq;quid in ambiguitatis anguſtias eamdem comprimendam oportuit conjeciſſe ? Regiam amat viam, perſpicuamq; cupit Catholica fides ; vitat obliqua, ſecreta refugit, anfractus declinat, neſcit devia, vel inacceſſa, in quibus ſcit poſſe occultari latrones : unde vel ex hac ipſo, jure quiſquis, in ſuſpicionem adduci poſſit hæreticæ parvitatis, quantumlibet pietatis ſpeciem præſeferat, cùm à communi Eccleſiæ traditione vocibuſque recepta abhorret.

XXVI.
Imitatione dignum Hormiſdæ exemplum.

Admiranda ſanè Hormiſdæ ſtantis ſuper ſpeculam ſedula vigilantia, & imitandum poſteris exemplum curæ ſacerdotalis ; dùm & à longè odoratas inſidias, ex eminenti cathedra, ut dolos caveant cunctis Fidelibus. clamat : ſpectandum planè, ſectandumque pariter quod edidit dignum ſpecimen inconcuſſi roboris Pontificii, dùm tot litteris flecti, vel latum unguem moveri minimè paſſus eſt à prædeceſſorum veſtigiis, quibus firmiter inſiſtebat : cum alioqui propoſitas novas voces abſque fidei præju-

A dicio, appoſita interpretatione, ob bonum pacis (ut ajebant) recipere potuiſſet; ut à ſucceſſoribus factum eſt poſteà, ubi ſuſpicio procul abfuit, & cauſa recens emerſa fieri perſuaſit : modò verò recta ratione aliud abeo exigente, noluit ejuſmodi patere perfidis aditum, nec per ſecretum acceſſum quempiam mentita teſſera pietatis admittere, ſciens carere poſtico domum Dei, unamque ſolùm patere cunctis introeuntibus januam Catholicæ veritatis, per quam dumtaxat ſi quis introjerit, ſalvari poſſit.

His itaque decretis, ſcriptiſque ad Imperatorem Hormiſda, ut inviolatè cuſtodirentur in Oriente, novitaſque illa verborum penitùs deleretur ; ac ne reciperetur qui in communicatione Acacii defuncti eſſent : hæc ut penitùs ſervarentur, ſuas vices legavit idem Pontifex Epiphanio Epiſcopo Conſtantinopolitano, qui Apoſtolicæ ſedis nomine lapſos cum libellis reciperet ; ita tamen, ut (ne quid ſubrepſet hæreticæ communionis fermenti) ſingulorum libellos Romam ad ipſum Pontificem mitteret : tantùm enim abfuit, ut quod petebant Imperator & alii, ut ſineret ob bonum pacis ad Eccleſiam admitti populos qui tenaciſſimi erant nominum ſuorum Epiſcoporum communicatione Acacii pollutorum ; ut nec recipi vel unum pati voluerit, libello non penitùs explorato, Romamque miſſo. Quibus intelligas, quanta ſuper omnes Romanus Pontifex polleret auctoritate, licet adhùc ſub Rege Gotho ipſa Romana lugeret Eccleſia. Sed deſcribamus epiſtolam ipſam, quam polliciti ſumus eodem argumento quo & ſcripſera ad Imperatorem, ad Epiphanium ab Hormiſda datam, quæ ſic ſe habet (c) :

XXVII.

Hormiſda Epiphano Epiſcopo Conſtantinopolitano.

Multo gaudio ſum repletus, quòd circa Eccleſiæ pacem & ſanctiſſimi Imperatoris & dilectionis tuæ tale ſtudium, quale litteris indicaſti, legatorum quoque meorum aſſertione cognovi. Manifeſta enim hinc ſupernæ miſericordiæ documenta producuntur, quando & humani Principes cauſam fidei cum Reipublicæ ordinatione conjungunt ; & Eccleſiarum Præſules, quod ad diſpenſationem ſuam pertinet, officii memores exequuntur. Talibus indigebat poſt diſcordiæ procellas religio Chriſtiana rectoribus, qui compreſſis provida diſpenſatione turbinibus, diù peregrinatam pacem, depulſa tempeſtate, reducerent : & in futura ſæcula propoſiti ſui exempla tendentes, ſibi aſcribendum indubitanter. oſtenderent, quicquid Deo placitum poſteri, pro ſua imitatione facilitent.

XXVIII.
Hormiſd.
epiſtol. ad
Epiphanium.

Benedicamus Deum : frater chariſſime, noſtris hoc diebus fuiſſe conceſſum ; & totis orationum & curarum viribus annitamur, ut quæ per Dei noſtri opem benè correcta ſunt, ipſo adjuvante, per omnia compleantur. Sperandum enim eſt, ut ad compagem corporis ſui reliqua quoque, quæ adhùc

XXIX.

Left margin notes:
a 1.Tim.6.
b Joan. 10.

Right margin notes:
c Hormiſd.
epiſt. 77.

adhûc divisa sunt membra festinent, & à
potioribus minora non discrepent. Ad quod
cum me dilectio tua Christianæ studio charitatis hortetur; debet, quod incitat, sequi; & quod amandum suadet, amplecti:
Similem enim jam fidei curam gerentes, per
religiosam patientiam par etiam præmium
de boni operis speramus effectu: neque
enim difficultatibus est cedendum. Non fatigatur asperis fides; nec ad cælorum ardua
per proclive contenditur; nec remunerationem citra laboris exercitia quis meretur.
Undè ne facientes bona deficiamus, spe-
a Gal. 6. cialiter admonemur (a). Beati etiam, te-
b Ps. 105. ste Psalmista (b), qui custodiunt judicium, & faciunt justitiam in omni tempo-
re: quia non initium laboris remunerationem præmii consuevit invenire, sed terminus. Ergò par studium solicitudinis as-
sumentes, quibus est una in communione
& credulitate societas, quemadmodùm de
adunata sedi Apostolicæ Constantinopolitana Ecclesia pariter exultamus in Domino,
ita de reliquarum quoque (sicut affectuo-
sè admones) redintegratione: curemus primùm, ut fidem, integritatemque nostram
immaculatam ab omni contagione servemus. Nosti enim, frater sanctissime, quæ
Ecclesiasticam fovent vincula concordiam;
quæ nos ab hæreticorum tueantur insidiis;
per quæ etiam canonum custodiatur auctoritas. His in robore suo omni circumspectione servatis remedia sperantibus conferantur.

XXX.   Habet enim & Ecclesiarum ordo regularum & ipsius forma justitiæ, ut medicina
rationabilis benignè & fideliter sperantibus non negetur: nec quisquam ita est humanitate discretus, quem non à rigore di-
scretionis inclinet incauta simplicitas. Sed
ut cautè hoc citra querelam, aut errorie
alicujus nævum valeat expediri, dilectissi-
Suas vices me frater, personam meam & in hoc opor-
delegat E- tet induere, scientem & in hujusmodi cau-
piphanio sis (sicut prædictum est) quid faciendum
Hormisda sit, quid cavendum: ita omnia providen-
Papa. da, ut non ambigas rationem dispensationis
hujus Deo esse reddendam: ita tamen, ut
eos qui fuerunt vobis communione sociati,
vel per vos sedi Apostolicæ, vestra nobis
scripta declarent, quibus etiam continentia libellorum, quos obtulerint, inferatur. Sic enim & Severi, vel complicum
ejus, vel similium absolvemus errores; nec
eorum, qui sanari potuerint, dispendia
patiemur. Quod ideo specialiter vobis credimus imponendum, ad diligentiam vestram nostra onera transferentes; quia non
parva jàm documenta, resistentes hæreticis, edidistis; nec debet de eo ambigi
quem benè contigerit explorari. Simul as-
sume remedia medicinæ, simul accingere
auctoritate justitiæ; & sic circa supplices
auctoritate mollire, ut in hæreticorum
contagione perdurantes, anteos qui innocentiam simulant, & cum nostris sola voce
consentiunt, ab his quibus pro Ecclesia
reintegratione consulitur & providetur,
excludas: nec enim expedit circa hos Ec-

A clesiasticam temperare censuram. Non enim
erunt miserationis bona pro eorum, quibus consuli oportet, necessitate collata, si
indiscretè fuerint bonis malisque communia.

Et quia Hierosolymitanorum quoque XXXI.
faciebat in tuis litteris tua dilectio mentio- De causa
nem, quorum etiam ad nos quædam dela- Eccl. Hie-
ta professio: necessarium duximus vel re- rosolymi-
censere quæ scripta sunt, vel respondere tanæ.
quæ congrua. Qui si sanctorum Patrum
constituta custodiunt, si illa fidei fundamenta venerantur; ab his, quæ per eos,
sancto Spiritu compungente, definita sunt,
non recedant. Aut enim perfecta sunt,
ita ut sunt, & adjectione non indigent;
aut benè valida, & ideò non mutanda;
quando per ea omnia hæreticorum venena
compressa sunt: nec quicquam Chalcedonensis Synodus, quod utile qualibet diligentia potuisset excogitare, præteriit, quæ
præcedentium quoque dogmata vel clariùs
manifestavit, vel repetita auctoritate firmavit, speciale quoddam adversùs Nestorium & Eutychetem aggressa certamen, alterum Deitatem Dei nostri Jesu Christi à
carne separantem, & ideò sanctam Mariam
Dei genitricem pronunciare vitantem; alterum veritatem carnis in Domino renuen-
C tem, quando Dominus noster Jesus Christus idem Filius Dei, idem Filius hominis
una in duabus persona naturis, divinitatis
& humanitatis carnis, nec naturis adunatione confusis, non velut quarta persona
addita Trinitati, sed ipse Filius Dei exi-
naniens semetipsum & formam servi accipiens (c): propter quod & unam nec di- c Philip. 2.
visibilem profitemur essentiam Trinitatis,
& proprietatem tamen suam scimus inesse
personis, unam Patris, unam Filii Dei
cum assumpta carne, unam Spiritus sancti,
& personas proprietatibus designantes, &
D per vnitatem essentiæ inseparabile Trinitatis mysterium confirmantes.

Neque enim ambigi potest Verbum Dei XXXII.
intra matris viscera per carnem humanam
assumpsisse naturam, nec potest à se intra
vulvam naturam unitione divisam: nàm
ut humanitas sine Deo edita, sic in cruce
non est impassibilis divinitas à carnis passione divisa; quod Virginis partus & intemerata fæcunditas, & singularis à mortuis resurrectio, & ad cælos declarat as-
censio. Hæc si quemadmodùm à Patribus
constituta sunt, servant, credant, non definita transcendant: à quo tramite qui de-
E clinant ipsi sibi nebulam dubitationis of-
fundunt. Nobis autem illud Apostolicum
contentiosis respondere necesse est (d): d 1.Cor.11.
Nos hanc consuetudinem non habemus, nec
Ecclesia Dei. Hæc ideò breviter, quia
nec ambigere convenit de rebus juxta fidem
sæpiùs definitis; & penè supervacua est allegatio, quæ adhibetur instructis: cum
super hac re & ad clementissimum Principem filium nostrum non pauca perstrinxe-
rim.

Et quia de Hierosolymitanorum propo- XXXIII.
sitione respondimus; hoc, quoque æstimavimus

vimus salutis eorum causa competenter addendum : ut si communionis Apostolicæ desiderant unitatem , professionem suam scripto inditam , quam legatis nostris apud
Constantinopolim positis obtulerunt , aut
per suos ad nos dirigant, aut fraternitati
vestræ tradant, eodem tamen (sicut diximus) tenore conscriptam, quæ ad nos modis omnibus sub vestra ordinatione deferatur . Nàm de Thessalonicensibus , quorum
ad nos legati sub clementissimi & fidelissimi Principis filii nostri ordinatione venerunt , ne quid omisisse credamur ; nosse
vos volumus, secundùm hoc quod Domino
nostro Jesu Christo inspirante placuerit
causam omnem nostri dispositione tractandam : Et si quod oportet , impleverint,
ordinanda hæc per fratrem nostrum & coepiscopum venerabilem virum Joannem ,
sed & filios nostros Heraclianum presbyterum & Constantinum diaconum Ecclesiastico
honore dignissimos. Ad causam pertinentia conscripsisse contenti , gratulati sumus
in viro ordinis nostri par meritum & religiosum nos invenisse propositum , & cum
legatione mandata sapientiam moribus congruentem . Votiva enim res & plena gaudii est , ut sint justa æstimatione probabiles , quos communionis & officii contigerit
esse consortes . Data septimo Kalendas
Aprilis , Valerio viro clarissimo Consule .] Hactenùs ad Epiphanium Hormisda Papa.

XXXIV.
Dimissi
Orientales
Legati.
Sic igitur his pro restitutione lapsorum
decretis legibus, & de fide Catholica con-
firmatis veteribus sanctionibus, quomodò
occurrendum hæreticis , atque subvenien-
dum schismaticis foret, ita ut ex omni parte
integritati fidei & puritati Catholicæ communionis consultum esset ; Hormisda detentos hieme Romæ legatos de omnibus
optimè institutos , & de institutis plenè per-
suasos in pace dimisit, cuncta se obtinuisse
putantes : dùm licèt non illa , quæ venerant rogaturi , tamen quæ veritati essent
consentanea , traditionibus consona , divinis legibus consentientia , sacris canonibus congruentia, petentibus utilia , dantibus non indigna assecutos se esse sentirent.

XXXV.
Quid præ-
standum à
Romanis
Pontificib.
Exemplum planè ab Hormisda est posteris tradendum Pontificibus, quod acceptum
ipse à majoribus reliquit integrè custodi-
tum, non ob gratiam Imperatorum vel Regum quantumlibet importune petentium,
non precibus quorumlibet magnorum Antistitum vel ex Synodo ad id præstandum
urgentium, non cujusvis dignæ causæ prætextu, quo magnarum etiam provinciarum
restitutionem fieri pollicerentur , debere
Romanos Episcopos, quibus curæ est custodire depositum Christianæ religionis,
vel minimum quid deflecti , cum à majoribus accepta fides vel læditur, aut in suspicionem adducitur , vel traditio sauciatur,
aut illibata semper existens communicatio
Catholica custodita polluitur. Stet igitur
adversùs Principes indigna conantes Petri
sacerdotale robur immotum, cui & portæ

A inferi , promissione Domini , prævalere
non possunt .

Inter hæc autem Antiochena Ecclesia diù **XXXVI.**
ab hæreticorum antesignanis possessa, li- **Paulus**
cèt illinc fugato Severo, Catholicus (ut **Episcopus**
vidimus) Paulus datus esset Antistes , ta- **Antioch.**
men magnoperè fluctuavit , non hæreticis **se abdicat.**
(ut priùs) jugiter tumultuantibus vel ipsis
civibus inter se mutuò confligentibus ; sed
quod dolendum fuit, qui illi Præsul datus
erat Paulus , ita moribus labefactatus apparuit, ut tantùm abfuerit quod per ipsum
B & Catholicam communionem hæretici restituerentur, ut etiam Orthodoxi ab ipsius
communione desciscerent , immò & ejus
domestici ob eam causam ab ipso defecerint.
Quamobrèm cum etiam eo tempore , antequàm legati Apostolicæ sedis recederent
Constantinopoli , adversùs eum iisdem legatis accusationum libelli darentur , & post
eorum discessum aliæ multiplicarentur de
ipso querelæ; malè sibi conscius miser sponte se abdicavit . O mortalium judicium in
personis deligendis infirmum ! Qui tanta
habita circumspectione legatorum in primis
Apostolicæ sedis , Imperatoris, Constantinopolis Patriarchæ , & aliorum ibi de-
gentium Episcoporum , miro omnium con-
C sensu delectus est ex multis, tacito omnium
præconio celebratus & acclamatus : ille
ipse omnium deterrimus prodiit atque nefandus, ut ex his intelliges litteris, quas **a Extant**
ineunte mense Maio Justinus Imp. ad Ro- **inter Hor-**
manum Pontificem dedit his verbis (a): **misdæ Pa-**
pæ epist.
Justinus Augustus Hormisdæ Papæ.

Ut quod in Paulo viro reverendissimo **XXXVII.**
contigit , Apostolatui vestro patefiat : qui **Justinus ad**
sacerdotio præditus Antiochenæ civitatis, **Hormisdā**
ita versatus esse dicitur in multis causis, quæ **de Paulo**
religiosis alienæ sunt Episcopis, ut cleri- **Antioch.**
corum suorum proditione , habitatorum **Episcopo.**
D etiam dictæ civitatis, aliorum insuper frequentium incusaretur, non tantùm legatis
vestræ sanctitudinis in hac regia positis urbe
(ut ipsos quoque retinere censemus) ve-
ràm post eorum recessum : qui malæ conscientiæ suæ victus testimonio , veritus insuper , ne quæstione habita , graviorem
formam exitus rei posceret ; recusatores
libellos obtulit , ut liceret ei secedere à
suscepto (sicut dictum est) Episcopatus
officio.

Quoniam igitur cordi nobis est & fuit, **XXXVIII.**
ut semper civitatum Antistites in amore sint
omnium communi , quorum regendas acceperunt animas: Paulus autem vir reveren-
E dissimus ultrò se suo (prout memoravimus)
abdicavit sacerdotio; præsentem epistolam
duximus dirigendam, ut vobis aperiatur ,
& orationibus propriis eelebte nobis auxilium dignetur acquirere. Data Kal. Maiis,
Constantinopoli , Justiniano & Valerico
VV. CC. Consulibus .] Scripsit & de his
Epiphanius Constantinopolitanus Antistes
ad Romanum Pontificem epistolam, cujus
est exordium: Frequentiores quidem litteras ad vestram beatitudinem , &c.] Licèt
autem quæ Pauli crimina fuerint , neuter
explicet : satis tamen fuisse enormia, ex eo
quisque

quifque poterit exiſtimare, dùm ſuis litteris Epiphanius teſtatur , ob eam cauſam

Dei vindi- nonnullos ſcandalum paſſos , ſeſe ab Ec-
cta in Pau- cleſia Catholica ſeparaſſe , ea opinione
lum Epiſc. falſa deceptos , haud rectam eſſe poſſe fidem,
Antioch. ubi adeò prava facta vireſcerent : ſed valdè
puſilli eſt animi , debiliſque ingenii , immò
& inſanæ mentis indicium , fidem ex factis
hominum , non ex Dei verbis judicare ſin-
ceram. Sed qui ſe abdicando , hominum
ſententiam evitaſſe putavit , divinum judicium non effugit , quo dira admodùm eſſe
parata ſcandalum inferenti , teſtatur Evan-
*a Matt.*18. gelica (*a*) veritas; vocatus eſt enim mòx
ad terrificum tribunal Dei : nàm poſt ab-
dicationem citò morte prævoentum fuiſſe
b Evag.lib. Paulum , in locumque ejus ſubrogatum
4. c. 4. in Euphraſium, Evagrius ita docet (*b*):
fin. Paulus, cui dabatur mandatum, ut Concilium Chalcedonenſe palàm prædicaret,
ſua ſpontè decedens Antiochia , certo jam
vitæ curſu confecto , commune univerſæ
carnis iter ingreditur , Cujus Epiſcopatus ſedem Euphraſius Hieroſolymis Antiochiam
profectus capeſſit .] Hæc Evagrius. Se-
diſſe viſus eſt Paulus annos duos tantùm inchoatos : quomodo autem contigerit Eu-
phraſii electio , latet .

XXXIX. Quæ verò poſt hæc Hormiſda reſcripſe-
rit, quæve alia operoſiſſimus Pontifex de
aliis emergentibus rebus Eccleſiaſticis egerit uſque ad ſequens biennium, quo ſuperſtes fuiſſe reperitur ; extincta face rerum
geſtarum & temporum, quæ hactenùs ex
epiſtolis ipſius nobis illuxit, obſcura penitùs remanſerunt. In hunc uſque annum
citati codices Vaticanus & Avellaneſis exhibuerunt nobis Hormiſdæ & aliorum ad
ipſum datas epiſtolas, poſt hæc autem altum ſilentium. Verùm ex rebus ſuperiùs
honorificentiſſimè geſtis , cætera quoque
ad obitum uſque eadem felicitate propagata eſſe , exiſtimari facilè poteſt.

A Hoc etiam anno juſſu Juſtini Imperato- XL.
riſdatus eſt Catholicis Alexandrinæ Eccle- *Aſterius*
ſiæ Catholicus Antiſtes Aſterius. nomine, *Epiſc.Ale-*
hæreticis tamen impio Timotheo inhæren- *xandr.*
tibus . Haud enim paſſurus erat Ortho-
xus Imperator tantam Eccleſiam Catholico carere Pontifice , quæ ſub hæreticis Imperatoribus Anaſtaſio atque Zenone gravi
damno ab hæreticis detenta fuit Epiſcopis .
Habes ergò intercifum eſſe Nicephori
Chronicon , in quo deſideratur Aſterius
Orthodoxus ; quem Acta Aretæ martyris
& ſociorum , de quibus dicturi ſumus anno ſequenti , quàm fideliſſimè produnt .
B Certè quidem nulla patitur ratio, ut dicatur ſub omnium maximè pio Imperatore
caruiſſe Eccleſiam illam aliquo Epiſcopo
Orthodoxo , ne apud eum melioris eſſe
conditionis viderentur hæretici , quàm Catholici .

Hoc inſuper anno , ſub dictis Conſu- XLI.
libus , ſancta Brigida Scota virgo in Hi- *Obitus S.*
bernia diem clauſit extremum . Hæc in *Brigidæ.*
Chronico gentilis ipſius Marianus Scotus , cui potiùs aſſentiendum putamus,
quàm iis qui ante biennium defunctam
C ponunt . Erupit è glacialibus oris flos
iſte virginitatis Domino offerendus , ex
quo ager ille divinis foret benedictionibus locupletandus : ita quidem : nàm ſanctiſſimis & Apoſtolicis viris fœcundiſſi-
mus extitit , fœminíſque magnitudine animi ſuum neſcientibus ſexum , & viros virtutibus ſuperantibus , quarum quidem ,
præter vetera , extant exempla recentia
haud ſanè vulgaria : ſed de his ſuis opportunè locis dicendum erit . Porrò Acta
præclara hujus clariſſimæ virginis extant
(*c*) , quæ pro animi arbitrio quiſque *c Apud*
conſulere poterit: diem verò natalem ejus *Sur. die 1.*
anniverſariis cyclis Eccleſia Catholica ipſis *Febr.*
Kalendis Februarii digna memoria cele-
D brandum proponit .

JESU CHRISTI   HORMISDÆ PAP.   JUSTINI IMP. 5.
ANNUS   ANNUS   THEODOR. REG.30.
522.   9.

I. QUI ſequitur Chriſti annus quinge-
De Cóſu- teſimus vigeſimuſſecundus , clariſ-
latu Sym- ſimorum virorum Symmachi atque Boetii
machi & Conſulatu aperitur. Hic namque ille Sym-
Boetii. machus eſſe videtur , ad quem idem Boetius
ſcripſit commentarium illum , cujus eſt titulus : *Quomodo Trinitas ſit unus Deus* .
Cujus viri pariter mentio habetur in Hor-
d Hormiſ. miſdæ Papæ epiſtola (*d*) ad legatos ; ex
epiſt.66. qua colligi poſſe videtur , Orientalem Se-
E natum dediſſe Symmachum, Occidenta-
lem vero Severinum Boetium exhibuiſſe
Conſulem . Porrò Boetii tertiùs hic numerandus erit Conſulatus , ſi qui ſuperioribus
temporibus recenſentur duo Severini Boe-
e Beda de tii Conſulatus , unus ejuſdemque Boetii
Geſtis An- extiterunt . Sed emendes velim apud Be-
glo. lib. 1. dam , ubi mentio habetur de tertio Boetii
c.13. Conſulatu verbis iſtis (*e*) Boetius vir illuſtris, qui & Patricius fuit, tertium cum

Symmacho geſſit Conſulatum : ad hunc
pauperculæ Bri annorum reliquiæ mittunt
epiſtolam , &c.] Emenda , inquam , re-
ſtitueque loco Boetii , Aetium, cujus tempore ea quæ ſcribit , fieri contigerunt , ut
ſuo loco ſuperiùs dictum eſt : contigit enim
Conſulatus Aetii cum Symmacho pariter
collega anno Domini quadringenteſimo
quadrageſimoſexto.

Quod autem ad ejuſdem Boetii tertiùm II.
Conſulis de Trinitate ad Symmachum elu-
cubrationem pertinet ; præſtare conſuevit
hæc ingenii ſeraciſſimum Theologis quoque inſtitutionibus non leviter quidem tinctum , ſed appi imè imbutum occaſione e-
mergentium diſputationum , que his temporibus crebræ erant. Cum & blateranti-
bus inſipientibus quibuſdam ſciolis , & de
ſacris dogmatibus magno periculo iiſdem
inſciis diſputantibus , idem Boetius adverſùs

versùs errorem Nestorii & Eutychetis diser-
tum commentarium scripsit de duabus naturis & una persona Christi, in quo sicut in
ejus tractatione præfefert Theologum di-
sertissimum, ita & in fine operis (qualem decet alea Ecclesiasticum tractatorem)
se exhibet modestissimum, dùm hæc perorat, quæ ut memoriadigna spectanda proponimus.

III. Hæc sunt, inquit, quæ ad te de fidei
mei credulitate scripsi. Qua in re si quid
perperàm dictum est; non ita sum amator
mei, ut ea quæ semel effuderim, meliori
sententiæ anteferre contendam. Si enim
nihil est ex nobis boni; nihil est quod in
nostris sententiis amare debeamus. Quòd
si ex illo cuncta sunt bona, qui solus est bonus; illud potiùs bonum esse credendum
est, quod illa incommutabilis bonitas atque omnium bonorum causa præscribit.]
Ita quidem ipse, Deo accepta ferens omnium auctori, quæcumque adversùs hæreticos fuerit scribendo conatus; ex quo sententiam Domini ita dicentis intelligas (a):
Qui quæris gloriam ejus qui misit eum, hic
verax est. Et (b) Qui ex semetipso loquitur,
mendax est. Sunt hæc planè symbola, quibus à Deo missos, & qui à Deo inspirati
loquuntur, intelligas, cognoscasque legitimos verbi Dei dispensatores, à quibus
(c) potissimùm illud exigitur, ut fidelis
quis inveniatur. Adjecit iisdem ferme temporibus in eodem argumento versatus, Et
enim Pater & Filius & Spiritus sanctus de
Divinitate substantialiter prædicentur. Inscripsit enim hoc titulo perbreve opusculum ad Joannem Ecclesiæ Romanæ diaconum, fortasse illum, qui Hormisdæ in sede successit. At de Boetio Consule hactenùs, quem parùm nobis fuit ostendisse
Consulari purpura illustratum, nisi ex patrocinio Catholicæ fidei majoribus exhi-
buissemus splendoribus auctum. Sed jàm
sub tanto Consule res anni hujus gestas narrare aggrediemur.

IV. Hoc eodem anno, Trasamundus Rex
Trasamun- Vvandalorum in Africa, cum regnaset
dus Rex (ut ait Procopius (d)) annos viginti sep-
moritur. tem & ampliùs menses quatuor (ut addit
d Procop. Isidorus (e)) ex hac vita decessit, instar
de bello Antiochi, desperatione rerum bellicarum
Vvand. l. 1. sinistrè cedentium nimiùm afflictatus. Ju-
e Isidor. in sto nàmque Dei judicio factum est, ut pul-
Chr. Vvan- sis, relegatisque omnibus Orthodoxis Epi-
dal. scopis, ipse dirè insestaretur à Mauris, ab
iisdemque longè imparibus numero vince-
retur: quod cum paulò ante jam obitum
f Procop. accidisse Procopius tradat, hic nos oppor-
de bello tunè pergratam ab ipso scriptam recenses-
Vvand. l. 1. mus historiam: ait enim (f):

V. Sub hoc item Vvandali magnum à Mau-
Jejunio & rusiis (ita nominat Mauros) incommodum
castitate accepere, quale numquam antea contigit.
vinci ho- Cabaon Præfectus quidam apud Tripolim
stes. erat bello exercitatus & Vvandalis bello peti, talia
commentus est. Primùm subditos jussit ab
omni injustitia & cibis lautioribus, prætereà à mulierum concubitu abstinere; ge-

A minùm quoque vallum constitui, in altero ut ipse cum exercitu omni virorum esset,
in altero mulieres conclusæ, pœna mortis
apposita, si quis ad id accederet.] Hæc
auctor de homine, quem quidem haud librorum sacrorum Christianæ religionis expertem fuisse, significare videtur, dùm
justitia, jejunio, ac castitate hostes vincendos esse haud frustrà putavit. Sed audi
de Mauro majora, ex quibus magis admi-
raberis animi ejus in rectè judicando lumen
divinitùs impertitum. Pergit enim Procopius:

B Post hæc certos ante mittit exploratores
cum his mandatis: Quàm primùm Vvandali exercitum moverint, si aliquod templum ex his quæ Christiani honorant, pro-
fanaverint; ubi statim inde discesserint,
contraria illis agant, templum videlicèt
purgando.] Fuit enim in more Vvandalis
Arianis, ut Orthodoxorum ecclesias omni
contumeliarum genere afficerent, ac penitùs profanarent: quod Deo summoperè di-
splicere, homo etiam non Christianus,
Christianorum tamen rerum haud otiosus
inspector, considerans, prudens illud sci-
tumque consilium iniit: Hoc enim (pergit auctor) nonab re dicebat, ut Deum,
quem Christiani colunt, venerarentur. Nàm
C si (aiebat) ut fertur, pius erit: par est
ut iniquos ac ei contumeliam inferentes pla-
cidat, famulantibus verò præsto sit.] Audiant hæc Novatores sacrarum ædium pro-
fanatores, demolitores, & incensores: & ex
eventu rerum Dei judicio interposito, velint,
nolint, probent necesse est sententiam hominis barbari, ut pavescant quod desuper imminet in sacrilegos venturum judicium.
Sed pergit Procopius:

Igitur exploratores, ubi ad Vvandalos venerunt, eosque Tripolim cum exercitu petere conspexerunt, secuti sunt & ipsi simi-
D li habitu ac specie. Vvandali prima die in
templis Christianorum se cum equis & aliis
animalibus locant, nullum more ipsorum
in Deum ejusque habitationem probrum
prætermittentes; sacerdotesque & æditos
colaphis terga verberantes, more vilium
servorum sibi ministrare cogebant.] Erant
hi sacri Dei ministri, qui, relegatis ipsorum Episcopis, soli remaserant in ecclesiis ruri positis, unicum solatium Catholicæ plebis, in quos Vvandali omne genus
improperii exercebant [: At exploratores
(subdit Procopius) ubi discedentes vidissent, mandata Cabaonis protinùs exseque-
E bantur: templa purgant, stercusque ac si
quid aliud immundum à gente turpissima
relictum educunt, odorem incendunt; sacerdotes ab eis ludibrio habitos adorant,
argentum pauperibus præbent, qui pro
templis rogantes consistebant. Sic igitur
toto itinere Vvandalos secuti, quæ illi pro-
fanabant, ipsi continuò sedulitate ac omni
pietate resarciebant.

Ubi verò Cabaon hoc accepit, avestigio
exercitum in occursum educit, sepitque
vallo, camelis circà pro muro dispositis,
ex eisque duodecim in fronte collocavit:
pueros

VI.
Cabaonis
scita con-
silia.

VII.
Vincuntur
pietate
Vvandali.

VIII.

a Joan. 7.
b Joan. 8.

c 1. Cor. 4.

Vvandali à Mauris victi.

puero autem ac fœminas , omnemque imbellem turbam fimul cum thefauro in medio ponit : fortiffimos quofque ad camelorum pedes cum fcutis conftituit . Sic itaque collocatis Afris, Vvandali ancipites , quànam aggredi eos oporteret : non enim erant neque jaculatores , neque fagittarii , neque etiam pedites qui in pugnam procederent , fed tantùm equites omnes , haftis plurimùm ac enfibus utentes , quibus nullo modo eminùs adverfariis nocere poterant : præterea equi à camelorum afpectu perterrefacti, progredi non audebant . Quapropter magna ipforum ftrage , frequentibus ab hofte fagittis irruentibus , facta eft . Hæc igitur Trafamundus ab Afris paffus , paulò poft deceffit Rex annis vigintifeptem.]

a Evagr. lib.4. c.15.

Hucufque Procopius . Scribit eadem Evagrius (a) , additque Vvandalos adeò fuiffe bello ifto exagitatos , ut ex ingentis numeri exercitu perpauci admodùm ad propria reverterint : quo præclaro & memorabili exemplo demonftratum eft , quid pietas poffit in bello , quantùmve impietas obfit

b Pfal. 9.

& quod eft in Pfalmo (b) . Cognofcitur Deus judicia faciens . Cum vel ex hoc tàm perfpicuo argumento Orthodoxa Ecclefia & in ea habitans Deus intelligatur : ut fecundùm illud Ifaiæ Prophetæ contingat (c) :

c Ifai. 26.

Cum feceris judicia tua in terra , juftitiam difcent habitatores Orbis . Tanta verò accepta clade , impium Regem mærore nimio affectum interiiffe , jàm diximus .

IX. Hildericus Rex Vvandalorum.

Defuncto Trafamundo Vvandalorum Rege , regno potitur Hildericus filius Hunerici ex filia Valentiniani Imperatoris genitus , ut Ifidorus eft auctor , qui ait : Ifto facramento à prædeceffore fuo Trafamundo fuerat obftrictus , ne Catholicis in regno fuo ecclefias aperiret , aut privilegia reftitueret : qui priufquàm regnaret , ne religionem facramenti violaret , præcepit facerdotes Catholicos ab exilio reduci , & ecclefias aperiri .] Hæc Ifidorus . Sic igitur antequàm Hildericus regni adminiftrationem fufciperet , omnes Epifcopi exules in Sardinia & alibi ab exilio liberi in Africam rediere : de qua Epifcoporum reftitutione hæc Anaftafius in Hormifda : Hujus temporibus , Epifcopatus in Africam revocatus eft poft annos vigintifeptem * , qui ab

* feptuagintaquatuor

hæreticis fuerat exterminatus .] Ita planè depravatus in codice numerus reftituendus eft : tot enim annis erupit impius Trafamundus , qui eofdem ejecerat ab Africana Ecclefia facerdotes . Simulac ergo ab Hilderico licentia illa fuit impartita , conti-

Bonifacius creatur Epifc. Carthag.

nuò plebs Catholica cum clero qui Carthagine repertus eft , uno confenfu , fummaque concordia Carthaginenfium Epifcoporum Bonifacium creaverunt : quem foluti ab exilio Epifcopi Carthaginem redeuntes , magno gaudio confidentem in cathedra Primatem totius Africæ falutarunt . At quod ad reditum fpectat Epifcoporum ; quos dolentes ac vinctos deportatos in infulam vidimus, eofdem victores cum gaudio remeantes pariter confequamur : hæc autem quomodò fe habuerint , Acta fancti Fulgentii

A felicius explicant verbis iftis (d) :

d Vit. S. Fulgent. apud Sur. tom. 1. die 1. Januar.

Ut enim eft dictatio ipfa finita , nempe feptem libri adversùs fcripta Faufti Regienfis de gratia Dei , de quibus (ut vidimus ex epiftolis Hormifdæ & Poffefforis anno fupe-riori) controverfia Conftantinopoli mota erat , atque ad Hormifdam Romam delata :

X. Reditus epifcoporu Carthag.

protinùs eft longiffimæ captivitatis catena difrupta . Mors enim Trafamundi Regis , & mirabilis bonitas Hilderici regnare incipientis , Ecclefiæ Catholicæ per Africam reftituræ libertatem reftituens , Carthaginenfi plebi proprium donavit Antiftitem , cunctifque in locis ordinationes Pontificum fieri clementiffima auctoritate mandavit .]

B Hæc auctor , qui agens de reditu omnium Epifcoporum , S. Fulgentii tamen præcipuè eft affectatus veftigia , utpotè ipfius difcipulus ; ejufque cum aliis collegis Epifcopis reverfionem Carthaginem , triumphi inftar , ita defcribit :

Beatus igitur Fulgentius , poftquàm fapienter expugnavit Pelagianos , lætificatos

XI. S. Fulgentius quanquod per eum Spiritus fanctus prædixerat, ta exceptus reverfus eft Carthaginem cum omnibus con-gloria.

facerdotibus , unde folus exierat . Invenit lætos , quos reliquit , at mæftos : invenit nimia exultatione ferventes , quos reliquerat

C perfecutionis violentiam fufferentes : invenit habere fpiritualem patrem quos reliquerat dolentes Ecclefiam matrem : invenit expectantes fe cum gaudio , quos reliquerat gementes cum tædio . Tanta enim fuit devotio Carthaginenfium civium beatum Fulgentium revifere cupientium : fic univerfus populus expectabat ardenter , quem viderat in confpectu fuo pugnaffe viriliter , ut aliis Epifcopis ante ipfum defcendentibus ,

D filens multitudo fuper littus ftaret , oculis , & mentibus inter omnes Epifcopos beatum Fulgentium , quem familiariter noverat , quærens , & à cunctis navibus beatum Fulgentium expetens .

Ubi verò facies apparuit , immenfus nafcitur clamor , alter cathedram omnibus , quis primò falutaret agnofcendus ; quis benedi-

XII.

centi caput fupponeret ; quis extremis vel faltem digitis mereretur tangere gradientem ; quis videre vel oculis procùl ftantem . Refonabat divina laus in omnibus linguis . Ad fancti quippè Agilei bafilicam fequens populus , & populus præcedens , confefforum beatorum triumphum nobilem celebrabat . Multitudo enim ma-

E xima populi beatum Fulgentium , quem plùs cæteris honorabat , concurrens alacriter comprehendebat ; donec cauta quorumdam Chriftianorum provifio rotam in circuitu faciens , æftuanti liberum præberet iter in medio tranfeunti .

Probare tamen adhuc Dominus cupiens virorum fidelium charitatem , copiofis imbribus ambulantes mirabiliter inundavit .

XIII. Carthaginenfiû obfequiû ergà S. Fulgentium.

Et quis opera pietatis enarrare valeat abfque difpendio veritatis ? Immenfa pluvia neminem terruit , aut obfequium facerdoti gloriofo præbere prohibuit : immò potiùs , veluti benedictione cælefti defuper defcendente

Jenie, tantùm fides nobilium crevit, ut planetis, super beatum Fulgentium gratantèr expansis, repellerent imbres, & novum tabernaculi genus artificiosâ charitate componerent, imitatores eorum effecti, qui prioribus temporibus Salvatori super pullum asinæ considenti & Hierosolymam venienti vestimenta sua (sicut Evangelium loquitur

a Mat. 21 (4.)) in via sternebant. Vix ergo appropinquante vespere sanctæ memoriæ Bonifacio Episcopo Carthaginensi repræsentati, benedixerunt omnes & laudaverunt communiter Deum .] Quidni præ cæteris sanctus Fulgentius fuit illis omnibus majoribus obsequiis frequentandus, qui præ cæteris (ut superiori Annalium tomo dictum est) steterat adversùs Vuandalorum Regem persecutorem intrepidus, dictis scriptisque in medium illis ipsius urbis Carthaginensis Principem exagitans Arianum? sed iste fuit meritus de victoria adepti triumphus. Pergit verò auctor.

XIV.

Tunc beatus Fulgentius per omnes vicos civitatis Carthaginensis, ubicumque transibat, manibus & oculis demonstrabatur, laudibusque innumeris prædicabatur. Postquàm autem cum gaudentibus gaudens, qui priùs fleverat cum flentibus, cunctorum desideria satiavit; vale faciens fratribus egressus est de Carthagine, per omnes prolixi itineris vias gaudia majora reperiens, in occursum suum populis undique tendentibus cum lucernis & lampadibus & arborum frondibus.] Erant obsequia ista lætitiæ signa, quibus & festos dies adornare Fideles consueverunt, ut aliis superius exemplis est

Plurimùm demonstratum. Sed addit auctor: Favor &
debuit Ful. gloria ineffabilis beatum Fulgentium mira-
gentio Ec- biliter in conspectu omnium fecerant glo-
clesia Afri- riosum. Per omnes Ecclesias tamquàm pro-
cana. prius Episcopus suscipiebatur, & sic de reditu ejus omnis Bizacena provincia velut plebs una gaudebat.] Memores omnes quantùm deberent viro, qui in tanto naufragio Ecclesiæ Africanæ, velut alter redivivus comparens Augustinus, verbi prædicatione, scriptoruumque editione ora impiorum obstruxerat, regiamque potentiam reddiderat imbecillam; gloriosaque confessione ac fidei professione pro miraculo inter hostes in ipsâ Carthaginis urbe Catholicam fidem fecerat tunc triumphare, cum omnes Episcopi Africani vincti in exilio tenerentur.

XV.

At quid ipse Fulgentius, qui tot tantisque ovationibus populorum ubique suscepius, & longiori viâ, longiori esset auctus
Fulgentii ubique triumpho? non inflatur, sed majora
humilita- inde hausit virtutum emolumenta. Nam
tis dignum audi ejus discipulum ipsius vestigia cominùs
exemplum. assectantem: Quem, obsecro (inquit) gloriæ hujus non extolleret magnitudo? beatum tamen Fulgentium ad majus humilitatis studium provocavit. Veniens nàmque cum gloriâ populari, dignitatem Pontificis privilegio specialis venerationis accumulans, postquàm cathedram sedit, inter monachos adhùc habitare desideravit. Et ne videretur Abbati Felicis adventu suo minuere potestatem, imperandi monachis omnem sibi ademit voluntariè facultatem, non suam,

Annal. Eccl. Tom. VII.

sed alterius volens ipse quoque facere voluntatem. Et qui adhùc monachus dispensationem susceperat fratrum, jam Episcopus dominari noluit in proprio monasterio, sic solicitè cavens, ne Felicem contristaret Abbatem, ut exhibens supervenientibus hospitalitatem, si quando vel multiplicari panem, vel aliquid ampliùs exhiberi necessitas expetisset, Abbatis primò Felicis, consilium requireret.] Ecce quales esse consueverunt magni sanctæ Ecclesiæ pugiles, nempè in prœlio fortes, in pace humiles; adversùs hostes ante omnes, leonum instar, impetu insilire, inter fratres autem conversos in agnos humi cubare. Reliqua verò de Fulgentio suis locis sumus inferiùs reddituri.

Hæc autem peracta hoc tempore esse nos- XVI.
cuntur, secundùm Anastasium Bibliothe- Felicitates
carium, sub Hormisda sanctissimo Papa. Hormisdæ
Ita planè Deus beatissimum Patrem hac Papæ.
etiam benedictione auxit, ut post restitutam
Orientalem Ecclesiam Catholicæ communioni, Africanam quoque longâ persecutione vexatam, atque novissimè à Trasamundo Rege, omnibus ejectis Episcopis, proculcatam, temporis fermè momento viderit liberatam, & pristino splendori (ut licuit) restitutam. Sic igitur his & aliis à Deo muneribus locupletatus, tandem ab eodem præmia de laboribus & coronas de victoriis accepturus, sequenti anno ad superna est postea evocatus; quasi, senis Simeonis instar, jàm responsum à Domino accepisset, non visurus se mortem, nisi videret Christum Domini, nempe dissoluto schismate, Orientalem unitam Ecclesiam; & Occidentalem in Africâ, sublato persecutore tyranno, in integrum restitutam : ut his visis, licuerit ipsi sacrum illud cygneum cum eo occinere canticum (b): Nunc dimittis ser- b Luc. 2.
vum tuum, Domine, secundùm verbum
tuum in pace : quia viderunt oculi mei salutare tuum, quod parasti ante faciem omnium populorum, lumen ad revelationem gentium non Orientalium tantùm & Occidentalium Africanarum, sed & aliarum, quas ipse fortasse nec nomine noverat, nationum; ut ex iis quæ proximè dicturi sumus, intelliges.

Inter alia igitur plurima, quæ à Deo consecutus est Hormisda Pontifex beneficia, illud quidem haud levioris momenti censendum esse videtur, quòd hoc ipso anno copiosâ Dei misericordiâ factum est, ut oves alias, XVII.
quæ non erant ex hoc ovili, reliquo univer- De propa-
so gregi conjungeret : cum videlicè barbaræ gata fide
ac feræ gentes adhùc nesciæ ferre Christi apud gen-
jugum, expertesque divinæ legis, sepultæ diù tes.
erroribus, atque offusæ tenebris veræ religionis ignorantiæ, ad fidem Christianam capessendam accesserunt, venerintque Constantinopolim ad Justinum, quem scirent esse maximè pium Imperatorem. Tot secum bona vexit restituta Catholica fides, quæ schismatis libera nexibus, jàm arctis & angustis suis nesciens contineri limitibus, ad externos longè positos Evangelium propagavit, & (quod mirabilius fuit) nemine prædicante, dicen-

G

a *Rom 10.* dicente litèr Apostolo Paulo (*a*) : Quomodò credent ei , quem non audierunt ? Quomodò autem audient sine prædicante ? Ita quidem . Verùm secundùm ejusdem Apostob *1.Cor.15.* li sententiam (*b*) : Non priùs quod est spirituale , sed quod animale , deindè quod spirituale : accidit , ut avidus terrenæ gloriæ Rex Lazorum , qui à majoribus dicti sunt Colchi , jungi se cupiens Romanorum Imperatori , obicem infidelitatis studuerit removere , probè sciens nullis aliis quempiam arctioribus vinculis stringi posse, quàm si religionis nexibus animus religetur . At quonam pacto ista se habuerint , ex priscis auctoribus narrare aggrediamur .

XVIII.   Hoc ipso igitur anno , qui numeratur quintus Justini , prævio Rege suo , Lazorum populi ad Christianam fidem conversionem contigisse , ex Theophane scribit
e *Miscel.* auctor Miscellæ , cum ait (*c*) : Quinto
lib.15. anno Imperii Justini Zatus Rex Lazorum
Rex Lazo- venit Byzantium ad Justinum , & rogavit
rum con- eum , ut fieret Christianus , & ab eo apversus ad pellaretur Imperator Lazorum . At Impe-
fidem . ratorgrandi cum gaudio illo suscepto , & Justinianum eum , & filium appellavit . Profectus autem Lazorum Imperator à Justino , portavit coronam & chlamydem Imperatoriam albam .

XIX.   Quo comperto Cabades * Rex Persarum
* *Cadabes* significavit Justino dicens : Quia cum amicitia & pax sit inter nos ; quæ inimicorum sunt , agis , & eos qui sub potestate Persarum erant à sæculo , assumis . Qui rescripsit ei : Nos nequaquàm subjectos Imperio tuo assumpsimus , neque subvertimus : sed ascendens Zatus ad Imperia nostra , procidens deprecatus est , ut à scelesto & pagano dogmate , impiis sacrificiis , & errore dæmonum liberaretur , & accederet ad Creatorem omnium Dominum , & fieret Christianus . Hunc nos baptizantes , absolui-
D mus ad propriam regionem . Ex tunc ergo
* *fasta.* fracta * est amicitia inter Romanos & Per-
d *Zonar.3.* sas .] Hæc ibi . Habet eadem Zonaras (*d*)
part.Ann. & Cedrenus (*e*) , necnon & Anastasius Bi-
e *Cedren.* bliothecarius in Chronico , sed anno supe-
in Compen- riori . Agathias verò sub Justiniano Impe-
dio hist. ratore id factum tradit : idemque affirmat, hos quos Lazos dicimus appellatos fuisse populos , Cholcos antiquitùs nominatos . Porrò ut hæc sub Justino potiùs facta dicamus , præter majorem numerum testium , illud magnoperè persuadet , dùm Proco-
f *Procop.* pius (*f*) ait , à Justiniano Imperatore re-
de ædif. Ju- stauratam fuisse apud Lazos ecclesiam jàm
stini Imp. vetustate collabentem ; ut planè certum sit
orat.3. argumentum ante Justiniani tempora Lazos pietatis fuisse cultores .

XX.   Undè autem Lazorum Regi in mentem
Lazorum venerit , abdicata idololatria , fieri Chri-
Rex S.Da- stianum ; conjici potest , quædam femina
nielis exem- pietatis in animo conceptâ , cum (ut su-
plo permo- periori tomo dictum est) sub Leone Impe-
tus . ratore Constantinopolim venit , atque eidem ab ipso Leone Christianæ religionis miracula in uno homine ejus cultore fuere demonstrata ; cum videlicet ostensus ei fuerit magnus ille Daniel super columnam vi-

A vens, cognomento Stylita: quod veluti grande portentum idem magnificè prædicans, indè recessit propemodùm Christianus. Sed dubium alicui esse potest, an hic ille fuerit Rex Lazorum tàm juvenis , modò senex : verùm potiùs existimamus (id testante Agathia)fuisse ejus successorem filium , qui paternâ relatione tamquàm radio lucis in tenebris illustratus , pedetentìm divinæ gratiæ adminiculo ad Christum suces (*g*) verùm omnem
g *Joan.1.* hominem illuminantem adveherit .

Procopius (*h*) de Lazis atque eorum con- XXI.
h *Procop.* finibus Iberis texens historiam , hæc de bel-
de bello lo à Persarum Rege hoc tempore excitato
Persic.l.1. haber : Cabades autem quamvis maximè in
De conatu fines Christianorum excurrere optaret; nul-
Regis Per- lo modo potuit , casu , quem jàm referam,su-
sarum con- perveniente . Iberi qui Asiam incolunt , pro-
tra Iberos pe Caspias habitant portas ad Boream pertinentes; ipsisque sinistrorsùm terra Lazorum , dextrorsùm autem ad Orientem Persarum gentes sunt. Is igitur populus & Christianus est, dogmaque fidei præter omnes quos sciamus , observat: subditi Regi Persarum sunt. Hos Cabades ad fidem deserendam
B compellere conatus , Regi eorum Gurgeni cùm alia mandavit ex suorum fieri consuetudine, tùm mortuos terræ minimè condei ent, sed avibus canibúsque Persarum more prolicerent. Quapropter Gurgenes ad Justinum Imperatorem confugit , ejus implorando fidem, ne Iberos à Persis Romæ iri perditum sinant.Ille verò alacriter ea suscepta, Probum Anastasii Principis sororis filium virum Patricium ad Bosphorum misit , ut Hunnorum exercitum ad præstandum auxilium Iberis induceret. Est enim Bosphorus civitas maritima sinistrorsùm Euxinum pontum navi-
C ganti, hinc Chersonesus iter dierum viginti distans,in quorum medio Hunni cuncta possident.Bosphoritæ jamdudum liberi incolunt, ac Justino nuper sese commisere.Quomodo
D autem Justinus Imperator has gentes à Persis defendere curaverit,idem Procopius pluribus narrat. Sed hæc nobis satis ad intelligendum omnia dexterè cecidisse Princip. Orthodoxo,cujus se fidei externi populi comitterent,& fidem Christianā ab eodè Gentiles quærerent,quem sciebant Deo esse fidelem .

Jàm verò ex Iberis atque Lazis ad Ho- XXII.
meritas peregrinans ducatur oratio ; penès De Ho-
quos à temporibus Constantii Augusti coa- meritis in
lescere Ecclesia cœpit , ut suo loco pluribus Christum
dictum est. Quorum si quis antiquiora tem- credenti-
pora repetat, eos ipsos esse reperiet, ex qui- bus.
bus Regina Saba progressa est audiens sapientiam Salomonis: ex iis etiam sub primordiis
E nascentis Christi Ecclesiæ venisse eunuchum Candacis Reginæ Aethiopum in Judæam venerari templum , & rediisse effectum jam ipsum Christi templum per sacrum baptisma. Quorum populorum etsi cætera obscura , clarissima tamen sunt & cælesti luce micantia , quæ apud eos ab hoc anno quinto Justini Imperatoris illic cœpta sunt agi , & quomodo à Judæis ibidem dominantibus Ecclesia illa dirè vexari cœpit , & in ea persecutione complures coronam sunt consecuti martyrii , ab auctore quidem integerrimæ
fidei ;

fidei, ejusque temporis scriptis prodita, sed posteà alterius nomine edita, nempè Metaphrastis, qui in his nullam prætereà navavit operam, quàm ut exscriberet, & in tomum à se collectum vitarum Sanctorum inferret. Aftipulantur absque dubitatione rerum gestarum certæ veritati Greci. auctores, Zonaras, Cedrenus, Nicephorus, atque alii. Illustretur igitur, sicut & ceteri, præsens tomus nobili purpura tincta sanguine martyrum; & pretiosiora includat dona, quàm illa quæ attulit Regina Sèba ad Salomonem. Narratio fructuosa eò accedet gratior, quò veritati intelliges in omnibus consentire. Demoremur in his libenter, & videamus uno eodemque coalescere ubique Spiritu sanctam Ecclesiam, & sicuti una vivunt anima omnia unius corporis membra, ita unum eumdemque Deum se omnia in omnibus solitum exibere. Erit planè, ut horum egregiè factorum inspecta pulchritudine, quis jure deploret quæ præteritis temporibus in eadem Ecclesia memoria digna facta creduntur vel silentio pretermissa, vel injuria temporum perdita. Sed ipsam hîc referre historiam aggrediamur, que sic se habet (a):

a *Apud Sur. die 24 Octobr. to. 5*

XXIII. Inftabat jàm quintus annus ex quo Juftinus acceperat sceptra Romani Imperii : quo quidem tempore imperabat etiam Aethiopibus Elesbaan, vir qui propter pietatem & justitiam apud omnes maximum nomen fuit consecutus, in civitate autem Axume Regiam construxerat. Ditione tenebat Arabiam Felicem, quæ olim quidem Saba, nunc autem vocatur Homeritis, Dunaan Hebræus, vir impius & Christianorum generi inimicissimus; qui etiam omnes qui erant in sua poteftate, habebat circumcisos, partim quidem Judaicam sequentes superstitionem, partim autem planè Gentiles Soli & Lunæ sacrificantes, & dæmonibus, quos etiam more gentis honorabant fanis & columnis. Porrò autem ab Elesbaan odio habebatur Hebræus; quòd omnibus ferè qui funt sub cælo Christum Deum prædicantibus & verum Dei Filium, & nobis factum carne similem, ipse eum vilipendens inficiabatur hæc omnia, veluti & adumbrans suorum majorum scelus, quod in cruce admiserant : ipse pius fæpè cum eo bello congressus, vi fuderit atque fugarit, & tributum pendere coegerit.

XXIV. Verùm ille quidem non ftans pactis conventis insurrexit contra Regem Elesbaan : Elesbaan autem eum rursus valido adortus exercitu, fortiter expugnavit & in fugam convertit Denique ad illum cavendum relicto exercitu, in suam redit ditionem. Interim non poterat Hebræus quiescere : sed ut acceptæ cladis dolerer ignominiam, cum suos colligisset, & eos qui erant in præsidio invalidet, omnes bello perdidit; & jussit omnes qui inveniebantur Christum esse Deum confitentes, citrà ullam interire misericordiam. Nullus autem fuit ex iis qui erant sub ipso Christia-

Annal. Eccl. Tom. VII.

A nis, qui se non huic impio edicto submiserit, illius animi reformidans injuriam.] Deditionem quidem facientes, verùm nequaquàm impietatem sectantes, sed pro fide Christiana tuenda mortem oppetentes, ut quæ paulò inferiùs dicentur oftendunt. Sed pergit auctor :

Quædam tamen civitas frequens populo fita in Homeritide, quæ vocatur Nagran, cum jàm longo abhinc tempore venisset ad agnitionem veritatis, & pietatem suscepisset, nempè ex quo Constantinus Magni Conftantini filius ad Sabæos, qui nunc vocantur Homeritæ, orti verò funt ex Cætura Abrahæ, misit legatos ; & Rege illius gentis muneribus sibi conciliato, ædificavit hac in civitate ecclesias : & quemdam virum pium, qui ad vitam declinabat monasticam, & moralibus & activis virtutibus erat magnus, atque adeò omnibus sui temporis superior, misit, ut præesset iis qui ad veram accesserant religionem. Quo quidem tempore, Judæis resistentibus, & barbaro fuadentibus ne tàm facilè hospitem admitteret in civitatem, neque circa res divinas aliquid innovaret, nisi priùs vir religiosus aliquod signum oftenderet (quomodò solent isti petere , ut qui sint increduli) quod quidem si præstiterit, tunc id concederet ingressum in civitatem.

Ille divinis fretus promissis, quòd signa (b) fequerentur eos qui crediderint, annuit citrà ullam dubitationem, & eorum quæ petebantur miraculorum magná oftendit operationem. Ab eo autem tempore civitas Dominum colens, & Orthodoxa divinorum Patrum sequens dogmata perseverabat : si quid erat mali, repellere, & alienam effugere religionem, adeò ut ne sineret quidem eam ad aures pervenire. Invidens ergò malignus, totum (quantus erat) subiens Hebræum, eum armat adversùs civitatem. partim quidem opinans fore ut id etiam molestum pio Regi Aetiopum, partim autem eò spectans, ut in Christum suam expleret insaniam, & genus Christianorum omninò everteret.

Itaque venit validum ducens exercitum: & cum circumcirca esset castramentatus, valloque & fossa omnia circumdedisset, obsedit Nagran, minitans se illam expugnaturum, & omnes qui in ipsa erant interempturum ; nisi cruce Domini à civibus in excelso posita, quam exectationis signum (proh dolor!) ftultus vocabat, ad nihilum redacta, deindè Christum quoque negasset, qui fuerat in ea suspensus.] Vides ubiq; gentium in universa Ecclesia laudab.lem illum semper viguisse morem, ut erat es à Fidelibus colendæ in sublimi loco cunctis perspicuè ponerentur ? Sed pergit auctor : Quòd quidem eo confilio faciebat, ut cum eos illo, quò eniebat, præsidio nudasset; hoc tàm valido deftitutos auxilio invadere. Quidam ergò exectandi illius Regis satellites in orbem obeuntes civitatem, cædem vociferabantur : Et si parerent quidem, dicebant fore ut dona, & honores consequerentur ; fin autem non parerent

XXV, Nagranci. vitas Christianam su. scepit fidê.

b *Mar. 16.*
XXVI.

XXVII. Dunaan obsidet Nagran civitatem.

parerent, & Galilæo animum adhiberent, pro monarchia inducentes multorum principatum, igni & gladio traderentur. Porrò autem ipse quoque Dunaan execranda, & audaci lingua his falsa quædam addebat, & jactanter dicebat: Nullam potuit Jesus opem ferre Christianis in mea potestate constitutis, quos omnes & ipsos illorum sacerdotes & monachos gladio & igne priùs consumpsi, nec parcens quidem sacris illorum templis: & nunc maximo coacto exercitu, nempe centum viginti millibus hominum, ad vos veni aut omninò persuasurus, aut perditurus.

XXVIII.

a 4 Reg. 19
Quid Christiani responderint Judæis.

Cives autem: Videmus, dixerunt, ò Rex, te linguæ multùm indulgere, & attribuere imbecillitatem ei qui est solus Deus. Sed Rapsaces (*a*) dux exercitus Sennacherib non parvum tibi dederit exemplum: qui cum ipse quoque aliquandò in Deum magna loquentem & jactantem vibrasset linguam, quot hominum millia perdiderit, & cum quanto dedecore recesserit, pauci sunt qui nesciant. Quòd autem nos accusas, quòd multorum principatum & multos deos inducamus: nos qui multis abhinc sæculis tamquàm hereditatem à majoribus veram accepimus religionem, nec monarchia in arctum adducimus divinitatem, nec abundantia personarum adducimus multorum principatum; sed unam naturam citrà divisionem in tres personas dividentes, Patrem & Filium, & Spiritum sanctum confitemur. Filium verò ipsum, quem vos contumeliis incessitis, hominem esse factum, ut divina prædixerunt responsa, & à vestris majoribus actum fuisse in crucem propter salutem omnium, cum illi malè ignorassent dispensationis divinæ mysterium; & tertia die resurrexisse à mortuis, & rursùm in cælum ascendisse, & in altum sublatum fuisse ad suum Patrem, & credimus & prædicamus.

XXIX.

Dolo deditionem civitatis tentat Dunaa.

Non sustinentes autem hos sacros audire sermones aures profanæ, ad facta se contulerunt. Itaque ad obsidendam Rex conversus civitatem, adversùs eam movebat omnes machinas, omnes exitus diligenter custodiens & muniens; & putans fore, ut multorum dierum fames eos in suam redigeret potestatem. Et cum collegisset omnes Christianos qui erant in agris & suburbiis, alios quidem interemit, alios verò, iis qui erant in ejus ditione vendidit in servitutem. Cum autem pii cives se adversùs omnia fortiter defenderent, & tempus quod terebatur, tyranno spem reddidisset valdè exilem; statuit dolo capere civitatem. Itaque petit ut ei liceret ingredi civitatem, videlicet ut sciret ea quæ ibi erant, priùs terribili prolato jurejurando, & iis quæ dicebantur, interposito ipso legis Deo, se nihil eis esse facturum præter ea quæ consueverant, neque coacturum ut patriam abjurarent religionem, neque aliquod malum magnum aut parvum eis esse facturum; sed solùm ea visurum quæ sunt in civitate, & annuum tributum accepturum

quod priùs dabatur; deindè autem se illibè statim excessurum.

Hæc cum dixisset, & pacta conventa injisset, & postremùm jurasset jusjurandum; persuadet iis qui sunt in civitate, cum Deo universorum permisisset, qui est testis sacramenti, & hoc totùm dixisset: Regibus non cedere didicimus. Quòd si tu secùs statueris facere quàm nobis dixisti; Deus, qui est spectator jurisjurandi, id omninò ulciscetur, neque diù differet vindictam. Nobis autem, dicebant, ò Christe Salvator & Fili Dei & Deus, pro te vel omnibus privari facultatibus atque adeò ipsa vita, non est leve lucrum. Absit autem ut tuum nomen negemus, ut est impiorum institutum: nec si tale quid fecerimus, nos ò Sol aspicias. Quæ simulatquè dixissent, totas portas aperiunt, & intrà ipsam civitatem, tamquàm lupum in stabulum, malum Regem admittunt. Ille autem cum & figuram & sexum & illam civitatis laudasset frequentiam, & civium quoque splendorem, egressus est, in eos qui habitabant civitatem gravia versans (ut indicavit etiam) jusjurandum, & pacta conventa, & quæcumque alia eis præbuit ad fidem faciendam, esse existimans puerilem deceptionem.

XXX.

Ingreditur Dunaan Nagran civitatem.

Cum autem jàm se pararet ad eos evertendos, vocat extra civitatem. Aderant verò quicumque erant insignes opibus & gloria præ cæteris autem is qui & canitie & sapientia, & morum modestia erat præstantissimus, divinus inquam Arethas, cui ipsi quoque fuerat commissum regimen civitatis. Omnes igitur commendabant, extollebant, laudibusque celebrabant, & omnem honorem tribuebant ei qui videbatur esse servator & Rex. Ille autem sibi culpæ dandum esse tribuens, quòd differret cerni malus, non ampliùs expectans, aperit quod intùs latebat Dunaan. Et jussit protinus omnes custodiri in vinculis: deindè etiam privavit facultatibus, & rogavit, ubinam esset Paulus eorum Episcopus.

XXXI.

Dunaan vinculis arctat nobiles civitatis.

Cum autem jàm duobus ante annis eum intellexisset esse mortuum; non habens in quem iram immitteret, commendit ad pulverem, & jussit sepulchrum effodere, & illius corpus combustum in aerem ventilare. Aliud quoque excogitat furiosa anima, nec eam capit satietas aliquid moliendi adversùs Christianos; sed jubet accendi rogum, jam multa aleretur materia: & statim civitatis & ejus quæ est circumcircà regionis sacerdotes & monachos & Deo consecratas virgines, quinetiam fœminas quæ vitam degerant monasticam, omnes simul in eum inici: ii enim, inquit, sunt planè causa aliorum interitus, persuadentes Crucifixum colere tamquàm Deum.

XXXII.

Sacerdotes monachi & virgines comburuntur.

Ad hæc, perindè ac si non sufficeret quod factum fuerat, ad ejus incomparabilem ostendendam improbitatem, ut alios quoq; sibi subigeret, vehementer contendit: jussit præcones obire civitatem, & regionem, proclamantes, ut Christum negarent, & viverent Judaicè, eademque quæ Rex

XXXIII.

Cives & Arethas sententur.

Rex fentientes. Porrò autem ipſe quoque Rex Arethæ fimilia conſulebat, quòd ipſi quoque norunt Romani, illius majores in crucem egiſſe hominem. Quomodò enim, dicebat, fuiſſet flagris cæſus Deus, qui eſt natura incorporeus? Quomodò autem mortem adeò turpem & ignominioſam natura guſtaverit immortalis? Alioqui autem multi quoque ex Romanis, qui ſunt apud vos, jactantes ſe Neſtorium habere magiſtrum, ipſi quoque rursùs dicunt, ſe non ut Deum, ſed ut hominem & Prophetam quemdam oportere Chriſtum honorare.

- Dunaan Apoſtatæ in Chriſtũ Blaſphemiæ.

Quæ niſi vera eſſent, nec ego ad tantam proceſſiſſem inſaniam, ut ipſe negarem in Chriſtum fidem, & vos ad ſimilem vocarem negationem.] Vides Dunaan non ſimpliciter fuiſſe Judæum, ſed ex Chriſtiano apoſtatam deſciviſſe jam anteà ad Judæos. Sed pergit: Quomodò enim qui legem quidem tueor, & patrios mores & ritus valdè amplector, repello autem quicquid fuerit novi, & ideò Jeſum quoque odio habeo hominem, qui divinitatem ſibi impudenter attribuit. Neque enim Soli & Lunæ, neque aliis rebus creatis, neque diis Gentium rogo vos cultum tribuere (abſit ut ſim adeò emotæ mentis,) ſed Deo ſoli, qui omnia producit, & eſt pater rerum generatarum, qui cum ſit impatibilis & expers materiæ, generare neſcit patibiliter.

XXXIV. Confeſſio Arethæ & ſociorum.

Cui generoſus Arethas cum ſociis: Cur hæc dixiſti, ò Rex? Neque enim dicimus Deum gignere patibiliter, ſed impatibiliter, ut mens ſermonem gignit. Illum autem aſſerimus noſtræ naturæ motum miſericordia miſiſſe Filium, ad hominum inquam beneficium, adeò ut carnem acceperit ex puella virgine, & per omnia nobis ſimilis factus ſit abſque peccato, & omnia impleverit quæ de ipſo à Prophetis multis ante annis dicta ſunt; quæ quidem tu quoque ſcis, qui legiſti illorum libros: an nimis ſæpe per miracula, quæ ſunt ſupra hominem, ipſam oſtendit divinitatem, & ſe ſuſcepiſſe carnem non eſt inficiatus. Quid opus eſt pluribus? Nos cùm & Deum & Dei Filium confitemur, & pro univerſa reſpondemus civitate, & aliis Chriſtianis qui ſunt nobis ſubjecti: neque ullum eſt genus tormenti, quod nos propter ipſum parati ſimus pati. Quis enim nos ſeparaverit à charitate Chriſti? Nihil autem rei nobis eſt cum Neſtorio, vel cum aliis, qui eo morbo quo ipſe laborant: qui hominem, qui citrà diviſionem & per hypoſtaſin unitus eſt Deo Verbo, ſumma impudentia divellentes à Verbi divina hypoſtaſi, per ſe conſiſtentem & ſolum hominem, ſed ſunt dicere Verbum, quod in carne apparuit. Qui etiam, ut merebantur, à divinis Patribus ejecti ſunt è catalogo Orthodoxorum, & ſunt in æternum traditi anathemati. Sed non prætermittet (hoc certò ſcias) qui maledictus à te appetitur Dominus, quin eveſtigiò pœnas ſumat tuorum audacium cœptorum, cùm alterius inquam tuæ blaſphemiæ, tùm jurisjurandi, quod à te fuit

Annal. Eccl. Tom. VII.

conculcatum & everſum, ò in primis impio & ſcelerate.

Ille autem cum eorum loquendi libertatem partim ſuſtinuiſſet, maximè autem Arethæ ſapientiam & alium omnem ſplendorem eſſet reveritus, benignis verbis eos cœpit lenire, eiſque dona & honores propoſuit, acrem ipſorum zelum in pietatem ſic refrigerare machinans. Poſtquàm autem vidit martyres omninò aures non præbere promiſſis, contra autem quàm poterant clariſſima voce clamare: Non te negemus, qui es unus Trinitatis, ò Verbum Dei & Chriſte: neque enim irridemus ſuſceptæ carnis diſpenſationem, neque tuis, quas propter nos paſſus es, perpeſſionibus & cruci Judaicæ inſultamus: eos quidem vinctos adhùc detinuit; in aliam autem multitudinem, quæ collecta fuerat ex omni genere & ætate, mortis tulit ſententiam.

XXXV. Ingens multitudo martyrum.

Uxoribus verò & liberis eorum qui detinebantur martyrum, ante oculos eorum adductis, provocabat ad Chriſti negationem, partim quidem minis, partim autem blandis verbis eas aggrediens, nonnumquàm omne ſupplicii genus in eas intentans, liberorumque & parentum & facultatum & ipſius quoque patriæ eas terrens amiſſione. Illæ autem dicebant: Omnibus, ò Rex, quæ à te offeruntur, ſive ea ſint bona, ſive aliter ſe habeant, lubenter hodiè renunciantes, quæ à te maledictis inceſſitur Chriſti crucem extollimus; & qui in ipſa noſtram procuravit ſalutem, Chriſtum ſequimur. Eſſet enim à ratione alienum & nimis effœminatum, ex nobis quidem alias quæ cum talibus viris cohabitarunt, qui mortem propter Chriſtum elegerunt, alias autem quæ virginitatem exercent, ut quæ Chriſto ſint deſponſæ, non eſſe animo maſculo, & veſtram iram planè inconſideratam non noſtro ſuſtinere corpore.

XXXVI. Glorioſa confeſſio fœminarũ.

Rex autem: O fœminæ, inquit, poſſum vos meritò magnæ accuſare ſtultitiæ, quòd hominii planè & præſtigiatoris, & qui violenta morte periit, gratiam eligitis, & voluptatibus præſentibus ſpem, cujus incertus eſt exitus, præferre ſtatuiſtis. Quædam autem ex acrioribus matribus & monachis non ferentes Chriſti contumelias, uſæ ſunt in Regem verbis aſperioribus, eum ipſum, maledictis inceſſerat, Chriſtum vocantes ad ultionem. Quod quidem ægrè ferens Hebræus, in eas communiter pronunciat ſententiam, ut gladio feriantur. Licebat ergò videre mulieres ſanctas trahi crinibus, & ſic duci ad ſupplicium, vel potiùs ferri promptis & alacribus pedibus, & ſuire mortem propter Chriſtum.

XXXVII. Fœminæ Chriſtianæ jubentur occidi.

Magna verò erat & præclara inter eas contentio. Monachæ enim virgines nequaquàm concedebant primas partes iis, quæ erant junctæ matrimonio: Recordemini, dicentes, quòd priùs vobis ſumus propoſitæ & in templum ingreſſu, & in ſacramentorum participatione, & in ſtatione, & in ſeſſione: & ideò oportet nunc quoque nos an.è vos & veſtros maritos conſequi martyrium. Martyrum autem uxores, quæ jàm

XXXVIII. Laudabilis contentio inter fœminas.

G 3   etiam

etiam vocabantur matres , nequaquàm ferebant in præsentia habere secundas partes. Infantes quoque balbutientes matres prætercurrebant , & ipsi quoque carnificem provocabant ad mortem : sciebant enim aliàs quoquè pueros fuisse Christo propter ipsum sacras oblatas victimas. Sic beatæ illæ mortem præripientes , iis qui videbant, magnam afferebant lamentationem : adeò ut Rex crudelissimus cum admiratione talem vocem emiserit : Qualem omnibus ferè hominibus errorem immisit Galilæus ! ut qui vel ipsam mortem contemnere persuaserit , & pro illo perdere suas animas & corpora .

XXXIX.
Vidua nobilis tentatur à tyranno.

Interim autem quædam quoquè fœmina, quæ duas filias habebat, & primas partes inter eas quæ erant in civitate obtinebat, longèque præstabat aliis genere , divitiis , gloria, & pulchritudine , atque in juvenili ætate adhùc vidua relicta fuerat, insectatur tyrannum . Ille autem statim jubet suis ministris , ut eam ad se adducant cum honore & reverentia , & ei efficiant commodum aditum. Illa verò etsi hoc modo adduceretur,ægrè ferebat tamen se ab aliarum mulierum abesse martyrio. Tertio autem die post jussionem cum honore ad Regem adducitur cum filiabus. Ille verò placidè eam intuens : Famâ, inquit, annunciat to esse modestam , ornatam & prudentem ; quinetiam ipse vultus & aspectus ferunt iis quæ dicuntur testimonium : præterea autem vulgò fertur , te quoquè esse genere claram & abundare divitiis , & tibi non deesse splendorem. Ne ergò quomodò stultæ , quas ego perdidi , sustineas ipsa quoquè Deum dicere eum , qui fuit crucifixus , fuit autem homo vorax & vini potator , amicusque publicanorum & peccatorum, & nec patriis fuit contentus legibus : sed tuæ nobilitati faciens convenientia , renuncia quidem Nazareno , & velis nobiscum sentire , & simul cum Regina versari in Regia : sic enim vives deinceps liberiùs , & liberata & divitiis , quæ oriuntur ex viduitate , magis poteris aliis opem ferre . Venit enim ad nos fama , ipsæ autem res quoquè testantur , quòd cum magnas habeas divitias , & plurimas facultates acceperis à majoribus , & sint multi qui tibi serviant ; pudori tamen & virtuti omnibus postpositis, in nullius alterius viri ne in conspectu quidem venisti, nisi ejus qui fuit tibi legitimo conjunctus matrimonio . Ne nunc ergò , ne nunc (hoc ego tibi consulo) pulchritudinem tuam & juventutem & filiarum virginitatem lictorum manibus tradideris , quæ magis contumelia afficiunt , quàm puniunt : sed desistens Crucifixo gloriam tribuere , & nostris cedens legibus , & tibi & liberis prospice quæ sunt utilia .

XL.
Quæ in tyrannum Sancta vidua .

Beata autem illa apposite & eruditè respondens : Cum eum , inquit , ò Rex , quem oportet honorare,& qui tibi dedit potentiam & hanc purpuram & hoc diadema, immò verò ipsam quoquè essentiam & vitam , tamquàm Dei Filius & Deus , ingrato animo contemptu audaci lingua inju-

A　ria afficias ; non times ne fulmen dejectum te comburat : & me honorare velis . Vestrum ego honorem summam duco ignominiam . Cessa gladium in te ipsum impellere . Abiit autem , ut ego à tali lauder lingua , quæ se armavit contra Deum . Neque eò procedam amentiæ , ut verser cum iis qui Deo sunt adeò inimici , & in peccatorum habitem tabernaculis .

Cum Rex hæc audisset , ira corde accensus , aspexit ad eos qui aderant : & cum dixisset : Quàm impudenter in nos egit hæc execranda muliercula ; jubet ejus capiti auferri tegumentum & ejus filiarum, & sic

B　eas nudo capite & promissa coma in castra duci per ignominiam . Egrediens ergò generosa mulier , cùm vidisset magnam fœminarum multitudinem flentem & ejulantem , quòd talis nobilitas afficeretur contumelia : illa eas severè & magnificè intuens : Scio , inquit , ò amicæ , quòd propter nos dolorem accipitis , partim quidem fortasse propter naturæ cognationem , partim autem quòd indigna ac pudenda videar pati cum filiabus . Sed ne doleatis . Nos enim non

C　ideò negaverimus Creatorem cæli & terræ ; neque quæ sunt ad tempus , æternis prætulerimus . Nàm mihi quidem à majoribus per successionem pietas & vera religio , & à Christo denominari , & eum nosse Deum, tradita fuerunt in hereditatem , non mihi autem soli , sed universæ quoquè meæ cognationi . Propter quem quoquè continentiam , viduitatem prætuli matrimonio ; & ex facultatibus , quas habebam , plurimum distribui pauperibus . Sunt verò adhùc mihi magnæ divitiæ in auro & argento, & magna multitudo servorum : nolui

D　autem , ut multæ aliæ mulieres solent , ad alium maritum intueri, etiam si cum multis casibus & calamitatibus , quæ viduis evenire consueverunt , sæpè sum collactata; quod quidem vel solum sufficit ad mollem adhùc & tenerum animum incitandum ad secundas nuptias , & fortasse nullus meam damnasset juventutem , quæ ipsum ad hoc habebat patronum divinum Apostolum (a) :

XLI.
Quid ad
suas conciones Christiana Vidua dua.

Sed hæc omnia parvificiens , in hoc solùm animum intendo , ut cum Christo sim unà cum sanctis , quæ præcesserunt , mulieribus & martyribus . Ego vobis jam secundò appareo . Nam priùs in matrimonio sponsi qui erat ad tempus ; nunc verò in nuptiis immortalis & alieni ab interitu , ad quem festino , & cui immaculatam conservavi continentiam , me videtis . Filias quo-

E　què ipsi studeo desponsare , ut eas earum hucusquè integram ad hoc virginitatem conservaverim . Hinc mihi plenus est animus voluptate & bona spe . Rogo vos igitur , ut mihi potiùs congratulemini , neque tàm abjecto animo lamentemini , & mihi transmutetis festum in tristitiam .

a 1. Tim. 5.
XLII.

Porrò autem vobis quoquè consuluerim, ut vos undique muniatis , & magnam adhibeatis cautionem , ne vobis non advertentibus , auferat fidei thesaurum qui est callidus suffurandi artifex , & maximum hoc vobis damnum afferat , quod pertingit usquè
　　　ad

XLIII.

ad ipsam animam . Jàm verò quæcumque hìc estis mulieres Gentiles & Hebræ (multæ enim , ut video , hìc adestis ad spectaculum) vos quoquè depositis, Gentiles quidem , longis fabulis & nugis , & diis qui sunt solo nomine ; Hebrææ autem , umbra tandem & figuris & ænigmatibus , discite veritatem : & accedentes ad Verbum & Deum , qui est unus Trinitatis , per ejus cultum illuminemini , & divini baptismatis regenerationem ; neque sic simul pereatis in vestris impietatibus .

XLIV. Cum martyr hæc & alia plura diceret mulieribus , quidam ex iis qui cum Rege sentiebant , illi hæc renunciarunt; & quod perverteret multitudinem . Rex itaque , ea rursùs accersita , simulans mansuetudinem: Magna , inquit , usæ sum in te patientia , hoc consultò , & non inconsideratè faciens propter benignitatem , ut fracta lacrymis , quæ propter te funduntur & propter filias , nobis pareas . Illa autem : Quis me , inquit , ò Rex , si tibi paruerim , liberabit ab igne , qui non potest extingui ? Sic dixit , & cælum statim intuens : Absit , inquit , ò Rex immortalis , ut te negem , qui es solus unigenitus Dei Filius , & credam viro , qui te habuit contemptui , & nos decepit perjurio .

XLV. Martyrium duarũ Virginum.
Non ferens itaque Hebræus libertatem loquendi generosæ fœminæ , sed deposita scena & ablata fictione , torvéque eam & furiosè intuens : Audacissima , inquit , mulier , ego tibi jàm carnes discerpam ac dilacerabo , & intestina contrectabo : & si quid ex iis fuerit reliquum , id apponam devorandum canibus . Videbo autem , quisnam te sit è meis manibus erepturus , etiam si maximè expectas fore , ut det tibi auxilium Nazarenus . Tùnc execrandi tyranni verba non ferens prima filiarum martyris , annum jam agens duodecimum , tyranni oculos consputavit , Qui autem circumstebant , non zelum , & id quod jure fuerat factum , laudantes , sed tempori servientes , ipsam illi & sororem ense mòx conficiunt: & cum ex defluente sanguine manibus planè feri homines accepissent , eum matri offerunt : Rex enim ita jusserat . Illa verò (ò fortem & generosum animum !) & lubenter eam gustat; & quasi ad cælum sustulisset oculos : Tibi inquit , Christe Domine , hoc meum offero sacrificium , & tibi martyres exhibeo castas virgines , quæ egressæ sunt ex utero meo , cum quibus me quoque connumeratam introduc in tuum thalamum , & (ut dicit divinus David a Ps. 112. (a)) ostende matrem propter filios lætantem.

XLVI. Rex autem gravissimo ægritudinis animi stimulo sauciatus , ut qui omnem spem planè abjecisset , in eam fert sententiam , cum hæc dixisset iis qui simul erant : Ejus quidem & filiarum mirati sumus pulchritudinem (verum enim fatebor) multò autem magis victus sum ab earum temperantia & moderatione : Et ideò mihi venit in mentem admirari , ad quantam amentiam processerunt Christiani , ut colant hominem ,

A qui morte periit violenta ; & suam ei permittant salutem , qui fuit planus , id est , impostor , & præstigiator , & se Deum temerè appellavit .] Hactenùs primi diei certamen , quo ostensum est , quantus esset Homeritarum , Sive Sabæorum Ecclesiæ ardor , dùm infirmiorem sexum exhibens ad conflictum, eumdemq;divitiarum & pulchritudinisnexibus implicatum,ipso primo cõgressu superbum perfidumq;Judæum vicit: quo genere hominum nullam gentem infensiorem & infestiorem Christianis Dei Ecclesia est umquàm experta ; quorum acerbissimo odio in Christianam religionem si æquè potentia conjungatur , nihil possit excogitari crudelius , acerbius nihil . Quòd & si consideres cum Judaica perfidia conjunctam à Christiana fide apostasiam in Rege impio , magis miraberis sexum fragilem adeò gloriosum de perarduo diroque certamine retulisse triumphum . Sed ad sequentis diei spectaculum accurramus : pergit enim auctor:

XLVII. Arethas cum sociis sistere jussi.
Sequenti autem die cum in loco excelso Rex consedisset , vocavit Aretham cum sociis , qui erant numero trecenti & quadraginta . Qui cum astitissent , magnum intuens Aretham , qui erat affabilis & moderatus , & moribus maximam ostendebat virtutem: Cur tanta es , inquit , audacia , ò caput execrandum , ut in nostram quidem insurgas potentiam , toti autem civitati & tantæ perturbationis, ut te solum colant tamquàm tyrannum , & verbis tuis utantur tamquàm legibus , nostrarum verò legum nullam ducant & verborum rationem; & exercrandum hominem Deum appellent , qui cum tibi auxilium ferre non potuerit , vos eum vobis adhibuistis adjutorem : & nec tuum patrem es imitatus , qui ante imperavit Nagræ, iis autem qui nos præcesserunt , Regibus fuit obedientissimus ? Sed nisi mutatus & te rediens hanc vanam repuleris opinionem , non te profunda senectus , nec simulatus hic habitus juvabunt: sed tu & omnes tui eadem patiemini , quæ viri & fœminæ priùs interfecti : quos quantùm juverit Mariæ & fabri filius , omnes sciunt.

XLVIII. Perorat in Regem Arethas.
Senex autem stans cogitabundus , & apertè ostendens se ægrè ferre superbiam verborum Regis, cum se sustinuisset , & collegisset spiritum , & ex imo suspirasset: Non , inquit , ò Rex , causa eorum quæ dicuntur aut hunt ; sed nostri cives, qui meam contempserunt sententiam , quæ tibi non permittebat ingredi , contra autem adversùm te depugnare incitabat , & cum tuis iste multis millibus manus conserere , ut cum Madianitis (b) olim Gedeon cum paucis; & Christo , qui nunc à te contemnitur , vires addente , & confirmante , te expugnare , demetere , & omninò delere virum impium , fidifragum , & immemorem pactorum conventorum, quibus te civitatem & nos servaturum pollicebaris .

XLIX. Quidam autem ex iis qui cum Rege considebant , volens ingeniosè sancti verba reprehen-

b Jud.7.

prehendere , & tempori valdè ferviens:Sed
non , inquit, fic vos docet lex Moyfi contumelia afficere Chriftum Domini ; dicit

a *Exod.*22 enim (*a*) : Principi populi tui non male-
dices . Porrò autem ipfa quoque fcripta

b *1.Petr.*2. (*b*) veftra vobis jubent Regem honorare ,
feu fit bonus , feu fecùs . Cui fanctus ; Tu
autem , inquit, fortafsè non audifti , quod

c 3.*Reg* 18. ab Acab dictum eft (*c*) Eliæ , cùm di-
Revimpius xit eum evertere Ifrael ; cui ille fic refpon-
jure argui- dit: Non ego everto , fed tu , & domus
tur . patris tui ; non ufquè ad Achab folùm fi-
ftens contumeliam , fed eos etiam compre-
hendens , qui erant in extdomo . Quomodò ergò fe quifpiam in Deum piè gerens ,
& Regem arguens quòd fe iniquè gerat ,
umquàm offenderit ac violaverit legem ,
qui non eft veritus os in cælum ponere ,
& Creatorem appetere maledictis . Sed (ut
video) ejus patientiam & tolerantiam contemnitis , & nos facere fimilia procura-
tis .

L.   Tu autem Rex , cum fis natura tàm in-
juftus , & mala facere paratiffimus , & nec
fanctus in iis quæ ad Deum pertinent , nec
in homines benignus ; putas fore , ut illum lateas oculum , quem nihil latet ? Atqui Regem oportet effe veracem & benignum , ut verbis attrahat benevolentiam
eorum qui funt in fua ditione ; rerum autem fine & eventu fidem facere veritatis ;
& quòd fe divinè gerat gloriam habere ;
quales ego vidi in Judæa & Aethiopia &
ante te Homeritide ; quos vera dicentes ,
& fe benignè agentes in fubjectos , non ,
ut tu Rex , pejerantes , fed aliis promiffa
implentes , quafi ut Deum honorabat populus . Et Deus quidem eorum quæ à fe

Vaticinii fiunt odio habens improbitatem , te qui
Arethæ in eum fuifti impius & infidelis , mòx de-
martyris. trahet ab Imperio , idque tradet viro fideli & bono ; roborabit , & extollet genus
Chriftianorum , magnamque fuam efficiet
ecclefiam , quam tu igne confumpfifti &
humi dejecifti . Ego autem fum beatus ,
non ob id præfertim quòd in hac vita in
bona fui æftimatione ; fed quia in profunda fenectute (jàm enim ago nonagefimum-
quintum annum , videns filios filiorum &
filias filiarum) fubeo martyrium ; & tàm
magnam & populorum tàm frequentem civitatem & totam regionis ipfius gentem Deo
offero , qui etiam mei perpetuam confer-
vabunt memoriam , fummas illi agentes
gratias .

Ad populum autem converfus , & ad
commartyres (erat enim non folùm vifu ju-
cundiffimus , fed etiam in concionibus ad
populum facundiffimus) fic dixit : Viri
cives & amici & cognati , & quicumque
propter confuetudinem & rerum communionem ad nos attinetis ,que patriæ quidem
& nobis civibus evenerunt ,cum non pridem
confideraverimus ; neque fcrutati fuerimus
id quod erat futurum , fed fallaci homini ,
qui nos fraude ftudebat capere , credide-
rimus ; ipfa novimus experientia , ut cum
iis qui foris erant , moleftiarum fuerimus
participes . Quæ verò in Deum linguam

A movens locutus eft hic fuperbus , ipfi auribus auditis . Quod autem ad Chrifti Dei
provocet negationem , teftantur quidem
eorum qui præcefferunt plurimæ & omne
genus cædes : teftantur autem hæc quoque
vincula , quæ pro pietate nobis funt impofita . Et fuiffet quidem fapientium , non
effe timidos & vitæ nimis cupidos , neque
huic callido & improbo veteratori credere ,
fidem adhibentes isjurando, quod eft prom-
ptiffimum malorum artificum ; fed bellum
adversùs ipfum fufcipere , & Deo pugnam
nobifcum capeffente , ulcifci hunc impium .

B   Cum autem res noftras ad eam adductas   LII.
fint neceffitatem , ut vel tyranno parentes ,
& nos impiè gerentes , vitam agamus mife-
ram ; vel non parentes , & pietatem exercentes , beatum finem adipifcamur : ftu-
deamus immortalem gloriam confequi per
martyrium . Nec me exiftimet aliquis tamquàm jàm fenem & plenum dierum finem
cupere , & ideò alios ad mortem incitare ;
fed confideret unufquifque veftrum , mortem effe commune debitum & juveni & feni , & effe inevitabilem corporis diffolu-
tionem . Itaque non expectetur finis com-
C munis , qui & fua fponte venit ; fed ftudeat quilibet , ut fit quàm fieri poterit gloriofus & beatus . Quidnam autem dixerit
quifpiam martyrio gloriofius , aut quæ-
ftuofius , aut piis omnibus beatius ? Ego
enim , fi fieri poffet , propter Chriftum
morifæpè & ipfe eligerem , & aliis confu-
lerem ; ficque effet & major gloria & lucrum
longè copiofius ; fed cum hoc haberi non
poffit à natura ; quod vel invitis nobis ipfa
ex fe facit , præripiamus cum gloria , & id
tamquàm proprium conftituentes , aftutè
fallamus neceffitatem.

Nullus noftrum , ò fratres , fit adeò vitæ cupidus & adeò pufilli & abjecti animi , LIII.
ut pro brevi & mifera vita perdat æternita-
D tem , & quæ numquàm folvitur beatitudi- Conteſta-
nem . Communi omnium inimico è nobis tur fuos A-
haud detur pars aliqua ; fed cum unum fue- rethas .
rit fuffuratus , glorietur perverfus , tamquàm qui omnes ceperit . Sud qui eft quidem talis , procùl fit à choro martyrum , neque fit falfo nominis particeps . Si quis
enim te , Chrifte & Verbum Dei , negaverit hujus vitæ defiderio ; ab ipfa excidat ,
& dehifcens eum terra devoret . Si quis autem ex mea cognatione aut familiaritate defiderio bonorum præfentium , te relicto
Creatore , fequatur hunc Regem interitui
E obnoxium & impium ; ne ei detur , ò Rex
Chrifte , hic frui iis quæ videntur jucunda
& delectabilia , & tradatur iis quæ funt illic tormentis .

Hæc dixit ; & ftatim multitudo calidas LIV.
effundens lacrymas : Efto bono animo, con-
clamavit : Nemo enim te deferet ; nàm tui
(ut vides) defiderio omnes vel antè te mori
properamus , & præcipere hunc beatum finem & defiderabilem . Ille autem ad hæc :
Ego , ait omnibus , ego vos omnes præce-
dam , & ero vobis in Deo certus viæ dux .
Ut vos mihi primas concediris in omnibus,
ita

ista mihi concedice, ut primus ad Christum accedam. Verumenim verò hoc vobis ultimum de mandatum si quis meorum filiorum, aut eorum qui genere ad me attinent, reliduus fuerit permanens in hoc puro cultu Christianorum, sit hæres meorum facultatum. Porrò autem tres illas ex eis quæ mihi restant possessiones pulcherrimas volo tribui Catholicæ ecclesiæ quæ est ædificanda, quas etiam jam consecro.] Ista ipse omnia præposcens ventura, divino afflatus Spiritu instar Patriarcharum antiquorum, est prælocutus martyrii candidatus Arethas, Subdit auctor;

LV.
Sententia in Aretam & socios.

Hæc cum dixisset, & populo benedixisset, &, Sit tibi gloria ò Domine propter omnia, subjunxisset, conversus dicit Regi: Laudo te, ò Rex, quòd usus sis patientia, & non confuderis aut interruperis meam orationem, ut mos fuit olim Regibus. Quoniam ergò nostri nostrum scopum & institutum, nempè quòd fieri non potest, ut Christi cultu relicto, nos tibi assentiamur; hoc quod superest, tempus non tenens diutiùs. Cum sciret ergò Rex mentem eorum esse immutabilem, nec fieri posse ut eos ad suam traducat sententiam, jussit conduci ad quemdam torrentem, qui vocatur Odias, & ipsis illic amputari capita.

LVI.
a Psal. 15.

Ad quem cum venissent, & se prompto & alacri animo ad preces convertissent; Domine, Domine (a), dixerunt, virtus salutis nostræ, obumbrasti super caput nostrum in die belli. Nunc quoque deduc nos in vitam æternam; quoniam nihil ex omnibus nobis pluris fuit, quàm tui dilectio, non patria, non genus, non divitiæ; sed omnia propter te perdidimus, etiam (b) ipsam vitam, & tamquàm occisionis (b) oves sumus reputati. Et nunc te supplices (c) rogamus, fiat ultio (c) sanguinis servorum tuorum, qui fuerit effusus. Extolle manus tuas super istorum superbiam. Suscipe ac defende istorum filios, qui pro te moriuntur. Corrobora civitatem, quæ gloriatur tuo pretioso sanguine & cruce & passionibus. Vides quemadmodum eam tui effecerunt inimici; attonderunt ejus ornamenta; profanaverunt sanctuarium tuum; templum sanctum tuum exusserunt; quòd tibi placeat ut rursùs extollatur & roboretur, dando sceptra Regibus Christianis.] Hæc & alia illi precati, jugulum singuli obtulerunt, primùsque omnium coronam martyrii Arethas est consecutus. Subdit verò auctor hæc de admirando fœminæ Christianæ certamine;

b Psal. 41.
c Psal. 48.

LVII.
Mira libertas, fœminæ Chri. stianæ.

Quædam autem mulier habens puerum præcurrentem non plus quàm quinque annos natum, cum videret ea quæ fiebant, & ad similem accensa esset æmulationem; citissimè accurrens, cum ipsa quoque accepisset martyrum sanguinem, se illo unxit & filium. Deindè ipsum Regem ludificabatur, eum vocans tyrannum, & quàm maxima poterat voce dicens: Erit Hebræorum Regi sicut Pharaoni. Illius verò satellites, iis quæ dicebantur, auditis, comprehensam statim mulierem ducunt ad ipsum Re-

gem, & maledicta, quibus ipsum acerbè appetebat, renunciant cum magna accensione. Ille autem cum nec ei fecisset dicendi potestatem, nec eam quidem interrogasset, eam condemnat, ut igne moreretur.

Statim ergò fuit congesta materia, & igneisque subjectus, & flamma se in altum sustulit, sulphure, pice, & sarmentis nutrita; deinde etiam fuit alligata mulier, & eam lictorum manus complectebantur, ut eam fuisset eis onus portatu facile, sic in mediam flammam rectà conjiceretur. Puer autem, qui solus remanserat, dolebat, indignabatur, ægrè ferebat, non secus ac ætate contecta nati pelli, non ferens matris absentiam. Porrò autem in gyrum vertens oculos, & amicissima lingua matrem requirens, videt Regem sedentem in excelso, & ad ipsum accurrit oculos habens plenos lacrymis, deinde se provolvit ad ejus pedes pro matre rogans, ut puerum. Ille autem eo accepto, & genibus imposito (erat enim puer scitus & elegans, & qui et puer suaviter balbutiebat) rogabat cum quo mallet versari, & quem magis diligeret. Ille autem matrem dicebat, matrem; & eam deflebat assiduè: Propter eam autem, inquit, veni, & rogo, ò Rex, eam solvi, ut me quoque assumat ad martyrium. Illa autem me sæpe ad hoc hortata est.

LVIII.
Puer Christiani suprà filium.

Attendens autem Rex ad verba pueri: Quid est autem hoc, inquit, quod dicis martyrium? O quæ etiam infantes sapientes reddit tua, Domine, gratia! Pro Christo, inquit, mori, & rursùm vivere. Sed quis est hic Christus? rursùm dicit Rex. Puer autem: Veni hùc, inquit, ad ecclesiam, & eum tibi ostendam.] Ad aliquam sacram imaginem Salvatoris, ex more, in ecclesia pingi solitam puer alludens, ita quidem cum esset parvulus, loquebatur ut parvulus. Sed quid post? Interim autem cum matrem aspexisset, flens dixit: Sine, sine me venire ad matrem: video enim eam trahi & male affici à lictoribus. Rex autem: Cur, inquit, hàc venisti, matre relicta? Sed sis hic nobiscum, & dabo tibi quoslibet fructus pulcherrimos. Hoc ille quidem dixit, tamquàm cum simplici puero atque adeo puero se loqui existimans. Ille verò longè supra ætatem prudentia præditus planè renuebat, dicens: Non hic manebo; matrem desidero: nam arbitratus te esse Christianam, veni pro ea rogaturus; cum Judæum autem invenerim, tecum nec volo quidem versari, neque sustineo omninò à te aliquid accipere. Hoc autem solum mihi concede, ò Rex, ut ad matrem revertar.

LIX.
Rex frustrà blanditur puero Christiano.

Regem stupore affecit pueri sapientia. Quidam autem ex iis qui circumstabant, excogitantes aliquid sapientis, censebant ut infans adduceretur ad Reginam, sic ut neram ætatem conantes allicere; nam cum Rege quidem consuetudinem existimabant esse puero insolitam, ut virilem & asperiorem; quòd si audiret Reginam & mulierem, promptò & alacri animo eam secuturum, ut qui apud matrem blandè educare-

LX.
Contemnit æquè Reginam puer.

care-

earetur, & molliori delectaretur consuetudine. Verùm rursùs pueri intelligentia superavit illorum calliditatem; nec eis quidem omninò ad hæc dabat responsum, sed vehementer solùm vocabat matrem, & in eam cum animo totos defigebat obtutus.

LXI.
Puer provocat iram Regis & currit in ignem.

Cum eam autem vidisset iniici in ignem, vehementiùs inflammatus visceribus, audet statim puer aliquid fortius. & cum stetisset ad genua tyranni Dunaan, se inclinans, acriter ipsum Regem mordet in femore. Ille autem simulatque sensisset motuum, & fuisset conturbatus, eum repentè abiicit, & eum tradit cuidam ex Senatu, ut ab illo aleretur maximè Judaicè, & abjuraret Christianismum. Et ille quidem abiat, accepto puero, admirans ea quæ facta fuerant, & simul etiam narrans aliis. Interim autem puer, eo nesciente, cursu contendit ad matrem, & insiliit ad mediam fornacem, matremque (ut ei videbatur) amplexus & pulcherrimum bustum se ipsum ei tradens; sit cum ipsa hæres coronæ martyrii.] Ita planè (quod scriptum est (*a*)) *ex ore infantium & lactentium perfecisti laudem, ut destruas inimicum & ultorem. Infirma mundi elegit Deus, ut confundat fortia.* Parùm fuit vinci à fœminis superbissimum tyrannum, & ab ætate decrepita superari, nisi & à puero hostis immanissimus sterneretur. Tales esse solent Christianæ religionis de perfidia prostrata triumphi, ut vincat humilitate superbos, & superet infirmitate potentes. Sed pergit auctor:

a *Psal.* 8.

LXII.
Rex parcit reliquis civibus.

Cum hæc sic fierent, patientium Christianorum motis misericordia ii qui erant circa Regem & ipsi Senatus, rogabant, ut cæteros relaxaret, & non penitùs perderet tàm magnam civitatem & populo tàm frequentem, quæ quotannis magna pendebat vectigalia. Postquàm autem hac in re annuit dura illa anima & Pharaonica, crudelemque vicit avaritia; quid facit? Cum hujus civitatis, & totius regionis juvenes tàm masculos quàm fœminas redegisset in servitutem, quorum erant multa millia, & alios quidem ipse retinuisset, alios autem tradidisset quibus voluit; reversùs est in Regiam, libera civitate effecta serva, quæ dedicata erat soli Trinitati: quàm ipse Christus redemit proprio sanguine, & quæ ei obtulit tantam martyrum multitudinem, eorum victorias & certamina præclara prædicans orbi terræ. Et hæc quidem ita se habebant.] Hactenùs de martyribus suo splendore in Oriente & Occidente universæ Ecclesiæ elucentibus: non enim eos Homeritæ vel Æthiopes tantummodò coluerunt, sed & Græci omnes, pariterque Latini, qui, diversis licèt diebus, eorundem admirabilium martyrum annis singulis certamina publicè in Ecclesia ex sacris tabulis legunt. Tanto ergo Orientalium Occidentaliumque consensu celebrari martyres meruerunt, qui licèt in remotis adeò regionibus passi sint, unius tamen corporis Catholicæ nimirùm Ecclesiæ calore fidei proxima capiti membra erant. At quid

post hæc perfidus apostata egerit, audi à sed priùs quæ acciderint in cælo prodigia ad incutiendum terrorem crudeli barbaro, accipe:

LXIII.
Prodigia perterrent Hebreorū.

Revertente autem Hebræo, apparuit ignis aliquot diebus tota nocte implens aerem, qui ipsum Dunaan & ejus terra bat exercitum, & coniiciendam præbebat Dei iram adversùs impios. Deindè ignis ducem quoque desuper, qui erat perfecta plaga, pluit in terram. Sed nec sic quidem potuit corrigi sceleratus, neque flecti sub potenti manu Dei. Tanto autem furore erat accensus adversùs Christianos, ut etiam ad Regem Persarum miserit legationem, & rogaverit ut ipse quoque faceret similia; & omnes qui in sua ditione inveniebantur, Christianos perderet funditùs; si vellet, inquiens, Solem habere propitium, & ejus patrem (sicut ille nugabatur) esse Deum Hebræorum. Scripsit etiam ad Alamundarum Ducem Sarracenorum qui erant sub Persis, promittens etiam se ei daturum pecuniam, si moveret persecutionem adversùs Christianos qui sunt ei subjecti. Sed ille quidem adeò erat infestus Christianis, & sic faciebat.] Hic autem de Alamundaro eum audis, memoria repete sub Anastasio Imperatore superiùs esse dictum, ejusdem nominis Regem Sarracenorum ad fidem Christianam conversum, baptizatum esse; hunc verò alium ab illo fuisse, dicendum videtur: etenim Sarracenorum alii erant Romano Imperatori obtemperantes, alii hostes, ut jam dictum, ostendunt. Sed prosequamur reliqua:

Justitia autem nequaquàm cessavit implere suas partes in his quæ fiebant. Justinus enim Imperator, cum sic ei visum esset, hortatus est Alamundarum, ut fœdera pacis iniret eum Sarracenis Romanorum vectigalibus. Et missus est Abrahamius vir pius & presbyter, qui hac fungeretur legatione. Aderant autem illic quoque à Rege Persarum cùm alii quidam, tùm Isacius quoque presbyter, qui præerat Christianis Orthodoxis qui in Perside erant: aderat autem Silas quoque Episcopus Nestorianorum cum quibusdam aliis, partim quidem pro Hebræo fungens legatione, partim verò volens convenire Orthodoxos, & disputare adversùs recta dogmata.

LXIV.
Legationes ad Sarracenos.

Cum autem coram dictis legatis legerentur litteræ Regis Homeritarum, & Silas assentiretur scopo ejus qui scripserat, & diceret Christum solùm esse hominem, & non Deum: Quomodò enim, inquiens, qui nascitur ex muliere, & componitur ex eo qui est in ipsa sanguine, & involvitur fasciis, & paulatim accipit incrementum, deindè etiam laborat & sitit, tandem ad crucem agitur & moritur, Deus esse dicitur, ut citrà rationem Abrahamio videtur & Isacio? Hæc cum sic dicerentur, ii viri pii non ferentes diutiùs Deum affici contumelia, scissis suis vestibus, eos vocabant hæreticos, & magno animo eos expellebant ab Ecclesia Catholica, Nestorium eorum magistrum damnantes, ut qui talia

LXV.
Nestoriani Judæis affines.

talia seminasset zizania: deinde fusius etiam A
persequebantur ea quæ pertinebant ad divinas rarnis susceptæ dispensationem; ipsique Orthodoxa divinorum Apostolorum,
& Patrum sequentes dogmata, Deum perfectum & hominem perfectum constabant
tur Christum, in una hypostasi duas naturas conjungentes citra confusionem. Atque cum sic quidem Silas à scopo excidis-
set, inanibus (ut dicitur) manibus est reversus, & sic vana spe est delusus.

LXVI.
Justinus inito cum Alamundaro, salutatione scri-
Iscribit bit ad eos in Persidem revertens, rediit & ipse;
Regem Æ-atque omnia exposuit Justino Imperatori, B
thiopum & præfectim quæ à Rege Homeritarum fac-
Christia-ta & scripta sunt contra Christianos. Ili
num. autem sine mora scripta ad Asterium Ale-
xandriæ Episcopum, ut incitaret Regem
Aethiopum ad movendum arma adversus
Homeritas: eadem quoque ipse Regi Ae-
thiopum per litteras nunciavit, eumque

docuit quemadmodùm delevisset Hebræos
omnes Christianos qui erant in sua potestate, & quemadmodùm Nagran civitatem populo frequentissimam fecisset inhabita-
lem, omnibus puberibus partim quidem interfectis, partim autem redactis in servitutem: quòd Regem etiam Persarum & A-
lamundarum idem ille incitasset, ut facerent similia: postremum adiecit fore, nisi
ipse exurgeret in ultionem, ut Deum evestigiò ei itascererur. Et hæc quidem Imperator Justinus. Ipse quoque Patriarcha A-
lexandrinus posteaquam cum monachis Orthodoxis qui erant in Natria & Scete, multis Deo fudit supplicationes, Regi illi ea
significavit, quæ pro videbantur Justino.
At de his modò hactenus: quæ autem ibidem habentur de bello à Rege Aethiopum
adversùs Homeritas susceptum, & insigni victoria à Deo obtenta, quoniam ea omnia
anno sequenti contigisse narrantur, suo
loco de iis dicturi sumus.

I.
Consula-
tus Maxi-
mi.

Quingentesimus vigesimustertius Re- C
demptoris annus uno tantùm verifi-
gnatus Consule Maximo reperitur, quem
Roma dedit, & (ut testatur Marcellinus)
sine collega: errore autem ab aliquo conjungi Maximo collegam Olybrium, uhe-
riùs dicemus. Porrò qui fuit Maximus creatus in Occidente, æmulus gloriæ Justiniani Consulis in Oriente, & ipse sumptuosa (ut ille ante annum superiorem) exhibuit in suo Consulatu munera; quæ tamen
sordida reddidit, dùm præmia consulta extantibus & mutuatitiis persolvere detecta-
vit; cujus rei causa ab illis Theodorico
Regi oblati sunt adversùs eum querelarum
a Apud libelli; qui rei indignitate commotus, ad
Cassiodor.eundem Maximum Consulem epistolam de-
Var lib. 5.dit, cujus est exordium (a): Si Consula-
epist. 42.rem munificentiam provocant, &c.] ubi
plurima in detestationem ejusmodi cruentorum spectaculorum, cum certamen ini-
tur cum bestiis, habet: quæ tamen ex prava inolita consuetudine iisdem necessaria visa sunt. Nàm audi quid idem Theodoricus in fine epistolæ dicat.

II.
Venatio
ferarum in
Theatro
detestabi-
lis.

Sed vos, quibus necesse est talia populo
exhibere, largitate manus fundite præmia,
& hæc miseria faciatis esse votiva. Alioqui
violenta compulsio est, solemnia dona subtrahere, & mortes detestabiles imperare.
Et ideò quicquid in longum consuetudi-
netti antiqua liberalitate pervenit, sine aliqua dilatione concedite supplicanti; quia
homicidii reatus est, illis esse tenacem,
quos editio vestra invitavit ad mortem. Heu
mundi error dolendus! Si esset illius æquitatis intuitus, tantæ divitiæ pro vita mortalium desederent dari, quantæ in morte hominum videntur effundi.] Hæc Rex barbarus, & alia plura superius in odium hujuscemodi Romanorum spectaculorum: se

non adeò mitem sit ipsum humanioribus D
compositum moribus summa pace atque felicitate in hunc diem regnum ad tricennalia
propagasse. Ità plane, quandiu æquitati
student, & de Ecclesia Romana bene mereri sollicitus, ejusdem libertati atque securitati prospexit; omnia ipsi cessere dextera: cum verò adversùs Patrum insaniens
certamen iniit, & innitentem super eam
Romanum Pontificem lacessivit (ò miraculum!) protinus pessumivit, atque con-
fractus periit. Jàm verò narrationem rerum
Ecclesiasticarum anni hujus aggrediamur.

III.
Obitus
Hormisdæ
Papæ.

Hoc itaque anno, octavo Idus Augusti,
Hormisda Papa cùm sedisset annos novem &
dies decem, perfunctus quàm honestissimè
munere Pontificio, ex hac vita migravit,
desiderium sui reliquens bonis omnibus:
utpotè qui inter immensos sæculi fluctus
tempore impii Anastasii Imperatoris Ecclesiam regens, clavumque regiminis summa
constantia moderatus, latentia vitavit scopula hæreticorum: unde usque Romanæ potentiæ medium findens & calcans, ad optatum pacis portum Ecclesiæ navim sub Justino Imp perduxit; præscribensque jura
Principibus docuit, parere debere in his quæ
sunt ad Deum Sacerdotibus Reges, non
Principibus sacerdotes. Gaudent, exul-
tant, gloriantúrque tanto concive nobiles
populi Frusinates: verùm non ipsi tantùm
memoriam ejus dignis officiis prosequuntur,
sed universa Catholica Ecclesia in Occidente celebritatibus annuis ejusdem diem natalem frequentat octavo Idus Augusti.

IV.
De tempo-
re obitus
controver-
sia.

Antequàm autem reliqua ejus afsigamus
monumenta sepulchro, ambiguitas illa
solvenda est de obitus tempore. Nàm si
consulas Anastasium, ipsum secum pugnan-
tem invenies, dùm de ipso agens suæ narrationis exordio, vixisse usque ad superiorem

rem annum. Consulatus Symmachi atque
Boetii tradit: in fine autem ejus obitum &
sepulturam collocat sub Consulatu Maximi, qui contigit anno præsenti. Sed &
cum ejus successoris Joannis ingressum eque
ponit sub Maximi Consulatu; magis firmat sententiam illam, hoc anno & non superiori Hormisdam dicta die esse defunctum. Rursus huic sententiæ Græci etiam
astipulantur. Marcellinus enim Comes,
qui his fermè diebus Chronicon scribebat,
pariter sub Maximi Consulatu refert ingressum Joannis Hormisdæ successoris in
Pontificatum. Sed alia pleraque eidem consentiunt veritati, ut rerum gestarum ordo
annis singulis usque ad ipsius Joannis obitum declarabit: ita ut nulla possit, de tempore Hormisdæ sedis ambiguitas remanere.
Licet autem ab ipso Anastasio sedi ejus tri-
buantur anni octo & dies decem; Indices
tamen Vaticani habent annos novem & dies
decem & septem: verùm quod ad dies pertinet, post novennium nonnisi decem numerari contigit. Hæc quoad obitus tempus satis.

V.
Digna
Hormisdæ
memoria.
Jam verò quæ reliqua sunt rerum ab eo
gestarum his tamquàm corollarium appo-
namus, nempe ea, quæ quoto potissimùm
anno fieri contigerunt, haud satis constare
possunt. Quamobrem cætera alia ejusdem
Hormisdæ egregia facta, quæ haud certo-
rum annorum possunt limitibus claudi, hîc
ad finem ex Anastasio referenda, ex more
diximus: quibus ostenditur non solùm ipsi
adversùs Eutychianos & alios superiùs recensitos hæreticos fuisse pugnandum; sed
etiam adversùs Manichæos non leve iniisse
certamen: de quo hæc in primis Anastasius:
Hic composuit clerum, & psalmis erudivit.
Hic fecit basilicam in territorio Albanensi
in possesione Mesontis.] Et post multa,
quæ suis locis superiùs dicta sunt, illa subiicit de repertis & condemnatis ab ipso hæreticis Manichæis: Hic invenit Manichæos,
quos etiam discussos cum examinatione
plagarum, exilio deportavit: quorum codices ante fores basilicæ Constantinianæ incendio concremavit.] Magnæ cessit laudi
Romania Pontificibus super universum gregem vigilantibus: insidiantes clanculò lupos
invenisse nàm eos prodidisse, perdidisse fuit.

Inquirere
hæreticos
Romanorū
esse Pont.
Quòd igitur iisdem excubias totius Orbis
gregis agentibus in hoc ipsum potissimùm
invigilandum esset, hinc videas in ipsis
Viris Romanorum Pontificum non taceri,
sed ut nobilem cunctis spectandū proponi titulum, cum contigit ab eis esse inventos hæreticos: ut sæpiùs superiùs factum vidimus.

VI.
Ecclesia-
stica ani-
madversio
per flagel-
la.
Sed observatione dignum, quod audis
inventos ab Hormisda Manichæos discussos
cum examinatione plagarum in exilium deportari jussos. Habes Ecclesiastici judicii
praxim, nempè hujuscemodi feras bestias &
latibulis primùm eductas, deindè discuti
atque flagellis subiici ad extorquendam veritatem. At non ad eruendam veritatem
tantùm, sed & in pœnam etiam consuevisse Episcopos adhibere flagella, apud sanctum Gregorium est sæpius invenire. Ha-

A bet enim hæc de puniendo subdiacono ca-
lumniatore Gregorius scribens his verbis ad
Anthemium (a): Quia ergò tantæ nequitiæ malum sine digna non debet ultione
transire, suprascriptum fratrem Pascha-
rum Episcopum volumus admoneri, ut
eumdem Hilarium priùs subdiaconatus,
quo indignus fungitur, privet officio, atque verberibus publicè castigatum faciat in
exilium deportari, ut unius pœna multorum possit esse correctio.] At licèt Episcopis concessa esset ejusmodi per flagella
animadversio, præsidebat tamen cunctis
æquus arbiter ipse Romanus Pontifex, ne
B quis crudeliter nimis eadem infligi juberet.
Hinc accidit, ut idem Gregorius Papa (b)
Andream Ferentini Episcopum duorum
mensium spatio suspenderit à celebratione
Missarum, quòd fœminam quamdam diræ
admodùm subtilitus castigari præcepisset, Sed
& Abbatibus concessam fuisse virgarum ani-
madversionem, certum est (c). Subiit
verò Anastasius:

a Greg. lib.
9. epist. 56.
vet. edit.

b Greg. lib.
1. epist. 44.
45. vet.
edit.

c Pallad. in
Lausiac. c.
8. Greg.
dialog. li. 2.
cap. 4. Ber-
nard. epist.
102.

VII.
Munera
Justini Im-
perat. sub
Hormisda
ad Roman.
Ecclesiam.
Sub hujus Episcopatu multa vasa aurea
vel argentea venerunt de Græcia, & Evangelia cum tabulis aureis & donis pretiosis
C pensantibus libras quindecim: Patena aurea cum hyacinthis, quæ pensat libras quindecim: Patenæ argenteæ duæ pensantes,
singulæ libras vigintiquinque: Scyphus
aureus cum gemmis pensans libras octo:
Scyphi argentei deaurati pensantes singuli
libras quinque *: Gabathæ electrinæ pensantia libras duas: Thecæ cereæ aureæ pensantes libras sex: Palliolum olophærum *,
balatheum * cum tabulis auro textis de,
chlamyde vel stola Imperiali: Subcincto-
rium super Confessionem B. Petri Apostoli:
hæc omnia à Justino Orthodoxo votorum
gratia oblata sunt.

* quindecim
* olosericis
* blaterum

D Sed & quod mirandum fuit, etiam hostis Catholicæ fidei Rex Italiæ Theodoricus munus obtulit Rege dignum basilicæ
Vaticanæ; munus dixerim, non oblationem: solent enim oblationes tantummodò
esse Fidelium Orthodoxorum, quæ solemni
ritu in ecclesiam inferri consueverunt & recipi; munera verò, quæ nulla habita distinctione donariis, in ecclesiam tamquàm
in Gazophylacium inferrentur. Sed audi
Anastasium: Eodem tempore Theodori-
eus Rex obtulit beato Petro Apostolo cerostrata argentea duo pensantia libras septua-
E ginta.] Hæc de muneribus oblatis sub
Hormisda Papa basilicæ Vaticanæ à Principibus Christianis, præter illa quæ superiùs eidem Hormisdæ oblata à Clodoveo
Francorum Rege sunt dicta. Quæ quidem
omnia summæ laudi Hormisdæ cessisse, quis
non intelligit? siquti etiam in libris Machabæorum factum à Regibus legitur templo Dei sub Onia summo sacerdote viro
sanctissimo: nàm audi quæ ibi dicuntur (d)
Propter Oniæ Pontificis pietatem & animos
odio habentes mala, fiebat, ut & ipsi Reges & Principes locum summo honore dignum judicarent, & templum maximis muneribus illustrarent. Sed sicut tunc Ethnici
etiam muneribus templum Domini illustrarunt,

VIII.

d 2. Mach. 3

sunt, ita & nunc Theodoricus Rex à fide Catholica alienus, ob idque hac ex parte ipsius Romanæ Ecclesiæ hostis dicendus, Petri basilicam donis nobilitavit: & quemadmodum tributum pendere solet licet invitus Rex externus subjugatus Imperatori, ita idem Theodoricus reveritus sedis Apostolicæ majestatem, quodam quasi miraculo infert dona in templum, quod imbutus hæresis Arianæ perfidia aversatur: id exigente non alio, quàm qui accepit à Patre (a) Gentes hereditatem suam, & rebelles regere in virga ferrea; de quo & dictum (b): *Et inimici ejus terram lingent.* Sed de Hormisda reliqua prosequamur, quæ ad Dei cultum & templorum ornatum spectant. Sed quod nuper emiserit in lucem è tenebris oblivionis egregium monimentum scriptorū Hormisdæ, cùm acerrimus vindex continentiæ clericalis, adversùs eos, qui lapsis laxare viderentur habenas, has patentes litteras dedit, hic describere operæpretium existimavimus:

Ecce (c) manifestissimè constat, quia secundùm titulos antiquorum Patrum à sancto Joanne Papa transmissos, & trecentorum decem & octo Episcoporum sententias, sed & canones Gallicani Concilii contineri * videntur, clerici in adulterio deprehensi, & aut ipsi confessi, aut ab aliis convicti ad honorem redire non possunt. Et quia fortè non desunt, quibus vel pro nimia pietate suprascripta sanctorum Patrum severitas minimè placet: sciant se trecentorum decem & octo Episcoporum, & qui reliquos canones statuerunt, sententias reprehendere, vel damnare. Sed forte major est in illis pietas, quàm in supradictis trecentis decem & octo Episcopis; major in illis misericordia, quàm in sancto Joanne Apostolico Papa; major charitas, quàm in reliquis sacerdotibus, qui hoc per exempla, vel remedia ecclesiarum, suis definitionibus deliberaverunt. Et ideò aut per promptam voluntatem præceptis illorum consentiant; aut si non fecerint, omnibus contrarios se & inimicos esse cognoscent. Quæ est ista inimica benignitas? palpare criminosos, & vulnera eorum usque ad diem Judicii incurata servare? Quod si etiam eos * durissima poenitentia per plures annos agere viderint *, sic id ipsum & saluti eorum consulere, & canonum debemus statuta servare. Cum verò in aliquibus nec compunctio humilitatis, nec instantia orandi, vel plangendi appareat, nec beatum David imitentur, qui dixit (d): *Lavabo per singulas noctes lectum meum, lacrymis stratum meum rigabo.* Et illud (e): *Cinerem tamquàm panem manducabam, & potum meum cum fletu miscebam:* nec eos jejuniis, vel lectioni vacare videamus: possumus agnoscere, si ad honorem pristinum redirent, cùm quanta negligentia, & cùm quanto tepore, & in reliqua animi securitate permaneant, credentes, quod sic eis non acta poenitentia digna dimiserit Deus, quomodò sacerdotes indulsisse videntur? Verè dico, quia illi ipsi, quibus

Annal. Eccl. Tom. VII.

cum periculosa & falsa misericordia indulgere videmur, cum ante tribunal Christi pro tantis peccatis damnandi advenerint, contra nos ipsos causas dicturi sunt, dicentes: quòd dùm aut asperitatem linguæ eorum expavimus, aut falsa blandimenta & periculosas adulationes ipsorum libenter accepimus; nos eos, dùm illis * inutilitatem indulgemus in peccatis permanere, aut ipsa peccata etiam augere permiserimus nec recordantes illud, quod in veteri Testamento scriptum est; quia per unum peccantem contrà omnes ita Dei desævit. O pietas! ò misericordia! Uni parcere, & omnes per exemplum malum in discrimen adducere! Non ita suadet sanctus & beatissimus Cyprianus martyr, dicens: Qui peccantem verbis adulantibus palpat, peccandi fomitem subministrat. Nec perimit delicta illi, sed fovet iterùm imperitus medicus, qui tumentes vulnerum sinus manu parcente contrectat, & absconditum in profundis secessibus virus dùm servat, exaggerat. Undè & sanctus Joannes Constantinopolitanus Episcopus arguit, dicens: Imperitus medicus est, qui indigesta putredine superducit vulneri cicatricem.

Et ideò diligenter perpendite, si aut potest, aut debet fieri, ut tantorum, aut talium, quos supra memoravimus, sacerdorum canones contemnentes, aliter, quàm isti statuerunt, observare vel agere præsumamus: præcipuè cum si illorum trecentorum decem & octo Episcoporum, qui per omnes ecclesias Concilia fieri præceperunt, tàm sancta decreta negleximus, non illos solos despicimus, sed & sicut supra dictum est, & Africanos, & omnes reliquos, qui ipsis ordinantibus per totum mundum, per ecclesiasticam disciplinam aliquid statuerunt, cum peccato animæ nostræ contemnimus. Ego me in hoc periculo immittere non audeo: quia nec talia fui merita mea, ut aliorum peccata in me excipere præsumam. Nec tantam eloquentiam habeo, ut ante tribunal Christi contra tantos & tales sanctos sacerdotes, qui canones statuerunt, causas dicere possim. Videat unusquisque *, qualiter sentire vel observare disponit, qualiter possit in die Judicii reddere rationem. Ego, in quantum vires Deus dignatur dare, studere volo eorum præceptionibus, & obaudire, quia cùm talibus non rixam, sed pacem ex qualicumque parte habere desidero. Et hoc diligenter attendendum est. Quòd si, secundùm quod scriptum est, illi clerici, qui ad uxores proprias redeunt, ab integro ab officio suspendantur. Quòd si etiam dicam & * internuptiarum mariti. qui utique rem licitam faciunt, clerici tamen ordinari non possunt, aut si ordinati fuerint, dejiciantur. De quibus sanctus Faustus Episcopus in epistola sua dixit: Perdit gratiam consecrati, qui ad officium vult exercitari mariti.

Cum hæc ità sint, qua conscientia quisque dicere poterit, quòd illa & * adulterium commiserit, iterùm ad honorem venire poterit? Hoc loco, si aliquis fuerit,

H qui

Marginalia:
a Psal. 2.
b Pf. 71.
e Ext. tom. 5. Antiq. lect. pag. 287.
* videtur, quòd
* durissimam poenitentiam * secundum
d Psal. 6.
e Pf. 101.
* inutiliter
* interventu nuptiarum

qui dicat: Ergò negas misericordiam Dei,
qui dixit: Nolo mortem peccatoris, sed ut
convertatur, & vivat? & illud: Numquid
qui cadit non adjiciet ut resurgat? & illud:
Peccator in quacumque die conversus fuerit, omnes iniquitates ejus oblivioni tra-
dentur? Sed ad hæc voce libera respondere
& possumus, & debemus. Absit à nobis,
ut de istis sententiis videamur vel leviter
dubitare. Definitissimè enim credimus,
* quisquis   quod * quisque ad finem vitæ suæ pœnitentiam egerit, non solùm indulgentiam
accipiet, sed etiam ad præmia æterna per-
* præter   veniet *. Propter regulam tamen ecclesiasticam *, propter antiquorum Patrum instituta, abiit à nobis, ut reprehendere,
aut discutere audeamus. Cùmque credimus ad vitam æternam post beatam pœnitentiam venire ; ad honorem clericatus,
secundùm tantorum Patrum præcepta novimus non debere reverti in tantùm, ut in
canonibus scriptum est: ne ullus umquàm
pœnitens clericus ordinetur. Et si ille, qui
ultrò petit pœnitentiam, quamvis eam perfectè egit, non potest Episcopus, aut presbyter ordinari : ita ut etiam, si per ignorantiam ordinatus fuerit, & posteà convincitur pœnitentiam accepisse, deiiciatur ille, qui invitus ad pœnitentiam agendam in
monasterium mittitur, & utique quid aliud
quàm pœnitens dicendus est : qua conscientia ad sacerdotium pervenire permittitur?
Nemo mihi aliam quamlibet contra auctoritatem Sedis Apostolicæ, vel contra trecentorum decem & octo Episcoporum præcepta, vel reliquorum canonum statuta
obiiciat, quia quidquid contra illorum definitionem, in quibus Spiritum sanctum
locutum esse credimus, dictum fuerit, recipere non solùm temerarium, sed etiam
periculosum esse non dubito. Valdè enim
metuo & contremisco illam damnationem,
quam ille sacerdos propter stultam indulgentiam accipere meruit, qui pro eo, quòd
filios suos negligenter castigavit, & eos
nec cædere, nec excommunicare voluerit,
ipsi filii una die occisi sunt, & triginta millia de populo interfecti sunt, & Arca testamenti capta est, & ipse retrò cadens fractis
cervicibus mortuus est, & nomen ipsius de
libro vitæ deletum est &c. Contra Phinees,
qui pro eo, quòd zelo Dei commotus duos
adulteros pariter interfecit, totum populum de Dei iracundia liberavit. Nec hoc
ideò dico, ut sicut ille fecit, etiam nùnc
per mortem corporum sacerdotes Domini
debeant vindicare : sed quia meliùs est ut
* ut   unusquisque parvo tempore, donèc vivit
in hoc mundo, verecundiam, & confusionem sustineat, quàm posteà ad supplicia
æterna perveniat. Et * multùm ei utilius
* multò   est *, propter aliorum exemplum, quam-
* us   diù vivit, remotus ab honore pœnitentiam
agat, & remedium sibi in diem necessitatis
acquirat. Quicumque parvitati meæ in hac
causa voluerit onerosas existere, aliud responsum dare non delibero, nisi quod supradicti canones continere videntur.] Hactenùs epistola Papæ Hormisdæ, hic in fine

rerum ab eo gestarum collocata, quòd datæ tempus nusquàm apparet.
   Ad postremum enim hæc de ipso Hormisda Anastasius habet : Eodem tempore
fecit Papa Hormisda apud beatum Petrum
Apostolum trabem, quam ex argento cooperuit pensantem libras mille quadringen-
tas. Hic fecit in basilica Constantiniana
arcum argenteum ante altare, qui pensat
libras viginti ; Cantharam argenteam fœde-
cim, quæ pensant singula libras duodecim.
Item ad beatum Petrum fecit arcus argenteos duos pensantes singulos libras viginti;
Cantharam argenteam sedecim, pensantes singula libras quindecim ; Hamas argenteas
tres pensantes libras tres; Scyphos argenteos stationales sex cum calicibus * pensantes singulos libras sex.] Hæc de donis,
subdit verò de ordinationibus : Hic fecit
ordinationes in urbe Roma per mensem
Decembrem; ordinavit presbyteros vigin-
tinuum, Episcopos per diversa loca quinquagintaquinque. Qui sepultus est in basilica beati Petri Apostoli octavo Idus Augusti, sub Consulatu Symmachi *. Cossa-
vit Episcopatus ejus dies septem.] Hæc
apud Anastasium.

IX.
Ornamen-
ta Ecclesiis
ab Hormis.
collata.

* crucibus

* maximi

Sic igitur non amplius quàm septem dierum spatio cessante sede, Idibus Augusti
subrogatur in locum ejus totius cleri consensu Joannes Etruscus Constantii filius ex
presbytero tituli Pammachii. Rex autem
ab eo gesta magna ex parte scriptorum antiquorum jactura remanserunt obscuræ ;
quæ verò adhuc extant, suis locis opportunè reddemus.

X.
Joannes
Papa crea-
tur.

Hoc eodem anno Tertullus civis Romanus claritudine generis nobilis, sed pietate magis insignis, Davidis Regis sacti me-
memor eloquii, quo ad Deum conversus
ait (a) : Et semen meum serviet tibi : &
magni parentis Abrahæ unicam prolem
Deo in sacrificium offerre parati, filium
suum Placidum septennem puerum Deo offerens, eumdem S. Benedicto apud Subla-
cum juxtà Simbruinos montes monachos
colligenti monasticis institutionibus tradidit imbuendum. Quem imitatus Eutychius
Senator vir illustris, & ipse duodecim annos natum filium Maurum eidem Patri obtulit Benedicto. Res gesta narratur à S.
Gregorio. Porrò hæc omnia hoc anno contigisse, vetus Chronicon Cassinatis cœnobii asserit, & Leo Ostiensis consentit. Quòd
si ab his discrepare videatur, qui scripsit
Vitam S. Placidi, dum ait id factum anno Domini quingentesimovigesimo secundo; tamen quòd addit contigisse Joanne Ro-

XI.

a Psal. 21.

ne Romano Pontifice ; utique ad hunc annum ex ejusdem sententia referas necesse est: etenim superiori anno , immò & præsentis majori parte sedisse Hormisdam , satis liquet ex iis quæ nuper dicta sunt.

XII.

Degebat apud montes Simbruinos magnus ille Catholici orbis splendor , sanctissimus monachorum Patriarcha Benedictus , jámque duodecim erexerat (ut testatur Gregorius (*a*)) monasteria. Sed audi ipsum ista narrantem : Cum sanctus vir diù in eadem solitudine virtutibus signisque succresceret , multi ab eo in eodem loco ad omnipotentis Dei sunt servitium congregati : ita ut illic duodecim monasteria cum omnipotentis Jesu Christi Domini nostri opitulatione construeret , in quibus statutis Patribus duodenos monachos deputavit , paucos verò secum retinuit , quos adhùc in sua præsentia aptiùs erudiri judicavit. Cœpere etiam tùnc ad eum Romanæ urbis nobiles , & religiosi concurrere , suósque ei filios omnipotenti Deo nutriendos dare . Tùncque bonæ spei suas soboles Eutychius Maurus , Tertullus verò Patricius Placidum tradidit; è quibus Maurus junior cum bonis polleret moribus , magistri adjutor cœpit existere ; Placidus verò puerilis adhùc indolis gerebat annos.] Hæc de oblatis à parentibus Romanis pueris sanctus Gregorius . Quando verò contigerit indè migrare Casinum vitantem Florentii invidiam Sanctum Benedictum , suo loco dicetur . Hæc modò de his satis: consule tu Gregorium si plura cupis .

a Gregor. dialog. lib. 2. c. 3. 4.

XIII.

Sed ad res Orientales oratio convertatur . Justinus religiosissimus Imperator , Catholicæ fidei cultor studiosissimus , haud satis habuit suis legibus Nestorianos atq; Eutychianos proscripsisse ; sed audiens Manichæos in Oriente repertos esse , adversùs eosdem promulgavit edictum . Qui enim in Urbe inventi , Apostolica censura coerciti sunt , in longè positas regiones migrandi visi sunt iniisse consilium ; quos cognitos suis Imperator legibus profligavit , quibus & omnes hæreticos , Judæos , atque Gentiles pariter exagitavit , cum ista sancivit (*b*) : Manichæi undique expelluntur , & capite puniuntur . Reliqui autem hæretici (hæreticus est omnis non Orthodoxus) & Græci (nempe Gentiles , seu Pagani , & Judæi & Samaritæ prohibentur magistratum gerere , & dignitatem habere , aut jus dicere , aut Defensores , aut Patres civitatum fieri (ne habeant licentiam vexare aut judicare Christianos , aut Episcopos) item militare quoque prohibentur , præter quàm si ex genere cohortalinorum sunt : hi enim etiam onera quidem sustinentes , non offendentes autem , neque in Orthodoxos quid exequentes in publicis vel privatis causis . Qui autem tentaverit quid horum facere ; præter quàm quod factum pro infecto erit , dabit etiam libras viginti : & qui publicis ipsos descriptionibus inserere conati fuerint , etiam viginti , & Præsides quinquaginta ; & omnes hæ privatis rebus inferantur . Excipiuntur Gothi , qui sunt fœderati , & aliter prout visum Imperatori fuerit , honorantur .] Hæc Justinus , qui ob fœdus cum Theodorico initum Gothis licèt Arianis parcendum putavit .

b Cod. de hæret. & Manich. lib. 11. Constitutio Justini adversùs Manichæos .

Sed quod ad ipsos Manichæos spectat , hoc eodem sexto ipsius Justini Imperatoris anno hæc de his quæ adversùs eos gessit , Cedrenus habet : Persecutus est idem Justinus hoc anno Manichæos , multósque eorum suppliciis affecit : quod & Cabades Rex Persarum præstitit in suo regno ; qui omnes quos reperit intrà suos fines , trucidavit .] Quanam autem ex causa ad hæc agenda permotus , accipe ab auctore Miscellæ (*c*) : Cabades Rex Persarum , filius Peroxi , multa millia Manichæorum cum Episcopo eorum Indagaro una die peremit unà cùm senioribus Persis , qui consensus eorum erant : filium enim ejus nomine Phatuarsam Manichæi à puero instituentes , repromittentes dicebant : Quia pater tuus senuit , & si contigerit eum mori , principes magorum unum fratrum tuorum facient Imperatorem , eò quòd teneant dogma ipsorum . Nos autem possumus per orationes nostras persuadere patri tuo , abrenunciare Imperio , & te promovere ut ubicumque confirmes dogmata Manichæorum . Qui promisit hoc facere , si imperasset .

XIV. Justinus Manichæos occidi jussit.

c Apud Miscel. lib. 15.

Cum autem hæc Cabades cognovisset , jussit conventum fieri , quasi facturus filium suum Imperatorem , omnes jubens Manichæos cum Episcopo eorum & mulieres & liberos adesse conventui , similiter principem magorum Glonazen , & magos , & Christianorum Episcopum Boazanem dilectum à Cabade & medicum optimum . Et convocatis Manichæis ait : Gaudeo super dogmate vestro , & volo vobis dare , dùm vivo , filium meum Phatuarsam : sed segregate vosmetipsos ad recipiendum eum . Qui freti fiducia , semetipsos segregarunt : Cabades autem præcipiens exercitus suos ingredi , omnes occidit gladiis cum Episcopo eorum sub conspectu magorum principis & Christianorum Antistitis .] Hæc auctor in Miscella . Ingentem planè ejusmodi fuisse Manichæorum cædem , indè existimare licet , quòd in Perside frequentiores ibi solerent Manichæi , ubi tutiùs degere consueverunt , quàm in aliis Romani Imperii regionibus cum præsertim quasi nativum solum Persidem esse ipsi cognoscerent , ubi primùm fuerant exorti : ex quo quam causam inter Manichæos & Persas plurima fuisse communia , Agathias (*d*) de Persarum moribus agens ostendit , nempe idem esse utrique sectæ dogmata de duobus principiis , ex quibus alia ab ipsis nefanda deducerentur axiomata : tu ipsum consule .

XV. Manichæi in Perside omnes occisi .

d Agath. de bello Persic. l. 2.

Sed jam Aethiopas revisat oratio , ad quos anno superiori à Justino Imper. per Alexandrinum Episcopum procuratam esse legationem vidimus ; ipsáque Dei admiranda

XVI.

randa facta recenseat , quonam modo post
cædem martyrum Homeritarum Arethæ ,
& sociorum perpetratam per dirum apostatam Hebræum sectæ Dunaan Regem ,
in eum ultus est Deus , immisso in ipsum
Elesbaan Rege Aethiopum viro Christianissimo hoc anno post transactam hie-
mem . Historiam quidem fide integram
habent ejusdem Arethæ martyris Acta ,
quæ hic singulis reddere verbis , argumenti nobilitas , & tractationis veritas
persuadent . Secuta hæc autem sunt , cum
(ut superius dictum est) Justinus Imperator , audita Homeritarum Christianorum strage per Hebræum tyrannum quàm
dirissimè perpetrata , per Alexandrinum
Catholicorum Antistitem eumdem Regem Aethiopum ad ultionem parandam
excitasset . Quæ verò ab auctore iis subiiciantur audi :

XVII. Non latebant autem nec priùs quidem
Expeditio Aethiopum Regem ea quæ facta fuerant :
Regis Ae- sed tempore anni prohibente (erat enim
thiopum in hiems) vel invitus quievit . Itaque cum
Homeritas validum collegisset exercitum tùm ex suis,
tùm ex auxiliis usquè ad centum & vi-
ginti millia , naves autem Indicas septuaginta in ipsa hieme construxisset ; quinetiam ex negotiatoribus Persis & Aethiopibus , qui illùc venerant mercaturæ gratia , naves alias collegisset ad sexaginta :
cumque eas quæ ex ipsis collapsæ fuerant,
instaurasset ac refecisset , & omnia parasset ; veris initio movet exercitum , armis-
que & equis & alio apparatu properabat ,
ut prœlio configeret cum inimicis . Et
per continentem quidem ab inferiori
parte Aethiopiæ misit quod cùm millia
Aethiopum ad Homeritidis partes magis
Occidentales ; ut ipse quidem per mare cum navibus , illi autem per terram
irruentes , hostes in medium coercerent .

XVIII. Cæterùm illi quidem cum multos dies
Pietas Re- iter fecissent per loca arida , & transitu
gis Ae- difficilia , omnes interierunt , ut qui nec
thiopû in pervenire ad Homeritam , nec ad regio-
expeditio- nem suam potuerint redire . Rex autem
ne paran- cum jàm esset navigaturus , venit in tem-
da . plum , ad cujus fores regia veste aliisque
insignibus Imperii depositis , ingressus
quidem est in privato habitu : stans autem
exadverso aræ , cum Deum multum orasset , & facta ab ipso in Aegypto miracula atque in ipsa solitudine pro Hebræis
in memoriam revocasset : Illi , dicebat ,
fuerunt ingrati in benefactorem , neque illi solùm , sed ii etiam qui ex eis nati
sunt . Tu enim scis Domine , quàm se malè gesserint in una civitate , ut qui populum illum per dolum circumvenerint , &
consilium inierunt adversùs sanctos tuos ; &
in eos qui restant , adhuc mala machinan-
tur . Quòd si nostra peccata id merentur ;
sed ne tu nos tradas illorum manibus .
Quod autem ipse volueris , hoc excepto ,
nobis impone supplicium : ne forte dicatur : Ubinam est ipsorum Christus propter quem gloriantur , & crux ejus ?

A Hæc cum precatus esset cùm lacrymis , XIX.
egreditur de templo & è civitate , & ad Consulit
quemdam monachum , qui propter virtu- S. Mona-
tis operationem dignus erat habitus ut præ- chum Rex
videret futura , & in angusta turricula jàm Aethiopû .
quadragintaquinque annos fuerat inclusus ,
pedes venit eodem habitu , de prœlio sci-
scitaturus : attulit composita quoque thy-
miamata , in quibus etiam aurum latenter
immiscuerat . Quæ cum tradidisset seni ,
quærebat preces & significationem eorum
quæ erant eventura . Ille autem dolo de-
prehenso, cum quis esset , optime nosset : Sit
tecum (inquit) Deus , qui etiam tecum
B regnat . Verùm enim verò abi , munitus
martyrum sacrificio , quod Deus est odgra-
tus , & precibus Pontificis Alexandriæ , &
lacrymis Justini . Hæc cum audisset Elesbaan , & eum non tentasset amplius , benedictione accepta , abiit lætus : & cum jussisset exercitui ne ferrent viaticum plusquàm
viginti dierum , navigavit .

Sed neque negligens fuit Rex Homerita- XX.
rum : nàm ipse quoque & suis & auxiliari- Regis Ho-
bus collectis copiis , præsidium tenebat in meritarum
terra & in mari . Verùm cum ille exercitum, dolosus ap-
qui erat in terra , ab afflictione & malorum paratus .
perpessione audivit periisse , non amplius
C timens hostem à continenti , in sola maris
versabatur custodia . Itaque considerans
angustissimum esse fretum quod est inter
Aethiopes & Homeritas , neque superare
latitudine duorum stadiorum , & alioqui
habere etiam saxa multis in locis latentia ;
cum gravem ferream construxisset catenam,
& quæ posset ferre vim ventorum & undarum , & eam utrinque à terra alligasset ipse
Dunaan , ut existimabat , Elesbaan prohiberet aditum : ubi quidem erant latentes
petræ , plumbum circulis catenæ appendens , & ferrum faciens requiescere ; ubi
autem erat profundum , colligans cum li-
D gnis levissimis , & sublevans catenam: deinde etiam validum inducens exerci um, venit in eum locum , in quem expectabatur
venturus esse Rex Aethiopum .] Qui loci
situm consideret , & freti angustias à cos-
mographis descriptas attendit , haud vanum
fuisse consilium Regis Homeritarum intelliget . Sed pergit auctor :

Ille autem cum vento usus esset secundo, XXI.
accessit ad locum speculandum , & præmisit Dolosæ
decem naves , quæ dùm dolum nescirent , ex artes Du-
improviso ingressæ sunt in angustissimum naan irritæ
fretum . Quo in loco etiam Deus facit mi- redditæ .
racula , parvæ esse ostendens potentiæ hu-
E manam inventionem , ubi ipse adjuvare &
opem ferre voluerit : Magnus enim quidam
fluctus incurvatus , cum velut quemdam re-
fluxum fecisset aquæ , portans unum ex navigiis posuit super catenam , adeò ut videretur navis esse cuidam rupi innixa . Deindè exorta quædam procella cum mare repentè concubaisset , extollit fluctus montibus pares magnitudine : & undarum aliæ
quidem amovebant ligna catenæ alligata ,
aliæ autem tollentes naves in altum , transmiserunt omnes supra catenam . Illa autem
& à venti vehementia , & à fluctibus qui in
• eam

eam irrumpebant, deſtruċta, præbuit cæteris navibus inoffenſum aditum adversùs
Homeritas. Decem igitur prædiċtæ appulerunt littori, quod aberat ducenta ſtadia
ubi Rex erat cum exercitu: reliquæ autem
naves vento retroaċtæ nihil potuerunt efficere.

XXII.
Appulſus navium fidelium, & conatus hoſtium.

Emiſſis itaque triginta millibus cata-
phraċtorum equitum Dunaan impediebat
eorum qui erant in decem navibus exitum
in terram. Viginti autem ex diſperſis navibus, ubi erat ipſe Elesbaan, haud multò
poſt illùc etiam ipſæ appulerunt. Tertio
quoque die reliquæ apparentes naves appulerunt & ipſæ longè inferiùs. Opinatus
antem Dunaan inter plures eſſe Regem,
majore accepto exercitu, illùc venit, parva reliċta cuſtodia ubi erat revera Elesbaan.
Cum autem tereretur tempus, nec è navibus educeretur acies, defecerat quidem
aqua & cibus iis qui erant in navibus. E-
quitibus autem Hebræis Sol erat moleſtus,
totoque die eos vehementer impetebat. Ceterùm equitibus ſuis Dunaan magna machinatus eſt tabernacula, eorumque umbra depulit æſtum, qui afforebat moleſtiam.
Porrò autem miſit etiam quemdam ex ejus
cognatis cum viginti millibus equitum ad ex-
plorandam partem illam in qua erat Elesbaan. Quidam autem ex eunuchis Regis
arbitratus eum exire ad ſe exercendum, acceptis quinque aureis lanceolis, cum eo eſt
egreſſus. Cum is autem Elesbaan copias
invenilſet vigilantes, quarum pars jam è
navibus egreſſa, locum in littore compa-
rarat; accepto eunucho & tribus ex ſuis,
abiit procùl ad venationem.

XXIII.
Inſperata victoria Regis Aethiopum.

Quidam autem ex Elesbaan exercitu op-
preſſi fame, equos noċtu conſcenderant, ut
hoſtes effugerent: qui cum in eos incidiſſent, alios quidem occiderunt; Regis autem cognatum capientes, & aureas lanceas
portantes, ad naves redierunt. Eas autem
cum accepiſſet Rex pius, ſtatìm Deo dedicavit. Ipſe autem reliquo armato exercitu
immiſſo in breviores naves, egreſſus eſt ad
hoſtes qui erant in littore: & pugna terra
marique commiſſa, Hebræos, qui terga
dederant, jure belli omnes occidit, adeò ut
ne unus quidem ſit reliċtus rei geſtæ nuncius. Cum autem haberet cognatum Regis
qui ei oſtendebat viam, quæ ducit ad civitatem Phare, in qua erat Regia Dunaan;
ad illam aſcendit. Qua potitus, ut qui in-
cuſtoditam offendiſſet civitatem, capit omnes divitias quæ erant in Regia, & ipſam
etiam Reginam.

XXIV.

Verùm cum captam urbem & Regiam
occupatam, atque ſuos bello captos audiſſet Dunaan: timens ne aliqui ex cognatis deficerent ad Elesbaan, mente ei à Deo
abla a, cum aurea catena ſe & illos alli-
gaſſet, ſedebat nullam rerum curam gerens.] Quid hoc eſt, niſi ſecundùm illud
a *Exod.15* Propheticum (a): Conturbati ſunt Principes Edom, robuſtos Moab obtinuit tremor,
obriguerùs omnes habitatores Chanaâ. Irruit
planè, inquit, in hoſtes Domini ingens metus & tremor, ſecundùm quod ſubditur:
Annal. Eccl. Tom. VII.

A Irruat ſuper eos formido & pavor in magnitudine brachii tui: fiant immobiles quaſi lapis. Ità quidem tunc accidit, cùm timore
obrigeſcens, commiſerationem eo corporis habitu movere Chriſtiano Regi perfidus
tentavit Hebræus, putans mòx Elesbaan
aſſuturum. Verùm etſi ipſe potuiſſet videri
viċtus, cum ità vinċtus apparuit, adhùc tamen ejus robur vigebat exercitus, quem eſt
paſſa infeſtum pars reliqua exercitus Chriſtianorum: nàm audi: Qui autem in pluribus navibus erant Aethiopes, cum nihil
audiſſent de ſuo Rege Elesbaan & his quæ
geſſerat, & laborarent inopia rerum neceſ-
ſariarum, eſſentque animo dubii & perple-
xi; converſi ſunt ad Deum ſupplicandum.
B Et cum magnas quidem naves inter ſe alli-
gaſſent, & ſuper oblonga ligna vela dejn-
dè vinxiſſent, & veluti quamdam civitatem in mari eſſent fabricati; extrinſecùs autem breviores naves, quæ quoddam murorum imitabantur propugnaculum, ordinaſ-
ſent; omnes ſimul congregati cum lacrymis Deo longam obtulerunt ſupplicatio-
nem: deinde cum ſacra guſtaſſent myſteria, & ſe armaſſent, deſcenderunt in naves breviores; & ſtantes ex obliquo, ne
acciperent aliquod damnum à telis hoſtium,
C eas ipſi majores poſt ſe trahentes, impule-
runt ad terram, donè appuliſſa eorum latera
fixa fuerunt in littore, adeò ut naves eſſent
ipſis pro muro. Hoſtes verò irruentes cum
lanceis confringebant latera breviorum
navium, & magna moleſtia afficiebant
Aethiopes,

Qui cum lacrymis rursùm Domini invocabant auxilium. Ipſe autem eos audivit;
& ſtatim vox quædam fuit de cælo exaudita,
quæ dicebat: Gabriel, Gabriel, Gabriel.
Et quidam ex illis qui naves impellebant,
virgam ferens ferream, quæ deſuper quidem habebat crucem, inferne autem lan-
D ceam, cum enataſſet, & unius equi caudam apprehendiſſet, in ejus latus figit lan-
ceam, adeò ut mòx turbatus equus dejece-
rit hoſtem, & alii equites timore affeċti
ceciderint in terram. Confidentes itaque
Aethiopes cum deſcendiſſent de navibus, &
manus conſerviſſent cum hoſtibus, eos fu-
derunt; & omnes interfecerunt; & regium
ingreſſi tabernaculum, reverunt aurea catena vinċtum cum iis qui genere ad eum pertinebant Dunaan Regem Hebræorum.
Cum autem intellexiſſent ſuum quoque Regem præſtantiſſimum & omni ex parte optimum Elesbaan illìc occupaſſe Regiam, pro-
E perè ad eum acceſſerunt, & omnia quæ geſta fuerant expoſuerunt.

Ille autem, præſidio reliċto incitavit,
maxima abiit celeritate: & cum inveniſſet
Dunaan aurea illa vinċtum catena, ipſum
interfecit & cognatos, Deum laudans, &
inſultans Chriſti hoſtibus pœnam dantibus
audacium ſuorum facinorum quæ admiſerant in Chriſtum & Chriſti crucem. Lætа-
bitur autem juſtus (inquit David (b))
cum viderit vindiċtam. Et ideò qui ex eis
fuerunt vulnerati, non fuerunt vulnerati
gladio (ut dicit divinus Iſaias (c)) ne-
H 3   que

Reliqua pars fidelium laborat.

Communicant in navi ſidera-les.

XXV.
Victoria divinitùs obtinetur.

XXVI.
Dunaan unà cum ſuis occi-ditur.

b *Tſal.57.*

c *Iſai.22.*

que mortui eorum mortui bello. Est enim res fortis & dura ira Dei (ipse me rursùs

a *Isai. 28.* docet (4)) ut grando quæ deorsùm fertur in non habentem tegumentum , ut aquę magnæ multitudo quæ trahit regionem.

XXVII.
Quæ post victoriam Elesbaan fecerit.
Reversus autem Elesbaan in civitatem Phaie , omnes interemit qui erant in Regia ; & cum vel let ecclesiam in ea ædificare , fuit ipse primus opifex ædificij. Significavit autem omnia quæ gesta fuerant Pontifici Alexandriæ , & per illum Justino Imperatori. Patriarcha autem Alexandriæ ordinatum Episcopum misit ad Homeritas. Qui cum illis consecrasset templum quod fuerat ædificatum , baptizat quidem omnes qui erant in civitatibus & pagis Homeritarum in nomine sanctæ Trinitatis , ex eis autem ordinat diaconos & presbyteros ; & ecclesiis , quæ erant in regione , reddit statum suum solitum.

XXVIII.
Componit Homeritarum Rex Aethiopum.
Divinissimus autem Rex ipse Elesbaan simùl cum eo venit Nagran martyrum civitatem : & cum illic extruxisset ecclesiam , & quinque possessiones regias ei tribuisset , & deindè ex martyris Arethæ possessionibus tres addidisset , ut ille mandaverat in fine martyrii , & collegisset omnes qui fuerant redacti in servitutem , & alios dispersos in tempore persecutionis , & Arethæ martyris filium Ducem gentis constituisset , & curam gessisset loci in quo jacebant ibi consummati martyrii reliquiæ , & jus asyli illic constituisset; vadit iterùm in Regiam. Ubi cum Homeritis Abrahamium quemdam virum pium & Christi nomine gloriantem elegisset Regem , & sanctissimo Episcopo ad decem millia Christianorum Aethiopum tradidisset; lætus rediit in suam Regiam cum præda & spoliis , dans etiam exercitui non parvam pecuniæ portionem .

XXIX.
Eleshaan tranquilliorem vitam sectatur.
Deo autem agens gratias pro tanta victoria & gratia , volénsque se ipsum dignum reddere majoribus , cum diademà quidem regium misisset Hierosolymam , ipse indutus cilicio & noctu egressus è Regia & ipsa civitate , ascendit ad unum montem ad monasterium , virorum qui exercebantur : & cum se in exigua clausisset domuncula , & voluisset illinc non egredi toto tempore vitæ suæ , regulam suscepit monasticam , ex eis quæ sunt mundi nihil possidens , nisi solam stoream & poculum ad aquam bibendam , & pauco pane & aqua vivens & oleribus viridibus , si quis offerret ; cum nullum ex mundanis vidisset tota vita , non ad aliud aliquid habens mentem erectam , nisi ad soli Deo vacandum . Denique cum diù sic se exercuisset , sic etiam è vita excedit in Christo Jesu Domino nostro , quem decet omnis gloria , honos & veneratio nunc & semper & in sæcula sæculorum. Amen.] Hactenùs de Homeritis & Aethiopibus narratio summa digna præconio , utpotè quòd ex ea significetur quàm ferventissimus fuerit Christianismus in Aethiopia & Homeritide , terra secunda martyribus : pariterque perspicuè innotescat divinitùs illata vindicta in perfidum apostatam Hebræum

A ex Christiano redditum dirum Christianæ fidei persecutorem , cum amens in solio sedens universum Orientem movere tentavit ad totius Christianæ religionis destructionem ; ut meritò considerata adeò repentina in eum divinitùs immissa vindicta , rerum vicissitudine ; illud sit Propheticum repetendum (b): *Vidi impium superexaltatum & elevatum sicut cedros Libani : & transivi , & ecce non erat*. Ità planè , pugnante Deo , apostatam perire decuit , & Hebraicæ perfidiæ sæpè prostratæ rursùs insurgentis cornua debuere confringi. Sinit B more suo Deus ad tempus , ut probentur electi , solutis habenis , liberè debacchari satellitio dæmonum fultam impietatem; sed protinùs eamdem divina potentia vinci , & exponi ludibrio superatam.

b *Psal. 36.*

XXX.
Qui autem in locum Elesbaan successit Rex Aethiopiæ , æquè heres ejus extitit pietatis ; de cujus rebus gestis sub Justiniano successore Justini Procopius (c) meminit , pariterque de Rege Homeritarum , quos Romano Imperio fœderatos adversùs Persas dum Justinianus immittere cogita-

c *Procop. de bello Pers. lib. I.*

vit; meminit pariter de Hebræis in illis C item Homeritarum regionibus tumultuantibus , iterùm debellatis . Hæc & alia Procopius pluribus , describens simul regionem Homeritarum & aliarum gentium proximarum . Vidisti Aethiopiæ Ecclesiæ candorem & pulchritudinem , eamdemque per fidem , quæ purificat secundùm Petrum Apostolum (d) corda hominum , super nivem dealbatam ; ut meritò eam adeò amaverit , sibique in sponsam junxerit mysticus D Moyses (e) Christus Deus noster ; cujus gratia veluti quodam miraculo albescant Aethiopes , cum & secundùm illud Propheticum tùnc acciderit (f) : *Aethiopia prævenit manus ejus Deo* : cum ipsa cæteris visa sit cucurrisse ad Christum ardentiùs , quæ adeò Dei amore ferventes habuit Christianos , ipsorumque Reges Christianæ sublimioris vitæ verticem attingentes . Utinam sicut Aethiopum & Homeritarum Fidelium præclaræ res gestæ tàm superiorem , tùm præsentem annum adeò illustrarunt , ita eorumdem reliqua digna memoria suppeterent monumenta , quibus liquisset singulis annis locupletare nostros Annales .

d *Act. 15.*

e *Num. 12.*

f *Psal. 67.*

Cæterùm multis hæc tùnc temporis illustrata sunt monumentis. Auctor est Photius in Bibliotheca , extasse suo tempore commentarium de legatione Nonnosi ad Aethiopes & Homeritas ac Sarracenos , cum E apud eos regnaret filius Arethæ Regis , tempore Justiniani Imperatoris Justini hujus successoris : itemque aliam scriptionem alterius legationis à Justino Seniore isto , de quo agitur , ad Alemundarum Principem Sarracenorum , functumque eo esse munere Abrahamum ejusdem Nonnosi parentem , qua Joannem & Nicostratum Romani exercitus Duces recuperavit . Sed perierunt ista : quibus quidem cuncta quæ dicta sunt , dilucidiora firmioraque reddi potuissent . At de his hactenùs.

XXXI.

Hoc

XXXII.
Obitus
Euphemiæ
Augustæ.

a Cedren.
& alii hoc
anno.

XXXIII.
De Conci-
liis in A-
frica cele-
bratis.

b Extant
apud Sur.
die 1. Ja-
nuar.
*Vivicensis
al. Vvicen-
sis.
Cedit mi-
nori locum
S. Fulgen-
tius.

XXXIV.

Hoc itidem sexto Justini Imperatoris
anno, magno damno Christianæ religionis, Euphemia Augusta de Catholica fide
optimè merita ex hac vita migravit: cui honorificè extrema perfunctus Justinus Imperator, aliam accepit coniugem Theodoram nomine, quam & Augustæ titulo in-
signivit. Hæc Græci auctores (a).

Quod verò ad Africanæ Ecclesiæ statum
pertinet, restitutis anno superiori (ut vidimus) in Africam ad suas Ecclesias Orthodoxis Episcopis, ad restituendam collapsam disciplinam, & benè instituendas
Ecclesias, pluribus in locis à diversis Episcopis sunt Concilia celebrata, quorum trium
est mentio in rebus gestis (b) S. Fulgentii
Ruspensis Episcopi, nempe Bizaceni, Uzo-
censis*, & Suphetani. At quid acciderit
eidem Sancto Fulgentio in duobus postremis Conciliis, Uzecensi videlicèt & Supha-
tano, dignum memoria exemplum audi:
In Concilio quoque Uzecensi judicio sacerdotum omnium qui convenerant, Episcopo cuidam nomine Quodvultdeus, qui
priorem se illius existere confirmabat, an-
tepositus & prælatus, ipsâ die tacuit, nec
auctoritatem Concilii exculando movere
voluit: sed ubi post Concilium dolere sensit Episcopum, timens propter suum honorem generare scandalum fratri, meliusque
judicans per charitatem se fieri minorem,
quàm sine charitate majorem: Suphetani
posteà Concilii gloriosum respiciens adesse
conventum, precem supplicem coràm omnibus fudit, ut sibi rursùm, se volente,
Quodvultdeus Episcopus præferretur; ut
nomine suo posterius recitato, lætus deinceps viveret, consacerdotis animo conciliato.

Mirati sunt Episcopi humilitatem talia
postulantis, nec contristare voluerunt of-
ferentem Deo sacrificium humilitatis, ad
custodiendam spiritus societatem in vinculo charitatis. Ubi sunt nùnc illi, quibus
eminendi super ceteros dominatur affectus,
qui se etiam suis prioribus anteponunt, in-
debita sibi privilegia vendicantes? Ecce
beatus Fulgentius nec primatum quam
meruit, defendere voluit: quia sine charitate prior esse alicui minimè concupivit.]
Hæc ejus contubernalia, Vitæ ipsius auctor, digna planè memoria, cum assiduâ
deplorandum sit in humili Christi regno
eam jugiter inter Christianos controversias agitari, quis aliis videatur esse major, quas jàm olim Dominus lata sententia definivit. Cæterùm si superbia absit, sique citrà scandalum fieri queat,
absque animarum jactura, justitia suffragante, ad retundendam superbientium arrogantiam, laudabiliter quemlibet Christianum hominem apud legitimum Judi-
cem causam agere, suaque jura proferre, S. Leo Papa (ut suo loco superiùs

A dictum est) scribit ad Dorum (c) Be-
neventanum Episcopum. Quæ autem rursùm de ejusdem S. Fulgentii horum temporum rebus gestis idem auctor his subiiciat,
accipe;

Catholicæ Ecclesiæ singularis magister
& doctor, quantumlibet inter varias occupationes hic in Africa parùm vacaret,
plurimos tamen Ecclesiasticos sermones,
qui in populis dicerentur, scribendo dictavit. Ubicunque sermonem faciebat,
mulcebat animos omnium, non inanes &
B vanissimos plausus, sed compunctionem
generans cordis Expectavit & cum sancta
memoriæ Bonifacius Episcopus Ecclesiæ
Carthaginensis, apud Furnos* ecclesiam
dedicans, duobus diebus se præsente, tractantem: quando tantùm delectatus est audire verbum Domini de ore ejus, ut donec
ille sermonem finiret, ipse terram lacrymis irrigaret, agens gratias Deo, cujus
gratia semper in Ecclesia Catholica summos
excitat præclarosque doctores.

Jàm reversus de exilio, novem & decem
libros Fabiani mentientis falsa Gesta con-
vincens, de veritate prædestinationis &
gratia libros confecit tres, aliaque multa digessit: quæ si quis scire voluerit, in
C ejus monasterio veraciter scripta reperiet.]
Hæc de his auctor. Sunt autem hi tres libri ad Nominum scripti de duplici præde-
stinatione, in cujus operis præfatione queritur de iis quæ apud Carthaginem à calu-
mniatore passus esset: quem licèt ipse noluerit nominare, ejus tamen discipulus in
Vita ipsius Fabianum appellat. Præfatur
enim ita Fulgentius: Quoniam adversùs
cujusdam hæretici vaniloquia respondere
compulsus sum, qui non solùm meum nomen sub Photiniani erroris nota non du-
D bitavit lacessere, quinetiam sanctorum Augustini & Hieronymi dicta tamquàm meæ
professioni contraria in me voluit retorque-
re. Cujus nomen nùnc litteris insinuare
distuli, sed potes ipse proculdubiò recordari. Nàm ibi, te nobiscum apud Carthaginem posita, mihi dicta ejus allata
sunt; & si benè recolo, etiam ad tuam notitiam pervenerunt: nihil enim te ibi posito legere potuisse, quod tibi recensendum
offerre non possem. Eosdem igitur libellos, si Dominus voluerit, vestræ charitati celeriter destinabo, &c.] Jàm anteà (ut
dictum est) sub Hormisda Pontifice fuit
eidem Fulgentio adversùs Pelaginos errores per Faustum Regiensem,clanculùm ser-
E pentes extinxit. Fuerunt autem dicta adversùs Fabianum Fulgentii scripta novissimi ipsius partus, eorum videlicèt, quorum memoria sit. Quando verò contigerit ipsum ad superna vocari, suo loco
dicemus.

c Leo ep.5.

XXXV.
De Homi-
liis aliisq́;
scriptis S.
Fulgentii.

* Burnos

XXXVI.

JESU

I.

CHristi annus quingentesimus vigesimusquartus Consulatu secundo Justini Augusti cum Opilione collega aperitur, quo ejusdem Justini Imperatoris sextus mense Julio absolvitur annus, & septimus inchoatur : cum idem Imperator
Christianæ pietatis studiosissimus, ubi omnes suis edictis rursùm exagitasset hæreticos, Arianos verò ob fœdus initum cum
Theodorico Rege percicisset ; memor di-
a Deut. 7. vinæ legis (*a*) prohibentis ne cum Dei
Jos 9. Jud. hostibus fœdus aliquo modo.sanciretur, &
2. Arianos vexare aggressus est, qui hactenùs
Justinus magna libertate in Oriente vixissent. Non-
Imp. Aria- dùm igitur sexto sui Imperii anno absoluto,
nos exagi- sub hoc ipsius Consulatu secundo, adver-
tat. sùs eos, minimè excipiens Gothos (ut antea fecisse diximus) promulgato edicto,
Arianos exagitavit universos. De his enim
hæc in Miscella (*b*) : At verò in Orientis
b Miscel. partibus, cum adhuc eo tempore per sin-
lib.15. gula loca hæresis Ariana vigeret, Justinus
Imperator ejus Imperii anno sexto Orthodoxæ fidei studio animimodis satagere cœpit,
ut hæreticorum nomen extingueret statuit,
ut ubique eorum ecclesias Catholica religione consecraret.] Hæc ibi : quæ verò
iis subiiciuntur de legatione à Theodorico
Rege missa, non ante sequentem annum
facta esse noscuntur.

II.

Theodo- Ista enim audiens Theodoricus Italiæ
ricus pro Rex, indigno admodùm animo tulit : nàm
suis Aria- ipse præ cæteris invigilabat hæresis Arianæ
nis agit. patronus Arianorumque protector : qui &
veluti quodam compensationis jure eorumdem Arianorum securitatem ab Orthodoxis redemisse videri potuerat, dùm in Italia, & in aliis quibus præerat regionibus ,
nullum unquam religionis causa Catholicis
negotium facessisset ; sed de iisdem benemeritus sæpè fuisset , & ipsam Romanam
Ecclesiam à schismaticorum oppressione le-
vasset, atque alia (ut vidimus) præstitisset, quæ vix à Catholicis Principibus im-
petrari potuissent . Ista , inquam , in memoriam ipse revocans , & admodùm exacerbatus animo versans, pro suis Arianis
in Oriente agentibus valdè solicitus (illi
enim ejus implorabant auxilium, crebris

ipsum legationibus excitantes) apud Justinum Imperatorem pro eorumdem libertate agere cœpit . Litteris itaque ea de re
hoc anno ultro citròque redditis , cum se
minimè , quod optabat atque petebat , consequi posse aliquo pacto videret ; potentiori remedio rem tantam agere cogitavit ,
nempe legationibus , iisdemque efficacis-
simis: nimirùm ut cum proceribus quos legaret , impelleret ad suscipiendum legationis munus Joannem Romanum Ponti-
cem , futurum apud Imperatorem pacis mutuæ conservandæ sequestrem ; comminatus,
nisi delegatam subiret provinciam , se in
Occidente adversùs Orthodoxos illa facturum , quæ in Oriente adversùs suos Arianos legibus Justini Augusti esse decreta sci-
visset .

III.

Summa quidem Justinus laude dignus
habendus , dùm plus detulit religioni ,
quàm cuivis causa regnandi prætextui : dùm
non timet potentissimum Regem fœdere junctum in se concitare, à quo tùm ipse, tùm prædecessores Imperatores precario pacem re-
demerant. Quanti enim facere consueverint
Orientales Imperatores Regem Theodoricum , accipe ex epistola (*c*) Theodati
Regis ad Justinianum Augustum : Consi- *c Apud*
derate (*inquit*) Principis docti , & abavi *Cassiod. lib.*
nostri historica monumenta recolite , quan- *10. ep. 22.*
tum decessores vestri studuerint de suo jure
relinquere , ut eis parentum nostrorum fœdera provenirent . Æstimate qua gratia debeant oblata suscipi , quæ consueverunt po-
stulari , &c.] Vides igitur quanto suo periculo Justinus Imperator religionis causa
contempserit barbari Regis potentiam ,
cuncta religioni posthabens : illud unum
existimans esse regnandi præsidium , si religioni optimè consulatur . In his itaque
præsens annus insumptus est . Quomodò
autem sequentis anni veris initio Joannes
Romanus Pontifex unà cum Imperatoris legatis Constantinopolim profectus est , suo
loco dicturi sumus . Sed & quàm magno id
suo Theodoricus tentaverit detrimento ,
ipsa rerum gestarum tractatio perspicuò
declarabit .

I.

De Lega- VIgesimoquinto Christi anno supra
tione Jo- quingentesimum, Consulibus Pro-
annis Papæ bino atque Philoxeno, Joannes Romanus
Constanti- Pontifex , præter morem prædecessorum ,
nopolim. à Teodorico Rege Italiæ ira exæstuante ob
Arianos suos in Oriente ecclesiis spoliatos,
subire cogitur legationem Constantinopo-

lim ad Justinum Imperatorem . Id quidem
hoc anno accidisse , ex epistola ipsius Joannis sequenti anno ad Episcopos Italiæ data
colligitur , ut suo loco inferiùs apparebit .
Porrò ejusmodi Joannis legationem Marcellinus in Chronico paucis in creatione ipsius Joannis perstringit his verbis: Theodorico

derico Rege pro Arianorum suorum cærimoniis laborante , solus dumtaxàt Romanorum sibi decessorum Urbe digressus, Constantinopolim veniens , miro honore exceptus est . Dexter dextero Ecclesiæ sedit .
solio , diemque Domini nostri Resurrectionis plena voce Romanis precibus celebravit .] Hæc Marcellinus , non eo quo
gesta sunt anno recolens , sed dùm de Joannis sedis initio habuit mentionem . Verùm quod pertinet ad ejusdem legationis
causam ; ex Boetii scriptis satis potest intelligi , illam quoquè intercessisse , quòd apud
Theodoricum Regem Senatus Romanus
criminis majestatis reus effectus, in suspicionem adductus est , aliqua cum Justino
Imperatore moliri secreta . Sed de his inferiùs .

II.   Cæterùm scimus sanctissimum Pontificem
acerbas subire calumnias , ipsum pro reparandis rebus Arianorum collapsis eo munere functum esse . Tu autem veri amator ,
esto æquus arbiter , lector . Anastasius Bibliothecarius , missum à Theodorico , Joannem Constantinopolim esse profectum
affirmat , dùm ait : Theodoricus Rex hæc
audiens , nempè ablatas Arianis in O-
riente jussu Justini Imperatoris ecclesias ,
exarsit in iram , & totam Italiam voluit gladio extinguere . Eodem tempore Joannes
Papa ægrotus egressus cum fletu ambula-
vit , pergens ad urbem Constantinopolim ,
Comites   & Senatores cum eo , scilicet Theodorus ,
Joannis   Importunus , & Agapetus Exconsules , &c.
Pont.   alius Agapetus Patricius, accipientes hoc
in mandatis legationis ab ipso Rege , ut
redderentur ecclesiæ hæreticis , in partibus
Orientis : quod si non faceret, totam Italiam gladio perderet . Qui cum ambulas-
sent cum Joanne Papa , &c .] Suadente itaque & cohortante , immò & impellente
Theodorico Rege , ejusmodi peregrinationem esse susceptam , ipse quoque Joannes ,
in epistola ad Italiæ Episcopos testari videtur , de qua inferiùs .

III.   Adegisse putavit minis Romanum Pontificem perfidus Arianus ad eam obeundam
suorum causa Arianorum legationem , atque ad maledicendum Dei populo , si non
pretio , timore tamen induxisse novus Ba-
a **Num.22.**   lac (a) ; sed non invenit Balaam, quem
quærebat ; etenim præter opinionem, inci-
dit in Joannem Herodes , quòd primò jugulum sciret subdere ferro , quàm flectere
animum impietati, illud, profundâ mente
fixum retinens , quod illi cujus successor in
sede esset , fuerat Petrus coram Concilio,
b **Act. 5.**   prælocutus (b) : *Obedire oportet magis*
Deo , quàm hominibus . At licet invitus atque præter consuetudinem divelletur ab
Urbe ; haud tamen robur sacerdotale deseruit , quicquamve imminuit Pontificiæ dignitatis , quam persecutio non obscura-
re , sed illustrare potiùs consuevit . Comitantur plures abeuntem Romanum Pontificem , cum eodemque proficiscitur divina potentia in operatione signorum , quæ
eum cunctis redderet admirandum . Audi
enim quæ eidem Joanni in itinere posito

contigisse sanctus Gregorius narrat (c) :   c *Gregor.*
Gothorum tempore , cum Joannes vir   *dialog. lib.*
beatissimus hujus Romanæ Ecclesiæ Ponti-   3.c.2.
fex ad Justinum Seniorem Principem per-   **IV.**
geret , in Corinthi partes advenit : cui ne-   Quid Jo-
cesse fuit ut in itinere ad sedendum equus   anni Papæ
requiri debuisset . Quod illic quidam vir apud Co-   acciderit.
nobilis audiens , equum quem pro magna
mansuetudine ejus conjux sedere consuevit ,
ita ei obtulit , ut eo ad loca alia perveniente , cum aliis æquis potuisset remitti , deberet ille quem dederat , propter suum conjugem transmitti . Factumque est, ut usque
ad certum locum prædictus vir , æquo eodem
subvehente , perductus esset : qui mòx ut
alium reperit, illum quem acceperat, transmisit . Cumque eum prædicti nobilis viri
conjux sedere ex more voluisset , ultra non
valuit ; quia post sessionem tanti Pontificis
mulierem ferre recusavit . Cœpit namque
immenso flatu & fremitu atque incessanti
totius corporis motu quasi despiciendo prodere , quia post membra Pontificis mulierem ferre non posset . Quod vir ejus prudenter intuitus , hunc ad eumdem venerabilem virum protinus remisit , magnis precibus petens , ut equum ipse possideret ,
quem juri suo sedendo dedicasset .] Hæc
de equo Gregorius : quæ cum Novator
calumniosè miraculi loco non ducat , audi,
quod subjicit ab eodem Pontifice cæcum
fuisse illuminatum . Ait enim,

De quo etiam illud mirabile à nostris se-   **V.**
nioribus narrari solet , quòd in Constanti-   Cæcus à
nopolitana urbe, ad portam , quæ vocatur   Joan. Pont.
Aurea , veniens , populorum turbis sibi   illumina-
occurrentibus , in conspectu omnium ro-   tur .
ganti cæco lumen reddidit , & manu superposita oculorum tenebras fugavit .] Hæc
breviter Gregorius , quæ Græcorum peni-
cillus coloribus variis exornasset : sed gaudet magis nuda simplexque absque fuco
spectari veritas . Hisce igitur miraculis præ-
cursantibus , voluit Deus Romanum Pontificem quàm honorificentissimè recipi .
Quis illi negasset obsequium , quem bru-
tum etiam jumentum cognoscens possessorem suum , eo quo potuit modo visum est
honorare ? Quis adeò impietatis offusus
caligine ad redditum cæco visum , ampliùs
cæcutiret ? At quomodò à Constantinopolitanis exceptus fuerit , audi Anastasium :

Occurrerunt , inquit , beato Joanni Pa-   **VI.**
pæ à milliario duodecimo omnis civitas cum   Occurrunt
cereis & crucibus in honorem Apostolorum   Constanti-
Petri & Pauli ; quia veteres Græcorum hoc   nopol. Jo-
testificabantur dicentes : A tempore Con-   anni Papæ
stantini & beato Silvestro sedis Apostolicæ
Episcopo usque ad Justini tempora non meruisse , &c.] Nam nullum umquam viderat
Oriens Romanum Pontificem , nisi Clementem , cum inde transiit relegatus in
Chersonesum . Sed pergit : Tunc Justinus
Imperator dans honorem Deo , humiliavit
se pronus in terram , & adoravit beatissimum Joannem Papam .

Eo tempore beatissimus Joannes cum Se-   **VII.**
natoribus suprascriptis grandi fletu rogaverunt Justinum Augustum , ut legatio ac-
cepta-

Quomodo exceptus Joannes Pontifex.

ceptabilis esset in conspectu ejus. Qui Joannes Papa & Senatores viri religiosi omnia meruerunt, & liberata est Italia à Theodorico Rege hæretico. Justinus autem Imperator gaudio repletus est, quòd meruit temporibus suis Vicarium Petri Apostoli videre in regno suo : de cujus manibus cum gloria coronatus est Justinus Augustus.] Licèt enim simulàc electus est in Imperatorem, à Joanne ejus civitatis Episcopo fuerit diademate insignitus ; tamen & illud ipsum ab ipso Romano Pontifice suo voluit, pietatis ergò, capiti superimponi. Eadem ferè omnia quæ Anastasius, Miscella quoquè habet historia : sed addit, Justinum Imperatorem precibus permotum legatorum Arianis jura sua reliquisse ? an autem istæc veritate subsistant, attentiùs disquirenda sunt.

VIII.
Calumnia in Joanne potentissimæ papæ diluitur.

Si nulla prorsus scriptorum antiquorum auctoritate hæc ipsa possent redargui falsitatis ; satis quidem quemlibet licèt ab adversariorum partibus stantem ipsa adeò patens ratio persuadere sufficiet. Quonam pacto egisse potuit ipse Joannes de restituendis ablatis ecclesiis Arianis, idemque fuerit ab Imperatore Justino concessum ; si jam ex ejus sententia negotio benè gesto, in Joannem adeò exarcebatus est Theodoricus, ut ipsum redeuntem in carcerem detruserit, ibique eum mori coëgerit ? Si enim ex optato Theodorici Regis per Joannis impertitum officium redditæ omnes in Oriente fuerunt ecclesiæ Arianis ; pars erat ut redeunti Joanni tamquàm liberatori suarum gentium ipse Theodoricus occurreret, eidemque publicos honores decerneret : & si non triumpho, ovatione saltèm, comitatu totius Gothorum exercitus, idem Pontifex inferretur in Urbem ; cum tamen ob rem ab eo contra Arianos pertractatam, eumdem, indignans & furens, nec dignum putaverit Urbis aspectu, nec vita quidem, quam coegit Rex violentus amittere. Ex carcere igitur & irrogata Joanni nec à Theodorico tyranno, certum patensque ostenditur argumentum, non quæ Arianus Rex voluit, ab ipso Constantinopoli esse peracta, sed quæ noluisset impleta ; nec quæ illi placerent, sed quæ maximè displicerent impio Ariano, ab eodem Romano Pontifice esse transacta : quæ quidem adeò perspicua nemo non videre, dissimularáve potest.

IX.
Certa probatio integritatis Joannis Papæ.

Hæc igitur etsi sufficiens, ac plùs satis abundans, & necessariò penitùs persuadens ratio videri potest ; accedant adhùc firmissimæ auctoritates. Quid firmius atque solidius ad id probandum desiderari potest, quàm publica ad omnes Italiæ Episcopos tùnc scripta ab ipso Joanne Papa circularis epistola ? in qua hæc ipsa leguntur verba : Ecclesias verò Arianorum ubicumque inveneritis, Catholicas eas divinis precibus & operibus absque ulla mora consecrate: quia & nos quando fuimus Constantinopoli tàm pro religione Catholica, quàm & pro Theodorici Regis causa & negotiis, suadente & hortante, Arianósque extirpante

A piissimo atque Christianissimo Justino Orthodoxo Imperatore, quascumque illis in partibus eorum ecclesias reperire potuimus, Catholicas eas (Domino opem ferente) consecravimus.] Hæc de rebus à se Gestis Constantinopoli apud Imperatorem Romanum Antistes scripsit (ut suo loco dicetur) anno sequenti. A quonam hæc certiùs dici possunt, quàm ab ipso qui egit ? & quorum scriptorum genere fideliùs probari valent, quàm publica, patenti, cunctísque notâ data ab eodem epistola ?

B At ne qua vel levis saltèm de impostura suspicio in adversariorum refractariam mentem surrepere possit, ut vel animo quis eorum fingere valeat, epistolam illam spuriam esse atque suppositam : accipe tantæ veritatis testem ejusdem seculi scriptorem Gregorium Turonensem, eadem ipsa disertis verbis testantem, cum ait in libro quem scripsit de Gloria martyrum (a), nullam aliam ob causam eum detrusum in carcerem, coactumque ibi in ærumnis vita perfungi, quàm quòd Arianorum ecclesias in Catholicas consecrasset. Reddemus suo loco verba ipsius Gregorii, ubi de ejusdem Joannis Papæ obitu agetur anno sequenti, cum ad eum insinuandum tota illa Gregorii narratio spectet. Habes igitur, lector, quo gaudeas (si veritatis amator & cultor es) dùm non solùm à turpissimæ prævaricationis labe purgatum omninò Joannem, sed confessionis operibus mira claritudine decoratum ostensum, luce perspicua intueris : quem & eadem ex causa gloriosò auctum martyrio exhibebimus anno sequenti. Tote autem hoc anno integro detentum ipsum Pontificem Constantinopoli à Justino Augusto in sacris, quas diximus, functionibus occupatum, apparet.

X.
Roborantur quæ dicta sunt.

a Gregor. Turon. de gloria mar. tyr. c. 40.

D Cum intereà de Romano Pontifice ista audisset Theodoricus (ut ait Anastasius in Joanne) in nobilissimos Senatores gladium Romæ convertit. Sed accipe ejus verba : Eodem autem tempore, cum suprascripti, id est, Papa Joannes cum Senatoribus Theodoro, Importuno, & Agapeto Exconsulibus (Agapeto Patricio defuncto Thessalonicæ) positi Constantinopoli essent, Theodoricus Rex hæreticus tenuit duos Senatores præclaros & Exconsules, Symmachum & Boëtium, & occidit interficiens gladio.] Hæc Anastasius: eadem in Miscella (b) leguntur, in eo tantùm diversa, dùm ibi horum factam cædem esse, cum reversuri jam legati essent, asseritur. Verùm cum ex ipsius Boëtii scriptis constet, ipsum anteà proscriptum, exulemque missum de Ticinum, ubi arcta custodia tineretur ; Symmachum verò intereà absque læsione liberè Romæ degisse : non hoc quidem, sed sequenti anno eorumdem necem contigisse, satis apparet.

XI.
Theodoricus quid in Boëtium & Symmachum.

b Miscel. lib. 15.
Cur in Senatores commotus Theodoricus.

E

Causam verò Boëtii proscriptionis illam ipsemet fuisse testatur (c), quòd innocentem Senatum majestatis crimine postulatum defenderit ac liberaverit, aliósque clarissimos cives reos capitis è gladio cervicibus

XII.
c Boët. de Consol. lib. 1. pros. 4.

Boetio ulcifcus imminente fubdixerit : his accef-
que obie-fit , quod calumniiosè per adverfarios fata fuerint, fuum , ut fuo nomine litteræ vulgarentur,
quibus fignificabantur ipfius conatus de
reftituenda in ftatum priftinum collapfæ jo-
rente Romana Republica. Hæc , inquam,
ex ejus fcriptis probata fatis habentur , de
quibus agendum anno fequenti. Ex his intelligas non fidei caufa , fed regnandi jure
Theodoricum effe commotum , fufpectof-
que ipfi Romanos redditos confpirationis
occultæ cum Juftino Imperatore , cujus rei
caufa potiffimùm ab eodem (ut dictum eft)
miffa fuerit tanti momenti legatio Conftantinopolim. At de illo hactenùs : ad
rerum Orientalium narrationem acceda-
mus.

XIII.   Hoc anno Antiochena civitas diù hæreticis proftituta , Neftorii ac Neftoriano-
rum primò facta afylùm , indè fub Petro
Fullone Eutychianorum fchola , demùm
a Ifai.40. verò fub Severo Theopafchitarum profti-
butum , fuccepit (a) de manu Domini
b Ifai.51. duplicia pro omnibus peccatis fuis , pota-
De Antia. tæ calicis (b) iræ furoris ejus. Quamodò
chena ter- autem id acciderit, hæc primùm accipe ,
ræmotu. quæ à Marcellino fub hujus anni Confulibus adnotantur : Totam Antiochiam Sy-
riæ civitatem repens inter prædentium ora
terræmotus invafit, atque etiam occiduam
urbis , magnamque ejus partem , finiftris
mòx ventis undique flantibus, flammafque
coquinarum pro tempore æftuantes ruentia
in ædificia mifcentibus , duplex torridum
exitium importavit . Euphrafium quoque
loci hujus Epifcopum , dempto ejus capite , combufto , fimul obruit fepulchro &
obelifco Circi inverfa & humi defoffo.]
Hæc Marcellinus fui temporis res fcribens;
Evagrius eamdem profecutus cladem , cum
ipfam accidiffe dicat anno feptimo Juftini
Imperatoris , menfe Maja , planè fuadet ,
ut non anno fuperiori quo cepit menfe Julio feptimus annus ejufdem Imperatoris ,
fed præfenti , quo eodem menfe definit ,
collocemus .

XIV.   Fuit autem femper Dei clementiæ, ut
ultionem aliquam grandem immiffurus in
populum , defuper eam alicui ex fervis fuis
ante fignificaret : ita nàmque cælefti igne
combufturus quinque illas in Palæftina ad
mare mortuum olim pofitas civitates ; il-
e Genef.18. la, ad fidelem Abraham eft prelocutus
(c): Nùm celare potero Abraham , quæ
Terræmo- gefturus fum? Quamobrèm venturam hanc
tum ventu- cladem notam fecit Dominus magno illi fan-
rum Theo- ctitate celebri Theodofio cœnobiarchæ , de
dofius an- quo fuperiori tomo plura locuti fumus. Cy-
te cogno- rillus res ab eo geftas profecutus, hæc de
vit. his habet (d): Jàm verò qualis fuerit in
d Apud futurorum præfcientia Theodofius : Opor-
Sur. die 11. tet enim paucis, quæcumque funt , illa
Januar. oftendere , & veluti eorum guftum præbere ; ut fit etiam manifeftum omnibus , quomodò ficut nullius ex Dei virtute geruntur , ita nec charifmatum feu gratuitorum
donorum fuit expers. Juffit aliquandò, ut
præter folitam horam pulfaretur lignum
(nondùm enim erat hora diei fecunda) &c

A præcepit ut fratribus fignificaretur fynaxis .
Illi autem convenerunt quidem ; neque
enim poterant contradicere , ut qui optimè didiciffent obedientiam . Cum autem
fuiffent congregati , rogabant cur conveniffet ante tempus. Ille autem (ò puram
animam ! ò oculos qui omnia procul afpi-
ciebat !) flebiliter lugens & miferabiliter :
Orandum eft , inquit , ò Patres , orandum
eft. Video enim iram Domini , quæ jàm
movetur adverfùs Orientem. Hæc ille quidem dixit. Illi autem tùnc quidem neque
videbant aliquid , neque unà cum eo dolorem accipiebant ; quoniam non iifdem qui-
B bus ille intuebantur oculis . Sexto autem
aut feptimo die poftquàm prædixerat, auditum eft Antiochiam fuiffe magno terræmotu everfam illo tempore , quo prædixerat ille magnus : totque ornamenta tantamque cecidiffe fpeciem & pulchritudinem ,
& in vilem pulverem redacta jacere civitatem ; quæ neque tanto cafu dignas confecuta eft lacrymas , neque luctum qui
exæquaretur calamitati . Atque talis quidem fuit ejus præfcientia :] Hæc de eo
Cyrillus .

  Quid præterea Zofimo viro fancto tùnc   XV.
pariter oftenfum fuerit , Evagrius ita nar- e Evagr.
C rat (e): Zofimus quidam genere Phœnix lib. 4. c. 7.
ex Sinda pago Phœniciæ ortus (qui pagus Revelata
non abeft Tyro viginti ftadia) qui mona- Zofimo
fticum vitæ genus excolens , ita fe tùm ab- clades An-
ftinentia à cibis , tùm iifdem capiendis , tiochena.
tùm aliis virtutibus , quæ in ejus vita elu-
cebant , Dei gratiam fibi conciliavit , ut
non modò res futuras prævideret , verùm
etiam ab omni perturbatione liber & vacuus exifteret : cum forte fortunà cum nobili quodam viro Patricio & prudentia eximio nomine Archefilao , qui & præclaris
honoris infignibus & cæteris vitæ ornamentis egregiè decoratus fuit , Cæfaream
D urbis Palæftinæ primariæ verfaretur ; ipfo
temporis articulo , quo Antiochia cecidit,
fubitò ingemifcere graviter , lamentari , &
fufpiria ex intimo pectore ducere cœpit ,
tamtamque vim profudit lacrymarum , ut
terram madefaceret . Deindè thuribulum
poftulat , & toto choro in quo fimul con-
ftiterunt , thuris incenfi nidore perfufo , fe
profternit humi , precibus & orationibus
Deum placaturus . Tùm Archefilao fcifci-
tanti , quid effet quod eum tantoperè perturbaret ? liquidò refpondit , fragorem
ruentis Antiochiæ jàm tum ejus auribus cir-
cumfonuiffe : adeò ut Archefilaus & alii
qui fortè aderant , præ admiratione obftu-
pefcentes , ipfam horam qua res gerebatur ,
litteris mandarent , reperirentque poftea
E ita fe habuiffe , ut Zofimus declaraverat.]
At de Zofimo hactenùs , ad eum iterùm reverfuri : profequamur modò quæ funt reliqua ejufdem cladis Antiochenæ , quæ ab
eodem Evagrio (f) ita narrantur , inci- f Evagr.
piente ab incendiis venturarum cladium lib. 4. c. 5.
præludiis :   XVI.

  Iifdem temporibus , regnante Juftino, Antioch.
gravia crebraque incendia Antiochiæ con- excidiù per
tigerunt , velut prænuncia terræmotuum terræmotus
            valdè

valdè terribilium in ea civitate statim confecutorum, & aliarum etiam calamitatum prævia. Nàm brevi tempore post, anno feptimo regni ejufdem Juftini, Artemifio videlicèt, id eft Majo, quartô Kalendas Junii, diè Veneris, in ipfo meridie, conquafsatio & terræmotus urbem occupant, parùmque aberat quin totam penitus evertifsent: quæ duo fequebatur incendium, quafi calamitatem cum illis partiturum. Nàm quas res illa non attigifsent, incendium eas depafcens, prorsùs abfumpfit, & in cineres redegit. Quæ autem civitatis partes hac clade labefactatæ fuerint, & quot mortales incendio & terræmotu (ficut verifimile fuit) vaftati: quàm præterea graves cafus, quàmque miri, qui certè nulla dicendi facultate exiftimari pofsunt, id temporis contigerint; tàm luctuofo orationis genere à Joanne rhetore explicatur, ut cuique animum magnoperè commovere pofsint; quæ ut illis commemoratis, finem hiftoriæ fuæ impofuit.

XVII.
De obitu
Euphrafii
Epifc. Antiocheni.

Poftremò omnium Euphrafius *Antiochena civitatis* Epifcopus (cujus mors aliam novam calamitatem attulit civitati) iifdem cladibus opprefsus interiit, ne quifquam reliquus fieret, qui urbi res provideret necefsarias: Verùm falutaris Dei erga humanum genus providentia, quæ ante plagam inflictam remedia parare, & gladium iræ fuæ demulcere, & cum res ad defperationem venerint, fuæ mifericordiæ quafi fores aperire folet; Euphraimum Orientis præfecturam gerentem ad curam de urbe illa fufcipiendam, quò nulla ei rès deefset necefsaria, excitavit. Itaque fedes Apoftolica, velut merces & præmium tantæ ergà civitatem providentiæ, ei donata fuit.] Nempè ut fequenti anno Epifcopus Antiochenus crearetur. Ifta habet Evagrius. Quomodò autem poft duos annos iterùm eamdem civitatem terræmotu quafsari contigerit, fuo loco dicemus. Ifta de clade Antiochena cum Juftinus Imperator accepifset, præ dolore facco induitur, afpergiturque cinere, exutus purpura & diademate, multos dies in hu fedens folitarius tranfegit, etiam fi dies fefti adefsent, quibus folitus efset cum fplendore procedere ad ecclefiam: poftea verò magna vi auri miferis præfto fuit.] Hæc ex Mifcella (a).

a *Mifcell. lib.* 15.
XVIII.
b *Evagr. lib.*4. c.6.
Clades diverfarum civitatum.

Sed de aliis Orientis civitatibus, quas iifdem contigit agitari terræmotibus, ex eodem Evagrio accipe, qui hæc fubdit inferiùs (b): Oppidum, quod jam Dyrrachium, olim Epidaurus appellatum fuit, terræmotu g. aviter concufsum eft; fimiliter & Corinthus, quæ eft in Græcia fita: adde his Anazarbum, urbem Minoris Ciliciæ primariam, quæ jàm quartô illud cladis genus pertulerat: quas urbes Juftinus magna pecuniæ fumma fuppeditata refecit. Iifdem temporibus Edefsa urbs Ofroenorum ampliffima & beata, undiq; Scirti torrentis præterlabentis fic obruebatur, ut multa ædificia aquæ impetu abriperentur, & infinita hominum multitudo, quos flumen fecum evexerat, interiret.

A   Edefsa igitur & Anazarbum ab ipfo Juftino nova nomina accepere, & utraque urbs Juftinopolis appellata eft.] Hactenùs de his Evagrius; ex quo Nicephorus & alii accepere. Sed ad magnum illum Zofimum ipfe nos revocat Evagrius; de quo ifta habet (c):

c *Evagr. lib.*4. c.7.
XIX.
De S. Joanne Epif. copo Cafpercenfebo farienfi.

Sunt & alia complura ab eo edita miracula, quorum maximam partem filentio præteriens (quippe vix, aut ne vix quidem numerari pofsunt) quædam hic loco percenfebo. Eo tempore quo Zofimus, in magna nominis celebritate, & pari cum Zofimo virtutum excellentia præditus vixit B Joannes in Chuzubica Laura (qui locus pofitus eft in extrema valle ad Aquilonarem partem viæ regiæ, quæ Hierofolymis rectà ducit ad urbem Hierico) vitaeque monafticam, eamque à rebus terrenis quafi penitùs fecretam & liberam degit, & urbis Cæfareæ, quam diximus, Epifcopatum adminiftravit. Hic Joannes Chuzubites, poftquàm uxori Archefilai, de quo fupra locutus fum, alterum oculum radio effofsum audivit, propterea ad illam contendit, plagam quam acceperat confpicaturus. Ubi autem vidit pupillam penitùs C excidifse & oculum fede dilapfum, cuidam ex medicis qui eò commearat, mandat, ut fpongiam afferat, oculumque dilapfum in fedem quam commode pofset, inducat, & fpongiam appofitis fafciolis alliget.

XX.
Ingens
Miraculu
de oculo
reftituto.

Archefilaus verò aberat: fiquidem id temporis cum Zofimo erat in ejus monafterio, quod Caefarea abeft ad fummum quingenta ftadia. Cum maximè igitur celeritate iter ad Archefilaum, ut de his rebus certior fieret. Archefilaus fortè cum Zofimo confidens, fermonem cum eo contulit. Quibus rebus nunciatis, flebiliter ejulare, vellere capillum, dilacerare, & eumdem cælum versùs jacere cœpit. Zofimo verò D caufam rogati, Archefilaus quid accidera t, lamentis & lacrymis crebris interpofitis, exponit. Itaque Zofimus, illo relicto, folus ad cubiculum properè accurrit, in quo Deum (ficuti fas eft id genus hominibus) familiariter compellat. Paulò poft egrefsus ad Archefilaum, geftiens & modeftè ridens, dixit: Abito domum lætus, abito: gratia Chuzubitæ tributa eft: uxor tua fanata, utrumque oculum habet integrum: nàm calamitas ifta nihil ei potuit adimere, quandoquidem ita Chuzubitæ placuit. Que duo miracula ab utrifque viris illis juftis uno eodemque momento edita fuere.] Eft mentio de cœnobio Chuzuba dicto in Prato Spirituali (d); ubi & de eodem Joanne, antequàm fieret Cæfarienfis Epifcopus, mira narrantur. Pergit verò de Zofimo ita Evagrius:

d *Prat. Spirit.*c.23. 24. & 25.

Porrò illi Zofimo iter quodam tempore Cæfaream facienti, fecumque afinum, cui res quafdam fibi necefsarias impofuerat, adducenti, occurrit leo, & afino Zofimi abrepto difcedit. Zofimus per filuam ufque eò infequitur, quoad leo voratis afini carnibus fatur efset. In quem hilari vultu & fubridenti intui-

XXI.
De Leone
exhibente
Zofimo a-
fini mini-
fterium.

intuitus, dixit: At verò; ò amice, inter jàm mihi penitùs interruptum est: quippe cum annis plurimis onustus sim, & ætate admodùm provectus, nec valeam ea quæ afino erant impofita humeris portare: quarè tu hoc onus contra naturæ tuæ confuetudinem geftes, neceffe eft, fi modò Zofimùm ex hoc loco difcedere volueris; poftea autem ad priftinam feritatem, naturamque propriam redibis. Tùm leo furoris prorsùs oblitùs, fubblandiri, & placidus extemporè ad Zofimum accurrere, & ipfo corporis habitu obfequii fignificationem dare cœpit. Cui Zofimus onus quod afinus geftaverat imponit, eumque ad portas ufque Cæfareæ deduxit, quò declararet tùm virtutem & potentiam Dei, tùm quòd omnia tamdiù hominibus inferviant, obtemperentque, quamdiù fecundùm ejus voluntatem vitam inftituimus, & gratiam nobis donatam nequaquam depravamus.] Hucufque de Zofimo, pauca ex multis referens Evagrius, fui temporis res geftas confcribens.

XXII. à Niceph. lib. 17. c. 5. De Zofimo & Maria Ægyptiaca.

Hæc eadem fermè ad verbum Nicephorus recitat (a), qui & mòx de alio Zofimo, qui iifdem temporibus vixit, ifta fubnectit: Alter verò quoque enituit Zofimus, non ille quidem folitariam degens vitam, fed in quodam Palæftinæ cœnobio inter monachos commune certamen perfequens. Quàm facerdotio fungentem, rem divinam arcanorum myfteriorum Ægyptiacæ illi feciffe ajunt: illi, inquam, Ægyptiacæ, quæ tantoperè primùm carnis voluptate defluxiffe dicitur, ut nihil prorsùs carnalis petulantiæ intentatum reliquerit; eòque vitiofæ libidinis pervenerit, ut eam eloqui verbis nemo poffit: deindè ad fummam virtutem ita evafiffe, ut altera ab altera illuftraretur. Sed enim illa, ut in Ægypto prognata, & quo vitæ genere ufa, multos libidinis magnitudine in poteftatem fuam ceu mancipia redegerit; & ut divino nutu ad facrofanctum lignum Crucis venerandum excitata, in viam fe dederit, & indè divertens Jordanis quoque flumen tranfierit, & in interiorem folitudinem fefe abdiderit, neque cum quopiam homine præterquàm uno ifto Zofimo collocuta fit, ciboque fimul & veftitu abftinuerit; denique ut inter precandum in fublime fublata, cum Zofi-

A mo hoc verba contulerit, vitamque hanc finierit, & in divina communione participaverit: necnon ut illi leo fepulchrum effofum paraverit, & vitæ ipfa exemplum pœnitentiam agere volentibus commodiffimum reliquerit; Sophronio, qui olim Hierofolymitanam fedem Antiftes exornavit, memorandum relinquimus, qui eleganter fanctæ ejus fœminæ & Zofimi vitam defcripfit.] Hucufque Nicephorus. Porrò quam Græce fcripfit Sophronius vitam Mariæ, Paulus diaconus Neapolis eamdem tranftulit in Latinum, quæ præ manibus habetur (b). Conveniffe autem ipfam Mariam Zofimum his fermè diebus, ex iis quæ Sophronius in ejus vita fcribit, apparet; dùm roganti Mariæ, quo ftatu Dei efset Ecclefia; fugata difcordia, pacem efse redditam, affirmavit: quod planè his temporibus convenit.

b Sigib. de Scrip. Ecclef. c. 69.

Cognita quidem atque probata fuiffe ejufdem Mariæ Acta univerfæ Catholicæ Ecclefiæ, tùm de Orientalibus fidem faciunt Menologia, tùm de Occidentalibus Martyrologia: citata atque recepta eadem reperiuntur in fecundo Nicæno Concilio (c), necnon à S. Joanne Damafceno (d), & aliis tùm Græcis, tùm etiam Latinis auctoribus. Accidit autem, ut hujus pœnitentiæ exemplo complures meretrices ad meliorem frugem converfæ, perarduum vitæ inftitutum arripuerint: hujufcemodi enim nàmque pœnitentibus Juftinianus Imperator (ut fuo loco dicemus) monafterium Conftantinopoli inftituit. Vixit iifdem fermè diebus alia Maria patria Tarfenfis, quæ & ipfa ex meretrice pœnitens in monafterio vitam tranfegit (e). Sed & alium (f) Zofimum iifdem conftat vixiffe temporibus & ipfum genere Cilicem, de quo fuo loco dicturi fumus.

XXIII.

c Concil. Nicen. 2. Act. 4. d Damaft. de Imag. orat. 3. De Maria Tarfenfi.

e Prat. Spir. c. 31. f Ibid. c. 16

Eodem anno Joannes Hierofolymorum Epifcopus, cum fediffet annos undecim, moritur; inque locum ejus fuffectus eft Petrus. Ita quidem ex Nicephori Chronico, cui confentiunt quæ in Actis S. Sabæ leguntur his verbis (g): Cum autem multum temporis interceffiffet, & magni Sabæ ad octoginta & fex annos ætas provecta efset, decedit quidem Joannes, relicto fucceffore Petro, viro virtute infigni.] Hæc ibi.

XXIV.

g Extant apud Sur. die 5. Decembr.

JESU CHRISTI   JOANNIS PAP.   JUSTINI IMP. 9.
ANNUS   ANNUS   THEODOR. REG. 34.
526.   3.

I.

QUI fequitur Chrifti annus quingentefimus vigefimusfextus, folius Olybrii abfque collega Confulatu redditur Faftisà-Marcellino defcribitur: quo ipfo anno Idibus Junii data habetur à Joanne Romano Pontifice epiftola ad univerfos Italiæ Epifcopos, qua eos hortatus eft adversùs Arianos fidem Catholicam defendere, ecclefiafque ab eis ufurpatas facrorum Catholicas reddere. Hujus autem fcribendæ epiftolæ indè manavit occafio, quòd cum in *Annal. Eccl. Tom. VII.*

Italiam Joannes reverfus efset, atque cum eo legati Theodorus & Importunus (nam Agapetus Theffalonicæ jàm decefferat) Theodoricus Rex (ut Anaftafius (b) habet & Mifcellæ auctor affirmat (i)) eos omnes detrufit in carcerem; ubi Joannes Papa licèt paucorum dierum fpatio confumptus, tantùm abeft ut defponderit animum, ut etiam majoribus fumptis fpiritibus adversùs hæreticos infurrexerit: quamobrèm etfi vinculis vinciretur, non vincebatur. Si-

h Anaftaf. in Joan. i Mifcel. lib. 15.

I   quidem

a 2. Tim. 2.

quidem *verbum Dei* (ut ait Aſtopolus (*a*)) *non eſt alligatum* ; ſed cum exagitatur , majori impetu fulminis inſtar fertur . Sic itaque adversùs eos ſcripſit dictam epiſtolam ,

b Extat to. 1. Conc. vet. edit. in Joanne , & to. 1. epiſt. Rom. Pont.

ex qua ea tàntùm quæ pertinent ad hiſtoriam referemus , ab ejus exordio inchoantes , quod eſt hujuſmodi (*b*) :

Joannes Epiſcopus omnibus per provincias Italiæ conſtitutis Epiſcopis in Domino S.

II. Joan. Pap. epiſt. è carcere data.

Sæpiſſimè multo experimento didici , ſanctum pietatis veſtræ ſtudium circà religionem Chriſtianam glorioſis creſcere & dilatari augmentis ; & fides recta , quæ non ſolùm me , ſed omnes Domini ſacerdotes conſolatur & roborat , veſtris in mentibus & operibus per ſacerdotale agnoſcitur opus & dilatatur . Quapropter , fratres , hortor vos & moneo , contrà Arianam perfidiam , quæ olim non ſemel , ſed ſæpè damnata eſt , & modò in quibuſdam reviviſcit , armari gladio Spiritus ſancti ; ut eam ita , adminiculante divina gratia , opprimere & extirpare valeamus , ut nec radix ejus in poſterùm inveniatur . Eccleſias verò Arianorum ubicumque inveneritis , Catholicas eas divinis precibus & operibus abſque ulla mora conſecrate : quia & nos quando fuimus Conſtantinopoli , tàm pro religione Catholica , quàm pro Regis Theodorici cauſa & negotiis , ſuadente atque hortante , Arianoſque extirpante piiſſimo atque Chriſtianiſſimo Juſtino Orthodoxo Imperatore , quaſcumque illis in partibus eccleſias reperire potuimus , Catholicas eas , Domino opem ferente , conſecravimus . Et quamquàm prædictus Theodoricus Rex eorum peſte tactus intrinſecùs , nes & omnem regionem noſtram perdere , & gladio & igne conſumere minetur ; nolite tamen propterea deficere , ſed viriliter in agro Dominico elaborare ſtudete . Et

c Luc. 12.

juxta Veritatis vocem (*c*) , nolite timere eos qui occidunt corpus , animam autem non poſsunt occidere ; ſed potiùs eum timete , qui poteſt animam & corpus mittere in gehennam .]

III. Errores illapſi in ep. Joannis Papæ .

Hæc & alia plura ad eos exhortandos Joannes habet in dicta epiſtola : quæ cum in fine legatur data tertio Idus Junii ſub Conſulatu Maximi & Olybrii , expungendus eſt Maximus , utpotè ſuperadditus ; tàm enim Maximus , quàm Olybrius diverſis annis (ut vidimus) Conſulatum geſſerunt : nec potuit ea epiſtola ſub Maximo dicta die Junii dari ; ſed eo tempore nondum creatus erat Pontifex Joannes , qui menſe Auguſti ejuſdem anni ſedere cœpit . Dicendum ergò , Olybrii hujus anni abſque collega Conſulatus tempore dictam ſcriptam eſſe epiſtolam . Sed & in eo quòd habetur ipſa data tertio Idus Junii , deprehenditur error : nàm quomodò itaſe habere potuit , ſi vigeſimaſeptima menſis Maii idem Joannes hoc anno ſub eodem Conſulatu Olybrii mortuus eſſe ponitur ? Multo verò manifeſtior ille eſt error in ejuſdem Joannis epiſtola ad Zachariam Archiepiſcopum , cùm data ponitur hoc item anno , XVI. Kalend.

A

Novembris , ſub Conſulatu item Maximi & Olybrii , quam potiùs dixerimus referendam ad Conſulatum illum Maximi ſineXollegã .

IV.

Ne autem ex errore diei exiſtimes epiſtolam ipſam haud eſſe germanam , ſed commentitiam ; habes hujus ſæculi ſcriptorem Gregorium Turonenſem (*d*) eidam aſtipulantem verbis iſtis : Multi quidem ſunt martyres apud urbem Romam , quorum hiſtoria paſſionum nobis integra non ſunt delatæ . De Joanne tamen Epiſcopo , quoniam Joannis agon ejus ad nos uſque non acceſſit ſcriptus , quæ à Fidelibus comperi , tacere nequivi .

d Greg. de Glor. mart. c. 40.
Res geſtæ Joannis Papæ ex Gregorio.

B

Hic cum ad Epiſcopatum veniſſet , ſummo ſtudio hæreticos execrans, eccleſias eorum in Catholicas dedicavit ; quod cum Theodoricus Rex comperiſſet , furore ſuccenſus , quia eſſet ſectæ Arianæ deditus , juſſit gladiatores per Italiam dirigi , qui univerſum , quotquot inveniſſent , Catholicùm populum iugularent . Quæ audiens B. Joannes , ad Regem , ne hæc fierent , deprecatus acceſſit ; à quo cum dolo ſuſceptus , alligavit eum , & poſuit in carcerem , dicens . Ego te faciam , ne audeas contra ſectam noſtram ampliùs muſſitare . Poſitus verò ſanctus Dei in carcere , tantis attritus eſt iniuriis , ut

C

non poſt multum tempus ſpiritum exhalaret; obiitque in carcere cum gloria apud Deum Ravennam . Domini autem miſericordia ſtatim ultionem ſuper Regem improbum irrogavit ; nàm ſubitò à Deo percuſſus plagis magnis exinanitus interiit , ſuſcepitque protinùs perpetuum gehennæ flammantis incendium .] Hactenùs Gregorius , qui etſi non ex ſcriptis adhùc acceptis ab Urbe codicibus , ea tamen à Fidelibus fideliter dicta percepit . Sed majorem planè ſibi vendicat fidem , quod communi aſſertione ab omnibus Fidelibus traditur , quàm quod

D

in uno vel altero codice legitur . Sed hæc omnia de pugna adversùs Arianos ſuſcepta , amplioribus notis , nempè ſua morte , Joannes (ut diximus) teſtata explorataque in omnibus poſteris tradidit : adeò ut etſi ſcripta deeſſent , ſatis ſit ſignaculo mortis hoc apud Deum & homines proclamantis ipſum confeſſionem Catholicæ fidei & conſummatum martyrium conſignaſſe .

Sed ſuo damno , ſummoque rerum ſuarum detrimento tentavit iſta tyrannus ſacrilegus , cùm Romanum Pontificem detruſit in carcerem , atque mori coegit : etenim qui in præſens uſque tempus trigintatria & ampliùs annorum curricula Theodoricus Rex ſumma felicitate tranſegerat , ſatis exempla didicit , & aliis demonſtravit , quàm in terris præmia conſequantur Principes licèt impii , cum de Apoſtolica ſede bene merentur ; & quanto rursùs periculo & detrimento eamdem exagitent . Relege ſingulos ejuſdem regni ſex juſtorum decurſos annos feliciſſimè annos , & reperies ea pro incolumitate Catholicæ & Apoſtolicæ Romanæ Eccleſiæ præſtitiſſe Theodoricum , quæ à Catholicis Imperatoribus vix obtinenda fuiſſent ; intueberiſque eumdem ipſum haud inanem juſtitiæ

V. Quandores Theodorici collapſæ .

fuiſſe

fuiſſe cultorem, ſed dexterè omnia illi, Deo A
remunerante, ceſſiſſe, atque feliciſſimè
geſta eſſe: ſed repentino tunc veluti oborto turbine, obductam mox denſa caligine
omnem illam ejus effulgentem Solis inſtar
claritudinem obſcuratam, ictamque fulmine jacuiſſe proſtratam, ubi non horruit ke-
ceſſere Eccleſiæ caput, & ſacrilegam manum iniicere in Chriſtum Domini; atque
in carcerem inſtar Herodis Joannem conii-
cere; & veluti Agrippa Petrum vincire catenis, cui cuncta ſolvendi atque ligandi in
terra & in cælo Dominus tradidit poteſtatem.

VI.
a Act. 12. Verùm ut olim ob vinculæ Petri univer- B
Joannes ſa mærebat Eccleſia (a,) & cum ita Pe-
Papa Mar- trus detineretur in carcere, oratio fiebat
tyrio coro- ſine intermiſſione ab Eccleſia ad Deum pro
natus. eo; æquè ob detruſum Petri ſucceſſorem
Joannem Papam in carcere univerſi oran-
tes dolebant, lugebantque Fideles; ſed
lætabatur ipſe, tempore pacis inveniſſe martyrium, expectans Angelum, non quidor-
mientem excitatum è ſomno foràs educeret,
ſed obdormientem in Domino ad cælum
perduceret; nec qui catenas ſolveret ferreas & liberaret è carcere, ſed è vinculis
carnis ſolutum erueret de corpore mortis
b Geneſ. 28. hujus; duceretque non ad portam ferream,
ſed auream, ſpecioſam inquam illam por- C
tam cæli Patriarchæ Jacob oſtenſam (b).
Venit optata dies, quæ fuit vigeſima ſeptima menſis Maii, cum redimitus eorum
martyrii ſummus Dei ſacerdos offerens ſe
ipſum Deo hoſtiam immaculatam, introivit ſemel in ſancta, æterna redemptione
inventa: cùm videlicèt eadem conſtantia
qua prædeceſſores, nullam quærens redemptionem, ut meliorem inveniret reſurrectionem, vitam profundens, martyrii titulo nobilitatus, linquens cerrena, cælum triumphator aſcendit, cum Deo in perpetuùm regnaturus. D

VII.
c Martyr- Deſcribitur mox Eccleſiaſticis Sanctorum
rol. Rom. tabulis (c) dies ejus natalis, repetendus
27. Maii. ab univerſa Catholica Eccleſia annis ſingu-
Annua ce- lis digna memoria: ipſius verò corpus de-
lebritas Jo- latum eſt Romam, ſepultumque in baſili-
annis Pa- ca Vaticana, non ſexto Kal. Junias (ut
pæ. mendoſus codex habet) ea enim die mortuus eſt, ſed Julias, cum Romam tran-
ſlatum eſt. Excepit Urbs Pontificem ſuum
de Arianorum Rege atque Ariana perfidia
triumphantem, quadriga candida vectum,
non candentium jumentorum, ſed candi-
datorum humeris ſacerdotum. Accurritur
undique ad tantum ſpectaculum, honorant E
omnes ſacram ſarcinam debito Pontifici &
decenti martyri cultu, aſſectanturque ſacris
canticis glorioſam victoriæ pompam: tantummodò impii in tenebris conticeſcunt, &
impietas à tanta gloria luget excluſa, mæret
invidia, rabidus livor in ſe ipſum dentes exacuit, cum tanto honore videt illatum in
Urbem, quem inglorium extinxiſſe putavit
in carcere. Vixit autem Joannes in Pontificatu annos duos, menſes novem, dies
quatuordecim. Sed non excidant quæ Anaſtaſius de ipſo ſubdit his verbis:

Annal. Eccl. Tom. VII.

Hic Papa Joannes refecit cœmeterium VIII.
beatorum martyrum Nerei & Achillei via Reliquæ
Ardeatina. Item renovavit cœmeterium res geſtæ
ſanctorum Felicis & Adaucti. Item renova- à Joanne
vit cœmeterium Priſcillæ.] Jure itaque Papa.
accepit præmium martyris, qui martyres
honoravit. Sed pergit: Eodem tempore
poſitum eſt ornamentum ſuper Confeſſionem beati Petri de gemmis praſinis & hya-
cinthinis. Item hujus temporibus Juſtinus
Imperator obtulit patenam auream cum
gemmis penſantem libras viginti, calicem
aureum cum gemmis penſantem libras quinque, ſcyphos argenteos quinque, pallia auro texta quindecim: quæ ipſe Joannes detulit ad beatos Apoſtolos Petrum & Paulum, & ad ſanctam Mariam, & ad ſanctum Laurentium. Hic ordinavit Epiſcopos per diverſa loca quindecim. Cujus corpus transpoſitum eſt de Ravenna, & ſepul-
tum in baſilica S. Petri.] Hæc de Joanne
ibi. Cujus ſedes (idem inquit auctor) ceſ-
ſavit dies quinquagintaocto.

Quoniam autem idem qui ſupra Anaſta- IX.
ſius tradit, nonaginta & octo dies medios De Boetio
intercurriſſe ab obitu Joannis Papæ uſque atq; Sym-
ad miſerandum interitum Theodorici Re- macho.
gis: quænam ſceleſtus & ferus barbarus eo
temporis ſpatio adversùs nobiles pioſque
viros Boetium atque Symmachum Patricios
crudeliter egerit, dicendum eſt: teſtatur
enim idem auctor, ipſum occidiſſe clariſſimos hos Senatores Patricios & Exconſules,
quod etiam aſſeritur in Miſcella. At ne
tantorum virorum funera ingloria relinquamus, quos generis claritudo, Patriciatus dignitas, & ordinarii Conſulatus
decorarant; ſed præ his omnibus pietas il-
luſtravit: hic nobis de his agendum, ut
tanquam ſepulturæ eorum inſcripta elogia,
noſtro ſtylo hic ipſorum memoriam poſteris
relinquamus impreſſam.

Fuit ipſe Boetius gener ejuſdem Symma- X.
chi Conſularis: nàm ejus filiam nomine
Ruſticianam acceperat, ex qua duos ſuſcepit filios Conſulares, quos optimis moribus imbuendos curavit. Quantam autem
ex ſcientiis omnibus comparaverit ſibi laudem, præter illa quæ dicta ſunt ſuperiùs in
ejus ſecundo Conſulatu, accipe ex Theodorici Regis, cum tranquillioris animi eſ- d Apud
ſet, epiſtola ad ipſum data (d), ubi in- Caſſiod. l 1.
ter alia diſces ejus adhùc juvenis libero ho- ep. 45.
mine dignos in addiſcendo labores: nàm Boetii ex-
poſt alia Rex ad eum: Hoc te multa erudi- cellens do-
tione ſaginatum ita noſſe didicimus, ut ar- ctrina om-
tes quas exercent, vulgariter neſcientes, in nium ſci-
ipſo diſciplinarum fonte potaveris. Sic tiarum.
enim Athenienſium ſcholas longè poſitus
introiſti, ſic palliatorum choris miſcuiſti
togam; ut Græcorum dogmata doctrinam
feceris eſſe Romanam. Didiciſti enim, qua
profunditate cum ſuis partibus Speculativa
cogitetur, qua ratione Activa cum ſua diviſione diſcatur: deducens ad Romuleos
Senatores quicquid Cecropidæ mundo fecerant ſingulare. Translationibus enim
tuis Pythagoras muſicus, Ptolemæus aſtro-
nomus leguntur Itali: Nicomachus ari-
thme-

J 2

A thmeticus, geometricus Euclides audiuntur Ausonii: Plato theologus, Aristoteles logicus Quirinali voce disceptant: Mechanicum etiam Archimedem Latialem Siculis reddidisti. Et quascumque disciplinas vel artes fœcunda Græcia per singulos viros edidit, te uno auctore, patrio sermone Roma suscepit: quosquanta verborum luculentia reddidisti claros, tanta linguæ proprietate conspicuos; ut potuissent & illi opus unum præferre, si utrumque didicissent.] Hæc ibi & alia plura cumulans de ejusdem mathesi & astronomia, &

a Apud Cassiod. lib. 1. ep. 40.

alibi (a) de insigni ejus peritia artis musicæ meminit: quæ tu consulas; alio enim nostra tendit oratio, nempe ut quæ præcesserint causæ ejusdem cum Symmacho vinculorum, fiant ipsius testificatione notissimæ, quæ historicorum silentio remanserunt obscuræ.

XI.

b Boet. de Consolat. l. 1. prof. 4. Boetii integritas in administranda Rep.

In his quos scripsit senex in carcere constitutus quinque de Consolatione Philosophiæ libros, post multas lacrymasque Philosophia sua consolatrice ita colloquitur (b): Tu mihi, & qui te sapientium mentibus inseruit Deus, estis conscii, nullum me ad magistratum nisi commune bonorum omnium studium detulisse. Inde cum improbis graves inexorabilesque discordiæ fuere, & (quod conscientiæ libertas habet) pro tuendo jure spreta potentiorum semper offensio. Quoties ego Conigastum in imbecillis cujusque fortunas impetum facientem obvius excepi? Quoties Triguillam regiæ Præpositum domus ab incepta & perpetrata jam prorsus iniuria deieci? Quoties miseros, quos infinitis calumniis impunita barbarorum semper avaritia vexabat, obiecta periculis auctoritate protexi? Numquam me a jure ad iniuriam quisquam detraxit. Provinciarum fortunas tum privatis rapinis, tum publicis vectigalibus pessumdari, non aliter quam qui patiebantur, indolui. Cum acerbæ famis tempore, gravis atque inexplicabilis indicta coemptio profligatura inopia Campaniam provinciam videretur, certamen adversus Præfectum Prætorii communis commodi ratione suscepi; Rege cognoscente, contendi: & ne coemptio exigeretur, evici.

XII.

Quales accusatores Boetii.

Paulinum Consularem virum, cujus opes Palatini canes jam spe atque ambitione devorassent, ab ipsis hiantium faucibus retraxi. Ne Albinum Consularem virum præjudicatæ accusationis pœna corriperet, odiis me Cypriani delatoris opposui. Satisne in me magnas videor exacerbasse discordias? Sed esse apud cæteros tutior debui, qui mihi amore justitiæ nihil apud aulicos, quo magis essem tutior, reservavi. Quibus autem deferentibus percussi sumus? Quorum Basilius olim regio ministerio depulsus, in delationem nostri nominis, alieni æris necessitate compulsus est. Opilionem vero atque Gaudentium cum ob innumeras atque multiplices fraudes ire in exilium regia censura decrevisset: cumque illi parere nolentes, sacrarum sese ædium defensione

B tuerentur, compertumque id Regi foret; edixit, ut nisi intra præscriptum diem à Ravenna urbe discederent, notas insigniti frontibus pellerentur. Quid huic severitati posse astrui videtur? Atqui eodem die deferentibus eisdem, nominis nostri delatio suscepta est. Quid igitur? Nostrœne artes ita meruerunt? An illos accusatores justos fecit præmissa damnatio? Itane nihil fortunam puduit, si minus accusatæ innocentiæ, at accusantium vilitatis?

At cujus criminis arguimur? summam quæris? Senatum dicimur salvum esse voluisse. Modum desideras? Delatorem, ne documenta deferret, quibus Senatum læsæ majestatis reum faceret, impedisse criminamur. Quid igitur, ò magistra, censes? Inficiabimur crimen, ne tibi pudori simus? At volui, nec umquam velle desistam. Fatebimur? sed impediendi delatoris opera cessabit. An optasæ illius ordinis salutem nefas vocabo? Ille quidem suis de me decretis, uti hoc nefas esset, effecerunt sed tibi semper mentiens impudentia rerum merita non potest immutare. Nec mihi Socratico decreto fas esse arbitror, vel occuluisse veritatem, vel concessisse mendacium. Verùm hoc quoquomodo sit, tuo, sapientumque judicio æstimandum relinquo. Cujus rei seriem atque veritatem, ne latere posteros queat, stylo etiam memoriæque mandavi. Nam de compositis falsis litteris, quibus libertatem arguor sperasse Romanorum, quid attinet dicere? Quarum fraus aperte patuisset, si nobis ipsorum confessione delatorum (quod in omnibus negotiis maximas vires habet) uti licuisset. Nam quæ sperari reliqua libertas potest? Atque utinam posset ulla. Respondissem Caninii verbo; qui cum à Caio Cæsare Germanici filio conscius contra se conjurationis factæ fuisse diceretur, Si ego, inquit scissem, tu nescisses.] Et paulò post subdit:

D Meministi (ut opinor) quid me dicturum, quid facturumve præsens ipsa dirigebas. Meministi, inquam, Veronæ, cum Rex avidus exitii communis, majestatis crimen in Albinum delatum, ad cunctum Senatus ordinem transferre moliretur; universi innocentiam Senatus quanta mei periculi securitate defenderim. Scis me hæc & vera proferre, & in nulla unquam mei laude jactasse. Minuit enim quodammodo se probantis conscientiæ secretum, quoties ostendendo quis factum recipit famæ pretium. Sed innocentiam nostram quis exceperit eventus, vides. Pro veræ virtutis præmiis falsi sceleris pœnas subimus. Et cujus umquam facinoris manifesta confessio ita Judices habuit in severitate concordes, ut non aliquos vel ipse ingenii error humani, vel fortunæ conditio cunctis mortalibus incerta submitteret? Si inflammare sacras ædes voluisse, si sacerdotes impio jugulare gladio, si bonis omnibus necem struxisse diceremur; præsentem tamen sententia confessum, convictumve punisset. Nunc vero quingentis passuum millibus procul moti atque indefensi, ob studium

XIII.
Quæ accusatio in Boetium.

XIV.
Defensor Senatus Boetius.

dium

dium propensius in Senatum morti proscriptionique damnamur, &c.]

XV.

Habes igitur ex his, quinam fuerint accusatores, quodve crimen obiectum, & qua poena hucusque mulctatus sit. Scripsisse autem haec ipsum initio sui exilii, ex eo cognosces, dùm non adhùc socerum Symmachum detrusum fuisse in carcerem, qui cum ipso capitale postea supplicium subiit, ex verbis Philosophiae eum consolantis intelliges, ubi ait inferiùs (a) « Viget

a Boet. de Consolat. l. 2. prof. 4.

De Boetii socero uxore, & filiis.

incolumia illud pretiosissimum, humani generis decus, Symmachus socer; & quòd vitae pretio non segnis emeres, vir totus ex sapientia & virtutibus factus, suarum securus, tuis ingemiscit iniuriis. Vivit uxor ingenio modesta, pudicitiae padore praecellens, & ut omnes ejus dotes breviter concludam, patri similis: Vivit, inquam, tibique tantùm vitae hujus exosa spiritum servat: quo uno felicitatem minui tuam vel ipsa concesserim, tui desiderio lacrymis atque dolore tabescit. Quid dicam liberos Consulares, quorum jàm ut in id aetatis pueris vel paterni, vel aviti specimen elucet ingenii, &c.] Julius Martianus, qui Boetii Vitam scripsit, errore putavit filios Boetii, eò quòd ipse nominet Consulares, eosdem fuisse Consules. At quomodò Consules si adhùc pueri? & in quibus Fastis eorumdem post haec tempora, notatus est Consulatus? Sed idcircò scias eos appellatos Consulares, quod patrem Consulem haberent; sicut etiam dicere consueverunt uxorem Consulis foeminam Consularem.

XVI.

Extremae lucubrationes Boetii.

Dùm autem Ticini Boetius detineretur in carcere, non solùm aureos illos de Consolatione Philosophiae libros elucubravit, sed etiam commentaria quaedam in opera Aristotelis, insuper & scripsit de Trinitate, simulque citatum librum de Disciplina scholarium, ut ipse eodem in libro testatur in praefatione ad Marcianum his verbis (b): Licèt duplici genere commentorum sim impeditus, non tamen omninò diversorum, in quasdam Aristotelis, nec non aliorum philosophorum editiones; proprioque attenuatus studio, & inhumani Regis Gothorum cruciatu corrosus, philosophico me praeveniente consulatu, extremaque profundae Trinitatis perspicatione permollitus.] Haec de se ipse: quibus planè intelligi potest, fuisse ejus carcerem longioris temporis ac valdè prolixum: cùm tandem & ejus quoque socer Symmachus itidem carceri mancipatur. Ostenditur hodiè Ticini turris, in qua Boetius est detentus in vinculis, olim quidem ob reos in ea detentos horribilis, obque facinora detestabilis; sed ejus habitatione, sanguinisque aspersione reddita quovis triumphali fornice clarior, quovis gloriae monumento celebrior, & quavis erecta solida mole diuturnior, & propugnaculo fortior, quam nec omnia diruens tempus invadat umquam & destruat.

b Boet. de Disciplin. in princip.

De turri in qua Boetius detentus est.

XVII.

c Extat ipsa ante Boetii opera.

Sed quid admirandum acciderit post capitis obtruncationem, ex Julio Martiano audies, qui ejus Vitam (c) eruditè con-

Annal. Eccl. Tom. VII.

A   scripsit. Qui enim peritia litterarum Dionysio magno illi Areopagitae Atheniensi jure fuit absque invidia comparandus Boetius, & illud à Deo accepit, ut & genere mortis, insuper & insignis operatione miraculi eidem fuerit exaequandus, id operante Dei summa potentia, qui est dives in omnibus qui invocant eum. At quomodò id acciderit, illum audi, qui haec ait: Ticini incolae semper à majoribus traditum constanter asseverant, Severinum, cum regius spiculator letale vulnus intulisset, **B** utraque manu divulsum caput sustinuisse: interrogatumque à quonam se percussum existimaret? ab impiis, respondisse: atque ita cum in vicinum templum venisset, & flexis genibus ante altare sacra percepisset, post paululùm expirasse. Extinctus divinos honores, illos videlicet, qui sanctis martyribus exhiberi solent, à nostris consecutus est, quòd pro Catholicis contra perfidiam Arii mortem sustinuerit. Sunt tamen qui scribant, ipsum antea Ravennam accersitum, Praetorioque Regis praepositum, mòx cum aliquot Senatoribus occisum: quod Symmacho potiùs convenire videtur.] Hactenùs de Boetii nece & ejus cultu Martianus: de sepulchro autem ista subdit: **C** Turris lateritio lapide fabrefacta etiamnùm Ticini monstratur, Boetii carcer; sepulchrumque ejus in aede beati Augustini visitur, qua parte in aditum templi ascensus incipit, hoc epitaphio inciso:

Ingens Miraculû in Boetii nece.

Maeonia & Latia lingua clarissimus, & qui Consul eram, hic perii, missus in exilium. Et quia mors rapuit, probitas me vexit ad auras: En nunc fama viget maxima, vivit opus.]

Circumfertur & aliud elogium, quo sepulchrum ejus exornabatur, antequàm illic à Luitprando Longobardorum Rege collocaretur. Ipsum igitur, ne quid tibi dempum queraris, subjungimus:

XVIII.

Epitaphia ad sepulchrum Boetii.

D *Ecce Boethus adest in caelo magnus, & omni Perspectius mundo mirus habendus homo: Qui Theodorico Regi delatus iniquo, Ticini senium duxit in exilio. In qua se metûm solans dedit urbe libellum: Post ictus gladio exiit è medio.*]

His adiicimus aliud Epigramma Gerberti Episcopi Raven. post Pontificis Romani, sub Ottone III. Imperat. quod sic se habet inscriptum ad imaginem ejusdem Boetii.

DE BOETHIO.

Roma potens dùm jura suo declarat in orbe, Tu pater & patrie lumen Severine Boetii **E** *Consulis officio rerum disponis habenas, Infundis lumen studiis, & cedere nescis Graecorum ingeniis: Sed mens divina coercet Imperium mundi, gladio bacchante Gothorum, Libertas Romana perit: tu Consul & exul Insignes titulos praeclara morte relinquis. Nunc decus Imperii summas qui praegravat artes, Tertius Otto sua dignum te judicat aula, Aeternùmque tui statuit monumenta laboris, Et bene promeritum meritis exornat honestis.*]

Ex lib. 2. Epig. Vet. pag. 65.

         I 3   Ha-

Habuit Boetius plurimos laudatores , nec
defunt qui præconia augeant , nec aliquando defuturi funt : adeò ut de illo vaticinium

a Pf. III. impleatur (*a*) : In memoria æterna erit
juftus. Sed ad Symmachum Boetii focerum
tranfeamus .

XIX.
Symma-   Præceffiffe quidem Boetii necem , ficut
chus maxi- & carcerem, ex iis quæ dicta funt , poffu-
mè pius & mus intelligere. Cum autem Boetius effet
doctus . in carcere , ad ipfum librum fcripfit de Trinitate : ex cujus exordio , quanta præftaret
idem Symmachus pietate, accipe ex verbis
iftis : Quàcumque igitur à vobis deici oculos, partim ignava fegnities , partim callidus livor occurrit : ut contumeliam videar
divinis tractatibus irrogare , qui talibus
hominum monftris non agnofcenda hæc potiùs quàm proculcanda projecerim .] Hæc
Boetius , alludens ad impios atque ftolidos
Gothos . Quàm autem effet Symmachus facris litteris inftitutus , ex eo quoque cognofce , dùm ipfum in eodem commentario Boetius appellat arbitrum fuorum fcriptorum,
ubi ait: Vobis tamen illud etiam infpicien-
dum eft , an ex beati Auguftini fcriptis femina rationum aliquos in nos venientes
fructus intulerint .] Hæc ipfe: quibus &
illud affequi potes , Boetium in facris litteris S. Auguftinum effe fecutum . Porrò quod
ad Symmachum fpectat , de quo femel narratio fufcepta eft , non Theologicis tantùm facultatibus apprimè imbutus fuit , fed
omnium fcientiarum doctrinam calluit . Eft

b Caffiod. locuples horum teftis Prifcianus Cæfarien-
de Ortho- fis , qui in libro , quem de Ponderibus fcri-
graph. c.12. pfit, fic eum laudat, ut probitatis & omnium
XX. fcientiarum attigiffe verticem intelligere
Symma- poffis . Vixit enim his ipfis temporibus ipfe
chus lau- Prifcianus grammaticus, docens Conftan-
datus à Pri- tinopoli , ut Caffiodorus (*b*) & ipfe ho-
fciano. rum temporum fcriptor affirmat .
  Sed hìc ipfius Prifciani verba reddamus :
cum enim ad eum librum de Ponderibus
atque menfuris infcribit , ita exorditur :
Omni te , Symmache , nobilitatis fplendore celebratum , ab omni naturæ munere
præftantem , omni virtutis luce fulgentem,
ftudiis etiam optimarum artium difcipli-
narumque florentem , juftiffiméque profpe-
ræ fortunæ meritis vitæ probantem , fama
quidem antea nobis abfentem venerabilem
faciebat ; nunc autem præfentem veritas
fupergreffa laudes prædicationis oftendit .
Mediocritatis enim altiffimæ , qua fuper-
biæ calcas tumores , & pietatis ponderibus
graviffimis fuperas omnes , &c.] Sed au-

c Ennodii di Ennodium , dùm recentes Urbis cives
dicta. clariffimos , quos & imitandos proponit:
poft enim Fauftum & Avienum , de Fefto
atq; Symmacho his verbis agit (*c*): Feftus &
Symmachus omnium difciplinarum materia
& conftantes forma fapientiæ de Urbe facratiffima non recedunt . In ipfis eft nobilis curiæ principatus , quos vidiffe , erudiri eft . Non apud eos fermo de ludicris ,
nec pantomimorum vix cognofcenda commemoratio . Ifti auram popularem per pu-
doris detrimenta non cupiunt , contenti
rectis magìs placere , quàm plurimis . Sor-

A   tiuntur de innocenti actione teftimonium,
&c.] Extant plures ejufdem Ennodii epiftolæ , in quibus Symmachi cum fumma
nobilitate & probitate doctrina etiam conjuncta laudatur ; fed & ipfe Theodoricus

d Apud Rex ejus occifor eumdem fua olim laudaffe
Caffiod. lib. epiftola (*d*) reperitur .
4. ep. 5.   In hunc igitur magnum antiquæ probi-
XXI. tatis decus & ornamentum truculentus tyrannus violentas manus iniecit , veneran-
damque canitiem fanguine cruentavit . At
etfi gladio necari , non tamen extingui po-
B   tuit : cujus fecti capitis vel fola memoria
fub prægnantis pifcis afpectu pharmafia re-
præfentata eumdem crudeliffimum barbarum tanto tremore concuffit , & timorem
incuffit; ut necem attulerit corpori, anima in ignem inextinguibilem condemnata.
Hæc autem fructim complexa , quomodò
fe habuerint , paulò poft dicturi fumus :
agamus modò de repertis Infcriptionibus
antiquis , quarum prima ejus pro Marty-

e Antiq. ribus probatur impenfum officium his ver-
Infcript. in fibus (*e*) :
Append.
pag. 1164. *Martyribus Chrifti Domini pia vota Joannes*
num.4.   *Reddidit Antiftes , fanctificante Deo :*
* foncis   *Ac facrifontes* fimili fulgente metallo*
C   *Providus Antiftes nunc copulavit opus,*
  Quo quifquis gradiens & Chriftum pronus
    adorans
  Effufafque preces mittat ad æthra fua* .   ** fuas*
Hæc ibi . Sed agendam de creatione Feli-
cis Papæ fuccefforis Joannis , ut fingula
fingulis reddamus menfibus .

D

  Cum igitur (ut dictum eft) poft ipfius   XXII.
Joannis obitum fedes vacaffet dies quin-   Felix Papa
quaginta & octo , die vigefimaquarta Julii   eligitur a
electus eft In locum ejus Felix natione Sa-   Theodori-
mnita ex patre Caftorio , cum adhuc fuper-   co.
ftes effet Theodoricus Rex ipfius Joannis
Papæ interfector. Cujus quidem rabies femèl contra Ecclefiam Romanam concepta,
nequaquàm tanti Pontificis obitu finem invenit : fed quod nullus umquàm Ethnico-
E   rum Principum aufus fuerat , ifte meditatus, implevit ; nimirùm ut captivam duceret ipfam Romanam Ecclefiam , Apoftolicæ fedis Epifcopi electionem atque nominationem ipfe fibi procaciter arrogans ;
ut autem fuæ ipfius voluntati nulla effet occafio refragandi , quem in Romano clero
probatiffimum novit virum Felicem , Romanum Pontificem nominavit . Fatale (fi
ità liceret dicere Chriftiano) quodammodò videri potuit, ut quem delegit Conftan-
tius Arianus Imperator , & quem Arianus
      pariter

pariter Princeps ad tantam dignitatem aſſumpſit, Felix uterque appellaretur. De arroganti autem à Theodorico Rege facta Romani Pontificis electione, accipe ex Athalarici Regis, qui hoc anno ipſi ſuccesſit in regnum, epiſtola ad Senatum jam acquieſcentem iniquæ conditioni, cui fuerat refragatus:

a *Apud*
Caſſiod. lib.
8. ep. 15.

Senatui (a) urbis Romæ Athalaricus Rex.

XXIII.
Athalaricus ad Senatum de facta per Theodoricum electione.

Gratiſſimo noſtro profitemur animo, quòd glorioſi domni avi noſtri reſpondiſtis in Epiſcopatus electione judicio. Oportebat enim arbitrio boni Principis obediri, qui ſapienti deliberatione pertractans, quamvis in aliena religione, talem viſus eſt Pontificem delegiſſe, ut nulli meritò debeat diſplicere: ut agnoſcatis illum hoc optaſſe præcipuè, quatenùs bonis ſacerdotibus Eccleſiarum omnium religio pulſaret. Recepiſtis itaque virum & divina gratia probabiliter inſtitutum, & regali examinatione laudatum. Nullus adhuc priſtina contentione teneatur. Pudorem non habet victi, cujus votum contigit à Principe ſuperari. Ille quinimmò ſuum efficit, qui eum ſub puritate dilexerit. Nàm quæ ſit cauſa doloris, quando hoc & in iſto reperit, quod alteri in partem ductus optaverit?

* *Crimen* Civica * ſunt iſta certamina, pugna ſine ferro, rixa ſine odio: clamoribus, non doloribus res iſta peragitur. Nam etſi perſonæ ſummota ſit, nihil tamen à fidelibus amittitur, cum optatum ſacerdotium poſſidetur. Quapropter redeunte legato veſtro illuſtri viro Publiano, rationabile duximus, ad cœtum veſtrum ſalutationis apices deſtinare. Magna enim jucunditate perfruimur, quotiès cum noſtris proceribus verba miſcemus ; & hoc quoque ſuaviſſimum vobis minimè dubitamus, ſi quod illius feriſtis imperio, nobis etiam cognoſcitis eſſe gratioſum.] Hactenùs Athalaricus ad Senatum.

XXIV.
Electio Rom. Pont. à Theodorico uſurpata.

Ex his etiam illud intelligi poteſt, toto illo quinquaginta & octo dierum interſtitio ceſſantis ſedis , altercatum de electione Summi Pontificis: & licet in alium conſpiraſſent eligentium vota, tamen Theodorico tyranno eum non probante, ſed diligente ſummæ probitatis virum Felicem, duram licet eam coacti ſunt conditionem ſubire. Accepiſſe tamen poſteà tanta præſumptio noſcitur moderatione illam, ut ex priſtino uſu clerus deligeret Romanum Pontificem, quem tamen Rex ſuo confirmaret aſſenſu : quam quidem ab Arianis Italiæ Regibus vendicatam ſibi tyrannicè auctoritatem , iis de medio ſublatis, Orientalis orbis Imperatores ſibi pariter arrogarunt, quod valdè S. Gregorius ingemiſcit . Hæc cum tàm grandia ſint, tamen ab Anaſtaſio omninò ſepulta ſilentio relicta ſunt.

XXV.
Quales eſſe ſoleant redigendi ſub ſervitute Romanam Eccleſiam oppreſſores Rom. Eccleſiæ.

Vidiſti, lector, quinam auctor fuerit redigendi ſub ſervitute Romanam Eccleſiam ; ut electioni vel nominationi Romani Pontificis immiſcerent ſe Reges ? nonniſi ſævus barbarus, dirus tyrannus , & impius Arianus: quem Deus abſque dilatione, diſſimulationeve , qua frequentiùs uti ſolet cum peccatoribus , repentina immiſſa cælitùs vindicta proſtravit , & poſt acceleratum dirum exitium ad inferos perpetuò relegavit . Talem qui æmulantur Principem, expectent pari cum eo ſententia judicari : nimirùm ut dùm inconceſſa præſumunt, jura Eccleſiæ invadentes; & vitæ præſentis & æternæ diſpendium ſentiant, & regnum haud diù ad poſteros propagent, ſed exteris cedere cogantur inviti; quo nihil juſtius dici poſſit, ut à terrenis excidant, qui divina temerariè tentant . Quomodò verò terribili atque tremendo Dei judicio haud diù poſt hæc præſumpta, cum & recens adhuc eſſet memoria Symmachi Conſularis occiſi , ipſe Theodoricus b *Procop.* Rex improviſa fuerit morte ſubreptus, ex *de bello* Procopio hujus temporis ſcriptore audi (b): *Goth lib. 1.*

XXVI.
De nece Boetii atq; Symmachi.

Annos itaque cum ſeptem & triginta ſupervixiſſet, vitam finivit .] Et paullò poſt: Sed mortis illi hæc cauſa fuit . Symmachus , & hujus gener Boetius , à ſuis majoribus gentis nobilitatem adepti , inter Romanos & Senatorios viros principes erant : & Conſulatus utrique dignitate per functi , philoſophiæ ſuprà cæteros & æquitati ſtuduerunt ; multiſque tam civium quàm externorum inopiæ ſuccurrendo ſaluti fuere . Sibi poſtquam ad ingentem gloriam evaſere , deterrimos quoſque in ſui invidiam concitarunt . Nàm his delatoribus Theodoricus Rex perſuaſus , ſicut reſ novantes occidit , eorumque bona omnia publicavit . Sed paucis poſt diebus, cœnanti ſibi cum miræ magnitudinis piſcis miniſtri decoctum caput appoſuiſſent ; Symmachi nuper occiſi caput illi eſſe viſum , præfixis & extantibus inferiore in labro dentibus , & torvè intuentibus oculis , furibundè ſibi & acerbè comminari .

XXVII.
Theodorici Regis obitus.

Unde monſtri novitate territus , membriſque præterm odum tremebundus & rigens , in cubiculum ſtatim citato gradu ſeceſſit : identidèmque jubendo , togarum ut ſibi vim magnam ingererent, lecto decubuit , & parumper quievit . Elpidio deinde medico omnibus quemadmodum accidiſſent diligentiùs explicatis , in Symmachum, Boetiumque à ſe ſcelus patratum deflebat . Quo denique deplorato , ex accepta calamitate dolore ingenti affectus , haud longè poſt moritur; cum primum id injuſtitiæ & ultimum in ſuos idcircò exercuiſſet exemplum , quia non ſuo & priſtino more diligenter perveſtigata cauſa in tantos viros animadverterat .] Hactenùs Procopius . Refert ex parte hujuſmodi horribilis viſio facta Theodorico de capite Symmachi, ore, labiis , dentibus , & oculis comminante, exemplum illud de eo quod evenit diſcumbenti pariter Balthaſar (c) Regi, cum ad c *Dan. 5.* viſum digitorum ſcribentium in pariete idem eum apprehendit tremor, pavorque diſſolvit , licet diſſimilis ſit ſecutus interitus. Hæc autem tanta parùm fideliter Jordanus Gothus Epiſcopus prætermiſit, cum de ejuſdem Theodorici obitu agit ; quem nonio

nio confectum defunctum fuisse tradit: addit autem, testamento monuisse suos, ut Senatum populumque Romanum amarent, Orientisque colerent Imperatorem: insuper detestatum, quae ipse furore percitus perpetrasset.

XXVIII.
a Hebr.9.
b Greg.dia-
log. lib. 4.
c.30.

Sed quòd ait Apostolus (a): *Et post mortem judicium:* quodnam qualeve id fuerit ostensum divinitùs, accipe à sancto Gregorio, dùm in dialogis ait (b): *Julianus namque hujus Romanae Ecclesiae, cui Deo auctore deservio, secundus Defensor, qui ante septem fermè annos defunctus est, & me adhùc in monasterio positum crebrò veniebat, & mecum alloqui de*

Visio de anima utilitate consueverat. *Hic itaque*
Theodori- mihi quadam die narravit, dicens: *Theo-*
ci anima. *dorici Regis temporibus pater soceri mei in Sicilia exactionem canonis egerat, & jàm ad Italiam redibat: cujus navis appulsa est ad insulam, quae Lyparis appellatur. Et quia illic vir quidam solitarius magnae virtutis habitabat; dùm nautae navis armamenta reparareant, visum est praedicto patri soceri mei & eumdem virum Dei pergere, seque ejus orationibus commendare. Quos vir Domini cum vidisset, eis inter alia colloquutus dixit: Scitis quia Rex Theodoricus mortuus est? Cui illi protinùs responderunt: Absit: nos eum viventem dimisimus, & nihil tale ad nos de eo nunc usque perlatum est. Quibus Dei famulus addidit, dicens: Etiam, mortuus est: nàm hesterno die hora nona inter Joannem Papam & Symmachum Patricium discinctus & discalceatus & vinctis manibus deductus, in hanc vicinam Vulcani ollam jactatus est. Quod illi audientes, solicitè conscripserunt diem 3. atque in Italiam reversi, eodem die Theodoricum Regem invenerunt fuisse mortuum, quo de ejus exitu atque supplicio Dei famulo fuerat ostensum. Et quia Joannem Papam affligendo in custodia occidit, Symmachumque Patricium ferro trucidavit, ab illis justè in ignem missus apparuit; quos in hac vita inustè judicarat.]* Haec Gregorius. Quod verò nulla de Boetio mentio sit, aequè existimare licet, eum ante utrumque, Joannem videlicet atque Symmachum esse jussum occidi; ostensus verò in visu illos novissimè ab eo iniustè damnatos.

XXIX.
Sed loci ipsius, in quem ipse jactatus per visum ostensus est, audi ex ejusdem Theodorici litteris naturae miracula: cum enim ad insulam illam deportari mandat Jovinum Curialem homicidam, Vulcani ollam ita
c Apud describit (c): *Careat proinde patrio fo-*
Cassiod.lib. ro * cum exitiabili victurus incendio, ubi
3.ep.48. viscera terrae non deficiunt, cum tot saecu-
* solo lis jugiter consummantur. Flamma siqui-
De Vulca- dem ista terrena, quae alicujus corporis im-
ni Olla. minutione nutritur, si non absumit, extinguitur: ardet continuò inter undas medias montis quantitas indefecta: nec imminuit quod resolvi posse sentitur. Scilicèt quia naturae inextricabilis potentia tantum crementi cautibus reponit, quantum illi vorax ignis ademerit. Nàm quemadmo-

A dùm saxa incolumia permanerent, si semper ignis adunata decoqueret? Potentia siquidem divina sic de contrariis rebus miraculum facit esse perpetuum, ut palàm consumpta occultissimis instauret augmentis; quae vult temporibus stare diuturnis. Verùm cum & alii montes motibus vaporatis exaestuent, nullus simili appellatione censetur aestimandus; quia graviùs succenditur, qui Vulcani nomine nuncupatur. Mittatur ergo reus capitis in locum praedictum vivus: careat quo utimur mundo, de quo alterum crudeli fugavit exitio.] Haec
B Theodoricus, qui in homicidam à se ipso latam expertus est & ipse homicida sententiam.

XXX.
d Anast. de
Rom. Pont.
in Joanne.

Quod autem ad diem obitus ejus spectat, fuisse comperitur dies secunda Septembris, si credimus ipsi Anastasio (d), qui eum defunctum tradit post dies nonagintaocto ab obitu Joannis Papae, quem contigisse diximus vigesimaseptima mensis Maii. De annis verò quibus regnavit; corrigendus
Dies obi-
tus Theo- videtur locus Procopii, in quo anni tri-
dorici, & gintaseptem ejus regno in Italia tribuuntur;
anni regni cum à nece Odoacris non ampliùs quam tri-
ejus. ginta tres annos numerari contingat absolutos, triginta verò quatuor inchoatos. Hic
C praeter leges Romanorum Principum, quas servari voluit, alias leges condidit, quae extant capitibus centum quinquaginta distinctae: quas etiam tàm Romanis quàm barbaris voluit esse communes: habes eas apud Cassiodorum ensas. Ex eis aliquae
e Theod. sunt quae spectant ad Ecclesiasticum cultum,
edict.c.26. nempè de clericis ab intestato decedenti-
f Ibid.c.70 bus, ut quibus legitima successio deest,
71.& 125. succederet Ecclesia (e). Quomodò autem
g Cassiod. immunitatem ecclesiis conservatam voluit,
Var. lib. 3. eum ad eas confugerent homines (f); ex-
epist.47. tat & de his ipsius Regis epistola apud
h Edict. Cassiodorum (g). Vetuit & gravi poena,
Theod. c. ne defunctorum corpora intra Urbem sepe-
111. lirentur (h): unde opus fuit, ut more
i lib.c.108. majorum sepelirentur Fideles in coemeteriis
extra Urbem positis. Paganos praeterea sacrificantes, & alios magis intendentes capitali poena statuit puniendos (i).

XXXI.
Theodori-
vel cura im-
pensa
publicis
Aedificiis:
k Apud
Cassiod.Var.
lib.1.ep.25.
& lib.4.ep.
30.

Quod autem ad solicitudinem ipsius ergà publica aedificia pertinet, de his quae ipse vel Romae nova construxit, vel antiqua reparavit, & quae restituit, deque Urbis moeniis instauratis, custodiaque antiquae Urbis faciei; est de his ipsius epistola ad Sabinianum (k), ubi ad finem haec habet: *Quis enim dubitet fabricarum miracula, hac provisione servata, & pendenti saxo formatas cameras tegularum tegmine custoditas? ut antiquum Principes nobis meritò debeant suas laudes,quorum fabricis dedimus longissimam juventutem; ut pristina novitate reluceant, quae jàm fuerant vetustosa senectute fuscata.]* Extat & de his epistola ad Senatum, ubi de formis aquarum laesis est querela; & de plumbo & aere coraptus causa publicis muris affixis hominum rapacitate sublatis. Sunt haec ejus verba
l Apud (l): *Aes praeterea non minimum pondus,*
Cass. Var. & *quod facillimum direptioni est, mollissi-*
l.3.ep.31. mum

...uum plumbum de ornatu mœnium referuntur esse sublata, quæ auctores suos sæculis consecrarunt, &c.] Hinc aliquando
existimatum, apparere hodie in amphitheatro & aliis publicis ædificiis inter pe-
trarum juncturas certe excavata foramina,
at æs vel plumbum iisdem hærentia aufe-
rentur: metallis namque exornatos fuisse
in structura lapides, idem indicat alia epi-

a *Apud* stola, ubi ait (a): Ut collapsis metallis
Cassiod.Var. obliterata facies reddatur iterum de arte
lib.3.ep.9. pulcherrima.] Sed de his diversæ sunt sententiæ diversorum. Quantus in his fuerit
Theodoricus, in epistola quam dedit ad
b *Apud* Patricium Symmachum (b), de quo super
Cassiod.Var. est actum, ostendit, cum eidem plurimum
lib.4.ep.51. ante laudato, & ergo publica ædificia pro-
pensiore adhibita ab eo cura commendata,
iniungit ei theatri Pompeii jam prope vetustate collabentis reparationem.

XXXII.   At non ea tantum quæ super terram essent visui patentia ædificia, sarcienda &
restauranda curavit, sed & quæ subtus terram essent cloacæ publicæ: quas adeo ipse admiratus est, cum de his scripsit ad Urbis Præfectum Argolicum nomine verbis
c *Apud* istis (c): Romanæ cloacæ tantum visenti-
Cass. lib.2. bus conferunt stuporem, ut aliarum civi-
epist.30. tatum possint miracula superare. Videas
De Roma- illic fluvios quasi montis concavis clausos
nis Cloa- per ingentia stagna * decurrere: videas
cis. struchis navibus per aquas rapidas cum mi-
* *signa* nima solicitudine navigari, ne præcipita-
to torrente marina possint naufragia sustineri. Hinc Roma singularis, quanta in te
sunt, potest colligi magnitudo. Quæ enim
urbium audeat tuis culminibus contendere,
quando nec ima tua possunt similitudinem
reperire?] Hæc de his ipse magnopere admiratus. Certe quidem tales oportuit esse
cloacarum amplissimos fornices, in quas
præter plurias, omnium ferme Therma-
rum aquæ derivantes in Tiberim conflue-
d *Apud* bant. Curavit præterea Theodoricus, ut
Cassiod.lib. Romæ suburbana essent irrigua. Extat de
3.ep.53. his epistola (d) ad Apronianum.
XXXIII.   Sed quæ in Urbe præstitit, in aliis quoque exhibuisse civitatibus, ejus ad diversos
datæ epistolæ indicant. Ravennam vero potissimum, ubi degere consuevit, egregia
ædificiis illustrare curasse, certum est: extitisse enim illic forensem basilicam, ipsius
e *Apud* ad Agapitum (e) epistola docet. Nobilia
Cassiod.lib. quæque ex vetustis collapsisque ædificiis,
1.ep.6. sublata marmora Ravennam transferri, magna licet impensa, conatum esse, ipsius
f *Apud* scriptorum æque monumenta testantur (f).
Cassiod.lib. Itaque voluit in vase porphyretico sepeli-
3.ep.9.10. ri. Qui quidem tum his, tum aliis officiis,
19. de Urbe ipsa & tota Italia bene meritus, inter magni nominis Principes fuerat collocandus, nisi eum Ariana hæresis infamas-
set, atque extrema crudelitas in proba-
tissimorum Senatorum necem debacchata
fœdasset. Quantæ autem æstimationis fuerit olim etiam apud Romanum clerum, vel
ex eo accipe argumentum, quod Romanæ
Ecclesiæ diaconus Ennodius eum publica
oratione laudavit: nam ipse in eo pane-

A   gyrico ad eumdem Theodoricum conversus ait: Vide divitias sæculi tui. Tunc vix
fora habuere Præfectos; nunc Ecclesia dirigit laudatorem.] At de his satis.

Cum autem Theodoricus Rex absq; pro- XXXIV.
le mascula decessisset, Amalasuntha * filia * *Amala-*
pro Athalarico suo filio annum dumtaxat *suentha*
octavum agente regnum administrandum Athalari-
suscepit, qui natus est ipsi ex patre Eutha- cus Rex
rico cognomento Cillica, cui nupta fuit Italiæ.
sub Consulatu Florentii & Anthemii, anno Domini quingentesimo decimoquinto,
ut Cassiodorus in Chronico tradit. Porro
de ipsa matre magni ingenii fœmina ista g *Procop.*
habet Procopius (g): Amalasuntha itaque *de bello*
filii procuratione suscepta, regnum admi- *Goth. lib.1.*
nistrabat, prudentia & æquitate mirifica
pollens, virilem præseferebat naturam:
quippe quamdiu hæc Imperio præfuit, Romanorum neminem vel corporis pœna affecit, vel rerum jactura; quinetiam nec Gothos ipsos, etsi lacessendi Romanos percu-
pidos, his quoque pacto injuriam permittebat inferre: quin potius Symmachi, &
Boetii liberis paterna bona restituit. Ani- Educatio
mo præterea destinarat, Romanorum ex Athalarici
institutis ac Principum more vitam de cæte- pueri.
ro ut filius duceret; jamque ad litterarum
C   ludum, hunc, ut ventitaret coegerat, tribus Gothorum è senioribus lectis, qui sapientia cæteris & humanitate præstarent,
jussisque Athalarico continenter assistere,
& una victitare.

Sed Gothis hæc minus placere *, ut qui XXXV.
subiectis inferre iniuriam cuperent, & per * *placere*
Athalaricum mallent more barbarico regi:
Unde cum mater semel delinquentem in cubiculo puerum, frenandi castigandique gratia, manu (ut assolet) percussisset; Gothi ad se venientem & lacrymabundum hunc
D conspicati, rem quidem permoleste tulerunt; & Amalasuntham licentius convi-
ciati, identidem affirmabant, pervelle hunc
puerum quamprimum perditum iri, ut mox
ipsa alteri viro nubat, cum eoque Gothis Gothi tu-
& Italis simul imperaret. Convento itaque multuan-
facto, & in unum contracti qui pollerent tur contra
facundia viris, aditaque Amalasuntha Amalasun-
acrius querebantur, nec recte sibi Regem tham.
nec decentius erudiri: siquidem litteras &
seniorum instructiones longo intervallo à
fortitudine & magnanimitate abesse; ex
hisque illum effeminari potius, & ad ti-
miditatem traduci. Sed necessarium fore,
qui res maximas sit audacter & strenuè ag-
gressurus, ex hisque gloriam habiturus non
E   mediocrem, præceptoris ut sit formidine liber, & armis ut studeat. Illudque sedulo
dicere, neque Theodoricum ipsum, Gothorum liberos ad ludimagistros mittendos,
quoquo pacto percensuisse: idque frequentius usurpasse; hauddquaquam eos, quos
ferulæ timor jam invalisset, gladios ac lanceas parvi facturos. Unde par fore ducebant, Amalasuntham ut minimè præteriret, Theodoricum patrem, qui tantarus
Rex sit urbium factus, & regnum susceperit, nulla ex parte contigisse litteras ipsas,
nec auditu quidem uspiàm percepisse. Quocircà,

circà, Regina, inquiunt, pædagogos istos missos nunc facito ; & Athalarico, qui secum vivant, coævos dato, ut ætate unà & gloria provehantur , proque lege barbarica ad virtutem & virilitatem impellant .

XXXVI.
Amalasuntha Gothis barbarorum insidias æquiescit.
His auditis Amalasuntha, etsi minùs quæ dicerentur , probaret ; verita tamen barbarorum insidias , præ se quidem lætitiam ferre , & voluptati sibi fuisse quæ hi detulissent , dissimulare : sed demùm quæcumque à se barbari exegissent , permisit proeorum arbitrio fieri . Senioribus itaque Athalaricum deserentibus, pueri quidam ad hunc convenerunt, vitæ comites in posterùm affuturi haud dùm puberes , nec multùm Rege natu majores .] Hactenùs de educatione Gothi Regis pueri Procopius : sed quàm potiora fuerint Amalasunthæ consilia , exitus declaravit, nosque suis locis pro temporis ratione dicemus.

XXXVII.
Athalaricus igitur, sive potiùs qui pro ipso regnum administrabat, ad stabiliendum quod hæreditarium fuerat consecutus, ubi quem elegerat Theodoricus avus in sede Pontificia, accedente omnium consensu, tandem confirmatum vidit, ad continendum in firma fide Senatum populumque Romanum , ab eisdem fidelitatis (quod dicitur) juramentum exegit : Extant de his ipsius Athalarici Regis litteræ (a) ad Senatum, aliæ itidem ad populum datæ, & ad alios Romanos (b) per Italiam Dalmatiamque dispersos ; quod & à Gothis præstitum tradit . Porrò eosdem jurasse Theodorico ipsi adhùc superstiti, ejusdem litteræ significant, quas hoc anno statim post obitum avi in Regem electus dedit ad Gothos, quæ sic se habent (c) :

a Apud Cassiod. Var. li.8. cp.2.3.
b Apud Cassiod.l.8. epist.4.
c Apud Cassiod.l.8. cp.5.

Universis Gothis per Italiam constitutis Athalaricus Rex.

XXXVIII.
Athalaricus Rex suos Gothos admonet.
Voluissemus quidem domni avi nostri longævæ vitæ gaudia nunciare . Sed quoniam diligentibus dura conditione subtractus est ; nos hæredes regni sui , Deo sibi imperante, substituit, ut successione sanguinis sui beneficia vobis à se collata faceret esse perpetua : dùm nos illa & augere & tueri cupimus , quæ ab illo facta esse cognoscimus . Cujus ordinationi, adhùc eo superstite , in regia civitate ita sacramenti interpositione cunctorum vota sociata sunt, ut unum credere promittere , quod generalitas videbatur optare .

XXXIX.
Hoc vos sequentes exemplum, pari devotione peragite , ne quid à præsentibus minùs fecisse videamini , à quibus creditur totum similiter posse compleri . Illum vobis Comitem vobis fecimus juratæ voce promittere , ut sicut nobis vestrum animum devotissimè prodidit, sic optata de nostris sensibus audiatis . Recipite itaque prosperum vobis semper nomen , Amalorum regalem prosapiam , Baltheum germen, infantiam purpuratam : per quos, Deo juvante, parentes nostri decenter evecti sunt , & inter tàm prolixum ordinem Regum susceperunt semper augmenta . Credimus enim de Divinitate propitia, quæ majores nostros dignanter adiuvit , nùnc quoque gratiam

suæ dignationis impendere , ut & nobis regnantibus bonarum rerum fructus dulcissimos afferatis , qui sub nostris parentibus copiosà virtutum laude floruistis .] Hucusque epistola Athalarici ad suos Gothos. Sic vides ejusmodi juramentum fuisse reciprocum , nempè ut jurarent Regi subditi fidelitatem ; ipse verò subditis juraret, omne se eis exhibiturum studium & patrocinium : quod etiam in litteris (d) ad Justinianum Imperatorem significat.

d Apud Cassiod.l.8. ep.1.

Sed & Episcopos monuit, quorum orationibus suum stabiliri regnum , datis ad eos litteris , exoptavit . extat ad Victorinum eo argumento scripta brevis epistola verbis istis (e) ;

Victorino venerabili Episcopo Athalaricus Rex.

e Apud Cassiod.l.8. ep.8.

XL.
De fide atque constantia tales sunt commonendæ personæ , quæ desideriis humanis diversa sorte quatiuntur . Vos autem, quos sapientia firmos efficit , & mens religiosa consolidat, ad provincialium potiùs convenit adunationem animari : quia justè debitor fiet alieni arbitrii , qui à pluribus meretur audiri . Quapropter salutantes veneratione qua dignum est , quod vobis quidem mærorem possit indicere , transitum gloriosæ memoriæ domni avi nostri cum dolore maximo nunciamus : Sed indè potest tristitia vestra temperari , quia nos in sede regni sui, Divinitate propitia, collocavit: ut in totum desiderio vestro non videatur ereptus, qui vobis consurgit in successione reparatus . Favete nunc orationibus sacris nostris libenter suspiciis , ut Rex cælestis humana nobis regna confirmet, gentes externas atterat, peccata absolvat ; consolidet & conservet propitius , quod parentibus nostris dignatus est præstare gloriosus . Quapropter sanctitas vestra provinciales cunctos ad moneat, ut inter se concordiam habentes , regno nostro per omnia debeant esse purissimi . Cupimus enim in subiectà fidem reperiri , quam larga possimus pietate munerari .] Hactenus ad Victorinum Episcopum, qui cujusnam Ecclesiæ Antistes fuerit, ignoratur.

e Apud Cassiod.l.8. ep. ad Victorin. Episc.

At non Italiæ tantùm regnum firmari sibi rectèque disponi Athalaricus per suos studuit ; sed quæ possidebat in Galliis , æque reddi sibi tuta per Liberium Patricium procuravit : extat (f) ad eum data epistola , qua ipsum admonuit, ut Gallos, petito ab eis juramento , contineret in fide . Sed ad ipsos etiam Gallos pariter eodem argumento epistolam dedit (g) . Quod verò ad Liberium Patricium spectat, eumdem hunc cum illo esse existimo , qui posteà erexit in Campania monasterium , cui præfecit S. Servandum Abbatem , cujus est mentio apud S.Gregorium in dialogis (h). Extant & ad eumdem plures Ennodii epistolæ , & inter alias illa , qua ejus probitas plurimùm commendatur : cujus est exordium : Datum est mihi cælestis, &c.]

XLI.

f Apud Cassiod.l.8. ep.6.
g Idem l.8. ep. 7.
h Gregor. dialog.l.2. cap.35.

Quod autem attinet ad ea quæ in Gallia anteà possederat Theodoricus : ipso mortuo , ita transactum est inter Athalaricum
atque

XLII.

atque Amalaricum Gothorum Reges, ut
Athalaricus possideret eque cis Rodanum essent loca, ille autem quæ trans Rodanum
civitates extarent : quod Procopius tradit
(a). Amalaricus autem & provincias recepit, quia in Hispania Theodoricus tamquam tutor & moderator administrationem
acceperat. Hoc namque anno cœptum esse
se numerari ab Isidoro regnum Amalarici
in Hispania, satis patet, dum numeratur
Æra quingentesima sexagesimaquarta, qui
est hic ipse annus. Sed ubi ponitur annus
Justini decimusquartus, manifestus deprehenditur error, ut loco XIV. ita sit restituendum, IX. quo notatur præsens annus,
cum absolvitur octavus, & incipit nonus
Justini Imperatoris. Ad stabilimentum
autem regni ipsius Athalarici illud addebatur, quod in Galliis tum Burgundiones, tum Thuringios habuit fœderatos.

XLIII.
Verum cum res omnes ubique Gothis
prospera essent, nihilque mutatio ista æmu-
lissa poterat : Francorum Reges filii
Clodovei pervitiano egressi sunt Gothorum socios Thuringios atque Burgundiones. Thuringiorum autem Rex Herme-
fredus neptem Theodorici Gothorum Regis defuncti acceperat in conjugem, nomine Amalabergam, quam Amalbergam nominarunt. Extat de his epistola (b) Theodorici. De bello vero Francorum adversus eam opportunius dicturi sumus anno
sequenti. Cum Amalarico autem Rege in
Hispania & Gallia regnante Franci ali-
quandiu pacem habuere, eo quod sedem
nuptiarum pax inter eos firmior stricta est,
dum Childebertus Clodovei filius Francorum Rex ejusdem Regi Amalarico matrimonio junxit sororem suam Crotildem. Quomodo vero occasione ejusdem Crotildis
partum est bellum inter Francos & Gothos,
dicemus inferius suo loco : hic modo agendum est de rebus gestis inter Burgundiones
& Francos.

XLIV.
Post obitum Theodorici Italiæ Regis,
Burgundiones, quos Germanos vocat,
subactos à Francis, Procopius auctor est
(e) : id ipsum affirmat Gregorius Turonensis (d). Ex quibus redarguas recentiorem chronographum (e), qui necem
Sigismundi Burgundionum Regis recenset
anno Domini quingentesimo decimoquinto. Regebant Burgundiones hoc tempore Sigismundus & Godomarus fratres, adversus quos bellum gessit Clodomerus filius Clodovei. Sed quæ his præmittat de
Sigismundo filium necante Gregorius (f)
audiamus. Mortuo (inquit) Gundebal-
do, regnum ejus Sigismundus filius obtinuit, monasteriumque Agaunense solerti
cura cum domibus basilicisque ædificavit.]
Sed antequam ulterius progrediamur : cum
hic actum sit de morte Gundebaldi Burgundiæ Regis, & successione Sigismundi ejus
filii ; primum quod ad ipsum nomen pertinet, non Gundebaldus, sed Gundeba-
dum reperitur nominatus etiam Agobardus
Archiepiscopus Lugdunensis, qui & in

cum sæpe invehitur, quod duo monoma-
chia, probans eam, legem sanciisset, eaque
de causa eum plurimum est detestatus. Atque primum in epistola ad Ludovicum Imperatorem (g) ; cujus ejusmodi pravum
istius legem Gundebadi receptum : ubi &
testatur, adversus profanam legem ipsius
sanctum virum Viennensem Episcopum
inter stetisse tum verbis, tum scriptis, cujus
recitatum ab eodem Agobardo Fragmentum hic subjicit: Temporibus prædicti Gundebadi Regis Burgundicarum fuit in Urbe
Viennæ sanctus Episcopus, Avitus nomine, fide Catholicus, eloquentia facundis-
simus, ingeniacerrimus, sacrarum Scripturarum expositor suavissimus, litterarum
etiam sæcularium doctissimus, & in metris
facillimus, sicut & ejus opera testantur :
qui cum eodem Gundebado frequenter de
Fide alternatim & dialoga in præsentia
conferres, & epistolis absenti respondens,
plura & clara ingenii sui, & virtutis opera
reliquit, qui, ipso Gundebado in sua perfidia perdito, filium ejus Sigismundum Regem ad Fidem Catholicam convertit. In cujus conversione reliquit Homi-
liam in populo, sensuum dulcissimo-
rum, & verborum compositione dulcis-
simam. Quid est, venerandus & sanctus
vir sæpe dicto Gundebado de supradictis
certaminibus responderit, audiat, si placet,
benignitas vestra. Cum de his inter utrumque sermo esset & beatus Avitus talia certamina, reprehenderet, respondit ei Gun-
debadus : Quid est quod inter regna, &
gentes, & etiam inter personas sæpe singulas dirimendæ, præliis causæ divino judicio committuntur ; & ei maxime parti,
cui justitia comperta, victoria succedit ?
Ad quod beatus Avitus intulit dicens : Si
divinum, inquam, judicium regna & gentes expeterent, illud prius, quod scribitur, formidarent, dicente Psalmista : Dis-
sipa gentes quæ bella volunt : & illud diligerent quod perinde dicitur, mihi vindictam, ego retribuam (b), dicit Dominus.] Et quæ sequuntur. Citat & in libro de imaginibus eumdem dialogum Al-
chimi Aviti cum Gundebado. His de Gundebado & Sigismundo ab Agobardo enarratis, cœptum sermonem Gregorii Turonensis prosequamur. Pergit de Sigismundo
dicere : Qui perdita priori coniuge filia
Theodorici Regis Italici, de qua filium
habebat nomine Sigericum, aliam duxit
uxorem, quæ validè contra filium ejus
(sicut novercarum mos est) malignari, &
scandalizari cœpit. Unde factum est, ut
una solemnitatum die, cum puer super eam
vestimenta matris agnosceret, commotus
felle diceret ad eam : Non enim eras digna ut hæc indumenta tua terga continge-
rent, quæ dominæ tuæ, id est matris meæ
fuisse noscuntur. At illa furore succensa,
instigat verbis dolosis virum suum, dicens :
Hic iniquus regnum tuum possidere desiderat, teque interfecto, id usque Italiam di-
latare disponit : scilicet ut regnum, quod
avus ejus Theodoricus Italiæ tenuit, & iste
possi-

a Procop.
de bello
Goth. l. 1.

* Hermi-
nofridus
vel Her-
menfredus
b apud
Cassiod. Var.
l. 4. ep. 8.

c Procop.
de bello
Goth. l. 1.
d Gregor.
Turon. de
gest. Frank.
lib. 3. ca. 6.
e Sigebert.
in Chron.
ann. 515.
f Greg. de
Gest. Frank.
lib. 3. c. 5.

g Pag. 103
& 123.

* etiam

h Idem au-
ctor pag.
223.

possidet. Scit enim, quòd ſi pergeret, hæc
non poteſt adimplere ; & niſi tueretur, ille
non ſurget.

XLV.
Sigiſmun-
dus Rex fi-
lium necat.

His & hujuſcemodi illo incitatus verbis,
uxoris iniquæ conſilio utens, iniquus extitit parricida : nàm ſopitum vino dormire
poſt meridiem filium jubet : cui dormienti
laqueum ſub collo poſitum ac ſub mento liga-
tum trahentibus ad ſe invicèm duobus pueris, ſuffocatus eſt . Quo facto pater ſerò
jàm pœnitens, ſuper cadaver exanime ruens,
flere cœpit amariſſimè . Ad quem ſenex quidam ſic dixiſſe fertur : Te, inquit, plange
amodò, qui per conſilium nequàm factus
es parricida ſæviſſimus : nàm hunc, qui

* jugula-
tus eſt.

innocens ſtrangulatus * eſt, neceſſarium
non eſt plangi. Nihilominùs ille ad ſanctos Agaunenſes abiens, per multos dies in
fletu & jejuniis durans, veniam precabatur,
pſallentium (hoc eſt, Pſalmodiam) ibi aſ-

* Agauno
Sigiſmun-
di pœni-
tentia.

ſiduum inſtituens, Lugduno * regreſſus
eſt, ultione divina de veſtigiò eum proſe-
quente . Hujus filiam Rex Theodoricus
filius Clodovei accepit .] Hæc Gregorius,
& alii reſ apoſtolos proſecuti res Francorum.

a Greg. de
gloria mar-
tyr. c.71.

Eadem habet idem Gregorius (a) in libro
quem ſcripſit de Gloria martyrum ; additque eumdem Sigiſmundum pœnitentem ab
iiſdem ſanctis martyribus Agaunenſibus
enixis precibus expetiiſſe, ut in hoc ſæculo
potiùs quàm in futuro pœnam daret pro ad-
miſſo immani facinore . Quomodò autem

b Greg. de
geſt. Franc.
lib.3.c 6.

exauditus ſit, ita narrat (b) : nimirùm
Godomarum & Sigiſmundum Burgundiæ
Reges eoſdemque germanos à Clodomero
victos atque fugatos ; captum verò fuiſſe
Sigiſmundum, dùm ad ſaltus Agaunenſes
fugere niſus eſt, unà cum filiis & uxore.
Ne autem occideretur ab eo, interceſſiſſe
pro ipſo ſanctum Avitum Abbatem Nutia-
cenſem egregiæ ſanctitatis virum, ſed nihil profeciſſe, idem Gregorius ſubdit his
verbis :

XLVI.
De prædi-
ctione A-
viti Abba-
tis.

Diſcedentibus his Regibus, Godomarus reſumptis viribus, Burgundios colligit, regnumque recipit : contra quem
Clodomerus iterùm ire diſponens, Sigiſmundum interficere deſtinavit : cui à beato
Avito Abbate Nutiacenſi magno tunc temporis ſacerdote dictum eſt : Si, inquit, reſpiciens Deum, emendaveris conſilium
tuum, ut hos homines interfici non patiaris, erit Deus tecum, & abiens victoriam
obtinebis ; ſi verò eos occideris, tu ipſe in
manus inimicorum traditus, ſimili ſorte
peribis, fietque tibi, uxorique & filiis
tuis, quod feceris Sigiſmundo & conjugi
ac liberis ejus. Sed ille auſcultare deſpi-
ciens conſilium ejus, ait : Stultum enim
conſilium eſſe puto, ut inimicis domi relictis, contra reliquos eam ; eiſque à tergo,
hoc à fronte ſurgente, inter duos hoſtium
cuneos ruam : ſatiùs enim & faciliùs victoria patrabitur, ſi unus ab alio ſeparetur ;
quo interfecto, facilè & alius morti poterit deſtinari. Statimque interfecto Sigiſmundo cum uxore & filiis apud Columnam
Aurelianenſis urbis vicum, in puteum jactari præcipiens.] Hæc de Regis nece ibi

A Gregorius : qui alibi tradit (e) Sigiſ-

c Greg. de
Glor. mart.
c.71.

mundi corpus è puteo ſublatum ad Agau-
naæle ab ipſo erectum cœnobium fuiſſe delatum, ibique miraculis clariùſſe . Ait
enim ;

Poſtea verò captus Sigiſmundus ab Clo-

XLVII.
Sigiſmun-
dus Rex
occiditur

domero Rege cum filiis, interfectuſque
ejus juſſu, ad eumdem locum, nempè Agau-
num, delatus, ſepulturæ mandatus eſt.
Quem in conſortium Sanctorum aſcitum, res
ipſa res quæ geritur, manifeſtat . Nàm &
qui nunc frigoritici, qui & quartanarii di-

B

ci ſolent, in ejus honore Miſſas devotè celebrant, ejuſque pro requie Deo efferant
oblationem, ſtatim compreſſis tremoribus,
reſtinctis febribus, ſanitati priſtinæ reſtau-
rantur .] Hæc Gregorius . Accidit autem, ut miraculorum frequentia ad Sigiſmundi ſepulchrum jugiter demonſtrata
tamquàm Deo ejus ſanctitatem teſtan-
te, idem in Eccleſiaſticis tabulis receptus fuerit anniverſaria ubique memoria ce-

C

lebrandus Kalendis Maii . Quo quidem
exemplo demonſtratum eſt, quàm Deo grata & accepta ſit poſt quodlibet immenſum
patratum facinus pœnitentia ; quàmque
præſtet hìc à Deo pœnam accipere delictorum, quàm in futuro ſæculo condemnari .
Sed & quanto ſuo damno non audiant Principes ſervos Dei monitores, Clodomerus

d Greg. de
geſt. Franc.
lib.3. c.6.

ſuo exemplo aliis demonſtravit : quod idem
qui ſupra Gregorius ita narrat (d) ;

Clodomerus Burgundias petiit, vocans

XLVIII.
Clodome-
rus occidi-
tur.

in ſuppetias Theodoricum Regem ; ille
autem iniuriam ſoceri ſui Sigiſmundi vindicare volens, iré promiſit . Cumque apud
Viſorontiam locum urbis Viennenſis conjuncti fuiſſent, cum Godomaro Rege Bur-

D

gundionum confligunt . Cumque Godomarus cum exercitu terga vertiſſet, & Clodomerus inſequeretur, à ſuis non modico
ſpatio elongatus eſſet, aſſimilantes illi ſignum ejus dant ad eum vocés dicentes : Huc,
huc convertere ; tui enim ſumus . At ille
credens abiit, irruitque in medium inimicorum ſuorum . Cujus amputatum caput
& conto defixum elevant in ſublime : quod
Franci cernentes, atque cognoſcentes Clo-
domerum interfectum, reparatis viribus
Godomarum fugant, Burgundiones opprimunt, patriamque in ſuam redigunt pote-

E

ſtatem .] Hæc Gregorius : quæ hoc anno
cœpta, ſequenti vel alio abſoluta putantur . Agathias (e) res Francorum proſe-

e Agath.
hiſt. l.1.

cutus, aliqua à Latinis diverſa recenſet .

Quæ autem poſt necem Clodomeri con-

XLIX.
De reli-
quiis ab in-
cédio ſub-
tractis.

tigerunt memoria digna in eodem bello
Francorum adverſus Burgundiones, Gregorius gloriam proſecutus martyrum ex miraculis per ipſorum reliquias comparatis,
cum agit de ſancto Andrea Apoſtolo, iſta
addit (f) : Tempore quo interfecto Clo-

f Greg. de
Glor.mart.
cap.31.

domero Rege Francorum, ſe exercitus reparans, Burgundiam devaſtabat ; in quadam baſilica reliquiæ jam ſancti Apoſtoli
cum Saturnini martyris tenebantur . Ac-
cenſaque baſilica, cum jàm tignorum moles dirueret, pauperes ac ſenes, quos bar-
baries reliquerat, flebant, dicentes : Væ
nobis,

nobis, qui tantorum pignorum hodiè careremus auxilio: nec nobis ultrà spes præsentis vitæ manebit, si hæc deperierint. His ita flentibus, nutu Dei adveniens Turonicus homo, condolens his lamentis, & discens virtutem martyrum, non minùs fide quàm parma protectus, per medias ingreditur flammas; apprehensasque ab altari sanctas reliquias, nihil ab igne nocitus, extulit foràs: sed continuò ita constrictus est, ut gressum in anteà agere non valeret. Tùnc indignum se judicans, qui ea ferret, unam puellam parvulam impollutamque elegit è prædâ, cui capsulam ad collum posuit, & sic in patriam prosperè accessit.] Hæc Gregorius de suo Turonensi magnâ ergâ Deum fide pollente. Sed & qua occasione in honorem earumdem reliquiarum est erecta basilica, ita declarat:

I. Basilica ædificata reliquiis.

Tùnc collocatis in altari Noviviensia ecclesiæ dictis reliquiis, ubi nulla adhùc Sanctorum pignora habebantur, annis singulis devotissimè eorum solemnia celebrabat. Cujus filius cum hæc post patris obitum non impleret, quod à patre scilicet jussum esset, ut ibi basilicam erigeret, febre quartana per annum integrum laboravit. Vovit ut novam basilicam in eorum honorem construeret. Quo facto, amota febre, sanatus est.] Hæc Gregorius de rebus patriis: subiicit his alia: verùm hæc satis sunto.

LI. De Avito Abbate.

At redeamus ad Avitum Abbatem; quem cum non audierit Clodomerus, suâ victoriâ periit, dùm insequens fugientes hostes occiditur. Meminit ejusdem idem Gregorius (a) in commentario de Gloria confessorum conscripto, atque post obitum miraculis clarum anniversaria celebritate in Ecclesia cultum, sepultumque fuisse apud Aurelianensem urbem. Sed invisamus jàm res Orientis.

a Gregor. Turon. de gloria confess. c. 99.

LII. Ephræm Comes Orientis eligitur Episcop.

Hoc anno Ecclesia Antiochena jàm (ut vidimus) anno superiori destituta pastore, mærens ob ingentem acceptam ex terræmotu cladem, novi Episcopi electione respirat. Qui enim ad levamen tantarum miseriarum illùc accesserat insignis pietate Ephræm, Comes Orientis, Imperatoris voluntate eidem præficitur civitati Episcopus; cui aptè Propheticum illud dictum. (b) ab Antiochenis occinitur: *Ruina hæc sub manu tua.* Agit de ejus electione Evagrius (c): qui eum plurimùm commendat. At quomodò ejus electio, ut divinitùs inspirata, prædicta fuerit, & quæ antequàm in Episcopum assumeretur, fieri contigerunt, audi Sophronium, qui hæc ait (d): Quidam Patrum enarravit nobis de quodam Episcopo, quòd relicto Episcopatu suo, profectus est ad sanctam civitatem, Antiochiam scilicet, quòd (ut dicemus) Theopolis, Dei civitas, fuisset divinitùs appellata, ibique sumpto operarii habitu, ministraverit architectis. De vero tempore vir clemens & misericordiæ operibus deditus Ephræm Comes Orientis erat, ac per ipsum ædificia publica reparabantur: civitas enim terræmotu ceciderat.

b Isai. 3.

c Evagr. lib. 4. c. 5.

d Sophron. Prat. Spir. c. 37.

Annal. Eccl. Tom. VII.

Die autem quadam vidit per visionem Ephræm dormientem Episcopum, columnamque ignis super eum ad cælum usque pertingentem. Hoc autem cum non semel, nec bis, sed sæpiùs cerneret; obstupuit Ephræm (erat quippè visio illa terribilis & plena stuporis) cogitabatque apud semetipsum quidnam hoc esset; neque agnoscebat quis esset ille mercenarius, videns illum coma neglecta, veste sordida, vili & abiecto habitu, & nimia exercitatione & continentia, jugique laboris fatigatione afflictum, & squalidum toto corporis cultu. Accersitum autem operarium ejusmodi Ephræm percunctabatur, quisnam esset: cepit; seorsùm agere cum illo, quo vocaretur nomine, & cujus civitatis esset oriundus, qui ait ad illum: Ego unus pauperum istius civitatis sum; cumque non habeam unde me ipsum sustentare valeam, cogor ut possum, & Deus de laboribus meis pascit me. Motus ergo divinitùs Ephræm, respondit illi, & ait: Crede mihi, non te dimittam, donec mihi de te omnia veraciter professus fueris.

LIII. Visio ostensa Ephræm de Episc. operario.

LIV. Detegitur cementarius Episc.

Cum verò ita constringeretur, neque se ulteriùs posset abscondere, dixit illi: Pollicere mihi, quia quamdiù fuero in vita hac, nemini dices quæ circà me sunt: & talibus enim sacrificiis maximè delectatur Deus. Ista, ut prædixerat, contigerunt. Sanctusque Ephræm, his auditis, glorificavit Deum, dicens: Quantos habet occultos famulos & soli sibi cognitos Deus!] Hæc auctor.

Creatus Episcopus Ephræm, quàm diligentissimè præstitit quod monuerat sanctus Episcopus, ex utroque munere summam sibi comparans claritudinem, ex eleemosynis videlicet & Catholicæ fidei defensione: utroque enim cibo indigebant credita ipsi oves, quòd ob terræmotus (ut vidimus) jacturam passi essent suorum bonorum quæ in civitate reposuissent; & ob fidem Orthodoxam à prædecessoribus hæreticis, Episcopis depravatam, qui pura sinceraque fide eosdem pasceret magnopere opus erat. Quantùm autem sollicitus fuerit pro restituenda firmandaque fide Catholica in Oriente labefactata & eversa, magno illo, & summa admiratione digno declaravit exemplo: cum videlicet sciens apud Hierapolim, Severianum, hæreticum æmulum gloriæ magni illius Simeonis Stylitæ columnam conscendisse, illicque vi-

LV.

K tam

tam ducere admirabilem, & ex ea quasi ex pulpito docere hæresesilluc protinùs cóvolavit, ut tanto malo festinus occurreret. Quæ autem inter ipsum & Severianum Stylitem transacta sint, accipe ex his quæ apud Sophronium scripta leguntur his verbis (a).

LVI.
Ingens miraculum Ephræm Episc. Antioch.

Narravit nobis quidam Patrum de sanɔto Ephræm Antiocheno Patriarcha, quòd valdè zelans fuit & fervens circa fidem. Cum enim audisset de Stylite illo qui erat in partibus Hierapolis, quòd Severianas esset hæreseos, abiit ad illum, ut impietatem amoveret ab eo. Cœpit ergò sanɔtus Ephræm corripere Stylitem, & orare ut accederet ad sanɔtum Apostolicum thronum, & communicaret sanɔtæ & Apostolicæ Ecclesiæ. Respondens verò Stylites ait : Ego Synodo prorsùs non communico, *Chalcedonensi videlicèt*. Dicit ad eum sanɔtus Ephræm : Et quomodò vis ut curem te, & satisfaciam pro gratia Domini nostri Jesu Christi ? Sanɔta Ecclesia libera est ab omni sorde pravitatis hæreticæ. Dicit ad eum Stylites : Accendamus ignem, domine Patriarcha, & ingrediamur simul : & quem flamma non læserit, ille Orthodoxus erit, illum sequi debemus. Hoc autem dixit, ut terreret Patriarcham. Respondit sanɔtus Ephræm Stylitæ : Oportebat quidem te, fili mi, tamquàm patri obtemperare, nihilque à nobis ampliùs quærere. Quoniam verò rem postulasti excedentem quidem vires infelicitatis meæ, confido tamen in miserationibus Filii Dei, quia tuæ salutis causa & hoc faciam. Tunc ait sanɔtus Ephræm astantibus omnibus : Benedictus Dominus, afferte huc ligna.

LVII.
Probata cenditur illa Catholica fides.

Cum verò allata fuissent ligna, succenditque illa Patriarcha ante columnam, dixitque Stylitæ : Descende nunc, & juxtà decretum tuum ingrediamur ambo. Stupefactus ille ad Patriarchæ constantiam, descendere noluit. Tunc dixit ad eum Patriarcha : Nonne tu hoc fieri petisti ? & quomodò id nunc facere non vis ? Tunc exuens se qua indutus erat stola Patriarchali, cum accessisset prope ignem, oravit dicens : Domine Jesu Christe Deus noster, qui propter nos dignatus est de sanɔta Domina nostra Dei genitrice sem-

A
perque Virgine Maria incarnari & nasci ; ostende nobis veritatem .⸱ Et completa oratione jactavit stolam suam in mediis ignibus. Cum autem ignis quasi per tres horas durasset, lignaque jam igne consumpta essent, tulerunt indè stolam integram, ita ut nulla ignis indicia in ea deprehendi possent. Tunc Stylites videns quod factum fuerat, certior de veritate factus, anathematizavit Severum & ejus hæresin ; accedensque ad sanctam Catholicam Ecclesiam, de manibus sancti Episcopi communicavit & glorificavit Deum.] Hucusquè apud Sophronium.

B
Rem tantam plenus Deo sacerdos magna fiducia, fide potens, nihil dubitans est aggressus, quòd necessitas id exigere videretur : cum ob susceptum ab hæretico illo sublime vitæ genus ad perfidiam multitudo populi pellici facilè posset, ignarum præsertim vulgus, dùm non ex sacris litteris, quas ignorat, sed ex vitæ exemplo definire soleat Catholica dogmata. Ne igitur ejus vita nocere simplicibus posset, magno miraculo magnum illud mirandamque ob oculos omnium propositum vitæ sublimis exemplum fuerat superandum ; & quod tamquam idolum exaltatum videbatur adorandum, ostensione summæ Dei

C
potentiæ fuerat prosternendum. Sustulit igitur magnus Patriarcha Ephræm Excelsa, quò confluebat populus ad immolandum : ostendens planè illum verè colendum esse Deum in Israel, qui secundùm Eliæ Prophetæ (b) sententiam, exaudire rogantem per ignem ostensus esset ; illamque esse verè Catholicam fidem, non quam sectaretur spurius Philisthæus : qui ex sublimi columnæ suppedaneo tanta sibi proceritate comparata, insultans agminibus Dei viventis, ad singulare certamen summa jactantia Orthodoxum Pontificem provoca-

D
rât ; sed victus, ductus est in triumphum magna sua utilitate captivus, cum solutus illis est, quibus fuerat impietatis arctioribus nodis astrictus. Tales namquè esse solent Ecclesiæ victoriæ divinitùs concessæ, ut cum vincente victus quoquè triumphet. At de his satis.

LVIII.
Causa præcedens tanti miraculi.

b 3. Reg. 18

I.
Justinianus Imper. creatur.

Q Uingentesimus vigesimusseptimus Christi annus Mavortii, absque collega Consulatu in Fastis notatur : quo Justinus morbo senioque gravatus Justinianum delegit Imperii successorem. Qui enim summa æquitate atque religione imperium ad novum usque annum administrarat, consulens futuris Reipublicæ commodis, de eligendo legitimo successore in Senatu egit : ubi rogatis singulorum sententia, Senatores quem scirent esse in animo ipsius Imperatoris, cuique jàm anteà credidisset moderandas Imperii

E
habenas, qui & esset illi ex sorore nepos ; eundem ex Cæsare dicunt Augustum ipsis Kal. Aprilis. De anno Marcellinus Comes hujus temporis scriptor fidem facit, ubi sub eodem hujus anni Consulatu Mavortii hæc ait : Anno regiæ urbis conditæ centesimo nonagesimoseptimo Justinus Imperator ex sorore sua nepotem, jam dudùm à se Nobilissimum, *nempe Cæsarem*, designatum, regni quoquè sui successorem designavit Kal. Aprilis : ipse verò quarto ab hoc mense è vita decessit, annis imperatis novem & mensibus duobus.] Hæc Marcelli-

Justini obitus.

cellinus , confentientia in omnibus quæ ab eodem Juftiniano Imperatore fcribuntur in edita à fe conftitutione Kal. Septembris anno undecimo fui Imperii , poft Confulatum Belifarii anno fecundo , qui eft annus Domini quingentefimuftrigefimufeptimus . Cum enim ab eo ille annus ab ipfis Kal. Aprilis numerari incipit undecimus fui Imperii ; planè ab hoc anno numerare cœpiffe , dicere neceffe eft . Sed quò de his certior reddaris , audi verba ipfius **A** (a): Inchoetur (*inquis*) mòx , auctore Deo , à præcedente prima Indictione , ita quodammodò de eis fcribentibus : Imperii Juftiniani facratiffimi Augufti anno undecimo , & Poft Confulatum Belifarii clariffimi viri anno fecundo , die ante tot * & tot Kalend. Sicque in omnibus nominentur Imperii anni & noftri .] Et paulò poft : Palàm namque eft , quia nùnc quidem annum undecimum noftri fcribunt Imperii ; inchoante verò Aprili menfe , *nempè fequentis anni*, & prima die , in qua nos Deus Romanorum fuperpofuit rebus , duodecimum annum fcribent .] Hæc ipfe in dicta conftitutione data (ut dictum eft) anno undecimo fui Imperii , menfe Septembri , poft Confulatum Belifarii anno fecundo : ut de his nulla penitùs dubitatio oriri poffit ; teftante etiam id fæpe Procopio , dùm fingulos annos Gothici belli numerat . In quam fententiam cæteris fine controverfia abeunt , uno excepto Alciato , qui etfi doctrina præftans , hic tamen (nifi fit mendum in numero) vifus eft errore lapfus , dùm poft annos duos , nempè Domini quingentefimo undetrigefimo creationem Juftiniani contigiffe tradit (b) . Hæc de tempore fatis .

Quæ verò præcefferint , antequàm ab **D**

A avunculo Imperator decerneretur , à Zonara ita accipe (c): Cum autem (*inquit*) Principes Senatus aliquandò Imperatorem orarent , ut Juftinianum collegam afcifceret ; purpura prehenfa , vobis , inquit , optandum eft , ne hanc junior aliquis induat . At tùm quidem preces eorum fic exclufit . Ipfi verò , parvo tempore interiecto , Nobiliffimi titulum Juftiniano decreverunt , & ab Imperatore impetrarunt , ut id decretum fuis litteris comprobaret . Nec multò poft in malam valetudinem incidit ex ulcere cruris : morboque in fpe vitæ dubia invalefcente , Patriarcha cum creatis **B** Epiphanio & primoribus advocatis ; Juftinianum nepotem Imperatorem decernit , & fuis manibus ejus capiti diadema imponit . Cumque populus in equeftre theatrum conveniffet , Juftinianus coronatus ingreditur , & ab omnibus fauftis acclamationibus acceptus in Regiam revertitur , annos quadragintaquinque natus eo tempore . Statim autem ejus uxor Theodora eft Augufta appellata . Nec multum poft Juftinus è vivis effe defiit , cum annos novem & dies viginti regnaffet .] Hucufque Zonaras . His addit in Annalibus Cedrenus , ipfum , fimulàc Imperator creatus eft , cuncta bona fua , quæ hactenùs poffediffet , ecclefiis donaffe fanctorum Apoftolorum , necnon fanctorum martyrum Sergii & Bacchi , quos colebat .

De ejufmodi Juftiniani Imperatoris in Imperium provectione extat numifma cufum , in quo ambo Imperatores expreffi habentur , iidemque diademate infigniti , & cum infcriptione trium Auguftorum ; per quos defignari Juftinum , Juftinianum atque etiam Theodoram , certum eft.

marginal notes (left column):
a *Conftit. Novell.47. & Auth. Coll. 5. tit.3*
* *vel nono Kal. Junii.*
b *Alciat. parerg. lib. 6. c.14.*
II.

marginal notes (right column):
c *Zonar. Annal.lo.3*
Quid Juftinianus eft Imperatus, per.
III.

Simulàc autem Juftinianus creatus eft **E** Imperator , Agapetus diaconus ad eumdem paræneticam fcripfit epiftolam , qua eum admonet , quomodò fe gerere deberet in adminiftratione . Imperii : quod quidam dignum monumentum paucos ante annos è latebris erutum & è blattis & carie vindicatum , in lucemque Lugduni editum , hîc tibi tamquàm in arca publica perfpicua omnibus , ne iterùm pereat oblivione fepultum , collocandum putavimus . Quifnam autem fuerit Agapetus ifte diaconus , in fine ipfius epiftolæ differemus : ejus verò titulus fic fe habet :

Annal. Eccl. Tom. VII.

EXPOSITIO CAPITUM   IV.
AD MONITORIORUM,
edita extempore ab Agapeto diacono
fanctiffimæ Dei magnæ Ecclefiæ . Quorum apex litterarius fic fe habet.

Divo & pientiffimo Imperatori noftro Juftiniano , Agapetus minimus diaconus .

Honore quolibet fublimiorem cum habeas dignitatem , ò Imperator , honora

marginal note: Parænetica epift. ad Juftin. Imp.

K 2   fuprà

supra omnes qui hoc te dignatus est Deum; quoniam juxta similitudinem cælestis regni, tradit tibi sceptrum terrenæ potestatis, ut homines edoceres justi custodiam, & eorum qui adversus ipsum insaniunt, insectare eis latratum, tùm ipsius obtemperans legibus, tùm subditos tibi regens legitimè.

Ceu gubernator vigilat perpetuò Imperatoris oculatissimus intellectus continens tutò æquitatis clavos, atque expellens fortiter impetuosos iniquitatis fluctus, ut ne cymba mundanæ Reipublicæ illidatur fluctibus iniquitatis.

V. Divinum documentum, & potissimum nos homines, ut cognoscat se quisque, docemur. Qui enim se ipsum cognovit, cognoscet Deum: Deum verò qui cognovit, assimilabitur Deo: assimilabitur autem Deo, qui dignus factus Deo est: dignus denique fit Deo, qui nihil indignum patrat Deo, sed qui ut cogitat quæ ipsius sunt, ita tàm loquitur quæ cogitat, quàm facit quæ loquitur.

Majorum nobilitate ne quis delicietur. Limum enim habent omnes generis auctorem, & qui purpura byssoque turgent, & qui paupertate & adversa valetudine affliguntur; tàm qui diademate redimiti sunt, quàm qui per cubicula excubant. Ne igitur lutulentum jactemus genus, sed morum integritate gloriemur.

VI. Scito ò pietatis divinitùs fabricatum specimen, quia quantò majoribus dignus habitus es, tribuente Deo, muneribus; tantò majoris retributionis ipsi debitor es. Ergò redde benefactori debitum gratitudinis, acceptanti debitum ut meritum, & beneficio beneficium rependenti. Ipse enim semper & beneficiis prior promeretur, & ut debitum beneficia repensat: gratitudinem autem exigit à nobis, non quę verborum blandorum prolatione, sed quę rerum piarum oblatione peragitur.

Nulla res adeò commendabilem reddit hominem, ut posse quidem quæ velit efficere, semper humana & velle & agere. Quoniam igitur à Deo tibi donata est facultas, qua indigebat, propter nos bona tua voluntas omnia & velis & agas, prout ei placet qui eam tibi dedit.

VII. Terrenarum opum instabiles divitiæ fluviatilium undarum imitantur cursum. Modicùm enim affluunt his qui habere se eas arbitrantur: mòx verò refluentes, ad alios accedunt. Solus autem beneficentiæ thesaurus stabilis est possidentibus eum; bonarum enim actionum meritum ad auctores retorquetur.

Inaccessus nimirùm existis hominibus propter celsitudinem hujus quod hic deorsùm est Imperii. Facilis item aditu sis indigentibus ob vim supernæ illius potestatis; atque aperias aures his qui à paupertate obsidentur, ut invenias Dei auditum adapertum. Quales enim ergà nostros fuerimus conservos, talem circa nos reperiemus Dominum.

VIII. Solicitam Imperatoris animam speculi A in modum abstergi oportet, ut divinis splendoribus semper coruscet, rerumque distincta judicia indè condiscat. Nihil enim adeò facit quæ peragenda sunt conspicere, atque custodire eam perpetuò sinceram.

Scuti fit apud navigantes; cum nauta errat, modicum affert navigantibus nocumentum; cum verò ipse gubernator, totius efficit navigii perniciem; sic & in civitatibus, siquis ex subditis peccet non tàm Rempublicam, quàm se ipsum lædit; sin verò ipse Princeps, universæ infert Reipublicæ detrimentum. Is igitur ut non B exiguam redditurus rationem, si quid neglexerit eorum quæ facto opus sunt, cum exquisita diligentia & dicitet cuncta, & factitet.

Circulus quidam humanarum revolvitur rerum, qui modò sic, modò aliter agitat ipsas & circumfert; atque in his inæqualitas est, eo quòd nihil ex præsentibus in eodem statu maneat. Oportet igitur te, potentissime Imperator, in hac rerum versatili mutatione immutabilem habere pietatis cognitionem. IX.

Aversare adulatorum pellaces sermones, ut corvorum rapaces mores. Illi namquè C corporis effodiunt oculos, isti autem animæ hebetant cogitatus, cum non permittant perspicere rerum veritatem: vel enim commendant nonnumquàm quæ reprehensione digna sunt, vel reprehendunt plerumquè quæ omni laude sunt majora: ut de duobus alterum ab ipsis committatur, vel pravorum laus, vel contumeliosus bonorum contemptus.

Æqualem oportet semper esse Imperatoris animum; mutari enim pro rerum varietatibus, mentis instabilis argumentum efficitur. Firmiter autem bonis inhærere, qua firmitate pium vestrum corroboratum D & fixum est Imperium, & neque usque ad insolentiam extolli, neque usque ad animi consternationem deiici, in tuta veluti basi stabilitorum est hominum, inconcussamque habentium animam. X.

Si quis purgatam habet cogitationem de humana deceptione, perspicitque suæ naturæ vilitatem, brevitatemque & caducam sortem præsentis vitæ, ac carni conjunctas insitasque sordes; ad superbiæ numquàm illabetur præcipitium, quamvis in excelso dignitatis fastigio consistat.

Super omnia præclara quæ regnum habet, cultus divini corona Regem exornat. XI.
E Divitiæ namquè abeunt & gloria transit; sed vitæ Deo placentis gloria immortalibus sæculis coextenditur, & trans oblivionis tenebras collocat possidentes.

Vehementer mihi videtur absurdissimum esse, quòd divites & pauperes homines ex dissimilibus rebus detrimentum simile patiuntur. Illi namquè satietate perrumpuntur, hi verò fame pereunt. Item illi occupant ultimos mundi terminos, hi non habent ubi callosa pedum vestigia sistant. Ut igitur utraque pars sanitatis fiant compotes, auferendo, & diminuendo istos

regere

XII.

regere oportet, atque ad æqualitatem inæqualitas transferenda est.

Nostris temporibus ostensum est prosperæ vitæ tempus, quod prædixit quidam ex veteribus futurum, cum vel philosophi regnarent, vel Reges philosopharentur. Nam philosophando digni habiti regno estis, & regnando à philosophia non descivistis. Si enim amare sapientiam, efficit philosophiam; principium autem sapientiæ, Dei est timor, quem in pectoribus vestris jugiter habetis: clarum quàm verum sit quod à me dicitur.

Te re vera Regem assero, quippe qui & imperare ac dominari voluptatibus valeas, & sis corona castitatis revinctus & purpuram justitiæ indutus. Aliis namque potestatibus mors ipsa succedit; hujuscemodi verò regnum immortalem servat perpetuitatem. Item aliæ hoc in sæculo solvuntur, hæc autem à perpetuo supplicio liberatur.

XIII.

Si honorem qui ab omnibus proficiscitur, perfrui vis, præsta te communem omnium benefactorem: nihil enim adeò attrahit ad benevolentiam, ut beneficii gratia, quæ datur indigentibus: quod enim ob metum præstatur obsequium, fucata est adulatio ficti honoris titulo fallens eos qui ipsi animum advertunt.

Venerandum jure est vestrum Imperium, quia hostibus quidem demonstrat potestatem, subditis verò exhibet humanitatem: & cum illos vincas armorum vi, inermi charitate vinceris à suis. Quantum enim feræ & ovis interstitium est, tantum esse inter eos discrimen putatur.

Essentia corporis æqualis est cuilibet homini, Imperator, potestate autem dignitatis cunctorum præsidi Deo similis est. Non enim habet in terris se quemquam altiorem. Oportet igitur ipsum ut Deum non irasci, & ut mortalem non efferri. Nam etsi effigie divina honoratus est, at pulveri tamen terreno connexus est: quo edocetur, ut in omnes servet æqualitatem.

XIV.

Amplectere eos, qui bonorum te consiliorum admonitum volunt, non eos qui adulari sæpe numero student. Illi enim quod expedit revera perspiciunt; hi verò ad ea quæ placent potentibus respiciunt, corporumque umbras imitantes, singulis eorum dictis applaudunt.

Talem te præsta tuos ergà famulos, qualem optas ergà te Dominum esse: prout enim audimus, audiemur, & ut respicimus, respiciemur à divino cunctaque obtuente aspectu. Priores igitur nos misericordiæ misericordiam conferamus, ut pari par recipiamus.

Sicut exquisita specula tales monstrant vultuum facies, qualia ipsa sunt archetypa, nitidas videlicet nitentium, tristes autem eorum qui sunt tristes: eodem pacto justum Dei judicium nostris actionibus assimilatur. Qualia enim sunt quæ à nobis præstantur, talia ipse nobis par pari referens exhibet.

XV.

Consulta quæ agenda sunt, cunctanter: exequere autem quæ decreveris, maturè: quoniam periculosum est admodùm inconsiderata in rebus temeritas. Si quis enim quæ ex inconsulta mente proveniunt mala conceperit animo, facilè comperiet boni consilii commoda, ut qui sanitatis dotem post ægrotationis experimentum persentiscunt. Debes igitur, cordatissime Rex, tùm consilio prudentiore, tùm precibus ad Deum impensioribus exquirere diligenter, quæ mundo sunt profutura.

Optimè reges egregium tuum Imperium, si omnia des operam perspicere, nec negligere patiare quicquam. Neque enim parvum est in te, quod parvum esse apparet comparatione tuorum; quoniam vel exile Imperatoris verbum ingentem obtinet apud omnes vim.

XVI.

Tibi ipsi custodiendi leges impone necessitatem, cum non habeas in terris, qui te possit cogere. Sic enim tùm legum præteferes cultum ipse, ante alios eas reverendos; tùm subditis constabit, legum prævaricationem periculi non esse immunem.

Peccare, & non cohibere peccantes, juxtà æstima. Si quis enim in civitate vitam quidem ipse traducat justè, toleret autem viventes iniquè, socius malorum apud Deum judicatur. Quod si velis bifariam approbari, ut pulcherrima quæque gerentes honoras, ita teterrima patrantibus succense.

Expedire admodum arbitror, effugere pravorum contubernia. Qui enim cum hominibus improbis semper versatur, eum vel pati vel discere malum aliquid necesse est: qui vero una cum bonis degit, vel imitationem honestorum edocetur, vel diminutionem vitiorum condiscit.

XVII.

Terrarum orbis à Deo cum concreditum tibi sit regnum, cave ne aliquo utaris ex pravitate ad rerum administrationes. Quæ enim illi perperàm fecerint, eorum rationem reddet Deo, qui peccandi facultatem ipsis indulserit. Magna igitur & diligenti cum perscrutatione magistratum promotiones fiant oportet.

Æquale reor esse malum, & inimicorum excandescere flagitiis, & amicorum permulceri blanditiis. Oportet enim utrisque viriliter resistere, nec usquam à decoro discedere, neque irrationabilem eorum malevolentiam ulciscendo, neque fictitiam horum benevolentiam remunerando.

XVIII.

Existima verissimos amicos, non qui laudent, omnia quæ dicantur abs te, sed qui nihil non integro judicio facere contendunt: sic ut gratulentur tibi, si benè; tristentur contra, si perperàm dixeris, fecerisve. Hi enim revera ab omni fraude abhorrentis amicitiæ præseferunt insignia.

Ne mutet tibi magnanimam mentem terrenæ hujus potestatis moles: sed ut fragilem fatoque obnoxium regens principatum, immutabilem habeto mentem in rebus mutabilibus, nimia neque lætitia sublimem te ex-

te extollens, neque mæstitia vilescens.

Sicut aurum quamvis modò sic, modò aliter ab arte transfiguretur, atque ad varias ornamentorum species transformetur, permanet tamen id quod est, nec mutationem patitur; sic ipse quoque, inclytissime Rex, licet aliud ex alio per gradus obtinueris Imperium, pervenerisque ad ipsum supremum honorem, idem tamen permanes non in eisdem rebus, immutabilem continens in officio animum.

Existima tùnc demùm te tutò regnare cum volentibus imperas hominibus. Quod enim invito animo subiicitur, seditionibus fluctuat, capta occasione; quod verò vinculis benevolentiæ regitur, stabilem servat erga rectorem obedientiam.

Ut dominium Imperii facias decantabile, quantam habes adversùs subditos peccantes iram, tantam habendam esse tibi adversùs te ipsum peccantem censeto. Nemo enim valet tanta pollentem potestate corrigere, nisi ratio propria, quæ ex ipso peccante moveatur.

XIX. Magnam qui potestatem adeptus est, largitorem potestatis imitetur pro viribus. Si enim imaginem gestat omnium præsidis Dei, atque per ipsum continet rerum principatum; in eo maximè imitabitur Deum, ut non existimet quicquam misericordia pretiosius.

Super aurum, & lapidem pretiosum beneficentiæ divitias nobis veluti thesaurum recondamus. Illæ namquè tùm in præsenti vita oblectant spe futuræ fruitionis, tùm in futura dulcedinem afferunt, experimenta gustuque speratæ beatitudinis: quæ verò nùnc circà nos apparent, tamquàm nihil ad nos pertinentia, ne nos allectent.

Da operam ut eos (splendidoribus demerearis remunerationibus, qui cum benevolentia capessunt,quæ mandantur abs te. Hoc enim pacto & bonorum augebis alacritatem, & malos docebis, ut dediscant malitiam. Eisdem enim censeri dignos qui non eadem faciunt, nimis nefarium est.

XX. Pretiosissimum omnium est Imperium; tùnc verò vel maximè hujuscemodi est, cùm hac qui circumdatus est potestate, non ad pertinacem & temerariam sævitiam propensus sit, sed ad æquitatem respiciat, inclementiam, ut ferinam aversando, humanitatem ut Deo similem præseferendo.

Æqua lance tàm ad amicos, quàm ad inimicos vergens, judicandi munus obito, neque benevolis de te gratificans ob benevolentiam, neque malevolis ob resistens propter inimicitias. Quoniam ejusdem est absurditatis, & injustum ut justum probare, etsi sit amicus; & iniuriam justo inferre, etsi sit inimicus: malum enim utrobique simile est, tametsi in contrariis inveniantur.

XXI. Intenta mente auscultari debent rerum Judices. Difficilis namquè captu est justi inventio, facilèque effugere solet non admodùm attendentes. Quod si prætermissa dicentium eloquentia, dictorumque neglecta verisimilitudine, ad penitissimam

A intentionum profunditatem penetraverint; sic demùm hauriunt quod ab ipsis quæritur, geminique insontes erunt delicti, neque ipsi honestum prodendo, neque aliis id ut committant concedendo.

Æqualia numero sideribus etsi habueris rectè facta, non tamen superabis Dei bonitatem. Quæcumque enim quispiam obtulerit Deo sua, ipsi offeret ex suis. Et sicut anteire nulli datur suam in Sole umbram, prævenientem semper, vel nimis properantem; ita insuperabilem Dei bonitatem nulli benè factis homines extedent.

B Inexhaustæ sunt beneficentiæ opes. Nam largiendo acquiruntur, & dissipando colliguntur. Has tuoinsitas animo habens, munificentissime Imperator, largire omnibus affatim potentibus a be ... ἀπαραλείας enim pro eis habebis remunerationes; cùm tempus operam remunerandi venerit. XXII.

Nutu Dei regnum adeptus, imitare eum bonis operibus; quia inter eorum numerum natus es, beneficio qui afficere possunt, non qui affici postulant. Parum enim rerum copiæ nullam impedimentum esse potest, quò minùs conferantur in pauperes beneficia.

C Sicut oculus innatus est corpori, ita Imperator mundo adaptatus est, à Deodatus pro administratione eorum, quæ usui sunt. Oportet igitur eum omnibus hominibus quasi propriis membris prospicere, ut proficiant in bonis, neu malorum offensaculo illidantur.

Tutissimam arbitrare salutis tuæ custodiam, nulla quemquam ex subditis afficere iniuria: qui enim offendit neminem, suspectum habet neminem. Quod si nulla quemquam afficere iniuria tutelam conciliat, longè beneficiis collatis magis id præstabit: nam ut tutelam exhibet, ita charitatem non prodit. XXIII.

D Esto subditis, pientissime Imperator, & formidabilis ob excellentiam potestatis, & amabilis ob largitionem beneficentiæ; neque formidinem contemnens propter amorem, nec item amorem negligens ob formidinem; sed tàm mansuetudinem præteferens haud aspernabilem, quàm aspernabilem familiaritatem immiti severitate castigans.

Quæ subditis verbo quasi lege præscribis, hæc tu præveniens reipsa præstes; ut verbis, quibus persuades, integra quoque vita adstipuletur. Sic enim commendabile tuum asseverabis Imperium, si & ratiocineris non sine opere, & opereris non sine ratione.

E Eos plus ama, serenissime Imperator, accipere abs te beneficia qui supplicant, quàm tibi qui contendunt offerre munera. His enim debitor referendi gratiam efficeris; illi verò Deum dant tibi vadem, vendicantem sibi pertinereque ad se putantem, quæcumque ergà supplices contuleris, & remunerantem bonis retributionibus tuam tàm piam, quàm perhumanam intentionem. XXIV.

Solis profectò partes sunt, illustrare radiis Orbem; Principis verò virtus est, egenorum

norum mifereri. Porrò illo clarior eft Imperatore qui pius eft. Illo namque cedit fuccedenti nocti; hic autem rapacitati pravorum non concedit indulgetve quicquam, sed lumine veritatis iniquitatis occulta coarguit.

Priores quidem te Imperatores principatus adornavit: tu verò eum, præstantiffime, illuftriorem reddidifti, manfuetudinem temperans diluifque poteftatis molem, bonitateque vincens adeuntium te formidinem. Quapropter tuæ serenitatis portum fubeant omnes qui misericordia indigent; fluctibufque paupertatis liberati, gratiarum actores hymnos ad te miffitant.

XXV. Quantum, poteftate cæteris antecellis, tantum factis etiam emicare ante alios eniteto. Perfuafiffimum enim habe, eam abs te poftulari honeftorum operationem, quæ magnitudini virium proportione refpondeat. Ut igitur à Deo quafi per præconem victor declareris, corona invicti Imperii tuo capiti impofita, coronam etiam ex promerendis pauperibus acquirito.

Contemplator, priufquàm mandes, quæ fieri velis: fic fiet, ut femper prudenter jubeas quæ fuveft. Lubricum enim eft inftrumentum linguæ, maximumque affert negligentibus periculum. Quod fi pium intellectum veluti muficum illi præfeceris, omnibus harmoniæ numeris concinnatum virtutis modulabitur melos.

XXVI. Acutum quidem effe oportet omnem Principem, cùm in aliis, tùm vel maxime in afferendo de rebus difficillimis judicio; lentum autem ad irafcendum fe præftare. Et quoniam omnimoda iræ abfentia afpernabilis eft, & irafcatur mediocriter; & non irafcatur: illud, ut pravorum impetum comprimat; hoc, ut propenfioec bonorum pervestiget.

In exquifita tui cordis curia diligenter perfpicito converfantium tecum mores; ut pernofcas adamuffim, & quos charius te colere compellit, & qui tibi per fraudem adulantur: plerique enim benevolentiam fimulantes, magno credentibus detrimento funt.

Sermonem cum audis juvare valentem, ne auribus eum modo, verùm opere etiam excipito: fic enim Imperatoris exornatur decoraturque dominium, cùm vel ex fe confiderat quæ decent, vel ab alio reperta non defpicit: fed tùm difcit fine verecundià, tùm exequitur fine cunctatione.

XXVII. Arx quidem indepopulabilibus muris munita contemnit obfidentes fe: pium autem veftrum Imperium cum & liberalitate ergà miferos veluti muro cinctum, & precum turribus corroboratum fit; invictum nullifque hoftium telis pervium fit, præclara & celebria contrà eos erigens trophæa.

Utere ut oportet regno hoc inferiore, ut fcala tibi fiat fuperioris claritatis. Qui enim hanc rectè gubernant, illa quoque poftmodum digni cenfentur: hanc autem rectè gubernant, qui paternam fubditis oftendunt charitatem, & Principi debitam

A ab ipfis recipiunt timorem. Itaque minis quidem vitia compefcent; fupplicii autem fenfum ipfis neutiquàm infligent.

Veftimentum non veterafcens eft beneficentiæ amictus, & incorrupta ftola eft chafitas ergà pauperes. Eum igitur oportet qui piè regnare vult, talium indumentorum pulchritudine animam exornare. Amoris enim in egenos qui indutus eft purpuram, cæleftis quoque regni compos efficitur.

XXVIII. Sceptrum Imperii cum à Deo fufceperis, cogitato quibufnam modis placebis ei qui id tibi dedit, quòque omnibus hominibus ab eo fis prælatus, magis omnibufque um honeftare feftina. Porrò id ipfe honeftamentum arbitratur maximum, fi quafi ipfum, factos à fe uteris, atque ut debiti exolutionem, benefaciendi munus adimplea.

Recurrere ad fupernum auxilium cùm homo quivis debet falutem qui expetat, tùm ante omnes Imperator, utpotè qui pro omnibus folicitus eft. cum enim à Deo cuftodiatur, tàm hoftes generofa manu debellat, quàm fuos fedulò communit.

Deus nulla re indiget, Imperator folo Deo. Imitare igitur nullum indignum, potentibufque fac uberem misericordiæ copiam; non exacta & ad vivum refecante rum ratione impenfarum tuarum ergà famalatum utens, fed omnium de fuftinenda vita petitionibus fatisfaciens. Longè enim fatiùs eft, merito dignorum etiam indignis mifereri, quàm indignorum vitio dignos iis defraudare quæ merentur.

XXIX. Veniam cum delictorum tuorum petas, ipfe quoque te offendentibus ignofce: quoniam remiffioni retribuitur remiffio, noftræque cum confervis noftris reconciliationi, Dei amicitia & familiaritas.

Qui inculpabiliter Principem agere ftudet, cùm notas cavere debet quæ forinfecùs inuruntur, tùm fe ipfum antè alios verecundari, ut & apertè delinquere abftineat propter alios; & à fe ipfo cohibeatur quò minùs privata feorsùm flagitia committat. Si enim ex fubditis funt qui reverentia digni habentur, multò magis ea dignius Imperator efficitur.

Privati vitium effe affero, patrare prava, fupplicioque digna; Principis verò culpam, non facere quæ honefta funt; falutemque pariunt; neque enim malorum abftinentia juftificat potentem, fed bonorum editio coronat eumdem. Ne igitur malitia dumtaxat abftinere cogitet, fed juftitiam etiam capeffere contendat.

XXX. Dignitatum fplendores mors haud reformidat: omnibus enim voraces fuos dentes infligit. Ergò antè illius ineluctabilem adventum, opum copiam tranfportemus in cælum. Nemo enim quæ colligit in mundo, illùc profectus abducit: fed omnibus in terra derelictis, nudus de vita fua reddit rationem.

Imperator ut eft omnium dominus, ita cum omnibus Dei fervus exiftit. Tùm igitur demùm vocabitur dominus, cùm ipfe fibi dominari, nec illicitis voluptatibus famula-

mulari patietur : tùm adiutricem piam rationem assumens, invictam scilicèt imperatricem animi perturbationum rationis expertium, indomitas cupiditates armatura castimoniæ debellabit.

Quemadmodùm umbræ corpora sectantur, sic animas flagitia comitantur, evidenti effigie actiones experimentia : ideò non datur in judicio negare. Ipsa enim uniuscujusque opera obtestabuntur, haud sanè vocem emittendo, sed talia prorsus sese repræsentando, qualia à nobis patrata sint.

XXXI. Navis per mare commeantis imitatur transitum compendiosa præsentis vitæ conditio, quæ sanè nos nautas fallens suos, & pedetentim cunctanti raptos cursu, tandem ad suum cujusque exitum perducit. Si igitur hæc ità se habent, prætercurramus præcurrentia mundi negotia, adcurramusque his quæ ad sæcula sæculorum permanent.

Fastuosus & superciliosus homo ne ut taurus alticornis elevetur, sed animadvertens carnis subsistentiam, sedare debet cordis elationem. Nàm etsi factus est Princeps in terra, ne tamen ignoret sese ortum ex terra, cum ex pulvere ad solium conscendere, atque in pulverem tandem descendere possit.

Studeto semper, invictissime Imperator, & sicuti scalas qui scandere incipiunt, non priùs desistunt ad superiora ferri, quàm ad supremum perveniant gradum ; ità tu quoque jugiter honestorum ascensum continuato. Sic fiet, ut cælestis quoque regni fructum aliquandò percipias : quod utinam & tibi tribuat & conjugi Christus Rex omnium, & qui regnat, & qui regno subiiciuntur, in sæcula.] Hactenus Agapeti saluberrima ad Justinianum Imperatorem admonitio.

XXXII. Quisnam autem iste fuerit Agapetus diaconus, diù multùmque quæsitum est. Vixit his temporibus Agapetus diaconus S. R. E. qui nominatus cum aliis reperitur in Actis tertiæ Romanæ Synodi sub Symmacho Romano Pontifice, idemque creditus qui posteà sub eodem Justiniano Imperatore creatus est Romanus Pontifex, vir sanè doctrina atque pietate insignis, & apud eundem Justinianum magnæ auctoritatis : ut planè ex his omnibus possit ejusmodi scriptio existimari dicti Agapeti fuisse. Verùm cum eadem Græcè scripta habeatur, & quidem Atticè atque admodùm excultè loquentis ; non Latinum, sed Græcum in omnibus auctorem ostendit. Scimus his Justiniani Augusti temporibus duos claruisse Constantinopoli Agapetos, eorumdemque esse sæpiùs mentionem in Actis Synodi Constantinopolitanæ sub Menna : verùm quòd ambo essent monasteriorum Archimandritæ, iste autem de quo est sermo diaconus dicatur magnæ Ecclesiæ, alius diversusque fuisse videtur ab illis, idemque primæ Ecclesiæ diaconus : ità quidem eam fuisse appellatam, sanctam Magnam Ecclesiam, constitutiones quamplurimæ ejusdem Imperatoris significant. Hæc de au-

ctore epistolæ dicta sunto : cui quamdiù idem Imperator aurem præbuit, justè recteque in omnibus Imperium administravit; ubi verò deflexit, sibi, orbique Romano ruinam paravit. Sed de his hactenùs.

XXXIII. Cum primùm autem in Occidente cognitum est, Justinianum Imperatorem creatum esse ; mox qui Theodorico Regi successerat in Italiæ regnum Athalaricus, honorificam ad ipsum legationem decernit, duobus ad hoc muneris delectis legatis, quibus & has litteras dedit (a):

(a) Apud Cassiod. l.8. ep. 1.

Justè possem reprehendi, clementissime Principum, si pacem vestram quærerem trepidè, quam parentes meos constat ardentiùs expetiisse. Aut in qua parte dignus hæres existerem, si auctoribus meis impar tanta gloria reperirer ? Non ut majorum purpuratus tantùm ordo clarificat, non sic regia sella sublimat, quantùm longè latèque potens gratia vestra nobilitat. Omnia enim regno nostro perfectè constare credimus, si hanc nobis minimè deesse sentimus. Sed ut pietatis vestræ præconia est diligere, quorum patres contigit vos amasse. Nemo enim creditur impendisse veteribus puritatem innocuam, nisi qui eorum stirpem habere probatur acceptam. Claudantur odia cùm sepultis; ira perire noverit cum protervis ; gratia non debet occumbere cum dilectis ; sed magis affectuosiùs tractandus est, qui ad regni causas innocens invenitur. Perpendite quid à vobis mereatur successor bonorum *.

* honorum

XXXIV. Vos avum nostrum in vestra civitate celsis curulibus extulistis. Vos genitorem meum in Italiæ palmatæ claritate decorastis ; desiderio quoque concordiæ factus est per arma filius, qui unus * vobis penè videbatur æquævus : hoc nomen adolescenti congruentiùs dabitis, qualia nostris senioribus præstitistis. In parentelæ locum noster jam transire debet affectus : nàm ex filio vestro genitus, naturæ legibus vobis non habetur extraneus. Atque ideò pacem non longinquam, sed proximam peto : quia tunc mihi dedistis gratiam nepotis, quando meo parenti adoptionis gaudia præstitistis. Introducamur in vestram mentem, qui adepti sumus regiam hereditatem. Illud est mihi suprà dominatum, talem ac talem Rectorem habere propitium. Primordia itaque nostra solatia mereantur Principis longævi habere, pueritia tuitionem gratiæ consequatur ; & non in totum à parentibus destituitur, qui tali protectione fulcimur. Sit vobis regnum nostrum gratiæ vinculis obligatum. Plùs in illa parte regnabitis, ubi omnia charitate jubebitis.

* annis

XXXV. Quapropter ad serenitatem vestram illum & illum legatos nostros æstimavimus esse dirigendos, ut amicitiam nobis illis pactis, illis conditionibus concedatis, quas cum divæ memoriæ domino avo nostro inclytos decessores vestros constat habuisse. Aliquid forsàn & amplius mereor sinceritatis, cujus nec ætas videtur esse suspecta, nec generatio jàm probatur extranea. Quædam

dam verò per ſupraſcriptos legatos noſtros ſereniſſimis ſenſibus verbo inſinuanda commiſimus, quæ clementiæ veſtræ more ad effectum facite pervenire.] Hactenùs Athalarici epiſtola ad Imperatorem.

XXXVI. **Arator legatus Comes domeſt.** Quinam autem fuerint duo hi legati Conſtantinopolim miſſi, licèt eorum nomina in dicta epiſtola minimè inveniantur expreſſa, tamen ex alia Athalarici Regis epiſtola alter eorum oſtendi videtur fuiſſe Arator magni nominis temporis hujus horator, quem ad legationis honorificentiſſimæ functionem anteà exornatum voluit egregia dignitate Comitivæ Domeſticorum. Extat de his ipſius Regis epiſtola *(a)*, qua ejuſdem Aratoris in facultatibus rhetoricis excellentia declaratur atque laudatur. Reperiuntur ad hunc ipſum Aratorem complures epiſtolæ Ennodii Ticinenſis & oratoriæ dictiones. Hunc eumdem putamus Aratorem poeticis quoqꝫ facultatibus præſtantem, qui tandem cùm reliſta aula regia, ſe miniſterio Eccleſiæ ſub Vigilio Papa dicavit, creatus ſubdia-

a Apud Caſſiod. l. 8. ep. 1.

XXXVII. A conus hæc ſcripſit in carmine ad Vigilium Romanum Pontificem :

Eccleſiam ſubeo, dimiſſa naufragus aula :
Perfida mundani deſero vela freti.
Transferor ad niveas Petri ſine turbine caulas,
Et fruor optati jam ſtatione ſoli.]

Hæc de Aratore altero legatorum : quiſnam autem ei collega acceſſerit, ignoratur.

Firmaſſe verò Juſtinianum cum Athalarico Rege concordiam, ſatis poteſt intelligi, quòd dùm vixit, numquàm eidem negotium faceſſivit. Magnam quidem conſuetudinem & amicitiæ uſum interceſſiſſe Juſtiniano cum matre Athalarici Regis Amalaſuntha, quæ ſcribit Procopius in ejus obitu manifeſtant. Sed & cuſa numiſmata oſtendunt conciliatam fuiſſe pacem, ſancitamque concordiam inter Athalaricum Regem atque Juſtinianum Imperatorem, dùm in unius nummi altera parte Juſtiniani Imperatoris nitet imago, in altera verò nomen inſcribitur (ut vides) Athalarici Regis,

b Habet Roma Lælius Paſqual. aur.

(b)

Quo plane ſymbolo, ſuſcepiſſe etiam pueri Regis patrocinium Juſtinianum Auguſtum, intelligere poſſumus ; quam ſumma prudentia moderante ipſa Amalaſuntha Athalarici Regis matre, quæ novit Juſtiniani animum officiis aſſiduis demerere. Porrò Imperator ita pacem cum Ariano Rege tenuit, ut tamen Arianos in Oriente poſitos ſæpè legibus exagitarit : nàm audi Cedrenum : Cumqꝫ multos procerum labe Ariana vitiatos deprehenderet, bonis eorum publicandis, & ſuppliciis in rogandis, magnum aliis terrorem incuſſit, lege etiam lata, ut nemo niſi Orthodoxus Rempublicam gereret.] Hæc ipſe. At non Athalaricum tantùm, ſed Hildericum etiam Regem Vuandalorum in Africa Juſtinianum ſequenti legatione conveniſſe pro pace, & muneribus frequentaſſe, plurimùmque coluiſſe, Procopius narrat *(c)*. De legatione autem Francorum ad eumdem Juſtinianum miſſa agemus ſuo loco.

Pax ſancta abſque præjudicio Catholicæ fidei.

c Procop. de bello Vuand. l.1.

XXXVIII. Sic igitur Deo benè diſponente res Imperii, Juſtinianus haud ingratus exiſtens, quæ Deo grata eſſe ſciret, explere curavit, nempe ut quæ eſſent Catholicæ religionis, optimè perficerentur : ita ratus omnia feliciſſimè ceſſura Imperatori, qui

D quæ Dei ſunt, ſummo ſtudio implere ſatageret. Quamobrem ipſo ſui Imperii exordio de fide Catholica, quam profitebatur, promulgavit edictum : ut eo modo fides Catholica, quam ipſe teneret, & æquè vellet ab omnibus cuſtodiri, cunctis ſibi ſubditis innoteſceret ; quod ſic ſe habet *(d)* :

Cum recta & inculpata religio, quam profitetur & prædicat ſancta Dei Catholica & Apoſtolica Eccleſia, nullo modo innovationem admittat ; nos doctrinam ſanctorum Apoſtolorum, & eorum qui poſt illos in ſanctis Dei Eccleſiis verſati ſunt, ſequentes, æquum eſſe exiſtimavimus, notam & teſtatam omnibus ſpem quæ in nobis eſt relinquere, traditioni & confeſſioni ſanctæ Dei & Catholicæ Eccleſiæ adhærentes. Credentes enim in Patrem & Filium & Spiritum ſanctum, unam eſſentiam in tribus perſonis adoramus, unam divinitatem, unam potentiam, Trinitatem conſubſtantialem. In extremis autem diebus confitemur unigenitum Dei Filium ex Deo Deum, ante ſæcula ſine tempore ex Patre genitum, coæternum Patri, ex quo omnia, & per quem omnia, deſcendiſſe de cælis & incarnatum ex Spiritu ſancto, & ex beata & glorioſa ſemper Virgine Maria hominem factum,

d l 1. C. de ſum. Trinitat. diverſa tranſlatione.

XXXIX. De fide Catholica Juſtiniani edictum.

A

&um, & crucifixum, sepultum esse, & die tertio resurrexisse, unius ejusdemque miracula, & passiones, quas sponte in carne sustinuit, agnoscentes. Non enim aliud Dei Verbum & alium Christum agnoscimus, sed unum eumdemque consubstantialem Patri secundùm divinitatem, eumdemque consubstantialem nobis secundùm humanitatem. Trinitas enim permansit Trinitas, etiam incarnato uno è Trinitate Dei Verbo: neque vero quartæ personæ accessionem sancta Trinitas admittit.

XL.

Quæ cum ita se habeant, anathemate & execratione summa omnem hæresim condemnamus, cùm verò vel maximè Nestorium ἀνθρωπολάτρην, id est, hominis cultorem & adoratorem, qui unum Dominum nostrum Jesum Christum Filium Dei & Deum nostrum dividit & distrahit, neque propriè & convenienter veritati sanctam gloriosam semper Virginem Mariam Deiparam confitetur; sed alium quidem Dei Verbum ex Deo Patre appellantem, alium autem eum qui natus sit ex sancta semper Virgine Maria, qui secundùm gratiam & benevolentiam ergà Deum Verbum, Deus factus est. Necnon amentem illum Eutychetem vanas quasdam opiniones adducentem, & negantem ex sancta semper Virgine Deipara Maria vera m incarnationem, hoc est, salutem nostram; neque omninò confitentem consubstantialem Patri secundùm divinitatem, eumdem consubstantialem nobis secundùm humanitatem. Item Apollinarium illum ψυχοφθόρον, id est, humanam mentem Christo adimentem, qui affirmat Dominum nostrum Jesum Christum Filium Dei & Deum nostrum mentis humanæ expertem esse, & confusionem in humanitate Filii Dei introducit. Denique omnes eos, qui illorum opinionem secuti sunt, & adhuc sequendam putant. Quòd si post hanc nostram constitutionem, & plenissimam beatissimorum Episcoporum, qui in nostris regionibus constituti sunt, denunciationem, reperti fuerint contrariam opinionem sectantes; ne expectent, ut digni venia judicentur. Jubemus enim, ut homines hujusmodi, tamquàm convicti & aperti hæretici justæ & idoneæ animadversioni subiiciantur.] Hactenùs constitutio sine die & Consule; sed his ipsis Imperii primordiis datam esse, quæ dicturi sumus, indicare possunt. Contius etiam alia versione præsenti anno, datam ponit.

XLI.

Satis sit igitur cognovisse, ejusmodi pietatis fundamenta ad tantam molem, quam mente volvebat, erigendam, novum Imperatorem sternere voluisse, & Imperii primitias his muneribus Domino consecrasse: quem constat aliàs pariter leges sancivisse, quibus statum Reipublicæ, integra servata justitia, optimè disponeret, ut inter alias illam, qua jussit Episcopos præfectis provinciarum Judicibus præpositos

a Justinianus Novel. 86

esse, ne quid ab illis contrà justitiæ ordinem admitteretur. Est autem ejus sanctionis ejusmodi exordium (a): Ex quo nos

B

C

D

E

Deus Romanorum præposuit Imperio, omne habemus studium, universa agere ad utilitatem subiectorum commissæ nobis à Deo Reipublicæ.] Et paulò post Si verò dùm aliquis adierit Judicem provinciæ, non invenerit justitiam: tùnc jubemus eum adire suum sanctissimum Episcopum; & ipsum mittere ad clarissimum provinciæ Judicem, aut per se venire ad eum, & præparare eum, ut omnibus modis audiat interpellantem, & liberet eum cum omni justitia secundùm leges nostras, ut non cogatur peregrè de sua patria proficisci.

Si verò etiam sanctissimo Archiepiscopo compellente Judicem cum justitia determinare interpellantium causas, Judex differat discernere negotium, & non servet litigantibus justitiam; jubemus sanctissimum civitatis illius Episcopum dare ad nos litteras ei qui non meruerit quod jussum est, insinuantes quia coactus ab eo Judex distulit audire interpellantem, & judicare inter eum, & qui ab eo conventus est. Ut hoc cognoscentes nos, supplicia inferamus Judici provinciæ, qui interpellatus ab eo iniustitiam passus est, & coactus à sanctissimo Archiepiscopo, non judicaverit quæ in dubitationem venerunt.] Subiicit iis insuper, ut quotiescumque Judex suspectus habetur, possit addi ad eam causam Episcopis, qui cum ipso causam definiat: sed etiam ut qui læsum se à Judice queratur, interpellatus ab eo Episcopo causam illam judicare possit; cujus si justè latæ sententiæ non steterit, novissimis suppliciis affici Judicem jussit. Sed & adiecit, ut si quis plùs exegerit, quàm quæ legibus jussæ sunt sportulæ solui, de his Episcopi moneant Imperatorem. Qua etiam constitutione sancivit, ne monachi, clerici, vel Episcopi absque litteris Patriarchæ se conferant Constantinopolim. Hæc de his quibus voluit justitiam sartam tectam ab omnibus custodiri.

Magnam ex his de divino patrocinio Justinianus Imperator conciliavit sibi fiduciam, ratus nimirùm propitium habiturum Deum, quem hujuscemodi hostiis promereret. Nactus igitur in primis Justini prædecessoris sanctis operibus pacatum Imperium, idemque securum ab Occidentalium Regum, qui pacem petierant, tumultibus atqꝫ molestiis: atque insuper rebus jàm quæ ad Catholicam fidem spectarent, antè compositis, diro sublato ab Ecclesia schismate, quo ab Oriente Occidens divisus erat; summa rerum potitus, haud parva vel levia meditatur: monarcham enim concipit animo, liberationem Occidentalis Imperii occupati à barbaris mente versans. Adiecit verò ad divinum auxilium promerendum jejuniorum magnam austeritatem, & assiduas ad Deum preces, quibus divinum sibi numen propitium redderet: magnâ namque ex iis fiduciam comparasse, ipse ingenuè profitetur in constitutione edita de Proconsule Cappadociæ, ubi hæc inter alia (b): Sed & bonam spem habemus (quod Deus nobis annuat) ut & cæteras gentes quas socordia

Justinian. Episcopos præfecit Judicibus custodes Justitiæ.

XLII.

XLIII. Justinian. magna concipit animo.

b Novel. 30. in fine.

cordia fua Romani amiferunt, cum utriof-
que Oceani terminos tenerent, iterum ditioni noftræ adiungamus : quas nos divino
freti auxilio ad meliorem ftatum redigere
properamus : neque quicquam detracta-
mus eorum, quæ vel ad extremam pertingunt difficultatem, vigiliis fimul &fine-
diis, cæterifque laboribus jugiter pro fubditis noftris, ultrà quàm naturæ modus patitur, utentes, &c.]

XLIV.   Quæ autem ejufmodi effent inediæ atque
labores, qui naturæ modum fuperarent,
accipe ex Procopio, cùm de illis tantùm
agit ejus jejuniis, quæ ab ipfo Quadrage-
fimæ tempore peragi confueverunt : ait
a Procop.   enim (*a*): Omnibus illis diebus qui Pa-
de ædific.   fchalem folemnitatem præcedunt, jejunio
Juſtin. Imp.   addictus, duram quamdam vitam egit, ne-
lib. 1.   dùm Regi alienam, fed neque privato civi
Juſtiniani   aliquo modo acceptabilem . Per duos dies
jejunia, &   cibis abſtinebat. Summo mane identidem
labores.   è lecto furgens, Reipublicæ invigilavit ;
cujus negotia verbo & opere pertractans,
matutinum & meridianum & non minùs
tempore noCturnum expendit . Nam in feram noctem lectum petens, mòx furrexit,
quaſi plumarum pertæfus. Cibi appetens,
vinum, panem, & id genus alia cibaria
abeſſe voluit : braſſicam folùm & agreſtes
herbas longo tempore fale & aceto macera-
tas edebat ; in potu aqua erat fola : neque
his ad faturitatem utebatur, fed petitum
cibum paulifpèr deguſtatum mòx dimifit,
non eo fumpto qui naturæ erat fatis .] Hæc
Procopius de laboribus & jejuniis, quibus
Imperatorem contraxiſſe ægram valetudinem tradit . Sed planè accidit fecundùm
quod ait Apoſtolus (*b*): *Cùm infirmor,*
b 2.Cor.12.   *tùnc potens fum.* Etenim eo modò debilitatus corpore, Perfas, Gothos, Vvanda-
los, & alios barbaros fuperavit.

XLV.   Sed quibus aliis piis factis ad ardua peten-
Quibus   da aperuerit fibi viam, ut ipfi uni licuerit
copiis in-   quod nemini prædeceſſorum Imperatorum
gentes ade-   conceſſum fuerat, tùm ex ipfiufmet Juſti-
ptus eſt vi-   niani fcriptis, tùm ex Procopio & aliis fcri-
ctorias Ju-   ptoribus fcies : nempè tanta promeruiſſe ex
ſtinian.   cultu fanctorum martyrum, veneratione
eorumdem facrarum reliquiarum, erectione novarum ecclefiarum, veterum col-
labentium reſtitutione, hofpitalium domorum ædificatione, extirpatione hæreticorum, inviolabili juſtitiæ obfervatione,
pravorum profcriptione morum, propagatione verò virtutum, patrocinio bonorum,
atque profligatione malorum : his quidem præviis in bellis gerendis probè factorum cohortibus hoſtes ubique facilè fuperavit, ut quæ fingulis dicentur annis, perfpicuè demonſtrabunt. Ita planè certa poſteris cunctis relinquens impreſſa veſtigia,
quibus greſſibus tenditur ad fublimia . Rurſùm verò quomodò his deſtitutus auxiliaribus copiis, lapfus, ad ima demerfus, obrutus impietate perierit ; magnum Principibus reliquit exemplum, quo timeant,
cautiorefque reddantur : ut planè illud
c Pfal. 2.   Propheticum eifdem inclamare liceat (*c*):
Et nunc Reges intelligite, erudimini qui

A   *judicatis terram.* Cum in uno Juſtiniano
unicuique Principum, potiſſimùm verò Imperatoribus fint exempla propofita de his
quæ fectentur, imitentur, vel fugiant, imitentur, vel
caveant, non quidem ambiguis obfcurif-
que fignis, fed certis ampliſſimifque notis
expreſſa.

His igitur jactis ad ſtabilitatem Imperii   XLVI.
fundamentis, jàm aufpicaturus bellum Per-   De bello
ſicum, ex more legatos præmifit ad Regem   Perfico in-
Perfarum Cabadem, ea petiturus quæ fibi   choato.
jure debita eſſe conſtaret : quibus denega-
tis, Belifarium Ducem adverſùs eos cum
exercitu mifit, cui inter alios Procopium
conſiliarium junxit, eumdem ipfum, qui
præfens cuncta confpicatus, eadem fcriptorum monumentis poſteris commendavit.
Tu fi ea cupis fingula nofcere, habes quem
legas auctorem : nobis hic illa tantùm re-
cenfenda erunt, quæ ab inſtituto longiùs
digredi minimè faciant : grato tamen acci-
pies animo, fi breviores epiſtolas ultrò citròque datas inter Belifarium Romani Ducem exercitus, & Mirrhanem copiarum
Perfarum Præfectum, antequàm bellum
inchoaretur, immò antè legatorum adventum, cum ipfe Dux Perfarum in Romanorum ditionem exercitum immiſiſſet, hic ex
C   ipfo Procopio (*d*) in medium adduxeri-   d *Procop.*
mus. Scriptæ autem primo loco Belifarii   *de bello*
ad Mirrhanem litteræ fic fe habent: *Perf. lib. 1.*
Primum quidem bonum eſſe pacem, apud   XLVII.
omnes homines in confeſſo eſt, quibus pau-   Epiſt. Be-
lulum rationis exiſtit. Si quis autem ipfam   lifarii ad
turbare fit inventus, malorum caufa fibi ac   Mirrhanē.
proximis eſt. Dux optimus idem profectò
putandus, qui ex bello pacem difponere
fit aptus. Tu verò, rebus in quiete conſtitutis, atque utroque Rege concordiam
exoptante, bellum abfque ulla caufa inferre decreviſti. Aderunt legati noſtri prope-
D   diem, qui fi quæ inter nos diſſident, facilè conciliabunt : nifi forte ex hac interim
tua expeditione grave aliquid oriatur, quod
fpem pacis nobis eripiat. Sed age iſtum celeriter domum reducto exercitum, nec
maximis impedimento fis bonis, nec tuis
(ut par eſt) gravium eventuum caufa fueris .] Hæc Belifarius ex divinæ utique
Scripturæ (*e*) præfcripto, quæ jubet,   e *Deut.* 20.
antequàm cum hoſtibus congrediendum
fit, pacem eifdem offerre. Sed quæ corde
tumens ad Belifarium refponderit Mirrhanes Perfarum exercitus ductor, accipe :
Tuis litteris permotus profectò obtem-   XLVIII.
E   peraſſem, nifi Romæorum epiſtola fuiſ-   Mirrhanes
fet, quibus promittere, promptum eſt,   ad Belifa-
promiſſis autem quamquàm juramento fir-   rium.
matis minimè ſtare . Nos igitur veſtræ
occurrentes fallaciæ, ad arma cogimur
venire . Vos ergò chari Romæi nihil in
futurum aliud excogitate, quàm vobis cum
Perfis perpetuò bellandum . In hoc enim
nos & confenefcere & mori fimul oportet,
donec re, non tantùm verbis in nos æqui
fueritis .] Hæc ipfe ; ad quem rurfùm ità
Belifarius:
Non in omnes, optime Mirrhanes, ja-   XLIX.
ctantia uti oportet, neque proximos probris

Belisarius bris nullo modo ad rem pertinentibus semrursum ad per incessere: præsertim cum Rustinum de Mirrhanes. concordia legatum jàm jàm affuturum asseveremus: tuque brevi videbis. Vobis nihilominùs, si hostilia tandem cupitis, occurremus, auctore Deo, quem nobis propitium in periculo futurum, ac Romæorum quieti faventem, jactantiæque Persarum adversùm speramus. Et quando nobis ad pacem provocantibus restitistis, acie decernere parati sumus, jusjurandum & conscripta fœdera violata in summis signis ad prœlia suspendentes.] Huctusque epistola Belisarii secundò data. Sed audi quid postremò ira exæstuans barbarus ad eum rescripserit:

L. Neque nos absque diis nostris in bella Rursum descendimus; quin ducibus ipsis comitati, Mirrhanes contra vos venimus, quos spero cras ad ad Belisa: urbem Daram Persas introducturos, ubi & balneum & prandium fac mihi intra mœnia pares.] Hactenùs novus Rapsaces: quæ cuncta hic oportuit descripsisse, quò quis intelligat, non inter homines dumtaxat, sed inter numina ejusmodi paratum esse conflictum; dùm Dei Christianorum Belisarius niti se auxilio testaretur, Mirrhanes verò Persarum opem ostentaret deorum. In hoc laborandum semper prudentissimis Ducibus Christianorum exercituum, ut spem omnem in Deum coniiciant, eamdemque veluti primarium vexillum ob oculos hostium ponant: in quod illi contumeliosi existentes, Dei vindictam in se concitatam excipiant, atque ita pereant, ut semper contigisse liquet.

LI. At quæ sunt hæc secuta? quod videlicèt Persæ à semper accidit, ut adversùs super bos Deus Romanis ipse adversarius pugnet. Initum est certavicti. men in Mesopotamia, quod exactè describitur à Procopio, in quo Dei virtus hostes opprimens manifestò cognita est, dùm (quod accidit cùm Theodosius Maior pugnavit adversùs Eugenium tyrannum) vi ventorum Persarum spicula cæteraque missilia in Romanos intorta præpedirentur, atque inefficacia penitùs redderentur: contrà verò validiori impetu Romanorum jacula vibrarentur, ex quibus ipsi adversarii magnopere oppugnarentur, quibus hastis tantummodò reliquum pugnæ conficiendum fuit: sicque victi demùm atque fugati sunt à Romanis victoria incruenta potitis Persæ; adeò ut res Persarum in Mesopotamia pe-

nitùs collapsæ sint. Rursùm verò cum postea in Armenia Maiori ab illis reparatum bellum fuit, itidèm Persæ sunt victi; quando & Narses Persa cum fratribus ad Romanos deficiens, benignè exceptus est, donatusque à Justiniano Quæsturæ munere. Hæc autem expeditio hoc anno à Justinino agitari cœpta, hunc prosperum finem est consecuta quarto ejus Imperii anno, ut idem Procopius testatur. Posteà verò idem qui supra Mirrhanes Dux Persarum victus iterum apud Daram, ab ipso Cabade Rege Persarum maximas sustinuit pœnas, ornatu in primis illo privatus, quo crines redimitos auro & margaritis gestare solebat, qui honor apud Persas omnium maximus habebatur, quem à Rege quis consequi posset. Hunc tandem consecutus est finem ventosus homo, cum in diis suis omnem fiduciam collocasset; & fastu erectus adeò aspernatus esset Belisarium, qui fiduciam omnem spemque in ipsum verum Deum optimum maximum posuisset: quo auspice, de victoribus hactenùs hostibus victoriam in omnibus certaminibus feliciter reportavit.

Quonam autem symbolo invigilare se rebus persicis Justinianus voluit declarasse, ex Svida accipe: Justinianus (inquit) statuam suam equestrem in columna posuit, quæ læva globum tenet, cruce in eo defixa: quæ significaret, eum ob fidem in crucem, terræ dominum factum. Globus enim is terra est ob rotundam ejus figuram, fides autem est crux ob incarnatum Deum illi affixum. Dexteram porrigit versùs Orientem, seditionem Persarum significans, & exceptione ac repulsione manus clamitans, ne Romanas provincias ingrediantur: State, ne progrediamini: neque enim id vobis expediet.] Hæc Svidas.

Quod autem ait per globum orbem ipsum terrarum significari, & per crucem fidem, qua cuncta subegit: victoriam illam intelligas demonstrari, qua Christus signo crucis sibi universa subiecit, secundum illud (a): Cum exaltatus fuero à terra, omnia trabam ad me ipsum. Et quod crucem passus suis dixit discipulis (b): Confidite, ego vici mundum. Ad hæc inquam, alludens, crucem super orbem infixit, ut videre est in duobus numismatibus hic tibi exhibitis.

LII. Solicitudo Justiniani de rebus Persicis quibus ostensa signis.

LIII.

a Joan. 12.
b Joan. 16.

Horum prius hoc anno cusum apparet, cum adhuc superstes Justinus esset: nam duplex AA , duos plane monstrat Augustos; per triplex vero GGG, nonnisi Theodoram Augustam additam intelligas. Inspice quibus signis decorus novus appareat Imperator , dextera Orbem subactum cruce regens , ipsamque Victoriam ostentans dextera hastam nomine Christi signatam tenentem , & sinistra itidem cruce Christi globum ornatum gestantem.

LIV.

a Miscel. lib. 16. in princip.

b Evagr. lib.4.c.19.
c Niceph. lib.17 c.13
d Procop. de bello Persic.l.1.
LV.

* Cyriaco

..Sed captam de rebus Persicis narrationem prosequamur. Atque in primis hic non tacendum, quod testatur Procopius, Justinianum Imperatorem in bello Persico conficiendo usum esse auxiliaribus copiis Erulorum. Eorum namque Regem his exordiis Imperii Justiniani ad Christianam fidem esse conversum , Miscellæ auctor affirmat his verbis (a): Interea Rex Erulorum , Gethes nomine , venit Constantinopolim cum populo , & petit Imperatorem , ut fieret Christianus . Qui baptizatum in Theophaniis suscepit eum ex baptismate , repromittentem auxiliari ei in quibuscumque voluisset.] Hæc ibi. Sed & de his Procopius de bello Gothorum libro secundo , de eorumdemque conversione Evagrius (b) agit, atque Nicephorus (c). Commendatur quidem egregia navata opera Erulorum ab eodem Procopio (d) , dùm ex compressione ab eis in hostes facta Persas fugatos affirmat: ut plane apparuerit, ubi legiones ducat pietas, omnes ei cedere adversarias potestates.

Sed hic corrigendum , quod sub anno primo Justiniani Imperatoris in Annalium compendio Cedrenus habet his verbis: Eodem anno Rex Persarum Tzato bellum ob initam cum Romanis societatem intulit. Huic Tzato Justinianus auxiliares mittit copias, Ducibus Belisario, Kerico *, &

Annal. Eccl. Tom. VII.

D

C

E

Petroqui cum in bello gerendo mutua invidia transversi agerentur , à Persis victi sunt .] Hæc ipse . Verùm ex Procopio patet, ad bellum non hoc anno esse confectum , sed ad annos quatuor productum bellum Persicum , Romanis ob plures de illis obtentas victorias favorabile. Sed & à Kerico , sive Cyriaco bene pugnatum esse , ostensuri sumus. Illud verò Cedreno concesserim, conflatam esse quam dicit invidiam inter Duces : cujus rei causa Procopius ipse historicus, qui Belisario inhærebat, obtentam ab eodem Kerico de Persis victoriam scribere prætermisit: de qua Cyrillus hujus temporis historicus exactissimus res prosecutus magni Theodosii cœnobiarchæ, de eodem obiter facta mentione, hæc ait (e):

Dux Romani exercitus (mos est eum vocare Comitem Orientis) nomine Kericus *, in bello audax , in Deum autem pius: is jàm incursionem facturus contra Persas, existimavit se primùm oportere currere Hierosolymam, & illinc adversùs hostes assumere auxilium. Cum autem statuisset in transitu ire ad hominem Dei, ipsum magnum Theodosium, in bello valde trahebat illius fama & virtutis illecebræ: dùm abiret, multa alia licuit ei audire ex sacra illa lingua, & hoc inter cætera: Ne (quomodò divinus David (f)) in arcu speraret, nec poneret salutem in gladio; sed nec in multorum hominum confideret millibus: unum autem sciret adiutorem, unum inexpugnabilem, cui est facile , ut unus mille stes persequatur, & decem milla profligentur à duobus . Hæc cum Sanctus Comiti disseruisset, ita fuit ille captus ab ejus admonitionibus, & ità flagrare cœpit ejus desiderio & ardenti fide ; ut ipsum cilicium, quo Magnus ille interius induebatur, loco cujusvis alterius rei arma peteret, quibus se

L Ma-

De Kerico error corrigendus.

e Apud Sur. die 11, Januar.
LVI.

* Cyriacus De Kerico Duce ejusque pietate.

f Psal. 43.

conservaret . Quod quidem cum accepisset & induisset , & consueta aggressus esset certamina , paulò post victor rediit , cum & animi & manus præclara ostendisset facinora , & digna quæ commemorentur .

LVII.
Victoria potitur Dux per Theodosium .

Cum rebus ergò fortiter in bello gestis , insignis & clarus esset reversus , nequaquàm ingratus fuit in benefactorem ; neque ut multi , qui postquàm sunt consecuti obliviscuntur beneficij : sed se similem conservans in omnibus , rursùs venit ad Sanctum cum vehementi cordis exultatione , & gratias agens , & ei universam ascribens victoriam : dicebat enim : Illo ipso tempore pugnæ mihi quidem , cum pro thorace tutum induissem cilicium , veniebat in mentem confidere , & in hostes irruere . Cum autem manus conseruissemus , magnæ exoriebantur tenebræ tanquam in densa caligine : & ab aliis quidem omnibus ea etiam , quæ propè erant , cerni non poterant ; ego autem te solùm mihi videbar videre me præcedentem , & manu significantem & admonentem , ut has quidem prœlii partes dimitterem , in has autem pugnarem , & te duce , equum agere : donèc conspectus terribilis & intolerabilis inimicis , vehementi terrore omnibus iniecto , efficerem , ut se coniicerent in pedes , & turpem fugam lubenter eligerent . Et hæc quidem ille , qui etiam dignus est habitus divina hac apparitione .] Hactenùs Cyrillus : hícque modò de rebus Persicis finis esto .

LVIII.
a Miscel. lib. 16.
Rex Hunnorum factus Christianus .

De reliquis autem rebus hoc anno in Oriente gestis adduntur hæc in Miscella (a) : Eodem anno adhæsit mulier quædam Romanis , ex Hunnis qui dicuntur Saber (Isabenos appellat bos Procopius) nomine Boazer vidua , habens secum Hunnorum centum millia . Tunc & Rex Hunnorum , qui sunt juxta Bosphorum , nomine Gorda , accessit ad Imperatorem , & factus Christianus susceptus est : & multis ei præstitis donis , misit eum in regionem ipsius ad custodiendas Romanas res & Bosphorum civitatem .] Hæc ibi . Subiicit autem post hæc & alia de posteriori terræmotu Antiocheno : sed quoniam , Evagrio teste , post duos annos & menses tres à priori contigit , in sequentem annum potiùs reiiciendum esse putamus .

LIX.
Julianæ Aniciæ obitus .

Hoc eodem anno clarissima fœmina illa Juliana nomine , quæ Aniciæ antiquæ familiæ decus Constantinopoli degens , Orthodoxæ fidei causa sub Anastasio Imperatore (ut suo loco diximus tomo superiori) magnoperè exagitata , constans fortisque permansit (cujus & litteras ad Hormisdam Papam datas suo loco recitavimus) ex hac
b Apud Sur. die 5. Decembr.
vita decessit , ut colligitur ex Cyrillo (b) in Actis sancti Sabæ , cum agit de ipsius eunuchis prædivitibus post ejus obitum ad monastica instituta amplexanda ad ipsum sanctum Sabam in Palæstinam se conferentibus . Sed quàm divitiis pollens esset ,
c Gregor. Turon. de Glor.mart. c.133.
ac gloriæ splendore illustraretur hæc mulier , intelliges ex Gregorio Turonensi (c) hæc de ipsa scribente , dùm martyrium gloriam , commentario edito ,

celebrando prosequitur :

LX.
Auro tecta camera martyris .

Apud Constantinopolim verò magno cultu Polyeuctus martyr colitur , pro eo præcipuè , quòd cum magnis virtutibus polleat , in perjuros tamen præsens ultor existit : nàm quicumque (ut assolet) occultum scelus admiserit , & data suspicione ad hoc perductus fuerit templum , aut statim quod admisit , virtute martyris perterritus confitetur ; aut si perjuraverit , protinùs ultione divina percellitur . Hujus basilicæ cameram Juliana quædam urbis illius matrona auro purissimo texit hoc modo : Cum ad Imperatorem Justinianum fama facultatis ejus , multis narrantibus pervenisset ; ad occursum illius properare celeriùs non tardavit , dicens : Latere te non puto , ò venerabilis mater , qualiter à specie auri thesauri publici sunt exhausti , dùm vos quietos esse volumus , dùm patrias defensare studemus , dùm gentes vobis placamus , dùm solatia diversorum dando conquirimus . Ergò quia tibi potentia majestatis divinæ multum contulit auri ; quæso ut nobis manum porrigas , atque aliquid pecuniæ commodes ; ut scilicet , cùm tributorum publicorum fuerit summa delata , quas commodaveris reformentur ; ac in posterò laudis tuæ titulo præcurrente , canatur , urbem Constantinopolitanam à Juliana matrona fuisse pecuniis sublevatam .

LXI.
Juliana eludit Imperatorem .

At illa intelligens Imperatoris ingenium , sapienter obtegit quæ Deo devoverat , dicens : Parvitas redituum meorum intàm de tributis , quàm quod de fructibus speratur , per ipsas adhùc resident domos . Si verò gloria vestra recipiendi spatium tribuit ; cum collectum fuerit , omne conspectui vestro repræsentabitur . Cumque oculis propriis cuncta contemplati estis , quæ placuerint & relinquetis & auferetis : erit mihi ratum *, quod voluntas cordis vestri censuerit . His ita delusus Imperator verbis , ad Palatium gaudens rediit , putans se hanc pecuniam jàm in thesauris publicis retinere . At illa vocatis artificibus , quantum reperire auri in promptuariis potuit , tradidit occulte , dicens : Ite , & factis juxta mensuram tignorum tabulis , beati ex hoc Polyeucti martyris cameram exornate , ne hæc avari Imperatoris manus attingat . Illi verò perfecta omnia quæ matrona præceperat , cameræ affixerunt , & texeruntque ex auro mundissimo .
* gratum

LXII.
Justinian. ducitur in martyris ædem .

Quo opere explicito , vocat mulier Imperatorem , dicens : Parvitas pecuniolæ , quam conjungere potui , adest ; veni ad contemplandam eam ; & quod libuerit facito . Surrexit gavisus Imperator de solio , nihil percepturus ex auro . Pergit ad domum mulieris , putans se copiosos thesauros Palatio deportare . Cui cum mulier occursum humiliter reddidisset , invitat in templum martyris ad orationem : erat enim proximum domui ejus ; & hæc quæ habere potuerat , loco illi delegaverat sancto . Apprehensa enim mulier Imperator manu mulieris , eò quòd esset senex , ingreditur ædem ; prosternitur ad orationem : qua expleta ,

ait

ait mulier : Suspice , quæso , cameram A
hujus ædis , gloriosissime Auguste : & scito quia paupertas mea in hoc opere continetur . Tu verò quod volueris , exindè
facito : non adversor .

LXIII.
Donatus
annulo
maximi
pretii Imp.

Ille autem suspiciens atque admirans ,
erubuit ; & ne pudor ejus manifestaretur ,
collaudans opus , & gratias agens , absce-
dere cœpit . Sed ne rediret vacuus à munere,
extractum mulier annulum è digito , cujus
gemmam vola concluserat , qui non amplius auri pondus quàm unius semunciæ
continebat, obtulit , dicens : Accipe, Imperator sacratissime , hoc munusculum de
manu mea , quod supra pretium hujus auri
valere censetur . Erat enim in eo lapis Ne-
ronianus miræ viriditatis atque splendoris:
qui cum fuisset ostensus omne aurum quasi
in viriditatem visum est conversum à pulchritudine gemmæ . At ille accipiens , &
iterùm atque iterùm gratias agens , & collaudans matronam , in Palatium est regressus . Undè non est dubium , etiam in hac re
martyris hujus intercessisse virtutem , ne
opes locis sanctis & pauperibus delegatæ,
in illius transferrentur dominationem, cujus non fuerant studio congregatæ .] Hactenùs Gregorius de Juliana : quæ cum in C
Miscella (a) dicatur fuisse consobrina
Pompeii viri clarissimi , & Cyrillus in Saba dicat eumdem Pompeium consobrinum
fuisse Imperatoris ; satis intelligere potes,
undè orta illi fuerit cum Imperatore ità
agendi licentia , & Imperatori eamdem
adeò honorifice pertractandi veneratio parta . Hujus autem Julianæ cognatam Pompeii uxorem , nomine Anastasiam , abdicato tandem sæculo post obitum viri sui ,
secessisse in Palæstinam , ibique in monte
Oliveti vitam excoluisse monasticam , &
egregia enituisse sanctitate , Cyrillus (b)
in Saba testatur , de ipsa adhuc superstite
mentionem obiter faciens . Sed quid de
Julianæ eunuchis post ejus obitum ad sanctum Sabam migrantibus factum sit, audi
eumdem Cyrillum :

a Hist. Mi-
scell. lib. 15

Juliana
affinis Im-
peratoris .

b Apud
Sur. die 5.
Decemb.

LXIV.
Julianæ
Eunuchi
vitam mo-
nasticam
captant.

Tùnc verò cum & quæ à me superiùs di- D
cta est Juliana è vita excessisset, eorum qui
apud ipsam erant eunuchorum fidelissimi,
qui jàm longo antè tempore erant beato Sabæ amici & familiares, accedunt ad ipsum ,
afferentes cumulos pecuniæ , pro quibus
nullam aliam petebant remunerationem ,
quàm solùm ut referrentur in numerum
suorum monachorum . Ille autem cum non
posset suam legem solvere , neque eunuchorum & imberbium aliquem in suam Lauram
admittere: cum multis admonitionibus &
sermonibus apud eos esset usus , & eos confirmasset ad futurum ; ipsos emittit ad beatum Theodosium . Illi verò paulò post Patriarcham convenientes , petunt ab. ipso
quemdam locum , volentes in eo degere
separatìm , & sibi solis & Deo vacare . Ille
autem cum Alexandro Eliæ monasteriorum
Præfecto eos commendatos , apud ipsum
aliquo brevi tempore deposuisset, apud se
consultabat, quem eis locum tribueret, &
quemadmodùm finem imponeret eorum vo-

luntati . Interìm verò pecuniis illectus Ale- A
xander , non stans pactis illis conventis ,
quæ cum Elia inierat , dividit eunuchis monasteria , cum ad ea nullum laborem nec
operam priùs contulisset , quæ ille multis
laboribus & sudoribus construxerat : à quibus unum ex monasteriis in hodiernum
usquè diem nominatum est Eunuchorum .]
Hactenùs Cyrillus de Julianæ eunuchis sæculo se abdicantibus hoc anno post obitum
clarissimæ dominæ ; ex cujus liberalitate
opulenti effecti : & pietatem edocti , opes
ingentes partas amore cælestis patriæ con-
tempsere .

Ità se habentibus rebus Orientalis Im- B
perii , Romana Ecclesia intereà sub jugo
barbarico laborabat : quò enim regni A-
thalarici bases ex fœderibus cum Principibus istis firmatæ satis stabilitæque esse visæ
sunt , eò magis Gothorum crevit arrogantia, eousquè progressa, ut jura Ecclesiarum invaderet: adeò ut clerici passim ad
laicalia tribunalia traherentur . Quod dedecus haud ferendum ratus qui Romanæ
Ecclesiæ Felix Pontifex præsidebat,unà cum
Romano clero expostulavit de his vehementer apud ipsum Regem : qui ubi eos benignè audisset, humaniterque tractasset, ex
ipsorum sententia sanctionem edidit, qua
adeò nefaria & inconcessa , temeréque præsumpta fieri omninò vetuit . Ipsa autem ab
eodem Athalarico constitutio eo argumento edita sic se habet ad clerum Romanum
data (c) :

LXV.
Romana
Eccl. labo-
rat sub Re-
ge barba-
ro.

Clero Ecclesiæ Romanæ Athalaricus Rex.

c Apud
Cassiod. l.8.
cap. 24.
LXVI.
Athalarici
constitutio
pro Rom.
clero.

Tantò Divinitati plurima debemus,quan-
tò à cæteris mortalibus majora suscepimus:
nàm quid simile rependet Deo , qui potitur Imperio? Sed licèt pro tanto munere
nihil compensari possit idoneè ; ipsi tamen
gratia redditur , dum in servientibus honoratur . Itaque flebili quidem causamini,
hoc fuisse longæ consuetudinis instituto,
ut si quis sacrosanctæ Romanæ Ecclesiæ ser-
vientem aliqua crederet actione pulsandum,
ad supradictæ civitatis Antistitem negotium suum dicturus occurreret ; ne clerus
vester forensibus litibus profanatus , negotiis potiùs sæcularibus occupetur : addentes , diaconum quoque vestrum ad contumeliam religionis tanta executionis acerbitate compulsum , ut Sajus eum propriæ
custodiæ crederet mancipandum ; Presbyterum quinetiam Romanæ Ecclesiæ pro levibus causis asseritis criminaliter impeti-
tam . Quod nobis pro ingenita reverentia,
quam nostro debemus auctori , displicuisse
profitemur ; ut qui pridèm sacris merue-
rant inservire ministeriis , conventionibus
irreverenter nefariis expositi iniuriis sub-
jacerent . Sed aliorum plectenda subreptio
nobis obtulit plenissimæ laudis eventum ;
ut causa contigerit præstandi , quæ nos cœ-
lestibus commendaret auxiliis .

Atque ideò considerantes Apostolicæ sedis honorem , & consulentes desideriis sup-
plicantum ; præsenti auctoritate modera-
to ordine definimus , ut si quispiam ad

LXVII.

L 2 Ro-

Romanum clerum aliquem pertinentem in qualibet causa probabili crediderit actione pulsandum, ad beatissimi Papæ judicium priùs conveniat audiendus: ut aut ipse inter utrosque more suæ sanctitatis agnoscat, aut causam deleget æquitatis studio terminandam. Et si fortè (quod credi nefas est) competens desiderium fuerit petitoris elusum: tùnc ad sæcularia fora jurgaturus occurrat, quando suas petitiones probaverit à supradictæ sedis Præsule fuisse contemptas.

LXVIII. — Quod si quis exstiterit tàm improbus litigator, atque omnium fuerit judicio sacrilega mente damnatus, qui reverentiam tantæ sedi exhibere contemnat, & aliquid de nostris affatibus crediderit promerendum, ante alicujus conventionis effectum decem librarum auri dispendio feriatur: quæ à Palatinis sacrarum largitionum protinus exactæ, per manus sæpè memorati Antistitis pauperibus erogentur; carensque impetratis, negotii quoque sui amissione mulctetur. Dignus est enim duplici pœna percelli, qui & divinam reverentiam, & nostra jussa temerarit. Sed interim vos, quos judicia nostra venerantur, Ecclesiasticis vivite institutis. Magnum scelus est crimen admittere, quos nec conversationem decet habere sæcularem. Professio vestra vita cælestis est. Nolite ad mortalium vota humilia, & errores descendere. Mundani coerceantur humano jure; vos sanctis moribus obedite.] Hactenùs Athalarici constitutio, hominis licèt Ariani: cujus comparatione si se ipsos metiantur Principes Novatores, planè inferiores ipso quàm longissimè inveniuntur.

LXIX. — Dionysii Paschalis Cyclus.

a Cassiod. de divin. lect. c. 23.

Peritia Dionysii atque virtutes.

Ab hoc anno, sub Consulatu Mavortii, magnus ille Dionysius, cognomento licèt Exiguus, Paschalem Cyclum exorditus ad nonagintaquinque annorum curricula perduxit, cujus fragmentum Marianus Scotus recitat in Chronico, sub eodem Mavortii Consulatu. At qualis quantusve vir iste fuerit, ex Cassiodoro (a) ejus æquali sic ipsius verbis habeto: Generat (inquit) etiam hodièque Catholica Ecclesia viros illustres, probabilium dogmatum decore fulgentes. Fuit enim nostris temporibus, & Dionysius monachus, Scytha natione, sed moribus omninò Romanus; in utraque lingua valdè doctissimus, reddens actionibus suis, quam in libris Domini legerat, æquitatem. Qui Scripturas divinas tanta curiositate discusserat atque intellexerat, ut undecumque interrogatus fuisset, paratum haberet competens sine aliqua dilatione responsum. Qui mecum dialecticam legit, & in exemplo gloriosi magisterii plurimos annos vitam suam, Domino præstante, transegit. Pudet me de sorte dicere, quod in me nequeo reperire. Fuit enim in illo cum sapientia magna simplicitas, cum doctrina humilitas, cum facundia loquendi parcitas; ut in nullo se vel extremis famulis anteferret, cum dignus esset Regum sine dubitatione col-

A — loquiis. Interveniat pro nobis, qui nobiscum orare consueverat; ut cujus hic sumus oratione suffulti, ejus nunc possimus meritis adjuvari. Qui petitus à Stephano Episcopo Salonitano, ex Græcis exemplaribus canones Ecclesiasticos moribus suis, ut erat planus atque disertus, magnæ eloquentiæ luce composuit, quos hodie usu celeberrimo Ecclesia Romana complectitur. Hos etiam oportet vos assidue legere, ne videamini tàm salutares Ecclesiasticas regulas culpabiliter ignorare.

B — Alia quoque multa ex Græco transtulit in Latinum, quæ utilitati possunt Ecclesiæ convenire. Qui tanta Latinitatis, & Græcitatis peritia fungebatur, ut quodcumque libros Græcos in manibus acciperet, Latinè sine offensione transcurreret, iterumque Latinos Attico sermone legeret; ut crederes hoc esse conscriptum, quod os ejus inoffensa velocitate fundebat. Longum est de illo viro cuncta retexere, qui inter alias virtutes hoc habuisse probatur eximium, ut cùm se totum Deo tradidisset, non aspernabatur sæcularium conversationibus interesse. Castus nimiùm, cum alienas quotidie videret uxores; mitis, cum ferè gentium vesano turbine pulsaretur.

C — Fundebat lacrymas motus compunctione, cum audiret garrula verba lætitiæ. Jejunabat sine exprobratione prandentium; & adeò conviviis gratanter intererat, ut inter corporales epulas exquisitas spirituales copias semper exhiberet. Quod si tamen aliquando comederet, parvo quidem cibo, sed tamen communiis urebatur. Unde summum bonum æstimo patientiæ, inter humanas esse delicias & abstinentiæ custoditæ mensuram.

D — Sed ut bona mentis ejus infucata laude referamus, erat totus Catholicus, totus paternis regulis perseveranter addictus; & quidquid possunt legentes per diversos quærere, in illius scientia cognoscebatur posse reperire. Cujus nomini aliqua pravi homines calumniosè nituntur ingerere, unde sua intentio aliquatenùs excusare. Sed illo jàm sæculi perversitate derelicta, præstante Domino, in Ecclesiæ pace sepultus, inter Dei famulos credendus est habere consortium. Dicerem adhuc fortassè reliqua de sancto viro, quæ nobis totius veritatis comprobatione comperta sunt: sed necesse est ut propositum nostrum potiùs exequamur; ne cùm simus debitores alterius promissionis, aliud diù referre importuna loquacitate videamur.] Hactenùs de his Cassiodorus.

E — Præter Dionysium laudat quoque idem Cassiodorus Græcarum rerum peritos, qui his item temporibus inter illustres viros doctos floruerunt, Bellatorem presbyterum, Epiphanium, de quo superiùs dictum est, & Mutianum; quorum idem Cassiodorus opera est usus. De Bellatore sæpè meminit in iisdem libris de intentione divinarum lectionum, complura ab eo è Græco in Latinum translata, & alia in-

LXX.

LXXI.

Dionysii obitus.

LXXII. — Viri Doctrina celebres.

a *Caffiod.* in divinis Scripturis elaborata ; nempè de
Inftit. di- Ruth & aliis Hebræis fœminis libros duos;
vin. lect. c. in librum Sapientiæ volumina octo ; ex-
2.5.6. positionem in libros Machabæorum . Quæ
b *Idem* autem per Epiphanium translata fuerint,
tod.lib.c.5. idem meminit (*a*) ; & quæ versa sint a
3.11.17. Mutiano recenset (*b*) .

LXXIII.
Anni à
Christo
quando cœ-
pti nume-
rari .
c *Bed. de*
temp. ra-
tione c.45.

Sed ad Dionysium cunctis his celebrio-
rem oratio revocetur . Ipsi debemus, quòd
in Cyclo suo annos non per Olympiades,
vel Consules, aut Indictiones, sed à Christi Domini nostri incarnatione numerare
cœpit, ut Beda testatur his verbis (*c*) :
Primi decennalis circuli cursu temporum
ordo præfigitur ; quem Græci calculatores
à Diocletiani Principis annis observave-
re : sed Dionysius venerabilis Abbas Romanæ urbis & utriusque linguæ , Græcæ
videlicèt & Latinæ non ignobili præditus
scientia , Paschales scribens circulos , noluit eis (sicut ipse testatur) memoriam impii persecutoris innectere ; sed magis elegit ab incarnatione Domini nostri Jesu
Christi tempora prænotare ; quatenùs exordium spei nostræ notius nobis existeret ; &
causa reparationis humanæ, id est , passio
Redemptoris nostri evidentiùs elucere .]
Ità planè . Sed , & Alexandrina Ecclesia
unà cum universa Ægypto detestata chronologiam illam, quæ ab impio & immani Christianorum hoste deducebatur ; illud præstitit , ut non à Diocletiano ,
sed à Martyrum tempore, qui sub Diocletiani persecutione passi sunt , annorum computum derivaret ; qui hactenùs
apud eos usus viget , ut videre est in
litteris Patriarchæ Alexandrini in appendice tomi sexti nostrorum Annalium superiùs recitatis .

LXXIV.
De colle-
ctione Dio-
nysii .

Quod verò pertinet ad collectionem , &
translationem Græcorum canonum à Dionysio factam : non id laboris idcircò ab
ipso susceptum scias , quòd Latina Ecclesia hactenùs caruisset eisdem canonibus
Latinitate donatis ; sed quòd sive vitio interpretis , sive librariorum incuria iidem
reperirentur valdè mendosi : qua re permotus, in opus incubuit , ut ipse testatur in epistola ad Stephanum Salonitanum
Episcopum, cujus meminit Cassiodorus ,
quam integram habet Cresconiana collectio : quod unicum nobilissimi ing.nii
monumentum hic tibi reddendum putavimus ; sic enim se habet:
Domino venerabili mihi , patri Stephano Episcopo Dionysius Exiguus in Domino salutem .

LXXV.
Dionysii
præfatio
ad Stepha-
num .

Quamvis charissimus frater noster Laurentius assidua , & familiari cohortatione
parvitatem nostram regulas Ecclesiasticas
de Græco transferre impulerit , consulio-
ne credo priscæ translationis offensus ; nihilominùs tamen ingestum tuæ beatitudinis consideratione suscepi, cui Christus
omnipotens Deus , solita populo pietate
prospiciens, summi sacerdotii contulit dignitatem : ut inter plurima virtutis ornamenta, quibus Ecclesiam Domini morum
sanctitate condecoras , etiam sacratissima

Annal. Eccl. Tom. VII.

jura Pontificalibus per Dei gratiam dige-
stis conventibus intemerata conservans ;
perfecto regimine clerum plebemque mo-
dereretis : nullatenùs nostri clerici * more
continentes , quò pleniùs consideramus recta nosse atque perficere ; sed divinò adiutus auxilio, quæ fieri præcipis , ante perficias , ut efficacissimo Fidelibus profis e-
xemplo. Magna est siquidem jubentis auctoritas, eadem primitùs jussa complen-
tis : quatenùs Ecclesiastici ordinis disciplina inviolabilis permanens , ad percipiendum perene præmium Christianis omni-
bus præstet accessum * , per quem , & * *ascensum*
B sancti Præsules paternis muniantur exemplis .

In principio itaque canones, qui dicun- **LXXVI.**
tur Apostolorum , de Græco transtulimus :
quibus quia plurimi consensum non præ-
buere facilem , hoc ipsum ignorare vestram noluimus sanctitatem ; quamvis posteà quædam costituta Pontificum ex ipsis
canonibus assumpta esse videantur . Deindè regulas Nicænæ Synodi , & deinceps
omnium Conciliorum , sive quæ anteà ,
seu quæ post.nodùm facta sunt usque ad Synodum centum quinquaginta Pontificum ,
qui apud Constantinopolim convenerunt ,
sub ordine numerorum , id est , à primo
capitulo usque ad centesimum sexagesimum
quintum , sicut habentur in Græca auctoritate , digessimus . Tum sancti Chalcedonensis Concilii decreta subdentes , in
his Græcorum canonum finem esse declaramus .

Ne quid præterea notitiæ vestræ creda- **LXXVII.**
mur velle subtrahere , statuta quoque Sar-
dicensis Concilii , atque Africani , quæ
Latinè sunt edita , suis à nobis numeris
cernuntur esse distincta . Universarum verò definitionum titulos post hanc præfationem strictiùs ordinantes , ea quæ in sin-
D gulis passim sunt promulgata Conciliis , sub
uno aspectu locavimus ; ut ad inquisitionem cujusque rei compendium aliquod attulisse videamur . Hucusquè præfatur ad
Stephanum Salonitanum Episcopum Dionysius apud Cresconium , qui in sua
collectione ejusmodi Dionysii collectionem canonum tamquàm rotam (secun-
dùm Ezechielis (d) visionem) est in me- d *Ezech.2.*
dio rotæ complexus .

Subiecit verò his Cresconius eam, quàm **LXXVIII.**
eodem fermè tempore Ferrandus Cartha- Collectio
ginensis Ecclesiæ diaconus elaboravit, sed Ferrandi
alio planè modo ordine : dùm sub unoquoque diaconi.
E collegit capite , & citando eos , non re-
citando, qui diversorum Conciliorum de
eadem re tractantes reperiuntur canones ,
collocavit, quod opus jure Cresconius Breviarium appellandum putavit. Sic igitur
habes, post primam illam mendis scaten-
tem canonum veterem collectionem , in
idem opus primum omnium laborasse Dionysium Exiguum , secundo loco Ferrandum Carthaginensem diaconum, posteà
Martinum Episcopum Bracharensem, ut
suo tempore dicturi sumus , quarto verò
loco Cresconium Episcopum Africanum ,

L 3   de

a Extat in nostr. Biblioth. to. 2 Concord. can. pag. 174.

de quo ista in scripto codice, cujus est titulus, Concordia canonum (a), leguntur: Concordia Canonum à Cresconio Africano Episcopo digesta sub capitibus trecentis. Iste bella & victorias, quas Joannes Patricius apud Africam de Sarracenis gessit, exametris versibus descripsit.] Hæc ibi: ex quibus intelligi potest, quo tempore Cresconius vixerit. Sed de his inferiùs dicendum, sicut & de pluribus aliis recentiorum canonum collectoribus: ad hæc autem occasione Dionysii Collectoris digressi sumus. Jam verò quas dignas Ecclesiasticis putamus Annalibus Christianissimorum Francorum Regum res prosequamur.

LXXIX.

* Hermenofrido Franchorum pugna adversor. Thuringios.
b Apud Cassiod. l. 4. epist. 1.
c Gregor. Turon. de gest. Franc. lib. 3. c. 4.
d Greg. de gest Franc. l 3 c. 4.

His temporibus Franci bella gesserunt adversùs Thuringios, quorum Regi Hermenefrido * Theodoricus Italiæ Rex nuptui tradiderat neptem suam, ut docent datæ ab eo tùnc litteræ (b) ad eumdem Regem. Mortuo enim Theodorico, cujus patrocinio fovebatur, Theodoricus Clodovei tertius & Clotarius quintus filii adversùs eum ducentes exercitum, eumdem supperatum occiderunt. Agit de his Gregorius (c), & alii recentiores. Justè autem hæc passum esse Hermenefridum ob necem illatam ab eo Berthario germano suo, suasu Amalbergæ uxoris, idem Gregorius (d) pluribus docet. Duxit verò ex præda potita captivam Clotarius filiam Berthariï Regis fratris Hermenefrediï quam, cum ad annos nubiles pervenisset, sibi matrimonio junxit. Hæc est illa magna Radegundis celebris sanctitate Regina, de qua sæpiùs inferiùs dicendum erit.

LXXX.

e Apud Sur. tom. 3. die 8, Jun.
Triduo detenta exercitus jumenta.

Sed quid primùm acciderit ipsi Clotario, Regi, cum victor in regnum suum reverteretur, accipe ab Fortunato (e), ubi res sancti Medardi Noviomensis Episcopi prosecutus est. Rex posteà Clotarius exercitum movens, Somenam violenter transivit fluvium, & ubique potuit deprædatus, adjacens omne devastavit territorium: cum multa illa præda inter Noviomum revertebatur & Isaram. Verùm quia & Episcopum Viromandensem, & quæ sub illo degebat Ecclesia, deprædatus erat; divinæ ultionis dignè & laudabiliter prædicandam non evasit sententiam. Parcens quippè Dominus & ipsi Clotario, & qui cum ipso hujus erant participes criminis, quos tamen eorum & omnia vehicula, plaustra scilicet & alia quibus præda illa evehebatur, adeò divinitùs affixit, ut per omne triduum à loco illo nullo modo possent moveri.

LXXXI.

Perspicientes autem tantum hoc Dei miraculum, ad sanctum Dei sacerdotem Medardum, qui tunc temporis Salentiaci remorabatur, suppliciter confugiunt, eique unanimi devotione, quæ deprædati fuerant, restituentes, cum ab eo super commissis absolutionem suscepissent, divino illo vinculo resoluti, læti & alacres ad propria reversi sunt. O mira & ineffabilis Dei clementia ! Quos ipse Deus judicii sui per triduum justissima ligaverat condemnatione, sanctus confessor Medardus uno

in momento indulta relaxavit absolutione. Verè lingua Petri, & qui ab eo suscipiunt claves sunt regni cælorum, quibus concessum est verè pœnitentes tàm potenter à nexibus absolvere peccatorum .] Hactenùs de his Fortunatus temporis hujus scriptor.

f Apud Sur. die 13. August.

Sed quæ idem auctor (f) de regiæ puellæ Radegundis captivitate, custodia, & educatione scribat, breviter hæc habeto: Beatissima igitur Radegundis natione barbara, de regione Thuringa, avo Rege Basino, patruo Hermenefrido, patre Regè Berthario, quò altitudinem sæculi tangit Regina de germine, celsa licèt origine, multùm celsior actione. Quæ cum suis parentibus brevi commanens tempore, tempestate barbarica, Francorum victoria regione vastata, vice Israelitica exit & migratè patria. Tùnc inter victores, cujus esset præda regalis puella, fit contentio de captiva; & nisi reddita fuisset, transacto certamine, in se Reges arma movissent. Quæ veniens in sortem præcelsi Regis Clotarii, in Viromandensem ducta, Atheias in villa regia nutriendi causa custodibus est deputata.

LXXXIII.

Radegundis captivæ vitæ institutio.

Puella data laboribus qui conveniunt Sexui, inter opera reliqua fit ex barbaris litterata, frequenter loquens cum parvulis, dis captivæ si conferret fors temporis, martyr fieri cupiens. Indicabat adolescens jàm tùnc merita senectutis, ob mens pro parte, quod petiit. Denique cum esset in pace florens Ecclesia, ipsa est à domesticis persecutiones perpessa; jàm tùnc id agens infantula, ut quicquid sibi remansisset in mensa, collectis aliis parvulis, lavans capita singulis & compositis sellulis, porrigens aquam manibus, ipsa inferebat, ipsa miscebat infantulis; hoc etiam præmeditans cum Samuele parvulo clerico, facta cruce lignea, præcedentem subsequens psallendo ad oratorium gravitate matura; simul par vulis properabant; ipsa autem cum sua veste pavimenta nitidans, circà altare verò cum factergio jacentem pulverem colligens, foris cum reverentia recondebat potiùs, quàm verrebat .] Hæc de puellæ captivæ dignis exordiis, præsagiis quidem eminentissimæ erigendæ sanctitatis perfectionis, cui tàm grandia jacta fuerant fundamenta virtutum.

LXXXIV.

Radegundis invita juncta Clotario.

Quomodo verò Clotarius Rex Francorum eam sibi junxerit matrimonio, ab eodem Fortunato sic accipe: Quam præparatis expensis cum voluisset Rex prædictus accipere, per berarcham ab Atheias nocte cum puellis elapsa est. Deindè Svessionis cum eam direxisset, ut in Reginam eligeret, fugit, evitans pompam regalem, ne sæculo cresceret: sed cui debebatur, & humana gloria non mutatur. Nubit ergò terreno Principi, nec tamen separatur à cælesti. At dùm sibi accessit sæcularis potestas, magis quàm permitteret dignitas, se piùs inclinavit voluntas, subdita semper Deo, sectans monita sacerdotum: piùs participata Christo, quàm sociata conjugio. Illo verò sub tempore tentamus patefacere

facere de multis pauca, quæ gesserit. Igitur juncta Principi, timens ne à Deo degradasset, cum mundi gradu proficeret, se cum sua facultate eleemofynæ dedicavit. Nàm cum fibi aliquid de tributis accideret, ex omnibus quæ venissent ad eam, antè dedit decimas, quàm recepit. Deindè quod supererat, monafteriis difpensabat: & quò ire pede non poterat, misso munere circuibat. A cujus munificentia nec ipse se abscondere potuit eremita. Sic, ne premeretur à farcina, quod acceperat erogabat. Apud quam nec egeni vox inaniter fonuit, nec ipsa surda præteriit; sæpe donans indumenta, credens sub corporis vefte, Chrifti se membra tegere: hoc se reputans perdere, quicquid pauperibus non dedisset.] At de his, quod ad inftitutum pertinet, satis modò ista libasse: cum tamen duobus integris libris eximiæ ejusdem virtutes confcriptæ habeantur. Quomodò verò à Rege dimissa monafticum arripuit inftitutum, suo loco dicturi sumus.

LXXXV. Amalafrida mori cogitur,

Jàm verò res Africæ invifamus. Accidit intereà, ut defuncto anno superiori Theodorico Rege Gothorum, cujus timor coercebat alios Reges Occidentales, qui in eum essent infenso animo, Hildericus Rex Vvandalorum in Africa ejusdem Theodorici neptem Amalafridam nuptam Trafamundo Regi defuncto morte multtarit. Cujus rei caufa conflatæ funt inimicitiæ inter ipfum & Athalaricum Regem Italiæ, **a** *Apud Caffiod.Var. lib.9. ep.1.* cujus ad eum extat epiftola (*a*): qua de nece Amalafridæ expoftulat verbis iftis:

Hilderico Regi Vvandalorum Athalaricus Rex.

LXXXVI. Epiftola Athalarici ad Hildericum.

Duriffima nimis forte conftringimur, ut quos ante dulces parentes diximus, nunc eis causas amariffimas imputemus, quas ne-po potest relinquere, qui pietatis nofcitur monimenta cogitare. Quis enim nefciat, divæ recordationis Amalafridam, generis noftri decus egregium, violentum apud vos reperisse lucis occafum? & quam habuiftis pridem dominam, passi non-eftis vivere nec privatam. Hæc si contra fas parentelæ gravis esse videbatur; remitti ad nos debuit honorabilis, quam magnis fupplicationibus expetiftis. Parricidii genus eft, ut quam vobis fecerat affinem coniunctio Regis, nefandis aufibus in ejus vos in-

teritum mifceretis. Quid tantum mali à fuo coniuge relicta promeruit? Si fucceffio debebatur alteri, numquàm fœmina in eo ambitu potuit inveniri.

Mater quinimmò haberi debuit, quæ **LXXXVII** vobis regna profudit. Nàm & hoc nobilitati veftræ furisset adiectum, si inter hanc divorum ftirpem retinuiffetis Amali fanguinis purpuream dignitatem. Hoc Gothi noftri ad fuum potiùs opprobrium intelligunt fuisse tentatum. Nàm qui dominæ alienæ gentis intulit necem, omninò ejus parentum vifus eft defpexisse virtutem: quando nemo, quod refecandum credit, putet esse tentandum. Et morali ideò ratione commoti, per illum & illum legatos noftros verbis priùs à vobis expetimus equitatem, expectantes qualis excufatio tantis cafibus afferatur. Nàm etsi quodlibet negotium in tali perfona fuisset enatum, nobis debuit intimari: ut & noftro judicio periret, quæ se pessimis actibus mifcuisset. Reftat ut naturalis ejus fingatur occafus. Impoffibilia non dicimus: nova non quærimus. Illum atque illum mitte, per quos facta res debeat elucere. Sit in eis totius caufæ abfoluta probatio. Sine bello, sine cæde aut nos efficiat placatos, aut vos reddat obnoxios. Quòd si creditis esse temnendum, nec vos ad rationabilia refponfa componitis; conditione initæ pacis abfolvimar, qui læsi fœderis vinculo non tenemur. Vindicet una fuperna majeftas fcelus qualibet arte commissum, quæ ad se **b** *Genef.*4. clamare fatetur (*b*) fraterni fanguinis cædem impiam.] Hactenùs Athalaricus ad Hildericum.

Quæ antem hæc fecuta sint, licèt nemo **LXXXVIII.** defcribat: coniici tamen facilè poteft, eundem Athalaricum excitafse adversùs Hil-dericum Regem Gilimerem regiæ ftirpis fobolem, Genzonis filium, de quo fuperiùs: qui poft annos duos eumdem Hildericum regno fpoliavit, & arctæ cuftodiæ tradidit, ut fuo loco dicemus. Egifse autem dolo potiùs Athalaricum, quàm bello adversùs Hildericum, illud facilè perfuadet; quòd cum (ut teftatur Procopius(*c*)) **c** *Procop.* esset ille Juftiniano Imperatori amicitia *de bello* coniunctiffimus; eumdem bello lacefsere, *Vvandal.* periculofum admodùm videretur. Sed ad *lib.1.* res geftas anni fequentis progrediamur.

I. Cur Juftin. de rebus Ecclefiafticis leges fancivit.

SEquitur ordine temporum quingentesimus vigefimusoctauus Chrifti annus, in Faftis notatus Confulatu Juftiniani fecundò abfque collega: quo idem Imperator facris fanctionibus tùm fidem Catholicam, tùm reliquum optimum Ecclefiarum atque Reipublicæ ftatum munire folidareque ftuduit. Quòd igitur frequentiffimæ sint leges de rebus facris Ecclefiafticifque perfonis ab eodem Imperatore fancitæ; non immeritò à compluribus arguitur, quasi

rerum divinarum invafor, dùm divinis se mifcuit, qui humanis tantùm præfectus efset rebus: cum nec Ethnici Imperatores id præfumpferint, nisi creati primùm Pontifices Maximi. Verùm ad ejus excufationem multa funt quæ possint afferri: atque primùm illud accipe de his confilium ejus. Quod enim ipse vidisset, plurimifque exemplis patefactum intellexisset, nullam esse Ecclefiafticorum canonum obfervationem, cum imperassent Principes fidei Catholicæ

tholicæ minimè studiosi, immò perduelles, ut fuerant Zenon, Basiliscus, & Anastasius; sed hæreticorum arbitrio cuncta esse permissa misceri atque confundi: sed & evenisset interdùm (immò sæpiùs contigisset) ut Constantinopolitanæ Ecclesiæ hæretici Antistites præsiderent penès quos nulla penitùs esset canonum ratio, sed studium tantùm privatæ fortunæ. Hæc, inquam, ipse considerans, illud sibi arrogandum putavit (quod aliàs inconcessum videri posset) ut plures de rebus & personis Ecclesiasticis ederet sanctiones, quibus coerceri possent infrænes hæretici & petulantes schismatici cohiberi, atque soluti disciplina restringi; probè sciens, justis non esse positam legem, sed prævaricatoribus.

II.
Per Imp.
leges san-
ciunt Epis.
Constant.

Hæc quidem sunt, quæ ad aliquam excusationem Justiniani afferri posse videntur, dùm sacrarum legum conditorem agit, de sacerdotibus leges ferre, in eosque pœnas statuere præter jus fasque præsumens. Quibus & illud haud incongruè fortassè quis adjiciet, quòd cum ipse homo fuerit penitùs illiteratus, adeò ut nec alphabetum aliquando didicisset, cujus rei gratia (ut inquit Svidas) dictus est analphabetus: cumque & Tribonianus juris consultissimus, cujus potissimùm opera in sanciendis legibus utebatur, Ethnicus esset; par est credere omnes Ecclesiasticas Justiniani constitutiones Epiphanii fuisse Constantinopolitani Episcopi, & ejus qui in locum ipsius Menna successit: quas libentiùs edi illi voluerint nomine ipsius Imperatoris, ut validioris observantiæ essent; nàm eas violare timerent omnes, probè scientes quòd omnium provinciarum Præfecti ad earum jugem custodiam invigilarent: adeò ut minimè mentiatur, qui dixerit, per Justiniani os Constantinopolitanos Episcopos esse locutos, & quotquot de fide Catholica & disciplina Ecclesiastica latæ esse reperiuntur ab Imperatore Justiniano sanctiones, tot esse eorumdem Antistitum scripta decreta. In super autem quòd ejusmodi sacrarum sanciendarum legum, vel probandi sancitas à Synodis jus in Ecclesiæ Catholicæ capite esse scirent: ne si eas ipsi Constantinopolitani Episcopi ederent, viderentur sibi quod suum non esset arrogare; constitutionibus Imperatoriis id perficere, quod haud facilè huic obviari posset, existimarunt.

III.

Quod verò ex Svida dictum est, Justinianum Analphabetum fuisse: licet Svidæ non sit contemnenda auctoritas, ut qui apud antiquiores inventa scriptis prodiderit; tamen non sic Analphabetus dici Justinianus potuit, quòd nescierit penitùs legere, cum ex Vigilii Papæ epistola suo loco inferiùs recitata, & ex Eustathio suorum temporum historiam scribente constet, ipsum Justinianum non solùm legisse, sed etiam suis litteris subscribere consuevisse.

IV.

Quamobrem usu loquendi potiùs dictum à majoribus puto Justinianum penitùs illiteratum, nec scisse litteras, quòd de

A dogmatibus magna temeritate vir indoctus auderet disputare; ut dicere solemus de aliquo, qui arroganter suprà suum captum differere de difficillimis quæstionibus Theologicis audeat: *Iste homo cum nihil penitùs sciat, de his agit:* vel: *Præsumit tanta, qui legere nescit:* vel quid hujusmodi ex more per hyperbolem dici solitum. Quod dicendi genus haud prorsus abhorrere ab historia reperitur, cum & in sacris historiis id sæpè usurpatum inveniamus. Et ut alia referre omittamus exempla, satis modò illud ex sacro Matthæi (a) Evangelio: *Venit Joannes neque manducans, neque bibens,* a *Matt. 11* *& dicunt, dæmonium habet.* Cum tamen **B** idem Evangelista de eo superiùs dicat (b): b *Matt. 3.* *Esca autem ejus erat locusta, & mel silvestre.* At nihil penitùs Joannes manducasse dictus est, quòd ciborum abstinentissimus esset. Ut undè digressi sumus, ad condatas à Justiniano leges Ecclesiasticas revertamur, jàm dictis.

Sed adhuc etiam illud adde, quod ex ipsarum constitutionum verbis apparet nimirum quòd in his sanciendis decrevit Justinianus Imperator haud tantam sibi vendicat auctoritatem, ut se dicat de rebus personisve sacris agere Imperatoria potestate; **C** sed potiùs ex sacrorum præscripto canonum: ut planè se in his non earum legum conditorem, sed sanctorum canonum præseferat executorem atque custodem. Id quidem ipse haud obscurè significat pluribus in locis, cum de rebus Ecclesiasticis decernit aliquid: cuncta enim ex sanctorum canonum sententia se agere profitetur, ut in Novella constitutione tertia, ubi ait: Quod nobis videbatur benè & competenter habere, & regularum sanctarum dignè, &c.] Sed & Novella sexta, illis verbis: Hoc autem futurum esse credimus, si sacrarum regularum observatio custodiatur, quam justi & **D** laudandi & adorandi Imperatores, & ministri Dei verbi tradiderunt Apostoli, & sancti Patres custodierunt & explanaverunt. Sancimus igitur, sacras per omnia sequentes regulas &c.] At hæc cumulatissimè Novella centesima vigesimatertia in editione Holoandri; & Novellis itidem centesima trigesimatertia, & septima, in quibus omnibus id ipsum pluribus monet. Sed & Joannes Papa (ut suo loco dicturi sumus) ex ejusdem Imperatoris legatorum relatione testatur, ea quæ de fide idem promulgaret edicta, facere consuevisse ex Episcoporum consensu.

E Sic igitur cum in his tradendis tùm ipse, tùm etiam alii Imperatores non aliud nisi custodes & executores sanctorum canonum se habuerint; nihil planè est, ut ab ipsis promulgatæ improbari debeant sanctiones. Quòd si alio quis eorum id titulo sibi sumpserit, atque Imperatoria auctoritate temerè arrogarit; tunc sanè illud Justini martyris in Antoninum Pium dictum opportunè inculcandum erit: Tantùm Principes opinionem veritati præferentes valent, quàntùm in solitariis locis prædones.] Quàm autem sobriè, quàmque modestè curare ista, rebusque

V.
Justinian.
agit custo-
dem, &
executo-
rem cano-
num.

VI.

sublusque se immiscere Ecclesiasticis Christiani Principes debeant; magnum in exemplum cunctis idem esse potest Justinianus, dùm quisque consideret, quò tandem ipse pervenerit gressibus istis pietatem maximam licèt in omnibus praeferentibus, nempè cum qui ut laicus, unusque ex ovibus gregis, doceri regique deberet, manus sibi arrogaret docendi atque sacra regendi: etenim non patiens, cum opus esset, ab authoritatem habente erudiri & gubernari, jàm senex imprudens in haeresis barathrum sese praecipitem dedit.

VII.
Nulla facultas Imperator. de rebus Eccl. decernendi.
a Ambros. ep. 33. vet. edit ad finem.
b Ambros. ep. 32. vet. edit.

Vetus est Regum morbus, ut dira istiusmodi prurigine urgeantur, ut appetant quae sunt sacerdotum. Hinc illud Ambrosii (a): Vulgò dici, quod Imperatores sacerdotium magis optaverint, quàm Imperium sacerdotes.] Sed audi rursùm (quod ad hanc rem spectat) quid idem in Valentinianum Augustum (b): Si, inquit, docendus est Episcopus à laico; quid sequatur? Laicus ergò disputet, & Episcopus audiat: Episcopus discat à laico. At certè si, vel Scripturarum seriem divinarum, vel vetera tempora retractemus; quis est qui abnuat, in causa fidei, in causa inquam fidei Episcopos solere de Imperatoribus Christianis, non Imperatores de Episcopis judicare? Et inferiùs: Legem tuam nollem esse suprà Dei legem: Dei lex nos docuit quid sequamur: humanae leges hoc docere non possunt.] Et in Auxentium Imperator enim bonus intra Ecclesiam, non suprà Ecclesiam est.] Et ad Marcellinam (c:) Allegabatur, Imperatori licere omnia, ipsius esse universa. Respondeo: Nolite gravare, Imperator, ut putetis in ea, quae divina sunt, Imperiale aliquod jus habere. Noli te extollere. Sed si vis diutiùs imperare, esto Deo subditus. Scriptum est. Quae Dei, Deo: quae Caesaris, Caesari: Ad Imperatorem palatia pertinent, ad sacerdotem ecclesiae.] Sed quid in his immoror, quae sexcentis fermè locis superius ventilata, sunt firmissimè stabilita?

c. Ambros. epist. 23.

VIII.

An accusari possit vecordia atque timiditas Constantinopolitanorum Antistitum, silentium Imperatorem leges ferre super omnes Episcopos, atque non secùs ac ipsum caput Ecclesiae, sive Concilium Episcoporum, Episcopis aliisque sacris Dei ministris jura praescribere; sive (ut diximus) id ipsum potiùs faciendum illi eidem consuluerunt: quod si accidit, imprudentiae notam vitare non possint, cum potiùs ejus auxilium adversùs improbos implorare debuissent, quàm pati ipsum Ecclesiae jura sancire, quod Summi Pontificis esse solet, vel plurium in unum coeuntium Episcoporum. Accidit verò, ut cum Justinianus Imperator diutiùs supervixerit, easdemque à se leges latas quàm exactissimè observari praeceperit, inque Codicem suum redegerit; vim quamdam acceperint & firmitatem, atque in canones fermè Ecclesiasticos complures earum frequenti usu transierint. Sed minimè quidem de his mirari quis debet, vel scandalum ullum pati, quòd saecu-

Ecclesia non respuit leges rectas ab impiis latas.

A laris Principis vigeant ejusmodi leges. Quae enim justa rectaque sancita novit Ecclesia, minimè respuere consuevit, sed ea suis legibus & decretis probat, etiam si eorum non Christianus Princeps, sed Diocletianus fuerit promulgator, vel quivis alius persecutor Ecclesiae: secùs verò, si quid minimum adversùs sacras leges ac bonos mores ab eis praesumptum sit, omnibus jure reclamantibus atque dicentibus. Oportet magis obedire Deo, quàm hominibus. Sed his praemissis, videamus ab ipso Justiniano praescriptas in primis leges tàm personis, quàm rebus Ecclesiasticis, diversis ejus Imperii temporibus promulgatas, à nobis verò singulis annis, cum exigit institutum, suis locis pro temporis ratione reddendas.

B Hoc igitur anno, cum secundum gereret Consulatum, decimo kalendas Martii, idem Justinianus Imperator ad coercendam ambitiosorum Episcoporum levitatem, quamlibet occasionem captantium, ut ad Comitatum venirent, magno praejudicio Ecclesiasticorum negotiorum, quae in his impendi necesse erat; ad Epiphanium Constantinopolitanum Episcopum ejusmodi edidit sanctionem (d).

IX.
d l. 41. C. de Episc. & cler.

X.
Lex Imp. ne Episc. ad Curiam veniant,

C Omnem semper adhibentes providentiam circa sanctissimas Ecclesias, per quas & nostrum Imperium sustineri, & communes res clementissimi Dei gratia muniri credidimus; necnon & nostras & caeterorum omnium animas studentes salvari: & eam ob rem soliciti assiduè ne commoda sanctissimarum Ecclesiarum, in quacunque civitate sunt constitutae, aliqua ratione minuantur, & quae in ipsis sunt divinae liturgiae à Deo amantissimorum sacerdotum absentia impediantur, aut non convenienter curentur; ac ne etiam sanctissimarum Ecclesiarum consumantur res tàm propter itinerum, quam etiam commeantium, huic sacerdotum & comitantium clericorum impensas, unde saepè & sub faenore accipiendi necessitas emergit, & ex ea re oritur aliquod quod sanctissimas Ecclesias venit: simul etiam ne Ecclesiasticarum rerum non convenienter procedat administratio per absentiae Deoamantissimorum Episcoporum tempus; his ad tuam beatitudinem apicibus uti oportere existimavimus.

D

XI.
E Per quos ipsi jubemus fieri omnibus manifestum per singulas metropoles uniusjusque provinciae sibi subiectis sanctissimis sacerdotibus: quoniam non decet aliquem ipsorum, vel qui in aliis provinciarum civitatibus sub Metropolitano ordinati sunt Episcoporum, secundùm propriam voluntatem absque divina nostra speciali jussione relinquere quidem gubernatam à se sanctissimam Ecclesiam, in hanc verò felicem commeare civitatem, qualiscumque emergat res; sed mittere huc oportere unum aut duos ex sibi subiectis pro clero, & facere manifesta nostrae pietati ea, quibus opus habent, aut per se ipsos, aut per intermediam tuam beatitudinem: sicque perfrui justa & compendiaria nostra ope. Si etiam quip-

quippiam eorum quæ ad nos relata funt, tale nobis vifum fuerit, ut indigeat ipforum Deo amantiſſimorum facerdotum præfentia; confeſtim tum proficifci jubebimus ipfos: abfque verò tali divina juſſione neminem proficifci concedimus.

XII.

Sciente horum tranſgreſſore, & rectè & piè à nobis introductam pro ſanctiſſimarum honore Eccleſiarum obfervantiam prætereunte, quòd non parvam indignationem experietur: fed & fub excommunicatione fiet, fi quidem Metropolites fit, à tua beatitudine; fi verò civitatis fit Epifcopus, qui Metropolitæ fubiectus fit, ab ipfo Metropolita.] Hic obferva, lector, cum contigerit audire in aliis ejufdem Principis fanctionibus, inferri in delinquentes excommunicationis fententiam, non id eſſe temerariè ab ipfo præfumptum Imperatore, fed per eos (ut hic vides expreſſum) ad quos pertinet, exercendum fuiſſe: quod & de aliis ab eo irrogatis cenfuris noveris eſſe intelligendum. Sed pergit: Pecuniarum namquè pœnam definire contrà contemnentes divinam noſtram difpofitionem, non neceſſarium eſſe putavimus; ne indè ad ſanctiſſimas Eccleſias, quod indè evenerit damni redundet, quarum res ab omni diminutione liberas manere cupimus. Hæc igitur ad fingulorum notitiam fub ipfa ordinatorum Deo amantiſſimorum Metropolitanorum Epifcoporum perferre tua fanctitas ftudeat; & ab unoquoque miſſas refponfiones tàm per Metropolitas, quàm per ipfarum reliquarum provinciæ civitatum Deo amantiſſimos Epifcopos de his, quæ hac de re didicerint, ad noſtram religionem referre. Data decimo Kalendas Martias C. P. D. N. Juſtiniano A. II. Conf.]

XIII.

a l. 42. C. de Epifcop. & Cler.

De Epifc. electione fanctio Imper.

Decimo verò ab hìnc die, nempè ipfis Kalendis Martii, idem Juſtinianus Imperator de ordinatione Epifcoporum iſta fancivit, fcribens non ad ipfum Conſtantinopolitanum Epifcopum, fed ad Atarbium Præf. Prætorio (a):

Omnem adhibentes providentiam circà fanctiſſimas Eccleſias in honorem & gloriam fanctæ & incorruptæ homouſiæ Trinitatis, per quam & nos & communem Rempublicam falves fore confidimus: infiftentes etiam doctrinis fanctorum Apoſtolorum de creandis irreprehenſibilibus facerdotibus, qui quidem ob id potiſſimùm ordinantur, ut fuis precibus benignitatem humaniſſimi Dei rebus acquirant communibus; præfenti lege fancimus, ut quotiès in qualicumque civitate facerdotalem fedem vacare contigerit, decretum fiat ab his qui eam civitatem incolunt fuper tribus perfonis rectæ fidei & honeſtæ vitæ, aliorumque bonorum & virtutum teſtimonium habentibus, ut ex ipfius idoneus ad Epifcopatum promoveatur. Si enim fancti & glorioſi Apoſtoli facerdotes à Domino Chriſto Deo confecuti, & qui bonis omnibus terram repleverunt, & ejus doctrinam omnibus impertiti funt, neque ipfi vitæ fuæ, quam in hoc mundo degebant, falutis noſtræ caufa pepercerunt; quomodò æquum

non fuerit, ut qui fubingrediuntur eorum ordinem, & inſtituuntur fanctiſſimarum Eccleſiarum facerdotes, purum habeant propofitum, & pecunias contemnant, omnemque vitam fuam ad clementiſſimum applicent Deum?

Convenit igitur hujufmodi eligi & ordinari facerdotes, quibus nec liberi fint, nec nepotes. Etenim fieri vix poteſt, ut vacans in hujus quotidianæ vitæ curis, quas liberi creant parentibus maximas, omne ſtudium, omnemque cogitationem circà divinam liturgiam & res Eccleſiaſticas confumat. Nàm cum quidam fumma in Deum fpe, & ut animæ eorum falvæ fiant, ad fanctiſſimas occurrant Eccleſias, & eis omnes fuas facultates afferant & derelinquant, ut in pauperes & egentes & ad alios ufus pios confumantur; indecens eſt Epifcopos in fuum illas auferre lucrum, aut in propriam fobolem, aut cognatos impendere. Oportet enim Epifcopum minimè impeditum affectionibus carnalium liberorum, omnium Fidelium fpiritualem eſſe patrem. Has igitur ob caufas prohibemus habentem natos aut nepotes ordinari Epifcopum.

De his verò Epifcopis, qui nùnc funt, vel futuri funt, fancimus, nullo modo habere eos facultatem teſtandi, vel donandi, vel per aliam quamcumque excogitationem cedant Ecquid de rebus fuis, quas poſtquàm facti fuerint Epifcopi poſſederint & acquiſierint vel ex teſtamento, vel donationibus, vel alia quacumque caufa, exceptis his quæ antè Epifcopatum à parentibus & theiis, id eſt, patruis vel avunculis, & à fratribus ad ipfos pervenerunt, perventuræeque funt. Quæcumque enim poſt ordinationem ex quacumque caufa extrà præfatas perfonas ad ipfos pervenerunt, ea jubemus ad fanctiſſimam Eccleſiam, cujus Epifcopatum tenuerint, pertinere, & ab ea vindicari & evinci, nulla alia perfona poteſtatem habente ex eo proprium aliquod auferre lucrum. Quis enim dubitaverit eos, qui ipſis res relinquunt, aut reliquerint, & fi in aliam perfonam transferunt aut transtulerunt, non potius ipfum facerdotium contemplantes quàm ejus perfonam, & cogitantes quia non folùm ab ipſis relicta piè infument, fed fuas ipforum res adiicient, id feciſſe?

Ab hac autem generali noſtra lege excipimus ea fola quæcumque & qualiacumque in hunc ufque diem fuerint Epiphanii Archiepifcopi felicis hujus civitatis & fanctiſſimi Patriarchæ. Nàm fuper his quæ ab hoc tempore ei acquirentur, ea quæ à nobis conſtituta funt, obtinere, & ipfa ad fanctiſſimam majorem Eccleſiam pertinere jubemus. Poſt mortem verò Deo fanctiſſimorum Epifcoporum, jubemus ut pro tempore illarum Eccleſiarum Oeconomi rationes reddant earum quæ ab illis relictæ funt rerum; idque fanctiſſimis Eccleſiis proficere, quod ex hac noſtra lege eis debetur. Et ipfos quidem Oeconomos cum judicio & diligenti difcuſſione creari præcipimus: fcientibus ipfis, quòd fingulis annis

XIV. Qui aſſumendi in Epifcopos.

XV. Bona Epifcoporum cedant Eccleſiis.

XVI. Oeconomi reddere debeant rationem.

nis rationem referent fanctiſſimo Epiſcopo A
ſuæ adminiſtrationis ; & quacumque in re
viderint res Ecclefiaſticas minuiſſe vel læſiſ-
ſe vel proprium quæſtum quæſiſſe , hoc
Ecclefiaſticis rebus reſtituent . Itaque ſi
quidem ſuperſtites iſtiuſmodi rationes ſu-
bierint, fiant quæ ſuprà dicta ſunt: ſi verò non redditis rationibus defuncti fuerint ;
tùnc ipſorum hæredes ſubjiciantur tali diſ-
cuſſioni , & conveniantur pro reſtitutione omnium, quæ ex ea cauſa debere illos
conſtiterit .

XVII.
De his qui
curant Ho-
ſpitalia .

Neceſſarium quoquè eſſe credimus etiam
ſuper his aliquid definire , qui curam ſuſceperunt , ſuſcepturive ſunt venerabilium B
xenonum , & noſocomiorum , & pto-
chiorum , & orphanotrophiorum , &
brephotrophiorum : nàm , & ipſis omn-
nem licentiam auferimus de acquiſitis
rebus poſt ſuſceptas hujuſmodi curatio-
nes vel per teſtamentum vel aliquam alium
modum vel machinationem quicquam in
alias transferendi perſonas , exceptis quæ
prius habuerant , vel poſteà à parentibus
vel theiis vel fratribus ad ipſos pervenerunt.
Omnia enim quæcumque ad ſancta pertinent loca , vel quæ ad ipſorum Præpoſitos
poſt ſuſceptam hujuſmodi curam pervenerunt , vel perventura ſunt , ad ipſa venerabilia pertinebunt loca : eaque piè in eos
diſtribui & erogari volumus , qui in illis C
locis ſunt , vel curantur. Manifeſtum eſt
enim , quòd quiſquis derelinquit , vel do-
naverit ſive in ſcriptis , ſive ſine ſcriptis
Xenodocho , vel Noſocomo , vel Ptocho-
tropho , vel Orphanotropho idcircò dat,
ut piè per ipſum diſpenſetur : ut qui multam de eorum pietate præſumptionem &
occaſionem habeat , qui his locis præfecti
ſunt . Neque enim juſtum eſt , ipſum ea
quæ ſub prætextu eorum , qui ſub ejus cura ſunt , accipit , non in ipſos , vel pro
ipſis impendere ; ſed in propriam perſonam auferre , & proprio lucro applicare, D
timore Dei contempto. Quiſenim tali curæ præpoſitum non exiſtimet idcircò eam
ſuſcepiſſe , ut non ſolùm quæ extrinſecùs
ad eum pervenient , ſed omnia quæ habere
eum contigerit , in eam rem impendat ?

XVIII.
Reditus
qui ſu-
emantur ex
iis qui ſu-
perſunt re-
ditibus .

Ampliùs id quoquè jubemus , ut quæcumque poſt neceſſariam erogationem in
eos qui eorum curæ commiſſi ſunt , & debitam curationem rerum & ædificiorum ſupereſſe contigerit , ut ad reditum comparationem proficiant . Undique enim noſter
ſcopus & noſtra intentio eſt , ad amplifica-
tionem & augmentum adducere res ad pios E
uſus ſegregatas : ſic enim quiſquis pro ſua
anima quicquam facere volet , promptius
erogabit , ſi crediderit ea quæ ab ipſo data
fuerint , piè adminiſtranda eſſe . Si autem contigerit aliquem ab adminiſtratione ſua ceſſare , quam acceperat; ſancimus,
eum qui in ejus locum conſtitutus eſt , eâ
timore Domini rationum redditioni ſubi-
ci geſtæ ſub eo adminiſtrationis , ſicut divina noſtra lege continetur : ſciente & eo
qui poſt ipſum conſtitutus eſt , quia Domino Deo pro his rationem reddet .

Prætereà ſancimus (quemadmodùm & A
divinis canonibus definitum eſt) ne quis
Epiſcopus aut Corepiſcopus , aut Viſita-
tor , ſive Circuitor , aut presbyter , aut
alius cujuſcumque dignitatis clericus per
largitionem ordinetur : ſed nec Oeconomus , nec Eccleſiaſticus , nec Xenodochus,
nec Noſocomus , nec Ptochotrophus , nec
Orphanotrophus , nec quiſquis Ptochio
præficiendus eſt , per talem fiat largitionem, ſed per judicium & probationem eorum , qui in illis locis ſunt , Deo amantiſſimorum Epiſcoporum . Si verò quis inventus fuerit , occaſione prædictarum ordinationum & adminiſtrationum aliquid B
dediſſe , vel accepiſſe , ſive Epiſcopus ſit,
ſive clericus; & eum qui præbuit , & eum
qui accepit , extrà ſacerdotium & clerum
fieri jubemus : poſt hæc Domini Dei ſub-
biaceant condemnationi . Si autem quis
propter præfecturam dediſſe quid compertus fuerit ; eum qui ità præfectus factus
fuerit , extrà clerum eſſe jubemus . Si verò Oeconomus , ſive Eccleſiaſticus , ſive
Defenſor , vel Corepiſcopus , vel Orphanotrophus , vel Ptochio præpoſitus com-
perietur præbuiſſe quid , ut ſibi cura illa
committeretur; & hùnc removeri ab hujuſ- C
modi cura jubemus .

Prætereà ſancimus , ut omnes clerici ,
per omnes Eccleſias conſtituti per ſe ipſos
pſallant nocturna & matutina & veſperti-
na , ne ex ſola Eccleſiaſticarum rerum con-
ſumptione clerici appareant , nomen quidem habentes clericorum, rem autem non
implentes clerici circà liturgiam Domini
Dei : turpe enim eſt pro ipſis ſcriptos , neceſſitate ipſis inducta , pſallere . Si enim
multi laicorum , ut ſuæ animæ conſulant ,
ad ſanctiſſimas Eccleſias confluentes , ſtu-
diofi circa pſalmodiam oſtenduntur ; quomodò indecens non fuerit , clericos ad id D
ordinatos non implere ſuum munus ? Quapropter clericos omninò pſallere jubemus,
& ipſos inquiri à Deo amantiſſimis pro
tempore Epiſcopis & duobus presbyteris in
ſingulis Eccleſiis , & ab eo qui vocatur
Archos , vel Exarchos , & ab Ecdico , ſive
Defenſore cujuſque ſanctiſſimæ Eccleſiæ ;
& eos qui inventi non fuerint inculpatè in
liturgiis perſeverantes , extrà clerum con-
ſtitui . Nàm qui conſtituerunt vel funda-
runt ſanctiſſimas Eccleſias pro ſua ſalute &
communis Reipublicæ , reliquerunt illis
ſubſtantias , ut per eas debeant ſacræ litur-
giæ fieri , & ut in illis à miniſtrantibus piis E
clericis Deus colatur . Licentiam autem
concedimus omni perſonæ , quæ quid horum prætermiſſum eſſe cognoverit , ea denunciare & publicare . Ea verò quæ à nobis ſancita ſunt , fini tradi , & ad effectum
perduci cum Dei benignitate jubemus . Eos
verò qui in ſuſpicionem venerint aliquid
horum auſu temerario prætermiſiſſe: primùm quidem ex Domini Dei judicio periculum, ac deindè poſitas in hac lege pœnas ſuſtinere . Dat. Kalend. Martii , C.P.
D.N. Juſtiniano PP. A. II. Conſ.] Hactenùs conſtitutio .

XIX.
Simonia
in omnibus
vitanda .

XX.
Clerici per
ſe divina
munia im-
pleant .

Com-

XXI.

a *l.t. C.de rapt. virg.*

Adversùs raptores Lex Imp.

Compositis jàm quæ ad perſonas reſque Eccleſiaſticas, piùmque cultum rerum ſacrarum pertinere videbatur : nefando crimini, ſancita nova lege, occurrendum putavit, cùm hoc item anno ad Hermogenem Magiſtrum Officiorum adversùs virginum raptores iſta reſcripſit (*a*);

Raptores virginum honeſtarum, vel ingenuarum, ſive jam deſponſatæ fuerint, live non, vel quarumlibet viduarum foeminarum, licet libertinæ vel ſervæ inventæ ſint, peſſima criminum peccantes, capitis ſupplicio plectendos decernimus, & maximè ſi Deo fuerint virgines vel viduæ dedicatæ : quod non ſolùm ad iniuriam hominum, ſed etiam ad ipſius omnipotentis Dei irreverentiam committitur ; maximè cum virginitas vel caſtitas incorrupta reſtitui non poſſit. Et meritò mortis damnantur ſupplicio, cum nec ab homicidii crimine hujuſmodi raptores ſint vacui. Ne igitur ſine vindicta talis creſcat inſania : ſancimus per hanc generalem conſtitutionem, ut hi qui hujuſmodi crimen commiſerint, & qui eis auxilium invaſionis tempore præbuerit, ubi inventi fuerint in ipſa rapina, & adhùc flagranti crimine comprehenſi, & à parentibus virginum, vel ingenuarum, vel viduarum, vel quarumlibet foeminarum, &c.] Extendit enim leges ad nuptas & ſponſas, poenaſque dilatat, plectens etiam amiſſione bonorum : ſed & hujuſmodi delinquentes jubet incendio concremari ; rapamque raptori nubere vetuit. Data autem ipſa lex ponitur decimoquinto Kal. Decembris, ſub ipſius Juſtiniani Conſulatu ſecundo, ad quem ſpectant etiam duæ aliæ ejuſdem Imperatoris Novellæ, nempe centeſima quadrageſimatertia, & centeſima quinquageſima, quas tu conſulas.

XXII.

Poſterior terræmotus. Antiochenus.

b *Evagr. lib.4. c.6.* Theopolis Antiochia dicta.

Hoc eodem anno, qui tertius numeratur à priori terræmotu Antiocheno, de quo ſuo loco dictum eſt, rurſus gravioribus impulſibus eadem civitas agitata dirè admodùm concuti cœpit : ſed Dei ope ſubventum, ne funditùs periret. Hic quidem terræmotus cum diverſis ab aliis ponatur annis; nos ſecuti Evagrium, qui duos annos & ſex menſes numerat à priori terræmotu, hoc ipſo anno, qui tertius eſt ab eo, de ipſo agimus. Sunt enim hæc Evagrii verba (*b*): Civitas illa rurſus biennio & ſex menſes poſt terræmotibus concuſſa eſt. Quo quidem tempore tùm Theopolis pro Antiochia nuncupata fuit, tùm aliis rebus Imperatoris providentia locupletata.] Hæc Evagrius. Sed quomodo id acciderit ; ex aliis petendum auctoribus.

XXIII.

Cum igitur eo modo civitas concuteretur, recenti memoria præteritorum malorum cives penitùs conſternati, ad unicum illud, quod tantùm ſibi ſupereſſe ſentiunt, divinum confugiunt patrocinium. Quid autem eiſdem neceſſitas pietatis magiſtra

---

A ſuaſerit, audi Nicephorum, cùm de his breviter agens, hæc ait (*e*) : Unuſquiſque civium Chriſti nomen pro foribus inſcribens, eo modo terræmotum diſpulit ; cum Deus religioſo cuidam homini oraculo hæc verba foribus inſcribere præcepiſſet. CHISTUS NOBISCUM: STATE. Eadem Cedrenus & Miſcellæ auctor anno ſecundo Juſtiniani Imperatoris : quorum omnium ſententia illud affirmatur, tùnc novum eſſe inditum nomen Antiochenæ civitati, ut Theopolis diceretur : ita enim in conſtitutionibus Juſtiniani Imperatoris ab hoc tempore promulgatis Antiochiam Teopolim dictam reperies. Obſervatione quidem dignum eſt (quod & ſuperiùs conſiderandum propoſuiſſe meminimus) civitatem nobiliſſimam, omniumque Orientalium urbium florentiſſimam, in ſuo ſemper decore atque ſplendore perſeveraſſe, uſque ad tempus illud quo ex ea progreſſa eſt Neſtoriana blaſphemia, & ea labe tùm Epiſcopi, tùm cives aſperſi fuere, ſceleſtiſſimi hominis erroris ejus auctoris Neſtorii patrocinium ſuſcipientes : Ex eo, inquam, tempore, ſecundùm illud lugubre Hieremiæ Prophetæ (*d*) : Egreſſus eſt à filia Sion omnis decor ejus. Immenſis eſt attrita cladibus, & ſuis ſepulta ruinis.

c *Niceph. lib. 17. c.3.*

B

C

XXIV.

At neque hîc quidèm finis malorum ejus, quæ (ut ſuo loco dicetur) gravioribus adhùc eſt afflicta moleſtiis. Etenim ſub eodem Imperatore Juſtiniano, ſub quo omnia ubique in tutum collocata videri poterant, cum & longè poſitas à fortiſſimis poſſeſſas barbaris provincias Romano recuperaſſet Imperio, ipſa civitas ab irruente Coſrhoe Perſarum Rege capta eſt & incendio tradita. Ut planè cognitum ſit, haud fuiſſe ſatis mutaſſe nomen, & ex Antiochia Theopolim appellari, niſi & morum eſſet ſubſecuta correctio. Ad maiorem hac Deum provocant iram, ſi ſub ſancto nomine iniquitas nutriatur. Hinc Dominus per Ezechielem ad Angelos percutientes (*e*) : A ſanctuario meo incipite. Et Paulus Apoſtolus (*f*) : Tribulatio & anguſtia in omnem animam hominis operantis malum, Judæo primùm & Græco. Quod ſi (ut idem ſubdit) non eſt acceptatio perſonarum apud Deum, nec nominis eſſe poteſt, nec loci aliqua ratio, ſecundùm illud quod occinendum propoſuit Iſaias (*g*) : In terra ſanctorum iniqua geſſit : & non videbit gloriam Domini. Et quod Hieremias amarè flevit (*h*) : Proiecit Deus de cœlo in terram inclytam Iſrael, & non eſt recordatus ſcabelli pedum ſuorum in die furoris ſui. Iſta planè Antiochiæ poſſunt congruere civitati, ubi primùm auditum eſt nomen Chriſtianum, & ſedit princeps Apoſtolorum Petrus, atque ſanctiſſimi Epiſcopi floruere. Sed jam ad anni ſequentis res geſtas enarrandas progrediamur.

D

d *Ezech.9.*

f *Rom. 2.*

g *Iſai. 26.*

E

h *Thren.2.*

JESU

I.

Bafilii Junioris Confulatu abfque collega præfens annus Domini quingentefimus undetrigefimus adnotatur in Faftis Panvini pro arbitrio mutantis, vel addentis nomina Confulum. Cęterùm Caffiodorus Decium tantùm habet, Occidentalem Confulem ponens; & Marcellinus Orientalem, Juftinianum folùm habet. Sanè quidem hunc illum effe Confulatum Decii junioris, quem habent Acta Conciliorum Arauficani, Epaunenfis, & Carpentoratenfis, plura funt quæ demonftrent: quofum ignorantia factum eft, ut Conciliorum Collector malè retulerit ea Concilia ad tempora Leonis Romani Pontificis; ficut & Panvinus, & alii, qui antè annos fermè centum, nempe quadringentefimo quadragefimo tertio Chrifti anno eadem Concilia pofuere. Nec nos errorem vitare potuimus, licèt longè poftèa, nimirùm ad quadringentefimum fexagefimum tertium annum eadem Concilia retulerimus: quod hic licèt ferò corrigimus. Ut igitur hic in primis collocandum effe dicamus Concilium Arauficanum pofterius (ut antè meminimus) admonent tempora Cæfarii Epifcopi Arelatenfis, qui ei eidem Concilio præfuiffe legitur. Porrò eum hoc, & non alio vixiffe tempore, atque ei Ecclefiæ præfuiffe docent complures ad eum à diverfis fcriptæ epiftolæ, & fuis in locis in Annalibus recitatæ: quem & perveniffe ufque ad annum Chrifti quingentefimum quinquagefimum quartum, dicetur inferiùs. Infuper tempus ipfum Liberii Patricii Præfecti Galliarum, qui huic Concilio fubfcripfiffe reperitur, ut error cognofcatur & corrigatur, admonet. In quo etiam illud in primis advertendum, falfò referri, huic interfuiffe Concilio quatuor Præfectos Prætorio (ut textus dep. avatus habet) fed ut Codex Vaticanus habet, quatuor fint ifta nomina perfonæ unius, nempè Petrus Marcellinus Felix Libetius, ficut Lucius Aurelius Avianus Symmachus, & alia plura id genus: nàm, & ex ipfius Synodi exordio, non quatuor qui interfuerint ibi Præfecti, fed unus dumtaxat Liberius Patricius nominatur: quod & illud, evidentiùs reddit, quòd hoc ipfo tempore Athalarici Regis non quatuor Præfectos Prætorio Præfecturam Galliæ adminiftraffe, fed unum hunc Liberium, patet ex ejufdem Regis epiftola ad eumdem Liberium data (a). Porrò hic idem effe Liberium invenitur, cui Theodoricus Rex Athalarici prædeceffor ejufdem Galliarum Præfecturæ fafces anteà crediderat, qui omnium laudatiffimus haberetur, commendatus & ex eo potiffimum, quod Italos Gothis confociarit, tertia agrorum parte illis conceffa, de quibus extat ejufdem Theodorici

Annal. Eccl. Tom. VII.

a *Caffiod. lib.8.ep.6.*

Regis epiftola (b) ad Senatum de Venantio ejufdem Liberii filio. Unum igitur, eumdemque fuiffe Liberium, de quo Theodoricus fcribit, & ad quem Athalaricus epiftolam dedit, docet ejufdem Liberii fepulchralis infcriptio, quæ Arimini pofita, cunctis olim perfpicua recitata habetur à Petro Pithęo in fua collectione antiquorum Poetarum his verfibus, quibus fignificatur, ipfum longam vixiffe ætatem, iterùmque Gallicanam Præfecturam adminiftraffe.

Humano generi legem natura creatrix
  Hanc dedit, ut tumuli membra fepulta
  tegant.
LIBERII foboles, matri, patrique fuperftes
  Trifte minifterium mente dedere pia.
Hic funt membra quidem, fed famam non
  tenet urna;
  Nàm durat titulis nefcia fama mori.
Rexit Romuleos fafces currentibus annis,
  Succeffu pari fi Gallica jura tenens.
Hos non imbelli pretio mercatus honores,
  Sed pretio majus detulit alma fides.
Aufoniis populis Gentiles ritè cohortes
  Difpofuit, fanxit fœdera, jura dedit.
Cunctis mente pater toto venerabilis ævo
  * *Ter denis luftris proximus occubuit.*
O quantum benè gefta valens! Cum membra recedunt
  Nefcit fama mori: lucida vita manet.]
Extant ad eumdem quoque Liberium Ennodii epiftolæ (c), ex quibus hoc tempore vixiffe, non ambigas.

At quod ad ipfum Arauficanum Concilium fpectat, ejus celebrandi auctor fuiffe videtur Felix Romanus Pontifex, qui his temporibus Romanæ præfidebat Ecclefiæ, permotus ipfe ex fcriptis ejufdem fancti Cæfarii Epifcopi Arelatenfis, quæ his diebus miferat ad eumdem Felicem Papam, de quibus Gennadius verbis iftis (d). De gratia quoque & libero arbitrio edidit teftimonia divinarum Scripturarum & fanctorum Patrum judiciis munita, ubi docet, nihil hominem de proprio aliquid agere boni poffe, nifi eum divina gratia prævenerit. Quod opus etiam Papa Felix per fuam epiftolam roboravit, & in latius promulgavit.] Hæc Gennadius. Scholiaftes autem hallucinatus fecutus Trithemium errat vehementer, putans, Cæfarium vixiffe circa annum Domini fexcentefimum feptuagefimum. Cum autem Gennadius ait: Quod opus etiam Papa Felix per fuam ep ftolam roboravit, & in latius promulgavit;] Alludere planè videtur ad capita illa, quæ à Romano Pontifice effe in Gallias miffa ad Epifcopos, teftantur Patres ipfo exordio Actorum ejufdem Concilii Arauficani, his verbis: Secundùm

M   aucto-

b *Idem l.2? ep.15.*

c *Ennod. epift. 274. & 284. II.*

d *Gennad. cap.86.*

* *Ter fenis qua lectio verior habetur.*

auctoritatem & admonitionem Sedis Apostolicæ, justum,& rationabile visum est,ut pauca capitula ab Apostolica nobis Sede transmissa, &c.] Hæc autem cum adeò evidentia pateant: undè manavit occasio, ut ad Leonis Papæ tempora idem Arausicanum Concilium à Collectore relatum fuerit, & ab aliis creditum? In primis (quod dictum est) id indè provenit, quòd iisdem Cæsarii tempora haud adeò explorata fuere, quem ex Ennodii ad eum datis epistolis, ex Cypriano hujus temporis auctore, qui res ab eo gestas ad Cæsariam Cæsarii sororem scripsit, & ex aliis quæ, cum de Cæsario actum est, dicta sunt; his vixisse temporibus exploratissimum redditur atque ex ipso denique Gennadio, qui ad hæc Felicis Papæ tempora Cæsarium vixisse docet, quod & asserta superiùs certitudo de tempore Liberii Præfecturæ confirmat. Quòd insuper eidem Concilio Arausicano sicut & cæteris superiùs nominatis subscriptus reperitur Prosper (licet cujus Ecclesiæ Episcopus fuerit, non scribatur) cum creditus sit hic idem Prosper cum illo, qui sancti Leonis Papæ scitur vixisse temporibus; error exortus est, ut pariter existimatum fuerit, idem Concilium Arausicanum celebratum esse tempore sancti Leonis Papæ; sed longè hic ab illo diversus. Sed & quòd Eucherius Lugdunensis Episcopus eidem Concilio subscriptus habetur, sicut & priori Arausicano, ad superiora tempora idem revocandum putarunt; sed consulendus fuerat Cyprianus, qui alium ponit Eucherium juniorem Lugdunensem Episcopum, qui eundem Cæsarium plurimùm coluit: ut planè ex his adeò notis duo sint Eucherii, senior, de quo superiùs, atque junior, de quo modò agitur, statuendi. Nec nova ista est assertio, siquidem, & Honorius (a) Augustodunensis inter scriptores Ecclesiasticos duos pariter Eucherios numerat Lugdunenses, alterum scilicet presbyterum, de quo (b) Gennadius, qui ponit eum vixisse sub Valentiniano, & Marciano; Episcopum alterum: ex quibus omnibus corrigi debent quæ à nobis his contraria dicta sunt anno Christi quadringentesimo quadragesimoprimo in priori editione, ubi nonnisi unum Eucherium novimus. Verùm ambos fuisse Episcopos cùm plura alia, tùm Conciliorum Acta declarant, præsertim verò Arausicanorum; in quorum priore celebrato anno Redemptoris quadringentesimo quadragesimoprimo, legitur subscriptus Eucherius Episcopus, nempè senior; & in posteriori Arausicano hoc, ut vidimus, anno celebrato, post nonagintaduos minùs annos à priore junior Eucherius reperitur eidem subscriptus, licet nec hic, nec ibi cujus Ecclesiæ Episcopus fuerit, asseratur. Ceterùm priorem Eucherium fuisse Episcopum, ex Claudiani testificatione satis superiùs est demonstratum, & posteriorem revera Lugdunensem Antistitem nominat Cyprianus, cum elegantem de ipso atque Cæsario hanc historiam narrat

a *Honor.de illustr.scrip. Eccl. c.63.*
b *Gennad. cap.63.*

rat (c) : Cum aliquando circà Alpes iter ageret, vir venerabilis sanctus Eucherius cum illo erat, Accidit tùm, ut in media via infelix, & morbida mulier eis occurreret, manibus, & pedibus contractis per terram reptans. Quam cum esset intuitus beatus Cæsarius, interrogavit sanctum Eucherium: quid hoc esset quòd illa per terram ita se traheret. Eucherius interrogat fœminam. Illa respondet, se multis annis membris omnibus fuisse contractam. Beatus Cæsarius dicit sancto Eucherio: Descende & consigna eam. Illo quasi trepidante, & excusante sese, Cæsarius instat, & urget. Tandem Eucherius descendit, & consignat eam, aitque: Feci quod jussisti. Dicit ei Cæsarius: Extensa manu, apprehende manum illius, & erige eam. Ille respondit: Quidquid aliud jusseris, non recusabit Eucherius tuus: istud ut faciam, adduci non potero. Tuum est hoc facere, cui præstitit deus gratiam, & animas & corpora languentium curandi. Cæsarius ait: Tu interim facito quod dico. Illo planè renitente, & cum multa modestia & lacrymis sese excusante, diùque facere detrectante, Cæsarius dicit: Tu ne obedientiæ causa in ignem ingressurus es, qui nec misericordia adduci potes ut facias quod charitas jubet? Mitte in nomine Domini manum tuam, & erige eam. Tunc ille obediens porrigit fœminæ manum, & sublevat eam. Illa verò mox integrè sanata abiit ad hospitiolum suum.] Hactenùs de S. Eucherio atque Cæsario Cypriano.

c *Cypr. in vit. Cæs c. 22. apud Aug.*
Sur. d.27.

Sed ad ipsam Synodum Arausicanam, cui Cæsarius præfuit, & Eucherius subscripsit, redeamus. De qua illud in primis considerandum, quomodò dimicaturi sanctissimi atque doctissimi Patres adversùs hostes gratiæ Dei, plùs satis quàm pares sis libero arbitrio tribuentes, nullo potentiori modo id facere sibi visum, quàm auctoritati sacrosanctæ Apostolicæ Sedis inniti, cui obniti vel minimùm illicitum esse scirent. Recitant igitur capita in Gallias ab ipso Romano Pontifice missa, numero vigintiquatuor. Quibus recitatis, ità inter alia Patres ad calcem: Hoc etiam salubriter profitemur, & credimus, quod in omni opere bono non nos incipimus, & posteà per Dei misericordiam adiuvamur, sed ipse nobis, nullis præcedentibus bonis meritis, & fidem & amorem sui priùs inspirat, &c. Profitentes ea cuncta haud recentem esse Ecclesiæ doctrinam, sed antiquorum Patrum definitionem, eamdemque (ut audisti) Apostolicæ Sedis auctoritate firmatam; quæ (ut suis locis superiùs est declaratum) S. Augustini se professa est de gratia, & libero arbitrio probare sententiam. Nihil igitur præterea novitas sibi vindicet, & præsumptio humana præsumat. Quot igitur Arausicani Canones, tot sunt Catholicæ Ecclesiæ stabilitæ sententiæ, à quibus absque prævaricationis piaculo haud liceat fideli recedere. Quòd autem iidem fermè qui huic

Arau-

III.

Araufícano fubfcripti reperiuntur Epifcopi, Carpentoratenfi, & Vafenfi interfuiffe reperiuntur ; eodem tempore eadem celebrata Concilia intelliguntur. At de A-
raufícano Concilio hactenùs, quod in fuum
locum reftitutum habes.

IV.

Hoc eodem anno, ipfís Kalendis Januarii, fummum illud Africanæ Ecclefiæ
decus fanctus Fulgentius Rufpenfis Epi-
copus poft innumera pro Catholica fide certamina, poft iteratas fæpè confeffiones,
poft exilia, aliafque pafsas ærumnas, poft
dénique plurimorum fcriptorum egregiis
monumentis tùm hærefes profligatas, tùm
Orthodoxam pietatem & difciplinam Ecclefiafticam cuftoditam, fartamque rectam relictam; optatum diù, antè præcognitum
præfenti vitæ finem lætus impofuit. Ita
quidem colligi ex rebus ab eo geftis, ab ejus
difcipulo ad ipfíus fucceflorem Felicianum
fcriptis, fuperiori tomo oftendimus. Viget infcripta in Ecclefiafticis Faftis Confulis noftri, ipfíus inquam Fulgentii in æternùm permanfura memoria, anni principio
confecrata, ipfís Kal. Januarii annis fín-
gulis in Ecclefia repetenda ; ipfa videlicet
die, qua felicioribus aufpiciis non in Capitolium, fed in cælum perenni gloria trabeatus afcendit, non ut Confuel terrenus
annum unùm aperiens, fed ut cæleftis am-
pliffimæ dignitatis fibi referans æternita-
tem. At quæ apparitura præceflerit, videamus.

V.

Quibus, inquam, præviis pietatis exer-
citationibus fe ad prævifum vitæ exitum
præparavit, ab eodem auctore fíc accipe
a Apud (a): Ante annum fermè quàm de ifto fæ-
Sur. tom. 1. culo raperetur, profunda cordis compun-
die 1. Ja- ctione permotus, reliquit fubitò Ecclefia-
nuar. fticas occupationes ; & de ipfo quoque mo-
Ad futu- nafterio fuo fecretò recedens, ad infulam
rum tran- Circinam, paucis comitantibus fratribus,
fítum Ful- navigavit. Ubi in quodam brevi fcopulo,
gentii præ- cui nomen eft Chilmi, ubi jàm monafte-
paratio. rium fabricari mandaverat, lectioni & orationi ac jejuniis vacans, veluti fcíret appropinquare fibi noviffimum diem, fíc ex toto
corde fuo pœnitentiam geffit - Et quamvis
tota vita ejus, ex quo monachorum profeffionem converfus ex toto corde fufcepit, pœnitentiæ fuerit tempus ; in hac tamen infula multò amplius ac multò diligentius,
inchoanti fimilis, membra fua mortifica-
vit, & in confpectu folius Dei flevit.

VI.

Indè jàm plurimis de abfentia facerdotis
murmurantibus, charitatis neceffitate con-
ftrictus, iteràm defcendit in monafterium
fuum, confueta hominibus religiofís exhibere folatia, laborefque duriffimos pro utilitatibus proximorum longanimiter fuftinere. Non multi autem fluxerant dies, &
ecce fervum fidelem bonus Dominus requirebat. Incidit enim repentè in corporalis
infirmitatis acerrimas æftuationes: ubi fepta-
Ægrotan- ginta propè diebus ægritudine fatigatus,
tis Fulgen- hoc folùm frequenter dicebat : DOMINE
tii verba. DA MIHI MODO HIC PATIEN-
TIAM, POSTEA INDULGENTIAM.
Nec ab ifto fermone aliquando ceflavit, five

Annal. Eccl, Tom VII.

dolor affligeret, five febris intenderet, five
laffitudo diffolveret. Perfuadentibus autem
medicis, ut lavacris balnearibus uteretur :
Numquid balnea, inquit, facere poterunt,
ne homo mortalis, expleto vitæ fuæ tempore, moriatur ? Si verò proximam mortem
nec aquarum calidarum poffunt fomenta repellere ; cur mihi, obfecro, perfuadetis,
ut rigorem diù fervatæ profeffíonis in fine
diffolvam ? Sic falutem fuam fupernæ voluntati fideliter credens: poftquam fe fenfit fine aliqua dubitatione diffolvendum,
vocans univerfos clericos fuos, præfentibus monachis allocutus eft eos, dicens.

Ego, fratres, animarum veftrarum **VII.**
faluti profpiciens, moleftus apud vos **Fulgentius**
forfítàn, & difficilis extiti : & ideò ob- **humiliter**
fecro vos, vt ignofcatis mihi, quifquis **veniam de-**
aliquid dolet. Et fi forfítàn feveritas noftra **precatur.**
modum tranfgrefla eft debitum ; orate ne
mihi hoc Dominus imputet ad peccatum.
Cumque talia beato Fulgentio lacrymofís
fingultibus exponente, cuncti fimul fuper
genua ejus caderent, femper bonum, femper
affabilem pro omnium falute, ficut decuit, in-
vigilafle clamantes: Provideat ergò, ait, vobis
Dominus Deus meus paftorem dignum fe.
Tùnc imperato filentio, paulifm requievit. Et deindè curam pauperum gerens,
requifíta fumma pecuniæ, de qua fideliff-
fímus difpenfator quotidiè egentibus mi-
niftrabat, totum juffít expendi, per fe
ipfum memoriter recolens viduarum, pu-
pillorum, peregrinorum, cunctorumque
illic indigentium nomina ; quibus quid fín-
gulatim daretur, propria deliberatione
conftituit, hæredes in hoc fæculo non habens, hereditatem tamen hujus benevolentiæ
folicitudinis pauperibus derelinquens. Sed
nec fuos clericos debita benedictione frau-
davit, ipforum quoque paupertati mifeli-
corditer confulens. Ac fecretò omnibus
ordinatis, orans jugiter, & intrantes fín-
gulos benedicens, ufque ad extremam ho-
ram fana mente permanfít. Poftremò, die **S. Fulgen-**
Kalendarum Januariarum poft peractam **tii obitus.**
vefperam, beatum fpiritum feliciter in
manibus Domini tradidit, annum fui E-
pifcopatus agens vigefímumquintum, vitæ autem totius fexagefímumquintum, fí-
cut multis ante fratribus morti proximum
indicavit.] Pergit dicere auctor de ejus
celebri funere Chriftiano ritu exhibito
& honorifica fepultura.

Quantam verò ex ejus tranfítu populus
ille paffus fit jacturam, confeftím manife- **VIII.**
ftavit eventus, quo declaratum eft, ipfum **Fulgentius**
viventem fuo populo fuifle, ne læderetur **vivens po-**
à proximis barbaris, munimentum ; cum **puli con-**
eo fublato, tamquàm valido amoto præ- **fervator.**
fídio, eifdem quicquid vellent, agere liberum fuerit. Nam audi : Probaverant
quippè (inquit auctor) fæpius, quanta
bona illis oratio beati Fulgentij præftí-
terat, & quanta mala repulerat ; ficut
poftea manifeftis indiciis evidenter apparuit : quandò non poft plurimos dies
deceffíonis ejus gens inimica Maurorum
Rufpenfe territorium repentè vexavit,

M 2 rapi-

rapinis , cædibus , incendiis multa de-vaſtans , atque intrà ipſos eccleſiæ parie-tes, quos invenire potuit , jugulans. Quis beati Fulgentii gratiam non miretur ? Quamdiù vixit , furorem belli civitas il-li commiſſa non ſenſit : & cum tota pe-nè provincia captivitatem ſuſtinuiſſet hor-ribilem , Ruſpa fuit incolumis propter ſacerdotem venerabilem , cujus vita pro-priis civibus murus fuit.] Verùm ob pec-cata populi ſecundùm illud Propheticum (*a*): *Auferam ſepem ejus , & erit in dire-ptionem . diruam maceriam ejus , & erit in conculcationem :* factum eſt cum miſeris il-lis.

a Iſai.5.

IX.   Dedit planè S. Fulgentii precibus Do-minus, ut vivens , conſervator eſſet non ſo-lum propriæ civitatis , ſed totius etiam Africanæ provinciæ , in qua per plures an-nos Eccleſia ibi poſita pace ſub Vvandalis fruebatur . Quomodò autem ipſo defun-cto , rursùm dira vexatione eamdem conti-gerit agitari , dicturi ſumus anno ſequenti. Quod verò pertinet ad locupletem hære-ditatem, quam vivens atque laborans Ec-cleſiæ Catholicæ acquiſivit , morienſque reliquit , ſcriptorum inquam præclara mo-numenta, quæ & ſuperiùs pro ratione tem-poris , quo ſingula ſcripta ſunt , recenſui-mus ; magna ex parte periiſſe , dolendum . Quæ enim extant ejus lucubrationes , ma-jori faciunt eas quæ exciderunt dolore per-cupere . Planè contigit morte Fulgentii , tamquam fulgentis ſideris radiis ad occa-ſum dilapſis , univerſam Africanam pro-vinciam tetra noctis caligine remanſiſſe perfuſam. Etenim nullus poſt Fulgentium tanti fulgoris poſterioribus ſæculis illuxiſ-ſe viſus eſt doctrinæ & ſanctitatis claritu-dine conſpicuus Africanus Antiſtes.

X.

b Iſid. de Scrip. Ec-cleſ. c. 14.

Scripta Fulgentii cognita I-ſidoro .

Quæ autem temporibus Iſidori adhùc extabant ejus ſcripta, ita ipſe agens de ſcri-ptoribus Eccleſiaſticis numeravit (*b*) : Fulgentius Afer Ruſpenſis Eccleſiæ Epiſ-copus in confeſſione fidei clarus , in Scri-pturis divinis copioſè eruditus , in loquen-do quoque dulcis , in docendo ac diſceren-do ſubtilis, ſcripſit multa : ex quibus legi-mus de Gratia & libero arbitrio libros re-ſponſionum ſeptem, in quibus Fauſto Gal-lo Regienſi urbis Epiſcopo Pelagianæ pravitati conſentienti reſpondens , obniti-tur ejus profundam deſtruere calliditatem. Legimus ejus librum de ſancta Trinitate ad Felicem directum Notarium : librum quoque Regulæ veræ fidei , & alium de Sa-cramento incarnationis Domini noſtri Jeſu Chriſti. Extant & duo libri ejus de Veri-tate prædeſtinationis ad Epiſcopos miſſi, in quibus demonſtrat , quòd gratia Dei in bo-nis voluntatem humanam prævenit,& quòd Deus quoſdam prædeſtinationis ſuæ mune-re juſtificans præeligit , quoſdam verò in ſuis reprobis moribus occulto quodam ju-dicio derelinquat. Eſt alter liber altera-tionis ejus , quo de fide cum Traſamundo Rege idem Fulgentius diſputavit. Ad Fer-randum quoque Eccleſiæ Carthaginenſis diaconum unum de interrogatis quæſtioni-

bus ſcripſit libellum . Inter hæc compoſuit & multos tractatus , quibus ſacerdotes in eccleſiis uterentur. Plurima quoque ferun-tur ingenii ejus monimenta ; hæc autem ex pretioſis doctrinæ ejus floribus carpſimus. Sors melior , cui delicias omnium libro-rum ejus præſtiterit Deus .] Hæc Iſido-rus.

Conſtat inſuper teſtificatione Ferrandi diaconi Carthaginenſis , in ipſis extremis vitæ momentis abſolviſſe Fulgentium tra-ctatum ad Reginum de quæſtione illa famo-ſa Alexandriæ (ut vidimus) agitata , nùm Chriſti caro corruptibilis , an incorrupti-bilis ſit; ſed ſatisfacere eidem Regino Co-miti minimè valuiſſe , dùm ab eodem ſcribi petierat præcepta à milite Chriſtiano ſer-vanda : cui poſtea ipſe Ferrandus diaconus ſatisfecit , ſcribens ad eumdem Comitem eo argumento eruditum ſatis commenta-rium . Teſtatur id quidem ipſe , cum in opus ita poſt alia præfatus eſt : Laudabili ſoli-citudine interrogaſti venerabilis memoriæ Fulgentium Pontificem Ruſpenſis Eccleſiæ, qualis tibi militaribus actibus occupato re-gula eſſet ſpiritualis propoſiti retinenda. Sapienter profectò reſponſum ſapientiæ & ſapiente quæſieras. Nec interroganti , nec interrogato ſancta prudentia defuit : & tu quod ille docere poterat , jam gerebas ; & ille hoc docere poterat , quod tu gerebas : mores tuos in ſermonibus ejus agnoſceres , ſermones ſuos ille ex tuis moribus appro-baret .

XI.

Modò quia ſemipleni libelli imperfecta dictatio nihil huic tui interrogationi cogno-ſcitur reſpondiſſe : principia enim glorioſi operis primam quæſtionem litterarum tua-rum diutiùs ventilant, Utrùm caro Chri-ſti corruptibilis , an incorruptibilis ſit . Undè adhùc diſputans ille doctor egregius , antequàm fideliter (ratione fidei reddita) de actibus militaribus cum pietate tractan-dis inciperet loqui; tranſivit ad æternæ bea-titudinis immortalia gaudia , Verbum Dei, quod in corde & ore ſemper habuit , facie ad faciem contemplaturus : importabilem ſarcinam ſuper humeros debiles ponis , &c.] Abſolvit igitur Ferrandus ejus diſcipulus , quod magiſter ipſus Fulgentius impeditus morte ex parte non attigit . Coluit miri-ficè ſanctum Fulgentium ipſe Ferrandus diaconus ut magiſtrum ; nàm & in epiſtola ad ipſum ſcripta , ſe eſſe ejus diſcipulum profitetur , dùm eumdem magiſtrum appel-lat : dignus planè tanto inſtitutore diſcipu-lus, licèt non tali , qui æquaverit præce-ptorem. Cæterùm & magno nomine ipſum Ferrandum hoc tempore claruiſſe , & de quæſtionibus conſuli ſolitum difficillimis ; epiſtolæ ipſius , quæ extant redditæ ad Ana-tolium Romanæ Eccleſiæ diaconum , & quæ ad Severum Scholaſticum Conſtantinopo-litanum ſunt ſcriptæ , ſatis docent : ſed & quam poſtea ad Pelagium & ipſum Anato-lium Romanos diaconos ſcripſit (ut tra-dit Iſidorus (*c*) nùm liceat aliquem con-demnare poſt mortem , licèt ipſa deſide-retur epiſtola , quanta tamen fuerit æſti-matio-

XII.

Ferrandus diac. inſi-gnis do-ctor.

c Iſidor. de vir. illuſtr. c.16.

mationis, æquè significat. At de Ferrando modò satis.

XIII.
S. Benedi-
ctus Caffi-
num petit.

Quod rursùm ad res Occidentalis Ecclesiæ pertinet, hoc ipso anno magnus ille
Benedictus ex angustiis Sublacensium montium divino monitu egressus, Cassinum petens, ad cujus montis radices erat sita villa
Marci Varronis, istic erecto monasterio,
monasticum ordinem mirificè propagavit:
egit de his sanctus Gregorius in dialogis,
ubi & res ibi ab eo præclarè gestas enarrat.
Quod verò ad tempus spectat, id firmatum
habes ex Cassinensi Chronico, & Leone
Ostiensi Episcopo, atque ex Actis sancti
Placidi, Gordiani nomine utcumque con-

a Vit. S.
Placid. a-
pud Sur.
die 5. Oct.

scriptis (a); dùm anni quinque tradun-
tur intercessisse ab adventu Placidi in Sub-
lacense monasterium ad sanctum Benedictum usque ad ejus migrationem factam
Cassinum: sed & id expressiùs confirmat
auctor in Actis Placidi, dùm hoc ipso anno
Domini quingentesimo vigesimonono contigisse tradit; licèt loco Justini Imperatoris, Justiniani restituendum sit, cujus Imperii tempore, non Justini, hæc contigisse liquet. Sunt plura alia, quæ illic
mendosa, nonnulla verò mendacia (ut suo
loco dicturi sumus) inveniuntur.

XIV.
Monachif-
mus instau-
ratus, &
propaga-
tus.

At quis Dei consilium non magnoperè
admiretur, dùm considerat, eodem fermè
tempore, quo in Oriente monachismus esset magna ex parte collapsus, compluribus
ex iis à fide Catholica ad diversos hæresum
errores deficientibus, aliis quoque ab illo
vetere instituto rigido in delicias prolabentibus; eodem inquam tempore in Occidente instaurari, atque longè latèque diffundi
observantiam monasticæ disciplinæ, eamque adeò fœcundo germine propagari: cum
veluti ex tenui surculo prægrandium excre-
sint frugiferarum arborum silvæ, quæ universam repleverint Occidentalem Ecclesiam; extiterique locuples seminarium,
ex quo plurimi progressi sint sanctissimi diversarum Ecclesiarum Episcopi; nec defue-
rint ex iis, qui in throno Apostolico considentes, universam Catholicam Ecclesiam,
cum vehementiores urgerent fluctus, constantissimè gubernarint; progressique ex
eodem monachorum ordine sint, qui Apostolico munere complures barbaras nationes, Christi jugum ferre impatientes, tandèm ad Christianam fidem sponte capessendam converterint; prodierintque alii, qui
ob suscepta grandia pro religione certamina sint victores consecuti coronam martyrii:
præterimus modò illos, qui sacrarum rerum scientia nobiles inter scriptores Ecclesiasticos floruere; nec numeramus, quæ
numerari vix possint, sacrarum examina
virginum: sicut nec facile sit recensere, quot
ex hoc uno verè dicendo sui humilitate fon-
ticulo immensa flumina sint derivata; quot,
inquam, ex Benedicto diversorum ordinum sint progressa agmina monachorum,
qui licèt diverso nomine in Ecclesia Dei cir-
cumamicta varietate censeantur, instituti
tamen esse S. Benedicti, & ab ipso progredi gloriantur. Hæc tanta tibi hic uno in-

Annal. Eccl. Tom. VII.

tuitu, tamquàm immensum cælum in parvo globo descriptum, inspicienda obiter
modò proponimus; quò sentias facturos
nos operæpretium, si tanti viri primordia
atque progressu, temporum ratione distin-
ctos, quantùm licuerit, Annalibus intexa-
mus, atque cum opportuna se occasio dederit, ejusdem contigerit meminisse.

Ut autem ad Cassini montem Christi
athleta divinitùs vocaretur; certamen,
quod adversùs dæmones mòx ibi esset initurus, causa fuisse videtur. Nescio enim qua
incuria dormitantium Episcoporum, quæ
Idololatria, in Christiano orbe extincta
longè latèque in monte illo altioribus
fixa radicibus adhùc vigebat: ibi namquè
fortis armatus, tamquàm impietatis arce
munitus, cultum à sibi subditis infeliciter
exigebat; sed cum fortior ipso venit, penitùs cedere cogitur. At quomodò id acciderit, à S. Gregorio (b) paucis accipe:
Ibi, inquit, vetustissimum fanum fuit, in
quo ex antiquo more Gentilium à stulto ru-
sticorum populo Apollo colebatur: circumquaque enim in culta dæmoniorum luci
succreverant, in quibus adhùc eodem tempore infidelium insana multitudo sacrificiis
sacrilegis insudabat. Illùc itaque vir Dei
perveniens, contrivit idolum, subvertit
aram, succendit lucos, atque in ipso templo Apollinis oraculum * beati Martini,
ubi verò ara ejusdem Apollinis fuit, oraculum * sancti Joannis construxit: & com-
morantem circumquaque multitudinem prædicatione continua ad fidem vocabat.

XV.
S. Benedi-
ctus aufert
reliquias
Idololla-
triæ.

b Gregor.
dialog. lib.
c. 8.

* oratorii

* oratorii

Sed hæc antiquus hostis tacitè non ferens,
non occultè, vel per somnium, sed aperta
visione sese ejusdem Patris oculis ingerebat,
& magnis clamoribus vim se perpeti con-
querebatur; ita ut voces illius etiam fratres audirent, quamvis imaginem minimè
cernerent. Ut enim discipulis suis venerabilis Pater dicebat, corporalibus ejus oculis idem antiquus hostis teterrimus & succensus apparebat, qui in eum ore oculis-
que flammantibus sævire videbatur. Jàm
verò quæ diceret, audiebant omnes. Priùs
enim hunc vocabat ex nomine: cui cum
vir Dei minimè responderet, ad ejus mox
contumelias erumpebat. Nàm cum clamaret, dicens: Benedicte, Benedicte: & eum
sibi nullo modo respondere conspiceret,
protinùs respondebat: Maledicte, non Benedicte, quid mecum habes? quid me per-
sequeris, &c.] Intelligis ex his puto, lector, cujusnam lingua loquantur, quove
spiritu agitentur infelicissimi Novatores,
qui in eumdem sanctissimum virum, aliosque à Deo benedictos monachos maledicta
& contumelias jaculari non cessant. At de
S. Benedicto omnibus benedictionibus pro-
sequendo, modò hactenus. Quomodò autem diabolus licèt victus semper, certamina tamen nova instaurare adversùs magnum
Christi militem numquàm destitit, ipse
Gregorius Papa ejusdem sæculi scriptor veritatis amantissimus omni fide posteris tradidit intuenda. Hìc verò quod exigere videbatur instituti ratio, perpacua modò hæc

XVI.
Conqueri-
tur diabo-
lus de SS.
monachis.

libasse

M 3

Iibase sufficiat. Occurret enim nobis ſæpe in via poſteris temporibus Benedictus, cum nonnullas res ab eo geſtas temporis ratio, ut in medium adducamus, à nobis opportunè requiret. Sed antequàm recedamus ab Occidente, Francorum Eccleſiam inviſamus, probè factis Regum, & Epiſcoporum ſanctitate florentem.

XVII.
S Nicetius promovetur in Epiſcop. Trever.

Hoc namquè anno Theodoricus Rex Francorum, tertius Clodovei filius egregium edidit ſpecimen pietatis, dùm ſanctum Nicetium monachum, quem ſæpe paſſus fuerat acerrimum reprehenſorem, ut aliquam paternæ charitati rependeret gratiam, curavit in Archiepiſcopum Treverenſem eligi; probè ſciens, eum verè dignum Epiſcopatu, qui non vereretur pro cuſtodia divinæ legis vultum potentis ſe-

a Pſ. 118.
cundùm illud Davidicum (a): Loquebar de teſtimoniis tuis in conſpeſtu Regum, & non confundebar. Hoc, inquam, ipſo anno ordinatum eum Treverenſem Antiſtitem, tabulæ (b) ejus Eccleſiæ docent: res autem ab ipſo geſtas ex ejus diſcipulo beato Aridio Abbate acceptas recitat Gregorius (c) Turonenſis, à quo & hoc obſervatione dignum de ejuſdem quoque ortu percepit: Cum Nicetius partu fuiſſet effuſus, omne caput ejus (ut eſt conſuetudo naſcentium infantium) à capillis nudum cernebatur; in circuitu verò modicorum pilorum ordo apparuit, ut putares ab eiſdem coronam clerici eſſe figuratam.] Habes ex his non ſolùm quod mireris de prodigio, ſed & quod diſcas de veteri clericalis forma tonſuræ. At de ejus ordinatione Theodorici Regis ſtudium ab eodem auctore ſic accipe:

b Habeas De moch. lib. de ſacrific. Miſſæ.
c Gregor. Turon. in Vit. S. Nicetii.

XVIII.

* acciri

S. Nicetius defenſor Juſtitiæ.

Venerabatur (inquit) eum & Rex Theodoricus magno honore, eò quòd ſæpiùs vitia ejus nudaret & crimina, ut caſtigatus emendatior redderetur. Et ob hanc gratiam, decedente Trevericæ urbis ſacerdote, eum ad Epiſcopatum juſſit accerſiri *: jamque dato conſenſu populi ac decreto Regis ad ordinandum, & à viris ſummo cum regio honore præditis adducebatur. Verumtamèn cum propinqui ad urbem, cadente Sole, fixis tentoriis, manſionem pararent: illi confeſtim laxatos equos per ſegetes pauperum dimiſerunt: Quod cernens beatus Nicetius, miſericordia motus, ait; Expellite quantocyùs equos veſtros à ſegete pauperum; alioquin removeam à communione mea. Et illi indignantes dixerunt; Quænam eſt hæc cauſa, quam loqueris? Adhùc enim Epiſcopalem apicem non es adeptus, & jàm excommunicationem minaris? Et ille: Verè, inquit, dico vobis, quia deſtinavit Rex, ut me avulſum à monaſterio huic oneri conſecrari juberet: fiet quidem voluntas Dei; nàm Regis voluntas in omnibus malis, me obſiſtente, non adimplebitur. Tùnc curſu rapido abiens ejecit equos à ſegete, & ſic cum admiratione hominum illorum ad urbem deductus eſt. Non enim honoratæ perſonam potentis, ſed Deum tantùm in corde & opere metuebat.] At etſi levia hæc videri poterant,

maximi tamen ponderis à prudentibus exiſtimata fuerunt. Quomodò enim paſſurus eſſet à potentibus opprimi perſonas pauperum, qui nec ſegetem à jumentis depaſci permiſit? Hæc in via. Quid autem obſervatione digniſſimum in ipſius ordinatione contigerit, accipe:

Impoſitus itaque in cathedra, cum lectionum ſeriem auſcultaret, ſenſit neſcio quid grave ſuper cervicem ſuam. Cumq; bis aut tèr manum clàm ad tentandum injeciſſet, nullius rei cauſam invenire potuit, quæ hoc pondus inferret. Diverſenſque caput ad dexteram & lævam, odoratus eſt odorem ſuavitatis: intellexit quoque hoc onus eſſe ſacerdotii ipſius dignitatem.] Ità plane ſecundùm illud Davidicum (d): Impoſuiſti homines ſuper capita veſtra. Hæc de ſancti Nicetii ordinatione, quæ contigit hoc anno, Gregorius: reliqua de ipſo temporis opportunitas ſuggeret. Videbis plane (quod mireris) invictos Franchorum Reges à Dei ſacerdotibus tantummodò laudabiliter pati vinci: cum verò quis ipſis obſtinatè nimis obſtiterit, divinam mox expertum eſſe vindictam intelliges.

XIX.
Onus Epiſcopale ſenſit Nicetius.

d Pſal. 6.

At non prætereat carmen Venantii Fortunati, quo eumdem virum ſanctiſſimum Nicetium jàm Epiſcopum ordinatum proſecutus eſt: ſic enim ſe habet (e):

Splendor, apex fidei, veneranda mente Niceti,
  Totius Orbis amor, Pontificumque caput:
Summus Apoſtolico præcellens paſtor ovili,
  Auxiſti meritis, quicquid honoris habes.]

XX.

e Venant. For. carm. lib. 3.

Apicem vocat fidei ob egregiam ejus ſanctitatem magna fide pollentem, qua cæteris præſtare videri poterat: dicitque Pontificum caput, quòd nobiliſſimæ præfectus eſſet Eccleſiæ Treverenſi, cui complures ſubjacerent Epiſcopi. Sed pergit:

Divino inſiſtens operi, terrena relinquis;
  Cum moritur mundus, non moritura manes.
Vita brevis cunctis, ſed non brevis illa beatis;
  Cum bona non pereant, jure perennis erit.
Dùm tibi reſtrictus maneas, & largus egenis,
  Quod facis in minimis, te dare crede Deo.
Captivus quicumque redit, ſua lumina cernens,
  Ille lares patrios; tu capis inde polos.
Hic habet exul opem, jejunus invenit eſcas;
  Qui venit eſuriens, hic ſatiatus abit.
Triſtibus, imponis curas, purgando querelis,
  Et ſanat cunctos una medela viros.
Pauperis hinc lacrymas deſiccans, gaudia præſtas,
  Qui priùs ingemuit, vota ſalutis habet.
Te paſcente greges, nunquam lupus arripit agnos;
  Sunt bene ſecuri, quos tua caula regit.
Templa vetuſta Dei renovaſti in culmine priſco,
  Et floret ſenior, te reparante, domus.
Hinc populus longos tribuas pia vota per annos,
  Et maneas paſtor, ne lacerentur oves.]

Hæc

Hæc de Nicetio Episcopo Fortunatus.
Jàm verò res Orientales invisamus, quas
præsens annus memoria dignas exhibet.

XXI.
a Novel.
142.

Hoc igitur anno ; sub eodem Consulatu Basilii, edita extat Novella (a) constitutio à Justiniano Imperatore adversùs
eos, qui homines castrantes eunuchos reddunt. Sed unde ejusmodi condendæ legis
causa provenerit, hic primùm recensendum
esse putamus. Evagrius (b) namquè ex
Procopio ista summatim collegit : Memorat præterea idem scriptor, Absagos ad
mitius humaniusque vitæ genus traductos,
iisdem temporibus fidem Christianam recepisse, Justinianumque Imperatorem quemdam ex eunuchis aulicis Absagum genere,
nomine autem Euphratam ad eos misisse,
qui vetaret, ne cuiquam in ea gente, quasi vi illata naturæ, testiculi execarentur.
Nàm qui cubiculis Imperatorum inservie-
bant, quos vulgò vocant eunuchos, per-
sæpe ex ea gente sumi consueverunt.] Hæc
de Absagis & eunuchis Evagrius ex Procopio, eademque Nicephorus (e): Addunt
præterea, Justinianum apud Absagos templum Deiparæ erexisse, sacerdotesque illic constituisse, à quibus populi illi Christianam religionem addiscerent. De his
agens Procopius (d), eosdem populos habitare apud montem Caucasum tradit.

Ad hos itaque eumdem Justinianum Imperatorem allusisse apparet, dùm ad finem
dictæ constitutionis ait : Si enim barbaris simulatque nostra de hoc audierunt mandata, hæc custodierunt ; quomodò tamdem
permittemus, ut post tot retrò Principum
sanctiones tale quid denuò relinquatur in
nostra Republica ? Ex quibus etiam quod
ad rationem temporis pertinet, intelligere
valeas, Absagos jàm ad fidem conversos
legibus Romanorum paruisse ; factumque
esse, ut cum ipsi licet barbari molitam apud
eos consuetudinem de castrandis pueris, parentes Justiniani mandato, penitùs reliquis-
sent; idem Imperator vehementiori insurge-
ret animo in eos, qui illi legibus prædecessorum Imperat. ne id facerent, sæpe coerciti, nihilominùs ejusmodi facinus per pe-
rass minimè desinerent. Quanto autem id
vitæ periculo fieri soleret, audi ab ipso,
dùm ait (e): Sæpenumerò ex multis vix
pauci evadunt incolumes, usque adeò, ut
quidam ex his qui servati fuerunt, sub nostro aspectu deposuerint, & nonaginta ægrè
tres servatos esse, &c.] Justè igitur Justinianus in eosdem eam legem tanti sceleris
vindicem promulgavit, datam hoc anno,
XV. Kalen. Decembris, sub dicto Consulatu Basilii, Indictione decima inchoata.

XXII.
Ne eunu-
chi fierent,
Justinian.
vetat.

e Justinian.
Novel. 142.

XXIII.
Tzani fa-
cti Chri-
stiani.
f l. ult. C.
de offi. ma-
gistr. milit.

Iisdem fermè temporibus & Tzani populi
ad fidem conversi sunt : mentio est de ipsis,
apud Justinianum (f) Imp. in rescripto
ad Zetam Magistrum militum, cum agit ibi
de populis interioris Armeniæ : sed depravatè ibidem Anzitena provincia pro Tza-
nitena ponitur. Cum enim tempore illius
latæ Tzani populi essent subjecti Romano
Imperio, quam (ut ex ipsius exordio patet) satis apparet, ejus Imperii primordiis

b Evagr.
lib. 4. c. 22.
De Absa-
gis ad fi-
dem con-
versis.

c Nicep.
lib. 17. c. 13

d Proc. de
bello Per-
sico lib. 2.

scriptam esse ; planè intelligi potest, eosdem populos ipsis initiis ejusdem Imperii
esse conversos ad fidem: in ea enim sanctione ista habet : Cum propitia Divini-
te Romanum nobis sit delatum Imperium ;
solicita cura, cauta diligentia pertractan-
tes, perspeximus oportere partibus Armeniæ, &c.] Sed quid de eorumdem populorum moribus, eorumque ad fidem conversione scribat Procopius (g), audi :

g Proc. de
ædific. Ju-
stin. Imper.
orat. 3.

Ut hic autem Tzanorum gentes jàm de-
scribam, mihi non videtur esse alienum à
ratione : sunt enim Armeniis finitimi.
Tzani suis legibus sine Rege aliquo degunt,
belluinam vitam agentes : deos quidem lucos, volucres & alia animalia arbitrantur
& colunt. In altissimis montibus & opacis
totam ætatem consumunt, terram nequaquàm colentes, sed identidem furtis & latrociniis viventes, negligentes terram exercere. Ubi montibus præruptis non cin-
guntur, locus est collibus & tumulis abundans : ubi tumuli, ibi quæ terræ immi-
nent, talia non sunt, ut fruges afferant, si
colantur : valdè enim aspera sunt, & suprà
modum dura, nullarum penitùs frugum
feracia. Quamobrem fieri non potest, ut
hic vel terram ares, vel campum segetum
demetas, vel pratum invenias. Floret autem arboribus Tzanica, sed infrugiferis &
omninò sterilibus : quoniam ut plurimùm
nulla est hic temporum reciprocatio & vicissitudo, ut nunc scilicet frigidis & humi-
dis oris occupetur terra, nunc verò juve-
tur calore Solis: sed perpetua hieme op-
pressa est, & assiduis nivibus irrigatur.
Propterhæc ex antiquo suis legibus vivunt
Tzani. Justiniano autem imperante, à Romanis pugna victi, & jàm amplius certa-
mini non fidentes, statim sese omnes dedi-
derunt, magis diligentes quietam servitutem, quàm libertatem periculosam. Et
mutata religionis opinione omnes Christiani facti sunt, & vitam humaniorem amplexati dimissis latrociniis, Romanos in
suos hostes progredientes semper comitati
sunt.

XXIV.

Tzani Po-
puli à Ju-
stiniano
subjugati.

Justinianus ipsis ecclesiam construxit in
loco qui Chamalinicon dicitur, effecitque
ut sacra obirent, accederent ad mysteria,
sacrificiis Deum placarent, & aliis quoque rebus sacrarentur, intelligentes tandem se homines esse. Structis etiam arcibus
passim per regionem, Romanorum militum præsidia hic collocavit, atque Tzanos
commercium cum cæteris hominibus habere instituit ;] Hæc Procopius de Tzanorum conversione & facta à Romanis eorumdem perfecta subingatione, antequàm quartus Justiniani Imperii annus absolveretur,
ut ex eodem Procopio colligitur (h), dùm
agit de bello Persico, recensetque eo anno
anno quarto Imperii Justiniani terminata
sunt : licet vitio scriptoris, loco Tzani,
Zani populi ibi sint nominati, vbi & de
ipsorum Christianitate pariter mentio habetur, & de bello quo fidem victi sunt.
Felix Imperium, cujus primordia tàm ubere proventu ex multarum gentium conversione

XXV.

h Proc. de
bello Per-
sic. lib. 2.

sione locupletata fuere : feliciſſimum verò A
dicendũ, ſi in omnibus media atq; poſtrema
ejuſdé Principis principia exæquaſſent. Sed
a Geneſ.41. quod in ſomnis oſtenſum eſt Pharaoni (*a*),
poſt feracem proventum exortas eſſe ſpicas
tenues percuſſas uredine, quæ ingenté penuriam præſignarent , qua præcedentium annorum fertilitas penitùs inſumpta deficeret;
ita ferè huic accidit Imperatori , dùm plùs
æquo divina pertentat , & in Romanos
Pontifices extitit parùm æquus. Sed reliqua proſequamur.

XXVI. Hoc eodem anno Idem Juſtinianus Imperator , quem dederat colligendum, emen-
dandumque Codicem ſuo nomine Juſtinianeum appellatum , abſolutum confirmavit,
vulgavitque. Datum id negotii fuerat anno
ſuperiori delectis ad hoc viris clariſſimis, B
ut ejuſdem Imperatoris conſtitutio edita
Idibus Februarii ad Senatum Conſtantinopolitanum anno ſuperiori ſub Conſulatu
b Conſtit. ejuſdem Imperatoris ſecundo declarat (*b*).
de no. Cod. Abſoluto verò opere hoc anno , ſeptimo
fac. Idus Februarias ad Mennam Præfectum
c Conſtit. Prætorio de confirmando eodem Codice
de Juſtin. conſtitutionem (*c*) edidit ſub Conſulatu
Cod. confir. Baſilii. Ad hoc enim eurandum opus De-
Decemvi- cemviratus conſtitutus eſt ab eodem Imperatus pro ratore , delectique Joannes Patricius vir C
compilan- Conſularis & Exquæſtor , Leontius Magi-
do Codice. ſter militum ex Præfecto Prætorio , Phocas
Magiſter militum & Patricius', Baſilides
Patricius ex Præfecto Prætorio Orientis,
Thomas Exquæſtor ſacri Palatii , Tribonianus Magiſter Officiorum , Conſtanti-
nus Comes ſacrarum largitionum , Theophilus Comes ſacri Conſiſtorii , Dioſcorus , & Præſentinus togati Judices ſacri
Prætoriani . His datum eſt onus Codicis
Juſtiniani elaborandi , eo oſtenſo illis totius tractationis argumento , mimirùm ut
ex tribus Codicibus , Gregoriano , Her- D
mogeniano , & Theodoſiano , tertium elu-
cubrarent , quem & Juſtinianeum (ut diximus) Codicem appellarent ob additamentum novarum ipſius ,Imperatoris con-
ſtitutionum.

XXVII. Qui verò præ cæteris in opus inſudaſſe
Triboni- viſus eſt , fuit Tribonianus jure conſultiſ-
nus qualis ſimus , de cujus ſtatu moribuſque Procopii
fuerit. diverſa aſſertio eſt : qui primùm cùm ip-
d Proc. de ſum laudat , agens de bello Perſico, iſta
bello Per- habet (*d*) : Tribonianus Pamphilius ge-
ſic. lib. 1. nere , vir moribus & diſciplina omnium
artium nulli ſecundus , juſtum ſectabatur
lucrum; ſingulis diebus leges aliquas aut
antiquabat , aut condebat .] Hæc Procopius. At eodem libro immemor fortaſſe
Tribonianum à ſe laudatum, iſta ſubiicit,
ſugillans ipſum avaritia; Cum natura mitis & humanus eſſet ; quibus moribus ſimul & doctrina ſingulari unicum 'avaritiæ
morbum obſcurabat .] Sed vitium eò
turpius videri ſolet , quò pulchritudine
proximarum virtutum magis perſpicuum
redditur . Atquæ in homine vera virtus ,
cui avaritia dominatur ? Verùm audi de
Triboniano Svidam : Tribonianus Macedoniani ſitiur à Diceopolis hyparchis, Gen-

tilis fuit & impius : omnibus modis à Chri- A
ſtiana religione alienus , adulator & impo-
ſtor , qui perſuadere conabatur Juſtiniano , eum non moriturum , ſed cum carne
in cælum aſſumptum iri . Fuit autem Quæ-
ſtor Juſtiniani . Hic & ingenii facultate
utebatur , & ad ſummam pervenerat eruditionem, nemini ſuæ ætatis inferior : pecuniæ ad miraculum avidus , jus pretio ven-
dere ſolitus & legum dies alios plerumquè
tollebat , alios ſcribebat , pro cujuſque
neceſſitate accepto pretio . Eo in honore ,
cum multos annos vixiſſet , morbo deceſſit , nihil injucundi à quoquam perpeſſus : B
nàm & facundus erat , & cetera ſuavis , &
avaritiæ morbum amplitudine doctrinæ
ſolertiſſimè occultabat .] Hucuſque Svidas .

Sed planè monſtruoſum id de perſuaſio- XXVIII.
ne immortalitatis , qua ſeducebat Impera- Perſuaſa
torem , putare quis poſſet & fabuloſum , immortali-
niſi id alterius graviſſimi auctoris fulcire- tas Juſtin.
tur auctoritate. Nàm Heſychius Mileſius
de Philoſophis ſcribens , hæc de ipſo : Tribonianus Juſtiniano Imperatori adulans ,
ei perſuaſit, non moriturum ipſum , ſed
unà cum corpore receptum , in cælum migraturum . Erat autem Paganus , & im- C
pius .] Hæc ipſe . Fortaſſe indè ejuſmodi fama percrebuit , quòd Tribonianus
leges ſcribens nomine ipſius Juſtiniani, ea
apponere verba conſuevit (*e*) : *Noſtra ſan-* *e l. ult. Co-*
xit æternitas . Id quidem diceret ad Ju- *dic. de Ex-*
ſti-niani excuſationem , niſi eadem verba *piſc. & cle-*
ab aliis pleriſque prædeceſſoribus Impera- *ric. & aliis.*
toribus uſurpata invenirentur , quæ dixi-
mus deriſiſſe atque reprehendiſſe Ammia-
num in Conſtantio Imperatore.

Sed illud attende , quòd cum uſum eſſe XXIX.
ſcias Juſtinianum Triboniano Ethnico homine in legibus conſcribendis ; nihil eſt
quòd mireris ſi impios Imperatores ; Ze- D
nonem videlicèt, & Anaſtaſium , jàm ſententia Romani Pontificis , comprobante id
ipſum (ut vidimus) Conſtantinopolitano
Concilio , necnon Juſtino Auguſto, è catalogo Imperatorum abraſos , penitùſque
damnatos ; nihilominùs inſigni titulo pietatis in legibus ab eodem Triboniano con- Triboni-
ſcriptis eoſdem reperias nominatos . Ha- nus Ethni-
bes præterea , ex quibus eundem Tribo- cis favit,
nianum auctorem intelligas , cujus ſtudio
factum eſt , ut cum Chriſtianorum Principum ſanctionibus Chriſtiana religio a-
bundaret , ſuis nihilominus favens Ethnicis Imperatoribus ipſe Ethnicus legum
conditor atque collector , in eodem Co- E
dice Juſtinianeo exſcripſerit leges ipſorum Auguſtorum , ut Diocletiani & aliorum , qui Chriſtianam religionem perſecuti ſunt .

Sed quòd in his verſatur oratio , non XXX.
prætermittamus dicere de Joanne Patricio,
qui primus omnium recenſetur decemvi-
rum , quibus delegatum eſt opus : qualis
namque iſte fuerit , ex Procopio accipe,
qui ait (*f*) : Prætorii Præfectus tùnc Jo- *f Proc. de*
annes Cappadox erat , Tribonianus verò *bello Per-*
Pamphilius .] Et paulò poſt : Horum *ſic. lib. 1.*
alter

Joannes alter Joannes artium liberalium ac disciplinæ Cappadox omnis expers fuit: nihil enim è scholis, Patrius. nisi tantùm litteras ab initio malas, & has malè scribere didicit: naturæ tamen robore omnium quos scimus vehementissimus, ac nosse opportuna idoneus, tùm rebus dubiis viam aperire. Cum his vitia miscuit ingenitia: Nàm in primis improbus, ac natura maleficus, neque Dei ratio, neque hominum reverentiæ respectus ullus: perdere insuper hominum vitas, urbesque delere, ei curæ fuit, ex quo brevi tempore multas opes consecutus est, quas undique rapere & perdere natus erat. Voluptatibus insuper deditus, ebrietati quoque ac satietati
a Procop. vomitibus occurrebat. Et Joannes quidem
ibidem. talis erat.] Hæc ipse; qui & inferiùs de eodem (a): Joannes verò omnibus gravia & difficilis, avaritia, crudelitate, persidiaque infamis, eòque insaniæ processerat, ut Theodoram Augustam fœminam sapientissimam apud virum calumniaretur, &c.] Hæc de ipso modò satis, reliqua autem suo loco inferiùs.

XXXI. Possent quæ scribuntur à Procopio de
Infamati Joanne, in suspicionem adduci, nùm affe-
Præfecti cto privato in illum commotus eadem in ip-
Cappado- sum probra congesserit: sed cum Cappado-
ces. cem audio, memoriaque repeto quæ de Præfectis Cappadocibus ante scripserit Isidorus Pelusiota, ut de illis minimè dubitem fa-
b Isidor. cit. Nàm audi quid sanctus vir ad Floren-
l.1.ep.486. tium (b): Hoc habeto, Cappadox est:
c Eodem ut Cappadox Imperium gessit.] Rursùm
l.1.ep.485. attende quid idem scribat ad Isidorum (c): Carthaginenses homines minùs malos lex magistratum gerere prohibet: Cappadoces autem, quorum ingens est improbitas,

A nulla lex ab Imperio & Præfectura removet. Quoniam igitur de omnibus bene mereri cupis, & parem cupiditati potentiam habes; aut legem immuta, Cappadocem potiùs quàm Carthaginenses à gerendo Imperio arcens; aut cum his illos quoque copula, &c.] Et ad Ruffinum Præfectum Prætorio de Ægyptiis & Cappadocibus ista eodem argumento ingerit (d): Ægyptios qui- d Eodem dem ob crudelitatem ac morum immanita- l.1.ep.489. tem lex ab Imperio & Præfectura arcet; Cappadoces autem, qui eos improbitate superant, non item. Quoniam igitur nos Cappadocem Præfectum nacti, nationis ad struendas calumnias propensæ periculum
B frequens facimus. Vos autem, qui imperatoris voluntatem, quibus in rebus vultis, habetis; hos quoque illis copulate, ut ne cuiquam alii regioni Cappadox præsit, quàm suæ. Consentaneum profectò est, eos patria acerbitate mutuò ab sese irrigari ac perfundi.] Hæc Isidorus, qui alias plures eodem argumento reperitur scripsisse epistolas (e). At hæc satis occasione Joannis e Eodem Cappadocis, principis Decemviratus ad l.1.ep.483. Codicem Justinianeum colligendum electi. 484. 487. En quales homines sancivere Romano Im- 490. perio leges.

Quoniam verò ex constitutione ejusdem XXXII. Imperatoris de novo Codice confirmando data hoc anno ad Mennam Præfectum Pre-
C torio, satis intelligis eum hoc anno magistratu functum esse: reliqua quoque ejusdem Imperatoris sanctiones ad eumdem inscriptæ, quæ plures sunt diversique generis, quo tempore fuerint promulgatæ, possumus pariter intelligere. Sed hic finis esto rerum gestarum præsentis anni.

I. TRrigesimus Christi post quingentesi-
Felicis Pa- mum adest annus, Lampadii atque
pe obitus. Orestis Consulatu notatus: quo ad quartum Idus Octobris Felix Romanus Ponti-
fex ex hac vita decessit, ubi sedisset annos quatuor, menses duos, dies verò decem, & octo. Extat ejus epistola data hoc anno sub dictis Consulibus. Kal. Martii ad omnes Episcopos de ecclesiarum consecratione: rursùm alia ejusdem argumenti sub iisdem Consulibus data, sed perperàm duodecimo Kal. Novembris, quo tempore non ampliùs Felix, sed Bonifacius Secundus Romanæ Ecclesiæ Pontifex præsidebat: facilè enim accidisse potuit, ut loco Bonifacii Felicis fuerit nomen appositum. Dolemus res ejusdem Papæ Felicis ob iniuriam temporum admodùm jejunas esse relictas. A-
pud Anastasium enim nonnisi ista de ipso leguntur.

II. Hic fecit basilicam sanctorum Cosmæ & Damiani in urbe Roma ad locum qui appellatur Via Sacra, juxta templum urbis Romæ. Extat autem sita apud templum Pacis. Extat adhùc vetus Inscriptio, quæ

D erat incisa in throno sanctorum martyrum. Cosmæ & Damiani his versibus (f): f Antiq.
Aula Dei claris radiat speciosa metallis, Inscript. in In qua plus fidei lux pretiosa micat. Append.
Martyribus medicis populo spes certa salutis pag. 1164.
Venit, & ex sacro crevit honore locus. num.16.
Obtulit hoc Domino Felix antistite dignum Manus, ut ætheria vivat in arce poli.]
Ad eumdem quoque Felicem Papam, qui successit Joanni, pertinent Inscriptiones, quæ ibidem recitatæ, subiiciuntur in hunc modum (g): g Antiq.
Opus quod Basilicæ beati martyris Stephani Inscript. ib.
E Defuit à Joanne Episcopo marmoribus in- Append.
choatum pag. 1164.
Jurante Domino Felix Papa addito musivo numer. 17.
Splendore sanctæ plebi Dei perfecit.] 19.20.
Insuper
Aspicis auratum cælesti culmine tectum, Astriferumque * micans præclarè lumine * Astrife-
fultum. roque
Domino juvante Felix Episcopus Dei famulus Forum Basilicæ beati martyris Stephani musivo & marmoribus Decoravit.]

Epi-

Epitaphium verò ipsius sepulturæ sic se
a *Pagina* habet (*a*) :
116ʃ. *n.6.*   *Certa fides justis cœlestia regna patere ,*
Auistes Felix quæ modo latus habet.
Prælatus multis , humili pietate superbus
Promeruit telsum simplicitate locum.
Pauperibus largus,miseris solatia præstans ,
Sedis Apostolicæ crescere fecit opes.]
Ita ibi de Felice , de quo, quid apud Anastasium , prosequamur : Hujus temporibus
consumpta est incendio basilica sancti martyris Saturnini via Salaria , quam à fundamentis restituit . Hic fecit ordinationes
duas per mensem Februarium & Martium,
creavit presbyteros quinquagintaquinque ,
* quinde-* *diaconos quatuor , Episcopos per diver-
cim* sa loca vigintinovem . Qui sepultus est in
basilica sancti Petri Apostoli quarto Idus
Octobri; & cessavit Episcopatus dies tres.]
Licèt alicubi legatur, vacasse mensem unum
& dies quindecim , habita consideratione
ad tempus schismatis , quando tandem ab
omnibus cognitus est legitimus Pontifex,

III.   Sic igitur cum ab obitu Felicis Papæ tres
dies intercessissent,decimoseptimo Kal.No-
* Sigisbul-* vembris creatur Bonifacius patria Roma-
do nus , patre Sigisvultho * ; ex quo nomine
Bonifacius conjicere possumus eum , etsi natus sit Ro-
II. Roma- mæ , genere tamen fuisse Gothum : non
nus Ponti- enim Romanum , sed Gothum refert no-
fex. men Sigisvulthus : ex illo fortasè descendens Sigisvultho Gotho, quem eò clarituu-
dinis pervenisse , ut Consulatum ordina-
rium promeruerit, suo loco superiori tomo dictum est . Creato autem ipso Pontifice in basilica Julii, adversùs eum in schismate in basilica Constantiniana erectus est
Dioscorus Dioscorus diaconus; quem illum putamus,
schismati- qui sub Hormisda Romano Pontifice fun-
cus contrà ctus est legatione ad Justinum Imperatorem
Bonifaciũ. unà cum collegis Germano & Joanne Episcopis , Blando presbytero , atque Felice
Dioscorus diacono . Cujusnam autem rei causa con-
schismati- flatum sit schisma , etsi nihil inveniatur ex-
cus contrà pressum ; tamen (quantùm conicere li-
Bonifaciũ. cet) illam mihi facilè persuadeo,quòd co-
nanti Athalarico Regi aliquem consecran-
dum deligere sacerdotem , parte cleri illi
consentiente , reliqui adversati alium ex
adversò creaverint Romanum Pontificem.
Id enim opinari, quæ contigerunt in ele-
b *Apud* ctione prædecessoris, admodùm persuadent,
Cassiod.l.8. & quæ ex epistola Athalarici ad Senatum
ep.15. (*b*) sunt superiùs recitata.
IV.   Sed quæ post hæc de hujusmodi schismate legantur apud Anastasium , audiamus :
Fuit (inquit) dissensio in clero & Senatu,

quo tempore defunctus est Dioscorus pri-
die Idus Novembris * Istis diebus Bonifa- * Octobris
cius zelo & odio ductus cum grandi amaritudine sub vinculo anathematis & chirographi reconciliavit clerum : quod chirographum archivo Ecclesiæ clausit , quasi
damnans Dioscorum , & congregavit clerum : cui tamen in Episcopatu nullus subscripsit , dùm plurima multitudo fuisset cum
Dioscoro .] Quæ autem ibi subiiciuntur
de Synodo per Bonifacium congregata, sequenti potiùs anno contigisse videntur :
agemus de ea suo loco. Dei namquè beneficio factum est!, ut citò morte prævento
schismatico , extingueretur & schisma.

V.   Porrò qui contra Bonifacium Papam
creatus est Dioscorus , magnoperè simoniæ   *Simoniæ*
crimine infamatus habetur . Scribens enim *labe con-*
posteà Athalaricus (*c*) Rex ad Joannem *spersus*
Bonifacii successorem Romanum Pontifi-*Dioscorus.*
cem , hæc inter alia : A tempore sanctissimi c *Apud*
Papæ Bonifacii , cum de talibus prohiben-*Cassiod.l.9.*
dis suffragiis P. C. Senatusconsultum nobi-*ep. 5.*
litatis suæ memores condiderunt: Quicumque in Episcopatu obtinendo sive per se ,
sive per aliam quamcumque personam aliquid promisisse declaratur , ut execrabilis
contractus cunctis viribus evacuaretur * ,   * efferve-
&c.] Sed & hæc clariùs de Dioscoro , quæ *tur*
Justinianus Imperator tradit , confirmant ,
nempè ob causam pecuniariam fuisse post
mortem ipsum anathematixatum : id qui-
dem, ut de his nulla possit dubitatio super- d *Extat*
esse, testatur expressè idem Justinianus in *to.1. Con-*
edicto (*d*) ad Joannem Romanum Ponti-*cil. vet.*
ficem . Sed de his agemus anno sequenti , *edit. in Jo-*
ubi de Synodo in ea causa coacta sermo erit. *an. Pap.*

  Legitur in collectione Conciliorum no- **VI.**
mine Justini Imperatoris ad Bonifacium Papam fidei professio , quæ incipit : Prima
salus est,&c.] Quam quidem nec esse posse
Justini, qui ante annos quatuor jàm obie-
rat , prudens collector epistolarum Romanorum Pontificum considerans , explosit,
utpotè quæ nec sit Justiniani , cum multa
habeat epistolæ Joannis Constantinopolitani Episcopi missæ ad Hormisdam Papam,
quam & ipse Pontifex (*e*) ad Hispania- e *Hormisd.*
rum Episcopos dedit ; habeatque & alia ad-*ep.45.*
mixta ex aliis ejus epistolis : ut planè esse
appareat cento malè consutus . Sed & indè
vitiosa detegitur , quòd data habetur sub
Consulatu Justiniani tertio , cum jàm non
ampliùs Bonifacius , sed Joannes Romanæ
Ecclesiæ Episcopus præsideret : sed cùm additur collega Orestes , magis arguitur impostura . Eodem planè vitio laborat , sed
absurdiora continet illa quæ nomine ejus- *Nomine*
dem Bonifacii legitur data epistola ad Eu-*Bonifac.*
lalium Episcopum Alexandrinum , prout *scripta edi-*
ostendimus in Notis ad Romanum Marty-*ta.*
rologium , & superiùs tomo quinto , cùm
eam manifestissimæ imposturæ convictam
penitùs confutavimus . Eant procul à Fidelium cœtu , qui in Ecclesiam non habentem maculam neque rugam ejusmodi conantur inferre quisquilias ; longèque longiùs exulent à Catholico orbe , qui quæ
corruere videntur , mendaciis suffulcire nituntur :

tuntur: nàm super solidum fundamentum A
firmamque petram structa est semper manens, numquàm casura sincera fides.

VII.
Hildericus
Rex Vvan-
dalorum
captivus
detentus.
a Proc. de
bello Vvan
dal. lib. 1.

Hoc eodem anno Hildericus Rex Vvandalorum in Africa à Gilimere fratre conso-
brino coniectus in vincula, regno spolia-
tur, cum jàm annos septem in eo expletiet.
Res autem quomodò se habuerit, à Procopio sic accipe (a): Erat (inquit) in Genserici genere quidam Gilimer Genzonis
Genserici nati filius, ætate provectus post
Hildericum, cujus rei gratia successurum
post eam sperabatur: hic & rei militaris pe-
ritissimus, & ingenio gravis, tùm pecunia,
rique ac rebus aliis aliena invadere promptissimus. Qui quanquàm se jure successurum quandoque videret, dilationem tamen
ac moram minimè toleravit: quin vivente
adhuc Hilderico, honores intempestivos,
factaque Imperii sibi usurpare; illum ut
ignavum & inertem apud Vvandalos accusare; præterea ob ejus imperitiam ab Afris
superatum dicere cœpit: insuper calumniis
onerare, quòd Vvandalos simul cum tota
ditione Justiniano prodere vellet, nec aliud
legationem Byzantium missam voluisse.
Quæ omnia Vvandali credentes, eum Regem constituunt; Hildericum post annos regni septem cùm Amere & ejus fratre Evage-
ne custodiæ tradunt. Vbi verò Justinianus jàm factus Imperator hæc audivit, legatos in Africam ad Gilimerem mittens, hæc
scripsit:

VIII.
Justiniani
litterę ad
Gilimeré.

Impiè facis, minimèque dignum Genserici testamento, quòd Hildericum legitimum
Regem in custodia teneas, cum brevi post
tempore tibi liceret ex lege omninò succedere: nunc verò ut modicum prævenias
tempus, jura prodis, & regni nomen in
tyrannidem convertis. Hunc igitur hominem sine, donec vivat, regni saltem imaginem habere: ageque tantùm quod Regem deceat, & avi Genserici facti amici-
tum circà regni successionem expostulat;
ut quod nunc injustè possides, ex æquo ce-
tineas. Hoc si in animum duxeris, & res
tibi feliciùs, & nostra simul amicitia provenerit. Hæc itaque summa epistolæ. Gilimer autem legatos re infecta remisit, statimque Amerem excæcavit, Hildericum
verò, & Evagenem arctiori tradidit custodiæ; insuper illudens hortabatur, ut Byzantium ad Imperatorem fugere meditaren-
tur. Justinianus ubi hæc audivit, alios
rursùm legatos mittit cum his litteris:

IX.
Rursùm
Justinianus
stolam ad Gilime-
rem.

Nos cum te minimè nostris monitis adversaturum putaremus, priorem tibi epistolam scripsimus. Quando verò placet tibi regnum hoc pacto habere, tibi habe
quod fortuna ex ipso tribuerit. Tu autem
Hildericum, & Amerem luminibus cas-
sum, ejusque fratrem ad nos mitte, solatium habituros quale poterunt, qui regno aut oculis sunt privati. Quòd si minimè feceris; nos profectò coges, amicitia
relictà, fœdereque quod cum Genserico
ejusque successoribus gessimus, tecum, te
non solùm armis petere, sed pœna quali
possumus persequi. Hæc verò Gilimer

excusans, hoc modo respondit:
Gilimer Rex Justiniano Imperatori salutem.

Neque ego per vim regnum accepi, neque contra meos propinquos quicquam injustum perpetravi. Hildericum enim nova
quærentem in familiam nostram, Vvandalorum gens magistratu dejecit; meque tempus & ex lege ætatis honor in regnum vocavit. Talem enim quemdam virum bonum
regnum expostulat, qui nec alienus ab re
curas persequatur. Tu verò item Rex curiosè facis ac iniustè aliena curare. Quòd
autem fœdera solves nobis bellum inferen-
do; respondere sum paratus quibus potue-
ro viribus, obtestans ac fidem expostulans
simul & jusjurandum Zenonis, cujus tu
successor existis.

X.
Gilimeris
litteræ ad
Justinianū.

XI.
Justin. pa-
rat bellum
in Gilime-
rem.

Has accipiens Justiniani litteras, & quòd
malè priùs in illum fuerat animatus, tunc
in eum multo magis exarsit. Quapropter ei
visum, ante omnia Persico solvere bellum, in Africamque transferre: erat enim
in perscrutando ingeniosus, & ad ea quæ
decreverat perficienda non piger. Aderat
insuper ex Oriente Belisarius Dux, non ut
ad hoc bellum quæsitus, sed jàm exacto magistratus tempore: nàm & cum Persis induciæ (ut supra narratur) factæ fuere.] Hæc
autem de litteris & legationibus ultrò citròque missis inter Justinianum & Gilimerem etsi hoc anno cœpta esse dicuntur, haud
tamen eodem anno perfici potuerunt, sed
ultrà biennium duæ missæ legationes temporis insumpserunt. Etenim non ante annum septimum ejusdem Imperatoris fœdus
cum Persis (ut idem Procopius (b) tradit) sancitum est, neque ante idem septen-
nii Imperii tempus bellum Africanum Justinianus est auspicatus.

b Proc. de
bello Per-
sic. l. 1.

XII.
Status re-
rum Orie-
talium.

Jàm verò quæ hoc ipso anno quarto Justiniani Imperatoris in Oriente contigerunt
de bello Persico, aliis barbaris adversùs
Persas ab eodem Imperatore concitatis, breviter dicenda sunt. Usque enim ad annum
hunc quartum Justiniani Imperatoris bellum Persicum per Belisarium Ducem feliciter confectum esse, Procopius (c) docet: post hæc autem non ita: nàm temeritate militum inopportuno tempore pugnam
appetentium Romanus exercitus in discrimen adductus est, cessitque victoria ipsis
Persis, sed ita cruenta, ut Persarum exercitus Dux non solùm nullum sit consecutus
præmium, sed à suo Rege Cabade subire
supplicium jussus. Quo etiam tempore (ut
idem Procopius (d) tradit) Justinianus
Imperator, gentes ad mare positas contra
Persas excitare conatus est, Homeritas videlicèt & Aethiopes, cum quibus societatem iniit; simulque Blemyos & Nabatheos
sibi ad hoc ipsum conciliavit, eosdem beneficiis demeritos atque devinctos: eis enim
juxta Nilum frugiferam terram dederat
incolendam, qui apud Oasis petras loca ste-
rilia habitabant. Sed quod majoris beneficii
loco habitum, illud fuit, quòd eosdem ad
hàc in idolatria perseverantes, ea abolita,
reddidit Christianos: nàm audi Procopiū (e):

c Proc. de
bello Per-
sic. l. 1.

d Procop.
de bello
Persic. l. 1.

e Proc. ubi
supra.

H 2

XIII.
De Blemyis, & Nabathæis

Hæ namque gentes & Blemyes, & Nabathæ, cùm alios deos, uti Græci, tùm Iſim & Oſyrim magnoperè colunt, nec miſùs etiam Priapum : Blemyes etiam humana hoſtia Soli ſacrificare conſueverunt; qui mos barbarus uſque ad hoc tempus ſervatus, juſſu piiſſimi Principis Juſtiniani ſublatus eſt. Narſes igitur genere Perſamenius, cujus ſuprà ut ad Romanos transfuga memini, illorum militum Dux, ejuſdem Imperatoris mandato & templa delevit, & ſacerdotes in cuſtodiâ vinxit, ſtatuaſque illorum Conſtantinopolim miſit.] Hæc de illorum patrio ritu Procopius : quibus ſimul cum Chriſtianis eccleſias, & ſacerdotes Juſtinianum voluiſſe eſſe communes, tradit; atque addit : Et quòd ſpeçaret ſacrorum commercio eorum perpetuâ frui amicitiâ; ex eo oppidum in ea parte, Philæ, ex argumento appellavit. Sed & quæ aliæ inſuper nationes in aliis Ægypti partibus adhuc idololatræ exiſtentes per eumdem Juſtinianum Chriſtiana religione imbutæ ſint, ex eodem auctore alibi iſta narrante accipe (a) :

a Proc. de ædific. Juſtiñ. Imper. orat. 6.

XIV.
Idololatræ ad fidem Chriſti converſæ.

Habitantur, inquit, in Pentapoli videlicet, duæ urbes cognomines : utraque enim Ægylla dicta eſt, quæ à Boreo abſunt itinere quantum robuſtus vir quatuor diebus conficere poteſt : vetuſtæ profectò urbes ad Notum ventum verſæ, incolarum antiquos mores ac ſtudia referentes. Omnes enim adhuc mea ætate errabant, capti religione multorum deorum. Olim Ammoni & Alexandro hic ædes poſitæ erant, quibus uſque ad Juſtiniani Imperium hoſtias mactabant indigenæ. Erat enim eorum qui ſacris ſerviebant ingens turba. Cæterùm hic Rex non tàm ſubiectorum corpora tueri ſatagens, quàm animas ſervare procurans, hominibus hic commorantibus omni diligentia providit, non ut impenſè alia corrigeret, ſed ut veram religionis opinionem doceret, per ſingulas familias Chriſtianos factos, & tranſmutatos ab obſcœnis patriæ moribus ; adquos templum Dei Genitrici ædificavit.

XV.

Boreum urbs Mauraſiis barbaris vicina in hæc uſque tempora ab exolvendo tributo libera fuit; neque umquàm ex quo homines eſſe cœperunt, ad illam pervenerunt publicani & tributi exactores. Propè eam olim Judæi morabantur, vetuſta templi, quod in primis venerabantur, poſſeſſores; quos omnes Chriſtianos Juſtinianus Rex efficiens, templum in eccleſiæ ſpeciem tranſformavit.] Hæc Procopius. Quod autem ad Judæorum templum in Ægypto ſpectat, non potuit hæc illud eſſe, quod Onion conſtat fuiſſe nominatum : nàm illud à Veſpaſiano demoliri juſſum, auctore Joſepho (b) Annalium tomo primo dictum eſt : oportuit enim iſtud ipſum fuiſſe poſtea à Judæis reædificatum. Quòd verò in Ægypto potiùs quàm alibi id ſibi conceſſum Judæi exiſtimarent, permoti erant iſtiuſmodi vaticinio Iſaiæ (c) : In die illa erit altare Domini in medio terra Ægypti, & titulus Domini juxtà terminum ejus : & erit

b Joſeph. de bello Judaico lib. 7. cap. 30.

c Iſai. 19.

A in ſignum & in teſtimonium Domino exercituum in terra Ægypti.] Hoc, inquam, Judæi perſuaſi ſacro oraculo, quod alibi nefas eſſe putarent, conceſſum ſibi iidem rati id facere in Ægypto, templum iterum illic (ut patet ex Procopio) erexerunt. Sed omnia neceſſa eſt cedant Chriſto, de quo Paulus Apoſtolus (d) oraculum illud prædictum affirmat : Omnia (e) ſubicciſti ſub pedibus ejus.

d 1.Cor. 15.
e Pſal. 8.

XVI.

Quod verò pertinet ad Aethiopum Regem, quomodò adverſùs Perſas cum Romanorum Imper. Juſtiniano hoc tempore fœdera junxit : attende quæ tradat Procopius valdè conſentientia iis quæ ſuperioribus annis diximus contigiſſe, cum de martyrum Arethæ & ſociorum rebus geſtis narrationem habuimus; ait igitur (f) : Sub hujus belli tempus Helliſtæus Aethiopum Rex Chriſtianus, dogmatiſque hujus maximè obſervantiſſimus, poſtquàm ex Homeritis his qui in alterius littoris continente ſunt, plures eſſe Judæos didicit, multos autem ſectam veterem colentes, quam Gentilem nunc homines vocant ; cùm non ceſſarent continuò in vicinos Chriſtianos incurrere, cum claſſe adverſùs eos venit, & victoria potitus Regem cum Homeritis pluribus interfecit, alio ſubrogato Chriſtiano, genere item & Homerita, cui nomen Eſimiphæo. Imperatoque tributo quotannis Aethiopibus dando, domum ſe recepit.] Et inferiùs : Regnantibus igitur apud Aethiopes Helliſtæo, apud Homeritas verò Eſimiphæo, Juſtinianus Julianum legatum Reges ambos rogatum miſit ob communem in Chriſto fidem, uti ſibi contrà Perſas præbent auxilio.] Sed quomodò ex hac ſpe Juſtinianus excidit, cum multa interceſſident, quibus illi impediti minimè ſtetere promiſſis, ob idque ipſe Imperator pacem cum Perſis ſtatuere coactus eſt, idem Procopius pluribus docet. Cabade enim Rege defuncto, cum ejus filio regni herede Coſrhoe juſtis legibus pacem compoſuiſſe tradit. Cuncta verò hæc ultrà biennium eſſe propagata, pacemque cum Coſrhoe anno ſeptimo Juſtiniani Imperatoris fuiſſe firmatam, idem Procopius narrat, quando & cœptum eſt moveri ab eodem Imperatore bellum Vvandalicum, de quo ſuo loco dicemus.

f Proc. de bello Perſic. lib. 1.

De Rege Æthiopiæ Chriſtiano.

Hoc anno ſub iiſdem Conſulibus Juſtinianus Imper. eam edidit ſanctionem (g), qua hæreticorum filii Orthodoxi à parentum ſucceſſione quolibet provenientæ titulo minimè repellerentur : ſed etiam addidit, ut hæretici cogerentur alere filios Orthodoxos ; contrà verò filios, qui eſſent hæretici, ab hujuſmodi voluit legis auxilio omninò repelli. Cum verò ibi Juſtinianus inter complures ſectas hæreticorum, quorum liberi hæretici à parentum ſucceſſione repellerentur, adnumeret hæreticos Samaritas ; planè ad eamdem conſtitutionem alluſiſſe viſus eſt Cyrillus in Vita Sabæ, dùm hæc ait de ipſo Juſtiniano Imperatore : De Samaritis hanc legem tulit, ne eſſent alter-alterius hæredes, neque per

g l.19. Cod. de hæret. Conſtitutio Imper. adverſus hæreticos.

XVII.

per succeſſiones opes illorum creſcerent & A
amplificarentur .) Hæc ibi : quæ quidem
eumdem ſanctiſſimum virum Sabam curaſſe
apud Imperatorem, nempè ut ejuſmodi conſtitutio adverſùs hæreticos ſanciretur, idem
auctor teſtatur .

XVIII.   Quæ autem præceſſerint , ut idem Juſtinianus Imp. vehementer commotus ſit adverſùs Samaritanos, idem Cyrillus diligenter quidem proſecutus eſt. Sed antequàm iſta
reddamus, ratio exigit argumenti , ut immania ſcelera ab eiſdem anteà perpetrata,
his præmittamus : cum , quo certo anno
collocanda fuiſſent, incompertum penitùs
nobis eſſet . Ex Procopio itaque primùm B
hic deſcribamus eam quam de iiſdem ipſe
hiſtoriam texuit: incipiens enim ab his quæ
ſub Zenone atque Anaſtaſio Imperatoribus
ab eis ſacrilegia ſunt perpetrata , hæc ha-
a Proc. de bet (*a* :) Tempore Zenonis Regis, Sama-
ædific. Juſt. ritani ſubitò tumultuantes irruunt in Nea-
Imp. orat.5 polim , & multos ex Chriſtianis Pentecoſtes
Scelera Sa- ſolemnitatem in eccleſia agentes trucida-
maritano- runt ; & Epiſcopum Therebinthium no-
rum ſub mine ſacræ menſæ aſtantem, obeuntemque
Zenone . ſacra , gladiis percuſſum vulnerant, diſſectis
manuum digitis: atque ita myſteriis inju-
riam intulerunt , quemadmodùm quidem
Samaritanis facere collibuit , nobis verò C
ſilentio præterire . Mòx ſacerdos hic Byzantium profectus, & Regis conſpectui ſeſe
inſinuans, iis quæ commiſſa erant enarratis, vulnera ſua oſtendit ; atque prædictio-
nis Chriſti mentione habita, ultorem ac vindicem in omnibus ipſum Regem fore petebat . Zenon Rex conſternatus, eos , qui
nefanda patrarunt, dignâ pœnâ affecit. Nihil enim moratus, Garizin montem, pulſis
Samaritanis, mox Chriſtianis reſtituit ; & in
vertice ſtructam eccleſiam , Deique Genitrici dedicatam, ea ſolùm ratione muro val- D
lavit , ut revera cinxiſſe videatur, collocato inibi militum præſidio . Quam rem ægrè
ferentes, vehementer excanduerunt ; ſed
tamen ob metum Regis , iram ſilentio de-
vorabant .

XIX.   Poſtremo tempore, cùm Anaſtaſius impe-
Quid Sa- raret , tale quiddam contigit . Quidam ex
maritani Samaritis à muliere perſuaſi , verticem &
ſub Ana- præcipitium montis conſcendunt præter
ſtaſio . opinionem , & templum ingreſſi, illic con-
ſtitutos cuſtodes trucidant ; elataque vehementer voce, eos qui in urbe adhuc erant,
Samaritanos vocant . Hi milites formidan-
tes, iis qui tantum nefas auſi ſunt , nequaquàm opitulari voluerunt . Non multò
poſt , is qui regionem illam gubernabat, vir
diſertus Procopius nomine, ex Edeſſa urbe, tàm diri ſceleris auctores comprehenſos
occidit . Nulla tamen ratio aut providen- E
tia munitionis tunc à Rege facta eſt : ſed
nunc Juſtinianus Rex , Samaritanis ut plurimùm Chriſtianis effectis, vetuſtum in
monte Garizin propugnaculum obcinctum
reliquit, quemadmodùm diximus .] Hæc
Procopius : quem miror proximam cauſam
præterire , ob quam Juſtinianus Imperator locum illum adverſùs impios Samaritas
fortiùs communivit. Porrò rem ipſam Cy-
Annal. Eccl. Tom. VII.

rillus, qui his ipſis temporibus vixit , iſtis   *b Vita S.*
verbis proſecutus eſt . (*b*)   *Sabæ apud*
Qui in Palæſtina erat populus Samarita-   *Sur.to.6.die*
norum, cum Julianum quemdam , qui ipſe   *5. Decemb.*
quoquè erat Samaritanus, ſibi Regem cre-   **XX.**
aſſent, multam iniuriam faciebant Chri-   *Crudelia*
ſtianis, eccleſias depopulantes & exurentes,   *facta Sama-*
Chriſtianos afficientes ſuppliciis innume-   *ritanorum*
rabilibus , & deindè etiàm occidentes , & in
vicos finitimos facientes incurſiones , &
capſas Sanctorum rumpentes & igni mandantes ; quæ quidem maximè fecerunt in locis quæ erant circa Neapolim, *nempe Sama-*
riam , ut qui Epiſcopum quidem gladio B
peremerint , quoſdam autem presbyteros
comprehenderint, & primùm quidem membratim & fruſtratim eos deſecuerint , & deindè eos cum martyrum reliquiis frixerint
in ſartagine ; & nulli probro & contumeliæ pepercerint in Chriſtianos.

Hæc poſtquam renunciata fuerunt Imperatori, adverſùs illos magnas emittit copias : quæ cum eis magnus confligentes ,
multos alios interimunt , & ipſum etiam
Julianum . A quibus Silvanus quoque
tùnc Scythopoli comprehenſus , in ignem
iniicitur ; & ita acerbum accepit vitæ exitum vir qui multis probris & contumeliis C
affecerat Chriſtianos ; & ideò (ut arbitror) pulchrè ad hoc à divina reſervatus
erat juſtitia , ut ſic lueret ſupplicium ſuf-
ficiens ; & finem acciperet quod non
multis ante diebus de ipſis dictum fuerat à
Saba .

Deindè quidam ex ejus Comitibus no-   **XXII.**
mine Arſenius , Illuſtris dignitate , ad   **Calumniæ**
falſa fingenda & confundendam veritatem   **adverſùs**
omnium calidiſſimus : is cum poſt te-   **Palæſtinos.**
trum Juliani interitum veniſſet Conſtantinopolim, & acceſſiſſet ad Imperatorem ,
& cum ipſo & ejus conjuge (neſcio unde)
magna interceſſiſſet familiaritas , multa
quidem dicit , ad magnam autem iram eos
accendit adverſùs Chriſtianos qui erant in
Palæſtina , dicens eos vel maximè fuiſſe auctores & cauſas ſeditionis Samari-
tanorum , & dignos graviſſimo ſupplicio .

Hæc poſtquam in Palæſtina renunciata   **XXIII.**
fuiſſent Patriarchæ, eum ſtatim ſubit miſe-   **De lega-**
ricordia eorum qui falſò accuſabantur . Et   **tione S.Sabæ**
accedens ad beatum Sabam, eum vehemen-   **ad Juſtin.**
ter rogavit , ut abiret & fungeretur lega-   **Imp.**
tione apud Imperatorem , & excogitatam
refelleret calumniam , & Chriſtianos liberaret à tantis periculis , nihil aliud futuros , niſi diaboli linguæ trophæum & im-
probitatis. Ille autem paruit , & nullo in- E
terjecto ſpatio , iter itatim arripuit . Eratque revera præter fidem quod cernebatur , nempe hominem qui in tàm imbecilla
lababat ſenectute , & quem par erat in lecto
ſe quieti dedere , citra moram tantum iter
inire minimè cedentem ; neque ſenile quippiam aut languidum remiſſumve ſuſtinen-
tem, ſed perindè atq; ætate adhuc vigentè, &
magnam corporis imbecillitatem vincentè
copia prompti & alacris animi .] Erat enim
Sabas hoc ipſo anno Domini quingenteſimo

N   tri-

trigesimo, ætatis annorum nonaginta unius
utpotè natus sub Consulatu decimoseptimo Theodosii, anno Domini quadringentesimo trigesimononono, ut ex ejusdem Cyrilli auctoris ejus Vitæ apparet assertione. Pergit verò Cyrillus:

XXIV.
Quanta Imperator S.Sabæ præstiterit.

Cum autem jàm pervenisset ad suburbia Constantinopolis, Imperatori quidem ejus significatur adventus. Et ipse statim mittit unum ex juvenibus Imperatoriis, & quosdam ex suis satellitibus, adventum illius maximè honorans. Deindè eo quo par erat comitatu stipatus Sabas ad ipsum deducitur. Deindè Patriarcham quoque Epiphanium, & quicquid erat apud se clarum, & illustre, emittit, ut ei procederet obviam. Neq; enim terrenum aut mundanum aliquem, sed tamquàm unum ex Angelis, & civem supernæ Hierusalem se censebat accipere. Quem postquàm adhùc procul procedentem agnovit Imperator, ille quoque cernebat aliquid simile ei quod viderat Anastasius Imperator. Videbat enim quamdam coronam ejus capiti impositam, eleganti quodam splendore decoratam & micantem luce omnis generis gratiarum. Visione ergò Rex obstupefactus, è cathedra surrexit, & sacrum illud caput reverenter ac jucundè est complexus. Deindè cum ab eo accepisset benedictionem, oravit ut sua quoque coniux esset ejus particeps.

XXV.
Theodora interpellat Sabam pro sobole.

Cum ea autem affuisset, adoravit, & rogavit ut solveretur vitium ejus matricis (erat enim petra sterilior) & ut ex se natum posset videre filium; quod quidem illa pluris faciebat, quàm ipsum imperium. Ille autem adhùc tacens, solùm illi precabatur, ut sospes & salva esset ejus potentia. Illa verò rursum instabat, petens preces liberorum procreationis. Ille autem pergebat easdem rursùs preces, & apertè præseferebat, se recusare petere ut ipsi fieret mater filiorum. Ubi verò, cum illa hoc sæpe petiisset, ipse nihilò magis annuit orationi, neque edidit preces convenientes ejus desiderio: tandem abiit Imperatrix magna affecta tristitia, quòd id quod volebat, non esset assecuta.

XXVI.
Cur denegata proles Theodoræ.

Deitidè cum qui in preces incidissent, & maximè quicumque solent Principum gratificari cupiditati, etiam si sint inutiles, & nihil justi habeant, eum criminarentur, quòd preces recusasset dicere, & quòd Imperatricem majori molestia afficeret; ille ægrè ferens, causam apertè protulit: Sinite, dicens, ò beati. Non enim Deus sinet aliquem fructum ex ea edi, ne ipse quoque gustet Severi dogmata, & deteriores quàm priùs sub Anastasio tumultus conturbent Dei Ecclesiam.] His planè insinuans forisque prodens quod intùs Theodora occultabat in corde, nempè ipsam addictam hæresi Severianæ: ob idque haud concessum à Deo, ut sobolem pareret, quam eodem morbo inficeret. Ità planè se rem habuisse, eventa posteà declararunt. Pergit verò Cyrillus:

XXVII.

Imperator autem Justinianus in Sanctum tantam ostendit pietatem, & reverentiam,

ut cum eum convenisset, non solùm remiserit iram, quam olim conceperat adversùs Christianos qui erant in Palæstina; sed etiam Samaritanos planè expulerit è civitate, & eorum synagogas deinceps prohibuerit; & de ipsis hanc legem tulerit, ne esset alter alterius hæredes, ne per successiones eorum opes crescerent, & amplificarentur: Quinetiam ut interficerentur quicumque eorum auctores fuissent seditionis. Quamobrem timore affectus Arsenius, qui erat ipse quoque unus ex Samaritanis, cum humano metu divino quoque concurrente, supplex à Saba contendit, ut ab ipso baptismum accipiat; & tàm piam impetrat petitionem. Sed hæc quidem posteà.

Imperator autem cum talem sanxisset legem adversùs Samaritanos, & sic ea, propter quæ venerat, Sancto esset gratificatus; non hucusque sistit promptum, & alacrem animum: sed se extremum damnum accipere existimabat, si non eum regalibus, & splendidis afficeret beneficiis, & fidei abundantiam ostenderet sua ergà eum munificentia. Cum eo certè assiduè colloquens, & eum honorans, sicut priùs Anastasius, vehementer instabat, ut aliquod pecuniæ vectigal subiectis monachis constitueret. Ille autem: Vectigalium quidem, inquit, & pecuniæ quantum satis est ad usus necessarios ille nobis providebit; qui populum non obedientem copiosè aliquando aluit in deserto (a), & aquam eduxit de petra; & qui non solùm necessaria, sed etiam sæpè quæ redundant, suppeditat. Tibi autem, ò Imperator, si tantæ est curæ, adsunt aliæ quoque non parvæ & non contemnendæ occasiones, per quas poteris in nos tuam exercere liberalitatem.

Nàm & Palæstini, qui malè sunt affecti à Samaritanis, & quorum magnæ quondam prædæ sunt abactæ; multa verò ædificia & divina templa, & mancipia præterea & greges, frumentumque & alios fructus viderunt exuri antè oculos; & nunc non habent unde sibi victum quotidianum comparent; supplices petunt aliquam ad tempus immunitatem, ut se parùm recreent atque reficiant, & rursùs possint sufficere annuis solvendis muneribus. Et qui ad adorandum vivificam sepulchrum veniunt in sanctam civitatem, ipsi te eo opus habent, ut se parùm recreent à labore itineris: & maximè si quis eorum aliquando in morbum inciderit, postulant necessariam corporis curationem. Quinetiam quod à Patriarcha Elia priùs cœptum est ædificari Deiparæ Virgini templum, multis adhùc indiget, nec satis instructum est ornamentis. Et quæ meis sunt structa manibus monasteria, cum nullum in propinquo habeant præsidium, in quod se recipiant, nullo negotio capi possunt ab inimicis, & prima incursione venire possunt in manus hostium.

Antè omnia autem Arii, Nestorii, & Origenis dogmata perturbant Ecclesias, nec sinunt eas pura frui tranquillitate: & ideò à tua potentia magnum adhibendum est stu-

ſtudium , ut omnibus viribus ea tollas de
media , & tantum malum procul expellas .
Hæc ſi feceris , bonam ſpem concipio , &
in Deo confido fore , ut mox dives ſequatur remuneratio ; Romaque univerſa , &
Carthago , & quæcumque amiſerunt qui
ante te imperarunt , cernentur rurſùs partes tui Imperii . Et fuerunt hæ quidem piæ
& in commune utiles beati Sabæ petitiones
apud Juſtinianum .] Et inferiùs ſubdit auctor : Sed cum huc deducta ſit oratio , venit
mihi in mentem hujus viri conſtantia &
animi generoſitas , quòd nulla eum temporis neceſsitas coegerit ad illiberalem aſpicere adulationem , aut ſe aliqua in re gerere ſimiliter (quod quidem difficilè ob-
ſervari poteſt à viris bonis , & eſt factu admodùm difficile) ſed uſus eſt convenienti
adverſùs omnes moderatione , honeſtatiſ-
que & philoſophiæ magnam ducebat rationem . Hoc autem facilè poteſt oſtendi.

XXXI. Nàm cum in ejus petitionibus occupatus eſſet Imperator ſimul cum Triboniano
Quæſtore circa eam quæ vocabatur Mag-
naura, & in conſilium eum adhibuiſſet ille, *nempe Sabas* , cum jàm veniſſet hora
tertia , relicto Imperatore , Deo ſeorſùm
reddebat preces ſolitas , vacans ſacris divini David pſalmis . Cum Hieremias verò
unus ex diſcipulis ad eum acceſsiſſet , & di-
xiſſet : Quid hoc ſibi vult, Pater ? Cùm Imperator tantam adhibet ſtudium , & ut tuas
impleat petitiones , vehementer laboret ; tu
eo relicto , nùnc agis alibi ? Ille admodùm
ingenuè reſpondens : Non eſt hoc alienum ,
inquit , ò fili . Nàm & ipſe facit quod ei
convenit , & nos omninò id quod debemus.]
Hæc habet Cyrillus: quæ poſtea ſequuntur,
nos ſuo loco reddidimus . Prioribus autem
idem auctor iſta coniungit , tacitæ obie-
ctioni ſatisfaciens , cur videlicèt à magno
Saba illæ potiùs , omiſsis cæteris , propoſitæ
ſunt hæreſes ab Imperatore damnandæ : ait
enim :

XXXII. Operæpretium eſt autem quærere , cur
Arii, Ne- prætermiſsis aliis hæreſibus , Arii , Neſto-
ſtorii , & rii ſolùm meminit , & Origenis . Fortaſsè
Origenis enim quibuſdam ſimplicioribus videbitur
hæreſes cæteris aſſentiri , quòd ideò harum ſolùm
vigentes. meminiſſet . Quanam ergò de cauſa harum
meminit ? Quòd aliæ quidem hæreſes non
valdè nunc vexabant Eccleſias ; ſecta autem
Ariana cum Gothos occupaſſet & Vvandalos & Gipedas , & apprehendiſſet totam ferè Occidentem , omnes ferè ex æquo peſti-
fero replevit exitio .] In Oriente enim uſque in præſentem autem Ariani tutò con-
ſiſtebant , jàm cum Athalarico Italiæ Rege
& Hilderico Vvandalorum in Africa Prin-
Origeniſtæ cipe ſancitis fœderis legibus · Neſtorii ve-
expulſi à rò (*pergis auctor*) & Origenis hæreſis mor-
Saba. bo multi monachi laborabant , & timendum erat , ne alios attraherent ad malorum
ſocietatem . Nàm cum quidam nuper conveniſſent monachi Byzantium , viſi ſunt quidem tenere dogmata Theodori Mopſveſteni : rurſùm autem Origenis dogmata defendebat Leontius , qui erat ipſe quoque
monachus genere Byzantinus , unus ex iis.
Annal. Eccl. Tom. VII.

qui cum Nonno ingreſsi fuerant novam
Lauram : quos poſtquàm cognovit magnus
Sabas , à ſuorum ſtatim expulit converſatione .] Sed & nullam de Eutychianis habuit mentionem , quòd ii toto Juſtini Imperio graviſsimè exagitati ſilebant . Verùm ad
cœptam ſemel narrationem rediens Cyrillus , iſta ſubjungit :

Sed nobis (*inquit*) revertendum eſt ad **XXXIII.**
ſeriem narrationis . Cum divinus Sabas
propoſuiſſet tales apud Imperatorem petitiones ; ille perindè ac jamdiù ſitiens gratificari Sancto , ſtatim ſcribebat , imperabat ,
decretum in omnem partem mittebat , omnia faciebat , ne hæc differrentur & in longum protraherentur : ne eorum quæ fiebant dilatio tàm pulchrorum beneficiorum
obtunderet ſplendorem . Hæc quidem Im- ··'·'·'·
perator . Qui autem ei qui frigidum ſolùm ·· ·
aquæ calicem dediſſet in nomine ſuo , polli- ·
citus eſt ſe daturum centuplum (*a*) ; non *a Matt. 10*
deſtitit remunerare & referre gratiam : ne- Largè re-
que promiſſum ſuum produxit in longum : pendit Deus
ſed , ut magnus pollicitus eſt Sabas, ſimul- quæ Juſti-
atque Imperator per Præſides provincia- nian. piè
rum implevit quæ fuerat pollicitus; & Afri- geſsit.
ca univerſa & Roma ejus acceſſerunt Imperio : & qui erat in utraque tyrannus , Vitiges Romæ , & Gilimer Carthagine , eos pro
liberis ſervos , & pro Regibus captivos , &
ſupplices accepit pro inimicis .] Sed hæc
poſteà , quæ & prolixiorem ſuis temporibus
narrationem expoſcunt . De executione verò decretorum Imperatoris iſta idem Cyrillus ſubjecit :

Imperator ergò tanto ſtudio affectus er- **XXXIV.**
ga hujus viri petitiones , per univerſum or- Imp. jubet
bem terræ mittit decretum . Et ſtatim Epiſ- ædificia in-
copis Antonio Aſcalonitano & Zachariæ ſtaurari .
Pellæ litteris præcipit Imperatoriis , ut vi-
ſant loca Paleſtinæ quæ fuerant exuſta à
Samaritanis ; & habita ratione eorum , tributa allevent . Viſitent autem templa quoque Sanctorum ; & quantum ipſa damnum
acceperint à ſcelerata & audaci manu Sama-
ritanorum , per illorum ipſorum facultates ,
aut publicas repararent pecunias : & in ſancta civitate extruant noſocomium, & annuos
ei dent reditus mille octingentorum & quinquaginta aureorum . Quin etiam aliam
quoque domum , ut in ea habitarent qui
procul illuc veniebant , & Deiparæ templum eleganter extruant & exornent, & præſidium propè Lauram muniant, ut in inimicorum inſultibus eſſet tutum monachis re-
fugium . Præter hæc ve, ò nominatim quoque declaratas hæreſes tollant de medio , &
præclaro ſubiiciant anathemati .] At de his
hactenus quidem , quæ verò iſtis ſubiicien-
tur , addititie videtur Metaphraſtes, ubi ait:

De his ferè omnibus Procopius Cæſa- **XXXV.**
rienſis quinto libro de Juſtiniani ædificiis Nova Ec-
hæc ſigillatim refert ; ipſumque conſtru- cleſia.
ctum Deiparæ templum accuratè exponens,
ejuſque pulchritudinem & magnitudinem
nulli dicens eſſe ſimilem, & id Novam vocari eccleſiam , cum Cyrillo conveniens qui
divini Sabæ vitam conſcripſit ab initio .]
Vides ſcholiaſten abſque controverſia aſti-
pulari,

N 2

pulari, vitam S. Sabæ à Cyrillo fuisse conscriptam. Pergit verò idem Metaphrastes: Præterea autem de duabus quoque ædibus constructis illi suffragatur, quarum una quidem est ad excipiendos hospites, altera verò ad recreandos eos qui morbo affliguntur. Quinetiam illic constitutos multos pecuniæ reditus, & templorum renovationes, quæ exusta fuerant à Samaritanis, & propter inimicorum incursiones extructum præsidium, ei congruenter persequitur.] Hæc ipse: sed nos de his singulis paulò inferiùs (ut dignitas postulat argumenti) ex eodem Procopio dicturi sumus. At rursùm Cyrillus de eadem Sabæ legatione ista subjungit ad finem:—

XXXVI. Cum hæc ergo constitutiones divinas Sabas ab Imperatore accepisset, & recessisset
S. Sabas promulgat decreta Imp. Constantinopoli, venit Hierosolymam. Cum autem illùc venisset, & magistratibus tradidisset litteras quas habebat imperatorias, illinc venit Scythopolin, vbique prædicans decreta Imperatoris, docens civitates, componensque & instruens ad fidem Orthodoxam; deindè eos quoque, qui gravia illa passi fuerant à Samaritanis, & aliis modis recreans, & tributorum immunitate consolans.] Hactenùs Cyrillus. His autem de nobili legatione sanctissimi viri cælo-terræque venerandi recensitis, siste, quæso, paululùm gradum, lector, & contemplare proponenda tibi ob oculos templa atque alia sumptuosa ædificia, quæ ex petitione ejusdem Sabæ Hierosolymis & in reliquis locis Palæstinæ Justinianus Imperator erexit: erit ut ex eo magnam cum admiratione capias animi voluptatem. Imprimis igitur mirificum illud templum Deiparæ nomine erectum describitur à Procopio, ità tamen, vt multa ab eo desiderari posse videantur, utpote (quæ in architectura primum locum obtinere videantur) rerum omnium numerus & mensura: ut hac ex parte minimè expletis sensibus numeros accurati historici; cum alioqui & interpretis vitio, ex quæ ab eo describuntur, reddantur haud adeò in omnibus perspicua. Sed accipe qualiacumque sint, quæ tamen in multis admirationem tibi pariant: ait ergò (4):

a *Proc. de ædificiis Justin. Imp. orat. 5.*

XXXVII. Hierosolymis templum Dei genetrici Justinianus Imperator locavit, cui nullum plane aliud æquiparari potest. Novam ecclesiam incolæ vocant: quod quale sit, ipse declarabo, tantùm præfatus, quòd hæc scilicet vrbs fermè tota collibus abundet, collibus inquam non glebaceis, sed asperis, duris, ac præcipitibus, per quos biviæ & semitæ ad graduum similitudinem ex arduo in declive protenduntur. Cætera igitur urbis ædificia universa in uno loco constructa sunt, in colle videlicet, aut in plano secundùm terræ aperturam. Solùm templum hac ratione non exurgit: mandavit enim Justinianus Rex illud fieri in radice collium; præter cætera quoque declarans, quantam fore oporteret templi latitudinem & longitudinem. Non sufficiebat collis Regis mandato & operis inchoandi necessitati:

nempe ad Meridiem & Solem orientem, vbi sacerdotes sacra obire convenit, quarta pars templi defectura videbatur. Quapropter iis quibus opus commissum erat, istæ excogitaverunt. Super fundamenta in extremas partes subjectæ terræ dejecta, structuram erexerunt in altitudinem scopuli assurgentem: deindè in summo vertice murorum testudinibus collocatis, ædificium applicant alii terræ pavimento. Hac ratione templum hinc in solida petra firmatur, indè in sublime erectum est, dùm Regis potentia collem alium molem artificio imposuit.

XXXVIII. Hujus autem structuræ saxa hæc quidem
* Desunt aliqua in exemplari. illa verò magnitudine qualia novimus. Etenim hujus operis artifices cum natura loci certantes, & molem altitudine scopulum æquantem ex adverso statuentes, omnibus quibus uti consueverant destituti, in admiranda & prorsus ignota studia & molimina se converterunt. Nam vasta & ingentia saxa ex montibus, qui in longum ante urbem assurgunt, execta & scitè exposita hoc modo hùc evexerunt: saxis magnitudine æquales affixeruntque currus, & singulis curribus singula imposita saxa electissimi boves quadraginta à Rege substituti portaverunt. Sed cùm per vias quæ in urbem ducunt, currus perferri nequiret; exectos plerosque montes perducendis curribus aptarunt: & sic templum oblongum extruxerunt, quemadmodum Rex voluit, cui quoque latitudinem adhibuerunt secundùm mensuræ rationem. Templo autem tectum imponere minimè poterant: proindè nemora & lota silvosa perambulantes, sicubi audissent locum sublimibus arboribus consitum, invenerunt silvam quamdam cedris abundantem, cedris scilicet in tantam altitudinem sublevatis, quantùm fieri possibile est. Ex his tùm tectum templo indiderunt secundùm mensuræ rationem subvecta altitudine. Hac igitur potestate humana & arte Rex Justinianus effecit. Crescit autem religionis spes, quæ & Regi honorem rependit, & hoc studium adiuvit, & promovit.

XXXIX. Templo undique opus erat columnis, quarum & forma templi elegantiæ responderet, & ea magnitude foret, quæ molem impositam sibi sustineret. Regio autem in medio terræ sita longè à mare aberat, undique præruptis quibusdam montibus vallata, quemadmodum dictum est. Addubitabant ergò opifices, quod scilicet aliundè possent columnæ inferri. Quod cum Rex propter operis difficultatem molestè ferret:
Nova lapidis inventio. Deus in proximis montibus lapidis naturam indicavit huic operi satis congruam: qui planè lapis aut priùs existens hic delituit; aut nunc primùm conditus est. Utrique probabilis ratio adest, quæ causam in Deum referebat. Nos humana potestate omnia metientes, multa arbitramur impossibilia; Deo nihil omnium neque anceps, neque impossibile. Hinc igitur ingentium columnarum & ignis flammam quodam colore imitantium magna copia undique suffulciunt templum partim supernè, partim infernè: ad porticus quoque totum ferè ten-

XL.

templum obeuntes, præterquam ad latus 'A auroræ obversum.

In primis autem excellentes duæ columnæ stant ante fores templi nullis fortasse columnis totius Orbis secundæ. Deinde altera quædam porticus excurrit, à ferula (ut opinor) nomen habens, quòd scilicet in hastum non protendatur: post hanc atrium similibus columnis in quadrangulo exurgens. Atrii fores adeò magnificæ sunt & decentes, ut iis qui extrà vagantur & deambulant, palàm significent quale spectaculum sint adituri. Vestibula inde admirationis plena, nempe veluti fornix quidam duabus columnis evectus immensam atque inexplanabilem altitudinem procul accedenti ostentans, & duo semicycla adversas inter se facies habentia.] Et paulò post: Hoc templum Dei genitrici consecratum Justinianus Rex magnarum pecuniarum reditu honoravit.] Hactenùs de templo illo mirifico Procopius, in multis absque dubio lectorem minime exatiatum relinquens. His autem de templo Mariæ Deiparæ enarratis, ad alia ibidem erecta tunc ab eodem Imperatore pia ædificia oratione convertit, aitque:

XLI.
Alia ædi-ficia Justi-niani Hie-rosolymis, & in aliis locis erecta.
* agro

In via, qua ad templum itur, stant hospitia utrinque duo: uno hospites peregrini suscipiuntur, altero requiescunt & refocillantur pauperes ægroti.] Et ad finem orationis ista subiicit: Iberorum templum ædificavit Hierosolymis, & Lazorum in Hierosolymorum eremo, *sanctæ Mariæ in monte Olivarum, Fontis sancti Elisæi Hierosolymorum: item Siletheon Abbatis Romani in Bethlehem: similiter & Joannis Abbatis in Bethlehem muros instauravit.] Subdit & de puteis & aliis ædificiis extructis. Addit præterea de templo Christianorum, quod erat in monte Garizin, ne rursùm pateretur à Samaritanis incendium, illud ipsum duplici munitione vallatum inexpugnabile reliquisse: insuper & septem ecclesias Christianorum à Samaritanis exustas, ejusdem Imperatoris jussu restitutas esse. Ipsum item renovasse templum S. Thalalæi, S. Gregorii, & Pantaleemonis martyrum in eremo Jordanis: ædificasseque etiam hospitium, necnon templum Dei genitricis in Hierico. Insuper in vini monte, in quo degebant monachi xita sanctissimi, ad radicem ejus erexisse nobilem ecclesiam itidem Deiparæ Mariæ nomine nuncupatam. Nàm (inquit) in vertice Sina homo pernoctare non potest propter assiduos strepitus & fragores, aliaque terriculamenta quædam diviniora, quæ nocturnis horis illic exaudiuntur humanam mentem & sensum percellentia.] Hæc & alia religionis Christianæ egregia monumenta in Palestina & adiacentibus locis Justinianus erexit, quorum fuit illi (ut vidimus) auctor magnus Sabas, ad promerendam victoriam, de qua vaticinatus fuerat, adversùs Gothos Italiam, & Vandalos Africam occupantes: ut præclaro hæc documento esse possint Principibus Christianis, quibus operibus præparent sibi viam ad hostes numquàm hactenus debellatos & invictos penitus superandos.

Annal. Eccl. Tom. VII.

B

C

D

E

At non hic finis pugnæ Imperatoris adversùs improbos Samaritanos, quos aliis opus fuit legibus perurgeri, pœnisque percelli, ut apparet ex aliis legibus ejusdem Imperatoris adversùs eos diversis temporibus datis: ut cùm ad Joannem Præf. Præt. (s) rescripsit post Belisarii Consulatum, cum eos coegit curialia subire onera, sed curialibus privilegiis non potiri. Rursùm verò longè post hæc tempora, nempe ejusdem Imperatoris anno Decimo quinto, sub Consulatu Basilii ab Areobindum Præfectum Prætorio aliam de iisdem edidit sanctionem. Cum enim fatigari assiduis afflictionibus nullam emergendi esse sibi viderent facultatem Samaritani, illud inire consilium, ut foris ostenderent sese Christianam religionem amplecti velle: adeuntesque Cæsariensem Episcopum, ab eo petiere, ut pro ipsis apud Justinianum Imp. intercederet: quod ille quidem eis credens naviter præstitit. Lætus itaque ad nuncium Imperator, eosdem ut filios amplecti atque fovere minime prætermisit, atque pro ipsis novam edidit sanctionem (b), quam hic tibi inspiciendam proponimus.

Nullum ita magnum subiectorum nostrorum delictum est, quod non nostra clementia medeatur. Licet enim eorum facta odio habentes, ad vindictam pro eis insurgamus: tamen tempus meditantes *, & commonentes modis competentibus delinquentes, rursùs ad nostram clementiam remeamus, justitiam iracundiæ benignitatis reconciliantes rationibus: quale quiddam & præsens nostra celebrat lex. Samaritani enim pridem atroces & elatos contrà Christianos & in omnibus *velut novissimam superbiam excedentes plurimi quidem pœnis affliximus, una verò maxime, quòd neque testamenta ipsi possunt conscribere, neque hi defuncti absque testamento, cognatis qui ab intestato vocantur, hæreditatem transmittere; nisi ad hæreditatem ex utraque causa vocatos rectæ Christianorum fidei esse contingeret. Interdiximus autem eis & legata dare, & donationes scribere, aut aliquas omninò alienationes in suis ponere rebus, nisi forsàn Orthodoxa fide percipiens persona esset. Licet autem lege generali hæc comprehendentes tunc meminerimus: tamen non eamdem in operibus, quam in litteris, subtilitatem reservavimus. Nàm neque nostrum fiscum, nec aliquam publici partem ex his quicquam accipere passi sumus, licèt hoc expressim lex daret.

Nunc itaque ad moderationem reductos videntes eos, & nobis ipsis indignum esse putantes in iisdem permanere terminis, contrà eos qui non similia prioribus languent, præstantes maxime omnium Sergii sanctissimi Cæsariensium metropolis Episcopi justis petitionibus, quas pro eis facit testimonium quidem perhibentis meliores eos factos, quietem verò eorum futuro tempore promittentis: ad præsentem sacram nostram venimus legem, per quam sancimus, licentiam esse Samaritis jam scribere testamenta, & suas proprias dispensare substantias, sicut & aliæ

XLII.
Quid rursùm in Samaritanos.

a Novel. 45.

b Novel. 129.

XLIII. Justiniah. benignè egit cum Samarit.
* medentes

* omnium

XLIV.

N 3

& aliæ præbent leges, & per præsentem nos decernimus: & sine testamentis morientes, ab intestato vocatos secundùm imitationem aliorum hominum hæredes habere, & præter ea quæ per præsentem nostram transpanimus legem. Sed & donationes eis permittimus scribere, & legata dare & accipere, & hujusmodi contractus facere cum omni licentia. Qui enim testari dedimus eis & omnem dispensare substantiam, quomodo de particulari dispensatione negabimus?

XLV. Sed tamen non eumdem reddimus ordinem & Christianis successoribus & Samaritis. Iterùm verò & meritò meliora sectantibus privilegium præstamus. Vndè si quis eorum sine testamentis moriatur, & filios ad Deum discretos reliquerit ; soli vocabuntur ad hujusmodi hæreditatem, qui rectam Christianorum allegant fidem, aliis exclusis quicumque ipso detinentur quo defunctus errore. Hæc autem dicimus non super filiis solis, sed etiam aliis cognatis, ex quacumque sint linea, &c.] Hæc & alia de his Imperator. Porrò conversionem ab ipsis non ex animo factam, sed simulatè, ut parentum hæreditatum participes esse possent, Justinus Junior Imperator in alia adversus eos Novella (*a*) constitutione edita testatur, quam nos suo loco reddemus. Hand enim minis, neque beneficiis Imperatorum valuerunt ad fidem converti. Ad tempora namque sancti Gregorii ejusmodi genus hominum vixisse, scripta ab eo epistola ad Joannem Syracusanum Episcopum fidem facit (*b*), qua expostulat de Samaritano quodam vendicante sibi mancipium Christianum contrà legis præcepta : extat enim ejusdem Justiniani Imperatoris constitutio (*c*) id ne fieret omninò vetans. At de Samaritanis hactenùs.

XLVI. Ex iis quæ dicta sunt, satis apertè pluribus declaratum exemplis vidisti, quis temporibus istis vigeret Sanctorum cultus in erigendis iisdem ubique templis, eisdemque redititbus locupletandis:quod quidem pium Imperatoris studium subditi quoque sunt imitati ;cum vix reperiri quis esset, qui nisi erigendi ecclesiam facultas sibi esset, saltèm ex suis bonis aliquid decedens non legaret ecclesiis, vel etiam ex asse institueret illas hæredes. Hinc accipit, ut hoc eodem anno, iisdemque Consulibus Lampadio & Oreste, idem Justinianus Imperator decimo tertio Kal. Novembris sanctionem promulgavit, qua declaravit, ut si quis in testamento suo Christum ex asse, vel semisse, aut aliter hæredem instituisset, ecclesiæ illius loci caperent hæreditatem, ita tamen ut ad pauperum alimoniam conferrent. Itemque definivit,si quis aliquem Archangelorum vel martyrum reliquisset hæredem, quid agendum in ambiguis esset;consuevisse enim ejusmodi fieri institutiones, idem Imperator affirmat. Habes constitutionem hanc in libro prætermissorum primæ classis post Codicem Justinianeum (*d*). At de Justiniani hoc anno editis constitutionibus satis. Res jàm per libros Occidentales.

XLVII. Præclara facta Francorum multa nobis

A   suppetunt, quibus locupletemus Annales? Hoc tempore Theodoricus Rex Francorum expeditionem paravit adversus Gothos agentes in Gallia: Sigibertique assertione expressum habeatur, hoc anno Francos vendicasse sibi quæ, in Gallia Gothi sub Theodorico Italiæ Rege occoparant;testatur enim id ipse his verbis;Franci extorquent de manu Athalarici, quicquid Galliarum avus ejus Theodoricus Rex Italiæ tenuerat.] Sed an vera sint, exactius est explorandum.

Nihil enim concessum fuisse Francis ad versùs Gothos certantibus, defendente Liberio Patricio illic Præfecto Prætorio res Gothorum, epistolæ Cassiodori significant, quas scripsit, cum ab Athalarico collatum **B** post tres annos gessit Romæ munus præfecturæ Prætorianæ, in quod tempus perseverarat in Galliæ ejus provinciæ administratione idem Liberius Patricius, quem redeuntem Romam Athalarici mater, gratitudinis ergo, nova addita dignitate exornavit : ut Cassiodorus, dùm laudes feminæ prosequitur, his narrat verbis (*e*). Respicite namque Patricium Liberium Præ **C** fectum etiam Galliarum, exercitualem virum, communione gratissimum * meritis clarum, forma conspicuum, sed vulneribus pulchriorem, laborum suorum munera consecutum, ut nec præfecturam quam bene gessit amitteret, & eximium virum honor geminatus ornaret : confessus meritum, cui solus non sufficit ad præmium : accepit enim & præsentaneam dignitatem, ne de Republica benemeritus, diu absens putaretur ingratus.] Hæc Cassiodorus Indictione duodecima, quando (ut dictum est Prætoriam **D** præfecturam est consecutus anno Domini quingentesimo trigesimo quarto: post quod tempus Amalafrida ipsa desiit,& Athalaricus demedio sublatus est. Quo pariter anno scribens ad Senatum eamdem de sua præfectura epistolam Cassiodorus, Theodoricum Francorum Regem invadere res Gothorum paratum, morbo jàm vita functum tradit his verbis (*f*):

Franci enim tot barbarorum victoriis præ potentes, quàm ingenti expeditione turbati sunt? lacessiti metuerunt cum nostris inire certamen, qui præcipitatis saltibus prælia semper gentibus intulerunt. Sed quam **E** vis superba natio declinaverit conflictum, vitare tamen proprii Regis nequivit interitum. Nàm Theodoricus ille diù potenti nomine gloriatus, in triumphum Principum languoris potiùs quàm pugna superatus occubuit, ordinatione credo divina,ne nos aut affinium bella polluerent, aut justè productus exercitus vindictam aliquam non haberet.] Hæc cum scribat Cassiodorus (ut diximus) anno Domini quingentesimo trigesimoquarto, jàm planè docet ante illud tempus Theodorici obitum contigisse. Ex quibus eumdem redarguis Sigibertum, qui ejus obitum refert anno Domini quingentesimo trigesimo septimo: & eos pariter errare convincas, qui eumdem Theodoricum annos vigintiduos vel tres regnasse tradunt (*g*), quem his temporibus

---

XLV.

a Novel. 144. Samaritani adhùc tempore Gregorii Papæ

b Greg. l.7. epist.22.

c Nov.45. in fin.

XLVI. Cultus fidelium ergà Ecclesias.

d Colligit Contius c. nianeum 16. C. libros pag.8.

XLVIII. Franci laborant expellere Gothos è Galliis.

e Cassiod. l.11.ep.1.

f Cassiod. ead. epi.1. lib 11.

XLIX. De obitu Theodorici Regis Francorum.

g Gregor. Turon. de gest.Franc. l.3.c.13.

bus Athalarici Regis Italiæ morbo defunctum liquet. In primis verò mendacij redarguas Sigibertum , dùm ait , Theodoricum Regem Francorum ditione Gothorum in Galliis esse potitum : non enim
hoc tempore id accidit, neque ea prævia occasione; sed à Theodato Gothorum Rege id
factum testatur Procopius: cùm videlicet, ut
Francos contrà Græcos incitaret , quæ in
Galliis possidebat, Francis cessit; cum aliqui & Vuisigothi, qui in Hispania regna-
bant sub Amalarico Rege , aliam partem
provinciæ possiderent in Gallia Narbonensi . Omnia ista Procopius (a).

a Proc. de
bello Goth.
lib. I.

L.

At quod accidit, cum Theodoricus in
ejusmodi militaribus expeditionibus esset ,
& res Gothorum in Gallia pertentaret,
memoria quidem dignum (quod & universa Gallia vulgatum fuisse tradit Gregorius
Turonensis (b)) nos hic describendum
putamus ; pertinet enim ad ejusdem Regis
virtutem in sacrilegos ulciscentis, & ad Dei
gloriam ex miraculis sanctissimi martyris
Juliani . Nàm ait : Et quia nullum latere
credo aliquid de hostilitate Theodorici
Regis , ac infirmitatibus Sigivaldi , quæ ei
in Arverno posito contigerunt: propter virtutem tamen beati martyris Juliani id diligentiùs exponendum , quò faciliùs fides dictis adhibeatur .

b Gregor.
Mirac. l. 3.
c. 13.

LI.
Invasores
rerum Ec-
clesiæ ma-
lè pereunt.

Igitur cum ob direptionem Arvernorum
(quam civitatem jam diù antè cessisse Gothis , superiori tomo dictum est) Rex antedictus Theodoricus festinaret , & ingrediens terminum vastationi cuncta subigeret,
pars aliqua exercitus separata ad Brivatensem vicum infesta prorupit , fama vulgante,
quòd in basilica essent incolæ cum multa
thesauris adunati . Cumque pervenissent
ad locum , inveniunt multitudinem promi-
scui sexus , obseratis ostiis , in templo ipso
cum propriis facultatibus residere . Cumq;
intrare non possent : unus effractam ceu fur
in altari sancto fenestram vitream ingredi-
tur:quia qui non intrat per januam, hic latro
est . Dehinc reseratis ædis illius valvis ,
exercitum intromittit . At illi direpta cuncta pauperum supellectilia cum ministris
ipsius basilicæ , reliquumq; populum , qui
intra erat, eductum , foris diviserunt haud
procul à vico . Quæ cum ad Regem delata
fuissent , comprehensos ex his aliquos diversis mortibus condemnavit . Fugiens verò ille , qui irrupta æde , caput fuit hujus
sceleris , igne de cælo dilapso consumptus
interiit . Super quem cum multi acervum
lapidum congressent , à tonitruis, & co-
ruscationibus detectus , terrena caruit sepultura . Qui verò de consentaneis latentes
Regem in patriam sunt regressi , correpti à
dæmone diversis exitiis vitam crudeliter finierunt . Hæc audiens Rex, omnia quæ
exindè sunt sublata reddidit : præceperat
enim , ne à septimo à basilica milliario cui
vim quis inferret .] Hæc Gregorius, qui
de eisdem agit (c) in historia rerum Francorum : & narrata hic subdit (d):

c Greg. de
rebus gest.
Franc. l. 3.
c. 12.
d Gregor.
Mirac. lib.
2. c. 14.

LII.

Tunc Sigivaldus cum Rege præpotens
eum omni familia sua in Arvernam regio-

A nem ex Regis jussu migravit : ubi dùm multorum res injustè competeret,villam quamdam , quam gloriosæ memoriæ Tetradius
Episcopus Bituricensis basilicæ sancti Juliani reliquerat , sub specie obumbratæ
commutationis avidus pervasit: sed mense
tertio postquàm ingressus est , correptus est
febre , & sine sensu effectus declinavit caput in lectulum . Cujus uxor dùm de hoc
exitu mæsta penderet , à quodam sacerdote
commonita est , ut eum si videre vellet incolumem , auferret è villa . At illa hæc
audiens, præparatis carrueis, composito-
que plaustro quo eum eveheret ; mòx ut
B prædium sunt egressi , protinùs divina sunt
pariter gratia munerati : nàm iste sospita-
tem , illa meruit ex hujus incolumitate lætitiam . Ferunt etiam in oratorio prædii illius S. Julianum martirem cum Tetradio E-
piscopo colloquentem cuidam religioso revelatum fuisse , promittentem se Episcopo,
villam quam pro animæ suæ remedio sibi
reliquerat , recepturum .] Sed quòd Theodoricum his temporibus Athalarici defunctum diximus ; quæ obitum ejus subsecuta
sint , videamus.

Occupator
villæ Ec-
clesiæ in
discrimen
adducitur . /

Huic autem ex hac vita sublato ejus filius
Theodobertus successit, de quo hæc idem
C Gregorius in Nicetio (e) : Cum, Theodorico decedente , Theodobertus filius ejus re-
gnú ambisset , ac multa iniquè exerceret &
ab eodem plerumque corriperetur S. Nicetio
Episcopo Trevereñsi , quòd vel ipse perpetraret,vel perpetrantes non argueret; advenit dies Dominicus,& ecce Rex cum his qui
ab hoc sacerdote communi abesse jussi fuerant,ecclesiam est ingressus.Lectis igitur lectionibus,quas canon sanxit antiquus, oblatis muneribus super altare Dei,ait sacerdos:
Non hic hodiè Missarum solemnia consum-
mabuntur , nisi communione privati , priùs
abscedant.Hæc Rege renitente,subitò excla-
D mat unus de populo arreptus à dæmone
puer juvenis ,cœpitque valida inter supplicia torturæ suæ & Sancti virtutes & Regis
crimina confiteri : dicebatque Episcopum
castum , Regem adulterum ; hunc timore
Christi humilem , illum gloria regni superbum;illum sacerdotio impollutum à Deo in
posterum præferendum , hunc ab auctore
sceleris sui velociter elidendum .

LIII.
Theodo-
bertus Rex
patri suc-
cedit.
e Greg. in
Vita S.Ni-
cetii Episc.
Trever.

Cumque Rex timore concussus peteret, ut
hic energumenus ab ecclesia eiiceretur, dixit Episcopus: Priùs illi qui secuti sunt, id
est,incesti, homicidæ, adulteri ab hac ecclesia extrudantur,& hunc Deus silere jubebit.
E Et Rex statim jussit omnes hos qui sacerdotis sententia damnati fuerant , egredi ab ecclesia . Quibus expulsis , jussit sacerdos dæmoniacum foràs extrahi: sed cum,apprehen-
sa columna , evelli & decem viris non posset;
Sanctus Dei sub vestimento suo, propter jactantiam evitandam scilicet , faciens crucem
contrà dæmoné ,relaxari præcepit.Qui protinùs corruens cum his qui eum trahere nitebantur, post paululùm sanus erectus est .
Deindè post acta solemnia requisitus, numquàm reperiri potuit , nec ullus scivit undè venerit , vel quò abierit : coniiciebatur

LIV.
Paret tan-
dem Rex
sacerdoti.

ta-

tamen, plurimis, eum à Deo missum, qui Regis sacerdotisq; opera non taceret. Undè factum, ut sacerdote orante, Rex mitior fieret.] Hæc Gregorius: quæ autem subdit de excommunicato Clotario Rege, suo loco inferius dicturi sumus.

LV. Quod verò ad eumdem Theodobertum pertinet: censura Nicetii correctum, & emendatum, meliori frugi redditum, idem Gregorius alibi ita testatur.(*a*): Ille in regno firmus magnum se omni bonitate præcipuum reddidit: erat enim regnum cum justitia gerens, sacerdotes venerans, ecclesias munerans, pauperes elevans,& multis multimelioris red- meliorem red- *a* Greg. de gest. Franc. l.3.c.25. Theodobertus Rex munerans, pauperes elevans,& multis multa beneficia pia ac dulcissima accommodans voluntate: omne tributum, quod in fisco suo ab ecclesiis in Arverno suis debebatur, clementer indulsit.] Hæc ibi. Laudatur ab eodem (*b*) Theodobertus, quòd piè religioséque inviseret loca Sanctorum: cum

b Greg. de Glor. confess. c.93.

recitat quid mirè acciderit de eo qui à Rege compulsus est jurare supra tumulum sancti Maximi Episcopi Treverensis. Commendatur præterea ab eodem auctore (*c*) clementia ipsius Theodoberti ergà sanctum Agericum Virdunensem Episcopum dirigen- *c* Greg. de gest. Franc. l.3.c.34. zatum à Theodorico ejus parente.]

LVI. Accidit insuper, ut defuncto patre, cum hoc tempore in ejus regnum successisset, legationem miserit ad Justinianum Imperatorem. Functus est eo munere Munzolus vir illustris: qui cum Patras in Achajam advectus esset,usque ad interitum morbo calculi laborans,quomodò ope sancti Andreæ Apostoli cura us sit, idem Gregorius (*d*) alibi *d* Greg. de Glor. mart. l.1.c.31. narrat:idemq; (*e*) tradit patrem suum Arvernensem civem obsidem aliquandò cum aliis datum eidem Regi Theodoberto,quan- *e* Eod. lib. c.84. dò virtutem reliquiarum Sanctorum contigit experiri. Sed de Theodoberto satis.

JESU CHRISTI   BONIFACII PAP.   JUSTINIANI IMPR. 5.
ANNUS   ANNUS   ATHALARICI REG. 6.
531.   2.

I. Romana Synodus sub Bonifacio.

Annus Redemptoris quingentesimus trigesimusprimus vacuus Consulibus ordinariis, post Consulatum præcedentium Consulum Lampadii atque Orestis inscribitur: quo Romæ à Bonifacio Papa Synodus collecta est, de qua hæc breviter Anastasius: Hic congregavit Synodum in basilica Beati Petri Apostoli, & fecit constitutum, ut sibi successorem ordinaret; quo constituto cum chirographis sacerdotum, & jurejurando ante Confessionem beati Petri Apostoli diaconum Vigilium constituit.] Successorem videlicet. Quòd enim (ut superius fusius dictum est) Gothorum Reges Italiæ dominantes impiè sibi vendicassent Romani Pontificis electionem: ut ejusmodi præsumptam, & vi usurpatam licentiam ex Gothorum manibus Romana Ecclesia extorqueret; hoc prætextu visus est Bonifacius novam hanc & à prædecessoribus hactenus intentatam viam aggredi; nempè ut successorem deligens Pontifex, nullum relinqueret locum vacantis sedis; quod quidem licèt speciem justitiæ aliquam præseferret, posteà tamen ab omnibus est improbatum atque rescissum. Nàm subdit de his idem Anastasius:

II. censuerunt

Eodem tempore facta iterùm Synodo, hoc cassaverunt * sacerdotes omnes propter reverentiam sanctæ sedis, & quia contrà canones hoc fuerat factum, & quia culpa eum respiciebat, ut successorem sibi constitueret: ipse Bonifacius Papa reum se confessus est majestatis, quod diaconum Vigilium sui subscriptione chirographi ante Confessionem B. Petri successorem constituisset; & ipsum constitutum in præsentia omnium sacerdotum, & cleri & Senatus incendio consumpsit.] Hactenùs de his Anastasius. Majestatis verò ea ex parte crimen videri poterat Gothis Bonifacius incurrisse; quòd contra Regis voluntatem, ad quem electionem Romani Pontificis spe-

ctare Theodoricus statuerat, à Bonifacio fuisset institutus successor. Sed nec placuerunt ista clero, neque Romano populo.

III. Quid in Vigilium objectum.

Certum quidem est ejusmodi conatum probro esse datum omnibus, in primis verò ipsi Vigilio, quòd id curasset. Scimus enim Silverium Papam in decreto anathematis in Vigilium hæc ita exprobrasse (*f*): Quia contra jura canonica temporibus sanctæ memoriæ Bonifacii Papæ, ipso vivente, designari conabaris, nisi tibi amplissimi Senatus obviasset justitia : tùnc providentia pastorali ac Pontificali auctoritate tua execranda jam debuerant auspicia detruncari. Sed dùm pravum vulnus in te neglectum est, insanabile accrevit apostema, &c.] Hæc in Vigilium delectum à Bonifacio successorem Silverius. Porrò rerum gestarum Bonifacii Papæ non tantùm hæc de eligendo successore, ipso vivente, & ab ipso deleta fuere; sed & ea etiam posteà, quæ ab ipso post mortem Dioscori, eum damnando, & anathematice subiciendo, gesta fuerunt. In ipsum enim Bonifacium ista peracta ab Agapeto Pontifice, testatur Anastasius Bibliothecarius (*g*) : Hic, *Agapetus videlicet*, in ortu Episcopatus sui libellos anathematis, quos invidiæ dolo extorserat Bonifacius presbyteris & Episcopis contra canones & contra Dioscorum, in medio ecclesiæ, congregatis clero omnibus, incendio consumpsit, & absolvit totam Ecclesiam ab invidia perfidorum.] Hæc ibi.

f Epi. Silver. ad Vigilium to. 2.Concil.

g Anast. in Agapeto.

Adversùs Bonifacii decretum quid Agapetus.

IV. Sic igitur vides, non solùm quæ per Bonifacium acta sunt in decernendo successore, ab ipso primùm, deindè à successoribus esse damnata; sed etiam quod in Dioscorum veluti simoniacum idem damnando eumdem post mortem egisset. Ob causam quidem pecuniariam damnatum Dioscorum à Bonifacio, ex Justiniano diximus: cujus in epistola inscripta ad Joannem

quin Papam, fed ad Vigilium data, hæc A
funt verba : Super hæc autem, omnia quæ
ignorantur quæ noftris temporibus in Ecclefia antiquioris Romæ contra Diofcorum
acta funt ? qui cum nihil infidem peccaffe,
tamen folùm propter Ecclefiafticum ordinem, poft mortem ab eadem Ecclefia Romana anathematizatus eft. Si igitur nihil
in fidem peccantes Epifcopi, propter folum Ecclefiafticum ordinem & propter caufam pecuniariam anathematis & poft mortem fubjiciuntur : quantò magis Theodorum, &c. Illæ quòd ad caufam Diofcori,
quem Agapetus injufta fententia condemnatum abfolvit.

V.
Nimis ab-
furdum ut
Rom. Pont.
fibi deli-
gat fucce-
forem.

Quod verò fpectat ad fucceforis electionem, intellige, parvi, lector, ex his quæ
dicta funt, quantum exhorruerint Romani
omnes, in primis verò iidem ipfi Romani
Pontifices, ut aliquis fibi, vivens quovis digno pœnitens Pontifex deligat fucceforem,
cum eadem ipfa qui in ftatu Bonifacino
fuerit compulfus refcindere in pofteriori
Synodo, quæ in priori, fuadente jufta fibi-
vifa ratione, facere decreviffet. At licet
eadem caffata ab ipfo auctore penitùs &
reddita prorsùs nulla fuiffent, in ipfa tamen
perperam gefta Silverius & fucceffores Romani Pontifices declamarunt.

VI.
Bonifacii
Papæ obi-
tus.

Verùm etfi videri potuiffent ifthæc in fecundo fucceffore commiffa à Bonifacio, ab
eodem expiata ; tamen cum, Deo, ad aliorum exemplum, eum ex hac vita fubtraxit. Hoc namque anno die decimaseptimo
menfis Octobris poft dictum Confulatum
Lampadii ipfum ex hac vita migraffe , Bibliothecarius habet ; quod & (ut dicemus)
alia vetera monumenta atteftantur : quibus
innotefcit ; hoc eodem anno poft Confulatum Lampadii & Oreftis jam ejus fucceffo-
rem federe cœpiffe Joannem cognomento
Mercurium. Sic igitur dicta die mortuus
eft Bonifacius , cum fediffet annum unum
& dies duos ; licet Bibliothecarius annos
duos ejus fedi tribuit & dies vigintifex : verùm cum ipfum hoc anno poft Confulatum
Lampadii defunctum dicat atque fepultum
decimaseptimâ menfis Octobris, nonnihil an-

---

matu unum & dies duos vixiffe Pontificem
oportuit, cum creatus habeatur anno fuperiori decimaquinta die Octobris.

Antequam verò de ejus vacatione fedis
& electione fucceforis agamus ; quæ de reliquis rebus geftis Bonifacii ex antiquioribus memoriis Ado defcripfit , hic referamus: Non multò poft (inquit) ab apparitione videlicet facta fancti Michaelis in
monte Gargano fub Gelafio Papa , venerabilis etiam Bonifacius Pontifex ecclefiam
fancti Michaelis Archangeli nomine conftructam dicavit in fummitate Circi, cryp-
tim miro opere altiffime conftructam ; unde
& eidem locus in fummitate fua continente ecclefiam, inter nubes fitus vocatur.] Hæc
Ado ; qui cum ea Bonifacio ipfi tribuat, qui
primus poft Gelafium vixit, nihil eft ut alicui alii ex Romanis Pontificibus ejus nominis tribui poffint, nifi huic fecundo ejus nominis Bonifacio. Quod autem ad ipfum
locum pertinet, fuper quem erectam fuiffe
ecclefiam fancti Michaelis affirmat : nullam
alium nifi fepulcralem locum illum fuper
quem olim Hadriani moles erecta eft trans
Tiberim apud Circum Domitiæ, fuiffe, diximus in Notis ad Romanum Martyrologium (a).

De Bonifacio rurfus hæc in Anaftafio
leguntur: Eodem tempore venit relatio ab
Afris Epifcopis de conftitutione, ut cum
confilio fedis Apoftolicæ omnia Carthaginenfis Epifcopus faceret.] Præerat his temporibus Carthaginenfi Ecclefiæ Reparatus
Epifcopus ; de quo etiam infediùs dicturi
fumus. Ad poftremum verò idem ait, vacaffe fedem Bonifacii menfes duos & dies
quindecim. Verùm cum ex dicto numero
menfium atque dierum dicendum effet fucceforem Bonifacii Joannem creatum effe
fequenti anno ipfis Kalendis Januarii poft
Lampadii & Oreftis confulatum fecundo,
erroris patentis auctor arguitur , cum conftet hoc anno poft dictorum Confulatum
Joannem cognomento Mercurium creatum
effe Pontificem. In Titulo enim Eudoxiæ,
quæ eft Ecclefia S. Petri ad Vincula dicta
hujufmodi infcriptio legitur. (b)

VII.

a Martyr.
Rom. die 8.
Maii. a.

VIII.

b Extat
in ecclefia
S. Petri ad
Vincula, del
fcripfit
etiam Pan-
vin.

SALBO PAPA NOSTRO JOANNE COGNOMENTO MER-
CURIO EX SANCTÆ ECCL. ROM. PRESBYTERIS OR-
DINATO. EX TIT: S. CLEMENTIS AD GLORIAM PON-
TIFICALEM PROMOTO. BEATO PETRO AP. PATRONO
SUO A VINCULIS EJUS SEVERUS PRESB. OFFERT
ET IT. P. C. LAMPADII ET ORESTIS VV. CC.
URBICULUS CEDRINUS EST.

Ex his igitur quàm perfpicuè vides, federe cœpiffe hoc anno poft Bonifacii obitum

---

Joannem cognomento Mercurium, natio- E
ne Romanum (ut habet Bibliothecarius)
ex patre Projecto, de Cælio monte : quo
autem die & menfe creatus fit , haud quid
certi affirmari poffe videtur : circà finem
tamen anni hujus federe cœpiffe , ex dictis
apparet.

Quod infuper ad Occidentales res, fpectat , hoc ipfo anno Amalaricus Rex Gothorum in Hifpania ; cum à tempore obitus Theoderici Regis in Italia regnantis
potitus regno effet annis quinque , occifus

Joannes
Papa II.

IX.
Amalarici
Regis obi-
tus.

fus deſiit : inque locum ejus ſubrogatus
eſt Theudis Gothus pariter , & Arianus .
Sed interitus Amalarici cauſa altius repetenda eſt . Childebertus enim quartus filius Clodovei , qui Pariſiis regnabat , ſororem ſuam Crotildem matrimonio junxit
eidem Amalarico Regi . Sed quòd Catholica illa eſſet , hæreticus verò ; nulla
conventio lucis ad tenebras , neque templi
Dei cum idolo penitùs eſſe poterat : & licèt juncti corpore eſſent , animo tamen
erant quàm longiſſimè ſeparati . Quæ autem ob hanc cauſam pati contigerit ipſam
Crotildem , ex Gregorio audi , qui hæc
ait (a) : Crotildis multas inſidias ab A-
malarico viro ſuo propter fidem Catholicam patiebatur ; nàm plerumque procedente illa ad ſanctam eccleſiam , ſtercora ,
& diverſos fœtores ſuper eam projici imperavit . Ad extremùm autem tanta crudelitate dicitur eam cecidiſſe , ut illa infe-
ctus de proprio ſanguine ſudarium fratri
tranſmitteret .

X.

Unde ille maximè commotus , Hiſpaniam
appetivit . Amalaricus verò hæc audiens ,
naves ad fugiendum parat . Porrò imminente Childeberto , cum Amalaricus mare
deberet aſcendere , ei in mentem venit
multitudinem pretioſorum lapidum in ſuo
theſauro reliquiſſe ; cumque ad eos peten-
dos civitatem regrederetur , ab exercitu è
porta excluſus eſt . Videns autem ſe non
poſſe evadere , ad baſilicam Chriſtianorum Orthodoxorum confugere cœpit : ſed
priuſquàm limina ſancta contingeret , unus ,
emiſſa manu , lancea eum mortali ictu ſau-
ciavit ; ibique decedens reddidit ſpiritum .
Tùnc Childebertus cum magnis theſauris
ſororem aſſumptam , ſecum adducere cupiebat ; ſed neſcio quo caſu in via mortua eſt ; & poſtea Pariſiis delata , juxta
patrem ſuum Clodoveum ſepulta eſt .

XI.
Præda ca-
pta ex di-
tione A-
malarici .

Childebertus verò inter reliquos theſau-
ros miniſteria eccleſiarum pretioſiſſima detulit : nàm ſexaginta calices , quindecim
patenas , viginti Evangeliorum capſas detulit , omnia ex auro puro , & gemmis pretioſis ornata . Sed non eſt pauſus confringi :
cuncta enim eccleſiis & baſilicis Sanctorum
diſpenſavit & tradidit .] Hæc Gregorius :
diſcrepat ab eo Iſidorus (b) dùm Amalaricum non in Hiſpania , ſed Narbone in
Gallia eſſe occiſum tradit . Agit & de his
Græcus hiſtoricus Procopius (c) eandemq;
refert cauſam belli inferendi , quam ex Gregorio recitavimus : at non Childebertum nominat , ſed Theodobertum . Verùm Theodobertus non fuit filius Clodovei , ſed nepos ,
nempe filius Theodorici ipſius Clodovei fi-
lij . Tùncq; dicit ceſſiſſe Francis eam partem
Galliarum , quam hactenus Vuiſigothi poſ-
ſederant ; ait enim : Theodobertus verò
ſuis cum rebus omnibus ſorore redempta ,
Galliæ [partem , quantamcumque ſortiti
Vuiſigothi fuerant , recepit . Qui itaque
Vuiſigothorum ex gente bello devicta reliqui ex ea clade fuere ex Gallijs cum
uxoribus liberiſque ſuis tùm ſedibus exci-
ti , ad Theodem in Hiſpania tyrannidem

exercentem ſe contulere .] Hæc Procopius .
Verùm ſive rurſùs receperint Vuiſigothi eam
partem Galliæ Narbonenſis , ſive non penitùs ea caruerint , certùm eſt ; poſterioribus Franchorum Regibus cum Vuiſigo-
this eam provinciæ partem poſſidentibus
fuiſſe pugnandum , ut quæ dicuntur ſuis
locis inferiùs , perſpicuè demonſtrabunt .
Succeſſit autem (ut diximus) poſt Amalaricum Theudis , qui licèt Arianus , tamen bene habuit Orthodoxos , ut S. Iſidorus affirmat .

Hoc eodem anno quo abſolvitur quintus ejuſdem Amalarici Regis , & primus
incipit numerari Theudis ejuſdem ſucceſſoris , celebratum reperitur Concilium
Toletanum , dictum ſecundum , ſub Montano Archiepiſcopo Toletano . De hoc
acturi , primùm omnium more noſtro
ipſam rectam temporis rationem ſtatuamus .
Cum omnium aſſertione & antiquorum codicum lectione conſtet , ipſum habitum eſſe anno quinto ejuſdem Regis Amalarici ; ſitque omnibus pariter exploratam ,
quinquennium ejuſdem Regis deduci ab
obitu Theodorici Italiæ Regis , quem
deceſſiſſe diximus anno Domini quingenteſimo vigeſimo ſexto ; hic primùm , unde
erroris occaſio manare poſſit , emendandus
eſt mendoſus locus Iſidori , ne ipſum ſibi
ipſi contrarium eſſe & turpiter hallucina-
ri quis dicere aliquo modo audeat . Sunt
enim hæc verba in Chronico Gothorum
Regum Iſidori : Æra DLXIIII. XIV anno
Juſtiniani Imperatoris , defuncto Theodorico , Amalaricus nepos ejus quinque annis regnavit .] Quæ verba tùm his quæ
ſuperius , tùm his quæ inferius in eodem
leguntur Chronico , penitùs contradicunt ,
ut decimoquarto Juſtiniani Imperatoris anno dicatur regnare cœpiſſe Amalaricus ,
qui ultimo anno Juſtini Imperatoris auſ-
picatus eſt regnum . Quamobrem neceſſariò
reſtituenda eſt germana lectio , ita ut loco ,
Juſtiniani , Juſtinus , & loco numeri XIV.
annorum Juſtiniani , ponatur IX. Juſtini ,
ut dicat textus : Æra DLXIV . IX. anno
Juſtini Imperatoris , defuncto Theodorico ,
Amalaricus nepos ejus quinque annis regnavit .] Quo annorum numero tùm ex
Æra , tùm ex annis Juſtini Imperatoris
conſignatur annus Domini quingenteſimus
vigeſimuſſextus , quo (ut dictum eſt) Amalaricus primum annum exordiens , hoc Domini anno terminat quintum , quo eadem
Toletana Synodus habita eſſe ſine controverſia ab omnibus affirmatur , & in codicibus tùm ſcriptis tùm cuſis æquè legitur . Sed & emendandum quod in no-
viſſimam editionem ex mendoſo exemplari
irrepſiſſe videtur , dùm quintus annus A-
malarici ſub quo dicta Synodus acta
ponitur , notatur Æra DLXVI qua non
præſens annus quintus ejuſdem Regis A-
malarici , ſed ſecundus inchoatus ejuſdem
notandus eſſet ; quintus verò cum abſolvitur (qui eſt præſens annus) inſcriben-
dus eſſet Æra DLXIX .

His igitur locis emaculatis , & ſincera le-

XII.
Toletan:
Concil. ſe-
cundum ſub
Montano
Epiſcop.

Emenda-
tur error
illapſus in
Chronic.
S. Iſidori .

XIII.

*Amalari-
cus malè
habet Cro-
tildem.
a Greg. de
geſt.Franc.
l.3.c.10.*

*b Iſidor. in
Chronico
Goth.
c Proc. de
bello Goth.
lib.I.*

Sub Theu-
de Concil.
Tolet.

ra lectione vbique restituta , adhùc addimus : quòd etsi hoc anno , qui numeratur quintus Amalarici Regis , dicta
Synodus celebrata inveniatur ; tamen sancti Isidori verba suadent , vt ipso potiùs
Amalarico mortuo , exordio Theudis successoris regni , hoc eodem anno Patres
convenerint : id , inquam , Isidori , qui
hoc sæculo vixit , verba declarare videntur , quibus ait : Æra DLXIX. Justiniani Imperatoris tempore , post Amalaricum Theudis in Hispania creatur in
regnum per annos sexdecim : qui dùm
esset hæreticus , pacem tamen concessit
Ecclesiæ Dei , ut licentiam Catholicis
Episcopis daret , in vnum apud Tole-
tanam urbem convenire , & quæcumque
ad Ecclesiasticam disciplinam necessaria
existerent , dicere , licenterque disponere .] Hæc ipse , planè significans , id
inconcessum omninò fuisse , vivente A-
malarico , Catholicis (ut diximus) in-
sensissimo.

XIV.

Sed & quod dicit de Synodo Toletana cogenda impartitam ab ipso esse licentiam : id non de alia , quàm de hac ipsa , de qua est sermo , Toletana Synodo
Isidorum constat intellexisse : nam nulla
alia Synodus Toletana sub dicto Rege
habita reperitur . Undè opinari licet , quòd
etsi anno quinto Amalarici Synodus ista
habita inveniatur hoc anno ; tamen non
sub ipso , sed æquè hoc anno sub ejus
successore celebrata fuerit : sed quòd nomen Amalarici in ipsa Synodo legatur , ex
apposito titulo irrepsisse puto . Hæc quidem opinari suadent , quæ ex Isidoro magnæ hujus temporis auctoritatis scriptore
recitata sunt , adiuvantibus conjecturis ,
iisdemque ex odio Amalarici & benignitate Theudis ergà Catholicos acceptis :
addito ad hæc etiam , quòd cum Patres
ipso exordio deplorent præterita tempora ,
quibus conveniendi denegata licentia videretur ; id sub Amalarico accidisse , ex
Isidoro conspeximus . His de tempore sta-
bilitis , jàm de ipso Toletano Concilio ,
quæ sunt notatu digna referamus.

XV.
De S. Mo-
tano Epis.
Toletano.

Qui primum locum in hac Synodo jure tenuit Montanus Toletanus Episcopus
celebris nomine fuit tùm doctrina , tùm
etiam vitæ sanctitate : utraque enim dignus laude à S. Ildefonso in libello de Viris
Illustribus celebratur . Extant ejus lucubra-
tionum duæ epistolæ , quarum idem meminit ,
altera data ad Ecclesiam Palentinam , ad
Thuribium solitarium altera , digna felicissimi ingenij monumenta . Sed quod
ad vitæ sanctitudinem spectat , hanc divino testatam miraculo idem Ildefonsus ejusmodi perspicuo declarat exemplo : Hic vir ,
ex antiquissima relatione narrata , ad ex-
plosionem infamiæ tamdiù prunas tenuisse
vestimentis ardentes , donec coràm sedis
suæ altari sacro totius Missæ celebritatem per semetipsum expleret . Peractis autem solemnibus , nec prunas ignem , nec
vestis inventa est amissse decorem . Tùm
Deò relatis gratiarum actionibus , quia per

A simplicem naturam ignis cognita esset &
fallacia detestabilis accusantis , & innocentia beatissimi sacerdotis .] Hæc de eo
Ildefonsus.

Cum Montano septem alij tantùm interfuerunt Episcopi , sed in numero pauci , virtute atque doctrina præstantes : qui
eum Zorobabele suo , in medio licet hostium positi , templum rædificare magna
animi constantia sunt agressi . Enituit autem in eo conventu Patrum præter Mon-
tanum Justus , Urgelitanus Episcopus , &
ipse clarus inter scriptores Ecclesiasticos ,
& trium germanorum collegio æquè diser-
torum , nempè Justiniani Episcopi Valentini , Nebridii , & Helpidii , illustrior
redditus : licet iniuria temporum deper-
ditis ipsorum scriptis fratrum suboscura
memoria sit relicta . Agit de his omnibus
Isidorus (a).

B

XVI.
Episcopi
insignes
qui inter-
fuerunt Sy-
nodo.

Quinque in hac Synodo reperiuntur san-
citi canones esse ad disciplinam Ecclesiasticam illustrandam , & mores Fidelium
informandos ; quos tu consulas . Nos verò non omittimus , quòd gratitudinis ergò iidem Patres , absoluta Synodo , Regi licet Ariano ob concessam eorundi licentiam benè precati sunt . Ad finem
enim Synodi ista leguntur : Nunc ergò in
nomine Domini finitis his quæ in collatione venerunt , gratias agimus omnipotenti Deo , deindè domino nostro glorioso
Amalarico * Regi , divinam clementiam
postulantes , ut innumeris annis regni ejus
ea quæ ad cultum fidei proveniunt peragendi nobis licentiam præstet Amen .]
Quid his simile habes præfatos esse Patres
in Concilio Agathensi sub Alarico item
Ariano Gothorum Rege collecto , ipsius
accedente concessione.

Isidor. de
Vir. illustr.
c. 20. 21.
XVII.

* Theudi

At benè usi Montanus , & alij Patres
Regis beneficio , non semel tantùm coje-
sunt in Synodum , sed frequenter diversis
in locis . Etenim inter alia Concilium Palentinum paret congregatum fuisse : ita legendum , pro Valentino , Palentinum , ut
ex ejusdem Montani epistola ad Thuribium
data possumus intelligere : quæ cum alia
habeat digna memoria , hic mihi eam reddere & tibi legere gratum erit , sic enim se
habet (b).

C

D

XVIII.

Domino eximio præcipuoq; Christicolæ
domino & filio Theoribio * Montanus
Episcopus.

Alumnum te fidei Catholicæ & sanctæ
religionis amicum etiam in actis mundiali-
bus conversantem valdè , & novimus &
probavimus . Cum enim adhùc florares in
sæculo , ita claritatis tuæ vita perpatuit ,
ut secundùm sententiam Domini , & quæ
sunt Cæsari non negares , & Deo quæ
sua sunt , devota mente persolveres . Iure
etenim te divini cultus in hac præsertim
provincia nominabo * . Putasne quanta tibi apud Deum maneat merces , cujus
solertia atque instinctu & idololatriæ error
abscessit , & Priscillianistarum detestabilis & pudibunda secta contabuit ? Si tandem adhùc & in nomine honorare desistant ,
cujus

b Apud
Collect. Co-
cil. Hispan.
Garf. Loa.
* Thuribio

XIX.
Montani
Toletani
Episc. ep.
ad Thuri-
bium.

*

cujus per tuam admonitionem collapsa esse
opera non ignorant. Nàm de terrenorum
dominorum fide quid loquar? cui ita tuum
impendisti laborem, ut feroces cohabitan-
tium tibi animos ad salubrem regulam, &
normam regularis disciplinæ duceres. Præ-
stavit divina clementia; quia id quod summo labore conatus es, precibus & oratione
perficeres. Quæ tamen ex Palentino conventu ad nos pervenerint, celsitudini vestræ indicare curavi, quò faciliùs per vestram increpationem nefanda præsumptio
in posterùm conquiescat, &c.) Subdit de
presbyteris reprimendis, qui sibi chrisma
conficiendi auctoritatem usurpant; deqs
Episcopis coercendis, qui in aliena diœcesi ecclesias consecrarent: de quibus omnibus est quærela ejusdem in epistola data
ad Palentinæ Ecclesiæ subditos. Porrò
Thuribium istum longè diversum esse ab
illo ad quém extat sancti Leonis Papæ epistola, diversitas temporum persuadet.

XX.
Quod ad statum rerum Orientalium anni hujus pertinet: tumultuosum illum quidem fuisse Constantinopoli, quæ habet
Marcellinus hoc anno post Consulatum
Lampadii atque Orestis significant, nimirùm conspirationem factam esse adversùs Justinianum Augustum, de qua hæc
ipse:

Conjura-
tio contra
Justinian.
Hypatius, Pompejus, & Probus genere consobrini, Anastasii Imperatoris nepotes, quòd Imperium sibi singuli indigna ambitione evoptarent, Idibus Januariis cum plerisque nobilium conjuratis,
omnique seditiosorum turba armis doni-
que ministratis illecta, dolis invadere tentaverunt; atque per quinque continuos
dies urbem regiam rapinis, ferro, igneque per sceleratos cives sine certo intercæ-
dis discurrentes hostili impietate, ipsi se
fideles Reipublicæ in Palatio dissimulan-
tes, depopulati sunt. Quinta verò hujus
nefandi sceleris die, dùm de foro Hypatius sceleratorum comitantium manibus
torque redimitus aureo, & Pompejus Comes sua sub veste loricatus ad invadendum
tenendumque ascendunt Palatium; uterq;
eorum ante fores Palatii captus est: statimque piissimi Principis nostri nutu catena-
tus, trucidatus pœnas luit, & ante Imperium perdidit quàm haberet, innumeris
passim in Circo populis trucidatis, & ty-
a Proc: de
bello. Per-
fic. lib. 1.
rannorum sociis continuò proscriptis. Hæc
Marcellinus, quæ à Procopio (a) fusiùs
enarrantur. Coactum verò fuisse Justinianum acclamanti populo satisfacere, &
Joannem atque Tribonianum magistratu deponere, idem affirmat; sed eo cessante, tumultu, restitutos tradit: verùm
Joannes posteà (ut dicetur) pœnas dedit.
Quanta autem fuerit præter incendia, &
prædam hominum cædes, idem Procopius
refert, dùm ait desiderata esse hominum
triginta millia.

XXI.
Armorum
usus quibus
interdi-
ctus.
His igitur permotus Justinianus, præ-
cavens in futurum, Novellam edidit sanctionem, qua armorum usum à privatis adimere conatus est, dùm prohibuit, ne quis

privatus esset armifactor; neque qui publico operi in armis faciendis inservirent,
venderent ea privatis. His namquè impul-
sum esse ad hæc sancienda, ipse ejusdem
constitutionis exordio declarat, ubi ait (b):
Magnum Deum & Salvatorem nostrum Jesum Christum, & ejus auxilium semper in-
vocantes, studemus omnes subditos nostros, quorum regimen credidit nobis
Deus, illæsos & sine calumnia custodire;
& inhibere bella, quæ per suam inconsi-
derationem suscipientes adversùs alte-
rutros operantur dolores: duplex ex hoc contra se supplicium inferentes, tàm quod
sibimet inferunt, quàm quod ex lege vesaniam eorum puniente patiantur.
b Novel.
85.

Promulgavit etiam idem Imperator hoc
anno post Consulatum Lampadii, & Orestis constitutionem, qua (c) vetuit hæreticos & Judæos contra Orthodoxos testimonium ferre: in contractibus dumtaxat
eorum attestationem inspici debere. Addidit postea & illam (d), ne quis hæreticus hæreditatem, legatum, vel fideicom-
missum accipere possit. Data est constitutio quinto Kalendas Augusti, anno secundo post Consulatum Lampadii & Orestis, quibus perperàm jungitur annus secundus Justin. Imperatoris. Sed opinor inde
erroris manasse occasionem, quòd notata
lege, post Consulatum Lampadii & Orestis secundo, nempè anno sequenti; putarit imperitus scriptor, eo numero apposito, secundum Justiniani Imperatoris annum conscribi, cum annus potiùs post eorum Consulatum secundus significetur.
XXII.
Quæ in
hereticos
atque Ju-
dæos.
c l. 13. Cod.
de hæret.
d l. ult. Cod.
de hæret.

Hoc item anno quinta die Decembris,
decima Indictione, ex hac vita migravit
mirificus ille Sabas, de cujus legatione ad
Justinianum Imperatorem pro Palæstinis
adversùs Samaritas egimus anno superiori:
haud enim diù post, eo perfuncto munere, ipsum superstitem fuisse, ejus à Cyrillo scripta Acta citata superiùs indicant.
Cui veritati assentiuntur quæ scripta sunt
ab eodem Cyrillo. In rebus gestis Joannis
Silentiarii, nempè eumdem Sabam vita
functum decima Indictione: quod, & in
scriptis codicibus à nobis citatis in. Notis
ad Romanum Martyrologium pariter notatum vidimus, decima mirùm Indictione defunctum esse. Ex quibus necesse est
emendes quod in Vita ejusdem Sabæ scriptum habes, ipsum pervenisse ad annum
ætatis nonagesimumquartum. Nàm cum
sub decimoseptimo Consulatu Theodosii
Junioris natum idem auctor tradat,
qui est annus Domini quadringentesimus
trigesimusnonus, & die quinta Decembris
Indictionis decimæ constet esse defunctum;
nonnisi annos nonagintaduos vixisse reperies. Quem errorem, qui non considera-
runt, eum anno Domini quingentesimo
trigesimotertio diem obiisse dixerunt, quòd
& nos professi eramus: verùm ad exactiorem rationem tempore revocato, hoc potiùs anno eum esse defunctum consenseri-
mus, pluribus id affirmare suadentibus:
nempè quod diximus testificatione ejusdem
XXIII.
De obitu
& ætate S.
Sabæ.

Cyril-

Cyrilli, qui eum, absoluta illa legatione, esse vita functum tradit : nàm ipsum ampliùs biennio oportuisset fuisse superstitem, si ad dictum annum nonagesimum quartum pervenisse dixerimus. Rursùm verò cum idem auctor in fine numeret annos vigintitres ab obitu Sabæ usque ad annum post Quintam Synodum, quæ celebrata est anno Domini quingentesimo quinquagesimotertio ; utique hoc anno eum vita functum ostendit : ita ut nullus dubitandi relictus videatur esse locus, sed tantùm emendandi sint illapsi errores de anno nonagesimoquarto, quem diximus, & de anno centesimoquinto, qui habetur de vita Sabæ in Actis Theodosii cœnobiarchæ.

XXIV. Jàm verò quæ de tanti viri obitu idem a Cyrill. in auctor enarrat, audiamus (a) : Reyer-Vita S.Sab. sus (inquit) Hierosolyma, adoratis sanapud Sur. ctis locis, & iis dictis quæ quodammodie 5. Dec. dò dici solent in exitu ; venit ad maximam suam Lauram : in qua cum parùm esset moratus, morbus quidam ingruens illum verè fortem adamantem lecto tradit. Quod quidem cum significatum fuisset Patriarchæ, repentè venit ad illum visendum. Cum verò venisset, & sic vidisset eum in cella jacentem, egenum rerum omnium necessariarum, quandò oportet etiam ea suppetere quæ redundant, & circà corpus omnem excogitare curationem, utpotè quod & morbus & senectus & longi labores possint vehementer cruciare ; supplex ab eo contendit, ut exportetur ad sibi subiectam Ecclesiam, ut possit illic frui aliquo ex iis quæ pertinet ad remissionem & recreationem. Ille autem Patriarchæ reversitus supplicationem, & illùc asportatus jacebat, cum ipso morbo luctans, & ab eo similiter confectus. Cum verò aliquantum temporis intercessisset, ad eum divina quædam advenit visio, significans illius hinc futurum excessum. Statim ergò reportatus in cellam, cùm ultima verba dixisset fratribus & postremum eis dedisset osculum, & cuidam Melitæ illorum commisisset præfecturam viro idoneo, cui id crederetur ; à terrenis migrat ad cælestia, suam animam in *secundù manu Dei disponens, jàm natus nonagesimumquartum * annum. Erat verò quintus Decembris dies, quo mortuus est vir ille inclytus, & ad vitam quæ illic est commigravit comitatus ab Angelis ac martyribus, ut paulò post ostendet oratio. Nùnc autem per seriem procedat narratio.

XXV. Cum ergò mors Sancti brevi tempore in Funus S. omnem partem pervasisset, cucurrit quidem Sabæ. ad sacrum illius corpus multitudo inumerabilis : cucurrit quoque universus ordo monachorum, & quicumque erant Episcopi : qui cum quo par erat ornatu corpus composuissent, hymnos & cantica in de more canentes, piè admodùm & sanctè inter duas ecclesias in media Laura

A deponunt, ubi cum ille esset superstes, vidit columnam lucis. Atque talis quidem fuit vita beati Sabæ, & ejus tàm admiranda & quæ naturam superant rectè facta. Nobis autem eundum est ad miracula quæ facta sunt post mortem, quæ sunt & numero multa & insignia magnitudine.] Hucusque ex Cyrillo : Quòd si tu cupis quæ ipse subiicit sanctissimi viri post obitum miracula noscere, ipsum consulas. Ita planè, quò Deus in cælo vivere justos ostendat, ex eorum reliquiis tamquàm è vivo fonte facit scaturire miracula : sicuti enim arbores ex foliis, floribus, atque fructibus virides esse certa significatione percipimus ; eodem modo apud Omnipotentem vivere certò scimus, cui omnipotentiam in ostensione signorum, post mortem ipse communicavit.

B

Ejusmodi planè esse consuevere post **XXVI.** justorum obitum divinitùs exhiberi solita S. Sabæ munera, ut loco funeris pareretur Sanctis jugis me-in cælo triumphus : qui licèt humanis moria in oculis minùs perspicuus videatur ; ex ful- Ecclesia; goris tamen radiis, qui indè miraculorum editione coruscant, satis superque possit haberi perspectus, vespertilionibus & aliis lucifugis volatilibus tantùm obscurus. Catholica igitur Ecclesia divino lumine desuper illustrata, quem ex certis signis novit receptum in cælum S. Sabam, eundem in terris colere ab ipso transitus ejus die, repetito ipsius anniversario cultu, tàm in Oriente, quàm in Occidente, numquam destitit, nec in posterùm desitura est usque ad diem novissimum celebrare ; utpotè quæ & noverit concessum à Deo tantum virum eo potissimùm tempore, quo tot tenebris offusus totus Oriens tenebatur : cum, silentibus, immò & in deteriora prolabentibus Ecclesiarum Episcopis, ipse ex adverso surrexerit, Regesque impios redarguerit, hæreticos exagitarit, fidemque Catholicam illæsam conservandam curarit. Sunt ista modò numquam interitura Sancti Sabæ præconia perpetuis notis affigenda sepulchro, quod non angusto sarcophago continetur manibus impiorum exposito, sed ipsa latitudine sui terram cælumque ambiente, manente semper. Ecclesia, in qua vivit jugi memoria, loquitur vivis exemplis, operatur editione signorum, & vigilat semper opem laturus se precibus invocantibus. Sed de magno Saba hactenùs.

C

D

E

Hoc item anno post eorumdem Lampadii & Orestis Consulatum à Mariano **XXVII.** Scoto consignatur inventio corporis S. S. Antonii Antonii magni in eremo & translatio ejus- corporis dem Alexandriam in basilicam S. Joannis inventio. Baptistæ : licèt alii in alios Christi annos hæc referant. Sed cum ea de re hujus temporis scriptorum testimonia desint ; cui magis quàm dicto auctori assentiamur, haud est liberum definire.

I.

Justinian. bellum Vvandalicum meditatur.

QVi ordine temporum sequitur quingentesimus trigesimus secundus Redemptoris nostri annus, absque Consulibus novis ex more creatis, post Consulatum Lampadii & Orestis secundò, notatus reperitur in Fastis, quo Justiniani Imperatoris sextus inchoatur annus : cùm jàm decennie ipse, quem conceperat animo apparatum ad bellum Vvandalicum, à quo quamplurima erant quæ Imperatoris animum avocarent : nempè exhaustum ærarium ob bellum Persicum in hoc usque tempus productum, difficultas ejus ob hostium longiorem terra marique distantiam ; roburque invictum eorumdem barbarorum, qui hactenùs gladiis Romanorum visi erant impenetrabiles : his accedebat præteritorum memoria tristium, quæ absterrebat ab eo auspicando bello, quod aliàs fuerat sub Leone Imperatore infelicissimè pertentatum : siquidem etiam animalia natura docet, ut ea caveant loca, in quibus aliàs fuerint periclitata . Cum, inquam, istæc, omnia à bello suscipiendo Justiniani animum dimoverent ; alia tamen complura erant, quæ ipsum ad eam belli provinciam suscipiendam incitabant : nempè quòd ipsum maximè lacessissent barbari tyranni tumor atque superbia, quibus haud pridem fuerat nonnihil offensus : pariebatq; fiduciam ejusdem impietas in Deum &. homines,utpote quòd Arianum esse sciret fidei Catholicæ perduellem, & in proximos contra omne jus fasque peccasse, cum legitimum Regem, ejusque conjunctos in vincula conjecisset ; Deumque ipsi adversaturum esse putans, qui adeò feris auspiciis sibi tyrannidem vendicasset . Impellebant verò ipsum præ cunctis ad bellum illud licet perdifficile aggrediendum, quæ de victoria adversùs hostes magnus ille Sabas prædixerat, cum apud eum ante biennium pro suis Palæstinis legatione fungeretur . His itaque dùm excitaretur, tamen ab aliis quæ sunt dicta nonnihil retinebatur .

II.

De pace firmanda cum Persis.

Cum igitur ejusmodi veluti euripo hùc illùcque agitaretur Imperatoris animus fluctuando ; numen planè divinum ad prosequendum quod mente conceperat arduum bellum impulit remorantem . Quod ut aggredi posset, primùm omnium necessarium ducit pacem cum Persis firmare atque stabilire : non enim nisi Orientalibus pacatis rebus, Occidentales tentare posse satis intelligens, in opus incumbit ; quod hoc anno aggressus, nonnisi sequenti, cum Imperator tertium iniret Consulatum, perficere potuisse, idem ipse Imperator suis sanctionibus testatum reddidit, ut suo loco patebit. Inter hæc autem ut omnes optimi Principis numeros expleret, de re tanta mole re majorum voluit consuluisse Senatum :

a *Proc. de bello Persic. l.1.*

de his omnibus locuples testis Procopius (a), qui (quod ad tempus spectat) anno

septimo ejusdem Imperatoris pacem cum Persis esse sancitam affirmat, sequenti videlicèt , cum (ut dictum est) idem Imperator tertium iniit Consulatum : atque totum hunc annum in consultatione apparatúque esse consumptum . Verùm non solùm apud Senatum invenit, qui conceptam de bello Vvandalico spem,suíque animi calorem exardescentem extinguere penitùs conarentur; sed præter adversantes Senatores , cum ista foris evulgarentur , etiam tumultuantem populum passus est .

III.

b *Procop. de bello Vvandal. lib. 1.*

c *Prædictiones de felice eventu belli.*

Cum autem ex his , & adhùc inter ambigua versaretur : ex visione quadam Imperatoris animum confirmatum esse,quem bona spe anteà erexisset sanctus Episcopus, Procopius tradit, qui post multa hæc de his habet (b) : Episcopus quidam ex Orientis partibus veniens, dixit se paucis eum colloqui velle . Facta potestate , ait , Deum ei somnium noctù misisse, Imperatori assimilatum , illumque impietatis accusasse, quòd Christianos è manibus barbarorum in Africa liberare constituens, nulla posteà de causa destitisset . Negotium aggredienti omninò præstò esse , atque Africæ dominum eum facturum,se accepisse. Hæc ubi Justinianus audivit , animo deliberato rem ultrà differre non potuit,exercitù properè coegit, naves quoque & cibaria præparavit,Belisarium verò exercitui præfecit.] Laboratumq; est tota hieme in comparandis navalibus,utensilibus,annona,& scribendis exercitibus, donec sequentis anni solvendi tépus adesset.

IV.

c *Procop. de bello Vvand. l.1.*

Ore puerorum vaticinium prænunciatum.

Præcesserant & de his alia vaticina in Africa sanctis Episcopis demonstrata : fore nimirùm , ut hoc tempore à dura Vvandalica tyrannide liberarentur omninò , usque adeò divulgata , ut puerorum ore eadem occini consueverint . Nàm audi Procopium (c) . Dicebatur (inquit) antiquum Carthagine proverbium solitum esse jactari : quòd γ , quandoque ß ; & rursùm ß , γ , persequeretur : quod enim ludentibus tunc pueris in ænigmate , nùnc omnibus manifestum esse . Primùm enim Gensericus Bonifacium expulit,nùnc verò Gilimerem Belisarius . Hoc itaque sive ex fama quadam, seu ex oraculo fuerit , sic res se habuit .

V.

Tùnc insuper insomnium quoddam priùs visum obscurum, ubi res contigit, in lucem venit . Fuit autem hujuscemodi : Cyprianum virum sanctum ex omnibus maximè Carthaginenses colunt , ipsiúsque templo pulcherrimo urbem juxta littus constituto festum quotannis celebrant , quod Cypriania vocant ; eodemque vocabulo (ut ego nuper didici) ruentem tempestatem nominare solent,quòd hæc eodem tempore , quo hoc festum Afri celebrant, oriri consuevit . Hoc itaque templum Vvandali, imperante Honorio,pulsis Christianis,ac sacerdotibus multa ignominia ejectis, tenuerunt, ipsius cura Arianis delegata. Quamobrem

S. Cypriani de liberatione Africæ prædictio.

brèm Afris maximo dolore perculsis ac animi pendentibus dicunt, Cyprianum in somnis apparuisse, ac bono esse animo Christianos hujus rei gratia jussisse, sese brevi tempore ultorem futurum pollicendo. Vbi res in vulgus prodiit, Afri omnes ultionem hanc in Vuandalos expectabant; nec proptereà undè hæc procedere posset, conjicere ullo pacto poterant.] Sed quomodò viderint impletum oraculum, sequenti anno dicetur. Ita planè plurima sunt exempla, consuevisse Dominum, cum peccanti populo infligit verbera, ne in afflictione deficiat, sed emendatus origat animum, quosdà inter densas tenebras lucis radiose longè monstrare, cùm videlicèt in ærumnis populum laborantè meliorum rerum prædictione solatur: sicuti cum Dei populus teneretur in Babylone captivus, per Prophetas suos liberationem futuram sæpè prædixit, id implorantibus suis precibus Sanctis.

VI.

Quis, rogo, satìs exprimere valeat, quot quantisque hæc fuerint expetita jejuniis atque vigiliis, implorataque lacrymis & precibus confessorum, atque etiam promerita sanguine martyrum, quorum ingens numerus sub Genserico præcucurrit, & major exercitus sub ejus filio Hunerico est subsecutus? Horum prima fuit militum ad invadendos hostes in fronte bene disposita acies, cujus robore infirmi quique vinci soliti facti sunt fortes, & qui hactenùs adversarii persitissent invicti, sunt debellati. Sancti namquè *per fidem* *a Hebr. 11.* (clamat Apostolus (*a*)) *vicerunt regna, fortes facti sunt in bello, castra verterunt exterorum.*

VII. Sanctorum ope nititur Justinianus.

Horum haud ignarus Justinianus, hujusmodi militibus majora stipendia contulit, cum (teste Procopio) sanctis martyribus diversis in locis templa construxit, aliaque erigenda proposuit, itemque reditibus annuis locupletavit, nec non militiæ cælestis summo Principi Michaeli pluribus in locis erexit ecclesias: probè sciens, si talem, tantumque Ducem sibi conciliaret, quin rebelles Angelos cientes in cælo prælium, superasset, certam securamque posse de vincendis Vuandalis habere fiduciam. Sed & præter omnia maximam omnium ex eo spem concepit & aluit, quòd sanctissimæ Dei genitricis Mariæ studiosissimus cultor, eamdem summis frequentavit honoribus, obsequiisque demeruit, cum ubique locorum apud barbaras etiam nationes in ejus memoriam basilicas summa impensa construxit. Est de his omnibus locuples testis citatus sæpè Procopius. Prægrandi igitur ex his sibi parta fiducia, idem Justinianus Imperator perdifficilem arduamque non veretur subire provinciam, durumque opus paventium cunctis assumere, Davidicum illud animo volvens & ore concinens: *In Deo faciemus virtutem, & ipse ad nihilum deducet inimicos nostros.* Et quidem quomodò Deo auspice omnia dexterè contigere, dicemus suo sequenti loco.

b Ps. 107. (b)

VIII. Rursùm insurgunt hæretici.

Hoc eodem anno, qui sequitur post obitum magni Sabæ, invalescentibus Origeni-

Annal. Eccl. Tom. VII.

stis in Palæstina, magna facta est perturbatio Orthodoxis. Incipiens à monachis ejusmodi conflagratio, indè longè latèque serpente incendio, magnam universæ Catholicæ Ecclesiæ intulit cladem, ut quæ singulis annis inferiùs dicentur, ostendent. Quod verò ad anni hujus res gestas pertinet, planè contigit secundùm vaticinium illud Joannis miræ sanctitatis viri novæ Lauræ Archimandritæ, quod recitat Cyrillus in ejusdem sancti Sabæ Actis: fore nimirùm, ut hæretici magnas essent in monachos excitaturi turbas. Id quidem etsi sæpè, vivente Saba, impii tentarint; continuò tamen eximia tanti Patris virtute repressi, fugatique sunt. Instar enim vespertilionum Solis radios declinantium, & ubi sunt tenebræ cavernas cæteraque tetra loca captantium; ubi verò Sol occumbit, rursùm emergentium: hi silverunt quidem & latuerunt, nec è latebris egressi sunt, dùm S. Sabas fulgentibus vitæ radiis eam vivens provinciam illustraret: ubi verò contigit eum ex hac vita migrasse, iidem veluti è portis inferi erumpentes, dæmonum stipati cohortibus in ejusdem S. Sabæ filios debacchari cœperunt, & insanire. At non fuit hoc malum monachis tantùm illatum, aut in Palæstina dumtaxat cognitum & propagatum, sed & regiam civitatem Constantinopolim pervasit, totumque fermè Orientem depastum est; atque adeò, ut nec valuerit Justiniani Imperatoris edictis extingui; sed infelici germine magis magisque diffusum, opus fuerit illud œcumenici Concilii auctoritate convelli, ut inferiùs suo loco patebit.

IX. Origenistæ iterum hæretici emergunt.

Fuerunt hi (quod mirari possis) Origenis errores sæpè damnati, sed iterum revocati, præcisi, frequenter, germinantes rursùs & latiùs palmites extendentes. Haud rursùm enim profuit labor impensus; nec satis fuit sudor effusus tot tantorumque Patrum, qui adversùs ejusmodi monstruosam bestiam studio indefesso certarunt, Dionysii Episcopi Alexandrini, Epiphanii, Hieronymi, Theophili in Oriente, in Occidente verò Anastasii Romani Pontificis & aliorum, qui ad conficiendum monstrum hoc unà simul in sacris Conciliis convenere, & anathemate Origenis unà errores cum eorum sectatoribus damnavere. Verùm in Palæstina, ubi altas olim (ut vidimus) ejusmodi impietas radices fixerat, post centum annorum curricula, iterùm sursùm prodire visa est tamquàm ostentum, coopertum tamen pallio sanctitatis, cum inter alumnos sanctissimi Sabæ se occuluissent qui essent ejusmodi præcones erroris. At quid de his sanctissimi Archimandritæ Joanni divinitùs fuerit obitus tempore revelatum (ut rem ipsam ab ipso exordio repetentes, testatam posteris relinquamus), hic in primis ex Cyrillo in rebus gestis S. Sabæ in medium est adducendum: at enim (*c*) :

c Cyril. in Saba c. 49.

Cum è præsenti vita Joannes jàm esset migraturus, & extremum jàm traheret spiritum, & extrema verba emitteret: quoniam multi eum circumsistebant ex iis

X. Joannis de origenistis prædictio.

O 2 qui

-qui erantè Laura, cum profundis suspiriis,
lacrymisque & animi turbatione : Ecce,
inquit, veniunt dies, in quibus qui praesen-
tem locum habitant discedent à recta fide,
& extollentur quidem in se ipsis (ut cum di-
a Ps. 65. vino Davide (*a*) dicam) qui exacerbant,
in audacia verò sua destruuntur, & altitudo
eorum repentè concidet. Haec cum dixisset,
migravit, cum septem annos implesset in
praefectura Laurae.] Haec de Joannis prae-
dictione Cyrillus, qui subjicit de ejus successore Paulo mirae simplicitatis viro, Romano genere, sed qui sibi vacans à regimine
penitus abhorreret: etenim quietis amore,
praefecturae oneris & honoris impatiens fuga sibi consuluit, ubi tantùm sex menses Laurae monachis praefuisset, in Arabiam se conferens, ubi & ex hac vita decessit.

XI.
Pauli sim- At quid tùnc accidit? Aucupati simplici-
plicitate tatem Pauli quatuor sceleftissimi nebulo-
abusi hae- nes Origenis haeresum defensores, oportu-
retici. namque nacti occasionem viri ad cavendos
dolos minimè prudentis uti serpentis, ad
ipsum in Lauram pergunt, seque inter
monachos allegi, summam vultu prae-
ferentes animi demissionem exorant.
Assensus est ille, putans se magnum obsequium praestare Deo, si è mundo pro-
fugos omnes in solitariae vitae portum exciperet; quibus & occurrendum esse putaret, nedùm pulsantibus aperiendum, se-
b Isai. 21. cundùm illud Isaiae (*b*). *Fugienti occur-*
rite cum panibus. Cum verò Paulo (ut
dictum est) fuga lapso, pastore grex destitutus esset; Sabas, cui praecipua monachorum incumbebat cura; loco ejus alium
dedit monachis praefectum, qui fuerat ejus-
c Cyril. in dem Pauli discipulus, nomine Agapetum,
Saba c. 50. de quo ista Cyrillus in Saba (*c*): Cùm
Agapeto Laurae commissa esset praefectura,
invenit quosdam ex fratribus (erant autem
hi quatuor à Paulo Abbate admissi, qui
fuit simplicissimus, neque accuratè exami-
nati) tamquam virus sub labris quaedam
De Nonno Origenis occultantes. Inter quos primas
signifero partes obtinebat quidam Nonnus Palae-
Origeni- stinus, qui videbatur quidem esse Christia-
starum. nus, & pietatis praeferebat speciem, laborabat autem morbo Gentilium, & Mani-
chaeorum, Didymique, Evagrii & Origenis,
qui nugati sunt de praexistentia. Cum ergò
eos ita se habere deprehendisset Agapetus,
timens ne malum manaret ad alios, & omnes communiter inficerentur, eam rem communicat Patriarchae : eoque in ejus quod
statuerat, adhibito societatem, illos è Laura expellit.

XII. Non multum temporis intercessit, & cum
Rejecti ab vita excessit Elias Episcopus Hierosoly-
Agapeto miranus (ut deinceps apertiùs ostendet ora-
Origeniftae tio) accedens Nonnus cum suis ad eum, qui
succefsit, Patriarcham (erat is Joannes) rogabat ut rursùm restituerentur Laurae, à
qua dicebant se non justè nec rectè fuisse expulsos. Ille verò cum alia quidem
nondùm sciret, sed solùm eos fuisse expulsos à Deo dilecto Agapeto, & existimas-
set illum virum nihil fecisse vel dixisse aut
gratia aut odio ; eum statim accersit, ro-

gatque nùm fieri posset, ut illi rursùs admit-
terentur. Cum autem is dixisset, non licere, & se malle illinc recedere, quàm videre illos in gregem relatos, qui sunt pleni
tali contagione ; ipse quoque eos abomi-
nandos amandat Patriarcha. Sed cum Agapetus quoque post haec quinto anno suscep-
tae administrationis migrasset ad Dominum, & cuidam Mamanti commissa esset
fratrum praefectura; Nonnus cum suis, tamquàm morte Agapeti ansam accepissent li-
bertatis, revertuntur ad Lauram, & in ea
clanculùm subjiciuntur Mamantis adminis-
trationi, malignam quidem morbum adhùc
in animis inhabitantem circumferentes ;
sed quem metu Sabae non proferebant, nec
ad aliorum aures audebant transmittere.]
Haec eorum primordiis Cyrillus: qui &
d Cyril. post multa ait : (*d*) Hos ipsos, cum S. Sa-
ibid. c.95. bas ejus monasterii praefecturam accepisset,
eosdemque esse Origenistas intellexisset,
protinus expulit monasterio : qui Constantinopolim accedentes, non tantùm Origenis,
sed & Theodori Mopsvestreni dogmata
tuebantur. Erat unus ex iis Leontius monachus patria Bizancenus.

Quaenam autem essent execranda horum
dogmata ex Origene iterùm restituta; ex re-
XIII. bus gestis S. Quiriaci anachoretae, qui eo-
S. Quiria- rumdem fuit aetate aequalis, quique adver-
ci labores sùs eos multos labores exantlavit, referimus:
adversùs quae sic se habent (*e* . Mota itaque mise-
Origeni- ricordia bona illa & clemens anima, *Qui-*
stas. *riacus videlicet,* rursùs descendit ad Liu-
e Cyril in ram : & cum ad beati Charitonis cellam
Vita Qui- quinque vixisset annis, vehementissimè de-
riac. c.10. certavit adversùs eos qui eadem sentiebant
apud Sur. quae Origenes. Atque tùnc quidem ad-
die 29. Sep. mirabilis quoque Cyrillus, qui à magni
Euthymii Laura ad beati Sabae Lauram accesserat, ut videret Silentiarium Joannem Episcopum, fit ei minister litterarum
Cyriacum ad hunc beatum Quiriacum *.* Literae autem significabant bellum tùnc fuisse susci-
tatum adversùs sanctam civitatem : & cum
obsecrasset, ut Deum oraret intentius,
ut quierant in nova Laura cum Nonno &
Leontio, qui Origenis dogmata defendebant, & adversùs rectam fidem militave-
rant, vincerentur, & summam illam amit-
terent arrogantiam . Cyrillus itaque cum
venisset in Sucaeam : & incidisset in Zosi-
mum & Joannem primos illius discipulos,
cum eis venit ad magnum Quiriacum, &
ei tradit epistolam, & narrat omnia quae-
cumque illi coràm dicta fuerant. Ille autem cum ardenter & corde ingemuisset &
lacrymasset: Dic, inquit, ei qui te misit : Ne animo angamur, ô Pater ; citò
enim videbimus Nonnum quidem & Leontium à vita excessisse miserrimè : lupos
autem qui versati sunt in Laura, turpissi-
mè illinc expelli, & oves ratione praeditas
sine molestia eam rursùs habere, & sine metu in ea ali & pasci.

Ad haec idem Quiriacus: Quaenam sunt
XIV. ea, ô Pater, inquit, quae illi sua tuentur sen-
Origenis tentia ? Affirmant, respondit Cyrillus,
error malè dogmata de praexistentia & restitutione
defensius Gregorii.
auctoritate
Gregorii.

in

in eumdem statum esse media & ab omni periculo aliena : dicentes illa eis ad hoc ferre testimonium, quæ alicubi in suis Apologeticis magnus Gregorius ita scripta reliquit: Mihi videtur res non vilis & non contemnenda, dare in. tempore unicuique dimensum rationis , & dispensare in judicio veritatem nostrorum dogmatum , quæ de mundo , aut de mundis philosophamur , de materia , de anima , de intelligentia , & naturis intelligentibus tàm præstantioribus, quàm deterioribus , de providentia quæ omnia colligat quæ videtur evenire ratione, & quæcumque præter rationem inferiorem & humanam : & quæ præterea de prima nostra constitutione, figurisque , veritate, & testamentis, & Christi, primo adventu & secundo . In his enim & assequi est non inutile, & non assequi vacat periculo .] Hæc Cyrillus . Porrò quàm perperàm hic locus Gregorii consarcinatus ex Apologetico & ex libro contra Eunomianos ab Origenistis in comprobationem suorum dogmatum adducatur, liquidò monstrat Aloysius Lippomanus Episcopus Veronensis, vir cum primis doctus ac pius in nota sua ad eadem Acta Quiriaci . Sed pergit auctor .

Cum admirabilis hæc dixisset Cyrillus , Beatus Quiriacus : Nequaquam , inquit , sunt media & vacant periculo dogmata, de præexistentia ; immò sunt lubrica potius & periculosa : Quomodò autem multiplicem eorum impietatem aperiendo , tibi paucis exponam: Dicunt Christum non esse unum ex Trinitate : Dicunt corpora nostra, quæ habuerimus ex resurrectione, esse penitùs ventura ad interitum, & Christi primùm. Dicunt Trinitatem non fuisse mundi opificem ; & quòd in pristinum statum restitutione poterunt quæcumque sunt ratione prædita, ac dæmones usque fabricari mones, id est sæcula ; & quòd ætherea & sphærica excitantur nostra corpora in resurrectione, Sic quoque dicunt Domini quoque corpus fuisse excitatum , & nos futuros ei pares in restitutione.

Cum autem rogasset Cyrillus : Cur non sustinuerunt tot labores pro virtute, sed eos consumpserunt in hac quæ evacuatur & aboletur sapientia ? Respondens beatus Quiriacus: Evanuerunt (a) , inquit , in suis cogitationibus , & obscuratum est insipiens cor eorum; & dicentes se esse sapientes, stulti facti sunt . Nonnus autem fuit horum malorum primitiæ: qui cum non ignavum ad hæc ministrum invenisset Leontium Byzantinum post decessum beati Patris nostri Sabæ ; continuò hunc malum morbum seminavit ubique in Ecclesia . Et primùm quidem eos qui in nova Laura erant doctores, vel (ut ita dicam) indoctiores, in suam induxit hæresim. Deinde non hactenùs constitit: sed ut alia quoque monasteria solitudinis hac impartiret peste , magnum sibi censebat studium adhibendum. Demùm ut me quoque humilem & abiectum suis comprehenderet laqueis, qua non usus est contentione ? Sed se ipsam fefellit

Annal. Eccl. Tom. VII.

A iniquitas (ut dicam sicut divinus David (b)) & mihi divina visio apparuit , illius hæresis eorum accuratè ostendens : Neque ego solus vici ejus improbitatem; sed hi etiam, qui erat conventus Suezæ , per nostrum consilium illius malitiæ fortiter restiterunt , & fraudulentos illos mores & artificium ad malum superarunt.

Quoniam autem tàm apertè congressus fuit superatus, alia ratione conventum suum potestati subiicere est machinatus, & quemdam Petrum Alexandrinum, qui in eum & hanc improbam hæresim erat jam olim propensus , præficit conventui si quomodo hac quidem certè ratione eos paulatim attraheret ad communionem . Solent enim principi magna ex parte esse conformes ii qui sunt in ejus potestate. Sed nesciebat stultus se deprehensu facilem, & apertam escam proponere : nàm cum consuetum illius vitium conventui paululùm se ostendisset, protinùs ille totus commotus , Petrum pellit præfectura . Deinde rursùs Nonni cœtus alium Petrum è Græcia ortum , qui à priore malitia non differebat , præfecit. Conventus autem videns expressos ejus , qui præcesserat , molitiæ in eo characteres , protinùs eum quoque expellit ; & veniens in beati Sabæ Lauram , præfectum accipit Cassianum genere Scythopolitanum , religione fidelissimum , & in virtute & doctrina educatum . Et sic vix tandem potuimus eorum , qui morbo laborant Origenis , ardentem reprimere & arcere impetum , &c.] Hæc in Actis Quiriaci fidelissimè scripta habentur ; quæ & scripsit Cyrillus in libris , quos edidit : quem scias hunc ipsum esse Cyrillum discipulum Euthymii & Sabæ, qui eorum res gestas conscripsit.

At jam quo idem Cyrillus de his ipsis , Origenistis sit profecutus in Vita sancti Sabæ post obitum ejus usque ad Quintam Synodum, in qua iidem cum auctore damnati sunt, Origene; hic (ut summs polliciti) describamus. Sed priùs quid, divinitùs posteà ostensum sit aliquando de Origine & aliis hæresiarchis , cum idem Quiriacus liberavit Nestorianum hæreticum, in medium adducamus : in Prato enim Sophronii id his antiquis monumentis testatum habetur (c):

Senex quidam sedebat in Laura Calamonis juxtà Jordanem fluvium , Cyriacus nomine , magni apud Deum meriti . Ad hunc profectus est frater peregrinus ex regione Dora , Theophanes nomine , ut interrogaret senem de cogitatione fornicationis : quem senior hortari cœpit atque urgere verbis de pudicitia atque castitate. Frater itaque magnificè ædificatus , ait seni : Verè, Pater mi, ego nisi in regione mea Nestorianis communicarem, tecum permansissem. Cum verò audisset senex Nestorii nomen , afflictus de perditione fratris, corripiebat eu, & probat ut recederet ab hac pessima & perniciosa hæreti, accederetque ad S. Catholicam & Apostolicam Ecclesiam : dicens non esse aliam salutis spem , nisi rectè

O 3   ctè

& ſentiamus & credamus (ut re vera eſt) ſanctam Mariam Dei genetricem eſſe. Dixit autem frater iſte ſeni: Profectò, domine Pater, omnes hæreſes ſic dicunt: Niſi nobiſcum communices, ſalvus eſſe non poteris. Quid ergò faciam inſcius neſcio. Deprecare igitur Dominum, ut re ipſa me certum faciat, quænam ſit vera fides. Senex autem cum gaudio verba fratris ſuſcepit, dixitque illi Sede in ſpelunca mecum, & omninò ipſam in Deo habeto; quia revelabit tibi ipſius benignitas, quæ ſit vera fides. Dimiſſo fratre in ſpeluncam ſua, egreſſus eſt ſenior propè mare mortuum, orans Deum pro fratre.

XX.
Origenes cum aliis hæreſiarchis damnatus.

Circà autem horam nonam diei ſequentis, aſpexit frater, qui erat in ſpelunca, quemdam aſtantem ſibi aſpectu terribilem, ac dicentem: Veni, & vide veritatem. Aſſumenſque eum, duxit in locum tenebroſum, ac fœtidum ignem evaporantem; atque in ipſis ignibus videt Neſtorium, Eutychetem, Apollinarem, Dioſcorum, Severum, & Origenem, & alios quoſdam. Dixitque illi ſic apparverat: Locus iſte præparatus eſt hæreticis, & blaſphemantibus, & iis qui illorum dogmata ſequuntur. Si ergò placet tibi locus, perſiſte in tuo dogmate. Si autem ſupplicium iſtud experiri non vis, accede ad ſanctam Catholicam & Apoſtolicam Eccleſiam, quam te ſenex docet. Dico enim tibi, quia ſi omnes virtutes homo operetur, & non rectè credat, in hoc loco cruciabitur. Atque in hoc verbo venit frater in ſemetipſum, & redeunti ſeni narravit omnia quæ viderat: acceſſitque ad communionem ſanctæ Catholicæ Eccleſiæ. Remanſit autem cum ſene, impletiſque quatuor cum illo annis, quievit in pace.] Hæc ibi. Porrò iſta oſtenſa Theophani videntur poſt obitum Severi, de quo ſuo loco dicemus inferiùs. Quiriacus autem, de quo agimus, cum vixiſſet centum & ſeptem annos (ut ejus Acta teſtantur (a) quievit in Domino, de quo in eodem Prato (b) Sophronii iterùm mentio habetur.

a *Apud Sur. die 29 Septembr.*
b *Prat. Spir. c 46.*

XXI.
S. Theodoſius deteſtatus Origenem.

Hæc Deus de damnato cum aliis hæreſiarchis Origene opportunè oſtendi voluit tempore, quo plurimùm Origeniſtæ invaleſcebant: adverſus quos etiam certaſſe conſtat magnum illum Theodoſium cœnobiarcham, de cujus in Origenem odio habet iſta idem Cyrillus: Quoniam autem (inquit) difficile eſt recenſere omnia ejus certamina pro fide Orthodoxa: oportet illud in ſumma dicere, quòd ipſi quoque cum Propheta (c) inimicos Chriſti odiſſe mirabiliter inerat. Maximè autem oſtendebat averſari Origenem, qui exiſtimavit ſatan in hoc ponendum ſtudium, ut divinæ Apoſtolorum prædicationi nugas contexeret Gentilium, & luderet in rebus minimè ludicris.] Hæc de Theodoſio Cyrillus, qui eum longè poſt ſanctum Sabam diem extremum clauſiſſe docet, dùm ait vixiſſe adhùc temporibus Agapeti Romani Pontificis: ut planè corrigendum ſit, quod additum eſt in Actis Sabæ. Theodoſium an-

c *Pſ. 138.*

te eum diem obiiſſe.

Sed jàm unde digreſſi ſumus, revertamur ad Origeniſtarum execranda facinora, quæ poſt obitum ſancti Sabæ in Palæſtina adverſùs Orthodoxos monachos perpetrarunt: quæ idem qui ſuprà Cyrillus ſcribit his verbis (d) Convertì (inquit) oportet ad ea quæ deinceps ſequuntur; & narrandur Saba e.105 aſt bellum, quod deinceps exortum eſt in apud Sur. Eccleſiis. Poſtquàm enim fuit Eccleſia re die 5. Dec. cens liberata ab hæreſibus, & reſpiravit à Turbæ Olongis illis tumultibus & perturbationibus, rigeniſtarù & fuit in ea quies & tranquilitas; mali in monaſtriis rurſùs in eam invidiam injiciens ucu-chos S.Sabæ. Sium, movit adverſus eam quoſdam Nonni bæ aſſeclas, Domitianum (inquam) & Theodorum, qui cum jàm olim ſentirent quæ Origenes; ubi etiam aſſumpſerunt auxilium temporis, & eorum alter quidem Galatæus, Theodorus autem Cæſareæ Cappadociæ creati ſunt Antiſtites, magnam ſuam oſtentarunt poteſtatem. Hinc Nonni quoque aſſeclæ per claſſes in omnem partem proficiſcentes, & in omnia Orthodoxorum monaſteria & eccleſias ſecurò facientes incurſiones: adverſùs ipſam quoque maximam Sabæ Lauram militant cum ſecuribus & dolabris & quibuſdam aliis inſtrumentis aptis ad oſtendum & evertendum; ut vel eam ſanditùs everterent, vel etiam ſua peſte implerent.

XXII.

d Cyril. in

XXIII.

e *Exod.10*

f *Iſa. 59.*

Sed magni Sabæ Deus nùnc quoque magnum operatur miraculum: & eos, ſicut olim Ægyptum (e) denſis tegit tenebris & profunda caligine. Et cum eſſet hora diei ſecunda, iſti cum perindè ac noctu per totam diem ambulaſſent, nec ubi quidem eſſent ſcirent, ut illud Iſaiæ in eis compleretur, qui dicit (f): Contritio & infelicitas in viis eorum, & viam pacis neſcierunt: palpabunt, ut cæcus, murum; & tamquàm non ſint oculi, palpabunt. Cum ſic ergò nihil ſcirent, ſed in viam aſperam & acclivem & omninò minimè tritam incidiſſent, vix tandè die ſequenti inventi ſunt circà monaſterium beati Marciani: & ſic cum lucem aſpexiſſent communem, pudore ſunt repleti, & re infecta rediderunt. Hoc ſapientibus & non mente captis ſuffeciſſet, ſi vel parvam honeſti curam geſſiſſent, ut ſcirent ſe ſe aggredi, quæ non eſſent Deo grata; ſed non illis: verùm eis magis creſcebat vitium, & bellum excitabatur vehementius & tetrius.

XXIV.

Dolis enim quibuſdam compoſitis, & ſceleratis inſtructis inſidiis, mittunt quemdam Petrus E- paulò poſt nomine Theodorum, ad Pe- piſc. Hier. trum Epiſcopum Hieroſolymitanum, & deciprtur egregio illi viro (hei mihi!) perſuadent iis ab Origeniſtis. quæ improbè confinxerunt, ut Petri Alexandrini, & Joannis, cui erat cognomen Stoigylus, id eſt, Rotundus, ſuſciperet communionem. Quod quidem Nonni aſſeclis majorem addidit animum, & plus dedit fiduciæ: & ſuam hæreſim non latenter, ſed apertè circumcircà ebuntes, tamquàm legem ferentes, promulgabant. Quin etiam ſi aliquem ex Orthodoxis monachis deprehendiſſent in ſancta civitate, impia manu ſerientes.

virtutis, & Sabaitem vocantes, illinc eum
turpiter expellebant. Multos quoque cum
gravissimis tradidissent suppliciis : quoniam non potuerunt latere, apertè eis bellum indicunt.

XXV.
Furor O-
rigenista-
rum.

  Cum autem rem sensissent viri qui circà
Jordanem habitabant, Ædia solum (ut par
erat) spirantes, veniunt eis opem feren-
dam ; & communiter cum eis tamquàm ad
aliquod præsidium confugiunt ad Lauram
divini Sabæ. Postquàm verò hæc renunciata fuerunt Origenistis, in eos maximo impetu, irruunt, & cum præfatam confregis-
sent cataractas ; Lauram ingressi sunt : &
vulnerantur multi ex Orthodoxis, & ex sociis, Deo quoque hoc permittente argui-
rationibus, & minimè prohibente, ut fieret
manifestior furor hæreticorum, & suis athle-
tis splendidior consereretur corona. Cum
autem hæc sic processissent, mittitur Patrum
communi suffragio Gelasius, cujus fidei
commissa fuerat Lauræ præfectura, Byzantium, ut significaret Imperatori ea quæ facta fuerant. Qui cum interim tantum terræ
& maris obiisset, ei cum excluso omni
aditu ad Imperatorem & Patriarcham : omnes enim aditus præoccupaverat vitii colo-
phon, qui Nonni sectatorum erat præcipuus
Theodorus, eis diligentibus impositis custodibus & speculatoribus, ne per aliquem
eorum, eis inscientibus, ingrederetur monachus ex Hierosolymis, & Patriarchæ &
Imperatoris aureas ad se attraheret.

XXVI.
Gelasii
obitus.

  Cum ergò sic omni aditu exclusus fuisset
Gelasius, post tantæ viæ longitudinem,
quam propter Christum pro fide Catholica
sustinuit, post tantam afflictionem vacuis
manibus revertitur : & cum fuisset Amorii,
quæ est civitas clara & illustris, propria
morte è vita excedit. Cum hoc resciuissent
Nonnus, Theodorus, & Domitianus, &
quicumque erant ejusdem vitii æmulatores ; Georgium, qui ipse quoque sequebatur sectam Origenis, ejus loco præfectum
& ducem constituunt, & in divinissimi Sabæ throno improbè (ô justitia & tolerantia
Dei) collocant. Rei acerbitate meus intu-
mescit animus, iraque disrumpor & suffocor. Hinc enim miserabiliter accidit, ut
Patres, qui erant in Laura, alius aliò disper-
gerentur, non secus atque agni quidam,
lupo adveniente.

XXVII.

  Sed non diù admodùm permisit Deus
hanc superare tempestatem : neque divinæ
Sabæ preces passæ sunt eum amplius tacere,
& uti lenitate ; sed mox divinam justitiam
excitant ad vindictam. Et ideò Nonnus
quidem malorum illorum studiorum opifex
vitam evertit miserrimè. E vestigio quoque
Georgius accusatus cujusdam libidinis, cujus vel meminisse solùm linguam polluit, ab
illa Laura turpiter expellitur, cum septem
solùm menses illi præfuisset. Deinde autem regionem suscipit Cassianus, vir qui ab
infantia fuerat educatus apud divinum Sabam, & in pulchra illius disciplina pulcher-
rimè institutus, & factus sacerdos maximæ
Lauræ : qui cum decimum mensem implesset in administratione, & deinde ex hac vi-

ta excessisset ; Cononi post mandatum monachi præfecturam : mandant verò, Deo
(ut arbitror) monachorum animos ad hoc
movente. Fuit autem vir ille summè resplendens & rectis dogmatibus, & omni
virtute & rectè factis : qui etiam in præfectura usus est magna cura, & diligentia.
Nàm eos qui illinc recesserant, ejecti ab O-
rigenistis, Patres rursùs collegit ; & Lauram, quæ à frequentibus illis tumultibus, & bellis hæreticorum, jam inclinata
fuerant in genua, mox erexit, & veluti renovavit.

  Post hæc cum sancta & œcumenica Synodus Quinta congregata fuisset Byzantii,
Theodorus Mopsvestiæ & Origenes, & unà
cum his impia de præexistentia, & rectitudine dogmata generali subjecta fuerunt a-
nathemati : & sic hæreticis deinceps omni
ablata libertate loquendi, divini Sabæ Laura, & universa ferè cum eis Palæstina vigesimotertio anno post illius mortem à gravioribus hæresibus, & temporum acerbitate & iniquitate respiravit, gratia & benignitate Domini nostri Jesu Christi ; cum
quo Patri simul cum sancto Spiritu sit gloria & potentia nunc & semper, & in sæcula
sæculorum. Amen.] Hactenùs Cyrillus
de Origenistis, adversùs quos etiam magnos labores exantlavit magnus ille Joannes Silentiarius, prout discipulus ejus,
qui Vitam illius scripsit, idem Cyrillus,
profitetur : quos idcircò ipse non refert,
eò quòd scriberentur ab aliis, ut ipse testatur in fine Vitæ ipsius.

XXVIII.

  Habes, lector, Origenistarum conatus,
quibus usque ad œcumenicam Synodum
Quintam fatigaverunt Palæstinos. Quòd
enim hæc ipsa annis singulis haud facilè
distingui possint, placuit una, simul, narratione relata prosequi. Quæ autem in
aliis Orientis regionibus adversùs Orthodoxos moliti sint, nos latent : sed ex his
disce reliqua. Quæ verò adversùs eos in-
primis Justinianus Imperator suis. edictis
statuerit, suis locis dicturi sumus, iisdem
ipsis annis quibus eædem ab ipso promulgatæ sunt sanctiones ; quarum intelligentiam faciliorem tibi reddent quæ de Origenistis iterùm emergentibus hic enarrata
legisti. Porrò id isti profecerunt Origenistæ, ut qui hactenùs in Ecclesia tole-
ratus fuerat Origenes, cum errores in ipsius scriptis reperti tantummodò à majoribus damnati fuerint ; post hæc nomen ipsum Origenis sit execrabile redditum, da-
mnatusque ipse à Patribus in Concilio post
annos ab ejus obitu ferme trecentos. Sed
de his inferiùs suis locis agendum.

XXIX.

XXX.

  Idem Justinianus Imperator solicitus,
omnes hæreticos ad Catholicam Ecclesiam
revocare, sciens Severi sectatores Episcopos, & monachos adhuc in Oriente, ejus
hæresis esse pertinaces defensores, atque
propagatores : ad errorem extirpandum, &
errantes corrigendos, collationem inter
ipsos atque Catholicos habendam censuit
Constantinopoli, sex ex Severianis vocatis
Episcopis, Catholicis verò quinque pro
Catho-

Catholicæ Fidei defenſione ex adverſo ſtantibus . Quod autem ad tempus ſpectat , licèt Acta non prodant : tamen quòd idem Imperator' Juſtinianus in ſanctione , ſive epiſtola ad Joannem Pontificem data anno ſequenti , tradat ſe laboraſſe , ut ſacerdotes Orientales ad communionem Eccleſiæ Catholicæ revocaret ; planè intelligere poſſumus , ante ſequentem annum ea fieri contigiſſe , & hoc puto anno . Qui enim in hac collatione ex parte Catholicorum primum obtinuere locum Hypatius Epiſcopus Epheſi, & Demetrius Philippenſis Epiſcopus inventi Conſtantinopoli , ſequenti anno ab eodem Imper. miſſi ſunt Legati ad Joannem Romanum Pontificem , ut ſuo loco dicetur . Porrò Acta hujus collationis ab Innocentio uno ex Catholicæ partis collegis Epiſcopo ſcriptis mandata , jàm alta oblivione ſepulta , his diebus à Deo datum eſt , in lucem prodere : miſſis iis ad nos Pariſiis unà cum aliis Eccleſiaſticæ antiquitatis monumentis à noſtro Nicolao Fabro , cui plurimùm hoc nomine nos dobere fatemur . Sic enim ſe habent .

De Collatione quæ ſub Juſtiniano Imperat. facta eſt Conſtantinopoli .

Domino amabili Thomati presbytero Innocentius Epiſcopus Maroniæ civitatis in Domino ſalutem .

XXXI. Scripſit mihi tua Deo amabilis caritas , eò quòd ſuſceptis humilitatis noſtræ litteris unà cum exemplaribus piiſſimi atque amatoris Dei Principis noſtri , & ſanctiſſimi Archiepiſcopi litterarum præcipientium me ad regiam pergere civitatem , in grandi ſolicitudine devenerit , neſciens occaſionem evocationis noſtræ . Proptereà ſignifico , venerande frater , eò quòd propter Orientales Epiſcopos qui cum Severo à ſancta Catholica , & Apoſtolica Eccleſia ſeparati ſunt , Scriptum eſt autem de hac eadem re , primori quidem loco domino meo reverendiſſimo ac Domino amabili Hypatio Epheſinæ civitatis Archiepiſcopo , atque idem domino meo Joanni * Veſinæ civitatis Epiſcopo , & meæ, ſicut dictum eſt, humilitati . Dominus enim meus vir venerabilis Epiſcopus Stephanus Seleucienſium civitatis , & idem dominus meus Anthimus Trapezuntinæ civitatis Epiſcopus , qui nobiſcum unà in Collatione fuerunt jàm præceſſiſſent in regiam civitatem cum domino meo Demetrio Philippinæ civitatis Epiſcopo , etſi ipſe propter corporalem ægritudinem præſens eſſe non potuit .

XXXII. Ante Collationem igitur evocavit ſanctiſſimum Archiepiſcopum tranquilliſſimus Imperator in venerabili palatio ſuo , quod cognominatur Hormiſdæ : relictoque ſacratiſſimo Senatu , cum eo parumper ſecedens , convocavit & nos , & cœpit nobis dicere : Eò quòd pro his qui cum Severo Epiſcopo ab Eccleſia deſciverunt , convocavi vos , ut de his quibus ambigunt conferatis cum eis cum omni manſuetudine &

patientia ; ſicut decet Orthodoxos & ſanctos viros . Etſi enim illi exaſperati fuerint , vos tamquàm Dei amatores cum omni manſuetudine & tranquillitate eis ſatisfacite . Nolo autem ſub mei præſentia fieri Collationem , ne in contemptum veniant ; ſed præcipio glorioſiſſimo Patricio Strategio (ille enim eo tempore locum tuebatur glorioſi Magiſtri Officii) ut vobiſcum unà reſideat .

XXXIII. Prima itaque die convenimus in eodem Heptaconco triclinio , in quo & tunc pietas ejus nos ſuſceperat , & nos quidem eramus quinque ; illi vero ſex : Sergius civitatis Cyri , Thomas civitatis Germaniciæ , Philoxenus Dulichii , & Petrus de Theodoſiopoli . Joannes Conſtantinæ , Nonnus * Cereſinæ , & reliqui tàm clerici quàm monachi . Nobiſcum verò dominus vir venerabilis Euſebius presbyter & Cimiliarcha ſanctiſſimæ majoris Eccleſiæ , & viri reverendiſſimi presbyteri , & Syncelli beati Archiepiſcopi Epiphani , Heraclianus atque Laurentius , ſed , & Antiochenæ ſive Theopoleos civitatis venerabiles presbyteri & œconomi atque Apocryſarii Hermiſigenes , Magnus , & Amquilinus unà cum Leontio viro venerabili , monacho & Apocryſario Patrum in ſancta civitate conſtitutorum . Et ut ex pluribus , quæ illic dicta ſunt , breviter referam , quaſi capitulatim : Si enim omnia volgoro ſcribere , tempus me ante deficiet .

XXXIV. Sedentibus ergò nobis , dixit præfatus glorioſiſſimus Patricius Strategius , qui nunc Comes divinarum ubique largitionum eſt , ad Orientales ità dicere . Piiſſimus atque tranquilliſſimus noſter dominus tamquàm Orthodoxus , & rectam Fidem quotidiè augere deſiderans , convocavit veſtram religionem , non ex auctoritate principali , ſed paterna & ſacerdotali compunctione , quòd de his quibus ambigitis , à præſentibus ſanctiſſimis Epiſcopis ſatisfiat vobis , qui propter hoc ab ejus pietate ſunt evocati . Scitis autem & vos quoniam glorioſæ memoriæ pater meus Appius ex Ægyptiorum oriundus provincia , & tàm veſtras quàm Alexandrinorum ſecutus ſectas dubitabat communicare ſanctæ majori Eccleſiæ in hac civitate conſtitutæ ; ſed piiſſimi atque fideliſſimi Imperatores ratione ei perſuaſerunt , eò quòd non aliud ſymbolum , vel aliam fidem tradiderint nobis hi qui in Chalcedone congregati ſunt reverendiſſimi Epiſcopi , niſi eamdem quæ in Nicæa , & in Conſtantinopoli , & Epheſo confirmata eſt . Ipſi quoque fidem decreverunt , & Neſtorium , & Eutychem , qui novas hæreſes inducebant , condemnarunt . Qua ratione perſuaſus communicavit ſanctæ Eccleſiæ . Et vos igitur non contentioſa mente , ſicut decet venerabiles viros , quæcumque vobis dubia videntur , opponite coràm religione eorum , & Dominus per ipſos ſatisfaciet vobis .

XXXV. Orientales dixerunt : Nos ſatisfactionis chartulam de fide noſtra compoſitam piiſſimo

nostro Imperatori porreximus; & in ea omnia quæ nobis ambigua videbantur,& scandalizabant nos, interemimus. Reverendissimus Archiepiscopus Hypatius os nostrum factus, sicut & beatus Petrus Apostolorum princeps respondit, dicens: Chartulam illam pervidimus, in qua tàm suprà quàm infrà Chalcedonense Concilium criminamini, quòd adversùs Euthychianam est hæresim congregatum. Propter quod, dicite nobis, qualem opinionem de Eutyche habetis? Orientales dixerunt, tamquàm hæreticus, magis autem princeps hæresis. Reverendissimus Episcopus dixit: De Dioscoro verò, & secundo in Ephesio Concilio, quod ab ipso congregatum est, qualem? Orientales: Tamquàm Orthodoxorum. Episcopus dixit: Si Eutychen velut hæreticum condemnatis, quemadmodùm Dioscorum & cum eo congregatos, Orthodoxos dicitis esse, qui Eutychen quidem hæreticum justificarunt, Flavianum verò & Eusebium condemnarunt? Orientales: Eutychen tamquàm acta forsitan pœnitentia, justificarunt. Episcopus: Si ergò pœnituit Eutyches, quemadmodùm illum anathematizatis? Illis verò ad hanc responsionem hæsitantibus, rursùs. Episcopus: In tantùm non pœnituit, quin & antequàm implerentur, quæ in Constantinopolitana urbe adversùs eum gesta sunt, illum quidem tamquàm Orthodoxum justificarunt, Flavianum verò & Eusebium velut hæreticos condemnarunt. Si enim pœnituit Eutyches, rogari oportuit eos, non condemnari. Ut autem dicamus secundùm vos, confessionem duarum naturarum esse hæreticam: quam exigebat Eutyches confiteri ab Eusebio, &. Flaviano, docebat Dioscorus laudare eum tamquàm non susceptam duarum naturarum confessionem. Ut autem consubstantialem Patri secundùm divinitatem, & consubstantialem matri secundùm humanitatem, dicere oportuit: Cum omni subtilitate exigere eum, ut confiteretur, & nisi hoc fuisset confessus, suscipi non oportuit. Dioscorus verò non solùm quia non exigit ab eo consubstantialis confessionem, sed magis consensit contrariæ ejus & perversæ confessioni, quæ dicit: Ante unitionem quidem ex duabus naturis confiteor: post unitionem verò, unam naturam. Et compulit omnes qui cum eo erant vociferari: Eutychen quidem Orthodoxum esse, Flavianum verò & Eusebium impios & hæreticos. Quid ergò vobis de istis apparet?

XXXVI.   Contradicentes dixerunt: Revera oportuit exigi Eutychen à Dioscoro consubstantialis confessionem: Sin autem sine ista suscepit eum & justificavit, cæcitatem passus est idem Episcopus. Si ergò illum cæcitatem passum esse fatemini, ea quæ superiùs dicta sunt repetamus: Orthodoxum aut hæreticum Eutychen dicitis fuisse? Contradicentes dixerunt, hæreticum. Et Episcopus: Justè ergò ab Eusebio accusatur, condecenter verò à Flaviano damnatus est. Contradicentes dixerunt: Justè. Et Epis-

A   copus: Si ergò justè à Flaviano condemnatus est: injustè & irrationabiliter suscepit eum Dioscorus, & cum eo congregatum Concilium, an non? Contradicentes: Proculdubiò apparet, quòd injustè. Episcopus: Quoniam ergò totum illud universale Concilium, quod cum Dioscoro congregatum est, consensit, sicut vos ipsi fatemini, injustitiæ & cæcitati: Oportebat universalis illius Concilii injustitias, & cæcitates ab altero universali emendari Concilio, an non? Contradicentes dixerunt: Modis omnibus ità fieri oportebat. Episcopus dixit: Chalcedona itaque justè

B   congregatum Concilium est: ut ea quæ universale Concilium deliquerat, vel, si-eut vos dicitis, minùs viderat, ab universali Concilio corrigerentur. Contradicentes dixerunt: Bene quidem, & necessariè congregatum est, si & justum finem suscepit. His ergò per plures sermones, sicut suprædictum est, habitis, primi diei conventus est dissolutus.

Secundo autem die cum convenissemus, **XXXVII.** vir reverendissimus Archiepiscopus Hypatius ait: Recordamini finem hesternæ Collationis, & nullius estis obliti: tamen si placet iterùm commemoremus vos. Con-

C   tradicentes dixerunt: Recordamur quidem attamen ad pleniorem dictorum cognitionem, & iterùm revoca nobis in mentem. Episcopus dixit: Confessi estis hesterna secundùm veritatem, hæreticum esse Eutychen, & justè à Flaviano religiosè memoriæ condemnatum, & injustè susceptum à Dioscoro, vel ab eo congregato Concilio; & quia oportuit universalis illius Concilii culpas ab altero universali corrigi; & quia propter prædictas occasiones justè congregatum est Chalcedonense Concilium. Contradicentes dixerunt: Recordamur hæc omnia. Epis-

D   copus dixit: Ostendimus ergò vobis est, quia justè est congregatum Chalcedonense Concilium. Contradicentes dixerunt: Justè convenit, si & justum finem suscepisset. Episcopus dixit: Quid enim reprehenditis illud peccasse Concilium, ut adversùs hoc possimus vobis reddere rationem? Contradicentes: Ante omnia duarum naturarum novitatem. Beato enim Cyrillo & antecessoribus ejus ex duabus naturis unam naturam Dei Verbi incarnatam post unitionem prædicantibus illis, in duabus naturis, innovare præsumpserunt. Episcopus dixit: Omnis quidem novitas

E   peregrina est, cum tamen omnis obnoxia. ipsi ergò secundùm quam rationem dicitis, innovantes damnandos illos secundùm peregrinam vocem, aut secundùm noxiam? Contradicentes dixerunt: Secundùm utraque. Beato enim Cyrillo & beato Athanasio Alexandrinæ civitatis Episcopis, Felici etiam & Julio Romanæ Ecclesiæ, Gregorio quin etiam mirabilium factori, & Dionysio Areopagita, unam naturam Dei Verbi decernentibus post unitionem: hos omnes transgressi illi, post unitionem præsumpserunt duas naturas prædicare.

Epis-

XXXVIII. Episcopus : In tantùm falsæ sunt epistolæ, sive testificationes illæ quas dicitis, ut neque unam ex illis beatus Cyrillus voluerit recordari; nec in epistolis quas ad Nestorium scripsit, vel in his quas contra blasphemias ejus protulit testificationes in sancta Synodo Ephesina, quando maximè debuit proferre eas; sed nec in expositione duodecim capitulorum adversùs Theodoretum & Andream scribens, qui contra eadem capitula scripserunt; sed nec adversùs Orientale Concilium, quod undè nescio, Arii illi vel Apollinaris opinionem imposuisse visum est: neque enim Arius aliquando vel Apollinaris duas naturas confessi sunt, sed unam naturam Dei Verbi incarnatam ipsi magis noviter protulerunt, ut creatam, & passibilem ipsam divinam Verbi naturam introducerent. Adversùs quas duas substantias atque naturas omnes sancti Patres decreverunt: sed & hoc dicimus, quia duodecim gloriosorum Patrum testimonia adversùs Nestorii blasphemias in Ephaeso beatus Cyrillus proferens, id est, sancti Petri Episcopi Alexandrinæ & Martyris, sancti Felicis Episcopi Romanæ & Martyris, Cypriani Episcopi Carthaginensis & Martyris, beati Athanasii, & beati Theophili Episcoporum Alexandriæ, Julii Episcopi Romanæ, Ambrosii, & Basilii, Gregorii, & alterius Gregorii, Amphilochii Iconii, & Attici Constantinopolitani; nullum testimonium eorum de una natura protulit: sed non solùm aliorum, sed nec beati Athanasii, qui à vobis profertur in unius naturæ incarnati Verbi confessione, cum certè diversa testimonia ejus illic intexuerit; sed &; beati Julii, eò quòd Dei Genitrix sit sancta Virgo, & Dominum esse eum qui carne passus est. Si ergò sciebat de una natura quemquàm ex his dixisse; illic maximè proferre habuit, ubi tantum erat & tale universale Concilium. Si autem illic non sunt prolatæ; quemadmodùm nunc à vobis proferantur, satis admiror.

XXXIX. Contradicentes : Quid ergò suspicamini quia nos eas falsavimus? Episcopus : Vos non suspicamur, sed antiquos hæreticos Apollinaristas, qui reprehendunt eum in epistola, quam ad Orientales pro unitione & pace de duabus naturis scripsit. Quoniam & hi qui cum Nestorio sapiunt, falsaverunt ad Epictetum S. Athanasii epistolam, sicut beatus Cyrillus beato Joanni Antiochenæ civitatis Episcopo scribens, docuit nos. Contradicentes: Possumus ostendere, quia beatus Cyrillus usus est istis testimoniis in libris adversùs Diodorum & Theodorum editis. Episcopus. Modò maximè illos adversùs Diodorum, & Theodorum libros ambiguos facitis, tanquàm fictos adversùs mortuos prolatos dicentes, non poterant referre falsitatem: si enim adversùs mortuos prolati sunt, multò magis adversùs Nestorium, & eos qui contra capitula ejus scripserunt proferre habuit eadem testimonia. Sed nunc vi-

detur, quoniam & in illis libris hæretici falsantes, addiderunt ea. Contradicentes dixerunt : Si ergò ex antiquis rescriptis, & ex Archivis Alexandriæ potuerimus utraque ostendere sic habentia, quid estis dicturi? Episcopus : Si sub temporibus beati Proterii, vel Timothei cognomine Saiolofacioli ostensa sunt, indubitabilia erunt: quoniam verò jàm à multis hi qui adversantur Orthodoxæ duarum naturarum confessioni illa antiqua apud se retinent, indulgere nobis, si adversarios nostros testes suscipere dubitamus: nàm & beati Julii famosam illam epistolam manifestè Apollinaris ostendimus fuisse, scriptam ad Dionysium; illam autem quam S. Gregorii mirabilium factoris dicitis testificationem, suadete Severo, & his qui ea quæ illi sapiunt confiteri; quia incorruptum carnis ipse decrevit & tunc vobis credendum est; quoniam & ea quæ de una natura dicta sunt, ipsius sunt: quod autem priùs dici debuit hoc in ultimo dicimus; illa enim testimonia quæ vos Dionysii Areopagitæ dicitis; undè potestis ostendere vera esse, sicut suspicamini? Si, enim ejus erant; non potuissent latere beatum Cyrillum. Quid autem de beato Cyrillo dico? quando & beatus Athanasius, si pro certo scisset ejus fuisse, ante omnia in Nicæno Concilio de consubstantiali Trinitate eadem testimonia protulisset, adversùs Arii diversæ substantiæ blasphemias : Si autem nullus ex antiquis recordatus est ea; undè nunc potestis ostendere, quia illius sint, nescio. Contradicentes dixerunt : Si hæc falsa dicitis esse testimonia, duodecim capitulorum, quæ inserta est, in Ephesino sancto Concilio, quam neque vos potestis denegare Synodicam esse cur non recipit Chalcedonense Concilium? Episcopus : Si omnes formas & definitiones Fidei in Ephaeso adversùs Nestorium facti Concilii suscepit & confirmavit Chalcedonense Concilium, quemadmodùm hanc habuit refellere? Sed quia adversùs Nestorii blasphemias, quæ duas naturas in duas personas, & duas subsistentias dividunt, unam personam, & unam subsistentiam volebant definire: illa autem epistola duarum subsistentiarum intulit mentionem; proptereà propriè ea nominare distulerunt, ut non invenirentur aut illi aut sibi ipsi contrarii: sed magis illam alteram epistolam ejus præposuerunt, quæ super consensu Symboli Nicæni Concilii laudata est. Et eam quæ ad Orientales scripta est.

Contradicentes dixerunt : In epistola duodecim capitulorum duas subsistentias pro duabus naturis dicit. Episcopus : Antiqui Patres, & maximè Romani pro substantia & naturam, & subsistentiam nuncupabant. Undè sicut unam naturam, & unam substantiam, ita & unam subsistentiam sanctæ Trinitatis esse dicebant. Orientalibus verò sanctis Patribus pro subsistentiis suscipientibus subsistentiam, & sicut tres personas ita & tres subsistentias in sancta

XL.

XLI.

sanctæ Trinitate dicentibus per multa tempora diffidium factum est inter Orientales & Occidentales sanctas Ecclesias: Orientalibus quidem Occidentales Sabellianorum sectam defendere suspicantibus, quia unam dicebant esse in Trinitate subsistentiam; Occidentalibus verò Orientales Arianam sectam sequi dicentibus, eò quòd tres subsistentias in tres alterius substantiæ vel naturæ personas proferrent secundùm imitationem Arii. Quam divisionem per sanctū Athanasium Deum univit. Utriusque enim linguæ peritus utrasque partes per Dei gratiam ad concordiam revocavit, & ab eo tempore usquè in hodiernum diem, & apud nos & apud Romanos, sicut una substantia & una natura in Trinitate suscipitur, & sicut tres personas in sancta Trinitate confitemur, ita & tres subsistentias glorificamus. Sic-auditis igitur, quoniam indifferenter beatus Cyrillus idem dicebat esse substantiam, quod naturam vel subsistentiam; & ideò in illis duodecim capitulis suis pro duabus substantiis vel naturis duas subsistentias posuit. Ostendite nobis & in sancta Trinitate ita indifferenter eum dicere, & pro tribus personis vel subsistentiis, unam personam secundùm Sabellium confiteri, & unam subsistentiam in sancta Trinitate glorificantem, & pro una trium personarum substantia vel naturas atque substantias secundùm imitationem Arii prædicantem: & ita & vos confitemini vel potestis glorificare, & tunc credimus vobis quia præ duabus naturis, duas docuit dici subsistentias.

XLI.   Contradicentes: Et hæ ipsæ quæ nominatim in Chalcedonense Concilio positæ sunt epistolæ beati Cyrilli, id est, tàm illa quæ ad Nestorium, quàm quæ ad Orientales scripta est ex duabus naturis, & in duabus. Contradicentes dixerunt: plurimum, Episcopus dixit: quam hanc? Contradicentes: quòd ex duabus quidem naturis dicere unam significat Dei Verbi naturam incarnatam, secundùm beatum Cyrillum & sanctos Patres. In duabus autem naturis duas personas & duas subsistentias significat, pro certo & hi qui in duabus naturis unam naturam dicunt, invenientur & ipsi ex duabus personis atque substantiis unam personam atque subsistentiam declarare. Contradicentes: quemadmodum? Episcopus dixit; Sicut vos dicitis unam & S. Synodus utrosque sermones pari honore suscepit & pertractat. Et quæ in Constantinopoli acta sunt adversùs Eutychen, & invenietis Flavianum Archiepiscopum, & alios cum ipso quosdam ex duabus naturis accusantes: Beatum autem Basilium Seleuceniæ civitatis Episcopum, cum aliis iterum quibusdam in duabus naturis: & neque isti illos reprehendunt, neque illi istos, tamquàm unius honoris arbitrati voces utrasque, quando & unam naturam Dei Verbi incarnatam nō renuit beatus Flavianus in confessione, quam propria manu subscripsit, dicere; quæ piæ recordationis Theodosio data est: nàm confessio manu ejus perscripta his ipsis sermonibus declarat.

XLII.   *Exemplum rescripti fidei Flaviani Archiepiscopi Constantinopolitani, datæ ab eo petenti.*
Imperatori Theodosio salutem.

Nihil itaque congruum est sacerdotibus, & divina docenti dogmata, sicut esse semper paratum ad satisfactionem omni exigenti eum rationem de spe quæ in nobis est, & gratia: nec enim erubescimus Evangelium: Virtus enim Dei est ad salutem omni credenti. Quoniam ergò & nos misericordia omnipotentis Dei prædicationem Evangelii sortiti sumus, rectè sapimus, & sine reprehensione semper divinas secuti scripturas, & expositiones sanctorum Patrum tàm in Nicæa congregatorum, quàm in Epheso sub beatæ memoriæ Cyrillo Episcopo Alexandrinæ civitatis. Prædicamus itaque Dominum nostrum Jesum Christum ante sæcula à Patre sine initio natum secundùm divinitatem: in ultimis verò diebus eumdem propter nos & propter nostram salutem ex Maria Virgine secundùm humanitatem Deum perfectum, & hominem perfectum eumdem cum assumptione animæ rationalis, & corporis, consubstantialem Patri secundùm divinitatem, & consubstantialem matri eumdem secundùm humanitatem. Nàm ex duabus naturis Christum post incarnationem ex sancta Virgine sumptam in una subsistentia, & in una persona unum Christum unum Filium unum Dominum confitemur; & unam quidem Dei Verbi naturam incarnatam tamen dicere non negamus: quia ex utrisque unus idemque Dominus noster Jesus Christus est. Nàm eos qui duos Filios, vel duas subsistentias, vel duas personas denuntiant, & non unum eumdemque Dominum Jesum Christum Filium Dei vivi prædicant, anathematizamus, & alienos Ecclesiæ decernimus; & ante omnes quidem Nestorium impium anathematizamus & eos quicum eo sapiunt, vel eadem dicunt, quibus & contingat, ut excidant tales ab adoptione promissa rectè credentibus. Subnotatio ejusdem ex notis, sic: Domine Christe auxiliare nobis Deus. Et iterùm: hæc scripsi manu propria ad satisfactionem tuæ serenitatis, & ut confundantur ii qui simplicem conversationem nostram in Christo calumniantur.

XLIII.   Episcopus dixit: Ecce satisfactio beati Flaviani manu ejus perscripta ex duabus confitetur Dominum nostrum Jesum Christum, & tamen ex duabus ei dicenti naturis non pepercit bonus ille Dioscorus. Propterea itaque cognoscens sanctum Chalcedonense Concilium, quia nihil ita recreat eos, qui cum Eutyche adversantur Orthodoxis duarum naturarum confessioni, nisi confusa & commixta & imaginaria vel Manichæica unius naturæ confessio; explanativam potiùs vocem proposuit, ut in duabus naturis unam personam & unam subsistentiam confitentem. Sed & beati Flaviani rectam fidem collaudans omnia quæ ab eo dicta sunt, confirmavit.

Con-

XLIV.

Contradicentes dixerunt : Nos & (sicut superiùs dictum est) beati Cyrilli proferimus epistolas , in quibus duas subsistentes naturas confiteri post unitionem abdicat . Episcopus dixit : Nos ea quæ epistolis ejus synodicis consentiunt , suscepimus, quæ autem non consentiunt , neque damnamus , neque velut legem Ecclesiasticam sequimur . Synodicas autem ejus dico (sicut superiùs dictum est) epistolas quæ à sanctis Conciliis & susceptæ & confirmatæ sunt , id est , tàm eam quæ ad Nestorium , quàm eam quæ ad Orientales scriptæ sunt . Nam contraria his neque damnamus , neque sicut illius suscipimus , quia & in Actibus sanctorum Apostolorum invenimus , quia dispensationis gratia beatus Paulus Timotheum circumcidit , qui certè Galatis scripsit : Quoniam si circum, cidimini , Christus vos nil adiuvabit : sed & beatus Petrus dispensativè aliquotiès quidem cum Gentilibus comedebat ; alii quotiès verò subtrahebat se , & secernebat ab eis . Postquàm verò utrique Hierosolymas ascenderunt , & cum omnibus Apostolis vel senioribus , magnum illud decretum decreverunt , per quod dicunt: Placuit Spiritui sancto , & nobis nihil ultra oneris imponere vobis , nisi quod ex necessitate est : hoc est , abstinere à sacrificato idolis & sanguine & necato & fornicatione ; à quibus custodientes vos benè agitis . Valete . Ab eo tempore ea quidem quæ communi consensu scripta sunt , & à Spiritu sancto confirmata , sicut legem Ecclesiasticam suscipimus ; quæ autem dispensationis gratia ab unoquoque sigillatim facta sunt , neque æmulamur , neque damnamus . Sicut ergò hæc in Actibus sanctorum Apostolorum invenientes , non similiter his attendimus : & illic etiam si profiteamur , secundùm indulgentiam tamen dictum sit , beati Cyrilli esse quæ à vobis proferuntur epistolas (adversantur enim prædictis Synodicis rectæ fidei ejus epistolis , in quibus duarum naturarum apertè decrevit confessionem) neque damnamus, neque sicut ejus suscipimus . Continet autem illa ad Nestorium epistola de inconfusa & indivisa duarum naturarum unitate : His sermonibus B. Cyrilli ex epistola ad Nestorium quia diversa quidem sunt quæ ad unitatem veram convenerunt naturæ : Unus autem ex utrisque Christus & Filius & Dominus non naturarum diversitate sublata propter unitatem : si autem non est sublata duarum naturarum diversitas propter unitatem : Salvator ergo & post unitatem in una persona & * in una substantia , magni Dei , & Salvatoris nostri Jesu Christi , quemadmodùm suscepta vel confirmata est , paucis expediam .

* his aliquid de est

XLV.

Recensito Symbolo sancti Nicæni Concilii , & venerabili hac epistola omne quod adversùs Nestorium congregatum est illi Concilium non acervatim , sed singuli per nomen & personam confessi sunt parem atque consimilem eam esse sancto illi Sym-

bolo . Enotica autem & pacifica ad Joannem Antiochenæ civitatis Episcopum : epistola enim per quam unitatem , & pacem sanctis Ecclesiis suis Deus donavit his verbis continet : ita beati Cyrilli ex epistola ad Joannem , & Orientales : Confitemur itaque Dominum nostrum Jesum Christum Dei Filium unigenitum Deum perfectum & hominem perfectum ex anima rationali & corpore , ante sæcula quidem ex Patre genitum secundùm Deitatem ; in ultimis verò diebus eumdem propter nos , & propter nostram salutem ex Maria sancta Virgine secundùm humanitatem , & consubstantialem Patri secundùm Deitatem , & consubstantialem nobis secundùm humanitatem . Duarum enim naturarum unitio facta est , propterea unum Christum, unum Filium , unum Dominum confitemur : secundùm hunc inconfusæ-unitionis intellectum confitemur sanctam Virginem Dei Genitricem , ob id quòd Deus Verbum ex ea incarnatus est , & ex ea conceptione univit sibi templum quod ex ea processit . Evangelicas autem & Apostolicas de Salvatore voces scimus , mirificos viros quasdam quidem communicantes , tamquàm in una persona , quasdam verò evidenter , tamquàm in duabus naturis , & Deo quidem dignas secundùm Divinitatem Christi , humiles autem secundùm humanitatem ejus tradentes .

Si verò dicetis non esse has voces illius , sed Orientalium : cognoscite quia cum multis laudibus eis consensit , & tamquàm suas, eas ita in propria epistola intexuit cum laudibus : superiùs quidem dicens chartam sibi allatam à viro venerabili Paulo Episcopo, irreprehensibilem continentem Fidei confessionem . Inferiùs verò : Has sacras vestras voces contemplati , sic & nos sapere invenimus . Unus enim Dominus, una Fides, unum baptisma, glorificavimus omnium Salvatorem Dominū invicem congratulantes,quoniam divinis scripturis , & traditioni sanctorum Patrum consonantem habent Fidem,tàm quæ apudnos, quàm quæ apud vos sunt sanctæ Ecclesiæ.Hæc Synodica,&rectæ Fidei epistola de inconfusæ & indivisæ unitatis & extantibus naturis docuerunt . Quales ergò ex his præferamus , quæ in secreto scriptæ ad unum vel secundùm amicum vel familiarem sunt , quæ & facillimè potuerunt à quolibet depravari ; an istas quæ in certamine dictæ sunt , & ab universalibus Conciliis tàm laudatæ quàm confirmatæ sunt , & super concessu Symboli sancti Nicæni Concilii sunt laudatæ ? Nonne potiùs has quæ Synodicæ sunt , suscipiemus & præferemus , & tamquàm legem Ecclesiasticam recipiemus , velut à tantis sanctis Patribus cum judicio confirmatas , sicut sæpe retulimus ?

Contradicentes . Nos non solùm ad Eulogium sed etiam ad Succesum secundam & alteras epistolas ejus volumus relegere . Vos autem cum neque unam audissetis , jàm condemnastis eas . Episcopus : Quascumque vultis prælegere sine præjudicio rele-

XLVI.

XLVII.

A folingite, ut ex confensu vel diffensu poffit veritas apparere. His ergo dictis cœperunt Contradicentes legere ad Eulogium epistolam, & cum ad illud capitulum pervenissent, quo dicitur: Sed & illud non ignorent, quoniam ubi unitio dicitur, non unius rei declaratur conventus, sed duarum vel plurium diffimilium secundum naturam. Episcopus: A superioribus & ex ipsis penè principiis epistola ista capitulatur: etfi in quibusdam locis falsata est, tamen etfi omnia secundùm vestram haberet intentionem hoc capitulum sufficiebat omnem contradictionem compescere. Si enim unitio non **B** unius rei conventum declarat, sed duarum vel plurium diffimilium secundùm naturam: Et quia qui dicunt duas naturas, ita confitentur; admiramur quemadmodùm habentes hæc ac relegentes, à nobis quæritis suaderi, qui etiam alios ex his Orthodoxam esse duarum naturarum confessionem, suadere potestis, vel debetis. Cum enim mox in principio ipsius epistolæ relegatis dicentem eum, quia non omnia quæ dicunt hæretici fugere nos vel aversari oportere, multa enim ex his confitentur quæ & nos confitemur. Quando **C** enim dicunt Ariani Patrem Dominum esse, & omnium Creatorem, nùmquid nos oportet tales eorum voces aversari? Sic & Nestorius etiamsi duas dicat naturas, diversitatem tamen significat carnis, & Verbi alia enim natura carnis, & alia Verbi. Si autem alteram confessus est carnis naturam & alteram Verbi, quam ex his duabus naturis vos vel minuatam dicitis: vel subreptam beato Cyrillo, sicut ipsi narratis, in altera dicens epistola, neque minuatam, neque subreptam humanam naturam, cum & inferiùs dicat, compelli autem illos?

XLVIII. Attendite ad lectionem epistolæ beati Papæ Athanasij: illic enim contendentibus **D** quibusdam quia ex propria natura corpus sibi passibile ipsum creaverit Verbum, & supra & infra titutit dicens: quia non est consubstantiale Verbo corpus; si autem non est consubstantiale, alia atque alia necesse est ut sit natura, ex quibus unus & solus intelligitur Christus. Ecce etiam hic apertè duas substantias in duabus naturis posuit, ex hoc hæreticos arguens, qui consubstantiale Verbo etiam corpus esse dicunt: Quam ergo ex istis duabus naturis vel substantiis, dicitis minuatam, ipsi fatemini. Sed & idem mox in sequenti versu ita **E** addidit dicens: Sed & hoc non ignorent ubi enim unitio dicitur, non unius significatur rei conventus, sed duarum vel plurium & diversarum secundùm naturam. Si ergo dicimus unitionem, procul dubio fatemur quia carnis animatæ & Verbi. Sed & hi qui duas naturas dicunt idem sentiunt. Illi ergo qui totidem in superioribus epistolæ suæ partibus ita duas naturas Orthodoxè & apertè prædicavit. Sed & post cos qui falsati sunt sermones qui dicunt: Etfi parùm circa proprietatem sermonis obscurati sunt, dicens de Orientalibus duas naturas

Annal. Eccl. Tom. VII.

manifestè confitentibus qui enim confitentur, quia ex Deo Patre natus Unigenitus Verbum, idem ipse natus est secundùm carnem ex muliere, quoniam & Dei Genitrix est sancta Virgo. Et quia una persona est & non duo filii neque duo Christi, quemadmodùm cum Nestorii blasphemiis consentiunt. Nestorius enim duos dicit filios & Dominos & Christos, ut breviter complectar; Orientales autem fratres nil tale dixerunt, sed tantùmmodò voces dividunt. Dividit autem secundùm hunc modum dicentes: eò quòd quædam ex his Deo dignæ sunt, quædam verò homine: quæ autem communiter prolatæ sunt tamquàm habentes tàm dignationem divinam quàm humanitatem, sed tamen ab uno eodemque prolatæ. Et non sicut Nestorius qui quædam quidem de Verbo propriè adfignat, quædam verò nato ex muliere quasi alteri Filio. Aliud autem est vocum sine diversitate, aliud dividere in duabus personis tamquàm alteri & alteri. Qui enim superiùs illa, inferiùs autem hæc; numquid in medio loco poterat seipsum convellere? Absit: sed contrarii sermones Synodicis ejus epistolis ab hæreticis sicut apparet falsati sunt. Proferentibus autem his qui contradicebant tamquàm invictum scutum secundæ ab ipsis prolatæ ad Successum epistolæ capitulum. Illud quod dicit: Repugnant nihilominùs unam dicentis filii naturam incarnatam, & velut casum volentes illud ostendere, contendunt ubique, duas naturas subsistentes ostendere.

XLIX. Postquàm recensitum est, dicentibus illis: Ecce ubique beatus Cyrillus renuntiat duas dici naturas post unitionem. Episcopus: Nullo præjudicio habito, sicut sæpe diximus, Orthodoxæ Fidei, etiamsi etiam Cyrilli esse super relectam epistolam, multò magis duabus naturis existentibus advocationem præbuit post unitionem quàm unius Dei Verbi incarnatæ, ex eo quod dicit: Vestitus verò etiam nostra natura, etiamsi non est consubstantiale ex Deo patre procedenti Verbo corpus quod univit sibi. Si ergo non est consubstantiale Verbo corpus quo circundata est Dei Verbi natura, alia modis omnibus atque alia pro certo natura est. Sed & illud quod ait carne eum passum & non Deitate, aliam iterùm atque aliam ostendit naturam. Altera enim carnis natura passibilis, & altera Verbi impassibilis, sicut & vos ipsi fatemini. Et iterùm quod dicit; quia semen Abrahæ suscipiat, formam servi accipiens: alteram illam servilem ex Abraham susceptam naturam docet, & alteram illam Dominicam Dei Verbi naturam. Sed & quod ait: Non est confusum, quia semen Abrahæ suscipiat, sed nec carnis in eis, sed in proprietate secundùm utrasque tàm intelligi quàm permanere: ex his magis ille, quàm Chalcedonense Concilium in una persona duas existentes naturas decrevit intelligi. Sed & quod ait, non minuatam neque subreptam humanam naturam; manifestè duas naturas existentes ostendit divinam scilicet

P

licèt naturam quæ assumpsit, & quæ assumpta est, humanam. Sed & quod ait: Rectè & nimis prudenter eua perfectio de salutari passione sermonem protulit, non illum Unigenitum Dei Filium, secundùm quod intelligitur & est Deus, passum in propria naturæ ea quæ sunt corporis confitendo, sed magis passum eum natura terrena; apertè etiam hic duas naturas docuit subsistentes, & terrenam passibilem, & divinitatis impassibilem. Sed & in fine epistolæ suæ illud quod ait: Quid enim est humana natura nisi caro animata sensibiliter, sed & passum carne dicimus Dominum. Ecce in ipsa quæ à vobis prolata est epistola, licèt falsata est, non totiens de una natura quantùm de duabus naturis fidei rectæ tribuit advocationem non solùm post unitionem, quæ in Virginis facta vulva est; sed & post passionem & resurrectionem magni Dei & Salvatoris nostri Jesu Christi, qui post resurrectionem ostendit perforatas immaculatas manus suas & transfixos pedes suos sanctis discipulis suis, ostendens se vivum & unum esse in una persona & in duabus naturis: quod enim dicit (a): Videte manus meas & pedes meos, quoniam ego ipse sum; Unam ejus personam ostendit incarnatæ divinitatis: quod autem addidit: Pertractate & videte quoniam spiritus carnem & ossa non habet sicut me videtis habentem; Diversitatem ostendit in semetipso duarum naturarum, tàm assumentis deitatis quàm assumptæ humanitatis magni Dei Salvatoris nostri Jesu Christi. In tantum autem absit beatus Cyrillus à contradictione Orthodoxæ duarum naturarum confessionis, quòd Gregorium Nazianzenum, & Gregorium Nyssenum, & Ambrosium Mediolani protulit in sæpè dicto Ephesino sancto Concilio; ac veluti eos sibi advocans perduxit; quorum prior his verbis dixit: Beati Gregorii Nazianzeni Episcopi: Naturæ quidem duæ, Deus & homo; nàm & anima & caro; filii autem non duo, neque Dei; neque enim hic duo homines; Etsi ita Paulus (b) tàm interiorem quàm exteriorem hominem appellavit: etsi licet breviterdicere; aliud quidem & aliud, ex quibus Salvator, & si revera non est: idem, visibile & invisibile, & temporale & sine tempore, non autem alter & alter; Absit. Item & beatum Gregorium Nyssenum protulit dicentem: Quid humilius in Deo quàm forma servili? aut quid humilius in Rege omnium, quàm in commune nostræ exiguæ naturæ propriæ voluntate descendere? Per beatum autem Ambrosium in eodem duas naturas esse ita approbavit dicens: Custodiamus diversitatem carnis & divinitatis: Unus enim Dei Filius in utroque loquitur, quia utraque natura in eo est. Attende in ipso, nùnc quidem gloriam Dei, nùnc verò hominis passiones. Sicut Deus, docet divina, quoniam verbum est: sicut homo, loquitur humana, quoniam in mea loquitur natura. Hæc testimonia ad confirmationem rectæ & inlibatæ fidei suæ in Ephesiaco Concilio protulit. Ea sicut rectæ fidei

a Luc. 24.

b Rom. 7.

ex secundùm illud Concilium confirmavit: Quanticumque ergo sermones sub nomine Domini prolati istis consentiunt, tanquàm sancti Cyrilli suscipimus: Quanti verò his adversantur, aut non sunt illius, aut certè falsati sunt, etiam si concedamus illius esse. Ideò neque condemnamus talem Patrem, sed nec ad præjudicium rectæ fidei conlaudamus quæ ex persona ejus proferuntur diversa laceratæ epistolæ.

Contradicentes: Concilia pro unitate sanctorum, sanctarum Ecclesiarum in divinis Dypticis inserta sunt, aut pro majori divisione? Episcopus: Quid autem & antequàm nominatim infererentur? nunquid in omnibus Ecclesiis quæ sub cælo sunt non recitabantur Episcopi? Et si nominatim Concilia ipsa non recitabantur, tamen in propriis regionibus & civitatibus singuli quique adnotabantur. Si ergò in propriis civitatibus singuli quique adnotabantur, unusquisque in quocumque subscripto Concilio recitabatur, quanto magis rationabilius erat eos qui cum labore & sudore in unum convenerunt adversùs hæreticos, & Deo placitum prælium susceperunt, & bonam illam victoriam per gratiam Dei vicerunt, uno consensu inseri in gloriam Dei & laudem certantium ad majorem adhortationem eorum qui post certaturi sunt? Contradicentes: Sicut priùs dùm recitabantur, neminem scandalizabant; Nunc autem plurimos scandalizant. Episcopus: Si cœperimus per singulos de his qui scandalizantur hæreticis Concilia offerre, invenimus fidem nostram denegantes; Ariani enim scandalizantur in Nicæno Concilio; Macedoniani in Constantinopolitano; Nestoriani in Ephesino; Eutychianistæ in Chalcedonensi: si ergò illos voluerimus placare, Dominum offendimus, fidem nostram denegantes. Nàm & vos quanta per singula tempora innovastis Imperatores, quià vobis persuaderentur indempti, sicut Eudodia Basilici adversùs Orthodoxam fidem, & Enoticum Zenonis, & Trisagii novitatem, & alia multa ejusmodi, quæ ad eversionem fidei facta sunt, & Orthodoxos non sine causa scandalizarunt. Hæc enim nullum fidelium scandalizant: Si autem infideles hæretici scandalizarentur, nec enim ex hoc conscientia nostra perturbatur.

Contradicentes: Ibas ergò & Theodoretus sicut rectæ fidei suscepti sunt à Synodo, & sicut rectæ Fidei in divinis Dypticis recitantur, Episcopus: Utrique Nestorium anathematizantes suscepti sunt in sancto Concilio. Contradicentes: In tantum per dolum anathematizavit Theodoretus, quia postquàm anathematizavit discedens dixit eis: Valete. Episcopus: Quid ergò? Quoniam Eusebius Nicomedenæ & Theognius Nicenæ, & alii quidam cum ipsa, & in ipso Nicæno sancto Concilio fictè subscripserunt, & post hæc Arium apertè secuti Ecclesiam devastarunt, & sanctos Patres nostros Eustathium Antiochiæ, Athanasium Alexandriæ, & Paulum Constantinopo-

litanum

L.

LI.

litanum fugaverunt; propter illos nec Nicænam sanctum Concilium debemus suscipere, aut in divinis id Dypticis recitare?
Absit. Nos autem non tamquam Theodoretum defendentes, vel ea quæ præcesserunt diximus, vel quæ sequentur dicemus;
sed veritatem, & sanctum Concilium quod
eum justè suscepit. Volens enim satisfacere quemadmodùm saperet, nec tamen
permissus est propter anticipatos quosdam
atque in eo scandalizatos: postquam vidit
non suscipi satisfactionem suam, anathe-
matizans Nestorium & Euthychen addidit,
Valete. Cur autem hoc ipsum dixerit,
Valete, superiùs manifestavit, dicens:
Quoniam nec sedem ambio, nec pro Episcopatu solicitus veni; sed ut persuadeam
quemadmodùm credo: propter quod anathematizo, sicut jubetis, & Vale vobis facio. Unde neque sanctum Concilium, neque gloriosissimi judices ad injuriam hunc
sermonem susceperunt: pro certo scientes
quia antequam sanctum istud Concilium
fieret, pacificatus esset beato Cyrillo, qui
ab eo iniuriatus est in contradictoriis libris
duodecim Capitulorum.

LII. Contradicentes: Et unde hoc potestis
ostendere? Episcopus: Ex ipsa quæ ad Joannem & Orientales scripta est epistola beati Cyrilli pro unitate Ecclesiarum.

Contradicentes: Non habetis unde ostendere, quia indulsit eis. Episcopus: Nos
ad omne Orientale Concilium epistolam
ipsam scriptam invenimus. Ostendite autem vos quòd in unitionem hos ex illa pacifica & coadunante epistola sua subtraxit.
Quid autem amplius est, verbis detrahere,
an per condemnationem inferre contumeliam? Sic ergò ipsi beato Joanni, & omnibus qui cum eo fuerant in Epheso & per
condemnationem eum iniuriantes indulsit
beatus Cyrillus; multò magis qui tantummodò verbo in eo peccaverunt, indulgentiam præstitit: sed & invenimus in Theodoreti litteris quas ad Dioscorum fecit,
quia & secundò in his quæ contra Nestorium scripta sunt scripserit. Et quando contra Julianum, vel Aponæos conscripsit,
libros ipsos destinavit in Antiochiam beatus Cyrillus, & rogavit beatum Joannem
ostendere illos Orientalibus præclaris doctoribus: Et quia ostensis eis, scripsit as
Theodoretus, & rescripsit ei beatus Cyrillus, & diligentiam & affectum ei testificans:
Et quia duas ab ipso suscepit affectuosas
epistolas, quæ & custodiuntur apud eum,
nullam de eo contumeliam designantes. Sed
tamen & his ita scriptis atque dictis, non
aliter eum suscepit sanctum Chalcedonense
Concilium nisi clarè sub conspectu omnium
anathematizasset Nestorium & omnes definitiones ejus.

LIII. His autem ita de Theodoreto dictis:
Contradicentes: Et Ibas ergò justè susceptus est à Chalcedonensi Concilio? Episcopus: Ibas & accusantium eum judicium
ex Imperiali auctoritate delegatum est Photio Episcopo Tyri & Eustathio Episcopo
Beryti & Uranio Himerorum civitatis Epi-

Annal. Eccl. Tom. VII.

scopo: qui reverendissimi viri, & nimiùm
horrentes Nestorii blasphemias cum omni
diligentia discutientes, eum immunem, &
sine culpa eum decreverunt, sicut & Acta
ipsorum & relatio manifestat. Quem ergò
judices justificaverunt, quemadmodùm
Concilium poterat condemnare? Contradicentes: Et illa ergò quæ ad Marin Persam epistola ejus scripta est rectè continet:
quæ & prolata ab eis, & relecta nobis est,
& inventa est narrationem habens Actorum
inter beatum Cyrillum & nefandum Nestorium, eò quod quasi per istos duos homines omne sæculum conturbatum esset: Nestorio quidem ea quæ Paulus Samosatenus
saperet, affirmante, & propter hoc à beato Cyrillo in Ephesino Concilio condemnato: Cyrillum autem suspicantibus, quasi
cum Apollinario saperet in illis duodecim
Capitulis, & propter hoc condemnato à
Joanne Antiochenæ civitatis Episcopo, &
cum eo habito Concilio: Et quia propter
hanc causam cum inimicitia de Epheso discesserunt: Et propter illam inimicitiam di-
visæ sunt omnes ubique Ecclesiæ, & side-
les populi, aliquantis quidem huic parti
consentientibus, aliis verò illi: Et quia
dùm in his essent rebus, compunxit Deus
piissimum Imperatorem Theodosium convocare virum reverendissimum Episcopum
Constantinopolitanæ civitatis Maximianum,
& eos qui tunc fortè in eadem gloriosa aderant civitate; hortarique & solicitudinem
habere, vel cogitare de pace sanctarum Ecclesiarum. E. post illam pacificam cogitationem destinavit piissimus Imperator Ari-
stolaum Tribunum & Notarium ob hoc ipsum: qui perveniens tàm in Antiochia quàm
in Alexandria, utrasque partes miserante
Deo ad pacem perduxit.

His ergò per epistolam declaratis, Episcopus dixit: Hæ litteræ etiam in vita beati
Cyrilli divulgatæ sunt, & non solùm quia
non moverunt eum propter factam pacem
& unitatem propter Dominum; sed & Valeriano scribens Episcopo Iconii, talia de
ipsis satisfecit, dicens: Nàm si epistolas
sibi componentes quidam circumferunt,
tamquàm ex persona scriptas inlustrium virorum, non debent credi: qui enim semel
scriptis fidem propriam confessi sunt, quemadmodùm diversa scribere tamquam
ex pœnitentia ad non benè credendum traduci? Sed tamen & beato Cyrillo ita pro
eis testificante, & recensita præfata epistola in Chalcedonensi sancto Concilio;
non tamen aliter prævidit suscipi eum propter suspiciones in eadem epistola insertas,
nisi & ipse Nestorium, & omnia ejus decreta anathematizasset: & postquam anathematizavit, tunc susceptus est in sancto
Concilio. Nec tantùm de his solis dico,
sed & Nestorius & Eutyches simili modo,
si propria hæreses anathematizassent, modis omnibus etiam illi suscepti fuissent à
sanctis Conciliis. Chalcedonense ergò
Concilium circà Ibam & Theodoretum
districtiùs agit, quàm beatus Cyrillus. Beatus enim Cyrillus contentus fuit in consensu

LIV.

P 2   damna-

damnationis Neſtorii , & ordinatione beati Maximiani, qui pro illo in hac civitate Epiſcopus factus eſt ; Chalcedonenſe autem ſanctum Concilium niſi ſub præſentia ſua anathematizaſſent Neſtorium & omnia dogmata ejus, & ſcriptis inter Acta inſertæ fuiſſent voces eorum , non fuit contentum ſuſcipere eos. In his ergò dictis, Contradicentes : De his quidem perſuaſum eſt nobis.

LV. Et ita ſecundæ diei conventu diſſoluto, & diſcedentibus nobis, & multa teſtimonia de duabus naturis præparantibus, piiſſimus atque amator Dei Imperator noſter accerſito ſanctiſſimo Archiepiſcopo Patriarcha Epiphanio, præcepit etiam nos ingredi cum ipſo. Et poſtquam per confabulationem locutus eſt quæ illi Deus inſpiravit, ipſum quidem dimiſit, ſecundùm morem oratione facta pro ejus pietate ; nos autem vnà cum venerando ſenatu retinuit ; cenſuitque etiam Contradicentes ingredi.Quibus ingreſſis, ipſos quidem præcepit in uno ſcamno ſedere , nos autem in altero,unà cũ glorioſiſſimis judicibus. Et omnibus nobis tacentibus, pietas ejus tanta ac talia ad eos locuta eſt cum omni manſuetudine & tranquillitate ; ut ſi alter mihi diceret ab ejus pietate hæc dicta, vix crederem niſi ipſe auribus meis audiſſem quæ cum magna gratia Dei ex benedicto ejus ore prolata ſunt: Nàm Dauidicæ manſuetudinis, & Moſaicæ patientiæ , & Apoſtolicæ clementiæ inſtar in eo conſpexi ; etſi enim non iiſdem ſermonibus, quibus beatus Paulus , ſed tamen eadem mente quâ ille ad ſanctam Eccleſiam veſtram ſcripſiſſet, locutus eſt cum eis . De qua idem beatus Paulus ſanctæ Eccleſiæ veſtræ, ſicut dictum eſt, ſcripſit, dicens : (a) Quia fuimus in medio veſtrum tranquilli , & tàmquàm nutrix fovens filios ſuos; ita cum bona voluntate feſtinavimus tradere vobis non ſolùm Evangelium Dei, ſed & proprias animas ; propter quod dilecti nobis facti eſtis. Et ut ex paucis poſſitis conjicere quæ multifariè, multiſque modis tàm illo die ab ejus pietate ad eos dicta ſunt, quàm in reliquis confabulationibus ex exemplaribus piæ ejus epiſtolæ æquè cognoſcetis , quæ ſcripta eſt ad Euphemium virum reverendiſſimum Theopolitanæ civitatis Archiepiſcopum , ut per hoc appareat omnibus qui ab ipſis decepti ſunt in Oriente ; quæ præſenti ſubjungentes epiſtolæ, veſtræ venerationi tranſmiſimus, ut per eam cognoſcatis, quanta , Dei gratia per benedictum os ejus tàm primo die,quàm reliquis locuta eſt ad eos.

LVI. Et poſtquam in nomine Domini conlocuti ſumus invicèm, accuſare nos tentantes Contradicentes ad piiſſimum Imperatorem ; ſecretò ſuggeſſerunt ei per quemdam , tamquàm non confitentibus nobis Dominum paſſum carne , vel unum eum eſſe de ſancta Trinitate. Ingreſſo itaque ſanctiſſimo Patriarcha. in venerando palatio ad piiſſimum Imperatorem,& domino viro reverendiſſimo Archiepiſcopo Hy-

patio, cum eo , percontata eſt pietas ejus ab ipſis ,his verbis : Non confitemini ejuſdem perſonæ Domini noſtri eſſe Jeſu Chriſti tàm paſſiones quàm miracula ? vel Deum eſſe qui carne paſſus eſt , atque unum eum eſſe de Trinitate ? Reſpondit idem reverendiſſimus vir : Nos, domine, magis autem mater veſtra Catholica & Apoſtolica ſancta Dei Eccleſia ejuſdem perſonæ magni Dei , & Salvatoris noſtri Jeſu Chriſti prædicat & paſſiones & miracula , non tamen ejuſdem naturæ ; ſed ſicut docuerunt ſancti Patres, paſſibilem carnem, impaſſibilem divinitatem ; circumſcriptum corpore , incircumſcriptum ſpiritu ; terrenum , &cæleſtem ; viſibilem, & intelligibilem : ut integro homini eidem & Deo , integer homo cohæreat qui ceciderat ſub peccato ; ſicut beatus Gregorius Nazianzenus docuit in epiſtola ſcripta ad Cledonium, & utraque ſancta Concilia tàm in Epheſo adversùs Neſtorium, quàm in Chalcedone adversùs Eutychen & Neſtorium congregata conſenſerunt , & confirmaverunt. Sed & Dominum carne paſſum ita rursùs confitemur propter eos qui confundunt vel dividunt , ut paſſibilem eum dicentes carne , impaſſibilem confitemur divinitatem ; ſimiliter & unum eſſe ex Trinitate ſecundùm divinam naturam tàm credentes quàm confitentes ; ſecundùm carnem verò unum ex nobis placuiſſe ei, credimus fieri ; & ſicut conſubſtantialem Patri ſecundùm divinitatem, ita nobis conſubſtantialem ſecundùm humanitatem, & ſicut perfectum in Divinitate, ita perfectum & in humanitate. Si autem illi alitèr dicunt & præſumunt eum dicere, ut ſecundùm carnem quidem ante ſæcula fit, ſecundùm divinitatem verò in noviſſimis diebus ; vel creatum eum eſſe ſecundùm Deitatem, non creatum autem ſecundùm humanitatem ; vel viſibilem & paſſibilẽ ſecundùm divinitatem, inviſibilem verò ſecundùm humanitatem: tunc calumniantur nos tamquam fruſtrà contrarios ſibi .

LVII. Poſt Collationem ergò habitam cum Orientalibus Epiſcopis ac noſtra tenuitate : ex piiſſimi noſtri Imperatoris juſſu , alia vice ingreſſis nobis in venerabili palatio ejus , unà cum domino meo Archiepiſcopo , vel aliis qui convenerant reverendiſſimis Epiſcopis , piiſſimus Imperator exultans in virtute Dei , & gaudens in ſalutari ejus , ac lætus nimis , quia deſiderium cordis ejus , ſecundùm(b) propheticam vocem,præſtiterat ei , & voluntate labiorum non privavit eum ;cœpit dicere ad nos , præſente venerabili ſenatu : Quia poſtquam locuti eſtis cum Orientalibus Epiſcopis per duos dies, tertio die convocatis tàm vobis quàm illis , antequam ſuſciperemus vos , ingreſſus ſum in Oratorium glorioſi Michaelis Archangeli , quod eſt in Cochlio ; & rogavi Dominum dicens: Quia ſi in veritate uni ri habent nobis , magis autẽ ſanctæ tuæ Eccleſiæ compunge eos velociter cõſentire nobis:ſin autem nolunt, præpedi eos, ut ex ipſis magis

a 1. Theſſ.

b Pſal. 20.

magis culpa naícatur, & non ex nobis. Et cognovistis quantis propositionibus rationabilibus & pacificis cum omni mansuetudine & patientia prolatis à nobis, vir reverendissimus Episcopus Philoxenes tantummodò persuasus est. Cæterorum verò perversitatem cordis Deus aspiciens, conligavit linguas eorum, ut neque satisfactionem invenirent, neque veritati consentirent: ut ex ipsis fiat occasio aversionis eorum, & non ex nobis. Et hæc quidem gratias agens Domino, dixit ejus tranquillitas de eorum perversitate. Sed tamen & usque hactenùs omni continentia & beneficio dignatur eos attendere, non cessavit expectans propter Dominum, eorum conversionem ad bonum. Quæ illum spes non fefellit: nàm etsi non Episcopi, qui hactenùs in sua dissuasione permansere; sed tamen plurimi clericorum & monachorum qui cum his convenerunt, ad sanctam communionem cum gaudio remearunt in Ecclesiis suis ac monasteriis. Ex quibus quidam lingua Syriatica per interpretes locuti sunt nobis, dicentes: Quia ab illis decepti, & nos eversi sumus, & multas animas evertimus: dicebant enim nobis, & quòd Spiritus sanctus recessit ab Ecclesiis & baptismate, communione eorum: & ideò hæc audientes, & velut veracibus credentes decepti sumus; sed gloria Domino, qui satisfecit nobis de errore eorum, & univit nos Catholicis & Apostolicis sanctis Ecclesiis suis: confidimus enim in bonitate ejus, & quoniam dabit nobis virtutem, ut eorum quos evertimus, pluriores iterùm convertamus ad sanctas Ecclesias ejus, in gloriam & laudem sancti nominis ejus. Explicit epistola Innocentii Episcopi Maroniæ civitatis.] Quomodò verò modò nonnihil compressi, rursùs majori audacia sub eodem Justiniano Imp. exurrexere adversùs Catholicam Ecclesiam Episcopi, Severi socii, turbaveruntque Constantinopolitanam Ecclesiam, occasionemque dedere, ut quinta Synodus ageretur; suo inferiùs loco dicetur.

JESU CHRISTI
ANNUS
533.

JOANNIS PAP.
ANNUS
2.

JUSTINIANI IMP. 7.
ATHALARICI REG. 8.

I.

a l.1. & 2. ff. de confirm. Digest.

Quingentesimus trigesimustertius Redemptoris annus, idemque septimus Justiniani Imperatoris inchoatus, tertio ejusdem Consulatu lætissimè aperitur, quem ob innumera à Deo accepta beneficia idem Imperator perpetuis suarum sanctionum divinæ majestati consecrat monumentis (a): nominatissimus ipse quidem, utpote qui Romano Imperio felicissimus extitit, itaque Imperatori constitutionibus redditus celeberrimus: quot enim à Deo hoc anno sub suo ipsius tertio Consulatu consecuvit. est dona, iisdem sæpè commemorat, de quibus inferiùs agendum erit.

II.

Legatio à Justiniano Imper. ad Joan. Pap.

Primùm verò omnium auspicaturus ipse hoc anno perdifficile bellum Vvandalicum, non aliundè magis quam ex bene custodita Catholica religione, exemplo Theodosii Senioris maximè pii Imperatoris, conciliare sibi divinum numen contendit. Cumque soleant detenti curis bellicis Principum animi, aliis negotiis remittere nuncium, ut ubi majus vertit rei momentum, ibi totis nervis in opus incumbant; Justinianus à veluti summo otio, summaque pace, ac rerum tranquillitate, nihil sibi magis propensiori studio perficiendum putavit, quàm ut curaret quæ essent Catholicæ fidei: cujus rei causa hoc ipso anno ad Joannem Romanum Pontificem honorificam legationem decernit, mittens duos primarios Orientis Episcopos Hypatium & Demetrium.

III.

b Liberat. diac. Brev. c. 20. to. 2. Conc. nov. edit.
Legationis mittendæ causa.

Hujus decernendæ hoc anno legationis causam refert Liberatus diaconus (b); dùm rem gestam prolixam satis his paucis complexus est. Defuncto Bonifacio Papa, Joannes cognomento Mercurius sedis Apostolicæ suscepit præsulatum. Ad quem missi sunt ab Imperatore Justiniano Hypatius Ephesiorum Episcopus & Demetrius à Philippis contra legatos Accemetarum * Cyrum * & Eulogium negantes esse confitendum beatam Mariam verè & propriè Dei genitricem, & unum de Trinitate incarnatum & carne passum. Sed Papa Joannes, nobis ibi positis, hoc confitendum, epistola sua firmavit, & Imperatori direxit. A cujus communione discedentes Romæ quidam monachi, Accemetarum legatos secuti sunt, & usque nùnc hanc confessionem de Christo non suscipiunt.] Hæc Liberatus; quem hoc ipso anno Romæ fuisse, ipsius testificatione satis intelligis. Excripsimus ista Liberati ex recentiori Conciliorum editione, cum in veteri nonnullis omissis verbis textus reddatur obscurus.

Antequam autem magni momenti historiam ingrediamur: memoria repetas necesse est, quæ tùm Constantinopoli, tùm Romæ contigisse diximus temporibus Hormidæ Pontificis, cùm Scythas monachos Romam venisse superiùs enarravimus conquesturos de legatis Apostolicæ sedis negantibus addenda esse Chalcedonensi Concilio verba illa, quibus dicebatur, unum de Trinitate esse crucifixum in carne; quos etiam, sicut legati Apostolicæ sedis, cum essent Constantinopoli, ita Hormisda Papa Romæ rejecit, negans pariter recipiendam esse novitatem illam verborum: quæ quamvis in rectum potuissent deduci sensum, ex multis tamen causis suo loco superiùs recensitis, ad explodendam omnem fraudem, quæ per occultos Eutychianos clàm irrepere potuisset; verbis illis haud necessariis abstinendum esse Fidelibus, idem Pontifex litteris iteratis admonuit: ita ut sicut additamentum illud ad Trisagion appositum, Qui crucifixus es pro nobis: Catholici abhorrerent; ita dicere, Unum de Trinitate

* Acimitorum
* Carum

IV.

Diversa certandi ratio ex occasione diversa.

in carne paffum, pariter exhorrerent. Sed quid actum? Etfi idem ad certamen campus; novis tamen & prioribus planè contrariis pugnatoribus in arenam defcendentibus, fuerunt quoque arma mutanda, & certandi modus fuit ineundus à priori planè diverfus, integra illæfaque permanente fide Catholica : cui ut confuleretur in omnibus, aliter tunc, nunc verò aliter fuit à ducibus captandum pugnandi confilium, modufque quærendus. At quinam ifte fuerie, audi.

V. Neftoriani ex Victoria contrà Eutych. captant arma.

Cum contra Eutychianos dolis fidem Catholicam invadentes rejectam illam fententiam Neftoriani audirent, qua affereretur unus de Trinitate effe paffus in carne : perindè ac fi fecundùm fuam ipforum affertionem duplex affereretur Chrifti effe perfona, ficut & naturæ duæ, humana atque divina; & fic dici videretur paffus homo, ut negaretur Deus effe paffus in carne : mòx illud quafi ex neceffaria confequeretur affumptione ; Si non eft paffus unus de Trinitate in carne, ergò nec natus idem in carne : ergò nec propriè dici poffe videbatur (ajebant illi) Mariam verè & propriè effe Dei genitricem ; quod Neftorius, ejufque fectatores Neftoriani profeffi erant. His accedebat, quòd (ut diximus) è latebris fuliginofi emergentes Origeniftæ, inter alias quas proponerent fententias illa erat, ut negarent Chriftum unum de Trinitate fuiffe. Quamobrem ex afferentium pravitate reddi cœpta eft prohibitio illa profana, quæ antea videri poterat ad cavendos Eutychianos utiliter introducta. In tale igitur tamumque difcrimen adducta Catholica fide, cum ifta Conftantinopoli controverfia agitaretur, ut periclitari Chriftiana pietas videretur, irrumpentibus ex adverfo Neftorianis atque Origeniftis ex aditu illo, quem ad expugnandos Eutychianos occafio temporis aperiri fuaferat; Epiphanius Conftantinopolitanus Epifcopus & cum eo Juftinianus Imperator ac reliqui Orthodoxi ex adverfo pugnantes, firmiterque refiftentes, ficut afferebant, piè fanctéque dici unum de Trinitate effe paffum in carne, ita ex præfcripto Catholicæ fidei negare non debebant negare fanctiffimam Virginem Mariam verè propriéque matrem Dei à Fidelibus nuncupandam.

VI. Accœmetæ monachi Neftoriani.

Iftis in hunc modum fe habentibus : qui Neftorianæ fententiæ potiffimi affertores effent monachi Accœmetæ, cum ab Imperatore Juftiniano, Epiphanio agente, magnoperè urgerentur : auxilium ab Ecclefia Romana fperantes, à qua fcirent eam fuiffe rejectam fententiam, quam ab Eutychianis callidè dicebatur unus de Trinitate paffus in carne ; fimulàc audierunt Joannem creatum effe Romanum Pontificem, legatos ad eum mifere, rogantes, ut quæ femel effet explofa ab ipfa Ecclefia Romana fententia, nullo adverfariorum conatu reciperetur, ne tantæ Ecclefiæ nota poffet prævaricationis inuri, fecundùm Pauli Apoftoli in fe ipfum dictum (*a*) : *Si enim quæ deftruxi, iterùm hæc ædifico, prævarica-*

a Gala. 2. 1.

torem me conftituo. Audientes autem Epiphanius & Imperator, miffam ab adverfariis effe Romam legationem, adversùs eam ad eumdem Joannem Romanum Pontificem dictos legatos Epifcopos cum litteris, & ipfi miferunt : directa autem legatio eft nomine Imperatoris, qui & ad eum litteras dedit. Sed quòd ante ejufmodi legationem Romam miffam, idem Imperator teftetur in epiftola ad Epiphanium (*b*), fe ea de caufa edictum promulgaffe; hic primò ipfum reddere, operæpretium judicamus : recitat illud Græcè fcriptum Contius, quod Latinitati his verbis tradidit (*c*) :

b l 7. C. de fumma Trinit.

c Cont. pretterm. if. l. 1. Cod. pag. 3.

Cum Salvatorem & Dominum noftrum Jefum Chriftum verum Deum noftrum colamus per omnia : ftudemus etiam, quatenùs datum eft humanæ menti affequi, imitari ejus condefcefione n, feu demiffionem. Etenim cum quofdam invenerimus morbo atque infania detentos impiorum Neftorii & Eutychetis, Dei & fanctæ Catholicæ & Apoftolicæ Ecclefiæ hoftium, nempè qui detrectabat fanctam gloriofam femper Virginem Mariam Theotocon five Deiparam appellare propriè & fecundùm veritatem ; illos feftinamus, quæ fit recta Chriftianorum fides, edocere. Nàm hi inevitabiles cum fint, celantes errorem fuum, paffim circumeunt (ut didicimus) & fimpliciorum animos exturbant & fcandalizant, ea aftruentes, quæ funt fanctæ Catholicæ Ecclefiæ contraria. Neceffarium igitur effe putavimus, tàm hæreticorum vaniloquia & mendacia diffipare, quàm omnibus infinuare, quomodò aut fentiat fancta Dei & Catholica & Apoftolica Ecclefia, aut prædicent fanctiffimi ejus facerdotes : quos & nos fecuti, manifefta conftituimus ea quæ fidei noftræ funt, non quidem innovantes fidem (quod abfit) fed coarguentes eorum infaniam, qui eadem cum impiis hæreticis fentiunt : quod quidem & nos in noftris Imperii primordiis pridem fatagentibus fecimus manifeftum.

VII. Edictum Juftiniani de fide Catholica.

Credimus itaque in unum Deum Patrem omnipotentem, & in unum Dominum Jefum Chriftum Filium Dei, & in Spiritum fanctum, unam effentiam in tribus hypoftafibus, five fubfiftentibus perfonis, adorantes unam Deitatem, unam poteftatem, Trinitatem confubftantialem. In ultimis autem diebus confitemur Dominum noftrum Jefum Chriftum, unigenitum Dei Filium ex Deo vero Deum verum ante fæcula & fine tempore ex Patre natum, coæternum Patri, ex quo omnia, & per quem omnia, qui afcendit de cælis, incarnatus de Spiritu fancto & fancta gloriofa & femper Virgine Maria, & humanatus five homo factus eft, & paffus crucem pro nobis fub Pontio Pilato, fepultus eft, & refurrexit tertia die. Unius ac ejufdem paffiones ac miracula, quæ fponte pertulit in carne, cognofcentes. Non enim alium Deum Verbum & alium Chriftum novimus, fed unum & eumdem, confubftantialem Patri fecundùm divinitatem, con-

fubftan-

VIII. Juftiniani fidei profeffio.

substantialem matri secundùm humanitatem. Ut enim est in divinitate perfectus, ita idem ipse & perfectus est in humanitate. Nàm ejus secundùm hypostasin, seu secundùm personam unitatem suscipimus & confitemur. Mansit enim Trinitas, Trinitas; & post incarnationem unam ex Trinitate Dei Verbum : neque enim quartæ personæ adiectionem admittit sancta Trinitas.

IX. Anathema. tizat hæreticos.

His ita se habentibus, anathematizamus omnem hæresim, præcipuè verò Nestorium anthropolatram, & qui eadem cum ipso sentiunt & senserunt, qui dividunt unum Dominum nostrum Jesum Christum Filium Dei & Deum nostrum, qui non confitentur propriè & secundùm veritatem sanctam gloriosam & semper Virginem Mariam Theotocon seu Deiparam, id est, matrem Dei : Sed & qui duos Filios dicunt, unum ex Deo Patre Deum Verbum, alterum ex sancta semper Virgine Deipara Maria, gratia, habitudine, & propinquitate, quam cum Deo Verbo habet, natum esse : Et qui negant, nec confitentur Deum Dominum nostrum Jesum Christum Filium Dei & Deum nostrum incarnatum & hominem factum & crucifixum, unum esse ex sancta & consubstantiali Trinitate. Ipse enim solus est coadorandus & conglorificandus Patri & sancto Spiritui.

X.

Anathematizmus insuper & Eutychetem mente captum, & qui cum eo sentiunt aut senserunt, qui phantasiam introducunt, negantque veram nativitatem seu generationem Domini & Salvatoris nostri Jesu Christi ex sancta Virgine & Deipara, hoc est, nostram salutem : & qui non confitentur ipsum consubstantialem Patri secundùm deitatem, & consubstantialem nobis secundùm humanitatem. Similiter anathematizamus Apollinarium psychophthoron, sive animicidam, & qui cum eo sentiunt vel senserunt; qui dicunt inanimem, hoc est, animæ humanæ expertem esse Dominum nostrum Jesum Christum Filium Dei & Deum nostrum: & qui confusionem aut conturbationem introducunt & invehunt in unigeniti Dei Filii humanationem sive humanitatem: & omnes postremò qui eadem cum ipso senserunt, aut sentiunt. Dat. Idibus Martii, Constantinopoli, Justiniano PP. A. tertium Consule.] Post hæc edicto ista subiecta leguntur: Scriptum est superius edictum Ephesiis, item Cæsariensibus, item Cyzicenis, Amidenis, Trapezantiis, Hierosolymitanis, Apameis, Justinianopolitanis, Augustanis, Tarsensibus, Ancyranis.]

XI. Causa pro. mulgandi edicti.

Ad hujusmodi autem edictum promulgandum ante legationem Romam missam eo fuisse videtur motus impulsu Justiniani, ne adversariis, adversùs quos ante Rom. Pontificem initurus perlegatos suos esset certamen, aliquis cavillandi calumniandique locus relinqueretur: cum ipse Imperator æquè Eutychetem atque Nestorium eorumque sectatores condemnet & cum eis Apollinarem: peculiare enim tunc temporis erat, ut cum quis Nestorium damnaret,

ab his Eutychianus diceretur, sive Apollinarista ; contrà verò Eutychetem condemnans, ab iisdem appellaretur Nestorianus. Sic igitur se munire voluit Imperator, hos omnes ante condemnans, ut se esse verè Orthodoxum publico significaret edicto. Sed jàm ad missam Romam ad Joannem Papam legationem veniamus. Delectis igitur præcipuis Orientis Metropolitanis Episcopis, nempè Cæsariensi atque Ephesino ad obeundam legationem collegis, per eosdem hæc scripsit ad Joannem Romanum Pontificem (a):

Imperator Justinianus, pius, felix, inclytus, triumphator semper Augustus Joanni sanctissimo Archiepiscopo almæ urbis Romæ & Patriarchæ.

a l. 8. C. de summ. Trinit.

Reddentes honorem Apostolicæ sedi & vestræ sanctitati (quod semper nobis in vote & fuit & est) ut decet patrem honorantes vestram beatitudinem ; omnia quæ ad Romanæ Ecclesiæ statum perrinent, festinavimus ad notitiam deferre vestræ sanctitatis : quoniam semper nobis fuit magnum studium, unitatem vestræ Apostolicæ sedis, & statum sanctarum Dei Ecclesiarum custodire, qui hactenus obtinet & incommode permanet, nulla intercedente contrarietate. Ideòque omnes sacerdotes universi Orientalis tractus & subiicere & unire vestræ sanctitati properavimus. In præsenti ergò quæ commota sunt, quamvis manifesta & indubitata sint, & secundùm Apostolicæ vestræ sedis doctrinam ab omnibus semper sacerdotibus firmè custodita & prædicata ; necessarium duximus, ut ad notitiam vestræ sanctitatis perveniant. Nec enim patimur quicquam quod ad Ecclesiarum statum pertinet, quamvis manifestum & indubitatum sit quod movetur, ut non etiam vestræ innotescat sanctitati, quæ caput est omnium sanctarum Ecclesiarum. Per omnia enim (ut dictum est) properamus honorem & auctoritatem crescere vestræ sedis.

XII. Epist. Just. ad Joann. Rom. Pont.

Manifestum igitur facimus vestræ sanctitati, quòd pauci quidam infideles & alieni sanctæ Dei Catholicæ atque Apostolicæ Ecclesiæ, contradicere Judaicè atque apostaticè ausi sunt adversùs ea quæ ab omnibus sacerdotibus secundùm vestram doctrinam rectè tenentur & glorificantur & prædicantur; denegantes Dominum nostrum Jesum Christum unigenitum Filium Dei Deum Dominum nostrum incarnatum de sancto Spiritu & ex sancta atque gloriosissima semper Virgine Dei genitrice Maria hominem factum atque crucifixum, unum esse sanctæ & consubstantialis Trinitatis, & coadorandum & conglorificandum Patri & Spiritui sancto, & consubstantialem Patri secundùm divinitatem, & consubstantialem nobis eumdem ipsum secundùm humanitatem, passibilem carne, eumdemque ipsum impassibilem deitate. Recusantes enim Dominum nostrum Jesum Christum unigenitum Filium Dei & Dominum nostrum fateri unum esse sanctæ & consubstantialis Trinitatis, videntur Nestorii malam sequi doctrinam, secundùm gratiam dicentis unum Filium

XIII. De Nestorianorum conatu.

Filium Dei , & alium dicentis Dei Verbum
& alium Christum.

XIV.
De Verbi incarnatione quid sentiendū.

Omnes verò sacerdotes sanctæ Catholicæ
atque Apostolicæ Ecclesiæ & reverendissimi Archimandritæ sanctorum monasteriorum sequentes sanctitatem vestram , & custodientes statum & unitatem Dei Ecclesiarum , quam habent ab Apostolicæ vestræ
sanctitatis sede , nihil penitùs immutantes
de Ecclesiastico statu , qui hactenùs obtinuit
atque obtinet , uno consensu confitentur &
glorificant prædicantes Dominum nostrum
Jesum Christum unigenitum Filium & Verbum Dei & Dominum nostrum ante sæcula
& sine tempore de Patre natum , in ultimis
diebus descendisse de cælis , & incarnatum
de Spiritu sancto & ex sancta & gloriosa
Virgine Maria natum & hominem factum
& crucifixum , unum esse sanctæ & consubstantialis Trinitatis,& coadorandum & conglorificandum Patri & sancto Spiritui : nec
enim alium Deum Verbum & alium Christum cognoscimus , sed unum atque eumdem
ipsum consubstantialem Patri secundùm divinitatem , & consubstantialem nobis secundùm humanitatem;passibilē carne , eumdem
ipsum impassibilem deitate. Ut enim est in
divinitate perfectus , ita etiam ipse in humanitate perfectus est . In una enim substantia deitatem suscipimus & confitemur
quod dicunt Græci τῶν καθ᾽ ὑπόστασιν ἕνωσιν
ὁμολογῶμεν , id est , eam quæ secundùm
personam est unitatem seu conjunctionem
confitemur.

XV.
S. Maria verè mater Dei.

Et quoniam unigenitus Filius & Verbum
Dei ante sæcula & sine tempore de Patre
natus, idem ipse & in ultimis diebus descendens de cælis incarnatus est de Spiritu sancto & ex sancta atque gloriosa semper Virgine genitrice Maria homo factus Dominus noster Jesus Christus propriè & verè
Deus est ; ideò & sanctam atque gloriosam
Virginem Mariam propriè & verè Dei matrem esse dicimus : non quia Deus Verbum
principium ex ipsa sumpserit , sed quia in
ultimis diebus descendit de cælis , & ex ipsa
incarnatus & homo factus & natus est,quem
confitemur & credimus (sicut dictum est)
consubstantialem esse Patri secundùm divinitatem , & consubstantialem nobis eumdem ipsum secundùm humanitatem : ejusdem miracula & passiones , quas spontè in
carne suscepit , agnoscentes.

XVI.

Suscipimus autem sancta quatuor Concilia , id est , trecentorum decem & octo
sanctorum Patrum qui in Nicæa urbe congregati sunt, & centum quinquaginta sanctorum Patrum qui in hac regia urbe convenerunt,& sanctorum Patrum qui in Epheso primùm congregati sunt , & sanctorum Patrum qui Chalcedone convenerunt ,
sicut vestra Apostolica sedes docet atque
prædicat. Omnes ergo sacerdotes sequentes doctrinam Apostolicæ sedis vestræ ita
credunt & confitentur & prædicant.

XVII.
De legatis missis , & litteris datis.

Undè properavimus hoc ad notitiam deferre vestrę sanctitatis per Hypatium & Demetrium beatissimos Episcopos : ut nec vestram sanctitatem lateant , quæ à quibus-

dam paucis monachis malè & Judaicè secundùm Nestorii perfidiam denegata sunt.
Petimus ergo vestrum paternum affectum ,
ut vestris ad nos destinatis litteris & ad sanctissimum Episcopum hujus almæ urbis &
Patriarcham fratrem vestrum (quoniam &
ipse per eosdem scripsit ad sanctitatem vestram , festinans in omnibus sedem sequi Apostolicam beatitudinis vestræ) manifestum
nobis faciatis , quòd omnes qui prædicta
rectè confitentur , suscipit vestra sanctitas ;
& eorum qui Judaicè ausi sunt rectam denegare fidem , condemnat perfidiam. Plùs
enim ita & circà vos omnium amor & vestræ sedis crescet auctoritas : & quæ ad vos
est unitas sanctarum Ecclesiarum , inturbata servabitur , quando per vos didicerint omnes beatissimi Episcopi eorum quæ
ad vos relata sunt , sinceram vestræ sanctitatis doctrinam . Petimus autem vestram beatitudinem orare pro nobis , &
Dei nobis acquirere providentiam. *Item
subscriptio talis fuit.* Deus te conservet
per multos annos , sancte ac religiosissime
Pater.]

Litteræ autem ab Epiphanio Episcopo
Constantinopolitano ad Joannem Pontificem , quarum Justinianus mentionem facit , non extant. Meminit hujus legationis Anastasius , qui & de muneribus à
Justiniano missis agit his verbis : Eodem
tempore vir religiosus Augustus Justinianus summo amore Christianæ religionis
mittit fidem suam scriptam chirographo
proprio ad sedem Apostolicam per Episcopos Hypatium & Demetrium. His diebus obtulit Cristianissimus Imperator beato Petro Apostolo scyphum aureum circundatum gemmis prasinis & albis , & alios
calices argenteos duos , scyphum pensantem libras quinque , calices argenteos singulos pesantes libras sex , & alios calices
argenteos duos pesantes libras quindecim ,
palliola verò auro texta quatuor.] Hæc
ibi.

Detentos autem legatos fuisse usque in
sequentem annum , ex reddita à Joanne
Pontifice epistola ad Justinianum Imperatorem data sub quarto ejusdem Justiniani
Consulatu cum collega Paulino , satis intelligi potest : reddemus ergo eamdem suo
loco . Quid autem hoc anni tempore actum
sit , antequàm dicamus , agendum de epistola ejusdem Imperatoris ad Epiphanium
Constantinopolitanum Episcopum data hoc
ipso anno sub tertio Justiniani Consulatu , septimo Kalendas Aprilis : in qua
cum mentio habeatur dictæ Justiniani epistolæ ad Joannem Papam , eam ante dictam diem fuisse scriptam oportet. Quoniam verò res agitur maximi ponderis , nihil plane prætermittendum est , quod in
ea scriptum reperiatur. Ipsam igitur in
primis Justiniani Imperatoris ad Constantinopolitanum Episcopum post missam Romam legationem conscriptam reddamus
epistolam. Quòd enim adversarii Justiniani sparsissent in vulgus , ipsum
eorum assertione verborum Concilium
Chalce-

XVIII.

Munera Justiniani oblata S. Petro.

XIX.

Chalcedonense labefactare , contemnere
verò alia Concilia generalia ; visum
fuit ipsi pernecessarium palàm exponere ; quo esset erga sanctas quatuor Synodos affectu , & quomodò pro ipsis jugiter laboraret. Epistola autem sic se habet (n) :

a l. 7. C. de summ. Trinit.

Imperator. Epiphanio sanctissimo ac beatissimo Archiepiscopo regiæ hujus urbis & œcumenico Patriarchæ.

XX.
Justiniani ep. ad Epiphanium.

Cognoscere volentes tuam sanctitatem ea omnia quæ ad Ecclesiasticum spectant statum; necessarium duximus hisce ad eam uti divinis compendiis, ac per ea manifesta videm facere quæ jam moveri cœpta sunt, quanquàm & illa eandem cognoscere sumus persuasi. Cum itaque comperissemus quosdam alienos à sancta Catholica & Apostolica Ecclesia , impiorum Nestorii & Eutychetis secutos deceptionem ; divinum antehac promulgavimus edictum (quod & tua novit sanctitas) per quod hæreticorum furores reprehendimus ; ita ut nullo quovis omninò modo immutaverimus, immutemus, aut prætergressi simus eum, qui nunc usquè coadiuvante Deo servatus est , Ecclesiasticum statum , quemadmodùm & tua novit sanctitas ; sed in omnibus servato statu unitatis sanctissimarum Ecclesiarum cum ipso sanctissimo Papa veteris Romæ , ad quem similia hisce perscripsimus. Nec enim patimur, ut quicquam eorum quæ ad Ecclesiasticum spectant statum, non etiam ad ejusdem referatur beatitudinem, cum ea sit caput omnium sanctissimorum Dei sacerdotum : vel eò maximè, quòd quoties in his locis hæretici pullularunt, & sententia & recto judicio illius venerabilis sedis correcti sint.

XXI.
*

Ideòque ex præsentibus divinis nostris brevioculis sciet tua sanctitas, quæ à nobis proposita sunt * quàm & quibus studio est pessimè interpretari quæ à nobis statuta sunt, comprehendentur. Pauci quidam infideles, & alieni à sancta Dei Catholica & Apostolica Ecclesia contradicere Judaicæ non sunt adversùs ea quæ ab omnibus in cœrditibus rectè observantur, probantur, & annunciantur; negantes Dominum nostrum Jesum Christum unigenitum Filium Dei & Deum nostrum incarnatum ex Spiritu sancto & sancta gloriosa semperque Virgine & Deipara hominem factum & crucifixum, unum esse sanctæ & consubstantialis Trinitatis , coadorandum & conglorificandum Patri & sancte Spiritui , consubstantialem Patri secundùm deitatem , consubstantialem nobis eumdem secundùm humanitatem ; passibilem carne , eumdem impassibilem deitate. Recusantes enim Dominum nostrum Jesum Christum unigenitum Filium Dei & Deum nostrum fateri, unum esse sanctæ & consubstantialis Trinitatis, manifestè deprehenduntur impii Nestorii sequi pravam doctrinam, secundùm gratiam eum dicentes Filium Dei, & alium Deum Verbum, & alium Christum dicentes : quos anathemate damnamus , eorum etiam dogmata, eos etiam qui eadem cum ipsis senserunt, ut

alienos à sancta Dei Catholica & Apostolica Ecclesia .] Quòd audis , lector , Justinianum anathemate hæreticos condemnare, sic intelligas (ut sæpè ostensum est) eosdem jam ante in sacris Synodis à Patribus condemnatos , eadem ipsorum sententia punitos atque damnatos habendos . Pergit verò :

XXII.
Et reverendissimi sacrorum monasteriorum Archimandritæ sequentes sanctorum Patrum traditionem (ea scilicet fide , ut nihil omninò antehac immutarint , aut hodiè immutent ab eo , qui nunc usquè, sicut dictum fuit, obtinuit, Ecclesiastico statu) unanimiter fatentur & cum gloria annunciant Dominum nostrum Jesum Cristum unigenitum Filium esse & sine tempore ex Patre genitum , & in novissimis diebus descendisse ex cælis , & incarnatum ex Spiritu sancto & sancta gloriosa semper Virgine & Deipara Maria, & hominem factum & crucifixum, unum esse sanctæ & consubstantialis Trinitatis. Consubstantialem enim ipsum scimus Patri secundùm deitatem , & consubstantialem nobiscum eundem secundùm humanitatem ; passibilem carne, eumdem impassibilem deitate. Quemadmodùm enim est in deitate perfectus, sic idem in humanitate perfectus ; ideòque eam quæ est secundùm hypostasin unionem amplectimur & confitemur : quemadmodùm etiam unigenitus Filius Verbum Dei ante sæcula & sine tempore ex Patre genitus , idem quoque in novissimis diebus descendit de cælis , & carnem assumpsit ex Spiritu sancto & sancta gloriosa Deipara Maria , & homo factus est : quem confitemur (quemadmodùm dictum est) consubstantialem Patri secundùm divinitatem, consubstantialem eumdem nobis secundùm humanitatem : ejusdem miracula & passiones , quas ultrò sustinuit , carne confitentes.

XXIII.
Hæc igitur sunt , in quibus per divinum nostrum edictum hæreticos coarguimus : cui divino edicto vel omnes reperti hic verissimi Episcopi & reverendissimi Archimandritæ cum tua sanctitate subscripserunt , servantes in omnibus sancta quatuor Concilia , & quæ in unoquoque eorum constituta, Nicænum trecentorum decem & octo Patrum , & hujus regiæ urbis centum quinquaginta , & Ephesinum prius , & Chalcedonense ; manifestè omnibus qui una scriptura sentiunt Fidelibus sanctæ Catholicæ & Apostolicæ Ecclesiæ traditam regulam fidei , hoc est, sanctam formulam seu Symbolum tenemus & custodimus à trecentis decem & octo Patribus expositam , & illud quod in hac regia urbe centum quinquaginta sancti Patres apertiùs exposuerunt , non quòd defectuosum esset prius : sed quoniam veritatis hostes partim subvertere cœperant sancti Spiritus deitatem , partim ex sancta semper Virgine Maria Deipara veram incarnationem Dei Verbi negaverant ; proptereà Scripturæ testimoniis idem Symbolum supradicti centum quinquaginta Patres
apertiùs

apertiùs expofuerunt : idque & ante omnes
fanctæ Synodi Ephefina prior & Chalcedonenfis eamdem fidem fequentes fufceperunt & cuftodierunt , fanctam & gloriofam femper Virginem Mariam Deiparam
publicarunt , & non confitentes eam Deiparam anathemate percelluerunt ; fimiliter
anathematizarunt eos , qui aliud Symbolum , aliamve fanctam formulam traderent præter eam quæ à trecentis decem &
octo fanctis Patribus expofita effet , &
explicata & corroborata à centùm quinquaginta fanctis Patribus in hac regia urbe congregatis.

XXIV.   Et quidem Ephefinum priùs impium
Neftorium & ejus dogma fuftulit & anathematizavit , ad hæc eos qui cum eo
fenferunt & fentiunt , & qui confenferunt & confentiunt . Chalcedonenfe verò fanctum Concilium damnavit & ejecit à fanctis Dei Ecclefijs & anathematizavit impium Eutychetem , ejufque dogmata , & qui eadem cum illo fenferunt
& fentiunt , & qui confenferunt eidem
& confentiunt ; & omnes hæreticos, eorumque dogmata , & qui cum illis fenferunt & fentiunt , anathematizavit : pariter anathematizavit Neftorium fcilicèt ,
ejufq; dogmata , & qui cum eo fenferunt &
fentiunt;& qui cum eo confenferunt & confentiunt . Chalcedonenfe verum S. Conci-
liû magni Procli ad Armenios confcriptam
epiftolam, quòd oporteat *confiteri* Dominum noftrum Jefum Chriftum Filium Dei
& Deum noftrum unû S. Trinitatisper propriam relationem, fufcepit & confirmavit.

XXV.   Quæ prædicta quatuor fancta Concilia fi negligimus , aut ea quæ his conftituta , damus licentiam damnatis ab iis
hæreticis eorumque dogmatibus fuam peftem rursùs in fanctis Dei Ecclefiis oftendere . Optandum itaque , ut quod nondùm contigit fieri , hoc aliquandò contingat : idque eò magis , quòd fupradicta
quatuor fancta Concilia fpeciali confeffio-
ne hæreticos eorumque dogmata damna-
runt . Ideòque fi quis ab uno fupradicto-
rum fanctorum quatuor Conciliorum diffentiat , palàm eft eum amplecti dogmata à
fanctis illis Patribus damnata & anathemati-
zata.Nullus itaque fruftrà vos turbet fpe vana innixus,quafi nos côtrarium à fupradictis
quatuor Conciliis fecerimus , aut faciamus,
aut fieri à quibufdam permittamus , aut
aboleri eorumdem fanctorum quatuor Conciliorum piam memoriam ex dictis Ecclefiæ
Diptychis fuftineamus . Omnes enim qui
ab iis damnati & anathematizati funt , &
damnatorum dogmata , eofque qui eadem
ac ipfi fenferunt , aut fentiunt , anathematizamus . Ità bene precetur nobis & noftro Imperio beatitudo tua , omnes de noftra intentione ac noftro ergà irreprehenfibilem fidem ftudio docens & certiores faciens . Data VIII. Kalendas Aprilis, Conftantinopoli , D. N. Juftiniano PP. A. III.
Confule.] Hactenùs ad Epiphanium, publicum tamen exponendum edictum. Quòd
enim ea de paffo uno ex Trinitate verba,

A   Hormifda non recepiffet, ne quid inferretur
præjudicii Chalcedonenfi Concilio, quòd ea
profeffus Juftinian. diceretur ab adverfariis
adverfarius Chalcedonenfis Concilii ; ea
de caufa apologiam pro fua fide in dicta ad
Epiphanium epiftola inftruxiffe videtur. Sed
res geftas Romæ , cum legati ibidem morarentur , accuratiùs profequamur.

XXVI.   Illud verò hìc in limine admonendum,
feu potiùs ad memoriam revocandum; quod
in Hormifda fæpè fuperiùs dictum eft :
numquàm eam fententiam ab ipfo Hormifda fuiffe rejectam tamquàm hæreticam, fed
profcriptam ut novam atque fufpectam, ne
fub ea Eutychianorum fallaciæ occultaren-
tur : re tamen ipfa , fi dolus abeffet , qui
timebatur in monachis illis valdè fufpicione Eutychianæ hærefis laborantibus , recipienda effet omninò . Quamobrèm cum
perfonæ mutatæ effent , defiftentque penitùs illæ de quibus doli fufpicio haud levis effet ; abfque Hormifdæ Papæ injuria
revocari ea poffe videbatur in dubium,
abutentibus perfertim Neftorianis & Origeniftis ipfius Hormifdæ Papæ Apoftolicâ
auctoritate . Hinc enim licentia parta eft
Orthodoxis Epifcopis Conftantinopoli
agentibus unà cum Epiphanio ejus civitatis Epifcopo , fimùlque Juftiniano Imperatori , de his tractandi apud Joannem
Romanum Pontificem , miffa ad eum ho-
norificentiffima legatione.

XXVII.   Cum autem legatio Imperatoris Romæ
audita effet , lectæque litteræ eodem argumento confcriptæ tùm ab ipfo Juftiniano
Imperatore , tùm etiam ab Epiphanio Epifcopo Conftantinopolitano : fed & nec
fpreti effent legati ab Accœmetis monachis
Conftantinopoli degentibus Romam miffi,
auditi & ipfi , qui Hormifdæ Papæ fe
tueri fententiam profiterentur ; diù fluctua-
tum eft apud nonnullos Ecclefiæ Romanæ clericos , nùm Juftiniani Imperatoris
fidei confeffio recipienda effet , quam in
Scythæ monachis ante vifus erat explofiffe
(ut vidimus) Hormifda Papa . Prudentiores autem caufæ diverfitatem confiderantes, ut jure tùnc ab Hormifda , cum ageret adversùs fubdolos Eutychianos , effe
rejectam eam fententiam intellexerunt; ità
converfa nunc alea , & adversùs Neftorianos mutato certamine , rectè à Joanne Papa debere recipi affirmarunt . Contrà verò dubitavere plerique , nàm quod
femel ab Ecclefia Romana negatum effet,
deberet admitti.

XXVIII.   Inter hæc ambigua , dùm graves hinc
indè fententiæ diceretur , neque quicquam
definiretur ab ipfo Romano Pontifice cuncta gravi lance judicii expendente : toto
anni hujus temporis fpatio , ab adventu
videlicèt legatorum ufque ad eorumdem
profectionem ab Vrbe , nihil propenfio-
ri ftudio eft Romæ ab Apoftolica fede curatum , quàm ut quid decernendum effet,
quàm accuratiffimè quæreretur . Tunc temporis Anatolius S. R. E. diaconus confuluit Ferrandum diaconum Carthaginenfis
Ecclefiæ ,difcipulum Sancti Fulgentii , virum

Ferrandus
confultus
ab Anato-
lio Rom.
Diac.

rum hujus temporis doctrina insignem, quæ ipsius esset de proposita quæstione sententia ; nòn videlicèt absque aliqua licèt levi fidei Orthodoxæ offensione dici posset unus de Trinitate passus in carne. Ad quem idem Ferrandus prolixam satis atque eruditam epistolam scripsit , haud pridem editam unà cum aliis ejus opusculis ab Achille Statio Lusitano; qua cum multa de Verbi incarnatione disseruisset, ubi ad quæstionem de qua est controversia venit, hanc firmat conclusionem : Rectè dici unum de Trinitate passum , sed securius addi , passum in carne : nàm hæc post multa habet:

XXIX. Propter istos ista dixi , qui nùnc audientes unum de Trinitate passum , dicunt, Adde secundùm carnem: quasi aliter intelligi debeat, etiam si ego non addam : vel addere multùm necessarium sit, quod etiam si non additur, apparet. Libenter autem exigi à me patior , quod ultrò addere sum peratus. Incunctanter profiteor lingua, quod retinet conscientia. Unus de Trinitate Filius Dei Jesus Christus, passus est de tribus personis , passus est secundùm carnem.] Ad postremùm autem post alia fusiùs disputata, hæc subdit : Superest nùnc in conclusione hujus voluminis eisdem duabus sententiis, de quibus inter se disputantium fratrum prolixa sit altercatio, nequa remanere vel suspiciosis videatur ambiguitas ; dura quamdam fidei regulam , quæ præcedente, simplicitas loquentium manifestetur & audientium removeatur scandalum. Dicturus ergo unum de Trinitate passum, priùs addat , omnipotentis Dei unam substantiam, tres esse personas, ex quibus una persona , id est, Filius Deus permanens , homo factus , passus, & passus sit, cumque Patre neque Spiritu sancto pariter incarnato ; quamvis opus nostræ redemptionis tota fuerit Trinitas operata, &c.] Hæc ad obstruendos aditus impiè callidati :

XXX. Scripsit verò idem Ferrandus eodem argumento aliam epistolam ad Severum Scholasticum Constantinopolitanum : quæ licèt minimè integra habeatur , satis suppleri potest ex dicta ad Anatolium diaconum epistola. Sicut ergo Ferrandus monuit , ità factum à Justiniano Imperatore apparet, ut cum assereret unum de Trinitate passum, multa præmiserit, & rursùs multa subiecerit, quæ omnem possent de subdola captione suspicionem auferre: ut non mirum sit, si ipsum Imperatorem confesso à Romano Pontifice post anni unius agitatam controversiam recepta fuerit atque probata, ut videbimus ex litteris ejusdem Pontificis ad ipsum redditis anno sequenti . Quæ quidem omnia ex sententia etiam Chalce. Joanensis Concilii esse dicta , Facundus Episcopus Hermianensis in tractatu ad Justinianum Imperatorem de Tribus capitulis , pluribus docet ipso libri principio: extat ipse scriptus in Vaticana bibliotheca . Sed & Dionysius Exiguus eidem favit sententiæ; cujus rei gratia tunc in Latinum trans-

A tulit Procli epistolam ad Armenos , cui præfationem affixit , qua docuit piè rectèque dici , unum ex Trinitate passum in carne . Erat viri hujus Romæ hoc tempore (ut dictum est ex Cassiodoro) æstimatio summa . Sed ad legationem redeamus .

Meminit hujus à Justiniano missæ legationis Procopius , ubi agit de Theodato Gotho conante in odium Amalasunchæ prodere Tusciam, cui ipse præerat , Justiniano Imperatori . Nàm ait (*a*): Hanc sibi à mali animi imperimere promptitudinem Amalasuntha * occeperat, eaque de causa inferior illi Theodatus erat, remque * molestè ferebat. Unde huic animo inerat, Justiniano Tusciam prodere; cujus rei ob gratiam abi primùm vim magnam pecuniarum & Consularem dignitatem ab eo in præmium retulisset , Byzantii mens erat ceutero commorari . Hæc Theodato animo volutante, ex Byzantio ad Romanum Antistitem legati venerunt , Christianorum altercationis sedandæ causa sententium varia & inter se disceptantium . Sed qualesnam istorum controversiæ sint, etsi minùs ignorem , haudquaquam tamen in præsenti memineram, nimirùm qui furentis esse vesaniæ ducam , Dei velle qualitinam fit pervestigare naturam : hominem namque mortalem ne humana hæc quidem ad verum posse comprehendere reor , nedùm ad divinæ naturæ pervenire cognitionem sit quæat. Sed per me ista fine discrimine præterantur , quæ sola credulitate venerantur mortales: ipso verò de Deo fateri nil aliud hoc tempore ausim , nisi quòd bonus omniaò & rector sit, & universa in sua habeat potestate .] Ista Procopius , qui impietatis arguitur ab ejusdem temporis scriptoribus : ut non mireris , si quæstiones de fide Christiana contemnat; Porrò his dictis indicat perplexas satis atque prolixas ejusmodi controversias fuisse, pugnantibus ex adverso legatis Acumetarum .

D Sed ne discedamus ab Urbe : hoc ipso tempore quo Joannes Papa (ut dictum est) Pontificiam sedem obtinuit , quòd multa accidissent indigna in ipsa Romana Ecclesia sede vacante , dùm videlicèt complures ut ad Pontificatum adipiscendum sibi aditum præpararent, Ecclesiæ bona effudissent, & inter eos fuissent alii qui comperissent aliquos e Senatoribus dando pecunias , ut postularentur à Romanum Pontificem : id indignè ferens Senatus ipse in primis, adversùs eos qui adeò turpiter aliquid accepissent , Senatus consultum promulgavit. Egit insuper & Joannes Papa apud Athalaricum Regem , ut qui impudenter Ecclesiastico eos canones procularent, Regis perterrerentur edicto : per Ecclesiæ enim Defensorem petiit ab ipso Athalarico Rege , ut adversùs ejusmodi simoniacos, quos non compescerent sacri canones , regia ageret potestate ; propagine sæculi eosdem comprimeret, quos nec Deitimor , neque Ecclesiastica censura corrigeret . Sic igitur idem Athalaricus hæc ad ipsum Joannem Papam rescripsit (*b*);

Joanni

Proc. de bello Goth. lib. 1.

Theodatus quid cum Legatis.

XXXII. Simoniaca labes invaluit.

b Apud Cassiod. Variar. lib. 9. ep. 15.

XXXIII.

Joanni Papæ Athalaricus Rex.
Si antiquis Principibus studium fuit leges exquirere, ut subjecti populi delectabili tranquillitate fruerentur; multò præstantius est, talia decernere, quæ possint sacris regulis convenire. Absint enim à nostro sæculo damnosa compendia. Illud tantùm possumus verum lucrum dicere, quod constat divina judicia non punire. Nuper siquidem ad nos Defensor Ecclesiæ Romanæ flebili allegatione pervenit, cum Apostolicæ sedi peteretur Antistes, quosdam nefaria machinatione necessitatem temporis aucupatos, ita facultates pauperum extortis promissionibus ingravasse, ut (quod dictu nefas est) etiam sacra vasa emptioni publicæ viderentur exposita. Hoc quantùm fuit crudele committi, tantùm religiosum est, adhibita pietate, resecari. Atque ideò sanctitas vestra statuisse nos præsenti definitione cognoscat, quod etiam ad universos Patriarchas atque metropolitanas Ecclesias volumus pertinere, ut à tempore sanctissimi Papæ Bonifacii, cum de talibus prohibendis suffragiis Patres conscripti Senatusconsultum nobilitatis suæ memores condiderunt.] Quodnam autem fuerit istiusmodi Senatusconsultum, ita subiicit:

Athalaricus adversùs Simoniacos.

Senatusconsultum adversùs Simoniacos.

XXXIV.

Quicumque in Episcopatu obtinendo sive per se, sive per aliam quamcumque personam aliquid promisisse declaratur, ut execrabilis contractus cunctis viribus exueretur. Si quis autem in hoc scelere deprehenditur fuisse versatus, nullam relinquimus vocem: verùm etiam si aut repetendum, aut quod acceptum est, non reddendum esse crediderit, sacrilegii reus protinus habeatur, accepta restituens compulsione Judicis competentis.] Hactenus Senatusconsultum non adversùs clericos promulgatum, sed in laicos, quibus ob postulationem alicujus in Episcopum aliquid datum vel promissum esset; sed omnia reddens irrita, nec eis aliquod voluit esse suffragium in postulando. Hæc autem Rex Athalaricus confirmans, à Senatu decreta; eosdem impiè agentes coercet, ista subjiciens:

*efferretur, efficeretur

XXXV.
Confirmatio S. C.

Justissimæ quidem leges ut bonis aperiant, ita claudunt malis moribus actionem: proptereà quicquid in illo Senatus decretum est consulta, præcipimus in eos modis omnibus custodiri, qui de quoquo modo per interpositas quascumque personas scelestis contractibus miscuerunt.] His in confirmatione Senatusconsulti appositis, eidem ipse festinus occurrere studuit sacrilegio, cum videlicet quis, ut subriperet sibi Pontificatum, majorem pecuniæ summam, quàm alii solerent, populo daturum promitteret, istiusmodi promissionibus velut auctione quadam emens sibi, conciliata populi gratia, Pontificiam sedem: quod nefandum scelus ut penitùs tolleretur eo modo quo diximus, per Defensorem Ecclesiæ apud Regem agens Joannes Papa curari petiit: cui Rex annuens, ista subjunxit:

XXXVI.

Et quia omnia decet sub ratione moderari, nec possunt dici justa quæ nimia sunt;

A cum de Apostolici consecratione Pontificis intentio fortasse prævenerit *, & ad Palatium nostrum producta fuerit altercatio populorum, suggerentes nobis, intra tria millia solidorum cum collectione chartarum censemus accipere: à quibus tamen omnes inidoneos * rei ipsius consideratione removemus: quia de Ecclesiastico munere pauperibus est potiùs consulendum. Alios verò Patriarchas, quando in Comitatu nostro de eorum ordinatione tractatur, in supradictis conditionibus atque personis intra duo millia solidorum jubemus expendere: in civitatibus autem suis tenuissimæ plebi non ampliùs quàm quingentos solidos se distributuros esse cognoscant. Reliquos accipientes & edicti præsentis & Senatusconsulti nuper habiti pœna constringat, & dantes canonum severitas persequatur.] Vides non audere Regem in dantes clericos pœnam convertere, sed in accipientes tantummodo laicos, relinquens illos canonum censura plectendos: ut sicut Senatusconsultum, ita & Regis edictum laicas tantùm personas respiciat, quæ aliquid hujusmodi ex causa acceperint; prout etiam quæ dicentur, insinuant. Sed & hic obiter illud observa, per Patriarchas intelligi Archiepiscopos: præter enim Romanum Pontificem, nullus Patriarcharum in ditione erat Athalarici Italiæ Regis. Ex Gothis enim ejusmodi vocis usus emersit, ut Archiepiscopi in Occidente Patriarchæ etiam dici cœperint. Subdit ergo:

* pervenerit

De pecunia in consecratione solvenda.
* idoneos

B

C

XXXVII.

Vos autem, qui Patriarcharum honore reliquis præsidetis Ecclesiis, quoniam constitutio nostra ab illicita promissione liberavit; restat, ut bona imitantes exempla, sine aliquo Ecclesiarum dispendio dignos majestate Pontificiis offeratis. Iniquum est enim, ut locum apud vos habeat ambitus, quem nos hujcei divina consideratione præclusimus. Quapropter si quis Apostolicæ Præsulem Ecclesiæ, vel Patriarcharum Episcopum sive per se, sive per parentes nobis * servientium quascumque personas aliqua suffragii crediderit ambitione promovendum; & ipsum reddere accepta definimus; & quod est canonibus statutum, eum modis omnibus esse passurum. Si quis verò quæ dederit aut promiserit, eodem superstite, timuerit publicare, ab hæredibus vel pro hæredibus ejus Ecclesia repetat, cujus suffragio Antistes deprehenditur ordinatus: notâ infamiæ nihilominùs superstites inurente, reliquos quoque ordines sub eadem fieri distinctione præcipimus.

D

E

* nos

Pœna sequatur hæredes.

Quòd si forsitan dolosæ machinationis invento sacramentis persona intercedentibus fuerit obligata, ut salvo statu animæ commissam iniquitatem neque approbare possit, neque audeat accusare: damus licentiam quibuslibet honestis personis in singulis quibusque civitatibus apud Judices competentes hoc crimen deferre: & quicquid ex ea potuerit probatione recolligi, ut ad probationem? insequentes animadvertimus,

XXXVIII.
Aperta via accusatoribus.

* approbatione

mus, tertiam partem judicatæ rei illæ percipiat, qui tale facinus voluerit publicare;re-
liqua verò ipsis ecclesiis proficiant quæ videntur extorta, aut in fabrica earum aut in
ministerio nihilominùs profutura. Decet
enim ad usus bonos convertere, quæ voluit
perversitas inimica fraudare. Quiescat igitur
malignantium prava cupiditas. Quò ten-
dant, qui à fonte præclusi sunt? Recolatur &
timeatur Simonis justa damnatio, qui emendari crediderit totius largitatis auctorem.

XXXIX.   Orate igitur pro nobis, edicta nostra custodientes: quia divinis noscitur convenire
mysteriis. Sed quò facilius Principis votum universorum mentibus innotescat; hoc
Senatui, hoc populis per Præfectum Urbis
præcipimus intimari : ut generalitas agnoscat, nos illos prosequi, qui majestati divinæ potius viderentur adversi. Vot quoquè hoc universis, quos Deo propitio re-
gitis, Episcopis intimate; neque sit alienus à culpa, qui potuit cognoscere constituta.] Hactenùs ad Joannem Papam rescriptum sive edictum Athalarici Regis. Ex quibus intelligis, quàm execrabilis semper fuerit in Ecclesia simoniaca culpa, adversùs
quam (quòd canones non proficerent) Ariani Regis auxilium oportuerit implorasse.
Sed illud cessit ignominiosius, cum recita-
cum edictum adversùs hujusmodi delinquentes idem Rex voluit marmoreæ inscribi tabulæ, & ante sancti Petri atrium illam per-
spicuam cunctis apponi. Ex violentis hisce
remediis, quàm grandis morbus irrepserit,
est facile judicare. Ad hæc igitur naviter
implenda ipse Athalaricus ad Præfectum
Urbis ista conscripsit (a):

a Apud
Cassiod. l. 9.
ep. 16.

Salvantio V. I. Præf. Urbis Athalaricus Rex.

XL.   Grata res est, cuncta profutura vulgare;
* noscitur   ut generale fiat gaudium, quod potuit esse
votivum : alioqui læsionis causa nascitur *,
si beneficia potiùs occultantur. Dudùm siquidem Senatus amplissimus à splendore suo cupiens maculam fœdissimæ suspicionis abra-
dere, provida deliberatione constituit, ut
in beatissimi Papæ consecratione nullus se
abominabili cupiditate polluerit : pœna
etiam constituta, qui talia præsumere ten-
tavisset. Non injuria: quia tùnc electi;vere
meritum quæritur, cum pecunia non ama-
tur. Quod nos laudantes & augentes inventum, ad beatissimum Papam direximus constituta, quæ his antelata perfulgent, ut ab
honestate sanctæ Ecclesiæ profanus ambitus
auferatur. Hoc nos ad notitiam Senatus &
Romani populi volumus sine aliqua dilatione perducere, quatenùs cunctorum figatur
cordi, quod cupimus omnium studio custo-

Edictum   diri : Verùm ut Principale beneficium &
Regis ante præsentibus hæreat sæculis & futuris; tàm
atrium S.   definita nostra quàm Senatusconsulta tabu-
Petri affi- lis marmoreis præcipimus decenter incidi,
xum.   & ante atrium beati Petri Apostoli in testimonium publicum collocari. Dignus enim
locus est, qui & gloriosam mercedem nostram, & Senatus amplissimi laudabilia decreta contineat. In quam rem illum direximus : quo redeunte, noscantur impleta quæ
jussimus. Incertum enim videtur habere

Annal. Eccl. Tom. VII.

A   quod præcipit, cui rerum effectus tardiùs
innotescat.] Hactenùs mandatum Præfecto
Urbis datum, ad quem etiam de relaxandis
à vinculis duobus nobilibus Romanis civibus, agente pro illis eodem Joanne Papa,
rescriptum (b) extat. Sed de Joannis Pa-   b Apud
pæ rebus gestis hoc anno jam satis : ad Ju-   Cassio. Var.
stinianum recurrat oratio.   l. 9. ep. 17.

Hoc ipso anno, cum idem Imperator ter-   XLI.
tium gereret Consulatum, ubi cum Persis   De tempo-
pacem firmavit, comparata classe adversùs   re quo vi-
Vandalos, ipsis expugnatis, Africam ab il-   Gi sunt
lis possessam Romano recuperavit Imperio,   Vandali,
ducto captivo, qui regnum Hildarici invaserat Gilimere. De his cum sinus acturi,
temporis in primis ratio est ineunda atque
firmanda : cum sciamus apud Marcellinum
Comitem, qui his temporibus vixit, hæc
referri ad quartum Justiniani Consulatum,
nempe anno sequenti, sub quo ista habet :
Provincia Africana, quæ in divisione orbis
tertiarum à plerisque in parte tertia posita
est, volente Deo, vindicata est. Carthago
quoque civitas ejus, anno excisionis suæ no-
nagesimosexto, pulsis devictisque Vvandalis, & Gilimere eorum Rege capto & Constantinopolim misso, quarto Justiniani Principis Consulatu, ipsius moderatione recepta
est, suaque cum patria firmiùs quàm dudum
fuerat, redintegrata.] Hæc Marcellinus
sub dicto quarto Imperatoris Consulatu,
anno sequenti. Verùm secundùm initam ab
eo rationem temporis captæ Carthaginis,
dùm numerat ab eo tempore annos nona-
gintasex; dicendum esset, non sequenti, sed
post sequentem, nempe anno Domini quingentesimo trigesimoquinto à Justiniano captam Carthaginem, quam olim à Genserico expugnatam vidimus anno Domini quadringentesimo trigesimono, ut præter Prosperum idem ipse Marcellinus affirmat. Verùm ne summæ socordiæ Marcellinum ar-
guas, ut in iis rebus, quas ob oculos habuit,
ita fuerit hallucinatus; dicam in ejus Chronicon menda potiùs irrepisse : in promptu
est enim qui eum errasse convincat Justinianus, quem præstat audire; qui in constitu-
tione hoc anno sub tertio ipsius Consulatu   c l. 1. ff. de
edita decimoseptimo Kalendas Januarias,   confirm. Di-
ista habet ejus exordium (c):   gest.

Tanta circa nos divinæ humanitatis est   XLII.
providentia, ut semper æternis liberalitati-   Sub tertio
bus nos sustentare dignetur. Post bella enim   Imp. Cons.
Parthica æterna pace sopita, postque Vvan-   magna à
dalicam gentem ereptam, & Carthaginem   Deo con-
immò magis omnem Libyam Romano Im-   cessa.
perio iterùm sociatam, &c.] Ad finem eadem his verbis. Bene autem properavimus
in tertium nostrum Consulatum & has leges
edere; quia maximi Dei & Domini nostri
Jesu Christi auxilium felicissimum cum nostro Consulatu Reipublicæ donavit, cum
in hunc & bella Parthica abolita sunt, &
quieti perpetuæ tradita; & tertia pars mundi
nobis accrevit : post Europam enim & Asiam
& tota Libya nostro Imperio adjuncta est, &
tanto opere legum caput imposuit est : omnia cælestia dona nostro tertio Consulatu
indulta.] Hæc ipse (ut dictum est) decimo-
Q   septimo

septimo Kal. Jan. sub suo tertio Consulatu adeò ut nihil sit quòd adeò patenti testificationi Imperatoriæ sanctione firmatæ possit aliquis restragari.

XLIII.
Quibus operibus Imp. paravit sibi Victoriam.

Cum tot tantaque hoc anno successerint ipsi feliciter; cur tantoperè annuerit votis Deus cum plures reddi possint causæ, quas & superiùs recensuimus; potissima tamen illa videtur, quòd hoc anno (ut diximus) negotium tuendæ fidei Catholicæ adversùs iterùm insurgentes Nestorianos suscepit; cujus rei gratia honorificentissimam legationem hujus anni exordio (ut dictum est) Romam ad Pontificem misit. Res quidem admiratione digna, quòd cum tanta expaditioni parandæ totus deditus esset, perindè ac si summa otio frueretur, & nihil nisi de servanda illibata fide Catholica præterea curandum esset; decernit legatos, sancit edicta, scribit epistolas, ac denique plusquam opus esse videri posset, publicas edit de fide Catholica sanctiones. His accessit veteris juris enucleandi & in observantiam pristinam revocandi egregiè navatum opus; ad postremùm adde ad hæc vigiliæ atque jejunia, ut ipse in alia ante promulgata constitutione (*a*) testatur. Ex quibus discant Principes, cum bellica tractare, quibus operibus divinum sibi numen concilient; nempè, exemplo Justiniani, præmissa defensione Catholicæ fidei, legum custodia & observantia, Sanctorum cultu, ut demùm assiduis ad Deum precibus cum vigiliis atque jejuniis. Tanta namque tàm brevi temporis spatio Justiniano esse concessa, ut unica expeditione paucorum dierum termino indomitam gentem subegerit, universamque subditam olim Imperio Romano Africam recuperarit, nonnisi ex divinitùs impertito desuper auxilio omnibus exploratissimum.

a Constit. Nov. 30. in fine.

XLIV.

Sed quomodò istæc omnia se habuerint, ut enarremus præter Procopium, copiosiorem habemus neminem antiquorum referentem, neque fideliorem, quem sequamur; cum ipse sub Belisario militans, omnibus præsens fuerit, & quæ vidit scriptis ediderit. Verùm haud opus est nobis singula ejus assectari vestigia, sed ea tantùm prosequi, quæ ad institutum à nobis susceptum spectare noscuntur. Hoc igitur anno, ipsius Justiniani Consulatu tertio, veris tempore Constantinopoli è portu solvisse classem Africam versùs narrat: sed quibus auspicibus, ab ipso Procopio sic accipe (*b*) Justinianus igitur anno septimo Principatus, in veris initio, navim prætoriam ad littus juxta ædes Imperatorias deduci jussit. Tunc Epiphanius civitatis Præsul classi de more benedicens ac benè precatus, milites paulò ante baptizatos, nomen profitentes Christianum singillatim in navim introduxit.]

b Procop. de bello Vandal. l.1. Benedicitur, classis.

XLV.

Noluit pius Imperator quemquam non ferè Christianum in classe, quam adversùs impios pietas Christiana ducebat, penitùs inveniri: si quis ergò inter scriptos milites inventus esset adhùc catechumenus, baptismum suscipere jubebatur: sed & Catholicam fidem omnes æquè professos, exomologesimque alios fecisse, atque ita universum exercitum expiatum Principis voluntate putamus. Sed pergit auctor: Sic itaque Belisarius cum Antonina uxore solvit, cum quibus Procopius etiam auctor hujus historiæ fuit, ab initio quidem cunctabundus ac periculum metuens; deindè somnio quodam admonitus, maximè fuit ad iter accensus. Videbatur enim ei in domo esse Belisarii, ubi quidam è servis nunciant dona esse à quibusdam allata: quæ Belisarius cum è pergula aspiceret, vidit homines quosdam suprà dorsum triticam cum floribus ferentes, quod deponi jussit in atrio domus: ubi ipse cum suis militibus accumbens, flores ipsos edebat, qui cibus longè suavissimus est eis visus. Hæc somni summa.] Exquo victoriam esse significatam accepit: per flores enim, quos ipse cum militibus passus est, ingens gloria demonstrabitur, quam cum suis esset consecuturus; fructus verò cessuros Imperio. Pergit autem Procopius.

Victoria per somnium ostensa.

Igitur classis omnis prætoriam secuta, Perinthum applicuit, quæ nunc Heraclea dicta est: hic dies quinque consumpti sunt, quòd plurimis Ducem equis donaverat, Imperator scilicet, è sobole equorum Imperatoris, quæ in Thraciæ locis educatur. Indè solventes, Abydum perveniunt: ibique dies item quatuor maris tranquillitatem expectandam consentibus, casus contigit hujuscemodi: Duo Massagetæ quemdam è sociis ut ebrios irridentem interfecerunt: nàm omnium maximè vino dediti Massagetæ sunt. Belisarius igitur ambos hos in Abydi quodam promontorio palo infixit. Quod factum cum alii, tùm ex eorum genere viri maximè ægrè ferre: Belisario dixerunt, se non ex lege aut pœna aliqua coactos, cum Romanis subditi non sint, sed sponte in exercitu esse; tali igitur supplicio non esse apud eos consuetudinem delinquentes plectere. Cum his itaque plures consentire, qui maximè propter scelera, impunita esse delinquentium peccata cupiebant.

XLVI.

Belisarius severè punit ebrios homicidas.

Belisarius igitur universum congregans exercitum, hæc alloquitur: Si nunc apud vos belli expertes ac nùnc primùm militantes verba haberem, longa mihi opus esset oratione ad enarrandum quantam vim habeat ad victoriam observatio justitiæ. Hujus disciplinæ summam, tum pugnæ finem atque fortunam imperiti in dextris consistere tantùm existimant. Vos autem, qui sæpe inimicos vicistis neque corporibus neque viribus vobis inferiores, sæpè etiam victi fuistis, non ignorare puto, quòd homines quidem utrinquè in acie inter se dimicant, finem verò tantùm quem Deus voluerit consequuntur. Nàm & corporis prosperitatem, & armorum diligentiam, cæteramque belli præparationem longè inferiora justitia & in Deum observantia esse, non dubium; quam si.quis sectatus fuerit, magis ei quàm ex supradictis felicitas obvenerit. Prima igitur justitiæ cura, injustè inter-

XLVII.
Concio Belisarii de Justitiæ custodienda.

interfectos ulcisci . Si enim justi & injusti judicium in eos exerceri qui propè nos sunt, præstereatur; nullus jàm metus erit, vilis admodùm fuerit homini animæ ratio . Si quis enim barbarus proximum per ebrietatem occiderit, ac venia proptereà postulata , sa crimine solutum dixerit; peccata licentia longè fuerint pejora . Neque enim ulla ratione fas ebrium esse , multò minùs in exercitu militi proximos ob id interficiendo . Ipsa enim per se temulentia , vel cæde non consequente , pœna est digna ; quantò magis si ea consequatur, multò item magis in proximum , quàm alienum . Exemplum itaque facti quale sit , & quàm detestabile , ipsi conspicitis .

XLVIII.

Vos ergo manibus temperare , ab iniuriaque abstinere opus . Nec putatote me conniventem, injustum quoquo modo toleraturum; neque illum quamvis hostibus formidolosum ac terribilem , qui alioquin manibus in hostes puris non feratur , ullo modo commilitonem putaturum : tum frustrà sit fortitudo , ubi justitia defuerit .]

Probatur severitas Belisarii. Hactenùs concio Belisarii pro justitia in exercitu servanda . Subdit verò Procopius : Ubi Belisarius finem dicendi fecit, exercitus omnis & verba Imperatoris non contemnenda considerans , & illorum supplicia spectans , timore corripitur ; jámque ex illo frugi esse , & ex æquo inter se vivere apud talem Ducem non injusta passurum cogitabant .]

XLIX.

Res Germanorum deplorantur, Ita quidem severitate in suos adhibita , stravit sibi per sobrietatem atque justitiam viam ad vincendos invictos hactenùs hostes . Ista ego considerans , & ad præsentia tempora convertens oculos , eadem planè deploratissima facilè sentio , ubi, Christianorum exercitus impietate atque ebrietate corruptos intueor, & damna contemplor, quæ passi sunt Germani ab infidelibus Turcis ; unico tantùm illo remedio sublevandi , si eosdem obsignatos fide Catholica milites, sobrios redditos Belisarius alter ducat : fore tùnc quidèm , ut iidem recepto & integrato pristino robore , quo didicerant quoque superare Romanos , facillimè victores quosque vincerent, atque fortissimè debellarent . Sed quem non vilem, reddat impietas (cum fugiat (a) impius, etiam nemine persequente) quemve non emolliat, frangat, atque sternat ebrietas ? Præsentium itaque rerum miserrimus status ista obiter deplorare , & ex imo pectore deducere suspiria importunè coegit . Sed cœptam historiam prosequamur .

a Prov.28.

L.

Classis appulsus, & aquæ inventio. Postquàm Procopius varios casus, qui in ea navigatione contigerunt, enarravit; post tres menses, ex quo solverant Constantinopoli, ad littus Africanum classem refert appulsam in locum qui novem dierum itinere à Carthagine procul aberat in provincia Byzacena . E Byzantio igitur cum Byzacium feliciter pervenissent, tale quid memoria dignum factum accidisse narrat , ex quo plurimùm Dei providentia & benignitas erga suos commendata est :

LI.

Ubi autem (*inquit*) fossa castrorum fo-

Annal. Eccl. Tom. VII.

---

diebatur , miraculo quodam animadversum : aquæ multum sub terra erupit, nunquàm priùs apud Byzacium visæ , ut locum perpetuò siccum : hæc igitur tùnc cunctis hominibus & animalibus suppeditavit. Procopius verò simul cum Duce lætatus , ait non ob aquæ usum atque copiam se gaudere , sed ob auspicium victoriæ facilis & parvo negotio consecuturæ cælicolas voluisse significare : quod profectò evenit .] *Cujus miraculi testificationis causa* , Justinianus Imperat. (*alibi inquit Procopius* (b) statim divini doni testimonio confirmatus id consilii cepit , ut locus ille in urbem transferretur muro firmatam , & alio apparatu in felicis urbis cumulum descriptam .)

b Proc. de ædific. Justinian. Imper. orat.6.

Quod verò isto sequenti acciderit factum, ex quo Belisarii summa enituit in exercitu ducendo justitia, accipe ex eodem Procopio , qui mòx ista subjungit: Die sequente , postquàm militum quidam in agros discurrentes fructus attigerunt ; eos ignominia notatos convocans Belisarius sic est allocutus : Vim afferre & alienis pasci, turpe semper ac probrosum videtur, &c.] Tale autem exemplum, quo justissimi Ducis Belisarius specimen edidit , ea planè haud modici levisque momenti utilitas consecuta est , ut (quod idem auctor subdit) Afri non sicut hostes, sed sicut amicos Romanos haberent, spontaneámque illis ministrarent annonam ; & ipsi vice versâ pretium solverent, fidelissimósque se illis in omnibus exhiberent: qua securitate Carthaginem usquè progressi fuerint ; ubi Duces Belisarii, divinitùs oblata occasione benè pugnandi bis vicerint obvios hostes : cum intereà Gilimer tyrannus necari fecit in carcere Hildericum Regem, & socios, qui cum ipso eadem ex causa captivi detinebantur .

LII.

Summæ Belisarii Justitiæ exemplum.

Quonam autem mense vel die anni hujus contigerit classis adventus, & visa sit contrà Carthaginem ; ex iis quæ inferiùs Procopius habet , satìs intelligere possumus , nempè fuisse diem decimamquintam mensis Septembris , qua natalis sancti Cypriani Carthaginensis Episcopi anniversariæ vigiliæ agebantur : ut ex hoc magis divina id providentia factum ex Sanctorum patrocinio , qui creberrimis id precibus implorarint , omnibus innotesceret : quod & præcedens oraculum relatum superiùs significaverat . Eo namquè die , quo ejusdem Sancti (ut dictum est) vigiliæ agebantur, advenit classis : ex cujus adventu tanta est parta fiducia Africanis, ut iidem templum illud ad Decimum positum, in quo erat sepulchrum sancti Cypriani , detentum ab hostibus invadentes; sibi , pulsis Vvandalis, vindicarint , summaque tranquillitate more pristino diem festum natalis ejusdem martyris sanctissimi Cypriani solemniter celebrarint . Sed audi rursùs ipsum, qui in exercitu erat, Procopium cœptam historiam prosequentem his verbis :

LIII.

De tempore appulsu classis .

Postquàm autem Justiniani classis advenit , dies erat secuturus , in quo festum consuetum revertebat . Sacerdotes tùnc Christiani,

LIV.

stiani, quamquàm Ammatas ad Decimum contra nostros veniret (*hic erat germanus Gilimeris tyranni,qui ducebat partem exercitus Vuandalorum*) in spem erecti, protinùs pulsis Arianis, templum recipiunt, lustrationibus curant, superstitionibus purgant, donaria quæ pulcherrima essent,tholo suspendunt, lychnos præparant, aurea vasa omnemque pretiosam & sacram supellectilem è sanctuariis promentes reconcinnant, diligenterque in ordinem restituunt, ut cum opus sint usui parata. Hæc apud Decimum gesta,ut mihi relatum. Christiani igitur reliqui, quibus ex opinione res pulchrè succeßit, templum & ipsi adeuntes, lychnos accendunt; sacerdotibus, quibus ex lege cura est horum, præsto adsunt.] Hæc Procopius. Sic igitur mirando quodam modo ante contigit celebrari triumphum, quàm adipisci victoriam, quæ tamen celeriter est divina ope secuta: cum Ammatas ad dictum locum Decimum nuncupatum adveniens, ibi cum Joanne Præfecto Prætorio, qui copiarum partem jußu Belisarii ante deducebat, manus conserens, occisus est; conversis in fugam cæteris quæ secum erant, quorum ab insequentibus eos Romanis magna strages facta est: quo ex facto rem universam Romanis bene ceßiße, idem Procopius tradit. Cum videlicet Gilimer Rex victoriam præ manibus habens, consternatus morte germani, à cœptis desistens, adversariis reparandi vires & cum impetu hostes invadendi tempus præbuit & occasionem;cum & ipse divino quidem consilio, veluti vertigine quadam mentis arreptus, in fugam actus unà cum suis ad Bullæ campum divertens, seclusus ab urbe, occasionem præbuit, ut Carthaginenses portas civitatis Belisario aperirent.

Sed magna tunc enituit Belisarii Ducis prudentia, cum ea nocte continuit exercitum extrà mœnia: ne noctu civitatem ingrediens, præberet militibus occasionem cuncta rapina & cæde vastandi. Curæ enim illi summæ fuit, ut qui venißet Vuandalos debellare, liberaret Afros captivitate detentos. Nàm audi Procopium: Die sequenti (*ipse est dies natalis sancti Cypriani martyris*) pedites omnes è munitionibus unà cum Belisario uxore adsuere; ubàque omnes Carthaginem contendimus: quò cum vespere pervenißemus, extrà urbem sub tentoriis ea nocte fuimus, quamquàm nemine ingreßum prohibente. Carthaginenses enim portas illicò aperuerunt, lumina ubique disposuerunt, ignes nocte tota per urbem accenderunt: Vuandali qui relicti erant, ad templa supplices confugerunt. At Belisarius statim rem ita disponit, ut tàm ex hostibus quàm ex nostris insidias utrinquè prohiberet, ne per noctis tenebras latentes in rapinam & direptionem venirent.

Hac insuper nocte naves, Euro spirante, ad promontorium sunt actæ, quas ubi Carthaginenses conspexere, ferreas catenas portus, quem Mandracium vocant, trahentes, facilem claßi aditum secerunt. Est au-

tem in domo regia carcer, ubi omnes milites supplicio destinati à tyranno concludebantur: inter quos mercatores fuere plures ejus temporis, qui ad bellum Gilimereus euntem juvare opibus togati fuere; eaque die perituri erant, qua Ammatas apud Decimum interiit, in tantum venere discrimen. Hujus igitur carceris custos ubi hæc apud Decimum gesta audivit, tùm intrà promontorium claßem jàm vidit; intus ingrediens, eos qui nunquam ad eam diem exquo capti fuere, bonum nuncium audivere, sed in tenebris constituti, incertum quoque expectabant, interrogat, quid ex eorum substantia concessuri essent his qui eos liberarent. At illi protinus respondent quæcumque velint. Ipse autem nihil se dixit aliud ab eis velle, quàm omnes jurare, si indè aufugerent, ei in periculo constituto, omnibus viribus se auxilio adfuturos. Illi verò sic egerunt. Ipse autem rem omnem manifestans, fenestrasque ex ea parte, quæ mare prospiciebat, aperiens, claßem nostram ostendit; nec mora, cum eisdem è carcere liberatis simul abiit.] Ista Procopius.

Post hæc autem, unitis Vuandalorum copiis, Gilimer cum fratre Zanzone, quem ex Sardinia revocavit, Carthaginem obsidere paravit: progreßus est adversus eos obviam,cum exercitu Belisarius; quos inventos centum quadraginta stadiis apud Tricamacam castra habere, ad prœlium provocavit: congreßißque simul exercitibus, in ea pugna Regis frater Zanzon occiditur, tandemque Vuandalorum castra sunt expugnata,Gilimere fuga lapso. Hæcq; sir is anni hujus victoriæ jam cotigerunt hæc post dimidium mensis Decembris, ut idem Procopius tradit, ubi ait (*a*). Hæc igitur omnia, appulsus clades, pugna, insecutio, Carthaginis recuperatio, & castrorum expugnatio tribus facta sunt mensibus, terminata ipsa post dimidium mensis Decembris.] Atque hic finis præsentis anni memorabilium rerum gestarum in Africa à Romanis vindicta post annos nonagintaquinque, non ab expugnatione Carthaginis, sed ex quo Vuandali Africam poßiderunt.

Mira quidem divina providentia factum fuiße, aiebat Procopius (*b*) narrat, ut Vuandali omnia propugnacula & loca munita Africæ, excepta Carthagine, muro cincta, ne Africanis rebellandi aliquo modo animus esse poßet, mœniis omnibus atque sibi ipsis munitionibus spoliaverint: quibus ita inventis, absque aliqua obsidione omnibus malum invicta sit potitus, qui mox eadem muro cingenda & munienda curavit. Profuit igitur magnoperè Romanis consilium Vuandalorum, ut paucis diebus universa Africa Vuandali privarentur, nulla existente munitione,qua se protegere potuißent.Hæc considerans qui interfuit ipse Procopius, in hæc verba admiratus erumpit (*c*):

Hic tandem philosophari licet, ac res humanas pensare: nequicquàm omninò desperandum, quin in omni seculo semper meliora sperari liceat, donèc ipse homi-

hominum fortunæ fuerint. Et quæ dictu factuque difficilia & fieri posse minimè videntur, audentibus sæpè ad effectum adducantur; ita ut admiratione multa sint digna quemadmodùm hìc contigit. Nàm si talia umquàm evenerint, non habeo dicere. Quartum enim à Genserico successorem venientem, ejusque regnum opibus multis ac militum robore florens à quinque millibus hominum advenarum, portu, stationeque carentium, tàm brevi tempore dissolvi atque ruere (tantus enim equitum numerus, qui Belisarium sunt secuti, & toto hoc tempore bellum sustinuere) sive fortunæ, sive virtuti sit ascribendum, jure quis ita evenisse mirabitur.] Hæc Procopius. Sed mirantem ipsum, cunctantemque certa sententia desinire, fortunæ ne tanta ista, an virtuti sint tribuenda, miramur: cum haud dubium esse possit, facta esse hæc nutu divino, cum tot tantisque piis operibus Principem ad hæc peragenda conciliasse sibi divinum numen, ex his quæ suprà retulimus, satis superque pateat.

LX.

De navali victoria sub Pio Papa quinto.

Vidimus planè, Divinitate propitia, diebus quoque nostris ista miracula: quid piæ preces, sanctificato bello ex divinarum legum præscripto, in re bellica valeant; quid conferat, si pugnantibus adversùs Amalechitas Israelitis, Moyses ad Deum supplices manus expandat. Quænam, rogo, vel renuis poterat esse spes, Turcarum classem semper invictam, & ex recenti victoria, capta insula Cypri, exultantem, insultantemque Fidelibus, potuisse à Christiana sancto fœdere juncta classe vinci vincirique universam, atque integram, perpaucis tantùm fuga lapsis triremibus, paucarum horarum spatio in portum deduci captivam; reclamantibus præsertim aliquibus è summis Ducibus haud res omnes Christianorum uni jactui aleæ committendas? Cùm sanctissimus ille Summus Dei Sacerdos, Ecclesiæ Catholicæ Princeps, totiusque Christianæ religionis Antistes, Romanus Pontifex Pius Quintus, post primum miraculum illud (ita visum sapientibus) quo adeò diversas mentes in diversa contrariis studiis agitatas in unum conjunxit, sanctoque fœdere strinxit; adjecit, ut piis ad Deum precibus, Ducum consilia inter se pugnantia divino quodam impulsu mutarit, & quantumlibet longè absens, invitos ac refragantes diù licet, uno momento alacres ad ineundum difficillimum navale certamen impulerit, atque demùm insperatam illis à Deo victoriam impetraverit.

LXI.

At nonne huic simile, quod præsenti anno, quo ista describimus, præter omnem spem vidimus esse factum? Unum Transilvaniæ Orthodoxum Principem exiguo militum numero, si compares cum numerosissimis Turcarum copiis, tendentibus ad cælum manibus cum Summo Pontifice Catholicis omnibus, debellasse provincias, expugnasse munitissima loca, ipsumque semper invictum Orbi tremendum copiosissimum Turcarum exercitum crebris insultibus lacessisse, atque demùm quàm ignominiosissimè terga vertere coegisse? At longiori indigent ista tractatu; hæc modò obiter occasione Procopii nimis abjectè de Dei providentia sentientis, cum ipsa semper rebus humanis invigilet, & Fidelium precibus sanctisque operibus sæpè concedat, quæ etiam mortalium existimationem excedant, secundùm illud Proverbiorum (a) Equus paratur ad diem belli: Dominus autem salutem tribuit.] Sed jàm reliqua prosequamur.

a Prov.21.

Renunciata autem tanta hæc fuisse Constantinopoli de recuperata universa Africana provincia, antequàm præsens annus elaberetur; argumento sunt constitutiones, (b)Justiniani Imperatoris, quarum superiùs meminimus, de confirmatione Digestorum datæ hoc anno sub tertio Consulatu ejusdem Imperatoris, decimoseptimo Kalend. Januarii, in quibus de recuperata cum Carthagine Africa universa narratur. Qua item die & Consule datâ legitur constitutio de juris docendi ratione: quæ verò loco præfationis Institutionum libris prætigitur ad juventutem legum cupidam epistola, post sex dies data reperitur, nempe undecimo Kalendas Januarias (licèt vulgata editio habeat undecimo Kalendas Decembris) hoc anno sub eodem suo ipsius Consulatu tertio: in quibus omnibus cum jure eluceat titulus Vuandalicus & Africanus ob Vuandalos hoc anno devictos & Africam recuperatam; reliqui tamen, ut Alemannicus, Gothicus, Francicus, Alanicus, posteà adjecti fuisse videntur: etenim nullum hactenùs cum his populis fuit Justiniano certamen.

LXII.

b l.1.&2. ff.de confirm. Digest. Libri Digestorum & Instit.

Sic ergò ad hujus anni finem constat post tot accepta à Deo beneficia edita esse volumina Institutionum ac Digestorum; quod & disertis verbis ipse Imp. profitetur in fine posterioris constitutionis de confirmatione Digestorum his verbis: Hæc igitur volumina (Institutionum & Digestorum dicimus) in fine nostri tertii felicissimi Consulatus suum robur obtinere sancimus, id est, ex ante III. Kal. Januariarum præsentis duodecimæ Indictionis in omne ævum valitura, & cum Imperialibus constitutionibus vigorem, &c.] Paulò verò post rememorans accepta hoc anno à Deo beneficia, ista habet: Quem quidem Consulatum tertium nobis nominatissimum dedit Deus, quando & sub ipso pax cum Persis confirmata est, & hoc tantum legum volumen repolitum est, quod à nemine majorum umquàm excogitatum fuit; atque ad hæc tertia pars mundi (dicimus aunt totam Libyam) nostris adjuncta est sceptris. Hæc omnia à summo Deo & Salvatore nostro Jesu Christo dono * tertio nostro Consulatu indulta.] Hæc tàm grandia ab ipso Justiniano reperiuntur sæpiùs inculcata.

LXIII.

De beneficiis hoc anno obtentis.

* Domino

In veteri autem jure enucleando quam Tribonianus cum collegis injerit rationem idem Imperator explicat in sua constitutione de conceptione Digestorum edita, cujus est exordium: Deo adjutore nostrum gubernante Imperium, &c.] Et in superiori consti-

LXIV.

constitutione de confirmatione Digestorum
nuper citata idem docet verbis istis : Tanta nobis reverentia antiquitatis fuit , ut
neque mutari nomina veterum Jureconsul-
torum sustinuerimus , sed unicujusque illorum appellationem legibus inscripsimus ;
mutantes quidem si quid jàm habere visum
est non rectè partes juris , illas nùnc tol-
Non planè lentes , has nùnc addentes , &c.] Et in-
antiquitati ter alia quæ erant ab Ulpiano & aliis ad-
consultum, versùs Christianos responsa , illa esse sublata , secundo Annalium tomo diximus ;
quod etsi rectè factum negari non possit ;
consultum tamen antiquitati fuisset , si
codices omnes illi , ex quibus & libri Digestorum & Codex collecti sunt , non minori fuissent diligentia custoditi. Porrò totum hunc laborem in libris Digestorum atque Institutionum conficiendis quatuor fer-

A mè annis absolutam fuisse , data ab eodem
Imper. prima constitutio , qua id præcipit , docet ; etenim scripta habetur ipsis
Kalendis Januarii, Lampadio, & Oreste
Consulibus , qui est annus Domini quingentesimus trigesimus . At de his hactenùs .

Ad finem insuper anni hujus idem Ju- LXV.
stinianus Imperator justitiæ cultor exactissimus edidit sanctionem (d) adver- a l.14.C.de
sùs eos , qui sacris virginibus vel viduis Episc. &
violentæ raptu ignominiam irrogassent , cler.
severissimam illam quidem , ne ejusmodi
sacrilegiis Deus tot beneficiorum conciliá-
tor in ultorem converteretur : probè ostendens , iisdem justitiæ operibus , quibus
adepta sunt , esse conservanda impertita
divinitùs beneficia . Sed jàm de rebus gestis hoc anno satis .

JESU CHRISTI   JOANNIS PAP.   JUSTINIANI IMP. 8.
ANNUS   ANNUS   ATHALARICI REG. 9.
534.   3.

I.

Q Væ tot à Deo dona suo tertio Consulatu Justinianus est consecutus , hoc
sequenti anno Domini quingentesimo trigesimo quarto quartum auspicatus est
Consulatum , nactus collegam Paulinum ,
quem Romanus Senatus Athalarici Regis
voluntate delegit . Exat ejusdem Regis ad
b Apud Senatum epistola(b) de eodem Consulatu
Cassiod.Var. Paulini , quem ex Deciorum familia, filium
l.9. ep. 23. verò Venantii Patricii fuisse tradit ; de cujus laude plura loquitur , hæc de gloria ex
impertita frequentiùs ejus filiis dignitate
De Con- Consulatus : Si homines (inquit) ornat
sulatu Pau- semèl accepisse palmatam ; quid ille cen-
lini. sendus est , qui tot meretur in filiis Consulatus ? Et ideò , Patres conscripti , alumnum vestrum Paulinum laurea dignitate
vestimus ; ut juventus ejus , quæ fulget meritis , trabea quoque resplendeat triumphali .
] . Hunc honorem Deciorum familia non
miratur ; quia eorum plena sunt atria fascibus laureatis. Aliis rarò dignitas ista contigit ; in hoc decursu generis penè nascitur
Consularis , &c.] Exat itidem ad eun-
c Apud dem Paulinum de collato ipsi Consulatu
Cassiod.Var. ejusdem Regia epistola (c) , ubi pluribus
l.9.ep.22. agit de nobilitate Deciorum antiquæ familiæ his temporibus florentissimæ, qua dicit Romanam curiam esse refertam .

II.

Avi namque vestigiis illis prioribus sibi
insistendum Athalaricus Rex , consilio usus
matris Amalasunthæ , jure putavit , ut de
nobilibus Romanis civibus benè mereretur ;
quamdiù enim id ipse præstitit , res felicissimè progressæ sunt ; secùs verò ubi tyrannicè illis est usus . Quamobrèm hoc item
anno , duodecima Indictione , Aurelius
Cassiodorus Senator ab eodem Rege auctus
est amplissima dignitate Præfecturæ Prætorii , de qua ad eumdem extat ejusdem Re-
d Apud gis epistola (d) ; ubi post multa in ipsius
Cassiod.Var. laudem ex magistratibus benè perfunctis
l.9.ep.24. hæc habet : Quapropter juvante Deo , quo
auctore omnia prosperantur , ab Indictio-

ne duodecima in Præfecturæ Prætorianæ te
suggestu atque insignibus collocamus .]
Verùm scias , non ipsis Januariis Kalendis, C
quibus Consules ; sed antè , Præfectos Præ-
torios donari solitos Præfectura : nàm Natali die Domini , idem qui creatus erat
Præfectus Prætorio , præfectorios creare
consueverat magistratus . Est de his ejusdem Cassiodori attestatio , cum in erogan- e Cassiod.
dis officiis ista præfatur (e) : Si hodierno Var. lib.11.
die redemptionis invenimus natale reme- ep.17.
dium , si cælesti beneficio panditur spes salutis : convenit etiam nos , &c.] Quanta
autem vir iste clarissimus enituerit pietate ,
præter illa quæ de eo dicta sunt , præsens
magistratus ostendit ; insignius enim tanto munere Cassiodorus , ad Joannem Ro- D
manum Pontificem , ejus implorans auxili-
um ad Deum preces pro bono regimine , ista con- f Cassiod.
scripsit (f) : Var. lib.11.
              ep.2.
Supplicandum vobis est, beatissime Pa- III.
ter , ut lætitiam , quam per vos, Deo lar- Epist. Cas-
giente , percepimus , custodiri nobis ve- siodori ad
stris orationibus sentiamus . Quis enim du- Joann.Pap.
bitet , prosperitatem nostram vestris meritis applicandam , quando honorem adipi-
scimur , qui à Domino diligi non meremur ;
& permutatione efficaci bona recipimus ,
dùm talia non agamus ? Ecclesiasticis siquidem jejuniis fames est exclusa popularis ; decoris lacrymis tristitia fœda discessit ; & per sanctos viros acceleratum est, ne
traheretur diutiùs quod gravabat . Et ideò E
salutans officiositate qua dignum est , precor ut vivaciùs oretis pro salute regnan-
tium : quatenùs eorum vitam cælestis Princeps faciat esse longævam , Romanæ Reipublicæ hostes imminuat , tempora tranquilla concedat; deindè , quod ornat pacem , necessariam nobis copiam de abun-
dantiæ suæ horreis largiatur : mihique filio
vestro intelligentiæ sensus aperiat , ut quæ
verè sunt utilia , sequar ; quæ vitanda , re-
fugiam : vigor ille rationabilis animæ no-
                                    bis

bis confilium præftet; facies veritatis albe-
fcat, ne montem noftram innubilet caligo
corporea: fequamur quod intùs eft, ne
foris à nobis fimus; inftruat quod de vera
fapientia fapit; illuminet quod cælefti claritate refplendet: talem dénique Judicem
excipiat publicus actus, qualem filium Catholica mittit Ecclefia: in fuis nos etiam
muneribus virtus fancta cuftodiat, quia
graviores infidias antiqui adverfarii tùnc
fubimus, quandò ejus dona fufcipimus.

IV.
Bonus pa-
ftor cum
anima pa-
fcit & cor-
pus.

Nolite in me tantùm reiicere civitatis illius curam, quæ pótius veftra laude fecurá
eft. Vos enim fpeculatores Chriftiano populo præfidetis; vos Patris nomine univerfa diligitis. Securitas ergò plebis ad veftram refpicit famam, cui divinitùs eft commiffa cuftodia. Quapropter nos decet cuftodire aliqua, fed non omnia. Pafcitis
quidem fpiritualiter commiffum vobis gregem; tamen nec ifta poteftis negligere,
quæ corporis videntur fubftantiam continere: nàm ficut homo conftat ex dualitate,
ita boni patris eft utraque refovere. Primùm penuriam quidem temporis, quam
delicta promereantur, orationibus fanctis
amovete. Si quid tamen (quod abfit) acciderit, tùnc bene neceffitas excluditur,
quando contra eam fub ubertate tractatur.

V.
Præfecti
provincia-
rum difci-
puli funt
Pontificum

Monete me quæ funt gerenda folicitè:
benè agere vel correctus exopto: quia dif-
ficiliùs errat ovis, quæ voces defiderat audire paftoris; nec facilè efficitur vitiofus,
cui admonitor infiftit affiduus. Sum quidem Judex Palatinus, fed veftræ non defi-
nam effe difcipulus: nàm tùnc ifta rectè gerimus, fi à veftris regulis minimè difceda-
mus. Sed cum me à vobis defiderem & mo-
neri confiliis, & orationibus adjuvari;
jàm vobis eft applicandum, fi in me fuerit
aliter quàm optabatur inventum. Sedes illa toto Orbe mirabilis proprios regat affe-
* vobis
ctione cultores, quæ licèt generalis mundo
fit præftita, nobis * etiam cognofcitur &
localiter attributa.

VI.
Confeffio-
nes Apo-
ftolorum.

Tenemus aliquid fanctorum Apoftolorum proprium, fi peccatis dividentibus non
reddatur alienum; quando Confeffiones
illas, quas videre univerfitas appetit, Roma feliciter in fuis finibus habere promè-
ruit. Nihil ergò timemus, talibus patronis, fi oratio non defiftat Antiftitis. Arduum quidem eft multorum defideriis fatisfacere; fed novit Divinitas magna præftare: ipfa retundat invidos; ipfa nobis faciat cives cælefti afpiratione gratiffimos, &
fupplicationibus veftris tempora tribuat,
quibus fuperna gratia prædicetur indulta.]
Hactenùs ad Joannem Papam Caffiodorus
Præfectus Prætorio: quibus planè, quid
delecti magiftratus ipfo fuo exordio functio-
nis agere deberent, admonuit; & tunc
dextere cuncta adminiftrari in præfecturis,
cum fe humili obfequio Præfecti fubiiciunt
fanctis Epifcopis, quorum fulti precibus
concilient fibi divinum auxilium. Hæc quidem non ignorans fapientiffimus Caffiodorus, non Romanum tantùm Pontificem,

sed & reliquos Italiæ Epifcopos interpellat,
ut orationibus atque jejuniis agant, & plebem ita inftituant, ut quæ in ea Judex puniat, non inveniat. Extat digna quidem
Chriftiano Præfecto ad ipfos Epifcopos eo
argumento fcripta epiftola, quæ ita fe habet (a):

a Caffiod.
Var. lib. 11.
ep. 3.

Corporalium patrum naturalis mos eft,
de filiorum provectione gaudere: dùm eorum inftitutionibus applicatur, quicquid
laudis in chara prole conceditur. Vos autem fpirituales parentes, qui auctorem rerum illuminata mente confpicitis, pro me
fanctæ Trinitati fedulò fupplicate, ut fplen-
dere latè faciat in medio pofitum candelabrum: quatenùs nec mihi interior defit vifus, & de me aliis pandatur afpectus. Numquid proderit, Judicem aliis effe perfpi-
cuum, fi fibi potiùs reddatur obfcurus?
Dignitatem confcientiæ donet, qui tribunalia conferre dignatus eft; faciat inoffen-
fum Judicem, ne damnet errantem; fit
nobis profperrimè præfens, ut infaufta vitia reddantur abfentia; amorem fuum tribuat, ut peccandi ambitum miferatus ex-
cludat.

VII.
Caffiodori
Præf. Præt.
epiftola ad
Epifcopos.

Quapropter animæ verè parentes, affe-
ctuofa & probabili petitione vos deprecor,
ut indicto jejunio, Domino fupplicetis,
qui vitam Principum noftrorum florenti regno protendat, hoftes Reipublicæ defenfor imminuat, donet quieta tempora & ad
laudem fui nominis copiofa, faciatque rerum omnium tranquillitatem; at me vobis
reddere dignetur amabilem. Sed quò faciliùs veftra quoque exaudiatur oratio,
eftote circa eos, quos deftinamus, attenti *. Quod nefcimus, nobis non debet
imputari. Actus eorum teftimonia veftra
profequantur; ut aut laudatus gratiam,
aut accufatus apud vos invenire poffit offenfam: neque enim nobis imputare poterunt,
fi delinquant, quando non jubentur mala
dare, ut perperam cogantur accipere. Or-
phanis, viduifque contra fævos impetus debent placita præftari folatia; ita tamen
(quod accidit) per nimiam pietatem
dùm miferis fubvenire quæritis, locum legibus auferatis. Nàm fi aliquid offendit
fortè diftrictum, talia date cunctis monita, ut jura poffitis reddere feriata.

VIII.

* attoniti

* adiutor,
vel ad iu-
vator

IX.
Munera
Epifcopo-
rum ergà
fubditos.

Excludite, fanctiffimi, inter immundos
fpiritus implacabiles vitiorum furores, violentiam temperate, avaritiam depellite, &
furta removete, de populatricem humani
generis luxuriam à veftro populo fegregate.
Sic auctorem iniquitatis efficaciter vincitis,
fi ejus perfuafiones de humanis cordibus auferatis. Epifcopus doceat, ne Judex poffit invenire quod puniat. Adminiftratio
vobis innocentiæ data eft. Nàm fi prædicatio veftra non definat, neceffe eft ut pœna-
lis actio conquiefcat. Et ideò dignitatem
meam in omni vobis parte commendo, quatenùs actus noftri Sanctorum orationibus
adjuventur, qui minùs in humana poteftate præfumimus. Familiariter etiam mihi
fuadete quod juftum eft. Non folùm cali-
dus adiurator *, quod generaliter debeo,
incoa-

Epifcopo-
rum officiù
pro mife-
ris.

incenactus exolvo: rependo etiam fanctitati veftræ honorificæ falutationis officium; textumque epiftolæ affectuofo fine concludo, ut in mente veftra dulciora remaneant; quia bene fibi animus pofteriora commendat.] Hactenus ad Epifcopos Caffiodorus; quibus quidem, quid fæculi poteftates, ipfi magiftratus fibi ipfis, quid populo, quid Epifcopis, atque in primis divino cultui debeant, quid etiam Epifcopi ipfis magiftratibus atque populis præftare teneantur, edocet.

X. Ingenti fa. me vexata Italia.

Ingentem plane hoc anno famem vexaffe Urbem, tùm recitatæ nuper epiftolæ, tùm altæ plures ad diverfos ab eodem datæ fignificant. Degens enim ipfe Ravennæ, ubi Rex erat, cum vices fuas Ambrofio Romæ delegat, de eadem penuria dùm agit, fententiam ipfo Caffiodoro dignam accipe (a) a *a Cassiod. Var. lib. 11. ep. 5.* Procul enim fit (inquis) ut aliquo ejus civitatis efuriente, fatiemur. Illorum indigentia noftra penuria eft. Quid plura? læti effe non poffumus, nifi & illos gaudentes communiter audiamus.] Extat etiam ejufdem eo argumento, dùm eadem fames urgeret, ad Datium Mediolanenfem *b Cassiod. l. 11. ep. 17.* Epifcopum hæc epiftola (b):

XI. Cassiod. epistol. ad Datium Episc. Med.

Minùs prodeft bonum jubere, nifi hoc per viros fanctiffimos velimus efficere. Auget enim beneficium voluntas recta juftorum; & quicquid fine fraude geritur, hoc vere donantis meritis applicatur. Decet enim, ut munificentiam Principalem facerdotalis puritas exequatur: nàm cui eft ftudium bonum de proprio facere, laudabiliter poteft aliena vota complere. Et ideò fanctitatem veftram petimus (cujus propofiti eft divinis infervire mandatis) ut de horreis Ticinenfibus & Dertonenfibus panici fpeciem (ficut à Principe juffum eft) tertiam portionem efurienti populo ad viginti quinque medios per folidum diftrahi fub noftra ordinatione faciatis; ne cujufquam venalitate ad illos perveniat, qui fe de populo videntur poffe tranfigere. Accipiat minùs habens indulgentiam Principalem. Egentibus vifum eft, non divitibus fubvenire. Fundit potiùs, qui mittit in plenum: nàm illud mittit reconditur, quod vafis vacuis congregatur.

XII.

Quapropter fanctitas veftra miferationis officia non putet injuriam; quia totum vobis dignum eft, ubi pietas invenitur: fiquidem aliena defideria fideliter gerere, hoc eft bona propria perfeciffe. Ad quam rem, Deo juvante, procurandam, illum atque illum curavimus feftinare: qui fanctitatis veftræ ordinationibus obfecuti nihil fe faciant, fed tantummodò vobis obedire contendant. Solidi verò quanti ex fupradicta quantitate panici poterunt congregari, veftra nobis relatione declarate: ut apud Arcarium recondit ad fuprà memoratam fpeciem reparandam, futuris referventur, Deo auxiliante, temporibus; more veftis redivivæ, cujus adunatio per fila refolvitur, ut in novam faciem fplendido potiùs decore texatur*.] *taxetur* Hæc Caffiodorus ad Datium fanctiffimum Mediolanenfem Epifcopum, de quo plura inferiùs dicturi fumus. Extat de fublevata inopia ejufdem edictum (c), quo Regis munificentia mirificè commendatur. His addit *c Cassiod. l. 12. ep. 28.* etiam providus Præfectus Prætorio, ut Commendat Epifcoporum arbitrio effe volverit pretium data diligentia venalium rerum, quas hofpites iter agentibus diftraherent: habetur enim de his ipfius promulgatum edictum (d). Sic igitur tanti Præfecti Prætorii induftria factum *d Cassiod. l. 11. ep. 2.* eft, ut ab ingruente fame Jtalia fervaretur: quibus his omnibus fatis fuperque oftenfum eft, quòd ubi magiftratus religione nituntur, cuncta feliciter cedant. Sed jàm ad res Ecclefiafticas orationem convertamus, detenti in hif occafione magiftratuum, qui unà cum anno, funt progreffi, Paulini videlicèt Confulis collegæ Juftiniani, & Caffiodori Præfecti Prætorio; digni perenni memoria viri.

XIII. Ro. Conc. ob emerge. rem quæ stionem.

Cum anno fuperiori (ut vidimus) Juftinianus Auguftus ob exortas controverfias in Ecclefia Orientali, potiffimùm verò Conftantinopoli ob monachos Accemetem in Neftorianifmum dilabentes, duos Archiepifcopos Cæfarienfem & Ephefinem legatos mififfet ad Joannem Romanum Pontificem, quem a etiam conveniffent miffi ab adverfa parte legati; Romæ diù multumque difceptatum eft, atque ad convincendos adverfantes Catholicæ pietati, curatum (ut diximus) fuit, ut etiam à transmarinis eruditis viris, & inter alios à Ferrando diacono Carthaginefi ea de re tractatio fcriberetur: demùm verò in facro Patrum confeffu, habito de his Romæ Concilio, rogata cujufque fententia, ex veteri Catholicæ fidei præfcripto, quid fentiendum dicendumque effet, fuit firmiter ftabilitum; fed & quæ ab ipfo Imperatore miffa erat, fcripta fidei profeffio, cognita, examinata fuit, pariterque probata. Cunctis infuper adverfariis fententiis confutatis atque rejectis, ab ipfo Romano Pontifice Joanne fcripta eft ad Imperatorem epiftola, qua miffa ab eo fidei confeffio probaretur: ut ità palàm facta in Oriente Catholicæ & Apoftolicæ Ecclefiæ fententia, confirmarentur Fideles, folidarentur infirmi, debilefefque roborarentur; qui autem lapfi effent, fcirent fe extrà Ecclefiam effe, apertum verò fibi aditum patere, fi quam noffent probari ab Ecclefia Catholica fidem, eam, abdicata hærefi, vellent amplecti: cæterùm nulla excufatione ampliùs digni effent, neque caufari poffent, non teneri fe Imperatoris, ut potè laici hominis, fectari promulgatam de fide Catholicam fanctionem; cum jàm quid de bis fenferit, ftatueritque Romanus Antiftes, ex patentibus ipfius litteris fieret manifeftum.

XIV. Joannes Papa fcribit ad Juftinianum Imp.

Scriptis igitur Romæ ad Juftinianum Imperatorem Apoftolicis litteris, ipfe Joannes Romanus Pontifex hoc anno fub dictis Confulibus octavo Kal. Aprilis illas dedit legatis opperientibus ibidem opportunum navigandi tempus: quibus quidem laudavit in primis Summus Pontifex in Catholico Imperatore egregiam pietatem,

tum ; debitúmque ipsius religionis cultum , quo prosequeretur Apostolicam sedem , à qua Evangelicam requireret veritatem. Rogavit demùm eumdem Augustum , ut quos à recto fidei Catholicæ aberrare itinere sciret , omni adhibito studio revocaret , & inter alios ipsos legatos à monachis Acœmetis Romam missos. Sed præstat ipsas sancti Pontificis inspicere litteras , quas , ut posteris omnibus perspicuæ semper essent , in recentiori hoc anno facta sui Codicis editione Justiniaa *a I.S.C. de* nus voluit exarari. Sunt verò hujus-
sum. Trin. modi (a) :
& fide Ca-
thol.   Gloriosissimo & clementissimo filio Ju-
XV.   stiniano Joannes Episcopus urbis Romæ .
Inter claras sapientiæ ac mansuetudinis vestræ laudes, Christianissime Princpum, puriore luce tamquàm aliquod sidus irradiat , quòd amore fidei , quòd charitatis studio , edocti Ecclesiasticis disciplinis, Romanæ sedis reverentiâm conservatis , & ei cuncta subiicitis , & ad ejus deducitis unitatem ; ad cujus auctorem, hoc est, *Romanæ* Apostolorum primum , Domino loquente, *Ecclesiæ* præceptum est : Pasce oves meas. Quam *præroga-* esse omnium verè Ecclesiarum caput , & *ti va.* Patrum regulæ & Principum statuta declarant , & pietatis vestræ reverendissimi testantur affatus. Patet igitur in vobis impletum fore, quod Scripturæ loquuntur: Per me Reges regnant , & potentes scribunt justitiam. Nihil est enim , quod lumine clariore præfulgeat , quàm recta fides in Principe ; nihil est , quod ita nequeat occasui subiacere , quàm vera religio. Nàm cum auctorem vitæ vel luminis utraque recipiant , rectè & tenebras respuunt , & nesciunt subiacere defectui.] Sed antequàm progrediamur ulteriùs , scito, pie lector, ad hujuscemodi adeo ab Imperatore prædicatas & promulgatas Romani Pontificis super omnes Ecclesias prærogativas freme-
b Ps.117. re legulejorum turbam hæreticorum , secundùm illud Davidicum (b) : *Peccator videbit , & irascetur : dentibus suis fremet, & tabescet :* haud pati valentes , adeò amplissimis notis Imperatorio stylo , in perpetuum permansuris legibus , in ipso fronte Codicis veluti æneis tabulis exarato epitaphio ejusdem Romanæ Ecclesiæ majestatem & potestatem inspiciendam proponi ; quamobrèm tantæ lucis radiis caligantes , amicas tenebras captant filii tenebrarum ; injectoque desuper mendacii furvo pallio , negant esse Joannis Papæ & Justiniani Imper. has epistolas: adversùs quos ad finem hujus narrationis erit fusior disputatio, ex quâ cum inscitia hæreticorum fraudes, & dolos , quibus erubescant , perspicua luce inspicies ; modò autem quæ sunt reliqua Joannis Papæ epistolæ accipe. Pergit enim :
XVI.   Quamobrèm , gloriosissime Princpum, votis omnibus exorabilur divina potentia, ut pietatem vestram in hoc ardore fidei , id hac devotione mentis , in hoc integræ religionis studio sine defectu sui in longiora tempora conservet : hoc enim & sanctis

A   credimus Ecclesiis expedire . Scriptum est enim (c): Labiis regit Rex . Et iterûm *c Apoc.22.* (d): Cor Regis in manu Dei est , & ubi *d Prov.21.* voluerit, inclinabit illud . Hoc est enim quod vestrum firmat Imperium , hoc est quod regna vestra conservat. Nàm pax Ecclesiæ , religionis unitas, auctorem facti in sublime provectum grata sibi tranquillitate custodit. Neque enim parva ei vicissitudo à potentia divina tribuitur,per quem nullis rugis Ecclesia divisa secernitur , nullis insertis maculis variatur : Scriptum est enim (e), quia cum Rex justus sederit su- *e Prov.20* per sedem, non adversabitur ei quicquam malignum. Proindè serenitatis vestræ apices per Hypatium atque Demetrium sanctissimos viros fratres & coepiscopos meos reverentia consueta suscepimus : quorum etiam relatione comperimus , quod fidelibus populis proposuistis edictum amore fidei , pro submovenda hæreticorum intentione , secundùm Apostolicam doctrinam, fratrum & coepiscoporum nostrorum interveniente consensu : quod quia Apostolicæ doctrinæ convenit , nostra auctoritate confirmamus.

Liquet igitur , Imperator gloriosissime   XVII.
(ut lectionis tenor & legatorum vestrorum
C   relatio patefecit) vos Apostolicis eruditionibus studere : ut de religione Catholicæ fidei ea sapitis , ea scripsistis, ea protulistis , ea populis fidelibus publicastis , quæ (sicut diximus) & sedis Apostolicæ doctrina , & sanctorum Patrum veneranda decrevit auctoritas, & nos confirmamus in omnibus. Opportunum est ergò , voce exclamare Prophetica (f): Jucundetur tibi & *f Ps. 95.* abundet cælum desuper , & effundant montes jucunditatem , & colles lætitia lætabuntur. Hæc igitur in tabulis cordis fideliter scribere , hæc ut pupillam oculorum convehit observare . Neque enim quisquam
D   est , in quo Christi charitas fervet, qui tàm rectæ , tàm veræ confessioni vestræ fidei refragator existat: cum evidenter impietatem Nestorii , Eutychetisque , & omnium hæreticorum damnantes , unam veram Catholicam fidem Domini & Dei nostri Salvatoris Jesu Christi magisterio institutam , & Propheticis, Apostolicisque prædicationibus ubique diffusam , & nostræ doctrinæ consentaneam , inconcusse atque inviolabiliter devota Deo & pia mente servetis . Soli etenim professionibus vestris adversantur , de quibus divina Scriptura (g) *g Isai.28.* loquitur , dicens : Posuerunt mendacium
E   spem suam , & mendacio operti speraverunt. Et iterum , qui secundùm Prophetam (h) dicunt Domino : Recede à nobis: vias tuas scire nolumus . Propter quod *h Hier.44.* Salomon dicit (i) : Per semitas propriæ *i Prov.4.* culturæ erraverunt , colligunt autem manibus infructuosa .

Hæc est igitur vera vestra fides , hæc cer-   XVIII.
ta religio (ut beatæ recordationis (ut diximus) Patres omnes , Præsulesque Romanæ Ecclesia , quos in omnibus sequimur ; hoc sedes Apostolica prædicavit hactenùs ; inconcusse custodivit . Huic confessioni,
huic

huic fidei quisquis contradictor extiterit, **A** relatione comperimus, quod fidelibus po- Justinian.
alienum se ipsum à sanctâ communione,   pulis propofuistis edictum amore fidei pro ex senten-
alienum ab Ecclesia judicabit esse Catho-   submovenda hæreticorum intentione, se- tia Episco-
lica. Nos enim Cyrum cum sequacibus fuis   cundùm Apostolicam doctrinam, fratrum porum cū-
Cumitenfi in Romana invenimus civitate, qui de Aco-   & coepiscoporum nostrorum interveniente ǎ decer-
Grec. tŵ metenfi * monafterio fuit: quos Apofto-   confenfu: quod quia Apostolicæ doctrinæ nit.
μῖτον, ſic licis fuafionibus ad rectam fidem, & velut   convenit, noftra auctoritate confirmamus.]
dicti quaſi oves quæ perierant, errantes, ad ovile   Attendas ex his, inquam, velim quod ait,
in fomnes. contendimus revocare Dominicum ; ut   non folùm fecundùm Apoftolicam doctri-
a *Pf.* 28. agnofcant (fecundùm Prophetam (*a*)   nam, fed interveniente Epifcoporum con-
b *Iſai.* 50. linguæ balbutientes loqui quæ ad pacem   fenfu, illa ab ipfo Imperatore effe ftatuta
funt. Ad non credentes autem per nos pri-   atque pariter promulgata: ne putes (quod
mus Apoftolorum Ifaiæ Prophetæ (*b*) ver-   & fuperiùs admonuimus) ipfum Juftinia-
bum dicit: Ambulate in lumine ignis veftri   num Auguftum in hujufcemodi promul-
c *Pf.* 35. & flammæ, quam fuccendiftis. Sed obdu- **B** gaudis edictis aliquid fibi præter jus fafque
d *Joan.* 10. ratum eft cor eorum (ut fcriptum eft (*c*))   temerè ufurpaffe: cum in primis in his deut non intelligerent: & paftoris (*d*) vo-   cernendis Apoftolicæ doctrinæ ratio habe-
cem oves, quæ meæ non erant, audire   retur ; indè verò Epifcoporum Orthodo-
minimè voluerunt. In quibus obfervantes   xorum, qui aderant, expeteretur judi-
ea quæ ab ipforum funt ftatuta Pontifice,   cium, atque requireretur fententia: ad po-
eos minimè in noftra communione recepi-   ftremum autem (ut vides) nùm omnia piè
mus, & ab omni Ecclefia Catholica effe   fanctèque in omnibus confentientia effent
juffimus alienos; nifi errore damnato, do-   Catholicæ veritati, ipfe qui primarius Ec-
ctrinam noftram quantocyùs fequi, habi-   clefiæ Catholicæ præfideret Antiftes, Rota regulari profeffione, fignaverint. Æ-   manus Pontifex confuleretur, ejufque auc-
quum quippè eft, ut qui noftris minimè   toritas, quæ confirmaret omnia, petere-
obedientiam accommodant ftatutis, ab Ec-   tur: adeò ut nihil his fanctius rectiufque
clefiis habeantur extorres.   perfici potuerit ab Orthodoxo Imperato-

XIX. Sed quia gremium fuum numquàm re- **C** re, qui Catholicæ fidei patrocinium ftu-
deuntibus claudit Ecclefia : obfero cle-   dio indefeffo fufceperit. Quod enim in
mentiam veftram, ut fi proprio depofito   aliis ante promulgatis de fide Catholica
errore, & prava intentione depulfa, ad   fanctionibus, quibus potiùs quid ipfe de
unitatem Ecclefiæ reverti volueritis; in ve-   Catholica fide fentiret reddi omnibus vo-
ftram communionem receptis, indignatio-   luit manifeftum, hæc vifus effet præter-
nis veftræ removeatis aculeos : & nobis   mififfe ; ne quid deeffet ad plenam auc-
intercedentibus, benigni animi gratiam   toritatem, ab Epifcopis (ut videri poteft)
condonate. Deum autem, & Salvatorem   admonitus, Romanum Pontificem per lit-
noftrum Jefum Chriftum exoramus, qua-   teras atque legatos ea more confuluit; quod
tenùs longævis & pacificis vos dignetur cu-   tùnc facere prætermiferat, cum non effent
ftodire temporibus in hac vera religione,   qui ex adverfo confurgerent ; fed excitatis
& unitate & veneratione Apoftolicæ fedis, **D** illis Neftorii defenforibus, non fibi nec
cujus principatum ut Chriftianiffimi & pii   Epifcopis Orientis fatis virium & auctori-
confervatis in omnibus. Præterea, fere-   tatis effe fenfit ad confutandos hæretico-
niffime Principum, laudamus legatorum   rum errores, nifi accederet Apoftolicæ fe-
veftrorum perfonas Hypatii, & Demetrii,   dis fcriptis declarata fententia, quam quæ-
fratrum & coepifcoporum noftrorum; quos   fivit & promulgavit.
clementiæ veftræ gratos fore, ipfa mani-   Hic infuper opus eft monere lectorem, **XXI.**
feftavit electio. Nàm tantæ caufæ pondus,   reperiri in tomis Conciliorum longè pro- Edictum
nonnifi perfectis in Chrifto potuiffet injun-   lixius fcriptum edictum, immò librum Imp.pofte-
gi : tantæ verò pietatis, tantæ reverentiæ   (ita enim eum appellat Liberatus diaconus) rius ad Jo-
plenos affatus, nifi per amantes minimè   infcriptum ad Joannem Rom. Pontificem : annem Pa-
dignaremini deftinare. Gratia Domini no-   quod cum præfeferat ipfius fidei rectæ con- pam falfo
ftri Jefu Chrifti, & charitas Dei Patris   feffionem, eft tamen veluti catechifmus & infcriptum.
& communicatio fancti Spiritus fit femper   fidei Catholicæ exacta declaratio : at de
vobifcum, piiffime filii. Amen. *Item* **E** Tribus capitulis diù poftea in Ecclefia con-
fubfcriptio. Omnipotens Deus regnum ve-   troverfis exacta difcuffio ; cui ejufmodi præ-
ftrum & falutem veftram perpetua prote-   fixa reperitur infcriptio : Edictum piiffi-
ctione cuftodiat, gloriofiffime & clemen-   mi Imperatoris Juftiniani fidei confeffio-
tiffime fili, Imperator Augufte. Dat.   nem continens, & refutationem hærefum
Romæ octavo Kal. Aprilis, D. N. Jufti-   quæ adverfantur Catholicæ Dei Ecclefiæ,
niano PP. A. & Paulino V. C. Confl.] Ha-   Joanni Papæ Secundo tranfmiffum, ut pa-
ctenùs Joannis Papæ ad Juftinianum Im-   tet in Vita ejufdem Papæ ex libro Pontifi-
peratorem epiftola : quæ autem continet   cali.] At hæc infcriptio alicujus eft recen-
ipfius Juftiniani Imper. fidei confeffionem,   tioris auctoris res haud fatis exploratas ha-
fuo loco feorfùm fuperiùs, quo fcripta eft   bentis: in libro enim qui effe creditur Ana-
tempore, recitavimus.   ftafii de Romanis Pontificibus nulla peni-

XX. In hac verò Joannis epiftola potiffimùm   tùs mentio de hoc habetur edicto, fed de
velim confideres illa ipfius verba, quibus   priori dumtaxat per dictos legatos Romam
ait : *Quorum etiam, legatorum videlicet,*   allato. Sed & fcias perperàm additum,
ipfum

intromiſſum fuiſſe ad Joannem Secundum Romanum Pontificem, quod (ut dicemus) conſtat tempore Vigilii Papæ conſcriptum. Hic ille enim eſt liber, quem adversùs Tria capitula Theodorus Cæſarienſis Epiſcopus ab ipſo Imperatore edendam curavit, ut teſtatur Liberatus diaconus (*a*), qui & *a Liberat.* his vivebat temporibus, atque ob oculos *diac. Brev.* ea quæ eſt teſtatus habebat: cujus pariter *c. 24.* libri mentio eſt apud Vigilii Papæ decretum de damnatione ipſius Theodori Epiſcopi Cæſarienſis. Sed hæc manifeſtiora ſiue ſuis locis inferiùs, cum de Tribus capitulis opportuna tractatio erit. Ut autem de his hoc tempore Juſtinianus ad Joannem Pontificem ſcriberet, nulla penitùs ratio exigebat, quòd nec aliqua cauſa id poſtularet, cum nondùm de Tribus capitulis altercatio aliqua oborta atque vulgata eſſet. Contius igitur doctiſſimus Jureconſultus, dùm in appendice ad Juſtinianeum Codicem inter alia prætermiſſa ipſum edictum recluſit, in præpoſita ei à ſe erudita notatione minimè nobis probatur, dùm tempore hujus Joannis Papæ ab eodem Imperatore editum tradit: neque dùm etiam plus æquo illud commendat, non conſiderans fuiſſe in Eccleſia Catholica ſeminarium diſſenſionum, quæ diutiùs coaleſcentes, ſchiſmata germinarunt ubique: etenim (ut conſtat ex Liberato diacono) fuit illud ſcriptum contrà Pelagium ſanctæ Romanæ Eccleſiæ diaconum à Theodoro Cæſarienſi, cujus ſicut nec cauſa bona præceſſit, ità nec felix finis eſt conſecutus, turbata univerſa Eccleſiæ pace; ut ex his quæ inferiùs dicenda erunt, ſatis perſpicuum apparebit. Sed proſequamur jàm cœptam de legatis remeantibus narrationem.

XXII.
De cantico legatis, à Juſtiniano Ecclaſiæ tradito.

Juſtinianus Imperator, reverſis Roma legatis, eum fidei ſuæ profeſſionem, Catholicæque fidei rectam ſententiam (ut optarat) ab ipſa Apoſtolica ſede confirmatam accepiſſet; ne ea ullatenùs è populi animis elaberetur, ſed fixiùs uniuſcujuſque menti inhæreret, quòd Apoſtolicæ ſedi placuiſſet; prudenter illud excogitavit, ut eam ad Eccleſiaſtici cantici rhythmos accommodatam, inſtar pſalmi, Eccleſiis traderet concinendam: id nàmque ab ipſo factum anno ſequenti, quo Imperii nonus incipit, Miſcella habet, licèt Cedrenus anno ſeptimo actum tradat: ſed magis illi ſententiæ inhæremus, ut non antè id videri fuerit, quàm idem Imperator acceperit ab Apoſtolica ſede confirmatum fidei ſuæ edictum. Fuiſſe autem ejus cantici ejuſmodi exordium: *Unigenitus Filius & Verbum Dei*, &c. æquè confirmant. Quòd enim ipſo fermè initio naſcentis Eccleſiæ vidimus factitatum, ut Romanorum Pontificum litteras cum acciperent Orientales, eaſdem conſervatas in eccleſiis populo publicè lectitarent; ex majorum utique diſciplina atque exemplo peractum apparet, ut quam ſedes Apoſtolica cognoviſſet & confirmaſſet fidei profeſſionem, omnes ſimùl occinerent.

XXIII.
Sed ad Joannem Romanum Pontificem

A redeamus: qui non ſolùm Juſtiniani Imperatoris fidei profeſſionem probavit, ſed & adverſantes illi Acœmetas monachos damnavit; idemque etſi ſatis eſſet confirmaſſe ſcriptam ab Imperatore fidem, tamen eo argumento adhuc longiorem tractationem aggreſſus ſcribere, interpellatus inter hæc à doctiſſimis quibuſdam Senatoribus bre- *b Extat* viorem eo argumento ſcripſit epiſtolam, quæ *tom. 4. Bi-* eſt hujuſmodi (*b*): *bliot. ſanct.*
Joannes Epiſcopus Romanus illuſtribus XXIV. & magnificis viris Avieno, Senatori, Liberio, Severino, Fideli, Avito, Opilioni, Joanni, Silverio, Clemenciano, & Ampelio ſalutem.

B

Olim quidem, illuſtres & magnifici filii, Joannis ad hoc ſententiæ meæ ſumma conſtiterat, *Papæ de ſi-* ut antè juſſionem veſtram, poſtquàm epi- *de epiſt. ad* ſtolæ vel dogmatis tenorem cuncta Eccleſia, *Senatores* hoc eſt, ſacerdotum, Senatus, & populi probavit aſſenſus; ſub paginali alloquio veſtris etiam ſenſibus intimanda dirigerem. Sed conſilii ordinem illa res vertit, quia & dogmati per dies ſingulos divinæ Scripturæ ſubduntur, & imperfecta deſtinari non poterant in exemplaribus ſcripta tranſmitti. Novimus enim, quod Domino docente, præceptum eſt, quod paſtor diligens gregem, ſalubria ultrò non deſiſtat ingerere: C quia res quæ ad ſalutem animæ pertinet, omnibus neceſſe eſt ſenſibus intimari. Proindè illuſtres & magnifici filii, quia feſtinatio non portulit portitores, ut ea ſcribi & dirigi potuiſſent; incontinenti tamen, ſi dictus divinus favor arriſerit, tàm epiſtolæ quàm dogmatis exemplaria deſtinabimus.

Nùnc autem, ne quid de noſtris * ſen- XXV. fibus relinquatur ambiguum; quid epiſto- * *veſtris* læ tenor habeat, quid textus dogmatis contineat, breviter inſinuare curavi. Juſtinianus ſiquidem Imperator filius noſter (ut D ejus epiſtolæ tenore cognoviſtis) de his tribus quæſtionibus orta certamina fuiſſe ſignavit: Utrum unus ex Trinitate Chriſtus & Deus noſter dici poſſit, hoc eſt, una de tribus perſonis ſanctæ Trinitatis ſancta perſona: An Deus Chriſtus carne pertulerit, impaſſibili deitate: An propriè & veraciter mater Domini Dei noſtri Chriſti Maria ſemper Virgo debeat appellari. Probavimus in his Catholicam Imperatoris fidem, & ita eſſe, Propheticis & Apoſtolicis vel Patrum exemplis evidenter oſtendimus. Unum enim ex ſancta Trinitate Chriſtum eſſe, hoc eſt, unum de tribus ſanctæ Trinitatis perſonis perſonam eſſe perſonam, ſive E ſubſiſtentiam, quam Græci ὑπόϲτασιν dicunt, in his exemplis evidenter oſtendimus. In libro Geneſis (*c*), per Moyſen *c Geneſ.3.* Trinitas ipſa ſic dicit: Ecce Adam factus eſt tamquàm unus ex nobis. Et item vas electionis Paulus ad Corinthios ita evidenter expreſſit (*d*): Unus Deus Pater, ex *d 1. Cor. 8.* quo omnia, & nos in ipſo: & unus Dominus noſter Jeſus Chriſtus, per quem omnia, & nos per ipſum. Et in Symbolo Synodi Nicænæ: Credimus in unum Deum Patrem omnipotentem, & in unum Dominum

minum noſtrum Jeſum Chriſtum unigenitum .

XXVI.   . Item ſanctus Auguſtinus , cujus doctrinam ſecundùm prædeceſſorum meorum ſta-
tuta Romana ſequitur & probat Eccleſia ,
in libro undecimo de Ciuitate Dei ſic dicit
Credimus & tenemus , fideliter prædicamus , quòd Pater genuerit Verbum , hoc
eſt , Sapientiam , per quam facta ſunt omnia , unus unum , æternus coæternum ; ſummus bonus æqualiter bonum . Et quòd Spiritus ſanctus ſimùl & Patris & Filii ſit Spiritus , & ipſe conſubſtantialis & coæternus
ambobus , atque hoc totum Trinitas ſit
propter proprietatem perſonarum , & unus
Deus propter inſeparabilem unitatem : ſicut unus omnipotens propter inſeparabilem
omnipotentiam : ita tamen , ut cùm de ſingulis quæritur , unuſquiſque eorum &
Deus omnipotens eſſe reſpondeatur . Ejuſdem in libro ſecundo contra Maximinum :
Et Pater Deus eſt , & Filius Deus eſt , &
Spiritus ſanctus Deus eſt , & hi ſimul tres
unus Deus eſt , nec hujus Trinitatis tertia
pars eſt unus ; nec major pars duo quàm
unus eſt . In libro S. Auguſtini quintodecimo de Trinitate : Ratione etiam reddita
intelligentibus palàm eſt ſubſtantia veritatis , non ſolùm Patrem Filio non eſſe majorem ; nec ambos ſimul aliquid eſſe majus
quàm Spiritus ſanctum , aut quoslibet
duos in eadem Trinitate majus eſſe quàm
unum , aut omnes ſimul tres majus eſſe quàm
ſingulos . Gregorius Nazianzenus ex ſermone de Epiphania : Deum , &c.] Sub-
eezic Græcorum Patrum atque Latinorum
teſtimonia fideliſſima , quibus (quod contendit) probatur unam perſonam ſanctiſſimæ Trinitatis dici Chriſtum , eumdemque
natum & paſſum in carne , verèque ac propriè Mariam ſanctiſſimam Virginem Dei
matrem dici , & eſſe quod dicitur . Ad poſtremum verò ita concludit :

XXVII.   · His igitur evidenter oſtenſum eſt , illu-
De verbi ſtres & magnifici filii , quod ſcripſerit Im-
incarnatio- perator , quod Romana ſequatur & colat
ne Catho- Eccleſia ; atque Chriſtum Dominum no-
lica doctri- ſtrum unum eſſe (ut ſæpè diximus) ſanctæ
na .   Trinitatis ex duabus naturis cognoſcendum ,
hoc eſt , in deitate & humanitate perfectum ,
non anteà exiſtente carne & poſteà unita
Verbo ; ſed ab ipſo Deo Verbo initium ,
ut eſſet , accipiens , ex materno corpore
caro ſumpſit initium , ſalva proprietate vel
veritate utriuſque naturæ , hoc eſt , divinitatis atque humanitatis , Dei Filium Dominum noſtrum Jeſum Chriſtum Catholici
confitemur , omni poſthac communionis
confuſione ſubmota : neque enim naturas
in eo aliter agnoſcimus , niſi differentiam
intelligentes & confitentes divinitatis atque humanitatis . Sed nec duas perſonas in
Chriſto intelligimus per id quòd dicimus
duas naturas , ut adunationis diviſionem
facere videamur , ut ſit (quod abſit) Quaternitas , & non Trinitas , ſicut Neſtorius
ſenſit inſanus . Nec confundimus eaſdem
unitas naturas , cum unam perſonam Chriſti confitemur , ut Eutyches impius credit

A   dit . Tomum verò Papæ Leonis , omneſ-
que epiſtolas , necnon & quatuor Synodos ,
Nicænam , Conſtantinopolitanam , & E-
pheſinam primam , & Chalcedonenſem (ſicut Romana hactenùs ſuſcepit & veneratur
Eccleſia) ſequimur , amplectimur , atque ſervamus . Hoc eſt enim noſtræ fidei
firmamentum , hæc eſt fidei noſtræ petra
firmiſſima .

Hæc autem , illuſtres & magnifici filii , **XXVIII.**
agentes gratias ſolicitudini veſtræ , pauca De vitan-
intimare curavimus , pleniùs tamen dire- dis damna-
ctis exemplaribus , poteritis agnoſcere . tis Accome-
Accometas , qui ſe monachos dicunt , qui tis Neſto-
B   Neſtoriani evidenter apparuerunt , Ro- rianis.
mana etiam eos damnat Eccleſia . A quibus
vos , propter canonem , qui cum excom-
municatis Chriſtianum nec loqui nec communicare permittit , diligentia paſtorali
admonere non deſino , ut eorum etiam ſim-
plicem collocutionem vitetis , nihilque
vobis cum eis exiſtimetis eſſe commune .
Quod ideò facio , ne reus ſilentii inveniar ,
ſi hæc ad veſtram minimè , Chriſtianiſſimi
filii , notitiam pertuliſſem . Incolumem
magnitudinem veſtram Deus noſter cuſto-
C   diat , domini filii meritò illuſtres atque
magnifici .] Hactenùs Joannes Pontifex
ad Senatores .

Hæc quidem epiſtola ſi innotuiſſet No- **XXIX.**
vatoribus leguleis , puto erubuiſſent (ſi
tamen in ipſis innatæ homini verecundiæ
aliquid remanſiſſet) negare epiſtolam Juſtiniani ad Joannem Pontificem , illamque
ab ipſo ad eum redditam , eſſe germanas ;
cum ex hac & Senatorum conſcripta ambæ
legitimæ declarentur . Hanc autem nactus a Cujac.
doctiſſimi Cujacius (a) , nihil penitus obſerv. l. 11.
moratus , ex eadem dicta Juſtiniani atque cap. 16.
Joannis epiſtolas cognovit genuinas , alie-
ruitque eas germanas , ſecutus ſententiam
diſertiſſimi Alciati , qui hæc de his habet
D   (b) ; Sunt qui & ſuſpectam habeant Joan- b Alciat.
nis Pontificis epiſtolam , quæ ſub titulo de parerg. l. 4.
ſumma Trinitate in Juſtiniani Codice ſita cap. 23.
eſt ; dicuntque in antiquis codicibus non Probata
inveniri ; quod (ut arbitror) eò faciunt , epiſt. Ju-
ut illos adjuvent , qui Pontificis Romani ſtiniani at-
auctoritatem deprimunt : quo nomine alios que Joan-
quoque auctores depravatos ab eis depre- nis Papæ.
hendi , ut Othonis Friſingenſis Chronica ,
& Lygurini poetæ carmina quædam : Ego
in antiquis plurimis eam extare ſcio , nec
ulla ſuſpicione convelli poſſe . Quòd ſi
unus aut alter codex non habet , id ſcriptorum incuriæ tribuendum , qui eam quandoque omiſerint , quòd non multùm ad legalis ſcientiæ materiam pertineret : non ta-
E   men ideò hæſitandum eſt , quin genuinus
germanuſque Joannis ſit fœtus .] Hucuſquè doctiſſimus Alciatus , cui abſque ullo
hæſitationis ſcrupulo vir inſignis juris æquè
conſultiſſimus Cujacius non tantùm (ut
diximus) inhærens aſtipulatus eſt ; verùm etiam ex recitata dicta epiſtola ejuſdem Joannis Pontificis ad Senatores , eamdem ſententiam firmiùs roboravit , ſoli-
diùs confirmavit , atque penitùs ſtabilivit , c Cujaci
dum ait (c) : obſerv. l. 11.
cap. 16.

Meritò

XXX.
Alciati atque Cujacii eadem sententia.

Meritò doctissimus Alciatus non tulit eos, qui à titulo de summa Trinitate & fide Catholica conabantur abstrahere epistolam Joannis Papæ sive Archiepiscopi Romani ad Imperatorem Justinianum, cui inserta est ab ipso Justiniano ad eundem scripta fidei professio. Nec enim in eo titulo ponendæ epistolæ illius auctor alius fuit, quàm Justinianus ipse, qui Pontificis Romani, cui libenter defert primas in Ecclesia, judicio & approbationi tribuebat omnia. Et omninò res ità procedit. Posuit primùm in eo titulo Justinianus fidei suæ professionem, quam ediderat statim ipso initio sui Imperii, quæ est lex quinta: Deindè edictum de fide sua, & hæreticorum condemnatione propositum omnibus populis fidelibus (ut Joannes ait in sua epistola) Constantinopolitanis scilicèt, & Ephesiis, & Cæsariensibus, Cyzicenis, & Amidenis, & aliis plerisq; quæ est lex sexta: Tùm ad Epiphanium Archiepisc. Constantinopoleos specialiter epistolam ea de re, quæ est lex septima: Et octavo atq; ultimo loco similem aliam, præterquàm quòd Latinè inter summa verborum serie & consequentia parem ad Joannem Archiepiscopum urbis Romæ, quam maluit unà confirmationi & approbationi Joannis injectani nobis quàm solam exhibere, ut probatur hic ordo evidenter in libris Basil. in quibus ultimo loco, quod Joannis Latinè exordium est hujusmodi: Inter claras mansuetudinis vestræ laudes] ita redditur: Εν τη Λαμπρότητι της ὑμετέρας πραότητος, &c. Et de hac epistola idem Joannes scribens illustribus viris Avieno, Senatori, Liberio & aliis: Justinianus, *inquit*, Imperator (ut ex ejus epistolæ tenore cognovistis) de his tribus quæstionibus orta certamina fuisse significavit: Utrum unus ex Trinitate Christus, & Deus noster dici possit, &c.] Hæc Cujacius, in omnibus firmiter insistens Alciati vestigiis, quem præ cæteris sciret in his dignoscendis præstare scientia, atque pollere prudentia & fide.

XXXI.
Perstringit auctor Othomanū I.C. qui l. I. c. I. Resp. amic. de his agit.

At prætrierunt tanta hæc quavis meridiana luce clariora offusum caligine hæresie Novatorem Jureconsultum (*a*), qui in ipso superliminari operis sui, Responsionum amicabilium, egregium ac dignum auctore affixit tùm impietatis tùm etiam inscitiæ titulum cunctis spectandum; dùm videlicèt ipso primo operis sui capite, in odium, quo vehementissimè flagrasse perspicitur, Romanorum Pontificum, probare frustrà nisus est, constitutionem, Inter claras] pactum esse suppositum, non genuinum ipsius cujus asseritur, Joannis Secundi ejus nominis Romani Pont. Inter claras planè sedis Apostolicæ laudes tantæ claritudinis fulgoris impatiens cæcutiit vespertilio, quem captantem tenebras non aliter quàm è veritatis luce fugandum putamus. Quid enim? Nùm si (ut frustrà putas) ab hujusmodi splendoris radio absconderis, vitare poteris alia plurima lucis spicula undique haud minore fulgore infirmam tuam

oculorum aciem fortiùs ferientia? Et à viciniori incipiamus: Numquid non ingens splendor ignis, & de igne fulgor egrediens est sententia illa Justiniani in constitutione (*b*) ad Epiphanium Constantinopolitanum Episcopum, qua de iisdem datis ad Joannem Romanum Pontificem litteris meminit, cum ipsum Romanæ sedis Antistitem nominat caput omnium sacerdotum, cujus sit muneris pullulantes omnes hæreses condemnare? Sed ejus singula verba inferiùs reddemus. Numquid & hanc negas esse legitimam, de qua nulla umquàm extitit vel levis saltem controversia? Numquid ipsum corpus Juris eviscerabis, ut cuncta quæ favent Ecclesiæ Romanæ primatui, prorsùs evellas? Quòd si non negas (sicut nec potes) hanc esse Justiniani ad Epiphanium editam sanctionem: habes ex ea non tantùm assertam ejusdem Ecclesiæ Romanæ super omnes Ecclesias principalem auctoritatem, sed etiam ad Joannem Romanum Pontificem datam epistolam confirmatam.

XXXII.

Sed audi singula verba Imperatoris: In omnibus (*inquit*) servato statu unitatis sanctissimarum Ecclesiarum cum ipso sanctissimo Papa veteris Romæ, ad quem similia hisce perscripsimus. Nec enim patimur, ut quicquam eorum quæ ad Ecclesiasticum spectant statum, non etiam ad ejusdem referatur beatitudinem, cum ea sit caput omnium sanctissimorum Dei sacerdotum; vel eó maximè, quòd quoties in his locis hæretici pullularunt, & sententia & recto judicio illius venerabilis sedis coerciti sunt. Quid ad hæc data ad ipsum Constantinopolitanum Episcopum dicis? Quid tu adeò inaniter blateras, Justinianum Imperatorem, & alios superiores Augustos Patriarchæ suo Constantinopolitano vel majorem quàm aliis omnibus, vel certè parem potentiam atque auctoritatem tribuisse? Sed quibus ista probes auctoritatibus, quæras licèt diutiùs, minimè poteris invenire: cum è contra quibus contrarium affirmetur, confluant undique testes & testimonia.

XXXIII.
Primatus Rom. Eccl. pluriès tedeque statuus.

Numquid præterierunt qui alios juris prudentiam docendus suscepéris, quæ idem Justinianus Augustus pluribus sanctionibus de Ecclesiæ Romanæ primatu, deque summa super omnes Romani Pontificis potestate, supremaque auctoritate in universa Catholica Ecclesia amplissimis notis testata reliquit? Accipe hic ea in unum collecta, quæ pro temporis ratione diversis in locis Annales exhibent, atque in primis quæ item ad Joannem Papam idem Justinianus scribens, in ipsius exordio epist. habet his verbis (*c*): Ut legum originem anterior Roma fortita est, ita & summi Pontificatus apicem apud eam esse, nemo est qui dubitet. Undè & nos necessarium duximus, patriam legum, fontem sacerdotii speciali nostri numinis lege illustrare, &c.] Sed & intuere illa quæ ad Mennam Constantinop. Ecclesiæ Patriarcham itidem de Romana Ecclesia scribit (*d*), dùm agit de Agapeto Rom.

b l. 7. C. de Episcopum. summ. Trinitat.

c Justinian. Novel. 9.

d Justinian. Novel. 42.

R

Rom. Pontifice, quòd Constantinopolitanæ sedis Episcopum jure deposuerit Anthimum eò quòd cum Ecclesia Romana minimè conveniret; utpotè quæ tamquàm lapis Lydius, quæ sincera, quæve sint spuria dogmata probet; atque etiam quæ Apostolica auctoritate præcellens, omnes cujusvis amplissimæ Ecclesiæ sacerdotes à recto fidei tramite deviantes condemnet.

XXXIV. Sed & quàm disertis verbis primatum declaret ejusdem Romanæ sedis, cùm secundam locum tribuere satagit Constantinopolitanæ Ecclesiæ, accipe ex ejusdem Novella (4) constitutione ad Petrum Præfectum Prætorio data, ubi post alia: Ideóque sancimus (*inquit*) secundum earum, *quatuor scilicèt Conciliorum regularum*, definitiones sanctissimum senioris Romæ Papam primum esse omnium sacerdotum, beatissimum autem Archiepiscopum Constantinopoleos novæ Romæ secundum habere locum post sanctam Apostolicam senioris Romæ sedem, aliis autem sedibus omnibus præponatur.] Hæc ipse; quorum verborum exordio vides non ista ipsum concedere, ut primum locum obtineat Romana Ecclesia; sed ea jàm antè sacris canonibus constituta servari debere, nova lege sancire. Quid his singulis recitatis sententiis, rogo, firmiùs dictum, dilucidiùs repetitum, instantiùs inculcatum, evidentiùs apertum, atque gloriosiùs prædicatum inveniri potest? Ut planè non oculis tantùm, sed mente penitùs captum eum quis dixerit, qui tot fulgentibus radiis veritatis adhùc cæcutiit, ac deliravit, ac negandum sacrosanctæ Ecclesiæ Romanæ primatum satis sibi sufficere putavit, si unam Justiniani Imp. constitutionem in Joannis Papæ epistola recitatam, in dubium revocet atque neget.

XXXV. Dùm ergò pro foribus operis sui istiusmodi adeò spectanda gloriosè proponit; tu ex postibus tanta nigredine foris obductis intellige carbonariam, & ex ordita mendaciorum tela textorem impium & imperitum considera. Quid enim scisse potuit, qui ad unius constitutionis dubietatem, expendendam putavit universam sedis Apostolicæ auctoritatem; cùm si vel mediocriter tinctus Ecclesiasticis litteris fuisset, plusquàm sexcentas non ignorasset de ea firmissimas Patrum extare sententias? Et ne quis putet nos ista dicentes, hyperboles loqui, legat digestos à nobis hactenùs singulos annos, & eorum inveniet aliquem, in quo suprema Romanæ Ecclesiæ super omnes Ecclesias non eluceat vel dictis vel factis auctoritas. Cum igitur de primatu Romanæ Ecclesiæ idem Imperator eadem sæpiùs inculcarit: cum semel dixisse dicatur (*b*): *Constantinopolitana Ecclesia omnium aliarum est caput*: quis non intelligat, ipsum ad Orientales tantùm Ecclesias habuisse respectum? Prout expressè habet in Novella centesima trigesimaprima. Zenonis quoque constitutionem (*c*) quis non videat ita intelligendam? Nàm nihil ampliùs idem ei contulit Imperator, nisi ut vindicatam à tyrannide Basilisci in integrum

a Nov. 131. *c.* 2.

Patesit imperitia novatoris.

Primatus Rom. Eccl. ubique lucet.

b l. 24. *C. de sacrosanct. Eccles.*

c l. 16. *C. eod.*

restitueret ipsam Constantinopolitanam Ecclesiam.

At ne quis existimet, non ità facile esse objecta diluere, sicut est veritatem astruere; necessarium existimamus, ipsius adversarii hic verba reddere, quibus adulterinam esse Joannis constitutionem affirmare conatur; post enim nonnulla in dedecus opprobriumque Apostolicæ sedis furiosè jactata, hæc habet: Harum epistolarum architectus in duabus vicinis legibus, septima & octava, pugnantia scripsisse arguitur, vehementerque inter se dissidentia. Nàm cùm lege septima Grecè scripta & anno Christi quingentesimo trigesimotertio data, nempe sub Justiniano solo tertiùm Consule, septimo Kal. Aprilis, faciat eum scripsisse litteras (ut nùnc loquimur) patentes, omnibus cognoscendas, ad Patriarcham suum Constantinopolitanum; quibus litteris prædicat se hanc suam fidei confessionem jàm antè Romano Papæ spectandam cognoscendamque misisse: Tamen hac nostra lege octava, quæ confessionem illam continet, facit easdem illas litteras ad Papam Romanum datas, legatosque missos anno demùm insequente, nempè quingentesimo trigesimoquarto, Paulino Consule, septimo Kalendas Aprilis. Superiore, inquam, anno scribit se jàm misisse legatos ad Papam Romanum; à tanno vertente, duodecimo denique post mense, scribit se tùm primùm legationem & confessionem illam mittere. Quàm sunt ista, quæso, consentanea & inter se congruentia? Hæc ipse, dùm pluribus patens (ut putat) mendacium & imposturam exaggerat, atque perindè ac si deprehendisset cum furto furem, exclamat.

Sed risimus imperitiam hominis; simulque miserti magis sumus prava affectione imbuti animi, qui adeò patentem licèt, tamen nolit, sive nesciat admittere veritatem. Dicit ipse, in constitutione data ab ipso Imperatore anno superiori ad Epiphanium mentionem haberi sanctionis ejusdem datæ ad Joannem: hoc concedimus. Insuper epistolam Joannis redditam ad Imperatorem esse scriptam hoc anno; æquè assentimur. Cùm verò asserit, sanctionem Imp. ad Joannem, quæ intexta habetur in dicta Joannis ad eumdem Imperatorem epistola, hoc anno trigesimoquarto post quingentesimum sub Paulini Consulatu datam: hoc negamus; cùm id probare minimè valeat, & contrarium expressè pateat. Sed noscat primùm, quàm insulsum ac penitùs vanum sit, quo nititur, argumentum. Nàm quia in Joannis epistola ita hoc anno inseritur dicta sanctio ab Imperatore ad ipsum scripta sine die & Consule, dici necesse est hoc itidem anno datam? Minimè gentium; cum potuisset Joannes in sua reddita ad Imperatorem epistola quodvis scriptum antè plures etiam annos datum intexere.

Sed & cum in sua constitutione data anno superiori septimo Kalend. Aprilis ad Epiphanium Constantinop. Episcopum Impe-

XXXVI. Quæ objecerit adversarius.

XXXVII. Confutatio mendaciorum.

XXXVIII.

Imperator mentionem habeat ejufdem datæ à fe ad Ioannem Papam fanctionis; nullum dubium eft, eam non hac anno, fed fuperiori fcriptam efte antè dictam diem, quo tempore etiam legatio ab eodem Imp. Romæ ad Ioannem Pontificem mifsa eft. Ioannes autem Papa ad ipfum Imperatorem refcripfit anno fequenti, hoc ipfo videlicèt cùm legatos Iuftiniani dimifit : adeò ut nulla in his fit difcrepantia, fed omnia concinnè difpofita unà concordent, prout fuperiùs à nobis invenies ea cuncta pro ratione temporis collocata : nimirùm anno fuperiore ex infperato emergentibus Neftorianis, ópus fuifse Imperatori præfentaneum adhibere remedium, fancireque adverfus eofdem edictum, quo tamen nihil novum de fide decerneret, fed (ut profitetur) quæ jàm in Ecclefia ftabilita effent adverfùs Neftorianos, cunctis obfervanda proponeret. Sed quòd fciret (ut afserit) ad comprimendos infurgentes hæreticos, more majorum, requiri folere auctoritatem primarii in Ecclefia Catholica Antiftitis, quò illum fuæ parti conjungeret, rectæ fidei confefsionem per honorificentifsimam legationem ad ipfum Romanum Pontificem mifit.

Scriptorum ordo rectè difpofitus.

XXXIX.

a l. 7. C. de fumma Trinit.

De his verò omnibus à fe rebus geftis in illa data paulò poft ad Epiphanium conftitutione cùm meminit Imperator, animi fui confilium, quo id egerit, verbis anteà recitatis aperuit quæ hic ipfi rursùm necefsariò ob oculos ponenda putamus : funt autem hæc (*a*) : Divinum (*inquit*) antehàc promulgavimus edictum (quod & tua novit fanctitas) per quod hæreticorum furores reprehendimus : ita ut nullo quovis modo immutaverimus, immutemus, aut prætergrefsi fimus eum, qui nùnc ufque fervatus eft, Ecclefiafticum ftatum, (quemadmodùm & tua novit fanctitas) fed in omnibus fervato ftatu unitatis fanctifsimarum Ecclefiarum cum ipfo fanctifsimo Papa urbis Romæ, ad quem fimilia fcripfimus . Nec enim petimur , ut quicquam eorum, quæ ad Ecclefiafticum pertinent ftatum, non etiam ad ejufdem referatur beatitudinem, cum ea fit caput omnium fanctifsimorum Dei facerdotum: vel eò maximè, quòd quotiès in his locis hæretici pulfularunt, & fententia & recto judicio illius venerabilis fedis coerciti funt &c.] Habes igitur his verbis expreffam mentem Imperatoris, animique confilium. Ex quibus æquè expreffè intelligis, fanctionem Imperatoris non hoc anno datam efse, fed fuperiori ante conftitutionem ad Epiphanium fcriptam, prout ipfe Iuftinianus in dicta conftitutione, data ad Epiphanium profitetur.

XL.
Perftringitur Novator .

Jam, puto, planè confpicis, qualia efse foleant hæreticorum deliria, fuperitiis tenebris involuta, & mendaciorum nexibus obligata, dùm datam hoc die & Confule fanctionem Imperatoris ad Joannem Pontificem, fcriptam efse hoc anno feptimo Kal. Aprilis auctor turpiter mentiatur ; cum tamen totidem verbis eam fuifse fcriptam anno fuperiori ante feptimum

Kal. Aprilis, ipfe Iuftinianus teftetur in dicta fæpiùs conftitutione ad Epiphanium Conftantinopolitanum Epifcopum . Hoc & certiùs liquet ex ejufdem Iuftiniani fanctione ad Joannem data, decitata verò in ejufdem Imperatoris epiftola ad Agapetum Romanum Pontificem : exprefsè enim ibi habetur data anno fuperiori fub ejufdem Iuftiniani Confulatu tertio, ut in fine dicturi fumus. Ignofce, lector : terere in objectionibus his tempus inviti cogimur , quæ fua fatuitate efsent potiùs fibilis infectandæ, quàm refponfione vincendæ : his enim(ut initio operis præfati fumus) his, inquam , nos legibus obftrinximus, ut veritatem hiftoricam ab hæreticis labefactatam in genuinum candorem vindicemus .

XLI.
Iuftiniani cultor. Apoft. Sedis.

Stat ergò firma fententia, Iuftinianum Imperatorem, quamdiù fapuit, quamdiù in Catholica perfeveravit Ecclefia, femper cognovifse, profefsum, atque veneratum efse fuper omnes totius Orbis Ecclefias primatum Romani Pontificis, univerfafque de fide Catholica caufas ad eumdem deferendas efse intellexifse, teftatum efse , atque opere perfecifse; prout oftendunt quæ ab exordio ejus Imperii dicta funt, & quæ per annos fermè fingulos dicturi fumus, apertifsimè declarabunt . Quæ verò ad œconomiam vel difciplinam Ecclefiafticam reftituendam roborandamque ab eodem fancita efse reperiuntur, eadem ex facrarum regularum præfcripto(ut fæpè diximus atque dicturi fumus) à fe fieri folita , ipfe eft fæpiùs conteftatus , non autem ut Imperatoria poteftate exiftimarit fe pofse præfcribere Ecclefiæ, ipfiufque facerdotibus leges, à quibus (ut ex dictis ejufdem conftitutionibus intellexifti) leges ipfe requirat, fuafque eis fubiiciat.

Sed non hic febre hæretica laborantis hominis deliramentorum eft finis: quem enim femel ejufmodi phrenefis morbus invaferit, non mente tantùm movet , fed & corporis fenfus ufum adimit, ut faciat eum etiam præftucas fibi videri colligere, quæ non extant . Ita quidem ille, ut oftendat non efse Iuftiniani eam conftitutionem intextam Ioannis epiftolæ, ad poftremùm ex diverfitate ftyli argumentationem ftudio inani ità conpingit: Primùm omnium (*inquit*) plena hæc epiftola eft indecoræ afsentationis , & tanto Imperatore indigna : quam ne verifimile quidem eft Patriarcham Conftantinopolitanum , haud minùs fortafsè quam ille Occidentalis fuit , ambitiofum , æquo animo laturum fuifse : Nos(inquit)reddentes honorem Apoftolicæ fedi Romanæ. Quafi verò hæc fedes vel folæ efset Apoftolica, vel propter excellentiâ cómune multarum Ecclefiarum nomen fuum fecifset.]Hæc ipfe. Sed hic primùm adverte , non haberi in textu, *Romanæ*, fed fimpliciter, *Apoftolicæ* fedi: addidit, ipfe *Romanæ*, quòd fciret de Romana loqui Imperatorem. Hæc ad ejus excufationem dicta jvelim , ne tèr mifer adhùc legis Corneliæ pœnis reddatur obnoxius.

XLII.
Quàm infulfè ex ftyli diverfitate arguat Novator .

XLIII.

A Quamvis autem aliæ essent Ecclesiæ, quæ dicerentur Apostolicæ sedes: cùm tamen absque certi nominis expressione sedes Apostolica nominatur, ob sui excellentiam, Romanam Ecclesiam esse intelligendam, in confesso apud omnes Catholicos est. Receptæ itaque vulgatæque in Ecclesia nomenclaturæ haud inscius Imp. simplici homine Apostolicæ sedis Romanam ipsam expressit Ecclesiam. Quod cum usitatum sit dicendi genus apud Catholicos omnes, nec quidem (ut putat iste Novator) ab ejusdem Imperatoris stylo abhorret, immò, quàm maximè congruit: nàm id fre+

2 *Extant omnes inter epist. Hormisd. Pap. tom.1. epist. Rom. Pont.*

quenter usurpatum invenies in epistolis (a) ab ipso Justiniano ad Hormisdam Papam conscriptis, ut illud: *Apostolicæ sedis communioni societur.* Ac rursùm: *Missa legatione, sedix Apostolicæ promeruimus sacerdotes.* Itèmque alia, ubi ait: *Ut intelligant cuncti, rectè vos Apostolicæ sedis primarum sortitos.* Id ipsum etiam sæpiùs dictum invenies in epistolis ejusdem Imperatoris ad Agapetum Pontificem datis, nec non aliorum Episcoporum temporis hujus; ut de aliis cujusque seculi dicere omittamus, iisdem verbis in eodem sensu millies usis.

XLIV.

C Expressum id habes & in litteris ipsius Epiphanii Constantinopolitani Episcopi ad eumdem Hormisdam, quem calumniosè vult Novator ægro animo tulisse laudes Romanæ Ecclesiæ ab Imperat. prolatas: ipse, inquam, Epiphanius non eo rantùm nomine honorat sanctam Romanam Ecclesiam sæpiùs, sed & se ipsi subditum pluribus profitetur. Ut ex his magis admireris refractarii procaciam hominis, qui tribuere velit Constantinopolitano Episcopo, quæ ipse nolit accipere; quod nec posse jure, conspiceret; ut merito obstupescas, quò livor & conceptum adversùs sedem Apostolicam odium ferat præcipites homines infelices. Scias præterea, non solùm Apostolicæ Ecclesiæ nomine per excellentiam Romanam intelligi, sed etiam appellatione Catholicæ Ecclesiæ, itidem Romanam significari, ut apparet ex epistola

b *Hormisd. ep 22.*

(b) Hormisdæ Papæ ad Justinum Imperatorem.

XLV.

His exuflatis festucis, ad postremùm etsi cuncta citata superiùs de veritate illius Justiniani constitutionis ad Joannem datæ deessent, satis superèque esse posset ejusdem Justiniani Imperat. testificatio in epistola, quam scripsit ad ejusdem Joannis successorem Agapetum (c), ubi more solito, si-

'c *In epist. Agapeti 6.*

E mulàc creatus ipse est Pontifex, mittens ad eum fidei Catholicæ professionem, non aliam quidem, quàm ad ejus prædecessorem Joannem Pontif. jàm antea missam retulit verbis istis: Reddentes honorem Apostolicæ sedi & vestræ sanctitati; quod semper nobis in voto fuit & est, ut decet patrem, honorantes vestram beatitudinem, omnia quæ ad Ecclesiarum statum pertinent, festinamus ad notitiam deferre vestræ sanctitatis: quoniam nobis semper magnum fuit studium, unitatem vestræ Apost. Se-

dis, & statum sanctarum Ecclesiarum custodire, qui hactenus obtinet & incommotè permanet, nulla intercedente contrarietate.] Et reliqua, à librario prætermissa, quòd à se descripta meminisset in dicta Joanni Papæ ad Justinianum epistola, cujus est exordium: *Inter claras.* Subiiciens tantùm ea, quæ postea idem Imp. ità adiecisset in fine epistolæ: *Petimus, &c.* Usque ad calcem, ubi & recitantur dies & Consul, qui desiderantur in Codice Justiniano, his verbis: *Data octavo Idus Juniarum, Constantinop. D. N. Justiniano perpetuo Aug. tertium Cons.* Anno nimirùm superiori, ut à nobis superiùs est demonstratum. Sed eo Juniarum, restitue, Januariarum; nàm Justiniani constitutio ad Epiphanium, in qua de ea mentio habetur, data reperitur mense Martio. Exemplo autem Joannis prædecessoris Agapetus eamdem à Justiniano ad se missam fidei professionem in suis ad eum redditis litteris (d) posuit, quarum est exordium: *Gratulamur venerabiles Imp. &c.*

d *Agapeti epist. 6.*

XLVI.

Habes igitur abundè satis, lector, ex his vindicatas à calumniis oblatrantis Jurisconsulti tum litteras Joannis Romani Pontificis, tùm Justiniani Imperatoris constitutiones, eaidemque ex hac defensione magis illustratas; ex quibus reliquas ab eodem sparsas quisquilias verras: nimis enim ab instituto longè abduceremur, si verba singula singulis susciperemus confutanda sententiis. Satis jàm verò ex his tibi possint esse comperti, quales esse soleant, qui ex legum progressi gymnasiis, statim ostentant se tanquàm in scena Theologos: à qua facultate quàm procul abhorreant, vel inde valeas intelligere, quòd cùm disserant de legum scientia, quam in priscis professi sunt, adeò enormiter (ut vidisti) hallucinati penitùs convincuntur: quod & rursùs inferiùs ostendemus, cum adversùs alium legulejum hæc fis etiam furore percitum nobis pro defensione historicæ veritatis cominùs certandum erit. Hanc afferunt secum inter alias pœnam hæreses, ut nobilissima quæque obtundant, hebetent, obducant, infatuent, atque prorsùs obscurent ingenia, quæ fidei Catholicæ nitore florida videri potuissent, secundùm illud Apostoli (e): *Obscuratum est insipiens cor eorum: dicentes se esse sapientes, stulti facti sunt.* Sed de his hactenùs.

Adversùs Iurisconsultos hæreticos.

e *Rom. I.*

Quod rursùm ad res gestas ejusdem Joannis Pontificis spectat, hoc item anno mense Aprili privavit Episcopatu, redegitque in monasterium ad pœnitentiam Contumeliosum quendam, ità dictum in Gallia Episcopum, cujus Ecclesiam commendavit S. Cæsario Episcopo Arelatensi. Extant de his duæ epistolæ ejusdem Joannis Papæ ex Arelatensi archivo depromptæ, quarum prior ad universos Galliarum Episcopos data sic se habet:

XLVII.

Dilectissimis universis Episcopis per Gallias constitutis Joannes.

Innotuit nobis à fraternitate vestra missa rela-

XLVIII.

relatio, in qua Contumeliosus multis legitur criminibus involutus. Et quia hujusmodi persona sacris non potest in hærere mysteriis, ab hodierno vel officio eum nostra censet removeri auctoritas: ut in monasterio constitutus delicti veniam à Domino petere non omittat. Nihil est enim impossibile ejus clementiæ, qui potest cuncta relevare quæ facta sunt. Sed ne ejus Ecclesia destituta videatur, in ejus loco Visitatorem dari, præsenti auctoritate decernimus, qui à se ita noverit omnia exhibenda, ut nihil de ordinibus clericorum, nihil de Ecclesiastica facultate præsumat, sed ea quæ ad sacrosancta mysteria pertinent exequatur. Prædictum autem Contumeliosum, ut habeat pœnitendi licentiam, petitorium dare vobis censemus, ubi errorem suum evidenter allegans sub die profiteatur ei * culpam. Dominus vos incolumes custodiat, fratres charissimi. Dat. VII. Id. Apr. Fel. Paulino Iun. V. C. Conf.] Posterior autem epistola sic se habet:

Ioannes presbyteris, diaconibus, & cuncto clero Ecclesiæ, in qua fuit Contumeliosus Episcopus.

XLIX.

Pervenit ad nos à fratribus & Coepiscopis nostris missa relatio, ubi Contumeliosus de criminibus suis confessus legitur atque convictus. Et quia hujusmodi sceleribus implicatus sacerdotii non potest ministeria jam tractare, necessaria vobis solatia credimus Visitatoris adiungere: & ideò in Ecclesia ejus Visitatorem dari nostra decrevit auctoritas, ut Ecclesia suo privata Præsule, summi nequeat Pontificis solatiis indigere; cui vos in omnibus parere decrevimus & ea tantummodò quæ sacris sunt gerenda mysteria, ita tamen, ut nihil de Ecclesiastica facultate præsumat, sed clerus in eo quo nunc est ordine constitutus nullis gradibus promoveatur, donec proprium sacerdotem possit habere. Omnem verò hanc solicitudinem Cæsario fratri, & Coepiscopo nostro iniungimus, ad cujus curam cuncta quæ necesse sint pertinere censuimus. Dominus vos incolumes custodiat, dilectissimi filii. Dat. VII. Id. Aprilis Paulino Jun. V. C. Conf.] Cujus autem hic fuerit Ecclesiæ Episcopus, non dicit, utpote de re notissima agens.

L.

Cum audis Contumeliosum ita nominatum Episcopum, ne mireris, hujus namque temporis usus id ferebat: habes enim his etiam temporibus claruisse sanctitate in Gallia Injuriosum Episcopum Turonensem, de quo multa Gregorius ejus Ecclesiæ successor Episcopus. Observa in reliquis morem veterem, consuli consuevisse in damnatione Episcoporum Apostolicam sedem. Porrò quem modò audis sententia damnatum, scias ipsum appellasse ad successorem Joannis Agapetum Papam anno sequenti, ut suo loco patebit.

LI.

Jàm verò res bellicas, Deo juvante, feliciter gestas in Africa prosequamur. Qui enim nihil antiquius habuit Justinianus Imperator, quàm ut rectam fidem evulsis

Annal. Eccl. Tom. VII.

A hæresibus, stabiliret, cujus rei causa singulis ferme annis novas ediderat sanctiones, nec ab eo studio ex belli potuit multiplicibus curis averti; Deum sibi conciliavit Imperii defensorem, hostiumque debellatorem: ut plane perspicuo valde fuerit declaratum exemplo, pro Imperio contra barbaros pugnare Deum, cùm Imperator pro Ecclesia adversùs hæreticos bellum gerit. Quod igitur anno superiori (ut vidimus) feliciter cœptum, & felicius gestum est in Africa bellum adversùs semper invictos ubique Vvandalos, hoc anno est felicissime Gilimer se-
B absolutum, cùm videlicèt eorum Rex Gi- dat Roma-
limer ad Mauros profugus obsidione fati- nis.
gatus sese tandem Romanis dedit. Quomodò autem id acciderit, rem gestam Procopius (a) fusiùs prosecutus est: quòd a Procop.
scilicèt superatus cum suis Gilimer ipse se l. 2 de bello
contulit in Numidiæ montem, Papuam Vvand.
dictum, accessu difficillimum, quem à Phara Duce obsidendum Belisarius mandavit: atque demùm trium mensium consumpto spatio, finita hieme, fame vexatus, ærumnisque confectus dedidit ille se Pharæ, & per eum Carthaginem ad Belisarium ductus est, atque susceptum feliciter confectum est bellum. Hæc, inquam, pluribus Procopius narrat.

C Enervata jàm fuerat Vvandalis pri- LII.
stina illa bellica fortitudo, quæ domuerant Vvandali
orbem Occidentalem: quantùm enim à corrupti
primævo illo robore, necnon ab optimis deliciis.
moribus, quos prædicatos vidimus à Salviano Massiliensi, defecissent, operæpretium est verba hic Procopii reddere, cùm ait (b): Vvandali namque omnium sunt, b Procop.
quos sciam, mollissimi atque delicatissimi; tod. l. 2.
omnium verò miserrimi Maurusii. Illi, ex quo Africam tenuerunt, mensa quotidie copiosa, tùm omnium rerum quas ea fert regio continuò referta: gestabant præterea
D vestem Medicam ac sumptuosam, quam sericam vocant: in theatris quoque & hippodromis ac omnibus aliis oblectamentis, præsertim in venationibus continuò versabantur: saltatores & mimos spectabant: auditum & acroamatis & musicis & omnibus quæcumque grata animo male inficiunto deliniebant: eorum item plurimi in hortis agitantes aquis & arboribus amœnis, ac symposia plura, conviviaque facientes, Venerea denique magnopere frequentantes.] De Vvandalis Procopius, contraria plane omnibus iis quæ de iisdem scribit Salvianus, antequam in Africam venerint, cum tamen impietate semper perseveraverint Ariani.

E Sed prosequamur Belisarium Constanti- LIII.
nopolim redeuntem, relicto in Africa Sa- Belisarii
lomone Duce exercitus, qui adversùs re- triumphus.
bellantes Mauros dimicaret. Superata igitur calumnia, quam in eum invidi pararat, & patefacto Imperatori animi sui candore, decernitur ipsi ab illo triumphus, qui ab eodem Procopio ita describitur (c): Be- c Proc. de
lisarius interea unà cum Gilimere ac Vvan- bello Vvan-
dalis Byzantium profectus, omnes assecutus dal. l. 2.
est honores, qui superiorum temporum

R 3   Duci-

Ducibus maximas adeptis victorias statui consueverunt, quosve nemo abhinc annis sexcentis habuisse visus est, præterquam Titus, & Trajanus, & alii quicumque Imperatores in bellum euntes, barbaras gentes superaverunt. Spolia namque atque trophæa patefaciens, captivosque præferens, per mediam urbem triumphum egit, non quidem antiquorum modo, sed ex propria domo pedibus usque ad Hippodromum processit, inde rursum ad locum usque ubi sedes erat Imperatoris.

LIV.
De spoliis ab hostibus captis.

Erant autem spolia quæcumque ad Regis capti ministerium esse consueverunt, aurei throni, vehiculaque quibus Regis uxorem vehi mos erat, ornatu deinde vario, lapidibusque pretiosis constructa; aurea quoque pocula, & alia omnia quæ mensæ regiæ adhibentur; argentum præterea multarum talentorum myriadum: omnia denique regia supellex admodum pretiosa atque admiranda, utpote à Genserico quondam Romæ è Palatio direpta, uti supra commemoravi; in qua & Judæorum res multæ nobiles extitere, quæ olim à Tito Vespasiano, cùm Hierosolymam cœpit, Romam cum quibusdam aliis exportatæ fuerunt. Quas cum Judæus quidam aspiceret,

Vasa Templi Hierosolymam relata.

ait ad quemdam sibi proximum ex notis Imperatori, has opes Byzantium inferri in Palatium minimè oportere, quòd alibi nusquam quàm in loco ubi Salomon Judæorum Rex ab initio eas constituit, consistere queant: propterea Gensericus Romanorum Imperium diripuit, nunc rursùs ex eadem causâ Romanus exercitus Vuandalorum gentem prostravit. Hæc ad se delata Imperator intelligens, valdè timuit, ac illicò, omnia illa Hierosolymam ad Christianorum templa remittenda mandavit.

LV.
De Gilimere Rege captivo.

Erat autem intrà triumphi captivos Gilimer ipse purpuream quamdam vestem humeros amictus unà cum omnibus consanguineis ac Vuandalis, quot proceritate corporum, & pulchritudine præstarent. Postquàm verò Gilimer in Hippodromo constitit, ac Imperatorem in alta sede constitutum, populumque circumstantem conspexit, ac demùm se ipsum, in quod fatum pervenerit, considerasset; neque flevit, neque aliter conquestus est; tantùm illud Hebræorum voluminum memoravit (q): Vanitas vanitatum & omnia vanitas. Nec mora, ipse pariter & Belisarius jussi ab his, qui Imperatoriam purpuram sustinebant, Justinianum supplices adoraverunt. At ille, simul & Theodora conjux, Hilderici filios & nepotes omnes, ut ex Valentiniani Imperatoris sanguine venientes, necessitudine quadam sibi devinctos, opibus satis amplis muneraverant. Gilimeri autem loca quædam in Galatia non admodum contemnenda ad habitandum simul cum omnibus suis propinquis dedit. Inter Patricios non referri non licuit, quòd à secta nollet Ariana discedere.) Hucusque res anni hujus, de Belisarii triumpho & Gilimeris statu Procopius. Quos autem eidem Belisario sequenti

a Ecclesia.

A quenti anno unà cum Consulatu contulit Imperator honores, res singulas singulis reddentes annis, suo loco dicturi sumus. Voluit Justinianus in Augusteo à se erecto, ipsa curia, quò Senatus convenire consuevit, in amplissimi vestibuli fornice ejusmodi de Vuandalis superatis historiam musivo opere elegantissimè pingi, ut cuncto populo ob oculos esset tantum à Deo acceptum beneficium. Testatur id quidem Procopius (b), ubi de ejusdem Imperatoris ædificiis agit.

b Procop. de ædific. Justinian. Imp. l.1. LVI.

Tanta potius victoria Imperator, tàm eximii hactenùs nemini concessi à Deo accepti beneficii memor, haud ingratus videri voluit: sed in his totus existens, præter redditas privatim in cubiculo & publicè in ecclesia ingentes gratiarum actiones, adhuc illud adjecit, ut & in Codice à se edito id ipsum posteris omnibus tot vocibus, quot syllabis, jugiter loqueretur; eòque Deo gratioribus quò majori animi submissione divino numini est repensum obsequium: dùm perpetuæ memoriæ gratiarum actionem Deo debitam nova constitutione edita voluit consecrasse. Etenim ubi eadem recuperata Africa, ad optimum ejus regimen addixit animum, eidemque sanctissimè moderandæ Præfectum Prætorio creavit Archelaum, qui sub Belisario in eodem prœlio militaverat: constitutionem cùm edidit de officio Præfecti Prætorio Africæ; quanta à Deo fuerit ex ea re consecutus beneficia, recensens, ostentat magis, dùm & mala quæ à Vuandalis Africa, passa esset enumerat. Sed ipsum audi (c):

c l.1.C. de offic. Præf. Prat. Afr. LVII.

In nomine Domini N. Jesu Christi, Imperat. Justinianus, &c. Quas gratias, aut quas laudes Domino Deo nostro Jesu Christo exhibere debeamus, nec mens nostra potest concipere, nec lingua proferre.

Gratiarum actio Imp.

Multas quidem & à Deo meruimus largitates, & innumerabilia circà nos ejusdem beneficia confitemur, pro quibus nihil dignum nos egisse cognoscimus. Præ omnibus tamen hoc, quòd per nos omnipotens Deus per nos pro sua laude & pro suo amore demonstrare dignatus est, excedit omnia mirabilia opera, quæ in sæculo contigerunt; ut Africa per nos tàm brevi tempore reciperet libertatem, antea nonagintaquinque annos à Vuandalis captivata, qui animarum simul fuerant hostes & corporum: nàm animas quidem diversa tormenta atque supplicia non ferentes, rebaptizando ad suam perfidiam transferebant; corpora verò liberis natalibus clara jugo barbarico durissimo subjugabant. Ipsas quoque Dei sacrosanctas ecclesias suis perfidiis maculabant, aliquas verò ex eis stabula fecerunt. Vidimus venerabiles viros, qui abscissis radicitùs linguis, pœnas suas miserabiliter loquebantur. Alii verò post diversa tormenta per diversas dispersi provincias vitam in exilio peregerunt.

- Quo ergò sermone, aut quibus operibus dignas Deo gratias agere valeamus, qui per me ultimum servum suum Ecclesiæ suæ injurias vindicare dignatus est, & tantarum

LVIII.
Exaggeratio accepti divinitùs beneficii.

suam provinciarum populus à jugo servitutis eripuit ? Quod beneficium Dei antecessores nostri non meruerunt, quibus non solùm Africam liberare non licuit, sed & ipsam Romam viderunt ab eisdem Vandalis captam, & omnia Imperialia ornamenta in Africam exinde translata. Nunc verò Deus per suam misericordiam non solùm Africam & omnes ejus provincias nobis tradidit, sed & ipsa Imperialia ornamenta, quæ, capta Roma, fuerant ablata, nobis restituit. Ergò post tanta beneficia, quæ nobis Divinitas contulit, hoc de Domini Dei nostri misericordia postulamus, ut provincias, quas nobis restituere dignatus est, firmas & illæsas custodiat, & faciat nos secundùm voluntatem suam ac placitum gubernare; ut universa Africa sentiat omnipotentis Dei misericordiam; & cognoscant ejus habitatores, à quàm dirissima captivitate & jugo barbarico liberati, in quanta libertate sub felicissimo nostro Imperio degere meruerunt.] Sed antequàm ulterius progrediamur, attende, quæso, quæ subdit de imploratione divini auxilii precibus Mariæ Virginis; quam solitus invocare cum esset, cujus opitulatione tanta à Deo Justinianus consequi meruerit beneficia, intelligas: precibus namque sanctissimæ Dei genitricis Mariæ id factum cognosces ex iis quæ idem mòx subiicit, cùm ad reliqua impetranda rursùm per ejusdem preces divinum implorans auxilium, mòx ista subiungit: Hoc etiam deprecantes exoramus sanctæ & gloriosæ semper Virginis, & Dei genitricis Mariæ precibus, ut quicquid minùs est Reipublicæ nostræ, per nos ultimos servos suos restituat in suo nomine Deus, & dignos nos faciat servitium ejus adimplere.

LIX.
De Præf. Præt. Afric. dando.

Deo itaque auxiliante, pro felicitate Reipublicæ nostræ per hanc divinam legem sancimus, ut omnis Africa, quam nobis Deus præstitit, per ipsius misericordiam optimum suscipiat ordinem, & propriam habeat Præfecturam: ut sicut Oriens atque Illyricum, ità & Africa Prætoriana maxima potestate specialiter à nostra clementia decoretur: cujus sedem jubemus esse Carthaginem, & in præfatione publicarum chartarum Præfecturis aliis ejus nomen adjungi. Quam nunc tuam excellentiam gubernare decernimus. Et ab ea, auxiliante Deo, septem provinciæ cum suis Judicibus disponantur. Carthago & Byzacium & Tripolis Rectores habeant Consulares: reliquæ verò, id est, Numidia, Mauritaniæ duæ, & Sardinia à Præsidibus (Dei auxilio gubernentur, &c.] Subdit enim de reliquis Judicibus iisdem præficiendis; & quæ emolumenta persolvi debeant tùm ipsis, tùm aliis ministris, Notitiam, qua declaretur, adjungit.

LX.

Ista quidem sanciens Imperator, posteros omnes docuit Principes, digno quòd retineretur exemplo: post populos Dei beneficio debellatos, tùm verbis, tùm factis gratias summas divino numini esse reddendas: verbis quidem ea animi submissione

deprompsis, ut cuncta ipsi Deo optimo maximo ferantur accepta, ne illud blasphemum proferant, ut impiè cum impiis dicant (a): Manus nostra excelsa, & non *(a Deut. 32.)* Deus fecit hæc omnia. Factis verò gratias agant, ut intelligentes ea se lege tanta esse consecutos à Deo, ut devicto populo nō tyrannicè præsint, sed prosint; se ut pastores gerant, pascentes, & non depascentes populum sibi à Deo creditum. Hac quidem conditione præfici populis à Deo Reges, David Rex verbis illis docens, occinuit (b): *(b Ps. 77.)* De post fœtantes accepit eum, pascere Jacob servum suum & Israël hæreditatem suam: Et pavit eos in innocentia cordis sui, & in intellectu manuum suarum deduxit eos. Quod tùm fiet, cùm videlicet sanctis legibus eorumdem prospicietur securitati atque quieti; dùm leges justè sanctèque præscribuntur magistratibus atque militibus subjectas sibi provincias moderantibus & defendentibus; optimè scientes, primùm hos legibus coërcendos, ne populus ab his pati cogatur, quæ vix ab hostibus perpeti consuevit, ubi magistratibus atque militibus liberæ relaxantur habenæ.

Sic igitur post primam sancitam legem idem Imperator, quæ militibus in Africa militantibus eorumque Ducibus per singulas provincias disponendis debeantur, alia ad Belisarium Ducem exercitus data constitutione sancivit hoc eodem anno, sub quarto suo Consulatu, Idibus Aprilis; cujus hic tantùm satis erit exordium (c) recitare: se habent enim ista veluti acceptorum à Deo beneficiorum æneæ incisæ tabulæ, quas voluit cunctis patentes perpetuò permanere, quæ ità exordiuntur: In nomine Domini nostri Jesu Christi ad omnia consilia omnesque actus semper progredimur: Per ipsum enim jura Imperii suscepimus, per ipsum pacem cum Persis in æternùm confirmavimus; per ipsum acerbissimos hostes & ferocissimos tyrannos dejecimus; per ipsum multas difficultates superavimus; per ipsum Africam defendere, & sub nostrum Imperium redigere nobis concessum est; per ipsum quoque ut nostro moderamine gubernetur & firmè custodiatur; confidimus. Unde per ejus gratiam etiam civilium administrationum Judices & officia singulis Africanis provinciis constituimus, attribuentes quidem emolumenta, quod unusquisque percipere debeat. Ad ejus igitur providentiam etiam num animum nostrum referentes, & armatas militias, & Duces militum ordinare disponimus. Sancimus itaque.] Et reliqua usque ad finem, quæ brevitatis causa prætermisimus ea tu ipse; si cupis, consulere poteris. Voluit autem ipse Imperator has recens editas à se constitutiones hoc anno inferri in Codicem suum, quem antea editum vidimus; ut sic idem ex novis promulgatis posteà sanctionibus, quibus inter dum nonnulla jura sancita emendabantur, & alia addebantur, augeretur: ipsum enim hoc anno, suo Consulatu quarto, Imperator decimosexto Kal. Decembris edidit iterum

(ut di-

(margin right)
a Deut. 32.

b Ps. 77.

LXI.

c l. 2. C. de offic. Præf. Præt. Afr. Recolit grato animo accepta à Deo beneficia, Imp.

(ut diximus) auctum & emendatum recen-
a L.I. de ti de his, quæ hæc significaret, apposita
emend.Cod. sanctione (a).

LXII. Multa præterea disposuit de his, quæ
spectarent ad res Africanas Ecclesiasticas
moderandas, quorum meminit in sanctione
b Novel. (b) anno sequenti sub Consulatu Belisarii
36. edita, quam suo loco recitaturi sumus.
Erat plané miseranda facies Ecclesiæ Africanæ, utpoté quæ faciem quamdam præseferebat agri inculti, quem vepres, spinæ, & urticæ undiquè replevissent, in quibus & immanium bestiarum latibula essent.
Ad annorum enim fermè centum spatium ab
Arianis truculentis barbaris possessa, quænam potuerunt in ea remanere pristini decoris & pulchritudinis? Ad eam autem ex-
colendam, & in pristinam culturam (quantùm fas esset) restituendam impigro studio
sequenti anno omnium Orthodoxorum qui
reperiri potuerunt in Africa Episcoporum
Concilium celebratum est: agemus de eo
suo loco.

LXIII. Justinianus insuper, ut quam recepisset
nobilissimam summo labore Romano Imperio à majoribus partam provinciam, ad
pristinum statum politicum revocaret, pro
viribus laboravit, sanctionem illam edens
c Novel. quâ voluit ut quisque suæ reciperet, quam
35. perdidisset; cujus hoc tantùm fragmentum
De rebus reliquum est (c): Omne infinitum, &c.
Africanis Ut Afri, quæ Vvandalorum temporibus
alia consti- vel ipsis, vel propriis parentibus vel avis
tutio. utriusque sexus, vel ex transversis cognatis usque ad tertium gradum erepta sunt,
intrà quinque annorum spatia vindicent,
nisi legitimis excludantur præscriptionibus.
Ut ad comprobandum genus ambæ partes
probationes proferant. Ut omnes Afri Romanis legibus subditi sint.] Hæc sunt quæ de
rebus Africanis Justinianus sancitis legibus
statuisse reperitur. Sed quæ idem Imperator sive ad pietatem, sive ad decorem, vel
munimentum spectantia, in Africa ædificia
erigenda curavit, Procopius diligenter prosecutus est diffusè satis.

LXIV. In primis autem grati animi signum il-
De Eccle- lud rependit, cùm ob gratiarum actionem,
siis Car- veluti triumphalem quosdam fornices ei,
thagine ab cujus fultus præsidio & intercessione ad
Imp.erec- Deum vicerat, ipsi Dei genitrici semper-
tis. que Virgini Mariæ Carthagine nobilem æ-
dificavit ecclesias. Quodammodò enim visi sunt, mutuis officiis atque etiam beneficiis
certasse Dei genitrix atque Justinianus: cum
enim hic adversùs improbos Nestorianos
ejus defensatrix summum omnium titulum
dignitatis, quo verè Dei mater appellaretur; ab ipsa datum est ei, ut Imperio
potiretur; & cum ipse complures olim
erexisset ecclesias, potissimùm verò Hierosolymis nobilem basilicam; ab ea repensum est, ut quàm facillimè universam Africam subjugaret: qui rursùm ob accepta à
Deo tàm ingentia munera, pluribus ipsam
basilicis honoravit, quas Carthagine ex-
truendas curavit. Ita quidem reddendis
beneficiis cum mutuò simul certent, Deus
& homo; semper tamen vincit Deus: sed

A unam illam tantùm consequi potest homo
victoriam, si gratias agens, se fatetur divinis beneficiis superatum: quod quidem
Justinianum fecisse vidimus:

Agens itaque idem qui suprà Procopius **LXV.**
de ædificiis ab Imperatore Carthagine erectis, ubi locutus est de structuris antiquis
à Vvandalis per universam Africam demo-
litis, hæc addit (d): Solùm Carthaginæ d Procop.de
pauca quædam in antiqua specie manserunt ædificiis
B & ipsa quoque diuturnitate temporis jàm Justin.lib.6.
collapsa.] Et paulo post: Primùm Carthaginæ murum collapsum reparavit totum,
fossa, quæ ante non fuit, egesta. Posuit
quoque sacra templa Dei genitrici; & in
Palatio, cui indigenarum sanctæ Primæ.]
Non (ut puto) quòd Prima nomine diceretur aliqua nota Carthaginensis martyr (nulla enim apud majores de ea mentio est) sed
quæ primaria inter alias ecclesias à civibus
haberetur. Addit Procopius & monasterium ab eo erectum, mœnibusque munitum juxtà mare, in quo monachi debitas
Deo laudes persolverent. Insuper & Baga-
jensem urbem cinxisse muris, eamdemque
nomine conjugis Theodorianam appellasse. Adrumetum præterea muris ab ipso
C cinctum, Justinianam, nuncupatum;
quo etiam nomine ab eo fuisse Carthaginem nominatam. Justinianam, multi-
plex memoria est: id enim patet ex litteris e Ausb.de
Synodi Carthaginensis, & in ipsius Justinia- Eccl.tit.&
ni constitutionibus (e). aliis.

Sed & illud laude dignissimum, dùm bar- **LXVI.**
baros repertos in Africa, quos Mauros vo- De Mauris
cant, Romanis subjectos, ex Gentilibus ad Chri-
reddidit Christianos; de quibus ista Proco- stum con-
pius (f): Tripolis hic promontoria sunt, versis.
habitantque Mauri, barbara gens & Ro- f Procop.de
manis antiquo fœdere juncta. Hi omnes à ædificiis
Justiniano Rege persuasi Christianorum Justiniani
dogma spontanee amplexati sunt, vocantur- imp.orn.3.
D que nunc Pacati, quòd Romanis semper
confœderati sunt, à pace ità dicti Latina
voce.] Cæterùm reliqui Mauri ab eodem
Imperatore sub Duce Salomone Darensi
& aliis post eum vix post decennium subju-
gari potuerunt, reliquis parere recusantibus in partes interiores Africæ effugatis Sed
de Africanis rebus satis; jàm ad Gothicas
transeamus.

Hoc eodem anno Athalaricus Rex Go- **LXVII.**
thorum corruptis moribus adolescens, ubi Athalarici
annos octo in regno absolvisset, moritur, obitus.
ut Procopius (g) auctor est. Theodatus g Procop.
consilio Amalasunthæ regnum suscepit; de de bello
quo ista idem auctor. Erat autem Theo- Goth.lib.1.
E datus nomine quidam Theodorici ex so- Theodat.
rore Amalafreda nepos ad multum ætatis Rex Goth.
provectus, Latinarum litterarum, Plato-
nicorumque dogmatum satis peritus, rei tamen bellicæ prorsus ignarus; longoque intervallo ab industrio & strenuo quovis
abesset, accumulandis pecuniis enixus incumbebat.] Extant litteræ Amalasunthæ
ad Senatum Romanum de subrogatione
Theodati in regnum Gothorum, quibus Amalasun-
eum plurimùm laudat; necnon ipsius Theo- tha
dati ad Senatum item epistola. Sed quid carceri
accidit tradita,

incidit ingrati animi indignum facinus ? Simul hæc Theodatus ipse liberos est nactus regni habenas, Amalasuntham vinculis alli-
gatam in insula ad latum Vulsinæ positæ
asservari in carcere jussit. Interea verò ortum pacem legatos Constantinopolim Liberium atque Opilionem cum aliis tribus
misit ; litterasque ejusdem argumenti Amalasuntham ad eundem Imperatorem dare
coegit, ut Procopius tradit (*a*) Extant
ipsæ litteræ (*b*), in quibus de missa legatione pacis mentio habetur : sed & litteræ
Theodati (*c*) pariter apud Cassiodorum
integræ habentur, quibus pacem petit per
legatos ab se missos. Qui igitur egit ut per
Amalasuntham invitam licet litteræ scriberentur ad Imperatorem, ad idem officii
præstandum Senatum Urbis adegit, anteà
expostulatus adversùm eum quasi nutantem,
cujus exemplo universum regnum facilè
commoveri posset. Nàm inter alia : Quæ,
inquit, civitas non sit excusabilis, si Roma deliquerit ? Epistola autem Senatus ad
Imperatorem sic se habet (*d*)

LXVIII.
Romani
Senatus ad
Justinian.
Imp. epist.

Honestum nimis & necessarium videtur
esse negotium, pro securitate Romanæ
Reipublicæ pro Principe supplicare : quia
convenit à vobis expeti, quod nostræ possit proficere libertati. Nàm inter cætera
bona, quæ vobis singulariter divina tri-
buerunt, nihil gloriosius probatur accedere, quàm quòd vos cognoscitis ubique posse præstare. Rogamus ergò, clementissime Imperator, & de gremio curiæ duplices
tendimus manus, ut pacem vestram nostro
Regi firmissimam præbeatis ; nec nos patiamini abominabiles fieri, qui semper de
vestra concordia videbamur accepti. Romanum siquidem nomen vos commendatis,
si nostris dominis benigna conceditis : gratia
vestra nos erigit ac tuetur, & hoc mereri cognoscimus, quod de vestra mente sentimus.
Quietem ergò Italiæ fœdera vestra componunt : quia tunc amari possimus, si per vos
dilectio votiva copuletur. Quòd rei si nostræ
preces non videntur posse sufficere ; æstimate patriam nostram in hæc precatoris
verba prorumpere.

LXIX.
Roma ipsa
quid ad Ju-
stin. Imp.

Si tibi aliquando grata fui, ama, piissime Principum, defensores meos. Qui
mihi dominantur, tibi debent esse concordes ; ne incipiant talia in me facere, quæ
à votis tuis cognoverint discrepare. Non
mihi sis causa crudelis exitii, qui semper
vitæ gaudia præstitisti. Si me lædi pateris,
ubi jàm nomen tuæ pietatis ostendes? Quid
enim pro me nitaris ampliùs agere, cujus
religio, quæ tua est, cognoscitur sic flo-
rere ? Senatus meus honoribus crescit, facultatibus indesinenter augetur. Noli per
discordiam dissipare, quod deberes per
bella defendere. Habui multos Reges, sed
neminem hujusmodi litteratum : habui pru-
dentes viros, sed nullum sic doctrina & pietate pollentem. Diligo Amalum meis uberibus enutritum, virum fortem, mea conversatione compositum, Romanis prudentia charum, gentibus virtute reverendum.
Junge quin immò vota, participare consi-

lia : ut tuæ gloriæ proficiat, si mihi aliquid prosperitatis accedat. Noli me sic
quærere, ut non valeas invenire. Tua sum
nihilominùs charitate : sic nullum faciat
mea membra lacerare. Nàm si Libya meruit per se recipere libertatem, crudele est
suæ amittere, quam semper visa sum possidere. Impera motibus iracundiæ, triumphator egregie. Pius est quod generali voce petitur, quàm si vester animus cujuslibet
ingratitudinis offensione vincatur. Hæc
Roma loquitur, dùm vobis per suos supplicat Senatores.

Quòd si adhùc minus est ; beatorum Apostolorum Petri atque Pauli petitio sanctissima cogitetur. Nàm qui securitatem Romanam sæpè defendisse probantur ab hostibus ; quid erit quod eorum meritis vester
non tribuat Principatus? Sed ut omnia reverentiæ vestræ congruere videantur, per
illum virum venerabilem legatum piissimi
Regis nostri ad vestram clementiam destinatum preces nostras credimus dirigendas,
ut multa debeant efficere, quæ vel singuli
poterunt apud pios animos obtinere.] Hæc
Senatus, id expetente (ut apparet) Rege
Gothorum. Diversa hæc legatio est ab ea
posteà per Petrum legatum exhibita : hæc
autem missa est hoc anno, cum legati profecti sunt Senatores, Liberius scilicet &
Opilio : quod ipsi indicant iis litteris, ubi
dicunt : Hæc Roma loquitur, dùm vobis
per suos supplicat Senatores.]

Post hæc Theodatus Rex Gothorum,
nonnullorum persuasione, quorum cognatos olim Amalasuntha neci tradi jusserat,
eamdem obtruncandam curavit. Ità Procopius (*e*), sed Jordanus eam in balneo
strangulatam tradit. Hunc tandem finem
consecuta est fœmina supra sexum magno
& excelso animo prædita ; qualis enim
quantaque ista mulier fuerit, præter illa
quæ de ea Procopius atque Jordanus habent, consule Cassiodorum (*f*) in epistola hoc anno scripta a Senatu de collata
sibi Prætorii Præfectura. Quia autem in
Occidentem ab Imp. Justiniano missus est
Petrus, ut necem Amalasunthæ cognovit,
quæ suæ virtutis ergò charissima erat Imperatori, detestatus est immane facinus,
contestatusque pariter rem indignissimam
perpetratam, quæ animum Justiniani commovere plurimùm posset ; foreque posthàc
ut nulla ampliùs spes pacis esset, sublata
de medio fœmina æqui amantissima, ipsique Imperatori amicitia conjunctissima :
quod & accidit. Etenim (ut idem testatur
Procopius) ubi ista accepit Justinianus
hoc ipso anno ipsius Imperii octavo, adversùs Gothos bellum parare cœpit, dimissis re infecta legatis ; cœpitque exercitum comparare, & adversùs eosdem commovere Francos, jàm antè (ut vidimus)
vivente Athalarico concitatos. Quæ autem acta sint, dicemus suo loco anno sequenti, quo gesta esse noscuntur. Sed quæ
hoc translata sunt anno his subiicimus: nempè dimisso legato Petro ad eundem Imperatorem à Theodato Rege, tàm ab ipso quàm
ab ejus

a Proc. de
bello Goth.
lib. 1.
b Apud
Cassiod. Var.
l. 10. ep. 3. 4.
c Apud
Cassiod. ibi.
ep. 2.

d Apud
Cassiod. Var.
l. 11. ep. 13

LXX,
Apostoli
urbis pa-
tropi.

LXXI.
Amalasun-
tha neca-
tur.
e Proc. de
bello Goth.
lib. 1.

f Cassiod.
Var. lib. 11.
epist. 1.

a Caſſiod.
Var. lib. 10.
epi. 19. 20.
21.

b Proc. de
bello Goth.
lib. 1.

ab ejus conjuge Regina Gudelina ad Juſtinianum Imp. redditas eſſe litteras, quibus
obnixiùs pacem petere ſignificarunt. Habet eas qui ſcripſit Caſſiodorus (a) in quibus & mentio habetur de legatione iterùm
per virum venerabilem cum iiſdem litteris
ad Imperatorem miſſa. Sacerdotem planè
quemdam meritis inſignem à Theodato directum legatum eſſe, eædem ſcriptæ litteræ
docent. Quod verò ad Petri legationem ab
Imperatore directam pertinet, meminit ejus
pluribus Procopius (b).

Hic verò in Theodati Regis exordio tibi cudendam curavimus, lector, ejuſdem
Regis Gothorum imaginem, cultumque
regium ſacro non abſimilem, quo ſacerdotes uti conſueverunt: in qua præterea
habes quod obſerves, Gothum Regem in
barba raſa priſtinos imitatum eſſe Romanos; & adverſa ejus parte in Victoriæ imagine ſerpentem calcantis, inſcriptione
VICTORIA PRINCIPUM, adulatum
Juſtiniano, qui Vvandalorum Regem de-
bellaſſet.

LXXII.

c Apud
Lel. Paſ-
qualin.

DN THEODAHATVS REX

VICTORIA PRINCIPVM · S · C ·

LXXIII.
Marcelli-
ni ſcripta.

d Caſſiod.
de divin.
lect. c. 17.

Hoc anno ſub dictis Conſulibus finem
imponit ſuo Chronico Marcellinus Comes,
ut ipſe ejus operis præfatione teſtatur: aio-
que hoc opus alii cuidam ſuæ ſcriptioni ſub-
jeciſſe; quam illam putamus, cujus Caſſiodorus his verbis meminit (d): Marcellinus etiam quatuor libros de temporum
qualitatibus, & poſitionibus locorum pulcherrima varietate conficiens, itineris ſui
tramitem laudabiliter percurrit: quem vobis pariter dereliqui.] Et paulò poſt, ubi
de Euſebii Chronico habuit mentionem,
iſta ſubjungit: Hunc ſubſecutus eſt ſupra-
dictus Marcellinus Illyricanus, qui adhùc
Patricii Juſtiniani fertur egiſſe cancellos:

ſed meliore dictione devotus à tempore
Theodoſii Principis uſque ad fores Imperii
triumphalis Auguſti Juſtiniani opus ſuum,
Domino juvante, perduxit: ut qui antè
fuit in obſequio ſuſcepto gratus, poſtea
ipſius Imperio copioſè amantiſſimus appareret.] Hæc Caſſiodorus de Marcellini
Chronico; cujus & aliam refert inferiùs
lucubrationem, cum ait (e): Marcellinus, de quo dixi, pari cura legendus eſt,
qui Conſtantinopolitanam civitatem &
urbem Hieroſolymorum quatuor libellis
minutiſſima narratione conſcripſit.] Hactenùs de eo ipſe. Sed præter Chronicon
reliqua Marcellini ſcripta periiſſe videntur.

e Caſſiod.
de divin.
lect. c. 25.

JESU CHRISTI   AGAPETI PAP.   JUSTINIANI IMP. 9.
ANNUS   ANNUS   THEODATI REG. 2.
535.   1.

I.
Belifarii
Conſulatus
honorifi-
cus.

f Procop.
de bello
Vvandal.
lib. 2.

II.
Juſtin. pro
religione
laborat.

QUI ſequens eſt Chriſti annus quin-
gentenſimus trigeſimuſquintus Conſulatu ſolius Belifarii feliciter incipit: ob præclaras enim res geſtas in Africa
ſumma Conſulatus dignitate Juſtinianus
Imperator eum ornandum putavit, quem
ad non minoris momenti expeditionem Gothicam accincturus eſſet. De ipſo Conſulatu Belifarii agens Procopius, hæc ait (f):
Paulò poſt Belifario decretus triumphus
antiquorum more: nàm Conſul factus eſt,
curuli ſella humeris captivorum invectus
argentea, zonas aureas, aliaſque è ſpoliis
Vvandalorum divitias populo diſperſit,
quamquàm rem novam ſacere viſus.] Quæ
autem ad Gothicam expeditionem ſpectare
videntur, antequàm attingamus, res Eccleſiaſticas proſequamur.

Provinciam Juſtinianus perarduam ſu-
biturus, perdifficileſque bellum Gothicum
auſpicaturus, nullum ſibi meliorem appa-

ratum ceſſurum exiſtimavit, quàm ſi probè
factis conſuleret rebus ſacris, præteritorum
ſatis doctus exemplo, debellari à Deo feliciter hoſtes, cum Imperator piè pro religione laborat. Quamobrèm in id totis incumbit viribus, ut quæ in primis in ipſa
Conſtantinopolitana civitate adverſus ſacros canones probatamque conſuetudinem,
in eccleſiarum detrimentum diſpendiumque
divini cultus videret admitti, corrigeret.
At quænam fuerint iſta, eodem tempori
ordine, quo ſunt edita, hic nobis dicenda
erunt. Inter alias autem ejuſdem Principis
hoc anno promulgatas ſanctiones ſub Belifarii Conſulatu, primum locum illa obtinet ad Epiphanium Conſtantinopolitanum
Epiſcopum data, decimaſexta menſis Martii, ut determinatus ſit numerus clericorum ſanctiſſimæ majoris eccleſiæ (g): quæ
quidem nonniſi ex canonum præſcripto ſe
tacere, ipſo ejus exordio profitetur, cùm
regu-

g Novel. 3.

E

A regularum sacrarum meminit. Ejus verò sanciendæ legis ab ipso causam expressam habes : nimirùm quòd cum ab Episcopo plures ordinarentur clerici , quàm reditus ecclesiæ ferrent ; indè accideret , ut ipsæ ære alieno oppressæ semper essent , alienareque cogeretur bona etiam immobilia sibi relicta . Sed accipe quid agere solerent structores ecclesiarum ; de his enim ista habet :

III.
Consulit Imper. Ec-clesiis ære alieno oppressis.
Investigantes illud undique invenimus , quoniam singuli horum , qui sanctissimas ecclesias ædificaverunt in hac feliciſſima civitate , non pro ædificio solummodò cogitarunt , sed etiam ut expensas sufficienter darent à se factis venerabilibus domibus , & determinarent quantos quidem competens esset presbyteros per unamquamque ecclesiam , quantosque diaconos , masculos atque fœminas , & quantos subdiaconos , & rursùm cantores atque lectores & ostiarios constitui : & super hæc etiam Oratorii expensas definierunt ; & reditus proprios sufficientes dederunt iis quæ à se constitutæ sunt : si quis autem adjecerit multitudinem , nequaquàm ampliùs penitùs extendi valentes . Et quidem permanserunt usque ad multum tempus talia conservata ; & donec hoc fuit , duraverunt sanctiſſimarum ecclesiarum domibus quæ sufficerent . Cùm verò Deo amabiles Episcopi ad aliquorum preces semper respicientes pertracti sunt ad ordinationum multitudinem , facta quidem est expensarum quantitas ad immensitatem multam ; creditores autem undiquè & usuræ: & novissimè neque creditores inveniuntur propter incredulitatem jam causæ ; sed alienationes cum necessitate & contra leges , &c.] Plura enim aggregat mala , quæ provenire solerent ex ejusmodi causæ in dispendium ecclesiarum . Sed non prætermittenda sunt , quæ de numero clericorum ecclesiæ majoris Constantinopolitanæ cùm decernit , de aliis eidem annexis ecclesiis habet . Erat illa cæteris eminens basilica , Sophiæ nomine nuncupata , de qua sæpè superiùs cùm dictum sit , plura adhuc inferiùs dicenda erunt :

IV.
Majori Ba-silicæ tres annexæ.
Sancimus igitur (inquit) eos qui habentur in eadem sanctissima majori ecclesia , & reliquas omnes venerabiles domos , & reverendiſſimos clericos & mulieres diaconissas & ostiarios manere in eo quo sunt schemate , eodem modo scilicet & ordine perseverent (non enim quod est , minuimus , sed de futuro providentes hæc sancimus) Reliquo verò tempore nulla fiat ordinatio , donec ad antiquum numerum instituitum ab iis , qui sanctiſſimas ecclesias ædificarunt , reverendiſſinorum clericorum quantitas redigatur . Sed quoniam pridem etiam reverendiſſ. clericorum sanctissimæ majoris ecclesiæ nostræ civitatis determinatus est numerus , & valdè brevis erat ; utpotè una existente sanctissima ecclesia , posteà verò & venerabilis domus sanctæ gloriosæque Virginis & Dei genitricis Mariæ juxta sanctissimæ majoris Ecclesiæ vicinitatem posita ædificata est à piæ memoriæ

B Verina Augusta uxore Leonis Imperatoris , & veneranda domus sancti martyris Theodori ab Asporatio * gloriosæ memoriæ dedicata (gessit hic Consulatum unà cum Herculano tempore Marciani Imperatoris , anno Domini quadringentesimo quinquagesimo secundo) erat autem etiam venerabilis domus sanctæ Helenæ , quæ sanctissimæ majori ecclesiæ copulata est ; propterea redigere numerum ad antiquam figuram , impossibile est : non enim sufficient tantis ecclesiis pauci consistentes ; quoniam quidem proprios clericos neque una quidem harum trium habet basilicarum , sed communes sunt sanctissimæ majoris ecclesiæ & earum : & omnes circumeuntes , secundùm quemdam, ordinem & circum * , ministeria in eis celebrant . Deindè etiam plurima multitudine ex antiquis hæreticis ad sanctiſſimam majorem ecclesiam deducta gratia quidem magni Dei & Salvatoris nostri Jesu Christi , laboribus autem & immutationibus nostris oporteat plures quàm à principio ad præsens officii ministerium definiri .] Quod de hæreticis ait in majorem ecclesiam receptis , intellige de iis , qui ex ejusdem ecclesiæ clero in hæresim lapsi , sed Catholicam fidem rursùm professi , in locum pristinum sunt pariter restituti , Catholicis jàm antè in locum ipsorum subrogatis ; ex quo fiebat , ut necessariò auctus esset numerus clericorum . Sed quot cujusque ordinis esse deberent , ita decernit :

C
- Quaproptèr sancimus , non ultrà sexaginta quidem presbyteros in sanctiſſima majore ecclesia esse , diaconos autem masculos centum , & quadraginta fœminas , diaconiſſas scilicet , subdiaconos verò nonaginta , lectores autem centum & decem , cantores vigintiquinque ita ut sit numerus reverendissimorum clericorum sanctiſſimæ majoris ecclesiæ in quadringentis vigintiquinque & insuper centum existentibus iis qui vocantur ostiarii .] Hæc de numero clericorum majoris ecclesiæ Constantinopolis , longè hac ex parte primaria Romana numerosioris: ut vel ex his perspicuo intelligas , non ex nimio Romanæ Ecclesiæ splendore (ut aliqui garriunt) comparatam esse illi super omnes Orbis totius Ecclesias auctoritatem & potestatem , quæ hac ex parte pluribus diversarum civitatum Ecclesiis invenitur inferior ; sed ex cathedra Petri à Deo super universalem Ecclesiam constitui id ipsi perpetuò inhæsisse . Hinc vides , his etiam temporibus , cum Romana Ecclesia sub Gothis barbaris atque hæreticis videretur teneri captiva , & quodammodò sub tributo redacta (ut ea quæ sunt dicta superiùs docent) nihilominùs summa auctoritate , quæ velit ut servet , ipsi Constantinopolitanæ Ecclesiæ jubere , ut recitatæ nuper Hormisdæ Romani Pontificis litteræ manifestant .

Adjicit idem Imperator post hæc ex canonum præscripto , ne liceat clericis de minore ad majorem ecclesiam favore potentium pertransire ; sed ut ubi sunt ordinati , illuc

Marginal notes (right):
* Speratio , vel Sporatio

* circulum

V.
Numerus clericorum majoris Ecclesiæ.

VI.

illic debeant miniſtrare , etiamſi è domo Imperatoria id veniat imperatum . Ad poſtremùm verò illud inculcat , ut quæ ſuperſunt de eccleſiarum facultatibus miniſtrantibus clericis , eadem in pauperes erogentur . Atque demùm ad Epiphanium Patriarcham iſta perorat : Beatitudinem igitur tuam , quæ ab initio & infantili penè ætate in ſacro omni ordine & ſchemate ſanctiſſimam ornavit * Eccleſiam ; quæ & ex ſacrato utique genere deſcendit : hæc cuſtodire continuè ſancimus , ſcientes quia non minor nobis cura eſt horum quæ ſanctiſſimis eccleſiis proſunt , quàm quæ ipſi animæ . Data decimoſeptimo Kal. Aprilis , domino Beliſario viro clariſſimo Conſule .]

ordinavit

VII.   Paulò poſt autem , ut quæ à ſanctis Patribus de electione Epiſcoporum ſancitæ ſunt regulæ ſervarentur , ad eumdem Epiphanium ſcripſit : ad quem etiam , à promulgata dicta de numero clericorum conſtitutione triduo tantùm elapſo , idem Juſtinianus Imperator decimanona ejuſdem menſis Martii (a) de obſervantia monachorum ſanctionem dedit (ut ſuo loco dicemus) in qua hujus de Epiſcopis editæ conſtitutionis meminit , ut appareat ante data . Sic igitur ad Epiphanium Conſtantinopolitanum Epiſcopum iſta ſcribens , ad felicem ſucceſſum belli Gothici viam ſibi aperire putavit , ſi,ut Eccleſiaſtici canones obſervarentur , invigilaret : quæ enim ipſe in hunc præfatur modum , animi ejus conſilium reddunt manifeſtum :

a *Novel.*5.

VIII.   Maxima quidem (*inquit* (b)) in hominibus ſunt dona Dei ſuperna collata clementia , Sacerdotium & Imperium : & illud quidem divinum miniſtrans , hoc autem humanis præſidens ac diligentiam exhibens , ex uno eodemque principio utraque procedentia humanam exornant vitam . Ideòque nihil ſic erit ſtudioſum Imperatoribus , ſicut ſacerdotum honeſtas , cum utique & pro illis ipſi ſemper Deo ſupplicent . Nàm ſi hoc quidem inculpabile ſit undique & apud Deum fiducia plenum ; Imperium autem rectè & competenter exornet traditam ſibi Rempublicam : erit conſonantia quædam bona , omne quicquid utile eſt , humano conferens generi . Nos igitur maximam habemus ſolicitudinem circâ vera Dei dogmata & circa ſacerdotum honeſtatem ; quam illis obtinentibus , credimus quia per eam maxima nobis dona dabuntur à Deo : & ea quæ ſunt , *adepta ſcilicet* , firma habebimus ; & quæ nondùm hactenùs venerunt , acquiremus . Benè autem univerſa geruntur & competenter , ſi rei principium , *auſpicatio videlicet belli Gothici* , fiat decens & amabile Deo . Hoc autem futurum credimus , ſi ſacrarum regularum obſervatio cuſtodiatur , quam juſti & laudandi & adorandi inſpectores & miniſtri Dei Verbi tradiderunt Apoſtoli , & ſancti Patres cuſtodierunt & explanaverunt .]

b *Novel.*6.
Sacerdotii reformatio procurandæ .

VI.   Quòd igitur probè ſciret , ſpem omnem Eccleſiaſticæ diſciplinæ in eo eſſe repoſitam , ſi qui præſunt Eccleſiis ſacerdotes , à quibus ſunt alii illuſtrandi , ipſi ſint ſuper-

na luce reſperſi ; in hoc laborans , ut præſcriptæ de his à Patribus leges ſervarentur , iſta ſubjungit : Sancimus igitur , ſacras per omnia ſequentes regulas , &c.] Planè ſignificans , quæ ſacris eſſent canonibus conſtituta , ſervanda ſe proponere , non autem de perſonis vel rebus Eccleſiaſticis ferre legem . Et inter alia multa , cohærentes uxori arceri voluit Epiſcopatu : nàm ſubdit : Sed neque ineruditus exiſtens ſacrorum dogmatum , ad Epiſcopatum accedat . Priùs autem monachicam vitam profeſſus , aut in clero conſtitutus non minus menſibus ſex , uxori tamen non cohærens , aut filios , aut nepotes habens . Hoc enim omnimodò ſuper Deo amabilibus Epiſcopis quærimus , ſicut etiam priùs duabus noſtris conſtitutionibus hoc ſancitum eſt , per quas dudùm cohærentes uxoribus non perſcrutamur , omne præteritum relinquentes , de cætero autem nulli permittemus à poſitione legis uxorem habenti talem imponi ordinationem &c.] Vides cælibatum & ſacris legibus & Imperatoria ſanctione præſcribi in Græcorum etiam Eccleſia eligendis Epiſcopis : quod non in Epiſcopis tantùm , ſed & in reliquis clericis ſacris ordinibus mancipandis obſervantam eſſe , inferiùs idem Imperator admonet : ſubditque alia plura ex ſacris regulis impedimenta , quibus quis repellatur ab Epiſcopatu .

De Epiſcoporum ordinatione .

Sed & ſubiicit item de Epiſcopis , ne ultrà annum abſentes ſint ab Eccleſiis ſuis , neque ad Comitatum accedant abſque litteris ſui Metropolitæ . His multa addit de ordinatione clericorum atque diaconiſſarum , & aliis : quæ tu otioſiùs , ſi libet , legere poteris . Ad finem verò , omnia iſta ex ſacrorum canonum præſcripto à ſe eſſe depromta , verbis his conteſtatur : Quæ igitur à nobis ſancita ſunt , & ſanctum ordinem ſtatumque cuſtodiunt ſecundùm ſacrarum regularum ſtatum & virtutem , &c.] Sed neque hæc ſatis viſa ſunt Imperatori qui paulò poſt , nempè decimanona menſis Martii rurſùm de monaſtica diſciplina ſervanda ad eumdem Conſtantinopolitanum Epiſcopum Epiphanium conſtitutionem ſcripſit (c) : in qua inter alia de his qui eſſent in monaſterio ſuſcipiendi , ſalubriter cavit , ne intrà triennium ſacromonachorum habitu induerentur , ſed probarentur eo temporis ſpatio : hæcque ex canonum ſententia , ut profitetur his verbis : Sancimus ergò ſacras ſequentes regulas , eos qui ſingularem converſationem profitentur , non proruptè mox à reverendiſſimis Præſulibus venerabilium monaſteriorum habitum percipere monachalem ; ſed per triennium totum (ſive liberi fortè ſint ſive ſervi) tolerare , nondùm monachicum habitum promerentes , ſed tonſura & veſte eorum qui laici vocantur uti , & manere divina diſcentes eloquia , &c.] Hæc & alia plura ad ordinem monaſticum ſub diſciplina continendum eadem ſanctione Imperator inculcat .

X.
De Epiſcoporum ordinatione .

X.

c *Novel.*5.
De obſervantia monaſticæ diſciplinæ .

Qui igitur de Epiſcopis , clericis , atque monachis in officio continendis tres has recen-

XI.

recenſitas conſtitutiones ad Epiphanium Conſtantinopolitanum ſcripſit : aliam rurſùs ad eum de non alienandis permutandisve bonis ecclefiarum , ſequenti menſe , eodem anno dedit , nempe XVII. Kalendas Maii , ſub dicto Beliſarii Conſulatu . Ità quidèm tùm perſonis , tùm rebus ſatis idem Imperator optimè voluit eſſe conſultum , quò ſibi ad ardua pertentanda divinum numen per ejusmodi pia conciliaret officia . Neque verò , ſacra in priſtinum decorem reformanda laborans , quæ laicorum eſſent , prætermittenda putavit : ſed quòd ſalus integra Reipublicæ , quæ ex utroque perſonarum ſtatu & ordine conſtat , in utroque vigeret;illud adjecit , ut eos, quibus regimen ſubjectorum in diverſis provinciis mandatû eſſet , regeret diſciplina , & legibus coerceret , qui ſervandis legibus populi præſecti eſſent. De provinciarum igitur prefecti moderandis dignam Chriſtiano Principe edidit ſanctionem ſequenti die , nempe decimoſexto Kal. Maii , ſub eodem Beliſarii Conſulatu,qua inter alia,ſingulis Præfectis voluit Epiſcopos imminere, ut ſi quid injuſtum admitterent, iidem Imperatori deferrent:nàm poſt multa ; Damus (inquit (a) provincialibus licentiam , ſi quid apud provinciam injuſtum, qui adminiſtrationem habet,egerit ; vel ſi damnis aliquibus aut calumniis ſubdat noſtros collatores ; ut Deo amabiles Epiſcopi provinciæ primates preces ad nos dirigant, exponentes cingulum habentis delicta . Nos enim hæc cognoſcentes, dirigemus in provinciam hæc examinaturum;quatenùs ipſe,ubi injuſtitiam fecit, illic quoque pœnas ſubeat delictorum.] Adjecit inſuper, ut Præſes provinciæ, ubi et ſucceſſum eſſet, adhùc quinquaginta dies ibidem moraretur expoſitus cujuſque querelis . Inhibuit præterea , ne pro conſequenda Præfectura aliquid quiſquam perſolveret,ſicque Præfecturæ venales redderentur : immò voluit eis à fiſco ſtipendium aſſignari , ut ſic omnis occaſio vexandi ſubditos tolleretur . Cujus rei gratia ſubjectos ſibi populos ad perſolvendas Deo laudes excitat verbis iſtis. (b) .

Itaque Deo & Salvatori noſtro Jeſu Chriſto omnes ſimiliter offerant hymnos pro hac lege , quæ eis dabit & patrias habitare cauſtè , & proprias facultates habere firmiſſimè, & Judicum frui juſtitia. Nam & nos propterea ea poſuimus , ut & juſtitiam, quæ in lege eſt, valeamus Domino Deo noſtro vovere, & noſmetipſos & noſtrum commendare Imperium ; & non videamur homines deſpicere, quos nobis tradidit Deus , ut eis per omnia parcamus , ejus ſequens benignitatem . Ideoque (quantum ad nos) conſecretur hæc lex Deo;eò quòd nihil in mentem noſtram veniens bonis pro tutione ſubjectorum relinquimus. Volentes enim inhoneſta hæc & ſervilia furta perimere , &. noſtros ſubjectos in quiete à provincialibus Judicibus conſervare : propterea feſtinavimus gratis adminiſtrationes eis dare , ut nec ipſis liceat delinquere, & abripere ſubjectis, quorum cauſa omnem per-

Annal. Eccl. Tom. VII.

Margin left: Præfect. emendatione Reipub. benè conſultum.

Margin left: a Novel.8.

Margin left: b Novel.8. c.11.

Margin left: XII. Pro nova ſancita lege gratiæ agendæ Deo .

ſerimus laborem , dedignantes imitari eos qui antè nos imperaverunt, qui pecuniis ordinabant adminiſtrationes, ſibimetipſis licentiam auferentes adminiſtratoribus nocentibus increpandi juſtè, &c.] Hanc editam à ſe legem Juſtinianus ad Epiſcopos miſit in diverſas provincias unà cum edicto ad omnes Archiepiſcopos & Patriarchas quos ſuper cuſtodiam latæ legis monet invigilare , cum eos his verbis alloquitur (e) :

Traditæ nobis à Deo Reipublicæ curam habentes , & in omni juſtitia vivere noſtros ſubjectos ſtudentes , ſubjectam legem conſcripſimus, quam & tuæ ſanctitati , & per Præfectoeam omnibus qui tuæ provinciæ ſunt , facere manifeſtam , benè habere putavimus. Tuæ igitur ſit reverentiæ & cæterorum hæc cuſtodire ; & ſi quid tranſcendatur à Judicibus, ad nos referre : ut nihil contemnatur horum , quæ ſanctè & juſtè à nobis ſancita ſunt. Sic enim nos quidem noſtrorum ſubjectorum miſerati , quoniam ſuprà fiſcalium functionum exactionem maximas ſuſtinent ex furto Judicum violentias propter factas provinciarum venditiones ; hæc auferre per ſubjectam ſtuduimus legem. Vos autem ſi negligen es non referatis a nobis quidem conſecratam Domino Deo; rationem reddetis apud eum pro aliorum injuſtitia,ſi quod non agnoſcentibus nobis damnum apud vos hominibus inferatur. Sed oportet præſentes vos , & pro eis ac reliquis deteſtantes , manifeſtos nobis facere & rectos Judices , & tranſcendentes hanc legem noſtram : quatenùs utroſque cognoſcentes, hos quidem puniamus, illis autem repenſemus . Cumque lex publicè propoſita fuerit & omnibus manifeſta ; tùnc intùs recondatur in ſanctiſſima eccleſia cum ſacris vaſis ; utpotè & ipſa dedicata Deo, & ad ſalutem ab eo factorum hominum ſcripta . Facietis autem melius , & illic habitantibus univerſis utilius, ſi eam inſculpentes aut tabulis, aut lapidibus, in porticibus ſanctiſſimæ eccleſiæ deſcribatis , plenam præbentes omnibus horum quæ ſancita ſunt lectionem atque poſſeſſionem .]

Adjecit inſuper illud commendatione digniſſimum, ut qui eſſent provinciarum præfecti, iidem jurarent Metropolitano ejus provinciæ Epiſcopo, omnia ſervaturos,quæ eſſent Imperatoris legibus imperata. Habetur ejuſmodi juriſjurandi præſcripta forma, quæ ſic ſe habet (d) :

Juro ego per Deum omnipotentem & Filium ejus unigenitum Dominum noſtrum Jeſum Chriſtum & Spiritum ſanctum,& per ſanctam glorioſam Dei genitricem & ſemper Virginem Mariam, & per quatuor Evangelia , quæ in manibus meis teneo , & per ſanctos Archangelos Michaelem & Gabrielem, puram conſcientiam, germanumque ſervitium me ſervaturum ſacratiſſimis noſtris dominis Juſtiniano & Theodoræ conjugi ejus occaſione tradæ mihi ab eorum pietate injunctæ adminiſtrationis, & omnem laborem & ſudorem cum favore ſine dolo & ſine arte , quæcumque ſuſcipio in commiſſa

Margin right: c Habetur in appendice Novel.8.

Margin right: XIII. Epiſcopi inſpectores Præfectorum .

Margin right: XIV.

Margin right: d Sub Novel.8.in fin. edit.tit.3.

Margin right: XV. Jusjurandum Præfectorum Provinc.

missa mihi ab eis administratione de eorum
Imperio atque Republica. Et communicator sum sanctissimæ Dei Catholicæ & Apostolicæ Ecclesiæ: & nullo modo vel tempore adversabor ei, nec alium quemcumque
permitto, quantum possibilitatem habeo.

XVI. Juro quoque idem jusjurandum, quòd
nulli penitùs neque dedi, neque dabo occasione dati mihi cinguli, neque occasione patrocinii; neque promisi, neque professus sum de provincia mittere, neque mittam, neque occasione dominici suffragii,
neque famosissimis Præfectis, neque iis
qui circà eos sunt, neque alii hominum
ulli; sed sicut sine suffragio percepi cingulum, sic etiam purè me exhibebo circà subjectos piissimorum nostrorum dominorum, contentus iis quæ statutæ sunt
mihi à fisco annonis. Et primùm omne ad-
hibebo studium, ut fiscalia vigilanter inspi-
ciam: & indevotos quidem & indigentes
necessitate, cum omni exigam vehementia,
nequaquàm subincinatus, neque ob hoc
lucrum ipsum omninò considerans, aut per
gratiam aut odium exigens aliquem circà
quàm competit, aut concedam alicui. De-
votos autem paternè tractabo, & subjectos
piissimorum nostrorum dominorum illæsos
undique (quantum possibilitatem habeo)
custodiam. Et æquus in causis utrique parti & in publicis disciplinis ero: nullique
parti, circà quàm justa est, præstabo; sed
exequar universa delicta, & omnem æquitatem servabo, secundùm quod mihi visum
fuerit justum: & eos quidem qui innoxii
sunt, undique innoxios illæsosque conser-
vabo; noxiis autem imponam supplicium
secundùm legem: & omnem justitiam(sicut
jàm dictum est)in publicis & privatis contractibus servabo,etsi comperero fiscum injustitiam * pati. Non ego solùm hoc ago, *dispen-
sed etiam semper mihi assidentem talem stu- dium
debo assumere & circa me omnes; ut non
ego purus quidem,si qui verò circà me sunt,
furentur & delinquant. Si quis autem inveniatur circà me talis, & quod sit ab eo, *opus erit
me sanare & eum expellere. Si verò non
hæc omnia ita servavero; recipiam hìc & in
futuro sæculo in terribili ju licio magni Domini Dei & Salvatoris nostri Jesu Christi,
& habeam partem cu n Juda, & lepra Gie-
zi, & tremore Cain. Insuper & pœnis,quæ
lege eorum pietatis continentur, ero subjectus.] Hactenus insiurandum à Judicibus
præstandum Episcopis.

XVII. His igitur probè dispositis, cunctisque
Justinia. apud composita, quæ tàm ad sacra, quàm
Imp privi- etiam ad profana spectare posse videbantur,
legio mu- Justiniani animum cogitatio illa subit, ut
nit Rom. Romanæ Ecclesiæ aliquid sancita lege, pri-
Ecc. vilegium conferretque cum adhuc sub Gothorum ditione detineretur afflicta; nonnulla tamen in sibi subjecto Imperio lati-
fundia possidebat; quæ quò essent remotiora, eò faciliùs occupari possent. Ut igitur
eadem, nullo obice, perpetuo jure servarentur ipsi Romanæ Ecclesiæ integra; munire eam voluit Imperator eo privilegio, ut

ipsam non triginta vel quadraginta tantùm,
sed centum annorum præscriptione vallaret
indignum omninò ratus, ut eo ipsa omnium
caput Ecclesiarum privilegio careret, quod
meminerat Orientalibus Ecclesiis concessisse ante septennium anno secundo sui Imperii, suo pariter Consulatu secundo (a): a l.23.C. de
cujus quidem sanciendæ legis occasio quæ sac.Eccl.
præcesserit, dicemus inferiùs, cum pri-
màm reddiderimus ipsam pro Romana Ecclesia editam hoc anno sanctionem vige-
ma sexta mensis Aprilis, cui ejusmodi titulus præfixus habetur (b) ; bNovel.9.

Imperator Justinianus Augustus vir bea- **XVIII.**
tissimo ac sanctissimo Archiepiscopo & Patriarchæ veteris Romæ,

Ut legum originem anterior Roma sorti- Justiniani
ta est, ita & summi Pontificatus apicem Constit.de
apud eam esse, nemo est qui dubitet. Unde præscript.
& nos necessarium duximus, patriam le- centum
gum, fontem sacerdotii speciali nostri nu- annorum.
minis lege illustrare ; ut ex hac in universas Ecclesias Catholicas, quæ usque ad O-
ceanum fretum positæ sunt,saluberrimæ legum vigor extendatur : & sit totius Occidentis, necnon & Orientis,ubi possessiones sitæ
inveniuntur ad Ecclesias nostras sive nunc
pertinentes, sive posteà eis acquirendæ, lex
propria ad honorem Dei consecrata. Cum
enim antiqua jura triginta annorum metis temporales exceptiones concludebant,
& si hypotheca fuerat, paulò longiora eis
spatia condonabant; nos sacrosanctas Ecclesias hujusmodi quidem curriculis temporum nullatenùs excludi contendimus,
maximè in illis rebus, in quibus vel læsionem sustinuerint, vel quicquam debeatur;
sed centum tantummodò annorum lapsu
temporalem exceptionem eis opponi sancimus, ut maneant per totum prædictum tempus integra jura Ecclesiastica, & non possit eis alia præter centum annorum obviare
exceptio; cum hoc tempus vitæ longævi
hominis plerumque finis esse dignosca-
tur.

Habeat itaque sanctitas tua hanc legem **XIX.**
Catholicis totius Occidentis Ecclesiis profuturam, & in Orientales partes propagandam, in quibus aliquid sacrosanctæ possi-
dent Ecclesiæ, ut sit Deo omnipotenti dignum donativum divinarum rerum tuitio ;
nec iniquis hominibus impium remaneat
præsidium, & tutus peccandi locus etiam
scientibus relinquatur: sed ille servetur
innocens, qui re vera innoxius sit, nec improba temporis allegatione sese tueatur,
tempus pro puritate prætendens. Quod
igitur nostra æternitas ad omnipotentis Dei
honorem venerandæ sedi summi Apostoli
Petri dedicavit, hoc habeant omnes terræ,
omnes insulæ totius Occidentis, quæ usque
ad ipsos Oceani recessus extenduntur, nostri Imperii providentiam per hoc in æternum.

Reminiscentes hujus legis prærogati- **XX.**
vam (sicut suprà dictum est) non solùm
in Occidentalibus partibus, in quibus Ecclesiasticæ urbis Romæ possessiones sunt,
vel posteà fuerint, scilicet omnibus judiciis
majori-

majoribus, five minoribus, qui Christiani
& Orthodoxi funt, vel poftea fuerint, hanc
noftram confuetudinem fervantibus; nihil-
fominus hujus legis temeratoribus poft cœ-
leftes pœnas etiam legitimum femper vigorem pertimefcentibus, & pœnam quinquaginta librarum auri formidantibus, hac
lege non folùm in poftea emergentibus caufis fuum tenorem exercente, fed etiam in
iis quæ jam funt deductæ in judicium: Sanctitas itaque tua præfentem noftræ manfuetudinis legem piiffimam; five facrofanctam
oblationem, quam Deo dedicamus, accipiens, intra facratiffima vafa reponat & à
vobis fervandam, & omnes Ecclefiafticas
poffeffiones fervaturam. Datum fexto Kalendas Maii, Belifario V. C. Confule.]
Hactenùs fanctio & privilegium à Juftiniano conceffum Romanæ Ecclefiæ, atque
Occidentalibus omnibus, quæ Catholica
communione conjunctæ ipfi Romanæ Ecclefiæ effent: cum tamen idem privilegium
Orientalibus Ecclefiis, ab eodem Imperatore conceffum fuiffet (ut diximus) ante fe-
ptennium. Porrò caufam apud Suidam ità
recenfitam invenies (a):

a Suid. ver.
Prifcus.

XXI.
Caufa fan-
ciendæ le-
gis.

Prifcus Emefenus alienas litteras mirabiliter imitari potuit, artifex in eo fraudis
genere nimiùm folers. Acciderat autem,
ut Emefenorum Ecclefia multis antè annis
à quodam homine locupletiffimo hæres effet inftituta. Erat & homo quidam dignitate Patricius, nomine Mamianus, & genere & pecuniæ copiis illuftris. Prifcus verò hic, dinumeratis fub Juftiniano urbis
hujus facultatibus omnibus, fi quos inve-
nerat opibus florentes, qui magnam mu-
ctam fuftinere poffent; horum majoribus
accuratè perveftigatis, antiquas eorum litteras nactus, libellos multos quafi ab illis fcriptos compofuit, qui confiterentur fe
Mamiano pecuniam magnam reddituros,
ut quam ab eo depofiti nomine accepiffent.
Ac pecunia fictitiis iftis libellis comprehenfa non minùs centum centenariis confecit. Atque jàm viri cujusdam, de quo effet
magna & veritatis & virtutis opinio, qui
tùm temporis in foro fedens, cum fuperftes
effet Mamianus, omnes conficiebat civium
tabulas, fuis literis fingulas illarum obfi-
gnando, quem Tabellionem Romani vocant, litteras folertiffime imitatus, procuratoribus Emefenæ Ecclefiæ tradidit, ex
tem ità partæ pecuniæ ipfi pollicitus. Quia
verò lex obftabat, caufas omnes ad annorum triginta præfcriptionem redigens, paucas verò quasdam & hypothecarias omnes
quadraginta annorum fpatio excludens ;
Byzantium profecti, & Imperatori Juftiniano pecuniam largiti, fine ut legem ferret, ut præ-
fcriptionum caufæ non conftitutis temporibus, fed centum annorum fpatio conclu-
derentur.] Hæc Suidas, cùm agit de Prif-
co. Sed ad datam ab Imperatore ad Joannem
conftitutionem redeamus.

De Joan.
Pap. fedis
tempore.

Eft autem ut ex
ipfa eos erroris redarguas, qui eumdem Pontificem anno fuperiori defunctum ponunt
fexto Kalendas Junii: etenim in hunc an-

num ipfum propagaffe vitam ex dicta ad
eum fcripta fanctione perfpicis.

Quo etiam anno data reperitur ad eumdem Pontificem Synodalis epiftola ex Concilio Africano. Vindicata enim in priftinam libertatem Ecclefia Africana, ii qui
tùnc extabant in unum convenere fanctiffimi facerdotes; qui reftituere conantes col-
lapfam ob longam fervitutem Ecclefiafticam difciplinam, ad ipfum Rom. Pontificem legationem mifere, qua perfuncti funt
Petrus & Cajus Epifcopi, atque Liberatus
diaconus Ecclefiæ Carthaginenfis, cui hoc
tempore præerat Reparatus Epifcopus. His
igitur legatis ad Joannem ipfum Pontificem
has dedere litteras (b) Epifcopi Africani
ex Concilio Carthaginenfi.

XXII.

b Extant
tom.1.epift.
Rom. Pon.
in Agape-
to.

Domino beatiffimo & honorabili fancto
fratri & confacerdoti Joanni Reparatus,
Florentinianus, Datianus & cæteri ducenti decem & feptem Epifcopi , qui in univerfis Conciliis apud Juftinianam Carthaginem fumus.

XXIII.

Optimam confuetudinem præteriti temporis, quam violenta captivitas per annos
centum, dolentibus cunctis, abftulerat, iterùm fervare cupientes, ad univerfalem totius Africæ Synodum fideli devotione convenimus, in illa Juftinianæ Carthaginenfi
bafilica congregationis noftræ primitias
Domino confecrantes, unde noftros patres
tyrannus Hunericus expulerat. Hæc bafilica Faufti apud nos dicitur, multis martyrum corporibus infignita ; quorum Deus
exaudivit orationes, ut daret hujus rei fiduciam facerdotibus. Ibi igitur quantùm
finguli lacrymantibus gaudiis flere potuerint, cogitandum potius beatitudini veftræ
dimittimus. In omnibus enim lætitiæ fpi-
ritualis unus fuit affectus, agere gratias omnipotenti Deo, cujus gratia peccatoribus
fine meritis operum datur, & antidotum fidei falutaris nuper reconciliatis hæreticis
obtinetur.

Epift. Con-
cilii Car-
thag. ad Jo.
Pap.

Definitionibus autem Nicæni Concilii
publica lectione tranfcurfis, inter alia de
quibus nafci debuit, difputatione requiri
jam cœperat: Quomodò Arianorum facerdotes ad Catholicam fidem fufcipi oporteat,
utrùmne in fuis honoribus, an in laica
communione. Sic omnibus nobis unanimiter fubitò placuit fcifcitari primitùs beatitudinis veftræ fententiam. Poteft enim
fedes Apoftolica (quantùm fperamus) tale
nobis interrogantibus dare refponfum, quale nos approbare concorditer, explorata
veritas faciat. Ex omnium quidem collegarum tacitis motibus nemini placere fenfi-
mus, ut in fuis honoribus Ariani fufcipian-
tur. Veruntamen convenire charitati credidimus, ut quid habeat fenfus nofter in
publicam notitiam nemo perduceret, nifi
priùs vel confuetudo nobis, vel definitio
Romanæ Ecclefiæ proderetur.] Difce ex
his, lector, quo cultu, quo honore ac reverentia profequi folerent transmarini Epifcopi
etiam conventu Synodali pollentes Romani Pontificis auctoritatem, ut etiam diverfam ab eo fententiam meditati cum effent

XXIV.
De Aria-
nis pœni-
tentibus
fufcipien-
dis.

tamen

tamen paratos se præbeant ab ea libenter A recedere, si ipse Pontifex, quem consulunt, diversa rescriberet : cujus standum omninò decreto, esset Catholicis omnibus in confesso. Sed quæ sunt reliqua Synodalis epistolæ prosequamur :

XXV.
Laudes Pap. Joannis.

Hanc igitur nostræ salutationis epistolam per fratres & consacerdotes nostros Cajum & Petrum, & per filium nostrum Liberatum diaconum continuò destinavimus, & auctoritatem vestræ beatitudinis & gratiam debitis obsequiis honoramus. Talis quippe es, qualem sancta sedes Petri merebatur habere Pontificem, dignus veneratione, plenus dilectione, loquens veritatem sine mendacio, nihil faciens arroganter: unde etiam libera charitas universæ fraternitatis requirendum putavit consilium tuum. Respondeat, obsecro, mens illa sancto Spiritui serviens affabiliter & veraciter. Non solùm enim de sacerdotibus, sed de ipsis quoque parvulis apud eos baptizatis, utrùm soleant, vel debeant ad clericatum, si petierint, applicari, consulimus. Multis enim facere istas frequenter petitiones concedimus, nec negamus donec habito vobiscum diligentiore tractatu, legatio nostra revertatur.

XXVI.
Adversùs vagos clericos.

Illud etiam beatitudini tuæ credimus intimandum: Fratres aliquantos ex nostro collegio, relictis sine causa plebibus suis, ad transmarinas navigare sæpius regiones: hac C diutiùs Ecclesia toleravit, excusante * eos violentia temporis mali. Petimus nunc, ut quicumque forsitàn Episcopus, aut presbyter, sive diaconus, aut cujuslibet inferioris ordinis clericus sine nostra epistola venerit, & non approbaverit se pro utilitate sanctarum Ecclesiarum fuisse directum, similis hæretico judicetur, neque vestra communione dignus existat; ut in omnibus & per omnia beatitudinis vestræ disciplina laudetur. *Et alia manu.* Vegetem te, nostrique memorem præstet omnipotens Deus, D domine frater.] At quid accidit ? Antequàm ejusmodi litteræ Romam per legatos perlatæ essent, Joannes Papa ex hac vita decessit.

XXVII.
Joannis obitus, & creatio Agapeti.

Cum autem legatio missa ab Africano Concilio ad Joannem Romanum Pontificem, invenisset ipsum esse defunctum, & qui in locum illius esset subrogatus, Agapeto, Papæ litteras Synodales dedit. Antequàm verò quæ post hæc acta sunt prosequamur, ordo rerum gestarum postulat, ut de illius obitu & hujus creatione primùm agamus. Quod igitur ad Joannis Papæ obitus tempus pertinet, satis certè errare convincun- E tur, qui eum anno superiori ex hac vita migrasse tradunt: ex litteris enim, seu potiùs constitutione data hoc anno ab Imperatore Justiniano ad ipsum Joannem sexto Kal. Maii, ad idusque tempus pervenisse, intelligi potest. Sed quo potissimùm anni hujus die decesserit: habet Anastasius, ipsum hoc anno esse defunctum sexto Kalendas Julias; atque postsex dies suffectum in locum ipsius Pontificem Agapetum.

XXVIII.

Hæc si vera dixerimus, corrigendæ essent quæ reperiuntur ejusdem Imperatoris Ju-

stiniani litteræ hoc anno datæ ad Agape- **De tem-** tum Papam pridiè idus Martias sub Conso- **pore crea-** latu Belisarii, redditæque ad ipsum ab **tionis A-** eodem Pontifice decimo quinto Kalend. **gapeti.** Aprilis sub eodem Belisarii Consulatu. Sed magis itaipsius videtur error in diem datæ dictæ Imperatoriæ sanctionis ad Joannem; cùm præsertim successoris ejus Agapeti ordinationem contigisse hoc anno, ipsihujusmet, litteræ ejusdem Agapeti Papæ ad Reparatum Carthaginensem Episcopum datæ declarent, sub loco paulò post recitandæ : quarum auctoritate optimè congruit, ut eadem ordinatione quamprimùm renunciata Constantinopoli, statim ipse Impe- B rator (ut dictum est) scripserit ad ipsum Agapetum Pontificem, ex more, fidei Catholicæ professionem ; de qua Imperatoris epistola agetur inferiùs. Verùm etsi hoc anno contigisse & Joannis obitum & Agapeti ordinationem, tot testimonia probent; quo tamen potissimùm die unumquodque contigerit, minimè affirmari potest. At de Joanne jàm quæ sunt reliqua describamus : de eo enim Bibliothecarius hæc habet : Hic fecit ordinationem in urbe Roma unam per mensem Decembrem, creavit presbyteros quindecim, Episcopos per diversa loca numero vigintiunum. Qui sepultus est in basilica S. Petri.] Et paulò post : Cessavit Episcopatus ejus dies sex.] ejus autem sepulchro ejusmodi epitaphium inscriptum tradit Manlius ex antiquis monumentis basilicæ Vaticanæ:

Hic tumulus Vatis conservat membra Joannis,
  Ordine Pontificum qui fertur jure secundus.
Licet in extremis solers, fidusque minister
  Claruit, & primus jure Levita fuit.
Missus ad Imperium vice Præsulis, extitit
  auctor,
Hunc memorant Synodus, Pontificisque
  thronus.
Cum titulis fidei vigilantia quanta regendi
Commissas animas, ne lupus hostis oves
Carperet, ammixtus premeret, ut † poten-
  tior unam
Justitiam cunctos mixtus habere parem.
Providus, humanus, summus, verusque
  sacerdos,
- *Nil temerè, æque nimis pondere cuncta*
  gerens.]

Hæc hic, nonnihil, ut vides, depravata. Porrò ejus sepulchro successorem Agape- **à Antiq.** tum hoc indidisse Epitaphium, ex sequen- **Inscript. in** ti possumus intelligere (a): **Append.**
Mente pia vivens Christi nutritus in aula, **1165. n. 8.**
  Et sola gaudens simplicitate boni : **Joannis**
Blandus in obsequiis & puro plenus amore, **Papæ Epi-**
  Pacificam vitam jure quietis agens. **taphium.**
Qui gratus populis & cælo dignus honore, ***s. Ponti-***
  *Sumpsisti meritis * purificale decus :* ***ficale.***
Commissumque tibi pascens bonitate magistra,
  Servasti cunctum sub pietate gregem.
Pro quo rite tuum veneraus Agapetus bonorem,
Præstitit hæc tumulo munera grata tuo :
Qui nunc Antistes Romana celsus in urbe,
Sedes Apostolicæ culmina sacra tenet.
Hactenùs Epitaphium.

Qui

XXIX.

Qui autem in locum Joannis subrogatus est Agapetus, patria fuit Romanus, filius Gordiani presbyteri tituli sanctorum Joannis & Pauli. Fuisse autem Agapetum Archidiaconum, eumdemque apprimè eruditum, testatur Liberatus in Breviario (*a*). Quid verò, simulàc creatus est Pontifex, egerit, ab Anastasio accipe : Hic (*inquit*) in ortu Episcopatus sui libellos anathematis, quos invidiæ dolo extorserat Bonifacius à presbyteris & Episcopis contrà canones, contrà Dioscororum, in medio ecclesiæ, congregatis omnibus, incendio consumpsit, & absolvit totam Ecclesiam ab invidia perfidorum.] Hæc ipse : sed de his superiùs pluribus actum est.

a Liberat. diac. Brev. c. 21.

XXX.

Ubi verò Justinianus Imperator cognovit Agapetum esse creatum Romanum Pontificem officio non defuit. Cum enim more majorum (ut dictum est superiori tomo, ex Symmacho) consueverint omnes Catholici Imperatores ad singulos recèns creatos Romanæ sedis Episcopos mittere Catholicæ, quam profiterentur, fidei professionem ; id ipsum præstitit Justinianus Imperator : qui mox eamdem direxit ad Agapetum fidei confessionem, quam Joanni Papæ ejus prædecessori miserat confirmandam ; cui & hanc præfationem præfixit post hujusmodi consuetum apponi titulum (*b*) :

b Extat inter epist. Agap. to.1 epist. Rom. Pont.

XXXI.

In nomine Domini Nostri Jesu Christi Dei, Imper. Flavius Justinianus, Alemannicus, Gothicus, Francicus, Germanicus, Anticus, Alanicus, Vvandalicus, Africanus, Pius, Felix, Inclytus, Victor, ac Triumphator semper August. Agapeto sanctiss. Archiepiscopo almæ urbis Romæ & Patriarchæ .] Inter tot è devictis populis apponi solitos gloriæ titulos, cur Anticus voluerit nominari, habes quem consulas doctissimum Alciatum (*c*), nempe ab Antis Istri fluminis accolis, quos idem Imp. ad internecionem ferè delevit. Sed epistolam audi:

c Alciat. parerg. l.5. c. 3.

XXXII.

Ante tempus in hac regia urbe nostra quorumdam de causa fidei extitit morbosa contentio : quam nos congruè respuentes, interposito edicto, reprelimus . Et quia nostri studii est, emergentes ejusmodi causas ad Apostolicæ sedis vestræ referre judicium ; ejusdem fidei, quam sequendam duximus, tenorem epistolæ nostræ ad beatæ memoriæ prædecessorem vestrum Joannem per Hypatium & Demetrium venerabiles Episcopos missa legatione direximus.

Justiniani Imp. ad Agapetum fidei confessio.

Annal. Eccl. Tom. VII.

A Quam pro integritate fidei memoratus prædecessor vester libenti gratulatione suscipiens, suo & totius Ecclesiæ Romanæ firmavit assensu. Cujus epistolæ nostræ tenor hujusmodi est : Victor Justinianus, &c. Reddentes honorem Apostolicæ sedi.] Et quæ sequuntur, prout suprà descripta habentur . Porrò fidei professioni recitatæ ista ad Agapetum Justinianus adjunxit . Quamobrèm petimus sanctitatem vestram, ut memoratam epistolam vestra auctoritate firmetis, & Cyrum vel sequaces ejus à communione habeatis alienos donèc statutis sanctitatis vestræ obtemperent . *Exemplar subscriptionis*. Divinitas te servet per multos annos, sancte ac religiosissime Pater. Data prid. Id. Martiarum, Constantinopoli, Flavio Belisario V. C. Consule .]

B Qui est præsens annus Christi quingentesimus trigesimusquintus. Quid ad hæc Agapetus Papa rescripserit, accipe (*d*):

d Agap. epist. 6.

Agapetus Episcopus Justiniano Augusto.

C Gratulamur, venerabilis Imperator, quòd tanto Catholicæ fidei ardore succenderis, ut omnibus piissimæ vitæ vestræ temporibus piam solicitudinem circà servandam, augendamque Ecclesiarum concordiam clementer exhibeas, & unam fidem, suaque per omnia firmitate consimilem omnibus populis Christianis cupias prædicari. Nec mirum in ejusmodi clementiam vestram placita Deo cogitatione persistere, cum non alius Imperii vestri beatior sit provectus, quàm religionis augmentum . Quapropter libenti hoc & Prophetica voce cantabo (*e*): Repletum est gaudio os nostrum, & lingua nostra exultatione : quòd florentissimum Principatum vestrum divinis quotidiè inspicimus beneficiis adornari.

XXXIII. Agapeti Papæ epist. ad Justin. Imper.

e Ps. 125.

D Cujus enim, venerabilis Imperator, ut tuæ pietatis epistolam de fidei vestræ expositione nuper ad beatæ memoriæ prædecessorem nostrum Joannem Romanæ sedis Antistitem per Hypatium atque Demetrium Episcopos destinatam, & à præfato Præsule roboratam, nostra quoquè auctoritate firmamus : laudamus, amplectimur ; non quia laici * auctoritatem prædicationis admittimus, sed quia studium fidei vestræ Patrum nostrorum regulis convenientem confirmamus atque roboramus ; per quod jàm & unitas provenit Ecclesiæ, & reliqua Catholicæ membra Ecclesiæ ad ejus compagem Christianitatis constantia reditura confidimus . Cujus professionis vel epistolæ vestræ tenorem inferiùs adnectentes, studium, quod circà Deum integrè geritis, nostra auctoritate firmamus ; prædicantes hujusmodi fidem omnium Patrum nostrorum regulis convenire, & Apostolicæ sedis concordare dogmatibus.

XXXIV.

* laicis Qualiter Imp. Con stit. de fide.

E Constituentes, ut si quis nostræ Catholicæ fidei contraire tentaverit, quam pro submovenda hæreticorum suspicione paternis regulis consentaneam præsenti definitione firmamus, sanctæ communionis efficiatur extraneus. Undè & Cyrum, ejusque sequa-

XXXV.

sequaces jàm antè pro hac insania ab Ecclesiæ Catholicæ communione suspensos, & in sua hactenùs perfidia permanentes, nisi sub satisfactione canonica doctrinam Apostolicam fuerint, consecuti, nullatenùs patimur eos sacræ communioni restitui ; sed etiam ut hæreticos anathemati subjicimus : ut qui nostris constitutionibus parere contempserit, Ecclesiasticum statum, puritatem. que non maculet.] Hucusquè cum perduxisset Agapetus suas litteras, mòx subnexuit dictam Justiniani Imperatoris epistolam, necnon ejus fidei professionem superiùs recitatam .

XXXVI.
Justiniani constitutiones quæ probatæ. Hæc ipsis exordiis Agapeti Pontificatus transacta sunt inter Imperatorem atque ipsum Pontificem ; cujus sententia in dicta epistola Romano Pontifice digna numquàm è memoria dilabatur : ità nimirùm recipere Catholicam Ecclesiam, ipsamque Apostolicam sedem Imperatorum leges atque sancita de rebus ad Ecclesiam pertinentibus, quatenùs ea sunt sacris canonibus consentientia, non ut laici hominis docere in Ecclesia præsumentis : FIRMAMUS (inquit) LAUDAMUS, AMPLECTIMUR : NON QUIA LAICIS AUCTORITATEM PRÆDICATIONIS ADMITTIMUS, SED QUIA STUDIUM FIDEI VESTRÆ PATRUM NOSTRORUM REGULIS CONVENIENS CONFIRMAMUS ATQUE ROBORAMUS.] Sicque & in cæteris discas, ità probatas Ecclesiæ Catholicæ & Apostolicæ Justiniani vel aliorum Principum de rebus Ecclesiasticis edita sanctiones , si eædem sacris canonibus innitantur, quibus faveant, eisdemque consentiant : secùs si contra . Hæc quidem Agapeti Pontificis verba, ad reliquas ejusdem Imperatoris edita de rebus Ecclesiasticis sanctiones admittendas, vel respuendas, regula sunto : nimirùm ut illæ dumtaxat Justiniani Imperatoris recipiantur in Ecclesia de rebus sacris promulgatæ constitutiones, quæ auctoritate canonum fulciuntur ; explodendæ verò penitùs illæ , quibus sacri canones adversantur .

XXXVII. Post hæc autem idem Imperator prudentior factus ex hac Agapeti censura, non ampliùs privatam à se editam fidei confessionem usurpavit: sed ne quid sibi arrogare visus esset, publicam misit, & illam ipsam quam olim Hormisda Pontifex miserat per legatos Constantinopolim subscribendam ab iis qui Catholicæ & Apostolicæ Ecclesiæ communionem consequi vellent: hanc, inquam, ipsam iterùm misit Justinianus Imp. ad Agapetum Pontificem, cujus est exordium (a) : *Prima salus est, &c.* insertam in epistola data hoc anno, decimooctavo Kalend. Aprilis sub Consulatu Belisarii . Sed quæ reliqua sunt ejusdem Pontificis rerum gestarum ipsius Pontificatus exordio his conjugamus.

a *Extat inter epist. Agapeti.*

XXXVIII. Simulàc igitur idem Agapetus in Joannis Papæ defuncti locum subrogatus est, legati ex Africano Concilio anteà ad ejus prædecessorem directi, eo ex hac vita jàm

---

A abiisse invento, easdem litteras Synodales ipsi Agapeto dedere, adjecereque alias à Reparato Carthaginensi posteà scriptas : quas ubi Agapetus omnes accepit, in primis ad Concilium Africanum, cui præfuerat Reparatus, mòx verò privatas adjunxit ad eumdem Carthaginensem Episcopum litteras . Reddamus hic singulas, ac primo loco ad ipsam Synodum datas (b) :

b *Tom.1. epist. Rom. Pontif. in Agapeto epist.1.*

Agapetus Episcopus Reparato , Floren- tiano , Datiano , & cæteris Episcopis per Africam constitutis.

Jamdudùm quidem, fratres amantissimi, **B** de prosperitatibus vestris repletum est (c) gaudio os nostrum & lingua nostra exultatione . Sed & nùnc cùm litteras charitatis vestræ ad prædecessorem nostrum datas accepimus, pridem gaudia concepta renovamus , benedicentes Dominum sempiternum , qui liberavit nos ab inimicis nostris & de manu omnium qui nos oderunt. Vobiscum enim rectè nos dicimus, cum quibus & tribulati sumus : nàm cum unum corpus ubique sit Ecclesia , & apud nos quoque principalia compatiebantur & membra. Vester enim mæror nostra semper fuit afflictio , & de vestrorum omnium gemitu, imperante charitate , visceribus frequentabamus sæpè singultus. Quæ cum ità sint , **C** redeuntibus Cajo & Petro fratribus & coepiscopis nostris , atque Liberato diacono filio nostro, proferimus sincerissimam consilii vestri charitatem: quoniam sicut & sapientes facere decebat & doctos, immemores principatus Apostolici non fuistis; sed quæstionis illatæ volentes vincula dissolvere , ab ejus sede requisivistis (sicut decebat) aditum, cui potestas esset indultæ claustrorum .

c *Psal.125.*

Unde nova quæ de ejusmodi negotio in **D** penetralibus Patrum constituta posuerunt, libenter aperimus, & præsentibus alloquiis translata subnectimus ; ut sine dubitatione possitis agnoscere , transcendi positos jam dudùm terminos non licere . Itaque si vitare volumus offendiculum : quod à senioribus nunciatum est, hoc sequamur . Carent enim excusatione, quos præmonitos contigit excedere ; & acerbitates cumulant excessum, quos ignorantia non tuetur. Hinc est , ut quia in tantùm Deus omnipotens **E** erexit (d) cornu salutis nobis in domo David pueri sui , ut de omnibus, quorum iniquitati subjacuimus, reconciliatione tractemus ; ità solicitè remedia debeamus adhibere , ne incolumitati nostræ sit incommodum quòd curantur, aut medicina subeat maculam de vulnere cui tribuere vult salutem : sed ejusmodi(sicut & nobis cautissimè visum est) præstemus officium in observatione pastorum, ne cum perdita volumus congregare, pereamus ; & cum sub nimia relaxatione absolvimus, obnoxii (quod avertat Dominus) cadamus in culpam : maximè cum priorum nostrorum sententia, redeuntes ad nos ex Arianis, quolibet modo, in qualibet etiam illius pestilentiæ labe polluti, tanta charitate in fide complexa est ejusmodi justitia, & sub dilectione redar-

d *Luc.1.*

XXXIX. *Epi. Agapeti PP. ad Afric.Con.*

XL.

darguit ; tanta ratiocinatione de ambitu honoris exclusi , ut erubescerent aliud magis quærere , quàm redire .

XLI.
Respondet ad Consul. Conc.Carthag.
De eo verò quod piissima compunctione requisistis , utrùm ad officium suum debent suscipi , aut eos non oportet omninò promoveri ; an alimoniorum saltem utilitatibus adjuventur . Laudamus , hortamur , amplectimur , ut re vera ejus promotionem , aut officium , in quo fuerint , abnegantes , canonum vos reverentia judicent omnes appetere potiùs , quàm gerere cupiditatis ardorem . Venientes igitur ad fidem sincerissimam , nutriat humanitas , consoletur ; præmpta sit omnibus misericordia , in cujus remuneratione dictum est (*a*) : Beati misericordes , quia ipsi misericordiam consequentur . Illud quoque quòd Catholicos , qui præsunt aut militant Ecclesiæ , sine sacerdotum suorum litteris suscipi à nobis minimè debere mandatis , & canonibus est congruum , & disciplinis prodesse judicamus ac fidei ; quia permanendo in] Ecclesiis , in quibus militant , & ministerii sui poterunt assiduitate in Dei Salvatoris nostri amore fervescere , & quæ in pervagatione reprehensibilia sunt , vitare . Datum quinto Iduum Septembris .] Idem verò Agapetus ad privatas litteras Reparati Episcopi Carthaginensis ad se datas , postquàm innotuit illi ipsius electio , ista rescripsit (*b*) :

a Matth.5.

b Extant to. 1. epist. Rom. Pont. in Agapet. epist. 2.

Agapetus Reparato Episcopo Carthaginensi.

XLII.
Agapeti Pap. ep. ad Reparatu .
Fraternitatis tuæ litteris indicasti , post epistolam decessori meo dirigendam , inter navigii suscipiendi moras , quas hiemis continuatæ generabat asperitas , ordinationem nostram tibi omnipotentis Dei beneficio nunciatam , & gratulatum te fraternitatis affectu , quia Pontificatus mihi Divinitas indulsit officium . Quod de sinceritate tua non sumus admirati : sic enim te nobis alloquii directi præsentavit affectio , ut cum dilectissimas tuas litteras legerem , te viderim . Quapropter ipsa te qua vidi mente complexus , postulo misericordiam Divinitatis , ut & in vobis quietis reparata gratia fructificet ; & Deus omnipotens , qui mihi sacerdotii dedit donum , concedat & meritum .

XLIII.
Præterea ad ea quæ Cajus atque Petrus fratres & coepiscopi nostri , sed & Liberatus diaconus filius noster , ut apud nos agerent verbo , à fraternitate tua sibi injuncta dixerunt ; congruum putavimus verbo dare responsum , quod per legatos nostros (si Domino placuerit) reddere non moramur . Universa præterea quæ inimicorum perversitas invaserat , charitati tuæ Metropolitana jura reparantes hortamur , ut ea quæ tuo vel aliorum nomine rescripsimus , universis debeas innotescere . Metropolitani quippè auctoritate suffultus , ne quis se excusabiliter asserat ignorare , quod sedis Apostolicæ principalitas canonum consideratione præscripsit . Data quinto Idus Septembris , post Consulatum Paulini V. C.] Qui est præsens annus signatus aliter Beli-

A sarii Consulatu . Hactenùs ad Carthaginensem Episcopum Reparatum Agapetus : non extant tamen decretales litteræ ipsius Pontificis , quas in Africana Ecclesia promulgandas dedit .

Egit & Justinianus Imp. apud Agapetum litteris de rebus Ecclesiæ Africanæ , rogans ita recipi Arianos Episcopos in Ecclesiam ad pœnitentiam , ut tamen eisdem indulgeretur in Episcopatu permanere ; sed quid decreverit Agapetus , paulò post dicendum erit . Constat etiam , ex eadem Synodo Carthaginensi legationem missam esse Constantinopolim ad Justinianum Imp. pro recuperandis rebus ac juribus Ecclesiasticis à Vvandalis usurpatis : functus est hac legatione Theodorus diaconus . Quæ autem rescripserit pro Africana Ecclesia Imperator , jàm dicamus . Susceptis idem Augustus litteris ex Concilio Africano , inter alias redditas litteras reperitur ista rescripsisse ad Salomonem Præfectum Prætorio in Africa (*c*) :

LXIV.
Legatio Conc.Carthag.ad Justin. Imp.

c Post Novel. Justin. edit. Julia. pa.246. & Nov. 36. 37.

Venerabilem Ecclesiam nostram Carthaginis Justinianæ , cæterasque omnes Africæ Ecclesiæ diœceseos sacrosanctas Ecclesias ab Imperialibus beneficiis relevare , noctù dieque festinamus ; postquàm nostræ Reipublicæ per Dei præsidium à tyrannis direptæ sociatæ sunt , nostras etiam sentiant liberalitates . Cum igitur Reparatus * ut sanctissimus sacerdos nostræ Carthaginis Justinianæ , qui venerando Concilio totius Africæ sanctissimarum Ecclesiarum præesse dignoscitur , unà cum cæteris ejusdem provinciæ reverendissimis Episcopis , propriis per Theodorum virum religiosum diaconem & responsalem ejusdem venerabilis Ecclesiæ Carthaginis civitatis Justinianæ litteris destinatis , nostram deprecati sint majestatem , possessiones Ecclesiarum totius Africæ tractus tyrannico quidem tempore ablatas eis , post victorias autem cælesti præsidio nobis contra Vvandalos præstitas , per nostram piam dispositionem eis redditas (salva in quocumque loco tributorum solutione) firmiter possidere secundùm legis tenorem , quæ jàm super hac causa promulgata est : petitionibus eorum prono libentique animo duximus annuendum .

XLV.
Quæ Justin. concessit Africanis Ecclesiis.

* Separatus.

Ideòque jubemus sublimitatem tuam suis disponere præceptionibus , ut prædictas possessiones , salva (ut dictum est) tributorum ratione , venerabiles Ecclesiæ tàm nostræ Carthaginis Justinianæ , quàm omnium civitatum Africanæ diœceseos firmiter possideant , & sine ulla concussione à nullo penitùs abstrahendas . Si quas autem alias possessiones , sive domos , sive ecclesiarum ornamenta apud Afros vel Arianos vel Paganos vel alias quaslibet personas detineri probatum fuerit ; ea quoque omnimodò sine aliqua dilatione sacrosanctis Ecclesiis Orthodoxæ fidei assignari , nulla prolixitate temporis his qui easdem res iniquè detinent uti concedendis , sed earum restitutionem , omni explosa machinatione , facere compellendis . Quia non patimur sacratissima vasa vel ornamenta venera-

XLVI.

venerabilium ecclefiarum, aut alias pof-
feſſiones apud Paganos vel alias perſonas
detineri; & lex quæ à nobis anteà prælata
eſt, abundèque hujuſmodi capitulo conſultum fecerit. Alterius etiam noſtræ conſtitutionis prærogativa, quam pro Ecle-
ſiaſticis etiam fecimus rebus & poſſeſſionibus Africæ quoque venerabiles Eccleſi as
perpotiri cenſemus : & ſecundùm ejus tenorem licentiam eis damus, res proprias &
poſſeſſiones, & quicquid ad eas pertinens
ablatum eſt, vel fuerit, ab antiquis de-
tentoribus vindicare.

XLVII.   Curæ autem erit ſublimitati tuæ, quatenùs neque Arianis, neque Donatiſtis, neque Judæis, neque aliis qui Orthodoxam
religionem minimè colere noſcuntur, alia
detur omninò communio penitùs ad Ecc le-
ſiaſticos ritus ; ſed omninò excludantur à
ſacris & templis nefandis : & nulla eis licentia concedatur penitùs ordinare Epiſcopos vel clericos, aut baptizare quaſcumque perſonas, & ad ſuum furorem trahere,
quia hujuſmodi ſectæ non ſolùm à nobis,
ſed etiam ab anterioribus legibus condemna-
tæ ſunt, & à ſceleratiſſimis, necnon in-
quinatis coluntur hominibus. Omnes autem hæreticos ſecundùm leges noſtras, quas
impoſuimus, publicis actibus amoveri,
& nihil penitùs publicum gerere concedan-
tur hæretici conſtituti, & Orthodoxis imperare : cum ſufficiat eis vivere, non etiam
ſibi aliquam auctoritatem vendicare, & ex
hoc Orthodoxos homines & Dei omnipotentis rectiſſimos cultores quibuſdam afficere detrimentis. Rebaptizatos autem militiam quidem habere, nullo modo concedimus. Pœnitentiam autem eorum, ſi ad
Orthodoxam fidem mente puriſſima venire
maluerint, non reſpuimus ; ſed damus eis
licentiam hoc faciendi : quia Deo omnipotenti nihil ita eſt acceptabile, ut peccatorum penitentia. Judæis autem denegamus
ſervos habere Chriſtianos, quod & legibus
anteribus cavetur, & nobis cordi eſt illi-
batum cuſtodire, ut neque ſervos Orthodoxæ religionis habeant, neque ſi fortè cate-
chumenos accipiant, eos circumcidere. Sed
neque eorum ſynagogas ſtare concedimus,
ſed ad ecclefiarum figuras voluimus reformari : neque enim Judæos, neque Paganos, neque Donatiſtas, neque Arianos,
neque alios quoſcunque hæreticos, & ſpe-
luncas habere, vel quædam quaſi ritu Ec-
clefiaſtico facere patimur ; cum hominibus
impiis ſacra peragendi permittere, ſatis
abſurdum eſt.

XLVIII.   Inſuper ſacroſanctæ Eccleſiæ Carthaginis Juſtinianæ omnia condonamus, quæ
Metropolitanæ civitates & earum Antiſtites
habere noſcuntur, quæ Codici noſtro in
primo ejus libro ſegregata ſacroſanctis Eccleſiis ſuum honorem præſtare noſcuntur :
* numinis   ut civitas, quam noſtri nominis * cognomine decorandam eſſe perſpeximus, Imperialibus etiam privilegiis ornata floreſcat.
Confugas etiam, qui ad venerabiles eccleſias & earum fines convolare feſtinant, &
ſuæ voluntati proficere ; nulli penitùs li-

A   cere ſacrilegis manibus ab iis abſtrahere,
ſed eos venerabilibus locis habita reverentia perpotiri, niſi tantùm homicidæ ſint,
vel virginum raptores, ac Chriſtianæ fidei
violatores. Illos enim qui talia facinora
committunt, nullis eſſe dignos privilegiis
quis non confiteatur ? cum non poſſint ſacroſanctæ eccleſiæ & homines iniquos adjuvare & hominibus læſis ſuum adjutorium
præſtare.

B   Si quid prætereà ſacroſanctæ Eccleſiæ ſæ-   **XLIX.**
pè dictæ Carthaginis Juſtinianæ, & aliis
Eccleſiis Africanæ diœceſeos à quacumque
perſona pro ſuæ ſalute animæ oblatum eſt,
vel fuerit quocumque modo legitimo, ſeu
in poſſeſſionibus, ſeu aliis quibuslibet ſpeciebus ; & hoc apud venerabiles Eccleſias
manere ſinatur, nullius umquàm manibus
abſtrahendum : cum homines quidem tàm
laudabiles tàmque Deo acceptabiles actus
& pias facere oblationes deproperant, ſatis & nos laudamus, & Dei cœleſtis remu-
nerat clementia. Hæc igitur omnia quæ
ad honorem ſacroſanctarum dedimus Ecc le-
ſiarum totius Africanæ diœceſeos per præſentem piiſſimam & in perpetuum valituram legem, quam omnipotenti Deo dican-
dam eſſe perſpeximus, ſublimitas tua co-
C   gnoſcens, firma illibataque cuſtodire fe-
ſtinet ; & omnibus (prout ſolitum eſt) ma-
nifeſtare, edictis ubique proponendis : ut
noſtra juſſa ſummæ pietatis habentia, ex
omni parte immutilata ſerventur; temeratoribus eorum pœnæ decem librarum auri
ſubdendis, aliqua gravi noſtri numinis plectendis omnibus, qui noſtram diſpoſitionem quocumque modo vel tempore violare
concefferint. Dat. Kal. Aug C P. Beliſario V. C. Conf.] Hanc accipiens Salomon
Præfectus Prær. in Africa ſanctionem, cum
eam executioni mandaret, Arianorum
(quorum magna in Africa multitudo ad
centum fermè annos regnarat) maximum
D   in ſe odium concitavit. Sed de his ſuo loco
agendum erit. Porrò hujus anni exordio
de rebus privatorum idem Imperator ad
eumdem Salomonem reſcripſerat ſanctio-   a *Poſt Nov.*
nem (a) ipſis Kalendis Januarii, qua ad-   *Juſtinian. à*
monuit, ut unuſquiſque Catholicorum in-   *Jul. trans-*
frà quinquennium ſua bona cognoſceret at-   *lata in fin.*
que repeteret. At de his quæ ad res Afri-   *pag. 245.*
canas pertinent, cujus Concilii occaſione   *edit. Nov.*
& petitione, eam quam ſuperiùs recita-
vimus Juſtinianus edidit ſanctionem, jam
ſatis.

E   Cum autem (ut nuper dictum eſt) idem   **L.**
Juſtinianus Imp. apud Agapetum Pontifi-
cem litteris egiſſet pro Eccleſia Africana,
petens, ut iis qui ab Ariana hæreſi ad Catholicam fidem redirent, pateret aditus ad
Epiſcopatum capiendum: iis acceptis Ag-
apetus quid ad eumdem Imperatorem reſcri-   b *Agapet.*
pſerit (b), accipe :   *ep. 3. to. I.*
                 epiſt. Rom.
Agapetus Epiſcopus Juſtiniano   *Pont.*
           Auguſto.

Licèt de ſacerdotii mei primitiis, pie-   **LI.**
tatis divinæ muneribus ad referendas eſſem   *Agapeti*
gratias multipliciter obligatus ; ſuſceptis ad   *ep. ad Juſt.*
tamen, venerabilis Imperator, per Hera-   *Imp.*
clium

etiam venerabilem presbyterum filium nostrum vestræ serenitatis affatibus, quos ete-
ni fructus ubertate plenissimos destinastis,
votorum meorum funt in Domino gaudia
geminata: quod adunatis felicitatis vestræ
provectibus, tali mentis gloriosæ proposito terrena vobis regna subiicitis, ut simul
cælestia conquiratis. Cujus rei non sunt
ambigua documenta, quandò ità vestris,
quæ direxistis, oraculis Catholicæ professionis lumen irradiat, ut etiam beatis operibus enitescat. Siquidem illa est in Deo
nostra plena & firma credulitas, quam spiritualium simul fructuum commendat ubertas, sicut Vas electionis annunciat, di-

à Galat. 5.
cens (*a*): In Christo Jesu neque circumcisio aliquid valet, neque præputium, sed
fides, quæ per dilectionem operatur. Quod
enim majus fidei vestræ poterit opus exhibere, quàm quòd tantis Apostolicam sedem
charitatis & munificentiæ titulis elevastis,
ut ipsa etiam desideria sperantium transfere-
tis? Et quidem hoc in vobis olim (sicut ego
quoque probavi) per Dei gratiam semper
floruit institutum, ut possibilitatis vestra
meritum quantitas ostenderet præstitorum

*** indepta
vel inclyta**
& ad hos provectus indita, * momenta potentiæ tenderetis, ut benignitas vobis ingenita vota poscentium aut præveniret, aut
vinceret. Hinc est, quod usque ad Principalis coronæ fastigia, & ultra nunc usque
prosperis vestra tranquillitas successibus
gloriatur, nec unquam cælestibus frauda-

b Rom. 8.
bitur adjumentis; quia scriptum est (*b*):
Diligentibus Deum omnia cooperantur in
bonum.

LII.
Unde ego quoque piissima vestra libe-
ralitatis eloquia cum devotione gratulantis
Ecclesiæ (sicut præcepistis) divinis scripta feci mysteriis adhærere; ut supernæ
majestatis obtutibus indefessa semper precibus ingerantur, & ad impetranda vobis
retributionis vestræ præmia fit commemoratio sempiterna. Atque ideò, domine clementissime fili, obsequium salutationis
uberrimæ reverenter exolvens, specialia
vos sinibus charitatis amplector, sperans ut
de mea devotione (quantùm in me est) in
his quæ pro Ecclesiasticæ pacis unitate præcipitis, vos vobis potius quæ sunt Catholica
promittatis, juxta hoc quod dicit Apostolus

c Rom. 1.
(*c*): Ita quod in me est, promptum est ac
vobis. Nec in aliquo eorum in quibus lici-
citè possumus obedire, mansuetudinis vestræ nos adhortationibus credatis obsistere:

d 2.Cor.10
quia sicut Gentium Doctor asseruit (*d*):
Spem habeo, crescente fide vestra, & in
vobis magnificari secundùm regulam nostram. Et ideò immensas Deo nostro gratias exhibeo, quòd pro populi multiplicatione Catholici tanto charitatis ardore fer-
vetis, ut ubicumque vestrum propagetur
Imperium, regnum mox incipiat proficere
sempiternum.

**LIII.
Recipien-
dos non es-
se lapsos
cum hono-
ribus.**
Cujus studii benevolentia vehementius
insistentes, etiam nos in acquirendis eis,
quos Arianam significatis vitare velle perfidiam, paternæ traditionis existimatis de-
clinare posse censuram, scilicet ut in his

A honoribus, in quibus fuerunt apud hæreticos, perseverent, & promoveantur ad
alios. Quapropter bonum hoc quidem &
summa laude præcipuum, quòd omnes
ovili Dominico per veram fidem cupitis
aggregare; sed non oportet nobis eos, qui
non rectè ingredi moliuntur, excipere,

e 2. Cor. 6.
beato Paulo Apostolo commonente (*e*):
Nemini dantes ullam offensionem, ut non
vituperetur ministerium nostrum. Quantam autem paternarum constitutionum, si
B sic recipiantur (quod absit) incurrant
offensionem; ne quid pietatem vestram latere contingeret, ipsas quoque regulas
credidi subnectendas, quæ specialiter con-
stiterant, ne quis talium conciliatus aut Ecclesiastici ordinis provectibus augeatur, aut
desideret honores ulterius possidere, quos
dubitare jam non debet culpabiliter amisisse: ex quibus pietas vestra melius poterit
æstimare, si quo modo tàm aperta & Synodalia sedis Apostolicæ licet infringere
constituta; cum sententia clamet Aposto-

f Galat. 2.
li (*f*): Si tamen quæ destruxi, ea sterum
ædifico, prævaricatorem me ipse constituo. Et ideò securus cum ipsius Apostoli
voce profiteor: Quia confido in vobis &
in Domino, quòd nihil aliud sentiatis.
Etenim sicut idem Doctor asseruit: Certus
C sum & ego de vobis, quòd pleni estis bonitate, repleti omni scientia, ut possitis
invicem monere.

LIV.
Si igitur hii, de quibus indicastis, ad fidem rectam legitimè venire festinant; nostræ fidei regulas sequi non abnuant, di-

**g Matt. 16.
* recupe-
randi**
rente Domino (*g*): Si quis vult venire
post me, abneget semetipsum, & sequatur
me. Quod si adhuc vituperabili * honoris
ambitionibus excitantur, & pro lucro sanctæ

**Verè pœ-
nitentes
honores nõ
quærunt**
fidei humanæ gloriæ pati damna, formidant; ipsi pronuncient, necdum se à vitiis & errore discedere, & nos magis velle

h Galat. 4.
suis excessibus implicare. De talibus ergò dicit Apostolus (*h*): Æmulantur autem vos non benè, sed excludere vos volunt, ut eos æmulemini. Quæ cum ita
sint, sancto studio vestro quòd Ecclesiam
Catholicam cupitis ampliari, nihil ex hoc,
si tales in clero non recipiantur, credatis
imminui, Apostolo præmonente (*i*):

i Rom. 3.
Quid enim, si quidam eorum non crediderunt? numquid incredulitas eorum fidem Dei evacuavit? Absit. Nàm licèt
simili studio charitatis mox multiplicatione
Fidelium ille beatus Petrus cælestis regni
janitor traheretur, qui ut Judæorum plures acquireret, à doctrina & tramite regu-
E lari in non respuendo omni Judaismo de-
scenderat; huic tamen ille junior vinctus
in Domino Paulus se retulit obviasse, di-

k Galat. 2.
cens (*k*): Sed cum vidissem, quòd non rectè
ingrederentur ad veritatem Evangelii, dixi Petro coràm omnibus: Sis tu cum sis Judæus, gentiliter vivis, quomodò Gentes
cogis Judaizare? Hæc ergò per omnia,
Deo cordi vestro assidente, pensantes,
agnoscere poteritis, non occasionem nos
excusationis inquirere; sed ea quæ pro
officii nostri ratione transcendere non possumus,

a 2.Cor.13.

LV.
* effensio
nis

fumus , vobis humiliter intimare , dicente Apostolo (a) : Non enim possumus aliquid contrà veritatem , sed pro veritate.

Undè & de Stephani Episcopi persona simul & causa non creditis alicujus nos studio defensionis * impelli . Absit à quorumlibet mentibus Christianis , ut in quacumque persona aut innocentiam redarguant , aut crimen absolvant . Sed universa , quæ Apostolicæ sedis super hac parte disposita , illo semper studio manaverunt , quæ principatui beati Petri vos quoque cupitis per omnia reservari ; scilicèt ne in his qui sedis ejus audientiam postulassent , separata * ipsius reverentia , alterius sententia proveniret . Et ideò quia clementia vestra salubriter offerre dignata est , ut à legatis nostris omne negotium tractaretur ; hanc operam his quos incontinenti dirigimus , Deo auctore , mandamus ; ita tamen , ut jam nunc communione nostra vir religiosus Achilles pro vestra jussione debeat gratulari . At verò de sacerdotio perfruendo , eum ad nos universa quæ legati nostri cognoverint , plenissima eorum fuerint relatione perlata , consideratis sanctorum canonum regulis , quas servari præcipitis , sequenda firmiùs censebuntur.

* sperata

Legatis Rom.Pontif. negotia commissa.

LVI.
In Epiphanium illicitæ præsumentem.

Quòd autem clementia vestra fratris & coepiscopi nostri Epiphanii dignata est excusare personam ; quia in prædicti Achillis consecratione vestra potiùs jussio quàm illius ordinatio prævenisset : credimus quòd & ipse cognoverit jure culpatum ; qui præter alia quæ deliquit , hoc certè excusare vix poterit , quòd tàm piissimo & clementissimo Principi , beati quoque Petri privilegia defensanti , non vel opportunè vel importunè suggesserit , quid in hac parte sedis Apostolicæ reverentiæ deberetur . De quo simul negotio , sed & de Justiniana civitate gloriosi natalis vestri conscia , necnon & de nostræ sedis vicibus injungendis , quid , servato beati Petri , quem diligitis , principatu , & vestræ pietatis affectu , pleniùs deliberari conicerit ; per eos quos ad vos dirigimus legatos , Deo propitio , celeriter intimamus . Superest , ut (sicut à beato Petro indesinenter exposcimus) de salute & prosperitate vestri semper Imperii gratulemur . Datum Idibus Octobris .] Hactenùs Agapetus rescribens ad Justinianum Imperatorem ; sed desiderantur aliæ litteræ , sicut & collectio canonum de non recipiendis hæreticis cum honoribus , quam se his subiicere tradit.

LVII.

b Quint. Synod. Act. 1. tom. 2. sub Menna Episcopo anno sequenti ; Conc. nov. edit.

At nec etiam de legatis missis , quinam isti fuerint , mentio ulla fit ; sed ex Actis Quintæ Synodi (b) intelligere possumus : nàm iidem subscripti habentur in sententia lata contra Severum , Petrum , & Zoaram sub Menna Episcopo anno sequenti ; nempè Sabinus Episcopus Canusinus , Epiphanius Episcopus Asculanus , Asterius Episcopus Salernitanus , Leo Episcopus Nolanus , Rusticus Episcopus Fesulanus , Theophanes & Pelagius diaconi sanctæ Romanæ

Ecclesiæ . Intelligis jàm satis , puto , & Sedis Apostol. tameadem epistola , nonnisi Romani esse Pontificis de recipiendis hæreticis pœnitentibus tùm esse de formam præscribere & dispensare ; jureque lapsis de cernere. Agapetum expostulasse adversùs Epiphanium Constantinopolitanum Episcopum , qui inter alia quæ perperàm egisset , absque requisita Romanæ sedis auctoritate Achillem ab Arianis ab Ecclesiam Catholicam venientem ordinasset , jubente Justiniano Imperatore.

LVIII.
De Prima Justiniana.

c Procop. de ædific. Justin. Imp. lib.4.

Quod pertinet ad Justinianam civitatem , quam Agapetus in eàdem suà epistola patriam solum ipsius Justiniani nominat , cujus Episcopum petierat idem Imperator pallio insigniri , sicque vices gerere Apostolicæ sedis : cum totum negotium legatis tractandum se commisisse dicat ; quid ea in re factum sit , diligentiùs est investigandum , atque in primis à Procopio novi nominis origo petenda . Ipse enim cùm agit de ejusdem Imperatoris ædificiis , ista habet (c) : Apud Dardanos Europæ , qui jam post Epidamiorum terminos habitant , locus est Tauresia dictus : hinc Justinianus Rex Orbis reparator oriundus erat . Hunc locum muro circumdans quadrangula figura , singulis angulis turrim imposuit , effecitque ut esset & vocaretur Quadriturrita . Juxtà hunc locum urbem nobilissimam condidit , quam Justinianam Latina voce appellavit ; atque hoc modo nutricationis officium altrici patriæ rependit . Fabricavit etiam canales aquarum , ut urbs aquis abundaret , & multa alia narratu digna . Non est facile enumerare Deo sacrata templa , verbis comprehendere Principum habitacula , ingentes porticus , nitida fora , fontes , vias , balnea , loca ubi res venum exponuntur . Magna planè urbs est , & totius regionis Metropolis Illyricorum Archiepiscopum sortita , aliis urbibus ipsi tamquam magnitudine præstanti cedentibus : quo fit ut etiam honorem Regi rependat . Ut enim ipsa urbs Rege honoratur tamquam alumno , ita è diverso Rex locum illum in urbem eveherе curavit .] Hæc de Prima Justiniana Procopius , qui pergit dicere de Secunda Justiniana ita nominata ab eo , quæ olim apud Dardanos urbs erat nomine Ulpiana : necnon & de Justinopoli avunculi nomine nuncupata , & aliis.

Porrò quò ad privilegia quæ ab Apostolica sede per Agapetum Papam impertienda idem Imperator rogarat , re diutiùs dilata , cum intereà (ut dicetur anno sequenti) contigerit Agapetum ex hac vita migrare , Vigilius Papa eidem Justiniano assensus est , ut idem Imperator sua constitutione declarat his verbis (d) : Beatissimum Primæ Justinianæ nostræ patriæ Archiepiscopum habere semper sub sua jurisdictione Episcopos provinciarum Daciæ Mediterraneæ , & Daciæ Ripensis , & Privalis * , & Dardaniæ , & Mysiæ Superioris , atque Pannoniæ , & ab eo hos ordinari ; ipsum verò à proprio ordinari Concilio , & in subjectis sibi provinciis locum obtinere sedis

LIX.
De privilegiis Primæ Justinianæ .

d Auth. de Ecc. tit. col. 9. tit. 14. Novel.131

* Privalis

sedis Apostolicæ Romæ, secundùm ea quæ A
definita sunt à sanctissimo Papa Vigilio.
Simili quoque modo jus Pontificis, quod
Episcopo Justinianæ Carthaginis Africanæ
civitatis dedimus, ex quo Deus hanc nobis restituit, servari jubemus.] Hæc ibi
Imperator. Est Novella constitutio de pri-

a Novel.11 vilegiis collatis Archiepiscopo Primæ Justinianæ, quæ incipit (*a*): *Multis & va-*
b Novel. *riis modis*, &c. data hoc anno sub Belisa-
131. c.3. rii Consulatu. De iisdem in aliis ab eo-
LX. dem promulgatis mentio habetur (*b*).

Agapetus autem haud quicquam in præjudicium aliarum provinciarum Metropolitanorum Antistitum visus est voluisse concedere : magnopere enim cavere consueverunt Romani Pontifices, ne in canonum
iniuriam & alterius præjudicium conferrent alicui privilegium : sed Vigilius diù
vi Imperatoria agitatus (ut suo loco pate-
e Greg.l.4. bit) acquievit. Extant & Gregorii Papæ
ep.15. litteræ (*c*) de collato pallio Joanni Archiepiscopo Primæ Justinianæ. Sic igitur
quatuor habes Justinianas, duas apud Europæ Dardanos, totidemque in Africa,
ubi diximus duas amplissimas civitates eodem nomine appellatas, nempe Adrumetum atque Carthaginem. Sed de his satis.

LXI. Quod autem in recitatis nuper litteris
Agapeti Pontificis ad Justinianum querela est adversùs Epiphanium Episc. Constantinopolitanum de illegitima ab eo ordina-
Obitus E- tione præsumpta & aliis quibusdam perperàm
piphanii, factis; haud impunè intentatum scias; nàm
& Anthimi quàm citissimè Deus ultus est, quod idem
subrogatio Episcopus in sacros canones deliquisset, &
quidem severè, cum ipsum ex hac vita præ-
ripuit. Sciendum est enim, ipsum Epiphanium hoc anno ex hac vita sublatum, inque
locum ejus Anthimum subrogatum. Ad hæc
usque tempora Epiphanium pervenisse,
tot constitutiones hoc anno sub Belisarii
Consulatu ab Imperatore ad ipsum datæ
satis apertè demonstrant; quem tamen hoc
eodem anno finem vivendi fecisse, ex iis
quæ dicentur inferiùs, certum redditur.

LXII. Sic igitur Epiphanius cum sedisset annos
quindecim, hoc ipso anno ex hac vita decessit; quo è medio sublato satis Orthodoxæ fidei propugnatore, callidis oc-
cultisque consiliis impiæ Theodoræ Augustæ Anthimus Episcopus Trapezuntius, qui
foris licèt Catholicam fidem profiteretur,
intrinsecùs tamen Eutychianam hæresim se-
ctabatur, in sedem Constantinopolitanam
intruditur. Id quidem de ipso publica san-
d Nov.45. ctione (*d*) anno sequenti edita Justinianus testatus est.

LXIII. Hinc malorum origo, hinc ipsi Imperatori universæ Ecclesiæ Catholicæ acerbis-
simarum cladium fons erupit, cum videlicet Theodoram Augustam conjugem audiens Imperator, monstrum horrendum in
regiæ civitatis Pontificiam sedem provehit.
Plus æquo, & quàm deceat Catholicum
Principem, audire solebat Justinianus consilium hæreticæ fœminæ impiæ Theodoræ:
e Novel. quod ipsemet in constitutione hoc ipso an-
8.c.1. no edita profitetur, cùm ait (*e*): Hæc

omnia apud nos cogitantes, & hic quoque B
participem consilii sumentes eam, quæ à
Deo data est nobis, reverendissimam conjugem, &c.] Sed planè facta est ipsi in
scandalum atque ruinam, ut quæ dicentur
annis singulis demonstrabunt.

De studiis autem Theodoræ ergà Anthi- LXIV.
mium auctor est Liberatus diaconus, qui
ista ait (*f*): Ea tempestate mortuo Epi- *f Liberat.*
phanio Constantinopolitano Episcopo, *diacon. de*
Theodora Augusta Anthimum transtulit *caus. Nest.*
in sedem, qui fuit Episcopus civitatis Tra- c.20.
pezunti regionis Ponti, latenter Chalcedonense Concilium non suscipientem.] Sed
ipse hujus temporis scriptor. Sed audi ex
Actis Quintæ Synodi (*g*) Anthimi nebu- *g Quint.Sy-*
lonis in sedem ingressum ex libello mona- *nod. Act.1.*
chorum Syriæ : Epiphanio sanctæ memo-
riæ Archiepiscopo hujus regiæ urbis in pace vita functo, Anthimus, qui aliquandò
ordinatus fuit Episcopus Trapezuntarum,
magnitudinem & dignitatem sacerdotii,
non spiritualium animarum diligentiam esse
putavit, sed quendam civilem principatum; & propterea majorem appetens, jàm
multo tempore derelinquens propriam Ecclesiam, & civitatem regiam, *Constantino-*
polim scilicet, apprehendens tamquam
quædam plaga Aegyptiaca, vitamque fictam ipsius figuratæ continentis omnibus
ostendens, cum hæreticis hîc ædificantibus
conversatus est : similia quoque illis hæretica furta largiendo & placita illis faciendo & dicendo, voluit adulterinè subri-
pere sacerdotalem sedem ipsius civitatis contrà omnem æquitatem Ecclesiasticam & canones, &c.] Hæc pluribus Syriæ monachi
prosecuti sunt in libello, quem posteà Agapeto Papæ obtulerunt anno sequenti.

Sed undè tanta vis homini æquàm, ut LXV.
favore paucorum hæreticorum (haud enim
conferendi erant hæretici Constantinopoli
commorantes cum degentibus ibidem Orthodoxis) sedem invaderet tantæ urbis, sub
Catholico præsertim Imperatore, nisi insidiis Theodoræ Augustæ faventis illi uti
Orthodoxo? Quod & suasit viro suo, qui
ad eum ut ad Orthodoxum Antistitem sequenti anno Idibus Augusti constitutionem
dedit (*h*) Ecclesiasticam de numero cleri- *h Auth. de*
corum ordinandorum . Porrò hæc eadem *mensur or-*
de Anthimi nefaria electione prosecuti sunt *din. cler.*
Archimandritæ Constantinopolitani in li- *col.3. tit.3.*
bello, quem obtulerunt Agapeto Papæ *& Nov.16*
cùm pervenit (ut dicemus) Constantinopolim anno sequenti : quo etiam testati
sunt in fine ipsius, se ea de causa hoc anno
misisse legationem Romam ad ipsum Pontificem, ut de his quæ acta essent Constantinopoli, deque persona Anthimi idem
Agapetus certior redderetur. Extat ipse li- *i Conc. to.*
bellus propè finem primæ Actionis Synodi *2.edit.nov.*
Quintæ (*i*). LXVI.

Tanta hæc mala ordita est pessima fœ- De Theo-
mina, quæ altera Eva serpenti obediens *dora Aug.*
facta est viro malorum omnium causa; no- *maximè*
vaque Dalila Samsoni, ejus vires dolosa ar- *impia.*
te enervare laborans ; Herodias altera sanctissimorum virorum sitiens sanguinem; E
petu-

petulansque summi sacerdotis ancilla , Petri negationem solicitans : sed parùm sic ipsam hujuscemodi sugillasse nominibus , quæ reliquas impietate fœminas antecelluit : accipiat potiùs nomen ab inferis, quod Furiis fabulæ indiderunt, fœmina furens , Alecto potiùs , vel Megera , aut Tisiphone nuncupanda , civis inferni , alumna dæmonum , Satanico agitata spiritu , œstro percita diabolico , initæque summo labore inimica concordiæ, pacisque redemptæ sanguine martyrum, & sudoribus confessorum partæ fugatrix : quanta enim hæc Ecclesiæ Catholicæ mala invexerit , quæ dicenda erunt ostendent . Quàm verò religiosissimo ista obfuerit Imperatori , satis superque , si quæ dicentur attendet , spectator luctuosæ tragœdiæ intuebitur .

Quàm felicissimus Justinianus Imp. extitisset , & planè cui nullus umquam vel Gentilium , vel Christianorum Imperatorum longo intervallo fuisset exæquandus, si Theodora conjuge caruisset, & Catholicam nactus fuisset sibi similem consortem Imperii ! Ut planè secundum illud Ecclesiastici (a) : Commutati leoni & draconi placebit , quàm habitare cum muliere nequam , ipsi contigerit . Et quidem secundùm quod subditur : Mulier si primatum habeat , contraria est viro suo ; quantò propensiori studio palàm favit Justinianus Catholicæ fidei , tantò ista calidiori consilio clàm Eutychianæ hæresi atque Eutychianis hæreticis adiumento fuit & augmento, necnon etiam firmamenta. Cæterùm pristinum adhuc vigorem retinens Justinianus , cum sibi, qualis esset Anthimus , benè perspectus est, eümdem è sede ejectum proscripsit ; sed hæc anno sequenti, postquàm idem scelestus judicio Agapeti Romani Pontificis detectus , ejusque sententia condemnatus est , accedente Synodali decreto .

Sed quodnam hoc item tempore , ipsa peccati fomes , præpotensque diaboli telum Ecclesiæ Alexandrinæ damnum intulerit , accipe à Liberato diacono , ubi post subrogationem Anthimi in Epiphanii locum mòx ista coniungit (b) : Verùm defuncto Timotheo Alexandrino Episcopo , studio & promissione Calotychi cubicularii partis Theodoræ Augustæ , Theodosius ordinatur ; qui licèt haberet cleri decretum, contradicere volentibus non permisit certamen populi & monachorum, quos non habuit : hi enim pro Gajano fuerunt. Consuetudo quippe est Alexandriæ , illum qui defuncto succedit , excubias supra defuncti corpus agere , manúmque dexteram ejus capiti suo imponere , & sepulto manibus suis, accipere collo suo beati Marci pallium , & tùnc legitimè sedere . Dùm hæc Theodosius pertentat, cognoverunt populi & monasteria , quod esset factum velpere in Episcopio , studio Calotychi & Judicum , id est , Aristomachi Ducis , & Dioscori Augustalis : mòx Theodosium persecuti sunt , & expulerunt, ne colligeret funus Timothei .

LXIX. Inthronizaverunt autem Gajanum, qui

fuit Archiepiscopus ex parte assertorum Incorruptibilitatis : habens autem consensus aliquantos ex clero , & Possessores civitatis , & Corporatos , & milites , & nobiles , & omnem provinciam , permansit Gajanus in Episcopatu dies centum & tres : post hæc à Judicibus pulsus abscessit. Et post menses duos Narses missus ab Augusta Theodora Theodosium quidem inthronizavit , porrò Gajanum misit in exilium ; qui adductus Carthaginem , & indè quasi in Sardiniam directus , quid de eo contigit, ignoratur . Mansit autem Theodosius in sede annum unum , menses quatuor , paucis ei communicantibus ; plurimi enim communicabant ad nomen Gajani : populi autem pugnaverunt pro Gajano multis diebus, qui cæli à militibus majorem sui partem amiserunt ; sed & militum major cecidit numerus . Vincebatur Narses non armis , sed civitatis concordia . De superioribus domotum jactabant mulieres super milites , quicquid occurrisset . At ille igne vicit , quod ferro non potuit . Divisa est usque nùnc illa civitas hoc schismate , ut Gajanitæ & Theodosiani in eo vocentur , id est, Phantaliastæ & Corrupticolæ .] Fuerunt ista adeò cruenta atque funesta veluti pingues victimæ , à Theodora immolatæ diabolo. Pergit auctor .

Novissimè Theodosius de sede discessit non ferens seditiones & bella quæ contrà eum exercebantur à populo . Missus est Constantinopolim cum honore , eò quòd ità Augustæ scripta præceperant. Quò illo veniente, promittebat Augusta Imperatori , quoniam posset Theodosius Chalcedonensem suscipere Synodum : sed persistente & nolente eo , cum ejus voluntate foràs civitatem regiam sexto miliario in exilium missus est , juxtà basilicam , in via quæ ducit ad Stoma pontem : vivítque usque nùnc .] Hactenùs de his Liberatus. Eamdem prosecutus historiam Leontius (e) Scholasticus , tradit inter alia Gajanum fuisse Ecclesiæ Alexandrinæ Archidiaconum , Theodosium autem scriptorem orationum , huncque sectatorem Severi , illum verò Juliani Halicarnassei ; magnates favisse Theodosio , plebem verò Gajano.

Quod autem ad successionem Alexandrinorum Antistitum pertinet, ex quo ibi præcipuam sedem hæretici occuparunt , ab inter ruptam verò Catholicorum : cum tamen & ii qui ibi erant Orthodoxi , licèt longè inferiores numero hæreticis essent , Orthodoxum aliquandò haberent Episcopum , cui communicabant . Diximus superiùs de Evagrio quodam Orthodoxo Episcopo Alexandrino ; sed & mentio est apud Justiniani Imperatoris sanctionem de Epiphanio Episcopo Alexandrino Catholico . Nam in ea constitutione , cujus est titulus (d) . Quomodo oporteat Episcopos & reliquos clericos ad ordinationem adduci : scripta ipsa (ut diximus) hoc anno ad Epiphanium Constantinopolitanum Episcopum , hæc de alio habet Epiphanio Episco-

Episcopo Alexandrino : Scripta exemplaria sanctissimo Archiepiscopo Alexandriæ Epiphanio , sanctissimo Archiepiscopo Theopolitano , *nempe Antiocheno Antistiti* : scripta exemplaria Petro Episcopo Hierosolymorum , &c.] Past Theodosium autem atque Gajanum, quorum mutuæ altercationes ad biennium productæ fuerint, qui creati sunt postea Episcopi Alexandrini , omnes fuere Orthodoxi defensores Concilii Chalcedonensis quos numerat Leontius , nempe Paulus , Zoilus , Apollinarius , Joannes , & Eulogius æqualis san-

a Leont. de &i Gregorii : quos ob cultum Synodi Chal-
sect. Act. 5. cedonensis Synoditas appellat (*a*).

LXXII.   Inter hæc autem cum Constantinopoli sederet Theodora Augustæ favore Anthimus , & Alexandriæ (ut diximus) Theodosius : Severus ille perditissimus hæresiarcha ab Antiochena sede pulsus Justini tempore , sciens hos qui præcipuas Orientis sedes occupassent , suæ esse farinæ homines , sperans ejusdem Theodoræ potentiæ Antiochenæ fore se restituendum Ecclesiæ , egressus è latebris , convolat Constantinopolim ad ipsam Theodoram & Anthimum Patriarcham in hæresi propaganda collegam . De

b Evagr. his enim hæc habet Evagrius (*b*): Extant
lib.4.c.11. (*inquit*) adhuc epistolæ Severi ad Justinianum & Theodoram scriptæ: ex quibus intelligi potest , eum ab initio , postquàm sedem Episcopatus Antiocheni deseruerat , iter suum Constantinopolim versus distulisse , posteà tamen eò se contulisse .] Spe enim vana Theodora impia Augusta illudebat Imperatoris pio animo , dùm sicut Anthimum , atque Theodosium quasi professurum Concilium Chalcedonense vocavit Constantinopolim , ita & de Severo persuasit hoc ipsum eidem Imperatori , absque cujus assensu idem sæpe proscriptus hæresiarcha haud ausus esset conferre se Constantinopolim de sceleribus perpetratis daturus pœnas . Subdit verò de ipso ista Evagrius :

LXXIII. Scripsisse que Severum , se , cum esset
Severi Hæ- Constantinopoli , & cum Anthimo collo-
resiarchæ cutus esset , comperissetque eum eamdem
conatus. secum tenere opinionem , idem de Deo sentire persuasisse , ut sedem Episcopalem relinqueret . Scripsit præterea iisdem de rebus ad Theodosium Episcopum Alexandrinum litteras , in quibus magnopere gloriatur se Anthimo (ut dictum est) persuasisse , ut hujusmodi dogmata gloriæ terrenæ & Episcopatui longè præponeret .] Hæc quidem , cum Anthimus (ut paulò post dicturi sumus) factus reus impietatis, abdicare hæresim & profiteri Chalcedonense Concilium quæsitus est , ut remaneret in sede . Post hæc autem rursus Evagrius : Extant porrò Anthimi ad Theodosium de iisdem rebus epistolæ , & Theodosii rursùm ad Severum & Anthimum : quas , ne in librum , qui in manibus est , nimis multas res includere videar , præterire animus est, easque relinquere iis qui earumdem volun-
darum cupiditate incenduntur .] Hacte-
nùs de his Evagrius ; quæ autem subiicit ,

Annal. Eccl. Tom. VII.

A postea facta sunt , nosque de iis suo loco dicemus . Vidisti quos colligit Theodora & in præcipuis sedibus Orientis collocat impios hæreticos ; & quas infert in urbem Constantinopolitanam hominum pestes ; id ordiens funestissima , ut occupatis majoribus sedibus ab hæreticis , invalesceret nefanda hæresis , & dominaretur ubique : sed hæc (ut diximus) clanculò per cuniculos in Ecclesiam conabatur inferre , quòd sciret viri animum pro fide Catholica semper invigilare solere , & nervos omnes pro eadem roboranda contendere .

Theodosius verò Alexandrinus Episco-   **LXXIV.**
pus hæreticus degens Constantinopoli , inter hæc nova occasione oborta , à suis divisus est . Quomodò id se habuerit, Leon-   c Leont. de
tius (*c*) Scholasticus docet , cum ait :   sect. act. 5.
Cum autem privatus Byzantii Theodosius degeret , Agnoitarum (sic ab ignoratione   to.4. Bibl.
dictorum) dogma motum fuit . Nàm quia   Agnoitarū
Dominus ait , neminem horam judicii sci-   Hæresis.
re , ne Filium quidem , extrà solum Patrem ; quæsitum est , An Christus eam ignoraret ut homo . Theodosius Christum ignorare negabat , & adversùs Agnoitas scripsit. Alii verò Christum horam ignorare , tradebant , quemadmodùm ipsum dolorem sensisse diximus . Inde divulsi sunt à Theodosio qui Agnoitæ vocantur , cumque peculiarem sibi fecissent ecclesiam , seorsùm communicabant . Sed adversabatur Agnoitis Theodosius , utpotè Severianus, Gajanitisque contrarius .

Quinam autem error fuerit Gajanitarum,   **LXXV.**
idem qui suprà scriptor huius temporis Leontius Scholasticus docet his verbis (*d*) :   d Idem
Confitentur Gajanitæ Deum Verbum è Vir-   Act. 10.
gine naturam humanam sumpsisse perfectè   De Gaja-
ac verè , sed post unionem esse corpus in-   nitis , &
corruptibile dicunt : omnes enim malorum   Theodosia
species Christum perpessum ajunt , ut esu-   nis .
rierit & sitiverit & defatigatus fuerit, at non eodem ista quo nos modo passum . Ajunt enim : nos quadam naturali necessitate tùm esurire , tùm sitire ; sed Christum hæc omnia sponte sustinuisse ; non enim (*inquiunt*) naturæ legibus serviebat ; alioqui passiones istas fatebimur præter voluntatem accidisse , quod absurdum fuerit . Hæc Gajanitarum est opinio , Incorruptibilium dicta . Nos ad ea respondemus , etiam nos fateri , passiones , & affectiones illas fuisse voluntarias , nec tamen idcircò dicere Christum eas perpessum eo modo quo nos : Nàm sponte dicimus ipsum servisse naturæ legibus , volentemque concessisse corpori , ut sua perpeteretur eo modo quo nos patimur .] Hæc Leontius , qui testificationibus sanctorum Patrum ista ut Catholica roborat atque firmat . Porrò adversùs eosdem Gajanitas disputat Euthymius in panoplia .

Leontius verò ubi de Gajanitis locutus   **LXXVI.**
est , de Theodosianis hæc habet : Agnoitæ verò confitentes omnia quæ Theodosiani , *de corruptibilitate videlicèt* , discrepant in hoc quòd Christi humanitatem ignorare negant , illis ignorare affirmantibus : Ajunt

T   enim ;

.enim, per omnia nobis Christum assimila-
Jacobitæ ri: quòd si nos ignoremus, & ipsum igno-
hæretici. rasse,&c.] Qui verò à Theodosio Theodosiani appellati fuerunt,eosdem posteà à Jacobo propagatore Jacobitas esse dictos;
eosque pariter Ægyptios nominatos, af-
a Joan.Da- firmat sanctus Joannes Damascenus (a)
masc. lib. Contrà ejusmodi hæreticos Agnoitas di-
de hæres. ctos scripsit sanctus Eulogius Alexandrinus Episcopus, cum ad finem sæculi hu-
jus eamdem Alexandrinam Ecclesiam gubernaret, qui eo argumento editum commentarium cognoscendum Romam misit
sancto Gregorio Papæ; de quo ipse Gre-
b Gregor. gorius ista respondit (b): De doctrina
l.8. ep.42. vestra contrà hæreticos, qui dicuntur A-
gnoitæ; fuit valdè quòd admiraremur,
quod autem displiceret, non fuit. In eodem autem sensu jamdudùm communi filio
nostro Anatolio diacono plurima rescri-
pseram. Ità autem doctrina vestra per omnia Latinis Patribus concordavit, ut mirum
mihi non esse quòd in diversis linguis spiritus non fuit diversus, &c.] Id quidem sensisse S. Augustinum ostendit, & veritatem
adversus eosdem hæreticos ex aliis divinæ
Scripturæ locis docet. De iisdem alio quoque nomine nuncupatis hæc Joannes Da-
c Joan.Da- mascenus (c): Agnoitæ, qui iidem The-
masc. de mistiani vocantur, impiè & improbè Chri-
hæres. stum diem judicii ignorare, palàm docent,
De The- eumque ignaviæ, & timiditatis arguunt.
mistianis Hi sunt quidem ex secta Theodosianorum:
hæreticis. Themistius enim, qui ejusdem sectæ ac di-
c sciplinæ princeps fuit, unam in Christo
naturam conjunctam fuisse tradidit.] Hæc
de propagine Theodosianorum Themistia-
nis Damascenus.

LXXVII. Ita quidem Severiani omnes isti profes-
Acephalo- sione, hostesque Concilii Chalcedonen-
rum capita sis, inter se plures more hæreticorum pu-
multa. gnarunt; ut planè acciderit hoc veluti
portento quodam, ut bellua sine capite
(ita Acephalorum hæresis appellata) eadem pluribus prodierit armata capitibus
inter se pugnantibus; nàm ex eis primum
eminuit caput Severus, ex quo denominati sunt Severiani; ex hoc verò plura alia
capita pullularunt, nempe Gajanus, ex
quo Gajanitæ; Theodosius, ex quo Theodosiani; Jacobus, ex quo Jacobitæ; Themistius, ex quo Themistiani: numerat adhuc aliud caput Joannes Damascenus, nempè Barsanium, ex quo Barsaniani, sive Se-
midalitæ, de quibus ait: Hi cum omnia
Gajanorum, & Theodosianorum decreta
defendant, aliquid tamen præterea addiderunt de suo, symbolis Dioscori relictis,
ut à reliquis Dioscori sectatoribus nosce-
rentur.] Adversus has pessimas Severi pro-
d Euthym. pagines Euthymius (d) disputat, idemque
Panopl. tit. testatur adversus Theodosianos Anastasium
16. 17. Sinaitam scripta edidisse.
LXXVIII. Fuit & præ potens illud etiam ex Acephalis caput exortum, quod ita in eorumdem corpore, qui cum Eutychianis atque
Severianis unam tantùm faterentur in Christo naturam, prominebat, ut tamen se cæteris capitibus adversarium exhiberet, mor-

A sibusque depasceret ea: etenim fuit qui adversùs ejusmodi fæces hæreticorum stans ex
adverso Joannes Philoponus ita pugnarit,
ut tamen in hæreses ipse æquè prolapsus Leont.de
ruerit; de quo primùm ista Leontius (e) e Hoc eodem tempore, adhùc degente Theo- sect.Act.5.
dosio Byzantii, denuò motum fuit dogma
Tritheitarum, cujus sectæ princeps Philoponus fuit. Quoniam enim obiiciebat
Ecclesiæ, si duas in Christo naturas diceret, necessariò esse duas hypostases confes-
suram. Respondebat Ecclesia: Si natura,
& hypostasis idem sint, necessarium quaque fatendum individuam; sin aliud natu-
B ra, & aliud hypostasie, quænam illa sor-
titio fuerit, ut naturas duas statuentes,
omninò duas quoque confiteamur hypostases? &c.] Pluribus ipse invicem adversantia altercationum argumenta retexens,
ita planè Philoponum ad oppugnandam veritatem Catholicæ fidei ex deliramentis hæreticorum mutuatum esse arma demonstrat.
Sed & adhùc ab eodem Joanne Philopono
quæ habet Svidas, videamus; sunt enim
hæc ejus verba;

Joannes Grammaticus Alexandrinus, co- LXXIX.
gnomento Philoponus, plurima scripsit De Joann.
grammatica, philosophica, arithmetica, Gramma-
C rhetorica, sacras quoque litteras tractavit, tico-dicto
scripsit contra decem & octo Procli ar- Philopono
gumenta & contra Severum; sed tamen ab
Ecclesiæ doctoribus, ut Tritheites, ut qui
tres deos asserat, reiicitur, & in Orthodoxorum catalogo non admittitur.] Ista
de Philopono Svidas. Quod verò pertinet
ad ejus scripta adversùs Proclum Lycium,
magnam quidem sibi ex eo laudem conciliavit, quòd adversùs impium hominem,
qui scripserat instar Porphyrii contrà religionem Christianam, stylum exercuisset;
D Svidas enim hæc ait, dùm de Proclo agit;
Hic est Proclus ille, qui alter à Porphy-
rio impuram linguam, & contumeliosam
contra Christianos exercuit; sed Joannes
Philoponus præclarissimè ejus propositiones refutavit, eumque in Græcis etiam,
quibus efferebatur, rudem atque indo-
ctum esse ostendit.] Hæc Svidas de libris Procli atque redargutione Philoponi,
ex qua sibi eximiam (ut diximus) gloriam
comparavit; sed evanescens in cogitationibus suis, non Gentilium dumtaxat atque
hæreticorum, verùm Orthodoxorum dogmata confutare aggressus est.

Porrò delirans Philoponus indignus fa- LXXX.
ctus est, qui non solùm inter Ecclesiæ ma- Philoponi
E gistros adnumerari meruerit, sed neque errores.
inter Christianos adscribi. Etenim & de
eo scribit Photius in Bibliotheca, ab eodem impio elaboratum fuisse commentarium adversùs resurrectionem mortuorum,
quo & Christianos irrisit: adversùs quem
tradit scripsisse Theodosium monachum,
item & Cononem, Evagrium, atque The-
mistium, licèt omnes hi hæretici fuerint
non assentientes Concilio Chalcedonensi.
Auctor est idem Photius scripsisse eumdem
Joannem Philoponum in Hexameron opus
adversùs Theodorum Mopsvestenum, qui
in

sa eodem argumento versatus fuerat. Et rursùs de eodem: Philoponus (inquit) homo insanus scripsit librum adversùs Quartam œcumenicam Synodum.] Idem quoque affirmat Photius, extare Acta disputationis Severianorum adversùs Tritheitas habita coràm Joanne Episcopo Constantinopolitano sub Justino Imperatore, Conone, & Evagrio altera ex parte adversùs Tritheitas, altera verò Paulo atque Stephano Tritheitis Philoponi defensoribus, impiis æquè omnibus. Hæc monstra his temporibus peperit Oriens inter se ipsa morsibus conflictantia, Theodora Augusta aspidum ova fovente.

LXXXI. At quomodò intelligendum sit, quod dictum est, Philoponum negasse resurrectionem mortuorum, erit ex Nicephoro declarandum: non enim an animas diceret sine corporibus cælesti gloria fruituras, sed eas aliis corporibus induendas, illis quidem ex nihilo creatis, quòd videlicet assereret corpora nostra corrumpi secundùm formam atque materiam. Hæc ipse Nicephorus (a) de Philoponi sententia pluribus: qui postquàm ait ipsum asseruisse materiam simul & formam corrumpi, hæc addit: Ad hæc consummationem, sive interitum visibilis hujus mundi, ac rursùs novi mundi creationem alteram asserit. Statuit etiam resurrectionem mortuorum esse, rationabilium videlicet animarum cum corruptibili corpore indissolubilem unionem. Quibus sententiis renitens Conon, ipsum juxtà & lucubrationes ejus (sicuti à me dicetur) rejecit, quamvis eas anteà receperit. Conon ipse corpora dixit non secundùm materiam, sed tantùm juxtà formam occidere, eaque denuò reformari, præstabiliorem speciem materia ipsa recipiente, &c.] Propagata quidem est Philoponi hæresis ex Origene accepta ad posteros, aq; imbutus Eutychius Constantinopolit. Episcopus confutatus est à S. Gregorio Papa tunc sanctæ Romanæ Ecclesiæ diacono, & Apocrisarium agente Constantinopoli, ut suo loco dicetur.

LXXXII. Quinam autem fuerint Philoponi hæresum confutatores, præter hæreticos illos superiùs nominatos, idem Nicephorus inferiùs docet his verbis (b): Cùm (inquit) plerique alii scriptis suis ea oppugnaverunt tùm Leontius monachus omnium maximè egregium librum triginta capitum contra illum conscripsit, quo simul, & hæresim eam prorsùs evertit, & piam nostram sententiam valdè confirmat: post hunc & admirabilis ille diaconus atq; referendarius Georgius Pisides æqualis sive coætaneus illius, quamvis ætate aliquantò junior, jambis pulcherrimis, quos scribere consueverat.] Confutavit scilicet, & in eo præsertim, quòd licèt Philoponus consentiret Catholicis, duas esse in Christo naturas, alteram divinam, humanam alteram; erraret tamen, cum adderet, facta unione, non ampliùs duas, sed unam tantùm compositam esse naturas: ex quo Monophysitarum hæresis pullulavit, & Monothe-

Annal. Eccl. Tom. VII.

litæ progressi sunt. Hunc igitur confutaturus Georgius Pisides, rem seriam ludicro temperando, ad hunc modum absurditatem illius refert (c):

Ἰαστίζεται θᾶττον μίαν τε καὶ μίας.
εἰ γὰρ μίαν τε καὶ μίας μίγμα μίαν,
γέλως τὸ λεχθὲν γίγνεται καὶ παίδιον.] Hoc est Unam atque mox unam lapillo computat: At unam & unam forte si unam dixeris, Pueri vel ipsi tale dictum riserint.]
Subdit Nicephorus: Quod autem versiculis his expressit, sic habet: Proaiteris (inquit) Philopono philosophorum omnium laboriosissime & sapientissime, duas naturas in Christo unitas esse, unam divinitatis, & unam humanitatis. Si ergò duas naturas dicis in eo convenisse, quomodò duas in unam rursùm contrahis? una namquè, & una, duæ sunt, non una, &c.]

Rursùs autem adversùs hujuscemodi hæreticos ex Severo descendentes, præter eos quos recensuimus, addit Photius in Bibliotheca sua, Ephræm Episcopum Theopolitanum, Antiochenum scilicet, egregium commentarium conscripsisse, quo perstringit Severianum hominem Jacobum, quem diximus, à quo sunt Jacobitæ denominati, ibiq; adversùs Baradatum, Eutychetem, & alios Trisagitas, in quo quidem commentario ait explicatum esse Athanasii locum, ubi naturam & hypostasin idem esse visus est aliquibus affirmare. De eodem quoq; Ephræm addit Photius, commentarium elucubrasse adversùs eos qui verba sancti Cyrilli impugnabant, quo & hæresim Severi apertissimè confutavit: addidisse his adhùc tractationem adversùs Anatolium Sebastenum, atq; insuper disertam apologiam pro sacrosancto Chalcedonensi Concilio.

Quod verò pertinet ad Jacobum, quem (ut ait Photius) Ephræm Antiochenus Episcopus suis scriptis exagitavit; ista de eo Nicephorus habet (d): Jacobus porrò, à quo nùnc quoque Jacobitarum hæresis denominata celebratur, Syrus genere fuit, obscurus prorsùs, & nulla gloria vir, qui etiam Zanzalus propter summam tenuitatem est cognominatus. Hic Eutychetis, & Dioscori, Cnapheique præterea Petri atque Severi dogmate recepto, magnopere id apud Syros propagare studuit.] Nempe Monophysitarum atque Theopaschitarum dogmata. Et inferiùs: Enim verò eo quem diximus Jacobo Monophysitarum opinionem apud Syros prædicante, magnum exortum est dissidium. Nàm qui rectæ opinioni adhæserunt, Melchitæ appellati sunt, quòd sanctam Quartam Synodum & Imperatorem ipsum (Melchi enim Syris Rex est) consectarentur. Qui autem diversum senserunt, multa variaque habuere nomina: Jacobitæ tamen maximè sunt cognominati, propterea quòd ei quem dixi Monophysitarum hæresis studioso Jacobo adhærerent. Qui etiam anathemati traditi sunt, ut Monophysitæ scilicet, & Theopaschitæ.] Ac rursùm (e):

Jacobus autem Armeniorum quóque sectæ dux fuit. Ea sane hæresis multiplex est,

c Niceph l.18.c.48.

LXXXIII. Ephræm Episc. Antioch. scripta.

LXXXIV. De Jacobo à quo Jacobitæ. d Niceph. l.18.c.52.

e Niceph. l.18.c.53. LXXXV.

T 2 est,

Jacobus est, & ut quispiam dicat, hæresum omnium auctor he-nium confluens sentina. Nam cum Ario resum Ar-aberrant in eo, quòd Deum Verbum natu-meniorum. ram mutationi obnoxiam habentem, carnem anima carentem assumpsisse dicunt: Cũ Apollinari autem, quòd corpus Domini mentem non habere, eique divinam natu-ram sufficere, mentisque vim operatricem perficere dicunt: atq; hæreticis multis lau-datis, depravatas ipsorum opiniones sibi ipsis arrogant. Magistri horum illi, quos diximus, fuere post Jacobum & Euchanius & Mandaeones. Et quandoque illi Deum Verbum incorruptibile & increatum & cæ-leste & à perpessione alienum, & subtile, nobisque non consubstantiale corpus cepis. se, atque ea quæ carnis sunt, nobis in spe-cie tantum spectri more exhibuisse, exocu-tumque esse opinantur: quandoque autem carnem ejus in naturam deitatis conversam, eique consubstantialem factam esse dicunt.

LXXXVI. Multoties verò etiam Deum Verbum hu-Errores manum ex Virgine corpus assumpsisse ne-alii Jaco-gant, sed ipsum immutabili modo mutu-bitarum. tum & carnem factum, transitum tantùm per Virginem fecisse: & cruci divinitatem, quæ circumscribi & definiri nequeat, Uni-geniti affixam, eademque sepulchro tra-ditam asseverant. Atque fidem etiam nati-vitati Christi secundùm carnem derogantes, & eam in speciem tantùm, phantasmatis in-star factam esse dicentes; & non sicut nos per intervalla particulatim sed ad quindeci-mum Januarii mensis diem tempus exten-dentes, Annunciationem simùl & Nativi-tatem, & Baptismum Christi celebrant. Quinetiam multa, divini Evangelii dicta, suam ipsorum opinionem astruere conan-tes, tollunt atque inducunt; ac veluti Mo-nophysitarum & Theopaschitarum & Aph-thartodocitarum & Monothelitarum hære-sum hæreditate creverint, Cnaphei Petri ac-cessionem per sancto hymno annexam valdè complectuntur.] Hæc de Armeniorum di-cta hæresi, à Jacobo post Severum origi-nem hoc ipso tempore ducente: quod osten-dimus, dùm adversus eumdem Jacobum ex Photio vidimus scripsisse Ephræm Episco-pum Antiochenum, qui hoc tempore illi præerat Ecclesiæ: unde nihil est, ut ad po-steriora quis tempora illam referat.

LXXXVII. En in quos vepres atque dumeta, invia Hæretico-loca, scabra, abditósque recessus per rupes rum con-& præcipitia, præruptaque scopula, imma-ditio. nium ferarum latibula incurrerint à recto fidei tramite aberrantes humanæ mentes! Eu quomodò monstrum monstro junctum concipiat, pariatque horrenda spectra atq; deformia simulacra! Ut ex his ipsis pru-dens quisque intelligere valeat (secundùm a Job. 38. illud Job (a)) ubi lux habitet, & tene-brarum quis locus sit, ut quisq; ducat unum-quodque ad terminum suum, & intelligat semitas domus ejus; cognoscat scilicèt, ubi sit fides Catholica, ubi verò hæreses habi-tent. At non hìc finis portentorum; alia adhùc prodierunt ex cornuta bestia capita, ut longè ista superet tricipitia conficta à Gentilibus monstra, vel septem capitum

hydram: præter enim eas superiùs recensi-tas ex Severo progenitas hæreses, adeam-dem pertinere tradit Nicephorus. (b) Cru-b Niceph. cohabditas à loco quodam ita denominatos l.18.c.49. hæreticos; Angelitas etiam & Damianistas ità dictos ab Episcopis, & locis iisdem no-minibus appellatis: nam Angelitas ab Ale-xandriæ loco, cui nomen erat Angelii dictos tradit: quibus præterea addit & Te-traditas, Petritas, atque Paulitas, quo-rum alii Petrum, alii Paulum Severianos, sed ab invicem dissidentes confectebant-tur.

Gignebantur hæc monstra potissimùm in LXXXVIII. Ægypto, quæ mox post ortum in se ipsa ungulas convertebant & dentes: nut pla-nè acciderit Ægyptiis secundùm illud Pro-pheticum (c) : Concurrere faciam Ægy- c Isai. 19. ptios adversùs Ægyptios, & pugnabit, vir contra fratrem suum, & vir contra ami-cum suum, civitas adversùs civitatem, & regnum adversùs regnum: & dirumpetur spiritus Ægypti in visceribus ejus, & con-silium ejus præcipitabo: & interrogabunt simulacra sua & divinos suos & pythones & arioles. Donec tot scelera consecuta est quæ subditur ultio: Et tradam Ægyptum in ma-nus dominorum crudelium, & Rex fortis dominabitur eorum, ait Dominus Deus exer-cituum. Ad hæc planè hæreses deducunt populos, ut post abominationes secum ve-hant servitutem atque desolationem, quam cunctis manifestam ob oculos positam, tàm in Ægypto, quàm in aliis Orbis regioni-bus à Catholica fide refugis, nemo non vi-det. At de Acephalorum capitibus multi-plicibus hactenus.

Jàm verò ad Anthimum Constantinopo- LXXXIX. litanum Episcopum hæreticum subrogatum Anthimus hoc anno in locum Epiphanii ab impia studet vi-Theodora Augusta redeamus. Ità se com- deri Ca-paravit vulpis ista, Anthimus inquam, ut tholicus. cum nefandus hæreticus esset, studeret ta-men in omnibus apparere Catholicus, pro-bans Chalcedonense Concilium, & reli-qua quæ veri Orthodoxi probarent: Sed & adiecit, quòd cum de ejus hæresi sparsus rumor esset, sese homo callidus perpurga-vit, dùm coram ipso Justiniano Imperat. disertis verbis professus est, se in omnibus assensurũ iis quæ Apostolica sedes sentienda præscriberet: hoc enim nullum evidentius signum edi posse videbatur, quàm si secu-turum polliceretur, quicquid Ecclesia Ro-mana credendum ostenderet; cui assentiri, sit se Catholicum demonstrare! Sed accipe cuncta hæc intexta in ipsius Anthimi dam-nationis sententia à Quinta Synodo pro- d Quint. mulgata verbis istis (d) : Synod. Act. 4.

Cumque sic obtinere potuerit magnum XC. Pontificium Anthimus, quemadmodùm di- Subdoli ctum est: paulatim putavit oportere depa- conatus scere sanctissimas Dei Ecclesias tali morbo, Anthimi. & contrarium quàm divinæ voces dicant, pro congregando rationabiles oves Dei ovilis divisione excogitabat adversùs om-nes (ut ita dicam) Ecclesias, ut pericli-tando unionem sanctissimarum Ecclesiarum tantis piissimi Imperatoris nostri laboribus refor-

reformatam in multas diviſiones ſcindéret:
Denique paulatim hanc corruptionem ſi-
gnificabat, ſimulans quidem ſuſcipere ſanctas Synodos, Nicænam dicimus contrà
impium Arium, Conſtantinopolitanam
contrà impium Macedonium, & Epheſinam primam contrà impium Neſtorium,
ac Chalcedonenſem contrà impium Eutychetem, ſaltèm ipſas habens in ſacris Diptychis; ſed cum inſerta ipſis Synodis eſſet ſancta memoria beatiſſimi Leonis Papæ, nullo tamen tempore aliter vel percipit, vel participat ſanctiſſimis Dei myſteriis, nec celebrationem ipſorum prædicat ne in hac quidem ſanctiſſima Dei Eccleſia, reſiliens univerſaliter à rectis ipſorum confeſſionibus, & neque magnorum
Pontificum, neque venerabilium Priorum,
qui pro talibus reſpiciunt, & omninò tolerat, aut aliquam defenſionem dat.] Et
paulò poſt: In talibus enim cum ſe ipſum
magnus Imperator diſpoſuerit, ad memoriamque ſibi revocaverit ſententiam Principis Apoſtolorum, qua dicit (a), para-
a 1.Petr.1. tos nos ſemper eſſe oportet ad reſpondendum omni potenti rationem de ea quæ in
nobis eſt ſpe: nihil plus juvit, ſed ad ejus
ſerenitatem deceptibilibus rationibus uſus,
promiſit ſe omnia facere, quæcumq; Summus Pontifex magnæ ſedis Apoſtolicæ decerneret; & ad ſanctiſſimos Patriarchas
ſcripſit, ſe ſequi per omnia Apoſtolicam
ſedem.] Hucuſquè de primordiis Anthimi captioſi, formam ad tempus induentis
Præſulis Orthodoxi.

XCI. Hæc cum ita ſe habuerint, non vacat
Spuria ep. impoſturæ ſuſpicione epiſtola illa nomine
nomine A- Agapeti Papæ vulgata ad Anthimum in-
gapeti Pap. ſcripta, qua erroris hæreſis Eutychianæ
ipſum redarguit: etenim hæc ſimulata ab
Anthimo, nequaquàm detecta atque damnata fuere, antequàm ſequenti anno (ut
dicetur) ſe contulit ipſe Pontifex Conſtantinopolim: interea autem quaſi profeſſor
fidei Catholicæ & communicator Apoſtolicæ ſedis eſt habitus, idem Anthimus ex ſua
ipſius (ut dictum eſt) publica profeſſione,
qua ſe cuncta recipere, quæ Summus Pontifex credenda præſcriberet, publicè ob
omnium oculos, coràmque ipſo Juſtiniano
Imp. teſtatus eſt. Sed & ex falſa omninò Cõ-
ſulum nota Juſtiniani quartùm cum Theodato, ſeu potiùs Theodoro collega, detegitur impoſtura: cum data ipſa epiſtola reperiatur anno ſuperiori Kal. Maii: nàm
ex his quæ ſuperiùs dicta ſunt, certum eſt,
tùnc non Agapetum, ſed Joannem ejus præ-
deceſſorem ſediſſe in hunc uſq; annum Romanum Pontificem. Sed & multo diverſùs
ſtylus ab aliis Agapeti epiſtolis, alterius
eſſe ſobolem parentis, ſatis indicat. Neq;
enim quicquam conqueſtus fuerat Juſtinianus Imperator apud Agapetum de Anthimo, ſed tantummodò de Cyro & ſectatori-
bus ejus. At de rebus Agapeti, & Anthimi
ſequenti anno fuſiùs agendum erit.

XCII. ∴ Quæ verò ſunt reliqua ejuſdem Agapeti
hoc anno rerum ab ipſo Romæ geſtarum,
ſeu potiùs quæ agenda conceperat animo,

perſeciſſetque niſi bellico tumultu impedi- A
tus fuiſſet, nempe de publicis Romæ ſa- b Caſſiod.
cræ Theologiæ ſcholis erigendis, Caſſio- in præfa. li.
dorus narrat, his verbis (b): Niſus ego
cum beatiſſimo Agapeto * urbis Romæ, * Pontifice
ut ſicut apud Alexandrinam multo tempo- divin.lect.
re fuiſſe traditur inſtitutum, nùnc etiam De ſcholis
in Niſibi civitate Syrorum Hebræis ſedulò in Urbe.
fertur exponi, divina Scriptura ſcilicet, aperiendis
collatis expenſis in urbe Romana profeſſos
doctores ſcholæ potiùs acciperent Chriſtia- B
næ, unde anima ſuſciperet æternam ſalutem, & caſto atque puriſſimo eloquio Fi- * res
delium lingua comeretur. Sed cum propter bella ferventia, & turbulenta nimis in
Italico regno certamina, deſiderium meum
nullatenus valuiſſet impleri: quoniam non
habet locum lex * pacis temporibus inquietis ; ad hoc divina charitate probor
eſſe compulſus, ut ad vicem magiſtri, in-
troductorios vobis libros iſtos, Domino
præſtante, confecerim, per quos (ſicut
æſtimo) & Scripturarum divinarum ſeries, C
& ſæcularium litterarum compendioſa no- c Liberat.
titia Domini munere panderetur.] Hæc diacon. in
de his Caſſiodorus in eo laborans, ne do- Brev.c.21.
cta Latinitas inter barbaricos vepres omninò ſilveſceret; Agapetumque tradens hoc
ipſum opuſſe de rebus Theologicis faciendum, utpote qui eſſet (ut ait Liberatus
diaconus (c) in Eccleſiaſticis rebus apprimè eruditus.

Sed ſicut admiratione, ità & obſerva- XCIII.
tione dignum, eſt conſiderare, non extiti-
ſe hactenùs Romæ, qui in ſcholis publi- Rom. Eccl.
cè ſacras litteras profiteretur: ut ex hoc doctrina ex
magis intelligas puritatem Apoſtolici fon- Apoſt. tra-
tis Romæ jugiter ſcaturientis, & in uni- ditionibus.
verſum Orbem aquas limpidas derivantis, D
cum non pro arbitrio differentium, verbiſ-
que pugnantium hominum (ut fiebat à Græcis, ob idque diverſis ſemper erroribus fa-
tigatis) ſacrà dogmata Romana Eccleſia
definiret ; ſed quæ ab Apoſtolis tradita
à majoribuſdeducta, à patribus ſervata accepiſſet, hæc ipſa, utpote ſacroſancta, univerſæ Eccleſiæ ſervanda atque inviolabili
lege cuſtodienda eadem Eccleſia Romana
præſcriberet: quam cæteris omnibus Orbis Eccleſiis diligentiorem fuiſſe Apoſto-
licarum inſtitutionum cuſtodem, cùm ex S. E
Irenæo, tùm ex aliis antiquis Patribus ſuperiùs abundè demonſtratum eſt. Quæ
enim olim ſub Gentilitatis infamis ipſa Roma antiquitatis amans, & cultrix in rebus
dubiis Sibyllinos libros conſulere jugiter
conſuevit: ubi ſepultis erroribus, particeps facta eſt veritatis, quas ab Apoſtolis
omnium præcipuas ſacras traditiones accepit; eaſdem fida cuſtodia conſervatas in rebus dubiis conſulere, & ex eis reſponſa dare quærentibus conſuevit ; cunctis veluti
divinum oraculum accipientibus, quæ ſcirent nonniſi ex Apoſtolico fonte manare.

At verò ne videretur Apoſtolica ſedes XCIV.
Apoſtolicis innixa traditionibus repuliſſe Qua occa-
ſcientiam, & examina declinaſſe atque re- ſione in-
fugiſſe diſcuſſiones, quaſi verita ne conſta- troducta
rent, quæ ſimpliciter ſervanda proponeret: ſcholæ
T 3 eadem Theolog.

eadem ipsa postea quæ docuisset, in scholis disserenda, & quæstionibus ventilanda proposuit (uti de auro obriso fieri solet, quod Lydio probandum lapide unicuique ubique & semper libenter offertur) occasione præsertim hæreticorum, quæ pura sunt atque sincera, esse adulterina clamantium. Fuit enim quondam tempus (inquit Gregorius

Greg. Na. zian. orat. in laud. A. than.

Nazianzenus (a) cum res nostræ florerent, ac præclare se haberent, cum nimirum superflua hæc & verborum lepore atque arte fucata tractandæ Theologiæ ratio ad divinas causas ne aditum quidem habebat: verum idem erat calculis ludere inversione celeritate aspectum fallentibus. & omnigenis & lascivis corporis flexibus spectatores ludificare, quod novi quippiam ac curiose de Deo vel dicere, vel audire. Simplex è contra ingenuaque oratio atque doctrina pietas existimabatur. At posteaquam Sexti & Pyrrhonies, & contradicendi libidine incitata lingua velut gravis quidam ac malignus morbus in Ecclesias nostras

b AEt. 17.

infeliciter irrepsit ; quodque Actorum liber de Atheniensibus narrat (b), ad nihil aliud vacamus, quàm ad novi aliquid dicendum vel audiendum.] Tunc namque opus fuit Ecclesiæ Catholicæ tractatoribus, ne quasi infirmi ipsi viderentur in hac parte

c 2.Cor. 11.

(c), adversùs moles librorum obloquentium detrahentium in fidem Catholicam hæreticorum, cuncta quæ sunt fidei Christianæ adversùs eosdem differendo tractare, omnique genere argumentorum vera certaque firma atque solida demonstrare. Sed ad scholas Orientis revocemus orationem.

XCV.
De scholis Nisibitis.

De scholis autem Nisibitis, quarum meminit Cassiodorus, est mentio etiam apud Junilium Africanum Episcopum, in libro ad Primasium fungentem his fermè temporibus Constantinopoli, ubi ait : Dùm te inter alios reverendissimos coepiscopos tuos usque Constantinopolim peregrinæ provinciæ coegisset utilitas, ex civitatis affectu in notitiam colloquiumque pervenimus. Tu autem more tuo nihil antè quæsisti, quàm si quis esset inter Grecos qui divinorum librorum studio intelligentiaque flagraret. Ad hæc ego respondi, vidisse me quendam Paulum nomine, persam genere, qui in Syrorum schola in Nisibi urbe est edoctus, ubi divina lex per magistros publicos, sicut apud nos in mundanis studiis grammatica, & rethorica, ordine ac regulariter traditur, &c. Subiicit his regulas aliquot ab eodem Paulo acceptas, consecitque ex eis librum illum de Partibus divinæ legis inscriptum.

XCVI.
Belli Gothici tempus.

Sed quinam fuerint bellici tumultus, quibus (ut vidimus ex Cassiodoro) hoc anno flagrare Italia cœpit, jàm dicamus. Fuit id bellum Gothicum, hoc anno (ut hujus anni exordio dictum) ab Imperatore Justiniano cœptum, cum videlicet idem Augustus annum nonum Imperii inchoaret.

d Procop. de bello Goth. lib. 1.

De quo Procopius (d): Imperator ubi jàm didicisset, quemadmodum cum Amalasuntha actum fuisset, confestim se ad bellum

parabat annos novenas potitus Imperio. Felicique progressu per Mundum Præfectum Illyrici Dalmatiam Gothis subjectam invadentem, Salonam urbem expugnasse tradit: sed & per Belisarium Siciliam tentasse, eademque potitum esse affirmat: huicque uni Belisario accidisse, ut triumpho auspicatus Consulatum, eumdem triumphans pariter deposuerit, aperiens & claudens annum quàm felicissimè.

Subdit de eo ista Procopius: Cum Belisario itaque acto, quàm dici queat, longè felicius: quippe qui Vvandalis recens devictis, Consulatus dignitate accepta, cum eo adhùc munere fungeretur, Siciliam insuper in potestatem redacta, postrema Consulatus die Syracusas ingressus, plausu ingenti exceptus, aureorum numismatum vim magnam circumfusam jactavit in turbam ; nec sanè id ex industria factum, sed forte quadam Belisario omine contigit, qui universam Siciliæ insulam Romanis recuperasset, ea ut die Syracusas eveheretur ; qua & ei Consulatus finiretur, susceptum anteà munus.] Hucusquè Procopius. Quæ hæc secuta sunt, sequenti anno magis opportunè dicentur.

XCVII.
Felicitas Belisarii.

Ad invadendam autem Italiam, quàm forti robore Gothi tenebant, visum est Justiniano Imperatori Francos sibi fœdere conjugere ; ex pietate potissimùm ad eos adversùs Gothos permovendos argumenta deducens: quòd enim sciret Francos Catholicæ fidei studiosissimos, facilè ipsis suasit ut bellum Gothis inferrent, quos constabat esse Orthodoxæ fidei perduelles, utpote impios Arianos. De his enim ista

XCVIII.

Procopius habet (e): Litteras deindè ad Francos Justinianus in hanc sententiam misit.

e Procop. de bello Goth. lib. 1.

Nostræ ditionis Italiam per vim Gothi ceperunt, nec solùm restituere hanc nobis haud quaquam decernunt, sed injuria insuper nos afficere nec toleranda quidem nec mediocri. Quocircà exercitus adversùs hos mittere cogimus. Vos verò, par fuerit nobis hoc bello ut auxilio sitis, quod utique utrisque nostrum commune rectior illa ac vera de Deo opinio facit, in Gothosque odium, ut Arianorum errores reiicientibus detestandos.] Hactenùs litteræ. Subdit verò Procopius: His litteris Imperator præscriptis, & Francorum Principibus magna pecunia condonatis, majorem se pollicetur daturum, ubi bellando rem gesserint. Franci verò pacto illecti, bellum se promptiùs gesturos promittunt.] Hæc ipse cætera autem inferiùs suis locis.

XCIX.
Franci adversùs Gothos vocantur.

Ità prosperè cuncta cedunt Imperatori (quod sæpe ingerendum est) dùm perindè atque omni feriatus bello, in summo otio, tranquillaque pace dies duceret, nihil insuper præterea curasse (ut diximus) visus est, nisi ut novis semper iteratis legibus Catholicæ veritati benè consultum esset, & quàm justissimè per provinciarum Præsides universum administraretur Imperium; & succrescentes diversis ex causis pravos mores legum falce succideret. Id quidem indicant

C.
Optim. legib. Justinian. vincit hostes.

dicant multiplices sanctiones sub diversis
titulis collocatæ, ab eodem Imperatore hoc
anno editæ, nempè sub Consulatu Flavii
Belisarii ; sed in nonnullis earum errore puto librariorum illapsum, ut loco *V. C. Cons.*
quod est, *Vir clarissimo Cons.* putaverit imperitus scriptor per illa elementa significari, *Vicariam præfecturam* ; atque loco *V. C.
Cons.* scripserit *Vice Consule* . Quod mendum minimè emendatum à tot clarissimis
Jureconsultis, mirati sumus. Sic igitur cum
in expeditione esset exercitus , erat ipse totus Imperator in legibus sanciendis : probè-
que sciens leges etiam ipsas potentissima esse ad hostes vincendos arma, id in Institutionum exordio hac ipsa voluit sententia
declaratum : *Imperatoriam majestatem non
solùm armis decoratam, sed etiam legibus
oportet esse armatam.* Ità quidem armatam
legibus dixit : quod scilicet intelligeret ad
hostes superandos præstare leges armis,
quæ prorsùs obtusa atque inutil:a omninò
reddantur , cùm injustitia viget , pravique
mores insurgunt , & inulta scelera dominantur.

Porrò de Sicilia hoc anno Romano Imperio è Gothorum manibus vindicata mentionem habet idem Imperator in Novella
constitutione hoc anno sub eodem Consulatu Belisarii data ad Joannem Præf. Præt.
de Proconsule Cappadociæ ; ubi in fine &
quam de Deo fiduciam conceperit ad ea
quæ reliqua essent prælia, notum facit, cùm
ait , (*a*) : Quæ res summo à nobis studio
habita effecit , ut magnas etiam opes des-
pexerimus , quamquàm in tot sumptibus &
magnis bellis ; per quæ Deus nobis dedit
ut non solùm pacem ad finem de iuxerimus ,
& Vvandalos, Alanos, Mauritanos sube-
gerimus , & totam Africam , insuper & Siciliam recuperaverimus; sed & bonam spem
habeamus , quod Deus nobis annuet, ut &
cæteras gentes, quas socordia sua Romani
amiserunt , cum utriusque Oceani terminos
tenerent , iterùm ditioni nostræ adjunga-
mus, quas nos divino freti auxilio ad meliorem statum redigere properamus . Neque quicquam detrectamus eorum , quæ ad
extremam pertingunt difficultatem, vigiliis
simul & inediis , cæterisque laboribus jugiter pro subditis nostris, ultrà quàm humanæ naturæ modus patiatur, utentes .] Hæc
& alia ipse ibi hoc anno. Redacta verò sub
Imperio Sicilia insula, eam Prætori more
majorum Justinianus tradidit gubernandam

*b Novel.
75. & 104.* (*b*).

CII. At quid exsolvit pro tot à Deo acceptis
Purgat.or- beneficiis Imperator? Illud quod maximè
bem ab im- ipsi Divinitati gratum esse sentiret, nempè
munditiis ut ab omni turpitudine emundaret (quan-
Imp. tùm fas esset) Imperii primariam civitatem & omnes provincias Romano Imperio
subjectas ; in primis verò, eas quas Deus
ipsi recèns subegerat nationes , quas omnes cœno putentis luxuriæ expurgaret, ex-
hauriens omnium lenonum cloacas , in quas
undique inferrentur vermibus insumenda
cadavera , Novella edita sanctione , quæ
veluti scopa verreret collectas undique sor-

---

des. Ad finem enim anni hujus , ubi acceptorum in eo à Deo beneficiorum recensuit
rationem , adversùs omnes lenonum turpitudines Deo invisas ad Constantinopolitanos cives inscriptam sanctionem promul-
gandam curavit ; nec ipsi id satis , sed & addidit , ut amplissimum monasterium ædificaret ad recipiendas miseras prostitutas
ab ipsis fœminas , quæ resipiscentes Deo
vellent jugi pœnitentia deservire . Tantas
autem res Christianissimo Principe dignas
haud compendiosa narratione angustandas
esse existimamus ; sed in primis ipsam
adversùs lenones editam ab eo sanctionem , ob exactam rerum cognitionem ,
quò magis ejusdem Imperatoris pietas elu- *c Novel.
cescat , & animi puricandor appareat, hic 14 & Au-
describendam putavimus; sic enim se ha- th de lenon.
bet (*c*): col. 2 tit. 1.

Et antiquis legibus & dudùm imperanti- CIII.
bus satis odibile visum est lenonum nomen Justiniani
& causa, in tantùm ut etiam plurimæ contrà adversùs
talia delinquentes scriberentur leges. Nos lenones
autem & dudùm posita contrà eos , qui sic sanctio.
impiè agunt , supplicia auximus , & si quid
relictum est à nostris prædecessoribus, etiam hoc per alias correximus leges : & su-
pèr interpellatione nobis facta rerum im-
piarum pro talibus negotiis * in hac maxi- * sequitiis
mè civitate commissis , causam non despe-
ximus . Agnovimus autem quosdam vivere
quidem illicitè , ex causis autem crudelibus
& odiosis occasionem sibimet nefandorum
invenire lucrorum ; & circumire provincias
& loca plurima , & juvenculas miserandas
decipere , promittentes calciamenta & vestimenta quædam , & his venari eas , & deducere ad hanc felicissimam civitatem , &
habere constitutas in suis habitationibus , &
cibum eis miserandum dare & vestem , &
deinceps tradere ad luxuriam eas volentibus , & omnem quæstum miserabilem ex
corpore earum accedentem ipsos accipere ,
& celebrare conscriptiones , quia usque ad
tempus , quod eis placuerit , observabunt
impiam hanc & sceleitam functionem implentes . Quasdam verò, earum etiam fi-
dejussores expetere , & in tantùn procedere illicitam actionem , ut in omni penè hac
regia civitate , & transmarinis ejus locis ,
& (quod deterius est) juxtà sanctissima loca & venerabiles domos sint tales habitationes ; & causæ sic impiæ & iniquæ sub nostris temporibus præsumantur : ita ut etiam quosdam miserantes earum , & abducere à tali operatione crebrò volentes , &
ad legitimum deducere matrimonium, non
sinerent.

Alias autem sic scelestos existere , ut CIV.
puellas nec decimum à gentes annum ad
periculosam deponerent corruptionem , &
quosdam aurum dantes non parvum , vix
indè redemisse miseras, & nuptiis copu-
lasse castis. Esse etiam decies mille modos,
quos nullus prævaleret sermo comprehendere , cum ad infinitam crudelitatem
deductum sit tale malum : ita ut primùm
quidem in ultimis partibus civitatis esset , nùnc autem & ipsa , & quæ circa eam
sunt.

---

*a Novel.
30.*
Nititur di-
vino auxi-
lio Justi-
nianus.

funt, omnia talium plena fint malorum . Hoc igitur dudùm aliquis nobis fecretè denunciavit: deindè etiam nuper magnificentiffimi Prætores à nobis talia inquirere præcepti, hæc eadem ad nos retulerunt; mòxque audivimus & judicavimus oportere Deo hujufmodi commendare caufam, & velociter liberare tali fcelere civitatem.

CV. Sancimus igitur, omnes quidem (fecundùm quod poffunt) caftitatem agere, quæ etiam fola Deo cum fiducia potis eft hominum animas præfentare. Quia verò plurima funt humana cum arte & dolo & neceffitate quaslibet talium ad luxuriam deduci; omnibus prohibemus modis & nulli fiduciam effe pafcere meretricem, & in domo habere mulieres, aut publicè proftituere ad luxuriam, & pro alio quodam negotio talia mercari, neque confcriptiones fuper hoc percipere, neque fidejuffores exigere, nec tale aliquid agere, quod cogat miferas & invitas fuam caftitatem confundere: nequè fperare quia licebit de cæterò eis vefium datione & ornamentorum forsàn aut alimenti decipere, ut etiam invitæ fuftineant. Non eis permittimus quicquam fieri tále, fed etiam nunc omnia talia breviter competenti cura difponimus, ftatuentes etiam reddi eis omnem quam contigerit cautionem occafione fceleris hujus exponi: & neque permittimus fceleftos lenones, fi quid dederunt eis, hoc ab eis auferre. Sed etiam ipfos lenones jubemus extrà hanc fieri feliciffimam civitatem, tamquam peftiferos & communes caftitatis vaftatores factos, & liberas ancillasque requirentes & deducentes ab hujufmodi neceffitatem, & decipientes & habentes educatas ad univerfam cohfufionem.

CVI. Præconizamus itaque, quia fi quis de cætero præfumpferit invitam puellam affumere & habere ad neceffitatem nutritam, & fornicationis fibi deferentem quæftum: hunc neceffe effe à fpectabilibus Prætoribus populi hujus feliciffimæ civitatis compræhenfum, omnia noviffima fuftinere fupplicia. Si enim pecuniariorum eos furtorum & latrociniorum emendatores elegimus; quomodò non multò magis caftitatis furtum & latrocinium eos coercere permittimus? Si quis autem patiatur in fua domo quemdam lenonem, & hujufmodi propofitum operationis habere, & hæc denunciata cognofcens, non etiam domo fua expulerit; fciat fe decem talium auri fuftinere pœnam, & circà ipfam periclitaturum, habitationem. Si quis autem confcriptionem de cæterò in talibus præfumpferit, aut fidejuforem acceperit; fciat nullam quidem fe utilitatem hujufmodi fidejuffionis aut confcriptionis habere. Etenim fidejuffor quidem obligatus non erit, confcriptio autem omninò invalida manebit, & ipfe (ficut prædiximus) corpore fupplicium fuftinebit, & à magna hac longiffimè civitate expelletur.

CVII. Mulieres itaque caftè quidem vivere volumus & oramus, non autem invitas ad luxuriofam vitam deduci, nec impiè agere

A cogi: omninè enim lenocinium fieri prohibemus & factum punimus, præcipuè quidem in hac feliciffima civitate & in ejus circuitu: nihilominùs autem & in locis forte pofitis omnibus, & quæ ab initio noftræ funt Reipublicæ, & quæ nùnc denuò à Domino Deo data funt nobis, & maximè in illis; eò quòd Dei dona quæ circa noftram fecit Rempublicam, volumus confervari pura ab omni tali neceffitate, & Domini Dei circà nos munere permanere dignat. Credimus enim in Domino Deo, étiam ex hoc noftro circa caftitatem ftudio magnum fieri noftræ Reipublicæ incrementum. Deo nobis omnia profpera per talia opera conferente.

B

Quatenùs ergò vos primi noftri cives cafta hac noftra fruamini difpofitione: proptereà hac facra prædicatione utimur, ut fciatis noftrum circà vos ftudium, circà caftitatem ac pietatem labore noftra per quos in omnibus bonis cuftodiri noftram Rempublicam fperamus. Scriptum exemplar gloriofiffimo Magiftro, mutatis ad hunc modum verbis.

Ut ergò omnibus hæc manifefta fiant in noftra habitantibus Republica, tua fublimitas hanc noftram fufcipiens facram legem in omni ditione præceptis propriis eam univerfis infinuet: ut non folùm in hac feliciffima civitate, fed & in provinciarum cuftodiatur locis, Domino omnium Deo pro alio quodam odore fuavitatis oblata. Data Kalendis Decembris Conftantinopoli, Belifario V. C. Confule.] Hactenùs conftitutio hoc anno data: fequenti verò poft Confulatum Belifarii addit aliam (a) adversùs eos qui juramentum exigerent à meretrice, quòd numquàm ab ea infami arte recederet.

CVIII.

CIX.

a Conft. 41. apud Julian. Antecef.

C

D

Adjecit his etiam Juftinianus Imperator maximè pius, quo verè Chriftianiffimi Imperatoris fpecimen edidit, ut miferabiles illas mulierculas proftitutas ita lenonum fubfidio deftitutas nequaquàm abiiceret, fed regia munificentia in regias exciperet domos, ubi eafdem alendas fpei expenfis curavit. De his enim ifta Procopius (b) dum ejufdem Imperatoris ædificia præclata recenfet: In oppofito littore olim Regiæ erant fpectatu dignæ: has Deo in hunc modum confecravit Juftinianus Imperator. Apud Byzantium conventus erat mulierum in lupanari Veneri fervientium, non quidem fpontè, fed urgenti paupertate; à lenone victum accipientes, cogebantur fubindè per fingulos dies corpora vulgare, & viris ignotis, quos cafus ferebat, admifceri. Olim enim hic erat lenonum copiofa familia, quippe qui ex libidinis officina lucrum aucupabantur, in foro publicè alienam pulchritudinem venditantes, & illaqueantes caftitatem, Rex autem Juftinianus & Theodora Regina invicem pietate moti, fceleftum lupanaris conventum expurgarunt, & ex puncto nominis nomine, mulieres paupertate oppreffas ab intemperantia fervili liberarunt, dato illis libero victu, & caftitate libera. Hæc igitur Rex adminì-

CX.

b Procop. de ædific. Juftinia. Imp. ora. 1.

E

Monaste-
rium di-
ctum, Pœ-
nitentia.

administravit in stola, quod in dextra-
ubertt ingredienti Eminam mare: priores
Regias in celebre monasterium comparavit, in receptaculum scilicet mulierum, quæ
propter vitam malè actam pœnitentiam a-
gunt. Quapropter hoc mulierum conven-
tientium, ob rei similitudinem, cognomi-
nabant, Pœnitentiam. Multis pecuniarum
proventibus Reges ipsi hoc monasterium
locupletarunt, multa præterea venustate &
sumptibus in primis excellentia ad consolan-
das mulieres ædificarunt, ne ad servanda castitatis munia quoquo modo segnio-
res fiant.] Hactenus de his Procopius, hicque finis dicendi de rebus ab Imperatore gestis post Siciliam vendicatam. Qui igitur
erepta à barbaris accepit à Deo regna, ati-
quam ex parte salutem vicem pendens, ipse
erutus à diaboli tyrannide Christianas fœminas in Regiis collocavit.

CXI.

Jàm verò quæ reliqua sunt Agapeti Papæ
anni hujus videamus: accepimus ab Ecclesia Arelatensi duas ejus epistolas ad S. Cæsarium Episcopum Arelatensem, priorem
quidem de non alienandis bonis Ecclesiasticis, posteriorem verò de appellatione Contumeliosi Episcopi ad Apostolicam sedem:
datas ambas hoc anno, nempe post Consulatum Paulini, quarum prior sic se habet:

CXII.
* adeò

Dilectissimo fratri Cæsario Agapetus.
Tanta est, Deo propitio, & à Deo * li-
bentissime concedenda quæ alimoniis pro-
ficiunt pauperum, & circa tuæ fraternitatis
affectum nostra devotio, ut onerosum nobis nullatenùs esse judicemus, quòd annui
vestris desideriis postulatis: sed revocant
nos veneranda Patrum manifestissima constituta, quibus specialiter prohibentur prædia juris Ecclesiæ, cui nos omnipotens Dominus præesse constituit, quolibet titulo ad
aliena jura transferre. Quam rem vestræ
quoque sapientiæ credimus esse gratissimam
quòd in nullo contra priscæ definitionis
constituta vel regulas pro qualibet occasione, vel tuæ cujuscumque personæ respectu
venire præsumimus; ne tenacitatis studio,
aut sæcularis utilitatis, causa hæc facere
nos credatis. Sed divini consideratione judicii necesse nobis est, quicquid sancta Synodalis decrevit auctoritas, inviolabiliter
custodire. Quod ut charitati tuæ indubitabiliter elucescat, ad locum de hoc articulo ex constitutis Patrum relevari
quæ cum præsentibus pariter affatibus credimus dirigenda. Dominus te incolumen
custodiat, frater reverendissime. Dat. XV.
Kal. Aug. P.C. Paulini Jun. V.C.] Post
finem epistolæ idem Pontifex ejusmodi apposuit decretum editum in Romano Concilio tertio (a) sub Symmacho Papa totidem
verbis exscriptum, apposito hujusmodi titulo.

a Conc. Ro.
3. sub Sym-
macho c. 4.

CXIII.
* salutaria

Ex constituto Synodali inter cætera, &
ad locum: His ergo perpensis, mansura
cum Dei nostri consideratione decreto sancimus, ut nulli à præsenti die (donec disponente Domino Catholicæ fidei manserit
* doctrina Salvatoris *) liceat prædium rusti-

rum, quantumcumque fuerit vel magnitudinis, vel exiguitatis, sub qualibet alienatione ad cujuslibet jura transferre. Nec cujusquam excusetur necessitatis obtentu, qui-
pe cum non sit personæ quod loquimur
nec aliquis clericorum vel laicorum sub
hac occasione accepta tueatur. Ac paulò
post (b): Quicumque oblitus Dei, & decreti hujus immemor, cujus Romanæ civitatis sacræ voluimus religiosis nexibus
devinciri, contrafacere aut aliquid alienare
tentaverit, honoris sui amissione mulctetur. Præterea (c) qui petierit aut acceperit, vel qui presbyterorum aut diaconorum
seu Defensorum danti subscripserit, illo
quo iratus Deus animo percutitur, anathemate feriatur: sitque accipienti vel subscri-
benti de personis superius comprehensis, id
est, quas anathemate feriri censuimus (statuta pœna contubernio * : servata) quam
promisimus in dante * vindicta; nisi forte
dator * sibi celeri repetitione prospexerit.
Quòd (d) si minori animæ suæ cura quisquam remedium oblatum forte neglexerit,
subeat ea pœnarum genera, quæ superius
tenentur ascripta. Contra fas si qua corrupta fuerit scriptura, universis viribus, quamvis ab initio nullas habuerit, effoetetur. Sed
etiam liceat quibuscumque Ecclesiasticis
personis vocem contradictionis afferre, &
Ecclesiastica auctoritate fulciri, ita ut cum
fructibus possint alienata reposcere; nec
aliquo se antè tribunal Christi obstaculo
muniat, qui à religiosis animabus ad substantiam pauperum derelicta contra fas sine
aliqua pietatis consideratione dispergit.]
Hucusquè descripsit Agapetus ex dicto Romano Concilio ad Cæsarium: ex quibus
æquè intelligis, quàm aversi & prorsus alieni essent sancti Pontifices à rerum Ecclesiæ
alienatione quovis obtentu quæsito. Qui
enim rogat, sanctus est; pro quibus rogat,
pauperes sunt, & utique sub cura Romani Pontificis: etenim etsi facta sit inter Principes Apostolorum in prædicatione verbi
distinctio nationum, cura tamen pauperum
(ut ait Paulus (e)) in solidum cessit utrique: cum alioqui Romano incumbat Pontifici ex prærogativa primatus, pauperum
omnium pro facultate curam gerere. At de
his nulla habita ratione, perstitit sanctissimus Agapetus firmiter in decreto de non
alienandis bonis Ecclesiasticis, exemplum
posteris præbens, quàm in his debeant esse
tenaces. Sed reddamus hic posteriorem A-
gapeti epistolam ad eumdem Cæsarium conscriptam in causa Contumeliosi anteà damnati Episcopi:

* perpetua

b Eod. Conc.
c. 6. in 17.
q. 4. quicu-
que Dei.
* omittit
plura quæ
illic habe-
tur verba.
c Eod. Rom.
Concil. c. 7.

* contuber-
nalium
* alienatore
* alienator
d Eod. Conc.
3. cap. 8.

e Gal. 2.

CXIV.
Altera A-
gapeti
Pap. Epist.
ad S. Cæsar.
de Contu-
melioso E-
pisc.

Dilectissimo fratri Cæsario Agapetus.
Optaveramus, frater amantissime, ut E-
piscopi Contumeliosi opinione integra permanente, nec tibi dudum fieret necessitas
judicii, nec nobis causa censendi: maxima
quia in suprascripti viri accusatione communis honoris reverentia quodammodò videtur incursata. Unde quatenùs præsumptione (sicut asserit) innocentiæ ad appella-
tionis voluit auxilium convolare, & canonibus assiduis hoc innitamur, ut eam cognitionis

tionis iterata beneficium gratulationi omnium restituat absolutam. Delegaturi enim Deo nostro adjuvante , sumus examen ut secundùm canonum venerabilium constituta sub consideratione justitiæ omnia , quæ apud fraternitatem tuam de ejusmodi negotio acta gestave sint, diligentissima vestigatione flagitentur : neque enim prædictum virum convenit eventu priùs habitæ cognitionis urgeri, quippe cùm & ipse judicium petierit . Non avertatur voluntas animi à precibus infirmorum , cum in necessitate fuerint ; ne nobis (quod avertat Dominus) ea quæ leguntur in Proverbiis dici possint (a) : Qui obturat aurem suam, ut non audiat infirmum , & ipse invocabit Dominum, & non erit qui exaudiet eum. Quid est enim infirmius Episcopo Contumelioso ; qui in tribulatione positus. & de præteriti judicii pudore confunditur, & cognitionis quæ futura est expectatione turbatur ? Quia quamlibèt ei, quod optandum est) puritas fortè suffragetur innocentiæ, non potest judicii solicitudinem non habere .

CXV. Et nos quidem, quamvis culpatus à vobis Emeritus defensor memoratum Episcopum reversum ad Ecclesiam suam charitatis tuæ voluntate firmaverit usque ad exitum judicii , quod delegavérimus Episcopo Contumelioso, reddita sibi modò propria substantia , suspensum interim volumus ab administratione patrimonii Ecclesiastici , & celebratione Missarum : quia id quod sibi viderat judicio fuisse sublatum , gloriosiùs , si ei veritas suffragatur , judicio receperit , quàm usurpationibus occuparit . Meliùs autem fecerat fraternitas tua , si posteà quàm sedis Apostolicæ appellationem interpositam desideravit , examen circà personam ejus à tempore sententiæ nihil permisisses imminui , ut esset integrum negotium quod interposita provocatione quæreretur : nàm si in executionem mittitur prima sententia, secunda non habet cognitio quod requirat . Addendum , qua etsi non esset prædictus Episcopus judicationi refragatus, privatam magis potuit secundùm canones expetere secessionem, quàm severitatem religionis excipere Suspensus igitur (sicut præfati sumus) Episcopus Contumeliosus habeat tantùm quàm præsumpsisse dicitur celebrationem Missarum : & patrimonio Ecclesiæ in gubernatione Archidiaconi ejusdem Ecclesiæ constituto, ita ut alimonia sufficienter Episcopo non negentur, visitatoriam in ejus loco præcipimus ordinari personam, & patienter expectare Judices , quos inspirante nobis Domino , constituerimus , audire . Præterea ne quid esset quod charitati tuæ videatur incognitum , studio dilectionis constitutorum , fecimus capitula subter annecti , ut scientia communicemur canonum, sicut participamur charitate. Dominus te incolumen custodiat , frater reverendissime. Dat. XV. Kalen. Augustas . P.Conf. Paulini Jun. V.C.]Hactenùs Agapeti epistola ad Cæsarii Quomodò autem occasione litterarum A-

gapeti ad Clotharium Francorum Regem, immane ab eo patratum est sacrilegium , sic accipe (a) :

Clotharius die Veneris, anno quingentesimo trigesimo quinto interfecit Gualterum Dominum de Yvetot in Northmannia : cujus rei variè narratur occasio . Quidam dicunt, hunc Gualterum præfati Regis cubicularium , nobilem , fortem , ac strenuum virum , præsertim adversùs Fidei hostes extitisse : quod illi summoperè Regis amici tiam conciliavit ; odium verò ac invidiam quorumdam aulicorum vicevaria conflavit qui quidem tot in illum calumnias (domestica aulæ vitia) injecerunt, ut Regi infensum reddiderint : qui amore in odium mutato , Gualterum deinceps parvi fecit, atque adeò se illum interfecturum minabatur . Qua re monito Gualtero , furoremque sui Principis (subdito semper formidabilem) vitare cupiente ; exaula prudenter ac clanculùm se subduxit , abfuitque à Gallia per decennium . Intrà quod tempus terra marique bellum atrox intulit Sarracenis , variasque de illis victorias reportavit . Quibus tandem confectis Romam se contulit , Pontificemque Agapetum, adivit à quo honorificè exceptus est . Cum autem Gualterus in patriam redire valdè expeteret (cujus quidem desiderium præter omnia hominum animos exstimulat) Pontifex illius precibus annuens , litteras ad Clotharium scripsit : quibus eum rogabat, ut Gualterus falsis delationibus exulare coactus, atque adeò vir probus & magnanimus equues, de Orbe Christiano benemeritus, secum in gratiam rediret , atque in integrum restitueretur . Gualterus his cum litteris Svessonum, ubi Rex degebat, die Veneris sancta advenit : & cum Rex in sacello suo sancta adesset , Crucemque adorare vellet, Gualterus prædictum sacellum intravit , Pontificisque litteras Regi obtulit . Rex autem prima fronte Gualterum non agnovit propter diuturnam illius è Regno absentiam : sed acceptis & perlectis litteris, ipsoque agnito ; gladium suum exeruit , vel, ut aliis placet , militis cujusdam astantis ensem corripuit , & Gualterum interfecit . Pontifex crudeli hoc facinore accensus. Regi mandavit , ut culpam illam emendaret , alioquin Regnum ipsius interdictum fore. Tunc Clotharius pænitentia ductus , in satisfactionem criminis statuit , dominos de Yvetot , eorumque hæredes in posterùm ab omni feudo , omnibusque debitis Regi juribus propter terram de Yvetot , immunes fore : cum nimirùm jus civile , ac commune huic sententiæ suffragetur, ut quotiescumquè dominus injuriam infert subdito suo, feudum ipsiusque jura amittat . Qua de re diplomata ab ipso Clothario concessa fuere, quibus dominos de Yvetot , eorumque successores ab omnibus in perpetuùm feudi juribus exolvit . Sed posteà titulus ille regni in principatum mutatus fuit , qui ad hunc usque diem remansit in familia Bellajorum .]Hæc ibi . Jam ad res gestas anni sequentis transeamus .

Ex histor. Gallicana Bernardi de Corar. Domini Duhaillan in vita Clotharii Prii VII. Franci.

JESU

JESU CHRISTI   AGAPETI PAP.   JUSTINIANI IMP. 10.
ANNUS   ANNUS   THEODATI REG. 3.
536.   2.

I.

QUi sequitur Christi annus quingentesimus trigesimussextus, nullius Consulatu notatus, post Consulatum Belisarii in veteribus monumentis inscriptus habetur; idemque primus annus belli Gothici in Italia à Procopio numeratur, cum Justiniani Imperatoris decimus inchoatur. Quo Agapetus Papa à Gothorum Rege Theodato subire cogitur difficillimæ legationis onus Constantinopolim ad Justinianum Imperatorem. Quamtumlibet enim anno superiori ad eundem Augustum pro Ecclesiasticis rebus honorificam plenamque satis misisset, quam recensuimus, legationem, per quam pacem à Justiniano efflagitasset, nec obtinuisset, immò jàm bellum indictum accepisset: atque etiam Rex barbarus dispendium passus esset Dalmatiæ atque Siciliæ, timeretque simul; & hieme lapsa, opportunum navigandi tempus adesset, fore, ut Belisarius, qui in Sicilia hiemavit, Italiam invaderet; tantum discrimen avertendum putavit, non alio obice, quàm Summi Pontificis legatione, qua pacem rursùm peteret ab Imperatore. De qua legatione hæc Liberatus diaconus (*a*): Quo tempore Theodatus Rex Gothorum scribens ipsi Papæ & Senatui Romano (*Ravenna enim degere consuevit*) interminatus non solùm Senatoribus, sed & uxores, & filios, filiasque se gladio interempturum, nisi egissent apud Imperatorem, ut destinatum exercitum suum de Italia submoveret. Sed Papa pro eadem causa legatione suscepta, Constantinopolim profectus est.] Hæc Liberatus. Porrò erroris arguuntur, qui hanc Agapeti legationem in superiorem reijciunt annum; cum ex Procopio, qui hæs præsens fuit, satis liqueat, hæc de legatione acta absoluto anno superiori, cujus die novissimo Belisarius Consulatus insignia, absoluto munere, Syracusis deposuerat.

II.

Quæ autem præcesserint Agapeti hoc anno legationem, ex eodem auctore rem accuratè prosequente dicamus. Missus est ad Theodatum rursùm Petrus à Justiniano Imperatore legatus, vir eloquens & in rebus agendis quàm dexterimus; cum qua Theodatus quæ egerit anni hujus exordia, Procopius ita scribit (*b*): Petrus intereà in Italiam delatus, de his omnibus, quæ scilicèt Belisario feliciter contigissent, certior factus, instare tùnc acriùs, & Theodatum terrere haudquaquàm intermittebat. Tùm ille timore perculsus & attonito similis, haud secùs voce emissa ac bello captus fuisset, amotis arbitris, cum Petro in colloquium venit. Et inter eos demùm conventum, ut Imperatori Theodatus universam Siciliam cederet, illique auream in annos singulos trecentarum librarum co-

a Liberat. in Br. c. 2.

b Procop. de bello Go. sh lib. 1.

De pacis conditionibus.

Agapetus Papa legationem suscipit.

ronam mitteret, è Gothisque item ad tria millia pro ejus ut traderet arbitratu. Theodata verò ut minimè liceat sive Sacri, sive Senatorii ordinis, sine Imperatoris permissu quemquam occidere, vel ejus bona in publicum proscripta redigere. Et si quem forte ex subditis ad Patriciam velit, sive aliam hîc dignitatem provehere, ab Imperatore hanc dari deposcat. Quinetiam Romanus ut populus pro ejus consuetudine, in acclamationibus ac plausu ipso, Imperatoris in primis nomen pronuntiet, Theodati deinceps, sive in theatris, sive in triviis, sine alibi ubicumque id fieri contigerit. Statua præterea sive ænea, sive alia quavis materia structa, numquàm soli Theodato, sed utrisque semper imponatur, Imperatoris ad dexteram, Theodati ad lævam.

His quidem & scriptis cum pactionibus Petrum legatum Theodatus Byzantium ad Imperatorem remisit. Quo inde dimisso, nimio timore statim trepidatio cepit, & in more agitatur. varias quasdam formidines egit, ejusque mentem variè volutabat, vel solo belli nomine territando, ne si forte Imperatori haudquaquam placerent quæ inter se fuissent & Petrum conventa, bella essent mòx occursura. Unde abeuntem Petrum & in Albanos profectum, ad se revocatum, perindè ac alia secum acturus, seorsùm rogabat, nùm petitiones inter se factas voluptati esse Imperatori existimaret. Cui affirmanti ita se suspicari, respondit: Sin verò minùs oblectent, quid deindè agendum? At Petrus: Belligerandum tibi procul dubiò erit, ò strenue. Tùnc Theodatus: Nùm æquum id fuerit? Cur non id æquum futurum sit, inquit, ut studia animo cujusque insita observentur & artes? Quidenim tibi vult illud, ò Theodate, ut ipse studii plurimum philosophiæ impendas, Justinianus verò Romanorum Imperator animi magnitudini studeat, strenuéque ut omnia peragat: in eo tamen differat plurimùm, quòd qui philosophiæ operam det, mortem afferre hominibus & his quidem tàm multis, haudquaquàm sat deceat, & ex Platonicis præcipuè disciplinis, quarum te scilicet participem factum, quavis cæde vacare profectò nil sanctius sit; sed illum pristino ac suo Imperio loca sedulò addere, atque identidem vendicare, nil prorsùs dedeceat.

Hac Theodatus tàm callida suggestione facilè persuasus, cessurum se Justiniano Imperatori principatum fatetur: idque ipse in primis atque ejus deinceps uxor juravit; Petrumque adegerunt, ut jurejurando polliceretur non se priùs id editurum in vulgus, quàm Imperatorem cognoverit priores illas non admissurum conditiones. Undè & Rusticum sacerdotum è numero quemdam, Romanum virum, & peridoneum ad eam

III.

Theodatus ad Imperatorem.

IV.

De Legatione Rustici Agapeti.

eam rem confirmandam Byzantium cum Petro transmisit. Huic ad Imperatorem litteras dedit.] Hæc Procopius: quod verò de Rustici legatione ait, hunc certum est fuisse Agapetum, qui Rusticus dictus est. Porrò visus est Procopius ignorasse, hunc ipsum fuisse Romanum Pontificem, cujus nec amplius usquàm meminit. Sed ne quid de hac legatione prætermittatur, quàm Pontificia dignitas adeò illustravit, neve quid ambiguum relinquatur; exactè cuncta sunt disquirenda, & quo sunt facta ordine recensenda.

V.
De tribus Petri legationibus.

In primis autem meminisse debemus, Petrum hunc, de quo agitur, sæpiùs ab eodem Imperatore missum ad Theodatum, eodem esse legationis munere functum; primò videlicèt (ut ex Procopio patuit) cum adhùc superstes esset Amalasuntha, quam, cum in Italiam pervenisset, defunctam invenit; secundò verò hanc, de qua sermo, legationem obivit; tertiò verò missus, ut quæ promiserat Theodatus Imperatori præstaret. Hæc omnia ex Procopio. Quod autem ad secundam hanc, de qua agitur, legationem pertinet; has illi dedisse litteras Theodatum, Procopius tradit (a) :

VI.
Litteræ Theodati ad Justin. Imp.

Non quidem ipse ad id regium culmen ut adventitius & peregrinus perveni, quippè qui ex avunculo Rege sim genus sortitus, & pro ejus nutritus hic dignitate: bellorum verò ac bellicæ turbulentiæ sum equidem non omninò peritus. Cum enim in audiendis litterarum optimis disciplinis exercitus sim, & in eas studium meum omne contulerim; contigit sanè ut à bellicis his perturbationibus quàm longè semotus, ad id demùm venerim, ut haud quamquàm decere me ducam, pro terrestris Imperii, & bonorum præsentium cupiditate vitam ut in discrimine agam, sed ab his prorsùs ut procul absim: nimirùm cui neutrum mihi sit voluptati, tùm quia alterum satietate metimur (nàm suavitatum omnium satietas est) tùm quia insolentia ipsa, consuetudoque in anxietates ple-

rumquè & turbas inducunt. Ipsa igitur si modò mihi prædia sint, quæ aureos du- *ceatos* * & mille juxtanais, parvi equidem sum regnum facturus, tibique statìm Gothorum, & Italorum permissurus Imperium, ut qui longè malim terræ cultor sine negotio esse, quàm in Imperatoriis curis viram hanc degere, vicissìm in pericula transmittentibus. Mittes ergò quàm celerrimè hunc ad nos virum, cui etiàm Italiam ipsam, tùm res cæteras tuo sim nomine traditurus.] Hactenùs litteræ Theodati ad Justinianum à Procopio recitatæ.

VII.
Theodati aliæ secretæ, aliæ publicæ litteræ.

Porrò has litteras secretas esse oportuit. Etenim quas eidem Petro hoc anno datas recitat Cassiodorus (b), ab his diversæ sunt, nihilque præterea habent, quàm exhortationem ad oblatam pacem non respuendam : cujus etiam sunt argumenti, quas eidem Petro ad ipsum Imperatorem dedit Gudelina Regina uxor Theodati, & aliæ ad Augustam Theodoram; vel quas Theodatus misit, cum primùm profectus est Petrus : itemque, & aliæ, quas dedit Summo Pontifici; quem licèt non nominet, illis tamen verbis significat, quibus ait (c) : Nùnc iterùm per illum virum sanctissimum eadem credimus esse repetenda, ut vera atque affectuosa judicetis, quæ frequenter repetita cognoscitis, &c.] Et in litteris Reginæ (d) : Et ideo illum virum venerabilem, vestris conspectibus verè dignissimum, legatum nostrum ad vos specialiter credimus esse dirigendum.]

VIII.

Vera tamen esse, quæ Theodato Rege Gothorum meticuloso Procopius scribit, & illis quidem majora fuisse, vetera monumenta declarant, ex quibus ipsum statìm adimplere cœpisse constat oblatas conditiones, quas Justinianus posteà respuit : nummos siquidem mox cudere aggressus est, in quorum singulis primo loco Justiniani imaginem effigiandam curavit, ex adversa autem parte nomen suum; prout ex uno ipsorum, cujus hic tibi formam curavimus exprimendam, poteris intelligere.

* aliter ex Greco habet, nempè XII. centenariorum annu proventum.

b Cassiod. Var. lib. 10.
ep. 19. 20.
21. 22. 23.

c Cassiod. Var. lib. 10.
ep. 22.

d Cassiod. Var. lib. 10.
ep. 23.

(s)

DNIVSTINIANVSAVG.

D. N.
THEOD
HATHVS
REX

e Ex uno argenteo è promptuario antiquitatum Lalii Pasqualini.

Satis vides, primùm locum tributum Imperatori, in nummi verò postica inscriptione tantùm haberi nomen ipsius Gothorum Regis Theodati absque aliqua ejus imagine. Ex qua etiam in nummo posita inscriptione intelligis (ut id obiter tangam) quomodò ejusdem nomen Regis scribi solitum

fuerit, nempe triplici aspiratione, Theodahathus, non ut frequenti usu receptum, ut simplici aspiratione, Theodatus, secundùm Latinam, non secundùm Gothicam pronunciationem scribatur. Habes de his præterea oppignoratam fidem scholiastis in notatione affixa apud eumdem Procopii

locum

locum de alio item ejusdem Theodati nummo huic simili, ubi ait : Ad hanc pacis conditionem accedit inscriptio nostri numismatis argentei , in cujus latere dextro , D. N. JUSTINIANO P. AUG. à sinistro D. N. THEODAHATHUS REX.] Sic igitur certò vides, timore nimio Theodatum exagitatum antè implere cœpisse quas obtulit pacis conditiones , quàm eas Justinianus probasset, quæ novis emergentibus causis (ut inferiùs dicturi sumus) contemptæ sunt . Sed jàm de missa ab eo legatione agamus .

IX.
De legatione Agapeti Pont.

Agapetus igitur ejusmodi subire provinciam barbarico coactus imperio , ad expensas in via faciendas, regio Arcario opus habuit vasa sacra oppignorare. Operatus est tamen posteà Cassiodorus apud Regem , ut eadem redderentur Ecclesiæ S. Petri, à qua sublata fuerant : de quibus ejusmodi memoria dignas litteras idem Cassiodorus (a) scripsit Arcariis , cum adhuc fungeretur ipse officio Prætorii Præfecturæ .

a Cassiod. Var. lib. 12. epist. 20.

X.
Tomati

Agabitæ Vasa oppignorata reddi jubetur.

Subsidium

Tomaci & Petro VV. CC. Arcariis Senator. Præf. Prætorio .

Retinetis mecum , fidelissimi viri, sanctum Agapetum urbis Romæ Papam, cum ad Orientis Principem legationis gratia mitteretur , jussione regia , datis pignoribus , à vobis tot libras auri , facto pictacio, solemniter accepisse : utcui providus dominator jussit ad subditum ejus etiam urgere excessum . Primùm quidem benignè præstitit , qui in necessitate mutuas pecunias dedit ; sed quantò gloriosiùs fecit , etiam illud elargiri , quod cum gratiarum actione potuisset offerri ? Victa est sine damno necessitas : manus Papæ dabat, quod ejus substantia non habebat; & illud iter est indemne redditum , quod donis constat expletum . Quale, rogo, videbatur , Antistitem petentibus Ecclesiam , & Ecclesiam nulla detrimenta sentire? Distributor fuit potiùs , quàm donator : quia necesse est illi applicari , de cujus facultatibus videbatur expendi . Quid non agat apud pium Principem talis legatio , quam destinatam singulari constat exemplo?

XI.

Quapropter nostra præceptione commoniti , & regia jussione securi, Sanctorum vasa cum obligatione chirographi auctoribus sancti Petri Apostoli sine aliqua dilatione refundite , ut lucrosè reddita celeriter impetrata videantur . Optata referantur manibus Levitarum ministeria toto Orbe narranda . Donetur quod proprium fuit: quoniàm justè per largitatem recipit, quod sacerdos legibus obligavit. Superatum est exemplum, quod in historia nostra magna intentione retulimus . Nàm cum Rex Alaricus urbis Romæ deprædatione satiatus, Apostoli Petri vasa suis deferentibus excepisset ; mòx ut rei causam habita interrogatione cognovit , sacris intactam deportari diripientium manibus imperavit: ut cupiditas, quæ de prædationis ambitu admiserat scelus, devotione largissima deleretur excessum . Sed quid mirum, si reveren-

Annal. Eccl. Tom. VII.

A dorum Sanctorum diripere vasa noluit , qui tanta se Urbis vastatione ditavit ? Rex autem vester religioso proposito reddidit vasa, quæ jure pignoris propria videbantur effecta. Et ideò talibus factis frequens præstetur oratio : quando læta concedi posse credimus , cùm retributionem bonis actibus postulamus.] Hucusque Cassiodorus .

Ad hæc modò provoco Novatores ; qui ex opulentia crevisse Romanæ Ecclesiæ summam auctoritatem, non ex Apostolica potestate, dixere : cum cernere sit sub barbarico jugo captivam sanctam Romanam Ecclesiam eò paupertatis adactam , ut cum nec ex omnibus suis reditibus corradere tantùm pecuniæ posset, quæ Pontifici legatione fungenti ad iter conficiendum Constantinopolim satis esset ; opus fuerit vasa sacra pignori dare ad pecuniam tùnc necessariam comparandam : & tamen nihil umquàm toto eo tempore supremæ Pontificiæ auctoritatis fuit imminutum , vel relaxatum ad delinquentes coercendos Apostolici roboris ; immò nescio an aliquo alio tempore magis viguerit in Ecclesia Romana suprema potestas, & adeò fuerit à rebellibus cognita experimento , Orbi imperans & coercens Apostolicæ sedis auctoritas & culta majestas, sicut hoc sæculo: ut quæ sunt dicta superiùs in Hormisda docent de tot Constantinopolitanis Patriarchis, invito etiam populo & contradicente clero, ex Albo Catholicorum abrasis; deque duobus condemnatis post obitum Imperatoribus ; de præscriptis totiès ab ea legibus Orientalibus & Occidentalibus , si recipi ab eadem Romana Ecclesia vellent ; de frequentioribus undiquè ex diversis provinciis Occidentalibus atque Orientalibus ad ipsos Romanos Pontifices consultationibus missis , crebrioribusque legationibus Imperatoriis destinatis: quæ omnia & alia quamplurima , superiùs exempla enarrata declarant , & quæ hoc ipso anno paulò post dicturi sumus ostendent ; cum videlicèt idem Agapetus Pontifex licèt à Rege visus sit missus ad Imperatorem pro pace roganda , à Deo tamen proficisci jussus apparuit , ut imperaret imperantibus , & ab eis perperam facta rescinderet : nimirùm ut quem Principes statuissent in sede , post Epiphanium , Anthimum Patriarcham Constantinopolitanum, inventum hæreticum in ordinem redigeret , & loco ejus eadem Apostolica auctoritate Mennam protinùs subrogaret , atque delatos damnaret hæreticos : quæ omnia vigenti Apostolica auctoritate fecisse , etiam divinitùs ostensa signa primitùs docuerunt .

Etenim illud ipsum ferme contigit Agapeto , quod olim Petro Apostolo , qui rogatus à claudo eleemosynam dare , pro petita pecunia, qua carebat, illud responsum dedit (b): *Argentum & aurum non est mihi : quod autem habeo, hoc tibi do : In nomine Jesu Christi Nazareni surge & ambula.* Ità planè Agapetus egentem se quidem pecunia in sacrorum oppignoratione vasorum ostendit , sed in ostendione signorum divina gratia

b Act. 3.

V

gratia

gratia opulentium , cum & cujus esset successor , antequàm Constantinopolim pervenisset , innotuit . Ostensum quippe est Romanum Pontificem , Petri successorem ,
Christi Vicarium semper & ubique esse locupletem , abundareque cælestibus donis ,
licèt auri appareat egentissimus; utpotè qui
habeat in cælo promptuaria divina promissione secura , eademque auro illo referta ,

a Cantic. c. de quo in Canticis Sponsa (*a*): *Caput ejus*
b Col. 2. *aurum optimum* , Christum scilicèt , in
quo sunt (inquit Apostolus (*b*)) omnes
thesauri sapientiæ & scientiæ Dei ; quorum
ipse dispensator fidelis existens , pro ratione locorum & temporum quod opus est Fidelibus erogat . Qui igitur inops , ex oppignoratione sacrorum vasorum pecunia
comparata , ab Urbe discedit , viaticum à
Deo locupletior , nempe virtutem miraculorum accepit , quorum amplissimum meruit assertorem , nempe Gregorium Magnum itidem Pontificem Maximum , cui ad
prærogativam dignitatis & sanctitatis accedunt loci atque temporis adminicula , dùm
& suæ Ecclesiæ suique sæculi scribit historiam .

XIV.   Quæ igitur in itinere constitutus sanctis-
c Greg. dia- simus Agapetus miracula fecerit , idem S.
log lib. 3. c. Gregorius narrat his verbis (*c*): Post non
3. multum temporis , exigente causa Gotho-
Mutus & rum , vir quoque beatissimus Agapetus hu-
claudus ab jus sanctæ Romanæ Ecclesiæ Pontifex , cui
Agapeto Deo dispensante , deservio , ad Justinia-
curatur . num Principem accessit . Cui adhuc pergen-
ti , quadam die , in Græciarum jam partibus curandus oblatus est mutus & claudus ,
qui neque ulla verba edere , neque ex terra
umquàm surgere valebat . Cumque hunc
propinqui illius flentes obtulissent; vir Domini solicitè requisivit , an curationis illius
haberent fidem . Cui dùm in virtute Dei
ex auctoritate Petri fixam salutis illius spem
habere se dicerent; protinus venerandus vir
orationi incubuit , & Missarum solemnia
exorsus , sacrificium in conspectu Dei omnipotentis immolavit . Quo peracto , ab
altari exiens , claudi manum tenuit , atque assistente & aspiciente populo , eum
mox è terra in propriis gressibus erexit ;
cumque ei Dominicum corpus in os mitteret , illa diù muta ad loquendum lingua soluta est . Mirati omnes , flere præ gaudio
cœperunt ; eorumque mentes illicò metus
& reverentia invasit , cum videlicèt cernerent quid Agapetus facere in virtute Domini ex adjutorio Petri potuisset .] Hæc Gregorius . Utinam totius peregrinationis A-
gapeti extarent scripta diaria , ex quibus
nostri essent Annales locupletandi . Verùm
de reliquis ab eo rebus gestis in via quousque Constantinopolim advenit , altum ubique silentium .

XV.   Quandò autem pervenerit Constantino-
De adventu polim , Anastasius refert id accidisse deci-
Agap. Cò- mo Kalendas Maii , verùm Acta Synodalia
stantinop. cum illuc maturiùs pervenisse significare vi-
d Liberat. dentur . Porrò de ejus adventu hæc habet
diac. in Bré. Liberatus diaconus (*d*): Primùm quidem
viar. c. 21. honorificè suscipiens directos sibi ab Im-

peratore , sprevit tamen Anthimi præsentiam , eumque ad salutandum suscipere noluit . Deindè viso Principe , causam agebat
legationis susceptæ . Imperator autem prò
multis fisci expensis ab Italia destinatum e-
xercitum avertere nolens , supplicationes
Papæ noluit audire . At ille (quod summum * fuit) legatione Christi fungeba- *suum
tur .] Quænam ista fuerit , paulò post dicetur .

   Cur prætereà Justinianus non acquieve- XVI.
rit Agapeto pacem Theodato patenti , ex Cur de pa-
Procopio possumus intelligere; nempè ac- ce spes decidisse , ut dùm hæc tractarentur , Gothi pta ,
qui residui erant in Dalmatia , cum Romanis conserentes manus , priores tulerint , occiso primùm Mauritio Mundi filio , atque
demùm Mundo ipso , qui anno superiori
Salonas ceperat , quas hoc anno itidem Gothi recuperaverant ; quibus cum factus esset
elatior Theodatus , ipsum de promissione
factâ pœnitere cœpit . Quamobrem Justinianus & ipse eam reiiciens , confestim Belisarium jam paratum è Sicilia in Italiam
cum exercitu traiicere præcepit ; qui improviso agmine perveniens in Campaniam , Neapolim munitam valdè civitatem obsedit; quid
autem posteà factum sit , infrà dicemus . Intereà verò Agapeti Papæ res gestas Constantinopoli prosequamur , de quibus ista e Liberat.
habet in primis , cuncta summatim referens *ubi supra c.*
Liberatus (*e*):   22.

   Denique petentibus Principibus , ut An- XVII.
thimum Agapetus Papa in salutatione & Agapetus
communione susciperet ; illud fieri inquit deponit
posse , si se libello probaret Orthodoxum ,& Anthimù .
ad cathedram suam , nempè Trapezuntium ,
reverteretur . Impossibile esse ajebat , trans-
latitium hominem in illa sede permanere .
Augusta verò promittente munera multa ;&
rursus Papæ minas intentante , in hoc Papa perstitit , ne ejus audiret petitionem .
Anthimus verò videns se sede pulsum , pallium quod habuit , Imperatoribus reddidit , & discessit , ubi eum Augusta suo patrocinio tueretur . Tunc Papa Principis favore Mennam pro eo ordinavit Antistitem ,
consecrans eum in basilica sanctæ Mariæ ,
Fuit iste Mennas Præpositus xenodochii majoris , quod vocatur Samsonis , genere Alexandrinus , suscipiens Chalcedonense Concilium .] Hæc summatim (ut dixi) complexus est Liberatus : sed alii paulò latiùs rem
sunt prosecuti addentes nonnulla , quæ desiderari in his posse videntur .

   At quæ primùm de his scripta ab Anasta- XVIII.
sio (*f*) reperiuntur , in medium afferamus : f *Anast. i*
Ingressus (*inquit*) Constantinopolim Aga- *Agapeto*
petus , cœpit habere altercationem
cum pissimo Principe domno Justiniano
Augusto de religione : cui beatissimus A-
gapetus constantissimè responsum dedit
de Domino Jesu Christo Deo & homine ,
hoc est , de duabus naturis in Christo ,&c.]
Qui autem simul ac Agapetus Papa creatus , ex more (ut vidimus) Justinianus Imp.
rectæ fidei misit Romam professionem ;
ut rursùm ab eo idem exigeret Agapetus
Catholicæ fidei professionem , non aliam
ob cau-

obreusam accidisse potuit, quàm quòd ob consensum adhibitum in creatione Anthimi hæretici ipse etiam Imperator in suspicionem hæresis esset adductus. Potuisset aliquo prætextu idem Justinianus tergiversari, renuereque id sibi præstandum fore, quod semèl & iterùm (ut vidimus) anteà præstitisset : verùm in his non obtemperare Romano Pontifici exigenti, nefas ratus & impium, mòx editam fidei confessionem illam iterat, quam Orientalibus ab Hormisda Pontifice vidimus fuisse præscriptam, cui ejusmodi legitur affixa inscriptio (a): Exemplar libelli piissimi domini nostri Justiniani Imperatoris quem dedit Agapeto Papæ apud Constantinopolim de fide. In nomine Domini Dei nostri Jesu Christi, Imperator Cæsar Flavius Justinianus, &c. Agapeto sanctissimo ac beatissimo Archiepiscopo almæ urbis Romæ & Patriarchæ.] Incipit : Prima salus, &c.] Omnia habens ut illa ab Hormisda per legatos Constantinopolim missa. Sed quòd data habetur decimoctavo Kalend. Aprilis sub Belisarii Consulatu, mendum irrepsit, & post Consulatum, loco Consulatus, sit corrigendum.

XIX.

Quomodò autem antè hæc, cum nondùm compertus esset Justiniano hæreticus Anthimus Patriarcha, ejus causa succensus ipse sit Agapeto Pontifici, Anastasius ità narrare pergit : Dùm contentio versaretur, ità Dominus adfuit, ut Episcopum Constantinopolitanum nomine Anthimum * inveniret Agapetus Papa hæreticum. Cumque contentio verteretur cum Augusto & Agapeto Papa, dixit ei Imp. Justinianus : Aut consenti nobis, aut exilio deportari te faciam. Tunc beatissimus Papa Agapetus respondit cum gaudio dicens ad Imperatorem : Ego quidem peccator ad Justinianum Imperatorem Christianissimum venire desideravi ; nùnc autem Diocletianum inveni ; non tamen minas tuas non pertimesco. Et dixit ei iterùm Agapetus venerabilis Papa : Tamen ut scias tu, eum idoneum non esse religioni Christianæ, Episcopus tuus confiteatur duas naturas in Christo. Tùnc accersito ex præcepto Augusti Episcopo Constantinopolitano nomine Anthimo, & discussione facta, quónquàm voluit confiteri in doctrina Catholicæ responsionis ad interrogationem beati Papæ Agapeti, duas naturas in uno Domino nostro Jesu Christo. Quem cum vicisset sanctus Papa Agapetus, glorificatus est ab omnibus Christianis. Tùnc piissimus Augustus Justinianus gaudio repletus, humiliavit se sedi Apostolicæ, & adoravit beatissimum Agapetum Papam. Eodem temporis ejecit Anthimum à communione, & expulit in exilium. Tùnc piissimus Augustus Justinianus rogavit beatissimum Papam Agapetum, ut in locum Anthimi Episcopum Catholicum consecraret nomine Mennam.] Hactenùs Anastasius ; quæ etiam in Miscella historia leguntur. Restitit primò haud dubium Justinianus Agapeto pro Anthimo, impià Theodora Augusta, qui ipsi Anthimo patrocinabatur, impulsu ; sed re comperta, plús apud eum tandem valuit jussio Pontificia, quàm Augustæ conjugis perfidæ blandimenta : ut digno posteris exemplo sit, omnia fidei Catholicæ posthabenda.

Sed quid facit infelix, quæ se hac in re despici videt à viro suo, à quo non solùm amari, sed coli se mirificè scisset ? Haud despondet animum, sed vehementioribus à pravo dæmone stimulis agitata, cujus malo spiritu percita erat, ad Episcopos se convertit, quos nosset favere Eutychianæ hæresi ; hos urget, hos impellit, ut Agapeto resistant, qui unus à se tanto labore parta dissolvit, virumque suum tamquàm captivum in suam sententiam trahit. Narrat hæc Zonaras verbis istis (b) : Nonnulli è primoribus sacerdotibus Agapeto Papæ Romano in Imperatricis gratiam sunt refragati, ab eadem quoque largitionibus corrupti : quos tamen ille, qui veritatem defenderet, omnes superavit.] Hæc ipse.

Sunt planè his consentientia quæ recitantur in libello Archimandritarum oblato Justiniano Imperatori post obitum Agapeti : ex quo etiam illud apparet, unà cum Anthimo eodem tempore damnatos ab eodem Agapeto veternosos illos Constantinopoli degentes hæreticos, Severum, Petrum, atque Zoaram ; de quibus omnibus hæc in eodem libello (c) : Canonicum judicium à Romano Pontifice in ipsum Anthimum & prædictos hæreticos audiri voluistis, illo persuasus qui dicit (d) : Interroga patrem tuum, &c.] Et paulò post : Misit itaque Deus huic civitati Agapetum, qui verè Ἀγάπητος, id est, dilectus à Deo & hominibus, Pontificem antiquæ Romæ in depositionem Anthimi & prædictorum hæreticorum Severi, Petri, atque Zoaræ, tamquàm olim Petrum magnum Apostolum Romanis in depositione Simonis Cretiani. * iste enim venerabilis vir sciens per libellos plurimorum nostrorum ea quæ iniquè contra Ecclesias præsumpta fuere, ea ipso visu semèl accipiendo, neque ad visum suscipere voluit Anthimum furentem adversùs canones, sed dùc justè dejecit de sacerdotali sede civitatis suæ ; & coopitulante & coadjuvante Catholicæ fidei & divinis canonibus vestro Imperio, præfecit ipsi Ecclesiæ sanctissimum Mennam.] Hæc & alia ipsi ibi.

In his quidem omnibus peragendis summa potestas Apostolicæ sedis Antistitis demonstrata est, dùm tantæ Ecclesiæ Patriarcham favore Justiniani Imperatoris & Theodoræ Augustæ pollentem, plurium jam anteà Episcoporum (ut dictum est) suffragiis confirmatum ipse Summus Pontifex Agapetus nullo tunc super hoc congregato (ut moris fuit) antè Concilio, condemnavit. Quòd enim sciret in gratiam Augustorum eosdem Episcopos facillimè conspirare ; iis omissis, simplici habita discussione, simulàc hæreticus idem Anthimus apparuit, ipsum condemnavit, atque Mennam in locum ejus protinùs subrogavit, damnatis cum

Marginalia left column:
a Extat inter ep. Rom. Tom. in Agapeto.

Justinian. obtulit libellum fidei Agapeto.

* Anthemium.

Res gestæ inter Agapetum & Justinian.

Marginalia right column:
XX.

b Zonar. Annal. p. 3. in Justiniano.

XXI. Damnati ab Agapeto alii hæretici.

c Extat in Constantino. Synod. sub Menna Act. 1. tom. 2. Concl.
d Deut. 32.

* Magi, vel Samaritæni.

XXII.

Agapetus quàm magnificè egerit.

A

cum Anthimo itidem Apostolica auctoritate
Severo , Petro , atque Zoara: Imuò nec
etiam citatum, nec visum , sed & rejectum
penitùs, nec in conspectum admissum, fuisse
ab Agapeto Pontifice Anthimum condemnatum, Nicephorus tradit, hæc dicens (a):
Agapetus cum de rebus Anthimi inquireret , multosque ab Archimandritis ejus urbis & aliis libellos oblatos acciperet ; illi-
ne in conspectum quidem admisso, Episcopatum abrogavit : cujus calculum monasteria etiam Palæstinæ , & Petrus Hierosolymitanus Antistes, necnon reliqui Ecclesiarum præfecti comprobaverunt.] Hæc ipsa
consententia iis quæ ex libello monachorum modò sunt recitata ,

a Niceph.
li.17. c 9.

XXIII.

At verò quod ex Nicephoro dictum est ,
Anthimum nec in conspectum admissum ab
Agapeto Papa, è sede fuisse depositum : magis inhærerem sententiæ Anastasii dicentis
vocatum Anthimum , & discussione de eo
facta, cum nollet confiteri duas in Christo naturas, id ab eo exigente Pontifice Agapeto , ab ipso tunc damnatum fuisse; nisi
præter Nicephorum essent Acta Synodalia
hoc testantia ex libello monachorum Justiniano oblato , nuper à nobis citato. Unde
intelligere possumus, usum ipsum plenitudine potestatis , non servata in omnibus
forma judicii . Porrò etsi adversùs Anthimum Agapeti Papæ judicium absque Synodo hujusmodi fuit secundùm supremam A-
postolicæ sedis auctoritatem , qua supra
omnes canones Pontifex eminet; haud tamen extitit commiseratione jejunum : siquidem aditum ei apertum reliquit, ut si quando ab errore pœnitens ad Ecclesiam redire
vellet, Episcopatus pristinus Trapezuntiæ
Ecclesiæ eidem integer servaretur. Quam
tamen commiserationem Pontificis Agapeti ergà Anthimum ægrè ferentes Orthodoxi Archimandritæ Ecclesiæ Constantinopolitanæ, in alio libello quem posteà eidem
Pontifici hoc anno obtulerunt, ista arctari
ad certum tempus petierunt, nempe ut præ-
finitus illi daretur ad resipiscendum terminus, quo elapso, nullus illi ultrà pateret
aditus ad priorem Ecclesiam : Sed accipe eorum verba (b).

Mitiùs
egit cum
Anthimo
Agapetus.

b. Ex Sy-
nod. Con-
stantinopol.
sub Menna
Act. 1.

XXIV.

c Matth. 9.

Ut certus
terminus
Anthimo
præscriba-
tur.

B

Non vultis omnimodam ejus perditionem, sed ut convertatur: imitamini enim
Christum Deum nostrum , qui venit (c)
vocare non justos , sed peccatores ad pœnitentiam; & omnino paternis visceribus su-
scipitis , si recognoverit proprium peccatum , & convertatur. Adjuramus vestram
beatitudinem (licet audax quid faciamus)
per sanctam & consubstantialem Trinitatem , ac per principem Apostolorum Petrum , ac salutem & victoriam piissimi Imperatoris nostri, non contemnere divinos
canones, qui ab isto pessumdantur; neque
Ecclesiam ei traditam, quæ ab ipso delpi-
citur : sed sequendo in omnibus eos qui antè ipsam tuam beatitudinem in sede vestra
claruerunt, facere in ipsum adhùc & contra auctoritatem canonum invalescentem, &
qui prætulit vitam degere cum hæreticis ,
quàm cum propria Ecclesia ; ea quæ sun-

A

cum Cælestinum contra Nestorium liquo-
fecisse , assignando ei terminum , sicut &
ille Nestorio ; intra quem nisi occurrisset
prædictum libellum Apostolicæ vestræ sedi
porrexerit , ac vestræ beatitudini se firmis-
simo Archiepiscopo urbis regiæ , & à mo-
ro haeretico se ipsum liberaverit , ne ab
Trapezuntinam Ecclesiam sibi creditam
proficiscatur; definijs, sanctissimu , ipsum
alienum esse & nudum ab omni Pontificali
dignitate atque efficacia , & se ipsam submittere condemnationi prædictorum hæreticorum , & posteà illorum accepisse ; alterum verò pro isto Ecclesiæ Trapezuntinæ
ordinandum esse.] Hæc ipsi ad Agapetum,
quòd mittis visum esset cum Anthimo etiam
hæretico ,

B

Quò minùs autem Anthimus ideretur
impertita ab ipso Romano Pontifice humanitate , Severus illis caput hæreticorum
Acephalorum , qui tunc (ut dictum est)
Constantinopoli erat ; impedimento fuit :
etenim hortatus est eum , ut à sede cavere mallet , quàm Chalcedonense Conci-
lium profiteri. Testatur id Evagrius (d) ex hæreticis
ejusdem Severi litteris datis ad Theodoram fovet An-
simum hæreticum Episcopum Alexandri-
num , de quo superiori anno actum est
pluribus.

X X V.

Severus

d Evagr.
hist. lib. 4.
c. 11.

Sic igitur postquam præfuisset sedi Constantinopolitanæ Anthimus (sicut habet Nicephorus in Chronico-) menses decem , vel
(ut Zonaras ait) annum unum , ab Agapeto Papa depositus est , atque ab eodem subrogatus est Mennas magni nominis Orthodoxus, qui antequàm Episcopus deligere-
tur, suæ fidei professionem publicè edere jussus est. Protulit ille quidem eamdem
ipsam, quam præscripsisse diximus Romanos Pontifices omnibus Orientalibus communionem Catholicam expetentibus, cujus
est exordium : Prima salus est rectam fidei
regulam custodire, &c.] Cui ipse sua manu antequàm subscriberet, hæc apposuit :
Mennas misericordia Dei presbyter & Xe-
nodocus suscipio prædictas quatuor sanctas
Synodos , & omnia quæ in ipsis continentur dogmata , & epistolas Papæ Leonis ,
quas pro fide confirmavit. Et confiteor in
duabus naturis, id est, in divinitate & humanitate Christum Deum nostrum inconfusè & indivisè agnoscendum; anathematizo
omnes qui præter hæc sapiunt; qui cum omnibusque condemnati sunt, ut superius dictum est. Subscripsi.] Hæc quidem Mennas ante suam ordinationem : posteà autem , simulac ordinatus est, obtulit rursum
more majorum ipsi Romano Pontifici libellum fidei , quo omnes condemnavit hæreses, & Catholicam fidem professus est. Meminit ejusdem libelli Vigilius Papa (e) in
epistola quam scripsit posteà ad Justinianum
Imperatorem.

XXVI.

e Vigil. ep.
21.to.1. ep.
Rom. Pont.

His peractis ; idem Agapetus Papæ litteras dedit Apostolicas easdemque circulares ad omnes Episcopos Orientales qui cum
Anthimo communicarant , quibus eosdem
de Anthimi depositione ab Episcopatu , &
de subrogatione Mennæ reddidit certiores :

XXVII.

qua-

à Conft.Sy-
nod. ſub
Menna act.
1.in fin. &
tom.1. ep.
Rom. Pont.
in Agapet.
ep.5.

XXVIII.

b 1.Tim 3.
Agapeti
epi. ad Pe-
trum.

quarum quidem litterarum extat ad Petrum
Epiſcopum Hieroſolymorum exemplar
his verbis conſcriptum, exſcriptum verò
ex Synodo (*a*) Conſtantinopolitana ſub
Menna, ubi eædem Agapeti litteræ recitantur :

Dilectiſſimo fratri Petro Agapetus.

Voluiſſemus quidem, fratres dilecti,
propter conjunctionem noſtræ charitatis
omnes Domini ſacerdotes juxtà Apoſtolicam (*b*) traditionem irreprehenſibiles
inveniſſe , & neminem aut per gratiam, aut
per metum ab Eccleſiaſticis canonibus de-
clinare . Sed quoniam multa multotiès ſub-
ſequuntur , quæ pœnitudinem parere poſſunt , & Dei miſericordia delicta peccatorum vincit , & idcircò diſfertur pœna , ut
reformatio locum invenire poſſit ; monere
neceſſarium judicavimus , ut aſſumpta de
cætero imprævaricata cuſtodiantur . Oportebat enim veſtram charitatem memorem
paternarum traditionum , neminem permittere prohibita facere , ſed ſi quis audax appareret , totà virtute re ſiſtere .

XXIX.

Quid in
Anthi-
mum Aga-
petus ,

Cum itaque pervenimus ad Comitatum
ſereniſſimi Imperatoris filii noſtri , invenimus ſedem Conſtantinopolitanæ Eccleſiæ
contrà omne canonum honeſtatè ab Anthimo Eccleſiæ Trapezundarum Epiſcopo in-
convenienter uſurpatam: cujus animam non
ſolùm ſecundùm iſtam partem , ſed (quod
majus eſt) in confeſſionem veræ fidei perditione reducere deſideravimus ; ſed Eutychetis errori inſiſtens , ad viam veritatis redire contempſit . Undè cum ipſius in fide
pœnitentiam iſto modo expectemus , neque
Catholico neque ſacro nomine dignum eſſe
ſtatuimus, donèc omnia à Patribus tradita,per quæ veræ religionis fides & diſciplina
cuſtoditur , ſecundùm congruentem ſatisfactionem ſuſcipiat Cæteros verò ſimiles con-
tumaciæ ipſius & ſententiæ Apoſtolicæ ſedis condemnatos ſimiliter veſtra charitas ad-
vertat, quorum ipſe ſe ipſum participem
fecit. Conſtantinopolitanæ verò ſedis injuriam, Apoſtolica auctoritate adjuvante,
& adjutorio fideliſſimorum Imperatorum,
emendavimus. Et ſuprà modum quidem admirati ſumus, quòd iſtud opus ità apertè
contrarium decretis Patrum veſtra fraternitas non ſolùm ad notitiam noſtram adducere neglexit , ſed & reprehenſibili conſenſu
confirmavit.

XXX.

Sed gratias egimus Deo , cujus ſpiritu
mala ad melius in plurimùm vertuntur , &
parvæ tranſgreſſiones ad utilitatem & occaſionem magni ſucceſſus vertuntur . Hoc
autem pro excitando veſtræ conſpiritualitatis lætitiam ſignifico , quia Mennam fratrem &
coepiſcopum noſtrum , virum multis laudibus modis ornatum , prædicta Conſtantinopolitana Eccleſia Epiſcopum ſuſcepit.

Mennæ E-
piſc. lau-
des.

Cui licèt præter cæteros ſereniſſimorum
Imperatorum electio arriſerit , ſimiliter tamen & totius cleri acpopuli conſenſus acceſſit, ut à ſingulis eligi crederetur . Etenim
alicui neque ſcientia , neque vita fuit igno-
tus; ſed & fidei integritate,& ſacrarum Scripturarum ſtudio , atque etiam piæ admini-

Annal. Eccl. Tom. VII.

ſtrationis officio ſic prædicta viri reſplen-
duit opinio , ut ipſi tardiùs venire videretur , quo dignus erat .] Hìc , lector , obſer-
va, dùm Agapetus ait , arriſiſſe electioni
Mennæ Imperatores, intelligere abſque
dubio Juſtinianum & ejus conjugem Theodoram Auguſtam ; ut cognoſcas Theodoram licèt maximè impiam fœminam, præ-
ſetuliſſe tamen foris imaginem Orthodoxæ,
qua ſæpè virum vidimus decepiſſe , magiſque Eccleſiæ Catholicæ obfuiſſe , quàm ſi
quæ erat , ſe palàm oſtendiſſet hæreticam.
Pergit verò, Agapetus de ejuſdem Mennæ
electione.

Et hoc dignitati ſuæ addere credimus,
quòd à temporibus Petri Apoſtoli nullum
alium umquàm Orientalis Eccleſia ſuſcepit
Epiſcopum manibus noſtræ ſedis ordinatú .
Et forſitàn vel ad demonſtrationem laudis
ipſius, vel ad deſtructionem inimicorum
inſtans res tanta pervenit , ut illis ipſe ſimilis eſſe videatur , quos in his quandoque
partibus ipſius Apoſtolorum Principis electio ordinavit Commune itaque gaudium,
fratres , pia exultatione ſuſcipite. Et quantùm vos Apoſtolicæ ſedis noſtræ judicium
comprobatis , conſueta reſcriptione ſignifi-
cante , habentes duplicem exultationis cauſam , & quòd mala ſine mora corrigantur, &
pro bis optata ſubſecuta fuerint . De cæterò
præcaventes, ne, ruinſus canonicis ſanctionibus quid contrarium per vos(quod non credo)fiat, veſtro accedente conſenſu ;cumque
ſicut error ejus qui ſemel peccavit, venia dignus eſt,ſic frequens tranſgreſſio motam au-
ſteritatis depoſcit . Deus incolumem te cuſtodiat, frater venerandiſſime.] Hactenùs
Encyclica Agapeti.

XXXI.
Ab Aga-
peto con-
ſecratus
Mennas.

At de damnatione Anthimi atque Mennæ ſubſtitutione per Agapetum facta judicium ſi tibi , lector , ob oculos ponas, pra-
ctique ſpeciem mente conſideres, admirari
non deſines: Videre nimidùm Romanum
Pontificem, quem furor barbaricus ſub pulchro nomine pacis ab Urbe removet, ut
Conſtantinopolim ad Imperatorem ſupplex
accedat, eundemque ipſum egentem mutuæ
collecta ex ſacrorum vaſorum oppignoratione pecunia ; ibi Conſtantinopolim venit, imperare Imperatoribus, exigereque
debitum fidei, & perperàm ab illis facta re-
ſcindere ; & quam cùm ipſi , tùm Orientales Epiſcopi probaſſent , Anthimi ordinationem irritam reddere , eumque è ſublimi , quem conſcenderat throno deponere ,
jura dare , omnibuſque jubere , litteraſque
publicas ſcribere, quaſque ſucceſſorem deligere & ordinare ; hæcque omnia (ut dictum
eſt) abſque coacto ullo Synodali conventu :
cum antea in ſimili cauſa Cæleſtinus Papa
ejuſdem Eccleſiæ Pontificem deponendum
Neſtorium ſcripſerit, & per Theodoſiú Imperatorem ea de re non provinciale dumtaxat,ſed œcumenicum Epheſi Concilium có-
vocandum curarit.Quibus intelligas,majori
tùnc niti ſolere auctoritate Apoſtolicæ ſedis
Antiſticem , quando magis ea videtur oppreſſa ; quòd certò ſciat omnia illi cedere o-
pus eſſe,ſi ea uti velit.In quibus & commendes

XXXII.
Agapeti
præclarum
factum.

V 3   Juſti-

Justiniani Imp. moderationem, animæque demiſſionem, utpotè qui mari, terraque, victor, barbarorumque domitor ab uno Romano Pontifice vinci patiatur; accipiatque ab ipſo leges, qui Romanis ac barbaris leges ſanciat, & exercitibus imperet. Sed jam quæ reliqua ſunt rerum geſtarum Agapeti Pontificis Conſtantinopoli proſequamur.

XXXIII.   Quoniam dictum eſt præter Anthimum excommunicatos quoque ab eodem Agapeto Rom. Pontifice Severum pſeudoepiſcopum Antiochenum atque collegas ejusdem cum eo impietatis: qua occaſione id factum ſit, hic ordine recenſendum putamus. Cum autem omnes ſordes, fæcesſque hæreticorum, favente illis Theodora Auguſta Severi diſcipula, Conſtantinopolim conveniſſent; illicque nidificantes, gravi damno fidei Orthodoxæ multiplicarentur in fœribus: fuit juſta querela Orthodoxorum Antiſtitum adversus horum anteſignanos Severum, Petrum, atque Zoaram, & Iſacium Perſam. Quamobrèm iidem ſcriptum à ſe libellum obtulerunt Agapeto Papæ commoranti Conſtantinopoli. Extat ipſe quidem, ſed qui vitioſa translatione & librariorum incuria mendoſus nonnihil apparet: ſic enim ſe habet (a):

a Hieroſ Synod. Act. 1. ad fin. recitata in Syno. Conſtantinop. ſub Mena Act. 1.

c. Domino noſtro per omnia ſanctiſſimo ac beatiſſimo Patri Patrum, Archiepiſcopo Romanorum & Patriarchæ Agapeto, ab Epiſcopis Orientalis diœceſis, & ab his qui ſunt ſub ſanctis locis Chriſti Dei noſtri, necnon Ambaſiatoribus & cæteris clericis in hac regia urbe congregatis.

XXXIV. *Epiſtola Orientalium ad Agapetum Papæ.*   Et quo Chriſtus Deus noſter pro debitis vobis præmiis, propter ipſam in omni tempore cum vera fiducia ſuæ inviſibili ac terribili virtute divulgatam confeſſionem ſuper venerabile caput veſtrum requiſcere fecit, cum ſedem Apoſtolorum vobis (Pator beatiſſime, commiſit, & firmavit ſuprà firmam Petram pedes veſtros, & direxit greſſus veſtros, & implevit os veſtrum cantico novo, hymno Deo noſtro: ſperaverunt in Domino ſecundùm Pſalmidicum eloquium, clarificari à ſpirituali ſplendore veſtro: per quem tamquam lucerna ſplendeus ſuper ſanctô candelabro caliginem eorum qui in tenebris ſedent, & cæcos illuminaſtis, & oculos mentis aperuiſtis. Et propterea confiſi & credentes divinò eloquio dicepti: In tempore non timebit cor confugiens ad intellectum. Et experientia intellectus cognoſcentes vos eſſe diligentes cuſtodes teſauorum Apoſtolicorum, exollavimus *modò Anthimum, habitum pietatis circumferentem, potentiam verò ipſius negantem; qui convenientem ſibi ſponſam dimiſit, & aliam contrà divinas canones accipere auſus eſt v cognoſcentesque & à Deo cuſtoditum Imperatorem noſtrum, tamquàm Chriſti diſcipulum approbatam animam habere, & participem vobis hujusmodi operis fuiſſe. Qui à primordiis regni ſui uſque nunc ſtuduit cuſtodire omne corpus Eccleſiæ ſanum & perfecte integrum & ab omni morbo hæretico liberum: &

* excommunicavimus

propter hoc ſtatuit quatuor ſanctas Synodos in divinis ac ſacris initiationibus, quando fecit magna voce à ſacris prædicatoribus prædicari, quæ fortificant corda Fidelium, & hæreticorum compungunt, ſperans ipſe ex clementia ſecundùm naturam ſuam, & putans, quòd ſicut eos qui ex ſimplicitate errore ſubducti ſunt, decenti tempore converti; ſic & hujus inventores, immò diaboli diſcipulos, & numquàm veritatem recognoſcentes, jactum hæreticorum à principio providere & præmeditari.

Rogamus, beatiſſime, rememorari memorato ac à Deo cuſtodito Imperatori noſtro illam ſacram vocem dicentem. Omnem abominationem odit Dominus; quæ prima media, & ultima eſt. Severus facinoroſus, qui contrà Deum ſemper locutus eſt ſuper iniquitatem, & quandoque quidem Græcorum vaniticorum myſteria imbutus, ipſa honoravit: quandoque verò Eutychetis inſaniam docuit, & in tota vita dixit, Bene valete in fide Chriſtianorum: & appellationem Neſtorii anthropolatram ad decipiendos qui in ſimplicitate paratas habent aures, ſuſcipiendam excogitavit, evidenter illa illis dicendo, Neſtorianoſque vocabat magiſtros rectorum dogmatum: & nec illi pepercit qui baptizavit ipſum; invalidiſque anathematibus implenit totum mundum; ad arroganter decernere ipſe præſumpſit, & validiores ſortitus eſt cum his qui adhærebant ei in ordinando Scythiam contrà prædictam ſanctam œcumenicam Chalcedonenſem Synodum, & contrà ſacras ac Deo dilectas epiſtolas ſanctæ memoriæ Leonis Papæ, qui fuit illuminator & columna Eccleſiæ, quique firmavit Fideles ambulare in recta ſemita, ſicque illud relinquetur divinæ Scripturæ imperii (b): Incidit in foveam quam fecit. Unde dubitantes quomodò ipſum proprie vocemus idem cum Gentilibus ſentientem, ejuſdem opinionis cum Eutychete, ejuſdemque moris cum Neſtorio; magis inſigni & propria appellatione nominabimus, ipſum itidem cum veritate organum diaboli vocantes.

XXXV. De S. everò nefandiſſimo hæretico.

b Pſal. 7.

Præterea mens igitur multitudinem eorum quæ præſumpta ſunt ab ipſo, & ſanguinem ſanctorum virorum qui in Eoan * effuſus eſt ab Eſtaſiaſmeno Judaico de Farula tunc ſub ipſo militante, ac alia difficiliora propter ctis propter longam narrationem: Supplicamus, ſanctiſſime, & quamvis ſit tempus acceptabile, nunc dies ſalutis, clamamus: Adjuva nos & ſanctas animas excitas; quæ aſtare cogitate prudenter & oſtendere vobis, quòd propter Chriſtum traditæ ſint morti à beſtia multicapite, ac rurſus ex ſua omnibus manifeſtæ mangania & Manichæaque errore, quò confidens iſte iniquus auſus eſt intrare mundas aulas regias, & nullum locum debeat habere, ſed barathrum, ad converſantium deſtructionem. Et cum in præſenti pax donata ſit omnibus Fidelium Eccleſiis cum tantis laboribus & ſudoribus veſtris ac Deo amantiſſimi Imperatoris noſtri: parcentes ipſi extremitati animarum facientium conventionem
ad ip-

XXXVI. *Locus corruptus* Exclamant contrà eundem hereticum.

ad ipfum & communicantium per interpellationem anathematibus contrà ipfum prolatis ; ftudere longè expellere illum pollutum & abdicatum , qui anathematibus fcriptis , & apertiùs ab Apoftolica fede veftra , & à tantis Pontificibus , & in cælo ab Angelis electis fuis jàm condemnatus eft . Qui

* aliquid deeft.

fecundùm Evangelicam & divinam vocem * .... cùm iniquo & facinorofo alio Petro fuo difcipulo appellationem propriam ufquè nùnc mentiri non erubuit , & verba apofta-

De Zoara.

fiæ quotidiè loquitur ; necnon cum Zoara , qui omninò divinam Scripturam & omnem facrum ordinem & Miffam ignorat ; fed cum audacia (nefcimus unde) fibi tradita peffundat Ecclefiafticum ornatum atque ftatum per conventicula & parabaptifmata , quæ quotidiè temerariè aguntur ; cujus fynagogam mulierculis , commeffationibus , & ebrietatibus , luxibufque & adulteriis deditis implet . Perfuafimus autem & piiffimo Imperatori noftro , non permittere aggregari beftias edaces cum agnis, cum clarè & apertè fciat illud divini A-

a 2.Cor.6.

poftoli dictum (a) , quòd nulla participatio juftitiæ eft ad iniquitatem , vel communicatio lucis ad tenebras , vel pars fidelis cum infideli .

XXXVII.
De Ifacio Perfa.

At verò fi ea quæ ab Ifacio Perfa nùnc perpetrata funt , fine lacrymis dicere non valemus : non eft poffibile neque metum abiicere , fi narrare volumus quæ fuis iniquis manibus ille facere non horruit . Nàm in quodam diverforio repofita honorabili imagine præfentis piiffimi Imperatoris prædictus fcelestus & arrogans vir , tamquàm certus & fecundùm recentiorem modum dicendi blafphemaverit , divinum extendens baculum , in quo inhonoratam fenectutem fuam firmare fingit , implenfque fimulatum ftellionatum in confpectu eorum qui ab ipfo feducti funt , percutiebat fine venia ſimilitudinem Chrifto amantiffimi Imperatoris , hæreticum denominando ; nec à furore ceffavit , donec divifit tunicam habentem nobifcum ejus effigiem , & partem pro fe tenuit ; quam & igni tradiuit , tetam exterminare non valuit : nàm confervata fuit à meliori providentia in redargutionem manifeftam & notam homicidialis temeritatis , & majoris malæ accufationis . Teftes funt viri (ficut noviftis , fanctiffime) manifeftam veritatem advocatam habentes .

Dictum ?
XXXVIII.

Quoniam igitur præter opinionem hærefiarchæ fubmutaverunt eorum dejectionem , quàm cum ignorantia debebat effe , & ante tempus multum dederunt audaciam habitandi in regalibus cellis , his qui per aliàm modum Deum negant , multis defignatis & enumeratis ipfis nomen-fictæ orthodoxiæ ; periculum eft , fideles numiquàm ambulare in domo Domini cum confenfu: Tol-

Rogant librari ab hæreticis.

lite à nobis citò malos , offerte confuetum facrificium hoc Deo & Salvatori pro confervanda nobis bona defenfione in futuro tremendo judicio: illam ab omni timore & hæretica tertiò repetita fluctuatione ornatum Ecclefiafticum confervate , ftatum con-

---

A · firmate ; rurſuſque exponendo juſtiſſimo Imperatori noftro pias ac juſtas fententias contra ipfos priùs ab Apoftolica fede prolatas , ftatuendo per illas , impia fcripta tradere igni , & habentes illa in publicum prodere , juxtà imitationem eorum qui zelant peffumdare Manichæa & illa impii Neftorii & Eutychetis infenfari ac Diofcori patris & protectoris eorum . Sic enim evacuabitur omnis expectatio his qui fruftrà fperant in eis . Rogamus etiam , fanctiffime , finem perfectum imponere divinæ ac

B · veftræ fententiæ contra Anthimum , paternis veftris decretis convenientem ut omne de medio extinguatur fcandalum à parvulis in Dominum credentibus & omnibus nobis . Cuftodiat Dominus fedem veftram ac piiffimi Imperatoris noftri , tamquàm dies cæli , qui Petri imitatores falvafti , & nos à tribulationibus falvafti , eofque qui vos oderunt confudifti .] Hactenus Orientales Epifcopi ad Agapetum Romanum Pontificem .

His fubiicitur in Actis fubfcriptio Epifcoporum Secundæ Syriæ , qui eam dederunt epistolam , primoque loco pofitus Thalaffius Epifcopus Berythorum . At non ii tan-

C · tùm , fed & qui erant Constantinopoli , & alii Archimandritæ Orthodoxi itidem libellum obtulerunt eidem Pontifici Agapeto , qui & ipfe pariter habetur intextus primæ Actioni ejusdem Synodi ; hic verò ob multa notatu digna in eo pofita recitandus nobis eft : in primis enim quàm deploratiffimus effet hujus temporis Ecclefiæ ftatus , cum adeò ubiquè in Oriente hæretici invalefcerent , oftendit ; continetque nonnulla , quibus recitatæ epiftolæ five libelli obfcura dilucidentur : fic enim fe habet (b) .

b Synod.
Conftantinop. fub
Mena act. 1.

Domino noftro fanctiffimo & beatiffi-

D · mo Archiepifcopo antiquæ Romæ & œcumenico Patriarchæ Agapeto Marianus presbyter & Primas monafteriorum regiæ urbis , & cæteri Archimandritæ ejufdem , & Archimandritæ ac monachi Hierofolymorum ac Orientales in eadem Synodo congregati .

XL.
Libellus Monachorum oblatus Agapeto.

Eos qui fanctas Dei Ecclefias opprimunt confiderantes , & inimicos Dei quotidiè adversùs eam fcribere confpicientes , lamentationes fancti Gregorii (c) in proœmium facimus opportune ad veftram beatitudinem , dicentes : Vifa eft cura Dei pæ-

c e Greg. Nazian. ad Nectarium.

nitùs dereliquiffe præfentem vitam , quæ temporibus ante nos Ecclefiam cuftodiebat .] Habet enim hæc Gregorius Nazian-

E · zenus in epiftola ad Nectarium Conftantinopolitanum Epifcopum data , ipfo ejus exordio , cùm dolet Conftantinopolitanam Ecclefiam à fe derelictam diverforum commercio hæreticorum peffumiri . Sed pergunt ipfi : Et jàm tantùm cujuslibet anima immerfa eft à calamitatibus, ut quidem proprios dolores vitæ noftræ non in malis effe putetur . Tot & tanta funt communia mala Ecclefiarum ad fingula refpiciendo ; quorum nifi aliqua in præfenti tempore fieret diligentia ad reformationem , ad omnimodam

nimodam desperationis confusionem paulatim perveniretur . Cum multis itaque modis jam hæc enarraverimus ; non minùs verò & nùnc magnas & incredibiles insidias adversùs Dei Ecclesiam factas multiplicavimus .

XLI.

etiam

Schismatici & Acephali, qui à furia Dioscori & Eutychetis descenderunt (nescimus quis eos ad amentiam moverit) qui velutì quadam audacia freti, suo proprio morbo triumphant, synagogas facientes & parabaptismata innovantes , & tamquàm ex eversione hoc facientes, & * nomen Episcoporum sibi ipsis in locis nostris diffamantes, apertè ingruescunt, & licenter omnia audent non contrà Ecclesias solùm , sed etiam contrà ipsum piissimum Imperatorem nostrum , & vestrum honorabile caput , sicut tanta prædictorum insania vestræ beatitudini manifesta fuit .]

XLII.

a 2.Cor. 1.
Theodora
Augusta
cladem infert Eccl.

Magna quidèm admiratione dignum, sub Imperatore Catholico leges quotidiè adversùs hæreticos sanciente , & pro fide recta patrocinium suscipiente , adeò coaluisse , invaluisseque in Oriente , ac potissimùm ubi ipse Imperator erat , Constantinopoli nefandos hæreticos , ut Catholici qui ibi erant (ut audis) tentati suprà modum (ut ita dicam cum Apostolo (a)) & ultrà vires , in ultimam penè desperationem videri possent adducti . Sed undè malorum omnium in mundum olim fluxit origo , ex eodem fonte diabolico modò tot damna in Ecclesiam derivavit ; eosdem aliquandò obstructos referans aquæductus per malam fœminam , utpotè qui sciret, potentiori nullo uti posse ad Ecclesiam demoliendam ariete , adhibens ad hoc ipsam impiam sæpe dictam Theodoram Augustam Severi discipulam : cujus arte, fraude, dolisque fœmineo ingenio comparatis , omnes leges in hæreticos latæ pressæ faucibus strangulantur , ut sileant ; cùm & loquaces hæreses revivescunt , atque hæretici majori audacia, spreta etiam Imperatoria majestate , clamantes, insurgunt. Ita planè secundùm illud Ecclesiastici (b): *Unus ædificans & unus destruens : quid prodest illis nisi labor ? Unus orans & unus maledicens : cujus vocem exaudiet Deus ?*

b Eccl. 34.

XLIII.

Sic igitur que Justinianus Imperator sanctis legibus erigebat , impia fœmina occultis machinis destruebat ; & quam ille voce scriptoque sæpe professus est singulis fermè annis Catholicam fidem , ista consueta perfidia abolere sategit . At non puto tanta ista jàm in foris atque triviis ubiqȝ vulgata , lacrymis & lamentis Catholicorum deplorata , altioribus (ut vides) dolentium declarata clamoribus , atque libellis scriptis toties ob oculos repræsentata , Justinianum Imperatorem latere penitùs potuisse . Sed quid? Frangit Adam Eva , & Dalila Samsonem enervat , ut illi ipse licèt non seductus , sed turpiter emollitus acquie, scat , atque in autè caput in ejus sinum somno pressus inclinet . Sed quæ sunt libelli reliqua audiamus. Subdunt enim monachi, quàm contumeliosè facti sint hæretici in

A ipsa etiam primaria Imperii civitate ubi degeret Imperator,& quò tandem procaciæ venerint , ut in ejusdem Imperatoris imaginem insanierint:

Nàm venientes (*inquiunt*) ad quamdam domum figuram oratorii habentem, in qua monachi quidam de iniquo contubernio illorum habitant, imaginem piissimi Imperatoris furia excæcati * , illud patris eorum diaboli fecerunt, qui cum non possit contrà Creatorem, adversùs figmentum suam ostendit furiam . Irruit enim unus ex eis Isacius Persa qui magia quadam utens, seducit corda volentium ab eo decipi, &c.] Quæ superiùs in Episcoporum libello sunt recitata. Inferiùs verò dilemma illud adhibent , quo usus est Gregorius Nazianzenus ad Nectarium scribens, qui fatua tolerantia sinebat cum Orthodoxis hæreticos coalescere , suasque synaxes agere permittebat : rogantis (ut ille petebat) ab ipsa urbe Constantinopolitana pelli procùl hæreticos . Est autem hujusmodi adhibitum argumentum : Non possunt duo contraria esse simùl vera : Si hæreticis facultas datur hæreses prædicandi , istud ipsum fateri est , veritatem apud ipsos esse , à nobis autem illam penitùs defecisse : Sin autem eam apud nos esse jure firmemus; illos ea deficere , & ut mendaciorum textores Deo & hominibus execrabiles esse abiiciendos , dicere necesse : cum præsertim in eo statu res modò positæ essent , ut tolerare ista , etsi non jubere , patique saltèm ipsum Principem sub pacatilimo & florentissimo Imperio , cum ubique terrori esset, etiam longè positis barbaris , indecens esset , atque propemodùm eisdem consentire, ac patrocinio ipsos fovere suo . Sed quomodò iidem tacitè perstringant fautores illorum , accipe:

Quoniam igitur ex hac causa in multas domos eorum, qui in excellentia sunt, intrant , & indecentia faciunt, captivantes mulierculas quasdam peccatis oneratas,quæ variis ducuntur desideriis, & semper addiscunt, & numquàm ad cognitionem veritatis venire possunt : verùm etiam in ipsis propriis domibus & suburbiis altaria , & baptisteria erigunt in oppositum veri altaris & sancti fontis: & omnia simùl contempserunt propter attributum eis patrocinium ab his qui in domo domini & aliquo alio modo potentes sunt .] Et procul dubiò ista dicentes , significant, non ipsam unam dumtaxat Theodoram Augustam infectam Severi peste , sed alios ejusdem civitatis optimates , eorumque coniuges eodem morbo pessimè laborasse . Quòd enim cuncta Theodora arbitrio volvi perspiceret , & hac ex parte prorsùs imbellem esse nossent Imperatorem, cum minimè repugnaret uxori , non damnum & pœnam timebant, sed gratiam se esse speraberant consecuturos, dùm faverent hæreticis , quibus Augustam studere sciebant.

Hæc igitur sanctissimæ fidei confessores monachi deplorantes , eumdem Agapetum Pontificem unà simùl interpellaverunt his verbis:

XLIV.
In Imperatoris celestissimi hæretici.
* excæcantes

XLV.

Optima tè plures Hæresi inquinati .

XLVI.
De fugandis à civitate hæreticis.

veribis: Nolite pati, beatissime, non utis solita fiducia ad resormandum tantum malum. Sed sicut priùs contra Anthimum insurrexistis, & lupum qui conabatur cooperiri per pellem ovis, & transcendere ordinum Ecclesiasticorum ordinum, sanctionum, & canonum, & qui latrocinanter mandram ovium transcenderat, pelle denudastis, & ipsummet demonstrastis, & procul à mandra expulistis; sic & nunc iterùm vigilate, & ostendite piissimo Imperatori nostro, quòd nullum fuerum existit (ut inquit divinus Gregorius) studio reliquo suo circa Ecclesias, si tale malum id destructione sanæ fidei per ipsorum fiduciam præviderit, & permittantur adhuc isti ad corruptionem Ecclesiæ nidificare in domibus dominorum & in propriis, & in qua in ipsis facere.

XLVII.
Hæc quidem dumtaxat portamus, licèt incredibilia, & à diris doloribus incurvati: spem habentes ad clementissimum Deum qui in tempore opportuno vestrum adventum nobis ostendit; quòd sicut Petrum magnum Apostolorum principem qui Romæ erant in depositione Simeonis Soetici misit, sic & vos misit in depositione & expulsione Severi, Petri, & Zoaræ, & eorum qui similia eis sapiunt, & qui omnigenis honoribus circumfoventur ad inhonorationem Dei blaspheiniasque ac ejectiones: dabit vobis potestatem, coopitulante vobis piissimo & à Deo custodito Imperatore nostro, istos expellere de omni Ecclesia tamquàm insidiatores & violatores non solùm sanctissimarum Ecclesiarum, sed & politiæ ipsius. Nàm cùm hos ad suam malitiam convenientia organa insidiator boni, nempe diabolus, invenisset, totum orbem terrarum commotum fecit, & Sanctorum sanguine terram contaminavit, & civitates jugulationibus, & tumultibus turbavit. Expellite igitur istos.

XLVIII.
Scitnus benè, si piissimum Imperatorem nostrum & ipsum Christi amabiles Principes informatis, quòd communicant anathemati; in medio habemus anathema, sicut ostendit nobis antiqua Scriptura Achan & Jonathan, qui scienter ignoranter inciderunt in anathema, & hæc ignorando in periculo fuerunt perire cum eis, quoniam in medio eorum fuit anathema. Et si commemoratio sub Deo amato & dilecto Imperio adducere Deo eos qui ab ipsi à recta fide abducti sunt, & nihilum duxerunt val leat facere, insidiatores Ecclesiæ repellantur. Non enim latuit tuam beatitudinem, quòd quamquàm piissimus Imperator noster mandaverit hæreticos non conventus facere, neque rebaptizare; Zoaras tamen tale præceptum despexit, & parabaptizavit in die Paschæ non paucos, inter quos erant pueri eorum qui permanent in domo herili, sicut deposuit ille, qui ab ipsis gratia Dei potuit evadere & aufugere, & ad Dei Ecclesiam refugere. In aliis quoque locis, & domibus excellentissimorum virorum hæc & similia istis facta fuerunt. Verùm semper isti sob Dei Ecclesiam perturbaverunt & contristaverunt, & nos usque ad illud tempus fletum utique continuimus.

Sed quoniam & ab his qui intùs jàm esse videntur, ac in ordine Pontificum existere, omninò expugnatur, Catholica fides scilicèt; tempus est dicere de eis illud Psalmi (b): Si inimicus maledixisset mihi, sustinuissem utique: & si is qui odit super me magna locutus fuisset, absondissem me forsitàn ab eo: tu verò homo unanimis, dux meus & notus meus, qui mecum dulces capiebas cibos, in domo Dei ambulavimus cum consensu. Tales fuerunt nonnulli commorantium in magna, & regia urbe, prima civitatum, nomen quidem pastorum portantes, totaliter autem sunt lupi rapaces: è quorum numero maximè existit Anthimus Trapezuntinus, & alii aliarum civitatum, isti enim & similes huic ex hæreticis Acephalis existentes, at paululùm religionis pietatem simulantes, in Ecclesias se intruserunt tamquàm quædam Ægyptiaca flagella, qui nullo modo propriis Ecclesiis vacare volunt, & hoc totum benè sapientes id devastant sibi assignatas Ecclesias, &c.] Pergunt dicere de Anthimo Ecclesiæ suæ desertore, invasore verò alterius: sed hæc nos suo loco opportuniùs recensuimus. Atque demùm hæc addunt adversùs eosdem:

Verùm quoniam non solùm iste sed & cæteri Episcopi, clerici, & Archimandritæ in magno numero, qui insidiis adversùs Dei Ecclesiam utuntur, & propter hoc solùm in hac civitate commorantur, ei & universis Ecclesiis perturbationes dare, nullo modo recusant; rogamus, & universos tales ad vos adduci, & exactiones promittere canonicas condecentes: quippe & in prædicto Anthymo & in istis omnibus vigilante justo judicio canonum à vobis benè custoditorum, ut paululùm refrigeretur Dei Ecclesia ab istis liberata, & cognoscant qui ad pastoralem curam & clerum hoc modo venire volunt, quòd non in sine tacebit Dominus, sed evigilabit super tales pastores, super quos secundùm Prophetam (c) exacerbatus est furor ejus; isti enim pascunt non oves, sed se ipsos, & judicium abominantes, & omnia recta pervertentes, ad nihilum duxerunt insidias quæ fiunt contra Ecclesiam, & blasphemiam contra sanctos Patres.

Quam defendentes Ecclesiam, beatissimi, suscipite nostram supplicationem: & potestatem vobis à Deo datam in ipsos moventes, purgate Dei Ecclesiam, & à lupis liberate, immittentes in ipsos non pastoralem, sed disciplinativam virgam vestram. Nàm etsi pœnitere promittunt; præterita vita ipsorum, quæ alio & alio tempore & non veritate commisit, non permittit committere pastoralia eis qui Ecclesiam Dei negaverunt, & hæreticis qui extra ipsam justè constituti sunt, Severo videlicèt, Petro, & Zoaræ, & qui similia his sapiunt, super quos judicium vestrum piissimus Imperator suscepit, jamque condemna-

Margin left:
XLVII.

* Samaritani

* elecciones

XLVIII.
In eos qui hæreticos non expellunt.
a Jos. 7. 1.
Reg. 14.

E

Margin right:
XLIX.
De Episcopis pietatè simulantibus.
b Ps. 54.

L.
De pseudo-episcopis degentibus Constantinop.

c Ezech. 34.

LI.

demnatos Apostolica sede vestra, & ab aliis Patriarchalibus sedibus, necnon ab omni Pontificio, cum non patiantur canonice venire ad Ecclesiam Dei, expelli ab omni publica & privata domo, piissimo Imperatore nostro pro pace Ecclesiarum idem vobiscum sentientiante, cui omnis cura & studium die noctuq; de hac re super omnes est: & cessare facere omnem turbationem ab ipsis factam Ecclesiis, atque omnem alienam doctrinam simul videre, beatissimi; & hortari Deo amatum dominum nostrum, ut sanciat, sicut illa impii Nestorii, ita & ista Severi mente capti animæ corruptibilia scripta in sanctam Chalcedonensem Synodum, & in thronum sancti Patris nostri Leonis Archiepiscopi blasphemantia igni tradere: nàm per ista dubiam fidem in animas simpliciorum facere studuit, & subfanuari fecit apud Gentes magnum & venerabile nomen Christianismi.

LII. Etenim hujus gratia & Romam ad vos misimus, & vestrum exoptatum adventum denunciavimus,& ipsum suscepimus. Tales à piissimo Imperatore nostro promissiones accepimus, quòd ea quæ à vobis canonicè pronunciata sunt, sua pietas omninò studeat mandare executioni, & totum mundum deinceps liberare à temporali horum turbatione. Nomina verò clericorum & monachorum tempore opportuno denunciabimus, exhibentes quomodò hi quidem quæ Nestorii sunt, hi verò quæ Eutychetis sentientes, ab utraque parte divellere Ecclesiam conantur.] Hactenùs Orthodoxorum monachorum libellus, cui subscripta leguntur nomina Archimandritarum & presbyterorum pro suis monasteriis legatione fungentium numero nonagintaduo magna ex parte provinciæ Palæstinæ. Nàm inter alios affuit legatio à magno illo Theodosio cœnobiarcha, de quo plura superiùs laude dignissima pro fide perfuncta enarrata sunt. Hesychius enim presbyter ejus monasterii Theodosii legatus subscriptus eidem libello legitur.

LIII. Vivebat adhùc quidem Theodosius ipse, De Theodosio cœ- de quo ista in ejus Vita post alia suscepta nobiarcha. pro fide Orthodoxa certamina leguntur: Cum eo, Theodosio scilicet, intellexisset & qui veteris Romæ sedem pulchrè tenebat (is autem erat Agapitus) & qui Antiochenam sedem regebat Ephraïm, sive Ephram: ipsi quoque populis rectam fidem prædicabant, In quibus multa sunt ad laudem hujus beati composita, quæ non minorem gloriam afferunt iis qui scripserunt, quàm ei qui laudabatur; quòd non ad gratiam, sed planè ad veritatem fieret laudatio.] Hæc ibi.

LIV. Sed quod ad libellum recitatum pertinet, oblata ista fuerunt ab Archimandritis Agapeto, ut quæ præcedant ipsum libellum Acta testantur: ita tamen, ut ea Agapetus omnia, antequam illos tùm Episcoparum tùm monachorum Agapetus susciperet, celeritate prævenerit; utpote quòd ret, jàm Anthimum condemnasset: nàm ubi thimum. primùm exuisset Episcopatu Constantino-

politano, summa qua nitebatur Apostolicæ auctoritate rursùm in eum sententiam tulit, qua judicavit, ut etiam ab Episcopatu Trapezuntii, & omni sacerdotali munere, & functione esse omninò deberet extorris: acceptos verò dictos libellos tùm Episcoporum, tùm etiam monachorum misit ad Justinianum Imper. quò ab eo damnati expellerentur hæretici.

LV. Sed quid intereà, peccatis exigentibus Agapeti ex populi, funestum accidit? Cum jam omnia ista vita tran- ista ab ipso facta essent, implessetque in situs. omnibus partes suas, sanctissimus Agapetus ex hac vita migravit: tamquàm omnibus absolutis ad quæ missus erat, post opus vocaretur ad præmium. Hæc autem omnia brevi narratione à nobis perstricta, accipe quàm diligentissimè enarrata in libel- a Apud lo (a) eorumdem monachorum, quem stantinop. Justiniano Imperatori post Agapeti obitum Synod. Con- obtulerunt: in quo post recensitum ab eis sub Menna primum & secundum judicium contrà An- Act. 1. thimum latum, quorum priori è sede Constantinopolitana eum deposuerat, posteriori etiam è sacerdotio Ecclesiæ Trapezuntinæ, ista adiecere de his quæ post hæc sunt subsecuta:

LVI. Has verò petitiones nostras, oblatas sci- licet Agapeto, ut omni sacerdotio exueret Anthimum, præveniens prædictus sanctissimus vir Agapetus, cum Anthimus se ipsum manifestum constituerit, simul cum prædictis hæreticis condemnavit, & omni dignitate sacerdotali & officio nudavit, & omni Episcopatu, & Orthodoxo nomine usque ad pœnitentiam eorum que deliquit. Et misit pietati vestræ libellos nostros, ut quæ in ipsis sunt, nempe ut iidem damnati hæretici procùl eiicerentur, per vos ad finem deducantur. Sic enim opportunè assumptus est hic honorabilis vir à dispensatore nostro Deo, & additus est patribus suis, & bonum certamen certavit, & cursum perfecit, fidemq; servavit.] Hæc ipsi de transitu sanctissimi Agapeti: atque eodem libello Imperatorem, ut eadem abiiciat hæreticos, interpellant his verbis:

LVII. Obtestamur itaque vestrum Imperium Quid Or- (licet temerarium quid faciamus) per ma- thodoxi gnum Deum Salvatorem nostrum Jesum petant ab Christum, qui protegat venerabile Impe- Imp. rium vestrum, & omnem inimicum, & hostem propter vestram rectam fidem vobis subiiciat, non contemnere judicium prædicti sancti viri; sed ipsum exequi, & Ecclesiam Dei & totum mundum liberare à peste Anthimi, & prædictorum hæreticorum. Nàm sancto Agapeto in præsenti via existente, post Deum ad vestram pietatem respiciente, hæc accipere finem à vobis expectavimus. Implendo itaquè quæ ab illo justè & canonicè judicata fuere, & per vestra generalem sanctionem ista confirmando, taliaque de cetero præsumi interdicendo; illius beatam animam coletis, quæ cum Deo proxima sit, eò quòd vinculo terræ & carnis hujus soluta sit, & fiduciam ex propriis bonis operibus adepta, pro pace & salute vestræ pietatis intercedit.

Ver

LVIII.
2 Pf. 138.
Magno periculo tenuntur hæretici degere in civitate.

b Jos. 7.
1 Reg. 4.

c Prov. 20.

LIX.
De tempore obitus Agapeti.

Vos autem cum David ad Dominum cum fiducia clamate (a): Nonne qui oderunt te, Domine, odio habui, & super inimicos tuos tabescebam ? Perfecto odio odivi illos, & inimici facti sunt mihi. Timendum enim est, piissime Imperator, ne propter multam dilationem illud Israelitici populi patiamur & nos, in medio habentes ab omni sacerdotio anathematizatos ; qui quondam in medio habuit Achan (b) & Jonathan in scientia & ignorantia se ipsos anathemati subiicientes, in periculo fuit totaliter perire, licèt ignoraret quòd in medio haberet anathema. Non ergò, Christianissimi Imperatores, tale malum contemnite, sed utimini zelo ad cognitionem Dei, & his quæ ipsius sunt, adimplentes quod scriptum est (c): Ventilator impiorum Rex sapiens: ut cum David, & Josia, & Elia, ac Agapeto, qui maximè zelaverunt pro Deo, partem vos habeatis & in præsenti quidem sicut & illi, & sub scabello pedum omnes inimicos vestros subiiciat : in futuro verò cum illis æternum regnum tribuat, qui promisit coram isto centuplum & in futuro sæculo vitam æternam donare.] Hactenùs Archimandritæ ad Imperatorem post obitum sanctissimi Agapeti.

Sed antequàm cetera quæ hoc eodem anno Constantinopoli post Agapeti Papæ obitum secuta sunt, in medium afferamus; in ipso transitu tanti Pontificis aliquantulùm immorandum. Quod enim in primis ad tempus spectat ; quo hujus anni mense, quove ejus die defunctus sit, haud satìs liquidò constat : certum est tamen errare eos, qui ejus obitum contigisse referunt hoc anno vigesima prima mensis Maii. Si quidèm ex Actis Synodalibus ejus, quod hoc anno celebratum est Constantinopoli, Concilii post migrationem Agapeti, redarguuntur, cum ejus prima Actio die secunda ejusdem mensis Maii habita legatur : adeò ut opus sit affirmare, antè eumdem mensem Majum sanctum Agapetum ex hac vita deductum. Anastasius de ipso habet, sedisse tantùm menses undecim & dies decem & octo. Verùm cum superiori anni exordio ipsum electum fuisse Pontificem satìs apertè fuerit demonstratum, utique ampliùs anni periodo ipsum vixisse, opus est affirmare. Ad calcem verò de eodem Agapeto hæc Anastasius: Post dies aliquantos ægritudine correptus, defunctus est Constantinopoli. Cujus corpus in loculo plumbeo translatum est Romam usque ad basilicam beati Petri Apostoli, ubi & sepultus est duodecimo Kalendas Octobris. Hic fecit ordinationem in urbe Roma, creavit diaconos quatuor, Episcopos per diversa loca numero undecim. Et cessavit Episcopatus ejus mensem unum & dies viginti octo.] Hactenùs Anastasius. Porrò diem natalis ejus illum celebrat annuatim Ecclesia, quo Romam translatum in basilica Vaticana ipsum excepit. Quòd verò ad le-

gationis negotium, cujus rei causa profectus est Constantinopolim : ipsum quidem benè gestum esse, idem Anastasius indicat, ubi ait : Agapetus Papa omnia obtinuit, pro quibus missus fuerat.] Sed redarguitur ex his quæ dicta sunt superiùs ex Procopio, & ex iis quæ posteà sunt consecuta. Post hæc de ejusdem Agapeti obitu ista subdit Liberatus diaconus (d): His peractis, constituens Papa apud Imperatorem Apocrisarium Ecclesiæ suæ Pelagium diaconum suum, dùm in Italiam reverti disponit, Constantinopoli obiit.] Hæc Liberatus.

LX.
e Biblioth. Vatic. l. n.
Regest. S.
Greg. pag. 194.

Extat in bibliotheca Vaticana (e) de rebus gestis ab Agapeto Pontifice Constantinopoli & obitu ejus & funere vetus monumentum, scriptum (ut apparet) ab 1538 aliquo qui tùm interfuit : quod licèt depravatum valdè, ut licuit restitutum, hic tibi reddendum putavimus, cum notatu digna nonnulla contineat : sic enim se habet :

LXI.
Chronographia ab Eccl. Rom. condita.

Anno ædificationis Romanæ Ecclesiæ quadringentesimo nonagesimo, Agapitus, qui primæ sedis Antistes fuit, à Theodato Gothorum nequissimo Rege ob postulandam à Justiniano Augusto pacem Constantinopolim venit.] Hic observa, lector, veterem chronographiam, qua aliqui numerarent interdùm annos ab ædificatione Romanæ Ecclesiæ. Sicut enim priscis Romanis mos fuit ab Urbe condita annos recensendo deducere, ità iis visum ab Ecclesia Romana condita temporis nota memorias consignare : cui & consentire, cohærereque nostram chronographiam adamussim omnino gaudeas. Etenim dùm ostendimus anno Domini quadragesimoquinto Romanam Ecclesiam ab Apostolorum Principe Petro erectam ; planè ab eo tempore absolvitur hoc anno quadringentesimus nonagesimus, & inchoatur nonagesimus primus ejusdem, quo vertitur annus Domini quingentesimus trigesimus sextus. Sed videamus quæ sequuntur :

LXII.

Confestim uterque, Rex & Pontifex, sancta delibans oscula, & alter alterum veneratus, diem duxere in vesperam, legationis quidem tractat pace negata. At verò Agapitus juxta præceptum Petri, universis profuturus Ecclesiis, quæ per id tempus omnes in se inclinatas recumbebant, in ipsarum se necessitatem convertit, columnamque se futurus immobilem.] Etenim (ut dictum est) ubi Constantinopolim venit, plures de miserando statu Ecclesiarum ei libelli oblati sunt ; petentes omnes ab ipso, cui universalis gregis cura in Petro credita fuit, cui & dictum est : Confirma fratres tuos : Auxilium impartiri. Hactenùs (subdit Auctor) Romanum Pontificem Constantinopolim advenisse dixi : nùnc Anthimum universalem Ecclesiam invasisse dicam. Epiphanio siquidem vigesimo regiæ urbis Episcopo vita defuncto.] Ità quidem numerans à Metrophane prædecessore Alexandri Episcopi Constantinopo-

d Liber. diac. Brev. c. 22.

Series antiqua Episcoporum Constantinopol.

nopolitani , qui vixit tempore Constantini : ab ipso enim usque ad Epiphanium , demptis hæreticis & schismaticis , totidem numerantur ejus Ecclesiæ Episcopi ; ut planè appareat , Nicephori catalogum Constantinopolitanorum Antistitum , à Stachi (ut ait) ab Andrea Apostolo ordinato inchoatum , his temporibus prorsùs ignotum fuisse . Pergit verò auctor :

LXIII.

Anthimus, qui relicto dudùm apud Trapezuntium civitatem Episcopatu , Constantinopolim venerat , vitamque suam jejuniis commendabat , sive Patrum decreto, sive Augusti favore , sive procerum voto, hæreticorum pecuniis & seditiosorum turbis fretus, in Constantinopolitanæ Ecclesiæ sedem irruit improvisus , adulter invasit , & Apostolicu n thronum , ingemiscen. te clero , populoque ad cælum oculos referente , homo inimicus insedit ; atque cunctis cæteris insaniam suam tacitus seminavit , stipem egenis simoniaco ritu disseminans . Talem hunc Ecclesiæ adulterum & populi seductorem Agapitus Papa sine ullis morarum obstaculis Ecclesia expulit , & pœnitentiæ eidem tempus indixit ; quod cum sine mora repelleret , & antiquam Ecclesiam quam reliquerat, reprobaret ; perfidiamque suam alta mente reponeret ; Papæ Agapiti voce & canonica secure percussus est ; complicesque ejus Severus & Petrus , Antiochenæ & Apamenæ civitatum quondàm Episcopi de exilio in exilium deportati ; Zoaras quoque presbyter , eorumque sequax Apostolica voce ligatus est .

LXIV.
Expiari solita templa & utensilia.
a De consecr dist. 1. c. 23.

Agapitus verò Papa , vas Catholicum , Evangelii tuba , præco justitiæ , sacra altaris sedisque velamina sacrilegi Anthimi infecta flatibus , suis Catholicis precibus eluit .] Citantur hæc verba à Gratiano (a) ad probandum antiquum Ecclesiæ ritum, quo ostenderet Catholicam Ecclesiam semper exhortuisse quæ suut hæreticorum, non solum ipsas ecclesias , sed omnia ipsarum utensilia ; nec illis absque expiatione sacra uti solere . Sed pergit : Omnesq; templi ædes ab inflictis inibi per Anthimum maculis Orthodoxis obser ationibus expiavit , mercenario , lupoque ovium à Dominica caula detrudo extrà Ecclesiæ parietes . Ecclesiarum ministri , Catholico Principe sibimet arridente , consilium unanimes ineunt , Agapito Præsuli Mennam presbyterum ordinandum sibi Episcopum suis vocibus commendantes , in medium proferunt . Ag pitus Papa libellum ejus instat fidei suæ manu propria editum flagitat , scilicèt Romæ eum per se beato Petro Apostolo porrecturus .

LXV.
Libellum offert Mennas Agapeto .

Edito Mennas juxta præceptum creatoris sui fidei libello , & Agapito Papæ in conspectu Ecclesiæ suæ oblato ; ab eodem omnium Episcoporum Principe imposita manu universalem , subjectarum sibi provinciarum videlicet , Episcopatum adeptus est , solutque vigesimusprimus Ecclesiæ suæ Episcopus à Romanæ sedis Antistite meruit ordinari . Hucusquè Agapiti

præceptoris nostri monitis lætati sumus in his quæ dicta sunt nobis ; nùnc subita infirmitate ejus turbati mæremus . Quis enim potuit siccis oculis Agapitum narrare morientem ?

Incidit in gravissimam valetudinem : immò quod optabat , invenit , ut nos deseret , & temporum malis mòx subsequentibus careret , & Domino pleniùs cum sanctis Patribus jungeretur . De secerat spiritus , & anhelans in morte , anima erumpere gestiebat ; ipsumque stridorem , quo mortalium vita finitur , in laudes Domini convertebat . Necdùm spiritum exhalaverat , necdùm debitam Christo reddiderat animam ; & jàm fama volans tanti prænuncia luctus , totius Orbis populos, quibus civitas repleta erat, ad exequias convocabat . Adeant diversarum provinciarum numerosi Episcopi , & sacerdotum monachorumque chori penè urbem repleverant . Tota ad funus ejus Byzantium turba convenit : sacrilegum putabat , qui non tali Pontifici ultimum reddidisset officium : sonabant psalmi , & excelsa tecta domorum reboans in sublime Alleluja quatiebat .] Locus iste ex epistola S. Hieronymi ad Aletium desunere Ruffinæ scripta desumptus indicat auctorem fuisse Latinum , atque Latinè scripsisse : qui pergit : Hinc juvenum choros, hinc senum videres . Quæ carmina , laudes sacerdotales , & facta feruntur ?

LXVI.
De ægritudine Agapeti.

Nemo quandoque totius Orbis vel Episcoporum , vel Imperatorum vita defunctus , inter tantas exequiarum copias funeratus visus est . Explorate procedentium & catervatim in exequiis ejus multitudinem fluctuantem , non plateæ , non porticus , non eminentia desuper tecta capere poterant prospectantes . Tùnc suos in unum populos urbs regia prospexit : favebant * omnes sibi in gloriam defuncti sacerdotis . Nec mirum , si de ejus fide homines exultarent , de cujus prædicatione Angeli lætabantur in cœlo . Quodque mirum sit , nihil pallor mutavit in facie ; sed ità dignitas quædam , & gravitas ejus ora compleverat , ut eum non mortuum , sed dormientem putarent .] Hucusque ibi sed nonnulla deesse videntur . Impendit Oriens vivo, impendit & mortuo Agapeto, quæ tantum decere sciret Romanum Pontificem , Ò bis totius Antistitem:dùm quam debuit eidem superstiti obedientiam exhibuit & observantiam, defuncto autem ut patri omnium parentavit .

LXVII.
De sumptuoso funere Agapeti .

* fervebat

Ne quid verò præterisse videamur ex iis quæ sub eodem Pontifice gesta esse antiquitas prodidit ; hic ad finem rerum ab ipso gestarum collocanda nobis erunt , quæ absque nota temporis esse conscripta reperiuntur de iis quæ ipsi acciderunt , dùm Romæ esset : cum more nostro certis reddere annis nolimus , quæ nulla certitudine temporis enarrantur , sed ad calcem potiùs ipsa referre . Quæ igitur de eodem Agapeto Pontifice apud Sophronium narrata leguntur , his jungamus : sunt hujusmodi

LXVIII.

h *Trat.Spi-*
*rit-ea.*150.

* *Formellæ*
De Epif-
copo ca-
lumniam
paßo.

modi (b): Narravit nobis Abbas Theodorus Romanus, dicens: Est non procul à
Romana urbe breve oppidum, quod RumeL
lum * dicitur. In eo oppidulo Episcopus
erat magnæ virtutis & meriti.Die ergò quadam habitatores oppidi ingressi sunt ad beatissimum Romanum Antistitem Agapetum;
accusantes Episcopum suum,ac dicentes quia
in sanctificato vase manducat. Pontifex autem solo auditu perculsus, mittit duos ex
clericis, ut vinctum Episcopum & pedibus
iter agentem Romam perducerent: venientem verò continuò misit in carcerem. Cum
ergò tres dies in carcere egisset Episcopus, venit Dominicus dies. Et cum Papa quiesceret, illucescente Dominico die,
vidit in somnis quemdam astantem sibi, ac
dicentem: Hac die Dominica neque tu offe-
ras salutarem hostiam, neque aliusquis-
piam Episcoporum qui sunt in urbe ista,
nisi solus Episcopus, quem habes in carcere inclusum: illum enim hodiè offerre
volo.

LXIX.
Agapetus
admonitus
proficit.

Experge factus autem Papa, & de visione quam viderat, hæsitans, dicebat in se
ipso: Talem contrà illum accusationem suscepi, & ipse habet offerre? Venit igitur
ei secundò vox in visione, dicens: Dixi tibi, ut Episcopus, qui est in carcere, solus
offerat. Ambigenti adhùc, tertiò apparuit
illi, eadem repetens. Expergefactus autem
Pontifex misit in carcerem, & accersito ad
se Episcopo, percunctabatur eum, dicens:
Quod est opus tuum? Episcopus autem nihil illi aliud respondit, nisi: Peccator sum.
Cum verò Episcopo persuadere non posset,
ut aliud diceret: tunc ait ad eum Papa: Hodiè tu offerre debes.

LXX.

Visibile si-
gnum Spir.
sancti.

Cum ergò sancto altari assisteret, & Papa propè illum astaret, diaconis altare cir-
cumdantibus, cœpit sancta Missarum solemnia Episcopus. Et cum complesset orationem oblationis, antequàm concluderet ipsam, cœpit secundò ac deinceps tertiò &
quartò dicere ipsam sanctam oblationis orationem. Cunctis verò eam moram moleste
ferentibus, dicit ei Pontifex: Quid hoc est,
quòd jam quartò hanc orationem dixisti, nec
eam concludis? Tùnc respondit Episcopus:
Ignosce mihi, Pater sancte: Quia non
vidi juxtà consuetudinem sancti Spiritus
descensum, idcircò non terminavi orationem. Sed; sancte mi domine, diaconum
illum propè me assistentem, qui flagellum
tenet, ab altari remove: ego enim illi dicere non audeo. Tùnc jussu S. Agapeti recessit diaconus: & continuò vidit Episcopus & Papa sancti Spiritus adventum. Sed &
velum, quod altari superimpositum erat,
ultrò sublatum est, texitque Papam & E-
piscopum & diaconos omnes, qui sancto altari astabant, quasi per tres horas.
Tùnc venerandus Agapetus, agni-
ta sanctitate Episcopi ex perspecto miraculo, quàmque falsam calumniam perpessus esset cognoscens; quòd illum ità
vexaverat, tristis affectus, statuit non jam
ampliùs per surreptionem quippiam agere, sed cum maturo considerat oque judicio

Annal. Eccl. Tom. VII.

A & magna longanimitate procedere.] Hactenus ibi.

At ne tu ista legens errore ex hujusmodi
narrata historia ducaris, ut existimes peccatis intercedentibus ministrorum posse effici, ut quod in Ecclesia Deo offertur sacrificium, minimè suum fortiatur effectum,
Etenim si nec ipsius sacerdotis rem agentis
peccata impedimento esse possunt, quò
minùs incruentum illud & sacrosanctum sacrificium perficiatur omninò; quantò magis astantium ministrorum id haud poterit
retardari criminibus? Sed totum illud fa-
B ctum esse divinitùs ad illius sanctissimi viri sanctitudinem declarandam, satis innotuit, atque ad reliquos admonendos, haud
facilè à Deo permitti omninò falli judicia
Summorum Pontificum; quorum sit mens
recta, piaque: cum etsi aliqua possint ut homines falsa surreptione præveniri,Deus tamen succurrat ne labantur. Quæ si in hujusmodi privatis causis accidere consueverunt,
ut etiam superiori tomo, dùm de S.Equitio
C egimus, est demonstratum; quomodò non
præsentaneo peculiarique Deus præsto erit
auxilio, cum publica ad universam Ecclesiam pertinentia judicia exercentur, atque
ea potissimùm quæ sunt Catholicæ fidei de-
cernuntur?

At hic finis esto historiæ rerum gestarum
sanctissimi Agapeti Romani Pontificis: cui
haud scio an similis alius inveniri possit,qui
adeò brevi temporis spatio Ecclesiæ Catholicæ præsidens, talia tantaque perfecerit,
cujusque æquè apud Occidentales atque O-
rientales sint amplissima conclamata præconia: quique Fidelibus cunctis ex hac vita
decedens sui ardentius reliquerit desiderium,
quod etiam de optimis privatus amor adimere consuevit: qui denique in deplorata
adeò incidens tempora, magis sacerdotali
vigore nituerit, constantiorque apparuerit
Pontificia potestate.

Jam verò quæ post sanctissimi Papæ decessum, antequàm successor crearetur, facta
sint Constantinopoli, hic enarremus. Aderant illic adhuc Apostolicæ sedis legati illi,
quos idem Pontifex (ut dictum est) præmiserat anno superiori ad res componendas
Constantinopolim; quos decedens nulla
iminutos potestate reliquit. His autem
cura illa potissima fuit, ut quæ ab eodem
Agapeto vivente constituta fuissent, nullo
umquam hæreticorum labefactarentur in-
sultu, sed sarta tecta,atque in omnibus illi-
E bata & integra permanerent: cujus rei causa
suis ipsorum verbis etiam obligare Orientales Episcopos, ipsis in consilio fuit,atque
in eamdem sententiam Mennam adduxerunt
Constantinopolitanum Episcopum.

Sic igitur pari consensu Synodum in eadem civitate ex vicinioribus Episcopis &
iis qui Constantinopoli morabantur colligere quantocyus decreverunt, antequàm
rursùs insurgerent potentia freti Imperatricis depositi nuper hæretici, qui fuerant
Pontificia Agapeti auctoritate compressi.
Pollebat ad hæc agenda viribus Mennas,
utpotè qui non legatorum tantùm munie-
X batur

LXXI.
Admonitio
de iis quæ
dicta sunt.

LXXII.
Excellen-
tia Agape-
ti.

LXXIII.
Apost. le-
gati post
obitum
Papæ.

LXXIV.
Synodus
Constanti-
nop. sub
Menna.

A

batur auctoritate , sed & ipse præpotens erat vicaria sedis Apostolicæ præfectura, qua ab eodem Romano Pontifice adhuc vivente insignitus fuerat , prout ejusdem Synodi Acta , de quibus sumus dicturi , declarant . His ergo relictis , qui ex hac vita ad æternam migraverat Agapetus , vivere visus est in legatis , superstesque in Vicario Menna Constantinopoli adhuc post obitum permanere . Horum igitur opera atque labore, hoc anno , die secunda Maii , celebrari cœpta est dicta Synodus Constantinopoli , præsidentibus cum Menna Apost. sedis legatis . Extant ejus Synodi Acta recitata in Concilio Hierosolymitano , hoc item anno die XIX. Septembris habito , ubi

a Extant §. 2. Cōc. nov. edit. hæc de ipsa Synodo Constantinopoli dicta die celebrata leguntur , quibus tempus & personæ quæ interfuerunt describuntur, atque ita exordiuntur (a).

LXXV. Post Consulatum Flavii Belisarii viri clarissimi , sexto Nonas Majas , Indictione decimaquarta , in Deo amantissima & Imperiali civitate Constantinopoli nova Roma , præsidente domino nostro sanctissimo ac beatissimo Archiepiscopo & Patriarcha

* in mediatulio aule occiduo. Menna in Mesaulio * Diitico venerabilis domus dominæ nostræ sanctæ & gloriosæ Dei genitricis semper Virginis Mariæ , quæ

De his qui Synodo interfuere. est prope sanctissimam magnam ecclesiam . Et à dextra quidem parte considentibus ei & coaudientibus juxta jussum Christo amantissimi & à Deo custoditi Imperatoris nostri Justiniani, sanctissimis ac Deo amantissimis Episcopis Sabino Canusino, Epiphanio Esculano, Asterio Salernitano, Rustico Fæsulano, Leone Nolano, omnibus ex Italiæ regione prius quidem missis à sede Apostolica .] Et aliis ibi recitatis Episcopis , omnibus quinquaginta numero : post quorum nomina recensita , novissime recitantur, qui & eodem ordine subscripsisse reperiuntur Theophanes atque Pelagius Sanctæ Romanæ Ecclesiæ diaconi cum dictis Episcopis eodem munere Apostolicæ legationis fungentes , unà cum aliis ministris Menna & Petro Apostolicæ sedis Notariis ac subdiaconibus & procuratoribus , ac cæteris qui aderant ejusdem Apostolicæ sedis clericis : interfuerunt legati quoque ab Antiochena Patriarcha Ephræmio , necnon alii à Petro Episcopo Ecclesiæ Hierosolymitanæ , itemque Cæsareæ Cappadociæ, Ancyra , & ab aliis locis missi .

LXXVI. *De loco Synodi nominato Diitico.* Quod verò in primis ad locum Synodi pertinet : non prætereat (quod & alibi notasse meminimus) dùm habent Acta , eam habitam in Diitico : hanc vocem cum librarii minimè intelligerent , eam corrupisse , ut pro Diitico , scripserint Dyticum , alii Dipsychum ; sed germana est illa lectio , qua Diiticum ponitur : erat enim Constantinopoli percelebre monasterium Dii appellatum , à quo Diiticum derivatum , cujus hoc tempore præfectus erat Agapetus , qui in ordine Archimandritarum in datis Synodo libellis primo loco subscriptus habetur . Ità dictus locus ille à Dio Archimandrita sanctitate ce-

B

C

D

E

lebri , cujus natalem diem Græci notatum habent in Menologio decimanona Julii . Cujus etiam monasterii Dii mentio habetur in Romano Martyrologio (b), ubi

b Die 8. Februarii . memoria celebratur ejusdem monasterii monachorum martyrum , qui pro Catholica fide tuenda sub Anastasio Imperatore occisi sunt , de quibus ibidem in Notis diximus .

Considentibus itaque Episcopis, jussus

LXXVII. *De prima Synodi actione.* est legi libellus oblatus anteà Imp. Justiniano ab Orthodoxis Archimandritis Constantinopolitanæ urbis & aliis Syriæ Inferioris, qui etiam (ut nuper vidimus) aliunc Agapeto Papæ dedere libellum eodem argumento conscriptum , quibus omnibus petebant damnatos hæreticos prorsùl expelli . His actis , rursùm legi eorumdem libellum datum Agapeto Papæ , Patres jusserunt , quo (ut dictum est) damnatos hæreticos non amplius audiri , sed procul relegari petebant ; necnon alium eidem prius oblatum Pontifici , & scriptam ab eo epistolam ad Petrum Hierosolymorum Episcopum . His lectis , interlocutus Mennas , conveniendum dixit esse & explorandum Anthimum , si resipiscere ab errore vellet , necne , ut si minùs id faceret , expelli posset : hac usus benignitate ex voluntate (ut testatus est) Agapeti Papæ , Missique sunt ex Synodo ad eum accersendum tres Metropolitani Episcopi , duo presbyteri , totidemque diaconi . Sicque finis impositus est presenti prime Actionis .

Secundò convenerunt iidem sanctissimi

LXXVIII. *Secunda Actio.* *c Habetur to. 2. Conc. nov. edit.* Patres Nonis Maii , sive (ut alia lectio habet) pridie Nonas ejusdem (c) . Tùnc qui missi erant , retulerunt Anthimum quæsitum in Palatii locis ubi degere consuevit , & alibi , & in suburbio , nec inveniri potuisse . His auditis , placuit sanctæ Synodo rursùm aliorum trium dierum terminum ad resipiscendum illi tribuere ; cujus rei gratia alii legati sunt Episcopi , presbyteri , atque diaconi , qui eum quæ rerent . Hæc gesta sunt in hac Actione, neque amplius quicquam .

Post hæc autem statuta die rursùm ad

LXXIX. *Tertia Actio.* Synodum Episcopi convenere sexto Idus Maii ; ubi vocatis qui ad inquirendum Anthimum missi essent , & pariter testatis majori cum diligentia perquisitum & non inventum ; interlocutus Mennas Constantinopolitanus Episcopus unà cum sancta Synodo, tertiùm adhuc Anthimo ad resipiscendum dilationem decernit , eamdemque peremptoriam ; missique totidem Episcopi , presbyteri , atque diaconi, prorogato dierum spatio ad pœnitentiam Anthimo . Sed quid prætereà à Patribus additum , ex Actis iisdem accipe (d) quod interlocutus est Men-

d Ib. Act. 3. nas & universa Synodus post concessum decem dierum Anthimo spatium : Et pro tollendo omnem ignorantiæ, seu (quod verius est) dissimulationis occasionem , fient, quæ à nobis sententiata fuerint , manifesta toti Christianissimo populo hujus regiæ civitatis , & proclamatio apponetur continens inquisitionem esse factam super Anthimū , & ipsum

& ipsum hortans serò venire ad nos.] His
dictis clausa est tertia Synodi hujus Actio :
ipsa autem proclamatio lecta est quarta Sessione.

LXXX.
Quarta Actio;

Duodecimo enim Kalendas Junii eodem
anno & Indictione iterùm convenere Patres :
ubi auditis Episcopis & aliis qui ad perquirendum Anthimum missi erant ; cum nusquàm eum esse inventum , singulorum relatione innotuisset ; tùm Mennas Constantinopolitanus Episcopus ad Anthimum proclamationem scriptam publicè legi jussit ,
quæ sic se habet :

Mennas Archiepiscopus Constantinopolitanus œcumenicus Patriarcha & tota Synodus in ipsa Deo amata Roma Constantinopoli congregata Anthimo venerabili .

LXXXI.
Proclamatio ad
Anthimû .

Si quidem aliqua ratio conveniens tibi
fuisset & spes penitentiæ de peccatis commissis , nihil certè opus fuisset præsentium proclamationum . Sed olim sanctæ memoriæ
Agapeto Papæ antiquæ Romæ manifestam
fecisti opinionem tuam , & jàm in ipsis reprehensibilibus dogmatibus incusationem
meruisti, cum Pontifex Trapezuntius appareas : sed neque inquisitionem illius sustinuisti ; & cum à nobis tanto tempore ad pœnitentiam evocatus fueris , non moderatior
te ipso factus es, & inobedientiam tuam majorem * sacerdotali humilitate (sicut visum
est)ostendisti.Et quidem quæ à te gesta sunt,
nulla venia digna sint : Verumtamen adhuc
hominum lubrico peccata ascribendo,& clementiam usque ad multum tempus ergà eos
qui peccaverunt , & occasionem emendationis (licèt tardè) sæpiùs factam invenientes,
præsenti littera te provocamus ; admonentes
tuam venerabilitatem, non stare in ipsa contentione usque ad finem , & venire ad sanctam Synodum intrà numerum sex dierum ,
& opinionem quam in rectis dogmatibus
adeptus es , purâ voce ostendere , palàmque
facere universis aliis , quanta potest ad revocationem his qui lapsi sunt Patrum mitissimorum & Judicum clementissimorum admonitio . Si verò & hanc nostram vocationem despexeris : tibi de cætero non in tempore locus pœnitentiæ erit . Nobis enim
non aliunde quàm ex his quæ fecisti,ea quæ
judicii sunt inducentur . Subsignavi , apposita mensis Maii die quintadecima , Indictione quartadecima , post Consulatum Flavii
Belisarii gloriosissimi .] Hactenùs ad Anthimum captantem latebras proclamatio .
Termino autem præscripto jàm elapso , in
eumdem Anthimum sententia lata est , immò pronunciata anteà ab Agapeto Papa firmata , ex qua suprà alia occasione complura
deprompsimus , sed hîc eam integram accipe (a) :

a Eod.Cons.
Constanti-
nop. Act.4.
so.2.Concil.

LXXXII.
Sententia
lata in Anthimum .

Multarum transgressionum Anthimus
reus demonstratus est . Venerabiles quidem
Patrum leges tamquam non positas ad nihilum reputavit , & paulò minùs suo exemplo omnem Ecclesiasticum statum conturbavit , introducendo se in Patriarchalem
sedem hujus regiæ urbis, quæ nullo modo
sibi convenit, communemque confusionem

Annal. Eccl. Tom.VII.

---

sacerdotibus Dei ac populis fidelissimis operatus est . Quinimmò non hoc solùm sibi
studium erat , sed & Eutychetis opinionem
habet . Cumque sic obtinere potuerit magnum Pontificium , quemadmodùm dictum
est,paulatim putavit oportere depascere sanctissimas Dei Ecclesias tali morbo , & contrarium quàm divinæ voces dicant, pro congregando rationabiles oves Dei ovilis, divisiones excogitabat adversùs omnes (ut itâ
dicatur) Ecclesias; ut periclitando unionem sanctissimarum Ecclesiarum tantis piissimi Imperatoris nostri laboribus reformatam in multas divisiones scinderet. Denique paulatim hanc corruptionem significabat simulans quidem suscipere sanctas Synodos , Nicænam dicimus contrà impium
Arium , Constantinopolitanam contrà hæreticum Macedonium , & Ephesinam primam contrà impium Nestorium , ac Chalcedonensem contrà impium Eutychetem ,
saltèm ipsas habens in sacris Diptychis . Sed
cum inserta ipsis Synodis esset sancta memoria beatissimi Leonis Papæ, nullo tamen
tempore aliter vel percipit , vel participat
sanctissima Dei mysteriis , nec celebritatem ipsorum prædicat , ne in hac quidem
sanctissima magna ecclesia , resiliens universaliter à rectis ipsorum confessionibus,
& neque magnorum Pontificum , neque venerabilium Priorum, qui pro talibus respiciunt , aut omninò tolerat , aut aliquam
defensionem facit : quomodò non parvum
singulo die affert scandalum in talibus, infidelibus quidem irridentibus , Fidelibus verò dolentibus ; ut qui parùm credunt , adhuc magis conturbentur , & in pejus incidant .

In talibus enim cum magnus Imperator se
ipsum disposuerit, ad memoriamque sibi
revocaverit sententiam Principis Apostolorum , qua dicit (d) paratos non semper
esse oportere ad respondendum omni petenti rationem de ea quæ in nobis est spe : nihil
plùs juvit , sed ad ejus serenitatem deceptibilibus rationibus usus , promisit se omnia
facere , quæcumque Summus Pontifex magnæ sedis Apostolicæ decerneret: & ad sanctissimos Patriarchas scripsit , se sequi per
omnia Apostolicam sedem . At magno Deo
& Salvatore nostro Jesu Christo non permittente talia usque in finem procedere,
missus est huic regiæ urbi, secundùm ipsius
deitatem , Agapetus sanctæ & beatæ memoriæ Papa beatissimus , qui statim sacris canonibus manum cum Deo porrexit , & ipsum de sede sibi non conveniente depulit ,
data venia his qui talis rei participes aut
communicatores sunt, & regiæ ac à Deo
custoditæ civitati sacrum ornatum suum
reddidit , cum ostendit vestram beatitudinem huic sanctæ magnæ sedi præesse .

Quoniam verò & in dogmatibus impietatis sibi infinita crimina impendit , supplicationesque & libelli multi porrecti sunt
piissimo Imperatori nostro , & beatissimo
Papæ à diversis venerabilibus viris ; &
multis quidem sudoribus ipse beatissimus

LXXXIV;
b 1.Petr.1;

LXXXIV.

Papa animam ipſius paternè revocare ſtuduit: ſic tamen inſanabiliter eum ſe habere invenit & pia dogmata recuſantem, inſuper etiam & criminantem vocem illam de
duabus naturis (quod adverſus Eutychetem maximè ſancta Chalcedonenſis Synodus diffinivit) prorsùs negando, & rectè
condemnatos à ſancta Synodo recuſantem
evitare, immo è contra ipſos amplexan-
tem, & quantùm in ipſo eſt, ſtudentem
oſtendere Dioſcorum & ipſum Eutychetem
prorsùs inſontes, inter quos ſequi hæreſim
deprehenſus eſt; ſententiam profert in ſcriptis plenam clementiæ & decenti ſanctitate,
* deferens   differens * ei tempus pœnitentiæ, docernen-
ſque donec à tali opinione mutatus ſatisfe-
cerit his quæ à ſanctis Patribus doctè & canonicè definita ſunt, ipſum non habere nomen Catholici, neque ſacerdotis.

LXXXV.   Hæc autem ſecutus piiſſimus Imperator
noſter, reſpicienſque ad ſupplicationes ſuæ
ſerenitati à diverſis perſonis venerabilibus
porrectas, veſtram beatitudinem & nos omnes in id ipſum ſuper iſto convenire benè
ſatisfaciendo, juſtum judicavit. Nos itaque venerabiles canones ſanctorum Patrum
noſtrorum ſequentes, ſacris vocationibus
ipſum advocavimus, & tempus pœnitentiæ
oi dedimus, & latenti ac medelam recuſan-
ti proclamatione manifeſta fecimus quæ à
nobis facta ſunt. Cumque in his omnibus
ipſum ad converſionem adducere non potuerimus, apertam hanc ſuæ hæreſis demonſtrationem accipientes, ſequentesque
ea quæ à beatiſſimo Papa benè examinata
ſunt: conſpicimus (ſi hic vobis aſtaret) omninò ipſum tamquàm membrum inutile &
putridum abici de corpore ſanctarum Dei
Eccleſiarum, & extrà Epiſcopatum Trape-
zuntinum eſſe, & alienum ab omni ſacra
dignitate & poteſtate, & juxtà ipſius ſanctiſſimi Papæ ſententiam à Catholica appellatione.] Hactenus Synodi ſententia.

Poſt hæc Mennas Conſtantinopolitanus
LXXXVI.   Epiſcopus plura in eumdem Anthimum lo-
Mennæ in   cutus, afferens in ejuſdem condemnatio-
Anthimum   nem calculum, quanta debeant flagrare
ſententia.   charitate Judices Eccleſiaſtici reum damnantes, declaravit exemplo, dùm inter
alia animi ad commiſerationem commoti indicium oſtendit verbis iſtis: Undè ſuper impœnitentia inobedientia voluntatis
ipſius lacrymantes, & ſuper errore, qui
illius animam apprehendit, gemiſcen-
tes; & ſequendo ſanctiſſimam vocem ma-
* Matth. 5.   gni Dei & Salvatoris noſtri (a), qui docet
nos non parcere propriis membris, ſi alicu-
jus ſcandali cauſa nobis fiant, ſed ipſis in-
ciſionem facere inſinuat ad integram totius
corporis valetudinem: reſpicientes ad ea
quæ prudem à ſanctæ memoriæ Agapeto
Papa antiquæ Romæ decreta ſunt, &c.]
Prælocutuſque multa, in eumdem perver-
ſum Anthimum ſententiam tulit, quam
ſecutæ ſunt acclamationes Epiſcoporum,
clericorum, & monachorum, exclama-
tioneſque pariter adversùs collegas Anthi-
* Matth. 5.   mi Severum, Petrum, atque Zoaram,

jàm ab Agapeto Papa prædamnatos. Poſt
hæc monachi quoque adversùs eoſdem libellum obtulerunt, cujus lectio in alium
eſt dilata conventum.

Ne autem iſta dilatio quid ſuſpicionis in   LXXXVII.
eorum animis parere poſſet, iſta ad po-   Cauſam
ſtremum Mennas adjunxit: Putamus, cha-   dilationis
riſſimi, veſtram pietatem non ignorare vo-   affert Men-
luntatem & zelum pii Imperatoris noſtri,   nas.
quem habet ad Orthodoxam fidem no-
ſtram: & nihil eorum quæ in ſanctiſſima
Eccleſia moventur, convenit fieri præter
opinionem & juſſum ipſius. Rogamus itaque veſtram charitatem in præſentiarum
acquieſcere, ut nos tempus accipiamus adducere ad pias ſuas aures ea quæ à vobis exclamata fuerunt.] Hæc ipſe dicens, ne
de Imperatoris voluntate nimis profuſè locutus eſſe videri poſſet, mòx hac addita appendice, dicta coercuit: Nos enim (ſicut
ſcit veſtra charitas) Apoſtolicam ſedem ſequimur, & ei obedimus.] Hucuſque Mennas, qui & ſubſcriptionem appoſuit, quam
cæteri qui Synodo interfuerunt pariter ſub-
ſcribendo ſecuti ſunt.

Quòd igitur ad Imperatorem ſe dicto-   LXXXVIII.
rum hæreticorum cauſam relaturum Men-
nas Conſtantinopolitanus Epiſcopus di-
xiſſet, oblati ſunt adversùs eos libelli eı-
dem Imperatori, quos Synodo cognoſcen-   b Concil.
dos idem miſit Auguſtus. Cujus rei cauſa   Conſt. ſub
opus fuit ut rursùm Synodus conveniret: Menna Act.
quonam verò die, ıa Acta declarant (b):   1. tom. 2.
Poſt Conſulatum Flavii Beliſarii, pridiâ   Conc.
Nonas Junias, Indiction. decimaquarta,   Ultima A-
in Deo amata civitate Conſtantinopoli,   ctio Synodi
præſidente autem ſanctiſſimo ac beatiſſi-   Conſt. ſub
mo domino noſtro Menna, &c.] Notan-   Menna.
dum autem, quòd in Actis Hieroſolymi-
tani Concilii hæc ultima Actio, Synodus
ſecunda nominatur; prima verò quam recitavimus contra Anthimum: ıta namque
ob diverſas utriuſque Actiones diſtingui
placuit, utpotè priorem illam eſſe dicendam contra Anthimum celebratam, poſteriorem verò illam, quæ adversùs Severum,
Petrum, atque Zoaram collecta eſt. Sed
eum re vera eodem in loco fuerit congregata, ab iiſdemque Epiſcopis celebrata, &
eadem ex cauſa, nempe adversùs ejuſdem
claſſis hæreticos habita, Actionem hanc
potiùs ejuſdem Synodi eſſe diximus, quàm
Synodum à ſuperiore diſtinctam.

Cum igitur dicta die & loco conveniſſent   LXXXIX.
Epiſcopi, juſſus eſt ingredi Theodorus
Tribunus & Notarius atque Referendarius
Imperatoris, qui ſecum ferret ab ipſo ad
Synodum miſſos libellos, quos à diverſis
acceperat; vocatique pariter monachi &
clerici eorumdem hæreticorum accuſatores, qui libellos obtulerant Imperatori:
Primum verò præcipitur legi libellus Pauli Epiſcopi Apameæ, cujus Antiſtes anteà
fuerat Petrus, habens ſubſcriptionem ſex
aliorum Epiſcoporum Secundæ Syriæ; cujus eſt exordium: Magnificavit etiam &
nunc Dominus facere nobiſcum, &c.]Conti-
net autem eorumdem libellus confeſſionem
fidei Orthodoxæ, laudeſque ipſius Imperatoris,
quem

quem commoveri studebat adversùs Severum, Petrum, atque Zoaram. Mentionem pariter habet de epistola eodem argumento scripta ad Romanum Pontificem Agapetum, quam ipse morte præventus non accepisset. Eo lecto libello, jussus est pariter recitari qui à monachis Constantinopolitanis & aliis Secundæ Syriæ eidem oblatus est Imperatori, qui incipit: Cor vestræ pietatis in manu Dei, & ad quodcumque ipse vult inclinari conspicientes, &c.] Illud etiam reprehibentibus, ut dictos damnatos summisso judicio Synodali subjiciat, & de medio tollat omnes non communicantes Apostolicæ sedi. His lectis, dimissus est Theodorus Referendarius, qui ab Imperatore eosdem ad Synodum libellos attulerat.

XC.

Cum autem ipse recessisset, jussus est à sancta Synodo eorundem monachorum legi libellus adversùs eosdem ad Synodum datus; cujus est initium : Cum judicium adversùs Anthimum factum acceperit, &c.] Versatur in eodem argumento, ut sicut Anthimum, ità reliquos damnet hæreticos Dei Ecclesiam perturbantes : in memoriis pariter revocantes impia atque nefanda facta ab iisdem ipsis perpetrata; quæ cum à nobis superiori tomo sint suo loco & tempore quo facta sunt, recensita ; hìc audem iterùm repetere, superfluum judicavimus. Perlecto libello, quo iidem appellaverant olim agitatam adversùs eosdem Apostolicæ sedis judicium, lecta sunt quæ adversùs eosdem rescripta fuerant ab Hormisda Rom. Pontifice ad Epiphanium Constantinopolitanum Episcopum, necnon ea quæ idem Pontifex scripsisset ad monachos Secundæ Syriæ : de quibus epistolis à nobis pariter actum est superius. Juncta his loco est libelli supplicis clericorum & monachorum Antiochiæ ad Joannem Hierosolymorum Episcopum adversùs eosdem hæreticos tempore Justini Imperatoris, cum pax reddita esset Ecclesiæ : cui subjecta est relatio à Joanne Constantinopolitano Episcopo tunc temporis data de pace composita, & alia ejusdem temporis acta, de quibus non suo loco abundè satis.

XCI.

His omnibus perlectis, perspicuè cognitum est, tùm à Romano Pontifice tùm in Oriente in Synodis Antiochiæ, Constantinopoli, Hierosolymisque & ubique locorum ab Orthodoxis eosdem fuisse damnatos hæreticos. Quamobrem in eosdem ab ipso Menna Episcopo Constantinopolitano, & universa quæ congregata erat Synodo, ejusmodi sententia lata est verbis istis.

XCII.
à 1. Joan. 5
Sententia
in Severû,
Petrum, &
Zoaram.

Cum Joannes divinus Apostolus & discipulus magni Dei & Salvatoris nostri Jesu Christi dicat (a), quædam esse peccata non ad mortem, quædam verò ad mortem, doceatque nos per hanc sententiam fugere & blasphemias in Deum per opiniones hæreticorum veluti ad mortem ducentes; videanturque Severus & Petrus sponte prælegere peccata ad mortem ; opportunum est eos qui à principio erraverunt, & opinionibus hæreticis seducti sunt, & propter hoc

Annal. Eccl. Tom. VII.

à sancta Catholica Ecclesia & Apostolica, & ab omnibus qui in ipsa partem sacerdotii sortiti sunt, condemnationem sibi ipsis superinduxerunt, sobriè pœnam portare, & ipsam existimare occasionem pœnitentiæ atque recognitionis. At cum hi nihil tale videantur fecisse, neque toto tempore aliquam demonstrationem recognitionis fecerint, sed tamquàm in ipsum Deum superbientes, manserunt in propriis impietatibus ; & parvum putaverunt stare usque ad perditionem suam, & si non omnes alios, quibus valdè fuerunt, perdidissent ; & opus affectaverunt dignum solius auctoris & inventoris iniquitatis, qui propriam ruinam communem omnium hominum perditionem constituere voluit, & usque nunc vult. Non ergò cessaverunt uti doctrinis scriptis, & non scriptis, & non solùm in civitatibus in quibus fuerunt commorantes, sed etiam in longè remotis simpliciorum animas alliciendo, & participes propriæ perditionis faciendo; non ad intellectum accipientes judicium Dei, neque Dominicam sententiam manifestissimè clamantem (b) : Si quis scandalizaverit unum b *Matth.* ille pusillis istis, obnoxius erit gehennæ 18. ignis.

XCIII.

Insuper autem conculcaverunt venerabiles canones, qui prudenter sanxerunt, condemnatum in aliqua Synodo, nullo modo posse sacerdotale ministerium censura tenere, donec de eo discussio ab alia Synodo facta, ipsum innocentem probasset. Et si quis audebit sacri quid medio tempore facere ante restitutionem in alia Synodo, hunc nec postea in alia Synodo spem aliquam restitutionis habere. Sed hæc omnia despicientes prædicti Severus & Petrus & sui communicatores & participes, de quorum numero est Zoaras quidam monachus de Syria ortus homo, qui neque intelligere aliquid sacri potest, neque secundùm rationem facere, non quod aliis quicquam boni impartiri possit ; sed simpliciter in hypocrisim veluti escam quamdam animabus esurientium porrigit, immò (quod veriùs est dicere) materiam avaritiæ facit.

Contempserunt quidem Ecclesiam Romanam, successorem Apostolorum, quæ sententiam contrà ipsos protulit, & pro nihilo reputaverunt hujus regiæ urbis sedem Patriarchalem, & omnem Synodum in ea congregatam, & ejusdem Domini & Salvatoris omnium in sanctis locis Apostolicam successionem ; & ultrà hæc omnia etiam omnem sententiam Orientalis diœcesis contrà ipsos latam. Dicendum etiam est, quòd illotis manibus sancta contrectarunt, & tamquàm porci quidam margaritas conculcaverunt (dico autem Euangelicas & paternas sententias) nec cessaverunt usque ad hodiernum diem gnaviter obviare statui & paci sanctissimarum Ecclesiarum. Ipsi enim clàm & occultè faciunt ea quæ canonibus interdicta sunt, alios quidem multos iniqua doctrina ipsorum persuadentium pervertendo, conventiculaque & parabaptisma per domos & monasteria faciendo con-

XCIV.

X 3   trà

tur eramus ; & ipsorum scelerarum communionem multis , qui ab ipsis perversi fuerant, tradendo : homines dicimus neque figura , neque re , qui habebant ordinationem ab ipsis datam , similiter ipsis perversos

XCV.

Porrò per hæc non solùm non erudicatur anathema primò impositum à Patribus nostris, sed & ex nostra sententia , immò verò canonum auctoritate spes restitutionis ipsis auferatur ; & ut Catholici filii cum hoc intelligant , fugiant illorum errorem & hæresim . Propterea igitur sequentes sanctorum Patrum nostrorum sententias , & Euangelicis ac paternis inhærendo sanctionibus , suscipimus & sanctissimos fratres & comministros , cum ab ipsis lata fuerit sententia contra prædictos Severum , Petrum , & Zoaram , & alios quicumque communicant ipsis in impietate , ac contra complices ipsorum . Et nos illos per Dominum nostrum Jesum Christum verum Deum nostrum tamquàm lupos quosdam graviter irruentes in ovile Christi abiicimus , & consentanei summis sanctissimis fratribus & comministris nostris : & sæpius priùs nominatos Severum & Petrum simili anathemate ferimus ; non autem ipsos solos , sed & Zoaram , & alios qui conventicula & parabaptismata faciunt , necnon & omnia ab ipsis conscripta , quæ venenum draconis auctoris malitiæ ipsis nutriunt , & ipsum in simpliciorum animas emittunt .] Hactenùs sententia Synodi , ex præscripto Hormisdæ & Agapeti Romanorum Pontificum.

XCVI.

His peractis , dedit litteras de damnatione dictorum omnium hæreticorum Mennas Episcopus Constantinopolitanus ad Petrum Hierosolymorum Episcopum, quæ sic se habent (e) .

a Apud Synod. Constantin. sub Mena Act. 1.

Epist. Menæ ad Petrum Hierosolym Episcopum.

motu

Per omnia Deo amantissimo ac sanctissimo fratri & comministro Petro Mennas in Domino salutem.

Recordantes solùm venerabilium virorum qui apud vos sunt , lætamur : nàm cum sine vultus interpellatione sit allocutio per epistolas, est animum vertere ad ipsos; propter hoc ergò solum & nùnc me motum esse ad scribendum , & ex ipso momento * alloquendi vos, delectatus sum sicut in omnibus divitiis : nàm sicut unguentum effusum , sic odorem nominis tui nedum non præsentis , sed longè absentis sentimus in eminentia morum vestrorum , in ipso medio cordis posita lætitia implemur, audientes virtutum vestrarum fertilissimam ubertatem.Nàm sermo de vestra charitate quotidiè versatur inter nos, cum multis quidem , quæ à vobis reformata sunt narrent, maximè verò communis frater, immò communis benefactor Deo amantissimus presbyter Eusebius (veritatem dico & non mentior) magnus generaliter & continuus de vestro sermo est, maximè ab ipsius sanctitate,qui libenter narrat quæ apud vos sunt, sicut fides recta , vita irreprehensibilis , mansuetudo magna ; & (simpliciter dicendo) omnis virtutum chorus vobis à Deo datus est, ut & Jacobi sedem accipere , & custos Or-

thodoxæ fidei esse mereamini. Igitur & Severum tamquàm blasphemum vestra sedes depicit . Post hæc quia tua sanctitas nobis præbuit semina fructuum , fuimus vobis consentientes contra Severum . Admilis huic fuit & Petrus , qui cum à cæteris jàm depositus fuerit , eadem condemnatione & à nobis ille reprehensus est . Anthimus quoque ac Zoaras in similem errorem incidisse deprehensi sunt , & uterque istorum æquali pœna judicatus est . Communicaverunt nobis in his omnibus hi qui de antiqua Roma venerunt , & quicumque congregati sunt in nostra venerabili Synodo : studiumque vigilans ac providentiam Deo amabilem his omnibus contulerunt venerabiles monachi , qui ex vestra à Christo amata regione in regia urbe convenerunt .

XCVII.

Ipsas itaque actiones Actorum in his omnibus formatas vobis mittimus . Sitis igitur ejusdem sententiæ in judicatis à nobis & à vobis contra Severum , rursùm in approbatis à nobis & ab aliis omnibus , & (ut ità dicatur) contra Petrum & Zoaram atque Anthimum sequi tardare nolite : nam vestrum usque suit , indissimulanter & indifferenter in aliis quidem principium liberationis hominum pravorum ibidem accommodare , in aliis verò (si fuerit datum) ab aliis sequi . Et ostendemus quidem vobis per partem rerum gestarum ordo atque status . Verùntamen volumus hæc à vobis fieri ipsis manifesta , & horum intimatione ad eos mittate , vestram & venerabilium Episcoporum qui subditi vobis sunt intelligentiam circa gesta per litteras ipsis subiiciendas significates : quæ autem à nobis missa sunt , manere apud vos finite ; quæ vestræ rectæ confessionis & eorum qui malam opinionem sustinuerunt & passi sunt, in perpetuum erunt symbolicum instrumentum .

XCVIII.

Rogo autem , talentum quod creditum est, nolite abscondere , sed participatione multiplicate, exerte & tradite veritates vestras,ne quandoque videamini ipsum in terram fodere Secundùm me ergò properè facientes, orate pro fratre , & supplicationes frequentate dicentes : Da pacem, Domine, nobis : omnia enim reddidisti nobis . Quæsum in Christo fraternitatem,quæ cum sanctitate vestra est , plurimùm salutamus .] Hactenùs Mennas:quem ejusdem argumenti alias misisse litteras ad Ephræm Antiochenum Episcopum sæpe adversus eosdem hæreticos strenuè laborantem, par est credere , sed non extant.

XCIX. De Eusebio Presb.

Quem autem audisti litteris Menna ad Petrum laudari Eusebium Hierosolymitanæ Ecclesiæ ministrum Constantinopoli agentem, eumdem scias commendari pariter in constitutione Justiniani Imperatoris hoc anno data ad eundem Hierosolymitanum Episcopum Petrum de alienatione domorum quarundam spectantium ad Ecclesiam , Resurrectionis dictam , Hierosolymis exilentem : quam hic describere utile esse putamus ob cognitionem frequentis accessus hujus temporis ex toto orbe

a Novell.
40.
C.
Justiniani
const. de
alienandis
domibus
Eccl. Hie-
rosolym.

A

orbe Christiano ad loca sancta : sic enim se
habet (a):

Jam quidem ea quæ de prohibitione ecclesiasticarum alienationum erant , lege
communi promulgata sunt à nobis , quam
sanè & obtinere & ratam in omnibus esse
volumus . Quando autem conducentibus omnibus ecclesiis boni providentiam agere
convenit , præcipuè autem sanctæ Resurrectionis , & loci in quo mundi Creator
dignatus est in humana constitui generatione ; propter hoc existimavimus præsentem scribere legem , non ad subversionem
eorum quæ jam à nobis constituta sunt , sed
ad aliquam convenientem , & necessariam
rebus utilitatem . Omnibus enim est hominibus manifestum hoc , sanctissimam
Resurrectionem eos qui ex omni Orbe eò
confluunt (quorum multitudinem infinitum est dicere) & suscipere & alere , & facere sumptus immensos & insperatos , his
qui illic coacervati sunt , sufficientes , secundùm miraculorum operationem magni
Dei & Salvatoris nostri Jesu Christi (qui
multitudinem ineffabilem ex paucis enu-
trit panibus) in dies suscipientem . Itaquè ipsi & reditus esse oportet plurimos , &
occasiones pias , secundùm quas satura sit
possibilis constitui , ut multitudini auxilie-
tur tantæ .

CI.

Novimus igitur , quatenùs secundùm
præsens Eusebius Deo amantissimus presbyter & Cimiliarches ejus quæ secundùm
regiam hanc urbem est sanctissimæ Ecclesiæ , profectus in præfatam Hierosolymorum civitatem , & honestos suos & Deo
amabiles etiam nùnc indicans mores (per
quos multis & maximis & justis augmentis
sanctæ Ecclesiæ auxit reditum) potuit trecentis octoginta libris auri comparare reditum triginta paulò plus minus auri librarum , quasdam quidem pecunias colligens piè , quasdam verò ut mutuas sume-
rent exhortans Deo amabilissimos Oeconomos præfatæ sanctæ Resurrectionis . Decuit autem & nos , quia & creditores suæ
accipere quærunt , & quia aliud excogitavit inopinabile lucrum . Multis namquè
confluentibus & accedentibus ad prædictam
Hierosolymorum civitatem desiderio repo-
sitorum & dicatorum Deo locorum , concu-
piscunt comparare habitationes ecclesiasticas auro multo , quatenùs utique liceat ipsis , ea quæ secundùm dictum locum est ,
habitatione perfrui : non posse autem hæc
facere Antistites sanctæ Resurrectionis metu legis à nobis de ecclesiasticis alienatio-
nibus positæ , quamvis tanta existente utilitate hujus inventi , ut in annos quinquaginta velint quidam tabernacula seu co-
nacula istiusmodi comparare , & indè multo & majore quàm dici possit commodo futuro , siquidem possessio sanctissimæ Ecclesiæ accedat reditus triginta auri librarum
(hæc constituente admiratione) vix in tredecim annis , cum ædificiorum venditio in
ipsis quinquaginta annis fiat ; & præsertim
cum substantia ipsius Resurrectionis in domibus sit constituta , quæ fortuitis omni-

B

C

D

E

bus subjacent casibus , repentè unâ pene-
untes cum ipsis , nec vestigium vel tanta-
dum servare facilè valentes ; siquidem ex
aliquo (absit autem & hoc ut dicamus) casu cadant , aut aliàs consumentur .

Hæc nos venire ad præsentem legem fecerunt , quam dedicamus Deo & omnium
Ecclesiarum sanctissimæ Resurrectioni , per
quam sancimus omnia quidem alia , & in
sanctissima Resurrectione obtinere occasione prædiorum Ecclesiasticorum (neque
enim ipsi omninò permisimus venditionem
nullam facere prædiorum) super sanè ædificiis laxamus aliquid de rigore legis . Si
enim super utilitate sanctissimarum Ecclesiarum hanc scripsimus , videmus autem
tantam in re utilitatem existentem ; quomodo non utique per præsentem legem
hoc ipsis permittimus , omnem dantes &
vendentibus venditionem , & ementibus securitatem ? & maximè postquam præsumimus ,
tempore ipso citiùs reductugo iterum ædificia ad ipsam , utpotè ipsorum emptoribus , qui sicut propter studium circa Deum
emerint ista , ita & postquam obierint ,
ipsi illa relicturis . Liceat igitur ipsi sanctissimæ Ecclesiæ facere ædificiorum venditionem , nihil verenti legem in genere de
his positam; proptereà quòd lege recentiore
subdivisionem accepit , neque aliqua pœna
inde contra quamlibet personam omninò
coveniente. Audistis ex verbis Imperatoris
Fidelium pietatem , cum quæ ab Ecclesia
emerent , eidem relinquere solerent ecclesiæ . Sed pergit .

CII.

In sequens verò tempus hoc ipsum facere liceat , sicubi aliqua tanta emerserit
utilitas , ut multocuplum * bonum pro minimo sanctissimæ accedat per alienationem
Resurrectioni : omnem habentibus facultatem eorum emptoribus , nùnc & in futurum omne tempus , & nullam ablationem
verentibus , non ipsis , non hæredibus ipsorum , non successoribus , neque nùnc ,
neque in aliud tempus ; proptereà quòd
per præsentem legem ipsos confidentes posse ad emptionem accedere , non sunt jussi
aliquam pro hoc sustinere turbam , aut accusationem , aut damnum , aut ablationem:
decreto procul dubiò faciendo apud tuam
beatitudinem præsentibus qui ex clero venerabili , & demonstrata causa , secundùm
quam alienatio ædificiorum sit , quia majorum causa bonorum eorum venditioni
studetur , exiguis quidem rebus venditis
existentibus , pluribus autem & melioribus
iis quæ indè acquiruntur . Scilicet secundùm præsentem mercedem congregatam ex
pensionibus habitantium , venditione in
quinquaginta annis facta , & pretio in solutionem debitorum solvendo , quæ creditores dederunt pro præfati reditus acqui-
sitione .

CIII.
*

Si enim omnium Dominus simul & creator Deus dignatus est tantum ipsi dare privilegium præter alias civitates , ut ex ipsa
resurgeret secundùm carnem ; manifestum ,
quia & nos imitantes Dominum Deum &
magnas ejus miraculorum operationes ,
quan-

CIV.

quantùm homini poſſibile eſt, privilegium
aliquod dedimus ipſi præter cæteras Eccleſias, ut ipſa fruatur hac noſtra lege, quam
velut aliquas primitias ipſi adducimus, ejus
commodum per omnia eligentes & venerantes. Quæ igitur à nobis conſtituta ſunt
per hanc propriam legem, & ipſam legum
inſcribendi voluminibus tua beatitudo co-
gnoſcens, manifeſtè ipſam omnibus ibi conſtitutis conſtituat. Indicet autem noſtram
voluntatem, quam pro ſanctiſſima & meritò
ab omni hominũ genere adoranda Reſurrectione noſtram habet Imperium, & Domino dedicat Deo, tantis nos & tot ho-
nis præter alios omnes qui ante nos imperarunt in re qualibet dignato & dignan-
ti. Specialis lex ſcripta Petro ſanctiſſimo
ac beatiſſimo Archiepiſcopo & Patriarchæ
Hieroſolymitanæ civitatis. Dat. XV. Kalend. Junii, C. P. poſt Beliſarii V. C.
Conſ.]

CV.
Viſis his, quæ tùm à Menna, tùm ab
Imperatore hoc anno ad eumdem Petrum
eodem tempore ſcripta directa ſunt, jam
ad damnatorum hæreticorum cauſam, è
qua digreſſi ſumus, redeamus. Cum autem
Juſtinianus Imperator cognoviſſet ea quæ
geſta eſſent in Synodo, conſentientia in
omnibus eſſe iis, quæ haud pridem ab A-
gapeto Romano Pontifice acta eſſent: in-
telligenſque nullam reliquam ſpem in Anthimus ſuam emendaret errorem, qui latebras captas neque audire quæ ſibi pro-
ficua eſſe potuiſſent, omninò voluiſſet; eadem religione, qua hactenùs ſemper enituit, pro munimento eorum quæ à Patribus ſancita eſſent, ſanctionem contrà eoſdem damnatos hæreticos ſcripſit hoc ipſo
anno, octavo Idus Auguſti, quæ his verbis legitur in Novellis (a) :

à Novel.
41.
CVI.
Juſtiniani
Imp. conſt.
adversùs
hæreticos.
Imperator Cæſar Fl. Juſtinianus, &c.
Mennæ ſanctiſſimo ac beatiſſimo Archiepiſcopo & Univerſali Patriarchæ.] Hic
adverte, quòd quæ eſt in tomo ſecundo
Conciliorum editio hujus ſanctionis, voce
iſta, Univerſali, caret; ſed licèt ab Imperatore ipſo dicatur appoſita; haud tamen dici poteſt eo ſenſu eſſe prolata, ut
Conſtantinopolitanum Epiſcopum totius
Eccleſiæ univerſalem eſſe Antiſtitem, ſignificare voluerit: cum hoc tantùm eſſe
Romani Pontificis, pluribus locis idem
ipſe Imperator diſertis verbis ſignificarit;
& ipſis Synodalibus Actis & omnibus quæ
præceſſerunt actionibus expreſſum ſit quàm
evidentiſſimè, ſubjacere Conſtantinopolitanum Epiſcopum Romano Pontifici: ut
planè certiſſimum appareat, eum appellari Univerſalem, habito reſpectu ad ſubie-
ctos ipſi in Oriente ſacerdotes: quod nec
recentiores Græci licèt ſchiſmatici negant.
Sed audiamus ipſius imperatoris adverſùs
damnatos hæreticos ſanctionem Catholico
Principe dignam:

CVII.
Concor-
dare debe-
re cum ſa-
cerdotibus
Imp.
Rem non inſolitam Imperio & nos facientes, ad præſentem venimus legem.
Quoties enim ſacerdotum ſententia quoſdam indignos ſacerdotio de ſacris ſedibus
depoſuit (quemadmodùm Neſtorium, Eu-

tychetem, Arium, Macedonium, & Eunomium, & quoſdam alios ad iniquitatem
non minores illis) toties Imperium ejuſdem
ſententiæ & ordinationis cum ſacerdotum
auctoritate fuit: ſicque divina, humanæ-
que pariter conſentientia, unam conſonan-
tiam rectis ſententiis fecere. Quemadmodùm & nuper factum eſſe circa Anthimum
ſcimus; qui quidem dejectus eſt de ſede hujus regiæ urbis à ſanctæ & glorioſæ memoriæ Agapeto ſanctiſſimæ Eccleſiæ antiquæ Romæ Pontifice, eò quòd nullo modo ſibi ipſi convenienti (contrà omnes ſacros canones) ſe intruſerat ſedi; ſed &
communi ſententia ipſius ſanctæ memoriæ
viri primùm, atque etiam ſacræ Synodi hìc
celebratæ, condemnatus & depoſitus fuit,
eò quòd à rectis dogmatibus receſſit; &
quæ priùs multoties diligere videbatur,
hæc demùm diverſis luſtrationibus aufugit,
ſimulans ſequi ſanctas quatuor Synodos,
trecentorum videlicet decem & octo Patrum
in Nicæa, & centum quinquaginta in hac
felici civitate, & in Epheſo primò congregatorum ducentorum, & ſexcentorum triginta venerabilium Patrum in Chalcedona.

CVIII.
At quidem nec dogmata ſequi, nec noſtram clementiam & condeſcenſum, quem
propter ipſius ſalutem habeamus, ſuſcipere voluit, neque ipſe abdicare auctores
impiorum dogmatum, qui priùs à ſanctis
Synodis expulſi fuerant; ſed putavit ut oportere ſecundùm ipſum & in æquali ducere
& condemnatos & condemnatores. Nàm
ſemel alienus à ſanctiſſima Eccleſia intellectibus mancipatus, & à rectis dogmatibus alienatus, meritò ad ipſorum rectitudinem reverti non valuit, etiam ad hæc invitatus à nobis & directus, qui omni ſtudio uſi ſumus ad ipſius ſalutem. Propter
hæc igitur omnia ſententiam depoſitionis
in ipſum à ſancta Synodo factam occaſione
non licèti, neque à ſanctis canonibus approbati raptus ſacrarum ſedium hujus regiæ urbis, & averſionis à rectis, & verū
dogmatibus ſyriam propriam noſtrum faciē
Imperium, & contrà iſtum præſentem ſcribit legem. Interdicimus autem & ei commorari in hac felici civitate & ejus diſtrictu, & à quacumque alia inſigni civitate,
ſancientes in quiete eſſe, & eos diligere,
quibus ſe ipſum dignè ſuppoſuit; & non
aliquibus communicare, neque eos im-
buere in perditionem interdictorum dogmatum.

Quid de-
cernat Im-
per. contra
Anthimū.

CIX.
Quæ in
Severum
ſtatuat.
Nec utique extrà Imperialem confirmationem relinquimus ſententiam juſtè contrà
Severum latam, ac ex omnibus (ut ita dicamus) Pontificalibus & Patriarchalibus
unà cum monachicis conſenſibus prove-
nientem ſedibus, & anathematiſmum ipſi
inferentem, qui priùs contra ſacras ſanctiones accipiendo ſedem ſanctiſſimæ Eccleſiæ Theopolitanorum, ſic univerſa conturbavit, ſicque accumulatas turbationes
fecit, quòd commune quoddam ac abo-
minabile bellum ſanctiſſimis Eccleſiis adinvicem immitteret. Et hoc & à ſceptris
quæ

quæ antè nos fuerunt contrà ipfum fcri-
pſerunt, variis dogmatum & à rectitudine alienatis intellectibus ac blaſphemiis
uſum fuiſſe, ac univerſa conturbaſſe, & illum quemcumque errorem abominabilem
hæreſiarcharum & iniquorum dogmatum re.
cipere, Neſtorii dicimus & Eutychetis : &
cum uterque horum præceptorum contrarii
quodammodò adinvicèm eſſe videantur, ad
unum verò impietatis finem inferant, etiam
illorum divulgatos ſermones eum in unum
formaviſſe : duobus enim exiſtentibus dogmatibus adinvicèm repugnantibus, quorum
utrumque ſimiliter ad animæ perditionem
adducit, Neſtorii videlicèt & Eutychetis
(quemadmodùm dicendo narravimus) quæ
ex Arianorum & Apollinaris contagione
conſiſtunt; ipſe paradoxum quid perpeſſus,
& in utrumque ſimiliter incidit, & ibi quidèm hoc, ibi verò illud mittendo, ſe ipſum
& ſermones ſuos viſus eſt conſtituiſſe commune receptaculum tantorum delictorum.

CX. Sit itaque & ipſe ſub prædicto anathematiſmo, quem univerſus Patriarchalis, Pontificalis, ac monachicus noſtræ (ut ita dicamus) politiæ cœtus juſtè in ipſum induxit, de Theopolitana quidem Eccleſia ejectus idcircò, quòd thronus de illa ipſum removit, eò quòd ipſius principatum rectè
non acceperat, ſed adhuc vivente eo & in
ſanctiſſimis Eccleſiis commorante, qui antè ipſum ſacerdotium habebat, & propter
eum qui poſt ipſum fuit, de ſacerdotio ex-
ciderat. Nec verò uſque hùc ſtetit, ſed
etiam ſub communi Orthodoxæ & Catholicæ Eccleſiæ anathematiſmo factus, multis
libris, blaſphemiis & abominationibus
nobis politiam implevit.

CXL. Quarè univerſis interdicimus aliquid de
libris ipſis poſſideri : & ſicut non licet Neſtorii libros ſcribere vel poſſideri (quia
prædeceſſoribus noſtris Imperatoribus in
ſuis conſtitutionibus viſum eſt ſtatuere ſimilia his quæ dicta & ſcripta ſunt à Por-
phyrio in Chriſtianos) ſic nec dicta & ſcripta Severi maneant penès aliquem Chriſtianorum, ſed ſint profana & aliena ab Eccleſia Catholica, igneque comburantur à
poſſidentibus; niſi qui ipſa habent, velint
periculum pati. A nemine ergò ſcribantur,
neque ad pulchritudinem, neque ad velocitatem ſcribentium : ſciendo, quia ampu-
tatio manus his qui ſcripta ejus ſcripſerint,
pœna erit. Neque enim volumus in futuro
tempore exillis blaſphemiam protrahi. Similiter autem & huic interdicimus omninò regiam civitatem ingredi, aut diſtrictum
ejus, nec aliquam aliam de inſignibus ;
ſed in aliqua ſolitudine & in ſilentio ſedere, & non corrumpere cæteros, neque in blaſphemiam ipſos adducere, &
non ſemper aliquid novi invenire contrà vera dogmata, per quod rursùs nobis conturbare ſanctiſſimas Eccleſias fe-
ſtinet.

CXII. Sed nec Petrum Epiſcopum Apameæ &
Quæ in ſimùl depoſitum, & ſimùl ab ipſis, à qui-
Petru ſta- bus Severus, ſub prædicto anathemate fa-
tuat Imp. tuat Imp.

A ctum Imperium admittit : ſed ſint propria
contrà ipſum ſententiata : & qui ſub communi anathematiſmo ordinatus eſt, ſub ipſo eſto ; & ſententia ſanctiſſimorum Pontificum, quæ ipſum prævenit, firma per-
maneto. Neque verò permittimus illi hanc
regiam urbem habitare, aut ipſius diſtrictum, vel aliquam de inſignibus ; ſed quorum ſecutus eſt errorem, horum imitetur
diætam, quàm longiſſimè abſcedens, & oc-
cultans ſe ipſum : nàm talibus occultari,
quàm videri, utilius eſt ; ignoti etenim e-
xiſtentes, ſe ipſos lædunt ſolos, publican-
B tes verò ſua dogmata, multis ex ſimplicioribus occaſionem perditionis præbent : quod
nullo modo fieri in Chriſtiano ovili Dei &
Orthodoxo populo juſtum eſt, neque ab Imperio permiſſum eſt.

Quoniam verò & Zoaram dignè penitùs **CXIII.**
judicarunt ſub anathematiſmo eſſe reveren- Quid in
diſſimi & qui juſtè judicant Epiſcopi (cum Zoaram
parva quædam talium malorum interpo-
ſitio ſit) & in quibus dehoneſtatus eſt, omnia videlicèt comprehendendo ex memoria quadam abundanti, ſit & Zoaras inter-
poſitio quædam parva hujus malæ partis
(Anthimi dicimus, Severi, ac Petri) or-
dineturque & ipſe inter anathematizatos,
C ſacra ſententia ipſum deſerente, quàm pro- *id eſt, propriam & ipſam in ſe ipſa exiſtentem, ad- priam ma-
huc magis cyrioteran * Imperium facit, & gis.
hunc de hac regia urbe & ejus diſtrictu
abiicit, & habitationem in aliis civitatibus ipſi omninò interdicit. Itaque cum illis ſolis habitet & conſulat, qui à nobis
antè memorati ſunt, qui ſimilia quidem
blaſphemant, ſimilia patiuntur, & ſimiliter in exilio ponuntur. Si quid verò aliud
in ſententia ſanctiſſimorum Epiſcoporum
continetur, quæ prædictos deponit & anathematizat, hoc firmius permaneat & diutiùs, ac Imperialibus noſtris legibus ipſum
D corroboramus, ac ſi ab Imperio proveniſſet.

Si verò aliquis ipſorum deprehendatur **CXIV.**
de cætero facere aliquid præter conſtituta, Legibus
ſciat incidiſſe in legibus Imperialibus, quæ ſæculi co-
minores pœnas declinantes, ad majores im- ercédi per-
mittunt indignationes. Interdicimus autem tinaces.
& omnibus conantibus Catholicam Dei Eccleſiam divellere, ſive ſecundùm hæretici
Neſtorii doctrinam, ſive ſecundùm inſen-
ſati Eutychetis traditionem, ſive ſecundùm blaſphemias Severi, qui & ſimilia
illis intellexit, aut eorum qui illos ſequuntur, ſeditionem immittet ſanctiſſimis Eccleſiis, & loqui aliquid de fide : ſed
E ſancimus quemlibet talium ſilentium ducere, & non convocare aliquos ad ſe, neque accedentes recipere aut parabaptizare
audere, aut ſanctam communionem ſordi-
dare, & ipſam aliquibus tradere, aut inter-
dictas doctrinas exponere ſive in hac noſtra
regia, ſive in alia civitate, ſed omne ſup-
portare periculum, ſi quid tale faciat. Interdicimus etiam omnibus iſtos ſuſcipere. Abiici ergò ipſos ſancimus à civitatibus ab ipſis concitatis, ſcientes pœnas jam conten-
tas in noſtris divinis conſtitutionibus, quæ
& domos ipſas in quibus tale quid fit,
& cam-

A

& tempos ex quibus nutrimenta præbentur, fanctiffimis Ecclefiis affignant, & à poffidentibus auferunt : quia detrimenti caufa fit fimplicioribus, fub fanctiffimis verò & Orthodoxis Ecclefiis hæc juftè ducunt effe.

CXV.

Hæc pro communi pace fanctiffimarum Ecclefiarum ftatuimus, hæc fententiavimus fequentes fanctorum Patrum dogmata, ut omne facerdotium imperturbatum de cætero nobis permaneat: quo in pace fervato, aliqua nobis exuberabit politia, defuper pacem habens, quam omnibus magnus Deus & Salvator nofter Jefus Chriftus, Trinitatis unus, unigenitus Dei Filius prædicat & donat his qui fincerè ipfum & verè glorificare & adorare digni habiti funt. Cuftodiat itaque beatitudo tua, quæ recte adnotata funt, & mittat ipfa per fuas dilectas litteras omnibus fanctiffimis Metropolitis fub ipfa exiftentibus ; quorum cuilibet cura erit ipfa manifeftare facere fanctiffimis Dei Ecclefiis fub ipfis ordinatis ; ut neminem ex omnibus lateant, quæ facerdotio vifa funt & ab Imperio confirmata. *Divina fubfcriptio.* Divinitas te fervet per multos annos, fancte ac religiofe Pater. Data Octavo Idus Augufti, Conftantinopoli, poft Confulatum Belifarii viri clariffimi.]

CXVI. De Concilio Hierofolymitano.

Cum autem Mennas, abfoluta (ut vidimus) Synodo, ejus Acta mififfet ad Petrum Hierofolymitanum Epifcopum cujus juffione monachi Orthodoxi Palæftinæ & nonnulli Epifcoporum abjerant Conftantinopolim acturi contra dictos hæreticos ; idem Petrus Hierofolymis collegit Synodum Epifcoporum decimanona menfis Septembris cujus extant Acta, quæ Actiones nonem dictæ Synodi Conftantinopolitanæ (ut diximus) continent. Eft ejufmodi ejus exordium (a) : Poft Confulatum Flavii Belifarii gloriofiffimi, decimotertio Kalendas Octobris, Indictione quintadecima, in colonia Aelia metropoli & Hierofolymis, præfidente fanctiffimo ac beatiffimo Patriarcha Petro, in Secreto venerabilis Epifcopatus fuæ beatitudinis, & affiftentibus facerdotio fuo fanctiffimis Epifcopis trium Palæftinarum fub fanctis locis venerabiliffimæ Synodi exiftentibus, &c.] Interfuerunt omnes numero quadragintaquinque Epifcopi. Ubi lectis in Synodo acta funt contra Anthimum, Severum & alios hæreticos antedictos, prolata eft primùm in eumdem Anthimum fententia, quæ extat : defideratur autem quæ adverfus Severum, Petrum & Zoaram fuit in eadem Synodo pronunciata damnatio.

a Extat to. 2. Concil.

CXVII. Hæretici ubiquè damnati.

Sic igitur ubiquè locorum, ubi effent Orthodoxi, toto Chriftiano orbe conclamata eft damnatio dictorum hæreticorum, cum omnes Synodi æquè probarent, quæ à totius univerfalis Ecclefiæ Antiftite Agapeto adverfùs eofdem Conftantinopoli acta effent. Quæ verò poft hæc fecuta fint de Anthimo iterùm favore impiæ Theodoræ Auguftæ invalefcente, dicemus fuo loco. De Severo autem illud liquet, haud diù

B

poft fuiffe fuperftitem, fed & præfenti vita & æterna privatum, cum fuis æqualibus blafphemis ad infernales pœnas effe damnatum : quod quidem Deus cuidam fervo fuo, ad curandum hominem in errorem lapfum, oftendit ; ut certa teftificatione Sophronius narrat (b), nofque fuperiùs alia occafione recenfuimus, ut fuperfluum videatur eadem hic repetere.

b Prat. Spirit. c. 26.

Sed & hoc anno decimo Juftiniani Imperatoris Theodofius Epifcopus Alexandrinus (ut auctor eft Liberatus (c) diaconus) cum fediffet annum unum & menfes quatuor, cum licèt rogatus à Theodora Augufta fubfcribere noluiffet Concilio Chalcedonenfi, in exilium miffus eft, fubftitutufque in locum ejus Paulus Epifcopus Orthodoxus : hæcque omnia agente Pelagio, qui Conftantinopoli fuit Apocrifarius Romanorum Pontificum, Agapeti primùm, indè Silverii, atque demùm Vigilii. Porrò de Pauli electione idem Liberatus ifta fubjicit (d) : Poftquam ergò Theodofius Alexandrinus in exilium miffus eft, Paulus quidam unus Abbatum Tabennenfium monachorum ad Alexandrinam fedem ordinatur Epifcopus planè Orthodoxus, fufcipiens Chalcedonenfem Synodum : ordinatus eft à Menna Conftantinopoli, præfente Pelagio Refponfario Vigilii, & Apocrifario Ephremii Antiocheni, & Apocrifariis Petri Hierofolymorum. Severus autem Antiochenus jàm fuerat condemnatus, & Anthimus Conftantinopolitanus ab Agapeto Papa Romano & Menna Conftantinopolitano, & libellis datis adverfùs eos Imperatori Juftiniano, præfentibus monafteriorum præfulibus Primæ & Secundæ Syriæ, & præfidibus monafteriorum Hierofolymitanorum & eremi. Hoc ergò modo unitas facta eft Ecclefiarum anno Imperatoris gloriofi Juftiniani Augufti *decimo*.] Ita fupplendum ex rebus geftis fuperiùs enarratis. Pergit verò idè n auctor hæc de Pauli inexpectata electione dicere, deque tumultibus Alexandrinis : lite Paulus fpretus erat ab aliquibus monachis fuis, & venerat Conftantinopolim pro fe agere apud Imperatorem. Qui divino nutu cathedram vacantem inveniens, meruit per Pelagium diaconum Alexandriæ Epifcopatum.] Quæ autem contigerant poftquam Alexandriam reverfus eft (ut fingula fingulis reddamus annis) fuo loco dicturi fumus ; hæc modò de rebus hoc anno geftis.

C

D

CXVIII. Theodofii Epifcopi Ale. exilium.

c Liberat. diac. in Breviar. c. 20.

d Liberat. c. 23.

Pauli Epifcopi Alexandrini creatio.

Quod verò fpectat ad ftatum Ecclefiæ Africanæ : hoc eodem anno contigit, ut Ariani milites in Africa conjurantes adverfùs Salomonem exercitus Ducem, Pafchali tempore, in hoftes converfi, Africanam provinciam dira afflixerint clade, Carthaginemque diripuerint ; electoque fibi Duce Stoza tyranno, ab Imperio Romano omninò defecerint. Scribit hæc omnia Procopius ; fed malè in margine lacunam impleturus quis addidit id factum anno duodecimo ejufdem Imperatoris. Etenim cum idem auctor difertis verbis dicat, tùnc acerfitum in Africam ipfum Belifarium Syraculis

E

CXIX. Ariani milites rebellant in Africa.

rulis agentem ; nonnisi hoc anno id factum oportuit : nàm (ut dictum est) ultimo anni superioris tempore potitus Belisarius Syracusis , ibi degens hoc anno vocatur in Africam ; sequenti verò Romam cum exercitu profecturus , Neapolim sibi obviam civitatem vi cepit. Post hæc semper perseverasse in expeditione Italica Belisarium , Procopius satis ostendit , qui ejus singula assectatus vestigia , quæ duodecimo Imperatoris anno ab eo sunt gesta, fusiùs est prosecutus.

CXX.

a Proc. de bello Vand. lib. 2.

De tumultuatione ac rebellione militum in Africa.

Hæc autem de militum Arianorum in Africa facta defectione quomodò se habuerint , ex Procopio (a) sic habeto : Annus (inquit) decimus Justiniani Imperat. agebatur , vere ineunte , quandò Christiani festum celebrant , quod Pascha vocant , seditio in Africa inter milites contigit .] Et inferiùs : Postquàm verò dies festus proximus futurus erat : Ariani mesti ob templorum prohibitionem , valdè instabant ; visumque est eorum primatibus , ut in prima festi die , quam Magnam vocant , Salomonem interficerent : erat is Dux exercitus Imperatoris. Res aliquando latuit nullo consilium retegente , utpotè multa gravia & dira consulentibus , sermo manifestus in nullum fuit inimicum , de qua causa rem celari putaverunt. Postquàm verò multi Salomonis equites hastati , & scutiferi ad hanc conjurationem oppidorum cupiditate asciti sunt , adveniente die , Salomon in templo securus procùl omni suspicione resedit . Egredientes autem quibus datum erat negotium , & spiritu vehementiore inter se ensibus accincti murmurantes , nihil omninò sunt ausi , sive templi tunc sacra cæremoniasque verentes , seu Ducis gloriam aspectumque erubescentes , vel aliqua alia re divinitùs prohibiti . Sacris deinde peractis , eadem die domum redeuntibus , conjurati inter se objurgant , ac planè illorum detestantur ignaviam atque mollitiem .

CXXI.

Patefacta conjuratio.

Rursùs verò in diem sequentem eodem consilio re dilata , similiter re infecta discesserunt , ac in forum venientes se invicèm accusabant , quisque in alterum causam reiiciebat , ut mollem ac societatis & officii desertorem , simulque Salomonis aspectus timorem probro dabant. Jàmque (uti par erat) re vulgata , eorum plerique non tutum in civitate morari putantes , extrà vagando & oppida & agros populabantur ; Afrosque in quos incidebant , omnes loco inimicorum habentes . Alii verò ex conjuratis in civitate remanentes , consilium , mentemque dissimulando , admirari videbantur . Salomon igitur ubi accepit regionem omnem vastari à suis militibus , & rem novam planè mirabatur ; simulque in hoc tumultu hos qui remanserant , omnes ne ab officio discederent , ac ad Imperatoris benevolentiam sequendam est adhortatus : qui ab initio quidem auscultare visi, postquàm dies quinta advenerat , ac illes qui

A.

extrà prædabantur , jàm in tuto esse , ac in tyrannidem confirmatos audierunt , in Hippodromo convenientes , in Salomonem simul cum aliis Ducibus apertè convicium jactabant . Itaque Theodorus Cappadox à Salomone missus , eos blandis verbis ac persuasionibus ad æquum deducere minimè dicto audientes conatur . Erat autem quidam huic Theodoro tunc inimicus , & Salomonis insidiosus atq; suspectus. Hunc itaque milites illicò Ducem suum de consilii sententia conclamant , ac cum eo arma corripientes multo tumultu in Palatium properant . Hic quidem Theodorum alium , qui custodibus præerat , antè omnes trucidant , virum perfectum cùm aliis virtutibus clarum , tùm belli disciplina præstantissimum , &c.] Subdit de Salomone Duce , qui fugiens , in templo latuit , sicque evasit periculum imminens ; deque Carthagine ab iisdem seditiosis militibus direpta narrationem ingerit : ac de accersito mòx Belisario Syracusis in Africam , deque Germano ab Imperatore post eum in Africam misso ; cùm , eo adveniente , Belisarius ad bellum Gothicum revocatur . Quæ autem posteà contigere , suo loco dicturi sumus .

B.

C.

D.

Jàm verò Romanam Ecclesiam invisamus , quæ tanto viduata pastore mœrens diù in luctu permansit acerbiùs afflictata à Gotho tyranno , quò ille graviora sibi imminere mala sensit ab Orthodoxis. Cum igitur Romæ auditus esset obitus Agapeti Papæ Constantinopoli , atque jàm haberentur more majorum sacra comitia de novo creando Pontifice ; idem Gothorum Rex Theodatus (si credimus iis quæ ab Anastasio enarrantur) violentam manum immisit , ut non quem clerici vellent sed qui ipsi esset in animo , crearent Agapeti Antistitis successorem . Hæc autem quomodò se habuerint , audiamus in primis ab ipso Anastasio , qui rem gestam ita recenset : Silverius natione Campanus ex patre Hormisda Episcopo Romano sedit annum unum , mensesque quinque & dies undecim. Hic levatus est à tyranno Theodato sine deliberatione decreti . Qui Theodatus corruptus pecuniæ dato , talem timorem indixit clero , ut qui non consentirent in ejus ordinatione , gladio punirentur : Sacerdotes quidam non subscripserunt in eum secundùm morem antiquum , neque decretum confirmaverunt antè ordinationem . Jàm autem ordinato

E.

Silverio

CXXII.

De creatione Silverii Pap.

A

Silverio fub vi & metu , propter adunationem Ecclefiæ & religionis poftmodùm fubfcripferunt presbyteri . Poft menfes verò duos nutu divino extinguitur Theodatus tyrannus , & elevatur Rex Vitigis, &c.] Quod ad collatam pro electione pecuniam fpectat : ex his quæ dicemus paullò poft , calumniosè dictum intelligi poteft . At quod fpectat ad vim à Gotho tyranno cuncta pavente , nec patiente facilè aliquem eligi qui Juftiniani effet. ftudiofus ; quòd vera fuerit , adducimur ut credamus .

CXXIII. Cleri Romani divinitùs infpiratum confilium.

Vidifti in clero Romano dignum exemplum , dùm ad evitandum fchifma , quod omninò fi alium elegiffent , abfque dubio conftandum fuiffet ; cum electionem , immò intrufionem Silverii (ut decuit) primitùs improbaffent , poftea demùm uno omnium accedente confenfu , ut legitima effet electio , effecerunt : atque planè qui elici jure mereretur intrufus , utpotè non legitimus paftor , qui aliunde , & non per oftium introiffet ; cleri Romani tamen clementia factum eft , ut eidem rursùs in ovile patente oftio ingredi liceret : idque non abfque nutu divino , ut exitus declaravit . Qui igitur primò non genuinus Antiftes vifus omnibus effet , mòx legitimus bonus paftor apparuit , & quidem talis , qui animam fuam daret pro ovibus fuis ; atque demùm fummum facerdotium quod acceperat (quod maximæ gloriæ fuit) corona martyrii infignierit , ut fuo loco dicemus . Hoc fatis ad ingreffum Silverii .

CXXIV. De tempore electionis Silverii.

Quonam autem hujus anni menfe vel die ejufdem Pontificis creatio contigerit , haud quis poterit facilè definire ; cum nihil præterea , quàm quæ de Agapeti Anaftafius habet , ab aliquo antiquorum inveniatur expreffum . Dùm verò ait ceffaffe Agapeti Epifcopatum menfem unum atque dies viginti ; neque tamen ex his certa dies definiri poteft fuccefforis electionis . Qui verò ex animi arbitrio creationis Silverii diem appofuerunt & menfem , oportuiffet in medium adducere teftes , quorum de ea definienda fuerint nifi auctoritas; cæterùm nobis religio , abfque figna majorum refutatatum quicquam ut indubitatum afferere. Simulac igitur auditus eft obitus Agapeti Romæ , vim illam nuper intulimus Theodatus Rex Ecclefiæ intulit ; fed qui refragatus primò eft clerus , in ejus electionem (ut dictum eft) tandem ipfi confenfit: fed quonam menfe , quotave ea fuerit dies , haud liquidò conftare poteft . ; dùm (quod demonftravimus) , & Agapeti obitus certa dies penitùs ignoretur . : Sed nec colligi poteft ex tempore , quo Silverius & fediffe & obiiffe dicitur , nempè qui ab Anaftafio ponitur fediffe annum unum , menfes quinque & dies undecim , obiiffe verò diem vigefimaprima menfis Maii : nàm ea ratione dicendus effet creatus Pontifex hoc anno , die decima menfis Decembris . Verùm cum idem vacaffe fedem Agapeti nonnifi menfem unum & dies vigintiocto affirmet ; conftet

B

C

D

E

verò ex Actis Synodalibus recitatis , eumdem Agapetum hoc anno defunctum antè tempus Synodi Conftantinopolitanæ fub Menna , quæ cepta eft hoc anno , fextò Nonas Majas : quæ ab Anaftafio dicta funt, fpontè corruunt .

Ceterùm Liberatus , qui his temporibus vixit , & Breviarium hiftoriæ fuæ fcribebat , ubi de Silverii electione agit , nihil penitùs de vi illata clero ob intrufionem Silverii meminit , fed hæc tantùm ait (a) : De Agapeti deceffu audiens Romana civitas , Silverium fubdiaconum Hormifdæ quondam Papæ filium (haud dubium ex legitimo matrimonio ante fufceptum , aliàs enim ad tantæ dignitatis gradum prorsùs fuiffet inhabilis) elegit ordinandum . Augufta verò vocans Vigilium Agapeti diaconum , profiteri fibi fecretò ab eo flagitavit , ut fi Papa fieret , tolleret Synodum , & fcriberet Theodofio Alexandrinæ Epifcopo hæretico , Anthimo , & Severo , & per epiftolam fuam eorum firmaret fidem ; promittens dare ei præceptum ad Belifarium ut Papa ordinaretur , & dari centenaria feptem . Lubenter ergò fufcepit Vigilius promiffum ejus amore Epifcopatus & auri : & facta profeffione , Romam profectus eft , ubi veniens invenit Silverium Papam ordinatum . Quin & Ravennæ reperit Belifarium in eadem urbe fedentem , eamque obtinentem .] Hæc Liberatus de electione Silverii & conatu Vigilii , quem accerfitum oppofuit poft obitum Agapeti Conftantinopolim , ubi cum effet , ea cum ipfo facrilega fœmina molita eft . At Liberatus nihil permittùs de violentia Theodati , nec de collata ipfi à Silverio pecunia , ut Pontifex crearetur . Quod quidem crimen neque verifimile fit , dùm illud ipfum Silverius Vigilio fedis fuæ invafori in libello fententiæ , quem de ipfius damnatione confcripfit , potenter obiiciat : quod haud puto adeò liberè facere potuiffe , fi ejufdem ipfe reus criminis extitiffet . At de Silverii electione fatis : petamus modò Gallias .

Hoc anno , qui numeratur vigefimufecundus Childeberti Francorum Regis (de cimoquarto enim anno poft quingetefimum hic cum fratribus , defuncto Clodoveo parente , regnare cœpit) celebrata eft in Galliis fecunda Synodus Aurelianenfis , cui interfuerunt Epifcopi triginta , licèt per vicarios fuos nonnulli . Inter eos autem plures fuerunt fanctitate celebres , ut de quo inferius dicturi fumus , Gallus Arvernenfis , Eleutherius Antifiodorenfis , Lauto Conftantinienfis , Paternus Abicenfis , licèt pro Paterno , Perpetuus legatur . Horum omnium memoria eft in Romano Martyrologio certis diebus , quibus eorum dies natales celebrantur . Interfuit & Injuriofus magni nominis Epifcopus Turonenfis (b) . Extant ejus Synodi canones vigintiduo , inter quos qui numeratur quartufdecimus de oblationibus defunctorum , hæc habet : Oblationem defunctorum, qui in ali-

CXXV.

a *Liberat. diacon: in Brev. c. 22.*

Quæ machinata fit Augufta contrà Silverium pro Vigilio.

CXXVI. Aureliamenfe Concil. fecundum;

b *Gregor. Turon. lib. 10. c. 31.*

in aliquo crimine fuerint interempti, reci- A
pi debere cenſemus, ſi tamen non ipſi ſibi
mortem probentur propriis manibus intu-
liſſe] Quorum tantummodò deſperanda ſa-

lus eſſet. Quibus videas, haud facilè conſueviſſe majores negare defunctis gratiam,
quam ſuffragiis Fidelium eiſdem impartire
Eccleſia ſoleret.

JESU CHRISTI ANNUS 537.   SILVERII PAP. ANNUS 1.   JUSTINIANI IMP. 11. VITIGIS REG. 1.

I.

Qui ſequitur annus Chriſti quingenteſimus trigeſimaſeptimus, poſt Beliſarii Conſulatum ſecundus, ponitur
idem à Procopio ſecundus belli Gothici,
a Procop. de belle Gotb. lib. 1. & undecimus Juſtiniani Imperatoris : quo
(ut idem teſtatur auctor (*a*)) Beliſarius
Romam cogitans, primam omnium Neapolim ſibi obviam munitiſſimam in Campa-
Neapolis capta à Be- liſario. nia civitatem, poſt duram viginti dierum
obſidionem, in deditionem accepit, huma-
niſſimèque (ſi Procopio credimus) tractavit. Beliſarii enim ergà Neapolitanos clementia ab eodem Procopio commendatur.
Verùm à majoribus invenimus traditum,
eumdem Beliſarium, ob nimiam cædem
ibidem parpetratam, à Silverio Romano
Pontifice, cum Roma potitus eſt, acriter
fuiſſe reprehenſum, & pœnitentiam agere
b Paul. dia- co.hiſtor.li. 16. compulſum, ut auctor Miſcellæ teſtatur(*b*);
omninò diverſa ab iis quæ à Procopio enar-
rantur : quem conſulas rem fuſiùs proſe-
quentem.

II.

Amiſſione igitur tanti præſidii, quod unà
cum intercedebat medium petentibus Urbem, magnoperè conſternati ſunt Gothi;
deque ſalute ſua penitùs jàm deſperare cœperunt, eòque magis, quòd ſub Regi: eſſent poſiti omnium ignaviſſimo, immò &
de proditione ſuſpecto: quòd viderent eum
tanti præſidii jacturæ nullam prorsùs habuiſſe rationem, neque de nobiliſſimæ urbis
excidio vel minimùm quidem curaſſe, cum
potuiſſet Gothorum conflato exercitu illi
ſuppetias ferre, & antevertere tantam cladem. Quamobrèm ejus è medio tollendi conſilia inter ſe inire cœperunt, quod & citiùs perfecere; nàm hoc eodem anno ab ipſis novo creato Rege Vitige, interemptus eſt,
cum regnaſſet annos tres , ut Procopius tradit, qui rem geſtam fuſiùs narrat : aitque
pertæſos Gothos ignaviæ ſui Regis non modò nihil de bellico apparatu in tanto rerum
diſcrimine meditantis, ſed de rebus even-
turis ſciſcitantis malis artibus Judæum quẽ-
Vitiges Rex Gotho- rum. dam magum, ſtatim Vitigem Ducem e-
xercitus anteà è Dalmatia evocatum, virum
ſtrenuum, bellicis ſudoribus ubique ſpe-
ctatum, Regem acclamaſſe. Cum ejus nei
perculſus nuncio Theodatus, ex Urbo profugus, Ravennam versùs dùm abiret; præ-
Theodatus occiſus. ventus à militibus à Vitige miſſis occiditur.
Tunc Romam cum ſuis Rex novus progreſ-
ſus, filium Theodati Regis nomine Theo-
degiſclum conjecit in carcerem. Interea
verò, quòd ſibi agentes ubique Gothos redderet, ut Regi, in omnibus obſequentes,
publicas omnibus ad omnes Gothos litteras
dedit, ſcriptas ipſas quidem à Caſſiodoro
fungente Præfectura Prætorii, ab eodem-

Annal. Eccl. Tom. VII.

que inter cæteras ſuas Varias aggregatas B
quæ ſic ſe habent (*a*):
    Univerſis Gothis Vitigis * Rex.
  Quamvis omnis provectus ad Divinitatis eſt munera referendus, nec aliquid conſtat bonum, niſi quod ab ipſa dignoſcitur
eſſe collatum; tamen quàm maximè cauſa
regiæ dignitatis ſupernis eſt applicanda
judiciis: quia ipſe nihilominùs ordinavit,
cui ſuos populos parere cognoſcit. Unde
auctori noſtro gratias humillima ſatisfactione referentes, indicamus, parentes noſtros
Gothos inter procinctuales gladios, more
majorum ſcutorum ſuppoſito, regalem nobis contuliſſe, præſtante Deo, dignitatem; ut honorem arma darent, cui bella
opinionem pepererant. Non enim in cubi-
libus anguſtis, ſed in campis latè patentibus electum me eſſe noveritis; nec inter
blandientium delicata colloquia, ſed turbis increpantibus ſum quæſitus: utatli fremitu concitatus deſiderio virtutis ingenita
Regem ſibi Martium Geticus populus inveniret. Quamdiù enim fortes vir inter bella
ſerventia nutritus Principem ferre poterant,
non probatum, ut de ejus fama laboraret,
quàmvis de propria virtute præſumeret ?
Neceſſe eſt enim, talem de cunctis opinionem currere; qualem gens meruit habere
rectorem. Nàm ſicut audire potuiſtis, parentum periculis evocatus adveneram communem cum omnibus ſubire fortunam;
ſed illi Ducem me ſibi eſſe non paſſi ſunt,
qui exercitatum Regem quærere videbantur.

  Quapropter primùm divinæ gratiæ, deinde Gothorum favete judiciis: quia me D
Regem omnes facitis, qui unanimiter vota
confertis. Deponite nunc damnorum metum; diſpendiorum ſuſpiciones abjicite: nihil ſub nobis aſperum formidetis. Amare
novimus viros fortes, qui ſæpius bella
peregimus. Additur, quod unicuique virtutum veſtrarum teſtis aſſiſto. Ab alio e-
nim mihi non eſt opus facta veſtra narrari;
quia omnia vobiſcum laboribus ſociatus a-
gnovi. Amici * Gothorum nulla promiſ-
ſionum mearum varietate fraugend) ſunt.
Ad gentis utilitatem reſpiciet omne quod
agimus; privatim nec vos amabimus. Hoc
ſequi promittimus, quod ornet regium nomen. Poſtremò noſtrum per omnia pollicemur Imperium, quale Gothos habere deceat poſt inclytum Theodericum; vir ad
regni curas ſingulariter & pulchrè com-
poſitus; ut meritò unuſquiſque Principum
tantùm præclarus intelligatur, quantùm
conſilia ipſius amare dignoſcitur. Idcircò
parens ipſius debet credi, qui ejus facta
potue-

c Caſſiod. Var. lib. 10. epiſt. 31.
* Vitiges III. Vitigis Regis epi- ſtol. ad Go- thos .

IV.

* Arma

X

potuerit imitari. Et ideò pro regni nostri utilitate estote soliciti, de interna conversatione, Deo juvante, futuri.] Hactenùs Vitiges ad suos Gothos, quos omnes in Teodatum infensos reddidit sibi maximè obsequentes.

V.
Consilium Vitigis recedendi ab urbe.
At verò Belisario victori ad tempus cedere coactus est, impossibile sentiens contra fluminis impetum niti posse; haud enim satis virium novo Regi, resistere Justiniano Imperatori, qui per Belisarium regnum invasum jàm magna ex parte possidebat, quique tot tantisque ex Uuandalico bello victoriis posset quibuscumque videri tremendus. Quamobrem haud sibi tutum putavit Romæ consistere, & à Belisario obsideri, seque ac suos in discrimen adduci. Sic igitur commonefactus (ut ait Procopius) ipso Silverio Romano Pontifice atque universo Senatu, ut Gothis de omnibus benemeritis fideles persisterent, relicto Urbi præsidio

Vitiges exercitum comparat.
quatuor millium selectissimorum Gothorum militum sub Duce Leudere, ipse cum cæteris ad reparandas vires & res componendas profectus est Ravennam. Ubi cum esset, statim legationem ad suos qui in Gallia erant Gothos mittit, & ad Francos, ut eos sibi belli socios jungeret; sicque tam ex suis tàm etiam ex sociis exercitum comparâret, quo rediens posset occurrere Belisario, & cum eo collatis signis de rerum summâ decernere. Mittens autem legatum ad Reges Francorum, dat in mandatis, ut illis Gallias cedat, & pecuniam à Theodato pactam persolvat, ut sic illos his beneficiis obligaret.

VI.
Intereà verò veriti Romani ne paterentur quæ passi erant Neapolitani; suadente (ut ait Procopius) Romano Pontifice, sese Belisario dedere; missoque qui eum vocaret, nuncio, uno eodemque die per Asinariam portam ingressus est idem cum exercitu Belisarius, & ex adversa egressi sunt Gothi Ravennam ituri. Potitus igitur Urbe Belisarius, tamquàm victoriæ insignia claves portarum Constantinopolim mittit, vinctumque Leuderem Ducem Gothorum, qui capi potius quàm cum aliis fugam capere decrevisset. Quibus peractis, idem Belisarius in reparandis Urbis menibus egregiam operam navat.

VII.
Quo tempore capta urbs a Evagr. li. 4. c. 18. * Eralis
Quotam mense anni hujus, quotove ejus die capta à Belisario Urbs fuerit, Procopius quidem rem tanto silentio præterit, Evagrius (a) verò his verbis notam facit: Civitas itaque Belisario sine pugna tradita est & Roma denuo Romanis subjicitur post annos sexaginta, quibus à Gothis * occupata fuisset, nono die Apellei, hoc est, ad quintum Idus Decembris, undecimo anno Imperii Justiniani.] Hæc Evagrius, eademque Nicephorus (b). Anastasius verò in Silverio tradit, quarto Idus ejusdem mensis Decembris Belisarium esse Urbem ingressum, anno autem ex quo ab Erulis capta est sexagesimo expleto, ex quo verò à Gothis possessa (c), anno Quadragesimoquarto.

b Niceph. lib. 17. c. 13.

c Miscel. li. 16.

Inter hæc Vitiges non prætermittit tentare animum Imperatoris, si ad pacem eum perducere posset; decernitque ad eum legatos, quibus has litteras à Cassiodoro (d) conscriptas tradidit.

d Cassiod. Var. lib. 10. epist. 32.

Quanta sit nobis, clementissime Imperator, gratiæ vestræ votiva suavitas, hinc omnino datur intelligi, ut post gravissimas læsiones & tanta effusione sanguinis perpetratas, sic videamur pacem vestram quærere, tamquàm nos nemo vestrorum putetur ante læsisse. Perutilimus talia, qualia & ipsos offendere potuisse; qui fecerunt læsiones sine ratu, voluntes sine culpâ, damna sine debito. Et me præ pravitate humana negligi potuisset, non in provinciis tantùm sed in ipso regnum capite, nempe Roma, probatur insectum. Æstimate quos dolores abivimus, ut vestram justitiam reperire possimus. Talis res offendit est, quam mundus loquatur: quæ sic à vobis hæretur componere, ut æquitatem vestram generalitas debeat admirari. Nam si vindictæ Regis Theodati * quæritur, mereor diligi: Si commendatio divæ memoriæ Amalasunthæ Reginæ præ oculis habetur ejus debet filia cogitari, quam jussæ vestrorum omnium perducere decuisset ad regnum, ut cunctæ gentes potuissent agnoscere vicissitudinem vos gratiæ tanto pignori reddidisse.

VIII.
Vitigis litteræ ad Imp.

*** Theobaldi Theodobaldi**

IX.
*** fastidia**

Illud etenim vos debuit permovere, quòd distributione mirabili ante regni fastigia * invicem nos Divinitas vestram fecit habere notitiam, ut amoris causam tribueret, quibus aspectus gratiam contulisset. Quali enim reverentia Principem colere potui quem adhuc in illa positum fortuna suspexi? Sed potestis & nunc omnia reintegrare quæ facta sunt; quando non est difficile illum in affectu retinere, qui gratiam constat desiderare expetere. Et ideò salutantes clementiam vestram honorificentia competenti indicamus nos legatos nostros illam atque illum ad serenitatis vestræ sapientiam destinasse, ut omnia more vestro cogitetis; quatenùs utræque Respublicæ restaurata concordia perseverent; & quod temporibus retrò Principum laudabili opinione fundatum est, sub vestro magis Imperio divinis auxiliis augeatur. Reliqua verò per legatos prædictos, serenitati vestræ verbo insinuanda commisimus, ut aliqua epistolaris brevitas stringeret, & causas nostras suggerentes plenius intimarent.] Hactenùs ad Justinianum Vitiges: qui quàdam de filia Amalasunthæ: tradit Procopius, eundem Vitigem, ubi Ravennam pervenit, eam ibi asservatam matrimonio sibi, invitam licèt, conjunxisse, ut ita sanguinis regii vel ex conjugis saltem parte regnum ipsum minimè expers esset. Extant & tres aliæ Vitigis (e) epistolæ occasione ejusdem legationis ad diversos datæ. At verò nihil hac legatione actum esse, declararunt eventa, cum non pax eam secuta sit, sed bella maximo apparatu comparata, ut docent quæ suo loco dicturi sumus anno sequenti.

e Cassiod. eod. lib. 10. epist. 33. 34. 35.

X.

Quæ verò acta esse hoc tempore memoria digna narrantur, cum contigit Gothorum

De Gothis *rum profectio ex Latio Romaque concito*
Ravennam *gradu Ravennam ; hic minimè prætermit-*
festinanti- *tenda putamus , quæ probè sibi cognita S.*
bus. *Gregorius in Dialogis refert , atque in pri-*
a *Gregor.* *mis de S. Bonifacio Ferentinæ civitatis E-*
dialo.lib.1. piscopo , cujus complura præclara gesta ubî
c.9. recensuit, hæc de Gothis habet (*a*) : Alio-
quoque tempore duo ad eum Gothi hospitalitatis gratia venerunt , qui Ravennam se
festinare professi sunt : quibus ipse parvum
vas ligneum vino plenum manu sua præbuit , quod fortasse in prandio itineris habere potuissent . Ex quo illi , quousquè Ravennam venirent , biberunt . Gothi autem
aliquantis diebus in eadem civitate morati
sunt ; & vinum quod à sancto viro acceperant , quotidiè in usu habuerunt . Sicque
usquè ad eumdem venerabilem ferentes reversi sunt , ut nullo die cessarent bibere, &
tamen vinum ex illo vasculo numquam deesset ; ac si in illo vase ligneo , quod Episcopus eis dederat , vinum non augeretur,
sed nasceretur.] Hæc de his Gregorius .
Porrò si hæc in ista festinatione Gothorum
contigerunt , cum illi mense Decembri à
Latio Romaque Ravennam profecti sunt ,
reversi verò ad obsidionem Urbis mense
Martio, ingens planè istud oportuit fuisse
miraculum .

XI. Sed quid idem sanctus Gregorius (*b*),
b *Gregor.* his ipsis temporibus factum à Fortunato
dialo.lib.1. Tudertinæ civitatis Episcopo , tradat , ac-
c.10. cipe: Quadam(inquit) die Gothi juxtà
Quid S. Tudertinam civitatem venerunt , qui ad
Fortuna- partes Ravennæ properabant , & duos partus cum vulos puerulos de possessione abstulerant ,
Gotho quæ possessio præfatæ Tudertinæ civitati
pervicace subjacebat . Hoc cum viro sanctissimo Fortunato nunciatum fuisset , protinùs misit ,
atque eosdem Gothos ad se vocari fecit .
Quos blando sermone alloquens , eorum
priùs studuit asperitatem placare; ac post
intulit , dicens: Quale vultis pretium dabo ; & puerulos quos abstulistis, reddite ;
mihíque hoc gratiæ vestræ munus præbete.
Tunc is qui prior eorum esse videbatur, respondit dicens : Quicquid aliud præcipis facere parati sumus : nam istos parvulos nullatenùs reddemus. Cui venerandus vir blandè minatus dicit : Contristas me , fili,& non
audis patrem tuum. Noli me contristare,
nàm non expedit tibi . Sed idem Gothus in
cordis sui feritate permanens , negando discessit .

XII. Die verò altera digressurus , rursùs ad
Episcopum venit : quem iisdem verbis pro
dictis pueruli iterùm Episcopus rogavit.
Cumque ad reddendum nullo modo consentire voluisset, contristatus Episcopusdixit :
Scio quia tibi non expedit , quòd me contri-
stato discedis. Quæ Gothus verba despiciens, ad hospitium reversus, eosdem pueros, de quibus agebatur , equis superim-
positos cum suis hominibus præmisit ; ipse
verò statim ascendens equum subsecutus est.
Gothus di- Cumque in eadem civitate antè beati Petri
vinam sen- Apostoli ecclesiam venisset, equi ejus pes
sit vindi- lapsus est: qui cum eo corruit , & ejus co-
ctam. xa mòx fracta est, ita ut in duabus par-

Annal Eccl. Tom.VII.

A tibus os esset divisum ; levatúsque in manibus, reductus est ad hospitium . Qui festinus misit , & pueros quos præmiserat reduxit , & viro Fortunato venerabili mandavit , dicens : Rogo te , Pater , mitte ad me
diaconum tuum. Cujus diaconus cum ad jacentem venisset , pueros quos redditurum se
Episcopo omninò negaverat , ad medium
deduxit, eosque diacono illius reddidit , dicens : Vade , & dic domino meo Episcopo:
Quia maledixisti mihi , eccè percussus sum ;
sed pueros, quos quæsisti, recipe; & pro
me , rogo , intercede.Susceptos itaque puerulos diaconus ad Episcopum reduxit ; cui
B benedictam aquam venerabilis Fortunatus
statim dedit , dicens : Vade citiùs , & eam
super jacentis corpus proiice . Perrexit itaque diaconus atque ad Gothum introgres-
sus, benedictam aquam super membra illius
aspersit]

Vide aquæ benedictæ usum atque virtu- XIII.
tem , quam subdit his verbis : Res mira & Usus& vir-
vehementèr stupenda : mòx ut aqua bene- tus aquæ
dicta Gothi coxam contigit , ità omnis fra- benedictæ ;
ctura solidata est & saluti pristinæ coxa restituta , ut hora eadem de lecto surgeret, &
ascenso equo iter ageret , ac si nullam umquàm læsionem corporis pertulisset. Fa-
C ctumque est , ut qui sancto viro Fortunato
pueros cum pretio reddere obedientiæ subjectus noluit , eos sine pretio pœna subactus
donaret.]Hæc Gregorius , quæ se accepisse testatur à sene , cive Tudertino, viro fideli . Plura alia prætereà narrat de eodem
viro sanctissimo Fortunato, cujus virtus miraculorum exuberans etiam in Gothos Arianos largè aquæ benedictæ aspersione manavit , quam Novatores infelicissimi, Aria-
nísque deteriores contemnunt. Floruerunt
his temporibus inter tot Italiæ clades viri
sanctissimi , quorum pluribus in locis idem
sanctus Gregorius in Dialogis meminit ,
D nosque pluribus, se offerente occasione ,
suis locis mentionem habebimus . Jàm verò
ad res Orientalis Ecclesiæ narrandas orationem convertamus .

Hoc anno Paulus Episcopus Alexandri- XIV.
nus Orthodoxus incautè agens , homicidii Exulat
reus constitutus æquè damnatus, in exilium Paulus,
eiicitur , subrogato in locum ipsius Zoilo. substitui-
Hæc autem quomodò se habuerint , quàm tur Zoilus.
diligenter prosecutus est Liberatus(*c*),qui c *Liberat.*
de ipso hæc ait post ejus electionem : Ac- *diac.in bre.*
cepit ab Imperatore potestatem super ordi- *viar.c.23.*
nationem Ducum & Tribunorum , ut re-
moveret hæreticos , & pro eis Orthodoxos
E ordinaret : per illos enim populi invale-
scebant . Qui Alexandriam descendens, timore sui , suaque industria addixerat suscipere Concilium Chalcedonense , nisi interventu diaboli talis emersisset causa. Cogi-
tante Paulo Episcopo removere Eliam Magistrum militum, Psojus diaconus quidam
& Oeconomus Ecclesiæ , amicus Eliæ , per
portitores litterarum velocissimos pede-
stis (quos Ægyptii Simacos vocant) omnia volumina Pauli scribebat . Contigit autem Paulum invenire litteras ejus Ægypti-
cè scriptas , & legere : & timens quod de

Y 2 Pro-

A Proterio contigerat, solicitus de eo factus est, & cœpit Psojum compellere facere rationes Ecclesiæ: quem tradidit Judici, & Imperatori de eo retulit. Eo tempore apud Alexandriam Rhodo erat Augustalis, qui eum accipiens custodiendum usque ad Imperatoris preceptum, consilio cujusdam prioris civitatis nomine Arsenii, acceptis muneribus, inscio (ut fertur) Episcopo, clàm nocte totis viribus eum magno cruciatu occidit. Cujus filii & affines Imperatorem interpellantes, suggesserunt ei, quia vi eorum parens debitum mortis persolvisset. Quod audiens Imperator, vocavit Liberium & fecit eum Augustalem, misitque **B** eum Alexandriam inquirere causam. Ad quam urbem Liberius cum venisset, Rhodonem ad se venire jussit, & ab eo requirebat, quomodò occidisset diaconum. Ille verò respondit, jussione Episcopi factum fuisse: habere se Imperatoris delegationem, ajebat, ut quicquid juberet Episcopus, modis omnibus impleret. Sed negante Paulo Episcopo, & se nescire clamante, prior ille civitatis Arsenius homicidii illius auctor inventus, morte mulctatus est. Porrò Episcopo Paulo Gazam in exilium misso, Rhodo cum gestis de eo Actis directus est **C** Constantinopolim. Cujus Gesta cum intrà Palatium legerentur Principi; jussit eum duci, & foràs regiam civitatem occidi.

Damnatur Paulus Episc. Alexandr.

XV. Et post hæc misit Imperator Pelagium diaconum & Apocrisarium primæ sedis Romanæ Antiochiam cum Sacris suis, quibus præcepit ut cum Euphemio * ejusdem urbis Episcopo & Petrus Hierosolymita & Hippatius Ephesinus veniret Gazam, & Paulo Episcopo pallium auferrent & deponerent. Pelagius verò profectus Antiochiam & indè Hierosolymam, cum memoratis Patriarchis, & aliquantis Episcopis venit Gazam, & auferentes Paulo pallium, deposuerunt eum, & ordinaverunt pro eo **D** Zoilum, quem posteà Imperator deposuit, & Apollinarem ordinavit, qui nunc est Præsul ipsius Alexandrinæ Ecclesiæ.] Hæc Liberatus. Ceterùm Zoili condemnationem post annos tredecim contigisse, ex numero annorum sedis ejus à Nicephoro posito, dicere opus est. Sed non prætermittamus referre quæ sub eodem Paulo Alexandrino Episcopo accidisse admiratione digna apud Sophronium habes (a):

* *Ephremio*

a Prat. Spir c. 207

XVI. Narravit (*inquit*) nobis Abbas Theonas & Theodorus, quòd Alexandriæ sub Paulo Patriarcha puella quædam relicta, fuerat **E** pupilla à parentibus magna facultate locupletibus. Erat autem adhùc sine baptismo. Die verò quadam ingressa pomarium, quod sibi reliquerant parentes ejus (sunt enim in medio civitatis pomaria) vidit quemdam parantem sibi laqueum, ut se præfocaret. Cucurrit igitur, & dixit ei: Quid facis, homo? Dixit autem ei: Dimitte me, mulier, quoniam in multa tribulatione sum. Quæ ait: Dic mihi causam, & fortassis adjuvare te potero. Dixit illi: Gravi ære alieno premor, & valdè suffocor à creditoribus: elegique potiùs semel vitam finire, quàm quotidiè mori. Quæ dixit illi: Quæso te, accipe omnia quæ habeo, & redde; tantùm ne perdas te ipsum. Sumens verò ille, reddidit omnia. Puella ergò angustiari cœpit, non habens qui sibi curam gereret; itaque destituta parentum solatio fornicari instituit, & indè sibi victum quærere. Dicebant ergò viri illi sancti Theonas & Theodorus, *admirantes scilicèt*; Quis novit ista, nisi solus Deus; quomodò scilicèt permittatur anima propter causam aliquam ipsi soli cognitam ad tempus derelinqui? Post aliquantum verò temporis infirmata est puella, & in se conversa compuncta est, oravitque Pontificem, ut faceret illam Christianam. Omnes autem aspernabantur eam, dicentes: Quis hanc suscipiat, quæ meretrix est? Affligebatur autem vehementer. Cum verò in his esset angustiis astitit illi Angelus in specie hominis cum quo misericordiam fecerat. Cui illa dixit: Cupio fieri Christiana, & nemo vult pro me loqui. Qui ait: Numquid re vera istud cupis? Respondit illa; Utique domine, & deprecor te ut hoc mihi impertias. Qui ait: Noli tristari. Ego adducam aliquos qui te accipiant. Adduxit ergò alios duos & ipsos sanctos Angelos. Duxeruntque illam ad ecclesiam. Rursùsq; se ipsos transformantes in personas quasdam illustres, & notas in ordine Augustalium, vocant clericos, presbyterum scilicèt & diaconum, qui in hoc ipsum constituti erant.

Puella misericors misericordiam consecuta.

Dicunt eis clerici: Vestra charitas pro ea pollicetur? Illi autem responderunt: Etiam nos pro illa pollicemur. Sumentes ergò illam, baptizaverunt: & albis induta, rursùs ab eis subvecta est. Quam cum deposuissent, evanuerunt. Vicini ergò cum illam ità albis indutam viderent; postquàm recesserunt illi, dicunt ei: Quis te baptizavit? Nunciavit autem eis rem totam, dicens: Venerunt quidam & tulerunt me in ecclesiam, locutique sunt clericis, & baptizaverunt me. Et dixerunt ad illam. Qui sunt illi? Cum verò non posset dicere qui essent illi; abeuntes nunciaverunt Episcopo. Dixit autem Episcopus his qui ad baptizandum constituti erant. Et confessi sunt se illam baptizasse, exoratos ab illo & illo Augustalibus. Porrò accersitis ex Prætorio his quos clerici dixerant, dixit Episcopus: Nùm ipsi ista fidejussistis? Qui dixerunt: Neque novimus, neque conscii sumus nos hoc fecisse. Tùnc verò jàm cogitavit Episcopus, Dei hoc esse opus. Convocansque illam, dixit ei: Dic mihi, filia, quid gessisti boni? Quæ ait: Meretrix existens & paupercula, quid boni facere potui? Dixit illi Episcopus: Nihil omninò operata es? Dixit: Non, nisi quòd videns quemdam qui à crebitoribus premebatur, se suffocare volentem, data illi omni substantia mea, liberavi eum. Et his dictis, continuò obdormivit in Domino. Tùnc Episcopus glorificans Dominum, dixit: Justus es, Domine, & rectum judicium tuum.] Hucusquè auctor non absq; probatorum virorum testificatione hæc asserens. XVII.

Quod

XVIII. Quod ad Zoilum pertinet Episcopum A-
lexandrinum, testatur Agatho Papa in
epistola ad Imperatores Constantinum,
Heraclium & Tiberium, ad eumdem Zoilum scriptum fuisse à Justiniano Imperatore edictum pro fide Catholica adversùs A-
cephalos: quod exscriptum idem Agatho
Papa ad dictos Augustos misit. Caremus nos
eo, neque usquàm invenimus, cujus saltèm
hìc meminisse oportuit.

XIX. Quod verò ad reliqua quæ sunt anni hujus spectat, dicere minimè prætermittimus,
reperiri hoc anno editas complures Justiniani Imperatoris constitutiones: est inter

alias illa data Kalendis Septembris (*a*),
qua in cunctis monumentis publicis apponi voluit nomen Imperatoris, Consulum,
& Indictionis, de qua ad confirmandam temporis rationem superiùs egimus: aliæ (*b*)
item de permutandis Ecclesiasticis rebus:
insuper ne etiam aliquid solvatur pro ad-
mittendis clericis in ecclesiam (*c*): item
qua vetuit in privatis domibus sacra (*d*)
fieri: & aliæ (*e*) ad funera defunctorum
constitutiones spectantes: quas cunctas tu,
lector, otiosiùs consulere poteris: nos hìc
imponimus anni hujus rerum gestarum finem.

a Novel.
47.

b Novel.
54.55.
c Novel.
56.
d Novel.
58.
e Novel.
49.59.60.
& supe.
Nov. 13.
c.49.

JESU CHRISTI   SILVERII PAP.   JUSTINIANI IMP. 12.
ANNUS   ANNUS   VITIGIS REG. 2.
538.   2.

I.
Urbs à Vi-
tige obses-
sa.

COnsulibus Joanne atque Volusiano a-
peritur annus Domini quingentesimus trigesimusoctavus, idemque à Procopio numeratus annus tertius belli Gothici
in Italia: quo Vitiges Gothorum Rex, revocatis in Italiam Gothis qui apud Francos
erant, comparato exercitu (ut auctor est
Procopius) centum & quinquaginta millium militum, adversùs Belisarium veniens,
Romam mense Martio obsidere cœpit. Quæ
autem crebrò inter utramque partem sint
conflata certamina, iterati conflictus, &
quàm in multis prudentia & bellica fortitudo Belisarii enituerit, eumdem exactè
cuncta narrantem Procopium consule. Sàt
nobis pauca quædam ab instituto haud ad-
horrentia, sed maximè congrua hìc inserere, quæ ad pietatem spectare posse pius
quisque censebit, ut cum hæc ait de mœnium
custodia (*f*).

f Procop. de
bello Goth.
lib.1.

II.

Inter hanc portam, *nempe Flaminiam,* &
alteram ad dexteram huic proximam portu-
lam, porta alia est quæ Pinciana vocatur.
Huic proximi muri pars quædam, lapidum
laxata jampridem compagine, sejuncta spe-
ctatur, non solùm à solo, sed à medio ad
summum fastigium scissa, nec sanè collapsa,
nec aliàs resoluta, sed utrinque sic inclinavit, ut cætero muro extrinsecùs partim
prominentior esse appareat, partim retra-
ctior. Hanc muri partem cum demoliri tùnc
primùm Belisarius niteretur, & iteratò æ-
dificare cœpisset; obstitere Romani, Petrum Apostolum pro indubitatò se com-
perisse, asseverantes, ejus loci tuendi pollicitum curam se suscepturum. Quod utiquè Romanis ex voto successit: quandoquidem nec eo die quo per Gothos sunt mœnia oppugnata, nec per omne id tempus
quo Urbem obsederant barbari, hostilis
vis ulla ad hunc locum pervenit, nec planè unquàm eòdem tumultuatum. Et sanè
me admiratio subit, nec Romanis, nec hostibus ipsis in ea tàm diutina Urbis obsidione in memoriam venisse muri hanc partem. Quæ res cum miraculi posteà loco sit
habita, nec sarcire quidem in posterùm
quisquam, nec de integro restituere ausus
est; sed ad hunc diem ea è regione sejunctus

Murus Ur-
bis sub S.
Petri pro-
tectione.

Annal. Eccl. Tom. VII.

permanet murus.] Hucusquè Procopius.
Cernitur usque hodiè ipse paries ab alio divisus, & quasi jamjàm casurus deorsùm in-
clinatus: ut qui nesciat, timeat illàc pertransire. Extant & ibi proximè veneranda
imagines, indices veteris ejusdem loci sacri
cultus.

Sed illud majoris miraculi obtinet locum
quod cum per annum & amplius, Urbe obsessa, in suburbiis moram fecerint barbari,
iidemque Ariani atque Romanæ Ecclesiæ
hostes, nihil tamen contumeliæ damnive
intulere ipsis Apostolorum basilicis extrà
Urbem positis, sinentes illìc Catholico ritu liberè sacra peragi. Audi enim de his
ipsa verba Procopii (*g*). Extat autem (inquit) Pauli Apostoli templum Romanis
procul à mœnibus stadiis docem & quatuor,
juxta quod Tiberis fluit, ubi nullum patet munitum esse præsidium: porticus tamen eòdem ab Urbe pertinens, circàque
ædificia alia pleraque non satìs ad invadendum opportunum locum hunc reddunt. Patebat & Gothis ad id sacrarium via, per
quos omnibus constat per id belli tempus in
* neutra dedicata Apostolis æde quicquam
editum, quod incolentibus vel molestius
esset, vel quoquam pacto ingratum; sed
sacratos ibidem viros liberè permisisse rem
divinam peragere.] Hæc Procopius: quibus
vehementer redarguas, exprobres, &
execrationibus diris incesses recentes hæreticos diaboli faces, fæcesque hæreticorum, sacra Deo dicata ubique Sanctorum monumenta, rapinis incediisque vastan-
tes.

At audi portentum, attende facinus omni execratione dignum Romæ hoc tempore
perpetratum ab eo, qui se Catholicæ fidei esse cultorem præseferebat, ac defensorem hactenùs laudatissimum, Belisario.
Pro monstro habitum est, ut cum qui
fortis erant barbari hostes Gothi Ariani, ne
clericulum quidem injuria damnove affece-
rint, nec impedierint quò minus Apostolis
sacri ibi consistentes Deo dicati ministri diversi ordinis clerici consuetum cultum im-
penderent, Apostolorumque basilicis nec
leve damnum attulerinteodem tempore qui
intùs

III.

g Procop. de
bello Goth.
lib.2.

Gothi ve-
nerati Ba-
silicas Or-
thodoxo-
rum.

* id

IV.

intus degebat, pius, justusque hactenus A
semper visus, ab Imperatore missus expugnare barbaros, Urbemque ab eorum tyrannide vindicatam tueri, Dux exercitus
Belisarius, idem ex improviso tyrannus apparuerit, atque sacrilegus in cathedram Petri & in universam Romanam Ecclesiam,
eam barbarica tyrannicèque injuriis dam-
noque afficiens atque profanans, iniicens-
que violentam manum in ipsum Romanum
Pontificem, deturpans inhonestansque ipsum visibile loco Christi positum Ecclesiæ
a Procop. de caput. Quomodò autem id acciderit, in pri-
bello Goth. mis Procopium (4) audi ita rem tantam
lib. 1. paucis absolventem :

V. Deindè (inquit) oborta suspicione, Sil- B
Theodora verium urbis Romæ Pontificem defecturum
quæ adver- ad Gothos; hunc quidem confestim tran-
sùs Silve- smittit in Græciam, alterum verò quem-
rium sit piam illi suffecit Vigilium nomine; non se-
molita: cùs & alios quosdam, & hos Senatorios viros.] Hæc ipse, sed dolosæ fraudis iste prætextus fuit; ejusmodi enim velamento obte-
gebatur, quod impia Theodora (ut dictum
est ex Liberato diacono) cum Vigilio ab Urbe Constantinopolim accersito molita fuerat; nempè se effecturam, ut ipse Pontifex, expulso Silverio, crearetur, dummo-
dò quod supponderat insana cupiditate fla- C
grans ambitione Vigilius, Anthimum ab
Agapeto damnatum in Constantinopolitanam sedem restitueret. Sed quæ de his paulò fusiùs Anastasius habeat, audiamus: Theodora usa consilio cum Vigilio diacono, misit epistolam Romam ad Silverium Papam,
rogans & obsecrans; Ne pigriteris ad nos
venire; aut certè revoca Vigilium in locum suum. Hæc cum legisset beatus Silverius, ingemuit, & dixit; Modò scio quia
causa hæc finem vitæ meæ adducit. Sed beatissimus Silverius fiduciam habens in Domi- D
no & beato Petro, rescripsit, dicens: Domina Augusta, ego rem istam numquàm ero
facturus, ut revocem hominem hæreticum
in sua nequitia damnatum. Tùnc indignata
Augusta misit jussiones suas ad Belisarium
Patricium per Vigilium diaconum ista continentes; Vide aliquas occasiones in Silverio Papa, & depone illum de Episcopatu,
aut festinus certè transmitte eum ad me. Eccè ibi habes Vigilium Archidiaconum & A-
pocrisarium, nostrum charissimum, qui nobis pollicitus est, revocare Anthimum Patriarcham. Tùnc suscipiens jussionem Beli- E
sarius Patricius, ait: Ego quidem jussionem
facio; sed is qui intercedit in necem Silverii
Papæ, ipse reddet rationem de factis suis
Domino Jesu Christo.

VI. Et urgente jussione, exierunt quidam fal-
Quæ ca- si testes, qui dixerunt: Quia nos multis vi-
lumnia in cibus invenimus Silverium Papam scripta
Silverium hujusmodi mittere ad Regem Gothorum:
excogitata. Veni ad portam quæ vocatur Asinaria juxtà
Lateranas, & civitatem tibi trado & Belisarium Patricium. Quod audiens Belisarius, primò non credebat, sciebat enim quòd
per invidiam deo hæc dicebantur. Sed dùm
multi in eadem accusatione persisterent, per-
timuit. Tùnc fecit Belisarius Patricius bea-

tum Silverium Papam venire ad se in Palatium Pincis *, & ad primum & secundum * Pincii,
velum retinuit omnem clerum. Ingressus vel, in Pin-
itaque Silverio & Vigilio solis in Mauso- cis.
leo, Antonina Patricia Belisarii uxor sedebat in lecto, & Belisarius Patricius sedebat
ad pedes ejus. Et dùm vidisset eum Antonina Patricia, dixit ad eum; Dic, domine Silveri Papa, quæ fecimus tibi & Romanis, ut tu velles nos in manus Gothorum tradere? Adhuc ea loquente, ingressus
subdiaconus regionarius Regionis primæ
tulit pallium de collo ejus, & duxit eum in
cubiculum, & expolians eum, induit eum
monachicam vestem, & abscondit eum. Tùnc
Sixtus subdiaconus Regionis sextæ videns
eum jàm monachum, egressus foràs, nunciavit ad clerum, dicens; Quia dominus
Papa depositus est, & factus est monachus.
Quod audientes, fugerunt omnes. Quem
suscipiens Vigilius Archidiaconus in sua
quasi fide, & misit eum in exilium ad Pon-
tianas, & sustentavit eum pane tribulationis & aqua angustiæ.] Hucusquè Anastasius.

Sed ab his dissentit quod ait Procopius, VII.
eum missum in Græciam; quod æquè fa-
tetur Liberatus diaconus (b). Cæterùm A- b Liberat.
nastasius, omisso exilio Orientis, de ulti- diaco. Bre-
ma deportatione Silverii meminit, qua ex viar. c. 22.
Græcia in Pontianam insulam, sive illi pro- Quando
ximam Palmariam dictam, contrà Circeum contigit
montem positas, deportatus, ibi tandem mo- Silverii e-
ri coactus est. Sed & Liberatus diaconus in xilium.
eo discrepat à Procopio, dùm ait, id factum, ubi Belisarius esset Ravennæ, quod
non contigit nisi anno sequenti, ubi soluta
est obsidio Urbis; cum tamen Procopius
disertis verbis ostendat id factum, cum Belisarius Romæ detineretur obsessus. Sed præstat hic reddere quæ idem Liberatus de his
habet, prætermissa ab Anastasio atque Procopio: fuit & ipse hujus temporis scriptor,
incipiensque à Vigilio in Italiam ex Oriente reverso, ubi cum Theodora convenerat, Pontificatu & auro promisso: Facta (inquit) promissione, Romam profectus est, ubi invenit Silverium Papam ordinatum. Quin & Ravennæ reperit Belisarium in eadem urbe sedentem, eamque
obtinentem.] Hic puto Liberatum memoria lapsum Ravennam pro Neapoli posuisset
nàm vix anno quinto belli Gothici potitus
est Ravenna Belisarius: sed longè antè, constat Vigilium in Orientem remeasse, & quæ
dicta sunt adversùs Silverium molitum esse.
Sed pergit auctor. Cui tradens præceptum
Augustæ, promisit ei duo auri centenaria,
si Silverio remoto, ordinaretur ipse pro eo.
Belisarius verò Romam reversus, evocans
Silverium ad Palatium, intentabat ei calumniam, quasi Gothis scripsisset ut Romam in-
troirent.

Fertur enim, Marcum quemdam schola- VIII.
sticum & Julianum quemdam prætorianum Calumnia-
fictas de nomine Silverii composuisse litte- tores Silve-
ras Regi Gothorum scriptas, ex quibus rii Pap.
convinceretur Silverium Romanam velle
prodere civitatem. Secretò autem Belisarius &

zius & ejus conjux persuadebant Silverio A
implere praeceptum Augustae, ut tolleretur Chalcedonensis Synodus, & per epistolam suam haereticorum firmaret fidem. Qui mox de Palatio egressus, quid de eo fieret, consiliariis suis locutus est. Et veniens contulit se in basilicam beatae martyris Sabinae, ibique manebat. Ubi directus est ad eum * Photius filius Antoninae Patriciae, & praestito sacramento, invitavit eum venire ad Palatium. Qui autem Silverio astabant, persuadebant ei, ne Graecorum crederet juramentis. Ille autem exiit, & ad Palatium venit. At illa quidem die pro juramento ad B ecclesiam redire permissus est. Ad quem rursus mandavit Belisarius, ut ad Palatium veniret. Qui de ecclesia exire nolebat, dolos sibi praeparatos agnoscens. Sed postea orans, & causam suam Domino commendans exit, & ad Palatium venit. Qui solus ingressus, à suis ulterius non est visus. Et alia die Belisarius, convocatis presbyteris & diaconibus & clericis, mandavit eis, ut alium sibi Papam eligerent. Quibus dubitantibus, & * renitentibus nonnullis ridentibus *, favore Belisarii ordinatus est Vigilius. Silverius autem in exilium missus est in civitatem provinciae Lyciae, quae Patara dicitur.] Hactenus de expulsione Silverii & intrusione Vigilii Liberatus.

IX. Magna haec quidem fuit horribilisque in Ecclesia Romana tempestas à furente haeretica foemina excitata ab ambitioso diacono

*Photius
Silverius
exul mittitur in Lyciam.*

renitentibus

HANC VIR PATRICIUS VILISARIUS URBIS AMICUS
OB CULPAE VENIAM CONDIDIT ECCLESIAM.
HANC ICCIRCO PEDEM SACRAM QUI PONIS IN AEDEM
UT MISERETUR EUM SAEPE PRECARE DEUM.

procurata, per Belisarium autem impie admodum consummata in eo quidem Pilato deteriorem, dùm veritus est ipse, ne foeminae offensam incurreret, cujus jussa festinavit implere, cum ille ipsum Caesarem pertimuerit: sed (ut suo loco dicemus) fuit meritas infelix poenas nàm qui tanto patrato scelere sibi devincire putavit per Theodoram Imperatricem, Deo ulciscente factum, ut eumdem infensissimum expertus postea fuerit adversarium, ab eodemque ipse, qui tot victoriis gloriosus toto conspicuus Orbi fuit, in ordinem redactus sit; exemplum posteris factus, quanto suo quis damno in Christum Domini manus violentas iniiciat. Cui ob immensitatem sceleris perpetrati nec satis fuit ad veniam promerendam facti poenitentia: nàm noluit omninò Deus, licèt distulerit, absque vindicta relinqui, quod tanto sacrilegio facinus horrendum ab ipso fuerat perpetratum.

Belisarius enim post scelus admissum, in se reversus, veluti ebrietate jam soluta, quod deliquisset ob mentis oculos jugiter habens, & ipsum erabuit, & detestatus valdè, ad expiandum immane facinus, ut offensum divinum numen conciliaret, illudque ipsum redderet sibi propitium; mòx Romae ecclesiam erigendam curavit, cui prae foribus ejusmodi inscriptionem lapidi incidi voluit, patrati facinoris poenitentiae perpetuum monumentum (a):

X.
De poenitentia Belisarii.

a Extat Romae in pariete ecclesiae Cruciferorum inter Pincium montem & Quirinalem,

[JANUA HAEC EST TEMPLI DOMINO DEFENSA POTENTI.]

At licèt ipsa ecclesia ab eo erecta perierit, C
demolita fortasse à Gothis, cum rursùm potiti sunt Urbe (ut par est credere) in odium ipsius conditoris Belisarii: ipsa tamen inscriptio adhùc integra legitur, in alterius ecclesiae affixa pariete, ut habes notatum in margine.

XI. Haec quidem passus Silverius, haud potuit esse desinere quod erat Romanus Pontifex: qui ad suum Apostolatum illa planè adjecit Apostolica signa, quibus Petrus (b) & alii gloriabantur Apostoli, quòd videlicèt digni habiti essent pro nomine Jesu contumeliam pati. Ipso enim vivente, nemo jure dixerit, Vigilium verè potuisse Pontificem Maximum dici, licèt in sede Petri sederit violenter intrusus; sed Silverium ipsum legitimum Papam & quidèm claritudine auctum, utpotè adiicientem ad Pontificiam dignitatem confessionis coronam, illustrantemque ipsam palma martyrii, praeter alia egregia facta complura: cum, dùm vixit, multa remiserit, licèt exul, sacerdotalis auctoritatis atque Pontificiae majestatis, utqueab eo gesta sunt, apertè declarant,de quibus agendum erit paulò post. Quae autem post haec transacta sint Romae inter Vigilium & Belisarium, idem Liberatus enarrat his verbis (c):

b Act. 5.

c Liberat. diac. in brev. c. 22.

Post ordinationem ergò suam compellebatur Vigilius à Belisario implere promissionem suam, quam Augustae promiserat, ut sibi redderet duo auri centenaria promissa. Vigilius autem timore Romanorum, & avaritia patrocinante, nolebat sponsiones suas implere.] Haec quidem de Vigilio jure dicta, sententia in eum lata à sancto Silverio Papa demonstrat, ubi habetur simoniacam labem contraxisse ipsum Vigilium spondendo aurum, ut Pontifex esse posset. His de Vigilio praemissis, Silverii in Orientem deportati vestigia à sectatus idem D Liberatus, quae tùnc ibi facta sunt, scriptis prodidit. Accidit planè illud admirandum, ut cum adversùs ipsum Romanum Pontificem insurrexisset qui inhaerebat lateri ejus diaconus ipse Vigilius; Deus excitaverit spiritum unius ex Graecis Episcopis, qui magno sumpto animo pro ejus defensione surrexerit, steteritque contra Imperatorem, ipsum de sacrilegio perpetrato redarguens. Haec quidem Liberatus diaconus habet paucis descripta his verbis:

Sed Silverio veniente Pataram, venerabilis Episcopus civitatis ipsius venit ad Imperatorem, & judicium Dei contestatus E est de tantae sedis Episcopi expulsione:multos dicens esse in hoc mundo Reges,& non esse

XII.
Turpitudo Vigilii de auro pollicito cito.

XIII.

esse unum, sicut ille Papa est super Ec- **A**
clesiam mundi totius à sua sede expulsus.
Justinian. Quem audiens Imperator, revocari Ro-
Restitui S:L mam Silverium jussit, & de litteris illius
verium ju- judicium fieri; ut si approbaretur ab ipso
bet. fuisse scriptas, in quacumque civitate E-
piscopus degeret; si autem falsæ fuissent
approbatæ, restitueretur suæ sedi.] Ita
quidem sentiens Justinianus Imperator non
esse cujuslibet potestatis damnare Romanum Pontificem, quem etiamsi errasse con-
vinceret, Romanum tamen Episcopum,
licèt non Romæ, voluit permanere, ne
videlicèt (quod obiectum ei fuerat) ipso
moliente, daretur Urbs Gothis; sed ut
aliis in locis eamdem, qua fungebatur, retineret Pontificiam dignitatem. Sed audi
quid post hæc narret idem Liberatus de conatu Theodoræ Augustæ etiam Pelagium
diaconum Apocrisarium impellentis, ut
a Liberat. Silverii reditum impediret (*a*)? Pelagius
diacon. in verò currens cum voluntate Augustæ, vo-
Brev. c.22. lebat irritum facere Imperatoris præceptum, ne Silverius Romam reverteretur;
sed prævalente Imperatoris jussione, Silverius ad Italiam reversus est. Cujus adventu territus Vigilius, ne sede pellere-
tur, Belisario mandavit : Trade mihi Silverium : alioqui non possum facere quod **C**
à me exigis. Ita Silverius traditus est duobus Vigilii defensoribus, & servis ejus.
Qui in Palmariam insulam abductus, sub
eorum custodia defecit inedia. Vigilius
autem per Antoninam Belisarii conjugem
implens promissionem suam, quam Augustæ fecerat, talem scripsit epistolam:

fratribus Dominis & patribus * Vigilius.
XIV. Scio quidem, quia ad sanctitatem ve-
Vigilii no- stram anteà fidei meæ credulitas, Deo ad-
mine epist. juvante, pervenit. Sed quia modò glorio-
impia. sa filia mea Patricia Antonina Christianissima desideria mea facit impleri, quòd
fraternitati vestræ præsentia scripta trans-
mitterem, salutans ergò vos gratia, qua
nos Deo nostro Christo Salvatori conjun-
gimur, & eam fidem quam tenetis, Deo
adiuvante, & tenuisse & tenere significo :
sciens quia illud inter nos prædicamus &
legimus, ut & anima una sit, & cor unum
provectus in Deo. Profectus * mei, quia vester est,
Deo adiuvante, vobis gaudia maturavit
ex meo animo, sciens fraternitatem vestram
: quæ optat & libenter amplecti. Oportet
ergò, ut hæc quæ vobis scribo, nullus
agnoscat, sed magis tamquàm suspectum
hic me sapientia vestra ante alios existimet
habere, ut possim hæc quæ concepi, faciliùs operari & perficere. *Et subscriptio.* **E**
Orate pro nobis Deum, mihi fratres in
Christo Domino nostro charitate conjuncti.] Hactenùs Vigilii nomine epistola
scripta.

XV. Hic, amabo te, siste paululùm gradum,
lector, & illud in primis considera, etiam
si verè ista scripsisset Vigilius, nullum tamen ob id inferri penitus præjudicium A-
postolicæ sedi, cujus tùnc ipse invasor,
Silverius autem germanus Pontifex esset.
Verùm commentitiam hanc fuisse episto-

lam, plura sunt quæ persuadent. Si enim
re vera scripsisset ista Vigilius; cùr non ex
iisdem suis scriptis conventus est, cùm de
restitutione Anthimi altercatus est postea
Constantinopoli cum Theodora? Rursùm
si istæc ab ipso scripta sunt; cùr non ex-
probrata eadem, cum ipse Constantinopoli à Theodoro Episcopo Cæsariensi, &
Menna Constantinopolitano duriùs vexaretur, cùm utrumque ipse Vigilius excommunicationi subiecit? Vel cùr non id factum ab ipso Justiniano Imperatore, cùm
in ipsum furore accensus etiam vi agendum **B**
putavit? Cùr item id tacuit ipsa Quinta
Synodus in eumdem Pontificem accedere
renuentem nonnihil commota? Hæc omnia publicè sunt ventilata, & publicis A-
ctis excepta, nec tamen de dicta epistola
vel nutu usquàm mentio. Neque etiam
Facundus Hermianensis Episcopus in Vigilium ob Tria capitula subinfensus aliquid hujusmodi (sicut cætera) ipsi obii-
cere umquàm ausus apparet. Sunt verò &
alia inferius dicenda, quibus eamdem epistolam imposturæ redarguas.

Sed accipe quæ his subiicit Liberatus : **XVI.**
Sub hac (inquit) epistola Vigilius fidem Blasphe-
suam scripsit, & resolvens tomum Papæ miæ Vigi-
Leonis, sic dixit: Nos non duas naturas lii nomine
in Christo confitemur, sed ex duabus na- scriptæ.
turis compositum Deum Filium, unum
Christum, unum Dominum. *Et iterum* :
Qui dicit in Christo duas formas, unaquaque agente cum sua communione, & non
confitetur unam personam, unam essentiam : anathema sit. Qui dicit, quia hæc
quidem miracula faciebat, hæc verò passionibus succumbebat, & non confitetur **D**
miracula & passiones unius ejusdemq; quas
sponte sustinuit carne nobis consubstantiali ; anathema sit. Qui dicit, quòd Christus velut homo misericordia dignus est,
& non dicit Deum Verbum & crucifixum
esse, ut misereatur nobis : anathema sit.
Anathematizamus ergò Paulum Samosate-
num, Dioscorum, Theodorum, & Theodoretum, & omnes qui statuta eorum coluerunt & colunt. Et hæc Vigilius scribens hæreticis occultè, permansit sedens.
In quo impletum est illud testimonium,
quod Salomon in Proverbiis dicit (*b*) : *b Prov. 1.*
Edent viæ suæ fructus, & consiliis suis saturabuntur. Ab ipsa hæreli afflictus, nec
coronatus, qualem vitæ terminum suscepit, notum est omnibus.] Hæc Liberatus : quem rogo, quonam pacto potuit Vigilius anathematizare Dioscorum, si cum
Dioscoro Eutychianam hæresim prædicat? **E**
hæ enim sibi invicem adversantur, &
utraque vera esse non possint.

Sed in hunc se miser statum conjecit, ut **XVII.**
hæretica scripsisse, ab hæreticis vel fingi
potuerit. Quid reliquum esse potuit salis
infatuati, nisi ut conculcaretur ab homi- Undè Vi-
nibus, & proiceretur in hæresim sterqui- gilii lap-
linium? putorem namque contraxit hære- sus.
ticæ pravitatis ex consuetudine inita cum
hæreticis. En in quod barathrum infelicem hominem conjecit ambitio ! in quantam

tam eum infaniam & infamiam adegit gloriæ vanæ cupido ! cujus causâ cogatur & in ipso portu pati naufragium, in Petra petræ scandalum esse, atque in sede videri mobilem, & in fide infidelem haberi. Ita planè sententia Domini judicatur à fide excidere, qui gloriæ mancipium se constituit ; ipso dicente (*a*) : *Quomodò potestis credere, si gloriam ab invicem accipitis* ? Et de hujus simili

a *Joan.5.*

b *3.Joa.9.*   Joannes (*b*) : *Diotrepes, qui amat primatum gerere in eis, non recipit nos* :

XVIII.   Quis non putasset Vigilium gloriæ turbine agitatum, in transversum ferri, & in præcipitia dedi : qui diù antè jàm temporibus (ut vidimus) Bonifacii, ut ab eo vivente subrogaretur in sedem, contrà leges omnes Ecclesiasticas atque morem, impudens pertentasset ? Ita planè ponderę scelerum prægravatus, dùm sursùm ascendere meditatur, deorsùm unà cum iis & ab iis qui in cælo principatum superbè appetiere, demergitur, eadem cum

c *Isai. 14.*   illis consilia mente volvens (*c*): *In cælum conscendam, super astra Dei exaltabo solium meum, sedebo in monte testamenti in lateribus Aquilonis, ascendam super altitudinem nubium, similis ero Altissimo.* Cum his planè appetivit ascendere, sedemque collocare super inanium altitudinem nubium, non suprà deorsùm positam in fundamento stabilem petram, de

d *Matt.16.*   quâ à Domino dictum (*d*) : *Tu es Petrus & super hanc petram ædificabo Ecclesiam meam, & portæ inferi non prævalebunt*

e *Isai.47.*   *adversùs eam.* At non est solium (*e*) filiæ Chaldæorum : vagetur necesse est ut

f *Genef. 4.*   Cain (*f*), qui intùs clausum habet, quod eum agit in diversa, peccatum ; perstat ècontrà stabilis & immobilis, qui super Petram solium collocavit, licèt undique vel ex inferorum spiritibus vel Principibus hujus sæculi insurgerent tempestates, ipse Silverius sicuti verus legitimusque Petri successor : quamvis enim in insulam fuerit relegatus, factus est tamen ibi inhærens Petræ ipse durissima petra, in quam tumentes fluctus illisi, in gracilem spumam conversi retrò fracti resilire coacti sunt ; immobilisque manet in Apostolico sedens throno instar Regis

g *Prov.20*   (*g*), qui sedens in solio judicii dissipat omne malum intuitu suo. Habito enim illic Episcoporum Concilio, in Vigilium sententiam damnationis intorquet ; ut quæ inferiùs dicturi sumus, significabunt.

XIX.   Ceterùm quod ad Vigilium spectat ; etsi
Quòd ea epist.nega-
ri possit es-   complura ab eo perperàm facta ipsum condemnent, ut excusari non possit, clamantibus undique sacrilegiis : non defuerunt
se Vigilii.   tamen qui Vigilii eam esse epistolam ad Theodoram inscriptam negarint, nomine verò ipsius ab aliquo Eutychiano suppositam, eoque imperito, ut ex pluribus colligi potest. Equidem præter ea quæ dicta

h *Sext.Sy-*   sunt, non Vigilii eam putamus : nàm no-
nod. Act.   mine Vigilii ab hæreticis scriptas fuisse lit-
15. tom.2.   teras Synodi Sextæ Acta testantur (*b*), in
Concil.   quibus hæc de damnatis imposturis hæreti-

A   corum: Anathema libro qui dicitur Mennæ ad Vigilium, & qui eum finxerunt, sive scripserunt. Anathema libellis, qui dicuntur facti fuisse à Vigilio ad Justinianum & Theodoram divæ memoriæ, & qui sunt demonstrati.] Hæc ibi . Sanè quidèm inscriptio recitatæ nuper epistolæ nomine Vigilii, ad dominos, ad Justinianum & Theodoram Augg. scriptam eam fuisse demonstrat. Sed & abhorret à consueto scribentis more, dùm præter dominos, & ad Patres, eadem epistola habeatur inscripta : ut jure possit argui imposturæ. Etenim cum Vigilius, expulso

B   Silverio, se egerit tamquàm Romanum Pontificem: quodnam umquàm extitit prędécessorum exemplum, ut ipsos Imperatores Patres nominarit Romanus Pontifex, quos potiùs filios constat solitum appellare ? Vel si dicas scriptam ad Episcoposqui novus mos iste, & penitùs inusitatus, ut Romanus Pontifex coepiscopos Patres appellet: & dominos ? Vel si legas, Fratres : certè procùl abhorret ut eosdem dicat & dominos . Præterea verò in eadem epistolà se ipso discrepat auctor, contraria simul jungens. Etenim quomodò cum Eutychete & Dioscoro negat duas in Christo

C   naturas, & paulò inferiùs unà cum aliis anathema Dioscoro infert ? Hæc quidem cum sibi invicem adversentur, augent(ut dixi) de impostura suspicionem.

XX.   Sed licèt Vigilii schismatici, alienæ sedis emptoris & invasoris (quæ negari non possunt) eam epistolam fuisse diximus ; haud mirum videri debet, ut perditus homo addiderit ad schisma hæresim quoque

D   Ausus enim semel cathedram erigere contrà cathedram, & vivente pastore legitimo, nulla nisi sæcularis hominis auctoritate absque judicii ulla forma sententiæ condemnato, sedere Pontifex ; quonam alio nomine, quàm lupus gregem invadens, fur & latro non per ostium, sed aliundè in ovile ovium conscendens, pseudoepiscopus contra legitimum Episcopum stans, ac denique Antichristus contrà Christum jure potuit appellari ? Superat ejusmodi scelus quodlibet id genus anteà perpetratum : cedit huic Novati impietas, pertinacia Ursicini, Laurentii præsumptio, ac denique aliorum omnium schismaticorum Antistitum superbia, arrogantia, atque facinorosa temeritas : siquidèm nemo, sicùt iste, tanta impuden-

E   tia in viventis Pontificis sedem insiluit, ut talibus perfidiæ præmissis anteambulonibus sacrilegiis eam occuparit, tantoque periculo ex pactis conventis cum hæreticis obtinuerit ; cum ejusmodi improbo facto janua aperta videri potuisset, per quam in Romanam Ecclesiam (proh scelus !) hæreses cum hæreticis se immitterent, atque cuncta Apostolica dogmata pessumdarent. Nullum hactenùs schisma extitit, ex quo in tantam ignominiam inducta sit ipsa Pontificis sacrosancta majestas, cum datur laico homini, absque Concilio, uloque sacerdotum assensu damnare primæ

Nullum hactenus turpius schisma.

sedis

sedis Antistitem, vique pellere, expoliatumque sacerdotalibus indumentis procùl eiicere in exilium, & restitutum licèt sententia Imperatoris, nihilominùs in insulam relegare, morique cogere. At quomodò Apostolicæ sedi moderandæ invigilaverit in Vigilio Dei vindicta, atqs tandem justum sanguinem ulta sit, suo loco dicturi sumus.

XXI. Vigilius respondet ad consultationes.

Cum igitur hoc anno, expulso Silverio, ageret Vigilius Romanum Pontificem, quantumlibet spurius, atque penitùs, dum vixit Silverius, illegitimus; quæ tamen Pontificii muneris essent, exequi minimè prætermisit. Nàm inter alia respondisse reperitur hoc anno sub dictis Consulibus ad consultationem Eutherii Episcopi; cum enim ad legitimum Pont. Silverium scriptas litteras accepisset, illo è sede ejecto, ipse rescripsit. Quisnam autem fuerit Eutherius ad quem scribit, & cujus civitatis Episcopus, licèt nulla sit mentio; tamen ipsum fuisse Episcopum in extremis Hispaniæ oris Oceano conjunctis, vel in Lusitania, aut in Gallicia, satis possumus ex epistolæ argumento colligere: ibi namque viguisse rursum Priscillianistarum hæresim, superiùs diximus, cùm egimus de epistola S. Leonis Papæ ad Turibium scriptam, ex qua petenda est obscurorum hìc positorum locorum elucidatio: licèt habeat aliqua ampliùs epistola ista, ex qua quisnam fuerit hujus temporis illius provinciæ Ecclesiarum status, intelligi posse videtur. Quamobrem hìc ipsam recitare, utile judicamus; sic enim se habet (a):

a Vigil. ep. 1.tom. 1.ep. Rom. Pont.

Dilectissimo fratri Eutherio Vigilius.

XXII. Vigilii ep. ad Eutherium.

Directas ad nos tua charitatis epistolas, plenas Catholicæ inquisitionis solicitudine gratanter accepimus, benedicentes Dei nostri clementiam, quia tales in extremis mundi partibus dignatur suis ovibus providere pastores, per quos & pascuis valeant salutaribus abundare, & ab antiqui hostis rapacitate servari, ut insidias nequeant ejus subreptionis incurrere: Undè certum est, quia promissæ vos beatitudinis gratia subsequatur, quandò à vobis cælestium perfectio doctrinarum tàm votiva sciscitatione perquiritur. Scriptum est enim (b): Beati sunt scrutantur testimonia ejus, in toto corde exquirunt eum. Hoc igitur frater charissime, propositum tuæ consultationis tota mente tractantes, de te quoque provenire contendimus, qui regulam Catholicæ fidei iisdem studes tenere vestigiis, quibus eam in Apostolica fide cognoscis esse fundatam. Et quamvis sonus (c) eorum toto orbe diffusus, & usque ad fines orbis terræ verba eorum distensa, dilectionis tuæ corda Christo probaverint esse fidelia; tamen si quid ex his in Ecclesia, quæ tuæ gubernationi, Deo auxiliante, commissa est, necdùm plena luce claruerit; ad eumdem fontem, de quo illa salutaris manavit limpha, recurritis: quod debita charitate sumus amplexi; quia fiducialiter de his, undè apud

b Psf. 118.
c Psf. 18.

eos observantiam esse dixistis ambiguam, nostra voluisti responsione firmari. Quapropter dilectionem tuam in Domino salutantes, de singulis quid juxtà Catholicam disciplinam teneat Apostolicæ sedis auctoritas, subiectis aliquibus etiam sanctarum capitulis regularum te credimus instruendum.

Ac primùm de his quos Priscillianæ hæresis indicasti vitiis inquinari, sancta & conveniente religioni Catholicæ eos detestatione judicas arguendos, qui ita abstinentiæ simulatæ prætextu ab escis videntur carnium submovere, ut hoc execrationis potiùs animo quàm devotionis probentur efficere: qua in re quia nefandissimis Manichæis esse consimiles approbantur, justè Patrum venerabilium constitutis ab hac superstitione sub anathematis sunt interminatione prohibiti, quandò ali[q]uid ciborum contagione carnium credunt esse pollutum.] Et post multa, quibus ex divinæ Scripturæ sententiis ejusmodi confutat impietatem, ista mòx subiicit de alio eorumdem errore.

XXIII. De Priscillianistarū abstinentia.

De baptismo quoque solemniter adimplendo similiter quid Apostolica vel sanxerit, vel observet auctoritas, in subiectis tua charitas evidenter agnoscet. Illud autem novelli esse judicamus erroris, quòd cum in fine psalmorum ab omnibus Catholicis ex more dicatur, Gloria Patri & Filio & Spiritui sancto; aliqui (sicut indicas) subducta una syllaba conjunctiva, perfectum conantur minuere vocabulum Trinitatis, dicendo, Gloria Patri & Filio Spiritui sancto. Quamvis ergò ipsa nos ratio evidenter edoceat, quia subducta una syllaba, personam Filii & Spiritus sancti unam quodammodò esse designent; tamen ad errorem talium convincendum sufficit, quòd Dominus Jesus Christus designans in invocatione Trinitatis credentium debere baptisma celebrari, dixit (d): Ite docete omnes gentes, baptizantes eos in nomine Patris & Filii & Spiritus sancti. Ergò cum non dixerit, In nomine Patris & Filii Spiritus sancti, sed æqualibus distinctionibus Patrem & Filium & Spiritum sanctum jusserit nominari; constat illos omninò à doctrina Dominica deviare, qui aliquid huic voluerint confessioni derogare. Qui si in errore permanserint, socii nobis esse non possunt.] Hæc cum damnet Vigilius: si quis causam hujus erroris indagare voluerit, consulat citatam superiori tomo S. Leonis Papæ epistolam ad Turibium Episcopum Asturicensem eodem argumento, nempe contra Priscillianistas in Hispania commorantes conscriptam.

XXIV. De Baptismi forma, & Glorificationis Hymno.
d Matth. ult.

Quòd autem una ex parte ob Priscillianistas, altera verò ob Arianos, Arianis Principibus in Hispaniis regnantibus, Hispana angustiaretur Ecclesia; Catholicis adversùs utramque pestem fuerunt remedia conquirenda: Vigilius ista de Apostolico fonte quæ à majoribus tradita reperit (aliter enim non licere sciret) petenti propi-

XXV. De rebaptizatis ab Arianis.

propinat. De his enim (inquit) qui baptismatis gratia salutari accepta, apud Arianos iterum baptizati, profundæ voraginis sunt morte demersi, quid per singulos ordines vel ætates antecessorum nostrorum decreta consuerunt, quæ multiplici sunt digesta ratione, è nostro scrinio relevata capitula his subiecta direximus. In quibus tamen illud speciali charitate etiam convenit observari, ut quia pro peccatis plurimis in gentibus iniquitas ipsa surrexit; in æstimatione fraternitatis tuæ, aliorumque Pontificum per suas diœceses relinquatur, ut si qualitas & pœnitentis devotio fuerit approbata, indulgentiæ quoque remedio sit vicina. Quorum tamen reconciliatio non per illam impositionem manus, quæ per invocationem Spiritus sancti fit, quæratur; sed per illam qua pœnitentiæ fructus aequiritur, & sanctæ communionis restitutio perficitur.] Vidisti Vigilium, etsi non legitimum Pontificem, legitimorum tamen inhærentem vestigiis; quod agi solitum erat: cùm enim aliqui Ecclesiam Romanam Episcopi diversarum provinciarum consulerent, ne vel minimùm à prædecessorum deviarent decretis, ipsi Pontifices ipsa antiqua referabant archiva, ut quæ de eo quod quæreretur essent à majoribus responsa, cognoscerent, & illis consentientia responderent.

XXVI.

Post hæc autem subiicit de reparatis ecclesiis dedicandis, quando nempe solemnis deberet in eis dedicatio iterari, vel fieri reconciliatio cum Missis, vel tantùm aqua benedicta eædem fuerint conspergendæ. His addit de tempore Paschatis celebrandis his verbis: Pascha verò futurum nos, si Deus voluerit, XI. Kalend. Majarum die celebraturos esse cognoscite.] Subdit & de ordine precum, qui servari solitus esset ab Ecclesia Romana in celebritate Missarum ex Apostolica traditione: nàm ait Ordinem quoque precum in celebritate Missarum nullo nos tempore, nulla festivitate significamus habere divisum, sed semper eodem tenore oblata Deo munera consecrare. Quoties verò Paschalis, aut Ascensionis Domini, vel Pentecostes, vel Epiphaniæ, Sanctorumq; Dei fuerit agenda festivitas, singula capitula diebus apta subiungimus, quibus commemorationem sanctæ solemnitatis, aut sanctum facimus, quorum natalitia celebramus; cætera verò ordine consueto prosequimur. Quapropter & ipsius canonicæ preeis textum direximus subter adiectum: quem, Deo propitio, ex Apostolica traditione suscepimus. Et ut charitas tua cunctæ cognoscat, quibus locis aliqua festivitatibus apta connectes; Paschalis diei preces similiter adiecimus.] Et post exhortationem ad fidem Catholicam illibatè servandam; hæc de missis reliquis jungit: Significatur etiam, beatorum Apostolorum, vel martyrum (sicut speramus) sancto nos affectui tuo direxisse reliquias, præsumentes fidem vestram eorum deinceps pleniùs esse meritis adjuvandam.] Et post aliqua de baptismi for-

Rom. Eccl. ritus ex traditione Apostoloru.

A nix corrupta in integrum restituta, de Romanæ Ecclesiæ primatu ubique cognito ? addit hæc verba:

Nulli vel tenuiter sentienti, vel pleniter sapienti dubium est, quòd Ecclesia Romana fundamentum & forma sit Ecclesiarum; à quo omnes Ecclesias principium sumpsisse, nemo recte credentium ignorat. Quoniam licet omnium Apostolorum par esset electio, beato tamen Petro concessum est, ut cæteris præmineret: unde & Cephas vocatur, quia caput est & principium omnium Apostolorum, & quod in capite

B præcessit, in membris sequi necesse est. Quamobrem sancta Romana Ecclesia pius merito Domini voce consecrata, & sanctorum Patrum auctoritate roborata, primatum tenet omnium Ecclesiarum; ad quam summa Episcoporum negotia & judicia atque querelæ, quàm & majores Ecclesiarum quæstiones, quasi ad caput, semper referenda sunt. Nam & qui se scit aliis esse præpositum non moleste ferat aliquem esse sibi prælatum. Ipsa nam-

C que Ecclesia, quæ prima est, ita reliquis Ecclesiis vices suas credidit largiendas, ut in partem sint vocatæ sollicitudinis, non in plenitudinem potestatis. Unde omnium appellantium Apostolicam sedem Episcoporum judicia, & cunctarum majora negotia causarum eidem sanctæ sedi reservata esse liquet: præsertim cum in his omnibus ejus semper sit expectandum consultum, cujus tramiti si quis obviare tentaverit sacerdotum, caulas se non sine honoris sui periculo apud eandem sanctam sedem noverit redditurum. Data Kalend. Martii, Volusiano & Joanne viris clarissimis Conf.] Hactenus Vigilii epistola, cùm & habitum veri pastoris induit ipse, licet adhuc profanus.

Sed & hoc etiam anno sub Joannis Con-

D sulatu, cum idem Vigilius Pontificem gereret, consultus de injungenda pœnitentia Theodoberto Regi Francorum ob incestuosas nuptias contractas, ad Cæsarium Arelatensem Episcopum ita rescripsit:

Dilectissimo fratri Cæsario Vigilius.

Si pro observatione cælestium mandatorum Catholicæ filios Ecclesiæ opportune vel importune sacerdotes singulos decet instruere; quantò magis his qui devotione laudabili de rebus sibi dubiis ad studium veniunt consulendi, competenti necesse est ordine respondere? Hinc est, quòd

E gloriosi filii nostri Regis Theodoberti interrogationem, qua nos per Modericum virum illustrem legatum suum credidit requirendos, dignius amplectendam; in qua gloriam suam desiderat informari, cujusmodi pœnitentiæ posset illius purgari delictum, qui cum uxore fratris sui illicitum præsumpsit inire coniugium. Cui nos equidem missis affatibus, viam tenorem tua fraternitas in subiectis inveniet, hoc indicare curavimus, quoniam tale commissum non parva cordis afflictione valeat expiari. Sed quia (sicut charitatem tuam bene nosse confidimus) modus pœnitentiæ præsentium

XXVII.
Rom. Eccl. excellentia.

XXVIII.

Epistola Vigilii ad S. Cæsar. Arelat. de Pœnitent. Theodoberti Reg. Franc.

feριὸς potiùs facerdotum infpeαioni committitur, ut juxta compunαionis meritum, veniæ quoque poffit indulgeri remedium; tuæ hoc potiùs æftimationi credimus relinquendum. Quapropter charitas tua, totius facti qualitate, ac pœnitentis ipfius compunαione perfpecta, prædiαum gloriofum Regem filium noftrum & de temporis obfervatione non ommittat inftruere, & ne ulteriùs tale aliquid præfumatur, inftanter expofcat. Illud quàm maximè precavendum, ut ne ipfe qui hoc nofcitur admififfe, ad eofdem vomitus revertatur; fed divifis etiam habitationibus commanentes, ab omni fufpicione commiffi facinoris, reddantur immunes. Dominus te incolumem cuftodiat, frater chariffime. Datum pridie Non. Martiarum, Joanne V. C. Conf.] Hactenùs litteræ Vigilii ad S. Cæfarium, impertitæ nobis unà cum aliis ab Ecclefia Arelatenfi. Jàm verò his recenfitis, quid intereà in Oriente in caufa Origeniftarum factum fit, videamus.

XXIX. Quem anno fuperiori profectum effe Pelagium, Romanæ Ecclefiæ diaconum in Palæftinam, & cum Patriarchis Antiocheno ac Hierofolymitano juncto fimul Epifcopo Ephelino, Gazæ damnaffe Paulum Alexandrinum Epifcopum, ex Liberato diacono diximus; idem Pelagius, his abfolutis reverfus Conftantinopolim, ubi agebat Apocrifarium, interpellatus ab Orthodoxis Palæftinæ monachis adverfus Origeniftas, eofdem fecum Conftantinopolim duxit. Quid autem ibi factum fit,

a Liberat. Liberatus diaconus ità narrat (a): Re- *diacon. in* deunte verò Pelagio Conftantinopolim, *Brev. c.23.* monachi qui ab Hierofolymis, per quos *prope fin.* Pelagius in Gazam tranfitum habuit, ve-

Monachi nerunt ad eum in Comitatu, portantes ca-
Palæftini pitula ex libris Origenis excerpta, vo-
agunt ut lentes agere apud Imperatorem, ut Orige-
damnetur nes damnaretur cum illis capitulis. Igitur
Origenes. Pelagius æmulus exiftens Theodoro Cæfareæ Cappadociæ Epifcopo, volens ei non eare, fed quòd effet Origenis defenfor, unà cum Menna Archiepifcopo Conftantinopolitano flagitabat à Principe, ut juberet fieri, quod illi monachi fupplicabant, ut Origenes damnaretur cum ipfis capitulis, talia dicentibus. Annuit Imperator facillimè, gaudens fe de talium caufa judicium ferre. Jubente eo, dictata eft in Origenem, & in illa capitula anathematis damnatio: quam fubfcribentes, unà cum Menna Archiepifcopo apud Conftantinopolim reperti, deinde directa eft Vigilio Romano Epifcopo, Zoilo Alexandrino, Ephræmio Antiocheno, & Petro Hierofolymitano. Quibus eam accipientibus, & fubfcribentibus, Origenes damnatus eft mortuus, qui vivens olim fuerat antè damnatus.] Hactenùs Liberatus. Quæ autem hæc fecuta fint, paulò poft dicturi fumus.

XXX. Concitatos verò fuiffe ejufmodi mona-
SS. Theod. chos à S. Theodofio in Palæftina Archi-
& Sabas mandrita, de quo fæpe fuperius, ejus
hoftes O- acta fignificant: fiquidem Cyrillus de ipfo,
rigeniftarum.

poft damnationem hæreticorum ab Agapeto Romano Pontifice factam, hæc habet. Maximè autem Theodofius oftendebat fe averfari Origenem, qui exiftimavit fuum in hoc ponendum ftudium, ut divina Apoftolorum prædicationem nugas contexeret, Gentilium, & luderet in rebus minimè ludicris. Hæc ipfe. Sed & fanctum Sabam magnoperè averfatum effe ejufmodi hæreticos dictos Origeniftas, fuo loco fuperiùs diximus.

Sic igitur (ut decebat rem tantam, cu- **XXXI.**
jus caufa per multa fæcula univerfus Chri- Judicium
ftianus exagitatus eft orbis) Occidentalibus, in caufa
fimùl convenientibus cum Orientalibus, Origenis.
nempè pro illis Apoftolicæ fedis Apocrifario Pelagio, & pro iftis Menna & ipfo,
(ut dictum eft) vicem agente Romani
Pontificis, unà cum aliis Orthodoxis E-
pifcopis, qui hoc tempore Conftantinopoli funt reperti, magnum agitatum eft
de Origene judicium, cui nec defuit majeftas Imperatoris: qui cum videret omnium unam illam effe fententiam, ut cum
erroribus fuis auctor etiam damnaretur,
juffit (ut ex Liberato diacono modo vidimus) in Origenem ejufque decerpta ex
ipfius fcriptis erroris capitula condemnationis fententiam fcribi: quod & factum
eft.

Porrò eam fcriptam effe fententiam à **XXXII.**
Menna Epifcopo Conftantinopolitano Vi- Defenfores
cario Apoftolicæ fedis, unà cum Pelagio tia in Ori-
S. R. E. diacono, nihil eft quòd quis re- genem la-
vocare poffit in dubium: fed & eidem pa- ta.
riter fententiæ cæteros, qui reperti funt
Conftantinopoli Epifcopos fubfcripfiffe,
Liberati affertio eft: quam tamen Imperatoris nomine (ut aliàs plerumque factum effe videmus) quò petulantes hæretici nihil facientes Catholicæ Ecclefiæ judicium, neque timentes anathematis ab
ea folitam exerceri cenfuram coerceri poffent, per Imperatoriam conftitutionem
edendam curarunt. Eam itaquè cum tu
legis, non Iuftiniani legere nefcientis lucubrationem exiftima, fed Mennæ atque
Pelagii id ipfum Apoftolica auctoritate
tractantium, & collegarum Epifcoporum
accedente in fubfcriptione confenfu. Imperatoris tamen nomine ad Mennam in-
fcriptam, miffam verò, quò omnibus nota
fieret, ad Vigilium Romam, & ad O-
rientalis Ecclefiæ Patriarchas, & per eos
ad Metropolitanos Epifcopos.

Porrò epiftola ifta, five conftitutio tan- **XXXIII.**
ti ponderis, fcripta contra Origenem à
Iuftiniano Imper. ad Mennam, cujus meminit Liberatus, diutiffimè latuit: quam
ex fcripto codice Antonii Auguftini viri
præftantiffimi, deque Ecclefiafticis anti-
quitatibus optimè meriti, Romam miffo
ad Antonium Carafam S. R. E. Cardinalem fanè doctiffimum ac maximè pium
acceptam, hic tibi, ne excidat rurfum
oblivione fepulta, primùm edendam curamus, prolixam licet: tamen quòd hactenùs nufquàm cufam effe fciamus, laboris fufcepti minimè pœnitebit; eòque
magis,

magis, quòd non ignoremus & hodiè non A
deesse qui insano quodam Origenis amore
flagrent, eundemque conentur defendere,
Æthiopem dealbantes. Opus namque fuit
Patribus ipsis prolixè confutasse errores illos, quibus miseri Origenistæ modò tenebantur oppressi; ut, si vellent, possent contrà venena paratum antidotum adhibere: sic
enim ipsa se habet.

XXXIV.
Epistola
sic ipse au-
ctor eam
vocat in fi-
ne.

Oratio * piissimi Imperatoris Justiniani missa ad Mennam sanctissimum ac
beatissimum Archiepiscopum urbis Constantinopolis & Patriarcham, adversùs impium Origenem nefariasque ejus sententias.

Justiniani
constit. ad-
versus Ori-
genem.

Nobis semper studio fuit, atque etiam B
nunc est, rectam & irreprehensibilem Christianorum fidem, statumque sanctissimum Dei
Catholicæ & Apostolicæ Ecclesiæ perturbationum expertem usquequaque custodiri.
Hæc nobis prima & antiquissima cura est;
per quam & nobis in præsenti sæculo Imperium à Deo traditum esse & conservari
credimus, & Reipublicæ nostræ inimicos
subdi; & in sæculo futuro misericordiam
in conspectu bonitatis ejus nos adepturos
speramus. Nam si humani generis hostis
varias occasiones comminiscitur, quibus C
hominum animas studet lædere; Deus tamen humanitas illius improbitatem & malitiam frangens atque evacuans, adversa-
riosque redarguens, gregem suum demerari
accipere, aut dissipari non permittit. Hæc
autem à nobis ideo dicta sunt, quòd ad
nos allatum est, nonnullos Dei metum in
animo non habentes, nec rectæ doctrinæ
discrimen tenentes, quo salvatur quicumque veritatem cognoscit, relictis divinis
Scripturis, sanctisque Patribus, quos Catholica Dei Ecclesia doctores habet, per
quos omnis ubique hæresis expulsa est, fides
verò Orthodoxa declarata; Origenem, ejusque
dogmata Paganorum & Arianorum & Manichæorum erroribus affinia asserere, per
quæ ille in foveam incidit.

XXXV.
Auctor hæ-
resis Arii
Origenes.

Qui ejusmodi sunt, quomodo possint in
Christianorum numerari, cum tuentes hominem, qui ea quæ Pagani, Manichæi, A-
riani sentiunt, tradere tradunt? Qui antè D
omnia in ipsam sanctam & consubstantialem
Trinitatem blasphemias ausus est dicere, Patrem majorem esse Filio, Filium sancto Spiritu, sanctum Spiritum aliis spiritibus. Porrò hoc ad impietatem suam addidit, ut diceret nec posse Filium Patrem videre, nec
Spiritum sanctum Filium: Ipsum Filium &
Spiritum sanctum creaturas esse: quodque
nos sumus ad Filium, Filium esse ad Patrem. Ad suas autem blasphemias hoc
quoque adjunxit in primo sermone Periarchon his verbis sic dicens: In principio quod E
cogitatur, tantum numerum voluntate sua
intelligibilium substantiarum constituit
Deus, quantus poterat perdurare. Dicendum enim, finitam esse Dei potentiam: nec sub obtentu laudis ac bonorum
verborum tollenda ejus circumscriptio est.
Etenim si infinita sit divina potentia, necesse est eam nec se ipsam quidem intelligere.

Annal. Eccl. Tom. VII.

Natura enim infinitum comprehendi non
potest. Tanta igitur fecit, quanta poterat
apprehendere & sub manu habere & sub
providentia sua continere: quemadmodùm
& tantam materiam apparavit, quantam
regere, distinguere, ac exornare poterat.

An ullam majorem potuisset Origenes in
Deum blasphemiam proferre? qui & in sancta Trinitate gradus exogitans, indè vult
multitudinem deorum inducere; ac ipsam
Dei potentiam circumscriptam esse, mon-
struosè asserit. Hoc verò omni impietate plenum ejus fabulositatis est dicere,
omnia genera, speciesque coæternas esse
Deo; quòdque rationabilia, quæ pecca-
runt, ac propterea de statu suo exciderunt,
pro proportione suorum peccatorum supplicii causa in corpora injecta sunt; ac ex-
purgata rursùm asserantur in pristinum statum, omni deposita malitia: iterùmque ac
tertiùm & compluriès diversis ad pœnam in-
jiciuntur corporibus. Ponit porrò diversos
constituisse & constare mundos tùm præteri-
tos, tùm futuros. Et quisnam adeò fatuus
est, ut hæc audiens, animo non exhorrescat
propter tantam impietatem? Quis non e-
xecretur insanum Origenem, qui hujusmodi
finxerit ac scriptis mandarit in Deum blasphemias? quæ ut omnibus Christianis inter-
dictas, manifestasque habentes impietatis
argumenta, supervacaneum duximus refu-
tatione dignari.

XXXVI.
Origenis
insaniæ at-
que blas-
phemiæ.

Quare si hæretici omnes ob unius forsitan aut alterius dogmatis perversitatem è
sanctissima Ecclesia sunt ejecti, subditisque
anathemati cum suis dogmatibus, quis pro-
sùs Christianorum sustinebit Origenem, e-
jusque prava scripta tueri, qui tot blasphemias dixerit, omnibusque ferè hæreticis tantam exitii ac blasphemiæ materiem
præbuerit, ac ideircò pridem à sanctis Patribus anathemati subjectus sit unà cum sceleratis ejus dogmatibus? Nam quamvis concedat quis, Deo repugnantem Origenem
ex veridica doctrina (quod & apud alios
hæreticos invenitur) aliquid expressisse * *disperfiffe*
in improbis suis scriptis; ea ipsius propria
non est, sed sanctæ Dei Ecclesiæ: atque
hoc ille malitiosè in simpliciorum fraudem
molitus est. Nàm in Paganorum commentis enutritus, eaque propagare in animo
habens, divinas se utique Scripturas interpretari simulavit; ut hoc modò nefa-
riam doctrinam suam sacrarum litterarum
monumentis malignè admiscens, Pagani-
cum & Manichæicum errorem suum atque
Arianam vesaniam induceret: eosque qui
sacram scripturam non accuratè percepissent, inescare posset.

XXXVII.
Origenes
quæ sunt
Paganorum
intulit in
Ecclesiam.

Quid enim aliud exposuit Origenes, quàm
Platonis, qui Paganorum insaniam dila-
tarat, doctrinam? Aut à quo alio Arius
mutuatus propria venena concinnavit, qui
in exitium animæ suæ in sancta & consubstantiali Trinitate gradus excogitavit?
An hìc à Manichæo abesit, qui animas hominum dicit propter peccata corporibus ad
supplicium immitti? Quique primùm
quidem

XXXVIII.
E Platonis
schola & à
Manichæis
Origenes
plura.

quidem mentes & sanctas virtutes fuisse asserat ; deinde contemplationis divinæ satietatem cepisse, ac in deterius conversa ideircò à Dei amore refriguisse; sicque Græco nomine appellatas ψυχὰς supplicii causa corporibus esse inditas : quod vel solùm ad ejus damnationem satis erat, cum à Paganorum ortum sit impietas. Cum enim dixerit Deus : Faciamus hominem ad imaginem & similitudinem nostram: ex ejus vanis sermonibus invenitur solùm corpus absque anima ad imaginem & similitudinem Dei factum esse ; si omninò præexistebat anima, & facto corpore, in id injecta est, aut in id tamquam in vas immissa ; ac necesse erit dicere, ipsum Deum opificem hominis esse, utpotè qui corpus ad imaginem & similitudinem suam fecerit. Quomodò autem corpus imago incorporei esse possit ? Quamobrem absit, ut his Christiani assentiantur.

De praexistentia animarum error Origenis.
XXXIX.

Si verò juxta Origenis blasphemiam animæ præexistebant, ac in peccata peccatorum suorum in corpora demissæ sunt, ut emendatæ resipiscerent ; eas oportebat amplius non peccare. Nam si in supplicium datum est, si in corpus propter peccata, ut doloribus emendaretur ad gloriscandum Deum ; quomodò eam adjuvat ad peccandum & corroborat corpus atque id* quod

*ad id quod puniendum est

XXXVII.

puniendo est? Vincula enim, carceres, compedes, ac (ut breviter dicam) omnia hujusmodi, injurias & peccata eorum cohibent, quibus imponitur pœna ; nec ut qui peccavit, amplius peccet, vincula ei adduntur, quæ ad peccandum adjuvent, sed ut vinculorum cruciatu peccare desistat. Quarè perspicuum est, non ad superiorum peccatorum castigationem (ut illi nugantur) corporibus immissas esse animas ; sed simul Deum & corpus & animam, id est, perfectum hominem fabricatum esse. Itaque eorum quæ per corpus nobis gesta sunt, sive bonorum sive malorum, retributionem expectamus. Hoc enim nobis tradit divinus Apostolus Paulus, dicens: Omnes enim nos manifestari oportet antè tribunal Christi, ut referat unusquisque propria corporis, prout gessit, sive bonum, sive malum. Attendenda ergò sunt Apostoli verba ; nec enim dixit, Oportet recipere eum qui judicatur, prout gessit antè corpus. Si verò ob ea sola quæ per corpus homo gessit, ab eo qui terram judicat, vel pœna afficitur, vel præmio, nullaque mentio fit antè admissorum peccatorum ; perspicuum est animas antè corpora non esse: si enim præexisterent, dixisset Apostolus, Gesta tùm per corpus, tùm antè corpus.

XL.
Redarguitur dementia Origenis.

Animas verò hominum intelligentia & ratione uti, in confesso est: quod ne eos quidem negare putamus qui tuentur Origenem. Dicant igitur qui cum Origene sentiunt: animæ ipsorum, si quidem (ut asseverant) antè corpus fuerunt, quo in ordine, aut quid agebant? Oportuit enim eas, si antè erant, scire quo loco essent, aut quomodò hùc advenissent. Si hoc nulla ratione possunt dicere (nàm id verum non est)

A apertum est eos fabulas dicere. At fortassè dicant, animas, postquàm corpora ingressæ sunt, tum discernere posse & cognoscere quæ à se geruntur. Si hoc dicent ; ex certo inani disputatione efficitur, ut corpus plus pretii atque honoris quàm anima habeat ; quòd in beneficii loco det intelligentiam & rationem : atqui hoc asserere, plenum dementiæ est atque absurditatis. Cur verò si anima (ut ajunt) antè fuit quàm corpus, disciplina indiget postquàm in corpus venit, paulatimque instituitur, & ad meliora perfectioraque progreditur ? Nam si antè existeret, utilia utique cognosceret, ideo nulla egeret doctrina ; nec utpotè in cognitione versans, cura & diligentia erudiretur. Ac si quid sit offenderesciebat ; non edoceretur quod ante sciverit. Jam verò si edoceretur, ut in ignoratione versans, priùs nesciebat si non præscivit, antè non fuit : verùm anima verò numquàm antea fuit.

Ortus enim noster solus Deus in causa est ; ut nos cum non essemus fecit ; sic nato gratia manuque propria tuetur ac salvat, si digni ac idonei perhibeamur. Nam Deus qui dixit: Faciamus hominem ad imaginem

B nostram & similitudinem neutraque simul fecit, id est, corpus plasmavit, & animam

C intelligentem & rationalem creavit: unà enim & effinxit corpus, & animam immisit, perfectum hominem exhibens : neque enim homo corpus est sine anima, nec anima sine sine corpore. Si enim anima præexistebat (ut delirat Origenes) cujus rei gratia sanctissimus Propheta Zacharias dixit (a): Figens spiritum hominis in eo? Jam verò cum dicit Propheta, Figens, ostendit, ut corpus sic animam non præexistentem Deum propria virtute & bonitate fecisse. Quòd igitur homo (sicut dictum est) ad imaginem & similitudinem Dei sit factus, dignatusque inspiratione divina, indè perspicuum

a Zach. 11.

D est, non solùm intelligentem & rationalem animam, sed etiam immortalem esse creatam, ut omnibus iis quæ in terra facta sunt, imperaret. Hoc est enim quod à Theologo Gregorio dictum est, à Decesse, & divinam, ac supernæ nobilitatis participem: non ut nonnulli malum ac dicunt, divinæ substantiæ animas esse ; sed inspiratione Dei factam, gratiamque nactam ab eo, ut intelligens esset & rationalis & immortalis, nec unà cum corpore moreretur more irrationabilium animalium, sed per gratiam participaret supernæ nobilitatis, id est, immortalitatis. His testimonium perhibet dan-

E ctus Joannes Constantinopoleos Patriarcha in undecimo sermone in Creationem ; sic enim ait: Et insufflavit (inquit) in faciem ejus spiritum vitæ, & fuit homo in animam viventem. Hæc nonnulli imperiti homines propriis cogitationibus moti, ac nihil Deo docens in mente habentes, nec condescensionem verborum reputantes, dicere audent, à Dei substantia esse animam. O insaniam! ò dementiam! Atque hæc quidem, Pater, de argumento proposito.

Considera autem de aliis omnibus in terra factis

XLI.
Hominis vera origo.

XLII.

Univctsi facta dixisse Deum : Fiat, & , Educat terra, creatio ut & factum est. De homine autem dicit: Faciamus : non solùm Faciamus, sed, Ad imaginem & similitudinem nostram. Et sumens pulverem de terra, propriis manibus hominem finxit, & insufflavit in faciem e. jus spiritum vitæ, & factus est homo in animam viventem. Ex his igitur perspici potest, ut Deus hominem faceret honorabiliorem ac pretiosiorem omnibus aliis quæ in terra sunt creaturis; alia quidem omnia fecit verbo: Dixit & facta sunt: hominem verò (sicut dictum est,) propriis ipse manibus juxtà divinam Scripturam fecit. Quæcunque autem ab eo in terra facta sunt, subdidit homini, qui sexto factus est die : ut omnibus torrenis creaturis jàm factis ac ipsi præparatis dominaretur ipse Dominatoris sui obediens Imperio.

XLIII.
Ex Patrum sententiis asseritur veritas.

Hoc & nos docet S. Theologus Gregorius in oratione in Novam Dominicam, sic enim dicit : Ita aliquid primum in diebus numeratur & secundum & tertium ac deinceps usque ad septimam diem, qua requies fuit ab operibus; quibus diebus dispertiuntur ea quæ sunt ineffabili ratione disposita, nec confertim edita, Verbo rerum omnium potente, cujus & cogitare & dicere, rem ipsam est præstare. Quod si postremus homo designatur sit, isque manu Dei & imagine honoratus; nihil mirum ei enim tamquàm Regi oportuit priùs regiam aulam subsistere, ac deindè Regem induci, omnium jàm quasi satellitio stipatam ac munitum. Quamobrèm si ex Gregorii Theologi doctrina ultimus homo est designatus, atque Dei manu & imagine honoratus, ac omnia à Deo ei præparata sunt, ac ei tamquàm Regi priùs subsunt palatia, sicque à Deo introductus est omnium jàm stipatus obsequio; quomodò dicunt qui juxtà Origenem desipiunt, præexistentes animas propter peccata in corpora dimitti, priùs commissa luituras? Contrà enim S. Gregorius postremum omnium hominem factum esse dicit & à Deo honoratum, & in omnibus quæ in terra sunt, dominari : quod sanè pœna non est, sed singularis providentiæ ac benefacti significatio.

XLIV.
Theologo porrò Gregorio consentit S. Joannis Constantinopoleos Patriarcha doctrina in undecimo sermone de Creatione : sic enim dicit : At fortasse dicat aliquis : Cùr nàm, si anima pretiosior est corpore, quod inferius est priùs sit, ac demùm quòd majus est ac nobilius ? An non vides, dilecte, in ipsa creatione idem hoc factum esse? Quemadmodùm enim cælum & terra & Sol & Luna, cæteráque omnia fabricata sunt, ac postremùm homo, cui eorum imperium mandandum fuerat; sic in plasmatione hominis priùs formatur corpus, tùm anima, quæ honorabilior est. Nàm ut expertia rationis, quæ ad utilitatem & obsequium parabantur, antè hominem extitere, ut parata ministeria haberet, qui futurus erat eorum commodis frui ; ità corpus antè animam fabricatum est, ut cum juxtà occultâ Dei sapientiam anima inducretur,

propria officia posset motu corporis exequi. Atque hæc satis ed ostendendum audientibus nos ubiquè eadem sentire & dicere, quæ Patres, qui animarum præexistentiam tollunt.

Prætereà cum sancta Scriptura de Adam atque Eva dicat : Benedixit eos Deus, & dixit : Crescite & multiplicamini, & replete terram & dominamini ei : quomodò igitur, si animæ antiquiores fuere corporibus, futurum fuit ut crescerent ac multiplicarentur, quæ antè (juxtà eorum fabulas) erant Et quomodò habebat Deus benedicere animas jàm in peccata lapsas ad crescendum & multiplicandum ? Animæ enim peccatis contaminatæ maledictione potiùs quàm benedictione digiæ erant. Ac si animæ præexistebant, & juxtà Origenis fabulas in alio erant ordine; quamobrèm solùm Adam plasmavit Deus ? An verò Adam anima tùm sola peccarat, ac propiterà udum corpus à Deo fabricatum ? Si enim anteà aliæ animæ fuerant, alia corpora simul fabricari oportuit, quæ susciperent animas. Et quomodò peccatrix (ut eorum est ratio) anima supplicii causa in corpus conjecta in paradidum deliciarum à Deo posita est ? Nàm si ut pœnas dependeret, in corpus esset missa; non in illo paradiso, sed in supplicii loco collocaretur. Tantopere verò dilexit hominem Deus, quem postremum fabricaverat; ut cum ille transgressus esset datum sibi præceptum; ac idcircò à paradiso esset expulsus ; crescente hominum genere, gliscante peccato, quòd cogitatio hominis ad deteriora pravo studio incumberet : figmentum suum Deus, utpotè bonus, non neglexit, sed multimodis reprehendit, & castigavit, sicut sancta Scriptura significat.

XLV.
Ex divina scriptura errorsi darguitur.

Postquam verò ob graviores morbos majore medicina indiguimus : ipsum Unigenitum Dei Verbum, unus, id est, una persona sanctæ Trinitatis propter benignitatem suam homo fit, manens Deus, nec divina sua substantia in humanam conversa, nec humana in divinam mutata, unusque est ac idem in utraque natura; in iisque inconfuse atque indivise cognoscitur. Manens enim quod erat, factum est quod non erat : mortemque nobis debitam ex transgressionis damnatione & propria carne suscipiens, æterna nos morte liberavit, primitiæ dormientium factus, ac primogenitus resurgens ex mortuis, consuscitavit nos & consedere fecit in cælestibus, quemadmodum nos docet traditio Apostolica. Quamvis enim à principio humana natura propter inobedientiam privata paradiso est ; tamen (ut est dictum) Unigenitus Dei Filius propter multam charitatem suam, qua dilexit nos, naturam nostram sux uniens indivise secundùm subsistentiam in utero sanctæ gloriosæ semperque Virginis Mariæ, majori nos dignatus est gratia, gratificatus nobis regnum cælorum. Atque his testimonium perhibet Joannes Constantinopoleos Patriarcha in sermone de Ascensione, sic dicens : Qui terra indigni

XLVI.
De verbi Incarnatione doctrina.

digni extiteramus, sumus & in cælum
subvecti. Qui ne inferiore quidem imperio
fueramus digni, ad regnum supernum
conscendimus, supergressi cælos regnum-
que solium adepti, supra Cherubim paradisum custodiebat, ipsa
supra Cherubim hodie sedet.

XLVII.
Cur homo creatus.
Quamobrem demonstratum est, animas
non (ut Origenes nugatur) in cælis prius
fuisse, ac deinde in corpora missas, ut per-
petratorum peccatorum pœnas exolverent;
sed contra in terra fabricatam universam naturam humanam, bonitate ac benignitate
divina cælos adeptam esse; ut qui homines mandatum Dei custodirent ac implerent, Angelorum in cælis conversatione
digni haberentur, quos in terra imitari
per confessionem in Deum jussi sumus.
Nam cum vellet Deus propter inenarrabilem bonitatem suam, sicut in cælis à
sanctis virtutibus glorificatur, ita in terra glorificari ab hominibus; fabricatus
est hominem, alterum Angelum in terris, ut Dei gloria omnia complerentur.
Itaque Dominus dans nobis orandi præceptum, dicit: Pater noster qui es in cælis, sanctificetur nomen tuum, adveniat regnum tuum, fiat voluntas tua sicut in cælo
& in terra.

XLVIII.
Ex Gregorio Nazianzeno.
Cum his porro quæ à nobis dicta sunt,
conveniunt quæ sanctus Gregorius Theologus docet in sermone de sancto Paschate: sic
enim dicit: Cum nam rem Verbum artifex
demonstrare vellet, etiam animal ex utrisque natura videlicet visibili & invisibili,
hominem fabricatur; sumptoque corpore
è materia quæ ante subsistebat, ac à se ipso
vitam * indens, quod utique animum intelligentem & imaginem Dei esse ratio novit, velutiquemdam alterum mundum, in
parvo magnum constituit in terra, alium
Angelum, promiscuum adoratorem, con-
templatorem visibilis naturæ, studiosum-
que ejus, quæ tota mente comprehendi-
tur. Quare attendendum est, Patrem
hunc, cum diceret, Deum ex utrisque fecisse hominem, addidisse, è prius subsi-
stenti materia corpus sumptum; non dixisse vero, prius extitisse animam, nec ex
ulla substantia natam quæ ante existeret;
sed Deum per se ipsum vitam indidisse,
quod animam esse intelligentem & Dei
imaginem novit ratio. Quod autem dicit
Pater, Deum fecisse hominem in terra
superno obstrictum imperio, exertit eorum
rationem, qui ad pœnam animas immissas corporibus dicunt. Nam in terra regnare, solumque Dei teneri imperio,
non in supplicii loco ducendum est, sed
in magno beneficio ac munere Dei.

XLIX.
Ad hæc illud nobis necessario dicendum
existimamus in eos qui præexistentiam asserunt: Si verum esset prius animas esse
quàm corpora, cognoscerent ac recorda-
rentur quæ ante gessissent, quàm in corpora venirent: quemadmodum post obitum
sciunt & norunt quæ in corporibus egere. Demonstrabimus autem animam post
discessum è vita cognoscere quæ gessit; ex

* visum

ipsis Evangelii verbis; dicit enim Dominus
noster & Salvator Christum in Evangelio
secundùm Lucam, in pericopa Lazari &
divitis (a): Homo quidam erat dives, & induebatur purpura & bysso, & epulaba-
tur quotidie splendide. Et erat quidam mendicus nomine Lazarus, qui jacebat ante
januam ejus, ulceribus plenus, cupiens
saturari de micis quæ cadebant de mensa divitis; sed & canes veniebant & lingebant
ulcera ejus. Factum est autem, ut moreretur mendicus, & portaretur ab Angelis in
sinum Abrahæ. Mortuus est autem & dives,
& sepultus est: in inferno autem elevans
oculos suos, cum esset in tormentis, vidit
Abraham à longè & Lazarum in sinu ejus.
Et ipse clamans dixit: Pater Abraham, mi-
serere mei, & mitte Lazarum qui intin-
gat extremum digiti sui in aquam & refri-
geret linguam meam, quia crucior in hac
flamma. Et dixit illi Abraham: Fili re-
cordare quia recepisti bona in vita tua, &
Lazarus similiter mala: nunc autem hic con-
solatur, tu verò cruciaris: & in his omnibus inter nos & vos magnum chaos firmatum est: ut si qui velint hinc transire
ad vos, non possint, neque indè huc trans-
meare. Et ait: Rogo te Pater, ut mittas
eum in domum patris mei: habeo enim
quinque fratres; ut testetur illis, ne &
ipsi veniant in hunc locum tormentorum.
Quamobrem pudeat eos qui tuentur Origenem, vel ex sancti Evangelii verbis. Si
enim animæ, antequam corpora, fuissent,
cognoscerent ea quæ ante corpus fecissent,
quemadmodum post migrationem è vita re-
miniscuntur ea quæ in corpore gesserunt;
hoc enim è verbis Evangelii didicimus.

Quod autem & sancti Patres sequentes
inspiratas divinitus Scripturas talem doctrinam condemnarunt, unà cum Origene, qui
ea commentus est; jamquidem ex his quæ
sancti Patres dixerunt, apertè ostendimus
nihilò tamen serius & ex insequentibus Patrum testimoniis sumus demonstraturi. Ac
primùm sanctum Petrum, qui Episcopus
Alexandriæ & martyr fuit, proponemus
testimonium nobis his sermonibus perhi-
bentem:

*Sancti Petri Episcopi Alexandrini &
martyris ex primo sermone.*

Quòd nec præextitit anima, nec cum
peccasset, propterea in corpus missa est, diximus quædam de primo è terra terreno homine proponenda, ut demonstretur unum
& eumdem in tempore esse factum, quamvis particulariter nonnumquam interior &
exterior homo dicatur. Nam etsi secundùm
salutarem sermonem qui interiora fecit, ex-
teriora quoque fecit; tamen semel & eodem
tempore, id est, eadie, cum dixit Deus:
Faciamus hominem ad imaginem & similitudinem nostram. Ex quo perspicuum est,
non ex congressu, quasi aliquid aliud an-
tecesserit & ex alio loco venerit, factum esse. Nàm si congressus fuit quamobrem scriptum est quod jàm factum fuerat? Et post a-
lia; Itaque non cœpit antè corpora in cælo
peccare

a Luc. 16.

Ex parabo-
la de Laza-
ro & Epu-
lone argui-
tur Orige-
nes.

L.

LI.
Petri mar-
tyris testi-
monium.

animas, quæ prorsùs nec antè corpora quidem subſtitit . Hæc enim doctrina à Paganorum philosophia eſt , quæ peregrina eſt , & ab iis aliena qui piè in Chriſto volunt vivere.

Ejuſdem in Myſtagogia, quam fecit ad Eccleſiam , cum martyrii coronam ſuſcepturus eſſet .

LII.

Proptereà obſecro, vigilate: Afflictionem enim rucſùs adituri eſtis. Scitis quot ſubjerit pericula qui me enutrivit pater meus & Epiſcopus Theonas, ab iis qui in idola inſanirent : in cujus ego ſedem ſucceſſi, utinam etiam in mores . Scitis ut magnus ſe geſſerit Dionyſius, qui ſe è locis in loca abdebat , cum inſuper Sabellius affligeret . Quid porrò dicam Heraclam & Demetrium beatos. Epiſcopos ? quales tentationes ſuſtinuerunt ab inſano Origene, cum ipſe diſſidia in Eccleſia ſereret quæ ad hunc uſque diem ei turbas excitaverunt ? An non igitur turpe eſt aliquem benè ſentientium iis adverſari , quæ in Origenem dicta ſunt à ſancto martyre & Epiſcopo Alexandriæ Petro, qui egregium pro Chriſto certamen ſuſcipiens , non ſolùm Originem , ſceleratamque ejus doctrinam abdicavit , ſed etiam teſtificatur , ſanctos qui antè ipſum fuerunt Patres multas ſuſtinuiſſe tentationes ab illius dementia ?

LIII.
Athanaſii teſtimoniũ in Vita S. Antonii .

Dixit quoque ſanctus Athanaſius, qui & ipſe Epiſcopus fuit Alexandriæ , in ſermone de beati Antonii vita : Quomodò nos irridere audetis , qui dicamus Chriſtum hominem manifeſtatum eſſe; cum & vos dementem animam eſſe definientes, cam erraſſe dicatis, ac de apſide cœli in corpus deſcendiſſe? Attendant , qui audiunt , ſanctum Athanaſium iis apertè adverſari , qui mentem præexiſtere dicunt , & ex ea animam ortam , peccando ſe contaminaſſe , ac è cœli convexo in corpus deſcendiſſe .

Ejuſdem ſancti Athanaſii è ſermone ſecundo contra Arianos.

LIV.

Omnis creatura aſpectabilis in ſex diebus facta eſt : ac primo quidem die lux , quam vocavit diem ; ſecundo autem firmamentum ; tertio collecta aquas oſtendit aridam , varioſque in ea produxit fructus ; quarto fecit cœlum & Lunam , omnemque ſtellarum chorum ; quinto maris natatilium aeriſque volatilium generationem condidit, ſexto fecit in terra quadrupedes , ac de ceterò hominem , qui ex anima rationali eſt & corpore . Ac inviſibilia ejus à creatione mundi per ea quæ facta ſunt, intellecta conſpiciuntur , ac neque lux eſt ut nox , neque Sol ut Luna , neque irrationabilis ut homo rationabilis eſt , neque Angeli ſicut Throni , neque hi ut Poteſtates : ſed creaturæ quidem omnes ſunt , unumquodque autem eorum quæ orta ſunt ſecundùn genus in propria ſubſtantia , ut factum eſt , perſtitit ac manet . Ecce ſicut quoque Athanaſius tradit , poſt omnes creaturas Deum feciſſe hominem ex corpore & anima intelligente ac rationali. Neque enim aliter corpus poſt omnia factum eſſe, ut præexiſtens

Annal. Eccl. Tom. VII.

A

anima in id ingrederetur ; ſed dixit, poſt omnes creaturas hominem eſſe factum, qui ex anima rationali eſt & corpore : oſtendens utraque , id eſt , corpus & animam Deum ſimùl fabricatum eſſe.

LV.
De Chriſti anima delirium Origenis.

Quoniam autem Origenes ad cæteras blaſphemias hoc adjunxit, Domini animam priùs extitiſſe, eique Deum Verbum eſſe unitum antequàm è Virgine incarnaretur : hoc deliramentum evertens ipſe ſanctus Athanaſius in epiſtola ad Epictetum , ſic dicit : Meritò ſeſe damnabunt omnes qui exiſtimant antè Mariam eſſe carnem quæ ex ea eſt , ac ante eam habuiſſe animam humanam Deum Verbum, ac in ea antè adventum ſemper fuiſſe . Quare ſi ex iis quæ à ſancto Athanaſio dicta ſunt , anima Domini noſtri Jeſu Chriſti, qui per omnia nobis ſimilis factus eſt abſque peccato, non fuit antè ejus in carne adventum ; qualis inſaniæ eſt dicere alias hominum animas antè corpora eſſe ?

LVI.

Audiamus præterea ſanctum Baſilium in ſermone in illud, In principio erat Verbum, & Verbum erat apud Deum , ita dicentem; Vide ne quando te vocis ambiguitas fallat. Quomodò enim in principio erat humana ratio, cum homo deorſum principium generationis acceperit ? Antè hominem fuere beſtiæ , antè hominem jumenta , reptilia tùm terreſtria , tùm aquatilia , volatilia cœli , ſtellæ, Sol , Luna , herba , terra , mare , cœlum . Ecce Pater apertè nobis denunciat , ne Origenis fabulis de animarum præexiſtentia inducamur . Docet enim nos, non in principio fuiſſe humanam rationem, id eſt , animam ; ſed apertè clamat, omnibus Dei creaturis ortum hominis poſteriorem eſſe. Si ergò creaturæ omnes antè hominem , qui eſt anima & corpus , dicit omnia fuiſſe ; ex hoc oſtenditur ſimùl utrumque fabricatum eſſe.

LVII.
Ex Gregorio Nyſſeno .

Dicit autem ſanctus Gregorius Epiſcopus Nyſſæ in diſputatione de homine : Ac fortaſſe alienum non eſt à diſputationis noſtræ propoſito, id expendere , quod in Eccleſiis de anima & corpore controverſum eſt . Nonnullis enim qui antè nos fuerunt placet iis qui περὶ ἀρχῶν diſſeruerunt , animas veluti quendam populum in propria urbe antè ſubſtitiſſe , atque ibi propoſita eſſe exempla tùm virtutis , tùm malitiæ; eamque animam quæ in virtute atque honeſtate permanſerit, congreſſum & conflictationem corporis minimè experiri : ſi verò à boni participatione defluxerit , hanc in vitam delabi , ſicque eſſe in corpore . Alii attendentes ex Moyſe condendi hominis ordinem animam corpori ſecundam tempore eſſe dicunt ; quandoquidem primùm Deus limum è terra ſumens, finxit hominem , ac eum deindè inſpiratione animavit . Ac paulò poſt ; Qui primam rationem tuentur ; & animarum quaſi civitatem antiquiorem vita corporea aſſerunt , non mihi videntur carere Paganorum fabulis, quæ de metempſychoſi proditæ ſunt. Si quis enim ſubtiliter examinet, comperiet neceſſariò rationem eorum devolvi . Ajunt quendam ſectæ

Fabulæ Gentilium de homine.

Z 3

sectæ suæ prudentium dixisse , & virum
fuisse se , & muliebre corpus induisse , &
subvolasse cum avibus , & fuisse arbuscu-
lam , & aquatilem vitam sortitum . Non
longè , meo quidem judicio , à vero discedit , qui hæc de se affirmat ; verè enim
ranarum aut graculorum garrulo strepitu ,
vel irrationabilitate piscium , vel arborum
insensibilitate ejusmodi disciplina digna est,
quæ tot res permeare unam animam dicat ,
Harum autem ineptiarum hæc causa est ,
quòd præexistere animas opinio sit . Consequenter enim talis doctrinæ principium
ad affinia & ad adjuncta progrediens , hucusquè commenta sua propagat . Nàm si
per vitia animus è sublimiori vita abstractus homo fit : ac si in confesso est vitam
corpoream passionibus magis obnoxiam esse , quàm æternam ac incorpoream ; necesse est animam in hac vita degentem , in
qua plures facultates ad peccandum suppetunt , in pluribus versari vitiis , magisque
passionibus affici . Animæ autem humanæ
passio similitudo est ad irrationabilia ; huic
ergò vitæ devincta anima , in bestiarum naturam delabetur , ac semel vitia ingressa ,
inque irrationabilitate versans nullum finem ad malitiam progrediendi faciet : ubi
enim malitia sistitur , succedit impetus ad
virtutem . Atqui virtus in irrationabilibus
nulla est ; in deterius ergo necessariò mutabitur , assiduè ad pejora turpioraque progrediens , ejusque naturæ , in qua est deteriora quæque semper comminiscens .

LVIII.
Ab absur-
do Orige-
nes redar-
guitur .

Porrò quemadmodùm rationabili sensi-
bile subjacet , sic ab illo prolapsio est .
Quamobrèm huc ratio eorum evadens à veritate aberrat , & per quamdam consequentiam ex absurdis ad absurda se confert . Exindè eorum doctrina per ea quæ inter se nõ
cohærent , fabulosè procedit . Consequentia verò ipsa ostendit omnimodam eorum
corruptelam . Quæ enim semel à sublimi
vita decedit , nullum modum statuit malitiæ suæ , sed propter passionum consuetudinem atque habitum à rationabili ad
irrationabile deveniet ; itaque in stirpium
insensibilitatem mutabitur . Insensibili autem inanimum est consequens , inanimo id
quod non subsistit . Itaque penitùs ex hac
consequentia anima ipsis ad non ens tandem concedet ; sic nullam facultatem habitura est ad meliora redeundi . Verùm enim
verò ad hominem è frutice animam reducunt . Igitur præstantiorem demonstrant
esse vitam in frutice , quàm incorpoream
vitam . Jàm enim ostensum est progressum
animæ ad deteriora , atque idcircò in inferiora esse . Subjacet autem insensibili
naturæ inanimatum , quò per consequentiam principium eorum doctrinæ animam
redegit . Sed quoniam hoc nolunt , aut insensibili animam concludunt , aut si indè
ad humanam vitam eam reducunt , eam
vitam quæ in stirpe ducatur (ut dictum est)
ostendunt antecellere primo animarum statui ; siquidem indè ad malitiam fuit prolapsio , hinc verò ad virtutem est reditus .
Quamobrèm illa ratio convincitur , esse

sine capite , sine fine , quæ vivere animas
antè corpoream vitam asseverat , propter-
quæ flagitia corporibus esse devinctas . Hęc
Nyssenus .

Cum igitur aperta sit Patris hujus doctrina , damnerque eos qui dicunt animas
antè corpora fuisse : audiamus & sanctum
Theophilum Episcopum Alexandriæ in
sermone ad quosdam monachos scripto ,
qui Origeni assentirentur : sic enim dixit:
Quare anathematizantes Origenem , cæte-
rosque hæreticos , exemplo nostro , & A-
nastasii sanctæ Romanæ Ecclesiæ Episcopi ;
qui ex veteribus certaminibus clarus , nobilissimi populi dux creatus est : quem & universa beatorum Occidentis Episcoporum
sequitur Synodus , quæ accepit ac probavit Alexandrinorum Ecclesiæ sententiam in
impium latam .

*Ejusdem Theophili de epistola ad san-
ctos qui in Sceto essent , propter eos qui
incusarent damnationem Origenis doctrinæ :*

Dicere nonnulli ausi sunt , Origenem
Ecclesiæ doctorem . An hi , obsecro , se-
rendi sunt ? An Ecclesiæ doctor est Origenes ? Magnos sibi spiritus sumunt Ariani & Eunomiani & Pagani ; illi in Filium
& Spiritum sanctum blasphemantes ; hi similiter atque illi impii , resurrectionem
mortuorum deridentes . Ex his perspicuum
est , eum qui sanctos Patres sequitur , non
dubitare , quin hi qui cum Origene sentiunt , Paganorum errorem , Arianorumque insaniam sequantur .

Hæc quoque sanctus Cyrillus dicit Alexandriæ Episcopus in epistola ad monachos ,
qui in Phua , in eos qui affirmant corporum resurrectionem non esse : Ajunt igitur nonnulli , esse qui negent humanorum
corporum resurrectionem , quæ pars confessionis nostræ est , quam facimus salutare adeuntes baptisma : fidem enim profitentes adjungimus , credere nos carnis resurrectionem . Si hoc tollimus , nec credimus Christum resurrexisse à mortuis ; ut
nos sibi conresuscitaret : claudicantem habemus fidem , ac à via regia deflectentes ,
pravum iter habemus . Hujusmodi autem
opinio ab improbi Origenis dementia est ,
quem & Patres nostri ut veri deprava torem abdicaverunt , & anathematizarunt .
Non enim sensit ut Christianus , sed Paganorum secutus ineptias & nugas , in errorem incidit . Hinc autem ei contigit
morbi principium : asseverat animas antè
corpora esse , & à sanctimonia abductas
fuisse in cupiditates & nequitiam , desci-
visseque à Deo , à quo hanc ob causam
damnatæ sunt & corpori obstrictæ , sunt-
que in carne tamquam in vinculis .

*Ejusdem ex epistola scripta ad eos qui
in Phua erant monachos .*

Ecclesia verò Scripturis obsequens à Deo
inspiratis ; nec animam novit antè corpora fuisse , nec antè ea peccasse . Quomodò enim , quæ non subsistebat , peccare
potuit ? At nos affirmamus , universitatis
opificem corpus è terra finxisse , idque
animasse,

LIX.
Ex Theo-
philo te-
stimonium
de Anasta-
sio Papa.

LX.

LXI.
Ex Cyrill.
Alexandr.

LXII.

animasse, intelligente anima : & hæc est
hominis structura. Et post alia : Animam
hominis nec (ut ajunt) ob præterita flagitia atque scelera esse damnatam, nec in
hunc demissam mundum, sanctissimus Paulus fidem facit, ita scribens : Omnes nos
manifestari oportet antè tribunal Christi,
ut referat unusquisque propria corporis,
prout gessit, sive bonum, sive malum.
Cur ergò propter sola propria corporis manifestari nos oportere ait, nec potiùs propter ea quæ antè corpus, si animam antè
fuisse norat, & antè peccasse ? Si verò ob-
es sola peccata quæ in corpore designavi-
mus, adducimur ad judicium ; non utique
habemus antiquius corpore peccatum: nam
omninò antè id non constitit hominis anima. Hoc porrò planum facit, & legalis
litteræ vis. Si enim (ut dicit errabundus
Origenes) ob superiora commissa, in
supplicii ac pœnæ loco anima corpus accepit ; quamobrem flagitiosis ac sceleratis
mortem comminata est ? Magis enim oportuerat, bonos ac justos viros mortem oppe-
tere, ut vinculis & supplicio liberarentur ; vivere contrà sceleltos ac nefarios,
ut pœna afficerentur, nec ulla vinculorum
esset liberatio.

Ex expositione Synodica epistola Episto-
porum Ægypti atque Alexandria adver-
sùs Origenis doctrinam.

Hic ergò de quo agitur Origenes, veluti abominationis desolatio in medio veræ Ecclesiæ extitit, ac presbyter ordinatus, à canonica, ab una, à vera manu
dignitatem presbyteri nudam ac solam habuit, quemadmodùm Apostolatus habuit
honorem fur ac proditor Judas. Is enim
cum cœpisset blasphemas homilias habere, Heraclas beatæ memoriæ cum Episcopus, ut studiosus veritatis ac arator ac vi-
nitor Ecclesiastici agri, eum è medio pul-
chræ ac latæ segetis evulsit. Ac paulò
post : Quare hic è cælo in terram deci-
dens tamquàm fulgur, sicut & ejus pater diabolus, multa atrocisque iracundiæ contrà veritatem spirans, in Palæstinam regionem navigavit, moratusque in
Cæsariensium metropoli, cum personam
quàm sibi induerat deposuisset, seque ape-
ruisset, veluti piscis quæ sepia apud quosdam appellatur, significans quod sibi voluptati erat, ac tenebricosum & ætrum
vitæ venenum evovens, illic scriptis expressit, & sicut caupo Judaicus boni specie ac simulatione dulci amarum miscuit.

Quid enim iste pravè moliens atque insaniens dicit ? Erat (inquit) anima antè
corpus, & præexistebat in cælis ; eamque
cum peccasset, in custodiam immisit
Deus, id est, in corpus demisit ; & purgationem (inquit) & castigationem admissorum in cælis criminum. Hinc primùm
impiissimus protinùs fabulatur, veritatem-
que oppugnare studet. Ac paulò post : Si
antè fuit anima in cælis, ibique priùs deliquit, ut malè sanus Origenes, Deoque
repugnans dixit ; non oportuit dicere sanctissimum Prophetam : Et figens spiritum

hominis in ipso, sed potiùs, demergens
quasi utrem spiritum hominis in ipso, vel
fortasse, demittens. Jàm verò cum hoc
non dicat, sed figens in ipso : ostenditur,
hunc lupum gravissimum esse, indutum
extrinsecùs ovina pelle ad deceptionem
perditionis. Vecors enim è cælo animam
asserit decidisse, cæteraque quæ ibi definivit; quasi apertè sciat, non solùm antè fuisse animam, sed etiam antè peccasse.
Quare demonstratum est tùm è divina
Scriptura, tùm è sanctis Patribus, nec
veræ Christianorum fidei nec rectæ rationi convenire hæreticorum de animæ præexistentia imaginationes.

Præterea hoc quoque Origenis demonstrat amentiam, quòd affirmat, cælum
& Solem, & Lunam, & stellas, & aquas
quæ super cælos sunt, animata esse, &
quasdam esse virtutes ratione utentes. firmat O-
Hæc verò apertè refellit sanctus Basilius,
in tertio sermone commentariorum in Hexameron, sic contrà Origenis doctrinam
disputans : Nobis porrò de separatis aquis
dicendum est ad eos qui ab Ecclesia exciderunt, qui sub obtentu sensus anagogici,
& sublimiorum videlicet sententiarum, ad allegoriam confugerunt : & asserunt, virtutes quasdam spirituales & in-
corporeas tropicè ex aquis significari, ac
sursùm quidem in firmamento mansisse meliores, deorsùm verò, in terrestribus sil-
vestribusque locis deteriores perstitisse : ac
idcircò aiunt, aquas quæ supra cælos sunt
laudare Dominum, id est, bonas virtutes, quæ dignæ sunt propter potioris partis puritatem, dicentes laudem reddere
Creatori ; aquas verò quæ subter cælos
sunt, spiritualia esse nequitiæ, quæ è naturali sublimitate in malitiæ profundum
deciderunt : eaque ut turbulenta & sedi-
tiosa, passionumque tumultibus fluctuan-
tia, maria appellari propter facilem mutationem atque instabilem voluntatem eorum motuum.

At nos hujusmodi rationes tamquàm
confusa somnia & aniles fabulas repudia-
mus ; aquamque aquam esse cogitemus
separationemque à firmamento factam accipiamus secundùm redditam rationem. Ac
si quandò ad communis universorum Domini glorificationem aquæ quæ super cælos sunt, assumuntur ; non propterea eas
dicamus esse naturam ratione utentem; nec
enim cæli idcircò animati sunt, quòd epa-
rant gloriam Dei; nec firmamentum animal est præditum sensu, quoniam opera
manuum ejus annunciat. Hæc Basilius. Attendendum porrò est, Patrem, cum Græcè dicit, προς τας απο της εκκλησιας, de O-
rigene disserere, qui à Dei gratia, & à
sancta Dei Ecclesia expulsus fuerat, deque iis, qui cum illo sentiunt ; non enim
dixit προς τας εν τη εκκλησια, id est, ad
eos qui in Ecclesia sunt, sed προς τας απο
της εκκλησιας, quod significat, ad eos qui
longè sunt ab Ecclesia. Catholicos etiam
significasset, si dixisset, τας της εκκλησιας,
id est, eos qui sunt Ecclesiæ ; quoniam
verò

verò dixit τὴς ἀπὲ, significavit eos qui absunt & qui ab ea exciderunt. Unum autem id solùm impio Origeni studium fuit, Paganorum errorem confirmare, & imbecilliorum animis zizania inserere.

LXVII.
De corporibus orbiculatis in resurrectione.

Quamobrèm hoc quoquè risu dignum ab eo tamen dictum de hominum ex mortuis resurrectione, corpora hominum orbiculata suscitari. O dementiam atque inscitiam hominis insani, & Paganorum disciplinæ explicatoris! Qui mente exercentes, studensque Christianorum fidei miscere fabulas, ipsam Christianorum spem ac salutem nisus est contumelia violare, ne resurrectionem quidem Domini reveritus. Resurgens enim Dominus ex mortuis, & primitiæ dormientium factus, discipulis visus est, eisque ostendit foramina manuum ac pedum & plagam lateris; postque resurrectionem comedit, non ut cibo indigens, sed ut eo modo suscitati corporis naturam confirmaret. Et quidem cum Dominus ascenderet, Angelus ad discipulos dixit: Hic Jesus qui assumptus est à vobis in cælum, sic veniet, quemadmodùm vidistis eum euntem in cælum. Quod si (ut insanit Origenes) orbiculatum erat corpus Domini, quomodò potuit demonstrare manuum ac pedum foramina, aut lateris plagam, aut quomodò comedere potuit, aut omninò à discipulis agnosci? Et quonam modo Sanctorum corpora, quæ post Domini resurrectionem surrexerunt, & in sancta civitate apparuerunt, potuerunt ab aliis agnosci, siquidèm in alia erant figura, atque fuerant in vita? In fidei ergò petra nullo modo stabilitus, sed hujusmodi & his multò atrociores blasphemias impius Origenes cum edidisset; nihil mirum est, cum in ipsa martyrii articulo Christum abnegasse, cultamque à Paganis deorum multitudinem, quam ipse inducit, adorasse.

LXVIII.
De Origenis Apostasia.

Atque id Dei providentia factum est, ne in Ecclesia pro martyre acciperetur, atque indè gregi Christiano inferretur aliquid detrimenti. Nàm si etiam nùnc sunt, qui de ejus quidem ruina confiteantur, doctrinam verò asserant; an non eam tamquàm martyris ac patris erant defensuri, si contigisset eum, nulla idolis exhibita adoratione, consummari? Nemo enim veritatis tenax excidit à Deo, ab eoque deseritur, juxtà quod dicit divina Scriptura (a); Respicite filii nationes hominum, & scietis quia nullus speravit in Domino & confusus est? Quis enim permansit in mandatis ejus & derelictus est? Aut quis invocavit eum, & despexit illum? Impius autem Origenes blasphemias suas non se ipso tenùs statuit, sed propriis scriptis in multos alios suum errorem transmisit; ut in eum valdè conveniat sancti Apostoli vox, quæ dicit (b): Quorumdam hominum peccata manifesta sunt precedentia ad judicium, quosdam autem & subsequuntur. Nàm ejus erroris successio in infirmorum irrepens animos facit, ut eum sequantur quæ à principio ab ipso commissa peccata sunt.

LXIX.
Quasi enim iis qui Origenis placita se-

a Eccl. 2.

b 1. Tim. 5

quuntur, non satis sit de præexistentia animarum impietas, cæteraque ejus vaniloquentia, blasphemiæque de sancta Trinitate; hoc quoque proprio errori adjungunt, & auctorem habentes perversam ejus disciplinam, u: dicant omnium impiorum hominum ac præterea dæmonum pœnam finem habituram esse, restitutumque iri tùm impios homines tùm dæmones in pristinum ordinem suum. Hæc cum dicunt, ignavos homines efficiunt in Dei præceptis exsequendis, eos avertentes ab angusta & arcta via, inque latæ ac spatiosæ errorem inducentes. Omninò autem adversantur magni Dei & Salvatoris nostri Jesu Christi dictis: Ipse enim in sancto Evangelio docet, impios quidèm ituros in supplicium æternum, justos verò in æternam vitam. Rursùmque dicit iis qui à dextris sunt: Venite benedicti Patris mei, possidete paratum vobis regnum à constitutione mundi: iis verò qui à sinistris: Ite maledicti in ignem æternum, qui paratus est diabolo & angelis ejus.

De damnat. dò salvatæ, dis error a.

Cum igitur apertè Dominus in sancto Evangelio indesinens & supplicium & regnum denunciet; perspicuum est hos Origenis deliramenta sententiis Domini anteferre. Ex hoc quoque illorum amentia redarguitur. Si quis juxtà illius nugas ponat supplicium desituri; necesse est hunc & promissæ justis vitæ æternæ statuere finem: æquè enim in utroque æternum ponitur. Si autem & pœna & fruitio gloriæ habet finem, cùr incarnatio fuit Domini nostri Jesu Christi? cùr crucifixio & mors & sepultura, & resurrectio Domini? Quod commodum iis qui bonum certamen certaverunt & pro Christo martyrium subjerunt, si & dæmones & homines impii eamdem quem Sancti ordinem redintegratione habituri sunt? Verùm hæc in eorum capita vertant qui hæc fabulantur: nàm Christi verba in Fidelium mentibus inconcussa manent atque in ipsa rerum veritate.

LXX.

Tàm pœna damnatorum quàm vita beatorum æterna.

Qui porrò Origenis improbam opinionem tuentur, simùl hæc argumenta fugientes, suumque conantes tegere errorem, quædam sanctorum Patrum dicta malè excipientes, pravèque sententia sua interpretantes, proprio morbo accomodant: quod etiam cum divinis faciunt Scripturis. Nos autem ex ipsis sanctis Patribus ostendemus inanes ac futiles eorum rationes esse. Hæc igitur scribit S. Gregorius Theologus in Apologetica oratione: Nobis verò, quibus periclitatur salus animæ beatæ atque immortalis, quæque sempiternam aditura est vel pœnam vel laudem propter malitiam aut virtutem, quanti faciendum est hoc certamen, aut quanta scientia opus est?

LXXI.

Ejusdem ex oratione de plaga grandinis.

Qua falsa defensione, qua persuasione artificiosa, quonam commento veritatem oppugnante circumvenitur jus, ac fallitur rectum judicium, quod omnibus omnia in statera ponit, facta, dicta, cogitationesque omnes; ac nequitèr commissa melioribus

LXXII.

sioribus repenfat, ut vincat quod propendet , fententiaeque fecundùm plura dicatur , quam nulla excipiat provocatio , non fuperior Judex , non defeſsio alterorum factorum , non oleum vel à prudentibus virginibus fumptum , vel ab iis qui deficientibus lampadibus vendant , non pœnitentia divitis qui flamma crucietur , fuorumque neceſsariorum quærat emendationem , non ad mutationem præfinita dies : fed certum ac ſtabile jus & formidolofum & ultimum , & æquius juſtiuſq; quàm quantus eſt terror , quinimmò propter juſtitiam inexibile , cum threni ponuntur , & antiquus dierum fedet , & libri aperiuntur , & fluvius igneus trahitur , & lux antè ipfum & tenebræ paratæ * : & eunt qui bona fecerunt in refurrectionem vitæ , quæ nunc in Chriſto abfconditur , poſtmodùm verò cum eo apparet ; qui verò mala egerunt , in refurrectionem judicii , quo qui non credunt , jàm judicati , damnatique funt à Verbo , quod eos judicavit ; ac alias quidem lux ineffabilis excipit , & fanctæ regnantifque Trinitatis gratia , apertiùs , puriùſq; effulgentis , ac totam fe toti menti inferentis : quod utique folum regnum cælorum eſſe dico ; alia verò unà cum aliis malis tormenta , vel potiùs antè alia projectum eſſe à Deo, & confcientiæ turpitudo & verecundia nullum finem habens .

pariter

Bafilii Epifcopi Cæfareæ , ex ejus libro Regularum . Interrogatio :

LXXIII.
Ex S. Bafi-
lio Orige-
nes argu-
untur .
Si tùm dicit , vapulabit multis , tùm paucis ; quo pacto quidam dicunt , nullum finem fupplicii fore iis qui pœna afficiuntur ? *Refponfio* : Quæ ambigua funt ac videntur obfcurè eſſe dicta quibuſdam locis divinitùs infpiratæ Scripturæ , alibi ab aliis , quæ confeſsa & aperta funt , declarantur . Cum ergò Dominus pronunciarit : Ibunt hi in fupplicium æternum , juſti autem in vitam æternam : & alicubi ; Mittet vos in ignem æternum , qui paratus eſt diabolo & angelis ejus ; atque ita nominat gehennam ignis , ubi vermis eorum non moritur & ignis non extinguitur : ac rurfùm per Prophetam de quibuſdam prædixerit ; Vermis eorum non morietur , & ignis eorum non extinguetur : Cum hæc hujufmodi fæpe à divinitùs infpirata Scriptura proponantur ; hoc quoque eſt diaboli artis & aſtutiæ , ut multi homines veluti quiſdam talium tantarumque Domini fententiarum , finem fibi audeant pœnarum in poſterum adumbrare . Nàm fi æterni fupplicii quandoque finis eſt futurus , omnino habebit , & vita æterna finem . Sin in vita non fic Evangelici dicti fenfum accipiemus ; quæ ratio eſt , fupplicio æterno finem ſtatuere ? æterni enim adjectio pariter in utroque ponitur : Ibunt enim (inquit) hi in fupplicium æternum juſti autem in vitam æternam .

Ejufdem è fermone adhortatoria ad fanctum baptifma .

LXXIV.
Propter brevem ac temporariam peccati voluptatem fempiterna crucior pœna ; propter voluptatem carnis fempiterno igni addicor .

Sancti Joannis Epifcopi Conſtantinopoleos , è prima ad Theodorum monachum epiſtola .

In mente jugiter habeas fluvium ignis ; fluvius enim igneus , rapidufque egrediebatur à facie ejus . Non eſt , quòd quifquam ei deditus igni , fupplicii finem expectet . Verùm improbæ fæculi hujus voluptates ab umbris fomnique nihil differunt : priuſquàm enim peccatum ad finem pervenerit , extinguitur voluptas ; fuppliciorum verò , quæ pro flagitiis fufcipiuntur , nullus eſt finis .

Ex S. Joan. Chryfoſt. redarguens tio Origenis .

Ejufdem in commentariis in primam ad Corinthios epiſtolam .

LXXV.
Non levis nobis hinc propoſita quæſtio eſt , fed de rebus valdè neceſsariis . Quærunt plerique homines , ignis gehennæ fine finem habiturus . Non habiturum , pronunciavit Dominus , cum diceret : Ignis eorum non extinguetur , & vermis eorum non morietur . Paulus verò eum perennem oſtendens , ait (a) de peccatoribus : Pœnas dabunt in interitu æternas . Quare cum divina nos Scriptura , fanctique Patres adoceant , nullum finem impiorum fupplicii , dæmonumque qui ab illis coluntur ; quæm reſtitutionem imaginantur qui cum Origene fentiunt , ubi fuppliciorum nullus eſt exitus ? Sancta enim Chriſti Ecclefia quemadmodùm juſtis indefinetæm prædicat vitam æternam , ità impios perpetua fupplicia manere tradit . Atque hæc quidem in his . Nos porrò paucas è multis divinæ Scripturæ fanctorumque Patrum auctoritatibus afferendas eſse perfpeximus ad confutandam Origenis impietatem .

a 2. Thef. fal. 1.

LXXVI.
Cum autem velimus omne fcandalum à fanctiſsima Ecclefia propulfare , ut nulla in ea macula relinquatur : obfequentes divinis Scripturis , fanctifque Patribus , qui ipfum Origenem ac hujufmodi fceleratam impiamque doctrinam profligarunt , ac jure anathemati fubjecerunt ; hanc epiſtolam ad tuam beatitudinem dedimus , qua eam hortamur , ut omnium qui in hac regia urbe nùnc degunt , fanctiſsimorum Epifcoporum conventum habeat , ac Deo amabiliſsimorum præfectorum fanctis quæ poli . hic funt monaſteriis : faciatque ut omnes in fcriptis præfatum impiam ac fe repugnantem Origenem (qui & Adamantius) quique poesbyter fuit fanctiſsimæ Ecclefiæ Alexandriæ , & ejus nefaria impiaque dogmata , capitulaque omnia quæ inferiùs ponuntur , omnimodis anathematizent ; & exempla damnatæ quæ jure à beatitudine tua ob hanc caufam geſta fuerint , ad alios omnes fanctiſsimos Epifcopos , præfectofque venerabilium monaſteriorum , ut & ipfi fubfcriptione propria anathematizent Origenem , fcelestaque ejus dogmata cum omnibus qui declarabuntur hæretici .

De Synodam habenda Compfantino-poli .

LXXVII.
In poſterum autem ne aliter ordinentur Epifcopi , aut monaſteriorum hegumeni , nifi priùs cum aliis omnibus hæreticis , qui

Quos deberent ordinandi Præsules anathematizare.

qui de more in libellis anathematizantur, id est, Sabellio, Ario, Apollinario, Nestorio, Eutychete, Dioscoro, Timotheo Aeluro, Petro Mogo, Anthimo Trapezuntii, Theodosio antea Alexandriæ, & Petro qui Apameæ præfuit, & Severo qui Antiochiæ, prædictum etiam Origenem qui cum Paganorum Arianorumque insania laboravit unà cum execrabilibus impiisque ejus dogmatibus anathematizent. Omnibus enim prædicendum est, ne omninò quisquam audeat talem hæreticum aut ejus expositiones asserere, sed eas unusquisque ex toto animo & tota cogitatione oderit & aversetur & anathematizet, ut à Christiana traditione alienas, & simpliciorum animabus gravem afferentes luem ac pestem. Hæc porrò eadem scripsimus non solùm ad sanctitatem tuam, sed etiam ad sanctissimum & beatissimum Papam senioris Romæ & Patriarcham Vigilium, & ad cæteros omnes sanctissimos Episcopos & Patriarchas, id est, Alexandriæ, Theopoleos, & Hierosolymorum; ut & hi huic rei prospiciant, & hæc finem adipiscantur.

LXXVIII. Cum verò cupiamus omnes Christianos cognoscere scripta Origenis prorsus à vera Christianorum fide aliena esse, ex multis immensisque ejus blasphemiis paucas ad verbum esse ponendas consuimus. Sic autem se habent:

Quòd minor sit Filius Patre, & Spiritus Filio, è primo libro Periarchon.

*Orig. horrendæ blasphemiæ de Trinitate, * corruptú in Græco videtur.*

Quòd Deus quidem & Pater omnia continens ad unumquodque eatium pervenit, esse unicuique impertiens de suo; esse * enim est minus. Quòd verò præter Patrem Filius per sola rationabilia pervenit; est enim secundus à Patre. Adhuc etiam minor est Spiritus sanctus, ad solos Sanctos perveniens. Ità ex hoc major est potestas Patris præ Filio & Spiritu sancto, ampliorque Filii præ Spiritu sancto, ac rursum præstantior sancti Spiritus potestas præ aliis cunctis entibus sanctis.

Quòd finita est Dei & Patris potestas, è secundo libro ejusdem voluminis.

LXXIX. *De potestate Dei Orig. blasphemiæ.*

Finitam enim esse & potestatem Patris dicendum, nec prætextu laudis circumscriptio ejus tollenda est. Et paulò post: Tanta enim fecit, quanta subinnam comprehendere & habere poterat, & continere sub providentia sua: quemadmodùm tantam construxit materiam, quantam administrare & exornare poterat.

Ejusdem è quarto libro ejusdem voluminis.

LXXX. Nemo autem sermone offendatur, si modum statuimus Dei potestati. Infinita enim complecti, natura impossibile est. Nam cum semel finita sint quæ Deus ipse comprehendit, necesse est terminum esse ad finita * ipse subest.

Quòd existat Filius est, ex eodem libro.

LXXXI. Hic Filius de voluntate Patris generatus, qui est imago Dei invisibilis & splen-

---

dor gloriæ ejus, figura substantiæ ejus, primogenitus omnis creaturæ, creatura, Sapientia: ipsa enim Sapientia dicit: Dominus possedit me in initio viarum suarum.] At de blasphemiis Origenis in Deum hæc tantùm in epistola Imperatoris: quibus hi subiiciuntur anathematismi:

*Si quis dicit, aut sentit, præexistere hominum animas, utpotè quæ antea mentes fuerint & sanctæ virtutes, satietatemque cœpisse divinæ contemplationis, & adversùs in deterius conversæ esse; atque idcircò Orig. * id est, refrixisse à Dei charitate, & inde Græcè, id est, animas esse nuncupatas, demissasque esse in corpora supplicii causâ: anathema.*

LXXXI. *Anathematismi adversùs Orig. errores.*

Si quis dicit, aut sentit, Domni animam priùs extitisse, atque unitam fuisse Deo Verbo ante incarnationem & generationem ex Virgine; anathema esto.

Si quis dicit, aut sentit, primùm conformatum esse corpus Domini nostri Jesu Christi in utero beatæ Virginis ut aliorum hominum, ac posteà unitum ei esse Deum Verbum & animam, utpotè quæ antè fuisset; anathema esto.

Si quis dicit, aut sentit, omnibus cælestibus ordinibus assimilatum esse Deum Verbum, Cherubimque factum esse ipsis Cherubim, & Seraphim ipsis Seraphim, ac omnibus planè superioribus virtutibus similem esse factum; anathema esto.

Si quis dicit, aut sentit, in resurrectione corpora hominum orbiculata suscitari, nec confitetur nos suscitari rectos; anathema esto.

Si quis dicit, Cælum & Solem & Lunam & Stellas & Aquas quæ super cælos sunt, animatas & materiales esse quasdam virtutes; anathema sit.

Si quis dicit, aut sentit, Dominum Christum in futuro sæculo crucifixum iri pro dæmonibus, sicuti pro hominibus; anathema esto.

Si quis dicit, aut sentit, finitam esse Dei potestatem, & eum fecisse quæ plurima comprehendere potuit; anathema esto.

Si quis dicit, aut sentit, ad tempus esse dæmonum & impiorum hominum supplicium, ejusque finem aliquando futurum, sive restitutionem & redintegrationem fore dæmonum & impiorum hominum; anathema esto.

Anathema & Origeni (qui & Adamantius) unà cum nefaria ejus execrabili scelestaque doctrina; & cuivis qui ea sentiat, aut ullo modo prorsus quocumque tempore tueri præsumat. In Christo Jesu Domino nostro, cui gloria in sæcula sæculorum. Amen.] Hactenus ex scripto codice Antonii Augustini, in quo deest annus & dies.

LXXXIII. Porrò plures his fuisse errores Origenis ex S. Hieronymo collectos, meminisse debes, superiùs suo loco recensitos. Quòd verò gesta hæc essent in Oriente, prætermissa sunt referri plurium Conciliorum atque Pontificum adversùs hos & alios enumeratos

A

monstrata Origenis errores sancita decreta, quæ omnia olim delata Romam, ipsius Romanæ Ecclesiæ custodirent archiva, nempe quæ adversùs eosdem habita sunt à Theophilo Alexandrino Episcopo in Ægypto, quæve à S. Epiphanio in Cypro atque ab Anastasio Papa Romæ: de quibus omnibus suis locis superiùs dictum est. Petrò anathematismos hos hic recensitos omnes in Quinta Synodo recitatos probatosque esse, itaque repetitam Origenis damnationem, Nicephorus tradit (a). Ipse enim Imperator, quòd scivet contra sines esse regalis authoritatis de side sancita decreta, hanc ob causam (ut in ejusdem modò recitata epistola audivimus) ipsum Mennam Constantinopolitanum, ad quem scribit, admonet ut Synodum habeat, à qua ista omnia, quæ adversùs Origenem scripta essent, constituerentur: quod & factum fuit.

LXXXIV.

Sed non præterent, in iis quæ ad finem propè ejusdem Imperatoris epistolæ scripta sunt de damnatione facienda hæreticorum, cum sive Episcopus sive Abbas ordinandus esset, haberi, inter alios execrandos hæreticos esse adnumeratum Anthimum Episcopum Trapezuntii haud pridem damnatum ab Agapeto Pontifice. Quibus intelligas ea cuncta quæ dicta sunt de studio Imperatricis apud Vigilium, ut restitueretur in eandem Constantinopolitanam Anthimus, eadem absque Imperatoris consensu vel sola via tractari esse per Theodoram Augustam primùm cum Vigilio ut hoc Romanæ Ecclesiæ diacono de creando ipsum Romanum Pontificem, si promitteret Anthimum restituere, deinde requisitum ut eadem, cum puisse Silverio, idem Vigilius evocatus esset in tribunum. Sed & illud in hac eadem epistola attigere Justinianum, cum nominat in eadem epistola Vigilium Romanum Pontificem, circumventum fuisse, putasse nimirùm, quem reverti Romam & subire judicium jussisset Silverium Papam, & audisset relegatum in insulam; justa sententia condemnatum; Vigilium verò legitima subrogatione suffectum; cum tamen longè aliter res se haberet. Sic planè in rebus gravissimis contingit Principes falsa relatione sæpissimè falli.

LXXXV.

Quid autem acciderit ex hujusmodi adversùs errores Origenis litteris Imperatoris, promulgata damnatione, ex Liberato sic accipe (b): Ex reserato aditu adversarius Ecclesiæ, ut mortuus damnaretur Origenes, Theodorus Cæsareæ Cappadociæ Episcopus dilectus & familiaris Principum, secta Acephalus, Origenis defensor acerrimus, & Pelagio æmulus, cognoscens Origenem fuisse damnatum, dolore damnationis ejus, ad Ecclesiæ conturbationem damnationem molitus est in Theodorum Mopsvestenum; eò quòd Theodorus multa opuscula edidisset contra Origenem, exosusque & accusabilis haberetur ab Origenistis; & maximè, quòd Synodus Chalcedonensis (sicut probatur) laudes ejus susceperit in tribus epistolis. Cujus damnationem memoratus Theodorus tali machinatione perfecit. Subscribente Principe contra Acephalos in de-

B

b Liberat.
diac. Bre-
viar. c.24.
Artes sub-
dole Theo-
dori Cæsa-
riensis.

a Niceph.
ll.17.c.27.
& 18.
Quæ ratio
Imp. de si-
de scriben-
di epist.

Justinian.
ubique de-
ceptus.

C

fensionem Synodi Chalcedonensis, accedens idem Theodorus Cappadociæ unà cum suis satellitibus, qui sub nomine Catholico Acephalis favebant, cum Theodoræ Augustæ favore Imperatori suggessit, scribendi laborem iam non debere pati, quando compendio posset Acephalos omnes ad suam communionem adducere. Siquidem illi (inquit) hoc offenduntur in Synodum Chalcedonensem, quòd laudes susceperit Theodori Mopsvesteni Episcopi, epistolamque Ibæ, quæ per omnia Nestoriana cognoscitur, quam Synodus ipsa judicio suo pronunciaverit Orthodoxam. Qui Theodorus si cum dictis suis & hac epistola anathematizaretur, tamquam retractata Synodus atque purgata, susciperetur ab eis per omnia & in omnibus & sine pietatis vestræ labore Ecclesiæ Catholicæ sociati gaudentes, in universali Ecclesia clementiæ vestræ laus erit sempiterna.

Hæc audiens Imperator, & dolum dolosorum minimè perspiciens, suggestionem eorum libenter accepit, & facere libentissimè spopondit. Sed rursus illi callida fraude rogaverunt eum, ut dictaret librum de ista damnatione Trium capitulorum.] Accessit enim duobus suprà recensitis capitulis tertium de Theodoreto Episcopo Cyri recepto in Concilio Chalcedonensi. Sed pergit dicere de scripto Justiniani Imperatoris: Quo libro (inquit) ejus edito & toto mundo manifestato, cùm emendare Princeps erubescit, irrevocabilis causâ fieret. Sciebant enim, Principem solita pietate, scandalo emergente, sententiam suam posse corrigere, seseque ad periculum pervenire. Annuit his Princeps, & hæc se lætus implere promisit; & relinquens operis sui studium, unum in damnatione Trium capitulorum condidit librum, pro deletis nostris nobis omnibus notissimum.

D

Cetera verò quæ subsequenter in Episcopis & Catholica Ecclesia ab eodem Principe facta sunt, quomodò consentientes Episcopi in Trium damnationem capitulorum muneribus ditabantur, vel non consentientes, deposti, in exilium missi sunt, vel aliqui fuga latitantes in angustiis felicem exitum susceperant, quoniam nota sunt omnibus, puto nunc à me silenda. Illud liquere omnibus credo, per Pelagium diaconum, & Theodorum Cæsareæ Cappadociæ Episcopum hoc scandalum in Ecclesiam fuisse ingressum. Quod etiam publicè ipse Theodorus clamitavit, se & Pelagium vivos incendendos, per quos hoc scandalum introivit in mundum.] Hactenus Liberatus finem imponens Breviario suo de causa Nestoriana & Eutychiana collecto (ut ait) ex Ecclesiastica historia è Græco in Latinum translata, & ex Gestis Synodalibus atque etiam epistolis sanctorum Patrum: quæ quidem paulò post ab ipso scripta fuisse, ex ultima rerum gestarum narratione possumus intelligere. Verùm ipsum constat ex eorum classe fuisse, qui pro Tribus capitulis pugnantes, pro Theodoro Mopsvesteno, licèt non pro erroribus ei ascriptis, etiam

E

LXXXVI.
De tribus
capitulis
controver-
sia cœpta.

LXXXVII.

A

etiam fcripfere defenfionem : quod non obfcurè fuis ipfe fcriptis fignificat (*a*). Cæterùm quinam fuerit iftiufmodi de fide liber
à Juftiniano Imperatore editus , inferius
fuo loco dicturi fumus.

Quod autem ad œconomiam Eccle-
fticam pertinet, idem Imperator alias edidit fanctiones; atque in his totus effe vifus
eft, perindè atque ab omni belli cura remotus : cùm tamen & Roma obfideretur à Go-
tis, & Africa, rebellantibus Arianis, in magno difcrimine verfaretur , ut paulò poft
dicturi fumus. Inter alias verò Kal. Maii.
hoc anno fanctionem promulgavit , ne quis
(*b*) præter voluntatem Epifcopi domos ora-
torias fabricaret , infuper de Epifcopia qui
in fuis Ecclefiis minimè refiderent, ac de
alienatione rerum Ecclefiæ immobilium ,
aliam (*c*) rurfum de clericis fubrogatis , &
emolumenti eifdem præftandis , necnon de
jure præfentandi , quod iis competat qui in
ædificandis ecclefiis jus fibi patronatus retinere voluerunt; itemque aliam fanctionem
(*d*) de bonis eorum qui ingrediuntur monafterium. Hæc in majori otio confulas.

Margin left:
a *Liberat.
Brev. c. 3.
so. 24.*

LXXXVIII.

b *Novel.
67. & Au-
th. col. 5.
tit. 17.*
c *Novel.
57. & Au-
th col.5 tit.
16.*
d *Novel.
76.*

A

Hoc eodem pariter anno duodecimo Iu-
peratoris , dùm (ut dictum eft) belli Gothici tertius adhuc annus ageretur (inquit
Procopius) (*e*) ex Mediolano vir facer qui e *Procop.
dam Decius nomine (Epifcopus hic erat de bello Go-
Mediolanenfis Ecclefiæ) civefque primo- th.lib.2.
rum nonnulli cum Romam venifent, à Belifario fuppliciter petiere , modicum ad pif. Me-
fe ut præfidium mitteret , quo fatis fe pof- diolanen-
fe afeverarent non modo Mediolanum fis contrà
fed Liguriam omnem abductam à Gothis Gothos in
Imperatori recuperare.] Qui hac functus auxilium
eft legatione Decius, pro fanctitate ipfi- -
gnis eft habitus, de quo plura dicturi fumus. Hic ergo ut vendicaret à Gothis iifdemque Arianis populos fpirituali regimine fibi fubditos, omnem adhibuit diligentiam; quo exemplo fatis intelligas, non
mereri calumniam , neque invidiam Epifcopos illos qui frequenter , qui ne fub hæretico Principe degant , omnem lapidem volvunt . Quomodò autem Beli- f *Procop. de
farius eadem Mediolanenfi civitate , rur- bello Goth.
fufque Liguria potiretur, idem Procopius lib. 2.*
narrat (*f*) .

C

I.
* *alias, Ap-
pio.*

g *Novel.
78. ufque
ad 91.*

h *Liberat.
diac. in
Brev. c. 22.
i Extat in-
ter Acta
Silverii to.
2.Concil &
to. 1. epift.
Rom. Pont.*

II.
Silverius
relegatus
damnat Vi-
gilium in-
trufum.

ANnus Domini quingentefimus unde-
quadragefimus ex Apione * Ægyptio
Confule abfque collega notatur ; ita Apio
ab Api denominatus Ægyptius ; licèt in
Novellis Imperatoris , pro Apione , Ario
ponatur . Novellæ (*g*) enim complures,
quæ fub Confulatu Arionis datæ reperiuntur, fub Apione Confule fcriptæ nofcuntur.
Numeratur idem annus belli Gothici in
Italia quartus . Cùm Silverius Papa , tertio
exacto fedis fuæ anno , exagitatus (ut dictum eft) (*h*) adverfariorum calumniis & in
Palmaria infula relegatus detentus, conventu habitu quatuor , qui eum convenerant ,
Epifcoporum , adverfus Vigilium Romanæ
Ecclefiæ cathedræ invaforem anathematis
fententiam tulit, hifque verbis confcriptam
ad ipfum mifit (*i*) :

Silverius Epifcopus Vigilio.

Multis te tranfgreffionibus irretitum, facerdotalis jamdudùm novit generalitas . Et
quia cruentis humano fanguine manibus
decefforibus noftris pervicacia tua fubri-
piens, Leviticis præfumpferis excubare minifterii , plerique noverunt Fidelium .
Nàm quia contra jura canonica, temporibus
fanctæ memoriæ Bonifacii Papæ, ipfo vivente , fucceffor ejus defignari conabaris,
nifi tibi ampliffimi Senatus obviaffet juftitia ; tùnc providentia paftorali ac Pontificali auctoritate , tua execranda jàm debuerant aufpicia detruncari . Sed dùm parvum
vulnus in te neglectum eft , infanabile accrevit apoftema : quod nifi ferro altiùs ab-
fcindatur , fomentorum fentire non poteft
medicinam . Quippè qui nequiffimi fpiritus
audacia , ambitionis phrenefim concipiens,
in illius Apoftolici medici, cui animas li-

C

gandi folvendique collata & conceffa poteftas eft , verfaris contumeliam , nonunque
fcolus erroris in Apoftolica fede rurfus niteris inducere ; & in morem Simonis, cujus
difcipulus te oftendis operibus, data pecunia, neque repulfo , qui favente Domino ,
tribus jam legitime menfis temporibus ei
præfideo, tempora mea niteris invadere.]
Per tria hæc menfa tempora tres annos , divinæ Scripturæ more , iau fedis jàm elapfos
Silverius notat, qui fubdit.

Habeto ergo cum his qui tibi confentiunt
pœnæ damnationis fententiam : fublatum-
que tibi nomen & munus minifterii facerdotalis agnofce , fancti Spiritus judicio &
Apoftolica à nobis auctoritate damnatus .
Sic enim decet idem fanctorum Patrum in
Ecclefia fervari Catholica ; ut quod habuit amittat, qui improbabili temeritate
quod non accepit , afumpferit . Data
octavo Kalendas Julii .] Quod legimus,
Principe Bafilio , five (ut alia lectio habet)
Belifario Patricio ; adjectum putatur , cùm
temporibus his Silverii nullus conveniat
Belifarii Confulatus, neque Bafilii : quorum alterius , nempe Belifarii contigit ante annos duos ; alterius itidem , Bafilii fcilicèt , poft annum fequentem . Subiicitur
autem huic fententiæ ejufdem Papæ fubfcriptio & aliorum qui interfuerunt Epifcoporum : Cælius Silverius Papa urbis Romæ
huic decreto anathematis in Vigilio per-
vafore facto , ad omnia ftatuta confenfum
præbens , fubfcripfi . Pariter & quatuor
Epifcopi fubfcripferunt , id eft , Terraci-
nenfis , Fundanus , Firmanus , & Mintur-
nenfis . Data eft chartula per Anaftafium
fubdiaconum .] Hactenùs ibi.

D

E

III.
Privatur
Vigilius ab
repto Pon-
tificatu.

Sic

IV.

a 2. Tim. 2. In vinculis nitet Pontificia potestas.

Sic igitur beatissimus Pontifex unà cum Apostolo Paulo vinctus in Domino, æquè cum Paulo illud Apostolicum concinit (*a*): *Laboro usque ad vincula, quasi malè operans: sed verbum Dei non est alligatum*. Ità quidèm, cum licèt deportatus in insulam, inclusus carceri, vallatus custodia, atque consumptus inedia, nihil tamen remittit sacerdotalis roboris atque constantiæ, vel Pontificiæ potestatis: potensque gladio Spiritus, quod est verbum Dei, sciens cunctos sibi populos habere subjectos, quos suo arbitrio vel absolvat, aut æternis vinculis obliget, auctoritate qua pollet, adversus Romanæ Ecclesiæ invasorem, spuriumque intrusum Pontificem validè telum damnationis intorquet; & universo ostendit Orbi, illum qui fastigium Apostolici throni ruiturus ascendit, seque pro Pontifice gerit, non referre Simonem Petrum, sed magum, neque Vicarium esse Christi, sed Antichristum. Eminet, licèt conculcata pressuris, in insula Apostolica sedes: illustratur Antistitis præsentia plusquàm Roma Palmaria: non angustiatur exiguæ insulæ termino, nec clauditur circumdantis maris Ecclesia fluctibus, quæ magis dilatatur adversis & crescit angustiis. Fœcunda antiquorum martyrum palmis ipsa Palmaria, novo germine, tanti Pontificis martyrii palma mirificè decoratur: eòque magis, quòd pacis tempore, cum nullus Christianæ fidei hostis Gentilis tyrannus insurgit, sola ipsa ejusmodi triumphali fronde virescit.

V.

b De eo Roman. Martyrolog. die 26. Novembr.
c Tom. 1. epist. Rom. Pont. ante epist. Silve.

Intereà verò congemuit universus Catholicus orbis ad universalis Ecclesiæ Præsulis ignominiam, communicans ipsius vinculis (ut licuit) scriptis epistolis, quarum unicum quod superest, hic tibi reddimus monumentum: quas enim unus inter alios Amator Episcopus (quem puto Augustodunensem illum (*b*), qui hoc tempore claruit sanctitate) ad eum litteras cum muneribus dedit, ut ea quam patiebatur ipsum levaret inopia, hic tibi integras exhibemus; sic enim se habent (*c*):

VI.

Amatoris Episcopi ad Silverium Papam.

Beatissimo Silverio Amator Episcopus.

A quibusdam, Pater dilectissime, illis à partibus advenientibus audivimus, vos à sede sancti Petri injustè pulsum, & exilio destinatum. Quod nimis gravè ferentes, misimus parva munuscula, id est, argenti libras triginta, ad vestram vestrorumque sustentationem: quæ petimus ut ità grato animo suscipiatis, sicut grata mittuntur intentione. Precamur quoque, ut per vestram epistolam nobis remandare * non dedignemini, qualiter circa vos sit actum, vel modò agitur; ut certam rationem de vobis scire & fratribus valeam nunciare. Quid enim putas de nobis fieri, Pater summe, cum de summo Pastore & Vicario sancti Petri talia fiunt? Vos tamen nolite multum tristari, sed confortamini semper in Domino: quoniam potens est Divinitas immensæ tempestatis incerta bono serenitatis amovere. Ora pro nobis, beatissime Papa.] Hactenùs epistola sine die & Consule. Extat ad

Annal. Eccl. Tom. VII.

* renunciare

---

eumdem Amatorem reddita Silverii nomine epistola ab aliquo otioso ex Anastasii scriptis consarcinata, mendaci Consulum apposita nota, à veritate historica procùl abhorrens, quam ex hujus temporis scriptore Liberato diacono sincerè prodidimus: unde indignam putantes quæ ipsius Silverii nomine censeatur, relinquimus eam undiquè imposturæ labe suspectam.

Quod verò ad Pontificis defensionem spectat, iniquitas temporis reddidit Silverii vincula duriora. Etenim cum à Gothis Urbs esset obsessa, & universa Italia motibus Græcorum quateretur atque Gothorum; quòdque scirent omnes, Belisarium cum universis viribus Orientalis exercitus pro adversariis contra Silverium militare: factum est, ut relegato Pontifici ad eum in sedem restituendum nullus suppetias ferre posset: non clerus Romanus foris Gothorum obsidione vallatus, intùs custoditus ab exercitu Imperatoris, quicquam ex more præstare valuit; non reliqui Episcopi, quòd viderent frustra se niti posse, tot ingruentibus malis, contra torrentem: expectantes omnes, ut meliora fortè, quod esset in optatis, tempora aspirarent. Silent leges, cum arma strepunt; nec canonum auditur clamor, ubi reboante classico milites excitantur.

VII. Infelicissima tempora.

Sic itaque injuria temporis factum est, ut ab Ecclesia indefensum ipsius Ecclesiæ visibile caput opprimi sineretur, quod aliàs, urgente etiam Gentilium persecutione, accusationum vinculis absolutum, congregatum io cryptis Episcoporum Concilium suo ipsius judicandum arbitrio jussit abire liberum. Ex quibus magis quis deploret istiusmodi infelicissimum omnium rerum statum, quo sub Christianis Principibus fieri contigerunt, quæ sub Imperatoribus Ethnicis iisdemque diris persecutoribus, ne fierent, Occidentalis orbis Episcopi sedulo studio intercesserunt: dùm sine Episcoporum sententia damnatur absque spe ulla restitutionis Episcopus Episcoporum, & subrogatus artibus hæreticorum is sedet, qui cum iisdem hæreticis de restitutione damnati hæretici convenisset. Hoc quidem discrimine gravius invenimus nunquàm, neque periculum manifestius, sub quo fuerit Romana Ecclesia constituta. Sed qui super maria fundavit eam, de excelso solio clamat: Confidite, ego vici mundum.

VIII. Relinquitur indefensus Rom. Pont.

Sed quid post hæc Silverio accidit? Moverunt adversariorum invidiam obsequia illa ipsi ab Episcopis diversis impensa; auxit eius & in eum odium ab ipso in Vigilium anathema recens illatum: cujus rei causa factum est, ut arctiori custodiæ traderetur: ac deniquè (quod Liberatus diaconus testatur) consumi inedia cogeretur: sed id quidem sensim, non statim violentèrque; adeò ut in annum sequentem ærumnosam vitam produxerit; adhùc enim annum unum fermè vixisse, ex eo cogimur affirmare, quòd qui octavo Kalend. Julii (ut dictum est)

IX. Quæ Silverius Papa pati coactus à Vigilio.

A 2 in Vi-

in Vigilium litteras anathematis dedit; Et tàm ex Anastasio, quàm ex Romano Martyrologio, duodecimo Kalend. Julii obiisse legitur: non hoc utique anno, sed sequenti eum esse defunctum, affirmare necesse est. Dicemus de eo suo loco.

X. Sed quantis hæc Deus illata in Summum Pontificem mala immissis cælitùs cladibus vindicarit, vix credi potest; referreque detrectarem, quòd superare videantur humanum captum: sed eum hæc Procopius referat, qui hoc tempore eamdem quam habebat præ oculis scribebat historiam, verbis ipsius hic describere minimè prætermittam. Sub hoc enim anno decimotertio Justiniani Imperatoris hæc adeò infelicia contigisse narrat in Oriente, undè malum tantum originem duxit, his verbis (a): Ingentes igitur tùnc Hunnorum exercitus Istrum transmittentes in omnem Europam invaserunt, nec ulla natio tot in hac parte maleficia damnaque intulit. A sinu enim Jonico hi barbari omnia usque Byzantii suburbana populati sunt, arcesque duas munitissimas in Illyrico, civitatemque Casandream vi everterunt, quam antiqui Potideam vocabant: multaque gaza simul cum centum & viginti millibus hominum captis, domum reverterunt, nullo penitùs eis resistente. Posteris autem temporibus sæpiùs reversi intoleranda Romanis mala intulerunt: nàm in Chersonneso expugnatione oppidanos deceperunt, ex parte maris (Melanes vocatur) muros ascenderunt de improvisòque oppresserunt, quorum partim capti, partim interfecti sunt. Nonnulli angustias maris inter Abidum & Sextum transeuntes, in Asiæ loca excurrentes, Chersonnensem reverterunt. Indè denique rursùs domum toto exercitu se receperunt. In alia item irruptione Illyricum repetentes, Thermopolim obsedere: oppidanis se acriter defendentibus, vestigabant quanam via faciliùs ascendere possent; præter spem unam repererunt * ducit. Sic omnes iterè Græcos, præter quàm Peloponnesiacos infestantes, tertiò domum remigrarunt. Hæc de Hunnorum incursionibus Procopius quibus, tradit inferiùs, annuam esse pollicitum Imperatorem pecuniam, sicut & Sarracenis: ita ignominiosè coactus est Imperator à barbaris ingruentibus redimere pacem pensitatione tributi, qui haud pridèm, cum Dei amicus esset, Uvandalos, Gothosque invictos superasset.

Et undè (si quis accuratè investigabit) tantorum malorum causa provenisse, dicenda, nisi ob namum offensum? Quoddam hoc fuit quodammodò monstrum, ut qui victor in omnibus Justinianus Imperator universa Africa potitus fuit, atque item bello Siciliam, Dalmatiam, Italiamque unà cum Urbe recepit, idem ex insperato Hunnos pati coactus sit infundentes se usque in Constantinopolitanæ urbis mœnia, nec eos quicquam virium habuerit expellendi. Quis non manu tractet, & aperta omninò luce non videat, vocari à Deo barbaros in demolitionem & damnum Imperii, cum sancta religio à Principibus sauciatur? Cum factum est in Silverium, quod nec profani aliquis tentare ausus fuisset; passum est ab Hunnis Romanum Imperium, quod vix quælibet destituta sine Rege provincia subitura fuisset.

XII. Sed pauca sanè hæc atque adeò levia quisque dixerit, si conferat cum his quæ post hæc mala sunt subsecuta, hoc tamen annò desfieri cœpta. Et quænam hæc? Audi ex eodem auctore Procopio, dùm ait, hoc ipso anno decimotertio Justiniani Imperatoris Cosrhoen Regem Persarum statuisse rumpere fœdus, quod perpetuum fuerat cum Romanis sancitum, nec ullis potuisse ab instituto revocari litteris vel legationibus Imperatoris: quænam verò ingentia mala bellum hoc secum vexerit, idem fusiùs narrat, nosque suis locis summatim dicturi sumus. Vitigem enim Gothorum Regem per legatos solicitasse Cosrhoen ad inferendum bellum Justiniano Imperatori, idem Procopius alibi tradit (b). His quidem malis Orientale Imperium hoc anno exagitatum constat. In Occidente verò post fatigatam Italiam diuturno Gothico bello, postque longam Urbis obsidionem, ingenti penuria universus populus laboravit. Ità planè in ultionem scelerum patratorum exacuens gladium iræ suæ, famem vocavit Deus super terram (c), & omne firmamentum panis contrivit; ac secundùm illud propheticum (d): Residuum erucæ comedit locusta, & residuum locustæ comedit bruchus, & residuum bruchi comedit rubigo: equidem quod bellicæ devastationi superfuit, penuria devoravit & pestis; & si quid à penuria & peste remansit illæsum, rursùm furor Gothicus devastavit: ita ut non solum obsidio Urbis, sed potiùs ejusdem dilatum videri potuisset excidium, nec Gothorum tantùm, sed Græcorum etiam gladiis tradita Italia devoranda.

XIII. Sed antequam istâ adeò ærumnosa laboris doloríque plena narremus (ut cuncta ordine temporum describamus) quæ priùs de Urbis obsidione ab eodem Procopio sint dicta, ea scilicèt quæ ad institutum pertinent, hic describamus. Quæ igitur mense Martio anno superiori obsideri cœpta est, ultrà annum dies novem eamdem obsidionem propagatam fuisse Procopius tradit (e): cujus quoque testificatione, Romanorum studium ergà Christianæ religionis cultum mirificè commendatur, cum quæ essent Gentilitiæ superstitionis mirum in modum detestarentur; quod ex iis quæ tùnc acciderunt, digno exemplo edito demonstrarunt: cujus rei causa fortassè accidit, ut non tàm citò, veluti sub Alarico, tradita Gothis ipsa Urbs fuerit, quando (ut suo loco superiùs dictum est) vigebat apud plurimos nobilium superstitio idolorum. Verùm licèt purissimi modò Romani, paucis exceptis, essent Christianæ religionis cultores, procúlque abhorrerent ab omni cultu deorum; tamen quòd rejecto legitimo sacerdote, illic illud in loco sancto esset exstructum

superemicantem

a *Procop. de bello Persic. lib. 2. Clades illatæ Orientalibus.*

b *Procop. de bello Goth. lib. 2.*

c *Psal. 104.*

d *Ioel. 1.*

e *Procop. de bello Goth. li. 1. & 2.*

XI.

XII. Aliæ clades Imperii.

XIII. Quid tempore obsessæ Urbis.

Superstitione Gentilitia explosa, urbs fortior redita.

tum idolum , ob Græcos tale senſit Urbs ipſa flagellum : dederunt & pœnas, qui
tantæ abominationis fuerunt auctores : Sed
quæ de Jani delubro ſcribat Procopius ,
audiamus :

XIV.
à Proc. de
bello Goth.
lib. 1.

Per id tempus (*inquit*) (*a*) Romani
quidam Jani fanum aperire, foribus vi occultè illata , tentarunt . Hic Janus deorum
antiquiſſimus fuit , cujus foro in medio &
ex adverſo Capitolii facellum extat paulò
ſuprà eum locum , quem nunc Romani
Tres Parcas appellant. Id verò Jani facellum totum ex ære conſtructum fuiſſe ſàt
conſtat , & quadrata quadam dimenſione
locatum ; tantæque amplitudinis , quanta
integri Jani ſtatua poterat , quæ utiquè &
ipſa cum ænea ſit, non minor quàm quin-
quepedalis eſſe apparet , per cætera omnia
mortali ſimilis , capite dumtaxat bifrons,
itâ ut facies altera in orientem Solem di-
vergat , in occidentem altera : portè utrinquè & ſæpe in faciem alterutram verſæ :
quas fermè in pace & proſperis rebus oc-
cludi Romani veteres quondàm inſtitue-
runt , contràque aperiri , dùm interea bellum his eſſet . Sed Chriſtianæ fidei diſci-
plinam ſi uſpiàm alii umquàm , Romani
præcipuè ſunt venerati . Unde has Jani
portas perinde neglectas , ne bellantes quidem aperuere . In ea tamen obſidione nonnulli , vetuſtæ illius (ut reor) opinionis & cultus memores facti , eniſi clàm
ſunt patefacere ; haud tamen omninò id
exequi potuerunt , niſi eatenùs , ut fores
vim paſſæ non invicem ſic cohærerent , ac
antea arctiùs cohæſiſſent . Latuere tamen
qui aggreſſi id facinus fuerunt , nulla ejus
rei , ut in tanta omnium perturbatione ,
habita quæſtione ; quippe cum nondùm
ad Principes ipſos id delatum fuiſſet .]
Utpote qui haud inutum facinus relictu-
ri erant , ubi ejus auctores ſolicitè perqui-
ſitos adinveniſſent . Si igitur adeò magnum execrandumque æſtimabatur ſacrilegium , vel aperire Jani portas eſſe tentatum ; quæ de ſacrificantibus Diis , alios-
ve ſuperſtitioſos deorum cultus tentantibus fuerant pœnæ ſumendæ? Hæc de Urbis obſidione , quàm perduraſſe menſes
quatuordecim dùm alii tradunt , certè à
Procopio , qui fuit præſens, erroris penitùs arguuntur , cum ipſam annum unum
& dies novem perſeveraſſe tantùm affir-
ment . Sed quæ his ſucceſſerunt mala, narremus .

XV.
Dira fames li-
Italiam ve-
xat & pe-
ſtis.
b Proc. de
bello Goth.
lib. 2.

Sub hoc eodem anno , qui quartus belli Gothici à Procopio ponitur inchoatus ,
dira fames vexavit Italiam , de qua iſta
idem auctor habet (*b*) : Cum (*inquit*) jàm
ſe verteret annus , & meſſis tempus adeſſet,
in campis frumentum ſua ſponte matureſce-
bat; non tamen qua priùs ſua copia fuit, ſed
longè minori , ut quod nec hominum manibus , nec boum labore ſatum humoque tectum fuiſſet, ſed temerè in agri ſuperficiem
jactum : unde ejus pars quædam terræ vi
foràs emerſerat ; ipſum id tamen cum de-
meteret nemo , præ nimia ſui maturitate in
terram iteratò excidens renaſcebatur . Quæ

res cum eumdem in modum in Aemilia ac-
cidiſſet, ejus regionis homines propriis ſedibus ac bonis relictis , in agrum Picenum
profugerant , haudquaquàm exiſtimantes
ejus provinciæ loca , quia maritima eſſent ,
eadem omninò rei frumentariæ inopia pre-
mi . Tuſcos præterea haud ſecùs ac pari de
cauſa fames attigerat . Ex his tamen qui
montes incolerent , frumenti in modum è
glandibus commolitis confectum panem
edebant : Unde vulgatis velut in pecua
morbis , uti par erat , multi mortales capie-
bantur , & paucis ſuperſtitibus interibant.
In Picentes autem tradunt non minus quinquaginta millia hominum præ inedia inte-
riiſſe , & longè plures extra Jonicum ſinum.
Qua autem morbi ſpecie , & quemadmodùm hi morerentur , mòx explicabo .

XVI.
Quæ famis
tempore
triſtia ac-
ciderint.

Cum enim nihil iis eſſet quo veſceren-
tur, extenuati nimirùm omnes pallenteſque
reddebantur, caroque ut cibo diutiùs carens
in ſe ipſa retracta cohæſerat : feliteň cum
nimiùm abundaret , atque adeò corpora ipſa vi ſua oppreſſa jàm infeciſſet , haudquaquàm ſinebat ſuo è priſtino curſu in ſe ve-
nas defluere . Malo itaque pervincente , nihil prorſùs ſucci corporibus relinquebatur .
Cutis præterea obdurata corio perſimilis
erat , præ ſe maximè ferens quòd impacta
oſſibus inhæſiſſet , livore jàm in nigredinem commutato : unde & homines exuſtis
facibus nihil abſimiles videbantur , eorumque facies ſtupidior erat , torvuſque &
furentis aſpectus . Mortem itaque paſſim
obibant, cibi partìm inopia , nimia partìm
ſaturitate . Nàm poſtquàm in his fuerat calor omnis extinctus, quem natura introrsùm
exuſerat ; ſi quis fortè cum ad ſatietatem &
non paulatim cibaſſet (ut recens nati lacta-
ri ſolent) cum ingeſtos minùs digererent
cibos, celeriùs longè moriebantur. Fuere qui
fame cogente, alterni ſe eſitarent : Fœminas
enim duas fuiſſe tùnc tradunt, quæ viros ſe-
ptemdecim interfectos abſumpſerint . Hæ
namque (ut ferunt) cum ſolæ & reſides domi , cæteris mortuis ſuperfuiſſent, diverten-
tibus ad ſe peregrinis , noctùque dormian-
tibus interfectis diveſcebantur : ſeptem itaque & decem diverſis temporum ſpatiis in
cibum abſumptis, octavus ac decimus qui ad
has fortè diverterat, ſomno tùnc ſubitò experrectus, cum in ſe eadem quæ & in cæteros
fecerant, molirentur, cognita primùm facti
ab his ratione , utraſque obtruncat .

XVII.

Sed eò jàm alibi evaſerat famis neceſſitas,
ut quicquid ubique herbarum eſſet , celeriùs nonnulli adirent , & genu in terram
niſi , cum avellere has niterentur, deficientibus viribus (nàm è corporibus vigor omnis
abſceſſerat) porrectas ad herbas ſolo mori-
bundi procumberent ; inſepultique paſſim
manerent, cum hos nemo humo contege-
ret : non enim erat qui ſepulturæ rationem
haberet .] Hactenùs de fame Procopius horum inſpector ac deplorator .

XVIII.

Porrò Miſcellæ auctor conjungit famem
hanc cum ea quam Urbs paſſa eſt, dùm obſi-
deretur : ſed quàm atrox iſta fuerit , teſtificatione S. Dacii Mediolanenſis Epiſco-
piltà

pi irâ paucis deſcribit : Tanta ſiquidèm per univerſum mundum eo anno, maximèque apud Liguriam fames excreverat, ut (ſicut vir beatiſſimus Dacius Mediolanenſis Antiſtes retulit) pleræque matres infelicium natorum comederent membra.] Hæc ipſe, quæ quidèm perperàm ponit ſub anno decimoquinto Imperatoris: ſicùt & errare convincitur Cedrenus, qui eamdem ſub anno nono recenſet. Nàm quantùm ex Procopio, qui præſens fuit, inſpicere licet, ad præſentem hæc ſunt annum referenda. Sed non defuit tùnc Dei ſervis annona.

XIX.

a Gregor. dialog. l.2. cap.2 t. S. Benedicto divinitùs ſuppeditata annona.

Tunc enim accidiſſe videtur mirandum illud, quod ſanctus Gregorius de Sancto Benedicto narrat his verbis (a) : Alio quoque tempore in eadem Campaniæ regione fames incubuerat, magnaque omnes alimentorum indigentia coanguſtabat. Jamque in Benedicti monaſterio triticum deerat: panes verò penè omnes conſumpti fuerant, ut non plus quàm quinque ad refectionis horam fratribus inveniri potuiſſent. Cumque eos venerabilis Pater contriſtatos cerneret, eorum puſillanimitatem ſtuduit modeſta increpatione corrigere, & rurſùm promiſſione ſublevare, dicens : Quare panis inopia veſter animus contriſtatur ? Hodiè quidèm minus eſt, ſed die craſtina abundanter habebitis. Sequenti autem die ducenti farinæ modii ante fores cellæ in ſaccis inventi ſunt, quos omnipotens Deus quibus deferentibus tranſmiſiſſet, nùnc uſque manet incognitum. Quod cùm fratres cernerent, Domino gratias referentes, didicerunt jàm de abundantia nec in egeſtate dubitare.] Hæc Gregorius.

XX.

b Proc. de bello Goti. lib. 1. Excidium Mediolani.

Sub eodem quoque anno quarto belli Gothici recenſet idem qui ſupra Procopius cladem civitatis Mediolanenſis, quando à Gothis capta & ſolo penitùs æquata eſt. Rem geſtam ipſe (b) pluribus ſcribit, quem tu conſulas. Sed quæ poſt tantæ urbis excidium enarratum fuſiùs, brevi cuncta ſtringens epilogo, demùm adicit, accipe : Mediolanum verò ampliſſimam urbem ſolo æquatam delent, in eaque virorum trecenta millia ſine ullo ætatis reſpectu trucidant; fœminas verò ſervitiorum in morem abductas Burgundionibus dono dedere, ut promeritas his gratias redderent pro inita ſecum belli ſocietate. Reparatum verò, qui ad Romanos defectionis cauſa fugerat, inventum, comprehenſumque & minutatim conciſum vorandum canibus objecere. Birgentius tamen ejuſdem non expers noxæ (nàm & is Mediolani tùnc aderat) fugiens in Venetos abiit; indèque ſequentibus ſuis, in Dalmatiam venit, & ex ea provincia ad Imperatorem ſe Byzantium contulit.] Hæc Procopius : quæ quidem facta ſunt à Mundila Gothorum Duce fœdifrago.

De Dacio autem Epiſcopo Mediolanenſi, quem jam anteà legatione apud Beliſarium functum eſſe ex Procopio (c) diximus, quid factum ſit, licèt nihil dicat; ipſum tamen fuga lapſum cruentorum manus evaſiſſe Gothorum, S. Gregorius (d) Papa teſtatur, perveniſſeque Conſtantinopolim; ſed quòd perſecutores Gothi Ariani eſſent, cauſa fidei exactum in via eidem acciderit, ita narrat; Ejuſdem quoque Principis tempore, cùm Dacius Mediolanenſis urbis Epiſcopus, cauſa fidei exactus, ad Conſtantinopolitanam urbem pergeret, Corinthum devenit. Qui dùm largam domum ad hoſpitandum quæreret, quæ comitatum illiuſtotum ferre potuiſſet, & vix inveniret, aſpexit eminùs domum congruentis magnitudinis, eamque ſibi præparari ad hoſpitandum juſſit. Cumque ejuſdem loci incolæ dicerent, in ea tùnc manere non poſſe, quia multis jàm annis hanc diabolus inhabitaret, atque adeò vacua remanſiſſet; vir venerabilis Dacius reſpondit, dicens : Immò ideò hoſpitari in eadem domo debemus, ſi hanc ſpiritus malignus invaſit & ab ea hominum habitationem repulit. In ea ſibi igitur parari præcepit; ſecurusque illam, antiqui hoſtis certamina toleraturus, intravit; Itaque intempeſtæ noctis ſilentio, cùm vir Dei quieſceret, antiquus hoſtis immenſis vocibus, magniſque clamoribus cœpit imitari rugitus leonum, balatus pecorum, ruditus aſinorum, ſibilos ſerpentum, porcorum grunnitus, ſtridores ſoricum. Tùnc repentè Dacius tot beſtiarum vocibus excitatus, ſurrexit vehementer iratus, & contrà antiquum hoſtem magnis cœpit vocibus clamare, dicens : Benè tibi contigit, miſer : tu ille es qui dixiſti : Ponam ſedem meam ad Aquilonem, & ero ſimilis Altiſſimo. Ecce per ſuperbiam tuam porcis & ſoricibus ſimilis factus es : & qui imitari Deum indignè voluiſti, eccè (ut dignus es) beſtias imitaris. Ad quam ejus vocem (ut ita dicam) dejectionem ſuam malignus ſpiritus erubuit. An non erubuit, qui eamdem domum ad exhibenda monſtra quæ conſueverat, ulteriùs non intravit ? Sicque poſtmodùm Fidelium habitaculum facta eſt : quia dùm eam unus veraciter fidelis ingreſſus eſt, ab ea protinùs mendax ſpiritus atque infidelis abſceſſit.] Hæc ſanctus Gregorius. Atque de his hactenùs : reliqua de Dacio inferiùs ſuis locis dicenda erunt.

XXI.

c Proc. de bello Goth. lib. 3.

d Gregor. dialog. l.3. cap.4. S. Dacius fuga lapſus venit Conſtantinop.

A

JESU CHRISTI
ANNUS
540.

VIGILII PAP.
ANNUS
I.

JUSTINIANI IMP. 14.
VITIGIS REG. 4.

I.
Consulatus Paulini Jun. additur Fastis.

QVi sequitur annus Domini quadragesimus supra quingentesimum, ascriptus Fastis reperitur Consulatu solius Justini : tu addas collegam Paulinum, Juniorem dictum, ad distinctionem alterius Paulini, qui ante sex annos unà cum Justiniano Imperatore Consulatum gessit. Ex Actis tertii Concilii Aurelianensis Justino Consuli hunc collegam addimus Paulinum. Cum enim in fine ejus Concilii notatum tempus habeatur, quo celebratum est, anno videlicet vigesimosexto Childeberti Regis Francorum sub Consulatu Paulini Junioris ; hic ipse annus Domini quadragesimus supra quingentesimum demonstratur : secundum verò Aurelianense sub anno vigesimosecundo ejusdem Regis notatum habetur ; ut planè appareat perspicua undique veritas. Sic igitur, libera jàm reddita à longa obsidione Urbe, placuit Belisario hoc afflictis reddere Senatoribus, ut more majorum suum in Occidente crearent Consulem, atque Paulinum eligerent, quem scirent ex progenitoribus Consulibus procreatum. Porrò idem annus à Procopio, qui per chronologiam belli Gothici numerat annos, ponitur quintus ejusdem belli.

II.
Silverius Papa martyrio coronatur.

Quo anno Silverius Papa in insula Palmaria relegatus, confectus aerumnis, consumptusque inedia diem tandem clausit extremum duodecimo Kalendas Julii, ita martyrii corona sublimis in cælum cum martyribus collegis assumptus ; cum etiam ab Ecclesia Catholica insignibus nobilique Martyris titulo sacro ascriptus Albo, perenni memoria perseverat dies natalis ejus annis singulis redivivus. De loco autem martyrii inter Liberatum & Anastasium ea discrepantia reperitur, quòd ille in Palmaria insula id accidisse ait, iste verò in Pontia : sed cum eædem ipsæ sibi vicinæ sint, haud potest diversitas ista alicujus esse momenti, cum de altera in alteram trasferri perfacilè potuisset. Cæterùm Liberatus diaconus cum iis ipsis temporibus hæc scripserit, firmiorem sibi vendicat fidem.

III.
Silverius post obitum miraculis clarus.

Qui igitur martyrii coronam consequi sub Christianis Principibus Silverius meruit, à Deo etiam post migrationem est illustratus gratia miraculorum, testantibus quidem signis, vivere gloriosum in cælo, quem vis tyrannica adeò compressisset in terris. Nàm audi Anastasium paucis magna narrantem : Sepultus est (inquit) in eodem loco XII. Kalend. Julii * : ibique occurrit multitudo malè habentium, & salvantur.] Hæc de miraculis. Ita quidèm & ostensione signorum voluit Deus universæ Ecclesiæ innotescere qui germana.

* Junii

nus esset Romanæ Ecclesiæ Pontifex, & palàm omnibus fieri, in cælum cum collegis martyribus Pontificibus esse receptum, quem furor hæreticorum & ambitiosi hominis insana cupido usque ad interitum afflictasset. His verò Anastasius subdit : Hic fecit ordinationem unam per mensem Decembris, ordinavitque presbyteros tredecim, diaconos quinque, Episcopos per diversa loca numero decem & novem.] Cum sedisset annos quatuor, & quintum inchoasset. Quòd autem aliqui nec duos annos ejus sedi concedant, indè id evenisse liquet, quòd absurdè admodùm numerent ejus sedis tempus usque ad Vigilii intrusionem tantùm, cum ipse Silverius è sede expulsus est : at verò usquè ad consummatum martyrium semper ipsum legitimum perseverasse Pontificem, & Pontificia, ut licuit, exercuisse liquet ; Vigilium autem contrà verum Dei sacerdotem sedentem nullum meruisse Pontificis titulum constat. Subdit verò hæc Anastasius : Cessavit Episcopatus ejus dies sex.] Hucusquè ipse.

Sunt planè ejus illa ultima verba pensanda : Cessavit Episcopatus ejus dies sex.] Quibus perspicuè intelligas, quem usurpasse & malis artibus nactum esse, immò & invasisse diximus viventis Silverii sedem, & excommunicatum licet, factione tamen hæreticorum munitum usque ad ejusdem Silverii obitum tenuisse ; hunc ipsum tamen, simulàc Silverium defunctum atque miracula edere audivit, minimè diutiùs sedere perseverasse, seque ipsum in ordinem redegisse, probè scientem minimè se legitimum fore dicendum Pontificem, quem tot crimina deturpassent : cum præter simoniacam labem, redarguerent ipsum conniventia cum hæreticis, pactis conventis conscripta jurataque ipsorum defensio & Anthimi restitutio, Silverii insuper prædecessoris expulsio, ejusdemque necis cooperatio, atque demùm quòd post damnationem & anathema in ipsum à Silverio irrogatum, sedisset nihilominùs tamquàm verus in Ecclesia Pontifex. Hæc, inquam, ipse considerans, post Silverii obitum à sede malè occupata descendit, fretus tamen potentia Belisarii quòd esset eam mòx iterùm conscensurus ; locumque sic præbens sacris habendis comitiis conquisivit. Ità quidem se à Pontificatu abdicasse Vigilium, ex spatio vacationis sedis Silverii dicendum omninò est : nàm quomodò potuit secundùm Anastasium sedes vacasse sex dies, si Vigilius, ipso vivente Silverio, intrusus semèl, sedere post ejus obitum perseverasset? neutiquam enim id aliquo modo potuit accidisse.

IV.
Vigilii prudens consilium se abdicandi.

Verùm, quòd ipse id fecerit tamquàm repræ-

V.

Aa 3

Aftuté rem repræfentaturus in fcena comœdiam, non
agit Vigi- ex animo, fed ut quoquo modo eliceret
lius. de fua electione cleri Romani confenfum,
indè mihi facilè perfuadeo, dùm non (ut
par erat) pœnitens fceletum patratorum,
omnem penitùs conceptam de fede Pontificia adipifcenda fpem abjecit, feque ea propriis judicavit indignum, reliquumque vitæ
tempus (ut ab eo exigebant graviffima criminum pondera) in lacrymis fibi tranfigen.
dum induxit : fed confueta fummi honoris
prurigine exagitatus, ut eum confequi tutò poffet, nec umquàm indè eiici ob perpetrata delicta ; hujufmodi fibi vafer viam
aperiendam curavit : cum præfertim fecu-
rus de Belifarii voluntate, cujus ftudiis ex
Theodoræ Auguftæ mandatis foret totius
cleri extorquendus affenfus, haud dubiam
jaceret aleam, cum fciret eamdem quam
vellet faciem reddituram. At quoniam eorum quæ funt in mente infpector tantùm &
judex atque vindex eft Deus ; non nobis
quæ in ejus mente cogitationes fixæ late-
rent, fed quas foris manifeftè agendo cunctis afpiciendas propofuit actiones confi-
derandæ erunt ; nimirùm ipfum, quod debuit exfolviffe, & ut immeritum, è fubli-
miori cathedra, quam fuperbè confcende-
rat, humili obfequio defcendiffe.

VI. Cæterùm qui vocat ea (*a*) quæ' non
a Rom.4. funt tamquàm ea quæ funt, & de tenebris
b 2. Cor.4 facit (*b*) lucem fplendefcere, non alium
De Pro quàm is ipfum effe qui regit Ifrael, & de-
Rum Ecc. ducit velut ovem Jofeph, vult è cunctis
prodeft. intelligi, dùm finit aliquandò res Romanæ Ecclefiæ titubare, in fummumque difcrimen adduci, atque penè periclitari : ut
cum omnis fermè fpes videri poffit effe confumpta, & animo concidant deficiantque
ipfi qui contra vehementes ventorum flatus
c May. 6. nituntur & laborant in remigando ; tùnc
ipfe ex improvifo appareat, atque dicat (*c*):
Confidite, ego fum, nolite timere. Sum ego
d Matt.14 ille ipfe quidem, qui Petro(*d*), cum cœpiffet mergi, manum extendens, eduxi il-
lum ex undis. Sum ego qui eidem cæli claves tradidi & inferorum, quò fcirent omnes
cælicolas ipfum habere focios, & inferi
dominari. Ego ipfe fum, qui, ne aliquis
ejus fucceffor poffet diffidere de meritis, poft
triplicis reatum negationis eidem Petro univerfalis gregis credidi præfecturam. Ego
infuper ille ipfe fum, qui eidem aliquando
e Matt.16 dixi (*e*): *Tu es Petrus, & fuper hanc petram ædificabo Ecclefiam meam, & portæ
inferi non prævalebunt adverfus eam.* Ne
videlicèt quilibet fucceffor ejus clavum tenens, ad impetum tumentium fluctuum timeret quaffari naviculam, vel in fcopulos
illifam frangi, diffolvique fi impingat in
Syrtes : cui magis fit metuenda infida fecu-
ritas, ne in ditiore otiofa confiftens cœno
putrefcat & alga fepeliatur, quàm à fævo
ftante Aquilone tempeftas. Sic igitur ex in-
fperatò tandem poft diras, quibus agitata
eft Ecclefia Romana, procellas, imperante Deo ventis & mari, facta eft tranquillitas magna, cum qui hactenùs ad malum Vi-
V gilii vigilaffet, cœpit pro univerfo grege

agere vigil excubias, ubi legitimus effe cœpit Epifcopus. Quomodò autem hæc facta
fint, videamus.

His igitur quæ dicta funt, à Vigilio le- **VII.**
gitimè de fedis abdicatione completis : mox Cleri Ro-
ftudia Belifarii, ut idem eligeretur Ponti- mani confi-
fex, fuffragantur, populum ad id peten- lium de
dum impellentiufque Senatum. Tunc cle- eligendo
rus in maximas conjectus anguftias, quid Pont.
ageret, agitabat diù multùmque mutuis
confultationibus : primùmque longè abhorrens ut hominem tot criminibus implicatum in fedem eveheret Pontificiam, id
præfertim facris Ecclefiæ legibus prohibi-
tibus ; fed & quòd immineret periculum, ne
obfequens Vigilius votis Auguftæ, eamdem fedem Apoftolicam (quod numquàm
acciderat) fi non hærefi, faltem communicatione cum hæreticis inita macularet, ab
ejus electione fe magis magifque exhibuit,
alienum. Magna quidem erant ifta : adeò
ut ad eligendum Vigilium nullis adduci
rationibus poffent qui effent optimi ; fed,
omnes, ut ab execrando facinore, ab ejus
electione longè longiùs abhorrere, fuade-
bat ipfa recti amans ratio. Contra verò
accuratiùs rem expendentes, manifeftè cer-
nebant, fi quemquam alium eligerent Summum Pontificem, fcindendam mox fore
Ecclefiam diro fchifmate : quòd potentia
feculari, ex fententia juffifque Theodoræ
Auguftæ rurfus evehendus in Pontificiam,
fedem Vigilius effet, rurfus idolum collocandum in templo, confpiciendamque
abominationem defolationis ftantem in loco fancto ; eam timerent fimul cum
fchifmate etiam hærefim indacendam : utpotè indigentem Vigilium auxiliis Theodoræ, ut in fede femel adepta contineri fir-
marique poffet, in gratiam ipfius cuncta
facturum contra illum quem clerus elegif-
fet Romanum Pontificem ; foreque ut alius,
numquàm feffurus effet, quoufque viveret
Theodora.

His infuper addebatur, quòd cum Vigi- **VIII.**
lii perfonam, quam diù ob oculos habuif- De Vigi-
fent, fatis perfpectam haberent, nempè effe, lii Papæ
hominem re vera Catholicum, honoris ta- electione.
men cupiditate flagrantem, cujus rei caufa
fefe turpiffimè Theodoræ Auguftæ inftar
mancipii vendidiffet ; falubre illud confilium inierunt, ut ipfum quoquo modo poffent ab Imperatrice redimerent, impenfa
illi honore quem cuperet, fibique ità hominem vendicarent, atque hoc modo arctioribus nexibus obligarent ; duplicem in
dè & confecuturos effe utilitatem, videntes,
nempè & ab imminente fchifmate & ab ir-
repente herefi Ecclefiam Romanam reddendam fore fecuram. Sic igitur divinitùs in-
fpirato confilio (ut exitus declaravit) communi fententiæ inhærentes, more majorum
folemnibus ritibufque rem agentes, accipien-
tefque ab ipfo Vigilio Catholicæ fidei profeffionem unà cum herefim & hæreticorum
omnium execratione, evehunt ipfum in
Pontificium thronum, creantque Romanum
Pontificem fexta (ut dictum eft) die à morte Silverii, quarto Kalendas Julii.

IX.

a *Num. 12.*
13. 14.
b *1. Reg. 19.*
Mirabilis
facta divi-
nitùs tran-
smutatio.

Hæc quidem cuncta Dei nutu esse facta, probavit eventus: siquidem novo exemplo accidit, ut qui (*a*) ad maledicendum populo Dei Propheta anteà fuisset inductus, idem ab benedicendum eidem converteretur; & qui (*b*) missus fuerat homicida, in Prophetam Deum laudantem continuò mutaretur. Fuit ista planè mutatio dexteræ Excelsi, & insigne miraculum, quo perspicuum factum est, Dei providentia Romanam Ecclesiam solicitiùs gubernari, ut in quovis discrimine constituta, sit penitùs liberanda: quòd divina sit promissione secura, ut à portis inferi semper illæsa permaneat; & mirifica quadam transformatione, quos iniquos accepit, soleat maxè reddere sanctos: ut iidem sint maximè inhærentes sacræ Petræ, super quam Christus suam fundavit Ecclesiam, in istac polypi ipsius colorem accipiant; & quòd majus est, ejusdem quoque consequantur robur & firmitatem, siquidem probatum eventa (quod apparuit tamquam ostentum) ipsum qui hactenus sterilis arundo fuit & mobilis in diversa agitata pro diversitate ventorum, in firmam stabilemque petram esse conversum, solido, inhærentem in Ecclesia posito fundamento. Hæc de electione Vigilii, sæculari quoque nobilitate clarissimi, filii nimirum (ut Anastasus habet) Joannis Consulis.

X.

e *Gregor.*
registr. l. 7.
ep. 53.

Horum gratia scito, non ob aliud, quòd clero non adeò liberum esset, quicquid vellet liberè agere, dictum à sancto Gregorio, ab Hormisda tempore usque ad Vigilium fuisse Romanorum Pontificum ordinationes, expositæ sunt enim hæc ejus verba. (*e*): De ordinationibus verò Apostolicæ sedis Pontificum, utrùm post beatissimum virum Hormisdam aliqua sint addita, charitas vestra requirit; sed usque ad Vigilii Papæ tempora expositas ordinationes Præsulum esse cognoscas.] Hæc ipse. Haud tamen ob id sibi ipsam suam dereliquit Ecclesiam; sed cum ipse eidem præsideret Antistes, mala cuncta obviantia convertere scivit in bonum, ipsosque lupos in gregem irruentes in optimos mutare pastores: ut omnes intelligerent, esse Deum qui regat Israel.

XI.

Petri suc-
cessor licèt
malus à
Deo non
destituitur.

Quis enim non intelligat, ista de electione Vigilii improbi hominis divino consilio esse permissa, ne quis contemnendum putet, si quem viderit non meritis, sed nomine tantùm referentem Petrum sedere super Apostolicam sedem Pontificem? memor & umbræ Petri immensam

---

A

à Deo præstitam esse virtutem. Nàm etsi quid inane esse umbram prorsus appareat, corpus tamen ipsum Sole illustratum ostendit; sicque ex divina facta Petro promissione, qui umbra tantùm ejus corporis, suâ imbecillitate videri possent creati Pontifices, eosdem tamen non esse Apostolicæ virtutis expertes, prout eventu rerum in Vigilio factum, intelliges: nec quidem aliquo temporis intervallo, sed (quod magna admiratione dignum est) statim ubi legitima electione Petri thronum conscendit, sacerdotale robur accepit, & constantiam induit Pontificam: ut planè ad confutandas hæreses atque hæreticos visus sit accepisse à Domino Apostolatum, omnem spem penitùs adimens aliter de se sperandi iis qui eum (ut vidimus) ad prava quæque perpetranda pellicerant. Quo enim tempore expectabatur, ut post Silverii obitum revocaret (quod fuerat ipse anteà Theodoræ Augustæ pollicitus) Anthimum Episcopum ab Agapeto damnatum Constantinopoli; tunc adversùs eum atque collegas ipsius hæreticos irrogatum in ipsos anathema, illud iterans, confirmavit. At quomodo id acciderit, videamus.

B

G

XII.
De lega-
tione Ju-
stiniani ad
Vigilium.

Hoc igitur anno sub Justini Consulatu, simulac de legitima electione Vigilii Constantinopolim nuncium perlatum est ab Imperatore præstitum fuit, more majorum, quod Imperatores Catholici præstare consueverunt (ut superiùs dictum est ex Symmachi Papæ Apologetico ad Anastasium) nimirum sive cum Imperii gubernacula susciperent, sive cum Apostolicæ sedi novum cognosceret Præsulem institutum, ad eum protinus epistolam dare qua significarent se in eadem fidei professione ipsorumque esse consortes. Justinianus itaque Romam ad ipsum Vigilium mittens legatum Dominicum Patricium virum clarissimum, ei ad eumdem litteras dedit, fideique Catholicæ confessionem adjecit. Præstitit id ipsius obsequium, & Mennas Constantinopolitanus Antistes, ejusdem argumenti ad ipsum Vigilium scripta dirigens: desiderantur ipsa quidem; sed ita omninò factum esse, quæ ad eos ab ipso Vigilio sunt redditæ litteræ, apertè declarant: quas ex codice Vaticano acceptas jàmque typis excusas atque editas hìc reddituri sumus.

D

Sed primùm illud ex iis exploratum habeas, longè abfuisse, ut Justinianus Imperator in damnationem Silverii ob restitutionem Anthimi Theodoræ Augustæ conniverit; etenim si id accidisset, nequaquàm confirmationem rerum gestarum per prædecessores Romanos Pontifices, potissimùm verò Agapeto qui deposuerat Anthimum, ipse à Vigilio Papa dictis litteris per legationem Dominici exegisset. Undè satis perspicuum videri potest, verum esse quod dictum est, ea omnia Theodoram clanculùm cum Vigilio esse molitam per Belisarium, Justinianum autem ab omni Vigilii cum Theodora conniventia prorsùs immunem fuisse.

XIII.
Justinian.
alienus à
Theodoræ
impietate.

E

Sed.

XIV.
Vigilii repetita mutatio.
a I. Reg. 10.

b Ex Cod. Vatic. epist. 2. Vigil. to. 1. epist. Ro. Pont.

XV.
Vigilii PP. episto. ad Justinianum Imp.

c Hebr. 11.

XVI.
Imp. Justiniani fidei recta confessio.

XVII.

Sed jam audi grandi miraculo nova hominem loquentem lingua, ubi Pontifex coepit esse germanus: ut secundùm vetus proverbium illud (a): Núm & Saul inter Prophetas? acciderit: momentoque temporis, ubi in sanctæ Ecclesiæ sede verè Vigilius constitit, novam formam acceperit; vocesque novas ediderit, & consona sanctis Patribus prophetarit, mutatus mira transformatione in virum alterum, nempè ex hoste in defensorem, ex persecutore in prædicatorem, ex blasphemo in confessorem, atque demùm in omnibus ex perfido in fidelem. Sed audi ipsum è sublimi Apostolico throno ad Orientem conversum litteris suis ista clamantem (b):

Gloriosissimo & clementissimo filio Justiniano Augusto Vigilius Episcopis.

Litteris clementiæ vestræ, glorioso viro filio nostro Dominico Exconsule atque patricio deferente assueta veneratione susceptis; jucunditate multiplici universali Ecclesiæ gaudendum esse perspeximus, quòd Christianam fidem, qua divina Trinitas honoratur & colitur, in nullo dissimilem, in nullo permittitis esse discordem: & hanc clementissimo Imperio vestro, Dei, cui serviendo regnatis & regnando servitis, gratiam indefessis cumulatis operibus; ut in his quæ vobis pro integritate & devotione fidei vestræ Dominus singulari pietate concessit, agnoscantur justè ac convenienter impleri: quam prædicationem docet Apostolus (c): quia Sancti per fidem vicerunt. Qualia enim regna plùs armis fidei quàm corporea fortitudine viceritis, docet immensitas gentium subjectarum; quæ quantò major assurgit numero, tantò mystici solius perfecta operatione miraculi superatur.

Unde nos in Domino nimiùm convenit gloriari, quòd non Imperialem solùm, sed etiam sacerdotalem vobis animum concedere sua miseratione dignatus est: & quod omnes Pontifices antiqua in offerendo sacrificia traditione deposcimus, exorantes ut Catholicam fidem adunare, regere Dominus & custodire toto Orbe dignetur; summhi hoc pietas vestra viribus effecit: cum per omnes regni vestri partes & universos fines terræ eam fidem, quam per venerabiles semper Christianæ confessionis judicio complectendas Nicænam, Constantinopolitanam, Ephesinam primam, sed & Chalcedonensem Synodus constat irreprehensibiliter solidatam, inconcussa jubeatis pace servari: nec Christiano quemquam vocabulo nuncupetis, qui se à præfatarum Synodorum unitate sejungit; & qui fidem earum non omnibus viribus omnique defendit adnixu, non judicandum, sed jàm judicatum potiùs existimetis.

Cui non ergò sacerdotum jucundam exultationem, & gaudia infinita conciliet, quod insertum per Dei nostri gratiam cordi vestro lumen Euangelicæ veritatis, perniciosorum atque hæreticorum dogmatum nocte discussa, universali resplendet Ecclesiæ?

Absit ergò à nobis, ut quod omnibus fratribus & coepiscopis nostris generare gaudium profitemur, nostrum non aut cum omnibus misceatur, aut (quod magis dignum est) suprà cunctos emineat. Ex quâ re, venerabilis Imperator, devota venerationis gratulatione suscipimus, quòd ardore fidei & suavis iracundiæ commotione suscensi, nobis etiam pios direxistis affatus, in quibus beatæ recordationis Cælestinum atque Leonem Apostolicæ sedis Præsules, qui singulas hæreses pro divina sibi dispensatione commissa cum Synodali congregatione damnantes, quid cuncti generaliter sequi debeant Christiani, mansura in ævum lege sanxerunt, laudabili commemoratis affectu. Quorum probabilia constituta sanctæ recordationis Hormisda, atque Joannes senior, necnon & Agapetus decessores nostri per omnia conservantes, universos Nestorianæ atque Eutychianæ sequaces hæresis justæ mucrone sententiæ perculerunt: quod nos summis viribus sequi, summoque adnixu defendere, pietatis vestræ clementia indubitabiliter agnoscat. Sed & beati Leonis epistolas ad sanctæ recordationis Flavianum tunc Constantinopolitanæ civitatis Antistitem, necnon & ad clementissimæ memoriæ Leonem Principem destinatas, quibus hæreticorum, id est, Nestorii atque Eutychetis perfidiam rationabili assertione, Deo sibi inspirante, confudit, omninò amplectimur, & qua oportet charitate defendimus. Et quamvis nos animi, fideique nostræ, Deo custodiente, sinceritas contra ea nullatenus venire permittat ; perpendere tamen debet vestræ pietatis admiranda prudentia, quia non dignè censeantur Antistites, qui præfatorum Præsulum sedis Apostolicæ inviolabiliter minimè constituta servaverint.

Hæc ergò quæ de fide à Patribus sanctarum quatuor Synodorum, & à designatis beatæ recordationis Papæ Leonis epistolis, atque à supra scriptorum prædecessorum nostrorum constitutis sunt venerabiliter definita, per omnia nos sequentes, & eorum doctrinæ contrarios probabili Apostolicæ sedis auctoritate damnantes; anathematizamus eos, quicumque de fidei expositione vel rectitudine, aut disputare perversè, aut infideliter dubitare tentaverint: & contrà eadem sentientes, quæ de fide in Nicæna, Constantinopolitana, Ephesina prima, & Chalcedonensi sanctissimis Synodis, necnon & beatæ recordationis prædecessoris nostri Leonis epistolis, quarum fecimus mentionem, vel universis, quæ ipsius sanxit auctoritas, continentur; Catholicæ fidei unitate secernimus: amplectentesque & in omnibus comprobantes fidei vestræ libellum, quem nostri obsequii famulatu tunc prædecessori nostro piæ recordationis Agapeto pietas vestra Orthodoxa devotione contradidit; in quo ea quæ mente geritis, ad eruditionem futuræ ætatis, scripturæ quoque testimonio declarastis. Nihilque à sæpè dictorum prædecessorum nostrorum fide deviantibus, sub qualibet occasione servamus:

XVIII.
Anathema foribus in hæreticos.

(marginal notes right: Prædecessoribus in hæret Vigilius.)

mus:

mus, nisi forte hæresis, in qua voluntur, amputata caligine, suprascriptam de fide veritatem pœnitentiæ competentis voluerint correctione sectari; & damnatis omnibus, quæ contrà ea quæ præfati sumus, pravissima quidam impietate dixerunt, subscriptionibus suis & propriis vocibus cunctos hæreticorum respuentes errores, canonica fuerint districtione conversi : ut tùnc communionis sacræ mysterium mereantur, dùm omnia quæ præfati sumus, canonica & Apostolica districtione impleverint; quia nos nulli corrigenti se pœnitentiæ locum convenit amputare.

XIX. In his verò, in quibus Mennam fratrem
Anathema & coepiscopum nostrum, memorem libelli
in Anthi- sui, quem prædecessori nostro beatæ me-
mum & so- moriæ Agapeto, ordinationis suæ tempo-
cios. re, vestræ clementiæ consensu, porrexerat, sequentem re vera sedis Apostolicæ disciplinam, hæreticis inferiùs comprehensis, id est, Severo Eutychiano, Petro Apameno, Anthimo qui etiam Ecclesiam Constantinopolitanam prava ambitione perva-
* Constan- serat, Zoaræ, sed & Theodosio Alexan-
tin drino, & Constantino * Laodicensi, atque
Antonio Versentano Eutychianæ hæresis,
sed & Dioscoro, qui in Chalcedonensi Synodo inter alios legitur fuisse damnatus, &
defensoribus atque sequacibus anathema
dixisse, pietas vestra mandavit; in nullo à
nobis quidem moleste suscipitur à prædicto
fratre nostro vel à quolibet alio in hæreticos dicta damnatio; sed & libenter amplectimur, & sedis Apostolicæ auctoritate firmamus, complices damnatorum simili anathematis ultione plectentes, ea videlicet ratione, ut (sicut supra meminimus) secundùm Præsulum sedis Apostolicæ constituta, his qui resipuerint, & præcedentium Synodorum, vel suprascriptorum Apostolicæ sedis Pontificum susceperint constituta, pœnitentiæ & communionis aditum reseremus.

XX. Sed quia novimus potiùs plùs illos, qui
Omnes hæ- hæreticam perfidiam destruunt, sibi magis
reticos æ- prodesse, errantium vitando consortium,
què dam- quàm sententiæ suprascriptorum Patrum
nat. multipliciter solidatæ aliquid firmitatis adjungere, quam constat suis indubitatè viribus, Deo auctore, subsistere; ideò hactenus tamquàm non noviter latam damnationem, minimè arbitrati sumus novo aliquo indigere responso. Qui enim hæresium, quarum supra meminimus, & omnium aliarum, quæ sunt Apostolica definitione, & constitutione damnatæ, sectatores fuerint inventi, non tantùm ex nova lege, sed ex ipsa auctorum suorum jam pridem damnatione perculsi sunt.] Addit his Vigilius defensionem, quòd cum jam diù antè se gesserit pro Pontifice, nec quicquam tale Constantinopolim scripserit; à plerisque suum silentium in deteriorem partem fuisset acceptum, atque ait:

Et licet pietatem vestram aliter de taci-
XXI. turnitate nostra suspicari vel intelligere voluerit malignus interpres; nos tamen, quos
a 1.Petr.3. beatus Petrus (a) Apostolus omni poscenti

A rationem reddere pia traditione constituit, libenti animo Christianitati vestræ satisfaciendum esse perspeximus : suppliciter sperantes, * ut nullius subrepentis insidiis pri- ** petentes*
vilegia sedis beati Petri Apostoli Christia- *De privi-*
nissimis temporibus vestris in aliquo per- *legiis Ro.*
mittatis imminui: quæ si turbentur (quod *Eccl. non*
non credimus) aut minuantur in aliquo, *minuendis,*
violatæ fidei instar ostendant. * Scit enim ** offendant*
sapientiæ vestræ pietas singularis, illam se
auctoritati ipsius beati Petri Apostoli retributionem modis omnibus merituram, quam
vel in illius privilegiis, vel in nostra humili
vestra servaveritis, Deo vobis aspirante,

B persona. Tamen ut cuncta pietatem vestram
informent, & nihil pro callidi insidiatoris
astutia ulteriùs relinquatur ambiguum ;
beatæ recordationis prædecessoris nostri Papæ Leonis, quæ diversis ad Orientem sunt
directa temporibus constituta, quanta de
plurimis in præsenti necessaria credidimus,
superadjecimus : rogantes per ipsum, cujus
causam integrè agere festinatis & cupitis
Christianitatis affectu, ut universa legere
pietas vestra dignetur, ne aliquid supersit
quod minimè relegatur. Scio enim, quia
sicut Deus vobis legem dederit voluntatem, ita cuncta tractantes, sapientia vobis

C singulariter à Deo concessa disponitis, ut
neque de religione, neque de aliquo præjudicio quilibet fidelium sacerdotum possit
in qualibet parte vexari.

Rationem his igitur (prout Christiani- **XXII.**
tatis vestræ meritum postulabat) in quan- *Vigilius fi-*
tùm valuimus reddidisse sufficiat ; quamvis *dem Cano-*
nos nihil contrà Synodalia vel prædecesso- *tholicâ il-*
rum nostrorum Præsulum sedis Apostolicæ *libatâ ser-*
constituta aut commisisse aliquid, aut ten- *vavit.*
tasse, quisque licèt astutus & subtilis inveniet. Ea verò quæ fidei Catholicæ vel animæ nostræ expediunt (de qua, sicut novit
pietas vestra, & pro sacerdotali officio, &

D pro multiplicibus præstitis clementiæ vestræ, causam plùs aliis habeo cogitandi)
suggerere non omitto. In primis supplicantes, & ipsius beati Petri Apostoli (quem
diligitis) intercedente suffragio postulantes, ut semper ad hanc sedem Apostolicam
pro disponendis Reipublicæ vestræ utilitatibus Orthodoxas & Deo placitas & rugam
aut maculam fidei non habentes dignemini
destinare personas, per quas & ea quæ publica vestra conveniunt, salubriter ordinentur, & pro animæ vestræ mercede Catholicæ disciplinæ in nullo conturbetur integritas : ut universi re vera illud gratiæ

E cælestis munus jàm (sicut & credimus) pietatem vestram habere cognoscant, quod
Salomon adhuc à Domino postulabat, di- *b 3. Reg.3.*
cens (b): Dabis servo tuo cor audire & judicare populum tuum in justitia, & intelligere inter malum & bonum.

Et quia per filium nostrum Dominicum **XXIII.**
præsentium portitorem quædam verbo sug- *Committit*
gerenda mandavimus : speramus, ut ea (as- *secreta Le-*
pirante vobis Domino) & libenter audire *gato.*
dignemini ; & maximè quæ Ecclesiasticæ
paci ac dehinc generalitatis quieti profutura sunt, consueta Christianitate & providentia

dentia difponatis.] Hanc ad Juftinianum
Vigilius per legatum miffum refponfionem
dedit: qua cum inter alia de fide Catholica illibatè fervata atque fervanda adeò gloriofa de fe prædicet, tùm omnem de hæretica à fe fcripta epiftola fufpicionem abolet,
tùm etiam omnem prorsùs voluit five Theodore five aliis ademiffe fpem implendi, quæ
de Anthimo reftituendo fuiffet aliquandò
pollicitus. Datam autem hanc effe hoc anno fub Confulatu Juftini, ex data per eundem redeuntem Dominicum legatum, alia
epiftola ab eodem Vigilio ad Mennam fatis
perfpicuè intelligi poteft. Sed videamus
ipfam eadem legatione ad Mennam Conftantinopolitanum redditam: eft hujufmodi (a):

a Vigil. ep.
3 so. 1. epi.
Rom. Pont.

XXIV.
Vigilii e-
piftola ad
Mennam.

Dilectiffimo fratri Mennæ Epifcopo Vigilius Epifcopus.

Licèt univerfa (prout, Deo auxiliante,
potuimus & credidimus expedire) domino
filio noftro fereniffimo & Chriftianiffimo
Imperatori de Ecclefiafticis caufis noftræ
infinuationis fermone fuggefferimus; neceffarium tamen judicavimus & charitati veftræ per Chriftianiffimi filii noftri Patricii
Dominici perfonam fcripta dirigere, quibus
nos grandi exultatione & gaudio fufce piffe
cognofcite, quòd Nicænam, Conftantinopolitanam, Ephefinam, & Chalcedonenfem fanctiffimas Synodos, in quibus fidei
Orthodoxæ atque Apoftolicæ fundamenta
monftrantur (ficut pollicitationis veftræ
tùnc ad prædecefforem noftrum fanctæ recordationis Agapetum lectio data teftatur)
inviolabiliter vos afferitis cuftodire, & maximè beati Leonis prædecefforis noftri fequi in omnibus conftituta. Quid eft charitati tuæ dignius honoris quod conveniat,
nifi à Romanorum Præfulum non deviare
doctrina? Aut quid nobis jucundius, quidve fit gratius, quàm illos in Chrifti Domini
& Salvatoris noftri charitate complecti, qui
majorum noftrorum & prædecefforum facta
cuftodiunt?

XXV.
De fide
Catholica
illibatè fer-
vanda.

Undè fpiritualiter falutantes te, hortamur, & qua nos convenit affectione incef-
fanter alloquimur, ut illius normam, illius
admonitionem, illius (ficut & promififti
& indicas) fequaris in omnibus conftituta.
Plena funt enim de prædicti prædecefforis
noftri fanctæ & venerandæ recordationis
Leonis fcriptis veftræ fraternitatis fcrinia,
quæ ad prædeceffores tuos leguntur ab eodem deftinata Pontifice: ibidémque quod
& noftris prædecefforibus, quod veftri pro-
miferint, releguntur. Sed hæc dixiffe fufficiat. Apoftoli namque fermo antè oculos noftros eft, qui dicit (b): Sapientiam
loquimur inter perfectos. De his verò, quibus te memorem libelli, quem fuprafcripto
prædeceffori noftro tradideras, & fequentes Apoftolicæ conftituta doctrinæ in hæreticos inferiùs comprehenfos, id eft, in Severum Antiochenum, Petrum Apamenum,
Anthimum quoque pervaforem Conftantinopolitanæ Ecclefiæ, & Theodofium Alexandrinæ civitatis, necnon & Conftanti-
num, atque Antonium Verfentanum Eu-

b 1. Cor. 2.

tychianæ hærefis, fed & Diofcorum, qui in
Chalcedonenfi Synodo inter alios legitur
fuiffe damnatus cum defenforibus atque fequacibus, anathema dixiffe cognovimus: in
quibus non aliquid novum fententiæ olim à
Patribus decretæ junxifti, nec talibus Præfulibus beati Petri Vicariis in auctores hærefum ipfarum data fententia penitùs indigebat: quia qui damnatæ hærefeos fectator
agnofcitur, non tantùm ex novella lege,
fed ex ipfa jàm auctoris fui damnatione percuffus eft; gratè admodùm & libentèr amplectimur, & auctoritatis fedis Apoftolicæ, cui nos Deus præfidere voluit, inter-
pofitione firmamus: & univerfi eorum complices, vel omnes hæretici pari damnationis fententiæ fubjacebunt.

Hoc tantummodò (ficut Apoftolicæ mo-
derationi convenit) per omnia refervantes,
ut fi aliquis vel eorum vel quorumlibet errantium, quafi agnita Catholicæ fidei veritate, pœnitentiam agens, reverti voluerit, & hærefis in qua volutabatur errore contempto, fcripturæ quoque profeffione univerfam errorum fuorum ac complicum damnaverit pravitatem, & Apoftolicæ fequens inftituta doctrinæ anathema dixerit
ei qui vel prædictas quatuor Synodus in fidei caufa non fequitur, vel beatæ recordationis prædecefforis noftri Leonis venerabilia conftituta in omnibus non confitetur, & non in omnibus viribus omniqu
animi fequitur puritate; tunc communionis noftræ (quam nulli nos negare convenit pœnitenti) fub Apoftolica & canonica
(ficut præfati fumus) fatisfactione modis
omnibus agatur: quia Redemptor (c) nofter non venit aliquem perdere, fed omnes
fua pietate falvare. Et manu Domini Papæ. Deo juvante, per ipfius gratiam Vigilius Epifcopus fanctæ Ecclefiæ Catholicæ urbis Romæ has fchedas epiftolarum fu-
prafcriptarum, quas ego Deo juvante di-
ctavi, ipfo auxiliante recognovi, atque
fubfcripfi. Et alia manu fubfcriptio Flavii
Dominici Patricii. Flavius Dominicus V.C.
Comes Domefticorum Exconful ac Patricius has fchedas à beatiffimo atque Apoftolico Papa Vigilio in caufa fidei factas ad
domnum noftrum Juftinianum piiffimum
& Chriftianiffimum Principem, fed & ad
Mennam virum beatiffimum Conftantinopolitanæ Archiepifcopum civitatis, relegens, conferens confentienfque fubfcripfi
die XV. Kalend. Octobris, Juftino V.C.
Confule.

Porro Flavius Dominicus ifte, qui has
ad Vigilium Papam legatione functus eft,
illum exiftimanus effe Dominicum, qui
Præfecturam Prætorii agebat Illyrici, ut
patet ex Novella centefima fexagefima fecunda. Vides igitur, qualia quantaque
ipfo fuæ fedis ingreffu Vigilius præftitit:
ut nihil minùs habuiffe appareat ab omnibus fanctiffimis prædecefforibus, nihil veritus Theodoræ Auguftæ infidias, ad cujus
nutum fciret Belifarium Ducem exercitus
cuncta movere, prout ex his quæ in Silverium facta effent, potuerat didiciffe: quan-

c 1. Tim. 1.

XXVI.
Quid age-
re debeant
refipifcen-
tes hæreti-
ci.

XXVII.

to

namque ista ipse tentaret periculo, optimè conscius erat ; verum fidei Catholicæ causa etiam vitam ipsam prodigendam esse, si opus esset, ex Petra veluti grandi miraculo petræ soliditate percepta, jàm firmiter mente conceperat : reliqua verò annis sequentibus . Sed lustremus res gestas in Galliis .

XXVIII. Synodus vigesimusextus Aurelian. tertia.

Ad hunc eumdem annum, qui numeratur vigesimussextus Childeberti Regis Francorum, referenda est tertia Synodus Aurelianensis : tot enim ipsius regni reperiuntur anni ab obitu Clodovei . Addita est annis Regis nota etiam Consulatus Paulini Junioris, qui desideratur in Fastis : sed adiiciendus collega Paulinus Justino, ut exordio anni hujus præfati sumus . Nec est quòd quis dicere possit, Paulinum istum illum esse intelligendum, qui antè annos sex Consulatum gessit : siquidem non solùm his repugnant anni Regis Francorum hìc numerati, sed & Acta secundæ Synodi Aurelianensis itidèm annorum Regis chronographia consignata, de qua suo loco superiùs dictum est . Hæc quò ad tempus .

XXIX. De Judæis Canon & Regis edictum.

Quod autem ad res in eadem Synodo gestas pertinet : fuit quidem Synodus ista nobilis ob sanctos Episcopos, qui eidem interfuerunt sive per se sive per vicarios numero vigintiquinque, iidem sanctitate spectati . Inter alia autem plura quæ triginta duobus capitulis in hoc Concilio sunt definita, recens fuit canon vigesimus nonus, qui hæc de Judæis : Quia Deo propitio sub Catholicorum Regum dominatione vivimus ; Judæi à die Cœnæ Domini usque ad secundum sabbati in Pascha, hoc est, ipso quatriduo procedere inter Christianos, neque Catholicis populis se ullo loco, vel quacumque occasione miscere præsumant .] Hæc canon, cui accessit ipsius Regis Childeberti edictum hac de re promulgatum, quod citatur

a Concil. Matiscon. l. c. 14.

à Concilio Matisconensi (a) itidem in Gallia celebrato, ubi & hujus sanciendæ legis causa narratur : addunturque alia adversùs eosdem pariter constituta, dùm ibi ista subduntur : Secundùm edictum bonæ recordationis domini Childeberti Regis per plateas aut forum (illo quatriduo scilicèt) quasi insultationis causa deambulandi licentia denegetur . Et ut reverentiam cunctis sacerdotibus Domini vel clericis impendant, nec antè sacerdotes confessum nisi ordinati habere præsumant . Qui hoc facere fortasse præsumpserit, à Judicibus locorum (prout persona fuerit) distringatur .] His fuit infrænanda legibus petulantia Judæorum, quæ ubique & semper Christianæ religioni insultare consuevit .

XXX. b Eod.Concil.c.31.

Sed & memoria dignum illud in hoc eodem Concilio (b) statutum esse constat, ut clericus cujuslibet gradus sine Pontificis sui permissu nullum ad sæculare judicium præsumat attrahere : neque laico, inconsulto sacerdote, clericum in seculari judicio liceat exhibere . Ista quidem sanctissimi Patres illi, clericorum ac totius Ecclesiæ immunitati prospicientes sanxere, haud dubium annuentibus ipsis Francorum Regi-

bus, quibus & cum fide Catholica Ecclesiastica immunitas cordi erat .

XXXI. Albini sanctitas & dignitas & severitas.

Quòd autem unà cum aliis huic Synodo S. Albinus Episcopus Andegavensis interfuisse reperiatur, vir ob egregiam sanctitatem ubique spectatus ; quid ipsi acciderit, cum noluit excommunicato benedictionem impertiri, ejus vitæ Acta (c) declarant, in quibus inter alia hæc leguntur . Præter labores reliquos etiam per Synodos pro ipsa causa, incestarum scilicet nuptiarum, quarum auctores damnaverat, sæpius excitatus excurrens, ad postremùm complurium Episcoporum injunctione, ut excommunicatas à se personas absolveret, vi fratrum coactus est . Et cum rogaretur, ut Eulogias, quas reliqui Antistites ad personam communione suspensam dirigentes benedicerent, & ipse signaret ; ait ad sacerdotale Concilium : Etsi ad Imperium vestrum ego signare compellor, dùm vos causam Dei recusatis defendere ; ipse potens est vindicare . Quo facto, antequàm Eulogias excommunicata persona susciperet, expiravit; & priusquàm portitor pervenisset, sermo sacerdotis obtinuit . Qui ad beatum Cæsarium Arelatensem Præsulem pro eadem causam consulturus occurrit .] Hactenùs de his Albini Acta . Est enim ad hæc spectans ejusdem Concilii Aurelianensis canon decimus de incestis conjunctionibus .

c Apud Sur. die 1. Martii.

XXXII. Injuriosi Episcopi dignum exemplum.

Præter alios etiam Synodo huic præsens fuit Injuriosus Turonensis Episcopus magni hoc tempore nominis sacerdos, de cujus in redarguendis Regibus constantia & libertate hæc habet memoria digna S Gregorius ejusdem Ecclesiæ Episcopus (d) . Clotharius Rex indixerat, ut omnes Ecclesiæ regni sui tertiam partem fructuum fisco solverent ; Quod licet inviti sancti Episcopi consensissent atque subscripsissent ; viriliter hoc beatus Injuriosus respuens, subscribere dedignatus est, dicens : Si volueris res Dei tollere, Dominus regnum tuum velociter auferet : quia iniquum est, ut pauperes, quos tuo debes alere horreo, ab eorum stipe tua horrea replentur . Et iratus contrà Regem, nec Vale dicens, abscessit . Tunc commotus Rex, timens etiam virtutem beati Martini, misit post eum cum muneribus, veniam petens, & hoc quod fecerat damnans, simúlque rogans, ut per virtutem beati Martini Antistitis exoraret .] Hæc Gregorius : qui & de erecta ab eo basilica beatissimæ Dei genitrici Mariæ, deque aliis ab eodem piè sanctèque institutis inferiùs (e) meminit . Numerantur & alii sanctissimi Dei genitrici sacerdotes, qui & secundam Aurelianensem Synodum pariter illustrarunt : sed de his aliàs inferiùs dicendum erit .

d Gregor. Turon. de Gest. Frdc. lib. 4.c.2.

e Idem lib. 10.c.31.

XXXIII. Bellum civile Francorum divinitùs sedatum.

Hoc item anno factum est, ut cum regnum Francorum periclitaretur bello civili, divinitùs inter fratres Reges inita sit concordia, paxque firmata : sub hoc enim anno ista Sigebertus habet : Childebertus Rex cum patruele Theodoberto in fratrem Lotharium insurgit : sed matre eorum satis agente Crotilde apud Deum, ne inter fratres fieret civile bellum, horrenda tempestate

state coerciti, cum super Lotharium ne signum quidem apparuerit horroris hujascemodi, reddunt se fraternæ paci.] At cujus virtute hæc gesta sint, à Gregorio accipe, qui sic ait (*a*): Childebertus autem & Theodobertus commoventes exercitum, contra Clotharium ire disponunt. Ille autem hæc audiens, existimans se horum exercitum non sustinere, in silvam confugit: & concides magnas in silvis illis fecit, totamque spem suam in Dei pietatem transfundens.

a Gregor. Turon. de Gest. Franc. l.3.c.28.

XXXIV. *S. Crotildis pietas dis sedat civile bellum.*

Sed & Crotildis Regina hæc audiens, beati Martini sepulchrum adiit, ibique in oratione prosternitur, & tota nocte vigilat, orans ne inter filios bellum civile consurgeret. Cumque hi venientes cum exercitibus suis eum obsiderent, tractantes illum die sequenti interficere; mane facto, in loco quo erant congregati orta tempestas tentoria dissecat, res diripit, & cuncta subvertit, immixtaque fulgura cum tonitruis ac lapidibus super eos descendunt, ipsi quoque super infectam grandine humum in faciem proruunt, & à lapidibus descendentibus graviter verberantur; nullum enim eis tegumen remanserat, nisi parmæ tantùm: hoc maximè metuentes, ne ab ignibus cælestibus cremarentur. Sed & equi eorum ità dispersi sunt, ut vix in vigesimo quoque reperirentur stadio: multi enim ex eis prorsùs non sunt inventi. Tùnc illi (ut diximus) à lapidibus cæli & humo prostrati, pœnitentiam agebant & precabantur veniam à Deo, quod ista contrà sanguinem suum agere voluissent. Super Clotharium verò neque una quidem pluviæ gutta decidit, aut aliquis sonitus tonitrui est auditus, sed nec anhelitum ullius venti in illo loco sensere. Hi quoque mittentes nuncios ad eum, pacem & concordiam petierunt: qua data, ad propria sunt regressi. Quòd nullus ambigat hanc per obtentum Reginæ beati Martini fuisse virtutem.] Hucusque Gregorius: quæ quidem & alii, qui res Francorum sunt prosecuti, testantur.

XXXV. *Franci invadunt Italiam.*

Hoc eodem anno Theodobertus Rex Francorum magno animo invadens Italiam, magnum in Picenum usque duxit exercitum; qui lue exagitatus & imminutus, re infecta, redire ad propria cogitur. Scimus Procopium ob hanc causam in eos in fidifragos multa jactare. Verùm si consulas Agathiam, haud levem eam fuisse belli suscipiendi causam censebis, quam præbuisset Justinianus Imperator: testatur enim Agathias (*b*), haud æquo animo pati potuisse Theodobertum Regem, quòd Justinianus Imperator Græco quodam fastu in monumentorum publicorum Imperatoris titulis omni genere litterarum inscriptis ponere consuevit, sicut Vandalicum & Gothicum, ita & Francicum nomen, ita & sicut Vandalos & Gothos, ita Francos etiam debellasset, quos ne attigerat quidem. Hæc igitur ad inferendum bellum adversùs Justinianum Imperatorem in Italia satis ju-

b Agath. l.1.histor.

sta visa est causa Francorum Regi alterius dominii nomine tenùs licèt impatienti, & jugo vel verbis tantùm subdi penitùs aversanti.

Quod autem idem Procopius calumniosè tradit de iisdem Francis humanas id temporibus hostias immolantibus, nullum habet astipulatorem, immò contradictorem eumdem Agathiam æquè Græcum, qui hæc de his ait, dùm de Theodoberto dicere aggreditur (*c*): Sunt quippe omnes hi Christiani, & rectissimæ inter cæteros omnes opinionis. Habent prætereà per civitates Antistites, sacerdotesque; festos insuper haud secùs ac ipsi nos peragunt dies. Et sanè hi mihi, etsi cætera barbari, moribus tamen videntur quàm optimis præditi, & maximum in modum civiles; nec quicquam habere, quod à nobis hos faciat alienos, præter vestitûs barbariem, & vocis innatæ, sonumque linguæ. Quos quidem cùm ob eorum virtutes, tùm ob cæteros æquitatem, inter seque concordiam mirum in modum admiratione ac laudibus prosequor.] Hæc & plura de his Agathias alia occasione alibi repetita. Sed satis hæc ad institutum de causa Francorum in Justinianum commotionis ob usurpatum indebitum titulum, ut Francicus diceretur.

XXXVI. *Vindicantur Franci à Procopii calumnia.*

c Agath. l.1.histor.

Quod autem ad res Gothicas in Italia spectat, aliquis tandem divinæ gratiæ Romano exercitui favor illuxit, cùm (ut Procopius tradit) nulla Ducum virtute, Ravenna civitas, ipseque Vitiges Rex Belisario deditur. Hæc omnia quomodò acciderint, habes ipsum Procopium (*d*) fusiùs enarrantem, cunctaque sub hoc anno belli Gothici quinto claudentem: quo eos redarguas qui hæc facta referunt anno superiori. Porrò quintum annum belli Gothici eumdem esse Imperatoris decimumquartum, ex eo certò scies, lector, dùm idem auctor undecimo anno ejusdem Imperatoris secundum belli Gothici annum statuit. At non hic finis ejusdem Gothici belli: immò post hæreses ingruentes in deterius videbis res Romanas esse prolapsas. Parva enim Gothorum manus minimè despondens animum, novum elegit sibi Regem Theodobaldum nomine, quam ipso regni exordio vix mille Gothi sequebantur, ut idem Procopius tradit; sed majoribus in annos singulos, novis creatis Regibus, incrementis auctæ sunt, quæ videbantur esse concisæ, Gothorum vires, adeò ut Romanum in Occidente Imperium in maximum discrimen adduxerint; ut quæ annis singulis pro temporis ratione dicentur, facilè demonstrabunt.

XXXVII. *Ravenna cum Vitige Rege dedita Belisario.*

d Proc. de bello Goth. lib.2.

Ità planè divina providentia moderans res humanas, sic atterere consuevit pietatis hostes, ut tamen eos perdere penitùs nolit: deprimit quidem, ne fortè (secundùm illud Propheticum) (*e*) superbirent hostes eorum, & dicerent: Manus nostra excelsa & non Dominus fecit hæc omnia: erigit verò, ne erutus è flagellis Dei populus liber, timore solutus in graviora iterùm

XXXVIII. *Consilium Dei circa hostes suos.*

e Deut.32.

i Pfal. 58.

rerum peccata dilabatur. Ob idque pro illis ad Deum conversus precatus est David, dicens (a): Ne occidas eos, ne quando obliviscatur populi mei. Sic & vidimus noluisse Deum septem illos Ifraelitis infensos populos Palæstinam occupantes ab ipsis penitùs vinci atque deleri; sed usum illis fuisse tanquam virga ad infligenda peccantium verbera. Eodem itaq; modo permisit idem rerum moderator Deus revivifcere ad tempus extinctum in Vitige regnum Gothorum, ut Latinis nimiùm insultantes Græcos cohiberet; delevit verò tandem, ut Arianæ hæresis error, quo nec afflictati cladibus Gothi carere voluerunt, cum ipsa gente pariter tolleretur.

XXXIX.
b Prov.16.

Sic itaque Deus, justitiæ; dextera suspensa lance, equilibrio pro meritis hominum cuncta disponere consuevit, secundùm illud Proverbiorum (b): Pondus & statera judicia Domini sunt. Cujus quoque arbitrio & illud factum est, ut cum res Occidentalis Imperii feliciffimo vifæ funt hoc anno exitu claudi, eodem fanè tempore res Orientis cœptæ sint diro bello vexari, & planè pessumire, atque in Syria funditùs perdi: ut his concuffa Theodora Augusta desineret persequi Romanam Ecclesiam, in cujus Pontificem Vigilium non stantem pactis conventis terribiliùs insurgendi jussa causa videri posset exorta. Sed de Orientis cladibus narrationem aggrediamur.

XL.
e Procop. de bello Persic. lib. 2.
De Clade illata Syria.

Hoc enim anno Cofrhoes Rex Perfarum, rupto fœdere, in Romanum Imperium movit exercitum: quanta autem damna eidem intulerit, cum non esset miles qui ei adversaretur, Procopius (c) narrat: videlicet quòd Rex Perfarum per Mesopotamiam descendens in Syriam, nullo obice, eamdem devastavit, Surenorum civitate in deditionem accepta, atque unà cum habitatoribus funditùs excifa, fpretis pactis conventis cum Episcopo ejus loci Candido nomine, quem redimere coegit duodecim millia captivorum, credita & juramento promissa ducentorum aureorum: quòdque indè Hierapolim veniens, illìc Magnum Berœenfem Episcopû ab Antiochenis legatum pacis misfum invenit; quo elufo, Berœam expugnavit: indèq; Antiochiam deveniens, eadem potius est, cum illinc priùs aufugisfet Ephrœm ejus Episcopus, atque Germanus Dux, qui illùc ab Imperatore missus fuerat, reliquis in civitate inventis internecioni traditis cum & Antiochense duæ ex clarioribus fœminis, ne quid indecens paterentur à Perfis, fese fpontè in Orontem fluvium demersere: quando & civitate cremari jufsa, majorem tantùm ecclesiam legatorum precibus redemptam pecunia voluit esse salvam, quam anteà ornamentis omnibus expilaverat. Suburbia quoque ab eisdem incensa Procopius tradit, falvo dumtaxat S. Juliani templo & conjunctis illi domibus, in quas legati ab Imper. missi diverterant. Hujus autem Antiochenæ civitatis horrendæ cladis tempore accidisse credi potest, ut indè Romam traslatum fuerit corpus S. Ignatii ejusdem civitatis Episcopi.

Capta Antiochia.

XLI.

At quis tandem belli finis? magna ignoAnnal. Eccl. Tom VII.

A   minia cum Cofrhoe transactum per legatos fuisse, persolutis videlicet quinquaginta minoris millibus nummum aureorum, totidemque Romanis per annos fingulos dandis loco tributi pactis, obfidibusq; datis, pacem inter Cofrhoen & Justinianum Imp. constitutam tùnc fuisse Procopius tradit. Antè hæc verò incensum à Cofrhoe templum S. Michalis in Daphne, idem affirmat: qui & mirandum quoddam Apameæ tùnc accidisse recenset his verbis: (d) Post hæc (inquit) Cofrhoes cum exercitu Apameam venit, ubi pars Crucis Dominicæ magnitudine cubitali vifitur, ab homine Syro hùc clàm delata, quam oppidani magnam ejus loci tutelam esse existimant ac venerantur, theca ei condita lignea, quam auro multo ac gemmis tectam facerdotibus tribus custodiendam tradiderunt, insuper quotannis certa die adorant. Tùnc itaque Apamensis populus videns Perfarum exercitum ad fe venientem, in magna trepidatione fuere, Cofrhoemque audientes ut minimè promissis maneret, Thomam urbis Episcopum adeuntes, rogaverunt Crucis lignum eis ostendi: ut eo vifo, feliciter morerentur. Ille verò cum is morem gessisset, spectaculum fieri contigit sermone ac fide majus. Præfule enim id tenente, ignis jubar suprà ferebatur: undè in templi tholo splendor præter folitum apparens, illum continuò circumeuntem fequebatur.] Hucufquè Procopius: fed fubdit Evagrius de liberatis virtute Crucis Apamenfibus à Cofrhoe Rege Perfarum.

Pax ignofuisse

d Proc. de bello Perf. lib. 2.

Miraculû de ligno Crucis.

B

C

Ipfe enim Evagrius, qui interfuit, ista addit (e): Eò autem parentes mei cum aliis convenerunt, meque id temporis ad fcholam euntem fecum duxerunt. Postquam verò nobis data fuit potestas honoratam Crucem adorandi, amplexandiq; Thomas fublatis manibus, lignum Crucis, quo vetus peccati maledictio deleta fuit, totum Sanctuarium circumiens (ut statis adorationis diebus fieri folebat) omnibus ostendit, ac Thomam de loco ad locum progredientem ingens flamma ignis fplendentis non ardentis fequebatur. Quæ res falutem, quæ poftea Apamenfibus contigit, fignificavit. Ob quam causam imago in teftudine Sanctuarii statuta fuit, quæ inscriptione in bafi incisa hoc miraculum illis qui ejus rei ignari essent, commostravit.] Hæc de miraculo Evagrius, qui de eodem Episcopo Thoma ista præmisit:

XLII.
e Evagr. l. 4. c. 25.

D

Thomas autem non doctrina modò, fed rectè factis etiam præstantiffimus, qui fortè unà cum Cofrhoe certamen equorum in Circo spectare (licet hoc Ecclesiæ canon vetaret) neutiquàm recusavit. Quod propterea ab eo factum est, uti omnibus modis Cofrhoes furorem molliret, mitigaretque. Quem percunctanti Cofrhoi, velletne eum in fua videre civitate? Respondisse ferunt verè & animo, nolle lubenter eum ibi videre. Quod ejus dictum Cofrhoem admiratum esse, hominemque veritatis caufa (uti merebatur) admodùm amplexatum.] Hæc Evagrius antè dictum miraculum refert.

XLIII.
De Thoma Episc.

E

XLIV.
Dei vindi-
cta,ob vio-
latam Ca-
thol. fide.

Sed ne,lector, ob ludicra ita obiter tran-
seas luctuosa: verùm dùm totius Sytiæ cladem, Antiochenæque civitatis omnium O-
rientalium nobilissimæ vidisti incendium
atque ruinam, require causam, ac memoria repete, quæ superiori tomo à nobis
dicta sunt de Syriæ Episcopis, in primis
verò Antiochenis, ex quibus aliquos primùm fuisse Nestorii defensores, aliquos
verò posteà Eutychianæ blasphemiæ sectatores; ut planè, sicut experimento videmus amplissima quæque ruere ædificia,
cùm ipsorum fundamenta deficiunt, itâ
etiam necesse sit pessumdari florentissimas
civitate atque provincias, quibus Christianæ religionis deficit fundamentum,
quod est ipsa Catholica fides. Et licèt non
semper statim perfidiam ultio subsequatur,
vanam tamen inanemque penitùs esse sciat
peccantium jactantiam illam, qua dici ab
ipsis solet (*a*): *Peccavi, & quid mihi ac-*
cidit triste? Altissimus enim est patiens red-
ditor. Clamant hæc vera esse omnes quæ
sunt in Asia, Africa, & Europa Orientales
provinciæ, traditæ feris barbaris ad multa
annorum secula devastandæ. Sed ad illam
te in his consideratione rursùs provoco
atque revoco, quàm prosperè, quàmque
feliciter gesserint res bellicæ Justin. Imper.
tam in Perside, quàm in Africa, antequam
in Silverium Romanum Pontificem fuerint
violentæ manus injectæ; posteà verò conversa alea, quàm extiterint luctuosæ: nàm
licèt in Occidète ad modicum temporis spatium res Gothicæ dexterè atque floridè succedere visæ sint, quæ sæpè posteà sunt in
discrimen adductæ; certè quidem in Oriente, ubi regnabat Imperator, res longè diversæ visæ sunt ubique deploratissimæ, eo,
que statu miserrimo collocatæ, ut non
Hunnis tantùm (ut superiùs dictum est)
sed etiam Persarum Regi fieri necesse fuerit tributarium. Imperatorem illum, qui
Vvandalorum atque Gothorum Reges nu-

a Eccl. l.

per duxerat sub jugo captivos. Sed & res
Africanas quàm felicissimis auspiciis in-
choatas, maxima secuta sunt detrimenta,
ut ex Procopio satis potest quisque cognoscere; & ne longiùs recedamus, ex iis quæ
hoc anno in Africa gesta esse testatur, perspicuè valeas intelligere, quàm dispares
rerum progressus à principio fuerint sub-
secuti.

Hoc enim anno decimoquarto Justiniani
Imp. in Africa à Romanis malè pugnatum est
cum Mauris: quo in prælio inter alios ipse
Romani præcipuus Dux exercitus desideratus est. Quomodo autem hæc se habuerint,
à Procopio disce, qui cuncta est fusiùs prosecutus. Hîc modò nobis illa tantùm perbrevis recensenda erit historia, qua in invocatione divini numinis affuisse pereunti militi divinam virtutem, palàm ostensum fuit.
Porrò rem gestam apud Sophronium relatè
sic accipe (*b*): Narravit mihi quidam Patrum, accepisse se à quodam milite:quod est
bellum gererent in Africa Romani cùm Mau-
ritanis,victiq;fugarentur à barbaris,&plu-
rimi illorum passim cæderentur:ipsum quoq;
què unus ex barbaris nactus,hastam,ut illum
feriret,vibrare cœpit. Quod cum ille cerneret, orare. Deum cæpit & dicere: Domine
Deus,qui apparuisti ancillæ tuæ Theclæ, &
eripuisti eandem ab iniquorum manibus,
libera me in hac necessitate, & salva ex hac
acerba morte; mox ibo in eremum, & agam
vitam solitariam. Conversus autem, neminem ex barbaris vidit. Itaque continuò venit in hanc Lauram Cepatha; mansitque in
spelunca, Dei protegente gratia, annis trigintaquinque.] Hæc auctor: cujus rei gestæ
veritatem probavit eventus, & qui casum
est subsecutus effectus, cum videlicet miles
haud ingratus, redemptam precibus vitam
ipsi obtulit, cui eam acceptam ferret, serviens Deo in sanctitate atque justitia omnibus diebus vitæ suæ. At jam præsentis anni
rebus gestis hic finis esto.

XLV.

b Prat.
Spir. c.20.
Miles Dei
virtute li-
beratur.

I.
Consula-
tus cœpti
negligi.

QUi sequitur ordine temporis quingentesimus,quadragesimusque primus, Christi annus, Basilii Junioris sine collega Consulatu notatur: nec post hæc ampliùs aliquis Consulatus reperitur additus
Fastis; licèt non penitùs Consules esse de-
sisse, ex veteribus monumentis appareat.
Ita planè Justinianus Imperator ejusmodi
per Consulatus à majoribus deductam chronologiam,sui antiquitate venerandam, paulatim antiquare utq; penitùs tollere voluit,
illam inducens, qua per singulos tunc annos
tempora notarentur, adderentur verò Consules, si qui essent;quod & lata lege vidimus sancivisse: cujus rei gratia invidiam
sibi peperit, & odium ab antiquitatum cultoribus concitavit. Potuit tamen (si quid
ad ejus excusationem liceat)dignus
ille ejus rei esse prætextus, factum id scilicet ad immoderatas expensas illas tollen

das, quas in Consulatus ingressu ab ipsa
creatis Consulibus fieri moris erat: nàm
ejusdem rei causa Marcianus Augustus illam promulgaverat legem, ne Consules in
populum pecunias spargerent, tamquàm
millilia, colligendas. Sed cum nec ita pareret insanus gloriæ appetitus, Justinianus
ipse sancitam moderatus est legem, prohi-
bens ne Consules aurum effunderent, spar-
gendi autem argenta tribuit liberam facultatem (*c*). Sed,quòd neque his se limitibus sciret humana superbia coarctare;hinc
& illud subiit Imperatoris animum, ut
Consulatus dignitatem amplissimam paulatim è Senatu proscriberet.

Hæc, inquam, ad Imperatoris excusationem de invidia in eum conflata dicta sunto: Sive potiùs ea fuerit convertenda in legum conditorem Tribonianum ad tale honoris culmen ascendere, non valentem,atq;
odio

c Novel.
Justin. Im-
per.105.&
Aut.de Co.
c.4. tit.3.
11.

adhuc profequentem in aliis, quod ipfe confequi minimè potuiffet, prohibente lege, nequis non Chriftianus atque Catholicus ampliffimi honoris gereret magiftratus. Ethnicum enim ipfum perfeveraffe, fuperiùs dictum eft. Verùm ab omnibus in ipfum Imperatorem culpa transfertur, faftu earum ægrè ferentem fub alieno potiùs nomine, quàm Imperatoris, tempora numerari cum tamen ipfi Imperatori unà cum Imperio fugem inhærere voluerit Confulatam. Ait enim ad finem conftitionis, quam de Confulibus promulgavit (a): Imperatori quidem jugis & indefinens Confulatus omnibus civitatibus & populis & gentibus in fingulis quæ placuerint diftribuenti advenit; aut cum ipfe annuerit, trabea: indeòque & Imperii Confulatus per omnia fit fequens fceptra.] Hæc ipfe.

a Nov.105.

III.

Porrò hic ipfe annus, qui & decimusquintus ipfius Imperatoris Juftiniani numeratur, idem à Procopio (b) fextus ponitur belli Gothici: quo Belifarius ob ingentem fibi partam gloriam, capta Ravenna, & Vitige Rege in poteftatem redacto, ab æmulis paffus invidiam, in fufpicionemque adductus affectatæ tyrannidis Conftantinopolim revocatur: de cujus illùc adventu & gloria hæc accipe à Procopio (c):

b Proco. de bello Gothi. lib.2. in fin.

c Proco. de bello Goth. lib.3. in pr.

IV.
Belifarius redit Conftantinopolim.

Sufpenfis Belifarius adhuc & dubiis rebus, cum Vitige Gothorumque optimatibus & Theudibaldi tunc regnantis liberis, pecuniaque omni, & regia pretiofaque cætera fupellectile fecum devectis, Byzantium venit, Ildigere, Valeriano, Martino, & Herodiano Præfectis fequentibus. Vitigem verò cum uxore Juftinianus gratanter fufcepit; barbarorum item agmen pro eximia corporum fpecie ac magnitudine mirabatur. Theodorici deinde in curiam dignas profectò receptas gazas Senatoriis viris feorsùm vifendas expofuit, rerum geftarum magnitudinem gloriæ ducens. Non enim vel has populo fpectandas hic præbuit, vel Belifario, ut triumpharet, permifit, quemadmodum alias, cum ex Gilimere Rege & Uvandalis victoriam retuliffet. Sed in omnium ore Belifarius erat egregiis victoriis duabus ornatus, quales antehàc mortalium nemini contigere, quippe quo Reges duos Byzantium captivos deduxerit, & Genferici, Theodoricique ingentes opes, præter omnium fpem Romanis ut ex hoftibus fpolia effent: undè vel apud barbaros ipfos nemo umquàm clarior & fama celebrior fuit; quippè qui devictis ex hoftibus in publicum ærarium maximas rursùm ingeffit divitias, & terræ marifque dimidiam partem tàm brevi recuperavit.

V.
d Proco. de ædificiis Juftinian. lib.1.
Pictura de Victoriis Belifarii

Porrò alibi idem Procopius (d) tradit, acceptas de duobus Regibus victorias ab ipfo Juftiniano Imperatore in Palatii atrio fuiffe mufivo opere fatis egregiè pingi juffas. Ait enim: Super parietes octo fornices fufpenfi funt, teftitudinem totius operis in medio ad fublimitatem fphæricam arctatam continentes: faftigium picturis expolitum eft, non liquenti cera & diffluenti materia coactum, fed concinnatum exiguis te-

nuibufque lapillis & vario colore nitentibus; imitantur cum alia, tùm homines. Qualis autem pictura fit; indicabor Pugna eft & bellum. Diripiuntur multa urbes; hinc Italia, indè Libya: vincit Juftinianus, Duce Belifario. Accedit ad Regem Dux integrum habens exercitum, tradit fpolia Reges, & regia, & quæ ab hominibus defiderari poffint. Stant in medio Rex & Regina Theodora lætis fimiles, & ob victoriam ferias agentibus: Uvandalorum & Gothorum Reges adveniunt victi & captivi; circumftat Romanorum Senatus, omnes ferias agentes. Hoc lapilli hilari planè & florida facie oftentant: geftiunt omnes & adblandiuntur Regi, divinos honores illi propter geftorum magnitudinem impartientes. Hæc quidem fic fe habent.] Hactentis de his Procopius. Sed revocemus orationem ejus fufceptam femel de gloria Belifarii.

Erat (inquit idem auctor (e)) Byzantinis civibus voluptati Belifarium intueri in forum quòtidiè prodeuntem, vel fe domum indè recipientem, atque adeò ut tanti fpectaculi hos nulla fatietas caperet: nàm ejus pompa fpectatior ob præeuntium turbam & fubfequentium erat, ut quem Vandalorum, Gothorumque, & Maurufiorum multitudo fequeretur non mediocris. Ad hæc accedebat, quòd pulchritudo hunc, magnitudoque corporis honeftabat. Humilem præterea fe benignumque adeò atque aditum obviis quibufque perfacilem exhibebat, ut infimæ fortis viro perfimilis videretur. Milites & rufticani & cujufcumque generis homines certatim hunc benevolentia profequebantur: nàm in fuos præcipuè milites magnificentia cæteros anteibat; & qui bello rem forte malè goffiffet, pro acceptis vulneribus pecuniam non parvam donando, indignationem ac fimul mæftitiam fepiùs promulcebat; ei verò qui in acie fe egregiè habuiffet, varia dona dabat in præmium, armillas & torques: & qui præterea aut arcus aut rei alterius bellicæ jacturam perciliando feciffet, confeftim alia & potiora per Belifarium parabantur.

Ergà agricultores agreftefque homines tanta hic indulgentia ac providentia utebatur, ut Belifario ductante exercitum, nullam hi vim paterentur, fed ex infperato potiùs opulenti & divites reddebantur, ut qui crebro adventantibus copiis, majori omnia in victum pretio venditarent. Segetes infuper, dùm in agris maturefcerent, diligentiùs tuebatur, ne forte equorum greges has devorarent: arborumque maturos fructus, frugefque cæteras, invitis dominis, fuos attingere prohibebat. Erat item vir continentior, ut qui præter denuptam fibi uxorem noveri nullam: nàm ex Uvandalis, Gothifque tanta multitudine & forma egregia fœminas quas bello cepiffet, earum nullam vel in ejus confpectum venire, vel fe alloqui quoquo pacto permifit.

Ad cætera ejus hujufmodi ornamenta perfpicax quidem & vividum accedebat inge-

VI.
e Proco de bello Gothi. lib.3.
Laudes Belifarii

VII.
Agricolarum imunitas.

VIII.

ingenium : quippe dubiis ipsis in rebus, ad ea quæ potiora forent cogitanda, mirum de se in modum & opportuné valeret, in ipsoque bellidiscrimine animi præstaret magnitudine, è tutoque & consideratius ad res gerendas audentior esset. Festinare præterea, cunctarique in ipsis, adversus hostem conatibus, ut res posceat. In rebus trepidis bené sperare, nec terrore aliquo capi; Non prosperis insolens esse; nec vitam in deliciis agere. Nec quisquam unquam hominum fuit, qui templentum eum viderit.] Hæc Procopius de Belisario exercitus Duce inter felicissimos adnumerando, nisi impiæ Theodoræ nimis obsequens, ejus causa dira facinora perpetrasset; sed Dei justo judicio posteà factum est, ut ob hanc causam quod fœminæ ipsam Deum posthabuit, gravissima pati coactus sit, ut suo loco dicemus.

IX.

Imperator verò tot à Deo beneficiis auctus & gloriâ cumulatus, Illud ex more rependit obsequium & gratiarum exhibuit actionem, ut de sanctâ Ecclesiâ Catholicâ quibuscumque valeret studiis benemereret, piaa sanctaque ad fidam Catholicam Ecclesiasticamque disciplinam sartas tectas conservandaa pluresmoc anno promulgans sanctiones, de quibus singulis dicturi sumus. In primis autem quæ ad Concilium Bizacenum in Africa hoc anno celebratum scripserit videamus.

X. De Concilio Bizaceno, a In collect. Iuliani, pe sinem. * Bizacii

Hoc namque anno in Africa in provincia Bizacena Concilium celebratum est, ex quo legatio missa est ad Justinianum Imperatorem : id enim ex ejusdem Imperatoris rescripto ad ipsum Concilium reddito apparet, quod sic se habet (a) :

Imp. Justinianus Alemannicus, Gothicus, &c. Daciano Metropolitano Vizatii & omni Concilio Vizaceno. Restitutus & Heraclens reverendissimi vestri Concilii, sacerdotum non relationem tantùm sed suam visi sunt attulisse præsentiam ; relucebat namque in eis puritas vestræ auctoritatis & vitæ. Non solùm Ecclesiasticis causis, sed totius provinciæ utilitatibus præfuerunt, dicentes quibus jàm beneficiis gaudeatis, & quæ à nostra sunt mansuetudine conferenda. Unde precibus eorum summa cum benignitate susceptis, ad universa respondimus : & quantùm apud nos eorum legatio valuit, ipsa testatur exhibitio præstitorum. Quæcumque igitur ad privilegia vestra vestrique Concilii pertinent, juxtà veterem firmamus disciplinam. Orate igitur divinam misericordiam, ut & nos Reipublicæ & ipsam nobis servet incolumem, & quos à jugo subripuimus Uvandalicorum, ultrà florem felicitatis antiquæ (sicut volumus) erigamus. Data pridie Nonas Octobris, Constantinopoli, Imperii domini nostri Justiniani Aug. anno decimoquinto.] Rursum verò ad eumdem Dacianum, sed anno sequenti, ita rescripsit :

XI. Rescriptû Justiniani Imper. ad Daciano.

Imp. Fl. Justinianus &c. Daciano Metropolitano Vizatii. Semper nostræ serenitati cura fuit servandæ vetustatis maximé

disciplina, quam numquam contempsimus, nisi & in melius augeremus; præsertim quoties de Ecclesiasticis negotiis contigit quæstio, quæ Patrum constat regulis definita, immò adventu superni numinis inspirata : quia constat cœlitus institutum, quicquid Apostolica decrevit auctoritas. Hinc est quod in Africatis quoque Conciliis illa volumus reservari, quæ antiquitas statuit, & sequentium obedientia custodivit, atque in nostrum usque sæculum intemerata perduxit. Nullus inter Primates aliud sibi privilegium vendicet, quod accepisse non legitur; nullus arripiat, quod habuisse jugiter non probatur; nec de rescriptis ad unius suggestionem promeritis, aut de exemplis consuetudinem violantibus quibuslibet sibi blandiatur ambitio. Illud pro lege servandum est, quod Conciliis definitum servavit devota posteritas *. Nàm quæ quis in præjudicio statutorum quibuslibet reus usurpavit, corrigenda potius quàm imitanda censemus.

* Prosperitas.

Si quid igitur Metropolitano Carthaginis, vel Primatibus Numidiæ vel Vizatii Conciliorum auctoritas præstitit, & inoffensa consuetudo servavit ; hoc sibi quisque optet, sibi vendicet; hoc nostra sperent sanctione firmari. Nos tutores tantùm sumus vetustatis & vindices. Nec deerit Ecclesiastica vindicta, vel nostra in eos, qui aut ambitiosa superbia, aut subreptitiis postulationibus antiquitatem enerosae docebuntur : Quoniam ad Divinitatis tendit injuriam, qui sanctorum Patrum constituta contemnere aut violare non metuit, sancte ac religiosissime Pater. Beatitudo itaque tua quæ per hanc divinam pragmaticam sanctionem nostra statuit æternitas, effectui mancipari, observarique procuret. Divinitas te servet per multos annos, sancte ac religiosissime Pater. Data quarto Kalendas Novembris, Imperii domini nostri Justiniani anno XVI.

XII. Justinian. legum Ecclesiasticarum custos.

Vidisti, lector, quantùm deferat Imperator sacris Conciliorum canonibus, quorum se custodem & vindicem profitetur, atque ad hoc se de illis leges sancire, non ut abroget, sed ut confirmet secundùm ista ab eodem Imperatore in aliis editis constitutionibus sæpiùs repetita, vel quæ habet in Novella constitutione hoc item anno data mense Februario, quam Oleandri editio junxit Novellæ centesimæ vigesimætertiæ. Expedit autem ut hic ejus procemium recenseamus, quod appareat ejusdem Imperatoris mens, nimirùm dùm de rebus Ecclesiasticis leges sancit, non alium quàm se vindicem sacrorum canonum præstitisse; sic enim se habet (b) :

XIII. Imperator agit vindicem Canonum.

b Novel. 137. edit. God ef. apud Oleand. verò Novel. 123.

XIV.

Si civiles leges, quarum potestatem nobis Deus pro sua in homines benignitate credidit, firmas ab hominibus custodiri ad obedientium securitatem studemus; quantò plus studii adhibere debemus circà sacrorum canonum & divinarum legum custodiam, quæ super salute animarum nostrarum definitæ sunt ? Qui enim sacros canones

canones cuſtodiunt , Domini Dei adiuta-
rio digni ſunt; qui autem eos transgre-
diuntur , ipſi ſemetipſos judicio tradunt
obnoxios . Majori igitur condemnationi
ſubjacent ſanctiſſimi Epiſcopi , quibus concreditum & commiſſam eſt & canones inquirere & conſervare ; ſi quod eorum prætermiſſum fuerit , indemnatum atque im-
punitum reliquerint . Sanè cum hactenùs
canones obſervati non rectè fuerint , diverſas ex eo paſſi ſumus interpellationes
contrà clericos & monachos & quoſdam
Epiſcopos , ut ſecundùm divinos canones
non viverent , & quidam etiam inter eos
invenirentur , qui nec ipſam quidem vel
ſacroſanctæ oblationis vel baptiſmi orationem tenerent aut ſcirent. Dei igitur intelligentes &'animo inſigentes judicium , ſingulorum quæ nobis delata ſunt inquiſitionem ſimùl & correctionem juſſimus canonicè procedere . Si enim illa , quæ à laicis
peccantur , generales leges non concedant
extrà inquiſitionem & vindictam manere;
quomodò à ſanctis Apoſtolis & Patribus
ſuper omnium hominum ſalute canonicè
ſtatuta deſpici patiemur ? Sanè multos ex
eo maximè deprehendimus in peccata fuiſſe
prolapſos , quòd non ſunt factæ Synodi
ſanctiſſimorum ſacerdotum , juxtà ea quæ à
ſanctis Apoſtolis & Patribus definita ſunt .
Si enim hoc fuiſſet obſervatum , quilibet
metuens gravem in Synodo accuſationem
ſtuduiſſet utique & ſacras edifícere liturgias,
& temperanter vivere , ne condemnationi
divinorum canonum ſubjaceret , &c.] Pergit dicere de ordinatione Epiſcoporum , quæ
in conſtitutione Novella centeſima vigeſima tertia habentur inſerta . Data autem
hæc lex reperitur hoc anno ſub Conſulatu
Baſilii , decimo Kalend. Martii .

XV.
Accidit verò , ut aliquandò idem Imperator invigilans vehementiſſimo ſtudio ſuper ſacrorum cuſtodiam canonum , dùm
videret eos ab iis conculcari , qui magis
obſervare deberent , Epiſcopis ; nonnihil
commotus , adverſùs ipſos inſurgens , ne ex
mutua indulgentia licentiùs peccaretur,Præ-
fectos juſſerit accurrere provinciarum , qui
ejuſmodi Epiſcopos coercerent . Ad hæc
planè ſpectat illa , quam hoc eodem anno ipſis Kalendis Februarii Novellam promulgavit conſtitutionem de appellationi-
bus: qua quidem cum ipſe Juſtinianus Imperator Dei zelum ſe habere præſeferat ,
non tamen fuit ille ſecundùm ſcientiam .
Etenim cum negligentes Epiſcopos , & ſine pœna peccantes vult emendari , eò in-
caute prolabitur , ut præter jus faſque per
provinciarum Præfectos ipſorum judicia voluerit exerceri ; & ab ipſis eoſdem ad majores appellare Præfectos , & ſi opus eſſet , ab
iis ad Imperatorem provocare. Hæc quidem
ita ſe habuiſſe , docent quæ in exordio ejus
conſtitutionis ponuntur his verbis (4):

XVI.
Pervenit ad ſcientiam noſtræ ſerenitatis,
quòd cum inter Euſtachium virum reve-
rendiſſimum Tholonæ * in Lycia civitatis
Epiſcopum , & Piſtum diaconum Eccleſiæ
Theſmiſſenſis itidem in Lycia maritima ci-

a Novell.
115.
* Tloa

Annal. Eccl. Tom. VII.

A vitatis fuiſſet cauſa commota , proceſſit à
Rectore provinciæ diffinitiva ſententia ,
contrà quam appellatio porrecta eſt. Judices igitur , apud quos appellatio ventila-
batur , dubitantes ad noſtram clementiam
retulerunt, &c.] Hæc ibi : quibus videas
ipſum Imperatorem ſibi nimium de Eccleſiaſticis juribus arrogaſſe; qui dùm ſe canonum vindicem præſeſert , atque pro
Eccleſiæ ſervanda illibata diſciplina invigilare profitetur , canones ipſe conculcat ,
penituſque peſſumdat Eccleſiaſticam œconomiam . Etenim non ſeculares Judices
B cauſas judicare Epiſcoporum & inferioris
ordinis clericorum , ſed Synodos Epiſcoporum , & ſi ſit ab his appellandum , non
ad Imperatorem , ſed ad majores ſedes , ac
denique ad ipſum Romanum Pontificem
recurrendum , docent ſacræ ſanctorum Patrum regulæ , traditio oſtendit , uſuſque
probavit. Tunc verò laicis his ſe immiſcere conceſſum , cum vel ad hæreticos aut
ſchiſmaticos comprimendos , vel adverſùs
potentiores vel diſcordes ab Epiſcopis in
auxilium ſunt vocati . Porrò hæc ipſa quæ
fuerunt obiter pertractata , æquè videntur
eſſe ab eodem Imperatore correcta ; nàm ſi
C qua de his fuerat ab ipſo lex ſancita , ab eodem pariter eſt abrogata : ſiquidem nulla
ejus ſanctio invenitur , qua Epiſcoporum
cauſas à Præfectis cognoſci voluerit , & ab
iis ad alios ſeculares itidem Judices appellari , atque ab his ad Imperatorem .

At revocemus orationem ad ejuſdem Imperatoris Novellam conſtitutionem centeſi-
mam vigeſimamtertiam , cujus eſt titulus ,
De ſanctiſſimis Epiſcopis ac Deo amabilibus , & reverendiſſimis clericis & monachis .] Cui intexta ſunt quæ diximus haberi in Novella centeſima trigeſimaſeptima
D data hoc anno ſub eodem Conſulatu
Baſilii , decimo Kalendas Martias . Hæc
autem de qua eſt ſermo , hoc anno ſub
Conſulatu Baſilii data cognoſcitur Kalend.
Maii , ipſaque quadragintaquatuor diſtin-
cta capitibus ; quam ob nimiam vitandam
prolixitatem hic deſcribere pretermittimus:
ſatis ad inſtitutum eſſe putantes, ſi capitum
ſingulorum index hic apponatur , qui ſingulis ità affixus habetur :

De ordinatione Epiſcoporum . Cap.I.
De accuſationibus Epiſcoporum . C. II.
De Epiſcopis qui antè ordinationem Eccleſiæ res ſuas obtulerint . Et quid
pro cathedratico dari conveniat . Cap.
III.
E Ut Epiſcopatus à ſervili & aſcriptitia
fortuna hominem liberet . Cap. IV.
De presbyteris & diaconis & ſubdiaconis
cognationis jure ad tutelam vel curiam vocatis . Cap. V.
Ut clerici à muneribus perſonalibus , &
negotiis ſecularibus abſtineant . Capit. VI.
Ne Epiſcopus dicendi teſtimonii cauſa
evocetur . Cap. VII.
Ne propter qualibet cauſam Epiſcopus
ad ſecularem Judicem trahatur . Capit. VIII.

A Juſtinia-
no aliquã-
do C ance-
nes con-
culcati.

XVII.

XVIII.
Capita
Conſtitu-
tionis Ju-
ſtiniani
cxliii.

Ne Episcopi proprias Ecclesias relinquant. Cap. IX.

Ut Archiepiscopi & Patriarchæ sæpius in annis singulis Concilia & Synodos celebrent. Cap. X.

Ne quis antè caufæ exitum excommunitetur. Cap. XI.

Quales esse debent qui in clericos ordinantur. Cap. XII.

De ætate presbyterorum, & cæterorum clericorum. Cap. XIII.

De uxoribus clericorum, ne videlicet diaconus, vel subdiaconus quis ordinetur, nisi antèa pollicitus sit absque uxore continentem vitam ducere. Capit. XIV.

Quibus caufis curiales clerici ordinari possint. Cap. XV.

Ut ordinationes gratis fiant. Cap. XVI.

Quomodò servus ordinari possit, aut ascriptitius. Cap. XVII.

De ædificatoribus ecclesiarum, C. XVIII.

Ut omnes clerici res suas in sua potestate habeant. Cap. XIX.

Quibus pœnis subiiciantur clerici, qui falsum serint testimonium. C. XX.

Ut clerici apud proprium conveniantur Episcopum. Cap. XXI.

Ut Episcopi apud proprium conveniantur Metropolitanum. Cap. XXII.

Ut Oeconomi & similes apud proprium Episcopum conveniantur. C. XXIII.

Ut Episcopi illic, ubi deliquerint, conveniantur. Cap. XXIV.

De Apocrisariis. Cap. XXV.

Ne Episcopi legationis nomine conveniantur. Cap. XXVI.

Ut monachi per procuratorem se defendant, & de quantitate sportularum. Cap. XXVII.

De modo sportularum in persona clericorum. Cap. XXVIII.

Ne clerici mulieres super inductas in propriis domibus habeant. C. XXIX.

De diaconissis. Cap. XXX.

De his qui in ecclesia Episcopo vel aliis clericis injuriam inferunt. C. XXXI.

Ne laici faciant litanias sine Episcopo & clericis & crucibus. Cap. XXXII.

De monasteriis & monachis. C. XXXIII.

Ut Abbas non tàm antiquitate quàm bona æstimatione censendus sit, & eligendus. Cap. XXXIV.

De monachis non statim vestiendis. Capit. XXXV.

Ut monachi in uno conclavi habitent. Cap. XXXVI.

Conditionem nuptiarum vel liberorum non extare, si quis monasterium ingrediatur. Cap. XXXVII.

Ut qui monasteria ingrediuntur, se suaque dedicent monasterio. Capit. XXXVIII.

Ut solutis sponsalibus per monasterii ingressum, simplæ tantùm arrhæ reddantur. Cap. XXXIX.

Si vir aut uxor ingrediatur monasterium. Cap. XL.

Non licere parentibus exhæredare filios

A qui ingrediuntur monasteria velut ingratos. Cap. XLI.

De monacho monasterium deferente. Cap. XLII.

De raptoribus sanctimonialium. Cap. XLIII.

Ne liceat laicis & scenicis uti monachi schemate. Cap. XLIV.

Atque demùm ad Petrum Præfectum Prætorio ista habet epilogus: Tua igitur gloria, quæ per præsentem legem in perpetuùm valituram nostra sanxit tranquillitas, per omnia custodiri provideat. Data Kal.

B Maii Constantinopoli, Justiniano PP. Aug. Basilio V. C. Consul. Missa Petro Præfecto Prætorio.]

Sed & hoc anno mense Martio idem Justinianus Imp. de Ecclesiasticis titulis & privilegiis atque aliis Novellam constitutionem edidit, cujus est hoc exordium (a); De regulis Ecclesiasticis, & privilegiis, aliisq; capitulis ad sacrosanctas Ecclesias, & reliquas venerabiles domos præsentem proferimus legem.] mòxque de quatuor Synodis ibi sic primùm decernit:

Sancimus igitur vicem legum obtinere sanctas Ecclesiasticas regulas, quæ à sanctis quatuor Conciliis expositæ sunt aut fir-

C matæ, hoc est, in Nicæna trecentorumdecem & octo, & in Constantinopolitana centum quinquaginta Patrum, & in Ephesina prima in qua Nestorius damnatus, & in Chalcedonia in qua Eutyches cum Nestorio anathematizatus est . Prædictarum enim quatuor Synodorum dogmata sicut sanctas Scripturas accipimus, & regulas sicut leges observamus.] Et de sede Constantinopolitana, ut primum locum post Romanam teneret, ità constituit:

Ideòque sancimus secundùm earum definitiones, sanctissimum senioris Romæ Pa-

D pam primum esse omnium sacerdotum, beatissimum autem Archiepiscopum Constantinopoleos novæ Romæ secundùm habere locum post sanctam Apostolicam senioris Romæ sedem, aliis autem omnibus sedibus præponatur.]Hæc ipse: qui quòd sciret non esse Imperatoris auctoritatis ordinem præscribere sedibus, ex earumdem Synodorum definitionibus id se non definire, sed definita promulgare seu confirmare testatur. Verùm hæc quidem perperàm: etenim cum tàmen Concilio œcumenico Constantinopolitano, quàm etiam Chalcedonensi id sibi Episcopus Constan-

E tinopolitanus vendicare conatus esset, adversatus est sanctus Leo Papa, ut superiori tomo demonstratum est . Sic igitur non tàm ex jure canonum id sibi arrogat Imperator, quàm contrà omne jus fasque præsumit.

Subiicit his de aliis Ecclesiarum privilegiis concessis possessionibus Ecclesiasticis: de præscriptione quadraginta annorum ad loca venerabilia pertinente: de ædificatione ecclesiarum: ne, in domibus privatis vel fundis Missæ celebrentur; ut legatum Deo relictum illi debeatur Ecclesiæ, ubi testator

XIX.

x Novell. 131.

XX. De quatuor Conciliis & in eis decretis.

XXI. De sede Constantinopolit.

XXII.

testator domicilium habet: de his qui oratorium ædificari jusserint: deque legatis pro captivorum redemptione relictis, ut ab Episcopis præstentur, neque locum Falcidia in piis legatis habeat: Itemque inhibetur Episcopis, ne testari possint de his quæ post Episcopatum acquisierint. De hæreticis illud addidit, ne ab Ecclesiis vel privatis res immobiles quoquo titulo accipiant, neque iidem ipsi hæretici nova oratoria ædificent. Ad postremùm verò de Orphanotrophis illud additur, ut instar tutorum, cum bona hospitalium administrent, inventarium conficiant. Hæc Imperator & ad Petrum Præfectum Prætorio, ad quem ità perorat: Quæ igitur per præsentem legem in perpetuum valituram nostra sanxit tranquillitas, tua celsitudo edictis solemniter in hac urbe propositis, ad omnium studeat pervenire notitiam. Nos enim providebimus, quatenùs sine collatorum dispendio fiat etiam in provinciis manifesta. Data XV. Kalend. Aprilis Constantinop. D.N. Justiniano PP. Aug. Basilio V. C. Consule.]

XXIII. De hospitali S. Samsonis.

Sed hic obiter notandum est, quòd cum agens de xenodochiis Imperator mentionem habet celeberrimi hospitalis Mariæ Sanso, seu potiùs (ut Contius legendum magis putat) memoriæ Samsonis; sciendum hoc anteà exustum incendio, ab ipso Justiniano Imperatore fuisse restitutum, ut Procopius verbis istis ostendit (a): Erat hospitale, in quo recipiebantur languidi & infirmi, superioribus annis à religioso quodam viro, cui Samson nomen erat, extructum: restabant quædam vestigia neque gregariis militibus satis commoda; cætera perierant unà cum templo exusta & collapsa. Instauravit illud nobile hospitale Justinianus structura splendidiore magnificentius, & mansionum multitudine multò ampliùs.] Hæc Procopius: ex quo corrigas auctorem vitæ Samsonis, ubi habet, non restitutum, sed erectum hoc hospitale ab ipso Justiniano Imperatore fuisse, cujus & tempore eumdem Samsonem vixisse putavit. Sed & habes in quo pariter Cedrenum redarguas, qui existimavit penultimo anno Justiniani ipsius idem xenodochium conflagrasse. Diximus de eo in Notis ad Romanum Martyrologium die vigesimaseptima Junii, qua tàm apud Græcos quàm etiam Latinos digno sanctitatis titulo celebratur ejusdem sancti Samsonis natalis dies. Quod insuper ad idem hospitale spectat: omnium fuisse primarium, sub quo alia constituta essent, quæ in eadem Novella leguntur, ostendunt his verbis: Servari autem jubemus venerabili orphanotrophio hujus regiæ urbis, & xenodochio, quod vocatur sanctæ Mariæ * Sanso, & sub ejus gubernatione constitutis oratoriis & xenonibus aut venerabilibus domibus omnia privilegia, quæcumque habet major sanctissima ecclesia Constantinopolitana.] Est etiam mentio hujus xenodochii sancti Samsonis in alia (b) constitutione ejusdem Imperatoris, ubi secundùm lectionem Contianam legitur, Sanctæ memoriæ Samsonis] loco, Sanctæ Mariæ Sanso.] Porrò ejusdem hospitalis sancti Samsonis presbyter fuerat (ut dictum est) Mennas, qui hoc tempore erat Constantinopolitanus Episcopus. Sed de his satis.

a *Procop. de ædific. Justin. Imp. lib. 1.*

* *memoriæ Samsonis*

b *Novel. 59. c. 3.*

XXIV. Pro Samaritanis Justin. rescripsit.

Hoc etiam anno Kalendis Junii idem Justinianus Imp. constitutionem (c) edidit de præscriptione, qua antiquavit privilegium concessum Ecclesiæ centum annorum, quòd videlicet esset litium seminarium: satis existimans fore quadraginta annorum periodum, ut Ecclesia sua sibi valeat vendicare. Quo item anno idem Imperator, qui adversùs Samaritanos Christianorum hostes leges scripserat, monitus à Sergio Episcopo Cæsariensi, qui eos ad meliorem frugem restitutos fidem fecit, nova edita sanctione, pœnas in eos sancitas antiquat. Extat ejus constitutio (d) Novella sub Consulatu Basilii data anno XV. Imperatoris. Sed videamus quas hoc pariter anno idem Imperator, qui multus fuit in exagitandis hæreticis, adversùs eos complures edidit sanctiones: quarum prima ita se habet data ad Mennam Constantinopolitanum Episcopum (e):

c *Nov. 3. & Auth. collat. 8. tit. 7.*

d *Novel. Justin. 129. col. 3. 21.*

e *Novel. 132. & Auth. col. 9. tit. 12.*

XXV. Adversùs hæreticos Sanctio.

Primum esse & maximum bonum omnibus hominibus credimus veræ & immaculatæ Christianorum fidei rectam confessionem, ut per omnia hæc roboretur, & omnes orbis terrarum sanctissimi sacerdotes ad concordiam copulentur, & consonam immaculatam Christianorum confessionem prædicent, & omnem occasionem, quæ ab hæreticis invenitur, auferant; quod ostenditur ex diversis conscriptis à nobis libris & edictis. Sed quoniam hæretici neque Dei cogitant timorem, neque interminatas talibus pœnas ex legum severitate considerantes, diaboli opus implent, & quosdam simplicium seducentes sanctæ fidei Catholicæ & Apostolicæ Ecclesiæ, adulteras collectas, & adultera baptismata latenter faciunt: pietatis existimavimus per præsens nostrum edictum monere eos qui tales sunt, quatenùs & ipsi recedant ab hæretica vesania, & nec aliorum animas per simplicitatem perdant, sed magis concurrant ad sanctam Dei Ecclesiam, in qua recta prædicantur dogmata, & omnes hæreses cum principibus suis anathematizantur. Nosse enim volumus omnes, quia si de cæterò aliqui inveniantur contrarias collectas facientes, aut apud semetipsos collectionem: nequaquàm omninò eos ferimus; sed domos quidem, ubi aliquid delinquitur, sanctæ assignamus Ecclesiæ: his autem qui colligunt, aut apud se colliguntur, ex constitutionibus pœnas inferri, omnibus modis jubemus. Data pridiè Non. Aprilis, Constantinop. D. N. Just. PP. Aug. Basilio Consule.] Sed & aliam edidit sanctionem (f), ne privilegiis dotis fruerentur hæreticæ fœminæ. Id quidèm hoc anno sub Consulatu Basilii, XI. Kalendas Maii, seu potiùs Martii, antequàm inchoaret decimumquintum annum idem Justinianus Imperator: nàm si Maii dixerimus, loco anni decimiquarti, quintusdecimus in fine constitutionis ponendus esset. Adjecit quoquè aliam constitutionem (g) hoc anno datam Kalendis Februarii, ut hæretici

f *Nov. 109 & Auth. col. 8. tit. 5.*

g *Nov. 115 cap. 3. §. si quis.*

retìci omnes velut ingratì à parentibus effent exhæredandi , Catholicis tantùm filiis ab eis hæredibus inftitutis . Hactenùs de fanctitis hoc anno legibus Ecclefiafticis : jàm reliqua profequamur .

XXVI.
De Auximitis ad fidem Chrifti converfis.

Eodem anno decimoquinto Juftiniani Imp. de Auximitis populis ad fidem Chrifti converfis Cedrenus hæc habet : Anno decimoquinto Juftiniani Imp. Adadus Auximitarum Rex bellum illaturus Damiano Hebræorum Regi,quòd negotiatores Chriftianos interfeciffet , vovit fe Chriftianum fore , fi Homeritas , *quibus ille imperabat* , viciffet . Et quidem commiffo prœlio vicit eos , auxiliante Deo : victumque Regem eorum Damianum in poteftatem redegit , potituque eft regno & Regia . Itaquè Deo gratias agens , mifit ad Juftinianum , ab eoque fibi Epifcopos & clericos mitti petiit . Ità tota regio Chrifti fidem amplexata eft , baptizatique funt & Chriftiani facti.] Hæc ipfe , quæ anno fequenti contigiffe in Mifcella narrantur , paulòque fufiùs explicantur . Hebræos namquè illis in regionibus magna potentia viguiffe , atque Reges facere confueviffe , quæ dicta funt fuperiùs , dùm Arethæ martyris & fociorum Acta retulimus , fatis oftendunt . Hæc de Auximitis ad fidem Chrifti converfis . Ad Homeritas autem jam ante Euangelium pervenifse , ex Procopio (*a*) dictum eft , necnon ex Actis Arethæ martyris & fociorum , iifdemque Chriftianum Regem datum, fed eodem è medio fublato , fubrogatum Abrahamium , idem Procopius tradit : cui fucceffiffe videtur Damianus , de quo agitur , Rex Hebræus .

a Procop. de bello Perfic.li.1.

XXVII.
b Extant apud Sur. tom. 5. die 7. Octobr.

Hoc eodem anno Domini quingentefimo quadragefimoprimo , à Gordiano (*b*) ponitur confummatum martyrium fanctorum Placidi & fociorum in Sicilia à pyratis illatum : fed dùm hunc ipfum annum auctor numerat Juftiniani Imp. decimumtertium , planè erratum liquet in numero . Quòd fi fub dicto Impetatoris anno decimotertio eofdem martyrio coronatos vult, tùnc dicendum erit , ipfos paffos anno Chrifti quingentefimo trigefimonono . Quod verò ad eofdem martyres pertinet , eos quidem egregiam fuiffe coronam martyrii confecutos , cum nullatenùs revocari poffit indubium , fiquidem eofdem antiquiores Ecclefiæ tabulæ titulo martyrii inter Sanctos allectos habent atque defcriptos die quinta Octobris , qua eorumdem natalis die anniverfaria memoria celebranda recurrit ; tamen ab auctore , qui fub nomine Gordiani eam confcripfit hiftoriam , multis ipfa reperitur erroribus depravata , ut in primis quòd habet hos affectos martyrio à Mamunca Duce , eodemque Agareno pyrata miffo ab Abdala Agarenorum Rege in Hifpania regnante : cum non Abdala , fed Theudis , idemque non Agarenus , fed Gothus his temporibus (ut patet ex Ifidoro & fcriptoribus omnibus) in Hifpania regnaret . Agareni verò feu Sarraceni longè poft hæc tempora in Hifpania regnare cœperunt , cùm poft Muzam Abdalazirus five Abdalaffus

Acta S. Placidi in quibus inveniantur cõmentitia.

A   ejus filius , captis quampluribus Hifpaniæ civitatibus , anno Domini feptingentefimo decimofexto Regem fe geffit . Sunt & complura alia apud eumdem pfeudo-Gordianum , quæ & temporum rectæ rationi repugnant ; & contradicunt hiftoricæ veritati .

XXVIII.
Nomine Juftiniani fuppofitæ epiftolæ.

Ejufdem quoquè funt generis epiftolæ , quæ five Gordiani five aliorum nomine apud Leonem Oftienfem in appendice leguntur Chronici Caffinenfis , in quibus nulla cohærentia ineft appofitis à mendaciorum effictore Confulibus cum annis ibidem notatis Juftiniani Imperatoris . Et ut hæc obiter attingamus , extant ibidem litteræ ejufdem Juftiniani ad Placidum nepotem fuum datæ anno duodecimo ipfius Juftiniani Imp. (qui eft annus Domini quingentefimus trigefimusoctavus) fub Confulatu Boetii & Cethegi , addito anno tertio, quorum nulla eft mentio quòd unà fimùl gefferint Confulatum , fed diverfo tempore inter fe & à dicto Imperatoris anno longè remoto : fiquidem Cethegus Conful fuit anno Domini quingentefimo quarto , Boetius quingentefimo decimo , fub anno verò duodecimo Juftiniani Joannes & Volufianus (ut vidimus) Confulatum geflerunt . Qua pariter cenfura corrigas , quæ ei fubjicitur , Theodoræ epiftolam ad S. Placidum iifdem Confulibus & anno Imperatoris datam .

XXIX.
De falfo privilegio Juftiniani Imp.

Sed majori indigent caftigatione ejufdem Imperatoris Juftiniani nomine litteræ illæ iifdem conjunctæ , quibus falva vult effe Caffinenfi monafterio , quæ Tertullus Placidi parens , quæve Juftinus fenior Imp. ei dum cœnobio contuliffet , nempè villas,rura , caftra , oppida , civitates, & municipia ibidem recenfita , & quidem non parva vel exigua numero . At quænam fub Theodorico Gothorum Rege effe poterant alicujus Romanorum Patricio oppida & civitates ? Vel quæ Juftinus Imp. ejufmodi; in Italia exiftentia potuit donare non fua ? nec enim gleba Imperator Orientis fub Theodorico Rege in Italia poffidebat . Et quid illud ad finem : *Ex minio manu propria fubfcripfimus* ;] cum , tefte Suida, Juftinianus litteras penitùs ignoraret ? Et quomodò (ut fuperiores epiftolæ) eadem data legitur fub Confulibus Boetio atque Cethego , anno duodecimo ejus Imperii ? Et quæ infuper ridenda illa fubfcriptio teftium : Theodoricus Rex aquilifer , Belifarius draconifer, Mauritius leonifer , Tiberius lupifer ?] Ac deniquè quonam modo fubfcripfiffe potuit ei privilegio anno duodecimo Juftiniani Imperatoris Theodoricus Gothorum Rex , cum longè ante hæc tempora deceffiffet , & poft eum Athalaricus , indè Theodatus, ac pofteà Vitiges eo anno duodecimo Juftiniani regnaret ? Sed miffa ifthæc , quæ dolemus ab aliquo otiofo conficta , utpotè non (ut vanè putavit) illuftrante res Patris fanctiffimi Benedicti , fed obfcurante potiùs iftuifmodi mendaciis , denfarum inftar nubium globis fulgentis ubiquè radiis Solis oppofitis : miramur verò magis eadem ab

ejuf-

ejusdem sacri ordinis monachis viris doctis
non fuisse rejecta, & oblivione omnino sepulta. Non indiget qui eos primus tamque
genuit Pater, neque ab eo descendens sancta & generosa posteritas per cuncta secula
in Ecclesia Dei feliciter propagata & sanctis ramis mirifice dilatata, hisce meritis
gloriæ titulis sive ex sanguinis nobilitate,
sive ex divitiarum amplitudine comparatis
qui etsi nec his omnino caruere, ex virtutibus tamen terræ cæloque sunt redditi celeberrimi. Sed de his hactenus.

XXX.
Arvernen-
se Conci-
lium.

Hoc eodem anno, qui post Consulatum
Paulini reperitur inscriptus, idemque Childeberti Francorum Regis vigesimuseptimus
(ut ex his, quæ anni superioris exordio dicta
sunt patet) Theodoberti verò post obitum
patris regnantis undecimo, Arvernis in Gallia Concilium celebratur, cui etsi pauci numero, meritis tamen excelsi quindecim interfuerunt Episcopi; nam eorum nonnulli
egregia claruisse sanctitate noscuntur. Antequàm autem de rebus in adeo præclaro
conventu gestis agamus, eos primùm qui in
eam nobili sacerdotum corona prominent
flores inquimus, simulque fructus ex eorundem probè factis ante carpentes, quinam
qualesve isti fuerint cupidius audiamus;gra-
tior namque ille habetur sermo, quem animi primò virtutes commendant, secundùm
illud Proverbiorum (a) Cor sapientis erudit
os ejus, & labiis ejus addet gratiam;
favus mellis composita verba, dulcedo animæ, sanitas ossium.

m Proverb.
16.

Præerat hoc tempore eidem Arvernensi
Ecclesiæ, in qua Synodus est celebrata, ille
magni nominis Gallus sanctitate conspicuus, tenuisque in sessione secundùm locum, idemque haud imparis meritis S. Aviti
successor; ex cujus genere provenisse gloriatur Gregorius Turonensis civitatis Episcopus, qui eumdem Gallum patruum suum
fuisse testatur (b); de quo etiam compluta
admiratione quidem digna conscripsit: ex
quibus (ne jejunus omninò abscedas) fame
ex fama tanti viri tibi parta) hoc modò
unum breviter accipe: Cum autem Arvernensis civitas maxima incendio cremaretur,
& hoc Sanctus comperisset, ingressus ecclesiam, diutissimè Dominum ante sanctum altare cum lacrymis exoravit; surgensque
Euangelii comprehensa, apertiusque obviàm se igni obtulit: quo obtemperante,
protinùs ad aspectum ejus ita omne incendium est extinctum, ut nec favilla quidem in
eo igne remansisset.] Hæc Gregorius:quo-
modò verò lue grassante, eadem civitas Arvernensis, ubi Synodus acta est, ab ipso fuerit liberata, suo loco opportuniùs dicturi
sumus.

XXXI.
De S. Gal-
lo Episc.
Arvernen-
si.

b Greg. de
glor. mart.
lib. 2. c. 23.

Qui tertius ordine ponitur Gregorius
Lingonensis Episcopus, æquè sanctitate
clarus est habitus: de eo verò superiùs rursùs mentio facta est; quem ad hæc tempora fuisse superstitem, ipsius subscriptio docet: ad trigintaduos namque annos sedisse
Episcopum, Venantius Fortunatus (e) in
epitaphio ejus testatur, quod hìc tibi describendum putamus:

XXXII.
De S. Gre-
gorio Epi-
scopo Lin-
gon.
c Fortun.
carm. lib. 4.

A Postquam sidereus disrupit Tartara Princeps,
Sub pedibus justi mors inimica jacet.
Hoc veneranda sacri testatur vita Gregorii,
Qui modò post tumulos intrat honore polos.
Nobilis antiqua decurrens prole parentum,
Nobilior gestis nunc super astra manes.
Arbiter ante ferox, exhinc pius ipse sacerdos,
Quos domuit Judex, fovit amore Pater.
Triginta & geminas direxit ovile per annos,
Et grege de Christi gaudia pastor habet.
Si quæras meritum, produnt miracula verum,
Per quem debilibus ferme amica salus.

B Cum ergò tastificatione Fortunati triginta
duos annos sedisse Gregorium certum sit;
utique dicendum est ipsum fuisse creatum
Antistitem Lingoniensem anno Domini
quingentesimonono, quo interfuisse reperitur Concilio Epaunensi (ut suo loco dictum est) & hoc anno pariter vixisse desiisse, quo ipsius sedis explentur annus trige-
simusecundus cùm & in locum ipsius suffectus est S. Tetricus, de quo inferiùs opportunè dicturi sumus.

Quarto autem loco scribitur, subscribi-
turque Hilarius Episcopus Gabalitanus,
qui & ipse sanctitate insignie certa die (d)
colitur in Ecclesia, qua è terrenis fuit ad
superna vocatus: ad quem extat carmine
missa salutatio Fortunati in hunc modum (e):

XXXIII.
tur. die. 25.
Octob.

e Fortun.
carm lib. 3.
De S.Hila-
rio Gaba-
litano.

C Lux sereni animi semper mihi dulcis Hilari,
Quamvis absentem quem mea cura videt,
Cujus honestus amor tætu mea corda replevit,
Ut sine te numquam mente vacante loquar,
Versibus exiguis mandamus vota salutis:
Qua dedit affectus,sene tibi grata precor.]
Hæc ad eum Fortunatus.

Hunc sequitur ordine Ruricius Episcopus Lemovicensis, quem præter egregiam
morum præstantiam, avita etiam nobilitas,
qua Aniciana familiæ junctus erat,reddidit
clariorem. Quòd autem tantu viri antiqua
prosapia Romani sanguinis illustrissimi obscura memoria relicta sit;unicum quod extat ipsius gloriæ monumentum ab eodem
Fortunato posteris traditum (quo nomine
plurimùm ei debent antiquitatis studiosi)
hìc intexendum erit, nempè scriptum ab
eo ipsi post obitum epitaphium versibus
istis (f):

XXXIV

D

f Fortun.
carm.lib.4.
De duobus
Ruriciis.

Invida mors rapido quàm vis ministeris biatu,
Non tamen in Sanctos jura tenere vales.
Nam postquam remeans domuit fera Tarta-
ra Christus,
Justorum meritis sub pede victa jacet.
Hic sacra Pontificum toto radiantia mundo
E Membra sepulchra tegunt, spiritus astra
colit.
Ruricii gemini flores, quibus Aniciorum
Juncta parentali culmine Roma fuit,
Accumulate gradus prænomine sanguine nexi,
Exultate pariter hìnc avus, inde nepos.]
Quòd geminos audis Ruricios, haud alium
ab hoc illum existimo seniorem Ruricium
virum, doctrina insignem in Galliis item ge-
gentem, ad quem plures extant Sidonii A-
pollinaris epistolæ (g). Sed audi ejusdem
epitaphii reliquos versus, quibus amborum
præclara facta narrantur:

g Sidon li.
4. epist. 16.
lib. 5. epist.
15. lib. 8.
epist. 10.

tempore

Præclara facta Ruriorum.

Tempore quisque suo fundans pia templa patrono,
Iste Augustini, condidit ille Petri.]
Non enim in Africa tantùm, ubi claruit sanctus Augustinus, magno religionis cultu prosequebantur Fideles ejusdem Sancti memoriam; sed etiam in Gallia (ut videas) in ejus honorem templa erigere consueverunt. Sed pergit:

Hic probus, ille pius; hic serius, ille serenus;
Certantes pariter quis sibi major erit.
Plurima pauperibus tribuentes divite censu,
Miserans cœlos, quas sequerentur opes.
Quos spargente manu redimentes crimina mundi,
Inter Apostolicos credimus esse choros.
Felices qui sic de nobilitate fugaci.

Mercati in vatiis jura Senatus habent.] Hactenùs Fortunatus; cui multùm etiam debemus, quòd dùm unius Ruricii facta quærimus, alterum seniorem, Ruricium æquè virtutibus egregium invenerimus.

XXXV.
DE S. Nicetio Treverensi Episcopo.
a Greg. in Vita S. Nicetii Episcopi Treveren.

Sed & qui hunc in subscriptione subsequitur Nicetius Episcopus Treverensis, & ipse his temporibus Gallias illustravit, spectatus ubique virtutum excellentia & miraculorum editione; relatuíque inter Sanctos jugi memoria in Ecclesia perseverat. Scripsit autem præclaras ab eo res gestas Gregorius Turonensis. (a). Inferiùs verò de eodem nobis nonnulla opportuniori occasione dicenda: sed hic tantùm de eo illud ad memoriam revocasse satis, ejus opera factum, ut Theodobertus Rex de quo est mentio in ejusdem Synodi præfatione, ad meliorem frugem conversus sit.

XXXVI.
De Flavio Episcopo Remensi.
b Sigeb. in Chr. & alii eum secuti.

Qui verò nonus ordine recensetur, Flavius est Remensis Episcopus. Ex quo velim observes, planè errore deceptos, qui S. Remigii ejusdem Ecclesiæ Episcopi ad Deum transitum referunt (b) ad annum Domini quingentesimum quadragesimumquintum. Nam quomodò ad illud tempus potuit Remigius pervenisse, si hoc anno sedisse Flavius reperitur, quem & præcessisse ponitur Romanus ejusdem sancti Remigii primus successor? Par erat (si licuisset) Antistitis celeberrimi Francorum Apostoli ex hac vita ad Deum transitum certò signasse in nostris Annalibus, sicut die, ita & anno: sed quòd quæ de his ab aliis scriptis mandata feruntur, haud ejusmodi esse noscantur, quæ immobili veritate subsistant; inviti abstinere cogimur, & nonnisi hic dumtaxat obiter meminisse: Gregorii enim Turonensis (c) testificatione asserentis septaginta annos & ampliùs sanctum Remigium sedisse, & Hincmari assertione dicentis vixisse in Episcopatu annos septuagintaquatuor, invaluit opinio illa, ut qui creatus habetur Episcopus anno Christi quadringentesimo septuagesimoprimo, idem pervenerit ad annum quingentesimum quadragesimumquintum. Sed Synodalia Acta majorem vendicant sibi fidem; ex quibus liquet neque ad annum septuagesimum pervenisse. At reliqua de Arvernensi Synodo percurramus.

c Greg. Turon. de Glor. confess. c. 79

XXXVII.

Qui verò penultimo loco scriptus ponitur Desideratus Episcopus Virdunensis,

ipse est de quo plura Gregorius Turonensis, (d) habet; & inter alia quæ ad hanc ipsam Synodum spectare posse videntur in commendatione Theodoberti Regis Francorum, cujus est mentio in ejusdem Synodi præfatione. Ait enim Desideratus Virdunensis Episcopus, cui Theodoricus Rex multas irrogavit iniurias; eu post multa exitia, *damna & ærumnas, ad libertatem propriam, Domino jubente, rediisset, & Episcopatu apud Virdunensem urbem potiretur: videns habitatores ejus valdè pauperes atque destitutos, dolebat super eis. Et cum ipse per Theodoricum de rebus suis remansisset extraneus, nec haberet de proprio qualiter eos consolaretur; bonitatem & clementiam circà omnes Theodoberti Regis cernens, misit ad eum legationem, dicens: Fama bonitatis tuæ In universam terram vulgatur, cum tanta sit tua largitas, ut etiam non petentibus opem præstes? Rogo, si pietas tua habet aliquid de pecunia, nobis accommodes, qua cives nostros relevare valeamus: cumque hi negotium exercentes, sponsionem in civitate nostra, sicut reliquæ habent, præstiterint; pecuniam tuam cum usuris legitimis reddemus. Tùnc ille pietate commotus, septem ei millia aureorum præstitit. Quæ ille accipiens, per cives suos erogavit. At illi negotia exercentes, divites per hoc effecti sunt, & usque hodiè magni habentur. Cumque antedictus Episcopus debitam pecuniam obtulisset Regi, respondit Rex: Non habeo necessarium hoc recipere: illud mihi sufficit, si dispensatione tua pauperes, qui opprimebantur inopia, per tuam suggestionem & meam largitatem sint relevati. Et nihil exigens, antedictos cives divites fecit.] Hucusque Gregorius.

d Greg. Turon. de Gest. Franc. li. 3. c. 34.
Desideratus Episc. Virdunensis. *exilia.

Cum igitur ex his Theodorici improbetur in expoliatione sacerdotum tyrannis; causam intelligis, cur in hoc eodem Concilio Patres eos damnavere qui a Regibus bona Ecclesiæ usui pauperum inservientia impetrarent. Ait namque hæc Gregorius (e): Ejusdem Theodorici Regis tempore illud iniquum germen cœperat pullulare, ut sacerdotium aut venderetur à Regibus, aut compararetur à clericis.] Ad hæc, inquam, primùm pertinet, quod iidem sanctissimi sacerdotes secundo canone sic statuere: Placuit etiam, ut sacrum quis Pontificii honorem non votis quærat, sed meritis: nec divinum videatur munus comparare rebus, sed moribus; atque eminentissimæ dignitatis apicem omninò conscendat electione, non paucorum favore, &c.] Et in tertio canone: Ne à potentibus sæculi clerici contrà Episcopos suos ullo modo erigantur.] Atque item quarto canone: Qui regulam Ecclesiæ petunt à Regibus, & horrendæ cupiditatis impulsu ejusmodi substantiam rapiunt, à communione Ecclesiæ, cujus facultatem auferre cupiunt, excludantur.]

XXXVIII.
e Greg. Turon. in Vit. S. Galli.
Tyrannis Regum in Eccl. insurgens compressa.

Hæc sanctissimi Patres, erigentes se adversùs Regum temeritatem pro arbitrio concedentium petentibus bona Ecclesiastica: quibus quidem constituendis fuisse adjumento

XXXIX.

mento

Theodob. Regis pietas commendata.

mento Theodobertum Regem, ex iis quæ iidem ad Concilium vocati sacratissimi Antistites præfati sunt, intelligi posse videtur, dùm ajunt: Cum in Dei nomine, congregata sancto Spiritu, consentiente domino gloriosissimo pioque Rege Theodoberto, in Arvernam urbem sancta Synodus convenisset; ibique flexis in terra genibus pro Rege, pro ejus regno, &c.] Sic igitur consentiente Rege (ut vides) contrà Reges manus injicientes in bona juraque Ecclesiastica iidem Patres eosdem quos diximus canones sancivere. Ex quibus magìs magísque Novatores Principes sacrilegii arguantur, qui inhiantes diù bonis Ecclesiasticis, invenere tandem pseudoprophetas, qui ex eorum sententia id posse jure fieri responderent;majorem adhibentes fidem arreptis penitùs mentis insania, nequàm spiritu agitatis apostatis ex monachis perfidis & impiis, quàm tot tantisque sanctissimis Patribus, in quibus inhabitasse Spiritum sanctum, Deus multiplici miraculorum editione monstravit.

XL. Theodobert. emendat patris errata.

Theodobertus igitur Rex maximè pius, detestatus vehementer quæ à suo ipsius patre Theoderico rerum Ecclesiasticarum invasore sæpiùs in sanctos Episcopos & bona Ecclesiarum fuerant perpetrata; etsi he-

A res regni, non tamen perfidiæ esse voluit: quam longè aversatus, in omnibus immunitati Ecclesiastice studuit esse consultum,sancirique Ecclesiasticas leges,quibus jura antiqua Ecclesiis illibata penitùs servarentur; atque illi qui pravi emersissent abusus funditùs tollerentur. Sic itaque quem imitari in his filius hæres noluit, sed perperàm ab eo facta per Episcopos corrigi, cur fideles Principes aversati non debent ? Porrò hæc omnia accepta ferenda esse videntur sanctissimo viro Nicetio Episcopo Treverensi,qui huic Arvernensi interfuit Synodo; quòd eundem Theodobertum Regem pravis moribus depravatum ad meliorem frugem sæpè reprehendendo, (ut ex Gregorio (a) patet) convertit.

B

a Greg. in Vita S. Nicet. Episc. Trever. XLI.

Extant insuper alii ejusdem Concilii canones ad disciplinam Ecclesiasticam restituendam conservandamq; ab iisdem Patribus constituti, quos tu pro animi arbitrio consulas;hæc nobis modò satis ad horum tēporum Gallicanæ Ecclesiæ statum insinuandum. Ceterùm etsi hæc saluberrima apposita sunt ulceri serpenti remedia;haud tamen factum est,ut postea, minimè ruens eruperit; ut planè in his plurimùm fuerit Galliarum sanctis Episcopis infundandum;prout quæ suis sæpe locis inferiùs dicentur,significabunt,

C

I. Occisi Reges Goth.

Christi annus quingentesimus quadragesimus secundus absque novis Consulibus inchoatur, post Basilii Consulatum inscribitur, idem à Procopio belli Gothici septimus numeratus; quo, novo occiso Rege Theodibaldo, Gothi evexerunt in regnum Araricum; quo etiam paucos post menses perempto, Totilas regnum accepit. Hæc pluribus idem Procopius(b) tradit. Theodibaldi Totilas nepos fuit, ingenio & viribus præstans, in flagellum dominantium in Occidente Græcorum in regnum evectus; qui hoc ipso anno, non campliùs quàm quinque millium Gothorum collecto exercitu, bis collatis signis, apud Faventiam in Aemilia primùm, inde apud Florentiam in Tuscia Romanorum exercitum superavit: reliqua autem ab eo fortiter gesta, eademque à Procopio enarrata, suis locis annis singulis (cum tamen instituti ratio exiget) Annalibus intexemus. Hoc igitur anno hæc facta esse, quo Procopius numerat annum septimum belli Gothici, non est quòd in dubium revocari possit : nàm & id ex ejusdem auctoris ea confirmatur assertione, dùm Totilam regnasse annos undecim dicit, obiisseque anno decimooctavo ejusdem belli : cujus pariter sententiæ suffragatur Agathias, qui ejusdem Totilæ necem ponit post vigesimumsextum annum Justiniani Imperatoris. Hæc de temporis ratione adeò certa & probata reliquisse oportuit ad redarguendos errores mendacia compingentium, de qui-

B *Proc. de bello Goth. lib. 2.*

Totilas regnare cœpit.

bus inferiùs sermo erit. Modò res Orientis invisamus.

D

Justinianus Imp. redempta (ut vidimus) pace à Cosrhoe Rege Persarum, adiecit animum, ut incensam ab eo Antiochiam restitueret atq;muniret: quænam autem illic erexerit ædificia, Procopius pluribus refert, ubi postquàm ea quæ ad civitatis munitionem pertinent, exactè descripsit, hæc de aliis ibi erectis ædificiis narrat.(c):U-niversam urbem ab hostibus etustam ipse reparavit; purgatis carbonibus,& cineribus, liberum aera reddidit;pavimenta urbis gravibus saxis instravit, distinxit urbem porticibus & foris; bivia angiportis discriminavit, constitutis fontibus & aquarum fluxibus & ductibus; & quibus urbes exornantur, theatris, balneis, & aliis ædificiis decoravit, quibus urbis felicitas illustrari consuevit; ut facilè & citrà laborem incolæ suas ipsorum domos instruant,præstitit. Hoc modo Antiochiam nùnc illustriorem esse quàm priùs contigit. Hic etiam Dei genitrici ingens templum dedicavit, cujus splendorem & magnificentiam oratione æquare impossibile est.Prætereà Michaeli Archangelo magnam admodùm ædem consecravit. Providit & pauperibus, ægrotisdiligenter & domo & iis quæ ad curam & infirmitatum mutationem pertinent,ordinatis seorsùm viris, & seorsùm mulieribus. Nihilominùs providit & peregrinis ex opportunitate factis hic inquilinis.] Hæc Procopius de ædificiis à Justiniano Antio-

II. Antiochia à Justiniano Imper. restituitur.

E *c Procop. de ædific. Iustin. Imp. l. 2. in fin.*

Antiochiæ excitatis, cum eamdem restituendam civitatem ex integro operam dedit. Sed ad rem Occidentis convertamus orationem.

III.
Hoc eodem anno Clotharius & Childebertus fratres Francorum Reges adversùs Theudem Gothorum Regem Arianum in Hispania regnantem movent exercitum; victoresque Cæsaraugustam usque pervenientes, eamque obsidentes, S. Vincentii martyris sacris exuviis civitate defensa, iisdemque dono ab obsessis acceptis, in Gallias redierunt ovantes. De tempore fidem facit Sigebertus. Quod ad belli apparatum pertinet, constat Childebertum maximè pium, summa religione nuncupatis Deo votis, precibus nisum Sanctorum eamdem expeditionem auspicatum esse, cujus rei causa liquet convenisse sanctum Eusichium eremitam, à quo & responsum de victoria lætus accepit, ut paulò post dicturi sumus. Porrò de rebus tunc in bello gestis hæc S. Gregorius narrat ejusdem sæculi scriptor (a).

III.
Francorum bellum in Hispania.

a Gregor. Turo. de Franc. li. 3. cap. 29.

IV.
Post hæc Childebertus Rex in Hispaniam abiit: quam ingressus cum Clothario, Cæsaraugustanam civitatem cum exercitu vallant atque obsident. At illi in tanta humilitate ad Deum conversi sunt, ut induti ciliciis, abstinentes à cibis & poculis, cum tunica B. Vincentii martyris muros civitatis psallentes circumirent: mulieres quoque amictæ nigris palliis, dissoluta cæsarie, superposito cinere, ut eas putares virorum funeribus deservire, plangendo sequebantur. Et ita totam spem ille ad Domini misericordiam retulit, ut diceretur ibi Ninivitarum jejunium celebrari, nec existimaretur aliud posse fieri, nisi eorum precibus divina misericordia inflecteretur. Hi autem qui obsidebant, nescientes quid obsessi agerent, cum viderent sic murum circuiri, putabant eos aliquid agere maleficii. Tunc apprehensum virum de civitate rusticum, ipsum interrogant, quid hoc esset quod agerent. Qui ait: Tunicam beati Vincentii deportant; & cum ipsa, ut eis Dominus misereatur, exorant. Quod illi timentes, se ab ea civitate removerunt: tantùm acquisita maxima Hispaniæ parte, cum magnis spoliis in Gallias redierunt.] Hæc Gregorius qui tamen in eo errare visus est, dùm hæc sub Amalarico Rege Hispaniarum contigisse, ex iis quæ subdit, affirmare videatur.

IV.

V.
Verùm certum est, hoc tempore non Amalaricum, sed Theudem seu Theodem in Hispania regnasse. Addit Aimoinus (b), eosdem Reges vocasse ad se Episcopum ejus civitatis, quasi ab eo in redemptionem obsidionis petiisse & accepisse tunicam sancti Vincentii. Verùm & ipse in eo errare videtur, dùm sub Germano Parisiensi Episcopo eadem facta esse testatur; siquidem is longè post sedit: nàm ante sanctum Germanum sederunt Emelius, qui subscriptus reperitur secundo, & tertio Conciliis Aurelianensibus, annis proximè elapsis (ut vidimus) celebratis: post quem quinto Con-

V.
b Aim. hist. Franc. li. 2. c. 19.
S. Vincentii Tunica tradita Francis.

---

cilio Aurelianensi (quod anno trigesimo octavo ejusdem Childeberti Regis habitum reperitur) Saphoracus interfuit ejusdem Parisiensis Ecclesiæ Episcopus, quem post depositum & substitutum Eusebium sanctus Germanus secutus est. Porrò non tunicam tantùm sancti martyris, sed & alias sacras Sanctorum reliquias constat acceptas, quas honorificè posteà idem Childebertus recondidit, ut idem auctor affirmat; recitatque de his ejusdem Childeberti Regis donationem istis verbis longè post hæc, erecto templo, conscriptam (c):

c Aim. li. 2. c. 20.

VI.
Ego Childebertus Rex unà cum consensu & voluntate Francorum & Neustrasiorum *, & exhortatione sanctissimi Germani Parisiorum urbis Pontificis, vel consensu Episcoporum, construere cœpi templum in urbe Parisiaca prope muros civitatis, in terra quæ aspicit ad fiscum nostrum Isciacensem, in loco qui appellatur Leucotitio, in honorem S. Vincentii martyris, cujus reliquias ex Hispania asportavimus, ceu & sanctæ Crucis, & sancti Stephani, & S. Ferreoli, & S. Juliani, & beatissimi sancti Georgii, & sancti Gervasii, Protasii, Nazarii, & Celsi pueri; quorum reliquiæ ibi sunt consecratæ: propterea in honorem dominorum Sanctorum concedimus nostrum fiscum largitatis nostræ, qui vocatur Isciacus.] Reliqua inferiùs suo loco: nàm non hoc anno data habetur, sed longè posteà, nempe anno ejusdem Regis quadragesimo octavo, quando videlicèt absoluta basilica, recondidit ibi sacra martyrum pignora, non quando ex Hispania victor retulit: quod decepit auctorem confundentem simùl utraque tempora. At non Parisiis tantùm, sed in pluribus Galliarum civitatibus fuisse celebrem memoriam sancti Vincentii, ejusque sacras reliquias honore cultus clarissime miraculis, Gregorius narrat (d): sed de his nos inferiùs tempore scriptæ donationis.

VI.
* *Austrasiorum.*

Reliquiæ ex Hisp. in Galliam asportatæ.

d Gregor. Turo. de Gloria mart. li. 1. c. 89. & 90.

VII.
Quod rursus ad idem bellum spectat: cum idem Childebertus Rex in Gallias victor rediisset, quod Deo voverat templum in honorem sancti Aviti, extruendum curavit: res gesta in ejusdem sancti Aviti Actis ita narratur (e): Ea tempestate Rex Childebertus inclytus Francorum Princeps comparato exercitu, Hispanias suo addere imperio volebat. Audita verò sancti viri fama, & quia sepulchrum ejus exigui parietes vallarent; cælesti Regi integra devotione votum nuncupavit: Si incolumis in regnum suum sancti Aviti intercessione reverteretur, amplissimam se super ejus monumentum basilicam conditurum. Itaque in itinere multa quidem ab hostibus perpessus est: sed quoties ei structæ essent insidiæ, toties sancti Aviti intercessione ab impendentibus periculis liberatus est, atque ita sospes & triumphans rediit in regnum suum. Tunc verò insignem ædem (ut erat pollicitus) in loco supradicto extruendam curavit, usus ad eam exornandam solertia Uvadionis unius ex proceribus suis, cujus operis mercede eum credimus minimè frustratum.

VII.

e Apud Sur. to. 3. die 17. Junii.

Childebertus erigit templum S. Avito.

tum. Illic enim affiduis miraculis virtutum gefta clarefcunt, claufi patefcunt oculi, debilium membra fubitò convalefcunt, mutus vocem recipit, furdus auditum, &c.] Hæc ibi auctor, ubi ejufdem Sancti res geftas quàm fidelifsimè enarravit.

VIII.

Rursùs etiam poftquam rediit, aliam conftat ædificaffe bafilicam in loco ubi S. Eufichii eremitæ membra quiefcebant, quam item antèà voverat. Etenim in procinctu pofitus, antequàm Hifpanias ingrederetur idem Childebertus valdè pius fancti Eufichii eremitæ miraculis clari diverforium petiit, ut ejus precibus fulciretur, à quo de adipifcenda victoria refponfum accepit: Id verò paucis Gregorius ita narrat (a): Ad hunc ergo fenem Childebertus in Hifpaniâ abiens venit. Cumque ei quinquaginta aureos obtuliffet: ait fenex? Quid mihi ifta profers? aliis qui ea pauperibus largiantur attribue; mihi autem hæc neceffaria non funt: fufficit mihi ut pro meis peccatis Dominum merear deprecari. Et adjecit: Vade & victoriam obtinebis, & quod volueris ages. Tunc Rex aurum pauperibus erogans, vovit, ut fi eum Dominus cum fua gratia de itinere illo reduceret, in honorem Dei bafilicam eo loco ædificaret, in quo fenis membra quiefcerent: quod poftea adimplevit.] Hæc Gregorius. Cum verò fcriptores veteres de adepta victoria Childeberti omnes æquè teftentur: quidnam eft, rogo, quòd hæc apud Chronicon Ifidori leguntur, cùm de Theude Rege loquitur auctor: Ifte Francorum Reges ufque in Cæfarauguftam obfidentes, omnemque ferè Tarraconenfem provinciam bello depopulantes, miffo Duce Theudifclo fortiter debellavit, atque à regno fuo non pace, fed armis exire coegit?] Hæc autem quàm repugnent his quæ dicta funt, tu confidera, & quinam quinque Reges fuerint, tu perveftigato; fed non invenies, facilè (puto) confenferis ea verba ab alio fuiffe ad Ifidorum appofita, magis quàm Ifidorum effe mentitum.

IX.
De tempore obitus S. Benedicti.

Hoc item anno Domini quingentefimo quadragefimofecundo ponitur à pluribus obitus fancti Benedicti in Caffino monte: id quidem Gordiani nomine incertus auctor afferit in Actis fanctorum martyrum Placidi & fociorum, cùm vult fequenti anno ab eorundem martyrio ipfum ex hac vita migraffe; verùm cùm id factum affirmat decimoquarto anno Juftiniani Imperatoris, procùl abhorret à veritate; nàm hic annus decimusfextus ejufdem Imperatoris numeratur ab ipfis Kalendis Aprilis. Eadem fententia de anno Domini afferitur in Chronico Caffinenfi, communiorique confenfu recepta, magis quàm dicentium eumdem perveniffe ad annum Domini fexcentefimum tertium, cujus refpectu hanc probatiorem aliquandò diximus: verùm fi res ad calculum quàm exactifsimè redigatur, nec ipfa nobis probari poteft.

X.

Etenim quomodò hoc anno menfe Martio dicere aliquo modo poffumus ipfum fanctum Benedictum effe defunctum, cùm necdum creatus effet Totilas Rex Gothorum, quem hoc anno (occifo Theodibaldo, præceffit Araricus) Sed etfi eodem anno creatus fit Totilas, nondum in Campaniam duxiffe copias conftat ex iis quæ de ipfo Procopius fcripfit, qui ferrè fingula ejufdem Regis veftigia eft confecatus: cùm tamen fatis ex fancto Gregorio certum fit, notum fuiffe eidem Regi fanctum Benedictum, plurefque cum eo miferife fermones, atque ab ipfo fub eodem Rege miracula edita effe; ut ad minùs ad annum Domini quingentefimum quadragefimumquartum oportuerit eumdem fanctum Benedictum perveniffe; ut ex iis quæ ex Procopio, junctis his quæ de eodem ex fancto Gregorio dicturi fumus, perfpicuò intelligi poteft. Ad hæc forte refpectum habuit Leo Oftienfis, dùm afferit, ipfum defunctum potiùs anno fequenti, Domini fcilicet quingentefimo quadragefimoquartio.

XI.

Qui verò eum tradidit longè poft hæc tempora deceffiffe anno Chrifti fexcentefimo tertio Marianus Scotus, inde ipfi errandi emerfit occafio; quòd cum in Actis fancti Mauri Abbatis ejufdem fancti Benedicti difcipuli afferatur, eumdem fanctum Benedictum eo anno ex hac vita migraffe, cùm contigit celebrari Pafcha duodecimo Kalendas Aprilis; & quòd ex tabulis aftronomicis & Pafchali computo id non inveniatur accidere potuiffe nifi dicto anno fexcentefimo tertio; mox in eam fententiam abiit, ut eo anno idem S. Benedictus diem extremum obierit: nàm ipfe fub eodem anno fic ait: S. Benedictus Abbas (ficuti fui fcribunt) duodecimo kalend. Aprilium, fabbato fancto Pafchæ, in hoc anno videtur obiiffe.] Verùm fequenti potiùs anno fexcentefimo quarto, & alias antè quingentefimo nono, dicta die celebratum Pafcha in Ecclefia reperitur. At cum pluribus locis Dialogorum S. Gregorii inveniatur longè antè illa tempora fanctum Benedictum effe defunctum, nihil eft ut ex notata in Vita Mauri die obitus ejus pofsit elici veritas de in cælum tranfitus anno. Quomodò (rogo te) potuit fexcentefimo tertio anno Domini, qui fuit Pontificatus fancti Gregorii Papæ novifsimus, mori S. Benedictus, fi ipfe quarto fui Pontificatus anno fcribens Gregorius libros Dialogorum, ipforum libro fecundo vitam recenfuit & obitum S. Benedicti, multumque temporis interceffiffe fæpe demonftrat ab ejufdem S. Benedicti morte ufque ad eam Dialogorum fcriptionem? Hæc cum ita fe habeant, nonnifi mendum in Acta Mauri irrepfiffe dicendum eft de ejus anni Pafchatis menfe vel die. Hæc autem dicta funto ad redarguendos potiùs de tempore obitus S. Benedicti vulgatos errores, quàm ad certum afirum nobis incertum ejus ad Deum tranfitus ftatuendum: plura enim ab eo præclarè gefta poft hæc funt, quæ fuis inferiùs reddemus locis.

margin: aGreg. Turo. de Glor. confef. c. 82.

margin: Childebertus erigit templum S. Eufichio.

margin: Redarguitur error illapfus in vitam Sancti Mauri.

322

4

JESU CHRISTI VIGILII PAP. JUSTINIANI IMP. 17.
ANNUS 543. ANNUS 4. TOTILÆ REG. 2.

I.

Quingentesimus quadragesimustertius Domini annus post Basilii Consulatum secundus inscribitur, idemque à Procopio octavus belli Gothici numeratur, quo Totilas regni sui annum secundum auspicatur: cujus istos in bello progressus hoc anno Procopius narrat (a): Cesenam deinde mox Totilas ac Petræ præsidia cepit, & paulò post se in Tusciam contulit; locis, que in ea jàm pervenerat, cum ad se nemo concederet, amne Tiberino transmisso, non tamen Urbis ingressus confinia, ad Campanos, & Samnites divertit.] Quid autem ei acciderit, cum Romam versùs proficisceretur, ubi Narniam venit, audi sanctum Gregorium (b):

Eodem namque Gothorum tempore, cum præfatus Rex Totila Narniam venisset, ei vir vitæ venerabilis Cassius ejusdem urbis Episcopus occurrit. Cui quia ex conspersione semper faciem rubere consueverat; hoc Rex Totila non conspersionis esse credidit, sed, assiduæ potationis, eumque omnimodò despexit. Sed omnipotens Deus, ut quantus vir esset qui despiciebatur, ostenderet in Narniensi campo, quò Rex advenerat, malignus spiritus coram omni exercitu ejus Spatharium invasit, eumque vexare crudeliter cœpit. Qui cum antè Regis oculos ad venerandum virum Cassium fuisset adductus; hunc ab eo vir Domini, oratione facta, signo Crucis expulit; qui in eum ingredi ulteriùs non præsumpsit. Sicque factum est, ut Rex barbarus servum Dei ab illo jam die veneraretur ex corde, quem despectum valdè judicavit ex facie. Nàm quia virum tantæ virtutis vidit, ergà illum illa mens effera ab elationis fastu detumuit.] Hæc Gregorius.

III.

Cum autem Narnia decedens Totilas Vtriculanæ civitati appropinquaret, quid acciderit, idem Gregorius his verbis inferiùs narrat (c): Fulgentius Episcopus, qui Vtriculensi Ecclesiæ præerat, Regem crudelissimum Totilam infensum omnimodò habebat. Cumque ad easdem partes cum exercitu pervenisset, curæ fuit Episcopo per clericos suos xenia ei transmittere, ejusque furoris insaniam, si posset, muneribus mitigare. Quæ ille, ut vidit, protinùs sprevit, atque iratus suis hominibus jussit, ut eumdem Episcopum sub omni asperitate constringerent, eumque ejus examini servarent. Quem jàm feroces Gothi, ministri scilicèt crudelitatis illius tenuissent, circumdantes, eum uno in loco stare præceperunt, eique in terra circulum designaverunt, extra quem pedem tendere nullo modo auderet. Cumque vir Dei in Sole nimio æstuaret, ab iisdem Gothis circumdatus & designatione circuli inclusus; repentè coruscationes & tonitrua & tanta vis pluviæ erupit, ut hi

qui eum custodiendum acceperant, immensitatem pluviæ ferre non possent. Et dùm magna nimis inundatio fieret, intrà eamdem designationem circuli in qua vir Domini Fulgentius stetit, ne una quidem pluviæ gutta descendit. Quod dùm Regi crudelissimo nunciatum esset, illa mens effera ad magnam ejus reverentiam versa est, cujus pœnam priùs insatiabili furore sitiebat. Sic omnipotens Deus contra elatas carnalium montes potentiæ suæ miracula, per despectos operatur, ut qui superbè contra præcepta veritatis se elevant, eorum cervices, veritas per humiles premat.] Hactenùs Gregorius.

IV.

Pergit autem Procopius Totilæ progressus in Campaniam atque Samnites dicere; quæ prætermittimus. Referemus verò, quid actum, dùm in Campania esset, cum S. Benedicto Juniori egregiæ sanctitatis viro: quod dignum perenni memoria factum idem S. Gregorius ita narrat (d): Fuit (inguit) quidam in Campaniæ partibus intrà quadragesimum Romanæ urbis milliarium, nomine Benedictus, equidem ætate juvenis, sed moribus grandævus, & in sanctæ conversationis regula, se fortiter stringens. Quem Totilæ Regis tempore cum Gothi reperissent, hunc incendere cum sua cella molliti sunt. Ignem namque posuerunt, sed in circuitu arserunt omnia, cella verò illius igne comburi non potuit. Quod videntes Gothi, magisque sævientes, atque hunc ex suo habitaculo trahentes, non longè asperxerunt succensum clibanum, qui coquendis panibus parabatur, eumque in illo projecerunt, clibanumque clauserunt. Sed die altero ita illæsus juventus est, ut non solùm ejus caro ab ignibus, sed neque extrema ullo modo vestimenta cremarentur.] Hæc Gregorius. Quæ verò, cum ulteriùs Totilas progressus est ad Cassinum montem, sexagesimo ab Urbe lapide, inter S.Benedictum Seniorem & Totilam transacta sint; jàm dicamus.

V.

Adeò enim sanctissimi viri Benedicti in eodem Cassino monte vitam monasticam excolentis & virtute miraculorum effulgentis fama apud omnes increbuerat, ut ipsa potens etiam valuerit trucem barbarum omni cæde miscentem Totilam Gothorum Regem ad eundem super montis verticem degentem pertrahere. Quæ autem tunc gesta sint inter mitissimum Dei virum & hominem barbarum crudelissimum, à S.Gregorio (e) rem gestam accuratè narrante audiamus: Gothorum (inquit) temporibus, cum Rex eorum Totila sanctum virum prophetiæ habere spiritum audisset, ad ejus monasterium pergens, paulò longiùs substitit, eique se venturum esse nunciavit. Cui dùm protinùs mandatum de amon-

a Proco. de bello Goth. lib. 3.

Totilas potitur Campania.

b Gregor.li. 3. dial.c.6.

IX
* Narnis

'A S Cassio curatur Spatharius.

c Greg.dia. li.3.c.12. Mira de S. Fulgentio Episco. Vtricul.

d Greg.dial. lib.3.c.18: S. Benedicti junioris grande miraculum.

Totilas invisit S. Benedictum.

e Greg.dial. lib.2.c.14. & 15. Totilas de S.Benedic. experimentum facit.

monasterio fuisset, ut veniret; ipse sicut perfidæ mentis fuit, an vir Dei prophetiæ spiritum haberet, explorare conatus est. Quidam verò ejus spatharius Riggo dicebatur, cui calciamenta sua præbuit, eumque indui vestibus regalibus fecit: quem quasi in persona sua pergere ad Dei hominem præcepit. In cujus obsequio tres qui sibi præ cæteris adhærere consueverant Comites misit, scilicet Vulterium, Rudericum, & Blindinum, ut ante servi Dei oculos ipsum Regem Totilam esse simulantes, ejus lateri obambularent; cui alia quoque obsequia quasi spatharii præberent; ut tam ex eisdem obsequiis, quàm ex purpureis vestibus Rex esse putaretur.

VI.

Cumque idem Riggo decoratis vestibus, obsequentium frequentia comitatus monasterium fuisset ingressus, vir Dei eminùs sedebat. Quem venientem conspiciens, cum jàm ab eo audiri potuisset, clamavit, dicens: Pone fili, pone, hoc quod portas, non est tuum. Qui Riggo protinùs in terram cecidit; & quia tanto viro illudere præsumpsisset, expavit; omnesque qui cum eo ad hominem Dei veniebant, terræ consternati sunt. Surgentes autem, & eum propinquare minimè præsumpserunt, sed ad suum Regem reversi nunciaverunt trepidi in quanta velocitate fuerant deprehensi. Tunc per se idem Totila ad Dei hominem accessit: quem cum longè sedentem cerneret, non ausus accedere, sese in terram dedit. Cui cum vir Dei bis tervè diceret, Surge, sed ipse ante eum de terra erigere se non auderet; Benedictus Christi Jesu famulus per semetipsum dignatus est accedere ad Regem prostratumque de terra levavit, & de suis actibus increpavit: atque in paucis sermonibus cuncta quæ illi erant ventura prænunciavit, dicens: Multa mala facis, multa mala fecisti; jàm aliquandò ab iniquitate conquiesce. Equidem Romam ingressurus es, mare transiturus, novem annis regnans decimo morieris. Quibus auditis Rex vehementer territus, oratione petita, recessit, atque ex illo jàm tempore minùs crudelis fuit: & non multò post Romam adiit, ad Siciliam perrexit, anno autem regni sui decimo omnipotentis Dei judicio regnum cum vita perdidit.

VII.

Præterea Canusinæ Antistes Ecclesiæ ad eumdem Dei famulum venire consueverat, quem vir Dei pro vitæ suæ merito valdè diligebat. Is itaque dùm cum illo de ingressu Regis Totilæ & Romanæ urbis perditione colloquium haberet, dixit: Per hunc Regem civitas ista destruetur, ut jàm ampliùs non inhabitetur. Cui vir Domini respondit: Roma à gentibus non exterminabitur, sed tempestatibus, coruscis, turbinibus, ac terræ motu fatigata, in semetipsa marcescet. Cujus prophetiæ mysteria nobis jàm facta sunt luce clariora, qui in hac urbe dissoluta mœnia, eversas domos, destructas ecclesias turbine cernimus; ejusque ædificia longo senio lassata, quia ruinis crebrescentibus prosternuntur, videmus. Quæ vir Honoratus ejus discipulus, cujus mihi

Bar. Annal. Eccl. VII.

Res transacta inter S. Benedictum & Totilam.

VII. Quid de eodem Dei famulo Urbis clade S. Benedictus vaticinatus.

relatione compertum est nequaquam ex ore illius audisse perhibet: sed quia hoc dixerit, dictum sibi à fratribus fuisse testatur.] Hactenus de his Gregorius.

Quæ præterea eodem ferè tempore inter eumdem sanctum Benedictum & Gallam unum, ex Totilæ Ducibus acta sint, idem sanctus Gregorius inferiùs ita recenset (a): Gothorum quidam, Galla nomine, perfidiæ fuit Arianæ, qui Totilæ Regis eorum temporibus contrà Catholicæ Ecclesiæ religiosos viros ardore immanissimæ crudelitatis exarsit; ita ut quisquis ei clericus, monachusve ante faciem venisset, ab ejus manibus nullo modo exiret. Quadam verò die avaritiæ suæ æstu succensus, in rapinam rerum inhians, dùm quemdam rusticum tormentis crudelibus affligeret, eumque per supplicia diversa laniaret; victus pœnis rusticus, sese res suas Benedicto Dei famulo commendasse, professus est, ut dùm hoc à torquente creditur, suspensa interim crudelitate ad vitam hora reparetur. Tunc idem Galla cessavit rusticum tormentis affligere; sed ejus brachia loris fortibus astringens, ante equum suum cœpit impellere, ut quis esset Benedictus qui ejus res susceperat, demonstraret. Quem ligatis brachiis rusticus antecedens, duxit ad sancti viri monasterium, eumque ante ingressum cellæ solam sedentem reperit & legentem. Eidem autem subsequenti & sævienti Gallæ rusticus dixit: Ecce iste est de quo dixeram tibi, Benedictus pater.

Quem dùm fervido spiritu cum perversæ mentis insania fuisset intuitus, eo terrore quo consueverat acturum se existimans, magnis cœpit vocibus clamare, dicens: Surge, surge, & res istius rustici redde, quas accepisti. Ad cujus vocem vir Dei protinùs oculos levavit à lectione, eumque intuitus, mòx etiam rusticum qui ligatus tenebatur attendit. Ad cujus brachia dùm oculos deflexisset, miro modo tanta celeritate cœperunt illigata brachiis lora devolvere, ut dissolvi tàm concitè nulla hominum festinatione potuissent. Cumque is qui ligatus venerat, cœpisset subitò astare solutus; ad tantæ potestatis vim tremefactus Galla ad terram corruit, & cervicem crudelitatis rigidæ ad ejus vestigia inclinans, se orationibus illius commendavit. Vir autem sanctus à lectione minimè surrexit; sed vocatis fratribus, eum introrsùs tolli, ut benedictionem acciperet, præcepit. Quem ad se reductum, ut à tantæ crudelitatis insania quiescere deberet, admonuit. Qui fractus recedens, nil ulteriùs petere à rustico præsumpsit, quem vir Domini non tangendo, sed respiciendo solverat.] Hucusque de his Gregorius.

Cum verò Gothorum exercitus ad Vulturnum fluvium super Capuam, ubi amnis transmeabilis equis est, iturus ad Samnites pervenisset; quid ibi acciderit, recenseamus ex eodem S. Gregorio Papa, qui ait (b): In eadem provincia Samnii, quàm suprà memoravi, idem Libertinus vir pro utili-

VIII.

a Greg. dial. li. 2. c. 31. De Galla Duce & S. Benedicto.

IX.

Novit Galla divinam virtutem.

X.

b Greg. Dial. lib. 2. ca. 2.

Cc 2 utili-

S. Libertini utilitate monasterii carpebat iter. Dùmque Darida Gothorum Dux cum exercitu in locum eo eodem venisset, Dei servus ex caballo quo sedebat, ab hominibus ejus projectus est. Qui jumenti perditi libenter damnum ferens, etiam flagellum, quod tenebat, diripientibus obtulit, dicens: Tollite, ut habeatis qualiter hoc jumentum minare valeatis. Quibus dictis, protinùs se in orationem dedit. Cursu autem rapido prædicti Ducis exercitus pervenit ad fluvium qui vocatur Vulturnus, ibique equos suos singuli cœperunt hastis tundere & calcaribus cruentare; sed tamen equi verberibus cæsi, calcaribus cruentati fatigari poterant, moveri non poterant: sicque aquam fluminis tangere, quasi mortale præcipitium pertimescebant. Cumque diù cædendo sessores singuli fatigarentur; unus eorum intulit: Quia ex culpa, quam servo Dei in via fecerant, illa sui itineris dispendia tolerabant. Qui statim reversi post se Libertinum reperiunt in oratione prostratum. Cui cùm dicerent: Surge, tolle caballam tuam. Ille respondit: Ite cum bono: ego caballo opus non habeo. Descendentes verò, invitam eum in caballum, de quo deposuerant, levaverunt & protinùs abscesserunt. Quorum equi tanto cursu illud quod priùs non poterant transire flumen transierunt, ac in ille fluminis alveus adquàm minimè haberet. Sicque factum est, ut cum servo Dei unus cabalus suus redditur, omnes à singulis reciperentur.] Hæc Gregorius: ita quidem Deus in omnibus ferme locis virtutis suæ vestigia impressa reliquit.

XI.

a Proco. de bello Goth. lib. 3. Progressus Totilæ.

XI. Sed quid post hæc Totilas? audi à Procopio, ubi ista dictis subdit (a): Beneventum munitissimum oppidum nulloin potestatem labore redegit, ejusque muros in solum mox diruit; ne forte exercitus aliquis è Byzantio eà se conferens, ut è loco munito in Gothos impetu facto, negotium illis exhiberet. Neapolitanos deinde obsidere decrevit; quandoquidem se intrà urbem recipere, etsi pleraque quidem & allicibilia prædicantem, hi prorsùs renuerunt. Co. non eam tunc urbem custodiebat cum Isauris, Romanisque mille. Sed Totilas ipse cum maxima copiarum parte haud procul à mœnibus castris positis quiescebat, parteque exercitus ad Cumas dimissa; cum his & aliis simul munitissimis locis potiur, pecuniarumque non mediocri. Fœminas verò quasdam patricias captis in oppidis per suos comprehensas, nulla prorsùs affecit injuria, sed summa cum diligentia liberè abire permisit; unde factum est, ejus ut nomen, ita & benignitatis

Totilas monitis S. Benedicti profecit.

tia celebre apud Romanos jàm esset & maximi fieret.] Ex S. Benedicti monitis, (ut ex S. Gregorio nuper diximus) hoc esse lucratum Totilam, ut redditus mitior ejusmodi humanitatis & continentiæ exempla ederet, possumus intelligere. Sed pergit Procopius:

XII. Cumque nusquàm hostes sibi obviam irent, paucis è suo exercitu circummissis, res mo-

moratu dignas gerebat. Brutios itaque & Lucanos subegit, Apuliaque & Calabria simùl potitus, publica tributa frequenter exigere, & omnium rerum proventus rapiendo & fraudando sibi habere, cætera haud secùs factitare ac Italiæ sortitus jàm esset imperium.] Hæc Procopius; quibus ista ex sancto Gregorio sunt addenda de eodem Totila, dùm in Apulia versaretur, & sanctum Sabinum Canusinum Episcopum adiit, æquè ac fecerat cum sancto Benedicto, expertus, nùm (quod auditu perceperat) esset in ipso spiritu prophetiæ. Hic ille Sabinus, qui plurimus (ut diximus) legationibus Romani Pontificis illustratus, jàm senio viribus corporis fractus, sedentimo voges, & cum oculorum luce privatus penitùs esset, spiritu tamen futura noscens, Prophetiæ & Videntis nomen fuerat consecutus. Ait ergò de eo Gregorius (b):

b Gregor. dialog. li. 3. cap. 5.

XIII. De S. Sabino Episcopo Canusila no & Totila.

Hunc Rex Gothorum Totilas prophetiæ habere spiritum audiens, minimè credidit, sed probare studuit quod audivit. Qui cum in iisdem partibus devenisset, hunc vir Domini ad prandium rogavit. Cumque jàm ventum esset ad mensam, Rex discumbere noluit, sed ad Sabini venerabilis dexteram sedit. Cum verò eidem Patri puer ex amore poculum vini præberet, Rex silenter manum tetendit, eumque per se Episcopo vitæ pueri præbuit, ut videret an spiritu prævidentiæ discerneret, quis ei poculum præberet. Tunc vir Dei accipiens calicem, sed tamen ministrum non videns, dixit: Vivat ipsa manus. De quo verbo Rex lætatus erubuit; quia quamvìs ipse deprehensus sit, in viro tamen Dei quod quærebat invenit.] Hæc de his quæ tunc inter Totilam & Sabinum sunt gesta, Gregorius.

XIV. Accidit autem inter hæc, ut cum Neapolis arcta obsidione perstringeretur, auxilium expectaret ab Imperatore. At cum classis abeo missa ad Neapolitanum littus ventorum impulsibus naufragium passa esset, quique è fluctibus emerserant, in Gothorum devenissent potestatem; his perterriti Neapolitani, Totilæ sese dedere. Florum deditionem anni hujus periodum Procopius claudit Totilæ rerum gestarum. Quòd verò Totila tantam præstiterit superatis humanitatem, non parcendo tantùm, sed alendo & commeatum eisdem præbendo, ut neque aliquis propinquorum vel intrinsecus amicorum ulla illis officia exhibere valuisset (ut idem auctor pluribus narrat) planè apparuit, quantùm ex S. Benedicti congressu atque monitis barbarus profecisset; effectus insuper summæ justitiæ cultor, cùm vindelicet anno sequenti in armigerum suum animadvertit, quòd virgini vim intulisset, cui & morte affecti armigeri bona dari voluit: ut quæ omnia fusiùs Procopius scripsit est prosecutus.

XV. Quod verò ad res bellicas Orientales pertinet, rursùm rupto fœdere Rex Persarum in Romanum imperium immisit exercitum: hoc enim anno à Procopio secunda ponitur Cosrhois in Romanos expeditio,

ditio, cum Belisarius adversùs eum bellum A pugnante: cum videlicèt ægritudo invase- | a *Proco. de
gesturus in Persidem missus est: ubi uno | rit Romanum exercitum, adeò ut vix pars | bello Pers.
tantùm castro capto eodemque posteà amis- | ejus tertia servari potuerit. Scribit hæc | lib. 2.
so, nihil prætereà memoria dignum est fa- | Procopius (a) pluribus: sed ad institutum
ctum, Deo adversùs Romanos pro Persis | ista satis.

JESU CHRISTI   VIGILII PAP.   JUSTINIANI IMP. 18.
ANNUS   ANNUS   TOTILÆ REG. 3.
544   5.

I.
Totilas
tentat litteris Sena-
tum,

Quingentesimus quadragesimus quar- | jusmodi codex ab Aratore subdiacono san- | Arator
tus Christi annus notatur reperitur in | B ctæ Ecclesiæ Romanæ, & sancto & Apo- | Subdiacon.
Consularibus tabulis post Basilii | stolico viro Papæ Vigilio, & susceptus ab | carmen in
Consulatum tertiò, idemque à Procopio | eo die VIII. Idus Aprilis in Presbyterio an- | Act. Apo-
numeratus belli Gothici nonus: quo To- | te Confessionem beati Petri, cum ibidem | stol.
tilas Urbem cogitans, eam priùs litteris ad | plures Episcopi, presbyteri, diacon, &
Senatum iterùm scriptis quàm armis tenta- | cleri pars maxima interessent. Quem cum
re decrevit. Sed cum Joannes Præfectus, | ibidem legi pro aliqua parte fecisset, Sur-
Constantinopoli olim missus, illic esset, Se- | gentius vir venerabilis Primicerius scholæ
natum in officio continens, illi rescribere | Notariorum in scrinio dedit Ecclesiæ col-
vetuit: cujus rei causa Totilas indignatus, | locandum. Cujus * beatitudinem litterati | * Cum ejus
Romam versùs ad ejus obsidionem exerci- | omnes doctissimique continuò rogaverunt,
tum movit; cum istis admonitus Justinia- | ut eum jubere publicè recitari. Quod cum
nus, Belisarium è bello Persico revocans in | C fieri præcepisset, in ecclesia beati Petri, quæ
Italiam misit. Hæc sunt quæ hoc anno nono | vocatur, Ad Vincula, religiosorum tur-
Gothici belli accidisse Procopius tradit, ad- | ba convenit; atque eodem Aratore recitan-
ditque hoc item anno factum, ut omnes | te, distinctis diebus, ambo libri, septem
qui Arianæ hæresis Romæ suspecti habe- | vicibus, sunt auditi, cum unius medietas
rentur, ne prodesse Gothis itidem Aria- | libri tantummodò legeretur propter repeti-
nis Urbem, indè protinùs pellerentur: id | tiones assiduas, quas cum favore multiplici
opera (ut creditur) Vigilii Papæ, à quo | postulabant. Eadem hæc repetitio facta est
etiam illud procuratum fuisse videtur, ut | his diebus: Prima Idibus Aprilis, secunda
b *Proco. de* Belisarius in Italiam mitteretur. Hæc qui- | decimoquinto Kalendas Maii, quarta verò
bello Goth. dem primò accipe à Procopio, qui ait (b) | tertiò Kalendas Junii, tertio anno post Con-
lib. 3. Ipse verò cum majori & reliqua parte exerci. | sulatum Basilii V. C. Indictione VII.] Hæc
tus ad circumjecta Urbi loca ductare statim | ibi. Porrò de eodem Aratore poeta, qui
contendit. Cujus profectione cognita Im- | Apostolorum Acta metro cecinit, hos ha- | c *Fortun.*
perator, etsi fortissimè adhùc sibi insisten- | bet versus Venantius Fortunatus (c): | *carm. de*
tibus Persis, mittere rursùm in Italiam Be- | D *Sortis Apostolicæ quæ Gesta vocantur &* | *vita S.*
lisarium cogitur.] Hæc ipse. Quòd verò | *Actus.* | *Martini li,*
de his rogata à Vigilio Papa Justinianus | | *1.*
Imperator annuerit, audi quæ Arator in | *Facundo eloquio vates sulcavit Arator.*] | **III.**
Vigilii o- præfatione ad ipsum Vigilium præfixa He- | At de ipso satis. | d *Proco. de*
pera Urbs, roico carmini, quo Acta Apostolorum ceci- | Quod autem ad Orientales res pertinet; | *bello Pers.*
liberata. nit, habet his versibus. | hoc anno à Procopio (d) bellum Persicum | *lib. 2.*
| scriptis prosequente tertia ponitur Cosrhois | Tertia Co-
Manibus undisonis bellorum incendia cernis, | in Romanum ditione irruptio, cùm Ser- | sthois in
Pars ego tunc populi tela pavendus eram. | giopolim tentavit civitatem, quæ præsidio | Romanos
Publica libertas, Vigili sanctissime Papa, | S. Sergii munita, ejusque patrocinio defen- | expeditio.
Advenit incluso solvere vincla gregi. | sa illæsa permansit: de qua primùm quid
De gladio rapiuntur oves, Pastore ministro, | idem Procopius tradat, audiamus: Vere
Inque humeris ferimur, te revocante, piis. | (inquit) posteà ineunte, Cosrhoes tertiam
Corporeum satis est sic evasisse periclum. | in Romanorum regionem irruptionem ma-
At mihi plùs anima nascitur inde salus. | ximo fecit exercitu, Euphratem dextrorsùs
Ecclesiam subeo, dimissa naufragus aula, | habens. Candidus autem Sergiopolis Præ-
Perfida mundani desero vela freti, &c.] | E sul postquàm Persarum exercitum propè
Ad finem verò hæc habet: | mœnia perspexit, timens & sibi & civitati
Te duce, tyro lego, te dogmata disco magistro: | quòd pacta inter eos priora non servave-
Si quid ab ore placet, laus monitoris erit.] | rit, sese ultrò excusans, Cosrhoi occurrit,
Hæc ad Vigilium Papam Arator: qui hoc | ac rogans, ne proptereà civitati sit iratus:
eodem anno jàm ordinatus Romanæ Eccle- | nàm ei pactam pecuniam numquàm fuisse,
siæ subdiaconus ipsum nobile elucubratum | quàm ei pro redemptis Surenis (uti suprà
à se carmen, quo luculenter Apostolorum | commemoravimus) debebat. Cosrhoes au-
Acta à Luca conscripta prosecutus est, egre- | tem ipsam in custodiam duci, atque corpus
gium opus Vigilio Papæ obtulit: nàm quo | ejus probris omnibus affici, pecuniam de-
die, mense & anno id factum, continet Va- | indè duplam atque priùs convenerat exsolvi
ticanus codex ejusdem carminis, in quo ista | jussit. Ille verò Sergiopolim aliquos mitti
leguntur. | rogavit, qui omnem pretiosam templi su-
| pellectilem auferrent, cum quibus etiam
II. Beato Petro adjuvante, oblatus est hu- | Cc 3   alios

Annal. Eccl. Tom. VII.

alios ipse misit. His Sergiopolitani quæcumque sunt jussa tradidere, sibi nihil aliud relictum dicentes. Cumque Cosrhoes non satis hoc esse diceret, aliaque expeteret, adhuc alios de bonis eorum nomine quidem vestigatum misit, re autem vera ut urbem caperet.

IV.
Sergiopolis divinitus defensa.

Sed quando divinitus datum non erat ut ea potiretur, quidam è Sarracenis Christianus, alioquin sub Alamundaro militans, Ambrus nomine, nocte per muros ascendens, omne consilium civibus nunciavit, suasitque nullatenus Persas in urbem recipiendos. Sic igitur à Cosrhoe missi, sine effectu reverterunt. Quamobrem idem urbem evertere statuit; protinùsque exercitu sex millium misso, mœnia obsidere atque oppugnare cœpit. Sergiopolitani autem fortiter ab initio resistentes, deinde periculum metuentes, civitatem hosti dedere decreverunt; milites enim non plùs quàm ducenti erant. Sed Ambrus rursùs ad mœnia noctu veniens, duorum tantùm spatio dierum Persarum obsidionem duraturam dixit, aqua eis deficiente. Quapropter hi nullatenus in sermonem cum hoste venerunt. Interim verò barbari, premente siti, indè discedentes ad Regem venerunt, qui Candidum adhuc non dimiserat; oportebat enim (existimo) illum tanquàm perjurum à sacerdotio deiici. Et hæc quidem sic se habuere.] Hucusque de his Procopius, qui subdit in fine; At Belisarius rursùs ab Imperatore accersitur Byzantium, ut in Italiam iterùm mitteretur, rebus jam Imperii collabentibus.]

V.
a Evagr. li.
4.c.27.
Ecclesiæ
Thesauri
ad Cosrh.
delati.

De rebus autem sacris ad ipsum Cosrhoem asportatis è templo hæc addit Evagrius (4); Simùl ut mœnia aggreditur, fit utrinque sermo & colloquium de servanda civitate; convenítque inter eos, uti sacris thesauris ac monumentis (inter quæ Crux à Justiniano & Theodora missa fuit) urbs redimeretur. Ubi ista fuere ad Cosrhoem apportata; percunctata à sacerdote & Persis qui cum eo ad rem pertinerent, ecquæ alia superessent. Cui quidam eorum, qui verum dicere minimè consueverat, respondet, alia etiam adhuc monumenta restare à paucis quibusdam civibus occultata. Relinquebatur autem ab his qui thesauros & monumenta attulerant, auri, argentique prorsùs nihil, sed alterius cujusdam materiæ multò præstabilioris, quæ Deo omninò dicata fuit; sanctissimas dico reliquias Sergii invicti Christi martyris, quæ in capsa erant oblonga argentoque obducta repositæ.

VI.
Cosrhoes
divinitùs
ab Urbe
repulsus.

Itaque postquàm Cosrhoes his verbis persuasus totum exercitum ad urbem excidendam dimiserat, derepentè in ipsis mœnibus magna hominum multitudo clypeis munita visa est civitatem propugnare. Quam qui erant à Cosrhoe missi conspicati, reverterunt; ac tùm multitudinem, tùm armaturam admirati, ad Cosrhoem rem referunt. Ubi autem rursùs certior factus est, paucos admodùm in urbe remanere, eosque vel ætate exacta esse vel tenera & immaturi

---

tura (quippe omnes qui firma suæ ætate & robusta, è medio subacti erant): propterea novit illud miraculum à sancto martyre editum; & propterea metu perculsus, admiratusque Christianorum fidem, domum revertitur: quem ferunt sub extremum ætatis tempus divino regenerationis lavacro tinctum fuisse.] Hæc Evagrius & ipse sui temporis res gestas scribens, eaque addens quæ à Procopio præterita sciret. Subdit his verò ipse Procopius: In animo quoque Cosrhoes habuit, rectà in Palæstinam tendere, ut tùm alia, tùm Hierosolymitani templi sacram ac pretiosam supellectilem prædaretur.] Quò minùs autem id perfecerit, indè accidit, quòd Belisarius rursùs hoc anno adversùs eum missus occurrit, egítque ut Cosrhoes pacem cum Imperatore denuò juramento firmaret. Cujus rei causa percommodè evenit, ut Belisarius iterùm in Italiam mitteretur (sicuti dictum est) ut periclitanti ibi Imperio præsto esset.

VII.
b Proco. de
bello Pers.
lib. 2.
Pestis immissa per
Angelos
malos.

Hoc eodem anno lues magna in Oriente grassari cœpit, de qua ista admiratione digna Procopius (b): Fuit insuper iisdem temporibus ingens pestilentia, cui remedium nullum inventum, præterquàm ex Deo, undè venit: quamquam multi arrogantes philosophiæ causas commentari contendant, vanas quidem omnes & investigabiles, tantùmque sermone decipientes. Hæc enim morbus nulli neque ætati, neque sexui, neque loco parcebat. Undè verò initium habuerit, aut quomodò perimebat, referam. Cœpit enim ab Aegyptiis, qui apud Pelusium sunt; hinc universam terram comprehendit, itinere semper procedens, nullas reliquit locorum latebras, nec bis eadem corpora repetebat. Incipiebat autem hoc modo, Phantasmata dæmonum multis humana specie visa sunt; quot enim in ipsa inciderent, percuti se ab aliquo viro putabant, morbúsque subitò irruebat.

VIII.
Pestis effectus miran.
di.

* medico

Nonnulli ab initio verbis sanctis ac aliis (ut poterant) supplicationibus eum avertere frustra quærebant; ac tamquàm lymphati, seu spiritu maligno agitati, amicos vocantes minimè audiebant; in locis quoque angustis coercebantur. Nonnullis verò in somnis hæc eadem accidebant. Corripiebantur enim statim febre, calore coloreque pariter corporis nequaquam mutatis; neque ulla item inflammatio (uti febricitantibus solet) sed tussis quædam ab initio, usque ad vesperam febris erat; adeò ut nullo adhibito medicamento, * nullius opinionem periculi præberent. Eodem verò die, nonnullis sequenti, aliis non multò post tuber succrescebat, aliis alibi. Præterea quibusdam somnus inerat profundus, nonnullis acuta quædam stultitia, & primum quidem omnium obliti rerum, etiam cibum negligentes moriebantur. In stultitia verò corripi sibi visi, aut invadi clamitabant, avertentesque fugiebant: quorum curatores & ministri dira atque intoleranda patiebantur, adeò ut non minùs ipsi quàm

ægroti

ægroti misericordia digni fuerint, non quòd morbo & ipfi afficerentur (non enim is contagione nocebat) fed quòd furentes, aut è lecto fe præcipitare, aut ad flumina ob fitim properare volentes, vix retinebant. Peribant aliqui eodem die, nonnulli multis post diebus. Tribus igitur menfibus hujufcemodi lues Conftantinopoli prævaluit, & ab initio quidem pauci, deinde in fingulos dies quinque, fæpiùs etiam decem millia efferebantur; adeò ut plures etiam divites, miniftris jam omnibus extinctis, curatorum penuria magis quàm morbo perirent, & infepulti manerent.] Subdit his Procopius de navata opera ab ipfo per Theodorum Referendarium, ut afflictæ civitati fubfidio effet.

IX.
al. vag. li. 4. c. 28.
Peftis ad annos plurimos propagata,

Meminit ejufdem peftis Evagrius (*a*), pluraque addit à Procopio prætermiffa, diverfaque narrat; corrigendus in eo, dùm ait biennio poft captam à Perfis Antiochiam eam cœpiffe ; cum ex Procopio evidenter appareat tùm contigiffe, cùm Belifarius è bello Perfico in Italiam miffus eft : cujus potiùs fidem fectandam putamus, quàm Evagrii, quem poft quinquaginta annos ea fcriptis mandaffe, idem ipfe teftatur. Porrò ætatem Procopii longè morbum ipfum prætergreffum effe oportet, cum fcribat Evagrius annos quinquagintaduos inter homines graffatum effe, neque Orientem folùm, fed univerfum fermè terrarum orbem ab eodem fuiffe depaftum : nonnullafque urbes omnibus fuiffe habitatoribus per eamdem peftilentiam orbatas, atque in illa ipfa loca, quam anteà invafiffet, fæpè reverfam ; plura infuper fymptomata in ægrotantibus accidiffe, ac planè diverfa ab eis quæ idem Procopius tradit, de quibus tu ipfum confulas.

X.
Dei Genitrix peftem fedat Conftantinop.

Quòd verò non ampliùs quàm tribus menfibus civitatem Conftantinopolitanam occuparit, miraculo tribuitur. Quod licet neque à Procopio vel Evagrio recenfeatur, haud tamen oblivione fepultum penicillo relictum eft : nam tantum beneficium folemni die fefto in honorem Dei genitricis Mariæ inftituto, anniverfariaque die in Ecclefia repetendo, remanfit pofteris perpetua memoria confignatum, quod videlicet idem Hypapanti eft nominatus ; nempe humilis occurfus Simeonis, cum Deipara fuum filium Dominum noftrum Jefum Chriftum in templum intulit : cujus fefti diei in Occidente Gelafium Papam fundamenta jeciffe, cum Lupercalia penitus abftulit, in Notis ad Romanum Martyrologium diximus. Porrò de hac feftivitate Dei genitricis, præter publicis tabulis commendatam teftificationem, quam Græci in Menologiis habent, *b Niceph.l.* alii (*b*) tùm Græci tùm Latini auctores *17. ca. 28.* minere. Sed & ex his quæ dicta funt, cor-
Cedren. in rigas neceffe eft, quòd peftem jam alii *compend.* decimo Imperatoris Juftiniani anno, alii *Mifcel. an.* nono, vel alii alio contigiffe dixere: nullam *15. Jufti. Si-* enim infignioris nominis peftem fub ejus *gebert. in* Imperio accidiffe præter iftam de qua di-*Chron. ann.* ctum eft, ipfe fignificat. Cum verò Impe-*542.* rator Juftinianus accepiffet Perfas laboraffe

A

pefte, mifit adverfus eos exercitum, qui ab illis ignominiosè fugatur & trucidatur. Rem geftam pluribus Procopius narrat.

Hoc anno defuncto S. Cafario Epifcopo Arelatenfi, in locum ejus Auxanius fubftituitur ; cujus audita promotione Vigilius Papa per legatos ipfius Romam miffos ad petendum pallium, has ad eum litteras dedit ;

XI.

B

Dilectiffimo fratri Auxanio Vigilius.

Scripta de ordinatione charitatis veftræ, Vigilii Papæ Litt. ad Auxan. Arelat. Epifc.
Joanne filio noftro presbytero, fed & Terentio diacono deferentibus, cum animi fpirituali gratulatione fufcepimus, Domino gratias referentes, quia hoc in Ecclefia Arelatenfi factum eft, quod & canonibus & decefforum noftrorum regulis conveniret quatenus ex fequenti ordine facerdotii tua fraternitas ad Pontificalis proveheretur apicem dignitatis, & divinæ in te electionis judicium compleretur, ficut fcriptum eft (*c*) : Omne datum optimum & omne donum perfectum defurfum eft defcendens à Patre luminum, apud quem non eft tranfmutatio, nec viciffitudinis obumbratio. Et iterum Doctor Gentium Apoftolus Paulus dicit (*d*) : Nec quifquam fumit fibi honorem, fed qui vocatur à Deo tanquàm Aaron. Supereft, ut Deus, qui nos immeritos ineffabili mifericordia honorem miferans Pontificalem habere pro fua pietate concedit, donet & præmium ; ut illud in nobis compleatur, quod Chrifti Dei & Salvatoris noftri verba teftantur, dicentis (*e*) : Euge ferve bone & fidelis, quia in pauca fuifti fidelis, fupra multa te conftituam, intra in gaudium domini tui. Et iterum (*f*) : Quis, putas, eft fidelis fervus & prudens, quem conftituit dominus fuper familiam fuam, ut det illis in tempore tritici menfuram ? Beatus ille fervus, quem cum venerit dominus, invenerit ita facientem.

c Iacob. 1.

d Heb. 5.

e Matt. 25.

f Matth. 24.

C

D

Sunt etiam quæ per Dei gratiam fuper fraternitate veftra ad facienda bona hortentur exempla. Si enim decefforis tui illa, quæ à fede Apoftolica de fundamento petræ Dominicæ doctrinæ bona fufcipiens actibus exæquavit, imitari volueris, & à fedis Apoftolicæ in nullo deviaveris conftitutis ; ficut fcriptum eft (*g*), coronam fine dubitatione percipies, quam dedit Dominus diligentibus fe. De his verò, quæ charitas veftra tàm de ufu pallii, quàm de aliis fibi à nobis petiit debere concedi, libenti hoc animo etiam in præfenti facere fine dilatione potuimus, nifi cum Chriftianiffimi domini filii noftri, Imperatoris, hoc (ficut ratio poftulat) voluiffemus perficere notitia, Deo auctore ; ut & vobis gratior præftitorum caufa reddatur, dùm quæ poftulaftis cum confenfu Chriftianiffimi Principis conferuntur, & nos honorem fidei ejus fervaffe cum competenti reverentia judicemur. Dominus te incolumen cuftodiat, frater chariffime. Dat. XV. Kalend. Novembris, P. C. Bafilii V. C. III.]

g Iacob. 1.

XII.

E

Ad

XIII. Ad postremùm hìc tibi subiicimus epitaphium nobilis monumenti, quod in citeriori Hispania haud admodùm longè ab Hispali, in loco qui vulgò dicitur, Alcala del rio, positum est in ecclesia dicta S. Gregorii :

✚ IN HOC TUMULO
JACET FAMULUS DEI
GREGORIUS QUI VI-
XIT ANNOS PL. MIN.
L. —— RECESSIT IN PACE
Δ II. NONAS FEBR.
ERA DLXXXII.]

Est is præsens annus. Ferunt coli ab accolis atque vicinis populis eum qui in hoc sepulchro conditus habetur Gregorius , eumdemque pluribus coruscare miraculis, multaque inesse tàm in ipso sepulchro signa, tùm in parietibus antiquæ picturæ, quibus viri sanctitas possit intelligi.

XIV. Verùm quòd absque scripti alicujus monumentis, Gregorii istius ob Gothorum & aliorum barbarorum Hispanias vastantium illata damna obscura prorsùs memoria remansit; consultum fuisse videtur ut Magnus ibidem Gregorius Pontifex Maximus coleretur duodecima mensis Martii , qua ejusdem Pontificis natalis dies celebrari consuevit , secundùm illud Domini ad Samaritanam (a) : *Nos adoramus quod scimus .*

Eodem quoque modo visus est consuluisse ipse S. Gregorius (b) Papa, cum ab Augustino accepisset , coli in Anglia quemdam incognitum Sixtum martyrem ; dùm ut conservaretur illic memoria Sixti martyris, & populus quem certò sciret esse martyrem Sixtum coleret , misit illùc certas reliquias Sixti martyris : cum tamen ibidem S. Gregorius tradere videatur , satis esse posse ad sanctitatem viri indicandam & cultum eidem impendendum , si corpus incognitum quod creditur Sancti , miraculis coruscet .

XV. Habet Ambrosius in Chronicis suis ex Resendio ejusdem anni duo hæc epitaphia exarata eodem fermè modo his verbis (c) :

PAULA. CLARISSIMA. FEMINA.
FAMULA. CRISTI. VIXIT. ANNOS
XXIV. MENSES. DUOS. RECES-
SIT. IN. PACE. XVI. KAL. FEBRUA-
RIAS. ERA DLXXXII.]

Itemque aliud ejusdem anni sic scriptum :

DEPOSITIO. PAULI. FAMUL. DEI
VIXIT. ANNOS. L. ET. UNO. RE-
QUIEVIT. IN. PACE. D. IV. IDUS
MARTIAS. ERA. DLXXXII.]

Habes quòd & ex his discas, nullum penès illos antiquos Christianos nobiliorem fuisse titulum , quàm dici famulum Dei .

Marginal notes (col. 2):
a Joan. 4.
b Greg. lib. 12. epist. ad Augusti. Resp. ca 9.
c Ambros. Mor. L'Oren. Hispa. li. 11.

I. QUI sequitur ordine temporum Christi annus quingentesimus quadragesimusquintus , post Basilii Consulatum quartus , idem belli Gothici decimus à Procopio numeratur : cujus initio Belisarius revocatus à bello Persico (quod malè pacis velamento compressum adhuc vigebat) in Italiam veniens, Romam se contulit . Hæc de pluribus Procopius cùm agit de bello Gothico (d), ac etiam in historia de bello Persico (e). Quo tempore Totilas ad Tiburtis obsidionem conversus , eo per proditionem potitus , cives omnes unà cum civitatis Præsule internecioni subjecit , summæ crudelitatis edens exemplum . Belisarius verò in Æmilia constitutus , quòd non tantum sibi virium esse sciret ut collatis signis cum Gothis decerneret ; impedimento esse Totilæ conatus est , ne munitionibus à Romanis detentis potiretur ; misitque Romam ex suis qui Vrbem pro viribus tutarentur : hæc summatim ex eodem Procopio de rebus bellicis dicta sunto . Quod autem in Miscella legitur , Belisarium ipsum se Romano contulisse , atque crucem auream Sancti Petri basilicæ obtulisse , id quidem per suos factum oportuit siquidem eum minimè esse Vrbem ingressum , ex Procopio res singulas exactissimè prosequente colligi potest . Referri poterat ejusmodi oblatio , cum Vvandalis devictis Romam Belisarius venit : verùm cum sub Vigilio Papa id fa-

Marginal notes (col. 1):
d Proco. de bello Goth. lib. 3.
e Proco. de bello Persi. l. 1. Tibure capto, in Tiburtino Totilas sævit.

ctum tradant, nihil est quòd ad ea tempora reduci valeat. Sed ejus verba reddantur, ubi sic ait (f) :

Belisarius victor Romam venit, auream que crucem centum libraram , pretiosissimis gemmis exornatam , in qua suas victorias descripserat, beato Petro per manus Vigilii Papæ obtulit.] Hæc ibi , licèt addatur id præstitum , cum iterùm Vvandalos subjecisset : sed (ut diximus) nequaquàm Vigilius tunc Romanæ præerat Ecclesiæ. De eadem cruce aurea apud Anastasium ista leguntur . Obtulit beato Petro Apostolo per manus Vigilii Papæ crucem auream cum gemmis pensantem libras centum , in qua scripsit victorias suas ; cerostrata argentea deaurata maxima duo , quæ sunt usque hodiè ante corpus beati Petri Apostoli) sed & multa alia dona & eleemosynas pauperum elargitus est : fecit etiam Belisarius Patricius xenodochia in via Lata & in Flaminia, juxta civitatem Ortas monasterium sancti Juvenalis , ubi & possessiones & dona multa largitus est .] Hæc ibi : sed de his quæ ad structuras ædium pertinent, hæc olim cum primò in Italiam venit, ab ipso facta esse , omnes æquè puto consentiunt , qui res ipsius à Procopio scriptis mandatas exploratas habent .

Eodem quoque anno , nempè quarto post Consulatum Basilii, Vigilius Papa , potente etiam Childeberto Rege Francorum , pallium

Marginal notes (col. 2):
f Miscel. li. 16.
II. Dona oblata S. Petro à Belisario satio.

III.

pallium dedit Auxanio Episcopo Arelatensi, eidemque cam suas vices delegasset, com-
monitorias ejusmodi litteras scripsit his
verbis.

Dilectissimo fratri Auxanio Vigilius.

IV.
Vigilii Pa-
pæ Epist.
ad Auxan.
Arelat. Epis.

Sicut nos pro tuæ charitatis affectu, &
pro gloriosissimi filii nostri Regis Childeberti Christianæ devotione mandatis, vices
nostras libentissima voluntate contulimus;
ita fraternitatem tuam convenit Deo placitis operibus tantæ sedis auctoritate digna
conversatione uti atque disponere; ut bonis actibus innotescens, rectum circa charitatem tuam judicium nostræ dilectionis o-
stendas. Convenit enim nos Doctoris Gentium mandata recolere, quibus Timotheum
discipulum suum structionibus sanctis hortatur, dicens (a): Exemplum esto Fidelium in verbo, in conversatione, in charitate, in fide, in castitate. Et sicut item
Apostolorum primus saluberrima admonitione præcipiens (b), Pascite qui in vobis est gregem Dei, consequenti adhortatione subjungit: Forma facti gregis ex a-
nimo. Et cum apparuerit princeps pastorum, præcipietis immarcescibilem gloriæ
coronam.

a 1. Tim. 4.

b 1. Petr. 5.

V.
Si quæ ergo inter fratres & Coepiscopos
nostros in locis charitati vestræ præsenti auctoritate commissis, seminante illo auctore iniquitatis, dissensiones e-
messerint; adhibitis vobiscum sacerdotibus, numero competenti, causas canonica
& Apostolica æquitate discutito: ea modis
omnibus prælato judicio finitori, quæ Deo
placitis decessorum nostrorum possint regulis convenire.

* iniquitate

VI.
Si qua vero certamina aut de religione fidei (quod Deus avertat) aut de qualibet
negotio, quod ibi pro sui magnitudine terminari non possit, evenerint; totius veritatis indagine diligenti ratione discussa, relationis ad nos seriem destinantes, Apostolicæ sedi terminanda servato: ut universis à fraternitate vestra competenti ratione
* Salvato-
re dispositis, pax, quæ voce costat est Ecclesiæ Dei, quæ una est in toto Orbe diffusa, stabili firmitate servetur; ne antiqui
hostis possit qualitione verum, in illius
opere Christi Dei Domini & Salvatoris nostri erectione firmata stabilitate persistens.
Quæ cuncta ut fraternitas vestra melius
per Dei gratiam possit implere, universis Episcopis, quibus te præesse voluimus, auctoritatis nostræ est serie declaratum. Nullus ergo de Pontificibus tuæ per
has vices ordinationi commissis, sicut & ad
eos data loquitur nostra præscriptio) in
longinquis quibuslibet locis audeat profi-
ciscii, nisi solemni more (sicut, decessore
nostro prædecessori vestro similiter consueverant, consueverant) Formatam vestræ charitatis acceperit.

VII.
Oportet ergo fraternitatem vestram in-
cessantibus supplicationibus Deo nostro preces effundere, ut dominos filios nostros clementissimos Principes Justinianum atque
Theodoram sua semper protectione custodiat, qui pro tua nobis virtute charitati

A mandandis, suggerente gloriosissimo &
excellentissimo filio nostro Patricio Belisario, pro quo item vos convenit exorare, pia
præbuerunt devotione consensum. Hortamur quoque ut sacerdotali opera inter gloriosissimum virum Childebertum Regem,
sed & antedictum clementissimum Principem conceptæ gratiæ documenta paterna
adhortatione servetis. Bene enim Domini
& Salvatoris nostri, quæ populis prædicamus, mandata ante oculos retinebitis, quibus ait (c): Beati pacifici, quoniam filii
Dei vocabuntur. Et quia digna credimus
ratione complere, ut agenti vices nostras
pallii non desit ornatus; usum tibi ejus
(sicut decessori tuo prædecessor noster sanctæ recordationis Symmachus legitur contulisse) beati Petri sancta auctoritate concedimus. Ea vero quæ de præsenti ordinatione nostra directa præceptione signavimus,
ad universos Episcopos per charitatem tuam
volumus pervenire. Dominus te incolumem
custodiat, frater charissime Dat. XI. Kalen.
Jun. Quarto P. C. Basilii V. C.] Quo etiam
die idem Vigilius ad eumdem Auxanium de
cognoscenda causa Prætextati Episcopi has
litteras dedit:

c Matth. 5.

Dilectissimo fratri Auxanio Vigilius.

VIII.

Licet fraternitati vestræ Apostolicæ sedis
vicibus attributis, quas directa auctoritate commisimus, generaliter emergentium
causarum sit discutienda libentia: tamen
quia sit nostri Joannis presbyteri, sed &
Terrentii diaconi, qui ad nos à tua charitate directi sunt, de Prætextati excessu est
porrecta petitio; necessarium valde credimus specialiter memorati negotii examinationem præsenti vobis auctoritate mandare. Quapropter charitati, quæ in Christo jungitur, reddentes fraternæ alloquia
visitationis, hortamur, ut adhibitis vobiscum fratribus & Coepiscopis nostris numero competente, discussa ratione canonica veritate, & sapienti ordinatione disponat, quæ decessorum nostrorum conveniant statutis; charitas vestra ea ratione præ-
spiciens ne aliquem facilem laicis ad sacratos ordines præter præcipitis cuiquam, sacerdotum liceat aggregare. Dominus te incolumem custodiat, frater charissime. Dat. XI.
Kal. Jun. P. C. Basilii. V. C. IV.] Porro de
causa Prætextati sæpe ad judicium revocata pluribus agit Gregorius Turonensis.
Verum aliunt à Prætextato Rhotomagensi
hunc existimo, nam ille non spectat ad tempora Vigilii Papæ; quamobrem intelligendum existimo de Prætextato Episcopo A-
ptensis civitatis, quæ est in Gallia Narbonensi, qui subscriptus reperitur Conciliis
Epaunensi & Aurelianensi quarto. Sed quas
eodem die & anno idem Romanus Pontifex
litteras dederit ad Episcopos Galliæ subjectos Arelatensi, accipe:

Dilectissimis fratribus universis Episcopis provinciarum omnium per Gallias, qui sub regno vel potestate gloriosissimi filii nostri Childeberti Regis
Francorum constituti sunt, sed & his qui
ex antiqua consuetudine Arelatensi consecrati

IX.
Epist. Vi-
gilii Pap.
ad Episc.
Galliæ.

secrati sunt vel consecrantur Episcopi, Vigilii.

Quantùm nos divina potentia Apostolorum primi sedem non pro nostris meritis,
sed pro ineffabili suæ misericordiæ pietate
habere constituit, tantùm nos de universarum Ecclesiarum dispositione & pace & statu curam habere etiam convenit, cum Gentium dicat Apostolus (a): Instantia mea
quotidiana, solicitudo omnium Ecclesiarum.
Quomodò ergò inter Domini sacerdotes
sancta & Deo placita potest manere concordia, nisi ut, si humani generis hostis antiqua nequitia consuetam zizaniam seminare
voluerit, is qui absentiam nostram sedis
Apostolicæ vicibus perfruendo spirituali
gratia repræsentat, auferat certamen exortum? Quapropter Auxanio fratri & Coepiscopo nostro Arelatensis civitatis Antistiti vices nostras charitas vestra nos dedi-
disse cognoscat: ut si aliqua (quod absit) forsitàn emerserit contentio, congregatis sibi fratribus & Coepiscopis nostris, causas canonica & Apostolica integritate discutiens, Deo placita æquitate
dissipat.

X.

Contentiones verò si quæ (quas Dominus auferat) in fidei causa contigerint, aut
tale emerserit fortè negotium, quod pro
magnitudine sui Apostolicæ sedis magis judicio debeat terminari; ad nostram, discussa veritate, perferat sine dilatione notitiam. Et quia necesse est, ut aptis, Deo
propitiante, temporibus Arelatensis Episcopus nostri vicibus fungatur; quoties judicaverit expedire pro facienda consolatione
communi, Episcoporum debeant congregari personæ. Nullus inobediens ejus fortè
mandatis sit: quòd si fuerit, à congregatione suspendatur; nisi aut corporalis infirmitas, aut justitiæ causa eum excusatio venire
prohibeat: ita tamen; ut si se, quò minùs occurrat rationabiliter potest exceptione defendere, ad Synodum pro suo presbyteri aut
diaconi dirigat loco personam; quatenùs
quæ à nostro Vicario congregatis fratribus
diffinitiva sententia fuerint terminatæ; ad
ejus qui absens est per suos perducta notitiam, sincera & inviolabili stabilitate serventur: necesse est enim, quotiens in nomine Domini ejus famuli de tractanda quæ ipsi sunt placita colliguntur, sancti Spiritus
non deesse præsentiam. Ita enim Christi Dei
Domini & Salvatoris nostri mandata nos in-
struunt, quibus ait (b): Ubi fuerint duo
aut tres in nomine meo congregati, ibi ego
in medio eorum. Quid ergò se æstimat sub-
biturum, qui Deo odiosa superbia in illa
congregatione interesse contemnat, in qua
se Dominus noster affuturum pia promissione denunciat?

XI.

Illud pari auctoritate mandamus, ne quisquam Episcoporum sine prædicta fratris &
Coepiscopi nostri Formata ad longinquiora loca audeat proficisci; quippè quia & decessorum nostrorum decessoribus ejus, quibus
vices suas libentissimè contulerunt, sancta
sic definiunt jussiones: ut his omnibus obedientia Deo placita custoditis, pax quæ à

Christo Deo Domino & Salvatore nostro
Apostolis tamquàm hæreditario est nomine derelicta, in Ecclesia Dei, quæ jam est
toto Orbe diffusa, firma stabilitate servetur. Dominus vos incolumes custodiat,
fratres charissimi. Dat. XI. Kal. Jun. Quarto P. C. Basilii V. C.] Hæc quidem hoc
anno, quo, vel sequenti saltem idem Auxanius videtur fuisse defunctus: nam sequenti alius ab eo diversus, nempè Aurelianus
reperitur fuisse Arelatensis Episcopus, ut
suo loco dicturi sumus. Scias verò, citatas à
nobis & recitatas epistolas acceptas esse ab
Ecclesia Arelatensi, omni fide probatas.

Hoc item anno decimonono Justiniani
Imperatoris quarta à Cosrhoe adversùs Romanum Imperium expeditio facta est, cùm
ipso primo egressu obsedit Edessam, sed ita
tamen, ut jam non contra homines, sed
contra ipsum Deum Christianorum bellum
esset, ut Procopius his verbis significat (c):
Anno insequenti Cosrhoes in Romanorum
agrum rursus incurrit, in Mesopotamiam
exercitum ducens: quæ quidem irruptio
non adversùs Justinianum Imperatorem aut
alium quempiam mortalium facta, sed in
ipsum Deum, quem Christiani colunt.]
Hæc quidem de Cosrhoe Procopius, quòd
non exercitum Romanorum adversantem
reperit, sed divinam virtutem in Christi i-
magine ejus profligantem exercitum. Quomodò autem id acciderit, cum apud ipsum
Procopium non legatur, quòd Evagrius
hæc referens testatur à Procopio acceptis-
se; dicere necesse est intercidisse mutilumque
locum illum Procopii.

At verò jam audiamus quæ ex Procopio
se referre Evagrius profitetur; cum ait (d):
Idem porrò Procopius litteris mandavit ea
quæ sunt de Edessa & Abagaro à veteribus
commemorata, & quemadmodùm Christus
ad Abagarum scripserit epistolam: deindè
quo pacto Cosrhoes, altera facta incursione, Edessam obsidere constitueret, ratus ea
se falsa esse convicturum, quæ de ea civitate omnium Fidelium ore ac sermone celebrantur, nempè Edessam numquàm ab hostibus subjugatam fore. Quæ res in epistola à
Christo Deo nostro ad Abagarum scripta
non reperitur illa quidem (ut studiosi ex
historia Eusebii cognomento Pamphili, a-
pud quem hæc epistola ad verbum recitata est, intelligere possunt) sed tamen eum
exitum consecuta esse, à Fidelibus non de-
cantatur solùm, sed etiam creditur, ratusque
ejus eventus prædictionem illam veram esse
confirmat.

Nàm postquàm Cosrhoes urbem invadere aggressus est, quamquàm multos in eam
impetus fecit, & aggerem adeò ingentem
struxerat, ut mœnia civitatis facilè transgredi posset, aliasque complures machinas
apparavit; re tamen infecta, inde discessit.
Sed quemadmodùm res gesta sit, exponam.
Cosrhoes primùm militibus suis imperat, uti
magnam struerent lignorum, qualiacumque
essent, ad urbem obsidendam immanem con-
gerant. Quibus dicto ferè citiùs in unum
coacer-

a 2. Cor. 11.

b Matt. 18.

XII.
Cosrhoes
invadit E-
dessam.

c Procop. de
bello Persi.
lib. 2.

XIII.
d Evagr. li.
4. c. 26.

XIV.
Conatus
Cosrhois
in oppu-
gnanda
Edessa.

coacervatis, inque orbem ductis, aggerem in medium inijcit, cumque versus urbis murum rectà dirigit, atque extruit pedetentim ligno & alia materiei congerie imposita. Tum ità tollit in sublime, & ejus altitudine ità mœnia superat, ut tela in eos qui in muro pro urbis defensione capita suo periculo obijciebant, percommodè jacere possint. Ubi qui obsessi erant, vident aggerem instar montis urbi appropinquare, & verisimile esse hostes in eam pedibus ingressuros; primò mane è regione aggressus fossam struere moliuntur, inque eam igni injicere, ut eum planè sinem, ut ejus flamma signa aggeris absumpta, ipsum aggerem solo æquarent. Qui quidem machina confecta, rogoque accenso, neutiquam successit quod intenderant, proptereà quòd ignis erumpere, æremque ad se admittere non poterat, quò struem lignorum occuparet.

XV. Divina virtute Edessa defenditur.

Ad extremum igitur, cum desperatione debilitati ferè succumberent, sanctissimam imaginem divinitus fabricatam, quam non hominum manus effinxerant, sed Christus Deus Abagaro (quandoquidem eum videre cupiebat) misset, proferunt; eamque in fossam, quam construxerant, importatam, aqua conspergunt, ex qua non parùm in rogum ac struem lignorum immittunt; ac divina potentiæ fidei illorum qui ista moliebantur, subsidio veniente, quod ab illis antè fieri nequaquàm poterat, jàm facilè confectum fuit. Nàm extemplò ligna inferiora conceperé flammam, & dicto citiùs in carbones redacta, ad ligna superiora, igne omnia undique depascente, eum transmisere. Ubi verò qui obsidione premebantur, vident fumum in sublime erumpere, istam machinam & hostes ludicrandos excogitant: parvas inducunt lagenas, easque sulphure & stupa & alia id genus materie ad flammam concipiendam apta faciunt; deindé conjiciunt in aggerem: quæ fumum, igne ipsa jaciendi vi & impetu accenso, ex se emittunt. Qui quidem fumus erumpens ex aggere adeò penitus obscuratus fuit, ut omnes qui machinæ ignari erant, existimarent fumum illum non aliundè quàm ab ipsis lagenis effusum esse.

XVI. At verò triduo post flammulæ ignis è terra erumpentes visæ sunt: ac tùm quidem Persæ, qui in aggere pugnabant, intellexere in quod discrimen devenissent. Verùm Cosrhoes quasi divinæ virtuti ac potentiæ reluctaturus, aquæ ductus qui extra urbem erant, ad rogum derivat, eumque ità restinguere conatur. At rogus aquam veluti oleum, sulphur, aut aliud quippiam eorum quæ facilè incendi solent, excipiens, magis exarsit; usque adeò, uti totum aggerem vastaret, inque cineres prorsùs redigeret. Postremò igitur Cosrhoes de spe penitùs deturbatus, cum re vera intelligeret, se turpem admodùm dedecoris notam propterea subijsse, quòd in animum induxerat, se Deum quem colimus omninò superaturum; domum cum ignominia revertit.] Hæc Euagrius ex Procopio: sed (ut diximus) in ipso Procopio desiderantur ea

quæ de imagine Christi ipse Euagrius narrat in reliquis autem fusiùs ea quæ summatim collegit Euagrius, apud Procopium leguntur, aliaque plura, quibus divina virtus in tuenda civitate enituit. Ad postremùm verò addit, hoc ipso anno à Justiniano Imperatore redemptas fuisse aure ab eodem Rege Persarum quinque annorum pacis inducias, hoc videlicet anno decimonono Justiniani Imperatoris.

Hæc eodem anno cùm Græci tùm Latini historici tradunt de Paschatis tempore ex Justiniani Imperatoris edicto in Oriente erratum esse. Ita planè permisit Deus, ut cùm sacris se immiscent Principes, & quæ sunt sacerdotum sibi usurpant, in errorem labantur. In Miscella hæc ità narrantur; Anno Imperii Justiniani decimonono facta est inopia frumenti, vini, & olei, ac pluvia magna, & factus est terræmotus magnus Constantinopoli; & eversa die sancti Paschæ, cœpit vulgus abstinere à carnibus mense Februario, die quarto. Imperator autem præcepit alia hebdomada carnem apponi, & omnes carnium venditores occiderunt & appetiverunt, & nemo emebat aut edebat. Porrò Pascha factum est ut Imperator jussit, & inventus est populus jejunans hebdomada superflua.] Hæc ibi. Eadem hoc item anno Cedrenus habet.

XVII. Erratum in die Paschatis in Oriente.

In Occidente etiam de Paschatis die anni hujus exortam controversiam, intelligi potest ex Concilio quarto Aurelianensi his temporibus celebrato, ubi de Victoris cyclo servando statutus est canon ejusdem Concilii primus his verbis: Placuit igitur, ut sanctum Pascha secundùm laterculum Victoris ab omnibus sacerdotibus uno tempore celebretur; quæ festivitas annis singulis ab Episcopo Epiphaniorum die in ecclesiis denuncietur. De qua solemnitate quoties aliquid dubitatur, inquisita vel agnita per Metropolitanos à sede Apostolica sacra constitutio teneatur.] Hæc canon adversùs Justiniani Imperatoris edictum sibi quod suum non esset arrogantis, inque ejus edictum quo una hebdomada augebatur Quadragesimæ jejunium. Sequentes enim quæ à Patribus statuta esse videntur, ista mox addiderunt: Hoc etiam decernimus observandum, ut Quadragesima ab omnibus Ecclesiis æqualiter teneatur; neque Quinquagesimam aut Sexagesimam antè Pascha quilibet sacerdos præsumat indicare: sed neque per sabbata absque infirmitate quisquam solvat quadragesimale jejunium, nisi tantùm die Dominico prandeat: quod fieri specialiter Patrum statuta sanxerunt. Si quis autem hanc sacram regulam irruperit, tamquàm transgressor disciplinæ à sacerdotibus censeatur.] Hæc sanctissimi Episcopi Gallicani adversùs temeritatem (ut apparet) Justiniani Imperatoris pro arbitrio sacra miscentis.

XVIII. Quid de Paschali die statutum.

Quod autem ad cyclum Victoris pertinet, qui ità à Synodo commendatur, ut tamen ubi aliqua emergeret ambiguitas, esset de his consulenda Apostolica sedes: auctor illius fuit Victor Episcopus Capuanus, qui his

XIX.

his ipsis temporibus (ut Beda testatur) vixit doctrina & sanctitate celebris, cujus natalis dies in Ecclesia agitur XVI. Kalendas Novembris : scripsisseque dicit Beda cyclum suum ad confutandum cyclum Victorini Aquitani, qui scripsit tempore Hilari Papæ, ut ex Gennadio liquet : hunc autem ad tempora Justiniani Imperatoris referunt, & tunc scripsisse, Beda (a) tob Beda de tempor. ra-tibus. cl. 49. in fin. Porrò non hoc anno, sed post Consulatum Basilii novies, ex Victoris seu Victorini cyclo obortam esse controversiam, idem (b) Beda affirmat. Confectus tunc temporis Paschalis cyclus ad evitandos errores, anno post sequentem, Christi quingentesimo quadragesimoseptimo, extat sed mutilatus ex parte inter Antiquas Inscriptiones in (c) Appendice.

a Beda de sex æt. sub Justin.
b Beda de tempor. ra-tibus. cl. 49. in fin.
c Antiq. In-script. in Append. pag. 1161. nu. 5.

XX. De Concilio Quarto Aurelianensi.

Quod autem ad quartum Aurelianense Concilium pertinet, cujus duos canones recitavimus : hoc ipsum his temporibus celebratum (licet certus non ponatur annus) dubium esse non debet; cum magna ex parte illi ipsi Episcopi, qui interfuerunt tertio Aurelianensi Concilio, iidem huic quarto præsentes fuisse atque subscripsisse legantur, & inter alios Gallus Episcopus Arvernensis, qui tamen superioribus Conciliis Aurelianensibus nonnisi per legatos præsto fuisse reperitur : unde fit ut in hoc potiùs Concilio ea accidisse putemus, quæ de ipso atque ejus diacono Gregorius (d) narrat his verbis : Apud Aurelianensem autem urbem, incriminato abiniquis Marco Episcopo & in exilium truso, magnus Episcoporum conventus est congregatus, Childeberto Rege jubente. In qua Synodo cognoscentes beati Episcopi hoc esse vacuum quod contra eum fuerat mussitatum, eum civitati & cathedræ suæ restituunt.]

d Gregor. Turon. Vit. sanct. Patr. cap. 230.

Sed audi quod subdat de ejusdem sancti Galli diacono : Denique tunc in servitio sancti Galli Valentinus diaconus, qui nunc presbyter habetur atque vivit, abiit. Cumque Episcopo alio Missas dicente, diaconus ille propter jactantiam potiùs quàm pro Dei timore cantare vellet, à S. Gallo prohibebatur, dicente sibi : Sine, inquit, fili : quando, Domino jubente, nos celebraverimus solemnia, tunc & tu canere debes ; nunc ejus clerici concinant, qui consecrat Missam. At ille, & tunc se posse, pronunciat. Cui sacerdos : Fac ut libet : nam quod volueris, non explebis. Ille quoque negligens mandatum Pontificis, abiit ; & tàm deformiter cecinit, ut ab omnibus irrideretur. Adveniens autem alia Dominica, dicente sæpe dicto Pontifice Gallo Missas, jussit abire : Nunc, inquit; in nomine Domini quod volueris explicabis. Quod cum fecisset, in tantùm vox ejus præclara facta est; ut ab omnibus laudaretur.] Hæc Gregorius, qui alias quamplurimas de sanctissimo viro præcla-

XXI. De Diacono S. Galli.

ras res gestas & miracula narrat.

Hoc item anno Justiniani Imperatoris decimonono missus Areobindus maritus filiæ sororis Imperatoris in Africam, idem in Africa à Gontharide sibi subjecto Duce, sub quo tyrannus adversùs Mauros Vuandali militabant, jam effecto tyranno, necatur sub fide præstita Reparato Episcopo Carthaginensi. Rem gestam Procopius ita narrat (e) : Deinde Gontharis Reparatum civitatis Episcopum Areobindo nunciatum mittit, ut sub fidem incolumitatis ad palatium venire maturaret (continebat enim se Areobindus una cum conjuge in monasterio intrà Carthaginem posito à Salomone Duce ædificato, quod cinctum muro arcem reddiderat munitissimam.) Quod si contempserit, sese illum expugnaturum, ac illico interfecturum minitatur. Areobindus susceptis ab Episcopo mandatis, metuens, se statim venturum dixit, si lavacro filium divino de more priùs abluerit, deinde per iisdem juraverit spem ac certam salutis se daturum. Præsul itaque timorem gessit. Ille evestigio redeuntem sequitur vestem indutus serviam, neque Duci neque ulli militari viro convenientem.

XXII. Gontharis filiæ sororis Imperatoris necatur.
e Procop. de bello Vandal. li. 2.

Posteaquam verò prope palatium fuit, sacrum Euangelium Præsule accipiens, in ejus conspectum venit : pronusque aliquandiù jacuit, preces & sacrum Euangelium ac parvum filium tunc sacro baptismate ablutum, per quod Præsul juraverat, protendens. Gontharis eum miseratus, ad spem quoque exhortans, surgere jussit : omnia eius Præsul pollicitus fuerat, se præstiturum affirmando. Posteraque die ejus & uxorem & substantiam Carthaginem transferri mandavit. Deinde Præsulem missum faciens, Areobindum & Athanasium secum cœnare jussit : ac Areobindum antè omnes in summo accumbere, post cœnam verò in cubili solum dormire coegit. Ubi Ulitheus cum nonnullis aliis ab eo missus ipsum & flentem & multa obtestantem, ac misericordiam, fidemque datam implorantem interfecit, non esse immortalem dicens ; in longam ejus puto senectutem cavillando.] Hæc de tyranno Gontharide & nece Areobindi Procopius, qui ad finem ejus commentarii tradit post dies triginta sex eumdem Gontharidem dolo necatum ab Artabane Duce, quem convivio exceperat. Hisque diffuse narratis, idem Procopius finem imponit historiæ de bello Vuandalico in hunc usque annum conscriptæ, quod feliciùs inchoatum, ac penè absolutum, denuò restauratum difficillimumque in dies redditum est crebris defectionibus populorum, emergentibus novis tyrannis ; postquàm Imperator sive ejus ministri sacrilegè agentes, in insula Romanum Pontificem mori impiè coegerunt.

XXIII.
Areobind. occiditur.

A

I.

SEquitur annus Domini quingentesimus quadragesimus sextus idemq; belli Gothici à Procopio undecimus numeratus, & post Consulatum Basilii quintus: quo Totilas Spoletum in deditionem accepit, Perusiumque obsedit; diuque obsidione frustrà tentata, demùm dolo necans Cyprianum, cui custodia mandata erat, occupavit. Scribit hæc omnia Procopius (*a*) pluribus, qui & tradit capti eo modo Perusii à Totila præfectos custodiæ Meledium & Ulisium transfugas. Sed quomodò tunc contigerit sanctum Herculanum ejusdem civitatis Episcopum subire martyrium, ex S. Gregorio sic habeto (*b*):

a Procop. de bello Goth. lib. 3.

b Gregor. dial. li. 3. c. 13.

II.

Nuper quoque Floridus venerabilis vir vitæ Episcopus narravit quoddam memorabile valdè miraculum (*fuit hic Floridus Tifernas Episcopus sanctitate clarus, de quo inferius idem sanctus Gregorius (c) meminit*) dicens: Sanctissimus Herculanus nutritor meus, Perusinæ civitatis Episcopus fuit, ex conversatione monasterii ad sacerdotalis ordinis gratiam deductus. Totilæ autem perfidi Regis temporibus eamdem urbem annis septem continuis Gothorum exercitus obsedit; ex qua multi civium fugerunt, qui famis periculum ferre non poterant. Anno verò septimo nondum finito, obsessam urbem Gothorum exercitus intravit.] Hic admonendum putamus, ex depravato codice pro mensibus anno positos Perusinæ obsidionis: siquidem ex Procopio, qui vestigia Totilæ est assectatus, apparet non antè præsentem annum ab eodem Rege tentatum esse Perusium, utpotè qui in aliis expugnandis municionibus intentus fuit. Pergit verò Gregorius:

c Greg. dia. li. 3. c. 35.

III.
S. Herculanus Martyrio coronatur.

Tùnc (*inquit*) Comes, qui eidem exercitui præerat, ad Regem Totilam nuncios misit, exquirens quid de Episcopo vel populo fieri juberet. Cui ille præcepit, dicens: Episcopo priùs à vertice capitis usque ad calcaneum corrigiam tolle, & tùnc caput ejus amputa: omnem verò populum qui illic inventus est, gladio extingue. Tùnc idem Comes venerabilem virum Herculanum Episcopum super urbis murum deductum capite truncavit, ejusque cutem jàm mortui à vertice usque ad calcaneum incidit, ut ex ejus corpore corrigia sublata videretur: mòxque corpus illius extra murum projecit. Tùnc quidam humanitatis pietate compulsi, abscissum caput cervici apponentes, cum uno parvulo infante, qui illic extinctus inventus est, juxtà murum corpus Episcopi sepulturæ tradiderunt.

IV.

Cumque post eamdem cædem die quadragesimo Rex Totila jussisset, ut cives urbis illius, qui quòlibet disperfi essent, ad eam sine aliqua trepidatione remearent; hi

Tom. Annal. Eccl. VII.

qui priùs fame fugerant, vivendi licentia accepta, reversi sunt: sed cujus vitæ eorum Episcopus fuerat, memores, ubi sepultum esset corpus illius quæsierunt, ut hoc juxtà honorem debitum in Ecclesia B. Petri Apostoli humarent, Cumque itum esset ad sepulchrum, effossa terra invenerunt corpus pueri pariter humati, utpotè jàm die quadragesimo, tabe corruptum, & vermibus plenum; corpus verò Episcopi, ac si die eodem esset sepultum: & quod est adhùc magna admiratione venerandum, quia ita caput ejus unitum fuerat corpori, ac si nequaquàm fuisset abscissum, sic videlicèt, ut nulla vestigia sectionis apparerent. Cumque hoc & in terga verterent, exquirentes si quod signum vel de alia monstrari incisione potuisset, ità sanum atque intemeratum omne corpus inventum est, ac si nulla hoc incisio ferri tetigisset.] Hactenus de sancto Herculano Gregorius.

V.

Subdit verò Procopius, è Perusio mòx Totilam ad Urbem obsidendam perrexisse: à qua cum octo tantùm milliaribus procùl abesset, de sancto Cerbonio Episcopo spectaculum truculentum populo exhibuit, quod S. Gregorius refert. Accidit enim ut in dies magis magisque sæviret crudelis barbarus; qui cum de ferocia sua monitis sancti Benedicti aliquid ad tempus remisisse visus esset, eamdem duplò resumpsit; ut intelligere potes tùm ex iis quæ dicta sunt, tùm etiam ex iis quæ mòx dicemus de crudelitate, quam exercuit in S. Cerbonium Populonii Episcopum, dùm idem barbarus Rex hoc anno in Tuscia (ut tradit Procopius) versaretur. Rem gestam idem S. Gregorius ità narrat (*d*): Vir quoque vitæ venerabilis Cerbonius Populonii Episcopus magnam diebus nostris sanctitatis suæ probationem dedit. Nàm cum hospitalitatis studio valdè esset intentus, die quadam transeuntes milites hospitio suscepit, quos Gothis supervenientibus abscondit, eorumque vitam ab illorum nequitia abscondendo servavit. Quod dùm Gothorum Regi perfido Totilæ nunciatum fuisset, crudelitatis immanissimæ vesania succensus, hunc ad locum qui octavo hujus Urbis milliario Merulis dicitur, ubi tùnc ipse cum exercitu sedebat, jussit deduci, eumque in spectaculo populi ursis ad devorandum projici.

d Greg. dia. lib. 3. c. 11.

Cumque idem Rex perfidus in ipso quoque spectaculo consedisset ad inspiciendam mortem Episcopi, magna populi turba confluxit. Tùnc Episcopus deductus in medium est, atque ad ejus mortem immanissimus ursus exquisitus, qui dùm humana membra crudeliter carperet, sævi Regis animum satiaret. Dimissus itaque ursus ex cavea est, qui accensus & concitus Episcopum petiit;

VI.
S. Cerbonius Episc. objicitur Urso.

Dd sed

sed subitò suæ ferocitatis oblitus, deflexa
cervice , sub nisloque humiliter capite ,
lambere Episcopi pedes cœpit ; ut patenter
omnibus daretur intelligi , quia ergà illum virum Dei & ferina corda essent hominum , & quasi-humana-bestiarum. Tunc
populus, qui ad spectaculum venerat mortis , magno clamore versus est in admirationem venerationis . Tunc ad ejus reverentiam colendam Rex ipse permotus est
quippe cum quo superno judicio actum erat,
ut qui Deum sequi priùs in custodienda vita Episcopi noluit , saltèm ad mansuetudinem bestiam sequeretur . Cui rei hi qui tunc
præsentes fuerunt , adhuc nonnulli super-
sunt , eamque cum omni illic populo se vidisse testantur .] Hæc de sancto Cerbonio
Gregorius ; qui & de eodem quæ contigerunt tempore Longobardorum mòx subiicit;
sed de his suo loco .

VII.
Agricolas liberè colere agros sivit Totilas.
a Proco. de bello Goth. lib. V

Didicit igitur ferus homo ab urso humanitatem, quam tamen citò exuit , ut dicemus ; verùm eam solùm ergà agrorum cultores, cum ad Urbis obsidionem veniret ,
illibatam servatam voluisse, idem Procopius docet istis verbis (a) : His Totilas rebus peractis, Romam contendit , eaque
statim ubi proximè ventum, obsedit . A-
grorum verò cultoribus per omnem Italiam
mali nihil quippiam intulit ; sed terram ut
intrepidè colerent , nil secùs ac anteà, imperavit , sibique ac Reipublicæ tributa, de-
penderent , & fructus dominis reportarent.]
Hæc Procopius de Totila hac lege etiam de
hostibus benemerente . Sed obsessis commiserationem omninò negavit . Etenim cum
sciret, qui Romæ essent, fame laborare
cœpisse , omnem mòx interclusit viam terra
marique per quam victualia inferri possent
in Urbem, ex quo factum est , ut frumentum à Vigilio Papa ex Sicilia missum, in ipso Romano Portu, in hostium conspectu ceperit . Rem gestam idem Procopius narrat,
quam ad finem anni hujus contigisse æque
testatur ; nosque paulò inferiùs dicturi sumus .

VIII.
Pelagius Diaco. Ro. rediit .

Hoc item anno Pelagius sanctæ Romanæ
Ecclesiæ diaconus functus munere Apocrisarii apud Justinianum Imp. Constantinopoli, accepto successore Stephano, Romam
rediit, ut Procopius testatur , dum ait , ipsum haud diù ante Urbis oppugnationem à
Totila factam, esse reversum. Hujus ab-
sentiæ nactus occasionem Justinianus Imperator promulgavit edictum adversùs Tria
capitula sacrosancti Chalcedonensis Concilii ex sententia Theodori Archiepiscopi Cæsareæ Cappadociæ, qui in odium Pelagii, cujus opera (ut dictum est) damnatus fuerat Origenes cum suis erroribus, Imperatori suggessit de damnando Theodoro
Mopsvesteno cum epistola Ibæ & scriptis
Theodoreti adversùs duodecim Cyrilli capitula : ex his fore pollicitus, ut si id fieret , omnes Acephali adversarii Chalcedonensis Concilii , illud mòx suscepturi essent.
Cum enim, resistente Pelagio , id facere
haud integrum fuerit Imperatori ; eo Constantinopoli recedente, illud à Theodoro

conscriptum edictum suo nomine promulgavit, per universum sibi subjectum Imperium . V

A Id quidem cum Liberatus diaconus in
primis tradat, Facundus etiam Hermianensis in Africa Episcopus res sui temporis scribens affirmat, cùm his verbis Imperatorem
ipsum compellat (a) : Nostra te (inquit) bl acitudo
reprehensio nihil offendat. Egerunt enim
callidè per suos complices (sicut solent)
adversarii veritatis, cum ea quæ scribi co-
gerunt , etiam titulo nominis tui prænotari
runt , existimantes quòd posito terrore tua
personæ , condemnationem vel etiam exi-
tionem suæ temeritatis effugerent . Verùm
nos illa scripta nolumus tua dici , quæ scimus cognita nobis tuæ fidei contraria . Hæc
Facundus, ex quo & plura inferiùs dicturi
sumus . Id ipsum quoque affirmat Vigilius
Papa in sententia adversùs ipsum Theodorum Cæsariensem prolata , ubi hæc verba
leguntur (c) : Deindè tuis ex consuetudine incitamentis , liber condemnationem capitulorum ipsorum continens, in Palatio
te assistente & instruente, coram quibusdam Græciæ Episcopis est selectus, à quibus
ostentationum favorem tuis vocibus exigebas .]

B

C

Quinam autem fuerit ejusmodi Justiniani libellus , ignorare se illum dicat opus
est , qui non confiderat vindicandum libellum illum , sive potiùs constitutionem dixerimus , à Joannis Papæ tempore, sub quo
mendaci inscriptione notatur; & hic sub Vigilio esse restitundum, ex iis quæ modò dicta sunt , non intelligit. Qui enim rerum
gestarum tempora minimè accuratè distinxit, falsa opinione ad Joannem Papam libellum illum conscriptum esse putavit. Verùm ut certò scias recentem esse illam inscriptionem , consule antiquam scriptam
Novellarum collectionem & translationem
factam in Latinum à Juliano Antecessore
cognominato , & invenies eamdem constitutionem ab eo absque illo ad Joannem Pontificem titulo esse conscriptam, hacque tantùm inscriptione notatam : Edictum piissimi Imperatoris Justiniani , fidei confessionem continens, & refutationem hæreseon,
quæ adversantur Catholicæ Dei Ecclesiæ.]
Hæc habet titulus , qui in collectione Conciliorum apposito Joannis Papæ nomine a-
dulteratus est ab imperito librario : cum
liquidò constet, minimè antè præsens tempus potuisse esse conscriptum libellum illum, præcedentibus primùm quæ dicta sunt
Theodori cum Pelagio diacono controversiis , quæ sub Papa Vigilio & non alio
contigerunt . Quod igitur in dicto libello totius obortæ discordiæ ob Tria capitula cardo vertitur , in quo plerosque
scimus hallucinatos esse; illum ipsum prolixum satis hic aliqua saltem ex parte reddere, operæ pretium existimamus ; sic e-
nim se habet (d) :

D

E

Scientes quòd nihil aliud sic potest mise-
ricordem Deum placare, quàm ut omnes
Christiani unum idemque sapiant in recta & immaculata fide, nec sint dissensiones in

IX.

c Facundus pro defensio-
ne Cap.li.2.

Justinian.
Theodoro
patrocina-
tur .

X.
Sub Vigi-
lio scriptus
libell. de
trib. Cap.

d Tom. 1.
Conc.vet.e-
dit.in Ioan-
ne 2.Papa.

XI.
Confessio
fidei ab Im-
peratore e-
dita .

nes in sancta Dei Ecclesia; necessarium putavimus, omnem occasionem interimentes eis qui scandalizantur vel scandalizant, rectæ fidei confessionem, quæ in sancta Dei Ecclesia prædicatur, præsenti edicto facere manifestam: ut & illi qui rectam fidem confitentur, firmiter eam custodiant; & illi qui adversus eam contendunt, discentes veritatem, festinent semetipsos unire sanctæ Dei Ecclesiæ.

XII.
Trinitatis Mysterium

Confitemur igitur credere in Patrem & Filium & Spiritum sanctum, Trinitatem consubstantialem, unam Deitatem, sive naturam, & substantiam & virtutem & potestatem in tribus subsistentiis sive personis adorantes, in quibus baptizati sumus, in qua credimus, & quibus confessionem dedimus, proprietates quidem separantes, Deitatem autem unientes: unitatem enim in Trinitate & Trinitatem in unitate adoramus, mirabilem habentem & divisionem & unionem: unitatem quidem secundùm rationem substantiæ, sive Deitatis, Trinitatem autem secundùm proprietates vel subsistentias sive personas: Dividitur enim sine divisione (ut sic dicamus) & conjungitur divisa. Unum enim est Deitas in tribus, & tria unum, in quibus Deitas est. Aut (ut subtiliùs dicamus) ipsa trina est Deitas, Deus Pater, Deus Filius, & Deus Spiritus sanctus, cum unaquæque persona solùm intelligitur, mente separante inseparabilia. Et ita unus Deus cum simul intelligitur propter eamdem virtutem, eamdemque naturam, quam oportet & unum Deum confiteri, & tres subsistentias prædicare, seu tres personas, & unamquamque cum sua proprietate. Et unitatem confitentes, confusionem non facimus secundùm Sabellium dicentem Trinitatem unam esse personam, trinomium eumdem Patrem & Filium & Spiritum sanctum; nec dividentes proprietates, alienamus à Dei Patris substantia Filium & Spiritum sanctum secundùm Arii furorem, in tres diversas naturas incidentes Deitatem. Unus igitur Deus Pater ex quo omnia, & unus unigenitus Filius per quem omnia, & unus Spiritus sanctus in quo omnia.

XIII.
Christi humanitatis exacta discussio.

Credimus autem ipsum unigenitum Filium Dei, Deum Verbum ante sæcula & sine tempore ex Patre natum, non factum, in ultimis diebus propter nos, & propter nostram salutem descendisse de cælis, & incarnatum esse de Spiritu sancto & sancta gloriosa Dei genitrice semper Virgine Maria, & natum ex ipsa, qui est Dominus Jesus Christus, unus de Trinitate, & consubstantialis Deo Patri secundùm Deitatem & consubstantialis nobis idem ipse secundùm humanitatem, passibilis carne, impassibilis idem ipse Deitate. Non enim alius quidam est præter Deum Verbum, qui passionem & mortem suscepit, sed ipse impassibilis & sempiternus Deus Verbum, generationem carnis humanæ sustinere dignatus implevit omnia. Ideò non alium Deum Verbum esse qui miracula operatus est, & alium Christum qui passus est, co-

Annal. Eccl. Tom. VII.

A gnoscimus, sed unum eumdemque Dominum nostrum Jesum Christum Dei Verbum incarnatum & hominem factum, & ejusdem ipsius miracula & passiones, quas carne voluntariè sustinuit, confitemur. Non enim homo aliquis pro nobis semetipsum dedit: sed ipse Deus Verbum suum corpus pro nobis dedit, ne in hominem fides & spes sit nostra, sed in ipsum Deum Verbum nostram fidem habeamus. Et Deum igitur eum confitentes, non abnegamus ipsum esse & hominem: & hominem dicentes, non abnegamus ipsum esse & Deum. Si enim Deus tantummodò esset, quomodò patiebatur? quomodò crucifigebatur & moriebatur? Aliena enim ista sunt à Deo. Si autem homo solùm, quomodò per passionem vincebat? quomodò salvos faciebat? quomodò vivificabat? Hæc enim suprà hominis naturam erant. Nùnc autem idem ipse patitur & salvos facit: & per passionem vincit idem ipse Deus, idem ipse homo, utrumque tamquàm unum, utrumque tamquàm solum. Unde ex utraque natura, id est, ex Deitate & humanitate unum Christum compositum dicentes, confusionem unitioni non introducimus. Et in utraque item natura, id est, in divinitate & humanitate unum Dominum nostrum Jesum Christum Dei Verbum incarnatum & hominem factum cognoscentes, divisionem quidem per partes, vel intercisiones non ferimus unius subsistentiæ.

XIV.
De duabus in Christo naturis.

Differentiam autem naturarum, ex quibus compositus est, significamus non interemptam propter unitatem, quoniam utraque natura in ipso est. Cum enim compositionem dicamus, necesse est confiteri & partes in toto esse, & totum in partibus cognosci. Nec enim divina natura in humanam transmutata est, nec humana natura in divinam conversa est. Magis autem intelligitur, quòd utraque in proprietate & ratione suæ naturæ manente, facta est unitas secundùm subsistentiam. Unitas autem secundùm subsistentiæ significat, quòd Deus Verbum, id est, una subsistentia ex tribus Deitatis subsistentiis non ante plasmato homini unitus est, sed in utero sanctæ Virginis creavit sibi ex ipsa in sua subsistentia carnem animatam anima rationali & intellectuali, quod est natura humana. Hanc autem secundùm subsistentiam unitatem Dei Verbi ad carnem docens nos & divinus Apostolus, dicit (a): Qui cum in forma Dei esset, non rapinam arbitratus est, æqualem se esse Deo, sed semetipsum exinanivit, formam servi accipiens. Per hoc enim quod dixit, Qui cum in forma Dei esset, Verbi substantiam in natura Dei ostendit: Per hoc autem quod dixit, Formam servi accepit, naturæ hominis & non subsistentiæ sive personæ unitum esse Verbum significavit. Nec enim dixit, quòd eum in forma servi erat, accepit, ne ante plasmato homini unitum esse Deum Verbum ostenderet, sicut Theodorus Mopsvestenus & Nestorius impii blasphemaverunt, essequalem dicentes unitatem,

a Philip. 2.

XV.

Nos autem sequentes divinas Scripturas & sanctos Patres, confitemur, quod Deus Verbum raro factus est, quod est secundùm subsistentiam sibi unire naturam humanam, Ideò & unus est Dominus noster Jesus Christus, habens in semetipso perfectionem divinæ naturæ & perfectionem naturæ humanæ. Et est unigenitus quidem & Verbum, utpote à Deo Patre natus, & primogenitus autem in multis fratribus idem ipse cum factus homo. Filius enim Dei Filius hominis factus est. Undè & duas nativitates ejusdem ipsius unigeniti Dei Verbi confitemur, ante sæcula quidem ex Patre incorporaliter nati, in ultimis autem diebus ejusdem ipsius incarnati & nati de sancta gloriosa Dei genitrice & semper Virgine Maria. Qui enim de Patre splenduit suprà intellectam, ex matre ortus est suprà rationem; & cum Deus verus esset, factus est verè homo. Ideò propriè & verè Dei genitricem sanctam gloriosam & semper Virginem Mariam confitemur: non quod Deus Verbum initium ex ipsa accepit, sed quòd in ultimis diebus unigenitus Deus Verbum, qui ante sæcula erat, incarnatus ex ipsa, immutabiliter homo factus est, & cum invisibilis in suis esset, visibilis factus est in nostris: & cum impassibilis Deus esset, non dedignatus est passibilis esse homo, & immortalis mortis legibus subjacere. Ita qui in Bethlehem de semine David natus est secundùm carnem, & similis factus est hominibus, & crucifixus est pro hominibus sub Pontio Pilato, prædicaverunt sancti Apostoli ipsum esse Deum, ipsum hominem; ipsum Filium Dei, ipsum Filium hominis; ipsum de cælo, ipsum de terra; ipsum impassibilem, ipsum passibilem.

XVI.

Deus enim Verbum, qui natus est, desursùm ex Patre ineffabiliter, inenarrabiliter, incomprehensibiliter, sempiternè, ipse in tempore nascitur deorsùm de Virgine Maria; ut illi qui deorsùm priùs nati sunt, desursùm secundò nascerentur, id est, ex Deo. Cum enim accepisset mortalem patrem hominem Adam, dedit hominibus suum Patrem immortalem, secundùm quod dicitur (4): Dedit eis potestatem filios Dei fieri. Undè & mortem secundùm carnem gustavit Filius Dei propter carnalem suum patrem *, ut filius hominis vitæ ejus particeps fieret propter suum secundùm spiritum Patrem Deum. Ipse igitur secundùm naturam Filius est Dei, nos secundùm naturam sumus filii Adam. Pater enim est ipsius Deus secundùm naturam, noster autem secundùm gratiam: & Deus ei fuit secundùm dispensationem, eò quòd homo factus est: noster autem secundùm naturam Dominus est & Deus: & ideò Deus Verbum, qui est Filius Patris, unitus carni factus est caro, ut homines uniti spiritui fierent unus spiritus. Ipse igitur verus Filius Dei omnes nos indutus est, ut omnes induamur unum Deum; & est post incarnationem unus de sancta Trinitate unigenitus Filius Dominus noster Jesus Christus, compositus ex utraque natura; com-

a Joan. 1.

* suam matrem.

postum autem in Christum confitemur, sanctorum Patrum doctrinam sequentes. In mysterio enim Christi unitas secundùm compositionem, tò nfusionem & divisionem reiicit, & servat qui sunt utriusque naturæ proprietatem. Unam autem subsistentiam seu personam Dei Verbi & cum carne ostendit: & est unus. Si itemque perfectus in Deitate & perfectus in humanitate, non tamquam in duabus subsistentiis sive personis, sed in divina natura & humana cognoscendus, ut unius sit utraque è perfectus Deus & perfectus homo; idem ipse Dominus noster Jesus Christus unus de sancta Trinitate, conglorificandus Patri & sanctoque Spiritui: nec enim quarta persona adjectionem suscepit sancta Trinitas, incarnato uno de sancta Trinitate Deo Verbo. His de Verbi incarnatione quàm exactissimè asseritis, stabilit ad omnia confirmanda sanctorum Patrum assertiones, quas non brevitatis causâ referre prætermittimus.

Voluit enim Theodorus Cæsariensis Justinianum non minus esse prolixum in his edendis, ac suæ est in constitutione lata contrà Origenem: sed & quòd persuaserat Imperatori sub hujus fidei professione Acephalos Ecclesiæ uniendos, eam omni genere doctrinæ voluit esse refertam, omnisque ex parte constantem. Ubi autem de enarrato incarnationis divinæ mysterio longiorem produxit orationem, postea subjungit de his quæ spectant ad confessionem quinque œcumenicorum Conciliorum, nempe Nicæni, Constantinopolitani, Ephesini, & Chalcedonensis: ita ut quemque Catholicâ gaudio afficere potuisset, dùm disertis verbis probat, eamdem quàm hactenùs detestati essent Acephali hæretici Catholicæ fidei confessionem. Sed cùm post hæc quatuordecim sub initio anathematismos, illis ultimo loco tria illa includit capitula, de quibus nupèr mentio fieri cœpta est. Anathematismi autem sic se habent:

XVII.

Æmulatio Theodori.

XVIII.

Anathematismi ad eversùs dissidentes prolati.

Si quis non confitetur Patrem & Filium & Spiritum sanctum, Trinitatem consubstantialem & unam Deitatem, sive naturam & substantiam, & unam virtutem & potestatem in omnibus subsistentiis sive personis adorandam; talis anathema sit.

Si quis autem non confitetur qui in tempore sæculi & tempora ex Patre natus est, Deum Verbum in ultimis diebus descendisse de cælis, & incarnatum esse de sancta gloriosa Dei genitrice semper Virgine Maria, & hominem factum & natum esse ex ipsa, & propter hoc ejusdem Dei Verbi duas esse nativitates, quæ ante sæcula incorporaliter, & quæ est in ultimis diebus secundùm carnem; anathema sit.

Si quis dicit, alium esse Deum Verbum qui miracula operatus est, & alium Christum qui passus est, aut Deum Verbum cum Christo esse nascente ex muliere dicere vel ipso esse tamquam alterum in altero, sed non unum eumdemque Dominum nostrum Jesum Christum Deum Verbum incarnatum & hominem factum, & ejus ipsius

XIX.

*vel Deum in ipso

ipfius miracula, & paffiones, quas carne
fponte fuftinuit; talis anathema fit.

XX. Si quis dicit, fecundùm gratiam, vel
fecundùm operationem, vel fecundùm
dignitatem honoris, vel fecundùm auctoritatem, vel relationem, vel effectum, vel
virtutem, unitionem Dei Verbi ad hominem effe factam, vel fecundùm homony-
***homony- mam ***, per quam Neftoriani, & Deum
miam Verbum vocantes Chriftum & hominem,
feparatim Chriftum nominantes, folo vocabulo unum Chriftum dicunt: Aut fi quis
per bonam voluntatem dicit unitionem factam effe; ficut Theodorus hæreticus ipfis
verbis dicit, quafi quòd placuit Deo Verbo homo, eò quòd bene vifum eft ei do
ipfo, fed non fecundùm fubfiftentiam Dei
Verbi ad carnem animatam anima rationali
& intellectuali unitionem confitetur, &
ideò unam ejus fubfiftentiam effe;talis anathema fit.

XXI. Si quis per relationem, aut abufivè Dei
genitricem fanctam gloriofam femper Virginem Mariam dicit, aut hominis genitricem, aut Chriftotocon, tamquàm Chrifto Deo non exiftente, fed non propriè &
verè Dei genitricem ipfam confitetur, eò
quòd ipfe qui ante fæcula ex Patre natus eft
Deus Verbum, in ultimò ex ipfa incarnatus & natus eft; talis anathema fit.

XXII. Si quis non confitetur Dominum noftrum
Jefum Chriftum, qui carne crucifixus eft,
effe verum & Dominum.gloriæ & unum de
fancta Trinitate; talis anathema fit.

XXIII. Si quis in duabus naturis dicens, non
tamquàm in Deitate & humanitate unum
Dominum noftrum Jefum Chriftum, Deum
verbum & incarnatum confitetur, nec ad
fignificandam differentiam naturarum, ex
quibus compofitus eft, fed pro divifione
per partes talem excipit vocem in myfterio
Chrifti, quafi feparatim unaquaque natura fuam habente fufiftentiam, ficut Theodorus & Neftorius blafphemaverunt; talis
anathema fit.

XXIV. Si quis in uno Domino noftro Jefu Chrifto, hoc eft, Deo Verbo incarnato, numerum confitens naturarum, non intellectu differentiam earum, ex quibus &
compofitus eft, excipit, utpotè non interemptam propter unitatem, fed pro divifione per partem numero utitur; talis anathema fit.

XXV. Si quis dicens unam naturam Dei Verbi
incarnatam; non fic hoc intelligit, quòd ex
divina natura & humana unus Chriftus effectus eft, confubftantialis Patri fecundùm
Deitatem, & confubftantialis nobis idem
ipfe fecundùm humanitatem: fed quòd
Deitatis & carnis Chrifti una natura five
fubftantia effecta eft, fecundùm Apollinaris & Eutychetis perfidiam; talis anathema fit. Æqualiter enim & eos qui per partem incidunt vel dividunt, & eos qui confundunt divinæ difpenfationis myfterium
Chrifti, reiicit & condemnat univerfalis
Dei Ecclefia.

XXVI. Si quis non anathematizat Arium, Eunomium, Macedonium, Apollinarium,

Annal. Eccl. Tom. VII.

A Neftorium, & Eutychetem, & eos qui fimilia eis fapuerunt, vel fapiunt; talis anathema fit.] Qui autem fequuntur tres anathematifmi continent Tria capitula, de quibus agitata diù controverfia poft hæc fuit.
Ex eo enim quòd in Concilii Chalcedonenfis Actione decima recitata reperitur Ibæ
epiftola, in qua Theodorus Mopfveftenus
laudatur, accufatur verò fanctus Cyrillus
ex calumniis in eum à Theodoreto illatis,
quafi particeps fuiffet fententiæ Apollinaris: ne occafione illius epiftolæ quis Theo-
B dorum recipiendum effe putaret, vel Theodoreti fcripta contra Cyrillum probanda,
aut ipfam Ibæ nomine recitatam dictam
epiftolam receptam effe quis affereret ab
eodem Concilio Chalcedonenfi; ex tribus
inquam his caufis, tres qui fequuntur formati funt anathematifmi, ex quibus Tria
capitula poft hæc derivata inveniuntur;
quorum primus contra Theodorum fic fe
habet:

Si quis defendit Theodorum Mopfvefte- **XXVII.**
num, qui dixit, alium effe Deum Verbum, Primum
& alium Chriftum à paffionibus animæ & ex tribus
defideriis carnis moleftias patientem, & ex capitulis.
C profectu operum melioratum, & baptizatum in nomine Patris & Filii & Spiritus
fancti, & per baptifma gratiam fancti Spiritus accepiffe, & affiliationem meruiffe,
& ad fimilitudinem Imperialis imaginis in
perfonam Dei Verbi adorari, & poft refurrectionem immutabilem cogitationibus,
& impeccabilem omninò factum fuiffe: &
iterùm dixit talem factam effe unitionem
Dei Verbi ad Chriftum, qualem dixit Apoftolus (a) de viro & muliere, Erunt duo a *Ephef. 5.*
in carne una. Et fuper alias fuas innumerabiles blafphemias aufus eft dicere, quòd
D poft refurrectionem, cum infufflaffet Dominus difcipulis fuis, & dixiffet (b), Accipite Spiritum fanctum, non dedit eis b *Joan.10.*
Spiritum fanctum, fed figuratè tantummodò infufflavit. Sed etiam confeffionem
quam fecit Thomas, cum palpaffet manus
& latus Domini poft refurrectionem, dicens (c), Dominus meus & Deus meus; c *Joan.10.*
inquit non effe dictam à Thoma de Chrifto. Nec enim dixit Theodorus, Deum
effe Chriftum, fed ad miraculum refurrectionis ftupefactum Thomam glorificaffe
Deum, qui Chriftum refufcitavit. Et quòd
pejus eft, etiam in interpretatione, quam
E in Actus Apoftolorum fcripfit Theodorus,
fimilem fecit Chriftum Platoni & Manichæo & Epicuro & Marcioni: quòd ficut
illorum unufquifque ex dogmate quod
invenit, fuos difcipulos fecit vocare Platonicos, & Manichæos & Epicureos &
Marcioniftas; fimili modo & cum Chrifti
dogma inveniffet, ex ipfo Chriftianos vocari. Si quis igitur defendit eumdem Theodorum qui talia blafphemavit, & non anathematizat eum & ejus fcripta, & eos qui
fimilia illis fapuerunt, vel fapiunt; talis
anathema fit.

Si quis defendit confcripta Theodoreti, **XXVIII.**
quæ expofuit pro Neftorio hæretico adverfus rectam fidem, & Ephefinam primam
D d 3 fanctam

Secundum sanctam Synodum, & S. Cyrillum, & duodecim ejus capitula, in quibus sceleratis conscriptis idem Theodoretus effectualem dicit unitatem Dei Verbi ad hominem quemdam, de quo blasphemans dixit, quòd palpavit Thomas eum qui resurrexit, & adoravit eum qui resuscitavit; & propter hoc impios vocat doctores Ecclesiæ, qui unitatem secundùm subsistentiam Dei Verbi ad carnem confitentur; & super hæc Dei genitricem abnegat sanctam, & gloriosam semper Virginem Mariam. Si quis igitur memorata scripta Theodoreti defendit, & non anathematizat ea; talis anathema sit. Propter tales blasphemias ab Episcopis ejectus est, & posteà in sancto Chalcedonensi Concilio compulsus est omnia contraria memoratis suis conscriptis facere, & rectam fidem confiteri.

XXIX. Si quis defendit impiam epistolam, quam ad Marin Persam hæreticum Ibas conscripsisse dicitur, quæ abnegat Deum Verbum hominem factum esse, & dicit non Deum Verbum ex Virgine incarnatum esse, sed purum hominem ex ipsa esse natum, quem templum vocat, ut alius sit Deus Verbum, & alius homo: & super hoc injuriat Ephesinam primam Synodum, quasi sine inquisitione & examinatione ab ipsa Nestorio condemnato: & S. Cyrillum vocat hæreticum, & duodecim ejus capitula impia dicit: Nestorium autem & Theodorum, cum impiis eorum conscriptis collaudat, & defendit. Si quis igitur (sicut dictum est) eamdem ipsam epistolam vindicat, vel rectam esse dicit ipsam vel partem ipsius, sed non anathematizat eam; anathema sit.] Hactenùs anathematismi, quorum tres novissimi (ut diximus) complectuntur tria illa capitula, de quibus mota controversia est, additâ his quæ sequuntur:

XXX. Tali ergo (subdit ipse) epistola justè anathematizata propter insertas ei blasphemias, Theodori & Nestorii impietatis sequaces conantur dicere susceptam esse etiam à sancto Chalcedonensi Concilio. Hoc autem dicunt, sanctam quidem Chalcedonensem Synodum calumniantes, nomine autem ejus festinantes debita condemnatione liberare Theodorum, & Nestorium & impiam epistolam, pro qua Ibas sæpius accusatus, non est ausus dicere esse suam propter insertas ei blasphemias, &c.] Pergit agere de Actis Tyri cùm ibi causa ventilata est Ibæ, idemque de Actis Chalcedonensibus, negans, à Synodo ipsa Ibæ epistolam esse receptam, quam inquit ipsum Ibam negasse esse suam. Undè subdit: Si igitur ipse Ibas propter impiam epistolam sæpius accusatus, non est ausus eam suam dicere, sed etiam Chalcedonense Concilium omnia ei contraria compulit eum peragere; quomodo, eadem sancta Synodus memoratam epistolam susciperet, & condemnationi impietatis quæ in ea continetur se subiiceret, à qua Ibam liberare festinavit?] Ista autem quæ adeò Imperator inculcat, non ausum Ibam profiteri epistolam esse suam, quomodo subsistant, consule quæ

dicta sunt superiori tomo, ubi de rei gestæ veritate accuratissimè actum est.

XXXI. Sed quòd ità rem gestam esse putavit idem Iustinianus Imp. ibidem post multa subiicit ex ejusdem epistolæ Ibæ nomine editæ occasione, quòd doloso hæretici, ut Catholici haberentur, multa ponant quæ à Catholicis dici debent: ut cum in ea auctor confitetur in Christo naturas duas, unam verò personam, ut Orthodoxi profiteri solent: cùm tamen aliter vocem Naturæ atque Personæ ipsi accipere consueverint. Undè subiungit: Nihil autem mirandum, si vocabulo naturarum usus est scriptor impiæ illius epistolæ. Solent enim hæretici, ut simpliciores decipiant, vocibus quidem uti quæ ab Orthodoxis piè dicuntur, rectum autem eorum intellectum & expositionem ad suam impietatem transferre.] Rursùs verò adversùs easdem, qui Synodi esse dicerent cuncta quæ in Actis Synodi reperirentur, sicque inurere notam hac via videretur Concilio Chalcedonensi, quòd plura in eo reperirentur esse hæreticorum: his occurrens idem Iustinianus Imperator, post alia ista subiicit:

XXXII. Quæ enim de hæreticis proferuntur in Synodis, & pars Gestorum fiunt, non ad deliberationem inseruntur, sed ad majorem condemnationem eorum & qui eis similia sapiunt. Oportet autem etiam illud attendere eos qui veritatem perscrutantur, quòd forsan in Conciliis quædam à certis ibi convenientibus dicuntur aut per favorem, aut per contrarietatem, aut per ignorantiam: Nemo autem attendit ea quæ per partem a quibusdam dicuntur, sed sola illa quæ ab omnibus communi consensu definiuntur. Si enim aliquis secundùm illos voluerit attendere hujusmodi contrarietates, unaquæque Synodus invenietur se ipsam destruens. Propter hæc igitur oportebat eos, qui talem Concilium rectè susciperent, non tales blasphemias ei applicare, sed sequi doctores Catholicæ Ecclesiæ, &c.]

XXXIII. Ad postremùm autem de Theodoro damnando, cujus rei gratia omnia quæ eadem constitutione superiùs dicta sunt, præmissa videntur; ista addit Imperator post alia in hominis detestationem sæpiùs inculcata: Impio enim Theodoro (inquit) non suffecit super alias ejus blasphemias ad suum errorem malè interpretari symbolum trecentorum decem & octo sanctorum Patrum, sed etiam contempto eo, aliud symbolum exposuit omni impietate plenum, in quo anathematizare ausus est eos qui aliter sapiunt vel tradunt; ut quantum ad illius insaniam pertinet, omnes sancti Apostoli, & Patres condemnarentur. Hoc autem Theodori impium symbolum & in Ephesina prima Synodo prolatum, & in Chalcedonensi recitatum, ab utraque Synodo cum ejus expositore, & eis qui illud suscipiunt condemnatum est.

XXXIV. Quoniam autem quidam verba pro Theodoro facientes, cum proferunt impia ejus con-

conscripta, propter insertam eis blasphemiam, confingunt quidem dicere, quòd impia sint; ipsum autem, qui talem iniquitatem
evomuit, recusant anathematizare: miramur eorum dementiam, quòd divinæ Scripturæ contraria agunt, evidenter dicenti(a),
quòd æqualiter horribilia sunt apud Dominum impius & impietas: actio enim cum
auctore punietur. Si autem similiter impietati horribilis est Deo ille qui impiè agit,
certè separatus est talis à Deo, & anathemati justè subjicitur. Anathema autem nihil aliud significat, nisi à Deo separationem,
sicut in veteri & novo Testamento judicium
de anathmate significat. Quòd autem &
Dominus eos qui non permanent in verbo
veritatis ipsius, separatos esse ab Ecclesia
dicit; in Evangelio secundùm Joannem Judæos alloquens, sic ait (b): Omnis qui
facit peccatum, servus est peccati; servus
autem non manet in domo in æternùm.
Quòd autem Dominus nominat domum,
divina Scriptura Ecclesiam Dei vivi vocat;
id Apostolus testatur (c) in epistola prima
ad Timotheum.

XXXV. Si verò quidam dicunt, non oportere
Theodorum post mortem anathematizari
sciant qui talem hæreticum defendunt, quòd
omnis hæreticus usque ad finem vitæ in suo
errore permanens, justè perpetuo anathemati & post mortem subjicitur: & hoc in
multis hæreticis & antiquioribus & propio-
ribus factum est, id est, Valentino, Basili-
de, Marcione, Cherintho, Manichæo,
Eunomio, & Bonoso: hoc autem idem &
in Theodoro factum est & in vita accusato,
& post mortem anathematizato à sanctis Patribus: quibus si credere voluerint, ut hæretici ejus defensores, vel impiæ epistolæ,
quam ipsi defendunt, credant: quæ licet
Theodorum collaudet, manifestè tamen dixit, quòd in Ecclesia à sanctis Patribus anathematizatus est, & ex illo plurima inqui-
sitio facta est de ejus conscripta, utpotè
plenis impietate. Hoc autem tunc faciebant Catholicæ Ecclesiæ doctores, ne simpliciores legentes illius impia conscripta, à
recta fide declinarent.

XXXVI. Quòd autem impii, licèt non in vita ad
suam personam anathema susceperint, tamen post mortem anathematizantur à Catholica Ecclesia, ostenditur à sanctis Synodis. Nicæna enim Synodus eos qui impii
Arii sectam colunt sine nomine anathematizavit: quæ autem Constantinopoli congregata est, impiam Macedonii hæresim
similiter condemnavit, si tamen Dei sancta Ecclesia & post mortem Arium & Macedonium nominatim anathematizat. Cùm
autem ex multis probationibus convincuntur, quòd supervacuè & impiè agunt, qui
Theodorum & impietatem ejus defendunt,
ad aliam vanam occasionem confugiunt, dicentes non oportere eum anathematizari,
eò quòd in communicatione Ecclesiarum
mortuus est.

XXXVII. Oportebat autem scire eos, quòd illi moriuntur in communicatione Ecclesiarum,
qui commune pietatis dogma, quod in uni-

versali Ecclesia prædicatur, usque ad finem servaverunt; iste autem usque ad mortem in sua permanens impietate, ab omni
Ecclesia ejectus est. Itaque & omnis plenitudo Mopsvestenæ Ecclesiæ, in qua Episcopus dicitur fuisse, cum invenisset, quòd
Paganis & Judæis & Sdomitanis à sanctis
Patribus connumeratus est, deleverunt ipsi
ex illo de sacris Ecclesiæ Diptychis ejus nomen, sicut Gesta in eadem civitate apud
Concilium Episcoporum illius provinciæ
confecta ostendunt. Mirantur igitur Theodori sequaces, qui eum & impietatem ejus
tamquàm suam defendunt, cum Ecclesia, in
qua fuit Episcopus, utpotè hæreticum, præ
multis temporibus eum ejecit.] Hæc & alia
Imperator, subjiciens plura exempla, quibus patere & damnari & absolvi consuevisse mortuos, qui viventes vel damnari vel
absolvi meruissent. Atque demùm ejusmodi contestatione finem imponit ipsi
quam de fide constitutionem conscripsit.

XXXVIII. Si quis igitur post ejusmodi rectam confessionem & hæreticorum condemnatio-
nem, salvo manente pio intellectu, de
nominibus, vel syllabis, vel dictionibus
contendens, separat se à sancta Dei Ecclesia, tamquàm non in rebus sed in solis nominibus & dictionibus posita nobis
pietate; talis, amator dissensionibus gaudens, rationem pro semetipso & pro de-
ceptis & decipiendis ab eo reddet magno
Deo & Salvatori nostro Jesu Christo in die
Judicii.] Hactenus Justiniani de fide Catholica promulgatum edictum, non ob
aliam causam (ut vult Liberatus) quàm ob
æmulationem Theodori Cæsariensis in Pelagium diaconum, qui Origenem damnari curasset.

XXXIX. Antequàm autem ulterius de his progrediatur oratio, hic ad limen monendum putamus lectorem, quòd etsi demùm post obortas plurimas controversias, immensaque
parta dissidia Catholica Ecclesia sententiam
Justiniani Imperatoris contra Tria capitula sit secuta; tamen hoc ipso exordio propo-
sitæ quæstionis, immò asserta ab Imperatore sententiæ, contra eadem Tria capitula complures Orthodoxi, immò & ipse
Vigilius Romanus Pontifex, quasi vindices
Chalcedonensis Concilii, in cujus præjudicium ea viderentur ab Imperatore sancita, insurrexere. Is autem perspicuè plenèque cognitum fuit, nequicquam derogatum sacrosancto Concilio Chalcedonensi per damnationem Trium capitulorum,
ipsa in primis Apostolica sedes eam Imperatoris edicta primùm promulgatam & posteà per Quintam Synodum confirmatam
assertionem probavit atque retinuit, itum-
que est à Catholicis omnibus in eamdem
sententiam cum Quinta Synodo habita
Constantinopoli, & cum ipsis Romanis
Pontificibus, aliisque Apostolicæ sedi communicantibus. Qui verò posteà ab his dis-
sensere, ut schismatici habiti sunt atque
rejecti: cum tamen intereà ante novissimum Apostolicæ sedis assensum non esset
piaculum pro Tribus pugnare capitulis, cù
præ-

Margin notes:

a Sap. 14.
Excomuni-
catus Theo-
dorus.

b Joan. 8.

c I. Tim. 3.

XXXV.
Post mor-
tem etiam
potest in-
digi Ana-
thema.

XXXVI.
Damnati
post mor-
tem hære-
tici.

XXXVII.
Theodo-
rus à sua
Eccl. dam-
natus.

XXXVIII.
Contesta-
tio Imp.

XXXIX.
De tribus
capitulis
summa.

praesertim in ea assertione habuerint aliquandò quem sequerentur ipsum Vigilium Romanum Pontificem.

XLI. Quo etiam tempore qui Tria capitula defendebant, pugnare se æquè pro Synodo Chalcedonensi, praetulerunt, cum nihil vellent de eodem sacrosancto Concilio imminutum: nec ita impugnabant Imperatoris edictum illud adversùs Tria capitula datum, ut errores dogmaticos, qui sive in Theodoro, sive in Iba, vel Theodoreto jure condemnabantur, defendendos putarent; respuabant enim & ipsi eorum errores & execrabantur: sed erat ab istis pro personis instituta defensio, nempè contendentibus non esse damnandum Theodorum Mopsvestenum, quem indemnatum à Patribus constaret esse in Catholica communicatione defunctum; neque Ibam, vel Theodoretum, quos damnantes haereses Chalcedonensis Synodus recepisset; neque facessendum negotium mortuis dictabant, quos in pace Ecclesiae esse defunctos, nec ab ea fuisse rejectos, probari posset. Sic igitur isti pro Tribus pugnantes capitulis, nequaquam defendebant (ut dictum est) quae dicebantur repertae haereses in commentariis Theodori, neq; errores in epistola Ibae enunciative insertos, vel anteà jà improbata scripta Theodoreti adversùs duodecim Cyrilli capitula, quae omnia ipsi etiam respuebant, retinentes pariter quaecunque in sacrosancti Concilii Chalcedonensis Actis esse invenirentur; & defendentes licet epistolam Ibae, nequaquam blasphemiis in ea relatis patrocinabantur: cum tamen istud omnes adversùs Justinianum Imperatorem tanta sibi in Ecclesia Catholica arrogantem, atque edicto ab eo promulgato simul adversarentur: quo nomine (ut dictum est) inter alios ipse Facundus Hermianensis in Africa Antistes scripsit adversùs eumdem Imperatorem pro Trium capitulorū defensione opus edidit.

LXI. Porrò defensores isti laudati aliquandò
Defensorū sunt, cum quem sequerentur haberent Vi-
trium Capi- gilium Romanum Pontificem; interdum ve-
tul. triplex rò tolerati, cum de hujusmodi controversia
status. quid sancta Synodus definiret, expectarentur; reprobati autem tunc penitùs, ubi damnante Tria capitula Quinta Synodo, & eam probante Vigilio, atque successoribus Romanis Pontificibus, ipsi ab eo animis obstinatè resilierunt. Haec est summa totius historiae, immò tragoediae, utpote per quam plurima damna Ecclesiae Catholicae noscantur illata, quae tu ipse plorabis, cum legeris. His autem summatim ingestis, quorum meminisse debes, prosequamur jàm suo ordine coeptam historiam, & in primis de Justiniani Imperatoris conatu in edicto illo promulgando, eodemque ab adversariis in deteriorem partem accepto, atque proindè rejecto.

XLII. Cum ergò ea omnia velamento quodam
a Facund. pacis agerentur, factum est ut animosius ab
pro defens. Imperatore Episcopis subscribenda ingere-
Cap.lib.1. rentur. Nàm de unione promissa ista Facundus (a): His igitur ità fraudulenter a-
gentibus, ac nescio quam promittentibus unitatem, quae si etiam sequeretur, confusio potiùs dicenda esset, &c.] Sed justitia, etsi tamen acriùs, dùm inferius in Zenonem perfidum Imperatorem invehitur, qui impia illa excogitata unione, de unitate pariter impium elim promulgavit edictum, ipsum Justinianum Imperatorem coarguit atque perstringit, ubi post multa (b): Etiam aliud deterius addens, ait, quòd sanctae quae ubiquè essent Catholicae Ecclesiae, & qui eis praeessent Deo amabiles sacerdotes, non aliter deberent credere: quasi omnium fides Ecclesiarum ex ejus voluntate penderet, & nemini liceret aliter credere, quàm praeciperet Imperator. Videbat (ut arbitror) quosdam timidos, vel rerum temporalium cupidos, sibi favere, & ex illis caeteros existimabat: quibus etsi vocem contradictionis abstulerat, animum certè mutare non potuit. Nec enim ampliùs aliquid mundi potestas valet in his quos à libera fidei assertione retraxerit, nisi ut in illud incidant, quod Dominus ait (c): Qui me erubuerit & meos sermones, hunc Filius hominis erubescet, cum venerit in majestate sua * & Patris & sanctorum Angelorum. Aliquod ergò jus mundana potestas Ecclesiae valet auferre, nullum sibi tamen acquirere. Meliùs ergò est, ut semet intrà limitem suum contineat: quem cum transgreditur, perdere multos potest, lucrari neminem. Nàm & suas habent officinas vel artifices, omniaque ex proposito doceri videmus. Numquàm enim de textrina personare incudes audivimus, & ignem illic in fornacibus anhelare. Numquàm comperimus à sutore quaesitum quae cujusque fabrica proportio ederet latitudinis convenire, & quàta utrisque conveniens congrueret altitudo: quoniam illa integrè scire possunt, quae ab ipsis artis sunt praeceptoribus instituta scholae.] Haec licet in Zenonem ab ipso esse videantur dicta, in Justinianum tamen vult retorqueri; qui cum esset penitùs illiteratus, eruditus tamen sibi arrogaret de fide Catholica edere sanctiones, quas dolosè conscripsissent haeretici. Pergit verò Facundus:

In contemptu illiusq; divinae litterae, quae nec suam scholam nec magistros habeant, ut de quibus peritissimè disputare se credat, qui numquàm didicit. Deinde cum Palatii causae transferantur ad Ecclesiam: quomodò Ecclesiae causam ad Palatium transferebat? Postremò, numquid jàm domuerat, vel pacaverat omnes infensas Reipublicae barbaras nationes jàm per universas Imperii sui provincias seditiones ac seditionum causas abstulerat? jàm cunctis criminalium, sive civilium causarum, qui illis conveniens, dederat finem? Cum ergò his non sufficeret, quibus nemo sufficere potest: quomodò si cogitaret tanta loci sui pericula, & de omnibus se rationem crederet redditurum, etiam periculis se alienis immergeret?]

En quàm bellè sed argutè magis Facundus in Zenonem intendens jacula, eadem in Justinianum ex peritia bellicae artis vibrat: quippe qui (ut etiam damnat Procopius) cum undi-

Margin notes (right):
In Zenone redarguitur Justinianus.

b Facund. pro defens. Cap.lib. 2. in fin.

c Luc. 9.

*in praesentia

XLIII. Non esse Imp.sancire leges Ecclesiae

XLIV. Facundus perstringit Justin.

undique ingruerent bella & feditiones, ipfe tamen totus effet intentus difputationibus divinæ Scripturæ. Quantum, rogo, ipfi in h is temporis infumendum fuit, ut, qui nec prima elementa calleret ut legere poffet, ejufmodi perplexas quæftiones vel faltem leviter intelligeret? quàmque facilè, ut non auditis quæ obiicerentur ab adverfariis, in fuam eum fententiam traherent, qui jàm ejus præoccupaffent aures? At quis in tantum difcriminen fidem Catholicam adducendam effe cenfeat, ut qui ejufmodi effet, & de fide leges fanciret, univerfam Ecclefiam Catholicam eifdem parere obligaret? Hoc addidiffe voluimus ad roborandâ Facundi fententiam, qua cû Vigilio tûne Tria capitula defcfebat.

XLV.
Adulatio Imperatores dementat.
Sed unde ifta mala in ipfum provenerint Juftinianum etiam fub Zenonis perfona idê auctor declarat, cum hæc addit: Ad hoc autem deteftandum facinus adulantium laudibus eum credimus excitatum, cum ei dicerent quemadmodum folent; quòd omnes fuos decefores fapientia & religione præcelleret; quòd nullus ei poffet in univerfa qui effent vel fuiffent Dei facerdotibus comparari. Quibus ille credulus, exiftimavit per fingularem fapientiam, quam ei præter affentatores nemo tribueret, invenire fe poffe rationem faciendæ unitatis, quam nullus antè per tot tempora potuerit invenire.] Hæc & alia prudentiffimus Ecclefiafticus agoniftes Facundus, cum inter Catholicos militans, ea fcriberet, jubente Vigilio Catholicæ fedis Antiftite, imprudentem Juftiniani conatum fugillans, atque fimul omnes Principes illos arguens, qui immifcentes fe fidei cauſæ, tantum fibi fumunt, ut non vereantur legem credendi præfcribere Chriftianis.

XLVI.
Stephanus Apocrifarius reftitit Imp.
Imperator igitur fimul ac de fide tale promulgavit edictum, fciens ejufmodi conftitutiones nullarum virium effe, nifi ab Epifcoporum fubfcriptione auctoritatem acciperent; primum omnium Apoftolicæ fedis Apocrifarium ibi degentem Stephanum diaconum, ut id faceret, vehementer rogavit: fed tantum abeft ut illum ad id præftandum impellere potuerit, ut eumdem maximum fuis conatibus expertus fuerit adverfarium, ficut & Dacium Mediolanenfem Epifcopum, qui tûnc item apud Conftantinopoli iidem verò Vigilium Romanum Pontificem monuerunt abfentem. At non fic quidem Orientales Epifcopi, qui five blandritiis, five terroribus compulfi, magna ex parte Imperatori cefferunt, licèt iidem fient anteà, ità & pofteà facinus fuerint deteftati. Nàm audi, quæfo, quid de Patriarchalium fedium Epifcopis idem Facundus fcribat: Illud eft infuetum, illud mirabile; illud in quo magis vi veritatis apparet, quòd ipfos quoque præfumptores internis confcientiæ ftimulis fateri coegit, ad deftructionem Concilii Chalcedonenfis hæc fuiffe confcripta.

XLVII.
Mennas E. C. pif. fubfcri. bit invitus.
Nam primus infirmaret eorum Mennas Conftantinopolitani Epifcopus cum adpif. fubfcri. huc tentaretur fcripto (ficut præceptum fuerat) præbere confenfum; contra Sy-

nodum Chalcedonenfem fieri, proteftatus eft. Sed & poftquàm confenfit, à prædicto venerabilis memoriæ Stephano Ecclefiæ Romanæ diacono & Apocrifario conventus: cum priori fententiæ fuæ contrarius acquievit his quæ antè culpaverat, & de quibus fe nihil acturum fine Apoftolica fede promiferat; fub ea fe conditione ceffiffe, juratum fibi fuiffe refpondit, quòd chirographum fuum reciperet, fi hæc Romanus Epifcopus non probaret.] Hæc de Menna Facundus: ex quibus intelligas Apoftolicæ fedis fummam auctoritatem, cujus arbitrio quæ effent ab Imperatore ftatuta & à Patriarchis fubfcripta, validanda relinquerentur, caritura robore & auctoritate, fi ipfius Romani Pontificis approbatione carerent. Sed quæ cum aliis Patriarchis tunc tranfacta fuerint, ex eodem auctore cognofce, qui paulò poft ifta fubjungit per antiphrafim:

Quis porrò auctoritatem contemnere poffit iftorum? Quis dubitet talium fequi fententiam, vid.ns quàm liberè ab his & intrepidè veritas prædicatur? Zoïus quoque Alexandrinæ urbis Antiftes cum Romanum Epifcopum venire cognofceret (quod contigit anno fequenti) obviam illi ad Siciliam mifit, conquerens fe ad ipfius decreti affirmationem fuiffe compulfum. Quod hic ei, poftquàm venit, idem Romanus Epifcopus in facie palàm, multis quoque inter aliqs præfentibus, exprobravit. Necnon Ephremius Antiochenus, cum primùm ei mandaretur, ut hoc etiam ipfe fubfcribendo firmaret, confentire noluit. At poftquàm ei denunciatum eft, quòd excludendus effet, nifi faceret, fui potiùs honoris, quàm veritatis dilector inventus eft. Quid autem Petrus Hierofolymitanus? nonne publica notitia refert, quoniam conveniens ad fe multitudine monachorum, juratus pronunciarit, quòd fi quis eidem decreto monitus confentiret, contra Chalcedonenfe Concilium faceret: nec tamen fe ab ejus confenfione fufpendit? Hoc autem velut hæreditarium de prævaricatione primæ illius mulieris cognovimus effe contractum, quæ priùs interdictum fibi fuiffe refpondit, ne de ligno, quod erat in medio paradifi, comederet: & poftea quod ipfa illicitùm pronunciaverat, ufurpavit, ac viro uf comede. ret, perfuafit. Et quid dicemus ad hæc? nifi quod Dominus dixit: Verumtamen veniens Filius hominis, putas inveniet fidem fuper terram?

XLVIII.
Tres Patriarchæ fubfcribût nolentes.

XLIX.
Quid Epifcopi aliarum civitatum.
Jàm verò de aliarum civitatum Epifcopis quid loquamur? Qui & cum fubfcribere compellerentur, palàm reclamaverunt, contra magnam Synodum fieri: & poft fubfcriptionem memorato Stephano Romano diacono libellos dederunt, fedi Apoftolicæ tranfmittendos, confitentes in eis, quòd à Conftantinopolitano Epifcopo coacti fubfcripferint. Qui fi à veftra pietate quærantur, poterunt & apud vos noftris affertionibus atteftari. Unde non folùm ipfi qui hæc fecerunt, fed & illi etiam qui facientibus communicando confentiunt,

de

de ignorantia semetipsos excusare non possunt, & frustrà dissimulant, frustrà se dicunt nescire quod factum est, sive lucra temporalia diligentes, sive gratis suas animas negligentes. Cui enim non sufficiat ad cognoscendum causæ meritum sola confessio transgressorum & verbis publicè facta & libellis exposita ?] Cum intereà ipsum Vigilium consulere non prætermiterent.

L.
a *Facund. pro defens. Cap. lib. 2.*

b *Facund. pro defens. Cap. lib. 4.*

c *Facund. lib. 1. Ab Origenistis hoc malū, processit.*

Quid autem excusando se quòd Justiniano Imperatori paruissent, illi dicerent, idem Facundus superius sic ait (a) : Adhùc dicant, quòd de tanta sua præsumptione Ecclesiam quoque Romanam consuluerint, & sententiam beati Vigilii Præsulis adhùc expectent.] Hæc ipse; qui post multa subdit (b) & de Domitiano Episcopo Metropolitano Ancyræ in Galatia, qui Origenista cum esset, scripto tamen libello ad Vigilium Romanum Pontificem, ingenuè professus est, Origenistarum studiis ea fuisse ab Imperatore contra Theodorum Mopsvestenum & alios adversùs Synodum Chalcedonensem promulgata: ait enim (c) : Quia per instantiam tuæ religionis ejusdem profani dogmatis (*Origenis scilicet*) iterata damnatio est; hinc ejus sectatores exarserunt adversùs Ecclesiam querentes eam quacumque possent immissione turbare. Et hoc totum publicam notitiam non effugit. Præsertim cum & Domitianus Ancyrensis quidem civitatis Episcopus provinciæ Primæ Galatiæ, qui fuit ipsius Origenianæ hæresis manifestus assertor per libellum quem ad beatum Papam Vigilium scripsit, Deo extorquente, confessus est, quòd ejus complices Origeniani cum viderent non se posse proprium dogma defendere, neque sibi quicquam spei de conflictu restare; ad ultionem eorum quæ contra Origenem gesta sunt, hæc Ecclesiæ scandala commoverunt.] Hæc Facundus, qui & inferiùs ejusdem Domitiani verba in libello fusiùs scripta recitat. Sed de his modò satis, quòd ex Liberato diacono eadem superiùs fuerimus prosecuti, hic verò occasione libelli ad Vigilium missi oportuit repetisse.

LI.
Studia Pelagii & Anatolii Diaconorum.

d *Facund. pro defens. Cap. lib. 4.*

Sed qui fuerint hoc eodem tempore Occidentalium conatus adversùs ejusmodi Justiniani Imperatoris promulgatum de fide decretum, videamus. Pelagius Romanæ Ecclesiæ diaconus simulàc Constantinopoli reversùs hoc anno in Urbem est, contra ejusdem Imperatoris de fide sancitum edictum classicum cecinit, & cùm alios, tùm etiam Africanos Episcopos armare conatus est: qui enim (ut ex Liberato diximus) hostis erat & acerrimus impugnator Origenistarum, & adversarius Theodori Cæsariensis, adversùs eadem inventa magno animo insurrexit unà simul cum collega Agnatolio: de quibus pauca tantùm hæc, unde multa valeas intelligere, ex Facundo (d) dicemus, quæ sic se habent: Non ergò civilis hæc causa credenda est, vel talis quæ pro Ecclesiarum pace ferenda sit, sed quæ meritò judicetur contra ipsius Catholicæ fidei statum hæreticorum subreptione commota; pro qua parte maxima orbis Christiani, quæ potuit, pri-

A mum inter primos Christianos sacerdotem, *nempe Vigilium*, publica contestatione pulsavit: & Romana quidem universitas atque Africa, priusquàm ipsius Romani Antistitis acceperimus epistolam, non parvo jàm agnoveramus judicio, quid de hujus facti novitate sentirent.

LII. Africani Episcopi resistunt Imperatorii.

Nàm venerabilis Pelagius & Anatolius Romani diaconi debitam officio suo & loco solicitudinem pro Ecclesia Dei gerentes, laudabilis in Christo memoriæ Ferrando diacono Carthaginensi scripserunt, ut habito de hac causa diligenti tractatu cum reverendissimo ejusdem Ecclesiæ Carthagi-

B nensis Episcopo, vel aliis, quos & zelum fidei & divinæ Scripturæ scirent habere notitiam, consulentibus responderent, quid observandum in commune omnibus videretur.] His ab Ecclesiæ Romanæ diaconis acceptis litteris, Ferrandus diaconus Carthaginensis facere minimè prætermisit quod fuit injunctum : quamobrèm omnes ejus sententiæ invenit Africanos Episcopos, ne Imperatoris decretum in aliquam acciperetur auctoritatem, ner quicquam penitùs de ipso Chalcedonensi Concilio pertingendum. Hæc cum Facundus testetur; memineris quod superius, dùm de Ferrandi scriptis mentio facta est, jàm diximus scriptam fuisse ab eo ad Pelagium & Anatolium Romanæ Ecclesiæ diaconos eo argumento epistolam, quæ desideratur. At quæ eo tempore de his scripta epistola Pontiani Episcopi

e *Extat Cō- cil. tome. 1. inter Ep. Joan. Papæ.*

Africani ad Imperatorem conscripta videamus, quæ sic se habet (e) :

LIII. Pontianī Episcopi Afric. ad Justinianum epistola.

Clementissimo ac piissimo filio Justiniano Imperatori Pontianus Episcopus in Domino salutem.

Principaliter nomen ab ipsis incunabulis justitiæ suscepisti : & justus Dominus qui jita præstitit, ut nomen ante justitiæ tribueret, cui Imperii postmodùm gubernacula

C contulisset. Adunata est igitur gratia Salvatoris non solùm in nomine, verùm etiam in merito, cujus vita exaltata est imperando, & Imperium justè vivendo. Dignatus es nos in Africanis partibus commorantes litteris admonere, qualem fidem teneas & defendas. Cognovimus quod Dominus B. Petro statuit dicens (f) : Super hanc Petram ædi-

ficabo Ecclesiam meam, & portæ inferi non prævalebunt adversùs eam : & tibi dabo claves regni cælorum. Exultavit spiritus noster, hoc firmiter te piissimè esse Imperator, quod Apostolica sides prædicat, credentes quòd à rectæ credulitatis tramite non declines. Talem enim decet esse Impera-

D torem, pium, justum, fidelem, qualem te nos esse cognovimus.

LIV. Non putat damnandos mortuos.

In extremo itaque epistolæ vestræ cognovimus, quod nos non mediocriter remordet, debere nos Theodorum & scripta Theodoreti & epistolam Ibæ damnare. Eorum dicta ad nos usque nùnc minimè pervenerunt . Quòd si & pervenerunt, & aliqua ibi apocrypha, quæ contra sidei regulam sint, legerimus; dicta possumus respuere, non auctores jàm mortuos præcipiti condemnatione damnare. Quòd si adhùc

E vive-

rinerent, & correcti erroribus suum non con-
demnarent, justissimè damnarentur. Nunc
autem quibus recitabitur sententia damnationis nostræ? Quod in eis recorrigatur,
non est. Sed timeo, piissime Imperator,
ne sub obtentu damnationis istorum, Eutychiana hæresis erigatur; & dùm minimè
judicia non spernimus, ad majorem hæresim collisionemque veniamus. Et quid nobis cum mortuis inire bellum, ubi nulla invenitur in congressione victoria? Apud judicem verum jàm tenentur, à quo nullus
appellat. Per ipsum, inquo nos honora-
tia & diligitis, supplicamus clementiam
tuam, ut pax permaneat temporibus tuis,
ne dùm quæris damnare jàm mortuos, multos inobedientes interficias vivos, & exindè compellaris reddere rationem ei qui venturus est judicare vivos & mortuos.] Hucusque ad Imperatorem Pontianus ex Africa, cum illuc missum hoc anno ab ipso Justiniano fidei decretum Episcopis Africanis innotuisset: cujus autem sedis iste Episcopus fuerit, ignoratur. At illud opinari facilè quisque potest, quod ab eo factum est,
id ipsum ab aliis Episcopis diversarum regionum minimè prætermissum: nàm liquet
omnes fidei Catholicæ professores simùl
adversùs ejusmodi novitatem insurrexisse,
vindicesque se Chalcedonensis Concilii
exhibuisse.

L. V.
Imp. Con-
stant. accer-
sit Vigiliū.

At quid inter hæc Imperator? Cum cerneret primarum sedium Orientalium Episcoporum, præcipuè verò Mennæ Constantinopolitani Episcopi suspensam esse sententiam
ad Vigilii Papæ arbitrium, & ex ejus voluntate pendere: existimavit necessarium fore,
ipsum Romanum Pontificem Constantinopolim convocare; quod fecit hoc anno, ipsum summa celeritate venire rogans. Nec
remoratus quidem ipse. Vigilius fuit, qui
hoc item anno recessit ab Urbe, & se contulit in Siciliam, ubi hiemavit. Sed tùm ex his
quæ ex Facundo dicta sunt, tùm ex hia quæ
dicentur ex Procopio, ambobus hujus temporis scriptoribus, aperti mendacii redarguitur Anastasius, dùm alias profectionis
Vigilii Constantinopolim causas asserit, atque subtractum violenter ab Urbe, infecta-
tumque jurgiis & blasphemiis tradit. Porrò,
res adeò ignominiosa minimè latere potuisset res suorum temporum accuratissimè pro-
sequentes auctores.

L. VI.

Cæterùm cum non alia causa præcessisse
cognoscatur profectionis ipsius Vigilii Papæ Constantinopolim; oportuit eum summo
cum honore ab Imperatore vocatum esse, ne
ipse adversans inofficaces, redderet omnes
ejus de promulgato de fide decreto conatus.
Sciens enim (quod dictum est) præcipuos
Orientis Episcopos ex Romani Pontificis
definitione pendere; eum sibi, quibus valuit, studuit conciliare blanditiis, ut quæ dicturi sumus quàm perspicuè demonstrabunt.

Non rece-
dendum ab
urbe Pon-
tificibus.

Cæterùm Vigilii Papæ Constantinopolim
profectionem magnum intulisse Catholicæ
Ecclesiæ damnum, declararunt eventa; quæ
& significarunt, quàm prudenter egerint
prædecessores Romani Pontifices, ut sanc-

A

ctus Leo & alii, qui vocati sæpè ab Orthodoxis, licèt Imperatoribus, in Orientem,
numquam passi sunt ab ipsa fixa Romæ sede
divelli. Obfuisse haud modicùm usu rerum
reperitur Pontificum ab Urbe profectio ad
Comitatum, cum Imperatorum sive blanditiis sive minis, contrariis hisce ex adversò pugnantibus ventis, exposita sæpe noscatur magno periculo Petri navicula, cujus
clavum immobilis sedens Romanus Pontifex tutius teneat.

LVII.

Hoc igitur anno, qui (ut dictum est) à
Procopio undecimus belli Gothici numeratur, Vigilium Papam Roma recessisse
Constantinopolim profecturum, & in Siciliam pervenisse, idem affirmat: ubi Dacium
Mediolanensem Episcopum Constantinopoli venientem obviam habuit, & legatum
suscepit ab Ephræmio Episcopo Antiocheno missum, à quibus cuncta quæ Constantinopoli gesta essent, exploratiùs intellexit. Quid autem egerit ubi ea omnia comperta habuit, à Facundo accipe, cum ait:
(a) Hoc est autem mirabile, ut postquàm
horum condemnationem fecerunt, dicerent
quòd Ecclesiam Romanam consulerent, & c
sententiam Vigilii ejus Præsulis expectarent; cui, quantum ad illos attinet, non
permiserunt censere quod senserit, antè statuentes, ut si quis Theodorum Mopsvestenum cum suis dogmatibus & epistolam venerabilis illæ non anathematizat, sit anathema. Sed ecce jàm veniens, ex itinere,
quod ei videbatur edixit, & facti hujus an-
ctori correctionem tumultuariæ suæ transgressionis indixit; & nisi citius quod malè
factum est, auferretur, etiam vindicaturum
se esse prædixit, protestans & dicens, cum
Apostolo & Timotheo (b); Ne forte cum
venero, non quales volo inveniam vos, &
ego inveniar à vobis qualem non vultis.]
Erant hæc scripta in epistola quam Constantinopolim Vigilius misit, quam etiam
iisdem præcurrentibus legatis dedit ad Imperatorem, ne quid innovari pateretur;
nàm subdit idem Facundus:

a Facund.
pro defens.
Cap lib. 4.

Vigilius
Papa quid
commina-
tur in No-
vatores.

b 2. Cor. 12.

Præter quòd & à vestra clementia summis precibus, summoque adnisu per suos
legatos petiit, sicut sunt venientem divar-
sæ provinciæ contestatæ sunt, ne patiamini stare quod factum est; tale, siquidèm ipsius facti, crimen esse judicavit, à
illo Doctoris Gentium testimonio diceret
arguendum, quòd discipulo Timotheo scribens, dixit: Depositum custodi, devitans profanas vocum novitates, & oppositiones
falsi nominis scientiæ, quam quidam promittentes, circa fidem exciderunt. Quid
ergò adhuc quæritur, utrùm contra fidem
& Synodum Chalcedonensem factum fuerit (quod dolemus) quando ille, cujus
dicebatur expectari sententia, profanas
vocum novitates & oppositiones falsi nominis scientiæ, quam quidam promittentes circa fidem exciderunt, in ipsius
facti auctorem sibi * vendicaverat arguen-
das? Denique etiam beatum Dacium Mediolanensem Episcopum, quem hinc reversum in Siciliam vidisse perhibuit & alios
con-

LVIII.
Quæ Vigi-
lius Con-
stantinopo-
lim scripse-
rit.

* ibi

ronfacerdotes fuos, fed venerabilis memoriæ Stephanum folum, quem Romanæ Eccle-fiæ, cui per Dei gratiam præfidet, hic habuit refponfalem, & per miffos * Eccle-fiæ fuos approbavit, quòd & pro hac cau-fa à venerabilis Mennæ hujus regiæ urbis Epifcopi communione fufpenderit, & eos qui ei communicaverant, fub debita fatif-factione fufceperit.

LIX.
Multæ pro-vinciæ cô-teftatæ funt Vigilium Pap.

Quod non faceret nifi contrarium Sy-nodo Chalcedonenfi, quod factum eft, fi-cut & alii, judicaret: non autem folos quos commemoravimus fanctos & venera-biles viros hoc fecum judicaffe monftra-vit, quandò non tacuit, quòd Romana quoque univerfitas egredientem, quòd ve-nientem Africa, atque etiam Sardinia, quamquàm non per eas tranfierit, per ipfius tamen confiliarium publica eum conteſta-tione pulfaverint, ficut Hellas & Illyri-cus provinciæ, per quas venit; ut nulla-tenùs novitati, quæ facta eft, acquiefcat. Non ergò civilis hæc caufa credenda eft, nec talis quæ pro Ecclefiarum pace feren-da fit, fed quæ meritò judicaretur contra ipfius Catholicæ fidei ftatum hæretico-rum fubreptione commota; pro qua parte maxima orbis Chriſtiani, quæ potuit, pri-mum inter primos Chriſtianos facerdotem publica conteſtatione pulfavit: & Roma-na quidem univerfitas atque Africa, priuf-quàm Romani Antiftitis acceperimus epi-ftolam, non parvo jàm agnoveramus in-dicio, quid de hujus facti novitate fen-tirent.] Hactenùs Facundus de Vigilii Papæ rebus geftis hoc anno, antequam pervenerit Conftantinopolim, quod fe-quenti anno contigiffe, fuo loco dice-mus.

LX.
à Procop. li. 3. de bel-lo Goth. Vigilius è Sicilia tri-ticum mit-tit in Ur-bem.

Porrò ipfum Vigilium diutiùs manfif-fe in Sicilia, indéque laboranti fame Ur-bi frumentum mififfe, Procopius teſta-tur, ubi ait (4): Per idem tempus Vigi-lius urbis Romanæ Præful, cum in Sici-lia effet, magnum navium numerum fru-mento complet, & Romam tranſmittit, ratus omninò Urbem tutò adire hos pof-fe, qui onera navibus imponarent. Qui utique cum Romanam ad Portum curfum tenerent, hoftes eorum adventum percogni-to, paulò antè priores ipfi cum in Portum veniffent, intrà muros deliterunt, ut eò, naves jàm defcendentes nullo negotio ca-perent. Sed hos, qui in mœnibus erant cu-ftodes mòx confpicati, è propugnaculis vefte altiùs agitata, fignum nautis ad fe navigantibus dabant, ne ultrà progrede-rentur, fed aliò quòcumque poffent verte-rent vela. Illi verò prodito figno non in-tellecto, fed rati potiùs, qui in Portu erant, Romanos præ gaudio ex fuo adven-tu alacres factos id fignum dediffe, féque ad Portum ineundum hortari; profpero ac præfenti afflante.his vento, intrà Portum celerrimè cum navibus pervenerunt, in quibus Valentinus Epifcopus quidam cum Romanis plerifque aliis navigabat. Tùnc barbati ex infidiis confeftim exorti, na-ves omnes, nemine defendente, mòx ca-

ptunt, Epifcopum cum Romanis compre-henfum ad Totilam ducunt, cæteros ve-rò obtruncant; & cum oneribus naves re-muleo trahentes eveſtigiò abeunt. Toti-las interea cum Epifcopum quid fibi jàm vellet rogaffet, & mendacii apertiùs con-vinciffet, utrafque illi manus præcidit.] Hæc Procopius,qui de longa Vigilii in Si-cilia mora, deque profectione ipfius anno fequenti Conftantinopoli agit.

LXI.
Vigilius or-dinationê in Sicilia habet.

Porrò oneraffe naves Vigilium ex Ec-clefiæ frumento, poffumus intelligere y quòd conftet ampliffimum fuiffe Romanæ Ecclefiæ in Sicilia patrimonium, ut ex fan-cti Gregorii epiftolis liquet. Quod au-tem ad Valentinum Epifcopum pertinet; hunc fuiffe Epifcopum Silvæ Candidæ,alio titulo fanctarum Ruffinæ atque Secundæ, Anaftafius tradit, miffumque à Vigilio in Urbem, ut ibi Vicarius confideret, affir-mat: quem reverfum ad Vigilium Con-ftantinopoli jàm agentem, quæ poſtea di-rentur, oſtendent. Ad hæc infuper addit Anaftafius, ipfum Vigilium in Sicilia com-morantem, Catanæ ordinationem habuif-fe menfe Decembri, ordinaffeque presby-teros atque diaconos, ex quibus Romam mififfe Ampliatum presbyterum Vicedo-minum fuum, Valentinum verò (quem di-ximus) ad cleri gubernationem, utque lo-co Pontificis Vicarius ibi degeret in ædibus Lateranenfibus. Dùm verò fubdit, in vi-gilia Natalis Domini eundem Pontificem pervenifse Conftantinopolim, ex dicen-dis è Procopio mendacii redarguitur. At hic finis omnis erit rerum geftarum hujus anni Vigilii Romani Pontificis. Cæterum an-nis fingulis inchoatæ tragœdiæ Actus tu-Quofi inferuntur in fcenam conctis fpe-ctandi. Quæ verò reliquarum hujus an-ni rerum geftarum narratio fupereſt, pro-fequamur.

Hoc eodem anno, cum Attanius Are-latenfis Epifcopus ex hac vita migraffet, in locum ejus fubrogatus eſt Aurelianus,quem Vigilius fuum decrevit effe Vicarium. Epi-ftola autem ulnc ad eum fcripta ab ipfo Romano Pontifice fic fe habet:

Dilectiffimò fratri Aureliano Vigilius:

LXII.
Vigilii Pa-pæ Epifto-la ad Aure-lian.Epifc. Arelat.

Administrationem vicium noftrarum fra-ternitati veftræ animo libenti committi-mus, & credimus charitatis veftræ officio actibus Deo placitis diligenter univerfa compleri, quandò & fummi facerdotii con-fortio vos dignos divina effe gratia judi-cavit, & gloriofifsimi Childeberti Fran-corum Regis Chriftiana & Deo placita in perhibendo vobis teſtimonium voluntas acceffit. Quapropter vices noftras veſtræ charitati hac auctoritate committimus, ut univerfa quæ deceſforum noſtrorum vel ca-nonum ſtatuta fanxerunt, Deo congruis operibus faciendo atque fervando; & no-ftrum & prædicti gloriofi Regis judicium circà charitatem tuam rectum fuiffe pofsis oftendere. Sacrarum enim Scripturarum nos docet auctoritas, quia Chriftus Deus & Dominus Salvator nofter priùs univer-fa quæ bona funt facere voluit, quàm do-cere:

core: scriptum est enim (a): Primùm quidem sermonem feci de omnibus, ò Theo-
phile, quæ cœpit Jesus facere & docere,
usque in diem qua præcipiens Apostolis
per Spiritum sanctum, quos elegit, assumptus est. Item quid commonendo Timotheum Doctor Gentium dicat Apostolus, fraternitatem tuam semper ante oculos habere confidimus ait enim (b): Confortare in gratia, quæ est in Christo Jesu: & quæ audisti à me per multos testes,
hæc commenda fidelibus hominibus, qui
idonei erunt & alios docere. Et item ipse
(c): Solicità cura te ipsum probabilem
exhibere Domini operarium, inconfusi-
bilem, rectè tractantem verbum veritatis. Et iterum (d): Labora. sicùt bonus miles Christi Jesu. Intellige quæ dico: dabit enim tibi Dominus in omnibus
intellectum.

LXIII. Si quam ergo inter fratres diabolus humani generis hostis antiquus zizaniam se-
minaverit callidatæ nequitiæ consue-
tæ, aut de aliquo sacerdote fraternitatis tuæ, servatis majorum per omnia constitutis, fuerit querela deposita; adhibitis tibi fratribus & Coepiscopis secundùm qualitatem negotii numero competenti, causam canonica & Apostolica ordinatione discutiens, ea sententia definies,
quæ & decessorum nostrorum conveniat
statutis, & Deo æquitatem in omnibus
diligenti sit grata. Si quod verò de religione fidei (quod Deus auferat) fuerit certamen exortum, aut tale aliquod negotium fortasis emerserit, quod pro sui
magnitudine ibidem nequeat definiri; veritate discussa, relationis serie distincta,
ad nostram consultationem potiùs ut re-
mittas hortamur: quia ità decessores va-
stros, qui decessorum nostrorum vices
egisse monstrantur, fecisse, testimonium
nostri declarat scrinii: quatenùs ea dispositione servata, Ecclesiæ unitas stabili firmitate persistens pacis bono in omnibus
perfruatur, cujus velùt hæreditarium munus Christus Deus & Salvator noster ad cœlos, unde nunquàm defuit, rediturus;
discipulis suis legitur reliquisse, dicens:
(e) Pacem meam do vobis, pacem meam
relinquo vobis.

LXIV. Et ut universa fraternitas vestra diligenti possit ratione complere, Episcopis quibus pro vice nostra te præesse voluimus,
nos præcepta destinasse signamus; ut & illi vobis obedientiam exhibere debeant
competentem, & fraternitas tua eos in
Christi charitate complectens, exempla
bonorum potiùs operum ad quæ sunt Deo
placita facienda semper invitet. Illud pari eis auctoritate signavimus, ne quis sine Formata tuæ fraternitatis ad longiora loca audeat proficisci; sed ut consuetudinem illam debeant custodire, quam
constat semper nostræ sedis habuisse Vicarium, & à vobis Formatam postulent, si
causarum suarum necessitate compulsi ad
longiora itinera destinare disponunt: Sed ne

Annal. Eccl. Tom. VII.

in aliquo sedis nostræ Vicarius minor suis
decessoribus videatur, necessarium fore Pallio do-
credimus pallii vobis usum, quemadmo-
dùm decessori vestro hactenus dederamus. vel à Vigi-
mus, præsenti auctoritate concedere: ut lio Papa.
& morum, & omnium bonarum rerum
vobis, beato Petro Apostolo suffragante,
non desit ornatus.

Oportet ergò charitatem vestram sacer- **LXV.**
dotali semper studio inter dominos filios
nostros clementissimos Principes, & gloriosissimum virum, id est, filium nostrum
Childebertum Regem gratiæ intactæ fœdera custodire. Scitis enim, nec vos convenit ignorare, quod necessariò prædicatis, quia Scriptura pronunciat, dicens
(f) Beati pedes euangelizantium pacem, f Rom. 10.
euangelizantium bona. Et hoc quoque
vestrum facere desideramus affectum, ut
glorioso viro filio nostro Patricio Belisario destinatis scriptis gratias referatis, qui
homini vestro laborem ad clementissimum
Principem abstulit transeundi, sed mox ut
responsum recepit, nobis suis litteris indicavit. Dominus te incolumen custodiat,
frater charissime. Data XI. Kalendas Septembris. Quinquies post Consul. Basilii V.C.]Dedit & alias eodem argumento ad Galliarum Episcopos, quæ sic se
habent:

Dilectissimis fratribus universis Episco- **LXVI.**
pis qui sub regno gloriosissimi filii nostri Epistola
Childeberti Regis sunt per Gallias consti- Vigilii Pa-
tuti, Vigilius. pæ ad Gal-

Admonet nos loci nostri ministerium liæ Episco-
divina misericordia Domini collatum, pos.
Domini gratia protegente, nec legentis
evitando periculum, bonis potiùs palmam retributionis promissæ & studeamus
& mereamur accipere. Unde quantùm nobis
Christus Deus Dominus & Salvator noster.
primi Apostolorum locum pro ineffabili
pietatis suæ gerere largitate concessit;
tantùm nos de universarum pace Ecclesiarum, quæ licet in multis, una tamen est
toto Orbe diffusa, incessanti studio convenit esse solicitos. Quippe quia nos sacrarum Scripturarum eloquia reddunt diligenter instructos, quòd cum Moyses Dei
famulus divinis jussionibus obsecundans,
ad montem voluisset ascendere, loco sui
Aaron & Hur legitur reliquisse, dicens:
(g) Expectate hic, donec revertamur ad g Exod. 24.
vos. Habetis Aaron & Hur vobiscum: si
quid natum fuerit quæstionis, referetis
ad eos. Ita enim inter sacerdotes Domini potest pax super omnia Deo placita custodiri, si fuerit qui vicium nostrarum
auctoritate subnixus, personam nostram
in Galliarum partibus præsentans secundùm consuetudinem à nostris decessoribus attributam sapientiam solicita indagatione custodiens; si quam humani
generis hostis nequitia zizaniam inter Dei
famulos nequitia consueta seminare tentaverit sapientiæ suæ moderamine, adhibitis
sibi fratribus & Coepiscopis nostris, justitia Deo placita scandala orta submoveat.

E e   Unde

a Act. 1.

b 2. Tim. 2.

c Ibid.

d Ibid.

e Joan. 14.

LXVII. Undè quia dudùm Auxanio quondàm Aurelatenfis civitatis Antiftiti vicium noftrarum folicitudinem dederamus, fed curfum vitæ præfentis implendo, de hac luce migravit, in cujus loco Aurelianus frater nofter nofcitur fucceffiffe; neceffarium valdè credimus folicitudinem hanc à nobis antefato debere committi, confidentes illum & pro foci fui qualitate bonis actibus univerfa quæ Deo placeant poffe complere, & maximè cum gloriofus filius nofter Childebertus Rex teftimonium bonæ confcientiæ pro Chriftiana fuæ voluntatis devotione perhibuit. Oportet ergò charitatem veftram ei in omnibus, quæ fervatis per cuncta canonibus falubriter fecundùm noftrorum definita majorum pro noftra auctoritate cenfuerit, præbere obedientiam competentem.

LXVIII. Et quia omninò neceffe eft, ut pro diverfis confratribus, Deo juvante, tractandis, ftatutis aptifque temporibus Epifcoporum Synodum debeat congregare; idcircò præfenti auctoritate cenfemus, ut nullus, ubi aut quandò conftituerit, fe audeat excufare, excepta infirmitatis caufa, quam humana non poteft vitare fragilitas, aut certè quem dignæ excufationis ratio fecerit non venire. Omnibus nihilominùs fcientibus, quid Chriftus Dominus & Salvator nofter pia inftitutione pronunciat, dicens (a): Quia fi duo ex vobis confenferint fuper terram, de omni re quamcumque petierint, fiet illis à Patre eo, qui in cælis eft. Quemadmodùm autè quis fibi poftulat credit poffe concedi, fi congregationis fanctæ conventum, ubi Dominus præfentiam fuam promifit modis omnibus affuturam, fine aliqua rectè excufationis caufa evitare crediderit? Sed ficut præfati fumus, fi jufta caufa illum ad Synodum fecerit non venire, pro fe aut presbyterum aut diaconum deftinare non differat; quatenùs quæ fuerunt conftituta, per eos poffit agnofcere, & definita complere. Pari auctoritate mandantes, ut nullus fine prædicti Formata ad longinquiora loca audeat proficifci; præfertim quia à decefforum noftrorum decefforibus ejus, quibus vices fuas commiffo præteritis temporibus releguntur, fic definiunt ftatuta; ut his omnibus obedientia Deo placita cuftoditis, pax Ecclefiarum ftabili firmitate perfiftat, & ficut Doctor Gentium dicit Apoftolus (b), Ecclefia Dei poffit fine ruga & macula permanere. Dominus vos incolumes cuftodiat, fratres chariffimi.)

LXIX. Hoc anno Ephræm Epifcopus Antiochenus, cum fediffet fermè viginti annos, ex hac vita migrat; in cujus locum Domnus ejus nominis fecundus eft fubrogatus. Hæc ex Nicephori Chronico. Qui autem anno fuperiori diem obiiffe putarunt; ex his quæ ipfum egiffe cum Juftiniano Imp. hoc anno vidimus, errare nofcuntur. Idem dicendum de Petro Epifcopo Hierofolymitano, quem non ante præfentem annum diem obiiffe oportuit, licèt anno fuperiori

a Matth. 18.

b Ephef. 5.

Domnus Antiochenus Epifc.

eum defunctum ponant; in cujus locum fuffectum effe Macarium fecundum hujus nominis, tùm Evagrius tùm Nicephorus tradunt. Quæ autem hujus Petri obitum præcefferint ante fex menfes memoria digna, & prophetia de ejus obitu, quæ & ejus vitæ fanctitatem commendent; narratam à Sophronio (c): hæc hiftoriam attexamus: quam cum à Sophronio petitam dicimus, ita quidem more majorum citare confuevimus librum illum qui à Joanne confcriptus ad Sophronium legitur; etenim apud Damafcenum, necnon apud Septimæ Synodi Acta Sophronii nomine citatus habetur. Ait igitur auctor:

Narravit nobis Abbatiffa Damiana folitaria mater Abbatis Athenogenis Epifcopi Petrenfis, dicens: Erat quidam Abbas in fancto monte Sina, nomine Georgius, miræ virtutis & abftinentiæ vir. Huic Abbati Georgio magno fabbati die in cellula fua venit defiderium faciendi facrum diem Refurrectionis in fancta civitate, & fumere veneranda myfteria in fancta Chrifti Dei noftri Refurrectione: Per totum ergo diem fenior hujufmodi cogitatione folicitabatur, & orabat. Cum itaque ferò factum effet, venit difcipulus ejus, dicens ei: Jube, Pater, ut eamus ad fynaxim. Senex autem refpondit: Vade, & tempore fanctæ communionis veni ad me, & pergam. Manfit itaque fenex in cellula. Cum autem adveniffet tempus fanctæ communionis in fancta Refurrectione, inventus eft fenex propè Archiepifcopum beatum Petrum, qui præbuit tùm illi, tùm presbyteris fanctam communionem. Videns igitur eum Patriarcha, dixit Meninæ archidiacono fuo: Quandò venit Abbas montis Sinai? Refpondit ille: Per orationes veftras, domine, non vidi illum nifi nunc folummodò. Tunc ait Patriarcha: Dic illi ut non recedat: volo enim ut mecum fumat cibum. Ille verò profectus id dixit feni. Qui ait: Voluntas Dei fiat. Cum ergò falutaffet fynaxes, adorato fancto momumento, inventus eft in cellula fua. Ecce difcipulus ejus pulfavit, & dixit. Pater veni ut communices. Senex verò profectus in ecclefiam cum difcipulo fuo, iterùm fumpfit veneranda myfteria.

Petrus autem Archiepifcopus contriftatus quòd illi inobediens fuiffet, poft folemnitatem mifit ad Epifcopum Phati Abbatem Photinum & ad Patres Sina, ut Abbatem ad fe mitteret. Cum ergò veniffet qui attulerat litteras, dedifletque illas, mifit & fenex tres presbyteros, Abbatem fcilicèt Stephanum Cappadocem magnum illum virum, cujus & fuprà meminimus, & Abbatem Zofimum cujus etiam fuperiùs mentionem fecimus, & Abbatem Dulcitium Romanum ad Patriarcham, purgavitque fe ipfum fenior fcribens ac dicens: Abiit à me, mi domine fanctiffime, ut fanctum Angelum veftrum contempferim. Scripfit autem idem Georgius Abbas & hoc ad eum: Ut fciat beatitudo veftra, poft fex menfes Chrifto Domino & Deo noftro fimùl

c Sophron. Prat. Spirit. c. 117.

LXX. De morte Georgio divinitùs translata to...

LXXI. Georgii Abbatis excufatio & prædictio.

mul occursuri sumus, & illic adorabo vos. Egressi itaque presbyteri dederunt Patriarchæ litteras. Dixerunt tamen & hoc ei quoniam senex multos annos habebat ex quo non venerat in Palæstinam. Ostendebant item & litteras Episcopi Phari simul contestantes, quod fermè septuaginta annos habebat senex, ex quo de sancto monte Sina non exierat. Sanctus verò & mitissimus Petrus afferebat testes eos qui tunc affuerant, Episcopos & clericos, dicentes: Verè nos senem vidimus, & omnes osculo sancto illum salutavimus. Postquàm igitur impleti sunt sex menses, requieverunt in pace senex & Patriarcha, juxtà scilicèt ipsius senis prophetiam.] Hucusquè ibi: quibus videas his innovata antiqua signa Habacuc & Philippi diaconi, qui in momento translati sunt è loco in locum. Voluntatem enim timentium se facit Dominus, & desiderium pauperum exaudit. Etenim cupienti seni ultimum suum Pascha agere Hierosolymis, id magno miraculo præstitit ei Deus dives in omnes qui invocant illum, non senescens, ut virtute ex diuturnitate temporis minuatur, quò minùs præstare semper valeat, quod olim aliis concessisse legitur.

LXXII. Qui autem in locum Petri suffectus est in sedem Hierosolymitanam Episcopus (ut dictum est) Macarius nomine, in suspicionem adductus est hæresis; adeò ut multi ab ejus

se communione separarint, ut patet ex eo- De Macademo Sophronio (a): verùm id potiùs ex rio Episco. levitate quàm veritate factum, ostendunt Hierosol. quæ ab eodem auctore narrantur inferiùs verbis istis (b): Cum alius hic fuisset se- a Saphron. nex genere Arabs, Julianus nomine, captus Prat. S pir oculis, ipse aliquando scandalizatus est in c.19. Macarium Archiepiscopum Hierosolymi- b Idem ta tanum, nolebatque communicare illi. Qua- 96. dam ergò die Abbas Simeoni significavit Abbati Simeoni, qui erat in monte Mirabili, (distat autem à Theopoli mons ille milliaribus novem) dicens: Cæcus sum, & quò abeam nescio: neque verò habeo qui possit auxiliari mihi, & communicare Macario detrecto. Indica mihi, Pater, quid agere habeam de fratre qui fornicatus est, & de isto qui se cum eo juramento constrinxit. Respondit autem Abbas Simeon Abbati Juliano, dicens: Ne recedas, neque te ipsum à sancta Ecclesia separes; neque enim illa malè habet gratiam Domini nostri Jesu Christi Filii Dei.] Hæc de Macario ibi. In Vita (c) sancti Gregorii Episcopi Agrigentini prolixa atque honesta pariter mentio fit de Macario isto, eidemque spiritus prophetiæ tribuitur: ab eoque ipsum Gregorium c Apud fuisse diaconum ordinatum, auctor affirmat. Sur. die 3. Fuit autem hic ejus nominis secundus Hie- Novembr. rosolymorum Episcopus. Senior enim Macarius vixit temporibus Constantini Magni Imperatoris.

I. QUi sequitur post Basilii Consulatum annus sextus, idem numeratur Domini quingentesimus quadragesimusseptimus, qui & à Procopio ponitur belli Gothici annus duodecimus; quo cum obsessa anno superiori Roma à Totila, gravi premeretur inedia, ad eam levandam incubuit opera Pelagii diaconi sanctæ Romanæ Ecclesiæ: cujusres gestas cum Totila hoc ipso anno duodecimo belli Gothici, simul & cladem Urbis sic idem describit Procopius (d): Erat (inquit) tunc fortè inter d Proco. de Romanos & sacros viros Pelagius quidam bello Goth. diaconus, qui diù Byzantii commoratus, lib 3. maximam sibi cum Imperatore conciliaverat amicitiam. Unde & pecuniarum vi maxima circumfultus, Romam se paulò antè quàm obsideretur, contulerat. In eaque deindè obsidione necessariis indigentibus ejus pecuniæ partem largiter impartitus, cum vel antehac esset inter Italos omnes vir probus, majorem (uti par erat) charitatis & in proximos quosque benevolentiæ gloriam retulit. Hunc igitur, cum præ fa- Legatio me indigna quædam, Romani & difficil- Pelagii lima paterentur, facilè fuadent, conven- diaconi ad tum ut Totilam precaretur, paucorum Totilam. sibi dierum inducias his conditionibus da-

Annal. Eccl. Tom. VII.

ret: ut si intrà constitutum inter se tempus nemo sibi suppetias ex Byzantio venerit, sine mora se ipsi Urbemque barbaris proderent. His cum mandatis ubi ad Totilam Pelagius venit, & ab eo est perbenignè susceptus, prior Totilas sic exorsus est:

Constat sanè apud barbaros omnes, id le- II. gè cautum esse, oratores ut hi plurimùm co- Totilæ ad lant & revereantur. Mihi verò, qui virtu- Pelagium tis sibi aliquid compararunt, qualis es tu, diaconum honorem deferre simul & reverentiam jam- oratio. pridem studium fuit. Sed oratoribus delatos honores, sive illatam his ignominiam, non personarum mansuetudine, sive verborum tumiditate & elegantia discerni reor: sed cum vera quædam fatentur, vel non sanis admodùm verbis utuntur. Oratori illi itaque honor deferri maximè solet, qui veritate mox patefacta, ad suos dimittitur: sed is ignominia præ cæteris affici, qui ubi commentitia quædam & subdola fecerit verba, ad suos mox redeat. Cæteri quidem, Pelagi, quæ à nobis petieris, facilè consequeris, tribus duntaxat exceptis, & ubi hæc caveris, ut planè subjicias magis expediet: ne forte maximam ipse caulam præbeas, quò minùs eorum vel pera-

Ee 2 gas,

gas, quorum ob gratiam hùc advenisti, vel nos fortè,ex re infecta incules. Petere namquè quæ præsentibus haudquaquàm rebus conveniant, plurimùm proculdubio facit, nemo pro votis ut quippiam consequatur.

III. His autem sic interdico, ne quoquam pacto pro Siculis, vel Urbis mœnibus hisce, vel transfugis servis verba nùnc facias; quandoquidem fieri non potest, ut aut Gothorum opera uti pro Siculis queas; aut murus ut iste Urbis integer maneat; vel servi ipsi, qui nobiscum nùnc militant, suis quondàm de cæterò dominis serviant. Verùm ne videantur hæc inconsiderata quadam per nos prætendi sententia, & causas ipsas explicaturi mòx sumus. Fuit olim Sicilia insula & priscis quidem temporibus pecuniarum ut felix proventu, ita & cujusvis generis frugum in ea nascentium cæteris terris fœcunditate præstantior; atque ut non solùm hæc incolis suppetant, sed vel vobis Romanis itidem ad vitam sint necessaria per annos singulos exportantibus satis. Unde tùnc primùm Romani Theodoricum deprecabantur, ne ea in insula majus aliquod Gothorum præsidium collocaret, ne ea res fortè ad cæteras prosperitates eorum libertatem interpellaret. His ità peractis, hostium exercitus in Siciliam navigavit, & fermè nec hominum multitudine, nec re alia ulla nobis essent in bello pares. Siculi verò, visa hostium classe, non ad Gothos quicquam denunciare, nec se continere munitionibus, nec hostibus saltèm censere utcumquè occursandum tùnc esse, sed promptissimè patefactis tùnc urbium portis, supinis hostium exercitum manibus exceperunt; & haud secùs egere, ac infidissima servitia solent, quæ diutiùs in carcere asservata, dùm dominorum volunt manus effugere, in novos quosdam & alienigenas statim incidunt. Ea itaque ex insula hostes, non è loco munito impetu facto, omni Italiæ ora sine ullo potiti negotio sunt; quinctiam vel urbem hanc Romam cepere, ac tantum inde frumenti numerum importarunt, ut vel obsessi in anni spatium queant Romani obsistere. De Siculis hactenùs, quibus per Gothos ut venia detur, fieri nullo modo jàm poterit, immo tantâ magnitudine misericordiam ab his, adimente qui affecti injuria sunt.

IV. Nunc verò intrà hos muros, hostes se exercendo, in campum quidem descendere, & nobiscum acie decertare minimè censent; dolis verò & deceptiunculis continenter & per singulos dies nos oppugnando, injustè quidem nostris his rebus & jàm absurdiùs nùnc potiuntur. Ne itaque iteratò hæc eadem patiamur, providendum jàm ducimus. Qui enim præ ignorantia semel circumventi falluntur, si rursus in infortunium recidant, quia minùs periclitando prævideant consuetam sibi calamitatem, haudquaquàm ex adversante fortuna id fieri videbitur, sed quia se deliquisse planè ignorent: vel illud quidem adiecerit

A quispiam, & vobis omnibus maximè profuturum, ut Urbis hæc mœnia solo æquentur, ne cum aliis, & ipsi demùm coarcti, vel ab insultantibus hostibus circumvallati, sed malis exclusi alieno periculo, nec ullo vestro discrimine victoribus futuri sitis in præmium. De servis verò, qui ultrò ad nos concesserunt, dicturi hæc sumus: Si enim qui nobiscum fuere in hostem infracti, & à nobis deinde fidem nostram ex confessione acceperunt, ne se unquam veteribus dominis restituamus, vestras in manus dedendos esse nunc censuerimus; profectò nec vobis quidem tenditam fidem servaturi quandoque essemus. Non enim qui vel cum omnium miserrimos pactiones factas neglexerit, ergò aliam quempiam firmiorem præsefere animum quivorit; quin potiùs veluti absurdioris naturæ

B indicium, ad omnes qui secum versantur, circumferre perfidiam videtur. Hæc Totilas.

V. Pelagius verò ita respondit: Summum tibi, vir strenue, in dicendo studium fuit, te simul & oratorem extollere, etsi aliàs in sordidissima statuisti nos sorte. Vinum namquè amicum & oratorem non solùm eum affecisse contumelia duxerim, qui vel caput illi percusserit, vel alio quovis in hunc desævit modo, sed vel qui re infecta dimiserit ad se delegatum. Non enim homines oratoris munere idcircò funguntur, ut honorem ab his consequantur, qui suscepturi se sint, sed quod usui Reipublicæ in posterùm sit peragendo, ad eos qui se legaverint, mòx redeant. Sic igitur

Pelagii
Diac. ad
Totilam
responsio.

C velut affectis injuria longè magis conducat eorum aliquid effecisse, quorum ob causam venerint, quàm Principum verbis benignioribus auditis, nihil pro spe consectos ad suos redire. Deprecor autem haudquaquàm sat scirem, quæcumque præfatus nunc es. Cur enim quisquam ei molestum se præbeat, qui antequàm postulatis respondeat, conventiones facturum se neget? Sed illud quidem minimè subticebo, quòd præ te facilè feras, quantum erga Romanos, qui inter arma susceperint, ostensurus benignitatis & benevolentiæ sis, qui in Siculos nil tibi adversatos immortale quoddam decernas effundere odium. Sed

D ipse, mea ad te omissa legatione, ad Deum hanc transferam, qui supplicum contemptores odisse solet. His Pelagius dictis, abscessit.

VI. Quem Romani ubi re infecta ad se redeuntem videre, acriùs animo conflictari, quò & fames quotidiè invalescendo, insanabiliter eos affigeret. Militibus verò nondùm necessaria deerant sed se adhùc sustinebant. Unde Romani Græcis immixti, exercituum Præfectos Bessam & Cononem adeuntes, lacrymabundi & multo cum gemitu profati hujusmodi sunt: Talem vobis præsentem esse fortunam spectamus, ut si vel impium aliquod adversùm vos facinus patrassemus, haudquaquàm posset id meritò nobis in crimen ascribi; necessitaria siquidem magnitudo excusationis in se plurimum

Quæ Romani ad Duces.

.rimum habet . Nùnc verò cum nobis ipfis ad opitulandum nil quicquam fit virium , verbis oftenfuri calamitatem ipfam , hanc deploratum nùnc ad vos venimus . Sed benignoè quæ dicturi nos fumus audiatis , preeamur ; nec ulla dicendi audacia obturbari vos volumus , fed malorum ex ea penfitare nùnc magnitudinem . Nàm qui de falute cogitur defperare , nec opere quidem nec verbis decorem fervare de cætero poterit . Nos verò , ò Principes , nec Romanos quidem , nec vobis confanguineos ducitis , nec eofumdem vel morum vel legum focios effis , fed perindè rebelles ; & qui Imperatoris non ultrò intrà Urbem exercitum exceperimus , fed hoftes potiùs ipfos , in vos armis defumptis . Nùnc verò veluti acie victis , captifque bello , vobis in fervitutem ex lege cedentibus , date veftris mancipiis alimenta , non ad neceffitudinem fuffectura , fed quæ ad tenuem faltem vitam ducendam fint fatis : ut & nos fuperftites facti , vobis contrà fubminiftremus , quæcumque dominis fervi par eft ut miniftrent . Quòd fi.id vobis non facilè placet , fed dignum duxeritis fine ulla ope miffos nos facere ; id lucri eftis denique habituri , quòd in fervorum nihil operæ infudabitis fepulturâ . Et fi ne id quidem de vobis fperandum relinquitur , faltèm nos obtruncate , nec morte honefta nùnc fraudetis , nec vitæ exitum nobis invideatis omnium proculdubiò fuaviffimum ; fed uno facinore infinitis Romanos liberate difficultatibus .] Hactenùs ad Præfectos militum Romani . Pergit verò Procopius :

VII. Præfecti itaque , his auditis , commeatus Romanis quos tribuant , nullos in præfentia effe refpondent ; ipfos verò necare , impium ducere , nec planè fine difcrimine fore , fi fic relinquuntur : Belifarium tamen & ex Byzantio tranfmiffos exercitus identidem affirmare affuturos propediem-effe. Denique his verbis Romanos folati dimittunt . Fames intereà invalefcendo in immenfùm cum accrevifet , maximum in malum evafit , ut quæ ciborum abfurdiora quædam fuggereret genera & naturæ excedentia terminos . Sed Beffas , Cononque ut **Dira fames urget Romanos.** Urbis Præfecti cuftodiæ, frumenti maximum numerum intrà mœnia fibi recondidum , fua neceffitate militibus fraudatis , Romanorum primoribus & his quidem divitibus ingenti pecunia venditabant : medimni fiquidèm (quod utique menfuræ eft genus) aurei feptem pretium erat . Sed quibus non erant tantæ domefticæ facultates , cibos tàm delicatos ut poffent,& tanti opulentiorum more abfumere , ejus pretii parte quarta depenfa , furfure medimnum complentes , pane indè fordidiore confecto divefcebantur , id cibi genus neceffitate ipfa fuaviffimum faciente.

VIII. Beffas porrò & ejus armigeri , qui bovem **Miferrimus ftatus Romanorum .** haberent venalem,aureis quinquaginta venumdabant . Ex Romanis verò cui vel equus forte obiifet , vel iftiusmodi aliquid demortuum erat & putidum , inter feliciffimos habebatur , quia mortui animalis carnibus vefci poffet . Cætera hominum tur-

Annal. Eccl. Tom.VII.

ba urticas dumtaxàt edebat , quales circà Urbis pomœrium & locis incultioribus paf, sim & affatim nafcuntur : quas tamen decoctas , ne vel fapore vel innatis offenderentur aculeis , efitabat . Quamdiù itaque fuit Romanis nummus , frumentum (ut dictum eft) & furfures comedebant : verùm ubi demùm is defuit , domefticam fupellectilem omnem in forum inferre , & pro diurno hanc victu in eorum commutare jacturam : fed ubi frumenti militibus nihil reliquum fuit ad quod impertiri Romanis poffent ; ad urticas univerfi jàm circumfpicere . Quibus deficientibus , cum earum non magna his copia effet , atque adeò ad faturitatem non omnes haberent , corpore extenuari denique cœperunt ; colorq; cum in pallorem fe paulatim & livorem convertiffet , fimillimi idolis videbantur : plerique verò vel incedentes , vel dentibus adhùc ipfas urticas mandentibus , de improvifò exanimati cadebant .

Jamque vel purgamenta in cibum & ftercoribus utebantur : nonnulli etiam fame **IX. Quoufque** nimia prægravati manus fibimet infe-**miferos fames adegit** rebant , cum nec canes quidem , nec mures de cætero invenirent , nec aliud ufquàm demortuum animal , quibus uti in cibum poffent . Erat inter cæteros Romanos vir quidam liberorum quinque factus jàm pater hunc filii omnes circumfiftebant , prehenfandoq; ut affolent , cibum fibi efflagitabant . Tùm ille nec ingemifcens quidem , nec ullo edito perturbationis indicio , fed fortiffimè dolore diffimulato , filios juffit fe fubfequi , & cibum mòx accepturos . Ubi verò fuprà Tiberis pontem pervenit , capite obvoluto , velatilq; oculis ,in Tiberis aquas confeftim exilivit , fpectantibus filiis,Romanifque cæteris qui ea tunc fortè è regione confifterant.] Hæc de fame . Ad poftremùm verò cum copiæ miffæ Conftantinopoli ab **D** Imperatore variis in via bellis detentæ & à Gothis intereà profligatæ effent ; milites Romæ degentes obfeffi , clàm prodendi Urbem Gothis confilium iniere . Hi fuerunt **a** *Proc.de* Ifauri , de quibus ifta Procopius (a) : **bello Goth.** **lib.3.**

Cum itaque perpauci (ut diximus) ad- **X.** modùm ad murorum cuftodiam relinqueren-**Ifaurorum** tur , & hi quidem jàm fame confecti : qua-**proditio.** terni cuftodes quidam & Ifauri genere ad portam Afinariam cuftodias nacti , nocte concubia obfervata,qua cæteros fomnus oppreferat , demiffa è pinnis ad terram refte , & ea fe demittentes , Totila indè adito , & cepturos fe Gothorum intrà Urbem exercitum pollicentur , idque fe nullo negotio facturos affirmant . Tùm Totilas gratias illis fe redditurum ingentes profeffus , pecuniaque donaturum non parva , fi ea quæ obtuliffent , peragerent ; datos quofdam fuis è fatellitibus cum his ftatim dimittit , locum contemplaturos , undè hi aditum affirmaffent fuis in Urbem fore . Qui ubi ad muros venere , refte comprehenfa , in propugnacula ipfa , nullo interpellante , evadunt . Quò ubi eft ventum , Ifauri barbaris omnia oftentare , & nihil omninò edicere impedimenti ufpiàm fore volentibus muros confcendere,

Ee 3

scendere, & item licentiæ plurimum, ubi jam conscendissent, quia nemo obsisteret. Proinde Gothi jussi Totilæ cuncta renunciare quæ viderant, eodem quo prius ascenderant, sine, protinus, dimittuntur.

XI. Isauri secundo, & tertio volcant in Urbem Totilam.

Quorum relatu omnibus Totilas cognitis, etsi eo fuisset ex nuncio lætitia non mediocri affectus suspicione tamen propter Isauros captus, haud dum confidendum his nimium esse censebat. Non multos inde post dies ad Totilam Isauri iidem venere ad id facinus hortaturi. Tùm ille alios duos cum his rursùm ire mòx jussit, ut & ipsi diligentiùs omnibus & accurate pervestigatis, visa renunciarent. Qui utique non longè post ad Totilam revertentes, priorum simillima referunt omnia. Intereà verò Romani milites multi exploratum quid hostes agerent missi, non procul ab Urbe Gothis decem occurrunt iter eâ habentibus; quos statim comprehensos ad Bessam deducunt. Sciscitanti Bessæ, quidnam Totilas animo agitaret Gothi respondent, eum sperare Isauros quosdam ejus in potestatem Urbem daturos: jam enim ad barbaros ut certior rumor is emanarat. Sed nihilominùs Bessas & Conon Urbis tùnc Præsides, his auditis, negligenter se (ut cœperant) gerere, nec aliquam tantæ rei rationem habere. Unde factum, ut tertiò demùm Isauri Totilæ cum in conspectum venissent, ad aggrediendum id faciuus incitarent. Tùm ille alios quosdam cum Isauris mittit, cum hisque & sanguine quemdam sibi propinquiorem. Hi verò ad Totilam paulò post redeuntes, ad rem peragendam confirmant.

XII. Totilas Urbis, potitur Urbe.

Qui omnium certior factus primis tenebris, universo armis instructo exercitu, ad portam Asinariam duxit; quaternosque inde è Gothis prævalidos viros, Isauris ductibus, per funem jubet in muros evadere. Qui nocte statim eadem qua & Isauris ipsis obvenerat per vices custodia, dormientibus cæteris, ad fores Asinarias aperiendas descendunt, præcisaque lignea securibus obice, refractisque ferreis claustris, Gothis aditum patefaciunt, & patentibus portis cum universo exercitu Totilas intrà Urbem ad hostium arbitrium recipiunt. Sed ipse ubi intrò est itum, unum in locum copias omnes coegit, nec abire divexim permisit, hostium insidias veritus. Verùm ubi (uti par erat) tumultuatum, & perturbatio inde & timor, ut in capta Urbe, Romanos invaserant; militum Romanorum pars maxima cum Ducibus ipsis, ut facile cuique fugam capessunt. Pauci quidam Romanis cum civibus se immiscentes, in templo perfugium habuere. Soli omnium ex Patriciis viris Decius & Basilius cum aliis nonnullis, cùm præparatos ad id equos haberent, cum Bessa fugere potuerunt. Sed Maximus Olibriusque & cum his simul Orestes & aliiqui. dam in Petri Apostoli templum se fuga recipiunt. Constat sanè è plebe tùnc homines ad quingentos in Urbe resides per id tempus fuisse, qui in divorum se templa receperant; cæteri omnes jam ex Urbe excesserant, & in alias se contulerant terras,

vel (ut suprà jàm diximus) lue absumpti perierant.

XIII.

Multi intereà & noctu quidem de Bessa & hostium discessione Totilam fecerant certiorem; quo affirmante pergratam illos sibi rem nunciare, nequidem tamen suorum fugientium insistere vestigiis sivit; nihil esse homini suavius dictitando, quàm terga sibi ut hostes darent. Verùm ubi primùm illuxit, nec ulla ad insidias relinquebatur suspicio, Totilas ipse orandi gratia Petri Apostoli templum ingreditur; sed Gothi intereà quos obvios habent, obtruncant. Unde hoc pacto ex militibus eûdem desideranti viginti duntaxat sunt, sexaginta è plebe homines. Ineunti itaque id Totilæ templum, Pelagius ipse sese obviam offert, Christi in manibus Evangelia gestans, supplexque omnibus factus, & genu procumbens: Parce, inquit, ò Princeps, tuis. Tùm ille arridens, & sanè profusiùs, ita profatus est: Nùnc mihi supplicaturus advenisti, Pelagi? Ita quidem, respondit, quandoquidem tuum me servum effecit Deus. Sed ab his jàm absque manus, qui tibi in servitutem cessere. His itaque victus precibus Totilas, Gothis militibus edicto mòx imperat, Romanorum de cæterò ut neminem obtruncarent, & ei in primis pretiosissima quæque de lecta servarent, cætera sibi haberent in prædam. Quàm multa in Patriciorum ædibus inventa fuere, sed omnium maxima extitere quæ Bessas reliquerat, ut qui velut omnium perditissimus homo infaustum illud divendi frumenti pretium Totilæ ad cæteram prædam accumulasset. Sic itaque cum Romanis & Patriciis viris tùnc actum.

XIV. De Rusticianæ calamitate.

Totilæ erga Romanos benignitas.

Unde vel Rusticianæ Boetii quondam uxori & Symmachi filiæ id reliquum fuit ad vitam, & miseriarum ad cumulum, ut ab hostibus panem vel necessarium aliud quicquam emendicando deposceret, quæ facultates antehàc suas egentibus impertisset; & servilibus ipsa rusticanisque indumentis amiciretur. Haud secùs & Romanorum primores, amissis prorsùs fortunæ bonis, domos circumeundo, foresque oppullando, cibum dari sibi suppliciter precabantur, nil prorsùs his ignominiæ ea re afferente. Sed Gothi in Rusticianæ mortem jam conspiraverant, ejus hanc noxæ insimulantes, quòd tradita Romani exercitus Ducibus nõ parva pecunia, Theodorici statuas disturbasset, in Symmachi patris, virique vindictam. Totilas tamen nulla hanc affici jacturarâ permisit, sed eam ac cæteras fœminas omnes, ut extra injuriam essent, servavit, vel Gothis has sibi maximè cupientibus conjugio jungi. Quocircà factum, ut nulla ex his sit per barbaros vitiata; qua ille ex re maximam retulit continentiæ laudem.]

XV. Rusticianæ plures.

Quod autem ad Rusticianam pertinet, de qua agit, Symmachi filiam, uxoremque Boetii: plures ejus nominis ejusdemque generis reperiri est fœminas: prima illa habetur uxor Symmachi Senioris, quam viro suo doctissimo tenuisse candelam & candelabrum,

a *Sidon. lib.*
2. *ep.* 10.

beum, Sidonius scribens (a) ad Hesperium tradit : alia verò, de qua est sermo, Symmachi Junioris filia, conjunxque Boetii : rursùm etiam alia Rusticiana, quæ ex Urbe migravit Constantinopolim, clarissima fœmina, ad quam extant complures S. Gregorii Papæ epistolæ datæ, cum Pontifex esset, unde diversum ab hac ipsam existimare licet : etenim quæ ætate sexcensserat cum occisus est vir ejus Theodorico anno Domini quingentesimo vigesimosexto, ut pervenerit ad annum Domini sexcentesimum quandò ad illam scribebat Gregorius, nequaquam persuaderi facilè potest; fuisse tamen ejusdem familiæ, ex epistola ipsa Gregorii (b) ad eam scripta sub Indictione quarta, facilè quis intelliget. Sed ad res Totilæ redeamus, de quo ista Procopius subdit:

b *Greg. li.* 9.
epist. 37.

XVI.
Totilæ ad suos oratio parænetica.

Postero autem die Gothis omnibus Totilas ad se convocatis, verba hujusmodi fecit : Non equidem novum aliquod vel vobis incognitum monendi genus in præsenti facturus, ò viri commilitones, hùc vos convocavi, sed eadem illa vel nùnc dicturus, quæ apud vos antehác sæpè disserui. Vobiscum verò, qui ea ex me accepistis, actum quàm optimè est. Non igitur ita commonefactis in segnitiem est relabendum: nàm & verborum, quæ ad felicitatem traducunt, nulla esse mortalibus satietas debet, vel si quos fortè inscitia opprimat rationis : quandoquidem eorum nullo sum pacto, quæ probè dicuntur, beneficia respuenda. Quorsùm hæc? Fuere quondam & Gothis militum millia centum bellicosissimorum in unum tùnc coeuntium, qui utique maximum in modum ad gloriam opibus utebantur : & equorum armorumque summa his copia suppetebat, veteranorum prætereà & prudentissimorum vis ingens, qui sanè ipsis in certaminibus constituti nostris rebus conducere plurimùm videbantur : & alioqui à Græcorum militum millibus sæpè hi omnes devicti, Imperio primùm fuere, deindè & cæteris rebus privati.

XVII.
Causa ruinæ Gothorum.

Nùnc verò nos qui reliqui sumus, & tanta præsertim paucitate, nudi quidem & planè calamitosi & ignavissimi omnium, hostium ultrà viginti millia vicimus ; & summatim ut dicam, quæ gesta fuere, ejusmodi sunt, ut credi vix possint. Causas verò cur hæc ita nobis contigerint, statim aperiam. Gothi tùnc primùm præ cæteris omnibus æquitate posthabita, ut inter se invicem, ita & in Romanos tùnc subditos indigna quædam parabant : quibus (uti par erat) permotus & ira succensus Deus, pro hostibus & contra nos depugnabat. Quo factum, ut etsi multitudine ac virtute, cæteroque belli apparatu hostibus essemus maximo intervallo superiores, vi quadam tamen occultiore ac planè divina devicti nos sumus. Vestra itaque interesse jam reor, quæ rectiora sint ut servetis, id est, ut æquitatem de cæterò tueamini : nàm hanc pervertentibus vobis, vel divina quidem subsidia infestiora mòx erunt. Non enim Deus sine ulla delectu vel temerè hu-

manæ generi, vel privatæ cuiquam rationi ferre præsidium consuevit; sed his quàm maximè favet, apud quos æquitatis ratio habeatur : & illi quidem haudquaquam difficile est ad alios bona transferre, ut qui rerum omnium habeat potestatem. Illud itaque vobis pernecessarium fore asseveraverim, justitiam, ut invicèm & in subditos quosque servetis, hoc est, ut perpetuam vobis adipiscamini felicitatem.]

Ita quidem Totilis apud suos egregiè philosophatus, ex justitiæ cultu à Deo rependi victoriam docuit. Quod adeò verum est, ut etiam si à parte adversa stet pietas veraque religio, nihil ob id ergà illos propensior sit divina clementia, si peccata reliqua adsint ; immò magis in eos vindictam exerceat, qui cum confiteantur se nosse Deum, factis tamen negant, deterioraque infidelibus scelera patrant. In quam sententiam Apostolus (c), præco cælestis edicti, ista proclamat : Ita & indignatio omni animæ operanti malum, Judæo primùm & Græco. Quid Judæo primùm & Græco, nisi quòd priùs ad supplicium advocatur, qui acriùs deliquisse noscatur? Sed & sententia Domini (d) gravior est culpæ reus qui scit voluntatem Domini & non facit, utpotè qui multis præ aliis sit afficiendus plagis. Adeò ut ex his cogat Deus (si ita dicere licet) adversùs nequissimos Christianos favere Gentilibus, & ad plectenda Catholicorum facinora interdum propitio vultu ad castra respicere Ethnicorum, & iis uti ad puniendos illos nefandorum criminum reos: quod in Propheta contestatus esse videtur, ubi ait (e) : Virga furoris mei, Assur, nempè ad infligenda Judæis verbera, quorum promissiones, adoptio, legislatio, & vera religio erat: ut ad corrigendos improbos filios alioqui dilectos, cogatur adhibere sibi odibiles servos, juxtà quod ingemiscat amans Pater, & dicit (f) : Heu, consolabor super hostibus meis.] Sed ad Totilam revertamur, de quo subjicit ista Procopius :

XVIII.
Cùr infideles adversùs fideles aliquandò prævaleat.

c *Rom.* 2.

d *Luc.* 12.

e *Isai.* 10.

f *Isti.* 1.

Totilas cum apud Gothos disseruisset, Senatorii ordinis ex Urbe viris ad se postmodùm convocatis pleraque exprobrando, indignandoque objicere, & illud in primis, quòd per Theodoricum quàm multis affecti sint beneficiis, quòdque in omnibus semper constituti urbanis sint per eum antehác magistratibus, & Rempublicam ipsi ejus permissu administraverint, & ingentibus prætereà fuerint muniti divitiis: & alioquin in beneficos Gothos ingratissimos se præstitissent, in quorum jacturam ad defectionem respexerint, ac Græculos simùl invexerint in patriam homines, suimet proditores tàm subitò indecenterque facti. Scicitari deindè, nàm ipsi à Gothis mali jàm essent quicquam perpessi; effarique mòx cogere, nùm boni adhuc quippiam sibi à Justiniano obvenerit : & singula deinceps enumerare, quemadmodùm omnibus ferè magistratibus sint per eum privati ; quòd ab exactoribus sæpè antehác vapulaverint, quòd demùm coacti sint animum ad ea intendere, quæ

XIX.
Quæ ad Senatores querelæ Totilæ.

quæ

quæ adversùs Gothos geſſiſſent, belloque
preſſi publica non minùs tributa Græcis
dependere, ac ſi pacifici eſſent: & alia pleraque his dictis adjecit, quæ domini ſolent
infenſiores ſubditis exprobrare.] Et fortaſsè illa non tacuit, quæ primum omnium
fuerant inculcanda, nimirùm ſub Catholico ipſorum Imperatore adeò ignominiosè
habitum Romanum Pontificem Silverium,
ut ab Urbe ſub falſo prætextu quòd Gothis
faveret, ignominiosè avulſus, fuerit deportatus in Græciam; atque relegatus tandèm in inſulam, illic fame confici perireque
coactus ſit: quòdque nihil magìs curæ Grę-
cis eſſet, quàm primam ſedem deprimere, cui
ſe ſuboſſe moleſtiſſimè ferrent. Sed quæ de
Pelagio Romanæ Eccleſiæ diacono, cujus
nuper mentio facta eſt, his addat Procopius,
videamus: ait enim:

XX.
Pelagius
rogat pro
captivis.

Pelagius verò pro viris ſontibus ità & in-
felicibus ſupplex Totilæ factus, non prius
precari hunc deſiit, quàm ille clementio-
rem in omnes ſe fore pollicitus, Romanos
dimiſit. His ita peractis, Pelagium Totilas
& ex Urbis rectoribus præcipuum unum
Theodorum nomine ad Juſtinianum Imperatorem legavit, arctiùs jurejurando ada-
ctos, ſuas ut partes amicè ac benevolè tuerentur, & in Italiam reditum accelerarent.
His deinde injunxit, totis ut viribus niterentur pacem ſibi cum Imperatore & amicitiam conciliare: ne poſtmodùm cogeretur,
ſi pace infecta redirent, Romam ad ſolum
diruere, interfectiſque Patriciis viris, in Il-
lyrios bellum transferre: litteraſque Juſtiniano conſcripſit.] Quæ ſic ſe habent:

XXI.
Totilæ e-
piſtola ad
Juſtinia-
num.

Quæ in urbe Roma ad hanc diem contigerint, cum te fuiſſe edoctum jàm putem,
ſilentio prætereunda videntur. Ea verò,
quorum de cauſa ad te oratores hos miſerim
ſtatim intelliges. Bona pacis tutè ut deli-
gas, nobiſque tradas, in primis depoſci-
mus. Quorum ipſi monumenta quàm optima & ſimul exempla Anaſtaſium & Theodoricum habemus, qui paulò ante regnarunt,
paceque & cæteris bonis ſua tempora com-
plevere. Si igitur hæc tibi placita erunt,
meritò meus pater vocabere, & belli nos ſocios in quoſcumque libitum fuerit, habebis.]
Hæc Totilas ad Juſtinianum Auguſtum.
Subdit verò Procopius:

XXII.
Totilas
muris ali-
qua ex par.
te ſpoliat
Urbem.

His cognitis Imperator mandati, & oratoribus auditis, hos ſtatim reſponſo dato
dimiſit; Totilæque reſcripſit, Beliſarium
ſe bellicis rebus præfeciſſe, & liberam habere hunc poteſtatem, quæ ad Totilam pertinent pertractandi.] His exacerbatus Totilas, cum ab oblata pace ſe videret exclu-
te di, in Lucania accepta interim clade, quomodò Urbem delere penitùs meditatus ſit,
Procopius ita narrat: Quibus cognitis Totilas rebus, Romam in primis ad ſolum pro-
ſternere decernit, & majore exercitus par.
te ibidem relicta, cum reliqua adverſùs Joannem in Lucanos contendere. Sed muri
tantum & diverſis in locis hic diruit, quantum totius partem eſſe hanc tertiam conjectura quis conſequi poterat.] Adhùc eſt
viſere ejuſmodi Totilæ ruinam in mœniis à

Beliſario fabricatis diverſis in locis ſolo
proſtratis, ſed poſteà opere ſubitaneo haud
eadem pulchritudine hoc anno à Beliſario
reſtitutis. Sed pergit Procopius: Pulchrio-
ra præterea, magnificentioraque abſumere
incendio ædificia animo inerat, & urbem
Romam in ovium paſcua idoneam reddere.
Quibus de rebus Beliſarius certior factus,
nuncios ſimùl & litteras ad Totilam miſit.
Qui ubi illi in conſpectum venere, &
ſui adventus cauſam explicarunt, litteras reddidere in hanc ſententiam ſcriptas:

XXIII.
Litteræ
Beliſarii
ad Totil.
pro Urbe
ſervanda.

Ad urbium ornamenta, ædificia, quæ
anteà nulla fuiſſent, conſtruere, ſapien-
tum fermè virorum inventiones fuere, &
civiliter vivere percallentium: Quæ verò
ad pulchritudinem extant, delere, inſipien-
tium proculdubiò eſt, & quos minsſmè pudeat in ſuæ malignioris naturæ argumentum
monumenta poſteritati relinquere. Roma
quidem civitatum omnium quæ ſub Sole
nùnc ſunt maxima & magnificentiſſima eſſe
facilè affirmatur: non enim eſt viri unius
virtute conſtructa; nec brevi quodam temporum ſpatio in tantam hæc magnitudinem
& decorum evaſit: ſed Imperatorum multitudo & maximi ſummorum virorum cœtus,
temporis diuturnitas ipſa, divitiarumque
& potentiæ magnitudo, ut cætera omnia,
ita ex univerſo terrarum orbe cogere huc
in locum opifices potuere; qui Urbem
hanc talem tantamque paulatim ædifican-
do, omnium monumenta virtutum poſteris proderent. Fit itaque, ut his illata vis
jure appareat totius ſæculi ſempiternam
mortalibus ad injuriam cedens; quandoquidèm progenitoribus ipſi virtutis memoria
demeritur, poſteris verò operum tantorum
ſpectaculum.

His itaque ſe ita habentibus, rectè velim
intelligas, è duobus alterum neceſſarium
fore: aut enim hoc bello victus ipſe ſuccum-
bes; aut, ſi ità fortè contigerit, nos ſu-
perabis. Quòd ſi viceris & Romam demo-
lieris, non alterius Urbem ſed tuam dele-
bis; quam ſi ſervaveris, ex poſſeſſione cæ-
terarum omnium præſtantiſſima & potentior
fies. Sin verò ad tuam deteriorem fortunam
res nobis ſucceſſerint; Roma incolumi ſervata, gratia tibi apud victorem conciliabi-
tur & non mediocris: qua per te tùm fortè deleta, nullus tibi de cætero relinquetur
ad humanitatem conſequendam & clementiam locus; nec facti ullus erit apud te u-
ſus, & exiſtimationem apud omnes homines
ipſo facto dignam merebris: nàm qualia
Principum opera fuerint, tale neceſſe eſt ex
iis etiam nomen ferant.] Hactenùs Beliſarii ad Totilam litteræ: Quibus (<i>inquit</i>
Procopius) Totilas ſæpè perlectis, & ut
benè monentibus magni factis, ſuaſu demùm, Urbem inoffenſam ſervavit & integram, deque ejus in hanc voluntate certiorem per oratores Beliſarium fecit.]

XXIV.
Dilemma-
te perſua-
det.

Sed quis nam hujus rerum Urbis finis?
Cum igitur eo conſilio uſus eſſet, nt mœnium
parte eam Totilas ſpoliaret, ne univerſum exercitum cogeretur ad preſidium Urbis
relin-

XXV.

Belisarius Urbem ingreditur & munit.

reliquere, si eam defendere vellet, sicque destituta remanerent quæ in Italia præsidia expugnasset, aut occurrendi Belisario nulla facultas esset; revertendique iterùm ad eam cum vellet, sibi per diruta mœnia aditum patere putans : mox ipse Totilas egressus ab Urbe, cum Romanis apud Lucanos primùm, inde Calabros pugnat. Intereà verò Belisarius Urbem aggreditur, eamque ingreditur, murosque dirutos (ut licuit) statim instaurandos curavit, fossisque munivit, adeò ut reverteptem ad ejus oppugnationem Totilam omninò repulerit: qui ab ea sæpe rejectus, Tibur se contulit.] Huncque tandem finem res Urbis anni hujus habuerunt, luctuosæ quidem omni, ex parte atque funestæ.

XXVI.

a Procop. de bello Goth. lib. 3.

Vigilius Papa venit Constantinopolim.

b Anastasius in Vigilio.

Hoc item anno transacta hieme, redditoque navigandi opportuno tempore, Vigilius Papa è Sicilia solvit Constantinopolim: nàm sub hoc anno duodecimo belli Gothici ista Procopius (a): His ità peractis, jàm hiems se circumegerat. Vigilius intereà Romanus Antistes ab Imperatore ex Sicilia evocatus, Byzantium venit; nàm ut eò contenderet, diutinam se in insula hìc traxerat moram.] Hæc Procopius, nec de eo quicquam alterius. Reduxisse secum Dacium Mediolanensem Episcopum, qui sibi occurrerat in Sicilia, quæ dicentur inferiùs demonstrabunt. Anastasius (b) autem ista subjicit de ejus adventu Constantinopolim, quæ tamen in omnibus haud arrident, ut in his præsertim quibus ait, ipsum illùc pervenisse in Vigilia Natalis Domini: nàm si ordinationem habuit (ut ait) mense Decembri Catanæ propè diem Natalis Domini; quomodò in Vigilia ejusdem potuit pervenisse Constantinopolim? Sed de ejus adventu audi ipsum: Tunc (inquit) obviùs est ei Imperator; & osculantes se cœperunt flere, & plebs illa psallebat ante eum usque ad ecclesiam sanctæ Sophiæ, dicens: Ecce advenit Dominator Dominus, &c.

XXVII.

Vigilii cum Anthimo Patriarcha, quomodò promisisset revocare & remittere eum in locum suum, & cautionem manus suæ ostendebant, cum promiserat eum in ordine suo revocare; sed Vigilius nullatenùs voluit eis consentire, sed tanta roboratus virtute, mori magis desiderabat, quàm vivere. Tunc Vigilius Papa dixit: Ut video non me fecerunt venire ad se Justinianus & Theodora piissimi Principes, sed hodiè scio quòd Dioctianum & Eleutheriam inveni: facite ut vultis; digna enim factis recipio.] Cætera autem quæ sequuntur, post obitum Theodoræ contigerunt; quandò excitata in novum rursùs persecutione per Theodorum Episcopum Cæsariensem, oportuit ipsum confugisse Chalcedonem in basilicam sanctæ Euphemiæ. Hæc de his quæ spectant ad altercationes Vigilii cum Theodora Augusta. Cæterùm aliæ inter ipsum atque Imperatorem intercessere alia ex causa contentiones nempe ex Tribus capitulis, quorum causa (ut anno superiori dictum est)

vocatus fuit ab Imperatore Constantinopolim. Sed antequam rerum gestarum narrationem aggrediamur, primùm elucidandum, quænam esset ista de Tribus capitulis suborta contentio in Oriente.

Etsi enim ex superiùs dictis possit cuique eadem esse perspicua, & ex iis quæ per singulos ferme annos dicenda erunt, nulla de ipsis dubitatio peniùs exoriri possit; tamen hìc occurrendum putamus, cuidam viro erudito, qui à veraci majorum sententia discedens; novam de Tribus capitulis init rationem, quippè qui hæc illa tria putavit esse capitula, quorum diserta mentio sit in epistola à Joanne Romano Pontifice ad Arrianum & alios Senatores conscripta his verbis (c): Justinianus equidem Imperator filius noster(ut ex ejus epistolæ tenore cognovistis) de his tribus quæstionibus orta certamina fuisse significavit: Utrùm unus ex Trinitate Christus & Deus noster dici possit, hoc est, una de tribus personis sanctæ Trinitatis sancta persona: An Deus Christus carne pertulerit, inpassibili Deitate: An propriè & veraciter mater Domini & Dei nostri Jesu Christi Maria semper Virgo debeat appellari. Probavimus in his Catholicam Imperatoris fidem, &c.] Habet eadem Justinianus Imperator in fidei professione (d) ad ipsum Joannem Romanum Pontificem.

XXVIII.

c Extat in Bibliothec. san. to. 4.

d l. redden-tes. C. de sum. Trini. & sup l. cũ recta. Cod. eod.

XXIX.

Confutatur falsa opinio de tribus Capitulis.

At procùl à veritate aberrat, ut ista sint Tria illa capitula, quorum causa diro schismate Ecclesia longo tempore scissa est. Etenim cum constet istam de Tribus capitulis inter Catholicos contentionem esse obortam, non autem inter Catholicos & hæreticos; quis, rogo, Catholicorum umquàm negavit Verbum carni unitum unam esse personam sanctissimæ Trinitatis, & eundem hominem factum, eundemque Deum unum de Trinitate perseverasse indivisa & inconfusa atque inconvertibili unione? Et quis aliquandò Orthodoxorum vel leviter dubitasse reperitur, sanctissimam Mariam Virginem verè propriéque Dei matrem in Ecclesia appellatam? Aut, quis umquàm pietatem colentium revocavit in dubium, Deum verè dici passum in carne? Cum igitur in his inter se Catholici semper consenserint; in his verò adversùs Nestorianos & Eutychianos junctis manibus animisque certaverint, & posthàc pugnare numquàm desierint; quæ ergò causa, ut ob tria dicta capitula inter se invicem tàm in Oriente quàm in Occidente Fideles fuerint scissi, atque schismate separati ? Præterea si quis rerum gestarum seriem disponat ordine temporis, inveniet, post obitum Joannis illius Papæ, sed sub Vigilio Romano Pontifice de Tribus capitulis quæstionem exortam esse : undè appareat longè diversa illa esse tria capitula, quæ à Joanne Papa recitantur in epistola ad Senatores, ab illis quæ (ut dicemus) sub Vigilio in controversiam deducta sunt.

XXX.

Explosis igitur his quæ nulla ex parte veritati cohærent, neque subsistere possunt: non alia quisque prudens Tria illa affirmare poterit

poterit fuisse capitula, quàm quæ ipse Justinianus Imp. sæpius suis epistolis incul-
cavit, præsertim verò in ea quæ ad Joannem
inscribitur, sed re vera ad Vigilium esse datam ostendimus, & in ea quæ in exordio

Quæ tria Capitula. Quintæ Synodi recitatur: nempè primum
de damnatione Theodori Mopsvesteni: se-
cundo loco de damnatione epistolæ Ibæ E-
piscopi Edesseni: tertio demùm de damnatione scriptorum Theodoreti Episcopi Cyri
contra Cyrillum. Hæc sunt tria illa capitula dissensionum omnium locuples seminarium. Etenim (ut dictum est) non inter
Catholicos & hæreticos ejusmodi certamen
exstitit, sed inter Catholicos tantùm ipsos,
qui omnes salvum vellent Chalcedonense
Concilium; neque ex diversa causa constatum, sed planè eadem: siquidèm tàm qui
ista Tria volebant damnari capitula, quàm
qui defendi, id se facere dictitabant, ut in
omnibus consultum esset Concilio Chalcedonensi, ne illorum occasione ipsum labefactari ab hæreticis posset. Sic igitur eorum
negatio vel assertio pro muendo Chalcedonensi Concilio facta vel prætensa, nisi aliud
quippiam erroris admisuisset, non constituebat quemquam hæreticum, sed esse schismatici convicti sunt, qui diversam à Romano Pontifice in his decernendis sententiâ
secuti essent: nàm de personis & non de

Gregorio.lib. 3.epist.37. fide quæstionem fuisse, Gregorius (a)
Magnus affirmat. Magna fuit ista in Ec-
clesia Dei tentatio, cum miserando modo
inter se Catholici ita configerent, non sa-
ciùs ac cùm in castris contigit oriri tumultus, & inter se arma collidere ac vi-
brare jacula milites sub eadem Principe
constitutos.

XXXI. Studia diversa de trib. Capit. Sed quid factum sit hoc anno, ubi Vigilius (ut dictum est) Constantinopoli mo-
raretur, jam videamus. Cum ipse diù expectatus Constantinopolim pervenisset, primum omnium (ut ex Facundo liquet) Zoi-
lam Alexandrinum occurrentem sibi de e-
missa subscriptione redarguit, atque etiam
alios. Deniquè maximam inter Episcopos
concitatam reperit esse discordiam, in summaque periculum adductam Ecclesiam, ut
schismate scinderetur, faventibus aliis iisdemque longè majori numero de præstantio-
rum sedium Episcopis Imperatori, Africanis
autem ex adverso stantibus, inter quos Facundus ipse quem diximus. Sententia eminebat; ipse Vigilius Papa inter hos omnes
pacis arbiter sedit, ut ambarum partium au-
ditor, sedaret, si posset, concitatos inter eos
conflictus illos.

XXXII. Synodum Vigilius agit. At non ipse id agere solus, verùm colligi voluit eorum qui aderant Synodum tri-
ginta Episcoporum; in qua cum adversæ
partes inter se considentes adessent, & inter disserendum altercantes haud pacificè
(ut par erat) rem agentes, adeò ut quid
magis veritati congruum esset minimè posset examinari & æqua judicii lance perpen-
di placuit tùnc Vigilio, ut quæ quisque sentiret, & quibus quam proponeret sententiam defendendam rationibus comprobaret,
scriptis proderent. Tùnc opportunè acci-

dit, ut Idem Facundus ex commentario illo
duodecim libris partito, quem habebat præ
manibus, necdùm absolverat, responsionem elicitam ederet; qui posteà ipsum integrum commentarium pro Trium capitulorum defensione perfecit, atque vulgavit
quem quidem in communione Catholicâ esse scriptum, cum ipse Vigilius Papa pro defensione eorumdem capitulorum epistolæ
(ut vidimus) conscripsisset, & adhùc in o-
pus incumberet, satis liquet ex iis quæ toto
illo commentario pluribus in locis idem o-
stendit. Quæ verò in ipsius operis præfatione haud obscurè habet, atque ea quæ
sunt à nobis dicta, confirmat, accipe, ubi
ait:

XXXIII. Hoc opus, suadentibus fratribus, ad Imperatorem Constantinopoli scripsi quo nondùm finito ac pertractato * adductus est Romanus Episcopus: in cujus certamine, cum
Gestis super hac causa disceptaremus; me-
ditante conflictu, interrumpi Acta præcepit, & ab universis Episcopis qui aderamus
expetiit, ut scripto quisque ostenderet, quid
de his capitulis videretur. Cum ergò per
Magistrum Officiorum sub gravi necessitate
respondere contingeret, vix mihi septem dierum induciæ datæ sunt, in quibus erant etiam duo festi. Unde ut omnia dicerem quæ
magis necessaria judicabam, ex his libris
aliqua decerpsi; quia non occurrebat omnia nova dicere: siquidèm tria millia ver-
suum excedit illa responsio. Sanè quoniam
(sicut dixi) necdùm à me pertractati fuerant iidem libri, quædam testimonia pro
mendositate codicum, ex quibus ea, posue-
ramus, vel pro incuria translatorum aliter
continebant; quæ sic etiam in illa responsione transposita sunt. Idcircò præloqui
hæc ac præmonere curavi, ut neminem, qui
memorata responsione perlecta, hos contigerit libros, offendat ista diversitas, sed illic ignoscat festinanti, & huic potiùs credat.] Hæc cùm præfatus in duodecim suos
libros Facundus, adhùc sub judice tùnc teporis litem suscitaturus demonstrat.

* peracto, vel perfecto
Qua occasione Facundus commentarios scripsit.

XXXIV. Adversarii expectarunt voluntatem Ro. Pont. Cæterùm quantumlibet adversarii urgerent condemnationem, cui ipsi subscripse-
rant, Trium capitulorum; haud tamen ita
videri voluerunt effrontes, ut ea de re aliter statuere, quàm decrevisset Romanus E-
piscopus, cujus expectarent sententiam,
sint professi. Id quidem pluribus in locis
Facundus ipse testatur, ut secundo libro,
dùm ait: Adhùc dicunt, quòd de tanta sua
præsumptione Ecclesiam quoque Romanam consuluerint, & sententiam beati Vigilii Præsulis expectent.] Et post plura
- Quomodò ab his creditur quartus decimus
successor ejus, nempe Leonis, sanctus Vigilius novum posse aliquid judicare, præsertim illo dicente: Nam secundùm Apo-

b Gal.2; stolum (b), Si quæ destruxi hæc ædifico,
prævaricatorem me constituo, & eis me ni-
tionum conditionibus subdo, quas non solùm auctoritas beatæ memoriæ Principis
Marciani, sed etiam quæ mea defensione
firmavi, &c.] Habet autem ad finem operis
idem Facundus ad ipsum Imperatorem, cui
scribit,

scribit, admonitionem Orthodoxo Antistite dignam, hic meritò inserendam, dùm primò Theodosii Imp. exemplo eum, quid agere debeat, ita docet:

XXXV.
Ex Theodosii exem. plo sumpta Barorum admonitio.

Major Theodosius Imperator, cujus semper memorabilis erit in Ecclesia Christi memoria, quamquàm sæpè de magnorum bar moria, quamquàm sæpè de magnorum bar. cum triumphaverit, non tamen in ejusmodi victoriarum frequentia, in quibus Trajano filio gehennæ comparari non potest, veram meruit gloriam, sed de supplici & publica peccati sui pœnitentia, quam expugnato regali fastigio, placidè ac humiliter, Ambrosio Episcopo castigante, suscepit, & indictum sibi debitæ satisfactionis tempus ab Ecclesiæ communione remotus implevit; piè admodùm credens, & sapienter intelligens, quòd non ex temporali potestate, qua fuerat etiam sacerdotibus Dei præpositus, sed ex eo pervenire posset ad vitam, quòd illis erat ipse subjectus. Undè credendum est, quòd si nunc Deus aliquem Ambrosium suscitaret, etiam Theodosius non deesset. Sed cum minor est exigendi fiducia, minor est reddendi devotio; non est autem magnus amator veritatis, cui * etiam personæ commendat auctoritas.] Et, post pauca: Non tale aliquid petimus corrigi, quale fuit quod excommunicatione ulciscebatur Ambrosius. Illud enim non, quamvis malè fuerit gestum, creditum tantùm erat Theodosii potestati: quod autem nunc factum est, vel si rectum fuisset, rectè non fieret: quia nulli Regum hinc aliquid agere, sed solis est sacerdotibus datum.] Sancire videlicèt de fide decretum, cum Imperatorum sit fidem Catholicam coràm sacerdotibus profiteri, non eamdem præscribere sacerdotibus atque omnibus Christi Fidelibus. Hæc ad calcem fermè librorum locutus est Facundus: quos absolutos paucos post dies ipsi obtulit Justiniano Imperatori.

XXXVI.

Vigilius scriptas partium responsiones exigit.

Sed redeamus ad Synodum, quam diximus hoc anno Constantinopoli ab ipso Vigilio Romano Pontifice fuisse collectam, & in ejus prima Actione auditis altercationibus ambarum partium, defensiones ab ipsis scriptis mandandas, Synodoque reddendas esse præceptas: quibus omnibus acceptis, eadem Imperatori jussit esse tradendas. At non placuerunt ista Facundo, nec reliquis Trium capitulorum defensoribus, cum jàm posteà inter schismaticos militare cœpisset; ipse enim eadem conatus est sugillare; in deteriorem partem accipiens. Sed audi ipsum Facundum in libello ad Mocianum inter plura de eadem Synodo ista subinfensè dicentem: Gestis de medio sublatis, quibus causa cœperat aperiri, & interrupto suo judicio Vigilius, à confidentibus Episcopis flagitavit, ut quid eis de causa videretur, prolata quisque in scriptis responsione, signaret. Et quia illi Episcopi maximè Constantinopolim occurrerant in ejus adventum, quorum nulla in hac causa subscriptio tenebatur, & de sua fuerant integritate securi; per occasionem hujus inter-

A rogationis ipsi quoque separatim compulsi, sint ab adversariis Ecclesiæ, quomodò dictaverunt in præjudicium magni Concilii, respondere: Ac ne posteà subtraherent, & quæ scripto responderant, judicio non offerrent: jàm sub prosecutione ipsorum atque custodia palàm ad illum deducebantur, tradere sua profana & detestanda responsa. Oculis nostris hæc vidimus nos, & Acephalos coràm ipso Judice alacres & exultantes aspeximus, cum Episcopos ad eum, Vigilium scilicèt, adducerent, eadem responsa portantes. At quomodò hæc sic inhæreant cordibus audientium, ut sic ea detestariae, B lugere possitis, sicut nos, in quorum animis ipsorum malorum adhuc imago versatur?] Hæc ipse subinfensus in Vigilium, cum jàm adversa parti favisse visus est. Sed pergit:

Suscipiens verò ille, nempè Vigilius, memoratas responsiones, post aliquot dies ad Palatium attulit, atque alteri detulit parti in præjudicium Synodi Chalcedonensis cum aliorum chirographis, qui anteà subscripserant, reservandas. Verùm ne suis traditor videretur, talibus verbis eos sefellit, ut diceret: Quid apud nos reservamus ista contraria, Synodo Chalcedonensi responsa, ut inventa quandoque in Ecclesiæ C Romanæ scrinio, à nobis approbata credantur? Sed afferamus illa in Palatium, & de illis agant ipsi qui jàm noverint. Quasi ea scindere vel urere ipse non posset, aut per suam evacuare sententiam, aut ipsis à quibus fuerant data refundere, quæ nec suscipere ab eis nec extorquere debuerat. Si verò decretum generalis Synodi præcavebat, atque ista solita fictione fingens ejus præjudicium se cavere, hoc pro voluntate contrariorum fecit, quod ei, si dissimulemus, præjudicet in non præ judicet, si demonstrentur triginta circitèr D Episcopi cum Romano Antistite Constantinopoli congregati (ut illos omittam qui anteà subscripserant) condemnasse cum approbatoribus suis epistolam à Chalcedonensi Concilio approbatam, & illum Episcopum cujus doctrinæ laudes in memorata Chalcedonensi Cócilio citatæ sunt, nemine resistente, cum suis dogmatibus, anathematizasse post mortem, scientibus cæteris & in eorum communione manentibus?] Hæc Facundus posteà jàm factus hostis, cum videlicèt se inter schismaticos collocasset, invectus & in Vigilium plurimùm de chirographo ante ab eo tradito, cum Pontifex E fieri ardenti desiderio laboraret; ista refricans & inculcans, ne (quod ait) personæ summa auctoritas causæ præjudicium afferret: ut schismaticorum atque hæreticorum mos est, cum ex criminibus in adversarios irrogatis suam volunt causam defendere, & præ ferre justitiam. Utinam extarent ipsa Synodalia Acta, ex quibus fuissent ipsi redarguendi schismatici: non enim locus relictus esset imposturæ.

X XXVII.

XXXVIII.

Sed quòd illis catenus, fragmenta hinc indè non sine magno labore collegimus, nec aliundè quidem quàm ex ejusdem temporis scri-

Quid ad fcriptis, licèt magna ex parte illa perierint. In primis autem ex ipfo Facundo accipe, quæ in libello tunc temporis ad Mocianum conſcripſit; ubi tùnc adverſatum ſe fuiſſe Vigilio tradit, dùm ait: Accipite quæ in judicio ipſius Vigilii inter alia fuerim profecutus, ſicut editæ nobis ab Officio tertiæ Actionis geſta declarant. Ego enim fateor ſimpliciter beatitudini veſtræ, non pro Theodori Mopſveſteni damnatione me à contradicentiæ communione ſubtraxiſſe: hoc enim vel ſi, approbandum non ſit, ferendum tamen exiſtimo, nec tantam eſſe cauſam judico, pro qua deberemus à communione multiplici ſegregari: ſed quòd ex perſona Theodori epiſtolam Ibæ Neſtorianam probare conati ſunt; & quòd ex epiſtola Ibæ Synodum, Chalcedonenſem ſcilicèt, à qua ſuſcepta eſt, impegi barent. ¶ Hæc Facundus, cum jàm à Vigilii ſententia receſſiſſet, in ipſum invectus, quòd jàm in defenſione Trium capitulorum, quamante acerrimè ſuſceperat, tepuiſſet.

XXXIX.
Vigilius cùr favere viſus eſt Orientalibus.

Qui enim abſens (ut diximus) pro Trium capitulorum defenſione viſus eſt laboraſſe Vigilius, & adverſùs eos, qui ea unà cum Juſtiniano Imp. oppugnabant, inſurrexiſſe: re perpenſa, videns nihil afferri præjudicii Chalcedonenſi Concilio, ex Catholicæ fidei, quam quis partem tueretur, cum re vera omnes æquè damnarent errores qui fuerunt Theodori, Theodoreti, & Ibæ; ſed maximum damnum accipi ex eo, quòd iſtam ſernè inhærentes novæ Imperatoris conſtitutioni, qui in Eccleſiæ Catholicæ communione hactenùs retinebantur, jamjàm in gratiam Imperatoris ſchiſmate eſſent dividendi; hæc, inquam, Vigilius Papa conſiderans, primùm quidem ne ob id Occidentales defenſores Trium capitulorum ſcandalum paterentur, rem ſecretò tranſigendam eſſe, atque (ut in re quæ non ſpectaret ad fidei veritatem) diſſimulandam putavit. Demùm verò cum ſibi adverſari ſentiret Epiſcopos Africanos, & res eſſet in eo ſtatu repoſita, ut ſive Occidentalibus paucis, ſive Orientalibus omnibus ſibi inhærendum eſſet; conſultius ſibi viſum, iſtorum, nempè Orientalium favere ſententiæ, quàm illorum: ſecretò de his judicans; ſperans fore, ut & ii etiam in eam ſententiam perducerentur: ſed res alitèr accidit, perſtantibus Occidentalibus in ſententia qua ſemper fuerunt pro Trium defenſione capitulorum, atque eidem firmiter inhærentibus; adeò ut ejus cauſa ſeſe à communione Catholica, ſchiſmate conflato, diviſerint. Hæc quidem de Vigilio Papa ita tranſacta eſſe, ea quæ dicta ſunt atque dicentur, certam fidem faciunt.

XL.
Vigilius contra tria Capitula laboravit.

Sanè quidem nemo jure inficias ire poterit, Vigilium adverſus Tria capitula ad Mennam Conſtantinopolitanum Epiſcopum libellum conſcripſiſſe; id quſque Vigilii ſcriptis teſtantibus, nempè publicis Actis latæ ab ipſo ſententiæ in Ruſticum

& Sebaſtianum & alios Trium capitulorum defenſores, de quibus dicturi ſumus; cum queritur adverſùs Ruſticum, quòd ſe inconſulto, quàm citiſſimè ſententiam ſuam, quam Judicatum, appellat, ad Mennam conſcriptam, in diverſas provincias promulgaſſet. Id quoquè teſtari videtur in epiſtola ad Valentinianum (a) Epiſcopum Tomitanum in Scythia, ubi tamen de calumnia queritur, nimirùm quòd ab ipſis fuiſſet divulgatum, Vigilium quoquè damnaſſe Theodoretum & Ibam, quos recepiſſet Chalcedonenſe Concilium. Equidem ſparſum in vulgus fuiſſe de damnato ab eo Theodoreto, ex alia epiſtola Vigilii alim ſcripta ad Theodoram Auguſtam, Liberatus (b) diaconus tradit; at id ut omninò commentitium neque ejus poſteà adverſarii nuſi ſunt (quod procul abhorreret à veritate) illi tribuere. Sed & de conſenſu Vigilii ſive ſcriptis, ſive ſine ſcriptis prodito contrà Tria capitula, Acta Quintæ Synodi ſæpè fidem faciunt. Quinetiam Sexta Synodus Actione ſeptima continet Vigilii Papæ adverſùs Tria capitula monumenta, quibus argumenta contra eadem Tria capitula allata narrantur: adeò ut nulla dubitatio eſſe poſſit, quin de his Juſtiniani ſententiam edicto editam comprobarit.

 LXI.
Vigil. de quæſtione tacendum decernit.

Sed quid accidit? Cum id innotuiſſet Africanis Epiſcopis, & aliarum Eccleſiarum ſacerdotibus atque primum omnium ipſis, quos ſecum duxerat, diaconis Romanæ Eccleſiæ Ruſtico, Sebaſtiano, & aliis; & magnæ ob eam cauſam turbæ, diſcordiæ, diſſidiæque eſſent oborta; mox idem Vigilius emiſſam de Trium capitulorum damnatione ſententiam ſuſpendit, ſeu potius revocavit; & conſentientibus etiam illis qui jàm damnarent eadem Tria capitula, Theodoro videlicèt Epiſcopo Cæſarienſi, atque Menna Conſtantinopolitano, rurſus ab eodem Vigilio promulgatum decretum eſt, quo decernebatur, ut de controverſia de Tribus capitulis penitùs taceretur uſquè ad proximè cogendam Synodum univerſalem: ſicque res aliquandiù conſopita ſiluit. Ita prudenter periclitanti Eccleſiæ viſus eſt conſuluiſſe Vigilius, ne ob eam controverſiam univerſus Chriſtianus orbis inter ſe collideretur, atque Oriens ab Occidente ſchiſmate ſcinderetur; ſperans fore, ut mora temporis aliquod poſſet excogitari remedium, quo utrique parti conſulerêtur.

LXII.

De hoc quidem Vigilii decreto, & quodammodò inita cum Theodoro atque Menna tranſactione, teſtes ſunt Acta publica, quibus lata à Vigilio Papa poſteà ſententia contrà Theodorum atque Mennam continetur: etenim hæc ipſa verba ſcripta leguntur in ipſo libello ſententiæ vigeſimoquinto anno Imperii Juſtiniani dato, anno nimirùm Domini quingenteſimo quinquageſimoprimo, cum quid ab hoc tempore per Vigilium actum ſit, ita ab ipſo docetur: Nos verò longanimitatem

 a Extat Act. 7. Quint. Synod.

b Liberat. diaco. Breviar. c. 22.

Vigilius tem nostram divina largitate concessam tàm
patientia circa te, quàm circa seductos abs te, penè
agendum hoc quinquennio elapso monstravimus.
putavit. Primùm qui dem in eo, quòd pro scandalo
refrænando, condescendentes quorun-
dissipa- dam animis, quos aliqua dispensatione
tione credimus temperandos, quia tu jàm eos
Theodori pluribus annis inquietissimus stimulator
temeritas accenderas; quædam pro tempore medici-
condemna- maliter existimavimus ordinanda, tali sub
tur. conditione, ut omni in posterùm perturbatione sopita, nihil ultrà nec verbo, nec
litteris quisquam facere ex eadem causa
præsumeret. At tu consuetudinis tractus
audacia, neque tunc cessare à conscriben-
dis vel prædicandis novitatibus voluisti;
ita ut sæpiùs libellis Episcoporum redditis, & consensum tuum cum eis propria
confessione condemnans, eorum vel tuis
excessibus sæpiùs à nobis concedi veniam
postulasses.

XLIII. Post hæc autem cum te à præsumptione
solita nec pudor humanæ verecundiæ, nec
sacerdotii pondus, nec timor divini judicii cohiberet, dùm ampliùs quàm justum
fuerit, patientiam tuis facinoribus præberemus; ad hoc est causa producta, quatenùs, semotis omnibus, quæ de Trium capitulorum quibuslibet dicta scriptave fuerant, quid de ipsa re facto opus esset, cum
Africanarum, Illyricanarum, seu Vallia-
Galliarũ, rum *partium congregata Synedo tracta-
Holladarũ, remus; eorum maximè præsentiam requi-
vel aliarũ. rentes, quorum fuerat scandalizata fraternitas. Illud quoque magnoperè nobis
cum clementissimo Principe, præsentibus
etiam Menna Constantinopolitanæ civitatis, & Dacio Mediolanensis urbis Antistite, aliisque tàm Græcis quàm Latinis Episcopis, cum quibus omnibus etiam tu Theodore pariter affuisti, necnon & præsentibus
Judicibus ac proceribus, universoque Senatu, convenit, ne usque ad memoratam
Concilii definitionem quicquam de præfatis Tribus capitulis ab aliquo fieri intentaretur: At deindè tuis ex incitamentis liber
condemnationem capitulorum ipsorum
continens in Palatio te assistente & instruente, coràm quibusdam Græcis Episcopis est
relectus, &c.] Satis hæc modò ex sententia
in Theodorum lata, quam suo loco inferiùs integram recitabimus; ex eaque hæc
deducta sufficiant ad ostendendum ab hoc
anno ad illud usque tempus in ea causa
Trium capitulorum, quam Vigilio indictum fuisse silentium; cum & ipse Theodorum eorumdem priùs factam condemnationem iterùm promulgantem, lata in eum
sententia condemnavit.

XLIV. Sed quid accidit? Ex his quæ dicuntur sa-
Vigilius tis apparet, ejusmodi indictum à Vigilio
creditus cô- Papa silentium à defensoribus capitulorum
sensisse dá- in deteriorem partem acceptum, collusio-
nationi nemque cum adversariis interpretatum, vel
trium Ca- saltem subdolam conniventiam; cum videli-
pitulorum. cèt (ut ostensum est ex petulantia Theodori) iidem nequaquam conticescerent; sed
eorumdem condemnationem in Palatio omnibus ostentarent: sicque indictum ea de

Annal. Eccl. Tom. VII.

re silentium, non aliud quàm tacitum Vigilii consensum interpretati sunt. Quòd
enim ipse cum esset absens, litteris libel-
lisque, iis qui consenserant (ut vidimus)
fuisset comunicatus, quòdque etiam (ut dictum est anno superiori) litteras absens in
via scripsisset adversùs eos qui edito ab Imperatore fidei decreto subscripserant: verùm iisdem Vigilius veniens consensisset, &
posteà silentium indixisset, atque ad futuram Synodum provocasset; ipsum non recto incedere pede sunt arbitrati: adeò ut
perseveraverit apud Occidentales illa de
ipso sententia; Vigilium Papam in damnationem Trium capitulorum consensisse. Atque grave passi sunt scandalum ipsi capitulorum defensores, qui ejus cupidissimè expectarunt adventum, ut Apostolica auctoritate ab ea quam patiebantur vindicaren-
tur Imperatoris tyrannide usurpantis sibi
quæ essent Episcoporum; ubi viderunt omnia in contrarium esse mutata, atque demùm
transacta silentio, quæ sibi videbantur fuisse infectanda atque explodenda clamoribus;
sicque in eumdem veluti defensorem prævaricatoremque insurrexere, quem cum adversariis communicare viderent.

Constat quidem, eosdem quos antè vel XLV.
ipse Vigilius, vel antè ipsius adventum ejus Vigilius
diaconus Stephanus à communione eadem communi-
ex causa suspenderat, à Vigilio ipso, cùm cat damnã-
venit, in communione esse susceptos, tibus tria
nempe Zoïlum Alexandrinum Episcopum, Capit.
qui (ut vidimus) edicto subscripserat, ea
tamen conditione si ratum haberetur à Romano Pontifice, & Theodorum malorum
omnium auctorem, necnon Mennam Episcopum Constantinopolitanum, qui primus post Theodorum ab eis vocabatur in
crimen. Hos namque omnes, Zoïlum,
Theodorum, & Mennam à Vigilio communionis Catholicæ factos fuisse participes, ex eodem Vigilii hbello de sententia
in Theodorum lata evidenter apparet: testante diserte verbis ipso Vigilio, Zoïlum
Romanæ connexum Ecclesiæ ex Apostolica eidem communione concessa; itemque
Theodorum & Mennam usque ad illud
tempus indicti silentii eidem communione
fuisse conjunctos, posteà verò ea Theodorum privatum, Mennam verò suspensum.
Ejusmodi igitur confœderationis ostensis-
sis symbolis, non à defensoribus tantùm
(ut dictum est) fuit existimatum & prædicatum Vigilium Papam adversariis adhæ-
sisse, atque pariter Tria illa capitula condemnare pervoluisse; verùm etiam ab iisdem Trium capitulorum impugnatoribus
id ipsum fuit assertum atque summæ gloriæ
divulgatum.

Qui rem exactè absque aliquo affectu XLVI.
privato considerant, ipsum Vigilium ex- Excusatur
cusant; quòd qui absens adeò per litteras Vigilius.
fuerat comminatus, mitiùs egit, ubi præsens rem proximè est intuitus: offensa enim
& ob oculos posita Ecclesiæ facies omni ex
parte miserabilis & quovis deploranda luctu, aliter decernere persuasit. Siquidem
simul cum quatuor Orientalium sedium

F f Pa-

Patriarchis qui subscripserunt, omnes fermè illis subjectos Episcopos in eamdem sententiam atque subscriptionem inductos invenit. Quamobrem nimis durum & asperum, valdèque acerbum atque inhumanum ipsi visum, Apostolica auctoritate, quam ad ædificationem non ad destructionem sibi sciret esse concessam, veluti uno gladii ictu Orientem ab Occidente discindere; cum præsertim sciret, re vera non de fide esse quæstionem, quæ dissimulari minimè posset, sed de personis, ut ex S. Gregorio superius dictum est.

XLVII. Non de fide, sed de personis fuit contentio.

Licèt enim pro fide pugnare adversùs errores Theodori, Theodoreti, & Ibæ, impugnatores præseferrent; non tamen (quod sæpè inculcatum est) his adversantes ipsi defensores Trium capitulorum æquè defendebant errores Theodori, Theodoreti, vel Ibæ: nàm & ipsi eos penitùs execrabantur, sicùt & illi qui contra Tria capitula sententiam propugnabant; cum & utraque pars in primis nihil se magìs velle contestaretur, quàm consultum esse Catholicæ fidei probatæ à sacrosancto Concilio Chalcedonensi. His etiam accedebat, quòd qui impugnabant Tria capitula, à sententia illa divelli posse, cui astringebantur Imperatoria voluntate, impossibile videretur.

XLVIII. Vigilius prudenter egit.

Quid igitur peccasse Vigilius dicendus fuit, si de causa illa usque ad futuram Synodum esse tacendum induxit, quæ potiùs (si fieri potuisset) perpetuo erat silentio condemnanda, sopienda, immò sepelienda, atque penitùs extinguenda? Quòd verò id non liceret, partibus acerrimè adversùs se invicem pugnantibus, nec spes ulla esset ut posset pax desperata componi; ad fœderis remedium in tanto discrimine itum est, ut cum nulla spes esset in perpetuùm sanciri silentium, illud saltem ad tempus indiceretur: ut intereà cum cessatum esset ab armis, pax mutua tranquillioribus animis tractaretur; adquam conciliandam, sicut tempore fœderis sunt concessa commercia, ita & Vigilio placuit omnibus concedendam esse communionem.

XLIX. Theodora August. cù Acephalis à Vigilio excommunicata.

Quòd autem sciamus ejusmodi Vigilii consilium in deteriorem fuisse partem acceptum, ob idque ipsum collusorem, prævaricatoremque ab adversariis conclamatum, quòd ob timorem Imperatoris, ad ejus gratiam promerendam, à cœptis continuò resiluerit: ad hæc omnia excusanda illud satis superque esse potest quod summæ constantiæ specimen edidit, ubi hoc anno Constantinopolim venit. Ubi enim non cum Catholicis, sed pugnandum sibi fuit adversùs hæreticos, cum quibus minimè esse dissimulandum sciret; mòx aucto-

A ritate Pontificia insurrexit, ac nullo habito respectu potentium, & pro nihilo hac ex parte ducens Imperatoriam potestatem, in ipsam Theodoram Augustam, diutissimè magno Ecclesiæ detrimento toleratam, sententiam tandem excommunicationis inflixit, eadem pœna afficiens hæreticos omnes Acephalos Severianos & Eutychianos, quam ipsa eorum patrona meruerat. Hæc quidem haud vulgò jactata, vel teste minùs digno feruntur, sed eo, quo ob Pontificiam dignitatem, vitæque sanctitatem, & rerum usum atque scientiam nullus dignior dici potest. Etenim testatur id Gre-

B gorius Magnus in epistola ad Hibernos Episcopos schismaticos verbis istis (*a*): Postquàm recordandæ memoriæ Vigilius Papa in urbe regia constitutus, contra Theodoram tùnc Augustam & Acephalos damnationis promulgavit sententiam; tùnc Romana urbs ab hostibus adita & captivata est. Ergò bonam causam habuerunt Acephali, & injustè damnati sunt, post quorum damnationem talia contigerunt? Absit: hoc enim nec nostrum quempiam, nec alios qui Catholicæ fidei mysteriis instituti sunt, dicere, vel aliquo modo confiteri

C convenit.] Hæc Gregorius adversùs schismaticos eorumdem Trium capitulorum defensores.

a Greg. lib. 2. epist. 36.

L. Vigilii in pugnando discretio.

Vides igitur, pro diversitate personarum, Vigilium magna consideratione adhibita atque prudentia diverso modo pugnasse, alitèrque se adversùs hæreticos, aliter cum Catholicis exhibuisse: illos quidem, quibus nec Ave dicendum monet Apostolus (*b*), quamvis fastu elatos, potentiaque sublimes, excommunicationis sententia, fulminis instar cælitùs emissi prostravit hos; autem non abiicit, sed Apostolicis charitatis visceribus fovens, iterùm parturit, cùm dissimulat, annuit, expectat, reprimit, corripit, tolerat. In quorum etiam laudem istiusmodi adversùs Theodoram Augustam redundavit ostensa severitas: intendit enim in eam eo modo nervos censuræ

b 2. Joan. 2.

D Catholicæ, ne ob defensa anteà, damnata posteà vel suspensa Tria illa capitula, in suspicionem vocaretur proditæ fidei, & cum Eutychianis inita secretò societatis; sed ostàm evidenti signo ostenso vigoris sacerdotalis in Orthodoxa fide tuenda, & hæreticos eorumque patronam damnando, omnes qui Catholici re vera essent, erigerent animos; & quæcumque ab ipso Vigilio gererentur, in meliorem partem acciperent:

E cùm jam certò scirent, nihil apud ipsum Romanum Pontificem antiquius esse, quàm adversùs hæreticos fidem Catholicam propugnare, posterisque sartam tectam relinquere. Quæ autem hæc secuta sint, suo loco dicemus.

I.

a Procop. de bello Goth. lib. 3.

Quingentesimus quadragesimus octavus Christi annus, idem post Consulatum Basilii septimus, & belli Gothici decimustertius à Procopio (*a*) numeratur: quo novis cladibus in Italia diversis in locis Romanus exercitus à Gothis afficitur: additumque ad alia damna, ut Sclavinorum exercitus, transmisso Istro, Illyricum occuparit. Hæc omnia Procopius pluribus. Sed neque his motus adversis revocatur Imperator à susceptis adversùs Tria illa capitula studiis, quibus majorem inflixit Ecclesiæ cladem, quàm a barbaris pateretur Illyricus. Audi igitur lugubrem de oborto schismate & à Romano Pontifice defectione tragœdiam.

Sclavini occupant Illyricum.

II.

Cùm Romanæ Ecclesiæ diaconi Rusticus atque Sebastianus Constantinopoli apud Vigilium agentes vidissent ipsum Summum Pontificem minimè condemnasse (ut in votis erat) qui damnarant Tria illa capitula, immò & ipsum cum illis communicasse; iidem ab Africanis impulsi, adversùs ipsum Vigilium rebellarunt: id verò præ cæteris operati sunt Felix Gillitanus monasterii in Africa Abbas, atque Lampridius; qui hanc ob causam Constantinopolim se contulerant: & licèt hi primùm rejecti fuissent à Vigilii Papæ clericis, eò quòd ipsius Pontificis vitarent communionem; dolo tamen se insinuantes Sebastiano diacono, eumdem à Vigilio abstraxere, qui & secum in eamdem schismatis societatem Rusticum item Romanæ Ecclesiæ diaconum captivum duxit. Hi verò cum gloriarentur vindices insurgere pro Concilio Chalcedonensi, in eamdem societatem traxerunt etiam Vigilii subdiaconos, Defensores, atque Notarios, quorum hæc sunt nomina, Joannes, Gerontius, Severinus, Importunus, alterque Joannes, & Deusdedit. Hi quidè adversùs eumdem Romanum Pontificem ad diversos Episcopos in diversas provincias litteras dedere. Hæc autem omnia expressa habentur in libello sententiæ adversùs Rusticum atque Sebastianum prolatæ, quem suo loco recitabimus. Ejusdem verò Felicis Gillitani hujus schismatis instigatoris meminit etiam Facundus Episcopus in libello ad Mocianum, eumque maximum defensorem fuisse Theodori Mopsvesteni docet, Abbatemque nominat. Sic itaque sub prætextu defendendi Concilii Chalcedonensis maximum fuit in Ecclesia Dei schisma conflatum, & calumnis exagitatus ipse Vigilius, quasi fautor accesserit impugnantibus ipsam sacrosanctam Synodum Chalcedonensem; factumque ut undique ab Episcopis Orthodoxis querelatum pienè ad eumdem Pontificem litteræ scriberentur, de quibus suis locis agemus.

Qui Rom. Eccl. clerici defecerunt à Vigilio.

III.

Cum enim istiusmodi ab Ecclesiæ Romanæ diaconis diversarum Ecclesiarum Episcopi litteras percepissent; haud putantes contemni debere, quæ de re tanta à viris tantis è tali loco, nempè Constantinopoli scriberentur; magnoperè turbati sunt: verumque esse existimantes quod ab ipsis diaconis Romanæ Ecclesiæ scriberentur, ipsum scilicèt Romanum Pontificem molitum aliquid contra Chalcedonense Concilium; magnoperè commoti sunt: eorumque nonnulli se ab ipsius Romani Pontificis communione disjunxere; alii ad tempus donec res magis sibi explorata fieret, ab ejus se consuetudine temperavere; alii verò, quibus major inerat in re tanta prudentia, ad rem apertiùs cognoscendam nuncios misere Constantinopolim, litterasque ad ipsum Vigilium conscripsere: sicque duorum Romanæ Ecclesiæ diaconorum nempè Rustici & Sebastiani litteris universus concussus est Orbis, Ecclesiaque Catholica perturbata & in summum discrimen adducta; jactaque sunt ab eisdem immensi schismatis fundamenta, adnitentibus cum ipsis potissimùm Africanis, qui (ut dictum est) adversùs Imperatorem primùm pro Concilio Chalcedonensi (ut sibi videbatur) erexere vexillum. Hæc omnia (ut diximus) expressa habentur in libello damnationis amborum diaconorum sequenti anno à Vigilio Papa conscripto.

Tumultus adversùs Vigilium exortus.

IV.

Sed & his omnibus insuper à Rustico diacono additum, ut ad suam firmandam pro Trium capitulorum defensione sententiam, commentarium per dialogismum scriberet adversùs Acephalos, ad cujus finem posita est fusè fuit de Tribus capitulis disputatio. Extat ipse quidem, sed fine decurtatus, ubi de Tribus capitulis controversia tractabatur. Nàm inter disputandum, cum urgeret Orthodoxus hæreticum, ut Dioscorum anathematizaret; at hæc hæreticus: Nos interim non de causis singularum colloquimur personarum, sed de fide universaliter disceptamus: Hoc verò negotium illi servabimus tempori, quandò de Diodoro, Thedoro, Iba, & Theodoreto disputabimus, causas personarum quæstioni de fide miscentes. Hæc ibi: ex quibus appareat eumdem librum fine carere, cum ea illìc quæ dicenda proposuerat, desiderentur. Sed & cum desit in fronte operis nomen diaconi ad quem totum illum inscribit; conjectura ducimur & illud esse subtractum, neque alium quemquam hunc fuisse, quàm collegam in schismate, quem diximus, Sebastianum diaconum; ad quem inter alia ista præfatur:

Rusticus Diac. scribit contrà Vigilium.

V.

Memento (inquit ipse) Christianum te esse atque diaconum, & hoc summæ totius universitatis Ecclesiæ, nempe Romanæ. Si importa-

* circa

portabile onus est ordinis, quare ullo modo aggressus es dignitatem? Semel diaconus factus, tuis votis obligatus es Deo: alioqui debuisti reputare priùs, & citrà * hujusmodi gradum cum adversario tenere pacem, perquirens si tu cum decem millibus viginti adversarii millia evincere potuisses.] Hæc & alia Rusticus diaconus collegam incendens ad prælium: unde & illud percipere valeas, quibus animis initum sit certamen, tali tantoque classico præcantato. Demptis autem ex libro illo spinis quibus ager fertilis abundabat, & vepribus quibus in angulo silvescebat excisis, quæ remanserunt, viro quidem docto sunt digna; in quo cum plura notanda sint, illud obiter inculcatum de perseverante in Ecclesia pristino sacrarum reliquiarum usu non prætermittam, nequis putet traditiones à Patribus acceptas temporum fuisse diuturnitate vel varietate dimissas: Clavos (inquit) in quibus confixus est Christus, & lignum venerabilis Crucis, omnis per totum mundum Ecclesia absque ulla contradictione adorat, &c.]

At non Rusticus tantùm exacuit contra Vigilium Romanum Pontificem stylum pro defensione Trium capitulorum, sed alii plures: nàm in Africa id præstitit Liberatus Ecclesiæ Carthaginensis diaconus, Facundus Episcopus Hermianensis in libello præsertim contra Mocianum edito, necnon Victor Episcopus Tumuensis, de quibus inferius prolixior sermo erit. Horum meminit Isidorus; licèt corruptè, pro Facundo, Secundus legatur. De illis verò qui posteà Vigilii patrocinium susceperunt, & pro Trium capitulorum damnatione pugnarunt, suo dicemus loco, ubi de Quinta Synodo pertractabimus. Sic igitur maximo Ecclesiæ Catholicæ detrimento ubique rixæ, ubique dissidia, contentiones & dissensiones sunt simùl exortæ, pugnantibus adversùs se invicèm Orthodoxis enormi schismate scissis, in se mutuò collidentibus; ex quo totum hoc sæculum redditum planè est infelicissimum. Sed de his modò satis.

Hoc anno Theudis Rex Gothorum in Hispania occisus est, ubi regnasset (ex sententia Isidori) annos sexdecim & menses quinque licèt depravatè legatur apud eum anno Justiniani Imperatoris XII. pro XXII. ex quibus etiam corrigas Æræ menda. Sub hoc Rege Theude recensetur ab Isidoro de Viris illustribus Justinianus Valentinus Episcopus istis verbis (a): Justinianus Ecclesiæ Valentiæ Episcopus, ex quatuor fratribus & Episcopis eadem matre progenitis unus, scripsit librum Responsionum ad quendam Rusticum de interrogatis quæstionibus: Quarum prima responsio est de Spiritu sancto: Secunda est contra Bonosiacos, qui Christum adoptivum & non proprium dicunt: Tertia responsio de baptismo Christi, quod iterare non licet. Quarta responsio de distinctione baptismi Joannis & Christi: Quinta responsio, quia Filius sicut Pater invisibilis est. Floruit in

---

Hispaniis temporibus Theudis Principis Gothorum.] Hæc ipse, qui pergit dicere de ejus fratribus, Justo Orgelitano Episcopo, Nebridio, & Helpidio, iisdemque sacrorum scriptorum auctoribus: sed periere præclara horum virorum illustrium monumenta,

Paulò autem ante obitum Theudis, inter tot tenebras Gothorum perfidia superinductas, nobilem Hispalensem Ecclesiam S. Lauriani martyrio illustratam, vetera Ecclesiæ Catholicæ monumenta testantur, quæ diem natalem ejus anniversaria memoria renovant (b) quarto Nonas Julii. Qui prosecuti sunt res Hispaniæ, tradunt, hunc fuisse Pannonium genere, presbyterum verò Mediolanensis Ecclesiæ, invectumque zelo fidei in perfidum Totilæ Arianum Principem, ab eo quæsitum ad necem, sed fuga lapsum Hispaniam ad latebras delegisse: adduntque quòd ibi cum virtutum præstantia qualis esset citò innotuisset, delectus est in Episcopum Hispalensem post Maximum. Cum verò id Totilas cognovisset, barbarica obstinatione per gentilem suum Theudem Regem illi necem inferendam curavit: qui divino monitu fugam rursùs captans, Romam se contulit, cum nondùm Vigilius esset profectus in Orientem, à quo honorificè exceptus est, sed cum reversurus in Hispaniam, pervenisset in Gallias, mira sagacitate ab exploratoribus Totilæ singula ejus vestigia asectantibus repertus apud Massiliam, ab eisdem apprehensus, capite gladio Ariano truncatus est. Cujus corpus Eusebius Episcopus Arelatensis, qui præcessit Aurelianum, sepliendum curavit; caput verò in suam delatum ecclesiam, populum fame pesteque laborantem (ut prædixerat) liberavit: cum paulò post occisus est Theudis, & regnum arripuit Theodegisclus, idemque Gothus & Arianus. Hunc tandem felicem consecutus est finem vir sanctissimus Laurianus, ardore Catholicæ veritatis & dicendi libertate omnes hujus sæculi Catholicos facilè antecellens, & miraculorum operatione nulli secundus: ex quibus illud tantùm posteris notum, cæcum in itinere, cum Romam peteret, illuminasse.

Porrò Theodegisclo haud fuit in regno longa permansio: siquidem Isidorus tradit, quòd post annum & menses septem, pari exitu, conjuratorum manu inter epulas gladio confossus extinctus est, ob pœnam (ut Gregorius Turonensis existimavit) offensi numinis, dùm curiosiùs divina disquirere, & illis detrahere laboravit. Homo enim Catholicæ fidei infensissimus, ægerrimo patiebatur animo, ut Deus manifestis iisdemque perennibus miraculis declararet quæ sibi religio cordi esset, & veram fidem à perfida signis magnificentissimis discrimaret: Adeò ut, antequàm regnum adipisceretur, cum Theude adhuc superstite, habenas regni administraret, admodum curiosus scrutatus sit, ut redargueret posse imposturæ, quod Deus inter Arianos evidens edere consuevit signum, quo & fidei

Ca-

VI.
Dirû schisma in Ecclesia Catholica ob ortum.

VII.
Theudis Rex occisus.

a Isidor. de Viris illustr c. 20.

VIII.

b Ro. Martyr. ea die.
De S. Lauriano Episcop. Hispalensi martyre.

IX.
Theodegisclus Rex in Hispania.

Catholica veluti Dei digito probaretur, & Ariana impietas damnaretur. Sed quodnam id fuerit meminimus superiùs alia occasione retulisse, cum de aliis hujuscemodi miraculis in Sicilia, Italia, & Oriente fieri solitis sermonem habuimus : hìc verò (quod *a Greg. Tur.* locus & tempus postulat) ejusdem Gregorii *de glo. mar.* verbis repetere, haud putamus legenti fore *c.24.25.* fastidio. Sic enim ait (*a*) :

X.
* *Ossor*
De miraculis in fonte baptismatis quotannis renovari solitis.

Est & illud illustre miraculum de fontibus Hispaniæ, quòs Lusitania provincia profert. Piscina namque est apud Osen campum antiquitùs sculpta, & ex marmore vario in modum crucis miro composita opere : sed & ædes magnæ claritatis ac celsitudinis desuper à Christianis constructa est. Igitur cum dies sacer post curriculum anni antecedentis advenerit, quo Dominus, confuso proditore, mysticam discipulis præbuit cœnam ; conveniunt in locum illum cum Pontifice cives, jàm odorem sacri persentientes aromatis. Tùnc data oratione sacerdos, ostia templi simul jubet muniri signaculis, adventum virtutis Dominicæ præstolantes. Die autem tertia (quòd est sabbati) convenientibus ad baptizandum populis, adveniens Episcopus cum civibus suis, inspectis signaculis, ostia reserat clausa. Ac mirum dictu, piscinam quam reliquerant vacuam, reperiunt plenam, sed ita cumulo altiore refertam, ut solet super ora modiorum triticum adgregari : videasque huc illùcque latices fluctuare, nec partem in diversam defluere. Tùnc cum exorcismo sanctificatum, consperfum desuper chrisma, omnis populus pro devotione haurit, & vas plenum domi pro salvatione reportat, agros vineásque aspersione subterrima tutaturus. Et cum exinde multitudo amphorarum sine collecto numero hauriatur, nunquam tamen vel cumulum minuit : licet ubi infans primò tinctus fuerit, mòx aqua reducitur ; & baptizatis omnibus, limphis in se reverfis, ut initio produntur nescio, ita & fine clauduntur ignaro.

XI.
Divina ultio incontemptore

Cuidam verò ex hæreticis Deum non metuenti, neque venerationem præstanti huic loco sancto, neque credenti corde miraculum quod in eo Dominus ad corroborandam suorum Fidem præstare dignatus est, quid evenerit, non sileo. Venit cum turba equorum, solvitque impedimentis jussit in basilica poni, equifque in ea præsepia præparari, irridens miser quæ de hoc loco narrabantur ab incolis. Igitur media nocte prætereuntes, repitur, ac penè exanimis, & tardiùs quàm debuerat pœnitens, exclamat, equites ab æde expellerat enim ei, sub Rege licèt, magna tamen in ea regione potestas. Expulsisque à basilica sancta equitibus, ad se conversus cœpit dentibus propriam lacerare corpusculum, nec prorsus retineri à suis obnimiam poterat debacchationem : tandemque oppressus inter suorum manus spiritum exhalavit.

XII.
Theodegisilus

Denique Theodégisilus * hujus Regionis cum jàm vidisset hoc miraculum, *Annal. Eccl. Tom. VII.*

A

quod in his sacratis Deo fontibus gerebatur; cogitavit intrà se dicens : Quia ingenium est Romanorum (Romanos enim vocitant homines nostræ religionis) ut ità accidat, & non est Dei virtus. Veniens verò ad annum sequentem, ostium cum sigillis suis cum Episcopi sigillo munivit, posuitque custodes in circuitu templi, si forte aliquem deprehendere posset fraudis alicujus conscium, per cujus ingenium in fontibus aqua succresceret ; similiter & alio fecit anno. Tertio vero convocata virorum multitudine, fossas in circuitu basilicæ fieri jussit, ne forte locis occultis limphæ deducerentur in fontem; fueruntque fossæ in profundum vicenum quinum pedum, in latitudinem verò quindecim. Sed nihil abditum potuit reperiri. Tamen vitæ finem faciens, & credo pro hujus inquisitionis temeritate, anni sequentis diem, quo hoc mysterium celebratur, videre non meruit, eò quòd arcanum virtutis divinæ investigare præsumpsit. Habentur autem in ea reliquiæ sancti Stephani Levitæ.] Hactenùs de his Gregorius : quibus haud vulgarem conciliare fidem, quæ ejusdem generis in unum congesta miracula superiori tomo sunt enarrata.

B

Hoc eodem anno Macarius Hierosolymorum Episcopus, uti sedisset annos duos, pellitúrque quo ista Evagrius habet(*b*) Sedit Macarius, Imperatore nondù n ei suffragante : qui posteà sede sua pulsus fuit, nàm ferebatur, eum dogma Origenis tutatum. Cui in Episcopatu successit Eustochius. Hæc Evagrius : verùm ipsum Macarium Episcopatum fuisse calumniam, ea quæ superiùs in ejusceratione dicta sunt, possunt facile suadere. Hincque factum est, ut ubi Origenem damnasset (ut idem auctor ait) in suam sedem receptus sit : quem sedisse annos quatuor, Nicephorus tradit. Cæterùm post eum rursus liquet restitutum Eustochium : siquidem constat, ipsum ei, quæ celebrata est anno Domini quingentesimo quinquagesimo tertio, per legatos Quintæ Synodo interfuisse. Unde corrigendus est Nicephori Chronicon, ubi habet annum tantùm sedisse Eustochium.

C

XIII.
Evagr. li. 4.c.36. & Niceph. li. 17.c.26.
Macarius Episc. Hierosol. sede pulsus.

Quod autem ad Eustochium spectat, qui hoc anno suffectus est Macario pulso ; ab Evagrio (*c*) ista accipe, dùm ejus meminit occasione Barsanuphii sanctissimi anachoretæ : Vixere per idem tempus viri piæ divini, qui multis in locis magna edebant miracula, & quorum gloria ubique pervagata fuit. Ex quorum numero erat Barsanuphius genere Aegyptius. Ipse vixit in monasterio prope urbem Gazam, & in carne vitam carni adversam degit, adeò ut multa mirabilia ederet miracula. Creditur porrò, eum in ædicula quadam clanculùm ætatem degisse, atque à tempore quo eà ingressus est ad spatium quinquaginta annorum & ampliùs neque à quoquam visum esse, neque quicquam alimenti vel aliarum rerum in terra cepisse. Quibus rebus cum Eustochius Episcopus Hierosolymorum minimè haberet adhiberet ; cúmque ædiculam ; in qua ille

D

E

XIV.
Evagr. li. 4.c.32.
De Barsanuphio admirando Anachoreta.

Ff 3

Theodegi.
Theodegi.
sclus Rex
suo damno
periculum
de fonte
facit.

Macarius
Episc. Hie-
rosol. sede
pulsus

A

ille divinus inclufus fuit, perfodere con-
ftituiffet: parum aberat, quin ignis ex ea
erumpens, omnes, qui cum eo illîc venerant, combuffiffet.] Hæc de Euftochio occafione Barfanuphii habet Evagrius. Vivebat tunc & in Palæftina miræ fanctitatis vir
Mirogenes nomine, de quo hæc inter alia
Sophronius (*a*): De hoc Abbate Miroge-
ne cum audiffet Hierofolymitanus Euftochius, voluit ad eum mittere quæcumque
erant neceffaria, nàm hydropifi laborabat ;
fed ille numquàm ab eo quicquam confenfit accipere: hoc autem folùm illi fignifica-
bat: Ora pro me, Pater, ut liberer ab æ-
terno cruciatu.]Hæc ipfe.

a Sophron.
Prat. Spiri.
c.8.

B

XV.
b Evagr. li.
4. c. 33.
De Simeo-
ne Salo.

Pergit autem Evagrius (*b*): Fuit Eme-
fæ vir quidam nomine Simeones, qui omni
inanis gloriæ cupiditate abjecta, quamquàm
fapientia cujufque generis & divina gratia
refertus fuit, tamen his qui eum minimè
ignorabant, delirus vifus. Ifte maxima ex
parte remotus ab aliorum confpectu vitam transegit, nec cuiquam poteftatem
conceffit comprehendendi quando aut quomodò Deum precaretur, neque quo tempore folus apud fe vel abftineret cibariis, vel
eadem caperetur. Intereà verò cum in publica platea vel in foro verfaretur, vifus
eft à priftina vivendi confuetudine. defle-
xiffe, immò verò etiam nihil omninò vel
prudentiæ habere, vel ingenii. Quin etiam tabernas aliquandò ingreffus, efcu-
lentia, cum efuriret, vel cibis quibuflibet
vefcebatur. Quòd fi quifquam inflexo capite, eum falutabat, ira accenfus è loco
illo celeriter exceffit, veritus ne fua virtus à
vulgo deprehenderetur.] Hæc & alia de
eodem Simeone Evagrius, quibus oftendit
eum virtutem miraculofam fuiffe adeptum,
atque etiam propheticum fpiritum confecutum. Porrò res ab eo præclarè geftæ fufiùs fcriptis (*c*) mandatæ fuere à Leontio
Neapolis Cypri Epifcopo, ut Acta Nicænæ pofterioris Synodi (*d*) fidem faciunt.

c Habes, ek
apud Sur.
to.4. die 1.
Julii.
d Conc. Ni-
can.2. Act.
4.

C

XVI.
Qualis O-
rigenes fu-
rit declara-
tus.

At quid his temporibus, quibus in Palæftina præfertim hærefes Origenis invaluerunt, interrogare cupientibus quid de
Origene fibi videretur, refponderit: accipe fcitè dictum, fed ftultitiæ pannis obte-
ctum. Sic eam Leontius narrat hiftoriam ;
Cum autem duo quidam Patres tunc in
quodam monafterio propè Emefam inter
fe quærerent & perfcrutarentur, cur ceci-
diffet Origenes hærefim, qui tanto ingenio & tanta fapientia à Deo fuerat ornatus.
Et unus quidem diceret, non fuiffe à Deo
eam quæ ei aderat fcientiam, fed fuiffe
quoddam donum naturæ & dexteritatem ingenii ; nàm cum in lectione divinæ Scripturæ & fanctis Patribus maximè effet verfatus,
acuit ingenium, & ideò libros confcripfit :
Alius verò contrà, diceret, neminem ex
dono naturæ poffe tales, quales ille edidit,
habere orationes, & maximè eas quæ funt de
iis quæ dicuntur Hexapla : quocircà ea vel
in hodiernum diem fufcepit Ecclefia tamquàm neceffaria. Cum ille autem rursùs
refponderet: Crede mihi, funt Gentiles, qui

D

E

eo majorem habere fapientiam, & qui eo
plures libros confcripfere : quid ergò opor-
tetne eos laudare propter verbofas eorum
nugas ?

Cum, inquam, non potuiffent convenire
tandem dicit unus alteri: Audimus ex iis
qui veniunt ex fanctis locis, effe magnos
monachos in folitudine Jordanis : eamus, &
hoc difcamus ex ipfis. Cum itaque ad fancta loca veniffent, & præffent, veniunt
etiam ad Mortui maris folitudinem, in
quam fecefferant femper memorandi Joannes & Simeon. Cum ergò feciffet Deus ut
eum laborem non fruftrà fufceperint, invenerunt Abbatem Joannem, qui ipfe quo-
quò ad perfectam jàm menfuram pervenerat. Poftquam enim eos videt, dixit: Benè venerunt qui mare reliquerunt, & in
ficcum locum veniunt ad hauriendum.]Hæc
ea ex caufa, quòd cum in patria haberent
Simeonem, & non cognito, & ob id præterito, ad ipfum tam longo itinere perre-
xiffent. Sed pergit auctor: Cum longa ergò, piaque ac religiofa inter eos fuiffet con-
greffio, dicunt ei, quanam de caufa tantum iter confecerant. Is verò dicit eis: Nondùm, Patres, accepi donum difcretionis judiciorum Dei : fed abite ad Salum Simeonem, qui eft in veftra regione: ipfe vobis
poteft & hæc & omnia quæ vultis folvere,
ei dicentes: Precare etiam pro Joanne, ut
illi quoque decem forte contingant.]Quid
autem per hæc decem fignificarit, nota ifta
erant inter fe fymbola, quæ ipforum Vitæ
exordio auctor declarat. Sed rursùm Leontius.

XVII.

Poftquam autem venerunt Emefam, & rogaverunt ubinam effet ille Simeon qui dicitur Salus, id eft, Stultus, omnes eos ir-
ridebant, & dicebant : Quid ex eo vultis
Patres? Eft homo amens, qui omnes vexat &
fubfannat, & maximè monachos. Cum ii
autem qui quæfierant, inveniffent eum a-
pud Fufcarium rodentem lupinos tamquàm
urfum ; unus ex eis ftatim paffus eft fcandalum ; & dixit apud fe : Venimus ad videndum virum magna cognitione præditum : is
poteft multa nobis dicere? Poftquam ergò
appropinquaverunt, dicit ei : Benedicite,
le verò eis dicit : Malè veniftis, & qui vos
mifit ftultus. Apprehenfa verò auricula e-
jus qui fcandalum paffus fuerat, impegit ei
talem alapam, ut plùs quàm tres dies fignum apparuerit : & dicit : Cur vituperas
lupinos ? ii fuerunt madefacti quadraginta
diebus : Origenes verò ex eis non comedit,
quoniam mare fubiit, & non potuit egredi,
& fuit fuffocatus in profundo. Ii ergò ob-
ftupefacti, quòd eis omnia prædixiffet, quin
etiam quòd decem vellet Salus, fed eft ftultus, vobis fimilis: Accipitis ne, ait, plagam in cruce ? Certè, certè, abite. Statimque fublata olla, in qua erat levis vefi-
ca, uffit eos duos in labiis, ne quid poffent
dicere quod eis dixiffet.] Ifta fymbolicè de
Origene Simeon, quòd deferens ille Chriftianam benè probatam fimplicitatem per
lupinorum efum repræfentatam, cum plùs
fapere vellet, quàm oportet fapere, evanuit
in co-

XVIII.

Ex facie-
judicans
monachus
is corrupitur.

Origenes
fibi fapiens
ftultus fa-
ctus.

in cogitationibus suis ; & putans se sapientem , verè stultus factus est . Istiusmodi igitur ludibrio Simeon Origenem cum Origenistis voluit condemnasse . At quonam alio odio stultitiæ signo grassantem his temporibus Acephalorum hæresin palàm ob oculosque omnium idem damnatam ostenderit ; accipe quæ his mox idem Leontius ita subdit :

XIX.

Dæmon in officinam hæretici hominis debacatur.

Cum autem quadam die esset in officina in qua erant vesicæ , accepit calamum , & coepit tibia canere in quodam angusto vico , ubi erat spiritus immundus . Canebat autem tibia , & dicebat orationem magni Niconis , ut ex eo loco effugaret spiritum multos enim vexaverat . Postquam ergò fugit dæmonium , transiit tanquam Aethiops per vesicarum officinam , & confregit omnia . Reversus ergò ille admirabilis, dicit dominæ : Quis hæc fregit ? Illa autem dixit : Unus Mauritanus sceleratus venit , & omnia contrivit . Is verò dicit ridens : Pumilio , pumilio . Illa verò dicit Certè , Sala . Ille autem dicit : Re vera ego eum misi , ut omnia confringeret . Postquam autem illa hæc audivit , voluit eum vocare . Ille verò se incurvans , & pilarum tollens projecit , & oculos ejus Sanctus obseravit , & dixit : Re vera non me apprehendes , sed , aut in Ecclesia mecum communicabis , aut Mauritanus confringet omnia . Erat enim an hæresi Acephalorum . Postquam ergò recessit ab ea , ecce eadem hora venit Martus , & rursus confregit omnia tàm apertè , ut videretur ocu-

Acephali convicti miraculo.

lis . Virtus itaque sumpserunt Orthodoxi , ut qui Simeonem haberent Dei famulum , de eo autem nemini audentes dicere , quamvis quotidiè transiret Salus , & eos irrideret .] Ita planè ut illud Apostoli his aptari possit (a) : *Cum mundus per sapientiam Deum non cognovisset , placuit per stultitiam prædicationis salvos facere credentes .* Sed quod ad recitatam historiam spectat , aliqua deesse videntur in textu , nempe tùm famulæ , tùm viri ejus Fulcarii conversio ad fidem Catholicam : quod ex iis quæ idem auctor superiùs dixerat , elici satis potest , ubi de eodem Simeone hæc ait :

XX.

Cum autem Deus vellet salvum facere Fulcarium (erat enim hæreticus ex hæresi Acephalorum Severianorum) vidit ipsum ejus uxor in manu suffumigantem : ea verò obstupefacta dixit : Unus Deus , ò Abba Simeon , in manu mea suffumigas ? Postquam autem hoc sonex audivit , præstulit se comburi , & nescio quæ lucida è manu sua transtulit in vetus pallium quo gestabat , & dixit : Si nolis in manu mea , ecce in meo pallio suffumigo . Virtute autem Domini , qui rubrum conservavit incombustum , & pueros , nec Sanctus sensit flammam , nec ejus pallium . Quomodò autem salvi evaserunt , Fulcarius & ejus uxor , dicetur in alio capite .] Eo nimirùm , quo ab Æthiopis forma induto pravo dæmone ea ipsos pastos esse damna auctor narrat . Sed qui eo modo per Æthiopem Acephalos condemnavit , & in Lupinis Origenis,

insipientiam demonstravit ; quomodò , & de Judæis triumphum egerit , ex eodem auctore accipe , qui ista subjungit :

Quidam verò ex his qui præerant officinis civitatis , voluit eum publicare , cognoscens ejus virtutem : semel enim vidit , cum lavaretur , duos Angelos qui cum eo conversabantur . Erat autem is qui præerat officinis Hebræus , & Christum sæpè blasphemabat . Apparet ergò ei in somnis hic Sanctus dicens , ut nemini diceret quod viderat . Manè autem voluit de eo triumphum agere & eum traducere . Protinùs autem astans sanctus , ejus labia attigit , & compressit , nec potuit ullum verbum loqui . Venit autem ad Salum , & ei manu annuit , ut faceret eum loqui . Simulabat verò Abbas Simeon amentiam , & ei contrà annuebat tanquam stultus ; ei autem annuebat , ut se signaret . Licebatque utrosque videre inter se annuentes terribili spectaculo . Ei ergò rursus apparet in somnis sonex , dicens : Aut baptizare , aut eris mutus . Atque tunc quidem nec induxit in animam , ut crederet . Postremò autem quando mortuus fuit Abbas Simeon , & se vidit adductum in angustias , maximè autem cùm ejus transferrentur reliquiæ , tùm ipse baptizatus fuit & esse domua . Et cùm primùm ascendit de sacro lavacro , est locutus . Faciebat autem Sali quotannis commemorationem , & invitabat pauperes .] Sed quomodò alium idem Salus Hebræum baptizari coegit , audi :

Rursus autem semel sedebat cum fratribus , & se calefaciebat prope caminum vasorum vitreorum opificis : erat autem vitreorum opifex Hebræus . Dixitque ludens pauperibus : Vultis faciam vos ridere ? Ecce quando artifex facit poculum , faciam crucem , & franget . Postquam autem septem fregit ordine , cuperunt videre pauperes , & rem ei dixerunt . Is verò illum ira accensus est persecutus . Postquam autem recessit , clamavit ei , dicens : Re vera , Manzer , donec crucem in tua fronte feceris , conterentur omnia . Cùmque rursùs tredecim alia confregisset ordine , compunctus est , fecitque crucem in fronte , nec ullum fregit amplius . Hinc ergò modo abiit , & factus est Christianus .] Sed qui Origenistas atque Acephalos vicit , Judæosque superavit , quem de magis triumphum egerit , paucis accipe :

Erat autem illo tempore quædam mulier divinatrix , quæ faciebat amuleta , & utebatur incantationibus . Hanc conabatur hic vir justus facere sibi amicam , dans ei ea quæ colligebat , sive escam , sive pultem , sive etiam vestes . Itaque quadam die dicit ei : Vis tibi faciam amuletum , ut numquàm sit tibi lema in oculo ? Illa verò dicit ; Certè , Sale ; reputans , quod etsi sit fatuus , id fortè possit præstare . Abiens itaque scripsit in tabella Syriacè : Deus te faciat cessare & desistere ab avertendis ab ipso hominibus ; Dedit ergò ei , & ipsa gestavit ; neque potuit amplius alicui divinare .] Hæc & alia plura Leontius : sed ad

XXI.
Judæorum conversio.

XXII.
Alterius Hebræi conversio.

XXIII.
Magiæ ususus ademptus per maleficas.

(a) I. Cor. I.

ad institutum ista satis. Vides in his plà-
nè quàm vehementer admireris Dei providentiam, dùm quo tempore infatuata videri poterat Græcorum sapientia, cum jàm
Oriens sterilis prorsùs redditus parere de-
siisset doctissimos illos atque sanctissimos
viros, qui sicut anteà orbem terrarum scien-
tià illustrarent, atque adversùs hostes fidei Christianæ pugnarent ac superarent :
virum excitat, qui se stultum fingens, omnium sapientissimus demonstretur : simulque hasu quodam adversantes Christianæ
religioni hæreticos, Judæos, & magos
vincat. Ut planè illud cum Apostolo li-
a 1. Cor. 1. ceat exclamare (a) : Ubi sapiens ? Ubi
scriba ? Ubi inquisitor hujus seculi ? Nonne
stultam fecit Deus sapientiam hujus mundi ?
Sed quod superest anni hujus tetram Theodoræ Augustæ finis, inspiciamus. Didicit ipsa infelix tandem, quàm sit terribilis qui aufert spiritum Principum.

XXIV.
De obitu
Theodoræ
Aug.

Hoc enim anno Imperii Justiniani vigesimo secundo, eadem Theodora Aug. ad
eadem fidei Orthodoxæ solùm intenta, ex
hac tandem vita, licet serò, subducitur;
eam (inquit Procopius) imperasset annum
unum & viginti, mensemque tertium. Ita
ipse scribens de bello Gothico, & in fine
commentarii de rebus Persicis id ipsum affirmat; ubi cùm refert res gestas in bello
Persico anno ejusdem Justiniani Imp. vigesimotertio, mòx ista subdit Joannem autem Cappadox anno superiore ab Imperatore revocatus est; quo tempore finis ipsi
vitæ Theodoræ Aug. advenit.] Hæc de
tempore obitus Imperatricis Procopius : sed
quo morbi genere fuerit ex hac luce subtracta, hìc omninò silentio. Verùm qui
hæc Procopius obiter attigit, seorsùm (teste Suida) in aliis libris scripsit vituperationes Justiniani & Theodoræ, necnon
Belisarii, & ejus conjugis : sed cum ejusmodi à Procopio scriptis libris carcamus,
nihil est ut de Theodora aliud dicere possimus, nisi quòd à Vigilio sauciatam primùm diro jaculo anathematis, haud diù
diù, ulciscente numine, est secutus interitus.

XXV.
De Joanne
in ordinem
redacto.

Sed videamus quæ de Joanne Cappado-
ce, qui semper apud Justinianum Imperii
primarium locum obtinuit, idem Procopius istis subiicit : Joannes ob suspicionem
magistratu dejectus, sacerdotium sumere
compulsus est : quamquàm in eo statu in
phrenesim quandam atque opinionem con-
sequendi Imperii venit. Quærit enim dæmon ambitioni homines deditos summorum honorum spe deludere, qui præsertim
constanti natura seu proposito non sunt :
quod Joanni accidit, cui mira ac vana soliti prædicere homines, cùm alia, tùm futurum ut is quandoque Augusti habitum
indueret : quod fortasse falsum in hoc verum apparuit, quòd quidam sacerdos nomine Augustus Byzantii thesauri Sophiæ
templi custos prope aderat, quando Joannes sacerdotis habitum induit : forte-
que suum, cæteris deficientibus, acco-
modavit.] Hæc Procopius : qui & hic

finem imponit historiæ de bello Persico.

Quòd verò ait compulsum Joannem es-
si sacerdotem, non sic accipias, ut invitus potuerit ordinari sacerdos. Sed cum
ea offerretur ab Imperatore conditio, ut
si vitam sibi salvam vellet, sacris initiare-
tur ordinibus, alioqui foret gladio ferien-
dus; ille fieri sacerdos magis elegerit, minimè cogendus, si renuisset. Est nàmque
exemplum de Anastasio Imperatore, qui
cum quemdam ex Senatorio ordine vellet
ordinari presbyterum, ipsùm penitus renuentem, & omne potiùs supplicium subire paratum, laicum tandem remanere permisit potiùs, quàm vi cogeret fieri sacerdotem; quem à successore Justino Imperatore creatum fuisse Præfectum Prætorio,
testatur ex Romani scrinii scriptis Petrus
Damiani in epistola ad Nicolaum Romanum Pontificem.

XXVI.

XXVII.
b Procop. de
bello Pers.
lib. 1.
In exilium
Joannes
mittitur.

Sed ad Joannem redeamus, de quo idem
Procopius (b) in bello Persico; quæ sunt
reliqua ipsius tragediæ memoria digna,
prosequitur verbis istis : Igitur de magistratu primùm dejectus, in exilium in Cy-
zici suburbanum, quod Artacen vocant,
missus est; ubi presbyteri tantùm habitum
non autem sacrificandi animo suscipit, ne
impedimento fieret ad repetendos forsitàn
honores, quorum spem non omninò abje-
cerat. Bona ejus Constantinopoli publi-
cata, quamquam longa pars ei Imperatoris
benignitate dimissa est. Cum his itaque
atque aliis quæ occultaverat, ditissimus
remanserat, eaque vixit nihilominùs licentia & his deliciis, quibus priùs: adeò procul ab omni cura fuit. Quamobrem odium
in se Romanorum accumulavit, perspecta
hominis impudentia; & in calamitate merita inconsiderantia. Verùm eum Deus
graviori pœnæ, puto, reservaverat quod
hoc modo contigit.

XXVIII.
Rursùm
Joanes re-
vocatur ad
pœnas.

Erat quidam apud Cyzicum Episcopus
Eusebius, omnibus cum quibus versaretur, non minùs quàm Joannes gravis. Hunc
Cyziceni apud Imperatorem accusantes, ad
judicium accersiverunt; verùm eo visibus
ac potentia resistente, nihil tunc egerunt :
conspirantibus demùm quibusdam juvenibus, in foro interficitur. Erat autem Joannes in dissensione cum Eusebio; ex quo
illi insidiæ in primis provenisse putaban-
tur. Mittitur igitur à Senatu Romanorum
qui crimen cædis inquirant. Hi Joannem
ante omnes in carcerem conjiciunt. Deindè hominem olim inter Patricios potentissimum & Præfectum, & quandoque Consulem, nudum more latronis constituentes, auctores cædis dicere coegerunt. Deindè cunctis ejus bonis direptis, brevi tantùm cum ac linea contectum veste navi imposuerunt: sic itaque circumductus per totum Aegypti iter usque ad Antinoi urbem,
petere ab obviis stipem cogebatur. Hic verò tres annos in custodia servatus est.
Quodque mirum, in tantis ærumnis constitutus, numquàm imperandi spem dimisit; sed & quædam Alexandrinos publicè
aurum

autem debentes, palàm etiam calumnia-
batur. Poft decem itaque annos à Joanne
malè adminiftratæ Reipublicæ pœna exacta.] Hactenùs Procopius de Joanne illo
infignis nominis, ad quem Præfecturæ
Prætorii fungentem extant complura Juftiniani Imperat. data refcripta, homine
planè in exemplum pofito rerum mundi hu-

A jus volubilis ftatus, & ejus animi infania
obdurati, quem nec malleus ferreus tribulationum valuit ullo pacto conterere, fe-
cundùm illud Sapientis (a): *Si contunde-* a *Prov. 27.*
ris ftultum in pila quafi ptifanas, ferien-
te defuper pilo, non auferetur ab eo ftulti-
tia ejus. Sed hic jàm finis anni hujus rerum geftarum efto.

JESU CHRISTI
ANNUS
549.

VIGIL. II PAP.
ANNUS
10.

JUSTINIANI IMP. 23.
TOTILÆ REG. 8.

I.

ANnus fequens poft Confulatum Bafilii octavus numeratus, quingentefimus undequinquagefimus Domini ponitur,
idemque à Procopio belli Gothici decimuf-
quartus afferitur : quò Belifarius, relicta
Italia, Conftantinopolim remeavit ; de eo
enim ifta Procopius habet (b) : Belifarius
interim nulla referens militiæ decora, Byzantium venit, cum per quinquennium ex
Italia nufpiàm difceffiffet, nec potuiffet
per eam quoquam pacto vagari ; fed tacita
fuga quadam deterritus ut vitabundus id omne tempus de loco in locum navigando con-
fumpfit. Qua ex re factum, ut urbem Romam iteratò in fervitutem receperint Gothi, cumque ea & cætera fere Italiæ oppida.] Sed id anno fequenti. Reverfam
autem Conftantinopolim otiofam degiffe
vitam, idem auctor affirmat. Amantiffi-
mæ verò conjugis precibus ipfum teftatur
idem Procopius ab Italia revocatum.

b *Proc. de
bello Goth.
lib. 3.*

*Belifarii
reditus in-
glorius.*

II.

Sed quo ftatu res Occidentalis Imperii
effent, antequam indè recefferit Belifarius,
ex eodem auctore accipe, ubi ait (c) : Dùm
hæc agerentur, totius Occidentis barbari
Imperio potiuntur. Romani verò cum Gothis, etfi paulò antè (ut diximus) debellatis, bellum dùm integrant, pecuniarum
hominumque jactura ingenti facta, & fine
ullo eorum commodo, Italiam amifere ;
cum hac fimul Illyricos omnes, Thraci-
æque, cum à barbaris jam finitimis facta
fua omnia agerentur in prædam, & item
ipfi fœdè deprædarentur ?] Hæc Procopius,
qui & fubdit, Romam iteratò in fervitutem à Gothis redactam fuiffe. At de his
fuo loco.

c *Proc. de
bello Goth.
lib. 3.*

*Occiden-
tale Impe-
rium cola-
pfum.*

III.

Quod verò pertinet ad Belifarium,
confiderare ne prætermittas quàm difparis
exitus à priore pofterior hic fuit ipfius in
Italiam adventus, & reditus Conftantinopolim. Ex quo enim (quod fæpius ob
oculos reprefentandum eft) in Romanum
Pontificem Silverium violentas manus iniecit, vis omnis ipfius roburque Romanæ
militiæ concidit ; addita verò fuit hoftibus
bellica fortitudo, quam innumeræ victoriæ funt fecutæ : ufque adeò, ut quæ tanto fuerunt parta labore, peffumjerint, cum
illis potiri funt Gothi, reliquas verò provincias, nempe Pannoniam & finitimas regiones, Longobardi à propriis fedibus fuper Iftrum fluvium pofitis Gipedum regioni finitimis excitati invaferunt ; graffan-
tefque in Dalmatiam & Illyricum, Epi-

*Caufa ma-
lorum.*

B damnum ufquè cuncta depopulati funt.
Hæc omnia pluribus Procopius habet, qui
de aucto hoc anno Francorum regno hæc
fubdit (d) :

d *Proc. de
bello Goth.
lib. 3.*

Dùm hæc gererentur, totius Occidentis barbari Imperio potiuntur.] Et paulò
poft : Galliarum partem fuæ quondam ditionis effectam in hujus belli principio Gothi Germanis, nempe Francis, tradide-
rant, cum minùs fe poffe exiftimarent Romanis fimul ac Germanis refiftere. Id fanè
factum non folùm Romani nil prorfus in-
terpellarunt ; fed ut Gallias fibi Germani
haberent, Juftinianus ultrò permifit : non
enim illi has tutò fe poffefturos rebantur,
nifi & Imperator eas fuæ ditionis futuras
perpetuò confirmaffet. Quo factum, ut
ex eo tempore Principes Germanorum Maffiliam Phocenfium quondam coloniam, &
cætera circà mare loca tenuerint, totiufq;
ejus oræ maritimæ potiti imperio fint ; undè & Arelate nunc refident ad certaminis
equeftris fpectaculum.] Quis ifta legens,
& in memoriam revocans ufurpatum à Juftiniano indebitè titulum Francicum, non
admiretur Dei providentiam rebus humanis invigilantem, ad hoc in primis, ut
mente elatos deprimat, & humiles elevet?
Ecce enim qui inani titulo, præter alia
gloriæ nomina è populis debellatis accepta, Francicus à Francis fuperatis dici
voluit, quos nec bello tentaverat ; modò
cogitur cedere Francis quæ potiora in Galliis Romani effent Imperii. Ita planè accidit, ut nihil fit in cæteris Galliarum provinciis, quod juftiùs Franci poffederint,
quàm Maffiliam cum aliis ejufdem provinciæ locis, acceptis illis conceffione Gothorum, & ceffione facta Imperatoris.

*Franci ab
Imp. jura
Galliarum
accipiunt.*

IV.

Pergens Procopius, ad gloriam infinuan-
dam Francorum hæc adiicit : Aureum nummum nativo & Galliarum metallo hi cudunt, non Romani Imperatoris (ut cæteri
folent) imagine, fed fua impreffa. Perfarum fiquidem Imperator etfi ad arbitrium argenteum numifma facit, auro tamen non illi fas eft fuam ut imponat effigiem, nec barbarorum Princeps alius quifquam id facere aufit. Sed de his hactenùs.
Franci intereà pleraque fibi & nullo jure in
Venetos occupant loca, cum nec Romani
ea tueri jàm poffent, nec Gothis tantum
virium effet, ut his utrifque bellum inferrent.] Hæc Procopius de ftatu Occidentalis Imperii.

V.

*Franci pri-
mi cudunt
aureos cum
Regis ima-
gine.*

Sed

VI.
Conjuratio in Justinianum.

Sed & hoc pariter anno accidisse tradit, ut Artabanes, qui Guntharidem tyrannum occidisset in Africa, unà cum Arsace cognato suo atque aliis nonnullis proceribus adversùs ipsum Justinianum Imp. conspiraverit; & nisi molitiones detectæ fuissent, planè de ipsius Justiniani vita atque Imperio actum esset. Describit hæc pluribus ipse Procopius, sed nihil ad institutum.

VII.
a *Proc. de bello Goth. lib. 3.*
Studia Justiniani circa dogmata.

Illud verò satis admiratione dignum, quòd licèt tot tantisque malis obortis undique Romanum adeò fluctuaret Imperium, Justinianus tamen totus erat in dogmatibus Ecclesiasticis perscrutandis. Nàm cùm de conjuratione Artabanis in Imperatore Procopius agit, hæc ab Arsace de eo inter alia dicta refert (a): Ad multam noctem hic sedet, circumstantibus sacratis quibusdam & effetæ ætatis viris, Christianorum scriptis miro studio revolvendis intentus. Et post multa subdit ista Procopius: Vigilius autem urbis Romanæ Præsul cum Italicensibus aliis & primoribus viris, qui secum Byzantii erant, ab Imperatore suppliciter & enixiùs postulabant, Italiam omnibus in suam ut viribus redigeret potestatem; sed Gothicus præ cæteris maximè vir sanè Patricius ad ipsum id hunc crebrò impellere, hortarique, ut qui en de causa Byzantium se contulisset. Imperator dùm Italiam sibi curæ fore, respondit. Sed circà Christianorum dogmata componenda nimis intentus, eorumaltercationes ut rectè disponeret, nitebatur. Hæc Procopius de Imperatoris studiis: quibus dùm plùs quàm decet Imperatorem, curiosè vacaret, universùm pessumdedit Imperium.

A

Videant ergò Politici Novatores, quantæ cum jactura quæ sunt Pontificum arrogent sibi Principes, quamvis, sicut Justinianus, ex sacrarum legum præscripto cuncta se facere profiteantur. Regum namquè est de sacris dogmatibus ex Ecclesiasticâ disciplinâ accipere ab Episcopis leges, non quovis colore præscribere; sed sancitas ab ipsis ipsorumque majoribus illibatas servare, & pro illis adversùs hæreticos decertare. Intelligant illud insuper vel ex ipso rerum usu, quanto cum Imperii detrimentò regnandi juris inani prætextu peccent Principes in sacerdotes: Recolant Silverium Papam abductum ab Urbe eo colore se proderet ipsam Gothis: quæ, illo peremptæ, ab iisdem Gothis iterum capitur: insuper & Italia ab eodem Imperatore à Gothis anteà fortiter vindicata, rursùs amittitur; atque universi demùm barbari, veluti impellente numine, ad cladem Romani convocantur Imperii. Tanta sub Justiniano mala Romano Imperio sunt allata. Sed & parva hæc quodammodò videri possent, nisi ipse gravia intulisset in Catholicam Ecclesiam damna Justinianus, dùm laborat leges sacras præscribere sacerdotibus, à quibus accipere potiùs debuisset: edicto enim illo de Tribus capitulis promulgato, materiam præparavit, & ignem quo universus orbis Catholicus concisus schismate conflagraret, apposuit. Tot igitur tantaque mala sæculi prudentia (quæ mors est) invexit in mundum, & usquè hodiè in sui perniciem laborare non cessat. Sed jàm reliqua ordine temporis prosequamur.

B

C

VIII.
Côtra politicos Novatores.

I.

Quingentesimus & quinquagesimus annus Domini, post Consulatum Basilii nonus, & belli Gothici decimus quintus, agitur, Imperii verò Justiniani annus vigesimusquartus notatur à mensis Aprilis exordio. Quo ipso anno, mense Martio Vigilius Papa ad Valentinianum Episcopum Tomitanum adversùs schismaticos, qui ubique scriptis litteris illud vulgarant, ipsum Vigilium Papam Tria damnando capitula, impugnasse Chalcedonense Concilium. Cum enim ejus rei causa complures haud leviter perculsi animo resilirent ex ipsius Vigilii Papæ communione; prudentiores qui essent, rem accuratiùs consideratam rati, litteras miserunt ad ipsum Vigilium agentem Constantinopoli, inter quos fuit hic Valentinianus Tomitanus in Scythia Episcopus Metropolitanus, ad quem Vigilius ista rescripsit (b):

b *Extat apud Synodum Quintam. Act 7. & 10. 1. epist. Rom. Pont. ep 6. Vigilii. II.*

Dilectissimo fratri Valentiniano Episcopo de Tomis provinciæ Scythiæ, Vigilius.

Fraternitatis tuæ relegentes scripta, Pontificalem in vobis solicitudinem inesse gra-

D

tanter accepimus: quia prophetica sibi possunt verba competenter aptari, quibus ait (c): Salvabo gregem meum, & suscitabo super eum pastorem, qui pascat eum, servum meum: Oportet ergò charitatem tuam ea quoque Domini nostri verba sectari, per quæ dixit (d): Speculatorem te posui domui Israel, & audies de ore meo verbum, & annunciabis eis ex me; & convocatos eos quos scandalizari diversis rumoribus retulisti, incessanter hortare: ne per hos forsitàn seducantur, qui sub prætextu Catholico, nequissimo spiritu simplicium Christianorum corda fallaciâ suâ decipere moliuntur; & patris sui diaboli consuetudinem maligno sectantes spiritu, Ecclesiam tibi commissam diversis mendaciis scriptis conturbare desiderant: quibus Apostolica lectio congruenter aptatur, dicens (e):

Rogo autem vos, fratres, ut observetis eos qui dissensiones, & offendicula præter, doctrinam quam vos didicistis faciant, & declinate ab illis. Et infrà: Et per dulces sermones & benedictiones seducunt corda innocentium. Vestra autem obedientia in omni

E

Vigilii ep. ad Valent.
c *Ezech. 34.*

d *Ezech. 3.*

e *Rom. 16. III.*

omni loco divulgata est, quatenùs fraternitatis vestræ adhortatione sæpe commoniti nulla fideles eorum animos à rectitudine viæ, quæ Christus est, qui ait (*a*), Ego sum via, veritas, & vita, qualibet maligna annunciatione submoveant: sed si (quod non oportet) ab adversariis conturbati, aliquid (quod Deus avertat) contra fidem factum fortè formidant; cum mansuetudine, quæ convenit Christianis, prophetica verba sectentur, dicentis (*b*): Interroga patrem tuum, & annunciabit tibi: seniores tuos, & dicent tibi. Et alius Propheta (*c*): Labia sacerdotis custodiunt scientiam, & legem requirunt ex ore ejus.

a Joan. 14.

b Deut. 32.

c Malach. 2.

IV.

Et quoniam Basinianus illustris & magnificus vir filius noster cum his, qui pro actibus tuæ fraternitatis Ecclesiæ in Constantinopoli observant, pari ratione dixisse noscuntur, etiam hoc Dei inimicos fuisse mentitos, quòd personæ Episcoporum Ibæ atque Theodoreti in nostro(quod absit) fuissent Judicato damnatæ; legant ergò, quæ de causa, quæ hic mota est, ad fratrem nostrum Mennam Constantinopolitanæ urbis Episcopum scribentes, legimur definiisse: & tunc cognoscent, nihil à nobis, Deo nos custodiente, commissum, vel certè dispositum, quod contra fidem, prædicationemque venerandarum quatuor Synodorum, quæ pro una eademque fide definita sunt, id est, Nicænæ, Constantinopolitanæ, Ephesinæ primæ, & Chalcedonensis reperiatur adversum; aut unius ex his qui definitioni suprascriptæ Chalcedonensis fidei subscripserunt, tangat injuriam: vel quod decessorum prædecessorumque nostrorum inveniatur (quod absit) constitutis fortè contrarium; sed in omnibus Apostolicæ sedis Præsulum & beatæ recordationis Leonis Papæ & prædicatarum * Synodorum adversariis restitisse. Fraternitatem autem vestram credimus non latere, inimicos fidei Christianæ hoc semper sæculari & reprobanda molitos astutia, ut Evangelistas quatuor contraria sibi (quod absit) dixisse monstrarent: quibus à sanctis Patribus per Evangeliorum concordiā libros est cælesti sapientia contradictum.

* prædictarum

V.

Quod nunc quoque sancti Chalcedonensis Concilii adversarii (inter quos etiam Rusticum & Sebastianum comperimus istius auctores scandali, quos olim pro meritis suis à sacra communione suspendimus, in quibus nos, si non resipuerint celeriter, fraternitas tua noscat canonicam sententiam prolaturos) qui sub prætextu falsæ defensionis student, ut eamdem Synodum contra prædictas tres Synodos dixisse (quod absit) ostendant. Quibus hæc conantibus, Prophetæ dicta consonanter aptantur, dicentis (*d*): Verè mendacium operatus est stylus mendax scribarum: verbum Domini nostri projecerunt, & sapientia nulla est in eis: docuerunt enim linguam suam loqui mendacium: ut iniquè agerent, laboraverunt. Quibus, si non

d Hier. 8. 9.

A pœnituerint, veniet Psalmistæ invocata sententia, dicentis (*e*): Ut destruas inimicum e Psal.8. & defensorem.

Credimus enim, Catholicis Ecclesiæ filiis, ea quæ tùnc ad fratrem & coepiscopum nostrum Mennam scripsimus, id est, de blasphemiis Theodori Mopsvesteni, ejusque persona, vel de epistola quæ ad Marim Persam scripta ab Iba dicitur, & scripta Theodoreti quæ contra rectam fidem & duodecim capitula sancti Cyrilli facta sunt, abundè posse sufficere. Quippe dùm in Constituto nostro superiùs designato possit diligenter agnosci, quia in ipsa definitione fidei quam sancti Chalcedonensis Concilii sacerdotes secundùm præcedenteseam tres alias sanctas Synodos protulerūt, non aliquid mutaverunt; sed laudātes omnia quæ à superioribus acta sunt, sancta definitione sua perpetuo robore firmaverunt. Tamen si post hæc aliquis (quod non credimus) dubitare voluerit, hortamur ut cum tuæ fraternitatis ordinatione ad nos venire festinet: quatenùs lucida admonitione cognoscat, omnia quæ decessorum nostrorum & antefatarum quatuor Synodorum sunt de una eademque fide acta scriptaque temporibus, à nobis inviolabiliter fuisse servata.

VI.

B

Qua ratione percepta, sublato (sicut oportet) de Christianissimis animis scandalo, pax Deo placita in ejus Ecclesia illibata perduret. Hoc quidem fraternitatem tuam credimus adhortandam, ne ulteriùs prædictorum Rustici & Sebastiani, aut illorum qui pravæ eorum præsumptionis probantur esse participes, scripta suscipiat; sed & universos ad tuam pertinentes ordinaționem commoneas, ne vel ipsi à prædictis relegant aliquid destinatum, vel falsitati eorum ulteriùs animum suæ credulitatis accomodent. Deus te incolumem custodiat, frater charissime. Data XV. Kalendas Aprilis, Imperii domini Justiniani perpetui Augusti anno vigesimo tertio, post Consulatum Basilii viri clarissimi anno nono. *Per Joannem presbyterum & Apocrisarium, & ipse direxit eam per Maxentium hominem suum.*] Hactenus Vigilii episto-la ad Valentinianum, cujus mentio fit in litteris Justiniani Imp. recitatis in Quinta Synodo.

VII.

C

At non Oriens tantùm, sed & Occidentalis Ecclesia hoc eodem concussa, est terræmotu: cujus rei fidem quoque faciunt legatio missa ab Aureliano Episcopo Arelatensi & litteræ datæ Anastasio Constantinopolim ad eumdem Vigilium Romanum Pontificem; de hoc enim ipsa quærenti, nùm videlicèt verum esset, adversùm Chalcedonense Concilium aliqua ab ipso esse tentata, quidnam rescripserit Vigilius Papa, ipsius quæ extant tunc datæ litteræ docent, quæ sic se habent (*f*):

VIII.
Aureliani
Episcopi
Arelat. ad
Vigilium
legatio.

Dilectissimo fratri Aureliano Episcopo Arelatensi, Vigilius.

f Vigil. ep. 4. to. 1. epi. Ro. Pont.

IX.

D

Fraternitatis vestræ litteras pridiè Idus Julias, Anastasio deferente suscepimus; & gratias

E

Vigilii ad gratias referimus divinæ clementiæ, quia
Aurelianū folicitudinem veſtram in fidei cauſa, vel
Arelā.Epi. in noſtræ opinione perſonæ ſacris relegi-
epiſtola. mus convenire mandatis, ut dignè charitati tuæ verba Dei & convenienter apten-
tur, quibus ait : Elegi te ſacerdotem ex
omnibus : ut aſcendens ad altare meum,
portes coràm me nomen magnum cunctis
diebus vitæ tuæ. Neceſſe ergò nobis eſt,
charitatis veſtræ folicitudinem brevi interim (quantùm pro temporis qualitate potuimus) relevare colloquio; quatenùs modis omnibus confidatis, nihil nos penitùs
admiſiſſe, quod deceſſorum noſtrorum conſtitutis, vel ſanctæ, quæ una eademque eſt,
fidei quatuor Synodorum, id eſt, Nicænæ, Conſtantinopolitanæ, Epheſinæ primæ, atque Chalcedonenſis, inveniatur
(quod abſit) eſſe contrarium; aut quod
ad perſonarum injuriam pertineat, quæ
definitioni ejuſdem ſanctæ fidei ſubſcripſerunt, vel ſanctorum prædeceſſorum no.
ſtrorum Cæleſtini, Xyſti, Leonis, allo-
rumque præcedentium atque ſequentium
definitis reperiatur adverſum : ſed à nobis,
omnibus prædictis Synodis unam venera-
nem, unamque fidei credulitatem indubitabiliter exhiberi ; & eos qui omnes ſupra-
ſcriptas quatuor Synodos in rectitudine fidei non ſequuntur, vel unam ex ipſis vel
omnes in fide repravant, aut repravare,aut
injuriare, vel repudiare nituntur, abjici-
mus. Sed & ea quæ in ejuſdem ſanctæ fidei
injuriam verbo dicta, vel reperiuntur ſcripta, anathematizanda, execrandaque judicavimus, & conſtituimus judicanda : Simili pœna plectentes etiam eos, qui fidem beati Cyrilli, atque ſanctæ recordationis Leo prædeceſſor noſter ad prædeceſſores veſtros alioſque datis probavit &
laudavit ſcriptis, & Chalcedonenſis veneranda ſancta Synodus legitur protuliſſe, a-
liorumque Patrum, quos Apoſtolicæ ſedis Præſules ſuſceperunt, atque ſecuti
ſunt, execranda ſuperbia impiam vocaverunt.

X. Fraternitas ergò tua, quem Apoſtolicæ
ſedis per nos conſtat eſſe Vicarium, univerſis Epiſcopis innoteſcat, ut nullis aut
falſis ſcriptis, aut mendacibus verbis,aut
nunciis qualibet ratione turbentur : ſed
potiùs primi Apoſtolorum (ſicut conve-
a 1.Petr.5. nit) verba ſectentur, dicentis (a) : Ad-
verſarius veſter diabolus, ut leo rugiens cir-
cumit, quærens quem devoret : cui reſi-
b Rom.16. ſtite fortes in fide. Et quod item Doctor
Gentium dicit Apoſtolus (b): Rogo autem vos, fratres, ut obſervetis eos, qui
diſſenſiones & offendicula præter doctrinam, quam vos didiciſtis, faciunt : &
declinate ab illis : In Domino confidentes, quia (ſicut præfati ſumus) ab Apoſtolis fidem traditam, & à prædictis ſanctis quatuor Conciliis declaratam, & à
deceſſoribus noſtris & ab antedictis Patribus prædicatam atque inviolabiliter cuſtoditam, ſincera voluntate tenuimus, tenemus, venerati ſumus, & veneramur,
atque defendimus ; & contra eam fa-

clentes Apoſtolica auctoritate damnamus.

XI. Sed quanta poſſumus per filium noſtrum
Anaſtaſiū de his quæ geſta ſunt breviter nos
indicare neceſſe eſt: & cum nos dominus filius noſter clementiſſimus Imperator, ſicut
promiſit, Deo, qui cor ipſius tenet, juvante, reveri præceperit; hominem, qui
vobis ad ſingula ſubtiliter innoteſcat, Deo
propitio, deſtinamus. Quod ideò adhùc
non fecimus, quia & hiemis aſperitas, &
Italiæ quæ vos non latet, neceſſitas præ-
pedivit: donec ſereniſſimus Princeps, ſicus
deſiderat, Domino adjuvante, ipſi ſubve-
c Prov. 18. niat. Illud quoque credimus ſperandum,
ut quia ſcriptum eſt (c): Frater fratrem
adjuvans exaltabitur : & ſicut de credentibus in Domino Actuum Apoſtolicorum
d Act.4. ſcriptura teſtatur (d), Quia erat credentibus in Domino cor unum & anima una ;
Vocatus ut ſit fraternitas veſtra in hac quoque par-
Rex Fran- te ſolicita : & glorioſo filio noſtro Chil-
corum in deberto Regi, quem Chriſtianitatis ſtu-
auxilium. dio venerationem integram ſedi Apoſtolicæ, cui nos Deus præeſſe voluit, cognovimus exhibere, ſupplicare non deſi-
nas, quatenùs in tanta rerum neceſſitate
circà Eccleſiam Dei ſolicitudinem(ſicut
& confidimus) Chriſtiana devotione per-
ſolvat: ut quia Gothi cum Rege ſuo in civitatem Romanam perhibentur ingreſſi,
hoc eis dignetur ſcribere, ne ſe in Eccleſiæ noſtræ præjudicio (quippe velut
alienæ legis) immiſceat, & aliquid faciat, aut fieri qualibet ratione permittat, unde Catholica poſſit Eccleſia perturbari.

XII. Dignum enim eſt, & Catholico (ſicut
eſt) Regi convenies, ut fidem & Eccleſiam, in qua Deus illum voluit baptizari, omni debeat virtute defendere. Scri-
e 1. Reg. 2. ptum eſt enim (e): Vivo ego, dicit Dominus, quia glorificantes me glorificabo.
Feſtina ergò, frater chariſſime, ut in ſanctæ fidei ſinceritate perſiſtens, Eccleſiarum
pacem, quæ vel à Deo per meritum ſacerdotii tibi commiſſa eſt, vel à nobis per
Apoſtolicam auctoritatem vicaria poteſtate
mandatur, competenti ſolicitudine, Deo
propitiante, cuſtodias; & Vicarium te ſedis noſtræ dignis Deo manifeſtes operibus.
Deus te conſervet, frater chariſſime. Data III. Kalendas Majas, Imperii
domini noſtri Juſtiniani perpetui Auguſti anno XXIV. poſt Conſulatum Baſilii
* nomē V.C. anno octavo *. Per hominem quem
Anaſtaſius direxit.] Hactenùs Vigilius.
Mentio hujus epiſtolæ fit à Juſtiniano Imperatore in litteris ad Quintam Synodum
datis & ibidem recitatis. Porrò hic Aurelianus, ad quem Vigilius ſcripſit, claruit
ſanctitate, agiturque ejus celebritas annua
f Martyrol. die decimaſexta Junii(f).
Ro.ea die.
XIII. Quòd autem Vigilius Papa his ad Au-
De Urbe à relianum litteris meminit de Urbe à Go-
Gothis ite- this capta, rogatque ut de ejus incolumi-
rùm capta, tate apud Childebertum Regem Francorum agat; benè hæc conſentiunt iis quæ
Procopius ſub hoc eodem anno decimoquinto

quinto belli Gothici narrat, nimirùm hoc
anno rursùs proditione Isaurorum Urbem
Gothis cessisse, Romanis cæsis, his exceptis qui in ecclesias se recepissent: quibus
cum cæteris abire jussis, & jàm destitutam
habitatoribus Urbem ac desolatam relin-
quendi cum Totilas consilium iniisset; quò
minùs id faceret, requisitus per Aurelianum à Vigilio opportuna oblata occasione
destitit: nempè cum Totilas ab eo filiam
in matrimonium petiisset, & eo prætextu
recusaret ille, quòd Urbem caput Imperii
destitutam hostibus relinquens, se summa
gloria pariter spoliaret; factum est, ut
Totilas cives alio migrare jussos revocarit
in Urbem, quam & novis ædificiis munivit & illustravit. Sed hæc omnia Procopius pluribus. Idem verò inferiùs subdit,
magno cum exercitu post Liberium Patricium missum esse Germanum, cum jàm To.
tilas Siciliam invasisset. His addit, quòd
Sclavinus populus iterùm, Istro transmisso, Illyricum & Thraciam devastavit, &
summa crudelitate in necem omnium incolarum sæviens, exaturatus humano sanguine, præda spoliisque onustus ad propria remeavit. Quæ autem per Germanum
gesta sint, anno sequenti idem Procopius
narrat.

XIV. Neglectis tamen his Justinianus, quæ
primò (ut decebat Imperatorem) sibi subditos ab hostium invasione defendere) curare debuisset, exagitatus prurigine quadam adversùs mortuos ineundi certamina
obtentu firmandæ pacis Ecclesiæ, sed re
vera turbandæ: ut stabiliret quæ de capitulis Tribus, instigante, immò & scribente
Theodoro Cæsariensi, statuisset; hoc anno (ut inferiùs dicetur) curavit ut Mopsvestiæ in Syria Synodus cogeretur, à qua
Theodori ejus civitatis Episcopi ante centum & ampliùs annos defuncti facta atque
alia de eo monumenta cognoscerentur. Porrò homini in his orbæ studium impendenti,
& ob id optimo Imperii regimine frigescen-
ti, illud fuit vetus proverbium occinendú,
Non ultrà crepidam. Dùm enim ampliùs
quàm par est aures admovet occultis hæreticis, sub prætextu conservandæ fidei, & pacis in Ecclesia reintegrandæ; factiosorum
se studiis inseruit, sacra dogmata in discrimen adduxit, inter Catholicos schisma
dirum invexit, & ipsum Romanum Imperium barbaris desolandum reliquit. Queritur de his sæpe Procopius, nempe de cura Reipublicæ Justinianum redditum se-
gniorem, nec ea qua anteà solicitudine
bellicas res curasse.

XV.
Vigilius
agit adver-
sùs schisma-
ticos Cle-
ricos.

Sed ad Vigilium redeamus, qui schismaticorum factione, adeò vexabatur, ut à suis
quoque clericis compluribus destitutus, ab
eisdem indignissimè urgeretur tùm dictis,
tùm scriptis, iisdemque per Orbem ubiq;
vulgatis, ut suas ad diversos (ut vidimus)
cogeretur scribere apologias. Quamobrèm
quod in grave id damnum vergere intelligeret totius Ecclesiæ unitatis, hæcque diutiùs tolerare, patientiaque differre, non
nisi graviora mala in Ecclesiam inferre co-

Annal. Eccl. Tom. VII.

gnoscens; adversùs desertores clericos suos,
qui in castris hostium militabant, censura Ecclesiastica sibi agendum esse putavit.
Collectis igitur qui ibi tùnc erant Italiæ
Episcopis, adversùs eosdem, præcipuè
verò Rusticum & Sebastianum; ejusmodi
damnationis sententiam (*a*) protulit, cujus sit mentio in epistola Justiniani ad Quintam Synodum:

a Vigil. ep. q
tom. 1 epist.
Rom. Pont.

Vigilius Episcopus, Rustico
& Sebastiano.

Diù vobis, Rustice & Sebastiane, canonibus, & decessorum nostrorum *decretis*
congruentem ultionem inferre, pro Apostolica moderatione distulimus. Sed quia
Doctoris Gentium in cordis vestri duritia
(quod à nobis cum nimia tristitia dicitur)
verba videmus impleta, quibus ait (*b*):
Nescitis quia patientia Dei ad pœnitentiam
nos adducit? Tu autem secundùm duritiam
tuam & impœnitens cor, thesaurizas tibi
iram in die iræ. Ut excessus vestros ex plurimis paucos interim (in quantùm possumus) designemus: venientibus nobis hic
in regiam civitatem, tu Rustice, dùm aliqua nobis ignorantibus legeres, quæ hominem loci tui omninò legere non decebat,
& plura committere dicereris; quæ etiam
nostram, si te non prohibuissemus (quod
absit) opinionem atque animam lædere potuissent: dicente quoque de te nobis aliqua Paulo diacono, etiam te repræsente,
sicut oportuit, & pro affinitate qua nobis à germano, quem dileximus, jungeba-
ris, & pro eo quòd nos te ad Leviticum
provexeramus officium, frequenter & secretò paterna monuimus charitate, ut si ea
quæ de te dicebantur, ex aliqua parte co-
gnosceres, à talibus temperares: ne quia
Dei causam indiscussam non pateremur,
qualibet ratione relinquere, canonicumq;
per nos in te judicium proveniret.

b Rom. 2.

XVI.
Senten-
tia lata in
schismatis.

Tu autem non solùm admonitionem nostram audire malevolo spiritu noluisti, sed
etiam (sicut scriptum est (*c*): Argue sapientem, & adamabit te; stultum, & odio
habebit te. Et iterum (*d*): Noluit intelligere ut benè ageret, iniquitatem meditatus est in cubili suo) ad hoc malitia tua perducta est, ut nostra admonitionis contempta,
in odium potiùs prosiliret, & occasionem
quæreres, quatenus causa Capitulorum, id
est, de dictis Theodori Mopsvesteni, ejusque persona, sed & de epistola quæ ab Iba
ad Marim Persam perhibetur scripta, necnon & dictorum Theodoreti, quæ contra
rectam fidem & epistolam beatæ recordationis Cyrilli Synodicam ad Nestorium cum
duodecim capitulis, quam & sancta Synodus Ephesina prima suscepit, & beata Chalcedonensis Synodus ad convincendas Nestorii vesanias in definitione fidei legitur
posuisse . . . . quæ, te etiam instante, certum est flagitata, ita ut filiis nostris Saparo & Paulo diaconis, sed & Sur-
sentio Notariorum Primicerio clamitares,
dicens: Non solùm nomen & scripta Theodori Mopsvesteni à nobis debere damnari,
sed & territorium ejus ipsum, ubi positus

c Prov. 9.
d Psal. 35.

XVII.

L.

Gg   est:

est : & si ossa ejus evulsa quisquam de sepultura eiiceret, & cum eodem territorio
incenderet, gratanter acciperes.

XVIII. Et cum necesse esset, ut negotium quod
fuerat in judicio nostro perductum, te etiam
quàm maximè inter alios tàm sacrati ordinis quàm sequentis consentiente, sententia
finiretur (quod constat effectum) & quid de
eodem Judicato feceris, quomodò etiam in
Palatio ut fratri nostro Menna, ad quem
scripseramus, celeriter traderetur, insti-
teris, nulli habetur incertum : ita ut filio
nostro Surgentio Primicerio petenti sche-
dam ipsam Judicati nostri, ut apud se pro
loco suo secundùm consuetudinem retineret, per multos dies dare penitùs noluis-
ses, donec exemplaria per plurimos sacerdotes ac laicos, sed & per gloriosum virum
Tyrannum Magistrum militum, aliosque
laicos, in Africana provincia destinares :
quod in Ecclesia nostra à diacono numquàm
factum est : ac nobis etiam nescientibus, ejus
exemplaria destinares.

XIX. Nàm & sabbato sancto, quo ipsum, te
(sicut præfati sumus) imminente, protulimus Judicatu, in ecclesiam sessum processisse, & cōmunicasse, & officium tuum implesse cognosceris. Nà n & eodem die revertens ab ecclesia, coepiscopo nostro (qua n-
tùm perhibet) Juliano hoc diceres, quia
melius fieri non potuit, quàm quod factum
est Judicatum, & hortareris, ut Deus ora-
retur, neque quod factum est tolleretur :
Quod etiam succedente Dominico die Paschæ, similiter effecisti : & diù in eadem per-
durando sententia, alios, ut Judicatum nostrum libenti animo sequerentur, nihilominùs hortabaris.

XX. Nàm dùm Antiochenæ Ecclesiæ Apocrisariis ejusdem Judicati exemplaria nos dare
petentibus differremus, sed hoc magis justum esse prædictis Apocrisariis diceremus, ut à fratre nostro Menna potiùs exemplaria peterent, ad quem à nobis videbatur
fuisse prolatum ; tu autem publica voce de-
posceres, dicens dominum Leonem ita de
epistola sua diversis exemplaria destinasse,
nos facere debere similiter, asserendo quia
metueres, nisi universitas Judicati nostri
exemplaria de scrinio nostro edita teneret, qualibet ratione posteà forsitàn cela-
retur.

XXI. Nàm dùm occasionem euntis ad Siciliam
reperisses, & Judicatum nostrum, laudes-
que ejus, ubi etiam filii nostri diacono
Primiceriusque tecum manifestum est subscripsisse, filiis nostris Pelagio diacono,
aliisque dirigere voluisses pro cautela, ne
ab aliquo inveniri forsitàn potuisset, nobis
etiam ignorantibus in membrana conscriptu
& in brevitate quadruplicatum, & litteris
conscriptum minutissimis destinasti. Nàm &
Vincentio secundæ regionis subdiacono iterùm à nobis posteà ad Siciliam directo, per
eum filio nostro Pelagio diacono similiter
scripsisti : sed quia ita memoratus subdiaconus prosperè navigavit, ut illum qui in membrana scripta portaverat, præcedere potuisset ; quantùm nobis retulit, ea quæ in mem-

branæ scripseras, Pelagius diaconus ipso
præsente percepit.

XXII. Ergò dùm &, te præ omnibus imminente, prolatum fuerit Judicatum, & tanta in
ejus Judicati laude succensus per multum
tempus scripseris, feceris ve, ut numquàm
te crederemus ab hac posse rectitudine deviare : immutatum te subitò post hæc quadam animi levitate, vulgante opinione comperimus, & cum adversariis Ecclesiæ, qui
contra Judicati nostri seriem nitebantur, &
à nobis sunt per Judicati ipsius tenorem à
communione suspensi, secretè tractare ; &
dùm filius noster diaconus Paulus ad Italiam
discedere voluisset, postquàm & ad eum
pervenit, quòd scandalum Ecclesiæ in
communione adhùc nostra positus secretè &
hìc & in Africana provincia, ubi anteà
defendendo, & laudando Judicatum nostrum, ejus exemplaria destinasti facere
nitebaris ; tùnc tibi cœpit insistere & dicere, ut si verum esset, producere debuisset : quod tu convictus celare minimè po-
tuisti.

XXIII. Tùnc verò memoratus nobis cœpit imminere diaconus, ut aut corrigere te ab his
quæ illicitè faciebas, sub nostra præsentia
clericorumque promitteres, aut certè petitionem adversùm te, & varietatem tuam atque fallaciam ab eo factam, quam & præ
manibus gerebat, debuissemus accipere ;
ad hoc eis propriâ voluntate perductus, ut
tactis Evangeliis sacramenta præstares, &
verba tua à Notario scripta in nostro teneantur scrinio, quibus inter alia legeria
promisisse, te numquàm à nostro penitùs
obsequio discessurum. Postquàm verò pejor te Sebastianus pro solo scandalo faciendo (sicut & initia ipsius venientis in Constantinopolim mostraverunt, & exitus pejor
edocuit) noscitur advenisse, ita ut mòx tui
immemor sacramenti, conjurationem inter
vos contra statuta canonum, nobis ignorantibus, facientes, in apertum uterq; prx-
rumperetis scandalum.

XXIV. Sed ut tua, Sebastiane, non inquantibus
sunt, sed inquantùm referre possumus, mala
quæ feceris diversi cognoscant, & justè ut
(nàm magis tardè) canonicam adverta'nt
subiisse sententiam : ad tuæ ordinationis veniamus initia. Absentibus filiis nostris diaconis Anatolio atque Stephano, à nobis
postulasti, ut ad tempus pro implendo officio absentium loco, diaconum te interim
faceremus.] Hæc cum Vigilius ingerat in
Sebastianum ad tempus creatum diaconum,
non accipias quò ad ordinem, sed potiùs
quò ad ministerium, ut qui diaconus jàm
esset, ministrare loco diaconi Cardinalis
permitteretur. Pergit verò Vigilius: Quod
ideò tibi ad præsens speranti concessimus,
quia ante ordinationem tuam cautionem
nobis propria voluntate legeris emisisse,
quam & testibus roborasti, & tactis Evangeliis juramentum corporaliter præstitisti, ut quicquid tibi à nobis pro Ecclesiastica utilitate fuisset injunctum, fideliter
& sine aliqua fraude compleres ; officium
verò, locumque diaconi sine aliquo vitio,
sine

fine aliqua ſuperbia, ſine aliquo neglectu, A
donec reverterentur diaconi memorati, aût
quanto te tempore in Levitarum voluiſſemus ordinatione miniſtrare, cum omni humilitate & ſtudio ſine neglectu modis omnibus impleturum: in eadem cautione rurſùs adiiciens, quòd ſi de his omnibus quæ
cum ſacramento; tactis corporaliter Evangeliis, promiſiſti, aliquid minùs impleſ-
ſes, tùnc à ſanctâ communione eſſes ſuſpen-
ſus: ita ut ſi à die exceſſus tui intra annum
penitentiæ noluiſſes colla ſubmittere, tu
tibi anathema manu propria ſcribendo dixiſti. Tùnc ergò ad præſens factus es ſub ea
quam ſperabas & pollicitus fueras conditione diaconus.

XXV. Poſteà verò ut à nobis ad Dalmatiarum
patrimonium mitteretis, ſummis precibus
poſtulaſti: quod nos ſecuri, quia talem
feceras cautionem, animo libenti conceſſi-
mus. Qui dùm in Salonitana urbe pro ordinatione patrimonii adveniſſes (quantùm
ad nos poſteà plurimorum relatione perductum) illicitis te & à ſede Apoſtolica pro-
hibitis ordinationibus miſcuiſti; & quos B
Honorius tùnc prædictæ civitatis Epiſcopus contra conſuetudinem Romanæ vel ſuæ
Eccleſiæ, & ſedis Apoſtolicæ conſtituta
ſacris ordinibus applicaverat, non ſolùm
prohibere penitùs noluiſti; ſed nec nobis de hac cauſa ſcripto referre, vel quando Theſſalonicæ nobis occurreras, memor conſcientiæ tuæ verbo quidem ſug-
gerere voluiſti; & cum illis tamquàm cum
legitimo & rationabili ordine factis cupiditatis ſpiritu acquieviſti procedere, & eorum ſocius es communionis venalitate repertus.

XXVI. Iterùm Theſſalonicæ ad Dalmatias patrimonii regendi cauſa remiſſus es: ex qua
provincia frequenti te auctoritate monuimus, ut non antè diſcederes, niſi omnes ſecundùm pollicitationem tuam tàm de D
Dalmatiarum patrimonio, quàm de Præ-
valitano colligeres penſiones. Sed tu omnia prætermittens, ad Conſtantinopolitanam urbem pro ſolo faciendo ſcandalo venire feſtinaſti, quantùm & ſequens exitus
declaravit. Relegens tamen Conſtituti noſtri ſeriem, quam de præfatis capitulis ad
Mennam hujus civitatis Antiſtitem dediſſe
relegimus, in conſpectu diaconorum, ſub-
diaconorumque, vel univerſorum clericorum publica voce laudabas, ut de cælo Judicatum noſtrum ordinatum atque prolatum, omnibus (ſicut præfati ſumus) clericis loquereris. Dicta verò Theodori Mopſveſteni atterebas te in Romana urbe inter E
aliquos codices inveniſſe, quæ confirma-
bas omni execratione, & blaſphemiis eſſe
completa. Hæc dicendo, in noſtro obſequio, & in Eccleſia publicè, & in Placidiæ
officium diaconatus implebas.] Erat locus
ad Placidas, ſive Palatium Placidiæ, ubi
Vigilius Conſtantinopoli morabatur, prout
Synodalia Acta declarant. Sed ſubdit hæc
idem Vigilius:

XXVII. Nativitatis Chriſti Dei Domini & Salvatoris noſtri ſecundùm carnem præterito

Annal. Eccl. Tom. VII.

anno dies advenit. Vocavimus te; quia ad
nosque ſupra meminimus te feciſſe in Dal-
matiis, de recenti pervenerunt: & ſicut
oportuit, diximus tibi: Si cum illis qui
contra Apoſtolicæ ſedis conſtituta in ſacratis ſunt applicati ordinibus proceſſiſti,
aut eorum te communioni (ſicut dicitur)
ſociaſti; neceſſe nobis eſt, ut ſi nos Deus
ad noſtram dignatur Eccleſiam revocare,
quæramus iſta, & veritatem manifeſtiùs
cognoſcentes, ſecundùm canones vindicemus. Tu verò conſcientiæ tuæ reatu perterritus, quia coptra Apoſtolica feceras conſtituta, occaſionem tibi diſcedendi, diſſi-
mulans, requirebas. Nàm cum te pro
certo mandato cum Joanne Epiſcopo, &
Surgentio Primicerio atque Saturnino Con-
ſulario noſtro ad Mennam fratrem noſtrum
hujus civitatis Antiſtitem miſiſſemus; reverſus in Placidias, multis præſentibus,
& officium diaconi tu & Ruſticus ex more
compleſtis. Et quando clementiſſimus Princeps dominus filius noſter, ut alia die ad
eccleſiam procedere deberemus, Referendarium deſtinavit; ut ei promitteremus,
cum aliis diaconis, & clericis nos tu &
Ruſticus fuiſtis hortati. Nàm & ad refectionem pariter in noſtra menſa ambo fuiſ- C
ſe, ſimili ratione probabimini: ſed ſicut
Judas, poſtquàm buccellam accepit, de
traditione Domini cogitavit, ita & vos
noctis horis pro concitando ſcandalo Eccleſiæ diſceſſiſtis.

Nos autem alio die mandantes vobis, ut XXVIII.
aut procederetis, locum diaconi ex more
compleretis, aut à communione vos cogno-
ſceretis fuiſſe ſuſpenſos: tu verò, Seba-
ſtiane, his quos inter alios miſeramus fratribus noſtris Joanni & Juliano Epiſcopis
hoc (quantùm renunciaverunt) dixiſti:
Ego Judicatum, quod Papa protulit, ſe-
quor, ſi tamen in illis vendicat quæ contra Judicatum faciunt. Nàm & ſimili eis
(quantùm perhibent) ratione dixiſti, in
tantùm ut diceres ibi veniſſe Lampridium
& Felicem monachos, qui noſtrum Judicatum ſuſcipere noluerunt: & mandaſſe vos eis:
Non poſſumus vos videre, quia vos aliam
cauſam habetis, & nos aliam. Poſteà verò
ad hoc nequitia veſtra pervenit, ut excom-
municatis communicare contra canones ſu-
perbo præſumeretis ſpiritu, id eſt, memoratis, vel aliis, quos pro hoc quòd contra Judicatum noſtrum ſcripſerant, per ejuſdem
Judicati ſeriem conſtabat jàm à nobis communione ſuſpenſos: cui Judicato (ſicut ſuprà meminimus vos acquieviſſe & conſenſiſ-
ſe & communicaſſe, Catholica probavit
Eccleſia. Undè conſtat vos ſecundùm regulas canonum juſtè damnari. Definiunt enim
canones: Si quis excommunicatus ante audientiam communicare præſumpſerit; ipſe
in ſe damnationem protulit. Item: Placuit
univerſo Concilio, ut qui excommunicatus
fuerit pro ſuo neglectu, ſive Epiſcopus, ſive
quilibet clericus, & tempore excommunicationis ſuæ ante audientiam communicare
præſumpſerit; ipſe in ſe damnationis judicetur protuliſſe ſententiam.

XXIX. Adiecistis etiam execranda superbie que nec leguntur, nec siu. sui Pontificis jussione aliquando ordinis vestri homines præsumpserunt, auctoritatem vobis prædicationis contra omnem consuetudinem vel canones vendicare, Ephesinæ primæ Synodi impugnationem & exprobrationem, sed & beatæ recordationis Cyrilli, blasphemias quoque contra Jesum Dominum nostrum dictas simili defendentes insania, & per omnes provincias fallaciter scribentes nos aliquid commisisse, quod reperitur adversum definitioni sanctæ Chalcedonensis Synodi, quæ præcedentium se trium, id est, Nicænæ, Constantinopolitanæ, atque Ephesinæ primæ concordat fidei Synodorum. Ita ergo cunctorum animos, qui vestram malitiam nesciunt, sed tamquam à Romanis diaconis suscipietes scripta, simpliciter crediderunt, ad tantum scelus operatio fallaciæ vestræ pervenit, ut humanus sanguis in aliquibus locis intra ecclesiam (quod dici nefas est) funderetur; & omnem legem Ecclesiasticam superbo spiritu conculcare voluistis; sanctarum quoque regularum consequentiam injuriis afficistis, impia & quæ non sunt licita per universas contra nos provincias fallaciter indicando.

XXX. Nupèr etiam malis vestris addentes pejora prioribus, dominum Leonem prædecessorem nostrum in Theodori Mopsvesteni dictis, quæ contra rectam fidem leguntur scripsisse, consensum præbuisse atque firmasse, dato scripto ad Christianissimum Principem dominum filium nostrum, ausi fuistis astruere.] Hæc enim & Facundus habet in suis citatis à nobis superiùs scriptis. Sed pergit: Absit ergo quemlibet credere Christianum, quòd aliquid tale, quod contra rectam fidem à quolibet inveniatur scriptum, illius tanti Præsulis sanctitas suscepisset: quippe qui in universis epistolis suis & Nestorium & Eutychetem vel eis similia sapientes pari legitur sententia condemnasse. In quo memorato scripto etia m contra divinas Scripturas non solùm Pontificibus multis, sed etiam (quod dici nefas est) ipsi quoque Principi sacrilegas injurias irrogare tentastis, quatenùs ignorantem Christianum populum diabolica amplius, deciperetis astutia.

XXXI. Hæc ergo, sustinentes per multa temporis spatia patientia sacerdotali, resecare distulimus, credentes vos forsitan resipiscere & ab illicitis temperare. Sed quia semèl & secundò adhortatione nostra per fratres nostros Episcopos, id est, Joannem Marsicanum, Julianum Cingulanum, vel Sapatum filium nostrum atque diaconum, necnon & per gloriosum virum Patricium Cethegum, & religiosum virum item filium nostrum Senatorem, aliosque filios nostros commoniti, noluistis audire, & neque ad Ecclesiam neque ad nos reverti (sicut omnia facitis) voluistis detestanda superbia: Et ideò necesse nobis est in vobis canonicè vindicare, ne videamur divinarum

Scripturarum increpationibus subiacere: Scriptum est enim (a): Videbas furem, & simul currebas cum eo, & cum adulteris portionem tuam ponebas. Et ipse Dominus ac Salvator noster dicit (b): Quòd si dexter oculus tuus scandalizat te, erue eum & proiice abs te: expedit enim tibi ut pereat unum membrum tuum, quàm totum corpus mittatur in gehennam. Et quoniam iste intellectus magis de officiis Ecclesiarum vel proximis non rectè agentibus & scandala in Ecclesiis mittentibus sano sensu debet aptari; sicut & alibi nos admonet, dicens: (c) Oportet venire scandala, sed væ illi per quem veniunt. Et beatus Apostolus simili prædicat ratione (d): Utinam & abscindantur qui vos conturbant. Et iterum sancta Scriptura nos commonet, dicens (e): Eiice pestilentem de Concilio, & exiet cum eo jurgium.

a Psal.49.

b Matth.5.

c Matt.18.

d Galat.5.

e Prov.22.

Oportet ergò nos jàm post tantas admonitiones in vobis, Rustice & Sebastiane, per auctoritatem B. Petri, cujus nos Dominus sibi voluit vice servire, regulariter vindicare: propterea ne si jàm diutiùs differamus, omnis Ecclesiasticus ordo solvatur. Ideòque (quod à nobis cum gemitu, sed cum beati Petri Auctoritate dicendum est) pro suprascriptis excessibus alienos vos à diaconi ele honore decernimus, & omni ministerio officii Levitici, prædictum vobis honorem auferentes, penitùs submovemus, nullam ulteriùs licentiam habentes, ut ex Levitico nomine aut gradu aliquid facere præsumatis, vel sub nomine diaconorum scribendo iterùm Dei conturbetis Ecclesiam: quippe ex Apostolica auctoritate, & Patrum regulis, contra quas multa spiritu superbo atque irreligioso fecistis, vos olim dignos damnatione, præsenti auctoritate deponimus. Et ut universi nos hæc pro loco in quo nos Deus esse voluit, & auctoritate beati Petri Apostoli rectè fecisse cognoscant; canonum constituta posuimus, quæ sancta Chalcedonensis Synodus apud se relecta laudavit.] Subiicit hæc ex Actis ejusdem Concilii Chalcedonensis:

XXXII.

Aetius Archidiaconus relegit: Si quis presbyter aut diaconus suum contemnens Episcopum, à communione semetipsum suspendit Ecclesiæ, & secretiùs collectam facit & altare constituit, & nolit evocanti Episcopo consentire, & noluerit eidem acquiescere neque obedire & priùs & secundò vacanti; hunc omninò damnari, nec umquàm hunc curationem mereri, nec recipere eum posse honorem. Si autem permanserit turbas faciens, & seditiones Ecclesiæ per extraneam potestatem; tamquàm seditiosum debere comprimi. Omnes reverendissimi Episcopi clamaverunt: Hæc justa regula: hæc regula Patrum.

XXXIII.

Pariter statuentes, ut si nobis viventibus (sicut optamus) sub humilitate & mansuetudine canonicè pœnitentes matrem recognoveritis Ecclesiam, competenter à nobis venia concedatur. Si verò (quod non optamus) sub regulari pœnitentia ad matrem Eccle-

XXXIV.

Ecclesiam consueta disculeritis redire superbia; Conciliorum in vobis, quorum regulas posuimus, censura servetur: ut nullus post transitum nostrum contra Constitutum nostrum, quod ex beati Petri, cujus locum licèt immeriti gerimus, auctoritate proferimus, canonum regulas exequentes, in Ecclesiastico gradu audeat revocare Joannem, Gerontium, Severinum, Importunum, Joannem, atque Deusdedit, quos constat vestræ conjurationis & conspirationis esse participes: quos nos putantes bonos, militare Ecclesiæ, cui Deo præsidemus auctore, nostro tempore feceramus: tamen ut & ipsi possint & diversi cognoscere, de subdiaconorum & Notariorum vel Defensorum officio præsenti se sententia noverint fuisse depositos, & nullum penitùs in Ecclesia nostra gradum ulteriùs detinere; nisi fortè(sicut præfati sumus) nobis in hac luce superstitibus, & ipsi pœnitentiæ canonicæ colla submiserint.

XXXV. Felicem etiam monachum Afrum, qui Gilitano monasterio dicitur præfuisse, & levitate sua atque inconstantia congregationem ejusdem monasterii per diversa loca certum est dispersisse, & vestræ pravitatis incentor est, cum universis qui eum vel vos tàm clerici vel monachi, quàm laici post præsentia interdicta in aliqua vestra se societate polluerint, aut consensum consiliumque præbuerint, regularem in his quæ suprà legitur, constituimus manere sententiam: quatenùs in his remediis ordine servato canonico, nullus præsumat pacem, quam Dominus diligit, ulteriùs Ecclesiæ perturbare. Præsentem autem sententiam per Joannem Marsicanum, Zacchæum Scyllacenum, Julianum Cingulanum fratres & coëpiscopos nostros, sed & Sapatum atque Petrum filios nostros diaconos, necnon & filium nostrum Surgentium Primicerium Notariorum, atque Servum Dei subdiaconum regionis primæ, necnon & Vincentium subdiaconum regionis sextæ nostræ cui præsidemus Ecclesiæ, vobis noscimur transmisisse.] Hactenùs Vigilii sententia in schismaticos lata.

XXXVI. Quamvis autem ista hoc anno Constantinopoli à Vigilio Papa adversùs schismaticos decreta fuerint, nequaquàm tamen conflatum schisma sedatum est, sed magis excitatum, utraque parte adversùs ipsum commota, nimirùm & capitulorum defensoribus ob damnata Tria illa capitula, atque etiam ob non damnatos adversarios; & impugnatoribus Trium capitulorum, eò quòd silentium ab ipso Vigilio de illis esset indictum, ut diximus superiùs ex verbis ipsius Vigilii in sententia de Theodori Cæsariensis damnatione relatis. Horrendum planè spectaculum reddebat cunctis spectantibus exorta, tribus simùl ex adversò flantibus contrariis ventis, maris ista tempestas, qua navis illa, quæ typum gerit Ecclesiæ, agitabatur; Catholicis adversùs Catholicos confligentibus, & ipsis etiam Romanæ Ecclesiæ clericis adversùs suum Antistitem rebellantibus. Gratum id tantùm fuit

Annal. Eccl. Tom. VII.

hæreticis, illis præsertim, qui mentito Catholico nomine, Orthodoxos inter se scissos, ita contra se invicèm pugnare fecissent. Ad tanta sedanda dissidia cum unicum, illud esset excogitatum remedium, ut universalis Synodus haberetur: quæ sibi conducere possent Justinianus parare solicitus, Mopsvestenam Synodum agi curat, ut aliqua indè Patribus de damnatione Theodori Mopsvesteni facta olim asserret.

Hoc eodem igitur anno, qui (ut dictum est)nonus post Consulatum Basilii numeratur Mopsvestiæ in Cilicia celebratur Synodus adversùs Theodorum ejusdem civitatis Episcopum centesimum jàm antè annum defunctum: ubi ab iis qui convenerunt, hoc actum, ut adversùs ipsius Theodori acerrimos defensores, è loco ipso ubi sederat atque scripserat, antiquæ proderentur memoriæ, si quæ de ipso ibidem adhuc reliquæ essent. Hujus Synodi Acta habentur inserta in Quintæ Synodi (a) Actione quinta. Incumbebat itaque Imperatore in opus, ad hoc ab ipso missus est Martanius Comes Domesticorum, cui & litteras dedit ad Metropolitanum Joannem, necnon ad Cosmam Episcopum Mopsvestanum & alios. Interfuerunt eidem conventui novem Episcopi & complures viri clarissimi Comites atque Tribuni. In qua Synodo nihil præterea factum est, nisi diligens examinatio de nomine Theodori, nùm in ejus Ecclesiæ sacris Diptychis unà cum aliis ejusdem civitatis Episcopis Catholicis reperiretur ipse Theodorus ascriptus: & diligenti facta testium examinatione, nempe eorumdem qui aderant clericorum, qui essent longa senectute probati; inventum est omnium assertione, nullam ejus sæculi memoriam esse, quòd nomen Theodori Episcopi fuerit è Diptychis recitatum, in quibus nec scriptum erat, sed ejus loco positum fuisse, ipso dempto, Cyrillum. His igitur quàm exactè percognitis, eadem Synodus ea de re certiorem reddidit Vigilium Romanum Pontificem ejusmodi testificatione:

Decebat verè, cum primam Sacerdotis dignitatem fortiti estis, sanctissime, ea quæ ad sanctarum Ecclesiarum statum respiciunt, manifestæ vestræ divinitùs honoratæ beatitudini fieri. Hoc benè & Christianissimus noster Imperator considerans, & ad vestram scientiam quædam quæ de Theodoro quondam Mopsvestenæ Ecclesiæ Episcopo mota sunt, jussit inferri : Bissimis enim ad nos litteris usus, hortatus est, ad Mopsvestenam civitatem convenire, quæ una Secundæ Ciliciæ est; & cum subtilitate perscrutari, quomodo Theodorus, qui olim prædictæ civitatis fuit Episcopus, sacris Diptychis ejectus est; & manifestæ tàm ejus tranquillitati, quàm vestræ divinitùs honoratæ facere beatitudini. Statim igitur Mopsvestiam accedentes, religiosissimum congregavimus clerum & fidelem ejus populum : eligentes eos qui seniores sunt, qui & retinere forsitan memoria possent subtilitatem ejus quod quæ-

Gg 3 reba-

XXXVII. De Synodo Mopsvestiæ na.

a Quint. Synod. Act. 5. tom. 2. Concil.

IX.

XXXVIII. Synodalis ad Vigilii Pap.

rebatur . Et divina & adoranda eis proponentes Euangelia , ut suspicionem sui testimonii emendarent; dicere invitavimus, si sciuit , quo tempore Theodori antiqui nomen ejectum est Diptychis. Illi verò multos annos & suam excedentes memoriam esse juraverunt, ex quo nulla ejusdem Theodori memoria sacris Diptychis infertur ; Cyrillum autem religiosæ memoriæ Alexandrinæ civitatis Pontificem ejus loco scriptum esse ; quæ ex Patribus suis audisse asseruerunt.

XXXIX. Sed eorum quæ dicebantur subtilitatem investigantes , & per ipsa venimus sacra Diptycha , & mortuorum commemorationem considerabamus. Et Theodori quidem in antiquioribus temporibus nullam memoriam invenimus ; in ipso verò fine sacrorum Diptychorum Theodorus scriptus est , quem omnes nuper quidàm mortuum esse dixerunt , ex Galatia verò ortum esse provincia ; hunc & nos omnes nostri Concilii partem factum ante biennium mortuum esse cognovimus. Hæc ita habere, ipsa Gesta vobis sanctissimis manifestant, quæ humili suggestioni conjungentes , ad scientiam vestram destinavimus. Sed petimus divinitàs inspiratos vos religiosissimis & Deum placantibus vestris orationibus nos humiles suffulcire.] Hæc Mopsvestena Synodus, quæ ad Vigilium Papam Justiniani consilio & opera missa fuerunt , ne in futura generali Synodo Theodorum ipse damnare aliquo modo detrectaret , quem sciret fuisse jam antè condemnatum.

XL. Ad hunc usque annum perduxit Jordanus , sive Jornandes Gothorum Episcopus , quem scripsit commentarium de Regnorum ac temporum successione , ut ipse in præfatione ad Vigilium quemdam alium à Romano Pontifice testatur , cùm hæc habet in fine ; Ab ipso Romulo ædificatore Urbis originem sumens in vigesimoquarto anno Justiniani. Imperatoris , quamvis breviter , uno tamen in me nomine & hoc parvissimo libello confeci , jungens ei aliud volumen de origine & actu Geticæ gentis , quod jamdudum communi amico Castalio edidissem ; quatenùs diversarum gentium calamitate comperta , ab omni ærumna liberum te fieri cupias , & ad Deum conversus , qui est vera libertas. Legens ergò utrosque libellos, scito quòd diligenti mundum semper necessitas imminet. Tu verò ausculta Joannem Apostolum, qui ait (*a*) : Charissimi , nolite diligere mundum , neque ea quæ in mundo sunt ; quia mundus transit & concupiscentia ejus : qui autem fecerit voluntatem Dei , manet in æternum. Estoque toto corde diligens Deum & proximum, ut impleas legem , & orets pro me , nobilissime frater .] Hactenùs ille , perbellè admonens, hanc nos ex historiarum lectione consequi debere utilitatem , ut mundi hujus pravitates & ærumnæ , quibus indesinenter volvitur & involvitur , eum nos contemnere penitùs debere, & odio prosequi persuadeant . Quòd si à lectore hæc exigit auctor ; ab auctore quomodò non totus id ipsum mundus jure requirat ? Faxit Deus (quod est in optatis) nos mundi scabra & luculenta illæso & impolluto pede transire. Sed jàm ad anni sequentis res gestas enarrandas progrediamur ,

Digna admonitio.

Historici.

a *1. Joann. 2.*

JESU CHRISTI   VIGILII PAP.   JUSTINIANI IMP. 25.
ANNUS   ANNUS   TOTILÆ REG. 10.
551.   12.

I.
Novis cladibus affligitur Romanû Imperium.

QVingentesimus quinquagesimusprimus advenit Christi annus , idem numeratus post Basilii Consulatum decimus, & à Procopio belli Gothici decimussextus , Justiniani verò Imperatoris vigesimusquintus , Romano Imperio funestissimus: quo Germanus insignis ductor exercitus, in quo omnis recuperandæ Italiæ collocata spes erat , improvisa morte subtrahitur , classíque Imperatoria naufragium passa est in ostiis Hadriatici maris contra Calabriam ; Sclaviníque barbari iterùm grassantes , apud Hadrianopolim Romanum profligarunt exercitum , victoresque progressi usque ad Murum longum, qui unius diei spatio distat Constantinopoli ; sed vix repulsi , ad propria remearunt. Habet pluribus omnia ista Procopius (*b*). Sed undè tot mala, quibus terra maríque ubique ab irato numine Romanum pessumdatur Imperium ? Dictum est sæpè, repetendum verò sæpiùs , pro hostilibus pugnari Deum , cum à Principibus in religionem peccatur : reddidque imbecilles ac prorsùs inutiles robustissimos quosque exercitus ,

b *Procop. de bello Goth. lib.3.*

nisi pietate firmentur ; at debiles hostes evadere potentes , idem in adversariorum castris offensam passa religio mæret ; quæ quidem ex divinis litteris pluribus declarata exemplis , eadem crebriùs singulis sæculis producuntur expressis signata monumentis. Tu verò hæc clariùs intueberis ex recenti quæ ob oculos ponetur historia.

Quænam autem hoc anno adversùs sacros canones , contra Ecclesiasticas sanctiones , decretaque Patrum , majorumque traditiones , in contumeliam primæ sedis Antistitis usque hactenùs mortalibus inaudita facta sint Constantinopoli , videamus . Instigante rursùm Theodora Cæsariensi omnium malorum auctore , contra præcedentis Synodi decretum & emissam sponsionem de servando usque ad Concilium universale silentio , Justinianus Imp. contra Tria illa capitula publicè appendi jussit edictum ; quod nec rogante per suos Vigilio, revocare voluit immò & præter minas, vim quoque adhibuit , suis mandans satellitibus, nimiù oblitus sui, furore perritus , mente

II.
Imperator cum Theodoro evertit Ecclesiam .

mente dimotus, correptus maligno spiritu, agitatus à satana, ut in ipsum Vigilium Apostolicæ sedis Episcopum manus injiciant. Convertit in unum Vigilium (ò laudem egregiam!) quod adversùs tot barbaros ubique devastantes Imperium prælium agendum erat: hinc sibi cupit parari triumphos illitteratus Theologus, si vincat vi, quem non possit ratione convincere, Ecclesiæ universalis Antistitem; universam jam subjugasse Ecclesiam ratus, cui ut sibi subditæ aggressus erat præscribere leges. Ubi verò audisset ista Vigilius, in fuga tantùm spem ponit; sieque ex domo Placidiæ, ubi degebat, confugit ad ibi proximè junctam ecclesiam S. Petri (a.); ubi & Ecclesiastica tractans, ad aliquod temporis spatium mansit, in adversarios sententiam ferens.

III.
Theodori Cæsariensis impudétia.
Nàm & Theodorus ille Cæsareæ Cappadociæ Præsul, qui inhærens Imperatori omnium malorum illi auctor accessit, ejus gratia nisus, & potentia factus impudens, ad audaciæ progressus est, ut primæ totius Orientis Ecclesiæ Zoilum Patriarcham Alexandrinum, quod inhærens olim Vigilio Romano Pontifici Tria illa capitula ab Imperatore promulgata damnare penitùs renuisset, sua sponte, nulla Synodo congregata; vel aliquo ordine judiciali servato, veluti si primarius ipse solus toti Orbi præsideret Antistes, condemnarit, in ordinemque redigens, sede privarit; & tamquàm hæretici hominis ex sacris Diptychis ejus nomen expunxerit, inque locum ipsius successorem subrogarit Apollinarem. Sed & illud adversùs Apostolicam Romanam sedem non est veritus perpetrare, ut cum Synodicè Vigilius Papa (ut vidimus) statuisset; tacendum esse de quæstione oborta condemnationis Trium capitulorum usque ad generalem Synodum celebrandam, iste pervicax adversùs eadem Tria capitula cuncta publicè agere non destiterit; egeritque ut contra eadem ab ipso Justiniano Imperatore palàm edicto proposito omnes ejus assentirentur Episcopi. Addidit verò, ut Vigilio contradicenti, atque sub anathemate id prohibenti non solùm non acquieverit, sed planè despexerit, insultarit inque ejus contumeliam, licet ab eo vetitus, Missas tamen publicè celebraverit, aliaque nefaria id genus adjecerit, quibus contumax ingenium, refractariumque animum, atque rebellem penitùs voluntatem ostenderet; nec ipsarum memor legum Imperatoris, quibus haud semèl quidem, sed sæpiùs quanta esset super omnes totius Orbis Episcopos Romani Pontificis auctoritas declarasset.

IV.
En quò tandem progressus est præceps ex monacho Origenista præpotens armiger Justiniani: hoc enim nomine nuncupaverim eum, qui lateri ejusdem assistens, fecit analphabetum Imperatorem palliatum repentè apparere Theologum, atque de dogmatibus acutissimè disputare, qui numquàm legere sciverit vel ipsum foris inscriptum sacrorum titulum Bibliorum. Acci-

piæ & à Novatoribus, quibus etiam militat, miles iste stipendium; cum nihil præterea suis studiis intelligant hominem istum vafrum esse conatum, nisi ut tàm profana quàm sacra cuncta tribui vellet imperatori, à quo sicut laici, ita & accepturi essent leges Episcopi, sieque omnem in Ecclesia dissolveret institutum divinitùs ordinem, faceretque ex regno cœlorum (quo nomine sæpè Ecclesia denotatur) ergastulum inferorum, ubi nullus ordo inest, sed ubique confusio : verùm quæ Dei (inquit Apostolus) (b) à Deo ordinata sunt. Hæc verò omnia ex Actis publicis accepimus, ex ipsa, inquam, sententia Vigilii Papæ in eumdem Theodorum lata, quam proximè hic descripsi sumus, ut cuncta certa exorataque absque ulla dubitatione reddantur.

Quid autem ipse Vigilius ? Nùm dissimulanda putavit atque negligenda, tempori inserviendo, quæ contra statuta decreta à Teodoro ignominiosè peracta cognovit ? Nùm timore perculsus, agere desinit adversùs canonum violatorem, juriumque Ecclesiæ invasorem ? An non protinùs adversùs pacis perturbatorem, violentumque Ecclesiæ grassatorem vindex insurgit ? Sed quid agat in terra aliena, ubi silent jura, & à legum conditore intelligit leges proculcari, & justitiam à Justiniano exulem agi ? Non despondet animum, non concidit viribus, quibus scit Apostolica auctoritate fulciri; non timore percellitur, fugitivus licet, aggredientem insequitur hostem, erigitque se ex adverso pro Ecclesia Dei, inque sacrilegum pseudoepiscopum immò tyrannum insurgit: collectoque paucorum, quos secum habebat, Episcoporum conventu, execranda Theodori facinora examinanda proponens, demùm adversùs perversorem legum & eversorem jurium, occultum hæreticum, manifestum schismaticum, sententiam excommunicationis intorquet his verbis (c) :

Vigilius Episcopus sanctæ Ecclesiæ urbis Romæ dixit : Res est quidem divinæ conveniens jussioni, patientiam præbere peccantibus; quam non tamen adusquè decet extendi, ut spe continui impunitatis jugiter sine correctione peccetur. Quoniam igitur tu, Theodore Cæsareæ Cappadociæ civitatis Episcope, qui hactenùs ab ordinationis tuæ tempore, unius anni spatio in Ecclesia, cujus gubernacula susceperas, non passus es residere; sed auctoritate nominis Episcopalis abusus, universalis Ecclesiæ scandala generare non cessas & à nobis modò familiariter objurgatus, modò precibus obsecratus, nonnunquàm verò fraterna increpatione correptus, sæpe etiam divinarum Scripturarum auctoritate commonitus, vel Ecclesiasticæ consuetudinis convictus exemplis, semper emendationem sermone promittes, quam factis nequissimis respuebas, numquàm à prava intentione cessasti.

Nos verò longanimitatem nostram divina largitate concessam, tàm circà te, quàm
circà

Marginal notes left column:
a Vigil. ep. 7 to. 1. epist. Rom. Pont.

Marginal notes right column:
b Rom. 13.

V.
Vigilius adversùs Theodorum insurgit.

c Extat to. 1. epist. Rg. Pont. & to. 2. Concil.
VI.
Excommunicatio in Theodorū.

VII.

circà feductos abs te, penè hoc quinquennio elapſo monſtravimus. Primùm quidem in eo, quòd pro ſcandalo refrænando condeſcendentes quorumdam animis, quos ali- *diſſipatio-* qua diſpenſatione * credimus temperandos ; *ne* quia tù jàm eos pluribus annis inquietiſſimus ſtimulator accenderas, quædam pro tempore medicinaliter exiſtimavimus ordinanda, tali ſcilicèt conditione, ut omnè in poſterùm perturbatione ſopita, nihil ultrà nec verbo nec litteris quiſquam facere ex eadem cauſa præſumeret. At tu pravæ conſuetudinis tractus audacia, neque tùnc ceſſare à conſcribendis & prædicandis novitatibus voluiſti : ita ut ſæpiùs libellis Epiſcoporum redditis, & conſenſum tuum eum eis propria confeſſione condemnans, eorum vel tuis exceſſibus ſæpiùs à nobis concedi veniam poſtulaſſes.

VIII. Poſt hæc autem cum te à præſumptione ſolita nec pudor humanæ verecundiæ, nec ſacerdotii pondus, nec timor divini judicii cohiberet, dùm ampliùs quàm juſtum fuerat, patientiam tuis facinoribus præberemus ; ad hoc eſt cauſa perducta, quatenùs ſemotis omnibus quæ de Trium capitulorum à quibuslibet dicto ſcriptove *aliarum* fuerant ordinata, quid de ipſa re facto opus eſſet, cum Africanarum, Illyricianarum, ſeu Galliarum * partium congregata Synodo tractaremus, eorum maximè præſentiam requirentes, quorum fuerat ſcandalizata fraternitas. Illud quoque magnopere nobis cum clementiſſimo Principe, præſentibus etiam Menna Conſtantinopolitanæ civitatis & Dacio Mediolanenſis urbis Antiſtite, aliiſque tàm Græcis quàm Latinis Epiſcopis, cum quibus omnibus etiam tu Theodore pariter affuiſti, necnon & præſentibus Judicibus, atque proceribus, univerſoque Senatu, convenit, ne uſquè ad memoratam Concilii definitionem quicquam de præfatis Tribus capitulis ab aliquo fieri intentaretur. At deindè tuis ex conſuetudine incitamentis liber condemnationem capitulorum ipſorum continens, in Palatio, te aſſiſtente & inſtruente, coràm quibuſdam Græcis Epiſcopis eſt relectus, à quibus aſſentationum favorem tuis vocibus exigebas. Ex quo facto tàm tu, quàm tibi conſentientes Epiſcopi, mitiùs licèt à nobis quàm oportuit increpati, ad promerendam ficta ſatisfactione veniam convolaſtis.

IX. Quis autem commemorare ſufficiat, quæ te incitante atque exequente mala commiſſa ſunt ? Nàm ut de magnis exceſſibus tuis parva narremus, totius ſcandali incitamentum fuiſti atque ſeditio. Qui domi tuæ ſedens, antiquarios pretio caro conducens, ea quæ jurata voce te non eſſe facturum uſque ad conſtitutum tempus frequentiùs firmaveras, conſcripſiſti ; & ſub prætextu religionis, ea quæ Eccleſiam Dei dividerent (ſicut etiam rebus ipſis agnoſcitur) perpetraſti. Nàm uſque ad hoc animum Chriſtianiſſimi Principis falſis ſuggeſtionibus perduxiſti, ut

A clementia ejus, quæ in ſuis hoſtibus pia ſemper appartit, contra nos graviter moveretur. Sed hæc omnis bona deſideria noſtra, quæ pro pace Eccleſiæ proculdubiò militabant, ità animus tuus quietis impatiens diſſipavit, ut illa quæ fraterna collatione & tranquilla, Epiſcoporum fuerant reſervanda judicio, ſubitò contrà Eccleſiaſticum morem, & contrà paternas traditiones, contràque omnem auctoritatem Euangelicæ Apoſtolicæque doctrinæ, edictis propoſitis, ſecundùm tuum damnarentur arbitrium ; dùm Fidelium multitu- B do ignoret, per quos Dominus & Deus noſter doctrinis cæleſtibus plebem ſuam juſſerit erudiri, vel quibus ligandi ſolvendique ſuper terram dederit poteſtatem.

X. Deindè in domo Placidiana cum Græcarum vel Latinarum partium Epiſcopis, qui in urbe regia aderant, & presbyteris ac diaconibus Conſtantinopolitanæ Eccleſiæ conveniſti : ibique ſub magna vociferationis conteſtatione, tàm nos quàm frater noſter Mediolanenſis Epiſcopus prohibuimus, ne aliquis veſtrum prævaricationi communis Conſtituti, contempta fraternitate, præberet aſſenſum. Tu autem ſedis Apoſtolicæ interdicentis per nos auctoritate deſpecta, ad Eccleſiam in qua edicta ipſa pendebant, reliquos tecum attrahens, C perrexiſti : ibique aliis adjectis prævaricationibus Miſſarum ſolemnia celebraſti, à quaſi nihil tibi eſſet, primæ ſedis Antiſtitem præſentem & contradicentem contempſiſſe ; Pontificem etiam Alexandrinæ Eccleſiæ ſacerdotem fratrem noſtrum Zoilum, cujus nomen uſque ad memoratum diem communicaſti vobis fuerat, Dyptichis eximentis ; Apollinarem quendam perverſorem atque Eccleſiæ ipſius adulterorum vobis ſocialibus ; ut veſtra iniquitas non ſolùm in removendo ſimpliciſſimo ſacerdote, ſed etiam in recipiendo pateſceret D perverſore. Reticemus interim alia, quæ eodem die à vobis in Apoſtolicæ ſedis & in canonum perpetrata probantur injuriam ; ne detenti enumeratione culparum, quarum inventor oſtenderis, quod tibi competit, diutiùs differamus.

XI. Et licèt ante triginta dies pro memoratis exceſſibus veſtris à Apoſtolicæ vos communionis removiſſemus conſortio, credeates, quòd ſacerdotali propoſito facilius quæ malè geſta fuerant, ſatisfactione con- E grua curaretis : Ideòque ex perſona & auctoritate beati Petri Apoſtoli, cujus licèt exigui nos locum gerimus, cum Dacio Mediolanenſe, Joanne Marſicano, Zacchæo Scyllaceno, Valentino Silvæcandidæ, Florentio Matellicatenſi, Juliano Signino, Romulo Numentanenſi, Dominico de Calliopoli, Primaſio Adrumetino, Verecundo Lunenſi, Stephano Ariminenſi, Paſchaſio Alatrino, atque Joanne Cortonenſi, fratribus & coepiſcopis, hac Theodorum Cæſareæ Cappadociæ civitatis quondam Epiſcopum ſententiæ promulgatione, tàm ſacerdotali honore & communione Catholica, quàm

X.

XI.
Sententia
in Theodorū Cæſ.
Epiſc.

quàm omni officio Episcopali seu potestate spoliatum esse decernimus: nullis te vacare ulteriùs rebus, nisi pœnitentiæ lacrymis censentes, quibus percepta remissione culparum, locum, communionemque tuam autà me aut post obitum meum à successore meo (si merueris) indulgentiæ recipias.

XII.
In Mennâ.

Teque Mennam Constantinopolitanæ civitatis Episcopum, qui non dissimili culpa constringeris, cum omnibus Metropolitanis & Micropolitanis Episcopis ad tuam diœcesim pertinentibus, sed & tuos Orientales, vel diversarum provinciarum majorum minorumque civitatum Episcopos, pro quibus Theodorum Cæsareæ Cappadociæ quondàm Episcopum condemnavimus, præbuistis assensum; humaniore sententia pro Dei consideratione tamdiù à sacra communione suspendimus, donec unusquisque vestrum errorem suæ prævaricationis agnoscens, culpam apud nos propriam competenti satisfactione diluerit. Hæc est subscriptio sancti Papæ Deo juvante & ipsius gratia Vigilius Episcopus sanctæ Ecclesiæ Catholicæ urbis Romæ huic damnationi atque excommunicationi Theodori Cæsareæ Cappadociæ, & huic communicantis Mennæ Constantinopolitanæ urbis Episcopi vel aliorum Præfectorum, subscripsi. Data XIX. Kalendas Septembris, imperante domino Justiniano perpetuo Augusto, anno vigesimoquinto, post Consulatum Basilii viri clarissimi anno undecima no decimo x.] Hactenùs Constitutum Vigilii de anathemate. Quod autem ad Zoili depositionem ac substitutionem Apollinaris pertinet, hæc Liberatus diaconus a Liber. dia. ait (a): Zoilum posteà Imperator deposuit, & Apollinarem ordinavit, qui nùnc est Præsul ipsius Alexandrinæ Ecclesiæ.] Hæc ipse.

a Liber. dia.
Brevi. c.23.
to. 2. Conc.

XIII.
De Primasio Episc. Adrumetino.

Antequàm autem quæ post hæc sunt subsecuta narremus; cum inter Episcopos, qui unà cum Vigilio dicto conventui interfuerunt, nominatus reperiatur Primasius Episcopus Adrumetinus in Africâ; hunc illum esse putamus, qui clarus habetur inter scriptores Ecclesiasticos, cujus & meminit Isidorus & alii. Solus hic (quòd sciam) inter Africanos Episcopos reperitur, qui inhæserit Vigilio, cæteris ab ejus communicatione recedentibus. Cum verò hic dicatur Episcopus Adrumetinus, errore lapsus videtur Trithemius, dùm nominat Episcopum Uticensem; nisi quis dicere velit, duos fuisse Primasios Episcopos Africanos eosdemque eruditione claros; quod non persuadetur; nàm dùm de Primasio meminit Cassiodorus, ipsum sui fuisse æqualem profitetur, cùm ait (b): Nostris quoque temporibus Apocalypsis beati Primasii Antistitis Africani studio minutè & diligenter quinque libris exposita est, &c.] Porrò his temporibus vixisse Cassiodorum, nullus ignorat. Quòd verò Primasium Trithemius dicit fuisse Episcopum Uticensem, discipulumque sancti Augustini; & Scholiastes eumdem ipsum fla-

b Cassiod. de divin. lect. c.9.

ruisse ait temporibus Theodosii, anno Domini quadringentesimo quadragesimo; sanè quidem uterque decipi reperitur : nàm cum idem Primasius inveniatur in commentariis in epistolam ad Hebræos citare ipsum Cassiodorum, qui his vixit temporibus Justiniani Imperatoris, longè post Theodosii tempora ipsum claruisse oportuit. Quamobrèm nonnisi unum eumdemque Primasium dixerimus, ipsumque Episcopum Adrumetinum, qui Constantinopoli (ut videmus) cum Vigilio Papa adversùs schismaticos stetit.

Hæc autem omnia acta sunt ab ipso Vigilio Constantinopoli in ecclesia sancti Petri, ad quam Imperatoris ministrorum violentiam metuens ante confugerat, ut ipse docet litteris (c) circularibus anno sequenti datis. Ubi dùm moraretur, atque ea quæ per Theodorum essent gesta cognovisset, eam ipsam quam recitavimus sententiam tulit; verùm non statim promulgavit, sed apud se retinendam aliquantulùm, in consilio habuit, paci interim Ecclesiæ consulturus.

XIV.
c Vigil. ep. 7. to. 1. ep. Ro-Pont.

Sed quæ præcesserunt, cùm ad evitandos Imperatoris satellites Vigilius è Placidiana domo hoc anno fugit ad ecclesiam sancti Petri, nuper à nobis relata, jàm exejusdem Pontificis scriptis sequenti anno datis hic recitemus, quò cuncta certiùs habeas explorata; ait enim ipse in epistola circulari universæ Ecclesiæ Catholicæ scripta (d):

XV.
Vigilius confugit ad Ecclesia S. Petri.

Posteaquàm edicta sua piissimus Princeps jussit appendi: omnibus Episcopis diversarum partium & presbyteris atque diaconibus necnon & clericis Constantinopolitanæ Ecclesiæ quà non venientibus in Placidiana domo, antequàm ad sancti Petri confugeremus basilicam, facie ad faciem ita locuti sumus: Rogate piissimum Principem, ut edicta sua, quæ præcepit appendi, removere dignetur, id est, ut scandalizati Episcopi Latinæ linguæ ad Synodum veniant; aut certè remota omni violentia, suas scripto declarent sententias. Quòd si fortè preces vestras audire noluerit; vos nulli rei præbeatis assensum, quæ ad divisionem tendit; nec contra constitutum comminatione aliqua veniatis. Quòd si hoc forsitàn (quod non credimus) feceritis; noveritis ex præsenti die, ut prævaricatores Apostoli Petri, per ministerium vocis meæ haberi suspensos.

XVI.
Vigil. epi. 7.

Et quoniam his actis, non solùm ea quæ commissa fuerant, nullo modo sunt correcta, sed etiam ex aliis causis die ipso in regularum Ecclesiasticarum præjudicium, vel injuriam sedis Apostolicæ, pejora præsumpta sunt; nec ulteriùs eos communionis nostræ permisimus esse participes, nec aspectus eorum post tot prævaricationes nostri oculi receperunt. Ea enim quæ verbo de memorata excommunicatione cunctis Episcopis vel presbyteris & diaconibus aliisque clericis Constantinopolitanæ Ecclesiæ voce publica dixeramus, posteà etiam

XVII.
Vigilius excommunicat adversarios.

*decimo-
noho Kalen.
ita in sentē.
tia lata in
Theodorū.

etiam die Nonarum * Septembrium nupèr præteritarum in beati Petri basilica scripto firmavimus: in quo etiam illum, qui sub habitu Episcopali lupi rapacis Dominico gregi tendit insidias, & assumens totius ducatum scandali, universalem perturbat Ecclesiam, de Episcopatus ordine deponentes, damnavimus: alios verò, qui superiùs memorati sunt, à communione suspendimus.

XVIII.   Sed hæc hactenùs. Paginam ipsius damnationis proferre nolumus: quoniam & clementissimum Principem pro tali ac tanto scandalo ea quæ facta sunt, divini considerationi judicii revocare confidimus: omnibus oportebat nos spatium pœnitentiæ reservare, imitantes beatum Petrum, cujus

A   sedem tenemus immeriti. Chartam verò ipsam excommunicationis atque damnationis cuidam Christianæ personæ tradidimus cōservandam; ut si forsitàn hi qui excesserant nullo modo corrigere voluissent, aut si nobis vis aliqua irrogaretur, sive quælibet inquietudo fieret, vel certè humana sorte trásitus de hac luce contingeret, mòx eam in celeberrimis locis proponeret; quatenùs ejus notitia Christianis omnibus patefacta, servetur in posterùm.] Hæc de sententia in Theodorum atque Mennam lata Vigilius quæ ipse scripsit anno sequenti in basilica S.

B   Euphemiæ Chalcedone, ad quam, urgente rursùs violentia regiorum ministrorum, ex dicta ecclesia sancti Petri confugere coactus est.

JESU CHRISTI   VIGILII PAP.   JUSTINIANI IMP. 26.
ANNUS   ANNUS   TOTILÆ REG. 11.
552.   13.

I.   Quingentesimus quinquagesimussecundus Domini annus post Consulatum Basilii undecimus notatur in Fastis, à Procopio autem belli Gothici decimusseptimus, quo & mensis Aprilis exordio annus incipit numerari Justiniani Imperatoris vigesimussextus: cum mense Februario, adhùc anno durante ejusdem Imperatoris vigesimoquinto, idem Justinianus sanctionem edidit adversùs Judæos,

Omni lingua doceri legem Judæis conceditur.

qui suos prohiberent sacræ legis libros alia tradi docerique lingua, quàm Hebraica: quo fiebat, ut simplicioribus, quos vellent, ipsorum magistri magno illorum dáno propinarent errores. Hos igitur lege coerceri præcipit, si quidiidem contra divinam Scripturam ausi sint docendo tradere, ut negare mortuorum resurrectionem sive universale Judicium, vel asserere per Angelos cuncta esse creata. Quantùm enim ex Justiniani sanctione conspicitur, Hebræi jàm vulgò à linguæ Hebraicæ usu desciverant, & nationum lingua, sive ea

a Novel. 146.

quæ apud eos vulgaris esset, utebantur. Ista igitur sanctio sic se habet (a):

II.   Necessarium quidem erat, Hebræos sacros audientes libros, non solis litteris adhærere sed ad recondita eis prophetias inspicere, per quas magnum Deum & Salvatorem generis humani Jesum Christum annunciant. Sed etiam si insensatis semetipsos interpretationibus tradentes, à recta usque nùnc aberraverunt gloria; tamen certare adinvicem discentes ipsos, non sustinuimus sine judicio eis relinquere tumultum. Per has enim ipsorum quæ nobis adductæ sunt interpellationes, didicimus, quòd quidem solam habentes Hebraicam vocem, & ipsa uti in sacrarum librorum lectione volunt, nec Græcam tradere dignantur, & multum dudùm tempus per hoc adinvicèm commoventur. Nos igitur hujusmodi discentes, meliores judicavimus esse & Græcam vocem ad sacrorum librorum lectionem tradere volentes, & vocem omnem simpliciter, quam locus aptiorem & magis cognitam au-

Justiniani constitutio de Judæis.

C

D

E

dientibus facit.

III.   Sancimus igitur, licentiam esse volentibus Hebræis per synagogas suas, in quocumque Hebræi omninò loco sunt, per Græcam vocem sacros libros legere convenientibus, vel etiam patria forte (Italica hac dicimus) lingua, vel etiam aliorum simpliciter, unà scilicet cum locis etiam lingua commutata, & per ipsorum lectionem, per quam clara sunt quæ dicuntur, convenientibus omnibus deinceps, & secundùm hæc vivere & conversari. Neque fiduciam esse his qui apud eos sunt expositoribus. solam Hebraicam tradentibus malignari hanc quemadmodùm voluerint, multorum ignorantia suam ipsorum abscondentes malam consuetudinem.

IV.   Verumtamen hi qui per Græcam legunt, Septuaginta utantur traditione, quæ omnibus certior est & præ aliis melior judicata, præcipuè propter quod circà interpretationem contigit: quia & per duos divisi & per diversa interpretantes loca, tamen unam tradiderunt omnes compositionem. Ad hæc verò quis non horum virorum & illud admiretur, quia multò antiquiores salutari apparitione magni Dei & Salvatoris nostri Jesu Christi constituti, tamen illam futuram tamquàm videntes sacrorum librorum traditionem fecerunt, tamquàm prophetiæ gratia circumfulgente eos? Et hac quidem utantur præcipuè omnes: sed non tamen tamquàm eis residuas excludere sanciverimus interpretationes. Licentiam damus & Aquilæ uti, etsi alienæ tribus ille, & non competentem in aliquibus sermonibus habet cum Septuaginta interpretatione dissonantiam.

V.   Eam verò quæ ab eisdicitur Secunda editio, interdicimus omnimodò, utpotè sacris non conjunctam libris, neque desuper traditam de Prophetis, sed inventionem constitutam virorum ex sola loquentium terra, & divinum in ipsis habentium nihil. Et ipsas ergò sacras voces legant, codices ipsos respuentes, sed non abscondentes quidem

dem quæ per eos dicta sunt, exterioribus
verò traditis sine scriptis vanæ vocis utentes
ad simpliciorum per ipsos excogitatis perditionem. (*Thalmudistas Judæorum signat
Imperator* .) Ut hæc data à nobis licentia,
neque damnis aliquibus subiiciantur omninò qui Græcam vocem & alias tradunt, neque ab alio quovis prohibeantur . Neque
licentia habebunt hi qui ab eis majores omnibus Archipherecitæ, aut presbyteri forsitàn vel magistri appellantur, perinœis a-
liquibus aut anathematismis hoc prohibere; nisi velint propter hoc castigari corporis pœnis, & insuper privationem facultatum nolentes sustinere, meliora verò &
Deo amabiliora volentibus nobis & jubentibus.

VI. Si quidam verò apud eos atheos vanæ novæ vocis eloquia inferre præsumpserint, aut
resurrectionem & judicium negare, aut facturam Dei & creaturam Angelos subsistere: hos & expelli volumus loco omni, &
non relinqui vocem blasphemiæ, & ita à
Dei simul lapsam notitia: præsumentes e-
nim eos affari aliquid hujusmodi, ultimis
subdantur suppliciis, illato terrore ex hoc
Judæorum emendantes gentem. Oramus
autem eos, aut per istam, aut per illam
linguam sacros libros audientes, servare
quidem interpretationem malignitatem, non
solas verò considerare litteras, sed rebus
refici, & divinum veraciter intellectum recipere: ut & redoceri quod melius est, &
quiescere aliquando errantes, & in hoc ipso, quod est omnium χαλεπον peccantes in
Deum dicimus. Proptereà enim omnem eis
vocem aperimus ad sacrorum librorum lectionem, ut omnes de cætero eorum accipientes scientiam, doctiores ad melius fiant,
re confessa constituta, paratiorem multò ad
discretionem esse, & ad melioris intentionem, sacris innutritum libris, & parùm
quod desit habentem ad emendationem;
quàm scientem quidem horum nihil, solo
verò cultus inchoatum nomine, & tamquàm anchora retentum sacra, & doctrinam piam hæresis appellationem esse putantem.

VII. Quæ igitur nobis placuerunt, & per
hanc præsentem piam legem declarata sunt,
custodiet quidem tua gloria, & quod tibi
obtemperat Officium; servabit & pro tempore qui in eodem cingulo ordinabitur, &
non permittet omninò Hebræos præter hæc
facere: sed insistentes & prohibere omninò nitentes, corporalibus primùm pœnis subliciens, exilium incolere compel-
let, auferens & bona, ut non simul ipsi
contra Deum sed & Imperium audaciter in-
surgant. Utetur autem & præceptionibus
ad provinciarum Præsides, præcipiens ipsis nostram legem, ut & ipsi hanc discentes
proponant per civitatem unamquamque:
scientes, quia hæc observari utile erit his
qui nostram indignationem veriti fuerint.
Data sexto Idus Februarii, Constantinopoli, D. N. Justin. PP. Aug. ann.XXV.
post Basilii. U. C. Consulatum anno XII.

*XI. *] Sed corrigendum, ut dicat, anno un-

A decimo: annus enim Imperatoris vigesimus
quintus absolvitur hoc anno in fine mensis
Martii; nàm Aprili mense vigesimussextus inchoatur. Hac igitur Imperatoris sanctione ordine temporis recensita,
jàm rerum Vigilii Papæ anni hujus, nullius alterius lectionis obice intercisam,
narrationis seriem ingrediamur.

Meminisse, lector, debes quæ anno superiori Constantinopoli adversus Vigilium
Romanum Pontificem sunt sacrilegè perpe- **VIII.**
trata, cùm ipse Catholicæ & Apostolicæ
sedis Antistites vim metuens Imperatoris ad
sancti Petri basilicam primùm confugere
B coactus est. Sed quòd nec sacer ille asy-
lus, servilis etiam conditionis quibuscumque securus, tanto Pontifici ab Imperatoris sacrilegi violentia videri poterat secutus ante oculos ejus positus; trans mare
quæsivit effugium, & in basilica sanctæ
Euphemiæ apud Chalcedonem (si quis tamen inveniri posset locus ab Imperatoris
furore securus) habitare disposuit. Hoc
planè tempore accidisse noscuntur, quæ A-
nastasius Bibliothecarius jungit, immò confundit cum prioribus quæ acciderunt vivente adhuc Theodora Augusta: Tùnc
(*inquis*) *antequàm scilicet ab ecclesias.Pe-*
C *tri rectderet*, dedit alapam in faciem ejus
quidam, dicens: Homicida, nescis quid
loqueris: quia Silverium Papam occidisti,
& filium mulieris viduæ ad calces & fustes
interfecisti. Tùnc fugiens in basilicam sanctæ Euphemiæ, tenuit columnam altaris.
Hæc ibi usque ad posteriorem fugam, priorem omittens: cætera autem quæ sequuntur,
suo loco dicentur.

'In eadem itaque sanctæ Euphemiæ basi- **IX.**
lica Vigilius degens, sicut prius fecerat,
nihil penitùs remisit Apostolicæ auctoritatis? atque perindè ac si Romæ in ipsa Lateranensi basilica sive Vaticana summa pa-
D ce consisteret, ibi cum suis memoratis antè
Episcopis degens, quæ essent Ecclesiæ li-
bertatis, & Catholicæ fidei integritatis,
tractare minimè prætermisit. Sed ex eo cujus in sede consisteret, ipso inquam Petro
Apostolorum Principe, tanta est ipsi parta
fiducia, ut ex Apostolico throno, cui in
sua persona sciret considere Petrum, & in
Petro Christum, summa potestatis plenitudine adversùs Metropolitanos Episcopos,
immò in ipsum Patriarcham Constantinopolitanum ferre sententiam, insuper &
perperàm facta Imperatoris rescindere magno animo sit aggressus; minimè reveri-
E tus vultum potentis, sciens majore sul-
ciri quàm Hieremiam auctoritate, cui à
Domino dictum (*a*): *Ecce constitui te ho-* a *Hier.* 1.
diè super gentes & regna.] Ac rursùm: *De-*
di te hodiè in civitatem munitam & in co-
lumnam ferream & in murum æreum super
omnem terram Regibus Juda, Principibus
ejus & sacerdotibus, & omni populo terræ:
& bellabunt adversùm te, & non præva-
lebunt: quia ego tecum sum (ait Dominus)
ut liberem te. Tantò namque ipse potentior
est Prophetis effectus, quantò differentius
præ illis nomen hæreditavit. Cuinam aliquando

b Matth. 16. quando Prophetarum dictum: *Tu (b): es A*
Petra, & super hanc petram ædificabo Ec-
clesiam meam, & porta inferi non præva-
lebunt adversus eam? His igitur Domini
promissionibus roboratus, tùm aliis tùm se
ipso robustior tùnc apparuit, cum magis
deorsùm mergeretur.

X. Vidisses planè tùnc non characteribus tantummodò exaratam sententiam illam omnium ore versatam, Ubi Papa, ibi Roma;
sed velut in tabula graphicè coloribus deli-
neatam veritatem ipsam; dùm ipse qui ad
fugam captatus est locus, & veluti dote dus
ad latebras, idem fit effectus ipsius præsentia Romani Pontificis eminens cunctisque perspicuum ad judicandum tribunal, &
ad reprimendos sternendosque adversarios
sublimis turris, innacessibilis cuilibet humanæ potentiæ; è qua missilia in hostes ja-
a Prov. 18. ceret is qui confugit in eam, manens ipse
securus secundùm illud Proverbiorum (a).
Turris fortissima nomen Domini: ad ipsum
currit justus, & exaltabitur. Intellexisses
pariter, quàm verum sit quod Apostolus
b 2. Cor. 12. Paulus ingenuè profitetur (b): *Cùm infir-*
mor, tùnc potens sum. Etenim qui animi
infirmitate visus esset iterata fuga longiùs
esse progressus, ibique corporis quoque languore graviter affectus; animi tamen vigore resumpto, fortior factus atque robustior intrepidè de victoria securus insurgit,
potentissimaque Ipsi Italia spicula jacit in
hostes, fortique ipse illæsus existens.

XI. Ità planè magno veluti miraculo factum,
Mira facta ut dùm fugit Vigilius, vincat; insequen-
mutatio. tem, & persequentem patitur Imperatorem, eumdem reddat humilem & obse-
quentem ut perspicuè apparuerit vel ex
hoc facto, quòd non homo tantùm, sed
Christus ipse Deus & homo cum homine
in sede Petri sedente consideat, cui cedere
necesse sit omnem humanam potentiam atque portas etiam inferorum. Sed quomodò: hæc facta sunt, jàm enarrare aggredi-
mur. Ubi Justinianus imp. accepit Vigilium Romanum Pontificem justo metu perculsum è Petri basilica confugisse Chalcedonem, & in ecclesia Euphemiæ martyris cum
suis degere, insuper & corporis mala valetudine laborare; facti pœnitens, non milites qui eum inde abducerent misit iratus, sed
dignam tanto Pontifice legationem ornavit, quæ eum juramento præstito in
pristinum domicilium honorificè revocaret.

XII. At ipse Vigilius inde egredi numquàm
Vigilius a- consensit, neque juratis Patriciis fidem vo-
boleri ju- luit adhibere, nisi priùs in omnibus con-
bet Imp. e- sultum esset sedis Apostolicæ dignitatem; ne-
dictum. pe ut quæ contra ipsius Romani Pontificis
voluntatem de Tribus capitulis Imperator
appendisset edicta, idem protinùs revocaret, atque penitùs aboleret. Sed & quòd
magna licèt pollicentibus missis nunciis haud
facilè putaret esse credendum, (utpotè quod
in proverbio est) Græcorum fides; illud
excogitavit, ut antè ad universos Christi fideles encyclicam daret epistolam, qua cuncta quæ gesta essent, universæ Ecclesiæ innotescerent; sic namquè fore, ut si quid

in ipsum Vigilium decerneret Imperator
sidifragus, omnes scirent qua animi constantia ipse illi restiterit; & si quid præter illa quæ statuisset, ab eo suis sanctionibus vulgaretur, nihil esse nossent sua
consensione firmatum. Epistola autem encyclica tùnc ab ipso Vigilio Papa conscripta
ita se habet (a):

Vigilius Episcopus Ecclesiæ Catholicæ
universo populo Dei.

Dùm in sanctæ Euphemiæ basilica gravi
laborantes ægritudine teneremur, piissimus
atque clementissimus Imperator Dominico
die, id est, Kalendis Februarii, gloriosos
Judices suos ad nos destinare dignatus est,
id est, Belisarium & Cethegum Exconsules atque Patricios, necnon & Petrum
Exconsulem Patricium atque Magistrum,
sed & Justinianum Exconsulem & Curam-
palatii *, & Marcellinum Exconsulem &
Comitem Excubitorum, sed & gloriosum virum Constantinum Quæstorem,
qui nobis dicerent, ut sacramenta percipere deberemus, & de sanctæ Euphemiæ ecclesia ad civitatem regiam remeare.

Quibus tale dedimus, Deo adjuvante,
responsum, dicentes: Nos quidem in hanc
basilicam, pro nulla pecuniaria vel privata causa confugimus, sed pro Ecclesiæ tanto scandalo, quod jàm toti mundo pro
peccatis innotuit. Et ideò si causa Ecclesiæ ordinatur, ut pacem ejus, quam ab
avunculo sui piissimus Princeps fecit temporibus, & modò restituat; ego sacramentis opus non habeo, sed statim egre-
dior: si causa finita non fuerit, iisdem
sacramentis opus non habeo; quia numquàm de sanctæ Euphemiæ ecclesia exire
dispono, nisi scandalum ab Ecclesia Dei
fuerit amputatum. Nàm posteaquàm edicta sua, &c.] Pergit narrare quæ gesta
sunt anno superiori, quæ suo loco posuimus: quibus recensitis, ista ad postremùm
addit:

Dùm hæc autem præfatis Judicibus diceremus, rogavimus eos, invocato omnipotentis Dei judicio, ut clementissimo Imperatori hoc quoque ex nomine nostro
suggererent: Quia illis qui à nobis ex-
communicati sunt, in quibus & is quem
prædiximus est damnatus, communicare non
debet, ne grave (quod absit.) peccatum
incurrat. His ita se habentibus, per magnificum virum Petrum Referendarium die
* pridie Kalendas Februarias quædam charta nobis allata est, quam à clementissimo
Principe nullo modo credimus destinatam,
quia nec fuerat pietatis ejus manu scripta. Et
dùm memorato Referendario diceremus, ut
in ea scriberet diem, & quomodò ab ipso
fuerat oblata, pariter, fignaret.] Hucusquè in codice; reliqua desunt, magno præjudicio historicæ veritatis. Cæterum ex his
quæ dicuntur, constat cessisse tandem Vigilio Imperatorem, atque appensa amoveri jussisse à se prolata de Tribus capitulis e-
dicta, & ex sententia ipsius Vigilii nihil
de illis tractari voluisse ante Synodum generalem, quam ex ejusdem Pontificis de-
side-

c Vigil. ep. 7.
to. 1. ep. Ro.
Pont.

XIII.
Encyclica
Vigilii ad
Christi fi-
deles.

Curopala-
tem

XIV.
Quid Vigi-
lius petat.

XV.

* postridie
Cedit Vi-
gilio Im-
perator.

siderio & voluntate convocari fecit , ut suo A
loco sequenti anno dicemus .

XVI.
a *Anastas.* Ex his igitur complura convincenda sunt
in Vigilio. scriptorum mendacia , primùmque ab Ana-
Refellun- stasio (*a*) tradita ; nisi quæ mixtim confu-
tur errores. sèque ab eo narrantur , suis seorsùm repo-
nantur locis , & non sub Theodora Augu-
sta referantur quæ longè post ejus obitum
facta esse noscuntur . Epistolari enim historiæ cætera à quibusvis scripta cedant necesse
est ; si præsertim ex illis accepta noscatur
epistolis , quæ encyclicæ dictæ , universo
populo Christiano , patentes unicuique ,
scriptæ esse noscuntur . Ex iisdem pariter
Nicephori habes ex quibus redarguas Nicephorum
errores ar- Callistum , qui de hujuscemodi turbis hi-
guuntur . storiam scribens , multipliciter errasse comperitur , dùm parùm æquus in Vigilium Pa- B
pam , quòd Constantinopolitanum Episcopum Mennam à communione suspenderit ,
in eum invehitur , & mendacissimè asserit
parem sententiam adversùs Vigilium ipsum
à Menna latam . Quod si ille ausus fuisset ,
necessariò planè & præcipuè de his habenda
mentio erat in ejusdem Vigilii epistola cir-
b *Niceph.* culari . Sed alia plura mendacia misceri ,
li.17. c.16. quæ tu ex ejus verbis colliges , quæ sic se
habent (*b*) :

XVII. Eò (*inquit*) Vigilius insolentiæ progressus est , ut & Mennam à communione qua- C
tuor mensibus excluserit . Idem sanè &
Mennas adversùs illum fecit . Sed enim Justinianus rebus hujusmodi ad iram commotus , eum comprehendere misit . Vigilius autem sibi metuens , ad Sergii martyris aram confugit , & sacris ibi fistulis implicitus , non priùs indè extractus cessit ,
quàm illas evertit : erat enim magnus & corporis statura vastus . Posteà verò cum ejus
rei Justinianus pœniteret , partibus suis in-
terponente Imperatrice Theodora , Vigilium suscepit , atque ille rursùs Mennam ad
communionem admittit .] Hæc Nicepho- D
rus : qui etsi non in aliis corrigendus foret ,
certè defendi non potest , dùm hæc vivente
adhùc Theodora Augusta facta narrat , cum
redargueretur à Procopio : & dùm ait ad
sancti Sergii aram Vigilium confugisse , planè mendacii convincitur ex ipsius Vigilii
scriptis , quibus (ut vidimus) ait , ad S.
Petri , indè ad Euphemiæ basilicam confugisse .

XVIII. Porrò turbata in hunc modum Ecclesia ,
rerum naturam etiam æquè esse turbatam ,
ea quæ hoc anno accidisse Procopius tradit
declarant : etenim hoc ipso anno Græciæ
civitates plures terræmotu excisas , hiatu
terræ loca multa absorta , portentosásque
maris æstuationes factas enarrat . His accessit Sclavinorum & Hunnorum in Romanum Imperium incursio repetita . Sed & hoc
pariter anno Gothos Corsicam & Sardiniam
cepisse , idem Procopius refert . Quid enim
potuit esse stabile , cum religio , basis ipsa Orbis exagitatur ? Concuti quidem opus
Ecclesiasti- est omnia , cum ipsa petra , super quam
cum bellu Ecclesia fundata est , motibus in diversa pro-
ubiquè vi- pellitur . Etenim ejusdem etiam testificatio-
get . ne Procopii illud asseritur , ejusmodi qui
Annal. Eccl. Tom. VII.

Constantinopoli contigit motu alias etiam
Orientis Ecclesias fluctuasse : quo uno allato exemplo , quæ in reliquis facta sint civitatibus , facilè quisque intelligere pos-
sit : sunt enim hæc ipsius verba (*c*) : Cæ- *c Proco. de*
teri milites , Imperatoris jussu , circà Ul- *bello Goth.*
pianam in Illyriis urbem stationem habue- *lib. 3.*
runt ob seditionem ea de causa inter incolas ortam , qua Christiani solent de fide so-
lertiùs disceptando inter se altercari .] Hæc
Procopius : ex quibus licèt paucis magna
possumus intelligere , nempè miserandum
totius Ecclesiæ statum , Catholicis inter se
in qualibet civitate pugnantibus .

Verùm cùm inter tot discrimina fluctibus **XIX.**
agitatæ naviculæ omninò unà cum capite
universum periclitari visum est Ecclesiæ corpus ; repentè excitatus est tamquàm dormiens Dominus , imperansque vento &
mari , euncta , temporis fermè momento ,
fecit esse tranquilla . Etenim (ut dictum est)
Imperator appensa anteà de Tribus capitulis tolli jussit edicta , & ex sententia Vigilii
Papæ , quod fecerat abrogavit , atque quod
idem Pontifex postularat , cuncta in generali agitanda Concilio reservavit . His accessit , quòd & Theodorus malorum om- Theodori
nium auctor , cujus causa universa hæc Episc. pœ-
fuerat tempestas exorta , jàm pœnitens fa- nitentia .
cti (quod admiratione summa dignum est)
ad eum à quo sententiam damnationis ac-
ceperæ , accedens humilis , libellum supplicem ipsi Vigilio Papæ offert , quo & rectam fidem professus est , & quatuor sacra
Concilia comprobavit non his tantùm quæ
spectant ad fidem ; sed & cuncta quæ in eis
essent acta , rata firmaque habenda esse , pariter comprobavit : quibus planè docuit ,
excitatam à se primùm de Tribus capitulis
quæstionem profundo esse silentio obruen-
dam : his adjecit , ut de irrogatis in ipsum
Summum Pontificem probris & contumeliis eodem libello suppliciter veniam peteret .

Quis , rogo , ista considerans , non mire- **XX.**
tur , atque etiam obstupescat , Davidicum
(*d*) illud exclamans : *Hæc mutatio dexteræ* *d Psal. 76.*
Excelsi : & : *A Domino factum est istud , &* *& Psal.*
est mirabile in oculis nostris ? Cum primaria 117.
illa petra , quam adeò rejecerant ædificantes , eadem repentè reposita sursùm inspicia-
tur in caput anguli , præcipuo digna honore
habita : ut præ miraculo illud factum appareat , quod idem Propheta occinit , ita di-
cens (*e*) : *Absorpti sunt cuncti petræ Judices* *e Psal.140*
eorum : dùm eidem cessere penitùs qui ad-
versati erant terræ Principes & summi religionis Antistites . Nàm præter Theodorum Mennæ E-
Archiepiscopum Cæsariensem , præstitit id pisc. Con-
ipsum etiam Mennas Constantinopolitanus stantinop.
Episcopus , qui ab eodem Vigilio eadem ex pœnitentia.
causa fuerat ad certum tempus communione
privatus : ipse enim , sicut & Theodorus , totidem verbis scriptum libellum supplicem Vigilio obtulit , quo etiam præter ea quæ dicta sunt , pariter professus est ,
libellum quemdam in Vigilium scriptum ,
minimè esse suum . Sic igitur tali præmissa satisfactione , Vigilius eosdem in com-
Hh munio-

munionem accepit, redditaque eſt Eccleſiæ pax : quæ ex optatò cunctis innoteſcens,
eò jucundior atque gratior facta eſt, quo
magna ſecum bona vexit, quæ dicemus.
Porrò hæc omnia habentur in Vigilii Papæ Conſtituto, de quo inferius agendum
erit.

XXI.
Pax Eccle-
ſiæ eſt ſalus
Imperii.

Sed quænam hæc mox ſecuta tunc bona?
Accipe. Gothi è Sicilia præter omnem ſpem
expelluntur, belloque navali vincuntur :
miſſoque in Italiam à Juſtiniano Imperatore Narſete, res Gothorum in deterius di-
labi cœperunt. Ut planè perſpicuè fuerit
demonſtratum pro ſtatu rerum Eccleſiaſticarum res Imperii à Divinitate diſponit ut
cum laceſſuntur Dei ſacerdotes, barbari in-
valeſcant; proterantur autem, cum illorum
dignitati conſulitur : ſicque veluti quadam
neceſſitate Eccleſiæ pacem felicitas ſubſe-
quatur Imperii, Eccleſiæ verò illatum à
Principe bellum cladem Imperii ſecum ducat. Sed de anni hujus rebus proſperè geſtis in Sicilia atque Italia terra marique
Procopium conſule. At hæc magis anni ſequentis facta docebunt.

XXII.
Dedicatur
à Menna
Baſilica A-
poſtoloru.

Reſpirante jàm populo, atque optata
pace lætante, immenſæ ubique & ab omnibus gratiarum actiones Deo redduntur;
quando & publica feſta parantur, quæ
triumphi quamdam ſpeciem præſeferant.
Etenim hoc anno ipſe Mennas Conſtantinopolitanus Epiſcopus, poſtquam à Vigilio Papa in communionem admiſſus eſt (ut
inquit Nicephorus (a) vigeſimanona Junii

a Niceph.
li. 17.c. 26.

die Encænia celebravit baſilicæ ſanctorum
Apoſtolorum, cum ſacræ reliquiæ curru
aureo circumvectæ ab eodem Menna recon-
ditæ ſunt. Sed quæ de eadem baſilica Procopius (b) habeat, audi : Erat (inquit)

b Procop.
de ædifi. Ju-
ſtin. Imp. li.
1.

antiqua apud Byzantium eccleſia Apoſtolis
conſecrata, longitudine temporis jàm emo-
ta, & quæ (ut ſuſpicabatur) amplius ſtare non poterat. Hanc Juſtinianus inſtau-
ravit pro dignitate. Ubi latomi & artifices, effoſſo fundamento invenerunt ligneas
arcas tres inſculptis litteris indicantes eſſe
ſcilicèt Trium Apoſtolorum corpora, Andreæ, Lucæ, & Timothei. Quæ Rex ipſe
& omnes Chriſtiani maximo cum fervore
conſpexerunt, & conſpecta rursùs terra oc-
culuere, non negligentes locum & vicinis
orbatum relinquentes, ſed Apoſtolorum
corporibus dedicatum cum pietate conſti-
tuentes. Conſtat autem, quòd Apoſtoli
beneficiorum memores, ad Regis honorem
nùnc hominibus apparuerint, Regis inquam pii & religioſi. Neque enim ab humanis recedunt divina, ſed miſceri percu-
piunt & hominum converſatione oblectari.]
Hactenùs Procopius de reſtituta baſilica
Apoſtolorum, quam Mennas hoc anno (ut
dictum eſt) dedicavit.

XXIII.
Mennas
moritur.

Porro eidem benè ceſſit, ut poſt tot Eccleſiæ conflata diſſidia, ex quibus extrà Eccleſiam ipſe poſitus fuerat, reddita pace
poſtliminio quodam, & communione Apoſtolicæ ſedis, cujus jacturam fecerat, conſecutus,& cuncta anteà benefacta recipiens;
feliciter mox ex hac vita migrarit:hoc enim

anno finem vivendi fecit, cum ſediſſet annos ſexdecim,in cujus locum ſequentis anni
exordio ſubrogatur Eutychius : de ejus electione divinitùs facta anno ſequenti, quo
contigit, nos agemus. Quid autem acciderit Conſtantinopoli ſub Menna de puero
Hebræo ab incendio divinitùs liberato, ita
narrat Euagrius (c):

c Euagr. li.
4 cap. 35.
XXIV.
De puero
Judæo ab
incendio
ſervato.

Mennæ temporibus miraculum editum
fuit planè memorabile. Vetus fuit conſuetudo Conſtantinopoli, ut ſi quando multæ
admodùm particulæ puri & immaculati
corporis Chriſti Dei noſtri ſupereſſent,pue-
ri impuberes qui ſcholas frequentabant,ac-
cerſerentur, eaſque manducarent. Quod
cùm factum fuit, filius cujuſdam hominis
Hebræi quidem opinione, arte autem vi-
triarii , unà cum pueris verſatus eſt: qui
quidem , parentibus percunctantibus ab eo
cauſam moræ, reſpondit, uti res ſe habuit,
ſeque cum aliis pueris pariter comediſſe.
Hebræus bile, furore, & iracundia infla-
matus, in clibanum ardentem, in quo vitrum formare ſolebat, puerum conjicit.
Poſtquam verò mater puerum quæritans reperire non potuit, paſſim per totam urbem
ibat, Deum cum gemitu obteſtans, & fle-
bilibus lamentis ſe dedens. Triduo autem
poſt ad oſtium officinæ viri ſui conſiſtens,
luctu miſerabiliter divexata, nomine puerum compellat. Puer matris vocem ut agnovit , à claro reſponſum dat. Mater effra-
ctis foribus, introrumpit videre puerum in
mediis carbonibus candentibus conſiſtentem illæſum ab ignis incendio. Qui cum
rogaretur, quo pacto illæſus manſerit: Mulier, inquit , veſte amicta purpurea crebrò
ad me venit, porrexit aquam, quæ carbo-
num flammas cuncto ambientes extingue-
rem, cibum denique dedit quotiès eſurie-
bam. Qua re ad Juſtinianum perlata, puerum cum matre lavacro regenerationis tin-
gendos decrevit : patrem autem pueri ,qui
recuſavit in numerum Chriſtianorum aſcri-
bi, in Syriis cruci ſuffigendum curavit.] Hactenùs Euagrius rem ſuo tempore geſtam univerſo jàm factam Orbi notam enarrans.

Hoc eodem anno , qui numeratur Childeberti Francorum Regis trigeſimuſocta-
vus, habita eſt Synodus Aurelianenſis,
ejus nominis quinta, ubi vigintitres canones ſtatuti reperiuntur. Interfuit eidem
Aurelianus Arelatenſis Epiſcopus , ille nimirùm qui ad Vigilium Papam agentem
Conſtantinopoli legationem miſit unà cum
ea epiſtola, ad quam etiam Vigilium diximus reſcripſiſſe. Trium namque capitulorum occaſione ipſam fuiſſe Synodum celebratam, canon primus admonet, dùm ejus
exordio damnantur hæreſes Neſtorii & Eutychetis, quarum cauſa ſciret Eccleſiam
Orientalem incendio conflagrare. Præfuiſ-
ſe autem eidem Synodo reperitur, primoque loco ſubſcriptus ſanctus Sacerdos ita
nominatus Epiſcopus Lugdunenſis, cujus
egregiam ſanctitatem teſtantur Eccleſiaſticæ tabulæ, dùm ipſius anniverſariam commemorationem celebrandam repræſentant
pridie

XXV.
Synodus
Aurelia-
nenſis quin-
ta.

a Martyrol. Ro. 12. Septemb.

pridiè Idus Septembris (*a*). Itèmque præsens fuit S. Agricola Episcopus Cabilonensis & ipse inter Sanctos adnumeratus, cujus & natalis dies decimosexto Kalédas Aprilis singulis annis agitur. Extat de ipso epigramma Venantii Fortunati his versibus (*b*):

b Fortun. carm. lib. 3. De S. Agricola Episcop. Cabilon.

Præsul honoris apex, generis, fideiq; cacumen,
Cultor agri pollens, pastor opime gregis:
Cum mea terra manu meruit genitoris arari,
Reddatur nati vomere culta sui.
Nam pater affectu dulci memorabilis Orbi
Me vobiscum uno fovit amore duos.
Corde parès, pastu nutrix, bonus ore magister
Dilexit, coluit, rexit, honesta dedit.
Ille pio studio sulcata novalia sevit:
Quod pater effudit, hoc mihi semen ale.]

Ita ipse alludens ad nomen Agricolæ patri filioque commune.

XVI.

t Greg. Turon. hist. Franc. lib. 5. cap. 5. S. Tetrici ultrio in Successoré.

Inter alios etiam sanctitate celebres viros interfuit Tetricus Episcopus Lingoniensis, qui sicut vivens novit gregi suo benè præesse, ita & post mortem ejusdem curam gessisse, ipsius vindicta in successorem suum moribus depravatum ostendit; de ipso enim mira hæc Gregorius Turonensis (*c*) habet, dùm interitum Pappoli, qui ei subrogatus est, ita conscribit: Anno octavo Episcopatus suis, dùm diœceses & villas Ecclesiæ circumiret, quadam nocte, dormienti illi apparuit beatus Tetricus vultu minaci. Cui ita: Quid tu, inquit, hic, Pappole? Ut quid sedem meam polluis? Ut quid Ecclesiam pervadis? Ut quid oves mihi creditas dispergis? Cede loco, relinque sedem, abscede longiùs à regione. Et hæc dicens, virgam quam habebat in manu, pectori ejus cum ictu valido impulit. In quo ille evigilans, dùm cogitat quid hoc esset, fixè in loco illo defigitur, ac dolore maximo cruciatur: abhorret cibum potumque, & mortem jàm sibi proximam præstolatur. Quid plura? tertia die, cum sanguine ore proliceret, expiravit.] Hæc Gregorius, quæ in commendationem sancti Tetrici, qui Synodo interfuit, hic voluimus recitare: quo & illud quàm perspicuò cognoscatur, suorum laborum post obitum sanctos viros non esse immemores. Sed accipe tanto viro epitaphium scriptum ab eodem Venantio Fortunato (*d*):

d Ven. For. carm. lib. 4.

Palma sacerdotii venerando, Tetrice, cultu,
Te patria sedes, nos peregrina tenet.
Te custode pio, numquam lupus abstulit agnû,
Nec de fure timens pascua carpsit ovis.

S. Tetrici epitaphiû.

Sex quasi lustra gerès et per tres insuper annos,
Rexisti placido pastor amore gregem.
Nam ut condirentur divino corda sapore,
Fudisti dulcem jugiter ore salem. (tum

* parentum

Summus amor Regû, populi decus, arma potê.
Ecclesiæ cultor, nobilitatis honor,
Esca inopum, tutor viduarum, cura minorum,
Omnibus officiis omnia pastor eras.
Sed cui præbebat variè tua cura medelam,
Funere rectoris plebs modò triste gemit.
Hoc tamen, alme Pater, speramus, dignus in astris

* profis

Qualis honore nites, hic pietate probes *.]

Hactenùs epitaphium. Sed ad Synodum redeamus.

Annal. Eccl. Tom. VII.

A Ornavit etiam tantam coronam Patrum sanctus Eleutherius Episcopus Antissiodori & ipse inter Sanctos adnumeratus (*e*): itèmque sanctus Firminus Episcopus mendosè scriptus Uticensis pro Venciensi. Quid Uticæ Episcopo cum Concilio in Gallia celebrato? In Martyrologio Usuardi non legitur Firminus Episcopus in Africa, qui re vera in Gallia floruit hoc ipso tempore. Interfuit eidem Concilio S. Gallus Episcopus Arvernensis, de quo plura superiùs: atque item Isichius Viennensis ex quo corrigas Adonem ejusdem Ecclesiæ Episcopum, qui ipsum tradit pervenisse usquè ad

XXVII.

e Martyrolog. Rom. die 16. Aug.

B Zenonis Imperatoris tempora, cum appareat his Justiniani temporibus eum sedisse cum Patribus in dicto Concilio quinto Aurelianensi. Sed & Lauto Constantiensis & ipse relatus inter Sanctos, necnon Nicetius Treverensis, insuper & Prætextatus Rhotomagensis, atque Quintianus Rutenensis pariter præsentes fuerunt, quos omnes sanctitate conspicuos Catholica colit Ecclesia, sacris tabulis adscriptos. Omnes verò vere numero quinquaginta, qui simul ejusdem Regis cohortatione ad Synodum conveniere, ejus pietatem in ipsa Synodi præfatione iidem Patres verbis istis testatam reliquerunt: Dominus Childebertus cum pro amore sacræ fidei, studio religionis, in Aurelianensium urbem congregasset in unum dominos sacerdotes, cupiens ex ore Patrum audire quod sacrum est, &c.]

C

Constituti sunt ab iisdem Patribus canones vigintitres, quos tu consulas. Quòd verò in ejusdem Concilii canone decimoquinto mentio habetur de xenodochio Lugdunensi ab eodem Rege ejusque conjuge Ultrotho ædificato: restitue pro Ultrotho, Ultrogotho; hoc enim nomine Francorum Reginam Childeberti conjugem nominatam fuisse, tùm ex Gregorio Turonensi (*f*) tùm ex Venantio Fortunato (*g*) liquet: de qua inferiùs dicendum erit. At de his quæ spectant ad Aurelianense Concilium hactenùs.

XXVIII.

D

f Greg. Turon. hist. lib. 1. cap. 45. g Fortunat. carm lib. 5.

Hoc eodem anno Theodobertum Regem invadentem Italiam ex hac vita discessisse, filiumque Theodibaldum regni hæredem & paterni instituti prosecutorem reliquisse, Procopius tradit. De pietate Theodoberti nonnulla habet Vita S. Mauri Abbatis, in quem plura idem Rex contulit beneficia. Quomodò autem in venatione occasio est obitus ejus exorta, narrat Agathias, sed Gregorius morbo interiisse tradit: qui & de Parthenio, cui regni ab eo cura commissa erat, ista mòx addit (*h*): Franci verò cum Parthenio in odio magno haberent, pro eo quòd tributa eis antedicti Regis tempore inflixisset; ille verò in periculo positum se cernens, confugium ab urbe facit, & à duobus Episcopis suppliciter exorat, ut eum ad urbem Trevericam deducentes, populi sævientis seditionem sua prædicatione comprimerent. Quibus euntibus, nocte dùm in stratu suo decumberet, per somnium vocem magnam emisit,

XXIX.

Theodoberti Reg. obitus.

h Greg. Turon. hist. lib. 3. 6. 36.

E

dicens:

Hh 2

A   dicens; Heu, heu, fucurrite qui adeftis, & auxilium ferte pereunti. A quo clamore expergefacti qui aderant, interrogabant, quod hoc effet. Refpondit ille: Aufanius amicus meus cum Papianilla conjuge, quos olim interfeci, ad judicium me accerfibant, dicentes: Veni ad refpondendum. Zelo enim ductus ante aliquot annos conjugem innocentem amicumque peremerat.

XXX. Parthenius crudeliter occifus.

Igitur accedentibus Epifcopis ad antedictam urbem, cum ftrepentis populi feditionem ferre non poffent, eum in ecclefia abdere voluerunt, fcilicet ponentes eum in arca, & defuper fternentes veftimenta quæ erant ad ufum ecclefiæ. Populus autem ingreffus, perfcrutatufque univerfos angulos

B   ecclefiæ, cum nihil reperiffet, frendens * egrediebatur. Tùnc unus ex fufpicione locutus, ait: En arca, in qua non eft inquifitus adverfarius nofter. Dicentibus verò cuftodibus, nihil in ea aliud nifi ornamenta ecclefiæ contineri; illi clavem poftulant, dicentes: Nifi referaveritis velociùs, ipfi eam fponte confringimus. Deniquè referata arca, amotis linteaminibus, inventò extrahunt, plaudentes atque dicentes: Tradidit Deus inimicos noftros in manus noftras. Tùnc cedentes eum pugnis, fpatifque perurgentes, vinctis poft tergum manibus ad columnam, lapidibus obruunt. JHæc de nece Parthenii Gregorius. Atque hic finis efto rerum geftarum præfentis anni.

*fremens

I. De Euthichii Epifc. Conftantinop. ordinatione.

Quingentefimus quinquagefimurtertius Chrifti inchoatur annus, afcriptus in Faftis poft Confulatum Bafilii duodecimus, quo & Juftiniani vigefimusfeptimus menfe Aprili incipit, idemque numeratur à Procopio belli Gothici decimusoctavus: cum excitatis turbis illis adversùs Vigilium Papam fedatis, atque facerdotali auctoritate compreffis adverfarii, jàm extincto Menna, in locum ejus fuccefsit Eutychius monachus, qui communionis Catholicæ Ecclefiæ particeps fieri ab ipfo Vigilio Papa petiit; & ut Catholicus haberetur Antiftes, fidei rectam confeffionem confcripfit: de qua antequàm agamus, hic de ejufdem Eutychii ordinatione dicendum eft, etenim mirifica quædam eam præcefsiffe narrantur: ipfam verò hujus anni exordio contigiffe, ex ejus fidei profefsione & Vigilii refponfione hoc anno reddita fuademur.

II. a Apud Surdit 6 Aprilis 10.2.

Qui res ab eo geftas eft profecutus Euftathius (a) ejus alumnus, in primis narrat vifionem ipfi divinitus oftenfam, ubi juffu Amafeæ Epifcopi Conftantinopolim ad Synodum indictam mittitur: ea enim illùc veniendi caufa interceffit, ubi univerfale Concilium erat convocatum.

Præcedens vifio oftefa Eutychio.

Videbam (inquit) in vifione noctis digitum manus Domini in firmamento cæli, & montem fancto monafterio imminentem (eft enim mons ille valdè fublimis & excelfus, in quo fancti martyris Thalalæi ædem conftructam videmus) cujus vertex mihi à digito illo oftendebatur, & vox audiebatur, dicens: Illic eris Epifcopus. Quis per montem illum aliud quàm urbem regiam (ut exitus docuit) fignificari exiftimaffet? Cum igitur vifionuem hanc vidiffet, Deum qui illam oftenderat, deprecabatur, ut facrum illud munus & periculum, quod ex eo immineret, à fe transferret, atque fibi potiùs concederet in futura vita bonis illis, quæ juftis promiffa funt, perfrui, atque audire verba

b Luc. 19. illa (b): Efto fuper decem civitates. Sed Deus, qui nubes educit ab extremis terræ, quique à gregibus ovium vocavit David,

unxitque illum Prophetam & Regem, elegit & mitem hunc virum, & occafione illa quam dixi (nempè ut ab Epifcopo Amafeno morbo detento, fuo nomine, mitteretur ad Synodum) in urbium amplifsimam duxit.

C   Manfit autem apud Patriarcham qui tùnc erat, Mennas appellabatur, eratque vir fanctifsimus & divinus. Cumque angelicam ageret vitam, futuraque profpiceret, magnum Eutychium hortatus eft, ne à fe difcederet: oftendenfque illum fancto clero, dixit: Hic monachus erit fucceffor meus. Confeftim autem illum mifit ad Imperatorem; apud quem cum de rebus propofitis difputaretur, apparuit omni divina humanaque difciplina inftructifsimus. Cumque congreffus effet cum hæreticis, qui foliti

III. Manfit cum Menna Eutychius.

D   funt verbis difgladiari, non ad utilitatem, fed ad fimpliciorum everfionem; illi non potuerunt refiftere fapientiæ & fpiritui quo loquebatur. Cum enim negarent eos anathemate feriendos qui poft mortem deprehenfi effent hæretici; ipfe divinarum fcripturarum teftimoniis anathemate puniendos effe demonftravit. Rex enim Jofias (c) (inquit) cùm id prophetia antè fignificaffet, offa eorum, qui vitulis immolarant, poft mortem effodit atque combufsit. Idem ergò in hæreticos fervandum eft, ut poft mortem anathemate damnentur.

c 4. Reg. 23.

E   Hoc igitur Imperator, & qui aftabant, admirati, magnoperè coluerunt & obfervarunt. Itaque majore cum libertate deinceps in Regia verfabatur, & majores cognitionis ejus divitiæ apud Deum atque homines declaratæ funt. Amabat eum Imperator, immò verò Imperatorum ac Regum omnium Dominus: cui cum antè ortum noftrum nota fint omnia (quos (d) enim præfcivit & prædeftinavit, hos & vocavit & glorificavit) magnum etiam Eutychium fumma cum gloria vocavit ad Pontificatus dignitatem. Paucis enim poft diebus fanctus Dei fervus Mennas regiæ urbis Patriarcha, de quo mentionem fecimus in fe-

IV. Aperta via Eutychio ad Epifcopatum.

d Rom. 8.

in fenectute bona & dierum plenus, quos cum Dei gratia transegerat, hinc ad Angelorum & fanctorum Patrum vitam migravit. Cujus quidem obitus nuncio ad Christianissimum Imperatorem perlato, multi certatim incredibili studio conabantur amicos Imperatoris promissis & muneribus corrumpere, ut hominibus indignis Pontificatum deferret.

V.
Asservari jubetur Eutychius.

Sed qui omnia facit & mutat, quique corda scrutatur & renes Deus, in manuque fua cor Regis continet cum finibus terræ, quietissimi Imperatoris cor ad virum dignum inclinavit. Qui celeriter uni è Referendariis (Petrus hic appellabatur) mandavit, ut quæreret & teneret & congruenti honore custodiret magnum Eutychium : quod fane factum est. Sed audite visionem, quam is, dùm servaretur, vidit. Videbar (inquit magnus ille vir) magnam quamdam & præclaram domum videre & lectum splendidè stratum, in quo mulier nomine Sophia jacebat: quæ cum vocasset me, ornamentaque demonstrasset, vidi mox domui adjacens solarium nive repletum, & puerum in solario stantem, nomine Sotericum, qui è solario casurus videbatur, nisi ego præcurrens, è nive eductum, à lapsu conservassem. Hoc viso quid aliud significabatur, nisi pulcherrima Ecclesiæ sanctissimæ opera? Hæc enim erant illa ornamenta. Per puerum autem in nive periclitantem, dogmatica disciplina laborare indicabatur. Quæ quidem omnia sancti viri præsidentis operam & diligentiam requirebant.

VI.
Justinianus studet electioni Eutychii.

Cum igitur hæc ita processissent, sancto clero, sacroque Senatui liberè consilium fuum exposuit Christi studiosissimus Imperator, affirmans se de illo divinam visionem vidisse. Cum enim (inquit) in æde sancti Petri Principis Apostolorum, in qua Senatus habebatur, me somnus complexus esset, in quiete vidi Principem Apostolorum mihi magnum Eutychium ostendentem, dicentemque: Fac ut hic sit Episcopus. Hæc cum ita se habere jurejurando affirmaret Imperator, omnes ipsius intentionem & studium (quod divino quodam splendore vultus declarabat) conspicientes, uno animo eademque mente, & cunctis suffragiis atque una voce ante tempus clamabant: Dignus est, Dignus est. Cum igitur illi omnia ordine & ex divinorum canonum præscripto contigissent, & tempus illut ut sacrarum manuum impositione & initiatione consecraretur Pater & magister ipsorum; adducitur ad sanctum altare, qui multos ad illud sacerdotes atque Pontifices erat adducturus: precibus ac manu & divinis ac venerandis oraculis consecratus; sancto inungitur Spiritu, vel potiùs sanctificatus ipse vicissim præsentes omnes Pontifices sanctificat: ovis errantis typum super humeros tollit, in sedem sublimem ascendit, in solio sedet, atque pastorum principem Christum in cælum reverentem imitatur. Dicit enim ipse quoque populo universo verbum illud, quod conjunctionem, conciliationemque &. conservationem significat,

Annal. Eccl. Tom. VII.

nempè, PAX OMNIBUS, atque ab omnibus illud vicissim accipit.] Hactenùs de electione & consecratione Eutychii Eustathius, qui & paulò inferiùs ait, eum tunc fuisse ætatis annorum quadraginta.

Sed antequàm ulteriùs progrediatur oratio ; quid significare velit verbis illis Eustathius, videamus, quibus ait: Ovis erantis typum super humeros tollit.] Isidorus Pelusiora de hac re interrogatus, respondit, pallium illud, quod decoris gratia super omnia indumenta superinducitur sacerdoti, significare deperditam ovem illam, quam pastor ille Evangelicus super humeros imponit suos. Hæc enim ipse in epistola ad Herminum Comitem habet (*a*): Id autem amiculum, quod sacerdos humeris gestat, atque ex lana & lino contextum est, ovis illius, quam Dominus oberrantem quæsivit, inventamque humeris suis sustulit, pellem designat : Episcopus enim, qui Christi typum gerit, ipsius munere fungitur atque ipso etiam habitu illud omnibus ostendit, se boni illius ac magni Pastoris imitatorem esse, qui gregis infirmitates sibi ferendas proposuit.] Hæc Isidorus. Sed ad Eutychium redeamus : qui simulàc sacris initiatus est mysteriis, fidei suæ professionem, more majorum, Vigilio Romano Pontifici dedit, quæ sic se habet (*b*) :

Sanctissimo & beatissimo domino & consacerdoti Vigilio Eutychius.

Scientes quantorum bonorum causa est pax Dei, custodiens corda & sensus Fidelium, & colligens eos, ut unum idemque sapiant in recta fidei confessione, & ad perficienda divina mandata, & propitium Deum faciens in his quæ recta sunt concordantibus; ideò festinantes unitatem conservare, ad Apostolicam sedem vestræ beatitudinis manifestam facimus, quòd nos semper & servavimus & servamus fidem ab initio traditam à magno Deo & Salvatore nostro Jesu Christo sanctis Apostolis, & ab illis in omni mundo prædicatam, & à sanctis Patribus explanatam, & maximè ab his qui in sanctis quatuor Synodis congregati sunt : quas in omnibus & per omnia amplectimur & suscipimus, id est, trecentos decem & octo sanctos Patres qui Nicææ congregati sunt, & sanctum Symbolum sive mathema fidei exposuerunt, & Arianam impietatem anathematizaverunt, & eos qui similia eis sapuerunt vel sapiunt. Suscipimus autem centum quinquaginta sanctos Patres Constantinopoli congregatos, qui idem sanctum mathema explanaverunt, & de Deitate sancti Spiritus dilucidaverunt, & hæresim Macedonianam sanctum Spiritum impugnantem, & impium Apollinarium condemnaverunt cum his qui similia illis sapuerunt vel sapiunt. Suscipimus autem & sanctos ducentos Patres in Ephesina prima Synodo congregatos, qui per omnia sancti sunt idem sanctum Symbolum sive mathema, & condemnaverunt Nestorium impium & impia ejus dogmata, & eos qui similia ei aliquando sapuerunt vel sapiunt.

Hh 3   Ad

VII.

a *Isid. Pelus.
lib. 1. epist.
136.*

b *Extat in
Quinta Synod. collat.
1. & inter
Vigilii epist.
to. 1. epi. Ro.
Pont.*

VIII.
Eutychii
fidei professio.

IX.

Ad hæc autem suscipimus & sexcentos triginta sanctos Patres Chalcedone congregatos, qui etiam ipsi per omnia consenserunt prædictis tribus Synodis, & secuti sunt prædictum Symbolum sive mathema à trecentis decem & octo sanctis Patribus expositum, & à centum quinquaginta sanctis Patribus explanatum, & anathematizaverunt eos qui aliud præter prædictum Symbolum præsumunt docere, aut exponere, aut tradere sanctis Ecclesiis Dei. Condemnaverunt autem & anathematizaverunt & Eutychetem & Nestorium & impia eorum dogmata, & eos qui similia his sapuerunt vel sapiunt. His ita se habentibus certum facimus, quòd omnia quæ à prædictis sanctis Synodis judicata & definita sunt, & servavimus & servamus: quia etsi per diversa tempora prædictæ sanctæ quatuor Synodi factæ sunt, tamen unam eamdemque confessionem fidei servaverunt & prædicaverunt. Suscipimus autem & amplectimur etiam epistolas Præsulum Romanæ sedis Apostolicæ tàm aliorum, quàm Leonis sanctæ memoriæ de recta fide scriptas, & de quatuor sanctis Conciliis, vel una eorum.

X.

Cum igitur prædicta omnia & servavimus & servamus, & in his nobis ipsis invicèm consentimus; necessarium est conferri de Tribus capitulis, undè quibusdam quæstio nata est. Et ideò petimus, præsidente nobis vestra beatitudine, sub tranquillitate & sacerdotali mansuetudine, propositis sanctis Euangeliis, communi tractatu eadem capitula in medio proponenda quæri & conferri, & finem quæstioni imponi Deo placitum, & convenientem his quæ à sanctis quatuor Conciliis definita sunt: quoniam ad augmentum pacis & concordiæ Ecclesiarum pertinet, ut omni de medio dissensione sublata, quæ prædictis quatuor sanctis Conciliis definita sunt, inconcussa serventur, sanctarum Synodorum reverentia in omnibus custodita. His autem & subscripsi incolumis in Domino. Ora pro nobis, sanctissime & beatissime Pater. Ego Eutychius misericordia Dei Episcopus Constantinopolis novæ Romæ omnibus suprascriptis subscripsi.] Hucusque Eutychius ex quibus intelligis, tàm ipsum, quàm Imperatorem manus dedisse, ut quæstio de Tribus capitulis synodicè disputaretur, nec absque Patrum diligenti examinatione, quæ ille de iisdem Tribus capitulis promulgasset edicta, à Fidelibus reciperentur. Sic igitur satis vides, tùm sæcularem potentiam, tùm etiam sacerdotalem reverentiam Pontificia auctoritate repressas, nec causas præter id quod à Vigilio Papa statutum esset, aliquid *a Ex Quinta Synod.* decernere, vel quæ antè promulgato edicto *coll.I.& ep.* decreta essent, ullatenùs approbare. Quæ *S.Vigil.to.I* autem Vigilius ad ista ab Eutychio data re- *epist.Rom.* scripserit, accipe (*a*): *Pont.*

Dilectissimo fratri Eutychio & Episcopis sub se constitutis, Vigilius.

XI.

Vigilii responsio ad Eutychiū. Repletum est gaudio os nostrum & lingua nostra exultatione, quòd discordiæ consusio submota, pacem Deus suæ reformavit Ecclesiæ: ut impleretur quod dictum

est (*b*): Ecce quàm bonum & quàm jucundum habitare fratres in unum. Valdè enim nos in Domino exultare convenit, quòd charitatis vestræ scripto nobis est oblata professio, cujus tenor ita se habet: Scientes quantorum bonorum causa est pax Dei, &c.] Descripta hic habebatur & inserta ipsa integra Eutychii fidei professio: eaque absoluta, hæc mòx Vigilius subiicit, quæ in ipsa desiderantur: His autem & subscripsimus, hujus professionis Orthodoxæ claritatem libenter amplexi; eadem nos per omnia & in omnibus approbantes custodituros atque inviolabiliter servaturos Deo nostro profitemur auctore.] Pergit verò Vigilius in sua epistola:

XII.

Omnibus igitur, quæ professio vestra continet, in suæ perenniter firmitate durantibus, poposcit vestra fraternitas, ut nobis præsidentibus, de Tribus capitulis; ex quibus quæstio nata est, sub tranquillitate & sacerdotali mansuetudine, sanctis propositis Euangeliis, conferatur; & finis quæstioni ipsi Deo placitus, & conveniens iis quæ à memoratis sanctis quatuor Conciliis definita sunt, imponatur: ut omni de medio dissensione sublata, quæ ab iisdem quatuor sanctis Synodis definita sunt, inconcussa serventur, earumdem Synodorum reverentia in omnibus custodita. Quam professionem paternarum traditionum memorem & sequacem tàm in fraternitate vestra, quàm in omnibus similia confessis atque confitentibus, omni laude plenissimam judicavimus, & nostros ex ea re verè fratres agnoscimus.

XIII.

Undè divinæ clementiæ supplicamus, ut omnes nos in hac confessione & in paternis traditionibus permanentes, nostro digni reperiamur officio, & in die divini judicii nulli prævaricationi paternarum constitutionum inveniamur obnoxii. Quibus ita prædictis professionum vestrum desiderium cognoscentes annuimus, ut de Tribus capitulis, ex quibus quæstio nata est, facto regulari conventu, servata æquitate, mediis sacrosanctis Euangeliis, collationem cum unitis fratribus habeamus, & finis detur placitus Deo & conveniens iis quæ à sanctis quatuor sunt definita Conciliis. Scientes itaque, sicut & communis professionis testimonio declaratur, memoratarum Synodorum in omnibus reverentiam custodiri. Deus te incolumem custodiat, frater charissime. Data VI. Idus Januarii, Imperii domini Justiniani perpetui Aug. anno vigesimosexto, post Consulatum Basilii V.C. anno duodecimo.]

XIV.

Sic igitur reddita est pax Ecclesiæ, cum à persecutione Vigilii Justinianus Imperator cessavit, suumque appensum jàm in foro de Tribus capitulis revocavit edictum, penitùsque ipsius Romani Pontificis voluntati cessit, qua statuerat, ut nihil ea de re usque ad generalem Synodum decerneretur: annuitque eidem & Eutychius recens creatus Episcopus, seque Vigilio subjecit, suæ fidei professioni illi oblatæ, ut Catholicæ ab ipso communione perce-

b Psal.132

Pta,

pta, legitimus Episcopus haberetur. Id be: ejuſque claves acciperet, cum Petri claves in Vigilio recognovit.

Apollina- ipſum fecit & Apollinaris Alexandrinus
ris recipi- cui licèt vitioſum, & adulterinum ingreſ-
tur à Vigi- ſum ad Epiſcopatum patefecerit Impera-
lio. tor, cum, pulſo Zoilo, ipſum intruſit;
tamen eodem Zoilo ex hac vita ſublato,
cùm ſicuti Eutychius & ipſe eidem Vigilio
ejuſdem fidei Catholicæ profeſſionem obtulit, ſicùt ille pariter receptus eſt. Sic
itaque animis junctis, reſtitutoque in pri-
ſtinam dignitatem atque honorem ipſo Romano Pontifice, indicta eſt œcumenica Synodus diù à Vigilio expetita, ad menſem
Majum, jàm exoptata diù (ut dictum eſt)
ſancita in Eccleſia pace: quæ quanta mòx B
Romano Imperio attulerit bona, breviter
percurramus.

XV. Primum omnium Gothorum claſsis in O-
rientem infeſtans, redire cogitur cum ignominia: Tarentum à Gothis anteà, captum,
Romanis militibus redditur: præterque
opinionem Narſes cum exercitu, obſtru-
ctis licèt & obſervatis itineribus à Francis
& Gothis, Ravennam pervenit incola-
mis; ac tandèm Rubiconem fluvium ab
hoſtibus cuſtoditum, occiſo Gothorum
Duce, tranſiens, in Tuſcia occurrentem
Totilas à cum ingenti exercitu Totilam nactus, ad-
Narſete verſùs eum collatis ſignis dimicans ac ſu-
vincitur & perans, in fugam ipſum convertit, atque C
occiditur. occidit, univerſo cum eo exercitu truci-
dato. Factumque Dei opera (quod & ipſe
Narſes ingenuè profeſſus eſt) ut bellicoſiſ-
ſimus vir Totilas unà cum potentiſſimo exercitu, innumeris clarus victoriis, ac viribus pollens à ſemiviro Narſete (eunuchus
enim erat) cuncta nitente Mariæ Virginis
ope (ut dicemus inferiùs ex Euagrio) vin-
ceretur. Nonne, quæſo te, lector, contractas manibus, nedum è longè digito ſig-
nas, ſimulàc Eccleſiæ capiti debitus honor impenditur, à Deo eſſe repenſa bona cuncta, quæ in Pontifice vim paſſa & D
contumelia affecta religio penitùs effu-
garat?

XVI. Sic igitur invictiſſimus Rex Gothorum,
Cùm reli- qui ob offenſum à Catholicis numen ex te-
gioni con- nuibus parviſque principiis in immenſum
ſulitur, Im- auctus, quàm ſæpiſſimè proſtratis adverſa-
periſ pro- riorum copiis, univerſam penè Italiam Ur-
pagatur. be iterùm potitus ſubegerat; inita demùm
pace Eccleſiæ, numineque conciliato, eodem fermè momento conteritur unà cum
ſuis atque necatur, anno regni ſui (ut Pro-
a Procop. copius(a) ait) undecimo inchoato, deci-
de bello Go- mo expleto, ſecundùm ſancti Benedicti
th. lib. 3. vaticinium (b): regnare enim cœpiſſe di-
b Greg.dia- ximus ex Procopio anno ſeptimo belli Go- E
log. lib. 2. c. thici, qui Domini eſt quingenteſimus qua-
25. drageſimuſſecundus. Quo interempto, ejuſque exercitu cæſo, cùm aliæ nobiliſſimæ
Italiæ civitatis, tùm Urbs ipſa à Narſete
brevi tempore capta eſt: cujus portarum
claves ad Juſtinianum Imperatorem ab eo
Conſtantinopolim miſſas, idem Procopius
tradit. Factumque eſt, ut divini compenſata
lance judicii, poſtquam Imperator cum ſuis
Orientalibus obſequentem ſe præbuit Romano Pontifici, Romana ipſe potiretur ur-

Ad hæc additum, ut cum Thejas Go- **XVII.**
thorum fortiſſimus in Regem ab iis electus *Thejas Rex*
eſſet, & reparare Gothorum res ſatageret, *Gothorum*
poſtquàm compreſſionem diù Romanorum *occiſus.*
militum fortiter ſuſtinuiſſet, demùm & ipſe
occideretur. Hæc omnia adeò præclara &
immenſa conſecutus eſt Imperator, dùm
ſibi imperari à Romano Pontifice paſſus eſt.
Porrò hæc tanta ſummatim collecta, pluribus proſecutus eſt Procopius, iiſdemque
rebus geſtis (ut ipſe in fine teſtatur) operi finem imponit. Cætera autem ab Agathia in poſterùm petenda erunt. Eſt mentio
de Procopio Cæſarienſi apud Sophronium, *c Prat. Spi-*
(c) quem eumdem cum iſto eſſe putamus. *rit. c. 131.*
Corrige verò errorem illapſum apud eum-
dem auctorem in numerum annorum Imperatoris, dùm hæc omnia facta eſſe anno vigeſimoquarto Juſtiniani dicuntur, quæ contigerunt vigeſimoſeptimo.

Sed undè tantum virium ſemiviro Nar- **XVIII.**
ſeti, ex Euagrio audi, dùm ait (d): *d Euagr. li.*
Commemoratum eſt ab his qui unà cum *4. c. 23.*
Narſete fuerunt, dùm precibus & aliis pie- *Auxilio*
tatis officiis divinum numen placaret, de- *Dei geni-*
bitumque cultum ei tribueret, ſanctam *tricis Nar-*
Virginem Deiparam ei apparuiſſe, plandè- *ſes potens.*
que tempus præſcripſiſſe, quo bellum cum
hoſtibus gereret, atque ut non priùs ad prœlium committendum ſe accingeret, quàm
cælitùs ſignum acciperet. Multæ aliæ quoque res à Narſete valdè memorabiles geſtæ ſunt, &c.] Intelligis, lector, cujus
niti præſidio Duces debeant, ut maxima
quæque & inconceſſa aliis præſtare valeant, nimirùm Dei genitricis Mariæ, quæ
interpellata precibus adverſùs hoſtes con-
ſurgat: de ea enim canit Eccleſia (e): *Ter- e Cant. 6.*
ribilis ut caſtrorum acies ordinata. Cujus
fultus auxilio Narſes, indomitos barbaros eſt expertus imbelles. Porrò fuiſſe &
ipſum Narſetem æqui amantiſſimum,
quæ de eo Procopius refert oſtendunt:
nihil enim apud eum antiquius fuit,
quàm juſtitiæ cultus; quo milites in officio continere conſuevit æqui atque re- *f Procop de*
cti cultores; ut quæ de Longobardis ab *bello Goth.*
ipſo dimiſſis oſtendit Procopius, ubi *lib. 3. prope*
ait (f): *finem.*

Narſes itaque ex re benè geſta lætior fa- **XIX.**
ctus, id omne Deo acceptum (ut erat in *Narſes di-*
vero) indeſinenter referre. Converſus de- *mittit Lõ-*
indè ad ea quæ primùs erant adminiſtran- *gobardos.*
dum, Longobardorum in primis nefanda
facinora ſe in expeditionem ſequentium
vindicare primùm & expiare curavit. Illi
namque ad cæteram vitæ factorumque impietatem & ſcelus, vel ædificia ipſa in quæ
forte diverterant, inuſſi cremabant, ſtu-
prumque fœminis & vim inferebant ſacras
in ædes refugientibus. Undè magna pecunia hos primùm donatos ad proprios redire
penates permiſit, Valeriano, Damianoque
ſuis cum copiis Ducibus traditis, qui eos
tamdiù deducerent, quoad in Romanorum
confinia perveniſſent; & illis injunctum,
ut ſine aliorum injuria pertranſirent.]
Hæc

Hæc Procopius de Narsete , qui delegit A padociæ, fore nimirùm ut omnes isti sus-
potiùs robore fortissimorum carere mili- ciperent Chalcedonense Concilium , si
tum , quàm Deum eorum perperàm factis damnatis illis capitibus , eadem Synodus
offendi : probè sciens ex militum delictis purgaretur ; cum iidem simul omnes justè
infirmiorem exercitum reddi, ex pietate au- clamaré viderentur , Nestorianæ hæresis
tem imbelles effici quosque fortissimos . Jàm suspectos esse qui faverent Theodoro Mop-
verò ex barbaricis prœliis ad Ecclesiasticas svesteno , Ibæ epistolæ , & Theodoreti scri-
lites orationem convertamus . ptis adversùs Cyrillum Alexandrinum, quòd

scilicèt Theodorus institutor fuerit Nesto-
XX. Cum Justinianus Imperat. (ut superiùs rii , cujus, & sectatores ac socii extitissent
Agitur de dictum est) vi rem agere destitisset , pro- Ibas atque Theodoretus .
cog:nda positumque de Tribus capitulis edictum
quinta Sy- revocasset , atque ea omnia esse in Synodo Porrò iidem ipsi qui Tria illa esse dam- **XXIII.**
nodo. generali cognoscenda secundùm Vigilii Pa- nanda capita asserebant , adversarios qui id
pæ sententiam acquievisset ; de ejusmodi negarent faciendum, Synoditas nominare
cogendo Episcoporum conventu laborat , B consueverunt : è converso autem Catholi-
quem pernecessarium Ecclesiæ paci puta- ci appellabant Hæsitantes hujuscemodi oc-
vit : etenim non ob Tria illa tantùm capi- cultos Eutychianos & Severianos, qui qui-
tula schismate Orbis videbatur esse divi- dem, (inquantùm foris apparebat) se
sus, verùm etiam ob damnatum edicto Im- Catholicos, Synodumque suscipere profi-
peratoris (ut diximus) Origenem unà cum tebantur ; immò & pro eadem certare isti,
ipsius erroribus : ejus enim rei scriptis etiam asse-
riens fermè totus cum Palæstina provincia rebant. Ad hos igitur simul uno nexu fi-
gravioribus exagitatus motibus erat . Ad dei Catholicæ constringendos studium in-
a Evagr. hos igitur omnes sedandos tumultus Syno- sudavit Imperatoris ; qui ante Synodum
lib. 4. c. 37. dum vocatam esse , Evagrius (a) pluri- indictam (ut vidimus) ut ejusmodi Hæsi-
bus docet: nos autem ea hic referre præ- tantes colligeret , de damnandis Tribus il-
termittimus , cum de his suo loco latiùs lis capitibus edictum anteà promulgavit .
dictum sit , tempore videlicet promulgati C Sed cum nec factus esset sui compos desi-
adversùs Origenem Imperatoris edicti , ubi derii , ut illi redierint ad Ecclesiam, sed
& res perperàm gestas ab Origenistis in Pa- immò subsecutus esset contrarius optatis effe-
læstina usque ad præsens tempus , Quintæ ctus, dùm ex erant in Ecclesia Synodi de-
videlicèt Synodi , ex ejusdem temporis scri- fensores, existimantes ex Tribus illis ca-
ptoribus abundè satis prosecuti sumus . Cæ- pitibus condemnatis maximam irrogatam
terùm præcipua hujus cogendæ Synodi cau- esse eidem Synodo contumeliam , sese ab
sa fuit haud dubium maxima illa de Tribus aliis Catholicis separarent , ut inter alios
capitulis altercatio. fecisse diximus complures Episcopos Afri-

canos : sed & cum inter hæc pars alia nec
XXI. Leontius (b) Scholasticus , qui his vi- illis nec istis inhærens, Synodum expe-
b Leont. de xit temporibus Justiniani Imperatoris , ad ctandam esse diceret , quæ ambages omnes
sect. Act. 6. decernendum de Tribus capitulis cùm istas solveret , & quid de his agendum es-
convocatam Synodum dicit , hujuscemodi set , summa auctoritate decerneret ; benè
ejus cogendæ dignos prætextus adducit, di- D consultum fuit , ut ex Vigilii Papæ senten-
cens ad occultos hæreticos avertendos Eu- tia Synodus œcumenica ageretur . Id qui-
Qui vige- tychianos atque Nestorianos ejusmodi fuis- dem Vigilius ipse Pontifex præ cæteris ex-
rent consi- se remedium excogitatum : cum eò ventum poscebat , quem ejus rei causa tot tantaque
ctus. Eccle- esset , ut tàm illi quàm isti sese Nestorii vel mala esse perpessum vidimus .
siæ . Eutychetis esse discipulos palàm profiteri
detrectarent , erubescentes ; horum tamen Cum igitur ejus cedendum esse volunta- **XXIV.**
favere dogmatibus , aliis quibusdam inven- ti necessitatem cogere intelligeret Impera- Ex Vigilii
tis causis , justis apparentibus minimè præ- tor ; quievit tandem , atque ex ipsius sen- Papæ sen-
termitterent . Nàm omnes qui Eutychetis tentia Synodum convocandam esse decer- tentia Sy-
laborabant morbo , cum non communica- nit , ratus nimirùm fore , ut editum à se de nodus in-
rent Ecclesiæ , non ob defensionem erro- E Tribus capitulis decretum ab œcumenica dicta .
ris ipsius id facere profitebantur ; sed nol- Synodo firmaretur , quod absque Episcopo-
le dicebant amplecti Synodum Chalcedo- rum decreto & Pontificia auctoritate om-
nensem eam ob causam , quòd quædam in nibus carere penitùs viribus sciret . At si-
ejus Actis esse corrigenda viderentur , quæ cut laudabile fuit ex Vigilii Papæ senten-
Tribus illis erant comprehensa capitulis . tia Synodum colligere laborasse ; ita illud
Hos verò non Eutychianos , sed Hæsitan- reprehensione non caruit , dùm quos sciret
tes nominatos fuisse , cum tamen ex Euty- suæ esse sententiæ Episcopos , eosdem ad
chianis progrederentur , affirmat. Synodum convocare , omissis cæteris , conatus fuerit . Hujus quoque rei consequen-
XXII. Ad hos igitur Ecclesiæ Catholicæ unien- dæ causa Episcopatum Constantinopolita-
dos, in causa Trium capitulorum Impera- næ Ecclesiæ (ut vidimus) Eutychio con-
torem studuisse dictam Synodum congre- tulit, quem acerrimum esse nosset Theo-
gare , idem qui suprà Leontius tradit . dori Mopsvesteni impugnatorem : optimè
Quòd enim hi haud longiùs viderentur enim ipsum compertum habuit , dùm Con-
aberrare , & facilè corrigi posse , & ex dubi- stantinopoli, constitutum Apocrisarium a-
tantibus reddi certos atque securos existi- gentem Episcopi Amaseni (ut Nicephorus
mavit; ita persuasus (ut dictum est supe- tradit) sæpè sæpiùs adversùs defensores
riùs) à Theodoro Episcopo Cæsareæ Cap- Trium

Trium capitulorum ipsum audierat strenuè
dimicare. Insuper ejusdem quoquè rei con-
ficiendæ causa illud anteà fuisse orditum
vidimus, ut in ordinem redacto Zoilo E-
piscopo Alexandrino, in locum ejus sub-
stitueret] Apollinarem ejusdem cum. ipso
sententiæ defensorem, cum & in eam tra-
xisset quàm plurimos Orientales Episcopos : sed cunctantem expertus Romanum
Pontificem, ad eum permovendum, penès quem ob sedem Apostolicam summam
sciebat esse prærogativam, tot tantosque
(ut vidimus) terrores ipsi incussit, &
ignominias irrogavit .

XXV.
Vigilius in ea Imperatori sibi nimiùm arrogandi & in-
Occidentè concesfa tentanti, nec quievit quousquè
cupit tra- omnes sibi subiecerit adversarios; ita mo-
here Syno- dò conatui istiusmodi Imperatoris occur-
dum. rere festinavit: illud in primis aggressus,
si suadere illi posset, cum de ea re ageretur, cujus causâ universus fermè Orbis Occidentalis esset perturbatus, ut Occidentalium Episcoporum æquè requireretur assensus, atque sententia rogaretur ; sicque
ad eamdem Synodum vocarentur . Verùm
quòd ob ingruentia bella perdifficilis esset
eorumdem in Orientem accessus, acquiesceret Imperator, ut in Sicilia eadem Synodus ageretur, loco nimirùm in meditullio posito, quò & Orientales & Occidentales unà cum transmarinis Africanis Episcopis faciliùs convenirent : horum namque
potissimùm esse habendam rationem asserens, qui ob Imperatoris de Tribus capitibus promulgatum edictum sese ab Orientalibus segregarant, neque cum Orientalibus convenirent, quos in Imperatoris
sententiam abductos suspicarentur. Proposuit & Justiniano Vigilius, si ad Synodum cogendam Sicilia non placeret, ut
aliam aliquam ipse Italiæ civitatem ma-
ritimam æquè sibi subditam Imperator eligeret.

XXVI.
De vocan- cere tamen abnuit Imperator, timens ne
dis Occi- Latinorum Episcoporum suffragiorum fre-
dentalibus quentia obruerentur qui de Tribus capi-
Episc. tibus condemnandis Orientales ex adverso
pugnabant. Nimis enim suæ ipsius sententiæ tenax Imperator sic Synodum cogi cu-
rabat, ut tamen eamdem sibi, si liceret,
faceret consentientem . At instat rursùs
Vigilius, urgetque Imperatorem, ut saltèm (quod æquitas non negaret) ex I-
talia & Africa ad Synodum Constantinopolim accersserentur Episcopi ; aliter fore, ut tamquàm exclusi sacro cœtu iidem
haud æquo animo id laturi essent, peri-
culumque ingens de alio excitando ab eis
schismate immineret : cum enim id expetitum à Romano Pontifice ipsi scirent, ab
Imperatore verò negatum, nullamque sui
habitam rationem, sed pro ipsius Augusti
arbitrio cuncta facta cognoscerent ; fore
ut seorsùm illi Synodum collecturi essent, & adversantes decretis Orientalium
de Tribus capitulis sive aliis canones san-
cituri ,

His adeò efficacibus rationibus Justinia- **XXVII.**
nus persuasus, tùnc Vigilio assensus est ,
sed ea adhibita conditione, ut exæquato
numero Episcoporum, qui sive ex Italia,
sive ex Africa vocarentur, non plures hi
essent, quàm qui ab ipso Imperat. ex diversis Orientis Ecclesiis Constantinopolim Interpel-
vocarentur . Hujuscemodi igitur pactis lat Vigiliū
conventis, cum Vigilius hæc cuncta festi- Imp. pro-
naret implere, ut legitima Synodus habe- dere quid
retur ; Justinianus Imperator per Theodo- sentiat.
rum Decurionem Palatii ad eumdem Vigilium Romanum Pontificem à se antè
conscriptum volumen de Tribus capitulis
misit, ut quæ de illis sua esset sententia,
scriptis ipse profiteretur . Tùnc Episcopi
qui cum Vigilio aderant, negaverunt id
esse faciendum, non expectato fratrum adventu . At Imperator eam temporis dilationem molestè ferens, rursùs suos ad eum
proceres destinavit, qui urgerent ipsum
quantocyùs de ea referre responsum .

Ad hæc Vigilius rogavit Imperatorem , **XXVIII.**
ut sibi saltèm viginti dierum temporis daret inducias, cum (quod omnibus erat manifestum) nondùm convaluisset à corporis
ægra valetudine, quæ eum diutiùs deti-
nuisset ægrotum . Hæc ut impetraret ab
Imperatore, idem Vigilius Pelagium diaconum ad eum abire jussit. Quibus obtentis, Vigilius æger adhùc in his cogitur
laborare, & addere ad priora, simúlque
in volumen quoddam ab Imperatore per
Benignum Episcopum Heracleæ Paphlagoniæ antè delatum insudare, in quo horrendæ erant conscriptæ blasphemiæ capitibus sexaginta distinctæ, nomine Theo-
ri Mopsvesteni in ipsius liminari pagina
prænotatæ : Has omnes idem Vigilius per
singulas rejecit, confutavit, anathemati-
zavitque, atque tandem in fine quæ de Tribus capitibus sua esset sententia fusiùs scripsit . Extat libellus ipse sive Constitutum
Vigilii ad Justinianum Imperatorem datum hoc anno pridie Idus Maii : quod descriptum ex Vaticano codice antiquitùs
scripto inferiùs ponemus suo loco . Ex
quo quidem cuncta hæc quæ ad Synodum
præfati sumus, desumpsimus : quæ præstat audire magis, quàm quæ ex Nicephoro præmittuntur ad Quintam Synodum .

De qua illud etiam admonendum puta- **XXIX.**
mus, ipsa quæ edita in hanc diem Acta Synodi
reperiuntur, esse corrupta, atque decur- quintæ acta
tata in pluribus, ut suis locis fiet cuique corrupta.
manifestum : id autem factum ab adversariis Origenistis, sive à Monothelitis,
fuit nonnullorum sententia. Pudenda planè in illis intexta habentur, ac prorsùs indigna Synodo œcumenica : cum alioqui
nec œcumenicæ tùnc Synodi potuerit habuisse nomen, utpotè nec in Spiritu sancto
legitimè congregata, cui sive per sè sive
per suos ipse Romanus Pontifex noluit interesse .

Quod ad Actiones ejusdem Synodi, sive **XXX.**
Collationes dixeris, seu Sessiones pertinet ; De nume-
duas dumtaxàt Nicephorus numerat, al- ro actio-
teram adversùs Tria capitula congrega- num.
tam,

tam, alteram verò adversùs Origenis errores: verùm quæ extant Quintæ Synodi A-
cta, octo continent Collationes, de quibus
fingulis dicturi fumus.

XXXI.   Sed ut ab ejufdem Synodi principio exor-
diamur: coeunt fine capite membra: im-
mò nec cum aliis qui fub capite cenfeban-
tur artubus compaginari curantes, nulla
Vigilii Papæ ægrotantis adhùc habita ratione, hoc eodem anno, cum vocatus prima die menfis Maii (ut habetur in ejus Synodi Collatione fecunda) Vigilius ad Synodum non veniffet; quarto Nonas Maii
Orientales Epifcopi, qui Conftantinopolim
venerant, unà cóveniunt, acturi de ventilata
diù quæftione Trium capitulorum, omnes
numero centum fexagintaquinque. Tùnc
enim cum ibì effent, vocaverunt ad Synodum ipfum Vigilium Summum Pontificem
honeftiffima vocatione, nempè Epifcoporum
nomine Synodi, & magiftratuum nomine
Imperatoris: hac præsogativa etiam adverfarii dignati Romanum Pontificem, ut
eum aliàs (quod fæpe vidimus) fi Patriarchalium fedium vocandi effent Epifcopi, tres
mitti folerent; ad convocandum ipfum Romanum Pontificem Vigilii viginti miffi
fuerint, tres Patriarchæ, reliqui verò omnes Metropolitani Epifcopi, ut Acta ipfa
docent, in quibus nomina fingulorum defcripta leguntur.

XXXII.   Inter nobilium autem fedium Epifcopos,
Præcipui qui Synodo interfuerunt, poft Eutychium
Epifcopi Epifcopum Conftantinopolitanum, de quo
qui Syno- diximus, numerantur Apollinaris Patriar-
do inter- cha Alexandrinus, Domnufque Antioche-
fuerunt. nus; Euftochius autem Epifcopus Hierofolymitanus per legatos interfuit. Externorum verò Sextilianus Epifcopus Tu-
nienfis five Tunetenfis præfto fuit legatus miffus à Primofo Epifcopo Carthaginenfi, qui fedit poft Reparatum, de
quo fuperiùs eft habita mentio. Reliquos
autem numerare prætermittimus, & quarum effent civitatum Antiftites, cujufve
vitæ meriti.

XXXIII.   Cum igitur (ut dictum eft) Epifcopi
Collatio conveniffent: confidentibus omnibus,
prima. Theodorus Silentiarius à Juftiniano Imper.
miffus libellum attulit coràm Patribus in
Synodo legendum: qui, cunctis audientibus, juffus eft legi. Eft ejus exordium:
Semper ftudium fuit Orthodoxis & piis Imperatoribus, &c.] Ea in primis fcriptio-
ne, quid omnes prædeceffores rectæ fidei
Imperatores ad deftruendas obortas hærefes
egerint, quantumve ftudii in id ipfum fedulò impenderint, per fingulos recenfet.
Qualis autem ante fua tempora Ecclefiæ effet facies lurida, fic defcribit: Poft Concilium Chalcedonenfe, exiguo tempore tran-
facto, iterùm furrexerunt Neftorii & Eutychetis fequaces, & tantas turbas in fanctis
Ecclefiis fecerunt, ut divifiones & fchifmata in eis fierent, & nullam ad fe invicèm
communionem haberent. Neque enim præ-
fumebat aliquis de civitate in civitatem veniens, in ecclefiam procedere.] His addit fuum à fe naviter impenfum ftudium ad

conciliandas ac fimùl uniendas Ecclefias:
quò minùs autem fieret in omnibus voti
compos, Neftorianos obftitiffe ait, qui
fcripta Theodori Mopfvefteni, aliaq; Theodoreti Epifcopi Cyri, necnon epiftolam Ibæ
proferrent in medium: ficque ea vi reftituere conati effent Neftorii hærefim. Quibus
cum occurrendum fibi effet, pro remedio ea
Tria capitula primùm ab Epifcopis qui convenerant Conftantinopoli damnanda procu-
raffe; quæ itèm Vigilii Papæ auctoritate improbata iterùm atque iterùm fuiffe, teftatus eft.

Infuper (quod nupèr accidiffet) fe per **XXXIV.**
fuos conveniffe Vigilium, ut fcriptis dicta
capitula damnaret, vel fi minùs facere vellet, quæ effet fua de ea quæftione fententia itidem fcriptis commendaret: quod &
ipfe fe effe facturum, pollicitus effet. Poft
hæc autem fuæ fidei confeffionem cùm fubdit, illos omnes qui ad Synodum convenerunt Patres rogat de his omnibus ferre fententiam, afferens de Theodoro Mopfvefte-
no: Non nuper nomen ejus abrafum eft è
Diptychis, fed ex quo ipfius hærefes pro-
diere in lucem.] Hæc continet libellus
Juftiniani Imperatoris oblatus Synodo,
fcriptus autem (ut ibì notatur) tertio
Nonas Majas, hoc ipfo anno vigefimo feptimo fui ipfius Imperii. Eadem
etiam Actione, fuggerente fancta Synodo, juffæ funt legi litteræ Eutychii
Epifcopi Conftantinopolitani, quibus fuæ
fidei profeffionem (quam fuperiùs recitavimus) dedit eidem Vigilio Papæ; rur-
fùmque ipfius Vigilii ad Eutychium de eadem redditæ litteræ.

His omnibus recitatis, Synodus teftata **XXXV.**
eft, aliquos Epifcopos rogaffe Vigilium
Romanum Pontificem, ut ad Synodum unà
cum cæteris conveniret, nec tamen hactenùs id feciffe: quam ob caufam illum folemni effe accerfendum vocatione, operæpretium duxit. Miffi itaque funt iidem
qui eum vocarent Epifcopi (ut dictum eft)
omnes numero viginti, iidemque Metropolitani præter tres præcipuarum fedium
Patriarchas, nimirùm Conftantinopolitanum, Alexandrinum, & Antiochenum.
Qui redeuntes, de illo retulere, caufa-
tum ipfum effe corporis ægritudinem, fcriptis tamen fe Synodo fatisfacturum pollicitum, & quid de Tribus capitulis fentiret,
palàm facturum.

Rursùm enim ad octavum Idus Majas **XXXVI.**
convenerunt (a) Epifcopi: ubi primùm **a Tom. 2.**
viginti illi ac primarii Ecclefiæ Orientalis **Conc. nova**
Antiftites, qui iterùm miffi erant ad con- **edit.**
veniendum atque invitandum ad Synodum **Collatio**
Vigilium Romanum Pontificem, quid ab **fecunda**
eo acceperint, coràm omnibus referunt: **Synodi.**
nimirùm eam fuæ abfentiæ caufam Vigilium prætexuiffe, quòd non adeffent Occidentales Epifcopi, nifi perpauci admodùm; fe autem confcriptam de ea quæftione fententiam ad Imperatorem mifurum.
Ad hæc fe refpondiffe teftati funt miffi E-
pifcopi, olim in quatuor præcedentibus Synodis œcumenicis perpaucos Occidentalium
inter-

interfuisse facerdotes; fatifque esse, ut qui adessent, convocati Episcopi, ipsi inter se de proposita agerent quæstione. Hæc autem cum retulissent Imperatori; ipsum suos unà cum Episcopis sequenti die ad Vigiliū accersendum missurum, esse pollicitum; quod & fecisse, testati sunt, misisseque ad eum Liberium Patricium, Petrum Patricium Magiftrum Officiorum, Patricium Patricium, Constantinum Quæstorem, & cum his Belisarium, Cæthegum, atque Rusticum Exconsules unà cum deputatis Episcopis à Synodo missis pridie ejus diei.

XXXVII. Post priorem istam habitam relationem, jussi sunt à Synodo ii qui missi erant, quæ apud Vigilium gessissent, palàm facere. Qui retulerunt, Vigilium iterùm inducias postulasse, quò suam sententiam scriptis depromeret; ut quid sentiret; omnibus notum faceret. Respondisse autem hos, ipsum idem jàm aliàs sensisse, condemnasseque Tria capitula, & per hæc suam esse sententiam declaratam; tantùm ab eo requirere, ut quod solus fecisset, cum Patribus in publico conventu ageret. Et si ad hoc inducias optaret, ut tandem ad Synodum conveniret; Synodum expectaturam: aliàs inter se de quæstione Trium capitulorum Patres qui convenissent acturos. Ad hæc autem Vigilium, se solùm suam de ea re sententiam conscripturum respondisse. His porrò tàm ab Episcopis missis quàm à prædictis Patriciis in Synodo relatis: qui missi erant ab Imperatore, se jàm functos munere, recessuros; de reliquò hortari Patres ut rei cœptæ finem imponerent, cum id Imperator optaret, apud quem nihil esset antiquius, quàm ut fides Catholica semper maneret inconcussa.

XXXVIII. His peractis, Synodus jussit mitti tres Episcopos, qui Primasium Episcopum Adrumetinum in Africa Metropolitanum Constantinopoli tùnc degentem vocarent ad Synodum, simùlque Sabinianum, Projectum, & Paulum Episcopos Illyrici. Legati sunt ad hoc opus tres Episcopi, totidemque presbyteri. Hi redeuntes, de Primasio in primis hæc retulerunt, illum dixisse: Papa non præsente, non venio.] Reliquos autem citatos Episcopos Illyricos recusasse accedere, eà quòd non adesset eorum Archiepiscopus Benenatus. His relatis, de Primasio sententiam differre Synodo placuit; illi verò Illyrici ut Benenatum adirent, ut idem cum illo sentirent, quem constaret unius esse cum ipsis qui aderant ad Synodum convocati sententiæ, eadem decrevit Synodus. His in hunc modum rebus gestis, finis habetur impositus secundæ Collationi.

XXXIX. Collatio tertia. Sequenti die, ad septimum Idus Majas, iterùm Episcopi convenerunt; recitatiique omnibus ante actis, agendum jàm esse de quæstione Trium capitulorū proposuerunt. Antequàm autem rem ipsam aggrederentur, publica professione Synodus fidem Catholicam profitetur; se nimirùm credere quæ olim sancti Apostoli, quæ sanctæ quatuor Synodi tradidissent, quæ insuper san-

A &ti Ecclesiæ doctores tàm Græci quàm Latini, quos recolit, scripsissent, tenere. Sunt verò hi à Synodo nominati, Athanasius, Hilarius, Basilius, Gregorius Theologus, Gregorius Nyssenus, Ambrosius, Augustinus, Theophilus, Joannes Chrysostomus, Cyrillus, Leo, Proclus. Cæterùm professa est Synodus, & alios se suscipere Patres, qui in sancta Dei Ecclesia rectam fidem usque ad finem vitæ prædicassent. Quæstio autem de Tribus capitulis, videlicèt de Theodoro Mopsvesteno & scriptis ejus, deque scriptis Theodoreti in Cyrillum, atque de epistola quæ dicta est Ibæ Episcopi ad Marim Persam, in sequenti Collatione tractanda proponitur. Sicque præsens tertia Collatio finem accepit.

XL. Collatio quarta. a Tom. 2. Conc. edit. nova. Convenerunt (a) rursùs Episcopi ad quartum Idus Majas: jusæque sunt palàm in Synodo recitari-horrendæ blasphemiæ excerptæ ex scriptionibus (ut dicebant) Theodori Mopsvesteni olim Episcopi, quibus & subjecerunt ejusdem Theodori impium fidei symbolum. Porrò in eis non tantùm quæ impius homo adversùs Christi Domini nostri humanitatem in una persona cum divinitate conjunctam dicebatur conscripsisse, sunt posita; sed & quæ improbus in Cantica Canticorum, librum tàm ab Hebræis quàm à Christianis semper receptum, effutiit, adducta sunt in medium: sicut & quæ in librum Job, quem repudiasse asserebatur, tamquàm ab aliquo Pagano conscriptum, & alia ejusmodi: adversùs quæ omnia à Patribus magna fuit detestatione exclamatum in Synodo. Cætera in alium consessum sunt reservata, nimirùm ut ageretur de his quæ sancti Patres, vel leges Imperiales, aut historici de eodem Thedoro conscripsissent.

XLI. Collatio quinta. b Tom. 2. Conc. nova edit. Collationem autem quintam Patres quo potissimùm die habuerint, haud adeò exploratum habetur. Nàm quòd in codice (b) typis excuso notatus est octavo Idus Majas; mendum inesse, dubitare nemo debebit: siquidèm nulla patitur ratio, ut cum præcedens Actio quarta sit habita ad quartum Idus Majas, quinta hæc quæ post illam celebrata esse constat, inscribatur octavo Idus ejusdem mensis: undè potiùs vel sequenti, vel post sequentem diem pridie Idus Majas, quo & oblatum Synodo Vigilii Constitutum datum reperitur, hanc esse habitam Actionem dixerimus. In qua primùm ea quæ sancti Patres adversùs Theodorum scripserunt, quæve legum Imperatorum auctoritate adversùs eum sancita reperirentur, insuper & quæ Hesychius presbyter Hierosolymitanus nobilis historicus de eodem scriptionum monumentis testata reliquit, in medium adducta sunt & recitata: sed & quæ etiam pro Theodoro conscripta fuerant, eadem discussa sunt & confutata.

XLII. Post hæc autem omnia fusiùs explicata, Sextilianus Episcopus legatus missus à Primoso Carthaginensi Episcopo atque à Concilio Carthaginensi, ex S. Augustino nonnulla attulit loca, quibus ille sæpè profitetur.

fitetur, aliquam posse damnari post mortem; quod etiam roboratum fuit exemplis aliorum, ac præsertim Romani Pontificis, qui Dioscorum schismaticum post mortem damnavit: confirmatum est etiam exemplo ipsius Vigilii Romani Pontificis, qui damnarat Origenem; dictum est enim Quod etiam nunc in ipso Origene fecit & vestra sanctitas, & Vigilius religiosissimus Papa antiquioris Romæ.] Sed hæc acta ab ipsis Episcopis cum desiderentur in Synodo, utique eam haud haberi integram, sed decurtatam atque depravatam ab aliquo Origenista, nemo jure negarit. Vigilium seorsùm Pontificio decreto damnasse Origenem, etiam Cassiodorus testatur *a Caffod. Inftit. div. lect.l. 1.6.1.* (a): sed de hoc inferiùs. Ad hæc insuper post alia multa in eamdem sententiam à Patribus adversùs Theodorum superaddita recitata sunt Acta Synodi Mopsvestenæ, quorum superiùs suo loco meminimus, quibus probaretur ipsum Theodorum olim ex Diptychis Ecclesiæ fuisse abrasum, & in locum ejus fuisse suffectum Cyrillum Alexandrinum.

XLIII. Post hæc autem omnia adversùs Theodorum allata, produnt Acta, ad causam Theodoreti factum transitum, cùm videlicèt ex ipsius Theodoreti scriptis aliqua loca excerpta sunt recitata, quæ ab Orthodoxa fide viderentur esse aliena, contra sanctum Cyrillum scripta. His juncta legitur epistola quædam Theodoreti nomine edita post obitum Cyrilli Episcopi Alexandrini, qua mirum in modum dicteriis & scommatibus in defunctum invehitur. His sic habitis, laudavit Synodus judicium sanctorum Patrum Concilii Chalcedonensis, quòd non priùs Theodoretum iidem suscepissent, quàm ipse Nestorium condemnasset. Sicque finis impositus est præsenti *De epist. Theodoreti nomine suppositæ.* quintæ Actioni. Deteximus autem, ubi de Cyrilli obitu egimus, de Theodoreti illa quæ dicitur epistola imposturam. At hic quòd opportunè de ea tractari contingat, eadem modò repetere non gravamur, quòd ostendatur non ea Synodi germana Acta esse, sed nebulonis cujuspiam excogitatum commentum. Dicimus itaque, epistolam illam, quæ recitatur in Synodo hac Actione quinta sub nomine Theodoreti ad Joannem Antiochenum de Cyrilli obitu gaudentis, omni ex parte convinci, minimè esse potuisse Theodoreti. Ex his verò disces, lector, Synodum Quintam haud adeò esse legitimam, sed magna ex parte suppositam, in aliquibus mutilatam, auctam in aliis. Nàm hæc quæ de Cyrilli Episcopi Alexandrini obitu, sub nomine Theodoreti narrantur, ab aliquo Eutychiano hæretico esse conficta, non ambigimus: idque ut credamus, immò certò affirmemus, non levi aliqua ducimur conjectura, vel tenui quadam suspicione, sed firmissima sanè rei demonstratione.

XLIV. Quonam pacto, quæso, hæc Theodoretus de obitu Cyrilli ad Joannem Episcopum Antiochenum scripsisse potuit, si ante Cyrilli mortem ipse Joannes ex huma-

nis sublatus esse reperitur? Id enim tùm ex Nicephori Episcopi Chronico, tùm ex aliis qui Patriarchalium sedium successiones Episcoporum conscripserunt, exploratum habetur. Verùm ne rem tantam chronistarum dumtaxat fide (etsi magna sit) definiendam esse velimus, in quorum scripta errorem irrepsisse quis dicere possit: ne de his ulla tibi penitùs remaneat dubitatio, Joannem Antiochenum scilicèt antè Cyrillum mortuum esse; habes inter eas quæ leguntur canonicas diversorum Episc. epistolas ejusdem Cyrilli Patriarchæ Alexandrini *b Apud* scriptam epistolam (b) ad Domnum Epi-*Theodor.* scopum, qui fuit successor ejusdem Joannis *Balfam. in* Episcopi Antiocheni: ut nullus jàm dubita-*addit. pag.* re valeat S. Cyrillum post ejus obitum su-*179.* pervixisse. Quòd autem ille Domnus, ad *Detegitur* quem extat dicta epistola Cyrilli canonica, *impostura.* ille ipse sit, & non alius ab Episcopo Antiocheno successore Joannis, ex rebus quæ in ea tractantur, satis potest intelligi; dùm tantæ illum fuisse auctoritatis ostendit, ut Episcopum posset deponere, atque iterùm restituere: unde appareat non inferioris sedis aliquem esse potuisse ejus nominis Episcopum. Certè quidem in serie Episcoporum Orientalium, qui tàm in Concilio Ephesino, quàm Chalcedonensi iisdem temporibus celebratis, recensiti reperiuntur, nullus alius ejus nominis Domnus inscriptus vel subscriptus Episcopus legitur, qui alios Episcopos sub se haberet, tantaque polleret auctoritate, ut ad libitum (quod dictum est) deponere atque restituere eos posset. Indigna planè ostendit epistola illa tanto viro, quem probavit ac recepit sancta Synodus Chalcedonensis, & S. Leo à calumniatoribus (ut vidimus) vendicavit quem, & naviter Cóstantinopoli apud legatos Apostolicos pro fide Catholica vidimus infudasse. At hic iterùm opportunè ipsam epistolam in dicta Actione quinta Synodi Quintæ recitatam describamus; ut quisqis intelligat, non esse partum hominis vel mediocriter Christianam pietatem sectantis, sed impudentissimi cujuspiam impostoris figmentum. Sic enim se habet ejusmodi titulo prænotata:

Theodoreti ad Joannem Archiepisco-**XLV.** pum Antiochiæ epistola scripta, cum mor-*Conficta* tuus esset Cyrillus Archiepiscopus Alexan-*ep. nomi-* drinus. *ne Theo-*

Serò tandem & vix malus homo defun-*doreti.* ctus est. Boni enim & benigni ante tempus indè demigrant; mali verò in multo tempore vitam producunt. Et arbitror omnium dispensatorem bonorum providentem, celeriùs unùm tempus est, humanis tribulationibus eos abducere, & tamquàm victores liberare luctationibus, & in meliorem vitam transducere: quæ vita præmium positum est his qui pro virtute luctantur, fine & tristitia & solicitudine libera. Malitiæ verò amatores, & operatores diutiùs concedit præsenti vita frui, ut aut satietatem caperent malignitatis, & virtutem posteà discerent, aut pœnas darent & in hoc sæculo, pro molestia suorum morum longo tempore

tempore amaris & malis vitæ præsentis fluctibus æstuantes. Illum verò miserum, nec
ad similitudinem aliorum dimisit nostrarum
animarum gubernator diutiùs eorum potiri,
quæ videntur esse delectabilia; sed crescen-
tem quotidiè viri malignitatem sciens, &
corpori Ecclesiæ nocentem, quasi quamdam
pestem amputavit, & abstulit opprobrium
à filiis Israel. Lætificavit quidem superstites ejus discessio; contristavit verò forsitàn
mortuos: & timor est, ne prægravati ejus
conversatione, iterùm ad nos remittant, vel
illos diffugiat, qui eum abducunt, sicut ille tyrannus Cyni Ciliciam. Procurandum
igitur est, & oportet tuam sanctitatem maximè hanc suscipere festinantiam, & jubere
collegio mortuos asportantium, lapidem
aliquem maximum & gravissimum sepulchro
imponere, ne iterùm hùc perveniret, &
instabilem voluntatem iterùm demonstraret.
Infernis nova dogmata adferat: ibi diù no-
ctúque (sicut vult) sermocinetur. Non
enim timemus, ne & illos divideret, adversùs pietatem publicè alloquens, & morte circumdans naturam immortalem. La-
pidabunt enim eum non solùm qui divina
eruditi sunt, sed etiam & Nemrod, & Pharao, & Sennacherib, & si quis eorum est
similis Dei impugnator. Sed enim sine causa multa loquor: silet enim miser invitus.
Egredietur enim, dicit, spiritus ejus, &
revertetur in pulverem suum; in illo die
peribunt omnes cogitationes. Iste verò &
aliud habet silentium: nudata enim illius
facta alligant linguam, obstruunt os, fræ-
nant sensum, silere faciunt, in terram inclinare cogunt. Ideò plango miserum, &
ploro: nec enim puram mihi delectationem
fecit mortis ejus annunciatio, sed dolore
permixtam. Lætor enim & jucundor, ejusmodi pestilentia commune Ecclesiæ videns
liberatum; contristor verò & ploro, quòd
nec requiem malorum miserabilis susceperit, sed majora & pejora pertentans defunctus est.

XLVI.

Somniavit enim (sicut dicunt) & regiam urbem perturbare, & piis iterùm dogmatibus repugnare, & tuam sanctitatem
accusare, utpotè ea colentem. Sed vidit
Deus & non despexit: immisit verò simum
in os ejus, & frænum in labia ejus, & avertit eum in terra ex qua sumptus est. Fiat
verò orationibus tuæ sanctitatis, ut misericordiam & veniam consequatur, & vincat
immensa Dei clementia illius malignitatem. Rogo verò tuam sanctitatem, solvere nobis animæ tumultus. Plurimæ enim &
diversæ famæ circumsonant, & nos perturbant, communes calamitates annunciantes.
Quidam verò & tuam reverentiam proficisci dicunt ad Comitatum sine voluntate. Et
usque nùnc despiciebam, utpotè falsa, ista
quæ divulgantur. Quoniam verò vidi sola
eademque omnes dicentes, necessarium æsti-
mavi veritatem à tua discere sanctitate;
ut vel rideamus, utpotè falsa; aut ut vera, meritò lugeamus.] Hactenùs epistola. Sanè quidem & hujus scriptor temporis
valdè accuratus Leontius in libro de Sectis,

Annal. Eccl. Tom. VII.

cum multa ab hæreticis conficta tradat, inter alia ab ipsis epistolas scriptas esse nomine Theodoreti testatur. At quam fidem,
rogo, merentur Acta hujuscemodi, quæ
sunt his contexta commentis? Illud etiam
non præterimus: leges illas Theodosii Imperatoris adversùs Nestorium prolatas ac
recitatas in dicta Actione, aliter se habere
in Codice Theodosiano, atque in Actis
Concilii Ephesini: quas, & nos suo loco
sub die & Consule datas superiùs recitavimus; in quibus nulla prorsùs habetur mentio Theodoreto. Hæc de commentitiis
atque suppositis scriptis hic dicta sufficiant:
de sublatis modò dicendum.

Desideratur autem in iisdem publicis   **XLVII.**
Synodalibus Actis Vigilii Papæ libellus
oblatus Synodo, quem ipse Constitutum
appellat, quod idem est quod Decretum.
Hunc ipsum esse scias, quem de sua sententia ab Imperatore interpellatus idem Vigilius pollicitus fuit se missurum suo tempore ad ipsum Imperatorem atque ad Synodum, quod & ingenuè præstitit. Scripserat autem illud ipsum Constitutum jàm antea; nàm ejus ipse meminit in epistola ad
Valentinianum Episcopum Tomitanum in
Scythia: hoc quidem illud elaboravit ut
ipsi dumtaxat innotesceret Imperatori vel
Synodo; sed ut universo Orbi Catholico
cunctisque Christi fidelibus palàm fieret:
nec ob aliam causam (ut ex ipso patet) nisi ut omnia quæ à sanctis Patribus in Chalcedonensi Concilio definita essent, firma
consisterent, nec ulla quovis prætextu possent calumnia labefactari. Porrò Constitutum hoc ipsum Vigilii, quod sicut alia pleraque ex Actis quintæ Synodi noscitur esse
sublatum, nos hic suo loco restituendum
esse putamus.

Ut igitur hìc cuncta suis reddantur die-   **XLVIII.**
bus, post Quintam Collationem describen-   De Vigilii
dum hic ipsum censuimus Vigilii Papæ Cô-   Papæ edi-
stitutum, antequàm de reliquis agamus ip-   to consti-
sius Quintæ Synodi Collationibus: nacti il-   tuto.
lud sumus in Vaticana bibliotheca, ubi
antiquitùs scriptum asservatur. Id verò eò
libentiùs facturi sumus, quòd numquàm in
hanc diem impressum ipsum invenerimus.
Pertinere illud quidem ad ipsa Acta Synodalia Quintæ Synodi, quæ superiùs dicta
sunt, apertè declarant. Ipso enim voluit
Vigilius, quæ de Tribus capitulis sua esset sententia, tàm Imperatori, quàm Synodo universæ innotescere; quod enim anteà pollicitus fuerat viris clarissimis ab Imper. missis & Episcopis à Synodo ad illud
ipsum munus explendum delectis, modò
opportunè præstandum putavit. Porrò illud, cum in fine notatum habeat diem &
Consulem, quo ipsum Vigilius publicè e-
dendum curavit, ad hunc ipsum annum &
diem Collationis quintæ pertinere cognoscitur: nosque hic ipsum suo loco inserendum putavimus.

In qua quidem scriptione illud in primis   **XLIX.**
visus est Vigilius iniisse consilium, ne sci-   Vigilii
licèt Tria illa pro Chalcedonensi Conci-   prudens
lio defendens capitula, in suspicionem Cô-   silium.

vel levem ab adverſariis adduci poſſet deꞏ
fenſionis errorum Neſtorii ob indemnatum
Theodorum Mopſveſtenum. Primum omꞏ
nium multo ſtudio totus fuit in damnatioꞏ
ne errôrum illorum, qui in ſcriptis Theoꞏ
dori Mopſveſteni dicebantur inventi, quos
attulerat ad ipſum Vigilium nomine Impeꞏ
ratoris (ut vidimus) Benignus Epiſcopus
Heracleæ Paphlagoniæ. Sic igitur ne ipſe
redargui poſſet ab adverſariis, faviſſe Theoꞏ
doro, ſi eum anathemate damnare detrectaꞏ
ret; oblatos damnat errores : ita quidem
ſe gerens, ut ad damnandos defunctorum
errores accurrerit impiger; in damnandis
autem auctoribus, quos ſciſſet in Cathoꞏ
lica communione defunctos, minimè præꞏ
properè agendum putarit. Jàm verò ipſum
Vigilii recitemus Conſtitutum, in quo priꞏ
mùm res tranſactæ de ineunda concordia
recenſentur : ſic enim ſe habet :

Glorioſiſſimo,& clementiſſimo filio Juꞏ
ſtiniano Auguſto, Vigilius Epiſcopus.

L.
Vigilii
conſtitutũ
ad Imp.

Inter innumeras ſolicitudines, quibus
oneratur Imperiale faſtigium, laudabile
clementiæ veſtræ cognovimus eſſe propoſiꞏ
tum, per quod ſummotis omnibus diſcorꞏ
diæ ſeminibus, quæ in agro Domini huꞏ
mani generis inimicus aſperſerat; univerꞏ
ſos Domini ſacerdotes, præmiſſis ad teſtiꞏ
monium conſcientiæ ſuæ profeſſionibus,per
quas ſanctorum Patrum, & venerabilium
quatuor Synodorum ac Præſulum ſedis Aꞏ
poſtolicæ inhærere definitionibus atque juꞏ
diciis monſtrarentur, ad unitatem atque
concordiam reſtituꞏre properaſtis : quarum
profeſſionum formam, ut Eccleſiaſticæ paꞏ
cis amplectendum poſteris tradatur exemꞏ
plum, præſenti (quemadmodùm ſe habet)
inſerta pagina declaramus.

Exemplum primæ profeſſionis, quam ad
S. Euphemiæ templum fecerunt.

LI.

Omnes quidem Fideles, maximè verò
Dei ſacerdotes pacem, & ſanctificationem
ſequi cum omnibus oportet, ſine quibus
nemo ſecundùm Apoſtolum (a) videbit
Dominum. Nos igitur Apoſtolicam ſeꞏ
quentes doctrinam, & feſtinantes concorꞏ
diam Eccleſiaſticam ſervare, præſentem faꞏ
cimus libellum. In primis quatuor ſanctas
Synodos, Nicænam trecentorum decem &
octo ; Conſtantinopolitanam centum quinꞏ
quaginta ; Epheſinam primam ducentorum,
in qua in Legatis ſuis atque Vicariis, id eſt,
beatiſſimo Cyrillo Alexandriæ urbis Epiꞏ
ſcopo, Arcadio & Projecto Epiſcopis, &
Philippo presbytero, beatiſſimus Cæleſtiꞏ
ſtinus Papa ſenioris Romæ noſcitur præſeꞏ
diſſe ; & Chalcedonenſem ſexcentorum triꞏ
ginta ſanctorum Patrum ſuſcipimus. Et per
omnia & in omnibus quæcumque in omniꞏ
bus Geſtis Chalcedonenſis Concilii aliarũꞏ
que prædictarum Synodorum, ſicut in iiſdem
quatuor Synodis ſcriptum invenitur, comꞏ
muni conſenſu cum Legatis atque Vicariis
ſedis Apoſtolicæ, in quibus juxtà tempora
ſua prædeceſſores ſanctitatis veſtræ beatiſſiꞏ
mi Papæ ſenioris Romæ ipſis Synodis præꞏ
ſiderunt, tàm de fide, quàm de aliis omniꞏ
bus cauſis; judiciis, conſtitutionibus, aut

a 1.Theſ.4.
Mennæ,
Theodori,
& aliorum
Epiſc proꞏ
feſſio.

A diſpoſitionibus definita, aut judicata, vel
conſtituta, ſive diſpoſita ſunt, inconcuſſè
inviolabiliter, irreprehenſibiliter, atqꞏ irꞏ
retractabiliter ſine adiectione vel imminuꞏ
tione aliqua nos promittimus ſecuturos;nec
quicquam contrarium, quod ad earum reꞏ
prehenſionem & retractationem vel permuꞏ
tationem ſive iniuriam ſub qualibet occaſioꞏ
ne vel novitate pertineat,admiſſuros, aut taꞏ
le aliquid præſumentibus conſenſuros. Sed
quæcumque communi conſenſu cum Legaꞏ
tis atque Vicariis ſedis Apoſtolicæ Orthoꞏ
doxæ ibidem dicta ſunt, ea Orthodoxa veꞏ
neramur atque ſuſcipimus.

B

Quæcumque anathematizaverunt vel daꞏ
mnaverunt, anathematizamus & nos atque
damnamus; & univerſa, ſicũt ab iiſdem Syꞏ
nodis communi conſenſu cum Vicariis ſedis
Apoſtolicæ judicata,aut definita,vel conſtiꞏ
tuta, ſive diſpoſita lecta inveniuntur, irreꞏ
tractabiliter atqꞏ impermutabiliter conſerꞏ
vamus. Sed & beatæ recordationis Papæ
Leonis epiſtolas & ſedis Apoſtolicæ conſtiꞏ
tuta, quæ tàm de fide, quàm de firmitate
ſupradictarum quatuor Synodorum proceſ
ſerunt, nos in omnibus ſecuturos, ſervatuꞏ
roſqꞏ promittimus. Anathematizantes omꞏ
nem hominem ad ordines & dignitates Ecꞏ
cleſiaſticas pertinentem, quicumque contra
ea, quæ ſuperius promiſimus, ſub qualibet
occaſione vel altercatione venire tentaverit.
Libellum autem in cauſa Trium capituloꞏ
rum, de quibus quæſtio nata eſt,contra conꞏ
ſtitutum piiſſimi Principis, & beatitudinis
veſtræ ego quidem nullam feci; ſed volo atꞏ
que conſentio, ut omnes libelli, qui facti
ſunt ſub hac forma, beatitudini veſtræ redꞏ
dantur. De injuriis autem,quæcumque beaꞏ
titudini vel ſedi veſtræ factæ ſunt, eas quiꞏ
dem non feci;ſed quia pro pace Eccleſiæ moꞏ
dis eſt omnibus feſtinandum, velùt ſi eas feꞏ
ciſſem, veniam poſtulo. Quia verò tempoꞏ
re diſcordiæ excommunicatos vel non receꞏ
ptos à beatitudine veſtra in communione
ſuſcepi, pariter veniam poſtulo.

C

D

In hac forma fecerunt Mennas Conſtanꞏ
tinopolitanus Epiſcopus.

Theodorus Cæſareæ Cappadociæ Epiſc.
Andreas Epheſinus Epiſcopus.
Theodorus Antiochiæ Piſidiæ Epiſcopus.
Petrus Tarſenſis Epiſcopus:ſed multi alii
Epiſcopi idem fecerunt.] Hæc quidem Viꞏ
gilius in ſui ponit exordio Conſtituti ; ut
quæcumque tranſacta fuiſſent cum adverſaꞏ
riis,omnibus innoteſcerent ; viderentqꞏ ſinꞏ
guli, quàm ab ipſorum promiſſione facta
contraria ſint ſecuta, & quàm mobiles illi
fuerint Epiſcopi ; qui cum hæc ſubſcripta
ſua ipſorum manu Vigilio obtuliſſent, non
erubuerint rurſus in eumdem ob gratiam
Imperatoris inſurgere. Sed audiamus aliam
quam hic ſubiicit Vigilius fidei profeſſioꞏ
nem trium Patriarcharum, Conſtantinopoꞏ
litani, Alexandrini, & Antiocheni, nempè
Eutychii, Apollinaris, & Domni, ſive Doꞏ
mnini, inſuper & Eliæ Theſſalonicenſis Eꞏ
piſcopi. Sic enim ſe habet :

E

Exemplar profeſſionis quam reſidui Epiſꞏ
copi Theophaniorum die nobis fecerunt.

Scien-

LII.

LIII.
'Alia pro-
feſſio obla-
ta Vigilio.

Scientes quantorum bonorum cauſa eſt pax Dei cuſtodiens corda & ſenſus Fidelium, & colligens eos, ut unum idemque ſapiant in recta fidei confeſſione, & ad perficienda divina mandata, & propitium Deum faciens in his quæ recta ſunt concordantibus: ideo feſtinantes unitatem conſervare, ad Apoſtolicam ſedem veſtræ beatitudinis manifeſtum facimus, quòd nos ſemper conſervavimus & conſervamus fidem ab initio traditam à magno Deo & Salvatore noſtro Jeſu Chriſto ſanctis Apoſtolis, & ab illis in mundo prædicatam, & à ſanctis Patribus explanatam, & maximè ab his qui in ſanctis quatuor Synodis congregati ſunt, quos per omnia & in omnibus ſequimur & ſuſcipimus: id eſt, trecentos decem & octo ſanctos Patres qui Nicææ congregati ſunt, & ſanctum Symbolum ſive mathema fidei expoſuerunt, & Arianam impietatem anathematizaverunt, & eos qui eadem ſapuerunt vel ſapiunt. Suſcipimus autem & centum quinquaginta ſanctos Patres Conſtantinopoli congregatos, qui idem ſanctum mathema explanaverunt, & de Deitate Spiritus ſancti dilucidaverunt; & hæreſim Macedonianam Spiritū ſanctum impugnantem, & impiam Apollinarium condemnaverunt cum his qui eadem cum illis ſapuerunt vel ſapiunt. Suſcipimus autem & ſanctos ducentos Patres in Epheſina prima Synodo collectos, qui per omnia ſecuti ſunt idem ſanctum Symbolum ſive mathema, & condemnaverunt Neſtorium impium & ſcelerata ejus dogmata, & eos qui ſimilia ei aliquandò ſapuerunt vel ſapiunt.

LIV.

Ad hæc autem etiam ſuſcipimus ſexcentos triginta ſanctos Patres Chalcedone congregatos, qui etiam ipſi per omnia conſenſerunt prædictis ſanctis tribus Synodis, & ſecuti ſunt prædictum Symbolum ſive mathema à trecentis decem, & octo ſanctis Patribus expoſitum, & à centum quinquaginta ſanctis Patribus explanatum, & anathematizaverunt eos qui aliud præter prædictum Symbolum præſumunt docere, aut exponere & tradere ſanctis Dei Eccleſiiſ: condemnaverunt autem, & anathematizaverunt & Eutychetem & Neſtorium, & impia eorum dogmata, & eos qui ſimilia eis ſapuerunt, vel ſapiunt. His ita ſe habentibus, certum facimus, quòd omnia quæ à prædictis ſanctis quatuor Synodis judicata & definita ſunt, ſervavimus & ſervamus: Quia etſi per diverſa tempora prædictæ ſanctæ quatuor Synodi factæ ſunt, tamen unam eandemque confeſſionem fidei ſervaverunt & prædicaverunt.

LV.

Suſcipimus autem & amplectimur & epiſtolas Præſulum Romanæ ſedis Apoſtolicæ tàm aliorum, quàm Leonis ſanctæ memoriæ de recta fide ſcriptas, & de quatuor ſanctis Conciliis, vel de uno eorum. Cum igitur prædicta omnia & ſervavimus & ſervamus, & in iiſdem nobis invicem conſentimus; neceſſarium eſt conferri * de Tribus capitulis, unde quibuſdam quæſtionata eſt. Et ideo petimus, præſidente no-

* conſiteri

Conal. Eccl. Tom. VII.

A

bis veſtra beatitudine, ſub tranquillitate & ſacerdotali manſuetudine, ſanctis propoſitis Evangeliis, communi tractatu eadem capitula in medio proponenda quæri, & conferri, & finem quæſtioni imponi Deo placitum, & convenientem his quæ à ſanctis quatuor Conciliis definita ſunt: quoniam ad augmentum pacis, & concordiam Eccleſiarum pertinet, ut omni de medio diſſenſione ſublata, quæ à prædictis ſanctis quatuor Conciliis definita ſunt, inconcuſſa ſerventur, ſanctarum Synodorum reverentia in omnibus cuſtodita. His autem, & ſubſcripſimus in hunc modum fratres & coepiſcopi noſtri.

B

Eutychius Epiſcopus Conſtantinopolitanus.

Apollinaris Epiſcopus Alexandrinus.
Domninus * Antiochiæ Syriæ Epiſcopus.   * Domnus
Elias Epiſcopus Theſſalonicenſis. Sed & cæteri qui primam profeſſionem non fecerunt, & in hac ſecunda profeſſione aut ſubſcripſerunt, aut ſeorſum eamdem fecerunt.

C

His igitur diſpoſitis, optavimus quidem, venerabilis Imperator (ſicut frequentiſſimè ſupplici prece popoſcimus) eundum ad quemlibet Italiæ locum, aut certè ad Siciliam, ut convocatis ad nos Africanæ, & aliarum provinciarum Latinæ linguæ ſacerdotibus, vel Eccleſiæ noſtræ ſacratis ordinibus, ſecundùm conſuetudinem tractaremus, & de quæſtionibus Trium capitulorum pietati veſtræ redderemus plena deliberatione reſponſum: quod quia fieri ſerenitas veſtra non annuit, hoc iterùm noſcitur conſtitutum, ut oblatis à nobis manſuetudini veſtræ nominibus de ſupraſcriptis provinciis, qui nobiſcum ad tractandum adhiberentur Antiſtites, clementia veſtra faceret advenire: cui diſpoſitioni item præbuimus Eccleſiaſticæ pacis amore conſenſum. Poſteà verò hoc magis cum conſenſu fratrum noſtrorum noſtrarum partium Epiſcoporum, nuper ante ſanctum Paſchæ diem pietas veſtra conſtituit, ut exæquato numero his Pontificibus qui in Conſtantinopolitana urbe præſentes ſunt, de Tribus capitulis, ex quibus quæſtio vertitur, ſecundùm ſuperius deſignatam fratrum noſtrorum Epiſcoporum profeſſionem deberemus inire tractatum.

LVI.
Quid egerit cū Imperatore Vigilius.

D

LVII.

Sed quia, dùm ea quæ pro conſervanda Eccleſiarum pace cum fratribus noſtris fieri, veſtra diſpoſitione convenerant, feſtinaremus implerī, ut adhibita ſalubri deliberatione communiter, & propter informandam univerſalem Eccleſiam, cuncta quæ inter nos geruntur, in ſcriptis deducta atque jacentibus, noſtrum ex his collectum de Tribus capitulis in quæſtionem deductis judicium provenirēt; continuò pietas veſtra poſt illud volumen, quod nobis ante multos Paſchæ dies per virum magnificum Theodorum Decurionem Palatii deſtinavit, in quo vos interim, quid de Tribus ſentiretis capitulis exponentes, noſtrum popoſcitis dari ex eadem cauſa reſponſum.

E

LVIII.
Legitima Vigilii pr-scriptio.

Ideòque eum fratres nostri, neque exæquato nobiscum numero residere, neque in
scriptum quæ ageremus, vel tractaremus,
redigi paterentur, tamquàm (quod absit)
non convenientia rectitudini loqueremur,
quæ scribere timeremus ; & insuper gloriosissimis ad nos proceribus destinatis insi-
steret vestra clementia, nostra n de Trium
capitulorum negotio quàm celerrimè proferre debere responsum ; nec sic destitimus
vestræ obedire velle clementiæ: hoc solum-
modo postulantes, ut pro infirmitate corporis nostri, quæ nulli habetur incognita,
viginti dierum nobis daretis inducias, quatenùs habito nobiscum, Deo auxiliante,
tractatu definitionis nostræ, constituto de
scripto, sententiam diceremus : ad fratres
& coepiscopos nostros, à quibus similiter
de eadem causa responsum vos flagitare dixistis, filium nostrum diaconum Pelagium
cum hujusmodi mandato direximus, dicentes : ut quia constitutus collationis faciendæ modus fuerat prætermissus, saltèm
viginti dies pro antedicta nostri corporis
imbecillitate, quam norunt, nostrum deberent definitum de Tribus capitulis sustinere responsum, antiquum & regularem
custodientes ordinem ; ne ante nostræ, hoc
est, sedis Apostolicæ, cui per Dei gratiam
præsidemus, promulgationem sententiæ,
quicquam proferre tentarent, undè scandali rursùs, quæ sopita fuerat, oriri posset occasio.

LIX.

* resedisse.

Propositis itaquè nobis & diligenter inspectis, in quantùm uniuscujusque capituli in quæstionem deducti ratio postulabat,
Synodalibus codicibus atque Gestis prolatis, quæ aliis eorumdem Patrum vel in sanctis quatuor Synodis, aut in una earum rescripsisse * monstrantur, Synodalibus epistolis inspectis, nihilominùs prædecessorum nostrorum sedis Apostolicæ Præsulum
Constitutis, aliisque probatorum Patrum
necessariis, instructionibus pertractatis ; si
qua de his quæ in quæstionem deducta sunt
apud Patres nostros examinata fuerint, finita atque disposita, memores superiùs de-
signatarum professionum, investigare curavimus : Inspicientes dogmata quædam in
prima chartacei voluminis parte per fratrem
nostrum Benignum Episcopum Heracleæ
Paphlagoniæ à vestra parte transmissi jacen-
tia, quorum tenor secundùm intellectu subter expositum ad excludendum totius ambiguitatis errorem præsenti definitioni nostræ
tenetur insertus ; plena execrabilibus blasphemiis, & Orthodoxæ fidei (quæ secundùm Evangelicam Apostolicamque doctrina
à sanctis quatuor Synodis, Nicæna, Constantinopolitana, Ephesina, atq; Chalcedonensi probabiliter atque irreprehensibiliter
sancti Spiritus cooperante præsentia, legitur definita) valdè inimica esse perspeximus,
& procul à Christianis sensibus repellenda.
Proptereà ergò utpotè execrabilia, atque à
sanctis Patribus olim sine dubitatione damnata, nostra quoquè sententia anathematizamus atque damnamus : quorum primum
capitulum ita se habet :

A

Quomodò igitur tu, quem super omnes
maximè decet animarum regimen, illum
eamdem, qui ex Virgine natus est, Deum
esse, & ex Deo consubstantialem Patri existimari dicis, nisi fortè sancto Spiritui imputari illius creationem nos jubes ? Sed quis
est Deus ex Deo & consubstantialis Patri ?
is idem qui ex Virgine natus erat ? (ô mirandum !) & qui per Spiritum sanctum secundùm divinas Scripturas plasmatus est, &
confictionem in muliebri accepit ventre ?
enerat forsitan, quia mòx quàm plasmatus
est, & ut templum Dei esset, accepit :
non tamen existimandum nobis est, Deum
de Virgine natum esse ; nisi fortè idem existimandum nobis est & quod natum est, &
quod est in nato templo, & qui in templo
est Deus Verbum ; non tamen nec secundùm
tuam vocem pronunciandum est omninò, ex
Virgine natum Deum esse & ex Deo consubstantialem Patri. Nàm si non homo est (sicut dicis) assumptus, qui natus est ex Virgine, Deus verò incarnatus ; quomodò qui
natus est, Deus ex Deo & consubstantialis
dicetur Patri, carne non potente hanc vocem suscipere ? Nàm est quidem dementia,
Deum ex Virgine natum esse dicere : hoc
enim nihil aliud est, quàm ex semine eum
dicere David de substantia Virginis genitum
& in ipsa plasmatum : quia quod ex semine
David & de substantia Virginis est, in materno ventre consistit,& sancti Spiritus plasmatum virtute,natum fuisse dicimus de Virgine. Ut autem aliquis ex hoc concedat dicere ipsis, quòd Deus ex Deo & consubstantialis Patri natus est ex Virgine, eò quòd
est in templo natus, sed non per se natus est
Deus Verbum : incarnatus verò, sicut dicit iste sapiens. Si igitur cum carne eum natum esse dicunt ; quod autem natum est,
Deus ex Deo & consubstantialis Patri est,
necesse est hoc & carnem dicere, quod si
non idcircò caro est, quoniam nec Deus ex
Deo, nec consubstantialis Patri, sed ex semine David & consubstantialis ei cujus semen est, & non id quod natum est ex Virgine Deus est & ex Deo & consubstantialis Patri inis fortè pars nati ; prout ipse in inferioribus partem Christi nominat Deitatem ;
sed non divina natura ex Virgine nata est ;
natus autem est ex Virgine, qui ex substantia Virginis constat, non Deus Verbum ex
Maria natus est : natus est autè ex Maria, qui
ex semine est David, non Deus Verbum ex
muliere natus est : sed natus est ex muliere, qui
virtute sancti Spiritus plasmatus est in ea ;
non ex matre natus est consubstantialis Patri (sine matre enim est, secundùm beati
Pauli vocem) sed qui in posterioribus temporibus in materno ventre sancti Spiritus
virtute plasmatus est, utpotè sine Patre
propter hoc dictus.] Ita impius, duas in
Christo personas constituens. Tantam
hanc blasphemiam Vigilius damnans, ista
subdit :

In suprascripto primo capitulo quoniam
per circuitus id videtur astrui, quia Homo purus ex sancta Virgine Maria natus
sit, dicendo ; Si fatemur, Deum Verbum,
qui

LX.
Prima Theodori blasphem.

LXI.
Vigilii re-sponsio.

quiconsubstantialis est Patri, carne ex eadem Virgine natum; necesse est, ut carnem consubstantialem Patri consequenter esse dicamus. Ideòque quicumque hujusmodi intellectus sapit, docet, credit, aut prædicat, & non eumdem Verbum ac Filium Dei per secundam nativitatem ex sancta Maria incarnatum & natum credit; anathema sit.] Cum una tantùm sit dicenda persona in duabus naturis. Rursùs impius:

LXII. Theodori error II.

Mòx autem in ipso plasmato Deus Verbum factus est: nec enim in cœlum ascendenti solùm inerat, sed etiam ex mortuis resurgenti, utpotè & resuscitans eum secundùm suam promissionem: nec resurgenti solùm inerat, sed etiam crucifixo & baptizato, & Euangelicam post baptisma conversionem peragenti, necnon etiam de baptismo legalem adimplenti constitutionem, & præsentato secundùm legem & circumcisio, & fœtui pannis obvoluto: erat autem forte in ipso & nascente, & cum in utero esset à prima statim plasmatione: dispensationi enim quæ circà eum erat, ordinem imponebat, & particulatim ipsum ad perfectionem perducens:

LXIII. Theodori error III.

Et per tempus quidem ad baptisma ducens, post illud autem ad mortem, deindè secundùm suam pronunciationem resuscitans, ducens in cœlum, collocans eum ad dexteram Dei per suam conjunctionem, ex qua sedet & adoratur ab omnibus, & omnes judicabit. Istorum autem omnium finem, apud se habebat Deus Verbum, cum in eo erat, & omnia per ordinem complebat: quem ordinem ipse arbitrabatur bene habere per finitionem quidem & voluntatem, quam anteà statuit pro his quæ eventura erant, & bona voluntate, quam circà eum habebat, ab initio similiter inerat ei, per ordinem autem placitum ad perfectionem ducebat ipsum.

LXIV. Vigilius Papa.

In suprascriptis secundo & tertio capitulis hoc videtur astrui, quia Deus Verbum homini plasmato inerat tamquàm alter in altero. Dicendo enim, ut particulatim dispensationi, quæ circà eum erat, ordinem videretur imponere, & eum propter bonam voluntatem, quam circà ipsum habebat, & parabat eum qui assumptus est ad provectum perfectionis adducere: talibus verbis dualitas personarum in Domino uno, & Deo nostro Jesu Christo execrabiliter videtur induci, & tamquàm quemlibet hominem Dei Verbi gratia per spatia temporum profecisse. Ideòque quicumque eo intellectu sapit, docet, credit, aut prædicat; anathema sit.] Rursùm ex Theodoro:

LXV. Cap iv. hæret.

Suam autem cooperationem ad proposita opera præstabat ei qui assumptus: ubi hoc facit in loco sensus fuisse distantem illi qui assumptus est: nec enim eis quibuscumque donavit cooperationem; sensus locum ejus obtinebat: Si autem & modo præcipuam quamdam cooperationem donavit illi qui assumptus est, non hoc faciebat locum sensus Deitatem obtinere. Sed si Deitas pro sensu fiebat illi qui assumptus est, secundùm vestra verba; quomodò timorem in

Annal. Eccl. Tom. VII.

A passione suscipiebat? quid vehementioribus orationibus. ad imminentem necessitatem indigebat, quas cum magna quidem & clamorosa voce, cum plurimis etiam lacrymis secundùm beatum Paulum (a) referebat Deo, Euangelista (b) apertè dicente, quòd globis sanguinis similis sudor descendebat? Quid autem Angeli adventu & visitatione egebat animam reficientis in experimento malorum confortantis ejus alacritatem, exercitantis eum ad imminentem passionis necessitatem, tolerare fortiter mala suadentis, urgentis ad patientiam & tolerationem malorum, ostendentis præsentium malorum fructum ex passione, mutationem in gloriam bonam circà eum post passionem futuram? Qui enim secundùm Euangelistæ (c) vocem confortabat eum, Angelus scilicèt, verbis istis fortem eum faciebat, & infirmitati naturæ superiorem fieri hortabatur, & corroborando cogitationes ejus fortem eum faciebat.

a Hebr. 5.
b Luc. 22.
c Luc. ib di.

In suprascripto quarto capitulo, quia dici intelligitur, quòd sicut aliis hominibus donavit suam cooperationem Deus, ita & ei qui assumptus est, licèt præcipuam, tamen similiter ut aliis hominibus dicitur esse donatam, & ita purum atque infirmum hominem circà passionem Angeli eguisse præsidio, ut ei pro corroborandis cogitationibus ejus futura gloria promitteretur de toleranti passionis. Quæ si quis ita sapit, credit, aut prædicat; anathema sit.] Item Theodorus:

LXVI. Vigilius Papa.

Vade post me satanas (d), scandalum mihi es, quòd non sapis ea quæ Dei sunt, sed ea quæ hominum: non est confusio mihi mors, non fugio ipsam ut indecentem, ad humapam gloriam respiciens. Sustinebo autem meliori animo experimentum ..ortis pro plurimis bonis futuris, in quibus & ipse fuero, & per omnes, ne mihi animum lædas atque turbes, tamquàm confusione dignum fugere admones mortis experimentum.

LXVII.
d Matth.16.
Marc.8.
Cap.v.hæret.

In suprascripto quinto capitulo dicitur, quòd ideo Jesus Christus verba Petri Apostoli fuerat aspernatus, quando ei dixit: Vade post me satanas, scandalum mihi es, quia non sapis ea quæ Dei sunt: ne dissusione ejus animus ipsius perturbatus refugeret passionem, & quia passione sua proficeret, & pro pluribus bonis exindè adipiscendis. Qui igitur hæc ita sapit, docet, credit, aut prædicat, & non magis nobis, mortem ipsius quam propria carne suscepit, æternæ credit vitæ præmia contulisse; anathema sit.] Pergit hæreticus:

LXVIII. Vigilius Papa.

Quod enim dictum est (e): Ducebatur à Spiritu: apertè hoc significat, quòd ab eo regebatur, ab eo ad virtutem propositorum consortabatur, ab eo ad hæc quæ oportebat ducebatur, ab eo quod decebat docebatur, ab eo cogitationibus corroborabatur, ut in tantum certamen sufficeret, sicut & beatus dicit Paulus (f): Quicumque enim Spiritu Dei aguntur, hi sunt filii Dei: Duci Spiritu, dicens illos, qui ab eo gubernantur, ab eo decetur, ab eo ad melius constituuntur,

LXIX.
Cap vi.hæret.
e Matth. 4.
f Rom. 8.

ab eo competentium doctrinam accipiunt. **A**
Cum dixisset autem Euangelista, quòd Spiritu sancto plenus regressus est ab Jordane; apertè demonstravit, quòd hujus causa sancti Spiritus habitationem in baptismate suscepit, ut indè propositam caperet virtutem; undè & ad certamen illud , quod pro nobis erat ad diabolum effecturus, Spiritu ducebatur.] Tantam blasphemiam damnans Vigilius, addit:

LXX.
Vigilius
Papa.
In supradicto sexto capitulo rursùs tamquàm purus homo à Spiritu, cujus præsentiam post baptisma suscepisse dicitur, ad omnia ductus perhibetur, confortatus & edoctus, sicut cæteri homines, de quibus (ut hìc
a Rom. 8.
videtur dici) Apostolus ait (*a*) : Quicumque Spiritu Dei aguntur, hi filii Dei sunt. Si quis hæc ita sapit, docet, credit, aut prædicat , & non Deum Verbum incarnatum unum esse credit & confitetur & prædicat Christum; anathema sit.] Insaniens adhùc impius impia addens, ait:

LXXI.
Cap. vii.
hæret.
Dicant igitur nobis omnium sapientissimi, si pro sensu Domino Christo, qui est secundùm carnem, Deitas facta esset, sicut dicunt: quid sancti Spiritus operatione ad hæc Christus indigebat? Nec enim unigeniti Deitas Spiritu indigebat ad justificationem, Spiritu indigebat ad vincendum diabolum, Spiritu indigebat ad operanda miracula, Spiritu indigebat ut doceretur ea quæ decebat peragere, Spiritu indigebat ut immaculatus appareret. Si enim pro sensu quidem Deitas sufficiebat, ad omnia autem ejus virtus, necesse erat indè omnia fieri ut superflua, **C**
b Act. 10.
esset sancti Spiritus habitatio: sed nunc unctum esse dicit (*b*) ipsum Spiritu, & habitasse in eo Spiritum , & ad omnia adjuvasse proposita, & doctrinam indè ipsum accepisse & virtutem , & indè impetrasse justificationem, & indè immaculatum factum esse.]
Contra hæc adeò enormia ita Vigilius:

LXXII.
Vigilius
Papa.
In suprascripto septimo capitulo hoc dici intelligitur ; quia ut cæteri homines ad justificationem suam & ad vincendum diabolum & ad operanda miracula , & ut doceretur ea quæ decebat eum agere , & ut immaculatus appareret, habitatione sancti Spiritus eguisse, & ipso Spiritu eum ad omnia adjutum fuisse proposita. Quicumque hæc ita sapit, docet, credit, aut prædicat , & non sua Deitate Christum, utpotè verum Deum, omnia operatum fuisse quæ voluit, & operari quæ volet , sed tamquàm purum hominem sancti Spiritus eguisse solatio; anathema sit.] Sed rursùm invehitur in Orthoxos hæreticus:

LXXIII.
Cap. viii.
hæret.
Hoc quòd ante sæcula erat, dicit in ultimis factum esse temporibus, utpotè quibusdam hoc confitentibus; cum nemo ex his qui pietatis causam habent, istum patitur morbum habere dementia, ut dicat, eum qui ante sæcula est, in ultimis factum esse; & ex his infert quod necesse est, & hoc quod in ultimis est ante sæcula esse, & accusat eos qui non omnia similiter cum observatione
* execra-
tione
* execra-
tione.
dicunt, quasi hi qui unum esse Filium confitentur, necessitatem habeant cum observatione * omnia dicere. Et quis non beati-

ficat vestram clementiam? Qui autem non **A**
optet tales impetrare doctores, tantam confusionem rationi pietatis introducentes, ut dicerent; hoc quod ante sæcula , factum est in ultimis, & hoc alienarent sua natura, & ad deterius deducerent; deindè obverterent, quòd & hoc quod est in ultimis, ante sæcula est; cum oporteret forte dicere, quia quod ante sæcula erat , assumpsit hunc qui in ultimis erat, secundùm beati Pauli (*c*) vocem. Vestras igitur leges sequentes, & à tua sapientia constitutam obversionem, immò magis subversionem suscipientes, agè omnia simul confundamus, & nulla jàm sit discretio nec Dei formæ, nec servi formæ, nec templi sumpti ; nec ejus qui in templo habitavit ; nec ejus qui solutus est , nec ejus qui suscitavit ; nec ejus qui perfectus est in passionibus, nec ejus qui perfecit ; nec ejus qui memoriam meritus est , nec ejus qui memor factus est; nec ejus qui visitatus est , nec ejus qui visitavit ; nec ejus qui paulò minùs ab Angelis minoratus est , nec ejus qui minoravit ; nec ejus qui gloria & honore coronatus est, nec ejus qui coronavit ; nec ejus qui constitutus est super opera manuum Dei , nec ejus qui constituit ; nec ejus qui accepit istud ad sublevationem, nec ejus qui dedit sublevationem.] At uno ictu ista præcidens Vigilius ait:
c I. Tim. 3.

LXXIV.
Vigilius
Papa.
In supradicto octavo capitulo diversis modis videtur induci dualitas personarum per hoc quod dicitur : Non ipse qui ante sæcula erat , in ultimis dicendus est venisse temporibus: sed quasi altera sit assumentis humanitatem , altera assumpti persona : Si quis igitur hæc ita sapit, docet , credit , aut prædicat , & non eumdem Deum Verbum, qui ante sæcula ex Patre natus est, in ultimis temporibus ex beata Virgine Maria incarnatum & natum esse fatetur , ut unus idemque sit Christus in utraque naturam; anathema sit.] Delirans adhùc stultæ stulta hæc addit:

LXXV.
Cap. ix. hæ-
ret.
Istum igitur virum , in quo statuit omnium facere judicium ad fidem futurorum , cum resuscitasset eu ex mortuis , & Judicem omnium demonstrasset secundùm B. Pauli (*d*) vocem, meriti unitate ad se ipsum dignatus est : & per conjunctionem ad se factam, talium participem fecit , ut & adorationis communionem haberet , omnibus quidem divinæ naturæ debitam adorationem reddentibus , comprehendentibus autem adoratione & illum, quem inseparabiliter scit esse conjunctum. Ex quo manifestum est, quòd ad majora eum perduxerit .
d Act. 10.

LXXVI.
Vigilius
Papa.
In suprascripto nono capitulo conjunctionis & participationis cujusdam vocabulo, quasi Dei ad hominem Christum factæ , divinis Christus asseritur operibus decorari ; per quæ rursùs dualitas inducitur personarum. Si quis igitur ita sapit, docet, credit, aut prædicat : & non unum eumdemque Christum Deum ac Dominum nostrum, manentibus in suis proprietatibus differentiis naturarum , agnoscit & credit ; anathema sit.] Item hæreticus:

Ego

LXXVII.
Cap.x. hæ-
ret.
a Joan. 14.

Ego quidem quem videtis, nihil quidem facere possum secundum meam naturam, cum homo sim; operor autem, quia in me manens (a) Pater, omnia facit: quoniam enim & ego in Patre, & Pater in me, Deus autem Verbum unigenitus in me est;certum est quòd & Pater cum ipso in me manet, & opera facit. Et non est mirandum de Christo hæc existimari, cum evidenter ipse de ce-

b Joan. 14.
teris hominibus dicat (b): Qui diligit me, verbum meum observabit, & Pater meus diliget eum, & ad eum veniemus, & mansionem apud eam faciemus. Si enim apud unumquemque hujusmodi hominem & Pater & Filius mansionem faciunt: quid existimandum est,ut in Domino secundùm carnem Christi ambo simul putarentur manere, communionem eorum secundùm substantiam, communionem etiam mansionis forsitàn suscipientem?] Damnat ista Vigilius, dicens:

LXXVIII.
Vigilius
Papa.

In suprascripto decimo capitulo ita in homine Christo Deus Verbum inesse dicitur, sicut Pater: ut per hoc aut & Pater incarnatus esse videatur, sicut & Filius;aut nec Filius sit incarnatus, sicut nec Pater;aut magis uterque in tertia persona hominis habitare. Qui igitur ita sapit hæc, docet,credit, aut prædicat;anathema sit.] Rursum hæreticus:

LXXIX.
Cap.xi.he-
ret.

Ita & animam, utpotè humanam & immortalem constitutam, & sensus participem priùs accipiens, & per resurrectionem & immutabilitatem constituens, sic & nobis eorumdem istorum per resurrectionem præbuit communionem. Ideò autem ante resurrectionem ex mortuis increpat quidem Petrum, ut suis eum vocibus scandalizantem; & in magna trepidatione per tempus passionis constitutus, apparitione Angeli indiget confortantis eum ad patientiam & tolerantiam imminentium malorum. Post resurrectionem autem ex mortuis & in cœlos assumptum impassibilis factus, & immutabilis omnino, & ad dexteram Dei sedens Judex universi est orbis terrarum, utpotè in eodivina natura faciente judicium.] Contra hæc Vigilius:

LXXX.
Vigilius
Papa.

In suprascripto undecimo capitulo eadem repeti videatur, quæ superiùs in quarto jam dicta sunt, quòd ante passionem ita infirmus fuerit Christus, ut in magna trepidatione passionis tempore constitutus, Angeli videretur eguisse solatio. Quòd quia velùt purum hominem, qui hujusmodi auxiliis egeat, significare videtur: Si quis ita sapit, docet, credit, aut prædicat;anathema sit.] Urget adhuc hæreticus, dicens:

LXXXI.
Cap.xii.he-
ret.

Sic igitur & hic sapientissimum omnium habere nos doces Christi sensum, ut sanctam Spiritum habentem illum, qui sensui Christi aliquam virtutem adimpleret, prudentiam ejus præstans ad omnia quæ agenda erant: sicut & in præcedentibus demonstravimus, quòd ab ipso quidem in eremum ad certamina, quæ contra diabolum erant,ducebatur; unctionem autem illius & scientiam, & vim eorum quæ agenda erant, accipiebat; & illius particeps factus, non so-

A

lùm miracula faciebat, sed etiam quomodò uti oportebat miraculis, sciebat subtiliter: ut notam quidem faceret gentibus pietatem, pateretur autem laborantium infirmitates, & sic ad effectum suam voluntatem duceret, & justificaret indè, & immaculatus ostendebatur, sive reparatione pejorum, sive custodia meliorum, sive etiam paulatim ad meliora profectibus.] Insectatur ista Vigilius, addens:

LXXXII.
Vigilius
Papa.

In suprascripto duodecimo capitulo eadem quæ in septimo capitulo videntur exponi, asserendo Dominum nostrum Jesum Christum per habitationem sancti Spiritus ad omnia informatum, & per tempora ad perfectionem unctionis ejus auxilio pervenisse. Si quis igitur eum non sua Deitate perfectum esse credens,sed tamquam purum hominem unctione sancti Spiritus indigentê fuisse adjutum sapit,docet,credit,aut prædicat; anathema sit.] Addit idem hæreticus:

B

LXXXIII.
Cap. xiii.
hæret.

Quomodò igitur sequentiam habet, eò quòd homo factus est Deus, istum hominem Deum Verbum esse diceret? Si enim homo est Deus Verbum, ut ipse dicis; omnimodè de homine dicemus ea quæ de Verbo Evangelista (c) dicit. Quid autem dicit? In principio erat Verbum, & Verbum erat apud Deum, iste erat in principio apud Deum,

c Joan. 1.
& omnia per ipsum facta sunt, & sine ipso factum est nihil quod factum est. Ergò si hoc modo est Deus Verbum, dicemus de ipso : In principio erat homo, & homo erat apud Deum, & Deus erat homo, erat homo in principio apud Deum: omnia per ipsum facta sunt, & sine ipso factum est nihil quod factum est. Si enim homo est Deus Verbum, sicut dicis, convenient omnia ipsi,quæ de Deo Verbo dicit Evangelista.

C

In suprascripto decimotertio capitulo negati videtur Deum Verbum hominem factum, & rursùs hominem Verbum Deum esse,ut per hoc inducatur (sicut superiùs dictum est) dualitas personarum. Si quis igitur ita sapit, docet, credit, aut prædicat; & non potiùs manente in Domino Deo nostro Jesu Christo inconvertibiliter atque indivisè differentia naturarum, sic una persona, sive subsistentia ejus esse creditur,ut & Deus Verbum sine ulla divinæ naturæ suæ convertibilitate homo esse, & assumpta humanitas propter singularitatem personæ inconvertibiliter Deus esse credatur;anathema sit.] Addit Theodorus:

LXXXIV.
Vigilius
Papa.

D

Hoc quidem quid est: Ad Patrem meum & Patrem vestrum, & Deum meum & Deum vestrum? Nemo sic demens est, ut alicui dam convenire diceret,nisi templo Dei Verbi assumpto pro nostra salute homini, qui est mortuus, & resurrexit, & ascensurus esset in cœlos. Et Patrem sibi ascribit cum discipulis suis Deum, & ipse gratia adoptionem meritus: & Deum suum appellat, quia velut cæteris hominibus similiter ut esset accepit. Undè propter communitatem quidem naturæ, Patrem meum & Patrem vestrum dicit, Deum meum & Deum vestrum. Divisit autem iterùm suam personam ipsis principium gratiæ significans, propter quam

LXXXV.
Cap. xiv.
hæret.

E

quam ad Deum Verbum conjunctione in
loco veri Filii ab omnibus honoratur hominibus.

LXXXVI.
Vigilius
Pap.
a Joan. 20.

In suprascripto quartodecimo capitulo
per hoc quod legitur in Evangelio (a) A-
scendo ad Patrem meum & Patrem vestrum, Deum meum & Deum vestrum,
ita intelligitur, quòd Jesus Christus Dominus & Deus noster, sicut cæteri homines, gratiam adoptionis, ut Filius Dei diceretur, acceperit, & quasi per conjunctionem ad Deum Verbum in locum veri
Filii ab omnibus adoretur. Quòd si quis
ita sapit, docet, credit, aut prædicat; &
non magis unum Jesum Christum Filium
Dei & Dominum nostrum in duabus inconfusis & inseparabilibus intelligit & credit esse naturis; anathema sit.] Item hæreticus:

LXXXVII.
Cap. xv. he-
ret.

Hic quod dictum est, Accipite, pro Accipietis, dicit. Si enim cum insufflasset
Spiritum dedisset (quod valdè quidem stultè existimaverunt) superfluum erat dicere
posteà his, & maximè tempore ascensus
in cælos (b), non separari ab Hierusalem,
sed expectarent promissionem Spiritus: &
in sequentibus: Sed accipietis virtutem,
superveniente Spiritu sancto in vos. Adventum autem ipsum sancti Spiritus super
discipulos Lucas factum esse dicit quinquagesimo die resurrectionis, post ascensum. Et
illud tamen animadvertendum est, quòd si
ab insufflato suscepissent Spiritum, non diceret, Accipite, sed, Quoniam accepistis: hoc
enim quod dictum est, Accipite, his convenit, qui nondùm acceperunt.

b Act.

LXXXVIII.
Vigilius
Papa.
c Joan. 20.

In suprascripto decimoquinto capitulo
dicitur, quia insufflans Dominus noster Jesus Christus (c) post resurrectionem suam
in facies discipulorum suorum non doderit
eis Spiritum sanctum, sed dandum signifi-
caverit: ut per hoc aut veritas ipsa (quod
absit) putetur esse mentita; aut tamquam
purum hominem illo statu non habuisse
quod daret, aut dare minimè potuisse. Si quis igitur hæc ita sapit, docet, aut prædicat; anathema sit.] Pergit
impius:

LXXXIX.
Cap. xvi.
hæret.

Dicit ad Thomam: Infer digitum tuum
huc, & vide manus meas, & porrige manum tuam, & mitte in latus meum, &
noli esse incredulus, sed fidelis. Quoniam
dicit, non credis, & tactum solùm sufficere tibi ad credendum putas (hæc enim dicens, non me latuisti) tange manum, & cape experimentum, & disce credere, & non
diffidere. Thomas quidem cum sic credidisset: Dominus meus, & Deus meus, dicit: Non ipsum Dominum & Deum dicens,
Non enim resurrectionis scientia docebat
etiam Deum esse eum qui resurrexit: sed
quasi pro miraculo facto Deum col-
laudas.

XC.
Vigilius
Pap.
d Joan. 20.

In suprascripto decimosexto capitulo de
illo loco Evangelii (d), ubi Thomas A-
postolus, palpans fixuras clavorum dixit :
Dominus meus & Deus meus; asseritur
quòd Thomas Apostolus non ipsum Jesum Christum Dominum Deumque con-

A fessus sit, & quia resurrectionis scientiam
non doceret, vel quia Deus esset qui resurrexit, sed quia magis pro miraculo facto Thomas Apostolus Deum laudaverit.
Si quis igitur hæc ita sapit, docet, credit, aut prædicat, & non potiùs Thomæ
confessione & verum Deum esse Jesum
Christum, & in vera carne eum resurrexisse declaratum credit; anathema sit.] Rursùm Theodorus:

Ille autem dixit (e) oportere pœnitentiam agere eos pro crucis iniquitate, &
ignoscentes Salvatorem & auctorem bonorum omnium Jesum Christum, quoniam
B propter ista pervenit & assumptus est, de
divina natura in ipsum fidem suscipere, &
ejus discipulos fieri, ante omnia autem ad
baptisma accedentes, quod ipse tradidit nobis præformationem quidem habens spe-
rationis futurorum, in nomine autem celebrandum Patris & Filii & Spiritus sancti : hoc enim quod est, ut baptizetur u-
nusquisque in nomine Jesu Christi : non hoc
dicit, ut vocationem quæ in nomine Patris & Filii & Spiritus sancti est, relinquentes, Jesum Christum in baptismate vocent;
sed quale hoc est quod in Moyse baptizati
sunt in nube & in mari, ut diceret, quia
C sub nube & mari Ægyptiorum separati sunt,
liberati eorum servitute, ut Moysis leges
attenderent : tale hoc est, ut cum ad ipsum
accessissent tamquàm Salvatorem & omnium bonorum auctorem & doctorem veritatis, ab ipso utpote auctore bonorum
& doctore veritatis vocarentur, sicut omnibus hominibus, quamcumque sectam sequentibus consuetudo est ab ipso dogmatis inventore vocari, ut Platonici, Epi-
curei, Manichæi, & Marcionistæ, & quidam tales dicuntur : eodem enim modo &
nos nominari Christianos judicaverunt A-
postoli, tamquàm per hoc certum facientes,
quòd istius doctrinam oportet attendere : sic
D & quod ab ipso datum est, susciperent baptisma: in ipso quidem primo constitutum,
qui & primus baptizatus est, ab ipso autem
& cæteris traditum, ut secundùm præformationem futurorum celebretur.

In supradicto decimoseptimo capitulo, ex
verbis beati Petri, quibus in Actis Apostolorum dicit (f) Baptizetur unusquisque
vestrum in nomine Jesu Christi, hoc asseritur, quia in ea invocatione, quæ in nomine Patris & Filii & Spiritus sancti fit,
non contineatur & Christus : & quod dixit
Petrus Apostolus, debere eos in Christi no-
E mine baptizari, ut secundùm hunc intellectum appareat introducta quaternitas.
Adiicitur etiam in eodem capitulo, quia
sic à Christo Christiani vocemur, quemadmodùm diversarum sectarum & errorum
sequaces ab inventoribus & magistris suis
sunt fortiti vocabula, ut à Platone Platonici, à Marcione Marcionistæ, & à Manichæo Manichæi. Si quis hæc ita sapit,
docet, credit, aut prædicat; anathema sit,
Nos enim ideò Christiani vocamur & sumus, quia ipsum Dominum nostrum Jesum Christum in baptisma percipientes in-
dui-

XCI.
e Act. 2.
hæret.

XCII.
Vigilius
Papa.
f Act. 2.

* Manete
* Manichæi

duimus, ipso nobis existente capite, omnes in eodem unum corpus efficimur.] His adnectitur sequens blasphemia decimaoctava:

XCIII.
Cap. xviii.
hæret.

Et secundùm duas rationes locum imaginis obtinet: qui enim amant quosdam, post mortem eorum sæpius imagines statuentes, hoc sufficiens mortis solatium habere arbitrantur; & enim qui non videtur, nec præsens est, tamquàm in imagine aspicientes, putant videre, ita flammam desiderii & vigorem placantes: sed etiam illi qui per civitates habent Imperatorum imagines, tamquàm præsentes & videntes honorare videntur eos qui non sunt præsentes, cultu & adoratione imaginum. Ista autem utraque per illum adimplentur, cùm enim quicum illo sunt & virtutem sequuntur, & debitorum Dei parati redditores, diligunt eum & valdè honorant, & charitate quidem ei, divina natura licèt non aspiciatur, adimplent in illo qui ab omnibus videtur; sic omnibus existimantibus ut ipsum videntibus per illum & illi semper præsentibus, & honorem verò omnem sic attribuunt tamquàm imagini Imperiali, cum quasi in ipso sit divina natura, & in ipso spectetur. Si enim & Filius est qui inhabitare dicitur, sed cum eo est etiam Pater & inseparabiliter omnimodò ad Filium esse ab omni creditur creatura, & Spiritus autem non abest, upotè etiam in loco unctionis factus ei, & cum eo est semper qui assumptus est: & non mirandum est, cùm etiam quibuslibet hominibus virtutem sequentibus cum Filio *Ioan. 14.* & Patre esse dicitur: Veniemus (*a*) enim & ego & Pater, & mansionem apud eum faciemus: quòd autem & Spiritus hujusmodi hominum inseparabilis est, certum est omnibus.

XCIV.
Vigilius Papa.

In suprascripto decimonono capitulo, Ita Vigilius invisibilis Dei imago asseritur esse Christus, tamquàm si absentium Principum imagines pro eorum colantur honoribus. Quæ si quita sapit, docet, credit, aut prædicat, anathema sit.] Addit hæreticus:

XCV.
Cap. xix.
hæret.
b Matth. 3.
c Psal. 81.
d Isai. 2.

Hoc enim, quod, Hic (*b*) est Filius meus dilectus in quo mihi complacui, in baptismate adoptionem demonstrat, sed non comparationem Judaicæ adoptionis: quia & ad illos dictum erat: Ego (*c*) dixi, Dii estis, & filii Excelsi omnes: &, Filios (*d*) genui & exaltavi. Ejus adoptionis præcipuum, eò quòd dixit, Dilectus, & in eo mihi complacui: ostendens propter hoc, & vox Patris fiebat adoptionem confirmans, & Filii nominationem per adoptionem secundùm gratiam, eum qui verè Filius est demonstrabat; cujus conjunctio id verùm & firmam adoptionem istum constituebat, & Spiritus sanctus in specie columbæ descendens permansit super eum, quatenus in conjunctione ad eum qui verè Filius est, ea cooperatione tentus maneat, firmam adoptionis habens dignitatem. Per omnia autem in quo primo adoptionis præformabatur baptisma, dico autem Domini Christi ex Patre & Filio & Spiritu sancto, hoc quod fiebat complebantur.

In suprascripto decimonono capitulo, ubi Evangelium secundùm Lucam (*e*) de baptismo Christi videtur exponi, duæ sunt reprehensiones: una qua dualitas inducitur Filiorum, cùm per adoptionem videtur dici Christus Filius Dei; alia, quia in nomine Trinitatis ipse quoque asseritur baptizatus, per quod quaternitas sine dubitatione monstratur. Si quis igitur hæc ita sapit, docet, credit, aut prædicat; anathema sit.] Pergit blasphemus Theodorus:

XCVI.
Vigilius Papa.
e Luc. 3.

Ideo ergo differentiam quidem Dei Verbi, & recepti hominis tantùm nobis ostendit psalmus; divisa verò hæc in novo Testamento reperiuntur, Domino quidem in se accipiente primordia psalmi, in quibus factorem eum dicit esse creaturæ, & elevatam habere super cælos magnificentiam, & mirificari in omni terra. Apostolo autem supradicta quæ de homine dicuntur, qui tantum beneficiorum meruit, quomodo non manifestum, quòd alterum quidem non divina Scriptura docet evidenter esse Deum Verbum, alterum verò hominem, & multam eorum esse ostendit nobis differentiam: nàm iste quidem memorat, ille autem memoriam meretur; & iste quidem visitat, alter autem cùm visitatione meretur, beatus dicitur; & iste quidem beneficium dando minuit paulò minùs ab Angelis, ille autem & per talem minutionem beneficium accepit; & iste quidem gloria & honore coronatur, alter autem coronatur, & pro his beatus dicitur; & iste quidem constituit ipsum super omnia opera manuum ejus, & omnia subjecit sub pedibus ejus; alter autem meritus est dominari eis, quorum antea non habebat potestatem.

XCVII.
Ca. xx. hæret.

In suprascripto vigesimo capitulo, ubi cui versa psalmus videtur exponi, & nudus homo (sicut & in aliis jam dictum est) Christus asseritur, & divisus à Verbo monstratur, & dualitas inducitur personarum. Quæ si quis ita sapit, docet, credit aut prædicat, & non ita in Christo Domino duas naturas indivisibiliter & inconfuse unitas intelligat, ut manente earumdem differentia naturarû, ipse unus atque idem verus sit Dei, & verus hominis Filius; anathema sit.] Sequuntur illa capitula hæretici.

XCVIII.
Vigilius Pap.

Sed non volentes ista considerare, voces omnia trahere ad Dominum tentarent Christum, ut ea quæ de populo facta sunt simili modo intelligerent, & risum præstarent Judæis, quando ex scriptorum sequentia nihil ad Dominum Christum pertinentes ostendant voces?

XCIX.
Ca. xxi. hæret.

Tale est & quòd non derelicta est anima ejus in inferno, nec caro ejus vidit corruptionem: Nam Propheta quidem supra modum ipsam posuit circa populum providentiam, volens dicere: quoniam inter tentabiles* eos ab omnibus conservavit malis. Quoniam autem hoc verum & ex ipsis rebus eventum accepit in Domino Christo, frequentissimè de eo loquens beatus Petrus, utitur voce, ostendens quoniam quòd de populo supra modum dictum est, ex quadam ratione utente voce Propheta, hæc verum even-

C.
Cap. xxii.
hæret.
*

eventum in ipsis rebus accepit nùnc in Domino Christo.

CI.
Vigilius Papa.
a *Psal.* 15.
b *Act.* 2.

In suprascriptis vigesimoprimo & vigesimo secundo capitulis hoc videtur dici, quòd prophetiam, quæ ex persona Christi loquens ait (a) : Non dereliques animam meam in inferno, nec dabis sanctum tuum videre corruptionem; non de ipso Christo prædictam fuisse, sed de populo Israeliticæ generationis: beatum verò Petrum Apostolum (b) ad Christum hanc prophetiam per eventum aptare voluisse. Et ideò qui hæc ita sapit, docet, credit, aut prædicat; anathema sit.] Rursùm Theodorus:

CII.
Cap. xxiii.
hæret.
c *Psal.* 21.

Eumdem intellectum habet & illud: (c) Diviserunt sibi vestimenta mea, & super vestimentum meum miserunt sortem. Quòd etenim psalmus nullatenùs convenit Domino, certum est: neque enim erat Domini Christi, qui peccatum non fecit, nec inventus est dolus in ore ejus, dicere: Longè à salute mea verba delictorum meorum. Sed & ipse Dominus, cum secundùm communem hominum legem in passione oppri-
d *Matth.* 27.
Marc. 15.
e *Matth.* 27.
Joan. 9.
meretur (d) : Deus meus, Deus meus, quarè me dereliquisti? misit vocem. Et Apostoli (e) : Diviserunt sibi vestimenta, & super vestimentum meum miserunt sortem, ad eum traxerunt manifestè quoniam quod supra modum dictum fuerat priùs à David propter illata ei mala, hoc ex operibus evenit in Domino Christo, cujus & vestimenta diviserunt, & fortium ea subjecerunt.

CIII.
Vigilius Papa.

In suprascripto vigesimotertio capitulo exponendo, quædam vigesimiprimi psalmi verba, quibus dicitur, Diviserunt sibi vestimenta mea, & super vestem meam miserunt sortem, negantur Jesu Christo Domino convenire, sed quod David propter quædam mala quæ perpessus est, de se dixerit, Euangelistam ex eventu ad Christum traxisse. Et adjicitur: Quia non poterat dicere Dominus Jesus, qui peccatum non fecit: Longè à salute mea verba delictorum meorum. Et ideò qui hæc sapit, docet, credit, aut prædicat; & non ea, in quibus delictorum meminit, ad corpus ipsius, quod est Ecclesia, quæ in hoc mundo sine delicto esse non potest, intelligit pertinere: illa autem de divisione vestimentorum non specialiter, de ipso capite, id est, Domino Deo nostro Jesu Christo, prædicta, & in ipso credit esse completa; anathema sit.] Post hæc Theodorus:

CIV.
Cap. xxiv.
hæret.
f *Psal.* 21.

Foderunt (f) manus meas & pedes, & omnia perscrutabantur & quæ agebam, & quæ conabar. Nàm foderunt, ex translatione dicit eorum, qui per fossionem scrutari quæ in profundo sunt tentant. Dinumeraverunt omnia ossa mea: totius meæ fortitudinis, & totius meæ substantiæ detentores facti sunt, ut etiam numero mea subjicerent. Istud autem ex consuetudine, quam habent hostes, dixit: qui quando obtinuerint, numero & talibus subtilem notitiam inventorum faciunt: proptereà & sequenter dicitur: Ipsi verò consideraverunt, & conspexerunt me. Intulit Diviserunt sibi vestimenta mea, & su-

per vestimentum meum miserunt sortem: Considerantes enim me, ait, & conspicientes, quòd omnia eis evenerunt in me desiderata (conspicere enim ita ut apud nos dicitur pro eo quod est vidit) in eum, quæ volebat pati eum; * jàm tamquàm me omninò malis dedito, sicut hostes in ea post vastationem & captivitatem diviserunt sortè divisionem eorum facultates. Et Euangelista (g) quidem in Domino verba ex rebus assumens, eis usus est, sicut & in aliis diximus. Nàm quòd non pertineat ad Dominum psalmus, in superioribus evidenter ostendimus. At verò beatus David supra modum ista magis in his, quæ ab Absalon facta sunt, dixit: quoniam dùm recessisset David, jure belli metropolim ingressus, omnes quidem obtinuit res regales, non piguit autem patris cubile inquinare.
*
g *Matth.* 27.
Joan. 19.

In suprascripto vigesimo quarto capitulo de memorato eodem vigesimoprimo psalmo illa verba ubi dicit: Foderunt manus meas & pedes meos, dinumeraverunt omnia ossa mea: ipsi verò consideraverunt & inspexerunt in me: asseritur non de Christo esse prædicta, sed David hoc de se dixisse propter tyrannidem Absalon, qui regem urbem conjuratamque pervaserat, atque in terra omnia dinumeraverat patris: sed Euangelistam hæc ex eventu ad Christi traxisse personam. Qui igitur hæc ita credit, sapit, docet, aut prædicat; anathema sit.] Rursùm ex impio Theodoro:

CV.
Vigilius Papa.

CVI.
Cap. xxv.
hæret.

Quoniam cibi & potus suaves quidem sunt in tempore gaudii, insuavia autem & amara in tristitia: talia erant (inquit) quæ ab illis fiebant, ut ex tristitia & ira esset quidem mihi in locum fellis cibus, esset autem & potio aceto, nihil differens. Maximè autem hoc fit in iracundiis, quæ cum tribulatione fiunt, quod verisimile erat pati eos contra suos. Usus est autem Euangelista hoc testimonio in Domino. Est enim autem Dominus: Zelus domus tuæ comedit me, de se ipso dicens. Et beatus Paulus de Judæis loquens: Fiat mensa eorum, &c. Et beatus Petrus de Juda (h) : Fiat habitatio ejus deserta. Et certè diversis constitutis rebus, non quasi psalmo modo præ his dicto, iterùm autem de illo, & iterùm de alio. Sed quia de Judæis dicta sunt plura, qui separaverunt de Deo & lege convincentia illorum devotionem: necessarius est testimoniorum usu simul ex rebus captus, qualis est: Dederunt in escam meam fel, & in siti mea potaverunt me aceto.
h *Act.* 1.

In suprascripto vigesimoquinto capitulo de eo loco psalmi, ubi dicit: Dederunt in escam meam fel, & in siti mea potaverunt me, aceto: contra evidentem Euangelii veritatem exponitur, dicendo: quia nec vero aceto potatus est Dominus, sed ad tristitiam & iracundiam offerentium habuerit potationem in aceti loco, & escam in fellis; nec de ipso prædictum, sed Euangelistam hoc testimonio usum fuisse ex eventu in Domino. Proptereà qui hæc ita sapit, docet, credit, aut prædicat; anathema sit.]
Sequitur alia blasphemia:

CVII.
Vigilius Papa.

Sicut

CVIII.
Cap. xxvi.
hæret.

Sicut igitur per hujufmodi confeſſionem A non Deitatis Nathanael habens ſcientiam oſtenditur , Judæi & Samaritæ talia ſperantes plurimùm Dei Verbi à ſcientia longè erant , ſic & Martha per confeſſionem illam non Deitatis habens tùnc ſcientiam probatur : manifeſtè autem nec beatus Petrus : adhùc etenim ipſis ſufficiebat tunc revelationem illam ſuſcipientibus præcipuum aliquid & majus de ipſo præter cæteros homines phantaſia accipere . Poſt reſurrectionem autem Spiritu perducti ad ſcientiam , tùnc & revelationis perfectam ſcientientiam ſuſcipiebant , ut ſcirent quia præcipuum ipſi præter cæteros homines , non aliquo puro honore ex Deo pervenit , ſicut in cæteris hominibus , ſed per unitatem ad Deum Verbum , per quam omnis honoris ei particeps eſt poſt in cœlos aſcenſum .

CIX.
Vigilius Papa.

In ſupraſcripto vigeſimoſexto capitulo & agnitionem Deitatis Chriſti ante reſurrectionē ejus Petrus habuiſſe negatur , phantaſiam verò intelligentiæ præ cæteris hominibus accepiſſe dicitur : & rurſùs dualitas Filiorum inducitur , dùm hominem participem dicit ad Deum Verbum , poſtquàm in cœlos aſcendit . Qui ergò ita ſapit , docet , credit , aut prædicat , & non unum eumdemque eſſe intelligit Chriſtum & Dominum noſtrum Dei & hominis Filium , manente in ipſo unitarum differentia naturarum ; anathema ſit .] Sed pergit blaſphemus hæreticus :

CX.
Cap. xxvii.
hæret.
a Matth. 4.

Matthæus quidem Euangeliſta (a) poſt tentationes dicit , quòd accedentes Angeli miniſtrabant ei , ſcilicèt cum eo conſtituti cooperantes , & omnibus circà eum Deo miniſtrantes , quòd jàm per certamina ad diabolum oſtenſus eſt clarior : ſed & quòd paſſuro ei aderant Angeli , ex Euangeliis (b) diſcimus . Et cum reſurrexit , in monumento viſi ſunt (c) : per omnia enim iſta monſtratur dignitas Chriſti , quòd in-ſeparatè ei Angeli aderant , & omnibus circà eum miniſtrabant : ſicut enim à peccantibus ſeparantur , ſic & per meritum honoratis ſubveniunt . Propter quod benè Dominus ait (d) : Quod majus videbitis , quòd & cœlum aperietur omnibus per me , & omnes Angeli ſemper mecum erunt , nùnc quidem aſcendentes , nùnc verò deſcendentes , ſicut ad domeſticum Dei & amicum .

b Luc. 22.
c Matth. 28
Marc. 16.
Luc. 24.
Joan. 20.

d Joan. 1.

CXI.
Vigilius Papa.

In ſupraſcripto vigeſimoſeptimo capitulo , ubi de Matthæo Euangeliſta exponitur , quia conſummatis tentationibus acceſſerunt Angeli , ut miniſtrarent Chriſto , dicitur : quia ſicut & alii per meritum honorato Chriſto ſubvenerint Angeli , & quia ſic ad Chriſtum in cœlos aſcenderint & deſcenderint Angeli , tamquàm ad amicum domeſticum Dei . Qui ergò hæc ita ſapit , docet , credit , aut prædicat , & non ut vero Deo , veri Dei Filio uni eidemque cum aſſumpta ex utero Virginis perfecta humanitate , Angeli utpotè Creatori & Domino deſervierint atque deſerviant ; anathema ſit .] Sequitur hæreticus :

Plùs inquietabatur Dominus & certamen habebat ad animæ paſſiones , quàm corporis , & meliore animo libidines vincebat , mediante ei Deitate ad perfectionem ; undè & Dominus ad hæc maximè inſtituens videtur certamen : cupiditate enim pecuniarum non deceptus , & gloriæ deſiderio non tentus , carni quidem præbuit nihil , nec enim illius erat talibus vinci : animam autem ſi non recepiſſet , ſed Deitas eſt qui ea vinceret , nullatenùs eorum quæ facta ſunt , ad nos reſpicit lucrum : quæ enim ad converſationis perfectionem ſimilitudo Deitatis , & animæ humanæ ? Etiam videntur Domini certamina non ad nos reſpiciens habere lucrum , ſed oſtentationis cujuſdam gratia fuiſſe . Quòd ſi hoc dicere non eſt poſſibile (certum etenim eſt , quòd illa propter nos facta ſunt , & majus certamen inſtituit ad animæ paſſiones , minus autem ad carnis) quantò & ampliùs & magis inquietare illos contingebat , & magis illa erant , quæ & ampliori indigebant medicina , videlicèt , quòd & carnem & animam aſſumens pro utraque certabat , mortificans quidem in carne peccatum , & manſuetans ejus libidines , & facilè capiendas meliori ratione animæ faciens , erudiens autem animam & exercitans & ſuas paſſiones vincere , & carnis refrænare libidines . Hæc autem Deitas inhabitans operabatur , hæc inhabitans medebatur utrique eorum .

In ſupraſcripto vigeſimooctavo capitulo iterùm purus homo Chriſtus inducitur , qui ratione animæ , corporis dicitur manſuetas feciſſe libidines , & erudiſſe animam , & exercitaſſe eam , ut paſſiones ſuas vinceret , & carnis in ſe libidines refrænaret : quæ tamen utraque mediante Deitate , operatam fuiſſe dicit animam : ut ſecundùm hæc jam nec ipſum unum eumdemque Jeſum Chriſtum mediatorem Dei & hominum habeamus , ſed carni & animæ mediatrix Deitas fuiſſe videatur . Qui igitur hæc ita ſapit , docet , credit , aut prædicat ; anathema ſit .] His adjungitur vigeſimumnonum capitulum Theodori :

Sed ſi caro erat (inquit) crucifixa , quomodò Sol radios avertit , & tenebræ occupaverunt terram omnem & terræmotus , & petræ dirumpebantur , & mortui ſurrexerunt ? Quid igitur dicant & de tenebris in Ægypto factis temporibus Moyſis non per tres horas , ſed per tres dies ? quid autem propter alia per Moyſen facta miracula ? & per Jeſum Nave , qui Solem ſtare fecit : qui Sol & in temporibus Ezechiæ Regis & contra naturam retroverſus eſt ? & de Eliſæi reliquiis , quæ mortuum ſuſcitarunt ? Si enim Verbum Deum paſſum demonſtrant quæ in cruce facta ſunt , & propter hominem non concedunt facta eſſe : & quæ in temporibus Moyſis , propter genus Abraham non erant , & quæ in temporibus Jeſu Nave , & quæ in Ezechiæ Regis quòd ſi illa propter Judæorum populum mirabiliter facta ſunt ; quomodò non magis quæ in cruce facta ſunt propter Dei Verbi templum ?

CXII.
Cap. xxviii.
hæret.

CXIII.
Vigilius Papa.

CXIV.
Cap. xxix.
hæret.

In

CXV.
Vigilius
Pap.

In suprascripto vigesimonono capitulo , dùm quasi Apollinari , qui divinam naturam passionibus implicabat , contradicitur , à recto tramite declinatur , & modus assertionis exceditur , ut purus homo pependisse putetur in cruce. Et ideò qui hoc ita sapit, docet , credit , aut prædicat , & non Christum Deum verum credens, manente impassibili Deitate, eumdem carne propria passum esse confitetur ; anathema sit .] Pergit hæreticus :

CXVI.
Cap. xxx.
hæret.
a Matt. 19.
Marc. 10.

Manifestum est autem quòd unitas convenit : per eam enim collectæ naturæ unam personam secundùm unitatem effecerunt . Sicùt enim de viro & muliere dicitur (a) , quòd jàm non sunt duo , sed una caro ; dicamus & nos rationabiliter secundùm unitatis rationem, quoniam non sunt duæ personæ , sed una , scilicèt naturis discretis. Sicut enim ibi non nocet numero duorum unam dici carnem (certum est enim secundùm quod una dicitur) ita & hìc non nocet naturarum differentiæ personæ unitas. Quando etiam & naturas discernimus , perfectam naturam Dei Verbi dicimus , & perfectam personam : nec enim sine persona est , subsistentiam dicere perfectam , perfectam autem & hominis naturam & personam similiter : quando autem ad conjunctionem respiciamus, unam personam tùnc dicimus .

CXVII.
Vigilius
Pap.

In suprascripto trigesimo capitulo pessimo exemplo tentatur ostendi , quomodo una persona Christi possit intelligi , id est , sicut de viro & de muliere convenientibus legitur , sic & in Christo discretis naturis quasi unam esse personam : & sequitur perfectam esse naturam Dei Verbi , & perfectam personam , & perfectam hominis naturam atque personam similiter : unde apparet, quia & de exemplo viri ac mulieris , ubi duæ personæ sunt , & de his quæ sequuntur, tametsi taceatur numerus , duæ autem inducuntur unius Christi personæ. Quod qui ita sapit docet , credit , aut prædicat ; anathema sit.] Prosequitur impius :

CXVIII.
Cap. xxxi.
hæret.

Sed Christum quidem secundùm carnem assumptam servi formam , eum autem qui eam assumpsit super omnia nominans Deum, intulit tamen hoc secundùm conjunctionem, ut per significationem nominum, naturarum manifestam divisionem faciat. Nemo igitur neque eum qui secundùm carnem ex Judæis est , dicat Deum, nec iterum Deum qui est super omnia secundùm carnem ex Judæis .

CXIX.
Vigilius
Pap.

In suprascripto trigesimoprimo capitulo, in expositione quæ de Symbolo trecentorum decem & octo Patrum facta videtur , non solùm divisio naturarum asseritur , sed & absolutè dicendo , neque eum qui secundùm carnem ex Judæis nudus Deitate homo & purus sine carne Deus, quasi seorsùm & seorsùm duæ pronunciantur esse personæ . Si quis ergò hæc ita sapit , docet, credit, aut prædicat, & non sic in uno Christo unitas confitetur esse naturas , ut personæ sive subsistentiæ singularitas agnoscatur ; anathema sit .] Adhùc Theodorus :

Jesum enim dicit à Nazareth, quem unxit Deus Spiritu sancto & virtute : qui autem Dei Spiritu unctus est , omninò aliquid hæret . indè assumpsit . Quis autem furens dicat de Spiritu aliquid assumpsisse divinam naturam necnon & participem : participes enim ejus videlicèt vocat qui & ipsi uncti sunt : qui autem uncti sunt , & in hoc participes ejus justè facti , non aliter unctiones communicare dicuntur , nisi ei qui assumptus est : hoc ipsum autem demonstratur, quòd mercedem justam accepit ; Prò hoc enim (inquit) quòd (b) dilexisti justitiam & odisti iniquitatem, pro his præcipuam unctionem meruisti .

CXX.
Cap. xxxii.
hæret.

b Psal. 44.

In suprascripto trigesimosecundo capitulo in commento epistolæ ad Hebræos adhibetur illud Petri, ubi dixit (c) : Jesum à Nazareth, quem unxit Deus Spiritu sancto & virtute . Et infertur : Qui autem Dei Spiritu unctus est, omnimodè aliquid indè assumpsit : & additur : Quis autem furens dicat de Spiritu aliquid assumpsisse divinam naturam ? Per quæ verba purus homo Christus inducitur, qui unctione Spiritus sancti particeps factus sit divinæ naturæ , sicut & alii : & mercedis justæ nomine , quia dilexerit justitiam & oderit iniquitatem, præcipuam meruerit unctionem . Qui ergò ita sapit , docet , credit , aut prædicat ; anathema sit.] Pergit veternosus hæreticus :

CXXI.
Vigilius
Pap.

c Act. x.

Rabbi , tu es Filius Dei, tu es Rex Israel: hoc est , tu es ille , qui de longè prædicatus es Christus: hæc enim scilicèt de Christo sperabat , sicut domestico constituto præter omnes Deo.

CXXII.
Cap. xxxiii.
hæret.

Certus quidem & ipse erat Filius Dei, non secundùm Deitatis dicens divinitatem, sed secundùm quod domesticus Deo erat, per quod filii Dei qui per virtutem domestici Deo constituti homines interim vocabantur .

CXXIII.
Cap. xxxiv.
hæret.

In suprascriptis trigesimotertio & trigesimoquarto capitulis de interpretatione Evangelii secundùm Joannem adhibentur verba Nathanaelis dicentis Domino (d) : Tu es Filius Dei, tu es Rex Israel. Et infertur dictum esse Christo tamquàm domestico Dei, ut non ipse Christus sit Deus, sed plusquàm alii homines sit domesticus Deo, & dicitur, quia sicut alii sancti homines filii Dei dicuntur , sic & Christus per familiaritatem , quam ad Deum habet , à Nathanaele, cum quo loquebatur , Deus sit nominatus. Quæ qui ita sapit ; docet, credit , aut prædicat ; & non eumdem Christum verum Deum & verum hominem confitetur , unum in utraque natura perfectum ; anathema sit.] Rursùm ex Theodoro :

CXXIV.
Vigilius
Pap.

d Joan. x.

Quando enim dicit , De Filio suo , qui factus est ex semine David secundùm carnem , non Deum dicit Verbum, sed assumptam servi formam; nec enim Deus secundùm carnem, nec Deus ex semine factus est David ; sed sumptus pro nobis homo quem Filium beatus Apostolus manifestè vocat .

CXXV.
Cap. xxxv.
hæret.

In suprascripto capitulo trigesimoquinto,

CXXVI.

Vigilius to, cùm exponitur locus Apostoli de epi-
Papa. stola ad Romanos, ubi dicit (*a*), De Fi-
a *Rom.1.* lio suo , qui factus est ex semine David secundùm carnem, nuda servi formâ depromi-
tur, dicendo quòd hic Filium eum qui ex
semine David factus est secundùm carnem,
non Deum Verbum dicat, sed sumptum pro
nobis hominem, quem Filium beatus Apostolus manifestè vocat : quæ verba ostendunt nudum (sicut dictum est) hominem
prædicari . Qui ergò ita sapit, docet , credit , aut prædicat , & non eumdem, qui ex
semine David secundùm carnem natus est ,
juxtà David & Pauli Apostoli vocem, ipsum credit esse etiam super omnia Deum ;
anathema sit .] Pergit impius :

CXXVII. Renatus alter factus est pro altero non
Cap.xxxvi. jàm pars Adam mutabilis , & peccatis cir-
hæret. cumfusi, sed Christi, qui omninò inculpabilis per resurrectionem factus est .

CXXVIII. In suprascripto trigesimosexto capitulo ,
Vigilius ubi ad baptizatum dicitur, quia renatus al-
Papa. ter factus est ex altero non jàm pars Adam
mutabilis , & peccatis circumfusi , sed
Christi , qui omninò inculpabilis per resurrectionem factus est : quibus verbis
Christum ante resurrectionem (quod absit)
vult videri fuisse culpabilem . Qui ergò
hæc sapit , docet , credit , aut prædicat ;
anathema sit .] Addit adhùc execrandus
hæreticus .

CXXIX. Ut multam quidem ejus faceret diligen-
Ca. xxxvii. tiam, omnia autem illius propria faceret &
hæret. toleraret per omnes conductus passiones,per
quas eum secundùm suam virtutem perfectum fecit , nec à mortuis secundùm suæ
naturæ legem recedens , sed sua præsentia
& operatione & gratia liberans eum quidem de morte & malis quæ indè sunt , sus-
citans eum de mortuis , & ad meliorem finem perducens.

CXXX. In suprascripto trigesimoseptimo capitu-
Vigilius lo dicitur , quia Christo in passionibus &
Papa. morte Deus Verbum præsentia & operatione & ad gratiam affuerit : quod si ita est ,
tamquàm alter alteri præsens gratiam &
operationem impendisse videbitur . Qui
ergò hæc ita sapit , docet , credit , aut prædicat , & non ipsum Deum Verbum , servata impassibilitate divinitatis suæ in carne
anima rationali & intellectuali animata ,
quam sibi ab ipso conceptu univit ex Virgine , omnia quæ de passione ejus scriptæ
sunt , voluntariè sustinuisse dicit ; anathema sit .] Subdit præterea blasphemus impostor ;

CXXXI. Deinde ostendens cujus gratia passus est,
Ca.xxxviii. diminutionem insert , quatenùs citra Deum
hæret. pro omnibus gustaret mortem : quia divina
natura ita volente, separata illa , ipse pro
se , pro omnium utilitate gestavit mortem :
& ostendens quòd Deitas separata quidem
erat ab illo qui passus est secundùm mortis
experimentum; quia hæc possibiliter erat illam mortis experimentum accipere : non
tamen ille qui passus est, adfuerat secundùm
diligentiam .

CXXXII. In suprascripto trigesimooctavo capitulo
Vigilius & falsatum testimonium Apostoli agnosci-
Papa. *Annal. Eccl. Tom. VII.*

mus : quia ubi legitur (*b*) ; Ut gratia Dei b *Hebr.2.*
pro omnibus gustaret mortem : hic inveni-
tur , Ut sine Deo pro omnibus gustaret
mortem . Et hoc quasi astruendo dicitur :
quia divina natura separata , ipse pro se ,
vel ut purus homo pro omnium utilitate
gustaverit mortem . Qui ergò ita sapit, docet,credit , aut prædicat : & non confitetur ,
quia Deus Verbum carnem,quam sibi ex ipsa conceptione secundùm substantiam adu-
nivit, nec inpassionibus, nec in morte umquàm deseruerit ; anathema sit .] Sequitur
trigesimanona blasphemia hæretici :

Jesum autem , ait , de Nazareth , quem CXXXIII.
unxit Deus Spiritu & virtute : cujus un- Cap. xxxix.
ctionem meritus, immaculatus effectus est hæret.
per omnia , & ad divinam naturam meruit
conjunctionem ; neque conjunctionem suscepisset illam , nisi priùs immaculatus fuisset , ut si condecoret illius unitatem.

In suprascripto trigesimonono capitulo CXXXIV.
rursùm illud quod beatus Petrus dixit (*c*) : Vigilius
Jesum à Nazareth , quem unxit Deus Spi- Papa.
ritu & virtute : exponens dicit , per uncti- c *Act. 2.*
onem Spiritus , quòd meruit , & immacula-
tum eum per omnia factum , & ad divinam
naturam meruisse conjunctionem ; quæ verba Christum purum hominem apertè signant , qui ergò hæc ita sapit , docet,cre-
dit , aut prædicat ; anathema sit .] Prosequitur Theodorus :

Nam & illud : Hic (*d*) est Filius meus di- CXXXV.
lectus , in quo mihi complacui : insania evidens Cap. xl.
est de Deo Verbo putare dicere eum . Qui hæret.
enim dixit : Hic est Filius meus dilectus ; & d *Matt. 13.*
intulit , In quo mihi complacui : significa-
vit quòd apertè ad comparationem hoc dicit
aliorum filiorum, qui nec dilecti facti sunt,
nec placere nimis potuerunt ei .

In suprascripto capitulo quadragesimo de CXXXVI.
interpretatione Evangelii secundùm Mat- Vigilius
thæum , ubi dicitur : Hic est Filius meus Papa.
dilectus , in quo mihi complacui : subjun-
gitur & dicitur : Insania evidens est de Deo
dicere eum . Qui enim dixit : Hic est Filius
meus dilectus; & intulit , In quo mihi complacui : significavit , quòd apertè ad comparationem hoc dicit filiorum , qui nec dilecti ei facti sunt , nec placere nimis potuerunt. Quæ verba Christum Jesum purum
rursùs hominem , & adoptivum filium evidenter ostendunt . Qui igitur hæc ita sapit,
docet , credit , aut prædicat ; anathema sit .]
Addit porrò ista hæreticus :

Permanens autem , donèc secundùm suam CXXXVII
creaturam & virtutem solvens mortis labo- Cap. xli.
res liberavit eum ineffabilibus illis vincu- hæret.
lis , & de mortuis resuscitans , transtulit
quidem in immortalem vitam: incorruptum
autem eum & immortalem & immutabilem
efficiens , in cælum duxit .

In suprascripto quadragesimoprimo ca- CXXXVIII.
pitulo dicitur , quòd solvens mortis dolo- Vigilius
res , liberavit Christum ineffabilibus illis Papa.
vinculis , & de morte resuscitans transtule-
rit quidem ad immortalem vitam , incorruptum autem eum & immortalem & immutabilem efficiens , in cælum eduxerit : per
quæ omnia verba declaratur nudum hominem

nem effe Jefum Chriftum . Qui ergò ita A
fapit, docet, credit ; aut prædicat, anathema fit.]Pergit blasphemus :

CXXXIX.
Cap. xlii.
hæret.

Chriftum juftificatum & immaculatum
factum fecundùm virtutem fancti Spiritus
(ficut beatus Apoftolus modò quidem dicit quòd juftificatus eft in Spiritu, modò
verò quòd per Spiritum æternum immaculatum fe obtulit Deo) mori quidem fecit fecundùm legem hominum , utpotè
autem impeccabilem virtute fancti Spiritus factum refufcitavit de mortuis, & vitam conftituit meliorem , immutabilem
quidem animæ cogitationibus, incorruptum autem & indiffolutum & carne faciens.

CXL.
Vigilius
Papa.

In fuprafcripto quadragefimofecundo capitulo dicitur Chriftum juftificatum & immaculatum factum effe virtute Spiritus
fancti : & adiicit, Mori quidem eum fecit
fecundùm legem hominum, utpotè autem
impeccabilem virtute Spiritus fancti factum refufcitavit de mortuis. Quibus verbis fic feparatus à Verbo-Dei infinuatur homo , ut fancti Spiritus virtute immaculatus & impeccabilis quafi aliquis juftus homo afferatur effectus. Qui ergò hæc ita
fapit, docet, credit, aut prædicat; anathema fit.] Rursùs execrandus Theodorus :

CXLI.
Cap. xliii.
hæret.

Deo autem gratias, qui nobis dedit victoriam per Dominum noftrum Jefum
Chriftum. Iftorum caufam nobis fuiffe, dicens Deum, qui contra omnes adverfarios
dedit nobis victoriam five mortis , five
peccati, five cujufcumque hinc nafcendi
mali : qui Dominum noftrum Jefum Chriftum pro nobis hominem fumens, & ipfum
per refurrectionem de mortuis ad meliorem tranftulit finem, & in dextera fua federe fecit , & nobis ad eum donavit communionem.

CXLII.
Vigilius
Papa.
a 1. Cor. 15.

In fuprafcripto quadragefimotertio capitulo, exponendo verba Apoftoli Pauli
quibus dicit (a) : Deo autem gratias, qui
nobis dedit victoriam per Dominum noftrum Jefum Chriftum. Et poft plura fub-
jungitur : Dominus nofter Jefus Chriftus
pro nobis hominem fumens, & ipfum per
refurrectionem de mortuis ad meliorem
tranftulit finem. Per quæ jàm quafi exiftens homo,à Deo Verbo fignificatur affumptus, ut duo fuiffe videantur , & alter alteri
præftitiffe. Qui ita fapit, docet , credit, aut
prædicat; anathema fit.] Nondùm finis
blasphemiarum ; adhuc pergit improbus
hæreticus :

CXLIII.
Cap. xliv.
hæret.

Cum interrogent, hominis genitrix-
ne , aut Dei genitrix Maria dicatur à nobis? Utraque, unum quidem natura, alterum autem relatione : hominis enim genitrix natura , quia homo erat & in ventre
Mariæ, & proceffit indè : Dei autem genitrix , quia Deus erat in homine nato, non
illum circumfcriptum fecundùm naturam ,
fed quòd in eo erat affectu voluntatis.

CVLIV.
Vigilius
Papa.

In fuprafcripto quadragefimoquarto capitulo dicitur:Cum ergò interrogent, hominis genitrix,an Dei genitrix.Maria dicatur ;

quafi ex refpondentis perfona ,dicitur, utra- A
que dici. Et adjungitur : Unum quidem natura rei , alterum autem relatione. Et addi-
tur:Hominis enim genitrix natura, quia homo erat & in ventre Mariæ , qui & proceffit
indè : Dei autem genitrix,quia Deus erat in
homine nato.Et adiicitur; Non ille circum-
fcriptus fecundùm naturam , fed quòd in eo
erat affectu voluntatis. Quæ verba item &
unum hominem Chriftum , & duos filios beatæ Mariæ demonftrant.Quod qui ita fapit,
docet,credit,aut prædicat: & non Deû Verbum,qui ante omnia fæcula ex Patre ineffabiliter natus eft,eumdem fancta Virgine Maria (ficut in primo capitulo diximus) per fecundam nativitatem fuam incarnatum &
natum unum in utraque natura inconfufa
infeparabilique cognofcit ; anathema fit.]
Adhùc urgens impius addit :

CXLV.
Ca.xlv.hæ-
ret.

Gratia filius qui ex Maria eft homo, natura autem Deus Verbum : quod autem fecundùm gratiam, non natura, & quod fecundum naturam, non gratia ; non duo filii? fufficiat corpori , quòd ex nobis eft ,
fecundùm gratiam filiatio, gloria & immor-
talitas : quia templum Dei Verbi factum eft
non fupra naturam elevetur: Deus Verbum
pro debita à nobis gratiarum actione non
injurietur : & quæ eft injuria componere
eum cum corpore , & putare indigere corporis ad perfectam filiationem : nec ipfe
Deus Verbum vult fe David filium effe,
fed Dominum; corpus autem hoc vocari
David filium non folùm non invidit, fed
& propter hoc adfuit.] Contra hæc Vigilius :

CXLVI.
Vigilius
Papa.

In fuprafcripto quadragefimoquinto capitulo dicitur, quia per gratiam fit filius
qui ex Maria eft homo , natura autem Deus Verbum : & quafi ratiocinatur
dicendo : Quod gratia , non natura:& quod
natura , non gratia. Et adjungitur. Sufficit
corpori quòd ex nobis eft fecundùm gratiam
filiatio, & non fupra naturam elevetur , &
Deus Verbum pro debita à nobis gratiarum
actione non injurietur. Quæ verba nudum
hominem ex Virgine Maria fignificant, qui
per gratiam appelletur Filius Dei . Qui ergò hæc ita fapit, docet , credit, aut prædicat ; anathema fit.]Infanies adhuc ita blaf-
phemat hæreticus :

CXLVII.
Ca.xlvi.hæ-
ret.

Quando erit quæftio de nativitatibus fecundùm naturam , ne Mariæ filius Verbum
Dei exiftimetur. Mortales enim mortales
generant fecundùm naturam , & corpus fimile fibi : & duas nativitates Deus Verbum
non fuftinuit, unam quidem ante fæcula ,
alteram verò in pofterioribus temporibus.]
At damnans hæc Vigilius ait :

CXLVIII.
Vigilius
Pap.

In fupradicto quadragefimofexto capitulo
dicitur ut Mariæ filius Deus Verbum non
exiftimetur : adiiciendo , quia mortalis
mortalem generat fecundùm naturam, &
corpus fimile fibi . Quæ verba & purum
hominem de fancta Virgine Maria fignificant, & duos Filios introducunt . Qui
ergò ita fapit, docet , credit , aut prædicat; anathema fit.]Infuper hæreticus impiè .

Ergò

CXLIX.
Cap. xlvii.
hæret.

Ergò jam cessabunt ab impudente pugna desistent autem à sua contentione, erubescentes evidentiam prædictorum: plurimos enim dicunt Filios in gloriam ducentes. Ecce igitur in filiationis rationem Apostolus (*a*), apparet, assumptum hominem cæteris connumerans, non secundùm quod illius filiationis particeps est, sed secundùm quod similiter gratia filiationem assumpsit, Deitate sola filiationem possidente. Ita verò damnat ista Vigilius.

a. Tim. 3.

CL.
Vigilius
Papa.

In suprascripto quadragesimoseptimo capitulo id quod dicit Apostolus, qui multos filios ad gloriam adduxerat, exponendo dicitur, quòd assumptum hominem cæteris connumeret sanctus Apostolus, eò quòd similiter gratiam filiationis acceperit, sola Deitate naturalem filiationem possidente. Quæ quidem verba (sicut superiùs dictum est) duos introducunt Filios, id est, unum per gratiam, alterum per naturam. Quod qui ita sapit, docet, credit, aut prædicat; anathema sit.] Sed blasphemare non cessans hæreticus addit:

CLI.
Cap. xlviii.
hæret.

Sed ad hoc dicunt, quòd Jesus nomen Salvatorem significat: Salvator autem si dicitur, quomodò ille homo dicatur? obliti quòd Jesus dicebatur etiam filius Nave: & quod mirandum est, quia non sit vocatus fortuitò in generatione, sed transnominatus à Moyse: certum autem est quòd non hoc imponere homini patiebatur, si divinam naturam omnimodè significabat.] At damnat ista Vigilius, dicens:

CLII.
Vigilius
Papa.

In suprascripto quadragesimooctavo capitulo de nomine Jesu, quod Salvatorem significat, argumentando negatur, & dicitur: Quia si Salvator divinam naturam significaret, numquàm tale nomen homini imponeretur. Quibus verbis absolutè & purus homo Christus ostenditur, & duæ personæ intelliguntur. Quæ qui ita sapit, docet, credit, aut prædicat; anathema sit.] Adhuc insaniens blasphemus addit:

CLIII.
Cap. xlix.
hæret.

Itaque non solum Filium ipsum vocat à Deo Verbo separans, sed etiam secundùm rationem filiationis comunicans cæteris participibus filiationis côvincitur; quoniam gratia & ipse particeps fuit filiationis, non naturaliter ex Patre natus, habens tamen ad cæteros excellentiam, qui unitate ad ipsum filiationem possidet, quod ei firmiorem ipsus rei donat participationem.] Reiicit ista Vigilius, dicens:

CLIV.
Vigilius
Papa.

In suprascripto quadragesimonono capitulo dicitur, quia Christus per gratiam particeps fuit filiationis, habens tamen ad cæteros excellentiam, quod ei firmior ipsius rei donata fuerit participatio. Quod qui ita sapit, docet, credit, aut prædicat; & non magis Deus Verbum cum assumpta carne unus atque idem Dominus Jesus Christus & verus Filius Dei & idem ipse verus Filius hominis intelligitur & creditur anathema sit.] Pergit hæreticus:

CLV.
Cap. l. hæret.

Homo Jesus similiter omnibus hominibus nihil differens connaturalibus hominibus,

Annal. Eccl. Tom. VII.

A

quàm quòd ipsi gratiam dedit: Gratia enim data naturam non mutat. Sed post mortis destructionem donavit ei Deus nomen super omne nomen.] Contra hæc Vigilius.

In suprascripto quinquagesimo capitulo dicitur, quòd homo Jesus nihil differat ab omnibus connaturalibus hominibus, nisi, quòd ei gratiam dedit: Quæ verba Dominum nostrum Jesum Christum velut unum de justis hominibus faciunt æstimari, qui non Deitate sua excelsus intelligatur, sed gratia aliquid ampliùs quàm cæteri homines asseratur adeptus. Quod si quis ita sapit, docet, credit, aut prædicat; anathema sit.] Rursus impius:

CLVI.
Vigilius
Papa,

B

Sed mei fratres, qui ejusdem mihi matris sunt filii, dicunt mihi: Non separato hominem & Deum, sed unum eundemque dic hominem, dicens. Connaturalem mihi dico Deum. Si dicam, connaturalem Deo, diceo? Quomodo homo & Deus unum sunt? numquid una natura hominis & Dei, Domini & servi, factoris & facturæ? Homo homini consubstantialis est, Deus autem Deo consubstantialis est? Quomodò igitur homo & Deus unus per nativitatem esse potest, qui salvificat & qui salvificatur? qui ante sæcula & qui ex Maria apparuit?] At audi Vigilium.

CLVII.
Cap. li. hæret.

C

In suprascripto quinquagesimoprimo capitulo negatur quòd unus idemque dici possit Deus & homo, dicendo: Quomodò homo & Deus unus per unitatem esse potest? qui salvificat, & qui salvificatur; qui ante sæcula est, & qui ex Maria apparuit? Quæ verba duas introducunt in Christo personas. Si quis igitur ita sapit, docet, credit, aut prædicat; anathema sit.] Addit insuper execrandus hæreticus:

CLVIII.
Vigilius
Papa.

D

Benè intulit: Namque ego homo (*b*) sum: ne dicat, nihil mirandum si hoc potes, cum sis homo accipiens à Deo: quoniam & ego cum hoc sim, accipio obedientes, semel habens jubendi potestatem propter datoris indulgentiam.

Quapropter & nec incongruum est, ut tè accepta ista à Deo potestate, verbo solo jubentem abigere passiones: nec enim tamquàm Filio Dei & ante universam creaturam existenti & Creatori eorum quæ sunt, accessit Centurio.] Sed contra ista omnia ita Vigilius:

CLIX.
Cap. lii. hæret.
b Matt. 8.

CLX.
Cap. liii.
hæret.

E

In suprascriptis quinquagesimosecundo & quinquagesimotertio capitulis dicitur: quia Christo dixerit Centurio, nihil mirandum esse si hoc potes, cum sis homo, accipiens à Deo: quoniam & ego cum hoc sim, accipio obedientes, semel habens jubendi potestatem propter datoris indulgentiam. Et quamvis ex eo quod sequitur, Centurionem non tamquàm Filium Dei adiisse, qui universam considerit creaturam: videatur quidem esse confiteri eum esse Filium Dei & creaturæ totius opificem: Tamen quia nec de Centurionis intellectu benè existimavit, cujus Dominus fidem non laudaret dicendo, Non inveni tantam fidem in Israel, nisi sciret eum intellexisse

CLXI.
Vigilius
Papa.

K k 2 quia

quia Deus est: & ex his & superioribus capitulis & a his dictis jam non per unitatem
subsistentiæ, sed per gratiam dicitur. Christus esse Filius Dei, & ex eo, Christus purus homo videtur induci, qui pro merito
suo acciperet per datoris indulgentiam pote-
testatem. Si quis ergo hæc ita sapit, docet, credit, aut prædicat; anathema sit.]
Instat adhuc blasphemus, addens:

CLXII.
Cap. liv.
hæret.
a 1.Tim.3.

Consonantia & Apostolus (a) dicit &
manifeste magnum pietatis mysterium, quod
manifestatum est in carne, justificatum est
in Spiritu; dicens ipsum, sive quod ante
baptisma, cum subtilitate competente. legem custodivit, sive quod etiam post illud
gratiæ conversationem, cooperatione Spiritus cum magna complevit subtilitate.] At
in hæc Vigilius:

CLXIII.
Vigilius
Papa.

In suprascripto quinquagesimoquarto
capitulo id quod Apostolus dicit : Quod
manifestatum est in carne, justificatum est
in Spiritu: Christus justificatus esse asseritur, sive quod ante baptismum cum subtilitate competenti, legem custodivit, sive
quod etiam post illud gratiæ conversationem cooperatione Spiritus cum magna subtilitate compleverit. Quæ verba quia item
purum hominem Christum justificatione
eguisse demonstrant: Si quis ita sapit, docet, credit, aut prædicat : & non magis ipsum ut verum Deum consubstantialem, Patri & Spiritui sancto justificare impios per
fidem credit; anathema sit.] Urget adhuc
blasphemus:

CLXIV.
Cap. lv.
hæret.

Idem hoc dicimus juste & de Domino,
quod Deus Verbum sciens ejus virtutem, &
secundum præscientiam statim in ipso initio
complasmationis cohabitare bene voluit,
& uniens eum sibi affectu voluntatis, majorem quamdam præstabat ei gratiam, utpote gratia sive in eum est, & in omnes
homines dividenda. Unde & circa boni
voluntatem integram ei custodiebat. Non
enim hoc dicimus, quod illic homo voluntatem habebat nullam, sed quod volebat
quidem bonum, magis autem ei voluntariè plurimum aderat & boni desiderium, &
contrarii odium: conservabatur verò a divina gratia illi voluntas integra ab initio,
Deo qualis erit subtiliter sciene, qui &
ad confirmandum eum magnam illi cooperationem habitationem sua præstabat pro omnium nostrum salute: unde nec injustum dicat aliquis esse, quod præter omnes præcipuum aliquid datum est illi homini, qui
à Domino assumptus est.] Ita profanus.
Sed contra hæc Vigilius:

CLXV.
Vigilius
Papa.

In suprascripto quinquagesimoquinto capitulo dicitur, quia Deus Verbum secundùm præscientiam sciens hominis Christi
virtutem, initio complasmationis statim
inhabitare in ipso bene voluerit, & uniens
eum sibi affectu voluntatis, majorem quamdam ei præstabat gratiam. Ex quibus verbis, & ex aliis quæ sequuntur, duæ evidenter inducuntur esse personæ, & quia Filius
Dei in Filio hominis per affectum & gratiam
& relationem habitare videatur. Si quis
ergo hæc ita sapit, docet, credit, aut præ-

A dicat: & non quasi eundemq; Christum in
duabus perfectis & individuis inconfusisq;
agnoscit & credit naturis; anathema sit.]
Addit verò adhuc impius:

Nam rationalis quidem primùm est discretio bonorum & malorum: cum verò non
sint contraria, non erat ei possibile aliquid discernere. Primùm igitur in his quæ
creata sunt, magnam contrarietatem fecit.
Sed hæc expendens Vigilius, ait:

CLXVI.
Cap. lvi.
hæret.

B In suprascripto quinquagesimosexta capitulo dicitur, rationalis proprium esse discretionem bonorum, & malorum. Et post
pauca sequitur: Primùm igitur in his quæ
creata sunt magnam contrarietatem fecit.
Quæ verba si ea intentione dicantur, ut mali natura, sicut & boni, introducatur; anathema sit.] Sed rursum hæreticus:

CLXVII.
Vigilius
Papa.

Quoniam autem non obaudivit Adam,
deinde subditus est morti, & factum est hoc
propter inobedientiam, quod & citra inobedientiam propter utilitatem nostram à Creatore factum est; & docti sumus omnes peccatum.] At contra hæc Vigilius ita:

CLXVIII.
Cap. lvii.
hæret.

C In suprascripto quinquagesimo septimo
capitulo dicitur, quia etsi non fuisset Adam
inobediens, tamen propter utilitatem hominum à Creatore factum esse, & edoctos
nos esse peccatum: quod absit ut Catholica fides credat, à Deo nos, ut peccatores
efficeremur, doceri potuisse peccatum. Si
quis ergo hoc ita sapit, docet, credit, aut
prædicat; & non magis prohibente Deo,
primi hominis culpa introductum fateatur
esse peccatum, & justo Dei judicio eum
atque ejus progeniem propter inobedientiam suam mortis subiisse supplicium; anathema sit.] Urget adhuc blasphemus, dicens:

CLXIX.
Vigilius
Pap.

D Nec igitur mortem sponte & præter judicium suum intulit hominibus, nec peccato aditum ad nullam utilitatem dedit: nec
enim hoc fieri, nolente ipso, poterat: sed
quoniam sciebat utile esse nobis, magis autem omnibus rationalibus priùs quidem
malorum & deteriorum fieri aditum, posteà autem deleri quidem hæc, introduci
autem meliora: ideò in duos status divisit
Deus creaturam, præsentem & futurum, in
isto quidem ad immortalitatem omnia adducturus, in presenti verò creaturam in mortem, & mutabilitatem interim demittens.
Nàm si statim ab initio immortales nos fecerit & immutabiles, nullam differentiam
ab irrationalibus haberemus, proprium
nescientes bonum: ignorantes etiam mutabilitatem, immutabilitatis ignoramus
bonum: nescientes mortem, immortalitatis lucrum nesciebamus: ignorantes corruptionem, non laudabamus incorruptionem:
nescientes passionum gravamen impassibi-
litatem non mirabamur (compendiosè dicam ne longum sermonem faciam) nescientes malorum experimenta, bonorum illorum non poteramus scientiam mereri.] Audi verò Vigilium:

CLXX.
Cap. lviii.
hæret.

In suprascripto quinquagesimo octavo
capitulo dicitur, ideò Deum dedisse peccato aditum, quia utile hoc sciebat esse
nobis

CLXXI.
Vigilius
Papa.

nobis magis autem omnibus rationabilibus
ut priùs videlicèt malis & deterioribus rebus fieret aditus, posteà autem his deletis
introduci meliora. Et adiicitur: quia si
statim ab initio immortales nos fecisset &
immutabiles, nullam differentiam ad irrationabilia haberemus, proprium nescientes bonum. Quibus verbis primùm contra
regulam fidei Deus asseritur tamquàm nobis utile introduxisse peccatum. Secundò
cùm omnia rationabilia complectitur, hoc
etiam de Angelis & de universa cælesti militia, quæ ratione est prædita, facit intelligi. Tertiò quia illud, quod diabolus ad
decipiendum primis hominibus persuaserit,
quia si de ligno prohibito manducarent,
sicut dii scientes bonum & malum, beneficii loco asseritur profuisse. Quæ si quis
ita sapit, docet, credit, aut prædicat; anathema sit.] Rursùm verò erroribus intexens
errores impius addit:

CLXXII.
Cap. lix.
hæret.
Necesse est autem omnia simul rationabilia, invisibilia dico, & nos ipsos, quibus
mortale quidem est corpus, animam autem
per omnia ejusdem generis invisibilibus,
& rationabilibus substantiis hic animum
præsentem mutabilitatem pati, ut optima erudiamur doctrina religiositatis, &
ad benevolentiam constituamur.] Ad hæc
Vigilius.

CLXXIII.
Vigilius
Papa.
In suprascripto quinquagesimonono capitulo dicitur: Necesse est omnia simul rationabilia, invisibilia, & nos ipsos, quibus mortale quidem est corpus, animam
autem per omnia ejusdem generis invisi-
libus & rationabilibus substantiis hic quidem præsentem mutationem pati, ut optima erudiamur doctrina religiositatis, & ad
benevolentiam constituamur. Quibus verbis si & Angeli lucis, & universæ cæ-
lestes invisibilesque virtutes sic mutabi-
litati hactenus subjacere, sicut humanæ
animæ asseruntur; anathema sit.] Rursùm
hæreticus:

CLXXIV.
Cap. lx.
hæret.
Nam sciebat quidem, quòd peccabunt
omnimodò: concedebat verò hoc fieri, expedire eis cognoscens, quoniam non erat
impossibile eum qui confecerat non existentes, & tantorum quidem demonstraverit
dominos, tanta verò bona proposuerit, ut
eis fruantur, nec prohibere peccati aditum
sed expedire eis hoc cognosceret: sed enim
non erat possibile nos aliter discere peccatum & passionum molestias & deteriora, &
nostram infirmitatem in his demonstran-
dam, & ostendendam magnitudinem immutabilitatis, quam posteà nobis esset dona-
turus, nisi sic ab initio hæc fuissent à Deo
dispensata, ut collatione & experimento infinitorum illorum bonorum possemus scire
magnitudinem, & hujusmodi gratia, utpotè profuturum nobis peccatum intrare dimittens, magnum in ejus bello auxilium invenit.] Contra hæc Vigilius.

CLXXV.
Vigilius
Papa.
In suprascripto sexagesimo capitulo dicitur, quia Deus sciens hominem peccatu-
rum, ideò peccare permiserit, quia hoc ei
noverat expedire, & propterea non prohibuisse peccati aditum, quia sic ab initio à

Annal. Eccl. Tom. VII.

A Deo fuerit dispensatum, ut collatione &
experimento infinitorum malorum, bonorum possemus scire magnitudinem, & hujus
rei gratia, utpotè profuturum nobis peccatum intrare dimittens, magnum in ejus
peccati bello auxilium invenerit homo. Quæ
verba quoniam aliena sunt à sensu divinæ
Scripturæ, ut dicatur, quia peccatum à
Deo pro utilitate nobis introductum sit: Si
quis ita sapit, docet, credit, aut prædicat;
anathema sit. Sancta enim Catholica Ecclesia hoc certum tenet & credit, quia Deus
& prohibuerit à peccato primum hominem,
& per inobedientiam peccatum punierit ju-
B sto supplicio: sed bene utens etiam malis nostris, singulari nos remedio, per unigeniti
Filii sui incarnationem, passionem, mortem, & resurrectionem, hoc est Domini nostri Jesu Christi, ab omnium peccatorum
nexibus liberavit.] Hactenùs sexaginta capitum facta damnatio, ipsaque præmissa defensioni Trium capitulorum; nec (ut dictum
est) cum pro ipsorum defensione laborat,
pro allata Theodori nomine mala doctrina
pugnasse videri posset, & pati calumniam
ab iis qui inferre parati erant. Subdit itaque
hæc opportunè Vigilius.

C His igitur competenter, & per Orthodoxæ fidei rectitudinem, Apostolicæ sententiæ auctoritate damnatis: constituimus,
ut ex omnibus istis, quæ nos Patrum statutis atque traditionibus inhærentes Apostolica auctoritate damnavimus, nulla inju-
riandi præcedentes Patres vel doctores Ecclesiæ (quæ proculdubiò scandala sacrosanctæ Ecclesiæ suscitat) præbeatur occasio;
anathematizantes omnem ad ordines Ecclesiasticos pertinentem, qui Patribus atque
doctoribus Ecclesiæ contumeliam ex suprascriptis impietatibus quodammodò ascribere vel irrogare voluerit. Et quoniam
præfata dogmata, quæ secundùm intelle-
D ctum de his expositum anathemati atque
damnationi subjecimus in eo volumine,
quod nobis per fratrem nostrum Benignum
Episcopum nuper à pietate vestra trans-
missum, sub Theodoro Mopsvesteni Episcopi perhibentur nomine prænotata; ad hoc
solicitudinis nostræ animum consequenter
admovimus, ut si quid de persona vel nomine memorati Theodori apud Patres quæsitum sit, vel si qua super ejus nomine ab eis
regulariter fuerint constituta, sive disposita, diligentissima indagatione quærere cu-
raremus. Et hæc investigantes advertimus
beatæ recordationis Cyrillum Alexandri-
E næ civitatis Antistitem de persona jam mortui Theodori Episcopi Joanni reverendæ
memoriæ Antiochenæ civitatis Episcopo
vel Orientali Synodo ad ejus litteras res-
cribentem, inter alia ita tradidisse : Quæ
prolata est in sancta Synodo Ephesina definitio, veluti à Theodoro disposita (sicuti
offerentes dicebant) nihil habens sanum,
evacuavit quidem eam sancta Synodus veluti per versarum plenam intelligentiarum,
condemnans item eos qui sic sapiunt : Dis-
pensatim verò mentionem viri non fecit, neque eum nominatim anathemati subdidit,

CLXXVI.
De trib.
Capp. ac
primùm de
Theodoro
Mopsvest.

Kk 3 neque

neque alios . Ipfam verò Synodum Ephefinam primam folicitè recenfentes , nihil de
Theodori Mopfvefteni perfona referre
comperimus , fed fymbolum , quod Carif-
fius presbyter illic prodidit, magis quia
ab Athanafio & Photio , qui tunc temporis hæretico Neftorio adhærebant, per Antonium & Jacobum nomina tantùm presbyterorum habentes ad Philadelphorum Ecclefias fuerit deftinatum : ex quo claret ,
beatum Cyrillum hoc quod per litteras profitetur , à prolatoribus fcilicet fymboli jam
defuncti Theodori Epifcopi nomen fuiffe
delatum , fua providentia Ecclefiafticam
moderationem circa mortuum fapientia facerdotali fervantem , noluiffe nomen ejus,
ne monumentis quidem Synodalibus, propter regulam quæ de mortuis in facerdotio
fervanda eft , contineri . Quomodò autem
hoc quod fupra dixit beatus Cyrillus dif-
penfativè factum , ut minimè anathemati
nomen viri fubjicere voluiffet intelligi, ad
Ecclefiafticam regulam porrigendum , in
eadem epiftola fub fubter adjecit, dicens :
Sed juftè audiunt , tametfi nolunt, qui hujufmodi caufas præbent : Oblivifcimini ve
ipfos, quando adverfùs cineres arcus exten-
ditis : non enim fupereft qui apud eos infcriptus eft : & me nullus culpet in hæc verba progreffum , fed cedant valdè, nimirùm
prædeceffori .

CLxxvii. Grave eft enim infultare defunctis, vel fi
laici fuerint , nedùm illis qui in Epifcopatu hanc vitam depofuerunt. Juftiffimum
enim apparet prudentibus viris cedere præ-
fcienti Deo fcilicet uniufcujufque voluntatem , & cognofcenti qualefcunque quifque
futurus fit . Beatum quinetiam Proclum
hujus regiæ civitatis Antiftitem ita memorati Joannis Antiocheni Epifcopi fimiliter
conftat refpondiffe refcriptis , dicentem inter alia . Quando enim fcripfi tuæ fanctitati , oportere aut Theodorum , aut alios
quofdam, qui pridem defuncti funt , anathemati fubdi , aut nominatim aliquius feci mentionem? Et poft pauca: Et illa capitula , quæ fubjecta funt, repuli, utpotè
fubtilitatem non habentia pietatis: neque
autem de Theodoro , neque de alio quoquam qui jam defuncti funt fcripfi , Deo a-
mantiffimi, aut ut anathematizaretur , aut
ut abdicetur . Sed neque chriftiffimus Theodorus , qui à nobis directus eft, diaconus, talia mandata fufcepit . Item ipfe beatus Proclus in epiftola ad Maximum diaconum poft
alia ita dicit: Quomodò igitur per litteras
didici nùnc, quia Theodori Mopfvefteni &
aliorum quorundam nomina præpofita funt
capitulis ad anathematizandum , cum illiad
Deum jam migraverint : & eos qui jam vitam reliquerunt , fupervacuum eft injuriari
poft mortem, quos nec vivos aliquandò
culpavimus. Et poft pauca: Poft fubfcriptionem autem tomi , & poft abjectionem
capitulorum, quæ cujus fint ignoramus,con-
tinuò præpara diaconum Theodorum venire ad regiam civitatem .

CLxxviii. Perpendat ergò pietatis veftræ fapientiæ
fingularis, quia Proclus eruditiffimus fa-

cerdotum , & non longè à Theodori Mopfvefteni vita repertus , mala quæ libenter
damnaverat, cujus effent, fe jam tunc profeffus eft ignorare. Sed neque in fancto ac
venerando Chalcedonenfi Concilio aliquid
de fæpius defignati Mopfvefteni Theodori
Epifcopi nomine invenimus ftatutum vel
dictum effe contrarium , dùm in relatione,
quam eadem veneranda Synodus piæ memoriæ Marciano tùnc Imperatori tranfmifit ,
quam vos quoque veftris legibus, dùm Orthodoxa profeffione unum de fancta Trinitate Chriftum Deum ac Dominum noftrum
confitendùm aftruitis , ad teftimonium laudabiliter adduxiftis, litteræ Antiocheni Joannis cùm Orientali Synodo ad Theodofium tùnc piiffimæ recordationis Principem
deftinatæ venerabiliter memorentur,quibus
Mopfvefteni Theodori Epifcopi perfona,
ne poft mortem damnari deberet , excu-
fatur .

Poft hæc ampliori cura profpeximus , fi **CLXXIX.**
quid in his, qui jam defuncti funt, & minimè reperiuntur in vita damnati, etiam
fanctæ recordationis prædeceffores noftri.
decreverint. Quibus infpectis , agnovimus,
quod hujus cautelæ providentiæque formam
veneranda prædecefforum noftrorum fedis
Apoftolicæ Præfulum conftituta nobis apertiffimè tradiderunt. Nàm beatiffimus Papa
Leo ad Theodorum Epifcopum Foroli-
vienfem poft alia ita dicit: Non neceffe
eft nos eorum, qui fic obferunt , merita
actufque difcurrere: cùm Dominus Deus
nofter , cujus judicia nequeunt comprehendi , quod facerdotale myfterium implere
non poterat, fuæ juftitiæ refervavit. Item
beatus Gelafius Papa in epiftola , quam ad
Epifcopos Dardaniæ de caufa Acacii fcripfit , poft alia ita dicit: Qui poftquam in
collegium recidens pravitatis, jure meruit
ab Apoftolica communione fecludi, in hac
autem perfiftens damnatione defunctus eft,
abfolutionem quam fuperftes nec quæfivit
omninò , nec meruit , mortuus jam non poteft impetrare. Siquidem ipfis Apoftolis a Matt. 18.
Chrifti voce delegatum eft (a): Quæ liga-
veritis fuper terram, & quæ folveritis fuper
terram. Cæterùm jam de eo , qui in divino
eft judicio conftitutus , nobis tas aliud decernere non eft , præter id in quo eum die-
fupremus invenit .

Item memoratæ beatæ recordationis Pa- **CLXXX.**
pa Gelafius in Geftis Synodalibus de Mife-
ni Epifcopi Cumani abfolutione confectis
hoc evidenter edocuit , dicens : Totum
quod fupra facultatis eft modulum , divino judicio relinquamus : non autem nobis
poterunt imputare , cùr prævaricationis
offenfam viventibus remittamus ; quod Ecclefiæ , Deo largiente, poffibile eft: nec
nos jam mortuis veniam præftare depol-
cant ; quod nobis non effe poffibile , manifeftum eft. Quia cum dicitum fit: Quæ liga-
veritis & folveritis fuper terram : hos quos
fuper terram jam non effe conftat , non
humano fed fuo Deus judicio refervavit ,
nec audet Ecclefia fibimet vendicare , quod
ipfis Apoftolis confpicit non fuiffe conceffis

quia

quæ alia eft caufa fuperftitum, alia defunctorum. Hanc autem regulam & in fanctorum Joannis Conftantinopolitani Epifcopi, quem Chryfoftomum vocant, atque Flaviani ejufdem civitatis Epifcopi venerandæ memoria conftat effe fervatam : qui licet violenter exclufi funt, non tamen pro damnatis funt habiti, eò quòd femper inviolatam eorum communionem Romani Pontifices fervaverunt; nec abfcindi ab Ecclefia dici potuerunt, vel potuerunt, quos fibi inconvulfè unitos Apoftolica judicavit auctoritas:

CLXXXI. In Eufebii etiam cognomento Pamphili hiftoriæ libro feptimo legitur, Dionyfium Alexandrinæ civitatis Epifcopum, qui longè antè fuerat, de Nepote quodam Epifcopo Ægypti ita feciffe. Hic enim Nepos Epifcopus de mille annis, quibus poft primam refurrectionem Sanctos cum Chrifto regnaturos effe, beatus Joannes Apoftolus in Apocalypfi dicit, fcripfiffe afferitur, in quibus Judaicum intellectum habuiffe narratur. Poft cujus mortem, cum ad Dionyfium Alexandriæ Epifcopum perveniffet, quòd tota Ægyptus ipfos libros, quos Nepos reliquerat, veluti magnum aliquod & occultum myfterium fe habere putaret : & pergens ad eum locum (in Arfenoite enim quæftionem ipfam motam fuiffe refert) fcribenfque deftruxit eofdem libros, atque evertit : Nepotem verò qui eos fcripferat propter hoc maximè, quia jam defunctus fuerat, nulla fit aggreffus injuria. Quæ fi quis latiùs agnofcere velit, in memorato feptimo hiftoriæ ejufdem Eufebii libro reperiet.

CLXXXII. Quibus omnibus diligenter infpectis, quia licet diverfo Patres noftri verborum modo, unius tamen ductu intelligentiæ differentes, illæfas facerdotum in pace Ecclefiaftica defunctorum fervavere perfonas, idemque regulariter Apoftolicæ fedis quæ fupra definiunt conftituta: Nulli licere noviter aliquid de mortuorum judicare perfonis ; fed in hoc relinqui, in quo unumquemque dies fupremus invenit : & fpecialiter de Theodori Mopfvefteni nomine, quid fancti Patres noftri difpofuerint, fuperiùs evidenter expreffum eft; eum noftra non audemus damnare fententia, fed nec ab alio quopiam condemnari concedimus. Abfit tamen, ut fuprafcripta capitula dogmatum quæ fecundùm fubjectos intelligentiæ fenfus à nobis conftant effe damnata, vel quæcumque dicta cujuslibet fine nomine prænotata, Euangelicis tamen & Apoftolicis ac quatuor Synodorum Nicænæ, Conftantinopolitanæ, Ephefinæ primæ, atque Chalcedonenfis, & Apoftolicæ fedis non congruentia confonaque doctrinis, non folùm fenfu, fed vel etiam aure patiamur admittere.

CLXxxiii. De feriptis verò quæ fub viri venerabilis De Theodoreti quondàm Epifcopi nomine profToredoreti cau-feruntur : miramur primùm, cur necesfa Cap. ii. fe ejus facerdotis nomine in obtrectationem quicquam cujuslibet ftudio devocari, qui ante centum & ampliùs annos in fanctæ

ac venerandæ Chalcedonenfis Synodi judicio conftitutus fine aliqua cunctatione fubfcripfit, & beatiffimi Papæ Leonis epiftolis prona devotione confenfit. Dehinc cum exifterent tunc Diofcorus & Ægyptii Epifcopi, qui eum dicerent fanctum Cyrillum anathematizaffe, & eumdem Theodoretum etiam hæreticum effe ; tamen fancti Patres noftri hæc audientes, diligentiffimè eodem Theodoreto pofthàc examinatione difcuffo, & præfente à præfentibus inquifito ; nihil aliud ab eo exegiffe nofcuntur, nifi ut ftatim Neftorium ejufque impia dogmata anathematizaret atque damnaret, hoc fibi tantummodò fufficere judicantes ? quod illorum univerfo Concilio faciens, Neftorium cum dogmatibus fuis, univerfis Patribus audientibus, clara voce damnavit. Ex quo evidenter apparet, quia quicquid fit vel fuerit fub cujuslibet prolatum nomine, quod impii Neftorii videatur concordare dogmatibus, hoc tunc in illo fancto Concilio à viro venerabili Theodoreto fuerit fine dubitatione damnatum : & fit valdè contrarium & Chalcedonenfis Synodi judicio indubitabiliter inimicum, quædam Neftoriana dogmata nùnc fub ejus facerdotis nomine condemnari, qui cum fanctis Patribus eumdem impium Neftorium & execrabilia ejus dogmata (ficut diximus) tunc apertiffimè anathematizavit. Quid enim aliud eft, mendaces aut fimulantes profeffionem rectæ fidei Patres in fancta Chalcedonenfi Synodo refidentes oftendere, quàm dicere aliquos ex eis fimilia fapuiffe Neftorio, quorum judicio videas Neftorium ejufque dogmata fuiffe damnata?

Nec illud arbitrandum eft, quia fanctæ CLxxxiv. memoriæ Cyrilli injuriis per duodecim capitulorum ejus reprehenfionem à viro venerabili Theodoreto (ut putatur) ingefta beatiffimi Patres noftri in fancta Synodo Chalcedonenfi neglexerint : fed aut (utpotè rebus de proximò geftis cuncta præ oculis habentes) Theodoretum nihil tale feciffe probaverunt ; aut exemplum ipfius fanctæ memoriæ Cyrilli judicaverunt effe fequendum, qui poft multa & gravia contra fe ab Orientalibus apud Ephefum fcripto gefta, tempore quo cum ipfis in concordiam remeavit, tamquàm fi acta non fuiffent, pacis amore, filentio dereliquit : ut impleret utique illud Apoftolicum dictum, quo Corinthiis fcribit, dicens (a): Cui a 2. Cor. 2. enim aliquid donaftis ; & ego. Nàm & illud fancta Synodus Chalcedonenfis intendiffe credenda eft: quia dùm doctrinam fancti Cyrilli ex epiftolis ejus in eadem Synodo referatis atque receptis memoratus Epifcopus Theodoretus ita devotè mente fufcepit, ut doctrinæ quoque ejus ad laudandam beatiffimi Papæ Leonis epiftolam teftimonii uteretur ; etiam fi in eum injurias intuliffe conftaret, pleniffimè fatisfeciffe videretur, illius venerabilium amplectendo fidem, cujus falfò fuerat fufpicatus errorem. Et ideò nos nec aliquid velut omiffum à Patribus noftris quærere nùnc aut retractare convenit;

nit ; & eos, quibus S. Cyrilli reprehenfio A
nùnc placet, aut iisdem fanctis Patribus noftris æftimant placuiffe, modis omnibus refutamus.

CLXXXV.
Theodore-
tus non dá-
nandus.

Hac ergò rerum veritate perpenfa, ftatuimus atque decernimus, nihil in injuriam atque obtrectationem probatiffimi in
Chalcedonenfi Synodo viri , hoc eft, Theodoreti Epifcopi Cyri , fub taxatione nominis ejus àquoquam fieri , vel proferri ; fed
cuftodita in omnibus perfonæ ejus reverentia , quæcumque fcripta , vel dogmata ejus
cujuslibet nomine prolata fceleratorum
Neftorii atque Eutychetis manifeftantur
erroribus confonare, anathematizamus atque damnamus. Etenim fatis habet, abundèque fufficere debet , quòd damnantes atque anathematizantes cum Paulo Samofateno & Bonofo Neftorium, & è diverfò cum
Valentino· atque Apollinare Eutychetem,
fimul & errores eorum, aliofque hæreticos
omnes cum dogmatibus fuis ; illos quoque
pariter condemnamus , qui erroribus eorum implicuti & inemendabiles permanentes de vita præfentis fæculi migraverunt.
Siquidem per hoc nihil perverfæ doctrinæ
relinquimus, quod non per hanc fententiam à nobis prolatam à fancta Dei Ecclefia Apoftolica auctoritate inveniatur ex-
clufum.

CLxxxvi.
Anathe-
mathifmi
quinque.

Rursùs tamen hoc fpecialiter dicimus: ut
fi quis, fervata inconvertibilitate naturæ
divinæ, non confitetur Verbum carnem
factum, & ex ipfa conceptione de utero
Virginis humanæ naturæ fibi fecundùm
fubfiftentiam uniffe principia; fed tamquàm cum exiftenti jàm homine fuerit Deus
Verbum : ut per hoc non fancta Virgo verè Dei genitrix effe credatur , fed verbo tenùs appelletur ; anathema fit .

Si quis fecundùm fubfiftentiam unitatem
naturarum in Chrifto factam denegat , fed
feorsùm exiftenti homini tamquàm uni juftorum inhabitare Deum Verbum ; & non
ita confiteatur naturarum fecundùm fubfiftentiam unitatem , ut Deus Verbum cum
affumpta carne una permanferit, permaneat-
que fubfiftentia five perfona ; anathema fit .

Si quis voces Evangelicas & Apoftoli-
cas in uno Chrifto ita dividit , ut etiam naturarum in ipfo unitarum divifionem intro-
ducat ; anathema fit .

Siquis unum Jefum Chriftum verum Dei
& eumdem ipfum verum hominis Filium futurorum ignorantiam aut diei ultimi Judicii habuiffe dicit , & tanta fcire potuiffe,
quanta ei Deitas, quafi alteri cuidam inhabitans , revelabat; anathema fit .

a Hebr. 5.

Si quis illud Apoftoli, quod eft in epiftola
ad Hebræos (a) dictum , quòd experimento cognovit obedientiam , & cum clamore
forti & lacrymis preces fupplicationefque
obtulit ad Deum , qui falvum illum poffet,
à morte facere : tamquàm nudo Deitate
Chrifto deputans, qui falvum illum poffet
perfectus fit , ut ex hoc duos introducere
Chriftos vel duos Filios videatur , & non
unum eumdemque credit Chriftum Dei &

hominis Filium ex duabus & in duabus naturis infeparabilibus indivififque confitendum atque adorandum: anathema fit .

His omnibus & hujufmodi blafphemiis
ita à nobis abdicatis atque damnatis ; hac
præfentis conftitutionis difpofitione quàm
maximè providemus, ne (ficut fuprà diximus) perfonis quæ in pace & communione
univerfalis Ecclefiæ quieverunt, fub hac
damnatià nobis perverfi dogmatis occafione aliquid derogetur , ; fed execrabilibus
dogmatibus in Neftorio atque Eutychete
hærefiarchis, univerfifque eorum fequacibus condemnatis ; illis facerdotibus, qui in
pace Catholicæ Ecclefiæ (ficut dictum eft)
funt defuncti , nulla contumelia generetur :
ne indè injuriarum nafcatur occafio ,
undè potius debeat fanctorum Patrum reverentia cuftodiri .]

CLxxxvii.
Quos Vi-
gilius no-
lit damna-
ri mortuos.

Hic adverte affertionem iftam Vigilii de
mortuis non condemnandis haud ita gene-
taliter , ut ponitur, ufu receptam . Quamvis enim aliquis probetur mortuus in pace
Ecclefiæ , & tamen abfque calumnia con-
ftiterit eum damnatam hærefim aliquam
fcriptis fuis acerrimè reliquiffe defenfam,
& in eo errore perfeverantem diem extremum claufiffe , fimulatèque Catholicæ
Ecclefiæ communicaffe ; ejufmodi hominem
jure damnare poft mortem fancta confuevit
Ecclefia . Pergit verò Vigilius:

CLxxxviii.

De epiftola quoque venerabilis viri Ibæ
quondam Edeffenæ civitatis Epifcopi , de
qua pariter inquififtis, diligenti nihilominùs inveftigatione quæfivimus , fi quid de
ea prifcis temporibus apud Patres noftros
motum vel agitatum , five quæfitum , feu
fuerit conftitutum . Et quia Græcæ linguæ (ficut cunctis & maximè pietati veftræ
notum eft) fumus ignari ; nunc per noftros,
qui ejufdem linguæ videntur habere notitiam , Gefta fancti venerandæ Chalcedonenfis Concilii in Synodalibus codicibus
diligentiffimè perquirentes, dilucidè apertèque reperimus , duabus in eadem Synodo
Actionibus prædicti viri venerabilis Ibæ
examinatum fuiffe negotium ; ibique ex
Geftis apud Photium Tyri & Euftathium
Berythi Epifcopos habitis , hanc de qua
quæritur, inter cætera prolatam fuiffe contra eum ab accufatoribus ejus epiftolam :
cumque confummata ipfius difceptatione
negotii , à venerandis fuiffet Patribus re-
quifitum , quid de ejufdem conftituendum
videretur Ibæ negotio ; confequenter hujufmodi proceffiffe fententias (b) :

CLxxxix.
De Ibæ E-
pifcopi cau-
fa cap. iii.

Pafchafinus & Lucentius reverendiffimi
Epifcopi & Bonifacius presbyter tenentes
locum fedis Apoftolicæ (quia Miffi Apofto-
lici femper in Synodis priùs loqui & con-
firmare foliti funt) per Pafchafinum dixe-
runt : Relectis chartis, agnovimus ex fen-
tentia reverendiffimorum Epifcoporum, Ibam
reverendiffimum innoxium approbari . Re-
lecta enim ejus epiftola , agnovimus eum Or-
thodoxum . Et ob hoc decernimus & honorem
Epifcopatus reftituendum , & Ecclefiam à
qua injuftè & abfens expulfus eft , reparan-
dam . De Epifcopo igitur fanctiffimo Nonno,
qui

b *Concil.*
Chalced.
Act. 10.
prope fin.
CXC.

qui pro eo paulò antè factus est, existima-
tionis erit venerabilis Episcopi Antiochenæ
firmari Ecclesiæ, quid oporteat de eo formari sive
statui.

CXCI. Anatolius reverendissimus Archiepiscopus Constantinopolis nova Roma dixit : Deo
amantissimorum Episcoporum & Judicum
fides, ac lectio omnium horum quæ sunt subsecuta, demonstrant innoxium Ibam reverendissimum ab accusationibus quæ illatæ
sunt in eum. Unde omnem in præsenti suspicionem abiicio, quoniam consentit & sub-
scribit ei quæ nunc de fide sententia data est à
sancto Concilio, & epistola sanctissimi Archiepiscopi Romæ Leonis ; & dignum eum
judico Episcopatu, & habere curam in qua
pridem existebat Ecclesia.

CXCII. Maximus reverendissimus Episcopus Antiochenus dixit : Ex iis quæ modò relecta
sunt, constitui manifestum esse, quia ab omnibus ei illatis reverendissimus Ibas innoxius
est repertus : ex relecto verò rescripto epistola, quæ probata est ab eo qui adversarius ejus
existit, Orthodoxa est ejus declarata dictatio.] Et cætera usque ad finem Actionis decimæ. Ex quibus omnibus ille cognoscitur
scopus fuisse Vigilii, ut non errasse probaret Apostolicæ sedis Legatos, vel alios, qui
interlocuti sunt post illam recitatam epistolam, Ibam fuisse Catholicum. Id se idi-
circò probare conatum, ne hac ex parte
derogaretur Chalcedonensi Concilio, idem
ipse ad finem hujus Constituti testatur ; non
autem, ut cuncta quæ dicerentur in ipsa Ibæ
epistola, voluerit asseruisse Catholica.
Quæ verò in eamdem sententiam post illa
recitata ipse subiiciat, accipe :

CXCIII. His igitur ita in sanctæ Chalcedonensis
Judicium Synodi judicio dispositioneque jacentibus,
Synodi de & ita vicariatum sedis Apostolicæ veneran-
epist. Ibæ. dorum Præsulum sustinentium & cæterorum Patrum interlocutionibus declaratis,
evidenter advertimus, quòd ab his, qui in
eadem sancta Chalcedonensi Synodo locum
beatissimi prædecessoris nostri Papæ Leonis tenuisse noscuntur, dictum sit : Relecta
ejus epistola, agnovimus eum esse Catholicum : & ab Anatolio Constantinopolitano
dictum sit : Lectio omnium quæ sunt subsecuta, demonstrat innoxium Ibam reverendissimum ab his quæ in eum accusatores inule-
runt : à Maximo verò Antiocheno dictum
sit : Ex relecto scripto epistolæ, quod perlatum est ab adversario ejus, Catholica est ejus
declarata dictatio. Quorum interlocutionibus cæteri Episcopi non solùm non con-
tradixisse, verùm etiam apertissimum noscuntur præbuisse consensum.] Hæc Vigilius.

CXCIV. Antequàm autem ulteriùs progrediamur,
Utilis ad- hic te admonendum, lector, putamus, non
monitio eò spectare sententiam Patrum Chalcedo-
Auctoris. nensis Concilii suis ipsorum recitatis interlocutionibus, ut voluerint probasse epistolam Ibæ refertam erroribus recipiendam esse ut Orthodoxam, cum in ea essent
complures assertæ blasphemiæ, neque id
Vigilium asere voluisse ; sed tantùm ex ea
esse recipiendum Ibam, in qua nimirùm te-

A stetur ipse se jàm amplecti pacem Ecclesiæ:
qua recepta, necesse fuerit eumdem probare Catholicum. Quòd igitur ex dicta
epistola complures viderentur assertæ blasphemiæ, ex quibus idem Ibas posset in
suspicionem adduci Nestorianæ hæresis :
ad hanc suspicionem perpurgandam (licèt
anteà in eadem Actione demonstraverit se
post pacem initam plenissimè Orthodoxum, atque cum Cyrillo communicasse)
ut ab illis omnibus idem ipse post pacem
acceptam redderetur omninò liber, Patres
sanctissimi ejusdem Chalcedonensis Concilii addiderunt hæc in fine ejusdem Actionis
B decimæ : Omnes reverendissimi Episcopi cla- Ibas plenè
maverunt : Omnes eadem dicimus : Nesto- cognitus
rium modò anathematizet & Eutychetem, Orthodo-
& ejus dogma modò anathematizet. Ibas xus.
reverendissimus Episcopus dixit : Et jàm in
scripto anathematizavi Nestorium, & nunc
anathematizo eum decem milliès. Quod
enim semel cum satisfactione sit, si sat de-
vem milliès, non contristat. Anathema &
Nestorio, & Eutycheti, & unam dicenti
naturam : & omnem eum qui non sapit sicut hæc sancta Synodus, anathematizo.]
Hæc ad finem decimæ Actionis Chalcedonensis Concilii Ibas. Quòd igitur (ut di-
C ctum est) non propter errores, quibus anteà fuerat Ibas implicitus, in eadem epistola recensitos, Patres dixerunt eam epistolam ut Catholicam recipiendam, sed quòd
ex illa ipse Ibas profiteretur se paci inter
Joannem atque Cyrillum initæ consentire ;
hac ex parte iidem sanctissimi Patres pro-
nunciarunt recipiendam esse, prout declarat his verbis idem Vigilius inferiùs, cum
ista subjungit :

Propter illam prædicationem fidei, per **CXCV.**
quam venerandæ recordationis Cyrillus
Alexandrinus Episcopus & reverendissimus
D Joannes Antiochenus Antistes atque omnes
Orientales Episcopi per Paulum Emesenæ
civitatis Episcopum ad concordiam redie-
rant, quam Ibas quoque in eadem epistola
laudans, libenter amplectitur ; Orthodoxa est Ibæ Episcopi à Patribus pronunciata
dictatio. Illa verò quæ in ipsa Ibæ sacerdotis epistola in iniuriis beatæ recordationis Cyrilli per errorem intelligentiæ dicta
sunt, Patres in sancta Chalcedonensi Synodo epistolam pronunciantes Orthodoxam, nullatenus receperunt : quippe quæ
etiam ipse venerabilis Episcopus, intellectu
capitulorum ejus meliore recepto, mutan-
do refutavit, sicut interlocutione veneran-
B dæ memoriæ Eunomii Nicomediensis Episcopi in eadem sancta Chalcedonensi Synodo residentis evidentissimè declaratur quod
ita se habet : Eunomius Episcopus Nicomediæ dixit : Jàm quidem ex his quæ relecta
sunt, innoxius approbatus est beatus Ibas :
in quibus etiam dicendo malè culpare visus
est beatissimum Cyrillum ; & in posterioris rectè confessus, illa quæ culpaverat, refutavit : unde & ego anathematizantem eum
Nestorium & Eutychetem & impia eorum
dogmata, & consentientem his quæ à sanctissimo Archiepiscopo Leone scripta sunt, & in

hac

A

hac universali Synodo, dignum esse Episcopatu decerno.] Sic vides non alia ex parte probari à Patribus illis Ibæ epistolam, nisi quantùm ad id spectat, quòd significavit in postrema ejus epistolæ parte, se in omnibus pactis conventis inter Joannem atque Cyrillum de unione Catholica facienda præbuisse consensum : nec aliud quidem sensisse cæteros qui interlocuti sunt Patres, ex eorumdem sententiis, quas mòx addit, satis apertè demonstrat : pergit enim :

CXCVI.

Nàm & venerabilis memoriæ Juvenalis interlocutio hoc idem significat : quòd Ibas Episcopus de eo quòd sancto Cyrillo capitula ejus aliter intelligendo detraxerat, postea professus, quia his ab eo explanatis & à se intellectis, in communionem ejus devotè concurrerit, & de his quæ priùs aliter intellexerat sit conversus : proptereà recipere eum Episcopatum decrevit, utpotè quantùm ad professionem fidei Orthodoxum existentem, ita dicens : *Qui convertitur, Scriptura divina suscipi jubet : quapropter & ab hæreticis revertentes suscipimus : unde prævideo reverendissimum Ibam mereri clementiam, quia & senex est, ut habeat Episcopatus gradum, Orthodoxum existentem.* Quibus verbis (inquit idem *Vigilius*) hoc intelligitur : quòd si ab hæreticis venientes suscipimus ; quomodò Ibam, qui est Orthodoxus, & intellectu capitulorum beati Cyrilli hæsitans ei obliqui visus est, nùnc ab eo in quo fallebatur intellectu conversum non suscipiamus, cum eû Orthodoxum constet existere?Neqenim Orthodoxum existere Ibam diceret Juvenalis Episcopus, nisi ex verbis epistolæ ejus confessionem fidei Orthodoxam comprobaret. Ut enim appareat quia interlocutio Juvenalis Eunomii interlocutioni concordat, verba ipsa ex interlocutione Eunomii nos edocent, quæ inter alia ita se habent : *In quibus enim dicendo malè culpare visus est beatissimum Cyrillum, in postremis rectè confessus, illa quæ culpaverat refutavit.* Ex quibus verbis evidenter declaratur, in Iba Episcopo nihil de confessione fidei reprehensum, quam constat esse laudatam ; sed eumdem Ibam, quod fallente intelligentia de beato Cyrillo, malè sensisse, refutasse.] Hæc ipse Vigilius: qui, ne minùs sufficientia esse putarentur ad Ibæ excusationem, quæ ex ipsius epistolæ extrema parte sunt allata, utpotè quòd possent in deteriorem partem accipi, quæ de duabus naturis Ibas ibi habet : Non enim quisquam audet dicere quia una est natura divinitatis & humanitatis, sed confiteantur in templum & in eum qui in hoc habitat, qui est unus Filius Jesus Christus .] Quæ quidem verba à Nestorianis in eum accipi sensum consueverunt, ut ita in Christo duæ ponerentur naturæ, quæ duas pariter constituerent personas inter se divisas, sicuti sunt templum & qui in eo habitat ab invicèm separata : ne itaque putaretur Ibas ejusdem esse in verbis illis sententiæ cum Nestorianis, ipse Vigilius velutì declarationem verborum illo-

B

C

D

E

rum ad rectum sensum deducendorum affert, dùm docet ex Actis ipsum Ibam jàm recepisse Ephesinum Concilium, cujus professione de Nestorianismo omnis suspicio tolleretur . Ait enim :

Nàm idem venerabilis Episcopus Ibas ex ipsis Gestis præcedentibus (sicut Photii & Eustathii sententia continet) apertissimè perhibetur habere se & recipere omnia quæ in Ephesina prima Synodo gesta sunt, & æqua judicare quæ in Nicæa sunt constituta, & nullam differentiam arbitrari ejus ad alia, & nimis ejus sanctitatem se laudasse pronuncians, quòd prouè Ibas sapuerit curare eos qui vel suspicione vel alio aliquo modo ejus læderent opinionem doctrinæ : nàm & post explanationem duodecim capitulorum beati Cyrilli. factam, & intellectum ejus sibi quem sanctus Cyrillus in ipsis capitulis habuit declaratum, & Orthodoxum eum se cum omnibus Orientalibus Episcopis habuisse, & in communione ipsius usque ad exitum permansisse professus est. Ex quo apparet, eumdem Ibam, & priùs quàm duodecim capitula beati Cyrilli intelligeret, & cum in eis suspicaretur unam Christi prædicari naturam, Orthodoxo sensu quod malè dictum existimaverat reprobasse ; & post explanationem eorum, eumdem Orthodoxo sensu, quæ rectè dicta cognoverat, venerabiliter suscepisse.

CXCVII.

Sed & illud indubitanter cunctorum Fidelium mentibus patet, quòd magis in Ephesina secunda hæretico intellectu Dioscorus cum Eutychete beato Cyrillo & primo Ephesino Concilio contumelias irrogarint, qui crediderunt sanctum Cyrillum unam naturam in Domino Deo nostro Jesu Christo per duodecim sua prædicasse capitula : & ob hoc aliquos Orientales Episcopos, qui unius naturæ prædicationem noluerunt suscipere, Dioscorus condemnavit inter quos & Ibam Episcopum propter hanc specialiter fidei ejus professionem, quæ duas naturas, unam virtutem, unam personam, quod est unus Filius Dominus noster Jesus Christus, apertissimè confitetur, hæreticum condemnavit ; & Eutychetem propter unius naturæ prædicationem sicut Catholicum revocavit, damnans quoquè propter duarum naturarum vocem sanctæ recordationis Flaviani personam : & inventus est ipse magis Dioscorus Ephesinam primam Synodum conari destruere, qui eam sub execrabilis intellectus imagine defendebat ; & ampliùs beatum Cyrillum criminatus est laudans Dioscorus atque Eutyches, quàm Ibas sub falsi intellectûs errore vituperans. Namquè cum laus atque vituperatio ad unum tenderent intellectum : Dioscorus & Eutyches, qui laudaverunt, hæretico spiritu laudasse reperti sunt, atque ideò sunt à sancta Chalcedonensi Synodo damnati : at verò Ibas Episcopus, qui per errorem unam putans in his prædicari naturam priùs vituperavit capitula ; & post declaratum sibi intellectum eorum, communicatorem se beati Cyrilli cum omnibus Orientalibus esse professus est, & in

CXCVIII. Quomodò & quandò Ibas adversatus S. Cyrillo.

Ca-

Catholicæ fidei rectitudine ab eadem Chalcedonensi Synodo judicatus est permanisse. Hæc ergò eadem Synodus in Dioscoro atque Eutychete, qui se falsò per beatum Cyrillum velamine tegere nitebantur, videns potiùs beati Cyrilli prædicationibus Dioscorum atque Eutychetem apparere contrarios per hoc quòd unam post adunationem naturam blasphemo spiritu prædicabant, simili atque eadem Dioscorum cum Eutychete sententia condemnavit, destruens Ephesinam secundam, primamque confirmans.

CXCIX. Vigilii scopus. a Ezech. 22. Et quia nobis de Ezechielis Prophetæ verbis obiicitur illud, quod ad sacerdotes Hierusalem malum à bono non discernentes, ex persona Domini dicebat (a) : Sacerdotes ejus spernentes legem meam, coinquinaverunt sancta mea, inter sanctum & pollutum non distinguebant, & inter medium mundi & immundi non secernebant : debet vestra pietas pariter nobiscum & universorum corda Fidelium ex his verbis advertere, ideò nos non audere Chalced. Synodi retractare judicium, ne ibidem considéribus sacerdotibus ista (quod absit) ab hæreticorum insidiis macula inuratur; ut eos inter sanctum & pollutum, & inter medium mundi & immundi non potuisse discernere criminentur, si nos modò causas ejusdem sanctæ Synodi cum consensu sedis Apostolicæ judicio terminatas, sub qualibet occasione, viderint retractare. Propterea ergò discretionem atque judicium sanctorum Patrum nos in omnibus conservantes, & rerum omnium dispositionem, secundùm eam quam reddimus rationem ex Chalcedonensis Synodi judicio declaratam, cum satis apertissima luceat veritate, ex verbis epistolæ viri venerabilis Ibæ rectissimo ac piissimo intellectu perspectis, & ex Gestis apud Photium & Eustathium habitis, & ex ipsius Ibæ Episcopi præsentis à præsentibus intentione discussa, Patres nostros in Chalcedone residentes justissimè Orthodoxam ejusdem viri venerabilis Ibæ Episcopi pronunciasse fidem, & reprehensionem beati Cyrilli, quam humanitùs per errorem intelligentiæ evenisse cognoverant, congrua satisfactione purgatam; præsentis sententiæ nostræ auctoritate statuimus atque decernimus, cùm in omnibus, tùm etiam in sæpiùs memorata venerabilis Ibæ epistola intemeratum Patrum in Chalcedone residentium manere judicium.] Quo nempè declararunt ex ea Ibam comprobatum esse Catholicum, non autem quòd qui in ea recitatur errores aliquo modo recipiendos esse putarint, quos jàm antea ab iisdem Patribus & ab ipso Iba in eadem Synodo liquet fuisse damnatos. Quamobrèm ne ob eam causam ab occasionem quærentibus ex ea epistola aliquid derogaretur integritati ipsius Synodi Chalcedonensis; idem Vigilius non pro defensione epistolæ, sed pro firmitate ejusdem Synodi conservanda hæc addit:

C C. Nec quemquam ad ordines & dignitates Ecclesiasticas pertinentem hoc Constituto nostro permittimus aliquandò præsumere vel super ejusdem epistolæ negotium, vel aliis in Chalcedonensi Concilio consensu Vicariorum sedis Apostolicæ judicatis, ordinatis, definitis atque dispositis, tamquàm imperfectis atque reprehensibilibus, sive per additamentum, sive per diminutionem, sive per immutationem, vel quoquo modo aliquid temerariæ novitatis inserre.] Hæc ipse pro defensione atque integritate Actorum Synodi Chalcedonensis; adeò ut duplex de ea epistola esset judicium faciendum: alterum, cùm epistola illa consideratur in ejusdem Synodi Actis Ibæ epi. inserta & ad hoc posita, ut qualis tunc esset Ibas, qui jàm antea hæreticus fuerat, intelligeretur : hac habita ratione, nequaquàm detrahendum quis jure dixerit Apostolicæ sedis Legatis, vel aliis, qui ex ea comprobarunt Ibam esse Catholicum, cum ex ea intelligeretur, ipsum esse, jàm pace facta, redditum unitati, atque idque non esse explodendam epistolam, sed ad hoc quod diximus, probandum esse recipiendam: Alterum verò judicium faciendum, (si ratio auferatur, atque seorsùm posita extra Acta epistola illa consideretur : tùnc quidem jure meritoque nemo non dixerit (quod pariter à sancta Synodo & sanctissimorum Pontificum decretis definitum posteà fuit) eam epistolam ob blasphemias in ipsa positas penitùs respuendam. Sed quæ his addat Vigilius, accipe:

Duplex judicium de epi. Ibæ epi.

CCI. De duodecim capitulis Cyrilli. Pari ratione decernimus, ne quisquam epistolæ beati Cyrilli, cui duodecim sunt subjecta capitula, vel ipsis capitibus adversùs Nestorii perfidiam promulgatis existimet derogandum : cum constet eumdem Ibam, vel inter omnes Orientales Episcopos post explanatum sibi eorumdem capitulorum intellectum, beati Cyrilli communicatorem toto vitæ ejus tempore permansisse, abiicientem ea, & à veri intellectus rectitudine repellentem, in quibus vel ex suprascripta epistola unius Ibæ Episcopi, vel ex omnibus quæ in sancta Synodo Chalcedonensi judicata, ordinata, definita, atque disposita sunt, ita quicquam aptatur, ut per auctoritatem ejusdem Synodi aut perversum dogma assertum esse Nestorii, aut ipse dicatur Nestorius excusatus.

CCII. Et ne quis forsitàn arbitretur ambiguum, quòd præfatis Legatis atque Vicariis sedis Apostolicæ à beatissimo Papa Leone tantùm fidei causa, & non etiam de depositorum incompetenter Episcoporum fuerit revocatione mandatum; & quasi superfluè Ibæ quoque Edesenæ civitatis Episcopi causam corâm sanctis Patribus existimet agitatam: noverit beatissimum Papam Leonem sanctæ Chalcedonensi Synodo hæc inter cætera scripsisse, dicendo: Quia verò non ignoramus per pravas æmulationes statum multarum Ecclesiarum esse turbatum, plurimosque Episcopos qui hæresim non reciperent, sedibus suis pulsos, & in exilia deportatos, atque in locum superstitum alios

CCIII.

alios substitutos ; his primitus vulneribus adhibenda est medicina justitiæ , ne quisquam careat propriis , vel aliter utatur alienis .

Et ne quis dubitet , utrùm ea quæ de restitutione Episcoporum gesta sunt in Chalcedonensi Synodo, ad beatissimi Leonis fuerint perducta notitiam , & ab eodem confirmata ; ipsam potiùs Synodi relationem ad beatissimum Leonem prædecessorem nostrum directam congrua legere solicitudine non omittat: cujus post alia in fine hæc verba sunt: Omnem vobis Gestorum vim insinuare curavimus ad consistentiam nostram , & eorum , quæ à nobis acta sunt, confirmationem & dispositionem. Post quorum notitiam idem beatissimus Papa Leo ad piæ memoriæ Pulcheriam Augustam gratias referens de restitutis Episcopis , ita scribit: Clementia igitur vestra cognoscat omnem Romanam Ecclesiam de universæ fidei vestræ operibus plurimùm gratulari , sive quòd legationem nostram pio per omnia juvistis affectu, & quòd sacerdotes Catholicos , qui ab Ecclesiis suis injusta fuerant ejecti sententia , reduxistis . Ecce & in eo quòd omnia beatissimo Papæ Leoni directa sunt , rerum gestarum ad eum perducta notitia est , & in recurrentium actione gratiarum rerum gestarum confirmatio declaratur .

CCIV.

Non dubitamus igitur omnium Fidelium sensibus patefactum , quæ Vicariis beati Leonis Papæ loco ejus Synodo præsentibus, ab eodem fuerit dispensandarum rerum forma mandata , vel quales ad expungendum perceperint actiones , vel quæ ab illo generali Concilio , præsidente ac consentiente per Vicarios suos sedis Apostolicæ Præsule , fuerint constituta : quæ neque minui , neque augeri, neque perfringi , neque posse eas est ab aliquo retractari . Non licere autem venerandæ Chalcedonensis Synodi statuta convelli , vel quolibet colore seu titulo retractari , prædecessorum nostrorum pauca de innumeris prolata constituta nos docent , ex illius præcipuè beati Leonis prædecessoris nostri epistolis, quo in Vicariis suis Summo Præsule floruit sanctum Chalcedonense Concilium. Ait namquè in epistola ad piæ memoriæ Leonem Augustum ita: Hæc autem Dei munera ita demùm nobis divinitùs conferuntur , si de his quæ sunt præstita non inveniamur ingrati, & tamquàm nulla sint quæ adepti sumus , contraria potiùs expectemus . Nàm

Quid S. Leo pro integritate Concilii Chalced.

quæ patefacta sunt quærere , quæ perfecta sunt retractare , quæ sunt definita convelli ,quid aliud est , quàm de adeptis gratias non referre , & ad interdictæ arboris cibum in pravos appetitus , mortiferæ cupiditatis extendere ? Et post aliquanta, ita: Prænoscat (inquit) igitur pietas tua , venerabilis Imperator , hos quos spondeo dirigendos , non ad confligendum cum hostibus fidei, nec certandum contrà illos à sede Apostolica profecturos: quia de rebus & apud Nicæam & apud Chalcedonem , sicut Deo placuit, definitis , nullum audet-

A

mus inire tractatum tamquàm dubia vel infirma sint, quæ tanta per Spiritum sanctum fixit auctoritas.

Necnon idem beatus prædecessor noster Papa Leo ad præfatum venerabilem Augustum in alia epistola: Non sinas (ait) contra dexteræ Omni potentis triumphos redivivis exurgere motibus extincta certamina : præsertim cum in damnatis jàmdudùm hæreticorum ausibus omninò non liceat ; & hic fructus piis laboribus debeatur, ut omnis Ecclesiæ plenitudo in suæ unitatis soliditate secura permaneat, nihilque prorsùs de benè constitutis retractetur: quia post legitimas & divinitùs inspiratas constitutiones velle confligere , non pacifici est animi , sed rebellis, dicente Apostolo (a) : Verbis enim contendere nihil utile est , nisi ad subversionem audientium . Nàm si humanis persuasionibus semper disceptare sit liberum , numquam deesse poterunt , qui veritati audeant resultare , & de mundanæ sapientiæ loquacitate confidere . Itèm post pauca : Piè nobis & constanter videndum est , ne dùm talium disputatio admittitur , his quæ divinitùs sunt auctoritas derogatur . Itèm in epistola Papæ Leonis ad Anatolium Constantinopolitanum Episcopum : Ut autem hæc exhortatio ad omnium fratrum possit notitiam pervenire,diligentiæ vestræ cura perficiat : quia (quod sæpè dicendum est) tota religio Christiana turbatur, si quicquam de his quæ apud Chalcedonem constituta sunt , convellatur ; & quæ ex divina sunt dispositione composita , ulla patiamini novitate temerari .

CCV.

a 2. Tim. 2.

B

C

Sed & beatissimus prædecessor noster Papa Simplicius ad Zenonem Augustum sic inter cætera dicit ; neque aliquis dubius rationis & trepidus mentis expectet novi aliquid post Chalcedonense Concilium contra definitiones ipsius retractari ; quia per universum mundum insolubili observatione retinetur, quod à sacerdotum universitate est constitutum . Itèm memoratus Papa Simplicius Zenoni Augusto : Nullus ad aures vestræ pietatis perniciosis mentibus pandatur accessus , nulla retractandi de veterrimis fiducia concedatur ; sic hæresum denique machinamenta cunctarum Ecclesiasticis prostrata decretis , numquàm sinuntur oppugnationibus elisa reparare certamina . Itèm prædictus Papa Simplicius ad præfatum Zenonem Augustum : Ita Chalcedonensis Synodi constituta, vel quæ beatæ memoriæ prædecessor meus Leo Apostolica traditione perdocuit , intemerata vigere jubeatis ; quia nec ullo modo retractari potest , quod illorum definitione sopitum est.

CCVI.
Quid pro Synodo Chalc. Sint Simplicius Papa.

D

E

Constat ergò ex præfatis testimoniis Patrum , quam tenere debeamus pro Apostolicæ sedis rectitudine , & pro universalis Ecclesiæ consideratione cautelam: cujus nos quoque cautelæ jàmdudùm memores , in eam quam tunc dederamus ad Mennam Constantinopolitanum Episcopum epistolam , quam tùm præsentibus pluribus sacer-

CCVII.
Quid Vigilius consultum voluit Conc. Chal.

faterdotibus & gloriofo Senatu , Menna
fanctæ recordationis Episcopo veſtræ clementiæ offerente , & pietate veſtrâ nobis
cum ejus conſenſu reſtituente receptam,
quantum ad Trium capitulorum cauſam
pertinet , evacuavimus , nullatenùs à loci
noſtri atque propoſiti circumſpectione ceſfantes , competentem Chalcedonenſis Synodi reverentiam exhibere , ſicut ſeries ejuſdem teſtatur epiſtolæ ; cujus ad probandam cautelam noſtram
ſubjecimus perpauca de plurimis: quibus
diligenter inſpectis, qualiter apud nos ſancta Chalcedonenſis Synodus inviolata permanſerit atque permaneat, evidenter oſtenditur . Siquidem de eadem Synodo ita nos
ipſa epiſtola noſtra certum eſt inter cætera
poſuiſſe, dicentes: Cum apud nos manifeſta ratione perclareat, quicumque in contumeliam antefatæ Synodi aliquid tentat agere, ſibi potiùs nociturum . Itèm poſt alia :

CCVIII.
Quantum deferendû Synodis.

Sed ſi evidenter nobis fuiſſet oſtenſum in
ipſis Geſtis potiùs contineri , nullus auderet
tantæ præſumptionis auctor exiſtere, ut aliquid, quod in illud ſanctiſſimum judicium
productum eſt , velut dubium judicaret:
cum credendum ſit , illos tùnc præſentes à
præſenti rerum memoria diligentiùs etiam
præter ſcriptum aliqua requirere, vel definire certiùs potuiſſe , quod nobis nùnc
poſt tanta tempora velut ignota cauſa videatur ambiguum ; cum & hoc deferatur
reverentiæ Synodorum, ut & in his quæ
minùs intelliguntur , eorum cedatur auctoritati . Itèm poſt alia : Salvis omnibus, atque in ſua perpetua firmitate durantibus,
quæ in Nicæno , Conſtantinopolitano ,
Epheſino primo , atque Chalcedonenſi venerandis conſtant Conciliis definita, & prædeceſſorum noſtrorum auctoritate firmata ;
& cunctis , qui in memoratis ſanctis Conciliis abdicati ſunt, ſine dubitatione damnatis, & his nihilominùs abſolutis, de quorum ab iiſdem Synodis abſolutione decretum eſt . Itèm poſt alia :

CCIX.
Pro Conc. Chalced. Vigilii aſſertiones.

Anathematis ſententiæ cum quoque ſubdentes, qui quævis contrà prædictam Synodum Chalcedonenſem, vel præſenti, vel
quæ libet in hac cauſa ſive à nobis , ſive à
quibuſcumque geſta ſcriptave inveniuntur ,
pro aliqua ſuſceperit firmitate : & ſancta
Calcedonenſis Synodus, cujus magna & inconcuſſa eſt firmitas, perpetua & veneranda , ſicut Nicæna , Conſtantinopolitana ,
atque Epheſina prima habent, ſuam teneat firmitatem . Itèm poſt alia : Anathematizamus & eum quoque , quicumque ſanctam Nicænam , Conſtantinopolitanam ,
Epheſinam primam , atque Chalcedonenſem ſanctiſſimas Synodos in una & immaculata fide Apoſtolis conſonantes, & ab Apoſtolicæ ſedis Præſulibus roboratas , non &
fideliter ſequitur , & æqualiter veneratur :
vel qui ea quæ in ipſis ſanctis Conciliis,
quæ præfati ſumus , geſta ſunt, vult quaſi
prave dicta corrigere, aut vult imperfecta
ſupplere .

CCX.
Ecce , venerabilis Imperator , luce clariùs demonſtratur, hanc nos habuiſſe ſemper

Annal. Eccl. Tom. VII.

A. in ſanctorum quatuor Synodorum reverentia voluntatem, & quæcumque à ſanctis Patribus in eiſdem conſidentibus definita , vel
ſtatuta , ſive judicata ſunt, intemerata permanere . Manentibus ergò omnibus quæ
de epiſtola Ibæ perſonaque ejus in ſanctorum Patrum & ſedis Apoſtolicæ Vicariorum interlocutionibus continentur, illud nobis, omnibuſque Catholicis æquali voluntate ſufficiat, quod illic ſibi ſancta Synodus ſufficere poſſe clamavit, dicendo: Neſtorium & ejuſdogmata modò anathematizet: quo anathemate nefandiſſimorum Neſtorii & Eutychetis ab Iba Epiſcopo totiès
iterato, totius ſatisfactum eſſe Synodi volantati .

B.

His igitur à nobis cum omni undique
cautela atque diligentia propter ſervandam
inviolabilem reveren tiam prædictarum Synodorum & earumdem venerabilia conſtituta diſpoſitis : memores ſcriptum eſſe, terminos patrum noſtrorum nos tranſcendere
non debere : Statuimus & decernimus, nulli ad ordines & dignitates Eccleſiaſticas
pertinenti licere quicquam contrarium his
que preſenti aſſerimus vel ſtatuimus Conſtituto , de ſæpè dictis Tribus capitulis aut
conſcribere, vel proferre , aut componere ,
vel docere, aut aliquam poſt præſentem
definitionem movere ulteriùs quæſtionem.
Si quid verò de iiſdem Tribus capitulis contra hæc , quæ hic aſſeruimus , vel ſtatuimus, nomine cujuſcumque ad ordines &
dignitates Eccleſiaſticas pertinentis factum,
dictum , atque conſcriptum eſt , vel fuerit ,
& à quolibet ubicumque repertum ; hoc
modis omnibus ex auctoritate ſedis Apoſtolicæ, cui per gratiam Dei præſidemus, refutamus .

CCXI.
Vigilii prohibito.

C.

A ☧ *Subſcriptio.*

Ω Juvante Deo & per ipſius
gratiam Vigilius Epiſcopus ſanctæ Eccleſiæ Catholicæ urbis Romæ huic Conſtituto
noſtro ſubſcripſi .

CCXII.

D.

Subſcriptiones Epiſcoporum .

Joannes Epiſcopus Eccleſiæ Marſorum
huic Conſtituto conſentiens, ſubſcripſi.

Zacchæus Epiſcopus Eccleſie Scyllacene
huic Conſtituto conſentiens, ſubſcripſi .

Paſtor miſericordia Dei Epiſcopus Eccleſiæ Iconienſis Metropolis huic Conſtituto conſentiens, ſubſcripſi.

Vincentius Epiſcopus Claudiopolitanus
Metropoleos huic Conſtituto conſentiens ,
ſubſcripſi .

E.

Zacchæus Epiſcopus rogatus à fratre Valentino Epiſcopo Silvæcandidæ, ipſo præſente & conſentiente & mihi dictante , huic
Conſtituto pro ipſo ſubſcripſi .] *Valentinus
hic eſt ille, de quo ſuperiùs egimus : qui miſſus Vicarius à Vigilio Romam , in Portu Romano à Totila Rege Gothorum amputatus eſt
manibus , ob idque per alium ſubſcribit.*

Julianus humilis Epiſcopus Eccleſiæ
Cingulanæ huic Conſtituto conſentiens ,
ſubſcripſi .

Paulus humilis gratia Dei Epiſcopus
Eccleſiæ Ulpianenſis huic Conſtituto ,
quod beatiſſimus Papa Vigilius in cauſa

Trium capitulorum protulit , ad omnia **A**
fuprascripta confentiens , fubfcripfi .

Projectus Episcopus Nassitanæ civitatis huic Constituto consentiens , fubfcripfi .

Fabianus gratia Dei Episcopus Zapparenæ civitatis huic Constituto , quod beatissimus Papa Vigilius in causa Trium capitulorum protulit , ad omnia fuprascripta confentiens , fubfcripfi .

Primasius Dei gratia Episcopus civitatis Adrumetinæ , quæ etiam Justinianopolis dicitur Concilii Bizaceni , huic Constituto , quod beatus Papa Vigilius in causa Trium capitulorum protulit , consentiens , fubfcripfi .

Stephanus Episcopus Ecclesiæ Arimi- **B**
nensis huic Constituto confentiens , fubfcripfi .

Alexander Episcopus Ecclesiæ Melitenæ huic Constituto consentiens, fubfcripfi .

Julianus Episcopus Ecclesiæ Melitensis huic Constituto consentiens , fubfcripfi .

Redemptus Episcopus Ecclesiæ Nomentanæ huic Constituto consentiens , fubfcripfi .

Liparenfis Venantius Episcopus Ecclesiæ Lippiensis * huic Constituto consentiens , fubfcripfi.

Nucerane Quodvultdeus Episcopus Ecclesiæ Nucemanæ * huic Constituto consentiens , fub- **C**
fcripfi .

Theophanius Archidiaconus fanctæ Ecclesiæ Romanæ huic Constituto consentiens , fubfcripfi .

Pelagius miserante Deo diaconus fanctæ Ecclesiæ Romanæ huic Constituto consentiens , fubfcripfi .

Petrus miserante Deo fanctæ Ecclesiæ Romanæ diaconus huic Constituto consentiens , fubfcripfi .

CCXIII. Datum pridie Idus Maii , imperante domino nostro Justiniano perpetuo Augusto anno XXVII. Post Consulatum Basilii V. C. anno XII. in Constantinopolitana civitate.] Hactenus Vigilii tractatus, Constituti nomine nuncupatus . Porrò ejusmodi **D**
Vigilii decretum antè conscriptum , ad Imperatorem primùm datum , ab eodem ad Synodum missum est , ex sequenti Collatione sexta Synodi Quintæ possumus intelligere, in qua allata ab ipso Vigilio pro defensione Ibæ epistolæ , nempe interlocutiones Episcoporum in Concilio Chalcedonensi , confutantur .

Agamus igitur de ipsa , quæ sexta ordi-
CCXIV. ne sequitur , Collatione : De qua primùm
Collatio monendum , quòd dùm falsa quædam af-
sexta ad- ferta ibi reperiuntur , de impostura non
modùm de- mediocrem suspicionem inducant : cùm vi- **E**
prauata. delicet habetur ibidèm dictum , Ibam negasse epistolam esse suam , ex eò quòd post unionem pacemque factam negaverit se quicquam contra Cyrillum esse locutum . Verùm cùm eodem momento pacis initæ eam scripserit Ibas epistolam ; quòd dixit, post unitatem , inclusivè intelligi voluit , post quam minimè probaretur ipsum adversùs Cyrillum aliquod protulisse indecens verbum . Sed & quod ibidèm subditur ,

eamdem epistolam in Synodo Chalcedonensi à Patribus fuisse damnatam, ipsa Acta secùs docent : neutrum enim horum verum esse , superiùs cùm egimus de Chalcedonensi Concilio , sexto tomo ex ipsius Synodi Actis apertiùs demonstravimus .
Certè quidem & sanctum Gregorium Romanum Pontificem eadem Acta depravata nactum esse , dùm eadem affirmat , itèm ostendimus . Etenim Ibam eamdem epistolam suam esse professum , & Legatos Apostolicæ sedis inter alios asseruisse , ex ea lecta epistola Ibam cognitum esse Catholicum , quòd Catholica pacta conventa initæ pacis se recipere profiteretur , inter quæ erat damnatio Nestorii & ejus errorum , superiùs diximus .

Porrò hæc sexta Collatio , quæ cele- CCXV.
brata ponitur decimoquarto Kalendas Ju- Collatio
nias , eo ordine disposita est , ut cum in ea Sexta .
actum sit de ipsa causa Ibæ (quod est unum
ex Tribus capitulis) primo loco ipsius Ibæ
epistola recitata sit , indèque contra Ibam
epistola Proclii in medium allata , ex quibus convinceretur Ibas post pacem Ecclesiæ
perseverasse Nestorianum : postea judicium
de ipso habitum Berythi breviter repetitum
est . Indè verò additum de interlocutionibus Episcoporum , quæ in causa Ibæ in
Chalcedonensi Concilio descriptæ reperiuntur ; actumque est (ut apparet) adversùs Vigilii Constitutum , licèt præ reverentia ipsum non nominaverint ; parcimque excusant ; partim verò redarguunt,
hoc usi potissimùm argumento : In Conciliis non unius vel secundi interlocutionem attendere oportet , sed quæ communiter ab omnibus vel amplioribus definiuntur .] Istis subiiciunt , ex Episcoporum etiam interlocutionibus probari epistolam Ibæ esse hæreticam , & damnatam
à Patribus , cùm videlicet ipsum Ibam
coegerunt damnare Nestorium , cui visa
esset eadem epistola favisse . Post hæc autem relegi jussa sunt Acta primæ Synodi Ephesinæ , & sancti Leonis Papæ ad
Flavianum epistola , atque ex Concilio
Chalcedonensi petita fidei professio , cui
collata epistola Ibæ in multis comprobata est hæretica , obidque ab omnibus condemnata , dictumque iterùm anathema Nestorio ac Theodoro Mospveleno . Huncque finem tandem sortita est
Collatio sexta .

Sed quomodò hæc non contradicant Actis CCXVI.
Synodi Chalcedonensis , in quibus inter- Quomodo
locutione Apostolicæ sedis Legatorum & ex epistola
aliorum disertis verbis dictum est , ea lecta hæretica
epistola , Ibam auctorem ejus probari esse Ibas ostensus Catho-
Catholicum ? Nàm si epistola esse pronun- sus Catho-
ciatur hæretica , quomodo auctor ipsius licus .
dici potuit probari Catholicus ? De his
cum sæpe superiùs dictum sit , dùm de eodem Concilio Chalcedonensi est historia
recitata , atque icidèm nuper ingestum iterùm ; hic rursùm paucis erit in memoriam
revocandum : nimii tm quod in fine habetur
epistolæ , ejus auctorem Ibam pacem in Ecclesia initam esse testari , seque ostendere
ex

ex eo lætari, pacíque consentire, dùm de restituta concordia Deo gratias agit : cumque ea conditione transactio illa facta fuerit, ut Nestorius atque ejus pariter condemnarentur errores, Synodusque Epheſina prior & in ea decreta reciperentur ; planè ex necessaria proveniebat assumptione, ut & (quod Catholici esset hominis) Ibas Nestorium condemnarit , Synodumque Ephesinam professus sit. Sic igitur haud perperàm interlocuti sunt Apostolicæ sedis Legati & alii , cum dixerunt epistola illa lecta , Ibam probatum esse Catholicum : & hoc planè fuit quod interlocutus est Eunomius Episcopus , ipsam epistolam in principio apparere hæreticam , in fine verò inventam esse Catholicam . Sed de his modò satis , de quibus superiùs sæpè diffusiùs actum est .

CCXVII.
Quid à Græcis additum ad Cóc. Chalced.

At non prætermittamus hic Græcorum illorum vafriciem notam facere, nimirùm præter fas jusque sacrum corrupisse textum Synodalium Actorum , dùm tandem addiderunt (quod diutiùs tentarant) verba illa ad Chalcedonense Concilium, de quibus sub Hormisda Papa diù fuerat altercatum , cum contenderent nonnulli Eutychianæ hæresis suspecti , præsertim verò Scythæ monachi , de quibus superiùs pluribus actum est , ut in ipsam sacrosanctam Synodum Chalcedonensem inferrentur verba ista : *Dominum nostrum Jesum Christum unum esse de sancta Trinitate.* Quod cum tunc non obtinuissent , quòd absque additamento Synodus rectè consisteret : hic modò dùm confertur Ibæ epistola cum Concilii Chalcedonensis professione , hæc recitant Synodi verba : Chalcedonensis sancta Synodus in definitione quam de fide fecit, prædicat Deum Verbum incarnatum hominem factum esse.] Addiderunt Synodi verbis hæc : *Qui est Dominus noster Jesus Christus unus de sancta Trinitate , &c*] Quasi id professa fuerit ipsa Synodus Chalcedonensis , quæ potiùs unam dicere maluit personam sanctæ Trinitatis , quàm unam de sancta Trinitate . Sed cur id dicendum recusarit Hormisda ob dolos vitandos hæreticorum Eutychianorum , & cur à successoribus ad confutandos Nestorianos illa sint verba recepta , dictum est de his pluribus suo loco superiùs . Jàm verò veniamus ad septimam Collationem .

CCXVIII.
Collatio Septima.

Rursùs enim ad septimum Kalendas Junii iidem qui suprà Orientales Episcopi ad Synodum convenere . Ubi primùm Constantius Quæstor nomine Imperatoris Synodo suggessit , ut singula legerentur quæ Vigilius ad diversos scripsisset , sive quòd damnavit Rusticum & Sebastianum Ecclesiæ Romanæ diaconos , sive cum suspicione pulsatus de Trium capitulorum damnatione litteras scripsisset ad Valentinianum Tomitanæ in Scythia Ecclesiæ Antistitem , necnon ad Aurelianú Episcopum Arelatensem ; in eo ex his laborante Imperatore, ut posset arguere ipsum Vigilium prævaricationis , quasi antè Tria capitula condemnasset, quæ posteà defendisset . Ad postrem̀-

Annal. Eccl. Tom. VII.

mùm verò recitantur Acta Antiochena ; quibus docetur , Nestorianos vendicantes sibi ut suum Theodoretum , ejus imaginem super currum cum triumpho duxisse . His peractis, absoluta est Collatio septima .

Ultima demùm Collatio habita legitur quarto Nonas Junias : in qua recitata est sententia contra Theodorum Mopsvestenum , Ibæ epistolam, & Theodoreti scripta adversùs Cyrillum . Est ejus exordium : Magno Deo & Salvatore nostro Jesu Christo , &c.] Ad calcem verò sententiæ à Synodo positi habentur duodecim anathematismi contra Nestorii & Eutychetis hæreses & adversùs Tria illa capitula . Quæ omnia secuta subscriptio Episcoporum roboravit. Ab Eutychio Episcopo Constantinopolitano primum omnium subscriptum est latæ sententiæ, indè ab Apollinare Alexandrino , & Domno Antiocheno : sed cum Episcopus Hierosolymitanus non adesset Eustochius , per legatos subscriptus legitur . Sunt omnes numerati centum sexagintaquinque Quid autem in eadem sententia de Vigilio Papa sint prælocuti , hìc recitemus ; sic enim habent .

CCXIX.
Octava & ultima collatio.

Quia contigit Vigilium religiosissimum in hac regia urbe degentem omnibus interesse quæ de Tribus capitulis annotata sunt, & tàm in scriptis quàm sine scriptis ea sæpius condemnasse ; posteà tamen & consensit in scriptis in Concilio convenire & discepare unà nobiscum de his Tribus capitulis , ut definitio communiter ab omnibus nobis præbeatur fidei rectæ conveniens: piissimus Imperator (secundùm quod inter nos placuit) tàm ipsum quàm nos hortatus est communiter convenire , eò quòd sacerdotes decet communibus quæstionibus finem communem imponere . Undè necessariò petivimus ipsius reverentiam , scriptis suas promissiones adimplere : nec enim justum esse ampliùs scandalum de his Tribus capitulis crescere , & Dei Ecclesiam conturbari . Et inferiùs : Cum autem à nobis omnibus invitatus , & insuper gloriosissimis Judicibus missis ad ipsum à piissimo Imperatore promisit per se ipsum de iisdem Tribus capitulis sententiam proferre . Hujusmodi responso audito , Apostoli nos admonitiones in corde habentes, quòd unusquisque pro se rationem reddet Deo , timentes autem & scandalum imminens à qui vel unum ex minimis scandalizant, quantò magis Imperatorem ita Christianissimum & populos & Ecclesias totas , &c.] Subditur enim causa, cur ipsi ad ea de Tribus capitulis definienda permoti fuerint, putantes præmissam excusationem sufficere, quòd Vigilius Pontifex , vocatus licèt tàm solemniter , ad Synodum venire recusarit .

CCXX.
Quæ relata sententiam de Vigilio.

Ex his primùm illud considerandum putamus , renuentem Vigilium minimè coactum fuisse aliquo termino peremptorio ex more præfixo ad Synodum convenire, neque prohibitum pro arbitrio de causa in Synodo ventilanda , pendente Synodo, sen-

CCXXI.
Reverentur adversarii auctoritatem Rom. Pont.

LI 2 ten-

tentiam ferre: neque ulla ob id à Synodo censura perculsum. Illud insuper, quòd sciret Synodus absque assensu Romani Pontificis irrita reddi decreta Concilii: utcumque possent Vigilii consensum ad ea quæ ab ipsis de Tribus capitulis sunt definita prætendere; in sententia posuerunt, anteà ab ipso & scriptis & sine scriptis Tria damnata esse capitula, tacentes omninò quid ab ipso per editum Constitutum, pendente Synodo, pro defensione Trium capitulorum decretum esset, utpotè quòd scirent, non esse cujusvis Synodi infringere latam sententiam ab ipso Romano Pontifice. Hæc, inquam, omnia tacuere, ut qui (quod dictum est) non ignorarent, nullius esse roboris, quæ contra præceptum ejusdem Pontificis esset Synodus congregata, & quæ ipso contradicente, in eadem fuissent Synodo constituta. Quòd igitur scirent, non esse tantum virium cujus Synodo quolibet numero Episcoporum pollenti, ut infringere possit decreta Romani Pontificis; silentio potiùs agere, quàm contrariis niti viribus, consultiùs visum fuit: sicque nullam penitùs de Vigilii Constituto quo defendebat Tria capitula, mentionem habendam esse duxerunt.

C.C.XXII.
Qualis Ista
Synodus.

His ita se habentibus, si ad numeros omnes, quibus constare debet Synodus, ut Oecumenica in Spiritu sancto legitimè congregata dicatur, istam conferas; rebus sic stantibus quasexhibent Acta, planè constabit, non esse tantùm ; sed nec privatæ Synodi mereri nomen: ut quæ resistente Romano Pontifice fuerit congregata, & contra ipsius decreta ab ea pariter sententia dicta. At quomodò factum sit, ut eadem posteà nomen Synodi obtinuerit Oecumenicæ, inferiùs dicturi sumus.

CCXXIII.
Frustra cô;
deseditur
hæreticis.

Hic modò illud considerandum est: num effectum illum fuerit id Concilium consecutum, cujus causa fuit indictum, nempe ut Eutychiani, illi hæretici, qui dicebantur Hæsitantes, reciperent (ut promittebatur) sacrosanctum Chalcedonense Concilium, Tribus illis, quibus offendi videbantur, capitulis condemnatis? minimè gentium: etenim in errore pressiùs permansere. Unde ex hac Synodo evidens fuerit posteris relictum exemplum, nihil contra fas hæreticis concedendum sub specie conversionis illorum. Nàm audi Leontium Scholasticum, qui his temporibus scribebat(a): Alia (inquit) nobis oritur de Justiniani temporibus difficultas: nàm quia Justinianus, qui videret Hæsitantes occlamare Theodoreto * & Ibæ, quasique propter ipsos aversari Synodum, anathemati eos subjecit: objiciunt nobis, quamobrem illos anathematizasemus? Aut boni scilicet erant, aut mali. Si boni, cur anathematizatis? Si mali, cur à Synodo, Chalcedonense videlicet, recepti sunt? Quòd si vos jam ipsos ut malos anathematizatis, quid hoc ad Chalcedonense Concilium à vobis probatum, quòd eos suscepit; Ad hoc responde-

a. Leon. de Sect. Act. 6. in sin. & 7.
Theodoro.

A   mus, Justinianum hoc certe quodam consilio fecisse. Nàm quia videbat (ut diximus) horum causa Hæsitantes Synodum aversari: persecuturum se putabat, ut iis anathematizatis, Synodus reciperetur. Ideòque duos anathematizandos duxit (quamquam minimè anathematizatos oportuit) ut omnes ad unionem redigeret. Hanc igitur ob causam illos anathemati subjecit. Verùm nec sic quidem adducti sunt Hæsitantes, ut Synodum reciperent.] Hæc Leontius, qui & alia quæ in Orthodoxos iidem Hæsitantes obiicerent, recenset atque refellit. Citat ipsum Joannes Damascenus (b).

b. Joan. Da. mas. de Or-tho. fid. lib. 3. c. 11.

B   At non hæretici tantùm minimè conversi (quod ferendum aliquo pacto esset) sed quod longe deterius est, Orthodoxi schismate divisi sunt, & universa Ecclesia Catholica schismate dilacerata; & quod monstruosius accessit, ab Imperatore, qui Christianissimus semper videri voluit, persecutio excitata fuit, & haud quidem levis; siquidem illi qui damnationem Trium capitulorum non reciperent, Imperatoris jussu in exilium agebantur. Nàm audi Liberatum diaconum (c), dùm ait, quòd ficuti omnes qui consentiebant in damnationem Trium capitulorum, ab Imperatore muneribus obtabantur; Ita (inquit) non consentientes, depositi, in exilium missi sunt; vel aliqui fuga latitantes in angustiis felicem exitum susceperunt.] Hæc ipse, qui unà cum suis Africanis pro Tribus capitulis pariter pugnavit. Sed & de Victore in Africa Episcopo hæc Isidorus habet (d): Victor pro defensione Trium capitulorum à Justiniano Augusto exilio in Ægyptum transportatur. Unde rursus Constantinopolim evocatus, dùm Justiniano Imperatori & Eutychio Constantinopolitanæ urbis Episcopo obtrectatoribus eorumdem Trium capitulorum resisteret, rursus in monasterium ejusdem civitatis custodiendus mittitur, atque in eadem damnatione (ut dicunt) permanens moritur.] Hæc de Victore Isidorus. Constat & Facundum Hermianensem Episcopum in Africa quæsitum ad pœnas, eò quòd quàm disertissimè pro Tribus illis (ut diximus) scripsisset capitulis; ipsum autem captantem latebras evasisse, è quibus adversùs Mocianum hæc ipsa exprobrantem libellum scripsit.

c. Libera. diac. in Bre-viar. c. ult.

d. Isidor. de Vir. illustr. c. 25.

D   At non Africanis tantùm Episcopis ob eamdem causam idem Imperator negotium facessivit, sed adversùs Illyrici Episcopos, qui pro Tribus capitulis collegerant Concilium edictum promulgavit. De hiis enim hæc Isidorus habet (e), cùm de Justiniano Imperatore agit: Condidit quoque (inquit) & rescriptum contra Illyricanam Synodum & adversùs Africanos Episcopos, in quo Tria capitula damnare contendit, &c.] Immunes à persecutione illi tantùm fuere, qui non sub ipsius Justiniani degebant Imperio: hincque accidit, ut Venetæ & ei adjacentium regionum Episcopi; cum essent sub Francorum dominio (Franci enim tunc illis dominabantur provinciis) contra Quintam Synodum cogerent Concilium Aqui-

CC XXV.
Episc. Afri & Illirici dira passi.

e. Isidor. de Vir. illust. c. 18.

Aquileję , cujus meminit Beda . Quem igitur contra adversantes Episcopos promulgasse constat edictum , num Vigilio Papę pepercit, qui pro Tribus capitulis adversùs Imperatoris promulgatum ante decretum & contra Synodi sententiam Constitutum antè à se editum universę Ecclesię notum fecit ? minimè quidem . Liquet enim ex Anastasio , Vigilium unà cum iis quicum ipso erant, in exilium fuisse deportatum, demùm verò rogatu Narsetis ab exilio omnes pariter revocatos : de quorum restitutione suo loco acturi sumus .

CCXXVI.
An Vigilius consenserit quintę Synodo .
Porrò si Vigilius in exilium actus est: quo. modò dicunt nonnulli ipsum Vigilium per litteras consensum jàm Synodo tribuisse ? Non enim ista sibi inter se adversantia simul convenire possunt, ut Vigilius consensum Synodo prębuerit, & in exilium actus sit : cum presertim Liberatus testetur, eos qui in damnatione Trium capitulorum Synodo consenserunt, ab Imperatore abdicatos esse. Grecorum tamen nonnulli sunt, qui de ipsius Vigilii consensu affirmant, quòd scilicèt scirent absque ejus assensu cuncta irrita cassaque ipso jure esse. Evagrius enim hęc ait (*a*): Vigilius autem per litteras consensit Concilio : non tamen interesse voluit .] Eadem quoque Nicephorus(*b*) tradit; necnon Eustathius in Vita Eutychii: id ipsum Cedrenus, Zonaras, atque Photius de septem Synodis apud Euthymium in Panoplia (*c*). Sed mihi verisimile non sit, ut vel pendente Synodo , vel statim ut est absoluta , id Vigilius fecerit ; tùm ex his quę dicta sunt de ejus exilio mòx secuto; tùm etiam quòd si verum esset, tùnc per litteras assensum Vigilium tribuisse, atquè litterę illę tanto emendatę labore atque industria Actis fuissent insertę, & plurima earum exemplaria exscripta , notaque facta omnibus tùm Orientalis, tùm Occidentalis orbis Ecclesiis, non secùs ac epistola Leonis Papę, quòd ex illis validarentur quę à Synodo sancita ipso contradicente essent invalida. An autem post exilium assensus sit, cùm redire Romam permissus est, suo loco dicemus .

CCXXVII.
Qua auctoritate quinta Synodus Oecumenica facta sit.
Sed dices: Si Vigilius tunc cum ageretur non consensit, neque ratam statim absulatam Synodum habuit ; quonam pacto nomen & titulum & auctoritatem obtinuit Oecumenicę? Hic siste , lector , atque rem attentè considera : non esse hoc novum , ut aliqua Synodus, cui nec per Legatos ipse Pontifex interfuerit, titulum tamen obtinuerit Oecumenicę, cùm posteà ut hujusmodi titulum obtineret, Romani Pontificis voluntas accesserit. Ita quidèm accidisse superiùs diximus Synodo Constantinopolitanę sub Theodosio Majore celebratę, repugnante Damaso, qui (ut suo loco vidimus) Synodum ipsam Romę celebrandam indixerat : cui tamen accedens posteà ejusdem Damasi Papę consensus , eam Oecumenicam fecit. Huic igitur Synodo etsi Vigilii consensum aliquando defuisse dixerimus, ipsius tamen posteà, vel successoris ejus Pelagii , & aliorum qui post

Annal. Eccl. Tom. VII.

ipsum prefuerunt Pontificum Apostolicę sedis assensu ipsa non caruit. Sic igitur quę aliquandò expers fuit penitùs auctoritatis, ut nec legitima Synodus dici meruerit, eò quòd resistente Romano Pontifice fuerit congregata , & eodem contrà obnitente absoluta ; ubi tandèm pariter ipsius Vigilii & successorum Romanorum Pontificum sententia est probata , eadem titulo Oecumenicę toti Christiano orbi plena illuxit auctoritate. Ex quibus quisque poterit intelligere , quanta vis in Apostolica sede resideat, cujus arbitrio pendeat, quid velit esse in universa Ecclesia sacrosanctum, & ab omnibus custodiri legitimum , atque canonicum comprobari .

CCXXVIII.
Cur non ut alię quatuor quinta Synodus laudata.
Quòd autem dùm de Synodis agunt Patres, non eodem preconio eademque fiducia celebrant Synodum Quintam , sicut alias quatuor precedentes: id ea ex causa accidisse videtur , quòd hęc ex parte haud adeò nobilis ista Quinta ut alię visa fuit, eò quòd non de fide in hac actum est, sed de personis: in quatuor autem superioribus Synodis precipua fidei Christianę tractata atque stabilita sunt dogmata , nimirùm de divinitate Filii Dei & Spiritus sancti, atque de incarnatione Verbi. Hinc vides sanctum Gregorium Papam non audere hanc Quintam cum quatuor superioribus conferre Synodo , cùm ad Constantinû Mediolanensem scribens , hęc ait(*d*): Nùnc ita facimus, sicut vobis placuit, ut quatuor Synodos solummodò laudaremus. De illa autem Synodo quę in Constantinopoli post modùm facta est, quę à multis Quinta nominatur; scire vos volo , quia nihil contra quatuor sanctissimas Synodos constituerit vel senserit: quippe quia in ea de personis tantummodò , non autem de fide aliquid gestum est, & de his personis, de quibus in Chalcedonensi Concilio nihil continetur , sed post expressas Synodos seu canones facta contentio , & extrema Actio de personis ventilata est.] Hęc Gregorius , eò quòd ea de controversiis Episcoporum post fidei definitionem statuta , appendix potiùs quędam ad ipsam Synodum viderentur .

CCXXIX.
Recepta quinta Synodus.
De probatione autem ipsius Quintę Synodi idem S. Gregorius ad Joannem Constantinopolitanum Episcopum hęc habet(*e*): Quintum quoque Concilium pariter veneror ; in quo epistola quę Ibę dicitur , erroris plena reprobatur ; in quo Theodorus quinta Sy personam Mediatoris Dei & hominum in nodus ut duabus subsistentiis separans, ad impietatis perfidiam cecidisse convincitur ; & in ea. quo scripta quoque Theodoreti , per quę beati Cyrilli fides reprehenditur , ausu dementię prolata reperiuntur . Cunctas verò quas prefata veneranda . Concilia prorsùs respuunt, respuo; quas venerantur, complector .] Hęc Gregorius ad Joannem : in eamdemque sententiam ad Theodolindam Longobardorum Reginam sic ait (*f*):Quantùm vos purè diligimus, tantùm de vobis for. tiùs dolemus, quia vos imperitis stultisque hominibus creditis, qui non solùm ea quę loquun-

a Evagr. li. 4. c. 37.

b Niceph. l. 17. c. 27. & 28.
c Euthym. Pan. par. 2. tit. 24.

d Greg. li. 3. epist. 37.

e Greg. li. 1. ep. 24.

f Greg. li. 3. ep. 4.

L l 3 loquun-

loquuntur, nesciunt, sed vix ea percipere A
quæ audierint, possunt. Dicunt enim, piæ
memoriæ Justiniani temporibus aliqua contra Chalcedonensem Synodum fuisse constituta. Qui dum neque legunt, neque legentibus credunt, in ipso errore manent,
quem tibi de nobis ipsi finxerunt. Nos enim
teste conscientia, fatemur de fide ejusdem
sancti Chalcedonensis Concilii, nihil motum, nihil esse violatum: sed quicquid
prædicti Justiniani temporibus actum est, ita
actum est, ut fides Chalcedonensis Concilii à nullo vexaretur. Si quis autem contra ejusmodi Synodi fidem aliquid loqui
præsumit vel sapere, nos, ejus sensum sub
anathematis interpositione detestamur.

CCXXX.
a Greg. li. 2.
ep. 10. Indi.
12.

Ad Sabinum verò subdiaconum, sic (a); B
Exeuntes maligni homines turbaverunt animos vestros, non intelligentes neque quæ
loquuntur, neque de quibus affirmant;
astruentes, quòd aliquid de Chalcedonensi Synodo piæ memoriæ Justiniani temporibus sit imminutum, quam omni fide
omnique devotione veneramur: Et sic quatuor Synodos sanctas universalis Ecclesiæ,
sicut quatuor libros sancti Evangelii recipimus. De personis verò, de quibus,
post terminatam Synodi aliquid actum fuerat, ejusdem piæ memoriæ Justiniani temporibus est ventilatum, ita tamen, ut, C
nec fides in aliquo violaretur, nec de iisdem personis aliquid aliud ageretur, quàm
apud eamdem Synodum Chalcedonensem
fuerit constitutum. Anathematizamus autem, si quis ex definitione fidei, quæ in
eadem Synodo prolata est, aliquid minuere præsumit.] Hæc ad Sabinum: sed

b Greg. li. 7.
ep. 52. Indi.
10.

fusiùs de his agit scribens ad Secundi-
num, ubi inter alia (b): Synodus quæ
post eam generaliter facta est, idcircò
à nobis recipitur, quia ejusdem Synodi,
Chalcedonensis scilicet, in omnibus sequax
honorem illius auctoritatemque custodit.]

CCXXXI.
De libro
Pelagii pro
quinta Sy-
nodo.

At quòd in epistolis suis breviter tantùm D
attigisse hæc Gregorius potuit, nec cunctos
qui ejus essent quæstionis valuit explicare numeros: idem scribens ad Hibernos
Episcopos de his quærentes, mittit ad eos
Pelagii Papæ librum eodem argumento
conscriptum, quo doceri potuissent, nihil ab Ecclesia perperàm factum, quod ab
aliis Episcopis jure redargui potuisset. Nàm

c Greg. li. 2.
ep. 36.

audi ipsum de his ad eos ita scribentem (c):
Ut de Tribus capitulis animis vestris ablata dubietate possit satisfactio abundanter infundi; librum quem ex hac re sanctæ memoriæ decessor meus Pelagius Papa scripserat, vobis utile judicavi transmittere: quam si, posito voluntariæ dissensio- E
nis studio, puro vigilantique corde sæpiùs
volueritis relegere, eum vos per omnia secuturos, & ad unitatem nostram reversuros
nihilominùs esse confido. Porrò si post
hujus libri lectionem, in ea qua estis volueritis deliberatione persistere, sine dubio non
rationi operam, sed obstinationi dare
monstratis.] Hæc ad Hibernos dicta ex causa schismate divisos Gregorius. Meminit

etiam ejusdem Pelagii Papæ epistolæ Pau- A
lus (d) diaconus, quam dicit fuisse conscriptam ab ipso Gregorio, cum esset diaconus.
Ex quibus intelligas, librum illum non Pelagii Senioris, sed Junioris, qui præcessit
Gregorium, fuisse opus.

d Paul. Dia.
con. de Ge-
stis Longob.
li. 3. c. 10.

At non Gregorius tantùm cum prædecessoribus Romanis Pontificibus, sed & successores omnes Quintam Synodum recepisse atque confirmasse noscuntur. Constat id de
Leone Secundo, qui ad Constantium Imp.
scribens, eamdem Synodum confirmavit;
cujus epistola in Sextâ Synodo recitatur.
Præfigit id ipsum Hadrianus Papa in epistola ad Nectarium data. Itemque in aliis
Oecumenicis Synodis posteà celebratis ea- B
dem Quinta Synodus Oecumenica cognita est atque probata; ut nihil penitùs sit,
quo id dubitationem ampliùs revocari possit. Verùm quod ad hæc spectat tempora,
accidit quidem, ut cum his temporibus Vigilii Constitutum de Tribus capitulis com-
probandis ubique vulgatum haberetur præ
manibus, ejus nisi auctoritate atque fiducia complures Catholici orbis Episcopi
Synodum Quintam minimè receperint, atque à contraria illi sentientibus sese divi-
serint: fuerunt hi Episcopi Africani, Itali-
que illi Venetiæ provinciæ atque Ligu- C
riæ, & alii Epirotici, Illyrici, & illis finitimi; demùmque progressum est malum (ut
vidimus) ad Hibernos. Constituto namque
Vigilii fretos, id sibi jure licuisse eos arbi-
tratos esse, ex S. Gregorio satis intelligi
potest.

CCXXXII.

Defensores
constituti
Vigilii cô-
stitutû schis-
ma.

Sed insurgens aliquis Novator, urgens-
que dilemmate, dicet; Si benè fecit Vigilius contraria prioribus decernens, Pela-
giusque & successores aliud statuentes de
Tribus capitulis, quàm quæ ab ipso Vigilio statuta essent; fateri necesse est Vigilium
ipsum aliquando errasse. Contrà verò si Vigilius suo Constituto minimè errasse dica- D
tur; tùm dicere opus erit, eumdem aliud de-
cernentem, id ipsumque confirmantes Pelagium & successores, à recto veritatis tramite deviasse. Vel saltem erit ut levitatis
crimen Vigilium effugere minimè posse videatur, juxta illud Ecclesiastici (e) Unus
ædificans, unus destruens: quid prodest illis
nisi labor. Sed & prævaricationis notam
quomodò effugiet, secundùm Apostoli verba dicentis (f): Siqua destruxi, hæc iterum
ædifico, prævaricatorem me constituo? Ut
autem hos solvas nodos, tricasque resolvas,
tollas ambages, spinetaque tanta veritatis
falce succidas, attende.

CCXXXIII.
Diluendæ
proponun-
tur obje-
ctiones.

e Eccl. 34.

f Galat. 2.

Primùm omnium absque controversia ulla ab omnibus consentitur (quod modò legimus ab ipso S. Gregorio sæpiùs inculcatum, & à nobis superiùs est pluries dictum) in his disceptationibus de Tribus capitulis nullam fuisse de fide quæstionem, ut
alter ab altero aliter sentiens dici posset hæreticus. Rursùm pariter ex his quæ dicta sunt
in comperto est, utramque partem in al-
tercando ac disserendo professam esse, totum quod ageret, in id respexisse, ut consultum esset dignitati sicut & auctoritati
sacro-

CCXXXIV.
Salvo Con-
cil. Chal-
ced. disce-
ptatum.

facrofancti Concilii Chalcedonenfis. Id quidem Quintæ Synodi fexcenta loca, id Vigilium Papam fuo Conftituto fæpè fæpius in-
culcaffe legifti; ut nec de his ulla dubitatio
effe poffit. Hæc cum ita fe habeant: fi licuit
Vigilio ex caufa vitandi fchifmatis priorem
mutare fententiam, & contraria iis quæ
anteà ftatuiffet Conftituto decernere; cur
ipfi non licuit ex eadem caufa, mutato rerum ftatu, rursùm mutare fententiam, iti-
démque ejus fuccefforibus in ipfius Vigilii
abire decretum? Cum præfertim (ut fæpè
dictum eft) in utroque benè effe conful-
tum Concilio Chalcedonenfi, five cum
damnaret Tria illa capitula, five cum eadem ipfa defenderet, ut ex allatis pro
utraque parte rationibus perfpicuè intelligi
poteft.

CCXXXV. Contrariæ fententiæ quomodò in unum confentiat.

Cum enim damnarentur eadem Tria capitula, nihil detractum fuit vel derogatum
facrofanctæ Synodo Chalcedonenfi, fed additum potiùs, five dixerimus aliquid magis
perfpicuè declaratum. Etenim cum Theodorus Mopfveftenus in epiftola ifta inve-
nirétur effe laudatus, ne quis deciperetur,
ut ob id à fanctâ Synodo ipfum unà cum
ejus fcriptis putaret effe receptum, magnoque præjudicio Catholicæ veritatis plus illi quàm par effet tribueret; placuit ipfum
ex fuis fcriptis fuiffe hæreticum demonftrare, pariterque damnare, ad obftruen-
da etiam hæreticorum ora, qui calum-
niabantur Synodum fufcepiffe in epiftola
Ibæ ejufdem Theodori præconia. Infuper
quòd in eadem epiftola videri poffent ab
auctore laudata Theodoreti fcripta, &
Cyrillum notâ Apollinaris erroris inuftus;ne
ex his daretur occafio, ut ab adverfariis dici poffet fuiffe recepta à Synodo fcripta
Theodoreti contra Cyrillum, probaffe-
que Synodum Cyrilli crimen; opus effe
videbatur hæc veluti declarando, damnare
jam anteà improbata Theodoreti contra Cyrillum fcripta. Rursùm verò, ne quòd I-
bæ epiftola Actis Synodi Chalcedonenfis
haberetur intexta conferta blafphemiis, à
Synodo in omnibus videretur effe fufcepta,
placuit Synodo & aliis ejus fententiæ Epifcopis eam ut hæreticam condemnare. Hæ
funt caufæ & rationes, quibus Tria illa
primùm condemnare capitula tùm Vigilius & Juftinianus, tùm Synodus poftea funt
perfuafi. His accedebat, quòd magna fpes
erat, fi ea Tria capitula damnarentur,
fore ut Eutychianorum pars illa, quæ Hæ-
fitantium dicebatur, ad Ecclefiam remea-
ret.

CCXXXVI. Quid præ-tenderent defenfores trium Capitulorum.

Ut autem Vigilius aliquando poftea in
hac fententia non fteterit, fed pro defenfione Trium capitulorum fecerit Conftitutum, utque alii quamplurimi diverfarum
provinciarum Antiftites itidèm pro defenfione Trium capitulorum foliciti fuerint,
plures etiam acceflerunt dignæ caufæ & rationes: atque primùm, quòd veluti per cuniculos aditus patefactus videretur ad invadendum Sacrofanctum Chalcedonenfe
Concilium, cum quæ in eo acta effent, iterùm ad examen revocarentur. Præterea fi

concederetur, ut in communicatione Catholica defunctus, aliquis poffet damnari
poft mortem; pateret oftium, ut ex fuis
fcriptis quifque Ecclefiæ fcriptor poft mortem, licèt in communione Catholica defunctus effet, fæpè poffet ut hæreticus condemnari : cum haud facile fit reperire aliquem rerum Ecclefiafticarum tractatorem,
qui quantumhbèt titulo fanctitatis atque
doctrinæ refulferit, non fit errorie alicujus
arguendus,

Rursùm verò quòd infamari videretur ab
adverfariis ipfum facrofanctum Concilium
Chalcedonenfe, quòd recepiffet epiftolam
Ibæ blafphemam; pro ejus defenfione in-
furgendum effe, neceffarium vifum fuit,
affererèque, quòd etfi Synodus Chalcedonenfis recitatam audierit epiftolam Ibæ,
non poteft tamen affirmari ita eam reci-
piffe, ut cuncta quæ in ea fcripta haberentur probaret; fed tantùm quòd ex ipfa
cognita fuerit Ibas evafiffe Catholicus, nimirùm cum hiftoricè ipfe in ea mala præterita blafphemiafque recenfens quæ hactenùs viguiffent, ad poftremùm de pace fancita, quæ ab omnibus Neftorius fuit condemnatus, exultans Ibas potuit videri Catholicus : fed quafi id non fufficeret, à Patribus compulfus eft plenièi ibi condemnare
Neftorium adeò ut benè definitum judicium de Ibâ jam cum injuria Synodi calumniosè revocari videretur in dubium.

CCXXXVII. A patrib. plenè con-fultum cau-fæ Ibæ.

His accedebat caufa urgentiffima, quæ
coactus fuerit in hanc Vigilius fententiam
pertranfire : nempe quòd (ut fæpè dictum
eft) viderit tùm Africanam, tùm reliquas
fermè omnes Occidentales Ecclefias fchifmate dividendas, fi contra Tria capitula in priori fententia perftitiffet : cum
verò graviori damno univerfam Orientem ab Ecclefia Romana divifum cerneret, nifi Synodo confentiret, eam probavit. Sic igitur novis emergentibus caufis, fententiam cum fæpè mutarit, haud
arguendus eft levitatis ; ficut nec accu-
fandus eft Paulus Apoftolus (a), neqpræ-
varicator dicendus fuit, fi cum ipfe uti-
litafet de abroganda circumcifione fuffragium
poftmodùm nova fuborta caufa Timotheum
circumcidit (b), atque rursùm priora fecutus, Petro ad tempus diffimulanti in faciem reftiterit & redarguerit eum, quòd magno aliorum periculo Judaizaret; ita pro
ratione temporis modò hoc, modò illud ad-
implens, factus eft omnia omnibus, ut omnes lucraretur.

CCXXXVIII. Defenfo-rum Capp. duplex cõ-ditio.

a Galat. 2.

b Act. 16.

Hæc funt quæ ad excufationem Vigilii
fpectant, necnon eorum qui pro defenfione Trium capitulorum hactenùs laborarunt
à quibus tamen in eo Vigilius difcrepaffe
vifus eft, quòd illi pertinaci animo impudenter fatis cum Tribus capitulis defendebant pariter Theodorum Mopfvefte-
num, ut apparet ex fcriptis Liberati diaconi, atque Facundi Epifcopi Hermianenfis ;
Vigilius autem contrà, cuncta quæ ejus nomine allata fuiffent, anathemate (ut vidimus) condemnavit. At ficut Vigilius, ita &
Vigilii fucceffor Pelagius Papa eamdé in jens
ratio-

CCXXXIX.

rationem, ipfam Quintam Synodum damnantem capitula Tria effe fufcipiendam exiftimavit; ex ea potiffimùm permotus ratione, ut Orientalis Ecclefia fchifmate fciffa ob Vigilii Conftitutum, Romanæ Ecclefiæ uniretur. Quòd infuper in ea (ut dicemus) rata habita effet damnatio Origenis & ejus errorum, qui magnoperè in Orientali invalefcebant Ecclefia; ne viderentur eam damnando Synodum, quæ infectata erat Origenis errores, iifdem aliquo modo faviffe, eamdem Quintam Synodum iidem comprobarunt.

CCXL.
De Tribus capitulis damnofa difputatio.

Hæc ad excufationem utriufque fibi invicèm adverfantis partis voluimus in medium adduxiffe; cum tamen illud affirmare non definamus, longè præftantiùs futurum fuiffe, ut ab his controverfiis Dei Ecclefia jejuna manfiffet, nec umquàm de his aliquis habitus effet fermo, ex quibus, tùm Oriens tùm Occidens immenfa ftrage multiplicibus diù funt repleti funeribus. Hanc tandem cladem Orbi, peftemque Ecclefiæ Juftinianus invexit, dùm fuadente Theodoro Cæfarienfi, de Tribus damnandis capitulis primus legem fancivit, & promulgavit edictum. Vides quanta jactura, quod eft Epifcoporum Principes fibi fumant, cùm indicare audent ipfis facerdotibus leges, à quibus fanctitas fervare ipfi debent, & fervandas ediocere: quo femèl à cardine fuo revulfo ordine, confundi omnia, cunctaq́ neceffe fit in fummum difcrimen adduci, periclitarique penitùs quæ funt in Ecclefia benè difpofita.

CCXLI.
Defiderari in quinta Synodo damnationem Origenis.

a *Niceph. l.17.c 27.*

His vifis, jàm ad ea quæ in eadem Quinta Synodo defiderata videntur, quæve fpuria eidem poftea accefferunt, orationem diù per altercationum tribulos, atque carduos diffenfionum deductam, libentiori animo convertamus. Conftat quidem plurium teftificatione (ut fuperiùs dictum eft) in eadem Synodo damnatos effe Origenem, Didymum, & Evagrium unà cum ipforum erroribus, fcriptofque adverfùs eos decem anathematifmos, quos Nicephorus recitat (a): in Actis autem Synodi de Origene ejufque erroribus condemnatis fit tantùm brevis mentio in undecimo anathematifmo. Affert verò Cedrenus ex epiftola Juftiniani Imperatoris ad Synodum Quintam data, de erroribus Origenis hæc ipfa (b):

b *Cedren. in compen. Annal.*

CCXLII.
Ex epift. Juftiniani de Origenis erroribus.

Litterarum Juftiniani ad Concilium hæc eft fententia.

De Origene & iis quæ ab ejus funt fecta, operam dedimus, juftum effe intelligentes, ut fanctam Dei Apoftolicamque Ecclefiam à turbis fecuram præftemus; utque ea quæ quocumque modo adverfa rectæ fidei enafcuntur, condemnentur. Cum ergò compertum habeamus, effe Hierofolymis quofdam, monachos nimirùm, qui Pythagoras, Platonis, Origenis Adamantii impios errores fectentur atque doceantsexiftimamus curam & inquifitionem de his adhibendam, ne hi ad extremum Græcanicis & Manichæicis fuis impofturis multos perdant. Nàm ut de multis pauca commemoremus, mentes ajunt effe innumeras & non

A   minis expertes, omniaque ratione prædita, unum effe idemque fubftantia, & efficacia facultateque ad Deum & cognitione omnia unita. Has mentes, cum amoris ac contemplationis Dei fatietas eas cepiffet, pro eo ut quævis magis minùsve in deterius defciverat, vel craffiora vel tenuiora corpora indui, atque nomina fortiri, atque cæleftibus & adminiftris facultatibus effe fubiectas: ipfum adeò Solem, Lunam, & ftellas, cum ipfa quoque in rationali ifta unitate effent, mutatione in deterius facta, id cœpiffe effe, quod funt. Eas verò mentes, in quibus Dei amor magis etiam refrixit, animas factas, & craffioribus, qualia noftra funt, corporibus immitti. Quæ verò ad extremum perverfitatis venerint, eas frigidis & caliginofis inferi corporibus, quos dæmonas vocant. Ex Angelico proinde ftatu animalem, ex animali dæmoniacum fieri & humanum.

B

De tota autem unitate mentium unam **CCLXIII.** dumtaxàt perftitiffe immotam, neque ab amore & contemplatione Dei paffam effe abduci; eum effe Chriftum, qui Deus & homo fuerit. Affirmavit etiam corpora prorsùs interire, ipfumque primò Dominum corpus fuum abiectiffe, & id omnes homines facere: rursùfque omnes in unitatem redire, ac mentes fieri, ficut ab initio fuerant: ipfum videlicèt etiam diabolum & reliquos dæmones, impiofque homines in eamdem cum fanctis & divinis hominibus & cæleftibus facultatibus, eodem quo ipfe Chriftus modo cum Deo unitum iri, ficut & à principio uniti fuerant: atque adeò Chriftum planè nihil à reliquis ratione præditis differre, æque fubftantia, neque cognitione, neque facultate; neque efficacitate. Sanè Pythagoras principium omnium rerum effe unitatem pronunciavit, idemque & Plato docuerunt, effe quandam gentem animarum corporis expertium, quæ fi quid delinquunt, pœnæ loco in corpora demituntur: quamobrèm Plato corpus σῶμα, quafi σῆμα, id eft, vinculum appellavit, in eo animam quafi fepultura alligari, indicans.

C

D

Idem de futuro Judicio & præmiis ac pœnis animarum fic fcribit: Philofophi anima, **CCXLIV.** qui mafculorum amore & flagitiis fo polluit, tres millenarias circuitione pœnas luit: itaque milleffimo anno allata eiicitur & abit: reliquæ hac vita defunctæ, aliæ ad triftitia infrà terram deferuntur pœnas ibi daturæ dicta caufa, aliæ in cæleftem quemdam locum fublevatæ à juftitia pro vitæ meritis beatitudine fruuntur. Eft autem in promptu hujus fententiæ abfurditatem perfpicere. Quis enim eum docuit millenarias iftas annorum converfiones, & quòd mille annis elapfis, quævis anima ad fuum perveniat locum? nàm quæ in medio funt horum, de his ne libidinofos quidem decuit ita pronunciare; nedùm tantùm philofophum. Quippe eos qui vitam perfectiffimis functi officiis egerunt, cum intemperantibus & mafculorum amatoribus compofuit, eademque utrofque manere dixit;

E

Pytha-

Pythagoras ergò, Plato, Plotinus, aliique horum tribules immortalitatem animæ uno sensu ascribentes, eas corporibus priores affirmant, & esse quamdam animarum gentem, ac eas, quæ peccant ideò in corpora delabi, pigrorumque animas abire in asinos, rapacium in lupos, dolosorum in vulpes, mulierum amore furentium in equos. Sed Ecclesia divinis astipulans Scripturis, animam unà cum corpore condi affirmat, neque alterum altero prius esse, ut vecordi visum est Origeni.

CCXLV. Propter has igitur malas, & perniciosas opiniones, aut deliria potiùs, vos hortamur, ò sanctissimi Patres, ut in unum collecti subiectam expositionem & singula ejus capita examinetis ; damnetisque unà cum Origene omnes qui idem sentiunt, aut quocumque tempore sentient : Patres his acceptis litteris, omnibusque perpensis, exclamaverunt : Damnamus hæc omnia, & omnes qui ita sentiunt & sentient.] Hactenus de litteris Justiniani ad Synodum Cedrenus : cæterùm, & illas putamus esse his subiectas litteras Imperatoris ad Mennam (sive edictum dixeris) quas superiùs recitavimus, per singula distincta capita alios plures Origenis errores continentes, jàm antè (ut vidimus) editas. Porrò ex ejusdem auctoris sententia, de Origene ejusque sectatoribus Didymo, Evagrio, & aliis actum esse in Synodo ponitur, indè verò de Theodoro Mopsveteno, Ibæque epistola, & Theodoreti adversùs Cyrillum editis scriptis.

CCXLVI. His autem recitatis subiicit aliã ejusdem Imperatoris ad Synodum datam epistolam de quatuor Conciliis Oecumenicis historiam continentem, ubi ad calcem plura habet adversùs Theodorum Mopsvestanum est ejus exordium : Majores nostri fidei cultores, qui ante nos Imperium piè administrarunt, &c.] Fuisse verò eamdem epistolam ad Synodum datam Actis ejus insertam, nemo jure dubitarit : ut ex his etiam intelligas, quamplurima in eadem Quintã Synodo desiderari.

CCXLVII Ab Origenist. Synodus mutilata. Sed & cum Actorum contra Origenem, & Origenistas pars magna fuerit, quòd desideratur in eis, recitatum suo loco prolixum Imperatoris contra eosdem edictum, quod quidem ipsis fuisse putamus adnexum : quis dubitet id factum ab Origenistis qui Synodo præfuerunt, quorum summa erat apud Imperatorem auctoritas, quorum patronus fuit (ut sæpè dictum est) Theodorus Cæsariensis malorum omnium concinnator ? Sed & in non levem suspicionem Origenismi induci potuit Eutychius Constantinopolitanus Episcopus, cum videlicèt secundùm Origenis errores aliquando illud sensisse certum sit, non cum eadem carne atque membris corpus nostrum resurrecturum ; licèt redargutus posteà à sancto Gregorio Papa diacono Apocrisiario Romanæ Ecclesiæ, eo abdicato errore, Catholicus sit defunctus. Cùm igitur audis Quintæ Synodi coryphæos Origenis errores vel ex parte sectatos esse : æquè in-

A telligere potes, quorum arte, quæ in Synodo acta sunt contra Origenem & ejus errores, ex ea fuerint decurtata.

Acta illa prætereà desse noscuntur, quibus agebatur de adiectis Patriarchatui Hierosolymitano Ecclesiis, de quibus hæc leguntur in Bello sacro (a) : Tempore prædicti Principis, Justiniani videlicet congregata est Synodus generalis apud Constantinopolim, tempore domini Vigilii Papæ, Eutychii Constantinopolitani, Apollinaris Alexandrini, Pauli * Antiocheni, & Eustochii Hierosolymitani Patriarcharum, super Tribus capitulis, &c. In Ecclesia in qua Synodo post alias populo Dei necessarias institutiones, quas pro tempore promulgandas decreverat sanctorum Patrum qui ad eam convenerant auctoritas ; prædictam Deo amabilem Hierosolymitanam honorare Ecclesiam, & ejus Episcopo locum inter Patriarchas dare, communi sanxit voluntate, reverentiam exhibens sanctæ Resurrectioni. Et quoniam prædicta Dei culti ix civitas quasi in limite Alexandrini & Antiocheni Patriarcharum erat, nec haberet undè illi urbi ordinaret Suffraganeos, nisi utrique Patriarchæ aliquid detraheret, visum est expedire, ab utroque aliquid detrahere, ut eidem juxtà formam aliorum Patriarchatuum ordinaret subiectos. Subtraxerunt ergò Antiocheno Cæsariensem & Scythopolitanum Metropolitanos ; Alexandrino verò Rubensem & Berythensem itèm Metropolitanos. Et quoniam iterùm eumdem Patriarcham oportebat habere præter supradictos Metropolitanos familiares Suffraganeos, quos Græci Cancellos * vocant ; subtraxerunt præ dictis Metropolitanis quosdam Episcopos, & quosdam de novo erexerunt usque ad vigesimumquintum, quorum nomina subjunximus, computatis priùs Metropolitanis & Suffraganeis eorum. Est autem ordo talis : Dorensis, Antipatrita, &c.] Eadem reperimus in Vaticana bibliotheca in codice notissimo, cujus est titulus, Liber Censuum.

Meminisse debes, lector, hæc tentasse & obtinuisse Juvenalem Hierosolymorum Episcopum in Concilio Chalcedonensi post absentiam Legatorum : sed quò minùs ea, quòd in præjudicium verterentur aliarum Ecclesiarum, executioni mandata essent, Leonem Romanum Pontificem intercessisse. Sic igitur inverso antiquo ordine à sacrosancto Nicæno Concilio instituto, Cæsariensis Ecclesia totius Palæstinæ Metropolis spoliata, nùnc primùm subiecta est Hierosolymorum Ecclesiæ. Porrò Justinianus Imperator eamdem Cæsariensem civitatem nobilitare voluit Proconsularibus fascibus, restituens quem diù ante possedisset Proconsulatum, ut de his edita ejusdem Imperatoris constitutio (b) docet. Nùnc ergò primùm Hierosolymorum Ecclesia Patriarchatu verè aucta cognoscitur, licèt eodem nomine sæpè ejus Episcopus ante hæc tempora usus esse inveniatur.

Jàm

CCXLVIII.
a Guiliel. Tyr. de bello sacro li. 14. c.12.
* Domni Hierosol.
Ecclesia in Patriarchatum.

*Syncellos

CCXLIX.

bConst. 103 deProconf Palæst.

CCL.
Quinta
Syno. cor-
rupta à
Monothe-
litis.

Jàm verò ad postremùm videamus quæ ab impostoribus fuerint Quintæ Synodi nomine pervulgata. Monothelitarum fuit inventum, ut sub titulo Quintæ Synodi, tamquàm ex ejus Actis depromptam ediderint epistolam quamdam Mennæ Constantinopolitani Episcopi nomine ad Vigilium Papam conscriptam de unica in Christo voluntate. Sed ejusmodi stropha detecta est in Sexta Synodo à Legatis Apostolicæ sedis ostendentibus tres quaterniones Actis Quintæ Synodi recèns adnexos. Rursùs verò dùm in Sexta Synodo Actio septima Quintæ Synodi legeretur, duæ in ea superadditæ epistolæ inventæ sunt Vigilii Papæ nomine inscriptæ, quarum altera ad Justinianum Imperatorem, altera verò, ad Theodoram Augustam data habetur, quibus Vigilii Papæ de una in Christo operatione esset assertio : quas commentitias atque suppositas iidem Apostolicæ sedis Legati manifestè probarunt. Detectæ sunt ejusmodi hæreticorum imposturæ in Actione decimaquarta ejusdem Sextæ Synodi, in qua dictum est pariter anathema in eos qui quoquo modo, eandem Quintam Synodum corruperunt. Vides igitur, quàm fuerit Quinta Syodus tùm ab Origenistis, tùm etiam à Monothelitis, diversis temporibus laniata.

CCLI.
De rebus
post Syno-
dum gestis.

His ergò hinc indè collectis quæ ad Synodum Quintam spectare videbantur, reliquum est, ut jàm quæ post Synodum diversis in locis fieri contigerunt, his adnectamus. Extant Acta sancti Sabæ à Cyrillo (ut dictum est) omni fide conscripta ; ad quorum finem hæc habentur de damnatione Origenis atque sectariorum ejus relata in Actione prima Septimæ Synodi : Itaquè cum sancta universalis Quinta Synodus Constantinopoli esset congregata, communi & generali anathemate rejecti sunt Origenes & Theodorus Episcopus Mopsvestiæ, & quæcumque ab Evagrio & Didymo dicta sunt de præexistentia, περί πρὸν πέπζεα. Probaverunt autem id quatuor Patriarchæ præsentes. Præterea Imperator noster Dei observantissimus Acta Synodi Hierosolymam misit : in qua civitate exacto Episcoporum conventu, quotquot erant Palæstinorum Episcopi manibus & pedibus, & ore sententiam & statutum Synodi confirmarunt, nisi quòd Alexander Episcopus Abyles contrarium sensit : quamobrèm Episcopatu exutus, Byzantium se recepit, & terræmotu absorptus est, & defossus. Neolauritas autem (monachos scilicèt qui novam Lauram sancti Sabæ incolebant) cum se à Catholica communione separassent, Eutychius Patriarcha diversis rationibus aggressus est, octo menses usque varia admonitione & cohortatione usus, cum non posset voti fieri compos, neque ad unitatem Ecclesiæ perducere ; Imperatoris jussionibus obtemperans, illos per Anastasium Ducem à Neolaura expulit, regionem ab illorum peste liberans.] Hæc ibi.

CCLII.

Cæterùm quod pertinet ad terræmotum, quo Constantinopolitana civitas concussa

A

est : id factum hoc anno, in Miscella in Terræmotu concussa Constantinopolis.

deseribitur : Anno vigesimoseptimo Imperii Justiniani factus est terribilis terræmotus Constantinopoli & per alias urbes, qui tenuit dies quadraginta. Et paulatim homines compuncti sunt, litaniam agentes, & frequentantes, atque in Ecclesias commeantes. Cumque multa misericordia Dei facta fuisset, homines ad pejora delapsi sunt. Fit autem memoria hujus terræmotus per singulos annos, in campo litaniam populo agente.] Hæc ibi. Agit de eodem terræmotu Agathias (a), cujus etiam

B

assertione colligitur, hoc eodem anno contigisse, nempe vigesimoseptimo ejusdem Justiniani Imperatoris, autumnalique tempore. Verùm (ut dictum est) non Byzantium tantùm, sed & alias regiones Orientis eodem fuisse motu concussas, & civitates solo æquatas, ut inter alias Berythum in Phœnicia ; contremuisseque etiam Alexandriam Ægypti, urbem (quod magno miraculo factum est) terræmotibus minimè soli natura subjectam, idem asserit Agathias, qui & de ejusmodi prodigiis multa philosophatur : quæ tu ipse consulere poteris ; nobis non est tantùm otii, nec patitur institutum ut hæc inquiramus.

1 Agathi. lib. 2.

C

Cæterùm quis negare poterit, si ab eventis facta noverit judicare, præsagia ista fuisse malorum, quæ sunt Synodum hoc anno habitam consecuta? Cùm videlicèt graviore concussione commotæ Ecclesiæ sunt, quæ inter se invicem collidentes, civitatibus Orientis, & Occidentis lacrymabile planè spectaculum intulerunt ; cum nequaquàm tei ræmotus instar brevi temporis spatio perdurantis, sed commotio talis fuit, quæ indefinenti concussione ad plurimorum annorum spatia sanctam Ecclesiam jugiter agitavit, prout quæ singulis fermè annis dicturi sumus facile demonstrabunt. Etenim ipsa Synodo absoluta, tantùm abest ut pax reddita sit Ecclesiis, ut majus bellum exarserit, intestinaque discordia magis sævierit : Orthodoxi inter se invicem altercantibus, inhærentibus aliis Synodalibus de Trium capitulorum damnatione decretis ; aliis verò tuentibus Vigilii Pontificis Constitutum pro eorumdem Trium capitulorum defensione sancitum. Prævaluerunt isti in Occidente, in Oriente autem illi, ubi Imperatoria eminebat auctoritas. Sic igitur haud tùnc accidit (quod in aliis Oecumenicis Conciliis evenisse scimus) ut de hæresibus expugnatis atque damnatis Orthodoxi Episcopi ad propria cum triumpho redirent, pacemque referrent, erigerentque de impietate expugnata trophæa ; sed civilem potiùs discordiam invexere. Ubicumque enim Synodale decretum munitum Imperatoris edicto à provinciarum Præsidibus promulgabatur, illic ab adversa parte luctus excitabatur, quasi proculcata sacrosanctæ Synodi Chalcedonensis majestate, atque auctoritate Apostolicæ sedis in Vigilio vilipensa.

CCLIII.

D

E

Verùm luctus mærorque haud ipsorum animos hebetarunt, sed vehementioribus sumptis

CCLIV.

Functis spiritibus exurgentes ex adversò, A
pro Tribus capitulis Synodos collegere,
putantes se legitimum inire certamen, quod
iniisse scirent atque prosequi quantumlibèt
exulem Romanum Pontificem; seque pro
sacrosanctis pugnare legibus, quarum causa viderent primarium Catholicæ Ecclesiæ
Antistitem constanti animo exilium ferre.
Congregata sunt igitur ea de causa ab ipsis
in Occidente Concilia, in quibus Constituto Vigilii subscribentes, quæ facta essent
Constantinopoli damnavere, memores ea
tantùm de Synodis in Ecclesia esse recepta,
quæ Apostolicæ sedis Antistites suo calculo comprobassent: cujus veritatis de præ- B
cedenti Oecumenica Quarta Synodo inge-
rebatur exemplum, ubi quæ sexcenti & ampliùs de sedium prærogativa Episcopi statuissent, non consentiente sed adversante
ipso sancto Leone Romano Pontifice, irrita cassaque reddita sunt & nullius auctoritatis. Quò igitur justiùs juncta capiti membra sibi visa sunt suscepisse certamen, eò
ardentiùs prosilierunt ad pugnam; coro-
nandi quidem, si secuti eamdem postea
Vigilium Romanum Pontificem probantem
Synodum, capiti itidèm inhærentes, ipsum
non deseruissent, neque in Vigilii locum C
subrogatos sibi invicem Romanos Pontifices de quæstione proposita ob bonum pacis aliter statuentes, salva fide, & Chalcedonensis Concilii integritate servata. Verùm dùm contrariæ sententiæ defensioni
Trium capitulorum obstinatiùs quàm par
erat inhærerent, à conjunctione visibilis
capitis defecerunt. Sed de his abundè suis
locis inferiùs.

CCLV.
De avaro
terribilis
casus.

Jàm verò quæ reliqua sunt anni hujus rerum gestarum prosequamur. Habet hæc
Cedrenus sub hujus anni periodo: Eo tempore Constantinopoli dives quidam cum æ-
grotaret, mortemque timeret, triginta libras argenti in pauperes erogavit: restitutus autem præter spem suam bonæ valetu- D
dini, fraude diaboli eò inductus est, ut facti ipsum pœniteret, hocque fideli cuidam
suo amico aperiret. Monet ille hominem,
ne huic malæ assentiatur cogitationi, Deumque irritet, qui propter istam largitatem
miseratus, sanitatem donarit; alloqui fore, ut subita morte, nondum mutato facto, pereat. Cum non moveretur ille, sed
magis magisque irritaretur; amicus: Quando, inquit, salutare consilium non admit-
tis, aliud tibi subiiciam. Poscenti hoc,
verè misericors ille: Agedùm, ait, ad templum vade, & non te, sed me in pauperes
elargitum pecuniam istam dicito: ipse sta- E
tim triginta libras reddam. Consentiens
infelix ille ad templum abiit, auroque accepto, ita ut alter præceperat, locutus est.
Indè egrediens, ad ipsam templi portam
mortuus concidit. Clericis de rei novitate
stupentibus, omnibusque aliis qui forte aderant, jubentibus alteram pecuniam recipere suam; ille non obtemperavit, sed inter egenos omnem divisit, quòd diceret,
Deum non pati sannas. Promissa enim Deo
non tantùm pecuniam, sed verba volunta-

temque obligant; & quicquid homo Deo
pollicitus fuerit, id præstare opus habet,
virgo virginitatem, continens continentiam, &c.] Hæc auctor. Sed quæ post
hæc subiicit de Synesio, suo loco illa posuimus. Jam verò hujus annis res Francorum invisamus.

Hoc eodem anno finem huic vitæ impo- CCLVI.
suisse magnam illam fœminam sanctam Chrotildis
Chrotildem Clodovei Regis coniugem, Reginæ o-
scriptores tradunt (a): cui debent Franci, bitus.
quicquid boni ob susceptam Christianam a Sigebert.
religionem sunt consecuti; utpote quæ suis in Chron.
precibus, & hortationibus Clodoveo viro & alii eum
suo simùlque Francorum genti auctrix fuit, secuti.
ut Christianam religionem, abjecta idololatria, susciperent. Quæ fidei Catholicæ,
vitæque fidei congruæ profunda relinquens
benèque impressa vestigia, viduata viro,
reliquum vitæ tempus apud sepulchrum S.
Martini Turonis ad obitum usque sanctissimè perduxit; cum illi Ecclesiæ præsideret
Iniuriosus Episcopus, quem interfuisse diximus quarto Concilio Aurelianensi. Ait b Gregor.
enim Gregorius (b): Chrotildis Regina Turon. hist.
plena dierum, bonisque operibus prædita, l. 4. c. 1. &
apud urbem Turonicam obiit tempore In- l. 10. c. 31.
juriosi Episcopi. Quæ Parisios magno cum
psallentium præconio deportata, in sacrario basilicæ sancti Petri ad latus Clodovei Regis sepulta est à filiis suis Childeberto atque Clothario Regibus: nam
basilicam ipsa construxerat, in qua & Ge-
novefa beatissima est sepulta.] Hæc Gregorius.

Quæ enim vivens coluit, custodivit, CCLVII.
propagavitque fidem Petri, in Petri pariter c Isai. 53.
basilica elegit, quam erexerat, sibi sepulchrum; serens in terra & in cælo ei traditam potestatem: ita quidèm sicut vivens
verbis & exemplis, sic moriens testatum
relinquere voluit perpetuo monumento
Francis omnibus, potissimùm verò Pari-
siensibus amplissimis votis expressum, quam
sectari deberent fidem & colere pietatem;
quibus meritò positum sit ob oculos semper
loquens & auribus inclamans jugiter illud
divinum elogium (c): Attendite ad petram undè excisi estis, & ad cavernam sa-
ci, de qua præcisi estis. Attendite ad A-
braham patrem vestrum, & ad Saram, quæ
peperit vos. Ad Clodoveum, inquam, atque Chrotildem, qui suprà petram fundamenta Regni perpetuò permansuri locantes,
in signum Petro basilicam erexere; in qua
quiescentes in spe, diem novissimam expectarent. Prosecuta verò est tanta fœminam
dignam memoriam Catholica Ecclesia, dùm
inter Sanctos illam ascribens, diei quoque d Roman.
natalis ejus anniversariam memoriam cele- Martyrol.
brat (d): At de his satis. die 3. Junii.

Hoc eodem anno in cœlum migravit CCLVIII.
S. Florentinus primus Abbas monasterii S.
Crucis Arelate, à S. Hilario Archiepiscopo Arelatensi instituti: cujus adhùc extat
egregium Epitaphium versibus Acrostichiis
quibus primis elementis (ut videbis) conti-
nen, munus, obitusque signatur. Sic
enim se habet:

EPITA-

EPITAPHON S. FLORENTINI ABBATIS SANCTE CRUCIS ABEL.

Fulgida regna petens calesti sorte vocatus,
Lucis & aeternae penetrans fastigia latus
Optimus atque pius nunc Florentinus in isto
Resplendet tumulo meritis Sanctissimus Abbas.

Effera qui quondam lingua discrimina calcans,
Nec optare malum studuit, nec ladere quemquam.

Terruit ipse tamen faciles, sed publice verbis,

Justitia tramitem servans cum pace paterna.

Nescia jurandi pandens colloquia cunctis,
Verba Dei solers toto de pectore promsit,
Sancta quibus Domini resonant praeconia semper,

Atque per assiduis concentibus aethera plaudunt.

Bella gerens carnis pestifera vitia contra,
Belligeransque palam saevissima praelia vicit.

Ast hinc celsa poli capiens jam praemia felix
Sanctorum socius, fruitur cum laude coronam.

Hujus namque viri corpus per cuncta sacratum

Jamdudum advectum Domini cum laudibus amplis

Constantinus orans posuit feliciter Abbas,
Intra beata Crucis condens fastigia sacra.

Necnon & tumuli pretiosa tegmina firmas,
Praestruxit solida crustato marmore fulcra,
Attamen exactis jam septem denique lustris,
Condita quo fuerant praefati membra sepulchro.

Effulsere Petri tandem de sede beati,
Quae propiis meritis pandunt hic signa salutis,

Virtutumque simul praestant, & commoda larga.

Infirmis validum dantes per cuncta vigorem.

Ergo potens pastor compensa praemia voti
Splendida: sed Christo commenda saepe Poetam,

Cujus parva tibi prompserunt carmina laudem,

* Januarium ex hoc quem candida mente nutristi,

Tantillumque simul sculptorem marmoris hujus

Amixis precibus Domino per saecula cuncta

More tuo placidus commenda jugiter. Hinc jam

Esse quoque & monachum nosti, quem sancte benignum

Nunc & in aeternum Hilarianum semper adorna.

Post haec ista sequuntur:
Primus itaque praefuit S. Florentinus Abbas monasterio nostro per annos V. qui vixit annis PL. M. L. Obiit prid. Id. April. duodecies P. C. Basilii V. C. Junioris Indict. prima. Post hunc secundus fuit domnus Redemptus Abbas.] Capitales litterae vel suum hujus Epitaphii hoc habent:

Florentinus Abbas hic in pace quiescit. Amen.

Porro monasterii sanctae Crucis Arelatensis, cujus hic Abbas fertur S. Florentinus, ne ulla quidem vestigia, imò nec ulla extant Arelate litterarum monimenta. Est solùm Ecclesia vetustissima, sanctae Crucis nomine insignita, hodie Prioratus parochialis annexus mensae Capitulari sancti Trophimi. In qua videtur superius monumentum marmoreum cum dicto Epitaphio, sed marmor sive antiquitate, sive humiditate, seu negligentia sacerdotum nunc plurimùm sordet. Corpus verò sancti Florentini ibidem est in capsa argentea.

I.
Vigilius ab exilio liberatus.

Annus Christi Redemptoris quingentesimus quinquagesimusquartus, post Consulatum Basilii decimustertius in Fastis notatur, quo Vigilius Papa precibus Narsetis Ducis ab Imperatore liberatur exilio. Res gesta ab Anastasio ita describitur: Adunatus clerus Romanus rogaverunt Narsetem, ut unà cum ejus suggestione, rogarent Principem, ut si adhuc viveret Vigilius Papa, aut presbyteri, vel clerus qui cum eodem Vigilio fuerant in exilium deportati, reverterentur. Suscepta relatione Narsetis vel cuncti cleri Romani, laetus effectus est Imperator, & omnes inclyti ejus, eò quòd requiem donasset Deus Romanis. Mox misit jussiones suas per diversa loca, ubi fuerant in exilium deportati in Gysla * & Proconeso, & adduxit eos ad se Imperator, dicens eis: Vultis recipere Vigilium, ut fuit Papa vester? gratias ago. Minusve? hic habetis Archi-

diaconum vestrum Pelagium, & manus mea vobiscum erit. Responderunt omnes: Imperet Deus pietatis tuae. Restitue nobis modò Vigilium: & quando volueris eum Deus transire ab hoc saeculo, tùnc vestra praeceptione donetur nobis Pelagius Archidiaconus noster. Tùnc dimisit omnes cum Vigilio.] Haec Anastasius.

Audisti Imperatorem jàm arrogasse sibi Romani Pontificis confirmationem, imnò & abrogationem, nimirùm dùm se paratum exhibet, si clerus Pelagium magis volit, facturum ut Vigilius cessét; ita planè captivam ducens Romanam Ecclesiam, quam sub eodem humiliatam tenuit jugo, cum videlicet nullam haberi voluit electionem cleri, nisi electi accederet confirmatio ab Imperatore. Vidisti & clerum abjectè nimis profitentem, post obitum Vigilii in successoris substitutione praeceptionem ipsius expectaturum. Sic quidem ducta est

II.

a *Thren.* 1. est (*a*) in captivitatem domina Gentium, & A
Regina provinciarum facta est sub tributo.
Totidem è Hieremia petitis verbis deplorat
b *Greg. in* ista S. Gregorius (*b*) Papa, cùm & dolet
septe Psal. non sine certa oblatione pecuniæ ejusmodi
Pænit. fieri solitam ab Imperatore probationem
Romani Pontificis, ut apertiùs suo loco in-
feriùs apparebit.

III. Vidisti scelus? Qui enim præ cæteris videri voluit Imperator maximè pius, se maximè impium præstitit, dùm duriores coegit Romanam Ecclesiam subire conditiones,
quàm tulerat sub Ethnicis Imperatoribus,
de quibus nulla est usquàm mentio quòd
confirmationem electi in Romanum Pontificem sibi aliquandò arrogarint. Ista igitur quæ neque humana neque divina jura
tribuunt Imperatori, iste qui legislator
omnium maximus dici studuit, sibi sumens,
in his impiè decernendis divinorum & humanorum decretorum profanator & con-
culcator evasit; in gratiam haud dubium
æmulantium Græcorum Romanæ Ecclesiæ
gloriam. Sed frustra humana id præsumpsit
astutia. Impingentes enim ipsi in lapidem,
fracti sunt, Romanæ verò Ecclesiæ decor
magis semper eluxit, ut quæ dicentur amplissimam fidem facient.

IV. Hæc autem quæ de liberatione Vigilii & C
De Quinta aliorum ex exilio dicta sunt, licèt Anasta-
Synodo à sius facta tradat rogante Narsete exercitus
Vigilio cō- in Italia Duce; tamen & tunc accidisse pu-
probata. tamus, ut Vigilius Papa assensus fuerit
Imperatori, recedensque à sua sententia,
quam Constituto edito declaraverat, Quintam Synodum comprobarit. Etenim cum
de consensione Vigilii Græci asserunt affirmant, & qui his temporibus vixit & scripsit Evagrius id ipsum asserat, ut quæ sunt
superiùs dicta testantur: cumque pariter declaratum sit, id non eo tempore accidere
potuisse, cùm idem Pontifex actus est non
ob aliam causam in exilio, nisi quòd Quintam Synodum minimè probare voluisset;
necesse est affirmare, id ab ipso factum esse hoc tempore, cùm ab exilio solutus est,
liberque dimissus, ut in suam rediret Ecclesiam, jàm vendicata per Narsetem à Gothis Italia.

V. Ut istæc firmemus, alia plura suadent.
In primis verò, quòd Liberatus diaconus
Carthaginensis, & ipse ex iis unus qui pugnarunt pro Trium capitulorum defensione (ut ex Breviario ab ipso conscripto satis apparet vel ex eo potissimùm, dùm Theodorum Mopsvestenum laudat) ipse, inquam,
Liberatus in Vigilium parùm æquus, præter alia quæ adversùs eum conscripsit, ista
c Liber. de ejus fine habet (*c*): Hæc (*inquit*) Vi-
Brev. c.22. gilius scribens hæreticis occultè, perman-
in fin. sit sedens. In quo impletum est illud testimonium, quod Salomon in Proverbiis di-
d *Prov.* 1. cit (*d*): Edent viæ suæ fructus & consiliis
suis saturabuntur. Ab ipsa hæresi afflictus
Vigilius, nec coronatus, qualem vitæ terminum suscepit, notum est omnibus.] Hæc
Liberatus: qui quidem si persitanterò in sententia usque ad mortem pro Trium capitulorum defensione, quorum causa Constitu-

Annal. Eccl. Tom. VII.

tum ediderat, Vigilium comperisset, ipsum
in ea defunctum velut martyrem collaudasset
sed cùm ait, ipsum fuisse afflictum nec coronatum, planè alludit ad ejus exilium, & post
exilium à priori proposito defectionem.

Suadet etiam illud ipsum ea ratio, quòd VI.
cum Justinianus Imperator nihil antiquius
habuerit Trium capitulorum damnatione,
quorum causa plura (ut vidimus) sancivit
edicta, & Synodum Oecumenicam collegit, suæque sententiæ adversantes severè
punivit; quomodò passurus fuisset, nisi
consensisset, ut Vigilius, qui amplissimis
scriptis contrariam sententiam professus fuit, *Vigilius*
& ad eam sectandam universam Ecclesiam *Justiniano*
Catholicam impulit, idem postquàm sol- *amicus red-*
veretur exilio, sineretur proficisci in Oc- *ditus.*
cidentem; haud dubium universos Episco-
pos orbis Occidui adversùm recta Imperatoris atque Synodi decreta concertaturus?
Rursum verò cum Justinianus Imperator
non solùm ab exilio ipsum Vigilium liberaverit, sed alia nonnulla eidem petenti
concesserit, ut ipso exigente sanctionem de
rebus Italicis promulgavit; absque dubio
ex hujusmodi officiis declaratum est, eumdem Vigilium ipsi valdè charum extitisse,
ut ea petenti indulserit: at nonnisi consensione in Trium capitulorum damnatione effici potuit, ut inter eos amicitia sanciretur, quorum solùm causa odium conflatum
erat, & in eum exilium irrogatum.

Sic igitur ex omnibus, suffragante po- VII.
tissimùm Græcorum auctoritate, satis ap- *Ultimam*
paret, Vigilium Papam, ut natum occa- *Vigilii sen-*
sione Trium capitulorum schisma penitùs *tentia Ec-*
tolleret, omnemque Orientalem Ecclesiam *clesia secu-*
Catholicæ communioni conjungeret, abro- *ta.*
gato quod pro Tribus capitulis ediderat
constituto Quintæ Synodo adversanti, eandem Synodum auctoritate Apostolica comprobasse, Oecumenicamque dixisse: cujus postremam sententiam cum posteri omnes Romani Pontifices sint secuti, universa Dei Ecclesia, paucis exceptis schismaticis, eamdem Synodum ut Oecumenicam
semper novit & prædicavit. Ejus verò exemplaria tùnc in Romanæ Ecclesiæ archivis
fuerunt inter alia scripta authentica collocata; quæ utinàm conservata fuissent: non
enim opus esset corruptam & mutilatam (ut vidimus) è codicibus Græcis accipere.

Porrò eadem exemplaria genuina misisse VIII.
noscitur S. Gregorius ad Theodolindam *Quint. Sy-*
Longobardorum Reginam, & ejus filium *nodi ger-*
Adulouualdum renuentem aliquandò ea de *mana exē-*
causa Ecclesiæ Catholicæ communicare, *plaria.*
quòd accepisset, ex eadem Synodo derogari scriptis S. Leonis Papæ ab universa
Ecclesia ut sacrosanctis toto orbe receptis.
Sed accipe ipsius verba Gregorii ad ipsam
Theodolindam Reginam reddita (*e*) extre- *e Greg. l.12.*
mo tempore sui Pontificatus: Eam tamen *epist.7.*
(*inquit*) Synodum, quæ piæ memoriæ Justiniani tempore facta est; per latores præsentium transmisi: ut prædictus filius meus
dilectissimus ipsam relegens, cognoscat,
quia falsa sunt omnia, quæ contra sedem
Apo-

M m

Apostolicam vel Catholicam Ecclesiam audierat. Absit enim nos cujuslibet sensum hæretici recipere , vel à tomo sanctæ memoriæ Leonis prædecessoris nostri in aliquo deviare : sed quæcunque à sanctis quatuor Synodis sunt definita , recipimus ; & quæcumque reprobata sunt , condemnamus .] Hæc Gregorius , qui tùm ipsam Reginam , tùm ejus filium Regem Longobardorum detrectantes intereà ob falsos à schismaticis sparsos rumores Apostolicæ sedi communicare , rei veritate dilucidè demonstrata , communione Catholica & Apostolica impertivit .

IX.

Sed ad ipsum Vigilium solutum jàm exilio , dimissumque liberum ut ad suam redire Ecclesiam posset , revertamur . Cùm rediturus Romam , Constantinopolim ad Justinianum Imperatorem venisset ; ab ipso petiit sanctionem promulgari universæ Italiæ profuturam . Extat illa quidem , quam hîc tibi reddendam putavimus , ut quæ sunt dicta notiora fiant . Ipsa verò ad Narsetem Ducem & ad Antiochum Italiæ Præfectum data reperitur hoc anno , distincta capitibus vigintiseptem : sed nobis satis hæc ex multis pauca referre (a):

a Novel. Julian.edit. ia sta.

X.

Edictum Justiniani Imp. de rebus Italiæ.

Pro petitione Vigilii venerabilis antiquioris Romæ Episcopi quædam disponenda censuimus ad utilitatem omnium pertinentia , qui per Occidentales partes habitare noscuntur . In primis itaque jubemus , ut omnia quæ Athalaricus vel Amalasuntha regia mater ejus , vel etiam Theodatus , Romanis , vel Senatu poscente , concesserunt , inviolabiliter conserventur : sed & ea quæ à nobis , vel à piæ memoriæ Theodora Augusta quondam coniuge nostra collata sunt , volumus illibata servari : nulla cuicumque danda licentia contra ea venire , quæ à prædictis personis pro quibuscumque rebus vel titulis data vel concessa esse noscuntur, excepta videlicet donatione à Theodato in Maximum pro rebus habita Marciani , ex quibus dimidiam portionem Liberio viro gloriosissimo dedisse meminimus , reliquam dimidiam Maximo viro magnifico relictam , quas apud utrumque firmiter manere censuimus .

XI.

Si quid à Totilano tyranno factum vel donatum esse invenitur cuicumque Romano , seu cuique alio , servare , vel in sua firmitate manere , nullo modo concedimus sed res ablatas ab hujusmodi detentatoribus antiquis dominis reformari præcipimus . Quod enim per illum tyrannidis ejus tempore factum esse invenitur , hoc legitima nostra notare tempora non concedimus .] Et inferiùs de iisdem rebus à Totila alienatis : Quia autem verisimile putamus , quòd tyrannidis tempore res suas per metum alienasse hominibus vel officium quodcumque gerentibus , vel aliam à Totila commissam actionem , vel potentiam , vel gratiam apud eum habentibus , sive venditione , sive aliis quibuscumque contractis titulis : modò verò , quod factum est priùs rescindi desiderare , utpote per violentiam , vel per metum tyrannici temporis factum ; san-

cimus omnibus esse licentiam sui recipiendi , sive vendicandi , vel possessionis à Judice adipiscendæ , prætiis tantummodò videlicet restitutis , quæ tamen (eo qui se dedisse perhibet approbante) veraciter confiterit exoluta , nec aliquo posteà modo vel fraude subtracta , vel ab eo recepta : cum non absque ratione esse putemus multa tunc temporis per metum & violentiam facta esse , quæ nostris temporibus rescindi poscit justitia , pœna videlicet instrumentis inserta propter prædictas factiones modis omnibus quiescente .] Hæc & alia plura ad res sive immobiles sive mobiles spectantia , instante Vigilio Papa , Justinianus sanxit , multaque alia ad personas respicientia , quas vel barbaricus furor redegisset in servitutem , vel militaris licentia profanasset . Nàm post alia plura hæc de dicatis Deo virginibus :

Cùm autem tyrannicæ ferocitatis præsumptionem res etiam illicitas quasi permissas agitisse , sine dubio sit : sancimus , ut si qui mulieres Deo sacratas , vel habitum religiosum habentes sibi conjunxisse inveniantur , nulla eis tenendi , vel dotes forte conscriptas , iterum monasteriis , vel Ecclesiis , aut sancto proposito cui dedicatæ sunt , restituantur .] Hæc & alia Justinianus hoc anno vigesimooctavo sui imperii , & post Consulatum Basilii tertiodecimo : quæ quidem ab Imperatore procurasse Vigilium apparet ; ut , quæ tempore bellico fuissent jura jussa sileri , eadem reviviscerent , suumque unicuique tribuerent . Quomodò autem recedens Constantinopoli Vigilius Papa , cum in Siciliam pervenisset , illic extremum clausit diem , sequenti anno , quo id contigit , illius anni hujus sunt reliqua prosequamur .

XII.

Hoc eodem vigesimooctavo Imperatoris anno à Cosrhoe Persarum Rege adversùs Justinianum Augustum bellum movetur , non quidem ut more in Syria , sed in Colchorum provincia ; quo Romanus exercitus turpiter victus atque fugatus est . Hæc verò quomodò se habuerint , Agathias pluribus refert . Quibus accuratè narratis , divertit idem auctor ad peregrinationem seu transmigrationem quorumdam Gentilium philosophorum è Romano solo in Persidem , ea (ut refert) occasione , quòd peteret illi Christianam religionem & eam colentium mores , ad Persas , quos acceptasse esse modestiores , proficisci , ibique reliquum vitæ tempus apud eos degere decreverint : verùm falsa decepti fama , ubi Persarum fœdissimos invenerunt mores, mòx redire ad pristinos lares , & cum Christianis reliquum vitæ tempus degere censuerunt . Quæ autem notatu digna iisdem tunc acciderint remeantibus , ab eodem accipiamus auctore , qui rem sic exorditur (b):

XIII.

Paulò antè Damascius Syrus , Simpliciusque è Cicilia , Eulamius Phryx , Priscianus Lydus , Hermias præterea , & Diogenes ex Phœnicia , Isidorusque Gazæus in Persidem ad Regem hunc visendum se contulerunt : qui omnes facilè hac nostra nota appriam

b Agath. lib. 2.

XIV.

De philosophis ad Persas peregrinantibus .

omnium erant philosophorum principes. His quidem cum minùs placerent quæ de Deo Romani rectiùs sentiunt; & multorum relatu persuasi jàm essent Persarum instituta & mores cæteris longè præstare; in Persiam ad Regem, ut in ea victuri, unà concesserunt : & eò libentiùs, quòd Regem in primis justissimum, continentissimumque esse acceperant, qualem & vult Plato, ut Philosophia sit cum Imperio juncta ; subditos verò pollere virtutibus, quandoquidèm nec fures apud hos essent, neque prædones, nec denique qui injustiora cætera facerent : atque adeò ut pretiosissima quæque vel in solitudine quavis relicta, qui fortè invenerit, haudquaquàm sit sublaturus, sed relinquenti utcumque domino integra omnia usquè ad reditum maneant. Ubi tamen eò est tandem perventum, cum omnia aliter longè ac ipsi acceperant sese habere jàm comperissent, & omnem scelerum apud hos speciem exerceri, ipsique hæc molestissimè ferrent; inconstantiæ & levitatis se statim insimularunt, & mutati loci cœpit hos pœnitere. Undè etsi Cosrhoes eos & benevolentia prosequeretur, & ut apud se manerent, precibus fatigasset ; confestìm tamen ad pristina loca, è quibus excesserant, se receperunt : existimantes, longè sibi potiùs fore, initis mòx Romanorum confinibus mortem, si fortè contingat, obire, quàm apud Persas morando, majora sibi præmia comparare. Sic demùm omnes ad pristinas sedes reducti, barbarica detestabantur hospitia.] Ita quidem experimento didicere philosophi, solutos licet disciplina Christianos præstare moribus quibuslibet veri Dei cultum ignorantibus populis. Quid verò his subjiciat auctor admiratione dignum, accipe :

XV.
De cadavere humato atque refosso.

Sed cum intereà iter hi facerent, mirandum quiddam his ferunt & dignum memoria contigisse. Nàm cum in agrum quemdam Persicum philosophi divertissent, hominis ejectum cadaver viderunt recèns mortui inhumatum. Tùm his legis barbaricæ pravitatem commiserati (*lege enim Persarum, defunctorum hominum corpora non humari, sed feris bestiis & volucribus exponi jubebantur*) quandoquidèm nec par fore existimabant, ut vel in partem aliam natura injurias pateretur ; cadaver illud per servos elatum, terra (ut licuit) obruerunt. Noctù verò, his quiescentibus, unus quidam eo ex comitatu (non enim sat calleo)

A obversari sibi speciem vidit hominis senioris, sibique incogniti, aliàs tamen gravis & venerandi, & qui philosophiæ studenti ut pallio, ita & barba promissiore nihil esset absimilis ; sibique perindè jubendo, monendoque hujusmodi inclamasse : Noli inhumatum humare : permitte canibus lacerandum. Terra universorum mater matris corruptorem hominem non suscipit (*hæc idcircò, quòd Persis in more esset, filios cum matribus commiscere*) Tùm ille quamprimùm præ formidine experrectus, aliis somnium statim renunciavit. At illi tùm primùm dubii animi erant, quònam esset id somnium evasurum. Antelucano autem tempore

B surgentes progrediuntur quò erat iter occœptum, ag um eumdem carpendo, agente ad id loci situ, in quo pridie mortui cadaver suffoderant. Nudum illum iteratò inveniunt, in agri superficie jacentem, tamquàm sponte sua in apertum remittente terra, nec tolerante non à bestiis absumptum servare. Illi igitur rei miraculo obstupefacti, iter prosequ bantur, omisso humanitatis officio, quod sibi ex lege injungebatur. Somnium intereà cum sermonibus agitarent, à se facilè fatebantur, pœnas luere Persas pro impudico & materno concubi-

C tu, eòque & insepultos manere, & non injuria per canes dilacerari.] Hæc Agathias, suorum temporum recensens historiam, haud leviter accepta refert.

E hoc quidem exemplo quis non intelligat, in suæ ipsorum ultione n impietatis sint à Deo Novatores hæretices spernere ab Apostolis traditos & in Ecclesia Catholica sæpe usu receptos atque posteris commendatos Christianis ritus sepulchrales,

D pompamque piam : qui sacris canticis ducuntur funera, sacrisque locis, quæ sunt Christi membra, humaniur corpora defunctorum ; eosdemque verè impios sua sponte ab Ecclesiastica communione discissos hisce privari, atque tamquàm infames in loco profano, profanæque sepulturæ mandari ? Ut planè Dei judicio in eis Hieremiæ (a) vaticinium compleatur, quo ait : *Sepultura asini sepelietur, putrefactus & projectus extra portas Hierusalem*. Sed quæ de funere & sepultura dicimus, de pluribus aliis Dei beneficiis Catholicæ Ecclesiæ collatis æquè dicenda sunt, quibus in suorum scelerum pœnam sua ipsorum

E sententia impii, sed justo Dei judicio omninò privantur.

XVI.
Se ipsos impii pœnis afficiunt.

a Hier. 22.

I. HIC annus Domini quingentesimus quinquagesimusquintus, post Consulatum Basilii numeratur decimusquartus : quo Vigilius Romanus Pontifex venturus in Italiam, in Sicilia diem obiit, cum sedisset annos sexdecim : licet Anastasius habeat sedisse annos decem & septem, menses sex, & dies vigintisex : sed nulla subsi-
Annal. Eccl. Tom. VII.

stunt talia ratione, quamplurimis his adversantibus. De ipso item hæc Anastasius subdit, nempe ut agit de ejus obitu : Venerunt itaque in Siciliam, in civitatem Syracusas, ubi Vigilius afflictus, calculi dolorem habens, mortuus est. Corpus ejus delatum Romam, sepultum est ad S. Marcellum via Salaria.] Sed quoto anni mense dievesit

Mm 2   ve sit

ve fit mortuus, nulla apud antiquos mentio, nec nobis de his divinandum , cum neo ex successoris annis tempus Vigilii sedis possit mensium atque dierum numero definiri. Cæterùm hic non prætermittendum , Pelagium diaconum ductum esse in suspicionem illatæ mortis Vigilio ; id enim idem Anastasius tradit , cùm agit de ejusdem Pelagii ordinatione: addit autem , ipsum Pelagium publicè se purgasse de tanta illata calumnia. Sed de his inferius.

II. Hic tandem finis Vigilii Papæ , ut justo Dei judicio in insula defunctus sit , confectus ipse ærumnis ex morbo , qui coegerat sanctum prædecessorem suum Silverium deportatum in insulam illic animam exhalare. Qui enim malis artibus ad Pontificatum sibi paravit ascensum , ipsum adeptus , immensis semper agitatus est fluctibus , invisus in primis Imperatori , cujus gratiam tot studiis demerere conatus fuit ; Orientalibus haud gratus Episcopis , adversùs quos diù multùmque certavit : sed & Occidentalibus defensoribus Trium capitulorum redditus execrabilis , quòd in sententia non stetisset , sed impugnatoribus eorumdem , suo constituto abolito , inhæsisset , Quintam probando Synodum , quam anteà impugnasset : ac tandem cum è procellis in portum sibi visus est appulisse , pedemque alterum in Urbem , à qua diù abfuisset , propemodùm intulisse , in via mori cogitur immensis confectus ex calculi morbo doloribus.

III. Fuit ista Vigilii , dùm esset Pontifex , vitæ periodus ; ex qua quidem multa quis hauriet divinæ providentiæ invigilantis per Ecclesiam Romanam exempla ; quibus illud potissimùm evidentiùs innotescat , ipsam Divinitatem ejus gubernaculum tunc præcipuè moderari , cùm qui navi præsidet , clavumque tenet , obdormire videtur ; vel alio non opportunè dirigere , quò , vel timor impellit , aut privatus commovet affectus. Qui enim in ea residet Christus , hùc atque illùc universam navim pro arbitrio vertit: & fluctus licèt contrarii urgeant , & flantes venti in adversam partem impellant , nunquàm tamen ipsa navis impingat in scopulos , neque offendat in syrtes , vel crebrioribus undarum ictibus dissolvatur : sed illæsa permaneat , nesciens vel vetustate lentescere , ut per lata foramina sorbens aquam , absorbeatur à fluctibus.

IV. Intelliget ex iis pariter accuratus inspector , quanta Romanæ Ecclesiæ insit auctoritas , vigeatque potentia , cum viderit ex adverso frustra sæcularem niti potentiam , incassùmque armari perfidiam ; vanèque contra urti Orientales Episcopos ; otiosè resilire Occidentales Antistites ; inutiliter ubique cogi Concilia , atque sanciri decreta , ubi non accesserit ipsius sedis Apostolicæ confirmatio ; & qui in ea sedet Romani Pontificis comprobatio : cùm illud tantùm necesse sit in Ecclesia Catholica haberi ratum & firmum , quod noscitur consensione asserta vel præsumpta ejusdem Romani Antistitis comprobatum.

V. Vidisti enim , frustrà nisum Imperiali edicto Justinianum , quousque illi Vigilius restitit , nulliusque roboris habitum totius Orientis collectum Concilium , donec illud ipsum suo assensu voluerit Romanus Pontifex effici Oecumenicum : cùm planè non aliâ ratione ipsi etiam Græci illud comprobent Oecumenicum esse , nisi quòd illi consensus accesserit Romani Pontificis. Sic vides , quò magis in Vigilio contempta est Apostolicæ sedis auctoritas , eò ampliùs eamdem apparuisse illustratam: & cùm nulla fuerint tempora , quibus sub Catholico Imperatore adeò ignominiosa diraquè pati coactus sit Romanus Pontifex ; nunquam tamen magis , quanta in Petri successore vis atque potestas esset , cognitum fuit , in illo præsertim Antistite , quem ante electionem præterita crimina adeò infamassent , & violenta præcedens intrusio , illicitæque atque probrosæ promissiones factæ hæreticæ fœminæ contemptibilem reddidissent , atque demum Silverii Papæ obitus fermè omnibus detestabilem effecisset. Ita planè permisit Deus Apostolicam sedem adeò fluctuare , atque in discrimen adduci , ut ab omnibus intelligatur non humanis sed divinis illam fulciri præsidiis. Sed quæ reliqua sunt Vigilii Papæ , antequàm de ejus agamus successore , prosequamur.

VI. In hujuscemodi habitis cum Justiniano conflictibus , cum fatigatus esset ærumnis Vigilius , idem Imperator ab eo inter alia illud extorsit , quod ab Agapeto Papa obtinere frustrà tentaverat , nec ab ejus successore Silverio impetrare valuit ; nempe ut Prima Justiniana , natale solum , à se mirificè illustrata , non Episcopatus tantùm , sed Metropolitanæ sedis augeretur dignitate. Cum id , inquam , à Vigilii prædecessoribus ipse Justinianus impetrare conatus esset , minimè valuit obtinere ; quòd scirent iidem Romani Pontifices , (ut superiùs dictum est) ea verti in præjudicium aliarum ipsi provinciæ adjacentium Metropolitanarum sedium : injustum rati dedecore nobilium Ecclesiarum illustrari novam Ecclesiam Primæ Justinianæ , indecensque esse alias denudare , ut una superexornaretur Ecclesia ; cresceret nimirùm ipsa diminutione majoris cui ipsa subdita fuisset Ecclesiæ , & pallium quod illa soleret accipere à Romano Pontifice , Prima Justiniana ab eodem peteret , ac sibi superinduceret. Id quidem fuisse à Vigilio Papa decretum , ut ejus Episcopus pallio ornaretur , vicemque gereret Apostolicæ sedis , idem Justinianus Imp. in constitutione Novella profitetur (a): de eodemque pallio , quod Archiepiscopus Primæ Justinianæ acciperet soleret à Romano Pontifice , testis est Gregorius (b) Papa in epistola ad Joannem. Exciderunt autem ipsius Vigilii Papæ Apostolicæ litteræ de collatis à se privilegiis Primæ Justinianæ. Hæc verò , quòd incerta habeantur quo anno facta fuerint , hic ad finem ipsius Vigilii rerum gestarum ex more posuimus.

VII. Ad postremùm de eodem Vigilio Papa his illud adjicere monumentum minimè

A Vidisti enim,   B   C   D   E

Marginalia:
V. Apostolicæ sedis auctoritas summa auctoritas.

VI. A Vigilio collatum privilegium Primæ Justin.

a Novel. 131. c. 3.

b Greg. l. 4. epist. 25.

VII.

Sacrarum the praetermittimus, quod habet Hadrianus usus Ima-Romanus Pontifex in epistola ad Carolum ginum. Magnum Imp. nempe ab eo egregiis iisdemque piis imaginibus exornatam fuisse basilicam à se erectam. Cum enim inter alia plurima idem Pontifex vellet ostendere Imperatori viguisse semper in Ecclesia sacrarum usum imaginum; & de singulis tempotibus quibus celebratae essent Oecumenicae Synodi adduxisset de Romana Ecclesia, quam aliae minores Ecclesiae imitarentur, exempla: ubi ventum est ad proxime dicta tempora Quintae Synodi, ita habet: Et de sancto Quinto Concilio, Sanctissimus Vigilius Papa in Lateranensi Patriarchio basilicam faciens, pulcherrimis eam decoravit picturis, tam in historiis, quàm in sacris imaginibus.] Haec ipse: quae quidem verba (ut ex praecedentibus patet) eam habent sententiam, ut Pontifex dicere voluerit, sicut tempore reliquorum Conciliorum Oecumenicorum usus probatur sacrarum imaginum, ita etiam tempore Quintae Synodi, cum esset Pontifex Vigilius Papa, qui basilicam à se constructam sacris decoravit picturis. Quod tamen ab ipso Vigilio ante factum oportuit, quàm in Orientem proficisceretur: nam semel Roma discedens, illùc non est amplius reversus.

VIII.

Quod rursum ad reliqua ejusdem Vigilii monumenta pertinet; nec excidat, quod sanctus Gregorius Papa in epistola ad Virgilium Episcopum Arelatensem meminit de privilegiis ab ipso concessis Arelatensi monasterio, quod Childebertus Rex Francorum erexit, & petiit a Vigilio sedis Apostolicae immunitatibus communiri: cui illum assentientem, litteras Apostolicas ad Aurelium tunc Arelatensem Episcopum (a) dedisse significat, ad quem constat aliam quàm superius recitavimus scripsisse epistolam.

a Greg. l. 7. epist. 115.

IX.

Vides igitur tàm in Oriente, quàm in Occidente, tùm Imperatores, tùm Reges non ab alio Antistite quàm à Romano Pontifice expetere consuevisse pro locis à se erectis privilegia; utpotè quòd certò scirent in ipso totius Catholicae Ecclesiae residere primatum, universisque Antistites ejusdem parere praeceptis, saecularesque Principes haud audere violare, quae scirent Apostolicae sedis privilegiis esse munita. Nec de Vigilio illud praetereat (quod attigimus) Constitutum aliud sancivisse adversus Origenem, ipsum condemnans, ut Cassiodorus testatur his verbis (b): Hunc, nempe Origenem, licèt tot Patrum impugnet auctoritas, praesenti tamen tempore & à Vigilio beatissimo Papa denuò constat esse damnatum.] Haec cùm testetur Cassiodorus, satis habes declaratum, quomodò accipiendum sit, quod in alio suo Constituto Vigilius ad Justinianum Imp. dato, quod haud pridem recitavimus, ait, post mortem non esse aliquem condemnandum, qui in pace & communione Ecclesiae Catholicae decesserit: cujus sententiae sensus quomodò sit accipiendus, suo loco diximus. Demùm verò, ut res Vigilii ad finem perducamus, de

b Cassiodor. Instit. divin. lect. lib. 1. cap. 1.

Annal. Eccl. Tom. VII.

A ordinationibus ab eo factis quas habeat Anastasius, accipe: Hic fecit ordinationes duas per mensem Decembrem, presbyteros quadragintasex, diaconos sexdecim, Episcopos per diversa loca octoginta & unum. Cessavit Episcopatus ejus menses tres & dies quinque.]

Subrogatus est in locum Vigilii Pelagius Archidiaconus: quo autem mense & die, antiquorum nemo docet. De hujus ordinatione haec idem Anastasius: Dùm non essent Episcopi qui eum ordinarent, inventi sunt duo Episcopi, Joannes de Perusio & Bonus de Ferentino, & Andreas presbyter de Ostia, & ordinaverunt eum Pontificem: tunc enim non erant in clero qui eum possent promovere; & multitudo religiosorum, sapientum, & nobilium subtraxerant se à communione ejus, dicentes, quia in morte Vigilii Papae se immiscuit, ut tantis poenis affligeretur. Eodem tempore Narses, & Pelagius Papa, consilio inito, data litania à S. Pancratio, cum hymnis & canticis spiritualibus venerunt ad S. Petrum Apostolum: Cùm Pelagius tenens Evangelium & crucem Domini super caput suum, in ambonem ascendit; & sic satisfecit cuncto populo & plebi, quia nullum malum peregisset contra Vigilium. Item adiecit Pelagius Papa: Peto ut petitionem meam confirmetis, ut si quis ille est, qui promovendus est in sancta Ecclesia ab ostiario usque ad gradum Episcopatus; neque per aurum neque per alias promissiones proficiat (vos enim omnes scitis quia hoc simoniacum est) sed si quis ille est doctus in opere Dei bonam vitam habens, non per dationem, sed per bonam conversationem, inhibemus eum usque ad primum gradum venire. Eodem tempore Ecclesiae rebus praefecit Valentinum Notarium suum timentem Deum, & restitui fecit omnia vasa aurea & argentea & pallia per omnes Ecclesias.] Hactenùs de Pelagii ingressu Anastasius.

X. Pelagius Papa creatur.

Qui igitur non sine assensu, immò & promotione Justiniani Imperatoris, qui etiam Vigilio adhùc superstite (ut vidimus) ei studebat, Pelagius Pontifex creatus est, licèt vivente Vigilio cum esset Archidiaconus, ejus Constituto pro Tribus capitulis subscripsisset; tamen postremam ejusdem Vigilii sententiam probantem Synodum secutus est; cum praesertim probè nosset, causam non esse ejusmodi, ut nonnisi cum jactura Catholicae fidei, vel ignominia Synodi Chalcedonensis (ut superius est monstratum) sanciri par potuisset. Sed ad alia transeamus.

XI. Pelagius Papa recipit quintam Synodum.

Mm 3   Hoc

XII.
Fráci cum Alemannis invadunt Italiam.

a Agath. hist. l. 4.

b Gregor. Turon. hist. Franc. l. 3. cap. 32. c Greg. dial. l. 1. c. 2.

d Agath. l. 2.
XIII.

Hoc anno vigesimonono Justiniani Imperatoris, qui sub Teodibaldo Francorum Rege militabant duo germani, iidemque Alemanni Leuthares & Bucellinus (quem Agathias Bultinum vocat) cum Francorum ingentibus copiis descendentes in agrum Campanum, Lucanos, Brutios, omnesque interjacentes regiones depopulantur. Hæc pluribus Agathias (a), qui horum exercitum fuisse septuagintaduo millia delectorum virorum tradit. Porrò Alemannos ductabat Leuthares, Francos vero Bucellinus. De eodem Francorum Duce meminit Gregorius Turonensis (b), licèt malè tem. paribus Belisarii ejus expeditionem contigisse dicat, huncque ipsum Bucellenum appellat, quem S. Gregorius (c) Papa nominat Bucellinum, dùm agit de S. Libertino, qui in monasterio apud Fundos in Campania posito egregia floruit sanctitate; atque de eodem Bucellino, qui ejus tùnc monasterium invaserat, hæc scribit: Eodem verò tempore in Campaniæ partibus Bucellinus cum Francis venit. De monasterio verò præfati viri famuli Dei rumor exierat, quòd pecunias multas haberet. Ingressi oratorium Franci, cœperunt sævientes Libertinum quærere, Libertinum clamare, ubi in oratione ille prostratus jacebat. Mira valdè res, quærentes, sævientesque Franci ingredientes in ipso impingebant, & ipsum videre non poterant, sicque sua cæcitate frustrati à monasterio sunt vacui reversi.] Hæc Gregorius, qui de sancto viro miranda complura alia scribit. Agathias dùm de Bucellini grassatione in Italiam facta agit (d), hæc ait, Francorum ergà res sacras abstinentiam commendans:

Eò ubi ventum jàm est, Franci omnes qui locis hisce ante insueviessent, ergà sacra pietate & reverentia utebantur, ut qui ad potiores leges tamquàm veræ fidei cultores concesserant (ut supra jàm diximus) & haud secùs ac Romani sacrificarent. Sed Alemannorum exercitus omnis (nàm aliter longè hi sentiunt) sine ullo delectu & per impietatem templa diripiebant simul & deformabant; sacraque ex auro vasa, & ad peragendam rem divinam parata, pretiosamque cæteram suppellectilem cum sustulissent, in possessionem turpiter vendicabant; cumque ea patrassent, necdùm malesacti exatiati, vel urnas ipsas, quibus templorum structores recondebantur, frangebant, evertebantque pavimenta, & cruore templa fœdabant, prædaque omnia conspurcabatur, cum mortuos insepultos disjicerent. Haud tamen divina longè post ira, quæ ob tanta hæc scelera inserebatur, hos spernit affecit. Quandoquidem bello partim, partim morbo interiere, ita ut eorum nemo quippiam sit ex pristina rapiendi spe consecutus. Injustitia namquè & ergà Deum impietas ut fugienda permaxime sunt, ita & prodesse nil poterunt, & in ipso præsertim bello. Nàm patriæ opem ferre, ac patrias leges tueri, & has devastantibus le minùs permittere, sed enixius hos impugnare, æquum proculdubiò fuerit & generosum. Qui ve-

rò lucri & avaritiæ gratia, odiique nulla ratione subnixi, cum nullum criminandi jus habeant, si velint in aliena irrumpere, & eos incessere, qui injuriæ nihil intulerint; profectò insolentes hi sunt, & planè insaniunt, neque quid jus fasque sit norunt, nec magni id faciunt, si maleficis sit insensior Deus. Quo fit, ut acriora his inferantur supplicia, & ad insanabilem calamitatem, qui pravè gesserint, recidant, etsi ad breve felices existimentur. Leuthari itaque, Bultinoque istiusmodi evenere, &c.]

Quàm autem terribilem Dei in se iram XIV. expertus sit Leuthares germanus Bucellini, dùm onustus sacrorum spoliis domum reditum parat, idem auctor paulò inferiùs his e Agath. verbis conscribit (e): histor. l. 2.

Paulò post pestilens morbus derepentè Leuthares cum hos invasisset, multitudinem absume- dat pœnas bat, ita ut partim circumiectorum locorum patratorū aerem ut noxium causarentur, & ejus mali scelerum. originem fuisse hunc ducerent; partim etiam vitæ incusarent mutationem: quandoquidèm ex assidua belli exercitatione, longisque itineribus ad otium & delicias divertissent; morbi tamen principium & calamitatis necessitatem non admodùm percnoscebant. Injustitia namquè & rebus sacris, humanisque legibus illata injuria, exitii causa his (ut equidem reor) fuere: cui rei vel Princeps ipse argumento sat fuit, quem ex Deo ingesta supplicia divexabant. Quippe qui demens jàm factus, in apertam est rabiem versus, ut amentes solent & furibundi. Vertigo prætereà crebrior quædam eum excipit, ejulatusque edebat horribiles, cernuusque nonnunquàm, vel utrumque in latus se proruendo, illitus solo volutabatur, abundantique spuma os ipsum prolubebatur: tamen oculi horribiles visu, inversique erant, & eò jàm miser vesaniæ venerat, ut vel propria membra desæviendo gustaret. Brachiis siquidem ubi jàm mordicùs inhæsisset, dentibuscarne dilacerata in feræ bestiæ morem, his vescebatur, defluententemque lingebat cruorem. Sic demùm suo exatiatus, & paulatim deperditus miserrimè ex humanis excessit. Cæteri vero passim moriebantur, nil penitùs remittente malo, quousque universi interiere. Quinetiam vel febre major pars degravata mortem obibat: nonnullos apoplexiæ morbus acerrimus invadebat, alii capitis dolore peribant, & mentis excessu quidam. Itaque dùm variè omnes afficerentur, in perniciem morbi ipsi cedebant. Cum Leuthare igitur & cæteris omnibus, qui se sequebantur, sic actum; & hunc ea expeditio habuit finem.] Hæc Agathias, qui de Bucellino refert, jurasse non se recessurum ab Italia, sed pro Gothis semper bello adversùs Romanos acturum. Quæ verò dicta sunt de Leuthari atque Alemannorum exercitu, contigisse ait idem auctor trans Padum ad Venetiæ loca apud Cenedam urbem, cum jàm iidem reverterentur in patriam.

Bucellinus autem apud Capuam cum XV. Francis agens, & prœlio decernens cum Nar-

Franci à Romanis victi. Narsete ab eo victus est, ac necatus cum omni Francorum exercitu: adeò ut ex tàm ingenti hostium numero quinque tantummodò fuerint reperti qui remearint ad propria. Ram porrò egregiè gestam cum Agathias describat, id tribuit pietati ac justitiæ Narsetis, qui non antè conserere manus cum hostibus voluit, quàm purgato exercitu: inventum verò tùnc unum Herulorum nobilem militem, qui servum occidisset, pari illum pœna plectendum esse jussit; nec mari-

A. gni fecit, etsi in tanta temporis ac rerum necessitate ingens Herulorum multitudo se ab exercitu, mortem gentilis sui ægro ferens animo, separaret. Pluribus hæc omnia idem auctor scriptis mandavit, qui & inferiùs ejusmodi recitat inscriptionem, quæ tantæ victoriæ monumentum exaratum fuit; ait enim (a): Mihi verò ex incolis quidam nonnulla elogia recitavit in urnam insculpta lapideam sub Casilini fluminis ripas locatam; quæ hujusmodi sunt: *a Agath. lib. 2.*

B.

AQVAS CASILINI FLUMINIS MORTUIS GRAVATAS SUSCEPIT TYRRHENI MARIS LITTUS, QVANDO FRANCORUM GENTEM OCCIDIT AUSONIUS ENSIS, UBI MISERO HÆC GESSIT MOREM BULTINO. FELIX ETIAM ISTE FLUCTUS, ET ERIT BARBARICO PRO TROPHÆO DIUTINE ERUCTANS SANGUINEM.

Id epigramma sive in vero lapide fuerit insculptum, sive aliàs utcumque celebresit, ad me pervenit: haud tamen diffido fuisse hoc modo inscriptum.]

XVI. b Agath. lib. 2. Cur Franci victi. Cum autem idem auctor apertè testetur (b), ob iniustitiam victos fuisse Francos: hic examinandum est præcipuum eorum peccatum, cujus rei gratia adeò ad internecionem cædi meruere. Nàm cum ab eodem auctore Francorum pietas commendetur, justitia tamen non ita; quòd scilicet Agathias de eorum Duce tradat, obstinatè nimis patrocinium Gothorum suscepisse: adeò ut recedente Leuthari cum Alemannis, ipse laturus Gothis opem remanere omninò voluerit. Ait enim: Bultinus verò cum jurejurando jàm confirmasset adversùs Romanos & pro Gothis se bella gesturum, hique adulando barbarum permulcerent, ac suum Imperatorem fore se prædicarent; visum est tandem manendum his potiùs esse, & peragenda conventa: unde apud Gothos is mansit, & ad bellum necessaria comparabat.] Hæc auctor, dùm in bello suscepto iniustitiam aperit, cum illos defendendos Franci suscepissent, qui ditionem invaserant alienam. Adde his etiam, quòd ea ex parte impietatem defenderent (licèt hoc non esset in animo) dùm adversùs Catholicos pro Arianis, quales Gothi erant, juratum prælium prosequi statuissent. His etiam junge illud, quòd invito Theodibaldo Francorum Rege (ut idem auctor testatur) suaque sponte sua Dux exercitus Bucellinus pro Gothis Francos duxit cum Alemannis ad pugnam. Ut planè exemplo posteris fuerit, fortissimos quosque debiles reddi ac prorsùs imbelles, quos justitia deserit, quam merito Sapiens prœliantium (c) thoracem appellat, fidem verò scutum; quibus si careant prœliantes omninò sint perituri, nisi (quod sæpè contigit) ad scelera ulciscenda his Deus utatur tamquàm virga furoris sui. Porrò Pelagium Papam nuncupasse vota pro Romano exercitu, ac pariter persolvisse, docet *c Sap. 5.* sequens vetus Inscriptio (d):

d Antiq. Inscript. in Append. Pag. 2163. num. 7.

Vox arcana patris cæli quibus æqua potestas
Descendit terras luce replere sua.
Hanc Deus humana sumes de Virgine formam
Discipulos mundo præcipienda docet.

Quæ modo Pelagius Præsul cum plebe fidelis
Exercens offert munera sacra Deo:
Ut Romana manu cælesti sceptra regantur,
Sic quorum imperio libera vera fides.
Pro quibus Antistes reddens hæc vota precatur
Sæcula Principibus pacificata dari.
Hostibus ut domitis Petri virtute per orbem
Gentibus ac populis pax sit & ista Fides.

C. Sed quod res humanæ sui varietate inconstantes esse soleant, lætis mòx admixta sunt tristia; cum videlicèt post tàm ingentem de Francis adepram victoriam in Italia, Romanus exercitus qui in Perside militabat, posteriores tulit. Siquidem hoc anno ab eo malè pugnatum est cum Persis, fugatis à tribus millibus Persarum quinquaginta millibus Romanorum, ulciscente Deo (ut ab omnibus jactabatur) innocentem sanguinem Regis Colchorum à Romani exercitus Ducibus saude necati. De his pluribus Agathias. Erat namquè Rex ille Christianus maximè pius, totaque ejus provincia Christianitate refulgens. Factaque hæc ait, dùm Persæ obsiderent Onogorim antiquam præsidium, quod Christiani Colchi à Protomartyris nomine Sanctum Stephanum nominarunt. Tu verò de his eundem, si libet, auctorem consule.

XVII. Rom. exercitus profligatus in Colchis.

D.

Inter hæc verò, dùm quæ dicta sunt de Francis in Italia gererentur, Theodibaldum Francorum Regem, adolescentulum penè puerum morbo miserrimè affectum ex hac vita migrasse, idem auctor Agathias affirmat: ob idque cum ad consanguineos superstites Francorum Reges Childebertum atque Clotharium devolveretur hæreditas; inter eos obortam esse discordiam tradit. De Theodibaldo scribit Gregorius, uxorem duxisse, annoque regni sui septimo decessisse. Porrò unà cum regno ejus quoque coniugem incestuoso connubio Clotharium accepisse narrat, reprehensum verò à sacerdotibus eam dimisisse. Sed audi verba ipsius (e): Regnum ejus Clotharius Rex accepit, copulans Vuldotradam uxorem ejus strato suo: sed increpitus à sacerdotibus, reliquit eam, dans ei Garivaldum Ducem, &c.] Vigebat quidem Gallicanorum Episcoporum sacerdotalis vigor his temporibus adversùs incestuosos: nàn extant

XVIII.

e Greg. lib. 4. cap. 9.

tant plures canones diverſorum Conciliо-
rum in Galliis habitоruḿ, quibus ejuſmodi crimen Eccleſiaſticis cenſuris infectati
ſunt ſanctiſſimi Patres illi quos diximus
Aurelianenſium Synodorum ſecundæ, tertiæ, quartæ, & quintæ, necnon Concilii Turonenſis. Sanè quidem & aliud id
genus crimen ejuſdem Clotharii idem Gregorius (a) refert, nimirùm duas ſibi in
matrimonium coniunxiſſe ſorores, ex quibus ſeptem ſuſcepit filios. Unde ob tanta
hæc facinora haud modicùm fuit iiſdem ſanctis Epiſcopis laborandum, ut malos hos
exoriri cœptos frutices ſacrarum legum falce ſucciderent.

XIX.
Sed ut repetamus res Orientis, hóc eodem anno undetrigeſimo Juſtiniani Imperatoris tumultuatum rursùm eſſe à Judæis
& Samaritanis hæreticis in Palæſtina, Miſcellæ auctor ita deſcribit : Anno vigeſi-

a Gregor.
l. 4. c. 3.

monoḿo Imperii Juſtiniani ſeditiónem cón-
citaverunt Judæi & Samaritæ Cæſareæ Pa-
læſtinæ, & facti quaſi in ordine Práſino &
Veneto irruerunt in Chriſtianos ejuſdem
civitatis, & multos interfecerunt, & eccleſias combuſſerunt, & Stephanum ipſius
civitatis Præfectum in Præt peremerunt,
& ſubſtantiam ejus diripuerunt. Uxor verò illius fugiens in urbem, adiit Imperatorem. Qui juſſit Adamantio Magiſtro
militum deſcendere in Palæſtinam, & oc-
ciſionem exquirere Stephani : qui veniens,
alios quos reperit, alios ſuſpendit, alios
decollavit, alios verò debilitavit & publicavit : & factus eſt timor magnus in omnibus partibus Orientis.] Hæc adversùs Judæos & Samaritas hoc anno facta ſunt, quos
jam antea ſæpiùs adversùs Chriſtianos ſæ-
vientes legibus ejuſdem Imperatoris com-
preſſos, ſæpe ſuperiùs dictum eſt.

JESU CHRISTI PELAGII PAP. JUSTINIANI IMP,
ANNUS ANNUS ANNUS
556. 2. 30.

I.
Bellum ec-
cleſiaſticū
in Occidē-
te.

Vingenteſimus quinquageſimusſextus
Chriſti annus poſt Cóſulatum Baſilii
decimus quintus notatur : quo debellatis Francis, Alemannis lue conſum-
ptis, & Gothis in deditionem acceptis ; à
bellis Italia tandem quievit : cum tamen
vigeret bellum Eccleſiaſticum & illud quidem haud leve, jam antè ortum, cum Vigilius Conſtantinopoli primùm contra tria
capitula illa ſententiam tuliſſe ferretur,
ut diximus, auctum verò, cùm cognitum
fuit, ab eo Quintam Synodum comproba-
batam eadem Tria capitula condemnan-
tem : magis autem commotum, cum auditum, quòd Pelagius Papa (ut dictum
eſt) anno ſuperiori creatus Pontifex, ut
Orientalem Eccleſiam ob Quintam Synodum cum Occidentali conjunctam in pace ſervaret, ipſam Quintam Synodum recepiſſet ; major enim indè facta eſt ſciſſura
Occidentalium Epiſcoporum, ad quam
conſarciendam idem Pelagius Pontifex im-
pigiè laboravit. Adeò enim viſi ſunt exhor-
ruiſſe Occidentales Antiſtites, ferè omnes
aliam Oecumenicam Synodum poſt Quartam admittere, ut nec potuerit Pelagius
reperire Epiſcopos Romæ, à quibus con-
ſecraretur, atque opus fuerit presbyterum
Oſtienſem (quod numquam antea acccidiſ-
ſet) loco Epiſcopi munus illud obire, ipſo Pelagio ita jubente.

II.
Quantum enim averſati fuerint Quintam Synodum Occidentales, vel ex Caſſiodoro (b) & aliis poſſumus intelligere,
qui licèt à communione Catholica numquàm defecerint, nec eàmdem Quintam
Synodum aliquando damnarint ; eam tamen ſilentio prætierunt : ſatis eſſe putantes in his quæ ſpectant ad Catholicam fidem quatuor profiteri Oecumenicas Synodos, in quibus Catholica dogmata adversùs hæreticos adverſantes ſunt ſtabilita :
nam in ipſa Quinta Synodo actum conſtat

b Caſſiod.
Inſt. divin.
lect. lib. 1.
cap. 11.

de perſonis ; quamobrem haud neceſſarium
viſum eſt in aſſertione Catholica unà cum
quatuor Synodis etiam Quintam eadem
obſervantia quâ illas quatuor profeſſi. Sic
& Caſſiodorus feciſſe cognoſcitur, & aliquando etiam S. Gregorius Papa, atque
Patres Concilii Bracarenſis ſecundi, ut
ſuo loco dicetur. Non dubium enim eſt,
pertæſos etiam fuiſſe Catholicos Occidentales profeſſores Quintæ Synodi, aliquid
eſſe occaſione Chalcedonenſis Concilii in-
novatum. Hinc eſt, quòd ipſe Caſſiodorus in commentario illo, quo de divinæ lectionis inſtitutionibus agit, ubi de quatuor
Synodis ſumma cum laude mentionem habet, adversùs eos qui innovarunt ſic invehitur (c) : Sunt nonnulli qui putant eſſe laudabile, ſi quid contrà antiquos ſapiant, &
aliquid novi, unde periti videantur, inveniant. Chalcedonenſis autem Synodi re-
ſtis eſt codex perenniquis, quia ejus reverentia
tanta laude concelebrat, ut ſanctæ auctori-
ti meritò judicet comparandam. Quem codicem εγκύκλιον ſc. totius Orbis epiſtolis
latarù à viro diſertiſſimo Epiphanio fecimus
in Latinum de Græco ſermone converti.]
Hæc ipſe intelligit per encyclicum codicem illum epiſtolarum procurante Leone Imperatore, & plurimis ejus temporis Epiſcopis pro defenſione Chalcedonenſis Concilii conſcriptarum, quem continet
ſecundus volumen Conciliorum, de quo
ſuo loco pluribus dictum eſt. Neminem verò moveat, ſi idem Caſſiod. recenſens Oecumenicas Synodos, de Quinta Synodo nullam habuerit mentionem, ſicut & S. Gregorius (d) aliquando feciſſe viſus eſt ; quòd
(ut ipſe Gregorius teſtatur (e) in ea non de
fide, ſed de perſonis ſit actum : id enim (ut
dicetur) & alii plures feciſſe noſcuntur, cum
tamen eidem non contradicerent.

At ne quis putet Caſſiodorum, quem vixiſſe vidimus tempore Theodorici & ſucceſſorum

Caſſiod.
quatuor
tantùm, Sy-
nodorum
aſſertor.

c Caſſiod.
de div. lect.
c. 11. & 17

d Gregor.
l. 3. ep. 33.
e Gregor.
l. 3. ep. 37.

III.

De ætate cæterum Regum Gothorum , ad hæc tem-
& scriptis pora minimè perveniffe : ex eodem libro
Caffiodori. Inftitutionum divinarum lectionum , quonam tempore ætatis ejus ille fit fcriptus, fa-
eilè intelligi poterit . Cum enim trigefimo
ejufdem commentarii capite meminerit libri de Ortographia à fe confcripti, idemq;
teftetur in ejufdem voluminis præfatione illum ipfum à fe elaboratum anno fuæ ætatis
nonagefimotertio ; planè intelligere vales ,
eumdem Caffiodorum his fupervixiffe temporibus , pluraque fcripfiffe , edidiffeque
de facræ lectionis Inftitutionibus librum illum , ubi quatuor tantùm Synodos agnofcere profitetur , omni explofa altercantium
novitate . Quod (ut dictum eft) mirum effe
minimè debet , cum & temporibus Gregorii
Papæ de eadem Quinta Synodo haud effet
omnium Orthodoxorum eam recipientium
libera certaque affertio . Sed ad Pelagium
redeamus , Caffiodorum opportuniori tempore conventuri .

IV.
Pelagius Pelagius igitur ubi Occidentalium ani-
labant præ mos ex Oriente veniens exploratos habuit ,
quinta Sy- etfi gravem fubiiffe provinciam fenfit , &
nodo. fupra vires onus fufcepiffe ex ejus pondere
intellexit ; haud tamen à cœptis deftitit; fed
perarduum opus femèl aggreffus, illud perficere manibus (ut ajunt) pedibufque conatus omnes nervos intendit , ut Occidentales
Epifcopos , potiffimùm verò Italos fibi in
his obfequentes redderet . Verùm cùm omnes formè reperit renitentes , tùm verò præ
cæteris refractarios illos invenit , qui in ea
Italiæ erant regione , quæ hactenùs Francis fubdita fuit , nempè Venetos , Iftrios ,
atque Ligures : quos ad Catholicam unitatem reducere feftinans , eofdem litteris A-
poftolicis vocavit , & provocavit aliorum
a Pelag. exemplis . At cum penitùs refilirent , per
ep. 3. to. 1. Narfetem eos compefcere , atque coercere
epift. Rom. putavit . Narfes verò quòd pius admodùm
Pont. effet , veritus eft adverfus Epifcopos aliquid
agere ; cùm ad eum ita trepidantem Pelagius hæc tùnc fcripfit (a) :

V.
Non vos hominum vaniloquia retardent
dicentium , quia perfecutionem Ecclefiæ
faciat , dùm vel ea quæ committuntur reprimit , vel animarum falutem requirit .
Errant hujufmodi rumoris fabulatores .
Non perfequitur , nifi qui ad malum cogit . Qui verò malum vel factum jàm punit , vel prohibet ne fiat , non perfequitur ifte , fed diligit . Nàm fi (ut illi putant) nemo nec reprimendus à male , nec
retrahendus à malo ad bonum eft ; humanas & divinas leges neceffe eft evacuari, quæ
& malis pœnam & bonis præmia , juftitia
fuadente , conftituunt . Malum autem fchifma effe , & per exteras etiam poteftates hujufmodi homines debere opprimi ; & canonicæ Scripturæ auctoritas & paternarum regularum nos veritas docet . Quifquis ergò
ab Apoftolicis divifus eft fedibus , in fchifmate eum effe , non dubium eft , & contra univerfalem Ecclefiam altare conatur
erigere .

VI.
Sed quid de talibus infertus Chalcedonenfi Synodo canon ftatuat , gloria veftra

A confideret , ubi poft alia fic dicit : Qui à
communione fe ipfum fufpendit , & collectam facit , & altare conftituit , & noluerit
vocanti Epifcopo confentire , & noluerit
eidem acquiefcere , neque obedire primò
& fecundò vocanti;hunc omninò damnari ,
nec unquàm vel orationem mereri,nec recipere eum poffe honorem . Si enim perman-
ferie turbas faciens & feditiones Ecclefiæ ,
per exteram poteftatem tamquàm feditiofum
comprimi . Sit beatus Auguftinus de talibus b Auguft.
dicit (b) : Multa etiam cum invitis . beni- Enchir. ca.
gna quadam afperitate plectendis agenda 37.
funt ; quorum potiùs utilitati confulendum
eft , quàm voluntati . Nàm in corripiendo
B filio , quantumvis afperè , numquàm paternus amor amittitur ; fit tamen , quod nollet , ut doleat , qui etiam invitus videtur
dolore fanandus .

Ecce videtis , quemadmodùm tanti tefti- VII.
monio Patris non perfequatur coercendo talia , fed diligat emendando tales femper
Ecclefia . Facite ergò etiam vos (quod fcien-
tes intentionem Chriftianitatis veftræ frequenter hortamur) & date operam , ut talia fieri ultrà non liceat , fed etiam (quod
vobis facillimum effe non dubito) hi qui
C talia præfumpferunt , ad piiffimum Principem fub digna cuftodia dirigantur . Recolere enim debet celfitudo veftra , quid per
vos Deus fecerit tempore illo , quo Iftriam
& Venetias tyranno Totila poffidente ,
Francis etiam cuncta vaftantibus , non antè tamen Mediolanenfem Epifcopum fieri
permififtis , nifi ad clementiffimum Principem exinde retuliffetis ; & quid fieri debuiffet , ejus iterùm fcriptis recognoviffe-
tis ; & inter ubique ferventes hoftes , Ravennam tamen & is qui ordinabatur , & is
qui ordinaturus erat ; providentia culminis veftri deducti fint .

De Liguribus atque Veneticis & Iftria VIII.
D Epifcopis quid dicam ? Quos idonea eft excellentia veftra & ratione & poteftate reprimere , & dimittit-tis eos in contemptum
Apoftolicarum fedium de fua rufticitate
gloriari : cum fi quid eos de judicio univerfalis Synodi , quod Conftantinopoli per
primam nuper elapfam Indictionem actum
eft , fortè movebat; ad fedem Apoftolicam
(quomodò femper factum eft) electis aliquibus de fuis , qui dare & accipere rationem poffent , dirigere debuerunt ; & non
claufis oculis corpus Chrifti Dei noftri , hoc
eft , fanctam Ecclefiam lacerare . Nolite
E ergò dubitare , hujufmodi homines principali vel judiciali auctoritate comprimere ;
quia regulæ Patrum hoc fpecialiter confti- Coercendi
tuerunt , ut fi qua Ecclefiaftici officii per- fchifmati-
fona , cui fubiectus eft , reftiterit , vel feor- ci .
sùm collegerit , aut aliud altare erexerit ,
feu fchifma fecerit ; ifte excommunicetur ,
atque damnetur . Quòd fi fortè & hoc contempferit & permanferit divifiones & fchifma faciendo , per poteftates publicas op-
primatur . Ecce , domine , quòd animus
vefter fortè timidus eft , ne perfequi videaris ; de Patrum vobis auctoritate hæc breviter dirigenda curavi;cum mille alia exempla

pla & conſtitutiones ſint, quibus evidenter agnoſcitur, ut facientes ſciſſuras in ſanctâ Eccleſia, non ſolùm exiliis, ſed etiam proſcriptione rerum & dura cuſtodia per publicas poteſtates debeant coerceri.] Hactenùs ad Narſetem Pelagius.

IX.

Eccè Pelagius Papa (ut videis) ſchiſmaticos Donatiſtarum exemplo vult corripi per ſæcularem Principem, ſicut eos ſanctus Auguſtinus cogendos ſcripſit per Romanum Imperatorem. Cæterùm quod ad hæc ſpectat, Facundus Epiſcopus Hermianenſis Africanus (de quo plura ſuperiùs) acerrimus Trium capitulorum defenſor, in libello quem ſcripſit ad Mocianum, nequaquàm horum cauſam eſſe ſimilem Donatiſtarum ſchiſmati, ſed longè diſparem, aſſerit & lamentatur: reclamabant enim undique ſchiſmatici, dùm urgerentur, perſecutionem ſe pati à Patribus Orthodoxis: iſti verò ex adverſo ſchiſmaticos vi coercendos, exemplis ſanctorum Patrum atque legibus probabant Eccleſiaſticis. Sed & quòd iidem eſſent in ſchiſmate, indè certo declarabant argumento, quòd diviſi eſſent in primis ab ipſo capite, ſimúlque ab omnibus totius Catholicæ Eccleſiæ Patriarchalibus ſedibus.

X.

Quòd igitur idem probè ſciret Pelagius, quanto cum detrimento ſchiſmatici permitterentur ſua inſania agere, atque ſeorſum colligere conventicula; urget opus, ad Narſetem iterùm ſcribens his verbis (a):

a. Pelag. ep. 5. Epiſcopi Aquilejenſis & Mediolanenſis ſchiſmatici.

Illud eſt quod à vobis popoſcimus, & nunc iterum poſtulamus, ut Paulinum Aquilejenſem pſeudoepiſcopum, & illum Mediolanenſem Epiſcopum ad clementiſſimum Principem ſub digna cuſtodia dirigatis: ut & iſte, qui Epiſcopus eſſe nullatenùs poteſt, quia contra omnem canonicam conſuetudinem factus eſt, alios ultrà non perdat; & ille, qui contra morem antiquum eum ordinare præſumpſit, canonum vindictæ ſubiaceat. Nec licuit alicui aliquandò, nec licebit particularem Synodum congregare. Sed quotiès aliqua de univerſali Synodo aliquibus dubitatio naſcitur, ad recipiendam de eo quod non intelligunt rationem, aut ſponte ii qui ſalutem animæ ſuæ deſiderant, ad Apoſtolicam ſedem pro recipienda ratione conveniant: aut ſi fortè ſicut de talibus ſcriptum eſt (b): Peccator cum venerit in profundum malorum contempſit) ita obſtinati, & contumaces extiterint, ut doceri non velint; eos ab eiſdem Apoſtolicis ſedibus aut attrahi, ad ſalutem quoquo modo neceſſe eſt, aut ne aliorum perditio eſſe poſſint, ſecundùm canones per ſæculares comprimi poteſtates.] Hæc ad Narſetem Pelagius.

b. Proverb. 18.

XI. Populi reſciſſi eſſent, populi tamen non ita.

Cæterùm etſi Epiſcopi à capite ſchiſmate reſciſſi eſſent, populi tamen non ita. Etenim quòd longo uſu didiciſſent, ſecundùm hierarchicum in Eccleſia ſemper ſervatum ordinem, eſſe non poſſe legitimum ſacerdotem, qui à Romano Pontifice non habeat communionem; nec vivere in corpore membrum quod à connexione capitis ſit abſciſſum; hac de cauſa cum ſcirent ejuſmodi

eſſe à Romani Pontificis conjunctione diſciſſos, eoſdem non ut paſtores legitimos cognoſcebant, ſed ut alienos averſabantur & fugiebant, & ad eum quem verè ſciebant in Eccleſia omnium univerſalem eſſe paſtorem accurrebant, porrigentes querelarum libellos adverſùs eos quos patiebantur ſchiſmaticos ſacerdotes. Hos cum audiret Romæ Pelagius, officio non defuit, ut oves à luporum inſultibus vindicaret: ſed quòd probè noſſet, haud ejuſmodi litteris permoveri, nec legationibus reprimi, ſed magis ex iis paſtoralibus admonitionibus eoſdem reddi protervos; ſæcularis eſſe opus auxilio poteſtatis intelligens, in eamdem ſententiam de comprimendis his qui à ſede Apoſtolica ſunt diviſi, hæc ad Narſetem Præfectum ſcribit (c):

*c Pelag. ep. 2. XII. Pelagius rurſum excitat Narſetem contra ſchiſmaticos. * Tertium.*

Quali nos de gloriæ veſtræ ſtudiis judicio gratulemur, non ſolùm veſtram, ſed multorum ac penè omnium credimus habere notitiam: & idcircò nunc de his, quæ vobis præſentibus ibi fieri ſtupemus, fiducialiter apud gloriam veſtram duximus conquerendum. Thracius * ſiquidem atque Maximilianus nomina tantùm Epiſcoporum habentes, & Eccleſiaſticam ibi unitatem perturbare dicuntur, & omnes Eccleſiaſticas res ſuis uſibus applicare: in tantùm ut contra unum eorum, id eſt, Maximilianum, uſque ad nos per tàm longum iter, neceſſitate compellente, quidam infatigabiliter venientes, preces offerrent. Ob quam cauſam Petrum presbyterum ſedis noſtræ, ſed & Projectum Notarium ad eadem loca duximus deſtinandos; ut ea quæ canonicis ſtatutis à prædictis pſeudoepiſcopis compererint commiſſa, vel digna debeant ibi ultione compeſcere, vel eoſdem ad nos uſque perducere.

Et ideò ſalutantes paterno affectu gloriam veſtram, petimus, ut præfatis, qui à noſtra ſede directi ſunt, in omnibus præbeatis auxilium: nec putetis alicujus eſſe peccati, ſi hujuſmodi homines comprimuntur: Hoc enim & divinæ & humanæ leges ſtatuerunt, ut ab Eccleſiæ unitate diviſi, & ejus pacem nequiſſimè perturbantes, à ſæcularibus etiam poteſtatibus comprimantur. Nec quicquam majus eſt, undè Deo ſacrificium poſſis offerre, quàm ſi id ordineti, aut hi qui in ſuam & aliorum perniciem debacchantur, condecenti debeant vigore compeſci.] Hæc Pelagius ad Narſetem, ad quem eodem argumento alias (ut vidimus) litteras dedit. Cæterùm ipſe litteris permotus Pelagii Narſes, cum adverſùs ſchiſmaticos moveretur, non vi, ſed hortatione cum eis agendum putavit; cum illi contra, eum à Pelagii communicatione debere recedere hortarentur: quod cum Narſes deteſtaretur, ipſi ſchiſmatici eum cum ignominia veluti ſchiſmaticum averſati ſunt. Cum autem hæc omnia ipſe Narſes Pelagio ſignificaſſet, idem Pontifex ad ipſum iſta reſcripſit (d):

XIII. Schiſmatici comprimendi.

d Pelag. ep. 4. XIV.

Relegentes litteras excellentiæ veſtræ, de iniuria quidem, quam vobis iniquorum hominum præſumptio ingeſſit, valdè dolui

Rursū Pelagius ad Narsetem.

doluimus. Sed quia scimus occulto Dei judicio animam vestram etsi per aliorum iniquitatem & superbiam à contaminatione schismatis custoditam: egimus omnipotenti Deo gratias, qui etiam de malis hominum actibus bona operari consuevit. Nec enim sine illius providentia factum esse credendum est, ut insensati & perversi homines ad hoc usque profligent, ut suam divisionem, Catholicam esse credentes Ecclesiam, à sua vos pollutione prohiberent. Sic enim per misericordiam Dei, etiam nescientibus illis, hoc factum est, ut à schismaticorum factione eruti, Catholicæ quam diligitis, servari vos contigisset Ecclesiæ. Quamvis igitur vestra per illorum scelus utilitas facta sit; nolite tamen impunitam iniquorum hominum præsumptionem grassari permittere. Si enim hoc, quod in vestram gloriam præsumpserunt, non fuerit vindicta compressum, non valeant puniri, ambigi ultrà non debet.

XV. Exercete igitur in talibus debitam authoritatem; & ne eis amplius talia committendi spiritus crescat, vestris coercitionibus reprimantur. Ad hoc siquidem Dei nutu etiam contra vos talis præsumpserunt; ut talia vobis corrigentibus, ab eodem scelere alios possitis, Deo propitiante, munire. Quales autem sint qui Ecclesiam fugiunt, Euphrasii vos scelera (quæ amplius occulta Deus esse noluit) evidenter informant: qui in homicidio quidem nec hominis necessitudinem, nec fratris charitatem, nec sacerdotii reverentiam cogitavit. Incestuoso autem adulterio etiam ipsius vindictæ abstulit modum: quia si adulterium punias, non remanet in quo vindicetur incestus. Si incestuoso ingeras pœnam, inultum crimen adulterii remanebit. Ecce de quo collegio sunt, qui quantum ad superbiam suam, injuriam vobis inferre moliti sunt; & quantum ad providentiam Dei, impollutos vos Ecclesiæ servaverunt. Aufferte tales ab ista provincia: ut in vobis oblata vobis à Deo opprimendi perfidos occasione. Quod tunc plenius fieri poterit, si auctores scelerum ad clementissimum Principem dirigantur, & maximè Ecclesiæ Aquilejensis invasor, qui in schismate, & in eo maledictus nec honorem Episcopis poterit retinere, nec meritum.] Hactenus de his Pelagius.

XVI. Hic autem Episcopus Aquilejensis, de quo agitur, Paulinus nomine, post Macedonium sedit annos vigintiduos, ut habent monumenta Ecclesiæ Aquilejensis. Quæ verò gesta sint per Narsetem Pelagii Papæ impulsionibus, ex scriptorum inopia latent. Sed & quæ reliqua fuerint Pelagii adversus schismaticos studia, licèt præter hæc altum sit silentium; ex his tamen quæ dicta sunt, ea quæ ignorantur, possumus intelligere: cùm constet constatum semel schisma minimè consopitum, sed majoribus in dies incrementis auctum, ut S. Gregorii Papæ epistolis satis liquet. At quidnam profecit Pelagius per Narsetem? Multum qui-

dem, nempe ut nonnulli Italiæ Episcopi, veluti membra capiti subderentur. Aquilejensis tamen Episcopus & aliquot ipsi inhærentes obstinatissimi permansere, adeò ut Ecclesia illa usque ad Sergii Papæ tempora in schismate divisa permanserit ad centum ferè annorum spatium, licèt omnes successores Pelagii, ut eum cum aliis ad Catholicam unitatem reducerent, naviter laboraverint. At de his hæc modò satis.

Hoc eodem anno, nempe decimoquinto post Consulatum Basilii, idem Pelagius Papa cum suscepisset legatos à Childeberto Francorum Rege, necnon ab Episcopo Arelatensi Sapaudo, sive Sabaudio (ita enim subscriptus reperitur Concilio secundo Matisconensi) ad eosdem rescripsit, in primisque ad eundem Episcopum Arelatensem litteras dedit, quibus eidem suas delegavit vices, & impertitus est pallium. Accepimus eas ab Ecclesia Arelatensi: sic enim se habent:

XVII. Epistola Pelagii Papæ ad Sapaudium E. pisc.

Dilectissimo fratri Sapaudo Pelagius.

XVIII. Majorum nostrorum, operante Dei misericordia, cupientes inhærere vestigiis, & eorum actus divino juvamine in omnibus imitari, charitati tuæ per universam Galliam sanctæ sedis Apostolicæ, cui divina gratia præsidemus, vices injungimus: hæc enim antiquitatis memoria docet, hoc Ecclesiæ Romanæ testantur scrinia à sanctis Patribus & decessoribus nostris tuis decessoribus esse concessum: ut illius stabilis petræ sempiterna soliditas, supra quam Dominus Salvator noster propriam fundavit Ecclesiam, à Solis ortu usque ad occasum primatus sui apicem, successorum suorum auctoritate tàm per se, quàm per Vicarios suos firmiter obtineret. Nos autem, (sicut dicit beatus Apostolus (a) non in immensum gloriamur, sed secundùm mensuram regulæ, qua mensus est nobis Deus mensuram pertingendi usque ad vos: nec enim quasi qui non pertingentes ad vos superextendimus nos. Sic ergo participata solicitudine, sanctam Dei universalem Ecclesiam nostri per Dei gratiam regere majores. Hinc est quòd & te nos fraternitati tuæ hujusmodi curas injungimus, ut sedis nostræ Vicarius instituaris ad instar nostrum in Galliarum partibus primi sacerdotis locum obtineas; & quicquid ad gubernationem vel dispensationem Ecclesiastici status gerendum est, servatis Patrum regulis & sedis Apostolicæ constitutis, divini judicii consideratione dispenses: talemque te in custodiendis canonibus sanctæ conversationis demonstres, qualem tanti loci decet esse Vicarium.

a 2. Cor. 10

XIX. Memor sententiæ beati Pauli Apostoli, qua Timotheum discipulum solicite magister informat, dicens (b): Testor coram Deo, & Christo Jesu, & electis Angelis ejus, ut hæc custodias sine præjudicio, nihil faciens in aliam partem declinando: ut erogetur, charissime frater, auctoritas Pontificis & pastoria mansuetudo, per nos tibi locum Vicarii, sicut & decessoribus tuis, noveris gratiæ largitate concessum. Quia licet

b 1. Tim. 5.

licèt apud Dominum non sit acceptio perſonarum, tuam tamen charitatem etiam carnali generatione conſtat eſſe præclaram. Et ideò convenit, ut quantò in te Dominus multiplicia bona largitus eſt, tantò in ſacerdotalibus actibus probitatem morum exhibeas clariorem. Scriptum eſt enim (a): Cui commodaverunt multum, plus petent ab eo. Uſum quoquè palii tibi alacriter affectioſèque * concedimus, pariter etiam pallium dirigentes: ut in tanti loci faſtigio conſtitutus præclaro quóque habitudo coreris, ſciturus omnibus Eccleſiaſtici gradus hominibus haberi licentiam ſine Formatâ tuæ charitatis, ex quacumque Galliarum parte longiores petere regiones, ne prohibita præſumentes ipſi ſe proprio privare videantur officio. Hæc igitur per Flavianū diaconum, & Neſtorium ſubdiaconum Eccleſiæ tuæ, per quos epiſtolas tuas accepimus, ſcribenda eſſe curavimus, in quorum etiam converſatione laudabilis tuæ charitatis agnovimus inſtitutum. Dominus te incolumem cuſtodiat, frater chariſſime. Dat. III. Non. Februar. anno XV. P. C. Baſilii V.C.] Ad ipſum verò Francorum Regem hanc ſcripſit epiſtolam :

Domino filio meritò glorioſiſſimo atque præcellſtiſſimo Childeberto Regi, Pelagius.

a Luc. 12.

* affectioſè

XX.
Epiſt. Pelagii Papæ ad Childebert. Regē Franc.
a Sabaudeus.

Excellentiæ veſtræ litteras poſt illas quas legati veſtri detulerunt, etiam per eos quos frater & Coepiſcopus noſter Sapaudus a ad nos direxit, reverenter accepimus; & ſalutis veſtræ, quæ nobis ſemper optanda eſt, cognoſcentés indicia, gratias divinæ pietati retulimus, exorantes clementiam ejus, ut vos largiflua pietate ſua conſervet incolumes. Litteras autem noſtras præfato conſacerdoti noſtro Sapaudo ſecundùm petitionem veſtram direximus, uſum palii pariter concedentes: quia in ſcrinio Eccleſiaſtico hujuſmodi exempla reperimus, quibus oſtenditur Arelatenſibus Epiſcopis à ſanctæ recordationis deceſſoribus noſtris hæc fuiſſe collata. Proptereà ſalutantes cultu regalibus inſulis debito, poſtulamus, ut ita eum atque Eccleſiam ejus gratia excellentiæ veſtræ tueatur ac foveat, ne quem per vices noſtras augeri, propitiante Domino, poſtulatis, in aliqua parte cuiquam Gallicanorum ſacerdotum, vel cujuslibet ordinis Eccleſiaſtici perſonis (quod non oportet) contemptibilis habeatur; & in ea auctoritate ſanctæ ſedi Apoſtolicæ & genio veſtra, qui pro eo ſuffragatores acceditis (quod abſit) videatur in aliquo derogari. Perinde olumem excellentiam veſtram Deus noſter cuſtodiat, domine fili glorioſiſſime atque præcellentiſſime.] Deſunt quibus data eſt dies & Conſulatus. ſed eodem tempore quo ſuperior datam eſſe, argumentum ipſius ſignificat. Cum autem ea data tertio Non. Februarii habeatur, præmittenda eſt reliquis ab eodem Pelagio Papa ſive ad eumdem Sabaudium, ſive ad Childebertum Regem poſteà eodem anno datis, atque in primis quæ ſcripta legitur decimooctavo Kalendas Junias ad eumdem Sabaudium Epiſcopum, quæ ſic ſe habet ;

Dilectiſſimo fratri Sapaudo, Pelagius l Quia legati filii noſtri glorioſiſſimi Regis Childeberti beatorum Apoſtolorum Petri & Pauli & aliorum ſanctorum martyrum reliquias popoſcerunt; neceſſe habuimus hominem bonum ſubdiaconum de clero noſtro dirigere, qui eas uſque ad fraternitatem tuam cum reverentia deportaret. Et ideò ſalutantes, hortamur ut quæſita occaſione ſive navis, ſive terreño, cum talibus perſonis, de quibus nulla periculi poſſit eſſe ſuſpicio, ad nos eum, juvante Domino, remittatis. Ea autem quæ pro honore charitatis tuæ à nobis ſupradicti legati popoſciſſe noſcuntur, parati ſumus ; Deo juvante, concedere. Sed niſi litteras tuas per te acceperimus, ſicut etiam deceſſores noſtri poſtulantibus tuis decceſſoribus præſtiterunt, ſuperfluum judicavimus ultrò tranſmittere : ſicut mòs ad nos, juvante Domino, eum de clero tuo cum litteris direxeris; ſi Dominus voluerit, & ſi vixerimus, promittimus nos eſſe facturos. Præterea hortamur, ut vice magnificentiſſimo filio noſtro Patricio Placido genitori tuo dicas; ut quod de penſionibus poſſeſſionum Eccleſiæ noſtræ collectum eſt, aut per ſuum hominem, aut per harum nobis dignetur dirigere portitorem : quia Italiæ prædia ita deſolata ſunt, ut ad recuperationem eorum nemo ſufficiat. Et ſi poſſible eſt ut nobis de ipſis ſolidis ſaga tumentacia, quæ pauperibus erogari poſſint, & tunicas albas, aut cucullas, vel colobia, aut ſi quæ aliæ ſpecies in Provincia fiunt, quæ pauperibus (ut diximus) erogari debeant, exinde facile comparari, & opportunitate navis inventa dirigite : aut quarumfraternitati tuæ gratias referamus, dùm hujuſmodi ſolicitudinem noſtram providentia charitatis tuæ relevari contigerit. Hortamur etiam, ut Anaſtaſium fratrem Pauli Defenſoris Eccleſiæ ad nos faciatis occurrere. Dominus te incolumem cuſtodiat, frater chariſſime. Datâ XIX. Kal. Jun. anno XV. P. C. Baſilii V.C.] Hæc Pelagius ad Arelatenſem Epiſcopum : quibus intelligis ſtudium Regis Chriſtianiſſimi ergà Sanctorum cultum, cùm ad accipiendas Sanctorum reliquias Romam ad Pelagium Papam legationem miſit; & reverentiam illi exhibitam ab ipſo Romano Pontifice, dùm eas non credidit homini laico, ſed mittendas putavit per Romanæ Eccleſiæ ſubdiaconum virum pium. Porrò hæc menſe Majo eſſe à Pelagio Papa ſcripta vidiſti. Quo item anno, poſt Conſulatum ſcilicèt Baſilii decimoquinto, idem Pelagius Papa menſe Julio has ad eumdem Arelatenſem Epiſcopum litteras perbreves dedit :

Dilectiſſimo fratri Sapaudo, Pelagius. Quæ nobiſcum omnipotentis Dei gratia fuerit operata, ad charitatem tuam credimus fuiſſe perlatum : pro qua re ad vos * deſtinari convenerat, ut viſitatione communi magno invicem gaudio frueremur. Nos tamen fraternæ memores charitatis, per præſentiam portionem, occaſione reperta, officium fraternæ ſalutationis impendimus. Optamus, ut alterna in timore Domini cha-

XXI.
Epiſt. alia Pelagii ad Sabaudium Epiſc.

XXII.
Ejuſdē Pelagii Papæ epiſt. ad eumd. Sabaud. ter-tia.
* nos

charitate viventes, mutuo frequenter refoveamur alloquio. Dominus te incolumem custodiat, frater charissime. Dat IV. Nonarum Julliarum, anno XV. P. C. Basilii V. C. Rursum verò eodem anno mense Septembri ad eundem idem Pelagius Papa dedisse litteras reperitur, quæ sic se habent.

Dilectissimo fratri Sapaudo, Pelagius.

Fraternitatis vestræ grata nobis colloquia, Felice viro honesto deferente, suscepimus, quibus recensitis, communi Domino ac Deo non insufficientes gratias egimus, quia incolumitatem dilectionis tuæ, quæ nobis est desiderabilis, eorum testificatione cognovimus. Ea autem quæ in nostris laudibus facundia oris vestri disseruit, quamquam vos congruentem vobis rem fecisse manifestum sit, nos tamen nihil nostrum ex omnibus quæ dicta sunt agnoscentes, verecundiam magis incurrimus, illud doctissimi viri ad animum perducentes, qui dixit: Sicut vera laus ornat, sic falsa castigat. Multum enim vitæ nostræ et morum verba charitatis vestræ mensuram excedunt. Optamus tamen, ut Sanctorum omnium precibus & vestris orationibus faciat nos Deus tales existere, quales vos esse ex bona voluntate pinxistis. Atque ideo salutantes debito charitatis affectu, indicamus nos, inventa ante hoc parvum tempus occasione quorundam de provincia vestra Romam venientium, tanto amoris vestri fervore fuisse succensos, ut impatienter serimus hujusmodi opportunitatem silentio præterire.

Scribentes namque gloriosissimo communi filio Regi Childeberto, etiam ad charitatem tuam litteras, quales sub brevitate temporis potuimus dictare, transmisimus. Quædam autem nobis (sicut scripsistis) proprio ore, litterarum vestrarum in compendio portitor intimavit, quæ nos non mediocriter promoverunt, admirantes nimirum, qua ratione tam nova res fuerit usurpata: & necesse habemus solicite*, ut si quis venerit, non facilè nobis tamquam ignaris subrepere videatur.

Meliùs tamen fraternitas tua faciet, si cognoscens illos quos suspicamini ad nos esse venturos, & vos personam instructam ex omni parte dirigatis, quæ eis possit obsistere. Quia cum epistola vestra nihil de causa contineat: si hic, qui nobis modò ex voluntate vestra verbo suggessit, tunc apud nos nequeat inveniri, videbimur nos accusatoris officium suscepisse. Quòd si à tua charitate persona dirigitur, nostrum est & pro affectu quem vobis impendimus, & pro rei gestæ novitate, salva æquitate, competentem, quem dilectio tua miserit, præbere favorem. Dominus te incolumem custodiat, frater charissime. Dat. XI. Kalend. Octob. anno XV. P. C. Basilii V. C.] Quænam autem ista fuerint, quibus Episcopus Arelatensis judicandus fuerit ab ipso Romano Pontifice, ex epistola ejusdem Pelagii data ad Childebertum Francorum Regem aliqua ex parte possumus intelligere, quæ sic se habet.

Annal. Eccl. Tom. VII.

A **Domino filio gloriosissimo atque præcellentissimo Childeberto Regi, Pelagius.**

Cum celsitudini vestræ multa dona misericordia divina contulerit, pro amore tamen, quem Ecclesiæ ejus sinceriter exhibetis, fecit, vos multis regnantibus clariores: quoniam inter alias regni vestri curas, & pro tranquillitate sanctæ Ecclesiæ præcipuam solicitudinem vos certum est exhibere. Quæ cum ita sint, miramur quia & quantum nobis præsentium portitorum suggestio patefecit, passi estis subripi vobis, Sapaudum fratrem & Coepiscopum nostrum Arelatensis civitatis Antistitem, cujus Ecclesia in regionibus Gallicanis primatus privilegio & sedis Apostolicæ vicibus decoratur, ad petitionem Episcopi ab ipso ordinati in judicium sequentis civitatis Episcopi (quod nulla Ecclesiastica lege vel ratione conceditur) judicandum juberetis occurrere: ut ipso de conculcato loci sui præjudicio conquerente, illum qui usurpavit necesse sit de illicita præsumptione culpari. Pro quibus Christianitatis vestræ confidentia freti, paterno studio postulamus, ut si quid est tale factum, congrua satisfactione celeriter amputetur, nec ullum sui exemplum in perturbatione Ecclesiarum, quas nobis Deus credidit, relinquere concedatur. Et hujusmodi causis solicitam vos in reliquo decet exhibere cautelam, ne quid contra Ecclesiasticas regulas petentibus concedatis; quia (quod bene cognitum est religiositati vestræ) non aliter Deo nostro recte potest regalis devotio inservire, nisi providentia ejus Ecclesiasticorum ordinum servet integritatem. Incolumitatem excellentiæ vestræ Deus noster custodiat, domine fili gloriosissime atque præcellentissime.] Hactenùs epistola ad Regem Francorum, quæ sine die & Consulatu licet posita habeatur, datam tamen anno quintodecimo post Consulatum Basilii, quæ dicta sunt, docent. Quo pariter anno ab eodem Pontifice scripta, legitur epistola mense Decembri ad eundem Childebertum Francorum Regem per Rufinum legatum missa. Quod enim Græcis consensisset Pelagius in probanda Quinta Synodo, à schismaticis in suspicionem adductus est de violata Catholica fide: cujus rei gratia idem Rex Rufinum legatum Romam ad ipsum Pontificem misit id exploratum. Quo audito, mox idem Pontifex has ad eundem Regem litteras reddidit:

Domino filio gloriosissimo atque præcellentissimo Childeberto Regi, Pelagius Episcopus.

Rufinus, vir magnificus legatus excellentiæ vestræ, dixit, quòd & in provinciis Galliarum quidam semina scandalorum sparserunt, dicendo quid contra fidem Catholicam (quod Dominus non patiatur) admissum. Et quamvis à transitu divæ memoriæ Theodoræ Augustæ nullas de fide quæstiones Ecclesia Dei in partibus Orientis,

tis, Deo miserante, formidet, sed quædam capitula extra fidem fuerint agitata, de quibus longum est ut epistolari possint complecti sermone; hoc breviter secundum admonitionem præfati magnifici viri Ruffini, ad satisfaciendum animum vestrum, vel omnium fratrum & Coepiscoporum nostrorum in Gallia regionibus consistentium, faciendum esse perspeximus, dicentes anathematizare nos, & alienos ab æternæ vitæ præmiis judicare, quicumque ab illa fide, quam beatæ recordationis Papa Leo in suis epistolis prædicavit; & quam Chalcedonense Concilium sequens eumdem Præsulem edita diffinitione suscepit, in una syllaba aut in uno verbo vel in sensu erravit, vel erraverit aliquando, aut declinavit, vel declinaverit aliquando.

XXVII.   Quibus se ita habentibus, non attendat celsitudo vestra, nec fratres nostri Episcopi fabulas eorum hominum, qui scandalis delectantur. Quoniam hæc ipsa ita contigerunt, ut cum pater vester clementissimus Imperator omnes hæreses, quas Constantinopoli Episcoporum suos & Ecclesias cum magnis reditibus & vasorum diversitate usque ad tempora Imperii ejus habuerunt, everterit, & sublatis basilicis eorum atque redditibus, omnibusque aliis rebus, Catholicis tradiderit; hi ergò, qui in ipsis erroribus remanserint, conglobati sunt in unum, & agunt vehementer, qualiter Ecclesiam Catholicam scindant atque perturbent. Nàm & sic in Italiam (quamdiu nos in Constantinopoli fuimus) de nomine nostro chartas mittebant, dicendo, quasi nos dixeramus fidem Catholicam fuisse corruptam; nùnc verò etiam contra nos afferunt hìc chartas tacitis nominibus, ut nesciatur qui eas misit; sed sic faciunt Christiani qui in Constantinopoli sunt, dùm eos constet non esse Christianos, maximè tamen Nestorianæ hæresis homines, pro eo quòd Nestorius duas naturas in Christo separatas quidem & divisas astruxerit, fraudulenter moliuntur dicere longè ab intellectu esse Chalcedonensis Synodi & Papæ Leonis, dùm Nestorium pro eo quod divisas duas naturas assereret, ipso dogmate beati Papæ Leonis constat esse damnatum.

XXVIII.   Hæc breviter insinuanda esse excellentiæ vestræ curavimus, ut ille ardor fieri vestræ & unitatis amor non alicujus perversi hominis fabulas aut chartas superfluas permittat attendi : quia & sic simplices aliquos Episcopos & nescientes prima elementa fidei solicitaverunt, ut nec rationem ipsam intelligant, nec discernant quantum sit bonum à fide Catholica non errare, sed si qua sunt alia quibus crimen ab hæreticis patitur sancta Ecclesia, refutare. Quis enim patiatur, ut Nestorii vel sectatorum ejus blasphemias pro eo quòd duas naturas in Christo separatas, id est, divisas esse astruxerit, Catholicæ fidei existimet concordare ?

XXIX.   Ut autem nos dicti tribulationes Constantinopoli pateremur, illa res fecit, quam breviter superiùs tetigimus: quoniam vivente Augusta, quicquid in Ecclesiasticis causis movebatur, suspectum habuimus; nàm pater vester clementissimus Imperator & B. Papæ Leonis dogma & Chalcedonensis Synodi fidem nullo modo patitur violari. Reliquias verò tàm beatorum Apostolorum, quàm sanctorum martyrum jàm quidem per servos Dei monasterii Lirinensis direximus : sed & num quas legati vestri poposcerunt, nos misiliè signamus : deportantes hominem bonum subdiaconum ad clerum Ecclesiæ nostræ, à quo usque ad fratrem & Coepiscopum nostrum Sapaudum, jubente Domino, deferantur. Dat. III. Id. Decembanno XV. post Conf. Basilii V. C. Per Ruffinum legatum.

Pelagius misericordia Dei Episcopus Ecclesiæ Catholicæ urbis Romæ exemplari epistolæ nostræ subscripsimus. }

XXX.   Post hæc autem idem Rex, ad omnem dubitationem tollendam, adjecit ut peteret ab ipso Pontifice exactiorem fidei professionem; quod & fecit anno sequenti eam scribens : habes ipsam collocatam in fine Pelagii. Has verò omnes epistolas ab Ecclesia Arelatensi accepimus ex antiquiùs scripto codice. Hæc gesta sunt cum Ecclesia Gallicana. Quisnam autem hoc eodem anno geri contigerit cum Episcopis Italiæ provinciæ Tusciæ, ex litteris ejusdem Pelagii ad eos datis mense Februarii satis apparet. Extant ipsæ integræ ex eodem codice acceptæ, sicque se habent :

Dilectissimis fratribus Gaudentio, Maximiliano, Gerontio, Justo, Terentio, Vitali, & Laurentio per Tusciam Aunonariam, Pelagius.

XXXI.   Directam à vobis relationem, Defensore Ecclesiæ nostræ Jordane deferente, suscipientes satis mirati sumus, in vos Apostolicæ auctoritatis oblitos, ut divisionem vestram ab universali Ecclesia meo etiam volueritis (quod absit) consensu firmari, & quos decuit popularem ignorantiam sacerdotali doctrina comprimere, in contumeliam sedis Apostolicæ, plebis velle sequi judicium. Nec ista dicentes, injuriam nostram dotemus, quibus donante Domino propositum est in mansuetudine supportantes omnia fraternæ pacis vinculo custodire: sed (sicut diximus) divisionem vestram à generali Ecclesia, quam tolerabiliter ferre non potero, vehementer stupeo. Cum enim beatissimus Augustinus Dominicæ sententiæ memor, qua fundamentum Ecclesiæ in Apostolicis sedibus collocavit, in schismate esse dicat, quicumque se à Præsulis earumdem sedium auctoritate vel communione suspenderit; nec aliam manifestet esse Ecclesiam, nisi quæ in Pontificibus Apostolicarum sedium est solidata radicibus : quomodò vos ab universi Orbis communione separatos esse non creditis, si mei inter sacra mysteria secundùm consuetudinem nominis memoriam reticetis, in quo licèt indigno Apostolicæ sedis per successionem Episcopatus præsenti tempore videtis consistere firmitatem ?

Sed ne apud vos forte, vel apud greges qui vobis

XXX.

XXXI.
Tusciæ Episcopi à Pelagio Papa ob schisma reprehensi.

vobis commissi sunt, de fide nostra aliqua A
possit remanere suspicio : hoc dilectionem
vestram certissimè nosse desidero, me illam,
donante Domino custodire fidem, quam sacra Apostolorum doctrina constituit, quam
Nicænæ Synodi firmavit auctoritas, quam
Constantinopolitanæ, Ephesinæ primæ, &
Chalcedonensis sanctarum Synodorum ex-
planavere sententiæ, nec quicquam de præfatarum Synodorum definitionibus vel im-
minuisse me aliquid, vel auxisse, aut in aliquo permutasse ; sed omnia, Deo propitio,
quæ ab illis de fidei puritate conscripta
sunt, inviolabiliter custodire : anathemati
nihilominùs judicio subdens, quisquis ad B
suprascriptarum quatuor Synodorum fidem, vel ad beatissimi Leonis Præsulis
Apostolicæ sedis tomum, qui in Chalcedonensi est Synodo confirmatus, aliqua ex parte vel infirmandum quoquo modo, vel in
dubium (quod absit) deducendum aliquandò consenserit. Hac igitur dilectio vestra fidei nostræ professione munita, ignorantiam
hominum (sicut sacerdotes decet) in spiritu
mansuetudinis edocere festinet, & à prava
intentione modis omnibus revocare, atque
unitati Ecclesiæ reddere. Quòd si quis forte
etiam post hæc aliquem sibi superesse credit
scrupulum ; ab insano tumultu desinens, ad C
nos magis venire festinet; ut ex his quæ dubitat, rationabili satisfactione percepta, lætus, Deo propitio, cognita veritate, universali reformetur Ecclesiæ. Non enim (secun-

a 1. Petr. 3. dùm Apostolicam (*a*) sententiam) parati
sumus ad satisfactionem omni poscenti nos
rationem de ea quæ in nobis est fide : quia
in nullo nos à sanctis Patribus, custodiente
nos divina gratia, cognoscimus deviasse.
Dominus vos incolumes custodiat, fratres
charissimi. Dat. XV. Kalend. Mar. anno XV.
P.C. Basilii V. C.] Hæc Pelagius, qui cum
ubique tumultuari audisset, schismaticis
omnes Ecclesias adversùs ipsum Romanum D
Pontificem concitantibus, expedire judicavit de fide Catholica ad universum populum Christianum circulares (quas dicunt)
litteras dare, quas ex eodem codice hic tibi
reddere, operæ pretium judicavimus; sic enim
se habent :

Pelagius Episcopus universo populo Dei.

XXXIII. Vas electionis beatissimus Paulus Apo-
b 1. Rom. stolus (*b*) cum de Judæis in Christo necdùm
10.
Plagii de
Fide Ca-
tholica cir-
cularis E-
pist.
credentibus loqueretur, zelum eos Dei habere professus est ; sed ne ex hoc sine culpa
esse crederentur, consequenter adjecit, sed
non secundùm scientiam : ut eos necessariè E
per doctrinam à Deo sibi creditam ostenderet emendandos. Quod testimonium nostro etiam tempori convenire, charitas vestra non ambigit : quia etsi zelum Dei in
quorumdam mentibus esse deprehendimus,
in hoc tamen quòd suspicionibus quibusdam sine notitia veritatis se conculierunt
atque concutiunt, & quòd se à visceribus
unicæ matris Ecclesiæ nefaria animositate
discerpunt;sine scientia eos esse non dubium
est. Et possemus quidem totius causæ rationem ad sedandos rumores hominum, divina

Annal. Eccl. Tom. VII.

nobis cooperante misericordia, fiducialiter A
explicare, nihilque contra fidem Patrum,
contraque quatuor Synodorum firmitatem
ullatenùs esse tentandum, lucidissimis ap-
probationibus demonstrare ; magísque id
actum ut memoratarum Synodorum firmitas contra omnes inimicos immobili soliditate consisteret. Sed quia hoc his, qui lacte
potiùs quàm solido cibo nutriendi sunt,
necessarium esse non duximus, ut (sicut memoratus Doctor Gentium dicit (*c*) inter c 1. Cor. 6.
perfectos loquenda sit sapientia : hoc interim, quod etiam parvulis abundè sufficiat,
ad notitiam defensionis esse perspeximus. Id autem est, ut fidem meam annexa subter professione definiam, in qua, B
Deo propitio, & rectè me Apostolorum doctrinæ & Patrum inhærere vestigiis evidenter appareat : ut per vos qui zelum Dei
etiam cum scientia possidetis, cæteris innotescat, quos operante Domino nostri gratia,
non sine vera mercede ab irrationabili divisionis suæ malo confidimus liberandos.

De sanctis verò quatuor Conciliis, id est, XXXIV.
Nicæno trecentorum decem & octo, Constantinopolitano centum quinquaginta, E-
phesino primo ducentorum, sed & de Chalcedonensi sexcentorum triginta, ita me,
protegente divina misericordia, sensisse & C
usque ad terminum vitæ meæ sentire toto
animo & tota virtute profiteor, ut eas in
sanctæ fidei defensione, & damnationibus
hæresum atque hæreticorum, utpotè sancto firmatas Spiritu, omnimoda devotione custodiam; quarum firmitatem, quia universalis Ecclesiæ firmitas est, ita me tueri
ac defendere profiteor, sicut eas decessores
meos defendisse non dubium est : in quibus
illum maximè & sequi & imitari desidero,
quem Chalcedonensis Synodi auctorem novimus extitisse ; qui suo congruens nomini,
ejus se membrum, qui de tribu Juda leo ex- D
titit, vivacissima fidei soliditudine evidenter ostendit. Similem igitur suprascriptis
Synodis reverentiam me semper exhibiturum esse confido, & quicumque ab eisdem
quatuor Conciliis absoluti sunt, me esse
Orthodoxos habiturum, nec unquàm in
vita mea, Deo nos in omnibus protegente,
aliquid de sanctæ & veræ prædicationis eorum auctoritate minuere.

Sed & canones, quos sedes Apostolica XXXV.
suscepit, sequor & veneror, & Deo adjuvante defendo, neque vel de hac professione reticere, aut discedere aliquandò promitto. Epistolas etiam beatæ recordationis E
Papæ Cælestini, Sixti, & præ omnibus B.
Leonis,necnon etiam successorum ejus Hilari, Simplicii, Felicis, Gelasii, Anastasii,
Symmachi, Hormisdæ, Joannis, Felicis,
Bonifacii, Joannis alterius, & Agapeti pro
defensione fidei Catholicæ, & pro firmitate suprascriptarum quatuor Synodorum, &
contra hæreticos, tàm ad Principes, quàm
ad Episcopos, vel quoslibet alios per Oriē-
tem & Illyricum atque Dardaniam, aliasque provincias diversis temporibus, missas
inviolabiliter, adjuvante Christo Domino
nostro, me custodire profiteor : & omnes

Nn 2 quos

quos ipſi damnaverunt, habere damnatos,& quos ipſi receperunt, præcipuè venerabiles Epiſcopos Theodoritum & Ibam, me inter Orthodoxos venerari.

XXXVI.

a I. Petr. 3.

Hæc eſt igitur fides mea, & ſpes quæ in me dono miſericordiæ Dei eſt: pro qua maximè paratos nos eſſe debere, beatus Petrus (a) præcipit ad reſpondendum omni poſcenti nos rationem. Cùm hâc profeſſione me vivere opto,cum ipſa ante tribunal Chriſti aſsiſtere: per hanc à peccatis meis abſolvi me credo, & ad dexteram gloriæ divinæ miſericordia deportandum. Quicumque autem aliud ſenſerit, crediderit, prædicaverit, hunc anathematizat ſancta & univerſalis Eccleſia Dei. Deus vos incolumes cuſtodiat,filii dilectiſsimi. Amen.] Ad hæc quidem compulſus eſt Pelagius Papa, cum obrutus ubique eſſet ſchiſmaticorum calumniis, quòd Quintam probando Synodum, Quartam aboleviſſe, vel ſaltèm corrupiſſe jactarent. Profuerunt iſta quidem multis, non tamen omnibus:etenim in pluribus Italiæ locis diutiùs ejuſmodi viguiſſe ſchiſmaticos liquet.

XXXVII.

b Agath. lib. 2.

Bellum civile & domeſticù affligit Galliam.

Hoc eodem tempore (ut Agathias (b) tradit) regnum Francorum in maximum diſcrimen adductum eſt ex bello civili conflato inter fratres Reges Childebertum atque Clotarium ob diviſionem bonorum Theodibaldi Regis defuncti : cui & domeſticum bellum acceſsit,cum Chramnus Clotarii filius contra patrem arma movit, quo tempore idem Clotarius adversùs Saxones rebellantes in expeditione eſſet. Sed omnibus his omiſsis,hic ea tantùm referanda ſunt, quibus Dei adversùs ſacrilegos ultio his temporibus non ſemel progreſſa narratur. Ac primùm de Leone Pictavienſi,qui inter alios filium in patrem commovit, hæc notatu digna Gregorius (c) : Habebat Chramnus & Leonem Pictavienſem ad omnia mala perpetranda gravem ſtimulum, qui nominis ſui tamquàm leo erat in omni cupiditate ſæviſsimus. Hic fertur quadam vice dixiſſe, quòd Martinus & Martialis confeſſores nihil Fiſci viribus utile reliquiſſent : & ſtatim percuſſus à virtute confeſſorum, ſurdus & mutus effectus,amens eſt mortuus. Venit enim miſer ad baſilicam ſancti Martini Turonos, celebravitque vigilias, dedit munera : ſed non eum reſpexit virtus conſueta ; cum ipſa enim qua venerat infirmitate regreſſus eſt.] Inhiaſſe hominem rapacem in bona Eccleſiæ, ultio ſecuta declarat.

c Greg. Turon lib. 4. c. 16.

Leo Pictavien. blaſphemus in Sanctos punitur.

XXXVIII.

d Conc. Pariſ. 1. c. 1.

Complures alios his civilium diſcordiarum tempore injeciſſe manus in bona Eccleſiaſtica, nonnulla alia exempla divinæ ultionis in eos immiſſa demonſtrant : quod & teſtatur primus canon(d)Pariſienſis Concilii poſt annum ſequentem (ut ſuo loco dicemus) habiti : hæc enim habet in fine poſt nonnulla adversùs hujuſmodi facinoroſos ſtatuta : Accidit autem, ut temporibus diſcordiæ (hæc enim ſignat tempora) ſuprà proviſionem beatæ memoriæ Clodovei Regis, res Eccleſiarum aliqui competiſſent , ipſaque res invaſiſſent, improvisâ morte collapſi, propriis hæredibus reliquiſſent . Placet &

hos quoque,niſi res Dei admoniti à Pontifice,agnita veritate, reddiderint, ſimiliter à ſanctæ communionis participatione ſuſpendi : quoniam res Dei, quæ anteceſſores eorum immatura morte credendæ ſunt peremiſſe , non debent filii ulteriùs poſsidere , Iniquum eſſe cenſemus , ut potiùs cuſtodes chartarum,per quas aliquid à fidelibus perſonis legitur derelictum , quàm defenſores rerum creditarum(ut præceptum eſt)judicemur .]Hæc Patres in Concilio Pariſienſi .

Sed & præter bos bonorum Eccleſiarum invaſores regii quoque miniſtri eadem Fiſco addicere conſueverunt:cujus rei gratia iidem in eadem Synodo Patres hæc in ſecundo canone poſuerunt Perpetuo autem anathemate feriatur,qui res Eccleſiæ confiſcare, aut competere, aut pervadere periculoſa infeſtatione præſumpſerit .]Periculoſa, inquiunt,infeſtatione,quòd ſcilicèt(ut dictum eſt,atque dicetur) multa adversùs hujuſmodi ultionis divinæ exempla edi ſolerent. Hæc canon ſecundus ejuſdem Concilii, de quo poſt ſequentem annum ſuo loco dicturi ſumus : ſed cœpta proſequamur :

XXXIX.

Ad ejuſmodi verò contra patrem ſceleratum bellum ſuſceptum idem perditiſsimus filius Chramnus contra patrem ſuum Childebertum Regem Clotarii fratrem ſibi , fœdere icto,conjunxit. Sed quænam ſint obventura , clerici Divionenſes in hunc modum ex divinis Scripturis deprompto oraculo notum fecere:ait enim Gregorius : Poſitis , clerici tribus libris ſuper altarium, id eſt, Prophetiæ, Apoſtoli, & Euangeliorum , oraverunt ad Dominum , ut Chramno quid eventurum , oſtenderet: aut ſi ei feliciter ſuccederet , aut certè ſi regnare poſſet , divina potentia declararet:ſimúlque unam habentes conniventiam,ut unuſquiſque in libro quod primum aperiebat,hoc ad Miſſas etiam legeret. Aperto ergò primùm omnium Prophetarum libro,reperiunt: Auferam (e) maceriam ejus, & erit in direptionem : Pro eo quòd debuit facere uvas, fecit autem labruſcas . Reſeratoque Apoſtoli libro, inveniunt(f)ipſi enim diligenter ſcitis, fratres, quòd dies Domini ſicut fur in nocte ita veniet: & cum dixerint, Pax & ſecuritas,tùnc repentinus illis ſuperveniet interitus, ſicut dolores parturientis , & non effugient.Dominus autem per Euangelium ait(g) : Qui non audit verba mea,adſimilabitur viro ſtulto,qui ædificavit domum ſuam ſuper arenam ; deſcendit pluvia,advenerunt flumina, flaverunt venti , & irruerunt in domum illam, & cecidit, & facta eſt ruina ejus magna. Iſta ſunt in ſuſcepto bello prænunciata de Chramno , ac pariter adimpleta in exemplum juſti judicii magni Dei , ſed quomodò id acciderit,dicemus inferiùs, ſimúlque divinitùs oſtenſa prodigia. Subjicit enim iſta Gregorius (h):

XL.

e Iſai. 5.

f I. Theſſ. 5.

g Matth. 7.

h Greg. lib. 4. c. 18.

Auſtrapius Dux Chramnum metuens, in baſilicam S.Martini confugit:cui tali in tribulatione poſito non defuit divinum auxilium.Nàm cum Chramnus ita eum conſtringi juſsiſſet , ut nullus illi alimenta præbere præſumeret , & ita arctiùs cuſtodiretur, ut nec aquam quidem ei haurire liceret ; quò facilius

XLI.

De Auſtrapio Duce.

facilius compulſus inediæ, ipſe ſponte ſua de baſilica ſancta periturus exiret: accedens quidam vaſculum illi cum aqua ſemivivo de-tulit ad potandum. Quo accepto, velociter Judex loci advolavit, ereptumque de manu ejus terra diffudit. Quod velox Dei ultio & beati Antiſtitis virtus eſt ſubſecuta. Ea namque die Judex qui iſta geſſerat, correptus à febre, nocte media expiravit, nec pervenit in craſtinum ad illam horam qua in baſilica Sancti poculum de manu excuſſerat fugiti-vi. Poſt iſtud miraculum, omnes ei opulen-tiſſimè quæ erant neceſſaria detulerunt.] Hæc Gregorius: quibus præter divinitus pa-trata miracula, illud admiratione dignum pariter innoteſcit, quàm religiosè à Francis ſacra cuſtodirentur, cum nec perditiſſimus Chramnus ea violare præſumpſerit: ſed ob-ſidione potiùs quàm invaſione capere vo-luerit inimicum. Quid autem eidem acci-derit Chramno, cum evaſurus indignatio-nem patris confugit ipſe in eâdem baſilicâ S. Martini, ſuo loco dicemus. Sed quæ præ-

à Gregor. de gloria mart. c. 66.

terea divina ultio conſecuta ſit milites Chramni cum res Eccleſiæ abſtuliſſent, eum-dem audi Gregorium (*a*):

XLII.
Milites ſa-crilegi pu-niuntur, pœ-nitens libe-ratur.

In ipſo quoque territorio, tempore quo Chramnus Arvernum abiit, cum diverſa ſce-lera ab ejus gererentur miniſtris, quinque viri ſacroſanctum oratorium domus ſciacent ſis furtim appetunt: habentur autem in eo S. Saturnini reliquiæ: interruptoque ablata palliolis vel reliquis miniſterii ornamentis, nocte tegente, diſcedunt. Sed mox præsby ter reco-gnoſcens furtum, ac inter vicinos ſcrutans, nullum potuit ex his quæ ablata fuerant in-dicium reperire. Protinus verò latrones, qui hæc admiſerant, in Aurelianenſe ſe territo-rium tranſtulerunt, diviſâque rebus, accepit unuſquiſque partem ſuam. Sed mox inſe-quente ultione divina quatuor in ſeditioni-bus interfecti ſunt: quintus verò totam furti hujus hæreditatem ſuperſtes remanens ven-dicavit. Sed ubi hæc in domum ſuam con-tulit, ſtatim obtectis ſanguine oculis, excæca-tus eſt. Tunc compunctus tàm doloribus, quàm inſpiratione divinâ, vovit, dicens: Si reſpexerit Deus miſeriam meam, & mihi vi-ſum reddiderit, referam loco illi ſancto quæ

abſtuli. Et hæc cum lacrymis orans, viſum re-cepit. Accedens verò ad oppidum Aurelia-nenſe, providente Deo, diaconum Arvernen-ſem invenit: cui traditis rebus, ſuppliciter exoravit, ut eaſdê oratorio reſtitueret: quod diaconus devotus impſevit.] Hactenus de his Gregorius. Sed ad Oriente recurrat oratio.

Hoc eodem anno (ut colligitur ex Aga-thia (*b*) ingentem inſperatamque victoriam de Perſarum exercitu apud Colchos Roma-nus exercitus obtinuit, Deo ita cuncta ſua providentia diſponente, dùm qui ſacrificii in-cauſa Juſtinus Dux cum equitatu abeſſet, reverſus in munitionem, hoſtes quibus occurrit fugavit. Agathias rem geſtam nar-rans, hæc de Juſtino, qui poſt Juſtinianum imperavit: interea verò Juſtinum (non enim Nachoragan Perſarum Ducem de improvi-ſo aſſuturum putabat) cogitatio ſubiit, & di-vinitus quidem (ut reor) templum quoddam ſanctiſſimum, & apud Chriſtianos haud du-biè permagnificum, ſacrificandi gratia adeu-ndi haud procul ab urbe ſitum. Delectis itaque ex univerſo exercitu equitum mille fortiſſimis & bellicoſiſſimis viris, haud ſecus armatiſque ac acie mox eſſet con-certandum, proceſſit, ſequentibus ſignis, & militari cætero apparatu: & ferme tùnc ac-cidit, ut nec Perſæ hos abeuntes prævide-rint, neque hi illos in ſe adventantes: ſed alia ducti, mœnia de improviſo aggrediuntur.]) Et inferius poſt enarratum ſummum diſcri-men in quod obſeſſi conjecti erant, de eodem Juſtino ita ſubjicit: interea Juſtino è templo jàm redeunti, ex ipſo tumultu & ar-morum concuſſione quæ gererentur inno-tuere: unde equitatu ſtatim converſo, & or-dine ſuo quodam inſtructo, juſſiſque ante-ſignanis, ut ſigna erigerent, univerſos ope-ram ut navarent hortatus; ſuos certiores mox fecit, non ſine divino nutu ex oppido ſe exceſſiſſe, ut hoſtes in ſe ſubita territos obſidione abduceret.] Quomodò autem compreſſione in hoſtes acta, omnes in fu-gam adegit, ordines turbans, & interneci-oni ſubjecit, idem pluribus refert. Sed hæc ſatis ad inſtitutum, quo moneamur omnia florida evenire, cum divini numinis cultus præcedit opus.

XLIII.
b Agath. lib. 3.
Juſtinus pietati in-tentus Per-ſas vincit.

I.

Qvinquageſimaſeptimus ſupra quin-genteſimum Chriſti annus, idemque poſt Conſulatum Baſilii decimuſſextus in Faſtis inſcriptus, Conſtantinopolitanis admodum luctuoſus ob ingentem rurſus repetitum ter-ræmotu ipſam urbem horrenda denuò quaſ-ſatione concutientem extitit. Agathias enim poſt recenſitas anni hujus res geſtas, imme-rùm quæ facta ſunt hieme adverſus Ruſti-cum & Joannem Duces exercitus capite da-nantur ob necem illatam Cholcorum Regi Chriſtiano Romani Imp. ſocioſque bella quæ proſperè confecta ſunt adverſus Miſianos, qui defecerant à Romanis ad Perſas: poſt-

Annal. Eccl. Tom. VII.

que enarratû ſupplicium ſuperbiſſimi Per-ſarum exercitus Ducis, quem ob malè rem geſtam Coſrhoes Rex execrari juſſit: poſt de-nique de Regibus Perſarum, ejuſdemque gentis moribus plura fuſiùs pertractarâque: funeſta hoc eodem anno Conſtantinopoli autumni tempore contigerunt ita ſcribit (*c*) Paulò antequàm hæc gererentur, iterato Byzantii vehementer adeò ſe terra movit, ut omnis ferè collapſa civitas ſit. Hunc ter-ræmotum & alter tantæ magnitudinis inſe-cutus, quantæ (ut reor) numquàm antea fuerat; nimirùm qui ſit & æſtuantibus-quis, ſalientiſque terræ perſeverâtis factus: Nn 3 & is

c Agath. lib. 5.
II.
Conſtant i nop. à te r ræmotu cô cuſſa.

& is sanè eò horridior videbatur, quòd & pleraque periculosiùs occurrebant, Exierat namque autumni jàm tempus, & pro nominibus ex Romana consuetudine symposia peragebantur. Frigus tùnc erat, quale per id esse tempus decebat; Solque in occiduum vertens, in Capricornum deferebatur: cum intereà circa mediæ noctis custodiam civibus altiore somno detentis & jàm quiescentibus, derepentè id malum invasit, atque adeò ut à fundamentis omnia quaterentur: motusque ipse etsi in principio statim violentissimus fuit, in majus tamen continenter excrevit, ita ut alio addito ad id incremento, in immensum evaderet.

III.

Demùm itaque omnibus excitatis, ejulatus undique, complorationesque exaudiebantur, & vox item illa quæ in hujusmodi malis afferri spontè ad Deum solet. Nàm sonitus quidam gravis, seruusque perindè tonantis è terra stridor, fragorsque remittebantur, remissosque ventorum turbines subsequebantur, & terrorem ingeminabant paventibus: siquidem terrestris spiritus quidam fumosa nebula nescio quo pacto sursùm versùs expulsus desæviebat & turbulentior & sonorus: quo territi homines & pavore correpti, mentis quadam torpedine, è domiciliis se proruebant: tùm publicæ angustioresque viæ multitudine complebantur, tamquàm non domi perituri, si pereundum jàm esset; nàm frequentia, continuata, connexaque invicem ejus urbis ædificia sunt, atque adeò ut vix locum sub dio situm, apertumque, & omninò non adjacente ædificio altero vacuum reperiat quisquam. Sed alioquin cum ad superiora dirigerent oculos, & utcumque cælum spectarent. Deumque hoc pacto deprecarentur; summitti timor unam ompis & perturbatio denique sensim his videbatur, & perindè leviter cadente nive irrigabantur, algore jàm degravati: haud tamen vel ita affecti tecta iteratò subibant, ni forte sacras ædes inissent nonnulli, eàdemque provoluti ex Deo opem deposcerent.

I V.

Videre tùnc licuisset fœminarum vim maximam, nec infimæ sortis, sed familiæ honoratissimæ cum viris simul deferri, & turbæ immisceri, omnemque ordinem & pudorem confundi, nec cujusvis conditionis homines præ formidine sine ullo discrimine proculcari. Dominos præterea servi aspernabantur, nec dicto parebant, cum majore quodam terrore victi se in templa reciperent. Haud secus inferiores privatique homines magistratus gerentibus sine ullo honoris respectu permixti jàm aderant, ut ex communi omnibus incidenti periculo, universi existimantibus se non longè post perituros. Frequentiores ea sunt nocte eversæ domus, & præsertim in Regio (urbis arx Regium est) quàm multa præterea & incredibilia contigere. Nàm alibi forte sive lapide tecta, sive ligno ædificata, velut renunciata compage hiantia, ab invicem divellebantur, ita ut æther indè astraque nihil secùs ac sub dio conspicerentur; ac

mòx iteratò in pristinam compagem coibant. Alibi verò columnæ è superiori domicilii loco firmiùs collocatæ, violentia exæstuantis motus depulsæ excutiebantur, superyectæque proximas domos, ad eas quæ longiùs aberant, yeluti funda emissæ evehebantur; & fragore ingenti omnia conterebant. Alibi verò horribiliora acciderant, sed aliàs sæpe & superioribus temporibus facta; & ut in posterùm fiant necesse est, quoadusque terra hæc superest & humanæ naturæ peccata: tùne tamen in majus omnia occurrerunt. Nam è turba magna vix hominum & obscuriorum interiit. Ex his verò qui Senatorum numero essent ascripti, solus Anatolius periit, vir sanè Consularis dignitatis honoratissimus: ad quod accedebat, quòd Imperatoris domus ut curam susceperat, sic & esset bonorum omnium procurationem nactus.

Is itaque cum suo & consueto lectulo quiesceret, marmoris juxtà se frustum in cubiculi ædificio stabat pulchrè atque decenter elaboratum, qualia parietibus solent ad ornatum & ostentationem, non ad necessitatem per eos affigi, qui istiusmodi supervacaneis inhiant rebus, & non admodum necessariis ornamentis. Ea igitur saxi moles præ nimio motu diffracta luxataque è pariete pulsa huic in caput decidit dormienti, & planè contrivit. Anatolius verò tanta mole oppressus ad id modò suffecit, ut graviter ex cordeque ingemiscens, eodem tamen in lecto procumberet moribundus. Hæc noctu.

V.
Anatolii
obitus.

Die autem comparente, perquàm libenter se invicem cives contuebantur, cum obviàm offerrentur amantissimum quique & familiarissimi: complorationeque mutua cæteræ se turbæ insinuantes, alternisque singuli pro data redditaque ultrò salute, etsi sui jàm desperantes, voluptate afficiebantur. Intereà verò dùm Anatolius in sepulchrum effertur, è plebe homines quidam (ut sit) dictitare, non injuria eum hoc mortis genere fuisse affectum, quippe qui iniustissimus fuerit, & quàm multis multa subtraxerit; & facilè confirmare, descriptas illas per eum tabellas sub puniceas vestes hunc sibi demùm exitum habitse, quas sub prætextu in Imperatorem benevolentiæ in domos felicium frequenter congesserat, & hac via omnia sibi vendicasset, violasseque impudentissimam simul & fregerit quæ testamento mortui delegasent, abire in rem malam legibus jussa, quæ liberos velint in paternæ dignitatis hæreditatem succedere. Istiusmodi vulgus submurmurando tanti casus comportam habere se causam opinabatur.] Et inferiùs post nonnulla de Anatolii repentino obitu disputata, cœptam semel de terræmotu narrationem prosequitur verbis istis:

VI.
Quæ consolatio in angustiis.

Tùnc igitur & deinceps dies quamplurimos terra movit brevior tamen, nec qualis tùnc primùm hic motus invasit, sed validus alioquin, ut qui reliqua quæ Byzantii essent concuteret. Tùnc portenta mòx quædam & prædictiones absurdæ in vulgus temerè

VII.
De impostoribus occasionum mundi prædicentibus.

mere divulgari, & mundi hanc machi- A
nam prædicari quàm concitatissimè col-
lapsuram. Nebulones prætereà quidam &
deceptores, veluti divini quidam & vates
sponte sua circumire, & sibi visa prædicere, terroresque multis incutere; quibus
facilè poterat, ut anteà territis, persuaderi. Hi itaque sive incasùm furere, & pravo agitari dæmone se simularent, gravissima quædam passim jactabant, & tamquam
ex adnata sibi pravorum dæmonum specie
fuissent futura edocti, deque suis admodùm furiis jactarentur. Alii prætereà astro-
rum decursu, figurasque animo agitantes,
majores calamitates, & perinde communem
rerum eversionem fore significabant. Itaque
terrore omnes percellebantur.] Quomodò B
autem & ob præsentia quæ aderant mala, &
futura quæ timebantur, populus sibi timens totus esset in supplicationibus, idem
sic addit auctor;

VIII.
Populus
Const. ad
meliorem
frugem cō-
versus.

Eorum tamen nemo qui affuissent, sibi
non admodùm formidolosus terrore obstu-
pescebat. Unde & supplicationes publicè
factæ, hymnique supplices, universis astantibus ad id unum coactis, exaudiebantur.
Quinetiam quæ verbo tenùs anteà laudas-
sent, sed factis rariùs confirmassent, tùnc
mira animi promptitudine exequebantur:
æquitatem prætereà universi in suis com- C
merciis præferebant, ita ut vel Principes
civitatis, lucri cupiditate rejectà, ex lege
causas vendicarent: tum alii etiam, etsi
potentes, taciti secum quiescere, justiora-
que facere, & à turpissimis abstinere. Nonnulli verò immutato prorsus vivendi more,
solitariam potiùs vitam, & in montibus du-
core, maluerant relictis honoribus, pecuniis-
que, & ejusmodi cæteris, quæ suavissima dicunt mortales; vel fortè in sacras ædes, sa-
crasque viros collata. Noctu prætereà primores urbis publicas circumvecti vias abundè cibis, vestituque miseros quosque, & ca-
lamitosos donabant, quorum plerique ut D
corpore mutilati in terram projecti videbantur emendicabant. Hæc ferme per tempus
aliquod gesta, & quamdiu recens timor incubuit. Postquam verò sublevari periculum
per discrimen est visum, confestim ad pristinam rediere plerique consuetudinem:
dùm enim necessitas urget, & formido in-
gruerit, quæ recentiora sunt factu, ut cumque & leviter degustabant.] Hæc Agathias
qui & post diversorum sententias de terræmotu causa allatas, de Justiniani studio ista
subdit:

IX.
Justinian.
Imp. tem-
plum in-
staurat.

Per eam itaque biennium in his malis civi- E
tas versabatur, adeò ut plurimos dies terra visa sit commoveri, etsi minùs concuteretur: insederat id hominum mentibus, &
suspicio inerat animi cogitatio obturbans.
Imperator intereà ædificia pleraque quæ
putrentia & debilia essent, vel fortè pro-
lapsa, instaurare nitebatur. Sed cum illi
præcipuè fuit Dei illud maximum & egregium templum, quod anteà ipse per populum quondam incensum, conspicuum
& admirabile iteratò construxerat, & ut
pristina magnitudine excellentius, ita &

formæ decore & metallorum varietate or-
narat.] Et paulò post: Erat in eo pars
quædam testudinis & intermedia quidem,
quæ cæteras superaret ædificii partes, terræmotu excussa; quam Imperator longè
firmiùs exædificari curavit.] Quomodò
autem id factum sit docet, asserens insuper de eodem mirabili ædificio extare egregium poema Pauli Flori viri majorum nobilitate clarissimi atque inter Præfectos insignis, cujus etiam argumenti edita reperirentur egregia alia poemata, De eodem
quoque templo præter illa quæ à Procopio (a) scripta habentur, Euagrius ejus
structuram, situm, & dimensiones cap-
te uno complexus est: quod hìc describere, haud supervacaneum esse putamus. Ait b
igitur (b);

X.
Descriptio
Sophiæ tē-
pli.

Idem Justinianus Constantinopoli cùm
alias multas sacras ædes pulcherrimo artificio elaboratas Deo & Sanctis erexit; tùm
ipsique illud & præ cæteris eximium, amplissimum dico Sophiæ templum extruxit:
quod quidem tale fuit, quale non aliquandò visum fuisset, quodque ornatu & splendore adeò excelluit, ut nulla dicendi vi
facilè explanari posset: at ipse tamen illud
pro virili describere conabor. Testudo sanctuarii quatuor fornicibus in sublime erecta, & ad tantam sublata altitudinem, ut
ad ejus emisphærii fastigium acies eorum
qui infrà ad basim consistentes oculos sursùm tollebant, ægrè penetrare posset: &
qui suprà stabant, etiam si valdè essent ani-
mosi, despicere neutiquàm auderent, ocu-
losve ad basim deiicere. Fornices à solo usque ad tectum, usque ad namque eriguntur; peniùla vacant. In dextro templi latere sunt homini ingredienti ad lævam columnæ ordine locatæ, quæ ex lapide Thes-
salico confectæ sunt: sunt etiam alta tabu-
lata aliis columnis similibus suffulta, in quibus si qui volunt, mysteria peracta videre
possunt. In illis quoque Imperator, diebus
festis, dùm sacrosanctæ mysteriorum cele-
brationi interesset, assidere solet. Quæ quidem partim versùs orientem Solem, partim
occidentem versùs sic diriguntur, ut minimè impedimento sint, quò minùs amplitu-
do talia operis spectari queat. Porrò autem
portionem eam quidem tabulatorum, quæ infrà,
columnis parvisque fornicibus operis extre-
mitate ambiunt. Verùm quò magis admirabilis ædificii fabrica velut ante oculos,
cujusque versetur, visum est hoc loco intexere, quot pedes ejus longitudo contineat,
quot altitudo, quot latitudo, & de fornicibus eodem modo quot pedes vacuus eorum
complectatur ambitus, quot denique eorum
altitudo: sic igitur se habent:

XI.
Templi di-
mensiones
singulæ.

Longitudo à porta quæ à regione sacræ
conchæ, in qua incruentum offertur sacrificium, sita est, ad ipsam concham usque
pedes continet centum nonaginta. Latitudo
à parte Septentrionali ad Borealem pedes centum quindecim. Altitudo ab ipso puncto in vertice hemisphærii ad solum usque pedes centum octoginta. Latitudo autem cujusque fornicis pedes habet

a Procop.
lib. 1. ædif.
Justin. Imp.
b Euagr. li.
4. c. 30.

bet fexaginta fex. Longitudo totius templi ab Oriente ad Occidentem pedes ducentos fexaginta. Latitudo vero τῆ ἱερῶ illius pedes continet feptuagintaquinque. Sunt præterea versùs Solis occaſum aliæ duæ porticus valdè eximiæ, & atria undiquè ſub dio poſita.] Hucuſquè de Sophiæ templo Evagrius. De cujus ſacra menſa iſta Cedrenus : Sacram quoquè menſam tùm fecit , opus imitatione multa æquandum ; conſta-

bat verò auro, argento, omniſque generis lapidibus, lignis, metallis, omnibuſque rebus, quas terra fert, mare, & totus mundus : ex omni materia pretioſiora plura, viliora pauciora collegerat : liquatiſque his quæ fluunt, ſicca illis immiſerat, atque in formam menſæ abſolverat. Itaque varium illud opus contuentibus ſtuporem conjiciebat. In orbem hanc habuit inſcriptionem :

TVA DE TVIS TIBI OFFERIMVS SERVI TVI CHRISTE IVSTI-
NIANVS ET THEODORA. EA TV PROPITIVS ACCIPE FILI
DEI VERBVM QVI NOSTRI CAVSA CARNEM ASSVMPSISTI
ET CRVCI AFFIXVS FVISTI : AC NOS IN TVA RECTA FIDE
CONSERVA. ET QVAM NOBIS COMMISISTI REMP. EAM AD
TVAM GLORIAM AVGE ET TVERE INTERCEDENTE SAN-
CTA DEIPARA VIRGINE MARIA.]

Hactenùs inſcriptio. Rursùs verò de eodem ſumptuoſo ornatu meminit Agathias, ubi ait : Hujus ex verſibus noſſe inſuper poteris , ſanctius illud ſacellum argenta

aureoque conſtare , & in myſteria dumtaxàt ſepoſitum pretioſiſſimis rebus & miꞃa varietate ornatum.] At de his modò hactenùs.

JESU CHRISTI   PELAGII PAP.   JUSTINIANI IMP.
ANNUS   ANNUS   ANNUS
558.   4.   32.

I.

QVingenteſimus quinquageſimus octavus ſequitur Chriſti annus , poſt Baſilii Conſulatum decimuſſeptimum , idemque Conſtantinopolitanæ civitati ob novas ingruentes clades planè miſerrimus, longèque ſuperiori funeſtior : etenim illo ultima ſui parte ob terræmotum dumtaxàt infelix, hic verò peſte belloque ſemper ærumnoſus extitit. Complectitur brevitèr Agathias lugebrem tragœdiam verbis iſtis (a) : Eodem anno , vere jàm ineunte, derepentè & iteratò urbem peſtilens morbus invaſit, & infinitam ſuſtulit multitudinem haud tamen prorsùs eſſlavit, ex quo tùnc primùm anno Juſtiniani Imperii quinto rerepere hanc noſtram regionem occæpit.] Qualis verò ejuſmodi contagio eſſet , ita inferiùs : Interibant autem repentina morte quàm multi tamquàm apoplexiæ gravi morbo corꞃepti ; qui plurimùm reſiſtebant, ad quintum vix diem vita defungebantur.] Sed & qualis eſſe ſoleet febris quæ hos perꞃurgebat, narrare pergit ;

II.

Ad tanta hæc avertenda mala , peſte ſtiſicè & terræmotus , Juſtinianus Imperator haud dubius ob peccata divinitùs ejuſmodi immitti flagella, hanc ad populum Conſtantinopolitanum edidit ſanctionem (b) :

Omnibus hominibus qui rectè ſapiunt , manifeſtum eſſe putamus, quia omne nobis eſt ſtudium & oratio, ut crediti nobis Domino Deo benè vivant , & ejus inveniant placationem : quoniam & Dei miſericordia non perditionem , ſed converſionem & ſalutem vult ; & delinquentes qui coꞃiguntur, ſuſcipit Deus. Propter quod vos omnes invitamus, Dei timorem in ſenſibus accipere , & invocare ejus placationem ; & novimus, quia omnes qui Domi-

num diligunt , & miſericordiam ejus ſuſtinent , hoc faciunt. Igitur quoniam quidam diabolica inſtigatione comprehenſi, & graviſſimis luxuriis ſemetipſos inſerunt , & ipſi naturæ contraria agunt ; iſtis injungimus , in ſenſibus accipere Dei timorem & futurum judicium , & abſtinere ab hujuſmodi diabolicis , & illicitis luxuriis : ut non propter hujuſmodi impios actus ab ira Dei juſta inveniantur , & civitates cum habitatoribus earum pereant. Docemur enim à divinis Scripturis, quia ex hujuſmodi impiis actibus & civitates cum hominibus pariter perierunt.

III.

Et quoniam quidam ad hæc quæ diximus & blaſphema verba & ſacramenta de Deo jurant, Deum ad iracundiam provocantes ; iſtis injungimus , abſtinere ab hujuſmodi & aliis blaſphemis verbis & non jurare per capillos & caput & his proxima verba. Si enim contra homines facta blaſphemiæ impunitæ non relinquuntur ; multò magis qui ipſum Deum blaſphemant, digni ſunt ſupplicia ſuſtinere. Propterea igitur omnibus hominibus hujuſmodi præcipimus à prædictis delictis abſtinere , & Dei timorem in corde accipere , & ſequi eos qui benè vivunt. Propter talia enim delicta & fames & terræmotus & peſtilentiæ fiunt : & propterea admonemus abſtinere ab hujuſmodi prædictis illicitis , ut non ſuas perdant animas. Sin autem poſt hujuſmodi noſtram admonitionem inveniantur aliqui in talibus permanentes delictis primùm quidem indignos ſemetipſos facientes Dei miſericordia , poſt hæc autem & legibus conſtitutis ſubjiciuntur tormentis.

IV.

Præcipimus enim glorioſiſſimo Præfecto civitatis regiæ permanentes in prædictis illicitis

a Agath.
Hib. 5.
Peſtis bellumq; Conſtantinopolim urget.

b Nov. 77.

illicitis & impiis actibus poſt hanc admonitionem noſtram comprehendere, & ultimis ſubdere ſuppliciis, ut non ex contemptu talium inveniatur & civitas & Reſpublica per hos impios actus lædi. Sin autem poſt hanc noſtram ſuaſionem quidam tales invenientes hoc ſupercelaverint, ſimiliter à Deo Domino condemnabantur. Ipſe, etenim glorioſiſſimus Præfectus ſi invenerit quoſdam tale aliquid delinquentes, & vindictam in eos non intulerit ſecundùm noſtras leges ; primùm quidem obligatus erit Dei judicio, poſt hæc & noſtram indignationem ſuſtinebit.] Hucuſquè Imperator : qui dùm famem, terræmotum, & peſtem per ejuſmodi dicta illata refert, nec de barbarica graſſatione quicquam meminit ; indè adducimur ut credamus eam hoc anno latam eſſe, ſed antè Hunnorum adventum, qui tempore autumni contigit, ut Agathias docet. Verùm primò quid Glicas his addat, audi :

V. Cum (*inquit*) reperti quidam eſſent illicitis utentes amplexibus, tamquàm in triumpho per urbem, veretris priùs amputatis, ducti ſunt. Horum in numero quidam magnates & Pontifices erant, qui hoc modo circumducti vitam miſerè finiebant.] Sed hæc expreſſius accipe à Cedreno, dùm ait : Anno ſecundo Iſaias Rhodi & Alexander Dioſpolis Thraciæ Epiſcopi, aliique multi deprehenſi ſunt maſculorum corruptores. Horum aliis veretrum amputari juſſit Imperator, aliis calamos acutos in meatus genitalium inſeri, eoſque nudos in forum quaſi in triumphum produci. Fuerunt & civium ac Senatorum multitudo, & Pontificum ſummorum non pauca in eadem culpa : qui caſtrati & publicè nudi in forum producti, miſerabiliter perierunt, ſuoque exemplo reliquos pudicitiam colere docuerunt. Tulit Juſtinianus acres leges contra impudicos, &c.] E quibus eam hoc tempore latam eſſe quam diximus, ea quæ ſunt dicta ex Agathia de terræmotu atque peſte ſatis docent : horum namque ſcelerum gratia tanta obveniſſe mala, Imperator ea eſt edita ſanctione conqueſtus. Verùm nec tanta maculæ tantis ſunt abſterſæ flagellis, quæ olim nonniſi igne immiſſo cælitùs dilui meruerunt. Nàm audi ab eodem auctore Agathia (*a*), quæ hoc eodem anno autumni tempore mala Conſtantinopolim oppreſſerunt :

a. *Agath. lib. 5.*

VI. Nova Hunnorum incurſio. Super his autem civitati & alia pleraque eodem tempore inciderunt tumultuoſa & turbida, nihil minùs, quàm ea quæ diximus, permoleſta. Sed qualia fuerint, explicaturi mòx ſumus, ſi priùs & breviter vetuſtiora quædam nos tranſegerimus.] Narratis poſt hæc de Hunnorum gente nonnullis, mòx iſta ſubiungit : Eodem itaque anno, quo peſtilentiſſimum morbum Byzantium diximus invaſiſſe, Hunnorum reliquiæ ſalvabantur, erantque adhùc celebritate, & nomine clari. Deſcendentes itaque Hunni ad Notum ventum, haud

longè ab Iſtri fluminis ripis pro eorum arbitrio conſidebant. Tùnc igitur hieme jàm ineunte, hujus fluminis aquæ (ut aliàs ſemper) nimio præ algore magnam in profunditatem concretę obſtrictęque obduruerant, adeò ut perviæ tàm viris eſſent quàm equis jàm redditæ. Zaberga igitur Cotrigurorum Hunnorum Præfectus magna cum hominum, equorumque multitudine dùm per conſtrictos fluminis vortices nihil ſecùs ac terra iter haberet, facillimè in Romanæ ditionis loca pertranſit, nimirùm quæ deſerta jàm eſſent, & prodeunti ſibi nihil impedimento fuiſſet. Quo

B factum eſt, ut quamprimùm Mœſiam, Scythiamque tranſgreſſus, in Thraciam demùm pervenerit : quò ubi ventum, exercitus partim in Græciam, ut de improviſò ſine cuſtodia loca excurreret & populareretur, dmiſit, & alias deinceps manus in Cherſoneſum Thraciæ.] Ac poſt nonnulla :

Ipſe verò Zaberga cum equitum millibus ſeptem rectà ire Conſtantinopolim pergit, agros depopulando, tentandoq; proxima quæque caſtella, ita ut paſſim omnia perturbaret.] Et poſt hæc : Cum itaque prodeuntibus iis nemo obviam iret,

C incurſiones liberè factitabant, & agros depopulati ingentem avertebant prædam, magna vi captivorum coacta : quos inter & fœminæ quàm multæ ut nobiles, ita & continentiſſimæ crudelius trahebantur : quæ utique infeliciores eò maximè erant, quò & barbarorum miniſtrare profuſæ libidini cogebantur. Quinetiam barbati homines pleriſque vel è ſacrario abductis vim inferebant, quæ à pueritia jampridem nuptiis renunciaſſent & cæli voluptatibus, ac caſtam vitam ut degerent, in remoto aliquo

D domicilio reconderentur Deo ad ſupplican, dùm idoneo, & id magni facerent, ut ſemotæ omninò & liberæ à quovis hominum contubernio quàm procùl abeſſent, quietique ſe ſolùm permitterent. Erant præterea, quæ cum barbarorum renunciarent concubitus, vel partui proximæ (ſi quæ fortè iſtiuſmodi eſſe tùnc contigiſſent) ita diſtrahebantur, ut ſi neceſſitas ipſa pariendi ingrueret, in ipſo itinere, in propatulo fœtum mòx ederent, nec verecundos poſſent partus dolores obtegere, vel hos urgentes ſignificare : unde vel editi plerumque infantes canibus diſcerpendi, vel avibus in ſolitudine relinquerentur, perindè idcircò eſſent in lucem producti, & fru-

E ſtrà quòd nati fuerant hi deguſtaſſent.

Rem ſanè calamitoſam, ut eò tandem res Romanorum redactæ jàm eſſent, ut vel in circumſectis regiæ urbi locis à barbaris etſi perpaucis quidem mala hæc inferrentur. Quibus tamen non eatenùs audacia finiebatur ; ſed urbem verſùs progrediendo ad longos (quos nuncupant) muros ſe facilè contulerunt, & præſidiis quæ infra hos eſſent, appropinquabant : jàm verò præ vetuſtate & negligentia majoris caſtelli diſſolutum ceciderat ædificium. Tùm barbari ipſi vel ſtantes in partem aliquam muros haud

VII. Ingens & miſeranda ſtrages.

VIII. Deploratus rerum ſtatus.

haud fecus ac fua intrepidè difturbabant : nec aliquid erat quod hos coerceret, cum nullum ibidem effet militare prefidium collocatum, nec ulla ad defenfionem tormenta, nec demùm (fi forte affuiffent) quî ea tractare fatis callerent ; nec canum latratus audiebatur, nec hominum fremitus : & fi non id dictu ridiculum fit, tamquam porcorum in clauftris Romani exercitus interclufi manebant, tametfi vel eo numero effent, quo tùnc primùm & veterum Imperatorum tempore recenfebantur, & non in minimam partem redacti, haudquaquàm fint tamen Imperii magnitudini fuffecturi.] Enarratis denique, quàm florentiffimi olim effe folerent atque copiofiffimi qui ubiquè terrarum nutriebantur exercitus, fugillataque ignavia Juftiniani jàm in fenectute non ferro, fed auro barbaros avertere confueti, talia deplorans tempora, ifta fubdit :

IX. Prodigiofa Juftiniani mutatio.

In fcorta, aurigafque & homines ejufmodi effoeminatos ac deliciis deditos, civilefque in feditiones tantùm intentos & corporum curam, contentiofos, furentes, audaces, & alia demùm minoris longè momenti militare ftipendium infumebatur. Quo factum eft, ut non folùm Thracia, fed vel proxima regiæ urbi loca deferta jàm adeò effent & fine ullis cuftodiis derelicta, ut barbaris pervia fierent ; & ad incurfiones nimiùm opportuna : nàm illi eò evaferant infolentiæ, ut vel ad Melantidem vicum caftra pofuerint, qui à Byzantio ne centum quidem & quadraginta ftadiis abeft : quem vicum Atyras circumfluit amnis, qui fermè exiguo progrediens fpatio, in Auftrum ventum fenfim declinans, in Propontidem fluxum eructat, ad cujus ripam ipfo in exitu promontorium habet porrectius, cujus appellationem & flumen id retulit. Hoftibus itaque tàm proximè urbem ftationem habentibus, civium multitudo & timere primùm & pavore percelli, & imminentia mala non folùm qualia effent, fed longè majora animo agitare, fomniareque obfidionem, incendia, futurarum neceffariorum carentium, moeniumque diruptiones.

X.

Cunctæ tabellæ plena.

Itaque in civitatem, in publicas vias fugæ fubitò multitudinis factæ, impulfionefque mutuæ & pavores, & quidem pertrepidi ita & temerarii, perindè jàm barbari in fe impetum fecerint. In forumque ex portam violento impulfu crepitus ingens jàm edebatur ; atque adeò ut non modò plebejos obfcuræ fortis homines timor invaderet, fed magiftratus omnes ; & Imperator haud parvi quæ acciderat faceret. Dehoneftabantur itaque Imperatoris ipfius permiffu facra omnia templa extrà urbem locata, Europæque è regione, littorique adiacentia loca, quæ ubique è Blanchernis (id loco nomen) initium fumunt, in pontem ufque Euxinum porrecta funt, & in Bofphorum definunt. Ex his itaque locis quæ pretiofiora effent oblationum cum cevero apparatu his neceffario, partim plauftris deferentes intra urbem depofuerunt ;

partim invecta navigiis, & intermedio trajecta freto in adverfum littus in continentem mòx devehunt. Videres tùnc facras nudatas ædes fuo fplendore, fic & ornatu privatas, perindè ac numquàm anteà dicatas, nec religionis quicquam ut fanctitatis fortitas, fed ut nuper fundatas. Adeò autem terribilia erant & ingentia illa difcrimina, tantoperè, ut occurfura omninò animis ipfis concepta, ut vel in Syces moenia, Chifeamque portam primores quidam Præfectique, & armatorum vis magna infederint hoftes oppugnantium, fi fe forte invaderent.] Iftiufmodi fuit miferandus civitatis ftatus : ex quo quifque reliqua quæ extrà urbem, & in aliis tùm Thraciæ tùm Græciæ civitatibus, in quas iidem Hunni graffati funt, ab iifdem fint crudeliter acta, poterit intelligere. Subdit verò Agathias :

XI. Belifarius armatur adverfus Hunnos,

Dùm intereà civitas omnis tumultuando maximum in modum perturbaretur, & barbari haudquaquàm proxima quæque depopulari intermififfent ; Belifarius clariffimus olim Præfectus etfi præ fenectute in curvitatem jàm declinaffet, mittitur tamen per Imperatorem in hoftes, eo armorum habitu circumactus, quibus à pueritia jàm infueverat : unde & rerum per fe quondàm geftarum recordatio fuccurrebat, & ipfe quidem de fe mira animi promptitudine juvenis munera exequebatur : id namque illi ultimum in vita certamen fuit, nec tamen ex eo minorem retulit gloriam quàm ex Vvandalis olim Gothifque devictis ; fiquidem malorum præteritorum & futurorum jàm defperatio, ut conatus hofce majores fore, fuperbiorefque arguebant, ita & victoriam perjucundam.] Quomodò verò idem Belifarius non fine labore atque periculo ejufmodi tandem ab urbe propulfaverit infeftos barbaros, idem Agathias pluribus narrat : ut demùm quonam pacto reliquos Hunnos per Thraciam Græciamque graffantes, non armis fed auro penfo annuoque pollicito, ut ad propria redirent, tributo perfuafit, atque alios Hunnos, quibus anteà idem Imperator tributum pendebat, aftuto confilio in hos concitaverit ; idem auctor fufius profequitur : fed hæc nobis fatis ad inftitutum.

XII.

a Evagr. lib. 4. c. 31. Juftiniani ftultitia dùm factiofis favet.

Quàm autem jufta querela fuerit Agathiæ ifta tempora deplorantis, cum thefauris Romani imperii non copiofiffimi ut olim exercitus nutrirentur, fed iidem in aurigas & alios hujufmodi vanos homines impenderentur ; audi fuorum quoque temporum nobilem hiftoriarum fcriptorem Evagrium, cum hæc tradit (a) : De alio item Juftiniani facto mihi dicendum eft : quod quidem five ex naturæ vitio, five ex formidine & timore ortum fit, non habeo dicere ; ejus tamen generis fuit, ut omnem belluinam immanitatem longè fuperaret. Duxit autem initium ab ea feditione populari, quam Nica, hoc eft, Vince, vocant. Placuit Juftiniano ita vehementer in alteram factionem eorum qui Prafini dicuntur animo propendere, ut impunè poffent ipfo.

ipfo meridie in civitate adverſarios trucida-
re , & non modò non pœnas metuerent , ve-
rûm etiam dignarentur honoribus : adeò
ut inde multi homicidæ exſiſterent . Licebat
enim illis , in ædes alienas irrumpere , the-
ſauros diripere in illis reconditos , hominibus ſuam ipſorum ſalutem ac vitam dividere . Et ſi qui magiſtratus illos cohibere
moliretur , ſuo ipſius capiti creavit periculum .

XIII.   Undè certè vir quidam qui geſſit in O-
riente magiſtratum , quoniam nonnullos
eorum qui rebus novis ſtudebant , nervis
coercere voluit , quò modeſtiores efficerentur ; per mediam urbem circumductus fuit ,
nervis graviter cæſus . Callynicus porrò
Præfectus Cilicke , cum duo Cilices Paulus & Fauſtinus , homicida uterque , in
eum impetum facerent , occidereque in animo haberent ; quoniam pœna ex legibus
conſtituta eos mulctavit ; in crucem actus
eſt , hocque ſupplicio pro recta conſcientia
& legum obſervatione affectus . Inde factum
eſt , ut qui alterius erant factionis , cum
domiciliis ſuis fugiſſent , & à nemine uſ-
quam exciperentur hoſpitio , ſed velut ſcelera ubique exagitarentur , tendere inſidias
viatoribus , compilare , cædes facere cœperint , uſque eò , uti omnia loca nece immatura , direptione , & reliquis id genus
maleficiis redundarent . Interdùm animo
in contrariam ſententiam mutato , ejus generis homines interfecit , legumque permiſit poteſtati etiam eos quos antè paſſus
fuiſſet more barbarorum in civitatibus impia ſcelera conſciſcere . Sed ad iſta ſingilla-
tim proſequenda mihi nec tempus ſuppetit ,
nec facultas dicendi . Atque ea quæ diximus , ſatis eſſe poterunt ad conjecturam de
reliquis ejus facinoribus faciendam .] Hucuſque Evagrius de magno legiſlatore , verumtamen maximo re vera juriam procul-
catore . At à quibuſnam abſtinuiſſe injuſtis
actibus potuit , qui nec veritus eſt in ipſum Romanum Pontificem manum injicere?
Ita miſer à priſtino illo vitæ inſtituto de-
ſcivit , dùm ſe ſuprà ſe contrà Dei ſacro-
ſanctos ſacerdotes erexit . Sed hæc ſatis ſ ad
res jam Occidentales .

XIV.   Hoc eodem anno quem diximus adnota-
tum poſt Conſulatum Baſilii decimumſepti-
mum , magnus ille Eccleſiæ Narnienſis Antiſtes S. Caſſius ex hac vita feliciter tranſiit .
Teſtantur id ejuſdem Eccleſiæ vetera monumenta , nempè his verbis ad ejus ſepulchrum inſcriptio exarata , haud tamen ex-
culta minerva : inter tot enim tantaque bella quibus eſt Italia devaſtata , bonarum litterarum campum ſpineta repleverunt :
Caſſius immerito Præſul de munere Chriſti ,
Quem fato anticipas conſors dulciſſima vitæ .
Tu , rogo , quiſquis ades , prece nos memorare benigna .
Hic ſua reſtituo terræ mihi credita membra .
Ante meum in pace requieſcit Fauſta ſepulchrum
Cuncta receptururum ſe noſce congrua facłis .

A   DD. ANN. XXI. M. IX. D. X.
RE. IN PACE. PR. KAL. IVL.
P. C. BASILII ANN. XVII.]
Vides ſanctiſſimum virum et conjugio (ut
aliis etiam pleriſque viris ſanctiſſimis contigit) vocatum ad Epiſcopatum , egregia
claruiſſe ſanctitate : cujus præclaram memoriam annis ſingulis in Eccleſia celebrandam Eccleſiaſticæ tabulæ reddunt die ipſius
natali , qui ita deſcribitur à ſancto Grego-
rio Papa (a) :   a Gregor.
dialog. lib.   4. c. 56.
XV.

Vir vitæ venerabilis , Caſſius Narnienſis
Epiſcopus , qui quotidianum offerre conſueverat Deo ſacrificium , ſeque in lacrymis in-
B   ter ipſa ſacrificiorum arcana mactabat , mandatum Domini per cujuſdam ſui viſionem
presbyteri ſuſcepit ; dicens , Age quod a-
gis : operare quod operaris ; non ceſſet pes
tuus , non ceſſet manus tua ; natali Apoſtolorum venies ad me , & retribuam tibi
mercedem tuam . Qui poſt annos ſeptem ,
ipſo natalitio Apoſtolorum die , cum Miſſarum ſolemnia peregiſſet , & myſteria ſacræ
communionis accepiſſet , è corpore exilivit .] Hactenùs de Caſſio tranſitu ſancti
Gregorius .

Hoc eodem anno magnus ille Joannes   XVI.
cognomento Silentiarius ex Epiſcopo anachoreta , de quo complura ſuperiori tomo
dicta ſunt , ex hac vita migraſſe reperitur
C   annos natus centum quatuor , ut liquet aſſertione Cyrilli ejus diſcipuli , quem Euthymii & aliorum illuſtrium monachorum
res geſtas ſcriptis mandaſſe diximus : licet
agones ejus adverſus hæreticos , præſertim
verò Origeniſtas , ab aliis conſcribendos
fuiſſe teſtetur : quamobrem ipſe de Sancto
præclariora prætermiſiſſe videri poteſt .
Sed audi ipſum ita perorantem : Hæc quidem pauca ex multis ſelecta mandavi litteris , mittens narrare ejus de fide certamina , quæ ſuſcepit adverſus Origenis , &
D   Theodori Mopſveſtiæ dogmata , & eorum
qui ea defendebant , & perſecutiones quas
congruenter Evangelio pro decretis ſuſtinuit Apoſtolicis . Sed quæ ab eo in his
geſta ſunt , relinquo narranda aliis . Scio
enim fore , ut multi (ſicuti eſt conſentaneum) poſt ejus deceſſum ſtudeant ſcribere ejus certamina & perſecutiones & pericula quæ ſuſtinuit pro fide Orthodoxa , vi-
ctoriaſque & res ab eo glorioſè geſtas ,
&c.] Sed his careamus magno detrimento
ejus temporis hiſtoricæ veritatis . Quod ad
rationem temporis ejus obitus pertinet , ſatis id liquet , ut quem natum idem Cy-
E   rillus tradit anno quarto Imperii Marciani Aug. qui eſt annus Domini quadrin-
genteſimus quinquageſimuſquartus , & vixiſſe ſcribit annos centum & quatuor ; eum
hoc anno defunctum opus ſit affirmare :
quem inter Sanctos in tabulas Eccleſiaſticas relatum , tùm Orientalis , tùm Occidentalis Eccleſia anniverſaria memoria colit . Hic verò rerum geſtarum anni hujus
finis eſto .

JESU

452

JESU CHRISTI   PELAGII PAP.   JUSTINIANI IMP.
ANNUS   ANNUS   ANNUS
559.   5.   33.

I.
Pelagii
Papae obi-
tus.

Quingentesimus undesexagesimus Christi annus, idem Justiniani Aug. trigesimustertius, & post Basilii Consulatum decimus octavus annus inscribitur :
quo Pelagius Papa, ubi sedisset annos quatuor, menses decem, diesque decem & octo,
ex hac vita migravit secunda Martii : ita ex
Anastasii commentario, qui scriptus habetur in Vaticana bibliotheca, ex quo ista ex-
scripsimus, quibus erroris redarguuntur, qui
eumdem vixisse annos undecim, & aliquot
menses ac dies ponunt, quive anno sequenti eumdem mortuum tradunt. Sed quae de
ipso sparsim scripta reperimur, nec certo
quo facta sint anno describi possunt, his
veluti appendicem apponemus. De eodem
enim Pelagio haec Hadrianus Papa in epistola ad Carolum Magnum de imaginibus :
Multo amplius verò ejus sanctissimi successores domnus Pelagius, & domnus Joannes
mire magnitudinis ecclesiam Apostolorum
à sedo aedificantes, historias diversas tàm
in musivo, quàm in varia coloribus cum
sacris pingentes imaginibus, & nimis atque
hactenus à nobis veneratur.] Haec Hadrianus. Porrò de eadem basilica à Pelagio coepta, à Joanne verò successore perfe-
ctâ, idem qui supra Anastasius meminit in
Joanne, eamque titulo Philippi atque Jacobi sanctorum Apostolorum consecratam
affirmat. Ex antiquis Vaticanae basilicae
monumentis à Manlio collectis, de absoluta à Joanne Papa basilica à Pelagio coe-
pta, habet versum hunc :
Pelagius coepit, complevit Papa Joannes.]
Recitatur ab eodem & epitaphium Pelagii
Papae inscriptum his versibus :
Teruent corpus claudunt haec forte sepulchra
Nil sancti meritis derogatura viro :
Vivit in arce poli caelesti luce beatus,
Vivit & hic cunctis per pia facta docis :
Surgere judicio certus, dextramque sequente
Angelica partem se rapiente manu :
Virtutum numerat titulos Ecclesia Dei
Quos ventura ut † saecula ferre queant :
Rector Apostolica Fidei, veneranda erexit
Dogmata, quae clare constituere Patres :
Eloquio curans erroris schismate lapsos,
Ut veram sanctam corda placata Fidem :
Sacravit multos divina lege ministros,
Nil pretio faciens immaculata manus :
Captivos, redimens, & miseris succurrere
promptus.
Pauperibus numquam parca negare sibi.
Tristia participans laetus underetur opimus :
Alterius gemitus credidit esse suos.
Hic requiescit Pelagius Papa, qui sedit
annos quatuor, menses decem, dies decem
& octo. Deposit. IV. Non. Martii.] Hac-
tenus ibi.

II.

Quod verò spectat ad Ecclesiam Apostol-
lorum, his opportunè subjiciendum duxi-

tur antiquum bullae exemplar è manuscri-
ptis Vaticanis excerptum ejusdem Joannis
III. cui ejusmodi inscriptio praeposita legitur, his verbis :

Exemplum Bullae Papae Joannis Tertii ;
ubi dicit basilicam duodecim Apostolorum
initiatam per Pelagium praedecessorem suum,
& morte praeventu non absolutam consummasse, Titulumque Cardinalem eam constituisse ; & assignavit eidem basilicae paro-
chiae fines, & eam diversis donariis donat
de suo Vestiario.
Joannes Episcopus servus servorum Dei,
dilectis filiis Cardinalibus & clericis Ecclesiae Apostolorum perpetuò in Christi servitio
manentibus.] Ex his vides in urbe tunc plures fuisse aliquando Cardinales presbyteros.
Quoniam primitivam Ecclesiam post incarnationem Christi duodecim Apostoli
praedicatione illustraverunt, & operibus
stabiliverunt sicut in actibus eorumdem legitur, quibus erat cor unum, & in eisdem
erant illis varia communia ; ac pro Christi Fide legitimè decertantes gloriosè coro-
nati sunt : placuit mihi Joanni Urbis Romae humillimo Pontifici Ecclesiam duodecim Apostolorum * confirmare ; quam Pelagius Papa bonae memoriae praedecessor
meus ante palatium Constantii initiaverat,
sed morte praeventus inchoatam reliquit.
Deinde Patris nostri incepta captantes,
quod ipse dimisit, divina gratia opitulante,
* vel perfectum usque finem adduximus : †
hunc etiam & in Natali Apostolorum Philippi & Jacobi, quod est in Kalendis Maii
ad honorem omnium Apostolorum decem-
ter dedicatam Titulum Cardinalem illam
constituimus, necnon & parochiam sicut
ceteri Tituli Urbis habent de aliis, & de
aliis colligentes, sic tanta & tàm honorabili basilicae ratam & inconcussam delibera-
mus. Non enim laudaremur, si solùm in
aedificiis extollendis laboravissemus, &
alias dignitates Ecclesiasticas ei non pro-
videremus.
Idcirco praesente & consentiente fratrum
nostrorum caetu, novae basilicae concessam
& attributam parochiam determinamus,
ita sanè ut omnes capellae constituae vel
constituendae & populus qui infra terminos istos comprehenduntur, Apostolicae
basilicae de parochiali jure deinceps po-
nitius respondeant ; videlicet : A via ubi
est calix marmoreus, & lapis marmoreus
cum gradibus excavatus, cum omnibus domibus ante se ; & inde itur juxta Ecclesiam sancti Marcelli, & declinatus ad laevam, ante Ecclesiam sanctae Mariae quae est
in Via lata, & inde recto itinere produci-
tur per viam quae est sub monte Tarpejo usquè ad arcum Clagentariorum ; & inde itur
in viam ad laevam per viam secus hortum

III.

* consum-
mare

* ad

IV.

qui

qui dicitur Mirabilis, atque per Scalam A
mortuorum fit afcenfus per cavam montis
ufque ante Caballos marmoreos recta via,
ac indè vertitur ante arcum Pacis ; deindè
ad dextram extenditur juxtà latus montis
fuper Catricam, & exindè derivatur per Calicem montis ufque ad hortum Veneris ; &
deindè itur in viam Salariam, & exitur in
Pincianam, deindè defcenditur per Silicem,
& fit tranfitus fuper formam Virginum juxtà Monumentum ; & deindè convertitur citrà eamdem formam continuò ufque iftic
ubi dicitur, Capella ejufdem formæ, & exindè recolligitur per viculum Capricalium
cum infula & cafu ex utroque latere viæ ad B
præfatum Calicem marmoreum, lapidem
in gradibus excavatum.

V.
Infuper ex facro noftro Veftiario hæc donaria contulimus, videlicèt Crucem unam
auream penfantem libras fex, calicem unum
aureum penfantem libras duas, calices duos
argenteos penfantes libras quatuor, veftes
quoque fericias cum gemmis albis & auro
contextas quatuor ; libris etiam multis ac
variis eam adornare curavimus. Iis Ecclefiæ Apoftolorum noftris manibus conditæ C
& dedicatæ parochialibus terminis ftatutis,
ac donariis impartitis, ex parte Dei omnipotentis & beatæ Mariæ & auctoritate Apoftolorum Petri & Pauli & omnium Apoftolorum benedictionem noftram, & fuorum peccatorum remiffionem capituli hujus
ac privilegii obfervatoribus & coadjutori-
bus condonamus. Contradicentibus autem
& prævaricatoribus, eadem auctoritate,
ufque ad fatisfactionem Dathan, Core, &
Abiron Moyfi fuperbientium & contradicentium maledictionem & damnationem intendimus & confirmamus. Ipfi gloria, laus,
poteftas, imperium, qui vivit & regnat
per infinita fæcula fæculorum. Amen. Re-
pè valete.
Dat. temporibus domini Joannis Tertii D
Papæ per manus Petri Epifcopi Cancella-
rii fanctæ Sedis Apoftolicæ, menfe Majo,
die tertia.
Ego Cirinus in Dei nomine Secretarius
fanctæ Romanæ Ecclefiæ ficut inveni in
charticinio privilegio Tituli Apoftolorum, fideliter in hac membrana exem-
plificavi.

VI.
De Pelagii Papæ fcri-
ptis.
Quod verò ad ejufdem Pelagii Papæ
fcripta pertinet, præter epiftolas quas fuperiùs fuis locis pofuimus, extat ejufdem
nomine epiftola nonnihil prolixa ad Vigilium quemdam Epifcopum fcripta : fed
dùm ad finem ejus data ponitur fub Con- E
fulatu Narfetis atque Joannis, impofturæ
fufpicionem auget. Etenim cum vetera
quæque monumenta fignata ubique repe-
riantur poft Bafilii Confulatum toties repetitum ; planè fignificatur, nullum aliquam
intereà Confulem effe creatum. Et ne de
a Caffiod. de his dubites, habes Caffiodorum (a) nu-
exempt. Pa- merantem annos poft Confulatum ejufdem
fchal. Bafilii viciès femel repetitum. Quòd fi
Narfetis, vel aliorum poft Bafilii Confulatum fuiffet, Confulatus Faftis interpofitus ; certè non ab illo ultimo. Confulatu
Annal. Eccl. Tom. VII.

Bafilii tot anni poft ejus Confulatum reperirentur infcripti, fed poft Confulatum
Narfetis atque Joannis. Sic igitur ex his
reliqua etiam epiftolæ poft Confulatum
Bafilii datæ, fed aliorum à Moderatore Confulum nota fuppofita, impofturæ fufpectæ
redduntur.
Rurfum verò quod ad Pelagii Papæ fcri-   **VII.**
pta atque res geftas fpectat, audi quæ Pa-   b *Papyr.*
pyrius (b) vir planè difertus in France-   *Annal.*
rum Annalibus dicat, dùm agit de Childe-   *Franc. l. 1.*
berto Rege : Childebertus Ruffinum in Ita-   Legatio
liam ad Pelagium Romanum Pontificem   Childeber-
miferat, rogatum ut Catholicè Leonis no-   ti ad Pela-
mum adverfus Eutychetem fequeretur, Pe-   gium Pap.
lagius refpondit, librum illum Ecclefiæ
probari ; ipfeque, ut Rex poftularat, novam fidei formulam fcripfit. Extat epiftola Pelagii ad Childebertum. Hæc ipfa.
Porrò cum fcribendi fidei profeffionis libellum five epiftolam Pelagio occafio oborta illa fuiffe videtur, quòd cum contra
Tria capitula pro Quinta Synodo (ut vidimus) fententiam fequeretur, in fufpicionem læfæ pietatis, offenfæque Catholicæ fidei haud mediocrem adductus effet ;
cum præfertim defenfores Trium capitulorum illud undique vulgaffent, ac pariter
exclamaffent, omnes qui agerent contra
Tria illa capitula, impugnare Chalcedonenfe Concilium ; qua quidem calumnia
ut dubitantium animos liberaret, eam ad
Childebertum de fide Catholica Pelagius
epiftolam dedit : quod & præftitiffe S. Gregorium ad Theodolindam Reginam eamdem ob caufam oportuit.
Sed & ex dictis illud obferva : cùm in du-   **VIII.**
bium venit Romani Pontificis fides Catholica, non aliundè ejus peti confuevife examinationem atque difcuffionem, quam à
fide tradita à prædeceffioribus ; quibus, fi
confentiat, nihil fit quòd poffit eum etero-
ris arguere, fecùs fi contra. Sic igitur
Childebertus Rex de fide Pelagii fubdubi-
tans, ad S. Leonis Papæ epiftolam de rectæ fide ad Flavianum confcriptam provocavit : cui fe in omnibus cum Catholica
Ecclefia confentire cum profeffus fit fcripta
Pelagius, promptè prorsùs conceptam de fe
fufpicionem amovit.
Hæc autem ad finem rerum geftarum   **IX.**
Pelagii Papæ oportuit collocaffe, cum nobis effet penitùs incompertum, quoto ejus
Pontificatus anno contigerint. Sed accidit, ut cufa jàm tomo (ut fæpè fuperiùs
dictum eft) cum allatæ ad nos effent ab Ecclefia Arelatenfi complures diverforum Romanorum Pontificum ad diverfos Epifcopos Arelatenfes datæ epiftolæ, inter alias
reperiremus eas de fide Catholica ad Childebertum Regem litteras fcriptas, quæ &
ipfæ cum die carerent & Confulatu, quandò tamen datæ fuerint, ex alia epiftola
tùnc ab eodem Pontifice ad Sapaudum,
five Sabaudium Arelatenfem Epifcopum
fcripta poffumus intelligere, quæ data legitur anno quingentefimo poft Confulatum
Bafilii : eft is annus Domini quingentefimus quinquagefimufeptimus, Pelagii vé-
rò Pon-

Q q

-rò Pontificatus annus tertius . Epistola autem ad Sabaudium, sic se habet :

Dilectissimo fratri Sapaudo, Pelagius .

X.
Pelagius
Papa ad
Sabaudium
Arelatens.
Episc.

Tanta nobis est circa personam tuæ fraternitatis affectio, ut nullas occasiones transire scientiæ patiamur . Denique vememendum lùc Petro urbis negotiatore , præsentia curavimus ad fraternitatem tuam scripta dirigere , desiderantes ut de incolumitate quoque vicissim datis opportunitatibus agnoscamus . Atque ideò salutantes fraterno charitatis amore , indicamus , propitiante Domino , circa nosonnia prosperè geri . Et hortamur , ut si epistola , quam per diaconium atque subdiaconum fraternitatis tuæad excellentissimum filium nostrum Childebertum Regem direximus , in qua de inffitatis beatissimorum Patrum nostrorum fidem Catholicam nostro per Dei gratiam sermone deprompsimus , tam ipsi gloriosissimo Regi , quàm charitati tuæ , vel aliis fratribus & Coepiscopis nostris placuit , rescripto tuæ charitatis celerius agnoscamus .

XI.

Præterea commendamus specialiter dilectioni tuæ Romanos, qui illùc hostilitatis metu confugerunt , ut solatium fraternitatis tuæ & continentiam , qualem peregrinatio eorum poscit , inveniant , quoò etiam filio nostro magnificentissimo viro Patricio Placido genitori tuo ex nostra persona volumus commendari, ut in sua continentia recognoscant , quantùm apud charitatem tuam eis commendatio nostra profuerit .

XII.

Sed & illud ad commemorationem tuæ fraternitatis adducimus , ut (sicut jampridem scripsimus) vestes quæ pauperibus erogentur , id est , cuculias & tunicas atque sagas de eo quod pro pensione Ecclesiarcum possessionum nobis dominus filius abster Placidus directurus erat , comparari facitis , & ad Portum Romanum , Deo propitiante , dirigete , quatenùs solicitudinem nostram ex parte aliqua relevetis : quia tanta egestas & nuditas in civitate ista est , ut sine dolore & angustia cordis nostri homines , quos honesto loco natos didoneos veramus , non possimus aspicere . Deus te incolumem custodiat , frater charissime . Data Idibus April. anno XVI. P. C. Basilii .] Epistola autem ad ipsum Francorum Regem Childebertum data , in eodem codice posita sequitur istis verbis :

Domino filio gloriosissimo atque præcellentissimo Childeberto Regi Pelagius Episcopus.

XIII.
a Matt. 18.

Humani generis Salvator ac Dominus discipulos suos docens , ait (a) : Non est voluntas Patris vestri qui in cœlis est , ut unus saltem pereat de pusillis: de quibus nec scandalizari quemquam sine magni asserit comparatione supplicii . Cum igitur etiam de pusillis ista forma præcepti sit , quanto nobis studio ac labore satagendum est , ut pro auferendo suspicionis scandalo obsequium confessionis nostræ Regibus ministremus , quibus nos etiam subditos esse sanctæ Scripturæ præcipiunt ? Veniens etenim Russinus vir magnificus legatus excellentiæ vestræ confidenter à nobis (ut decuit) postu-

litie , quatenùs vobis aut beatæ recordationis Papæ Leonis tomum à nobis per omnia conservari significare debuissemus , aut propriis verbis nostræ confessionem fidei destinare . Et primam quidem petitionis ejus partem, quia facilior fuit , mox ut dixit , implevimus ; meque in omnibus prædicti Præsulis tomum pro Catholicæ fidei affectione conscriptum , Deo propitio , custodire , manus nostræ ad vos professione signavimus. Ut autem deinceps nullius (quod absit) suspicionis resideret occasio , etiam illam aliam partem , quam memoratus vir illustris Russinus admonuit , facere maturavi , scilicet propriis verbis confessionem fidei, quam tenuimus , exponens . Definitiones quoque ab eadem Catholica fide, quæ in quatuor sanctis Conciliis statutæ sunt , sed & memorati Pontificis , quas universalis semper tenuit ac tenet Ecclesia , nos sancto Dei auxilio tenere atque defendere præsens ad excellentiam vestram colloquio intimandum necessariò judicavi .

Fides Papæ Pelagii .

XIV.

Credo igitur in unum Dominum Patrem & Filium & Spiritum sanctum , Patrem scilicet omnipotentem , sempiternum , ingenitum : Filium verò ex ejusdem Patris substantia vel natura genitum ante omne omninò vel temporis , vel cujusquam initium : de omnipotente omnipotentem , æqualem , consempiternum , atque consubstantialem . Spiritum quoque sanctum omnipotentem utrique Patri scilicet ac Filio æqualem , consempiternum , atque consubstantialem, qui ex Patre intemporaliter procedens Patris est Filii quoque Spiritus . Hoc est , tres personas , sive tres subsistentias unius essentiæ , sive naturæ , unius virtutis , unius operationis , unius beatitudinis , atque unius potestatis , ut trina sit unitas , & una sit trinitas juxta vocis Dominicæ veritatem, dicentis (b) : Ite , docete omnes gentes , **b Matt.28.** baptizantes eos in nomine Patris & Filii & Spiritus sancti . In nomine , inquit , non nominibus , ut & unum Dominum per indistinctum divinæ essentiæ nomen ostenderet, & personarum discretionem suis demonstratam proprietatibus edoceret : quia dum tribus unum Deitatis nomen est , æqualitas ostenditur personarum . Et rursùs æqualitas personarum nihil extraneum , nihil accedens in eis permittit intelligi : ita ut & unusquisque eorum verus perfectusque sit Deus , videlicet ex plenitudine divinitatis nihil minus in singulis , nihil amplius intelligatur in tribus .

XV.

Ex hac autem sancta & beatissima atque consubstantiali Trinitate credo atque confiteor unam personam , id est , Filium Dei pro salute humani generis novissimis temporibus descendisse de cœlo , nec patriam sedem , nec mundi gubernacula relinquentem : & superveniente in beata Virgine Maria sancto Spiritu , atque obumbrante ei virtute Altissimi , eumdem Verbum ac Filium Dei in utero ejusdem sanctæ Virginis Mariæ clementer ingressum , & de carne ejus sibi unisse carnem anima rationali & intel-

,tollectuali animatam:Nec antè creatam esse
carnem , & posteà supervenisse Filium Dei ;
a Proverb. sed sicut scriptum est (*a*) , Sapientia ædifi-
9. cante sibi domum , mòx carnem in utero
Virginis , mòx Verbi Dei carnem factam,
exindèque sine ulla permutatione atque
conversione Verbi carnisque naturæ Verbum ac Filium Dei factum hominem; Unum
in utraque natura , divina scilicet & humana, Christum Jesum Dominum verum eumdemque verum hominem processisse, id est,
natum esse,servata integritate maternæ vir-
ginitatis:quia sic eum virgo permanens genuit, quemadmodùm virgo concepit . Propter quod eamdem beatam Virginem Mariam Dei genitricem verissimè confitemur,
peperit enim incarnatum Dei Verbum.

XVI. Est ergò unus atque idem Jesus Christus
verus Filius Dei , & idem ipse verus Filius
hominis , perfectus in Deitate , & idem
ipse perfectus in humanitate , utpotè totus
in suis, & idem ipse totus in nostris : sic per
misericordiam nativitatem sumens ex homine matre , quod non erat , et non desi-
steret esse quod per primam qua ex Patre
natus est erat. Propter quod eum ex duabus & in duabus manentibus, indivisis , in-
confusisque credimus esse naturis : indivisis
quidem , quia & post assumptionem naturæ
nostræ unus Christus Filius Dei permansit;
inconfusis autem , quia sic in unam personam atque subsistentiam adunatas credimus
esse naturas , ut utriusque proprietate servata , neutra converteretur in alteram . Ac
propttereà (sicut sæpè diximus) unum eumdemque Christum esse verum Filium Dei,&
eumdem ipsum verum Filium hominis confitemur , consubstantialem Patri secundùm
Deitatem , consubstantialem nobis eumdem secundùm humanitatem , per omnia,
nobis similem absque peccato: passibilem
carne , eumdem ipsum impassibilem Deitate . Quem sub Pontio Pilato spontè pro
salute nostra passum esse carne confitemur,
crucifixum carne , mortuum carne , resurrexisse tertia die glorificata & incorruptibili eadem carne , & conversatum post resurrectionem cum discipulis suis, ac multimodis evidenter eis ostendisse sui corporis veritatem : & quadragesimo die , videntibus
eisdem discipulis , ascendisse in cœlos , sedere etiam ad dexteram Patris . Quem credo & confiteor secundùm testificationem
b. **Act.** *1.* Angelorum (*b*) , sicut ascendit in cœlos,
ita venturum judicare vivos & mortuos.
Omnes enim homines ab Adam usque ad
consummationem sæculi natos & mortuos,cũ
ipso Adam ejusque uxore , qui non ex aliis
parentibus nati sunt , sed alter de terra,
altera autem de costa viri creati sunt , tùnc
resurrecturos esse confiteor, & astare ante tribunal Christi , ut recipiat unusquisque propria corporis , prout gessit , sive
bona , sive mala ; & justos quidem per
largissimam gratiam Dei , utpotè vasa misericordiæ in gloriam præparata , æternæ vitæ præmiis donaturum , in societate videlicet Angelorum absque ullo jàm
lapsus sui metu sine fine victuros . Iniquos
Annal. Eccl. Tom. VII.

A autem arbitrio voluntatis propriæ vasa ir-
æ apta in interitum permanentes , qui viam
† Domini aut non agnoverint , aut cognitam
diversis capti prævaricationibus reliquerunt , in pœnis æterni atque inextinguibi-
lis ignis , ut sine fine ardeant , justissimo
judicio traditurum .

Hæc est igitur fides mea & spes , quæ in XVII.
me dono misericordiæ.Dei est,pro qua maximè paratos esse debere beatus Petrus Apostolus (*c*) præcipit ad respondendum om- *c* 1.*Petr.3.*
ni poscenti nos rationem . Nunc convenit
excellentiam vestram pro fervore ejusdem,
fidei , quam vos in corde habere gaudemus,
B peculiarem curam per universas Galliæ vestræ regiones impendere , ne illic scandala
seminantes (sicut in partibus istis facere
conabantur) frontis suæ procacitate impellente discurrant , & aliquos fratres & Coepiscopos nostros vel creditas eis plebes ad
dissensiones exagitent . Quia dùm rectæ fidei non sine dolore oppressionis suæ , ut se
ad nutrienda scandala Catholicis familiares efficiant , atque rectam fidem se simulant vindicare , maximè apud eos qui fraudes ipsorum & dolos ignorant . Sed Deus,
qui gloriam vestram contra inimicos pacis
Ecclesiasticæ misericordiæ, hoc tempore
C præparavit , præstet vos ita solicitos & cir-
cumspectos existere , ut non prævaleant intrà sata sanctæ Ecclesiæ in illis partibus lo-
liorum suorum semina maligna jactare.Per-
incolumem excellentiam vestram Deus noster custodiat , domine fili gloriosissime atque excellentissime .] Hucusquè fidei confessio Pelagii Papæ .

Ad postremùm autem hæc, de eo apud XVIII.
Anastasium: Hic fecit ordinationes duas per Joannes Pa-
mensem Decembrem , presbyteros vigin- pæ III.
tisex , diaconos novem , Episcopos per diversa loca quadraginta novem . Qui etiam
D obiit secunda mensis Martii,& cessavit Episcopatus menses tres , & dies vigintiquinque .] Sicque vigesimaseptima mensis Junii
subrogatus est in locum ejus Joannes cognomento Catellinus , ex patre Anastasio viro
illustri.

Quod autem res Galliarum perlustran- XIX.
do occurrit: hic est annus , quo S. Euphro- S.Euphro-
nius Turonensis Episcopus creatus est , vir nius Epi-
qui his temporibus non eam tantùm provin- scopus Tu-
ciam, sed universas planè Gallias illustra- ronensis
vit . Supputatio autem temporis hac ratio- creatur
ne deducitur,quòd scilicet ejusdem Ecclesiæ *d Greg Tu-*
Episcopus Gregorius(*d*)secundùm Sigiberti *ron. lib. 1.*
Francorum Regis annum , eumdem nume- *miracul.S.*
ret septimum sancti Euphronii . Por- *Martin. c.*

De Parisiens. Priori Concilio.

rò Sigeberti regnum inchoatum esse anno Domini quinquagesimo sexagesimoquinto, quæ dicentur inferiùs palàm facient. Quòd igitur hoc anno certum sit testificatione Gregorii Euphronium Turonensem Episcopum sedere cœpisse; affirmare necesse erit, cuncta quæ sub eodem Episcopo facta esse dicuntur, non ante præsentem annum contigisse. Unde & illud ex his infertur, Parisiense Concilium, cui idem sanctus Euphronius præsens fuit, non ante hunc eundem annum celebrari potuisse, licet alii ante biennium referant. Dignus planè memoria conventus ille habetur, in quo Patres inter alia laudabiliter instituta, insurgentes adversùs regios ministros in res Ecclesiarum manus inicientes, quotquot id facere auderent, anathemate feriendos esse sanxerunt. Ex bello civili exorta licentia, illud effecit, ut non in adversantium tantùm bona malus hostes injicerent, sed & à rebus Ecclesiarum minimè abstinerent: atque qui ea ab Episcopis impetrare diffiderent, importuna petitione à Regibus obtinerent; ita cum sacri Regio avaritia grassans, inconcessa tentans, prædia invadebant Ecclesiarum. Sed & ambitio ambiendo, flexuosoque gressu ad honores pervenire despiciens, breviori via seculari juncta potentiæ ad primos Ecclesiarum honores sibi aditum patefecit, cum videlicet pro Episcopatibus adipiscendis ipsos Reges adirent, peterentque ab eis, quod obtinere per leges Ecclesiasticas non licebat.

X X.

Quamobrem adversùs ejusmodi adeò temerè præsumpta, sacrilege tentata, atque probrosè usurpata sanctissimi Galliarum Episcopi insurgentes, non clanculò, vel in angulo, Regum timore, Synodum coegere, sed Parisiis, ubi Rex ipse degere consuevit. Præerat tunc nobili Ecclesiæ Parisiensi S. Germanus recèns creatus Episcopus (ut ex ordine subscribentium patet,) quem æstuantem zelo Ecclesiasticæ disciplinæ auctorem fuisse ejusmodi congregandi Concilii, mihi facilè persuadeo. Res planè agebatur magni momenti, verùm etsi adversùs Reges Ecclesiastica jura sibi usurpantes certamen suscipiendum erat; pluria tamen animo fuit Dei timor, quàm Principum terrorisque sacerdotali vigore, quo scirent cunctos Principes esse subditos sacerdotibus (si modò Christi esse oves, & numerari sub grege ipsius velint, & non procul abiici, & inter hædos haberi maledictionis hæredes) rem tantam aggrediuntur, primoque loco ejusmodi canonem promulgarunt (a):

a Conc. Parif. 1. c. 1. 10. 2. Conc.

XXI.

Itaque placet, ac omnibus nobis convenit observare, ut quia nonnulli memores sui, per quaslibet scripturas pro captu animi de facultatibus suis, Ecclesiis, aliquid contulisse probantur: quod à diversis minùs Deum timentibus eatenus mortifera calliditate tenetur, ut aliorum oblatio illis pertineat ad ruinam; nec intueri corde possunt diem judicii, dùm nimiæ cupiditatis delectantur ardore. Quicumque ergò immemor sui interitus, res Ecclesiæ (ut suprà diximus) delegatas inju-

stè possidens, præsumpserit retinere, & veritate comperta res Dei servis suis distribuaverit reformare; ab omnibus Ecclesiis segregatus, à sancta communione habeatur extraneus, neque aliud mereatur habere remedium, nisi culpam propriam rerum emendatione purgaverit. Indignè enim ad altare Domini properare permittitur, qui res Ecclesiasticas & auferre rapere & injustè possidere, ac in iniqua defensione perdurat. Necatores enim pauperum judicandi sunt, qui eorum taliter alimenta subtraxerint. Sacerdotali tamen debet esse provisio, ut vindicta admonitio manifesta præcedat: ut si res usurpatas injustè quis tenet *, adhibita æquitate restituat. Quòd si neglexerit, cùm necessitas compulerit, postea prædonem sacerdotalis districtio maturata percellat.

tulit

XXII. defensare

Neque quisquam per interregna res Dei defraudare nitatur; quia Dei potentia cunctorum regnorum terminum singulari dominatione concludit: Quòd si præsumpserit, & ipsius offensam & prædictæ damnationis periculum sustinebit. Competitoribus etiam hujusmodi frænum districtionis imponimus, qui facultates Ecclesiæ sub specie largitatis regiæ improba surreptione pervaserint.

XXIII.

Sera namque de his rebus pœnitudine commovemur, cum jam anteactis temporibus contra hujusmodi personas canonum suffulti præsidio se sacerdotes Domini erigere debuissent, ne mansuetudine indulgentiæ ad similia perpetranda improborum audaciæ adhuc quotidiè provocaret: sed nunc tardè, injuriarum mole depressi damnis quoque Dominicis compellentibus, excitamur. Quòd si qui res Dei competit, in aliisque ubi res agitur, maximè solet territoriis commorari, sacerdotem loci illius, ubi habitat, Episcopus ille hujusmodi pravitatis contemptus neglecta persona, litteris mox reddat instructum; tunc Antistes, ipsius fratris anxietate comperta, aut pervasorem admonitione corrigat, aut canonica districtione condemnet, &c.] Quæ nos superiùs alia occasione recitavimus. Et rursum inferiùs (b): Perpetuo anathemate feriatur, qui res Ecclesiæ confiscare, aut contrere, à Rege scilicet postulare, aut pervadere periculosa infestatione præsumpserit.]

b Conc. eod. c. 2.

XXIV.

Sed & ne Clotarii Regis, qui (ut diximus) conjugis suæ defunctæ sororem uxorem duxerat, & aliorum incestuosorum Principum exemplo populus Francus solitos mores suorum dominorum imitari depravaretur; iidem sanctissimi Patres adversùs incestuosa conjugia hæc statuerunt (c): Convenit etiam universis fratribus, ut non solùm præsentium rerum actus, sed & animarum quoque debeant præparare remedia. Nullus ergò illicita conjugia contra præceptum Domini inire præsumat, id est, fratris relictam, nec novercam suam, relictamque patrui, vel sororem uxoris suæ sibi audeat sociare, atque avunculi quoque quæ relicta est; neque nurus suæ vel materteræ

c Eod. Concil. c. 4.

con-

conjugio potiatur: pari etiam conditione à
conjugio amita, privignæ, & filiæ privignæ
conjunctionibus præcipimus abstinere. Hæc
sancta Synodus, malos excrescentes ex malis
Regum exemplis vepres succidens. Sed &
in Reges ipsos præsumentes contra canones,
arrogantesque sibi jus præficiendi Ecclesiis
pastoribus destitutis Episcopos, hæc statuere (a):

a Concil.
Paris.c.8.

XXV.
Adversùs
Reges Ec-
clesiis Epi-
scopos da-
re præsu-
mentes.

Quod in aliquibus rebus consuetudo prisca negligitur, ac decreta canonum violan-
tur: placuit ut juxtà aliquam consuetudinem canonum decreta serventur. Nullus
civibus invitis ordinetur Episcopus, nisi
quem populus & clericorum electio plenissima quæsierit voluntate: non Principis imperio, neque per quamlibet conditionem
contra metropolis voluntatem, vel Episcoporum provincialium ingeratur. Quòd si
per ordinationem regiam honoris istius culmen pervadere aliquis nimia temeritate
præsumpserit; à comprovincialibus loci ipsius Episcopis recipi nullatenùs mereatur.
Quem indebitè ordinatum cognoscunt, si
quis de provincialibus recipere contra interdicta præsumpserit, sit à fratribus omnibus segregatus, & ab ipsorum omnium charitate remotus, &c.] Sanè quidem id à Regibus præsumptum hoc sæculo tùm in Occidente, tùm etiam in Oriente, ea quæ sunt
dicta, & suo loco dicentur, fidem haud dubiam faciunt.

Insuper verò cum iisdem temporibus inter sanctos Episcopos Gallicanos vigeret
Ecclesiastica disciplina, contigit ut pravi
homines à Rege impetrare conarentur, quod
ab Episcopis scirent prohiberi: unde &
fiebat, ut etiam præter bona, favore Regis, quam optarent peterent sibi coniugem.
Cui temeritati Patres obviantes, ista etiam
vetuere, hæc sancientes (b): Nullus res
alienas competere à regia audeat potestate:
Nullus viduam, neque filiam alterius extrà
voluntatem parentum aut rapere præsumat,
aut Regis beneficio æstimet postulandam:
quod si fecerit, similiter ab Ecclesiæ communione remotus, anathematis damnatione plectatur.] Hæc & alia Patres, in omnibus regiam auctoritatem plus æquo sibi su-
mentem sacerdotali robore reprimentes.

b Concil.
Paris.c.6.

Cum autem huic Concilio Parisiensi minimè subscriptus reperiatur Saphoratus ejus
civitatis Episcopus, quem interfuisse constat Concilio quinto Aurelianensi habito
(ut vidimus) anno Domini quingentesimo quinquagesimosecundo: facilè mihi
persuadeo, posterius quod habetur Concilium Parisiense, in quo idem Saphoratus
depositus legitur, ante præsentem Synodum
celebratum esse, inversumque ordinem,
quod priùs fuit dicatur posteriùs celebratum Concilium; hoc verò de quo est sermo, post illud fuisse habitum: ut & qui
huic habetur Germanus subscriptus, ipse
sit sanctissimus ille Dei sacerdos Germanus
Parisiensis, quem Eusebio successisse post
depositum Saphoratum Aimoinus tradit. Sanè quidem cum Parisiense Concilium illud
secundum dictum (ut ex ipso patet) paulò

XXVI.
Nihil Regi
liceat præ-
ter jus.

XXVII.
De secun-
do Parisien.
Conc.

Annal. Eccl. Tom. VII.

---

post quintum Aurelianense Concilium habitum affirmetur, æquè ratio persuadet ante
præsentem Synodum esse collectum.

Quod verò pertinet ad sanctum Germanum: ipsum ex Abbate monasterii S. Sim-
phoriani sanctitate vitæ, dignis moribus,
& miraculorum editione præstantem, præcedentibus prophetiis, vocatum ad regimen
Parisiensis Ecclesiæ, Fortunatus Pictaviensis (c) Episcopus tradit, qui res ab eo præclarè atque mirificè gestas enarrat. Sed &
Venantius Fortunatus, quanta sub eodem
sancto Germano polleret Ecclesiastica disciplina Parisiensis Ecclesia, eleganti cecinit
carmine ad Parisiacum clerum inscripto, in
cujus fine (d):

Sub duce Germano felix exercitus hic est.
Moyses tende manus, & tua castra juva.]

Cuncta planè docuerunt, maximo Dei beneficio his calamitosis temporibus evectum esse in sedem Pontificiam tantum Antistitem,
cujus virtutum fulgore non Galliæ solùm,
sed universo orbis Occidentalis illustraretur, proficerentque omnes tanti viri monitis & exemplis. Inter alios autem quantùm
sub eodem Antistite Childebertus Rex Francorum pietate enituerit, plura sunt exempla
& egregia monumenta, atque in primis basilica, quam S. Vincentio, ipso Germano
hortante, construxit, de qua suo loco dicturi sumus.

De eleemosynarum verò copiosa largitione Fortunatus Pictaviensis Episcopus in rebus gestis ejusdem sancti Germani hæc habet his verbis: Quæ (inquit) eleemosyna
tàm de rebus Ecclesiæ, quàm populi oblatione, vel regio munere per manus ejus
sanctificatæ sint, solus ille qui omnia scit,
novit, & numerat. Denique quadam vice
præexcellentissimus Childebertus Rex cum
ei direxisset sex millia solidorum pauperibus
eroganda; expendens tria millia, revertitur
ad Palatium. Interrogatusque à Rege, si
adhuc resideret quod egenis tribueret; respondit, mediatetem resedisse, nec invenisse se inopes, quibus mox totum expen-
deret. Erat ergò spectanda contentio inter
sacerdotem & Principem: faciebant apud
se de misericordia pugnam, & de pietate
certamen.] Hæc Fortunatus de Childeberti Regis sub sancto Germano ergà pauperes
amore atque munificentia: ut planè illud
fuerit certo experimento cognitum, ubi sacerdotes sancti dignè numeros explent suos,
Reges sponte se illis suaque bona subiicere, secundùm vulgatum illud Machabæorum (e). Propter Quia Pontificis pietatem & animos odio habentes mala fiebat,
ut & ipsi Reges & Principes locum summo honore dignum ducerent, & templum
maximis honoribus illustrarent. At de sancto Germano plura inferiùs nunc rursùs ad
sanctum Euphronium Episcopum Turonensem, de quo dicere cœpimus ipso exordio
narrationis Concilii Parisiensis, recurrat
oratio.

Extant ad hunc ipsum duæ epistolæ Venantii Fortunati, necnon carmen quo eum
mirificè laudat, dignumque sancti Martini
præ-

XXVIII.
De S. Ger-
mano Epi-
scopo Pa-
risiensi.

c Extat
apud Sur.
die 28.Maii

d Fortunat.
carm.l.1.

Childeber-
tus Rex
valdè pro-
fecit sub S.
Germano.

XXIX.

e Mach. 3.

XXX.

Euphronii praedicat successorem , cum ejus tempore
tempore ampliioribus miraculis ejusdem sancti cine-
grandia à res coruscarent. Praedicat idem Fortunatus
S. Martino ejusdem sancti viri inter alia ergà pauperes
miracula mirificam charitatem istis versibus (a):
edita.   *Ad rena si reniat patriam tu reddis amatam,*
a Fortunat.   *Ea perte proprias hic habet hospes opes .*
lib.3.   *Siquis iniqua gemis tristi bine nemo recedit:*
     Sed lacrymas removent , latificare facit .
     Martinus meritis hac vos in sede locavit :
     Dignus eras haeres , qui sua jussa colis ,
     Ille tenet caelum , large dans omnia voto:
     Christo junctus eris hunc, imitando vi-
     rum .] &c.

XXXI.   At (ut paululum à Synodi Actis diverta-
mus) quae hoc ipso tempore, cum sederet
Euphronius , & bella vigerent Clotarii adversùs Chramnum filium suum , miranda
b Greg. Tu- fieri contigerunt virtute sancti Martini , flori-
ron. mirac. gante eodem Euphronio Episcopo, memo-
S. Martin. ratu digna; accipe à Gregorio ejusdem Ec-
lib.1. c.23. clesiae Antistite successore , dùm ait (b):

XXXII.   Dignum existimavi & illud non omittere
Chramnus in relatu , quod Viliathario presbytero re-
liberatus à ferente audivi. Tempore quo propter per-
vinculis. fidiam Chramnus iram Clotarii Regis incurrerat ; in basilicam S. Martini confugit , atque ibidem in catenis positus custodiebatur;
sed virtute Beati Martini Praesulis commi-
nuta catena , sed non potuerunt . Nescio
autem quomodò imminente negligentia, foris atrium comprehensus est ; quem oneratum ferro, vinctis post terga manibus , ducebant ad Regem . At ille voce magna clamare coepit ; ut sibi beatus Martinus mise-
reretur , orare; nec eum sineret abire captivum, cujus devotus expetierat templum. Statim que in ipso vocibus , orante beato Euphronio Episcopo de muro civitatis contra
basilicam, dissolutae sunt manus ejus, & omnes baccae catenarum confractae ceciderunt.
Perductus autem usque ad Regem ; ibi iterùm in compedibus & catenis constrictus retinebatur : sed invocato nomine saepè dicti
patroni ; ita omne ferrum super eum comminutum est, ut putares illud fuisse quasi fi-
glinum. Hoc tantùm erat in spatiis, ut non
solveretur à vinculo, quoadusque nomen illud sacratissimum invocasset : invocato autem, omnia solvebantur. Tùnc Rex altioris
ingenii videns virtutes S. Martini ibidem
operari , & ab onere vinculorum absolvit
eum; & pristinae restituit libertati . Haec ab
ipsius Viliatharii presbytero cum multis
testibus facta esse cognovi.] Ita Gregorius. Porrò quomodò tot tantisque donis
abusus, adversùs patrem iterùm rebellans,
meritas impius poenas dedit , inferiùs suo loco dicemus.

XXXIII.   Redeamus modò ad sanctos Episcopos
priore vadine positi Concilii Parisiensis.
Interfuisse quoque reperitur S Prae-
textatus Rothomagensis Antistes nobilior
posteà redditus corona martyrii, de quo suo
loco pluribus agendum erit . Qui verò subscriptus Chalactericus nominatur , scias
hunc fuisse Episcopum Carnotensem sanctitate clarum , sed injuria temporis obscurum
redditum : de quo unicum quod extat mo-

numentum hic describendum putamus , ut
quoquo modo eumdem vendicemus in lu-
cem. Venantius enim Fortunatus (c) ejus c Fortunat.
sepulchro hujusmodi inscripsit epitaphium carm.l.4.
hoc titulo praenotatum :

     Epitaphium Chalacterici Episcopi ci-
       vitatis Carnotensis.

Illacrymant oculi , quatiuntur viscera fletu ,
   Nec tremuli digiti scribere dura valent :
Dùm modò que nolui vivo, dabo verba sepulto,
   Carmine vel dulci cogor amara loqui .
Digne tais meritis , Chalacterice sacerdos ,
   Tarde notus nobis, quàm vitè, chare, fugis.
Tu patriae repetis,nos triste sub urbe relinquis :
   Te tenet aula nitens , nos tenebrosa dies :
Etce sub hoc tumulo pietatis membra quies-
   cunt ;
   Dulcior in tumulo lingua sepulta jacet . *&mella.*
Forma venusta decens ; animus sine fine be-
   nignus ,   I
   Vox suavis legem praemeditata Dei:
Spes cleri, tutor viduarum, panis egentum ,
   Cura propinquorum , promptus ad omne *latus .*
   bonum .
Organa psalterii cecinit modulamine dulci ,
   Et regis laudans plectra beata Dei.
Cautere eloquii bind purgans vulnera morbi :
   Quo pascente fuit sida medela gregi .
Sex quolustra gerens , octo bonus insuper an-
   nos ,
   Eveptus terra justus ad astra redis .
Ad paradisiacas epulas te cive reducto :
   Unde gemit mundus , gaudet honore polus .
Et quia non dubito quanta est tibi gloria lau-
   dum ,
   Non debes fleri talis , amice Dei .
Haec qui ,sanctè Pater , pro magnis parva
   susurra ,
   Pro Fortunato , quaeso , precare tuo .]
Hactenùs vetus memoria Chalacterici ; sed
agamus de reliquis.

Interfuit pariter eidem Concilio fama ille insignis, decus Aquitaniae, Leontius Epi- XXXIV.
scopus Burdegalensis , de quo plura dicenda nobis erunt inferiùs,cùm agemus de Concilio Santonensi ab ipso collecto;porrò idem
interfuisse reperitur quarto Aurelianensi
Concilio . Praeter alios verò nobis incom-
pertos , qui penultimo ponitur loco Paternus , sanctitate conspicuus extitit Episcopus
Abrigensis , quem etiam Catholica Ecclesia ascriptum tabulis Ecclesiasticis annua
memoria celebrat decima sexta die Aprilis .
Extat ad eumdem epigramma Venantii For- d Fortunat.
tunati his versibus (d): carm.l.9.
Nominis auspicio fulgent tua facta,Paterne,
   Munere qui proprio te facis esse patrem .
Servuli nostri non immemor omnia praestas ,
   Et tibi devotis das pia vota libens .
Ut bona distribuas modò qui tàm promptus
   haberis ;
   Unde magis praestes , amplificentur opes .]
Quodnam esset servitium , quod Paterno
impertiit Fortunatus , idem alio declarat
epigrammate versibus istis:
Parvimus tandem jussis, venerande sacerdos:
   Nominis officium jure , Paterne , regis .
Qui propriis meritis ornans altaria Christi ,
   Tàm prece quàm voto,das placitura Deo.
     Suppli-

Supplico, cede tamen, si quid me forte fefellit.
Nam solet iste meas error habere manus.
Obtineas supplex modo pagina missa salutem:
Hec quoq; seu reliquis me memorare velis.]
Hæc Fortunatus ad Paternum tunc adhuc
a *Sur. die* Abbatem, ut ejusdem epigrammatis in
16. *April.* scriptio habet. Extant res ab eo præclarè
tom. 1. gesta (*a*).

XXXV. Qui verò ultimo loco ponitur Samson Episcopus, idem claruit in Minori Britannia sanctus Dei sacerdos, cujus perpetua viget memoria in Ecclesia, quæ ejus natalem diem celebrat vigesimaoctava Julii. Sunt & alii nobis haud scriptorum monumentia satis noti: porrò omnes quindecim numerantur; statueruntque canones novem tantùm numero, sed virtute pollentes, quibus Regum eorumque ministrorum atque aliorum sibi nimiùm sumentium temeritatem represserunt: ex quibus non solùm ii qui illis vixere temporibus, sed & Novatores nostri temporis exagitentur.

XXXVI. Non præterea, quòd Episcopi ad hanc S. Synodo interfuisse reperiuntur, Euphronius, Prætextatus, Germanus, Felix, Domitianus, ibidem nominati, & præter eos duo alii Victorius & Domnolus, alter Redonensis, Cænomanensis alter sanctitate clarissimi, inscripti reperiuntur in epistola ab iisdem data ad S. Radegundem Reginam de servanda institutione monastica, quam miro ardore animi susceperat, & cum regiis aliisque nobilissimis virginibus Pictavi excolebat. Quòd enim ex horum diœcesibus ad dictum monasterium Deo dicandæ virgines convolassent: ne aliquæ ex illis post promissionem Deo factam ad propria redire posset, vel nubere, iidem sanctissimi Patres ejusmodi scripsere epistolam ad sanctissimam Reginam, quæ sic se ha-
b *Recitata* bet (*b*).
habetur à Dominæ beatissimæ & in Christo Ecclesiæ filiæ Radegundi Euphronius, Prætextatus, Germanus, Felix, Domitianus, Victorius, & Domnolus Episcopi.
Greg. l. 9.
cap. 39.

XXXVII. Solicita sunt jugiter circa genus humanum immensæ Divinitatis provisa remedia, nec ab assiduitate beneficiorum suorum quocumque loco vel tempore videntur aliquando sejuncta, cum pius rerum arbiter tales in hæreditate culturæ Ecclesiasticæ personas ubique disseminat, quibus agrum ejus intenta operatione fidei rastro colentibus ad felicem centeni numeri reditum divina temperie Christi seges valeat pervenire. Tantùm igitur benignitatis ejus se passim dispensatio profutura diffundit, ut illud nusquàm deneget, quod prodesse multis agnoscit: quarum personarum exemplo sanctissimo, jua judicaturus advenerit, habeat in plurimis quod coronet.

XXXVIII. Itaque cum ipso Catholicæ religionis exortu cœpissent Gallicanis in finibus veneranda fidei primordia respirare, & adhuc ad paucorum notitiam tùnc ineffabilis pervenissent Trinitatis Dominicæ sacramenta (*cùm videlicet, tempore, Constantii in Galliis Ariana hæresis sub Saturnino A-*

A *relatensi Episcopo grassabatur*) ne quid hic minus acquireret, quàm in Orbis circulo prædicantibus Apostolis obtineret; beatum Martinum peregrina de stirpe ad illuminationem patriæ dignatus est dirigere: misericordia consulente: qui licèt Apostolorum tempore non fuerit, tamen Apostolicam gratiam non effugit; nàm quod defuit in ordine, suppletum est in mercede: quoniam sequens gradus illi nihil subtrahit, qui meritis antecellit. Hujus quoque, reverentissima filia, in vobis congratulamur, rediviva surgere supernæ dilectionis exempla propitiatione divina: nàm declinante tempore sæculi vetustate, vestri sensus certamine fides revirescit in flore; & quod veterno tepuerat, algore senectæ, tandem fervoris animi rursùs invalescat ardore.

XXXIX. Sed cum penè eadem veneritis ex parte, qua beatum Martinum huc didicimus accessisse; non est mirum, si illum imitari videaris in opere, quem tibi ducem credimus itineris extitisse: ut cujus es secuta vestigia, felici voto compleas & exempla; & beatissimum virum intantùm tibi facias esse socium, inquantùm parem refugis habere de mundo. Cujus opinionis radio præmicantè, ita reddis audientium pectora cælesti fulgore suffusa, ut passim prævocati puellarum animi, divini ignis scintilla succensi, rapidm festinent avidè in charitate. Christi fonte vestri pectoris irrigari, & relictis parentibus, te sibi magis eligant, quàm matrem. Facit hoc gratia, non natura.

XL. Igitur hujus studii vota videntes, gratias clementiæ supernæ referimus qui voluntates hominum suæ facit voluntati connecti: quoniam confidimus, quas apud vos jubet colligi, suo vult amplexu servari. Et quia quasdam comperimus, Divinitate propitia, de nostris territoriis ad institutionem vestræ regulæ desiderabiliter convolasse: inspicientes etiam vestræ petitionis epistolam libenter à nobis exceptam; hoc Christo auctore & remediatore firmamus: ut licèt omnes æqualiter quæ ibi conveniunt in Dominicharitate mansuræ, debeant inviolabiliter custodire quod videntur libentissimo animo suscepisse: quoniam contaminari non debet Christo fides, cælo teste, promissa; ubi non leve cœlus est templum Dei (quod absit) pollui, ut ab eo possit ira succedente disperdi; tamen specialiter definimus, si qua (sicut dictum est) de locis sacerdotaliter nostræ gubernationi, Domino providente, commissis in Pictava civitate vestro monasterio meruerit sociari; secundùm beatæ memoriæ domini Cæsarii Arelatensis Episcopi constituta, nulli sit ulterius discedendi licentia: quæ, sicut continet regula, voluntate prodita videtur ingressa; ne unius turpi dedecore ducatur in crimen, quod apud omnes micat in honore.

XLI. Et ideò si (quod Deus avertat) aliqua insanæ mentis illicitatione succensa ad tanti opprobrii maculam suam præcipitare voluerit

luerit disciplinam, gloriam, & coronam, ut, inimici consilio sicut Eva ejecta de paradiso, per qualemcumque de claustris ipsius monasterii, immò de cæli regno exire pertulerit; mergenda, & conculcanda vili platearum in luto, separata à communione nostra, diri anathematis vulnere feriatur. Ita ut, si fortasiis, Christo relicto, homini voluerit nubere, diabolo captivante: non solùm ipsa quæ refugit, sed etiam illa qui ei conjunctus est, turpis adulter & potiùs sacrilegus quàm maritus; vel quisquis ut hoc fieret, venenum magis quàm consilium ministravit, simili ultione, sicut de illa dictum est, cælesti judicio, nobis optantibus, percellatur: donec separatione facta, per competentem execrandi criminis pœnitentiam à loco quo egressa fuerat, recipi, meruerit & annecti.

XLII. Adiicientes etiam, ut eorum qui nobis quandoque successuri sunt sacerdotes, similis condemnationis teneantur adstricti.

A reatu: & si (quod non credimus) aliquid ipsi voluerint aliter, quàm nostra deliberatio continet, relaxare; noverint se nobiscum æterno Judice definiente causaturos: quia communis est salutis instructio, si quod Christo promittitur, inviolabiliter observetur. Quod nostræ determinationis decretum, pro firmitatis intuitu, propriæ manus subscriptione credimus roborandum, perpetualiter à nobis * Christo auspice duraturum.] Hactenùs sanctissimorum Patrum epistola, sive de dicatis Deo virginibus sacerdotale decretum: quibus admoneantur nostri sæculi Novatores & ipsi exmonachi, & Deo dicatas virgines ex monasteriis abducentes. Quis adeò mentis obtusæ non statim intelligat, quàm perfidi isti sint, qui contraria statuant sanctissimis illis Deo dignis Episcopis, qui innumeris eluxere miraculis, & virtutibus omnis generis effulsere decori? At de his satis.

    in annos

I. SExagesimus supra quingentesimum Domini annus inchoatur, post Basilii Consulatum decimumnonum, idem Imperatoris trigesimusquartus, Constantinopolitanis valde lugubris. Etenim (a) ægrotans idem Imperator cum vulgo mortuus jactaretur, quasi in interregno quibusque quod vellent agendi licentiam sibi sumentibus, ingentia planè perpetrata sunt scelera, quæ in urbis direptione ab hostibus fieri consueverunt; inter alia verò erga emporia mercatorum sunt expilata. Si enim vivente adhuc Principe, Prasinorum factioni talia impunè agendi videbatur facultas esse concessa; quid putandum post renunciatam Imperatoris mortem non esse præsumptum sive ab ipsis, sive potiùs à contraria factione Imperatoris potentia diù compressa, luctuosaque passa? Sed quomodò idem Imperator ex insperato ope sanctorum martyrum convaluerit, cum omnes referant; nos ex ipso fonte, nempè Procopio, eam petamus historiam. Ait enim (b):

a *Miscel. & Cedren. Annal. hoc anno.*
Constantinopolis direptio.

b *Procop. de ædific. Justinian. Imp. lib. 1.*

II. Juxta orificium Sinus Irenes martyris templum fundatum est tanta magnificentia, ut satis enarrare non possim. Hic asservantur ea antiquo reliquiæ sanctorum virorum non minùs quàm quatuor, qui in Romano exercitu æra mærentes, militabant in duodecima legione apud Melitenem urbem Armeniæ olim collocata. Etenim latomi, effossa humo, invenerant arculam litteris indicantem, esse scilicèt reliquias horum virorum. Quod Deus latere voluit, donec manifestari congruum foret. Quippè Justinianus corpore erat malè affectus; vehemens enim fluxus in genua delapsus virum dolore confecit.] Quanam ex causa id acciderit, cum idem referat, nos alia occasione superiùs enarravimus: atque mòx subdit: Hinc igitur morbus suo

Inventio & reliquiarum Sanctorum martyrum.

C erescens, medicorum operam evicit. Interim audiens inventas esse reliquias, relicta ope humana, ad has fidem convertit, & vera opinione in iis quæ maximè necessaria erant usus est. Postquàm enim laicom reliquiarum sacerdotes genibus Regis imposuerunt, evanuit dolor, corporibus quæ Deo servierunt, cedens. Quod profectò Deus nolens esse dubium, magnum signum ostendit eorum quæ res erant. Nàm ex sanctis illis reliquiis subitò oleum manavit, & arculam perfundens, pedes & totam purpuream vestem Regis imbuit & humectavit. Quamobrem vestis hoc modo humectata asservatur in regiis receptaculis, in eorum quæ tunc facta sunt testimonium.] Hæc Procopius.

III.

    At non semel tantùm sanctorum martyrum beneficio curatum esse Justinianum ab ægritudine, & è mortis faucibus erutum atque renovatum ad vitam, constat: nàm quæ sunt relata, nùm hoc anno acciderint, vel potiùs quæ ante hoc alias auctor his præmisit, quisq; pro animi sententia judicabit. Porrò rem gestam idem Procopius ita narrat. Etenim aliud expertus est modò remedium ex quatuor sanctorum martyrum reliquiis, aliàs ope sanctorum martyrum Cosmæ & Damiani factum itidem refert his verbis (c): Circà Sinus terminum in arduo satis & edito loco & sanctis Cosmæ & Damiano olim templum dedicatum est: ubi Justinianum graviter ægrotantem, & jàm morituri speciem præbentem, nempè à medicis desperatum, & inter cadavera jacentem, isti Sancti per somnum & visum apparentes curaverunt. Cujus beneficii memor pristinam structuram permutans impolitam planè & indignam tantis cælitibus; elegantia, magnitudine, & fulgore luminis templum illustravit.] Hæc ipse.

c *Procop. de ædific. Justin. Imp. lib. 1.*

    Non

IV.
Miracula ex Sanctorum Reliquiis.

Non id recèns, semelve experimento declaratum est, Sanctorum reliquias Dei ope edidisse miracula : ab exordio enim nascentis Ecclesiæ, veluti è fonte perenni copiosè fluente, rivosque curationum in omnes Orbis partes emittente, Sanctorum reliquias id præstitisse, quæ superiùs singulis fermè annis sunt dicta, perspicua luce demonstrant. Sicut etiam pariter ostensum est, ubique locorum cultum sacrarum imaginum semper in Ecclesia Catholica viguisse, de quo pariter anno haud vulgare exemplum Annales continent : hoc enim anno id, accidisse, Sigebertus est auctor, quod narrat his verbis : Hoc tempore Judæus quidam imaginem Salvatoris de ecclesia furtim deponens, eam telo transfixit : & eam clàm in domum suam deferens, cum vellet flammis exurere ; se sanguine imaginis cruentasse videns, præ stupore eam abscondit. Quam Christiani requirentes, & per vestigia sanguinis invenientes, eam sanguipolentam receperunt, Judæum verò lapidaverunt.] Hæc ipse.

V.
Impostura de libro recondito.

Quòd verò de Judæis mentio facta est : non prætermittimus dicere ejusdem Justiniani Imperatoris tempore tradi, à Theodosio Judæo proditum librum apud Hebræos reconditum de Christi in templo sacerdotii functione, deque Dei genitricis virginitatis à sacerdotibus Judæorum facta per obstetrices exploratione. Narratur ejusmodi apud Suidam historia, eademque à diversis aliis auctoribus recentioribus repetita ; quam ut commentum non respuisse memores sumus tomo Annalium primo.

VI.
Theodomirus Rex Suevorum redditus Catholicus.

Quod ad res Occidentalis Ecclesiæ pertinet, ultimos adeamus Hispaniarum fines Oceano contiguos, ipsam inquam Galliciæ provinciam, ubi regnantes hactenùs Suevi Reges iidemque impii post Alaxam apostatam haud modicum Catholicæ Ecclesiæ damnum intulere usque ad præsentem annum, quo regnare cœpit Theodomirus, tenuitque regnum annos decem, secundùm exactam doctissimi viri Moralis pervestigationem, cui haud inviti subscribimus. Quòd autem hic ipse in Concilio priori Bracharensi Ariamirus dictus inveniatur, error illapsus putatur. Commune fuisse reperitur tam patri quàm filio, ut Miro uterq; nominaretur : sed pater Theodo, Aria filio prænomen fuisse cognoscitur ; licèt apud Gregorium Turonensem idem qui Theodomirus, Charraricus etiam nuncupatus inveniatur : eumdem tamen esse cum ipso Mironis parente, ex eodem auctore probatur. Sed quanam occasione ejusdem Regis conversio ad rectam fidem contigerit, hìc ex ipso Gregorio res tunc temporis scribente depromimus, qui ait (a) :

a Gregor. Turon. miracul. S. Martin. l. 1. cap. 11.

VII.

Charrarici cujusdam Regis Galliciæ filius graviter ægrotabat : qui tale tædium incurrerat, ut solo spiritu palpitaret. Pater autem ejus fœtidæ se illi Arianæ sectæ unà cum incolis loci illius subdiderat. Sed & regio illa plus solito, quàm aliæ provinciæ, lepra sordebat. Cumque Rex vi-

A deret urgeri filium in extremis, dicit suis : Martinus ille, quem in Galliis dicunt multis virtutibus effulgere, cujus, quæso, religionis fuerit, enarrate. Cui ajunt : Catholicæ fidei populum pastorali cura in corpore positus gubernavit, asserens, Filium cum Patre & Spiritu sancto æquali substantia vel omnipotentia venerari debere. Sed & nùnc cæli sede locatus, assiduis beneficiis non cessat plebi propriæ providere. Qui ait : Si hæc vera sunt quæ profertis : discurrant usque ad ejus templum fideles amici mei, multa munera deportantes ; & si obtineant mei filii medicinam, inquisita fide Catholica, quam ille credidit, credam. Pensato ergò auro argentoque ad filii pondus, transmisit ad venerabilem locum sepulchri.

Qui profecti, oblatis muneribus, exorant ad beati tumulum pro ægroto. Sed insidente adhuc in patris ejus pectore secta, non continuò integram recipere meruit medicinam. Reversi autem nucii narrarunt Regi, se multas virtutes ad beati tumulum vidisse, dicentes : Cur non sanatus fuerit filius tuus, ignoramus. At ille intelligens, non antè sanari posse filium, nisi æqualem cum Patre crederet Christum,

C in honorem B. Martini fabricavit ecclesiam : miroque opere expedita, proclamat : Si suscipere mer.eor viri justi reliquias, quodcunque sacerdotes prædicaverint, credam.] Hæc idcircò de reliquiis, quòd scilicet omnes qui alicui Sanctorum ecclesiam fabricassent, sanctuaria accipere solerent, nempè veli partem, quæ sepulchro illius Sancti superposita fuisset, ut ex S. Gregorii epistolis liquet, & quæ superiùs dicta sunt de S. Leone manifestum faciunt. Sed pergit Gregorius :

D Et sic iterùm suos dirigit majore cum munere : qui venientes ad beatum locum, reliquias postulabant. Cumque eis offerrentur ex consuetudine, dixerunt : Non ita faciemus ; sed nobis, quæsumus, licentia tribuatur ponendi, quæ exindè iterùm assumamus. Tùnc partem pallii serici pensatam super beatum sepulchrum posuerunt, dicentes : Si invenimus gratiam coràm expetito patrono, quæ posuimus plùs in sequenti appendent ; eruntque nobis in benedictionem posita, quæsita per fidem.] Eumdem planè usum servari solitum super corpora Apostolorum Romæ, idem auctor affirmat, quæ nos alia occasione su-

E periùs retulimus : fiebat enim, in signum divinæ benignitatis impartiendæ petenti, ut eadem vela majoris ponderis reciperentur, quàm data fuerint ; secùs si contrà. Sed de pallio serico quid legatis acciderit, audi :

Vigilata (inquit) una nocte, facto mane, quæ posuerant pensitabant. In quibus tanta beati viri infusa est gratia, ut tamdiù elevarent in sublime æream libram, quantùm habere poterat, quò ascenderet momentanea. Cumque elevatæ fuissent reliquiæ cum magno triumpho, audierunt voces psallentes qui erant in civitate detrusi

VIII.

IX.

X.

trusi in carcere (*nonnisi enim cum psalmodia reliqua transferri solebant*) & admirantes suavitatem soni, interrogant custodes, quid hoc esset. Qui dixerunt: Reliquiæ domini Martini in Galliciam transmittuntur, & ideo sic psallitur. Tùnc illi flentes, invocabant S. Martinum, ut eos sua visitatione liberaret. Exterritisque custodibus, & in fugam versis, diruptis obicibus retinaculorum, liber populus surgit è vinculo: & sic usque ad sancta pignora, plebe inspectante venerunt, osculantes flendo beatas reliquias, simulque & gratias B. Martino pro sui absolutione reddentes, quòd eos dignatus fuerit sua pietate salvare. Tùnc obtentis per sacerdotem à Judice culpis, incolumes dimissi sunt. Quod videntes gestatores reliquiarum, gavisi sunt valdè, dicentes: Nùnc cognovimus, quòd dignatur beatus Antistes nobis peccatoribus propitium se præbere.] Fuerunt hæc eorum quæ facienda erant in Gallicia in solutione perfidiæ vinculorum signa prænuncia in catenarum fractione monstrata. Sed prosequitur cætera Gregorius.

XI.
De Martino Peregrino.

Et gratias agentes, prospero prosequente patroni præsidio navigium, undis levibus, temperatis flatibus, velo pendulo, mari tranquillo, velociter ad portum Galliciæ pervenerunt. Tùnc commonitus à Deo quidam nomine Martinus de regione longinqua, qui ibidem nùnc sacerdos habetur, advenit. Sed nec hoc credo sine divina fuisse providentia, quòd eo die se commoveret de patria, quo beatæ reliquiæ de loco levatæ sunt, & sic simul cum ipsis pignoribus Galliciæ portum ingressus sit,] Perindè ac si Martinus Martinum ad Suevorum conversionem asciverit: atque perfecerit æquè Martinus doctrina, quòd Martinus miraculis inchoaverat; ut illud Evangelicum probaretur exemplo, quod est à Domino dictum (*a*); *In hoc veritas est, quòd alius est qui seminat, alius est qui metit*. Quæ pignora (*subdit Gregorius*) cum summa veneratione suscipientes, fidem miraculis firmant: nàm filius Regis, dimissa omni ægritudine, sanus properat ad occursum. Beatus autem Martinus sacerdotalis gratiæ accepit principatum. Rex unitatis Patris & Filii & Spiritus sancti confessus, cum omni domo sua christianus est. Squallor lepræ à populo pellitur, & omnes infirmi salvantur, nec unquàm, illa usque nùnc super aliquem lepræ morbus apparuit. Talemque gratiam ibi in adventu pignorum beati patroni Dominus tribuit, ut virtutes quæ ibidem illa die factæ sunt, enarrare perlongum sit. Nàm tantùm in Christi amore populus iste promptus est, ut omnes martyrium libentissimè susciperent, si tempus persecutionis adesset.] Hactenùs de his Gregorius.

Joan. 4.

Lepra cum perfidia per fidem tollitur.

A   Porrò hæc omnia contigisse ipsius Theodomiri regni exordio, ex eo certum illud deducimus argumentum, quòd post annum sequentem, nempè tertio ipsius regni, totius suæ ditionis convocari fecit Episcopos, Conciliumque Brachari celebrari. Sed & de ejusdem Regis conversione paucis agit Isidorus in Chronico Suevorum verbis istis: Post multos deindè Reges, regnum Suevorum suscepit Theodomirus: qui fidem Catholicam adeptus, Arianæ impietatis errore destructo, Suevos unitati fidei reddidit. Hujus tempore Martinus Dumiensis monasterii Episcopus fide & scientia claruit, cujus studio pax Ecclesiæ reddita est, & multa monasteria condita.] Hæc Isidorus: sed de Martino rursus inferiùs dicendum erit.

XII.
Theodomiri Regis conversio.

B

Quòd verò tanta S. Martini meritis tribuuntur: opportunum putamus, his attexere gloriosissimæ Francorum Reginæ (quæ iisdem temporibus contigit) peregrinationem ad sepulchrum ejusdem S. Martini, de qua Gregorius ita pergit (*b*); Nàm Ultrogotha Regina, auditis miraculis quæ ad locum fiunt, quo sancta membra quiescunt, tamquàm sapientiam Salomonis expetit corde devoto, prospicere. Abstinens ergò se à cibis & somno, præcurrentibus etiam largissimis eleemosynis, pervenit ad locum sanctum; ingressaque basilicam timens & tremens, nequaquàm audebat adire sepulchrum, indignam se esse proclamans, nec ibidem posse, obsistentibus culpis, accedere. Tandèm, deducta vigiliis nocte, & orationibus ac profusis lacrimis, quæ super oblatis muneribus multis, in honorem beati confessoris Missas expetiit celebrari. Quæ dùm celebrantur, subitò tres cæci, qui ad pedes beati Antistis longo tempore privati lumine residebant, fulgore nimio circumdati, lumen quod olim perdiderant, receperunt. Quo facto, clamor in cælum attollitur magnificantium Deum. Ad istud miraculum currit Regina, currit & populus: mirantur omnes fidem mulieris, mirantur gloriam confessoris. Sed super omnia collaudatur Deus noster, qui tantam virtutem præstat Sanctis suis, ut per eos talia operari dignetur.] Hæc Gregorius de Ultrogotha Regina. Extat Venantii Fortunati epigramma de horto ejusdem Ultrogothæ, sive Ultrogothonis Reginæ, licet depravatus codex habeat Regis, pro Reginæ: non enim de Rege, sed de Regina esse epigramma illud, postremi saltèm duo versus significant, qui sunt hujusmodi (*c*):

Possideat felix hæc Ultrogotho per ævum,
  Cum geminis natis tertia mater ovans.

At de ipsa satis; ad res jam sequentis anni transeamus;

a Greg. lib. 1. mirac. S. Martin. 6.

b Greg. lib. 1. mirac. S. Martin. 6.

XIII.

c Venant. carm. 14.

C

D

E

A

I.

REdemptoris nostri annus quingentesi-mus sexagesimusprimus, post Basi-lii Consulatum vigesimus, idemque Justi-niani Imperatoris trigesimusquintus adest: quo defuncto Domno Juniore Episcopo Antiocheno, ubi sedisset annos quatuor-decim, subrogatus est in locum ipsius A-nastasius cognomento Sinaita, quòd ex monachis in Sina monte vitam agentibus ad Episcopatum ejus Ecclesiæ vocatus sit, de quo plura suis locis dicturi sumus. Quo etiam tempore post Eustochium Hieroso-lymorum Ecclesiæ substitutus est Joannes, cujus sedis tempus & res gestæ prorsus ob-scuræ mansere: licet alii in locum Macarii iterum restituti eum créatum Hierosolymo-rum Antistitem dicant.

II.
Belisarii Ducis ca-lamitas.

Hoc item anno trigesimoquinto Impera-toris, mense Novembri structas fuisse in-sidias ad occidendum ipsum Justinianum Augustum, habet Miscellæ auctor. Cùm, re detecta, in crimen adductus Belisarius pœnas dedit, bonis & dignitate exutus. Porrò sequenti anno mense Martio dimis-sum fuisse ipsum Belisarium ea de causa de-tentum, atque suis dignitatibus restitutum, idem auctor affirmat: quem & post bien-nium Byzantii mortuum esse, Cedrenus tradit. Sed adversantur Latini (*a*) non-nulli, qui eum excæcatum, exutumq; om-nibus dignitatibus atque divitiis, mendi-care stipem fuisse coactum asserunt.

a Crinit. de honest. dis-cip. lib. 15. Volat. Pon-tan. vel a-lii recent. omnes.

III.
b Alciat. parerg. lib. 4. c. 24.

Adversùs hos scimus dimicare Alciatum (*b*) sui Justiniani acerrimum defensorem. At utinam leves istæ tantùm essent Justi-niani sordes, quæ brevi ab eodem virdo-cto elui potuissent apologia & non potiùs illius generis, de quo Hieremias (*c*): *Si laveris te nitro, & multiplicaveris tibi herbam borith, maculatus es in iniquitate tua coràm me.* Aspersus enim impietate & sacrilegiis coinquinatus anteà perpetratis diem clausit extremum, ut suo loco dice-mus: ut nulla esse possit sufficiens quæ ip-sum emendet apologia.

c Hier. i.

IV.

Quod verò ad præsentem Belisarii cau-sam pertinet, antiquiorum una omnium sen-tentia fuit, ut ipse in conjurationis suspi-cionem adductus, ab eodem Justiniano Im-perat. fuerit redactus in ordinem. De re-liquis autem varias reperimus sententias esse: cùm alii dixerint excæcatum, & ita usque ad finem vitam traxisse miserrimam ; alii verò in eo tantùm consentiant, ut è su-blimiori statu dejectus, rursùs fuerit in pri-stinum restitutus. Sed accipe de his in pri-mis Joannis Græci auctoris jambos.

Iste Belisarius Imperator magnus
Justinianeis existens temporibus Imperator,
Ad omnem quadrantem terræ cum explicuis-
set victorias, (bilem!)
Postea invidia excæcatus (o fortunam infla-

Poculum ligneum detinens clamabat plebi
in stadio ;
Belisario obulum date Imperatori,
Quem fortuna quidem clarum fecit ; excæ-
cavit invidia.
Alii dicunt chronici, non-excæcatum fuisse
hunc,
Ex honoratis autem infamem profectò fa-
ctum esse,
Et iterùm ad revocationem æstimationis ve-
nisse prioris.]

B

Hæc ipse: verùm de Belisarii in pristinum restitutione altum apud Græcos silentium.

Certè quidem Zonaras, cum bonis om-nibus privatum dicat, de restitutione ni-hil : ut planè in statu miserrimo ipsum derelictum, nec amplius sublevatum pos-sit intelligi. Sed & Glicas minimè eum in pristinum restitutum affirmat : idem & Ce-drenus, qui de eodem hæc ait: Adeò au-tem acceptus fuit Justiniano, ut is percus-so nummo, in altera parte se, in altera parte Belisarium armatum effinxerit cum inscriptione hac: BELISARIUS RO-MANORUM DECUS. Verùm enim ve-rò invidia ut solet rebus prosperrimè suc-cedentibus insidiari, Belisarium quoque ita adorta est, ut is per calumniam de-latus & magistratu & honore sit exutus. Hæc Cedrenus. Sed & Constantinus Ma-nasses in Annalibus cum id ipsum affir-met, vehementi istiusmodi invectiva pro-brosum Imperatori infectatus est faci-nus, ubi res à Belisario præclarè gestas enarrat:

C

V.

D

Sed hæc (inquit) invidiæ sceleratissimæ non placebant; quapropter honestissimam Ducis famam parùm æquis oculis intueba-tur, & toto impetu gloriam ejus oppugna-bat: nàm vulgò quod dicitur, Quid sit utile, ignorat invidia. Quamobrèm vir fortunatus, magnus copiarum ductor, qui formidabilem Cosrhoem Persarum Princi-pem exterruerat, qui Reges servitutis jugo subjecerat, qui gladio tot Libyæ nationes domuerat, vir denique Mavortius, & in præ-liis animo leonino præditus, immanis bel-luæ, nimirùm invidiæ dolis circumven-tus, absque milite, propugnatoribus, pha-retratorum turba ruinam indignam & la-crymis deplorandam ruit. Factus est (heu miser!) pupillo nudior calicem calamita-tum largiter hausit; ceu fugitivum quod-dam mancipium rebus suis universis spolia-tus est ; eòque denique loci redactus est, ut (heu sortem acerbam!) carnificem expecta-ret, quando cervices ei gladio secturus esset. O invidia, bellua nocens, latrocina trix, cæ-dibus & persecutionibus gaudens, scorpie infinitis stimulis prædite, tigris homines de-vorans, dracæna, venefica letali herba, telum ferri expers, cuspis acutissima, qualia, designas

VI.
Pro Beli-sario decla-matio.

E

deſignas & improba committis ! Quas calamitates, quæ mala ſtruis ! Vincit me dolor, conturbat luctus, & lacrymas expri-
mit . Qnouſquè perditrix tantum virium
habebis? Quoſquè ſceleratiſſima vitam humanam perturbabis ? Q tyranne mala machinans, ſanguinarie cuncta appetens ! Etiam
ipſe (quod nunquàm factum oportuit) tuas
in manus incidi, tuaque tela expertus jaceo,
parumper adhùc ſpirans.] Hucuſque Con-
ſtantinus in invidiam veluti malorum omnium cauſam ſtylo pugnans, cum & alii in
eodem argumento verſantes fortunam proditionis incuſent .

VII.

Sed Ethnicorum ſint iſta lamenta : altiùs
figit oculos Chriſti fidelis, qui cum manare
cuncta è divina providentia intueatur, haud
caſum incuſat atque fortunam ; ſed præterita hominum impie facta conſiderans, divinam intelligit eſſe vindictam, quam imprudens quiſpiam invidentiæ tribuit atque for-
a Eccleſ. 5. tunæ. Quòd autem, ex ſententia Sapientis(a),
Peccati Altiſſimus ſit patiens redditor, cum interdùm
culpa, non vindicet peccata patrum in filios, nepotes,
pœna di- ac pronepotes; ſeram haud quis judicabit eſ-
miſſa : ſe vindictam, qua ipſum viderit peccati eſſe
proſecutum auctorem. Ut igitur æqua libra
expenſam intelligas in Belisarium cælitùs
Deum jaculatum eſſe vindictam; hic ob oculos pone quæ in ſanctiſſimum Eccleſiæ Romanæ Pontificem Silverium in gratiam Theodoræ Auguſtæ Romæ Belisarius aliquando
perpetravit : quòd honor Regis judicium diligit) licèt culpa peccantem abſol-
vat, ob quàm perpetua gehenna dignus erat,
haud ſemper pœnam in præſenti vita luen-
dam omninò remittit : ut inter alia exempla,
b 2.Reg.12. quibus affluit divina Scriptura, de David (b)
patet expreſſum ; qui licèt peccatum à Deo,
dimiſſum Nathan annunciaverit, pœnam tamen in præſenti vita ipſi à Deo infligendam
pariter demonſtravit . Quàm autem ſit immane ſcelus, atque pavendum etiam dæmonibus ſacrilegium, injicere manus in Chriſtum Domini, unctumque in ſacrum ſanctorum; ex illa ſatis ſit ponderare ſententia
c Zach.2. Domini qua ait (c): Qui tetigerit vos, tan-
d Matt.18. git pupillam oculi mei . Vel cùm minatur(d):
Marc. 9. Qui ſcandalizaverit unum de puſillis illis,
Luc.17. qui in me credunt, expedit ei ut mola aſi-
naria, appendatur in collo ejus, & deijciatur
in mare. Sed quis præterea, ſi ſceleris im-
menſitatem conſiderat, incuſare poterit &
non admirari potiùs divinum judicium, juſtè
latum in Belisarium, cum experiri ipſe coactus ſit, quod (ut ex Procopio dictum eſt)
pati coactus eſt Joannes Conſul atque Præfectus Prætorio inſignis Patricius, qui re vera ob inopiam compulſus eſt mendicare ?

VIII.

Quòd verò his de Belisario enarratis Al-
cisus (ut dictum eſt) repugnans, nullum
præterea argumentum aſferat, quàm de re
tanta ſilentium Procopii & Agathiæ: Quod
ad Procopium pertinet, nihil eſt quòd ex
eo aliquid induci poſſit, cum minimè ad hæc
tempora ſuam hiſtoriam perduxerit . Cæterùm ipſum poſt hiſtoriarum volumina ſcri-
pſiſſe librum conſtat, quo ejuſdem Juſtinia-

ni comprehendit vituperationes, ſimul &
uxoris ejus Theodoræ, itèmque Belisarii, atquè conjugis ipſius ; prout teſtatur Suidas: in
quo quidem commentario ea tractata fuiſſe,
ratio argumenti cogit exiſtimare . Quod autem pertinet ad Agathiam, haud potuit ipſe
hæc pertractaſſe, quæ facta diximus anno
trigeſimoquinto ipſius Juſtiniani Imperatoris, cum ejus hiſtoria annum trigeſimumſe-
cundum non excedat . At de his hactenùs. Ad
res verò Occidentalis Eccleſiæ pietas Childeberti nos provocat .

IX.

Hoc enim anno, qui ejuſdem Childeberti
Francorum Regis quadrageſimuoctavus numeratur inchoatus, data reperitur ejuſdem
Regis pragmatica ſanctio de bonis à ſe donatis Eccleſiæ S. Vincentii, quam (ut jàm diximus) ſumptuoſè conſtruxit . Ut ergò memorabile antiquitatis monumentum cunctis
e Apud notum fiat, quo Chriſtianiſſimi Regis pietas
Aim. lib.2. innoteſcit, hic ipſam integram deſcribere,
cap.20. ex parte aliqua ſuperiùs recitatam, haud erit
otioſum ; ſic enim ſe habet (e) :

Childebertus Rex Francorum V. I.

Donatio Recolendum nobis eſt & perpenſandum
Childebert. utiliùs, quòd hi qui templa Domini noſtri
Reg.Franc. Jeſu Chriſti ædificaverint, & pro requie
animarum ſuarum ibidem tribuerint, vel in
alimoniam pauperum aliquid dederint, &
voluntatem Dei adimpleverint, in æterna
requie ſine dubio apud Deum mercedem recipere merentur. Ego Childebertus Francorum Rex unà cum conſenſu Francorum &
Neuſtraſiorum, & exhortatione ſanctiſſimi
Germani Pariſiorum urbis Pontificis, vel
conſenſu Epiſcoporum, cœpi conſtruere
templum in hac urbe Pariſiaca propè muros
civitatis in terra quæ aſpicit ad fiſcum noſtrum Iſiacenſem, in loco qui appellatur
Leucotitio, in honorem S. Vincentii martyris, cujus reliquias ex Hiſpania aſporta-
vimus, ceu & ſanctæ Crucis, & S. Stephani, & S. Ferreoli, & S. Juliani, & beatiſſimi S. Georgii, Protaſii, Nazarii, & Celſi
pueri, quorum reliquiæ ibi ſunt conſecra-
tæ.

XI.

Propterea in honorem dominorum Sanctorum concedimus fiſcum noſtrum largitatis noſtræ Iſiacum, qui eſt in pago Pariſiorum propè alveum Sequanæ, unà cum omnibus quæ ibi aſpiciunt cum manſis & com-
manentibus in ejus agris, territoriis, vineis,
ſilvis, pratis, ſervis, inquilinis, libertis,
miniſterialibus, (præter illos quos ingenuos
nos eſſe præcepimus) cum omnibus appen-
dentiis ſuis quæ ibi aſpiciunt, cum omnibus
adjacentiis, cum omnibus quæ nobis deſer-
viunt tàm in aquis quàm in inſulis, vel cum
molendinis intrà portam civitatis & turrim
poſitis, cum inſulis quæ ad ipſum fiſcum
adjacent, cum piſcatoria quæ appellatur Ve-
rena, cum piſcatoriis omnibus quæ ſunt in
ipſo alveo Sequanæ, ſumuntque initium à
ponte civitatis, & ſortiuntur finem ubi al-
veolus Sanaræ veniens præcipitat ſe in flumen . Has omnes piſcationes, quæ ſunt &
fieri poſſunt in utraque parte fluminis, ſicut
nos tenemus & noſtra foreſtis eſt, tradimus,
ad ipſum locum, ut habeant ibidem Deo ſer-
vien-

vientes victum quotidianum per succedentia tempora. Damus autem hanc potestatem, ut cujusque potestatis littora fuerint utriusque partis fluminis, teneant unam perticam terræ legalem, sicut mos est ad ducendas naves & reducendas, ad dimittenda retia vel deducenda absque ulla refragatione & contradictione, seu judiciaria contentione.

XII.
instrumentis. De argumentis * vero, per quæ aves possunt capi super aquam, præcipimus ut nulla potens persona inquietare valeat famulos, sed omnia secure teneant, possideant per infinitas temporum successiones, & cum areis & casis infra Parisios civitatem cum terra & vinea, & oratorium in honorem S. Andeoli martyris, quæ de Hilario & Cæsarea, dato pretio, comparavimus, & cum omnibus quæcumque in eo nobis deserviunt, pro requie animæ meæ, quando Deus de hac clarissima luce dederit discessum: Ipse fiscus qui vocatur Isiacus, cum omnibus quæ ibi aspiciuntur, ipso die ad ipsum templum Domini, quod nos ædificavimus, deserviat, & ad omnia quæ illi sunt opus tam ad lumen quam in Dei nomine ad stipendia servorum Dei quos ibi instituimus, seu ad ipsos rectores qui ipsos regere habent, omnino ibi transvolant, & per longa annorum spatia ad ipsum templum Domini, quod absque contradictione vel refragatione aut judiciorum contentione inspecta, ipsa præceptione omni tempore proficiat in augmentum. Et ut hæc præceptio cessionis nostræ futuris temporibus firmior habeatur, & Deo auxiliante, per omnia tempora inviolabiliter conservetur; manibus propriis vel nostris signaculis infra decrevimus roborare. Datum quod fecit mense Decembri, die sexto, anno quadragesimooctavo postquam Childebertus Rex regnare coepit.] Hactenus donationis tabulæ Regis Christianissimi, ex Ecclesiastica disciplina colentis cineres sanctorum martyrum, & perpetuam requiem post obitum per eleemosynas sibi conciliantis.

XIII.
De Basilica S. Vincentii. Porro quod ad nobilem basilicam ab ipso Childeberto Parisiis erectam pertinet, est ejusmodi carmen Venantii Fortunati hac inscriptione notatum:

De Ecclesia Parisiaca.

Si Salomoniaci memoretur machina templi:
Arte licet par sit, pulchrior ista fide.
Nam quacumque illic variis velamine legis,
Clausa fuere prius, hic reserata patent,
Floruit illa quidem vario intertexta metallo;
Clarius hæc Christi sanguine tincta nitet.
Illam aurum, lapides, ornarunt cedrina ligna;
Hic venerabilior de Cruce fulget honor.]

Hæc idcirco de Cruce, quod (ut vidimus) in tabulis donationis inter alias sacras reliquias lignum quoque sanctæ Crucis illic Childebertus collocandum curavit. Sed pergit:

Constitit illa vetus ruituro structa talento;
Hæc pretio mundi stat solidata domus.
Splendida marmoreis attollitur aula columnis;
Et quia pura manent, gratia major inest.

Annal. Eccl. Tom. VII.

A Prima capit radios vitreis oculata fenestris.
Artificisque manu clausit in arce diem:
Cursibus aurora vaga lux laquearia complet,
Atque suis radiis & * sine Sole micat.]   * hæc.
His dictis, de auctore qui eam erexit, donisque multiplicibus ditavit, hæc addit:

Hæc prius egregio Rex Childebertus amore
Dona suo populo non moritura dedit;
Totus in affectu divini cultus inhærens,
Ecclesiaeque juges amplificavit opes.
Melchisedech noster merito Rex atque sacerdos
Complevit laicus religionis opus.
B Publica jura regens, & celsa palatia servis
Unica.Pontificum gloria, norma fuit.
Hinc abiens, illinc meritorum vivit honore:
Hic quoque gestorum laude perennis erit.]
Hæc Fortunatus post obitum (ut apparet) ipsius Childeberti Regis, de quo dicemus anno sequenti.

Ad hanc autem spiritualibus muneribus **XIV.**
locupletandam basilicam, ipse S. Germanus ad loca sancta invisenda in Orientem **Peregrinatio S.Germani Hierosol.** profectus, expetitas a Justiniano Imperatore reliquias detulit, atque in eadem basilica collocavit: de quibus Aimoinus hæc habet (a): Beatissimus quoque Germanus **C** Præsul Parisiacæ urbis ad sancta loca Hie- **Aimoin.** rosolymam pergens, inque redigns, præ- **de Gest.** fatum Principem, nempe, Justinianum Im- **Franc.l. 3.** peratorem, adiit, à quo & honorifice est **c.9.** susceptus. Cumque eum plurimis vellet decorare muneribus, vir Deo plenus auri & argenti spernens munera, ab eo reliquias tantummodo Sanctorum expetiit. Cujus devotioni præfatus congaudens Princeps, de Domini nostri Jesu Christi corona spinea, simulque reliquias Innocentum, unaque brachium sancti Georgii martyris pro magno munere contulit. Quæ vir Dei gra- **D** tanter suscipiens, ad propria rediit, & prædicta Sanctorum pignora in Ecclesia sanctæ Crucis,sanctique Vincentii condidit,] Hæc auctor.

Porro quod ad reliquias ipsius S. Vincen- **XV.**
tii martyris pertinet, viguit magnopere non **De aliis** in Hispaniis tantum ubi passus est,sed & in **memoriis** Galliis earumdem cultus: cujus rei præter **S. Vincent.** cætera fidem faciunt, alia ejusdem Fortunati eodem argumento scripta carmina (b) **b Fortunat.** nempe de ejusdem Sancti basilica, ultra Ga- **lib. 1. c. 8.** rumnam, quam S. Leontius Episcopus Bur- **& 9.** degalensis istanno cooperuit; & de alia in Vernemete, quam idem Leontius erexit à fundamentis, ubi & recolit miraculum in ejus dedicatione, martyris virtute, factum; **E** simulque post cultum toto orbe terrarum cultum S. Vincentii martyris fuisse celebrem. Sed accipe ejus epigramma:

Cultoris Domini toto sonus exiit Orbe, **S. Vincen-**
Nec locus est ubi se gloria celsa neget. **tii celeber-**
Sed cujus meritis scimus præcinente mundo, **rimus cul-**
Hujus ubique viri surgere templa decet. **tus.**
Ecce beata nitens Vincenti culmina summi
Munere martyrii qui colit astra poli.
Promptus amore pio qua Papa Leontius olim
Condidit eximio consolidata loco.
Nomine Vernemetis voluit vocitare vetustas,
Quod quasi fanum ingens,Gallica lingua refert.

P p   *Auspi-*

Auspicii præmissa fides erat arce futura,
Ut modò celsa domus flagret honore Dei.
Hic etiam sanctus Domini suffultus amore
Virtutis summæ signa tremenda dedit.
Nam cum tepla Dei Præsul de more dicavit,
Martyris adventu dæmonis ira fugit.
Redditur incolumis quidam de parte maligna,
Cui vidisse pia templa, medela fuit.
Emicat aula potens divino plena sereno,
Ut meritò placeat hic habitare Deo.

A   *Nunc specie suadente loci hac virtutis honore*
Evocat hic populus,hinc decus,indè salus.
Qui plebem accendis, veneranda conditor
arcis,
Talibus officiis præmia justa metis.]
Hæc ad Leontium Fortunatus. Sed & de
aliis ejusdem martyris in Gallia basilicis &
miraculis illic edi solitis agit Gregorius
Turonensis in commentario de Gloria mar-
tyrum, At de his hæc satis.

JESU CHRISTI   JOANNIS PAP.   IUSTINIANI IMP.
ANNUS   ANNUS   ANNUS
562.   3.   36.

I.

Childeberti Regis obitus.

NOvus illuxit annus, idemque Domini quingentesimus sexagesimussecun-
dus numeratur, atque post Consulatum Basilii vigesimusprimus, decimæ Indictionis:
quo religiosissimus Francorum Rex Childebertus sanctis operibus clarus ex hac vita
migravit, agens in suo regno annos quadraginta novem. Ad hunc usque annum saltem pervenisse ipsum, vetera scriptorum
monumenta anno superiori recitata satis docent. Unde emendes eos qui eidem tribuunt
annos quadraginta quatuor: nam præterea
quæ dicta sunt, constat ex Fortunato ad
tempora Euphronii Episcopi Turonensis
atque Germani pervenisse, qui haud pridem (ut diximus) creati fuere Episcopi.
Sanè quidem Aimoinus atque Papyrius qui
res Francorum accuratiùs sunt prosecuti,
ad dictum à nobis positum annorum numerum eumdem Regem pervenisse testantur.
Porrò ubi defunctus est, in erecta ab ipso
basilica S. Vincentii (quod jusserat) sepultus fuit: ad cujus sepulchrum ejusmodi inscriptio exarata legitur (a).

a Apud
Aimoin. l.
2.c.9.
Epitaphiũ
Childeb.
Reg.

Francorum rector, præclarus in agmine du-
ctor
Cujus & Allobroges metuebant solvere le-
ges,
Datus, & Arvernus, Britonum Rex, Go-
thus, Iberus:
Hic situs est, dictus Rex Childebertus, Ho-
nestus.
Condidit hanc aulam Vincenti nomine claram.
Vir pietate vigens ×, probitatis munere pol-
lens,
Amplectens humiles, prosternens mente re-
belles.
Templa Dei ditans,gaudebat,bona repensans:
Millia mendicis solidorum dans & egenis,
Gazarum cumulos satagebat condere cælo.

× clarens.

II.

Porrò idem Rex religionis propensioris
cultus alia plura monumenta reliquit,nem-
pè hospitalem domum pauperibus extru-
ctam Lugduni, cujus est mentio in Concilio
Aurelianensi (b); celeberrimum insuper
monasterium Arelatense, cujus meminit S.
Gregorius (c), cum illud locupletat privilegiis: necnon etiam monasterium Mo-
doalense, in quo S. Carilephus unà cum
suis monasticam vitam summa excoluit diligentia, ut ejus vitæ Acta (d) significant.
Sed & alia multa fuisse, non dubium est,
quæ nos latent.

b Concil.
Aurel.
c.15.
c Greg. l.7.
epist.111.

d Extant
apud Sur.
tom. 4. die
1. Jul.

B   Post obitum verò Childeberti Regis Clotarius germanus ejus regnum, filiabus ejo-
ctis, accepit, solusque totius Francorum
regni monarchia potitus est. Qui parisiis
veniens, & in morbum repente incidens, à
S. Germano ejus civitatis Episcopo, cujus
contemptus causa ille divinitùs immissus
erat, curatur. Sed quomodò id acciderit,
accipe à Fortunato, dum ait (e) v Cum S.
Germanus ad gloriosum Clotarium Regem
occurrisset, nec tamen ei fuisset indicatum : mora ante Palatium ei fuisset indicatum; mora facta ante vestibulum, non præsentatus,
domum revertitur. At sequens nox consta-
tis in oratorio vigiliis ducitur : Rex dolore
atque febris infestatione torquetur. Vix
primo diluculo ad summum Pontificia à proceribus concursatur: pœna Regis exponitur; & ut sua visitatione Regis doloris vim
mitiget, optimates deprecantur. Mòx apud
pietatis virum injuriæ causa postponitur; &
qui ante nec nunciabatur, intrat jàm honoratus, & exoratus Palatium visitat. Tùnc
Rex vix assurgens de sectulo, cæsum se divino flagello conqueritur, allambitque palliolum, & vestem sacerdotis deducit gaudens per loca doloris' culpam namque confessus est criminis, & sic dolor omnis fugatur. Itaque actum est, ut cujus incur-
rebat de contemptu periculum, sentiret de
contactu remedium.] Hæc Fortunatus.
Porrò ubi monarchiam Clotarius Galliæ-
rum obtinuit, cùm cæteros viros sanctos,
tùm præcipuè S. Maurum, qui à S. Benedicto missus erat in Galliæ ad propagandam
vitam monasticam, coluit, multaque ergà
ejus monachos exhibuit pietatis officia, atque contulit beneficia; quæ Mauri Acta prosecutus Faustus pluribus narrat. Pepercit-
que iterum filio suo Chramno sæpius rebel-
lanti Clotarius hoc anno, ubi monarchiam
est consecutus; sed frustrà: nàm de eo illa
Gregorius (f).
Chramnus patri repræsentatur, sed posteà infidelis extitit: Cumque se cerneret
evadere non posse, Britannis petiit, ibique cum Conobio Britannorum Comite ipse
& uxor ejus & filiæ latuerunt. Vvilicharius
autem socer ejus ad basilicam sancti Martini confugit. Tùnc sancta basilica à peccatis populi ac ludibriis, quæ in eâ fiebant, per
Vvilicharium,conjugemq; ejus successa est:
quod non sine gravi suspirio memoramus.

III.

Clotarius monarchia adeptus Regni Fr.-
corum.

e Fortunat.
in vita S.
Germani c.
24. apud
Sur. tom. 3.
Ob S.Ger-
mani con-
temptum
Rex affli-
gitur.

f Greg.Tur.
l.4.c.20.

IV.

Basilica S.
Martini
incensa.

       Sed

Sed & civitas Turonica ante annum jàm igne confumpta fuerat, & tot ecclefiæ in eadem conftructæ defertæ relictæ funt. Protinùs beati Martini bafilica, ordinante Clotario Rege, ftanno cooperta eft, & in illa qua priùs fuerat eleganti à reparata.] Hæc Gregorius: reliqua autem de Clotario fuo loco.

V.
De Aurel.
Caffiodoro.

Sed ratio temporis à nobis exigit, ut doctiffimum illum & æquè fanctiffimum virum decus Romanæ nobilitatis præfecturis innumeris diutiùs illuftratum conveniamus Aurelium Caffiodorum, non otiofum illum quidem, licèt feriatum degentem in monafterio quod extruxit, ubi velut in portu refidens poft naufragia Regum Gothorum, quorum regna Prætoria præfectura curarat, Deo & litteris vacans, reliquum vitæ tempus ad obitum ufquè femper aliquem fertiliffimi ingenii partum edens, æftatem licèt annis, fœcundam frugibus fenectutem ducebat. Scribebat hoc anno Pafchalem computum, & de Indictione adinvenienda currente, ac de Epacta, aliifque ad Pafchalis temporis computum fpectantibus. In quibus fingulis difponendis quàm adamufsim in omnibus idem ipfe noftræ confentiat Annalium chronographiæ (quod ex aliis teftibus fæpè docuimus) ipfum audi ifta dicentem : Si noffe vis, quotus annus eft ab incarnatione Domini noftri Jefu Chrifti: computa triginta fex per quindecim, fiunt quingenti quadraginta: his femper adde duodecim, & fiunt quinquaginta duo : adde & Indictiones anni cujus volveris, uta puta, decimam, viciès femel poft Confulatum Bafilii Junioris : funt quingenti fexagintaduo, &c.] Ac paulò poft: Si vis fcire, quota eft indictio, ut puta vicies femel poft Confulatum Bafilii Junioris : fume ab incarnatione Domini noftri Jefu Chrifti, id eft, quingentos fexagintaduos : his femper adiice tria ; fiunt quingenti fexagintaquinque. Hæc partire per quindecim; remanent decem: decima eft Indictio.] Hæc ipfe, præfentem defignans annum.

VI.

Nos igitur ab eodem Caffiodoro hæc accuratè tractante, accepto hoc anno tradito, Indictionis inveniendæ numerandæque modo, fingulos poft hæc annos Indictionis nota fignaturi fumus. Cum enim jàm propè nos deferant Confules, per quos hactenùs annos fingulos numerare confuevimus, vel admodùm infrequentes invenimus ; nihil eft ut per eos annos fingulos numerare poffimus; unde opus eft per Indictionum periodos, deducere temporum fupputationem. In quo illud monendum, quòd etfi numeret Caffiodorus ab incarnatione, nos verò à natali Domini, unus idemque annus Domini eft, cum novem tantùm menfes intercedant ab incarnationis tempore ufque ad natalem ipfius diem, idemque annus fit fub Confulatu Bafilii viciès femel fignatus, ut etiam numeratum eum vides à Caffiodoro. Verùm fi à menfe Septembri, more majorum, numerare cœperis Indictiones : tunc fiet ut non eadem fit Indictio anni ab incarnatione numerati, & ejus qui

Annal. Eccl. Tom. VII.

exorditur à fequenti natali Domini: fæpè enim opus erit ut unius numero crefcat annus à Domini natali notatus, ficque hic ipfe annus Domini quingentefimus fexagefimus fecundus, fub Confulatu Bafilii viciès femel, Indictionis decimæ ab incarnatione Domini, idem fit Indictionis undecimæ à natalis tempore. Quamobrem cum hoc anno Indictio decima à Caffiodoro ponatur, undecima ponenda à nobis effet, ipfa incipiente à menfe Septembri ejufdem anni quingentefimi fexagefimifecundi incarnationis Domini, qui deducitur ufque ad vigefimaquintam menfis Martii anni hujus, à quo tempore poftea fexagefimustertius incipit numerari.

VII.

Quoniam verò majores noftri, qui Chrifti annis conjunxere Indictiones, eos non à natali Domini, fed ab incarnatione (ut vides) incipiunt numerare : nos ad evitandas perplexitates eodem pariter ordine jungemus Chrifti annis Indictiones, ita ut præfenti anno, veluti ab incarnatione inchoatus, ex fententia Caffiodori decimam ponamus Indictionem. Cæterùm nequaquàm fit præjudicium inftitutæ chronographiæ ; cum eodem anno & fub iifdem Confulibus (ut fæpè dictum eft) quo Chriftus eft incarnatus, pariter & natus fit, curratque idem annus, licèt non eadem Indictio, abfoluta priori menfe Septembri, quo & fequens inchoatur. Hæc igitur meminiffe oportuit, ut in ponendis Indictionibus noftri inftituti ratio habeatur. Sed ad Caffiodorum redeamus.

VIII.

Ut autem tanti viri memoria noftris Annalibus pretiis inhæreat, præter illa quæ de ipfo fuperiùs dicta funt, quæ funt reliqua recolamus ; ne qui nobis fcribentibus quamplurima fuppeditavit, fuumque fæculum mirificè illuftravit, ipfe obfcurus prætereat, atque ingrata nimis oblivione fepeliatur inglorius. Qui igitur à tempore Theodorici Amali Regis ufque ad Vitigem itidem Italiæ Regem, apud ipfos Gothorum Reges florentiffimè vixit, fummis femper honoribus auctus ; exaturatus ad naufeam ufque continuatione ampliffimorum magiftratuum, quò turbulentiùs mundi pelagus magis expertus eft, eò libentiùs tenui cymba contulit fe in folitudinem, exoptatum diù portum tranquillitatis, nempè in monafterium à fe conftructum, de quo ipfe pluribus in libris de divinis lectionibus *(a)* meminit ; appellatque ipfum monafterium Vivarienfe, five Caftellenfe, ita à loco denominatum, ubi (ut ait) pifcofus amnis Pellena dictus fe mittit in mare. Sanè quidem ubi ifte fitus fuerit qui ab ipfo Caffiodoro defcribitur locus, haud facilis eft inventu: ex Gregorio tamen Romano Pontifice in epiftola ad Joannem Scyllitanum Epifcopum, ubi pofitum fuerit ipfum Caffiodori monafterium, quod Caftellenfe nominatum fuiffe, poffumus intelligere.

Meminit enim ipfe *(b)* de Caftellenfe five Caftellenfe monafterio à Romanis Pontificibus privilegiis communito, traditque collocatum fuiffe apud civitatem Scyl-

a Caffiod de divin. lect. c. 29.
De monafterio Caffiodori.

IX.
b Greg. lib. 7. Indict. 1. epift. 33.

Pp 2

Scyllitanam.Et ne quis putet S.Gregorium A nullis diebus Solis claritas abesse cognosci-
de alio aliquo Scyllitano sive Scyllaceo tur, miroque modo in terris aqua peragitur,
loco esse locutum, quàm de eo qui in ex- quod Solis flammeus vigor desuper modu-
trema parte Calabriæ, sive dixeris Magnæ latus excusserit. Ita, quæ natura divisa sunt,
Græciæ situs est, ubi famosus Scyllæ contra ars hominum facit ire concorditer; id qui-
Caribdim scopulus imminet, à quo civi- busfides rerum tanta veritate consistit, ut
tas nomen accepit; satis id intelligere pos- quod ab utrisque geritur, per internun-
sumus ex alia epistola (a) ejusdem Grego- cios existimes constitutum. Hæc ergò pro-
rii Papæ ad Secundum Tauromenii Epi- curata sunt, ut milites Christi certissimis
a Greg.ll.7. scopum data, cui committit causam ejusdem signis admoniti, ad opus exercendum divi-
Indict. 1. Castelliensis monasterii monachorum. num quasi tubis clangentibus evocentur.]
epist. 31. Esse autem Tauromenium in Sicilia civita- Hæc ipse.
tem ex adverso littore positam,nemo igno-
rat. Cæterùm de Pellena amne nusquàm Sed quod omnibus præstat,egregiam pla- **XII.**
mentionem reperimus. At ex his quæ di- nè eisdem vitam monasticam excolentibus De Cassio-
cta sunt, minimè induci possumus, ut cre- B ibidem bibliothecam constituit, quam & in dori Bi-
damus (quod alii dicunt) Cassiodori mo- commentario Institutionis divinarum le- bliotheca.
nasterium in Ravennate fuisse territorio col- ctionum descripsit: quo & effecit, ut (quod
locatum. Remotiora videtur quæsisse loca, in ejus præfatione profitetur)cum bellis pax
qui sæculo nuncium omninò remisit,& non esset in Italia ubique turbata, ob idque ad
X. ubi assiduò bella vigebant. discendum scholæ minimè essent apertæ;ipse
Cœnobitis addiscere cupientibus doctores veluti in ca-
& Anacho. Sed cur duo nomina uni monasterio ab thedris constituerit, cum eorum scripta per **c Cassiod.**
retis locus ipso indita,cum ejusmodi affixit titulum lo- novem(ut ipse testatur (c) distincta armaria **Distitut .di-**
aptus. ci descriptioni, videlicet, *De positione mo-* ibidem collocavit. Sed audi consilium ejus, **vin. lect. c.**
nasterii Vivariensis, sive Castellensis ?] Ac- quod præfando declarat his verbis: Quo- **8. & 11.**
cipe quæ ipse in fine ejus capitis habet his niam non habet locum res pacis temporibus
verbis: Si nos in monasterio Vivariensi (si- inquietis: ad hoc divina charitate probor
cut credere dignum est) divina gratia suf- esse compulsus,ut ad vicem magistri, intro-
fragante cœnobiorum consuetudo compe- C ductorios vobis libros istos, Domino præ-
tenter adjuvat, & aliquod sublimius desi- stante,consecerim,per quos (sicut æstimo)
deros animos optare contingat;habetis mon- & scripturarum divinarum series, & sæcula-
tis Castelli secreta suavia, ut velut anacho- rium litterarum compendiosa notitia, Do-
ritæ, præstante Domino, esse positis: sunt mini munere pandetur.]
enim semota & emicantia eremi loca, quan-
dò muris priftinis ambientibus præ eam ut Et post hæc, quid è singulis sit accipien- **XIII.**
inclusa.] A vivariis verò piscium Vivari- dum libris, sic utiliter admonet: In quibus Ab anti-
ense monasterium esse dictum, ipse supe- non propriam doctrinam, sed priscorum quis peten-
riùs testari videtur, ubi ait : Maria quoque dicta commendo, quæ posteris laudare fas da doctri-
nobis ita se subjacent, ut piscationibus va- est,& prædicare gloriosum. Quoniam quic- na.
riis pateant, & captus piscis, cum libuerit, quid de priscis sub laude Domini dicitur,
vivariis possit includi. Fecimus illic, juvan- odiosa jactantia non putatur.] Et paulò
te Domino, grata receptacula, ubi sub clau- post, non propriam, sed priscorum esse in
stro fideli vagetur piscium multitudo, ita D divinis rebus sententiam sectandam,his ver-
consentanea montium speluncis, ut nulla- bis docet: Quapropter, dilectissimi fra-
tenùs se sentiat captum, cui libertas est es- tres, indubitanter ascendamus ad divinam
cas sumere & per solitas se cavernas abscon- Scripturam per expositiones probabiles Pa-
dere.]Hæc de loco & nominibus monasterii. trum, veluti per quandam scalam visionis
XI. Jacob (c) ut eorum sensibus provecti, ad **d Genes. 28.**
Porrò ita ipsum optimè, civitatis instar, contemplationem Domini efficaciter perve-
instituit, ut nihil Deo servientibus ex iis nire mereamur, ista enim fortasse scala Ja-
deessent, quæ Christiano philosophanti ad cob, per quam Angeli ascendunt atque de-
rerum divinarum contemplationem condu- scendunt;cui Dominus innititur,lapsis por-
b Cassiod. cerent. Describit ipse (b) eadem utensilia ; rigens manum, & fessos ascendentium gres-
divin.Insti- ubi & de lucernis ex Archimedis officina sus sui contemplatione sustentans.] Hæc
tut.cap.29. sumptis hæc mira : Paravimus etiam noctur- ipse: qui & quæ tyronem deceant, quæve
30.31. nis vigiliis mechanicas lucernas conserva- provectioribus sint proponenda, magna
De lucer- trices illuminantium flammarum, ipsas sibi habita discretione, partitur.
nis & Ho- nutrientes incendium, quæ, humano mi-
rologiis. nisterio cessante, prolixe custodiant uber- Præter autem sanctorum Patrum varia **XIV.**
rimi luminis, abundantissimam charitatem ; E scriptorum monumenta, recentiorum lu- De Mutia-
ubi olei, pinguedo non deficit , quamvis cubrationes recenset auctorum, ut Diony- no.
flammis ardentibus jugiter torreatur.] Et sii Exigui, Epiphanii, Bellatoris,Eugipii,
de horologiis ista mox subiicit: Sed nec ho- Primasii, quorum omnium superiùs suis lo-
rarum modulos passi sums ullatenùs igno- cis fecimus mentionem. Meminit & Mu-
rare, qui ad magnas utilitates humani ge- tiani viri disertissimi, cujus de opera usum
neris noscuntur inventi. Quapropter ho- tradit, ut trigintaquatuor homilias S.Joan-
rologium vobis, quod Solis claritas indi- nis Chrysostomi in epistolam Pauli ad He-
cet, præparasse cognoscere: alterum aqua- bræos Latinitati donaret. Porrò hunc cre-
tile, quod die noctuque horarum jugiter diderim Mutianum illum faventem Quintæ
indicet quantitatem; quia frequenter non- Synodo & Romanis Pontificibus in damnatione Trium capitulorum , redarguen-
temque

temque Africanos obstinatè nimis resisten- A
tes, & schismate se ab Ecclesia Catholica
dividentes: adversùs quem Facundus Hermianensis Episcopus opusculum scripsit,
cujus ante meminimus.

XV.

Agit praeterea Cassiodorus, dùm relegit
suam bibliothecam, de quodam Petro, Ab-
a Cassiod. In-
stit. divin.
lect. cap. 8.
De Petro
Tripolita-
no.
*perfectum
bate in Africa; cujus scripta dùm recenset, haec ait (a) : Petrus Abbas Tripolita-
nae provinciae S. Pauli epistolas exemplis
opusculorum S. Augustini subnotasse narratur, ut per os alienum sui cordis declaret
arcanum: quae ita locis singulis competenter aptavit, ut hoc magis studio beati Augustini credas esse profectum *. Mirum est B
enim sic alterum ex altero dilucidasse, ut
nulla verborum suorum adjectione permixta, desiderium cordis proprii complesse videatur: qui vobis inter alios codices, divina gratia suffragante, de Africana parte mit-
tendus est.] Haec de Petro Cassiodorus.

XVI.

Tu verò scito, lector, ejusdem Petri extare labores, sed Bedae nomine editos; quod
ut probaret qui praefationem praefecit operi, Bedae quaedam verba id testantia recitat
ad finem (ut aiunt) historiae ipsius apposita: C
sed cum desiderantur illa in ipsa recentiori
etiam Bedae editione, imposturam arbitror.
Ablata Venerabilis Bedae probitate, alienos
sibi partus supposuisse. Sed sicut Bedae illud opus non est, ita nec Flori Abbatis, cui
à Sigeberto tribuitur. Quis verò ejus sit
legitimus auctor, satis definitam habes litem, nempe esse opus illud Petri Abbatis
Tripolitani: quod (ut vidimus) Cassiodori testificatione monstratur.

XVII.

Inter alios autem illustres viros, quorum
ibidem Cassiodorus meminit, Eusebius cae-
cus est nemini notus, nisi qui commenta-
b Cassiod.
Instit. di-
vin. lect. 5.
§.
De Euse-
bio Nova-
tiano haere-
tico.
rium illum legeris. De ipso enim haec habet (b), dùm de Didymo Alexandrino agit:
De Didymo quod ferebatur, mihi penè impossibile videbatur esse, cum legerem: nisi
de partibus Asiae quaedam ad nos venire
Eusebium nomine contigisset. Qui se in- D
fantem quinque annorum sic excaecatum esse narrabat, ut sinistrum ejus oculum excavatum orbis profunditatis indicaret; dexter verò globus vitreo colore confusus, sine
videndi gratia infructuosis usibus volvеba-
tur. Hic tantos auctores, tantos libros in
memoriae suae bibliotheca condiderat, ut legentes probabiliter admoneret, in qua parte codicis quod praedixerant invenirent. Disciplinas omnes & animo retinebat, & expositione planissima lucidabat.] Et post alia
de ejus lucubrationibus: Quem tamen ad- E
huc Novatianae pravitatis errore detentum,
misericordia Domini suffragante, rectae fidei
credimus illuminatione complendum; ut
quem scripturas suas animo videre discere,
jubeat Catholicae fidei integritate pollere]
Haec Cassiodorus.

XVIII.
De Cassio-
dori scri-
ptis.

Sed jam ipsius recenseamus Cassiodori
lucubrationes, quas in eadem collocavit
bibliotheca; & quo ordine scriptae fuerint,
pernoscamus. Scripsit perbreve Chronicon
usque ad annum Domini quingentesimum
decimumnonum, id Theodorico Rege po-
Annal. Eccl. Tom. VII.

---

tente: itemque de rebus Gothicis duode- A
cim libros, ut ipse tradit in Variarum praefatione: id ipsumque & Jordanus, qui eos
in compendium redegit. Variarum insuper
duodecim libros collectos epistolarum in
eadem bibliotheca posuit asservandos.
Mòx verò scripsit librum de Anima, ut ipse c Cassiod.
in praef. lib.
de anima.
testatur, cum ita exorditur (c) : Cùm jam
suscepti operis optato fine gauderem, meque duodecim voluminibus jactatum, quietis portus exciperet, ubi eis non laudatus,
certè liberatus adveneram; amicorum me
suavе collegium in satum rursùs cogitatio-
nis exposuit: postulans, ut aliqua, quae B
tàm in libris sacris, quàm in saecularibus
abstrusa compeream, de animae substantia, vel de ejus virtutibus aperirem, &c.]
Habet id ipsum in undecimi libri Variaru
praefatione. Pòrrò ex dictis etiam illud apparet, tamdiù permansisse ipsum in saecularibus curis, quamdiù vixere illi Gothorum
Reges, quibus in amplissimis praefectura-
rum ordinibus militabat usque ad Vitigem
inde verò saeculo huic nunciùm remisisse,
atque monasterii captae quietem: cùm jam
degustans spiritalis vitae dulcedinem, crate-
re potatus sapientiae, hoc ore praebebat, sty-
loque pingebat, quo erat plenus interiùs:
nàm in fine ejusdem opusculi : Tibi deni- C
que Domino, inquit, nobilius est servire,
quàm mundi regna capessere, quando ex
servis filii, ex impiis justi, de captivis red-
dimur absoluti, &c.]

Tunc temporis etiam, hortatu Summi XIX.
Pontificis, Psalmos accepit interpretandos,
ut ipse profitetur, cùm ait in ipsius operis
praefatione his verbis: Repulsus aliquando
in Ravennae urbe sollicitudinibus dignitatum, & curis saecularibus noxio, sapore con-
ditis, cum Psalterii caelestis animarum mella gustassem, &c.] In fine autem: Quocir- b
cà (inquit) Pater Apostolice, qui cae-
lestes litteras sancti monitis reddidisti, praestante Deo, tua imitatione provocatus,
abyssum divinas ingrediar.] Ea scriptione
perfecta, ad Salomonis Parabolas stylum
convertit: id enim ipse pollicitus est in fine ejusdem commentarii, super Psalmos
idemque in Institutione divinarum lectio- d Cassiod.
Instit. di-
vin. lect. c.
num super Psalmos à se editas lucubratio-
nes affirmat: sed & in Parabolas Salomonis e Cassiod. de
Orthograp.
in praef.
meminit in prologo (d) aliqua commonuis-
se. Quos autem post haec dìderit commentarios, audi ipsum eosdem hoc ordine
referentem (e):

Jàm tempus est, ut totius operis nostri
conclusionem facere debeamus, ut meliùs
in animo recondantur quae septenaria con- X X.
Cassiodori
elucubra-
tiones.
clusione distincta sunt. Prima post commenta Psalterii, ubi, praestante Domino,
conversionis meae tempore primum studium laboris impendi. Secunda deinde post
Institutiones quemadmodum divinae & humanae deberent intelligi lectiones, duobus
libris (ut opinor) sufficienter impletis, ibi
plus utilitatis invenies, quàm decoris.
Tertia post expositionem epistolae quae scribitur ad Romanos, unde Pelagianae haere-
seos pravitates amovi, quod etiam in reli-

quo commentario facere fequentes admo-
nui. Quarta poſt codicem, in qua artes Donati cum commentis ſuis & librum de Ety-
mologiis, & alium librum ſacerdotis de
Schematibus, Domino præſtante, collegi,
ut inſtructi ſimplices fratres, ubi neceſſe fuerit, ſimilia dicta fine confuſione percipiant.
Quinta poſt librum quoque titulorum,
quem de divina Scriptura collectum, Me-
moriale volui nuncupari, ut breviter con-
cta percurrant; qui legere prolixa faſtidiunt.
Sexta, poſt complexiones in epiſtolis Apoſtolorum, & Actibus Apoſtolorum, &c.
Apocalypſi, quaſi breviſſimas explanationes
decurſas. Septima ad amantiſſimos Ortho-
graphos diſcutiendos anno ætatis meæ no-
nageſimotertio, Domino adjuvante, perveni. Hæc ipſe de ſuis ſcriptis hactenus editis.

In quibus omnibus ſane admirari non deſino doctiſſimi viri incredibilem animi demiſſionem, factus ſecundum Apoſtolum:
(a quomnibus omnibus: non quæ ſua
ſunt quærens, ſed aliorum, prima etiam
rudimenta in decrepita ſenectute monachos,
veluti pueros docere voluit, & tamquam
puerorum manum tenere, & ad characteres
recte formandas ducere non recuſavit: in
eorumdem enim fratrum utilitatem plurimum ſe laboris inſumpſiſſe teſtatur, ut ſecundum orthographiam jam librariorum incuria prætermiſſam, ad utilitatem legen-
tium, ſacros codices reſtitueret: nam audi
ipſum, dum in præfatione Inſtitutionis divinarum lectionum hæc ait: Illud quoque
credidimus commonendum, ſanctum Hie-
ronymum ſimplicium fratrum conſideratione pellectum, illi Prophetarum præfatione
diviſſe, propter eos qui diſtinctiones non
didicerunt apud magiſtros ſæcularium litterarum, coſis & comatibus translationem
ſuam, ſicut hodie legitur, diſtinxiſſe. Quod
nos talis viri auctoritate commoniti, ſequen-
dum eſſe judicavimus, ut cætera diſtinctio-
nibus ordinentur, &c. Verùm licet dili-
gentiſſimis Notariis opus delegarit, ipſe
tamen plurimum laboris inſumpſit; ut can-
ctos à ſe in bibliotheca poſitos codices cum
aliis antiquis voluminibus ſedulò legendo
conferret: Sed quia hæc tanti ipſe ſiebant,
de? in fine operis poſita ipſius verba audi:
Valete, fratres, atque in orationibus veſtris mei memores eſſe dignemini, qui inter cætera & de orthographiæ virtute, &
de diſtinctione ponenda (quæ nimis pretio-
ſa cognoſcitur) ſub brevitate commonui:
& quemadmodum Scripturæ divinæ intelligi debeant, copioſiſſimè legenda præparavi

vi: quatenus ſicut ego vos ab imperitorum
numero ſequeſtratos eſſe volui, ita nos virtus divina non patiatur cum nequiſſimis pœ-
nali ſocietate conjungi.

Sed quid poſtea? num hic finis ejus dida-
ſcaliæ? minimè gentium. Etenim poſt hæc
quos recte ſcribendi facultatem docuit, eoſdem arte Grammatica reddere voluit diligenter excultos, dum eiſdem de eadem Grammatica librum conſcripſit: ſed & poſteà de
Rhetorica breve adjecit compendium, de
Dialectica etiam copioſius volumen, necnon
de Arithmetica, de Muſica, de Geometria, & Aſtronomia, non evaneſcens, quidem in philoſophorum ſententiis, ſed eas
perſecutus, quæ lectorem ſobrium reddant
ac pium: nam hæc habet in fine libri de
Aſtronomia: Nobis ſufficit quantum in
Scripturis ſacris legitur, tantum de hac arte, nempe Aſtronomia, ſentire; quia nimis indecorum eſt, hinc humanam ſequi
ſententiam, unde quæramus nobis expedit,
divinam noſcimur habere doctrinam. Hæc
ipſe, exploſa penitus à Fidelium corde ea,
quæ judiciariam dicunt, Aſtronomia, eventa hominum præſignante. Ad poſtremum
autem libellum addidit de Paſchali computo, quem hoc ab eo anno eſſe elucubratum,
ex annorum numero poſt Baſilii Conſulatum deſignato (ut dictum eſt) ſatis manifeſtè apparet: an autem poſt hæc aliquid
ſcripſerit, nobis ignotum: quantumque
vitam duxerit, pariter incompertum: ſed
prope centenarium ex hac vita migraſſe, ex
dictis poſſumus opinari.

Quod autem ad reliquas ſuperius non
numeratas Caſſiodori lucubrationes pertinet: ante duodecim libros Variarum ipſe de
ſe teſtatur (b), dixiſſe panegyricos Regibus
atque Reginis; inſuper Eccleſiaſticam hiſtoriam è Socrate, Sozomeno, atque Theodoreto tripartitam contexuiſſe, iiſdem auctoribus (ut ipſe affirmat) ab Epiphanio in Latinum verſis. Addidit de Schematibus &
tropis libros duos, quos ante libros de Or-
thographia poſitos habes. Sic igitur, qui
vegetiorem ætatem in optimi regni gubernatione utiliter honoriſicèque conſumpſit,
nec in decrepita ſenectute labores ad res divinas converſos vel minimùm intermittens,
in ſuo monaſterio tandem ſancto fine quievit: ad monaſterii curam duobus præfectis
Abbatibus viris ſanctiſſimis, Chalcedonio
ſcilicet atque Geronio, quorum alter Vi-
varienſibus cœnobitis, Caſtellenſibus alter
præeſſet ibidem junctis anachoretis. At de
Caſſiodoro ſatis.

JESU CHRISTI   JOANNIS PAP.   JUSTINIANI IMP.
    ANNUS   ANNUS   ANNUS
     563.   4.   37.

I.

QUingenteſimo ſexageſimotertio Chriſti anno, poſt Conſulatum Baſilii vi-
geſimoſecundo, numerari cœpto Indictionis undecimæ, novi de fide tumultus
Eccleſiam Conſtantinopolitanam perturbant, cum ſe Juſtinianus Imp. infelix, in hæ-

reſim præcipitem dedit. Hunc tandem conſecuta eſt finem reprehenſibilis Imperatoris
curioſitas, atque temeritas in miſcendis ſacris, ſummus velut Antiſtes eſſet. Qui igitur
compoſitam à prædeceſſore Juſtino pacem
invenit, fidemque Catholicam ſtabilitam,

undique compreſſis hæreticis; dùm quæ ſunt A
ſacerdotum ſibi nimiùm arrogat, & Pontificum partes uſurpat, pacem profligat, fidemque in diſcrimen ſæpè adducit, atque tandem penitùs labefactat. Ita planè homini
accidit, non quæ ſunt Cæſaris tantùm ſibi
ſumenti, ſed & quæ Dei procaciter uſur-
panti. Sed hæc quomodò ſe habuerint, videamus.

II. Ubi ſemèl pacis & concordiæ Eccleſiaſti-
Unde Ju- cæ ineundæ velamento cœpit Juſtinianus
ſtiniano Imperator cum hæreticis habere conſuetu-
ruina. dinem, quos procul pellere, & more Catholicorum Imperatorum in exilium mittere
debuiſſet; planè accidit, ut eorum venena
minùs cautè vitaret; dùmque adverſantes
ſibi Romanos Pontifices (ut vidimus,) averſari cœpit & perſequi, factum eſt, ut cùm
majorem fiduciam conciliaret hæreticis, tùm
etiam adverſùs eos clamantium ora Ortho-
A doxorum obſtruxerit; ex quibus partes hæreticorum redditæ fuerint firmiores. Sed &
quòd iidem eſſent inter ſe conflictantes hæretici; ab invicem ſeparati, æquè factum eſt,
ut ſi quod conſuerit in judæa Circenſibus, fau-
teri ipſorum pacti adverſùs alteram fauto-
rem ſe Imperator addixerit; ſicuti magnis
animis ſummoque conatu adverſùs Venetos
Praſinos ſtultè ſtuduiſſe meminimus.

III. Erat utraque pars ex Eutychianorum ſe-
Hæretici cta progrediens, quarum altera Corrupti-
inter ſe cō- colarum, altera verò Gajanitarum, ſive
trarii. Aphthardocitarum, ſive Incorruptibilium,
vel Phantaſiaſtarum nominabatur: quarum
altera à Severo, à quo & Severiani hæretici dicti fuere; altera verò à Juliano pſeu-
a Liberat. doepiſcopo Halicarnaſſeo eodem tempore
diac.in Bre- & loco, nempè Alexandriæ principium de-
viar.c. 19. xit: prout ſuo loco ex Liberato (a) diacono
20. & Leontio Scholaſtico (b) ambobus ſuorum
b Leont. de temporum rerum ſcriptoribus dictum eſt.
ſectis ſect. Teſtatur verò Leontius, prævaluiſſe ſen-
5. & 10. tentiam Aphthardocitarum; ex quo factum
eſſe, ut pulſo Theodoſio hæretico Eutychiano Epiſcopo Alexandrino Corruptici-
larum fautore, in locum ejus ſubrogatus
fuerit Gajanus potentiſſimus defenſor incorruptibilitatis, à quo ejus ſententiæ ſe-
ctatores dicti fuerint Gajanitæ. Hi enim
ſic incorruptibilem & paſſionum expertem
penitùs Chriſti carnem dicebant; ut tamen
ſi voluiſſet, eamdem ſubicere paſſionibus
valuiſſet.

IV. At contrarium omnino profitetur Eccle-
Eccleſiæ ſiæ Catholicæ, ita aſſumptam à Deo carnem
Catholic. paſſionibus abſque peccato fuiſſe ſubjectam,
ſententia. ut tamen ſi voluiſſet, vel quando voluiſſet,
ab eiſdem ſe liberum reddere potuiſſet:
quamobrem qui erant in carne Chriſti ejuſmodi naturales affectus, non paſſiones, ſed
propaſſiones Teologi Orthodoxi nomina-
verunt; nempe ut cum vellet ipſe, tamum
inſurgerent; & ſi nollet, nequaquam ipſi
dominarentur. Ex priori autem ſententia
illud deducebatur abſurdum, ut tantùm
eſſet in Chriſto voluntas; ex poſteriori autem recta illa Catholicaque aſſeritur, ut ſicut duæ prædicantur in Chriſto naturæ, ita
pariter & duæ voluntates affirmentur.

Quamobrem factum eſt, ut ex illa priori B
ſententia exorta fuerit Monothelitarum hæreſis, quæ diù multùmque Eccleſiam Catholicam perturbavit, ut ſuo loco dicturi
ſumus. Porrò eó magis culpanda fuit horum
hæreticorum de incorruptibilitate ſententia, c Claud. de
quòd eam ſcire potuiſſent in Hilario eſſe da- ſtatu ani-
mnatam non à recentioribus tantùm, ſed & ma lib.2.c.
à Claudiano (c) Mamerto Epiſcopo Vien- 11.
nenſi; licèt in meliorem ſenſum Hilarii di- d Magiſt.
cta recentiores (d) acceperint, excuſetque ſentent.l.3.
idem Claudianus virum ſanctiſſimum. diſt.15.

V. Contraria verò ſententia dicentium Verbum corpus ſuſcepiſſe paſſionibus ſubditum,
in eó, Catholicis diſcrepabat, quòd id illi neceſſitate incubuiſſe tradebant, ut etiam
ſi noluiſſet, illis inſervire cogeretur; unde
& in iſtam deteriorem prolapſi ſunt, hæreſim, quæ ab ignorantia dicti ſunt Agnoitæ; utpotè, qui dicerent, neſciſſe penitùs
Chriſtum judicii magni tempus; quòd ſcilicet ignorantiæ paſſioni ipſi inhæreſit, ut
quod neſciret ſui naturæ, eadem noſtræ minimè potuiſſet. Sic igitur ab uno eodemque
Eutychianæ hæreſis tanquam fonte turbido
hos vides rivos Corruptibilium, & Incorruptibilium hæreticorum manaſſe; rurſuſque ex illo Agnoitarum, ex iſto autem Mo-
C nothelitarum eſſe hæreſes propagatas. Cum
è contra Catholica Eccleſia incenſos horſce
Ægypti lacus declinans, bibens aquam (ut e Prover.5.
monuit (e) Sapiens) de ciſterna ſua, eamdem in plateas derivans, ſic aſſeruit æqque
docuit Chriſti corpus ſubditum fuiſſe paſſionibus, ut nonnihil volentem illas eumdem
appetere poſſent: unde & cum Propheta (f) f Iſai.53.
Oblatus eſt, quia ipſe voluit. Et ſic in eodem
duas noviſt & docuit voluntates, ut tamen
quæ eſſet ſecundùm humanam naturam, ei
quæ ſecundùm divinam, in omnibus & ſemper ſubjaceat eſſe noſſet.

VI. Juſtinianus igitur ubi ſemèl de dogmati-
D bus edicta ſanciendi ſibi arrogavit auctoritatem, ad hujuſmodi dirimendas quæſtiones haud more majorum Orthodoxorum Imperatorum conſulendam ſibi paravit Apoſtolicam ſedem (ſicut antea ſæpè ipſum fecit
ut vidimus) neque coacto aliquo provinci-
ali ſaltem Concilio, quòd ſententiam eſſet
exploraturè Patrum ſententiæ; ſed quid ab
univerſa Catholica Eccleſia credendum,
atque prædicandum foret ab omnibus Orthodoxis, ſuper omnes Epiſcopos elevans
ſibi thronum, non ſecùs & Antichriſtus in
templo Dei erigens ſibi cathedram, & extollens ſe ſupra id omne quod colitur; de
ſtabilienda perfidia leges ſacrilegas ſancit,
atque ad hæreſes conſcribit edicta: ut planè
E lugubre illud Hieremiæ (g) fuerit omnibus g Hiere. 2.
Orthodoxis ex imo corde ductis ſuſpiriis ex-
clamandum: Obſtupeſcite cæli, & portæ
ejus deſolamini; ob tam grande peccatum
Imperatoris, cum relinqueret venam aquarum viventium, effodit ſibi ciſternas diſſipa-
tas.

VII. Viſum planè tunc fuit in Eccleſia contrà
Eccleſiam monſtrum illud triceps, quod
adeò odio dignum & execrabile eſſe Eccleſiaſticus (h) monuit, ubi ait: Tres ſpecies h Eccleſ.5.
odi-

adfuit anima mea, & aggravor valdè anima
illorum: pauperem superbum, & divitem
mendacem, & senem fatuum & insensa-
tum. Ita planè apparuit Justinianus, qualem fabulæ fingunt fuisse tricorporem Ge-
rionem, cum in se tria hæc adeò detestanda conjunxit: dùm videlicet eum pauper esset, immò pauperrimus, expers penitùs litterarum, cui nec ad legendum (ut ajunt)
ipsa elementa suppeterent; nihilominùs voluit omnium videri doctissimus Episcoporum, & quem sequi deberet universa Ecclesia, qui non veretur doctrinam suam
præscribere, & ne quis contradicere audeat, sua prohibere potentia: ex quo & dives ille mendax apparuit, de quo est illud

a Eccl. 13. etiam Sapientis (a): Locutus est dives omnes tacuerunt, & verbum illius usque ad
nubes perducent. Sed & cùm respuit consilia seniorum planè senex cognitus est fatuus
& insensatus: nàm è contrà subdit Eccle-

b Eccl. 25. siasticus (b): Quàm speciosum canitiei judicium, & presbyteris cognoscere consi-
lium! Quàm speciosa veteranis sapientia,
& gloriosis intellectus & consilium! Corona senum multa peritia, & gloria illorum
timor Dei. Sic igitur incautus miser tunc
lapsus est jam senex, cùm cæteri, licèt defecerint in juventute, sapere saltèm in senectute incipiunt.

Utinam probrosa hæc posset aliqua excusatione purgari: cum enim ejus in hæresin
lapsus tàm Græci quàm Latini auctores omnes sint testes, omnesque pariter facinus

c Niceph. detestentur, unus tantùm Nicephorus (c)
l. 17. c. 29. crimen adeò admissum his verbis attenuat:
Hæc ipsa est Aphthardocitarum hæresis,
quà multi mortales sunt correpti, non solùm ex his qui honores & magistratus gesserunt, sed & Hierarchæ primarii, & monachi vita illustres, & ex sacerdotali ordine alii, atque adeò etiam ipse Imperator
Justinianus, & is plurium opinioni ei inhæsit, non ille altiùs dogma tale investi-
gans, verùm verbi ipsius significationi a-
criùs insistens; videlicet quòd haudquaquàm tale quiddam de Christo propter
summum ipsius erga illum amorem & desiderium audire constitueret.] Nempe ad
carnem corruptibilem passionibus obnoxiam idem suscepisse diceretur. At subdit:
Princeps enim iste tanto in Christum pietatis ardore flagrasse, ab eis qui res illius
memoriæ posteritatis mandarunt, dicitur,
quanto alius ex iis qui antè eum Imperium
obtinuerant, ter maximo illo Constantino semper excepto. Merito propter vehe-
mentem in Christum amorem, illius gratia, multa etiam violenter fecit: Hebræos
namque Pascha ante Christianos celebrare
passus non est, &c.] Hæc quidem Nicephorus: verùm & ipse hac ex parte (vana sit
dictum obtenta) fatuus judicandus, qui
putavit ex nimio in Christum amore posse
aliquem adversùs Christum ejusque Ecclesiam hæreses promulgare: Charitas enim
non agit perperàm, nec quærit quæ sua sunt.

d 1. Cor. 13. Justius exculisset, si quod ait Apostolus (d),
de ipso dixisset: Testimonium illi perhibeo,

A   quòd zelum habuit, sed non secundùm
scientiam.

Qui igitur semel imbibit de incorruptibilitate sententiam, ita ebrius factus est,
ut mente motus quid de ea sententia vellet
ut universa Catholica sentiret Ecclesia,
conscripserit edictum; de quo ista Evagrius (e): Justinianus edictum scripsit, quo
asseruit corpus Domini non fuisse obnoxium
internecioni, neque affectionum illarum
quæ naturaliter insitæ sunt, inque nullam
B   incurrant reprehensionem, particeps esse,
& Dominum eodem modo ante passionem
comedisse, quo post resurrectionem comedit, & corpus ejus sanctissimum nullam conversionem, mutationemve, vel ex for-
matione quæ in matrice facta est, vel ex voluntatis naturalisve affectionibus accepisse, immò ne post resurrectionem quidem.] Hæc ex ejus conscripto edicto summatim est complexus Evagrius. Sed quomodò ad id compulere hisus sit sacerdotes,
& quomodò resilierint Orthodoxi, mox ita
subdit: Quibus opinionibus ut sacerdotes
& Episcopi ubique assentirentur, compellere instituit. At omnes se Anastasii Episcopi Antiochiæ sententiam expectare re-
C   spondendo, primùm illius conatum repu-
lerunt.] Magni tunc nominis erat inter
omnes Orthodoxos Antistites Anastasius
Sinaita ex eremo Sinæ montis petitus tùm
ob eminentem vitæ sanctitatem, tùm etiam
ob eximiam vitæ doctrinam ubique in O-
riente spectatam; de quo idem Evagrius
ista mox subicit:

Anastasius vir quidem erat cùm in sacrarum litterarum cognitione apprimè disertus, tùm in moribus & tota vitæ ratione
adeò exquisitus; ut etiam rerum levicula-
rum magnam curam haberet, inque illis
nec à constanti & stabili animi sui propo-
D   sito decedere vellet; nedum à rebus maximi momenti & ponderis, & quæ ipsum
Deum viderentur attingere. Quin etiam
ita suum temperavit ingenium, ut neque
propter lenitatem animi atque comitatem
nimis facile his rebus, quæ minùs rationi
consentientes erant, cederet; neque propter severitatem & inclementiam ægrè his,
quas recta ratio postulabat, assentiretur.
Ac rebus seriis audiendis ejus patebant aures, & ut sermone profluens, & in quæstionibus dissolvendis acutus & perspicax;
rebus autem ineptis & nullius momenti occlusit aures: linguam verò sic frœnò cohibuit, ut & sermonem ratione moderaretur,
& silentium loquela præstabilius efficeret:
Istum tamquam turrim munitissimam oppugnare omni machinarum genere aggres-
E   sus est: illud scilicet complectens animo;
se, si istum everteret, nullo labore civitatem totam occupaturum, recta fidei dogmata redacturum veluti in servitutem, &
oves Christi denique captivas ab Ecclesia
abducturum.] Assensus est petitioni Episcoporum Orthodoxorum Justinianus Imperator, sperans fore, ut datis ad eumdem
Anastasium ipse litteris, eum mox in eamdem quam ipse ferebat sententiam perduceret.

ceret, ftultè credens eandem Anaftafium A
id genus effe Epifcopum, qui Imperatoris
a Evagr. gratiam quibuflibet dogmatibus anteferret.
eod. lib./4. Sed quàm deceptus fit Imperator, Evagrius
c. 39. ita fubdit (*a*) :

XI.   Verùm Anaftafius fic divina quadam ani-
Anaftafius mi celfitate elatus fuit (nàm fuprà firmam
repugnat petram conftitit) ut Juftiniano per litteras
Imperato-ri.   fuas liberè, & apertè contradiceret, tùm
perfpicuè admodum, tùm diferte oftende-
ret, Apoftolos & fanctos Patres confeffos
effe atque adeò tradidiffe corpus Domini
internecioni obnoxium effe, & affectionum
quæ funt natura in animis impreffæ, quæq;
reprehenfione carent, particeps. Eodem B
modo etiam monachis Majoris & Minoris
Syriæ de hac re fcifcitantibus fententiam
refpondit: omnes confirmavit mentes, ad
certamen ineundum præparavit. In ecclefia-
denique lectitavit quotidiè illam Pauli vafis electionis fententiam : Si quis vobis E-
vangelizaverit præter id quod accepiftis,
etiam fi Angelus de cælo fit, anathema efto.
Quibus omnes, paucis exceptis, affenfi,
fimile ftudium ergà fidei defenfionem declararunt.]

XII.   Juftinianus autem cum litteras Anaftafii
Juftinian. perlegiffet, intellexifetq; violentia fibi a-
perfecutio-gendum fore, fi vellet turres ejufmodi ex- C
nem infti-pugnare : ne evanefceret quod fcripfiffet
tuit.   edictum, exilium omnibus Epifcopis contradicentibus comminatur. Cum itaque &
ipfo Anaftafius effet eadem ex cafa fubitanea
exilium, ante profectionem fuos armando
putavit ad prœlium, data ad eos epiftola,
de qua fubdit his verbis Evagrius : Idem
verò Anaftafius, cum accepiffet Juftinianum velle ipfum in exilium mittere, fcripfit ad Antiochenos orationem, qua eorum
animos in fide confirmaret : quæ certè tùm
ob fermonis elegantiam, tùm ob crebri-
tatem fententiarum, tùm ob teftimonio- D
rum è facris litteris petitorum frequentiam, tùm denique ob hiftoriam quæ
tàm commodè in ea narrata eft; optimo
jure fanè permagni facienda eft.] Hucufque Evagrius. At egregium tanti viri opus hactenùs latere dolemus. Quid
autem poft hæc adverfùs renitentes Epifcopos Juftinianus molitus fit, dicturi fumus
anno fequenti.

XIII.   At Deus tantum Imperatoris lapfum ali-
Incendium quo non prætermifit ftatim admonere fla-
Conftanti-gello ; fiquidem ipfa Conftantinopolitana
nop.   civicas hoc ipfo anno conflagravit : eodemque incendio conflagraffe præcipuam domum hofpitalem Samfonis, & complura
alia ædificia ac monafteria & ecclefias, auctor eft Cedrenus ; qui in eadem civitate à
trigefimoquinto Imperatoris anno ufque
ad trigefimum feptimum diverfis in locis
eandem urbem tertiò incendium peffam affirmat, magno civium damno. Sed nec tot
incendiis purgata fcoria, civitas pura manfit, polluta ubique ab hæreticis atque aliis
fceleratis hominibus pacem publicam per-
turbantibus.

XIV.   Sed quid accidit ? Dùm Imperator in
Oriente à Catholica fide deficiens infequi-

tur Orthodoxos (ò mirabile divinæ pro- Concilium
videntiæ fignum !) in Occidente qui erat Bracharen-
hæreticus ad fidem converfus Princeps, col- fe.
ligit Catholicos Epifcopos, per quos Concilium celebrat, quo damnentur hærefes
cum hæreticis. Hoc enim ipfo anno, qui
tertius Theodomiri Suevorum Regis numeratur, idem Princeps celebrari curavit
Concilium Bracharenfe in totius Galliciæ
metropoli civitate. Porrò in editis ibi canonibus, loco Theodomiri, Ariamirus
pofitus eft, qui ejus filius fuit. Præfuit
autem Synodo Lucretius Bracharenfis Epif- ** *Theodo-*
copus, qui fucceffit Profuturo, præceffit *miri*
autem Martinum. Eft ipfius Synodi ejufmodi exordium : Anno tertio Ariamiri
Regis, Kalend. Maii, cum Galliciæ provinciæ Epifcopi, &c.]

In hoc autem Concilio primum omnium   XV.
ex præfcripto Apoftolicæ fedis damnata eft Arbitrio
hærefis Prifcillianiftarum, & aliorum hæ- Ro. Pont.
reticorum errores, capitulis decem & fe- cuncta de-
ptem. Sed ficut fides recta fancita eft ex A- finita.
poftolicæ fedis inftructione, ita pariter ex
ejufdem fcriptis datis ad Profuturum Epifcopum Lucretii prædecefforem, quæ fpe-
ctarent ad Ecclefiafticam difciplinam viginti duabus regulis funt inftituta. De litteris
autem à Romano Pontifice ad Profuturum
anteà datis ita ibi teftati funt Patres : Si
quid eft illud magnum vel parvum, quo va-
riari videntur : ad unam (ficut dictum eft)
formulam, præfixis rationabiliter capitalis, revocetur : præcipuè cum & de certis
quibufdam caufis inftructionem apud nos
fedis Apoftolicæ habeamus, quæ ad inter-
rogationes fuas quondam venerandæ memoriæ prædeceffori tui Profuturi prudentia
ab ipfa beatiffimi Petri accepit cathedra.]
Lecta eft ipfa ibi epiftola Romani Pontificis, quam fe omnes fequi profeffi funt, in b *Concil.*
ipfis præfertim facris ritibus, & inter alia *Brach. 1.*
de Miffa (*b*) :   *c. 22.*

Item placuit, ut eodem ordine Miffæ   XVI.
celebrarentur ab omnibus, quo Profutu- /
rus quondam hujus metropolitanæ Ecclefiæ
Epifcopus ab ipfa Apoftolicæ fedis auctoritate accepit fcriptum.] Ita quidem more majorum ufus femper ille viguit in Ecclefia Catholica, qui ab exordio ipfius incipiens, idem ad pofteros propagatus femper eft, nempe ut ad Apoftolicam fedem,
ipfam Romanam Ecclefiam veniant omnes
longè latèque per Orbem univerfum fitæ
Ecclefiæ, ut ab eadem tùm de fide, tùm
de his quæ ad facros ritus necnon ad Ecclefiafticam difciplinam pertinent, eru-
diantur.

Quò infuper ab omni hærefis fufpicione   XVII.
Dei miniftri procul abeffent, audi quid
fuerit ab iifdem fanctis Patribus falubriter
inftitutum (*c*) : Item placuit, ut qui- c *Eodem*
cumque in clero cibo carnium non utun- *Conc. c.22.*
tur, pro amputanda fufpicione Prifcilliæ
hærefis, vel olera cocta cum carnibus tamen præguftare cogantur. Quod fi con-
tempferint, fecundum quod de talibus fancti Patres antiquitùs ftatuerunt, necefe eft
pro fufpicione hærefis hujus hos excommunicatos

nicatos ab officio omnimodè removeri.)
Hoc planè sibi laudis vendicavit semper Ecclesia Catholica in Hispania, ut non ab erroribus tantùm, sed & à suspicionibus esse
voluerit suos immunes. Quo factum est,
ut & hoc ipso nostro saeculo, cum longè
latèque facibus haereticorum Orbis inflam-
maretur, ipsa illaesa perstiterit, accur-
rentibus summa celeritate Dei ministris,
si vel tenuem suspicionis scintillam, vel
si non ignem, fumum saltem viderint la-
tentis ignis indicium, ipso praecipuè Catholico Rege super omnes in opus naviter
incumbente.

Hispanicae Ecclesiae laus.

Sed & illud ex sancitis hic legibus (a) ve-

XVIII.
a Eodem Canc. c. 36.

A   lim observes, hactenus perseverasse veterem usum, ne in ecclesiis corpora defunctorum sepelirentur: sanctorum tantummodò martyrum vel confessorum sepultu-
rae ecclesia tunc temporis servabatur. Hinc
pluribus S. Gregorius Papa epistolis admonet, summoperè cavendum esse, ne in
ea quae dedicanda foret ecclesia, aliquod
corpus hominis cujuslibet, licèt Christiani, humatum esset. Quandò autem, quave ratione fuerit deinde concessum, ut intrà ecclesias Fideles sepelirentur, suo loco
dicturi sumus. Statutis igitur canonibus
quadraginta, quos tu consulas, Episcopi
B   octo numero subscripsere.

JESU CHRISTI   **JOANNIS PAP.**   **JUSTINIANI IMP.**
      ANNUS   **ANNUS**   **ANNUS**
       564.   5.   38.

I.
Insequitur Justinianus Catholicos.

QVi sequitur annus Christi quingentesimus sexagesimus quartus, idem ultimus est Justiniani Imperatoris, atque postremus qui post Consulatum Basilii
numeretur vigesimustertius, Indictionis
duodecimae. Quo ipse Justinianus Imperator ubi elaboratam à se edictum contemni
ab Orthodoxis & pro nihilo duci percepit,
& ira exaestuans magnam adversùs Catholicos Episcopos persecutionem commovit:
quos enim habuit consultores ad impietatem statuendam, eosdem invenit instigan-
tes adversùs resistentes Antistites. Non
enim sibi (ut aliàs fecerat) visum est ea de
causa cogi debere Concilium, cum sciret
non Antiochenum tantùm, sed & Constantinopolitanum Patriarcham, atque alios
primarum Ecclesiarum Episcopos fore totis viribus impietatem oppugnaturos; nec
ullo modo passuros, ut ejusmodi pravum
dogma decretis Synodalibus probaretur,
quod tamquàm idolum nulla ratio sed sola
Imperatoris auctoritas erectura erat in Dei
templa.

II.
Justiniani ignorantia pravae dispositionis.

Neque etiam (quod saepè fecerat)
cum aliqua oboriretur Ecclesiastica controversia) voluit de re tanta consulere Apostolicam Sedem, quam adversariam sibi fore haud dubiis signis intelligebat; quin potiùs ipsi celandum esse putavit: ne scilicet,
si resciisset, more consueto, eidem inconcessa tentati Pontificia auctoritas restitisset,
cohibuissetque quod jam aggressus facinus
esset; scripsissetque ad Episcopum, clerum,
populumq; Constantinopolitanum & alios,
omnes hortans adversùs emergentem haeresim ad mortem usque certare: jussissetque
pariter, convocari ea de causa Episcopos,
atque celebrari Concilium. Haec, inquam, omnia ut vitaret Imperator, noluit
de iisdem ex more certiorem reddere Romanum Pontificem.

III.
b Joan. 3.

Quòd igitur omnis qui malè agit (b),
odit lucem, ne ejus prava opera arguantur;
agi cuncta voluit Imperator summo silentio,
nolens penitùs intelligere ut benè ageret;
secundùm illud Davidicum (c): *Iniquita-*
tem meditatus est in cubili suo, astitit omni

c Psal. 35.

vie non bonae; non alios quàm complices
erroris adhibens in consilium. Resciverit-
ne per suum Apocrisarium ista Joannes Romanus Pontifex, haud exploratum habetur: periere enim ejusdem Pontificis totius
ipsius Pontificatus scripta, ac reliqua monumenta. Quicquid sit, illud quidem
C   constat, absque Episcoporum assensu Imperatorem haeresim comprobasse, eamdemque scripto edicto firmasse, & in Episcopos
persecutionem haud mediocrem commo-
visse: cujus primus passus est impetum, qui
proximè aderat ipsi contradicens Eutychius
Constantinopolitanus Episcopus, cujus res
gestas cum Imperatore. Eustathius ejus Vitae auctor scriptis mandavit: nos autem
euncta reddemus verbis ipsius, quibus ejusmodi narrationem instituit (d), ab exordio lapsus ipsius Justiniani Imperatoris historiam texens, sui temporis rerum gesta-
D   rum scriptor:

d Extant ejus Acta die 6. Apr. apud Sur. tom. 2.

IV.
De rebus gestis Eu-tychii Pa-triarchae cum Impe-ratore.

Scitis vos omnes (inquit) qui pii Imperatoris Justiniani divinorum dogmatum
studium meministis; quomodò is in eam
potissimùm curam incumberet, ut omnes
haereticorum rationes unà cum ipsis haere-
ticis improbaret & everteret: quòd quidem fecit tùm argumentis & demonstratio-
nibus, tùm testimoniis Scripturarum. Hic
nescio quo auctore ac magistro, coepit exe-
crabilem ac detestandam & perniciosam o-
pinionem illam sub specie religionis probare, quae Domini nostri Jesu Christi corpus ex ipsa divinitatis conjunctione incorruptum asserebat: quae quidem ut cancer
E   serpens atque depascens, totum propè Orbem perdidisset, nisi noster Phinees ante-
vertens restituisset. Sed quod huic morbo
remedium adhibitum est? Sanctorum Apostolorum, Prophetarum, atque doctorum
testimonia, & demonstrationes sunt multae, quibus usus est ille ad pestiferum illum
morbum opprimendum.

V.
De incor-ruptione error.

Perniciosa omninò pestis est, affirmare
incorruptum fuisse Domini nostri Jesu
Christi corpus antè resurrectionem. Quis
adeò stultus est, ut Domini corpus ex eo
quòd cum divina natura copulatum fuit,
incor-

CHRISTI
564.
JOANNIS PAP.
5.
JUSTINIANI. IMP.
38.
455

incorruptum afferat; cum, hoc conceffo,
colligendum fit neceffariò fictam & fimulâtâ
humanæ carnis fufceptionem extitiffe?
Quomodò enim incorruptum corpus pati
potuit, aut circuncidi, aut pannis invol-
vi, aut lacte nutriri? Quæ fi iftam vitæ
largitricem carnem fubiiffe credimus: crucem item & clavorum foramina, & lanceæ
vulnus confiteri oportet. Incorruptum igitur de illo dici non poteft: nifi per hoc verbum intelligamus, corpus illius nulla umquàm fuiffe peccati macula contaminatum,
aut in fepulchro nô effe diffolutam. Verùm
hæc à magno divinoque doctore Eutychio
fcriptis ftudiosè funt & acriter difputatâ. Ex
quibus, fi quis veritatem ignorat, facilè
eam poterit intelligere. Longiores effemus,
fi ea vellemus perfequi; Videamus igitur,
quid pofteaquam Patrum attulit teftimonia,
confecutum fit.] Hæc de difputatione, qua
Eutychius redarguit Imperatorem;abduxif-
feq; eum fortafsè poterat ab errore,in quam
fefe præcipitem dederat, nifi in eo veluti
quibusdam vinculis obligatus fuiffet quàm
arctiffimè ab illis qui ei affiftebant hærefis
ejus defenforibus Epifcopis.

VI.
Theodo-
rus Cæfa-
rienfis au-
ctor erroris
Imp.

At quinam ifti fuerint, licèt à hemine
expreffum inveniremus: ex eô tamen quòd
idem Euftathius profecutus res geftas ejufdem Eutychii cum Imperatore (ut dicemus)
hos fuiffe teftetur, qui præcipui defenfores effent Origenis errorum; facilè quidem
& abfque calumiâ affirmare poterimus,
horum antefignanum fuiffe Theodorum illum nequiffimum Cæfareæ in Cappadocia
Archiepifcopum, quem nimirum in modum faviffe oftendimus Origenis hærefibus:
ejufque caufa univerfum concuffum vidimus Orientem, dùm olim in odium Pelagii Romanæ Ecclefiæ Apocrifarii Conftantinopoli exurgentis atque damnare curan-
tis univerfos cum auctore Origenis errores, ipfe ex adverfo contrà Chalcedonenfe Concilium occultè fe erigens, famofam
illam de Tribus capitulis excitavit in Ecclefia quæftionem, qua tantoperè tantoque tempore Catholicam Ecclefiam perturbavit, atque hactenùs perturbare minimè quievit.

VII.
Incautus
deceptus
fono vocis
Imp.

Hic igitur nefandiffimus, totius Ecclefie
peftis, poftquam totum id quod tamdiù
molitus fuerat, effet de Tribus capitulis
confecutus, cum etfi faciem præferret Antiftitis Orthodoxi, omniumq; maximè pii,
re vera tamen hæreticus effet, non Origenis tantùm erroris affecla, fed & Eutychianæ blafphemiæ vehementiffimus propugnator; fenfu rudem rerum facrarum Imperatorem in quam voluit flexit opinionem:
ubi enim femel de homine ifto nequàm optimam ipfe Imp. conceepiffet æftimationem,
ejus femper inhærere veftigiis fummam putavit effe religionem; ita mifer cæcus cæcum fectans, cum ipfo pariter mergitur in
profundum. Fuerunt nefcienti facras litteras ad errorem illecebræ ipfius nominis
pulchritudo, nempe ipfa de incorruptibilitate fententia, ut dignius putaret afferere incorruptibile, quàm contrarium

A affirmando inter deteftabilis nominis hæreticos Corrupticolas numerari: ita planè
rem tantam fono vocis definiens impruden-
ter; ficut Ariani olim à fide Catholica homines abfterrere folebant, dùm voce exoti-
ca Catholicos nominarent Homoufianos.
Sicque Theodorus verfutus homo, ut puerum larva abfterruit à contraria fententia
Juftinianum Imperatorem, atque in hærefim captivum abduxit.

VIII.

Habes igitur de auctore atque malorum
omnium concinnatore Theodoro Cæfárien-
fi affertam fententiam; reliquos autem qui
ad malum accefferint adiutores, ex fuperiùs
dictis quifque poterit reperire, eos fcilicèt quos ad alias mifcendas difcordias idem
afciverat fibi fodales: facile enim eft, auctore invento reliquos pravitatis ejufdem
perveftigare confocios: ad malum namque
pravi homines ut fpinæ (a) fefe invicem
complectuntur. Quos omnes cum optimè
Euftathius noffet, cur non exprefferit, eâ tio auctoris
fniffe caufa videtur, quòd cum fuorum res erroris
temporum eam ipfe hiftoriam fcriberet, omiffi.
fuperftites etfi ipfi non effent, eorum tamen propinqui, iidemque pietatem magnopere præfeferentes, viverent; quamam
hi fuerint, maluit ex quibufdam notis no-
tos ipfos relinquere, quàm invidiosè nominatim exprimere, haud tamen numeros
omnes fcribentis hiftoriam in hoc implens:
fed nec illos voluit proprio nomine fignifi-
care, qui magiftratibus perfugentes ampliſ-
fimis ad ejufmodi errores ipfi Imperatori
impulfores inhærebant; quos tamen quàm
citiffimè pœna eft confecuta ex recenti delicto in ipfam majeftatem Imperatoriam perpetrato. Quod enim qui Deo infideles
exiftunt, haud hominibus norunt præftare
fidem; iidem ipfi qui ejufmodi hærefis laborabant infamiâ, pravi inftinctu
dæmonis iifdem dominantis, adverfus Imperatorem coniurationem conflare, ma-
chinarique cædem aggreffi funt; fed detecti luere meritò pœnas. Fuerunt hi
Ablavius, Marcellus, & Sergius, inter
quos & Belifarius, quem (five juftè,
five iniuftè id acciderit) vidimus fuiffe
profcriptum. Sed jam ipfum Euftathium
eamdem profequentem hiftoriam audiamus; ait enim hæc poft fuperiùs dicta confecuta fuiffe:

IX.

Cum magnus hic vir, *Eutychius fcili-*
cèt Conftantinopolitanus Epifcopus, longa
oratione Imperatori non effe id Catholicæ
Ecclefiæ dogma comprobaffet; animam
E fuam (ut ait Ezechiel Propheta (b) quæ b *Ezec. 3.*
ad propofitum pertinerent explicans, fervavit illi verò malorum inventores in peccatis fuis perierunt; inftar enim fæpe ca-
dentis guttæ & petram excavantis Imperatori perfuaferunt. Atque hujus quidem improbæ opinionis magiftri execranda nuga-
cis Origenis & Evagrii & Dydymi dogmata defendebant: quorum nomina libens
prætereo, ne malum malo pendere videar,
& contumeliam calumnia perfequi, & contra propofitum, & mores fancti Eutychii
facere, qui ex beati Salvatoris mandato

non

a *Nah. 1.*

Cur filen-
tio auctoris
res erroris
temporum
omiffi.

non esse malum pro malo reddendum , sed contrà potiùs inducentibus benedicendum , & pro persequentibus precandum , tùm factis, tùm verbis docuit . Quamquàm silenda potiùs videntur, quæ tunc gesta sunt . Quamobrem (ut ipse vir sanctus edocuit) quæ silentio sunt digna , prætereamus . Vigil igitur justitiæ oculus malitiam impunitam abire non permisit , sed calumniam omninò retexit , & patefecit : adeò ut illi ipsi ore proprio conjurationem confessi sint , & ultionis æquitatem collaudarint .

X.

Erant autem qui hæc machinati sunt , non solùm ex eorum numero qui plurimùm valebant apud Imperatorem , verùm etiam ex sacerdotibus qui erant insignes , quique magnas Ecclesias gubernabant (si tamen sacerdotii nomine digni sint homines improbi & calumniatores) quos tamen omnes justitia punivit obstruens labia adversus justum loquentia iniquitatem in superbia & despectione . Isti igitur (ut dictum est) execrabilium & impiorum dogmatum studio simplicitatem Imperatoris pervertērunt , & sub incorrupti occasione iniquè (ut demonstrabitur) & præter divinos canones & Ecclesiastica instituta beatum ac pium virum oppugnarunt . Sed eos justus Judex & in hac vita punivit , & mox in infernorum supplicia detrusit sempiterna .

XI.
Tentat Imper. ut Eutychius subscribat.

Cum igitur studiis istorum diuturna, vis morbi esset adaucta , & vulnus intractabile atque adeò immedicabile evasisset : cumque Imperator , assumptâ chartâ , in quâ detestanda illa opinio , quòd Domini corpus ex divinæ naturæ copulatione incorruptibile fuerit , continebatur , eam divino magnoque pugili Eutychio perlegisset , flagitabat , ut sententia & suffragio suo illam comprobaret . At ille , ut æquum erat, primùm cohortationibus utens , negabat eam esse doctrinam Apostolorum : quamobrem se illi nec animo posse , nec verbis assentiri . Deinde cum nec cohortationibus , nec admonitionibus posset Imperatori persuadere , ut quid contra Catholicam Ecclesiam & recta dogmata faceret ; omnem curam & solicitudinem suam in Deum reijciens , Apostoli (a) verbis testatus est , se nihil utilium omisisse, quod non nunciarit : atqin posterùm ita se comparavit, ut pro Christi fide vellet omnia perpeti : Certò (inquiens) scio , nec mortem, nec vitam, nec præsentia , nec futura , nec afflictionem , nec angustiam , nec famem , nec nuditatem , nec gladium , nec exilium posse me separare à charitate Dei , quæ est in Christo, Jesu Domino, nostro. Hæc vir sanctus verbis primùm, mòx autem factis comprobavit. Constat enim facta esse subsecuta .

XII.

Cum enim nollet dogmatis errorem suscipere , & Aphthardocitas comprobare ; istatim malorum inventores , qui omnia facilè audent , principes illi & sacerdotes annui congregati, in auditorium &. convenientes medicati sunt inania & stulta adversùs Dominum & adversùs Christum ejus ; & Imperatori persuaserunt , ut virum omnibus ornatum virtutibus à sede exturbaret , in eaque alium constitueret , qui studiis & opinionibus suis consentiret . Quod quidem & factum est . Nàm cum festus dies S. Timothei apud Hormisdæ regionem in novo Palatio celebraretur (erat ibi ecclesia sancti Petri ab ipso Justiniano in suis ædibus structa , ut Procopius (b) docet) & S. Eutychius rem divinam faceret ; Tribunus militum & satellites immanis fere ministri Episcopatum invasērunt , comprehensis & distractis viris Sancti familiaribus, qui contrà illum restificarentur , ut quoquo modo illum non sine causâ ex Episcopatu ejectum fuisse ostenderent . At vir magnus, cùm eorum invasionem in Episcopatum, & quosdam è suorum numero illinc violenter, abstractos & in carcerem conjectos fuisse cognovisset , peracto sacrificio , distributaque sancta communione , in sacrario mansit . Dicebant enim quidam graves viri, è sacro templo exiret, fore ut interficeretur, quosdam enim armatos, atqin Antiochi prædio collocatos , eo consilio eum foris expectare .

Hæc cum beatus vir accepisset , constitit ante altare ; solitisque vestibus & superhumerali indutus, quod semper secum habebat, usque ad vesperam precationibus incubuit , Deum obsecrans , ut Ecclesiam suam, tranquillam & recta dogmata conservaret . Cum autem fecisset obsecrandi finem : sacerdotes, & monachi, qui aderant, hortati sunt eum, ut cibum caperet; quod & fecit . Cumque paululum quievisset , affuit cum gladiis & fustibus, multoque cum præsidio militari magna illa fera , qui Etherius † appellabatur ; correptum sanctum virum nudum & nihil habentem , in monasterium , quod Choracudim appellabat, asportavit . Quo in loco cum uno die commoratus esset , & propter monasterii paupertatem malè tractabatur ; misericordia commoti (nàm viri sancti virtutem adversarii quoque mirabantur) eum in Osiæ, id est , Sanctæ sic appellatæ monasterio propè Chalcedonem collocarunt . Nec ampliùs quærentes , utrùm justè , an iniuria è sede fuisset ejectus , exacto post diem octavum conventu Episcoporum & Principum , virum sanctum , quem indicta causâ ejecerant , in jus ut se defenderet , vocarunt , quòd libellus adversùs eum Confessui esset oblatus . Quid autem libellus contineret , non sine risu potest audiri : Quòd unctus esset ; quòd aviculas comedisset ; quòd multas horas genibus flexis orasset : & alia his magis adhuc ridicula . Ab hujusmodi igitur criminibus ut sese purgaret , eum accersiverunt .] Sic igitur revocantur impiè in Eutychium , quæ olim fuerunt contrà S. Joannem Chrysostomum, urgente Eudoxia , actitata .

Ubi, primùm autem de exilio Eutychii sententia lata est ; continuò de successore eligendo actum , delectusque fuit Joannes cognomento Scholasticus ex Aporisario Ecclesiæ Antiochenæ , homo planè servus gloriæ & nundinator rerum sacrarum, quiqui pretio adulationis eam mercatus est dignitatem;

Marginal notes left:

X.

XI.
Tentat Imper. ut Eutychius subscribat.

a Act. 20.
Admiranda Eutychii constantia .

XII.

Marginal notes right:

Milites invadunt Eutychium sacra peragentem.

b Procop. l.b. 1. ædif. Justin. Imp.

XIII.
Eutychius vi detruditur in monasterium.

† Quæ de hic Etherius perinas dederit, scribit Evagrius bist. l. 5. c. 3.

XIV.
Quid contra Eutychium egerit conciliabulum .

tatem . Ne quid tamen abſque umbra ſaltèm judicialis formæ factum contra canones videretur ; ubi Joannes creatus eſt , jubetur citari Eutychius , à Conciliabulo collecto Conſtantinopoli . At quid ipſe , ita
Euſtathius ſubdit : Sed vir ſanctus Epiſcopis & Principibus , qui Conſeſſus mandata
nuncium attulerant : Ad quem (inquit) acceditis ? ad quem me vocatis ? Illi veritate
coacti reſponderunt : Ad dominum noſtrum
& patrem . Quibus ipſe rursùs : Quis eſt
(inquit) iſte dominus & pater veſter? Venimus (inquiunt , tamquam occultis quibuſdam verberibus vapulârent) ad Patriarcham noſtrum dominum Eutychium . Patriarcha ego (inquit ille) Patriarcha Dei
gratia ſum , nec à me quiſquam hominum
tollet hanc dignitatem . Quis eſt ille , quem
meo in loco collocaſtis? Quibus verbis cum
illi reſpondere non poſſent , victi reverterunt ad eos , à quibus miſſi fuerant . Verùm
idem Conventus iterùm & tertiò contrà canones eum vocavit . Sed ille ſemper congruenter reſpondit:Si canonicum(inquiens)
judicium conſtitutum eſt ; detur mihi clerus
meus & ordo Patriarchatus , & veniam, de-
fendamque me,& accuſatorum meorum utar
teſtimonio . Hæc illi reſponſa cum accepiſ-
ſent , nihil conſentaneum facientes , ſententiam contrà ipſum tulerunt ipſis Judicibus
dignam . Quam tamen beatus vir antever-
tens , ſubjecit omnes pœnis canonicis , donec reſipiſcerent .

XV.
Eutychius
deportatur
in inſulam.
Verùm cum finem accepiſſet Conſeſſus
illius ludi : is qui conſilium Achitophelis
diſſecerat , axeſque curruum Pharaonis con-
fregerat , diſſipavit etiam illorum conſilium, implicans eos inter ſe . Qui cum occaſionem honeſtam non reperirent adversùs juſtum : ut quæ injuſtè egerant , juſtè viderentur geſſiſſe (erant enim iidem Judices
& accuſatores) eum ex loco,ubi erat,in inſulam,quæ Princep dicitur, tranſtulerunt .
Ad hanc appulit inſulam beatus vir cum
tempeſtate , die ſabbati , nocte propenda .
Cum autem illuxiſſet, antequam quicquam
aliud ageret , vidit crucem in pariete pi-
ctam , cum hoc elogio: CHRISTUS VO-
*Nobiſcũ. BICUM * EST. STATE.] Terræmotus
enim tempore ejuſmodi verba in domibus
inſcribi conſuetum fuiſſe , diximus ſuprà ,
cum actum eſt de clade terræmotus Antiocheni . Subdit verò : Qua quidem re vehementer lætatus, gratias egit Deo , qui
hanc ſibi conſolationem attuliſſet .

XVI.
Eutychius
Amaſeam
trãsfertur.
Sed cũ in illa inſula tres hebdomadas ſub
magna militum cuſtodia tranſegiſſet , rursùs
ab iiſdem Judicibus decretum eſt , ut Ama-
ſæorum metropolim peteret, maneretque in
monaſterio , quod ipſe conſtituerat : quod
& factum eſt . Quæ autem illic adversùs
eum acta ſcriptave ſint, dicere , ne longior
ſim , ſuperſedebo . Satis enim eſt quod ad
hoc propoſitum dixit Ezechiel ex perſona
a Ezech.36 Dei (a): Eo tempore avertam faciem meam
ab eis , & inquinabunt Epiſcopatum meum,
& ingredientur in ſancta mea ſine reverentia , & facient inquinationem magnam , Sed
quæ inde evenerint , videamus .

Annal. Eccl. Tom. VII.

Fidelis Dei ſervus Eutychius Paulo ſimilis declaratus eſt , & ad eum quoque Pauli
hiſtoria referri poteſt . Sic enim de Paulo
ſcriptum eſt (b) : Ut autem judicatum eſt b AEl. 27.
ut Italiam navigaremus , tradiderunt Pau-
lum & quoſdam vinctos Centurioni nomine Julio. Sic & de ſancto viro factum eſt.
Nàm poſtquàm multa temerè conſulta eſſent , tandèm (ut diximus) decretum fuit,
ut ad Amaſenorum metropolim ſeſe conferret , & in ſuo ipſius monaſterio viveret:
Hoc ille nuncio doluit fortaſſe ? averſatus
eſt ? Vel ſuccurrit illi quod Dominus prædixerat : Nemo Propheta acceptus eſt in
patria ſua ? Minimè verò , ſed prompto animo omnia ſubit. Gaudebat enim, quòd dignus habitus eſſet , qui pro nomine Dei
contumelia afficeretur . Studebat enim, non
ſolùm ut in illum crederet , verùm etiam
ut pateretur : quoniam fides ſine operibus
mortua eſt . Imitatus eſt hæc item in re ſuper omnia ipſum Deum , qui dorſum ſuum
tradidit flagellis , & genas alapis,& faciem
ſuam non avertit à fœditate ſputorum;cujus
livore ſanati omnes ſumus . Qui etiam dixit : Si me perſecuti ſunt,& vos perſequen-
tur : Si patrem familias Beelzebub vocaverunt,quantò magis domeſticos ejus? Hoc
egit & ſervus Dei .

Decreverat enim omnes potiùs perpeti **XVIII.**
acerbitates , quàm fidem proderet ut exemplo ſui multi confirmarentur,ſtabilèſque &
immobiles in rectæ fidei confeſſione permanerent . Quod quidem & factum eſt . Omnes enim Patriarchæ , multique Epiſcopi,
præcipuèque Orientales recuſarunt Imperatoris opinioni ſubſcribere; & ei tùm Synodo , tùm ſcriptis reſtiterunt ; in primiſ-
que ſanctiſſimus Theopolis Patriarcha A-
naſtaſius, qui eaſdem,quas magnus , ærumnas ne dicam , an coronas? pertulit . Cum
igitur indicta cauſa damnatus eſſet exilio ,
parataque eſſent jam omnia : nos item cum
illo perſecutionem pro Chriſto & exilium
ferre decrevimus . Quo quidem conſtituto,
ut illo omnes qui aderant in inſula ore oſcu-
lans, ut Epheſios Paulus in littore, animo
autem totam Eccleſiam ſibi à Deo creditam Detruditur
in oſculo ſancto, eam Domino,à quo ipſam Eutychius
acceperat, commendavit . Eorum igitur qui in mona-
nos ducebant , & qui miſerant arbitrio in ſterium.
monaſterio ipſius conſtitimus tamquàm in
exilio , ut ipſi arbitrabantur ; quod tamen
vir ſanctus ſalutiferum ſibi & multorum bonorum cauſam exiſtimabat . Quæ autem
tùnc in via publica geſta ſunt , utrùm mo-
leſta acerbaque fuerint , an miraculis &
ægrotantium curationibus plena , ut orationis longitudo vitetur, prætereo: quamquàm eadem,majoraque publicèque perſpecta ſunt , cum viri ſancti revocatio celebrata
eſt .] Et paulò poſt : Qui cum fide ad Sanctum accedebant , plus gratiæ accipiebant,
cum omnia ſint credenti poſſibilia,viro ſancto nimirùm traditam ſibi à Patre luminum
gratiam impertiente . Hic autem exordiar :
Vos qui hujuſmodi narrationibus delecta-
mini, attendite .

Sed undè & à qua gratia exordiendum eſt? **XIX.**
Q Quam-

XVII.

Eutychii Quamvis alia sint miracula præstantiora, miracula & ab hoc tamen initium sumendum existimo. Prophetia. Erat in urbe Amasea quidam Androginus legitima uxore copulatus : qui cum filiis procreandis operam darent, ita frustrabantur, ut infantes, antequàm è ventre exirent, immaturi præriperentur; ex quo parentes ipsi magno mærore afficiebantur. Quid igitur faciunt è Utile consilium capiunt, Confugiunt ad Deum, qui mortuos etiam potest per servos suos in vitam revocare. Imitantur viduam illam Sareptanam, cujus filium Elias suscitavit: Sunamitidem imitantur, quæ currit ad Eliseum, cum filius ejus in cœnaculo mortuus jaceret. Confugiunt & ipsi ad beatum virum : supplicant ut precibus suis impetret, ne infantes sibi in lucem editi statim moriantur. Quæ cum pro illis precatus esset, ambos unxit oleo sancto, tùm eo quòd è pretiosa Cruce, tùm illo quod ex sanctæ puræque Dei genitricis & perpetuæ Virginia Mariæ nostræ dominæ veneranda imagine scaturire solet Sozopoli, dicens: In nomine Domini nostri Jesu Christi. Hæc enim verba cunctis ægrotantibus, qui ad se accedebant, solitus erat adhibere, quemadmodùm & S Jacobus præcipit. *Sed non in sacramento.* Cum igitur precandi finem fecisset, & tamquàm gratia quadam afflatus taceret: mòx, Nomen illi (inquit) Petrum imponetis, & vivet : erat enim mulier gravida. Cum autem ego adessem, & respondissem : At si fœminam, inquiens, pariet, ecquod illi nomen imponent ? Minimè (inquit) sed Petrum vocabant, & salvus erit. Quibus verbis gaudentes, tamquàm puerum nondum natum in ulnis gestarent, domum reversi sunt.

XX.
Tempore jàm impleto peperit filium, quemadmodùm antevidera & prædixerat servus Dei. Quem cum baptizandum curassent parentes, & nominassent Petrum; posteà unà cum ipso ad virum sanctum accedentes, complexi sunt pedes ejus, & confessi sunt quæ sibi fecisset Deus, & quòd sui misertus esset. Imposuit autem puero manibus, vir sanctus benedixit ei. Sed cum crevisset ille qui ex præcognitione & precibus genitus fuerat, alter natus est illis. Itaque venientes rursùs, ambos filios ad sanctum virum attulerunt, laudantesque Deum rogabant, quo nomine postremus deberet appellari. Qui geminos filios intuitus, illud Salomonis venustè usurpavit: (*a*) Frater qui coadjuvatur à fratre, quasi civitas firma, Parentibus autem illorum dixit: Joannem hunc appellabitis; quoniam in æde sancti Joannis preces vestras Dominus Deus audivit.] Hæc Eustathius, qui his omnibus præsens aderat.

XXI.
Miracula confirmandæ fidei causa. Porrò, quòd hæc & alia de Eutychio ab eodem recensita ibi miracula, non tàm ad Eutychii probandam sanctitatem, quàm ad fidem Catholicam, cujus causa ea patiebatur, confirmandam, Deo volente, edita fuisse videantur; nos hic eadem referre minimè prætierimus. Itaplanè Deus (sicut Pharaonem, ubi in populum Israeliticum insurrexit, miraculis voluit repressisse)

2 *Proverb.* 18.

---

eàm Justinianus Imperator omni ad stabiliendam heresim, & fidem Catholicam deprimendam potentia usus est, ex adversò resurgens, ad indicandam, firmandam, stabiliendamq; Catholicorum dogmatum veritatem, confutandam verò hæreticam pravitatem, hæc voluit per Eutychium Catholicæ fidei confessorem edi signa, atque propalari miracula : ut si vel ipsi Pharao non proficeret, neque Ægyptii emendarentur, remanerent tamen in Ecclesia perpetua de veritate Catholicæ fidei monumenta, & contrà expugnatam divinitùs impietatem erectæ columnæ. Quamobrèm hìc de his agere, ratio postulat argumenti. Subdit igitur hæc Eustathius:

XXII.
De surdo & muto sanato.
Senex quidam è villa quæ ad sanctissimam Ecclesiam pertinebat, filium habebat surdum & mutum, annorum circiter quatuordecim : quem cum ad sanctum virum perduxisset, supplicabat, ut ipsi à Deo opem impetraret. Itaque cum pro illo preces fudisset, omnes ejus sensus unxit oleo sancto, terque Nunechem (nàm illi id erat nomen) vocat. Ac primò quidem ille obscurè respondit : cum autem tres ibi dies mansisset, & oleo sancto inungeretur, solutum est vinculum linguæ ejus, & planè audiebat & loquebatur. Sed cum vellet eum pater in monasterio relinquere, noluit Dei servus. Senex igitur, assumpto filio, domum magno cum gaudio reversus est. Audiamus & aliud insigne miraculum.

XXIII.
Quidam alius ejusdem loci, qui inter ipsius sanctissimæ Ecclesiæ clericos electus erat, (Cyrillus ille appellabatur) filium habebat, qui cum quinque esset annorum & eò amplius, nec loqui poterat, nec alimentum accipere, nec vitæ propè, nec mortis erat particeps. Hunc cum ad virum sanctum perduxisset : ille solitas preces adhibuit, & sanctam communionem impertivit, & cum panem benedixisset, dedit ei, atque dimisit. Ex illa autem die solutum est vinculum linguæ ejus, & loquebatur, & edebat atque bibebat, cum Dei gratia sanitatem recepisset. Videamus & aliud huic simile, immò verò mirabilius.

XXIV.
* Zela. De puero curato miraculo.
Est oppidum quoddam nomine Zala*ipsi metropoli Amaseæ propinquum. Quidam indè profecti, quadrimulum puerum ad sanctum virum adduxerunt. Hic nihil aliud nisi ex matris ubere nutrimenti paululùm capiebat. Erat autem propè carnis & corporis expers, neque calorem ullum habebat; sed tamquàm spica vento corrupta, quæ nondum creverit, exilem quamdam ac inanem granorum & aristarum speciem habet, sic & ille puer videbatur. Poterisautem omnes illius costas & nervos & ossa numerare. Hunc vir Dei magnus cum aspexisset sic exiccatum, & parentes ipsius dolore tabescentes; Dei, qui ea quæ non sunt facit ut sint, imploransauxilium, totum pueri corpus inunxit oleo pretioso, & sanctam communionem impertivit; cumque panem communem benedixisset, parentibus dedit, præcepitque ut mero panem illum intingerent, pueroque præberent.

Quod

Quòd illi cum fecissent, voti compotes facti sunt.] Subdit de duobus aliis pueris, quorum alter è desperata valetudine, veluti è mortuis excitatus revixit, atque sanatus est; alter claudus, qui stare super plantas non valebat, omninò curatus. Aliud idem grande miraculum refert de arreptitia puella graviter à dæmone cruciata, quæ ab eo pariter liberata est. Sed quod de pictore à dæmone percusso, à Sancto autem sanato his subiicit, verbatim reddam, quòd plurimum idem miraculum in se contineat utilitatis. Ait enim Eustathius de his quæ præsens aspexit, hæc verba:

XXV.
De pictore eam in domo Chrysaphii piæ memoriæ in
miraculũ. ipsa civitate Amasenorum exercebat. Hic aliquandò veterem in pariete Veneris picturam delebat, ut historias pias reponeret: Volebat enim vir ille ex domo sua superiore Archangeli oratorium facere, ex inferiore autem oratorium sanctæ immaculatæque dominæ nostræ Dei genitricis & semper Virginis Mariæ. Cum igitur pictor fœdam impudicæ Veneris historiam evertisset; dæmon qui illi inhærebat, artificis manum sic invasit, ut inflammata tumesceret, & gravi vulnere affecta, necessariò amputanda videretur. Quarè cum periculum aspiceret, utile capit consilium, & ad virum sanctum confugit, ut per ipsum à Deo auxilium impetret. At ille cum pro ipso Deum orasset, unxit oleo sancto dexteram ipsius manum, quæ inflammatione & ulcere laborabat: idque fecit tribus diebus, & manus ejus divino auxilio convaluit, atque alteri similis reddita est. Et quo in loco pictor vulnus acceperat, in eo memoriæ & grati animi declarandi causa sancti viri depinxit imaginem; ut manus, quæ curationis beneficium acceperat, medicum suum secundùm Deum testaretur.]

XXVI.
Hic velim attendas, lector, non tantùm editum divina virtute miraculum, sed etiam patefactam latentem ipsam veritatem, si quis eam ab exemplis deductam accipere velit. Si enim in profanis inhonestisque imaginibus inhæsisse cognita est ad nocendum, Deo permittente, vis inimica; utique vel ex his discas, in sacris Deo dicatis imaginibus non deesse divinam ad beneficia præstanda virtutem: & sicut illæ Christianis obesse solent, ita & istas consuevisse iisdem esse proficuas. Subiicit autem his auctor de eodem Sancto miracula admiratione quidem digna, ut de apostata à dæmone arrepto & mirum in modum cruciato, deque perjuro cæco reddito, atque aliis pluribus ab eodem incolumitatem divinitùs consecutis. Sed illud hic non prætermittendum putamus, quomodò sanctus vir ab exercitu Cosrhoes & à fame urgente complures Amaseam confugientes Christianos liberavit. Rem gestam memoratu dignam sic describit Eustathius, qui præsto fuit:

XXVII.
Impiorum Persarum in Rempublicam
Confugiũt nostram impetum cum scimus, inque
Amaseam tum Nabuchodonosor Cosrhoe Sebastum
Christiani. revisit & Melitenen. Cum igitur in magnas

Annal. Eccl. Tom. T II.

A tunc angustias atque discrimen adductæ res essent: vicini omnes ferè tùm Nicopoli, tùm Cæsarea, tùm Comanis, tùm Zala *, ex * Zela. aliisque finitimis civitatibus Amaseam tamquàm ad locum munitissimum se conferebant, non tàm urbis præsidio, quàm viri sancti precibus consisi. Omnes enim & cives & inquilini, qui magna ex parte erant Iberi, & hospites reliqui suas secundùm Deum in hoc sancto viro spes collocarant: ex ejus enim ore pendentes, & verba ipsius audientes servati sunt. Meritò igitur in tali tumultu innumerabilis hominum multitudo ad eam urbem concurrit. Sed cum
B ibi diù esset commorata, magna cibariorum penuria consecuta est. Itaque omnes ad sanctum ipsius monasterium tamquàm tutissimum in portum confugiebant, ut simùl cum corporibus animos pascerent. Quarè cum magnus quotidiè sumptus fieret, & fames in dies cresceret cùm propter nostros exercitus, tùm propter Dei & Reipublicæ nostræ adversarios, magna omnes in mœstitia & angustiis versabamur.

Cum enim multitudini panis submini- XXVIII. straretur, & sic exinanitæ essent arcæ mo- Farina di-nasterii, in quibus farinæ conservabantur, vinitùs a ut ne unius quidem hebdomadæ cibus in ucta. eis reliquus esset: cum igitur horrei cu-
C stodes monachi religiosissimi farinam minui, & flagitantium cernerent crescere multitudinem, ad virum magnum accesserunt, illum Scripturæ locum usurpantes (a): Transiens in Macedoniam adjuva a Act. 16. nos; quoniam farina jàm in arcta deficit, & spes victus nobis adimitur. At ille nulla interponita mora, nihil dubitans, sed opulentæ Dei misericordiæ fidens, in eum ingressus est locum, in quo arcæ erant farina jàm vacuæ. Et cum Deum obsecrasset, ministros hortatus est: Bono (in-
D quiens) animo estote: quantum enim egentibus impertitis, duplum Dominus noster elargietur. Spero enim, quemadmodùm olim (b) hydria farinæ non deficit, ita b 3. Reg. 17 nunc minimè defuturam. Nam licet declinaveritis ex hoc in illud (ut est in Psalmo (c) dictum) hoc est, à pleno in id quod est c Psal. 74. inane; tamen farina ejus non erit exinanita: sed edent omnes, & saturabuntur, & laudabant Dominum Deum nostrum: His verbis gaudio repleti religiosissimi monachi) alacriter mandata exsequebantur, panes omnibus advenientibus distribuentes. Atque hoc quidem modo magnam populi turbam fame laborantem diù nutriverunt. Et eò
E ne majus miraculum apparuit, quòd cum farinæ in annum paratæ nihil adderetur, & tantum quotidie insumeretur; tamen non solùm non defecit, verùm etiam postquàm nova farina esset illata, farina vetus diù, immò semper satis fuit, sicut scriptum est: Comedetis vetera super vetera, & vetera à conspectu recentium efferetis.] Hactenùs Eustathius de rebus gestis Eutychii, eum exularet; quibus ejus confessionis corona & veritas Catholicæ fidei illustratæ fuere.

Perduravit exilium Eutychii (ut idem XXIX.
Qq 2 auctor

a Apud Li- pom.tom 7.

auctor (a) affirmat) spatio duodecim annorum & amplius, nimirùm annis duodecim & mensibus septem, quibus sedit Joannes Scholasticus, ut habet Nicephori Chronicon, in quo & ipsum hoc anno Justiniani Imperatoris trigesimooctavo Eutychium esse ejectum traditur; cui cæteri Græci historici assentiuntur. At quomodò ultus est Deus unà cum prodita fide etiam Eutychii & aliorum Orthodoxorum Episcoporum cælamitates quas passi sunt, dicemus anno sequenti.

X X X.
De Chra- mni mise- rando in- teritu.

Quod ad res pertinet Occidentales, nihil præterea Annales reddunt, nisi monumenta Francorum. Hoc enim ipso anno, qui Clotarii Regis Francorum præcedit obitum, ejus filii Chramni sæpè rebellantis & ad veniam sæpè recepti tragœdia finem habuit,

b Greg.hist. Fr.lib. 4.c. 20.

qui à Gregorio ita describitur (b): Clotarius autem Rex contrà Chramnum frendens, cum exercitu adversùs eum in Britanniam dirigit. Sed nec ille contrà patrem egredi timuit. Cumque in uno campo conglobatus uterque resideret exercitus, & Chramnus contrà patrem aciem instruxisset, incumbente nocte à bello cessatum est. Ea quoque nocte Coonober Comes Britannorum dicit ad Chramnum : Iniustum censeo te contrà patrem tuum debere egredi. Permitte me hac nocte, ut irruam super eum, ipsumque cum toto exercitu prosternam. Quod Chramnus (ut credo) virtute Dei prouentus, fieri non permisit. Mane autem facto, uterque commoto exercitu , ad bellum contrà se properant. Ibatque Clotarius Rex tamquàm novus David contra Absalonem filium pugnaturus, plangens, atque dicens: Respice Domine de cœlo , & judica causam meam, quia injustè à filio injuriam patior : Respice , & judica justè, illudque impone judicium, quod quondàm inter Absalonem & patrem ejus David posuisti. Confligentibus igitur pariter , Britannorum Comes terga vertit, ibique & occidit. Denique Chramnus fugam iniit, naves in mari paratas habens : sed dùm uxorem & filias suas liberare voluit, ab exercitu patris oppressus, captus atque ligatus est . Quod cum Clotario Regi nunciatum esset , jussit eum cum uxore & filiabus igne consumi: inclususque in tugurio cujusdam pauperculæ, Chramnus super scamnum extensus toxario suffocatus est, & sic posteà super eos incensa casula cum uxore & filiabus interiit .] Cum eo illas ad pœnam conjunxit, quas ad rebellandum contrà patrem habuit impellentes ; ignemque pati iidem meruerunt , quorum occasione (ut dictum est superiùs) incensa est Turoni basilica S. Martini.

XXXI.

Reverso autem ab hostium cæde Clotario contigit interesse sancti Medardi Episcopi Noviomensis felici ad Deum ex hac vita migrationi . Auctor enim res ab eo præclarè gestas narrans, qui asseritur Fortunatus,

c Extat a- pud Sur die 8. Junii.

De obitu S. Medardi Epist. Nou- viomensis.

hæc habet (c) : Cum autem beatus hic Pontifex vitæ appropinquaret ad exitum, contigit Clotarium Regem, postquàm Chramnum filium suum cum uxore sua ac filiabus combussisset, è regione reuerti Britan-

---

norum . Cognita verò hujus invaletudine Pontificis, ad eum visendum humiliter festinavit, ejus se non diffidens contrà diabolicas infestationes benedictione muniri, & intercessione apud divinam majestatem reconciliari . Cum ergò in hac regali visitatione in conspectu ejusdem & Principum de sepultura Pontificis tractaretur , suorum assensu filiorum sua se in sede Sanctus ipse præordinavit sepeliendum . Cujus sententiæ obstinato Rex animo resistens, Suessionem eum constituit transferendum, asserens se super corpus ejus basilicam decenter ædificaturum, & ad laudem & gloriam divinæ majestatis cœnobialem servorum Dei regulam ordinaturum . Cessit igitur beatissimus Pontifex regiæ dispositioni ; & indefesse se suosque Domino commendans , finita oratione , spiritum exhalavit . O felix corpus, feliciorémque animam! Mòx eorum certissimo qui aderant testimonio, cœli aperti sunt, & divina luminaria ferè per duarum horarum spatium ante Sancti apparuere : præsentiam, de tenebris eum transitoriis ad lucem designantia pro certò transiisse perpetuam. Hoc tanto beatissimi Præsulis animati miraculo , majori ut eum transferrent, accensi sunt desiderio . Corpore itaque sancto composito ac delato ad ecclesiam, nocte illa exequialem cum multa devotione celebraverunt vigiliam .

XXXII.
Rex Clota- rius subii- cit terga feretro S. Medardi.

Mane autem facto, cum Episcopi, quibus interesse contigerat, suum defuncto collega collebrassent officium, inopinabilis multitudo convenit nobilium de castellis & civitatibus , de agris & municipiis adjacentibus inextimabilis accurrit conventus , alii ejus devotè desiderantes interesse obsequiis, alii admodùm lugentes quasi parari à filiis. Per medias ergò plorantium lacrymas Rex irrumpens cum Episcopis & optimatibus , sui ipsius humeris corpus sustulit sanctissimum Suessionis(sicut prædixerat)efferre volens sepeliendum. Ea nimirùm hora, quibus interesse contigit , ineffabilem lugentis populi expavere gemitum, dùm non modò in illa ecclesia , sed per totam civitatem & in suburbio per vicos quoque & plateas unam & eamdem vocem audirent ploran- tium. Recolebant siquidem urbis illam indigenæ patria sanctissimi (qua extenùs informati fuerant) benignissimam prædicationem: dolebant verò & vehementer angebantur, quia cum patrem amisissent , patris etiam sepultura , Regis & procerum violentia, frustrabantur . Compatiebantur qui superuenerant ad tantam plebis illius compunctam illacrymationem. Verùm quia regia urgebat dignitas, ad sanctissimi corporis intentè insudabant translationem. Vix ergò & non sine, multo labore à patre, merentibus & lugentibus filiis erepto (sicut à Rege susceperant) iter aggrediuntur .]

XXXIII.

Qui enim multa audierat jàm antè edita à viro sancta miracula , quique præsens inspexerat cælitus missis luminibus coronam tuam, fenestram, cui venerandum corpus erat impositum, eidem Clotarius Rex humeros

ros supponere ad gestandum , maximum esse duxit honorem , ac veluti agere de victoria nuper adepta triumphum : amplius verò ergà Sanctum affectus est , ubi vidit quæ in via , dùm pergeret Suessionem , ab eodem sunt edita magna miracula : quorum gratia magis de construenda illi Ecclesia excitatus, colligere hinc indè magna sollicitudine enarravit , quæ ad sumptuosum ædificium opus essent : quam , cum ipse decessisset anno sequenti , ejus filius Sigebertus extruxit, monasteriumque conjunxit . Hæc omnia pluribus auctor enarrat , simúlque miracula ibi fieri solita recenset. Porrò quale quantumve ipsum S. Medardi fuerit monasterium , quod regia est exædificatum impensa , ex Gregorii Papæ (a) epistola intelligere potes, dùm munitum illud à se voluit sedis Apostolicæ privilegiis, ut primum omnium esset honore & dignitate Galliæ monasterium . Joannes autem , qui hoc tempore sedebat Romani Antistes, idem monasterium aliis munivit privilegiis , prout Gregorius eadem testatur epistola : dùm ait : Juxta filiorum nostrorum præcellentissimorum scripta Regum Brunichildis ac nepotis ejus Theoderici , monasterio sanctæ Dei genitricis Mariæ , ac beatorum Petri Apostolorum Principis , necnon protomartyris Christi Stephani , quod est in Suessionum civitate situm , ubi S. Medardus requiescere , & vir venerabilis Gailardus præesse videtur : hujusmodi privilegia auctoritate nostræ decreto indulgemus : & ea plenius confirmamus privilegia,quæ à bonæ memoriæ Papa Joanne, comitante illustrium Regum clementia, Clotarii scilicet , & Sigeberti hujus nostræ filiæ jugalis, ipsi loco sub anathematis vinculo sunt concessa vel indulta , concedimus, &terminamus statuentes, nullum Regum, &c.] Ac post nonnulla : Ne vilescat tantæ sublimitatis locus sanctæ Mariæ , & beati Petri, nec non & protomartyris, & domini Medardi meritis sacratus , quem caput monasteriorum Galliæ constituimus , nullique ditioni patimur subesse .] At hæc satis de monasterio .

XXXIV. Extat autem de egregia sanctitate atque miraculis ejusdem sancti Medardi carmen elegiacum Venantii Fortunati , ubi & aliquot recenset ab eo edita tùm in vita , tùm post mortem Apostolica signa : cujus est exordium (b) :

Inter Christicolas, quos actio vexit in astra,
Pars tibi pro meritis magna , Medarde ,
    pater .]

De cæco Deque cæco illuminato , ubi defuncti corpus jaceret adhùc in feretro , hæc eleganter .

Cum pia composito veherentur membra feretro,
Subtractum meruit cæcus habere diem.
Anxius ille sacra lumen suscepit ab umbra,
Et tua mors illi lucis origo fuit .

A Dùmque sepulchra darent , oculi rediere sepulti :
Tunc sopor ille tuus tunc vigilare facit .
Cum fugis à mundo,datur illi lumine mundus
Te linquente dies , huno fugiunt tenebræ , &c.]

Reliqua item alia plura tùnc edita recenset invocato sancto viro signa , quæ ex auctore latiùs tibi petenda relinquimus . Ad finem verò pro Rege Sigeberto , qui extruendam templum curavit , precans auctor ita perorat :

En tua templa colit nimio Sigebertus amore,
Insistens operi promptus amore tui .

B Culmine custodi qui templum in culmine duxit ,
Protege pro meritis qui tibi tecta dedit .
Hæc pia pauca ferens ego Fortunatus amore
Auxilium posco ; da mihi vota , precor .]

Porrò eadem ipsa die qua obiit sanctus Medardus , pariter excessisse ex hac vita sanctum Gildardum Rothomagensem Episcopum ejus germanum ; eademque cum ipso die harum atque sacratum , Audoenus ejusdem Ecclesiæ Episcopus his testatur versibus:

Hi sunt Gildardus fratres gemini atque Medardus :

C Una dies natos utero , vidítque sacratos ,
Albis indutos , & ab ista carne solutos ;
Sic & Catholica Ecclesia (c) una eademque die amborum ad Deum transitum celebrat . Quos igitur una die peperit , simulque aluit , & Pontificia dignitate insuper auxit , una pariter die Ecclesia Catholica missos ad superos colit . Porrò qui una eadem die nati gemini dicuntur Medardus & Gildardus in reliquis , ut qui una item die fuerint Episcopi consecrati , & una pariter die mortui dicuntur : utique ad eumdem D quoque annum referri cum minimè possint, necesse est ea esse facta diversis annis , sed una eademque die . Nàm ecce in Concilio primo Aurelianensi legitur interfuisse Gildardus Episcopus Rothomagensis , Noviomensis verò nullus non Medardus , sed Sophronius ; quibus appareatnos non eodem quoque anno , sicut una die esse creatos Episcopos ; sic etiam neque eodem anno esse defunctos . Nàm quomodo ad hunc annum , quo Medardus defunctus asseritur, Gildardus potuit pervenisse ; si antea præsentem annum legimus Ecclesiæ Rothomagensi præfuisse post Gildardum , Flavium, & post Flavium, Prætextatum,quorum prior E subscriptus reperitur Concilii Aurelianensibus secundo , tertio , & quarto ; posterior autem adhùc superstes plures annos post præsentem annum , quo Medardus asseritur obiisse ? Quæ igitur facta una die dicuntur de consecratione & obitu ; ea quidem etsi eadem die , diversis tamen intercurrentibus annis contigisse , necesse est affirmare . At rerum gestarum anni hujus hìc finis esto .

Pro Sigeberto Rege preces Fortunati

XXXV.

c Martyrol. Rom. 6. Id. Junii.

A

I.

Quingentesimus sexagesimus quintus Domini, idemque Justiniani Imperatoris novissimus, Indictionis decimatertiæ incipit annus; quo Justinianus Imp. ubi absolvisset sui Imperii annum trigesimum octavum, atque nonum ingressus esset (ut ait Evagrius (a)) per menses octo, vel post annos trigintaocto (ut auctor Miscellæ habet) menses septem & dies decem, aut (quod Cedrenus tradit) dies tredecim, ex hac vita migravit Idibus Novembris, media nocte, ut ex Corrippo hujus temporis poeta in carmine de Justini Imp. laudibus habes. Media namque nocte clamor factus est, cùm ex improvisò, instar furis januam effringentis mors, eum rapuit improvisa & importuna, opportuna verò, ipsi Romano Imperio sub Imperatore hæretico titubanti, & in deteriora labenti; vindicante Deo illatas sanctis Episcopis contumelias, pariterque prohibente, ne accensum ab eo semèl incendium universam depasceretur Ecclesiam.

a Evagr. l.4.c.40.

II.

Justinian. Dei vindicta ex hac vita reptè abreptus.

Ut enim Dei judicium fieret manifestum, tùnc subitanea est morte subreptus, cum jàm indixisset exilium Anastasio Episcopo Antiocheno, atque cæteris illi inhærentibus Ecclesiæ sacerdotibus. Tulerat diù consueta patientia Deus, quæ adversùs Eutychium Patriarcham anno superiore Imperator contrà fas jusque sacrilegè perpetrarat, cum è sede eum violentus abstraxit: verùm qui non relinquit virgam peccatorum super sortem justorum, haud sivit ulteriùs progredi, qui non solùm non emendaret perperàm facta, sed audatiora tentaret, repentina eum morte subductus. Nàm audi Evagrium (b): Verùm (inquit) Justiniani edictum divina providentia, qua meliùs nobis prospectum fuit, minimè vulgatum est. Nàm Justinianus, qui Anastasio & suis sacerdotibus exilium indixerat, ex improvisò perculsus, cum trigintaocto annos & menses octo regnasset, ex hac luce migravit.] De obitu item ejus ista Nicephorus (c): Justinianus namquè cum Anastasii, sacerdotumque ejus, qui eodem cum illo ardore flagrabant, exilii libellum dictaret, invisibili ictus plaga, ex hac vita excessit.] Evagrius insuper eum quem divina hæc vindicta percussit, ob impietatem quam fovebat, & discordias quas in Ecclesia excitavit, ad inferos detrusum affirmat, cùm ait (d.): Justinianus igitur cum eum omnia omninò turba ac tumultu complevisset, mercedemque his debitam in extremo vitæ suæ tempore reportasset, ad supplicia justo Dei judicio apud inferos luenda profectus est.] Hæc Evagrius suorum temporum rerum gestarum scriptor insignis.

b Evagr. l.4.c.40.

c Niceph. l.17.c.31.

d Evagr. l.5.c.1.

III.

Qui autem diù post ipsum vixit, eum extremo illo spiritu facti pœnituisse, jussisseque Eutychium ab exilio revocari, Nicephorus tradit (e): quod ex eo (ut puto) argumento deduxit, dùm non sicut aliorum hæreticorum ejus nomen abrasum fuit è sacris tabulis; sive quòd Patres Sextæ Synodi & alii elogio Catholico homine digno & pietatis titulo reperiuntur ejus memoriam prosecuti: nàm S. Gregorius (g) Papa cùm eumdem nominat Imperatorem, piæ memoriæ Justinianum appellat. Sed accipe de eodem Imperatore in Synodo Romana ab Agathone Papa pronunciatum præconium: in epistola (h) enim ad Heraclium & Tiberium Imperatores post secitatos sanctos Orthodoxos Episcopos, qui adversùs hæreticos pro fide Catholica certamen inierunt, mox de Justiniano hæc subdit: Et præ omnibus æmulator veræ & Apostolicæ fidei piæ memoriæ Justinianus Augustus, cujus fidei rectitudo quantum pro sincera confessione Deo placuit, tantùm Rempublicam Christianam exaltavit. Et utique ab omnibus gentibus ejus religiosa memoria veneratione digna censetur, cujus fidei rectitudo per augustissima ejus edicta in toto Orbe diffusa laudatur; quorum unum, quod ad Zoilum Alexandrinum Præsulem adversùs Acephalorum hæresim missum est pro Catholicæ fidei rectitudine, satisfacere sufficiens cum hac nostra humilitatis suggestione vestræ tranquillissimæ Christianitati dirigentes per præsentium latores offerimus, &c.] Et in alia rursùs epistola ad eosdem Augustos Roma ex Synodo centum vigintiquinque Episcoporum missa, ubi Theodosii tàm igni atque Marciani fidei Catholicæ Constitianiam prædicavit: hæc de Justiniano mox infert, cum præfert iisdem: Sicut extremi quidem, præstantissimi tamen omnium magni illius Justiniani, cujus ut virtus, ita & pietas omnia in meliorem ordinem restauravit: cujus instar fortissimæ vestræ clementiæ principatus, virtutis quidem conatibus Rempublicam Christianam tuetur & restaurat in melius, pietatisque studiis Catholicæ succurrit Ecclesiæ.] Hæc sunt ex Agathone Romano Pontifice Justiniani præconia.

e Niceph. l.17.c.31.

g Greg. l.2.

h Extat recitata in Synodo sexta Act. 4.

IV.

Quod enim quæ de ejus hæresi jactarentur, nullis constarent edictorum ipsius publicis monumentis (nam etsi scripsit, non tamen, ut vidimus ex Evagrio, promulgavit de hæresi Imperator edictum) & è contra ejusdem Imperatoris fides Catholica pluribus promulgatis sanctionibus probaretur; nihil præterea de eo sentiendum, quàm suis ipsius scriptis reperiretur expressum, idem Romanus Pontifex existimavit, cujus sententia non ex populari clamore, sed potiùs ex certa scriptorum testificatione proferri debet. Sed nec irrogata in Orthodoxos exiliorum supplicia eum omninò convince-

vincebant hæreticum, etsi injustum arguebant atque sacrilegum; sicut nec cùm Vigilium Papam eadem pœna mulctavit : præsertim verò cum de exilio Eutychii Episcopi
culpam visas fuerit delevisse, dùm eum ex
testamento (ut Nicephorus ait) revocandum
constituisset.

V. Quòd igitur edictum retentum minimè
fuerit promulgatum, & perperàm facta ultimo elogio visus sit revocasse ; haud adeò
infamis posteris, sed honorifica ejus memoria mansit. Nàm audi eumdem de his Ni-
a Niceph. cephorum (a): Joannis Chalcedonii filius
l.17.c.31. cum Constantinopolitanæ præesset Ecclesiæ, Alexii Comneni ætate, in ipso Verbi
Dei Sapientiæ templo quotannis magnifice
memoriam ejus celebravit, populi universi
concione ad rem divinam coacta. Memoria
ejus Ephesi quoque, in Ecclesia discipuli
ejus qui suprà pectus Salvatoris recubuit,
culta: quam Ecclesiam ipse Justinianus construxerat.] Hæc de ejus memoria publicis
b Niceph. honoribus affecta post mortem Nicephorus,
l.17.c.33. qui & de ejusdem sepultura hæc subjicit (b):
In magnifico monumento in ipso, lapide
Sardio in Apostolorum templo constructo
sepultus est, ad dexteram in eadem ingredienti partem.]

VI. Sed quò magis humanum possunt Impe-
De Justi- ratores, subductis chartis, legitimum fal-
niani po- lere atque vitare judicium ; quod nonnisi
stremo ju- (ut ajunt) secundùm acta atque probata
dicio. proferri potest ; eò districtiùs divino ser-
vantur examini judicandi atque atrociori
pœna plectendi, secundùm illud quod ait
c Sapien. 6. Sapiens ad Reges terræ (c): Horrendè &
citò apparebit vobis, quoniam judicium du-
rissimum his qui præsunt fiet. Exiguo enim
conceditur misericordia, potentes autem potenter tormenta patientur. Sanè quidem
etsi humanæ non sit facultatis divinis interesse judiciis, ac de illis omninò nefas sit
judicare ; tamen secundùm irrevocabilem
illam Dei sententiam, quæ de omnibus reperitur pronunciata defunctis (d): Opera
d Apoc. 14. illorum sequuntur illos : eadem ipsa quæ
hinc obeuntem secuta sunt Justinianum, advertimus eum hactenus clamant in chartis,
nempe juge bellum Ecclesiasticum, quod
(exule facta, quam reperit, pace) jugiter enutrivit, decedensq; reliquit accensum ;
sacrilegiorum immensitas, cum sæpè in
Christos Domini sanctos Episcopos violentas manus injecit, ut inter alios in Vigilium Romanum Pontificem & Eutychium
sanctissimum Constantinopolitanum Antistitem ; crudelitas insuper in cives innoxios
ab Evagrio superiùs deplorata, & avaritia
ab eodem pressiùs sugillata, ut omittamus
reliqua. Quam autem mortuus ante horrendum majestatis divinæ tribunal sententiam acceperit, etsi non sit hominis judicare ; opinari tamen sicuti licet, facilius est
invenire ; qui Evagrii de ejus condemnatione velit sequi sententiam, quem jure
sciat prærogativa temporis, cum quæ scripsit inspexerit, historicis reliquis illæ præferendum, qui longè post Justiniani tempora res ab eo gestas scripsere : cum posterio-

A tim in eamdem proculdubio abiisse sententiam Procopius ejusdem temporis luculen-
tus historicus visus sit, dùm quem ante sæpè laudarat, postea scripto volumine tàm
ipsum quàm Theodoram conjugem, secan-
tans palinodiam magnopere vituperavit; ut
apud Suidam notatum habetur.

At cum laudatam audis ab eodem Proco- **VII.**
pio insignem ejus pietatem in erectione templorum quibus replesse non Constantinopolim tantùm, sed universum penè visus est
B Orbem: provoco te ad Evagrium de his ista e Evagr.l.4.
dicentem (e): Erat porrò tàm largus in c.29. in fin.
pecunia eroganda, ut multa sancta & ma- Aliena pe-
gnifica templa in multis locis extrueret, cunia ere-
aliæque sacra ædificia, quibus tùm viri tùm ctæ Eccle-
mulieres ætate teneræ & exacta, tùm qui siæ à Justi-
variis morbis vexabantur sedulò accuraren- niano
tur, ædificaret ; magnamque seorsùm colligeret à suis pecuniarum vim, unde ista
perficerentur, atta denique instituta exse-
queretur opera ; quæ sanè pia, Deoque
accepta essent, si modò vel ille, vel alii
C qui talia moliuntur, de suis ipsorum bonis
efficienda curarent, suæque vitæ actiones
vacuas à sceleris labe tanquàm hostiam
Deo offerrent.] Hæc ipse, qui paulò superiùs de ejusdem Imperatoris in pecuniis
à subditis corradendis cupiditate ista recenset :

In Justiniano verò tàm inexplebilis fuit **VIII.**
pecuniæ cupiditas, & tàm turpis atque adeò Justiniani
absurda rerum alienarum appetitio, ut ven- turpis ava-
dere subjectorum bona his qui magistratus ritia.
administrabant, qui tributa colligebant
qui nulla de causa insidias hominibus struere volebant, ob auri amorem vendiderit.
Complures verò, immò innumerabiles qui
bona multa possidebant, causa falsa com-
mentitiaque confusa, omnibus fortunis mul-
D ctavit. Quòd si quæ meretrix oculos cupiditati ad alicujus bona adjiciens, consuetudinem se ullam cum eo vel conjunctionem
habuisse simularet ; statim omnia jura ac
leges, modò Justinianum turpis lucri socium
constitueret, ejus causa eversa jacuerunt ;
facultatesque omnes illius, qui falsò in crimine adductus erat, faerunt in ejus domum
translatæ.] Hæc Evagrius cujus sententia, quot ab eo novæ promulgatæ sint leges & veteres restitutæ, tot nota ad extorquendam pecuniam retia dicens cum etsi
ex illis aliquam currentibus ad proelum judicibus venatoribus aliquando pomiscet ob-
E stare, contriud easdem mira arte depressas
sivere à magistratibus pro arbitrio proculcari. Ista ex antiquioribus, fideque sincera pollentibus scriptoribus referam, scio
in me concitari Juris consultorum agmina
pro suo Justiniano pugnantia, verùm satis
sit ad defensionem unica opposita veritas,
quam profitemur, & illibatam colimus &
excolimus.

Cæterùm quæ ab eo piéque restitu- **IX.**
ta vel sancita reperiuntur, ut Dei munus
Christianitas non refugit, sicut nec Ethnicorum Imperatorum, eorumdemque Christianorum persecutorum leges justè decre-
tas ; mente illud retinens & ore versans,
quod

a *Prov.* 18. quod divina Sapientia clamat (a) : *Per me Reges regnant, & legum conditores justa decernunt : Per me Principes imperant, & potentes decernunt justitiam.* Hinc videas ipsum quoque S. Gregorium Romanum Pon-

b *Greg. l. 11. epist.* 54.

tificem (b) in moderandis etiam rebus Ecclesiasticis uti ejusdem Justiniani Imperatoris constitutionibus, easdemque citare consuevisse, sicut & aliorum Christianorum Imperatorum, necnon & Gentilium, ut Modestini, & aliorum, cum opus fuit, Jurisconsultorum. Quae verò praeter jus fasque idem Justinianus suis sanctionibus obfervanda praecepit, Catholica Ecclesia, respuit, ut quae sibi super Ecclesias personasque Ecclesiasticas arrogare praesumpsit, quaeve de usuris constituit. Sed in his consule Alcia-

c *Alciat. pareng. l. 6. c. 20.*

tum (c), licèt ei in omnibus minimè assentiamur. Quòd autem, inurata nota Justiniano de voluntario concesso divortio ; ad ejus successorem Justinum eam legem potiùs pertinere, suo loco dicemus.

X.

Quae verò spectant ad ejusdem Imperatoris scripta, seu potiùs aliorum lucubratio-

nes suo ipsius nomine promulgatas : praeter illa quae sunt recensita ipsius de fide edicta,

d *Isidor. c.* 18.

Isidorus de eodem ista habet (d) : Justinianus Imperator quosdam libros de Incarnatione Domini edidit, quos etiam per diversas provincias misit. Condidit quoque rescriptum contrà Illyricanam Synodum & adversùs Africanos Episcopos, in quo Tria capitula damnare contendit, &c.] Sed ne quis ex iis redarguat Suidam, quòd alphabetum dixerit Justinianum tot scriptorum auctorem : nàm sicut Triboniani fuisse civiles leges, ita & Theodori Caesariensis scripta, suo nomine vulgari voluisse, quae dicta sunt superiùs docent. At de Justiniano hactenùs.

Justiniani nomine vulgata scripta.

XI.

Antequàm autem ad ejus successorem convertamus orationem, incisas à Narsete propè Romam, cùm adhùc viveret Justinianus hoc anno, in ponte à se restituto super Anienem fluvium inscriptiones (ne eas amplissimis litteris exaratas non legisse culpae sit) hìc describamus : sic enim se habent :

Narsetis monumenta in ponte Anienis.

IMPERANTE. D. N. PIISSIMO. AC. TRIUMPHALI. SEMPER. IVSTINIANO. PP. AVG. ANN. XXXVIII. NARSES. VIR. GLORIOSISSIMVS. EX. PRAEPOSITO. SACRI PALATII. EX. CONS. ATQVE. PATRICIVS. POST. VICTORIAM GOTHICAM. IPSIS. EORVM. REGIBVS. CELERITATE. MIRABILI. CONFLICTV. PVBLICO. SVPERATIS. ATQVE. PROSTRATIS. LIBERTATE. VRBIS. ROMAE. AC. TOTIVS. ITALIAE. RESTITVTA. PONTEM. VIAE. SALARIAE. VSQVE. AD AQVAM. A. NEFANDISSIMO. TOTILA. TYRANNO. DESTRVCTVM. PVRGATO, FLVMINIS. ALVEO. IN. MELIOREM. STATVM. QVAM. QVONDAM. FVERAT. RENOVAVIT.]

Itemque ibi :

QVAM. BENE. CVRBATI. DIRECTA. EST. SEMITA. PONTIS. ATQVE. INTERRVPTVM. CONTINVATVR. ITER CALCAMVS. RAPIDAS. SVBIECTI. GVRGITIS. VNDAS ET. LIBET. IRATAE. CERNERE. MVRMVR. AQVAE ITE. IGITVR. FACILES. PER. GAVDIA. VESTRA. QVIRITES ET. NARSIM. RESONANS. PLAVSVS. VBIQVE. CANAT. QVI. POTVIT. RIGIDAS. GOTHORVM. SVBDERE. MENTES HIC. DOCVIT. DVRVM. FLVMINA. FERRE. IVGVM.]

XII.
Justinus Imperat.

Jàm ad ipsum Justinum veniamus. Simulác autem ex hac vita Justinianus discessit, succedit Justinus ipsius sororis Justiniani Imperatoris nomine Vigilantiae filius, patreque nomine Dulcissimo natus ; conjux verò Justini, Sophia appellata, Theodotae Augustae neptis fuit, ut ex Victoria Tunnensis Chronico & Corippo Africano grammatico, qui Justini laudes cecinit, apparet : nàm pulchrè hic de ipsius Justini, matrisque ejus, atque uxoris nominibus :

Mater consilii placidis Vigilantia vestris.

Semper inest oculis : quamque omni pectore gestas,

Alma Augusta tu consors Sapientia regni.

Tu quoque Justitiae nomen de nomine sumens,

Frena regendorum retines firmissima Regum, &c.

Justinus igitur apud Justinianum Imperatorem cognationis jure, primum sibi vendicaverat locum, ab eodemque Curopalates creatus (ita Graeci dicunt magistratum, qui

D Palatii cura credita erat) qui & Caesar jàm anteà dictus fuerat. Id quidem Corippus his versibus docet.

Te dominum sacra quis non praedixerat aula,

Cum magni regeres divina Palatia patris,

Per extans caris, solo diademate dispar,

Ordine pro rerum vocivatus Curapalatii :

Dispositus jam Caesar eras. Cum sceptra teneret

E *Fortis adhùc senior, regni tu summa regebas*

Consilio moderata gravi : Nil ille peragit

Te sine.]

Sed quae divinitùs de eodem sint praevisa ab

c *Apud Sur. tom.* 2.

Eutychio Patriarcha, Eustathius ita narrat (e):

Tribus circiter annis ante Imperium Justini futura prospicienti & magno Pontifici patefactum fuit, ipsum imperaturum. Qui nulla interposita mora, ut eum in Dei timore confirmaret, tutiùsque vitam ejus ad pietatem incenderet, cum in Jucundianis quodam die Senatus haberetur, in remotum

XIII.
Quae praedicta de futuro Imperatore.

die 6. *Apr.*

tum quemdam locum Dei servus Justinus seduxit, quo quidem in loco fenestra erat (hoc enim signum, ut lapidum cumulus olim inter Jacob & Laban testimonium fuit). Et audi, inquit, amplissime vir: Quamvis ego humilis sim servus & sacerdos Dei; significavit mihi Deus te post avunculum tuum fore Imperatorem. Quare vide, ne hisce illic occupationibus distraharis; sed attende tibi, & operam da, ut dignus evadas, qui Dei perficias voluntatem. His auditis Justinus, gratias egit Deo, & viro magno respondit in hunc modum: Deus me dignum faciat, ut voluntati ejus obtemperem, meque gubernet & regat arbitrio suo. Et haec quidem sic facta sunt. Cum autem vir magnus esset in insula quae Principe appellatur, quadam die narrabat nobis: In visione (inquiens) noctis quidam gladium dedit duorum imagines continentem, Justini & coniugis ejus, qui & mihi arridebant. Sed quidnam id significaret, ab eo quaesivit unus ex iis qui illic praesto erant, num illius gladii visione sectionem aliquam, vel rei finem portendi sciret. Minime, inquit ille; sed hi ipsi regnabunt, & me liberabunt: Imperatorio enim habitu indutos aspexi. Quod imperaverint, perspicuum est: Quod autem fuerit liberatus, quodque exilii ejus multae visiones extiterint, omnes novimus.] Haec Eustathius.

a Genes. 40. Verum sicut pincerna tardius recordatus est Joseph (a) in carcere detenti, ita & Justinus serius quam par erat Eutychium ab exilio revocavit, & non antequam qui in ejus locum intrusus fuerat Joannes ex hac luce discesserit.

KIV.

Ex hac vita jam subducto Justiniano Imperatore, excitatur media nocte Justinus à Callinico Excubitorum Praeposito, & ut habetur, sumit Imperii admonetur; progressusque ad aulam, & Senatu hortante, sumit Imperium: cum interea componitur exanime Imperatoris cadaver, ornaturq; ad sepulturam, Sophia nunc ipsum veste contexit pretiosa valde, in qua effigiatae erant ejusdem Imperatoris res gestae: quas describitur à Corippo, cum agit de Sophiae pietate tum exhibitis officiis defuncto Justiniano. Pandemus hic tibi eam velut picturam illa tabula, quam docta manus non penicillo, sed acu formavit. Cum igitur de paratis agit exequiis, pompaque funeris adornata, hos etiam habet versus:

* series
Exequiis adiecit solito plus dona paternis:
Itreq; convectas denso iubet agmine turbas,
Et tulit intextam pretioso murice vestem,
Justinianorum * ubi tota laborum
Nexu auro insignia fuit, gemmisq; corusca
Illic barbaricas flexa cervice phalanges;

De veste auro picta.
Octisas Reges, subiectasque ordine gentes,
Pictor acu tenui multa formaverat ante.
Feceras & fulvum dictare coloribus auxum
Omnis ut aspicies ceu corpora vera putares,
Effigies auro, sanguis depingitur ostro,
Ipsum autem in media victorem pinxerat aula
Effera Vandalici calcantem colla tyranni,
Plaudentem Libyae fruges laetumque ferentibus:

Addidit antiquam tendentem brachia Romam
Exerto & nudo gestantem pectore mammam
Altricem Imperii, libertatisque parentem.
Haec ideo fieri vivax Sapientia iussit,
Ornatum ut propriis funus regale triumphis
Augustum in tumulum fatalis duceret hora.]
Haec de ornatu cadaveris atque feretri.

XV.
Ceterum idem post multa subdit auctor, nullum ferme vas fuisse, in quo non sculptae essent victoriae ejusdem Imperatoris imagines; nam ait:

Triumphalia vasa.
Ipse triumphorum per singula vasa suorum
Barbarico bisteriam fieri mandaverat auro,
Tempore quo captis iniecit vincla tyrannis
Justinianus ovans quarto cum Consule Princeps
Alta triumphali terret Capitolia pompa.]

XVI.
At ita composito ad funus Justiniani feretro, illud minime tamen effertur, nisi postquam insignia Justinus accepit Imperii: quae quidem nec recipere voluit, nisi consulto oratoque numine, & religionis officiis persolutis: nam idem haec de his cecinit auctor:
Ipse autem procerum magnis oratibus actus
Non primum Imperii regalia signa recepit,
Ni sacrata prius supplex oracula poscens,
Effusis precibus Christo sua vasa dicaret,
Ilicet Angelici pergens in limina templi,
Imposuit pia thura focis, cerasque micantes
Obtulit, & supplex lacrymis ita coepis obortis:
Omnipotens Princeps, &c.]

Quod item pietatis opus ipsa ejus uxor Sophia seorsum exsolvit.

XVII.
Expletis vero quae solerent à proceribus exhiberi solemniis, à Patriarcha Joanne idem Justinus benedictionem accepit atque coronam: quod pulchre his versibus idem poeta describit:

Justinus à Joanne Episcopo coronatur.
Postquam, cuncta videt ritu peracta priorum,
Pontificum summus, plenaque aetate venustus
Astantem benedixit eum; caelique parentem
Exorans Dominum, sacro diademate iussit
Augustum saucire caput: summoque coronam
Imponens apici, &c.]

XVIII.
Post haec autem diademate insignitum & in solio collocatum, acclamationibus absolutis, orationem habuisse testatur ad populum, quam describit: ante cujus exordium cum signasse cruce frontem tradat, veterem morem Justini, consuevisse nimirum Fideles ante concionem, praemittere crucis signum: nam audi:

Signo Crucis se munit, & ligno Imp.
Ipse coronatum solium conscendit avitum
Atque crucis faciens signum venerabile sedis,
Arrectaq; manu, cuncto praesente Senatu,
Ore pio haec orans ait: super omnia regnans
Regna Deus, &c.]

At non manu tantum signase crucis signum, sed & ligno sacratissimi Dominicae crucis frontem exornasse, idem inferius docet, haec dicens:

Egre-

Egreditur enim luce sua, frontemque serenam .
Armavit sancti faciens signacula ligni .]
In frontibus enim Regum crucem fulgere
consuevisse , superiùs auctoritate Patrum,
alia id poscente occasione , dixisse meminimus .

XIX. Post hæc autem ubi ad populum perorat-
set , atque ejus querelas lugubribus editas
vocibus percepisset, quibus dolebat injustè exactionibus vexatum à prædecessore
Principe , & ab eo debita non esse soluta :
Justinus sua unicuique reddenda præcipit ,
& æs alienum Justiniani dissolvi jubet .
Hæc autem pereleganter Corippus his versibus cecinit :

Justiniani *Flere diù tantis lacrymis non passus acerbis,*
es alienum *Condoluit miserans , & se pietate subegit*
dissolvit *Legibus ultrò suis: Aliena pecunia, dixit ,*
Justinus. *Reddenda est . Virus patri qui subsistit hæres*
Thesauros fidis privatos ferre ministris
Imperat. Innumera mox advenere caterva ,
Fortia extentis onerataque brachia libris
Deposuere humeris: turmæ glomerantur in
     unum ,
Et totus fuso Circus resplenduit auro:
Tunc posita ratione palàm, populoque vi-
     dente ,
Debita persolvit genitoris , cauta recepit .
Gaudia, quanta illic , quantus favor ! un-
     dique lætus
Tollitur in cælum populorum clamor evan-
     tum , &c.

XX. Hæc quidem omnia profectò redarguunt
Justiniani prædecessoris avaritiam , ne recitata superiùs ex Evagrio esse calumnias ,
& ex pravo ea scribentis animo prodiisse
quis putet. Præter hæc etiam de cavendis
delictis Justinum populum admonuisse ,
tradit auctor . Sed nec prætermisisse quæ
ad Ecclesiarum statum pertinere videbantur , testatur Evagrius, qui ubi plura præcedentibus consentientia narravit , hæc addit : At primùm dat mandatum , ut omnes
Episcopi & sacerdotes , qui ex omnibus
locis in unum Constantinopoli convocati
erant , ad suas ipsorum dimitterentur sedes , utì consuetos cultus Deo sanctè reli-
giosèque adhiberent , monens ne quisquam
quod ad fidem pertineret novare moliretur.
Atque istud quidem ejus factum in laude
ponendum est .] Hæc Evagrius.

XXI. Sed quæ ad Justiniani Imper. funus spectant , quod posteà curatum constat , pauca quædam hìc ex eodem Corippo cuncta
exactè prosequente describenda putamus :
utpotè quæ ad Christianum cultum pertinere noscuntur , cum primùm de multiplicibus luminaribus celebri pompa delatis , cum ait:

Luminaria   —— *Vasa aurea mille ,*
exornant *Mille columnarum species , argentea mille,*
funus. *Quæ superimpositis implebant atria ceris ,*
Ordine cuncta suo, partum sic more parata.]
Vasa illa fuisse intelligas multiplicia instru-
menta pretiosorum diversi generis candela-
brorum ad portandos cereos fabrefactorum,
quorum superiùs diversis in locis mentio facta est. Subdit verò de his quæ ferebantur
condiendi causa cadaveris:

A *Thura Sabæa cremant : flagrantia mella* **Ungentis**
     locatis   **conditur**
Infundunt pateris , & odoro balsama succo **corpus Im-**
Centum aliæ species , unguentaque mira fe- **per.**
     runtur
Tempus in æternum sacrum servantia cor-
     pus .]
Et inferiùs de procedente populo , & psal-
modia qua religiosam prosequebantur fu-
neris pompam :

—— *tota populus processit ab aula.*
Maflaque funerias accendunt agmina ceras .
Omnis in exequias sexus convenit & ætas .
Quis memorare potest tanta miracula pompæ ?
B *Hinc Levitarum mirabilis ordo canentum ,*
Virgineus tonat inde chorus : vox æthera
     pulsat .]
At hæc satis ad insinuandam veterem Eccle-
siæ Catholicæ consuetudinem in celebritate
funerum Fidelium defunctorum , per sin-
gula tempora usque in præsens religiosis-
simè propagatam. Sed de funere Imperato-
ris ad aliud Regis funus transeamus .

Hoc enim anno & Clotarius Rex Fran- **XXII.**
corum , cum ageret ab obitu Clodovei annos quinquaginta & unum in regno , ex
hac vita migravit ; de quo ista Gregorius **a Gregor.**
C (a) , res sui temporis scriptis pro- **Turon. hist.**
sequens : Rex verò Clotarius anno quin- **Franc. li.4.**
quagesimoprimo sui regni cum multis mu- **cap. 21.**
neribus limina beati Martini expetiit ; & **Clotarii**
adveniens Turonos ad sepulchrum ante- **Francorum**
dicti Antistitis , cunctas actiones , quas **Regis obi-**
fortasse negligenter egerat , replicans , & **tus.**
orans cum grandi gemitu , ut pro suis
culpis beatus confessor Domini misericordiam exoraret , ea quæ irrationabiliter
D commiserat , suo obtentu dilueret . Exin
regressus quinquagesimo primo regni sui
anno , dùm in Cotia silva venationem exercet , à febre corripitur , & exinde Compendium villam rediit ; in qua cum graviter vexaretur à febre , ajebat: Vah, quid
putatis ? qualis est ille Rex cælestis , qui
sic tàm magnos Reges interficit ? In hoc
enim tædio positus, spiritum exhalavit .]
Quod ad ejus culpas pertinet , ipsum quidem compluribus delictis obnoxium , potissimùm verò incestis nuptiis infamatum,
sæpe excommunicatum fuisse à S. Nicetio
Episcopo Treverensi , idem Gregorius in
rebus gestis ejusdem Episcopi , quas cum
scripsit , affirmat . Sed de ejus sepultura
ubi suprà idem auctor hæc addit : Quatuor
filii sui cum magno honore Suessionas de-
E ferentes , in basilica beati Medardi sepelierunt .] Loco scilicet quem delegarat ad
basilicam construendam , quam tamen filius Sigebertus construxit . Ac denum : O-
biit autem post unum, decurrentis anni
diem , quo Chramnus fuerat interfectus.]
Hæc Gregorius.

Defuncto Clotario , quatuor ejus filii **XXIII.**
inter se partiti sunt regnum , nempè Cha- **Quatuor**
ribertus, Chilpericus , Guntheramnus, & **filii Clo-**
Sigebertus: quorum Charibertus regni se- **tarii re-**
dem tenuit Parisiis , Chilpericus Suessio- **gnant in**
nis , Guntheramnus Aurelianis , Sigeber- **Galliis.**
tus Rhemis . Porrò horum omnium reli-
     giosissi-

giofiffimus habitus eft Sigebertus . Hic
enim fimulàc accepit patrem effe defunctum , nihil antiquius habuit , quàm ut
sanctum Nicetium Treverenfem Epifcopum ab eo in exilium amandatum poftli-
miniò revocaret : de quo ifta in Vita ejufdem S. Nicetii Gregorius habet (a):

*a Gregor.
Turon. Vit.
S. Nicet.
cap. I.*

XXIV.

Sanctus Nicetius quotidiè prædicabat
populis , denudans crimina fingulorum ,
& pro remiffione deprecans affiduè con-
fitentium ; undè adversùs eum fæpiùs o-
dii virus exarfit , quòd tàm veraciter multorum facinora publicaret . Nàm plerumque fe perfequentibus ultrò obtulit , gladio exerto cervicem præbuit : fed nocere
ei Dominus non permifit . Voluit namque pro juftitia mori , fi perfecutor fuiffet
infeftior . Ajebat enim : Libenter moriar
pro juftitia . Sed & Clotarium Regem pro
iniuftis operibus fæpiùs excommunicavit ;
exiliumque minante eo , numquàm est territus . Quodam verò tempore , cum ad
exilium ductus , ab reliquis Epifcopis , qui
adulatores Regis effecti fuerant , remotus
effet , atque à fuis omnibus derelictus &
uni diacono , qui adhùc perftabat in fide ,
ait : Quid tu nùnc agis ? quare non fe-
queris fratres tuos & eos quos volueris ,
ficùt & illi fecerunt? Qui ait: Vivit Dominus Deus meus , quia ufquequò fpiritus meus intrà hos artus contentus fuerit , numquàm derelinquam te . Et ille: Quia
(inquit) hæc dixifti , dicam tibi quæ Domino revelante cognovi : Cràs enim in hac
hora & honorem recipiam , & Ecclefiæ
meæ reftituar . Hi autem qui me dereli-
querunt , cum magno pudore ad me con-
fugient . Præftolabatur itaque diaconus
rem promiffam attonitus : quod pofteà eft
expertus . Illucefcente enim die craftina ,
fubitò advenit legatus Sigeberti Regis cum
litteris , nuncians Clotarium Regem effe
defunctum , feque regnum debitum cum
Epifcopi charitate debere percipere . Hæc
ille audiens , ad Ecclefiam regreffus , po-
teftati reftituitur ; confufifque iis à quibus derelictus fuerat , omnes in charitate recepit .] Hucufque Gregorius , qui
& alia fanctiffimi Præfulis egregia facta
scriptis mandavit .

*Sibegertus
Rex libe-
rat ab exi-
lio S. Ni-
cetium .*

XXV.

*Peftis in-
guinaria I-
taliam va-
ftat.
b Paul. Na-
con. de Geft.
Longobard.
lib.1. c.4.*

Hoc eodem anno (quo nimirùm Juftinianus Imperator mortuus eft) peftis illa
vehemens , inguinaria dicta , univerfam
invafit Italiam , pervafitque etiam regiones Boreales ; de qua ifta habet Paulus
diaconus (b) : Iifdem temporibus in Liguria provincia, maxima peftilentia exorta
eft . Subitò enim apparebant quædam fi-
gnacula per domos , oftia , vafa , veftimenta ; quæ fi quis voluiffet abluere , magis magifque apparebant . Poft annum verò expletum cœperunt nafci in inguinibus
hominum & aliis delicatioribus locis glan-
dulæ in modum nucis , feu dactyli , quas
mòx fequebatur febris intolerabilis æftus ,
ita ut triduo homo extingueretur . Sin verò aliquis triduum tranfegiffet , habebat
fpem vivendi . Erat ubique luctus , ubique lacrymæ . Nàm (ut vulgi rumor ha-

bebat) fugientes cladem aut vitantes re-
linquebant domos defertas habitatoribus ,
folis catulis eas fervantibus: pecuaria fola
remanebant in pafcuis , nullo aftante paftore . Cerneres villas & caftra agminibus
hominum repleta , poftero die , univerfis
fugientibus , in fumma vaftitate & filentio . Fugiebant filii , infepulta parentum
relinquentes cadavera . Si quem forte antiqua pietas perftringebat , ut vellet fepe-
lire proximum , reftabat ipfe infepultus :
& dùm obfequebatur , perimebatur ; dùm
offerre obfequium defunctis præmeditaba-
tur , ipfe fine obfequio futurum cadaver
remanebat : ut videres fæculum in antiquum redactum filentium . Nulla vox audiebatur , nifi gementium in morte , nullus paftorum fibilus , nullæ ferarum infi-
diæ parabantur * pecudibus , nulla damna
domefticis volucribus : fata transgreffa me-
tendi tempora intacta exspectabant meffo-
res ; vineæ amiffis foliis , radiantibus vui-
lis , illæfe remanebant , hieme appropinquante . Nocturnis horis perfonabat tuba
bellantium ; audiebatur à pluribus quafi
murmur exercitus ; nulla erant veftigia
commeantium ; nullus cernebatur percuf-
for , & tantùm vifus oculorum fuperabant
cadavera mortuorum . Paftoralia loca converfa fuerant in hominum fepulturas , &
habitacula humana facta fuerant habitacula beftiarum . Et hæc quidem mala intrà
Italiam tantùm ufque ad fines Alemannorum , & Bajoariorum folis Romanis accidere . Inter hæc Juftiniano Principe è vita decedente , &c.] Hæc Paulus diaconus . At que de eadem lue ubique pavenda
fcripferint duo Gregorii , res geftas fuorum temporum profequentes , his fubii-
ciam .

*

Hæc planè peftis illa fuit , cujus Sanctus Gregorius Papa meminit in Dialogis ,
miraque narrat verbis iftis (c): Ammo-
nius mihi jàm in monafterio pofitus narravit , quòd in ea mortalitate , quæ Patricii Narfetis temporibus hanc urbem vehementer afflixit , in domo prædicti Valeriani puer armentarius fuit præcipuæ fim-
plicitatis & humilitatis . Cum verò ejufdem
advocati domus eadem clade vaftaretur ,
idem puer percuffus eft , & ufque ad mortem deductus . Qui fubitò fublatus à præfentibus , rediit , fibique dominum fuum
vocari fecit . Cui ait: Ego in cælo fui , &
qui de hac domo mortui funt , agnovi . Ille , ille , & ille mortui funt . Tu verò ne
timeas : quia in hoc tempore moriturus non
es . Ut verò fcias , quia me in cælum fuiffe ,
verum fateor : ecce accepi illìc ut linguis
hominum loquar . Numquid tibi incognitum fuit Græcam me linguam omninò non
noffe ? & tamen Græcè loquar , ut cognofcas an verum fit , quod me linguas hominum accepiffe teftificor . Cui tùm Græcè
dominus fuus locutus eft , atque ille in eadem
lingua refpondit ; ut cuncti qui adev-
rant , mirarentur . In eadem quoque domo
prædicti Valeriani Narfes fpatharius Bul-
gar manebat ; qui feftinè ad ægrum deductus ,

*c Gregor.
dialog. lib.
4. c.26.
Prodigium
de puero
peste per-
cusso.*

XXVI.

A

ctus, ei Bulgarica lingua locutus eſt : ſed ita puer in Italia natus, & nutritus in eadem, barbara locutione reſpondit, ac ſi fuiſſet ex eadem gente generatus. Mirati ſunt omnes qui audiebant ; atq; ex duarum linguarum experimento, quas eum antè neſciſſe noverant, crediderunt de omnibus, quæ probare minimè valebat. Tùnc per biduum, mors ei dilata eſt ; ſed die tertio (quo occulto Dei judicio neſcitur) manus & brachia, lacertoſque ſuos dentibus laniavit, & ita de corpore exivit.] Hæc Gregorius. Sanè quidem, & in amentiam quoque atque furorem deducere homines conſueviſſe peſtem, illa Gregorius Turonenſis teſtatur. Nec verò de alia planè meminit idem Gregorius, quàm de iſta tùnc graſſante in Gallias : non enim Italiæ terminis contineri potuit, ſed, & exteras regiones Galliæ atque Germaniam pervaſit, ut ex pluribus Gregorii locis apparet ; qui in primis quomodò Rhemenſis civitas fuerit liberata, ita deſcribit (a):

a Gregor. de Glo. conſeſſ. c. 79.

XXVII.
Rhemenſes effugiūt peſtem ope S. Remigii.

: Sed nec illud ſileri placuit, quod illo geſtum eſt tempore, cum lues inguinaria, populum Primæ Germaniæ devaſtaret. Cum autem omnes terrerentur hujus cladis auditu, cucurrit Rhemenſis populus ad S. Remigii ſepulchrum, congruum hujus cauſæ flagitare remedium. Accenſis cereis, lychniſque non paucis, hymnis, pſalmiſq; cæleſtibus per totam excubabat noctem. Mane autem facto, quid adhuc precatui deſit, in reactum rimatur. Reperiunt etenim revelante Deo, qualiter oratione præmiſſa, adhuc majori propugnaculo urbis propugnacula munirentur. Aſſumpta igitur palla de beati ſepulchro, componunt in modum feretri; accenſiſq; ſuper cruces cereis atque ceroferaliis, dant voces in canticiis: circumeunt urbem cum vicis, nec prætereunt ullum hoſpitium, quod non hac circuitione conclaudant. Quid plura ? Non poſt multos dies, fines hujus civitatis lues aggreditur memorata. Verumtamen uſquè ad eum locum accedens, quò beati pignus acceſſit, ac ſi conſtitutum ceineret terminum, initio ingredi non modò non eſt auſa, ſed etiam quæ in principio pervaſerat, hujus virtutis repulſu reliquit.] Hæc Gregorius : qui & quonam modo Treverenſis etiam civitas ab eadem ingruente tùnc lue fuerit liberata per S. Nicetium hoc tempore ejus Epiſcopum, narrat in libello, quo ejuſdem Sancti res geſtas proſecutus eſt, his verbis (b):

b. Gregor. Tur. in libel. Vita S. Nicetii.

XXVIII.
S. Nicetius liberat Treverenſes ab inguinaria.

Cum autem lues inguinaria Trevericum populum in circuitu civitatis valdè vaſtaret, & ſacerdos Dei pro ovibus commiſſis, Domini miſericordiam imploraret aſſidue; factus eſt ſonus de nocte magnus, tamquam tonitruum validum ſuper pontem amnis, ita ut putaretur urbs ipſa abſorberi. Cumque omnis populus exterritus in lectulis reſediſſet, letiferum ſibi interitum opperiens ; audita eſt in medio vox una cæteris clarior, dicens : Et quid hic, ô ſocii, faciemus ? Ad unam enim portam Eucharius ſacerdos obſervat, ad aliam Maximi-

B

nus excubat, in medio verſatur Nicetius: nihil hic ultra prævalere poſſumus, niſi ſinamus hanc urbem eorum tuitioni. Hac audita voce, ſtatim morbus quievit, nulluſque ab eo ultra defunctus eſt. Unde non ambigitur, virtute memorati Antiſtitis fuiſſe defenſam.] Hæc Gregorius de eadem agens inguinaria lue. Quomodò etiam precibus S. Galli Epiſcopi populus Arvernenſis ſit liberatus, idem auctor hæc ait (c):

c Gregor. hiſt. Fr. lib. 4. c. 5. & in Vita S. Galli.

XXIX.
S. Gallus liberat Arvernenſes ab inguinaria.

Hujus tempore, cum lues illa, quam inguinariam vocant, in diverſas regiones deſæviret, & maximè tunc Arelatenſem provinciam depopularetur ; ſanctus Gallus Arvernenſis Epiſcopus non tantùm pro ſe quantùm pro populo ſuo trepidus erat ? Cumque die noctùque pro populo deprecaretur, ut veniens plebem ſuam vaſtari non cerneret ; per viſum noctis apparuit ei Angelus Domini, qui tàm cæſariem quàm veſtem in ſimilitudinem nivis candidam eſſe jebat ; & ait ad eum : Benè enim facis, ô ſacerdos, quòd ſic Dominum pro populo tuo ſupplicas : exaudita eſt enim oratio tua & ecce eris cum populo tuo ab hac infirmitate liberatus ; nulluſque te vivente, in regione iſta ab hac ſtrage depeniet : nùnc autem ne timeas, poſt octo verò annos timeto. Unde manifeſtum fuit, tranſactis his annis, cum è ſæculo diſceſſurum eſſet. Expergefactus autem, & Deo gratias pro hac conſolatione agens quòd eum per cæleſtem nuncium confortare dignatus eſt ; Rogationes illas inſtituit, ut media Quadrageſima pſallendo ad baſilicam beati Juliani martyris itinere pedeſtri venirent. Sunt enim in hoc itinere quaſi ſtadia trecenta ſexaginta. Tùnc etiam in ſubita contemplatione parietes vel domorum vel eccleſiarum ſignari videbantur : unde à ruſticis hæc ſcriptio Thau vocabatur. Cum autem regiones alias (ut diximus) lues iſta conſumeret, ad civitatem Arvernam, S. Galli interdecente oratione, non attigit. Unde hanc non parvam cenſeo gratiam, qui hoc meruit, ut paſtor poſitus oves ſuas devorari, defendente Domino, non videret.] Hæc Gregorius, qui eadem repetit, cum ejuſdem S. Galli collectas res geſtas conſcripſit. Sed quid poſt annos octo timendum eſſe Angelus prædixit, cùm videlicet ipſo ſancto defuncto, in locum ejus ſubrogatus eſt Cautinus Epiſcopus Arvernenſis, ſuo loco dicturi ſumus. At è Galliis in Britanniam inſulam tranſeamus.

C

D

Hoc eodem anno genus Pictorum in Britannia inſula commorantium ad Chriſti fidem per ſanctum Columbanum perducta eſt. Rem geſtam certa temporis nota ſignatam Beda narrat his verbi (d):

d Beda de Geſtis Angl. l. 3. c. 4.

XXX.
Converſio Pictorum Septentrionalium.

Anno incarnationis Dominicæ quingenteſimo ſexageſimoquinto (quo tempore gubernaculum Romani Imperii poſt Juſtinianus Juſtinus Junior accepit) venit de Hibernia presbyter & Abbas habitu, & vita monachi inſignis, nomine Columbanus, in Britanniam prædicaturus verbum Dei provinciis Septentrionalium Pictorum, hoc eſt, eis qui arduis atque horrentibus montium

tium

E

A

... jugis ab Australibus eorum sunt regionibus sequestrati. Namque ipsi Austrates Picti, qui intra eosdem montes habent sedes multo ante tempore (ut perhibent) relicto errore idololatriæ, fidei veritatis acceperant, prædicante eis verbum Nynia Episcopo reverendissimo & sanctissimo, viro de natione Britonum, qui erat Romæ regulariter fidem & mysteria veritatis edoctus, cujus sedem Episcopatus S. Martini Episcopi nomine & ecclesie insignem (ubi ipse etiam corpore cum pluribus Sanctis requiescit) jam nunc Anglorum gens obtinet, qui locus ad provinciam Berniciorum pertinens, vulgo vocatur. Ad candidam casam, eo quod ibi ecclesiam de lapide, insolito Britonibus more, fecerit.

B

Venit autem in Britanniam Columbanus, regnante Pictis Bridio filio Meilochon Rabanus Abbate potentissimo, nono anno regni ejus: gentemque illam verbo, & exemplo ad fidem Christi convertit: unde & præfatam insulam ab eis in possessionem monasterii faciendi accepit; neque enim magna est, sed quasi familiarum quinque juxta æstimationem Anglorum: quam successores ejus usque hodie tenent, ubi ipse sepultus est post annos circiter triginta duos, ex quo ipse Britanniam prædicaturus adiit.

Fecerat autem sibi, priusquam in Britanniam veniret, monasterium nobile in Hibernia, quod à copia roborum Dearmach, lingua Scotorum, hoc est, Campus roborum, cognominatur. Ex quo utroque monasterio plurima exinde monasteria per discipulos ejus & in Britannia & in Hibernia

propagata sunt; in quibus omnibus idem monasterium insulanum, in quo ipse requiescit corpore, principatum tenet. Habere autem solet ipsa insula rectorem semper Abbatem presbyterum, cujus juri & omnis provincia & ipsi etiam Episcopi ordine inusitato debeant esse subjecti, juxta exemplum primi doctoris illius, qui non Episcopus, sed presbyter extitit & monachus: de cujus vita & verbis nonnulla à discipulis ejus feruntur scripta haberi.

Verùm qualiscunq; fuerit ipse, nos hoc de illo certum tenemus; quòd reliquit successores magna continentia, ac divino amore, regularique institutione insignes: in tempore quidem summæ festivitatis, Paschatis scilicet, dubia circulos sequentes, utpote quibus longè ultra Orbem positis nemo Synodalia Paschatis observantiæ decreta porrexerat; tantùm ea quæ in Propheticis, Evangelicis, & Apostolicis litteris discere poterant, pietatis & castitatis opera diligenter observantes. Permansit autem hujusmodi observantia Paschalis apud eos tempore non pauco, hoc est, usque ad annum Dominicæ incarnationis septingentesimum decimumsextum, per annos centum quinquaginta: At tunc veniente ad eos reverendissimo & sanctissimo patre & sacerdote Egberto de natione Anglorum, qui in Hibernia diù exulaverat pro Christo, & erat doctissimus in Scripturis; & longæva vitæ perfectione eximius; correcti sunt per eum, & ad verum canonicumq; Paschæ diem translati.]
Sed de his inferius suo loco.

I.

QVi sequitur annus Redemptoris quingentesimus sexagesimus sextus, idem Justini Imp. primus numeratur, inchoatus tamen ab anno superiori mense Novembri, Indictionis decimaquartæ; quo idem Imp. Consul creari voluit. Intermissus diù à Consulatu Basilii ejusmodi magistratus populum nonnihil mæstum reddiderat; exhilaratus verò est, cum Justinus restituendum Consulatum fore promisit; nàm hæc Corippus (a) ex Justini persona:

Non solùm optati jubes spectacula Circi;
Præmia sed populis & maxima dona parabo:
Ditabo plebes opibus, nomenque negatum
Consulibus Consul post tempora cuncta novabo,
Gaudeat ut totus Justini munere mundus. i.
Dona Kalendarum properant vicina mearum:
Vos vestivis adstate locis, properate, parate
Promissaque die nostras sperate curules.
Expavit gaudens inopino, nomine vulgus
Consulis audito: natus stragor, itque tumultus
Per lætos ingens * fremit undique murmur,
Ingeminatq; avos dulci modulamine plausus.

II.

Advenientibus igitur ipsis Kalend. Januariis Consulatum iniens Imp. donativum more majorum dedit, templumq; petiit Deo acturus gratias more Christiano, non Gentili, quo Romani olim consueverunt ascendere Capitolium. Sed audi ipsum, Corippus.

D

—— Mane, Christum scilicèt, mente fideli
Regnator Justinus amans, trahcatus ab aula
Egrediens templum primus sublime petivit;
Atque Deo grates solita pietate peregit.
Plurima votorum suscipit dona suorum,
Immensoq; pium ditavit munere templum.
Obtulit & ceras, sed mitis voce petivit,
Corde humili, dextraq; Dei benedictus abivit.
Plus exaltatus, plus justificatus in ipsum,
Quòd se humilem stans ante Deum, veramque fatetur
Quam retines pietate fidem.]

Alludit hæc dicens auctor ad fidei professionem, quam novus creatus Imperator ipso sui Imperii initio publicè exhibere solebat.

E

Quòd verò periclitantem nactus esset statum Imperii ob fidem Catholicam à prædecessore magnoperè (ut dictum est) perturbatam, edictum etiam de fide conscripsit, quo consultum voluit fidei Orthodoxe. Recitatur illud ab Evagrio ista verbis (b):

In nomine Domini Jesu Christi Dei nostri, Imperat. Cæsar Fl. Justinus, fidelis in Christo, Mansuetus, Max. Beneficus, Alamannicus, Gothicus, Germanicus, Atticus, Francicus, Herulicus, Gipedicus, Pius, Fortunatus, Gloriosus, Victor, Triumphator, semper Augustus.

Pacem meam do vobis, inquit (c) Christus

a Corip. in laud. Justini l. 2.

*

b Evagr. l.5.c.4. Justini Imper. de Catholica fide de edictu.

c Joan. 14.

Rr

stus Dominus verus Deus noster pacem meã relinquo vobis, idem Dominus omnibus prædicat. Atque istud aliud nihil est quàm ut credentes in eam, ad unam eandemq; Ecclesiam se conferant, & in recta Christianorum fide ipsi inter se consentiant; eosque qui ei contradicunt, opinionemve adversariam consectantur penitùs detestentur. Est enim prima omnibus hominibus salus ingenua veræ fidei confessio. Quocircà nos cùm præceptis Evangelicis, tùm sancto Symbolo, id est, doctrinæ sanctorum Patrum obsequentes, hortamur omnes, ut ad unam eamdemque Ecclesiam & disciplinam se recipiant, credentes in Patrem & Filium & Spiritum sanctum, Trinitatem consubstantialem, Unam Deitatem, id est, naturam & substantiam ratione & re ipsa unam, vim, potentiam & facultatem unam in tribus personis glorificantes, in quibus baptizati sumus, in quas credimus, quibus in unum coniungimur. Unitatem in Trinitate, & Trinitatem in unitate adoramus; tùm divisionem habentem; tùm conjunctionem planè admirabilem: unitatem secundùm substantiam, id est Divinitatem, Trinitatem secundùm proprietates, id est, personas (dividitur enim ratione, ut ita dicam, individua, coniungitur autem divisa; siquidem Divinitas unum est in tribus, & tres unum, in quibus est Divinitas, vel, ut accuratiùs dicam, quæ sunt ipsa Divinitas) Deum Patrem, Deum Filium, Deum Spiritum sanctum: quandoquidem singulæ personæ per se considerantur, mente ea quæ sejungi non possunt sejungente: Deum nimirùm tres esse personas, quæ in unum motus & naturæ (ut ita dicam) identitate conjunctæ intelliguntur. Nàm oportet & unum confiteri Deum, & tres personas sive proprietates prædicare.

IV. Confitemur etiam ipsum unigenitum Filium Dei, Deum Verbum ante sæcula & ab æternitate à Patre genitum, non factum, & in novissimis diebus propter nostram salutem descendisse de cælis, & incarnatum ex Spiritu sancto, & ex domina nostra sancta & gloriosa Deipara semperque Virgine Maria, & natum ex ea: qui est æqualis Patri & Spiritui sancto. Nàm quartæ personæ accessionem, id est, Dei Verbi incarnati, qui est una persona Trinitatis, sancta Trinitas non admittit: sed est unus & idem, Dominus noster Jesus Christus, qui est consubstantialis Patri secundùm Divinitatem, nobis autem consubstantialis secundùm humanitatem, patibilis quidem carne, Divinitate autem impatibilis. Non enim alium Deum Verbum qui miracula edidit, & alium qui passus est agnoscimus; sed unum eumdemque confitemur Dominum nostrum Jesum Christum Dei Verbum incarnatum, & verè hominem factum, & tùm miracula quæ edidit, tùm afflictiones quas sua sponte pro nostra salute carne sustinuit, unius & ejusdem fuisse. Nàm non homo aliquis se ipsum pro nobis tradidit, sed ipse Deus Verbum, qui sine Divinitatis mutatione factus est homo, & sua sponte passionem & mortem pro nobis subiit. Quapropter dùm Deum illum

confitemur, non inficiamur hominem esse, & dùm illum confitemur hominem, Deum esse non negamus: Unde dùm unum Dominum nostrum Jesum Christum ex utraq; natura Divinitate & humanitate constare asserimus, non confusionem in unitate introducimus. Etenim quòd secundùm nostram naturam factus sit homo non desinat esse Deus; neq; quòd Deus sit secundùm suam naturam, similitudinemque habeat nostræ similitudinis haud capacem, homo esse detrectabit: sed manet sicut Deus in humanitate, sic non minùs in Divinitate præstantia homo.

V. Ambo igitur in eodem, & unus Deus pariter & homo, qui est Emmanuel: Eumdem porrò dùm perfectum in Divinitate, perfectum quoque in humanitate, ex quibus duabus rebus constat, concedimus, uni ejus compositæ personæ divisionem: sectionemve particularem non inferimus, sed naturarum significimus differentiam, qua propter copulationem minimè tollitur: Siquidem neque divina natura mutata est in humanam, neque humana natura in divinam conversa: sed quia utraque in propriam naturæ finitionem rationeque melius intelligitur, existatque, idcirco copulationem factam in persona dicimus. Copulatio autem quæ est in persona, ostendit Deum Verbum, hoc est, unam ex tribus personis in Divinitate, non homini qui antè extitit, conjunctum fuisse, sed in utero dominæ nostræ sanctæ & gloriosæ Deiparæ & semper Virginis Mariæ sibi ex ea in propria persona carnem nobis consubstantialem, & iisdem nobiscum affectionibus, peccato excepto, obnoxiam, eamque anima rationis & intelligentiæ participe imbutam fabricasse. In se namque propriam habuit personam, & factus est homo, & est unus & idem Dominus noster Jesus Christus ejusdem cum Patre & Spiritu sancto particeps gloriæ.

VI. Ac dùm mente complectimur inexplicabilem ejus copulationem; confitemur verò unam naturam Dei Verbi incarnatam carne anima rationali & mentis participe imbuta. Rursùs autem cum cogitatione comprehendimus naturarum differentiam; duas naturas, nulla tamen inducta earum direptione; asserimus. Nàm in eo utraque inest natura: & propterea unam & eumdem confitemur Christum, unum Filium, unam personam sive unam proprietatem essentiæ divinæ, Deum pariter & hominem. Quæ circà omnibus qui istis contraria vel sentire vel sentiunt, denunciamus anathema, alienosque à sancta Catholica & Apostolica Dei Ecclesia judicamus. Et cum recta veraque dogmata, quæ sancti Patres nobis tradiderunt, nobis prædicata sint; hortamur vos omnes, immò verò etiam obsecramus, ut in unam eamdemque Catholicam & Apostolicam Ecclesiam coalescatis. Nàm non gravamur, licet simus in hoc eximio Imperii gradu locati, ejusmodi verbis pro omnium Christianorum concordia & conjunctione uti, quo quidem consilio, ut omnes uno ore laudem & gloriam Dei optimi maximi & Salvatoris nostri Jesu Christi celebrent;

lebrent; & nemo de reliquo ulla de caufa vel **A**
de perfonis Trinitatis, vel de ulla fyllaba
in ea comprehenfa digladietur: quandoquidem ipfæ fyllabæ nos ad unam & finceram fidem fententiamque ferant, & eadem
confuetudo & modus in fancta Catholica &
Apoftolica Dei Ecclefia hactenus omnino
firmus & minimè novatus manferit; & in
univerfum pofterum tempus manfurus fit.]
Hucufque Juftini Imper. edictum. Pergit
verò Evagrius:

VII.
Probè ja-
cta Impe-
rii funda-
menta.

Huic edicto quamquàm confenfere omnes, illudque ficut vera fides pofcit, editum dixere; membra tamen Ecclefiæ, quæ
opinionum varietate diftracta erant, minimè fuerunt ad concordiam reducta: pro-
pterà quòd edictum fidem & apertis verbis
fignificarit, unam confuetudinem in Ecclefiis firmam & minimè novatam hactenus **B**
manfiffe, & in pofterum tempus manfu-
ram.] Hæc Evagrius. Jecit ftabiliendo
Imperio hæc fundamenta Juftinus, ex quibus magna eft ei parta fiducia, ut ingruentes barbaros non timeret: tantùmque abfuit ut eifdem dona mitteret, ut & pactum
à Juftiniano tributum, quo redemerat cladem Imperii, eifdem perfolvere denega-
rit, immò minas addiderit: ut fecundùm

a Prov.28.
illud Proverbiorum (a): *Juftus quafi leo*
contendens abfque terrore erit: Juftinus fide munitus fummam induerit animi for- **C**
titudinem.

VIII.

Hoc namque anno cùm aufpicatus eft
Confulatum, idem Juftinus Imperat. audivit legatos Gagani Regis Avarum, qui
miffi erant ad exigendam à Juftino annuam
pecuniam, quam Juftinianus Imperat. illi
folvere confueverat, ne lacefferet, incur-
fionemve faceret in Romani Imperii ditionem: fed renuit id præftare Juftinus, eofdemque inanes uti vacuos redire juffit: bellum eifdem comminatus, fi quid contra
Imperium moliri tentarent. Profequitur
ifta defcribere Corippus, qui inter alia,
hæc Juftinum ad legatos conftanti animo
effe locutum tradit:

Juftinus
contemnit
Barbaros.

Res Romana Dei eft terreni non eget armis
Jure pio vivit; bellum non ingerit ultrò;
Sufcipit illatum.] Et inferius:

Quod fupereft, numque meum fpeciale te-
vamen,

Imperii Deus eft virtus & gloria noftri,
A quo certa falus, fceptrum datur atque po-
teftas;

Qui populos clemens fuper omnia regna La-
tinos **E**

Conftituit pacemq; fuam commendat amari:
Cujus fpe fruimur, cujus virtute fuperbos

* populum
Deiicimus,cujus populos * pietate timemur:
Qui noftros auget mirà virtute triumphos.
Ipfius laudamus opus, folumq; timemus:

* rerum
Hunc unum colimus Regem * Dominumque
fatemur,
Cognofcant Avares, quoniam Deus omnium

* omnibus
* hic eft.

Ita planè Juftinus fecundùm illud Davi-

b Pfal.59.
dicum (b): *In Deo faciemus virtutem, & *
ipfe ad nihilum deducet inimicos noftros:
contemnit formidabiles omnibus gentibus
Annal. Eccl. Tom. VII.

barbaros, qui (ut dictum eft) & fuum prædecefforem Juftinianum, qui Vvandalos ac
Gothos debellavit, jàm fub tributo rede-
getant.

Quod infuper ad eofdem barbaros à Juftino repulfos fpectat, non prætermittendum putamus; Photium in fua Bibliotheca,
dùm agit de Theophanis Byzantii hiftoria
cepta (ut ait) à bello Perfico, quod actum
eft poft fœderis folutionem anno fecundo
Juftini Junioris fucceforis Juftiniani Imperatoris & producta ufq; ad annum decimum
ejufdem belli, inter alia mentionem habere
de legatione Turcarum miffa una cum donis
ad Juftinum ipfum, qua peterent ne fufciperet Avares barbaros ipfis infeftiffimos,
atque de Turcis, fuiffe populum habitan-
tem apud Tanaim versùs Euri venti partem,
eofdemque antiquitùs appellatos effe Mafa-
getas, à Perfis verò ipforum lingua Cher-
michionas nominatos: Hæc de his ex
Theophane Byzantio Photius.

IX.

Sic igitur Juftinus in Deum fperans (e),
non eft fraudatus à defiderio fuo; fed eofdem truculentos hoftes hactenùs femper &
ubique victores fumma gloria fuperavit per
Tiberium Ducem anno quarto fui Imperii,
ut fuo loco dicemus. Ad hæc idem Imper.
maximè pios hoc itidem anno (ut Mifcelle.
auctor habet) ad fedandos obortos Alexandriæ tumultus occafione diverfarum fecta-
rum inter fe altercantium, Photium Belifarii privignum fide miffit, finulque munera
ecclefiis offerenda dedit & quidem fumptuo-
fa: Sunt hæc fane magna laude digna, fi in
reliquis idem Imperator optimi Principis
numeros omnes fimul expleffet, & non potiùs turpi vita fœdaffet quæ ipfo fui Imperii
exordio laudabiliter (ut Chriftianiffimum
decet Principem) peregiffet. Hæc autem
ut cognofcas, accipe quæ de ipfo fcripta
funt ab Evagrio iftis verbis (d):

X.
c Pfal. 77.
fidei Ca-
tholicæ ftu-
diofus.

d Evagr.
lib.5. c. 1.

Verùm quò ad vitæ ejus rationem attinet,
deliciis re vera defluxit & mollicie, in voluptatibus obfcœnis volutatus, alienæ pecuniæ adeò ardenter appetens, uti omnia
iniqui quæftus gratia divenderet; immò verò etiam ipfa facerdotia, divinum numen
minimè reverens, plebeiis hominibus venal-
ia palàm exponeret;] Hæc Evagrius. Porrò incontinentis animi primum illud publicæ lege (e) fancita hoc anno Kal. Jan. dedit indicium; dùm pœnas Juftiniani legibus adversùs illicita coniugia contrahentes
fancitas filere voluit,atq; ita conjunctos ab-
invicèm minimè feparavit: fed his etiam de-
terior conftituit illa hoc eodem anno Septembri menfe lata, qua communi conjugum confenfu diffolvi matrimonium poffe
fancivit. Extat ipfa conftitutio, fed malè
inter Juftiniani Imperatoris Novellas (f)
adnumerata; cum ipfe Juftinus in ea tefte
tur expreffe, diverfam Juftiniani de ea re
fuiffe fententiam. Habes editionem Juliani Anteceffloris, in qua cum ejufmodi conftitutio recitetur, Juftino, non autem Juftiniano tribuitur: ut de his nihil fit quòd
dubitare quis poffit: Hæc oportuit admonuiffe, ut Juftinianus ab illata à nonnullis

XI.
Juftini pra-
vi mores.

e Juftin.
Nov. conft.
3. apud Ju-
lian.

f Apud
Novel. Ju-
ftiniani 140

R r 2 calumnia

calumnia vendicetur . Porrò ad teſtandam ac deteſtandam Juſtini temeritatem iſtiuſmodi inter Chriſtianos contrariam ſacro Euangelio legem ſancientis , hic ipſam deſcribendam putavimus . Siç enim ſe habet :

XII. Juſtini edictum de divortio.

Imp. Cæſ. Flavius Juſtinus Alemannicus, Gothicus, Francicus, Alanicus, Vvandalicus, Africanus, Pius, Felix, Glorioſus, Victor, ac Triumphator ſemper colendus. Aug. Juliano Præf. Urbis Conſ.

Nuptiis decentius nihil eſt hominibus, ex quibus filii, cæteræque nationum ſucceſſiones, fundorum quoque & civitatum habitacula, & Reipublicæ eximius ſtatus. Propter quod nuptias felices eſſe eis qui eas ineunt, ſic optamus, ita ut numquàm eas ſiniſtri omnia opus fieri, neque nuptiis copulatos abinvicem ſeparari , juſtam non habentes abſolutionis nuptiarum occaſionem. Sed quoniam difficile eſt in omnibus hominibus hoc ſervari (in multitudine enim tanta non aliquas incidere irrationabiles ſimultates, unum de impoſſibilibus exiſtit) oportere putavimus his reperire quamdam medelam; magis verò illic, ubi puſillanimitas in tantùm erigitur, ita ut implacabilis horror fiat conjugibus unà manentibus. Antiquitùs quidem licebat ſine periculo tales abinvicem ſeparari ſecundùm communem voluntatem & conſenſum hoc agentes, ſicut plurimæ tunc leges extarent hoc dicentes: ET BONA GRATIA, ſic procedentem ſolutionem nuptiarum patria, vocitantes voce. Poſteà verò divæ memoriæ noſtro patri pietate & temperantia omnes ubicumque aliquando imperantes excedenti viſum eſt, qui ad ſuam utilem & firmam reſpiciens voluntatem, non autem miſerias. puſillanimitatis coniiciens , legem ſancire, qua prohibuit conſenſu conjugia ſolvi : quod nos quoque volebamus nimis obtinere in hoc ipſo.

XIII. Plurimi autem nos adierunt inter ſe conjugium horrentes, & abominantes, & prælia diſcordiaſque propter hoc domi contingere accuſantes (hoc quod valdè doloriferum & triſte conſiſtit) diſſolvere propter hoc præcantes connubia,etſi occaſiones non habuerunt dicere , per quas ſine timore lex hoc dabat * facere ipſis. Deſiderium verò & ſtudium eorum pro hac re in aliquanto diſtulimus tempore, aliquandò quidem monentes, aliquandò verò minantes quieſcere eos ab irrationabili circa invicem horrore , & ad unanimitatem properare, & melioris fieri voluntatis : agebamus verò plus nihil . Quoniam verò difficile eſt immutare ſemel detentos irrationabili paſſione, & horrore : aliquando enim contigit iſtis & inſulſas aggredi adinvicem , & invenis aliiſque ad mortem animbus uti : nec filios eis factos valere ad unam ſimilemque tales voluntatem immiſcere. Hæc igitur aliena noſtris diſcantes temporibus, in præſenti ſacram conſtituimus legem, per quam ſancimus licere (ut antiquitùs) conſenſu conjugum ſolutiones nuptiarum fieri : non ultra verò obtinere, conſtitutas pœnas

debeat.

conſtitutione noſtri patris adversùs eos qui cum conſenſu conjugii faciunt ſolutionem : Si enim alterutrorum affectus nuptias ſolidat , meritò contraria voluntas iſtas cum conſenſu diſſolvit , adſignificantibus rebus quæ nuptias ſolvunt .

Certum autem ſit, omnia alia quantacumque legibus ac potiſſimùm ſacris conſtitutionibus noſtri patris dicta ſunt de nuptiis, & filiis, occaſionibuſque ex quibus præcipitur diſſolvi nuptias (ſi & ſine ratione non- & cum communi conſenſu, ſecundùm quod & præſens noſtra conſtituit divinitas, hoc agentis, & diſponentibus pœnis interpoſitis) obtinere , & ex præſenti noſtra lege per omnia habere virtutem propriam. Quæ ergo nobis viſa ſunt , & per præſentem manifeſta legem , tua gloria per conſuetum ſibi modum omnibus fieri manifeſta præcipiat in hac urbe regia. Data decimooctavo Kal. Octob; Chalcedone, Imp. D.N Juſtino PP Aug. anno primo & inditione quintadecima .] Hactenùs Juſtini ſanctio , qua benè inſtituta primordia ſui turpiter fœdavit Imperii.

XIV.

Porrò horrenda hæc debuere per Epiſcopos prohiberi ne fierent, & jam facta reſcindi , & ab Eccleſia penitùs propulſari : ſed cujus id erat muneris Joannes Conſtantinopolitanus Epiſcopus , quòd precario eam ſedem quodammodo poſſidet et intruſus Antiſtes , minimè reſtitiſſe reperitur . De Joanne autem Romano Pontifice, cum omnia ferme ejus rerum geſtarum monimenta perierint , nihil eſt quod dicere valeamus : quamquam tamen à prædeceſſoribus minimè exiſtimamus fuiſſe degenerem , quorum ſæpè ſacerdotalis vigor emicuit in continendis Orientalibus Imperatoribus in fide Catholica & Eccleſiaſtica diſciplina, in coercendiſque illis cum ab eq vel leviter declinarent, prout res geſtæ ipſorum ſuperiùs recenſitæ declarant.

XV.

Sed jàm de ſtatu Eccleſiæ Gallicanæ, qualis fuerit , poſtquàm quatuor Reges Francorum poſt obitum Clotarii anno ſuperiori inter ſe regnum partiti ſunt, videamus. Cum autem (ut ſuperiùs ſuo loco vidimus) in Concilio Pariſienſi Epiſcopi ſtatuiſſent, neminem admittendum ad Epiſcopatum,quem Regis auctoritas abſque canonica electione introduxerat : ſed quem clerus eligeret , & Epiſcopi provinciales unà cum Metropolitano probarent : Leontius Burdegalenſis Epiſcopus, collecto collegarum Concilio, Santonis , inter alia decreta Emerium Epiſcopum Santonenſem à Clotario Rege ea modo in Epiſcopatum regia auctoritate intruſum, ſede privavit, qui tamen à Rege Chariberto, ſurſum intruditur . Hæc autem cuncta quomodò ſe habuerint , accipe à Gregorio ex ſui temporis ſcriptis tradente his verbis (a) :

XVI. Concilium Santonenſe.

Apud urbem Santonicam, Leontius congregatis provinciæ ſuæ Epiſcopis, Emerium ab Epiſcopatu depulit , aſſerens non canonicè fuiſſe hoc honore, donatum . Decretum enim Regis Clotarii habuerat, ut abſque Metropolitani con-

XVII. Charibertus Rex tyrannè agit in Epiſc.

a Greg. Turon. lib. 4. con. lib. 4. 26.

consilio benediceretur , qui non erat præsens . Quo ejecto , consilium facere in Heraclium tùnc Burdegalensis Ecclesiæ præsbyterum: quod Regi Chariperto * subscriptum propriis manibus per nuncupatum presbyterum transmiserunt . Qui veniens Turonos, rem gestam beato Euphronio pãdit, deprecans hoc, ut consensum , *decretum videlicet*, subscribere dignaretur. Quod vir Dei manifestè respuit . Igitur postquàm presbyter Parisiacæ urbis, portas ingressus Regis præsentiam adiit, hæc effatus est: Salvo Rex gloriose : sedes enim Apostolica eminentiæ tuæ salutem mittit uberrimam . Cui ille : Numquid , ait , Turonicam adiisti urbem, ut Papæ illius nobis salutem deferas?] Hic accipe , sic dici à Gregorio Ecclesiam Turonensem sedem Apostolicam, atque Burdegalensem; non quòd ab Apostolis fuerint institutæ , cum longè post Apostolorum tempora, ut ipsemet tradit, cœperint habere Episcopum ; sed quòd eisdem ab Apostolica sede Petri concessa per pallium Apostolica inesset auctoritas . Sed pergit :

*marginal note: * Chereberto*

XVIII.
Leontius multatur à Chariberto Rege .

Pater (inquit presbyter) Leontius tuus cum provincialibus Episcopis salutem tibi mittit, indicans Æmulum (sic enim vocitare consuevit Emerium ab infantia sua) ejectum ab Episcopatu , pro eo quòd præmissa canonum sanctione, urbis Santonicæ Episcopatum ambivit . Ideòque consensum ad te direxerunt, ut alius in locum ejus substituatur : quo fiat , ut dùm transgressores canonum regulariter arguuntur , regni vestri potentia ævis prolixioribus propagetur . Hoc eo dicente, fremens * Rex , eum à suis conspectibus extrahi jussit, & plustro spinis suppleto imponi desuper , & in exilium protrudi præcepit, deinceps: Putasne, quòd non est desuper quisquam de filiis Clotarii Regis, qui patris facta custodiat , quòd hi Episcopum quem voluntas Regis elegit , absque nostro judicio projecerunt ? Et statim electis viris religiosis, Episcopum loco restituit , dirigens etiam quosdam de Camerariis suis qui exactis à Leontio mille aureis, reliquos juxta possibilitatem damnet Episcopos : & sic patris est ultus injuriam.] Hæc quidem tyrannicè Rex . Quomodò autem idem Rex impiè agens , invadens res Ecclesiarum, divina ultione percussus interiit, suo loco dicemus . Permansisse quidem Emerium in Santonensi Episcopatu , eumdemque reconciliatum fuisse Leontio , ex his quæ scribit Venantius Fortunatus (a) in carmine de basilica S. Bibiani intelligi potest : nàm ejus precibus idem Leontius basilicam S. Bibiani Santonensis captam ab Eusebio perfecit, ut ipse Fortunatus docet his versibus:

*marginal note: * frendens*

marginal note: a Fortun. carm. lib. 1.

Digna sacerdotis Bibiani templa coruscant
   Quòd si justa petis , dat pia vota fides :
Quæ Præsul fundavit ovans Eusebius olim ,
   Ne tamen expleret , raptus ab Orbe fuit .
Cui mox Emerius successit in arce sacerdos:
   Sed coeptum sat strue: et ferre reausat onus ,
Quod precibus cõmisit opus tibi, Papa Leõti,
   Cujus ad hoc votum jugiter instat amor ,
   &c.]

Annal. Eccl. Tom. VII.

At non S. Bibiani tantùm inchoatam Leontius perfecit ecclesiam , sed etiam collapsam restituit S. Eutropii primi ejus sedis Episcopi , ut aliud ejusdem Fortunati subsequens indicat epigramma : quibus declaratur ergò Santonenses fuisse Leontium propensiorem. Sed accidit (iisdem puto temporibus , cum Regis violentia opprimeretur) ut falso allato nuncio ipsum jam esse defunctum, non defuerit, qui in Burdegalensi Ecclesia creari conaretur Episcopus; cum ex improvisò ipse adveniens, summo civium exceptus est gaudio : quando & ejusdem Leontii studiosissimus Venantius Fortunatus jucundissimũ illum cecinit hymnum, cujus hæc sunt exordia:

marginal note: Leontius suis ex infula proviso redditus .

Agnoscat omne sæculum
   Pontificem Leontium ,
Burdegalense præmium ,
   Dono superno redditum .
Bilinguis ore callido
   Crimen fovebat invidum ,
Ferens acerbum nuncium :
   Huge jam sepulchro conditum ..] Et
post multas

Non longiore tempore
   Versantur in hoc murmure :
Dum cogitant succedere ,
   Redit sacerdos qui fuit , &c.) .

Quod igitur ad Leontium spectat , decimustertius hic Burdegalensis Ecclesiæ Episcopus numeratur ab eodem Fortunato his versibus (b):

*marginal note: **XIX.** b Fortun. in lau. Leontii cãr. li. 1.*

Tertius à decimo huic urbi Antistes haberis,
   Sed primus meritis enumerandus tris .
Qui nobilissimo ortus genere , divitiisque
   pollens , & egregiis animi virtutibus exornatus, conjugatus licet, invitus ad ejus Ecclesiæ Episcopatum assumptus est. Fuit nomen conjugis Placidina ex Imperatorio stemmate procreata ; de qua idem auctor :

Cogor amore etiam Placidinæ pauca referre,
   Quæ tibi tũc cõjunx, est modò chara soror.
Lumen ab Arcadio veniens genitore refulget,
   Qua manet Augustũ germen, Avite, tuũ:
*Imperii fastus * roto qui rexit in Orbe.*
   Cujus adhuc pollens jura Senatus habet .
Humani generis si culmina prima requiras ,
   Semine Cæsareo nil superesse potest .
Sed genus ipsa suũ sẽsu & moderamine vicit,
   Cujus ab eloquio dulcia mella fluunt .
Chara, serena, decẽs, sollers, pia, mitis, opima,
   Quæ bona cuncta gerit , quicquid honore placet :
Moribus ingenio, meritorum luce coruscans
   Ornavit sexum mens pretiosa suum .]

marginal note: De Placidina clarissima fœmina.

*marginal note: * fasces*

Ita quidem optimis composita moribus, etsi divitia corpore à sancto viro , inhæret tamen ipsi in bonis operibus comes individua , ut inter alia illis quoque docet versibus Fortunatus, ubi agit de ecclesia S. Bibiani :

Sacra sepulchra tegunt Bibiani argentea tecta,
   Unanimis tecum quæ Placidina dedit .]
Et cum idem agit de basilica S. Martini ab eodem Leontio erecta, ab ipsa verò Placidina ornata, hos in fine habet versus :

Quæ Placidina sacris ornavit culmina velis:
   Atque simul certantibus facit, illa colit.]
Sed & de aliis Deo domus ab ipsis oblatis ejusmodi extat ejusdem auctoris epigramma:

Rr 3   *Sum-*

Sūmus in arce Dei pia dona Leonitus offert , A
Votis juncta sacris & Placidina simul.
Felices quorum labor est altaribus aptus ,
Tempore qui parvo non peritura serent .]

De Alchi-
ma clarissi-
ma fœmi-
na .

Extitit vero & Placidina virtutis æmula
soror ipsius nomine Alchima ; quæ & ipsa
juncta conjugio , Apollinari viro suo , ut
Episcopus crearetur, indulsit, pariterque ad
construenda sanctis martyribus templa se

a *Greg. de*
Glor.mart.
c. 65.

contulit , ut ex Gregorio (a) habes , ubi
agit de martyre Antoliano . Tanta hec antiquæ Gallicanæ nobilitatis germina haud
fuerunt prætereunda silentio, quæ egregia-
rum additamento virtutum reddita sunt
contemptu sæculi clariora. Sed ut ad Leon- B
tium redeamus , cujus præclaras res gestas
nonnisi per fragmenta scriptorum col018ge-
re licuisse dolemus , sive eas à Gregorio ,
sive à Fortunato relatas ; scias & in Actis

b *Apud*
Sur. tom 6.
die 15. No-
vemb.c. 21.
22. 23. 24.
25.

(b) quoque S. Maclovii Episcopi in Britannia de hoc eodem Leontio mentionem
esse frequentem : ex quo etiam tempus,quo
idem Maclovius vixit , poteris facilè intelligere ; qui fuit vir sanè à Deo plurimis ,
magnisque miraculis illustratus.

XX.

Demùm verò ut eidem nostro Leontio,
persolvamus extrema , quod ejus sepulchro.

c *Fortun.*
carm.lib.4.
nov. edit.
Leontii E-
pisc. Bur-
degal.Epi-
taphium .

epitaphium affixit idem qui supra Venan-
tius Fortunatus (c) , hic describamus : sic C
enim se habet :
Omne bonū velox, fugitivaque gaudia mūdi ,
Prosperitas hominū quā citò rupta volat ,
Mallē cui potius nūc carmina ferre salutis,
Perverso voto flere sepulcra vocor .
Hoc recubant tumulo veneranda membra
Leontii,
Quem sua Pontificē fama sub astra levat.
Nobilitas altum ducens ab origine nomen ,
Quale genus Roma fortè Senatus habet .
Et quamvis celso flueret de sanguine patrum,
Hic propriis meritis crescere fecit avos .
Regum summus amor , patriæ caput , arma
parentum , D
Tutor amicorum,plebis, & urbis honor ,
Templorum cultor,tacitus largitor egentum,
Susceptor peregrum distribuendo cibum .
Longius extremo si quis præparasset ab Orbe
Advena mox vidit hunc,ait esse patrem .
Ingenio vivax, animo probus, ore serenus :
Et mihi qualis erat, pectore flente loquor .
Habuit hunc clarum qualem modò Gallia
nullum :
Nūc humili tumulo culmina celsa jacent.
Placabat Reges,recreans moderamine cives.
Gaudia tot populis,heu, tulit una dies .
Lustra decem felix & quatuor insuper annos,
*Vixit , & nostro lumine raptus obit * .* E
Funeris officium magni solamen amoris
Dulcis adhuc cineri dat Placidina tibi .]

* *abit.*

Hucusque epitaphium Leontii , qui junior
Leontius dicendus est respectu senioris itidèm Burdegalensis Episcopi , cujus epita-

d.*Fortun.*
carm.lib.4.
nov. edit.
e *Sidon lib.*
6.epist.3.&
li.7.epist.6.

phium apud eundem Fortunatum extat (d)
à Theodosio scriptum , de quo puto mentionem haberi apud Sidonium (e) Apollinarem : neque enim alium illum existimo
à Leontio seniore Burdegalensi Episcopo,
æquè nobilitate & vitæ sanctitate conspi-
cuo. At de his hactenùs .

Sed invidia pravi dæmonis intereà fa- A
ctum est , ut dùm tot luminaribus Gallicana Ecclesia perfulgeret ; quæ erat hoc tempore benè hactenùs culta Ecclesia in Hibernia,densis tenebris obduceretur, passa naufragium ; dùm non sequitur eam , quæ ad
salutis portum ante omnes pergit viam mō-
strans , naviculam Petri : dùm enim justior
cæteris videri voluit , & plùs sapere quàm
oportuit, decipitur imprudens à schismati-
ce. Dolo namquē schismaticorum falso ad
eos rumore perlato , à Quinta Synodo peccatum esse in sacrosanctum Chalcedonense
Concilium, quasi Trium damnatione capitulorum damnasset pariter quæ in eadem
Synodo statuta essent ; ardentissimo iidem B
studio pro Trium capitulorum defensione ,
junctis animis,omnes qui in Hibernia erant
Episcopi insurrexere . Addiderunt & illud
nefas , ut cum percepissent Romanam Ecclesiam æquè suscepisse Trium damnationem capitulorum,atque suo consensu Quintam Synodum roborasse ; ab eadem pariter
resilierint, atque reliquis qui vel in Italia
vel in Africa,aliisve regionibus erant, schismaticis inhæserint , fiducia illa vana erecti, quòd pro fide Catholica starent , cum
quæ essent in Concilio Chalcedonensi statuta defenderent . Ita miseri rerum ignari, C
specie quadam apparentis justitiæ permoti,
zelum habentes , non tamen illum qui esset secundùm scientiam , cum & in remo-
tioribus Orbis partibus degerent , ut haud
facilè admoneri & corrigi potuissent , accedentibus incommodis aliis, quæ bella , pestis , & fames secum ferre solent ; ita permansere diutiùs,miserti illorum qui Quintam Synodum sectarentur , tamquàm qui à
recto fidei tramite aberrarent : tantùm abfuit ut se errore deceptos esse intelligere
potuissent . Sed eò fixius inhærent errori,
cum quæcumque Italia passa sit bellorum D
motibus , fame , vel pestilentia , ea ex causa
illi cuncta infausta accidisse putarent , quòd
pro Quinta Synodo adversùs Chalcedone-
ie Concilium prælium suscepisset . Quo
statu miserrimo collocati usquè ad S. Gregorii Papæ tempora , ad finem videlicèt
præsentis sæculi , permansere , cùm de his
iidem litteras ad eumdem quem scirent Deo
amicum virum sanctissimum conscripserint .
Quid autem ad ea Gregorius ipse rescripserit, suo loco dicturi sumus . Extat ipsa epistola (f) , ex qua ista deprompsimus .

At verò quòd non solùm (ut dictum est)
sanctorum virorum hoc tempore viventium E
Catholica Ecclesia est illustrata miraculis,
ex quibus ubi esset veritas , potuisset agno-
ici , si id attendere schismatici voluissent ;
verùm etiam præstarent id ipsum abundantiùs Sanctorum cineres ubique miraculis coruscantes : his jungenda putavimus , quæ
hoc ipso anno , quo & secundus Sigeberti
Regis Francorum incipit numerari (anno
enim superiori, ut vidimus, auspicatus est
regnum) ipsi Gregorio Turonensi Episcopo tunc diacono, qui successit Euphronio , hoc eodem anno , quem septimum
ejus sedis numerat , acciderint . Dum enim
insignia

XXI.
Hiberni E-
pisc.Schis-
matici .

f *Greg. lib.*
2.epist. 36.
XXII.

a Greg. Tu-
ron. mirac.
S. Mart. lib.
1. c. 32.
XXIII.

insignia recenfet ejufdem S. Martini miracula, hæc habet de fe ipfo (a) :

Ergò his exactis quæ circà alios gefta
funt, aggrediar quæ circa me indignum
virtus præfentia eft operata patroni. Anno
centefimo fexagefimotertio poft affumptio-
nem fancti ac prædicabilis viri B. Martini
Antiftitis, regente Ecclefiam Turonenfem
S. Euphronio Epifcopo anno feptimo, fecundo anno Sigeberti gloriofiffimi Regis.]
Concordat his optimè pofita chronographia ab obitu S. Martini, quem deceffiffe
diximus anno Domini quadringentefimo-
fecundo: à quo tempore fi deducas annos
centum fexagintatres exactos, planè hunc
ipfum annum conftituit, nempè quingentos fexagintaquinque abfolutos, inchoato
fexagefimofexto. Sed pergit ipfe: Irrui in
valetudinem cum puftulis malis & febre ;
negatoque ufu potus & cibi, ita angebar,
ut amiffa omni fpe vitæ præfentis, de folis
fepulturæ neceffariis cogitarem: obfederat
enim me mora cum ardore, animam cupiens
expellere de corpore.

Quæ Gre-
gorius hoc
anno con-
fecutus eft
à S. Marti-
no.

XXIV.

Tùnc jàm valdè exanimis, invocato nomine beati Martini Antiftitis, parumper
convalui, & lento adhùc conamine iter in-
cipio præparare: infederat enim animis, ut
locum venerabilis fepulchri vifitare debe-
rem. Undè tanto defiderio affectus fum, ut
ne vivere me optarem, fi tardiùs direxif-
fem. Et quia vix evaferam, ex ardore incommodi cœpi iterùm ardore febris fuccen-
di. Nec mora, adhùc parùm fortis iter cum
meis arripio: actifque vel duabus vel tribus
manfionibus, ingreffus filvas corrui rurfus
in febrem, & tàm graviter ægrotare cœpi,
ut omnes me autumarent vitam amittere.
Tùnc accedentes amici, & videntes me valdè laffum, dicebant: Revertamur ad propria: & fi te Deus vocare voluerit, in domo tua moriere ; fi autem-ea feris, votinum
iter facili us explicabis : fatius eft enim reverti ad domum, quàm mori in eremo. Ego
verò hæc audiens, vehementer lacryma-
bar ; & plangens infelicitatem meam, locutus fum cum eis, dicens: Adjuro vos per
omnipotentem Deum, & reis omnibus me-
tuendum judicii diem, ut ea quæ rogo con-
fentiatis; de cœpto itinere non defiftere: &
fi merear S. Martini videre bafilicam, gratias ago; fin aliàs, vel exanime corpus deferentes ibidem fepelite: quia deliberatio
mea eft non reverti domum, fi non ejus fepulchri meruero præfentari. Tùnc unà
pariter flentes, iter quod cœperam, aggre-
dimur: præcedente verò præfidio gloriofi
domini, ad bafilicam ejus advenimus.

XXV.
b Ibid. cap.
33.

Eodem (b) tempore anus ex clericis
meis, Armentarius nomine, benè eruditus in fpiritualibus Scripturis, cui tàm facile erat fonorum modulationes appendere,
ut eum non putares hoc meditari, fed fcribere, in fervitio valdè ftrenuus & in commiffo fidelis: hic verò, inficiente veneno,
à puftulis malis omnem fenfum perdiderat,
& ita redactus fuerat, ut nihil penitùs aut
intelligere poffet, aut agere. Tertia autem
nocte poftquam advenimus ad fanctam ba-

filicam, vigilare difpofuimus ; quod & implevimus. Manè autem facto, figno ad
matutinas commoto, reverfi fumus dormi-
tum: qui lectulis quiefcentes ufque ad horam propè fecundam dormivimus. Expergefactus ergò, amota omni languoris &
cordis amaritudine, fentio me priftinam
recepiffe fanitatem ; & gaudens, puerum
familiarem, qui mihi ferviret, evoco. Exurgens autem Armentarius, velociter coràm
me ftetit, & ait : Domine, ego parabo
quod jufferis. At ego exiftimans adhùc effe
eum extenfum, Vade, inquam, voca puerum. Et ait: Ego quæcumque præceperis,
adimplebo. Obftupefactus interrogo quid
hoc effet. Qui ait : Intelligo me valdè fanum ; fed unus error eft animi, quòd nef-
ftio de qua parte hùc advenerim. Et ita incipiens, ita mihi impendit fervitium, ficut
erat folitus ante triduum. Tùnc ego exultans & flens præ gaudio, gratias omnipotenti Deo tàm pro me, quàm pro ipfo refero, quòd intercedente patrono incolumem me corpore, illum mente reddiderit,
& unus excurfus ex fide etiam alteri amenti,
qui nec petere noverat, falutem præftitif-
fet.] Ac paulo poft (c) :

Nos verò revertentes, tres cereolos pro
benedictione beati fepulchri portavimus.
De qua cera quàm multæ virtutes factæ funt
fuper frigoreticis & aliis infirmis, longum
eft enarrare. Sed unum è multis miraculum
proferam. Agrum quemdam poffeffionis
noftræ grando annis fingulis vaftare confueverat, & tàm graviter fæviebat, ut nihil
ibidem, cum veniffet, relinqueret. Tùnc
ego in vineis illis arborem unam quæ erat
excelfior cæteris eligens, de fancta cera fuper eam pofui. Poft illam autem diem ufquè in præfens tempus, numquàm ibidem
tempeftas cecidit ; fed veniens, locum illum tamquàm timens præteriit.] Hæc ibi.
Quomodò verò uno ex cereolis è S. Martini
fepulchro fublati fanavit Juftinum filium
fororis fuæ, idem Gregorius pluribus inferiùs narrat (d). Sed pergit ipfe reliqua
referre (e):

Fide commovente, quidam ex noftris lignum venerabile de cancello lectuli à monafterio Sancti, me nefciente, detulerat ;
quod in hofpitiolo fuo pro falvatione retinebat. Sed credo uno non fic honoraba-
tur aut decorabatur, ut decuerat, cœpit
familia ejus ægrotare. Et cum penitùs ne-
fciretur quid hoc effet, nec minueretur aliquid, fed quotidiè augeretur deter ius : vidit in vifu noctis perfonam terribilem dicentem fibi: Cùr fic tecum agitur ? Qui ait :
Ignoro prorfus undè hoc evenerit. Dicit ei
perfona: Lignum quod de lectulo domini
Martini tulifti, negligenter hic retines :
ideò hæc incurrifti. Sed vade nùnc, & defer
illud Gregorio diacono, & ipfe fecum re-
tineat. At ille nihil moratus, mihi exhibuit: quod ego cum fumma veneratione
collectum, loco digno repofui. Et fic omnis familia in domo ejus fanata eft, ita ut nemo ibidem deinceps aliquid mali perferret.] Hæc Gregorius : qui his longè majora

c Ibid. c. 34
XXVI.
De cereis
miraculi.

d Greg. lib.
2. mirac. S.
Martini c. 1
XXVII.
De ligno
cancelli S.
Martini
miranda.
e Greg. lib. 1
mirac. S.
Mart. c. 35.

jora edita à Sancto refert miracula, eademque quatuor, libris distinxit. Hæc autem quæ
de se Gregorius hoc anno accidisse triplici
signat ctonographia, prætermisisse noluimus: quo etiam fieret manifestum, qualis-
nam & his temporibus cultus reliquiarum
vigeret in Galliis, præcipuè verò in sacris
cineribus S. Martini; de cujus celebritate
vide quæ inter alia Venantius Fortunatus

a Venant. (4) his consentientia scribat ad Childeber-
carm. l. 10. tum Regem, atque Brunichildem Reginam:

S. Martini Qui modò de Gallis totum, mirè occupat Or-
virtus toto bem,
Orbe per- Et virtus pergit, quò pede nemo valet:
spicua. Qui velut alta Pharus lumen protendit ad
Indos;
* al. Mau- Quem Hispanus, Morus *, Persa, Bri-
rus. tannus amat:
Hunc Oriens, Occasus habet, hunc Africa,
& Arctos.
Martini decus est, quæ loca mundus habet.
Quique per Oceanum discurrit marginis undas,
Omnibus ut præstet circuit Orbis iter.]
Sed quomodò idem Gregorius jàm Episcopus, hausto pulvere è sepulchro S. Martini
accepto, è morte fuerit revocatus ad vitam,
suo loco inferius dicturi sumus. Habes ex
his in Ecclesia Catholica, tùm ex vivis, tùm
vita functis sanctissimis viris (uti proposuimus) semper scaturire veluti è fonte perenni miracula; quibus manifestissimis notis,
quisque licet mente stolidus, cognoscere
possit, ubi veritas permaneat sacrorum dogmatum, ac pariter intelligere hæreticos atque schismaticos censendos esse, qui ab iis,
procul aberrant.

XXVIII. Cæterùm admiratione maxima dignus est
Cultus sa- fidei Christianæ fervor, qui his temporibus
crarum re- ergà sacrarum reliquiarum cultum adeò ex-
liquiarum ardebat in Galliis, ut licèt abundarent il-
viget in læ provinciæ sacris pignoribus sanctorum
Galliis. martyrum & confessorum, nihilominùs fame inhiarent ad peregrina: quorum gratia
in Orientem profectum esse diximus S. Germanum Parisiensem Episcopum, qui factus
pii voti compos ad suam Ecclesiam locupletatus hisce divitiis est reversus Parisios, uti
diximus. Sed & sancta Regina, Clotarii
Regis quondam conjux, clarissima Radegundis his ipsis temporibus sæpius legatos
misisse reperitur in Orientem ad perquiren-
das Sanctorum reliquias, de quibus hic nobis opportunè dicendum: de prima enim legatione hæc habet Bandoninia, sive Ban-
domina, quæ cum ea in monasterio coale-
scens, quæ vidit, de ipsa quàm fidelissimè
b Bandon.in scripsit, his verbis (b): Quantam illa,
Vita S. Ra- postquàm in monasterium se contulit, san-
deg.l.2.t.4. ctarum reliquiarum multitudinem precibus
Sur.die 13. fidelissimis aggregarit, testatur Oriens,
Aug. Aquilo, Auster, & Occidens confitetur.
Undique enim gemmas pretiosas, cælo reconditas & quas paradisus habet, & muneribus & precibus ut adipisceretur, effecit:
apud illas verò sine intermissione meditari,
psalmos & hymnos sibi depromere videba-

A tur. Perlatum est ad eam, Mammetis * mar- ** Mamma-*
tyris sacros artus Hierosolymis quiescere. *tis.*
Illa instar hydropicæ, mirè sitiens, avidè
hæc hauriebat. Sicut enim qui hydropisi laborant, quantò plus bibunt, tantò majori
ardent siti; ita & ipsa rore Dei perfusa magis incaluit. Itaque virum venerabilem,
Reculum * presbyterum, qui tùm sæcula- ** Regulum.*
ris adhùc erat, & hodiè superest, ad Patiar- *Acceptæ*
cham Hierosolymitanum transmisit, petens *reliquiæ*
B. Mammetis pignora sibi donari. Ejus pre- *Mammetis*
ces vir Dei benignè admittens, orationes- *martyris.*
populo indixit, cupiens nosse Dei voluntatem. Tertio die Missa celebrata, ad beati
martyris sepulchrum cum omni populo
accessit, altaque voce & plena fide dixit:
Obsecro te, confessor & martyr Christi, si
vera est ancilla Dei beata Radegundis, innotescat gentibus potentia tua, permittas-
que de pignoribus tuis mentem fidelem accipere quod poscit. Oratione completa,
cum populus omnis respondisset, Amen:
venit ad sanctum sepulchrum, semper beatæ fidem pronuncians; contrectat sacra membra, scire cupiens quænam ipse martyr beatissimus dominæ Radegundi donari velit.
Tangit manus dexteræ singulos digitos; ubi

C ad minimum ventum est, leni attactu è manu amotus est, ut beatæ Reginæ desiderio
satisfaceret. Quam verò digitum vir Apostolicus eo quo par erat honore beatæ Radegundi misit. Ab Hierosolymis verò Pictavos usque in ejus honorem semper divinæ
laudes promebantur.
Quis verò pro dignitate explicet, quàm *XXIX.*
ardenti animo, quàm fida devotione tantum *Quanta*
illa munus expectans sese abstinentiæ man- *venerations*
ciparit? Postquàm autem hoc cæleste do- *ne sacræ*
num cum multa animi alacritate accepit, to- *susceptæ*
ta hebdomada cum universa congregatione *reliquiæ.*
psallentium vigiliis & jejuniis se accommo-

D davit, Deum benedicens, quòd tale munus
consequi meruisset. Sic Deus suis fidelibus
quæ postulant, non negat.] Hucusque de
prima sancta Radegundæ Regina in Orientem legatione missa.
Post hæc autem paulò inferius de alia ab *XXX.*
eadem missa legatione in Orientem ad Im- *Alia Lega-*
peratorem pro ligno sanctæ Crucis accipien- *tio in Ori-*
do eadem Bandoninia refert; hæcque ha- *entem pro li-*
bet: Quod igitur fecit sancta, Helena in *gno Cru-*
Oriente, hoc fecit beata Radegundis in Gal- *cis.*
liis. Sed quia nihil sine consilio facere voluit quamdiu vixit in hoc mundo; litteris
ad Sigebertum excellentissimum Regem datis.(is est filius Clotarii Regis, qui unà
cum fratribus regnavit in Galliis) petiit
ab eo, ut cum ejus bona venia liceret sibi
pro totius patriæ salute, & regni ipsius sta-
bilimento, lignum salutaris Crucis Domi-

E ni ab Imperatore expetere. Illo clementis-
simè sancta Reginæ precibus annuente, devotione plena cum multa desiderio ad Imperatorem munera misit, quippe quæ causa amoris Christi pauperem se fecerat. Sed
Sanctos jugiter implorans, nuncios suos ab-
legavit; Sanctorumque suffragiis, quod
optabat, adepta est. Imperator enim ad
beatum lignum Crucis Domini auro & ar-
gen-

gento ornatum , multasque Sanctorum reliquias , quas Oriens obtinebat , ei per legatos transmisit unà cum Evangeliis auro
gemmisque decoratis .] Asserit Gregorius eas fuisse reliquias sanctorum Apostolorum atque martyrum. Pergit verò Bandoninia :

XXXI.
Moroveus
adversatur
S. Cruci .

Ut autem salus mundi Pictavorum urbem cum sanctis reliquiis advenit , locique
Antistes (is erat Moroveus) cum omni populo devotè ea vellet accipere ; inimicus
humani generis per satellites suos egit , ut
pretium mundi repelleretur , nec illud intrà urbem vellent accipere , aliud pro alio
Judaico more asserentes . Quid sanè egerint
non est nostrum commemorare : ipsi viderint : Dominus novit quinam rei sint .] Tacuit prudens foemina peccatum Antistitis
Morovei , quod Gregorius ex parte saltèm
prodit his verbis (a) : Petiit Regina Episcopum , ut cum honore debito , grandi-
que psallentio in monasterio locarentur ;
sed ille despiciens suggestionem ejus , ascen-
sis equis , villæ se contulit . Tunc Regina iteratò ad Sigebertum Regem direxit ,
deprecans , ut injunctione sua quicumque
ex Episcopis hæc pignora cum illo quo decebat honore , votumque ejus exposceret ,
in monasterio locarent . Ad hoc enim opus
beatus Euphronius urbis Turonicæ Episcopus injungitur , &c.] Sed & modestè quidem Gregorius tacet , quod à civitate , sicut
à monasterio , ne illùc inferretur , sacrosanctum lignum exclusum sit : ne enim vel
in civitatem admitteretur , satanico ille spiritu hoc prohibebat . Sed audiamus Ban-
doniniam ita historiam prosequentem:

a Gregor.
Tur. lib. 9.
c. 40.

XXXII.

At beata Radegundis fervens spiritu, animo certans, ad clementissimum Regem scripsit , orans ut in civitatem lignum Dominicum recipi juberet . Interim donec ejus.
nuncii à Rege redirent , Tutonico suo virorum monasterio , quod ipsa condiderat ,
cum psalmodiis & canticis sacerdotum Crucem Domini & Sanctorum pignora commendavit . Ubi tamen non minorem injuriam sancta Crux perpessa est , stimulante
invidia , quam Dominus ipse cum ad Præ-
sidem & Judices iniquos maligna omnia patienter pertulit , ne id quod creaverat periret .] Quidnam autem illud fuerit , sicut
nec ipsa , ita neque Gregorius innuit , ,,,,

S. Crux con-
tumeliam
passa ,

XXXIII.

Cæterùm ea cuncta in majorem Dominicæ Crucis cessere gloriam : etenim apud
Turonos in honorem sanctæ Crucis erectum
oratorium fuit , de quo meminit Venantius Fortunatus : qui , cum pallia crucibus
intexta successor Euphronii Gregorius dono dedit , eamdem dignam oblationem his.
versibus prosecutus est , quibus & Crucis
gloriam prædicavit (b):

b Fortunat.
carm. lib. 2.

Virtus excelsa Crucis totum rectè * occupat
* vità .
    Orbem :
Hæc quoniam mundi perdita cuncta re-
    dit .
Quodque ferus serpens infecit felle veneni ,
    Christi sanguis in hac dulce liquore lavat.
Quæque lupi fuerant raptoris præda ferocis ,
    In cruce restituit Virginis agnus oves .

A

Tensus in his ramis cum plantis brachia
    pandens ,
Ecclesiam stabilit pendulus ipse Cruce .
Hoc opus * in ligno reparans deperdita pri-   * pius .
    dèm ,
Quod vetiti ligni poma tulere boni .
Addita quinetiam virtutum flamma coru-   * coruscat .
    sca * ,
Bona quod obsequiis Crux parat ipsa suis.]
Hactenùs de Crucis sanctæ præconiis. Quæ-
nam autem ejusmodi , essent dona , qui-
bus Crucis gloria illustraretur , ex nuncu-
pato voto persoluta , mòx ista subjungens
ostendit :

B

Denique sancta Cruci hæc templa Gregorius
    offert ,
Pallia dùm coepit signa gerenda Cru-
    cis :
Dona repentè dedit divina potentia Christi :
    Mox fuit & voti causa secuta pii .
Pallia nàm meruit , sunt quæ Cruce textile
    pulchra ;
Obsequiisque suis Crux habet alma Cru-
    ces .
Serica cum niveis agnata * est blatea telis ,   * agnaua .
    Et textus Crucibus magnificatur opus .
Sic citò Pontifici dedit hæc devota volun-
    tas ,

C

Atque dicata Cruci condita vela placent .
Unde salutifero signo tibi , clare sacerdos ,
    Hæc cui complacuit , reddere magna va-
    let .]
Ita planè usu veteri receptum fuit , ut cùm
ipsa figura Ecclesiæ , tùm vel vestes , vasa-
que sacra , & alia ad divinum opus parata
utensilia tàm in Occidente quàm in Oriente
sanctæ Crucis signis multiplicibus ornaren-
tur . Sed coeptam ex Bandoninia prosequamur historiam , cum post despectam à membris diaboli Crucem ista refert :

Id verò sancta foemina animadvertens ,   **XXXIV.**
magnis se cruciatibus dedit , jejuniis , vi-   **Per S. Eu-**
giliis , profusioni lacrymarum se addicens,   **phronium**
cum tota congregatione sua ; donec respe-   **lignum S.**
xit Dominus humilitatem ancillæ suæ, aspi-   **Crucis re-**
ravitque eam mentem Regi , ut in populo   **conditur**
faceret judicium & justitiam . Misit enim   **suo loco.**
devotus Rex virum illustrem Justinum ad
virum Apostolicum Euphronium Episcopum , præcipiens ut cum honore condigno
gloriosam Domini Crucem & Sanctorum
reliquias in monasterium dominæ Radegundis inferret .]

D

Tunc temporis verò à Venantio Fortu-   **XXXV.**
nato ejusdem S. Radegundis studiosissimo (ut
ex plurimis ad eamdem scriptis carminibus
constat) nobilis ille conscriptus , est sacer
hymnus , qui ab universa Occidentali Ecclesia ut in honorem sanctissimæ Crucis sæpè caneretur , usu receptus est , sicque incipit:

E

Vexilla Regis prodeunt ,
    Fulget Crucis mysterium ,
    Quo carne carnis conditor
    Suspensus est patibulo , &c.]
Adjecit & illum itidem in Ecclesia Catholica ubique à Latinis musicis modu-
lis occini solitum , cujus hoc est exordium:

                        Pan-

Pange lingua gloriosi prælium certaminis,
Et super Crucis trophæum dic triumphum
nobilem,
Qualiter Redemptor Orbis immolatus vice-
rit, &c.]

Quòd enim ore omnium fermè Fidelium
iisdem soliti sint concini sacri hymni, eos
hìc reddere integros non curamus . Verùm
aliud ab eodem tunc temporis eadem occasione in honorem ejusdem sanctissimæ Crucis elaboratum elegans epigramma hìc describendum putavimus : sic enim se habet :

Crux benedicta nitet, Dominus qua carne pe-
pendit,
Atque cruore suo vulnera nostra lavat .
Mitis amore pio pro nobis victima factus,
Traxit ab ore lupi qua sacer agnus oves .
Transfixis palmis, ubi mundum à clade re-
demit,
Atque suo clausit funere mortis iter .
Hic manus illa fuit clavis confixa cruentis,
Qua eripuit Paulum crimine, morte Pe-
trum .
Fertilitate potens, ò dulce & nobile lignum,
Quando tuis ramis tàm nova poma geris,
Cujus odore novo defuncta cadavera surgunt,
Et redeunt vitæ qui caruere die .
Nullum uret æstus sub frondibus arboris hu-
jus,
Luna nec in nocte, Sol neque meridie .
Tu plantata micas secus est ubi cursus aqua-
rum,
Spargis & ornatas flore recente comas .
Appensa est vitis inter tua brachia, de qua
Dulcia sanguineo vina rubore fluunt .]

Quæ autem secuta sint post illatum in monasterium venerandum lignum Crucis,
audi quæ subdit sacra virgo Baudonivia :

XXXVI.
Quod ut factum est, exultavit mirificè
beata illa cum omni congregatione quam in
donum eis situ collatu, quod propitii Deum
effecturum esset suæ congregationi quam in
Dei servitium collegisset, nimirùm Spiritu
præsentiens, post decessum suum quàm esset
eximia monasterii ejus futura facultas, licet
ipsa cum cæli Rege gloriaretur . Ut ergò
illi subveniret, instar optimi provisoris &
pastoris boni, ne ovas usquequaque de-
sereret, pretium mundi de pignore Christi è longinqua regione expetitum in loci
ejus honorem & populi salutem suo monasterio reliquit.] Sed quid accidit ? Quæ visa
est sanctissima Crux alieno auxilio & Regum obsequio indigere ad eliciendam credentium fidem, mox ipsa apparere voluit;
non alieno quo non indigebat, sed suo fulgore corusca . Nàm audi quid dictis subji-
Miracula
edita ex li-
gno sanctæ
Crucis.
ciat : Ibi divina agente virtute, cæcis redditur lux, aures surdorum patescunt, mu-
torum linguis suum restituitur officium,
claudi ambulant, dæmones profligantur .
Quid multa ? Quisquis morbo laborans
(quicumque tandem ille sit morbus) ex fide eò accedit, per sanctæ Crucis virtutem
recedit incolumis . Pro quo ineffabili dono, quod in hanc urbem beata intulit, quisquis ex fide vivit, ejus nomini benedicit.]
At ne jejunum omninò lectorem ista præ-

terire sinamus, unum vel duo ex Gregorio Turonensi, qui interfuit, hìc miracula attexamus; qui cum ea describit, ista
præfatur (a):
aGreg.Tur.
de Glor.
mart.c.5.

Crux Dominica, quæ ab Helena Augusta reperta est Hierosolymis, ità quarta & sexta feria adoratur . Hujus reliquias
& merito & fide Helenæ comparanda Regina Radegundis expetiit, ac devotè in monasterium Pictaviense, quod suo studio
constituit, collocavit : misitque pueros
iterùm Hierosolymas, ac per totam Orientis plagam ; qui circumeuntes sepulchra
sanctorum martyrum, confessorumque can-
ctorum reliquias detulerunt . Quibus in
arca argentea cum ipsa Cruce sancta loca-
tis, multa exindè miracula conspicere meruit . De quibus illud primùm exponam,
quod ibidem Dominus in diebus passionis
suæ dignatus est revelare .
XXXVII.

Sexta feria ante sanctum Pascha, cum
in vigiliis sine lumine pernoctarent ; circà
horam tertiam noctis apparuit antè altare
lumen parvulum in modum scintillæ : deindè ampliatum hùc illùcque comas fulgoris spargens, cœpit gradatim in altum
conscendere ; effectaque pharus magna,
obscura noctis, vigilantique plebeculæ
lumen præbuit supplicanti . Illucescente
quoque cælo paulatim deficiens, data terris luce, ab oculis mirantium evanuit .
XXXVIII.
Lux de
Cruce .

Ego autem audiebam sæpiùs, quòd etiam
lychni qui accendebantur ante hæc pignora, ebullientes virtute divina, in tantùm
exundarent oleum, ut vas suppositum
plerumque replerent : & tamen juxta stultitiam mentis duræ numquàm ad hæc credenda movebar, donec brutam segniem
ipsa ad præsens quæ ostensa est virtus argueret . Ideoque quæ oculis propriis viderim, explicabo .
XXXIX.
Oleum
exundans .

Causa devotionis extitit, ut sepulchrum
sancti Hilarii visitans, hujus Reginæ audirem colloquia ; ingressusque monasterium, consalutata Regina, còram adoranda Cruce ac sacris beatorum prosternor
pignoribus . Denique oratione facta, sur-
rexi . Erat enim ad dexteram lychnus accensus : quem cùm stillis frequentibus defluere conspexissem, testor Deum quia putavit quasi vas esset effractum, quia erat et
concha supposita, in quam oleum defluens
decidebat . Tunc conversus ad Abbatissam,
ajo : Tantæne te retinet mentis ignavia,
ut integrum cicindile laborare non possit,
in quo oleum accendatur, nisi effractum,
quo defluat, ponas ? Et illa : Nec est ita,
domine mi, sed virtus est Crucis sanctæ,
quam cernis . Tunc ego ad me reversus, &
ad memoriam revocans quæ priùs audieram,
conversus ad lychnum, video in modum
ollæ ferventis magnis fluctibus exundare,
ac per oram ipsam undis intumescentibus
superfluere, & (ut credo) ad incredulitatem meam arguendam magis ac magis augeri ; ita ut in unius horæ spatio plùs quàm
unum sextarium redderet vasculum, quod
quartarium non tenebat : admiratusque
silui, ac virtutem adorandæ Crucis deinceps,
XL.
Insigne
miraculum
de excre-
scente oleo
lampadis S.
Crucis.

inceps prædicavi.] Hæc & alia ex dicto A
Crucis ligno manasse miracula, idem auctor affirmat.

XLI.
Legatio
Radegun-
dis ad Im-
per.

Porrò sanctæ Radegundis pretiosissimi
accepti ab Imperatore muneris grata, non
litteris tantùm ipsi gratias agendas æsti-
mavit, verùm etiam certos misit ad gratias debitas persolvendas legatos, nempè venerandum sacerdotem Regulum, per quem illud ipsum acceperat, & alios. De hac rursùm, missa in Orientem legatione, eadem
quæ suprà ejusdem monasterii monialis sa-

a Band. in
Vita S. Ra-
deg. lib. 2.
c. 17.

cra virgo Bandonivia ista habet (a): Pro
cælesti autem hoc munere misit supradictum
presbyterum cum aliis gratias ut agerent
Imperatori.] Quid verò iisdem legatis in
Gallias redeuntibus, dùm navigarent, acciderit, ex quo ejusdem sanctæ Radegundis virtus magis enituit, ex eadem accipe,
dùm ista mox subdit:

XLII.

Quibus redeuntibus, mare fluctibus cœpit agitari, ita ut multis illi objecti periculis, ejusmodi procellas & tempestates numquàm se vidisse faterentur. Quadraginta
diebus & noctibus in medio mari in summum vitæ discrimen conjecti, cum vitam
planè desperarent, & mors eis ob oculos
versaretur; inter se mutuò conciliati, pelago illos jam jam absorbere incipiente, vocem in cælum dabant, ita dicentes: Domina Radegundis, subveni servis tuis, qui
tibi obedivimus, sine subsidio non pereamus:
libera nos de præsentissimo submer-
sionis periculo. Ubicumque ex fide invo-
caris, misericors es; adjuva etiam tuos,
ne pereamus. Ad has voces in medio mari
columba ad eos veniens, navem tèr circum-
volavit; cumque tertiò id faceret in nomine sanctissimæ Trinitatis, quam beata Radegundis semper in suo habuit pectore, famulus ejus Benefarus manum extendens, e
cauda tres extraxit pennas, quas mari in-
tingens, tempestatem sedavit.] Hæc de
liberatione legatorum precibus Radegundis (ut ab omnibus fuit æstimatum) per
aliud nuncium suos periclitantes invisentis,
& per ejus pennas, quibus nihil levius esse
potest, exæstuantis maris fluctus divinitùs
mitigantis, penitusque sedantis.

XLIII.
Radegun-
dis Reginæ
gloria.

Magno namquè beneficio Francorum
gentis, talem tantamque Reginam virginem æquè ex Burgundiæ Regibus oriundam,
sicut & Crotildem fidei Christianæ Franciæ
auctricem, Deus clarere in Ecclesia fecit
hoc sæculo, cum Galliæ bello civili sæpè
repetito flagrarent, quæ veluti nocturno
tempore super excelsam turrim ingens pharus esset posita lucens, perspicua erranti-
bus duplici lumine tùm ex sanctissimæ vitæ
moribus, tùm etiam ex frequentibus edi solitis ab ea miraculis comparato. In cujus
laudem tùm metro tùm soluta quoque oratione cum plurima scripserit Venantius
Fortunatus, ex multis unum hìc accipe

b Fortun.
carm.lib.8.

epigramma (b):

Ad beatam Radegundem.

Regali de stirpe potens Radegundis in Orbe,
Altera cui cælis regna tenenda manent.

Despiciens mundum, meruisti acquirere A
Christum:
Et dùm clausa lates, hinc super astra vides.
Gaudia terreni conculcans noxia regni,
Ut placeas Regi læta favente polo.
Nunc angusta tenes, quò cælos largior in-
tres;
Effundens lacrymas gaudia vera metes:
Dùm corpus crucias, animam jejunia pascunt.
Salve quam Dominus servat amore suo.]
Quòd autem idem Fortunatus eamdem sanctè piéque amans sæpè carmine caneret, &
munusculis frequentaret; cumejusmodi officia quæ ex pietate animóque integritate
progredi solerent, in deteriorem partem
interdum acciperent, qui nonnisi ex suis
ipsorum depravatis moribus soleant aliorum facta metiri; idem ad ipsam hæc scripsit tùm carmina (c):

c Fortunat.
carm.l.11.
Mirificè
coluit Ra-
degundem
Fortuna-
tus.

Mater honor mihi, soror autem dulcis amore:
Quam pietate, fide, pectore, corde colo.
Cælesti affectu, non crimine corporis ullo:
Non caro, sed hoc quod spiritus optat, amo.
Testis est Christus, Petro, Pauloque mi-
nistris,
Cumque pii sociis sancta Maria videt, C
Testibus non aliis oculis, animoque fuisse,
Quam soror ex animo tu Titiana fores;
Ac si una partu mater Radegundis utros-
que,
Visceribus castis progenuisset eram:
Et tamquam pariter nos ubera chara beatæ
Pavissent uno lacte fluente duo.
Heu mea damna gemo, tenui ne forte su-
surro
Impediat sensum mollia verba meum.
Sed tamen est animus simili me vivere voto,
Si vos me talis vultis amore coli.]
Hæc & alia aliis versibus sæpè idem auctor D
inculcat adversus obtrectatores. At quomodò non toto amanda corde, omnibusque
laudibus prosequenda, obsequiisque cunctis honoranda, & muneribus demerenda
ab omnibus, quæ regiæ nobilitatis verticem Christi amoris causa summa animi demissione, adeò inclinasset, angelicamque
vitam in terra, spreto connubio Regis, ducere statuisset, omnique virtutum genere
compta Christo sponso placere semper ar-
dentissimè studuisset? Quis vehementer amare refugere posset, quam à Deo, ejusque
Angelis atque Sanctis præ cæteris diligi
perspexisset? Quis obsequi in omnibus illi E
refugeret, cujus virtuti in miraculorum editione cælestia atque terrestria pariter obtemperare cognovisset? Quis denique omni cultus genere prosequi eam prætermisisset, quam currentem in odorem unguento-
rum cælestis sponsi, & post eam & ab ea
sacrarum virginum chorum duci intellexisset? Sed de Radegunde ac Fortunato modò satis.

Quòd verò jàm ad calcem anni hujus
pervenimus, non prætermittendum de Victore chronographo meminisse, quem genere Africanum in hunc usque primum Justini

Justè ama-
ta cultaque
S. Radegi-
dis à For-
tunato.

XLIV.

a Isidor. de Vir. illustr. c.25. De Victore Episcop. Africano.

ſtini Imp. annum, ſuum Chronicon perdidiſſe, auctor eſt Iſidorus, qui de ipſo iſta habet (a): Victor Tunuenſis ſive Tunnenſis Eccleſiæ Africanæ Epiſcopus, à principio mundi uſque ad primum Juſtini Junioris Imperatoris annum perbrevem per Conſules annuos bellicarum Eccleſiaſticarumque rerum nobiliſſimam promulgavit hiſtoriam laude & notatione illuſtrem ac memoria dignam, &c.] Diximus ex eodem de ipſo ſuperius ſuo loco, juſſu Imperatoris in exilium deportatum, ac demùm Conſtantinopolim revocatum, detruſumque in ſu

A dem in monaſterium in defenſione Trium capitulorum perſtantem diem clauſiſſe extremum. Porrò de eodem Victore locum ipſe xrige Iſidori in libro Originum; ibi enim dùm de ipſo agitur, nominatus reperitur, Turonenſis Epiſcopus, loco Tunnenſis, ſive Tuouenſis. Finis hic Victoris: quem cum aliis, dùm videri voluit nimis juſtus, ſtupor oppreſſit, non attendentem quod commonet Eccleſiaſtes, dicens (b): Juſtus perit in juſtitia ſua. Et paulò poſt: Noli eſſe multùm juſtus, neque plùs ſapias quàm neceſſe eſt, ut obſtupeſcas.

b Eccleſ. 7.

I. Cruentus annus nece nobilium.

Uingenteſimus ſexageſimuſſeptimus annus Redemptoris adeſt, qui, Indictionis decimaquinta, ipſius Juſtini Imperatoris ſecundus à menſe Novembri anni ſuperioris jam cœptus adnumeratur denique alicubi ſecundo ejuſdem Auguſti Conſulatu inſcriptus habetur: ſic enim viſus eſt revocaſſe in uſum Conſulatus ampliſſimum magiſtratum, ut ipſe ſolus eo potiùs nullum aſciverit ſibi collegam. Sanguinolentus fluxit hic annus, nece Juſtini Ducis cognati ipſius Imperatoris, necnon clariſſimorum virorum Ætherii & Addæi; quos hoc anno Imperatorium gladium ſuſtuliſſe, omnes hiſtorici (c) nota temporum ſingula conſignantes affirmant: ſed & diem nece notat Euſtathius (d), fuiſſeque ait tertiam menſis Octobris. Antè hos illuſtres viros è medio ſublatum eſſe Juſtinum, Evagrius (e) docet, cui potiùs aſſentimur, quàm recentiori (f) auctori ad ſextum annum Juſtini Imperii referenti. De Juſtino igitur primùm aggrediamur tragœdiam: cujus non ſit quam non miſereat, qui res ab eo præclarè geſtas in bello Perſico & aliis ex Procopio atque Agathia perceperit. Sed audiamus de ejus nece quæ ſcribat Evagrius (g):

c Miſcell. hoc ann. & Cedren. d Euſtath. in Vita S. Eutych. apud Sur. die 6. Apr. e Evagr.l.5. c.1.2. f. Cedren. Annal. in Juſtino. g Evagr. l.5.c.1.2.

II. De Abaris atque Turcis.

Quinetiam (inquit) audacia & timiditate, duobus vitiis contrariis irretitus, primùm Juſtinum cognatum, virum in magna gloria apud omnes tùm ob rerum bellicarum uſum, tùm ob alia ornamenta, jam circiter Danubium ideò commorantem, ut Abaros, ne eo flumine trajecto in fines Romanorum irrumperent, prohiberet, ad ſe accerſit. Iſti Abari ſunt ex gente Scytharum, qui Amaxobii dicuntur, quique agros ultrà Caucaſum jacentes accolunt, oriundi. Qui Turcas vicinos ſuos ab illis gravibus affecti incommodis cum omnibus ſuis fugientes, primùm ad Boſphorum venerunt; deindè Euxini ponti littoribus relictis (ubi multæ gentes barbaræ habitant illæ quidem, ſed urbes & caſtella à Romanis incolebantur, atque eò tùm nonnulli milites rude donati advenerant, tum coloniæ erant de ſententia Imperatorum deductæ) rectò itinere contenderunt, omnibus barbaris qui antè pedes erant uſquè eò expu

B

gnatis, quoàd Danubii ad littora pervenirent: unde legatos miſerunt ad Juſtinianum.] At quod ad Turcas pertinet, quos Abaris fuiſſe confines Evagrius tradit, veteres eoſdem non ignorarunt; ſiquidem à Plinio (h) adnumerantur inter eas gentes, quæ circà Meotidem paludem habitant. Horum dàm hujus etiam temporis ſcriptor meminit Agathias (i), ait ipſos fuiſſe horribiles viſu, intonſos, ſordidos, impexos, ſqualidos. Sed de his aliàs. Pergit Evagrius:

h Plin. hiſt. l.6.c.7.

i Agath.l.1.

III. Juſtinus Dux injuſtè necatur.

Ex eo loco Juſtinus accerſebatur, ut nomine videlicet, uti conditionibus inter ipſum & Imperatorem Juſtinum pactis frueretur. Nam quoniam ambo in ſimili vitæ ſplendore poſiti videbantur, & Imperium ad utrumque ſpectaret; poſt magnam de rerum ſumma diſceptationem & controverſiam convenit inter eos, ut uter illorum ad Imperii honorem aſcenderet, alteri deferret ſecundas, eateaùs quidem, uti licèt ſecundas ab Imperatore, præ cæteris tamen omnibus primas obtineret. Quapropter Juſtinus Imperator benevolentia quadam fronte ſimulata, alterum Juſtinum complectitur; & criminibus paulatim contrà eum confictis, & ſatellitibus militibus prætorianiſac ſtipatoribus ab eo remotis, vetat quò minùs in publicum prodiret (domi enim aſſiduè ſe continuit) & tandem mandat Alexandriam tranſportandum. In qua urbe nocte intempeſta, cum jam decumberet in lecto, miſerandum in modum interemptus eſt, iſtaque mercede tùm ob benevolentiam in Rempublicam, tùm ob res præclarè in bello geſtas remuneratus. Atque non priùs Imperatoris, ejuſque conjugis Sophiæ Auguſtæ furor & iracundiæ flamma reſtincta fuit, quàm caput ejus cervicibus abſciſſum cerneret, inque illud calcibus inſultarent.] Hæc de nece Juſtini Ducis exercitus habet Evagrius.

C

D

E

Sed quæ in Ætherium & Addæum clariſſimos Senatores admiſerit, ita ſubdit: Non longo tempore poſt, Ætherium & Addæum, utrumque ex ordine Senatorio, qui principem locum apud Juſtinianum diù tenuerant, in judicium ob periculum quoddam adducit Juſtinus. Quorum

IV. Ætherii & Addæi ſupplicium.

rum alter (Ætherium dico) confeſſus
ſe animo inſtituiſſe Imperatorem veneno
conficere , habuiſſeque Addæum illius conatus ſocium & in omnibus adiutorem. Verùm Addæus grandi cum jurejurando affirmat , ſe iſtius rei prorsùs ignarum eſſe. At
uterque tamen ſecuri percuſſus eſt. Atque
Addæus , cum jàm caput abſcinderetur,
dixit ingenuè , licèt falſò de his rebus eſſet
accuſatus , juſta tamen debitaque à Deo
facinoris cujuſque contemplatore & vindice ſibi inflicta ſupplicia : Theodotum namquè aulæ Præfectum ſe præſtigiis quibuſdam è medio ſuſtuliſſe . Cæterùm iſta itane ſe habeant , an ſecùs , non poſſum quidem pro certo affirmare . Attamen uterque
ſceleſtus fuit : quippè Addæus inſano puerorum amore exarſit ; Ætherius autem
nullum calumniæ genus præteriens , tùm
vivos , tùm mortuos nomine aulæ Imperatoriæ , cui regnante Juſtiniano præfuit,
fortunis ſpoliavit. Atque hæ res hunc habuere exitum .]

V.

Hæc cum habeat Evagrius, ipſum quidem
illa cauſa præteriit utriuſque ſupplicii , ſacrilegium nimirùm ab utroque adversùs
ſanctum Eutychium Conſtantinopolitanum
a Euſtath. in
Vita S. Eu-
tych. apud
Sur. die 6.
April.
Epiſcopum perpetratum , cum eum tradentes in exilium peſſimè habuere . Eſt horum
omnium fidelis teſtis Euſtathius , qui interfuit , cunctaque litteris commendavit,
atque de his hæc habet (a):

VI.

Ea quidem die tertia menſis Octobris ,
quæ erat Dominica . Qua quidem die &
illi qui viro ſancto inſidias ſtruxerant , atque in exilium ejecerant , Ætherius & Addæus , quorum hic urbis Præfectus erat ,
ille autem Antiochiæ Curator , mortui
ſunt : & quemadmodùm virum ſanctum ei-
ciendum curaverant , ita ambo mercedem
perceperunt. In hac igitur die vir optimus
ſedem recepit atque Eccleſiæ ſuam , &
ipſe privati ſunt vita , multis annis antequàm ipſe revocaretur.] Et paulò inferiùs
jam de ſuperhumerali , pallio videlicet ,
dicenda ſunt : neque enim illi in ea expul-
ſione fuit ereptum , ſed apud eum manſit.
Cum enim quidam è clericis ſuaderem Æ-
therio , ut ipſam adimeret viro ſancto ; ille , neglectis eorum verbis , recuſavit. Itaque cum ipſe in indignatione verſaretur , eis
qui ad ſe inviſendum venerant , confeſſus eſt :
Quæ inquiens , feci domino Eutychio , ea
in me cumulatè reciderunt . Per homines
enim meos oppugnavi eum , & per homines meos oppugnatus ſum . Veſtimenta
illius diripui , omnia mihi direpta ſunt .
Unum tantùm non ademi , id mihi quam-
què relictum eſt . Cum enim clerici me hortarentur , ut adimerem ſuperhumerale , non
feci . Et ecce cum in hac ſim calamitate , zo-
na tantùm & dignitatis meæ inſignia . à
me non ſunt ablata. Lugens ille quidem hæc
narrabat ; pœnitentiæ tamen tempus non invenit , quamvis multis lacrymis eam quæſi-
viſſet. At de his quidem ſatis.] Hæc Euſtathius : quibus intelligas virgam illam , quam
b Hierem. 1.
vigilantem Hieremias (b) vidit , divinam
ſcilicet imminentem ſuper quoslibet delin-

quentes ultionem , juſtè digneque ad infligenda peccantibus verbera divinæ manus arbitrio tempore congruo deorsùm ferri .

Sed jàm ingens ſtrepitus barbarorum Italiam aggredi parantium,ut oculos atque aures,ita & ſtylum ad ſe convertit. Quæ enim
depreſſis atque penitùs ferè extinctis Gothis,
cunctiſque Francis eam ſubigere laborantibus , jam tandèm viſa eſt Italia quieviſſe ;
novis exundantibus barbaris , majori cœpit
ſubiacere diſcrimini , cum videlicet graſſantes Longobardi in eam parant advemum .
Hæc autem quomodò ſe habuerint,quæ Paulus diaconus Longobardorum res proſecu-
c Paul. diac.
de Geſt. Lõ-
gobard. l. 1.
c. 5.
tus conſcripſit , primùm adducamus in medium , qui ſic exorditur (c) :

Narſes (inquit) dùm multum auri & argenti , aliarumque rerum divitias acquiſi-
viſſet, magnam à Romanis , pro quibus multùm contrà eorum hoſtes laboraverat , invidiam traxit : qui contrà eum Juſtino Au-
VIII.
De Narſe-
ſete & So-
phia Au-
guſta .
guſto , ejuſque conjugi Sophiæ Auguſtæ
ſuggeſſere , dicentes , quòd expedierat Romanis ſervire Gothis potiùs quàm Græcis,
ubi Narſes eunuchus imperat & nos ſervitute opprimit , & hæc noſter piiſſimus Imperator ignorat. Aut igitur libera nos de manu ejus , aut certè urbem Romam & noſmetipſos Gentibus trademus. Cumque hoc Narſes audiſſet , hæc breviter retulit verba : Si
malè feci Romanis , malè inveniam . Tunc
Juſtinus Auguſtus in tantùm adversùs Narſetem commotus eſt , ut ſtatim in Italiam
Longinum Præfectum mitteret , qui Narſetis locum obtineret. Narſes verò his cognitis valdè timuit , & uſque adeò ab Auguſta
perterritus eſt , ut ultrà regredi Conſtantinopolim non auderet : cui inter cætera
(quia eunuchus erat) illa hoc fertur mandaſſe,ut cum puellis in gynæceo lanarù pen-
ſa faceret dividere. Ad quæ Narſes reſpondiſſe fertur : Talem ſe eidem telam orditurum,
qualem ipſa , dùm viveret , deponere , aut
detexere non poſſet.

Itaque odio & metu exagitatus , Neapolim Campaniæ civitatem ſeceſſit : unde le-
IX.
Legatio
Narſetis ad
Longobar-
dos.
gatos mòx ad Longobardorum gentem dirigit , mandans ut pauperrima Pannoniæ
rura deſererent , & ad poſſidendam Italiam
cunctis refertam divitiis venirent : ſimulque
multimoda pomorum genera , aliarumque
rerum ſpecies , quarum Italia ferax eſt , ad
eos mitit , ut eos ad veniendum citiùs poſſet illicere. Longobardi læta nuncia , quæ
ipſi præoptaverat accipiunt , deque futuris
commodis animos extollunt. Continuò verò
apud Italiam terribilia noctu ſigna viſa ſunt,
utpotè igneæ acies in cælo apparentes , eum
videlicet , qui poſteà effuſus eſt , ſanguinem tali coruſcatione portendentes .] Hæc
Paulus diaconus , qui hæc accidiſſe hoc eodem anno ſatis demonſtrat , dùm ipſam
eruptionem Logobardorum è Pannonia in
Italiam anno ſequenti , nimirùm , quingenteſimo ſexageſimooctavo , quarto Nonas Aprilis , vel ipſis Kalendis ejuſdem,
d Paul. dia-
con. de Geſt.
Longobard.
l. 1. c. 6.
contigiſſe commemorat (d).

Quod autem ſpectat ad inimicitias inter
X.
S 3 Sena-

A Senatum populumque Romanum atque Narsetem conflatat: Anastasius auctor est Joannem Romanum Pontificem ad eos inter se conciliandos accessisse sequestrem, Neapolimque ea de causa profectum, eumdemque in Urbem revocasse: ait enim: Ut cognovit Joannes Papa, quia suggestionem suam ad Imperatorem contra Narsetem Senatorem misissent, Romani scilicet, festinus venit. Neapolim: cœpit eum Joannes Papa rogare, ut reverteretur Romam. Tunc Narses dixit ei: Die, sanctissime Papa, quid mali feci Romanis? Vadam ad pedes ejus qui me misit; ut cognoscat Italia, quomodo totis viribus laboravi pro ea. Respondit Joannes Papa, dicens: Citius ego

B vadam, quàm tu de hac terra egressus fueris. Reversus est ergò Narses cum Joanne sanctissimo, Papa. Hinc sanctissimus Papa retinuit se in cœmeterio sanctorum Tiburtii & Valeriani, & habitavit ibi multum tempore, ut etiam Episcopos ibi consecraret. Narses verò ingressus Romam, non post multum temporis mortuus est, &c.] Sed de Narsetis obitu inferius pluribus agendum erit. Vidisti omnia quæ de Narsete tùm à Paulo diacono, tùm ab Anastasio scripta sunt. At hæc verane sint, diligentiori sunt studio investiganda.

XI.
De Narsete historia Pauli Diaconi rejicitur.

Atque primùm illud expendendum, an veritate subsistat, Narsetem hoc tempore in Italia commoratum, atque indè Longobardos è Pannonia convocasse, qui sequenti anno irruperint in Italiam, cum jam in locum ejus ab Imperatore Longinus subrogatus esset. Hæc autem ab auctoribus conscripta, qui post plurimos annos vixerunt, ut in dubium revocentur, haud mirum videri debet; cùm præsertim ab auctore arguantur, qui his temporibus vixit. Certè

C quidem Corippus grammaticus Africanus, quem superius sæpe citasse meminimus, Narsetem jam antè præsentem sua revocatum Constantinopolim, magnumque honorem apud Justinum Imperatorem consecutum docet, dùm ait ipsum præsentem fuisse anno superiori quo Justinus adiit Consulatum, inhæsisseque præ cæteris lateri ipsius Imperatoris, cum audivit legatos missos ab Avaribus barbaris. Habet

D enim de ipso hos versus (a):

a Corip. in Laud. Justin. lib. 3.

Armiger intereà, domini vestigia lustrans,
Eminet excelsus super omnia vertice Narses
Agmina, & Augusti cultu præfulgurat aula,
Comptus cæsarie, formáque insignis & ore:
Aureus omnis erat, cultúsq; abieu; modestus,
Eo morû probitate placens, virtute verendus,
Fulmineus, cautus, vigilans noctésque diésque
Pro rerum dominis.]

Et inferius de eodem Narsete ita magnificè (b):
Nec non ensipotens membrorum robore constas,
Aspectu mollis, sed à gravitate benignus
Adstabat Narses, sedémque ornabat heriiem,
Splendida signa dabat, qualis pretiosus achates,
Aut medius fulvo Parius lapis enitet auro,
Artificis formatus manu: sic luce corufcus,
Sic animo placidus, mitis, sic gratior ore,
Terga tegens domini, claris fulgebat in armis.]

b Corip. l. 4. in fin.

Hæc de Narsete auctor ipso anno primo Justini Imperatoris: ut non sit dubium ipsum jam anteà a Italia fuisse Const antinopolim revocatum. Quamobrem ea omnia à Paulo diacono, sive ab aliis de ipso asserta commenta corruunt, dùm volunt minimè antehàc fuisse reversum Constantinopolim, sed hoc anno altercatum cum Senatoribus Urbis, & ab Augusta contemptum.

Sed nec est quòd dici possit, ipsum Narsetem, qui reperitur anni superioris initio fuisse Constantinopoli, ab Imperatore iterùm in Italiam missum cum eodem munere præfecturæ. Etenim omnes consentiunt atque simul testantur, Longinum in ejus locum subrogatum fuisse: quamobrèm

B in Italiam iterùm missum esse, ut dicamus, nulla ratio persuadet. Sic igitur cuncta quæ de vocatis ab eo ex dicta causa Longobardis sunt per Paulum diaconum enarrata, in dubium revocari posse videntur, & fabulæ loco accipi quæ spontè corruunt, cùm firmitate veritatis non subsistant. His in medium adductis, reliquum est, ut cœptam jàm de adventu Longobardorum in Italiam historiam prosequamur, atque primùm de iis quæ de dira clade ab ipsis Italiæ inferenda fuerant antè significata.

XII.

C Quod igitur ad prodigia attinet, quorum meminit Paulus, ea ex ipso sunt fonte petenda. S. Gregorius Papa de his agens, hæc pro concione habuit ad populum (c): Prinsquàm Italia Gentili gladio ferienda traderetur, igneas in cælo acies vidimus, ipsúmque post eà humani generis fusus est, sanguinem coruscantes.] Hæc Gregorius. Sed quæ antè hæc ostensa de his sint sancto Redempto Episcopo Ferentinati, idem S.

c Greg. homil. 1. in Evang.

D Gregorius narrat his verbis (d): Redemptum Ferentinæ civitatis Episcopum, vitæ venerabilis virum, qui ante hos ferè annos septem ex hoc mundo migravit, tua dilectio cognitum habuit. Hic, sicut mihi adhùc in monasterio propè posito valdè familiariter jungebatur, hoc quod Joannis Junioris prædecessoris mei tempore de mundi fine cognoverat, sicut longè latéque claruerat, à me requisitus mihi ipse narrabat. Ajebat namque quia quadam die, dùm parochias suas sex more circuiret, pervenit ad Ecclesiam beati Eutychii martyris. Adve-

d Greg. dial. l. 3. c. 38. Quæ præostensa de incursione Longobardorum sancto Redempto.

E sperascente autem die, stratum sibi fieri juxtà sepulchrum martyris voluit, atque ibi post laborem quievit. Cum nocte media (ut asserebat) nec perfectè vigilare poterat, nec dormiebat; sed depressus, uasolet, somno, gravabatur quòdam pondere vigilans animus: atque ante eum idem martyr Eutychius astitit, dicens: Redempte, vigilas? Cui respondit: Vigilo. Qui ait: Finis venit universæ carnis: Finis venit universæ carnis: Finis venit universæ carnis. Post quam trinam vocem visio martyris, quæ mentis ejus oculis apparebat, evanuit. Tunc vir Dei surrexit, séque in orationis lamentum dedit.

Mòx enim illa terribilia in cælum signa secuta sunt, ut hastæ atque acies igneæ ab Aqui-

XIV.

Mala à Aquilonis parte viderentur. Mòx effera Lon-
Longobar. gobardorum gens de vagina suæ habitatio-
dis illata. nis educta, in nostram cervicem graffata est;
atque humanum gentis, quod in hac terra
præ nimia multitudine quasi spissæ segetis
more surrexerat, succisum aruit: nàm depo-
pulatæ urbes, eversa castra, concrematæ
Ecclesiæ, destructa monasteria virorum &
fœminarum, desolata ab hominibus prædia, atque ab omni cultore destituta in solitudine vacat terra ; nullus hanc possessor
inhabitat: occuparunt bestiæ loca, quæ
priùs multitudo hominum tenebat. Et quid
in aliis mundi partibus agatur, ignoro.
Nàm in hac terra, in qua nos vivimus, finem suum jàm non nunciat, sed ostendit.
Tantò ergò nos necesse est instantiùs æterna
quærere, quantò à nobis cognoscimus temporalia fugisse. Despiciendus à nobis hic
mundus fuerat, etiam si blandiretur, si rebus prosperis demulceret animum. At postquàm tot flagellis premitur, tanta adversitate fatigatur, tot nobis quotidiè dolores
ingeminat; quid nobis aliud, quàm ne di-
ligatur, clamat?] Hæc S. Gregorius de adventus Longobardorum prædictione.

XV. At ne quis putet mendax fuisse oraculum
Quomodò de fine universæ carnis prædictum; sciat hi-
accipiendû sce verbis non sæculi consummationem si-
vaticiniû. gnificatam, sed gentis Italiæ cladem: sicut
olim Deum per suum Prophetam commina-
* Ezech. 7. tum fuisse constat, ubi ait (a) : Hæc dicit
Dominus Deus terræ Israel : Finis venit :
Venit finis super quatuor plagas terræ: Nunc
finis super te, &c. Sicut ergò finem universæ carnis minitante Propheta, non mundi est demonstratus interitus, sed immi-
nentes tantùm clades præsignatæ fuere ; ita pariter eadem quæ prædicta sunt S. Redempto
accipienda erunt. Certè quidem finis quodammodò tùnc dici potuit advenisse Romani Occidentalis Imperii, cùm Longobardi
Italiam invadentes, rerum potiti sunt. Etenim post paucos Hexarchos Constantinopoli ab Imperatoribus in Italiam missos, qui
Ravennæ considere consuevere, iisdem diù
prævalentibus Longobardis, Occidentis
Imperium penitùs collapsum est, neque
usquè ad Carolum Magnum amplius restitutum, ut tamen in Gallias fuerit ipsum
translatum. Sanè quidem quàm dirissima
foret Longobardorum adventura graffa-
tio, ejusmodi factis divinitùs vaticiniis præ-
signata potest intelligi, quibus mundi ipsius interitus fuit creditus significari.

XVI. Quid autem passa sit à Longobardis Ita-
Quàm dira lia, vel hoc uno collige argumento. Si,
Longobar. teste Procopio, cum iidem amici essent Im-
dorum in- peratoris, & laboranti Italiæ bello Gothi-
vasio. co in auxilium Longobardi venientes, longè deteriora hostibus perpetrarunt, ut opus
fuerit eos dimittere ; quid ab iisdem factum
potest existimari, cùm jàm hostes redditi hostili animo Italiam invaserunt ? Sanè quidem adeò immensa ubique increbuere sub
ipsis mala, ut non leves quæque personæ,
sed ipse S. Gregorius Papa, idemque Magnus præ meritorum celsitudine nuncupatus
existimarit jàm instare novissimum diem,

Annal. Eccl. Tom. VII.

quo universi Orbis conflagratio immineret.
Sed de his pluribus suo loco agendum inferiùs: jàm verò quæ rerum gestarum anni hujus sunt reliqua videamus.

Hoc eodem anno, qui est secundus Ju- XVII.
stini Imperatoris, defuncto Athanagildo
Rege Gothorum in Hispania, cum cessasset
regnum menses quinque, Liuba ei præficitur, secundoque sui regni anno sibi collegam ascivit Leuvigildum fratrem. Hæc
Chronicon Isidori, licèt quod ad notam
Æræ pertinet depravatus numerus ejus reperiatur. Fuerunt Athanagildo duæ filiæ,
quarum altera major natu Galesuintha, minor Brunichildis; illa nuptui tradita Chilperico Francorum Regi regnanti Suessio-
nis, ista Sigeberto Regi itidem Francorum
Rhemis regni sedem habenti. Quòd enim
à patre essent Ariano, Catholicis tamen favente, immò & clàm (ut Tuditanus est
auctor) Catholicam fidem colente, sint
genitæ: perfacile fuit easdem, ubi venerunt
in Gallias, rectis dogmatibus imbui, & ab-
jurata Ariana impietate, reddi Catholicas.

Cecinit tunc temporis Venantius Fortu- XVIII.
natus (b) epithalamium de nuptiis Sige- bFortunat.
berti Regis atque Brunichildis Reginæ, ubi carm.l.6.
plura de laudibus Sigeberti, deque pace inter Francos &Gothos nuptiis Brunichildis
sancita hæc habet:

— Quis crederet autem Pax conci-
Hispaniam tibimet dominam Germania nasci, liata nu-
Quæ duo regna jugo pretiosa annexuit uno? ptiis. Bru-
Non labor humanus potuit tàm mira parare: nichildis.
Nàm res difficilis divinis utitur armis.
Longa retrò series*Regi hoc vix contulit ulli: * quæ Regi
Difficili nisu superantur ardua rerum. hoc conf.
Nobilitas excelsa nitet genus Athanagildi,
Longius extremo regnum qui porrigit Orbi,
Dives opum, quas mundus habet, populum-
que gubernat
Hispanum sub jure suo pietate camenda, &c.]
De ipsa verò à viro suo ad fidem conversa
Brunichilde hæc idem auctor in carmine in
laudem Sigeberti Regis ejus conjugis ha-
bet (c) : ; c Fortunat.
Catholico cultu decorata est optima conjux : carm.l.6.
Ecclesiæ crevit, te faciente, domus. De Bruni-
Reginam meritis Brunichildê Christus amore childe Re-
Tùnc tibi conjunxit,hanc tibi quando dedit. gina facta
Altera vota colis meliùs, quia * munere Catholica.
Christi * qua.
Pectora juncta priùs,plus modòlege placêt.
Rex pie, Regine tanto de lumine gaude ;
Acquisita tibi est, quæ tibi nupta semel.
Pulchra, modesta, decens, sollers, pia,grata,
benigna,
Ingenio, vultu, nobilitate potens.
Sed quamvis tantum meruisset sola decorem:
Antè tamen homini,nunc placet eccè Deo.]

Cecinit idem auctor de Gelesuintha ejus XIX.
sorore nupta Chilperico Regi non epithalamium, sed lugubres elegos quibus plané
ostendit in poeticis facultatibus haud La-
tinas musas his temporibus raucas, sed plané
sonoras, quæ & ad collacrymandum
lectorem impellant. Miserrima quidem
fuit Gelesuinthæ conditio: de ejus enim
cum Chilperico infelici conjugio Gre-

S s 2 gorius

a Greg. hist.
l. 4 c. 28.

gorius ista habet (*a*): Chilpericus Rex, cum jàm plures haberet uxores (*ita nominat concubinas*) sororem Brunichildis Galsuintham, *sive Gelesuintham, vel Gelsuintham dictam*, expetiit, promittens per legatos se alias relicturum, tantùm condignam sibi Regisque prolem mereretur accipere. Pater verò ejus has promissiones accipiens, filiam suam sicut anteriorem similiter ipsi cum magnis opibus destinavit. Nàm Gelesuintha ætate senior quàm Brunichildis erat. Quæ cum ad Chilpericum Regem venisset, cum grandi honore suscepta, ejusque est sociata conjugio. A quo etiam magno amore diligebatur: detulerat enim secum magnos thesauros. Sed per amorem Fredegundis, quam priùs habuerat, ortum est inter eos grande scandalum. Jàm enim in lege Catholica conversa fuerat & chrismata. Cumque se Regi quereretur assiduè injurias perferre, diceretque nullam se dignitatem cum eodem habere, petiit, ut relictis thesauris quos secum detulerat, liberè redire permitteret ad patriam. Quod ille per ingenia dissimulans, verbisetiam lenibus demulsit. Ad extremùm eam sugillari jussit à puero; mortuamque reperit in stratu.] Hæc Gregorius. Cæterùm rem haud omnibus compertam fuisse, Fortunatus demonstrat, dùm repentina eam morte abreptà, non violenta ex hac vita subductam tradit; qui de

b Fortunat. de Gelesuin. carm. l. 6.
Dé Brunichilde & Gelesuinthâ sororibus.
² mors sit.

ambabus sororibus hæc primùm habet (*b*):
Toletus geminas misit tibi Gallia turres:
  Prima stante quidem, fractà secunda jacet.
Alta super colles speciosa cacumine pulchro,
  Flatibus infestis culmine lapsa ruit.
Sedibus in patriæ suæ fundamenta relinquens,
  Cardine mota suo, non stetit una diù.
De proprio migrata solo nova mersit arena:
  Exul, & bis terris, heu, peregrina jacet.]

Et inferiùs de ejus in pauperes amore & fide Catholica recens accepta hos versus idem auctor cecinit eleganter:
Regnabas placido componens tramite vitam,
  Pauperibus tribuens advena mater erat.
Quòque magis possit regno superesse perenni,
  Catholicæ fidei conciliata placet.
O dolor insignis, quid differs tempora fletus,
  Lugubresque vices plura loquendo taces?
Improba sors hominum *, quæ improvisò condita lapsu

fugas.

Tot bona tam subitò, sorte volante, voras *!
Nàm breve tempus habens, consorti nexa jugali,
  Principio vitæ funere rapta fuit.
Præcipiti casu, volucri præventa sub ictu
  Deficit, & verso lumine lumen obit.]

Hoc tamen lucrata fuit Hispana virgo, ut ex Ariana in Gallia Catholica redderetur, ac planè sancta moribus efficeretur. Quid autem acciderit ad ipsius sepulchrù, quod ejus sanctitatis indicium haud leve existimatum

c Greg. l. 4. cap. 28.
XX.

est, refert Gregorius, dùm ista subdit (*c*): Post ejus obitum Deus virtutem magnam ostendit. Lychnus enim ille qui fune suspensus coràm sepulchro ejus ardebat, nullo tangente, fune disrupto, in pavimento corruit; & fugiente ante eum duritie pavimen-

A

ti, tamquàm in aliquod molle elementum descendit, atque mediusest suffusus *, nec omninò contritus: quod non sine magno miraculo videntibus fuit.] Hæc ipse; quæ ad sepulidem Fortunatus in ejus panegyrico, dùm de ipsius funere agit, ita carmine cecinit:
Ducitur, ornatur, deponitur, undique fletur,
  Conditur & tumulo sic peregrina suo.
Nascitur & subitò rerum mirabile signum,
  Dùm pendens lychnus lucet in obsequium,
Decidit in lapidem, nec vergit, & integer arsit:
  Nec vitrum saxis, nec perit ignis aquis.]

suffixus.
Miraculum miraculo Gelsuinthæ.

B

Et ad finem ex eodem arguit auctor miraculo, quòd amavit ejus lucidas cum Sanctis sedes acceperit: hæc enim idem Fortunatus habet, quæ ut alia plura in veteri editione desiderantur, in tanta fœminæ commendatione piè ac religiosè decantata:
Tot lacrymas stillasset, sat est; sed ab imbre vaporis
  Non relevanda suim gutta ministrat opem.
Affectus si fortè potest mitescere, dicam;
  Nam ea flenda jacet, quæ loca læta tenet.
Dicite si quid ei nocuit, quam tempora lapso
  Mortis iter rapuit, vita perennis alit.
Quæ modò cum Stephano cælesti Consule pergit,
  Fulget Apostolico Principe clara Petro:
Matre simul Domini plaudes radianta Maria,
  Rege sub æterno militat illa Deo.
Conciliata places, pretioso funere fulges:
  Deposita veteri, nunc stola pulchra tegit,
Atque utinam nobis illos accedere vultus
  Cedat amore Deus per mare, per gladios,
Vita signa tenet, vitro cum vase cadente
  Nec aqua restinxit, nec petra fregit humi,
Tu quoque mater habes consulti voce tonantis
  Denata & genero, nepte, nepote, viro.
Credite Christicolæ vitam quia credidit illa;
  Non hanc flere decet, quæ paradisus habet.]

Hactenùs Fortunatus. Sed quæ est secuta ultio Chilpericum, cum detectum est facinus, à Gregorio item accipe; qui ait: Rex autem Chilpericus cum eam mortuam deflesset, post paucos dies, Fredegundem recepit in matrimonio. Post quod factum reputantes ejus fratres, quòd sua emissione antedicta Regina fuerit interfecta, eum è regno dejiciunt.] Sed hæc posteà.

C

D

Porrò hoc tempore in Hispaniis etsi non ampliùs adversùs Francos conjugii fœdere sociatos Gothis certandum esset; adversùs tamen Græcos ascitos socios, sed conversos in hostes jugiter pugnandum fuit; post obitum enim Athanagildi Isidorus tradit, Hispaniarum Regibus adhùc fuisse cum iisdem confligendum: Adversùs quos, (*inquit*) hucusquè confligitur: nàm frequentibus antè prœliis cæsi, nùnc autem multis casibus fracti ac diminuti sunt.] Hæc Isidorus. Ad hæc planè spectant quæ S. Gregorius (*d*) scribit ad Reccaredum Regem requirentem capitula per pacta illa conventa cum Justiniano Imperatore, dùm ait: Item in Anagnostico antè longum tempus dulcissima mihi vestra excellentia, Neapolitano quodam juvene veniente, mandare curaverat, ut piissimo Imperatori scriberem, quatenus pacta in chartophylacio requireret, quæ dudùm inter piæ memoriæ

dGreg. l. 7. epist. 126.

XXI.
Hispani adversùs Græcos pugnant.

Justi-

E

Juſtinianum Principem & jura regni veſtri fuerant emiſſa : ut ex his colligeret , quid vobis ſervare debuiſſet . Sed & ad hæc facienda duæ res mihi vehementer obſtiterunt : Una , quia chartophylacium prædicti piæ memoriæ Juſtiniani Principis tempore ita ſurrepente ſubitò flamma incenſum eſt, ut omninò ex ejus temporibus penè nulla charta remanerit : Alia autem, quia(quod nulli dicendum eſt) ea quæ contra te ſunt , apud temetipſum debes documenta requirere, atque * hoc per me in medium proferre . Ex qua re hortor , ut veſtra excellentia ſuis moribus congrua diſponat , & quæque ad pacem pertinent , ſtudioſè peragat , ut regni veſtri tempora per longa ſint annorum curricula cum magna laude moderanda.] Hæc Gregorius: quibus indicat adhùc viguiſſe bellum in Hiſpania adversùs milites Imperatoris , qui aliquò ſibi jure id faciendum putaret : conventum namque inter eos tradunt , ut ſi opem ferret Imperator, Hiſpaniæ pars ſub Romani Imperii ditionem , hoſte ſuperato, rediret : ob idque ad pacem idem Gregorius hortatus eſt Reccaredum . Verùm non pace , ſed gladio finem bello impoſitum , idem Iſidorus affirmat.

XXII. Sub hoc anno ſecundo Chilperici Clotarii filii Regis Francorum notatæ reperiuntur præclaræ res geſtæ S. Launomari Abbatis , qui his temporibus in Gallia egregia ſanctitate atque miraculis refulſit . Extant ipſæ omni fide conſcriptæ ab æquali (a) ipſius ; ex quo hæc tantùm quæ ad annum hunc ſpectant , haud ſilentio prætereunda putamus , cùm agit de monaſterio ab eo erigi cœpto , ubi anteà plurimis miraculis claruiſſet : reliqua verò quæ ab eodem auctore deſcripta leguntur, tu conſulas : Cœpit (inquit) eo in loco vir Dei ad laborem ſe accingere , Deo adjuvante , illum repurgare , Turbionis * priſtino permanente vocabulo : ſtatuitque ibi oratorium, inſtarque cœnobii cellulas ædificavit, in iis cum ſuis habitans . Factum hoc eſt anno ſecundo Chilperici Regis, qui fuit filius Clotarii ſupradicti à Clodoveo primo Francorum Rege Chriſtiano progeniti . Die quadam monachi venerabilis Patris vetuſtam quercum amputaverunt, ceſſuram in ſtructuram oratorii . Ubi autem hora ſibi capiendi advenit, vir Domini illos juſſit abſcedere ; ipſe verò cum ſuo miniſtro in opere permanſit . Erat arbor illa in loco importuno ſita , ut à fratribus neque ſecuri,neque dolabris aptari poſſet ad uſum ædificii.

XXIII. Itaque ſervus Dei ad ſolitum præſidium recurrens , precibuſque pulſans Dominum, illius virtute & opere fretus , arborem immenſæ molis , & roboris , quò illi colibitum fuit tranſpoſuit : ita ubi ab hominibus non ſuppetebat adjutorium, non deerat fidelis ſervo manus auxiliatrix præpotentis Dei. Fertur autem ea arbor tantæ fuiſſe vaſtitatis, ut vix quadraginta viri illi deportandæ ſuf-

ficerent . Præcepit autem vir ſanctus miniſtro ſuo , ut venientibus fratribus diceret , à prætereuntibus allatam fuiſſe opem . In cunctis autem operibus ſuis valdè id ſtudebat , ut hominum fugeret notitiam & ſpiritum vanitatis atque jactantiæ : admonebatque ut omnis laus uni Deo aſcriberetur, cujus etiam re vera totum eſſet , quicquid feciſſet boni.] Ita quidem tegere ſua admiranda opera conſuevit , ut tamen mendacii pravitatem effugeret : neque enim quiſquam eum eſſe mentitum dicere potuit , dum à præteruntibus allatam opem ad quercum transferendam aſſeruit ; prætereuntes namque quis dixerit ſanctos Angelos viatores, qui ipſorum apparitiones factas Abrahæ , Loth , atque Tobiæ in memoriam revocarit . Sed attende quid mòx idem ſubiiciat auctor :

Fuit poſt hæc vir quidam nobilis, Ermoaldus nomine, qui jam ad extrema perductus, mortis angoribus premebatur . Miſit igitur ad virum Dei ſolidos quadraginta , obnixè rogans, ut ipſi jam in ſupremo conſtituto ſpiritu velit benignus opitulari, & ſuis apud Deum precibus efficere , ut ſpes obtinendæ ſanitatis ipſi præſtetur . Illam pecuniam vir ſanctus prorsùs recipere noluit ; attamen rogante latore , accepit illam quidem, ſed ingreſſus in oratorium fudit preces ad Deum , ut accepta foret in conſpectu illius oblatio hominis : imponenſque altari pecuniam , & multo ſtudio ſingulos appendens & manu reverſans nummos, crebròque flectens genua & orans Dominum, ſed extremùm non niſi unam ex omnibus retinuit ſibi ſolidum, quem per ſpiritum cognovit non rapina, ſed jure partum eſſe. Reliquos autem reſtituens illi qui eos attulerat, ait : Hæc pecunia per iniquitatem conflata eſt : nec poteſt mutare ſententiam Dei , nec vitæ ſpatia producere , nec peccatorum veniam impetrare . Scriptum enim eſt (b) : Victimæ impiorum abominabiles Domino : vota juſtorum placabilia . Hinc eſt illa Prophetæ exprobratio (c) : Sacrificate de fermento laudem . De fermento quippe laudem immolat, qui ſacrificium de rapina parat . Tu ergò , frater , celeriter annuncia domino tuo , ut pro animæ ſuæ ſalute ſit ſolicitus, injuſtèque aliis ablata reſtituat , noverit que hoc morbo vitam ſe amiſſurum temporariam : nos verò, Chriſto propitio , bonis omnibus abundantes, nec quicquam nobis in Chriſtum firmiter credentibus poterit deeſſe . Dominus tecum ſit , fili : vade in pace . Ille , his auditis , abiit ad dominum ſuum ; quem tùm quidem adhùc viventem reperit; ſed idem tamen , invaleſcente morbo, exceſſit è vita.] Alia his ab auctore ſubiiciuntur obſervatione digniſſima : ſed quòd aliò noſtra tendit oratio , iſta de ſancto viro libaſſe ſatis erit . Jàm verò ad cladem per Longobardos Italiæ ſequenti anno inferri cœptam tranſeamus .

XXIV.

a Recitat Sur. tom. 3 : die 19. Januarii.

*Corbionis. Res geſtæ S. Launomari.

b Prov. 15.
c Amos 4.

* neque.

A

I.
Longobardi influunt in Italiam.

Quingentesimus sexagesimusoctavus Domini annus adest, Indictionis primae; qui & Consulatu secundo Justini Imperatoris in aliquibus (ut dicetur) monumentis notatus habetur: quo Alboinus Rex Longobardorum è Pannonia, quam occuparat, & ad quadragintaduorum annorum spatia illic manserat cum suis ex Scandavia insula jàm antè progressis, in Italiam magnis potens viribus ingreditur.

II.
a Paul. diacon. de Gest. Longobard. lib. 2. c. 16.

b Greg. lib. 4. epist. 34 De tempore adventus Longobard. in Italiam.

Quòd autem aliqui anno superiori id factum volunt, temporis ratio exactiùs est exploranda. Licèt enim Paulo diacono (a) id testanti de prima Indictione & anno præ cæteris fides præstanda esset; ejus adhùc sententiam S. Gregorii Papæ assertione fulcire in promptu est: in epistola (b) enim ad Constantiam Augustam data sub Indictione decimatertia post mensem Junium (qui est annus Domini quingentesimus nonagesimusquintus) cum numeret annos vigintiseptem ab adventu Longobardorum; utique ab hoc annum oportuit numerare cœpisse. Rursùm verò cum in epistola ad Phocam Imperatorem data sub sexta Indictione (qui est annus Domini sexcentesimustertius) numeret annos trigintaquinque à Longobardorum incursionibus; utique etiam affirmare necesse est, ab hoc ipso anno numerum deduxisse. Ait enim scribens ad Constantiam, sive potiùs dixeris Constantinam: Viginti jàm & septem annos ducimus, quòd in hac urbe inter Longobardorum gladios vivimus.] Quæ verba cum nequàquam intelligi possint, ex quo Longobardi Romam venêrunt, utique de tempore invasæab eis Italiæ accipienda erunt: sicuti & cùm hæc scribit ad Phocam Imperatorem (c): Qualiter enim quotidianis, & quantis Longobardorum incursionibus ecce jàm per trigintaquinque annorum longitudinem premimur, nullis supplere vocibus suggestionis valemus.] Hæc quòd ad annum Longobardorum in Italiam adventus. Sed & diem pariter signant, ubi id factum hoc anno, quarto Nonas Aprilis, alii ipsis Kalendis ejusdem tradunt.

c Greg. lib. 11. epist. 43.

III.
d Greg. Turon. hist. Franc. lib. 4 cap. 35. Cum Longobardis alii barbari.

Quod autem ad ipsum Regem spectat: cum esset Francis amicitia & affinitate conjunctus, magis reddebatur Romanis timendus: ipse enim (ut Gregorius (d) auctor est) Chlothosindam Clotarii filiam in uxorem duxit; sicque non tantùm Regis potentissimi effectus est gener, sed & quatuor Francorum Regum cognatus. His addebatur, quòd & Hunnis fœdere erat junctus, quibus Pannoniam liberè possidendam precariò concessit. Accedebat ad tanta hæc, quòd & alios complures barbaros nactus est auxiliares, nempè Saxones, & præter hos alias nationes, quarum vel singulæ negotium facessere Romano Imperio potuerunt.

Quænam hæ fuerint, audi Paulum diaconum (e): Certum est autem (inquit) Alboinum tunc multos secum ex diversis gentibus, quas vel alii Reges, vel ipse ceperat, ad Italiam adduxisse. Undè in hodiernum usque diem populos in his quos habitant vicos, Gipedas, Bulgaros, Sarmatas, Pannonios, Suevos, & aliis hujusmodi nominibus appellamus.] Hæc Paulus.

e Paul. diac. lib. 2, cap. 12.

IV.
Longobardorum pessimi mores.

f Procop. de bello Gothico lib. 3.

Sed & quòd magis exterruerit animos audientium vel solùm nomen Longobardorum, memoria rursùm repetequæ ex Procopio superiùs dicta sunt: qui res belli Gothici tractans, expertam jàm fuisse Italiam tradit, quàm ferè belluæ essent & truces lentæ, quàmque turpissimæ; cum Narseti, qui aliquot ex ipsis vocaverat contra Gothos, necessarium fuerit eos muneribus donatos quàm citissimè ad propria dimississe, quòd intolerabilis esset eorum in Italia commoratio, amicorum cuncta præda, incendiis, & libidinum putore miscentium. Sed iterùm accipe verba Procopii ista dicentis (f): Illi namque Longobardi videlicèt ad ceteram vitæ factorumque impietatem, & scelus, vel ædificia ipsa, in quæ fortè diverterant, injustè cremabant, stuprumque fœminis & vim inferebant sacras in ædes refugientibus: unde magna pecunia hos primùm donatos, ad proprios redire penates permisit, &c.] Si tanta hæc, Romanis militantes, adversùs eosdem scelera immania perpetrabant; quid putandum eosdem jàm hostes, in Romanum solùm cum irrumperent, peracturos? cum præsertim nullus esset qui illis arma obiiciendo resisteret. Licèt enim Hexarchus in Italiam ab Imperatore missus Longinus defenderet à barbaris eam (quantum fas esset) conaretur; tamen quòd valdè debilis viribus esset, occurrendi & cum eisdem in campo collatis signis pugnandi, nulla penitùs illi facultas. Quales autem fuerint in Italiam Longobardorum progressus, scire si cupis, eos consule qui eo argumento commentarios conscripsere; nobis satisad institutum, hæc quæ potissimùm anno agi sint cœpta, in medium afferre, his & alia pro ratione temporis adjituri, quæ ad rerum Ecclesiasticarum statum spectare noscentur.

V.
Alboinus Rex Long. mitis videri cupit.

g Paul. diac. lib. 2. cap. 9.

Illud autem minimè prætermittimus, ipsum Alboinum Regem ad conciliandos sibi Italorum animos benignum se præbuisse, deposuisseque pavendam illam cunctis Longobardis innatam sævitiam: testatur siquidem Paulus (g) diaconus, eidem in Italiam ingredienti occurrisse Felicem Ecclesiæ Tarvisanæ Episcopum, ab eoque suæ Ecclesiæ petiisse immunitatem, ne scilicèt ab hostibus detrimenti aliquod pateretur; accepisseque ab eodem quæ postulasset.

Ait

Air enim : Igitur Alboinus cum ad fluvium
Plavem pervenisset, ibi ei Felix Episcopus
Tarvisanæ Ecclesiæ occurrit; eique ut erat
largissimus, omnes Ecclesiæ suæ facultates
postulanti concessit, & per suum pragmati-
cum postulata firmavit.

VI.
De Felice
Episc. Tar-
visano.
a Venant.
Fortun. in
Vit. S. Mar-
tini lib. 4. in
fin.

Hæc narrans Paulus de Felice, hunc il-
lum tradit esse Felicem pernecessarium Ve-
nantii Fortunati, cujus meminit in Vita
S. Martini his versibus (a).
Illustrem socium Felicem, quæso, require,
Cui mecum lumen Martinus reddidit olim.]
Sed quid sit quod ait: Cui mecum lumen,&c.
declarat inferius idem ipse, dum ad finem
Vitæ S. Martini, quam heroico carmine ce-
cinit ; de se ipso testatur, laborantem ocu-

Oleo lam-
padis cura-
tus oculis
Fortuna-
tus.
* ante

lis, oleo lampadis ad imaginem S. Martini
incensæ esse sanatum, quorum nos jàm me-
minimus. Sed audi iterum ipsum rem tan-
tam his versibus describentem:
Expete Martini loculum, quo jure sacelli
Jàm desperatum lumen mihi reddidit auctor.
Munera qui tribuit falsè rogo verba rependo.
Est ubi basilicæ culmen Pauli atq; Joannis,
Hic paries tenet Sancti sub imagine formam,
Amplectenda ipsô dulci pictura colore.
Sub pedibus justi paries habet arctæ senestræ,
Lychnus adest, cujus vitrea natat ignis in
   urna,
Huc ego dū propero, valido torquente dolore,
Diffugiente gemens oculorum luce senestra.
Qua procul ut tetigi benedicto lumen olivo,
Igneus ille vapor marcenti fronte recessit.
Et præsens medicus blando fugat unguine
   morbos.] Ista & alia Fortunatus : qui
accepti divinitus beneficii memor, pro gra-
tiarum actione res gestas S. Martini quatuor
libris concinuisse voluit. Sed de his alia oc-
casione superius : hic verò ob Paulum diaconum repetenda putavimus, qui ejusdem
Fortunati natale solum describit his versibus:

VII.

Sanè quia hujus Felicis fecimus mentionem, libet quoque pauca de venerabili & sa-
pientissimo viro Fortunato contexere, qui
hunc Felicem asserit sibi socium fuisse. Hic
itaque Fortunatus ortus quidem in loco, qui
Duplabilis dicitur, fuit; qui locus haud longè à Cenetensi castro vel Tarvisana distat
civitate; sed tamen Ravennæ nutritus & doctus in arte Grammatica, Rhetorica, &
Geometria clarissimus extitit. Is cum oculorum dolorem vehementissimum pateretur,
similiter & Felix præfatus, socius ejus eorumdem dolore laboraret, &c.] Curationem eorum recenset ipsius Fortunati versibus recitatam ; de quo & ista subdit:

VIII.
Peregrina-
tio Fortu-
nati.

Fortunatus in tantum B. Martinum veneratus est, ut relicta patria, paulò antequam
Longobardi Italiam invaderent, ipsius sanctissimas reliquias, in Gallia sitas visitare
decreverit : quod iter suum per flumina,
montes, valles, oppida, pagos ipse in carminibus suis dilucidè describit in præfatione ad Gregorium. Qui postquam Turones
juxta votum proprium pervenit, Pictavos
transiens, illic habitavit, & multorum ibidem Sanctorum gesta partim prosa, partim
metrica oratione conscripsit : novissimèque
in eadem civitate primùm presbyter, deinde

A Episcopus ordinatus est, atque in eodem loco digno tumulatus honore quiescit.] Subdit de ejusdem lucubrationibus, atque hæc
ad finem : Ad cujus tumultum, cum illuc orationis gratia advenissem, epitaphium rogatus ab ejusdem loci Abbate conexui.]
Hucusque Paulus diaconus de Fortunato,
non aliunde quàm ex ipsius scriptis elicita.
Sed quæ hujus anni rerum gestarum reliqua esse putantur, jàm prosequamur.

Longinus (ut vidimus) ab Imperatore in
Italiam misso, cessasse Narsetem à præfectura, atque pariter vitæ finem imposuisse, sunt
qui testantur. Verùm quid actum sit de eo-

B dem Narsete in Italia Duce, haud levis suboritur controversia, quam necdum ab aliquo invenimus esse solutam, sed nec etiam
pertractatam. De eo autem quid primùm
Latini tradant, audiamus. Paulus (h) diaconus, Anastasius & alii eos secuti testantur eumdem cum Joanne Pontifice Romam
reversum, facta admissi pœnitentem, Romæ extremum diem clausisse, corpusque
ejus loculo plumbeo collocatum, una cum
ipsius thesauro Constantinopolim esse translatum. Hæc, inquam, Latini habent. Sed
longè discrepant ab his Græci, dùm asserunt, eum Constantinopolim esse reversum,

C & post reditum sumptuosa ædificia erexisse.
Cedrenus enim hæc habet anno sexto Justini Imperatoris : Narses charissimus Imperatori, donum Narsetis dictam, construxit,
& Catharorum mansionem.] Sed & Miscella hæc in Tiberio : Narses quoque Patricius Italiæ cum multis thesauris ab Italia
ad supra memoratam urbem, Constantinopolim videlicet, advexit, & ibi in domo sua cisternam effodit magnam, in qua multa millia centenariorum auri argentique deposuit : interfectique omnibus consciis, uni
tantummodò seni, hæc pro juramento ab
eo exigens, commendavit, &c.] Ex quibus

D intelligas plures post hæc annos oportuisse
eumdem Narsetem fuisse superstitem.

Quibusnam autem alterutrorum major
sit in tanta scriptorum diversitate præstanda fides, æqua sunt cuncta expendenda statera. Certè quidem inclinari lancem pondere veritatis in Græcorum sententiam, quæ
superius recitata sunt ex Corippo sui temporis scriptore declarant ; quibus demonstratum est, ante annum Narsetem rediisse
Constantinopolim, illicque mirificè cultum, nec amplius in Italiam, misso illuc

E Longino, esse reversum. Quæ verò hac de
re scripta sunt à Latinis, levitate tolli, &
instar fumi in aera evanescere, præter ea,
quæ dicta sunt, plura alia persuadent. Primò
quidem periclitari fides Latinorum videtur, dùm dicunt, Italia ut reversus est Narses in Urbem, mortuum esse. Etenim si Anastasius habet eodem tempore contigisse mori Joannem Pontificem, quo Narses extinctus est ; cùm constet de Joanne adhuc post
annos quatuor fuisse superstitem, totidem
anni vitæ Narseti tribuendi erunt. Id magis
patebit ex litteris Joannis Papæ, si agere
ex illis velis, in quibus mentio est Consulatus Narsetis, cùm Justino sextùm Con-
                                     sule,

IX.
De Narse-
tis Ducis
fine diver-
sæ senten-
tiæ.

b Paul.
diac. lib. 2.
cap. 5. & 8.
& in Mi-
scel. lib. 17.

X.
De prodi-
tione Nar-
setis refel-
litur asser-
tio.

X I.

sule, quem hoc anno secundum Consulatum gessisse, ex his quæ proximè dicentur, apparet.

Sed nec illud asseri quidem, vél conjectura existimari potest, quod ajunt, post tam immane facinus Narsetis quo Italiam barbaris prodidit, cum justissimam Imperatoris iram commeruisset, ejus tamen corpus (ubi ipse defunctus est) cum honore esse translatum Constantinopolim ; quod quidem si fuisset sepultum, exhumandum illud & projiciendum foras, magnitudo sceleris postulasset. Sic ergò sive vivens Constantinopolim rediisset, sive post mortem ejus cadaver translatum dixeris Constantinopolim, utrumque (quodcunque fuerit) eum, dem ad Italiæ proditionis crimine reddit immunem : ut planè tela illa, in quæ tot tantaque mala ab eo ordita feruntur, contexta appareat in mendaciorum textrina. Quonam pacto, rogo, totius Italiæ fax, tantæ auctor proditionis, postquàm defunctus est, tanto honore dignus est habitus, ut si non ipse, cineres ipsius saltem velut quodam triumpho evehendæ fuerint Constantinopolim ; cum jure meritoque siqua illius sive lapide sive ære extaret incita memoria, fuisset more majorum penitùs abolenda ? Græcis igitur hæc in re majorem putarem fidem adhibendam, cùm præsertim iidem & Latinum hujus temporis scriptorem asti-
a Greg. Tu-
ronen.lib.5.
c. 19.
pulatorem habeant Gregorium Turonensem (a) qui ea cuncta de thesauro abscondito traditâ Græcis narrat.

X I I.

Verùm & Græcorum in eo fides vacillat, dùm quem omnes prædicant religione maximè pium, operibusque probè factis Deo gratissimum, ipsi eumdem avarum atque crudelem fuisse tradunt ; cui non satis fuerit adeò ingentem pecuniam congregasse, sed & insontium immani cæde eamdem sanguine madidam nullius profuturam utilitati in loco abdito collocasse : de quo portentoso facinore dicturi sumus inferius in Tiberio Augusto opportuniori loco. Porrò laudatum vidimus Narsetem à Proco-
Narses mi-
rificè lau-
datus.
b Euagr.li.
4. c. 23.
c Niceph.
li. 17. c.13.
in fine.
pio, eumque ob insignem pietatem de Gothis plenam meruisse, desperatis jàm penè rebus, victoriam ; id ipsum testante Euagrio (b), atque Nicephoro, istis repetitis verbis (c): De Narsete, qui familiariter cum eo vixere illud perhibent, ita ipsum ex divino numine pependisse, atque id omnis generis pietate coluisse, & Virginem eamdemque Dei genitricem ita veneratum esse ; ut illa manifestò ei apparens, quando prœlium committendum esset, præciperet : neque illum facilè priùs in aciem descendisse, quàm tempus opportunum ab ea cognovisset. Plures & alias res maximas Narses gessit, &c.]Hæc de Narsete Euagrius, itemque Nicephorus. Laudavit & ipsum plurimùm Agathias (d). Sed de eo-
d Agath.
lib. 1.
e Paul.dia-
con. de Ge-
stis Longo-
bar. lib. 2.
cap. 3.
dem audi elogium Pauli diaconi (e) : Erat (inquit) vir piissimus, in religione Catholicus, in pauperes munificus, in reparandis basilicis multùm studiosus, vigiliis & orationibus in tantùm studens, ut plùs supplicationibus quàm armis bellicis victo-

riam obtineret.] Certè quidem si quid hujusmodi Narses post udeptam ob victorias tantam gloriam perpetrasset, scribens posset hæc res sui temporis Euagrius parcius saltem laudasset hominem, quem tàm infamis exitus sugillasset ; eaque de ipso referre, vel saltèm meminisse minimè prætermisisset : sed cum ad Mauritii tempora suam historiam perducat, nec de ejus obitu vel minimùm quidem loquitur, adhùc fuisse superstitem, haud levem suspicionem ingerit

Quod facit ut in illum respiciam virum insignem eodem nomine nuncupatum Narsetem sub eodem Imperatore Mauritio domi forisque spectatum, summa gloria amictum, eademque Patriciatus dignitate insignitum, eidem muneri mancipatum, necpè Romani exercitus præfecturæ, & (quod majus est) eadem etiam pietate imbutum ; hunc ipsum, inquam, dùm intueor, me suspicio haud levis pulsat, nùm hic idem cum ipso sit, atque adhùc ad annos triginta vitam propagarit. Quòd si quispenitùs inficias jerit ; tùne necesse erit affirmare, duos eodem fermè tempore ejusdem nominis, ordinis, dignitatis, probitatis, & victoriis insignitos, bello spectatos Duces exercitus vixisse Narsetes : quod haud adeò sit verisimile, cum nulla distinctione prior senior vel major, posterior verò junior vel minor dictus inveniatur. De ejus Narset in præfectura exercitus, quo vicit Varanem invasorem regni Persarum, restituitque in regnum Cosrhoem juniorem senioris filium,
XIII.
De Narse-
te Patricio
& Duce sub
Mauritio.
agitur pluribus in Miscella (f) sub anno quarto Mauritii Imperatoris, itemque de ipso Zonara (g), Cedrenus in Tiberio, Nicephorus (b), & Constantinus (i), qui & de ejus nece sub Phoca tyranno agunt sub eodemque ædificatas ecclesias SS.Pantaleomoni, Probo, Taraco,& Andronico; necnon hospitalem domum,Zonaras tradit (k), dùm recenset viri insignis pietatis monumenta : in quibus ipsum eumdem esse Narsetem Patricium S. Gregorii Papæ observantissimum, ad quem ipsius Pontificis tres extant epistolæ (l), suademur.
f Miscel.li.
17.
g Zonar. in
Maurit.
h Niceph.
li.18.c.20.
i Constan-
tin. in Ar-
histor.
k Zonar. in
Phoca.
l Greg.li.1.
epist.6.li.5.
epist.14.li.
6.epist.27.
XIV.
Si verò hunc sub Mauritio Imperatore tot insignibus spectatum Narsetem diversum ab eo qui sub Justiniano Gothos vicit,fuisse quis dicat ; haud pro his nobis adeò pugnandum erit, cum res tantummodò conjecturis agatur, & hæc ipsa potiùs consideranda proposuerimus, quàm historica lege credenda. Ad postremum autem de Narsete Italiæ Duce quod refert Paulus diaconus, haud perfunctoriè prætereundum est : His quoque temporibus (inquit) (m) Narses Patricius, cujus studium ad omnia vigilabat, Vitalem Episcopum Altinæ civitatis, qui antè annos plurimos ad Francorum regnum, hoc est, ad Moguntinensem civitatem confugerat, tandem comprehensum apud Siciliam exilio damnavit.] Hæc ipse. Porrò non tanta sibi arrogabat Narsetem virum pium,ut in Episcopos manus injiceret, quisque sciat, nisi cùm id jussum ipsi fuit pluribus litteris à Pelagio Papa
m Paul.
diaco. de
Gestis Lon-
goba.li.2.
c.4. in fin.
De Vitali
Episcopo
Altinensi
in exilium
deportato.

Papæ Joannis hujus prædecessore, prout quæ recitatæ sunt superiùs Pelagii litteræ facilè demonstrant. Pelagium verò ipsum ad hæc Narsetem excitasse constat, ut obortum recèns schisma sedaretur; quòd & jure faciendum esse, S. Augustinus adversùs Donatistas agens, pluribus comprobavit. Fuisse autem tùm Altinensem tùm Aquilejensem Ecclesias temporibus istis in schismate, quæ superiùs dicta sunt atque dicentur ostendunt.

Sed res Orientales obvias prosequamur, De Sophia Augusta dignum Christiana fœmina facinus chronographi (a) hoc anno recensent, nempè dissolvisse nomina omnium debitorum: ait enim Cedrenus: Tertio anno Sophia Augusta, accitis omnibus qui ære alieno obstricti erant, debita eorum creditoribus dissolvit, & pignora suis auctoribus, dominis scilicet, reddidit.] Eadem in Miscella. Præcesserunt hæc clamores pauperum à potentibus oppressorum; pro quibus cum Imperator sæpiùs rescripsisset, sed nihil profecisset, violento tandem intellexit opus esse remedio; nempè ut uno ex sublimioribus magistratibus pœnam dante, reliqui discerent adversùs justitiam nihil debere præsumi. Quodnam autem istiusmodi remedium fuerit, Cedrenus exactè rem gestam narrat his verbis:

Justinus hic cum crebrò ægrotaret, ac vertigine vexaretur, neque in publicum prodire posset; potentes quidam (quia ad Imperatorem querelæ eis afferri non possent) nemini parcentes, omnium facultates diripuerant. Cum verò Imperator aliquandò se recollegisset, atque in templum prodiisset, ii qui injuria fuerant affecti, misericordiam ipsius magna voce imploraverunt. Omnibus ergò in curiam vocatis, Justinus: Existimabam, inquit, vos omnes pietatem colere, vestrisque contentos, nemini egenorum injuriam inferre; at vos & Deo & Imperio nostro adversa patratis facinora. Hortor ergò vos, ut pauperibus sua ultrò reddatis, ne vestra ipsorum bona amittatis. Potentes his auditis, tamen consuetudine ducti deteriora etiam prioribus adjecerunt. Acris enim res est consuetudo, quæ ab altera natura judicatur. Itaque cum Imperator rursùm ad processum prodiret, plures eum invocabant. Rursùm igitur in progressu convocato Senatu, dicit. Si me à Deo putatis Imperatorem factum, ejusauxilio imperare; parete justis meis mandatis: injuria afficere pauperes desinite; solis namque piscibus moris est, ut validior & major devoret minorem. Quòd si meis præceptis non parere, sed in rapiendo vestris obsequi vultis cupiditatibus, alium vobis vestro arbitrio deligite Imperatorem. Ego enim contumacibus, injustis, & aliena violantibus imperare nolo.

Ibi quidam procerum, libertate dicendi sumpta, ita Imperatorem alloquitur: Constitue me coràm omnibus Præfectum pro defensione oppressorū.

Urbis, mandaque ne cujusquam rationem potiorem justitia habeam, utque mihi te de rebus necessariis monituro semper aditus pateat: recipio in me, effecturum me intrà mensem, ne ulla sit vel illata in urbe, vel accepta injuria. Quòd si quis profert culpam, quam mihi indicatam non punierim, capite me plecti jubeto. Pergratum hoc Imperatori fuit, eumque Præfectum Urbis constituit. Is ergò cum mane pro tribunali sederet, & quædam vidua quereretur se à Magistro quodam omnibus suis facultatibus spoliatam; mittit eam cum sigillo ad Magistrum illum, jubetque eum ad dicendam causam venire.

Cum eamdem viduam Magister verberibus malè multatam remisisset, mittit Præfectus ad eum de Cursoribus unum; sed hunc quoque verbis delusum dimittit. Interim dùm Præfectus in Circo sedet, Magistrumque opperitur; hic ad convivium ab Imp. vocatur. Eòdem se Præfectus quoque confert, aitque Imperatori: Si in eo Imp. persistis, quod mihi mandasti, ne eorum, qui pauperes concutiunt, parcam? scito me promissis meis satisfacturum. Sin eos à pœnitentia ductos, amicos potiùs habes, & conviviis adhibes; scies me quoque detrectare ea quæ in me recepi. Imperatore respondente, uti se ipsum potiùs solio detraheret, si fontem talis criminis sciret; Præfectus illicò Magistrum vi abripuit, & in curiam, quæ Arca dicitur, cum eo abiit. Ibi diligenter utriusque sermone considerato; cum haud levibus iniuriis ab eo affectam mulierem comperisset; verberibus impositis, homini caput rasit, asinoque nudum impositum per mediam urbem velut in triumpho duxit, & omnes ejus opes mulieri addixit. Hoc exemplum reliquos ita in viam redegit, ut ubique summa in pace viveretur, atque intrà trigesimum diem neque actor ullus esset, neque reus injuriarum. Tunc Præfectus Imperatori significat, se promissa implevisse: & Imperator in publicum progressus, cum nulla querela audiretur, rursùs Patricia dignitate eum ornat, & per omnem vitam Præfectum Urbis esse jubet.] Hactenùs de his auctor.

Hoc eodem tertio anno Justini Imp. cum Spesindeum Episcopus Primas Bizacenæ provinciæ in Africa de suæ Ecclesiæ privilegiis conservandis interpellasset Imperatorem, ipse morem gerens in hunc modum ad eum rescripsit (b):

Imperator Justinus Aug. Spesindeum viro beato Archiepiscopo Vizacenæ provinciæ.

Cum & privatis hominibus donata privilegia pietas nostra observare curaverit; hoc ipsum multò magis & sanctis Ecclesiis custodiri, necessarium esse putamus. Petivit enim tua beatitudo per Evasium reverendissimum diaconum, divinas regulas atque privilegia data sancto Concilio tuo, vel Ecclesiæ tuæ inviolata custodiri: Ut si quando

quando contrà clericos accusatio processerit ; quæ pertinent ad divinas regulas, non apud Judices civiles aut militares causæ examinatio procedat, sed ad tuam beatitudinem, sicut & pater noster per divinos apices constituit . Quapropter sancimus, secundùm regularum divinarum tenorem, atque dispositionem patris nostri, Episcopos, sive omnes clericos subiectos tuæ beatitudini, si accusantur ab aliquo, sub tua audientia satisfacere in his quæ ad regularem ordinem pertinent : quia nostra pietas hæc ipsa atque privilegia data sancto Concilio tuo prævidit confirmare.

XX.   Super hæc petisti, ut quando opus fuerit ad nostram pietatem tuos Responsales dirigere, nullus eos prohibeat navigare : quod & nobis placuit, ut nihil necessariorum la-

A   teat aures nostras. Undè licentiam tuæ beatitudini damus, ut quando opus fuerit aut Ecclesiæ tuæ aut communi provinciæ ad serenitatem nostram aliquem transmittere do. Cturum causas necessarias, sine aliquo impedimento dirigere eum ; ut veritatem audientes, quicquid oporteat fieri, statuamus. Alios verò Episcopos illius provinciæ, si necessariæ causæ emerserint, ad nos dirigere, aut ad nostram venire pietaté, cum voluntate Primatis hoc faciant. Hæc ergò tua beatitudo effectui tradere observareque procuret. Legi. Data Kalen. Maii, Constantinopoli, Imperii domini nostri Justini PP. Aug. ann. III. Consulatu ejusdem secundo.] Hæc quidem ipse pio dignâ Imperatore : quibus hujus anni rerum gestarum finem imponimus.

JESU CHRISTI ANNUS 569.   **JOANNIS PAP. ANNUS 10.**   **JUSTINI JUN. IMP. ANNUS 4.**

I.   QVingentesimus ac sexagesimusnonus vertitur annus Domini, secundæ Indictionis, idemq; quartus Justini Imperatoris : cum Liuba Rex Gothorum in Hispania, ipsius regni anno secundo propè dilapso, collegam sibi allegit fratrem suum Leuvigildum, cui & cessit Hispanias, ipse contentus regno quo potiebatur in Gallia Narbonensi. Erat Leuvigildo uxor Theodosia Catholica fœmina, eademque soror sanctorum Leandri, Fulgentii, Isidori, ac Florentiæ, filia verò Severiani Carthaginensem provinciam moderantis. Sed nihil ex sancto consortio profecit Rex impius Arianismi tenacissimus. De tempore fidem

2 Isidor. in Chr. Goth. * Liubam

facit idem S. Isidorus (a) in Chronico, dùm ait, anno secundo Justini Imp. Liuvam * regnare cœpisse ; & idem addit, eumdem secundo anno ab adepto principatu ascivisse in regnum socium fratrem Leuvigildum. Undè opus est ut ex eodem Isidoro corrigas Isidori depravatum in eo Chronicon, cum ibidèm subditur, anno secundo Justini vocatum ad regnum à fratre Leuvigildum ; ut quartus Justini pro secundo ponendus sit annus. De persecutione autem à Leuvigildo adversùs Catholicos excitata suo loco dicturi sumus.

II. Lucense Concilium in Gallicia.

Hoc item anno sub Theodomiro Suevorum Catholico Rege celebratum est in Gallicia Lucense Concilium, de quo perpauca hæc tantùm monumenta habentur, Ambrosii rerum Hispanicarum luculenti historici diligentia nuper inventa : Tempore Suevorum, sub Æra sexcentesima septima, die Kalen. Januarii, Theodomirus Princeps Suevorum Concilium in civitate Luco fieri prædepit, ad confirmandam fidem Catholicam ; vel pro diversis Ecclesiæ causis,

B   &c.] Quod insuper recitat ex aliis scriptis exordium, cum spectare cognoscatur ad secundum Lucense Concilium, de eo suo loco dicendum. In hoc autem actum rogatione Regis, ut nova institueretur Metropolitana Ecclesia in Gallicia, quæ tamen esset subdita Bracharensi : circumscriptique sunt in eodem Conventu limites Lucensis Ecclesiæ ad lites de finibus evitandas. Ita plane incaluit recèns-redditi Catholici Regis fidei ardor, ut totus esset in his quæ spectarent ad fidem Catholicam illustrandam, conservandamque in Ecclesia pacem ; curatique summa diligentia neophytus Princeps, quæ sunt absolutissimi sacerdotis.

D   Quod verò ad res Orientales pertinet ; hoc ipso anno quarto Justini Imp. Tiberius Comes Excubitorum, qui postea Augustus & à Tiberio creatus est, adversùs Avares barbaros pugnans, eos vicit atque penitùs debellavit ; adeò ut eosdem pacem submissè petere ab Imperatore coegerit. Hæc apud Victorem Tunnensem in Chronico : sed & horum meminit Corippus in carmine ad Justinum his versibus (b):

III. Avares victi à Tiberio pacem petunt.

b Corip. in prin. carm.

Illa colubrimodis Avarum gens dura capillis
Horribilis visu, crudisque asperrima bellis
Imperio subiecta tuo servire parata,
In media supplex defusis crinibus aula
Exorat pacem, nec fidere millibus audet
Tot numerosa suis Romana lacessere signa.]

E   Et infrà:
Pars inimicorum cecidit cùm magna tuorum
Perfidia punita sua : nunc marte peracto,
*Victores, victique * famulantur in aula.*] * una
At hæc satis.

A

JESU CHRISTI   JOANNIS PAP.   JUSTINI JUN. IMP.
ANNUS   ANNUS   ANNUS
570.   II.   5.

I.

a Conſt. de filiis liber. apud Juſtian. Aſterceſ.

b Pr. Spir. c.124.

II. De tribus Episcopis ab Apollinare ordinatis.

c Pr. Spir. c.127.

SEptuageſimus ſupra quingenteſimum adeſt annus Domini, tertiæ Indictionis, idemque quintus Juſtini Auguſti, qui & in ipſius conſtitutione (a) annus ſecundus poſt Conſulatum ejuſdem inſcribitur. Quo Apollinaris Alexandrinæ Eccleſiæ Epiſcopus, ubi ſediſſet annos decem & novem (ſecundùm Nicephori Chronici rationem) ex hac vita migravit. De quo non prætereant quæ de ipſo apud Sophronium omni fide teſtata leguntur, cùm contigit eum ſanctiſſimos viros ordinare Episcopos in Ægypto, quorum unus è mortuis reſurrexerat. Res geſta ita deſcribitur (b) teſtificatione Zoſimi Ciliciæ magni anachoretæ:

Narravit autem nobis (*inquit*) & hoc ſenex, dicens: Ante annos vigintiduos aſcendi in Porphyricilem, volens illic morari. Accepi autem & diſcipulum meum Joannem mecum. Cum autem illùc veniſſemus, invenimus duos anachoretas, manſimuſque propè illos. Erat autem alter quidem ex his Galata nomine Paulus, alter verò Melitinus nomine Theodorus (ex monaſterio fuerant Abbatis Eutymii) ferebant autem cellia ex pellibus bubalorum. Manſi autem illic fermè duos annos: diſtabamus ab invicèm quaſi duobus ſtadiis. Die autem quadam, cum ſederet Joannes diſcipulus meus, percuſſit eum ſerpens, ſtatimque defunctus eſt, ſanguinem ex omnibus partibus fundens. In multa igitur anguſtia exiſtens, abii ad anachoretas. Qui ut viderunt me turbatum & afflictum, antequàm aliquid dicerem ad eos, dicunt mihi: Quid eſt, Abba Zoſime? mortuus eſt frater? Dico: Ita ſanè, mortuus eſt. Venientes igitur mecum, videntesque ipſum in terra jacentem, dicunt mihi: Noli contriſtari, Abba Zoſime: adeſt divinum adiutorium. Vocanteſque fratrem, dixerunt: Frater Joannes, ſurge: quia ſenex te opus habet. Continuòque ſurrexit frater de terra. Quærentes autem beſtiam & invenientes, tenuerunt eam, & in conſpectu noſtro illam in duas partes diſruperunt. Tùnc dicunt mihi: Abba Zoſime, vade in Sina. Deus vult tibi committere Eccleſiam Babylonis. Continuò itaque receſſimus nos. Cùmque veniſſemus in Sina, Abbas miſit me & duos alios in miniſterium Alexandriam: tenenſque nos Papa Alexandrinus beatiſſimus Apollinaris, omnes tres fecit Episcopos, ubum quidem Heliopoleos, alium Leontopoleos, me verò in Babylonem miſit.] Hæc de facta ab Apollinare ordinatione Episcoporum. Porrò idem Zoſimus abdicavit ſe poſtea Episcopatu, & in Sinæ monaſterium reverſus eſt, idem auctor teſtatur (c). In locum verò ipſius Apollinaris Episcopi Alexandrini ſubro-

gatus eſt Joannes.

Sanè quidem frequentia fuiſſe miracula, quæ his temporibus Deus per Catholicos operabatur ad hæreſes deſtruendas, accipe ex relatione ejuſdem auctoris, cum ait (d): Dicebat ſenex quidam: Signa & prodigia uſque hodiè divinitùs in Eccleſia fiunt propter eas quæ pullulaverunt, & pullulant quotidiè impias hæreſes, & maximè propter Acephali Severi & cæterorum perniciofa ſchiſmata, ad munimen ac firmitatem infirmarum animarum, atque ad illorum ipſorum, ſi ita voluerint, converſionem. Proptereà igitur à ſanctis Patribus & à beatiſſimis martyribus ab initio fidei hodiè fiunt mirabilia in ſancta Catholica & Apoſtolica Eccleſia.] Hæc quidem ſcitè, utpote quòd peculiaris hæc ſit dos Eccleſiæ, neque cuipiam extra Eccleſiam poſito aliquandò conceſſum, ut vera miracula faciat. Glorientur licèt hæretici de argumentorum captioſitate quam præſeferunt, inſultent licèt in Catholicos contumeliis; numquàm tamen oſtendere poſſunt ſuam ipſorum veris miraculis confirmatam eſſe perfidiam, Dei voluntate ſignis oſtenſa.

At non prætereat de Apollinare Alexandrino Episcopo illa his addere, quæ ipſius ſanctitatem commendent. Quòd enim ejus ingreſſus in Alexandrinum Episcopatum pulſo Zoilo, viſus ſit Vigilio Romano Pontifici (ut dictum eſt) haud legitimus, ſed probroſus; rurſum verò ipſe unà cum Quinta Synodo, cui interfuit, cùm fuerit æquè receptus; purgata eſt labes intruſionis & inter germanos Alexandriæ Episcopos adnumeratus eſt. Ut ergò eum oſtendamus magnæ quoque fuiſſe virtutis, quæ de ipſo ex Sophronio narrata habentur, hic ſunt referenda; ſic enim ſe habent (e):

Narraverunt nobis de ſancto Abbate Apollinare Alexandrino Patriarcha, quòd valdè fuerit miſericors & compaſſionis viſceribus affluens: cujus rei indicium id aſſerebant. Erat (ajebant) Alexandriæ juvenis quidam, qui primarii civitatis dignitate atque divitiis clariſſimi filius fuerat. Parentibus itaque iſtius defunctis, qui infinita illi bona tàm in auro, quàm in navalibus commerciis reliquerant, non ſatis feliciter & proſperè ea gubernans, perdidit omnia, atque ad extremam inopiam deductus eſt; cum neque gulæ, neque luxuriæ vacaverit (quæ ſolent divitum exhaurire patrimonia) ſed in caſus varios atque naufragia inciderit. Itaque ex opulentiſſimo pauperrimus eſt effectus, atque illud Pſalmiſtæ: Aſcendunt uſque ad cælos, & deſcendunt uſque ad abyſſos. Namque adoleſcens quantò fuerat pecuniæ ſublimior, tantò per inopiam inferior factus eſt.

III.

d Pr. Spir. c.213.

Miracula crebra in teſtimoniis fidei.

IV.

e Pr. Spir. c.195.

V.

Hoc

VI.

Hoc audiens beatus Apollinaris, videnſq; in quantum miſeriæ, & paupertatis adoleſcens delapſus eſſet, cum paventes ejus fuiſſent locupletiſſimi ; miſeratus illius caſum, exiguum ipſi charitatis impendere voluit miniſtrando etiam ea : ſed erubeſcebat, & quotiès videbat illum, in ſecreto conſcientiæ ſuæ angebatur, cernens veſtem ſordidam & luridam faciem, quæ ſunt extremæ paupertatis indicia. Cum igitur hujuſmodi curis angeretur Pontifex, die quadam divinitùs inſpiratus, conſilium profectò mirabile adinvenit ipſius ſanctitati maximè conveniens. Accerſivit itaque diſpenſatorem ſanctiſſimæ Eccleſiæ, ſeorſùmque illum alloquens, dixit ei : Poteris mihi ſervare ſecretum, domine diſpenſator ? Qui ait : Spero, domine mi, in Filium Dei quia quodcumque mihi juſſeris, nemini dicam ; neque diſcet aliquis umquàm ex me, quod mihi ſervo tuo aperueris. Tùnc ait ad illum Epiſcopus Apollinaris : Vade & conſcribe chirographum quinquaginta librarum auri, quæ à ſanctiſſima iſta Eccleſia Macario illius miſeri adoleſcentis patri debeantur, & appone teſtes & ſtipulationem & ratam, & affer illud mihi.

VII.

Diſpenſator continuò quod ſibi fuerat à Pontifice injunctum cum omni celeritate peregit, attulitque chirographum, & dedit illi. Cùm itaque pater adoleſcentis ante decem annos defunctus eſſet, chartaque chirographi nova videretur, ait illi Pontifex : Vade, domine diſpenſator, chirographum iſtud vel in tritico vel in hordeo abſconde, & poſt paucos dies affer illud ad me. Quod ille cum feciſſet, præfinito die chirographum retulit quaſi ſubvetuſtum, deditque Pontifici. Tùnc ait ille : Perge modò, domine diſpenſator, & dicito adoleſcenti : Quid mihi daturus es, ſi tibi dedero chirographum magnæ pecuniæ quæ debetur tibi ? Et cave ne pluſquàm tria numiſmata ab illo accipias, & præbe illi chirographum. Reſpondens autem diſpenſator : Verè mi domine, ſi juſſeris, nihil accipiam. Dixit ei ille : Volo omninò ut tria numiſmata accipias. Perrexit autem ille ad juvenem, ſicut ipſi juſſum fuerat, & dixit ei : Dabis mihi tria numiſmata, ſi oſtendero tibi aliquid magnæ utilitatis tuæ ? Ille verò pollicitus eſt illi, quicquid vellet, ſe daturum. Fingens autem diſpenſator ait illi : Ante quinque vel ſex dies evolvens inſtrumenta Eccleſiaſtica : reperi chirographum iſtud, & memini quia Macarius pater tuus mihi multùm confidens, ipſum mihi diebus aliquot permiſit, defunctoque ipſo, contigit illud apud me uſque hodie manere : oblivione enim ſubreptum eſt mihi, nec umquàm venit in mentem, ut illud redderem tibi. Ait illi adoleſcens : Noſti quòd perſona illa ſit locuples quæ debet ? Dixit ei diſpenſator : Ita ſanè, locuples & grata eſt : poteſque ab illa debitum ſine labore recipere. Dixit ei junior : Novit Deus, quia modò nihil habeo ; ſed ſi recepero quod meum eſt, quicquid petiſti, dabo tibi, ultrà etiam tria numiſmata.

VIII.

Tùnc dedit ei diſpenſator inſtrumentum quinquaginta librarum. Suſcepto itaque chirographo, perrexit ad ſanctum Pontificem, proſtratuſque antè illum, dedit ei chirographum. Cùm ergò accepiſſet ille inſtrumentum ipſum ac legiſſet, cœpit ſe ipſum turbatiorem oſtendere, dixitque ei : Et ubi fuiſti uſque modò ? pater tuus a ſex decem annos defunctus eſt : perge, nolo tibi nùnc reſpondere. Qui dixit illi : Veraciter, domine mi, non ego illud habui, ſed diſpenſator illud habebat, nec ego neſciebam : ſed Deus ipſius miſereatur, quia modò ipſum mihi reddidit, dicens, ſe inter chartas ſuas domi inveniſſe. Pontifex verò illum interim remiſit, dicens : Delibera bo mecum, ſervato apud me chirographo. Poſt unam igitur hebdomadam rediit ad Epiſcopum junior, iterùmque deprecatus eum. Ille autem quaſi nihil ſibi vellet dare, dicebat : Quare tantùm diſtuliſti proferre chirographum ? Dixit illi adoleſcens : Mi domine, ſcit Deus, quia non habeo undè familiam meam nutri iam : itaque ſi Deus inſpiravit vobis, miſeremini mei. Tùnc dixit illi S. Apollinaris, fingens ſe illius precibus cedere : Summam quidem integram ego tibi reſtituam : hoc autem obſecro, mi domine frater, ne à ſancta hac Eccleſia uſuras exigas. Tùnc procidens ille adoleſcens, ait : Quicquid volueris & juſſeris mihi dominus meus hoc faciam ; & ſi ex principali ſumma placet minuere aliquid, minue : Dixit illi Epiſcopus : Non id quidem : ſatis eſt ſi nobis uſuras dimittis. Tùnc proferens quinquaginta libras auri, dedit ei, & dimiſit eum, orans etiam pro uſuræ remiſſione. Hoc opus ſummi Apollinaris, iſta ſancta illius ars atque miſericordia.] Hæc ibi, hic appoſita ad Apollinaris ſepulchrum ornandum.

IX.

Quod autem ad res Occidentalis orbis ſpectat, de progreſſu Longobardorum in deprædationem Italiæ Paulus diaconus egit ſub hoc anno tertiæ Indictionis ; præter illa quæ in devaſtationem Venetæ provinciæ Italiæ. ab iiſdem perpetrata eſſe ſuperiùs (a) tradidi, hoc poſtmodùm hoc anno facta addit (b) : Alboinus igitur Liguriam introajens, Indictione ingrediente tertia ad Nonas Septembris, ſub temporibus Honorati Archiepiſcopi Mediolanenſis ingreſſus b eſt. Dehinc univerſas Liguriæ civitates, præter eas quæ in littore maris poſitæ ſunt, cepit. Honoratus verò Archiepiſcopus Mediolanum deſerens, ad Genuenſem urbem confugit. Paulinus verò Patriarcha Aquilejenſis undecim annis ſacerdotio functus ex hac luce ſubtractus eſt, regendamque Eccleſiam Probino reliquit.]

Progreſſus Longobardorum in Italiam.

a *Paulus diac. de geſtis Longobard. lib. 2.*

b *Eod. lib. cap. 10.*

c. 12.

X.

Quòd verò ſicuti prima mentio de Patriarchatu Aquilejæ : undè emerſerit iſtiuſmodi inauditum hactenùs in Italia nomen, in qua præter Pontificem, neminem ejuſmodi titulo apud veteres reperies inſignitum, accuratiùs diſquiramus. Ad hæc autem primò illud dicendum occurrit, uſurpatum frequenter id ipſum nomen his temporibus reperiri pro Archiepiſcopo ; nimirùm ut qui ſub ſe alios haberet Epiſcopos, ſicut dictus

De Patriarchæ nomine.

victus esset Archiepiscopus , idem pariter ex vocis significatione Princeps Patrum , & Græco nomine Patriarcha nominaretur . Sunt de his plura exempla : etenim Gregorius Turonensis (*a*) Patriarcham appellat sanctum Nicetium Archiepiscopum Lugdunensem : id ipsum etiam habes in Concilio secundo Matisconensi , ubi item Priscus Lugdunensis Episcopus Patriarcha pariter appellatur . Sunt & de his alia plura testimonia . Constat præterea Arianos consuevisse suos primarios Episcopos Patriarchas appellare ; quod cùm apud Victorem , tùm apud Gregorium & alios usurpatum invenies : factùmque est , ut & alii hæretici Catholica communione discissi , quem sequerentur erroris principem , eumdem quoque dicerent Patriarcham , & hoc malè usurpato nomine Patriarcham , quod olim Apostolicarum tantùm sedium consuevit esse nomen amplissimæ dignitatis .

a Greg. Tur. hist. Franc. l. 5. c. 20.

Cæterùm quod ad præsentem causam spectat , non alio præterito tempore , sed præsenti , cum videlicèt Venetiarum & Istriæ Episcopi atque Liguriæ (ut vidimus ex epistola (*b*) Pelagii Papæ) essent in schismate . Paulinúsque Aquilejensis his omnibus præmineret ; placuit iisdem schismaticis qui ab Ecclesia Romana descivissent , illum sibi loco Pontificis constituere supremum Antistitem , quem & Patriarcham nuncupavere . Hanc igitur putamus veram germanámque fuisse novi nominis causam , ab hac verò diversam neque quis poterit somniare , cum non anteà sed tùnc aucta sit majoris dignitatis amplitudine Ecclesia illa , dùm esset in schismate .

b Pelag. ep. 3 & 5.

XII

Sed ò mirabilis , sicut & terribilis Deus in consiliis super filios hominum ! Etenim in ultionem eorumdem schismaticorum feros barbaros advocavit , inque gladium eorum eos primùm cum sectatoribus suis tradidit consumendos . An non sunt hæc certa divinæ vindictæ impressa vestigia ? Cum ipsi primùm schismatici traditi sint à Deo ore gladii devorandi , & ante omnes schismaticorum latibula Aquileja , Mediolanum , & aliæ Ecclesiæ dictarum provinciarum captæ atque in prædam datæ Longobardis ; Roma autem ipsa quamvis à Gothis sæpe anteà capta fuerit , à Longobardis licèt invadi , minimè tamen comprehendi potuerit ? Habes igitur hæc de Aquilejensis Ecclesiæ Patriarchatus origine ex schismate derivata : quod quidem nomen eidem retinere bono pacis permissum fuisse videtur , quo & ad præsens utitur , sedis Apostolicæ indulgentia . Pergit verò Paulus ejusdem Ecclesiæ diaconus : Ticinensis autem civitas per ea tempora ultrà quatuor annos obsidionem perferens , se fortiter continuit , Longobardorum exercitu non procul ab ea in Occidentali parte residente . Interim Alboinus ejectis *electis* militibus invasit omnia usque ad Tusciam præter Romam & Ravennam & quædam castella quæ erant in maris littore constituta . Nec erat tùnc virtus Romanis ut re-

electis

Annal. Eccl. Tom. VII.

A   sistere possent : quia & pestilentia quæ sub Narsete facta est , plurimos in Liguria & Venetia extinxerat , & post annum quem diximus miræ ubertatis fuisse , fames nimia irruens universam Italiam devastavit .] Hæc Paulus : cætera autem quæ subdit , suo loco .

Sed ad res Gallicanas invisendas transeamus . In Galliis hoc tempore ob complures sanctos Episcopos , qui præerant diversarum provinciarum Ecclesiis , vigebat magnoperè Ecclesiastica disciplina : nam & sicubi &

collapsa repeiretur , evestigiò qui eam restituerent excitabantur Episcopi . Hoc nam-

B   què anno , qui sextus Chariberti Regis numeratur , celebrata reperitur Synodus Turonensis secunda decimoquinto Kalendas Decembris , ut ex ejus Actis habetur expressum ; nam ea sexto anno ipsius Regis habita dicitur . Cui etsi pauci numero interfuisse reperiuntur Episcopi , nempè octo tantummodò numerati ; tamen ex eis viri sanctitate celebres quatuor præter alios subscripti habentur , iidemque in sacras Ecclesiæ tabulas relati , nempè qui primo loco ponitur Prætextatus Rothomagensis , Germanus Parisiensis , Domitianus Catalaunensis , atque Domnulus-Cœnomanensis ,

C   quorum omnium memoriam suis descriptam diebus annis singulis Ecclesia Catholica celebrare consuevit . Verùm quòd inter eos non legatur sanctus Euphronius hoc tempore Episcopus Turonensis , ejus videlicèt loci ubi Synodus est celebrata sacer Antistes , neque per vicarium subscriptus reperiatur ; indè existimo seriem Episcoporum intercisam & minimè integram ibi poni . Ejus autem Synodi celebrandæ illa occasio intercessit , quòd videlicèt nonnullorum temeritate sacri canones proculcarentur : pro-

D   quorum stabili firmitate sanctissimi Patres illi ex adverso consurgentes , pro muro se domui Israel opposuere , atque duodetriginta canones statuerunt , quibus Ecclesiastica disciplina collapsa resurgeret , pristinóque nitore splendesceret .

Inter alios verò ille observatione dignus est canon , quo de asservatione sanctissimæ Eucharistiæ ita decernitur (*c*) : Ut corpus Domini in altari non in imaginario ordine , sed sub Crucis titulo componatur : Nempè ut digniorem sibi vendicaret locum , statutum est , ut non inter sacvavimagines super altari poni solitas poneretur ,

c Conc. Tur. 2. c. 3.

Ubi Eucharistia asservari deberet .

sed sub ipsa Cruce , quæ in meditullio ipsius altaris collocari consuevit . Scimus in-

E   trà columbam argenteam alicubi iis temporibus conservari consuevisse Eucharistiam ; quod Synodus prohibuisse videri potest , dùm prohibet ne in imaginario collocaretur ordine : sicque videns non esse novum ut corpus Christi super altare servetur .

His adjicimus de Felice Episcopo Bituricensi , qui huic Synodo interfuit , tertióque loco subscripsit , ipsam perelegans aureum vas ad sacratissimam Eucharistiam conservandam turris instar fabrefieri curasse , quod Venantius Fortunatus ejusmodi epigram-

De Synodo secunda Turonensi.

---

mate , cui præpofita legitur hæc infcri- A
ptio :

Ad Felicem Epifcopum Bituricenfem ,
in Turrem ejus.

Quam bene junɛta decent , facrati ut corpo-
ris Agni
Margaritum ingens aurea dona ferant.
Cedant chryfolitis Salomonia vafa metallis :
Ifta placere magis ars facit atque fides.
Que data, Chrifte , tibi Felicis munere fic fint,
Qualia tunc tribuit de grege paftor Abel :
Et cujus tu corda vides pietate corufcas
Par vidug merito qua dedit æra duo.]

Vides igitur quanto honore confueverit Eu-
chariftia cuftodiri fuper altare fub facratiffima Cruce in pretiofiffimo tabernaculo tur- B
ris inftar , quo nomine auɛtor in titulo ipf-
fum appellat. Commendatur tamen à S.
a *Hieron.* Hieronymo (*a*) S. Exuperius Tolofanus,
epift. 4. qui tempore exundantium barbarorum , ne
iftiufmodi aurea facra vafa cederent iſtorum rapinæ , ipfa confiſtat in ufum pauperum , caniftro vimineo & vitreo calice corpus Domini portans. Hæc occafione canonis de loco Dominici corporis ea
ftatuentis.

XVI. Sed illud Chriftianam magnam redolet
De cura pietatem , cum ad curam pauperum adhi-
pauperum, bendam ifta fanxere Patres (*b*) : Ut una-
b *Ibid. c.5.* quæque civitas pauperes & egenos inco- C
las alimenta congruentibus pafcat fecun-
dùm vires : ut tàm vicini presbyteri , quàm
cives omnes fuum pauperem pafcant. Quo
fiet , ut ipfi pauperes per civitates alias non
vagentur.] Sed & de jejuniis, obfervari folitis in monaftica obfervantia , deque refcin-
dendi ordine in Ecclefia ufu recepto canones condiderunt. Infuper adverfùs repul-
lulantem Nicolaitarum hærefim , qua facri miniſtri jàm relictas refumebant uxores,
invigilavit facerdotalis diligentia , fuccin-
dens ejufmodi frutices Dei Ecclefiam occupantes , canone fancito vigefimo.

XVII. Infuper & plurimùm iidem cognofcuntur D
laborafle Patres adverfus inceftuofos , quorum gratia vigefimum fecundum canonem
ftatuerunt , in quo ex divinæ Scripturæ
locis allatæ fententiæ , & diverforum Conciliorum diverfi intexti funt canones. Et
hoc quidem viſi funt ſtatuiſſe fanctiffimi
Patres ad corrigendum ipfum Regem Charibertum tanto crimine labefactatum , utpotè qui fororem conjugis fibi nefariè co-
pulaſſet , Marcovefam fcilicèt Marofendis
uxoris fororem. Sed quid accidit? Cum
nec ifta remedia ipfi profuerint , paratum- E
que à fanctis Patribus antidotum omninò
refpuerit ; ab ipfo S. Germano Parifienfi
Epifcopo hujus canonis vindice , cui fub-
fcripferat, interpellatus, fed non emendatus,
c *Greg. Tur.* fuit excommunicatus percuſſus, ut Gre-
hiſt. Franc. gorius (*c*) ait , cùm poſt turpitudines ejuf-
l. 4, c.26. dem Regis recenfitas hæc addit : Poſt hæc
Marcovefam Marofendis fcilicèt fororem,
conjugio copulavit : pro qua re à S. Germano Epifcopo excommunicatus uterque
eſt. Sed cum eam Rex relinquere nollet,
primùm illa percuſſa judicio Dei obiit ; nec
multò poſt & ipfe Rex poſteam deceſſit Cha-

ribertus.] Quod contigit poſt fequentem A
annum, quo agemus de eodem plurribus.

Quòd autem ab iifdem additum eſt (*d*) XVIII.
fanctis Patribus , ut præter S. Ambrofii d *Conc. Tur.*
hymnos alii etiam in Ecclefia canerentur; *2.c.24.*
ni fallor , ejufmodi fanciendæ legis caufam
dediſſe exiſtimo hymnos Venantii Fortunati , quos (ut dictum eſt) haud pridem
de fancta Cruce cecinerat: quos & fcimus
fuiſſe ab Ecclefia receptos , atque hactenus
piè fanctèque concini folitos.

Rursùm verò quòd exciſæ femèl atque XIX.
iterùm fpinæ illæ in agro Dominico, adhùc magno damno è maledictis radicibus B
foràs emergerent ; fuit in his denuò fucci-
dendis fanctis Patribus laborandum . Acciderat enim ut frequentium occafione bellorum , cum non eſſet amplius in regiis thefauris undè Princeps fatisfaceret militantibus , bona Ecclefiæ iidem invaderent , eâ
à Rege petentes , vel ſponte eadem ufur-
partes. Ad hæc igitur reprimenda penitùf-
que tollenda divino pollentes Spiritu Patres e *Conc. Tur.*
iſta decreverunt (*e*): *2. c. 25.*

Illud quoque quamquam canonica fit au- XX.
ctoritate præfixum , quòd dùm intra fer-
viunt domini noſtri , Reges Francorum fcilicèt , ac malorum hominum ſtimulo con-
citantur , & alter alterius res rapida cupiditate pervadit ; ne iſta caduca actione, quæ
inter ſe aguntur , Ecclefiaftica rura aut con-
taminare præfumant , inviolabiliter obfervanda cenfemus : Ut quicumque tàm Ecclefiæ , quàm Epifcopi res proprias , quæ de
ipfæ Ecclefiæ nofcuntur eſſe , quas Pontifex Actoribus Ecclefiæ dignofcitur affignaf-
fe , vel Abbatum , aut monafteriorum , five presbyterorum quaqua temeritate pervadere , competere , vel confifcare præfumpferit ; tùnc refervato correctionis hoc loco
adhùc presbyter ejufdem Ecclefiæ , cujus
intereſt , pervaforem convenit admonere ;
& fi reſtitutionem diſtulerit ; adhùc quaſi
filius ab omnibus fratribus ad reddendum ,
miſſis epiſtolis, compellatur . Qui fi pertinaciter in pervafione perſtiterit , & fe tol-
lare poſt tertiam commonitionem de re illa
aut Ecclefiæ aut propria noluerit; conveniet
omnes omninò cum conviventia fimul cum
noſtris Abbatibus ac presbyteris , velcle-
ro , qui ſtipendiis ex ipfo alimento pa-
fcuntur (quia arma nobis non funt alia) &
juvante Chriſto , circumfepto clericali choro , necatori pauperum , qui res pervadit
Ecclefiæ , pfalmus centefimus octavus dicatur, qui incipit: Deus meus laudem meam ne tacueris, &c. ut verè fit fuper eum il-
la maledictio quæ fuper Judam (*f*) venit, f *Joan. 13.*
qui cum loculos ferret *, fubtrahebat pau- * *faceret.*
perum alimentum ut non folùm excom-
municatus, fed etiam anathema moriatur, & cæleſti gladio fodiatur, qui in defpectu Dei &
Ecclefiæ & Pontificum in hac pervafione
præfumit affurgere .] Hæc de his Patres ,
qui & eidem ipforum inſtituto canoni fubji-
ciunt alium antè (ut dictum eſt) eadem in
caufa contrà eofdem in Concilio Parifienfi
fancitum, nihil penitùs omittentes, quo ejufmodi cohiberent rerum Ecclefiæ invafores,

Cæte-

Cæterùm compluribus fuit declaratum exemplis, maledictionem illos sequi non desinere qui res Ecclesiæ invadere, divinitùsque vindictam immitti in ejusmodi delinquentes: quæ quidem cum suis locis opportunè scripserimus, hic vel unum ex iis (quod ratio exigat argumenti) reddere minimè prætermittimus. Accipe igitur quæ eodem fermè tempore ibidem in Gallia Gregorius accidisse narrat his verbis (a):

a Gregor.de glor. mart. l.2.c.17.

XXI.

Fuit etiam quidam diaconus, qui, relicta Ecclesia, Fisco se publicè junxit: acceptaque à patronis potestate, tanta perpetrabat, ut vix posset à vicinis circumpositis sustineri. Accidit autem quadam vice, ut saltus montenses, ubi ad æstivandum oves abierant, circumiret, atque pascuaria, quæ Fisco debebantur, inquireret. Cumque diversos spoliaret injustè, conspicit eminùs greges, qui tùnc sub nomine martyris Juliani tuebantur: ad quos levi cursu volans, tamquàm lupus rapax diripit arietes. Conturbati atque exterriti pastores ovium, dicunt ei: Ne, quæsumus, contingas hos arietes, quia beati martyris Juliani dominio subjugati sunt. Quibus ille irridens respondisse fertur: Putasne quia Julianus comedit arietes? Dehinc ipsis verberibus affectis, quæ voluit abstulit, ignorans miser, quòd qui de domibus Sanctorum aliquid aufert, ipsis sanctis injuriam facit, ipso sic Domino protestante: Qui vos spernit, me spernit; & qui recipit justum, mercedem justi accipiet.] Sed ne immissa in sacrilegum ultio aliqua alia ex causa vel casu accidisse à quolibet fingi posset, delectus est ad supplicium locus & modus, ut vindicta divinitùs illata fieret manifestior. Verùm quomodò id acciderit, audi: subdit enim:

XXII.

Contigit autem, ut post dies multos, non religione, sed casu conferente, ad vicum Brivatensem diaconus properaret; projectusque humo antè sepulchrum martyris, mòx à febre corripitur, & tanta vi caloris opprimitur, ut neque consurgere, neque puerum evocare posset. Famuli verò cum vidissent eum extra solitum ibi procumbere, accedentes: Quid tu, inquiunt, in tanta diuturnitate deprimeris? non enim tibi tàm longus mos erat orandi, aut devotio. Ferebant autem de eo, quòd quandò quidem in ecclesiam fuisset ingressus, parùmpèr immurmurans, nec capite inclinato, surgiebat. Tùnc interpellantibus pueris, cum responsum reddere non valeret, ablatus manibus è loco, in cellam quæ erat proxima, lectulo collocatur. Igitur invalescente febre, proclamat se miserum incendi per martyrem. Et quòd primò siluerat, admotis animæ judicii facibus, crimina confitetur; jactarique super se aquam voce qua poterat, deprecabatur. Delatis quoque in vasculo limphis, & in eum sæpe dejectis, tamquàm de fornace, ita fumus egrediebatur è corpore. Intereà miseri artus ceu combusti, in nigredinem convertuntur: vix de astantibus posset aliquis tolerare. Innuens enim dehinc manu indicat se esse leviorem. Mòx illis te-

cedentibus, hic spiritum exhalavit. De quo haud dubium est qualem illic teneat locum, qui hinc cum tali discessit judicio.] Hæc Gregorius, occasione canonis Concilii Turonensis à nobis relata, quo Patres divinam ultionem adversùs hujusmodi facinorosos implorandam esse putarunt. At quomodò & in ipsum Regem pravedentem bona S Martini dira vindicta secuta sit, dicemus inferiùs in ejus obitu. Sed de Turonensi Concilio hactenùs.

Hoc eodem anno, qui pariter sextus numerantur Guntheramni Francorum Regis, celebrata reperitur Synodus Lugdunensis, quæ prima earum quæ reperiuntur, dicta invenitur; cui interfuerunt Episcopi quatuordecim, eorumque aliqui per legatos: statutique in eadem sex canones reperiuntur, quibus Ecclesiasticæ paci atque indemnitati consulitur, apposite quidem ob scandala à quibusdam malis Episcopis tunc illata. Quænam autem ista fuerint, ex Gregorio Turonensi ita accipe (b): Contra Salonium (inquit) Sagittariumque Episcopos tumultus exoritur: hi enim à S. Nicetio Lugdunensi Episcopo educati, diaconatus officium sunt sortiti; hujusque tempore Salonius Ebredunensis urbis, Sagittariusque Vapingensis Ecclesiæ sacerdotes statuuntur. Sed assumpto Episcopatu, in proprium relati arbitrium, cœperunt in pervasionibus, cædibus, homicidiis, adulteriis, diversisque in sceleribus insano furore grassari; ita ut quodam tempore celebrante Victore Tricassinorum Episcopo solemnitatem natalitii sui, emissa cohorte, cum gladiis & sagittis irruerunt super eum: venientesque ceciderunt vestimenta ejus, ministros cæciderunt, vasa & omnia adapparatum prandii auferunt, relinquentes Episcopum cum grandi contumelia. Quod cum Rex Guntheramnus comperisset, congregari Synodum ad urbem Lugdunensem jussit. Conjunctique Episcopi cum Patriarcha Nicetio beato, discussis causis, invenerunt eos ab his sceleribus, de quibus accusabantur, valde convictos. Præcepturque ut qui talia commiserant, Episcopatus honore privarentur. At illi cum adhùc propitium sibi Regem nossent, ad eum accedunt, deplorantes se injustè remotos; sibique tradi licentiam, ut ad Papam urbis Romanæ accedere debeant. Rex verò annuens petitionibus eorum, datis epistolis; eos abire permisit.] Vigebat his etiam temporibus (uti semper viguit) usus ille à quovis Concilio ad sedem Apostolicam appellandi: quod & hi fecisse noscuntur; de quibus pergit Gregorius hæc dicere:

Qui accedentes, coram Papa Joanne exponunt se nullius rationis existentibus causis, dimotos. Ille verò epistolas ad Regem dirigit, in quibus locis suis eosdem restitui jubet. Quod Rex sine mora; castigatis priùs illis verbis multis, implevit.] Vides ne lector, quantam reverentiam exhibuerint Reges atque Episcopi sententiæ Romani Pontificis, ut quamvis iidem videri potuissent injustè resti-

XXIII. Concilium Lugdunen. se primum.

a Greg.Tur. hist. Franc. l.5.c.20.

XXIV.

reftituti effe , quos Synodus juftè damnaf-
fet , parere tamen ipfi minimè prætermi-
ferint ? Sed nulla (*fubdit Gregorius*) quod
eft pejus , fuit emendatio fubfecuta. Tamen Victoris Epifcopi pacem petierunt, traditis hominibus , quos in feditionem diro-
xerant. Sed ille recordatus præcepti Dominici , non debere reddi inimicis mala pro

* *malis.*

bonis * , nihil his mali faciens , liberos
abire permifit : undè in pofterùm à communione fufpenfus eft , pro eo quòd publicè accufaffent , clàm inimicis pepeciffet abfque confilio , quibus accufaverat , fratrum.] Hæc de his quæ fpectant ad Concilium Lugdunenfe hoc anno tempore Joannis Papæ celebratum. Porrò de iifdem

a *Greg.hift.*
l.4.c.37.

Epifcopis hæc fuperiùs idem Gregorius (*a*),
dùm agit de bello Longobardorum adversùs Burgundiones : Fueruntque in hoc prælio Salonius & Sagittarius fratres atque Epifcopi , qui non cruce cælefti muniti , fed
galea atque lorica fæculari armati , multos
manibus propriis (quod pejus eft) interfe-
ciffe referuntur.] Hæc tùnc primùm funt
monftra cœpta videri , ut loricati Epifcopi
militarent.

XXV.

Hoc anno Liuba Rex Gothorum in Hifpania , ipfo regni fui anno tertio moritur
ficque Leuvigildus ejus germanus in collegam
anteà afcitus , folus univerfo potitur
regno. Quo pariter anno defunctus Theodomirus Suevorum Rex Catholicus , maximèque pius , filio Ariamiro , quem precibus S. Martini ex diuturno atque graviffi-
mo morbo fanum acceperat , unà cum pietate regnum pariter reliquit : de quo hic
defcribenda putamus , quæ Gregorius Turonenfis rudi licèt ftylo , veritatis tamen
fulgore corufco pofteris tradidit hifce ver-

b *Greg.Tu-*
ron, mirac.
S. Martini
l.4.c.7.

bis (*b*) : Et quia Florentiani Majoris memoriam fecimus ; quid ab eo didicerim , nefas puto taceri. Tempore quodam caufa
legationis Galliciam adiit , atque ad Mironis Regis præfentiam accedens , negotia patefecit injuncta. Erat enim eo tempore
Miro Rex in civitate illa , in qua deceffor
ejus bafilicam S. Martini ædificaverat , ficut
in libro primo hujus operis expofuimus.
Ante hujus ædis porticum vitium camera
extenfa per traduces dependentibus uvis
quafi picta vernabat. Sub hac enim erat fe-

mita , quæ ad facras ædis valvas peditem deducebat. Cumque Rex fub hac præteriens
camera hoc templum adiret , dixit fuis : Ca-
vete ne contingatis unum ex his botrioni-
bus , ne forte offenfam Sancti ejus incurra-
tis : Omnia enim quæ in hoc habentur atrio,
ipfi facrata funt.

Hoc audiens unus puerorum , ait intrà fe:
Utrùm fint hæc huic Sancto confecrata , an
non , ignoro ; unum fcio , qum deliberatio animi mei eft de his vefci. Et ftatim injecta manu , caudam botrionis cœpit incidere ; protinùfque dextera ejus adhærens
cameræ , arente lacerto , diriguit. Erat
autem mimus Regis , qui ei per verba jo-
cularia lætitiam erat folitus excitare : fed
non eum adjuvit cachinnus aliquis , neque
præftigium artis fuæ ; fed cogente dolore ,
voces dare cœpit , ac dicere : Succurrite ,
viri , mifero ; fubvenite oppreffo , releva-
te appenfum , & S. Antiftitis Martini
virtutem deprecamini : quia tali exitu crucior , tali plaga affligor , tali incifione dif-
jungor. Egreffus quoque Rex , cum ea quæ
acta fuerant didiciffet , tanto furore contra puerum eft accenfus , ut ejus manum
vellet incidere , fi à fuis prohibitus non
fuiffet. Dicentibus tamen prætereà famulis : Noli , ò Rex , judicio Dei tuam adjungere ultionem , ne forte injuriam quam
minaris puero , in te retorqueas. Tunc ille compunctus corde , ingreffus bafilicam ,
proftratus coram fancto altari , cum lacrymis preces fudit ad Dominum , nec anteà
à pavimento furrexit , quàm flumen oculorum hujus paginam delicti deleret. Quo à
vinculo , quo nexus fuerat , abfoluto , ac in
bafilicam ingreffo , Rex elevatur è folo : &
fic recipiens incolumem famulum , palatia repetivit. Teftatur autem Major præfatus , hoc fe ab ipfius Regis relatione , ficut actum narravimus , cognoviffe.] Hucufque Gregorius. Hifce Deus miraculis
recens credentem Regem voluit admonuiffe , quòd non fine divinâ ultione peccant ,
qui vel minimum quippiam è rebus Ecclefiæ auferunt , quæ vel fervientium ufui , vel
pauperum alimoniis funt deftinatæ. Quomodò autem idem Rex paterno exemplo
duo Concilia , Bracharenfe videlicèt , atque Lucenfe congregavit, fuo loco dicemus.

XXVI.

JESU CHRISTI   JOANNIS PAP.   JUSTINI JUN. IMP.
ANNUS   ANNUS   ANNUS
571.   12.   6.

I.

ADvenit annus Domini quingentefimus
feptuagefimusprimus , quartæ Indictionis : quo Alboinus Longobardorum
Rex , ubi regnaffet in Italia annos tres &
menfes fex , Kal. Octobris moritur , cum
paulò antè Ticinenfem civitatem per tres
annos & amplius obfeffam cœpiffet. Quid
autem tunc admiratione dignum acciderit ,

c *Paul.diac.*
de Geft. Lo-
gobard.l.2.
c.13.

à Paulo diacono ita accipe (*c*) : At verò
Ticinenfis civitas per tres annos & aliquot
menfes obfidionem perferens , tandem fe
Alboino tradidit & obfidentibus Longo-

bardis. In quam cum Alboinus , per portam quæ dicitur fancti Joannis , ab Orientali urbis parte introiret ; equus ejus in
portæ medio concidens , quamvis calcaribus ftimulatus , quamvis hinc indè à Stra-
torio verberibus cæfus , non poterat leva-
ri. Tùnc quidam de Longobardis ita Regem allocutus eft : Memento , domine Rex ,
quale votum voviſti : Frange tàm dirum votum , & ingredieris in urbem. Verè enim
Chriftianus eft populus in hac civitate. Siquidem Alboinus voverat, quod univerfum populum,

pulum, qui se dedere noluerat, gladio extinguerდt. Qui postquàm tale votum disrumpens, vდniam promisit; mox æquo surgente, civitatem ingreშ័ს, in sua promissione permansit. Tùnc ad eum omnis populus in palatium, quod quondàm Rex Theodoricus construxerat, corruens post tantam miseriam, de spe jàm fidens; cœpit animum ad meliora futura levare. Qui Rex postquàm, in Italia tres annos & sex menses regnaverat, insidiis suæ conjugis peremptus est.] Quomodò autem id acciderit, pluribus ipse narrat his verbis (a):

a Paul. diac. de Gest Lőgobard. l. 2. c. 14.

II. Alboinus Rex arte conjugis necatur.

Causa autem ejus interfectionis hujusmodi fuit. Cum in convivio ultra quàm oportuerat, apud Veronam lætus resideret, cum poculo, quod de capite Chunimundi Regis sui soceri fecerat, Reginæ ad bibendum vinum dari præcepit, atque eam ut cum patre suo lætanter biberet, invitavit. Hoc ne cui videatur impossibile; veritatem in Christo loquor: ego hoc poculum vidi in quodam die festo Ratichis Principem, ut illud convivis suis ostentaret, manu tenentem. Igitur Rosimunda (id erat uxori Alboini Regis nomen) ubi rem animadvertit, altum concipiens in corde dolorem, quem compescere non valens, mox in mariti necem, patris cædem vindicatura exarsit consiliumque mòx cum Helmige, qui Regis Scilpor, id est, Armiger & collactaneus erat, ut Regem interficeret iniit. Qui Reginæ suasit, ut Peredeum, qui erat vir fortissimus, in hoc consilium ascisceret.

III. Alboinus Rex occiditur.

Cum verò Peredeus Reginæ suadenti tantum nefas consensum adhibere nollet; illa se noctu in lectulo suæ vestiariæ, cum qua Peredeus stupri consuetudinem habuerat, supposuit: ubi Peredeus inscius fraudis cum Regina concubuit. Cumque illa, patrato jàm scelere, ab eo quæreret, quam se esse existimaret; & ipse nomen suæ amicæ, quam esse putabat, nominasset; Regina subjunxit; Nequaquàm est ut putas, sed ego Rosimunda sum. Certè, nunc, Peredeus, rem talem perpetrasti, quòd aut tu Alboinum interficies, aut ipse te suo gladio extinguet. Tùnc ille intellexit malum quod fecit; & quod sponte noluerat, tali modo ne facere necem coactus assensit. Tùnc Rosimunda, dùm se Alboinus in meridie ჰppori dedisset; magnum in palatio silentium fieri præcipiens, omnia alia arma subtrahens, spatham illius ad lectuli caput, ne tolli aut evaginari posset, fortiter colligavit, & juxtà consilium initum Peredeum & Helmigem * interfectores, omni bestia crudelior, introduxit. Alboinus subitò de sopore experrectus, malum quod imminebat intelligens, manum citiùs ad spatham porrexit, quam strictiùs ligatam cum trahere non valeret, apprehenso scabello suppedaneo, se per aliquod tempus defendit. Sed heu, proh dolor! vir bellicosissimus & summæ

* Amechildem.

audaciæ, nihil contrà hostem prævalens, quasi unus de inermibus interfectus est, uniusque mulierculæ consilio periit, qui per tot hostium strages in bello fortunatissimus extitit.] Hic finis Regis Longobardorum, qui invasit Italiam, & tot malorum quæ sunt subsecuta, primus extitit auctor. Subdit verò Paulus diaconus de fuga Rosimundæ ad Romanos, Ravennam, cum Helmige, simდlდ្្ cum Longobardorum Regis thesauro. Sed quæ utrumque sint consecuta mala Rosimundam & Helmigem, ab eodem sic breviter accipe:

Tùnc Longinus Præfectus (erat is missus ab Imperatore Hexarchus, morabaturque Ravennæ) suadere cœpit Rosimundæ, ut Helmigem interficeret, & ipsius se nuptiis. cepularet. Illa ut erat ad omnem nequitiam facilis, cum affectaret Ravennantium domina fieri, ad tantum facinus perpetrandum assensum præbuit: atque dùm Helmigis se in balneo abluerat, egredienti mortis poculum, quod salutare asseruit, propinavit. Ille ubi sensit se mortis poculum bibisse, Rosimundam (evaginato gladio super eam) quod reliquum erat bibere coegit. Sicque omnipotentis Dei judicio Regis interfectores nequissimi uno momento perierunt.] Hucusque Paulus; quibus visis videtur repræsentatam de Rege atque Regina tragœdiam: ita plane agente Deo vindice, ut qui innoxios populos crudeli cæde depascerent, in se ipsos suam ipsorum sævitiam retorquerent. Successit post Alboinum Clephis Rex, tenuitque regnum annum unum & menses quinque. Corrigendus verò textus Gregorii Turonensis esse videtur, ubi præter omnium sententiam Alboinum regnasse in Italia tradit annos septem: ab ipsa enim Gregorii Papæ sententia de tempore adventus Longobardorum discrepare cognoscitur, quam duabus ipsius testatam epistolis superiùs proposuimus.

IV. Rosimundæ Reginæ & Helmigis obitus.

Clephis Rex Longobard.

Sed de propagatione Longobardorum in Italia regni, divinum admirare consilium, quod manifestè declararunt eventa: Deum permisisse ejusmodi feros barbaros potiri Italia, ut ejus dominio Orientales exueret Imperatores quibusvis barbaris adversùs Romanos truciores; sicque tandem fieret, ut excussa Græcorum tyrannide, & vendicata à Francis cum Urbe Italia, eadem magna ex parte cederet Romano Pontifici: ita suaviter Deo ex more cuncta disponente, qui semper majores Ecclesiæ clades majoribus consuevit compensare proventibus, sicut & Ecclesiæ ipsius nomine cognoscimus cecinisse Propheta, dùm ait (b): In tribulatione dilatasti mihi. Cùm & consilium illud Græcorum evanuit, quo deprimere Romanam Ecclesiam diutiùs laborarunt, reddita illa magis magisque ex ipsorum cladibus ampliore.

V.

b Psal. 4.

A

I.
Joannis
Papæ obitus.

Quingentesimus ac septuagesimusse-
cundus Domini annus quintæ Indictionis adest : quo Joannes Papa,
ubi sedisset annos tredecim , minus diebus
quatuordecim , moritur tertio Idus Julii,
ut ex Anastasio admonemur , qui de eodem
hæc habet : Hic ampliavit & restauravit ce-
meteria sanctorum martyrum. Hic constituit , ut oblationes , & amulæ vel luminaria in eadem cœmeteria per omnes Domini-
cas de Lateranis ministrarentur. Hic perfecit Ecclesiam sanctorum Philippi & Jacobi , & dedicavit eam.] Et in fine : Eodem
tempore Joannes Papa & ipse mortuus est ,
& sepultus est in basilica S. Petri Apostoli
tertio Idus Julias. Hic fecit ordinationes
duas per mensem Decembrem , presbyteros
trigintaocto , diacones tredecim , Episcopos per diversa loca numero sexaginta &
unum. Cessavit Episcopatus ejus menses
decem , dies tres.] Hæc Anastasius. De
subrogatione igitur successoris agemus
suo loco sequenti. Extat ejusdem Joannis
epistola , respondentis ad consultationem
Archiepiscopi Viennensis ; cujus dato cum
non sit certus annus , ut suo loco collocari
potuisset , hic illam ponemus : sic enim se
habet (a) :

a Bibl. Flo-
riac. edit. à
Jo: à Bosco.
Cælest. par.
ult. pag. 40.

II.
Epist. Joan.
Papæ ad
Edaldum
Archiep.
Viennens.

Venerandi.

Joannes Episcopus , Edaldo Viennensi Archiepiscopo.

De officiis missarum , de quibus in litteris vestris requisistis , scire charitas vestra ,
quia variæ apud diversas Ecclesias fiant : aliter enim Alexandrina Ecclesia , aliter Hie-
rosolymitana, aliter Ephesina , aliter Romana facit , cujus morem & instituta debet servare Ecclesia tua , quæ fundamentum sancti
habitus ab illa sumpsit. Venerabilis pallii
usum per sanctum presbyterum vestrum Felicem tibi destinavimus , nolentes te privari
antiquo B. Petri munere simul mittentes de
capillis S. Pauli , ut esset Ecclesiæ vestræ illius intercessione solatium , per cujus discipulum suscepit primum religionis honorem.
Et alia manu. Benedictio Apostolorum vos ,
ab imbre malignorum custodiat.]

III.
De obitu
Constantii
Episcopi
Aquinatis.

bGreg. dia-
log.l.3.c.8.

Ad hæc tempora ejusdem Joannis Romani Pontificis , antequam tamen Longobardi irrumperent in Italiam , Constantius
Episcopus Aquinas , eo vivente adhuc S.
Benedicto jam sedere cœperat, defunctus est ,
ut testatur S. Gregorius , qui & ipsius ex hac
vita ad Deum transitum refert his verbis(b):
Vir quoque venerabilis vitæ Constantius
Aquinæ civitatis Episcopus fuit , qui super prædecessoris mei tempore beatæ memoriæ Joannis Papæ defunctus est. Hunc
prophetiæ habuisse spiritum , multi testantur. Cujus inter multa hoc ferunt religiosi
veracesque viri, qui præsentes fuerunt, quod

in die obitus sui , cum à circumstantibus sci-
vibus , utpote discessurus , Pater tàm amabilis amarissimè plangeretur , eum flendo re-
quisierunt , dicentes : Quem post te Patrem
habebimus ? Quibus ipse Pater per prophetiæ spiritum respondit , dicens : Post Constantium mulionem , post mulionem fullo-
nem. O tu Aquina , & hoc habes. Quibus
prophetiæ verbis editis, vitæ spiritum exhalavit extremum. Quo defuncto , ejus Ecclesiæ pastoralem suscepit curam Andreas diaconus illius; qui quondam in stabulis itinerum cursum servaverat equorum. Atque
hoc ex hac vita subducto, ad Episcopatus ordinem Jovinus accersitus est ; qui in eadem
civitate fullo fuerat. Quo adhuc superstit-

Longobar-
dorum in-
cursione
Ecquis
clesia de-
solata.

te , ita cuncti habitatores civitatis illius &
barbarorum gladio & pestilentiæ immanitate vastati sunt , ut post mortem illius nec
plures Ecquis Episcopus fieret, inveniri potuisset. Sic
itaque completa est viri Dei sententia, quatenus post discessum duorum se sequentium
ejus Ecclesia pastorem minimè haberet.]
Hucusque Gregorius : quæ quidem cum sub
Joanne Papa contigerit dicat, nec quoto ejus
Pontificatus anno sint facta referat , hic ad
finem rerum gestarum ejusdem Pontificis ex
more voluimus collocasse cum reliquis aliis
quæ certo anno minimè definita reperiuntur. Porrò ex his etiam infelicem Italiæ statum hujus temporis possumus intelligere ,
cum desolarentur penitus tàm ob bella , tùm
etiam ob pestem integræ civitates. Quod
rursus ad Constantium ipsum spectat , ejus-

c Not. in
Rom. Mar-
tyrol. die 1,
Sept. O.

dem nominis & civitatis divimus in Notis(c),
repetiri Episcopum qui sub Hilaro Papa,
claruit & pervenit ad Symmachi tempora ,
ut Concilia Romana sub iisdem Pontificibus celebrata testantur : licet priorem illum,
alicubi non Constantiæ, sed Constantium
appellatum invenietimus.

Ut autem ad postremum de scriptis ejusdem Joannis Pontificis nomine editis agamus ; fertur ejus epistola ad universos Episcopos Germaniæ & Galliæ adversùs Cor-
repiscopos , qui sibi quæ essent Episcoporum usurparent ; data habetur eadem sub
Consulatu Justini sexto cum Narsete , quæ
designatur iste ipse præsens annus , si annis
singulis eam gessisse diximus Consulatum,
Etenim quem anno tertio Consulem secundò fuisse constat ex recitata superius ejus
constitutione , utique hoc sui Imperii anno septimo , & non antè oportuit gessisse
sextum Consulatum. Verùm dùm decimoquarto Kalendas Augusti eadem data reperitur epistola , utique , nonnisi ad tempus post obitum Joannis referri potest ; adeò ut imposturæ argui facilè possit : quæ &
non ex his tantùm , sed & aliis signis convincitur non esse Joannis , sed ex suppositis
mercibus Mercatoris. Etenim nomen Corre-

IV.
De spuria
Joannis Pa-
pæ nomine
epistola.

piscopo-

ſcoporum, de quorum munere integra eſt A
epiſtola illa ſcripta „in Galliis ſive in Germania penitus erat abolitum. Conſule cuncta Gallicana Concilia his temporibus celebrata, & nullam de Corepiſcopis invenies
mentionem. Sed quòd eadem epiſtola contineat de Lino & Cleto Romanis Pontificibus, quòd non fuerint re vera Romani
Pontifices, ſed Corepiſcopi tantùm; eſt
plane ab omni antiquitate & veritate hi-
ſtoriæ alienum. Sunt præterea alia ſigna
quæ vultum exprimant Mercatoris, ſive
potius ſubdoli venditoris. Sed de his ſatis.

V.

Hoc pariter anno defunctus eſt Charibe- B
tus Francorum Rex qui regnabat Pariſiis,
cum tenuiſſet regnum annos octo: ſed quæ
ejus obitum ſcitu digna præceſſerint in teſtimonium judicii magni Dei, hic recen-
ſenda putamus. Gregorius igitur, qui his
temporibus vivebat, hæc in primis de ipſo
a Greg.Tu- habet (a): Videtur non ſilendum, quali-
ron. de mi- ter vir beatus Martinus præſidia famulis ad-
rac.S.Mar- res ſuas defendendas quaquà jubet, acco-
tini lib.1.c. modat. Charibertus Rex cum, exoſis cle-
29. ricis, ecclesias Dei negligeret, deſpecti-
Chariberti que ſacerdotibus, magis in luxuriam decli-
Regis ſa- naſſet; ingeſtum eſt ejus auribus, locum
crilegia. quemdam quem baſilica S. Martini diuturno tempore retinebat, ſiſti ſuo juri, reddi-
que debere: loco autem illi Navicellis nomen priſca vetuſtas indiderat. Qui accepto
iniquo conſilio, pueros velociter miſit, qui
Remiculam illam, ſu ſuo dominio ſubjuga-
rent. Cumque hæc recte poſſidens videretur habere, juſſit in locum illam ſtabula-
rios cum equitibus dirigi, ibìque ſine æqui-
Rex impius tatis ordine præcipit equos ali. Acceden-
invadit ſuo tes ergò pueri fœnum, quod coacervatum
damno res fuerat, accipiunt in equorum expenſas.
Ecclesiæ. Cumque injunctum ſtudiosè agerent ſer- D
tium, atque equi appoſitum fœnum cœpiſ-
ſent expendere; corripiuntur rabie: & fre-
mentes adinvicem, diſruptis loris, per pla-
na proſiliunt, & in fugam vertuntur: & ſic.
male diſperſi alii excæcantur, alii rupibus
præcipitantur, alii ſe ſepibus ingentes
palorum acumine transfodiuntur. Tandem ſtabularii, iram Dei intelligentes, pauco extra terminum loci, quos aſſequi potuerunt, expellunt, ſanòque recipiunt,
nunciantes Regi rem illam injuſtiſſime detineri. Et ideò hæc cum fuiſſent perpeſſi,
dixerunt: Dimitte eam, & erit pax tibi.

VI.

Qui furore repletus, ſic dixiſſe fertur: E
Sive juſtè ſive injuſtè reddi debeat, regnum
te me hanc baſilicam non habebit. Qui protinus divina juſſione tranſitum accipiens,
quievit. Adveniente autem glorioſiſſimo,
Sigiberto Rege in ejus regnum, ad ſugge-
ſtionem beati Euphronii Epiſcopi, hoc in
domo ſancti Martini reſtituit, quod uſque
adhuc ab ejus baſilica poſſidetur. Audita
hæc omnes poteſtatem habentes; ſic veſti-
te alios, ut alios non ſpolietis: hoc adiungite veſtris divitiis, ut damna non infera-
tis Eccleſiis. Vindex eſt enim Deus velociter ſervorum ſuorum. Hæc monemus, ut
qui de poteſtatibus hæc legerit, non iraſca-
tur, nam ſi iraſcitur, de ſe fatebitur di-

ctam.] Hucuſque Gregorius, piam inge-
rens monitionem legenti.

Quomodò autem idem S. Euphronius Tu-   VII.
ronenſis Epiſcopus ejuſdem Regis obitum
prophetico ſpiritu præſenſit, idem auctor
alibi narrat his verbis (b): Ipſe quoque b Greg: de
Pontifex cum à multis crebriùs urgeretur, ut Glor. con-
ad occurſum Chariberti Regis deberet ac- feſſ.c. 19.
cedere & innectens moras iſte differret; tan- Prædicto
dèm commotus à ſuis, ait: Ite præparate S. Euphro-
iter, ut eamus ad occurſum Regis, quem nii.
viſuri non ſumus. Igitur imponentes plau-
ſtris neceſſaria, & caballis ad iter præparatis, jàmque in hoc ſtante ratione, ut deberet viam incedere; ait: Revertantur plauſtra, laxentur equi; non modò hoc iter in-
cedimus. Dicentibus autem ſuis, quæ eſſet
hæc levitas, ut quæ tàm inſtanter parari
juſſerat, tàm facile deturbaret; ait ſecre-
tiùs: Princeps à quem nos ire compellitis,
obiit; nec vivente, ſi abierimus, invenie-
mus. Stupefacti audientes, diem notant,
& Sancti verba taciti ſervant. Adveniente-
bus autem ab urbe Pariſiaca hominibus, ea
hora Regem tranſiſſe nunciant, qua ſacerdos plauſtra de itinere juſſerat revocari.]
Hæc de Euphronii prædictione Gregorius
ejus in Epiſcopatu ſucceſſor.

Verùm eumdem Charibertum deceſſiſſe   VIII.
excommunicatum à ſancto Germano Pari- De Theo-
ſiorum Epiſcopo ob inceſtum conjugium digilde có-
(quod dictum eſt ſuperiùs) idem auctor cubina Re-
affirmat; & quæ poſt obitum de Theodi- gis.
gilde Regina ſecuta ſint, ita narrat (c): Nec c Greg. Tu-
multò poſt illatam excommunicationem à ron. hiſt.
ſancto Germano, & ipſe Rex poſt eam de- Franc. lib.
ceſſit. Cujus poſt obitum, Theodigildis 4.cap. 26.
una Reginarum jus nuncios ad Gunther-
amum Regem dirigit, ſe ultrò offerens
matrimonio ejus. Quibus Rex hoc reddidit reſponſum: Accedere ad me ſi non pigeat cum theſauris ſuis: ego enim accipiam eam, faciamque magnam in populis,
ut ſcilicet majore mecum honore, quàm
cum germano meo, qui nuper defunctus eſt.
potiatur. At illa gaviſa, collectis omnibus,
ad eum profecta eſt. Quod cernens Rex,
ait: Rectiùs eſt enim, ut hi theſauri apud
me habeantur, quàm apud hanc, quæ indignè germani mei torum adivit. Tunc ablatis multis, paucis relictis, Arelatenſi eam
monaſterio deſtinavit. Hæc verò ægrè ac-
quieſcens jejuniis ac vigiliis affici, per occultos nuncios Gothorum quemdam adivit,
promittens, ſi ſe in Hiſpanias deductam
conjugio copularet, quòd cum theſauris ſuis
de monaſterio egrediens, libenti eum animo ſequeretur. Quod ille nihil dubitans,
rem promiſit. Cumque hæc collectis rebus,
factiſque involucris, è cœnobio pararet
egredi; anticipavit voluntatem ejus induſtria Abbatiſſæ, deprehenſaque fraude, eam
graviter cæſam cuſtodiæ mancipari præcepit, in qua uſque ad exitum vitæ præſentis
non mediocriter attrita paſſionibus perduravit.] Hucuſque Gregorius.

Porrò licèt nomine eamdem, diverſam   IX.
plane moribus atque genere Theodigildem De Theo-
aliam, ſive Theodichildem itidèm Reginam digilda Re-
laudat gina.

laudat Venantius Fortunatus: licet errore
librariorum in carminis inscriptione, loco
Theodigildis Reginæ, inditum sit nomen
Theodigildi Regis: de fœmina namque,
non de viro illa fuisse scripta, his plane
haud obscurè declarat versibus dicens (à):

Venant.
carm.lib.6.

Fœmineam sexum quantùm præcedis honore,
Tantùm aliæ superas & pietatis ope.
Si novus adveniat, recipis sic mense benigna,
Ac si servitiis jàm placuisset avis.
Pauperibus fessis tua dextera seminat escas,
Ut segetes fructu fertiliore metas.
Vade fovens inopes semper satiata manebis,
Ut quem sumis egens, sit tuus ille cibus.
Pervenit ad Christũ, quicquid largiris egenti,
Etsi nemo videt, non peritura manent.
Cum venit extremus finis concludere mundũ,
Omnia dùm pereunt, tu meliora petis:
Ecclesiæ sacra, te dispensante, novantur:
Ipsa domum Christi condis *, & ille tua:

concidis

Tu fabricas illis terris, dabit ille supernis:
Commutas in melius sic habitura polos.
Stat sine fraude tuum quod mittis ad astra
talentum:
Quas benè dispergis, has tibi condis opes.
Quæ Domino vivis sumo, nũ perdis honores,
Regni tenes terris, regna tenenda polis.
Sit modò lõga salus pro munere plebis in urbe,
Felix qua meritis, luce perennis eris.]
Hactenùs Fortunatus de Theodigilde Re-
gina tùnc vivente. Porrò longè diversam
hanc esse à conjuge Chariberti, de qua nu-
per egimus, non mores tantùm valdè dissi-
miles significant, sed genus illam enim Opi-

b Greg. hist.
Franc.li.4.
c.26.

lionis filiam fuisse, idemquis supra Gregorius tradit (b): quàm verò Fortunatus laudat, idem docet regali genere, patreque Rege natam jam ita de ipsa dissolitur (
Inclyta progenies regali stirpe coruscans,
Cui celsum à proavis nomen origo dedit:
Currit in Orbe volans generis, nova gloria
vestri.
Et simul hinc fratem personas, inde pater.
&c. Rursùm verò cum dicat de illa Gregorius, nullius ipsam matrem fuisse filii (nam
quem unicum aliquandò genuerat, mòx, inquit, ut processit ex alvo, delatus est ad sepulchrum) istam è contrariò fœcundam
fuisse, idem Fortunatus his versibus significat, quibus ait:
Mens veneranda, decens, sollers, pia, chara,
benigna,
Cum sis prole potens, gratia major adest.]
Hæc idcircò ad discriminationem alterius
ab altera dicta voluimus, ne quis post laudes ab eodem Fortunato tributas Chariberto Regi, legens præconia Theodigildis Reginæ, existimet eam fuisse ipsius conjugem.

X.

c Greg. de
gloria con-
fess.c.41.
d Fortun.
carm.lib.4.

Mentio est etiam ab eodem Theodigilde
apud eumdem Gregorium in commentario,
de Gloria confessorum (c), ubi pro Theodigilde, Theodichildis scripta habetur, sicut
& in epitaphio ipsius ab eodem Venantio
(d) Fortunato conscripto, ubi inter alia de
ejus nobilitate atque pariter pietate:
Cui frater, genitor, conjux, avus, atq́; priores,
Culmine succiduo regius ordo fuit:
Orphanus, exul, egens, vidua, nudaque jacet,
Matrem, etiam, tegmen hic sepelisse dolet.]

A Diem verò obiisse senem annorum ætatis
septuagintaquinque, postremo versu docet,
cùm ait:
Actibus bis instans vir rena in luce reducta,
Ter quino lustro vixit in Orbe decus.]
Hactenùs Fortunatus qui etsi laudasse legitur Charibertum Regem, quem infami exitu
diem extremum clausisse vidimus; non tam
post mortem, sed cum regnare cœpit laudasse cognoscitur: quas laudes & Nero cona-
meruisse potuit, qui primo triennio optimè
Imperii habenas moderatus est. Sed de
Theodigilde, atque de rebus Gallicis hactenùs: jàm ad Hispanias transeamus.

B Hoc ipso anno, mense Decembri celebrata est Synodus posterior Bracharensis,
anno secundo Ariamiri Regis Suevorum, ut se
ejus Acta sui exordio declarant his verbis:
Regnante Domino Jesu Christo, currente
Æra sexcentesima decima, die decima octavo Kalendarum Januariarum, cum Galliciæ
Episcopi tàm ex Bracharensi quàm ex Lucensi Synodo cum suis Metropolitanis præcepto præfati gloriosissimi Regis simul in
Metropolitana Bracharensi Ecclesia convenissent, id est, Martinus, Nitigius *, &c.]
Omnes numero duodecim. Statuti sunt autem canones decem ad Ecclesiasticam disciplinam spectantes: extant ipsi quidem ab
ipso Martino Metropolitano canonum collectore summa industria elaborati, quos tu
consulas. Porrò eadem Æra sexcentesima
decima, qui cum Metropolitano suo Niti-
gio ad propria reversi sunt Episcopi, Luci lio Lucen-
habuere conventum, in quo de eadem facienda Synodo, Brachari habita mentio facta est. De his locuples testis est vetus constitutio ejusdem Regis hac pariter Æra data, vendicata autem in lucem ex abditis
Ecclesiasticis tabulis ab Ambrosio, quo
nomine plurimùm ei debent Hispaniæ,
omnesque simul rerum antiquarum studiosi. Recitat ipse quæ in ejusdem Regis
constitutionis habentur exordio verbis
istis (e):

Deo omnipotenti trino & uno & vero Patri & Filio & Spiritui sancto, qui sua sapientia ineffabili in Deitate perfecta ex arce summa quæcumque sunt tàm præsentia
quàm futura inspicit, ut præscius ordinat, atque disponit ut dominus. Ipso co-
lorum Rege inspirante seu opitulante, ego
Theodomirus Rex, cognomento etiam Mirus, Galliciæ totius provinciæ Rex, Deo,
ejusque genitrici gloriosæ Mariæ ac cæteris
Sanctis cupiens esse famulus & servulus, con-
dunato nutu Dei Concilio in Lucensi jàm
præfatæ provinciæ urbe omnium Catholicorum Episcoporum, seu religiosorum virorum, nobis ab ipsis intimatum est uno
animo cordeque perfecto, auctoritate etiam
sedis Apostolicæ sancti Petri, cujus legationem læti excepimus.] Hucusque ejus
constitutionis exordio Ambrosius: ex quibus & illud intelligis, nisus sedis Apostolicæ auctoritate Reges, cum præciperent Episcopos ad Synodos convenire. Missam autem
apparet ad hunc Regem à Joanne Papa legationem, simul & paternum regnum accepit.

XI.
Bracharen:
Concilium.

Nitigisius
Nigetius

De Concilio
si secundo:

e Ambr.
Moral.
Chron. lib.
11.c.62.
XII.

pit:

epit . Moris quidem fuisse liquet Romanorum Pontificum , novos , ubicumque essent , Christianos Reges legationibus convenire , quibus eos quæ decent Catholicos Principes commonerent , & quæ opus essent ad religionis statum integrè conservandum , ut facerent , æquè juberent , facultatemque eisdem eam tribuerent , quæ ad res benè conficiendas necessaria videretur .

XIII.
Sed quæ post Regis constitutionem , Nitigii Episcopi verba postrema recitat , videamus : ubi enim de his Rex egit quæ ad terminos diœcesis constitutos in priori Lucensi Concilio conservandos admonuit , ipse Nitigius Episcopus ista subjecit : His itaque determinationibus seu definitionibus comitatuum à me Nitigio nutu Dei Lucensis sedis Episcopo diligentissimè exquisitis , per antiquorum virorum scientiam seu scripturarum seriem vetustarum studiosissimè post peractam Synodum Bracharensem secundam , ibidem in diebus gloriosissimi domini Mironis Regis sub Æra sexcentesima decima in præsentia ipsius Regis & omnium Catholicorum magnatum totius Galliciæ , &c.] Sed ita haud levis suboritur de textu depravato suspicio : cum Theodomiri ea dicatur constitutio , quam ex Æra notata & mentione secundæ Synodi Bracharensis constat non patris eo nomine appellati , sed filii Ariamiri esse : nàm quòd uterque Mirus dicatur, commune nomen fuisse videtur Regibus Suevorum , ut Ambrosius existimavit , cui consentio : sed & Theodom , sicut & Mirum , eorum fuisse Regum cognomina honorem & dignitatem aliquam significantia , haud facilè admittendum putamus ; nàm cum ambo ejusdem fuerint Reges regni , non diversa cognomina , sed eadem iisdem fuerant ipsorum nominibus apponenda . Undè magis inesse in scripto vitium , librariorum (ut accidit) errore dilapsum , putamus .

XIV.
Quòd verò eadem sancta Synodus cùm professio facrosanctas Oecumenicas recenset Synodos , omissa Quinta , quatuor tantùm nuquinte Sy- merat, nempè Nicænam , Constantinonodi. litanam , Ephesinam , & Chalcedonensem ; rationem discas ex Gregorio Romano Pontifice : quòd videlicet in Quinta (ut a Greg. li. 3. ait (a) non sit actum de fide , sed de perepist. 37. sonis , in illis verò quatuor de fide , ob idque illarum professio necessaria videretur . Nihil est ergò ut ob id iidem sanctissimi Episcopi in suspicionem schismatis possint adduci , quibuscum constat (ut dictum est) Apostolicam sedem litteris atque legatione ad Regem missis communicare . Videmus b Greg. ad enim & ipsum quoque Gregorium (b) inTheodolind terdùm nonnisi quatuor recensere Oecumelib. 3. epist. nicas Synodos , cum tamen & Quintam re33. cipiendam esse testetur (c) .

XV.
Ad eundem Lucensis Ecclesiæ Episcoc Greg. lib. pum Nitigium , simulque ad universum Lu2. epist. 24. cense Concilium Martinus Bracharensis in fin. Episcopus collectionem & emendationem Orientalium canonum direxit hujusce mo-

A di perbrevi præfatione notatam :
Domino meo beatissimo & Apostolicæ sedis honore suscipiendo in. Christo fratri Nitigio * Episcopo , vel universo Concilio Lucensi Ecclesiæ , Martinus Episcopus . Canones sancti , qui in partibus Orientis ab antiquis Patribus constituti sunt , posteà autem succedenti tempore in Latinam linguam translati sunt . Et quia difficile est ut simpliciùs aliquid ex alia lingua trasferatur in aliam , simúlque & illud accidit , ut in tantis temporibus scriptores aut non intelligentes , aut dormitantes multa prætermittant , & proptereà in ipsis canonibus aliqua simplicioribus videantur obscura ; ideò visum est , ut cum omni diligentia quæ per translatores obscuriùs dicta sunt , immutata , simpliciùs & emendatiùs restaurarem : id primùm observans , ut illa quæ ad Episcopos vel universum clerum pertinent , una in parte conscripta sint ; similiter & quæ ad laicos pertinent , simùl sint adunata : ut de quo capitulo scire aliquis voluerit , possit celeriùs invenire .] Extat ipsa collectio canonibus octogintaquinque locupletata .

Verùm fuerunt ejusdem viri alia scripto**XVI.**rum monumenta , de quibus Isidorus dùm agit , hæc ait (d) : Martinus Dumiensis d Isid. de monasterii sanctissimus Pontifex , ex Orien- Script. Ectis partibus navigans , in Galliciam ve- cl. cap. 22. nit , ibique conversis ab Ariana impietatead fidem Suevorum populis regulam fidei & sanctæ religionis constituit , ecclesias informavit , monasteria condidit , copiosaque præcepta piæ institutionis composuit . Cujus quidem ego legi librum de Differentiis quatuor virtutum ; & aliud volumen epistolarum , in quibus hortatur vitæ emendationem & conversionem fidei , orationis instantiam , & eleemosynarum distributionem , & super omnia culturam virtutum omnium pietatem . Floruit regnante Theodomiro Rege Suevorum temporibus illis quibus Justinianus in Republica , & Athanagildus Hispanus Imperium tenuere .] Hæc Isidorus . Porrò libellum illùm de Virtutibus quatuor , complectentem honestæ vitæ formulam , inscripsise ad Mironem Regem , Sigebertus (e) est e Sigebert. testis . Reliqua de eodem Sancto rursum de Script. in ejus obitu dicturi sumus . Sed jam pan- Eccl. c. 19. dat vela in Orientem oratio .

Hoc ipso anno qui numeratur S. Anasta**XVII.**sii Sinaitæ Episcopi Antiochenæ sedis undecimus (ut in Chronico Nicephorus docet) ipse à Justino Imperatore in exilium missus est , inque locum ejus subrogatus Gregorius fuit . Hæc autem quomodò se habuerint , ab Euagrio res sui temporis prosequente petamus historiam ; ipse enim de his f Euagr. lib. agens , hæc primùm ait (f) : 5. c. 6.
Justinus itaque Anastasium , his illi ob- Calumniæ jectis criminibus , primùm quòd sacrum contra Athesaurum extra modum & in nullum usum naft. Annecessarium profuderit , deindè quòd con- tioch. Epivicia in ipsum jecerat (Anastasium enim , scop. cum rogaretur quid causæ esset , cur sacrum thesaurum tàm effusè absumpsisset ? inge-

Nigetio Martini Brachar. collectio Canonum .

ingenuè respondisse ferunt : Ne à Justino A
communi totius Orbis Principe diriperetur) sede Antiochena exturbavit . Quinetiam dicitur , Justinum Anastasio succen-
suisse , quòd postulanti et pecuniam , cum
Episcopus esset designatus , Anastasius dare noluit . Alia præterea crimina à quibusdam , qui Imperatoris instituto (credo) inservire studebant , ei intendebantur .] Hæc
Evagrius de exilio Anastasii , qui exul vixit
annis vigintiquatuor (tot enim annis sedit
Gregorius , qui in locum ejus à Justino est
a Evagr. subrogatus , vel annis vigintitribus , ut idem
bist. libr.6. habet Evagrius (a)) indè Mauritii Impe-
c. ultim. ratoris tempore iterùm restituitur , ut suo B
loco dicemus inferiùs . Verùm cum à Justi-
no depositus dicatur Anastasius , non tamen sine coacto ad hoc Episcoporum conventu id esse factum scias : docet id enim
Eutychii Constantinopolitani Episcopi superiùs enarratum exemplum . Porrò quem
b Evagr. in locum ejus substitutum Gregorium di-
hist. lib. 5. ximus , hunc mirificè laudat Evagrius , sic
cap. 6. dicens (b) :
XVIII. Post illum Gregorius ad sacrum Episco-
Gregorius patus gradum elatus fuit , qui ob poeticam
Epist. An- facultatem magnam apud omnes gloriam
tioch. in lo. consecutus est . Hic ineunte ætate mona-
cum Ana- stice vivendi viam ingressus est , & adeò
stasii . viriliter & excelso animo in ea decertavit ,
ut cum jàm primùm pubescere inciperet , ad
summum & perfectissimum gradum pervenerit , præfueritque monasterio Constantinopoli , in quo vitam inopem & austeram C
egit . Deindè mandato Justini monasterio
in monte Sina præfectus fuit ; ubi obsessus à barbaris Scenitis Arabibus , in gravissima incidit pericula . Ac cum in illis
locis pacem constituisset , indè ad Episcopatum capessendum accersitus fuit . Erat
vir quidem , sive prudentiam , sive virtutem species , omnium præstantissimus , &
ad quamcumque rem animum suum appli-
caret , in ea perficienda longè diligentissi-
mus ; atque ut metu porcelli non poterat ,
sic nullo modo adduci , ut vel sententia
cederet , vel hominum pertimesceret potestatem .
XIX. Ita porrò magnificas pecuniarum fecit
Gregorii largitiones (liberalitate namque & muni-
Laudes. ficentia in quemque usus) uti cum aliqua
prodiret , ingens multitudo , præter eos
qui illum comitari consuevissent , eum sequeretur ; & qui vel viderent , vel audirent eum quapiam iturum , frequentes con-
fluerent . Atque ad eximiam illius dignitatis amplitudinem , in qua collocatus fuit ,
hæc secunda adiecta fuere ornamenta , quòd
videlicèt homines sua sponte inducti tàm sæ- E
pè vel propè in eum intueri , vel verba facientem audire cuperent . Erat enim ac desiderium sui in animis omnium , qui quacumque de causa vel quocumq; modo ipsum
compellassent , inserendum aptissimus , admirabilis cum primis aspectu , sermone propter leporem jucundissimus ; & sicut ad rem
quampiam intelligentiæ acumine extemporè eliciendam peracutus , sic ad optimum
consilium capiendum & ad judicandum tùm

de suis rebus , tùm de alienis solertissimus :
Undè etiam evenit , ut tot & tàm egregia facinora gereret ; nihil enim difficilit
in crastinum .
In magnam præterea traduxit admiratio- XX.
nem non solùm Imperatores Romanos , verùm etiam Reges Persarum : propterea
quòd omnibus ita uti poterat , sicut tùm
poscebat necessitas ; tùm occasio , quam
non aliquando omisit , postulabat . Cujus
quidem rei singulæ ejus res gestæ argumento esse possunt . Erat quoque in eo multa severitas , & interdùm ira : non exigua rursùs , immò etiam permagna comitas & mansuetudo : ut illud prudens Gregorii Theologi dictum in eum optimè conveniret : Severitas sic cum pudore temperata fuit , uti
neutra res læderetur ab altera , sed utraque
alterius ope maximam consequeretur commendationem .] Hæc Evagrius : sed & alia
de eodem laude dignissima tradunt : quibus
appareat eum minimè fuisse violenter in sedem Antiochenam intrusum , sed legitimè
electum , cum Anastasius fuisset in Synodo
ab Episcopis etsi non justè , aliqua tamen
specie prætensa justitiæ legitimè condemnatus . Alioqui quam commeruisse potuit
laudem intrusus ? an non potiùs infestan-
dus probris , qui ut fur & latro aliundè
quàm per ostium in ovile ovium ascendisset ? Porrò eumdem Gregorium etiam posteà ex aliis rebus probè gestis summam gloriam assecutum esse , dicetur inferiùs .
Hic verò in ejus ingressu mira illa di- XXI.
cenda , quæ de eodem Gregorio Episcopo d Pr-Spir.
Antiocheno in Prato Spirituali (c) haben- c. 40.
tur , dùm ejusmodi narratur historia de S. De Cosmæ
Cosma Abbate : Narravit nobis Abbas Ba- Abbatis o-
silius presbyter Bicatiorum , dicens : Cum bitu & mi-
essem Theopoli apud Patriarcham Grego- raculis.
rium , venit ab Hierosolymis Abbas Cosmas eunuchus Lauræ Pharan , vir singularis religionis & fidei , rectorumque dogmatum valdè tenax & zelator , ac divinarum Scripturarum scientia non mediocriter
instructus . Cum ergò fuisset ibi senex dies
non paucos , defunctus est . Et jussit Patriarcha pretiosas illius reliquias in monasterio suo sepeliri , ubi & positus erat quidam Episcopus . Die igitur quadam profectus sum ut salutarem sepulchrum senis .
Erat autem supra sepulchrum ejus jacens
homo quidam pauper , eleemosynam petens
ab ingredientibus in templum . Cum ergò me
conspexisset pauper tertiò prostratum & seni orationem facientem , dicit mihi : Abba , magnus profectò erat senex ille , quem
sepelistis hic antè duos menses . Tùnc ego
ad illum : Undè hoc tu nosti ? Qui respondit : Verè , domine Abba , ego paralyticus fui annis duodecim , & per ipsum curavit me Deus , & quotiès in tribulatione
sum , venit ad me consolationem afferens ,
mihique refrigerium præstat .
Sed & aliud audi de illo miraculo . Ex XXII.
qua die illum sepelistis , usque ad horam cò- Nec in vi-
hanc , audio illum singulis noctibus cla- ta nec in
mantem , ac dicentem ad Episcopum : No- morte cò-
li me tangere , hæretice , & ne appropin- municant
ques hæreticis.

dum cum

quæ mihi, inuiciæ sanctæ Dei Catholicæ
Ecclesiæ. Hoc quo audiens ab eo. qui sanatus fuerat peritia, & omnia ex ordine
Patriarchæ retuli, orabamque ipsum sanctissimum Patriarcham, ut sumptum ex eo
loco corpus senis, in sepulchro alio con-
deremus. Tunc ait Abbas Gregorius Patriarcha: Mihi crede, fili, nihil ab hæretico læditur Abbas Cosmas: sed hoc tantùm factum est, ut senis virtus, zelusque
fidei nobis innotesceret, qualis scilicet
fuerit, qualisve sit etiam post carnis occu-
bitum; utque Episcopi nobis prodesset
opinio, ne illum arbitraremur Orthodoxum
fuisse atque Catholicum, &c.] Plura de eodem Cosma subiicit, de quo etiam Cyrillus in Actis sanctæ Sabæ Abbatis meminit.

XXIII.
Hoc autem primo anno, quo Gregorius,
de quo agimus, accepit sedem Antiocha-
nam, Christiani incolentes Majorem Armeniam, cum gravia paterentur fidei causa
à Cosrhoe Rege Persarum, legationem miserunt ad Justinum Imperatorem, cupientes, sicut olim erant, Romani Imperii ditioni subiici. Quod autem actum sit, E-
vagrius rem gestam narrat his verbis (a)
Primo anno quo iste Episcopatum administravit, qui Majorem accolebant Armeniam (sic enim olim appellata est, posteà autem Persarmenia; quæ antè fuerat
Romanis subiecta, & à Philippo, qui Gordiano successit, Sapori prodita: atq; ut Ar-

*a Evagr.
l. 5. c. 7.*

*Armenii
Persis affli-
cti.*

menia, quæ Minor dicitur, fuit in ditione
Romanorum, sic reliqua tota Persis paruit)
qui, inquam, Majorem accolebant, fidem
Christianam professi: quoniam à cæteris
Persis miserè & potissimùm religionis suæ
gratia vexabantur, clandestinam ad Justinum misere legationem, supplicaturi, ut
Romano subiicerentur Imperio, quò liberè, nemine impediente, divinos cultus exe-
querentur. Quam legationem cum Justinus
admisisset, & quædam conditiones in litteris, quas ad eos dabat, explicatæ essent, ac
sacramento ac solemni juramento confirmatæ; Armenii ipsos suorum Principes trucidant, & se cum suis omnibus Romano adi-
gunt Imperio. Quibuscum regio finitima,
in qua homines cum ejusdem generis, tùm
peregrini habitabant, uni Romanorum ditioni accessit, duce Vardane, qui apud eos
tùm ob generis & honoris splendorem, tùm
ob peritiam rei militaris facilè primas obtinuit. Itaque Justinus Cosrhoen his de
rebus eum insimulantem hac ratione repulit: Præfinitum paci tempus effluxisse: nec
fas esse, ut Christiani Christianos in tempore belli ad se confugientes desertos esse
patiantur. Atque Justinus tametsi hoc responsum dedit Cosrhoi, tamen ad bellum
gerendum neutiquàm se parat, sed consuetis deliciis tenetur irretitus, omniaque suæ
voluptati postponit.] Hæc ipse. At de
his hæc modò satis.

I.
*Benedictus
Papa.*
ANno Redemptoris quingentesimo se-
ptuagesimotertio, Indictionis sexta,
ubi Romanæ Ecclesiæ sedes bellicis tumultibus exagitata vacasset menses decem & dies
ares, creatus est Benedictus cognomento
Bonosus decimasexta mensis Maii: Græci
verò hunc à cognomento non Benedictum,
sed Bonosum appellant, ut Evagrius (b).
De eo autem ista Anastasius: Benedictus
natione Romanus ex patre Bonifacio sedit
annos quatuor, menses duos, dies quindecim. Ejusdem tempore gens Longobardorum invasit totam Italiam, simùlque &
fames nimia, ut etiam multitudo castrorum se traderet Longobardis, ut temperare posset inopiam famis. Quod dùm cognovisset Justinus piissimus Imperator, quia
Roma periclitaretur fame & mortalitate,
misit in Ægyptum, & oneravit naves fru-

*b Evagr.
l. 5. c. 16.*

mento, & transmisit Romam; & sic misertus est Deus Italiæ.] Hæc Anastasius.

Quod autem ad Longobardos pertinet:
hoc anno, qui fuerat in locum Alboini
subrogatus Clephis, ubi regnasset annum
unum & menses quinque à servo occisus est,
interregnumque fuit (ut Paulus (c) diaconus ait) annis decem, cum interim tri-
gintasex militum Duces partiti sunt sibi
quas cepissent in Italia civitates. Quibus
diebus (inquit Paulus) multi nobilium
Romanorum ob cupiditatem Ducum interfecti sunt: reliqui verò per partes divisi
tertiam partem frugum Longobardis per-
solverunt, & tributarii efficiuntur. Porrò his Longobardorum Ducibus, septimo
anno ab adventu Alboini & totius gentis,
expoliatis ecclesiis, sacerdotibus interfectis,

V

*II.
Clephis Rex
occisus.*

*c Paulus
diac. lib. 2.
c. 17.*

ctis, civitatibus subrutis, populifque qui more fegetum excreverant, extinctis in iis regionibus quas Alboinus ceperat, Italia maxima ex parte capta à Longobardis fubjugata eft.] Hæc Paulus.

III.
De Longobardorū religione.
a *Proc. de bello Goth. lib. 2.*
b *Greg. in Evang. homil. 1. & dial. lib. 3. c. 26. 28.*

De perſecutione Longobardorum acturi, primum omnium, ipſorum exploremus religionem, cujus numinis cultores iidem fuerint Longobardi. Eos quidem Chriſtianos fuiſſe, Procopius (a) haud obſcurè teſtatur: verùm etſi non omnes, quamplurimos tamen adhuc Gentiles & idolorum cultores perſeveraſſe, multa quæ de ipſis à S. Gregorio (b) Papa in Dialogis conſcribuntur oftendunt: unde hæc ex parte fævior illis inerat adverſùs Chriſtianos immanitas, & major in loca ſancta deſpectus, ut planè quæ antehac à barbaris paſſa Italia eſſet, tolerabilia videri potuiſſent. Cæterùm & eos qui inter ipſos erant Chriſtiani, fuiſſe ſecta Arianos, Gregorius teſtatur, dùm in Dialogis (c) agit de Longobardorum Episcopo quodam Ariano. In his autem aliquos ex Principibus converſos fuiſſe poſtea ad Catholicam fidem, quæ diceentur oftendunt.

IV.
De perſecutione Lōgobardorū.

Quod verò ad perſecutionem ab eis illatam ſpectat: numerat idem S. Gregorius Longobardorum graſſationem inter alias fævas Ecclefiæ perſecutiones, dùm ait: Sunt etiam portæ inferi quædam poteſtates hujus mundi. Quid enim Nero, quid Diocletianus, quid denique iſte qui hoc tempore Eccleſiam perſequitur, *nempè Longobardorum populus*, numquid non omnes iftæ portæ inferi? &c.] Sed ejuſmodi portæ inferi non prævaluerunt adverſùs Romanam Eccleſiam, neque ipſam quidem Urbem, qua potiri minimè datum eſt Longobardis, veluti magno miraculo, ut Gregorius teſtatur his verbis in epiſtola ad Ruſticianam Patriciam, ubi ait (d): Si verò gladios Italiæ & bella formidatis: ſolicitè debetis aſpicere, quanta beati Petri Apoſtolorum Principis in hac Urbe protectio eſt, in qua ſine magnitudine populi, ſine adiutoriis militum, tot annos inter gladios illæſi, Deo auctore, ſervamur.] Hæc Gregorius tempore ſui Pontificatus.

d *Gregor. l. 7. ep. 23.*

V.
e *Gregor. l. 4. ep. 34.*
Romæ quæ paſſa à Lōgobardis.

Cæterùm ut ingruentes ejuſmodi poſſent abligere beſtias, muneribus interdùm Romani Pontifices eos avertebant ab Urbe: nàm ad Conſtantiam Auguſtam hæc ſcribit (e): Viginti autem jàm & ſeptem annos ducimus, quòd in hac urbe inter Longobardorum gladios vivimus: quibus quàm multa hæc ab Eccleſia quotidianis diebus erogantur, ut inter eos vivere poſſimus, ſuggerenda non ſunt.] Verùm in Urbem licèt non ſint ingreſſi, in ſuburbia tamen omnia quæ potuerunt damna intulerunt, demoliti etiam ædificia quæ conſtructa erant in ſanctorum martyrum cœmeteriis, quibus Urbs abundabat. Teſtatur id quidem Paulus Romanus Pontifex in ſuo Conſtituto de erectione eccleſiæ ſanctorum Stephani, & Silveſtri Romanorum Pontificum: cujus hæc ſunt verba, ubi de cœmeteriis loquitur: Igitur cum per evoluta annorum

Cœmeteria à Longobardis diruta.

spatia diverſa ſanctorum Chriſti martyrum atque confeſſorum ejus, foras muros hujus Romanæ urbis ſita cœmeteria neglecta antiquitus ſatis manerent, diruta; contigit poſtmodùm ab impia Longobardorum gentium impugnatione fundituſ eſſe demolita. Qui etiam & aliquanta ipſorum effodientes martyrum ſepulchra, & impiè devaſtantes, quorumdam Sanctorum ſecum deportantes auferentes deportaverunt corpora. Et ex eo tempore omnino deſidioſe atque negligenter eis debitus venerationis exhibebatur honor. Nàm (& quod dictu nefas eſt) etiam & diverſa animalia in aliquantis eiſdem Sanctorum cœmeteriis aditum habebant, & illic eorum exiſtebant ſæpe bovilia, in quibus ſtercoris egerebant ſqualorem; &c.] Ex quibus accidit, ut ad avertenda animalia in cœmeteriis ſtabulantia, eorum complurium fuerint aditus omninò clauſi; ex quo & illud gravius accidit damnum, ut & ipſorum memoria omninò perierit: contigit verò ſæpe diebus noſtris, à vinitoribus, vel à foſſoribus arenam foſſilem eruderantibus aliquod detegi cœmeterium. Hæc autem ut quærantur, & quæſita religioſo cultu cuſtodiantur, ſcimus eſſe curæ Sanctiſſimo D. N. Clementi Octavo Pontifici Maximo: quod ut impleat, Deus concedat. Sed ad cladem per Longobardos illatam redeamus.

VI.
Longobardorum res haud exactè conſcriptæ.

Quoniam verò ſicut res Gothicas Procopius, ita Paulus per ſingulos annos graſſationes Longobardorum proſecutus eſt, ſed quamplurima prætermiſiſſe conſtat, utpote qui neque ſicut ille ſui temporis & quæ aſpexit oculis, ſed poſt ducentos & amplius annos ſuam de Longobardis hiſtoriam ſcripſit, tempore videlicet Caroli Magni Imperatoris, & neque antiquorum aliquis inveniatur qui in eo argumento verſatus ſit; operæpretium exiſtimavimus, quæ diverſis in locis ſanctus Gregorius Papa de eorumdem Longobardorum perſecutione ſuis ſcriptis mandavit, hic tibi in unum colligere: cujus fides cum ob dignitatem & ſanctitatem perſonæ omnibus probata videri poſſit, eò certior atque exploratior ſimùlque fidelior haberi debet, quòd ſui temporis res geſtas fuiſſe ſtylo proſecutus appareat: & cuncta ferè à ſe ipſo teſtificatione conſignata relinquat: & ex his quæ lector vera ſinceraque comperiet, reliqua poſſit mente concipere, quæ remanſerunt abſque ſcriptionis alicujus lucerna tenebris obſcurata.

VII.
Sub ducibus Longobardi truculentiores.

Age igitur, quæ certo tempore in reliquis Italiæ partibus ſub Benedicto Papa in eadem Longobardorum incurſione ſunt facta, quæ & à S. Gregorio ſunt ſcripta, hic colligentes ſub anno præfenti recenſeamus, quo videlicet deficiente Rege, Duces eſſe cœperunt: cum eò licentius ipſos ſæviſſe conſtat, quò & crudelitate quiſque potentior videri vellet, cum neminem haberet, qui patratorum ſcelerum ultor Judex exiſteret. Etenim hoc ipſo eorumdem Ducum primo progreſſu, hiſque diebus quibus Benedictus Pontifex vixit, teſte Paulo diaco

ceno, eorumdem furor rabiesque barbaricæ vehementiori incendio exarsit.

VIII.
De fuga Christianorum, & de S. Cerbonio Episcop. Populonii,

Dispersis creatis Ducibus per diversas Italiæ regiones, cum eorum crudelitatis famæ percurreret, frequentes erant Fidelium latebræ atque fugæ ; suaque ipsorum bona eisdem relinquentes in prædam, saluti singuli consulere soliciti festinabant, fiebantque desertæ civitates, ipsa verò loca deserta civibus replebantur : magis autem insulæ maris appetebantur ab iis, quibus navigii alicujus potebat esse facultas. Inter alios autem unà cum suis clericis magnus ille confessor Cerbonius Episcopus Populonii, qui Gothorum tempore sese ipsis objecit intrepidè, modò exundante vehementiori Longobardorum sævitia, in Ilvam insulam Tyrrheni maris se contulit, ubi & Deo juvante, vitæ præsentis finem accepit : sic enim meliùs abscondit eum Dominus in abscondito faciei suæ à pusillanimitate spiritus & tempestate. Moritur igitur iisdem primordiis Ducum Longobardorum insursionis sanctissimus hic Episcopus, de cujus obitu & sepulturæ idem sanctus Gregorius scribit his verbis (a) :

a Greg. dial. l.3.c.11.

IX.
* Ilvam
S. Cerbonii obitus & funus.

Cum Longobardorum gens in Italiam veniens cuncta vastasset, ad Helbam * insulam idem sanctus Cerbonius recessit. Qui ingruente ægritudine, ad mortem veniens, clericis suis sibique obsequentibus præcepit, dicens : In sepulchro meo, quod mihi præparavi Populonii, me ponite. Cui illi cum dicerent : Corpus tuum illuc qualiter deferre possumus ; quia à Longobardis teneri loca eadem, & ubique illic eos discurrere scimus ? Ille respondit : Reducite me securi : nolite timere, sed festinè sepelire me curate : mox que ut sepultum fuerit corpus meum, ex eodem loco sub omni festinatione recedite. Defuncti igitur corpus imposuerunt navi. Cumque Populonium tenderent, collectis in aere nubibus, immensa nimis pluvia erupit. Sed ut pateret omnibus cujus viri corpus navis illa portaret, per illud maris spatium, quod ab Helba insula usque Populonium duodecim millibus distat, circà utraque navis latera procellosa valdè pluvia descendit, & in navem eamdem unà pluviæ gutta non cecidit. Pervenerunt itaque ad locum clerici, & sepulturæ tradiderunt corpus sacerdotis sui ; cujus præcepta servantes, in navem sub festinatione reversi sunt : quia mox ut intrare potuerunt, in eumdem locum, ubi vir Domini sepultus fuerat, Longobardorum Dux crudelissimus Gummar advenit. Ex cujus adventu, visum Dei habuisse spiritum prophetiæ claruit : quia ministros suos à sepulturæ suæ loco sub festinatione discedere præcepit.] Hæc de S. Cerbonio & Longobardorum Duce Gregorius.

X.
S. Cerbonii triumphus.

Erat Gummar unus ex dictis triginta sex Ducibus, quos inter se hoc anno partitos esse regnum Longobardorum diximus. De Populonii autem Ecclesia destituta pastore agit idem Gregorius cum esse Pontifex. Ita planè qui à Longobardis, jubente Deo, cum suis timens visus est in insu-

Annal. Eccl. Tom. VII.

A — lam confugisse, mortuus de iisdem apparuit triumphasse, dùm cælitùs missis aquis illi rejecti sunt; cùm quot pluviæ guttis, tot votis characteribus fuit ejus sanctitas prædicata : ut non lugubre funus illud Deus esse voluerit, sed paratum illi è cælo triumphum, quo pariter quàm accepisset ejus anima à Deo in cælo coronam, omnibus perspicuè innotesceret. Sic igitur quem confessorem sub Gothis novit Ecclesia, & sub Longobardis post obitum tanto miraculo divinitùs illustratum accepit ; eumdem inter Sanctos eadem die, qua ex hac vita migravit, allegit, atque legit ex more in

B — ecclesia anniversaria (b) obitus die ipsius populo Christiano confessionem.

b Martyrol. Roman. die 10. Octobr.

XI.
Cæterùm sicut & fugientes Dominus non deseruit, & defunctis honorificam parari voluit sepulturam, ita & iis, qui remanserunt præsto fuit, & magis conserentibus astitit, ut unus fugaret mille, & duo decem millia, non armis, sed fide, qua Sancti vicerunt regna, fortes facti sunt in bello, & castra verterunt exterorum. Nam

C — accipe primum, quæ in provincia Samnii accidisse iisdem temporibus, idem S. Gregorius his verbis enarrat. (c) : Nuper in provincia Samnii quidam venerabilis vir, Menas nomine, solitariam vitam ducebat: qui nostrorum multis cognita, antè hoc ferè est decennium defunctus. De cujus operis narratione unum auctorem non refero, quia penè tot mihi in ejus vita testes sunt, quot Samnii provinciam noverunt. Hic itaque nihil ad usum suum aliud, nisi pauca apium vascula possidebat. Huic cum Longobardus quidam in iisdem partibus rapinam voluisset ingerere, priùs ab eo viro verbo correptus est, & mòx per malignum

c Greg. dial. l.3.c.26.
De Mena solitario.

D — spiritum arrepta ejus vestigia vexatus. Qua ex re factum est, ut sicut apud omnes incolas, ita etiam apud eamdem barbaram gentem ejus celebre nomen haberetur, nullusque ultrà præsumeret ejus cellulam nisi humilis intrare.] Hactenùs de Mena Gregorius.

XII.
Sed corcnis coronas jungens, hujuscemodi addit gloriosum ex religione triumphum, cùm videlicet non adversùs Longobardos tantùm pugnatum est, sed & contrà Arianam perfidiam, qua armatus ipsorum Episcopus in castra Dei tentavit violentus irrumpere : ait enim (d) : Unum narro quod per Bonifacium monasterii mei monachum, usquè antè quadriennium cum Longobardis fuit, adhuc antè triduum agnovi. Cum ad Spoletanam urbem Longobardorum Episcopus, scilicèt Arianus,

E — venisset, & locum ubi solemnia sua ageret non haberet, cœpit ab ejus civitatis Episcopo ecclesiam petere, quam suo errori dedicaret. Quod dùm valdè Episcopus negaret ; idem qui venerat Arianus, beati Pauli Apostoli ecclesiam illic cominùs sitam se die violenter intraturum esse professus est. Quod ejusdem ecclesiæ custos audiens, festinus cucurrit : ecclesiam clausit, seris munivit : facto unde vespere, lampades omnes extinxit, seque in interioribus abscondit. In ipso autem subsequentis

d Greg. dial. l.3.c.29.

V u   lucis

Arianus Episcopus dat pœnas impietatis.

Inois crepufculo Arianus Epifcopus collecta multitudine advenit, claufas ecclefiæ ja-
nuas offringere paratus. Sed repente cunctæ
fimul portæ divinitus concuffæ, abjectis longiùs feris , apertæ funt, atque cum magno
fonitu omnia ecclefiæ clauftra patuerunt .
Effufo defuper lumine, omnes quæ extinctæ funt lampades, accenfæ funt. Arianus
verò Epifcopus, qui vim facturus advenerat , fubita cæcitate percuffus eft , atque
alienis manibus ad fuum habitaculum reductus. Quod dùm Longobardi in eadem regione pofiti omnes agnofcerent, nequaquàm
ulterius præfumpferunt Catholica loca,
ibidem fcilicet pofita , temerare . Miro enim
modo res gefta eft, ut quia ejufdem Ariani caufa lampades in ecclefia beati Pauli
fuerant extinctæ, uno eodemque tempore &
ipfe lumen perdidit , & in ecclefia lumen
rediret .] Hæc Gregorius . Sed quòd arma
fidelium non fint carnalia, fed Deo potentia , & non ira fed charitate adverfus hoftes confueverint dimicare ; his adjungam
quæ de Chrifti milite Sanctulo Nucrinæ
Ecclefiæ presbytero idem auctor his accidia fcribit his verbis . (a)

**a Greg. dial.
l. 3. c. 17.
XIII.
Mira de
Sanctulo.**

Hic (inquit) quodam tempore , cum in
prælo Longobardi olivam præmerent , ut
oleum liquari debuiffet : ficut jucundus erat
& vultu & animo , utrem vacuum ad prælum detulit , laborantefque Longobardos
læto vultu falutavit, utrem protulit , & jubendo potiùs , quàm petendo , eum impleri fibi dixit . Sed Gentiles viri , quia tota
jàm die fruftrà laboraverant , atque ab olivis exigere oleum torquendo non poterant,
verba illius molefte fufceperunt , eumque
injuriis infectati funt. Quibus vir Dei læ-
tiori adhuc vultu refpondit, dicens : Si
premetis , ut iftum utrem Sanctulo implea-
tis , fic oleum vobis revertetur . Cumque illi ex olivis oleum defluere non cernerent, &
virum Dei ad implendum utrem fibi infiftere viderent, vehementer accenfi majoribus
hunc verborum contumeliis detefari cœperunt . Vir autem Dei videns quòd ex prælo oleum nullo modo exiret , aquam fibi dari petiit , quam cunctis afpicientibus benedixit, atque in prælum fuis manibus jactavit :
ex qua protinus benedictione tanta ubertas
olei erupit , ut Longobardi , qui diu in-
caffum laboraverant , non folùm fua vafcu-
la omnia , fed utrem quoque quem vir
Dei detulerat, implentes, gratias agerent,
quia is qui oleum petere venerat, benedi-
cendo dederat quod poftulabat .)

**XIV.
Ecclefiam
incenfam
Sanctulus
inftaurat .**

Sed de eo fubdit majora idem S. Gregorius , referens infigne miraculum ab ipfo
Sanctulo eodem tempore editum , cum ecclefiam S. Laurentii à Longobardis incenfam reftituere conaretur . Ait enim : Alio
quoque tempore vehemens ubique fames incubuerat (illa videlicet , de qua ex Anaftafio hoc anno mentionem fecimus) & B. Laurentii martyris ecclefia fuerat à Longobardis incenfa;quam vir Dei reftaurare cupiens,
artifices multos ac plures fubminiftravit ante
operarios adhibuit ; quibus neceffe erat ut
quotidianos fumptus laborantibus fine die

latione præberet . Sed exigente ejufdem famis neceffitate, panis defuit : cœperuntque
laborantes inftanter victum quærere , quia
vires ad laborem per inopiam non habebant.
Quod vir Dei audiens , eos verbis confo-
labatur , foris promittendo quod deerat ;
fed ipfe graviter anxiebatur intus , exhibere
cibum non valens , quem promittebat .

Cum verò hàc illifcque anxius pergeret,
devenit ad clibanum , in quo vicinæ mulieres pridie panes coxerant: ibique incurvatus afpexit , fi fortè panis à coquenti-
bus remanfiffet . Tunc repentè panem miræ magnitudinis atque infoliti candoris invenit : quem quidem tulit , fed deferre artificibus noluit ; ne fortaffe alienus effet, &
culpam velut ex pietate perpetraret . Per vi-
cinas itaque hunc mulieres detulit , eumque
omnibus oftendit ac ne cui earum remanfiffet,
inquifivit . Omnes autem quæ pridie panem
coxerant , fuum hunc effe negaverunt, atque
panes fuos numero integros retuliffe, pro-
feffæ funt . Tunc iætus vir Domini porrexit ad multos artifices cum uno pane : &
ut omnipotenti Deo gratias agerent , admonuit : & quia eis annonam præbuerat,
indicavit . Eifque ad refectionem pretiùs
invitatis inventum panem appofuit . Quibus
fufficienter plenèque fatiatis , plura ex eo
quàm ipfe panis erat , fragmenta collegit ;
quæ die quoque altero eis ad refectionem
intulit ; fed id quod ex fragmentis fupererat,
ipfa quoque quæ appofita fuerant fragmenta
fuperabat . Factumque , ut per dies decem
omnes illi artifices & operarii ex illo pane
fatiati , hunc & quotidiè ederent , & ex eo
quotidiè quod edi poffet in craftinum fupe-
reffet ; & fic fragmenta panis illius per efum
crefcerent , & cibum comedentium ora repararent .] Hucufque his Gregorius :
fed nondùm de Sanctulo, ejufque cum Longobardis inito certamine finis . Audi enim
quæ iis idem Gregorius de eodem
mox adnectit , cum plenè de Longobardis
adverfantibus victoriam tulit , fpoliaque
revexit , & perfpicuò in Ecclefia permanfura trophæa Chrifti gloriam prædicantia
ftatuit . Ait ergò Gregorius (b) :

Die quadam captus à Longobardis quidam diaconus tenebatur ligatus ; eumque
ipfi qui tenuerant , interficere cogitabant.
Advefperacente autem die , vir Dei Sanctulus ab iifdem Longobardis petiit , ut re-
laxari , eique vitam concedi debuiffet: quod
poffe fe facere , omninò negaverunt . Cumque mortem illius deliberaffe eos cerneret ,
petiit ut fibi ad cuftodiam dari debuiffet .
Cui protinùs refponderunt : Tibi quidem ad
cuftodiendum damus , fed ea conditione in-
terpofita , ut fi ifte fugerit , pro eo ipfe
moriaris . Quod vir Domini libenter accipiens , prædictum diaconum in fuam fufcepit fidem : quem nocte media , cum Longobardos omnes fomno gravi depreffos af-
piceret , excitavit , & ait : Surge , concitus
fuge : liberet te omnipotens Deus . Sed
idem diaconus promiffionis ejus non immemor, refpondit , dicens : Fugere pater, non
poffum ; quia fi fugero , pro me fine dubio
ipfe

XV.

**Panis ope-
rariis fup-
peditatur
indeficiens.**

**b Greg. dial.
l. 3. c. 37.
XVI.
Diaconus
liberatur .**

ipfe morieris . Quém vir Domini Sanctulus ad fugiendum compulit , dicens: Surge , & vade: te omnipotens Deus eripiat:
nàm ego in manu ejus sum : tantum in me
poffunt facere , quantum ipfe permiferit.
Fugit itaque diaconus , & quafi deceptus
in medio fidejuffor remanfit .

XVII.   Facto igitur mane Longobardi, qui dia-
cônum ad custodiendum dederant , venerunt: quem dederant, petierunt : fed hunc
venerandus presbyter fugiffe refpondit .
Tùnc illi inquiunt : Scis ipfe melius quid
convenit. Servus autem Domini conftanter
ait : Scio . Cui dixerunt : Bonus homo es :
nolumus te per varios cruciatus mori : eli-
ge tibi mortem quam vis. Quibus vir Domini refpondit, dicens: In manu Dei fum :
eâ morte me occidite , qua occidi permiffe-
rit.Tùnc omnibus qui illic aderant Longobardis placuit , ut eum capite truncare de-
buiffent, quatenùs fine gravi cruciatu vitam
ejus compendiofa morte terminarent . Co-

Sanctulus
in discri-
men addu-
ctus libe-
ratur .
gnito itaque , quòd Sanctulus,qui inter eos
pro fanctitatis reverentia magni honoris
habebatur , occidendus effet ; omnes qui
in eodem loco inventi funt Longobardis
convenerunt, ficut funt nimiæ crudelitatis,
læti ad fpectaculum mortis . Circumftete-
runt itaque acies.Vir autem Domini deductus in medium eft , atque ex omnibus viris
fortibus electus eft unus , de quo dubium
non effet quìn uno ictu caput ejus abfcin-
deret. Venerandus igitur vir inter armatos
deductus , ad fua arma ftatim cucurrit: nam
petiit ut fibi paululùm orandi licentia daretur . Cui dùm conceffum fuiffet , in terram
fe ftravit & oravit. Qui dùm paulò diutiùs
oraret, hunc electus interfector calce pulfavit, ut furgeret , dicens : Surge, & flexo
genu extende cervicem . Surrexit autem vir
Domini , genuflexit, cervicem extendit ; fed
tenfo collo eductam contra fe fpatham intuens; hoc unum publicè dixiffe fertur: Sancte Joannes fufcipe illam. Tùnc electus car-
nifex evaginatum gladium tenens, nifu forti
in altum brachium percuffurus elevavit, fed
deponere nullo modo potuit : nàm repentè
diriguit , & erecto in cœlum gladio , brachium inflexibile remanfit.

XVIII.
Longobar-
di Sanctu-
lum vene-
rati .
Tùnc omnis Longobardorum turba, quæ
ad illud fpectaculum aderat , in laudis favorem converfa, mirari cœpit, virumque Dei
cum timore venerari: quia profectò claruerat, cujus fanctitatis effet,qui carnificis brachium in aere ligaffet . Itaque poftulatus ut
furgeret , furrexit : poftulatus ut brachium
fui carnificis fanaret, negavit, dicens: Ego
pro eo nullo modo orabo, nifi mihi antè juramentum dederit,quia cum ifta manu Chriftianum hominem non occidet. Sed Longobardus idem, qui (ut ita dicam) brachium
contra Deum tendendo perdiderat, pœna fua
exigente, compulfus eft jurare, fe Chriftianum hominem numquàm occidere . Tùnc
vir Dei præcepit, dicens : Depone manum
deorfùm. Qui ftatim depofuit. Atque illicò adjunxit: Remitte gladium in vaginam :
& ftatim remifit.

XIX.   Omnes ergò tantæ virtutis hominem co-

gnofcentes, boves & jumenta, quæ deprædati fuerant, certatim ei offerre in munere
volebant : fed vir Domini tale munus fufcipere recufavit , munus autem bonæ mercedis requifivit , dicens . Si mihi aliquid
vultis concedere , omnes captivos , quos habetis , mihi tribuite , ut habeam undè pro
vobis debeam orare: Factumque eft, ut omnes captivi cum eo dimiffi fint ; atque fuperna gratia difponente , cum fe unus pro uno
morti obtulit , multos à morte liberavit.]

Sanctulus
captivos
liberat .

Hucufquè Gregoriûs de Sanctuli inito cum
Longobardis certamine,in quo charitati juncta fides extinxit odium, atque perfidiam fuperavit. Siquando verò eos permifit Deus in
Dei fervos fic fævire, ut eofdem abfque obice neci traderent ; & in hoc declarata eft divina potentia, cum iidem occifi licèt, tamen
ut victores triumphale carmen concinere-
auditi funt.Nàm accipe quæ infuper in provincia Valeria accidiffe in hunc modum idem
auctor enarrat (*a*):

aGreg.dial.
l.4.c.21.

XX.
Monachi
fufpenfi
pfallunt.
Vitæ namquè venerabilis Valentius, qui
pofthàc in Romana urbe mihi (ficut nofti)
meoque monafterio præfuit, priùs in Valeriæ provincia fuum monafterium rexit . In
quo dùm Longobardi fævientes veniffent
(ficut ejus narratione didici) duos ejus monachos in ramis unius arboris fufpenderunt,
qui fufpenfi eodem die defuncti funt. Facto
autem vefpere , utrorumque eorum fpiritus claris illic apertifque vocibus pfallere
cœperunt ; ita ut ipfi quoque , qui eos oc-
ciderant, nimiùm mirati tenerentur : quas
videlicèt voces captivi quoque omnes , qui
illic aderant, audierunt, atque eorum pfal-
modiæ poftmodùm teftes extiterunt. Sed has
voces fpirituum omnipotens Deus idcircò
pertingere voluit ad aures corporis , ut viventes quique in carne difcerent , quia fi
Deo fervire ftudeant , poft carnis mortem
uberiùs vivant.] Hæc ipfe: fed & aliis quoquè fignis Deus reddidit manifeftum in cælo vivere , quos tùnc barbaricus gladius in
terra necaffet . Nàm audi eumdem Gregorium ifta narrantem (*b*).

bIbid.c.22.

XXI.
De Sorani
Abbatis
nece.
Quibufdam religiofis quoquè viris atte-
ftantibus,adhùc in monafterio pofitus agnovi, quòd hoc Longobardorum tempore juxta in hac provincia , quæ Sura nominatur,
quidam monafterii pater venerabilis Sora-
nus nomine fuerit , qui captivis advenientibus , atque à Longobardorum deprædatione fugientibus , cuncta quæ in monafterio videbatur habere , largitus eft . Cumque in eleemofynis veftimenta fua ac fatrum
omnia & cellarium confumpfiffet ; quicquid habere in horto potuit , expendit .
Expenfis verò rebus omnibus , Longobardi ad eum fubitò venerunt, eumque tenuerunt,& aurum ab eo petere cœperunt. Quibus cum ille diceret, fe omninò nihil habere ; in vicino monte ab eis ductus eft, in
quo filva immenfæ magnitudinis ftabat. Ibi
captivus quidam fugiens, in cava arbore latebat : ubi unus ex Longobardis , educto
gladio , prædictum venerabilem occidit virum ; cujus corpore in terram cadente ,
mons protinùs & filva concuffa eft,ac fi ferre

non posse pondus sanctitatis ejus diceret A terra quæ tremuisset .] Sic igitur sanctum virum martyrio coronatum , anniversaria recurrente die , quolibet anno Ecclesia celebrare consuevit. Sed attende quid de alia itidem martyrio vita perfuncto Gregorius subdit (a) ;

albid. c.23.
XXII.
Ultio subsecuta est Diaconi . occisorem,

Alius quoque in Marsorum provincia vitæ valdè venerabilis diaconus fuit : quem inventum Longobardi tenuerunt , quorum unus educto gladio caput ejus amputavit. Sed cum corpus ejus in terram caderet ; ipse , qui hunc capite truncaverat , immundo spiritu correptus , ad pedes ejus corruit, & quòd amicum Dei occiderit , inimico Dei traditus ostendit .] Hæc sanctus Gregorius . Quòd igitur alios ereptos , alios verò ab eisdem barbaris necatos audis ; in utrisque admirandam Dei providentiam contemplari licet , cum ut alii coronam consequerentur , & ut alii in aliorum levamen solatiumque remanerent, effecit : ne si magistri omnino deficerent , exolesceret disciplina . Quomodò autem reliqui sanctissimi monachi mirifici illius Equitii alumni à Deo illæsi à furore barbarico conservati sint, eumdem audi Gregorium, cum ita scribit (b):

bGreg.dial. l.1.c.4.
XXIII.
S. Equitius suos libererat .

Eamdem Valeriæ provinciam Longobardis intrantibus , ex monasterio reverendissimi viri Equitii dicto oratorio ad sepulchrum ejus monachi confugerunt. Cumque Longobardi sævientes oratorium intrassent, cœperunt eosdem monachos foràs trahere , ut eos aut per tormenta discuterent , aut gladiis necarent . Quorum unus ingemuit, atque acri dolore commotus clamavit: Heu, heu, heu, sancte Equiti, placet tibi quòd trahimur, & nos non defendis? Ad cujus vocem protinùs sævientes Longobardos immundus spiritus invasit : qui corruentes in terram tamdiù vexati sunt, quousque cuncti qui foràs erant Longobardi cognoscerent , quatenùs locum sacrum temerare ulteriùs non auderent . Sicque vir sanctus dùm discipulos defendit, etiam multa posteà remedium illùc fugientibus præstitit .] Idemque de Cassinati monasterio S. Benedicti ista inferius (c) tradit , in primis referens quæ ab ipso sancto viro antè cognita atque prænunciata fuissent:

cGreg. dial. l.2.c.17.
XXIV.

Vir quidam nobilis Theoprobus nomine ejusdem Benedicti Patris fuerat admonitione conversus, qui pro vitæ suo merito magnam apud eum familiaritatis fiduciam habebat . Hic cùm quadam die ejus cellam fuisset ingressus , fuisset amarissimè flentem reperit . Cumque diù subsisteret , ejusque non finiri lacrymas videret (nec tamen vir E Dei consueverat orando plangere, sed mærendo); quænam causa tanti luctus existeret , inquisivit . Cui vir Dei illicò respondit : Omne hoc monasterium quod construxi,& cuncta quæ fratribus præparavi, omnipotentis Dei judicio Gentibus tradita sunt . Vix autem obtinere potui , ut mihi ex hoc loco, animæ concederentur . Cujus vocem tùnc Theoprobus audivit , nos autem cernimus, qui destructum modò à Longobar-

dorum gente ejus monasterium scimus . Nocturno enim tempore quiescentibus fratribus, nuper illùc Longobardi ingressi sunt, qui diripientes omnia , ne unum quidem hominem tenere potuerunt . Sed implevit omnipotens Deus , quod fideli famulo Benedicto promiserat, ut si res Gentibus traderet , animas custodiret .] Hæc Gregorius . Porrò eosdem monachos indè pulsos Romam commigrasse , idem alibi tradit , Abbatesque numerat, qui ad ea usque tempora eidem monasterio præfuerunt (d), traditumque his fuisse Lateranense cœnobium incolendum affirmat . Hos etiam accipere consuevisse alimoniam unà cum aliis monachis ab ipsa Apostolica sede , idem Gregorius in epistola ad Constantinam Augustam (e) docet . At de Longobardorum sub Benedicto Papa cœpta grassatione per Duces in reliquas Italiæ partes satis . Plura sunt alia , quæ certis annis, quibus gesta esse reperiuntur, opportuniùs inseremus.

dGreg.dial. l.2. in pria.

e Greg.li.4. epist.34.

Quod verò ad res hoc anno in Gallia gestas pertinet , auctor est Sigebertus, hoc anno altercatum esse inter Hispanos & Gallos de Paschatis diei celebritate . Ait enim: Hispani & Franci de Pascha dissentiunt , Hispanis duodecimo Kal Aprilis , Francis verò decimoquarto Kal. Maji Pascha celebrantibus . Sed Francos rectè celebrasse , per hoc divinitùs claruit, quòd fontes in Hispania , qui in sabato sancto Paschæ ad baptizandum spontè divinitùs repleri solent , non in Hispanorum , sed in Francorum Pascha repleti sunt .] Hæc ipse , ex quibus omnis de impostura interdùm oborta suspicio abolita est . Si enim humana arte ea de fontibus contigissent, utique eadem ad Hispanorum sententiam comprobandam accommoda accommoda a fuissent .

XXV.

Hic ipse insuper numeratur annus octavus à tempore inguinariæ pestis, quo suum S. Gallus Arvernensis Episcopus obitum designavit , & cladem populi ex renascente eodem morbo prædixit , ut suo loco ex Gregorio (f) Turonensi narratum est. Porrò de ejus felici ad Deum transitu idem auctor ista alibi habet (g) : Cum gravatus incommodo decubaret , ita febris interna omnia membra ejus depilavit , ut capillos & barbam simùl amitteret . Sciens autem , revelante Domino , post triduum migraturum , convocat populum, & omnibus confracto pane , communionem sancta ac pia voluntate largitur . Adveniente autem die tertia , quæ erat Dominica dies , quæ civibus Arvernis immanem concussit luctum, albescente jàm cælo, interrogat, quid in Ecclesia psallerent . Dixerunt , Benedictionem sese psallere, *nempe psalmum Benedicite omnia opera Domini Domino*. At ille, psalmo quinquagesimo, & benedictione decantata , & Allelujatico cum capitello expleto , consummavit officium totum temporis matutini . Quo jam extremo perfunctus officio, ait : Vale dicimus vobis, fratres . Et hæc dicens, extensis manibus spiritum cælo intentus præmisit ad Dominum: transiit autem ætatis suæ

XXVI.
S. Galli obitus .

f Greg. Tur. hist. Franc. l 4.c.5.
gGreg.Tur. in Vita SS. Patr c.3.

suæ

fus anno fexagefimoquinto , Epifcopatus A
verò fui feptimo & vigefimo anno .] Hucufquè Gregorius de obitu S. Galli : pergit verò dicere de funere atque miraculis :
fed fatis ad inftitutum .

XXVII.
à Fortunat.
l.4. carm.

At non prætereundum de eodem S. Gallo
Venantii Fortunati (a) epitaphium , quod
in gratiam Gregorii Turonenfis ejus ne-
potis confcripfit : fic enim fe habet :
Hoftis inique, Adam parædifo fraude repellis:
Ecce Deus famulis præftat adire polos.
Invide, fic tua mors homini meliora paravit:
Tu expellis terris: hic dat & aftra fuis.
Teftis & Antiftes Gallus probat ifta beatus,
Nobilis in terris , dives eundo polos .]

b Greg. Vit.
SS. Patr.
c. 3.
c Eufeb. l.5.
c. 1.

Sed quod ad ejus pertinet antiquam nobilitatem , teftatur Gregorius Turonenfis (b)
in Vita ipfius , genus ducere de egregio
martyre Vetio Epagatho , cujus mentio eft
in epiftola Ecclefiæ Lugdunenfis apud Eu-
febium (c), fuiffeque tradit natum ex Georgio Senatoriæ ftirpis viro & matre Leoca-
dia . Pergit verò idem Fortunatus ejus vitam fummatim referre .

Qui Chrifti auxilio fultus, nec adultus in annis
Se majora petens , odit amore lares:
Effugit amplexus patrios, matremq; reliquit:
Qui monachum vegetet , quæritur Abba
parens .
Illic tyro rudis generofo cœpit ab ævo
Militia Domini belliger arma pati .
Quintiano demùm fanĉto erudiente magiftro ,
Pulchrior eft auro corde probatus homo .]

Fuit ifte Quintianus fanĉtitate præclarus
Epifcopus Arvernenfis , qui eum ex monacho reddidit clericum , atque imbuit fan-
ĉtis moribus & Ecclefiafticis litteris ; quibus optimè excultus, cum innotuiffet Theodorico Francorum Regi , & ab eo accerfi-
tus atque retentus eft : ubi cum effet , apud
Coloniam Agrippinam idolorum templum,
quod frequentabatur à rufticis , fuccendif-
fe tradit Gregorius . Pergit verò Fortunatus :

Inde Palatinam Regis translatus in aulam ,
Theodorice , tuam , vixit amore pio .
Mox ubi deftitues terras, petit aftra magifter,
Effet difcipulo cura tenenda gregis .
Pontificatus enim moderas ita rexit habenas
Paftor ut officiis , effet amore pater ,
Manfuetus , patiens , bonus , æquus , ama-
tor , amandus ,
Non erat offenfa , fed locus hic venia :
Siqua fupervenit facta eft injuria verbis :
Unde furor poterat , inde triumphus erat.]

Plura id genus ex ipfo Gregorius refert
exempla , de contumeliis fcilicèt atque verberibus à fuis presbyteris magna patientia
toleratis . Sed audi reliqua :

Plebem voce fovens, quafi natos ubere nutrix
Dulcia condito cum fale mella dabat .
Hic opus exercens præfenfit dona futuri ,
Se paftore nihil poffe perire gregis .]

Hoc idcircò Chriftianus poeta , quòd ingruente inguinaria lue , à divino oraculo
accepit responfum (ut idem tradit Gregorius) ipfo vivente , nullum ejus ea pefte
lædendum : quod & ficuti prædiĉtum fuit ,
evenit . Quot autem annis eamdem Ecclo-
Annal. Eccl. Tom. VII.

fiam gubernarit , his Fortunatus quos fub- B
dit , verfibus docet :
Sic Pater Ecclefiam regit in quinquennia
quinque ,
Bis terdena tamen luftra fuperftes agens .
Hinc meliore via Sanĉtum ad cæleftia veĉtu
Non premit urna rogi, fed tenet ulna Dei.]

Hucufquè Fortunati de fanĉto Gallo epitaphium . Claruiffe autem corpus ejus terræ mandatum pluribus miraculis, Gregorius
tradit, qui tamen in numerando fedis ipfius
tempore duobus annis à Fortunato difcre-
pat: fiquidem eum Ecclefiæ Arvernenfi præfuiffe Epifcopum ait annos viginti feptem .

Remanfit pofteris ejus memoria in univer- B
fa Ecclefia celebris: tenim facris inter San-
ĉtos ipfe afcriptus tabulis, die qua obiit, Kalendis Julii anniverfaria memoria ubique
recolitur .

XXVIII.
d Pfal. 106.
& Exod. 32
e Ifai. 5.

Sed qui dùm vixit extitit fuis mediator
apud Deum , tamquàm Moyfes (d) , qui
ftetit in confraĉtione in confpeĉtu ejus , ut
averteret indignationem ejus , ne difperde-
ret eos : Ubi verò mortuus eft , fublato de
medio tanto obice , tamquàm à vinea ma-
cerie depulfa , de qua fcriptum eft (e) :
Auferam maceriem ejus, & erit in diraptio-
nem : mox lues illa inguinaria , quæ antè
annos oĉto Italos & Gallos afflixit , Ar-
vernos autem , Sanĉto intercedente , non
læferat ; populum illum invafit , magnaque clade affecit , ut Gregorius ipfe teftatur (f) , cum de divina virtute , quam tunc
fuit in famulo fuo expertus per fanĉti Juliani martyris Arvernenfis reliquias , ita alibi
narrat (g) :

f Greg. Tur.
hift. Franc.
l.4. c. 15.
g Greg. Tu-
ron. de glor.
mart. lib. 2.
c. 45.
XXIX.

Inter reliqua verò infignia fufcipiendo-
rum miraculorum ponimus & iftud , quod
infipientes corrigat , & roboret fapientes .
Igitur Cautini Epifcopi tempore , quo ingruentibus peccatis populi Arverna regio
ab excidio fuis , quam inguinariam vocant;
devaftabatur ; ego Brivatenfem vicum ex- D
petii , fcilicèt ut qui meritis tutari nequi-
bam , beati martyris Juliani tutarer præfidio . In quo dùm commorarer vico , unus
puer ex noftris ab hoc morbo corripitur;
reclinatoque ad leĉtulum capite , graviter
ægrotare cœpit . Erat autem febris affidua
cum ftomachi pituita , ita ut fi quid acciperet, confeftim ejiceret, nec quid è cibus con-
fortatio , fed magis exitus putabatur . Denique mei cum viderent eum in extrema vexari , hariolum quemdam invocant . Ille verò venire non differens , acceffit ad ægrotum , & artem fuam exercere conatur , in- E
cantationes immurmurat , fortes jaĉtat , li-
gaturas collo fufpendit , promittit vivere
quem ipfe mancipaverat morti . Hæc autem
me infcio agebantur . Quæ cùm mihi delata
fuiffent , amariffimus reddor , & cum gravi
fufpirio illud commemoro , quod Dominus
per Eliam Prophetam Ochoziæ Regi pronunciat , dicens (b) : Quia dereliquifti
Dominum Deum Ifrael , & confuluifti
Deum Accaron , ideò de leĉtulo in quo
afcendifti non confurges , fed morte morieris. Nam ifte poft adventum hariolo validiùs
febre faccenfus , fpiritum exhalavit . Cujus

h 4. Reg. 1.

Vu 3   poft

Pulvere poſt obitum interpoſitis paucis diebus, puer A
ſepulchri aliis ſimili labore cœpit incommodo .
S. martyris Tùnc ego eis inquio : Accedite ad martyris
curati in- tumulum, & aliquid exinde ad ægrotum de-
firmi. portate , & videbitis magnalia Dei , atque
cognoſcetis quid ſit inter juſtum & injuſtum,
& inter timentem Deum & non ſervientem
illi . Accedentes autem, parumpèr pulveris circà ſepulchrum jacentis ſuſtulerunt .
De quo ut hauſit infirmus cum aqua , protinùs aſſecutus eſt medicinam, recuperatiſ-
que viribus ac reſtinctà febre convaluit. Intel-
telligite ergò nùnc , ò omnes qui inſipien-
tes eſtis in populo , & poſtquàm ita diſcuſ-
ſeritis, ſcitote quia nihil ſunt quæ ad ſe-
ducendum humanum genus diabolus operatur . Ideò moneo, ut ſi quis vexillo Crucis ſignatus, ſi quis baptiſmi ablutione mundatus , ſi quis vetuſtate depoſita in novo
nùnc homine viget ; talia poſtponat ac ne-
gligat , quærat autem patrocinia martyrum,
per quos ſanitatum miracula celebrantur : B
poſtulet adjutoria confeſſorum , qui meritò amici ſunt Dominici nuncupati ; & quæ
voluerit , obtinebit .] Hucuſquè Gregorius, eamdem ſpirans in ſacrarum reliquiarum cultu pietatem , qua omnes non Galliarum tantùm , ſed totius Catholici orbis
ſanctiſſimi Epiſcopi præditi ſemper fuerunt .

XXX. Quòd verò Arvernenſes populi poſt obi-
Arverneo- tum ſancti Galli ea meruerunt affligi cla de,
ſis Eccleſ. ad alia ipſorum peccata , quorum Grego-
ſchiſmate rius meminit , illud acceſſit, ut poſt obi-
laborat. C

tum ejus diviſa ſchiſmate Eccleſia illa fuerit , ſtudentibus aliis Catoni presbytero,
Archidiacono vero Caulino aliis : cùm iſte a Greg. hiſt.
dolo agens, clàm profectus ad Regem , ab Franc. l. 4
eodem dari ſibi petiit Epiſcopatum . Quæ c. 5. 6. 7.
quidem omnia luctu digna, idem Gregorius
ſuo proſecutus eſt ſtylo (a) . At verò iſta
de S. Galli obitus tempore in priori editione ex chronologia ab inguinaria peſte uti
certa deprompta jàm denuò ad incudem revocata , non poſſe ſubſiſtere , ſunt inventa , quæ magis ad anteriora tempora ſit
reducenda , cùm aliàs idem morbus pervaſit
Gallias. Quòd autem adhæc tempora Gallus non potuerit perveniſſe , in evidens deducitur argumentum. Cùm enim ipſum eo-
nos tantùm vigintiſeptem dicat ſediſſe Epiſcopum Arvernenſem, idemque reperiatur
interfuiſſe Concilio Aurelianenſi ſecundo,
anno Chriſti quingenteſimo trigeſimoſexto,
& Arvernenſi anno quingenteſimo quadra-
geſimoprimo ; quomodò potuit ad hæc tempora perveniſſe ? Accedit ad hæc , quòd
cum Galli Epiſcopi ſucceſſorem Cautinum
idem Gregorius ejus nepos , rerum ab ipſo
geſtarum teſtis fidelis referat ad tempus
Theodebaldi Regis , quem conſtat regnare
cœpiſſe anno Chriſti quingenteſimo quin-
quageſimoſecundo , licèt poſitum ſit anno
quingenteſimo quinquageſimoquinto , te-
nuiſſeque tantùm annos ſeptem utique pro-
hibetur omninò ad hunc annum perveniſſe
potuiſſe . Hæc de tempore ejus obitus dicta
ſunto.

I. JAM quingenteſimus ſeptuageſimusquar-
tus Chriſti annus adeſt ſeptimæ Indictionis , idemque nonus numeratus Juſtini
Imperatoris : qui quidem extitit Orientali
Imperio funeſtiſſimus , Abaris una ex parte, Perſis ex altera Romanum Imperium de-
vaſtantibus.

Avarespur- Anno enim hoc nono Juſtini (inquit Ce-
ſim inva- drenus) Abari ſive Avares ad Danubium
dunt Rom. venerunt , ac vicerunt Romanos.] De his
Imperium. hæc pauca ipſe : Evagrius verò pluribus ,
dùm agit de Tiberio , qui aſcitus poſteà
fuit collega in Imperium à Juſtino : Hunc
(inquit) Juſtinus , ingenti collecto exercitu , ad congrediendum cum Abaris jam-
pridèm miſerat . Qui quidem , militibus
aſpectum barbarorum haud ferentibus , &
parùm aberat quin captus fuiſſet , niſi divina providentia eum præter omnium opinionem ſervaſſet , & in fines Imperii Romani reduxiſſet incolumem : quippe teme-
rariis Juſtini inſtitutis obſecutus, ipſe cum
tota Romana Republica in perniculum venit
penitùs pereundi , & amplum Imperii Romani decus barbaris concedendi ad occu-
pandum .] Hæc ipſe. His autem hæc præterea hoc item anno addita mala à Perſis,
b Evagr. idem Evagrius affirmat his verbis (b): Et
l. 5. c. 9. 10. Artabanus Perſa in Romanorum ditionem

facta incurſione , multos captivos abduxit, D
captoque etiam Daras caſtro , domum rediit . Juſtinus nuncio tantæ cladis accepto,
animo abalienatus eſt , petiitque ab Hormiſda , uti pacem componeret , quæ & in
annum pacta eſt . Conſtitutum ſub eo eſt ,
ut pſalmus : Tuæ cœnæ myſticæ ; magna
feria quinta caneretur . Illata quoque tùnc
eſt imago illa nulla manu facta Camulianis pago Cappadociæ . (illùc enim Edeſſa , ut in
Perſarum manus deveniret , olim tranſlata
fuit) & veneranda ligna , Crucis ſanctiſſimæ, ſcilicet , ab Apamea Syriæ Secundæ E
Conſtantinopolim tranſlata ſunt .] Quibus exuta civitas illa , quæ (ut dictum eſt
ſuperiùs) ab iiſdem in alia Perſarum incurſione miraculo magno divinitùs defen-
ſa fuit , capta ſtatim atque in favillam redacta eſt .

Verùm quæ de hac Perſarum incurſione, II.
ex qua in magnum diſcrimen Antiochia adducta eſt , idem Evagrius tradat , hìc deſcribamus . Ipſe enim dùm agit de Niſibis,
quæ erat ſub poteſtate Perſarum , obſidione , quam Marcianus Dux Romani exercitus, ad multum temporis ſpatium protraxe-
rat , obidque Juſtinum Imp. in indignationem commoverat , cujus & præcipiti animo mala cuncta Imperio inferentur , hæc
ait:

a *Evagr.* ait (a) De ea incursione, *quam scilicet* ibid. *pararet Cosrhoes per Adaarmanem Ducem* (sic enim eum appellat. , *quem Cedrenus nominat Artabanum*) sit certior. Gregorius Episcopus Antiochiæ: nàm huic Episcopo Nisibis amicissimus fuit , magnis muneribus ab eo donatus : & propterea cum insanam Persarum contumeliam contrà Christianos admissam , quæ semper ferè præbebantur, ægrè admodùm pateretur , & magnoperè cuperet civitatem , cujus ipse fuit Episcopus , in ditionem Romanorum venire ; omnia quæ extrà fines Romanorum circitèr Nisibin gerebantur , significavit , opportunèque exposuit . Quæ quidem Gregorius illicò ad Justinum retulit , eique quàm celerrimam declaravit Cosrhois incursionem . At verò ille in consuetarum

Peccatis urgentibus datum roborur hostibus contrà Romanos.

voluptatum sodibus volutatus Gregorii litteris neque animum attendere , neque fidem habere voluit ; illud dumtaxat verum arbitratus , quod ipse in animum induxerat . Nàm hominum intemperantiam & luxu perditorum consuetudinem imitabatur , in quorum animis sicut ignavia insita est , ita de prospero rerum adventu nimis magna fiducia ; & si quid contrà ipsorum voluntatem acciderit , ei nolunt ullo modo fidem adiungere . Itaque scribit Gregorio, resque ad se relatas , quasi omninò veræ non sint, reiicit : quòd si veræ sint, Persas , non antè suos obsidione occupaturos; sin autem antè occupárent , cum magno suo malo discessuros .] Ita quidem Evagrius , devastationem Syriæ & captivitatem Antiochiæ tribuens Imperatoris ignaviæ : sed aliùs optassem ipsum ista considerasse , cùr antè septem annos , quibus Imperium Justinus administravit , minimè contigerint ; sed ubi scilicet sanctissimum Episcopum ab ea civitate dimovit ? Hæc enim si considerasset , non in ignaviam, sed ad sacrilegium Imperatoris ea cuncta mala retulisset: sicuti enim in templo columnæ , & in ædibus sunt fundamenta, ita planè se habent in civitatibus atq; provinciis sanctissimi sacerdotes, quos si quis è loco dimoveat , forsáq; pellat , necesse sit cuncta quæ virtutum fortissimo robore sustinebantur , omninò corruere ac pessumire . Cum Anastasius Antiochiæ sederet , ipse Dominus posuit erat in Syria universa murus & antemurale ; quo sublato , & Dominus pariter recessit ab eis, at-

b *Thren. 2.* que tunc luxit (b) antemurale , & murus pariter dissipatus est , cùm universa Syria cessit deprædationi barbarorum : cum jam nullus penitus esset qui resisteret grassantibus ubique locorum hostibus crudelissimis . Sed quomodò id acciderit , sic narrare pergit Evagrius :

III. Persæ universam depopulati Syriam.

Deindè mittit Acacium Imperator , hominem superbum & contumeliosum , ad Marcianum Ducem exercitus cum hoc mandato , ut si Marcianus alterum pedem in civitatem Constantinopolitanam antè intulisset , quàm scilicet de hostibus victoriam accepisset , honoris sui gradu eum abdicaret. Quod quidem factum est ab eo sedulò : id-que non sine Reipublicæ detrimento, quà

A Imperatoris mandato inserviret . Nàm profectus ad castra Romanorum , Marcianum juxtà fines Imperii versantem , insciente exercitu, spoliat dignitate . Præfecti autem Manipulares ac Centuriones, vbi peractis vigiliis didicerant Ducem suum de honoris gradu dimotum , copias non ulteriùs ducunt , sed clàm se indè subducentes sparsi fugiunt , obsidione civitatis Nisibis cum omni irrisione dimissa . Adaarmanes igitur , qui Persarum & Scenitarum barbarorum satis validum & magnum habebat exercitum , Circesium præteriens

B res Romanorum incendio , occisione , & aliis omnibus vastationis generibus populatus , nec quicquam clementiæ omninò vel cogitatione complexus est , vel factis declaravit . Capit castella & pagos multos, nemine præterea repugnante: primùm quòd copiæ Romanæ nullum Ducem habære : deindè quòd militibus circitèr Daras à Cosrhoe circumclusis , populationes agrorum , & incursiones absque ullo timore fiebant .

Invadit porrò Cosrhoes Antiochiam per suos dumtaxat milites (ipse namque eò non venit) qui præter omnem spem indè repulsi fuere : cum tamen nemo , vel pauci admodùm in civitate remanerent . Cum-

C que Episcopus indè fugisset , secumq; eduxisset sacrum Ecclesiæ thesaurum , propterea quòd magna pars muri ceciderat , & populus (ut sit in his præsertim temporibus) seditione conflata novis rebus studebat , quibus fugientibus urbs deserta relicta ; nec quicquam erat , qui vel ad machinas ullas contrà hostes fabricandas , vel ad eisdem ullo modo resistendum , animum intenderet .] Subiicit (c) his de Heraclea ab hostibus incensa , Apamæaque

c *Evagr.* *lib. 5. c. 10.*

D capta & igne absumpta , abducto captivo Episcopo unà cum civitatis Præfecto, aliisque malis innumeris illatis regionibus illis , in quas iidem se grassantes infunderant ; cùm intereà ipse Cosrhoes Daram expugnavit e civitatem munitissimam in finibus positam .

IV.

Alia rursus clade contigit his Justini temporibus Syriam nonnihil affligi à Samaritis hæreticis sæpè repressis , ejectis , ac sæpè receptis ; sed denuò in Catholicos insurgentibus : de quibus idem Imp. Novellam

d *Novel. 5.* *Justini in-* *ter Novel.* *Justiniani* 144.

(d) constitutionem ediderat , mulctans civilibus pœnis eos qui in codem permansissent errore . Quæ autem malæ bestiæ ista tentaverint , videre est apud Acta Ni-

E cæni posterioris Concilii Oecumenici , cum à Patribus recitari jubetur epistola Simeonis Stylitæ Junioris ad ipsum tunc Imperatorem Justinum data , cujus titulus sic se habet (e) :

e *Nicæn.* *Conc.* 2. *Act. 1.*

VI.

Beati Simeonis Stylitæ , qui in admirando monte vixit , epistola ad Justinum Juniorem Imperatorem .

V.

Quis dabit oculis meis fontem lacrymarum , ut omnibus diebus miseræ vitæ meæ satis ex corde fleam ? Tanta enim , vestra serenitate & pietate regnante , tanta scelera & impietates ab impiis & execrandis Sa-

De Samaritis in fastras imagines insanientibus.

mari-

maritanis in sanctum templum, quod devota tua majestas extrui jussit, designata sunt, qualia numquàm sunt audita. Dico autem eos qui castra habent propè civitatem Porphyrionis. Hæc autem quæ sunt facta, breviter & tenuiter cognoscat vestra serenitas in his quæ nostra humilitas per sanctissimum Episcopum Orientalem Patriarcham qui non leviter ex hoc angitur, ad vestram majestatem scripsit. Nec lapides sufficientes sunt fere, si omnem illam impietatem exclamet, quam oculis suis dictus sanctissimus Archiepiscopus vidit. Citiùs enim mortem & interitum nostra tenuitas expeteret, quàm iterùm talia mihi narrari audire. Omnem enim blasphemiam excellit impiobum hoc factum, quod in Deum Verbum pro nobis incarnatum, ejusque gloriosam matrem, & venerandam sanctamque Crucem designarunt. Hanc rem cum cogitamus, ad divinas vestras aures nos referimus. Nàm cum videamus pias leges vestras, eos qui imaginem aut statuam Imperatoris ignominia afficiunt, extremo & justo mortis supplicio plectere; quà tandem pœna puniendi sunt, qui in imaginem Domini nostri ejusque matrem nefando facinore graffati sunt? Profectò non video quid mihi dicendum sit. Tantum enim scelus est commissum, ut nec ulla humanitatis mica ampliùs superesse credatur. Quamobrèm obsecramus victoriosam vestram potentiam, ne ulla posthàc eis misericordia ostendatur, neque ampliùs parcere illis quispiam velit, neque ullam apologiam aut excusationem illorum nomine accipere, ne posthàc pejora aggrediantur.] Hactenùs magnus Simeon.

VII.
Adversùs
Iconoclastas.

Videant recentiores Iconoclastæ, qui sese conjunxerint hæreticis omnium nefandissimis: audiant à spirituali homine qui omnia rectè dijudicat, qualia sint de quibus etiam gloriantur sacrilegia, dùm violentas in sacras imagines manus immittunt; & verbis pariter Simeonis expendant. Quid verò de his factum sit, nusquàm verbum.

VIII.

De ipso autem Simeone plura etiam scribit Evagrius, cui magnus cum eo usus amicitiæ intercessit: qui quonam pacto tàm arduam vitæ institutuam arripuerit, Abbate, in cujus monasterio degebat, id monente, narrat his verbis (a): Erat autem iste Simeones propter eximiam virtutem omnium hominum suæ ætatis facilè præstantissimus, qui in columna vitam severam coluerat adeò à teneris (ut ajunt) unguiculis, uti dentes suos in ea mansione commutaret. Ad vitam autem in columna degendam tali causa inductus fuit. Cum adhùc tenellâ valdè ætate esset, & puerorum more per montis juga ludendo saltandoque pererraret; forte fortunâ incidit in pardum; eo veluti fræno cingulo circumjecto, eo veluti fræno bestiam, quæ jàm suam feram naturam exuerat, ad suum monasterium secum ducit. Quod cum magister ejus, qui ætatem agebat in columna, videret; percontatur quid sit. Respondit

a. Evagr.
l. 6. c. 22.
De Vita &
miraculis
Simeonis
Junioris.

puer, selem esse, quem vulgò catum nominant. Hinc igitur conjecturam faciens, quantoperè virtute esset in posterùm præstaturus, ad vitam in columna degendam eum induxit. In qua columna simul & in altera summo in montis vertice sita sexaginta & octo annos vixit omnibus gratiæ donis repletus: quippè dæmones expulit, sanavit omnem morbum & omnem languorem, res futuras perindè ac præsentes prævidit. Qui prædixerat Gregorio, illum ejus morti minimè adfuturum, atque adeò ignoraturum quid post ipsum moriturum eveniret.

IX.

Quinetiam cùm ipse mecum cogitarem de liberorum amissione: quæreremque quid causæ esset, cùr Gentibus, qui liberis abundarent, idem ipsum neutiquàm accideret; Simeones, quamvis hanc cogitationem nemini patefecissem, scripsit ad me, ut ab hujusmodi cogitationibus, utpotè Deo minimè probatis, desisterem. Porrò autem hoc factum cum uxore scribæ mei quoniam læ illi postquam pepererat ita obstructum fuit, ut infans in maximum vitæ veniret periculum; Simeones ubi manus dexteram viri ejus tetigerat, jussit ut ad uxoris ubera inijceret: quo facto, extemplò lac veluti ex fonte erupit, adeò ut vestram mulieris totam madefaceret. His accedit, quòd puerum à viatoribus, quibuscum iter faceret Simeones, intempesta nocte è tergo relictum leo dorso imposuit, & ad monasterium Simeonis adduxit. Itaque ministri Simeonis jussu ingressi, puerum à leone apportatum introduxerunt. Multa præterea gessit admirabilia, quæ linguam disertam & vacuum tempus & separatam tractationem desiderant: quæ certè crebrò hominum ore sunt atque sermonibus decantata. Nàm cujusque nationis homines, non Romani solùm, sed etiam barbari ad eum adventarunt, rerumque postulatarum compotes facti sunt. Huic Simeoni rami quidam fruticis in monte crescentis & cibi & potionis loco fuere.] Hæc Evagrius de Simeone obiter, alia occasione ad ea de ipso scribenda perductus. Porrò hic Junior Simeon cognomento Stylita, senioris respectu dictus reperitur: diversum enim ab illo seniore Stylita fuisse, tempora distincta, actionesque atque diversum ætas eum pluribus aliis; quibus alter ab altero discriminatur, ostendunt.

X.
De obitu
S. Euphronii Episc.
Turonensis.

Sic igitur tùm Oriens tùm Occidens eodem tempore, cum plurima ingruerent undique mala, viris sanctissimis illustrantur, tantam noctem non sine facibus Deo relinquente. Nàm in Occidente hoc eodem anno S. Euphronius Episcopus Turonensis ex hac vita cum migrasset, Gregorius æquè sanctus ipsi successit. Porrò ipsum Euphronium virum quidem sanctitate conspicuum inter Sanctos cœptam habent Ecclesiasticæ tabulæ, honorè impertito anniversariæ commemorationis. Quod verò ad tempus Euphronii obitus spectat (ne quid perfunctoriè astruere videamur) ex Gregorio ejus successore optimè colliges; ipsi tempo-

temporis rationem . Cum enim ipfe de fe A
a *Gregor.* teftetur (*a*)`, vigefimumprimum habuiffe
Turon.hift. in Epifcopatu Turonenfi annum , cúm S.
Franc. lib. Gregorius Papa ageret in Pontificatu an-
3. in fin. num quintum (ipfe eft annus Domini quingentefimus nonagefimusquintus) ab hoc
nun.ero fi viginti & unum detrahas, hoc
anno ipfum reperies Euphronio fucceffiffe.
b *Gregor.* Rursùm verò cum alibi (*b*) dicat , fe ordi-
Turon. de natum anno centefimo feptuagefimofecun-
mirac. S. do à tranfitu S. Martini, quem anno qua-
Martini l. dringentefimofecundo ex hac vita migraffe
1.c.32. & fæpè fuperiùs demonftravimus ; utique re-
lib.2.c.x. peries hoc anno ipfum fuiffe Euphronio
fubrogatum . Verùm dùm ibidèm addit id
factum anno duodecimo Sigeberti Regis ; B
ne ipfe fibi contrarius effe appáreat, dicendum pro anno nono Regis illius errore effe
pofitum duodecimum , cum alibi anno fecundo Sigeberti Regis habuiffe Euphronium annum feptimum tradat : qua etiam
ratione dicendum eft ipfum fedi Turonenfi
præfuiffe annis quatuordecim : cum tamen
habeat alibì , dùm de ejus morte agit , fediffe annos decem & feptem : unde opus eft,
ut ex Gregorio ipfiufmet Gregorii textum
emendes .

XI.

c *Gregor.* Quoniam verò egregiæ fanctitatis virum
Turon.hift. ipfum appellat ejus in fede fucceffor Gre- C
l.10. c.xl. gorius (*c*), par eft ut ex iis quæ funt reliqua de monumentis à majoribus traditis ,
quibus ipfius virtutes prædicantur , reddamus pofteris notiorem . Extant in primis
ejus æqualis Venantii Fortunati duæ datæ
ad eum diverfis temporibus epiftolæ , quas
hic tibi defcribere haud putavimus fupervacuum : folent enim legentibus effe jucunda quamvis etiam corrofa carie , quæ è fuo
penu fragmenta pauper & pannofa fed fidelis antiquitas prodit . Eft autem ejufmodi prioris infcriptio :

XII.

Domino fancto & meritis Apoftolico do-
Fortunati mno & dulci patri Euphronio Papæ,Fortu-
ep. ad Eu- natus. Antè paucorum dierum volubilita- D
phronium. tem tranfcursam, deferente litterarum por-
titore , venerabilis oris veftri colloquium à
me cælefti pro munere fignifico fuiffe per-
ceptum : quod ea aviditate ; tefte rerum
creatore, complexus fum, qua & veftrum
piiffimum animum circà meam humilitatem
jugiter approbavi profufum , & me fuppli-
repletum cem multis copiofum * beneficiis agnofco
devotum . Qui quamvis in altera commo-
rer civitate, novit Deus, quia à vobis abfens fum tantummodò loco , non animo ,
& quòcumque fuero , intrà me vos claufos.
habeo . Verè dico : non eft illud cor car-
neum , ubi veftræ animæ non recipitur mi- E
randa dulcedo , fed marmore durius , fi tantæ charitatis non amplectitur blandimen-
tum : nàm quis de te tàm congrua prædicet,
quàm mens verè fancta depofcit ? Aut quis
fuo fic fatisfaciat animo , ut veftrum ficut
decet dignè prodat affectum ? qui intereà fic
humilis habetur erectus in cælis , ut inclin-
ando ad infima ,! te fublevari faciat ad ex-
celfa : ut jàm cognofcas , qui Chrifti humilitatem libenter amplecteris , de ejus regali
munere quid habebis.

Quoniam (ficut ipfius mandata funt) qui A
fe parvulum inter homines vult videri , magnificum fe elatumque refpiciet in fupernis.
Unufquifque qualiter defiderat , exponat .
Ego verò gratulor,in corde domni Euphronii , dilectionem domni mei fediffe Martini . Quaproptèr multiplici me prece Apoftolatui & fanctæ charitati veftræ commendans , rogo per ipfum domnum Martinum,
cujus frueris participato confortio , ut apud
eum memorari præcipias me famulum & devotum ; quatenùs quid apud eum meritis
prævales, in meæ humilitatis protectione
Ora pro me , domne fan- B
cte & Apoftolice , peculiaris domne & Pater .] Ita fe habet prior quæ reperitur epiftola , facta collatione duorum exemplarium . Pofterior autem eft hujufmodi , ut
expreffas in ea videas præcipua illas virtutes non in Epifcopo tantùm , fed in quolibet Chriftiano homine commendatas, charitatem videlicet cum humilitate atq; manfuetudine :

Domino fancto, mihique in Domino
peculiari patrono Euphronio
Papæ, Fortunatus .

XIV.

Copiofam & fuperabundantem pectoris C
veftri dulcedinem, quam circà devotionem
perfonæ meæ veftram beatitudinem , Pater
amantiffime , fateor impendiffe ; quis illam (ùt dignum eft) vel corde poffit concipere , vel fermone valeat explicare ? Quæ
tanto me fibi vinculo admirandæ charitatis
adftrinxit , ut ne unius horæ fpatio ab illo
mihi videar feparari confpectu, quem etfi
præfentem non video , attamen intrà pectoris habitaculum retineo conditum & re-
clufum . Quis enim tuæ charitati peculiaris non redditur , in qua tantæ bonitatis beneficia continentur ? aut quem ad tuam dulcedinem non inducas invitum , cujus pro- D
bavimus animum ineffabili charitate profufum ? Qua autem illud admiratione complectar, cum fic video cunctos diligere ,
ac fi unumquemque vifus fis proprio latere
generaffe ? Quis verò filiorum fuperbus effe defideret , ubi te patrem & doctorem
tantæ humilitatis agnofcit ? Aut quis fummo nobilitatis defcendens de culmine , cum
te hìc refpicit fupplicem , non fe tuis veftigiis in terra provolutum oftendet * ? Ve- * *oftendit*
rè dico . Si tumidum fuperbia deiicit ; multùm eft laudabilis humilitas , quæ vos eri-
git * . Quis denique illìc poffet effe iracun- * *erexit*
dus aut turbidus , ubi facerdos & Pontifex
tàm placidus es * inventus ? Scit enim to- **invenitur*
tus fine rapacitate grex vivere , ubi vivendi E
tranquillitas difcitur à paftore .

Quid de rebus reliquis referam , in qui- ### XV.
bus fic impendis fingulis , ut lauderis à cunctis ? Quæ tamen etfi imitari non poffumus,
vel vidiffe quod imitari deceat , congaude-
mus . Quaproptèr dominationi & fanctitati veftræ peculiariter me commendans ,
rogo & obteftor , fic ille domnus meus
Martinus fua interceffione obtineat ut cum
ipfo juxtà merita veftra in luce perpetua
vos.

vos collocet divina misericordia, ut pro me humili filio & servo vestro ad ejus beatum sepulchrum orare dignetur, ut pro peccatorum meorum remissione pius intercessor accedat. Eos verò qui vestri sunt, omnes domnos & dulces * reverenter saluto. Domnum meum filium vestrum Eventium pro me multipliciter supplico salutari. Domno meo Felici Episcopo, si per vos venit, me benigno animo commendari deposco. Ora pro me.] Hactenùs Fortunatus ad S. Euphronium.

* duces*

XVI.

Quem Felicem hic nominat Fortunatus Episcopum, fuisse Namnetensis Ecclesiæ Præsulem ex sequenti ad ipsum data epistola possumus intelligere, de quo pauca paulò post dicturi sumus: nunc autem ejusdem Fortunati de laude Euphronii carmina, aliqua ex parte superiùs recitata, velùt epitaphium hic ad sepulchrum ejus appositum, integra audiamus (a):

a Fortun. carm. l. 3.

Quamvis pigra mihi jaceat sine fomite lingua,
  Nec valeam dignis reddere digna viris:
Attamen, alme Pater, Christi venerande sacerdos
Euphroni, cupio solvere parva tibi.
Debeo multa quidem, sed suscipe pauca libenter.
Sic veniale precor, quod tuus edit amor,
Ecclesiæ lampas sub te radiante coruscat,
Lumine Pontificis fulget ubique fides.
Gratia præcellens sincero in pectore vernas,
Quo nullus dolus est, Israelita vir es.
Immaculata tibi feliciter actio currit:
  Ut penetres cælos, hæc via pandit iter.
Dulcia colloquii sine fuco dicta refundis.
Non sic mella mihi, quàm tua verba placent.
Quicquid habet sensus, hoc lingua serena relaxat:
Pectore sub vestro fraus loca nulla tenet.
Qui sine felle manens in simplicitate columbæ,
Nec serpens in te dira venena fovet.
Advena si veniat, patriam tu reddis amatam,

* exul*

Et per te proprias hic habet hospes * domos
Si quis iniqua gemit, tristis hinc nemo recedit,
Sed lacrymas removens lætificare facis.
Martinus meritis hac vos in sede locavit:
Dignus eras hæres, qui sua jussa colis.
Ille tenet cælum, largo dans omnia voto:
Christo junctus eris bene imitando virum,
Non perit hic vestrum qui grex ad ovile recurrit,
Candida nec spinis vellera perdit ovis.
Non lupus ore rapit prædam, pastore vigente,
Seu fugit exclusus non lacryando greges.
Hæc tibi lux maneat longas, venerande, per annos,
  Atque futura dies lucidiora ferat.]
Hæc de S. Euphronio Fortunatus.

XVII.
De Filice Episcopo Namnet.

Qod verò ad Felicem pertinet, de quo in dicta epistola ad S. Euphronium Fortunatus agit: meminisse debes de ejusdem genere ex Consularibus viris deducto nos egisse superiori tomo, anno videlicet Domini quingentesimo undecimo, ibique Felicis Consulatus occasione de hujus nobili familia, ex qua oriundus erat, recitasse carmina Venantii Fortunati, qui hunc ipsum Felicem antiquæ nobilitatis Romanæ decus & ornamentum, clarum doctrina, Pontificia dignitate decorum, auctum summis cum sæculari potentia atque divitiis animi dotibus, nempe virtutibus omnibus plurimùm celebrat, scriptis de eo epigrammatibus & elegiis (b): ex quibus, ne jejunus penitùs abeas, vel hoc unum accipe:

b Fortun. carm. l. 3.

Fida salus patriæ, Felix, spe, nomine, corde,
Ordo sacerdotum, quo radiante, micat.
Restituis terris quod publica jura petebant,
Temporibus nostris gaudia prisca ferens:
Vox procerum, lumen generis, defensio plebis,
  Naufragium prohibes hic, ubi portus ades.
Auctor Apostolicus, qui jura Britannica vincens,
Totus in adversis spe Crucis arma fugas.
Vive decus patriæ, fidei lux, auctor honoris,
  Splendor Pontificum, noster & orbis amor.]

XVIII.
De Basilicæ Apostolorum dedicatione,

Celebravit idem Fortunatus carmine sacra Encænia, cùm erecta in honorem sanctorum Apostolorum Petri & Pauli ab eodem Felice basilica, vocatis Episcopis, & inter alios S. Euphronio Turonensi, de cujus obitu ac sanctitate agimus, ab eisdem est dedicata, collocatis in ea eorumdem Principum Apostolorum sacris pignoribus ab Urbe acceptis: in quorum laudem hæc idem egregie Fortunatus, cujuslibet ipsorum distinguens peculiare munus & gradum:

Sidarei montes speciosa cacumina Sion,
A Libano gemini flore comante cedri,
Cælorum portæ, lati duo lumina mundi,
Ore tonat Paulus, fulgurat arce Petrus.
Inter Apostolicas radianti luce coronas
Doctior hic monitu, celsior ille gradu,
Hunc per corda hominum referantur, & astra per illum:
Quos docet iste stylo, suscipit ille polo:
Pandit iter cæli hic cum dogmate, clavibus alter:
  Est via cui Paulus, janua fide * Petrus.

* sede*

Hic Petra firma manens, ille architectus habetur:
Surgit in his templum, quo placet ara Deo.
Uno fonte pares medicata fluenta rigantes,
Restinguunt avidam dulce liquore sitim.
Fortia bella geret quisquis cupit astra tenere,
Rex dedit hos proceres militis esse duces,
Gallia plaude libens: mittit tibi Roma salutem,
Fulgor Apostolicus visitat Allobroges.
A facie hostili duo propugnacula præsunt:
  Quos fides turres Urbs caput Orbis habet.]
&c. Cum autem in honorem Apostolorum omnium atque martyrum erigerentur à majoribus nostris ubique memoriæ, quas sive ecclesias, sive templa atque basilicas nominamus; nomine tamen ipsorum Principum Apostolorum Petri & Pauli ubiquè locorum Christiani orbis frequentiora atqs celebriora excitari consuevisse monumenta, præsertim in Gallis, quæ diversis in locis à nobis sunt superiùs dicta fidem faciunt.

Petri & Pauli Ecclesiæ frequentes.

Qui-

Quibus & addendum de ecclesia à Trisari-
co in honorem eorumdem Apostolorum eo
in locó ædificata; ubi sanctùs Martinus se
spolians vestivit egentem: de qua extat
etiam ejusdem Fortunati epigramma, ex
quo hæc satis retulisse (*a*):

à Fortun.
carm. l. 2.

Hæc est aula Petri, cælos qui clave catenat,
  Substituit & pelagi, quo gradiente, latus,
Sedibus bis habitat Paulus, tuba Gentibus
  una:
Et qui prædo priùs, hic modò præco ma-
  net.] &c. Jàm de his satis.

XIX.
De ordina-
tione Gre-
gorii Turo-
ron. Episc.

Inter alias nobiles Galliarum Ecclesias
Illustrata est hoc sæculo sanctissimis viris
Ecclesia Turonensis; aucta nimirùm egregiæ sanctitatis Episcopis felici propagatione sibi invicèm succedentibus: præter alios
enim, quos superiùs recensuimus, defuncto proximè dicto sancto Euphronio, S.
Gregorium successisse in locum ejus diximus. Hujus quidem egregiam cum sanctitate nobilitatem generis Fortunatus (*b*)
versibus celebravit, quem matre natum maxime pia fœmina, nomine Armentaria, affirmat (*c*): patruum verò habuisse sanctum
Gallum Episcopum Arvernensem, ex ipsiusmet Gregorii testificatione (*d*) dictum
est. Post obitum igitur Euphronii, ab ipso (ut idem ipse ait (*e*) diebus decem & novem, Episcopus creatus est
Turonensis. Cecinit ejus ingressum Fortunatus his versibus (*f*):

b Fortun.
carm. lib. 3.
in princ.
c Fortun.
carm. lib. 5.
in fin.
d Gregor.
Turon. hist.
l. 10. c. ult.
e Gregor.
Turon. de
Glor. mart.
l. 2. c 23.
f Fortun.
carm. l. 5.
in princ.

Plaudite felices populi nova vota tenentes,
  Præsulis adventu reddite vota Deo.
Hoc puer exortus celebret, hoc curva sene-
  ctus,
Hoc commune bonum prædicet omnis homo.
Spes gregis ecce venit, plebis pater, urbis
  amator:
Munere pastoris lætificentur oves,
Sollicitis oculis, quæ prospera vota petebant,
  Venisse aspiciant, gaudia læta colant.
Jura sacerdotis meritò reverentur adeptus
  Nomine Gregorius pastor in urbe gre-
  gis.] &c.

XX.

Quid autem ei contigerit mense secundo à
die ordinationis ipsius notabit dignissimum,
hìc descripsisse haud pœnitebit. Ait ergò
ipse (*g*): Anno centesimo septuagesimosecundo post transitum S. Martini Antistitis, Sigeberto gloriosissimo Rege duodecimo anno regnante, post excessum sancti
Euphronii Episcopi, non meo merito, cum
sim conscientia teterrimus & peccatis obvo-
lutus, sed tribuente fideli Deo, qui vocat
ea quæ non sunt tamquàm ea quæ sunt, onus
Episcopale indignus accepi. Mense autem
secundo ordinationis meæ, cum iâmen in
urbem, incurri dysenteriam cum febre
valida, & taliter angi cœpi, ut immine-
te morte, vivere omninò desperarem.] Et
inferiùs, ubi ipsam descripsit infirmitatem,
mòx subdit:

g Gregor.
Turon. de
mirac. S.
Martini li.
2. c. 1.

XXI.
Pulveris
haustu re-
vocatur ad
vitâ Greg.

Cumque sic ageretur mecum, ut non remansisset spes vitæ, sed cuncta deportarem
in funere, nec valeret penitùs medici an-

A tidotum, quem mors mancipaverat ad per-
dendum: ego ipse me desperans vocavi Ar-
mentarium archiatrum, & dico ei: Omne
ingenium artificii tui impendisti, pigmen-
torum omnium vim probasti, sed nihil proficit. Perituro ex sæculo unum restat quod
facias; magnam tibi thiriacam ostendam:
pulverem de sacratissimi domini Martini sepulchro exhibe, & exindè inibi facito po-
tionem: quòd si hoc non valuerit, amissa
sunt omnia evadendi præsidia. Tunc misso
diacono ad antedictum beati Præsulis tumulum, de sacrosancto pulvere exhibuit, di-
lutumque mihi porrigunt ad bibendum.
Quo hausto, mòx omni dolore sedato, sanitatem recepi de tumulo: in quo tàm præsens fuit beneficium, ut cum datum fuerit
hora tertia, incolumis procederem ad convivium ipsa die hora sexta.] Hæc ipse de
pulvere sacro: idemque inferiùs ex pulvere
eodem alios curatos tradit, sicut ex cereolis ad sepulchrum Sancti incendi solitis,
Audi verò quæ de velo, lignoque cancelli
sepulchri ejusdem Sancti se miracula sensisse testatur (*b*):

h Gregor.
Turon. mi-
rac. S. Mar-
tini l. 4. c. 1.
& 2.

XXII.

Nuperrimo autem tempore (*inquit*) ventris dolorem incurri: & licèt non usquequaque dabat solutionem, tamen doloris
malum in illis intraneorum flexuosis reces-
sibus bacchabatur, Adhibui, fateor, sæpiùs balnea, atque res calidas super ipsas
alvi torturas ligari faciebam; sed nihil mederi poterant infirmitati. Sexta etenim dies
illuxerat, quòd magis ac magis dolor inva-
lescebat: cum mihi venit in mentem, antè paucos annos (sicut in libro secundo hujus operis continetur scriptum) me ab hoc
dolore Sancti virtute fuisse sanatum. Accessi haud temerarius ad locum sepulchri,
projectùsque solo orationem fudi, atque
secretiùs à pendentibus velis uno sub vestimento injecto filo, crucis ab hoc signacu-
lum depinxi. Protinùs dolore sedato, sanus
abscessi.] Addit his hæc de se itidèm.

XXIII.

Quodam verò tempore lingua mihi graviter obrigerat, ita ut plerumquè dùm loqui vellem, balbutire me faceret: quod
non mihi sine improperio erat. Accessi autem ad tumulum Sancti, ac per lignum cancelli linguam impeditam traxi.
Protinùs tumore composito, convalui. In-
tumuerat enim valdè, & totum palati im-
pleverat antrum. Deindè post diem tertium
labium mihi exilire graviter cœpit. Accessi iterùm quærere sanitatem ad tumulum:
tactùsque à dependentibus velis, protinùs
stetit venæ pulsus.] Hæc Gregorius, quæ
ipse expertus testatur. Quibus quis non magnoperè Dei potentiam prædicet in Sanctis
suis, dùm non ex anima tantùm in cælo
beata, & ex corpore humi sepulto, sed &
ex pulvere circà sepulchra Sanctorum cons-
perso, ex que velorum contactu, lignísque
cancelli Fideles hauriunt sanitatem? At de
his modò satis: jàm ad res gestas anni sequentis migremus.

JESU

516

JESU CHRISTI   BENEDICTI PAP.   JUSTINI JUN. IMP.
ANNUS   ANNUS   ANNUS
171.   3.   10.

I.
Longobardi Gallias invadunt.

Quingentesimus & septuagesimusquintus Christi volvitur annus, Indictione octavâ: quo non Italiæ tantùm Longobardorum incursio (ut dictum est) sed Galliis etiam molesta fuit, aliquot Ducibus ad eos infestandos immissis: licèt enim anteà eos frustrà tentassent, atque cum ignominia repulsi fuissent, visi jàm sibi Italiæ dominatione redditi fortiores, ne à Francis victi fuisse aliquando dicerentur, certamen instaurantes, aditum sibi per Alpes Cotias

a Paul. diac. de gest. Longob. lib. 3. cap. 1.

parant (a), Nicæamque devastant & alias obvias civitates. Sed quomodò populi peccatis id factum sit, audiamus Gregorium Turonensem, ex quo Paulusdiaconus quæ narrat accepit; nàm licèt stylus rudior, veritas tamen ipsa securior atque purior hauritur è fonte. Cum enim S. Hospitii reclusi voluntariè ad pœnitentiam rea præclarè gesta narrat, de prævisa ab eo Longobardorum incursione in Gallias æque narrationem instituit. Quæ quidem dùm Gregorius post Regis Alboini obitum sub ejus successore contigisse tradit, utique ad hæc sunt tempora referenda: quod præmonuisse voluimus, ne quis hunc Longobardorum in Gallias adventum cum superiori confundat.

II.

Accidit planè tunc quidem, quòd sicut evenire sæpè videmus, cum tumentes magis fluctus ventorum impulsibus sursùm elati exitum singuli navigantibus minitentur: idem vilis obice arenæ collisi, fracti retrò, resilire cogantur: ita, cum exæstuantes Longobardorum furores in Francorum damna effunderentur in Gallias, homuncionis unius (si tantùm spectes quæ foris sunt) ejusdemque vincti atque ergastula clausi virtute sint victi, secundùm illud Sapientis (b): *Fugat umbra justi impium, & fugit impius, nemine persequente: justus autem quasi leo, confidens absque terrore erit.* Sic planè Deus eosdem primò voluit homuncionis unius virtute vinci, quò, discerent ad plectenda populorum peccata accipere gentes à Domino fortitudinem; adeò ut si quis justus inveniatur, omnibus ipse potentior efficiatur: ut cunctis innotescat, ad hostes vincendos magis pietatem conferre, quàm arma. Sed audiamus Gregorium, qui hæc ait de S. Hospitio (c):

b Prov. 28.

c Greg. hist. lib. 6. cap. 6.

III.
S. Hospitii de clade Longobardorum prædictio.

Quodam tempore, revelante sibi Spiritu sancto, adventum Longobardorum in Gallias hoc modo prædixit: Venient, inquit, Longobardi in Gallias, & devastabunt civitates septem, eò, quòd increverit malitia earum in conspectu Domini: quia nullus est intelligens, nullus qui faciat bonum, quo ira Dei placatur: est enim omnis populus infidelis, perjuriis deditus, furtis obnoxius, in homicidiis promptus, à quibus nullus justitiæ fructus ullatenùs gli-

scit; non decimæ dantur, non pauperali-tur, non nudus tegitur, non peregrina hospitio recipitur, aut cibo sufficienti satiatur: ideò hæc plaga supervenit. Nunc autem dico vobis, congerite omnem substantiam vestram intrà murorum septa, ut à Longobardis diripiatur. Hæc eo loquente, omnes obstupefacti, & vale dicentes, eum magna admiratione ad propria sunt regressi.

IV.

Monachis quoque dixit: Abscedite & vos, à loco, auferentes vobiscum quæ habetis: ecce enim appropinquat gens, quam prædixi. Dicentibus autem illis: Noli nos linquere, sanctissime Pater; ait: Nolite timere pro me: futurum est enim ut inferant mihi injuriam, sed non nocebunt: utquod admortem. Discedentibus autem monachia, venit gens illa, & dùm cuncta quæ reperit vastat, pervenit ad locum ubi Sanctus Dei clausus erat. At ille per fenestram turris ostendit se eis. Illi verò circumeuntes turrem, aditum per quem ingrederentur ad eum invenire non poterant. Tunc duo ascendentes detexerunt tectum, & videntes eum vinctum catenis, indutumque cilicio, dicunt: Hic malefactor est, & homicidium fecit: ideò in his ligaminibus vinctus tenetur. Vocatoque interprete, sciscitatur ab eo quid mali fecerit, ut tali supplicio arctaretur. At ille fatetur se homicidam esse, omnisque criminis reum. Utpotè quia peccatum quodlibet perpetrare minimè prætermisisset, nisi Deus sua gratia munivisset. Sed pergit:

V.
Percussor abjecta impietate fit monachus.

Tunc unus extracto gladio, ut in ejus caput vibraret, dextera in ipso ictu suspensa diriguit, nec eam ad se potuit revocare: tunc gladium laxans, terræ dejecit. Hæc videntes socii ejus, clamorem in cœlum dederunt, flagitantes à Sancto, ut quid agi oporteret, clementer insinuaret. Ipse verò imposito salutis signo, brachium sauciati restituit. Ille autem in eodem loco conversus, tonsurato capite fidelissimum monachum nunc habetur. Duo verò Duces, qui eum adierunt, incolumes patriæ redditi sunt; qui verò contempserunt præcepta ejus, miserabiliter in ipsa provincia sunt defuncti. Multi autem ex ipsis à dæmoniis correpti clamabant: Cur nos, sancte & beatissime, sic crucias & incendis? Sed imposita eis manu, mundabat eos. Hæc de his Gregorius: quibus videas non Longobardos tantùm ab Hospitio Deo servo victos fuisse, sed & ultores dæmones ad vindictam à Deo missos nullo negotio expulsos. Hæc tùnc transacta fuere cum Longobardis secundùm Propheticum illum oraculum (d): *Erunt capientes eos qui se ceperant.* Pergit autem idem Gregorius alia ejusdem Hospitii miracula recensere, quibus

d Isai. 14.

bus Deus voluit innotescere quanta esset in homine sanctitas .

VI.

Ex quibus illud unum satis in medium adduxisse , quo perseverans pristinus ille usus declaratur, quo Fideles consueverunt Romam ad Apostolorum limina , ut ibi à diversis languoribus sanarentur , se conferre : Ait enim Gregorius (*a*) : Homo erat Andegavensis incola , qui per nimiam febrem eloquium pariter auditumque perdiderat; & cum de febre convaluisset , surdus permanebat ac mutus. Igitur diaconus ex provincia illa Romam directus est , ut beatorum Apostolorum pignora , vel reliquorum Sanctorum , qui illam urbem muniunt , exhiberet. Qui cum ad parentes infirmi illius pervenisset ; rogant eum , ut eum sibi comitem itineris sumere dignaretur : confisi , quòd si beatissimorum Apostolorum adiret sepulchra , protinùs posset assequi medicinam. Euntibus autem illis , venerunt ad locum ubi beatus Hospitius habitabat . Quo salutato ac deosculato , causas itineris diaconus pandit , ac proficisci se Romam indicat; seseq; his qui sancto viro de naucleris amici essent, commendari deposcit.

VII.

Cumque ibi adhuc moraretur , sensit vir per spiritum Domini adesse virtutem , & ait diacono : Infirmum qui comes tui nùnc est itineris , rogo , ut meis aspectibus repræsentes . At ille nihil moratus , velociter ad metatum vadit , invenitque infirmum febre plenum , qui per nutum aures suas dare tinnitum indicabat ; apprehensumque; ducit ad Sanctum Dei. At ille apprehensa manu cæsarie , attraxit caput illius ad fenestram , assumptoque oleo benedictione sanctificato , tenens manu sinistra linguam ejus, ori, verticique capitis infudit, dicens: In nomine Domini mei Jesu Christi , aperiantur aures tuæ , referetque os tuum virtus illa , quæ quondàm ab homine surdo & muto noxium ejecit dæmonium. Et hæc dicens , interrogat nomen . Ille verò clara voce ait: Sic dicor . Cumque hæc vidisset diaconus , ait : Gratias tibi immensas refero , Christe , qui talia per servum tuum dignaris ostendere . Quærebam Petrum , quærebam Paulum Laurentiumque , vel reliquos , qui proprio cruore Romam illustrant : hìc omnes reperi , hìc cunctos inveni . Hæc eo cum maximo fletu & admiratione dicente , vir Dei omni intentione vanam vitans gloriam, ait Sile , sile , dilectissime frater : non hæc ego facio , sed ille qui mundum ex nihilo condidit; qui pro nobis hominem suscipiens, cæcis visum, surdis auditum, mutis præstat eloquiū; qui leprosis cutem pristinam , mortuis vitam , omnibusque infirmis affluentem medicinam indulget . Tùnc diaconus gaudens abscessit cum comitibus suis, &c.] Hæc Gregorius : ex quibus etiam vetus illa in Ecclesia Catholica consuetudo perseverans ostenditur, cujus Tertullianus ad Scapulam meminit , qua videlicèt oleum benedictum adhibere consueverunt Fideles ad morborum curationem .

VIII.

Quod rursùs pertinet ad Longobardos , idem Gregorius superiùs de aliis eorum-

Annal. Eccl. Tom. VII.

dem in Gallias eruptionibus diversis temporibus repetitis hæc ait (*b*) : Prorumpentibus iterùm Longobardis in Gallias , armatur Petricius nuper Celsi successor : concurreruntque ibi , tantamque tùnc stragem Longobardi feruntur fecisse de Burgundionibus; ut non possit colligi numerus occisorum ; onerati que præda , ascenderunt iterùm in Italiam . Quibus ascendentibus; Eunius , qui & Mummolus , accersitus à Rege Guntheramno Patricius culmen meruit . Irruentibus iterùm Longobardis in Gallias , & usquè Muscias Calmes accedentibus , quod adjacet civitati Ebredunensi ; Mummolus exercitum movet , & cum Burgundionibus illuc proficiscitur : circumdatisque Longobardis cum exercitu , actisque concedibus, per divortia silvarum irruit super eos , multosque interfecit , nonnullos cepit , & Regi direxit; quòs ille per loca dispersos custodire præcipit , paucis quodammodò per fugam elapsis qui patriæ nunciarent .

Fuerantque (*c*) in hoc prælio Salonius & Sagittarius fratres , atque Episcopi , non cruce cælesti muniti , sed galea & lorica sæculari armati : multos manibus propriis (quod pejus est) interfecisse reperiuntur . Hæc prima Mummoli certaminis victoria fuit .] Meminisse debes, lector, hos Episcopos jàm tempore Joannis Papæ (ut dictum est superiùs) fuisse Episcopali dignitate diminutos , sed Rege intercedente , per ipsum Romanum Pontificem restitutos : verùm licèt specimen aliquod ad breve tempus ediderint modestioris vitæ; quia tamen quodcumque dictum durabile non est , in pristinos relapsi mores , se ipsis sunt deteriores effecti . De quibus hæc rursùm ipse Gregorius (*d*) :

Hi verò in majoribus sceleribus quotidiè miscebantur , & in prœliis illis (sicut jàm suprà meminimus) quæ Mummolus cum Longobardis gessit , tamquàm unus ex laicis accincti arma plurimos propriis manibus interfecerunt : in cives verò suos nonnullos commoti selle , verberantes fustibus usque ad effusionem sanguinis sæviebant . Unde factum est , ut clamor populi ad Regem denuò procederet , eosdemque Rex accersiri præceperit . Quibus advenientibus, noluit suis obtutibus præsentari ; scilicèt ut priùs habita audientia , si idonei invenirentur , sic Regis præsidium mererentur . Sed Sagittarius selle commotus , ut erat levis ac vanus , & in sermonibus irrationabilibus profusus, declamare plurima de Rege cœpit , ac dicere , quòd filii ejus regnum capere non possent , eo quòd mater eorum ex familia Magnacharii quondàm asuta Regis torum adiisset ; ignorans , quòd prætermissis nùnc generibus fœmidarum , Regis vocarentur liberi , qui de Regibus fuerint procreati . His auditis Rex commotus valdè , tàm equos , quàm pueros , vel quæcumque habere poterant , abstulit , ipsosque in monasteriis à se longiori accessu dimotis, in quibus pœnitentiam agerent, includi præcepit , non ampliùs quàm singulos eis clericos relinquens, Judices locorum terribi-

liter

Xx

Margin notes:
VI.
a Greg. l.6. c.6.
Peregrinatio ad limina Apostolorum.

Oleo benedicto curatur infirmus.

VIII.

b Greg. Turon. hist. l.4. c.36.
Tentarūt iterū Gaspofit alias Longobardi.

IX.
c Greg. Tur. histor. lib.4. c.37.
Salonius & Sagittarius Episcopi bellatores.

d Greg. Tur. hist. Franc. l.5.c.20.
X.

liter commonens, ut ipsos cum armatis custodire debeant, ne cui ad eos visitandos ullus pateat aditus.

XI.
Gunthoramni Regis pietas commendata.

Superstites autem erant his diebus filii Regis, ex quibus senior ægrotare cœpit. Accedentes autem ad Regem familiares ejus dixerunt: Si propitius audire dignaretur Rex verba servorum suorum, loquerentur in auribus suis. Qui ait: Loquimini quæ libet. Dixeruntque: Ne forte innocentes hi Episcopi exilio condemnati fuissent, & peccatum Regis augeatur in aliquo, & ideo filius domini nostri pereat.] Non quidem innocentes ex dictis superius comprobati, sed injuste ab eo damnati dici poterant, cum Regum hoc non sit, sed tyrannorum, Episcopos condemnare: Summorum enim Pontificum sententia, vel Synodali decreto more majorum id fuit solitu agi. Subdit vero de Rege: Quod Rex hac ex parte suam culpam sentiens, ait ad eos: Ite quantocyus, & relaxate eos, deprecantes ut orent pro parvulis nostris.] Vides quantum tribuat Rex Christianissimus Episcopatui de sacramentum, ut licet sciret deterrimos esse homines, eos tamen vinctos absolverit, & preces ad Deum ab eisdem efflagitarit. Intelligis pariter, quanti Deus ipse fieri voluerit à Principibus quoscumque licet improbos sacerdotes, pro quibus adversus eos, quos non decet, insequentes eorum scelera festinè vindex insurgat. Sed quid de illis ? pergit auctor dicere:

XII.

Quibus abeuntibus, dimissi sunt. Egressi igitur de monasteriis, conjuncti sunt pariter, & se osculantes, eò quòd olim se visi non fuerant, ad civitates suas regressi sunt: & in tantum compuncti sunt, ut viderentur numquam à psallentio cessare, celebrare jejunia, librum Davidici carminis explere per diem, noctesque in hymnis & lectionibus meditando deducere. Sed non diu hæc sanctitas illibata permansit; conversique sunt iterum retrorsum: & ita plerumque noctes epulando atque bibendo ducebant, ut clericis matutinas in ecclesia celebrantibus, hi pocula poscerent & vina liberent; nulla prorsus de Deo erat mentio, nullus omninò versus memoriæ habebatur: renidente aurora, surgentes à cœna, mollibus se indumentis operientes, somno vinoque sepulti usque ad horam diei tertiam dormiebant: sed nec mulieres deerant, cum quibus polluerentur. Exurgentes igitur, abluti balneis, ad convivium discumbebant, ex quo vespere surgentes, cœnæ inhiabant usque ad illud lucis tempus, quod superius diximus. Sic faciebant singulis diebus, donec irâ Dei diruit super eos: quod in posterùm memoraturi sumus.] Hucusque de his modò Gregorius. Quomodò autem hi in Episcoporum Concilio ab Episcopatu ejecti sunt, & alii in locum eorum subrogati, atque demùm licèt correcti, sed inemendati malè periere, inferiùs eodem anno quo ista seri contigerunt, latiùs dicturi sumus.

Episcopi in deterius iterùm lapsi.

XIII.

Quod verò ad statum pertinet rerum Orientalium, additum est ad calamitatem,

ut post grassationem Persarum, devastationemque Syriæ, & expugnationem, quam diximus, Daræ Justinus Imperator ob mœrorem nimium, quem ex tot acceptis cladibus hausit, in phrenesim inciderit, deliquiumque mentis sit passus, dilucidis interdùm intervallis ad modicum temporis spatium resipiscens. Cum intereà Sophia Augusta ut corruenti omni ex parte Reipublicæ consuleret, consilium iniit ut precibus à Cosrhoe Rege pacem redimeret: quomodò autem id factum sit, ab Evagrio ita accipe (a):

Initium est (inquit) maturè consilium rebus Romanis opportunum & accomodatum, quo illud quod temeritate peccatum erat, in integrum restitutum est. Nam mittitur ad Cosrhoen Trajanus vir eximius ex ordine Senatorio, magno in honore ab omnibus tùm ob canos, tùm ob singularem prudentiam habitus, non ex persona Imperatoris aut Reipublicæ, sed pro Sophia dumtaxat Imperatrice verba facturus. Nàm scripsit illa litteras ad Cosrhoen, quibus apud illum de viri calamitate, deque Republica Principe orbata conquesta est, & quòd non oportet illum in mulierem viduam, in Imperatorem jacentem & afflictum, in Rempublicam desertam opeque destitutam impetum facere. Nàm olim ei morbo divexato non modò parem benignitatem declararet, verùm etiam optimos quosque medicos à Republica Romana ad ipsum missos, qui eum morbo curarent. Quibus verbis persuasus fuit Cosrhoes: & quamquàm in res Romanorum extemplò erat incursionem facturus, tamen ad triennium paciscitur inducias pro partibus versùs Orientem: simúlque decretum fuit, ut Armenia simili frueretur conditione, nullumque bellum ibi gereretur, neque quisquam partibus ad Orientem vergentibus quicquam facesseret molestiæ.] Hæc de fœdere inito Evagrius, quod hoc anno esse sancitum indè ducimus argumentum, quòd cum illud ad triennium pactum servatum integrum fuerit, post tres annos à Tiberio adversùs eum pugnatum constat. Corrigendi (b) verò videntur, qui id nono anno ejusdem Imperatoris factum putarunt, quo tempore (ut dictum est) nondùm eam cladem acceperat à Persis Romanum Imperium: sicuti etiam errant, dum eodem anno nono creatum Tiberium Cæsarem tradunt, refragante Evagrio, qui eâ ipsa quæ oculis vidit, potuit, scripsit.

Quod rursùs ad eumdem Justinum pertinet: quomodò magicas incantationes passus, divino præsidio curatus sit, à Gregorio Turonensi ejusmodi accipe narrationem (c), ubi agit de clavis quibus Christus in Cruce confixus est, deque freno Constantini, in quo ex illis unus connexus fuit. Magnam (inquit) asserunt virtutem esse hujus freni; quod ambigi nequaquàm potest: quod Justinus Imperator publicè expertus est, ac suis omnibus patefecit. Illuse enim à quodam mago propter pecuniam emissis sibi à dæmonis umbra intolerabilis, per

Justin. laborat mentis deliquio.

a Evagr. l. 5. c. 12.

Sophia Aug. pacem à Reg. Persarum obtinet.

XIV.

b Cedren. & Miscell. an. 9. Justin.

XV.

c Gregor. de glor. mart. l. 1. c. 6.
A Magicis larvis liberatur Justinus.

per duarum curriculâ noctium suftinuit in- A
fidias; sed dùm tertia nocte frenum capiti
collocaffet, locum infidiandi inimicus ultrà non habuit, repertumque auctorem in-
fidiarum gladio percuffit.] Hæc Gregorius
qui licèt de seniori vel de juniori an hæc
dicat non exprimat; de juniori potiùs Justino, qui ejus tempore vixit, accipiendum
putamus, quem deliquium mentis paffum
Justini fa- diximus. Quo tempore idem ipse Impera-
cinus Im- tor illud ftulto homine dignum facinus edi-
peratore dit, quod in Miscella, non tamen congruo
indignum. tempore ita narratur (*a*)? Juftinus infir-
a Miscell. matus & contriftatus adversus Biduarium,
l.16.ann.8. fratrem suum, & hunc injuriis laceravit: no-
Justini. vissimè verò præcepit cubiculariis pugnis B
cæfum educere illum in confpectu Concilii
Senatorum; erat enim Comes, Imperialium
ftabulorum. Quo comperto, Sophia tri-
ftata est, & conquesta Imperatori. Qui

se pœnituit, & descendens ad eum in ftabu-
lum, introivit subitò cum Præpofito cubi-
culariorum. Biduarius autem; viso Imperatore; fugit è loco in locum per superiora
præfepis præ timore Imperatoris. At Imperator clamabat: Adjuro te per Deum,
frater mi, expecta me. Et cum cucurriffet
tenuit eum; & amplexatus ofculatus eft
eum, dicens: Peccavi tibi, frater mi: sed
fuscipe ut fratrem tuum primùm & imperatorem; ex diabolica enim operatione novi
quod factum fit hoc. Qui cecidit ad pedes
ejus, & flens ait: Veraciter, domine, poteftatem habes; verumtamen in præfentia
Senatus deformafti servum tuum: modò,
domine, his rationem redde, & oftendit ei
equos. At verò Imperator rogavit eum fecum
manducare, & pacificati funt.] Hucufque
auctor, sed interverfo (ut dictum eft) ordine temporum. At de fatuitate Juftini fatis.

JESU CHRISTI   BENEDICTI PAP.   JUSTINI JUN. IMP.
ANNUS   ANNUS   ANNUS
576.   4.   11.

I. Sequitur Chrifti annus quingentefimus
septuagefimusfextus, nonæ Indictionis
quo civili bello in Galliis recrudefcête inter
Guntheramnum atque Sigebertum & Chil-
6Greg. Tu- pericum in societatem vocatum; Francorum C
von.de Geſt. Reges (*b*), celebrata est provincialis Syno-
Franc. l.4. dus Parifiis, ea de caufa ab eodem Rege
c.47 48. Guntheramno procurata, ut fanctiffimi qui
Synodus tùnc in Galliis florebant Epifcopi caufam
Parifiēsis cognofcerent, contentionemque obortam
fedarent, litefque antequàm deveniretur ad
arma, componerent. Verùm ubi femèl res
armis cœpta eft agi, filuerunt Ecclefiafticæ
leges. Accidiffe namque ait Gregorius inter
hæc, ut Chilpericus per filium suum Theodobertum magnam intulerit cladem, supe-
rato Gundebalo Duce, Turonenfibus, Pi-
ctavientibus atque aliarum civitatum Eccle- D
fiis; quam paucis his Gregorius ipse Turonenfis Antiftes ita perstringit: Vaftat, evertit, Ecclefias incendit, minifteria detrahit,
clericos interficit, monafteria virorum deji-
cit, puellas deludit, & cuncta devaftat, fuitque illo in tempore pejor in Ecclefiis gemitus, quàm tempore perfecutoris Diocletiani.] Ifta sic deplorans Gregorius, mòx exclamat in depravatos corruptofque moribus
Francorum Reges, à majoribus ipforum valdè degeneres: excipitur verò ab his Guntheramnus, qui ab eo fanctiffimus prædicatur:
Recuramus (*inquit*) ad illud quod parentes
eorum egerunt, & ifti perpetrant. Illi mox E
prædicationem facerdotum de fanis ad Ecclefias funt converfi; ifti quotidiè de Ecclefiis prædas detrahunt. Illi facerdotes Domini ex toto corde venerati funt; & audiunt;
ifti non folùm non audiunt, sed etiam per-
fequuntur. Illi Ecclefias & monafteria dita-
verunt; ifti eas diruunt & fubvertunt.

II. Quid de Latta monafterio referam, in
quo B. Martini habentur reliquiæ? Cum
ad eum unus currens hoftium adventaret, &
fluvium qui propinquus eft, tranfire difpo-
neret, ut monafterium fpoliaret; clamave-

runt monachi, dicentes: Nolite barbari,
nolite hùc tranfire; B. enim Martini eft monafterium. Hæc audientes eorum multi,
compuncti à Dei timore regreffi funt. Viginti verò ex ipfis, qui non metuebant
Deum, neque beatum confefforem honorabant, afcendentes navem, illùc tranfgre-
diuntur; & inimico ftimulante, monachos
cædunt, monafterium evertunt, refque diripiunt, de quibus facientes farcinas, navi
imponunt; ingreffique fluvium, protinùs
vibrante carina, hùc illùcque feruntur. Cumque amiffo auxilio remorum, haftalibus lan-
cearum in fundo alvei defixis, remeare conarentur, navis fub pedibus eorum dehifcit,
& unufquifque ipforum quod contra se tenebat, pectori defigit; transverberatique cuncti à propriis jaculis interimuntur. Unus tantùm ex ipfis, qui eos increpabat ne ifta com-
mitterent, remanfit illæfus. Quòd si quis hoc
fortuitò eveniffe dicat, cernat unum infon-
tem plurimis evafiffe de noxiis. Quibus interfectis, monachi ipfi res fuas alveo detrahentes, & illos fepelientes, res domi reftituunt.]
Hæc Gregorius, res geftas fui temporis, suæque pariter regionis defcribens: quæ autem
his fubjicit, annis potiùs fequentibus facta
nofcuntur, si res fingulas exactè penfemus.

Viditti facrilegorum divinitùs immiffam
vindictam, ut fuis ipforum finguli armis
confoffi petirent: quo difcant impii, paf-
furos se vindictam Deum, cum in res ipfi
dicatas infurgunt. Nec glorientur, si qui
ejufmodi fcelera perpetrantes, non eamdem contefiim vindictam experiantur; sed
meminiffe debent fententiæ Domini (*c*) de
occifis à Pilato Judæis, atque necatis rui- **c Luc.13.**
na turris Siloe, afferentis de aliis diriora patrantibus facinora, nec ftatim pœnas dantibus, eos ad pœnitentiam refervari; quam
si agere prætermittant, durius effe judicium
fubituros. Quàm malè autem ceſſerit Sigeberto Regi, facerdotes Dei fanctiffimos Epifcopos, quæ funt pacis curantes, non ex-

pecasse, ut secundùm sacras civilesque leges sententiam fervent ; exitus patefaciet, de quo sequenti anno dicturi sumus . Demùm , ut uno verbo rem absolvam, pluribus fuit semper declaratum exemplis, regna tunc optimè gubernari , cum sanctae religioni fuerint velutì fundamento solido superposita ; quo si careant , nutare sic necesse , & quolibet licèt levi terraemotu prosterni : eò quòd nemo possit aliud ponere fundamentum quo firmè quid permaneat, praeter id quod à Deo positum est , Christus, scilicèt Deus noster .

IV.

Quid praeterea ejusdem Regis furore: grassantis tempore acciderit militibus qui basilicam S. Vincentii martyris in eadem regione positam invaserunt , audi eumdem Gregorium ista narrantem his verbis (a) ; Tempore autem illo , quo contrà Gundibaldum commotus exercitus ad Convenicasem urbem directus est , ab hujus hostilitatis multitudine basilica S. Vincentii martyris vallatur tota ; erat enim in ea plebe omnia rerum suarum praesidia, confidens de reverentia martyris , quòd nullus ea praesumptione temeraria auderet attingere ; & obseratis ostiis , se ab intus cum rebus incluserat . Circumdantes autem hostes , cum

a Gregor. de glor. mart. l. 1. c. 105.

Invasores Ecclesiae S. Vincentii miserè periere.

aditum per quem ingrederentur , invenire non possent , igneni obstruedis subjiciunt ; quem diu multimque succendentes, non apprehendebant valvas: donec impulsu securium comminutis , ingressi sunt , diripientes res, populumque inclusum in ore gladii trucidantes . Sed mox diù haec remuneratio imuit ; nam alii à daemone correpti , nonnulli in flumine Garumnae necati , multi etiam à frigore occupati diversis in partibus diversorum morborum genere vexabantur . Nam vidi ex eis multos in Turonico territorio, qui in hoc fuerant mixti scelere, graviter cruciari , & usque ad vitae praesentis amissionem intolerabilium dolorum cruciatu torqueri . Multi enim ex his confitebantur se judicio Dei ob injuriam martyris fuisse morti pessimae destinatos . Ecce quantum Deus praestet martyribus suis! Ecce qualibus eosdem laudibus Christus Dominus bellorum fidelium inspector honorat ; Ecce quantum praestat ipsius nominis dignitas Christiani , si non Gentilium more aut inhiemus cupiditati , aut luxuriae serviemus . } Hucusque de his ibi Gregorius : quomodo autem ex insperato inter Francorum Reges pax sancita fuerit , dicetur anno sequenti .

F

B

C

JESU CHRISTI   BENEDICTI PAP.   JUSTINI JUN. IMP.
ANNUS   ANNUS   ANNUS
577.   5.   12.

I.
Benedicti Papae obitus.

Quingentesimo septuagesimo septimo Domini anno , decima Indictionis , ultima die Julii Benedictus Papa cum sedisset annos quatuor , menses duos , dies quindecim , moritur , ut colligitur ex Anastasio , qui de eodem ista subdit : In istis laboribus , ex incursionibus Longobardorum illatis , & afflictionibus positus sanctissimus Benedictus Papa mortuus est ; qui sepultus est in basilica B. Petri Apostoli , in secretario , pridie Kal. Augusti . Hic fecit ordinationem unam per mensem Decembrem, Presbyteros quindecim, diaconos tres, Episcopos per diversa loca numero viginti unum . } Haec Anastasius . Habetur nomine ipsius notata epistola ad David Episcopum in Hispania Baetica de mysterio sanctissimae Trinitatis ex divinis Scripturis deprompto . Quòd autem Joannes diaconus dicat à Benedicto creatum fuisse diaconum S. Gregorium;id quantum à veritate aberret, dicemus suo loco inferiùs,cum de Gregorio agemus pluribus.

II.

Ubi verò post obitum Benedicti sedes vacasset menses tres & dies decem , unde-

D

E

cima mensis Novembris creatus est Pelagius Junior ejusque nominis secundus Romanus Pontifex , natus ex patre Uvinigildo , ex quo quidem nomine eum potius genere Gothum quàm Romanum putamus ; Hic (inquis Anastasius) ordinatur absque jussione Principis : eò quòd Longobardi obsiderent civitatem Romanam , & multa vastatio ab eis in Italia fieret . } Haec de ejus ordinatione, quae quidem in calamitosissima plané tempora incidit , cum gladio Longobardorum universa vastaretur Italia , idemque in ipsam Urbem immineret exertus. Addebatur ad mala haec tanta dirum schisma orbis Occidentalis , separatis quamplurimis Ecclesiis , ipsisque provinciis usque ad Hibernos (ut dictum est) ab Ecclesiae Romanae communicatione ob damnationem Trium capitulorum : cum idem Pontifex istis consulturus , adhibito in consilium & auxilium S. Gregorio , qui ipsi in sede successit , librum edidit pro Quinta Synodo quam defendit , probeque factam ostendit Trium capitulorum damnationem. Meminit ejusdem scriptionis ipse S. Gregorius in reddita epistola ad Hibernos. Sed de his modò hactenùs: reliqua verò suis locis inferiùs.

Eodem tempore inter Reges Francorum inter se mutuò (ut dictum est) praeliis decertantes pax ex insperato composita est : Nec hoc (inquit Gregorius) (b) B. Martini virtute factum ambigitur , ut hi inter se sine bello pacificarentur : nam ipsa die qua hi pacem fecerunt , tres paralytici ad beati basilicam sunt directi : quod sequentibus
libris ,

Pelagius II. Papa creatur.

III.

b Greg. l. 4. c. 49. in fin.

libris, Domino juvante, differemus .] In commentario videlicèt de miraculis sancti Martini , ubi hæc de his habet (a): Quidam ex Antisiodorensi oppido , Manlulfus nomine, deferentium manibus ad B. Martini sepulchrum jactatus est . Qui jugi orationi & jejunio incumbens , pedes quos intortos exhibuit , reddita subitò sanitate , retulit in usu consueto directos; & ita Sancti virtute reformatus est , ut qui aliorum manibus deportatus est , propriis firmatus vestigiis , præsentibus nobis consurgeret sospes .

IV. Miracula alia ad sepulchrum S. Martini .

Alius autem paralyticus ex Aurelianensi territorio carruca devectus venit in sanctam basilicam : qui diebus multis jacens ad oftium illud , quod serùs baptisterium ad medium diem pandit egressum , beati Antistitis implorabat auxilium : factum est autem ut una die jacens graviùs extrà solitum torqueretur , ita ut vicini de proximo ad ejus voces concurrerent (dissolvebantur autem ligaturæ nervorum ejus , & dirigebantur , propterea erat dolor intolerabilis) & sic tribuente patrono , erectus super plantas , flens præ gaudio, populo teste , surrexit ; qui continuò clericus factus , & in sospitate firmatus , ad domum regressus est . Sed & alius gressu debilis , nomine Leobovius , jàm clericus , adveniens , sed per terram se trahens , quia paupertate faciente , non habebat qui eum ferret , de die in diem B. Martini limina requirebat . Qui dùm quadam die ad Sancti pedes fleret , directis genibus atque pedibus , spectante populo,

sanitatem recepit . Tres virtutes istas ipsa die factas fuisse constat, qua Sigebertus gloriosissimus Rex Sequanam transiens sine collisione exercitus pacem cum fratribus fecit . Quòd nullus ambigat hanc tertiam beati Antistitis fuisse victoriam.] Hucusquè Gregorius , cum de inita inter Francorum Reges pace testatur , quæ tamen anni unius terminum non excessit : siquidèm post sequentem annum iterùm Chilpericus Guntheramnum excitavit adversùs Sigebertum, ut idem Gregorius (b) tradit: sed de his suo loco dicendum erit .

Quod ad rerum Orientalium statum pertinet , nihil præterea nobis veteres reddunt Annales , nisi quòd Justinus Imp. cum vastart à Persis audiret Imperium , ad conciliandum sibi divinum numen , Dei genitrici Mariæ templum erigendum curavit , de quo ita hoc anno ejusdem Imperii duodecimo in Miscella : Justinus Imp. synagogam Judæorum , quæ erat Constantinopoli in Chalco , pretiis ablatam ab eis , fecit Ecclesiam dominæ nostræ sanctæ Dei genitricis , quæ proxima est magnæ Ecclesiæ .] Quænam autem sit Justinus à Deo ob piè factum beneficia consecutus , idem auctor mox addit , nimirùm , quòd cum deliquio mentis laboraret , ob idque res Imperii in summo essent discrimine positæ , tantum ei Dei genitrix præstitit sanitatis , ut dilucido intervallo potitus , cunctis rectè dispositis, statum Reipublicæ in tuto collocaret, ascitis sibi Tiberio in collegam quod quomodo anno sequenti contigit , paulò post dicturi sumus .

JESU CHRISTI ANNUS 578. **PELAGII PAP. II. ANNUS I.** **JUSTINI JUN. IMP. ANNUS 13.**

I. Quingentesimo septagesimo octavo Christi anno , Indictionis undecimæ, cum Justinus Imperator decimumtertium ageret in Imperio , ascivit sibi collegam Tiberium . Ita quidem Evagrius rerum præsentium inspector , cùm hæc ait (c): Ut autem ordinem temporum accuratissimè complectamur ; intelligendum est , Justinum Juniorem per se solum ad annos duodecim & menses decem cum dimidio regnasse , atque unà cum Tiberio ad annos tres , & undecim menses .] Hæc ipse : quo corrigas alios , qui Tiberii cooptationem ante quatuor vel quinque annos collocant in suis Annalibus. Causam autem allegendi sibi collegam , idem auctor superius refert hujusmodi (d): His rebus assidui, nempè Persarum felicibus progressibus, Justinus præ nimia insolentia ac superbia , sanitate animi & prudentia ex mentis domicilio exturbata , casum qui acciderat , multò acerbiùs quàm humana fert consuetudo , tulit ; atque in morbum , quem Græci φρεντίδα vocant , idest , mentis alienationem & insaniam incidit : adeò ut de cæterò , rerum quæ gereret , nullum mentis sensum haberet . Itaque Tiberius genere Thrax , qui facilè primas apud Justinum obtinuit,

Reipublicæ capessit administrationem .] Hucusquè Evagrius .

II. Hæc autem quomodò eidem Tiberio prænunciata fuerint à S. Eutychio Episcopo Constantinopolitano cum in exilio degeret, Eustathius (e) ejus comes ita scripsit : Quid propriò piæ memoriæ Tiberio prædixerit, videamus . Primùm quidem ipsum Tiberium Notarium apud Justinum antequàm esset Imperator collocavit . Deindè cum apud Syrmium Abarici belli causa ageret , scripsit ad eum vir admirabilis . Scribendi autem hæc fuit occasio : Tribunus quidam militum Amaseæ commorantium cupidus apud Tiberium gratiam inire, acceptis à sancto viro litteris commendatitiis , ad eum alacri animo Syrmium profectus est . Atque illius quidem epistolæ argumentum erat hujusmodi , sed tamen Imperii quoque prænunciationem continebat . Post prooemium enim epistolæ sequebantur hæc verba : Nunc quidem in partem Reipublicæ gubernacula tibi commisit Deus, mòx autem & finem concedet. Hoc nemo nostrum tùnc animadvertit , sed ubi Cæsar creatus est , tùnc intellexïmus. Epistolam autem ille (ut audivimus posteà) servavit .] Hæc Eustathius.

Xx 3 Porrò

Margin left: aGregor.de miracul.S. Martin.l.2. c.5.6.7.

c Evagr. l.5.c.23. Tiberius simùl cum Justino Im. perat.

d Evagr. l.5.c.11.

Margin right: b Greg.l.4. c.50.

V. Ecclesia Dei genitrici ædificatur ab Impera tore.

II.

e Eustath.in vit.S.Euty chii apud Sur.to 2 die 6.April.

Prædictio de Tiberii Imperio.

Bottom left: Annal.Eccl.Tom.VII.

III.

Porrò Tiberius ubi administrationem accepit Imperii, horum memor, opportunè oblata occasione mortis Joannis intrusi in sedem Constantinopolitanam, mox eidem Eutychiam summo cum honore restituit. Hæc autem quomodò se habuerint, paulò post dicturi sumus. Versemur modò in his quæ de Tiberio scripta narrantur, de cujus laudatissimis moribus accipe Suidæ verba: Tiberius Romanorum Constantinopolitanus Imp. quem Justinus commendat ut virum clementissimum & humanum, hominem alienum ab avaritia, qui felicitatem in uno eo reponat, ut floreat populus & omnibus rebus abundet, communem hominum felicitatem præclarum & inviolatum thesaurum existimans: quique tyrannicam insolentiam perosus, & humanitatem amplectens, & rogà à suis, quàm illos à se crudelius tractari, paterque à suis dici malueris, quàm dominus.] Hæc Suidas. Sed majora de eo ab Evagrio sunt præconia decantata, cùm primùm de iis quæ acciderunt in ejus promotione ejusmodi orationem instituit (a):

Tiberii mores laudati.

a Evagr. l. 5. c. 13.

IV.

" Interea temporis Justinus de consilio Sophiæ Tiberium Cæsarem declarat, taliaque verba illico declarando locutus est, qualia nulla historia vel vetere vel recentiore sunt omninò commemorata: Deo videlicet propitio ei tempus largiente tùm ad sua peccata confitenda, tùm ad explenda ea quæ ex usu Reipublicæ forent. Nam cum Joannes Episcopus unà cum suis, cumque principes & magistratus, cum denique milites prætoriani in atrio sub dio ubi ejusmodi negotia de more inveterato agi solent, in unum cogerentur ; sic clara voce Justinus allocutus est Tiberium, tunica induens Imperatoria, & luna circumvestiens : Ne te in errorem inducat vestis splendor ; neque illustris ornatus istarum rerum, quæ sub aspectu cadunt, decipiat; quibus ipse in fraudem impulsus imprudens me ipsum gravissimis suppliciis obnoxium reddidi. Itaque tu in Republica summa cum mansuetudine & animi lenitate regenda vitia mea præstato. Atque digito magistratus demonstrans: Non oportet, inquit, horum consiliis morem gerere : nàm hi me ad istas quas cernis miserias deduxerunt : Aliaque ejus generis protulit verba, quæ omnes in maximam adduxere admirationem, tùm ad immensam lacrymarum vim profundendam impulere.

Admonitio Justini ad Tiberium.

V.

Erat iste Tiberius corpore maximè procero & robusto, & pulchritudinis excellentia omnium opinione majore ; adeò ut non Regibus solùm & Imperatoribus, sed omnibus etiam hominibus facilè præstaret. At primùm quod ad corporis formam attinet, ea principatu planè digna fuit. Quod autem spectat ad animum : illam mansuetudo & benignitas omnes videbatur ad se diligendum invitare : divitias eas putavit, quæ cuique satis essent ad largiendum non solùm ad necessitatem, verùm etiam ad affluentiam. Nàm non istud modò considerabat, quòd

Tiberii forma atque virtutes.

qui opis indigeant, illis beneficia accipienda sint, sed quòd Imperatorem Romanum deceat liberaliter dare : aurum verò adulterinum existimavit quod cum subjectorum lacrymis collectum est : qua re inductus, tributum unius integri anni vectigalibus condonat;quinetiam prædia quæ Ada-armanes tributis impositis ferè labefactaverat, quasi in libertatem vendicavit, & non modò damnum pro ejus magnitudine ; sed etiam cum fœnore sarcivit ; atque iniquas largitiones, pro quibus alii Imperatores suos subjectos magistratibus pro sua libidine abutendos exponere & quodammodò divendere consueverant, remisit, cavitque per leges, ne quid hujusmodi in posterùm committeretur.] Hæc Evagrius de Tiberio. Quomodò autem hoc anno defuncto Joanne Episcopo intrulo ; revocatus à Tiberio est Eutychius exul tertia die Octobris, Eustathius, qui interfuit ; rem gestam ita describit (b):

b Apud S. die 6. Apr. tom. 2.

VI.

" Cum ex hac vita decessisset is quem Deus arcanis quibusdam de causis quas ipse novit, in sedem hujus ærumnosi magnique viri irrepere permiserat, cumque, pius populus pastorem doctoremque suum flagitaret ; ad pii memoriæ Imperatores Justinum & Tiberium, in primisque ad Imperatorem & Regum Dominum nostrum exclamant,ut fidei custos & Trinitatis buccinator redderetur. Suscipientes illi divinum populi fidelissimi studium, & charitatis ardorem, quo ipsi quoque jampridem ergà sanctum virum flagrabant ; pio populo id quod petebat, concesserunt. Illud enim semper optaverant cùm multis aliis de causis, tùm ob eam præcipuè, quòd eos Imperatores futuros prædixerat.] Et inferiùs : Cum igitur Christi amantissimi populi clamores exaudissent Justinus & Tiberius Imperatores, statim magna cum celeritate ingentique gaudio Scribas generosissimos miserunt ad sanctissimum virum, ut eum vel invitum ac recusantem ad regiam civitatem reducerent. Hi cum ad eum pervenissent, reddiderunt litteras Imperatorum : quas cum ille perlegisset, suspiciens in cælum & lacrymans, egit gratias Deo : Ecce, inquiens, Domine labia mea non prohibebo : quoniam tu cognovisti cogitationes meas de longè, semitam meam & funiculum meum investigasti, & omnes vias meas prævidisti : Mirabilis facta est scientia tua ex me : confirmata est, & non potero ad eam. Quis novit mentem Domini, & quis consiliarius ejus fuit ? Quis est quæ Deus altissimus decrevit, dissipabit ? Nùm dicet figmentum ei qui se fecit : Cur me fecisti sic ? Audivi auditionem tuam, & timui : cogitavi opera tua, & expavi.

Eutychius ab exilio revocatur.

His & aliis verbis cum gratias egillet, & in sancto monasterio divinum sacrificium obtulisset, in sede constitutus (dies tunc erat Dominica) postquàm salutiferæ etiam Crucis memoriam die quarta-decima mensis Septemb. splendidè celebravimus, monasterio & omnibus in eo habitantibus benedixit, universæque civitati; omnes-

Eutychii reditus.

VII.

omnesque Deo commendans, iter suscepit. A
Comitatus est autem eum usque ad regiam
civitatem Archiepiscopus Apameæ civitatis. Videre licuit novum planè spectaculum
& divinæ etiam anima dignum ; mixta inter
se contraria, dolorem & gaudium, luctum
& lætitiam : cum alii quidem ob ejus discessum dolerent, alii propter ejus revocationem lætarentur.] Et paulò post:

VIII. Quis (inquis) ea quæ tunc admirabilia
contigerunt pro dignitate valeat explicare ?
Quæ lingua narrare queat assiduos & varios
concursus & congressus, & faustas acclamationes, cum omnes unà clara voce dicerent: Benedictus qui venit in nomine Domini ; &, Gloria in excelsis Deo, & in terra pax. Sciebant enim qui ita clamabant,
à Domino esse dictum: Qui vos accipit, me
accipit & qui accipit justum in nomine
justi, mercedem justi accipiet.] Hæc quò
ad acclamationes; quò verò ad miracula
accipe quæ mox subdit de populorum ipsi
occurrentium magna fide, Sanctique virtutibus:

IX. Infirmos autem juxtà viam efferebant, ut
Miracula vel umbra fortasse viri eos attingeret ; qui
in via. pro ratione fidei à Deo auxilium accipiebant. Accidit & res admirabilis. Nàm cum C
ab Euchaitis vir sanctus discederet, mulier
quædam cum filio ægrotante progrediens,
sic est à multitudine conculcata, ut de ipsius
filiique salute omnes desperarent ; quæ tamen evasit incolumis, morbusque discessit:
atque ita totum iter nostrum perfecimus.
Cum autem in Nicomediensium metropolim pervenissemus, videbamur nobis in
alium mundum venisse (sicut accidit Petro,
qui cum liberaretur ab Angelo, putabat se
per visum fieri) sic cum Nicomediam pervenissemus, verè cognovimus Deum misisse
Angelum suum, & Petri imitatorem eripuisse de manu omnium qui illi struxissent D
insidias. Non solum enim fidelis & Christi
studiosus populus, regale sacerdotium,
gens sancta congruentes acclamationes edebat, & gratias agebat Deo ; sed & incredulus etiam & à grege nostro alienus populus Hebræorum, propemodum pueros illos imitans, clamabat: Benedictus qui venit in nomine Domini : &, Crescet fides
Christianorum.

X. Cum hoc igitur honore ex honesta peregrinatione in urbium reginam ingressus est
Lætitia publica Constantinopolis. propugnator, ut fortis olim Magnus Athanasius Alexandriam (talia enim de ipso S.
Gregorius scripsit) neque enim aliquis arrogantiam ei tribuat. Pullus enim asinæ
virum illum portabat : ramuli ac stragulæ E
vestes variæ illum excipiebant : alii præcinebant & præsultabant. Neque enim solùm multitudo puerorum, sed omnium linguæ certatim faustis acclamationibus utebantur. Præterea varios plausus & thura
quæ incendebantur, & ignes qui ita ubique
fiebant, ut tota urbs ardere videretur. Mitto convivia publica, & nova, ædificia, &
quæcumque solent civitates efficere, ut
gaudium lætitiamque significent : quæ quidem omnia abundè fuerunt exhibita. Tan-

---

ta profectò vir admirandus & magnus Eutychius exceptus est celebritate, ut cum
honorificæ multæ jàm fuerint, nulla post
hominum memoriam splendidior extiterit,
Illud Isaiæ (a) Prophetæ eximii huic merito congruè dixeris: Adducent fratres ipsorum, id est, viri fideles & pii, Levitæ & sacerdotes in splendidis mulis, cum vehiculis in sanctam civitatem minus Domino.
An non ita fuit ? Immò verò patrem ac pastorem, magistrumque suum fidelis populus duxit in sanctam civitatem novam Hierusalem ac reginam urbium.

XI. Quis dicendo assequi posset res admirandas, quæ tunc in terra marique gesta sunt ?
quomodò mare constratum sit, tergaque
sua navibus subiiciens terræ factum fuerit
simile, adeo ut sine impedimento possent
omnes super ipsum incedere ? Nemo enim
præ hominum multitudine poterat aquam
à terra discernere, & erat terra omnis atque mare labium unum ; vorque divina &
cælestis omnium simul Domini & creatoris
sui Dei gloriam celebrantium. Hæc dicta
sunt, ut qui sciunt recordentur, & qui nesciunt discant. Quid porro ? prætermittimus ne reliqua ? minimè verò. Quænam
ista sunt ? Divino consilio factum est, ut
unde discessus principium fuit, inde reditus etiam initium habuerit. Cum enim dies
festus S. Timothei in Hormisda (ut antè
diximus) celebraretur, illinc pius vir sacrificium faciens sublatus est, & ea pertulit
quæ passus est. Cum autem cursum explesset
tamquam Sol, exultavit ut gigas, curreret
etiam à summo cæli, & occursus ejus usque
ad summum ejus. Rursus enim in Hormisda restitutus est, tamquàm sponsus ingrediens in thalamum suum, & non fuit qui
se absconderet, aut calore ejus non frueretur. Omnes enim Fideles sanctitatis & gratiæ ejus participes extiterunt vel per visum,
vel per tactum : multi enim per salutationem & dulcem congressum delectabantur ;
alii per auditum vehementer gaudebant ;
fama enim ejus paulò post per omnem terram est pervagata. Cum igitur noctem ibi
transegisset, mane, (sumpto superhumerali, quod secum ipse semper gestabat, cum
sancto clero suo in augustam ædem sanctæ
& immaculatæ dominæ nostræ Dei genitricis
& semper Virginis Mariæ, quæ in Blanchernis sita est ; concessit. Illic erant pii Imperatores Justinus & Tiberius: qui hilari
vultu & magno cum honore sanctum virum
excipientes, quæ tempori conveniebant,
collocuti sunt : & quia dies erat Dominica, & divinum ipse sacrificium erat facturus, eum dimiserunt. Quis non commemoret hic opportunè verba psalmi (b): Dies
diei eructat verbum, & nox nocti indicat
scientiam? Si quis illam tempestatis, & tentationis seu persecutionis diem ac noctem
cum hac revocationis & reditus ejus summæque pacis & tranquillitatis die nocteque
comparet ; magnam sapientiam atque scientiam in utroque tempore negotioque reperiet. Nàm in persecutionis tempore sabbatum & hiems erat.

a Isai. 66.

Imperatores suscipiunt Eutychium.

b Psal. 18.

Vige-

XII.

Vigesimo secundo mensis Januarii die vir sanctus tentus & ejectus fuit, revocatus autem est die tertia mensis Octobris, qui erat Dominica : qua quidem die & illi qui viro sancto insidias struxerant atque eum in exilium ejecerant, Ætherius & Addæus, quorum hic quidem Urbis Præfectus erat, ille autem Antiochiæ Curator, mortui sunt, & quemadmodum ambo virum sanctum eiiciendum curarent, ita meritam ambo mercedem acceperunt. In hac igitur die vir optimus & sedem recepit atque Ecclesiam suam, & ipsi privati sunt vita multis annis antequam ipse revocaretur.] Et post multa de Ætherii persecutionis confessione, quæ & superius alia occasione dicta sunt, hæc subdit :

XIII.
Eutychius ingressus in Ecclesiam communicat populū & benedicit.

Cum vir sanctus (ut dictum est) cum Imperatoribus congressus esset, & vix tandem ab eo divelli potuisset ; videns populum Christi pastoris sui studiosum sine interpellatione gratias agentem Deo, precatus est eum, ut bonum ipsius esset remunerator. Atque ita cum universo populo fideli in sanctam Dei magnam ecclesiam ingressus est, hoc ille labore tamen, tanquam in regnum Dei, cum magna premeret multitudo, qua divinum templum occuparat. Cumque in locum editum, ut Moses olim in monte Sinai, ascendisset ; sublatis ad Deum manibus populi preces & supplicationes cælesti Deo & Patri offerre, Deique misericordiam ad populum deducere videbatur : neque enim aliud propter populi multitudinem fieri poterat. Tonitrus enim & buccinæ progredientes, id est, aptæ divinorum oraculorum lectiones clarius & vehementius pronunciatæ cum timore & magna compunctione peragebantur. Quid tum ? Divina caligo sanctum operuit altare, super quod cum incruentum sacrificium obtulisset, fideli populo distribuit : quæ quidem distributio ab hora tertia ad nonam usque perducta est, cum omnes ab ipso accipere vellent communionem. Quoties enim distribuebat, omnes ad eum sine cessatione concurrebant. Nam qui recte sentire soliti erant, nulla visendi eum satietate afficiebantur : sed quantò quis illi magis hærebat, tantò magis attrahebatur, eodem ergà illum affectus modo, quo ergà magnetem lapidem ferrum, quod arcana quadam illius vi naturali pertrahitur : vir admirabilis omnes qui videndi ipsum studio tenebantur, amanter attrahebat. Et post multa de virtutibus ejus dictis, hæc etiam de reditu populo, admodùm prosicue addit :

XIV.
Eutychius pestem precibus avertit.

Vos qui reditus ejus memoria tenemini, non ignoratis magnam & diuturnam, antea quàm reverteretur, pestem extitisse : quæ quidem ita sæviebat, ut ni illi à Deo electus tanquam alter Phinees obstitisset, omne, genus hominum æquo omnis extinxisset. Quomodo autem placatus est Deus ? Supplicationibus, quas ipse cum Christi studioso populo adhibuit, à sanctissima magna ecclesia incipiens, usque ad ædem sanctæ & immaculatæ dominæ nostræ Dei genitricis semperque Virginis Mariæ, quæ in Blachernis colitur. Dum igitur supplicationes ad Christum Deum nostrum, quem ipsa Virgo de Spiritu sancto concepit, suscepit; pepercit ille populo, Angelumque cohibuit, qui civitatem sine intermissione percutiebat.] Et paulo post : Ab eo igitur die usque ad beati viri vitæ finem Christus Deus noster à populo provocatus iram cohibuit. Ac reditus quidem ipsius primum opus hoc fecit, quo salutem omnibus communem impetravit, &c.] Pergit Eustathius enarrare complura miracula ab eodem Eutychio Constantinopoli post reditum suum edita, quæ brevitatis causa prætermittimus: cætera autem in ipso opportuniùs suo loco dicemus inferius. Ecce sufferentiam. (a) Sancti audistis, & finem Domini vidistis, quoniam misericors Dominus est & miserator, qui non dat in æternum fluctuationem justo, secundum illud (b). Usque ad tempus sustinebit patiens, & postea reddet io jucunditatis.] At de his satis.

a Jac. 5.
Psal. 54.

b Eccl. 1.

I.

SEquitur ordine temporis Christi Redemptoris annus quingentesimus septuagesimusnonus, Indictionis duodecima : quo Tiberius Imperator Cosrhoen Persarum Regem, evoluto jàm triennio icti fœderis, arma moventem adversùs Romanum Imperium vicit, eòque mæroris adegit superbum hominem crebris victorijs elatum, ut mori cogeret.

II.

Antequàm autem rem gestam hic describamus, de annis ejusdem Persarum Regis ratio exquirenda est. Constat ipsum, ex sententia Agathiæ (c) hujus quoque temporis scriptoris, regnasse annos quadragintaocto; hoc verò anno secundo Tiberii Imp. ab eodem superatum, esse morte sublatum, quem testatur inchoasse regnum anno quinto Justiniani Imp. (est is annus Domini quingentesimus trigesimusprimus) licet. Procopius tradat (d) ipsum non antè septimum ejusdem Justiniani annum regnare cœpisse : quo anno ait perenne illud inter Romanos & Persas fœdus decretum fuisse, cùm statim Cosrhoes regnum invasit. Verùm Agathias (e) nobis sequendus res Persicas accuratiùs prosecutus, cujus sententia dicimus Cosrhoen hoc anno victum esse atque defunctum.

Sed corrigendus est locus Agathiæ, ubi conjungit quintum annum Cosrhois Regis cum Justiniani Imp. anno vigesimooctavo : qua ratione dicendum foret, ipsum cœpisse regnare anno ejusdem Imperatoris vigelimotertio, pervenisseque ad annum Domini

d Procop.
de bello
Persic. li. 1.

e Agath.
lib. 2.

c Agat. hist.
lib. 4.

III.
De annis Cosrhois Agathiæ locus emendandus.

A

aliquingentesimo nonagesimumseptimum, quod utrumque pro monstro esset habendum. Nam quomodo dicto anno vigesimotertio potuit inchoasse regnum, cum intra tradat anno quinto defunctum Cadebem, & regnum cœpisse Cosrhoen? Rursùs verò cum constet sub Tiberio mortuum esse; quomodo ad annum Domini nonagesimumseptimum post quingentesimum pervenit, cum tunc Mauritius imperaret? Liquet igitur apud Agathiam in annorum numero mendum irrepsisse, ne accuratum in sui temporis rebus gestis scriptorem, hallucinatum dicere quis cogatur, stabili manente ejusdem sententia tostante hoc anno Cosrhoen victum atque defunctum finem imposuisse regnandi. Quæ verò antè obitum Cosrhois præcesserint prælia, hæc ex Euagrio breviter ea prosequente narramus (a):

a Euagr. li. 5.c. 14. 15.

IV.
Bellum à Tiberio gestū contrà Cosrhoen.

Idem Tiberius cum pecuniam malè & iniquè partam ita collocasset, sicut ratio & æquitas postulabat, res ad bellum faciendum necessarias parare, ingentem cogere exercitum, virorum facilè præstantissimorum tàm ex gentibus Transalpinis circiter Rhenum incolentibus, quàm ex Cisalpinis, quinetiam ex Massagetis, aliisque ex genere Scytharum; ex Pæonia præterea, Misia, Illyria, Isauria collectorum: adeò ut propè centum quinquaginta turmas equitum lectissimorum instructas haberet; quorum subsidio Cosrhoen, qui statim post Daras expugnatam tempore æstivo Armeniam invaserat, indèque iter versùs Cæsaream urbem Capadociæ primariam susceperat, penitùs profligavit. Iste Cosrhoes tàm insolenter se gessit adversùs Romanum Imperatorem, uti cum Imperator legatos ad eum misisset, illis ne quidem adeundi potestatem facere dignaretur, sed juberet eos Cæsaream usque sequi; ibi namque se consilium de eorum legatione initurum dixit. Postquàm verò exercitum Romanum ex adverso sibi occurrentem, & à Justiniano fratre Justini, qui tàm miserabiliter interfectus fuit, gubernatum & armis firmè munitum; & tubas classicum canentes, & signa ad pugnam sublata, & milites acutè vociferantes & in acie pulchro ordine locatos, iram & furorem anhelantes; & tantum & tàm egregiam equitatum, quantum nemo aliquando ex Imperatorum numero vel ipsa cogitatione conceperit, animadvertit; vehementer obstupefactus præ re tàm insperata inexpectataque, ex intimo pectore ingemuit, & prælium exordiri noluit.

V.
Persæ à Romanis victi.

Eum igitur pugnam differentem, cunctantem, terentem tempus, & callidè ludificantem, Curs Scytha, qui dextero cornu exercitus Romani præfuit, adortus est: & cum Persæ impetum ejus ferre non possent, sed aciem penitùs desererent, Curs magnam cædem hostium facit. Postremum agmen à tergo invadit, ubi apparatus tùm Cosrhois, tùm totius exercitus locatus fuit. Capit thesaurum Regis universum, & omnem præterea apparatum bellicum, idque Cosrhoe

B

C

D

E

spectante, tolerantque, atque hoc potiùs perpetiendum arbitrante, quàm Curs impetu facto in ipsum irrueret. Curs igitur cum suis magna pecuniæ vi & multis spoliis potitus est; jumenta cum sarcinis, inter quas ignis fuit, quem pro Deo coluit Cosrhoes, abducit; atque Persarum exercitu repulso, lætum pæana canens, sub crepusculum redit ad suos, qui jàm stationes, in quibus ordine locabantur, reliquerant. Et adhuc neque Cosrhoes, neque illi prœliari cœperant, sed quædam dumtaxat velitares pugnæ factæ sunt, sicubi singuli ex utroque exercitu (ut fieri solet) cum singulis congrederentur. Cosrhoes autem ingenti rogo accenso, nocturnum prœlium instituit. Ac cum Romani duos haberent exercitus, illum qui versùs Septentrionem erat, intempesta nocte adoritur, Melitinam urbem sitam in proximo præsidiis nudatam ac prorsus desertam à civibus invadit: quæ igne absumpta, parat se ad flumen Euphratem traiiciendum.

Ubi verò copiæ Romanorum in unum coactæ eum sequi cœperunt, ipse metuens de salute sua, conscenso elephanto, fluvium transmittit; magna autem pars exercitus sui, tranando flumine, undis obruta est; quam submersam cum accepisset, maturè discessit. Itaque Cosrhoes hoc postremum supplicium pro insana temeritate contrà Romanos admissa luens, unà cum suis, qui superarant, in Orientem revertit. Ibi autem pactas habuit inducias, ne quis eum invaderet. Justinianus in incursione cum toto exercitu in fines ditionis Persarum facta, tota hieme ibi commoratus est, nemine quicquam omninò vi exhibente molestiarum: circiter verò sollstitium æstivum rediit, nulla parte exercitus amissa; atque in finibus, quibus Romanorum & Persarum Imperium terminatur, cum magna vitæ prosperitate & rerum gestarum gloria totum æstatis tempus contrivit. Cosrhoes autem ingenti doloris cumulo oppressus, animo fracto & ancipiti cura debilitato languens, crebris denique & variis ægritudinis fluctibus demersus, miserandum in modum interiit; ac legem quam scripsit, ne Rex Persarum in posterùm contrà Romanos arma ferret, velut sempiternum suæ fugæ monimentum post se reliquit. Quo extincto, Hormisdes ejus filius regnum capessit.] Hucusque Euagrius de Romanorum bello cum Persis, quod biennii temporis spatio confectum est.

At quod spectat ad interitum Cosrhois, aliqua habet Agathias, quæ in ipso Euagrio desiderari videntur: cujus res præ cæteris habentis atque puro stylo easdem prosequentis haud est auctoritas contemnenda. Admiratus verò ipse mirabilem Dei potentiam, quomodò post tot annorum curricula ipsi Cosrhoi quàm felicissimè evoluta, respexit Deus tandem in mentem illam magnam, in Regem Assyriorum, eamque è solio detraxit, in tartarum prostravit; ejusmodi de eodem Cosrhoe habet ad calcem orationem (b): Illud (inquit) lib. 4.

VI.

Cosrhoes mœrore consumptus moritur.

VII.

b Agath.

in præsentia dixerim, per octo & quadraginta annos, quibus potitus Imperio est, quàm multas hunc retulisse victorias, & eò magnitudinis evasisse, ut nullus priorum apud Persas Regum fuisse huic similis comperiatur; vel si cum singulis eum quis conferat, ne Cyrum dicam, Cambysi huic parem facturus sit; sed ne Xersem quidem ipsum, quem mare ferunt contabulasse, equitabileque id reddidisse, & navigabiles montes. Cosrhoes igitur etsi magnitudine cæteros anteivit, vitæ tamen est exitum ut calamitosum & inglorium nactus, ita & alienissimum à sui temporis Principum fine.] De ipsius verò Cosrhois obitu ejusmodi habet historiam:

VIII.
De obitu Cosrhois ex animi mærore Agath. sententia.

Is namque cum intereà circà Carduchios montes æstivo tempore, in Thamanorum vico quodam, vitandi æstus ob gratiam, & ob locorum temperiem secedendo diversaretur; Mauritius Pauli per Tiberium Constantinum Romanorum Imperatorem Orientalibus copiis præsse jussus, in Araxanum agrum incursionem de improviso fecit, qui utique contiguus erat; circumjectis vico, ubi Rex erat Persarum, castellis & agris protinùs & intrepidè devastatis, Zirma flumine trajecto, in anteriora processit, & proxima quæque depopulatus, igne demùm faciendit. Cum itaque armis igneque omnia pervastaret, Cosrhoes ipse (non enim longè aberat, quàm ut in altum evectam latèque diffusam flammam intueretur) hostilibus perindè incendiis insuetus, haudquaquàm ejus prospectum tulit: unde pudore simèl ac formidine percitus; nec hostibus obviam ivit, nec quoquam pacto injuriam vindicavit; sed præter undecim ea clade ingenti dolore perculsus, ac sui prorsùs desperans, morbo statim insanabili quodam corripitur: unde quàm celerrimè ac per manus elatus, ad Seleuciam Ctesiphontem regiam fertur; & in fugæ morem facta discessione non longè post vitam finivit.] Hæc Agathias. Ita Deus tumentes fluctus exiguæ arenæ obice ac gracilem spumam convertit, cùm dispergit (a) superbos in furore suo; & respiciens, omnem arrogantem humiliat. Hæc in Oriente. Jàm verò quæ memoria digna facta sint in Occidente, videamus.

a Job. 40.

IX.
Martyres necati à Longobardis.
b Greg. dialog. lib. 3. c. 27. 28.

Hoc eodem anno (ut ex S. Gregorio possumus intelligere) contigit octoginta martyrum coronis illustrari. Ad hunc enim annum referenda sunt, quæ idem S. Gregorius de his scribit (b) in Dialogis tertio sui Pontificatus anno, dùm antè annos quindecim eadem contigisse affirmat, ubi hæc ait: Ante hos ferme annos quindecim (sicut hi testantur qui interesse potuerunt) quadraginta rustici à Longobardis capti carnes immolatitias comedere compellebantur. Qui cum validè resisterent, & contingere cibum sacrilegum nollent; coepere Longobardi qui eos tenuerat, nisi immolata comederent, mortem eis minari. At illi æternam potiùs vitam quàm præsentem ac temporariam diligentes, firmiter perstiterunt, atque in sua constantia simul

omnes occisi sunt. Quid itaque isti, nisi veritatis martyres fuerunt, qui ne vetitum comedendo, conditorem suum offenderent, elegerunt gladiis vitam finire?

Eodem quoque tempore, dùm ferè quadraginta captivos alios Longobardi tenuissent, more suo immolaverunt caput capræ diabolo, hoc ei per circuitum currentes, & carmine nefario dedicantes. Cumque illud ipsi submissis cervicibus adorarent, eos quoque quos coeperant, hoc pariter adorare compellebant. Sed ex eisdem captivis maxima multitudo, magis eligens moriendo ad vitam immortalem tendere, obtemperare jussis sacrilegis noluit, & cervicem quam semper Creatori flexerat, creaturæ inclinare contempsit. Unde factum est, ut hostes qui eos ceperant, gravi iracundia accensi, cunctos gladiis interfecerent, quos in errore suo participes non haberent.

X.
Alii Martyres sub Longobar. dis.

Quid ergò mirum, si erumpente persecutionis tempore hi martyres esse potuissent, qui in ipsa quoque pace Ecclesiæ semetipsos semper affligendo, angustam martyrii tenuerunt viam; quando ingruente persecutionis tempore, hi etiam meruerunt martyrii palmam accipere, qui in pace Ecclesiæ latas hujus sæculi vias sequi videbantur?] Hæc quidem tunc facta. Posteà verò licèt Longobardi esse hostes perseverarint, nullum tamen fidei causâ negotium facessere consuevere; nam paulò post Petrus diaconus hæc interloquitur: Super indignos nos divinæ misericordiæ dispensationem miror, qui Longobardorum sævitiam ita moderatur, ut eorum sacerdotes sacrilegos, qui esse se Fidelium quasi victores vident, Orthodoxorum fidem persequi minimè permittat.] Ad hæc Gregorius: Hoc, Petre, facere plerumque conati sunt, sed eorum sævitiæ miracula superna restitere.] Hæc verò quæ inculcat, idem demonstrat exemplis, de quibus nos aliàs.

XI.

Quod autem spectat ad hujusmodi aliquot Longobardorum idolatriam, quæ caput capræ immolantes veneraretur: est de his ejusdem Gregorii Papæ querela ad Reginam Francorum Brunichildem de quibusdam licèt Christianis in eodem tamen errore perseverantibus. Sed audi ejus verba (c): Hoc quoque pariter hortamur, ut cæteros subjectos vestros sub disciplinæ debeatis moderatione restringere, ut idolis non immolent, cultores arborum non existant, animalium capitibus sacrificia sacrilega non exhibeant: quia pervenit ad nos, quòd multi Christianorum & ad ecclesias occurrant, & quod dici inefas est, à culturis dæmonum non discedant.] Hæc Gregorius Papa.

XII.
Longobardorum superstitio.
c Greg. lib. 7. epist. 7.

Hoc ipso anno, cum pax inita inter Francorum Reges, post anni unius elapsum curriculum, novi belli obice turbaretur, conspirantibus in Sigebertum Chilperico ac Guntheramno, prælio Theodobertus filius Chilperici victus occiditur. Victor verò Sigebertus Rex Francorum hoc eodem anno, cum in regno decimumquartum annum ageret, dolo impiæ Fredegundis, dùm

XIII.
Theodoberti & Sigeberti interitus.

*a Gregor.
l.4.c.50.*

dùm adversùs Chilpericum germanum suum Regem iterum certamen parat, per sicarios necatur annos ætatis agens quadraginta. Hæc ex Gregorio, qui fusiùs rem gestam prosequitur .(a) : atque ubi primùm de nece Theodoberti pœnas luentis nefandorum scelerum, quæ (ut vidimus) à militibus sibi subditis in Dei Ecclesias Ecclesiasticasque personas sunt perpetrata, narravit; hæc de nece habet.Sigeberti, quàm incurrit, quòd audire noluerit S.Germanum

*b Gregor.
l.4.c.51.*

Parisiensem Episcopum (b) : Misit Sigebertus, qui fratrem suum Chilpericum in supra memorata civitate Rothomagensi obsideret, ipse illùc properare deliberans. Cui S. Germanus Episcopus dixit : Si abieris, & fratrem tuum interficere volueris, vivus & victor redibis ; si aliud cogitabis, morieris. Sic enim Dominus per Salomo-

c Prov.26.

nem dixit (c): Foveam quam fratri tuo parabis, in eam corrues. Quod ille, peccatis facientibus, audire neglexit. Venien-te autem illo ad villam, cui nomen erat Victoriacum, collectus est ad eum omnis exercitus, impositumque super clypeum si-

Sigeberti Regis obitus.

bi Regem statuunt. Tùnc duo pueri cum cultris validis, quos vulgo scaramasaxos vocant, infecti veneno maleficati à Fredegunde Regina, cum aliam causam se gerere simularent, utraque ei latera feriunt. At ille vociferans atque corruens, non post multo spatio emisit spiritum.] Hìc finis Sigeberti Dei sacerdotem non audientis, cum alioqui optimi Regis & verè Christianissimi sæpè anteà egregium specimen ediderit : ut planè inter maximè pios Principes collocandus fuisset, nisi furor ille belli civilis ejus animum invasisset : quamvis enim sæpè provocatus illud invitus visus sit suscepisse; ubi tamen semel atque iterùm excitaretur, eò impetu ferri se sivit, ut Dei contemnens monita sacerdotis, in eam insidiarum foveam præceps incurrerit.

XIV.

*d Sigebert.
de Script.
Eccl. c.41.
extat apud
Bed.tom.3.
Sur. to. 6.
die 22.No-
vembr.*

Commendatur inter alia ejusdem pietas Regis in colendis Dei servis, monasteriisque construendis à Jona ea scriptione qua prosecutus est res gestas (d) sancti Columbani Hiberni egregiæ sanctitatis viri, cujus opera magnoperè in Galliis atque etiam in Italia propagatus est monachismus, ut ejusdem viri sancti Acta demonstrant.

XV.

*e Gregor.
Turon. de
Glor. conf.
cap. 71.
Franco A-
quensis E-
pisc.tuetur
jura Eccle-
siæ.*

Sed quidnam memoria dignum acciderit hujus Sigeberti Regis tempore (quod autem anno ejus regni, nescitur) cuidam Childerico qui apud eumdem Regem primum locum obtinebat, hìc tibi historiam perpetuis dignam monumentis intexendam putamus. Narrat eam Gregorius istis verbis (e): Aquensibus concessus est inclytus athleta Metrias, vir in corpore juxtà historiam actionis magnificæ sanctitatis, & licèt ditione servus, liber tamen justitia : qui (ut ferunt legentes certaminis ejus textum) peracto cursu boni operis, à sæculo victor abscedit, sæpiùs se in cælis degere virtutibus manifestis ostendens. Tempore igitur quodam, cum Franco Episcopus hujus ec-

nicipii Ecclesiam gubernaret; Childericus, qui tùnc primus apud Sigebertum Regem habebatur, villam ejus competit, dicens, quia injustè ab Ecclesia Aquensi retineretur. Ac dicto citiùs convenitur Episcopus, datisque fidejussoribus, in præsentia Regis adsistit, clamans & obsecrans, ut Rex ad hujus causæ audientiam præsentiam suam averteret, ne cælesti judicio condemnetur ; addens : Scio enim virtutem Metriæ viri beati, quòd velociter in pervasorem suum irrogat ultionem. Denique conjuncti Auditores causam discutiunt. Insurgit Childericus, & improperans criminibus

B

exacervatum Episcopum, quòd res fisci ditionibus debitas iniquo ordine retineret ; extrahi eum à judicio jubet : & eumdem ablata per judicium præsentium villa trecentis aureis condemnavit. Favebant ei omnes, nec quisquam contrà voluntatem ejus audebat decernere, nisi quod eidem libuisset.

XVI.

Denique condemnatus, spoliatusque sacerdos ad urbem rediit, atque prostratus in oratione coràm sepulchro Sancti, dicto psalmi capitello, ait : Non hic accenditur lumen, neque psalmorum modulatio canetur, gloriosissime Sancte, nisi priùs ulciscaris servos tuos de inimicis suis, resque tibi violenter ablata Ecclesiæ sanctæ restituas. Hæc cum lacrymis effatus, sentes cum acutis aculeis super tumulum projecit: Egressusque clausis ostiis, similiter in ingressu alias collocavit : *typus as erat derelicti peniùs loci*. Nec mora, corripitur pervasor à febre, decumbit in lectulo, exhorret cibum, fastidit & potum ; profert æstuans juge suspirium : cui etiam si inter-

C

D

dùm ab ardore febris sitis accederet, aquam tantùm, nihil aliud hauriebat. Quid plura ? in hac ægrotatione integrum ducit annum, sed mens prava non flectitur : intereà labitur cæsaries cuncta cum barba, & ita omne caput remansit, ut putares eum olim sepultum, nuper ejectum fuisse post funera de sepulchro.

Childericus dat pœnas patrati sceleris.

XVII.

His & talibus miser afflictus malis, serò recogitat, dicens: Peccavi, eò quòd expoliaverim Ecclesiam Dei, atque Episcopo sancto intulerim injuriam. Nùnc autem ite quantocyùs, & reddita villa, sexcentos aureos super tumulum Sancti deponite : est enim mihi spes, quòd res reddita tribuat ægrotanti medelam. Quod audientes homines ejus, accepta pecunia, fecerunt sicut eis fuerat imperatum. Reddiderunt agrum, solidosque super sepulchrum servi Dei posuerunt. Sed cum hoc fecissent, statim ille in loco quo erat, spiritum exhalavit, lucratusque est detrimentum animæ per adeptionem acquisitionis iniquæ. Episcopus autem obtinuit ultionem de inimico Ecclesiæ, quam promiserat futuram per athletæ Dei virtutem.] Hucusq; Gregorius, ostendens renovatum Antiochi exemplum, qui licèt in extremis positus violati templi Dei pœnitentiam præsetulerit, ablataque restitui præcepisset, ab ægritudine tamen qua detinebatur.

batur, haud valuit convalescere. Hæc tempore Sigeberti, quem hoc anno vita functum diximus.

XVIII.
a Gregor. Turon. de mirac. S. Martini l. 2. c. 27. Ruccolenus sacrilegus dat pœnas.

Sed quid insuper statim post obitum ejusdem Regis acciderit violatori Ecclesiasticæ immunitatis, ab eodem Gregorio accipe res ob oculos positas enarrante (*a*): Cum verò (*inquit*) interempto Sigeberto Remirge, Chilpericus regnum exemptus ab imminenti morte cepisset, Ruccolenus cum Cenomanicis graviter civitatem Turonensem opprimebat, ita ut cuncta devastans, nullam spem alimoniæ in domos Ecclesiæ vel pauperum hospitiola relinqueret. Postera autem die legatos ad civitatem mittit, ut homines qui propter culpam minimè nobis incognitam ad Sancti basilicam residebant (*quod illic confugisset Gunthera mnus Dux, qui dicebatur occidisse Theodobertum*) extraherentur à clericis. Quod si differetur fieri, universa promittit incendio concremari. Et nos hæc audientes, mæsti valdè basilicam sanctam adimus, & beati auxilia flagitamus; statimque paralytica, quæ per duodecim annos fuerat contracta, dirigitur. Ipse verò Ruccolenus ulteriorem ripam aggressus, morbo confestim regio sauciatur, atque ab infirmitatibus Herodianis (quas enarrare longum videtur) allisus, & sicut cera à facie ignis guttatim defluens, quinquagesima die ab hydrope conflatus interiit. Hæc Gregorius, qui Herodianum appellat morbum, quo nefandus Herodes interiit. Subdit verò his ista: Sed nec hoc silebo, quòd illo tempore alveus fluvii nutu Dei, vel virtute beati viri absque pluviarum inundationibus repletus, hostem, ne civitatem hæderet, transire prohibuit.] Hæc ipse qui de superbia Ruccoleni & de ejus miserando interitu alibi (*b*) pluribus ait: ubi post multa, rursus ad ea quæ hoc anno facta sunt, revocat orationem, sic dicens (*c*):

b Gregor. Turon.hist. Franc. lib. 5.c.1.& 4. c Gregor. Turon.l. 5. cap. 6.

XIX.
Miracula ad sepulchrum S. Martini.

Anno verò quo supra, id est, quo mortuo Sigeberto, Childebertus ejus filius regnare cepit, multæ virtutes ad sepulchrum beati Martini apparuerunt, quas in illis libellis scripsi, quos de ipsius miraculis componere tentavi: & licet sermone rustico, tamen celari passus non sum, quæ aut ipse vidi, aut à Fidelibus relata cognovi. Hic tantùm quid negligentibus evenerit, qui post virtutem cælestem terrena medicamenta quæsierunt, exolvam: quia sicut per gratiam sanitatum, ita & per castigationem stultorum virtus ejus ostenditur. Leonastes Biturigis Archidiaconus, decidentibus cataractis, lumine caruit oculorum. Qui cum per multos medicos ambulans nihil omninò visionis recipere posset, accessit ad basilicam beati Martini, ubi per duos aut tres menses consistens, & jejunans assiduè, lumen ut reciperet, flagitabat. Adveniente autem festivitate, clarificatis oculis, cernere cœpit. Regressus verò domum, vocato quodam Judæo, ventosas, quò earum beneficio oculis lumen augeret, humeris superponit; decidente verò sanguine, rursùs in recidivam cæcitatem redigitur, rursùs in recidivam cæcitatem redigitur.

tur. Quod cum factum fuisset, rursùs ad templum sanctum regressus est; ibique iterùm longo spatio commoratus, lumen recipere commeruit.] Ita antè punitus, dùm à Judæo petiisset suppleri, quod à sancto Martino videri poterat prætermissum. Et inferiùs de sanctis viris hoc anno defunctis ista subiicit (*d*):

d Gregor. Turon.hist. l.5. c.7.

XX.
Senoch presbyteri obitus.

Sed & illud commemorare libet, qui vel quales viri hoc anno à Domino sunt vocati.] Nempè Senoch presbyter virtutibus clarus, de quo ait: Benedictus Senoch presbyter, qui apud Turonos morabatur, hic migravit è sæculo. Fuit genere Thesfalus, & in Turonico clericus factus, in cellulam, quam ipse inter parietes antiquos composuerat, se removit, collectisq; monachis, oratorium, quod multo tempore dirutum fuerat, reparavit. Idem super infirmos multas virtutes fecit, quas in libro vitæ ejus scripsimus.] Hæc ipse. Subdit de transitu sancti Germani Episcopi Parisiensis his verbis (*e*):

e Gregor. ibid.c.8.

XXI.
Transitus S. Germani Episc. Parisiensis.

Eodem anno & beatus Germanus Parisiorum Episcopus transiit: in cujus exequiis multis virtutibus, quas in corpore gesserat, hoc miraculum confirmationem fecit. Nàm carcerati acclamantibus, corpus in platea aggravatum est, solutisque iisdem, rursum sine labore levatur. Ipsi quoq; qui soluti fuerant, in obsequium funeris usq; ad basilicam, in qua sepultus est, liberi pervenerunt. Ad sepulchrum autem ejus multas virtutes, Domino tribuente, credentes experiuntur: ita ut quisque, si justa petierit, velociter exoptata reportet. Si quis autem strenuas virtutes illius, quas in corpore fecit, solicitè vult inquirere; librum vitæ illius, qui à Fortunato presbytero compositus est, legens, cuncta reperiet.] Hæc sanctus Gregorius.

XXII.
f Aimoin. l.3.c.16.

Porrò epitaphium ejus Chilperico Rege fuisse conscriptum, Aimoinus affirmat his verbis (*f*): Ingrediente autem postmodùm Chilperico Rege in urbem Parisiacam, sequenti die postquam Rex ingressus est civitatem, paralyticus qui in porticu basilicæ sancti Vincentii (in qua beatus Germanus requiescit in corpore) residebat, dirigitur: mane autem facto, spectante populo, beato Antisti gratias referebat. Quod cum Regi nunciatum foret, magna cum devotione illùc adveniens, & tanto gavisus miraculo, ejus epitaphium his distichis rhythmicè composuit:

Ecclesiæ speculum, patriæ vigor, ara reorum,
  Et pater & medicus, pastor, amorq; gregis,
Germanus virtute, fide, corde, ore beatus
  Carne tenet tumulum, mentis honore polis.
Vir cui dura nihil nocuerunt fata sepulchri:
  Vivit enim nam mors quæ tulit, ipsa timet.
Crevit adhuc potiùs justus post funera: Næ qui
  Fictile vas fuerat, gemma superba micat.
Hujus opem ac meritum mutis data verba loquuntur,
  Redditus & cæcis prædicat ore dies.
Nunc vir Apostolicus rapiens de carne trophæum,
  Jure triumphali considet arce throni.]

Epitaphium S. Germani.

* superna

Hacte-

Hactenùs à Rege scriptum epitaphium. Ex- A
cultumquidem fuisse ipsum Regem poeticis
litteris, testatur Venantius Fortunatus, atque Gregorius Turonensis . Subdit verò
idem scriptor : Factaque illi prædictus Rex
oblatione solemni , munificentia regali , ad
propria rediit .]

XXIII.   Delegisse potissimùm visus est ad sepulturam S. Germanus Ecclesiam S. Vincentii,
quòd sacras reliquias ab Imperatore Justi-
a Aim. l. 3. niano acceptas , cùm rediit Hierosolymis,
c. 9.   illic (ut idem testatur (a) auctor) collocaverat , nempè spineæ coronæ Domini no-
stri Jesu Christi partem , sanctorumque Innocentium reliquias , necnon S. Georgii
martyris celeberrimi brachium . At qui vivens miraculorum virtute resplenduit sanctus Germanus , in cælum scandens majoribus fulgoribus coruscavit , ut quæ à Gregorio & Fortunato & aliis de ipso sunt scripta testantur . Dies verò natalis ejus anniversaria veneratione celebris ab Ecclesia
Catholica custoditur . Successit autem sancto Germano Ragnemodus , sive Regna-
b Greg. mi- mundus : de quo, cum esset diaconus, Gre-
rac. S. Mar- gorius narrat (b) , liberatum à morbo ,
tin. l. 2. c. 12. hausto diluto pulvere collecto è sepulchro
S. Martini . Subdit his etiam idem Grego- C
rius , hoc item anno migrasse è vita Calup-
pam reclusum, cujus res gestas alibi scriptis
mandavit, agitque de Patroclo ejusdem vitæ
instituto ad magnum sanctitatis culmen evo-
cto : quos omnes anniversaria commemora-
tione Dei Ecclesia colere consuevit .

XXIV.   Ad postremùm verò quæ de Judæorum
De Judæo- conversione Arverni per ejus civitatis Epi-
rū conver- scopum S. Avitum facta hoc itidèm anno
sione.   narrat , ipsius hic verbis reddenda putamus.
c Greg. hist. Ait enim (c) : Et quia semper Deus no- D
Franc. l. 5. ster sacerdotes suos glorificare dignatur :
c. 11.   quid Arverni de Judæis hoc anno contigerit , pandam . Cum eosdem plerumque
B. Avitus Episcopus commoneret , ut relicto velamine legis Mosaicæ spiritaliter
lecta intelligerent , & Christum Filium
viventis Dei prophetica & legali auctoritate promissum corde purissimo in sacris litteris contemplarentur ; manebat
in pectoribus eorum jàm non dicam velamen illud , quo facies Moysi obumbraba-
tur , sed paries . Sacerdote quoque oran-e,
ut conversi ad Dominum , velamen ab eis
litteræ rumperetur ; quidam ex eis ad sanctum Pascha , ut baptizaretur, expetiit : re-
natusque Deo per baptismi sacramentum,
cum albatis reliquis in albis & ipse procedit . Ingredientibus autem populis portas
civitatis, unus Judæorum super caput con- E
versi Judæi oleum fœtidum, diabolo instigante, diffudit . Quod cum cunctus abhorrens populus voluisset eum urgere lapidibus,
Pontifex ut fieret non permisit.] Fuisse quidem in Galliis frequentem Judæorum populum , eosque superbia elatos in religionis Christianæ contemptum quamplurima
perpetrare consuevisse , quæ habentur de
iisdem in Concilio Matisconensi demonstrant . Sed pergit Gregorius :

XXV.   Die autem beato , quo Dominus ad cæ-
Annal. Eccl. Tom. VII.

los post redemptum hominem ascendit glo-   Synagoga
riosus , cum sacerdos de Ecclesia ad basili-   Judæorum
cam psallendo procederet ; irruit super sy-   destructa.
nagogam Judæorum multitudo tota sequen-
tium , destruens eam à fundamentis , ut
campi planiciei locus assimilaretur . Alia
autem die sacerdos eis legatos mittit , dicens : Vi ego vos confiteri Dei Filium non
impello, sed tamen prædico, & salem scientiæ vestris pectoribus trado : pastor sum
enim Dominicis ovibus superpositus ; & de
vobis ille verus pastor , qui pro nobis passus est , dixit habere se alias oves quæ non
sunt ex ovili suo , quas eum oporteat adducere, ut fiat unus grex & unus pastor . Ideò,
si vultis credere ut ego , estote unus grex ,
custode me posito ; sin verò aliud , abscedite à loco . Illi autem diù æstuantes atque
dubitantes , tertia die (ut credo) obtentu
Pontificis conjuncti in unum , ad eum mandata remittunt , dicentes : Credimus Jesum
Filium Dei vivi , nobis Prophetarum vocibus repromissum; & ideò petimus ut ablua-
mur baptismo, ne in hoc delicto permanea-
mus .

Gavisus autem nuncio Pontifex , nocte   XXVI.
sancta Pentecostes, vigiliis celebratis , ad   Judæi ba-
baptisterium foràs muraneum egressus est :   ptizantur à
ibique omnis multitudo coràm eo prostra-   S. Avito
ta baptismum flagitavit . At ille præ gaudio   Episcopo.
lacrymans , cunctos aqua abluens, & chris-
mate liniens , in sinu matris Ecclesiæ congregavit . Flagrabant cerei , lampades re-
fulgebant , albicabat tota civitas de grege
candidonec minus fuit urbi gaudium, quàm
quondam Spiritu sancto descendente super
Apostolos Hierusalem videre promeruit .
Fuerunt autem qui baptizati sunt , ampliùs
quingenti . Hi verò qui baptismum recipere noluerunt , discedentes ab illa urbe, Mas-
siliæ redditi sunt .] Hucusque Gregorius de
Judæorum conversione à S. Avito divino
Spiritu administrata , ex Evangelii (ut pu-   d Luc. 14.
tavit) præscripto, quo Dominus monuit (d)
compellendos vi aliqua intrare in Eccle-
siam remorantes ; licèt à S. Gregorio (e)   e Greg. l. 1.
Papa incenso synagogarum minimè com-   epist. 34. &
probetur : sed nec à recentioribus schola-   l. 11. ep. 55.
sticis scriptoribus, qui eamdem quæstionem
diffusissimè pertractarunt , vi extorquendam
conversionem , conceditur ; quamvis non
desint qui ex adversò obnixè repugnent , &
contrariam sententiam tueri conentur . In
Avito autem quis id audeat condemnare ,
viro præsertim cuncta sua sancti Spiritus
arbitrio moderante , itidèmque miraculis
coruscante ?

Cecinit carmine Fortunatus ejusmodi   XXVII.
Judæorum conversionem atque baptismum,
id ipso expetente Gregorio Turonensi, ad
quem illud misit , cui & epistolam dedit ,
quæ eidem præfixa legitur : de quibus post
alia quæ præclarè cecinit , de absterso ex
ex sacro lavacro Judaico fœtore ista ha-
bet (f) :   f Fortunat.
Abluitur Judæus odor baptismate divo,   carm. l. 5.
Et nova progenies reddita surgit aquis.   Fœtor Ju-
Vincens ambrosios suavi spiramine rores   daicus ab-
Vertice perfuso chrismatis efflat odor .] stersus bap-
Yy   Deque   tismate.

Deque ufu illo priſtino, quo baptizati
candidi indui veſtibus, & accenſos ferre
cereos ſolerent, iſta ſubdit admodùm præclarè:
Undiq; rapta manu lux cerea provocat aſtra,
Credat ut ſtellas ire trahendo comas.
Lætetus hinc veſtis color eſt, hinc lampade
fulgor
Ducitur, & vario lumine picta dies, &c.]
Qui verò iſta de Judæorum converſione cecinit Fortunatus, ejuſdem ad eumdem Avitum tria extant epigrammata, quibus & ipſius inſignes celebrantur virtutes.

XXVIII. Quod rurſùs ſpectat ad Judæorum in Gallia commorantium converſionem : opera
quoque S. Germani Epiſcopi Pariſienſis
conſtat complures ex eis eſſe converſos ; cujus obitum cum hoc eodem anno contigiſſe
dixerimus, aſpergatur floribus iſtis ejus ſe-
a Fortun. in pulchrum, hicque reddamus quæ de his mi-
Vit.S.Germ. randa recitat Fortunatus in Vita ipſius (a).
c.64. Cunctorum (inquit) ſaluti ſemper inſtans
ſolicitus, cum Bituricas acceſſiſſet pro ordinatione Felicis Epiſcopi, prædicante illo,
Sigericus quidam Judæus, fidei ſacramento
percepto, converſus eſt; habebat enim in
Judaiſmo conjugem Mammonam nomine.
De fœmi- Hæc de ſui converſione, dùm nec mentio-
næ Judææ nem quidem reciperet ſepius per miſſos beati
converſio- admonita, ſed cum magis refugeret; facta ad
ne. eam vigilia,doctor ipſe profectus eſt.Quæ cù
beatum virum nec viſu vellet intendere, de-
cantato curſu tertiæ ; manum ſuam Pontifex ad mulieris frontem dignanter admovit
pietatis ex opere. Statim à circumſtantibus
de mulieris naribus, quaſi ſcintillante igre,
fumus egredi viſus eſt;ut cunctis clarum fieret, ejecto inſidiatore,mulierem uſque tùnc
repugnaſſe ſaluti ſuæ per obſidentem. Tùnc
exonerata inimici faſce, reſpirans confeſſa
eſt, numquam ſe priùs faciem beati viri potuiſſe conſpicere. Indè petens ac humiliter
ſupplicans cum propria domo meruit effici
Chriſtiana. Nàm & exindè quaſi capite ſub-
dito,exemplo eorum ad fidem converſi ſunt.]
Hæc Fortunatus.

XXIX. Sed,jàm ad Chilpericum Regem ob re-
De Chil- pentinam Sigeberti necem è periculo eru-
perico è tum redeamus. Magna quidem momento,
morte in temporis facta eſt rerum mutatio,ut qui ob-
Regnum ſidione vallatus quæreretur ad necem, jàm
erectum. regno integro fermè deperdito, idem mòx
ſurgens unà cum vita recuperaret &regnum.
Tribuit id Venantius Fortunatus ejuſdem
Regis pietati, cæteriſque virtutibus, quas
hoc tempore carmine laudationis edito ce-
lebravit, in priſtinum ſtatum præter ſpem
b Fortunat. reſtitutione ejus his verſibus concinens (b):
carm.lib.9. *Sed meritis tantis ſubitò ſors invida rerum*
Perturbare parans regna quieta tibi,
Concutiens animos populorum & fœdera
fratrum,
Lædere dùm voluit, proſperitate favet.
Denique jàm capti valido pendente periclo,
Quando feriret habuit, reppulit hora necē.
Cum retineris mortis circumdatus armis,
Eripuit gladio ſors, operante Deo.
Ductus ad extremum,remeas de funere vita:
Ultima quæ fuerat, ſit tibi prima dies.

A *Noxia dùm cuperent hoſtes tibi bella parare,*
Pro te pugnavit fortis in arma fides.
Proſpera judicii ſine te tua cauſa peregit,
Et rediit proprio celſa cathedra ſuo.
Rex bone, ne doleas ; nàm te fortuna que-
relis
Unde fatigavit, hinc meliora dedit.
Aſpera tot toleranda dia modò lata ſequun-
tur,
Et per mœrores gaudia nata metis.
Multimodis per opes ſeminans, tua regna re-
ſumis :
Namque labore gravi creſcere magna ſo-
lent.
B *Aſpera non nocuit,ſed ſors te dura probavit:*
Unde gravabaris,celſior indè redis.] &c.
Ut autem tot tantaque à Deo obtinere **XXX.**
meruit Chilpericus, S. Lupicini inſignis
ſanctitatis viri preces interceſſiſſe videntur : *Lupicinus*
de eo enim in Vita ipſius iſta habet Grego- *tremendus*
rius Turonenſis:Lupicinus jàm ſenex factus *Chilperico*
acceſſit ad Chilpericum Regem, qui tùnc *redditur.*
Burgundiæ præerat.Audierat enim eum habitare apud urbem Janubam: cujus cum ingreſſus eſt portam, tremuit cathedra Regis,
qui ea hora ad convivium reſidebat. Exterritus fuſque ait ſuis: Terræmotus factus eſt. Reſ-
C ponderunt qui aderant,nihil ſe ſenſiſſe commotionis. At ille: Occurrite quantocyùs ad
portam, ne fortè aliquis adverſari cupiens
regno noſtro adſit quaſi nociturus nobis:non
enim ſine cauſa hæc ſella contremuit ; Qui
protinùs occurrentes, offenderunt ſenem in
veſte pellicea, & dixerunt de eo Regi. Qui
ait: Ite & adducite eum in conſpectu meo,
ut intelligam cujus ordinis ſit homo. Et adductus ſtetit coràm Rege, ſicut quondàm Jacob coràm Pharaone. Cui ille ait: Quis es,
& undè veniſti, & quod eſt opus tuum, vel
quid neceſſitatis habes ut venias ad nos è
Cui ille: Pater ſum (inquit) Domini- **XXXI.**
carum ovium, quas cum Dominus ſpiri- *Munificen-*
D tualibus cibis jugi adminiſtratione reficiat, *tia Regis*
corporalia eis interdùm alimenta deficiunt. *ergà Lupi-*
Ideò petimus potentiam veſtram, ut ad *cinum.*
victus veſtituſque neceſſaria aliquid tribua-
tis. Rex verò hæc audiens, ait : Accipite agros vineaſque, de quibus poſſitis vivere, ac neceſſitates veſtras explere. Qui
reſpondit : Agros & vineas non accipiemus ; ſed ſi placet poteſtati veſtræ, aliquid
de fructibus delegate : quia non decet monachos facultatibus mundanis extolli, ſed
in humilitate cordis Dei regnum juſtitiam-
que ejus exquirere. At Rex cum audiſſet
E hæc verba, dedit præceptionem, ut annis
ſingulis trecentos modios tritici, ejuſdemque menſuræ numero vinum accipiant, &
centum aureos ad comparanda fratrum indumenta : quod uſque nùnc à fiſci ditionibus capere referuntur.] Hucuſquè Gregorius. Sic igitur ſeminans Rex iſta carnalia, meſſuit jugi proventu ſpiritualia, nempè preces aſſiduas tantorum monachorum,
ex quibus etiam ditatus eſt rerum temporalium copia, novo auctus regno, qui jàm,
prope caſurus erat è ſuo.
Sed quæ læta hæc ſint triſtia ſubſecuta, **XXXII.**
jàm ex Gregorio (c) nobis dicendum erit.
Acci-

De Moroveo incestuoso in clericum mutato.

Accidit enim, ut major natu ex alia conjuge filius Chilperici Moroveus nomine adversùs patrem insurrexerit occasione incestuosi contracti conjugii, cum videlicèt copulavit sibi in matrimonium Brunichildem Sigeberti Regis sui patrui relictam uxorem, quam apud Rhotomagum idem Rex Chilpericus jusserat exulare. Cujus rei gratia contrà filium indignans pater insurgens, ipsum armis rem agentem superatum, captumque in custodia detineri mandavit: Qui (*inquit Gregorius*) ibi tonsuratus est, & mutata veste, qua clericis uti mos est, presbyter ordinatur, & in monasterium Cænomanicum, quod vocatur Aninsula, dirigitur, ut ibi sacerdotali erudiretur regula.] Subdit autem Gregorius, eumdem Moroveum patrem eludere conatum, indè aufugisse, confugisseque ad basilicam S. Martini Turonos, ubi ipsum tùnc Gregorium adesse contingeret, qui de re gesta ejusmodi historiam texit (a): Operto capite, indutus veste sæculari, B. Martini templum expetiit. Nobis autem Missas celebrantibus, in sanctam basilicam, aperta reperiens ostia, ingressus est. Post Missas autem petiit ut ei eulogias dare deberemus (erat autem tùnc nobiscum Ragnemodus Parisiacæ sedis Episcopus, qui S. Germano successerat) Quod cum refutaremus, ipse cœpit clamare, & dicere, quòd non rectè eum à communione sine fratrum conniventia suspenderemus. Illo autem hæc dicente, cum consensu fratris qui præsens erat contestata causa canonica, eulogias à nobis accepit. Veritus autem sum, ne dùm unum à communione suspendebam, in multos existerem homicida: minabatur enim aliquos de populo nostro interficere, si communionem nostram non meruisset. Multas tamen pro hac causa Turonica regio sustinuit clades.] Et quænam fuerint, hæc paulò inferiùs: Igitur Chilpericus Rex nuncios ad nos direxit, dicens: Eiicite apostatam illum de basilica: sin autem totam regionem illam igne succendam. Cumque nos rescripsissemus, Impossibile esse ut quod tempore hæreticorum non fuerat, Christianorum tùnc temporibus fieret, *nempè ut confugientes ad Ecclesiam vi expellerentur*: ipse exercitum commovet & illùc dirigit.] Quæ autem post hæc facta sint, dicemus posteà.

a *Greg. hist. Franc. l.* 5. *c.* 14.

Gregorius leviter nimis communionem impertit Moroveo.

XXXIII. Verùm haud perfunctoriè factum hujusmodi Gregorii prætereundum putamus, ne imitandum posteris factum perperàm relinquatur. Laudandus mihi semper in reliquis Gregorius fuit multis de causis, potissimùm verò ob pietatem, quo nomine etiam ab ejus temporis scriptore Venantio Fortunato plurimùm commendatur: in hoc autem minimè mihi probandus, cum communionem impertiit apostatæ transfugæ, qui præsertim eam minis expeteret. Esto purgatum fuerit per pœnitentiam utcumque prætensum delictum illud incestus; tamen ut habitus clericalis desertori, ad hominumque cædes parato impertierit communionem, non (ut decebat) constantiam sacerdotalem exhibuit, sed enervatum animum, tantoque muneri imparem demonstravit, cum non satis sibi inesse virium docuit, ut minacem repelleret peccatorem, cum ipse majori polleret auxilio, nempè patrocinio S. Martini, qui ad ulciscendas injurias illatas personis vel loco, continuò soleret assurgere. Sed missa istæc.

JESU CHRISTI ANNUS 580. | PELAGII PAP. II. ANNUS 3. | JUSTINI JUN. IMP. ANNUS 15.

I. Octogesimus suprà quingentesimum Christi annus adest, Indictionis decimætertiæ idemque tertius Tiberii, cum Justino regnantis: quo (b) Antiochia Syriæ iterùm terremotu quassata, magna ex parte vastatur. Undè autem tantorum malorum fluxerit causa, Evagrium in primis illorum temporum scriptorem audiamus, qui ait (c): Antiochiæ porrò & Daphne, quæ est illi finitima, ad tertium annum Imperii Tiberii Cæsaris tàm ingens terræmotus in ipso meridie extitit, ut Daphne tota ejus vi impetu concideret, & Antiochiæ ædificia tàm publica, quàm privata ad terram usque dirumperentur illa quidem, sed non ita tamen, ut ad solum ruerent. Acciderunt præterea tùm Antiochiæ, tùm Constantinopoli alia nonnulla, quæ longum sermonem requirunt: quæ quidem certè utramque urbem graviter exagitarunt, & in maximas turbas conjecerunt; atque ut ex divino quodam zelò orta sunt, sic exitum habuere planè admirabilem: de quibus deinceps verba facturus sum.

b *Evagr. l.* 5. *c.* 17. & *Niceph. histor. lib.* 18. *c.* 3.

c *Evagr. histor. l.* 5. *c.* 17. & 18.

Antiochia terræmotu concussa.

II. Anatolius quidam, vir primùm quidem plebejus & mollis, posteà verò ad magistratus & alia munera obeunda subdolè (nescio quomodo) arrepsit, & Antiochiæ ætatem traduxit: quo in loco res, quas habebat in manibus, sedulò executus est. Undè cum Gregorio ejus urbis Antistite maximam conflavit familiaritatem, persæpèque illum adiit, partìm gratia de negotiis suis colloquendi, partim ut majorem auctoritatem ex crebra ejus consuetudine sibi conciliaret. Iste Anatolius hostias simulacris immolasse, fortè deprehensus est: qui cùm vocaretur in quæstionem, homo impius, præstigiator, & infinitis involutus sceleribus repertus fuit. Et tamen parùm aberat quin & ipse & sui omnes (habuit namquè alios sui similes, qui idolis itidèm sacrificasse manifestò tenebantur) liberi dimissi fuissent; nisi populus, excitato tumultu, omnia turba ita miscuisset, ut consilium de illis impiis initum eo pacto diremptum esset. Quinetiam contrà Gregorium Episcopum clamores tolluntur, eum consilii Anatolii participem fuisse, palàm prædicatum. Porrò autem execrabilis dæmon, immanæ vitæ

De Anatolio impio.

tæ perturbator, nonnullos induxerat, ut A victimis immolandis cum Anatolio se socios adjungerent. Hinc Gregorius in maximum venit discrimen, populo eum gravissimè exagitante, insectanteque; hinc etiam in illum tàm vehemens movebatur suspicio, ut Imperator ipse Tiberius coràm ex ore Anatolii veritatem expiscari laboraret.

III.
Deiparæ imago Anatolium impium aversata.

Mandatum igitur dat, uti Anatolius & sui omnes quàm celerrimè adventarent. Quibus rebus cognitis, Anatolius ad imaginem quandam Mariæ Deiparæ sane in carcere sublimè appensam accurrens, manibus à tergo complicatis, se ei supplicare, precesque adhibere ostendit. Illa autem eum veluti sacrilegum detestata, & ut Deo invisum coarguens, penitùs ab se avertit: spectaculum planè horribile & sempiternæ memoriæ prodendum; quod quidem B à præsidiariis militibus, & ab his quibus illius custodia commissa fuit, visum est, & ab his omnibus aliis divulgatum. Apparuit item Deipara re ipsa nonnullia aliis Fidelibus, eosque contrà scelestum illum incitavit; inquiens, Anatolium filium suum, contumeliis afficere.

IV.
Zelus populi Constantinopolitani adversùs impios.

Ubi verò Anatolius ad urbem Constantinopolitanam ductus fuit, & ibi verberibus supra modum cæsus, nihil contra Episcopum potuit dicere, ipse cum suis majoribus tumultus se seditionis planè popularis C civitati auctor & causa extitit. Nam cum, quidam illorum sententiam haberent de se pronunciatam, ut non morte, sed exilio duntaxat mulctarentur; populus divino quodam zelo succensus, omnia turbare, bile & iracundia exardescere, exilioque damnatos rapere cæpit: qui in navem piscatoriam impositi, totius populi suffragiis vivi ignis tradebantur incendio. Contra Imperatorem porrò, & Eutychium Episcopum suum tamquàm fidei proditores graviter vociferari. Nec dubium, quin & Eutychium, D & eos quibus potestas in Anatolium cum suis inquirendi permissa fuit, (his namque singulis locis inquirere & undique circumdere cæperunt) prorsùs è medio sustulissent, nisi Dei providentia, quæ omnium saluti prospicit, illos è quærentium manibus eripuisset, & tàm ingentis multitudinis furorem pedetentim sedavisset. Siquiquem ita factum est, ut neque ullum atrox facinus eorum manibus ederetur, & Anatolius primùm in amphitheatro bestiis expositus, ab iisdem dilaniaretur, deindè ageretur in crucem.

Anatolius expositus bestiis.

V.

Neque tamen ita finem suppliciorum sibi inflictorum reperit. Nam lupi corpus ejus E in terram disturbantes (quod antè numquàm visum fuisset) pastu crudeli membratim devorarunt. Erat autem quidam è nostris hominibus, qui, priùsquàm res ista confectæ essent, dixerat, se secundùm quietem vidisse sententiam contra Anatolium ac suos à populo latam. Quinetiam vir illustris, qui Imperatorio Palatio præfuit, quique Anatolii causam acriter admodùm tuebatur, dixerat, se quoque vidisse Deiparam

Mariam, eamque sic ipsi locutam: Quousque defendis causam Anatolii, qui tam me, tùm filium meum tantis onerat contumeliis? Sed de his hoc modò.] Hactenùs Evagrius de rebus in Oriente gestis.

Quod ad res Occidentalis Ecclesiæ spectat, de Ecclesia Gallicana nonnulla à Gregorio, cum prosequitur res Francorum, suppeditantur, ex quibus complura observatione digna de rebus Ecclesiasticis elici possunt. Dùm igitur stylo prosequitur Morovei filii Chilperici Regis confugium in Ecclesiam; quæ potissimùm hoc anno facta sint, quo Childeberti filii Sigeberti annus secundus regni incipit numerari, ita narrare pergit (a): Anno autem secundo Chil- *aGreg. Tur.* deberti Regis, cum videret Moroveus pa- *l.5.c.14.* trem suum in hac deliberatione intentum, Morovei assumpto secum Guntheramno Duce ad Bruni- ad Brunichildem pergere cogitat, dicens: Ab- childæ fugit ut propter meam personam basilica do- ga. mus Martini violentiam perferat, aut segregem ejus propter me captivitati subdatur. Et ingressus basilicam, dùm vigilias ageret, res quas secum habebat ad sepulchrum beati Martini exhibuit, orans ut sibi Sanctus succurreret, atque ei concederet gratiam suam, ut regnum accipere posset.] Vides hominum quantumlibet improbum, haud tamen Sanctorum cultum despexisse; sed eò amplius propensiùsque Martini auxilium expetiisse precibus atque muneribus, quò magis angustiis premeretur. Subdit autem Gregorius: Moroveus verò de patre atque noverca multa crimine loquebatur; quæ cum ex parte vera essent, credo acceptum non fuisse Deo ut hæc per filium vulgarentur, sicut in sequentibus cognovi.

Quadam enim die ad convivium ejus ac-
citus cum pariter sederemus, suppliciter VII.
expetiit aliqua ad instructionem animæ legi. Ego verò reserato Salomonis libro, versiculum qui primus occurrit, accipui, qui hæc continebat (b): Oculum qui adversùs *b Prov. 30.* respexerit patrem, effodiant eum corvi de convallibus. Illo quoque non intelligente, consideravi hunc versiculum à Domino præparatum.] Animus enim semel imbutus ambitione regnandi aliud non admittit ad salutem oblatum remedium. In deteriora igitur infelix lapsus, Saulem imitatur, ad pythonissam confugiens, cum se à Deo desertum esse cognovit. Nam audi quæ mox subdit Gregorius:

Tunc dixerat Guntheramnum puerum ad VIII.
mulierem quamdam habentem spiritum py- Moroveus thonis, ut ei quæ erant eventura narraret. consulit Asserebat præterea, ipsam sibi antè hoc Pythonistempus non solùm annum, sed & diem & sam. horam in qua Rex Chariberto obiret, denunciasse. Quæ hæc ei per pueros mandata remisit: Futurum est enim, ut Rex Chilpericus hoc anno deficiat; & Moroveus, inclusis fratribus, omne capiat regnum. Tu verò ducatum totius regni ejus annis quinque tenebis; sexto verò anno in una civitate, quæ super Ligerim adveusita est in dextera ejus parte, favente populo, Episcopatus gratiam adipisceris, ac inter ple-

plenus dierum ab hoc mundo migrabis. A
Cumque hæc pueri redeuntes omninò nun-
ciaffent , ftatim ille vanitate elatus , tamquàm fi jàm in cathedra Turonicæ Ecclefiæ
refideret , ad me hæc detulit verba . Cujus
ego irridens ftultitiam , dixi : A Deo hæc
pofcenda funt : nàm credi non debent quæ
diabolus repromittit : ille autem ab initio
mendax eft , & in veritate numquàm ftetit.
Illoque cum confufione difcedente , valdè
irridebam hominem qui talia credi debere
putabat .] Ita planè hac punitione curiofi
plectuntur , ut in hunc modum à dæmone
illudantur atque traducantur falfis promif-
fionibus , quibus aliquid verum immifcet .
Ludus ifte eft fapientiæ , ut illudat homini- B
bus hujufcemodi vana fectantibus , ficut cum
talia quærentem decipi voluit Achab , dicens (a) : *Quis ibit nobis ad decipiendum*
23.Reg.22. *Achab ?* Vix credi poteft , quàm amplum
fit rete iftud , quod fuper Orbem , ut deci-
IX. piat curiofos , diabolus tendere confuevit .
Pergit verò Gregorius de fe ipfo :
Denique quadam nocte , vigiliis in bafilica S. Martini celebratis , dùm lectulo de-
cumbens obdormiffem , vidi Angelum per
aëra volantem : cumque fuper fanctam bafilicam præteriret , voce magna ait : Heu
heu , percuffit Deus Chilpericum & omnes C
filios ejus , nec fupererit de his qui procef-
ferunt de lumbis ejus , qui regat regnum illius in æternùm . Erant at eodem tempore
de diverfis uxoribus filii quatuor , exceptis
filiabus . Cum autem hæc in pofterùm impleta fuiffent , tunc ad liquidùm cognovi
falfa effe quæ promiferant harioli .] Cum
verò admonitione Gregorii Moroveus Regis filius oraculum pythoniffæ fufpectum
haberet , quid præterea ad prænofcenda
ventura idem excogitarit , ab eodem Gregorio ita accipe :
X. Moroveus non credens pythoniffæ , tres
Moroveus libros fuper Sancti fepulchrum pofuit , id D
quærit vé- eft , Pfalterii , Regum , Evangeliorum : &
tura ex fa- vigilans tota nocte , petiit ut fibi beatus con-
cris codici- feffor , quid eveniret , oftenderet ; & utrùm
bus ; poffet regnum capere , an non , ut Domino
judicante , cognofceret . Sic hæc continuato triduo in jejuniis , vigiliis , atque orationibus , ad beatum tumulum iterùm accedens , revolvit librum qui erat Regum .
Verfus autem primus paginæ , quam refe-
b 2. Paral. ravit , hic erat (b) : Pro eo quòd reliqui-
7.Hier.2. ftis Dominum Deum veftrum , & ambula-
ftis poft deos alienos , nec feciftis rectum
antè confpectum ejus ; ideò tradidit vos Dominus Deus vefter in manibus inimicorum
veftrorum . Pfalterii autem verfus hic eft E
e Pfal. 72. inventus (c) : Verumtamen propter dolos
pofuifti eis mala : dejecifti eos , dùm alle-
varentur . Quomodo facti funt in defola-
tionem ? fubitò defecerunt : perierunt propter iniquitates fuas . In Evangeliis autem
d Matt. 26. hoc eft repertum (d) : Scitis quia poft biduum Pafcha fiet , & Filius hominis trade-
tur ut crucifigatur . In his refponfionibus ille confufus , flens diutiffimè ad fepulchrum
beati Antiftitis , affumpto fecum Guntheramno Duce , cum quingentis aut eò amplius

Annal.Eccl.Tom.VII.

viris difceffit .] Hæc quidem Turonis , quò
ad S. Martini bafilicam antè confugerat .
Sic homo totiès admonitus , plurimorum
peccatorum pondere prægravatus , refipi-
fcendi haud obtinuit facultatem .
Sed & Chilpericus Dei beneficiorum XI.
oblitus , odio plus æquo indulgens , dùm
furit in filium , religionem lædit : nàm de
eo hæc paulò poft Gregorius : Exercitus
autem Chilperici Regis ufquè Turonos accedens , regionem illam in prædas mittit ,
fuccendit , atque devaftat , nec rebus S.Mar-
tini pepercit ; fed quod manu tetigit , fine
ullo Dei intuitu aut timore diripuit . Moroveus propè duos menfes ad antedictam
bafilicam refidens , fugam iniit , & ad Brunichildem Reginam ufquè pervenit : fed ab
Auftrafiis non eft collectus . At de bellis
turbifque hactenùs .
Poft hæc autem recenfita Gregorius de XII.
controverfia oborta diei Pafchatis caufa inter Gallicanam & Hifpanicam Ecclefiam
ifta habet : Eo anno dubietas Pafchæ fuit . Erratum in
In Galliis verò nos cum multis civitatibus Hifpania
XIV. Kalendas Majas fanctum Pafcha ce- in die Pa-
lebravimus ; alii verò cum Hifpanis XII. fchatis.
Kalend. Aprilis folemnitatem hanc tenuerunt . Tamen (ut ferunt) fontes illi , qui
in Hifpaniis nutu Dei complentur , in noftro Pafcha repleti funt .] Hæc Gregorius ;
deque his fontibus dictum eft fuperius . Jàm
verò ad nobilem Epifcoporum conventum
hoc eodem tempore Parifiis celebratum , à
Gregorio verò defcriptum , ftylum admo-
veamus . Interfuit ei ipfe , & pars magna
fuit .
Hoc ipfo enim anno , agente Chilperi- XIII.
co Rege Francorum convocatur Synodus Concilium
Parifienfis in Ecclefia fancti Petri ob cau- Parifienfe.
fam Prætextati Epifcopi Rhotomagenfis .
Datum eft enim illi crimini à Rege , quòd
manus ejus fuerit cum ipfius filio , qui re-
bellaverat , Moroveo ; conjuraffetque cum
illo adverfus Regem . Agit de his pluribus
Gregorius Turonenfis , atque ait (e) : Ad- eGreg.Tur.
ductus eft igitur in Synodum Prætextatus hift. Franc.
Epifcopus : Rex adverfus eum caufam agens l.5.c.18.
fic eft locutus : Quid tibi vifum eft , ò Epi-
fcope , ut inimicum meum Moroveum , qui
filius effe debuerat , cum amica fua , id eft ,
patrui fui uxore conjungeres ? An ignarus
eras , quæ pro hac caufa canonum ftatuta
fanxiffent ? Etiam non hic folùm exceffiffe
probaris : fed etiam cum illo egifti , datis
muneribus , ut ego interficerer , hoftem autem filium patri fecifti : feduxifti pecunia
plebem , ut nullus mecum fidem habitam cu-
ftodiret ; voluiftifque regnum meum in manus alterius tradere . Hæc eo dicente , infremuit multitudo Francorum , voluitque oftia
bafilicæ rumpere , quafi ut extracto facerdo-
tè lapidibus urgeret : fed Rex prohibuit fieri .
Cumque Prætextatus Epifcopus ea quæ Prætexta-
Rex dixerat , falfa negaret ; advenerunt fal- tus accufa-
fi teftes , qui oftendebant fpecies aliquas , tus à Rege
dicentes : Hæc & hæc nobis dedifti , ut Mo- fuam cau-
roveo fidem promittere deberemus . Ad hæc fam agit.
ille dicebat : Verum enim dicitis , vos à
me fæpiùs muneratos : fed non ex hac caufa

XIV.

Yy 3 exti-

extitit , ut Rex eiiceretur è regno . Nàm & cum vos mihi , & equos optimos & res alias præberetis ; numquid poteram aliud facere , nisi & ego vos simili sorte remunerarem ? Recedente verò Rege ad metatum suum , nos collecti in unum sedebamus in secretario basilicæ beati Petri . Confabulantibusque nobis , subitò advenit Aetius Archidiaconus Ecclesiæ Parisiacæ , salutatisque nobis ait : Audite me , ò sacerdotes Domini qui in unum collecti estis . Aut enim hoc tempore exaltabitis nomen vestrum , & bonæ famæ gratia refulgebitis ; aut certè nullus vos amodò pro Dei sacerdotibus est habiturus , si personas vestras sagaciter non erigitis , aut fratrem perire permittitis .

Aetii Archidiaconi instigatio.

Hæc eo dicente , nullus sacerdotum ei quicquam respondit : timebant enim Reginæ , *Fredegundis scilicet* , furorem , cujus instinctu hæc agebantur . Quibus intentis , & ora digito comprimentibus , ego ajo : Attenti estote , quæso , sermonibus meis , ò sanctissimi sacerdotes Dei , & præsertim vos qui familiares Regi esse videmini . Adhibete ei consilium sanctum & sacerdotale , ne exardescens in ministrum Dei , pereat ab ira ejus , & regnum perdat & gloriam .

XV.

a Ezech. 3. Gregorii iniquitatem hominis , & non dixerit , reus gravis sententia,

Illis verò silentibus , adieci : Mementote , domini mei sacerdotes , verbi Prophetici , quod ait (a) : Si viderit speculator erit animæ pereuntis . Ergò nolite silere , sed prædicate , & ponite antè oculos Regis peccata ejus , ne fortè ei aliquid mali contingat , & vos rei sitis pro anima ejus . An ignoratis quid novo gestum fuerit tempore ? quomodò apprehensum Sigismundum Clodomeris retrusit in carcerem , dixitque ei Avitus Dei sacerdos : Ne inijcias manum in eum , & cum Burgundiam petieris , victoriam obtinebis . Ille verò abnuens quæ ei à sacerdote dicta fuerant , abiit , ipsumque cum uxore & filiis interemit : petiitque Burgundiam , ibique oppressus ab exercitu , interemptus est . Quid Maximus Imperator ? nonne cum beatum Martinum compulisset communicare cuidam homicidæ Episcopo ; & ille quò facilius addictos morti liberaret , Regi impio consensisset ; prosequente Regis æterni judicio , ab Imperio depulsus Maximus , morte pessima damnatus est ? Hæc me dicente , non respondit ullus quicquam , sed erant omnes intenti & stupentes .

XVI.

Duo autem adulatores ex ipsis (quod de Episcopis dici , dolendum est) nunciaverunt Regi , quia nullum majorem inimicum , quàm me haberet . Illicò unus ex aulicis cursu rapido ad me repræsentandum dirigitur . Cumque venissem , stabat Rex juxta tabernaculum ex ramis factum , & ad dexteram ejus Bertheramnus Episcopus , ad lævam verò Ragnemodus stabat (*hic erat Episcopus Parisiensis successor S. Germani*) & erat ante nos scamnum pane desuper plenum cum diversis ferculis . Visoque me , Rex ait : O Episcope , justitiam cunctis largiri debes ; & eccè ego justitiam à te non accipio , sed (ut video) con-

Quæ Rex adversùs Gregoriũ ingerit .

A sentis iniquitati , & impletur in te proverbium illud , quòd Corvus oculum corvi non eruet . Ad hæc ego : Si quis de nobis , ò Rex , justitiæ tramitem transcendere voluerit , à te corrigi potest : Si verò tu excesseris , quis te corripiet ? Loquimur enim tibi : sed si volueris , audis : si autem nolueris , quis te condemnabit , nisi is qui se pronunciat esse justitiam ? Ad hæc ille (ut erat ab adulatoribus contra me accensus) ait : Cum omnibus enim inveni justitiam , & tecum invenire non possum . Sed scio quid faciam , ut noteris in populis , & injustum te esse omnibus perpatefiat . Convocabo enim

B populum Turonicum , & dicam eis : Vociferamini contra Gregorium , quòd sit injustus , & nulli hominum justitiam præstat . Illis quoque hæc clamantibus , respondebo : Ego qui Rex sum , justitiam cum eodem invenire non possum ; & vos qui minores estis , invenietis ? Ad hæc ego : Quòd sim injustus , tu nescis : scit enim ille conscientiam meam , cui occulta cordis sunt manifesta ; Quòd verò falso clamore populus , te insultante , vociferatur , nihil est : quia sciunt omnes à te hæc emissa ; ideòque non ego , sed potiùs tu in acclamatione notaberis . Sed quid plura ? habes leges & canones ; hæc te

C diligenter rimari oportet : & tunc quæ præceperint , si non observaveris , noveris tibi Dei judicium imminere . At ille quasi me demulcens (quod dolosè faciens putabat me non intelligere) conversus ad juscellum , quod coram me erat positum , ait : Propter te hæc juscella paravi , in quibus nihil aliud præter volatilia & patumper ciceris continetur . Ad hæc ego , cognoscens adulationem ejus , dixi : Noster cibus esse debet , facere voluntatem Dei , & non his deliciis delectari : ut ea quæ præcepit , nullo casu prætermittamus . Tu verò qui alios de justitia culpas , pollicere priùs quòd leges & cano-

D nes non emittas , & tunc credimus , quòd justitiam prosequaris . Ille verò porrecta dextera , juravit per omnipotentem Deum , quòd ea quæ lex & canones edocerent , nullo prætermitteret pacto . Post hæc accepto pane , & haustu vino , discessi .] Hactenùs Gregorius de prima Synodi Actione ; quæ autem post hæc facta sint , antequàm iterùm Synodus cogeretur , sic narrat ;

Ea verò nocte decantatis nocturnalibus hymnis , ostium mansionis nostræ gravibus audio cogi verberibus ; missosque pueros nuncios Fredegundis Reginæ adstare cognosco . Quibus introductis , salutationem Re-

XVII. Tentatur Gregorius à Fredegũde Regina.

E ginæ suscipio . Deinde precantur mihi , ut in ejus causis contrarius non existam , simùlque ducentas argenti promittunt libras , si Prætextatus , me impugnante , opprimeretur . Dicebant enim : Jàm omnium Episcoporum promisionem habemus : tantum tu adversùs non incedas . Quibus ego : Si mihi mille libras auri argentique donetis , numquid aliud facere possum , nisi quod Dominus agi præcepit ? Unum tantùm polliceor , quòd ea quæ cæteri secundùm canonum statuta consenserint , sequar . At illi non intelligentes quæ dicebam , gratias agentes, discesse-

discesserunt. Mane autem facto aliqui de Episcopis ad me venerunt, simile mandatum ferentes: quibus ego similia respondi, &c.] Sequitur modò Actio ejusdem Synodi secunda, quæ sic se habet:

XVIII. Actio Parisiensis Synodi secunda.

Convenientibus autem nobis ad basilicam S. Petri, mane Rex affuit, dixitque; Episcopus enim in furtis deprehensus ab Episcopali officio ut avellatur, canonum auctoritas sanxit. Nobis quoque respondentibus, quis ille sacerdos esset, cui furti crimen irrogaretur, respondit Rex: Vidistis enim species, quas nobis furto abstulit (ostenderat enim nobis antè diem tertiam Rex duo volucra speciebus & diversis ornamentis referta, quæ pretiabantur amplius quàm tria millia solidorum, sed & sacculum, cum numismatis auri pondere tenentem quasi millia duo) hæc enim dicebat Rex tibi ab Episcopo Prætextato fuisse furata. Qui respondit: Recolere vos credo, discedente à Rhotomagensi urbe Brunichilde Regina, quòd venerim ad vos & dixique vobis, quia res ejus, idest, quinque sarcinas commendatas habetem; & frequentiùs advenire pueros ejus ad me, ut ea redderem, & nolui sine consensu vestro. Tu autem dixisti mihi, ò Rex: Eiice hæc à te, & revertantur ad mulierem suæ res; ne inimicitiæ inter me & Childebertum nepotem meum pro his rebus debeant pullulare. Reversus ergò ego ad urbem, unum volucrum tradidi pueris: non enim valebant amplius ferre. Reversi iterum requirebant alia: Iterùm consului magnificentiam vestram: tu autem præcepisti, dicens: Eiice, eiice hæc à te, ò sacerdos, ne faciat scandalum hæc causa. Iterùm tradidi eis duo ex his, duo autem alia remanserunt mecum. Tu autem quid nùnc me calumniaris, & me furti arguis, cum hæc causa non sit furtum, sed ad custodiam debeat deputari?

XIX.

Ad hæc Rex: Si hoc depositum penès te habebatur ad custodiendum, cùr solvisti unum ex his, & limbum aureis contextum filis in partes defecasti, & dedisti per viros, qui me à regno deiicerent? Prætextatus Episcopus respondit: Jàm dixi tibi superiùs, quia munera eorum acceperam: ideòque cum non haberem quod de præsenti darem, hinc præsumpsi, & eis vicissitudinem munerum tribui: proprium mihi esse videbatur, quod filio meo Moroveo erat, quem de lavacro regenerationis excepi. Videns autem Rex Chilpericus, quòd eum his calumniis superare nequiret, attonitus valdè ac conscientia confusus discessit à nobis vocavitque quosdam de adulatoribus suis, & ait: Victum me verbis Episcopi fateor, & vera esse quæ dicit, scio: quid nunc faciam, ut Reginæ de eo voluntas adimpleatur? Et ait: Ite, & accedentes ad eum dicite, quasi consilium ex vobismetipsis dantes: Nosti quòd sit Rex Chilpericus pius atque compunctus, & citò flectatur ad misericordiam: humiliare sub eo, & dicito ab eo obiecta à te perpetrata fuisse: tùnc nos prostrati omnes coràm pedibus ejus, dari tibi veniam impetramus. His seductus Prætextatus E-

piscopus, pollicitus est se ita facturum.] Hactenùs secunda Actio Synodi. Sequitur rursùs tertia & ultima:

XX. Actio tertia Synodi Parisiensis.

Mane autem facto, convenimus ad consuetum locum: advenienfque & Rex, ait ad Episcopum: Si munera pro muneribus his hominibus es largitus, cur sacramenta postulasti, ut fidem Moroveo servarent? Respondit Episcopus: Petii, fateor, amicitias eorum haberi cum eo: & non solùm hominem, sed si fas fuisset, Angelum de cælo evocassem, qui esset aditor ejus: filius enim mihi erat (ut sæpè dixi) spiritualis ex lavacro. Cumque hæc altercatio altiùs tolleretur, Prætextatus Episcopus prostratus solo, ait: Peccavi in cælum & coràm te, ò Rex misericordissime: ego sum homicida nefandus, ego te interficere vòlui, & filium tuum in solio tuo erigere. Hæc eo dicente, prosternitur Rex coràm pedibus sacerdotum, dicens: Audite ò piissimi sacerdotes, reum criminem execrabile confitentem. Cumque nos flentes Regem elevassemus à solo, jussit eum basilica egredi. Ipse verò ad metatum discessit, transmittens librum canonum, in quo erat quaternio novus annexus, habens canones quasi Apostolicos, continens hæc: Episcopus in homicidio, adulterio, & perjurio deprehensus, à sacerdotio divellatur.

XXI.

His ita lectis, cum Prætextatus staret, stupens Bertheramnus Episcopus ait: Audi, ò frater & coepiscope, quia Regis gratiam non habes, ideòque nec nostra charitate uti poteris, priusquam Regis indulgentiam merearis. His ita gestis, petiit Rex, ut aut ei tunica scinderetur, aut centesimus octavus psalmus, qui maledictiones Ischarioticas continet, super caput ejus recitaretur; aut certè judicium contra eum scriberetur, ne in perpetuum communicaret: quibus conditionibus ego restiti, juxtà promissum Regis, quin nihil extra canones gereretur. Tùnc Prætextatus à nostris raptus oculis, in custodiam positus est: de qua fugere tentans, nocte gravissimè cæsus, in insulam maris, quæ adiacet civitati Constantinæ, in exilium est detrusus.] Hactenùs Gregorius de Synodo Parisiensi, & causa Prætextati: qui etsi turpiter nimisq; animo fracto calumnias in se latas confessus est; tamen majoribus sumptis animi viribus adversùs Fredegundem, alteram Jezabelem, strenuè agens, mortem subitæ non timuit, de qua agemus suo loco inferiùs. Porrò hoc eodem anno artibus Fredegundis Moroveu Regis filium fuisse spontanea nece defunctum, id ipso exposcente à Gaileno familiari, ne in manus inimicorum veniret, idem auctor testatur (a). Quo item anno ejusdem Regis filium juniorem Samsonem nomine ex humanis sublatum esse, idem affirmat (b).

Quid autem hoc eodem anno Turonis apud sancti Martini sepulchrum fieri contigit, ex eodem ipsius civitatis Episcopo Gregorio haud erit inutile recitare: Tùnc (inquit (c)) Vinnocus Brito in summa abstinentia à Britanniis venit Turonos, Hierosoly-

Prætextatus detruditur in carcerem.

Vinum S. Martini.

rosolymam accedere cupiens , nullum aliud vestimentum nisi de pellibus lana privatis habens : quem nos quò facilius teneremus (quia nobis religiosus valdè videbatur) presbyterii gratia honoravimus. Ingetrudis autem religiosa consuetudinem habebat aquam de sepulchro sancti Martini colligere. Qua aqua deficiente , rogat vas cum vino ad beati tumulum deportari : transacta autem nocte , id exindè , hoc presbytero præsente ; assumi mandavit : Et ad se delato , ait presbytero : Aufer hinc vinum , & unam tantùm guttam de aqua benedicta , undè parùm superest , funde . Quodcùm facilset (mirum

A dictu) vasculum quod semiplenum erat ; ad unius guttæ descensum impletum est , idem bis impletam . Quod non ambigitur , & in hoc beati Martini fuisse virtutem .] Ex hujusmodi miraculo longè latèque vulgato , aliisque ejusdem generis accidisse videtur , ut super vinum sancti Martini nomen invocaretur , illudque pariter eo modo sancti viri nomine benedictum , unaqua simùl mutuæ symbolo charitatis invicem propinatum in honorem ejusdem Sancti potarent : Sed quod tùm pietas domus, pravus usus labefactavit , ut ejus invocatione non ex vino miracula , ut olim , sed ebrietas ex luxu soleant provenire.

JESU CHRISTI PELAGII PAP. II. JUSTINI JUN. IMP.
ANNUS ANNUS ANNUS
581. 4. 16.

I.

a. Extat to. 2. Concil.

SEquitur annus Christi quingentesimus octogesimusprimus, decimæquartæ Indictionis: quo consultus Pelagius Papa scripsit ad Benignum Archiepiscopum epistolam decretalem die decimatertia Augusti de translatione Episcoporum , an & quando Episcopum è sede in sedem transire deceat : incipit a): Lectis fraternitatis tuæ litteris , &c.] An autem & ipsa ex Isidoro sit mercibus, tu videto.

II. Laurentius Jun Episc. Mediol.

b Greg. lib. 3. epist. 11.

Hoc eodem anno Laurentius Junior post Frontonem creatur Episcopus Mediolanensis Ecclesiæ: mòxque ad Pelagium Papam, ut in communionem Catholicam reciperetur , scripsit libellum (quem cautionem Gregorius Papa appellat) quo se aversari schismaticos , & in causâ Trium capitulorum Romanæ inhærere Ecclesiæ profitebatur. Cui quidem libello cum complures nobiles Senatores subscripserint, etiam Gregorius, qui postea fuit Romanus Pontifex , dùm hoc tempore Urbanam gereret Præfecturam, suum apposuit chirographum, ut ipse testatur in epistola(b)ad Laurentii successorem Constantium. Subscripsere autem Senatores, ipseque Præfectus Urbis Gregorius tamquam superiores Laurentii ipsius Mediolanensis Episcopi: ex quo intelligas, cùr idem Gregorius ipsum Laurentii libellum fidei nominat cautionem. Cum igitur hoc ipsius Gregorii Papæ testificatione adeò manifesta sint, vides, quàm longè ab historica veritate aberret Joannes diaconus, dùm in Vita S. Gregorii Papæ tradit ab eodem Benedicto Papa ipsum Gregorium ex monacho, invitum licèt & renitentem , creatum fuisse diaconum Cardinalem S. R. E. Ait insuper , quòd antequàm hoc Benedictus Papa aggrederetur, ipsum adhùc monachum Gregorium misisset in Britanniam insulam ad conversionem gentis Anglorum , sed tumultuantibus civibus, ab eodem revocatum , & inter diaconos cooptatum . Hæc quidem Joannes (c) diaconus tradit , sed quàm fabulosè , tu ex citatis ipsius Gregorii scriptis judex eris .

De tempore diacona tus S. Gregorii Papæ.

c Joannes diac. in Vit. S. Greg. lib. 1. c. 22.23. 24.25. tom. 2. Sux.

III.

Aggressuri itaque jàm nos ordine temporum res mirificè gestas ejusdem S. Grego-

B rii recensere : quoniam continget interdùm à Joannis diaconi, qui Vitam ejus scripsit, sententia discrepare : ne hoc nimiùm audax alicui videri possit , cum auctor absque reprehensione hactenùs lectus fuerit; hic primùm de ipsius auctoris tempore , quo scripsit , paucis agendum putamus . Cum ipse in eadem scriptione meminerit (d) Leonis Quarti, Nicolai , atque Hadriani Romanorum Pontificum, inscribatque opus illud ad Joannem Romanum Pontificem ejus nominis octavum ordine, qui sedere cœpit anno Domini octingentesimo septuagesimosecundo ; jàm liquet post hæc trecentis fermè anni sceos libros elaborasse : Ex quibus pariter erroris redarguas Sigebertum, qui non ad Joannem Octavum , sed Septimum illud affirmat (e) ab ipso opus inscriptum : etenim cum dictorum Pontificum, qui vixerunt post Joannem Septimum , auctor ipse in eo meminerit , nulla de his dubitatio reliqua esse potest . Mortuus est autem Joannes Papa Septimus anno Domini septingentesimo septimo , post quod tempus iidem nominati Pontifices vixisse reperiuntur Hadrianus, Leo Quartus, & Nicolaus . Sic igitur haud quaque prudens in verba auctoria dixerit esse jurandum, qui post annos (ut dixi) fermè trecentos ea de S. Gregorio scriptorum monumentis posteris commendavit : cum alioqui etiamsi eodem tempore cum S. Gregorio ipse vixisset , à perspicua veritate refelli , sive ipse , sive alius minimè refugere jure possit ; eòque magis, si ex ipsiusmet Gregorii scriptis auctor redarguendus erit.

C

D

J

De tempore Joannis Diaconi ;

d Joan. diac. ibid. lib. 4. c.86.93.94. 97.

e Sigeb. de Scrip. Ecclef. c. 117.

E

Acturi igitur de Gregorii Papæ primordiis , de genere prima aliqua veluti præludia præmittenda putamus . Scimus ipsius Gregorii (f) testificatione, fuisse ipsi atavum Felicem Romanum Pontificem, non quidem quartum ejus nominis (ut vult Joannes diaconus)cum non Romanus ille sed Samnita fuerit ; Gregorii enim progenitores & antecessores liquet fuisse Romanos. Sed de his superiùs . Fuisse autem illi patrem nomine Gordianum , matrem verò

IV.

f Gregor. dialog. lib. 4. cap. 16. De S. Gregorii Papæ vitæ primordiis .

veró Silviam appellatam, eosdemque pietatis cultores, omnes æquè consentiunt: sed excelluisse Silviam sanctitate, mervisseque inter Sanctos adnumerari, Ecclesiasticæ tabulæ fidem faciunt, sicut eadem claritudine illustratæ fuere ejus amitæ Tarsilla atque hujus soror Æmiliana Deo dicatæ virgines, quas sui patris (*a*) affirmat fuisse sorores, sicut & Gordianam, sed à sanctis sororibus valdè degenerem. Quòd si adhùc ipsius Gregorii cunabula persoteris, invenies & nutricem ejus, eamdemque adhùc superstitem tempore ipsius Pontificatus, cujus meminit in epistola ad Rusticianam Patriciam (*b*). Institutum veró fuisse optimis moribus, & in domo sancta inter sanctos sanctitudine æquè imbutum coaluisse, par est credere; excultumque bonis litteris (quantùm illud ferebat sæculum ob diuturna bella eruginatum) certum est: juris quoque fuisse consultissimum, suis postea litteris declaravit (*c*). De ipsius eruditione Gregorius Turonensis æqualis ipsius Romani Gregorii hæc habet (*d*): Litteris grammaticis, dialecticis, atque rhetoricis ita erat institutus, ut nulli in Urbe ipsa videretur esse secundus.] Porró inter Senatores militasse, inæque forensi militia primos ordines duxisse, Præfecturamque Urbanam administrasse, ex suis ipsius scriptis posteà litteris satis constat.

V.
De tempore Præfecturæ Urbanæ Gregorii.

Sed quo tempore id acciderit, ex iisdem ejus scriptis est perscrutandum. Sanè quidem diversis verbis ipse sanctus Gregorius testatur, se tunc in eo magistratu fuisse, cum Laurentius adhùc esset Mediolanensis Episcopus: id enim ipse habet in epistola ad ejus successorem Constantium, ubi sunt hæc verba (*e*): Quamvis decessor fraternitatis tuæ Laurentius districtissimam cautionem sedi Apostolicæ remiserit, in qua viri nobilissimi ex legitimo numero subscripserunt, inter quos ego quoque tunc Urbanam Præfecturam gerens pariter subscripsi.] Cum igitur ejus testificatione satis liqueat, superstite adhùc Laurentio Mediolanensi Episcopo, ipsum Gregorium in ea functione fuisse; quærendum modò de tempore ipsius Laurentii Episcopatus. Fuit iste (ut diximus) Laurentius Junior. Senior enim, ad quem sæpe & de quo plura Ennodius Ticinensis, vixit Symmachi Papæ temporibus (ut Conciliorum Acta declarant) antè annos sexaginta; Junior veró his Longobardorum temporibus vixit, quem diem obiisse liquet, cùm jam ipse Gregorius Romanus Pontifex creatus esset, ageretque in sede annum tertium: tunc enim de ejus obitu & in ejus locum subrogatione Constantii extant ipsius Gregorii datæ litteræ ad Exarchum (*f*) Italiæ Romanum, necnon aliæ (*g*) ad Joannem subdiaconum de ejusdem Laurentii obitu, & electione Constantii. Est is annus Domini quingentesimus nonagesimustertius.

VI.

Cum igitur constet de anno quo Laurentius defunctus est, appareatque eum sedisse annos duodecim, sedereque cœpisse anno Domini quingentesimo octogesimopri-

mo (ut omnes qui res Ecclesiæ Mediolanensis prosecuti sunt, & ex ejusdem Ecclesiæ monumentis seriem Episcoporum texuerunt, affirmant (*h*) nihil est ut dici possit à Benedicto Papa Gregorium creatum esse diaconum, sive monasticam vitam excoluisse: cum hoc ipso Laurentii tempore adhùc laicum Præfecturam Urbanam administrasse pateat. Porrò quòd eodem hoc anno initium Episcopatus Laurentii contigerit, cum Gregorius ipse Præfectus Urbis unà cum aliis nobilissimis viris subscripsit Laurentii de communione cum Romana Ecclesia scriptæ cautioni, colligi satis potest ex veteri instituto, quod etsi in more, ut simulàc quis creatus esset Episcopus, fidei professionem mitteret ad Apostolicam sedem; prout & ab ejus successore Constantio in sua electione factum apparet ex eadem epistola (*i*) ad eum data, cum eumdem tradit scripsisse similem cautionem de Trium capitulorum damnatione, cujus causa tres Episcopi ab ejus se communione diviserant. At verò antè Laurentium Fronto, & antè Frontonem Honoratus rexit Mediolanensem Ecclesiam, qui & eo quidem tempore fuisse Episcopus reperitur (teste Paulo diacono) cùm Alboinus invasit Italiam, Indictione tertia, anno Domini quingentesimo septuagesimo: ut appareat ipsum cum successore Frontone usquè ad Laurentium implesse decennium.

VII.

Gregorius autem cum negotiis sæcularibus foris inserviret, intùs anhelabse ad solitudinem, ipsemet testatur scribens posteà ad sanctum Leandrum Episcopum Hispalensem his verbis (*k*): Omne tuis auribus, quod mihi de me displicebat, exposui; quomiam diù longèque conversionis gratiam distuli: & postquam cælesti sum desiderio afflatus, sæcularem habitum contemnere melius putavi. Aperiebatur mihi tunc de æternitatis amore quod quærerem; sed inolita me consuetudo devinxerat, ne exteriorem cultum mutarem. Cumque adhùc me cogeret animus præsenti mundo quasi specietenùs deservire; cœperunt multa contrà me ex ejusdem mundi cura succrescere, ut in eo jàm non specie, sed (quod est gravius) mente retinerer. Quæ tandem cuncta solicitè fugiens, portam monasterii petii, & relictis quæ mundi sunt (ut frustrà tunc credidi) ex hujusmodi naufragio nudus evasi.] Hæc de se ipso usquè ad ingressum in monasterio. Quòd igitur ipse adhùc sæcularis specie tenùs (ut ait) sic Reipubl. ministrabat, ut tamen animo Deo intrinsecùs militaret; utique ea illa putamus fuisse tempora, quibus ipse Gregorius in erigendis in Sicilia monasteriis totus erat, post quæ & aliud erexit Romæ in Clivo Scauri. De his autem usquè ad manus diaconatus susceptum, Gregorius Turonensis hujus temporis inspector & scriptor ista habet (*l*): Hic de Senatoribus primis, ab adolescentia devotus Deo, ex rebus propriis sex in Sicilia monasteria congregavit, septimum veró intrà Urbis muros instituit: quibus tantam dele-

delegans terrarum copiam, quanta ad victum quotidianum præbendum sufficeret, reliqua venumdedit eum omni præsidio domus, ac pauperibus erogavit. Et qui antè serico contextu ac gemmis micantibus solitus erat per Urbem procedere trabeatus, nùnc vili contectus vestitu ad altaris Dominici ministerium consecratur, septimusque Levita in adjutorium Papæ adscicitur. Tantaque ei abstinentia in cibis, vigilantia in orationibus, strenuitas in jejuniis erat, ut infirmato stomacho vix consistere posset.] Hæc Turonensis Gregorius de Gregorii Romani primordiis.

VIII. Sed & in eo etiam redarguendus est Joannes diaconus, dùm ait ipsum Gregorium vitam excoluisse monasticam primò sub Hilarione Abbate, indè verò sub Maximiano. Nàm ipse Gregorius his diversa ponit, a Greg. dia- dùm ait (a)¹ Vitæ venerabilis Valentius, log. lib. 4. c. vel Valentio, sive Valentinus, qui post in hac 21. Romana urbe mihi (sicut nosti)meoque monasterio præfuit, priùs in Valeria provincia suum monasterium rexit, &c.] Qui igitur haud diù permissus est degere in monasterio, sed indè evulsus in diaconum ipso Gregorio est assumptus, haud alium Abbatem post Valentium habuisse institutorem putamus. Nàm quod ad Maximianum b Greg. dia- spectat, licèt ipse Gregorius (b) testetur log. lib. 4. c. eum eidem suo monasterio præfuisse, non 32.& hom. tamen addit a sibi, sicut de Valentio diin Euang. xerat. Post Maximianum verò præfuit eidem 34. dem ipsius monasterio Pretiosus,cujus idem c Greg. dia- Gregorius (e) meminit: indè autem Prolog. lib. 4. c. bus, adhùc vivente Gregorio, qui de eo 55. in Constituto (b) ad ipsum datæ mentionem d Greg. lib. habet: monasteriumque illud titulo san-9. epist. 22. ctorum Andreæ Apostoli, atque Luciæ, seu potiùs Lucæ, cujus reliquias, sicut & e Gregor.in Andreæ acceperat Constantinopoli nomiEuang. ho- natum fuisse, publica intexta Constituta mil. 40. & Acta referant. Quo extructo, in ipsum cum dialog. lib. diam Romulam virginem ex hac vita migra4. c. 15. pro- ve, idem affirmat (e).

IX. Porrò instituto ab ipso in Urbe eodem De institu- sancti Andreæ monasterio non ex proxime tione mona- positis Cassinatibus monachis (ut multi pustica S. tant)quibus Longobardos fugientibus apud Gregorii. Lateranensem basilicam datum fuerat monasterium, sed ex provincia Valeria monasterio sancti Equitii, in quo vigebant monastica instituta petitum primum Abbatem apparet: idque non ex ipsius Gregorii loco eluto tantùm, sed & alio ejusdem, dùm sancti Equitii post obitum edita miracula reconset; dùmque ex relatione ejusdem Valentii, sive Valentini sui Abbatis, quæ f Idem dia- narrat, se accepisse testatur, ubi ait (f)¹ log. lib. 1. Silere non debeo, quod de hoc viro Abbac. 4. prope te, quondam meo reverendissimo Valentio fin. cognovi, &c.] Suum enim illum Abbatem, dùm iterùm appellat, haud alium ab eo de quo dictum est, fuisse cognosce. Porrò nullum aliud celebre eo tempore in provincia. Valeria monasterium fuisse reperitur, nisi sancti Equitii, ex quo primus petendus esset Abbas monasterii ab ipso in Urbe erecti, à

quo & habitum ipse Gregorius monasticæ conversionis accepit, & ab eo monachorum institutus est regulis.

X. Videant hinc ergò, quo jure nonnulli tradant, fuisse Gregorium institutionis sancti Benedicti professorem, cum sanctus Equitius antè sanctum Benedictum in dicta provincia monasterium erexerit, & monachis in eo positis præfuerit: congregaverat jàm ille monachos, cùm sanctus Benedictus pestiteremum. Nec est enim, cui magis quàm ipsi Gregorio credi possit de se testanti: sed neque est ut quis Valentium hunc, quem sibi præfuisse Abbatem fatetur iterùm ipse Gregorius, illum existimet fuisse Valentinianum, secundum numeratum post S.Benedictum Abbatem, primum verò Lateranensis cœnobii. Nàm constat diversum fuisse monasterium sancti Andreæ ab illo Lateranensi, ut ex diversa etiam Abbatum serie intelligere potes. Lateranensi enim primùm Valentinianus Abbas, indè Symplicius, & post eum præfuit Honorarus, ut g Idem dia- idem ipse Gregorius (g) docet. In mona- log. lib.1. in sterio autem S. Andreæ primò (ut ejusdem prim. Gregorii testificatione diximus) Valentius, sive Valentinus, tertio loco Pretiosus, atque postea substitutus est Probus.

XI. Qui indignè ferunt, S.Gregorium alterius instituti quàm S. Benedicti monachum asseri, aut S.Equitii monachos sub eodem Patriarcha S. Benedicto redigere laborant, quasi monasterium S. Equitii unum ex eis fuerit duodecim monasteriis, quæ S. Benedictum erexisse, ipse S Gregorius tra- h Gregor. dit (b): Verùm an his annuere, vel con- dialog. lib. tradicere idem Gregorius invenietur, ex 2. c. 8. ejus verbis exactissimè disquiramus. Qui dùm agit de duodecim à S. Benedicto erectis monasteriis, ait non in diversa provincia, sed, illic, inquit, duodecim mona- i Greg. lib. steria construxit. Et rursùs post (i), eis- 2. c. 4. dem agens eadem in eodem loco circumquaque fuisse constructa ait. Et sequenti capite (k): Ex his autem monasteriis, in- k Greg. dia- quit, quæ in eodem loco construxerat, tria log. lib. 2. c. 5. sursùm in rupibus montis erant, &c.] Sicque repetita tertiò ejusdem Gregorii testificatione, ubinam eadem essent à S. Benedicto erecta monasteria, unicuique exploratum absque dubitatione redditur: parva enim ea fuisse, ex numero monachorum duodenario in singulis, ut idem ait Gregorius) collocato, possumus intelligere. Hæc autem ita dicta cùm perspicua reddita sint, adhùc ista manifestiora redduntur, si de S. Equitii monasticæ præfectura quæ ab eodem S. Gregorio describta sunt, videamus.

XII. Ipse enim superiùs in secundo Dialogo- l Greg. dia- rum (l) libro non unius tantùm monaste- log. lib. 2. c. rii, sed multorum S. Equitium sub Ab- 3. in fin. batem affirmat. Sunt enim hæc ipsius verba: Equitius præ suæ magnitudine sanctitatis multorum in ea provincia, Valeria scilicet, monasteriorum, pater extitit.]Hæc cum ita sint, quomodò sub S. Benedicto Abbate (si temporis ratio ferret) redigendus Equitius est, qui in diversa provincia jàm

sius Abbas multorum monasteriorum esset, nemini subjectus præterquàm summo Pontifici ; cum conslet duodecim illis monasteriis à S. Benedicto ædificatis (ut idem te-

a Gregor. Dialog. l. 1. cap 4.

statur (*a*) S. Gregorius) singulis singulos esse præfectos Abbates , nec alium quempiam nisi ipsum Benedictum universalem curam omnium habuisse ? Sic igitur tot ejusdem S. Gregorii assertionibus (quibus non acquiescere nefas) non est qui negare jare possit, S. Benedicti & S. Equitii diversas inter se atque distinctas fuisse collectiones monachorum ; ex S. Equitii verò classe propagatos fuisse S. Gregorii monasterii monachos , ex sancti verò Benedicti , quos diximus , Lateranenses. Vincat veritas, privata facessat affectio. Sed de his modò satis ad explodendam Joannis diaconi sententiam de sancti Gregorii diaconatu sub Benedicto Papa , quem contigisse potiùs sub ejus successore Pelagio Juniore , certis assertionibus suo loco dicturi sumus.

XIII.

Eodem quoque anno , defuncto Joanne Episcopo Alexandrino , cum sedisset annos undecim , in locum ejus suffectus est sanctus Eulogius , qui sedit annis vigintiseptem : hæc ex Nicephori Chronico : de eodem Evagrio (*b*), & alii . Hic ille Eulogius , de quo sæpè in epistolis suis meminit sanctus Gregorius Papa ; sed de eo plura inferiùs pro temporis ratione dicturi sumus. Illuxit Deus tandem , ut Ægypti tenebras ab hæreticis eam invadentibus sedem olim offusas , tanti electi Episcopi splendore fugaret , cum Orthodoxa fide polleret , sanctæ vitæ quoque meritis coruscaret .

b Evagr. l. 5. c. 16.

XIV.

Sed jàm res Francorum , quæ ad Ecclesiasticam spectant historiam, prosequamur . Languescerent planè his temporibus Annales inopia , nisi ex rebus Francicis suppeditaretur annis sermè singulis argumentum . Hoc igitur anno , qui Childeberti filii Sigeberti Regis numeratur tertiús , Guntheramni verò Regis ipsius patrui decimus septimus , inquit Gregorius Turo-

nensis : Dacco nobilis Dux insidiis Draccoleni Ducis captus, cum occidendus esset , vocato presbytero , ab eodem pœnitentiam petiit, qua accepta interfectus est .] Vigebat in Ecclesia pius usus , ut absque peccatorum remissione à Deo per sacerdotem accepta , nemo ex hac vita migraret . At homicida ipse est passus quod fecit: superbus enim , & arrogans à Guntheramno Bosone , invocato nomine Domini & virtute S. Martini , occisus est . Rem gestam narrat Gregorius (*c*) , qui de eodem Guntheramno iterùm ope S. Martini à naufragio liberato hæc ait (*d*) : Quodam die dùm Guntheramnus Boso contra vicum Ambianensem Ligerim fluvium transmearet , ac irruentibus tenebris , mundum nox horribilis retineret ; subitò adversante vento nautæ turbantur in pelago , separatísque navibus quæ pontem illum sustinebant , & aqua usquè ad summum repletis , descendunt cuncti usquè ad cingulum cum ipsis navibus in profundum , nequaquàm tamen navibus subductis à pedibus . Exterritísque omnibus, Boso non raucè vociferans , B. Martini auxilium implorabat , & ut eis ad liberandum festinus occurreret , precabatur , dicens fidenter suis: Nolite timere : scio enim quòd dextera sancti viri ad auxilium porrigendum maximè in necessitatibus sit parata . Hæc eo dicente , directis ab eo navibus, mutatoque vento contrario in secundum , nullo pereunte pervenit ad littus , ubi tàm præsens occurrit beati confessoris suffragium , ut etiam argentum quod rapiente fluvio perdiderant , denuò fluvio in littus restituente , reciperent .] Hæc de Bosone Gregorius . Ad eumdem Bosonem extat Venantii Fortunati carmen (*e*) , quod incipit :

Sic tegat omnipotens radiantia culmina Regis,
Atq́ ejus causas arma superna regant .

Et inferiùs illud cùm ipsi benè precatur his versibus :

Sic placido Regi summus pius auctor ab alto,
Qui dedit ante Petro, porrigat ipse manú .]

Exauditum fuisse vidisti .

c Gregor. Turon. hist. l. 5. c. 25.
Turon. mirac S. Mar-tini l. 2. c. 17.
e Fortun. carm. l. 7.

I.
Moritur Justinus , Tiberius Imperat.

Quingentesimo octogesimosecundo Redemptoris anno Indictionis decimaquintæ , Justinus Imper. post annos in Imperio sexdecim , mensésq; novem cum dimidio exactos ex hac vita recedit mense Augusto , ut testatur Evagrius ; Tiberiúsque solus imperat , tenuitque annos quatuor . Quid autem proximè obiturus Justinus Imp. ad Tiberium conversus dixerit, astante Senatu & Eutychio Patriarcha , à

f Miscel. lib. 16.

II.

Cedreno atque Miscella (*f*) recitatur his verbis :

Ecce Deus qui benè facit tibi , hunc habitum dedit tibi , non ego . Honora illum ut tu quoquè honoreris ab illo . Honora matrem tuam (Sophiam Augustam intelligens)

quæ aliquandò domina tua fuit . Nosti quòd primùm servus ejus fueris , nùnc autem filius . Non gratuleris in sanguinibus , mè moriнôc communices homicidio , nec malum turus ad pro malo reddas , ne in malo inimicitiæ Tiberium . similis mihi efficiaris . Ego enim ut homo culpavi : etenim culpabilis factus sum , & recepi secundùm peccata mea ; sed causam habeo cum his qui hoc mihi fecerunt , antè tribunal Christi . Ne elevet te habitus , quemadmodùm me . Sic attende omnibus sicut tibi . Scito quis fueris , & quis modò exstas . Ne superbias , & non peccabis . Nosti quis fuerim , & quis factus sim , exstiterim & existam . Omnes isti filii tui sunt & servi . Scis quòd pro visceribus meis honora-

Quæ Justi-nus proxi-mè

nora-

noraverim te. Hos tu cum videas omnes, A
quæ Reipublicæ sunt vides. Exercitus eu-
ram geras; molles & imprudentes ne præfi-
cias; neq; eo tibi persuadeant, quòd priores te tales Jmperatores fuisse dicent. Hæc
tibi præcipio, meoque edoctus malo, hortor ut iis stes. Qui habent substantias, fruá-
tur eis: his verò qui non habent, dona. Et
facta oratione à Patriarcha, cum dixissent
omnes, Amen: cecidit Cæsar ad pedes Imperatoris, & dixit ei: Si vis, sum; si non
vis, non vivam. Et Imperator: Deus, ait,
qui fecit cælum & terram, ipse omnia, quæ
dicere oblitus sum, in cor tuum mittat.
Porrò dùm hæc prosequeretur Imperator, B
replebat lacrymis totum collegium.] Hæc
ibi: eadem ferè cuncta Cedrenus, ex quo
& aliqua emendanda sunt; qui & hæc his
addit: Cæterùm morbo ingravescente,
haud multò post vitam conclusit. Corpus
verò in Heroo Justiniani depositum est in
arca Proconnesia, juxtàque Sophia uxor
ejus.] At hæc posteà. Quod spectat ad
Justini mores, hæc item in Miscella: Hic
Justinus in initio Imperii sui bonus fuit, post
in omnem avaritiam incidit, contemptor
pauperum, Senatorum spoliator: cui tanta cupiditatis fuit rabies, ut arcas juberet
ferreas fieri; in quibus quæcumque rapie- C
bat, auri talenta congregaret.] Porrò ipsum etiam in hæresim Pelagianam dilapsum
tradit Gregorius; quod tamen minimè receptum esse videtur.

III.
De coro-
natione
Tiberii
Imper.
a Gregor.
hist. Franc.
l. 5. c. 30.

De coronatione Tiberii Augusti hæc
idem Gregorius Turonensis (a): Cum eum
secundùm consuetudinem loci ad spectaculum Circi præstolaretur populus proces-
surum, parare ei cogitans pro parte Justiniani insidias, qui tùnc nepos Justini habebatur; ille per loca sancta processit; com-
pletaque oratione, vocato ad se urbis Papa cum Consulibus ac Præfectis, Palatium
est ingressus. Dehinc indutus purpura, dia- D
demate coronatus, throno Imperiali impositus, cum immensis laudibus Imperium
confirmavit. Factionarii quoque opperien-
tes ad Circum, cum cognovissent quæ facta fuerant, pudore confusi, sine effectu
regressi sunt, nihil homini qui in Deo
spem posuerat, adversari valentes. Transactis autem paucis diebus, adveniens Justinianus, pedibus se projecit Imperatoris, quindecim ei centenaria deferens ob.
meritum gratiæ: quem ille secundùm patientiæ suæ ritum colligens, in Palatium
jussit assistere.

IV.
Sophia in-
sidiata Ti-
berio.

At quid post hæc? Subdit auctor: So- E
phia verò immemor promissionis, quam
quondàm in Tiberium habuerat, insidias ei
tentavit intendere. Procedente autem eo
ad villam, ut juxta ritum Imperialem triginta diebus jocundaretur ad vindemiam,
vocato clàm Justiniano Sophia, voluit eum
erigere in Imperium. Quo comperto, Tiberius cursu veloci ad Constantinopolitanam regreditur urbem, apprehensamque
Augustam omnibus thesauris spoliavit, solum ei victus quotidiani alimentum relinquens. Segregatisq; pueris ejus ab ea, alios

posuit de fidelibus suis; mandans prorsùs,
ut nullus de anterioribus ad eam haberet ac.
cessum. Justinianum verò obiurgatum tanto in posterùm amore dilexit, ut filio ejus
filiam suam promitteret, rursùmque filio
suo filiam ejus expeteret; sed res non est
sortita effectum. Exercitus ejus Persas debellavit, victorìq; regressus, tantam molem
prædæ detulit, ut crederetur cupiditati humanæ posse sufficere: viginti elephanti cæ-
pti ad Imperatorem deducti sunt.] Hæc
Gregorius: eadem & Paulus diaconus (b.); b Paulus
quæ & in Miscella (c) leguntur. Sed eos dia. de gest.
puto errare in his quæ scribunt de victoria Longobard.
Justiniani Ducis contrà Persas obtenta; quæ l. 3. c. 6.
(ut vidimus ex Evagrio) facta sunt, cum Ti. c Hist. Mis.
berius, vivente adhùc Justino, antè tres cel. l. 17.
annos regnare cœpisset. Cæterùm eo defuncto, Justinianum Ducem honore fuisse spoliatum, scribit Evagrius (d), eò quòd non d Evagr.
tàm feliciter atq; anteà contra barbaros bel- l. 5. c. 19.
pugnasset: inque ejus locum subrogatum
tradit Mauritium, qui & genus & nomen
traxerat ab antiqua Roma, licèt Arabisso
Cappadociæ civitate oriundus esset; de quo
paulò inferius plura sumus dicturi.

V.
Cur So-
phia aver-
sata est Ti-
berium.
e Zonar.
Annal. p. 3.

Sed manifestam causam, cùr Sophia
Augusta Tiberium post viri obitum aversata est; primùmque audiamus quæ de ea Zonaras ita habet (e): Tiberius ab Eutychio
Patriarcha coronatus, uxorem quoq; suam
Anastasiam Augustam salutavit, quæ duas
ei filias peperit Charitonem & Constantiam. Sophia verò Justini vidua, relicta
aula, in regiam sibi cognominem migravit, regio comitatu ei à Tiberio tamquàm
matri attributo.] Hæc Zonaras. Subdit
his Cedrenus, indignatam nonnihil Sophiâ
fuisse nova manifestatione Anastasiæ conjugis: nàm cum ignorasset illam fuisse Tiberio
uxorem, quòd post obitum ei nuberet, virum fuerat cohortata, ut Tiberium Cæsarem diceret. Addit insuper de Tiberio hæc
verba: Huic in somnis Angelus prædixit
nomine sanctæ Trinitatis, tyrannos, ipso
imperante, Imperium non invasuros.]
Hæc ille. Missos autem à diversis regionibus legatos ad Tiberium, & inter alios
Chilpericum Francorum Regem id officii
præstitisse, Gregorius narrat (f); & quæ f Greg. hist.
ab eodem dona acceperint reddenda Chil- l. 6. c. 2.
perico, idem recenset.

His addimus quæ idem Gregorius Turonensis de thesauro à Tiberio invento sic scribit (g): Cum Tiberius multa de thesau- g Greg. hist.
ris, quos Justinus aggregavit, pauperibus l. 5. c. 19.
erogaret, & Augusta illa eum frequentiùs
increparet, quòd Rempublicam redegisset
in paupertatem, diceretque: Quod ego
multis annis congregavi, tu infrè parvum
tempus prodigè dispergis. Ajebat ille: Non
deerit fisco nostro: tantùm pauperes eleemosynam accipiant, & captivi redimantur.
Hæc est enim magnus thesaurus, dicente Domino: Thesaurizate vobis thesauros in cælo, ubi neque erugo, neque tinea
corrumpit, & ubi fures non effodiunt, nec
furantur. Ergò de quo Deus dedit, congregemus per pauperes in cælo, ut Dominus
nobis

VI.

Tiberii
ergà pau-
peres libe-
ralitas.

nobis augere dignetur in sæcula. Et qui (ut diximus) Tiberius magnus & verus Christianus erat, dùm hilari distributione pauperibus opem præstat, magis ac magis Dominus ei subministrat. Nàm deambulans per Palatium, vidit in pavimento domus tabulàm marmoream, in qua crux Dominica erat sculptà; & ait: Cruce tua, Domine frontem nostram munimus & pectora, **Thesaurus** & ecce crucem sub pedibus conculcamus. Et **inventus.** dicto citiùs jussit eam auferri: defossaque tabula atque erecta, inveniunt subtus & aliam hoc signum habentem; nuntiantesque jussit auferri: qua amota, reperiunt & tertiam, jussuque ejus & hæc aufertur: qua ablata, inveniunt magnum thesaurum habentem supra mille auri centenaria, subministrumque aurum pauperibus adhuc abundantiùs (ut consueverat) subministrat, nec Dominus aliquid deficere permittebat pro bona voluntate sua.

VII. Quid ei Dominus in posterùm transmiserit, non omittam. Narses ille Dux Italiæ: cum in quadam civitate domum magnam haberet, in Italiam * cum multis *Italia.* thesauris egressus ad supramemoratam urbem advenit: ibique in domo sua occulta cisternam magnam fodit, in qua multa millia centenariorum auri argentque reposuit, ibique interfectis consciis, uni tantummodò seni per juramentum condita commendavit. Defunctoque Narsete, hæc sub ter- **De Narse-** ra latebant. Cumque supradictus senex hu- **tis thesau-** jusce eleemosynas assiduè cerneret, pergit ad **ro invento.** eum, dicens: Si (inquit) mihi aliquid prodest, magnam rem tibi Cæsaredicam. Cui ille: Dic, ait, quod volueris: proderit enim tibi, si quiddam nobis profuturum sciens narraveris. Thesaurum (inquit) Narsetis reconditum habeo; quod in extremæ vitæ positus celare non possum. Tunc Tiberius Cæsar gavisus, mittit usque ad locum pueros suos. Præcedente verò sene, hi sequuntur attonitispervenientesque ad cisternam, deoperamque ingrediuntur: in qua tantum aurum argentumque reperiunt, ut per multos dies vix evacuaretur à portantibus. Ex hoc ille amplius hilari erogatione **a Miscell.** dispensavit egenis.] Hactenùs Gregorius **l. 17.** Turonensis; eademque de his duobus ingen- **b Paul. dia-** tibus thesauris inventis historia Miscella (a) **con. de Gest.** Paulus diaconus (b), & alii recentiores. Mi- **Longob.l. 3.** ramur tamen historiam eo Latinorum tan- **c. 5. 6.** topere decantatam, nullum (quod invenerim) ex Græcis auctoribus habere astipulatorem. Sed de his consule quæ superiùs, cum de obitu Narsetis actum est, dicta sunt.

VIII. Quod ad res Pontificias spectat, data reporitur à Pelagio Papa epistola ad omnes Episcopos, præcipuè ad Campaniæ atque totiusque Italiæ sacerdotes. Quòd enim bello vigente Longobardorum, quo universa flagrabat Italia, cultus Episcopis desertus solitus nonnihil diminutus esse videretur, ex quo quamplurima mala manarent, nempè ut qui minimè suos revererentur Antistites, contemnentes personas, nequaquam parerent bonis Ecclesiasticis, persuasi nimirùm bellorum tempore silere jura; hinc *Annal.Eccl.Tom. VII.*

A Pelagius Papa hoc ipso anno Kalendis Decembris decretalem dedit epistolam de accusationibus ac judiciis Episcoporum. Evenire enim frequenter solet, ut cum Episcopi bona Ecclesiarum à laicis usurpata repetere atque ad usum pristinum vindicare student, in se illorum linguas provocent, qui ne quod abstulerunt reddant, criminosis primùm omnium Episcopos accusationibus impetunt: quæ omnia Pelagius ex edita constitutione correxit. Incipit verò epistola: Solicitudinem omnium Ecclesiarum juxtà Apostolum circumferentes, &c.]

Hoc item anno, qui quartus Childeber- **IX.** ti Regis, decimus verò octavus Gunthe- **Synodus** **B** ramni habetur, celebrata est prima Syno- **Cabiloné-** dus Cabilonensis in causa Sagittarii & Sa- **fis.** lonii Episcoporum, ut Gregorius Turonensis testatur his verbis (c): Anno quoquè **c Greg Tur.** quarto Childeberti Regis, qui fuit deci- **hist.Franc.** musoctavus Guntheramni & Chilperici Re- **l. 5.c.27.** gum, apud Cabilonum civitatem Synodus facta est ex jussu Principis Guntheramni: discursisque diversis causis, contra Salonium & Sagittarium Episcopos iteratur vetus judicium, objiciunturque eis crimina; & non solùm de adulteriis, verùm etiam de homicidiis accusantur. Sed hæc per pœni- **C** tentiam purgasi censentes Episcopi, illud est additum, ut constituerentur rei majestatis, & patriæ proditores. Qua de causa ab Episcopatu disjecti, in basilicam B. Marcelli sub custodia detruduntur; ex qua per fugam lapsi, discesserunt per diversa vagantes, donec in civitatibus eorum alii subrogati sunt.] Hæc Gregorius.

Eodem anno indictionis itidem decima- **X.** quintæ, Kalendis Novembris, evocatio- **Concilium** ne ejusdem Guntheramni Francorum Regis **Matiscon.** in Gallia celebrata est prima Synodus Ma- **D** tisconensis; ut ejus Acta (d) testantur in **d Conc. Ma-** fine ejusdem Concilii, licèt illic numerus **tisc. tom. 2.** annorum ipsius Regis depravatus habeatur, **Concil.** dùm coacta dicitur Synodus anno duodecimo dicti Regis: nàm si (ut illic legitur) decimaquinta Indictione eam Synodum celebratam habent ipsius Acta, non duodecimo, sed decimooctavo habitam esse, dicere oportet. Nec est quòd quis eam revocet ad præcedentis Indictionis periodi itidem decimamquintam Indictionem; nàm illis temporibus Nicetius præerat Ecclesiæ Lugdunensi, hoc autem tempore & Indictione regebat eam Ecclesiam Priscus, qui eidem Synodo subscriptus reperitur. Ado Viennensis hujus Synodi cùm meminit, hæc **E** ait (e): Post Philippum Evantius vir san- **e Ado in** ctus Episcopus Viennæ levatus est. Hic **Chronic.** cum sancto Prisco, & Artemio Senonico, & Remigio Bituricensi, & cum aliis sanctis Episcopis viginti capitula Ecclesiastica perfectè roboravit, quibus consensit * quo- *** consedit** què Syagrius Eduensis Episcopus, vir summæ sanctitatis.] Hæc Ado. Syagrius autem iste, cujus meminit, haud pridem creatus fuit Episcopus Eduensis, cujus ordinationi interfuisse sanctum Germanum Episcopum Parisiensem, auctor est Fortunatus in ipsius Vita.

Zz   Quod

XI.

Quod verò ad ejusdem Synodi canones A spectat : cum viginti in Concilio sancitos canones Ado testetur, nonnisi decem & novem reperiuntur , iidemq; omnes ad morum emendationem, Ecclesiasticamque disciplinam spectantes , complures verò ad Judæorum petulantiam coercendam. Inter alia & illud etiam caverunt Patres, ne ad fæculare forum Episcoporum causæ traherentur. Sed & cum vetuerunt (a) ne clerici fæculari habitu incederent , vel armatis ad pravum illum usum, qui factione dictorum Episcoporum Salonii & Sagittarii irrepferat , respa- cum habuisse Patres videntur . Actum (b) ibidem de Quadragesima dicta S. Martini ante Natalem Domini trium dierum in hebdomada jejunia observanda : quo tempore canones publicè recitari mandarunt. Sed accipe verba ejusmodi Ecclesiasticæ sanctionis;

a Ead. Syn.
can. 5.

b Ead. Syn.
can. 9.

Ut à fetia sancti Martini usque ad Natalem Domini , secunda , quarta , & sexta sabbati jejunetur , & sacrificia quadragesimali debeant ordine celebrari . . . in quibus diebus canones legendas esse speciali definitione sancimus , ut nullus se fateatur per ignorantiam deliquisse.] Hæc Patres: Fuisse autem in Galliis hujusmodi jejunia primùm instituta à sancto Perpetuo Turonensi Episcopo, Gregorius ejusdem Ecclesiæ Antistes docet , ubi inter alia jejunia (c): Ad positionem (inquit) S. Martini usque ad Natalem Domini ternas in septimana jejunia. Fluit inde , ut notionibile Fideliutm ipsum integrum tempus. Adventus, quod Natalem Domini diem præcedit, jejunio continuato transigeretur . At de Synodo hactenus : jàm ad frequentis anni res gestas transeamus .

XII.

De jejuniis quæ præcedunt Natalem Domini.

c Greg. Tur. hist. lib. 10. c. 31.

JESU CHRISTI ANNUS 583.   **PELAGII PAP. II. ANNUS 6.**   **TIBERII IMP. ANNUS 2.**

I.
Status Rei. publ. à Tiberio probè disponitur.

Sequitur annus Christi quingentesimus octogesimustertius, Indictionis primæ: quo Tiberius Imperator , in ordinem redacto Justiniano exercitus Duce. ob conspirationem initam cum Sophia , Mauritium in bello Persico satis spectatum virum Magistrum militum creat , quieti Reipublicæ consulturus: cognatione enim Justiniani cum Justino Augusto intercedente , eidem regnandi parta cupido fuit; quæ ubi semèl cor humanum invaserit , haud facilè quibuscumque remediis ab animo penitùs extrahi potest , radicitùsque convelli , cum sæpè vecina , uberiori germine , obortâ occasione, soleat pullulare. Sed cum tanta hæc nonnisi consulto numine, Tiberius sit agressus , omnia quàm felicissimum fortita sunt exitum : etenim bellum civile ipso est. ejus ortu compressum , pacque ubique parta , atque cultus religionis viridem retinuit observantiam ; ex quibus factum est , ut in bello Persico quàm plures sint relatæ victoriæ. Utinam sicut florentissimum extitit Imperii Tiberii tempus , ita fuisset & diuturnum.

II.

Cum igitur (ut ex Evagrio dictum est) Mauritio cum præfectura Orientis bellum adversùs Persas à Tiberio Imp. creditum esset ; favente numine , adversùs eos sæpè bello decernens , divina fultus ope , semper egregias de illis victorias retulit : quæ cum haud facilè brevitate perstringi possint (res enim gestas peculiari scriptione cum se scripturum prosecuturum Evagrius spem dederit ; quòd eas careamus: nec si præstaret scimus). ex multis pauca dicemus , quæ idem auctor in Ecclesiastica digessit historia, ubi primùm de Mauritii moribus ejusmodi orationem instituit (d):

d Evagr. hist. lib. 5. c. 19. 20.

III.
Mauritius Dux qualis.

Vir erat Mauritius prudens, ingeniosus, in rebus quidem diligens, animo constans & stabilis , ipsa vitæ ratione & moribus compositus, beneque cultus ; ventris etiam cupiditates sic coercuit, ut non modò rebus

necessariis & facilè parabilibus, verùm etiam aliis omnibus, quibus vita intemperantie insolentem efferre solet , abstinuerit: vulgus hominum non facilè admisit ad colloquium, neque aures cujusque sermonibus patefecit, quippe qui sciret, alterum contemptum, alterum assentationem parare : rarò se adeundi concessit potestatem, eamque nondùm vehementer oratus largitus est : aures sermoni supervacaneo obturavit , non cerâ (ut est apud poetam) sed ratione , ut illa proclavi vi existeret , quæ eas hominum sermonibus commodè tùm aperiret ; tùm clauderet . Insetiam autem non timem audaciæ, quæ ei vicina & finitima est, sic abire depulit, ut in inconcitato periculorum , incunctatione securitatem esse censeret: quippè fortitudo & prudentia , quæ in ejus animo insidebant , sic ferebantur ad res gerendas, sicut temporum momenta postulabant, habenasque appetitionis ita direxerat, uti usus rerum requirebat: adeò.ut in earum remittenda, tùm intendenda modus quidam & moderatio conservaretur. Sed de his pro posteris accuratiùs disputabimus. Nam quàm egregius quisque sit, & qualem naturam moresque habeat, ex ejus Imperio considerandum est;quæ non ea ratione hominum solet perspicuè, qualis sit, ostenderetur quando quidem cum libera ea sit vivendi potestas, ea quæ sunt in animi domicilio recondita , omnium oculis subiicit ad contemplandum.] Hæc de Mauritii moribus: sed pergit reliqua enarrare , cùm ait: (Iste Mauritius cum bellum in exteris regionibus gereret , civitates & arces Persiâ accommodatissimas, cepi , tantámque præclaram inde eventit , et insulas, urbes, agrosque quæ diù ab hominibus desertos captivas, quot abduxerat, compleret ; terramque quæ antè cultura diù caruerat , jàm sedulò coli efficeret : atque adeò ex illis hominibus, ingentem cogeret exercitum, qui contrà alias gentes validè , viriliter , & excellentissimo dimicarent , denique quamquam finitimum

IV.
Res præclarè gestæ à Mauritio Duce .

domesticis ministerii impleret, quoniam captivi quàm minimo comparari poterant. Porrò autem idem Mauritius cum præstantissimis quibusque Persarum, utpotè cum Tamocosrhoe, & Adaarmane, qui copias ingentes ad bellum faciendum ducebant, prœliis decertavit. Verùm quo modo, quæso, quóve tempore, & qua fortuna res istæ ab eo gestæ sint, vel alii litteris persequantur, vel nos in alio opere separato (præsertim cum in opere quod in manibus est, aliarum rerum explicationem simus polliciti) fortassè exponemus.

V.
Victoria Mauritii Ducis.

Tantùm tamen hoc loco dicam, Tamocosrhoen in acie non exercitus Romani fortitudine, sed sola Ducis pietate & in Deum fide cecidisse: Adaarmanem autem viribus in prœlio profligatum, ac multis amissis copiis, versum in fugam: idque cum non solùm Alemandurus barbarorum Scenitarum Dux Mauritium proptereà prodiderat, quòd fluvium Euphratem traiicere, & contrà Scenitas barbaros, qui ex adversis partibus militabant, ei subsidio venire noluit (isti enim Scenitæ ab aliis propter equorum velocitatem vinci non possunt, neque sicubi interclusi sunt, capi ; sed hostes, dùm fuga sit ipsis facienda, longè prævertunt) verùm etiam Theodoricus Dux Scytharum, qui intrà teli jactum consistere non audebat, seseque cum suis illicò fugæ mandavit.] Hæc summatim complexus est Euagrius de prœliis Mauritii adversùs Persas, quæ hoc anno cœpta in sequentes sunt propagata : nequaquàm enim esse potuit anni unius opus inita adversùs Persas tot diversis locis temporibusque certamina, licet in Miscella (a) omnia referantur anno sequenti, tertio videlicèt Tiberii Imperatoris : nos autem quæ certis singulorum annorum limitibus distingui non possint, sub ipsorum ortu, quo narrari sunt cœpta, collegimus. Sed & iis quæ sunt de ejus reditu scripta pariter conjungamus, ex quibus mirificus ipsius Mauritii religionis cultus, quo potissimùm vicit hostes, cognoscatur.

a Miscel. hist. anno 2. & 3. Tiber. Imp. lib. 17.

VI.

b Apud Metraph. die 22. April. Sur. to. 2.

Ad pedes Sancti viri accidit Mauritius victor.

Gregorius enim presbyter 'in Actis quæ scripsit S. Theodori Sicæotæ, cujus fuit discipulus, hæc de reditu Mauritii ad Imperatorem scribit his verbis (b): Eo tempore piæ memoriæ Tiberius Imperatoris uti qui cum Mauritium sibi à secretis Comitem fecisset, misit eum adversùs Persas: cumque vicisset illos, in Urbem ab Imp. revocatus est. Hic igitur cum per Galatiam iter faceret, audivit quæ de Christi servo S. Theodoro cognomento Sicæota Archimandrita dicebantur, adeum, qui tunc in speluncâ quiescebat, cum fratre Petro & sociis accessit : & ad pedes ejus prostratus, orabat, ut pro se Deum precaretur, ut iter suum ad Imperatorem fortunaret. Beatus autem vir, cum, ut surgeret, præcepisset, & pro illo Deum obsecravit; & Deo sibi patefaciente, dixit ei: Fili, si sancti martyris Georgii memor extiteris, haud ita multò post cognosces, qua in gloria Imperii collocaberis. Quod cum evenerit, memento ut pauperes alas atque sustentes. Et cum Mau-

A.. ritius hæsitaret, qua in Imperii gloria se collocandum fore diceret, seorsùm duxit eum, & amotis sociis apertè significavit, ipsum futurum Imperatorem. Mauritius igitur cum sociis accepta benedictione, lætus discessit, & Constantinopolim pervenit.] Hactenus de his Gregorius, quæ quandò, quove modo impleta sint, dicturi sumus posteà suo loco. At de Mauritii Imperio longè ante his similia prædicta fuerant ab Eutychio Constantinopolitano Episcopo, cum exul ageret in Ponto : quæ ab Eustathio, qui præsens erat, ita describuntur (e):

c Eust. in Vita S. Eutychii.

B Cum ageret vir sanctus in monasterio, in ea rerum perturbatione contigit, ut qui provinciam Ponti incolebant, venirent ad Mauritium visum sanctum hunc virum, magnam ex illius sermone utilitatem percepturi. Cumque (ut in colloquiis fit) alii alias provincias laudarent ; magnus Dei vir, cum de Arabissenorum civitate mentio fieret, venustè dicebat ad Principes, qui indè venerant : Magna est civitas vestra, & de illa meritò dici potest : E Nazareth potest aliquid boni esse? Id autem ita prænunciabat, ut non diceret se id affirmare, ne se sublimem, sed humilem ostenderet.] Hoc quidem verborum involucro clausit mysterium nempe ex Arabisso futurum qui Orbi dominaretur.

VII.
De Imperatore Mauritii Eutychii prædictio.

C Sed do patentiori vaticinio, quod hoc anno, biennio videlicet antè Tiberii obitum ab eo prænunciatum est, hæc subdit idem Eustathius:

Cum autem (inquit) Deo placuisset, ut in suam sedem restitueretur sanctus Eutychius, biennio antè obitum Tiberii Imperatoris contigit ut ipse Tiberius in morbum incideret : & invisit eum Dei servus Eutychius, atque convaluit. Per visum enim intellexerat, tùnc eum non esse moriturum. Cùm igitur multa dicerentur de successore, si quid humanitùs ei contigisset : Non morietur, dicebat vir magnus. Et cum diversi nominarentur, beatus nihil respondebat. Sed cum piissimus hic Imperator Mauritius nominatus esset; se colligens, ea quæ ante à cognoverat atque prædixerat, aperuit : Verè non est alius, inquiens: idque juramento asseruit. Tùnc igitur ea quæ Amaseæ dicta fuerant, meminimus.] Hæc Eustathius, quæ hoc anno contigisse demonstrat. Sed & quòd in hujusmodi rebus versatur oratio ; reliqua quæ ejusdem sunt argumenti hac contexamus, ea videlicet, quæ de prodigiis divinitùs ostensis ejusdem præsignantibus Imperium ab Euagrio ipsa sunt enarrata, qui ait (d):

VIII.
Patefacit vaticinium Eutychius.

d Euagr. li. 5. c. 21.

E Signa quoque divinitùs ostentata antegressa sunt, quæ Mauritium Imperatorem fore præsignificavant. Nàm ad multam noctem ei intrà sanctuarium templi sanctæ castissimæ Virginis & Deiparæ Mariæ dedicati (quod quidem ab Antiochenis templum Justiniani nuncupatur) thus incensium offerenti, aulæum sacræ mensæ igne conflagrare visum est, adeò ut ingens admiratio ac stupor illum incesserit, visionemque magnopere extimuerit. Cui astans Gregorius illius urbis Episcopus, dixit : Visionem cælitùs dimissam esse, & summum ea

IX.
De futuro Mauritii Imperio prænuncia.

splen-

splendorem atque eximium portendere.
Apparuit præterea versùs Orientem re ipsa
Christus Deus ultionem de hostibus requirens: qua quidem visione Imperium Mauritii perspicuè demonstratum est. Nàm à
quo, quæso, nisi ab Imperatore, & ab illo
homine qui ipsum piè colebat, rem hujusmodi postularet?

X.
Quæ pa-
rentibus de
Mauritio
ostensa.

Quinetiam mihi de his rebus percontan-
ti, aliæ res sanè memorabiles & dignæ hi-
storiâ à parentibus suis narratæ sunt. Nàm
pater ejus memoravit, se eo tempore quo
Mauritius conceptus fuit, in somnio vidisse vitem maximam ex suo cubili pullula-
scere, & botros ferè innumerabiles & maturos ex ea pendere. Mater verò narravit,
terram tempore partûs sui suave olentem
odorem, peregrinum, & alternis vicibus
variatum ex se efflasse; ac sæpe larvam, quam
Græci ἰσωδη vocant, infantem de loco in
locum movisse, tamquàm illum voratu-
ram, minimè autem ei nocere potuisse.
Itemque Simeones, qui propè Antiochiam
in columna habitavit, vir ad res quascumque prudenter ac studiosè exquirendas apti-
simus, & omnibus divinis virtutibus exi-
miè ornatus, multa cùm verbis tùm factis
expressit, quæ Mauritium fore Imperatorem planè indicarunt.] Hucusque Euagrius. Post hæc verò Tiberius Imperator,
cùm expertus esset Mauritium pium, pru-
dentemque, eumdem sibi generum concta-
vit, tradens illi filiam Constantinam in matrimonium. Sed de his satis.

XI.
Gregorius
ex. Mona-
cho diaco-
nus & le-
gatus.

Hoc eodem anno, quo post primum Tiberii Imp. à mense Augusti secundus incipit numerari; Pelagius Papa, ubi opportunum navigandi tempus advenit, ordinato
Gregorio ex monacho diacono, eumdem
mittit Constantinopolim Apocrisiarium.
Quoniam verò, quòd asseritur id factum à
Benedicto Papa Pelagii prædecessore testificatione Joannis diaconi, ex ipsius S. Gregorii scriptis confutavimus suo loco superiùs: cur in hunc ipsum annum potiùs ordinationem Gregorii & legationem ejus
Constantinopolim referamus, ratio lectori reddenda est: qui primùm meminisse debet, demonstratum esse, perseverasse Gregorium adhuc laicum, licèt maximè pium,
in functione Urbanæ Præfecturæ usque ad
annum quingentesimum octogesimum primum, cùm creatus est Laurentius Mediolanensis Episcopus, prout ex ipsius Gregorii litteris est plenissimè declaratum:
quomodò verò nunc à nam emittens sæculo,
factus est in monasterio monachus, & statim indè avulsus à Pelagio Papa & diaconus ordinatus, missus est Constantinopolim,
Apocrisiarius ad Tiberium novum Imperatorem, hæc apertiùs intimanda sunt.

XII.
Deligitur
Gregorius
Apocrisia-
rius.

Cùm igitur Gregorius monasterium ingressus esset, ne ibi diu permaneret, oborta
occasio fecit, qua Pelagius Papa benè usus,
eum è monasterio invitum ac nolentem abstraxit, ut ipsum videlicet ad recèns creatum Tiberium Imperatorem mitteret Apocrisiarium: sciebat enim tanti viri, in rebus gerendis prudentiam, diligentiam,

atque dexteritatem, quas omnes animi suas
dotes satis perspectas habuerat in functione Urbanæ Præfecturæ; nec ignorabat
quanti esset momenti apud Imperatorem ad
negotia Ecclesiastica obeunda astare virum
nobilitate insignem, virtutibusque conspicuum, qui & peritiam rerum gerenda-
rum calleret, tantæque esset præstantiæ, ut
si opus foret, adversùs hæreticos atque
schismaticos non tantùm staret intrepidus,
sed & Catholicos coerceret, atque in officio contineret, ipsumque Imperatorem
(si res exigeret) redargueret. Quoniam verò moris erat, nonnisi sanctæ Romanæ Ecclesiæ diaconis Cardinalibus ejusmodi munus obeundum fideliter credi; ob id Pelagius addidit, ut ipsum Gregorium, renitentem licèt, crearet diaconum Cardinalem.

Hæc autem omnia à nemine fidelius
quàm ab ipso Gregorio relata percipias,
qui in præfatione ad S. Leandrum Episcopum Hispalensem hæc de se habet, ubi primùm de tarda à se facta ad monasterium
conversione agit: Quia enim (inquit) plerumque navem ancauté religatam etiam de
sinu tutissimo littoris unda excutit, cum
tempestas excrescit; repentè me sub prætextu Ecclesiastici ordinis in causarum sæcularium pelago reperi: & quietem monasterii, quam habendo non fortiter tenui, quàm strictè tenenda fuerit, perden-
do cognovi. Nàm cùm mihi ad percipiendum sacri altaris ministerium obedientia
virtus opponit, hoc sub Ecclesiæ colore susceptum est, quod si multè liceat, iterùm
fugiendo deflectatur.] Et paulò post: Eo
quoque tempore, quo ad ministerium altaris accessi, me tùm me, ignorante me,
actum est, ut sacri ordinis pondus acc iper-
em; quatenùs in terreno Palatio licentiùs
excubarem.] Sic itaque vides, tùm avul-
sum à monasterio creatum esse diaconum,
cùm Apocrisiarius Constantinopolim mit-
tendus esset, & non ante. Nàm nonnisi
diaconis ejusmodi munus credi consuevisse,
idem Gregorius in epistola ad Focam Augustum docet his verbis (a): Quòd permanet in Palatio juxta antiquam consuetudinem Apostolicæ sedis diaconum vestra serenitas non invenit; in hoc meæ negligentiæ, sed gravissimæ necessitatis fuit. Quia
dùm minulti omnes hujus nostræ Ecclesiæ
contrita asperaque tempora cum formidine
declinarent atque refugerent, nulli eorum
poterat imponi, ut ad urbem regiam in Palatio permansurus accederet.] Subdit verò
se tunc Ecclesiæ Defensorem ordinasse diaconum, quem Apocrisiarium mitteret Constantinopolim.

a Greg. lib.
II epist. 43

At quid Gregorius ordinatus jàm diaconus, cum profectus Constantinopolim esset? Illud quidem admiratione dignum præstitit, ut qui non permissus esset
in suo monasterio permanere, miro quodam modo ipsum monasterium secum ve-
heret, cum videlicet complures ex eodem
ipse indè duceret secum monachos, quò ubicumque locorum esset, sive in diversorio, sive in navi, sive Constantinopoli, iidem nobis
redde-

XIII.
Quomodò
Gregorius
à monasterio
evulsus.

XIV.
Suos secum
ducit mo-
nachos
Gregorius.

redderent monasterium florentissimum monasticis institutis . Id quidem ex eisdem ad
Leandrum scriptis in præfatione ad libros
Moralium facilè possumus intelligere, ubi
ait : Me scilicèt multi ex monasterio fratres mei germana charitate secuti sunt .
Quod divina factum dispensatione conspicio , ut eorum exemplo ad orationis placidum littus quasi anchoræ fune restrin-
ger , cum causarum sæcularium inestabi-
li impetu fluctuarem . Ad illorum quippe
consortium , velut ad tutissimi portus sinum , post terreni actus volumina fluctus-
que fugiebam . Et licèt illud me ministerium ex monasterio abstractum à pristinæ
quietis vita mucrone suæ occupationis extinxerat ; inter eos tamen per studiosæ lectionis alloquium , quotidianæ me aspira-
tio compunctionis animabat .] Hæc Gregorius de se ipso . Inter alios autem monachos secutus est Gregorium Maximianum,
qui numeratur ab ipso sui monasterii secundus Abbas , primus post Valentium .
Porrò res gestæ ab eodem Gregorio Constantinopoli inferiùs pro temporis ordine
dicentur .

Hoc eodem anno , qui & quintus numeratur Childeberti Junioris Regis filii Sigeberti , habita est in Gallia Synodus Brennacensis, cuius aliquot apud Gregorium (a)
Turonensem Episcopum , qui interfuit ;
monumenta ipsa extant : nàm celebrata ipsa est
in causa ipsius Gregorii , cum reus factus
esset , quòd in Reginam Fredegundem uxorem Chilperici & in Bertheramnum Burdegalensem Episcopum crimen nefarium com-
posuisset & evulgasset . Res autem ita se
habuit . Leudastes Præfectus sive Comes
Turonensis , cum injustè admodùm se gessisset , Ecclesiisque damna plurima dedisset ,
ob idque è præfectura opera Gregorii amotus esset ; adversùs eum unà cum Riculfo
Turonensi presbytero conjurans , calumniam ambo simul struunt , accusantes ipsum
tradere machinatum Turonensem civitatem
Childeberto Regi . Quod cum minimè crederetur , adjecerunt calumniam aliam qua

Rex commoveri facilè potuisset ; nempè dixisse Gregorium , Fredegundem Reginam
commiscere solitam cum Bertheramno Episcopo Burdegalensi : ejus rei testes esse Pla-
tonem Archidiaconum , & Gallienum ejusdem Ecclesiæ æquè diaconum . Acceperat
autem à Leudaste Riculfus de Episcopatu
Turonensi promissionem , cum Gregorius
damnaretur . Qui quasi jam possessor
multus interea in Gregorium irrogabat injurias , neque à sputis temperans : qui &
accusatorem ad Regem misit ejusdem nominis Riculfum clericum , promisso illi Archi-
diaconatu . Cum verò vincti catenis testes ducerentur ad Reginam, quid tunc Gregorius egerit , ab ipso accipe : Hæc ego (inquit) audiens , dùm in domo Ecclesiæ resi-
derem , mæstus turbatusque ingressus oratorium , Davidici carminis sumo librum ,
ut scilicet apertus aliquem consolationis
versiculum daret : in quo ita repertum est ;
Eduxit eos in spe , & non timuerunt , & ini-
Annal. Eccl. Tom. VII.

---

micos eorum operuit mare .] Interim vero
jussus est ipse Gregorius custodiri usque ad
futurum conventum Episcoporum in villa
Brennaco colligendum .

Sed quid interea mirandum acciderit, audi . Modestus quidam faber lignarius cum
zelo justitiæ redarguisset istæc patrantem ,
falsòque objicientem Riculfum clericum
accusatorem: iste eum auxilio Eunomii Comitis retrudi fecit in carcerem , ubi jussu
Reginæ mandatur subdi tormentis . Ap-
prehenditur (inquit Gregorius) Modestus,
torquetur , flagellatur , & in vincula com-
pactus , custodiæ deputatur . Cumque inter duos custodes carceris & cippo teneatur
vinctus , media nocte dormientibus custodibus , orationem fudit ad Dóminum ,
ut dignaretur ejus potentia miserum visitare , & qui innocens illigatus fuerat , visitatione Martini Præsulis & Medardi absolveretur . Mòx disruptis vinculis , dis-
fracto cippo , sancti Medardi basilicam ,
nocte nobis vigilantibus , introivit .] Hæc
Synodum præcesserunt: quæ satis fuisse poterant ad Gregorii innocentiam comestan-
dam , cujus causa vinctus Modestus divinitùs fuerat liberatus .

Ubi autem Brennaci Synodus Episcoporum eam ob causam collecta est, quid actum
sit , Gregorius ita narrat : Congregati igitur apud Brennacum villam Episcopi , in
unam domum residere jussi sunt . Deindè
adveniente Rege, data omnibus salutatione ac benedictione , residet . Tunc Bertheramnus Burdegalensis civitatis Episcopus, cui hoc cum Regina crimen impactum
fuit , causam proponit , meque interpellat , dicens à me sibi ac Reginæ crimen objectum . Negavi ego in veritate me hæc locutum , & audisse quidem hæc alios , me
non excogitasse . Nam extra domum rumor
in populo magnus erat dicentium : Cur
hæc super sacerdotem Dei objiciuntur? Cur
talia Rex prosequitur ? Numquid potuit
Episcopus talia dicere vel de servo ? Heu,
heu , Domine Deus, largire auxilium servo tuo : Rex autem dicebat : Crimen uxoris meæ meum habetur opprobrium . Sic
ergò censetis ut super Episcopum testes ad-
hibeantur : ecce adsunt . Certè si videtur
ut hæc non fiant , sed in fidem Episcopi
committuntur , dicite : libenter audiam
quæ jubetis . Mirati sunt omnes Regis prudentiam , vel patientiam simùl . Tunc cunctis dicentibus : Non potest persona inferior super sacerdotem cædi * , restitit ad *
hoc causa , ut dictis Missis in tribus altaribus , me de his verbis exuerem sacramento ;
& licèt canonibus essent contraria , pro causa tamen Regis impleta sunt .

Sed nec hoc silebo , quòd Rigunthis Regina condolens doloribus meis , jejunium
cum omni domo sua celebravit , quousque puer nunciaret , me omnia sic implesse , ut fuerant instituta . Igitur regressi sacerdotes ad Regem , ajunt : Impleta sunt omnia ab Episcopo quæ imperata
sunt , ò Rex . Quid nùnc ad te , nisi ut cum
Bertheramno accusatore fratris communione

priveris? Et ille: Non ego nisi audita narravi. Quærentibus illis, quis hæc dixerit? respondit se hæc à Leudaste audisse. Ille autem secundùm infirmitatem vel consilii vel propositionis suæ fugam inierat. Tùnc placuit omnibus sacerdotibus, ut sator scandali, infamator Reginæ, accusator Episcopi ab omnibus arceretur Ecclesiis, eò quòd se ab audientia subtraxisset: undè & epistolam subscriptam aliis Episcopis qui non adfuerant transmiserunt, & sic unusquisque ad locum suum regressus est.] Hactenùs Acta Synodi Brennacensis.

Quid autem factum fuerit adversùs Riculfum clericum accusatorem qui aderat, idem sic tradit: At Riculfus clericus ad interficiendum putatur; pro cujus vita vix obtinui: tamen de tormentis excusare non potui; nàm nulla res, nullum metallum tanta verbera potuerit sustinere, sicut hic miserrimus. Ab hora tertia diei, revinctis post tergum manibus, suspensus ad arborem dependebat: ad horam verò nonam depositus, extensus ad trocleas, cædebatur sustibus, virgis & loris duplicibus, & non ab uno vel duobus, sed quot accedere circà miseros potuissent artus, tot cæsores erant. Cùm autem in discrimine esset, tùnc aperuit veritatem, & arcana doli publicè patefecit. Dicebat enim, ob hoc Reginæ crimen objectum, ut ejecta de regno, interfectis fratribus & patre, Clodoveus regnum acciperet, Leudastes ducaretur.] Hæc de falso teste. Porrò, Leudastem instar Cain undique pulsum, undique profugum super terram vagasse tradit.

Non prætermittendum, de hac Synodo scripsisse carmen Venantium Fortunatum quo & cecinit laudes Chilperici, necnon Fredegundis Reginæ. Quod enim adversùs Fredegundem tanta calumnia sparsa est, & cum ignominia ad judicium usque causa deducta placuit Fortunato (quem puto eidem Synodo cum Gregorio interfuisse) eam scripto carmine celebrare, atque ejus canere laudes, cujus opprobria fuerant adeò turpiter divulgata. Est verò, ejusmodi præfixa inscriptio carmini (a):

Ad Chilpericum Regem, quando Synodus in Brennate habita est.] Incipit autem:

Ordo sacerdotii, veneranda culmina Christi,
  Quos dedit alma fides relligione patres.
Parvulus opto loqui Regis, præconia celsi:
  Sublevet exigui carminis vester amor.]

Et post multa habet ista de Fredegunde Regina appositè quidem:

Conjuge cum propria, quæ regnum moribus ornat,
  Principis, & culmen participata regit,
Provida consiliis, sollers, cauta, utilis aulæ,
  Ingenio pollens, munere larga placens,
Omnibus excellens meritis Fredegundis opima,
  Atque sereno suo fulget, ab ore dies:
Regia magnanimus curarum pondera portas,
  Te bonitate colens, utilitate juvans,
Qua pariter tecum moderante palatia crescunt,
  Cujus & auxilio floret honore domus.

a Fortun. carm. lib. 9.

XIX.
Riculfus clericus accusator luit pœnas, & cuncta patefacit.

XX.

Quærente undè viro duplicentur vota salutis,
Et tibi mercedem det Fredegundefacis:
Quæ meritis propriis effulget gloria Regis,
Et Regina suo facta corona viro.
Tempore sub longo hæc te fructu prolis honoret,
Surgat & inde nepos, ut renoveris avus;
Ergo Creatori referatur gratia digné,
Et sole Rex Regem qui tibi præbet opem.]

Ista & alia Fortunatus ad Chilpericum, & quidem puto innoxiu charitatis, ut è domo regia manantem ex impudica Regina sororum velut plurimo officio sese flamma effingeret.

Verùm qui Regibus dominatur, & solùm verax est, nec secundùm faciem judicat; adversùs Chilpericum & Fredegundem sententiam & quidem durissimam protulit, nulla penitus interposita mora: accidítque nutu Dei, ut idem qui cecinit gloriosè Fortunatus, pauló post lugubri carmine occinerit, luctuosa; quæ S. Salvio, qui eidem Synodo interfuit, quomodò fuerint anteà demonstrata, proximè dicturi sumus: modò verò accipe, quæ anteà ibidem translata sunt cum differente de fide Judæo, & quæ idem habet de Chilperico Rege ipsi Gregorio conciliato, & ab ipso benedictionem petente, cum inde excederet esset Parisios rediturus. Cùm enim moraretur adhuc apud Chilpericum Gregorius Turonensis (ut ipse testatur) data occasione Judæi nomine Prisci, cum eo de veritate Christianæ fidei contulit: sed in obstinatione iste sua perseverans, nihil profecit: scripsit tamen eam ipse disputationem Gregorius (b), ad cujus finem, ubi agit de Rege inde Parisios profecturo, hæc habet: Ad me (inquit) conversus postulat ut accepta benedictione discrederet: ait enim: Dicam (inquit) tibi, ò sacerdos, quod dixit Jacob ad Angelum, qui ei loquebatur: Non dimittam te, nisi benedixeris mihi: Et hæc dicens, aquam manibus porrigi jubet: quibus ablutis, facta oratione, accepto pane, gratias Deo agentes, & ipsi accepimus, & Regi pornreximus, haustoque mero, Vale dicemus discessimus.] Hæc de Rege accipiente eulogias ab ipso Gregorio, ut his pacis symbolis ipsi reconciliatum se ostenderet. Sic igitur qui ad Regem reus majestatis advenerat, à regia majestate no modo maximo affectus honore recessit. Sed ad S. Salvii vaticinium redeamus.

Quid enim post hæc ibi contigerit memoratu dignum, idem Gregorius narrat his verbis (c): Igitur cum, Vale post Synodum memoratam Regi jam dicto, ad propria redire vellemus; non ante discedere placuit, nisi hunc virum, Salvium Episcopum sciliciæ, libatis osculis, linqueremus. Quem quæsitum in atriis Brennacensis domus reperi. Cui dixi, quia jàm eram ad propria rediturus. Tùnc remoti pauliulùm, dùm hinc inde sermocinaremur, ait mihi: Videsne super hoc tectum quæ ego suspicio? Cui ego: Video enim superliminium, quod nuper Rex poni præcepit. At ille: Aliud, inquit, non aspicis? Cui ego.

XXI.

b Greg. Turon. hist. Franc. lib. 6 cap. 5.

Gregorius impertit benedictionem Regi.

XXII.

c Greg. lib. 5. c. 50.

Dei vindicta super Regis domum parata.

ego. Nihil aliud, inquam, video (suspicabar enim quòd aliquid jocularitèr loqueretur) &adjeci: Si tu aliquid magis cernis, enarra. At ille ultrà trahens suspiria, ait: Video ego evaginatum iræ divinæ gladium super domum hanc dependentem. Verumtamen non fefellit dictò sacerdotem: nam post dies viginti, duo filii Regis(quos superiùs mortuos diximus) obierunt.] Hæc Gregorius; quomodò verò mortui sint, inferiùs docet.

Nàm idem Gregorius eodem hoc anno, qui numeratur(ut dictum est)quintus Childerti Junioris, pestem ingentem depastam esse Galliam tradit, qua tacti iisdem duo filii Regis Chilperici & Fredegundis extincti sunt. Porrò rem gestam ita idem auctor

enarrat(a): Igitur in his diebus Chilpericus Rex gravitèr ægrotavit. Quo convalescente, filius ejus junior needûm ex aqua & Spiritu sancto renatus ægrotare cœpit: quem in extremis videntes, baptismo abluerunt. Quo parumpèr meliùs agente, frater ejus senior nomine Clodobertus ab hoc morbo corripitur. Ipsumque in periculo mortis Fredegundis mater cernens, serò pœnitens ait ad Regem: Diù nos malè agentes pietas divina sustentat: nàm sæpe nos febribus,& aliis malis corripuit, & emendatio non successit. Ecce jàm perdimus filios: Ecce jàm nos lacrymæ pauperum, lamenta viduarum, suspiria orphanorum interimunt, nec spes remanet, cui aliquid congregemus. Thesaurizamus, nescientes cui congregemus ea: Ecce thesauri remanent possessore vacui, rapinis ac maledictionibus pleni. Numquid non exundabant promptuaria vino? Numquid non horrea abundabant frumento? Numquid non erant thesauri referti auro, argento, lapidibus pretiosis, monilibus, vel reliquis Imperialibus ornamentis? Ecce quod pulchrius habebamus, perdimus.

Nùnc sic placet, venite, incendamus omnes descriptiones iniquas: sufficiat fisco nostro,quod suffecit patri Regique Clotario: Hæc effata Regina, pugnis verberans pectus, jussit libros exhiberi qui de civitatibus suis per Marcum venerant: projectisque in ignem, iterùm ad Regem conversa: Quid tu, inquit,moraris? Fac quod vides à me fieri: ut effu si ex natos perdimus, vel pœnam perpetuam evadamus. Tùnc Rex compunctus corde tradidit omnes libros descriptionum igni, conflagratisque illis; misit qui futuras prohiberet descriptiones. Post hæc infantulus junior, dùm nimio labore tabescit, extinguitur: quem cum maximo dolore ducentes è villa Brennaco Parisios, ad basilicam S. Dionysii sepeliri mandaverunt. Clodobertus verò, componentes in feretro, Suessionas ad basilicam S. Medardi duxerunt, projicientesque ad sanctum sepulchrum vota voverant pro eo: sed media nocte anhelans jàm & tenuis spiritum exhalavit; quem in basilica sanctorum Crispi & Crispiniani martyrum sepelierunt. Magnus utique hùc planctus omni populo fuit; nàm visi lugentes mu-

lieresque lugubribus vestimentis indutæ (ut solet in conjugum exequiis fieri) ita hoc funus sunt prosecutæ. Multa posteà Chilpericus Rex ecclesiis, sive basilicis, vel pauperibus est largitus.] Hæc de funere duorum filiorum Regis, & de Rege ipso in meliorem frugem mutato Gregorius.

Scripsit iisdem Regis filiis epitaphia Venantius Fortunatus, atque primùm majori natu filio Clodoberto his versibus (b):

Flere monet populum crudeli funera Regis,
Cum caput Orbis humo mæsta sepulchra tegunt.
Hoc igitur tumulo recubans Clodobertus babetur,
Qui tria lustra gerens raptus ab Orbe fuit:
De proavo veniens Clodovea celsa propago,
Clotariique nepos, Chilpericique genus:
Quem de Regina sumpsit Fredegunde venustas,
Auxerat & nascens Francica rota puer
Quem patriæ dùm spes* adolesceret ampla,
Accelerans die, sors inimica tulit.
Sed cui nulla nocens queruli contagia mundi,
Non fleat ullus amor, quem modò cingit honor.
Nàm puer innocuus vivens sine crimine lapsus
Perpetui regni se favet arce frui.] Sed & ejus germano infanti Dagoberto æquè epitaphium elaboravit, ex quo nomen ejus à Gregorio prætermissum educes, vocatum nempe Dagobertum: sic enim se habet:

Dulce caput populi, Dagoberte, perenis amore,
Auxilium patriæ spes puerilis obis*.
Germine regali nascens generosus, & infans
Ostensus terris mòx quoque rapte polis.
Belliger veniens Clodoveus gente potenti
Egregio proavi germine, honore pari.
Regius antiquis resplendens nobilis infans,
Chilpericis patris, vel Fredegundis genus.
Te venerada tamen mòx abluit unda lavacri,
Hinc licèt abreptum lux tenet alta throno.
Vivis honore etcæ, & cùm Judex veneris Orbis,
Surrecturus eris fulgidus, ore nitens.
Ista Venantius, qui (ut diximus) cum paulò antè læta cecinisset, scribere mòx coactus est Regii funeribus epitaphia. Sed & tunc etiam ad ipsam Regem consolationem de filiorum obitu carmine scripsit, cujus est exordium:

Aspera conditio & sors irrevocabilis horæ,
Quem generi humanæ tristis exigo dedit.]
Et interiùs alludens ad luctum universi populi, ista subdit:
Talis erit populus, qualem te videris omnis,
Deque tua facie plebs tua rota meetit.]
Innatum est enim Francis, eisdemque illud peculiare, ut cum præ cæteris gentibus suum diligant Regem, sese in Regia vultum, mores agunt, corporis habitum, atque alia denique omnia (quantùm fas est) transformare, similesque reddere cupiant.

At nec tinis hic filiorum Chilperici Regis funerum: etenim Fredegundis amatis carens filiis, novercali odio in privignum Clodoveum commovetur, quem in suspicionem adductum, quòd aliquid in eam moliretur, eumdem detrusum in carcerem ibi gladio feriri præcepit; de ipso illud evulgans, quòd se ipsum omnium culpæ necasset. Rem gestam narrat ipse Gregorius

a *Greg. l. 5.*
c. 39.
Fraus Fre-
degundis.

rius (*a*) . Erat Clodoveus iste filius Chilperici ex Audovera uxore sua,
ex qua pariter Theodobertum & Moroveum susceperat . Ipsa autem Audovera
velata , quanam arte se Fredegundis con-
junxerit Chilperico , ab Adone Viennensi
sic accipe : Absente Chilperico , Fredegundis Audoveram Reginam tali fraude
decepit , ut filiam quam ex Chilperico habebat Audovera ex sacro fonte ipsa per se
non per aliam susciperet : quod & ipsa se-
ducta quidem fecit . Ac idcirco postmodùm
à marito suo Chilperico dimissa : sicque
Fredegundis in connubium transiit . Audovera verò velata villas & prædia tantùm
ad sustentationem sui accepit . Episcopus,
qui filium baptizavit & matri eum tenere
non prohibuit, exilio damnatus est .] Hæc
Ado, quibus pleniùs Fredegundis perfidia
innotescat, quam in privignum Clodoveum
filium Audoveræ ad postremùm Phædræ
instar explevit .

XXVII.
Impiæ Au-
stregildis
Reginæ
obitus .

Sed funeribus Regum tristiora Reginæ
funera conjungamus . Gregorius enim his
de obitu filiorum Chilperici narratis , de
alia Regina Francorum conjuge Guntheramni germani Chilperici hac eadem peste
defuncta mòx ista funesta subjungit : His
diebus Austregildis, Guntheramni Principis Regina ab hoc morbo consumpta est .
Sed priusquàm nequam spiritum exhalaret,
cernens quòd evadere non posset , alta trahens suspiria , voluit lethi sui habere participes , agens ut in exequiis ejus aliorum
funera plangerentur . Fertur enim Herodiano more Regem petiisse , dicens : Adhuc spes vivendi fuerat , si non inter iniquorum medicorum manus incidissem : nàm
potiones ab illis acceptæ mihi vi abstulerunt vitam, & fecerunt me hanc lucem velociter perdere . Et ideò ne mors mea inulta prætereat ; quæso, & cum juramenti interpositione conjuro, ut cum ipsa luce di-
scessero, statim ipsi gladio trucidentur , ut
sicut ego ampliùs vivere non queo , ita nec
illi post meum obitum glorientur , sed sit
unus dolor nostris pariter & eorum amicis .
Hæc effata, infelicem animam tradidit . Rex
verò peracto ex more justitio, oppressus
iniquæ conjugis juramento , implevit præceptum iniquitatis ; nàm duos medicos, qui
ei studium adhibuerant , gladio feriri præcepit .] Hæc Gregorius .

XXVIII.
Nantini ex
hac vita
obitus &
menstrum
suppliciu.

Eadem quoque lue tactum abreptumque
Nantinum ex hac vita Nantinum Comitem Engolismensem, idem subdit : qui cum in sancta
loca Deique ministros mala multa perpetrasset , ultimo ipse elogio , quid pateretur
ob scelera perpetrata, testatus est : ait enim

b *Greg. l. 5.*
c. 36. in fin.

Gregorius (*b*) : Post paucos menses à supradicto morbo Nantinus Comes corripitur .
Qui nimia exaltus febre , clamavit , dicens ,
Heu , heu , ab Heraclio Antistite exuror &
ab illo crucior, ab illo ad judicium vocor .
Cognosco facinus : reminiscor injustè injurias me intulisse Pontifici : mortem deprecor , ne diutiùs crucier sic tormenta . Hæc
cum maxima in febre clamaret , deficiente
robore corporis , infelicem animam fudit .

---

indubia relinquens vestigia hoc ei ad ultionem beati viri venisse : nàm examinum corpus ita nigredinem duxit , ut putares eum
prunis superpositum fuisse combustum . Ergò omnes hæc obstupescant , admirentur, &
metuant , ne inferant injurias sacerdotibus,
quia ultor est Dominus servorum suorum
speccantium in se .] Quæ autem adversùs Heraclium Burdegalensem Episcopum Nantinus egisset , idem Gregorius paulo superiùs
narrat,cum tradit ab eo ob immensa scelera
perpetrata ipsum Nantinum fuisse excommunicatum . At de his hactenùs : jam verò
è Galliis in Galliciam transeamus , Grego-
riumque sectemur , qui ait (*c*) :

c *Gregor.*
Turon. hist.
Franc. l. 5.
c. 37.

Hoc eodem tempore (nempè anno quinto
Childeberti Junioris, qui hoc Christi anno incipit numerari) & B. Martinus Galliciensis
Episcopus obiit , magnum populo illi faciente planctum . Nàm hic Pannoniæ ortus
fuit (sicuti nomen & patriam, ita etiam sanctitatem Martini Turonensis adeptus) & exindè ad visitanda loca in Orientem properans,
intantùm se litteris imbuit , ut nulli secundus suis temporis haberetur: & exindè Galliciam venit , ubi cum beati Martini reliquias portaretur , Episcopus ordinatur: in
quo sacerdotio impletis plus minùs triginta annis, plenus virtutum migravit ad Dominum . Versiculos qui ad ostium sunt à parte meridiana in basilica S. Martini , ipse
composuit .] Hæc Gregorius .

XXIX.
De obitu
S. Martini
Gallicien-
sis.

Porrò quod pertinet ad annos ejus Episcopatus : dùm numerat triginta circiter annos ejus sedis Gregorius, scias ipsum deducere numerum ab eo tempore quo illatæ
sunt sancti Martini Turonensis reliquiæ
in Galliciam , ut patet ex ejusdem testificatione , dùm de eadem à nobis superiùs recitata translatione agit (*d*) . Qua ratione
dicendum esset , inchoatum ejusdem Episcopatum circà annum Domini quingentesimum quinquagesimum tertium , cum alii
(ut vidimus) referant ad annum quingentesimum sexagesimum : cui sententiæ magis
inhæsimus, quòd ex Actis Concilii Bracharensis secundi cum nota Æræ , tùm numero annorum Ariamiri Regis sibi vendicent
auctoritatem . Dies autem , quo tantus vir,
cui multum debet Hispania, ex hac vita ad
cælum migravit, celebri solemnitate anniversario cultu refulget ad decimumtertium
Kal. Aprilis.

d *Gregor.*
Turon. mi-
rac. S. Mar-
tini l. 1. c.
11.

XXX.
De tempo-
re sedis
ejus.

Ad postremùm verò , quod reperimus
ipsius sepulchrum, nefas sit præteriisse illud
insalutatum ; quamobrem ipsum ex prato
Venantii collectis floribus aspergamus ,
versibus illis , inquam , quibus ipse mirifica ejus facta tunc temporis cecinit , cum
provinciam illam , abjecto Ariano putore , ad Catholicam fidem convertens, grande Deo obtulit sacrificium in odorem suavitatis . Sint igitur ejusmodi vetera monumenta , epitaphia scio , sanctissimi viri incisa sepulchro . Editum enim ad ipsum adhuc viventem carmen ita incipit (*e*) :

XXXI.

e *Fortun.*
carm. l. 5.

Lumen Apostolicu cu spargeret anno & Triados,
  Exciperetque novum mundus honore dies.
Pergit dicere de Apostolis ad diversas gentes
  missis ,

missis, ac demum ista de duobus Martinis, A
seniore ac juniore, Turonensi videlicèt
atque Gallicensi Episcopis:

  —— *Martini Gallia prisci*
Excellente fide luminis arma capit.
Martino servata novo Gallicia plaude:
Sortis Apostolica vir tuus iste fuit.
Qui virtute Petrum, prabet tibi dogmate
  Paulum;
Hinc Jacobi tribuens, inde Joannis opem.
Pannonia (ut perhibent) veniens è parte
  Quiritum,
Es magis effectus Gallica vera salus:
In sulcum sterilem vita plantaria serit,
Quo matura seges fertilitate placet.
Elia meritis alter redit jraber aristis,
 Munera novis habens, ne premat arva sitis:
Non jaceant stupidis arentia jugera sulcis,
 Influit irriguo fonte perenis aqua.]
Spectant hæc ad prædicationem Evangelii;
& quod subdit, id ipsum insinuat.
Hæresis in ramis fidei plantaria fixit:
 Quaque oleaster erat pinguis oliva viret.
Quæ steios exilis, viduatis frondibus, arbor
 Jam peritura cibum floret honore novo.
Imponenda focis sive quo ficalnea tristis
 Præparat ad fructum stercore culta suum.
Ramusitis una tumens avium laceranda ra-
 pinis,

 Hoc custode bono, non peritura latet. C
Rebus Apostolicis ovantes vivere mon-
 strat,
 Arva ligans movens, falce flagella premis,
Ex agro Domini lappas excidit inertes:
 Atque racemus adest, qui fuit ante frutex.
De satione Dei Eizania vulsit amara;
 Surgit & æqualis latificata seges.]
Ut planè dicendus fuerit Gallicia restitu-
tor Ecclesiæ. Hinc idem Fortunatus sub-
jicit:

Martino servata nova Gallicia plaude:
 Sortis Apostolica vir tuus iste fuit.
Pastoris studio circum sua sepe recurrens, D
 Ne lupus intret, oves servat amor agricis.
Es, pontanus, manu stabis, ipsa ad pabula
 Christi
Montibus instabilem ne vexet, error, ovem,
Cujus vox refluens pieti desonta salubri,
 Ut bibat arte fidem, porrigit ore salem,
Hasti arma quidem, Domino pia vota pa-
 ravit
 Et commissa sibi duple talenta refert.]
Et de æterno præmio, quod esset à Deo con-
sequuturus, mox addit hæc ipsa.
Vacam Evangelicis spectans operarius ar-
 vum,
 Ut tibi dicatur, Servule perge bone; E
Quando fidelis enim mihi supra pauca fuisti,
 Supra multa nimis constituendus eris.
Ecce in Domini modo gaudia latior intra,
 Proque labore brevi magna parata tibi.
Auditurus enim vocem, Martine, beatam,
 Sed Fortunati sis memor ipse tui.
Quæso, precare Pater, videam tua gaudia,
 tecum.
 Sic placeas Regi postulet ante Petrus.]
&c. Commendat eidem sanctam Radegun-
dem adhuc viventem in monasterio Pi-
ctaviensi Reginam, cum ea quæ præerat

eidem Agnetæ Abbatissâ, de qua sæpè
Gregorius.

Hoc item anno, teste Gregorio, qui **XXXII.**
(ut numerat) annus quintus est Childeber- Persecutio
ti Regis, dira persecutio in Hispania ex- excitata à
citata est à Leuvigildo Rege Ariano adver- Leuvigil-
sùs Catholicos: ait enim (*a*): Magna eo do.
anno in Hispania Christianis persecutio *a Greg.*
fuit, multique exiliis damnati, facultati- *Turon. hist.*
bus privati, facie decocti, carceri manci- *Franc. l 5.*
pati, verberibus affecti, ac diversis sup- *cap. 38.*
pliciis trucidati sunt.] Hæc summatim
de persecutione Gregorius. His consentiens S. Isidorus, ubi narravit res ab eodem
Rege in bello fortiter gestas, ista subjun-
git (*b*): Sed, obsuscavit (inquit) error, *b Isidor. in*
impietatis gloriam tantæ virtutis. Denique *Chronic.*
persidiæ furore repletus, in Catholicos *Goth.*
persecutione commota, plurimos Episcoporum exilio relegavit, & Ecclesiarum reditus & privilegia tulit: multosque terroribus suis in Arianam hæresim & pestilentiam impulit; plerosque sine persecutione
illectos auro, rebusque decepit. Ausus
quinetiam inter cætera hæresis suæ contagia rebaptizare Catholicos, & non solùm ex
plebe, sed etiam ex sacerdotalis ordinis dignitate; sicut Vincentium Cæsaraugusta-
num de Episcopo apostatam factum, & tamquam è cælo in infecta projectum.] Hu-
ousq; de persecutione Isidorus, brevi quidem compendio quamplurima perstringens,
ex quibus magnum planè fuisset implendum
volumen.

Sed quæ recentior causa persecutionis hu- **XXXIII.**
jus incendæ præcesserit, Gregorius ita
recenset (*c*): Caput autem, nempe origo, *c Greg. Tur.*
hujus sceleris Goisuintha fuit, quam post *conf. lib. 3.*
Athanagildi Regis connubium Rex Leuvi- *c. 28.*
gildus* acceperat. Sed quæ Dei servus non * Leuvi-
tam humilitatis infixerat, prosequente ul- *childus*
tione divina, ipsa quoque omnibus popu-
lis est facta notabilis: nàm unum oculum
nube alba contegens, lumen quod mens
non habebat pepulit à palpebris. Erant autem Leuvigildo Regi ex alia uxore duo filii, nempe Hermenegildus & Reccaredus, Ingundis
quorum senior Sigeberti, junior Chilperi- uxor Her-
ci Regis filiam desponsaverat. Sed Ingun- menegildi
dis Sigeberti Regis filia cum magno appa- quæ sit psl-
ratu in Hispanias directa, ab avia Goisuin- la fidei
tha cum magno gaudio suscipitur (erat causa.
enim Ingundis filia Brunichildis, quæ filia
fuit ipsius Goisuinthæ, ut superius ex Fortunato & Gregorio diximus) quam nec passa est in religione Catholica diù commorari, sed ut rebaptizaretur in Ariana hæresi,
blandis cœpit sermonibus illicere. Sed illa virtute reluctans, cœpit dicere: Sufficit satis me ab originali peccato baptismo
salutari semèl ablutam esse, & sanctam
Trinitatem in una æqualitate confessam;
Hæc me credere ex toto corde confiteor,
aeque umquam ab hac fide ibo retrorsum.

Hæc illa audiens, iracundiæ furore suc- **XXXIV.**
censa, apprehensam per comam capitis
puellam in terram collidit, & diù calcibus
verberatâ ac sanguine cruentatam jussit spoliari,

liari, & piscinæ immergi; sed (ut asserunt multi) numquàm animum suum à fide nostra reflexit. Leuvigildus autem dedit eis, nempè ipsi Ingundi, & viro suo Hermenegildo, unam de civitatibus, in qua residentes regnarent. Ad quam cum abiissent, cœpit Ingundis prædicare viro suo, ut relicta hæresis fallacia, Catholicæ fidei veritatem agnosceret. Quod ille diù refutans, tandèm commotus ad ejus prædicationem, conversus est ad legem Catholicam, ac dùm chrismaretur, Joannes est vocitatus.] Sed tamen nomine, quo cognitus erat ab omnibus, perseveravit dici Hermenegildus. Leandrum quoque Hispalensem Episcopum doctrina, & pietate clarum plurimùm contulisse, ut Hermenegildus fieret Catholicus Christianus, qui prosecuti sunt res Hispaniarum tradunt, in primis verò S. Gregorius Papa, ut suo loco dicemus.

XXXV.
Cæterùm cum pater perfidiæ argueret filium, filius verò cum hæresis insimularet; factum est ut bellum ingens inter ipsos conflaretur, altera à parte cum Leuvigildo pugnantibus Arianis, quorum major numerus, fortiorque potentia; ex altera verò resistentibus cum Hermenegildo Catholicis. Hic sentiens se imparem viribus, etsi justiorem causam foveret, legat in Orientem ad Tiberium Orthodoxum Imperatorem S. Leandrum Hispalensem Episcopum, ut laborantibus sub gladio Ariano Catholicis suppetias ferret. De hac Leandri honorifica legatione meminit S. Gregorius, cùm de amicitia illius qui interpresserat cum eo dùm esset Constantinopoli agit; ait enim (a): Dudùm, frater beatissime, in Constantinopolitana urbe cognoscens, cum me illic sedis Apostolicæ responsa constringerent, & te illùc injuncta pro causis fidei Regis Vvisigothorum legatio perduxisset; omne tuis auribus, quod de me displicebat, expolui, &c.] Repetens suæ conversionis initia, & quomodò è monasterio abstractus ad diaconatus ordinatus compulsus sit à Pontifice Romano Pelagio legationis pondus subire, seu potiùs Apocrisarii munus obire Constantinopoli.

XXXVI.
Quomodò autem tùnc monachis suis petentibus, quos secum Roma duxerat, ipsoque admitente S. Leandro, aggressus sit expositionem sacri voluminis Job, ita subdit: Tùnc eisdem fratribus, etiam te cogente, placuit (sicut ipse meministi) ut librum beati Job exponerem, importuna me petitione compellerent, &c.] Cœptum verò hoc anno opus illud Gregorius absolutum primo sui Pontificatus anno ad Leandrum id expetentem misit, ut litteræ ipsius tùnc ad eum scriptæ significant (b), necnon quæ in eumdem in Job commentarium ipse præfatus est.

XXXVII.
Quod verò ad Leandri legationem spectat, quæ obtinuerit apud Tiberium Imp. haud satis liquet. Qui enim his temporibus rebus Persicis occupatus erat, haud eo statu positus fuisse videtur, ut adversùs Gothos Arianos tàm longè positos dirigeret vi-

A res Romani exercitus: tamen quòd Gregorius Turonensis tradit Græcorum copias præsto fuisse Hermenegildo, putandum Tiberium, quibus potuit auxiliaribus copiis eidem adiumento fuisse. Quæ autem post hæc gesta sint, & quomodò proditione perfidi parentis tentus Hermenegildus, & in carcere occisus consecutus fuerit coronam martyrii, dicemus suo sequenti, quo tantum nefas contigit perpetrari.

Quæ verò memoratu digna acciderint, **XXXVIII.** dùm ejusmodi civile bellum in Hispaniis exardesceret, ex diversis locis petita naremus, atque hæc in primis ex Gregorio

B Turonensi (c): In Hispaniis (inquit) nu- c Gregor. per factum cognovi, cum Leuvigildus Rex Turon. de contra filium suum ambularet, atque exer- Glor. conf. citus (ut assolet) graviter loca sancta con- c.12.13. cuteret. Monasterium erat S. Martini inter Arianus Seguntum atque Carthaginem Spartariam. dat pœnas Audientes autem monachi, quòd hic exer- perfidiæ. citus ad locum illum deberet accedere, fugam ineunt, & se, relicto Abbate sene, in insulam maris abscondunt. Advenientibus autem Gothis, ac diripientibus res monasterii, quæ sine custode remanserant, Abbatem senio incurvatum, sed sanctitate e-

C rectum offendunt, extractoque unus gladio quasi amputaturus cervicem ejus, resupinus fuit, ac spiritum exhalavit: reliqui verò hæc videntes, timore perterriti, fugerunt. Quod cum Regi nunciatum fuisset, cum testificatione præcepit, omnia quæ ablata fuerant, monasterio restaurari.

Cernens autem præfatus Rex tanta miracula per servos Dei, qui nostræ religionis erant, fieri; vocavit unum Episcopo- **XXXIX.** rum suorum & dixitque secretiùs ad eum: **De Ariani** Quamobrem vos, ut isti, qui se Christia- **Episcopi** nos dicunt, non ostenditis signa in populo **impostura** secundùm fidem vestram? Dicit ei Episco- **in cæco fa-** pus: Sæpiùs ego cæcis lumen reddidi, & **nando.**

D surdis auditum, nunc autem hæc possum facere quæ dicis. Et vocato ad se uno de hæreticis, clanculò ait ad eum: Accipe quadraginta aureos, & clausis oculis reside in loco, undè nobis est transitus: & præteeunte mecum Rege, exclama in virtute, ut perditum lumen mea tibi credulitate restituam. Cumque hic accepta pecunia fecisset quod sibi fuerat imperatum, procedit novus Cyrola ad dexteram constipatus hæreticorum caterva. Exclamat, & iste cæcatus pecunia, ut fide Episcopi reciperet oculos suos. At iste cum non minima

E arrogantia imponens manus super oculos ejus, ait: Secundùm fidem meam fiat tibi. Hæc eo dicente, ita obserati sunt oculi hominis cum dolore, ut non solùm visum perderet, verùm etiam dolum, quem avaritia impellente finxerat, publicaret.] Hactenùs Gregorius, qui idcirco Episcopum hunc, cujus non refert nomen, novum appellat Cyrolam, quòd ejusdem nominis Episcopus istiusmodi facinus tempore Vvandalico in Africa perpetrasset, ut superiùs est dictum. Ejusmodi planè esse consuevere hæreticorum miracula, ut imposturis affectent agere, quod omninò denegat ipsis gratia

Hermenegildus Rex convertitur ab Ingunde coniuge.

Legatio S. Leandri Epis. Hispal. Constantinopol.

a Greg. in præfat. Moral.

b Gregor. l.1. cp 41.

gratia Spiritus sancti in operatione virtu-   A
rum, quæ tamquam certa atque legitima
dos, cum aliis charismatibus Ecclesiæ Catholicæ tantummodò imperita cognoscitur,
veluti evidens signum, quo Catholici ab
hæreticis internosci possint; nempè in o-
stensione signorum, quæ verè propriéque
miracula dici queant.

XL.

   Sed audi ab eodem auctore egregiam
confessionem hominis Orthodoxi, quem
ipse novit. Describit rem gestam his verbis (a): Sed & nostro tempore, cum incredulitas atque iniqua hæreticorum secta
in locis Hispaniæ per malorum pessimas as-   B
sertiones disseminata fuisset; quidam clericus apprehensus, Christianum se esse confessus est, asserens æqualem Patri Filium &
Spiritum sanctum. Cui Rex qui præerat,
oblatis muneribus, tamquam majorem se
suppliciter deprecabatur, ut scilicet compressa confessione de sanctæ Trinitatis æqualitate, minorem Patre Filium cum sancto
Spiritu fateretur. Quod si faceret, facultatibus ditaretur, & magnus haberetur in
populis. Quod ille, consilium tamquam
mortem viperæ fugiente, ac iniqui vires   C
mortiferum respuente anguis; adiecit Rex:
Video, inquit, duram intentionem mentis insanæ; sed novi temperamentum tuum,
ut quem munera non deflectunt, facilè tormenta subiiciant. At ille: Utinam dignus
haberer, ait, in hac jugulari confessione;
nàm munera tua tamquam stercus exhorreo.
Tunc iratus Rex jussit eum ad trochleas extendi, & fortiter cædi, interrogans: Quid
credis? Respondit: Jam tibi dixi: Credo
Deum Patrem omnipotentem, & Filium
ejus Jesum Christum. Post hæc, cæsus est
valdè; sed semper durabat in confessione,   D
neque umquam eum à fidei linea potuit
hæc tortura deflectere. Nàm in primordio
eum cædendum, tres tantum verberum ictus
sensit, qui (ut posteà referebat) ipsam
animam penetrarunt; reliqua verò flagella nequaquam, tamquam si aliquod tela-
mentum dorso superpositum fuisset. Ita
non sentiens, magis fidem quam cœperat,
inter tormenta positus prædicabat. Itaque
cum Regi satisfactum de ejus cæde fuisset,
dimissus est, obtestante eo, ne in terminis Hispaniæ umquam inveniretur. At ille latus discedens, in Gallias est regressus.
Sed ut dictis fides adhiberetur, ego hominem vidi, qui hæc ab ipsius clerici ore audita narravit.] Hactenus de ipso Gregorius. Quid verò de conflictu Orthodoxi
tunc temporis inito cum hæretico, alibi
idem auctor scribat; his attexere, congruum existimamus: ait enim (b):
Resilit alius vir fidelis, spectabile se
Christianum cum hæretico pro fide nostra
certantem. Altercantibusque diù de divinis Scripturis, cum flecti non posset hæreticus, ut agnosceret veritatem, ait: Si
nostræ religionis, si Scripturarum testimonia te ad credendum, minimè movent, vel
virtutem individuæ Trinitatis experire. Est
digito meo annulus aureus, ego eum in
ignem jacio, tu candentem collige. Pro-

XL.
a *Greg. de glor. mart. c. 82.*
De Clerici egregia cō- fessione.

Non sentit verbera Catholi- cus.

b *Gregor. Tyrón. de glor. confes. 6. 14.*
XLI.
Igne pro- bata fides Catholica.

---

jectusque, inter prunas annulum ita igniri
permisit, ut eis similis cerneretur. Conversusque ad hæreticum ait, Si vera est professio tua, sume eum ab igne. Illo autem resistente, ait: Immensa Trinitas Deus,
si quid indignum te credo, ostende: certè
si recta est fides mea, nihil mihi prævalebunt hæc incendia sæva. Et ablatum ab
igne annulum diutissimè palma sustinuit,
& nihil est nocitus; sed magis confuso hæretico, Catholicos reliquos fervore suæ fidei roboravit.] Hucusquè Gregorius.

   Sed non tacendum de Agilane Ariano
homine misso legato ab eodem Leuvigildo
Rege hoc tempore ad Chilpericum, qui in
via ad disputandum ipsum Gregorium provocavit. Quæ autem inter utrumque transacta fuerint, idem auctor (c) enarrat,
recensetque disputationem tunc inter se habitam, perbrevem illam quidem, ac non
ut exigebat ratio argumenti, sed humilem
atque pedestrem, si conferas cum illis quæ
ab aliis sanctis Patribus adversùs hæreticos
copiosiùs atque nervosiùs allata sunt. Sed
quidnam ipsam ab ipsomet Gregorio descriptam his verbis:

   Leuvigildus verò Rex Agilanem legatum ad Chilpericum mittit, virum nullius ingenii aut dispositionis ratione peri-
tum, sed tantùm voluntate in Catholica
lege perversum. Quem cum via Turonos
detulisset, lacessire nos de fide & impugnare
Ecclesiastica dogmata cœpit: Iniqua enim
(inquit) fuit antiquorum Episcoporum illa sententia, quæ æqualem asserit Filium
Patri. Nàm qualiter (inquit) poterit esse
Patri æqualis in potestate, qui ait: Pater
major me est? Non est ergò æquum, ut ei
similis æstimetur, qui se minorem dicit, qui
tristi in morte ingemuit, cui postremò moriens spiritum quasi nulla præditus potestate commendat: Vide Patre cum & ætate &
potestate paterna minorem. Ad hæc ego interrogo: Si crederet Jesum Christum Filium Dei esse, si eundemque esse Dei sapientiam, si lumen, si veritatem, si vir-
tuam, si justitiam fateretur. Qui ait: Credo hæc omnia esse Filium Dei. Et ego:
Dic ergò mihi: Quando Pater sine sapientia? Quando sine virtute? Quando sine veritate? Quando sine justitia fuerit? Sicut
enim Pater sine istis esse non potuit, ita &
sine Filio esse non potuit, quæ maximè &
Dominici nominis mysterio coaptantur:
Sed nec Pater asserit ubiquè si Filium non haberet. Quod autem cum dixisse ais: Pater major me est: Scias eum hoc ex assumptæ carnis humilitate dixisse, ut cognoscas,
non potestate, sed humilitate eum fuisse redemptum. Nàm tu, qui dicis, Pater major me est, oportet meminisse quod alibi
ait: Ego & Pater unum sumus. Nàm &
mortis timor, & commendatio spiritus ad
infirmitatem corporis est referenda, ut
sicut verus Deus, ita & verus homo credatur.

   Et ille: Cujus qui implet voluntatem
eo & minor est: semper Filius minor est
Patre, quia ille facit voluntatem Patris,
nec

XLII.

c *Gregor. Turon. hist. Franc. l. 5. c. 43.*

XLIII.
* *Leuvicil- dus* **Disputat. Gregorii cum Agila- ne Legato Ariano Argumen- tatur Aria- nus.**

XLIV.
Rursùs A- rianus in- terrogat.

nec Pater illius voluntatem facere comprobatur. Ad hæc ego: Intelligo quia Pater
in Filio, & Filius in Patre in una semper
Deitate subsistit. Nàm ut cognoscas Patrem
Filii facere voluntatem: Si in te sides Evan-
gelica manet; audi quid ipse Jesus Deus
noster, cum ad resuscitatum venit Lazarum,
ait: Pater, gratias ago tibi, quoniam audisti me: & ego sciebam quia semper me audis; sed propter turbam quæ circumstat, dixi, ut credant, quia tu me misisti. Et cum
ad passionem venit, ait: Pater, clarifica me
claritate, quam habui apud temetipsum
priusquàm mundus fieret. Cui Pater de cœlo respondit: Et clarificavi, & iterùm cla-
rificabo. Æqualis est ergò Filius in Deitate, non minor, sed neque aliquid minus
habens; nàm si Deum confiteris, necesse est
integrum fatearis, & nihil egentem; si verò integrum esse negas, Deum esse non credis. Et ille: Ex assumpto homine cepit Filius Dei vocitari: nàm erat, quando non
erat. Et ego: Audi David dicentem: Ex
utero antè Luciferum genui te. Et Joannes
Evangelista ait: In principio erat Verbum,
& Verbum erat apud Deum & Deus erat
Verbum: Et hoc verbum caro factum est, &
habitavit in nobis: per quem facta sunt
omnia. Nàm vos cæcati veneno persuasio-
nis nihil dignum de Deo sentitis.

XLV. Et ille: Numquid, & sanctum Spiritum
Deum dicitis, aut æqualem Patri, Filioq;
decernitis? Cui ego: Una in tribus est voluntas, potestas, & operatio: Unus Deus
in Trinitate, & unus in unitate: tres personæ, sed unum regnum, una majestas, una
potentia, omnipotentiaque. Et ille: Spiritus sanctus, inquit, quem æqualem Patri
profertis ac Filio, utrinque minor accipitur,
quia & à Filio legitur missus: nemo enim promittit, nisi quod
suæ dominationi subsistit; & neme mittit
nisi inferiorem se, sicut ipse ait in Evangelio: Nisi abiero, Paracletus ille non veniet;
si autem abiero, mittam illum ad vos. Ad
hæc ego respondi: Bené Filius ante passionem ait: quia nisi ille ad Patrem victor re-
meaverit, ac proprio sanguine redempto
mundo dignum Deo ex homine præparet
habitaculum, non potest sanctus Spiritus
idem Deus in pectore fanatico & originalis
criminis labe infecto descendere: Spiritus
enim sanctus (ait Salomon) effugiet fi-
ctum. Tu autem si spem aliquam resurrectionis habes, noli loqui adversùs Spiritum sanctum; quia juxta sententiam Domini, Spiritum sanctum blasphomanti non re-
mittetur neque in hoc sæculo, neque in futuro. Et ille: Deus est qui mittit: non est
Deus qui mittitur. Ad hæc interrogo, si
crederet doctrinam Petri & Pauli Apostolorum? Respondente eo: Credo. Adjeci:
Cum argueret Petrus Apostolus Ananiam
pro fraude fundi, vide quid dicat: Quid
enim tibi visum est mentiri Spiritui sancto?
non es mentitus hominibus, sed Deo. Et
Paulus, cùm gratiarum spiritualium distin-
gueret gradus: Hæc omnia, inquit, operatur unus atque idem Spiritus, dividens

A unicuique, sicut vult. Qui enim quod
voluerit facit, in nullius redigitur potestatem. Nàm & vos (ut superius dixi)
nihil rectè de Trinitate sancta sentitis; &
quàm iniqua sit hujus sectæ perversitas, ipsius auctoris vestri, id est, Arii expressi
interitus.

Ad hæc ille: Legem quam non colis, **XLVI.**
blasphemare nolis. Nos verò quæ creditis, Arianorū
etsi non credimus, non tamen blasphema- extrema
mus; quia non deputatur crimini, si & dementia.
illa & illa colantur: sic enim vulgato sermone dicimus: Non esse noxium, si in-
B ter Gentilium aras, & Dei ecclesiam quis
transiens, utraque veneretur.] Vides in
quam jàm Ariani fuerint lapsi dementiam
ut qui semel à vero cultu religionis excide-
rint, omnem impietatem putarent esse colendam. Sed pergit Gregorius: Cujus ego
stultitiam cernens, ajo: Ut video, & Gentilium defensorem & hæreticorum assero-
rem te esse manifestas, cum, & Ecclesiastica
dogmata maculas, & Paganorum spurcitias
prædicas adorari. Satiùs, inquio, faceres, si
ea te armaret fides, quam Abraham ad il-
icem, Isaac in ariete, Jacob in lapide, Moses vidit in sente; quam Aaron portavit in
Logio, David exultavit in tympano, Salo-
C mon prædicavit in intellectu; quam omnes
Patriarchæ, Prophetæ sive lex ipsa vel
oraculis cecinit, vel sacrificiis figuravit;
quam & hic præsens suffragator Martinus
noster vel possedit in pectore, vel ostendit in opere: ut & tu conversus credere
inseparabilem Trinitatem, & accepta à nobis benedictione, purgatoq; à mala credulitatis veneno pectore, delerentur iniquitates tuæ. At ille furore commotus, nescio
quid quasi insanus frendens, ait: Ante anima ab hujus corporis vinculis emicet, quàm
ab ullo religionis vestræ sacerdote benedi-
D ctionem accipiam. Et ego: Nec nostram
Dominus religionem sive fidem ita tepescere faciat, ut distribuamus sanctum ejus canibus, ac pretiosarum margaritarum sacra
porcis squallentibus exponamus. Ad hæc ille, relicta altercatione, surrexit & abiit.
Sed post hæc cum in Hispanias reversus
fuisset, infirmitate debilitatus, ad nostram
religionem, necessitate cogente, conversus
est.] Hactenùs Gregorius: qui diversis in
locis quæ hoc tempore intercesserunt inter
Catholicos & Arianos facta recenset; &
quidem scitu dignissima, ut memorabile
illud de Leone Episcopo Agathensi adver-
E sùs Gomacharium Comitem, qui administrabat provinciam à Leuvigildo Rege A-
riano præfectus. Sub Gothorum namque
ditione eam fuisse civitatem, idem Gregorius alibi (a) tradit. Narrat autem rem
gestam his verbis (b):

Ecclesia quoque Agathensis urbis, quæ **XLVII.**
S. Andreæ reliquiis plaudit, plerumque Leo Episc.
gloriosis illustratur miraculis; pervasores Agath. sa-
rerum suarum sæpiùs arguit. Deniq; Go- nat Goma-
macharius Comes agrum Ecclesiæ ipsius charium
pervadit. Tùnc Leo Episcopus hujus Ec- Arianum.
clesiæ valdè mæstus concurrit ad eum, dicens; Relinque fili, res pauperum, quas
ordina-

a Greg. hist.
lib. 6. c. 2.
b Greg. de
glor. mart.
l. 1. c. 79.

ordinationi nostræ Dominus commendavit; ne tibi sit noxium, & à lacrymis egentium, qui de fructibus ejus ali consueverunt, eneceris. Ille verò quia hæreticus erat, parvipendens quæ de his ab Episcopo dicebantur, rem in sua dominatione retinuit. Interim procedente die, arripitur à febre. Cumque non modò ardore corporeo, verùm etiam animæ vexaretur incommodo; misit ad Episcopum nuncios, dicens: Dignetur pro me sacerdos orationem ad Dominum fundere, & ego dimittam agrum ejus. Quo orante, hic à valetudine qua gravabatur convaluit; factusque sanus, ait suis: Quid putatis quòd isti nunc Romani dicant? Ajunt enim, me ob hoc fuisse febre gravatum, quòd tulerim agrum eorum: quod mihi juxta consuetudinem humani corporis accidit. Verumtamen non habebunt eum, me vivente.] Sed antequàm ulteriùs progrediamur, attende nomenclaturam: appellat Romanos Catholicos, licèt Gallos, quòd idem apud Arianos esset dicere Romanos ac Catholicos, ut observavimus in Victore Uticensi & aliis, ob prærogativam videlicèt Romanæ Ecclesiæ: quod & alio quoque exemplo ex eodem Gregorio paulò inferiùs patebit. Pergit verò ipse Gregorius:

XLVIII.
Quibus repugnet armis contrà Arianū S. Episcopus.

Quod cum Episcopus comperisset, venit ad eum, dicens: Nùm pœnitet te fecisse benè, quòd hoc iterùm conaris evertere? Ne facias, quæso, ne ultioni divinæ subjaceas. Qui ait ad Episcopum: Sile, sile, decrepite: jàm infrœnatum te loris circuire urbem super asinam faciam, ut sis in ridiculo omnibus qui te aspexerint. At ille silens, ad nota recurrit præsidia. Prosternitur in oratione, celebrat vigilias, & noctem totam in lacrymis & psallentio ducit. Mane autem facto, accedit ad lychnos qui de camera Ecclesiæ dependebant, extendensque virgam, quam tenebat in manu, effregit cunctos, dicens: Non hic accendetur lumen, donec ulciscatur Deus de inimicis, & restituat res Ecclesiæ suæ.

XLIX.
Arianus il. lusor perit.

Hæc eo dicente, protinùs hæreticus ille in redivivam febrem corruit. Cumque in extremis ageret, misit ad Episcopum, dicens: Oret pro me sacerdos ad Dominum, ut vivam; & restituam agrum, ac similem ejus conferam dominationi. Quibus Pontifex respondit: Jàm oravi ad Dominum, & exaudivit me. Misit & alios & tertios ad eum nuncios; sed sacerdos in uno responso persistens non movebatur ab Hæreticus, ut pro eo orationem daret ad Dominum. Hæc ille hæreticus cernens, jussit se in plaustro componi, atque ad eum evehi, ac per se deprecari Episcopum, dicens: Quia dupla satisfactione restituo agrum, quem iniquè pervasi; tantùm tu oret pro me sanctitas tua. Illo quoquè recusante, compulit eum vi, ut abiret ad ecclesiam. Quo discedente, ut ecclesiam est ingressus, & hic spiritum exhalavit; recepitque confestim Ecclesia rem suam.] Hæc Gregorius de Comite Ariano, mòxque subjungit de presbytero itidèm Ariano presbyterum Catholicum deludente præsentaneum pavendumque Dei judicium,

Annal. Eccl. Tom. VII.

A quod ipse auctor veritatis tantummodò cupidus, simpliciter ut res gesta fuit, enarrat his verbis (*a*):

Mulier quædam erat Catholica habens virum hæreticum: ad quam cum venisset presbyter nostræ religionis valdè Catholicus, ait mulier ad virum suum: Peto charitati in delusotuæ, ut pro adventu hujus sacerdotis, qui me visitare dignatus est, lætitia habeatur in domo nostra, ac præparatum dignis impendiis prandium epulemur cum eo. Promittente autem viro ejus, sic se, ut illa flagitabat, facturum: advenit & alius hæreticorum presbyter. Dixitque vir mulieri:

B Duplicata est lætitia hodiè, eo quòd sint sacerdotes utriusque religionis in domo nostra. Discumbentibus autem ad convivium, vir ille cum presbytero dexteræ partis cornu occupat, Catholicum ad sinistram statuens, positaque ad lævam ejus sellula, in qua conjux ejus resideret. Dixitque vir ad presbyterum hæreticum: Si consenseris dictionibus meis, exerceamus hodie cachinnū de hoc Romanorum presbytero, ut scilicet deposito ferculo, tu celeriùs signare festinas: cumque ille manum non posuerit, illo tristante, nos cum lætitia comedamus cibum

C (mos enim in Ecclesia erat, ut de benedictionibus hæreticorum nemo Catholicus participaret) Cui ille: Faciâ, inquit, quòd præcipis.

Denique veniente disco cum oleribus, signavit hæreticus, posuitque primus manum suam. Quod cernens mulier, ait: Ne feceris, ingratè fero injuriam sacerdotis. Et exhibito alio cibo, sumpsit Catholicus. In secundo verò & tertio ferculo similiter fecit hæreticus. Quarto autem exhibito, cujus in medium sartago fervens advenerat, in qua composita erat cibus ille, qui ex collisis uvis, parùm permixta farina, dactylorum partibus, olivarumque rotun-

D ditatibus assolet exornari: festinans hæreticus, priusquàm ferculum illud vel mensam Arianus tangeret, elevata obviàm manu signat, statimque positum cochlearium sumit, non intelligens an caleret, ferventemque cibum velociter deglutivit. Protinùs accenso pectore æstuare cœpit, emissoque cum suspirio immenso ventris strepitu, nequam spiritum exhalavit a blatitique de convivio, locatus in tumulo, terrenæ molis congerie est coopertus. Tùnc exultans presbyter nostræ religionis, ait: Verè ultus est Deus servos suos. Et conversus ad virum cujus erat convivium, dixit: Periit hujus memoria cum sonitu, & Dominus in æternum permanet:

E Tu verò appone quod comedam. Tùnc homo ille perterritus, expleto convivio, provolutus est ad pedes presbyteri, conversusque ad fidem Catholicam, credidit cum domo sua qui in hac perfidia tenebatur, & multiplicata est lætitia, sicut priùs mulier flagitaverat.] Hactenùs de re gesta Gregorius, qua terribili judicio Dominus derisorem derisit, secundùm Scripturæ divinæ elogium (*b*): Erit Moab in derisum & in exemplum omnibus in circuitu suo.]

Subjicit his controversiam de fide habitam inter Catholicum diaconum & Arianum pres-

A a a   pres-

Marginal notes (right column):

a *Greg. Turon. de glor. mart. lib. 5.* c. 80.

L.
Ludibrium rem retorquetur.

LI.

Derisor Arianus malè periit.

LII.

b *Hier.* 48.

LII.

presbyterum, quæ miraculo dirempta est: **A**
a Greg. de   remque tunc gestam sic narrat (*a*): Ariano-
glor. mart.   rum presbyter cum diacono nostræ religio-
l.1.c.81.   nis altercationem habebat, proferens contrà Dei Filium ac Spiritum sanctum (ut mos
Ad mira-   est genti) venenosas assertiones. At ille
culum pro-   cum diù multùmque nonnulla de fidei ue-
vocatur hæ-   vocatur hæstræ ratione disseruisset, & hæreticus perfi-
reticus.   diæ obcæcatus caligine, quæ erant vera re-
spueret, juxtà illud: Quia in malevolam
animam non introibit sapientia; adiecit dicens: Quid longis sermocinationum in-
tentionibus fatigamur? factis rei veritas ap-
probetur: Succendatur igni æneus, & in ferventi aqua annulus alicujus proiiciatur. Qui **B**
verò eum ex ferventi unda sustulerit, ille
justitiam consequi comprobetur: quo facto
pars diversa ad cognitionem hujus justitiæ
convertatur. Intellige itaque & tu, hæretice, si hæc pars nostra, Spiritu sancto adjuvante, compleverit; nihil in sancta Trinitate dissonum, nihil esse dissimile fatearis. Consensit hæreticus huic diffinitioni,
& inito usquè mane placito discesserunt.

L.III.   Sed fidei fervor, per quem hæc primùm
Tepescit in   diaconus protulerat, cœpit, inimico insi-
Catholico   diante, tepescere. Diluculò autem surgit, **C**
fidei fer-   brachium infundit oleo, unguento consper-
vor.   git; sed tamen loca sancta circuit, & Dominum deprecatur. Quid plura? Circà horam tertiam in foro conveniunt: concurrit
populus ad spectaculum: accenditur ignis,
æneus superponitur, fervet valdè, annulus
in unda fervente proiicitur. Invitat primùm
diaconus hæreticum, ut ipse eum à calore
auferat; sed statim recusavit, dicens: Qui
hanc sententiam protulisti, debes auferre.
Diaconus verò licèt trepidus, tamen deun-
dat brachium. Cumque ipsum vidisset un-
guentis hæreticus presbyter delibutum, exclamavit dicens: Magicis artibus te elitan-
dum putasti, ut hæc unguenta diffunderes;
nec valebunt ista quæ agis.

L.IV.   His itaque litigantibus, supervenit diaconus ab urbe Ravenna Hyacinthus nomine; sciscitansque quæ esset hæc altercatio,
ut veritatem cognovit, nec moratus, extracto à vestimentis brachio, in æneum
dexteram mergit. Annulus autem qui ejectus fuerat, erat valdè levis ac parvulus, nec
minùs ferebatur ab unda, quàm vento ferri
Igne pro-   posset vel palea. Quem diù multùmque
bata fides.   quæsitum infrà unius horæ spatium reperit.
Accendebatur intereà vehementer focus ille
sub dolio, quò validiùs fervens non facilè
assequi posset annulus: à manu qua rentis;
extractusque tandem. Nihil diaconus sensit
in carne sua, sed potiùs protestatur, in imo
quidem frigidum esse æneum, in summitate
verò calorem teporis modici continentem.
Quod cernens hæreticus, valdè confusus
iniicit audax manum in æneo, dicens: Præstabit mihi hæc fides mea. Iniectà manu,
protinùs usque ad ipsa ossium internodia
omnis caro liquefacta defluxit, & sic alter-
tio finem accepit.] Ista Gregorius: sed de **D**
miraculis jàm satis est distum.

L.V.   Ad postremùm autem quid hoc item anno contigerit de Rege Francorum Chilpe-

---

rico Arianam hæresim infectante, videa-   Chilperi-
mus. Accidit enim, ut cum idem Rex ad-   cus Rex
versùs ipsos pugnans victor regrederetur, ab   declinat in
alia his contraria hæreticorum turma fuerit   Sabellia-
captivus abductus, vixque tandem à suis Ca-   nismum.
tholicis liberatus; càm videlicèt expugnans
suis etiam scriptis Arianos à Sabellianis tenetur deprehensus erroris. Nàm audi
Gregorium (*c*), qui rem gestam narrat Per-   b*Greg. Tur.*
idem (*inquit*) tempus Chilpericus Rex scri-   *l.5.c.44.*
psit indiculum, ut sancta Trinitas non in
personarum distinctione, sed tantùm Deus
nominaretur, asserens indignum esse ut Deus
persona, sicut homo carneus nominetur;
affirmans etiam ipsum esse Patrem qui est **B**
Filius, idemque ipsum esse Spiritum sanctum
qui est Pater & Filius: Sic (inquit) Prophetis ac Patriarchis apparuit, neeum ipsa
lex nunciavit. Cumque mihi recitari
jussisset: Sic, inquit, volo ut tu & reliqui
doctores Ecclesiarum credatis. Cui ego respondi: Hæc credulitate relicta, piè Rex, hoc
te oportet sequi, quod nobis post Apostolos alii doctores Ecclesiæ reliquerunt; quod
Hilarius Eusebiusque docuerunt; quod & in
baptismo est confessus. Tùnc iratus Rex ait:
Manifestum est mihi in hac causa Hilarium
Eusebiumque validos inimicos haberi. Cui **C**
ego respondi: Observare te convenit, neque Deum neque Sanctos ejus habere offen-
sos. Nàm scias, quia in persona aliter Pater, aliter Filius, aliter Spiritus sanctus. Non
Pater assumpsit carnem, neque Spiritus sanctus, sed Filius: ut qui erat Dei Filius, ipse
ad redemptionem hominis filius haberetur
& Virginis. Non Pater passus, neque Spiritus sanctus, sed Filius: ut qui carnem as-
sumpserat in mundo, ipse offerretur pro
mundo. De personis verò quod ais, non
corporaliter sed spiritualiter sentiendum
est. In his ergo tribus personis una gloria,
una æternitas, una potestas. **D**
At ille commotus ait: Sapientioribus te   **LVI.**
hoc pandam, qui mihi consentiant. Et ego:
Numquàm erit sapiens, sed stultus, qui hæc   Rex ac-
quæ proponis, sequi voluerit. Ad hæc   quiescit S.
ille frendens siluit. Non post multos verò   Salvio Epi-
dies adveniente Salvio Albigensi Episcopo,   scopo.
hæc ei præcepit recenseri, deprecans ut sibi consentaneus fieret. Quod ille audiens,
ita respuit, ut si chartam, in qua hæc scripta tenebantur, potuisset attingere, in frustra discerperet. Et Rex ab hac intentione
quievit. Hæc de Regis Sabellianismo.
Addit Gregorius, fuisse Chilpericum poeticis studiis leviter excultum, addidis- **E**
seque Græca elementa Latinis. Celebrat
eum quidem Fortunatus (*d*) ut omnium   c*Fortunat.*
Francorum Regum antecessorum esse æqua-   *carm.l 9.*
lium doctissimum; linguæque in primis
varias callentem: unde ipse:
Discernens varias sed nullo interprete voces,
   Et generum linguas unica lingua refert.]   Chilperi-
Et inferiùs: cus doctri-
Inter utrumq; sagax armis & jure probaris: na pollens.
  Belliger hinc radias, legifer inde micas.
De virtute pater reparatur, avunculus ore:
  Doctrina studio vincis & omne genus.]
Et de poetica facultate:

                             Regi-

Regibus æqualis , de carmine major haberis ,   A
Dogmate vel qualis non fuit ante parens .
Te arma ferunt generis similem , sed littera
    præfert .
    Sic Regum veterum pars simul, atq; prior.
    Admirande mihi mmiùm Rex, cujus opime
    Prælia robur agit , carmina lima polit .
    Legibus arma regis , & leges divgis armis .
    Artis diversa sic simul itur iter .] &c.
Humanum fuit deliquisse Regem , & excusatione dignum , quòd dùm fertur præceps
in pugnam adversùs Arium, transgressus limitem in Sabellianismum impegit; at Christianissimi Regis præclarum reliquit exemplum , cum contraria astruentibus facerdo-   B
tibus acquievit . Sed ad felices Sanctorum
ad Deum transitus veniamus .

S.VII.   Hoc enim anno S. Mauritium Episcopum
Cadurcensem miræ sanctitatis virum ex hac
aGreg.Tur.   vita migrasse , idem tradit Gregorius (a)
hist.Franc.   qui ejus virtutes recenset ac celebrat : item.
L.5.c.42.   que sanctum Agricolam Cabilonensem An-
bGreg.Tur.   tistitem evocatum ad superos addit (b) .
eod. lib.45.   Fuit hic filius senioris Agricolæ æquè sancti , à quo unà cum juniore Agricola Ve-
nantius Fortunatus sacris litteris instructus
fuit , ut ipse epigrammate testatum reli-   C

quit (c) ad Agricolam Episcopum Cabi-   c Fortunat.
lonensem , quod alia occasione superiùs est   carm l.6.
recitatum .
    Jungit eidem coronæ Sanctorum Grego-   LVIII.
rius Dalmatium Ruthenæ civitatis Episcopum æquè hoc anno ad cælestia gaudia evocatum . Quàm autem terribili Dei judicio
pœnas dederit , qui adversùs eum proba
jacere & blasphemare præsumpsit , à Gre-
gorio ita accipe (d) : Transobadus autem   d Greg.hist.
presbyter epulum in ipsa urbe clericis præ-   lib.5.c.45.
parat Residentibus autem illis , unus presbyterorum cœpit Antistitem memoratum
impudicis blasphemiæ sermonibus , & usquè ad hoc erupit , ut eum delirum & fatuum nominaret . Hæc eo dicente , pincerna poculum oblaturus advenit . At ille acceptum dùm ori proximat , tremere cœpit ;
laxatoque de manu calice , super alium qui
sibi erat proximus caput reclinans , reddidit
spiritum ; ablatusque ab epulo ad sepul-
chrum humo contectus est .] Hæc Gregorius . Moritur & his Tiberii Imperatoris
temporibus in Palæstina Sisinnius ex Epi-
scopo factus anachoreta , itemque ejus discipulus magistro sanctitate non impar , ut   d Apud
exitus declaravit (e) .   Sophr.prat.
                                    spirit.c.93.

I.   Quingentesimus octogesimus quartus
De tempo-   Christi annus Indictionis secundæ
re martyrii   nota signatur : quo , die decimater-
Hermene-   tia Aprilis nobile martyrium Hermenegil-
gildi Re-   di Regis Catholici tùm Hispanias , tùm
gis ;   etiam universum Christianum orbem mirificè illustravit, Gothorumque gentem Ariana hactenùs infamem hæresi tanta corona
nobilitavit , ac reddidit gloriosam . De re
hac acturi primum omnium , nostro more ,   D
rei gestæ tempus certis rationibus confir-
memus , quòd sciamus à diversis ejusmodi
insigne martyrium diversis Domini annis
collocatum : alii enim anno octogesimotertio , alii sexto , alii octavo , alii nono
id factum affirmant . Verùm cui magis credamus , quàm S. Isidoro ob oculos hæc habenti, invenimus neminem. Cum enim obitum Leuvigildi Regis persecutoris , aucto-
risque filii necis, anno sequenti referat contigisse, nempè anno regni ipsius decimooctavo ; nihil est penitùs , ut post ejus obitum
martyrium filii ipsius Hermenegildi Regis   E
quis valeat collocare .

II.   Et ne quis putet errorem illapsum in numerum apud Chronicon Isidori , accipe id
magis exploratum ex Synodalibus Actis, ex
quibus pariter anno sequenti habes Leuvigildo defuncto fuisse subrogatum ejus filium Reccaredum . Quòd verò his videatur repugnare nota Æræ ex numero ab annis Justini Imp deducto : ne quis dicere
possit potiùs in illum , quàm in istum per
notam Æræ numerum supputatum irrepsisse mendum , habet ad hæc arguenda Acta
Synodalia Toletani Concilii : quod cum
Annal.Eccl.Tom.VII.

habitum dicatur anno quarto Reccaredi
Leuvigildi successoris , & eidem numero
jungatur Æra (ut ibi ponitur) sexcentesima vigesimaseptima (qui est annus Domini
quingentesimus octogesimusnonus) planè
habes idem & intelligas , ipsum auspicatum
esse regnum anno sequenti post patris obitum : ex quibus consentientia vides Isidoro
Acta Synodalia de obitu Leuvigildi , quòd
contigerit anno sequenti . Cum verò antè
annum filii ipsius martyrium consummatum
constet , utique hoc anno & non alio id factum evidenter apparet .

Quòd autem deducatur hoc ipsum ex ta-   III.
bulis astronomicis ab Ambrosio , eo quòd
hoc ipso anno & non sequentibus contigerit celebrari Pascha eo die quo & martyrium subiit ; frivolum videri potest ex ejusmodi tabulis hoc asserere , cum Ariani de
quorum Paschate agitur , nequaquàm Catholicorum legibus subderentur . Firmior
stet sententia ex Synodalibus (ut diximus)
Actis asserta , hoc anno , nec posteà , nec
anteà contingere potuisse martyrium Hermenegildi . Cum enim (ut dictum est) anni unius interlapsum spatium à cæde martyris usquè ad obitum patris etiam Gregorius asseveret , & liqueat pariter sequenti
anno ipsum Leuvigildum esse defunctum ;
necesse est affirmare , hoc anno S. Hermenegildum gloriosum consummasse martyrium . Hæc satis de his quæ spectant , ad
tempus .

Quæ verò hæc præcesserint, ex Gregorio   IV.
Turonensi petamus , nimirùm proditionem   Græcorum
factam à Græcis, qui à Tiberio missi in au-   proditio .
    Aaa 2   xilium,

A

xilium venerant Hermenegildi, quem nominat Hermenechildum; cujus rei gratia ipse Rex patri justa spondenti se dedit: ait enim (*a*): At ille, *nempe Leuuigildus parens*, datis Præfecto Imperatoris triginta millibus solidorum, ut se ab filii solatio revocaret, commoto exercitu contra eum venit. Hermenegildus verò vocatis Grecis contra patrem egreditur, relicta in urbe cónjuge sua. Cumque Leuuigildus ex adverso veniret, relictus à solatio, *Græcorum scilicèt*, Hermenegildus cum videret nihil se prævalere posse, ecclesiam quæ erat propinqua expetiit, dicens: Non veniat super me pater meus: nefas est enim aut patrem à filio, aut filium à patre interfici. Hæc audiens Leuuigildus, misit ad eum fratrem ejus; qui dato sacramento, ne humiliaretur, ait: Tu ipse accede, & prosternere pedibus patris nostri, & omnia indulgebit tibi. At ille poposcit vocari patrem suum. Quo ingrediente, prostravit se ad pedes illius; ille verò apprehensum osculatus est eum, & blandis sermonibus detinitum duxit ad castra; oblitusque sacramenti, innuit suis, & apprehensum spoliavit eum indumentis suis, induitque illum veste viliregressusque ad urbem Toletum, ablatis pueris ejus, misit eum in exilium cum uno tantùm puerulo.] Hæc Gregorius; verùm non in exilium, sed in carcerem fuisse detrusum, omnes affirmant Conjugem verò ejus ereptam à Grecis & ductam in Africam, ut perduceret eam ad Imperatorem, ibi defunctam tradit (*b*) sed in eo quàm prudens, ipse viderit, dùm appellat miserum Hermenegildum judicio divino in prœlio derelictum, quòd contra genitorem quantumlibèt hæreticum talia cogitarit. Quasi non monuisset Dominus, pietati ergà Deum, patrem, matrem, & omnia posthabenda. Sed jàm ea quæ de ipso Rege martyre fuse testata S. Gregorius narrat, hìc reddamus; ait enim (*c*):

Sicut multorum qui ab Hispaniarū partibus veniunt, relatione cognovimus, nupèr Hermenegildus Rex Leuuigildi Regis Vuisigothorum filius ab Ariana hæresi ad fidem Catholicam, viro reverendissimo Leandro Hispalitano Episcopo dudùm mihi in amicitiis familiariter juncto prædicante, conversus est; quem pater Arianus, ut ad eamdem hæresim rediret, & præmiis suadere, & minis terrere conatus est. Cumque ille constantissimè responderet, numquàm se veram fidem posse relinquere, quàm semèl agnovisset; iratus pater eum privavit regno, rebusque spoliavit omnibus. Cumque nec sic virtutem mentis illius emollire valuisset, in arctam illum custodiam includens, collum manusque ejus ferro ligavit. Cœpit itaque idem Hermenegildus Rex juvenis terrenum regnum despicere, & forti desiderio cæleste quærens, in ciliciis vinculatus jacens, omnipotenti Deo ad confortandum se preces effundere; tantòque sublimiùs gloriam transeuntis mundi despicere, quantò & religatus agnoverat nihil fuisse quod potuerit auferri.

B

C

D

E

Superveniente autem Paschalis festivitatis die, intempestæ noctis silentio, ad eum perfidus pater Arianum Episcopum misit, ut ex ejus manu sacrilegæ consecrationis communionem perciperet, ac per hoc ad patris gratiam rediret mereretur. Sed vir Deo deditus Ariano Episcopo venienti exprobravit, ut debuit, ejusque à se perfidiam dignis increpationibus repulit; quia etsi exteriùs jacebat ligatus, apud se tamen in magno mentis culmine stabat securus. Ad se itaque reverso Episcopo, Arianus pater infremuit; statimque suos apparitores misit, qui constantissimum confessorem Dei illic, ubi jacebat, occiderent: Quod & factum est. Nàm mòx ut ingressi sunt, securem cerebro ejus infligentes, vitam corporis abstulerunt; hocque in eo valuerunt perimere, quod ipsum quoque qui peremptus est, in se constiterat despexisse. Sed pro ostendenda vera ejus gloria, superna quoque nó defuere miracula. Nàm cœpit in nocturno silétio psalmodiæ cantus ad corpus ejusdem Regis & martyris audiri, atque ideò veracitèr Regis, quia & martyris. Quidam etiam ferunt, quod illic nocturno tempore accensæ lampades apparebant: unde & factum est, quatenus corpus illius ut videlicèt martyris jure à cunctis Fidelibus venerari debuisset. Pater verò perfidus & parricida commotus pœnitentia, hoc fecisse se doluit; nec tamen usque ad obtinendam salutem pœnituit. Nàm quia vera esset Catholica fides cognovit, sed gentis suæ timore perterritus ad hanc pervenire non meruit.] Hæc Gregorius; habet eadem Ado Viennensis.

Addidit & illud ampliùs, ut quamvis visus sit pœnituisse necis illatæ filio, non tantùm non deservierit perfidiam, cujus impulsu execrandum facinus perpetravit; sed iracundia eo dolore concepta exæstuans eam acriùs propagarit; utpote qui ejus causa adversus Catholicos acerbiorem persecutionem excitavit, relegans Orthodoxos Episcopos in diversa loca, Ecclesiasque bonis spolians. Exulasse tùnc quidem constat S. Leandrum atque Fulgentium fratres Episcopos, Mansonam Archiepiscopum Emeritensem, Licinianum Carthaginensem Antistitem, Joannem quoque Gerundensem Episcopum, & alios. Sed ut, quorum est excontessione memoria gloriosa, trophæa erecta prosequamur, dicendum de his singulis primùmque de S. Leandro, de quo hæc habet Isidorus (*d*): Hic namque in exilii sui peregrinatione composuit duos adversus hæreticorum dogmata libros eruditione sanctarum Scripturarum ditissimos, in quibus vehementi stylo Arianæ hæresis confodit atque detegit impietatem; ostendens scilicèt quid contra eosdem habeat Catholica Ecclesia, vel quantùm distet ab eis religione, vel fidei sacramentis. Extat & aliud laudabile ejus opusculum adversùs instituta Arianorum, in quo propositis eorum dictis, suas responsiones apponit.] Hæc de armis, quibus etiam exulans Leander persequentes profligavit inimicos: quibus quoque

quoque

Marginal notes (left column):

a Greg. Turon. hist. Franc. li. 5. cap. 38.

b Greg. Turon. lib. 6. c. 43. & lib. 8. c. 18.

c Greg. dialog. lib. 3. c. 31.

V.
Constantia Hermenegildi.

Marginal notes (right column):

VI.

Martyrium Hermenegildi.

Signa divinitùs ostensa post martyrium.

VII.
Leuuigildus prosequitur Orthodoxos.

d Isidor. de Script. Eccles. c. 28.

* impietatis

quoque miſſilibus perfidum apoſtatâ Vincentium Ceſarauguſtanum Epiſcopum vulneravit, adversùs quem alii quoque Orthodoxi Epiſcopi decertarunt. Ait enim idem Iſidorus (a) : Severus Malacitanæ ſedis Antiſtes, collega & ſocius Liciniani Epiſcopi, edidit librum unum adversùs Vincentium Ceſarauguſtanæ urbis Epiſcopum, qui ex Catholica fide in Arianam pravitatem fuerat devolutus, &c.] Recenſet alia ejuſdem celebris viri monumenta. Porrò Licinianum ejus collegam Carthaginenſem Epiſcopum exulaſſe, pariterque perveniſſe Conſtantinopolim, tradit Iſidorus, ibique ab æmulis extinctum veneno.

a Iſidor. ibidem c. 31.

VIII. De Joanne Gerundenſi confeſſore.

Sed audi de exulante Joanne Epiſcopo Gerundenſi : Fuit iſte (inquit Iſidorus) (b) natione Gothus provinciæ Luſitaniæ Scallabatanus. Hic cum eſſet adoleſcens, Conſtantinopolim perrexit, ibique Græca & Latina eruditione nutritus, ſeptimo demùm anno in Hiſpanias reverſus eſt, eodem tempore, quo incitante Rege Leuvigildo, Ariana fervebat inſania. Hunc ſupraſcriptus Rex cum ad nefandæ hæreſis credulitatem compelleret, & hic omninò reſiſteret, exilio truſus, Barchinone relegatus per decem annos multas inſidias & perſecutiones ab Arianis perpeſſus eſt. Qui poſteà condidit monaſterium, quod nunc Biclaro dicitur, ubi congregata monachorum ſocietate, ſcripſit Regulam ipſi monaſterio profuturam, ſed & cunctis Deum timentibus ſatis neceſſariam. Addidit & in libro Chronicorum ab anno primo Juſtini Junioris principatus uſque ad annum octavum Mauritii Principis Romanorum, & quartum Reccaredi Regis annum, hiſtorico compoſitoque ſermone valdè utilem hiſtoriam.] Hæc de Joanne Iſidorus, qui inferiùs addit de Maximo Epiſcopo Ceſarauguſtano in eodem ſcribendi argumento verſato : Scripſit (inquit) (c) & brevi ſtylo hiſtoriolam de his quæ à temporibus Gothorum in Hiſpaniis acta ſunt, hiſtorico & compoſito ſermone.] At perierunt iſta. Sed & inter hos æquè adnumerandus Eutropius, Epiſcopus Valentinus, cujus idem lucubrationes recenſet (d) :

b Iſidor. de Eccl. Scrip. c. 31.

c Iſidor. de Eccl. Scrip. c. 31.

d Iſid. ibid. c. 32.

IX. Leuvigildus Suevos à fide revocat.

Floruiſſe namque viſæ ſunt diebus iſtis Hiſpaniæ viris valdè diſertis, adversùs quos certamen Leuvigildum ſuſcepiſſe diximus, ſed nec ipſi ſatis exagitatæ Catholicos in Hiſpaniis commorantes; verùm & Suevos haud pridem unà cum Rege (ut dictum eſt) ad Catholicam fidem converſos à rectâ fide abire coegit : quos ipſos (ut habent Acta Concilii tertii Toletani) Reccaredus ejus in regno ſucceſſor ad fidem Catholicam revocavit, ut ſuo loco dicemus. Quomodò autem Leuvigildus Suevos ſubegerit, quave occaſione eorum regnum invaſerit, Iſidorus in Chronico Suevorum ita paucis oſtendit : Mirone Eburico filius in regnum ſuccedit, quem adoleſcentem Audicas aſſumpta tyrannide regno privat, & monachum factum in monaſterio damnat : pro quo non eſt dilata ſententia. Mox enim Leuvigildus Gothorum Rex

Annal. Eccl. Tom. VII.

Suevis bellum inferens, obtento eodem regno, Audicam dejecit, atque eodem tonſo, poſt regni honorem presbyteri officio conſecravit. Sic enim oportuit, ut quod Regi ſuo fecerat, rurſum idem ab alio congrua meriti neceſſitudine pateretur. Regnum autem Suevorum deletum in Gothos transfertur ; quod manſit annis centum vigintiſex.] Hucuſquè Iſidorus. Reliqua de Leuvigildo dicemus anno ſequenti.

X.

Non Hermenegildi tantùm ſanguine illuſtrata eſt Hiſpaniarum Eccleſia, ſed & Vincentii Abbatis. Cernens enim hic maximam eſſe irrogatam ignominiam Chriſtiano Catholico nomini per Vincentium Ceſarauguſtanum Epiſcopum (uti ſuperiùs dictum eſt) nomenque Vincentii in apoſtata Vincentio labefactatum ; è ſolitudine proſiliit iſte Vincentius, adversùs Arianam blaſphemiam ubique pugnare non deſinens : qui ab Arianis comprehenſus, affectus verberibus, eſt detruſus in carcerem : dimiſſus verò tandem ab illis martyrii coronam eiſdem invidentibus, ubi majori ſpiritus ardore in Arianos invectus eoſdem unà cùm Ariana hæreſi exagitaſſet, antè fores monaſterii ab eiſdem irruentibus crudeliſſimè peremptus eſt à Legione, undecima menſis Septembris, qua die in Eccleſia Occidentali anniverſaria memoria celebratur. Sed ex Hiſpaniis ad Gallias.

XI.

Eodem anno per Igidium Rhemenſem Epiſcopum & alios collegas legatos compoſitæ ſunt res Francorum, pace ſtabilita, ea conditione, ut poſt obitum Chilperici Childebertus ei hæres in univerſa, regno ſuccederet habet iſta Gregorius (e). Tanti boni auctor qui extitit, ipſe Igidius pacis conciliator clarus fuit his diebus Antiſtes : cujus laudes cecinit egregiè Venantius Fortunatus his verſibus (f), quos dignum gloriæ tanti viri monumentum hic tibi integrè reddimus :

e Greg. lib. 6. c. 3. 31. et lib. 7. c. 14.

f Fortun. carm. lib. 3.

Aſtibus egregiis venerande culmen Igidi,
Ex cujus meritis crevit honore gradus :
Subtrahor ingenio, compellor amore parato,
Laudibus in veſtris prodere pauca favens.
Namque reus videor tantis exiſtere cauſis,
Si ſolus taceam, quicquid ubique ſonat.
Sed quamvis nequeam digno ſermone fateri,
Da veniam voto me voluiſſe loqui.
Exiit in mundum geſtorum fama tuorum,
Et meritis propriis ſidus in Orbe micas.
Clarior effulges, quàm Lucifer ore ſereno:
Ille ſuis radiis, tu pietate nites.
Nil lupus inſidiis cauto ſubducit ovili,
Te paſtore ſacro pervigilante gregem.
Facundo eloquio cæleſtia dogmata fundis :
Eccleſiæ crevit te monitore domus.
Pontificis ſtudio correcto plebis habetis :
Ne tenebra noceant, ſemita lucis ades.
Cunctorum recreas animos dulcedine verbi :
Qui ſatias epulis, paſcis & ore greges.
Præcepta impleniur non ſolo pane cibamur :
Delicias capimus, quas tua verba ſeruit :
Ut gaudet corpus, cui mitior eſca paratur :
Sic anima gaudet, ſi tua lingua ſonet.
Hæreſis ira cadis, forti te milite Chriſti:

Igidii Rhemenſis Epiſcopi laudes.

A a a 3 *Acqui-*

Acquiris Regi qua dedit arma tibi .
Qui purgas spinis agros sermone colente ,
Et mundata Deo surgit ubique seges .
Qui venit huc exul , tristis , defessus , egenus ,
Hic recipit patriam , te refovente , suam .
Qua doluit tollis , gemitus in gaudia vertens ,
Exilium removens , reddis amore lares .
Pauper habere cibum , meruit quoque nudus
  amictum :
Invenit hic semper qua bona quisq; cupit .
Consultum tribuis generaliter omnibus unus :
 regis   *Qui populi pater es , tot pia vitè geris* .
Hæc tibi vita diù, Domino tribuente, superfit,
 Atque futura micet lucidiore dit .]

Hactenùs Venantius Fortunatus: ex quibus profectò non laudes tantùm Igidii Episcopi habes expressas , sed & eorum qui bene præsunt suis Ecclesiis Episcoporum partes , quas debent explere , enumeratas . Verùm quod ad ipsum Igidium Rhemensem Episcopum spectat , novissima ipsius haud adeò fuisse felicia , idem Gregorius Turonensis affirmat : sed de his dicendum inferiùs suo loco .

XII.
Pro furibus Gregorius intercedit.

2Greg.Tur. histor.l.6.c. 10.

Quæ verò his diebus accidisse idem Gregorius tradit , jàm dicamus : obortam enim sibi esse occasionem ad Chilpericum Regem scribendi hoc anno , ut fures liberaret à morte, qui ob sacrilegium ingens perpetratum mulctandi ab ipso Rege erant , ipse docet his verbis (*a*) : His diebus basilica S. Martini à furibus effracta fuit , qui ponentes ad fenestram apsidæ cancellum , qui super tumulum cujusdam defuncti erat , ascendentes per eum , effracta vitrea sunt ingressi : auferentesque multam auri argentique & palliorum holosericorum, abierunt, non metuentes super sanctum sepulchrum pedem ponere , ubi viæ os applicare præsumimus. Sed virtus Sancti voluit hanc temeritatem etiam cum judicio manifestare terribili . Nàm hi perpetrato scelere ad urbem Burdegalensem venientes , orto scandalo , unus alterum interemit : sicque patefacto opere , furtum repertum est, ac de hospitali eorum argentum comminutum & pallia sunt extracta . Quodcum Regi Chilperico nunciatum fuisset , jussit eos alligari vinculis , & suo aspectui præsentari . Tunc ego metuens , ne ob illius causam homines morerentur, qui vivens in corpore pro perditorum vita sæpiùs deprecatus est ; epistolam Regi precationis transmisi , ne nobis non accusantibus , ad quos prosecutio pertinebat ; hi interficerentur . Quòd ille benignè suscipiens , vitæ restituit : species verò quæ dissipatæ fuerant , studiosissimè componens , loco sancto reddi præcepit .] Hæc Gregorius , specimen egregium edens mansuetissimi sacerdotis.

XIII.
Qui hoc anno sancti viri ex hac vita discesserunt .

bGreg.Turon.hist.l.6. c.7.

Post hæc autem idem auctor divertit ad illustrium sanctitate virorum ad Deum transitum , quos hoc Childeberti anno servi ad diem obiisse contigit , nimirùm Ferreolum Episcopum Uceetensem magnæ (ut ait) (*b*) sanctitatis virum , qui & scriptorum suorum reliquit monumenta , libros videlicet epistolarum Sidonium Apollinarem secutus . Sed & eodem tempore ex hu-

A mani desiisse tradit (*c*) Eparchium Engolismensem , cujus cum sanctitate vitæ admirabili magna enitebat virtus in ostensione signorum: quæ idem auctor recenset, resque ab eo gesta libello conscripsit (*d*).His jungit (*e*) Domnolum Cænomanensem Episcopum æquè sanctitate ac miraculorum virtute conspicuum. Quos omnes sacer Sanctorum catalogus, quem appellant Martyrologium , habet certis diebus , quibus ex hoc mundo discesserunt , ascriptos , anniversarii cultus memoria celebres . Reperitur præterea hoc eodem anno ad cæleste præmium vocatus S. Maurus Abbas , anno videlicet ab ejus in Gallias adventu quadragesimoprimo: cujus res gestas prosecutus est historico stylo Faustus monachus ipsius discipulus , eas scribens ad Bonifacium tertium ejus nominis , qui post sanctum Gregorium Papam secundum Pontifex numeratur.

cIb.l.6.c.8.

dGreg.Tur. in Vita.SS. Patr. apud Sur. die 1. Jul.

cGreg.Tur. hist.l.6.c.9.

XIV.

B Hoc item anno , jàm impleta Indictione secunda , incipiente verò Indictione tertia , quarto Nonas Octobris Pelagius Papa fatigatus admodùm Longobardorum assiduis bellis , post fœdus cum illis initum , jusjurando perfracto iterùm redivivis , ab Imperatore Tiberio petiturus auxilium , legat Constantinopolim Honoratum Notarium , cui ad Gregorium diaconum Apocrisarium ibidem apud Imperatorem agentem has litteras dedit (*f*) :

Pelagius Episcopus dilecto filio Gregorio venerabili diacono .

f Pelag. epist. 5.

XV.
Pelagii Papæ epist. ad Gregoriū de Longobardis .

C Omnia quidem quæ necesaria fuerunt , per Honoratum Notarium tibi curavimus indicare : quem eum fratre & coepiscopo Sebastiano & dilectionem tuam direximus . Ut quia in illis partibus ad Ravennam usque nùnc cum viro glorioso domino Decio Patricio fuit , ipse sua relatione studeat te de omnibus informare : vel si necessaria judicaveris , possis domino Imperatori sug-

D gerere , quia tantæ calamitates ac tribulationes nobis à perfidia Longobardorum illatæ sunt contrà proprium jusjurandum , ut nullus possit ad referendum sufficere . Prædictum autem fratrem Sebastianum quomodò susceperimus , vel quali apud nos , te suggerente , fuerit charitate , ipsius poteris relatione cognoscere . Qui etiam jam promisit nobis , necessitates vel pericula totius Italiæ piissimo domino Imperatori suggerere .

XVI.
Roma in angustia posita .

E Loquimini ergo & tractate pariter, quomodò nostris celeriter possitis subvenire periculis : quia ita hìc coangustata est Respublica , ut nisi Deus piissimi in corde Principis inspiraverit , ut insitam sibi misericordiam suis famulis largiatur , & super illam diacoposin, vel unum Magistrum misitum & unum Ducem dignetur concedere ; in omni simus angustia destituti : quia maximè partes Romanæ omni præsidio vacuatæ videntur . Et Exarchus scribit , nullum posse nobis remedium facere : quippe qui nec ad illas partes custodiendas se testetur posse sufficere . Imperet ergò illi Deus , nostris velociter periculis subvenire , antequàm

quàm nefandiſſimæ gentis exercitus loca A
quæ adhùc à Republica detinentur , Deo
ſibi contrario , (quod abſit) prævaleant
occupare . Presbyterum autem ad nos traf-
mittere , Deo juvante , feſtina : quia & in
monaſterio tuo , & in opere , cui eum præ-
poſuimus , neceſſarius eſſe omninò cognoſcitur . Dat. IV. Non. Octobr. Indict. III.] At
quiſnam iſte fuerit presbyter monaſterio
ipſius S. Gregorii adeò neceſſarius , ex ejuſdem Gregorii ſcriptis & rebus geſtis ſatis
poſſumus intelligere . Etenim quem ſecum
duxerat Maximianum presbyterum , eumdem his puto ex cauſis à Pelagio inculcatis
Gregorius Romam redire præcepit : hunc
ipſum namque Conſtantinopoli ab eo dimiſſum conſtat . Cui & quid acciderit Romam redeunti , cum mare Hadriaticum
a Greg. dial. navigaret , ſic narrat idem ipſe Grego-
l. 3. c. 36. rius (*a*) .

XVII.
Maximia- Neque hoc ſilendum puto , quod omni-
nus redit potens Deus ſuper Maximianum famulum
ad mona- ſuum , nùnc Syracuſanum Epiſcopum , tùnc
ſterium. autem mei monaſterii Patrem , dignatus
eſt monſtrare miraculum . Nàm cum juſſione Pontificis mei in Conſtantinopolitanæ urbis Palatio reſponſis Eccleſiaſticis
deſervirem , illùc ad me idem venerabilis
Maximianus , charitate exigente , cum fratribus venit . Qui cum ad monaſterium C
meum Romam rediret , in mari Hadriati-
co nimia tempeſtate deprehenſus , inæſti-
mabili ordine atque inuſitato miraculo ergà ſe , cunctoſque qui aderant , omnipotentis Dei & iram cognovit , & gratiam .
Nàm cum in eorum morte , ventorum ni-
mietatibus elevati fluctus ſævirent , ex navi
clavis perditis , arbor abſciſſa eſt , vela in
undis projecta , totumque vas navis quaſſa-
tum nimiis fluctibus ab omni fuerat ſua
compage diſſolutum . Rimis itaque patentibus , intravit mare , atque uſque ad ſupe- D
riores tabulas implevit navem , ita ut non
tàm navis intrà undas , quam undæ jàm intrà navem eſſe viderentur .

XVIII. Tùnc in eadem navi reſidentes , non jàm
ex morte vicina , ſed ex ipſa ejus præſentia
ac viſione turbati omnes ſibimet quodque dederunt : corpus & ſanguinem Redemptoris acceperunt , Deo ſe ſinguli commendantes , ut eorum animas benignè ſuſciperet , quorum corpora in tàm pavenda morte tradiderat . Sed omnipotens Deus , qui
eorum mentes mirabiliter terruit , eorum
Navis in quoque vitam mirabilius ſervavit . Nàm
portu mer- diebus octo navis eadem uſque ad ſuperio-
gitur, ubi rex tabulas aquis plena , iter proprium pe-
ſalvi facti ragens , enatavit ; nono autem die in Co-E
ſunt om- thronenſis caſtri portum deducta eſt : ex qua
nes. exierunt omnes incolumes , qui cum prædicto venerabili viro Maximiano navigaba-
bant : cumque poſt eos ipſe quoque fuiſſet
egreſſus , mòx in ejuſdem portus profundum navis demerſa eſt ; ac ſi , illis egredien-
tibus , præ pondere ſublevatione caruiſſet ;
& quæ plena hominibus in pelago aquas
portaverat atque nataverat , Maximiano cum
ſuis fratribus recedente , aquas ſine hominibus in portu non valuit portare . Uthinc

omnipotens Deus oſtenderet , quia hanc
onuſtam ſua manu tenuerat , quæ ab omnibus vacua & derelicta ſuper aquas non potuit manere .] Hactenùs Gregorius : ex quibus intelligis pariter , perſeveraſſe uſum , ut
pii Chriſtiani peregrinantes , naviganteſque
ſecum ferrent ſacratiſſimam Euchariſtiam ,
ut vidimus olim à S. Satyro S. Ambroſii germano factum atque ab aliis , ut ſuis locis
habetur expreſſum . Porrò quod ad Maxi- *b Joan. dia-*
miani reditum ſpectat , planè errat Joan- *con. Vita S.*
nes (*b*) diaconus , cùm & tùnc S. Grego- *Gregor. l. 1.*
rium Conſtantinopoli Romam rediſſe vide- *c. 33.*
B tur aſſerere . Quod autem pertinet ad Longobardorum ſtatum , dicemus anno ſequenti . Qui igitur à Pelagio monaſterio præfectus fuit Maximianus , hunc ipſum ſecundum ordine ejus monaſterii Abbatem fuiſſe , ſucceſſiſſeque Valentio , ſive Valentino ſuperiùs ejuſdem Gregorii teſtificatione
diximus : dictum verò Valentium his diebus defunctum eſſe , ex ſucceſſoris ſuffectio-
ne poſſumus intelligere .

Extat hoc anno Tiberii Imperatoris ſex- *XIX.*
to , ex quò cum Juſtino regnare cœpit , data epiſtola Pelagii Papæ ad Auxanium Epiſcopum in Gallia , qua rogat eum , ut ſua-
deat Francorum Regibus opem ferre Romanæ Eccleſiæ laboranti incurſionibus Lon-
C gobardorum , atque à conſideratione eorundem Longobardorum recedere . Accepimus eam cum aliis monumentis ad Eccle-
ſiaſticos Annales ſpectantibus à Nicolao ** Auxanio*
Fabro Pariſienſi viro inſigni . Sic enim ſe *Epiſcopo*
habet : *Arelatenſi,*
de quo ſu-
Dilectiſſimo fratri Aunanio * Pela- *periùs .*
gius Urbis Romæ . *XX.*

Laudanda tuæ charitatis vota relegimus ,
quibus te , niſi Gentilis motus obſiſteret ,
ad nos venire voluiſſe ſignificas . Licet enim
ſpiritualiter & ſimùl & unum ſimus ſemper
in Domino , verumtamèn præſentias corporales & antiquiores Patres , & ipſos quaſ-
D ſiſſe invenimus Apoſtolos . Sed dùm tua deſideria , cauſaſque quibus obſtareris expo-
neres , mirati ſumus minùs te illud , quod
ipſis obviaret excuſationibus , attendiſſe .
Si enim Mundo venerabilem judicatis hanc
urbem , ſi ad pacem Sedis Apoſtolicæ cunctarum regeos . Eccleſiarum moderamina
prædicatis ; cur non & tribulationes noſtras
& temporales anguſtias charitatis compaſ-
ſione gemitus ? ſcientes divino per Apoſtolum nobis oremandari , ut nos invicèm di-
ligamus , ut onera invicèm noſtra portemus , ut quotiès fratrum quicumque uritur
nos uramur ; dùm penè in conſpectu veſtro
tantus ſanguis innocentium ſiteffuſur , ità ** & ſicut*
E ſacra violentur altaria , ità Catholicæ Fidei *proximè à*
ab idololatris inſultetur . Novimus & nos *vobis ſcri-*
quòd temporalia iſta flagella ſint , ut ad *bitur .*
probationem , ſicut de cæleſti confidimus
miſeratione , proficiant * ; & proximùm
vobis , ſicut ſcribitur , Dominus noſter à
tribulatione dat gaudium : quia qui inæqui-
ter agunt exterminabuntur , & inimici Dei
mòx ut exaltabuntur , ſicut fumuſque deficient ;
& generaliter peribunt gentes de terra ejus .
Propter quod vos decuerat , qui illùc Catho-
li-

tholicæ membra estis Ecclesiæ uni corpori unius capitis gubernationi conjuncta, omnibus quibus viribus valeretis, paci quietique nostræ pro ipsa Spiritu Sancti unitate concurrere. Nec enim credimus ociosum, nec sine magna Divinæ providentiæ admiratione dispositum, quod vestri Reges Romano Imperio in Orthodoxæ Fidei confessione sunt similes: ut huic Urbi, charissime frater, nedùm Regibus vestris juvandi nos virtus sit data divinitùs, charitatis vestræ circà nos levitas arguatur, qui illis & in fide & in consiliis vestro sacerdotio sic devotis *¶* suadere talia aut negligitis, aut differtis. Sacras autem reliquias quas & tua charitas, & gloriosissimus filius noster petiit dirigendas, cum cohærenti sibi sanctificatione transmisimus. Pro-

* debetis

pter quod nihilominùs admonemus, ut quæ ad virtutem quæritis, eorum templa à pollutione gentium liberari, in quantum vobis est possibile festinetis: & vestris Regibus instantissimè suadeatis, quatenùs ab amicitiis & conjunctione nefandissimi hostis Longobardorum salubri se provisione segregare festinent, ne dùm illorum vindictæ tempus advenerit, sicut & celere fieri Divina miseratione confidimus, & eorum etiam illi inveniantur esse participes; quia scriptum est: Non solùm qui ea faciunt, sed etiam qui consentiunt facientibus puniendos. Deus, te incolumem custodiat, charissime frater. Datum III. Non. Octob. Imperante domno Tiberio Constantinopoli Aug. anno VI. Cons. ejusdem ann. Regum.] Sic V. C.

JESU CHRISTI   PELAGII PAP. II.   TIBERII IMP.
ANNUS   ANNUS   ANNUS
585.   8.   4.

I.
Creatur Rex Longobar. Antharit.

ADest annus Domini quingentesimus octogesimusquintus, Indictionis tertiæ: quo Longobardi cum per decennium sine Rege sub Ducibus extitissent, regiminis ejusmodi sine capite jàm pertæsi, initia unâ comitiis, Regem ut anteà creant, delectúsq; ex omnibus Antharit: verùm barbaricum nomen nimis asperum lenitate Flavii lenitate deliniunt. Sed audi Paulum diaconum de Longobardorum Republica hoc modo composita ista narrantem *(a)*. At verò Longobardi cum per annos decem sub potestate Ducum fuissent, tandem communi consilio Antharit Clephonis supra memorati Principis filium Regem sibi statuerunt; quem etiam ob dignitatem Flavium appellarunt: quo prænomine omnes qui posteà fuere Longobardorum Reges, feliciter usi sunt.

a Paulus. diacon. de Gest. Longob. l. 3. c. 8.

II.

In hujus diebus ob restaurationem regni, Duces qui tunc erant, omnis substantiæ suæ modietatem regalibus usibus tribuunt; ut esse posset, undè Rex ipse & qui ei aderant, ejusque obsequiis per diversa officia dediti alerentur: populi tamen aggravati per Longobardos hospites partiuntur. Erat sanè hoc mirabile in regno Longobardorum, quòd nulla erat violentia, nullæ statuebantur insidiæ, nec aliquem injustè angariabant, neminem spoliabant; non erant furta, non latrocinia, unusquisque quòlibet securus sine timore pergebat.] Hæc Paulus: sed Longobardus, & ipse suæ genti nimiùm favit: non ita cæteri qui hoc tempore vixere, præsertim verò Gregorius Papa, qui sæpè ob ingentia ab eisdem scelera perpetrata ipsos Longobardos gentem nefandissimam nominat, compluraq; de iisdem refert quæ contraria omninò iis quæ à Paulo narrantur, esse noscuntur.

III.
Roma defensa divinitùs.

Sed quo statu res Romanæ hoc tempore fuerint, quas à Pelagio Papa adeò vidimus deploratas, perquirendum est. Accidit sanè à Deo mirandum prodigium, ut

& absque auxilio Constantinopoli ab Imperatore (ut expectabatur) accepto, tamen Roma subsisteret, non quidem humano fulta præsidio, sed (quod Gregorius liberè profitetur) defensa Apostolico patrocinio. Inter alia admiratione digna quæ acciderunt virtute Petri, humiliata est barbarica vis, atque flexa novo miraculo novi Regis ferrea cervix; adeò ut & ad ejus limina donum mittere divinitùs cogeretur. Sed audi rem gestam, à S. Gregorio in epistola ad Theotistum ita narratam *(b)*.

b Gregor. l. 6. ep. 23.

IV.
De Clave S. Petri grande miraculum.

Benedictionem (inquit) sancti Petri Apostoli, clavem à sacratissimo ejus corpore transmisi; de quo videlicet clave hoc est gestum, quod narro miraculum. Dùm eam quidam Longobardorum civitatem ingressi in Transpadanis partibus, invenisset: quia sancti Petri clavis esset, despiciens; sed pro eo quòd auream vidit, facere sibi ex illa aliquid aliud volens eduxit cultellum ut eam incideret: qui mox cultellum, cum quo eam per partes mittere voluit, arreptus per spiritum, sibi in gutture defixit, eademque hora defunctus cecidit. Et dùm illic Rex Longobardorum Antharit atq; alii multi ejus homines adessent, & is qui se percusserat, seorsùm mortuus, clavis verò seorsùm jaceret in terra; factus est omnibus vehementissimus timor, ut eamdem clavem de terra levare nullus præsumeret. Tunc quidam Longobardus Catholicus, qui sciebatur orationibus & eleemosynis deditus (Minulphus nomine) vocatus est, atque ipse hanc elevavit de terra: Antharit verò pro eodem miraculo aliam auream clavem fecit; atq; eum ea pariterque sanctæ memoriæ prædecessorem meum transmisit, indicans quale per eam miraculum contigisset.] Hucusquè Gregorius. Sed quòd per clavem possessio designatur, veluti hieroglyphicis, quibusdam notis, (quas tamen eum scriberet Rex barbarus non intellexit; aliud signifi-

significatum fuisse, posset ex eventis certo interpres asserere; non tantùm à Longobardis Urbem non capiendam, sed ipsos quoque cum sua ditione Romano Pontifici parituros. Unde meritò his diebus Venantius Fortunatus laudes celebrans Apostolorum Petri & Pauli, inter alia de ipsis magnificè decantata; de ipsorum patrocinio, quo muniunt Urbem, hos habet versus (a):

A Fortun. carm. l. 3.

A facie hostili duo propugnacula præsunt,
Quos fidei turres Urbs caput Orbis habet.]

Testatur id ipsum S. Gregorius, de his quæ ipse experiebatur certam fidem faciens. Sed hæc modò satis. Jàm ad res in Hispania gestas enarrandas nobilis actus provocat argumenti.

V.
Leuvigildi Regis obitus.

Hoc anno qui sequitur primus à martyrio Hermenegildi, ejus pater infelix Leuvigildus, subactis Suevis, eisdemque in Arianam hæresim revocatis, post persecutionem Ecclesiæ ex hac vita migravit; prout ex iis quæ anno superiori sunt dicta de martyrio Regis Hermenegildi expressum patet in Actis Toletani Concilii; ex quibus constat hoc anno filium ejus Reccaredum regnare coepisse Æra sexcentesima vigesimatertia: nàm in iisdem Actis Æra sexcentesima vigesimaseptima annus quartus ejusdem Regis numeratur. Verùm in Isidori Chronico Æra sexcentesima trigesimaquinta obitus Leuvigildi & Reccaredi ingressus in regnum mendosè legitur: quod nullo penitùs modo convenire potest.

VI.
Leuvigildi poenitentia.

Quod verò ad finem ejusdem Regis pertinet, ambo Gregorii suorum temporum scriptores eumdem facti poenitentem decessisse ex hac vita tradunt: etenim de Leuvigildi obitu & Reccaredi successione habet ista S. Gregorius Papa (b): Leuvigildus oborta ægritudine, ad extrema perductus est, & Leandro Episcopo, quem priùs vehementer afflixerat, Reccaredum Regem filium suum, quem in sua hæresi reliquerat, commendare curavit; ut in ipso quoque talia faceret, qualia in fratre ejus exhortationibus fecisset. Qua commendatione expleta, defunctus est.] Hæc de poenitentia Regis, sed non satis visa ad salutem Gregorio, qui subdit:

b Gregor. dialog. l. 3. cap. 31.

VII.

Post ejus mortem Reccaredus Rex non patrem perfidum, sed fratrem martyrem secutus, ab Ariana pravitate conversus, totam quoque Vvisigothorum gentem ita ad veram perduxit fidem, ut nullum in suo regno militare permitteret, qui regno Dei hostis existere per hæreticam pravitatem non timeret. Nec mirum quòd veræ fidei prædicator factus est, qui frater fuit martyris, cujus hunc quoque merita adiuvant, ut ad omnipotentis Dei gremium tàm multos reducat. Qua in re considerandum nobis est, quia totum hoc agi nequaquam posset, si Hermenegildus Rex pro veritate mortuus non fuisset. Nàm sicut scriptum est (c): Nisi granum frumenti cadens in terram mortuum fuerit ipsum solum manet; si autem mortuum fuerit, multum fructum affert: Hoc fieri videmus in membris,

c Joan. 12.

quod factum scimus in capite. In Vvisigothorum enim gente unus mortuus est, ut multi viverent; & dùm unum granum fideliter cecidit, ad obtinendam fidem seges multa surrexit.] Hucusque Gregorius. Sed & alterum Gregorium Turonensem videlicet, audi, qui aliquid ampliùs de poenitentia refert ejusdem Leuvigildi: ait enim (d): Post hæc Leuvigildus Rex Hispaniarum ægrotare coepit: sed (ut quidam asserunt) poenitentiam pro errore hæretico agens, & obtestans ne huic hæresi quisquam reperiretur consentaneus, in legem Catholicam transiit, ac per septem dies in fletu perdurans prohis quæ contra Deum inique molitus est, spiritum exhalavit.] Hæc ipse. Verùm etsi facti poenitens, quòd tamen Catholicus omninò decesserit, haud satis certis probatur assertionibus: etenim execrabilis ejus memoria remansit posteris.

d Gregor. Turon. hist. l. 8. c. ult.

Quod verò ad ejus successorem Reccaredum pertinet, accipe quæ de eo summatim Isidorus habet in Chronico: Leuvigildo defuncto, filius ejus Reccaredus regno est coronatus, cultu præditus religionis, & patris moribus longe dissimilis: namque ille irreligiosus & bello promptissimus, hic fide pius & pace præclarus; ille armorum artibus gentis imperium dilatans, hic gloriosus eamdem gentem fidei trophæo, insoliti erroris labe detersa ad cultum rectæ fidei revocavit. Synodum etiam ad condemnationem Arianæ hæresis congregavit; cui Concilio idem gloriosissimus Princeps interfuit, suaque eam præsentia & subscriptione firmavit.] Hæc de pietate Reccaredi Isidorus: de bellica autem virtute quæ subdit, suo loco dicemus.

VIII.
Reccaredus Rex pietate & fortitudine insignis.

His jungamus quæ de eorumdem conversione Gothorum, & de infelici exitu Episcopi Ariani qui se obicem posuit, Gregorius Turonensis narrat his verbis (e): Igitur eo tempore in Hispania Reccaredus Rex compunctus miseratione divina, convocatis Episcopis religionis suæ, ait: Cur inter vos & sacerdotes illos, qui se Catholicos dicunt, jugiter scandalum propagatur: & cum illi per fidem suam signa multa ostendant, vos nihil tale agere potestis? Qua de re quæso, quæso, simul, & disessis utriusque partis credulitatibus, quæ vera sunt cognoscamus. Et tunc aut accepta illi a vobis ratione, ea credant quæ dictis; aut certè ab illis veritate cognoscentes, quæ prædicaverint, vos credatis.

e Gregor. Turon. hist. l. 9. cap. 5. Reccared. Arianos Episcopos de virtute miraculorum.

IX.

Quod cum factum fuisset, congregatis utriusque partis Episcopis, proposuerunt hæretici illa quæ sæpiùs ab ipsis dicta jàm scripsimus; similiter responderunt Episcopi nostræ religionis ea de quibus hæreticorum partem plerumque victam libris superioribus demonstravimus; & præsertim cum Rex diceret, quòd nullum signum sanitatis super infirmos ab hæreticorum ostenderetur Episcopis, ac in memoria replicaret, qualiter tempore genitoris sui, Episcopus, qui se jactabat per fidem rectam cæcis restituere lumen,

X.

lumen, tacto eo, & cæcitati perpetuæ **A**
damnato, discessisset compunctus (quod
nos in libro Miraculorum plenius declara-
vimus). vocavit ad se seorsùm sacerdotes
Dei : quibus perscrutatis, cognovit verum
Deum sub distinctione coli personarum
trium, id est, Patris, Filii, & Spiritus
sancti, nec minorem Filium Patre, Spirituque sancto, neque Spiritum sanctum minorem Patre, vel Filio, sed in una æqualitate atque omnipotentia hanc Trinitatem
verum Deum fateri.

XI. Tùne intelligens veritatem Reccaredus,
postposita altercatione, se Catholicæ legi
subdidit, & accepto signaculo sanctæ Crucis cum chrismatis unctione, credidit Je- **B**
sum Christum Filium Dei æqualem cum
Patre & Spiritu sancto regnantem in sæcula sæculorum, Amen. Deindè nuncios
mittit ad provinciam Narbonensem, quibus narrantibus ea quæ ille gesserat, simili credulitate populus ille connecteretur.
Erat enim tunc sectæ Arianæ Episcopus A-
Athalocus thalocus, qui ita per propositiones varias
Arianus & interpretationes falsas Scripturarum Ec-
Episc. des- clesias Dei conturbabat, ut putaretur quòd
peratione ipse esset Arius, quem projecisse in seces-
perit. sum extæ, historiographus narravit Eusebius : sed cum hæc populo sectæ suæ cre- **C**
dere non sineret, ad consentiendum ei
paucorum faveret adulatio, commotus felle, ingressus in cellulam suam, inclinato
super lectulum capite, nequàm spiritum
exhalavit. Sicque hæreticorum populus in
ipsa consistens provincia, insuperabilem
Trinitatem confessus, ab errore discessit.]
Hucusquè Gregorius. Egisse quidem Reccaredum Regem eum Episcopis Arianis non
terrore vel imperio usum, sed placidis verbis atque blanditiis, summam in omnibus
præferentem mansuetudinem, auctor est
Joannes Biclarensis Abbas, qui his temporibus vixit & scripsit.

XII. Sic igitur summo Dei beneficio, cum per **D**
Gothos, Vvandalos, Suevos, Alanos,
aliasque barbaras nationes Arianæ hæresis
exundans implesset Italiam, Africam, Hispanias, atque Gallias; tamquàm torrente
in austro exicata decrevit. Sed de his rursùs inferiùs. Porrò Regina Leuvigildi coniux Goisuintha, noverca Reccaredi Regis, Arianæ perfidiæ addictissima, sive rubore compulsa, sive timore convicta, simùl cum aliis fidem Catholicam professa,
abdicare Arianam hæresim videri voluit,
cum tamen intùs Arium haberet inclusum :
nàm etsi cum aliis Orthodoxis ut Orthodoxa ad Synaxim conveniret, atque sicut alii
communicaret, secretò tamen sacratissimam **E**
Conjura- Eucharistiam ex ore reiiciebat : quæ & ni-
tio Aria- hil solicitiùs procuravit, quàm ut prodi-
norum. tione aliqua Reccaredi è medio tolleret,
invenitque ejusdem suæ sententiæ Arianum
itidem hominem, Arianum Episcopum,
nomine Udilam, sive Uldidam, qui in necem Regis pariter conspiraret : sed conjuratione detecta, Arianus Episcopus mul-
ctatur exilio; Regina verò, Deo ultore,
citiùs ex hac vita luitura pœnas æternas præ-

ripitur. Hæc Joannes Abbas hujus temporis scriptor narrans, tertio Regis ejusdem
anno accidisse tradit. Sed jàm ad res Francorum orationem convertamus.

Hoc anno septimo Childeberti Regis **XIII.**
Chilpericus Rex ad Judæorum conversionem addicto animum, complures eorum,
ad fidem conversos in baptismo suscepit :
sed dùm alios adigere vellet, multarum cæ-
dium occasionem præbuit. Habet ista Gre- **a Gregor.**
gorius (a) pluribus : qui & subdit post **Turon. lib.**
alia (b) de obitu Chrodini viri maximè **6. c. 17.**
pii, de quo paucis magna recenset. Fuit **b Gregor.**
(inquit) iste Chrodinus Dux ille, ad quem **Turon. l. 6.**
extat Venantii Fortunati epigramma, quo **cap. 20.**
ejus pariter laudes celebrat. Sed primùm **De Chro-**
audi Gregorium : Eo (inquit) anno Chro- **dini Ducis**
dinus obiit, vir magnæ bonitatis & pieta- **obitu.**
tis, eleemosynarius valdè, pauperumq; re-
fector, profluus ditator ecclesiarum, clericorumque nutritor : nàm sæpè à novo fundans villas, ponens vineas, ædificans domos, culturas erigens, vocatis Episcopis,
quorum erat parva facultas, dato epulo,
ipsas domos cum cultoribus & culturia, cum
argento, peristromatibus, utensilibus, ministris & famulis, benignè distribuebat; dicens : Sint hæc Ecclesiæ data, ut dùm de his
pauperes reficiuntur, mihi veniam obtineant
apud Deum. Multa autem & alia bona de
viro audivimus, quæ insequi longum est.
Transiit autem ætate septuagenaria.] Hæc
ipse : ex quibus & vides pariter, quo fine
bona largiri Fideles solerent ecclesiis, nempè ut eisdem pauperes alerentur. Sed audi
Fortunatum viri dignissimi laudes carminibus hisce prosequentem (c) : **c Fortun.**
carm. lib. 9.
Inclyte Dux meritis : te cum vulgat e per Orbe, **in fin.**
Quă nimis egregiă splendidă fama refert.
Non ego prætream præconia celsa, Chrodine.
Ne videar solus magna silere bonis.
Extla terra tibi, pariter Germania plaudunt : **Laudes**
Laus tua cunctorum semper in ore sonat. **Chrodini**
Clarus ab antiquis digno generosior ortu, **Ducis.**
Regibus & patriæ qui placiturus eras.
Tutoremque alii, nutritoremque fatentur ;
Et sit certamen de pietate tua.
Ut habeant alii, nulli tua bona recusas :
Tu tibi plùs auges, quas benè fundis opes.
Cui possis præstare, libens exquiris, & optas :
Ut sis apud cunctos, bos facis esse tuos.
Es generale bonum, nulli gravis, omnibus
æquus :
Justitia socium nulla rapina tenet.
Mitis, in alloquio placidus, gratusq; modestus:
Omnia cui data sunt, ut decus omne geras.
Gentibus astrictus, Romanis charus haberis :
Felix qui populis semper in ore manet.
Hactenùs Fortunatus. Sic igitur qui tot,
tantisque laudibus meruit à duobus dignis
Episcopis celebrari Chrodinus Dux, hic his
elogiis honoratum præponimus ejus monumentum post obitum, cujus ergà pauperes
sanctaque loca munificentia semper epituit.
Sed his subiiciendum putamus alterius **XIV.**
pietate insignis viri ab eodem Fortunato
epitaphium scriptum, cujus pariter in ero-
gandis divitiis pauperibus largitas commendatur : qui ex mercatura (quod magis
miran-

mirandum videtur) ad Deum conversus, Julianus dictus est nomine: de quo accipe ex scripto codice carminum Fortunati epitaphium, quod desideratur in codicibus iterùm cusis:

Epitaph. Juliani eleemosynis clari.

Condita sunt tumulo Juliani membra sub isto,
Cujus in æternum vivere novit honor.
Mercator quondam conversus, sine beato,
Raptus ab hoc mundo crimine liber homo.
Collegit nimium, sed sparsit egentibus aurum:
Præmisit cunctas quas sequeretur opes.
Sollicitus quemcumque notum prospexit in urbe,
Hunc meruit veniens exul habere patrem.
Pascere se credens Christum sub paupere forma.
Ante omnes apud hunc sumpsit egenus opes.
Non solùm refovens, sed dona latendo ministrans,
Amplius indè placet, quòd sine teste dedit.
Felicem censu qui fratris migrat* in alvum,
Et vivos lapides ædificare potest.
Extulit hunc tumulum genitoris honore Joannes,
Qui modò divinis fungitur officiis.
Qualiter hic vivo serviret amore parenti,
Cumnati pietas ipsa sepulchra colit.]

Id genus est & epitaphium Atoli discipuli S. Remigii, hujus planè sæculi viri pietate conspicui, quod Rhemis habetur in Ecclesia S. Juliani martyris:

Hic pater est Atolus nato nataque sepultus,
Expectansque diem nùnc Domini properam,
Instruxit his sena suis xenodochia rebus,
Jure fovens plebes, divitiis inopes.
Sic proprium censum cælum transvexit in altum,
In quo suscepit quod miserando dedit.
Hoc totum sub amore sacri, studioque Remigii,
Ob hac prærutilum detinet ipse polum.]

A Florardus autem dùm quorumdam S. Remigii discipulorum meminit, inter eos & hunc Atolum recenset. Habes ex his, lector, (ne putes hæc otiosè narrata) quibus consueverint titulis exornari Christianorum sepulchra non Episcoporum tantùm, sed & laicorum hominum pietate præstantium.

Sed quòd in his versatur oratio, hìc tibi reddendum putamus Andreæ ex presbytero Cardinali Episcopi epitaphium, quod in cathedrali Ecclesia Cajetæ legitur hoc utique sæculo positum sub Consulatu Decii Junioris, de quo superiùs anno Domini quingentesimo trigesimoquarto Sed cum nondùm illud accepissemus; ne prætereatur omninò, hic ipsum describi debere, etsi non temporis, argumenti tamen ratio persuasit. Sic enim se habet:

Pande tuas paradise fores sedemque beatam,
Andreæ meritum suscipe Pontificis:
Cultor justitiæ, doctrinæ & pacis amator:
Quem vocat ad summum vita beata bonum.
Plenus amore Dei nescivit vivere mundo:
At famulo Christi gloria Christus erat.
Quæ meditata fides & credita semper inhæsit,
Hæc te usque ad cælos & super astra tulit.
Numquam de manibus tibi lex divina recessit:
Eloquium Domini vixit in ore tuo.
Romanamque priùs decoravit presbyter urbem:
Culminis auctus honor hic dedit esse patrem.
Districtus sub jure pio & moderamine certo,
Utque bonus pastor texit ab hoste greg. m.
Hospitibus gratus, se ipsum donavit egenis,
Illos eloquio, hos satiabat ope.
Præsule sub tanto florens Ecclesia mater,
Crevit muneribus, crevit & officiis.

XV.

VIXIT ANN. PM. LXX. PRESB. ROMANUS VII.
ET IN EP. ANN. XXVII. M. X. D. XX.
REQVIEVIT IN PACE XIIII. KAL. NOV.
CONS. DECL IVN.

In tabula, ubi ejusmodi inscriptio legitur, apposita videntur insignia nobilis familiæ Columnensium.

XVI.

Cujusnam verò civitatis hic Episcopus fuerit, cum non exprimatur; certum est Cajetanum minimè esse potuisse, cum nondùm Cajetæ cathedra Episcopalis erecta esset, sed in vicinioribus locis erant hæ, Formiana ac Minturnensi Neapolim versùs, altera verò ex parte Romam versùs Fundana & Terracinensi, ut constat ex Actis primæ Romanæ Synodi sub Symma-

cho Rom. Pontifice, & ex epistolis sancti Gregorii. Porrò hoc sæculo ejusdem nominis fuisse reperitur Andreas Fundanus Episcopus, cujus est celebris memoria apud sanctum Gregorium in Dialogis (a): vixit etiam iisdem ferè diebus Andreas Episcopus Aquinas, de quo idem sanctus Gregorius meminit (b), sed ignobilis, longèque ab isto de quo agitur diversus: hic enim ante Episcopatum in Romana Ecclesia functus est honorificè presbyteria. At de his satis.

aGreg. dial. l. 3. c. 7.

bGreg. dial. l. 3. c. 8.

I.

Quingentesimo octogesimosexto Christi anno, quartæ indictionis, mense Augusto moritur Tiberius Imperator,

atque in locum ejus Mauritius subrogatur. Sed antequam de his agamus, quæ Tiberii obitum precesserunt, sunt recensenda.

Con-

Conſtat etiam hoc anno, ante quatuor menſes quàm Tiberius moreretur, Eutychium Conſtantinopolitanum Epiſcopum ex hac vita migraſſe. Teſtatur id quidem is qui præſens fuit Euſtathius, qui res ab eo præclarè geſtas conſcripſit, cum de ægritudine Eutychi inſtituens exactam narrationem,

a Extat hæc ait (*a*) : Imperator magno deſiderio *apud* Sur. & fide beatum virum inviſit : primùm quidie 6. Apr. dem, ut ab illo benedictionem acciperet ; tom. 2. deindè ut intelligeret, quia poſt illum paEutychii ſtor eſſet populum gubernaturus. BenediEpiſ. Conſ xit ille quidem Imperatori, ſed alterum reſtantinop. ticuit, non quòd ignoraret, ſed propter obitus té- quaſdam cauſas, quas, Deo ſibi aperiente, pus, ipſe noverat. Quarè cum ea quæ res & tempus poſtulabant, cum Imperatore locutus eſſet, hilari lætoq; vultu ille diſceſſit. Ego autem à quibuſdam Imperatoris familiaribus accepi, ei fuiſſe à ſancto viro prænunciatum, celerem ipſi mortem inſtare ; idq; verum fuiſſe eventus docuit : nam quatuor poſt menſibus à vita diſceſſit Chriſti amantiſſimus Imperator .] Hæc de tempore. Cum igitur obitus Imperatoris hoc anno dicto menſe contigerit (ut paulò poſt dicturi ſumus) utique neceſſe eſt affirmare hoc anno menſe Aprili Eutychium ex hac vita

C migraſſe : ex quo corrigenda ſunt quæ ſuperiùs in eodem auctore vel aliis habentur, ſediſſe Eutychium, ubi eſt revocatus ab exilio, annos quatuor & ſex menſes, niſi quis Joannis intruſi ſedem uſque ad annum ultimum Juſtini perduxerit.

II.

Sed & quæ paulò antè præceſſerunt ejuſdem Eutychii obitum, hoc eodem anno hic ſunt accuratè tractanda ; addendaque ab Euſtathius Euſtathio prætermiſſa diſputatio illa de reincautè de- ſurrectione carnis cum Gregorio diacono labitur in Romano Apocriſario habita . Contigit errore Ori- enim ut ipſe Eutychius eodem argumento genis . commentarium à ſe ſcriptum ediderit, quo cum firmiter adversùs Gentiles & hæreticos carnis reſurrectionem aſtrueret, ab Origenis tamen erroribus peſitam opinionem iiſdem ſuis ſcriptis inſereret, nimirùm fore eam abſque carne palpabili. Cum autem id accepiſſet Gregorius, convenit eum atque redarguit, utque ab erronea & prorsùs hæretica ſententia recederet verbis inſtanſ admonuit : atque inſtanter tandem, ut damnatus liber incendio cremaretur, ipſeque Eutychius ſanioris mentis effectus ſuum fuerit detectatus errorem. Ita planè humana ſors fert, ut ſicut illuſtrans Orbem è cœlo Sol contingat ad Occaſum abſque

E nubium obice puris radiis deorsùm ferri, ita ſanctiſſimi quoque viri virtutum fulgore coruſcantes abſque aliqua labe rarò uſq; ad obitum perſeverent . Quod de Eutychio dici poteſt, qui gloria confeſſionis ob exilium paſſum illuſtris, miraculorumque operatione ſublimis, prophetiæ quoque chariſmate pollens, animarum lucro prædives, victoriis adversùs hæreticos longè latèque conſpicuus ; propè exitum tamen obſcuro nimbo contectus penitùs obſcuratur ; ſed quàm citiſſimè flante divino Spiritu, nubibus illis procùl expulſis, eniteſcens priori-

A bus fulgoris radiis ad occaſum, aſcenſurus in cælum, deſcendit.

Sed quomodò ſe hæc habuerint, è ſancto III. Gregorio iſta narrante petamus : in commentariis enim in Job illud explicans : Et b Gregor. rursùs circumdabor pelle mea ;] Sic exor- Moral. lib. ditur (*b*) : Dùm apertè pellis dicitur, om- 14. c. 29. nis dubitatio veræ reſurrectionis aufertur : Diſputatio neque ſicut Eutychius Conſtantinopolita- inter Grenæ urbis Epiſcopus ſcripſit, corpus noſtrum gorium & in illa reſurrectionis gloria erit impalpabi- Eutych. le, ventis aereque ſubtilius. In illa enim reſurrectionis gloria erit corpus noſtrum

B ſubtile quidem per effectum ſpiritualis potentiæ, ſed palpabile per veritatem naturæ. Undè etiam Redemptor noſter dubitantibus de ſua reſurrectione diſcipulis oſtendit manus & latus, palpanda oſſa, carnemq; c Luc. 24. præbuit, dicens (*c*) : Palpate & videte, quia ſpiritus carnem & oſſa non habet, ſicut me videtis habere. Qui cum eidem Eutychio in Conſtantinopolitana urbe poſitus hoc Evangelicæ veritatis teſtimonium protuliſſem, ait : Idcircò Dominus hoc fecit, ut dubitationem reſurrectionis ſuæ de diſcipulorum cordibus amoveret. Cui inquam, Mira eſt res valdè quam aſtruis, ut indè nobis dubietas ſurgat, undè diſcipulorum corda à dubietate ſanata ſunt. Quid enim deterius dici poteſt, quàm ut hoc nobis de ejus vera carne dubium fiat, per quod diſcipuli ad ejus fidem ab omni ſunt dubietate ſeparati? Si enim non hoc habuiſſe aſtruitur quod oſtendit : undè fides diſcipulis ejus confirmata eſt, indè noſtra deſtruitur.

Qui adjungebat etiam, dicens : Corpus IV. palpabile habuit quod oſtendit ; ſed poſt confirmata corda palpantium, omne illud in Domino quod palpari potuit, in ſubtilitatem eſt aliquam redactum. Ad hæc ipſe reſpondi, dicens : Scriptum eſt (*d*) : Chri- d Rom. 6.

D ſtus reſurgens à mortuis jàm non moritur, mors illi ultrà non dominabitur . Si quid ergo in ejus corpore poſt reſurrectionem potuit immutari, contrà veridicam Pauli ſententiam poſt reſurrectionem Dominus rediit ad mortem: quod quis dicere eſt ſtultus præſumat, niſi qui veram carnis ejus reſurrectionem denegat ? Tùnc mihi objecit, dicens : Cum ſcriptum ſit (*e*) : Caro & ſanguis re- e 1. Cor. 15. gnum Dei poſſidere non poſſunt ; qua ratione credendum eſt reſurgere veraciter carnem ? Cui inquam : In ſacro eloquio aliter caro dicitur juxtà naturam, atq; aliter juxtà culpam vel corruptionem. Cabo quip- Caro dipè juxtà naturam, ſicut ſcriptum eſt (*f*) : verſo mo-

E Hoc nunc os ex oſſibus meis, & caro de car- do accepta ne mea : Et : Verbum (*g*) caro factum eſt, & f Gen. 2. habitavit in nobis. Caro verò juxtà culpam, g Joan. 1. ſicut ſcriptum eſt (*h*) : Non permanebit in h Gen. 6. hominibus iſtis Spiritus meus, eo quòd ſunt caro : & ſicut pſalmus ait (*i*) : Memoratus i Pſal. 77. eſt quia caro ſunt, ſpiritus vadens & non rediens. Undè & diſcipulus Paulus dicebat (*k*) : Vos autem in carne non eſtis, ſed k Galat. 4. in ſpiritu . Neq; enim in carne non erant, quibus, epiſtolas tranſmittebat : ſed quia paſſiones carnalium deſideriorum vicerant, jàm

jam liberi per virtutem Spiritus in carne non erant. Quòd ergò Paulus Apostolus dicit : Quia caro & sanguis regnum Dei possidere non possunt ; carnem vult secundùm culpam intelligi, non carnem secundùm naturam. Unde & mox quia carnem secundùm culpam diceret, ostendit subdens : Neque corruptio incorruptelam possidebit. In illa ergò cælesti regni gloria caro secundùm naturam erit, sed secundùm passionum desideria non erit ; quia devicto mortis aculeo, in æterna incorruptione regnabit.

V.
Alia Eutychii objectio.
Quibus dictis idem Eutychius consentire se protinùs respondit, sed tamen adhùc corpus palpabile resurgere posse denegabat. Qui etiam in libello quem de Resurrectione scripserat, Pauli quoque testimonium indiderat dicentis (*a*) : Tu quod seminas, non vivificatur, nisi priùs moriatur : & quod seminas, non corpus, quod futurum est seminas, sed nudum granum. Hoc nimirùm ostendere festinans, quia caro vel impalpabilis vel ipsa non erit, dùm sanctus Apostolus de resurrectionis agens gloria, non corpus quod futurum est, seminari dixerit. Sed ad hæc citiùs respondeat. Nam Paulus Apostolus dicens : Non corpus quod futurum est seminas, sed nudum granum ; hoc insinuat quod videmus : quia granum cum culmo & foliis nascitur, quod sine culmo, & foliis seminatur. Ille itaque in augmento gloriæ resurrectionis non dixit grano seminis deesse quod erat, sed adesse quod non erat. Iste autem dùm verum corpus resurgere denegat, nequaquàm dicit adesse quod deerat, sed deesse quod erat.

VI.
simulatione Liber Eutych. damnatur flammis.
Tùnc itaque de hac re in longa contentione perducti, gravissima cœpimus à nobis simultate resilire. Cum piæ memoriæ Tiberius Constantinus Imperator secretò me & illum suscipiens, quid inter nos discordiæ versaretur agnovit, ac utriusque partir allegationes pensans, eumdem librum quem de Resurrectione scripserat, suis quoque allegationibus destruens, deliberavit ut flammis cremari debuisset. A quo ut egressi sumus, me ægritudo valida, eumdem verò Eutychium ægritudo & mors protinùs est secuta. Quo mortuo, quia penè nullus erat qui ejus dicta sequeretur, distimulavi cœpta persequi, ne in favillas viderer verba jaculari. Dùm tamen adhùc viveret, & ego validissimis febribus ægrotarem : quicumque noti mei ad eum salutationis gratia pergebant (ut eorum relatione cognovi) antè eorum oculos pellem manus suæ tenebat, dicens : Confiteor quia omnes in hac carne resurgemus, sed (sicut ipse fatebatur) omninò priùs negare consueverat.] Hucusquè de his Gregorius, quæ inter ipsum, & Eutychium transacta sunt. Porrò Eustathius, qui res Eutychii est prosecutus, hæc de controversia cum S. Gregorio sciens volensque præteriit, leviterque errorem attingens, culpam reiicit in adversarium, quasi Eutychii verborum sensum haud assecutus fuisset, cum ipse (ut ait) minimè carnis resurrectionem negarit. Sed

Annal. Eccl. Tom. VII.

---

non id crimini dat illi Gregorius, verùm quòd eam non secundùm Catholicam assertionem asseret, sed ut Origenistæ solerent.

Porrò quod ad obitum Eutychii pertinet, idem tradit Eustathius ipsum die Paschatis post officium vespertinum acri febre correptum, sicque depastis eo igne visceribus post dies septem ; nempe sequenti Dominica migrasse ex hac vita. Cæterùm haud valuit nævus iste, vel quantavis macula, quam citò abstersit, ejus animæ labefactare pulchritudinem : utpotè etsi erraverit, haud tamen hæreticus videri potuit, quippe qui minimè superinduxerit cutem illam compactam squammis, scutis (*b*) fusilibus durioren, qua hæretici pertinaces obtegi consueverunt : nàm ubi primùm, doctore & monitore Gregorio, didicit veritatem, eamdem coràm omnibus ad se ingredientibus certa confessione professus est : ut non immeritò eum Græci ut Sanctum colant, anniversariaque die ejusdem natale celebrent.

VII.
Eutychius resipiscens Sanctusque moritur.
b Job. 41.

Ubi verò sancto viro. postrema dignè sunt persoluta, actùm de successoris electione : & quia talem requirebat religiosissimus Imperator, qui cæteros antecelleret sanctitate, Joannes quidam monachus, qui cognomento Jejunator est appellatus, reliquis præfertur ; cui tamen (ut ex. Eustathio vidimus) præcessor Eutychius adhùc vivens haud voluit suo elogio suffragari : utpotè qui nihil boni præviderat de homine, qui ex jugi mente noto jejunio popularem captans auram, eadem inflatus intumuisset. Ne verò quid deesse posset ad perfectam illam quam oculis hominum intuendam exposuerat sanctitatem, illud ille addidit corollarium, ut fugam arripere tentaret, ne eligeretur Episcopus : sed secundùm bucolicon illud :

VIII.
Joannes Jejunator Episcopus Constantinop.

Et fugit ad salices, & sese cupit ante videri ; ita fugere videri voluit, ut ne fugeret, detineretur à suis. Quali namquè esset tùnc anima, mox ipsa sublimis dignitas declaravit. Ut enim in altioribus montibus ut purgatior detegere & foràs mittere è visceribus solet latentes morbos, reddereque cunctis perspicuos ; ita eminens honos, altam fastigium, sublimis cathedra, celsa potestas mox patefacit, quæ in hominis penetralibus cordis latet hypocrisis, & occultatur ambitio.

Accidit id profectò in Joanne : qui ubi electus est & ordinatus Constantinopolitanus Antistes, mox sanctam quam in Ecclesia invenit pacem tot laboribus partam fugavit. Etenim mente sublimi, elatoque corde homini prædito visa est humilis tanta dignitas, qua se imparem ante fuerat fuga professus : quamobrem n grande sibi comparans nomen, non Patriarcha tantùm dici, sed & Oecumenicus, affectavit. Sunt de his justæ querelæ Gregorii tùnc diaconi, posteà Romani Pontificis, ubi ad ipsum posteà scripsit his verbis (*c*) : Eo tempore quo fraternitas vestra in sacerdotalem honorem provecta est, quantam Ecclesiarum

IX.
Joannis superbia detegitur.
c Greg. l. 4. epist. 38.

Bbb   pacem

pacem atque concordiam invenerit, recolit. **A**
Sed quo aufu, quove tumore, nescio, novum fibi conata est nomen arripere, unde omnium fratrum corda potuissent ad scandalum provenire. Qua in re vehementer admiror: quia ne ad Episcopatum venire potuisses, fugisse velle te memini: quem tamen adeptum ita exercere desideras, ac si ad eum ambitioso desiderio cucurrisses. Qui enim indignum te esse fatebaris, ut Episcopus dici debuisses, ad hoc quandoque perductus es, ut despectis fratribus, Episcopus appetas solus vocari.] Hæc ad eum, ad quem

a Greg. l. 1. epist. 4.

rursus superius (a) de ejus animo quo se abhorrere professus est prefecturamuQuo enim ardore (inquit) quo studio Episcopatus pondera fugere volueritis, scio.] Planè loco monstri habitum est, ut qui agnus antea apparuit, mòx una cum insulis Episcopalibus leonis jubas induerit. Quomodò autem Pelagius Papa homini gloriæ aura inani tumenti restiterit, suo loco dicemus. Jàm ad Tiberium redeamus.

X.

b Eustath. in Eurych. apud Sur. die 6. Apr. tom. 2.

c Evagr. l. 5. c. 23.

d Greg. l. 6. c. 30.

Ubi verò ab obitu Patriarchæ Eutychii **B** (ut ait Eustathius (b)) quatuor fuissent menses elapsi, moritur Tiberius Imp. mense Augusto, cum imperasset solus annos quatuor, totidemque cum Justino uno minus mense, prout testatur Evagrius (c), necnon Gregorius Turonensis (d): dùm enim sub **C** octavo Childeberti Regis anno Tiberii Augusti mortem contigisse tradit, utique eum ad hunc annum referre patet. Cum igitur ex Græco atque Latino suorum temporum scriptoribus id liquidò constet: coarguas erroris necesse est alios recentiores, qui in aliud tempus Tiberii obitum referunt. Ita quidem posuimus hoc anno unà cum Tiberii obitu ingressum Mauritii, non solùm Eustathii tunc scribentis auctoritate suasi, sed etiam Evagrii, rebus his omnibus præsentis, & quàm exactissimè annos Justini, Tiberii, & Mauritii assertione **D** coacti, cujus verba posuimus inferius in objectis ejusdem Mauritii Imperatoris anno Christi sexcentesimo secundo, propè finem. Ubi rursùm cum subduximus numerum annorum trium Imperatorum; eorumdem testificatione in id ipsum conspirantium hîc oportuit annum primum Mauritii collocasse. His adde & Joannem Biclarensem ex Latinis ejusdem quoque temporis auctorem, haud pridem in lucem emissum, id ipsum profitentem. Quos tantos viros secuti, serò licet ab eisdem in errorem nos ductos de exordio ejusdem Mauritii sensimus: dùm si **E** quæ alia iis adversantibus invenerimus, illapsos in codices errores ignavia librariorum (ut accidere solet) existimavimus, magis quàm ipsos adeò, enormi errore lapsos, ut crederemus, induci potuisse. Quamobrem (quod rarò accidit) Græcos auctores de rebus Græcorum scribentes, per Latinos corrigere opus fuit, recentioribus Græcia in eamdem sententiam cum Latinis abeuntibus, ubi rursùm ad calculos revocanda fuit de annis Mauritii disputatio. In qua ubi Gregorius Turonensis &

e Greg. l. 6. c. 30.

ipse hujus temporis scriptor (e) affirmat,

Mauritium iniisse Imperium anno octavo Childeberti Regis, idemque (f) superius tradit, eo anno ultimum Januarii fuisse Dominicum diem, quo Dominicalis littera fuit, C, quam manifestum est cadere in annum quingentesimum octogesimum tertium, non autem in præsentem annum octogesimumsextum, quo fuit littera Dominicalis non, C, sed, F; evidentissima ratione ostensum est, non hoc anno octogesimosexto, sed octogesimotertio post quingentesimum, Mauritium imperare cœpisse. Qua pariter ratione, nullum in textum irrepsisse errorem invenies, de quo erat suspicio, apud S. Gregorium; dùm in Regesto, initio libri secundi, annotatum est, Indictione decima, & secundo anno Pontificatus sancti Gregorii, sive Christi anno quingentesimo nonagesimoprimo fuisse septimum annum Consulatus, seu post Consulatum Mauritii: ubi si recurrimus ad eumdem annum Consulatus, quem certum est omnium sententia incidisse anno secundo ejus Imperii; dicere necessariò opus est, eumdem Mauritium regnare cœpisse anno quingentesimo octogesimotertio, qui Consulatum gessit anno sequenti, nempe octogesimoquarto. Quamobrem errore correcto, numeretur annus iste Mauritii tertius, cujus primus numerandus fuerat anno Christi quingentesimo octogesimotertio. Ad hæc confirmanda accedit, quòd cum constet ex Mauritiana historia, auctore Theophilacto antiquitùs scripta, Mauritium imperasse annos decem & novem, vigesimo inchoato; & certum sit tempus obitus ejus & ingressum Phocæ accidisse nimirùm anno Christi sexcentesimosecundo: utique affirmandum est, imperare cœpisse anno Christi quingentesimo octogesimotertio, & Consulatum iniisse octogesimoquarto. Sed audi de Tiberii obitus tempore ejusque virtutibus quæ Gregorius habet (g): Hoc **D** anno, octavo scilicet Childeberti Regis Francorum, Tiberius Imperator migravit à sæculo, magnum luctum relinquens populis de obitu suo: erat enim summæ bonitatis, in eleemosynis promptus, in judiciis justus, in judicando cautissimus, nullum despiciens, sed omnes in bona voluntate complectens, omnes diligens, ipse quoque diligebatur ab omnibus, &c.] Pergit narrare de substitutione Mauritii; sed ea petemus à Græcis.

f Idem l. 6. c. 25.

g Greg. Tur. hist. Franc. l. 6. c. 30.

Quòd autem de mense quo obiit nulla sit inter scriptores controversia, de die tamen haud parum esse reperitur, quod traditur ad quartum Idus Augusti eumdem esse defunctum: siquidem tertio Idus Augusti reperitur data pragmatica sanctio ejusdem Tiberii de confirmatione eorum quæ statuta essent à Justino de filiis colonorum & liberorum in Africa, instante Publiano Episcopo Carthaginensi; ad cujus finem hæc leguntur: Data tertio Idus Augusti, Constantinopoli, Imperii D. N. Tiberii PP. Aug. anno octavo. (ex quo videlicet eum Justino imperare cœpit) & post Consulatum ejus anno tertio, & R. S. Nob. Tiberii Mauritii felicissimi Cæsaris anno primo.] Hæc ibi in editione

XI.

Julia-

Juliani Antecessoris , ex qua corrigas ubi apud alios legitur , loco Mauritii, Marcii. Habes praeterea, non Imperatorem à Tiberio Mauritium esse creatum , sed Caesarem, nomenque Imperatoris nonnisi post Tiberii mortem accepisse : Caesar enim vocatus tantùm dùm Tiberius supervixit , licèt diademate fuerit coronatus.

Mauritius Caesar creatus.

XII.

Interfuisse autem solemnibus istis Joannem Constantinopolitanum Episcopum , Nicephorus (*a*) tradit , habitamque affirmat brevem orationem à Joanne rethore Quaestoris munere insignito , nomine Tiberii ad Mauritium , his verbis : Tu verò , Mauriti , pulcherrimum mihi epitaphium Imperium tuum facere perge , & sepulchrum meum virtutibus tuis exorna, neque spem eorum qui tibi concrediti sunt per dedecus fallens , neque virtutes ipse tuas oblivioni tradens , & veluti pristinam animi tui generositatem fugiens. Proindè potestatis insolentiam ratione fac fraenes , & philosophiae artibus sapienter potentiae scapham gubernes. Imperium namque res est quaedam sublimis & excelsa , in altum qui ei insidet sustollens , & rectè cogitata excutiens. Minimè verò opinionem eam , quòd prudentia omnibus ante eas, concipe ; quamvis fortuna , quae tibi sublimis contigit, omnes superas. Porrò civium & subjectorum benevolentiam potiùs quàm metum fac consecteris : & objurgationem magis , perindè atque magistratum quemdam, quàm assentationem complectere . Potestas namque res est quaedam , quae admoneri docerique nolit , & castigationem aegrè ferre. Antè oculos tuos assistens justitia videat, quae vitae nostrae actionum remunerationem pro summa sua potestate constituit.

XIII.

Purpuram perindè atque vilem pannum tibi iniectam esse per philosophiae studium existima : coronam autem , qua caput tuum cinctum est , nihil à lapillis qui circa marinum littus fluctibus abluuntur , differre puta. Iste purpurae flos, qui subtiliorest , exhortari mihi principes videtur , ut moderationem animi in rebus secundis servare assuescant ; neque nimiùm laetentur , aut luctuosa ista monarchiae stola superbiant : Imperii siquidem sceptrum non immoderatam potestatem , sed splendidam potiùs servitutem exercere admonet. Irae imperet humanitas & misericordia , arrogantiae autem timor. Nàm & apibus natura duces dedit, earumque regem aculeo quasi quadam spontanea & naturali potestate armavit, ut pungere etiam eum possit , qui legitimè non pareat : sed apis minimè tyrannicum , verùm communi utilitati commodum & justum aculeum habet. Itaque ejus saltem erimus imitatores, si quidem ratio ipsa consilia meliora subjicere non valeat. Ego quidem haec ad te veluti productor tuus ac parens. Consilii autem nostri indicem habebis potestatem ab affectione omni & muneribus incorruptam, simùl & virtutes ipsas remunerantem , & vitia coercentem.

XIV.

Cum igitur Imperator finem orationis fecisset , cives & subditi propter dolorem

Annal. Eccl. Tom. VII.

---

quo afficiebantur, multam vim lacrymarum profuderunt. Deindè sublatam Imperator coronam & purpuream chlamydem Caesari circumdedit. Ibi tùm subditorum acclamationes , gratulationesque exortae : partìm tàm commodi consilii auctorem , partìm ipsum renunciatum Principem propter eas quibus se dignum Imperio praestiterat virtutes admirari. In primis verò laudibus earum rerum omnium conciliatorem , qui universa commodissimè dispensat , extulerunt. Ubi verò in hunc modum Mauritius Imperatoriis caerimoniis Princeps est declaratus, Imperator ipse in lecto suo repositus, in somnis viri speciem ea forma, quae neque verbo neque scripto exprimi queat, & veste tàm candida ut cubiculum ejus illustraret , vidit. Vir is , manu protensa, talia verba ad eum praefatus : Haec tibi, Tiberi , tersanctum numen renunciat : Tyranni impii Imperii tui * temporibus non extabunt. Postquàm autem evigilavit, somnum illud amicis exposuit. Legibus deindè naturae quamvis Imperator esset obsecutus, terrenam tunicam deposuit , anima autem velut umbraculum quoddam relinquente ad sedes superas evolante. Imperio Tiberius cum Justino tribus, solus autem quatuor annis praefuit : cùm postquàm Imperatorum sepulchro repositus est , homines omnes ad Mauritium perindè atque satellites conversi , & lacrymae quibus Tiberii funus prosecuti fuerant, eo ipso die restinctae sunt. Non enim homines tantùm praeteritorum meminisse ; quantùm praesentia curare & colere solent.] Hucusquè Nicephorus.

De visione ostensa Tiberio.

* sui.

Quod autem ad ostensum visum in somnis Tiberio pertinet : non ad Mauritium referri potest , cujus tempore Phocas insurgens in ipsum ejusque filios tyrannidem diram exercuit ; sed dictum existimari debet de Tiberio ipso, eum nimirùm fore post obitum consecuturum Imperium pacificum atque perenne , ubi nullus esset timendus, qui illud auferret tyrannis, caeli videlicèt principatum , in quo cum Christo regnant omnes Sancti ejus.

XV.

Antequàm verò ad ejus successorem Mauritium veniamus, hic de aliquot sanctis martyribus intexenda narratio est , qui hoc Tiberii Augusti tempore caesi à barbaris in extremis Aegypti partibus consecuti sunt coronam martyrii. Rem gestam autem apud Sophronium ita habes fideliter enarratam (*b*) : Temporibus Imperii Tiberii fidelissimi Caesaris ascendimus Oasim , vidimusque magnum illic in divinis rebus monachum , genere quidem Cappadocem , nomine autem Leonem. De hoc multi multa digna admiratione narrabant nobis. Nos autem ad illius pertingentes familiare colloquium , magnumque experimentum capientes sancti hujus viri , magnificè aedificati sumus , & maximè in humilitate ejus & silentio , & nuditate rerum omnium , & charitate quam ad omnes habuit. Dicebat ergo semper venerabilis senex : Credite mihi , filii , quia regnare habeo . Nos autem dicebamus ei : Crede nobis , Abba Leo ,

De visione ostensa Tiberio.

XVI. Martyres sub Tiberio.

b Prat. Spirit. c. 112.

A

quia nullus ex Cappadocia unquàm regnavit : importunam ergò habes istam cogitationem. Ille verò rursùs dicebat : Veraciter , filii , regnare habeo . Nemo autem poterat eum ab hac cogitatione removere.] Ut qui jam divinitùs accepisset se in servum vendendum , atque corona martyrii coronandum . Pergit auctor:

XVII.
Barbarorū
grassatio
in SS. Mo-
nachos .

Cum autem venisset Marices , & universam provinciam illam devastasset , ac diripuisset : venerunt & in Oasim , & monachos quidem plures occiderunt , plurimosque captivos duxerunt : inter quos acceperunt & Abbatem Joannem (fuerat autem hic lector magnæ Constantinopolitanæ Ecclesiæ) & Abbatem Eustathium Romanum , & Abbatem Theodorum Cilicem (erant autem tres infirmantes) Cum ergò vincti fuissent , ait Abbas Joannes barbaris : Ducite me in civitatem , & faciam ut Episcopus det pro nobis numismata vigintiquatuor . Accepit ergò illum unus ex barbaris , & duxit propè civitatem . Ingressusque est Abbas Joannes ad Episcopum : inventus est autem in urbe & Abbas Leo & alii quidam Patrum , atque ideò tenti non fuerant . Ingressus igitur Abbas Joannes cœpit orare Episcopum , ut barbaro numismata daret . Episcopus autem non plura quàm octo numismata habere inventus est . Voluerunt ergo dare barbaro octo numismata , & noluit accipere , dicens : Aut vigintiquatuor numismata præbete mihi , aut monachum date.

XVIII.
Leonis Ab-
bat. mar-
tyrium .

Coacti sunt qui erant in civitate rursùm Abbatem Joannem dare barbaro flentem & ejulantem . Adduxit autem illum in sua tabernacula barbarus. Post tres autem dies sumptis octo numismatibus Abbas Leo in eremum exiit, ubi erant barbari , oravitque illos, dicens : Accipite me cum octo numismatibus , & tres illos dimittite , qui infirmi sunt , neque pergere per eremum possunt : nàm interficietis eos , & detrimentum patiemini: ego verò sanus sum, & serviam vobis. Tunc barbari acceperunt Abbatem Leonem & octo numismata , & dimiserunt illos tres . Abiit ergò Abbas Leo usque ad quemdam locum , & cum præ debilitate pergere ultrà non posset , barbari decollaverunt eum : implevitque Abbas Leo scripturam dicentem (a): Ut ponat animam suam quis pro amicis suis, majorem hac dilectionem nemo habet. Tunc nos quoque cognovimus quidnam esset quod dixerat : Quia regnare habeo . Veraciter enim regnat , qui posuit animam suam pro amicis suis .] Hucusque apud Sophronium de martyribus monachis sub Tiberio Imperatore.

a Joan. 15.

XIX.
b Prat. Spiritu. c. 155.

Sed & his opportunè adiicimus, quæ itidèm paulò post, imperante Mauritio , rursùm barbarorum incursione contigisse idem auctor tradit his verbis (b): Dicebat & hoc nobis de Abbate Nicolao Abbas Jordanes : Narravit (inquit) senex , quia imperante fidelissimo Imperatore Mauritio , quando Namanes Sarracenorum nationis Dux prædam egit ; cum circuirem ego per Arnonem & Aidonem, aspicio Sarracenos tres habentes

B

secum unum adolescentem valdè formosum annorum ferè viginti vinctum atque captivum . Ut ergò vidit me adolescens , flere cœpit , & orare ut ab eis istum acciperem. Ego autem Sarracenos rogare cœpi , ut dimitterent eum. Unus autem illorum sermone respondit Græco, & ait: Non dimittimus eum . Et ego rursùm illis dixi : Accipite me , & hunc dimittite , quia fatigationem non sustinet . Ait mihi & ipse rursum: Non dimittemus eum. Dixi eis tertiò: Vel pretium pro illo non accipitis ? Date mihi illum , & quicquid petieritis , ego afferam vobis.

Sarraceni
malè perlo
re.

Respondit: Non possumus tibi dare illum: sacerdoti enim nostro promisimus , quia si quid pulchrum ceperimus , offeremus illud ei , ut ipsum in sacrificium offerat : sed vade jam ; nàm si moram feceris , caput tuum in terram proiiciam . Tunc prostratus ego humi dixi : Salvator noster Christe Deus salvum fac servum tuum. Et continuò tres Sarraceni dæmonio repleti evaginatis gladiis se ipsos conciderunt . Assumensque ego adolescentem , in speluncam meam refovi illum : qui noluit discedere à me , sed renuncians sæculo , cum septem annos implesset in habitu monastico , requievit : erat enim genere Tyrius.] Hæc ibi: sed ad Mauritium redeamus .

C

Mortuo igitur Tiberio Imperatore, Mauritius liberas regiminis habenas moderatur: de cujus in Imperium progressu habet ista Gregorius (c), personam faciens: Respondebit (inquit) Christus dicens: Ego te de Notario Comitem excubitorum, de Comite excubitorum Cæsarem , de Cæsare Imperatorem , nec solùm hoc, sed etiam patrem Imperatorum fecit .] Hæc ipse: sed miror quòd nihil de castrensi militia , attingens tantùm qui forensia militiæ ejus fuerint magistratus , cum tamen constet ex castrensibus rebus benè gestis judicatum esse dignum Imperio . Non omittendum de Mauritio illud , ipsi Tiberium filiam suam nominatam Constantinam , sive (ut alii habent) Condita stantiam in matrimonium collocasse eo tempore cum jam moriturus in lecto decumberet ; de quo ista Evagrius (d): Cum autem Tiberius jam propè ad extremum spiritum edendum veniret , Mauritio qui ad Imperium gubernandum jam electus fuit, filiam Augustam collocavit in matrimonium , & Imperium pro dote tribuit .] Ac paulò post:

XX.

c Greg. l. 2.
epist. 61. laudiss. 11.

Mauritio
nupt. in tra
dita filia
Tiberii
Imp.

d Evagr.
l. 5. c. 22.

Qui etiam ipsius nomina illis impertivit: siquidem Mauritium , Tiberium ; Augustam Constantiam appellavit.] Et inferius, ubi nuptias solemni pompa celebratas descripsit , hæc de Mauritii moribus addit (e): His rebus confectis , Mauritius deinceps non corpus modò , verùm etiam animum eximia purpura & corona vestivit. Nàm solus ferè ex Imperatorum numero sibi ipsi imperare instituit , & Imperator re vera factus , primò popularem perturbationem statum ex animo suo exigere ; deindè statum optimatum in rationis domicilio constituens , vivum se virtutum exemplar præbere , quò subiectos ad se imitandum eru-
dicet .

XXI.

e Evagr.
l. 6. c. 1.

diret. Atque ista dicuntur à me quidem, non uti eum blanditiis & assentatione deliniam (cùr enim, amabo, hæc à me ad eum finem dicerentur, cum ille quæ ipse litteris prodo penitùs ignoret?) sed quòd tùm domna à Deo tàm munificè tributa, tùm res quæ tàm variis modis adeò prosperè & feliciter acciderunt, ea ita se habere, liquidò ostendunt: quæ sanè omnia ex animo & ingenuè Deo accepta referre debemus.] Hæc Evagrius.

XXII.
Mauritius defensor Catholicæ fidei.
a *Greg. l.7. epist. 47.*

Cum autem omnium sententia constet, Mauritium egregium omnium virtutum fuisse cultorem, potissimùm verò observantissimum ipsius Catholicæ religionis cultù; testis est de hoc S. Gregorius in epistola ad Anastasium Antiochenum, ubi ait (a): Omnipotenti Deo gratiæ sine cessatione exolvendæ sunt, & pro vita piissimi & Christianissimi domini nostri Imperatoris, & tranquillissima ejus conjuge, & mansuetissima sobole semper orandum est, quorum temporibus hæreticorum ora conticescunt: quia etsi eorum corda in insania perversi sensus ebulliunt, Catholici tamen Imperatoris tempore, prava quæ sentiunt, eloqui non præsumunt.] Hæc Gregorius.

XXIII.
Mauritius litteras scribit ad S. Theodorum.

Quod etiam ejusdem Mauritii magnam animi demissionem cum pietate commendat, illud ab eo specimen hoc anno editum legitur, quòd ad sanctum Theodorum Archimandritam, à quo de Imperio, cum victor à Persis rediret, oraculum haud dubium acceperat, confestim litteras dedit, ab eodem preces exposcens:Gregorius enim sanctissimi viri discipulus, qui res ab eo gestas omni fide conscriptas posteris tradidit, hæc de his habet: Ubi defuncto Tiberio (ut vir sanctus prædixerat) Imperium obtinuit, & ejus verborum memor, epistolam ad illum misit, rogans ut Deum pro se deprecaretur, ut Imperium in pace tueri posset & ab hostibus defendere, addiditque ut peteret si quid à se vellet. Sanctus autem Theodorus beatum Philumenum misit, & rescripsit Imperatori, ut in usus pauperum aliquid frumenti monasterio tribueres. Addixit igitur Imperator monasterio singulis annis tritici modios sexcentos, & poculum illi pro munere misit.] Hucusque Gregorius: reliquæ autem Mauritii res gestæ annis singulis ordine temporum narrabuntur.

XXIV.
Novus mittitur Apocrisarius Constantinopol.
b *Greg.l.4. epist. 38.Indict.13.*
c *Greg.epis. l.2. in prin.*

Cum verò innotuisset Pelagio Romano Pontifici Mauritium Imperatorem post Tiberium coronatum, ex more novum ad eum misit Apocrisarium diaconum Cardinalem. Testatur id quidem sanctus Gregorius in epistola ad Eulogium. Fuisse verò illum sanctæ Romanæ Ecclesiæ Archidiaconum nomine Laurentium, idem Gregorius (b) testatur in epistola ad Joannem Constantinopolitanam Episcopum postea missa: qui, cùm ipse Gregorius Pontifex creatus est, fuit ab eo in delicta depositus, & in locum ejus subrogatus Honoratus, ut ex ipsius Gregorii Registro (c) colligi posse videtur.

XXV.
Gregorius igitur tempore Tiberii eo be-
Annal. Eccl. Tom. VII.

A nè functus munere, illo defuncto, Romam reversus est & quidem magnis donatus muneribus, nempè sacrosanctis reliquiis Andreæ Apostoli, & Lucæ Evangelistæ, quas nuper tempore Justiniani resossas & honorificentiori loco reconditas vidimus. Quòd enim (ut dictum est) erexisset in Urbe in Cælii montis regione ad clivum Scauri monasterium Gregorius sub titulo S. Andreæ; ejusdem Sancti reliquias sibi dari petiit ab Imperatore: quas & accepit insignes quidem, nempè brachium S. Andreæ cum capite S. Lucæ. Est de his in Vaticanis **B** monumentis verus assertio in priori pagina codicis signati numero centesimo quinquagesimotertio. Extat adhuc in eodem monasterio S. Andreæ ipsum ejusdem Apostoli brachium argentea theca ornatum, quod certis diebus super altare primarium populo visendum & venerandum proponitur; caput verò sancti Lucæ in basilica Vaticana seconditum, ibi hactenùs honorificè asservatur.

Reversus S. Gregorius Romam, hoc otio **XXVI.**
C bene usus est: nàm quos inchoaverat Constantinopoli libros Moralium, perficere laboravit, ut ipse testatur scribens ad Leandrum (d). Intervisse posteà Gregorium Romæ ipsi Pelagio Papæ in scribendo adversùs d *Gregor.in fin. præfat. lib. Moral.*
schismaticos, proximè dicturi sumus. Simulac enim Romam rediit, adversùs ingruentes ob capitula illa Tria schismaticos jussu Pelagii stylum exeruit. Eorum omnium (ut dictum est) caput fuit Aquilejensis Antistes-Paulinus, posteàque ejus successor Elias, indè verò Severus. Vixisse autem in hunc usque annum tradunt (e)Eliam; ad quem coarguendum ipse Gregorius diaconus jussu Pelagii epistolam scripsit. Testatur id Paulus diaconus, ubi ait (f): Pelagius Papa Eliæ Aquilejensi Episcopo nolenti Tria capitula Chalcedonensis Synodi **D** suscipere, epistolam satis utilem misit,quam beatus Gregorius, cum adhuc. esset diaconus scripsit.] Hæc Paulus. Qui dùm ait, nolentem Eliam suscipere Tria capitula Chalcedonensis Synodi redargutum à Pelagio Papa, minimè quidem de Trium capitulorum quæstione visus est fuisse consultus:etenim illi se inter schismaticos collocarunt, qui cum universa Catholica Ecclesia(ut sæpè superiùs dictum est) recipiente Trium capitulorum damnationem ipsi eam ratam habere minimè voluerunt, quos acerrimè **E** propugnarunt cum ipso Elia alii ejusdem Ecclesiæ Episcopi Aquilejenses, qui prærogativa sedis se duces schismaticorum exhibuerunt. Non ergò Elias schismaticus erat, quòd nollet Tria capitula suscipere, sed quòd damnationi eorum minimè acquiesceret, ac pro illis pugnaret quæ tuenda susceperat. Sed & in eo corrigendus est Paulus (g), dùm Eliæ obitum & successionem gPaul.diac Severi ad illa refert tempora quibus sanctus con. lib.3 c. Gregorius Augustinum in Angliam misit: 12. cum id non solùm auctoribus omnibus hoc anno ponentibus Eliæ obitum adversetur, sed & ipsi Gregorio id testanti, dùm longè antè Augustini ad Anglos legationem
Bbb 3 susce-

Greg.redit Româ cum SS. reliquiis.

d Gregor.in fin. præfat. lib. Moral.

Gregorius scribit adversùs schismaticos petente Pelagio.

e *Panvin. Hieronym. Rub. histor. Raven. l.4.*
f *Paul.diac. de gest.Longob.lib.3.c. 10.*

<table>
<tr><td>

a Greg. lib.
1. epist. 16.

</td><td>

fusceptam, immò antequàm ipse Gregorius esset Pontifex, Severum sedisse Aquilejæ significat litteris anno primo suo Pontificatu (*a*): utpotè qui post litteras Pelagii Papæ nomine à Gregorio scriptas, ad unitatem se Catholicæ Ecclesiæ converterat ; sed iterùm se ab ea conscindens, ad schismaticos transfuga factus est : quo nomine ipso sui Pontificatus exordio idem Gregorius ipsum redarguit.

</td></tr>
</table>

XXVII.
De epistola sive libro Pelagii Papæ ad Eliam.

b Greg. lib.
2. epist. 36.
Indict. 10.

Quod verò ad dictam epistolam à Pelagio Papa missam ad Eliam Episcopum spectat : ejusdem planè generis fuisse visa est, cujus erat epistola S. Leonis ad Flavianum, quæ cum epistolæ nomine scripta esset, eadem diceretur & tomus ob sui amplitudinem atque tractatum : nàm & ipsa Pelagii epistola ab ipso S. Gregorio liber est nuncupata; de quo ad Hiberniæ Episcopos dùm scribit, hæc habet (*b*) : Ut igitur de Tribus capitulis, animis vestris ablata dubietate, possit satisfactio abundantèr infundi; librum quem de hac re sanctæ memoriæ decessor meus Pelagius Papa scripserat, vobis utile judicavi transmittere : quem si posito voluntariæ defensionis studio, puro vigilantique corde volueritis relegere, eum vos per omnia secuturos, & ad unitatem vestram

*** vestram** reversuros nihilominùs esse confido.] Hæc Gregorius ; cujus modestia commendatur, cum totum Pelagio tribuat, quod tantùm ejus nomine scriptum esset, nihil sibi ad rogans laboris à se in eo scribendo suscepti; Quantæ autem esset efficaciæ liber iste, ex his quæ mòx idem Gregorius subdit, intelligere possumus, ubi ait : Porrò si post hujus libri lectionem, in ea qua estis volueritis deliberatione persistere ; sine dubio non rationi operam, sed obstinationi vos dare monstratis.] Hæc Gregorius ad Hibernos.

XXVIII.

Porrò dictam Pelagii epistolam, tomum, sive librum dictam ob sui prolixitatem, ad Episcopos Istriæ à S. Gregorio adhuc diacono scriptam, diù optatam, frustrà quæsitam, Dei magno beneficio, post editionem septimi hujus & octavi etiam tomi, cum jàm desperassemus omninò, accepimus eam Parisiis missam à viro doctissimo mei amatissimo Nicolao Fabro, unà cum aliis egregiis antiquitatis monumentis , suis à nobis locis in Annalibus intexendis , simúlque duas alias ejusdem Pelagii Papæ, sive dixerimus Gregorii ab auctore qui scripsit denominando , epistolas breviores eodem argumento ad eosdem Istriæ schismaticos anteà datas: quas omnes eodem quo scriptæ sunt ordine , hìc tibi reddendas dignum existimavimus . Pelagius enim ægreferens tamdiù Istrios populos ab unitate Catholicæ Ecclesiæ schismate scissos, adhùc remanere disjunctos; Christi Redemptoris admonitione solicitus , qua dixit Petro : Confirma fratres tuos : ad Eliam Aquilejensem Episcopum illorum antesignanum , simúlque alios ejus collegas , factionis ejusdem complices hanc primam epistolam scripsit , quam missis ad hoc Legatis dedit ,

</td><td>

Prima epistola Pelagii Papæ junioris, ad Episcopos Istriæ.

Dilectissimis fratribus Eliæ aliisque Episcopis, universis filiis Ecclesiæ Istriæ partibus constitutis , Pelagius Episcopus sanctæ Ecclesiæ Catholicæ Urbis Romæ.

Quòd ad dilectionem vestram, fratres, filiique carissimi , nostra tardiùs scripta dirigimus, non malevolæ voluntatis , aut dissimulationis vel negligentiæ fuisse credatur : sed sicut nostis , temporalis qualitas & hostilis necessitas hactenùs impedivit. Nàm sicut ait Dominus per Prophetam: (*c*) Numquid obliviscetur mulier filium uteri sui ? Non ergo credatur nos viscerum nostrorum divisionem non cum gravi fletu ac gemitu doluisse ; sed utinam , carissimi , illuminet Dominus oculos cordis vestri, ut nostri cordis gemitus pro vobis videre possitis . Quis enim, sicut ait beatus (*d*) Apostolus, infirmatur, & ego non infirmor ? quis scandalizatur, & ego non uror ? Et alibi (*e*) : Quia si patitur unum membrum , compatiuntur omnia membra. Posteà ergò quàm Deus omnipotens pro felicitate Christianissimorum Principum, per labores atque solicitudinem filii nostri excellentissimi Smaragdi Exarchi & Chartularii sacri Palatii pacem nobis interim vel quietem donare dignatus est; cum omni solicitudine festinamus præsentia ad vos scripta dirigere , hortantes & obsecrantes , ne indivisione Ecclesiæ ulteriùs quisquam studeat permanere. Nos enim secundùm Euangelicam vocem studemus fraternitati ac dilectioni vestræ, in quantum fragilitas nostra sufficit , quæ nobis ipsis sunt, cum sinceritate cordis humiliter exhibere . Nostis enim in Euangelio Dominum proclamantem: (*f*) Simon, Simon, ecce satanas expetivit vos , ut cribraret sicut triticum, ego autem rogavi pro te Patrem , ut non deficiat fides tua ; & tu conversus confirma fratres tuos.

Considerate, carissimi, quia Veritas mentiri non potuit , nec Fides Petri in æternam quassari poterit vel mutari: nàm cum omnes Discipulos diabolus ad excribrandum poposcerit, pro solo Petro se Dominus rogasse testatur , & ut voluit cæteros confirmari : Cui etiam pro majori dilectione quam præ cæteris Domino exhibeat, pascendarum ovium (*g*) solicitudo commissa est, cui & claves (*h*) Regni cœlorum tradidit ; & super quem Ecclesiam suam ædificaturum esse promisit, nec portas inferi adversùs eam prævalere, testatus est. Sed quia inimicus humani generis usque in finem sæculi non quiescit in Domini Ecclesia bono semini superseminare zizania : ideóque ne fortè quisquam maligno studio aliqua de fidei nostræ integritate, diaboli instigatione fingere præsumpserit & argumentari , & ex hoc vestri fortasse videantur animi perturbari ; necessarium judicavimus per præsentem epistolam nostram , & ad viscera vos matris Ecclesiæ ut reverti debeatis , cum lachrymis exhortari , & de fidei nostræ integritate vobis satisfactionem nostram mittere ; quatenùs nulla possit in

cor-

</td><td>

XXIX.
Pelagii
Pap. Jun.
ad Istriæ E.
pisc. Epist.

c Isai. 49.

d 2. Cor. 11.
e 1. Cor. 12.

f Luc. 22.

XXX.

g Joan. 21.
h Matth. 16.

</td></tr>
</table>

cordibus vestris de nobis remanere suspicio, ut in divini tremendique Judicii die de taciturnitate mea reus inveniri non possim.

XXXI. Nos enim illam fidem prædictam tenemus, & cum omni puritate conscientiæ usquè ad sanguinis effusionem defendimus, quæ ab Apostolis tradita, & per successores eorum inviolabilitèr custodita, reverenda Nicæna Synodus trecentorum decem *redegit.* & octo Patrum suscepit atque * reliquit in Symbolum, sed & Constantinopolitana centum & quinquaginta Patrum sub piæ memoriæ Theodosio seniore Principe factum; etiam Ephesina prima, cui præsedit beatæ recordationis prædecessor noster Cælestinus Romanæ Urbis Antistes & Cyrillus Alexandrinæ Episcopus; sed & Chalcedonensis sexcentorum triginta Patrum, quæ sub piæ memoriæ Martiano Imperatore convenit, cuique sanctæ recordationis Papa Leo per Legatos vicarios suos præsedit; * claman- & ut diversarum hæresum damnanda exigebat adversitas, eamdem Fidem uno eo- tes. demque sensu * clamanter latiùs ediderunt. Sed & epistolam prædicti beatæ memoriæ Leonis ad Flavianum Constantinopolitanum Episcopum datam, quæ &i Tomus appellatur, per omnia veneramur, tenemus, defendimus; atque secundùm ejus tenorem, adjuvante Domino, prædicamus. Et sicut prædecessor noster sæpedictus beatæ memoriæ Papa Leo Synodum Chalcedonensem suscepit atque firmavit;ita & nos per omnia, operante divina gratia, veneramur, custodimus, atque defendimus.

XXXII. Si quis autem contrà hanc Fidem aut sapit, aut credit, aut docere præsumit; secundùm eorumdem Patrum sententiam, damnatum atque anathematizatum esse cognoscat. Non ergò patiamini falsis suspicionibus, aut rumoribus denuò agitati, & in divisione Ecclesiæ malorum hominum persuasionibus (quod avertat Dominus) remanere. Quid enim vos à sanctæ Ecclesiæ unitate dividitis? quandò nihil novi, nihil (quod absit) contrarium in dicta Ecclesia prædicari cognoscitis vel teneri; sed unam eamdemque Fidem quæ ab Apostolis tradita, & à sanctis Patribus & prædictis quatuor Synodis explanata atque confirmata dignoscitur, sinceriffimè teneri atque defendi modis omnibus comprobatur. Ubi ergò de Fidei firmitate nulla vobis poterit quæstio vel suspicio generari: in unitate Fidei, atque in sinu sanctæ matris Catholicæ & Apostolicæ Ecclesiæ permanete. Si quid forte causæ est, unde vestri scandalizati animi videantur: manentes in unitatis caritate, eligite de fratribus * in qua- ac filiis nostris,quos ad nos * inquirendo de rendo. quibus movemini, transmittere debeatis; & a 1. Petr.3. parati sumus secundùm præceptionem (a) Apostolicam, & cum caritate eos suscipere, & cum humilitate ad placita satisfactionis reddere rationem: & sine aliquo impedimento cum omni dilectione, quandò reverti volueritis, voluntate sincerissima relegare.

XXXIII. Audiamus autem Doctorem (b) Genb Coloff. 2. tium clamantem: Sicut accepistis Christum

A Jesum Dominum, in ipso ambulate, radicati & superædificati in ipso; & confirmati in fide, sicut didicistis; abundantès in gratiarum actione. Videte ne quis vos decipiat per philosophiam & inanem fallaciam; nec ad contentionem aut superfluas quæstiones vestra ulterius studia convertantur. Vocem ejusdem Apostolicum humilitate cordis attendite; sic enim scribens ad Timotheum ait (c): Stultas autem & sine c 2. Tim.2. disciplina quæstiones devita, sciens quia generant lites: servum autem Domini non oportet litigare. Et iterùm ad Corinthios(d): d 1.Cor.11. Si quis autem videtur inter vos contentiosus esse;nos talem consuetudinem non habemus B neque Ecclesia Dei. Et iterùm post alia: Non est Deus dissensionis, sed pacis.

Considerate ergò, quia quicumque in XXXIV. pace & unitate Ecclesiæ non fuerit; Dominum habere non poterit. Item ad Galatas (e) scribens ait: Qui ex fide sunt, hi e Gal. 3. sunt filii Abrahæ. Providens autem scriptura, quia ex fide justificat Gentes Deus, prænunciavit (f) Abrahæ, quia benedicen- f Gen. 22. tur in te omnes Gentes. Igitur qui ex fide sunt, benedicentur cum fideli Abraham. Quam ergo excusationem apud Dominum post præsentem satisfactionem nostram ha- C bere ulterius potestis, quandò nulla vobis de fidei nostræ sinceritate & puritate contraria suspicio remanebit? Audite protestantem & commonentem eumdem Apostolum (g): Nolite seduci, corrumpunt mo- g1.Cor.15. res bonos colloquia mala. Non ergò circumveniamur à satana, non enim ignoramus cogitationem ejus. Cum dilectione ergò fraterna & humilitate Deo placita, si cujus forte animi scandalizari videntur in aliquo, manens in unitatis caritate, perquirat, atque cognoscat. Nam sicut beatus Jacobus Apostolus ait (h): Ubi zelus & conten- h Jac. 3. tio, ibi & inconstantia & omne opus pra- D vum. Et iterùm Doctor Gentium (i): Quis i Gal. 5. vos impedivit,caritati non obedire: persuasio hæc non est ex eo qui vocavit vos, modicum fermentum totam massam corrumpit. Et alibi (k): Ego confido in Domino, k Ibid. quòd nihil aliud sapiatis: qui autem conturbat vos, portabit judicium quicumque est ille. Et in subsequenti ait: Utinam abscindantur qui vos conturbant. Et rursùm admonens dicit (l): Quòd si invicèm l Ibid. mordetis & comeditis, videte ne ab invicèm consumamini. Et iterùm (m): Si spi- m Ephes.5. ritu vivimus, spiritu & ambulemus: non E efficiamur inanis gloriæ cupidi, invicem provocantes, invicem invidentes: Alter alterius onera portemus, & sic adimplebimus legem Christi. Et alibi idem Apostolus (n): Flecto genua mea ad Dominum n Ephes. 4. Patrem Domini nostri Jesu Christi, ex quo omnis paternitas in cælis & in terra nominatur, ut det vobis secundùm divitias gloriæ suæ virtutem, corroborari per Spiritum ejus in interiorem hominem, habitare Christum per fidem in cordibus vestris, in caritate radicati & fundati, ut possitis comprehendere cum omnibus Sanctis. Et post alia: Obsecro itaque vos ego vinctus in Do-

in Domino, ut dignè ambuletis in vocatione qua vocati estis, cum omni humilitate & mansuetudine, cum patientia supportantes invicem in caritate, soliciti servare
unitatem spiritus in vinculo pacis. Unum
corpus & unus spiritus, sicuti vocati estis
in una spe vocationis vestræ. Unus Dominus, una fides, unum baptisma, unus &
Pater omnium, qui super omnia & per omnia, & in omnibus nobis. Et dùm tales ex-
hortationes Apostolicas habeamus, quia non
separabit à caritate, quæ est in Christo Jesu
Domino nostro à Si enim cum humilitate &
fletu diligenter intendimus: consideramus
& intelligimus quòd ille sit insidiator noster, de quo dictum (a) est: Quia adversarius vester diabolus, sicut leo rugiens circuit quærens quem devoret; cui secundùm
ejusdem Apostoli exhortationem, cum omni nos concordia & unitate in fortitudine
fidei resistere atque obviare necesse est.
Exemplo enim omnes didicimus, carissimi
fratres ac filii, quanta mala quantaque flagella divisionem Ecclesiæ fuerint subseca-
ta. Undè in ipsius misericordia, licèt indigni, confidimus, quia si Ecclesiam suam
adunare atque pacificare concesserit, omnia
à nobis quæ pro delictis nostris suscepimus
flagella, celeriùs removentur; & unitas ac
firmitas pacis Ecclesiæ pacem nobis & temporalem obtinet & æternam.

Tantummodò rogamus, & obsecramus,
& per divinum vos tremendumque Dei judicium obtestamur, ubi sibi nullus hominum poterit argumentis vel excusationibus
subvenire; nè ulteriùs per vos Dei dividatur
Ecclesia, sed hæreditatem Domini communi possideamus & teneamus studio. Quæ
autem sit ejus hæreditas, ipsius verba quæ
ad discipulos dicta sunt, audiamus: (b) Pacem meam do vobis, pacem meam relinquo
vobis. Et iterùm: (c) In hoc cognoscent
omnes, quia mei estis discipuli, si dilectionem habueritis ad invicem. Idipsum autem, sicut ait (d) Vas electionis, dicamus
omnes, & non sint in vobis schismata: simus
autem perfecti in eodem sensu & in eadem
scientia, ut in sinum matris Ecclesiæ congregati efficiamur unus grex, ut unius Christi pastoris custodia ab omnibus externis in-
ternisque hostis insidiis ejus protectione atque defensione servemur illæsi. Hæc autem
ad vos direximus per fratrem & Coepiscopum nostrû Redemptum & Quodvultdeum
Abbam monasterii majoris, basilicæ beati
Petri Apostoli: quos vestra dilectio &
placita Deo caritate suscipiat, & ad nos cum
unitatis vestræ gaudio sine mora reverti dimittat ; quatenùs cognoscentes dilectionem atque obedientiam caritatis vestræ
cum sanctis Angelis communiter atque veraciter dicere mereamur: (e) Gloria in altissimis Deo, & in terra pax hominibus bonæ voluntatis.] Hactenùs Pelagii Papæ epistola per Legatos missa, qua instar amantissimi Patris perditos filios studuit in domum paternam revocare ; & oves errantes,
ut vigilantissimus pastor, ad gregem solicita
cura reducere. Sed frustrà, siquidem illi

obdurato magis corde restiterunt, nihil pacificum, humanumve, ut par erat, ad Pelagium Pontificem rescribentes; sed adver-
saria ac contradictoria potiùs scripta pro-
tervo animo, pertinaci spiritu, superba intentione, atque arroganti fastu misere per
suos nuntios ad hoc delectos.

Cùm tamen nec sic quidem Pelagius Papa despexit furentes illos, & multa febre
phreneticos delirantes ; sed de adhibendis
medicamentis ægrotantibus majori cura solicitus, quàm ineptè, quàm stultè deviantes à veritate suas illi contradictiones op-
posuissent, ostensurus; primùm misso ab
eis nuntios, voluit proditis ex Apostolicis
scriniis rerum gestarum exemplaribus reddere certiores, undè per litteras rursùm eosdè
schismaticos Episcopos admonere, arguere,
rogareque demùm, ut aversione contentiosà
deposita, ad sinum patentem, eosque expe-
ctantem sanctæ matris Ecclesiæ properra-
rent: invitans eos ad Concilium sive Romæ, sive potiùs Ravennæ ob majorem ipsorum commoditatem habendum. Epistola
autem sic se habet ab eodem Gregorio diacono (ut idem communis aliis præsefert stylus) conscripta.

Secunda epistola Pelagii Papæ ad
Episcopos Istriæ.

Dilectissimis fratribus Eliæ vel aliis Episcopis Istriæ, Pelagius Episcopus.

Dilectionis vestræ per eos quos direxisti
scripta suscepimus, relectisque his, gravi
sumus mærore & dolore percussi: cum neque his, quæ nos vobis scripsimus respondi-
stis, neque ut fraternam decuerat caritatem, fidei nostræ satisfactione suscepta ad
unitatem Ecclesiæ revertendi obedientiam
commodastis; postremò nec eos aliter qui
venerunt dirigere pertulistis, ut apertissi-
mam, lucidissimamque satisfactionem se
paterentur accipere: sed scripto nobis quasi
capitulare, vel interdictum potiùs ostende-
runt, nihil injunctum sibi à vobis aliud as-
ferentes, nisi ut vestræ tantummodò essent
portatores epistolæ. In qua tamen nullam
rationis satisfactionem quæsisse vos legi-
tis, sed velut judicatum quid nobis expres-
sisset ; quod quàm pravum sit, quàm injustum, Patrumque regulis inimicum, si volueritis ad cognitionem veritatis accedere,
splendidissimè cum divino auxilio potestis
addiscere. Undè nos cum Propheta lachry-
mabiliter convenit exclamare: (f) Obmu-
tui, & humiliatus sum, & silui à bonis, &
dolor cordis mei renovatus est. Renovatus
est dolor cordis nostri, quandò diuturnæ
divisionis scandalum minimè tanto fidei
fulgore superatur: maximè quia pravorum
hominum persuasione decepti, scripta nobis diversis infecta contagiis direxistis; &
quòd in epistolis Patrum quædam testimonia non incongrua solùm, sed nec ad causam pertinentia tentastis inserere, ita ut nec
ordinem testimoniorum, qui in ipsis epistolis Patrum legitur, servaretis: quippè ut
quod scriptum nomine alterius fuerat, alterius nominis titulo promeretur. In quo
evidentèr dictum vobis Apostolicum (g) constat,

(marginal notes left column)
XXXV.
a 1. Petr. 5.
b Joan. 14.
c Joan. 13.
d Cor. 1.
f Luc. 2.

(marginal notes right column)
XXXVI.
XXXVII. Pelagius Pap. ad Istriæ Epi-scop.
f Psal. 38.
g 1. Tim. 1.

fiat, aptari: Nescientes neque de quibus
affirmant.

XXXVIII.

Quod quidem non vestræ malitiæ vel
calliditati credimus adscribendum, sed veneno hostis malignissimi perspicimus ex-
quisitum; qui zizania seminare per valstrem
usque in finem sæculi, in Dei Ecclesia non
quiescit. Ex quo intelligimus, fraternitatem vestram epistolas, de quibus posuistis
testimonia, non legisse: neque enim si vobis eorum scriptura constaret, illa quæ apertissimè pro fidei tantummodò causâ sunt posita, aliis congruere fingeretis. Propter
quod ab errore divisionis, in quem falsis
opinionibus incidistis, hortor & opto vos
celeriùs revocari: & non (sicut scriptum
(a) est) jugum cum infidelibus ducere ; sed
illi iterùm jugo mansueta colla submittere,
de quo ipse Dominus dicit: (b) Jugum
enim meum suave est, & onus meum leve
est: quod nullo modo poterit quis vel ferre vel discere, nisi eidem jugo caritatis vinculis fuerit subjugatus, ipsi oneri per dilectionem quippe ut spirituali sarcinæ mentes,
humeros, viresque subdiderit. Sicut namque animositas abscissionis intellectum facit
per superbiam colligare, ita recuperata caritatis humilitas mentes in unitate fidei
perseveranter ad cognitionem veritatis in-
luminat.

a 2.Cor.6.
b Mat. 11.

XXXIX.

Propter quod præsentium portatoribus,
quos fraternitas vestra direxit, & ex codicibus, & ex antiquis polypticis scrinii sanctæ Sedis Apostolicæ reiecta sunt aliqua,
quibus evidentèr apparet, nihil eorum quæ
in vestra posuistis epistola, causæ trium Capitulorum, convenire ullatenùs, aut veri-
similitèr coaptari. Ideòque necesse est, vos
omnes epistolas synodales solicitè vigilantèrque percurrere, ut evidentiùs agnosca-
tis; quia sancti Patres nihil aliud de Chalcedonensi Synodo in suis epistolis firmaverunt, nisi ut inviolabilis fidei definitio
servaretur. Nàm ad eamdem Synodum confirmandam beatæ recordationis prædecessor
noster Papa Leo scribens, inter alia sic ait:
Ne ergò per malignos interpretes dubita-
bile videatur, utrùm quæ in Synodo Chalcedonensi per unanimitatem vestram de fide
statuta sunt, approbarim; hæc ad omnes
fratres & Coepiscopos nostros, qui prædicto Concilio interfuerunt, scripta direxi,
quæ gloriosissimus & clementissimus Princeps, sicut poposci, in notitiam vestram
mittere, pro Catholicæ Fidei amore digna-
bitur: ut & fraterna universitas, & omnium
fidelium corda cognoscat, me non solùm per
fratres, qui vicem meam executi sunt, sed
etiam per probationem gestorum Synodalium, propriam vobiscum habuisse sententiam; in sola videlicèt fidei causâ (quod
sæpè dicendum) propter quam generale
Concilium & ex præcepto Christianissimorum Principum, & ex consensu Apostolicæ
Sedis placuit congregari.

XL.

Sed ne fortè animis vestris aliqua adhuc
videatur quæstio aut dubietas remanere,
apertiùs quæ ad Maximum Antiochenæ Ecclesiæ Antistitem scripserit, paritèr cura-

vimus indicare. Post plurima itaque sic ait:
Si quid sanè ab his fratribus, quos ad sanctam Synodum vice mea misi, præter id
quod ad causam fidei pertinebat, gestum
esse perhibetur, nullius erit firmitatis: quia
ad hoc tantùm ab Apostolica Sede directi
sunt, ut exclusis hæresibus, Catholicæ essent Fidei defensores. Quicquid enim præter speciales causas synodalium Conciliorum ad examen Episcopale defertur, potest
dijudicandi habere rationem, &c. Ecce, sicut superiùs dictum est, cognoscitis, fratres
carissimi, nihil aliud sæpefatum prædecessorem nostrum, quàm ea quæ de fidei firmitate definita sunt, confirmasse: quod penè in omnibus epistolis ejus, si volueritis,
pleniùs potestis cognoscere. Nàm privatæ causæ quæ illic post definitionem fidei
actæ sunt; non solùm minimè confirmavit, sed & retractari atque dijudicari concessit. In Encycliis verò (quod est Episco-
palium collectio litterarum, ex quibus aliqua in scriptis vestris testimonia incongruè
similiter posuistis) unde mota sit causa, vel
quid piæ recordationis Leo Imp, per universas provincias sacerdotibus scripserit
consulendo, aut qualiter ab ipsis responsâ
susceperit, nobis quoque tacentibus, eorum lectione valebitis pleniùs informari: ut
nulla de cæterò in vestris cordibus malignis
excogitatio pravitatis locum subreptionis
inveniat. Nos enim propter prolixitatem
hujus epistolæ ordinem causæ ipsius decli-
navimus indicare. Nàm si cum studio caritatis, quæ à nobis scribuntur, cum timore Domini solicitè vigilantèrque relegitis ;
facilè sentietis, quantum sit periculum pro
superfluis quæstionibus, & hæreticorum defensione capitulorum, tamdiu ab universi-
tali Ecclesiæ segregari.

XLI.

Nolite ergò amore jactantiæ quæ superbiæ semper est proxima, in obstinationis
vitio permanere;quandò in die Judicii nullus vestrum excusare se valeat: & neque
Theodorus Mopsuestinæ, neque ipsa epistola, quæ ab adversariis est prolata, ante
tribunal tanti Judicis vobis valeat subvenire. Doctori itaque Gentium pareamus,qui
in prima ad Corinthios epistola dicit.(c):
Æmulamini charismata meliora, & adhuc
excellentiorem viam vobis demonstro. Quæ
ergò majora sint, & à se demonstranda pro-
mittat, ex ipsius voce audiamus intentius.
(d) Si linguis hominum loquar & Angelorum, caritatem autem non habeam; factus sum sicut æs sonans aut cymbalum tin-
niens. Etsi habuero prophetiam, & nove-
rim omnia mysteria, & si habuero omnem fidem, ita ut montes transferam, & si
distribuero in cibos pauperum omnes facultates meas, & si tradidero corpus meum
ut ardeat, caritatem autem non habuero;
nihil mihi prodest. Et iterum: Fides, spes,
caritas, tria hæc, major autem his caritas.
Quam igitur ante Dominum poteritis habere fiduciam, quandò nullum scandalum
generari vobis de fidei nostræ integritate
cernentes, tantis temporibus per superfluas quæstiones ab Ecclesia Dei, quæ una
est,

c 1.Cor.12.
d 1.Cor.13.

est, & à fraterna caritate vos dividi duratis . Ubi namque ſit Eccleſia conſtituta, licèt ipſius Domini voce in ſancto Euangelio ſit apertum ; quid tamen beatus Auguſtinus ejuſdem Dominicæ memor ſententiæ definierit, audiamus : In his namque ait , eſſe Dei Eccleſiam conſtitutam , qui Sedibus Apoſtolicis per ſucceſſionem Præſulum præſidere noſcuntur . Et quicumque ab earundem Sedium ſe communione vel auſtoritate ſuſpenderit, eſſe in ſchiſmate demonſtratur . Et poſt alia : Poſitus foris etiam ſi pro Chriſti nomine mortuus fueris , inter membra Chriſti †. Patere pro Chriſto, harens corpori, pugna pro capite . Sed & beatus Cyprianus egregius Martyr in libro quem de unitate titulavit, inter alia ſic dicit : Exordium ab unitate proficiſcitur : & primatus Petro datur, ut una Chriſti Eccleſia & cathedra monſtretur : & paſtores ſunt omnes, ſed grex unus oſtenditur, qui ab Apoſtolis unanimi conſenſione paſcatur : & poſt pauca : Hanc Eccleſiæ unitatem qui non tenet, tenere ſe fidem credit ? Qui cathedram Petri, ſuper quam Eccleſia fundata eſt, deſerit, & reſtituit, in Eccleſia ſe eſſe confidit? Item poſt alia: Ad pacis præmium pervenire non poſſunt, quia pacem Domini diſcordiæ furore ruperunt :

XLII.
a Matth. 5.
b Geneſ. 4.

Item ex eodem libro ſic ait : Ad ſacrificium cum diſſenſione venientes revocat ab altari , & jubet (a) priùs concordare cum fratre, tùnc cum pace redeuntes Domino munus offerre : quia nec ad (b) Caim munera reſpexit Deus ; neque enim habere Dominum pacatum poterat , qui cum fratre pacem per zeli diſcordiam non habebat . Quàm ſibi igitur pacem promittunt inimici fratrum ? Quæ ſacrificia celebrare ſe credunt æmuli ſacerdotum ? Secum eſſe Chriſtum cum collecti fuerint opinantur, qui extrà Eccleſiam colliguntur ? Tales etiam ſi occiſi in confeſſione nominis fuerint, macula iſta nec ſanguine abluitur . Inexpiabilis & gravis culpa diſcordiæ nec paſſione purgatur . Eſſe martyr non poteſt, qui in Eccleſia non eſt : ad Regnum pervenire non poterit , qui eam quæ regnatura eſt derelinquit . Et poſt alia : . Cum Deo manere non poſſunt , qui eſſe in Eccleſia Dei unanimitèr noluerunt : ardeant licèt flammis & ignibus traditi , vel objeſti beſtiis animas ſuas ponant; non erit illa fidei corona, ſed pœna perfidiæ : nec religioſæ virtutis exitus glorioſus, ſed deſperationis interitus : occidi talis poteſt, coronari non poteſt. Item ejuſdem : An eſſe ſibi cum Chriſto videtur, qui adverſus ſacerdotes Chriſti facit ? qui ſe à cleri ejus, & plebis ſocietate ſecernit ? Arma illa contrà Deum portat , contrà Dei diſpoſitionem repugnat: hoſtis altaris, adverſùs ſacrificium Chriſti rebellis, pro fide perfidus , pro religione ſacrilegus, inobſequens ſervus, filius impius , frater inimicus, contemptis Epiſcopis & Dei ſacerdotibus derelictis, conſtituere audet aliud altare . Item cujus faciat : Pejus ſchiſmatis crimen eſt , quàm quod hi qui ſacrificaverunt: qui tamen in pœnitentia criminis con

ſtituti Dominum plenis ſatisfactionibus deprecantur . Hìc Eccleſia quæritur & rogatur, illìc Eccleſiæ repugnatur . Hìc poteſt neceſſitas fuiſſe, illìc voluntas tenetur in ſcelere . Hìc qui lapſus eſt , ſibi tantùm nocuit, illìc qui hæreſim vel ſchiſma facere conatur , multos ſecum trahendo decepit. Hìc animæ unius eſt damnum , illìc periculum plurimorum . Certè ſe peccaſſe hìc intelligit & lamentatur & plangit ; ille tumens in peccato ſuo, & ipſis ſibi delictis placens, à matre filios ſegregat , oves à paſtore ſolicitat, Dei ſacramenta diſturbat ; & cum lapſus ſemèl peccaverit, ille quotidiè peccat. Poſtremò lapſus martyrium poſtmodùm conſecutus poteſt Regni promiſſa percipere ; ille ſi extrà Eccleſiam fuerit occiſus, ad Eccleſiæ non poteſt præmia pervenire . Itèm qui ſuprà : Quòd ſi in ſcripturis ſanctis frequentèr & ubique diſciplina præcipitur, & fundamentum religionis à fidei obſervatione ac timore proficiſcitur ; quid cupidiùs appetere , quid magis velle ac tenere nos convenit , quàm ut radicibus fortis fixis , & domiciliis noſtris ſuper petram robuſtæ mole ſolidatis, inconcuſſi ad procellas ac turbines ſæculi ſtemus, ut ad Dei munera per divina præcepta venire poſſimus ?

Et ideò hortamur dilectionem veſtram , & obſecramus, ut tàm terribilia Patrum teſtimonia cognoſcentes, nullo modo patiamini ulteriùs in diviſione Eccleſiæ perſiſtere ; ſed in viſcera ſanctæ matris Catholicæ atque Apoſtolicæ regredi tota mentis intentione * celerate : ut radicati in caritate unitatis atque fundati dicere mereamur (c) : Ecce quàm bonum & quàm jucundum habitare fratres in unum: veracitèr exclamantes (d) : Repletum eſt gaudio os noſtrum , & lingua noſtra exultatione . Quibus breviore quidem ſtylo , abundanti tamen caritate reſponſis ; & de fraternitatis veſtræ mentibus, & de divinæ miſericordiæ virtute confidimus, vos ſanctæ citiùs reformari indubitantèr Eccleſiæ. Si tamen pro noſtris adhùc delictis aliquid inimicus animarum vobis obſtinationis (quod abſit) aut dubietatis intulerit: ſecundùm quod interlocutio noſtra Geſtorum apud nos habitorum ſuprema complectitur , & ſicut excellentiſſimo domino filio noſtro Smaragdo Exarcho Italiæ ſupplicare curavimus; inſtructas hùc ad nos perſonas, quibus faciliùs reddenda , recipiendaque ſit ratio, mittere feſtinate, ut nulla deinceps conſenſus veſtri dubietas ſuperet, aut tarditas, ſi eis ſatisfactio plena reddatur . Vel ſi hoc pro longinquitate locorum, vel temporum qualitate paveſcitis : illic Ravennæ fiat congregatio ſacerdotum, quò nos etiam, qui loco noſtro interſint, divinitate propitia, dirigemus ; à quibus ſatisfactionem pleniſſimam capiatis : ne ampliùs animæ ſimplices diviſæ à ſancta Eccleſia pro ſuperfluis quæſtionibus tàm longa obſtinatione remaneant ; nec per vos, quos Dominici gregis decet eſſe paſtores, oves à ſeptis Eccleſiaſticis evagantes rapacis lupi dentibus conſumantur .] Huſcuſque ſecunda Pelagii Papæ epiſtola . Qua tantùm

† non numeraberis

XLIII.

* accelerate
c Pſal. 132
d Pſal. 125.

A
B
C
D
E

tàm abfuit, ut permoverentur perditissimi illi, quorum corda (ut de magna illa be-
a Job.41. stia est in (*a*) Job) instar incudis fabri constricta obduruissent; ut rursùm adversùs Pelagium ipsum atque universam Christi Ecclesiam pro defensione damnatorum in quinta Synodo trium Capitulorum, quorum causa ab Ecclesia se disciderant, scripserint prolixam satis apologiam. Ad quam confutandam Pelagius, ejusdem qui suprà Gregorii opera usus, scriptionem illam refractariam penitus confutavit, scripta ab eo prolixiori epistola, qua cuncta pro tribus adducta Capitulis esse vana ostendit & falsa ; solida verò ac firma illa, nullaque ex parte nutantia, sed certa veritate constantia, quæ in condemnationem eorumdem trium Capitulorum assererentur. Opus quidem dignum Romano Pontifice, & Gregorio qui scripsit, auctore ; ipso siquidem tribus capitibus latrantis Cerberi fauces occlusit, ut sic velut ossa picea spiritu intercepto, latrare vetuerit, atque tamdèm exspirare coegerit. Ipsa autem sic se habet :

Tertia Pelagii Papæ ad Episcopos Istriæ epistola.

Dilectissimis fratribus Eliæ vel universæ Episcopis in Istriæ partibus constitutis, Pelagius Episcopus.

XLIV. Virtutum mater caritas, quæ Redemptoris sui lucris serviens, quæ numquàm quæ sua sunt quærit, desiderio anhelanti me impulit dudùm fraternitati vestræ plena dulcedinis scripta transmittere, quæ disjuncta diù possint suo corpori Christi membra sociare. In quibus plùs precibus quàm monitis loquens; affectu quo volui, exhortari curavi, ut quos aptos discutiendæ rationi prævideret, hàc dilectio vestra dirigeret; quatenùs in trium Capitulorum negocio, vel quæque aperta sunt cognoscerent, vel quæque forsàn obscura viderentur, hæc eis collatio pacificæ intentionis aperiret: tamdèm dilectionis vestræ scripta suscepi, quæ non rationis causas quærerent, sed deliberata apud vos judicii sententia imperarent. Hoc autem quod vos audere de vestra sapientia video, fateor, dolens mittæ; & quidem per epistolas, exempla (ut puto) ostendi humilitatis, amoris specimen præbui. Sed dùm nihil apud vos reperi admonitionis meæ verba proficere, flens,
b Jerem.9 gemensque cum Propheta cogor exclamare (*b*): Curavimus Babylonem, & non est sanata: igitur, quantum volui, caritatis accendi, & tantæ scissionis exurere caliginem volui; sed impletam Prophetæ
c Jerem.6. sententiam peccatis exigentibus inveni, qui ait (*c*): Frustrà conflavit conflator, scoriæ ejus non sunt consumptæ: nulla in rescriptis flammæ caritatis aspicitur, nullam vel post exemplum dulcedinem redolent in cunctis suis sermonibus, nihil quod ad pacem perveniat, sonat. Pensate, quæso, hoc (quod dicere nisi singulta interrumpente non valeo) longo divisionis usu, quanto mentis frigore fraternitas vestra torpuerit, quæ nec constricta recalescit.

A Quid igitur inter hæc faciam, nisi ut XLV. pro vobis ad lacrymas vertar? Quia enim leo rugiens circuit quærens quem devoret, scio & vos stantes extrà caulas ovium †. † devoran-
Non demptis fructibus palmites attendo, dos.
sed abscissas à radice vites aspicio. Et sudantes vos operarios cerno, sed tamen laborare extrà vineam, non ignoro. Ecce urgente fine, cuncta vastantur, ad solitudinem terra redigitur, atque (ut ita dixerim) procella diluvii mundum subruit; & vestra fraternitas arcam fugit. Cum Jeremia dicam (*d*) Quis dabit capiti meo aquam, d Jerem.9. & oculis meis fontem lacrymarum? Et rursum: Deducant oculi nostri lacrymas, &
B palpebræ nostræ defluant aquis: Dicam cum illo iterum: Plorabo & requiescam. Quia enim quietem concordiæ in vestro corde non invenio, festæ menti lacrymas sterno: quæ enim mei spiritus requies esse potest, si ab occulto hoste inflictum vulnus mederi non potest? Ecce in cunctis mundi partibus sancta & universalis Ecclesia unitatis suæ radiis fulget; sed tamen adhùc umbram vestræ divisionis sustinet. Ubique in fidei statu perdurat; sed gaudere eam de sua salute prohibet vulnus, quod de vestra abscissione tolerat: neque enim sanam ca-
C put brachiis mærentibus gaudet; nec se quasi incolume esse pectus lætatur, cum subiectorum viscerum doloribus tangitur; tota namque corporis compago afficitur, si pars ejus vel extrema laceratur. Quicquid ergò est quod aliam pati sentit, in se harmonia caritatis attrahit, Paulo attestante, qui ait (*e*) Et si quid patitur unum mem- e 1 Cor.12. brum, compatiuntur cætera membra. Nos itaque sumus, qui vestro dolore transfigimur, nos qui vestris scissionibus secamur.
D Tanto igitur damnis vestris festina debemus consolatione succurrere, quantò eà per caritatem cogimur ut nostra sentire. Nam etsi differre forsitan volumus, supernæ increpationis voce terremur, quæ ignavos pastores increpans dicit (*f*):Quod fra- f Ezech.34 ctum erat, non alligasti, & quod abiectum non reduxisti, & quod perditum non quæsisti. Si differre volumus, indiscretæ inventionis increpamur, qua per Prophetam Dominus dicit (*g*): Nunquid resina g Jerem.8. non est in Galaad, aut medicus non est ibi? Quare ergò non est obducta cicatrix filiæ populi mei? Quid enim per resinam, quæ fomentum ligat, quæ & in ornamentum domus marmora dissipata conjungit, nisi
E caritas designatur? quæ & in amore corda succendit, & ut sanctam Ecclesiam unitatis ornamento componat, discordes hominum mentes per pacis in se studium ligat. Quid per Galaad, quæ Acervus testimonii interpretatur, nisi in scripturæ sacræ altitudinem innumera sententiarum densitas dicit? Quid per medici vocabulum, nisi unusquisque prædicator? Quid per non obductam filiæ cicatricem, nisi culpa plebis ante Dei oculos nuda monstratur? Re-
F sina ergò in Galaad defuisse convincitur, si pro ostendenda veritate, cum tanta adsint scripturæ sacræ testimonia, adsociando

vos

vos fanctæ Ecclefiæ, nequaquam dignè ar-
doris caritas exhibetur ; & velut abfente
medica cicatrix non obducitur , fi exhortatione ceffante , tantæ fciffionis culpa nullo
velamine fubfequentis pacis operitur . Sed
jàm tempus eft , ipfa nos fufpicionum veftrarum vulnera tangere , eifque auctore
Deo medicamina patefactæ veritatis adhibere , per ea quæ piæ memoriæ Juftiniani
Principis temporibus acta funt .

XLVI. Fraternitas veftra fufpicatur , fanctam
Chalcedonenfem Synodum fuiffe convul-
fam . Sed abfit hoc à Chriftiano opere , à
Chriftiana cogitatione . In ipfa quippe
Nicæna , Conftantinopolitana , ac prima
Synodus Ephefina firmata eft ; & quifquis
illam parte aliqua convellere nititur , illas
nimirùm funditùs , quæ per hanc firmatæ
funt deftruere conatur . Cui fufpicioni in
fcriptis veftris ex fancti prædecefforis noftri
Leonis epiftolis ac Encycliis teftimonia ad-
jungitis , ut præfatam fanctam Chalcedonenfem Synodum inlibatam debere obfervari monftretur . Quæ quidem , fratres cariffimi , ex paucis epiftolis fumptis per-
mixto ordine confufoque pofuiftis , ut dùm
interiecta alia epiftola , ad alia prioris epiftolæ verba recurritur , quafi ex multis epiftolis prolata viderentur . Et valdè miramur , cùr fraternitas veftra de tàm (ficut
diximus) paucis epiftolis non pauca fum-
pferit : cum conftet quòd de fanctæ Chalcedonenfis Synodi illibara veneratione &
prædecefforum noftrorum affertio innumera , & multorum Patrum confenfus in En-
* fumendo cycliis , quafi quædam * fe mundo , nobis infudit . Sed quia femper dictandi ordo tanta fibimet connexione fubiungitur ,
ut & præcedentia fubfequentibus ferviant,
& fubfequentia ex præcedentibus fufpen-
dantur ; eorum fenfum quæ prolata funt,
melius pandimus , fi infrà fupràque legentes , vel quò tendunt , vel unde pendeant,
demonftremus .

XLVII. A dilectione igitur veftra primùm, teftimonium fancti prædecefforis noftri Leonis
ponitur , quod in ejus epiftola ultima continetur , quo ait : De rebus apud Nicæam,
& apud Chalcedonam , ficut Deo placuit
definitis ; nullam audeamus inire tracta-
tam , tamquam dubia velinfienta, ficut quæ
tanta per Spiritum fanctum fuit auctoritas :
cui fecundum teftimonium ex epiftola à
vobis adiungitur , quod illic paulò fuperius habetur , quo dicitur : Quia, ficut fancte , veraciterque piiftis , perfecto incrementum & adiectionem plenitudo non recipit . Interiectis autem duobus teftimoniis de
Encycliis affumptis , præfati prædecefforis
noftri Leonis item ad Leonem Principem
q. 2. Tim. 2. fcripto veftro, verba replicantur , quibus dicitur : Legitimas & divinitùs infpiratas conftitutiones velle movere, non eft pacifici hominis , fed rebellis , dicente Apoftolo (a)
Verbis contendere, ad nihil eft utile , nifi
ad fubverfionem audientium . Nàm fi humanis perfuafionibus femper difceptare fit
liberum , numquàm deeffe poterunt , qui
veritati audeant refultare . Et ejus rursùs

A ad eum : Non finas contrà dexteram omnipotentis Dei triumphos, redivivis exurgere
motibus extincta certamina . Cujus adhùc
teftimonium poft pauca fubdidiftis : Nihil prorsùs de bene compofitis retractetur .

B Ultimum verò à vobis ponitur teftimo- XLVIII.
nium , quod in priori ejus epiftola , de qua
multa jàm teftimonia prolata fuerant , continetur primum , quo dicitur : Quæ jàm
patefacta funt quærere , quæ perfecta funt
retractare , & quæ funt definita convellere ; quid aliud eft , quàm de adeptis gratiis
non referre , & ad interdictæ arboris cibum
improbos appetitus mortiferæ cupiditatis
extendere ? Hæc funt , fratres dilectiffimi,
quæ beati Leonis ad Leonem Principem
verba pofuiftis , quæ videlicèt ab eo pro
cuftodia inlibatæ fidei , non autem pro caufis Epifcoporum fpecialibus , quæ apud
Chalcedonam geftæ funt , proferuntur .
Nàm quia pro totius fidei intemerata obfervatione dixerit , penfandum eft in eadem
epiftola quid præmifit ; ait enim ad eundem Principem loquens fuprà : Cum rerum
temporalium religiosè providentiæ famu-
latum divinis , & æternis difpofitionibus
perfeveranter impenditis , ut fcilicèt Ca-
C tholica Fides , quæ humanum genus fola
vivificat , fola fanctificat , in una confef-
fione permaneat ; & diffenfiones quæ de
terrenarum opinionum varietate nafcuntur , à foliditate illius petræ , fuprà quam
divinæ Dei ædificatur , abigantur . Si igitur Fidem , fratres cariffimi , in cunctis
mundi partibus uno ac folido ftatu vigere
non cernetis ; convulfum quicquam de
fancta Chalcedonenfi Synodo rectè dicere-
tis . At poftquàm nihil nunc aliud nifi de
perfonis agitur , nihil de fancta Chalcedonenfis Synodi fide quæritis ; auctoritatem
Patrum quafi fequendo declinatis . Nam-
D que ut iifdem B. Leo oftenderet retractari
quæ perfecta funt non deberi : quæ hæc in
tentione dixiffet , illico fubdidit, Quia ad
pacem univerfalis Ecclefiæ, & ad cuftodiam
Catholicæ Fidei cura dignamini folicitiore
vivere . Quid igitur cum prohibeat definita convelli, admonitionem protinùs de
cuftodia Catholicæ Fidei fubiungit, & quia
non hoc de retractandis caufis fpecialibus ,
fed de fola Fidei profeffione diffiffe indicavit ? Illa namque nunc in veftra quæftione
vertuntur , quæ ipfe quoque prædeceffor
nofter beatus Leo diiudicat ; dùm nonnulla
ea quæ apud Chalcedonam de fide funt ftatuta , confirmat . Ipfe quippe ad Anatolium
E Conftantinopolitanæ urbis Epifcopum fcribens , dùm eum de quodam novo aufu corriperet , dicit : Ut fanctam Synodum ad ex-
tinguendam folùm hærefim , & ad confirmationem Fidei Catholicæ ftudio Chriftianiffimi Principis congregatam , in occafionem ambitus trahas. Et rursùm , Ita abuti
voluit Concilio fynodali , ut fratres in Fidei tantummodo negocio convocatos , &
definitionis ejus caufa , quæ erat curanda ,
pertractos , ad confentiendum fibi, aut de-
pravando traduceret , aut terrendo compelleret . Qui ut nihil fe omnimodo de Chalcedonenfi

aedonenfi Synodo fuscipere, nisi quod de
sola Fide geftum fuerat, demonstraret,
eidem Synodo scribens, ait : Et fraterna
universitas, & fidelium corda cognoscant,
non solùm per fratres qui vicem meam exe-
quuti sunt, sed etiam per approbationem
geftorum synodalium propriam vobiscum
inisse sententiam, in sola videlicèt Fidei
causa quod sæpè dicendum est.

XLIX.   Qui ergo unit cum Chalcedonenfi Synodo in sola Fidei causa convocata, cuncta
quæ illic specialiter gefta sunt; se proculdubiò extraneum demonstrat. Hinc est rursùm quòd cum præfacto Anatolio de recipiendo Attico presbytero scriberet, dicit :
Ita ut Chalcedonensis Synodi definitionem
de Fide, cui etiam dilectio tua scribendo
consensit, & quam Apostolicæ Sedis firmavit auctoritas, profiteatur se per omnia
servaturum. Qui Chalcedonensis Synodi
definitionem dicens, vigilantèr etiam de
Fide, non adderet; nisi causas, quæ illic
specialitèr motæ fuerant, reprobasset (solam
nihilominùs exciperet) quæ in singularitè
disseruerent. At postquam, nihil aliud Synodi, nisi Fidei definitionem recepit : quid
est aliud, nisi quòd cætera quæ illic specialitèr mota sunt, refutavit? neque enim si vellet, unam tantummodò causam præfati A-
natolii reprehendere vereretur, qui hanc suo
judicio non approbatam & serenissimis Principibus, & auctori ejus eidem Anatolio non
est veritus scriptis discurrentibus indicare :
Cum verò & de illa præfato Anatolio privatè loquitur, & rursùm ad Synodum scribens, quod de sola fide geftum fuerat, se
recipere confitetur ; constat quòd & Anatolium de speciali criminis causa redargunt, &
cuncta privata negotia, quæ mota in Synodo fuerant, retractari confessa.

L.   Rursùm in scripto vestro testimonium ac
exemplum de Encycliis ponitur, quòd multi Episcopi simul dicunt : Neque unum Iota
vel apicem possumus aut commovere, aut commutare eorum quæ apud Chalcedonam decreta sunt : cui aliud quoque testimonium,
quasi ex eadem epistola subjunxistis, quòd
videlicèt Anatolii Constantinopolitanæ urbis Episcopi esse non dubium est, quo ait :
De Chalcedonense verò sancta Synodo dico, quoniam ipsam quærere omninò, aut
revolvere aliquid eorum quæ ab ipsa finita sunt, hominum est insidiantium tantummodò Ecclesiis; & universali Christi paci :
In quo revolvi & convelli prohibeat, ipse
subjungat. Ait enim : Quandò Apostolica quidem & paterna dogmata olim nobis
tradita, in eo soborata sunt atque firmata. Si igitur insidiantium est hominum
Apostolica dogmata & paterna convellere
qui eadem paternæ & Apostolica dogmata
inlibata recipiunt, constat procauldubiò;
quia insidiantes non sunt. Ejusdem namquè Synodi fidem immemoratam Deo auctore retinemus, & sic privata negocia quæ
illic gesta sunt, cum sancto prædecessore
nostro Leone præverimus, ut definitionem
fidei illic prolatam, proposita etiam morte, servemus. In præcedenti autem to-

Annal. Eccl. Tom. VII.

stimonio multorum simul Episcoporum u-
trùm dictatur, an scripter erraverit, ignoramus. Neque enim in Encycliis continetur, ut ipsi in scriptis vestris posuistis : Neque enim Jota unum aut apicem possumus
commovere aut violare eorum quæ ab ea
rectè sunt, & inviolabiliter definita. At
longè est aliud, non posse commoveri ea
quæ decreta sunt, & non posse commoveri ea quæ rectè & inculpabilitèr sunt decreta. Sciebant enim viri doctissimi ea quæ
illic gesta fuerant de causis specialibus à
prædecessore nostro Leone recepta omnimodò non fuisse : & idcircò cautissimè scribunt, commoveri aut violari quæ rectè ab
ea & inculpabilitèr definita sunt, non deberi ; ne si cuncta confirmare se dicerent,
sententiæ sæpetati predecessoris nostri Leonis obviarent. Unde & illic subjun-
gunt : Ita sapiamus semper, sicut sapit Apostolica Romanorum Sedis Ecclesia.

Post hæc quoque exempla, ejusdem predecessoris nostri Leonis ad * Basilium E-   LI.
piscopum testimonium posuistis, quo ait :   * *Desude-*
Obsecro dilectionem tuam, ut Chalcedo-   *ratur epi-*
nensis Synodi definitionibus in nello ani-   *stola ista S.*
mum relaxeris ; & quæ ex divina sunt in-   *Leonis.*
spiratione composita, nulla patiamini novitate temerari. Et rursùm : Ut autem possit hæc exhortatio ad omnium fratrum, &
Coepiscoporum notitiam pervenire, diligenti vestræ fraternitatis cura perspiciatur
quia (quod sæpè dicendum est) tota religio Christiana turbatur, si quicquam de
his quæ apud Chalcedonam constituta sunt,
convellatur. Sed utrùm hæc de causis qua-
rumdam personarum specialibus, an de sanctæ Fidei definitione asserat, & inquiratur
ipse quid superiùs dicat. Ait enim : Hæc
scripta direxi quibus dilectionem vestram
credidi commonendam, ut sceleratis auso-
bus sancta constantia resistatis, ne in quoquam nostra communis Fides aut trepida
inveniatur, aut tepida. Qui igitur admonitionem servandæ fidei præmisit, ubi custodiri Synodum voluit, indicavit. Si autem in hujus epistolæ sermonibus ambigimus, eum ex allis suis epistolis, quo sensu hæc dixerat, requiramus. Martiano namquè Augusto scripta sua pro eadem Synodo
dirigens, ait : Ad gloriam vestram & ad
Constantinopolitanum Antistitem scripta
direxi, quæ evidenter ostenderent, me, quæ
de Fide Catholica in prædicta Synodo definita fuerant, approbare. Qui cunctas &   LI.
speciales causas ejusdem Synodi recepit, cùm
ea se approbare quæ de Catholica Fide in
prædicta Synodo definita sunt, specialitèr
asserit? Rursùm quoquè præfato Principi
scribens : Quia omnibus modis obedien-
dum est potestati vestræ & religiosissimæ voluntati, constitutionibus synodalium, quæ
mihi de confirmatione Fidei Catholicæ placuerunt, libens adjeci sententiam. Si ergò
confirmationem Fidei Catholicæ sibi placuisse, eique sententiam adjecisse adstruit ;
in his in quibus confirmatio Fidei non fuit,
constat quia sententiam non adjicit.

Adhùc autem ex ejusdem beati Leonis   LII.
      Ccc   episto-

epistola testimonium scriptis vestris inseritis, quæ ad Basilium dicit: Piè nobis &
constanter utendum est, nè dùm talium disputatio admittitur, eorum quæ divinitùs
definita sunt, auctoritati derogetur. Et
infrà: Nec in aliquam disceptationem plenè definita revocanda sunt, ne ad arbitrium
damnatorum ipsi de his videamur ambigere,quæ manifestum est per omnia Propheticis & Evangelicis atque Apostolicis auctoritatibus consonare. Quæ autem vel superiùs definita divinitùs, vel inferiùs plenè
definita asserat; ex ipsa vel ex aliis ejus epistolis vestra fraternitas pensat; in quibus
numquàm specialia gesta commemorat, sed
sola quæ de fide sunt prolata confirmat,
Undè in his quoque verbis vigilantèr? primitur, & quæ plenè definita dixerit
attenditur, cùm dicit: Nè de his ipsis videamur ambigere, quæ manifestum est
per omnia Propheticis & Evangelicis atque
Apostolicis auctoritatibus consonare.

*expri-
mitur
* ostendi-
tur

.LIII.

Pensate, quæso, fratres carissimi, si scripta
Theodori Propheticis & Evangelicis atque
Apostolicis auctoritatibus consonant, quæ
Redemptorem nostrum iniquis ausibus Dominum negant. Pensate si illa epistola Propheticis & Evangelicis atque Apostolicis
auctoritatibus consonare videatur, in qua
& hostis Ecclesiæ Nestorius defenditur, &
defensor Ecclesiæ Cyrillus accusatur. Pensate si illa Theodoreti scripta Propheticis
Evangelicis atque Apostolicis auctoritatibus consonant, quæ priùs contrà rectam
Fidem edita, ipse postmodùm conversus
damnat. Extremum quoque sæpefati Leonis ad * Ætium presbyterum testimonium
pœnitis, quo ait: Nè patiatur sopitarum
rerum certamen adferri, quarum retractator nonnisi sacrilegus invenitur; quod in
quibus rebus adstruat, ad eumdem Ætium
scribens ipse manifestat, dicens: Nihil Apostolicis umquam potero sentire diversum,
nec à mea ipse deviare sententia. Et quod
sancto Spiritu revelante confessus sum,
quodque mecum totius Synodi professione
prædicans patefeci, aliqua varietate commutem; cum sacilius mihi sit quibuslibet
& suppliciis ab hoc mundo auferri, quàm
ab ea quam generaliter credidi professione mutari. Si ergo cuncta res quæ retractari non debet, sola est professio fidei &
ille retractator rerum erit sacrilegus, qui
professioni ejus fuerit diversus. Nam quòd
idem beatus Leo solam in Synodo professionem fidei summo servavit custodiat, innumeris epistolis demonstrat, ex quibus pauca breviter perstringimus, ut in eis certior facta vestra fraternitas colligat quàm
multa taceamus.

* Deside-
ratur ista
ad Ætium
S. Leonis
epistola.

LIV.

Hinc est enim quòd Martianum Augustum scripto suo alloquitur dicens: Fratri
autem meo Juliano Episcopo noverit vestræ clementiæ, hoc me propriè delegasse, ut
quicquid illic ad custodiam fidei pertinere
probaverit; meo nomine vestræ fiducialiter suggeras potestati. Hinc est quòd Pulcheriæ Augustæ scribens ait: Quòd verò
piissimus Imperator ad omnes Episcopos

qui Chalcedonensi Synodo interfuerunt,
voluit me scripta dirigere, quibus ea quæ
illic de fidei regula sunt definita firmarem,
libenter implevi. Hinc est quòd Juliano Episcopo scribens dicit: Quod necessarium
credidit clementissimus Imperator, libentèr implevi, ut ad omnes Episcopos qui Chalcedonensi Synodo interfuerunt, scripta dirigerem, quibus placuisse mihi quæ sanctis fratribus nostris de regula fidei confirmata sunt, demonstrarem. Hinc est quòd
Pulcheriæ Augustæ iterùm scribens ait:
Circà fratrem autem meum veneratorem vestrum Julianum Episcopum quantùm debeat credere vestra dignatio, Apostolica
Sedis æstimate judicio; cum in causa fidei, cui gloriosa pietas vestra famulatur,
vicem ipsi meam eatenùs delegarem, ut ab
eâ quæ vobis debetur observantia non recedens, me pietati vestræ præsentare non desinat. Causam quippe fidei memorans nequaquam eatenùs diceret, nisi quicquid
extra fidem ageretur, ex Synodo excludi
voluisset.

Rursum per epistolam vestram dicitur:
A Sede Apostolica vos doctos, atque ab
scrinio sanctæ Ecclesiæ, cui Deo auctore
præsumus, confirmatos, ne huic rei quæ
sub piæ memoriæ Justiniano Principe gesta est, consentire debeatis: atqi hanc opitulationem excusationi vestræ adiungitis
dicentes, quòd in causæ principio & Sedes Apostolica per Vigilium Papam & omnes Latinarum provinciarum Principes damnationi trium Capitulorum fortitèr restiterunt. In quibus verbis attendimus,
quòd ea quæ provocare vos ad consensum
debuit, à consensu vos ipsa divellit. Latini quippe homines & Græcitatis ignari
dùm linguam nesciunt, errorem tardè cognoverunt; & tantò eis celerius credi debuit, quantò eorum constantia, quousque
verum cognoscerent, à certamine non quievit. Quorum consensum certè fraternitas
vestra despiceret, si ausu præcipiti, priusquàm verum cognoscerent, consensissent: at,
postquàm diù ab ei laboratum est, & longa
tempore ad injurias usqi certarunt, hinc vestra fraternitas penset, quia tot labores reponè non relinquerent, nisi quæ vera sint
agnovissent. Quid enim divini consilij fuisse credimus, fratres, quòd diù Saulum omnipotens Deus repugnatorem suæ fidei, esse
permisit, & sic eum sum fidei prædicatorem
fecit? nisi ut cunctis qui per illum fuerat
prædicaturus,ostenderet, quia valdè verum
est Dei Evangelium, quod & tanta duritia
inclinata, prædicans: ut dùm ea auditores
ejus quæ ab illo contrà fideles gesta recolerent, repentè eum ad fidem versum non sine
evidenti ratione sentirent. Unde ipse quoque dùm prædicationem suam debere facilè
ab infidelibus recipi, Domino diceret,
ait (a): Domine ipsi sciunt quia ego eram
concludens in carcere, & cædens per synagogas eos qui credebant in te: & cum Galatas relicta Evangelii regula in Judaismi
conspiceret, errorem declinasse, suam eis
priorem contrà Evangelium duritiam retulit,

LV.

a Act. 22.

lit, & ab intentione perfidiæ eorum mentes retorsit dicens (*a*) : Audiftis converfationem meam aliquando in Judaifmo, quoniam fuprà modum perfequebar Ecclefiam Dei, & expugnabam illam ; & proficiebam in Judaifmo fuprà multos cœtaneos meos in genere meo, abundantiùs æmulator exiftens paternarum mearum traditionum:cum autem placuit ei qui me fegregavit de utero matris meæ, & vocavit per gratiam fuam, ut revelaret Filium fuum in me, ut evangelizarem illum in Gentibus ; continuò non acquievi carni & fanguini. Ecce,fratres cariffimi, & Paulus egregius Doctor quia diù veritati reftitit,inde ad confirmanda corda audientium in ejufdem prædicatione veritatis adjutorium fumpfit ; oftendens profectò, quia fidem, cui tanto priùs labore reftiterat, poftmodum fine magnæ rationis certitudine non tenebat.

LVI.   Debet ergò perpendere veftra dilectio, quia prædecefforum noftrorum in hac caufa confenfus, tantò poft inanis non fuit,quantò priùs duris cótradictionum laboribus infudavit. Sed his infuper factum Petri, qui & Paulum fuperat, veftra fraternitas ad memoriam reducat. Diù quippe reftitit, ne ad fidem Gentes fancta Ecclefia fine circumcifione reciperet, diù fe à converfarum Gentium communione fubtraxit, Paulo atteftante, qui ait (*b*) : Cum veniffet Antiochiam, in faciem ei reftiti, quia reprehenfibilis erat : priùs enim quàm venirent quidam ab Jacobo cum Gentibus edebat ; cum autem veniffent, fubtrahebat & fegregabat fe, timens eos, qui ex circumcifione erant. Et paulò poft: Et cum vidiffem quòd non rectè ambularet ad veritatem Evangelii, dixi Petro coràm omnibus : Si tu cum Judæus fis, Gentiliter & non Judaicè vivis ; quomodò Gentes cogis judaizare? Qui tamen ab eodem Paulo poftmodùm ratione fufcepta,dùm quofdam confpiceret, quòd Gentiles ad Ecclefiam venientes pondere fervandæ circumcifionis onerarent, dicit (*c*) : Cur tentatis Deum imponentes jugum cervicibus difcipulorum, quod neq; patres noftri neque nos portare potuimus? Numquid fratres dilectiffimi Petro Apoftolorum principi fibi diffimilia docenti debuit ad hæc verba refponderi : Hæc quæ dicis, audire non poffumus, quia aliud ante prædicafti ? Si igitur in trium Capitulorum negocio, aliud cum veritas quæreretur, aliud autem inventa veritate, dictum eft ; cùr mutatio fententiæ huic Sedi in crimine objicitur ? Non enim mutatio fententiæ, fed inconftantia fenfus in culpa eft. Quandò ergò ad cognitionem recti, intentio incommutabilis permaneat ; quid obftat, fi ignorantiam fuam deferens verba permutet ? De ipfo quoque auctore omnium Deo fcriptura atteftante cognofcimus, quia aliud loco fuo non manet, fæpe fententiam mutat, neque enim inopinatus ei proventus accefferat, cum de eo quem ipfe ungi præceperat, dicebat : Pœnitet me Saulem unxiffe Regem in

a *Gal. I.*

b *Gal. 2.*

c *Act. 15.*

d *1.Reg.15*

Ifrael. Hoc quippe fe facturum etiam tùnc præfcivit, cum eum quafi approbando prætulit ; nec ad pœnitentiam quafi inopinatus dolor acceffit : fed tamen pœnitere fe infinuat ; quia non mutato confilio, ea quæ dudùm dixerat de illo, verba permutat.

In his autem teftimoniis quæ ex epiftolis Leonis prædecefforis noftri pofuiftis, præmififtis dicentes : Doctrina veftræ reverendæ Sedis, eft per beatum Leonem, fuccefforefque ejus, undè pauca commemorare præfumpfimus : mortuum ab hominibus damnari nullatenus oportere. Et tamen nulla ejus teftimonia fubdidiftis, quibus hanc fententiam firmaretis. Etenim quæ à vobis fubjuncta funt, retractationem fidei fieri prohibent, non autem damnari infideles mortuos contradicunt. Sed neque hoc beatum Leonem prædecefforem noftrum quodam loco dixiffe meminimus. Quis autem nefciat, quòd in nullo fibi ejufdem Leonis & beati Auguftini prædicatio contradicat ? Ipfe namque ad Bonifacium Comitem fcribens ait : Si vera effent quæ ab eis objecta funt Cæciliano, & nobis poffent aliquando monftrari ; ipfum jam mortuum anathematizaremus. Sed tamen Ecclefiam Chrifti, quæ non litigiofis opinionibus fingitur, fed divinis atteftationibus comprobatur, propter quélibet hominem relinquere non debemus. Ecce mirabilis prædicator & fciffionem Ecclefiæ propter hominem vetat, & fi qua perverfa deprehendat, eum quem publicè defendebat Cæcilianum, fe etiam poft mortem anathematizare non abnegat : quia videlicèt tùnc viventibus verè confulatur, cum culpa in fide perpetrata nec morte interveniente laxetur. Si verò hoc faciendum ; dicere fortaffè præfumimus, hoc proculdubiò facimus, quod fieri vetamus. Theodorum quippe mortuum fancta Synodus prima Ephefina damnavit. Nàm cum ab ejus difcipulis dictatum ab illo Symbolum in eadem Synodo fuiffet prolatum ; illicò illic à fanctis Patribus cum auctore damnatum eft. Et quidem ipfi fancti Patres in eadem Synodo refidentes ad Dominum jam recepti funt, poftquàm Theodorum damnavere : & fi damnari mortuum non debuiffe dicimus ; proculdubiò mortuos accufamus, & incepimus committere quod nitimur prohibere. Sed cùr diù, & quæ noftis loquimur ? Ejufdem Theodori ex libris illius dicta replicemus.

Et fi Jefum Dominum ac Deum noftrum, qui poft mortem vivere, immò quia vivere creditur, poft mortem Theodorus poftpofita dubitatione damnavit : neque enim noftra fides patitur, ut qui tot blafphemiis Redemptori noftro hoftis extitit, à vobis ulteriùs defendatur. Ipfe quippe contrà Apollinarem in libro tertio loquens ait : Quomodò igitur, tu, cui fuper omnes maximè decet dementiam regimen,illum qui ex Virgine natus eft, Dominum effe,& ex Deo confubftantialem Patri exiftimari dicis, nifi fi fortè fancto Spiritui illius creationem impu-

A

B

C

D

E

LVII.

LVIII.

Blafphe-
mia Theo-
dori Mopf.
vefteni.

imputare non jubet. Sed qui Deus eft,
& ex Deo, & confubftantialis Patri, &
quidem qui ex Virgine natus erat. Q mi-
rande, & qui per Spiritum fanctum fecundùm divinas fcripturas plafmatus eft, & con-
fectionem in muliebri accepit ventre, inerat forfitàn quia mòx quàm plafmatus eft,
& ut templum Dei effet accepit: non tamen
exiftimandum nobis Dominum de Virgine
natum effe. Et poft pauca: Nec fecundùm
tuam vocem pronunciandum eft omninò ex
Virgine natum Dominum effe, & ex Deo
confubftantialem Patri. Et poft pauca: Si
igitur fecundùm carne eum natum effe dicunt,
quod autem natum eft, Deus & ex Deo
& confubftantialis Patri eft, neceffe eft &
hoc carnem dicere : quòd fi non hoc caro
eft, quoniam nec Deus, nec ex Deo, nec
exconfubftantialis Patri, fed ex femine David, & confubftantialis ei cujus femen eft,
non id quod natum eft ex Virgine Deus,
& ex Deo, & confubftantialis Patri. Et poft
pauca : Non Deus Verbum ex Maria natum eft, natus autem eft ex Maria, qui ex femine eft David ; non Deus Verbum ex
muliere natus eft. Et iterùm : Quod enim
dictum eft, ducebatur à Spiritu, apertè hoc fignificat, quòd ab eo tegebatur,
ab eo ad voluntatem propofitorum confor-
tabatur, ab eo ad hæc quæ oportebat docebatur, ab eo cogitationibus roborabatur
ut ad tantum certamen fufficeret : ficut &
beatus Paulus docet (a) : Quicumque
enim Spiritu Dei aguntur, hi funt filii Dei.
Idem cujus fuprà.

a Rom. 8.

LIX.

Dicant igitur nobis omnium fapientiffi-
mi, fi pro fenfu Domino Jefu Chrifto,
qui eft fecundùm carnem, divinitas facta
effet, ficut dicunt:quid fancti Spiritus cooperatione ad hæc Chriftus indigebat ? ne
enim Unigeniti divinitas Spiritu indigebat ad juftificationem : Spiritu autem indigebat ad vincendum diabolum, Spiritu
indigebat ad operanda miracula, Spiritu indigebat ut doceretur ea quæ docebat peragere, Spiritu indigebat ut immaculatus appareret. Et poft pauca, ac fi dicat Jefus:
Ego quidem, quem videtis, nihil quidem
facere poffum fecundùm meam naturam,
cum homo fim, operor autem, quia in me
manens Pater omnia facit. Quoniam enim
& ego in Patre, & Pater in me, Deus,
autem Verbum, unigenitus Dei in me eft,
certum eft,& Pater cum ipfo in me
manet, & opera facit. Et non eft mirandum de Chrifto hæc exiftimari, cum evidentèr ipfe de cæteris hominibus dicit: (b)
Qui diligit me, meum verbum obfervet, &
Pater diliget eum & ad eum veniemus, &
manfionem apud ipfum faciemus. Et iterùm:
Sciebat fubtilitèr ut notam quidem faceret
Gentibus pietatem, paterretur autem laborantium infirmitates, & fic ad effectum
fuam voluntatem educeret: & juftificabatur
indè, & immaculatus oftendebatur five reparatione, five cuftodia meliorum, five e-
tiam paulatim ad meliora profectibus. Et
poft pauca ejufdem Theodori ex commento
fecundùm Joannem. Dicit ad Thomam (e):

b Joan. 14.

c Joan. 10.

Infer digitum tuum hùc, & vide manus
meas, & porrige manum tuam, & mitte in
latus meum, & noli effe incredulus, fed fidelis; Quoniam dicit, non credis, & tactum
folum fufficere tibi ad credendum putas;
hæc enim dicens non me latuifti : tange manu, & cape experimentum, & difce credere, & non diffidere. Thomas quidem cum
fic credidiffet: Dominus meus, & Deus dicit; non folùm ipfum Dominum & Deum
dicens; non enim refurrectionis fcientia docebat, & Dominum effe eum qui refurrexit,
fed quafi pro miraculo facto Dominum collaudat.

Ejufdem Theodori ex commento quod
eft in Actibus Apoftolorum libro primo:
Ille autem dixit, oportere pœnitentiam
agentes eos pro Crucis iniquitate, & agno-
fcentes Salvatorem & Dominum, & omnium auctorem bonorum Jefum Chriftum,
quoniam per iftam pervenit & affumptus eft
de divina natura, in Spiritu quidem fidem
fufcipere & ejus difcipulos fieri, ante omnia ad baptifma accedentes, quod & ipfe
tradidit nobis, reformationem quidem habens infpirationis futurorum, nomen autem celebrandum Patris & Filii & fancti
Spiritus : Hoc enim quod eft : Ut baptizetur unufquifque in nomine Jefu Chrifti,
ut vocatione quæ in nomine Patris & Filii & fancti Spiritus eft, relinquentes, Jefum Chriftum in baptifmate (d) vocent.
Sed quale eft hoc (e) quod in Moyfe baptizati funt in nube & in mari, & diceres quia
fub nube & in mari Ægyptiorum feparati
funt, liberati eorum fervitute, ut Moyfis
leges attenderent : tale eft, Ut baptizetur
unufquifque in nomine Jefu Chrifti : ut
cum ad ipfum acceffiffent tamquàm Salvatorem, & omnium bonorum auctorem, &
doctorem veritatis, ab ipfo utpotè auctore
bonorum & doctore veritatis vocarentur:
Sicut omnibus hominibus quamcumque fectæ
fequentibus confuetudo eft ab ipfo dogmatis inventore vocari, ut Platonici, & Epi-
curei, & Manichæi, & Marcioniftæ : &
quidem tales dicuntur. Eodem enim modo
& nos nominari Chriftianos, judicaverunt
Apoftoli.

LX.

d Act. 8.
e 1.Cor. 18.

Ejufdem Theodori in libris de Incarnatione : Plus inquietabatur Dominus, & certamen majus habebat ad animæ paffiones
quàm corporis ; & meliori animo libidines
vincebat, mediante Deitate ad perfectionem. Undè & Dominus ad hæc maximè in-
ftituere videtur certamen. Itèm ejufdem in
libro contra Synoriaftas vel Apollinariftas :
Sed fi caro erat, inquit, Crucifixi, quomodò fol radios avertit, & tenebræ occupaverunt terram omnem ? & terræmotus, & petræ fciffæ funt,& mortui furrexerunt? Quid
igitur dicant & de tenebris in Ægypto factis
temporibus Moyfi non per tres horas, fed
per tres dies ? Quid autem propter alia per
Moyfem facta miracula ? & quæ per Jefum
Nave, qui folem ftare fecit : qui fol temporibus Ezechiæ Regis & contrà naturam re-
troverfus eft. Et de Elifæi reliquiis quæ
mortuum fufcitaverunt ?

LXI.

Ejuf-

LXII. Ejufdem ex libro octavo de Incarnatione: Manifeftum autem eft quòd unitas convenit ; per eam enim collectæ naturæ unam perfonam fecundùm unitatem effecerunt. Sicut enim de viro & muliere dicitur , quòd jàm non funt duo , fed una caro ; dicamus & nos rationabiliter fecundùm unitatis rationem , quòd non funt duæ perfonæ , fed una , fcilicèt naturis difcretis . Et poft pauca : Quomodò igitur homo & Deus unus per unitatem effe poteft ? qui vivificat , & qui vivificatur ; qui falvificat , & qui falvificatur ; qui ante fæcula eft , & qui ex Maria apparuit .

LXIII. Ejufdem ex interpretatione Symboli trecentorum decem & octo Patrum : Sed Chriftum quidem fecundùm affumptam fervi formam ; eum autem qui eum affumpfit , fuper omnia nominans Dominum : intuli tamen hoc fecundùm conjunctionem , ut per fignificationem nominum , naturarum manifeftam divifionem faciant . Nemo igitur , neque eum qui fecundùm carnem ex Judæis eft , dicat Dominum : nec iterùm Dominum qui eft fuper omnia fecundùm carnem ex Judæis : Jefum enim dicit à Nazareth , quem unxit Deus fpiritu fancto & virtute : qui autem de Spiritu unctus eft , omni modo aliquid indè affumpfit . Quis autem furens dicat , de Spiritu aliquid affumpfiffe divinam naturam ? Et iterùm : Certus quidem & ipfe Filium Dei fe non fecundùm divinitatis dicens nativitatem , fed fecundùm quod domefticus Dei erat , per quod Filius Dei per voluntatem domeftici Domino conftituti homines interim vocabantur .

LXIV. Hæc de innumeris pauca prætulimus , ut quafi per foramen anguftum , quàm nimium barathrum intùs lateret , monftraremus . Ecce quales plufquàm decem millia libros Theodorus fcripfiffe perhibetur . Penfate , quæfo , fi non tantò acriora tormenta promeruit , quantò pluriora confcripfit? Sed hæc illius dicta quæ prolata funt , utrùm ejus fint , fortafsè dubitatur . Patrum fi placet fcripta proferamus . Ita apud vos libros ejus , quos de perfidia illius teftes deduximus , deductis infuper teftibus affirmemus . Armeniæ quippè Epifcopi Proclo Conftantinopolitanæ urbis Epifcopo libellos contrà Theodorum porrigentes , dicunt : Fuit autem aliquis peftis homo , magis autem fera , hominis habens formam diabolicam , mentito nomine Theodorus , qui fchifma & nomen Epifcopi habuit , in angulo & ignobili loco orbis terrarum latitans , in Mopfveftano Ciliciæ fecundæ vel oppido , verè quidem & principaliter à Paulo Samofateno defcendens , licèt Photino & cæteris hærefiarchis in libro de Incarnatione Domini noftri Jefu Chrifti in toto fuo propofito ipfis verbis inveniatur ufus . Et fi quid pejus , ifte per machinationem & audaciam & errorem diaboli volebat homines acutæ fuæ ficut colubræ linguæ veneno , quod fub lingua afpidis eft , deperire . Et interim quidem retinebatur fuo latibulo , timens poteftatem eorum ,

Annal. Eccl. Tom. VII.

A qui à magno Deo & Salvatore noftro (a) acceperant Jefu Chriftò calcare fuper colubras , fcorpios & omnes virtutes inimici . Dico autem fanctos Apoftolos , & qui confequenter ab his fufceperunt Martyres & Confeffores & Epifcopos , & cæteros Sanctos . Invento autem , nefcio quomodò , tempore cœpit repere , & extra fines fuos fiduciam gerens , & in parochiam ad eum non pertinentem , tamquam eruditus fermocinator , & in Antiochia Syriæ in Ecclefia alloquens , fic dixit : Homo Jefus , quid eft enim homo quòd memor eft ejus ? Apoftolus autem **B** de Jefu dictum fuiffe hoc , dixit : Dùm enim qui paulò minùs ab angelis minoratus eft vidimus , inquit Jefus . Quid ergò homo Jefus ? fimiliter omnibus hominibus , nullam habens differentiam ab homine ejufdem generis , præter ea quæ gratiæ ei dedit .

    Quibus Proclus Conftantinopolitanæ   **LXV.** urbis Epifcopus referibens , ait : Fugiamus turbulentos & cænofos fallaciæ rivos fepta Dei impugnantes , dico Arii furorem dividentem individuam Trinitatem , Eunomii audaciam circumcludentem fcientia incomprehenfibilem naturam , Macedonii **C** rabiem feparantem à Deitate infeparabiliter procedentem Spiritum , & novam atram blafphemiam quæ Judaifmi multò amplius fuperat blafphemiam introducentes : nàm illi quidem cum Filium negant , fraudant ramo radicem ; ifti verò eum qui eft negantes , alterum introducunt , detrahentes finceram naturam .

    Rurfus de hujus errore Joannes quoque   **LXVI.** Antiochenæ Ecclefiæ Antiftes ait : Multo autem tempore perfeverans Theodorus , perfuafit multis ut Neftorio , quòd Chriftus Filius Dei vivi qui de Virgine Maria natus eft , non eft qui ex Patre natus eft Deus Verbum confubftantialis Genitori , fed homo pro qualitate fuæ voluntatis ex Deo Verbo cooperationem fufci- **D** piens .

    Rurfus de ejus errore Cyrillus ad Lampo-   **LXVII.** nem presbyterum fcribens , ait : Cum apud Heliam commorarer , vir aliquis ex his qui nobiliter militant in palatio , epiftolam multorum verfuum & grandem obtulit mihi fignatam , quam fe dicebat accepiffe ab Antiochenis Orthodoxis : fubfcriptiones autem erant in ea plurimorum clericorum & monachorum & laicorum . Ac- **E** cufabant autem Orientales Epifcopos , quafi tacentes quidem Neftorii nomen , & diffimulantes ei adverfari : tranfeuntes autem ad Theodori codices de Incarnatione factos , in quibus multò pejores nefariæ blafphemiæ pofitæ funt : pater enim fuit Neftorii perfidi , qui & illius mala locutus , impius & in his factus eft .

    Rurfum de errore illius idem Cyrillus   **LXVIII.** Alexandrinæ urbis Epifcopus ad Acatium Melitinæ urbis Epifcopum fcribens , ait : non oportebat latere fanctitatem veftram , aut forfitàn cognovit , quòd omnes Orientales religiofiffimi in Antiochiam convenerunt ,

a *Luc.* 10.

runt, cum tranfmififfet eis Thomam domi- **A**
nus meus fanctiffimus Proclus bonorum plenus intellectu & rectorum dogmatum : Erat
enim ei ratio multa & longa de difpenfatione Domini noftri Jefu Chrifti . Suppofuit
verò capitula quædam collecta è Theodori
codicibus,quæ confonantem Theodori perfidiis intellectum habent, & adhortatus eos
etiam illa anathematizare .

LXIX.   Rursùs de errore illius , Edeffenæ Ecclefiæ Antiftes ad beatum Cyrillum fcribens ,
ait : Jàm verò quidam unitatem fecundùm
fubfiftentiam omnibus modis abdicant .
Morbus enim aliquis fublatens inveteravit
Orienti immedicabilis modo vulneris de- **B**
pafcens Ecclefiæ corpus apud aliquos quaſi
ftudiofos , & fupercilia extollentes eruditione latentèr .

LXX.   Honoratus Epifcopus enim quidam provinciæ Ciliciæ , Theodorus vir verifimilis
dicendi , & potens fuadere , alia quidem
fuprà tribunali de Ecclefiæ ftatu dicebat ad
populi placentiam : alios autem laqueos in
fcriptis ponebat , qui in principiis quorumdam ejus codicum anathemate circum-
cludebant infipientem non manifeftare .
Aliifcripta ifte primus expofuit : non effe
verè Dei Genitricem fanctam Virginem , **C**
tamquàm Deo Verbo non fufcipiente fecundùm nos nativitatem . Et poft pauca :
Nec enim dicunt fecundùm fubftantiam ,
vel fecundùm fubfiftentiam unicum effe Deo
Verbo hominem, fed bona voluntate : quædam tamquàm divina natura non fufcipiente alterum modum unitatis propter non cir-
cumfcriptibilem . Ifte dixit Dominum noftrum Jefum Chriftum non oportere adorari ficut Dominum , fed relatione Dei honorati ficut imaginem quamdam : magis
autem manifeftius fecundùm eos dicere, ficut , inftar , aliquid relatione affidentis
dæmonis . Ifte & carnam Domini pronunciavit nihil omninò prodeffe, diffipans **D**
a Joan. 6.   Domini vocem (a) : Quæ eft caro nihil
prodeft . Ifte & Apoftolos dicit non cognoviffe Chriftum quòd Deus erat , fed fuprà
fidem quæ eft in homine ædificatam effe
Ecclefiam.

LXXI.   Rursùm de errore illius Hefychius Hierofolymorum presbyter , Ecclefiafticæ hiftoriæ fcriptor , ait : ita Photinum , in
multis . & aliis eos effe fecutos : Theodorus quidam præcipuè imitatus eft , malitio-
fus quidem loquendi , & in lingua paratiffimus , & ipfe tamen inftabili voluntate,
qui hùc & illùc inclinans ferebatur : cleri-
catui enim Antiocheno à prima ætate connumeratus , & bene converfari pollicitus ,
ad fæculares libidines reverfus iterùm dele-
*mutabilis.   ctabatur , in omnibus autem donis * imita-
bilis . Et beatus vir Joannes Conftantino-
politanus Epifcopus fcripfit epiftolam quæ
ufquè adhùc in codicibus legitur , & à pe-
jore ad meliorem pœnitentiam eum tran-
fferre prævaluit, & iterùm bene converfari, **E**
iterùm in clericatu effe cœpit . Et Antiochia relicta , in Tharfo tranfmigravit. In ea
Epifcopus , nondùm Deo volente manifeftam impietatis illius prædicationem fieri .

Prima autem elementa fuæ doctrinæ ex Ju- **A**
daico vaniloquio incipiens,codicem in præ-
phetiam Pfalmorum confcripfit , omnes de
Domino * prædicationes abnegantem : cul- ***prædictio-**
patus verò & periclitatus , contraria fibi di- **nes.**
xi , non ex voluntate , fed compulfus omnibus cæremoniis : & codicem ipfum delere
pollicitus , latentèr confervabat Judaicæ
impietatis viaticum . Et poft pauca : Chriftum enim Jefum generis noftri Salvatorem
& Dominum (quem fplendorem paternæ
gloriæ & imaginem fubftantiæ Paulus (b) **b Hebr. 1.**
vocat , ferre cum omnia dicens verbo fuæ
virtutis ; qui purificationem noftrorum fecit peccatorum,& ad dexteram paternæ Ma- **B**
jeftatis confedit : de quo ad Coloffenfes fcripfit epiftolam (c) , quòd in eo omnia crea- **c Coloff. 1.**
ta funt , quæ funt in cælis , & in terris, vi-
fibilia & invifibilia ; quòd per eum in eum
creata funt omnia) hunc non incarnatum
Verbum , ficut Evangelicis vocibus docti
fumus, fed hominem per vitæ provectionem
& paffionum perfectionem conjunctum Deo
Verbo fcripfit ftultus in omnibus . Et hæc
in myfticis fermonibus a ufus eft .

Contra errores ejufdem Theodori , piæ **LXXII.**
recordationis Theodofius & Valentinianus
legem promulgantes , inquiunt : Debitam
à nobis venerationem piiffimæ doctrinæ
reddentes , eos qui auſ funt contra Dominum impiè confcribere debitæ condemnationi fubicere , & nominibus dignis vocari oportere exiftimavimus . Juftum igitur circumdari eos confufione fuorum peccatorum , & in tali vocabulo permanere in
æternum ; quatenùs nec vivi liberentur , & **D**
poft mortem permanent contempti . Igitur doctrina Theodori & Neftorii impiorum & peftiferorum vifa nobis abominan-
da effe; fimilitèr autem & omnes qui fequuntur eorum errorem, & confentiunt eorum impietati, juftum eft ipfos eamdem nominationem mereri , & confufionem indui;
ut non Chriftiani fed Neftoriani nominentur : ne dùm nominantur Chriftiani ,ex ipfo
inveniantur decorati vocabulo , longè con-
ftitui à Chriftianorum propofito , & alie-
nati à recta & immaculata Fide.Et poft pau- **E**
ca : Si quis præterierit præfentem noftram
fanctionem, & Theodoro & Neftorio affen-
ferit , & illorum focios imitatur, poft gladii
ultionem omnia ejus fubftantia Fifco addi-
catur . Rursùm contra errores illius , piæ
recordationis Theodofius & Valentinianus
legem promulgantes , inquiunt : Nemo habeat , aut legat , aut fcribat , aut proferat
Neftorium , feu illius libros , vel codices
omninò inutiles, vel ipfius Neftorii vel alterius , & maximè Neftorii adversùs folos
Chriftianos confcriptos, aut Theodori ; fed
unufquifque habens tales codices publicè
illos proferat, & in confpectu omnium igni
tradat .

Et fi adhùc fortaffe poft tot prolatas **LXXIII.**
Patrum contra illum fententias veftra fraternitas dubitat , Theodoreti libros legat,
in quibus dùm contra Cyrillum Alexandrinæ urbis Antiftitem eum defendere nititur ,
veriùs accufat , dicens : Interpretationem
Cyril-

Cyrillus accufat octavi Pfalmi , & arguit hæc verba divini Theodori : Confideremus igitur, quis eft homo , de quo ftupefcit & miratur , quòd unigenitus dignatus eft ejus memoriam & vifitationem facere . Sed quod quidem non dictum eft de omni homine , in fuperioribus demonftratum eft ; quod autem de uno quolibet , ex hoc certum eft . Deductas itaque tot teftibus blafphemias has ejus effe quis dubitat ? Et tantis blafphemiis illius cognitis , eum damnatum jure, quis neget ? Difcuffio ergo primo de Theodori damnatione capitulo, nùnc ad dicta epiftolæ Ibæ, indaganda tranfeamus , cujus tota feries fi folertèr afpicitur , fanctæ Chalcedonenfi Synodo quàm fit adverfa penfatur . In Geftis namque ejufdem Synodi & fcriptis Leonis Cyrillus prædicatur ; in epiftola verò illa Ibæ Cyrillus in Apollinaris dogma corruens reprobatur : fcriptum quippe in ea eft : Cyrillus autem libros Neftorii volens deftruere lapfus eft, & inventus eft in Apollinaris dogma cadens. : In Geftis Neftorius ut Redemptoris noftri adverfarius jure damnatus oftenditur ; verbis verò epiftolæ damnatus injuftè memoratur . Sic quippe in ea dicitur: Antequam in Synodo adveniret reverendiffimus ac fanctiffimus Archiepifcopus Joannes, Neftorium ex Epifcopatu depofuerunt judicio & inquifitione non facta . In Geftis Synodi in Dei & Domini noftri una perfona duas naturas Cyrillus confeffus oftenditur . ; in verbis epiftolæ unam naturam tradere dicitur , atque hoc fenfu correptus vix refipuiffe narratur . In Geftis Synodi anathematizatus Neftorius etiam poft mortem dicitur ; in verbis verò epiftolæ etiam poft depofitionem fuam , pro folo civium fuorum odio ad civitatem fuam non rediffe perhibetur , fic quippe illic fcriptum eft : Neftorius autem quia in fua erat odio civitatis , & virorum qui in ea funt maximorum , illuc reverti non potuit. In Geftis ac definitionibus Synodi unus Filius Jefus Chriftus dicitur : at juxta doctrinam Theodori atque Neftorii Deus tacetur . Et in Geftis Synodi nufquàm Theodorus veritatis doctor dicitur ; in verbis verò epiftolæ idem , cujus blafphemias fuprà protulimus , veritatis doctor clamatur : qui nimirùm fi vera dixit , falfa erunt quæ de veritate Synodus protulit . Quifquis igitur qui epiftolam quæ Ibæ dicitur , oftendere quòd fit de Synodo nititur ; quid aliud quàm gefta ejufdem Synodi deftruere conatur ? Si enim fibimetipfis diverfa funt , nulla proculdubiò auctoritate fubfiftent : quia quæ fe impugnando deftruunt , alios ædificare non poffunt : fi fibimetipfis diverfa funt , nulla firmitate convalefcunt; Domino atteftante ; qui ait : Regnum in fe divifum non ftabit . Sed abfit hoc , abfit ab illo venerando Concilio , ut fibimet contraria fapiat : & vel fuperiora fubfequentibus difcordia præferat , vel inferiora præcedentibus impugnatura fubjungat . Sancta enim fides , quæ uno illic fpiritu accepta eft, uno fenfu credita , una eft & Fide prædicata . Idcircò in cunctis mundi partibus forma noftræ profeffionis facta eft , quia in precantium vocibus fibimet ipfa diffimilis non eft.

Sed cur tantummodò fanctam Chalcedonenfem Synodum convelli dicimus , fi auctoritatem huic epiftolæ reprobemus ? Quæ nimirùm fi vera creditur , etiam tota fanctæ Ephefinæ Synodi fides ac reverentia diffipatur . Hæc quippè ait , quòd in ea Cyrillus præmiorum medicamine fapientum oculos excæcavit . Quid ergo illic de veritate certum dicitur , ubi ipfa veritas facerdotibus venditur effe perhibetur? Sed quis hoc dicere , quis hoc confentiat patientèr audire? Reprobetur ergo una epiftola mentiens, ne utraque fancta Synodus tantæ falfitatis crimen fuftineat . Veftræ fidei fundamentum tenemus , ne poftquàm fancta prima Ephefina Synodus quafi venalis arguitur , Chalcedonenfis etiam (quod abfit) culpa varietatis notetur : quæ ut in verbis fuis quantæ fit concordiæ clareat , neceffe eft , ut veftra fraternitas ubi fit completa cognofcat . Omnes namque novimus, quòd in Synodo numquàm canones , nifi peractis definitionibus Fidei , nifi perfectis Synodalibus geftis habeantur , ut fervato ordine cùm prius, Synodus ad Fidem corda ædificet , tùnc per regulas canonum mores Ecclefiæ actufque componat . Vigilanti ergò cura refpicite , quæ in fexta illius Actione fanctæ Fidei profeffio confummatur : mòxque in feptima ad inftitutionem jàm fidelium regula canonum figitur . Ulterioribus verò Actionibus nihil de caufa Fidei , fed fola negocia privata verfantur : quod cum Refponfales veftri ita æfe ambigerent , curæ nobis fuit ex prolatis multis hoc codicibus demonftrare. Nos tamen hac de re numquàm dubitari poffe credimus , quia & eadem feries fic fe infinuat, ut credi alitèr contradicat .

Primùm quidem quia (ficut dictum eft) dùm definita Fidei regula in Actione fexta oftenditur ordo caufæ indicat , ut in Actione fubjuncta canonum forma fequeretur ; Secundum verò eft , quia & in Actionis fextæ terminum jàm canonum norma prælibatur , dùm illic à Principe venerabilibus Epifcopis dicitur : Aliqua funt capitula quæ ad honorem veftræ reverentiæ vobis refervavimus , juftum exiftimantes , hæc à nobis regularitèr per fingula Synodum *firmari , & cætera . Prælibatione itaque fextæ Actionis oftenditur , quia jure conftitutiones canonum nonnifi in Septima continentur . Quid enim fupererat quod perfecta Fidei profeffione , fieret , nifi ut quorumdam fidelium actiones inlicitas fancta Synodus pofitis regulis judicaret ? quamvis fi folertèr afpicimus canonum regulas pofitas , non ficut putatur , in feptima , fed intextas fextæ Actioni invenimus. Nàm cum in eifdem Conftitutionibus fanciendis, non dies, non Imperium ponitur , non qui refiderent, defcribuntur ; proculdubiò cum non confueto exordio cœptæ funt , quia præcedenti Actioni fubnixæ funt demon-
ftran-

ftrantur : quia verò in Actione fexta Fidei caufa perficitur, ipfa Epifcoporum omnium generali fubfcriptione declaratur. Nam qui poft fubfcripferunt fententiam, cuncta quæ de Fide agenda fuerant, finita teftati funt. Undè & in caufis poft fpecialibus nudis tantummodò verbis loquuntur, atque ea quæ decernentes dixerant, nulla fuppofita fubfcriptione, firmaverunt. Quæ reverendiffimi Epifcopi ita in Actione fexta omnia quæ de Fide agenda fuerant, cognofcebant; ut, ficut illic fcriptum eft, clamarent : Suplicamus, dimitte nos, pie Imperator, dimitte nos : quòdque non pro Fide, fed pro fpecialibus caufis detenti funt, principali illæ refponfione monftratur, cum dicitur : Sacratiffimus & piiffimus dominus nofter Martianus Auguftus ad fanctam Synodum dixit : Laborantes multo fpacio fatigationem perpeffi : fuftinete autem tres aut quatuor dies adhuc, & præfentibus magnificentiffimis judicibus noftris, fingula quæcumque vultis movete, competens adepturi folatium. Qui igitur ad fingula quæque vellent motura retenti funt, licèt quia nequaquàm ultrà Actionis fextæ terminum pro Fidei caufa reftiterunt.

LXXVI.   Sed cùr de his extenfa ratione agimus, qui tanta prædecefforis noftri beati Leonis auctoritate fulcimur ? Ipfe namque, ficut multa fuperiùs epiftolarum ejus atteftatione docuimus, Gefta multiplicia caufarum fpecialium reprobando, auctoritatem Synodi in fola fidei definitione conftrinxit. Hinc eft enim, quòd peracta Synodo, cuncta nobis fufpicionum nebulas tergens, apertè ad Maximum Antiochenæ fedis Antiftitem fcribit, dicens : Si quid fanè ab his fratribus quos ad fanctam Synodum vice mea mifi, præter ad caufam fidei pertinebat, geftum effe perhibetur; nullius erit penitus firmitatis : quia ad hoc tantùm funt ab Apoftolica fede directi, ut excifis hærefibus, Catholicæ effent Fidei defenfores : quicquid aliud ad examen Epifcopale defertur, poteft aliquam dijudicandi habere rationem. Sed folent nonnulli dicere, hæc cum pro Anatolii Conftantinopolitanæ Urbis Epifcopi præfumptione dixifle : qui fi & res geftas, & ea quæ nunc protulimus epiftolæ verba decernant, fufpicari protinus falfa ceffant. Namque cum prædictus Conftantinopolitanæ Urbis Epifcopus novum aliquid conatur arripere, conftat illic vel Legatos Sedis Apoftolicæ cum fumma auctoritatis libertate reftitifle. Quod & factum in Synodo legitur, & ejufdem Synodi ad præfatum prædecefforem noftrum epiftolis approbatur. A fæpefato autem eodem prædeceffore noftro ad Maximum, ficut prædiximus, novimus fcriptum : Si quid fanè ab his fratribus, quos ad fanctam Synodum vice mea mifi, præter id quod ad caufam fidei pertinebat, geftum effe perhibetur, nullius erit penitus firmitatis : quia ad hoc tantùm funt ab Apoftolica Sede directi, ut excifis hærefibus, Catholicæ effent Fidei defenfores. Si ergò de Anatolii caufa loquens, hoc quod à vicariis fuis actum in Synodo

A   fuerat redarguit ; nimirùm quia contradixerant, reprehendit.

Et quis hæc vel ftultus fentiat ? dùm conftet quòd hac de re beatus Leo Anatolio conquerenti multa in vicariorum fuorum, quia contradixerant, laude refcribat : cujus epiftolæ nùnc idcircò verba non pofuimus, ne volumen hoc immoderatiùs extendamus ; cùm verò & fubiicitur : Quicquid enim præter fpeciales caufas Synodalium Conciliorum ad examen Epifcopale defertur, poteft aliquam dijudicandi habere rationem : apertè nobis licentia tribuitur, ut quicquid illic extrà fidei caufas de perfonis geftum eft, retractetur. Specialis quippe Synodalium Conciliorum caufa eft fides : quicquid ergò præter fidem agitur, Leone docente, oftenditur, quia nihil obftat, fi ad judicium revocetur. Quia verò & apud eofdem Epifcopos qui in Chalcedone refiderunt, in veneratione Synodus nonulli afquè ad fidei definitionem demonftratur, ut omnino cætera quæ privato ftudio fuerant mota, non habeant. Undè & Encyclia hæc ita effe teftantur. Nàm Leoni Augufto Alipius Epifcopus Cæfareæ Cappadociæ fcribens ait : Sic fe habentibus veftræ pietati fignifico, quia ea quidem quæ particulariter examinata funt, & quæ gefta à fanctis Epifcopis in Chalcedonenfi civitate collectis, non legi : neque enim à fanctæ memoriæ tùnc Epifcopo Thalaffio qui interfuit fancto Concilio hæc delata infpexi. Atteftante ergò Alipio Epifcopo perdocemur, quòd non aliquid eft allatum amplius ex his quæ gefta, nofcuntur, fed tantummodò definitionem expofitam ab illo fancto Concilio hanc delatam infpexi. Atteftante ergò Alipio Epifcopo perdocemur, quia præter caufam fidei nihil de Synodo in veneratione Thalaffius tenuit : qui illic & præter caufam fidei Epifcoporum negotiis privati interfuit. Si igitur in Actione fexta profeffio fidei confummatur, mòxque canonum regula figitur, fi beatus Leo negotiis, quæ illic privatè mota funt, contradicit, fi hoc quod ultrà fidem geftum eft, nec is qui fecit Thalaffius tenuit ; cur nos hæreticam epiftolam retractaffe reprehendimur, qui hac in re cunctorum nos præcedentium auctoritate roboramur ? Et quamvis ab eadem epiftola alienum fe Iba refpondeat, quamvis quia approbata fit, aut difficultèr, aut nullatenus demonftretur : licentèr tamen unufquifque eam reprehenderet, etiamfi Epifcopi in eodem Concilio refidentes fui illam fubfcriptionibus approbaffent : quia poftquàm, beato Leone fcribente, jus retractandi & dijudicandi conceditur, etiam fi qua effe poterat eorum qui interfuerant, in privatis negotiis auctoritas vacuatur.

Difcuffo itaque fecundo capitulo, tertium fupereft : quod tantò debemus in brevitate conftringere, quantò & vos nobis hac in re non credimus refultare. Neque enim
Theo-

LXXVII.

LXXVIII.

Theodoreti omnia scripta damnamus , sed sola quæ contrà duodecim Cyrilli capitula, sola quæ contrà rectam fidem aliquando scripsisse monstratur . Quæ tamen & ipse damnasse cognoscitur , qui in sancta Chalcedonensi Synodo vera confessus invenitur. Nàm quomodò post errorem rectè sapiat , & ea quæ priùs scripserat , & ea quæ in Chalcedonensi Synodo ab illo sunt gesta ; manifestant . Ipse namquè Nestorio scribens ait : In his quæ in tuam venerationem injustè atque iniquè prolata sunt , nec si mihi quis utramque manum absciderit ; potero præbere consensum . Æmerio quoque Nicomediæ Episcopo scribens ait : Damnationi venerandi sanctissimi Episcopi Nestorii quæ facta dicitur , non debemus præbere consensum . Ad Alexandrum quoque Hierapolitanum Episcopum scribens ait : Et antè tuæ sanctitati prædixi , quasi domini mei venerabilis & sanctissimi Episcopi Nestorii fuerit dogma damnatum , nec ego , cum his qui faciunt, communicabo . Ad Alexandrum verò Syriæ Palæstinorum Præsulem scribens ait : Existimo præ omnibus maximè satisfactum esse domino meo sanctissimo ac venerando Joanni Episcopo, quòd nullatenùs acquiescam in damnatione domini mei sanctissimi & venerandi Nestorii Episcopi præbere consensum, quæ in Tharso & in Ephe-so facta est.

LXXIX.   Qui postmodùm tamen cum resistentium certamine sancto Chalcedonensi Concilio admissus , apertè anathema in Nestorium protulit ; seque Orthodoxum ipso hæretico reprobato monstravit . Dudùm namquè sanctæ Ecclesiæ diversa sentiens , & contrà beati Cyrilli duodecim capitula scribens, ait : Sanctam Virginem Theotocam vocamus , non quòd Deum peperit per naturam , sed quòd hominem ediderit conjunctum Deo , quem ipse formavit . Et post pauca : Si naturalis conjunctio facta est formæ Dei & formæ servilis , & invenietur legislator necessitatibus legis serviens . Et rursùm , nomine communicationis utentes , ut unum quidem Filium adoramus , & eum qui assumpsit , & eum qui assumptus est ; differentiam tamen cognoscimus naturarum . Theophoron autem dicere portans vel Dominum indutus hominem Christum, ut à multis sanctis Patribus dictum est , non recusamus . Et post alia : Considerate , inquit Apostolus (a) , Pontificem confessionis vestræ Jesum fidelem ei, qui fecit illum, sicut & Moyses in omni domo sua . Facturam autem eum quis esse dixerit recta sentiens : increatum & cum Patre coæternum , & addam, verum : sed eum qui est ex semine David , qui liber ab omni peccato Pontifex noster fuit , & victimam ipse se pro nobis obtulit Deo habens in se certè Dei Verbum fabulas sibi inseparabilitèrque conjunctum . Et rursùm , ut eum quasi ostenderet ad Divinitatem per incrementa crevisse , in eodem opere subjungit dicens : Ait Angelus (b) Virgini: Spiritus sanctus superveniet in te , & virtus Altissi-

mi obumbrabit tibi : ideòque quod nascetur ex te sanctum , vocabitur Filius Dei . Considerate hìc etiam , quia cuncta humanitùs dicuntur : Erit , inquit, magnus, non dixit, est : & Filius Altissimi vocabitur, non dixit, vocatur : & dabit ei Dominus sedem David Patris sui, non dixit, habet, sed dabit ei Dominus : & regnabit , non dixit , regnat : & super quos ? super domum Jacob, non dixit, super Angelos & Archangelos . Rursùm in eodem libro secundo ait (c) : Jesus autem à Spiritu sancto regressus est à Jordane . Et iterùm : Regressus est Jesus in virtute Spiritus in Galilæam , non Dei Verbum cooperatione vel auxilio eguisse Spiritus Sancti arbitreris , sed visibile templum variis sancti Spiritus donationibus fruebatur. Et post alia : Jesus Christus, inquit (d), heri & hodiè ipse & in sæcula . Quomodò igitur , ò sapientissimi , debemus advertere, quomodò idem ipse heri & hodiè & in sæcula , & temporalitèr & æternus , & in tempore & super tempora ; nàm si æternus est , temporalis non est ; & si in tempore est, super tempus non est . Et rursùm : In Domino Deo nostro Jesu Christo deitatis & humanitatis quasi unitatem adstruens , ait : naturas discernimus Dei Verbi : naturam integram dicimus & personam sine dubitatione perfectam : nec enim sine persona sua est asseverare substanciam ; perfectam quoque humanam naturam cum sua persona similitèr confitemur. Cùm verò ad conjunctionem respicimus , tùnc demùm unam personam meritò nuncupamus .

LXXX.   Quis hæc, fratres carissimi, plena omni impietate non videat ? A quibus tamen constat , quòd iste postmodùm ipse correxit qui in sancta Chalcedonensi Synodo Nestorium anathematizare consensit . Quis non videat quanta temeritate plenum sit , Theodoreti scripta superbiendo defendere ; quæ eumdem ipsum constat , rectà post profitendo, damnasse ? Dùm verò ejus & personam recipimus , & ea quæ dudùm latuerant pravæ scripturæ probamus, in nullo à sanctæ Synodi actione deviamus : quia sola ejus hæretica scripta respuentes, & cum Synodo adhùc Nestorium insequimur , & cum Synodo Theodoretum profitentem recta, veneramur . Alia verò scripta illius non solùm recipimus , sed eis etiam contrà adversarios utimur . Nàm cum Theodorus Canticorum Canticum vellet exponere , & non ad commenta sed potiùs ad deliramenta laboraret ; per hunc librum Æthiopissæ Reginæ blanditum fuisse , professus est : quod Theodoretus reprehendens , nomen quidem ejusdem Theodori supprimit , sed tamen vesaniam patefecit . Ejusdem namquè libri commenta conscribens , ait : Audio plures Canticum Canticorum detrahentes , & non credentes spiritalem esse librum ; fabulas autem quasdam aniculares per vesaniam texentes componere & præsumere dicentes : quia sapiens Salomon ad seipsum & filiam Pharaonis hunc librum conscripsit . Quomodò ergò nulla scripta ejusdem Theodoreti recipimus , qui illum etiam

a Hebr. 3.
b Luc. 1.
c Luc. 4.
d Hebr.13.

etiam contrà Theodorum adfertorem veritatis invenimus ? Hæc ad scripta vestra respondemus.

LXXXI. Sed opportunum valdè judicamus, ut ea quæ sine scripto à Responsalibus vestris audivimus, breviter verba replicemus. Dixerunt enim, Theodorum à Joanne Antiochenæ urbis Episcopo mira per epistolam attestatione laudatum:quod verum nos nullo modo credimus. Si tamen & tale aliquid fortassè reperitur : plus fidei primæ Ephesinæ Synodo, plus Cyrilli libris, plus Hesychii, quàm aliis quæ innotescere nùnc usquè nequiverunt, epistolis commodamus. Debemus tamen accedere, etiam concedentes aliquid dicere : ita ergò ut Responsales vestri asserunt, esse sentimus. Vos scitis, fratres dilectissimi, quòd res quæ dubietati subjacet, in partem semper est interpretanda meliorem. Quid itaque obstat, si dùm de ejus errore occultum adhùc & dubium fuit, ab uno Patre laudatus est & innotescente post perfidia, penè omnium magnorum Patrum sententia, velut immanis bestia quasi est brevescentibus jaculis est donfossus ? An non & malos à bonis aliquandò laudatos novimus? nec tamen eisdem laudibus assentimus. Quid namquè in Hæresiarchis Origene deterius, & quid in Historiographis inveniri Eusebio honorabilibus potest ? Et quis nostrum nesciat in libris suis quantis Origenem Eusebius præconiis attollat ? Sed quia sancta Ecclesia suorum fidelium corda benignius, quàm verba districtius pensat : Et plus in hæreticis sensum proprium, quàm relatio Eusebii absolvere potuit : nec rursùm Eusebium laudati Origenis culpa damnavit.

LXXXII. An non & Gregorius Nysse urbis Episcopus cum Canticorum Canticum exponit, magnis Origenem laudibus præfert ? An non & Hieronymus nostræ Ecclesiæ presbyter & singularis Hebræi sermonis interpres tanto ergà Origenem favore intendit, ut penè discipulus esse videatur ? Sed quia plus causa quàm verba pensanda sunt, nec istis sua benignitas nocuit, nec illum à reatu proprio favor alienæ attestationis excusavit.

LXXXIII. Cogor post hæc, fratres carissimi, dolens cum (a) Paulo dicere : Testimonium perhibeo vobis, quòd æmulationem Dei habetis,sed non secundùm scientiam: cujus ergà unitatem sanctæ Ecclesiæ dùm viscera caritatis aspicio, discordes vos intolerabiliùs ingemisco. Pensate, quæso, quo ardore sanctæ unitatis anhelabat, cum Philippensibus diceret : (b) Si qua consolatio in Christo, si quod solatium caritatis, si qua societatis spes, si qua viscera & miserationes, implete gaudium meum, ut idem sapientes,eamdem caritatem habentes,unanimes, idipsum sentientes. Qui igitur unanimitatem locuturus, tot & tales inquisitiones præmisit;quantum esset hujus virtutis meritum, non explendo, sed inquirendo monstravit. At contrà quàm sit malum discordia, loquens Corinthiis ostendit : ait (c)

enim: Significatum est mihi de vobis, fratres mei, ab his qui sunt Chloes, quia contentiones sunt inter vos : hoc autem dico, quod unusquisque vestrum dicit, Ego sum Pauli, ego autem Apollo, ego verò Cephæ, ego autem Christi. Quod cum quanta animadversione loquatur, agnoscimus,si subjunctæ increpationis verba pensamus : ait enim : Divisus est Christus? numquid Paulus crucifixus est pro vobis, aut in nomine Pauli baptizati estis?

Considerate igitur, fratres mei, & dùm **LXXXIV.** Deo adhùc expectante, omni incerto vitæ fine permittimur, vigilanti cura perpendite, quia illam scissionem sanctæ Ecclesiæ pro Theodoro facere fraternitas vestra non metuat, quam pro se vel profiteri Paulus expavit. Cùr non ad memoriam pro unitate servanda beati Augustini dictum reducitur? qui dùm de unico baptismate loqueretur, idcircò Cyprianum, martyrem, qui de iterando baptismate scripserat, defunctum perhibuit ; quia licèt pravum quid senserit, numquàm tamen se à totius Ecclesiæ communione suspendit. Sic igitur permanere in sanctitate * servante constat fratres dilectissimi, quia dùm vos ab Ecclesiæ unitate disjungitis, omne virtutis meritum perdidistis, etiam si rectè teneatis : scriptum quippe est : (d) Pacem sequimini cum omnibus & sanctimoniam,sine qua nemo videbit Dominum.

Multa loquuti sumus, quia & ad multa **LXXXV.** ratiocinando respondimus. Et cum testimonia ex Patrum dictis innumera suppeterent, perpauca posuimus: videlicèt cupientes ut scripta nostra in causis singulis narratio breviata succingeret, ne fortassè tædium legenti generarent. Unum tamen quod jàm superiùs diximus, non sed desit si etiam crebrò replicemus : Quia fidem sanctæ Chalcedonensis Synodi illibatam per omnia Deo auctore servamus, ejusque definitiones, sicut Ephesinæ primæ, Constantinopolitanæ ac Nicænæ Synodi irretractabiles nùnc usquè tenuimus, & vel morte proposita irretractabiles custodimus. Vestra igitur dilectio communionem fidelium Orthodoxorum fratrum non fugiat, ne præsentis vocis nostræ adjutorium si audire neglexerit, contra se in testimonium vertat. Nos autem ad Dominum post verba recurrimus, eumque quantùm possumus fletibus exoramus, ut hoc quod vobis ad sequendam concordiam à nobis dicitur, ipse in vestris mentibus manu intimæ inspirationis operetur.] Hactenùs ultima adversùs schismaticos Gregorii epistola, Pelagii Papæ jussu nomineque conscripta, nùnc primùm edita, quam & unà cum aliis duabus superiùs recitatis in recentiori, quæ paratur, ejusdem Gregorii Papæ epistolarum editione, cudendam dedimus.

Cum autem adhibitum benè præparatum **LXXXVI.** à Gregorio adversùs schismaticos pharmacum,malè affectis animis schismaticorum Papa Pelagius minimè profuisse cognovisset : eosdem per sæcularem potestatem cohibere conatus est, imitatus Pelagium Pontificem

Marginal notes:

LXXXIV.

*

d Hebr. 1.

LXXXV.

LXXXVI.
Pelagius per Exarchum schismaticos exagitat.

a Rom. 10.

b Philip. 2.

c 1.Cor. 1.

tificem Seniorem, qui eosdem (ut vidimus) per Narsetem Ducem compescere laboravit. Itaque adversús ipsos Smaragdum Italiæ Exarchum Ravennæ degentem excitavit : qui impiger eosdem coercere aggressus est, nec cessavit quousque depascentem Ecclesiam morbum illum auferret, penitús ex iis regionibus. Rem verò gestam sic narrat Paulus (*a*): Smaragdus Patricius veniens de Ravenna in Gradum, per semetipsum è basilica extrahens Severum, Ravennam cum injuria duxit cum aliis tribus ex Istria Episcopis, Joanne Parentio *, Severo, atque Vindemio; quibus comminans exilia, atque violentiam inferens, communicare compulit Joanni Ravennati Episcopo Trium capitulorum damnatori: qui à tempore Papæ Vigilii & Pelagii à Romanæ Ecclesiæ deciderat societate. Exacto verò anno, è Ravenna ad Gradum reversi sunt. Quibus nec plebs communicare voluit, nec cæteri Episcopi eos receperunt.] Hæc de conatu Exarchi Smaragdi Paulus. Quòd igitur exacto anno hi permissi sunt ad suas redire Ecclesias, indicatur eos assensum præbuisse Catholicæ veritati, & conjunxisse se, à qua divisi schismate erant, Romanæ Ecclesiæ: nàm de Severo id affirmat S. Gregorius Papa (*b*) in epistola ad ipsum scripta, anno primo sui Pontificatus.] Hæc quomodò (quod idem testatur) ad vomitum sit reversus, suo loco dicemus. Hæc autem sub Exarcho Smaragdo hoc anno cœpta, sequenti absoluta fuisse oportet : siquidem Exarchatus Smaragdi exordium ponitur anno quingentesimo octogesimoquarto, ac triennio tantummodò perdurasse.

LXXXVII. Error Pauli & recentiorū Hist.

Sed hìc lector attendat, gravissimè in errorem lapsûm (quod attigimus) Paulum

a Paul. diacon. de gest. Longob. lib. 3. cap. 12.
* Parentino

b Greg. lib. 1. ep. 16.

A diaconum, aliis errandi occasionem fuisse, dùm putavit damnatores Trium capitulorum eosdem fuisse ab Ecclesiæ communione extorres ,, ut dùm de Joanne Ravennate asserit, eò quòd Trium capitulorum damnator extiterit, à Romanæ Ecclesiæ communione excidisse : adeò ut planè convincatur ipse Paulus de Tribus capitulis historiam minimè assecutus fuisse, quæ ex superioribus dictis,& iis quæ S. Gregorius Papa pluribus tradit epistolis, satis perspicua inspicientibus redditur: nàm penitùs contrarium accidit. In quem errorem lapsos vidimus recentiores historicos (*c*) & quidem disertos viros Paulum errantem secutos : ex quo factum est, ut in devium semel immisso pede ; iidem implicati teneantur aliis multis erroribus, ut cùm dicunt Joannem Ravennatem Episcopum adversùs Romanam Ecclesiam rebellasse, atque Smaragdum Exarchum adversùs Catholicos Episcopos concitasse, & alia hujusmodi veritati contraria : nàm ea in re tanta à vero exorbitantes, vix credi potest, in quot sint abducti mendacia, nec quàm levis momenti, dùm qui fuerunt Catholici collocant inter schismaticos, schismaticos verò inter Catholicos numerant, & persecutorem vocant Exarchum Smaragdum qui schismaticos zelo pietatis exagitavit. Sed ad alia transeamus.

In Galliis hoc anno ex hac vita decessit sancta Disciola virgo, sancti Salvii Episcopi Albigensis neptis, monialis in monasterio sanctæ Radegundis Reginæ Pictavis existentis : in cujus transitu quæ admiranda effulserunt sanctitudinis signa, narrat pluribus Gregorius (*d*) hoc ipso anno, qui est octavus Childeberti Regis.

c Sigon. de Reg. Ital. li. 3, & Hieron. Rub. li. 4. hist.

Lxxxviii.

d Greg. Turon. hist. Franc. lib. 6. c. 29.

JESU CHRISTI
ANNUS
587.
PELAGII PAP. II.
ANNUS
10.
MAURITII IMP.
ANNUS
2.

I.

ADsunt Januarii Kalendæ anni Redemptoris quingentesimi octogesimiseptimi, Indictionis quintæ, cum secundùm in Imperio annum Mauritius ageret, quo Consulatum absque collega suscepit, ut ita religui anni ejus Imperii è primo Consulatu nomen multiplicato numero sortirentur, quod factum reperies apud volumen epistolarum S. Gregorii, in cujus libri secundi exordia septimum numeratur annus à Mauritii Consulatu.

II.

Hoc ipso anno à Joanne Episcopo Constantinopolitano celebrata est Synodus in causa Gregorii Episcopi Antiocheni. De hac nos acturi, primum omnium, ut ex more rationem temporis sartam tectam in omnibus relinquamus, plura sunt quæ hoc anno eam habitam Synodum docent : atque in primis dùm S. Gregorius decimatertia Indictione numerat à tempore hujus Synodi annos octo, nàm scribens ad Eulogium Episcopum Alexandrinum dicta Indictione decimatertia, hæc habet (*e*): Ante annos si quidem octo, sanctæ memoriæ Pelagii prædecessoris mei tempore, frater & coepisco-

I. De tempore Synodi Constantinopolitanæ.

II. De tempore Synodi Constantinopolitanæ.

e Greg. lib. 4. Indict. 13 epist. 36.

D pus noster Joannes in Constantinopolitana urbe ex causa alia occasionem quærens, Synodum fecit, in qua se Universalem appellare conatus est. Quod mox idem decessor meus ut agnovit, directis litteris, ex auctoritate S. Petri Apostoli ejusdem Synodi Acta cassavit : quarum, videlicet epistolarum sanctitati vestræ exemplaria, studui destinare. Diaconem verò qui juxta morem pro responso Ecclesiæ faciendis piissimorum dominorum vestigiis adhærebat, cum præfato sacerdote nostro Missarum solemnia celebrare prohibuit.] Hæc Gregorius de tempore Synodi, & rebus in ea gestis. Idem insuper redditur certum tempus ex sententia Euagrii (*f*), dùm numerat annos sexaginta, & unum à tempore memorabilis illius terræmotus, quo Antiochena civitas prostrata est anno Domini quingentesimo vigesimoquinto, usque in hunc annum, vel potiùs superiorem (si anni exacti non numerentur, quo magis concordat epistolæ Pelagii Papæ, ut antè Synodum scripta dici possit) quo postquàm Gregorius Antiochenus Episcopus è Synoda reversus est,

f Euag. lib. 6. c. 7.

est, iterùm contigit eamdem civitatem eadem funesta clade vexari. Hæc quò ad tempus satis.

III. De causa Gregorii Episc. Antiocheni. a *Euag.lib. 6.c.7.*

Quod verò pertinet ad Gregorii Episcopi Antiochiæ causam, quam ad suos explendos affectus Joannes Constantinopolitanus Antistes (ut ex Gregorio Papa vidimus) stultè prætexuit; hic recitemus quæ Euagrius de ea habet in hæc verba (a) Cum Asterius Orientis gereret Præfecturam, & contentio inter eum & Gregorium orta esset; primùm omnes primores civitatis Asterii partibus se addixerunt; deinde adjuncti sunt etiam ei qui populares erant & artes exercebant in civitate (singuli enim se aliquid damni à Gregorio accepisse affirmabant) postremò verò plebi, ut convicia in Gregorium jaceret, permissum erat. Ambo igitur & optimates & populares in eamdem eum plebe quasi pedibus ire sententiam; & cùm in plateis, tùm in theatro probra & contumelias in Episcopum Gregorium intorquere non cessavere. Quin etiam ne à scena quidem talis absuit petulantia. Quapropter Asterius abdicata Præfectura, ad quam administrandam Joannes eligitur; cui Imperator dat mandatum, ut de seditione illa accuratè inquireret.

IV.

Hic Joannes vir sanè erat nec ad minima quidem negotia procuranda, nedum ad tàm gravem suscipiendam provinciam idoneus. Itaque cum civitatem tumultu ac seditione refersisset, edictumque publicasset, cuique liberum esse pro arbitratu suo Episcopum insimulare; libellum contra eum ab Argentario quodam accepit, quo accusabatur cum propria sorore alteri viro in matrimonium data, rem habuisse. Recepit item ab aliis ejus generis hominibus, quòd prosperum civitatis statum non semel, sed sæpius labefactarat. At Gregorius cùm de eo se purgavit crimine, tùm de aliis ad Imperatorem & Concilium provocavit. Me igitur cum eo assiduè versante, præsenteque, iter capit Constantinopolim de criminibus hisce se purgaturus. Ac cum Patriarchæ omnes partim per vicinos, partim per vicinos quæstioni de Gregorio habitæ interessent, ac causa esset coràm sacro Senatu & multis sanctissimis primarum urbium Episcopis cognita; post multas & graves contentiones secundùm Gregorium sententia promulgata est, ut ejus accusatores acriùs excruciati & circùm civitatem acti, exilio multarentur. Itaque Gregorius ad suam revertitur sedem.] Hactenus Euagrius de causa Gregorii Episcopi: sed (ut diximus) hi erant Joannis Constantinopolitani prætextus edendæ Synodi, re vera autem ut illud de nomine Oecumenici adimpleret, quod è animi sententia omnino præfecit.

V. Pelagius irritam reddit Synod. Constantinopolitanam,

Cum hæc autem in Synodo Constantinopoli esse acta Pelagius Pontifex Romanus accepisset; cuncta delenda esse præter sententiam pro Gregorio latam, datis ad Joannem Constantinopoli in litteris scripsit; & Archidiacono suo illic agendi, ut irrita cuncta redderet, præcepit. Id quidem tùm

A ad Eusebium Episcopum Thessalonicensem scribens S.Gregorius testatus est, tùm etiam in epistola quam posteà ad ipsum Joannem dedit, affirmat. Sunt in epistola ad Joannem hæc verba (b), dùm exprobrat ipsi quam præsetulit hypocrisin: Qui enim (inquit) indignum te esse fatebaris, ut Episcopus diei debuisses; ad hoc quandoque perduci es, ut despectis fratribus, Episcopus appetas solus vocari. Et quidem hac de re sanctæ memoriæ decessoris mei Pelagii gravia ad sanctitatem vestram scripta transmissa sunt in quibus Synodi, quæ apud vos de fratris quondam & consacerdotis nostri Gregorii causa congregata est, propter nefandum elationis vocabulum Acta dissolvit; & Archidiaconum, quem juxta morem ad vestigia dominorum transmiserat, Missarum vobiscum solemnia celebrare prohibuit.] Hæc Gregorius de rebus tùnc à Pelagio Papa gestis.   b *Greg. lib. 4.epist.38.*

VI. Affirmat hoc ipsum in dicta epistola ad Eusebium Episcopum Thessalonicæ, ubi de Actis ejusdem Synodi ex parte abolitis ab ipso Pelagio, integris remanentibus quæ in causa Gregorii Antiocheni acta fuissent, hæc ait (c): Cognoscat siquidem fraternitas vestra, Joannem quondam Constantinopolitanæ Ecclesiæ Antistitè contra Deù, contra pacem Ecclesiæ, in omnium despectum & injuriam sacerdotum, modestiæ & mansuetudinis terminos excessisse, & illicitè in Synodo superbum ac pestiferum Oecumenicon, hoc est, Universalis sibi vocabulum usurpasse. Quod beatæ recordationis Pelagius decessor noster agnoscens, omnia Gesta ejusdem Synodi, præter illa quæ illic de causa venerandæ memoriæ Gregorii Episcopi Antiocheni sunt habita, valida omnino districtione cassavit, districtissima illum increpatione corripiens, ut seà novo & temerario superstitionis nomine cohiberet: adeò ut illegitimè diaconum (nisi tantum nefas emendaret) procedere prohiberet.] Hæc ibi. Erat magæ indiciù illicitæ nomen; prohibere se diaconum Apostolis etiàm sarius in sacris cum Joanne communicaret significabatur caimibus symbolis, ipsum Constantinopolitanum rejectum esse à communione Apostolicæ sedis. Sed paruetis hic ipsas Pelagii litteras recitare.   c *Greg. lib. 7.epist.69.*

Rata habita sententia pro Gregorio Antioch. Episc.

VII. Cum igitur Pelagius Papa accepisset in Synodo Constantinopolitana (ut vidimus) hoc anno habita ipsum Joannem Episcopum Constantinopolitanum Oecumenici nomen usurpasse, continuò adversùs eam datis litteris, quæ in dicta Synodo facta sunt ad eam rem spectantia, irrita reddidit. Extant ipsæ litteræ omni memoria dignissimæ, quæ ut Christiano orbi innotescerent, exemplar ipsarum S.Gregorius (d) Papa successor ipsius Pelagii misit ad Eulogium Episcopum Alexandrinum. Datæ illæ quidem habentur ad omnes Episcopos, qui eidem Synodo interfuerant, ut ipsarum docet inscriptio, quæ est hujusmodi (e):   d *Greg. lib. 4.Indict.13 epist.36.*

Dilectissimis fratribus universis Episcopis, qui illicita vocatione Joannis Constan-   e *Pelag.ep. 1.tom.1.ep. Rom. Pont.*

stantinopolitani Episcopi ad Synodum
Constantinopolim convenerunt, Pelagius.]
Cùr autem illicita vocatione convenisse dicat, ipse in contextu epistolæ declarat,
quæ sic se habet:

VIII.
Pelagii PP.
Epistol. ad
Episcopos
ad Synodū
vocatos.

Manifesto (sicut optavimus) per gratiam
Dei, lumine Evangelicæ veritatis, ab u-
niversali Ecclesia perniciosissimi erroris
nocte depulsâ, ineffabiliter gaudemus in
Domino; sed non modicè contristamur mœrore, quia ea, quæ olim calcata fuerant,
& funditùs damnata, nec umquàm fieri debuerant, redivivis radicibus germinant atque pullulant.] Calcata dicit atque damnata, respectum habens ad ea quæ S. Leo
Papa scripsisset ad Anatolium Constantinopolitanum Episcopum, & Gelasius in Acacium (ut suis locis abundè superiùs dictum
est) cum se super omnes collegas Patriarchas Episcopus Constantinopolitanus erigeret. Sed pergit: Et quoniam multa quæ
pœnitudinem possunt generare, proveniunt;
necesse est ea cassare, quæ contrà ordinem
& omnem auctoritatem facta esse noscuntur. Unde fratres, rejecta penitùs audacia, quæ contrà Apostolicam sedem, &
contrà ipsam Domini Salvatoris nostri vocem, qua dictum est: Tu es Petrus, & super hanc petram ædificabo Ecclesiam meam;
sumpta est disputandi contrà Domini præcepta, vana errantium corda conquiescant;
nec liceat defendi, quod non liceat agere.

IX.
Tantùm
esse Roma-
ni Pontifi-
cis genera-
lem Syno-
dum con-
gregare.

Relatum est ad Apostolicam sedem, Joannem Constantinopolitanum Episcopum,
Universalem se subscribere, vosque ex hac
suâ, præsumptione ad Synodum convocare
generalem: cum generalium Synodorum
convocandi auctoritas Apostolicæ sedi beati Petri singulari privilegio sit tradita; &
nulla umquàm Synodus rata legatur, quæ
Apostolica auctoritate non fuerit fulta.
Quapropter quicquid in prædicto vestro
conventiculo (quia Synodus taliter præsumpta esse non potuit) statuistis, ex auctoritate S. Petri Apostolorum Principis,
& Domini Salvatoris voce, qua beato Petro, potestatem ligandi atque solvendi ipse
Salvator dedit; quam etiam potestas in successoribus ejus indubitanter transivit: præcipio omnia quæ ibi statuistis, & vana &
cassata esse; ita, ut deinceps numquàm appareant, nec ventilentur. Etenim ipse Salvator beato Apostolo Petro, tamquàm ipsa per se veritas loquitur, dicens (a): Quæcumque ligaveris super terram, erunt li-
gata & in cælo; quæcumque solveris super
terram, erunt soluta & in cælo. Multis deniquè Apostolicis & canonicis atque Ecclesiasticis instruimur regulis, non debere ulla
sententia Romani Pontificis Concilia celebrari. Quapropter (ut jam dictum est) rectè non Concilium, sed vestrum conven-
ticulum, vel conciliabulum cassatur; &
quicquid in eo actum est, irritum habetur
ac vacuum. Vos quoque deinceps, si Apostolicæ sedis communione carere non vultis,
Modò verò ideò suspenditur ultio, ut locum possit habere correctio.

a Matt. 16.

Annal. Eccl. Tom. VII.

Prædecessores verò Joannæ, & ipse Joannes non semel, sed sæpissimè epistolas atq;
libellos propriâ manu subscriptos sanctis
antecessoribus nostris miserunt, quibus coràm Deo protestati sunt, nihil umquàm
protervè contrà Apostolicam sedem agere,
nec de illius aut aliorum privilegiis quicquam usurpare qui hactenus in archivio sanctæ Romanæ Ecclesiæ sub sigillis ac chirographis eorum roborati habentur integri.
In ipsis enim epistolis vel libellis anathematis vinculo se, & successores eorum con-
strinxerunt, si umquàm aliquid contrà eos
præsumpsissent, aut contrà Apostolicam, vel
ullius alterius Episcopi sedem quicquam
adversi quoquo modo essent moliti.

Idcircò eos non est necesse excommunicare aut anathematizare: quia ipsi anathematis vinculo, propriis manibus professio-
nes suas, suâque scripta roborando, con-
strinxerunt. Sciat se tamen & ipse Joannes, nisi errorem suum citò correxerit, à
nobis excommunicandum fore, & Apostolicæ sedis atque omnium sanctorum Episcoporum communione carere.

X.
Quæ pro-
fessi sint E-
pisc. Con-
stantinop.

XI.
Commina-
tio de infen-
rendo Ana-
themate.

Universitatis quoq; nomen, quod sibi illicitè usurpavit, nolite attendere, nec vocatione ejus ad Synodum absque auctoritate
sedis Apostolicæ umquàm venire; si Apostolicæ sedis ac cæterorum Episcoporum
communione vultis frui. Nullus enim Patriarcharum hoc tàm profano vocabulo u-
quàm utatur: quia si summus Patriarcha U-
niversalis dicitur, Patriarcharum nomen
cæteris derogatur. Sed absit hoc, absit à
fidelis cujusquam mente, hoc sibi vel velle
quempiam arripere, unde honorem fratrum
suorum imminuere ex qualicunq; parte videatur. Quapropter charitas vestra neminem umquàm suis in epistolis Universalem
nominet; ne sibi debitum subtrahat, cum alteri honorem offert indebitum.]

XII.

Sed hìc, amabo te, siste gradum, lectorq;
spectaculum tuis oculis ingeram, unde ri-
deas. Ecce progreditur è cathedra Juris
professor *, factus uno momento Theologus, atque veluti in scena minus, mutatis vestibus, ac superinductâ personâ, li-
centiâ historicorum statim vociferari incipit
adversus Romanos Pontifices, quòd super
universalem Ecclesiam sibi auctoritatem arrogent ac nomen: ita raucè inclamans, &
obstrepens tuba Novatium, ut dormien-
tes in cunis obsterrere possit insanus. Ex
recitatis enim modò Pelagii Papæ verbis,
quibus ait neminem Patriarcharum uti debere nomine Universalis, ipse nòn insani,
primatum esse in Ecclesia non debere; ac
proindè contrà Pelagii assertam sanctissimi
Papæ sententiam Romanos Episcopos sibi
super omnes Ecclesiæ vendicare primatum. O Cymmeriis tenebris offusam mentem!

XIII.

* *Molinaū*
sugillat au-
ctor, adver-
sùs quem
etiam Re-
mundus Ru-
fus egregiùs
commenta-
rium scri-
psit, & du-
plicato scri-
pto ejus de-
fensorem e-
xagitat.

Sed ignoscendum misello nomini ex illis-
tis in Gratiani (b) arcam fragmentis stipem
mendicanti. Si enim ipsam hanc Pelagii
integram epistolam perlegisset, in qua tot
robustis sententiis elucet primatus Romani Pontificis; erubuisset certè, confusus q;

XIV.
b Cap. Nal-
lus Patri-
archarum
dist. 99.

Ddd   damnum

Confuta-
tur fortiter
Novator
Ju. C.

damnum suum , nimirùm ex suo egesto stercore instar turdi sibi viscum parasse. Sed accipe quot valida Pelagii Papæ in hac epistola sint de primatu Romani Pontificis prodita argumenta ,¡ atque firmatæ sententiæ. Primò quidem , dùm habet Romanum Pontificem verum legitimumque Petri Apostoli esse successorem ; cùmque addit à Christo in eum collata privilegia , eadem in ipsius successorum redundare præstantiam. Secundò , dùm firmiter asseverat jus generalis Synodi convocandæ , ejusque firmandæ , unius esse tantùm Romani Pontificis. Tertiò , dùm quæ acta ab ipsis essent in eadem Synodo universali , re ipsa Pelagius ipse nullius esse præcipit auctoritatis. Quartò , dùm judicium in Orientis omnes Patriarchas exercet , sententiamque excommunicationis comminatur , si quid ejusmodi inconcessum præsumant. Quintò , dùm disertis verbis affirmat , prædecessores ejusdem Joannis Constantinopolitanos Episcopos sæpissimè (ut ait) epistolis scriptis , datisque libellis propria manu consignatis esse professos Romanorum Pontificum primatum , quem & numquàm in posterùm sub obtestatione divinæ sententiæ labefactare polliciti sunt.

XV.

Sextò , dùm in eundem ipsum Joannem Constantinopolitanum Patriarcham fulmen excommunicationis interminatur , nisi citò emendaret quod deliquisset. Septimò , dùm inferiùs (ut audies) totidem verbis Romanam Ecclesiam à Domino esse institutam caput omnium Ecclesiarum affirmat. Octavò dùm praxis ostenditur de Orientalibus Patriarchis consulere consuetis Apostolicam sedem , atque ab ipsa de ambiguis expectare sententiam. Nonò , dùm veteri consuetudine servatam & Synodali decreto firmatam tradit , ut ex universo Orbe majores & difficiliores causæ ad sedem Apostolicam deferantur . Decimò , dùm eminentiori solio constitutam , lata sententia infames esse decernit , quicumque adversùs Patres armantur , veluti eorumdem invasores & occisores. Undecimò , dùm ad calcem ait ipsos Romanos Pontifices in Ecclesia Catholica vindices canonum præsidere , eosdemque instaurare ac renovare quæ pravorum hominum essent labefactata conatu. Hæc ex Pelagii Papæ epistola , ex cujus fragmento abrogationem primatus Romanæ Ecclesiæ se elicuisse stulte vaniloquus existimavit.

XVI.

Sit modò satis tot virgis verberatum è scena fugatæ miserum Legulejum in Theologum ex improviso conflatum , vanè existimatum ex animi libitu atque libidine majore, facilitate quempiam posse profiteri Theologum ; cum ad hoc perficiendum triduum

a Cic. pro
Murena.

sibi satis esse putarit Orator (d). Quòd verò eadem levitate , atque etiam procacitate , qua Pelagium , Gregorium quoque Papam conatus est hæresis constituere assertorem ; nos , quæ ex Gregorio citat , res Gregorii prosequemur , in ipsum pariter retorquebimus. Cum igitur tot firmissimis

assertionibus Pelagius Papa in hac epistola sit promulgator atq; assertor primatus Romanorum Pontificum : quis ingenio adeò obtusus non videat , ipsum , dùm ait nullum Patriarcharum dici debere Universalem , ad illos Orientales , ad quos scribit, habuisse respectum ? Sed jàm reliqua ejus epistolæ prosequamur; ait enim :

Adversarius (b) namquè noster diabolus , qui contra humiles sæviens , sicut leo rugiens circuit quærens quem devoret , non jàm (ut cernimus) caulas circuit , sed ita prævalide in quibusdam Ecclesiæ necessariis membris dentem figit , ut nulli sit dubium , stolæ. quia nisi unanimiter, favente Domino cunctorum provida pastorum turba concurrat , omne (quod absit) citiùs ovile dilaniet . Perpenditis , fratres charissimi , quid è vicino subsequatur , cum & in sacerdotibus erumpunt tàm perversa primordia . Quia enim juxta est ille , de quo scriptum est (c) : Ipse est Rex super universos filios superbiæ (quod non sine gravi dolore dicere compellor , dùm frater & coepiscopus noster Joannes mandata Dominica , & Apostolica præcepta , regulasque Patrum despiciens , eum pœ elatione præcurrere conatur è nomine) vestræ beatitudini indicet omnipotens Deus , quàm gravi considerationis hujus gemitu torqueor , quòd ille quondam mihi notissimus ; ille omnibus dilectus , qui eleemosynis , orationibus , atque jejuniis videbatur occupatus ; & ex eo quo fœtebat cinere , ex ea quam prætendebat humilitate jactantiam tantam sumpsit , ita ut universa sibi tentet ascribere , & omnia , quæ soli uni capiti cohærent , videlicèt Christo , per electionem pompatici sermonis , ejusdé Christi sibi studeat membra subjugare.

Nec mirum , quòd ille tentator , qui initium omnis peccati scit esse superbiam, & tùnc ea in primo homine antè omnia usus est , & nùnc eam in quibusdam hominibus ponit in fine virtutum : & qui aliquatenùs bonis vitæ studiis videbantur crudelissimas manus ejus effugere , eis in ipsis metis bonis operis , & in ipsa quodammodò apposuit perfectionis conclusione teridiculum : Unde magnoperè orandum est , & omnipotens Deus assiduis precibus implorandus, ut hunc à mente illius avertat errorem , hoc ab unitate atque humilitate , Ecclesiæ malum superbiæ & confusionis amoveat : & favente Deo , omnibus viribus concurrendum , atque providendum , ne in unius veneno sermonis viventia in Christi corpore membra moriantur . Si enim dici hoc licentèr permittitur , honor Patriarcharum omnium negatur ; & fortassè is in errore perit , qui Universalis dicitur , & nullus jàm Episcopus remansisse in statu veritatis invenitur.

Oportet ergò , ut constantèr ac sine præjudicio servetis , sicut accepistis , Ecclesias, & nihil sibi in vobis hæc tentatio diabolicæ usurpationis ascribat . State fortes, state securi .Scripta quæ Universalis nominis falsitate condemnata sunt , nec dare umquàm , nec accipere præsumatis . Omnes Episcopos

XVII.
b 1.Petr.5
Reliqua
ejusdé Pelagii epistolæ.

c Job.41.

XVIII.
Diabolus per superbiam tentat quoq; optimos.

XIX.
Admonitio ad Episcopos.

A pos cum vestræ subjectos ab hujus adulationis inquinatione prohibete; ut universa
vos Ecclesia Patriarchas non solùm in
bonis operibus, sed etiam in veritatis * au-
* unitatis   ctoritate cognoscat. Si qua autem forsitàn
adversa subsequantur, unanimitèr persi-
stentes, etiam moriendo debemus ostendere, quia in damno generalitatis nostrum
specialiter aliquid non amamus. Dicamus
a Philip.1.   cum Paulo (a): Mihi vivere Christus est,
b 1.Petr.3.   & mori lucrum. Audiamus quod primus
omnium Apostolorum dicit (b): Si quid
patimini propter justitiam, beati eritis. Mihi enim credite, quia honorem, quem pro
prædicanda suscepimus veritate, si neces-
B   sitatis causa exigat, securiùs pro eadem veritate relinquimus, quàm tenemus. Ora-
te, fratres, ut honor Ecclesiasticus nostris
diebus non evacuetur, nec umquàm Romana sedes, quæ, instituente Domino, caput
est omnium Ecclesiarum privilegiis suis usquàm careat, aut expolietur.

XX.   Confidimus autem de vobis, charissimi,
meliora atque viciniora salutis: quia neque
mors, neq; vita, neq; Angeli, neq; Principatus, neque instantia, neque fortitudo, neque altitudo, neque profundum,
c Hebr.6.   neque creatura alia (Magistro Gentium (c)
docente) poterit nos separare à charitate
C   Domini nostri Jesu Christi, & quæ in pio
est, recta fide.] Et post multa, quibus
eos admonuit & cohortatus est sacerdotali
constantia agere, hæc ad finem habet de
consultatione ipsorum: De cætero fratres,
De pro-   super provinciæ causa unde sedem Aposto-
vinciis re-   licam dudùm consulere voluistis, videtur
sponsio Pe-   nobis sufficienter tractatum à sanctis præde-
lagii.   cessoribus nostris. Sed quia denuò nostram
mediocritatem de eadem re interrogare, dignum duxistis; scitote, certam provinciam
esse, quæ habet decem vel undecim civitates, & unum Regem, & totidem minores
potestates sub se, & unum Episcopum, a-
D   liosque suffragatores decem vel undecim E-
piscopos Judices, ad quorum judicium
omnes causæ Episcoporum & reliquorum
sacerdotum ac civitatum causæ referantur,
ut ab his omnibus justè consona voce discer-
nantur: nisi ad majorem auctoritatem fuerit ab his, qui judicandi sunt, appellatum.
Unde non oportet, ut degradetur vel de-
honoretur unaquæque provincia, sed apud
semetipsam habeat Judices sacerdotes, &
Episcopos singulos, videlicet juxta ordines suos. Et quicumque causam habue-
rit, à suis Judicibus, & non ab alienis, id est, à suæ justis Judicibus
provinciæ, & non ab externis, nisi (ut
jam prælibatum est) à judicatis fuerit appellatum. Si verò in qualibet provincia
ortæ fuerint quæstiones, & inter ipsius provinciæ Episcopos discrepare possit ratio,
atque inter ipsos dissidentes non conveniat; ad majorem tunc sedem referantur:
E   & si illæ facilè & justè non discernuntur,
ubi fuerit Synodus regulariter congregata,
canonicè & justè judicentur. Majores verò
& difficiles quæstiones (ut sancta Synodus
statuit, & beata consuetudo exigit) ad
Annal. Eccl. Tom. VII.

A sedem Apostolicam semper referantur.]
Et post alia nonnulla, hæc de die qua scripta est: Data Kalendis Martii, Indictione quinta.] Verùm putamus, pro Martii, Maii, restituendum esse: siquidem
non ampliùs quàm quatuor menses numerat
Evagrius à reditu Gregorii Antiochiam usque ad terræmotum, qui incidit (ut ait)
pridie Kalendas Octobris.

Hæc quidem omnia de judicio universa-   XXI.
lis Concilii Constantinopoli habiti videtur scripsisse Pelagius adversùs eumdem
Joannem Constantinopolitanum Episco-
B   pum, sibi totius Orientis Episcoporum judicia arrogantem, & causam Antiochenæ
Ecclesiæ Episcopi judicantem: adversùs
quam præsumptionem aliàs sæpè proclama-
tum à Romanis Pontificibus, superiùs vidimus. Ratam tamen habuisse Pelagium
Papam absolutionem Gregorii Patriarchæ
Antiocheni, ex dicta epistola Gregorii Papæ ad Eusebium Thessalonicensem satis apparet. Quòd insuper Pelagius Papa eadem
sua epistola tradat, numquàm antea aliquem
Constantinopolitanorum Antistitum fuisse
permissum eo uti nomine Oecumenici, sed
omnes ipsorum conatus retusos, penitùsque
C   repressos esse à Romanæ Ecclesiæ Pontificibus; vel hinc saltem potes liquidò perspectam habere Græcorum imposturam (quod
superiùs admonuisse meminimus) in Actis
Quintæ Synodi, in quibus passim legimus
Constantinopolitanum Episcopum Oecumenicum appellari.

Sed ad Gregorium redeamus. Hic accu-   XXII.
satus à suis, & persecutionem passus à Præ-   Populus
fecto, reus compulsus in Synodo Constan-   Antioche-
tinopolitana causam dicere, penitùs abso-   nus luit
lutus, liberque cum honore in suam re-   pœnas de
meavit Antiochenam Ecclesiam. Quàm   persecutio-
autem severè ultus sit Deus Antiochenos,   ne in suum
qui eum dirè adeo incessantique studio sunt   Episcopū
D   persecuti, Evagrius testis est: relicuumque   mota.
planè fuit exemplum posteris post multa
alia quæ videri poterant exolvisse, magno
periculo insurgere populos in suos Episcopos, & à luporum parte stare oves adversùs pastorem suum. Quòd igitur Antiochiæ
habitatores omnes tàm nobiles, quàm statu humiles, divites atque pauperes, æquè
convenerint adversùs Dominum & adversùs Christum ejus; omnes pariter eadem in-
secuta est ultio divinitùs immissa, nempe
terræmotus, diruta civitate, atque oppressis hominibus: quo & ipse auctor ductorq;
pravorum Asterius, quem diximus, mise-
E   rè periit: evasit verò Episcopus, qui fuerat jàm innocens absolutus: ut planè visus
sit Dominus præjudicata iterùm judicare,
& damnare sontes, innocentem veluti digito demonstrare. Sed hæc quomodò se
habuerit, Evagrius exactè describit quem
audi (d).   d Evagr.
l.6.c.8.9.
Quatuor mensibus post reditum Grego-   XXIII.
rii dilapsis, anno sexcentesimo trigesimoseptimo post nomen Antiochiæ urbi impositum, & anno sexagesimoprimo post terræmotum qui proximus antè in ea civitate extitisset: cum ipse Asterius Gregorii
inimi-

Asterius inimicus pridie Kal. Octobris teneram vir-
pœnas dat ginem uxorem duceret, & civitas propterea
de malis in festum celebraret, & publicos conventus
Episcopu cum pompa circiter thalamum jugalem age-
illatis, ret, tertia hora post crepusculum turbatio
& terræmotus simul cum impetu irruens
totam civitatem concutit; multaque loca,
conquassatis fundamentis, deturbat: adeo
ut omnia ædificia circa Ecclesiam sanctissimam ad terram prosternerentur, excepto
solo hemisphærio, quod Ephræmio ex lauro construendum curaverat, quodque terræmotu temporibus Justini facto non parum acceperat incommodi; quod denique
terræmotibus, qui deinceps acciderunt,
graviter agitatum, ita inclinabatur versus
Septentrionem, ut trabes ligneæ ejiceret,
quæ cum ingenti fragore ceciderunt, hemisphærio in proprium locum resiliente,
& velut perpendiculo quodam directe lo-
cato. Multæ vero partes Ostracinæ, &
Psephium, de quo supra diximus & omnia
illa loca quæ Brisia vocantur, quinetiam
ædificia sanctissimi templi Deiparæ Mariæ
corruerunt, media quadam porticu mirum
in modum conservata.] Secundum illud lu-
a Thren. 2. gentis Hieremiæ (a): Demolitus est tabernaculum suum. Et: Repulit Dominus
altare suum, maledixit sanctificationi sua.
Pergit insuper:

XXIV. Porro autem omnes turres, quæ in pla-
Miseranda no constructæ erant, disjectæ sunt, reliquo
clades An- ædificio, pinnis muri exceptis, integro stan-
tioch. te, manenteque: pinnarum autem lapides
nonnulli retro pussi, minime tamen prolapsi sunt. Alia præterea templa, & utrumque balneum publicum, quod duobus di-
stinctum temporibus intervit, eadem op-
pressit calamitas. Multitudo quoque pro-
miscue est eadem involuta clade: & (ut quidam conjecturam ex pane, qui in tota civitate consumi solet, faciunt) hæc lues sexaginta hominum millia extinxit. Verum
Episcopus præter omnium expectationem
evasit incolumis, toto domicilio, in quo
sedebat, ruinam passo, & solis illis, qui
eum circumstabant, servatis, alio præterea
neminet qui illum omni festinatione suble-
vantes, cum terræmotus locum secunda concussione patefaceret, per funem demissum e
periculo eripuerunt.

XXV. Accidit autem in hoc infelici casu res
quædam civitati persalutaris. Nam clementia Dei propitii furorem suum mitigantis,
& virga miserationis & misericordiarum
peccata populi corrigentis, nullum incendium factum est, cum ingens flamma, quæ
partim ex foco & lucernis tam publice quam
privatim accensis, partim ex culinis, balneis, & aliis locis prope infinitis erumpebat, totam urbem circuiret. Hoc terræmotu oppressi fuere tum nobiles & illustres
viri quamplurimi, tum Asterius una extinctus. Quam cladem illi inflictam pecunia
sarsit Imperator. Quod autem ad exercitum pertinet: eodem fere loco fuit: adeo
ut barbari persuasum haberent, neminem
eos prohibituros, quo minus suo more
grassarentur, & in fines Romanorum irrue-

A rent. Verumtamen Germanus cum suis copiis illis obviam profectus, vi manuque sic
profligavit, ut nec unus fuerit reliquus, qui
cladem cæteris Persis nunciaret.] Hucusque Evagrius. Quæ post hæc secutæ sint,
dicemus in- b Cedren.
ferius suo loco. Cedrenus (b) hoc item an. 2. Mau-
anno accidisse tradit, ut Mauritius Imper. rit.
sororem suam Gordiam Philippico in matrimonium dans, eumdem Orienti præfe-
cerit: sed quæ ex hoc secutæ sint turbæ,
dicemus anno sequenti.

Subdit idem auctor de Cagano, qui cum XXVI.
esset Dux Avarum, pace violata, in Lon- Avares
B gum murum apud Constantinopolim præ- grassantur
dando excurrit: quando Commentiolus Dux in Roman.
Romani exercitus de improviso barbaros Imp.
adortus, magna multitudine cæsa eos abe-
git: Inde (inquit) cum Hadrianopolim venisset, in Andagastum incidit Sclavinorum
Ducem, qui prædam agebat: In hunc facto impetu, prædam recepit, insigni potitus victoria.] Addit hæc insuper:

Eo tempore Græci quidam in domo cu- XXVII.
jusdam prandentes, eo prolapsi sunt, ut Blasphemi
in Virginem Deiparam convicia atque exe- puniti.
crationes jacerent. Horum malis correpti
C malis correpti spiritibus, pœnas dederunt.
Dominus autem domus illius per somnium
vidit astare sibi Deiparam: quæ alloqui
ipsum non dignata, pedes ejus virgula veluti notis impressis circumscripsit. Ille autem pro dolore statim evigilans, pedes suos
incisos invenit: gestatus in publicum, ibique expositus, justum Dei judicium & incul-
patæ Virginis Deiparæ contra se indignationem professus est.] Hæc ipse hoc anno
Imperatoris secundo.

Quod ad res pertinet Occidentalis Im- XXVIII.
perii, hoc anno, qui & ab obitu Clotarii Synodus
Francorum Regis numeratur Guntheramni Lugduné-
ejus filii regni vigesimusecundus, celebra- sis secun-
D ta est secunda Synodus Lugdunensis (c), da.
cujus extant sex canones, quibus sancitas c Extat. t. 2.
antea a prædecessoribus Ecclesiasticas regu- Concil.
las innovantes, hoc de Leprosis Patres addiderunt: Placuit etiam universo Concilio, ut uniuscujusque civitatis leprosi, qui
intra territorium civitatis ipsius aut nascun-
tur, aut videntur consistere, ab Episcopo
Ecclesiæ ipsius sufficientia alimenta & necessaria vestimenta accipiant; ut illis per
alias civitates vagandi licentia denegetur.]
Hæc Synodus, cui subscripserunt Episcopi octo, Vicarii vero Episcoporum duode-
E cim. Inter Episcopos eminebat Syagrius
Episcopus Augustudunensis Sanctis adnumeratus, honestatusque ab Ecclesia anniversaria ipsius natalis memoria. Extat ad
eum Fortunati epistola in præfatione egre-
gii operis, quod periit.

Hoc item anno qui secundus numeratur XXIX.
Reccaredi Hispaniarum Regis, ipse Rex Reccaredi
Catholicus nonnisi Catholicam jugalem conjugiu.
sibi quærens, quam sciebat bene sanctis
dogmatibus institutam probeque educatam
Chilperici Francorum Regis filiam sibi
in matrimonium dari, missa legatione
petiit: quod & est feliciter consecutus,
acce-

accepta in conjugem Baddâ virgine maximè pia, quæ poft annum fequentem unâ cum Rege fubfcripta reperitur Concilio Toletano, ut fuo loco dicemus. Hæc fuit illa *a Greg.hift. Franc. l.6. c.45.* legatio, cujus Gregorius Turonenfis (a) meminit, magnamque legationem appellat, qua de nuptiis actum eft Regis Hifpaniarum. At licèt nomen virginis nuptæ non prodat; tamen quòd hoc factum anno certum fit ex ipfius affertione, dùm res geftas Francorum profequens, eafdem per annos Regis Childeberti difponit, collocatque fub anno ejufdem Regis nono, qui eft præfens annus Domini quingentefimus octogefimus feptimus: & cum reperiatur in Actis Synodi Toletanæ poft fequentem annum celebratæ uxor ejufdem Regis Badda nominata; non aliam ab hac ipfa Regina ex Francis petita eam fuiffe dicere poffumus: etenim quam conftat in matrimonium duxiffe Clodofvindam filiam Brunichildis fororem Childeberti Regis, longè poft accidit, nem- *b Greg.hift. lib.9. c.26. 28,* pè (ut ex eodem Gregorio patet (b)) anno Domini quingentefimo nonagefimofecundo, anno videlicèt (ut ponit) decimoquarto ejufdem Childeberti Regis. Cæterùm in Chronographia regni Reccaredi nos fecuti Acta Toletani tertii Concilii, impegimus in mendofam Æram, ex qua pofuimus hoc anno ejufdem regni annum fecundum, & quidem malè: quem errorem à nobis examinatum & emendatum invenies inferiùs anno Redemptoris quingentefimo nonagefimoprimo §. Sed hìc, rogo, fifte gradum. Quod verò attinet ad Baddam & Clodofvindam, de quibus hìc habetur mentio; cum ex eodem Gregorio conftet, anno poft hunc quinto, nimirùm Childeberti Francorum Regis decimoquarto, Reccaredum duxiffe Clodofvindam ejufdem Childeberti Regis fororem; dicendum omninò videtur Baddam illam, quæ fubfcripta reperitur Concilio Toletano biennio poft has nuptias celebrato, ex vera fupputatione inferiùs declarata eamdem effe cum ifta Clodofvinda, eo modo, Baddam, mutato nomine dictam; vel ejufmodi additum ipfi cognomen. Quod verò attinet ad filiam Chilperici, quam primò Leuvigildus Reccaredo filio obtinuerat: cum ex Gregorio conftet, ipfam invitiffimam in Hifpaniam deductam effe; verifimile eft, eam brevi mœrore confumptam vivere defiiffe. Demùm (ut ad Baddam redeamus) fi negetur, Clodofvindam eamdem effe cum ipfa; tùnc omninò dicendum erit, Baddam tertiam fuiffe uxorem Reccaredi, quam duxerit poft obitum Clodofvindæ.

XXX.
Radegundis fervat virginem Deo dicatam.
c Idem l.6. c.34.
d Idem l.9. c.39.

Verùm non Baddam primùm defponfam à Chilperico Rege Reccaredo fuiffe, fed aliam filiam collocatam apud fanctam Radegundem in celeberrimo illo Pictavienfi monafterio, quam fufceperat ex Audovera, teftatur (c) ipfe Gregorius, quam & Bafinam appellatam inferiùs prodit (d). De hac igitur in primis ifta Gregorius: Voluit enim tùnc aliam filiam illùc dirigere, quam de Audovera habebat, & eam in mo-

Annal. Eccl. Tom. VII.

nafterio Pictavienfi pofuerat: fed illa diftulit, refiftente præcipuè beata Radegunde, ac dicente: Non eft enim dignum, ut puella Chrifto dicata iterùm ad fæculi voluptates reddatur.] Hæc ipfe, qui & eam *e Idem l.9. c.39.* remanfiffe in eodem monafterio, ex iis quæ inferiùs tradit (e), oftendit.

XXXI.
Sed quæ poft hæc in Galliis fecuta fint mala, ex eodem auctore narrentur. Tùnc enim temporis cum filius parvulus Chilperici moreretur, Fredegundis Regina exiftimans à maleficis id factum effe, de iifdem diriffimam exercuit quæftionem; in crimenque vocatus eft Dux exercitus Mummolus, de quo fuperiùs mentionem fecimus: qui poft dira tormenta coactus eft miferrimè mori. Pluribus profequitur ifta Gregorius: *f Greg. hift. l.6 c.35.* (f) qui & quomodò ultus eft Dominus quæ Reges fibi videntur impunè deliquiffe (fiquidem hoc anno ipfe Chilpericus Rex occiditur) rem geftam fic narrat (g): *g Greg. l.6. c.46.*

XXXII.
Rex Chilpericus occiditur.
Chilpericus Nero noftri temporis & Herodes ad villam Calenfem, quæ diftat ab urbe Parifiaca quafi centum ftadiis, accedit, ibìque venationes exercet. Quadam verò die regreffus de venatione jàm fubobfcura nocte, dùm de equo fufciperetur, & unam manum fuper fcapulam pueri retineret, adveniens quidam cum cultro percutit fub afcella, iteratoque ictu ventrem ejus perforat: ftatimque profluente copia fanguinis tàm per os quàm per aditum vulneris, iniquum fudit fpiritum.] Et poft nonnulla, quibus recenfet ejus fcelera Nerone digna, addit de odio quo flagrabat adverfus facerdotes & Ecclefias, & inter alia de his quæ fpectant ad bona Ecclefiaftica, quorum expilator erat:

XXXIII.
Nefanda fcelera Regis Chilp.
Ajebat enim (addit Gregorius) plerumquè: Ecce pauper remanfit fifcus nofter: ecce divitiæ noftræ ad Ecclefias funt translatæ. Nulli penitùs, nifi foli Epifcopi regnant: periit honor nofter, & translatus eft ad Epifcopos civitatum. Hæc agens affiduè, teftamenta quæ in Ecclefiis confcripta erant, plerumque difrupit.] Vides quales effe foleant homines Neroni atque Herodi fimiles, qui talia dicerent ac perpetrarent. Sed ac fi pauca de eo mala narraffet, hæc addit: Jàm de libidine atque luxuria non poteft reperiri in cogitatione, quod non perpetraffet in opere. Nova femper ad lædendum populum ingenia perquirebat. Nàm fi quos hoc tempore culpabiles reperiffet, oculos ejus jubebat erui; & in præceptionibus quas ad Judices pro fuis utilitatibus dirigebat, hoc addebat: Si quis præcepta veftra contempferit, oculorum avulfione multetur, &c.]

XXXIV.
De Chilperici Regis damnatione vifio.
h Greg. hift. Franc. l.8. c.5.
Sed quid de eo per vifum oftenfum fit Guntheramno Regi, Gregorius ita narrat (h): Rex ait: Vidi & ego aliam vifionem, quæ hujus interitum nunciavit. Adducebatur enim in confpectu meo à tribus Epifcopis vinctus catenis, quorum unus Tetricus, alius Agricola, tertius verò Nicetius Lugdunenfis erat. È quibus dicebant duo: c.5. Solvite, quæfo, eum, & caftigatum abire permittite. Quibus è contrario cum amaritudi-

tudi-

tudine Tetricus Episcopus respondebat : A
Non fiet ita , sed igne concremabitur pro
sceleribus suis. Et cum diù multùmque quasi altercantes, hæc inter se verba proferrent;
conspicio eminùs æneum super ignem positum fervere vehementer . Tùnc me flente ,
apprehensum infelicem Chilpericum, con-
fractis membris, proiiciunt in æneum: nec
mora inter undarum vapores ita dissolutus
ac liquefactus est , ut nullum ex eo penitùs
indicium remaneret.] Hæc à Rege Gregorius & alii qui aderant accepere.

XXXV.   Reliquit Chilpericus filiolum infantem
a Greg. hist. Clotarium nomine nondùm baptizatum, de
Franc. l. 8. quo sæpè Gregorius (a) . Profecit nonni-
c 9. & 31. hil tali sibi offenso viso Rex Guntheramnus, cujus hoc anno clementia refulsit in
suscipiendo Ætherio Episcopo calumniis
diù multùmque circumvento, eumque muneribus exornando, & suis epistolis ad Episcopos comitando . Rem gestam idem Gre-
b Greg. l. 6. gorius (b) scribit, ejusdem Regis commen-
c. 36. dans benignitatem & misericordiam; quem
& ad ambientes Episcopatum Bituricensem,
c Greg. l. 6. hæc eodem tempore respondisse tradit (c):
c. 39. Non est principatus nostri consuetudo, sacerdotium venumdare sub pretio, sed nec
vestrum eum præmiis comparare; ne & nos
turpis lucri infamia notemur , & vos mago
Simoni comparemini : sed juxtà Dei præscientiam Sulpitius vobis erit Episcopus.
Et sic ad clericatum deductus , Episcopatum Ecclesiæ supradictæ suscepit. Est enim
vir valdè nobilis & de primis Senatoribus
Galliarum , in litteris benè eruditus rhetoricis , in metricis verò artibus nulli secundus . Hic Synodum illam, cujus suprà
meminimus , de parochiis Cadurcinis fieri
commonuit.] Sed & quod præstat cæteris,
idem electus Sulpitius egregia nituit sanctitate vivens, mortuusque pariter Sanctus
est cultus, honestatus ab Ecclesia anniversaria ipsius diei natalis memoria. Quod ve-
d Greg. l. 6. rò ad Synodum spectat , fuit ea celebrata
c. 38. Arverni pro sedandis turbis obortis inter
XXXVI. Episcopos Rutenorum & Cadurcensium
occasione diœcesis usurpatæ, ut idem Gregorius docet (d):

Sed quæ miranda de cæde martyris ipse
e Greg. l. 6. acciderint, accipe ex eodem Gregorio, ubi
c. 37. ait (e): Lupentius verò Abbas basilicæ S.
Lupentii Privati martyris urbis Gabalitanæ à Bru-
Abb. mar- nichilde Regina accersitus advenit : incu-
tyrium. satus enim (ut ferunt) fuerat ab Innocentio supradictæ urbis Comite , quòd profa-
num aliquid effatus de Regina fuisset . Sed
discussis causis , cum nihil de crimine majestatis conscius est inventus , discedere
jussus est. Verùm ubi viam carpere cœpit,
iterùm ab antedicto Comite captus , & ad
Ponticonem villam deductus , multis suppliciis est affectus . Dimissusque iterùm ut
rediret , cum super Axonam fluvium ten-
torium tetendisset, iterùm irruit super eum
inimicus ejus. Cujus vel oppressi amputatum
caput in culleum oneratum lapidibus posuit, & flumini dedit : reliquum verò corpus vinctum cum saxo immersit gurgiti Post
verò paucis apparuit quibusdam pastori-

bus; & sic extractum de flumine sepulturæ
mandatum est .

Sed dùm necessitates funeris pararentur, XXXVII.
& ignoraretur quis esset de populo , præ- Miro mo-
sertim cum caput truncati non inveniretur; do detectu
subitò adveniens aquila levavit culleum è facinus.
fundo fluminis, & ripæ deposuit . Admi-
rantesque qui aderant, apprehenso culleo,
dùm solicitè quid contineret inquirunt , caput truncati reperiunt , & sic cum reliquis
artubus est sepultum. Nàm ferunt nùnc &
lumen ibi divinitùs apparere : & si infirmus ad hunc tumulum fideliter deprecatus
fuerit, accepta sospitate recedit .] Hucusque Gregorius.

Sed jungamus martyri confessorem. Hoc XXXVIII.
enim eodem anno, quo Chilpericus occisus Salvii Epi-
est, idem auctor testatur migrasse ex hac vita scopi obi-
S. Salvium Episcopum Albigensem mirificæ tus.
sanctitatis virum , de quo plura præclarè f Greg. hist.
gesta idem Gregorius narrat (f) , quem tu Franc. l. 7.
consulere poteris . c. 1.

In fine autem præsentis anni hic ea red- XXXIX.
damus summa admiratione digna , quæ S.
Gregorius Papa in fine Dialogorum suorum accidisse tradit ante septennium : est
enim hic ipse annus , numerando à quarto
anno ejus Pontificatus, quo (ut dicemus)
librum illum scribebat . At ergò ipse (g) ; g Greg. l. 4.
Ex alia etiam re , quæ nobis ante annos se- dial. c. 57.
ptem gesta est, certissimè confirmatur. Aga-
thus enim Panormitanus Episcopus (sicut
fideles mihi ac religiosi viri multi testati
sunt atque testantur) cum beatæ memoriæ
antecessoris mei tempore jussus esset ut Romam veniret , vim nimiæ tempestatis pertulit , ita ut se ex tanto undarum periculo
evadere posse diffideret . Nauta verò illius,
Baraca nomine , qui nùnc ejusdem Ecclesiæ clericatus munere fungitur , post navem
carabum regebat ; ruptoque fune , cum eodem carabo quem regebat , inter undarum
cumulos repentè disparuit . Navis autem ,
cui Episcopus præerat , tandem post multa
pericula ad Usticam insulam fluctibus quassata pervenit . Cumque die tertio Episcopus nautam, qui ab eo abreptus in carabo
fuerat , in nulla maris parte videret apparere, vehementèr afflictus mortuum credidit;sed pro obsequium charitatis vivo unum,
quod mortuo debebat , impendit , & omnipotenti Deo pro absolutione ejus animæ
offerri sacrificium victimæ salutaris jubet .
Quo oblato , restaurata nave , perrexit ad
Italiam . Cumque ad Romanum portum
venisset, illic nautam reperit , quem mortuum putabat . Tùnc inopinata exultatione
gavisus est , & eum qualitèr tot diebus
in illo tanto maris periculo vivere potuisset, inquisivit.

Qui videlicèt indicavit , quotiès in il- XL.
lius tempestatis fluctibus cum eodem quem
regebat carabo versatus ; qualiter
cum illo undis pleno nataverat ; & quotiès eo à superiori parte deorsùm verso ,
ipse carinæ ejus supersederet , adjungens :
Cum diebus ac noctibus hoc incessanter faceret , jàmque ejus virtus funditùs ex fame
simùl & labore cecidisset, quo eum ordine
divi-

divina misericordia servaverit, indicavit. Etenim quod etiam nunc usque testatur, dicens: Laborans in fluctibus atque deficiens, subito mentis pondere sum gravatus, ita ut neque vigilare me crederem, neque depressus somno essem: & ecce in eodem medio mari me posito, quidam apparuit, qui mihi panem ad refectionem detulit; quem mox ut comedi, vires recepi. Nec longè post navis transiens affuit, quæ me ab illo undarum periculo suscepit, atque ad terram deduxit. Quod scilicet Episcopus audiens, requisivit diem; atque illum fuisse diem reperit, quo proæ presbyter in Ustica insula Deo omnipotenti hostiam sacræ oblationis immolavit. Ad hæc Petrus: Ea quæ narras, ipse quoque in Sicilia positus agnovi.] Hæc Gregorius. Reliqua verò sequenti anno.

XLI. Ejusdem quoque anni nota consignatum repertum est epitaphium Cæsariæ fœminæ dignæ memoria, quam putaverunt aliqui illam esse clarissimam fœminam S. Cæsariam Abbatissam sororem S. Cæsarii Archiepiscopi Arelatensis: sed temporis ratio, id opinantes erroris arguit; cùm ex iis quæ superius dicta sunt, certum habetur, circa annos ferme octoginta, ipsam jam fuisse Abbatissam, adeò ut impossibile sit in huncusque Christi annum fuisse superstitem; sed & ista conjugata fuisse videatur, illa virgo. Epitaphii autem tantùm quatuor ultima nar-

A   fus extant, fracta enim tabula, superiores periere. Hi autem sic se habent:
Mensibus & geminis, concludens tempora vitæ
Vixit in æternum nullum moritura per ævum.
Ista Valens fieri fletu manente rogavit,
Jura sacerdotii servans, nomenque jugalis.]
Videtur autem Cæsaria ista conjux fuisse Valentis, qui (ut sæpè fieri contingebat) ex conjugio transierit, consentiente uxore, in sacerdotium. Post versus hæc sequebatur inscriptio:
Obiit bonæ memoriæ Cæsaria medium no-

B   *ctis*
Die Dominico inlucescente VI. ID. Decembris
Quatragies & VI. P. C. Basilii Junioris. V. C. C.
Anno * XII. Regni Domini Cheldeberti * IX. Regis
Indictione quinta] Qui autem mihi Romana, ista de loco, ubi inventa:]
Juxta oppidum S. Andreæ quod in Gallia Occitana situm est diœcesis Avenionensis, in summitate montis, in capella in ipsa rupe ex-

C   cisa; in qua sancta Cæsaria egens pœnitentiam multos annos deluisse creditur: videtur hoc epitaphium litteris Romanis majusculis in marmore semifracto exaratum. Quod ego fideliter hîc reddidi Franciscus Claret Archidiaconus Arelatensis.

XLII.

I.
Dissensio militum.

Quinquagesimo octogesimo octavo Christi anno, Indictionis sextæ, Orientalis orbis status militum dissensione vacillat. Cum enim Romanus Dux, qui irruentes in Romanum solum barbaros vicerat, in ordinem redactus esset, & in locum ejus Philippicus, cui suam sororem Mauritius in matrimonium collocaverat, Orientalibus rebus præfectus fuisset, atque jurasset exercitus huic non obedire, discessionem fecit. Quomodò autem opera Gregorii Episcopi Antiocheni redditus est obediens Imperatori, Evagrius narrat his verbis (a):

a *Evagr. l.6.c.10.11.*

II.
Exercitus reconciliatus à Gregorio Episcopo.

Imperator Andream suorum satellitum facilè principem mittit persuasurum exercitui, ut Duces manipulares, & alios Præfectos quos antea habuerant, admitterent. Ac cum milites Andreæ adhortationem ne audire quidem sustinerent, negotium ad Gregorium Episcopum Antiochenum transfertur, non solùm quòd rea maximas commodè conficere poterat, sed quòd multum honoris ei jure debebat exercitus: quippe nonnulli milites ab eo pecunia liberaliter donati erant, alii vestitu & cibo & aliis rebus adjuti tùm cùm in album militum relati & per eum admissi fuerunt. Itaque nunciis ad loca singula missis, totius exercitus facilè principes Litarbis (qui locus Antiochia abest circiter tre-

D   centa stadia) in unum cogendos curat. Ad quos cum accessit, genibus humi positis, talem habuit orationem: Jampridem decreveram, ò Romani, &c.] Et recitata oratione, Evagrius ista subdit (b):

b *Evagr. l.6.c.11.*

III.

Hæc cum dixisset Gregorius, magnamque vim lacrymarum profudisset, omnium illorum mentes veluti divina quadam vi ac virtute momento temporis mutatæ sunt; adeò ut postularent potestatem è consessu exundi, quò separatim ipsi inter se quid agendum esset deliberarent. Itaque haud diù post veniunt, se Episcopi voluntati atque arbitrio dedituros. At cum Gregorius Philippicum illis nominaret, quem voluit sibi Ducem peterent: respondent, tùm se, tùm universam exercitum sanctè jurasse, se numquàm id facturos.

E   Tùm ille sine mora, aut ulla cunctatione: Episcopo, inquit, concessum est & potestas solvendi atque ligandi in cælo & in terra - Sententiamque Evangelii illius citavit.

Cum verò illi etiam in hac ejus arbitrio cederent: Deum idcircò precibus & obsecrationibus placare cæpit, atque immaculato Christi corpore eis distributo (erat enim sacrosancta illa dies, quæ sanctæ Domini passioni proxima est) cum omnes qui circiter duo millia erant, toris in herba ad eam rem confectis accumbentes cæna excepisset;

IV.
Conciliatos communicat militi-tes.

pisset, postridiè domum rediit, decrevitque
ut illo quo loco vellent, in unum convenirent. Itaque Philippicum interim Tarsi
Ciliciæ ætatem degentem accersit, ut Constantinopolim maturè contendat; deque his
rebus refert ad Imperatorem, eique postulata exercitus de Philippico per litteras significat. Milites autem Philippico posteà
Antiochiam profecto occúrrunt, & hominibus qui lavacro regenerationis tincti
erant, sibi ut pro eis deprecarentur ascitis,
ad genua Philippici accidunt. Qui cum dexteram illis dedisset, se præteritæ culpæ memoriam oblivione penitùs deleturum, cùm
eo denuò in militiam proficiscuntur.] Hæc
de reconciliatione exercitus per Gregorium
facta Evagrius hoc anno, qui sequens fuit à
terræmotu.

V.
Commendatur humilitas in Episcopis.

Idemque describit bellicos sub Philippico progressus in Persidem, cum exercitui
adesset Imperatoris mandato idem Gregorius Antiochenus Episcopus, qui in tempore iracundiæ factus est reconciliatio; cum
ad persuadendum usus est illis potissimùm
locis ex rhetorica Christiana petitis, nempe
humilitate simul & lacrymis. Quis non
permovendus erat ac suadendus vel ipso
tantùm aspectu, cum videret genibus flexis
perorantem cum lacrymis Patriarcham? Hi
sunt, inquam, ad persuadendum Christianæ eloquentiæ loci efficacissimi ab animi
demissione, corporisque humiliatione quæ-
siti. Abeant qui tumido fastu cuncta quæ
sunt humilitatis, indigna putant Episcopo, sacrilegiumque existimant vel inclinare cervicem laico, antequàm ab eo sit salutatione præventus. Cùm enim satus quæritur animarum, cur (si expediat) non se inclinet Episcopus cuivis homini, cujus causa humiliavit se ipsum usque ad mortem
Deus factus homo?

VI.
a Cedren. Annal. hoc anno.

Eodem anno (a) Mauritius Imp. auctus
filio, eumdem Theodosium appellavit. Misit idem Imperator hoc anno legatos ad
Childebertum Francorum Regem cum pecuniis, solicitans ad bellum adversùs Longobardos suscipiendum; sed accepta pecunia cum remoraretur ille, & iste
iterata legatione eum urgeret, Rex legatos
illiberaliter tractans inanes dimisit; verùm
permotus tandem, cum ad Italiam invadendam parasset exercitum, discordia Du-
b Greg. Tu- cum re infecta revertitur. Narrat pluribus
ron. lib. 8. c. ista Gregorius (b).
30. 38.

VII.
c Isidor. in Chr. Goth. Reccaredus Francos vicit.

Infeliciter quoque cessit bellum, quod
paraverat Guntheramnus adversùs Gothos
illos qui hactenùs in Gallia Narbonensi sedes semèl fixas tenebant. Hoc illud planè
prælium, de quo Isidorus his meminit verbis, de Reccaredo cùm agit (c): In belli
quoque gloria satis clarus ac præcipuus extitit: De Francis enim cum sexaginta ferè
armatorum copiis Gallias irruentibus, misso Claudio Duce adversùs eos, glorioso
triumphavit eventu. Nàm nulla umquàm
in Hispaniis Gothorum vel major, vel similis extitit victoria: prostrati sunt enim &
capiti multa millia; residua pars exercitus
in fugam versa, Gothisque post tergum

insequentibus usque ad regni sui fines cæsa est.] Hæc de victoria adversùs Francos
in Gallia Narbonensi Gothorum ditione
acceptâ Isidorus, quam Gregorius silentio
magna ex parte obvolutam reliquit, quære-
las tantùm Guntheramni Regis, qui expeditionem paravit, prosecutuscum rem malè gestam ob militum scelera perpetrata
deplorat.

VIII.

Cæterùm illa potiùs causa iniqui belli
illati expendenda fuerat, cum adversùs
Gothos potitos ad longum tempus Gallia
Narbonensi jàm Catholicos redditos bellum movit; quando abdicata jàm Ariana
impietate, in unitatem Catholicam unà
cum Rege ipsorum coïssent: quo nomine
ab omnibus Principibus Orthodoxis fuerant amplectendi, muneribusque & aliis
pietatis officiis frequentandi. Sed audi ex
d Greg. Tu- Gregorio (d), quæ post reditum fugato-
ron. histor. rum militum egerit Guntheramnus. Quos-
Franc. lib. bus (inquit) reversis, magna Guntheram-
8. cap. 30. num Regem amaritudo cordis obsedit. Du-
Cur res ces verò supradicti exercitus basilicam S.
bellicæ in- Symphoriani martyris experierunt. Venien-
faustum si- te itaque Rege ad ejus solemnitatem, repræ-
nem sortita sentati sunt sub conditione audientiæ in
tur. posthabitam futuræ. Posteà verò quatuor
vocatis Episcopis, necnon & majoribus natu
laicorum, Duces discutere cœpit, dicens:
Qualiter nos hoc tempore victoriam obtinere possumus, qui ea quæ patres nostri consecuti sunt, non custodimus? Illi verò ecclesias ædificantes, in Deum spem omnem potentes, martyres honorantes, sacerdotes venerantes, victorias obtinuerunt; gentesque
adversas, divino opitulante adjutorio, in
ense & parma sæpius subdiderunt. Nos verò non solùm Deum non metuimus, verùm
etiam sacra ejus vastamus. Non enim potest
obtineri victoria, ubi talia perpetrantur.
Ideò manus nostræ sunt invalidæ, ensis he-
bescit, nec clypeus nos (ut erat solitus) defendit ac protegit.

IX.
Guntheramnus cultor justitiæ.

Ergò si hoc meæ culpæ ascribitur, jàm id
Deus capiti meo restituat. Cæterùm si vos
regalia jussa contemnitis, & ea quæ præcipio implere differtis; jàm debet securis capiti vestro submergi. Erit enim documentum omni exercitui, cum unus de prioribus
fuerit interfectus. Verùm jàm experiri debemus, quid agi oporteat. Si quis justitiam sequi destinat, jàm sequatur; si quis
contemnit, jàm ultio pondus cervici ejus
immineat; satius est enim ut pauci contumaces pereant, quàm ira Dei super omnem
regionem dependat innoxiam. Hæc Rege
dicente, responderunt Duces: Bonitatis tuæ
magnanimitas, Rex optime, enarrari facile
non potest, qui timor tibi in Deum sit, qui
amor in ecclesias, quæ reverentia in sacerdotes, quæ pietas in pauperes, quæve dispensatio in egenos. Sed quia omnia quæ
gloria vestra profert, recta veraque esse cen-
sentur; qualiter facimus, quòd populus omnis in vitium est dilapsus? omnemque hominem agere quæ sunt iniqua delectat: nullus Regem metuit; nullus Ducem, nullus
Comitem reveretur. Et si fortassis alicui
ista

ista difplicent, & ea pro longævitate veftra emendare conatur ; ftatim feditio in
populo, ftatim tumultus exoritur : & in tantùm unuifque contrà feniorem fæva intentione graffatur, ut vix fe credat evadere, fi
tandem filere nequiverit . Ad hæc Rex ait :
Si quis fequitur juftitiam, vivat ; fi quis legem mandatumque noftrum refpuit, jàm
pereat, ne diutius hoc blafphemum profe-
quatur .] Hucufque Regis oratio, quæ novis nunciis de Reccaredo Galliam Arelatenfem invadere intercepta eft .

X.
Indicitur
Matifco-
nenfe fecu-
dum Conc.

Verùm Rex ipfe rem altiùs meditatus,
undè malorum omnium fons erumperet, fo-
licitiùs perveftigavit, detexitque negligen-
tiam Epifcoporum effe in culpa, cum populum fibi fubjectum non Euangelicis (ut par
effet) inftituerent difciplinis : ex quo fieret,
ut corruptis moribus viventes populi , nullam jufti rectiúve rationem habentes , ne-
fandiffima fcelera perpetrarent . Quamobrèm in eofdem Epifcopos nonnihil commotus , Synodum convocat , Matifcone habendam in fine anni hujus , quo incipit numerari ejufdem Regis vigefimusquartus .
Extat ipfa quidem Synodus Matifconenfis
fecunda dicta , eademque generalis appellata , ad quam omnes Metropolitani Epifcopi in provinciis Gunthramni pofiti
convenerunt , interque alios numerados,
primum locum Prifcus Lugdunenfis obtinuit, idemque nominatus Patriarcha .

X I.
De tempo-
re Synodi .

Præter illa autem quæ in Actis ejufdem
Synodi habentur, nonnulla collegimus ex
diverfis locis Gregorii Turonenfis , quæ ad
eamdem Synodum fpectare poffe videntur .
Atque in primis quod pertinet ad diem præ-
fcriptum Synodi celebrandæ, conftat ex ea-
a Greg. Tu-
ron. biftor.
Franc. lib.
8. c. 7.
dem Gregorio (a) eamdem indictam ad undecimum Kalendas Novembris . Ita quidem Gregorius, dùm agit de Palladio Epifcopo Santonenfi, & Bertheramno Epifcopo Burdegalenfi juffis ad dictam diem Synodo intereffe . Quod infuper ad eum qui
ipfam celebrandam curavit, Gunthéram-
num Regem fpectat : conftat quidem , etfi
zelum Dei habuit , haud tamen in omnibus fecundùm fcientiam . Etenim levibus quibufdam fufpicionibus ferebatur adversùs nonnullos Epifcopos , quos tamen
morum fanctitas commendabat , ut inter
alios accidit de Theodoro Maffilienfi An-
b Greg. Tu-
ron. biftor.
lib. 8. c. 12.
tiftite , quem à fæculari Judice primùm
nonnihil exagitatum huic voluit Synodo intereffe ; de quo recenfet ifta Gregorius (b) :

X I I.
Theodo-
rus Maffi-
lienfis E-
pifc. exagi-
tatus.

Denique cùm Rex maxima intentione
Theodorum Epifcopum iterùm perfequi
conaretur, & Maffilia jàm in Childeberti
Regis dominatione revocata fuiffet, ad dif-
cutiendas caufas Retharius illùc quafi Dux
à parte Regis Childeberti dirigitur . Sed
poftpofita actione quæ ei à Rege injuncta
fuerat , Epifcopum vallat , fidejuflores requirit , & ad præfentiam Regis Guntheramni direxit , ut fcilicet ad Synodum quæ
Matifcone futura erat , quafi ab Epifcopia
damnandus adeffet . Nec defuit ultio divina , quæ fervos fuos ab ore canum rabido-

---

rum fervare confuevit . Nàm egrediente
Epifcopo à civitate , ftatim res Ecclefiæ diripit , & alia quidem fibi vendicat , alia
fub figillorum munitione concludit : cumque hoc feciffet , protinùs famulos ejus fæ-
viffimus invadit morbus , exhauftofque febre peremit : filius ejus ab hoc incommodo defecit , quem in fuburbano Maffiliæ Divina ul-
ipfius cum gravi gemitu fepelivit ; fuitque tio in Sa-
talis domui ejus plaga , ut cum ab urbe il- crilegos.
la effet digreffus , vix ad patriam fuam regredi putaretur . Theodorus verò Epifcopus à Gunthéramno Rege detentus eft ; fed
nihil Rex ei nocuit . Eft enim vir egregiæ
fanctitatis & in oratione affiduus : de quo
mihi Magnericus Treverenfis Epifcopus
hæc retulit : Antè hos annos cum ad præfentiam Childeberti Regis ita fub ardua cuftodia duceretur , ut quandocumque ad urbem aliquam veniffet , neque Epifcopum ,
neque quemquam de civibus videre permitteretur : adveniente Treveros, nunciatum eft Epifcopo , hunc jàm in navi pofitum clàm abduci . Surrexitque facerdos tri-
ftis , ac velociter profecutus , reperit eum ad
littus , caufatufque cuftodibus, cùr tanta effet impietas , ut non liceret fratri fratrem
afpicere . Vifoque tandem , ofculatus eft ei ;
indulgenfique aliquid veftimenti , difceffit .

XIII.

Veniens itaque ad bafilicam S. Maximini,
profternitur fepulchro, illud Apoftoli retinens : Orate pro invicem , ut falvemini . Theodo-
Fufaque diù oratione cum lacrymis, ut fra- rus cû exu-
trem dignaretur Dominus adjuvare, egreffus lat, dæmo-
eft foràs . Et ecce mulier quam fpiritus er- nes terret .
roris agitabat , clamare facerdoti cœpit , &
dicere : O fcelefte & inveterate dierum, qui
pro inimico noftro Theodoro orationem
fundis ad Dominum . Ecce nos quotidiè
quærimus , qualiter ab his Galliis extruda-
tur , qui nos quotidianis incendiis confla-
grat ; & tu pro eo orare non definis ? Satius
enim tibi erat res Ecclefiæ tuæ diligentèr
inquirere , ne pauperibus aliquid deperi-
ret, quàm pro hoc tàm inimie depofcere .
Et ajebat : Væ nobis , quia eum non poffumus expugnare . Et licèt dæmonis credi
non debeat : tamen quafi effet facerdos, de
quo hæc dæmon condolens declamabat, ap-
paruit .] Hæc Gregorius, qui & fubdit (c) . c Greg. hift.
Childebertum Regem nepotem Gunthe- Franc. lib. 8
ramni rogafle patruum per Felicem lega- c. 13.
tum , ne quid injuriæ inferret Theodoro
Epifcopo, quem colebat ut patrem . Cæterùm ipfe Childebertus noluit fui regni E-
pifcopos proficifci, ut antè pollicitus erat .
Hæc Synodum præcefferunt : jàm ad ipfam
Synodum veniamus .

XIV.

Habent in primis ejus Acta , hoc eodem
anno X X I V . inchoante Regis Guntheramni, celebratam effe in Galliis eamdem
Synodum Matifconenfem fecundam di-
ctam (d) , in eaque ftatuto canones vi- d Tom. 2.
ginti . Inter alios Epifcopos fanctitate con- Concil.
fpicuos , qui eidem fubfcripti reperiuntur,
funt Prifcus Lugdunenfis , Euantius Vien-
nenfis, Prætextatus Rhotomagenfis, Theodorus Maffilienfis, Sulpitius Bituricenfis,
Veranus Cavallicenfis , & alii , omnes numero

noro fexagintaduo præter eos qui per legatos interfuere.

XV.

Cum autem illic multa ad œconomiam
Ecclefiafticam utilia fint conftituta ; notatu digna funt, quæde veneratione à fæcu-
laribus præftanda clericis fancita fuere,
Primùm verò illud magnoperè inculcatum,
ut præcedentibus vigiliis , fingulis diebus
Dominicis fanctificarentur, & ab operibus

De immu-
nitate Ec-
clef. fervā-
da .

fervilibus ceffaretur , eodemque die à populo oblationes panis & vini Deo in ecclefia offerrentur, ac decimæ darentur in pauperum ufum . Sed & illud fancitum à Patribus fuit, ut confugientes ad ecclefiam
extrahere nemo auderet . Ad hæc iterùm
fancienda Patres inducti fuiffe videntur ob
diverfos cafus , quos diverfis in locis accidiffe diximus : quibus addita funt , quæ hoc

a *Greg.hift.*
lib.7. c.29.

ipfo anno , cum de nece Chilperici Regis
quæftio haberetur, Turonis in ecclefia fancti Martini fieri plura illicita contigerunt ,
quæ infuper in bafilica S. Vincentii martyris facta funt , quorum caufa plura accidiffe miracula Gregorius docet , qui ipforum
omnium narrat hiftoriam . In primis verò
agit de his quæ contigerunt Turonis (a)de
violato hoc ipfo anno atrio ecclefiæ fancti
Martini , in quo occifus eft Eberulfus reus
majeftatis, quòd necem intuliffet Chilpe-

b *Greg.hift.*
Franc.lib.6
c. 21.
c *Greg.ibid.*
c. 22.

rico Regi Francorum , cujus erat cubicula-
rius (b), qui & aliorum quoque fcelerum
patrator inventus eft , quæ idem Gregorius
narrat (c) pluribus; fictaque hæc teftatur
invito Rege Guntheramno,qui ad hæc miffis mandatum dederat , ut cuncta fierent ,
falva Ecclefiæ immunitate : quem & his auditis magnoperè fuccenfuiffe tradit. Sic igitur facrilegium tantum per legem Eccle-
fiacam , ne ulteriùs fieret , placuit emendari . Sed interfectores ultio fecuta eft,cùm
& ipfi interfecti funt.

XVI.
Ultio divi-
na in facri-
legos .

Erat præterea recens memoria,quata locis facris habenda reverentia effet , de militibus illis qui violaffent bafilicam S. Vincentii martyris apud Agennenfem civitatem; de quibus pauca ifta Gregorius ha-

d *Greg.hift.*
lib.7.c. 21.

bet (d) : Multos ibi divina ultio conter-
ruit. Nàm plerifque manus divinitùs ure-
bantur , emittentes fumum magnum , ficut
ex incendio furgere folet;nonnulli arrepti à
dæmone per energiam debacchantes , martyrem declamabant ; plurimi verò femoti à
feditione propriis fe jaculis fauciabant .]
His igitur adeò pavendis vifis fæpè porten-
tis, permoti funt cum Rege Epifcopi , ut
Ecclefiaticam immunitatem iterùm novis
fancitis legibus communirent.

XVII.
De caufa
Epifcopo-
rum & Cle-
ricorum .

Sed & quòd plerumque graviter in Galliis à Principibus peccatum effet, cum Judices fæpè in Epifcopos manus violentas
injeciffent , eofque in carcerem detrufif-
fent, & juffu Regum etiam exilii pœna da-
mnaffent ; prohibuit fancta Synodus (e)

e *Concil.*
Matifcon.
c.9. & 10.

Epifcoporum judicia agitari per fæculi magiftratus : fed per fuos Metropolitanos, vel
fi caufa effet gravior,apud provinciale Concilium agi decrevit. Id ipfum de clericis cujufque ordinis ftatuit : quod quidem non
recens inftitutum , fed ab ipfo fermè Chri-

A ftianitatis nafcentis exordio effe fervatum,
Patres afferuerunt .

Quòd verò irreprifset ille pravus ufus in
Galliis , ut Epifcopi Reges adeuntes , ipfos
etiam negociorum caufa in venationibus fequerentur ; atque iidem mox ex Epifcopis
in venatores transformarentur , alerentque
canes & accipitres: ficque fieret , ut in Epifcoporum quorundam domibus audirentur
ejufmodi aves ftridere , canefque latrare ;
vetuit Synodus ifta fieri , ftatuto canone,
ad cujus finem hæc leguntur (f): Cufto-

XVIII.
In Epifco-
pos Vena-
tores .

f *Conc.Ma-*
tifcon.c.14.

B dienda eft igitur Epifcopalis habitatio hymnis, non latratibus, operibus bonis, non
morfibus venenofis . Ubi igitur Dei eft af-
fiduitas cantilenæ, monftrum eft & dedecoris nota, canes ibi vel accipitres habitare .]

Sed & illud crimen inemendatum minimè reliquerunt , cum potentes fulti favore
Regum aliena fibi vendicarent fifci titulo,
vel quovis modo ufurparent; quos anathe-

g *Eod. Conc.*
c.14.

mate Synodus (g) ipfa percelluit.

Verùm & illud præterea memoria dignum Patres, Rege annuente,conftituerunt,
ut laici clericos omninò venerari deberent,
ifta fancientes memoria digna : Statuimus

XIX.
Quo cultu
laici vene-
rentur Cleri-
cos .

C ut fi quis fæcularium quempiam clericorum
in itinere obvium habuerit , atque ad info-
riorem gradum honoris veneranter (ficut
condecet Chriftianum) illi colla fubdat ,
per cujus officia & obfequia fideliffima
Chriftianitatis jura promeruit. Et fi quidem ille fæcularis equo vehitur , clericuf-
que fimiliter ; fæcularis galerum de capite
auferat, & clerico finceræ falutationis munus adhibeat . Si verò clericus pedes gra-

D ditur , & fæcularis vehitur equo fublimi,
illicò ad terram defluat , & debitum honorem prædicto clerico finceræ charitatis exhibeat : ut Deus, qui vera charitas eft, in
utrifque lætetur , & dilectione fua utrum-

* *adftrin-*
gas .

que adfcifcat * . Qui verò hæc, quæ Spiritu fancto dictante fancita funt , transgredi
voluerit, fufpendatur.]Hæc Patres.

Rurfum verò Ecclefiafticos omnes procùl volentes effe à fanguine (h), vetuerunt

XX.
h *Eod. Conc.*
c.19.

clericos interesse examini reorum ; & ad locum accedere ubi rei criminum morte mul-

A fanguine
procùl Cle-
rici .

ctarentur. Hæc & alia falubri confilio à
Patribus funt conftituta , ut conditio illorum temporum exigere videbatur : ad po-
ftremùmque illud additum , ut quolibet
triennio generale Concilium ageretur , in-
dicereturque illud ab Archiepifcopo Lug-
dunenfi . Præter hæc autem in eadem Sy-

E nodo diverforum Epifcoporum ventilatæ
funt caufæ & peracta judicia , de quibus ita
Gregorius (i):

i *Greg.hift.*
Franc. lib.
8.c.20.

Interim (inquit) dies placiti advenit : &
Epifcopi ex juffu Regis Guntheramni apud

XXI.
Cognitæ
in Synodo
caufæ Epi-
fcoporum .

Matifconenfem urbem collecti funt . Fau-
ftinianus autem, qui ex juffu Gundebaldi
Aquenfis urbis fuerat Epifcopus ordinatus,
ea conditione removetur , ut eum Bertra-
mnus, Orefteíque five Palladius, qui eum
benedixerant, vicibus pafcerent, centenof-
que ei aureos annis fingulis miniftrarent.
Nicetius autem ex laico, qui primus Chilperico Regi præceptum elicuerat, re ipfa
urbe

urbe Episcopatum adeptus est. Ursicinus A
Cadurcensis Episcopus excommunicatur,
pro eo quòd Gundebaldum excepisse, publicè est confessus, accepto ejusmodi placi-
tò, ut pœnitentiam tribus annis agens, neque capillum neque barbam tonderet, vino
& carnibus abstineret ; Missas celebrare,
clericos ordinare, Ecclesias chrismaque benedicere non præsumeret, eulogias dare penitùs non auderet: utilitas tamen Ecclesiæ
per ejus ordinationem, sicut solita erat,
omninò exerceretur.] Et paulò post : Prætextatus verò Rhotomagensis Episcopus,
orationes quas in exilio positus scalpsit, coràm Episcopis recitavit : quibusdam quidem placuerant ; à quibusdam verò, quia B
artem secutus minimè fuerat, reprehende-
bantur. Stylus autem per loca Ecclesiasticus, & rationabilis erat.] Et inferiùs :

XXII.

His etiam diebus Guntheramnus Rex
graviter ægrotavit, ita ut putaretur à quibusdam non posse prorsùs evadere : quod
credo providentiam Dei fuisse. Cogitabat
multos Episcoporum exilio detrudere.
Theodorus itaque Episcopus ad urbem
suam regressus, favente omni populo,
cum laude susceptus est.] Hactenùs de
Actis Synodicis Gregorius. Eorumdem C
sanctæ Synodi decretorum viginti meminit Ado Viennensis, dùm ait de S. Evan-
tio Episcopo Viennensi : Hic cum S. Prisco, & Artemio Senonico, & Remigio
Bituricensi, & cum aliis sanctis Episcopis, viginti capitula Ecclesiastica perfectè
comprobavit, quibus consedit quoque Syagrius Eduensis Episcopus, vir summæ sanctitatis.] Hæc de Synodo & Sanctis qui
interfuerunt Ado, dùm recenset suæ Ecclesiæ Viennensis Episcopos : de quibus
non præterea, quòd antè hunc de quo
agit, Evantium successisse ait Namatio, D
sive Manatio, quem generis nobilitate,
vitæ egregia sanctitate, & eloquentia
celebrem prædicat. Fuerat ipse ex conjugio
vocatus ad Ecclesiam : cujus uxor non minori quàm ipse sanctitate resplenduit, sicut & generis nobilitate : fuitque illi nomen Euphrasia, de qua ex scripto codice
Fortunati hìc tibi epitaphium legendum
exhibeo :

Epitaph.
Euphrasiæ.

Si pietatis opus nunquam morietur in ævü :
　Vivis pro merito, fœmina sancta, tuo.
Inclyta sidereo radians Euphrasia regno,
　Nec mihi flenda manes, cum tibi læta
　places.
Terram terra tedit, sed spiritus astra rece-
　pit :
　Pars jacet hoc tumulo ; pars tenet illa
　polum.
Corpore deposito leviori vota volatu :
　Scans melior cœlo, quàm priùs esset hu-
　mo.
Carnis iniqua domans, de te tibi facta trium-
　phans,
　Ad patriæ sedes civis opima redis.
Ardua nobilitas proavorum luce coruscans,
　Plus tamen es meritis glorificanda tuis.
Vir cui Namatius datus Vienna sacerdos,
　conjuge defuncto, consociata Deo.

Exulibus, viduis, captivis omnia fundens, A
　Paupertate pia dives ad astra subis.
Æternum mercata diem sub tempore parvo,
　Misisti ad cœlos quas sequereris opes.
Sed rogo per Regem paradisi gaudia dan-
　tem,
　Pro Fortunato supplice funde precem.
Obtineas votis, hæc qui tibi carmina misi ;
　Ut merear clausi quandoque clave Pe-
　tri.]

Hactenùs epitaphium. Jàm ad Guntheramnum Regem tantæ Synodi cogendæ auctorem redeamus.

Post Synodum peractam Guntheramnus **XXIII.**
Rex edidit sanctionem ad Episcopos atque Judices scriptam, qua (ut decet religiosissimum Principem) eosdem hortatur
Episcopos, Verbi in primis prædicationi
invigilare ; sed & ne munus Episcopale per
vicarium, sed per se ipsos expleant, admonet. Datum est edictum hoc eodem an- **a Tom. 2.**
no, quarto Id. Novembris : quod cum me- **Concil. post**
moria dignum sit, hic apponimus : sic enim **Acta Conc.**
se habet (a): **Matisc.**
　Guntramnus * Rex Francorum omni- **XXIV.**
bus Pontificibus ac universis sacerdotibus *** Gunthe-**
& cunctis Judicibus in regione nostra con- **ramnus.**
stitutis.
　Per hoc supernæ majestatis auctorem, cu- **Gunthe-**
jus universa reguntur imperio, placari cre- **ramni Re-**
dimus, si in populo nostro justitiæ jura ser- **gis edictū.**
vamus : & ille pius Pater & Dominus, qui
humanæ fragilitatis substantiam suo semper adjuvare consuevit auxilio, meliùs di-
gnabitur cunctorum necessitatibus quæ sunt
opportuna concedere, quos cognoscit præceptorum suorum monita custodire. Dùm
ergò pro regni nostri stabilitate & salvatione regionis, vel populi solicitudine
pervigili attentiùs pertractavimus ; agnovimus infrà regni nostri spatia universa scelera, quæ canonibus & legibus pro divino timore puniri consueverunt, suadente
adversario boni operis, perpetrari. Et ex
hoc proculdubiò indignatione cælesti per
diversas sæculi tempestates homines aut
pecora aut morbo consumi merentur, aut
gladio, dùm divina judicia non timentur :
atque ita fit, ut admittendo illicita, per
ignorantiam multi depereant, & non solùm
præsentem vitam celeriùs cogantur amittere, sed & inferni supplicia sustinere.
　Ad vos ergò, sancti Pontifices, quibus **XXV.**
divina clementia potestatis paternæ concessit officium, in primis serenitatis nostræ
sermo dirigitur ; sperantes quòd ita populum vobis providentia divina commissum
frequenti prædicatione studeatis corrigere, & pastorali gladio gubernare ; quatenùs dùm universi diligendo justitiam conversatione præcipua cum omni honestate
studuerint vivere meliùs, cuncta rerum
adversitate remota, cælesti beneficio concedatur tranquillitas temporum, & congrua
salvatio populorum. Et licet absque nostra admonitione ad vos specialiter prædicandi causa pertineat : attamen reliquorum peccatis vos omninò credimus esse participes, si filiorum vestrorum culpas non
assidua

assidua objurgatione corrigitis, sed silentio præteritis. Nàm nec nos, quibus facultatem regnandi superni Regis commisit auctoritas, iram ejus evadere possumus, si de subiecto populo solicitudinem non habemus.

XXVI.
De festis diebus colendis.

Idcircò hujus decreti ac definitionis generalis vigore decernimus, ut in omnibus diebus Dominicis, in quibus sanctæ Resurrectionis mysterium veneramur, vel in quibuscumque reliquis solemnitatibus, quandò ex more ad veneranda templorum oracula universæ plebis conjunctio devotionis congregatur studio, præter quod victum præparari convenit, ab omni corporali opere suspendantur, nec ulla causarum præcipuè jurgia moveantur.

XXVII.
Quid agere debeant sacerdotes.

Sed vos Apostolici Pontifices, jungentes vobiscum consacerdotes vestros, & filios senioris Ecclesiæ, ac Judices locorum, quoscumque agnoscitis, quod vitæ qualitas honesta commendat, ita universam populi multitudinem constanti vel Deo placita jugiter prædicatione corrigite; ut benè viventes mysticus adhortationis sermo mulceat, & excedentes ad viam recti itineris correctio pastoralis adducat: quatenùs omnes unanimi deliberatione laudabiliter studeant vivere, vel æquitatem & justitiam conservare, qualiter ab omni peccatorum fæce liberos suos sancta suscipiat Ecclesia Christianos.

XXVIII.
De Justitia servanda.

Enim verò, quicumque sacerdotum aut secularium intentione mortifera perdurantes, crebriùs admoniti emendare neglexerint: juxta quod conditiones causarum aut excessus personarum exegerint, alios canonica severitas corrigat, alios legalis pœna percellat: quoniam nec innocentes potest reddere collata securitas liberos, nisi culparum probatio punierit criminosos; nec minor est pietas propter reos conteri, quàm relevare compressos. Convenit ergò, ut justitiæ & æquitatis in omnibus vigore servato, distringat legalis ultio judicum, quos non corrigit canonica prædicatio sacerdotum: quo fiat, ut dùm præterita resecantur scelera, nullus audeat perpetrare futura; & ita universos excedentes pro disciplinæ tenore servando correctionis fræna constringant, & in universa regione nostra pacis & concordiæ jura proficiant. Cuncti itaque Judices justa (sicut Deo placet) studeant dare judicia, nec non est dubium, quòd acriùs illos condemnabit sententia nostri judicii, à quibus non tenetur æquitas judicandi. Non vicarios aut quoscunque à latere suo per regionem sibi commissam instituere aut destinare præsumant, qui (quod absit) malis operibus consentiendo, venalitatem exerceant, aut iniqua quibuscumque spolia inferre præsumant.

XXIX.
Clericorū peccata acriùs corrigenda.

Clericorum transgressiones, cùm, adversario instigante, contigerint, quantùm illis pro divino amore reverentia major impenditur, tantùm convenit ut acriùs resecentur: quoniam si sancti pastores, aut instituti Judices (quod nefas est) subditorum suorum scelera potiùs occultare quàm

A resecare tentaverint; se ex hoc ampliùs reos esse vel noxios, non ignorent. Cuncta ergò quæ hujus edicti tenore decrevimus, perpetualiter hæc omnia custodiri; quia in sancta Synodo Matisconensi hæc omnia (sicut postis) studuimus definire, quæ præsenti auctoritate vulgamus.

Subscriptio domini Guntheramni Regis.

Data sub die quarto Idus Novembris, vigesimoquarto anno regni supradicti Regis.] Hactenùs edictum Regis maximè pii à cunctis Christianis Principibus præ oculis habendum, ut cum sive peste, sive penuria, bellove affligi suos populos vident, ad populi mores corrigendos atque Judices emendandos se convertant, prout fecisse vidimus Guntheramnum.

B Quod verò pertinet ad Reccaredum Regem, ipse (ut Christianum Principem decet) filius pacis, quantumlibet victor, pacem tamen inita legatione à Guntheramno Rege Francorum petiit hoc anno; sed cum non obtinuerit, sequenti rursùs anno alia missa legatione id ipsum enixiùs postulasse constat; verùm eam minimè consecutam esse, idem Gregorius tradit (*a*). Porrò tantum Regem pacis cultorem maximè prò eo dono muneratus est Deus, ut eum à maximo liberaret discrimine, à conjuratione nimirùm dolis fabricata Reginæ novercæ conspirantis cum Udila Episcopo Ariano hoc ipso anno tertio regni ejus.

XXX.
Reccared. Rex pacis studiosus.

a Gregor. hist. Franc. lib.8. c.35. & 39.

C Sed redeamus ad Francos, quos præter bellorum infelices exitus hoc pariter anno afflixit non modicum regiæ civitatis incensio; hoc enim anno decimo Childeberti Regis Parisiensis civitas conflagravit. Quæ verò admiranda memoria digna tùm acciderint, Gregorius ita narrat (*b*): Exarsit autem in his diebus apud urbem Parisiacam mulier, quæ diceret incolis: Fugite ab urbe, & scitote eam incendio concremandam. Quæ cum à multis irrideretur, quòd hæc aut fortium præsagio diceret, aut vana aliqua somniasset, aut certè dæmonis meridiani hæc instinctu proferret; respondit: Nequaquam est ita ut dicitis: nam in veritate loquor, quia vidi per somnium à basilica S. Vincentii venientem virum illuminatum tenentem manu cereum, & domos negotiatorum ex ordine succendentem. Denique post tertiam noctem quod hæc mulier est effata, inchoante crepusculo, quidam è civibus accenso lumine in promptuarium est ingressus, assumptoque oleo, secus cupellam olei dereliquit, lumine secùs cupellam olei derelicto. Erat autem domus hæc prima secùs portam quæ ad mediam diem pandit agressium: ex quo lumine apprehensa domus incendio concrematur, de quæ & alia apprehendi cœperunt.

XXXI.

b Gregor. hist. Franc. l.8. c.33. Incendium Parisiacū

D

E

Tùnc diruente igne super vinctos carceris, apparuit eis beatus Germanus, & comminuens trabem atque catenas quibus vincti tenebantur, reserato carceris ostio, vinctos abire permisit incolumes. Illi verò egressi ad basilicam S. Vincentii, in qua sepulchrum habetur beati Antistitis,

XXXII.
S. Germanus liberat vinctos in carcere.

tis, contulerunt . Igitur cùm per totam civitatem hùc atque illùc , flante vento, flamma ferretur , totísque viribus regnaret incendium , appropinquare ad aliam partem
cœpit , in qua B. Martini oratorium habebatur , quod ob hoc aliquandò factum fuerat , eo quòd ibi lepram maculosi hominis
osculo depuliſſet . Vir autem qui eum in-
textis virgultis in ſublime construxerat ,
confiſus in Domino , nec de B. Martini virtute diffiſus , se reſque ſuas intrà ejus parietes ambivit , dicens : Credo enim & fides
mea eſt , quòd repellat ab hoc loco incendium , qui ſæpè incendiis imperavit , & in
hoc loco leproſi hominis cutem , osculo me-
dente , purgavit . Appropinquante enim
illùc incendio , ferebantur varii globi flammarum , qui percutientes parietem oratorii , protinùs tepescebant .

XXXIII. Clamabat autem populus viro ac mulieri : Fugite , ò miſeri , ut evadere poſſitis .
Ecce jàm ignium pondus ſuper vos diruit :
ecce favilla incendii cum carbonibus tamquàm validus imber ad vos uſque diſtendi-
tur ; Egredimini ab oratorio , ne cum eodem , incendio concrememini . At illi orationem fundentes , nequaquam ab his vocibus movebantur . Sed nec mulier ſe unquàm à feneſtra , per quam interdùm flammæ ingrediebantur , amovit , quæ erat ſpe
firmiſſima de virtute beati Antiſtitis præ-
munita . Tanta itaque fuit virtus beati pontificis , ut non ſolùm hoc oratorium cum
alumni proprii domo ſalvaret , verùm etiam
nec aliis domibus , quæ in circuitu erant nocere flammis dominantibus pennaſſet : ibique cedit incendium , quod ab una parte

* *abdidit .*

S. Martini
Oratorium
à flammis
illæſum .

pontis cœperat deſævire . Ab alia verò parte tàm validè cuncta conflagravit , ut amnis finem imponeret : verumtamen Eccleſiæ cum domibus ſuis non ſunt aduſtæ .]
Hucuſque Gregorius de incendio , in quo
Prophetæ ille ſermo locum habuit dicentis (a) : *Vox Domini intercidentis flammam*
ignis : cùm videlicèt ea potuit ignis com-
burere , quæ Dei voluntate incendio damnata fuere ; in reliquis verò ſuam vim flamma amiſit . Addit his Gregorius (b) , hoc
anno natum filium Childeberto Regi , à
Magnerico Treverenſi Episcopo, baptizatum , appellatum fuiſſe Theodobertum , de
quo ſæpè dicendum inferiùs. Hic verò annus
Childeberti Regis decimus numeratur .

a *Pſal.* 28.

b *Greg. hiſt.*
Franc. l. 8.
c. 37.

Quo pariter anno Smaragdi Exarchatus
triennio evoluto , cum accepiſſet ſuceſſo-
rem Romanum Patricium ; Severus Epiſcopus Aquilejenſis cum tribus collegis Epiſcopis , qui metu vique coacti communicaverant cum Eccleſia Catholica per Joannem Episcopum Ravennatem , ad propria
reverſi , ab Episcopis Iſtriæ non recepti,
nec à populo honore habiti , in priſtinum
ſchiſma dilabuntur , Tria illa propugnan-
tes jàm ab Eccleſia Romana damnata capitula . De his verò tantùm hæc breviter Paulus diaconus (c) : Exacto anno è Ravenna
in Gradum reverſi ſunt . Quibus nec plebs
communicare voluit , nec cæteri Episcopi
eos receperunt . Smaragdus autem Patricius ſucceſſorem Romanum Patricium accipiens, Constantinopolim remeavit .] Reliqua verò nempe de Conciliabulo ſchiſmaticorum in Mariano habito , ſuo loco dicemus .

XXXIV.

c *Paul.diac.*
de geſt. Lög.
l. 3. c. 12.

I.
De Synodo
Valentina.

Uingenteſimus octogeſimusnonus incipit annus ſub ſeptima Indictione :
cum decimo Kalendas Julii , anno
Guntheramni vigeſimoquarto nondum abſoluto , celebrata eſt Synodus Valentina
in Gallia decem & ſeptem tantummodò
Episcoporum : in qua pauperum cauſæ ſunt
cognitæ ; ſed & donationes factæ ab eodem Rege , ſive Regina , atque filiabus
ejus diverſis Eccleſiis confirmatæ auctoritate Apostolica , ſubſcriptionibus eorumdem munitæ ſunt . Eſt de his ejuſmodi decretum :

II.
Regis &
Reginarū
liberalitas.

Cum in urbe Valentina juxta Imperium
glorioſiſſimi domini Guntheramni noſtra
mediocritas pro diverſis pauperum queri-
moniis conveniſſet : id primò , auctore
Deo , decrevimus ſanciendum , quod pro
ſalute & animæ ſuæ ſalvatione vel religionis ſtatu cenſuimus opportunum : id eſt ,
ut quia prædictus Rex per virum illuſtrem
Asclepiodotum Referendarium datis ad ſanctam Synodum epiſtolis ſuis injunxit , ut
quodcumque tàm ipſe , quàm beatæ memoriæ jugalis ſua Auſtrechildis Regina ,
vel filiæ eorum Deo ſacratæ puellæ , id eſt ,

Annal. Eccl. Tom. VII.

bonæ memoriæ Clodoberga , vel Clodeil-
dis locis ſanctis contuliſſent, aut adhùc conferre decreverint , auctoritate Apostolica
deberet ſancta Synodus præſenti titulo manuum ſuarum ſubſcriptione firmare. Et tàm
laudabili devotioni non ſolùm ſacerdota-
lem , ſed etiam divinam credimus poſſe conniventiam conſpirare .

Idcircò præſenti conſtitutione , unanimi conſenſu , Deo medio , Synodus ſancta
decrevit , ut ſi quid baſilicæ ſancti Marcelli , vel ſancti Symphoriani , vel quibuſcumque locis , vel ſervientibus Deo per quaſcumque auctoritates, aut ſcripturarum epiſtolas præfatus dominus Rex, vel ſuprà nuncupata jugalis ſua , filiæque eorum ſive in
miniſterio altariorum, ſive in quibuſcumque
ſpeciebus , quæ ad divinum cultum pertinere noſcuntur , contuliſſe vel adhùc conferre
voluerint; neque Episcopi locorum , neque
poteſtas regia quæcumque tempora ſucceſ-
ſura de eorum voluntate quicquam minora-
re aut auferre præſumant . Quod ſi quis hoc
quoque tempore temerare , aut auferre præſumpſerit; velut necator pauperum, anathemate perpetui judicii divini plectatur ; &
veluti

D

E

III.
Confirma-
tio dona-
tionū pia-
rum.

Ece

voluti sacrilegii perpetrator, criminis sui
reus, supplicii æterni teneatur obnoxius.)
Hucusque Patres, nec de eodem Valentino
Concilio quicquam prætereà invenitur. E-
mendandum verò, dùm in titulo inscriptum
illud habetur Indictione secunda : multùm
enim inter se pugnat, ut hæc acta sint vigesimoquarto Guntheramni Regis anno, &
facta dicantur Indictione secunda : manifestus enim arguitur error, cum hic annus (ut
dictum est) septimæ sit Indictionis.

IV.
S. Prætex-
tati marty-
rium.

Quo pariter anno aucta est Gallia nova
martyre, nempe Prætextato Episcopo Rhotomagensi : qui diù multùmque odio perfidæ Fredegundis exiliis fatigatus & afflictatus, nihil remittens sacerdotalis constantiæ in redarguendo perperàm facta Principum, potissimùm verò Fredegundem ipsam,
quam alteram Jezabelem his temporibus
Gallia passa est; ab eadem immisso tandem
sicario, in Ecclesia ipsa ferro percutitur ;
at paulo post spiritum Deo reddidit. Ita
planè secundùm S. Ambrosii sententiam,
ut hùjus Principes Episcopos odio persequun-
tur, quàm illecebris blandiantur. Ad coronam enim suorum sacerdotum permittit
Deus scelestos Principes insanire, furere-
que adversùs eos : quò quid in eis intùs virtutis lateat, foris appareat; & qui in vasis
fictilibus thesaurus occultabatur, in multorum utilitatem effundatur; & lumen quod
reconditur in lagenis militum Gedeonis,
iisdem perfractis, foris appareat, quo sancta Dei illustratur Ecclesia. Rex autem gesta à Gregorio Turonensi ita describitur(a):

a Gregor.
l.8.c.31.

V.
Redarguit
Reginam
Prætexta-
tus Episc.

Dùm hæc agerentur, & Fredegundis apud
Rhotomagensem urbem commoraretur,
verba amaritudinis cum Prætextato Pontifice habuit, dicens, venturum esse tempus,
quando exilia, in quibus detentus fuerat,
revisèret. Et ille : Ego semper & in exilio
& extrà exilium Episcopus sui; sum, & ero.
Nàm tu non semper regali potentia per-
frueris. Nos ab exilio provehimur, tribuente Deo, in regnum : tu verò ab hoc
regno demergeris in abyssum. Rectius enim
erat tibi, ut stultitia relicta atque malitia,
qua semper ferves, abstrahereris; ut & tu
vitam adipiscereris æternam, & parvulum
quem genuisti, adducere ad legitimam pos-
ses ætatem. Hæc effatus, cum verba illius
mulier graviter acciperet, se à conspectu
ejus felle fervens abstraxit.

VI.
A Sicario
percussus
Episcop.

Adveniente autem Dominicæ resurrectionis die, cum sacerdos ad implenda Ecclesiastica officia ut Ecclesiam maturiùs
properasset, antiphonas juxta consuetudinem incipere per ordinem cœpit. Cumque
inter psallendum Formulæ decumberet,
crudelis adfuit homicida, qui Episcopum
super Formulam quiescentem, extracto è
baltheo cultro, sub ascella percutit. Ille
verò vocem emittens, ut clerici qui aderant adjuvarent, nullius auxilio de tantis
astantibus est adiutus. At ille plenas sanguine manus super altarium extendens, orationem fundens, & Deo gratias agens, in
cubiculum suum inter manus fidelium deportatus, in suum lectulum collocatus est.

A
Statimque Fredegundis cum Beppoleno
Duce & Ansovaldo adfuit, dicens: Non
oportuerat nobis ac reliquæ plebi tuæ, à
sancte sacerdos, ut ista tuo cultui eveni-
rent. Sed utinam indicaretur qui talia ausus est perpetrare, ut digna pro hoc scelere supplicia sustineret. Sciens autem eam
sacerdos hæc dolosè proferre, ait : Et quis
hæc fecit, nisi is qui Reges interemit, qui
sæpiùs sanguinem innocentem effudit, qui
diversa in hoc regno mala commisit? Respondit mulier : Sunt apud nos peritissimi
medici, qui huic vulneri mederi possunt :
permitte ut accedant ad te. Et ille : Jàm,
inquit, me Deus præcepit de hoc mundo
vocari; nàm tu, quæ his sceleribus princeps
inventa es, eris maledicta in sæculo, & erit
Deus ultor sanguinis mei de capite tuo.
Cumque illa discederet, Pontifex ordinata
domo sua, spiritum exhalavit. Ad quem
sepeliendum Romacharius Constantiæ urbis
Episcopus advenit.) Addit Gregorius
de necato ab eadem Regina seniore quodam
ejusdem Ecclesiæ Rhotomagensis, cum ipse
eidem necem sanctissimi Antistitis expro-
brasset; agitque demùm de successore eidem
subrogato Melantio. Porrò quem perfida
Fredegundis in Ecclesia occidi fecit, coluit
semper Ecclesia Catholica martyrem, euan-
demque inter martyres scriptum anniversaria memoria celebrat. Quomodò autem facinus ab interfectore palàm factum sit, idem
Gregorius in rebus gestis Francorum anni
hujus, qui est doctinus Childeberti Regis,
refert (b) :

b Greg. hist.
Franc. l.8.
c. 41.

Jam verò magna instans causa è Gallia
in Hispanias nostram evocat orationem. Felix planè hic ille annus, Deo placabilis &
acceptabilis ab omnibus prædicandus, quo
Dei benignitas respexit tandem propitia
Gothorum gentem; cum è tenebris jam
transtulit in regnum lucis. Quæ enim à temporibus Constantii Imperatoris, à pravis
doctoribus in transversum acta gens Gothorum fuit; præceps per devia ferebatur, eoque fine metu secuturo, quod ex beneficiis à
Deo acceptis se remunerationem conseque-
vam de impietate putabat. Quòd enim ipsa
gens Gotica in Italia, Gallia, Hispania
& Africa suum populum propagasset, & regna subegisset externa, hæc cuncta recta
quam putabant religioni ferebant accepta :
nàm & quòd Orthodoxorum provincias suæ
ipsorum Deus subiecerat potestati, totum
id Dei iræ ulciscentis impios tribuebant :
Hæc illis signa fuere pro doctrina atque
miraculis, quibus se Catholicis religione
præstare jactabant, exultabantque veluti
de Dei vero cultu securi, insultabantque
piis, veluti à Deo eos ob impietatem affli-
gente rejectis.

B

C

D

E

Ut igitur tanta erroris offusi caligine,
tàmque profundis mersi tenebris ignorantiæ,
veritatis lumen agnoscerent, illius tantùm
fuit opus, qui de tenebris facit splendesce-
re (quod ait Apostolus (c)) lumen suum,
& illius qui vinctis dicit (d), Exite, & his
qui in tenebris, Revelamini : Domuit ille fera
corda tandem, suoque subegit jugo cervices
ferreas ;

c 1. Cor. 4.
d Isai. 49.

VII.
De conver-
sione Go-
thorum.

VIII.

ferreas; egitque magno miraculo, ut qui jugum impofuerant Romanis femper indomitis, iidem Romanæ fubiicerentur Ecclefiæ vincti non ferro, fed fide : idque præcipuè per fanctiffimum Leandrum Hifpalenfem Epifcopum, aliofque facros Hifpaniarum Antiftites, vigiles, fortefque fidei Orthodoxæ cultores : quorum induftria atque labore factum eft fecundùm illud propheticum vaticinium (*a*); *ut quæ erat arida effet in ftagnum, & fitiens in fontes aquarum; & ubi erat cubile draconum, oriretur viror calami & junci, & femita effet ibi, vocartturque via fancta, ut non tranfirent per eam polluti*: fqualenfque vepribus Ecclefia Hifpana converfa fuerit in paradifum Domini, qui gratiarum irriguis fœcundatus redderet fructum centuplum, factus plenus benedictionibus ejus . Sed narrationem rerum geftarum aggrediamur .

Ubi coronato feliciter Hermenegildo martyrio , Reccaredus poft patris obitum regnans Catholicam fidem (ut dictum eft) profiteri cœpit ; ad hoc ipfum hortatus eft Gothos Epifcopos ac pariter magiftratus & populum : factumque Dei gratia , ut perpaucis exceptis , omnes eamdem cum Rege, abdicata hærefi Ariana , Catholicam fidem profiterentur : cujus rei caufa, ut cuncta folidè ftabiliret, univerfale totius Hifpaniæ voluit Concilium celebrari. Sic igitur hoc à Chrifto Domino quingentefimo octogefimonono, qui & quartus annus ipfius Reccaredi Regis' Vuifigothorum in Hifpania , converfis ipfis ab Ariana perfidia ad Catholicam veritatem, celebrata eft Synodus Toletana, quæ tertia ordine ponitur , cui interfuerunt Epifcopi circiter feptuaginta , ex quibus pauci per legatos fuam præfentiam exhibuere , iidemque ex omnibus Hifpaniarum provinciis, immò & Galliæ ejus partis quæ apud Narbonenfem provinciam fubjecta erat Gothis, ut ex Epifcoporum fubfcriptione apparet . Non fine fcientia atque confenfu fimùlque auctoritate Pelagii Papæ generale hoc celebratum effe Concilium, ex eo intelligi poteft , dùm Lucas Tudenfis ait , S. Leandrum huic interfuiffe & præfuiffe legatione functum pro Romano Pontifice : quod abfque controverfia credi debet, cum certum fit ex hujus fæpè fuperiùs dicta funt, Romanos Pontifices tù n in aliis, tùm in Hifpaniarum provinciis vices fuas delegare confueviffe eminentioribus earum Ecclefiarum Epifcopis. Certè quidem præter S. Leandrum, qui magis fpectatus effet hoc tempore inter Hifpanos Epifcopos, neminem fcimus . Sed ad ipfa Concilii Acta pernofcenda , ex quibus complura funt quæ Annalibus his inferi debeant, veniamus . Eft quidem ipforum iftiufmodi exordium (*b*) :

In nomine Domini noftri Jefu Chrifti , anno quarto regnante gloriofiffimo atque piiffimo & Deo fideliffimo domino Reccaredo Rege , die octavo Iduum Majarum, Æra fexcentefima vigefimafeptima , hæc Synodus habita eft in civitate regia Toletana ab Epifcopis totius Hifpaniæ & Galliæ .

Annal. Eccl. Tom. VII.

ciæ numero feptuagintaduobus , &c.] De hac eadem Synodo hæc S. Ifidorus (*c*): In ipfis regni fui exordiis Catholicam fidem adeptus , totius Gothicæ gentis populos inoliti erroris labe deterfa , ad cultum rectæ fidei revocavit . Synodum etiam ad condemnationem Arianæ hærefis congregavit : cui Concilio idem gloriofiffimus Princeps interfuit, fuaque eum præfentia & fubfcriptione firmavit .] Hæc Ifidorus .

Extat ipfa Synodus, canonefque vigintitres in ea editi , necnon fidei profeffio finceriffima , itèmque Regis Reccaredi edictum ; de quibus omnibus a gemus per fingula . Primùm verò omnium opportunum putamus hìc intexere fermonem a S. Leandro horum omnium præcipuo architecto tunc temporis habitum de eorumdem converfione Gothorum : quem licèt alii ponant in fine Synodi, nos (ficut reperimus in fcripto codice bibliothecæ Sfortianæ , ex quo exfcripfimus) ante Synodum pofitum hìc eodem ordine ponendum putamus , quo auctor licèt ftylo inculto , erudito tamen , veluti rudi raftro vertit auri fodinam: cujus rei gratia putamus ifta cariùs accipienda , quò fimpliciùs atque fideliùs dicta leguntur; haud probantes eum qui cultiori fermone eamdem orationem illuftrandam putavit (*d*), minimè hac ex parte de antiquitate (pace ipfius dixerim) benè meritus . Ipfe autem fermo fic fe habet :

Feftivitatem hanc omnium effe folemniorem feftivitatum, novitas ipfa fignificat. Quoniam ficut nova eft converfio tantarum plebium caufa : ita & nobiliora funt folito Ecclefiæ gaudia . Nàm multas folemnitates per anni decurfum celebrat Ecclefia : in quibus tamen fi habet gaudia confueta, nova verò, ficut in hac, non habet. Aliter enim gaudet de rebus femper poffeffis , aliter de lucris magnis his nuper inventis . Pro qua re & nos majoribus gaudiis elevamur , quia repentè novos Ecclefiam parturiffe populos intuemur; & quorum afperitate quondàm gemebamus , nunc gaudemus credulitate. Ergò materia gaudii noftri , tribulationis præteritæ occafio fuit . Gemebamus , dùm gravaremur, dùm exprobraremur : fed gemitus illi id egerunt , ut hi, qui per infidelitatem nobis erant farcina, fierent noftra per fuam converfionem corona. Hoc enim gratulativè profert in pfalmis fancta Ecclefia, dicens: In tribulatione dilatafti me. Et Sarra dùm fæpè à Regibus concupifcitur , nec maculam pudicitiæ fentit , & Abraham caufa pulchritudinis fuæ divitem facit ; ab ipfis Regibus Abraham ditatur , à quibus Sarra concupifcitur .

Condignè ergò Ecclefia Catholica gentes quas fimùl fenferit fidei fuæ decore affici , ad fui eas fponfi, hoc eft , Chrifti lucra traducit ; ut per ea regna virum fuum divitem reddat, per quæ fe inquietari præfenferit. Sic enim , dùm ex vitio laceffitur, vel invidentium dentibus mordetur : dum premitur, eruditur ; dum infectatur, dilatatur : quoniam patientia fua æmulatores fuos

Eee 2   aut

a Ifai.35.

IX.

Synodus
Tolet. III.

Auctoritate Rom.
Potn Concilium habitum .

b Tom. 2.
Conc. edit.
nova.

X.

De tempore Generalis Concilii Toletani .

c Ifidor. in
Chr. Goth.

X I

d Joan Marian. hiftor.
Hifp. lib. 5.

X I I.
Oratio Leandri de converfione Gothorum.

X I I I.
Crefcit Ecclefia ex perfecutio.

aut superat, aut lucratur. Dicit enim ad **a** Prov. 31. eam divinus sermo (*a*): Multæ filiæ congregaverunt sibi divitias, tu verò supergressa es universas. Sed non mirum, quòd hæreses filiæ dicuntur : sed attendendum, quòd loco spinarum ponuntur. Filiæ sunt, eo quòd ex semine Christiano generantur ; spinæ sunt, eo quòd foris Edemè Dei paradiso, hoc est, extrà Catholicam Ecclesiam nutriuntur. Et hoc non conjectura sensuum nostrorum, sed Scripturæ divinæ auctoritate probatur, dicente Salomone (*b*): **b** Cant. 11. Sicut lilium inter spinas, sic amica mea inter filias. Ergò ne magnum vobis videretur, quòd hæresim dixerim filias, continuò eas nominat esse spinas: hæreses, inquam, quæ aut in aliquem angulum mundi, aut in unam gentem inveniuntur versari : Ecclesia verò Catholica sicut per totum mundum tenditur, ita & omnium gentium societate constituitur. Certè ergò hæreses in cavernis quibus latent, congregant se partè divitias : Ecclesia autem Catholica in specula totius mundi locupletata supergreditur universas.

XIV.
De Gaudio Ecclesiæ ob hæreticorum conversionem.

Exulta ergo & lætare Ecclesia Dei; gaude & consurge in unum corpus Christi, induere fortitudine tua, & jubila exultatione : quoniam tui mœrores in gaudium sunt mutati, & tristitiæ habitus in amictum lætitiæ versus est. Ecce repentè oblita sterilitatis & paupertatis tuæ, uno partu populos innumeros genuisti Christo tuo : nàm dispendiis tuis proficis, tuoque damno subcrescis: tantus denique est sponsus tuus, cujus imperio regeris, ut dùm te patiatur deprædari ad modicum, rursùm & prædam tuam ad te reducat, & hostes tuos tibi conquirat. Sic autem agricola, sic piscator, dùm lucra attendit futura, quæ seminat, & quem hamo ille dat cibum, non imputat damnum. Tu proindè jàm ne fleas, ne lugeas, temporaliter quosdam recessisse à te, quos cernis cum magnis lacrymis rediisse ad te. Exulta ergò, fidei confidentia, & tui capitis meritò fide esto robusta ; dùm quæ recolis olìm repromissa, nùnc cernis fuisse completa. Ait enim **c** Joan, 11. in Euangelio ipsa Veritas (*c*) : Oportebat Christum mori pro gente, & non tantùm pro gente, sed ut filios Dei, qui erant dispersi, congregaret in unum. Tu profectò in psal- **d** Psal. 33. mis clamas (*d*), optentibus pacem dicens : Magnificate Dominum mecum, & exalte- **e** Psal. 101. mus nomen ejus in idipsum. Et rursùm (*e*) : In conveniendo populos in unum, & regna, ut serviant Domino.

XV.
De labore fructus colligit.

Quàm dulcis sit charitas, quàm delectabilis unitas, non nesciens per Prophetica vaticinia, per Euangelica oracula, per Apostolica documenta, nonnisi connexione in gentium prædicas, nonnisi unitatem populorum suspiras, nonnisi pacis & charitatis bona disseminans. Lætare ergò in Domino, eo quòd non sis fraudata à desiderio tuo : nàm quos tanto tempore gemitu tristi & oratione continua concepisti, nùnc post glacies hiemis, post duritiam frigoris, post austeritatem nivis velut jucunditatem agrorum frugem & lætos verni flores, vel adhærent-

tes * vinearum stipitibus palmites, repentè in gaudio peperisti. ** adridentes**

Ergò, fratres, tota hilaritate animi exultemus in Domino, & jubilemus Deo salutari nostro. Hæc de cætero pro eis quæ jàm oblata sunt, ea quæ adhùc expectantur implenda, vera esse credamus. Quæ enim præfata sunt, Domino dicente (*f*), Alias oves **f** Joan. 10. habeo, quæ non sunt ex hoc ovili, & illas oportet me adducere, & fiet unus grex, & unus pastor: ecce contuemur fuisse completa. Pro qua re non dubitemus totum mundū posse in Christum credere, atque ad unam Ecclesiam convenire, quoniam rursùs ipso testificante didicimus Euangelio (*g*) : Et **g** Matt. 24. prædicabitur (inquit) hoc Euangelium regni in universo Orbe in testimonio omnibus gentibus ; & tùnc (inquit) veniet consummatio. Si ergò remansit pars aliqua mundi, vel gens barbara, quam fides non irradiavit Christi ; profectò credituram, atque in unam Ecclesiam esse venturam, nullo modo dubitemus, si ea quæ Dominus dixit, vera esse putamus.

Ergò, fratres, reposita est loco malignitatis bonitas, & errori occurrit veritas ; ut quia superbia linguarum diversitate ab unione gentes separaverat, eas rursùs gremio germanitatis colligeret charitas : & quemadmodùm unus possessor est mundi Dominus, ita & possessionis ejusdem unum cor & unus animus. Pete à me (ait *h*) & dabo tibi **h** Psal. 2. gentes hæreditatem tuam & possessionem tuam terminos terræ. Propterea & ex uno homine propagatum est omnes genus humanum, ut qui ex illo uno procederent, unà sperarent unitatem & quærerent & diligerent. Ordo ergò naturalis exposcit, ut qui ex uno homine trahunt originem, mutuam retineant charitatem ; nec dissentiant à fidei veritate, qui non disjunguntur naturali propagine. Hæreses verò ut divisiones è fonte emanant vitiorum : unde quicumque ad unitatem venit, ex vitio ad naturam redit : quia sicut naturæ est fieri ex pluribus unitatem, sic est vitii fraternitatis vitare dulcedinem. Erigamur ergò tota mente in gaudio ; ut quæ gentes studio decertandi perierant, simùl in amicam Christi unam Ecclesiam percurrant, in quam eas rursùs reducit & concordia charitatis.

De hac profectò Ecclesia vaticinatur Propheta, dicens (*i*) : Domus mea domus **i** Isai. 2. orationis vocabitur omnibus gentibus. Et iterùm : Erit (inquit) in novissimis diebus præparatus mons domus Domini in vertice montium, & elevabitur super colles, & fluent ad eum omnes gentes, & ibunt populi multi, & dicent: Venite ascendamus ad montem Domini, & ad domum Dei Jacob. Mons enim Christus est: domus Jacob una Ecclesia est ejus, ad quam & gentium concursus & populorum pronunciat consuere conventum ; de qua rursùs in alio loco dicit prophetia (*k*): Surge illuminare Hieru- **k** Isai. 60. salem, quia venit lumen tuum, & gloria Domini super te orta est, & ambulabunt gentes in lumine tuo, & Reges in splendore ortus tui. Leva in circuitu oculos tuos & vide.

XVI.
[margin]

XVII.
[margin] De conversione totius Orbis spes concepta.

XVIII.
[margin] De Ecclesia prophetica vaticinia.

& vide. Omnes isti congregati sunt, & venerunt tibi, & ædificabunt (inquit) filii peregrinorum muros tuos, & Reges eorum ministrabunt tibi. Qui ut nosceret quæ ventura essent genti vel populo, quæ ab unius Ecclesiæ communione recidissent, secutus est: Gens enim & regnum, quod non serviet tibi, peribit. Alio denique loco similiter ait (a): Ecce gentem, quam nesciebas, vocabis; & quos non cognoveras, ad te current.

a Isai. 55.

XIX. De unitate Ecclesiæ.

Unus est enim Christus Dominus, cujus est una per totum mundum Ecclesia sancta possessio: ille igitur caput, & ista corpus; de quibus in principio Genesis dicitur: Erunt duo in carne una; quod Apostolus in Christo intelligit & in Ecclesia. Dùm ergò ex omnibus gentibus Christus unam vult habere Ecclesiam: quicumque extraneus est ab ea, licèt Christi nomine nuncupetur, Christi tamen corporis compage non continetur. Hæresis enim, quæ respuit Catholicæ Ecclesiæ unitatem, eo quòd adulterino amore diligat Christum, non uxoris, sed concubinæ obtinet locum: quoniam re verà duos dixit Scriptura esse in carne una, videlicèt Christum & Ecclesiam, quò locum meretrix nullum invenit tertium. Una est (ait Christus) amica mea, columba mea, una est sponsa mea, una est genitricis suæ filia. De qua item eadem Ecclesia pronunciat, dicens: Ego dilecto meo, & dilectus meus mihi. Quærant nùnc hæreses à qua constuprentur, vel cujus sint prostibulum factæ: quoniam ab immaculato toro recesserunt Christi, à quo quantò pretiosam esse novimus consutelam charitatis, tantò Dominum hac celebritate laudemus, quòd gentes, pro quibus sanguis fusus est unigeniti sui, non est passus extrà unum ovile, diaboli dentibus devorari.

XX. De gaudio & pace Ecclesiæ luget diabolus.

Lugeat igitur veternosus prædo, suam prædam amisisse: quia impletum videmus, quod Propheta vaticinante audivimus: Equidem (inquit) (b) & captivitas à forti tollitur; & quod ablatum fuerat à robusto salvatur. Arietem enim discordiæ, quem fabricaverat diabolus, pax Christi destruxit: domus, quæ divisione in mutuam certabat cædem, uno jàm Christo lapide angulari conjungitur. Dicamus ergò omnes (c): Gloria in excelsis Deo, & in terra pax hominibus bonæ voluntatis. Nullum enim præmium charitati compensatur, inde omni gaudio præponitur: quia pax & charitas facta est, quæ omnium virtutum obtinet principatum. Superest autem ut unanimitèr unum omnes regnum effecti, tàm pro stabilitate regni æterni, quàm pro felicitate cælestis Dominum precibus adeamus; ut regnum & gens, quæ Christum glorificat in terris, glorificetur ab illo non solùm in terris, sed etiam in cælis. Amen.] Ita peroravit apte Synodum sanctus Leander simplici & impolito stylo (ut sæculi hujus barbarie silvescentis conditio ferebat) sed divina scientia valdè referto & sapientia mirificè exornato, instar arboris licèt cortice durioris, tamen pomorum pen-

b Isai. 49.

c Luc. 2.

dulorum fæcunditate pulcherrimæ.

Congregatis igitur in unum sanctis Episcopis, Reccaredus Rex & ipse in eadem Synodo coràm Patribus habuit sermonem: nàm ejusdem Synodi hæc habent Acta (d): Cum pro fidei sinceritate idem gloriosissimus Princeps omnes regiminis sui Pontifices in unum convenire mandasset, ut tàm de ejus conversione, quàm de gentis Gothorum innovatione in Domino exultarent, & divinæ dignationi pro tanto munere gratias agerent: sanctissimus idem Princeps sic venerandum Concilium alloquitur, dicens:

XXI. d Synod. Tolet. 3. to. 2. Concil.

Non incognitum reor esse vobis, reverendissimi sacerdotes, quòd propter instaurandam disciplinæ Ecclesiasticæ formam ad nostræ vos serenitatis præsentiam evocaverim. Et quia decursis retrò temporibus hæresis imminens in tota Ecclesia Catholica agere Synodica negotia denegavit; Deus, cui placuit per nos ejusdem hæresis obicem depellere, admonuit instituta de more Ecclesiastica reparare. Ergò sit vobis jucunditatis, sit gaudii, quòd mos canonicus prospectu Dei per nostram gloriam ad paternos reducitur terminos. Priùs tamen admoneo pariter & exhortor, jejuniis vos & vigiliis atque orationibus operam dare, ut ordo canonicus, quem à sacerdotalibus sensibus detraxerat longa atque diuturna oblivio, quo ætas nostra se nescire fatetur, divino vobis dono rursùs patefiat.] Hæc Rex Reccaredus est prælocutus in Synodo. Sed posteà Acta: Ad hæc autem gratias Deo agentes, & religiosissimo Principi universo Concilio laudibus acclamante, triduanum est exindè prædicatum jejunium. Sed cum octava Iduum Majarum in unum cœtum Dei sacerdotes adessent, & oratione præmissa unusquisque sacerdotum competenti loco resedisset; ecce in medio eorum adfuit serenissimus Princeps, seque cum Dei sacerdotibus orationi communicans, divino deinceps flamine plenus sic ad loquendum exorsus est, dicens:

XXII. Regis oratio in Synodo habita.

Non credimus vestram latere sanctitatem, quanto tempore in errore Arianorum laborasset Hispania, & non multos post decessum genitoris nostri dies, quibus nos vestra beatitudo fidei sanctæ Catholicæ cognovit esse sociatos, credimus generaliter magnum & æternum gaudium habuisse. Et ideò venerandi Patres, ad hanc vos peragendam congregandos decrevimus Synodum, ut de omnibus nuper advenientibus ad Christum, ipsi æternas Domino gratias deferatis. Quicquid verò verbis apud sacerdotium vestrum nobis agendum erat de fide atque spe nostra, quam gerimus, in hoc tomo conscripta atque allegata notescimus. Relegatur ergò in medio vestri tomus, ut in judicio Synodali examinatus, per omne succiduum tempus gloria nostra ejusdem fidei testimonio decorata clarescat.] Hæc Princeps. Pergunt Acta: Susceptus est autem ab omnibus Dei sacerdotibus, offerente Rege, sacrosanctæ fidei tomus, & pronunciante Notario clara voce, recensitus est ita.

XXIII. Rex & Synodum verba facit.

XXIV.

Quamvis Dominus Deus omnipotens pro utilitatibus populorum, regni nos culmen subire tribuerit, & moderamen gentium non paucarum regiæ nostræ curæ commiserit; meminimus tamen nos mortalium conditione perstringi, nec posse felicitatem futuræ beatitudinis aliter promereri, nisi nos cultui veræ fidei deputemus, & conditori nostro saltem confessione, qua dignus est ipse, placeamus. Pro quare, quantò subditorum gloria regali extollimur, tantò providi esse debemus in his quæ ad Deum sunt, vel nostram spem augere, vel gentibus nobis à Deo creditis consulere.

XXV.

Exacta S. Trinitatis professio.

Cæterùm quid pro tantis beneficiorum collationibus omnipotentiæ divinæ valeamus tribuere, quandò omnia ipsius sunt, & bonorum nostrorum nihil egeat, nisi ut eum sic tota devotione credamus, quemadmodùm per Scripturas sacras se ipse intelligi voluit & credi præcepit: id est, ut confiteamur Patrem qui genuerit ex substantia sua Filium sibi coæqualem & coæternum, non tamen ut idem sit natus & genitor, sed persona alius sit Pater qui genuit, alius sit Filius qui fuerit generatus, unius tamen uterque substantiæ in divinitate subsistat: Pater ex quo sit Filius, ipse verò ex nullo sit alio: Filius qui habeat Patrem, sed sine initio & sine diminutione in ea qua Patri coæqualis & coæternus est, divinitate subsistat. Spiritus sanctus à nobis confitendum est & prædicandus à Patre & Filio procedere, & cum Patre & Filio unius esse substantiæ, tertiam verò in Trinitate Spiritum sanctum esse personam, qui tamen communem habeat cum Patre & Filio divinitatis essentiam. Hæc enim sancta Trinitas unus est Deus, Pater & Filius & Spiritus sanctus, cujus bonitate (omnis licèt bona sit condita creatura,) per assumptam tamen à Filio humani habitus formam, è damnata progenie reformamur in beatitudinem pristinam. Sed sicut veræ salutis indicium est, Trinitatem in unitate, & unitatem in Trinitate sentire; ita erit consummata justitia, si eandem fidem intra universalem Ecclesiam teneamus, & Apostolicam unitatem in Apostolico positi fundamento servemus.

XXVI.

Studiū Regis pro fide Catholica.

Tamen vos, Dei sacerdotes, meminisse oportet, quantis hucusquè Ecclesia Dei Catholica per Hispanias adversæ gentis molestiis laboraverit, dùm & Catholici constanter fidei suæ tenerent & defenderent veritatem, & hæretici pertinaciori animositate propria niterentur perfidia: me quoque (ut re ipsa conspicitis) calore fidei accensum in hoc Dominus excitavit, ut depulsa obstinatione infidelitatis, & discordiæ summoto furore, populum qui sub nomine religionis famulabatur errori, ad agnitionem fidei & Ecclesiæ Catholicæ consortium revocarem.

XXVII.

Adest enim omnis gens Gothorum inclyta, & ferè omnium gentium genuina virilitate illustrata, quæ licèt suorum pravitate doctorum à fide hactenùs vel uni-

tate Ecclesiæ Catholicæ fuerit segregata; tota nunc tamen meo assensu concordans, ejus Ecclesiæ communione participatur, quæ diversarum gentium multitudinem materno sinu suscipit; & charitatis uberibus nutrit: de qua, Propheta canente, dicitur (a): Domus mea, domus orationis vocabitur omnibus gentibus. Nec sola Gothorum conversio ad cumulum nostræ mercedis accessit, quin imò & Suevorum gentis infinita multitudo, quam præsidio cælesti nostro regno subiecimus, alieno licèt vitio in hæresim deducta, nostro tamen ad veritatis originem studio revocata vinus.   a Isai 56. Suevi ad Catholicam revocati..

XXVIII.

Proindè, sanctissimi Patres, has nobilissimas gentes, quæ Dominicis hæreticis per nos applicatæ sunt, quasi sanctum & placabile sacrificium per vestras manus æterno Deo offero. Erit enim mihi immarcescibilis corona vel gaudium in retributione justorum, si hi populi, qui nostra ad unitatem Ecclesiæ solertia transferuntur, fundati in eadem & stabiliter permaneant. Sicut enim nostræ curæ fuit, hos populos ad unitatem Christi Ecclesiæ pertrahere; ita sit vestræ docilitatis, Catholicis eos dogmatibus instituere: quo in toto cognitione veritatis aditricti, noverint ex solido errores Hæresis perniciosæ respuere, & veræ fidei tramitem ex charitate retinere, vel Catholicæ Ecclesiæ communionem desiderio avidiore amplecti. Cæterùm sicut facilè ad veniam pervenisse confido, quòd nescia hucusquè tàm clarissimè erraverit gens; ita gravius esse non dubito, si agnitam veritatem haud corde teneat, atque à patenti lumine (quod absit) oculos suos avertat.

XXIX.

Undè valdè pernecessarium esse perspexi, vestram in unum convenire beatitudinem habens sententiam Dominicæ fidem qua dicit (b): Ubi fuerint duo vel tres collecti in nomine meo, ibi sum in medio eorum. Credo enim beatam sanctæ Trinitatis Divinitatem huic sancto interesse Concilio: & ideo tamquàm ante conspectum Dei, ita in medio vestri fidem meam protuli, conscius admodùm sententiæ divinæ dicentis (c): Non celavi misericordiam tuam & veritatem tuam à congregatione multa. Vel Apostolum Paulum (d) Timotheo discipulo præcipientem audivi: Certa bonum certamen fidei, apprehende vitam æternam in qua vocatus es, confessus bonam confessionem coràm multis testibus. Vera est enim Redemptoris nostri ex Evangelio sententia (e), qua confitentem se coràm hominibus, confiteri dicit coràm Patre; & negantem se, esse negatuam. Expedit enim nobis id ore profiteri, quod corde credimus, secundùm cæleste mandatum, quo dicitur (f): Corde creditur ad justitiam, ore sit confessio ad salutem.   b Matt. 18.   c Psal. 39.   d 1. Tim. 6.   e Matt. 10.   f Rom. 10.

XXX.

Proindè sicut anathematizo Arium cum omnibus dogmatibus & complicibus suis, qui unigenitum Dei Filium à paterna degenerem asserebat esse substantia, nec à Patre genitum, sed ex nihilo dicebat esse creatum; vel omnia Concilia malignan-

gnarium , quæ adversùs sanctam Sy- A
nodum Nicænam extiterunt : ita in honorem & in laudem Dei , fidem sanctam Nicæni observo Concilii , & honoro ea quæ
contra eumdem rectæ fidei pestem Arium
trecentorum decem & octo sancta Episcopalis scripsit Synodus . Amplector itaque
& teneo fidem centum & quinquaginta
Episcoporum Constantinopoli congregatorum , quæ Macedonium Spiritus sancti
substantiam minorantem & à Patris & Filii
unitate & essentia segregantem jugulo veritatis interemit . Primæ quoque Ephesinæ
Synodi fidem , quæ adversùs Nestorium
ejusque doctrinam lata est , credo pariter
& honoro . Similiter & Chalcedonensis B
Concilii fidem , quam plena sanctitate &
rectitudine adversùs Eutychen & Diosco-
rian protulit , cum omni Ecclesia Catholica reverenter suspicio . Omnium quoque
Orthodoxorum venerabilium sacerdotum
Concilia , quæ ab ipsis suprascriptis quatuor fidei puritate non dissonant , pari veneratione observo .

XXXI.   Proferat ergò reverentia vestra fidem
hanc nostram canonicis applicare moni-
mentis , & ab Episcopis vel religiosis aut
gentis nostræ primatibus solerter fidem
quam in Ecclesia Catholica crediderunt ,
* rem, up- audire : quam renovatam * apicibus , vel C
eatam   eorum subscriptionibus roboratam futuris
olim temporibus in testimonium Dei atque
hominum reservare : ut hæ gentes , quas in
Dei nomine regia potestate præcellimus ,
atque deterso antiquo errore , per unctionem sacrosancti chrismatis vel manus impositionem paracletum intra Dei Ecclesiam perceperunt Spiritum (quem unum &
æqualem cum Patre & Filio confitentes ,
ejusque dono in sinu Ecclesiæ sanctæ Ca-
* in fide per- tholicæ collatæ sunt) & eorum aliqui
severent . hanc rectam & sanctam confessionem nostram minimè credere voluerint , iram Dei
cum anathemate æterno percipiant , & de-
interitu suo Fidelibus gaudium , infideli- D
bus fiat exemplum . Huic verò confessioni
meæ sanctæ suprascriptorum constitutionis
connexui , & testimonio divino tota cordis
simplicitate subscripsi . Hactenùs Reccaredi
Regis professio , cui subscripta fuere Symbola, Nicænum, Constantinopolitanum, &
Chalcedonense , hisque apposita ejusdem
Regis subscriptio verbis istis :

XXXII.   Ego Reccaredus Rex fidem hanc rectam , & veram confessionem , quam unam
per totum Orbem Catholica confitetur
.y.   Ecclesia , corde retinens , ore affirmans ,
meæ dexteræ, Deo protegente, subscripsi . E
Maxque sequitur Reginæ subscriptio in
hæc verba :

Ego Baddo gloriosa Regina hanc fidem ,
quam credidi & suscepi , manu mea de toto
corde subscripsi . Sed audi quæ piæ religio-
sæque secutæ sunt cum Dei laudibus acclamationes .

XXXIII.   Tunc (inquiunt Acta) acclamatum est
Acclama- in laudibus Dei , & in favore Principis ab
tiones cum universo Concilio .
Dei laudi- Gloria Deo Patri & Filio & Spiritui
bus .

stricto , cui curæ est pacem & unitatem Ecclesiæ suæ sanctæ Catholicæ providere .

Gloria Domino nostro Jesu Christo ,
qui pretio sanguinis sui Ecclesiam Catholicam ex omnibus gentibus congregavit .

Gloria Domino nostro Jesu Christo, qui
tam illustrem gentem unitati fidei verè copulavit , & unum gregem & unum pastorem instituit .

Cui à Deo æternum meritum , nisi vero
Catholico Reccaredo Regi ?

Cui à Deo æterna corona , nisi vero Orthodoxo Reccaredo Regi ?

Cui præsens gloria & æterna , nisi vero
amatori Dei Reccaredo Regi ? Ipse novo-
rum plebium in Ecclesia conquisitor . Ipse
mereatur veraciter Apostolicum meritum ,
qui Apostolicum implevit officium . Ipse
sit Deo & hominibus amabilis, qui tam mirabiliter Deum glorificavit in terris præstante Domino nostro Jesu Christo, qui cum
Deo Patre vivit & regnat in unitate Spiritus sancti in sæcula sæculorum .

His peractis , præcepit sancta Synodus   **XXXIV.**
uni ex Episcopis Orthodoxis explorare fidem Gothorum Episcoporum & clericorum , & aliorum qui inter Gothos prisho-
res essent , num re vera damnarent Arium,
fidemque Orthodoxam proficerentur, atque   Gothorum
si hoc assererent , id ipsum voto firmarent   assertio Ca-
atque subscriptione munirent . Quo facto   tholica.
(subdunt Acta) Episcopi omnes unà cum
clericis suis , primoresque gentis Gothicæ , pari consensione dixerunt . Licet hoc
quod paternitas atque fraternitas vestra à
nobis cupit audiri vel fieri , jam olim conversionis nostræ tempore egerimus , quandò secuti gloriosissimum dominum nostrum
Reccaredum , ad Ecclesiam transivimus , &
perfidiam Arianam cum omnibus superstitionibus suis anathematizavimus , pariterque abiecimus : nunc tamen propter charitatem & devotionem , quam vel Deo vel
sanctæ Ecclesiæ Catholicæ meminimus nos
debere, non tantùm hæc eadem quæ petitis ,
promptissimè agere paramus : sed si quæ
adhuc congrua fidei esse perspicitis, nobis de
charitate persuadere . Nos etenim semel
rectæ fidei amore in eam devotionem evexit,
ut omne quod nobis veriùs fraternitas vestra patefecerit, teneamus , & libera fatea-
mur confessione .

Omnis ergò qui fidem & communionem   **XXXV.**
ab Ario venientem , & hucusque à nobis
retentam , adhuc tenere desiderat , anathema sit .

Quicumque Filium Dei Dominum nostrum Jesum Christum negaverit à paterna
substantia sine initio genitum , & æqualem
esse Patri , & consubstantialem , anathema sit .

Quicumque Spiritum sanctum non credit , aut non crediderit à Patre & Filio procedere , eumque non dixerit coæternum esse Patri & Filio consubstantialem ; anathema sit .

Quicumque in Patre & Filio & Spiritu
sancto & personas non distinguit , & unius
divi-

divinitatis substantiam non agnoscit: anathema sit.

Quicumque Filium Dei Dominum nostrum Jesum Christum, & Spiritum sanctum esse Patre minorem asseruerit, & gradibus separaverit, creaturamque esse dixerit; anathema sit.

Quicumque Patrem & Filium & Spiritum sanctum unius substantiæ, & omnipotentiæ, & æternitatis esse non crediderit, anathema sit.

Quicumque nescire Filium Dei, quod Deus Pater sciat, dixerit; anathema sit.

Quicumque initium Filio Dei & Spiritui sancto deputaverit; anathema sit.

Quicumque Filium Dei secundum divinitatem suam visibilem aut passibilem assui fuerit proferre; anathema sit.

Quicumque Spiritum sanctum, sicut Patrem & Filium, verum Deum omnipotentem esse non crediderit; anathema sit.

Quicumque aliam fidem & communionem Catholicam, præter quam in Ecclesia universali, quæ Niceni, & Constantinopolitani, & primi Ephesini, & Chalcedonensis Concilii decreta tenet pariter & honorat; anathema sit.

Quicumque Patrem & Filium & Spiritum sanctum honore & gloria & divinitate separat & disiungit; anathema sit.

Quicumque Filium & Spiritum sanctum cum Patre non crediderit esse glorificandum & honorandum; anathema sit.

Quicumque rebaptizandi sacrilegium opus esse bonum credit, aut crediderit, egit, aut egerit; anathema sit.

Quicumque libellum detestabilem duodecimo anno Leuvigildi Regis à nobis editum, in quo continetur Romanorum ad Arianam Ecclesiam traductio, & Gloria Patri per Filium sancto, & malè à nobis instituta continentur: hunc libellum si quis pro vero habuerit, anathema sit in æternum.

Quicumque Ariminense Concilium ex toto corde non respuerit & damnaverit; anathema sit.

Confitemur enim, nos ex hæresi Ariana toto corde, tota anima, & tota mente nostra ad Ecclesiam Catholicam fuisse conversos. Nulli dubium sit, nos, nostrosque decessores errasse in hæresi Ariana, & fidem Evangelicam atq; Apostolicam nunc intrà Ecclesiam Catholicam didicisse. Proinde fidem sanctam, quam religiosissimus dominus noster patefecit in medio Concilii & manu sua subscripsit, hanc & nos tenemus, hanc confitemur pariter & suscipimus, hanc in populis prædicare, & docere promittimus, Hæc est vera fides, quam omnis Ecclesia dùm per totum mundum tenet, Catholica esse creditur & probatur. Cui hæc fides non placet, aut non placuerit, sit anathema maranatha in adventu Domini nostri Jesu Christi. Quicumque fidem spernit Niceni Concilii, anathema sit. Quicumque fidem Concilii Constantinopolitani centum quinquaginta Episcoporum veram esse non dixerit, anathema sit.

A Qui fidem Ephesinæ Synodi primæ & Chalcedonensis non tenet, & ea non delectatur, anathema sit. Proindè, & damnationem hanc perfidiæ communioni Arianæ & omnium Conciliorum hæresim Arianam foventium cum anathemate eorum manu propria subscripsimus. Constitutiones verò sanctorum Conciliorum Niceni, Constantinopolitani, Ephesini, vel Chalcedonensis, quas gratissima aure audivimus, & consensione nostra veras esse probavimus, de toto corde,& de tota anima,& de tota mente nostra subscripsimus, nihil ad cognitionem veritatis lucidiori arbitrantes, quàm B quæ supradictorum Conciliorum continent auctoritates.

De Trinitate autem & unitate Patris & Filii & Spiritus sancti nihil his verius, nihil lucidius, umquàm potest vel poterit demonstrari. De mysterio incarnationis unigeniti Filii Dei pro salute humani generis, quo & vera probatur humanæ naturæ sine peccati contagione susceptio, & permanentis incorruptæ in eo divinitatis plenitudo, dùm & natura utraque non doperit, & una sit ex utraque Domini nostri Jesu Christi persona, satis plenè in his Conciliis probatur patefieri veritate, C & à nobis creditur, omni dubitatione remota.

Qui umquàm hanc fidem sanctam depravare, corrumpere, mutare tentaverit, aut ab eadem fide, vel communione Catholica, quam nuper summe Deo miserante adepti egredi, separari, vel dissociari voluerit; sit Deo & universo mundo crimini infidelitatis in æternum obnoxius. Floreat autem Ecclesia sancta Catholica per omnem mundum pacatissimè, & emineat doctrina, sanctitate, & potestate. Si qui intrà eam fuerint, crediderint, communicaverint: hi audient ad dexteram Patris positi: Venite benedicti, Patris mei, percipite reD gnum, quod vobis paratum est ab origine mundi. Si qui autem ab ea recesserint, ejusque detraxerint fidei, & communionem respuerint: hi audient ex ore divino in die Judicii: Discedite à me, maledicti; nescio vos: ite in ignem æternum qui paratus est diabolo & angelis ejus. Sint ergò damnata & in cælo, & in terra, quæcumque per hanc fidem accipiuntur, regnante Domino nostro Jesu Christo, cui cum Patre & Spiritu sancto est gloria in sæcula sæculorum.] At quid post Gothorum confessionem editam Rex maximè pius?

E Rursùm sanctam Synodum allocutus, illud inter alia petiit, ut in omnibus Hispaniarum provinciis, quod in Synodo semel factum esset de Catholicæ fidei assertione, id semper repeti deberet in ecclesiis, eum quisque eorum sacram esset sumpturus Eucharistiam. Sed audi verba ipsius: Hoc (inquit) adhùc necessariò pro firmitate fidei Catholicæ nostra Deo supplex instituere decrevit auctoritas, ut propter roborandam gentis nostræ novellam conversionem omnes Hispaniarum & Galliciæ Ecclesias hanc regulam servent, ut omni sacri-

sacrificii tempore ante communicationem corporis Christi & sanguinis juxtà Orientalium partium morem, unanimitèr clara voce sacratissimum fidei recenseant Symbolum: ut primùm populi, quam credulitatem teneant, fateantur, & sic corda fide purificata ad Christi corpus & sanguinem percipiendum exhibeant.

XL. Dùm enim hæc constitutio fuerit perennitèr conservata in Dei Ecclesia, & Fidelium ex solido corroboratur credulitas, & perfidia infidelium confutata, ad id quod repetitum sæpiùs recognoscit, facillimè inclinatur: nec se quisquam jàm de ignorantia fidei excusabit à culpa, quàndo universorum ore cognoscit, quid Catholica teneat & credat Ecclesia. Omnibus ergò capitulis, quæ adhùc per vestram sanctitatem regulis Ecclesiasticis adjicienda sunt, hoc pro fidei sanctæ reverentia & firmitate proponite, quod de proferendo Symbolo nostra, Deo docente, decrevit serenitas.

De retingenda morum disciplina. De cætero autem, prohibendis insolentium moribus, mea vobis consentiente clementia, sententiis terminate districtioribus & firmiore disciplina, quæ facienda non sunt, prohibete: & ea quæ fieri debent, immobili constitutione firmate.] Hactenùs Rex Catholicus ad Patres in Synodo consistentes, in omnibus exemplar religiosissimi Principis præseferens, qui (ut par est) leges accipiat à sacerdotibus. Paruerunt ipsi quidem, leges Ecclesiasticas sancientes, quibus & regnum benè disponi posset. In primis verò ad integrum consequendum conservandumque splendorem Hispanicarum Ecclesiarum diù denso nubilo hæresis vel superstionis Gentilitiæ obscuratum, satis consultum visum est Patribus, si (quod primo canone statuunt) permaneant (ut ajunt) in suo vigore Conciliorum omnium constituta, simùl & Synodicæ sanctorum Præsulum Romanorum epistolæ.

XLI. Inter alia verò saluberrima decreta, ut pravus ille usus aboleretur efficiunt, quo ad sæculare forum clericus clericum traheret, ista sancientes (a): Diuturna indisciplinatio, & licentiæ inolita præsumptio usquè adeò illicitis ausibus aditum patefecit, ut clerici conclericos suos, relicto Pontifice, ad judicia publica pertraherent. Proindè statuimus hoc de cætero non præsumi. Si quis hoc præsumpserit facere; & causam perdat, & à communione efficiatur extraneus.] Hæc Patres, non recens quippiam in Ecclesia statuentes, sed quod sempérantè factum esset, ad legitimam observantiam revocantes, nempè ut nullum aliud tribunal nisi Ecclesiasticum clerici scirent, laicisque inconcessum esset ad sæculare forum clericum trahere, quod conclerico scirent esse vetitum. Undè magis erubescant, qui eam quam inolitam dicunt Patres præsumptionem, & indisciplinationem condemnant atque procùl abjiciunt, impudentèr nimis scriptis dictisque satagunt restituere.

XLII. Quantùm autem ista cavenda curarint

a Concil. Tolet. 3. c. 13.

A sanctissimi Patres illi qui Synodo interfuerunt, atque religiosissimus ipse Rex in conversione Gothorum & Suevorum Apostoli vice functus vitanda censuerit; qui in eodem Concilio decimus octavus sancitus est canon hic nobis recitandus ostendit, qui sic se habet (b):

Præcepit hæc sancta & universalis Synodus, ut stante priorum auctoritate canonum, quæ bis in anno præcepit congregari Concilia, consulta itineris longitudine, & paupertate Ecclesiarum Hispaniæ, semèl in anno in loco, quem Metropolitanus elegerit, Episcopi congregentur. Judices verò locorum, aut Actores fiscalium patrimoniorum, ex decreto domini nostri Reccaredi Regis simùl cum sacerdotali Concilio, autumnali tempore, die Kalendarum Novembrium in unum conveniant; ut discant, quàm piè & justè cum populis agere debeant, nec in angariis aut in operationibus superfluis sive privatum onerent, sive fiscalem gravent. Sint prospectores Episcopi, secundùm regiam admonitionem, qualitèr Judices cum populis agant, ut ipsos præmonitos corrigant, aut insolentiam eorum Principum auribus innotescant. Quòd si correptos emendare nequiverint: & ab Ecclesia, & à communione suspendant. A sacerdote verò & senioribus deliberetur, quid per provincias sine detrimento præstare debeant Judices, si ad Concilium non venerint.] Hæc de his canon.

XLIV. Ex his quidem non tantùm sancientes sunt commendandi Episcopi, sed ipse Rex summis laudibus celebrandus; utpotè quod nonnisi ipso annuente, volente, atque fortasse etiam præcipiente, adversùs sæculares magistratus quos præficeret ipse provinciis voluerit invigilare sanctos Episcopos, ne quid ab illis præter jus fasque decerneretur; probè sciens, parentum esse, filios quoslibet errantes corripere; esse pastorum, oves quascumque sive arietes eadem disciplina pecuaria coercere. Si verò id prætermittant Episcopi, & quod prædicantur, sint Synodo à Patribus nominantur, prospectores desinant esse & monitores; diram illam per Ezechielem (c) annunciatam diù ante sententiam infelices accipient, qua segnis speculator corripiendus erit, qui buccina non insonuerit, ut ab irruente gladio divinæ vindictæ suos liberent, & periculum antevertant. Vetus est de his sanctio (d) Ecclesiastica, qua jubentur Episcopi invigilare super Præsides provinciarum, ne quid contrà disciplinam committant; quod si præsumant, anathemate percelluntur. Sed & antiqua est constitutio Imperatorum Christianorum (ut suo loco diximus) qua Præsectorum tribunalibus præesse debere monentur Episcopi. At de Synodi canonibus satis: quod verò ad reliqua Concilii Acta pertinet, aliquid in eis desiderari posse videtur, nàm alia ab eodem Rege statuta esse tradantur, quæ in eisdem Actis minimè reperiuntur expressa: nàm & regio dicitur sanci-

b Concil. Tolet. 3. c. 18.

XLIII.

c Ezech. 33.

d Concil. Archat. c. 7.

a *Aimoin. de rebus Franc. l.3. c.77.*

sancitum edicto, ut libri omnes hæreticorum igni comburendi darentur. Testatur id quidem Aimoinus (a).

XLV.

Statutis igitur à sanctâ Synodo vigintitribus canonibus, Rex Reccaredus edidit sanctionem de firmitate Concilii, cuncta quæ in eo sunt statuta recensens, pœnam ea non servantibus addens. Est ejus exordium : Amatores nos sui divina faciens veritas, &c.] Quam sequitur mòx ipsius Regis subscriptio, atque omnium qui interfuerant Episcoporum numero sexagintaseptem, illis computatis qui per legatos subscripserunt. Cæterùm in tomis Conciliorum errore omissus habetur S. Leander Hispalensis Episcopus, qui ex vicaria præfectura, sive, (ut Tudensis ait) ex legatione Apostolicæ sedis, primo loco legi debuerat : equidèm non omissum oportuit, qui Gothorum conversione, Gothorum Apostolus dici meruit, de quo Isidorus hæc ait in Chronico : Interfuit tùnc dignitate Primas iste Catholicus & Orthodoxus Leander Hispalensis Episcopus & Romanæ sedis legatus sanctitate, & doctrina perspicuus.] Desideratur in subscriptione & Eutropii, prepii nomen, quem collaborasse cum Leandro testatur Joannes Abbas Biclarensis, idemque Episcopus Gerundensis, qui in hanc usque annum quod scripsit temporis Chronicon perduxit. Qui autem primo loco subscriptus invenitur Mausona Emeritæ Archiepiscopus, egregia claruit sanctitate, cujus res præclarè gestæ scriptæ sunt à Paulo diacono Emeritensi, qui & Nuncti Abbatis miræ sanctitatis viri, qui his item temporibus floruit, Acta conscripsit, & aliorum.

S. Leander Synodo interfuit,

Eutropii,

XLVI.

Pro tanto pietatis munere Deus Reccaredum Regem hoc anno eripuit à conjuratione Argimundi Ducis exercitus, qui ut Rex fieret, adversus eum cum pluribus aliis conspiravit : quorum studiis Dei nutu detectis, capti omnes meritas dedere pœnas. Hæc quidem hoc anno post Concilium facta esse, idem qui supra Joannes Biclarensis suo Chronico affirmat.

XLVII.

Insuper idem filius pacis Reccaredus Catholicus Princeps hoc item anno, qui à Gregorio numeratur Childeberti Regis undecimus, legatos rursùs misit in Gallias ad Guntheramnum Francorum Regem : sed cum nihil hujusmodi officio effecisset, ipse Narbonam veniens in Francorum ditionem irrupit, prædasque agens regressus est. Hæc Gregorius (b). De ejusmodi incursionibus & aliis visus est locutus Isidorus in Chronico, dùm ejusdem Regis prædicans virtutem bellicam, hæc addit : Sæpe etiam & lacersos contra Romanas insolentias & irrupcione cum Vuasconum movit, ubi non magis bella tractasse, quàm potiùs gentem quasi in palestra ludis pro usu utilitatis videretur exercuisse. Provincias autem pater prœlio conquisivit, iste pace servavit, æquitate disposuit, moderamine rexit. Multi quoquè adversùs eum tyrannidem assumere cupientes, detecti sunt, suumque machinationis consilium implere non potuerunt.

b *Gregor. Turon.hist. Franc. l.8. c.38.*
Reccaredi Regis fortitudo bellica.

A Fuit autem placidus, mitis, egregiæ bonitatis, tantamque in vulgus gratiam habuit, & tantam in animo benignitatem gessit, ut in omnium mentibus influens, etiam malos ad affectum sui amoris attraheret : adeò liberalis, ut opes privatorum, Ecclesiarum prædia direpta à patre & fisco associata, juri proprio restitueret ; adeò quoquè clemens fuit, ut populi tributa sæpè indulgentiæ largitione donaret : multos etiam ditavit rebus, plurimos sublimavit honoribus, opes suas in miseris, thesauros suos in egenis recondens, sciens ad hoc illi collatum regnum, ut eo salubritèr uteretur.

B bonis initiis bonum finem adeptus : fidem enim rectæ gloriæ, quam primùm percepit, novissimè publica confessione pœnitentiæ cumulavit.] Hæc Isidorus de virtutibus Reccaredi, quas etiam cum Isidori germanus sanctus Leander posteà suis litteris Gregorio Papæ significasset, respondens Gregorius hæc ad Leandrum inter alia habet : (c) Hujus dùm mihi per scripta vestra mores exprimitis, amare etiam quem nescio fecistis.] Hæc ipse.

De rebus Italiæ nihil prætereà. In Sicilia autem hoc eodem anno, qui tertius numeratur antè illud tempus, quo S. Grego-

C rius Papa epistolam (d) scripsit ad Petrum subdiaconum in Sicilia de rebus Siculis, subdiaconi prohibiti sunt cum uxoribus antè subdiaconatum sibi conjunctis permanere, jussique sunt ut Ecclesiæ Romanæ more continentiam servarent, cum tamen iisdem anteà permissum fuisset uxorem ducere : quod posteà Gregorius abolevit. Ait enim : Ante triennium subdiaconi omnium Ecclesiarum Siciliæ prohibiti fuerant, ut more Romanæ Ecclesiæ nullatenùs suis uxoribus miscerentur. Quod mihi durum atque in-

D competens videtur, ut qui usum ejusdem continentiæ non invenit, neque castitatem antè promisit, compellatur à sua uxore separari, atque per hoc (quod absit) in deterius cadat. Undè videtur mihi, ut in præsenti die omnibus Episcopis dicatur, ut nisi subdiaconum facere præsumant, nisi qui victurum castè promiserit.] Hæc Gregorius. Non in Sicilia tantùm, sed & in Hispania continentiam subdiaconis minimè adhuc imperatam fuisse videri potest ex ca-

E none quinto Toletani Concilii hoc anno habiti, ubi sacerdotes tantùm atque diaconi absque uxoribus castè vivere admonentur. At de continentia clericorum latè superiùs.

Quod verò petinet ad res Orientis, hoc anno quarto Mauritii Imperatoris, Philippicum Orientis Præfectum, Ducemque exercitus adversùs Persas admirabilem consecutum victoriam tradunt tùm Miscellæ (e) auctor, tùm Cedrenus (f). Ad confutandum quidem magorum vaticinium, cum polliciti essent Regi Persarum omninò vincendos ab ipso esse Romanos, simùlq; ostendendam ipsorum vanam superstitionem, tanta hæc Deus visus est præstitisse Christiano eidemque Catholico exercitui. Sed audiamus res gestas simplici stylo narratas (g) :

Quarto

XLVIII.
Virtutes Reccaredi Regis.

c *Gregor. lib. I ep.41.*

XLIX.

d *Gregor. l. I. ep. 42. De Subdiaconorum continentia.*

L.

e *Miscel. l. 17.*
f *Cedren. Annal. in Maurit.*
g *Miscel. ubi supr.*

Quarto Imperii Mauritii anno Philippicus egressus è regia urbe, hostili sumpto apparatu, ad civitatem Amidam properat. Et collectis armatis, percontabatur eos, si in promptu haberent properandi ab bellum. At Romanis juramentis credulum eum reddentibus, & alacriter bellaturos; venit ad Amazarbum. At verò Cardarigas (Dux iste erat exercitus Persarum) hoc comperto, risu auditionem mandavit, sermonius esse quod dicebatur, opinans. Accersitúsque magis, interrogavit: Quis erit victoriæ dominus? Ast dæmonum placatores, Persas astruebant à diis victoriam laturos. Consultabant igitur Persæ magos, læti promissionibus facti, & perabantecontinuò compedes ex ligno ferróque quibus Romanos vincient compeditos. Prætor autem commonet Romanos, ne agrorum exterminent labores; ne justitia Dei, quæ malum odit, victoriam ad barbaros transferat.

LI.
Veneranda Christi imago comitata Romanum exercitum Victoriam parit.

Postera die Prætor duos dirigit Phylarchos Saracenorum, & capiunt Persas vidvos, per quos motus adversariorum didicérunt. Qui asserunt, Ducem velle quotidiè barbaros in Romanos irruere. Porrò magnum ex Philippicus diluculò valdè dicens Romanis, tribus phalangibus occurrit in prælium: ipsóque assumpta Dei hominis facti imagina, quam ἀχειροποίητον, id est, non manu factam Romani prædicant, eam videlicet quam ad Abagarum à Christo missam produnt veteres, discurrens per aciem, armatis divinam impertiebatur virtutem: & stans post aciem hæc retinens arma, lacrymis multis Deum placabat; sicque cælestium ordinum Principes auxiliatores assumpsit. Cum autem bellum ageretur, Vitalianus Princeps aciei præ omnibus audaciùs motus, phalangem disrupit Persarum, & sarcinam tulit. Romani autem circà spolia cœpere vacare: quos aspiciens Philippicus, ne ad exuvias etiam reliquà reversi, prælii obliviscerentur, convensíque barbari prædarent eos; Theodoro Tribuno galea sua imposita, misit gladio percutere eos, qui circà exuvias vacabant: quos videntes, & existimantes esse Philippicum, dimissis spoliis, properarunt ad bellum. Cum autem bellum per multas horas ageretur, vox sit à Prætore, Persarum equos lanceis percutere: quo facto, in fugam versus est Persarum exercitus, & triumpho ingenti potiti sunt Romani, & occiduntur Persæ multi, comprehenduntur etiam vivi duo millia, & Byzantium mittuntur. Aufugit quoque Cardarigas, quem Persæ cum injuriis respuunt.

LII.
Philippici incuria Ro. exercitus in discrimen conjectus.

Porrò Philippicus Heraclium Heraclii patrem, qui posteà Imperio præfuit, Subprætoremque, exploratoremque barbarorum transmisit, sumptísque militibus Babyloniam adiit, & Clom annorum castellum obsidet. At verò Cardarigas elegit milites idiotas cum subjugalibus; & turba sestosis, exercitum sese movere jactabat, & per munita loca obscura nocte in dorsa Romanorum defusi givati, nequaquàm sidentes se manus in eos missuros. Timore autem importuno cadentes...

te in Philippicum, fuga mirabili usus est. Quo comperto Romani in fugam vertebantur per loca ad meandum difficilia, incursentes pericula multa. Cúmque Sol ortus esset, à calamitate liberantur, nemine persequente: & pervenientes ad Prætorem, hunc injuriis pessimis blasphemabant. Verùm Persæ fictam existimantes fugam, persequi ausi non sunt. Porrò Heraclius transmeans Tygrim, quæ Claudiæ regionis erant insignia præsidia igni tradebat, & sic ad Philippicum rediit cum spoliis multis.] Hæc acta sunt hoc anno quarto Mauritii. Ostensum est omnia benè cessisse Romanis, quos in prælio Salvatoris imago veneranda comitabatur, cum hostes vinci fecerit, & Ducis incuriam, per quam universus exercitus in maximum discrimen conjectus est, suis non permisit obesse.

LIII.

Jàm verò quæ ad hujus anni finem contigerunt, ordine temporis describimus. Cum enim cuncta felicia, sive in Occidente conversione Gothorum, sive in Oriente debellatione Persarum acciderint, extrema anni hujus Romanæ urbi funesta admodum extitere: Tiberis in primis portentosa alluvione, & cuncta vastante inde secuta peste. De his acturi, in primis quæ sunt temporis rationis, quo veluti recta deducta linea, quæ dicenda sunt, veritati quæ consona disponantur, accuratiùs disquiramus: à qua aberrantes alii sequenti, post sequentem, verò alii annum, alii ulteriùs nimis absurdè collocant: ex quibus alios deteriores suboriri errores necesse sit.

LIV.
De tempore inundationis Tiberinæ.

Cum autem id de alluvione accidisse constet mense Novembri Indictionis octavæ, hoc anno incipit mense Septembri; nihil est ut de his dubitari possit. At ne de asserta Indictione octava possit aliqua dubitatio suboriri, accipe firmitatem ex litteris scriptis à S. Gregorio Papa in fine anni sequentis, cum Pontifex creatus est; & invenies eas datas nona Indictione, cum constet antè ejus creationem, dicto mense & Tiberim exundasse, & paulò post pestilentiam exortam esse. Rursum firmatam id habes, etiam ipsius S. Gregorii assertione, cum scribens Dialogorum libros annotatio evoluto sui Pontificatus, dùm de hac Tiberis excrescentia meminit (a), antè ferè quinquennium, accidisse testatur. Insuper, adde, quòd cum ipse numeret annum secundum sui Pontificatus cum Mauritius jàm septimum ageret in Imperio, constetque (ut dicemus) anno sequenti creatum esse ipsum Gregorium Papam; & ante annum ipsius creationis ejusmodi inundationem accidisse: planè ad hujus anni finem (ut dictum est) eam esse referendam, nulla dubitatio reliqua esse potest. Hæc de tempore satis esse.

a Gregor. dialog. l. 3. c. 19.

LV.

Res gesta autem etsi à pluribus cùm antiquis, tùm recentioribus scripta habeatur, à nemine puto fidelius istè narratam, quàm ab eo qui propè interfuit: is fuit diaconus Turonensis Ecclesiæ tunc ab ejus Episcopo Gregorio in Urbem missus, ut à Romano Pontifice reliquias Sanctorum acciperet,

ciperet, quas, defuncto Pelagio, à Gregorio adhuc diacono accepit cujus relatione ipse Turonensis Episcopus Gregorius illa scripsit (**n**) ; Anno (inquit) quintodecimo Childeberti Regis, diaconus noster ab urbe Roma Sanctorum cum pignoribus veniens, sic retulit : Quòd anno superiori, mense nono, tanta inundatione Tiberis fluvius Urbem obruit, ut ædes antiquæ diruerentur, horrea etiam Ecclesiæ subversa sint, in quibus nonnulla tritici modiorum millia, periere. Multitudo enim serpentium cum magno dracone in modum trabis validæ per hujus fluvii alveum in mare descendit : sed suffocatæ bestiæ inter salsos maris turbidi fluctus littori ejectæ sunt, subsecuta est eve stigiò clades, quam inguinariam vocant.] Hæc de luę. Subdit de obitu Pelagii Papæ : sed de eo inferiùs sequenti anno. Corrigendum in auctore illud putamus, errore in numeri notam illapso, dùm ante annum decimumquintum Childeberti Tiberis excrescentiam ponit, cum nonnisi ante annum decimum id esse factum, ex sua ipsius sententia de numero annorum Childeberti Regis dici necesse sit, hoc ipso scilicet anno. Eademt Paulus (**b**) atque Joannes (**c**) diacono tradunt.

Quod ad draconem pertinet undis mersum & fluentu delatum in mare, certum est minimè esse potuisse id genus serpentium, quos dracones naturalium rerum scriptores appellant, sed vulgò ita appellatas monstruosas illas reptantes bestias, quæ magnitudine sua vel quos serpentes excedunt : eas Plinius (**d**) boas nominat, quas & aliquandò visas in regionibus his propè Tiberim positas tradit.

Porrò quòd contingere solet, ut istiusmodi inundationes, fluminum non uno in loco, sed in aliis circumcircà provinciis sint communes : quid mirandùm acciderit, cum hoc eodem anno Athesis fluvius exundavit, alveumque transgressus longè latèque effluit, S. Gregorius Papa his narrat verbis (**e**) Nuper Joannes Tribunus relatione sua me docuit, quòd Pronulphus Comes cum illic adesset, se cum Rege Antharith eo tempore in loco eodem, ubi mira res contigit, adfuisse, eamque rem cognovisse testatus est. Prædictus enim Tribunus narravit, dicens : Quia ante hoc ferè quinquennium, quando atrox fluvius Romanam urbem alveum suum Tiberis egressus est, tantùm crescens, ut ejus unda super muros urbis influeret, atque indè jàm maximas regiones occuparet apud Veronensem urbem fluvius Athesis excreverens, & beati Zenonis martyris, atque Pontificis ecclesiam venit, cujus ecclesiæ dùm essent januæ apertæ, aqua in eam minimè intravit : quæ paulisper crescens, usque ad fenestras ecclesiæ, quæ erant tectis proximæ, pervenit. Sicque stans aqua, ecclesiæ januam clausit, ac si elementum liquidum in soliditatem parietis fuisset mutatum. Cumque essent multi intra ecclesiam, sed aquarum multitudine omni ecclesia circumdata, quæ possent egredi, non haberent, ibique so fame & siti deficere formidarent; ad ecclesiæ januam veniebant, ad bibendum hauriebant aquam, quæ (ut prædini) usque ad fenestras excreverat, & tamen intrà ecclesiam nullo modo diffluebat. Hauriri itaque aqua poterat, sed diffluere (ut aqua) non poterat, stans ante januam, ad ostendendum cunctis meritum martyris & aqua erat ad adjutorium, & quasi aqua non erat ad invadendum locum.] Hucusque Gregorius, atque hactenus de alluvione : pestem autem cum subsecuta tradat mense Ianuario (**f**), dicemus de eo anno sequenti.

margin notes left:
a *Greg. Turon. lib. 10. cap. 1.* Tiberis inundatione serpentes in mare delati.

b *Paul. diaco. de Gest. Longob. lib. 3. c. 1.* **c** *Joan. diaco. in Vit. S. Greg. lib. 1. c. 34. 36.*

LVI.

d *Plin. lib. 8. c. 4.*

LVII.

margin notes right:
e *Greg. dialog. lib. 3. c. 19.* De insigni miraculo Veronæ edito.

* non sit

f *Greg. hist. Franc. lib. 10. c. 1.*

JESU CHRISTI PELAGII PAP. II. MAURITII IMP.
ANNUS ANNUS ANNUS
590. 13. 4.

I.

NOnagesimus supra quingentesimum volvitur Christi annus, indictione octava, ipso sui exordio urbi Romanæ funestissimus, cum mense Januario lues inguinaria (ut auctor est Gregorius Turonensis (**g**) invasit populum, ex iis divinâ, ut signa docuerunt (immisit : si quidem testatur Gregorius Papa (**h**), visas esse sagittas cælitùs delapsas in homines, quos mox pestis impropvisa percuteret : Ait enim : Ante iniummium quoque hac pestilentia, quæ hanc urbem clade vehementissima depopulavit, in qua etiam corporali visu sagittæ cælitus venire, & singulos quoique feriri videbantur (sicut nosti) Stephanus idem defunctus est, &c.] De ipso verò Stephano agemus inferiùs. Sed quomodò ipse pestis exordia Pelagius Papa eadem tactus defunctus est, ita paucis Gregorius Turonensis docet : Subsecuta est (inquit) de vestigiò clades, quam inguinariam vocant : nam media mense undecimo (*Januarius est*) adve

col right:
niens, primum eorium (juxta quòd in Ezechiele Propheta legitur, A sanctuario meo incipite) Pelagium Papam percussit. Quo defuncto, magna strages populi facta est.] ... Habet Anastasius, defunctum esse Pelagium sexto Idus Februarias, cum sedisset annos duodecim, menses duos, & dies viginti septem. Sed manifestè labi in errorem certum est eos qui alium depravatum tectum, Anastasii secuti, tribuunt eidem Pontifici annos dumtaxat decem, menses duos, & dies decem : multòque magis qui obitum Pelagii & creationem Gregorii reiiciunt in annum sequentem, velqui diverso anno Pelagii obitum, & Gregorii ponunt creationem ; cum eodem anno quo moritur Pelagius, post menses sex & dies vigintiquinque vacantis sedis, æquè certum sit, suffectum esse Gregorium, inchoante Indictione nona, ut ex ipsius epistolis colligi potest. Longiùs verò erraffe in

margin notes left:
g *Greg. Turon. lib. 10. cap. 1.* De pestilentia urbis. **h** *Greg. dialog. lib. 4. c. 36.*

V.

margin notes right:
II. De tempore obitus Pelagii.

in.tempore sedis Pelagii, & creatione Gre-
a Beda de gorii Beda(a)videtur,dùm creationem Gre-
Gest. Angl. gorii collocat fub anno decimo Mauritii
lib. 1,c. 23. Imperatoris , quam hoc anno quinto ejufdem Imperatoris contigiffe certum eft tefti-
b Greg. lib. ficatione ipfiufmet Gregorii (b) , dùm (ut
2. in princ. dictum eft fuperiùs) fui Pontificatus anno
fecundo feptimum numerat annum Imperii
Mauritii.

III. His igitur de tempore obitus Pelagii ex
fedis Gregorii ratione ftabilitis, reliquum
eft,ut ejufdem Pontificis res geftas illas,quæ
certo anno definiri nequeunt,hic fimùl ponamus ; atque in primis quæ habet Anaftafius,qui hæc præmittit de aquarum inundatione : Eodem tempore tantæ pluviæ fuerunt, ut omnes dicerent , quia aquæ diluvii
fuperinundarent;& talis clades fuit, qualem
à fæculo nullus meminit fuiffe . Eodem
Reliquæ tempore veftivit corpus beati Petri Apoftoli
res geftæ tabulis argenteis deauratis] Confeffionem
Pelagii. videlicèt , ubi corpus erat fancti Petri , eo
modo argento contexit . Hic (addit Anaftafius) domum fuam xenodochium fecit pauperum fonum . Hic fecit cœmeterium beati
Hermetis martyris . Hic fecit fuprà corpus
beati Laurentii martyris bafilicam à fundamentis conftructam , & tabulis argenteis
exornavit fepulchrum ejus.] Hæc Anaftafius.
De eadem bafilica eft vetus epigramma ;
nupèr repertum , jámque prælo cufum redditum immortalitatis his verfibus :

* Pelagio *Præfule * Pelagio martyr Laurentius olim*
Templa fibi ftatuit tàm pretiofa dari .
Mira fides, Claudius hoftiles inferet iras ,
Pontificem meritis nec celebrabit fuis .
Tu modò Sanctorum cui crefcere conftat bo-
nores ,
Fac fub pace coli teeta dicata tibi .
Martyrium flammis olim levita fubifti :
Jure tuis templis lex veneranda redio .

IV. Quid verò mirandum atque pavendum
tùnc acciderit , cum ejufdem fancti Laurentii corpus ab operariis quæreretur ; audi
c Greg. lib. fanctum Gregorium ifta narrantem (c) :
3. epift. 30. Sanctæ memoriæ deceffor meus itidèm ad
corpus fancti Laurentii martyris quædam
meliorare defiderans , dùm nefcitur ubi venerabile corpus ejus effet collocatum , & ef-
foditur exquirendo, fubitò fepulchrum ejus
ignoranter apertum eft; &, ii qui præfentes
erant atque laborabant monachi & manfio-
narii , qui corpus ejufdem martyris viderunt, quod quidem minimè tangere præfumpferunt, omnes intrà decem dies defuncti funt, ita ut nullus fupereffe potuiffet,
qui fanctum & juftum corpus illius viderat .] Hæc Gregorius.

V. Inter alias res geftas ab ipfo Pelagio Papa eft mentio de Concilio Romano ab eodem habito : id quidem ipfe teftatur in epiftola , quam poftea fcripfit ad Epifcopos
Germaniæ & Galliæ his verbis :

De novem Cum in Dei nomine in Romana Eccle-
præfatio- fia Synodum Epifcoporum five cæterorum
nibus Ec- confacerdotum Dei fidelium congregatam
clef. Rom. habuiffemus , & de Ecclefiafticis ftatutis ,
ut funt ab Apoftolis & fanctis Patribus tradita , diligentius tractaremus: fupervene-

Annal. Eccl.Tom.VII.

re litteræ veftræ , & ut magnæ effent auctu-
ritatis , etiam vivæ voces præcefferunt ,
nempe legatorum , rogantes , ut ordinem
præfationum , quas fancta Romana Ecclefia hactenùs haberet , noftris litteris vobis
remandaremus . Tùnc de veftra voluntate
& ftudio tàm bono mul tùm gavifi fumus , &
facrum Ordinem Romanum,facraque Conftituta noftrorum antecefforum folertèr relegentes ; invenimus has novem præfationes facro catalogo tantummodò recipiendas , quas longa retrò veritas in Romana
Ecclefia hactenùs fervavit : Unam in Albis
Pafchalibus , aliam de Afcenfione Domini , tertiam de Pentecofte , quartam de Natali Domini , quintam de Apparitione Domini , fextam de Apoftolis , feptimam de
Trinitate, octavam de Cruce,nonam in jejunio & Quadragefima tantummodò dicendam. Has præfationes tenet & cuftodit fancta Romana Ecclefia : has tenendas vobis
mandamus .] Hucufquè litteræ Pelagii Papæ de præfationibus in Miffis dici folitis.

Sub eodem Romano Pontifice tunc tem- VI.
poris à Joanne S.R.E. presbytero erectum *De orato-*
eft oratorium apud Thermas Agrippinas, *rio Joannis*
quod ufu effet fervis Dei , monachis vide- *presbyteri.*
licèt ; illudque reddiribus locupletavit ,
fcripto de his omnibus teftamento; quo tradito Pelagio Papæ , è vita deceffit . Cumque & poft eum æquè Pelagius ex hac vita
migraffet ; qui poftea in locum ejus fucceffit Gregorius, mutata voluntate teftatoris ,
in eodem facras virgines collocavit fub cura religiofæ fœminæ Bonæ Abbatiffæ . Extant de his omnibus ipfius Gregorii Papæ
litteræ(d) : quibus intelligas, arbitrum ef- *d Greg. lib.*
fe Romanum Pontificem teftamentorum ad *7. epift. 48.*
pias caufas conditorum, eaque fi ratio ad
fuadeat, in alium æquè pium ufum mutare .
Ad poftremùm de rebus Pelagii hæc Anaftafius : Hic fecit ordinationes duas per
menfem Decembrem , presbyteros octogin-
taduos,diaconos octo,Epifcopos per diverfa loca numero quadragintaocto. Ceffavit
Epifcopatus ejus menfes fex, dies vigintl-
quinque .] Hucufquè Anaftafius de Pelagio Papa.

Ad poftremùm hic referendum putavi- VII.
mus epiftolæ fragmentum ejufdem Pelagii
Papæ ad Benignum Archiepifcopum, quod
ex promptuariis Vaticanis erutum , hic tibi
defcribendam curavimus. Sic fe habet :

Epiftola Pelagii II. ad Benignum Ar-
chiepifcopum .

Quod enim in canonibus legitur : Non *Pelag.Pap.*
debere Epifcopum de civitate tranfire vel ad *Benign.*
transferri ; non de his dicitur , qui aut vi *Archiep.*
expulfi , aut neceffitate coacti , aut actori-
tate majorum recedunt: fed de his qui avaritiæ ardore inflammati fponte fua profi-
liunt, & potiùs ambitioni , quàm utilitati
Ecclefiæ fervire , & ut dominationem agant,
infiftere cupiunt. Undè & in fubjectis canonibus continetur : Si aliquis exititerit temerarius , qui forfitan * accufationem af- ** excufa-*
ferat quòd populi litteras acceperit,& ideò *tionem*
migraverit , dum manifeftum fit . præmio
& mercede paucos qui finceram fidem non

F f f habent

* *repellere*

habent potuisse corrumpi, ut clamarent in Ecclesia, & ipsum * repetere viderentur Episcopum; omninò has fraudes removendas esse censemus. His verbis & aliis multis exemplis liquet non de his dicere, (ut paulò superius prælibatum est) qui pulsi aut non recepti à tribus, vel à quibuscunque, aut necessitate cogente, vel auctoritate majorum transeunt de civitate ad civitatem; sed de his qui sponte profisunt, aut temeritatis, vel ambitionis causâ hoc faciant. Nam aliud est sponte transire, & aliud vel coacte aut necessitate venire: unde non isti mutant civitates, sed mutantur, quia non sponte, sed coacte hoc agunt. Quis enim unquam audet dicere sanctum Petrum Apostolorum principem non benè gessisse, quando mutavit Sedem de Antiochia Romam? aut quis eum negat ob id sanctum non esse? aut dignitatem & meritum Apostolatus tàm in cœlis quàm in terris perdidisse? aut quis dicat sanctos non esse multos alios Episcopos, qui de civitatibus ad civitates translati sunt, aut meritum Pontificatus perdidisse, quorum nomina si inciperem enumerare, ante dies transiret, quàm omnia ad transcribere possem; & prolixior fieret epistola, quàm necesse foret. Aut quis umquam approbare potest, sanctos non esse Alexandrum, qui Hierosolymam de altera civitate translatus est; aut sanctum Gregorium Nazianzenum, qui Nazianzo Constantinopoli constitutus est; aut sanctum Proclum qui de Cyzico translatus est, & Constantinopoli est inthronizatus?

VIII. Non ergò benè intelligunt Ecclesiasticas regulas qui hoc negant causâ utilitatis aut necessitatis fieri non posse, quotiens communis necessitas, aut utilitas persuaserit. Nullum enim ex his, aut ex aliis qui meliori consilio mutaverunt civitates, necessitate quadam vel utilitate, Ecclesiastica, aut laica communione carere reperimus, ne ullatenus umquam fieri debeat. Sententia verò quæ in Antiocheno Concilio habetur: Ut Episcopus ab alia parochia nequaquam migret ad aliam terram, atque omnes sententiæ de eadem re (ut superius comprehensa retinent) nihil prætaxato modo translationibus Episcoporum actis vel agendis nocent. Sed magis robur eis à Domini Salvatorisque omnes canonicos * superexaltetur libros auctoritate præstant. Tales autem quæstiones magis ex invidiâ, quàm ex caritate, aut utilitate nasci videntur, cum ipsa per se Veritas dicat: Si verò persecuti fuerint in unam civitatem fugite in altam, & reliqua. Huic ergò sententiæ nullus Catholicorum usquàm contradicere potest, quæ non alterius, sed ipsius proprio Domini ore prolata & confirmata esse dignoscitur, cui si aliquis contradixerit, non solùm extorris, sed etiam anathematizatus ab Ecclesia pellatur.]

IX. De ejus autem successore S. Gregorio agemus sequenti tomo Annalium, quam octavum ordine ab ipso ejusque auspiciis auspicaturi sumus. Modò autem quæ reliqua sunt anni hujus usque ad mensem Se-

prehntem, quo ejusdem Gregorii ordinatio contigit, enarremus; atque in primis quæ in monasterio S. Andreæ ad Clivum Scauri de monachis quibusdam dignâ memoriâ corrigerunt, cum adhuc ipse Gregorius hoc anno in eodem suo degeret monasterio; ubi enim ex Oriente rediit, haud in palatiis vixit, sed in monasterio habitavit cum suis monachis, quibus nec pergens Constantinopolim (ut vidimus) carere voluit. Ad hunc namque annum referenda sunt, quæ post triennium ea scribens ipse accidisse refatur, ut suo loco manifestius ostenditur. Ait igitur (a): Neque hoc silendum puto, quod actum in meo monasterio ante triennium reminiscor. Quidam namque monachus, Justus nomine, medicinali arte fuerat imbutus: qui mihi in eodem monasterio constituto sedulò obsequi atque in assiduis ægritudinibus meis excubare consueverat. Hic itaque languore corporis præventus, ad extremam deductus est. Cui in sua molestia frater germanus, nomine Copiosus, serviebat, qui ipse quoque nunc in hac Urbe per eandem medicinæ artem temporalis vitæ stipendia sectatur. Sed prædictus Justus, cum jam se ad extremum pervenisse cognovisset, eidem Copioso fratri suo, quia occultatos tres aureos haberet, innotuit. Quod nimirùm fratribus non potuit celari, sed subtiliter indagantes, atque illius omnia medicamenta perscrutantes, eosdem tres aureos invenerunt absconsos in medicamine.

X. Quae hoc anno acciderunt in monast. S. Gregorii.

Quod mox ut mihi nunciatum est, tantum malum de fratre qui nobiscum communiter vixerat, æquanimiter ferre non volui: quippe quia ejusdem mei monasterii semper regula fuerat, ut cuncti fratres ita communiter viverent, quatenus eis singulis nulla habere propria liceret. Tunc nimio mœrore percussus, cogitare cœpi, vel quid ad purgationem morientis facerem, vel quid ad exemplum viventibus fratribus providerem. Pretioso igitur ejusdem monasterii Præposito ad me accersito, dixi: Videte ut nullus ex fratribus se ad eum morientem jungat, nec sermonem consolationis ex cujuslibet eorum ore percipiat; sed cum in morte constitutus fratres exquirent, ei suus frater carnalis dicat, quia propter aureos quos occultatos habuit, à cunctis fratribus abominatus sit: ut saltem in morte de culpa sua mentem ipsius amaritudo transverberet, atque à peccato quod perpetravit, purget. Cum verò mortuus fuerit, corpus illius cum fratrum corporibus non ponatur, sed quolibet in sterquilinio fossam facite, & in eam corpus ejus projicite; ibique super eum tres aureos quos reliquit, jactate, omnes simul clamantes: Pecunia tua tecum sit in perditione. Et sic eum terra operite. In quibus utrisque rebus unam morienti, alteram verò volui prodesse fratribus viventibus: ut & illum amaritudo mortis à culpa solubilem faceret; & istos avaritiæ tanta damnatio terreret, atque à culpâ prohiberet. Nam cum idem monachus pervenisset ad mortem, atque anxiè se quæ-

a Greg. dialog. lib. 4. c. 55.

Gregorius Diaconus degit in suo monasterio.

quæreret commendari fratribus, & nullus è fratribus ei applicari & loqui dignaretur, et carnalis frater, cur ab omnibus fratribus esset abominabilis, indicavit. Qui protinus de reatu suo vehementer ingemuit, atque in ipsa sua tristitia è corpore exivit. Qui ita est sepultus, ut dixeram. Sed fratres omnes ex eadem ejus sententia conturbati, cœperunt singuli extrema quæque & vilia, & quæ eis habere regulariter semper licuerat, ad medium proferre, vehementerque formidare ne quid apud eos esset, unde reprehendi potuissent.

XI.

Sacrificium salubre pro defunctis.

Cum verò post mortem ejus triginta jàm essent dies evoluti, cœpit animus meus defuncto fratri compati, ejusque cum dolore gravi supplicia pensare, & si quod esset creptionis ejus remedium quærere. Tunc invocato ad me eodem Pretioso monasterii mei Præposito, tristis dixi: Diù est quòd frater ille qui defunctus est, in igne cruciatur; debemus ei aliquid charitatis impendere, & eum (in quantum possumus) ut eripiatur, adjuvare. Vade itaque, ab hodierna die triginta continuis offerre pro eo sacrificium stude, ut nullus omninò prætermittatur dies, quo pro absolutione illius hostia salutaris non offeratur. Qui protinus abscessit, & dictis paruit. Nobis autem alia curantibus, & dies evolutos non numerantibus, idem frater qui defunctus fuerat, nocte quadam fratri suo germano Copioso per visionem apparuit. Quem ille cum vidisset, inquisivit, dicens: Quid est, frater? quomodo es? Cui respondit: Nùnc usquè malè fui: sed jàm modò bene sum; quia hodiè communionem accepi. Quod idem Copiosus pergens, protinus indicavit fratribus in monasterio. Fratres verò solicitè computaverunt dies, & ipse dies extiterat, quo pro eo trigesima oblatio fuerat impleta. Cumque & Copiosus nesciret quid pro eo fratres agerent, & fratres ignorassent quid de illo Copiosus vidisset; uno eodemque tempore dùm cognoscit ille quid isti egerant, & isti cognoscunt quod ille viderat, concordante simul visione & sacrificio, res apertè claruit, quia frater, qui defunctus fuerat, per salutarem hostiam evasit supplicium.] Hactenus Gregorius de his quæ hoc anno, dùm in suo adhuc degeret monasterio, contigerunt ante triennium quàm libros Dialogorum factus jàm Pontifex scriberet. De quo item tempore & loco hæc idem superiùs (a).

a Gregor. dialog. l.4. c.47.

XII.

De Joanne monacho.

Antè hoc autem triennium, cum quidam frater fuisset mortuus, atqs in ejusdem monasterii cœmeterio à nobis sepultus, cunctis nobis ab eodem monasterio exeuntibus, idem Joannes (sicut nobis palleus & tremens indicavit) ille, nobis discedentibus, inventus, ab eodem frater qui mortuus fuerat, de sepulchro vocatus est; quod mox subsequens finis edocuit: nàm post dies decem invasus febribus, eam solutus est.] Hæc de Joanne, cujus virtutes paulò superiùs enarravit.

XIII.

Sed & quæ etiam hoc anno in eodem suo ipsius monasterio, cum pestis urgeret, ac-

ciderint memoria digna, ipso enarrante audiamus; quæque ipse posteà pro concione ad populum (b): in ecclesia dixit, & in Dialogis breviùs recitavit his verbis (c): in Evang. Illa de quo in homiliis coràm populo me narrasse jàm memini, inquiens valdè Theodorus nomine puer fuit, qui in monasterium meum, fratrem suum necessitate magìs quàm volentate secutus est. Cui nimiùm grave erat, si quis pro salute sua aliquid loqueretur. Bona enim non solùm facere, sed audire non poterat. Nunquam se ad sanctæ conversationis habitum venire, jurando, irascendo, deridendo testabatur. In hac autem pestilentia, quæ nuper hujusmodi populum magna ex parte consumpsit, percussus in inguine, est perductus ad mortem. Cumque extremum spiritum ageret, convenerunt fratres, ut egressum illius orando protegerent. Jàm corpus ipsius ab extrema parte fuerat præmortuum; in solo tantùm pectore vitalis adhuc calor anhelabat. Cuncti autem fratres tantò pro eo cœperunt enixiùs exorare, quantò eum jàm videbant sub celeritate discedere. Tùnc repentè cœpit iisdem fratribus assistentibus clamare, atque cum magnis vocibus orationes eorum interrumpere, dicens: Recedite, recedite: ecce draconi ad devorandum datus sum, qui propter vestram præsentiam devorare me non potest. Caput meum jàm sub ore absorbuit: date locum, ut non me ampliùs cruciet, sed faciat quod facturus est. Si ei ad devorandum datus sum, quare per vos moras patior? Tùnc fratres cœperunt ei dicere: Quid est quod loqueris, frater? signum tibi sanctæ Crucis imprime. Respondit ille, dicens: Volo me signare, sed non possum; quia squammis hujus draconis premor.

XIV.

Cumque fratres audirent, prostrati in terram cum lacrymis cœperunt pro ereptione illius vehementèr orare. Et ecce subitò cœpit æger clamare, dicens: Gratias Deo: qui me ad devorandum acceperat, fugit; orationibus vestris expulsus stare non potuit. Pro peccatis meis modò intercedite: quia converti paratus sum, & sæcularem vitam funditùs relinquere. Homo ergò, qui (sicut jàm dictum est) ab extrema corporis parte fuerat præmortuus, reservatus ad vitam toto corde ad Deum conversus est; & postquàm mutata mente diù est flagellis adstrictus, tùnc ejus anima carne soluta est.] Hæc Gregorius.

XV.

Sed nec prætermittenda quæ divinitùs ostensa sunt eodem pestis tempore de diverso post obitum animarum statu militi cuidam, quæ idem Gregorius ita scribit (d): Illustris vir Stephanus, quem benè nosti, de semetipso narrare consueverat, quia in Constantinopolitana urbe pro quadam causa demoratus, molestia corporis superveniente, defunctus est. Cumque medicus & pigmentarius ad aperiendum eum atqs condiendum esset quæsitus, & die eodem minimè inventus, subsequente nocte corpus jacuit inhumatum. Qui ductus ad inferni loca, vidit multa quæ priùs audita non credi-

b Gregor. homil.38.
c Gregor. in Evang. dialog. l 4. c. 37. De Theodoro indisciplinato monacho.

d Gregor. dialog. l. 4. cap. 36. De Stephano viro illustri.

Fff 2   credi-

credidit . Sed cum præsidenti Judici præsentatus fuisset , ab eo receptus non est : ita ut diceret . Non hunc adduci , sed Stephanum ferrarium jussi . Qui statim reductus in corpore est , & Stephanus ferrarius qui juxta eum habitabat , eadem hora defunctus . Sicque probatum est , vera fuisse verba , quæ audierat , dum hæc effectus mortis Stephani demonstravit . Ante triennium quoque in hac pestilentia quæ hanc urbem clade vehementissima depopulavit , in qua etiam corporali visu sagittæ cælitus venire & singulos quosq; ferire videbantur (sicut nosti) Stephanus idem defunctus est .] Quid autem acciderit de anima Stephani ejusdem , antequam dicamus , in hac eadem recensita historia paululum immoremur .

Cum hæc quæ scribit Gregorius ab eodem se Stephano audisse testatur , idemque esset Stephanus vir illustris , atq; tum etiam Constantinopoli satis notus , omnis procul abesse debet de narrata historia imposturæ suspicio . Hæc idcirco diximus , quòd eadem prorsus perpaucis tantùm mutata à scriptoribus Gentilibus recenseantur , atque in primis à Luciano Samosateno (a) , de Cleodemo & Demylo fabro , vel quæ de alio itidem fabro Curina nomine scribuntur ; quibus iteratis exemplis magis magisque ostendatur , divina factum voluntate , ut sæpe aliquibus per species quasdam quæ percipi possint à cunctis , ostensæ sint pœnæ inferorum , quas ipsa ad vitam reduces viventibus testarentur : quò homines fierent justitiæ cultores , & timore saltem abstinerent à malo , vel præmii spe excitarentur ad bonum , ne rerum futuræ vitæ cognitionis penitus expertes mortales dilaberentur in deteriora .

Quæ verò per visum ostensa sint eodem anno militi itidem Romæ ex hac vita subducto , idem Gregorius mox subdit his verbis (b) : Quidam verò miles in hac eadem urbe nostra percussus , ad extremum pervenit . Qui eductus de corpore , exanimis jacuit , sed citius rediit , & quæ cum eo fuerant gesta narravit . Ajebat enim (sicut tunc res eadem etiam multis innotuit) quia pons erat , sub quo niger atque caliginosus , fœtoris intolerabilis nebulam exhalans fluvius decurrebat . Transacto autem ponte , amœna erant prata atque virentia odoriferis herbarum floribus exornata , in quibus albatorum hominum conventicula esse videbantur ; tantusque in eodem loco odor suavitatis inerat , ut ipsa suavitatis flagrantia illic deambulantes , habitantesque satiaret . Ibi mansiones erant diversorum , singulæ magnitudine lucis plenæ . Ibi quædam miræ potentiæ ædificabatur domus , quæ aureis videbatur laterculis construi ; sed cujus esset , non potuit agnosci . Erant verò super ripam prædicti fluminis nonnulla habitacula ; sed alia exurgentis fœtoris nebula tegebat , alia autem exurgens fœtoris à flumine minimè tangebat . Hæc verò erat in prædicto ponte probatio : Ut quisquis per eum vellet injustorum transire , in tenebrosum fœtentemque fluvium laberetur ;

justi verò quibus culpa non obsisteret , securo per eum gressu ac libero ad loca amœna pervenirent .

Ibi se etiam Petrum Ecclesiasticæ familiæ Majorem , qui ante quadriennium est defunctus , deorsùm positum in locis tetterrimis magno ferri pondere religatum ac depressum vidisse confessus est . Qui dùm requireret , cur ita esset , ea se dixit audisse , nimirum qui eum in hac Ecclesiasticæ domo novimus , scientes ejus acta , recolimus ? Dictum namque est : Hic idcirco patitur ; quia si quid ei pro facienda ultione videbatur , ad inferendas plagas plus ex crudelitatis desiderio quàm obedientiæ serviebat ; Quod sic fuisse , nullus qui illum novit ignorat .

Ibi se etiam quendam peregrinum presbyterum vidisse fatebatur , qui ad prædictum pontem veniens , tanta per auctoritate transiit , quanta & hic sinceritate vixit . In eodem quoque ponte hunc quem diximus Stephanum se cognovisse testatus est ; qui dum transire voluisset , ejus pes lapsus est , & ex medio corpore jam extra pontem dejectus , à quibusdam teterrimis viris ex flumine surgentibus per coxas deorsum , atque à quibusdam albatis & speciosissimis viris cœpit per brachia sursum trahi . Cumque hoc luctamen esset , ut hunc boni spiritus sursùm , mali deorsùm traherent ; ipse qui hæc videbat , ad corpus reversus est ; & quid de eo plenius gestum sit , minimè cognovit . Qua in re de ejusdem Stephani vita datur intelligi , quia in eo mala carnis cum eleemosynarum operatione certabant . Qui enim per coxas deorsum , per brachia trahebatur sursum , patet nimirum quia & eleemosynas amaverat , & carnis vitiis perfectè non restiterat , quæ eum deorsùm trahebat . Sed & in illo occulto Arbitri examine quid in eo vicerit , & nos & eum qui vidit & revocatus est , latet . Constat tamen , quòd Stephanus postquam (sicut prius narravit) & inferna loca vidit & ad corpus rediit , perfectè vitam animæ minimè correxit : qui post multos annos de corpore adhuc in certamine vitæ & mortis exiit . Qua de re colligitur , quia ipsa quoque inferni supplicia cum demonstrantur , aliis hæc ad adjutorium , aliis verò ad testimonium fiant ; ut isti videant mala quæ caveant , illi verò eò amplius puniantur ; quoniam inferni supplicia nec visa & cognita vitare voluerunt .] Ad hæc interlocutus Petrus diaconus , Gregorium compellans ait :

Quid est hoc , quæso te , quod in amœnis locis cujusdam domus laterculis aureis ædificari videbatur ? Ridiculum est valdè , si credimus quod in illa vita adhuc metallis egeamus .] Ad hæc Gregorius : Quis (inquit) hoc , si sanum sapit , intelligat ? sed pro hoc quod illic ostensum est , quisquis ille est , cujus mansio ista construebatur , apertè datur intelligi , quid est quod hic operatur . Nàm qui præmia æterna lucis eleemosynarū largitate promerebitur , nimirum constat , quia auro ædificat mansionem suam . Quod enim superius memoriam fugit , dice-

dicerem; idem miles qui hæc videret, narrabat, quòd eosdem laterculos aureos ad ædificationem domus senes ac juvenes, puellæ ac pueri ferebant. Qua ex re colligitur, quia si quibus hæc pietas facta est, ipsi illic operatores esse videantur.

XXI. Domus aurea Deus dedit. Hìc etiam quidam juxtà nos, Deus dedit nomine, religiosus habitabat, qui cæmenta solebat operari: de quo alter per revelationem vidit, quòd ejus domus ædificabatur, sed in ea constructores sui solo die sabbati videbantur operari. Qui ejusdem viri postmodùm subtilitèr vitam inquirens, invenit, quia ex his quæ diebus singulis laborabat, quicquid ex victu atque vestitu superesse potuisset, die sabbati ad beati Petri ecclesiam deferre consueverat, atque indigentibus erogare. Qua ex re perpende, quia non immeritò domus ipsius fabrica crescebat.] Sanè quidem quæ per visum ostensa sunt symbola veritatis, ex divinis quoque Scripturis sibi vendicant testimonium. Si enim de structura agitur, scriptum est (a): *Misericordia ædificabitur in cælis*. Et de lapidibus pretiosis sive laterculis aureis, habes præter alia multa Apostolum istud ipsum uberiùs exprimentem, cùm ait: (b) *Si quis autem superædificat super fundamentum hoc, aurum, argentum, lapides pretiosos, lignum, fænum, stipulam, uniuscujusque opus manifestum erit: dies enim Domini declarabit, quia in igne revelabitur, & cujusque opus quale sit, ignis probabit: si cujus manserit opus quod ædificavit, mercedem accipiet.* Hæc & alia plurima id genus in divinis Scripturis facilè est invenire, non ad insinuandum quid sint, sed quid significare velint.

XXII. Veritas quomodo in fabulas conversa. Qui igitur ea quæ divinitùs per quietem ostensa sunt hominibus, abiectè nimìs ac stultè, prout dicta vel scripta sunt, intelligit, nec ex symbolis veritatem quæ in eis latet elicere sciverit; sumit ansam ut seria in jocos vertat, veritatem in commenta fabulasque convertat: ut factum vidimus apud Gentiles, dùm quæ historicè in libris de Republica scribit Plato visa ab homine qui mortuus revixit, & visu mira horrendaque narravit, transiere, superadditis nonnullis, in poeticas fictiones, quæ à nostris excusso superinducto pulvere Gentilicio, altiori percepta sensu, veritati consona retinentur, quæ divinæ Scripturæ minimè repugnare noscuntur, atque similibus exemplis sæpè ostensis pariter fulciuntur. Sed de his satis.

XXIII. Jàm verò reliqua videamus, quæ hoc eodem anno, eadem lue grassante, contigerunt apud Romanum Portum de Mellito monacho; quæ idem S. Gregorius ita narrat (c): In ea quoque mortalitate quæ tè triennium hanc urbem vehementissima clade vastavit, in Portuensi civitate monasterio Mellitus dictus est monachus adhuc in annis juvenilibus constitutus, sed miræ simplicitatis ac humilitatis vir, qui appropinquante vocationis die, eadem clade percussus ad extrema perductus est. Quod vir

Annal. Eccl. Tom. VII.

A vitæ venerabilis Felix ejusdem civitatis Episcopus audiens (cujus & hæc relatione cognovi) ad eum accedere studuit, & ne mortem timere debuisset, verbis hunc persuasoriis confortare: cui etiam adhuc de divina misericordia longiora vitæ spatia polliceri cœpit. Sed ad hæc ille respondit, cursus sui tempora esse completa, dicens apparuisse sibi juvenem, atque epistolas detulisse, dicentem: Aperi & lege. Quibus apertis, asseruit, quia se & omnes qui eodem tempore à prædicto Episcopo in Paschali festivitate fuerant baptizati, scriptos in iisdem epistolis litteris aureis invenisset. Primùm quidem (ut dicebat) suum nomen reperit, ac deinde omnium illo in tempore baptizatorum: qua de re certum tenuit, se & illos de hac vita esse sub celeritate migraturos.

B Factum est ut die eadem ipse moreretur, atque post eum cuncti illi qui baptizati fuerant ita secuti fuerunt, ut intrà paucos dies nullus eorum in hac vita remaneret. De quibus nimirùm constat, quòd eos prædictus Dei famulus idcircò auro scriptos viderat, quia eorum nomina apud se fixa æterna claritas habebat. Sicut itaque hi revelationibus potuerunt ventura cognoscere, ita nonnunquàm egressuræ animæ possunt etiam mysteria cælestia non per somnium sed vigilando prælibare.] Subdit ad hæc demonstranda de his exempla eorum qui migraturi ex hac vita imbuti sunt spiritu prophetiæ. Ex his in mente revoco quæ

C Cicero (d) ait his verbis: *Divinare autem morientes etiam, illo exemplo confirmat Possidonius, quo affert Rhodium quendam morientem sex æquales nominasse, dixisse qui primus eorum, qui secundus, qui deinceps moriturus esset.* Quomodò autem id accidere possit, tres affert rationes, duas Gregorius, nimirùm sive accidere per revelationem, sive quòd è materia emergere jàm egressuræ anim. inchoantes, prælibare quædam possunt de his quæ vinculis solutæ carnis intelligunt.

XXIV. De prædictionibus morituro-rum.

D Hic verò nùm de hac agimus peste, non possumus non confutare errorem, qui nulla veterum testificatione vulgò jactatur: ex hoc tempore scilicèt, cum pestis ingrueret, & homines morbo tacti sternutando mortui caderent, piè introductum, ut sternutantem quemlibet salutemus. Inolevisse enim ejusmodi ritum apud Gentiles longè antè, Plinius (e) testatur: accidisse tamen certum est, ut aliter illi quàm nos ejusmodi salutationibus impertirent deos invocando, nos Deum. Sed de peste jàm satis.

XXV. Salutandi modus & non sui usus inductus.

E Hoc eodem anno pridie Nonas Novembris celebrata est Synodus Hispalensis, cui præfuit S. Leander ejusdem civitatis Episcopus: ex nota enim Æræ sexcentesimæ vigesimæoctavæ, annoque Regis Reccaredi quinto assertum tempus definitur. Fuit ista Synodus provincialis, cui interfuerunt octo Episcopi, qui tria in Synodo decreta firmata ad Pegasium Episcopum Astigitanum, & non Pelagium (ut scriptus codex habet, ex quo Pelagius pro Pegasio irrepsit

XXVI. Conc. Hispalense.

F f f 3 in

in textum) direxerunt : inter quæ illud memorabile , quo statuerunt , fæcutares Judices , permissione tamen Episcopi , separare debere ancillas, aliasque extraneas mulieres à clericis: ita quidem , ut , quod frequentissimè legibus Ecclesiasticis frustrà vetitum fuisse constaret atque neglectum penitùs, observaretur , voluit sancta Synodus laicos Judices insurgere , Episcopis jubentibus læsæ sæpiùs legis Ecclesiasticæ vindices . Præter autem tres dictos canones, collegit ex diversis locis Hispalensis Concilii canones undecim vir insignis Garsias Loaisa in editione , quam summa elucubravit industria , Hispanorum Conciliorum.

XXVII. Quod verò ad anni hujus res Francorum pertinet : quonam modo Rex Guntheramnus in ecclesia à sicario appetitus, Dei ope illæsus remansit , & ipsum sicarium verberatum tantùm dimisit incolumen , dignum Christianissimi Principis exemplum Gregorius (a) narrat his verbis: Intereà (inquit) advenit festivitas S. Marcelli , quæ apud urbem Cabilonensem mense septimo celebratur , & Guntheramnus Rex affuit. Verùm ubi peractis solemnibus ad sacrosanctum altarium communicandi gratia accessiset , venit quidam quasi aliquid suggesturus : qui dum properaret contra Regem, culter ei de manu delabitur . Apprehensoque repentè , alium cultrum evaginatum in manu ejus reperiunt . Nec mora , eductus de basilica sancta , vinctus & tormentis addictus, confitetur , se emissum ad interficiendum Regem, dicens : Sic enim tractavit qui misit me : Quia cognovit Rex multorum in se odia aggregata , & suspectus ne percutiatur , omninò se à suis vallari præcepit , nec reperitur aditus qualiter ad eum cum gladiis possit accedere, nisi in ecclesia , in qua securus & nihil metuens stare dignoscitur , transuerberetur . Sed & his de quibus locutus fuit , apprehensis , multis interemptis , hunc verberatum plagis dimisit vivum : quia nefas putavit , si is qui ab ecclesia ductus fuerat, truncaretur .] Hæc Gregorius.

XXVIII. Sed claudamus tomum præsentem Annalium narratione obitus sanctæ Radegundis Reginæ , quæ hoc anno decimatertia Augusti diem clausit extremum , de cujus obitu idem Gregorius agit his verbis (b): Hoc (inquit) anno beatissima Radegundis ab hoc mundo migravit : quæ magnum planctum in monasterio , quod constituerat, dereliquit . Fui & ego præsens ad eam sepeliendam . Obiit autem mense sexto, tertiadecima die mensis, sepulta post triduum . Quæ autem ibi ipsa die virtutes apparuerunt , & qualiter funerata , in libro miraculorum pleniùs scribere studui .] Hæc paucis Gregorius. Par est autem, ut antequàm funus regium prosequamur, ea ipsa in sui quod erexerat commendationem monasterii ad Episcopos antè obitum scripserat, hic recitemus ; egregium monumentum hactenùs industria Gregorii conservatum , licèt se habeat depravatum, ru-

(margin left: a Greg. Turon lib. 9. c. 3.)
(margin left: Guntheranus Rex à sicario frustrà invaditur.)
(margin left: b Greg Turon. lib. 9 c. 2.)

A dique stylo ita conscriptum (c) : Dominis sanctis & Apostolicâ sede dignissimis in Christo Patribus omnibus Episcopis Radegundis peccatrix.

Congruæ provisionis tùnc roborabiliter ad effectum tendit exordium , cùm generali bus Patribus medicis , ac pastoribus ovilis sibi commissi causa auribus traditur, cujus sensibus commendatur, quorum participatio de charitate , consilium de potestate , suffragium de oratione ministrare potérit interventum . Et quoniam olim virtutis laicalibus absoluta , divina providentia & inspirante clementia , ad religionis **B** normam visa sum voluntarie , duce Christo, translata ; hæc pronæ mentis studio cogitans etiam de aliarum profectibus ut annunciante Domino , mea desideria efficerentur reliquis profutura ; instituente & remunerante præcellentissimo domno Rege Clotario , monasterium puellarum Pictavæ in urbe constitui , conditumque (quantum mihi munificentia regalis est largita) facta donatione dotavi . Insuper congregationi per me, Christo præstante , collectæ , regulam sub qua sancta Cæsaria degit , quam solicitudo beati Cæsarii Antistitis Arelatensis ex institutione sanctorum Patrum **C** convenienter collegit , adscivi.

Cui consentientibus beatissimis & hujus civitatis & reliquis Pontificibus electione etiam nostræ congregationis domnam & sororem meam Agnetem , quam ab ineunte ætate loco filiæ colui & educavi , Abbatissam instrui , ac me post Deum ejus ordinationi regulariter obedituram commisi. Cuique formam Apostolicam observantes , tàm ego , quàm sorores de substantia terrena quæ possidere videbamur , factis chartis tradidimus, metu Ananiæ & Saphiræ , in monasterio positæ , nihil proprium **D** reservantes.

Sed quoniam incerta sunt humanæ conditionis momenta vel tempora, quippè mundo in finem currente, cum aliqui magis propriæ quàm divinæ cupiant voluntati servire : zelo ductâ Dei , hanc suggestionis meæ paginam Apostolatui vestro in Christi nomine superstes porrigo vel devota. Et quia præsens non valui , quasi vestris provoluta vestigiis epistolæ vicarietate prosternor, conjurans per Patrem & Filium & Spiritum sanctum , ac diem tremendi judicii , sic representatos vos non tyrannus oppugnet , sed legitimus Rex coronet : Ut si casu **E** post mensem obitum quæcumque persona, vel loci ejusdem Pontifex , seu potestas Principis , vel alius aliquis (quod nec fieri credimus) congregationem vel suasu malevolo, vel impulsu judiciario perturbare tentaverit , aut regulam frangere , seu Abbatissam alteram , quàm beatissimi Germani , præsentibus suis fratribus benedictio consecravit , aut ipsa congregatio (quod fieri non potest) habita murmuratione , mutare contenderit : vel quasdam dominationes in monasterio , vel rebus monasterii quæcumque persona, vel Pontifex loci , præter quas antecessores Episco-

(margin right: c Greg. Turon. lib. 9. c. 42.)
(margin right: XXIX. Litteræ sanctæ Radegundis ad Episcopos.)
(margin right: XXX.)
(margin right: XXXI.)

Episcopi, aut alii me superstite habuerunt novo privilegio, quicumque affectare voluerit: aut extra regulam exinde egredi quis tentaverit: seu de rebus quas in me præcellentissimus domnus Clotarius, vel præcellentissimi domni Regis filii sui contulerunt, & ego ex ejus perceptionis permissu monasterio tradidi possidendum, & per auctoritates præcellentissimorum domnorum Regum Chariberti, Guntheramni, Chilperici, & Sigeberti cum sacramenti interpositione, & suarum manuum subscriptionibus obtinui confirmari; aut ex his quæ alii pro animarum suarum remedio, vel sorores ibidem de rebus propriis contulerunt, aliquis Princeps, aut Pontifex, aut potens, aut de sororibus cujuslibet persona ausus minuere, aut sibimet ad proprietatem revocare sacrilego voto contenderit; iram vestræ sanctitatis, successorumque vestrorum post Deum pro mea supplicatione & Christi voluntate incurrat, ut sicut prædones & spoliatores pauperum extra gratiam vestram habeantur: Nunquam de nostra regula, vel de rebus monasterii, obsistentibus vobis, imminuere valeat aliquid, aut mutare. Hoc etiam deprecans, ut cum Deus prædictam domnam sororem nostram Agnetem de sæculo migrare voluerit, illa in loco ejus Abbatissa de nostra congregatione debeat ordinari, quæ Deo & ipsi placuerit, custodiens regulam, & nihil de proposito sanctitatis imminuet: quam nunquam propria aut cujusquam voluntas præcipiet.

XXXII. Quod si (quod absit) contra Dei mandatum & auctoritatem Regum aliquis de suprascriptis conditionibus coram Domino & Sanctis ejus prælatiliter commendatis agere, aut de persona, aut substantia minuenda voluerit, aut memoratæ sorori meæ Agneti Abbatissæ molestias aliquas inferre tentaverit; Dei & sanctæ Crucis & beatæ Mariæ incurrat judicium, & beatos confessores Hilarium & Martinum, quibus post Deum sorores meas tradidi habeat defendendas, ipsos habeat contradictores & persecutores. Te quoque beate Pontifex, successoresque vestros, quos patronos in causa Dei libenter adscisco, si (quod absit) extiterit, qui contra hæc aliquid moliri tentaverit, pro repellendo & confutando Dei hoste, non pigeat ad Regem, quem eo tempore locus iste respexerit, vel ad Pictavam civitatem pro re vobis ante Dominum commendata percurrere, & contra aliorum injustitiam executores & defensores justitiæ laborare, ut tale nefas nullo modo suis admitti temporibus Rex patiatur Catholicus, nec convelli permittat, quod Dei & meæ & Regum ipsorum voluntate firmatum est.

XXXIII. Simul etiam Principes, quos Deus pro gubernatione populi post decessum meum superesse præceperit, conjuro per Regem cujus regni non erit finis, & ad cujus nutum regna consistunt, qui eis donavit ipsum vivere & regnare; ut monasterium, quod ex permissu & solatio domnorum Re-

A gum patris vel avi eorum construxisse visa sum, & ordinasse regulariter, & dotasse sub sua tuitione & sermone, una cum Agnete Abbatissa studeant gubernare: & à nullo neque sæpe dictam Abbatissam nostram, neque aliquid ad nostrum monasterium pertinens molestari, aut inquietari, vel exinde imminui, aut aliquid mutari permittant; sed magis pro Dei nutu una cum domnis Episcopis ipsi, me supplicante coram Redemptore Gentium, sicut eis commendo, defensari jubeant & muniri: ut in cujus honore Dei famulas protegunt, cum defensore pauperum & sponso virginum perpetualiter æterno socientur in regno.

XXXIV. Illud quoque vos sanctos Pontifices, & præcellentissimos domnos Reges, & universum populum Christianum conjuro per fidem Catholicam in qua baptizati estis, & Ecclesias quas conservatis; ut in basilica, quam in sanctæ Mariæ Dominicæ genitricis honorem cœpimus ædificare, ubi etiam multæ sorores nostræ conditæ sunt in regno, sive perfecta, sive imperfecta, cum me Deus de hac luce migrare præceperit, corpusculum meum ibi debeat sepeliri. Quod si quis aliud inde voluerit, aut fieri tentaverit, obtinente Cruce Christi, & beata Maria, divinam ultionem incurrat: & vobis intercurrentibus, in loco ipsius basilicæ merear cum sororum congregatione obtinere locum sepulturæ. Et ut hæc supplicatio mea, quam manu propria subscripsi, in universalis Ecclesiæ archivo servetur, effusis cum lacrymis deprecor: quatenus si contra improbos aliquos necessitas exegerit, ut vestra defensione soror mea Agnes Abbatissa, vel congregatio ejus, quo succurri sibi poposcerint, vestræ misericordiæ pia consolatio opem pastorali sollicitudine submittiret: nec de me destitutas se proclament, quibus Deus præsidium vestræ gratiæ præparavit.

XXXV. Illud vobis in omnibus ante oculos revocantes, per ipsum qui de Cruce gloriosam Virginem suam genitricem beato Joanni Apostolo commendavit; ut qualiter ab illo completum est Domini mandatum, sic sit apud vos indigna & humilis domnis meis Ecclesiæ Patribus & viris Apostolicis quod commendo. Quod cum dignanter servaveritis, in universalis Ecclesiæ depositum, meritis participes, cujus impletis mandatum Apostolicum, digne reparetis exemplum.] Hactenus epistola sanctæ Radegundis, prophetico (ut puto) impulsæ spiritu, quæ ventura essent prædicentis. Biennio enim ab obitu ejus regia stirpe exortæ moniales adversus Abbatissam concitatæ, ab ejus obedientia evellentes quamplurimas sorores, extra monasterium egressæ, innumerabilium turbarum causa fuerunt. Sed hæc suo loco dicenda. De hujusmodi contestatione ista leguntur in libro secundo Vitæ ipsius (a): Porro clarissimis Regibus & serenissimæ Reginæ, quos haud vulgariter dilexit, atque sanctissimis Ecclesiæ earum

a Apud Sur. tom. 4. die 13. August.

earum Episcopis cum divina obtestatione suum commendavit monasterium .] Hæc ibi .

XXXVI. Sed jam prævisum antè annum ab ea ipsius transitum , funusque pariter profequamur . Res ab ea geftæ duobus habentur conscriptæ libris , priori Fortunati Episcopi , posteriori Bandoniniæ monialis ejusdem sanctæ Radegundis alumnæ , quæ ipsius postrema hujusmodi prosecuta est oratione (a): Sed veniamus nùnc ad ejus feliciffimam è corpore migrationem , quam sine lacrymis proferre non possumus. Fluunt lacrymæ ab ipsis intimis medullis , gemitusque prorumpunt , nec tamen percipitur inde consolatio . Sed si sic lacrymis indulgeamus , ut interim de ejus devotione minus dicamus , majori sanè culpæ nos obnoxios reddimus . Usque ad diem illum quo hinc excessit , nunquàm quicquam de cursu quem susceperat , immiuere voluit , memoria retinens : Non (b) qui cœperit , sed qui perseveraverit usque in finem , eum salvum fore . Ubi jam ad vitæ finem pervenit sanctum ejus , corpusculum longa pro Christi amore ducens martyria , & multiplices perpessum cruciatus; omnes fanctimoniales lugentes & flentes ejus lectulo , assistebant , ejulantesque ac duris pugnis ac lapidibus pectora verberantes , voces ad cælum dabant , clamantes & dicentes : Domine , ne permittas nos tàm gravi damno affici : lumen nostrum tollis à nobis : cur nos in tenebris relinquis ?] Eadem de immenso luctu sanctimonialium habet Gregorius Turonensis , qui interfuit (c). Pergit verò Bandoninia :

XXXVII. Sed quia illa quicquid facere constituisset , id die natalitio Salvatoris facere solebat , ejus quoque beatus decessus ita evenit .] Hic attende , sic dici ab ea , die natalitio Salvatoris esse defunctam , quòd eo migraverit die , quo natalis Domini dies inciderat : conftat enim die decimatertia Augusti diem clausisse extremum: nàm subdit : Quarta feria , mane Idibus Augusti clausi sunt ejus oculi , & nostri obscurati . Væ nobis , quia peccavimus : afflictum est in dolore cor nostrum . Flemus & plangimus , quòd te diutius , vita nostra , habere non meruimus . Eo ipso mane , quo nobis tantum mali accidit , una voce , uno planctu , uno clamore cælos penetrante , lapidicidæ , qui in monte operabantur , in aere audierunt loquentes , & unum quidem, dicentem cæteris : Quid facitis ? dimittite eam adhùc : hæ enim voces ad nostras usque aures pertingunt . Angeli verò eam ducentes responderunt : Quid iterum faciemus ? eam jam paradisus recipit , ut glorietur cum Domino . Credimus, non deserturam eam illas , quas ei placere volumus .] Cognitum est autem , has fuisse voces Angelorum pacificè alteriantium (uti apud Danielem (d) exemplum legitur) illorum videlicèt qui monialium præerant custodiæ , ac monasterium in tutelam acceperant , ad Angelos illos qui ad cælum euntem Christi sponsam comitabantur . Subdit verò Bandoninia :

Flenda ergò nobis jàm non est , sed re- **XXXVIII.** verenda : amisimusquidem in præsenti sæculo dominam & matrem , sed ad regnum Christi præmisimus intercessorem . Magnum illa gaudium excitavit in cælis , intolerabilem nobis dolorem in terris reliquit . Migrante sancta ejus anima à sæculo ad Christum , Episcopus Pictaviensis non erat domi . Abiit ergò nuncius ad virum Apostolicum dominum Gregorium Turonensem Episcopum . Ille mòx advenit , & quantum suis ipse conspexit oculis , antequàm eam sepeliret , ejus virtutes in libro miraculorum inseruit . Veniens autem ille ad locum , ubi sanctum jacebat corpus , sicut ipse post sacramentum. lacrymans dicebat , in forma humana vultum vidit Angelicum : facies enim instar rosæ & lilii nitebat . Undè haud secùs ille contremuit & timuit , atque si ipsam Domini Jesu sanctissimam matrem sibi astantem videret . Expectabatur interim vir devotus Deo plenus Pictavorum Antistes , ut eam quo par erat honore sepulturæ mandaret .

XXXIX. Sanctimoniales omnes apud eorum stabant psallentes : si verò psallentium voces vel paululùm reticerent , mòx planctus audiebatur intolerabilis . Triduo expectatus Præsul , qui tùm suam diœcesim visitabat , cum non veniret; is quem diximus vir Apostolicus Gregorius de ejus humanitate præsidens (perfecta enim charitas foràs mittit timorem) in basilica sanctæ Mariæ , ubi sacra ejus monasterii virginum corpora conduntur , eam in primis honorificè tumulavit . Cumque corpus ejus sub muro cum psalmodiis deportaretur (quandoquidem instituerat illa , ut nulla vivens extrà monasterii fores egrederetur .) tota congregatio in muro lamentans , ita ut planctus ejus superaret psallentium voces , pro psalmo lacrymas , pro cantico mugitum , pro Alleluja gemitum reddebant .] Hic , lector , meminisse debes , veterem usum fuisse , ut in funere fidelium defunctorum unà cum aliis lætitiæ canticis caneretur Alleluja , ut sanctus Hieronymus admonet in epistola ad Aletium de funere Ruffinæ conjugis . Sed pergit Bandoninia :

Orabant moniales supernè , ut sub terra nonnihil quiesceret feretrum , in quo beatæ corpus portabatur , graviter ferentes ejus absentiam . Ibi tùm ut Dominus fidelem famulam suam declararet , corpore ejus in medio populi deposito , cæcus quidam lumen recepit : qui multorum annorum passus cæcitatem , ubi ad corpus accessit , ita sanatus est , ut numquàm luminibus orbatus videretur : vivit , hodièque clarè videns . Cum jàm humata esset à Gregorio Episcopo , operculum tumulo ejus non est ab illo impositum , donèc rediret Pictaviensis Antistes . Itaque liberè cereos ad eam afferebant omnes sepulchrum circumstan-

Apud **a.**
Sur. ibid.
De transitu S. Radegundis.

b. Matt. 10.

c Gregor. de glor. confess. c. 106.

Luctus monialiū .

d Dan. 10.

Gregorius suprema persolvit.

Cāctica lætitia in funere Christianorum.

XL.

ſantes, & ſingula ſuis cereis nomina ſua inſcripſerant, dabantque cereos omnes per ordinem uni è famulis: & ecce extitit contentio. In populo, aliis dicentibus cereos illos in ſanctum ejus ſepulchrum mittendos, aliis id negantibus. Interim è pueri cereos tenentis brachio unus exiliens, & populum omnem tranſcendens, in ſepulchrum ad pedes beatæ ſe dimiſit, litem omnem eo ipſo dirimens. Inſpecto cereo, inventum eſt nomen Calvæ inſcriptum. Ea re perſpecta, Epiſcopus & plebs omnis B. Redeguntis virtutes admirantes, Dominum benedixerunt. Quæ verò poſt ejus deceſſum eo in loco declaratæ ſunt virtutes, & edita miracula, quot dæmoniaci liberati, quot pulſis febribus curati, quis numerare ſufficiat?] Refert aliqua itidem Fortunatus, atque Gregorius.

XLI.

Bertharii. Bajoariorū converſio.

Ad hæc tempora referri poſſe videtur Bajoariorum ad fidem Chriſti converſio, annunciante illis Evangelium viro ſanctiſſimo Ruperto Epiſcopo Vangionenſi in Gallia: qui à Berchario * loci Comite dira paſſus, ſolumque vertere coactus, Dei nutu ad Borealium converſionem populorum accinctus, Boreales ſilvas penetians, rigeſcentia adhuc impietatis glacie corda Gentilium Chriſtianæ fidei prædicatione calefecit, atque igne divini Spiritus inflammavit. Iſta quidem jam grandia cœpta Childeberti Regis Francorum anno ſecundo (ut ejuſdem Sancti Acta reſtantur)

a. Apud Sur. to. 2. die 27. Martii.

(a) in hunc annum & ulterius propagata noſcuntur. Porrò quod de Childeberto dicitur, non ad primum Childebertum, ſed ad ſecundum potius, quem poſt patrem ſuum Sigebertum regnare cœpiſſe diximus anno Domini quingenteſimo ſeptuageſimonono, eſſe referenda, in Notis ad Romanum Martyrologium teſtati ſumus.

b Valent. L. 3. Annal. Bojorum.

Quamobrem falli eum centum eſt, qui (b) ad primum Childebertum filium Clodovei, qui regnare cœpit in Galliis anno ſalutis quingenteſimo decimoquarto, iſta retulit haud levi præjudicio hiſtoricæ veritatis.

XLII.

At non ipſe tantam ſibi ſoli putavit aggrediendam eſſe provinciam, ſed Chriſti

exemplo, duodecim delegit ſacerdotes, quos ad prædicandum Borealibus Evangelium ſecum duxit: apertum verò eſt itè ad fidem capeſſendam Gentibus illis oſtium, cum ipſe Bajoariæ Princeps Theodo hujus nominis tertius Chriſto credidit; etenim reliqui ipſi ſubiecti, Ducem ſecuti, pariter effecti ſunt Chriſtiani: cujus rei gratia factum eſt, ut ipſe Rupertus Bajoariorum Apoſtolus ſit meritò nuncupatus, qui ſicut fidei Chriſtianæ fuit plantator in Bajoaria, ita in Norico rigator extitit: ſiquidem jam ad culturam agro Dominico, extitit cum ſuis auctor, ut illic complures nobiles ſedes Epiſcopales erigentur, in quibus ſuos ſocios Epiſcopos ordinandos curavit: ipſe verò remiſſo jam antea nuncio Eccleſiæ Vangionenſi, à qua expulſus fuerat, electa cæleſtibus præviis ſignis ſede Saleburgenſi, extructaque ibi baſilica S Petri, quò Apoſtolicæ ſedi obſequentem eſſe eumdem populum commoneret; ejuſde n eſt nominatus primus Epiſcopus, ubi & ſanctæ ſorori Erentrudæ monaſterium, Ducis munificentia ædificavit ſub nomine Sanctiſſimæ Virginis Mariæ Delparæ. Demum verò poſtquam cuncta quæ fuiſſet aggreſſus Dei ope ex ſententia confeciſſet, ſexto Kalendas Aprilis ex hac vita migrans, ab Eccleſia inter Sanctos relatus, eadem colitur die.

Rupertus Apoſtolus Bajoariorum.

Atque de his ſatis, finemque accipiat ſeptimus tomus: ejuſdem verò præſentis anni res geſtæ, quæ reliquæ ſunt ſpectantes ad Gregorii Papæ electionem, in ſequentem ſunt referendæ tomum, qui opportune ab ipſius Gregorii Papæ electione exordium ſumet. Iſta enim Annalium tomi hujus ſectio hic facienda eſt, quòd nimis creſceret in immenſum, ſi Gregorii Papæ res in Pontificatu geſtas comprehendere voluiſſemus, quas nec in diverſos partiri tomos ratio perſuaſit.

XLIII.

I. Auctoris peroratio cū gratiarū actione.

AGE jam, ex more, de abſoluto ſeptimo hoc Annalium tomo agamus gratias Deo optimo maximo, offeramuſque ipſum pariter Dei genitrici MARIÆ, ut cujus eſt ope cœptus atque perfectus, ejuſdem quoque meritis omni labe mundatus reddatur dignus divino conſpectu, qui offerentis auctoris jure poſſet defectu repelli. Etenim cum hilarem datorem (ut

c 2. Cor. 9.

monet Apoſtolus) (c) diligat Deus, hac ſaltem ex parte propè reſpondebis hic eſſet, qui non eadem alacritate qua cæteri, ſed mærenti animo ſcriptus, uti luctus partus offertur: qui & genitus ſummo dolore atque morte parentis (d), Benoni, filius doloris mei, ſit meritò appellandus, quantumliber pater eumdem Beniamin, filium dexteræ ſcilicet, nuncuparit: editus enim in lucem ſine luce, uſum vitæ priſtinæ ab-

d Geneſ. 35.

ſtulit parienti; & dùm ſub honoris ſpecie pupureis faſcis involvitur, ferreis neſciens miſer vinculis obligatur: unde ſit meritò lamentandum, illudque lugubre dicendum (e): Quare egreſſus ex utero? quare exceptus genibus? cur lactatus uberibus? Nunc enim dormiens ſilerem, & ſomno meo requieſcerem cum Regibus illis & Conſulibus terra, qui ædificant ſibi ſolitudines.

e Job. 3.

Hæc dùm mecum verſo, laudare non deſino ſenem ſapientiſſimum illum Berzellaïum, qui à Rege licet ſanctiſſimo invitatus in Regiam, ad quietem, ad ſecuritatem, ad gloriam (f): Non indigeo (inquit) hac viciſſitudine: ſed obſecro ut revertar ſervus tuus, & moriar in civitate mea, & ſepeliar juxta ſepulchrum patris mei & matris mea: jure præferens aulæ

f 2. Reg. 19.

II.

Cc

auliæ regiæ patriam sepulturam, atque regium apparatum posthabens vitæ rusticæ hactenus feliciter ductæ. Sed & quem sapientem prædico, non desero beatum térque felicem dicere, & invidero, dùm quod rogavit, est consecutus, nec fuit jussu Regis retentus invitus, sed permissus lætus ad propria remeare, atque in pace vitæ curfum absolvere.

III. Ast cum à quiete & tranquillitate aliisque bonis abstrahar violenter, atque invitus abripiar, tunc dumtaxat reliquum est quod petam, ut cum hæc adeò inquieta, tristia, ærumnosa, metu plena atque periculis, nonnisi te curante, Dei genitrix,

mihi contigerint: tu ipsa per lubrica gradienti, in summo versanti discrimine, deque æterna salute ad singula momenta periclitanti secus opem assidue, & fluctuanti præsidium afferas: alioquin perplexos resolvas laqueos, atque molestæ & invitæ vitæ filæ disrumpas, ne ob inanem gloriolam istam miser incautè verus petentis gloriæ dispendium patiar: sicque benedicens tu ipsa novissimis meis (a) magis quàm principio, te juvante, æternam beatitudinem consequar, gratia Domini nostri Jesu Christi, qui cum Patre & Spiritu sancto vivit in sæcula sæculorum. Amen.

ANNALIUM TOMI SEPTIMI

F I N I S.

DE
RUTHENIS,
AD COMMUNIONEM
SEDIS APOSTOLICÆ
RECEPTIS MONUMENTUM.
SANCTISSIMO D. N.
CLEMENTI VIII.
PONTIFICI MAXIMO.

CÆSAR BARONIUS S. R. E. PROTONOTARIUS
sempiternam felicitatem.

C CUM omnes prædecessores tuos Pontifices Maximos omni studio, Beatissime Pater, imitandos suscceperis, eorumdemque insistere semper vestigiis propensiori solicitudine laboraveris; Clementis tamen Petri discipuli & successoris, tu ipse Clementis nomen referens, Petrique doctrinam cum cathedra consecutus, exempla sectari, vigilantiùs solicitiúsque curasti. Nàm ut omittentes alia, illud dumtaxat, cujus causa hujusmodi est instituta oratio, pertingamus; sicuti ille Ecclesiæ Catholicæ utilitati consulens, ad conscribendas res gestas sanctorum martyrum, & alia Ecclesiæ monumenta scriptis consignanda tradendaque posteris, Notarios septem primus instituit; ita ad hoc ipsum præstandum tu ipse invigilans, inter cæteros ejusdem primi ordinis præclarissimos viros eidem operi mancipatos, me licèt indignum penitus atque immeritum cooptasti. At quantò id animi ardore perfeceris, neminem latet: etenim Domini (*a*) sententia, quod factum est in cubiculo, prædicatum est in tectis: sciunt omnes vim nunc illatam, cum juxtà Propheticum illud (*b*), *Velociter spolia detrahe*; adversùm me magno impetu actum est: cum verò tunc duco vidisses uni succumbere renitenti; divina putasti ad perficiendum quod volebas opus esse potentia, qua Apostolica auctoritate, qua tibi datum est non terram tantùm, sed & cælum posse subigere. Vicisti tandem animum refractarium, atque flexisti cervicem ferream, sed fateor, non domuisti, ut impositum honoris jugum

a Luc. 11.

b Isai. 8.

æquo animo ferrem, quod ad singula fermè momenta (scit Deus) à me excussisse sem, si licuisset.

Una tamen fuit in his asperis consolatio illa, quòd esset omnium una sententia, Sanctitatem tuam hac actione jàm gravi antè expensa judicio demonstrasse, non tàm probare qua res Ecclesiasticas scriberet voluisse; quàm ea quæ à me scripta essent, insigni hac collata dignitate voluti amplissimis exarata notis subscriptione & probasse, & veluti sigillo munisse. Quis enim operam ab aliquo præstandam requireret solicitudine tanta, si eamdem jàm diù antè ab eodem exhibitam non gratò animo recepisset? Quo nomine sicuti plurimas à me tibi gratiarum actiones semper reddendas fore profiteor; ita mihi in susceptum opus solicitiùs incumbendum, nervosque omnes ad illud perficiendum tendendos, intelligo.

Dùm autem totus in his essem, ut collatæ dignitatis omni studio munus obirem, ejúsque partes omnes quàm diligentissimè explere satagerem; peropportunè accidit; ut vix elapso à suscepta eadem dignitate mense, digna oblata occasio fuerit, qua ejus primitias nobili scriptione Domino consecrarem, legationis videlicet honorificæ Ruthenorum Ecclesiæ ad Apostolicam Sedem; qua abolito diro schismate, sanctæ Romanæ Ecclesiæ communionem Catholicam est feliciter consecuta. Ad hoc verò præstandum, non lacinioso oratione per ambitum ad pompam (ut assolet) circumducta mihi utendum existimavi; sed more majorum simpli-
plici

plici stylo & veritatis candore nitente cuncta quæ gesta sunt referenda, ipsaque edita atque publicè recitata scripta, suis locis (ut hactenus factum est) in Annalibus Ecclesiasticis intexenda. Tu verò, Sanctissime Pater, jucundo lætoque animo satis amplum ex semente lacrymarum   **A**   tuarum collectum manipulum accipe, ac Deo consecra cum multiplici gratiarum actione, qua, veluti nova satione, conversionem reliquorum Borealium populorum suo tempore metas : quod Deus bonorum omnium largitor concedat. Vale.

Quæ de Ruthenis à diversis auctoribus, præsertim verò ab iis qui res Polonicas prosecuti sunt, scripta reperiuntur.

a *Matth.*
Mich. rer.
Polon. l. 2.
c. 1. Chron.
l. 16. 19.

b *Plin. hist.*
l. 3. 4. 5.

c *Chronic.*
Polon. rer.
l. 2. c. 10. 12.
14.

d *Chron. &*
Matth. lib. 2.
c. 3. & alii.

e *Matth.*
Mich. lib. 2.
c. 1.

IV.

RUthenos eodem antiquo vocabulo dictos esse Russos, in confesso est apud scriptores (a) omnes : sed & quòd Rutheni pariter sint in Gallia Aquitania populi, visum est recentioribus scriptoribus eos Russos vocare potiùs, quàm Ruthenos. Sed unde Russi, & non aliunde, quàm à veteris vocis usu, qua iidem populi vocati sunt Roxolani. Verùm ex quo asperitas litteræ X, duplici in SS. leniri cœpta est, hinc accidit, ut Roxolani dicti sint Rossolani, sive Rossi (veluti à Græcis sæpè usurpatum invenies) vel unica syllaba Rhos, à Latinis Russi, & provincia Russia, quæ Roxolania dicebatur, cœpta sit nominari. Meminit & Plinius (b) de Roxolanis in Sarmatia populis, & eos ad latus Mæotidis paludis collocat, qui fines posteà dilatarunt. Patentem quidem latamque fuisse Roxolanorum sive Russorum regionem, rerum Polonicarum scriptores produnt, nempe quæ contineret ambitu suo universam illam Sarmatici orbis partem, quæ ab Oriente Mæotide, Taurica Chersoneso & Tanai, à Meridie Carpatiis montibus, ab Occidente Poloniæ, Lituaniæque finibus clauderetur ; sic Sarmatiæ Europeæ maximam continens partem : quæ à Chromero ita ponitur (c) : Complectitur (inquit) ferè quicquid terrarum est inter sinum Venedicum, Livoniam, Sveciam, Oceanum glacialem, Rha, sive Volgam, Mæotin, mare Ponticum, Sarmaticos montes, Poloniam, Lituaniam, & Samagitiam.) Moschoviam quoque ad Russiam pertinere, eosdemque primùm Russos dictos, Moschos à flumine, sive oppido Mosqua denominatos, æquè fatentur omnes (d) ; conveniuntque simùl pariter in eam sententiam, ut hi populi Evangelium acceperint ab Episcopo, Constantinopolitano tempore Basilii & ejus filii Constantini, uno omnibus dato Metropolitano Kioviensi. Quæ autem posteà contigerunt de divisione Moschovitarum Ecclesiæ à Russis, hæc nos ab ipsis legatis Ruthenis Episcopis accepimus verbis istis :

V.

Aliquantò post autem Moschoviæ Principes sive ob aditum Kioviensium difficilem, longinquitatemque itineris, sive quòd timerent, ne consuetudine exterorum, qua maximè suos etiam nùnc prohibent, Respublica illorum detrimenti ali-   **B**   quid pateretur ; alium sibi Metropolitanum instituit à Constantinopolitanis Patriarchis petierunt : quin & Patriarcham ante paucos annos, qui in Moschovia assiduus esset, impetrarunt. Solique nùnc septem in Russia Poloniæ subjecta ex numero viginti & aliquot amplius Episcoporum restant, qui Metropolitano Kioviensi subsunt : reliqui etsi sæpè mittendis ad eum donariis jus & auctoritatem ejus recognoscunt, Moschovitico tamen parent Episcopo Patriarchæ.] Hæc de his illi, quibus ista subjiciunt :

Isti ergò septem una cum Metropolitano suo cupientes iterùm uniri Ecclesiæ, à qua multo tempore alieni erant, ablegarunt huc duos ex medio sui reverendos dominos Hypatium Pociei Prothronium Vlodimiriensem, Brestensemque & Cyrillum Terlecaki Exarcham, Lucoriensem, Ostrofiensemque, Episcopos, primos consilii istius auctores : qui id contenderent à sancta hac Sede, obedientiamque illi suo & ipsorum nomine deferrent. Quo non exiguo facta est professio, & futura adhuc major ad Ecclesiam Dei speratur accessio. Etsi enim paucæ, latissimè tamen patent diœceses illorum, extenduntúrque permixtæ Latinis per aliquas integras provincias, Podoliam scilicet, Russiam, Voliniam, Podlachiam, & magnum Ducatum Lituaniæ, insignes monasteriorum frequentia & Ecclesiarum propè duodecim millium numero. Quin & Moschovitæ ejusdem & linguæ & religionis homines, non modica spes est, cogitaturos idem aliquandò exemplo ipsorum ; præsertim cum ritus & cærimonias omnes Orientalis Ecclesiæ, quarum sunt tenacissimi, permissas illis esse servari inviolatè, sancta Sede cognoverint : Hactenùs ipsorum legatorum scriptio de Russorum Ecclesia.

VI.

Quoniam verò de eadem Russorum Ecclesia aliqua à scriptoribus vidimus prætermissa, vel perperàm asserta ; hic de his paulò fusiùs agere, haud putamus lectori fore fastidio : atque in primis quæ rerum Polonicarum scriptor (e) de antiquitate religionis Russorum his verbis habet : Inter Sanctos (inquit) Russi colunt plùs Thaddæum Apostolum, asserentes quòd eos converterit, & fidem Christi docuerit : deinde & Bartholomæum sanctum Dei Apostolum venerantur, per quem multos arti-   **VII.**

articulos (ut afferunt) de fide acceperunt .] Hæc ipfe ex traditione populi accepta . Cui, fateor, magis affentior, quàm
jis qui Ruthenorum Chriftianitatem cœpiffe tradunt circà annum Domini non-
gentefimum nonagefimum , quos errare
omninò , proximè dicturi fumus : etenim
reperitur interfuiffe generali Concilio Antiocheno fub Joviano Imperatore Antipa-
ter Epifcopus Rhoffos , feu Rhos , vel
Rhoffi , translatione Latina (quo fanè
nomine à Græcis dictos effe Ruthenos ,
nupèr demonftratum eft) idemque Epifcopus cum reliquis fubfcriptus legitur in
Synodali epiftola data ad eumdem Jo-

a Socrat.
l. 3. c. 21.
VIII.

vianum Imperatorem , quæ extat apud
Socratem (a) :

Verùm etfi aliquandò ea gens Chriftianam religionem fufcepit , ficut ex culturæ defectu filvefcit ager , ac fi numquàm
antè cultus fuiffet ; ita apud ipfos eadem
religio penitùs effe defiit : repaftinatam

b Matth.
Mic. li. 3. c.
11. & Chr.
l. 3. in prin.

verò ipfam , cultamque fuiffe tradunt (b)
anno Domini nongentefimo nonagefimo ,
vel nongentefimo octogefimo , fub Bafilio atq; Conftantino Imperatoribus . Sed
& in his fidem auctores hæc afferentes erraffe nofcuntur : etenim non fub Bafilio
Juniore , qui imperavit cum Conftantino , fed fub Seniore Bafilio Macedone
dicto , qui poft Michaelem folus regnare
cœpit anno Domini octingentefimo fexa-
gefimofeptimo , id contigiffe , teftificatione Græcorum certum eft . Id quidem
Joannes Curopalates , id Zonaras , Nice-
phorufque teftantur , licèt Nicephori prolixior de his narratio defideretur , quam
libro vigefimotertio hiftoriarum tractaffe ,
ejufdem libri quod extat compendio do-

c Joann.
Curop. in
Bafil.

cet . Sed audi ex Curopalate (c) nobi-
liffimo hiftorico , Rufforum converfionem
opera ejufdem Bafilii Macedonis Imperatoris factam :

IX.

Rhos (ita *Ruffos vocat*) percuffo cum
illis , *Græcis videlicèt* , fœdere , ut falutaris baptifmi participes fierent , auctor
fuit Bafilius Imperator , miffo ad eos Archiepifcopo . Verùm miraculum illud quod
accidit , operæpretium eft enarrare . Nàm
cum adhuc fuperftitione detinerentur , &
ipfe Princeps & proceres illius , atq; adeò
omnis natio , fuumque priftinum cultum
examinarent , & Chriftianorum fidem ;
Archiepifcopum illum , qui ad eos nupèr venerat , accerfitum Princeps interrogavit , quænam effent ea quæ ille annun-
ciaret , quæque ipfum docere poffet . Qui
cum facrum divini Evangelii librum pro-
tuliffet , & quædam miracula recenferet à
Deo , quando humana forma affumpta ,
apud homines erat , facta : Nifi aliquod ,
Rhos multitudo refpondit , fimile nos con-
fpiciamus , & maximè quale afferis trium
puerorum in fornace ; æquaquàm tibi cre-
dituri fumus .

X.

Ille verò numquàm mentienti fide habita verbo illius , quî dixit : Quodcumque petieritis in nomine meo, accipietis:

Annal. Eccl. Tom. VII.

A & : Qui credit in me , opera quæ ego facio & ipfe faciet , & majora his faciet :
Etfi , inquit , haud licet tentare Dominum Deum : attamen fi ex animo decre-
viftis ad eum accedere , petite quodcumque vultis , & hoc faciet omninò propter
fidem veftram Deus , quamvis nos mini-
mi fimus & indigni . ipfi autem petierunt,
divini Evangelii volumen in ignem à fe in-
cenfum projici : quod fi illæfum fervaretur , ad eum fe acceffuros Deum , qui ab
ipfo prædicaretur . Vifum eft id faciendum . Et cum facerdos , fublatis ad Deum

B oculis ac manibus dixiffet : Oftende gloriofum fanctum nomen tuum , Jefu Chrifte
Deus nofter , in oculis nationis hujus ; in
fornacem projectus eft Evangelii liber : in-
cenfaque fornace ad horas aliquot , deindè penitùs extincto & confumpto igne , facrum illud volumen inventum eft perman-
fiffe inviolatum atque illæfum , nullo ab
igne accepto detrimento . Quod confpicati barbari , & miraculi magnitudine per-
culfi , fine ulla controverfia ad baptifmum
confugere .] Hactenùs Curopalates . Recenfet eamdem abfque aliqua dubitatione

C hiftoriam Zonaras (d) ; quofque Curopalates Rhos , ipfe Rhofficos nominat , Ruffos verò Cedrenus , ac Nicephorus Ruthenos ; ne quis putet de aliis quàm de
Ruthenis eamdem hiftoriam enarratam . At
tanta hæc prætermiffa ab jis qui in rebus
Polonicis funt profecuti Rufforum hiftoriam , quis non miretur ? ficut , & illud
de jifdem nobile monumentum , cum Rufforum regnum Romanæ eft donatum Ecclefiæ , à qua illud Rufforum Rex Demetrius voluit accepiffe . Extat de his epiftola Gregorii Papæ Septimi , quam integram tibi ad tantæ rei fidem declarandam ,
hic defcribendam putavi : fic enim fe ha-

D bet (e) .

d Zonar.
Annal. to. 3
in Bafil.
Maced.

Gregorius Epifcopus fervus fervorum Dei
Demetrio Regi Rufforum , & Reginæ uxori
ejus falutem & Apoftolicam benedictionem.

Filius vefter limina Apoftolorum vifitans
ad nos venit : & quòd regnum illud dono
S. Petri per manus noftras vellet obtinere,
eidem beato Petro Apoftolorum Principi
debita fidelitate exhibita , devotis precibus poftulavit , indubitantèr affeverans illam fuam petitionem veftro confenfu ratam fore ac ftabilem , fi Apoftolicæ auctoritatis gratia ei munimine donaretur . Cujus votis & petitionibus , quia jufta videbantur , tùm ex confenfu veftro , tùm ex

E devotione pofcentis , tandem affenfum præbuimus , & regni veftri gubernacula tibi ex
parte beati Petri tradidimus , ea videlicèt
intentione atq; defiderio charitatis , ut beatus Petrus vos & regnum veftrum , omniaq;
veftra bona , fua apud Deum interceffione
cuftodiat , & cum omni pace , honore quoque & gloria idem regnum ufque ad finem
vitæ veftræ tenere vos faciat , & hujus militiæ finito curfu impetret vobis apud fupernum Regem gloriam fempiternam .

Quinetiam nos paratiffimos effe , noverit

e Gregor.
l. 2. cp. 74.
XI.

XII.

rit veſtræ nobilitatis ſerenitas, ut ad quæcumque juſta negotia hujus ſedis auctoritatem pro ſua neceſſitate petierit, proculdubiò continuò petitionum ſuarum con-
ſequatur effectum. Prætereà ut hæc, &
alia multa, quæ litteris non continentur,
cordibus veſtris arctiùs infigantur; miſi-
mus hos nuncios noſtros, quorum unus
veſter notus eſt & fidus amicus: qui &
ea quæ in litteris ſunt, diligentèr vobis
exponent; & quæ minùs ſunt, viva voce explebunt. Quibus pro reverentia beati Petri, cujus legati ſunt, vos mites &
affabiles præbeatis; & quicquid vobis dixerint ex parte noſtra, patientèr audiatis, atque indubitantèr credatis. Et quæ
ibi ex auctoritate Apoſtolicæ ſedis negotia tractare voluerint & ſtatuere, nullo-
rum malo ingenio turbare permittatis,
ſed potiùs eos ſincera charitate favendo
juvetis. Omnipotens Deus mentes veſtras
illuminet, atque per temporalia bona faciat vos tranſire ad gloriam ſempiternam.
Data Romæ decimoquinto Kalend. Maii,
Indictione decimatertia. } Hactenùs Gregorii Papæ litteræ, datæ (ut apparet)
anno ejus Pontificatus ſecundo , eodemq;
Domini milleſimo ſeptuageſimo quarto.
Porrò inter hæc qui regno potiebatur Demetrius, expulſus ſtatim fuit à fratre tyranno : quamobrèm idem ipſe Rex , ut
illud recuperaret, adiit Henricum Imperatorem anno ſequenti , prout his verbis
Lambertus ſui temporis res geſtas ſingulis annis reddens teſtatur anno Domini
milleſimo ſeptuageſimoquinto :

XIII.

Paucis poſt diebus Imperator Mogun-
tiam venit , ibíque occurrit ei Ruthen0-
rum Rex , Demetrius nomine, deferens
ei inæſtimabiles divitias in vaſis aureis &
argenteis & veſtibus valdè pretioſis ; pe-
tiítque ut auxilio ſibi foret contrà fratrem
ſuum , qui ſe per vim regno expuliſſet,
& regnum tyrannica immanitate occupaſſet . Miſſus eſt protinus à Rege Burchar-
dus Treverenſis Eccleſiæ Præpoſitus, aga-
re cum illo de injuriis quas fratri intule-
rat , & commonere , ut regno quod injuſtè invaſiſſet, ultrò decederet; ali0quin
auctoritatem , & arma Theutonici regni
propediem experturum fore : Is legationi
huic proptereà opportunus videbatur ,
quòd ille ad quem mittebatur, ſororem
ejus in conjugium habebat , & ipſe hæc
de cauſa apud Regem , ne quid in illum
interim gravius decerneretur , ſummis precibus obtinuerat . Ruthenorum Rex Dedi Marchioni Saxonico , cujus ductu eò
advenerat , à Rege commiſſus eſt ſervan-
dus , donèc legati reverterentur .] Hucuſque Lambertus. Quid poſt hæc actum
ſit , idem auctor inferiùs tradit , nempe
miſſum legatum ab invaſore pretioſiſſima
munera detuliſſe ad Imperatorem , quibus animum ejus flecteret ne præberet fratri ex regno pulſo auxilium : quod & abſque muneribus Imperator conceſſurus e-
rat , cum obortis domeſticis bellis , vix

ſatis ipſi eſſet ut propria tueri poſſet . Eadem habet Sigebertus , & ipſe ſuæ ætatis
res geſtas ſcriptis proſecutus : de quibus
omnibus altum eſt ſilentium apud eos qui
res Ruthenorum cum Polonicis conſcripſ-
ſere ; quæ vel hîc ſaltèm voluimus in
lucem prodidiſſe , ut ex his appareat
Ruſſiam aliquando à legitimo Rege oblatam fuiſſe ſancto Petro Apoſtolorum
Principi, & ejus nomine traditam Regi
Demetrio à Gregorio Septimo Pontifice
Maximo .

Porrò etſi donatum Romanæ Eccleſiæ   XIV.
& ab ea acceptum regnum invaſum , &
occupatum à tyranno fuit ; perſeveravit
tamen ejuſdem populi ergà eamdem Romanam Eccleſiam propenſio haud mediocris , quæ Græcis æmulationem movit :
adeò ut omni ſemper ſtudio laborarint
eoſdem Ruthenos ab ipſa revocare, cum
facti ſunt ipſi ſchiſmatici . Cæterùm etſi
ad tempus aliquod obtorto collo ab eiſdem in errorem abducti ſunt; in matrem
ſemper reſpicere non deſierunt , ut iterùm
in ſinum maternum accurrerent , eodemque foveri ſemper optarent . Quàm autem fuerint Rutheni ſemper Romanæ Eccleſiæ cupidiſſimi , & Catholicæ communionis amantiſſimi , ipſorum Archiepiſcopus Iſidorus in totius Chriſtianæ religionis theatro , in ipſo œcumenico Concilio Florentino haud vulgare , ſed planè egregium ſpecimen dedit , dùm unà
cum Beſſarione Trapezuntio Nicæno Archiepiſcopo Græcorum omnium cum Latinis concordiæ auctor extitit : cujus rei
gratia meruit unà cum eodem memorato collega in S. Romanæ Eccleſiæ Cardinalium ordine cooptari .

Relabens autem miſerè rurſùm Eccle-   XV.
ſia Græcorum in ſchiſma , in eamdem
ſecum præcipitem traxit ruinam Ruthenorum Eccleſiam : ſed dormientibus illis adhùc , poſt centum & quinquaginta
annos ex oblivionis ſopore hæc tandem
expergefacta, vigilans ſuam erubeſcens
ignominiam, non ad conſuenda ficus fo-
lia , excuſando excuſationes in peccatis
converſa eſt ; ſed peccati confeſſione ,
& deteſtatione ad reintegrandam ſciſſam
ſchiſmate tunicam inconſutilem , quam
citiſſimè miſſa Romam ad Apoſtolicam
ſedem legatione cucurrit , quam ſacris
comitiis habitis antè biennium , anno videlicèt Domini milleſimo quingenteſimo
nonageſimoquarto , communibus ſuffragiis , votis paribus ejus provinciæ Epiſcopi decreverunt , hiſque ſcriptis ſignificarunt :

Decretum deliberationis & concluſionis
reverendiſſimorum dominorum Archiepiſ-
copi & Epiſcoporum Ruthenorum de re-
cipienda & ſuſcipienda communione ſan-
cta Romana Eccleſia , factum die ſecun-
dam menſis Decembris anno Domini mil-
leſimo quingenteſimo nonageſimoquarto.

In nomine ſanctæ vivificantis & individuæ
Trinitatis Patris & Filii & Spiritus ſancti.
Nos

XVI. Nos infrà nominatæ perfonæ, quæ huic scripto noftro fubfcripfimus ; notum facimus , quòd introfpicientes diligentèr vocationem & officium noftrum , quod eft hujufmodi , ut nofmetipfos , & hominum Chriftianorum gregem ovium Chrifti nobis à Chrifto commiffum , ad concordiam & unionem promoveremus , prout nos Salvator nofter Chriftus Jefus edocuit , eamque doctrinam fanguine fuo obfignavit : ac potiffimùm his infeliciffimis temporibus noftris , quibus multæ ac variæ hærefes inter homines graffantur , ob quas plurimi recedentes à vera & Orthodoxa fide Chriftiana , legem noftram deferunt , & ab Ecclefia Dei , veroque in Trinitate illius cultu fe ipfos feparant . Quod non alia de caufa accidit , quàm ob diffenfionem noftram cum dominis Romanis , cum quibus cum fimus unius Dei homines , & tamquàm unius matris fanctæ Ecclefiæ Catholicæ filii , ab iis divifi fumus: undè mutuo auxilio præfidioque invicem nobis prodeffe nequimus . Et quamvìs affiduè Deum pro unione in fide orationibus noftris precemur , nihilominùs quonam pacto hæc unio inter nos ftabiliatur, aliquandò numquàm nobis feriò curæ fuit, fpectando femper Superiores noftros , & expectando fi de hac ipfa unione inciperent effe foliciti .

XVII. Verùm cum noftra fpes hac in re , ut hoc eorum curâ , & ftudio perfici poffit , in dies minuatur; non ob aliam rem , quàm quòd ifti fervitute Paganorum * oppreffi, etiamfi fortafsè vellent, non poffunt: Igitur ex infpiratione Spiritus fancti , cujus hæc funt opera , & non hominum , confiderántes cum ingenti dolore noftro quanta impedimenta homines habeant ad falutem abfq; hac unione Ecclefiarum Dei, in qua incipiendo à Chrifto Salvatore noftro & fanctis illius Apoftolis prædeceffores noftri perftiterunt , ac unum fummum Paftorem , primumq; Antiftitem in Ecclefia Dei hìc in terris (prout ea de re Concilia & canones manifeftos habemus) , & non quempiam alium præter fanctiffimum Papam Romanum profitebantur , illique parebant in omnibus: ac quamdiù id uniformitèr in fuo robore permanfit , femper in Ecclefia Dei ordo , cultufque divini incrementum fuit : indè confecutum eft , ut difficillimum foret hæreticis fua diffeminare prava dogmata . Poftquàm autem multi Superiores effe cœperunt , eam fibi auctoritatem poteftatemque arrogantes ; nunc clarè cernimus , ad quantas difcordias & fchifmata ob pluralitatem Superiorum Ecclefiæ Dei devenit : ex quo fit , ut hæretici tantas fumant vires .

XVIII. Itaque volentes ut confcientiæ noftræ tanto pondere aggravarentur ; & animarum falus multarum ob eas in religione difcordias diutiùs periclitaretur (licèt hac ipfa de re nos prædeceffórefque noftri meditati fuerint , idque tentaverint) viden-

Annal. Eccl. Tom. VII.

* Turcarü

A tes inftitutum confilium intermiffum effe, propofuimus , auxiliante Deo , mutuò ifto vinculo nos ipfos ad profequendum hoc negotium excitare & confirmare ; ut quemadmodum anteà , eodem labio & eodem corde poffemus laudare & glorificare venerandum & magnificum nomen Patris & Filii & Spiritus fancti cum fratribus noftris chariffimis dominis Romanis , permanentes fub eodem Paftore vifibilis Ecclefiæ Dei , cui hæc præeminentia femper debebatur .

XIX. Quocircà id nobis mutuò promittentes coràm Deo , quantùm in nobis fuerit , corde fincero & candido ac diligentia in hujufmodi negotio neceffaria ac debita , nos omnem daturos operam fpondemus in communi , & quilibet per fe , adhibitis mediis convenientibus ; ut fratribus noftris Ecclefiafticis , communique plebi ad ineundam unionem & concordiam fimus auctores , idque divina adjuvante gratia perficiamus .

XX. Ut autem majus incitamentum ad finiendum habeamus , quòque major à nobis cura & folicitudo impendatur ; fcriptum præfens conficimus , quo finceram promptamque voluntatem noftram ad amplectendam cum Ecclefia Romana unionem & confenfum teftamur . Et Deus omnipotens largitor omnium bonorum , auctorq; ad concordiam fit dux , & protector tàm fancti negotii hujus : cui uti corda noftra , ita & eam voluntatem præfenti fcripto teftantes , manu propria fubfcribimus falvis tamen & in integrum obfervatis cærimoniis & ritibus cultus divini peragendi & fanctorum facramentorum juxtà confuetudinem Ecclefiæ Orientalis , correctis tantummodò iis articulis , qui ipfam unionem impedirent , ut more antiquo fierent omnia , ficut olim , unione durante, fuerunt . Datum anno Domini milleſimo quingenteſimo nonageſimoquarto , die fecunda Decembris .

locus figillorum .

Deinde fequuntur fubfcriptiones , videlicèt :

Michael Metropolita Kiqvienfis , Halicienfis , & totius Ruffiæ , manu propria .

Ipation Dei gratia Protothronius Epifcopus Vulodimirenfis , Breftenfifque manu propria .

Cyrillus Terleczki Exarcha Metropolitæ Kiovien. Epifcopus Lucæorienfis , Oftrofenfifque manu propria .

Gregorius nominatus Archiepifcopus Vladixa Polocenfis , Vitebfcenfifque manu propria .

Dionyfius Zbiruixzi Epifcopus Chelmenfis , Belfenfifque manu propria .

Leontius Peleziczki Epifcopus Pinfcenfis Turovienfifque manu propria .

Jonas Hohol Archimandrita Kobrinenfis Ecclefiæ S. Salvatoris , manu propria .

Idem Jonas nominatus Epifcopus Pinfcenfis,

Ggg 2

fcensis, Turovienfisque manu propria hanc concordiam fratrum meorum subscripfi.]

XXI. Cum hæc statuissent, in sequentem annum, ubi primum per temporis opportunitatem licuit, honorificam ad Romanum Pontificem decernunt legationem, duobus ad id muneris obeundum delectis legatis Episcopis, quibus ad eumdem ejusmodi litteras dederunt:

Litteræ dominorum Archiepiscopi Kioviensis & aliorum Episcoporum Ruthenorum ad Sanctiss. D. N. Clementem Papam VIII. super eorum unione cum sancta Ecclesia Romana, data die xii. Junii anno Domini M. D. XCV. Latinè versa.

XXII. Sanctissime Pater, Domine, & Pastor supreme Ecclesiæ Christi, Domine clementissime:

Repetentes memoria consensum in omnibus atque unionem Orientalis, & Occidentalis Ecclesiæ, quam majores nostri sub obedientia & regimine sanctæ Sedis Apostolicæ Romanæ coluerunt; ex altera verò parte perpendentes animis dissensiones & schismata, quæ hodiè invaluerunt; non potuimus propterea non maximo dolore affici, deprecabamurque assiduè Dominum, ut nos aliquando in unitatem fidei aggregaret; expectantes si fortè Superiores & pastores nostri Orientalis Ecclesiæ, sub quorum obedientia hucusquè fuimus, de ineunda unitate & concordia quam in liturgia quotidiè à Deo efflagitant, cogitare serio, atque diligenter in eam rem & curam incumbere vellent. Sed cum videremus frustra tale quippiam sperari ab illis, non tàm malevolentia & temeritate fortasse eorum, quàm quod sub gravissimo servitutis jugo crudelissimi tyranni & à religione Christiana alieni gemant, tentare id quod maximè vellent, nullo modo possunt; nos nihilominùs, qui in his partibus sub dominio Serenissimi Poloniæ & Sueciæ Regis & Magni Ducis Lituaniæ constituti sumus, liberiusque nobis propterea esse licet, attendentes officium nostrum, neque nobis, ipsis & ovibus gregis Christi quarum cura ad nos spectat, obesse, conscientiasque hac in parte nostras tot animarum interitu, qui ex dissensionibus his provenit, gravare volentes; adjuvante Domino, ad unionem quæ antea inter Orientalem & Occidentalem Ecclesiam viguit, inque Florentina Synodo ab antecessoribus nostris constituta est, accedere decrevimus: ut vinculo hujus unionis adstricti, sub obedientia atque regimine Sanctitatis vestræ, uno ore & corde glorificemus & laudemus omnes divinissimum & sanctissimum nomen Patris, & Filii & Spiritus sancti.

XXIII. Ac proinde sciente volenteque domino nostro Sigismundo Tertio Dei gratia Poloniæ & Sueciæ Rege, Magnoque Duce Lituaniæ, cujus etiam singulare ac sapientissimum studium in hac re enituit;

mittimus ad Sanctitatem vestram charissimos fratres nostros reverendos in Christo Hypatium Pociei Protothronium atque Episcopum Vulodimirensem, Brestensemque, & Cyrillum Terleczki Exarcham atque Episcopum Luceoriensem, Ostrosiensemque; quibus mandavimus, ut Sanctitatem vestram adeant, ac (si quidem Sanctitas vestra administrationem sacramentorum, ritusque & cærimonias Orientalis Ecclesiæ integrè, inviolabiliter, atque eo modo quo tempore unionis illius utebamur, nobis conservare, confirmareque pro se & successoribus suis, nihil in hac parte innovaturis umquàm, dignetur) suo & omnium nostrum Archiepiscopi & Episcoporum, totiusque Ecclesiastici nostri status, & ovium commissarum nobis divinitus nomine Sedi S. Petri & Sanctitati vestræ uti summo Pastori Ecclesiæ Christi debitam obedientiam deferant.

XXIV. Quæ omnia petita à nobis si obtinuerimus, Sanctitati vestræ cum omnibus successoribus suis nos & successores nostri dicto audientes, subque regimine Sanctitatis vestræ semper esse volumus. In quorum majorem fidem litteras, præsentes manibus nostris subscripsimus, atque munivimus sigillis. Data ex Regno Poloniæ & magno Ducatu Lituaniæ die XII. Junii, anno Domini M.D. XCV. juxtà Kalendarium vetus.

Sanctitatis vestræ humillimi apud Deum oratores & servi *subscriptiones cum sigillis.*

Michael Dei gratia Archiepiscopus Metropolita Kioviensis, Haliciensisque ac totius Russiæ, manu propria.

Ipation Dei gratia Protothronius Episcopus Vulodimiriensis, Brestensisque manu propria.

Cyrillus Terlecki Dei gratia Exarcha Episcopus Luceoriensis, Ostrosiensisque manu propria.

Gregorius nominatus Archiepiscopus Uladika Polocensis, Vitebscensisque manu propria.

Michael Kopisterski Episcopus Præmisliensis, Samborensisque manu propria.

Gedeon Bolobain Episcopus Leopoliensis manu propria.

Dionysius Zbiruiski Episcopus Chelmensis manu propria.

Leontius Pelezicki Episcopus Pinscensis, Turoviensisque manu propria.

Jonas Hohol Archimandrita Kobrinensis ecclesiæ S. Salvatoris manu propria subscripsi.

Idem Jonas Hohol nominatus Episcopus Pinscensis, Turoviensisque manu propria.]

XXV. Qui igitur missi sunt Episcopi legati, pervenerunt Romam eodem anno, mense Novembri, honorificè excepti à Summo Pontifice, à quo domus ad habitandum,

dum, & quæ ad victum & alia quæ opus eſſent, ipſis munificentiſſimè, quamdiu morati contigit in Urbe, ſunt exhibita. Statutæ autem die, videlicet vigeſimatertia menſis Decembris ejuſdem anni M. D. XCV. Sabbato jejunii quatuor temporum, in aula Conſtantiniana Palatii Vaticani coràm ipſo Summo Pontifice & Sanctæ Romanæ Eccleſiæ Cardinalibus, aliiſque diverſi ordinis diverſarumque dignitatum inſignibus, proceribus in publicum auditorium ſunt admiſſi, legationis munus quod obibant publicè expoſuit. Tùm igitur ingreſſi, ut à longè conſpicati ſunt ipſum Romanum Pontificem, venerationis ergò, proſtraverunt ſe in terram; ſurgereque juſſi atque accedere ad thronum Pontificis, ad ejuſdem pedes rursùm eodem humillimo cultu & reverentia ſtrati eos ſunt deoſculati: hiſque peractis, cum quod peſſent ſignificaſſent, litteras quas ferrent ipſi Summo Pontifici legendas obtulerunt, quæ Ruthenicè primùm (uti ſcriptæ erant) perfectæ, eædem rursùm Latinitate donatæ ex ſcripto ſunt repetitæ.

XXVI. His auditis, Silvius Antonianus Præfectus cubiculi Pontificii, atque inhærens ipſi Summo Pontifici à ſecretis, ad eos converſus, ejuſmodi ejuſdem Pontificis juſſu habuit orationem:

Ad petram fidei ſuprà quam Chriſtus Dominus Eccleſiam ſuam ædificavit, ad montem ſanctum, in quo habitare beneplacitum eſt Deo, ad matrem & magiſtram omnium Eccleſiarum ſanctam Romanam Eccleſiam reditis, Rutheni Epiſcopi, poſt annos centum & quinquaginta, magno quidem & ſingulari Dei beneficio ergà vos & gentem veſtram, tanto verò cum gaudio Sanctiſſimi Domini noſtri, quantum nulla orationis copia, nulla dicendi vi exprimere ſatis poteſt. Exultat ſpiritus Sanctitatis ſuæ in Deo, & Sapientiam illam agnoſcit, quæ attingit à fine uſque ad finem fortiter, & diſponit omnia ſuaviter. Et vos quoque jure optimo divitias bonitatis Dei agnoſcitis & prædicatis, qui corda veſtra divino ſuo lumine colluſtravit, ut intelligeretis non eſſe in corpore membra illa, quæ capiti non cohærent; diviſum à vite palmitem fructum nullum afferre poſſe; rivos areſcere ſuo fonti non ſunt conjuncti; deniquè Deum patrem non habere, qui Eccleſiam matrem non habet, quæ una eſt Catholica & Apoſtolica ſub uno viſibili capite Romano Pontifice, qui eſt Pater Patrum, & Paſtor Paſtorum: cui in beato Petro Apoſtolorum principe & agni & oves Chriſti ſunt creditæ; & cui à Domino mandatum eſt, ut fratres ſuos Epiſcopos confirmet.

XXVII. Rectè igitur & prudenter & piè venerabilis Metropolita veſter & vos & collega veſtri feciſtis qui unitatem Eccleſiæ Catholicæ, extrà quam non eſt ſalus, tanto ſtudio appetiſtis, & ex tàm longinquis regionibus huc ad ſacra Apoſtolorum limina veniſtis, ut beati Petri legitimo ſucceſſori,

Annal. Eccl. Tom. VII.

vero in terris Chriſti Vicario debitam obedientiam præſtaretis; & veteribus in fide erroribus rejectis, incorruptæ fidei integritatem ab eo reciperetis. Ergò quia corde creditur ad juſtitiam, ore autem confeſſio fit ad ſalutem: agite venerabiles Epiſcopi, implete gaudium Sanctitatis ſuæ & hujus ſacri atque ampliſſimi collegii; & fidei Catholicæ profeſſionem jàm facite. Paratus eſt Sanctiſſimus Dominus noſter paterna benignitate vos & Metropolitam veſtrum & Coepiſcopos veſtros & nationem veſtram Ruthenam aperto charitatis ſinu ad communionem admittere, & obedientiam veſtram unà cum his venerabilibus fratribus ſuis S. R. E. Cardinalibus recipere: ſperatque Sanctitas ſua in eo qui potens eſt, & qui facit mirabilia magna ſolus à ſæculo, quòd exemplum fidei veſtræ alios etiam ad ſalutarem æmulationem provocabit, ut & ipſi depulſis tenebris, lumen quærant, ſectentur unitatem & pacem, & fiat unum ovile & unus paſtor. Hactenùs Antonianus.

XXVIII. Cui iſtæ Pontificis nomine perorganti legati parentes, ſinguli mox fidei Catholicæ profeſſionem ſcripto editam, ſuaque manu ſubſcriptam coram ipſo Summo Pontifice recitarunt: quam quidem Hypatius primùm Latinis verbis conceptam, quòd eam linguam calleret, edidit atque emiſit in hunc modum:

Sanctiſſime ac Beatiſſime Pater.

XXIX. Ego humilis Hypatius Pociei Dei gratia Protothronius Vulodimirienſis & Breſtenſis Epiſcopus in Ruſſia, nationis Ruſſorum ſeu Ruthenorum, unus ex procuratoribus reverendorum in Chriſto Patrum dominorum Prælatorum ejuſdem nationis, videlicet Michaelis Rahoſa Archiepiſcopi Metropolitæ Kiovienſis & Halicienſis, ac totius Ruſſiæ, & Gregorii Archiepiſcopi denominati, electi in Epiſcopum Polocenſem & Vitapſcenſem, & Jonæ Hohol electi in Epiſcopum Pinſcenſem & Turovienſem, & Michaelis Kopiſtenſki Epiſcopi Præmislienſis & Sambrenſis, & Gedeonis Boloban Epiſcopi Leopolienſis, & Dionyſii Zbiruiski Epiſcopi Chelmenſis, ab eis ſpecialiter conſtitutus & miſſus unà cum reverendo in Chriſto Patre domino Cyrillo Terleczki, Exarca Epiſcopo Luceorienſi & Oſtrotienſi ejuſdem nationis; altero ex procuratoribus dictorum dominorum Prælatorum, & collega meo ad ineundam & ſuſcipiendam unionem Sanctitatis veſtræ & ſanctæ Romanæ Eccleſiæ, atque ad deferendam debitam obedientiam ipſorum omnium, & totius Eccleſiaſtici eorum ſtatus & ovium eis commiſſarum nomine huic ſanctæ Sedi, beati Petri, & Sanctitati veſtræ uti ſummo Paſtori univerſalis Eccleſiæ, ad pedes ejuſdem Sanctitatis veſtræ poſitus, ac infraſcriptam ſanctæ Orthodoxæ fidei profeſſionem juxta formam Græcis ad unitatem dictæ ſanctæ Romanæ Eccleſiæ redeun-

Ggg 3 deun-

deantibus intuscriptam facturus & emissurus, tam procuratorio nomine prædictorum dominorum Archiepiscopi & Episcoporum Ruthenorum meorum principalium, quàm etiam meo proprio; simul cum prædicto domino Cyrillo Euroho Episcopo Luceoriensi & Ostrohensi præ nihilo ... collega meo, polliceor & promitto; quòd ipsi domini Archiepiscopus & Episcopi illam ratam & gratam habebunt, ac suscipient & interpretabunt, & intra tempus competens ratificabunt & confirmabunt, atque de novo juxta prædictam formam de verbo ad verbum facient, & emittent, & eorum manu subscriptam & sigillo obsignatam ad Sanctitatem vestram & hanc sanctam Apostolicam Sedem transmittent, prout sequitur:

XXX. Firma fide credo & profiteor omnia, & singula quæ continentur in Symbolo fidei, quo sancta Romana Ecclesia utitur, videlicet:

Credo in unum Deum, Patrem omnipotentem, factorem cæli & terræ, visibilium omnium & invisibilium. Et in unum Dominum Jesum Christum, Filium Dei unigenitum; Et ex Patre natum ante omnia sæcula; Deum de Deo, lumen de lumine; Deum verum de Deo vero; Genitum, non factum, consubstantialem Patri; per quem omnia facta sunt. Qui propter nos homines, & propter nostram salutem descendit de cælis. Et incarnatus est de Spiritu sancto ex Maria Virgine; & homo factus est. Crucifixus etiam pro nobis sub Pontio Pilato, passus, & sepultus est. Et resurrexit tertia die secundum Scripturas. Et ascendit in cælum; sedet ad dexteram Patris. Et iterum venturus est cum gloria judicare vivos, & mortuos; cujus regni non erit finis. Et in Spiritum sanctum Dominum, & vivificantem; qui ex Patre, Filioque procedit. Qui cum Patre, & Filio simul adoratur, & conglorificatur; qui locutus est per Prophetas. Et unam sanctam Catholicam & Apostolicam Ecclesiam. Confiteor unum baptisma in remissionem peccatorum. Et expecto resurrectionem mortuorum. Et vitam venturi sæculi. Amen.

XXXI. Credo etiam, suscipio, atque profiteor ea omnia, quæ sacra Oecumenica Synodus Florentina super unione Occidentalis & Orientalis Ecclesiæ diffinivit & declaravit, videlicet; quòd Spiritus sanctus à Patre & Filio æternaliter est; & essentiam suam suamque esse subsistens habet ex Patre simul & Filio; & ex utroque æternaliter, tanquam ab uno principio, & unica spiratione procedit. Cum id quod sancti Doctores & Patres dicunt, ex Patre per Filium procedere Spiritum sanctum, ad hanc intelligentiam tendat; ut per hoc significetur Filium quoque esse, secundùm Græcos quidem causam, secundùm Latinos verò principium subsistentiæ Spiritus sancti, sicut & Patrem. Cumque omnia quæ Patris sunt, ipse Pater unigenito Filio suo gignendo dederit, præter esse Patrem; hoc ipsum quòd Spiritus sanctus procedit ex Filio, ipse Filius à Patre æternaliter habet, à quo æternaliter etiam genitus est. Illamque verborum illorum, Filioque, explicationem, veritatis declarandæ gratia, & imminente tunc necessitate, licite, ac rationabiliter Symbolo fuisse appositam.

XXXII. Item in azymo, sive fermentato pane triticeo, corpus Christi veraciter confici; sacerdotesque in altero ipsum Domini corpus conficere debere, unumquemque scilicet juxta suæ Ecclesiæ, sive Occidentalis, sive Orientalis consuetudinem.

XXXIII. Item si verè pœnitentes in Dei charitate decesserint, antequam dignis pœnitentiæ fructibus de commissis satisfecerint & omissis, eorum animas pœnis purgatorii post mortem purgari; & ut à pœnis hujusmodi releventur, prodesse eis Fidelium vivorum suffragia, Missarum scilicet sacrificia, orationes, & eleemosynas, & alia pietatis officia, quæ à Fidelibus pro aliis Fidelibus fieri consueverunt secundùm Ecclesiæ instituta. Illorumque animas qui post baptisma susceptum nullam omnino peccati maculam incurrerunt, illas etiam quæ post contractam peccati maculam, vel in suis corporibus, vel eisdem exutæ corporibus (prout superiùs dictum est) sunt purgatæ, in cælum mox recipi, & intueri clarè ipsum Deum trinum & unum sicut est, pro meritorum tamen diversitate alium alio perfectiùs. Illorum autem animas, qui in actuali mortali peccato, vel solo originali decedunt, mox in infernum descendere; pœnis tamen disparibus puniendas.

XXXIV. Item sanctam Apostolicam Sedem, & Romanum Pontificem in universum Orbem tenere primatum; & ipsum Pontificem Romanum successorem esse beati Petri Principis Apostolorum, & verum Christi Vicarium, totiusque Ecclesiæ caput, & omnium Christianorum patrem ac doctorem existere; & ipsi in beato Petro pascendi, regendi, & gubernandi universalem Ecclesiam à Domino nostro Jesu Christo plenam potestatem traditam esse; quemadmodùm etiam in Actis Oecumenicorum Conciliorum, & in sacris canonibus continetur.

XXXV. Insuper profiteor ac recipio alia omnia, quæ ex decretis sacræ Oecumenicæ Generalis Synodi Tridentinæ sacrosancta Romana & Apostolica Ecclesia, etiam ultra contenta in supradicto fidei Symbolo, profitenda ac recipienda proposuit atque præscripsit, ut sequitur:

Apostolicas & Ecclesiasticas traditiones, reliquasque ejusdem Ecclesiæ observationes & constitutiones firmissimè admitto, & amplector.

Item

Item ſacram Scripturam juxtà eum ſenſum, quem tenuit & tenet ſancta mater
Eccleſia, cujus eſt judicare de vero ſenſu
& interpretatione ſacrarum Scripturarum,
admitto: nec eam unquam niſi juxtà unanimem conſenſum Patrum accipiam & in-
terpretabor.

XXXVI. Profiteor quoque ſeptem eſſe verè &
propriè ſacramenta novæ legis à Jeſu
Chriſto Domino noſtro inſtituta, atque
ad ſalutem humani generis, licèt non omnia ſingulis neceſſaria, ſcilicèt Baptiſmum, Confirmationem, Euchariſtiam,
Pœnitentiam, Extremam unctionem, Ordinem, & Matrimonium; illaque gratiam
conferre: & ex his Baptiſmum, Confirmationem, & Ordinem ſine ſacrilegio reï-
terari non poſſe.

Receptos quoque & approbatos Eccleſiæ Catholicæ ritus in ſupradictorum omnium ſacramentorum ſolemni adminiſtratione recipio & admitto.

Omnia & ſingula, quæ de peccato originali, & de juſtificatione in ſacroſancta
Tridentina Synodo definita & declarata
fuerunt, amplector & recipio.

XXXVII. Profiteor pariter in Miſſa offerri Deo
verum, proprium, & propitiatorium ſacrificium pro vivis & defunctis, atque in
ſanctiſſimo Euchariſtiæ ſacramento eſſe verè, realitèr, & ſubſtantialitèr corpus, &
ſanguinem unà cum anima & divinitate
Domini noſtri Jeſu Chriſti; fierique converſionem totius ſubſtantiæ panis in corpus, & totius ſubſtantiæ vini in ſanguinem, quam converſionem Catholica Eccleſia tranſubſtantiationem appellat.

XXXVIII. Fateor etiam ſub altera tantùm ſpecie totum atque integrum Chriſtum, verumque
ſacramentum ſumi.

Conſtantèr teneo purgatorium eſſe, ani-
maſque ibi detentas Fidelium ſuffragiis
juvari. Similiter & Sanctos unà cum Chriſto regnantes venerandos atque invocan-
dos eſſe, eoſque orationes Deo pro nobis offerre, atque eorum reliquias eſſe ve-
nerandas.

XXXIX. Firmiſſimè aſſero, imagines Chriſti, ac
Deiparæ ſemper Virginis, necnon aliorum Sanctorum habendas & retinendas eſſe,
atque eis debitum honorem ac venerationem impartiendam.

Indulgentiarum etiam poteſtatem à
Chriſto in Eccleſia relictam fuiſſe, illa-
rumque uſum Chriſtiano populo maximè
ſalutarem eſſe affirmo.

Sanctam Catholicam & Apoſtolicam
Romanam Eccleſiam omnium Eccleſiarum matrem, & magiſtram agnoſco, Ro-
manoque Pontifici beati Apoſtolorum
Principis ſucceſſori, ac Jeſu Chriſti Vicario veram obedientiam ſpondeo ac juro.

XL. Cætera item omnia à ſacris Canonibus
& Oecumenicis Conciliis, ac præcipuè à
ſacroſancta Tridentina Synodo tradita, definita, & declarata, indubitantèr recipio
atque profiteor; ſimùlque contraria om-

nia, & ſchiſmata, atque hæreſes quæſcum-
que ab Eccleſia damnatas & rejectas & ana-
thematizatas, ego pariter damno, rejicio,
& anathematizo.

XLI. Hanc veram Catholicam fidem, extrà
quam nemo ſalvus eſſe poteſt, quam in
præſenti ſpontè profiteor, & veracitèr teneo, eamdem integram & inviolatam uſque ad extremum vitæ ſpiritum conſtan-
tiſſimè, Deo adjuvante, retinere & confiteri, atque à meis ſubditis, vel illis,
quorum cura ad me in munere meo ſpe-
ctabit, teneri, doceri, & prædicari,
quantùm in me erit, curaturum, Ego
idem Hypatius Pociei Protothronius Epiſcopus Vulodimirienſis, & Breſtenſis,
procurator ſupradictorum dominorum Archiepiſcopi & Epiſcoporum Ruthenorum,
procurator eorum nomine & meo proprio, ut ſuprà, ſpondeo, voveo, ac juro: Sic me Deus adjuvet, & hæc ſancta
Dei Evangelia.

XLII. Hanc item Fidei Catholicæ profeſſionem Hypatius Ruthenorum legatus,
ritè ſacris Evangeliis tactis, juramento
ac ſubſcriptione firmavit, eamdemque in
Ruthenicam linguam fideliter tranſlatam,
ſuoque chirographo conſignatam ac publicè recitari factam ſimili jurejurando comprobavit. Moxque ab altero legato Cyrillo eadem profeſſione tùm Ruthenica lingua per ſe, tùm Latina per interpretem
publicè ex more facta ac recitata, repetitiſ-
que juramentis ac ſubſcriptionibus confirmata, atque omnibus denique ſolemni ritu ex ſacrorum Canonum præſcripto peractis & abſolutis (prout publica monumenta, quæ à ſanctæ Inquiſitionis Officii publicis miniſtris publicè ſunt confecta, ſi-
gnificant) iterùm ad pedes Sanctiſſimi acceſſerunt, eoſque deoſculati ſunt. Tùm
ipſos Summus Pontifex Clemens, voce
ſubmiſſiore, quæ à propinquis exaudire-
tur, in hanc ferè ſententiam eſt allocutus:

XLIII. Gaudium cordis noſtri, quod hodierna
die capimus ex veſtro ad Romanam Catholicam Eccleſiam reditu, nullis verbis exprimere ſatis poſſumus. Gratias immortali
Deo ſingulares agimus, qui per Spiritum
ſanctum ſuum hanc vobis mentem dedit, ut
ad veſtram & omnium Fidelium matrem,
ſanctam Eccleſiam Romanam confugere-
tis, quæ aperto charitatis gremio vos recipit; & nos ſincero cordis affectu vos, Metropolitanum veſtrum, & Coepiſcopos
veſtros, totamque Ruthenam nationem
excipimus, ita planè de vobis perſuaſi,
quòd verè & ex animo coràm Deo, qui
ſcrutatur cor, ad nos veniſtis, & fidem
Catholicam profeſſi eſtis. Agnoſcite, fratres, gratiam Dei, & donum divinæ miſericordiæ conſervate. Eſtote obedientes
huic matri veſtræ chariſſimæ, quæ animarum veſtrarum ſalutem ardenter expetit,
& nihil terrenum à vobis quærit: eſtote
humiles, & nolite abundare in ſenſu veſtro. Deus enim (ut ſcitis) humilibus
dat;

pa: gratiam, superbis autem resistit : &
misera Græcia, cujus calamitatem assidue lugemus, propter superbiam suam,
lucem veritatis amisit & durissimo servitutis jugo opprimitur. Humilitatem igitur
colite, & Ecclesiæ Catholicæ firmiter ad-
hærete. Nos vestris commodis, quantùm
cum Domino poterimus, quilo loco de-
erimus, & vos præsentes, ceterosque
absentes ex vestris paternè benedicimus.]
Impertita igitur à Sanctissimo Pontifice

ejusmodi benedictione, facta est dimissio
sacri conventus.

Libuit autem hic ad postremùm formam
eorum quæ rei præclarè gestæ insignibus
aurea & argentea sunt cusa numismata, &
in Apostolorum natali die hoc anno, more majorum, ab ipso Summo Pontifice
distributa, tibi expressam reddere, dignum posteris monumentum, quod huic
nostræ scriptioni veluti sigillum accedat.

INDEX
IN TOMUM SEPTIMUM
ECCLESIASTICORUM
ANNALIUM.

Seve-

F I N I S.

CPSIA information can be obtained at www.ICGtesting.com
Printed in the USA
BVOW06*2157300915

420496BV00008B/15/P

9 781296 845049